江恒源

江恒源（左）与黄炎培，1931 年赴日考察职业教育

1949 年 9 月全国政协第一届全体会议教育组合影（一排左起第二人为江恒源）

中华职教社早期领导人合影（前左一马相伯，后左二黄炎培，后左三江恒源）

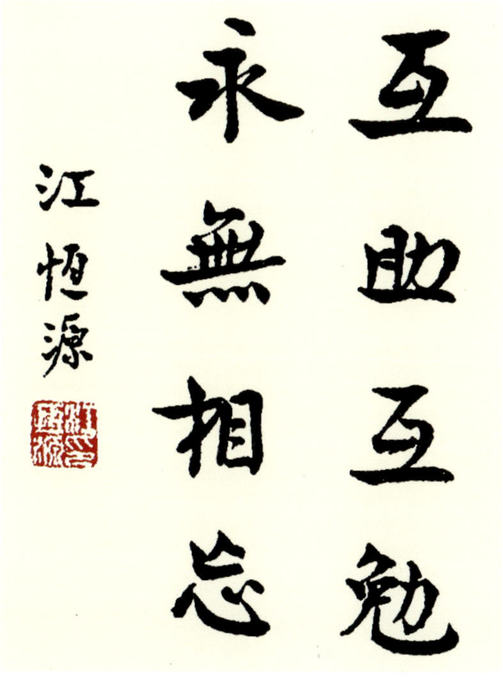

互助互勉，永无相忘。为《工商专科学技工商管理科毕业纪念册》题，1946年

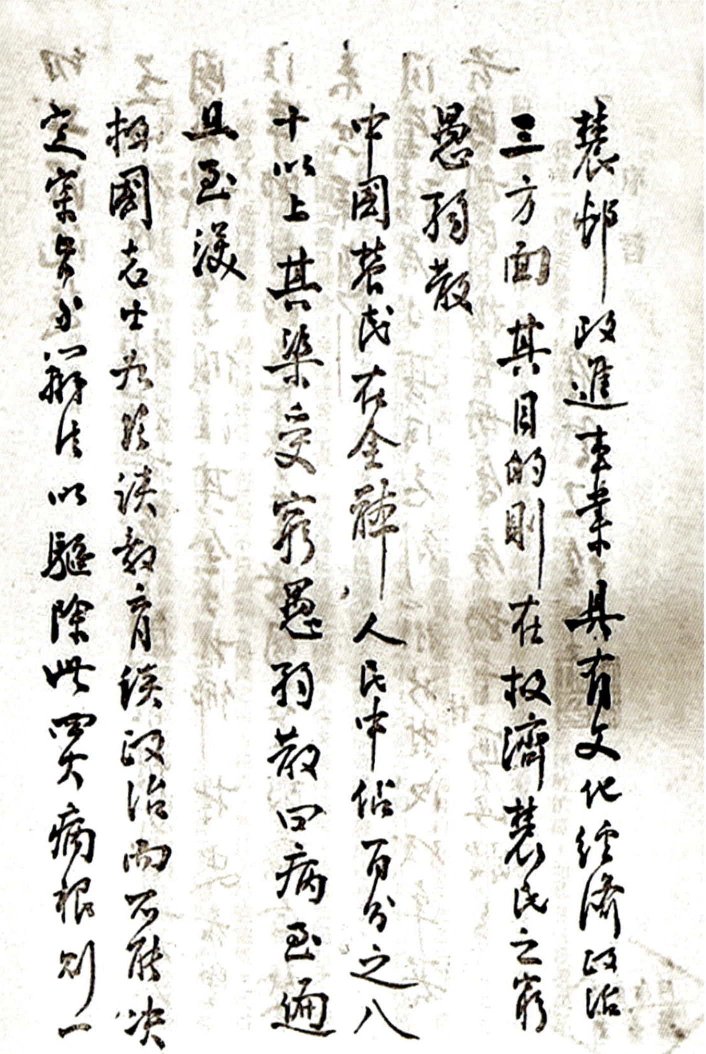
农村改进事业具有文化经济政治三方面其目的则在救济农民之穷愚弱散
中国农民在全体人民中占百分之八十以上其染受穷愚弱散四病至遍且深
救国志士虽谈教育经济政治而不能决定农民之办法以驱除此四病根则一

《农村改进》序

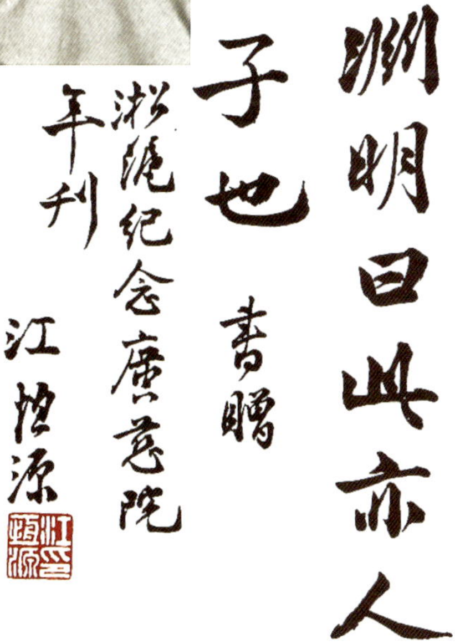

渊明曰此亦人子也，为《广慈年刊》题，1934 年

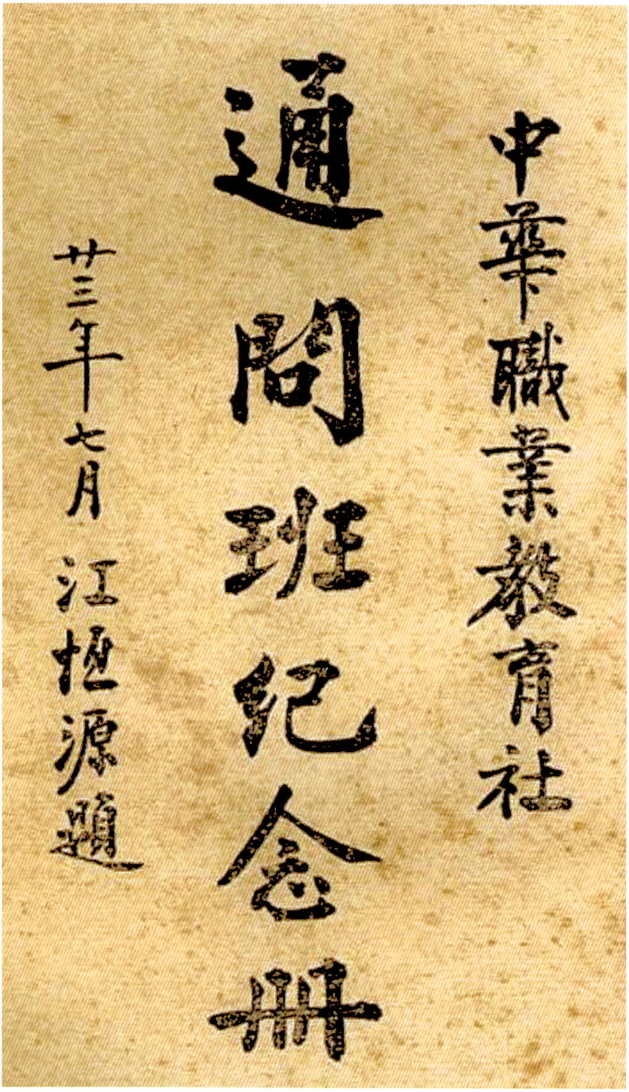

为《中华职业教育社通问班纪念册》题，1934 年

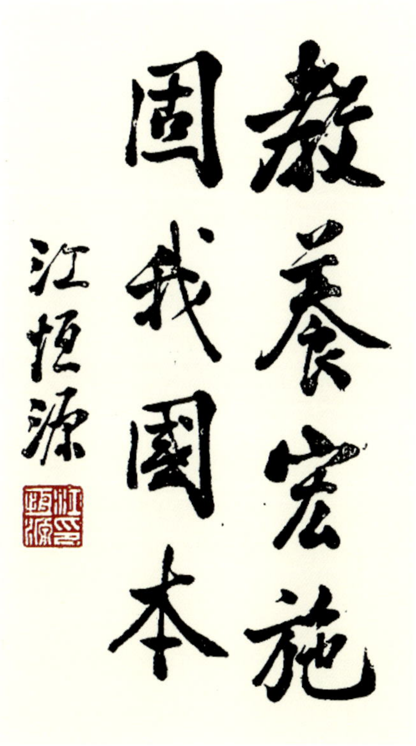

教养宏施，固我国本，为《遗族校刊》题，1932 年

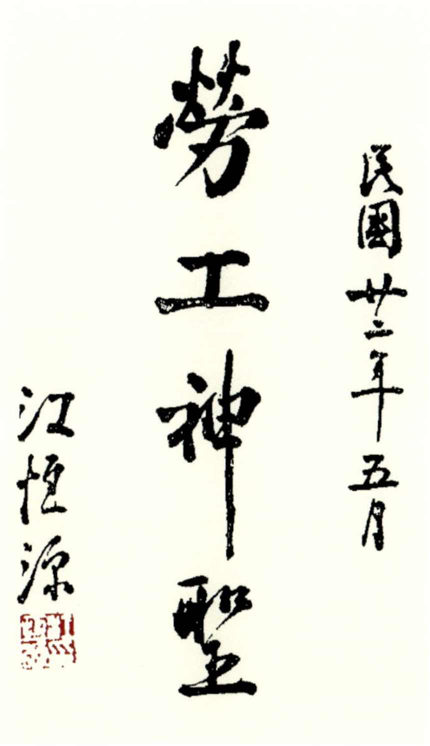

劳工神圣，为《劳工教育特刊》题，1933 年

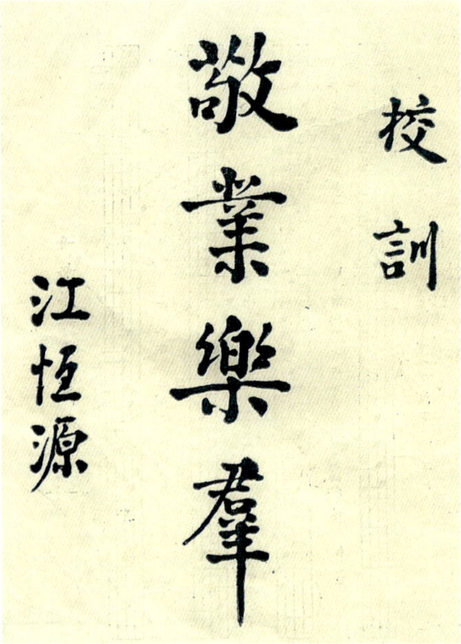

校训：敬业乐群，为《中华职业学校职业市市刊》题，1934 年

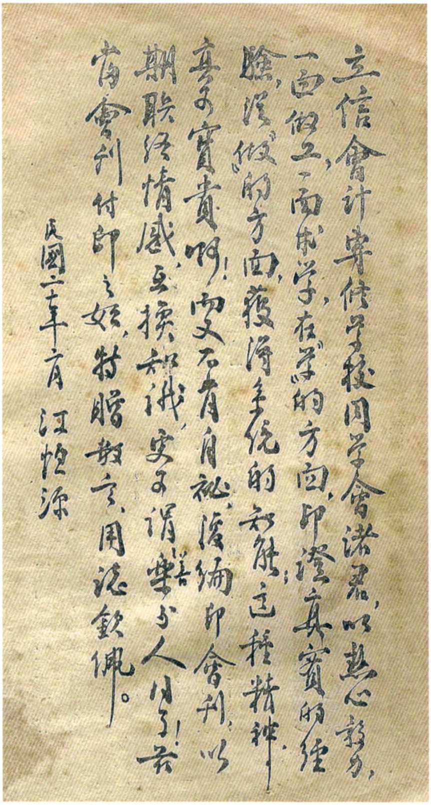

为立信会计专修学校题，1931 年 2 月

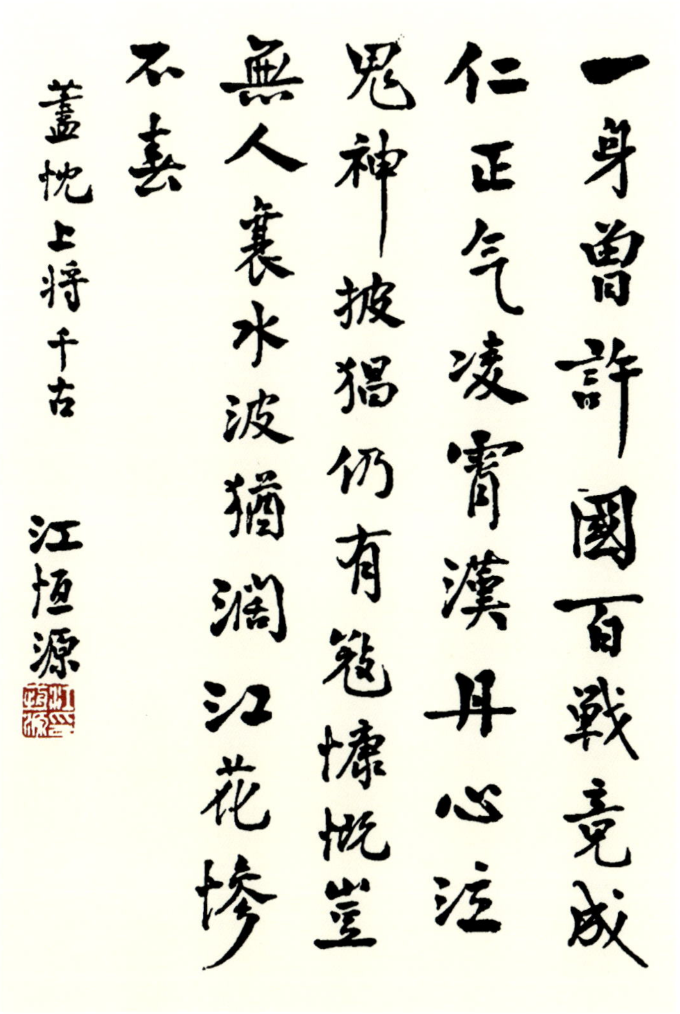

挽张自忠将军

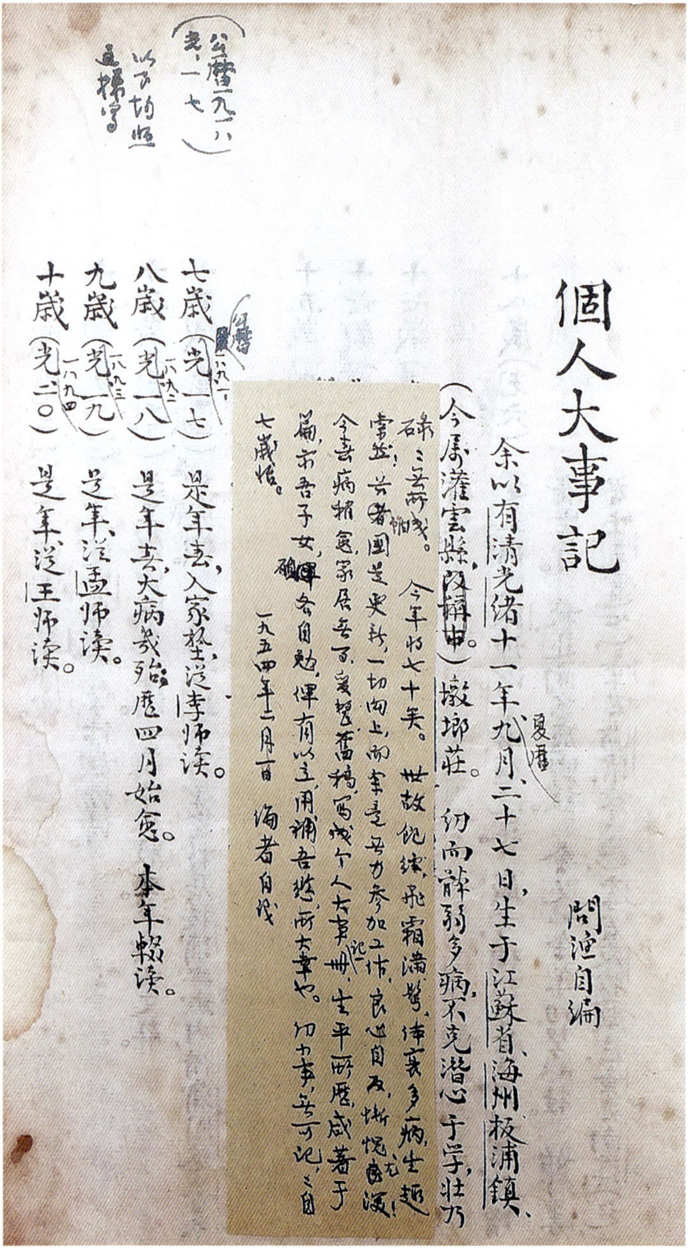

個人大事記

問渔自編

余以有清光绪十一年九月二十七日生于江苏省海州板浦镇（今属灌云县[illegible]）墩埘莊。幼而體弱多病，不克潜心于学，壮乃

碌碌無成。今年七十矣。世故飽經，飛霜滿鬓，体衰多病，生趣索然；若囿是思想，一切向上的事是无力参加工作，良心自反，惭愧曷已！今当病榻[illegible]，家居无事，爰整旧稿，写成个人大事记册，生平所历咸著于篇，示吾子女，俾各自勉，俾有以为用，补吾遗憾，所大幸也。幼小事无可记，自七歲始。

一九五四年十二月一日 编者自识

七歲（光一七）是年春，入家塾，從李师读。

八歲（光一八）是年春，大病几殆，历四月始愈。本年辍读。

九歲（光一九）是年，從孟师读。

十歲（光二〇）是年，從王师读。

《个人大事记》手稿

1935年中华职业教育社同人欢送农学团负责人黄齐生起点桂合影（前排右三为黄齐生，右四为黄炎培，右六为江恒源）

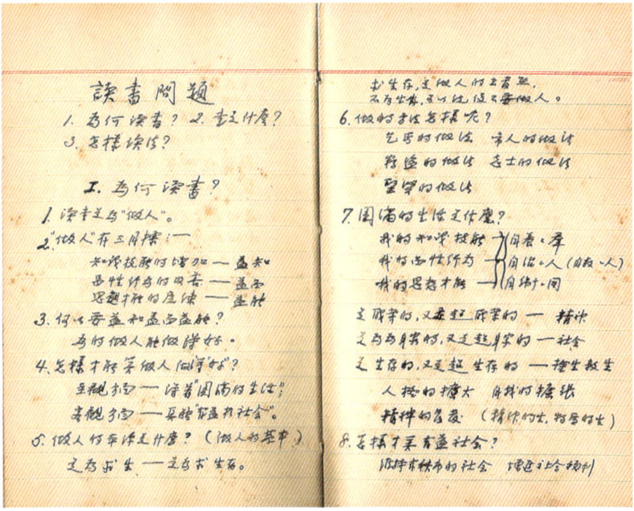

讀書問題

1. 為何讀書？ 2. 讀些什麼？
3. 怎樣讀法？

I. 為何讀書？

1. 讀書是為"做人"。
2. "做人"有三目標：—
知識技能的增加 — 益知
品性行為的改善 — 益品
思想才能的磨練 — 益能
3. 何以要益知益品益能？
為的做人能做得好。
4. 怎樣才能算做人做得好？
主觀方面 — 諸著"圓滿的生活"；
客觀方面 — 要能"有益於社會"。
5. 做人的本源是什麼？（做人的基本）
是為求生 — 是為求生存。

求生存，是做人的出發點，
不為生存，可以說便不要做人。
6. 做的方法怎樣呢？
乞丐的做法 商人的做法
[illegible]的做法 志士的做法
聖賢的做法
7. 圓滿的生活是什麼？
我的知識技能 — 自養、[illegible]
我的品性行為 — 自治、治人（自救、救人）
我的思想才能 — 自衛、衛國
是個人的，又要超個人的 — 精神
是為自身的，又是超自身的 — 社會
是生存的，又是超生存的 — 捨生救生
人格的擴大 自我的擴張
精神的發展（精神的生，物質的生）
8. 怎樣才算有益社會？
維持有秩序的社會 增進社會福利

《读书问题》手稿

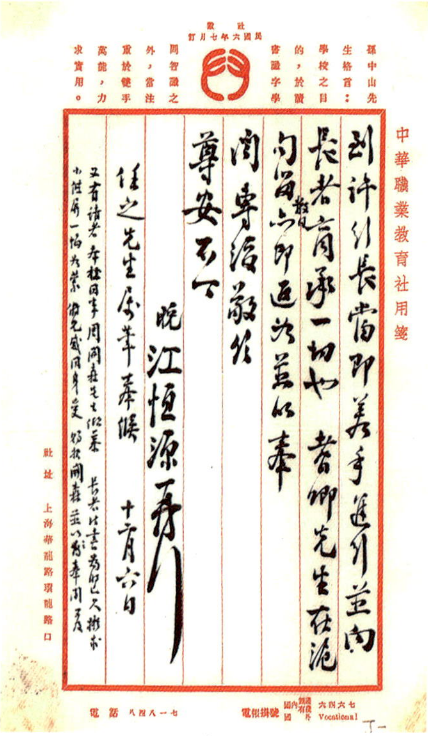

孙中山先生格言：学校之目的，于读书识字学问智识之外，当注重于健手万能，力求实用。

民国六年七月订

社徽

中华职业教育社用笺

到许行长当即着手进行，并由
长者商承一切也。黄卿先生在沪
间留，拟即返兴，并以奉
闻。专此敬颂
尊安不一
晚江恒源再拜
任之先生属笔奉候　十二月六日

又有请者 [illegible]

社址 上海华龙路环龙路口　电话 七一八四八　电报挂号 国内 国外 七六四六 Vocational

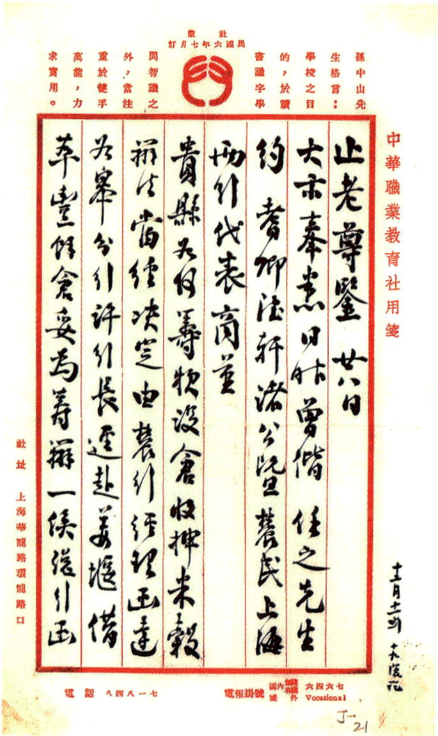

孙中山先生格言：学校之目的，于读书识字学问智识之外，当注重于健手万能，力求实用。

民国六年七月订

社徽

中华职业教育社用笺

止老尊鉴：廿六日
大示奉悉。日昨曾偕任之先生
约黄卿法轩、潘公展暨农民上海
分行代表商量
贵县义仓筹办设仓收押米谷
办法，当经决定由农行经理函达
吴兴分行许行长速赴善琏借
孝丰县仓妥为筹办，一俟总行函

[illegible]

社址 上海华龙路环龙路口　电话 七一八四八　电报挂号 国内 国外 七六四六 Vocational

致韩国钧信函

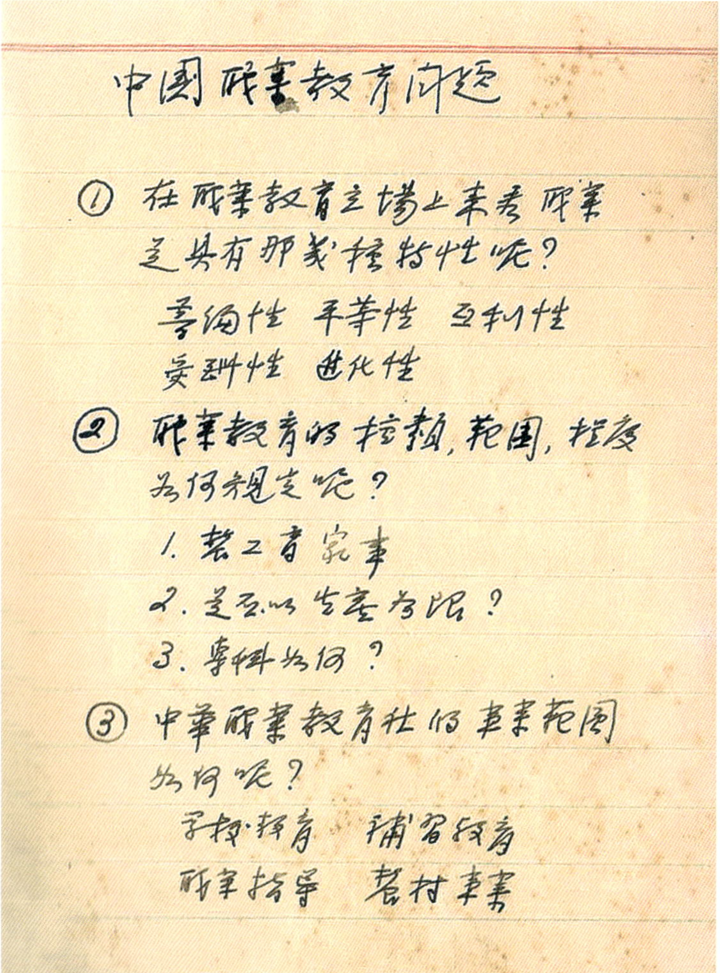

中国职业教育问题

① 在职业教育立场上来看职业是具有那几种特性呢？

普遍性 平等性 互利性

受酬性 进化性

② 职业教育的种类，范围，程度如何规定呢？

1. 农工商家事

2. 是否以生产为限？

3. 学科如何？

③ 中华职业教育社的事业范围如何呢？

学校教育 补习教育

职业指导 农村事业

《中国职业教育问题》手稿

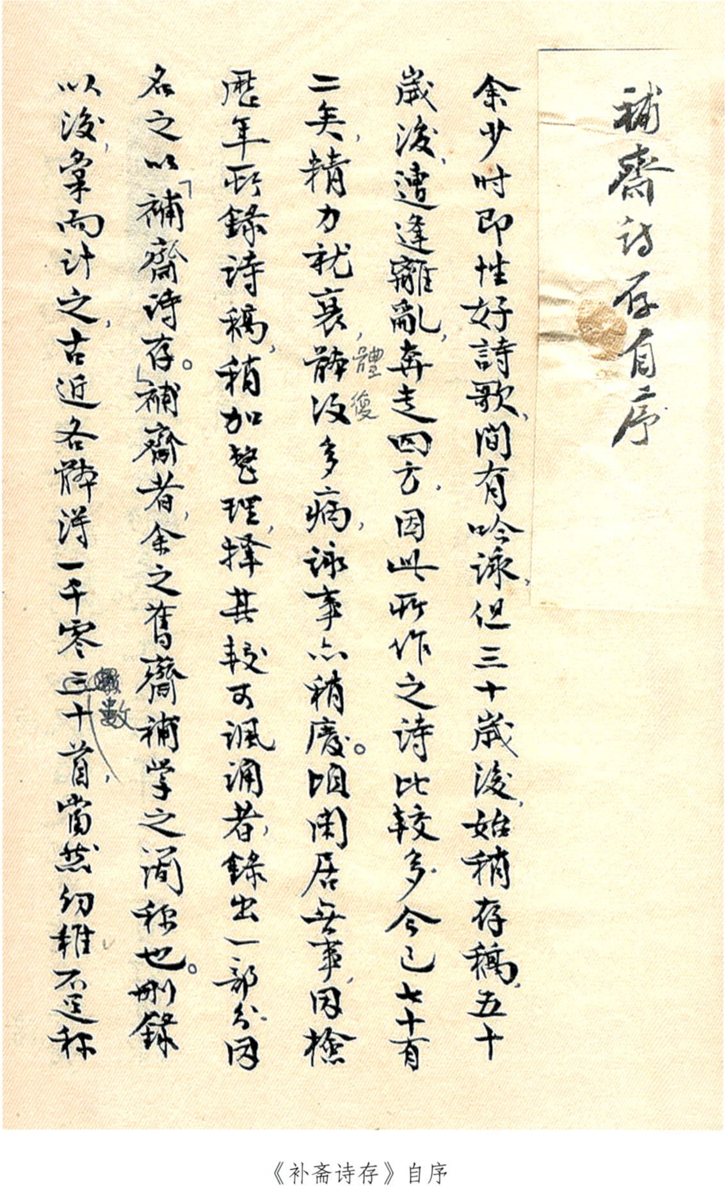

補齋詩存自序

余少时即性好詩歌，間有吟詠，但三十歲後，始稍存稿，五十歲後，遭逢離亂，奔走四方，因此所作之詩比較多，今已七十有二矣，精力就衰，體後多病，詠事亦稍廢。頃閑居無事，因檢歷年所錄詩稿，稍加整理，擇其較可諷誦者，錄出一部分，因名之以「補齋詩存」。補齋者，余之舊齋、補學之簡稱也。所錄以後，彙而計之，古近各體詩一千零三十首，當然幼稚不足稱

《补斋诗存》自序

江恒源教育文集

1

刘旭光　主编
连云港市政协学习文史资料委员会
中国民主同盟连云港市委员会
编

群言出版社
QUNYAN PRESS
·北　京·

图书在版编目（CIP）数据

江恒源教育文集：全 6 册 / 刘旭光主编；连云港市政协学习文史资料委员会，中国民主同盟连云港市委员会编. -- 北京：群言出版社，2020.1
（民盟历史文献）
ISBN 978-7-5193-0556-7

Ⅰ. ①江… Ⅱ. ①刘… ②连… ③中… Ⅲ. ①教育－文集 Ⅳ. ① G4-53

中国版本图书馆 CIP 数据核字（2019）第 262481 号

策　　划：孙平平
责任编辑：孙平平　谭　伟　李　群　张启超
封面设计：逸品书装设计

出版发行：群言出版社
地　　址：北京市东城区东厂胡同北巷 1 号（100006）
网　　址：www.qypublish.com（官网书城）
电子信箱：qunyancbs@126.com
联系电话：010-65267783　65263836
经　　销：全国新华书店

印　　刷：连云港市百草园教育印刷有限公司
版　　次：2020 年 1 月第 1 版　2020 年 1 月第 1 次印刷
开　　本：880mm × 1230mm　1/32
印　　张：81.175　插页 14
字　　数：1660 千字
书　　号：ISBN 978-7-5193-0556-7
定　　价：298.00 元（全 6 册）

编 委 会

编辑说明

一、本书收入江恒源先生毕生教育著述，按发表时间顺序编排。共六卷。

二、本书在编辑过程中，遵循依照原文原则，尽可能保持文章原貌。但对版式作了一些必要的技术处理。如繁体字竖排，现改为规范字横排。因此原文“如左”等中的“左”或“如右”，均改为“如次”；对于作者著述中不符合现今标准用法的“的”“地”“得”等进行了规范，对标点符号用法方面，也按现行语言文字标准作了改动；为保留文章原貌，对于“工夫”“惟一”“那末”、语气词“罢”等字词未作修改；对文中明显的错字，作了修正并备注。个别处有省略的表格或文字，均在文中作了标注。

三、本文集收集了作者以江恒源、江问渔、问渔、补斋、补学斋、蕴愚等为名发表的涉及教育类文章，形式包括公开发表的论文、大会提案、演讲记录、序(绪)文、讲话稿、文稿等，内容包括职业教育、师范教育、乡村教育、民众教育、生活教育、女子教育、人生教育、普及教育、特殊教育等，其中“民众教育”部分的较多文章，编著时经权衡未录入《文集》；对于别人领衔、作者附署的文章，未收录；对于以其所主持的工作名义发表的规章制度等，未有署名的，未收录。

序

前些日子，民盟江苏省委把《江恒源教育文集》的书稿转交于我，希望我给此书写序。

这可是道难题。大凡中国学界和中国民盟盟员，都知悉江恒源先生是中国民主（政团）同盟的创始人之一，原南京中央大学教授、中国著名教育家、爱国民主战士。毛泽东主席在多封信函中提及先生，称其为“老成硕望、公正无私”者。[1] 对这样一个曾在中国教育战线上享有重望，且早为舆论颂仰而盖棺定论的前辈，作为晚学的我为其文集作序，实有如履薄冰之感。

记得些许年前，季羡林先生在《我一生遇到的六位恩师》一文中，说他“一生碰到了六位恩师”，“深感其心境与我

① 《参政员毛泽东等为“华北视察团”事致国民参政会》电，原载于1940年2月3日《新中华报》，转载于中央档案馆编，《中共中央文件选集（1939—1940）》第十二册，北京：中共中央党校出版社，1991年6月第1版，275—277页。

相通”并有所启发。而其中一人因并未教授季先生课程而受到质疑何来“恩师”之论？但季先生正色道：“我不一定都听过他们的课。”季先生之论折射出那个时代知识分子的学术人格和道德风范。若从这个意义上讲，江恒源先生也是我的恩师。他的“潜德幽光”，虽然和我横亘着半个多世纪的时光，但渊源伦理较之季先生与恩师一说似乎更进一层。

思考一番，之所以欣然应允，最主要的一点：这部书太难得、太重要、太适时了！一是深感此书是应运而生的教育宝典；二是深感其体现的是一种植根于中国知识分子灵魂深处的国家责任感；三是有感于此书整理编著者刘旭光教授奋勉图终的精神。还有一点，此书对盟史的挖掘和抢救，同样具有重大意义。

据我所知，整理出版《江恒源教育文集》是在民盟江苏省委建议下，并得到民盟中央的支持而实施的。于是，在连云港市政协文史委和民盟连云港市委组织力量搜集、整理伊始，便成为连云港市教育界、文化界、知识界关注的热点，并波及上海民盟等地。刘旭光教授亦多次应邀讲座江恒源先生的事迹和整理编著情况。一部文集尚未问世便引起社会各界赞许热议，这种现象并不多见。此足见江恒源先生影响之大、社会关注之切。

清末废除了科举制度，这是中国近代的一个大事件，在中国近代社会变革中具有特殊意义。维系中国社会运转的教育体系被粉碎，如何根据中国的国情构建新的教育体系？

中国的国民教育向何处去？尤其是近乎废止的农村教育如何实施？这是摆在中国教育界知识分子面前的重大课题。对此,《江恒源教育文集》给出了准确科学的答案。江恒源先生谋教育以培天下之元气所表现的那种探索、责任、担当、奉献精神令人感佩莫名。

《江恒源教育文集》按时间顺序整理汇编,脉络清晰,让读者时刻感受到那个时代的脉动,领悟江恒源先生在教育征途上一个个坚实脚印蕴含的历史价值。江恒源先生接受黄炎培先生的邀请,接任中华职教社办事部主任、副理事长等职,于长达32年的职教社生涯中,兼任多所大学教授的他,对“依中国实际情形,为急其所急起见”的普通教育与职业教育、中华职业学校和工商专科学校、乡村建设各事,均赖专心擘画,凡事荩虑周详致力于中华职教社,一时大有登高之呼、群山而应之势。

《江恒源教育文集》向读者透析的是那个动荡、破碎、撕裂的时代。在中华职业教育社处于风雨飘摇之际,江恒源先生以极大的热情投身于乡村建设运动,成为这场运动的主要参与者和领导人。置身那个风雨如磐的时代,江恒源先生经历过所有的风雨,走过所有的逆境,越过所有的坎坷和挫折。对此,他选择了坚守,选择了倾听内心的呼唤而立志教育救国,发出了振聋发聩的职业教育的先声。

《江恒源教育文集》向我们提出一个值得格外注意和认真研究的问题,即江恒源先生的农村教育思想体系,反映的是他的"大教育观"。他首创了"富教合一"理论,摒弃古之"先富后教"之说;他界定了农村教育"区域"的概念,从而使农村教育具有很强的可操作性与科学性。

同时,江恒源先生之"大教育观"宗旨很明确:"教'人'做成一个'人'的教育";是在"成人"中"成才"。要达到受教者"爱人爱物",具有"社会服务"精神、"民族精神"之目的。江恒源先生在"誓言"中斩钉截铁道:这是"农村教师的使命!"

160余万字的《江恒源教育文集》,涉及江恒源先生30多年中关于职业教育、师范教育、乡村教育、民众教育、生活教育、女子教育、人生教育、普及教育、特殊教育等著述、论文、大会提案、演讲记录、讲话稿等丰富内容。这是江恒源先生在长期教育实践中,对以救国为目的传统教育改革的思考、职业教育和农村改进的研究心得、探索和实施的经验总结。江先生为我们留下了一笔宝贵的遗产。

继承江先生的宝贵遗产,传承先生的职教思想和实践,关注他的视野和家国情怀,搜集整理出版《江恒源教育文集》绝非易易。对此,刘旭光教授在跋中这样说:由于时代相隔有点久了,先生生前的信函、札记和手稿佚失殆尽,搜集整理的难度超乎想象……虽然费了些精力,还算是基本上搜集了先生以江恒源、江问渔、问渔、补斋、补学斋、蕴愚为笔名发表的教育类文章,包括独著、合著、联合署名的教育著述400余篇……

刘旭光教授的话显得轻描淡写。但众所周知，近现代中国的知识分子都有其名其字其号，还有别号、绰号，甚而以书房、籍贯、典故等署名，加之手稿、记录稿字迹等等，都需要一一鉴别、校正、考辨，需要阅读大量史料以佐证、归纳方可完成，其中的感受难为外人所知。完成这项工作，整理编著者必须具备相当的造诣、定力和素质条件，具有一种情怀，一种拒绝浮躁和虚妄的心态，一种于灯火阑珊处甘于寂寞、习惯冷板凳的习性，否则势必功败垂成。

显然，编著者具备这些素质条件，这种锲而不舍的精神与动力，我们从跋中可以看出端倪：第一次知道江恒源先生，是在求学期间，因为他是从我市走出去的享誉全国的著名教育家；待工作后，才知道先生曾任职校长的江苏省立第八师范学校是编者的工作单位——连云港师范高等专科学校的前身；再到几年前才发现先生是中国民主（政团）同盟的创始人。这些种种的因缘，促使编者去挖掘、去了解先生。

这段朴实无华的道白是编著者纯真情感的流露，是令人感动的一种可贵的情怀。就是这种情感和情怀，促使刘旭光教授以严谨的态度完成了一件很有价值很有意义之事。我们在表示祝贺之同时，应该感谢民盟江苏省委和连云港市社会各界的远见卓识。我们这代人，是站在江恒源等前辈的肩膀上，有着远比前辈当年更优越的条件，更广阔的视野，更高的起点。站在这样高的起点，我们任重道远，需要一种坚忍不拔的精神，去创造更加辉煌的历史。

值得引起注意的是，中共十八大以来，特别是全国职业教育工作会议后，中共中央将大力发展职业教育作为落实科教兴国战略和人才强国战略，以推进我国走向新型工业化道路，解决“三农”问题。这是全面提高国民素质，把我国巨大人口压力转化为人力资源优势，提升综合国力、构建和谐社会的重要途径。

与此同时，习近平在中华职教社成立一百周年的贺信中，对职教社在新的历史时期发挥更大的作用提出了殷切的期望，鼓励他们要不断为促进我国职业教育发展，为实现“两个一百年”奋斗目标，实现中华民族伟大复兴的中国梦做出新的更大的贡献。

值此《江恒源教育文集》整理出版之际，为学习和研究江恒源先生的职业教育思想理论和实践，为发展职业教育、解决“三农”问题、提升综合国力、为实现“两个一百年”奋斗目标等决策，提供了宝贵的历史镜鉴。因此，《江恒源教育文集》整理出版，是一本于诚、顺势而为之举，可喜可贺。

毫无疑问，江恒源先生的教育思想是我国近代教育思想的重要组成部分；是近代中国爱国知识分子成长的真实写照，也是中华职业教育社、中国民主同盟所经历的发展道路的见证和缩影。从这个角度讲，《江恒源教育文集》整理出版极具现实和深远的意义，一定能够引起各界有识之士的认同和思考。

《江恒源教育文集》整理出版，感佩刘旭光教授严谨的治学态度和锲而不舍的精神。如他所言:搜集整理《江恒源教育文集》“受限于编者的知识和视野,受限于技术和精力,尚有未能收录之文……”我不认为这是客套,而是他由衷之言与求实的精神。我赞赏这种谦恭与包容的态度。发现真理并非一次完成,故挂漏与考辨商榷之处成为难免。因而,我期待《江恒源教育文集》有新的续篇。希望有更多的人能看到这套书,深读之并收藏之。

是为序。

全国人大常委会委员
民盟中央副主席　张　平
中国文联副主席

2019 年 12 月

目 录

第一卷

第二卷

第三卷

第五卷

第六卷

论各地方亟宜组织学术研究会

读者诸君：甫阅吾文之题目，当必以老生常谈视之。即著者自知此文之绝无价值，亦未尝不视若老生常谈也。虽然，天下有至平庸之事。举世视为老生常谈，不足置诸轻重者，苟能实力行之。转与国家政治社会文化有绝大之影响，此其例亦非不少概见。如吾文题目所云云，殆其一也。惟然，吾不得不以其理由与其办法举而笔之于篇，以就正于海内留心社会教育之君子。

昔者一乡一邑之间苟有二三讲求学问之老辈，主持文教，奖进后生。一时优秀之士，受其甄陶，交相濡染，靡不以读书为至荣，视求学为天职。风声所被，徒众日多，虽其所学未必尽切于实用也。然若经史若文词若经济，要皆认其有锻炼智力发展才能之效。至若诗歌绘画习字等，虽属雕虫小技，亦不能谓其与社会文化无丝毫之关系。其所缺憾者则以未能广求世界之知识以适应时势之需要耳。十年以来，新教育兴。而各级学校，相继设立于京师、各省。中外学科，力求完备。其所以谋发达学子之心力体力，俾造就有用之人才，与健全之国民者，可为周且至矣。卒之，学校教育之效果，不克如其所期。而各地方兵燹之余，黉舍且多鞠为茂草。社会之中求如昔日结社讲学聚友论文之风已渺焉不可复见。一县之中，若成人、若青年，或从事于公务，或经营乎私业，殆不知学问为何等事。父兄子弟之间，不闻以是相诏。友朋交游之际，不闻以是相规。此等景象虽不敢概诸全国，然以吾所见闻之各县，而实际如是者当亦不少也。此一事最有感于吾心辗转阅数载而不能去。私衷计虑，以为今日学校教育之效力，既如此其微，而各地方又决不能无中坚之国民，以承前而启后。但欲达此目的，则在在均需乎学术是必于学校之外，组织一机关焉。与不在学校之成人及青年以求学之机会而后可，此吾年来所以有组织学术研究会之主张也。乃者稍稍研究社会教育，见乎欧美诸邦学校之盛，迥非吾国所能及。而于社会一方面，如各种学艺讲习会、研究社、函授学校、图书馆、博物馆等。犹积极推广，不遗余力，几使全国之人无一不生活于学问之中。彼中教育家至谓实效教育，当周被于一生。且谓成人受学，其效较童年为尤速。至是，愈证明吾之所见为非谬，而益确定吾之主张矣。

以个人之经验言之。当清光绪丁酉戊戌间，既揭改革之幕。海内读书之士，始晓然于世界列强之大势。庚子以后，创痛巨深，举国益奋然有所兴作，知非兴教育讲实业不足以雪耻而图存。一时各地方旧学稍有根柢素为社会所推崇之士，乃奔走呼号于闾里之间，慨然以开通风气振兴地方裁成后进为己任。一方则结合同志购阅书报，以吸收新知识；一方则创设学校，教育青年，或且投身于较高级之教育机关，以研究应用之学术。斯其所取得之知识实皆出于自动而才能之锻炼亦属于此焉。今日各地方所有主持公益之人，能具有士夫之资格，足为社会之中坚者。吾知此项之人，犹居其多数也，此非著者一人之私言。凡今日经历旧新过渡时代者，回首当年，前尘宛在，当知吾言之不谬也。不幸国家多故，生计日艰，益以种种境遇之所迫。驯至地方稍具才识之士，或溷迹政界，藉图升斗，或厌闻时事，自托孤高。至是社会之活动力乃大减，而志气亦销沉矣。以此之故，愈可证明，欲养成社会之活动力，不可不养成地方之中坚人物，欲养成地方之中坚人物，非研究学术不为功。且在今日意气销沉之社会，尤为百不可缓之要图也。就地方以言，似不妨以一县为本位。一县之中，除已入高等专门中等初等各项学校者外，其有号称中上流社会，足以维持风俗转移习惯左右舆论之势力，可居一地方中坚之地位者。约分数类如次所列：

（一）品行端正，曾受旧教育且略具新知识，素为乡里所推重者；

（二）现充初等中等教育各学校教职员者；

（三）饶有资财，略具新旧知识，素主持地方公益事务者；

（四）曾毕业于中学校、高等小学校，而家资足以自立，因特别原因，不获复入较高级之学校者；

（五）曾毕业于中学校、高等小学校，或甲乙两种实业学校，现在从事地方公务，或经营农工商各业者；

（六）未入学校，因受家庭教育，略具旧识新知，现正从事地方公务，或经营农工商各业者。

以上六项所列之人，使能各就其所需要，吸收应用之知识技能，以增长其活动力。分言之，则个人之事业，因之发展；个人之幸福，因之增进。合言之，即发达一地方之事业，增进一地方之幸福也。

然今日各地方之现象果何如？试再一赘言之。贤达之士，半具悲观。明知国家兴亡匹夫有责，第以受诸种感触之故，驯使流为消极。私室惟闻太息之声，地方实乏兴作之举。其作学校教师者，第以教授之不辍，自以为尽其天职。经理地方公益者，第求现状之维持。自以为无惭清议。若夫自谋生活，从事农商，则绝无企业之热心，苟求温饱而已足。至若社会腐败之习，薰染及于中上流社会，则又无间于青年成人，均不能超然有以自拔。呼朋引类，征逐于酒食之场，骋情于樗蒲之戏，纵欲于狭邪之游者，比比皆是。其所以摧残精神，斫丧体质，消耗经济，害之直接中于个人，即间接中于社会。夫以吾贫弱之国，立于二十世纪竞争激烈之世界，其国民与世界相见之常识，应如何力求趋合于完全之状态，以免露其窘缺。则虽遍设教育机关于通都县邑，驱一市之人，而咸受陶冶，犹虞不足。岂有居一国中坚地位之中上流社会，疲敝萎悴，至于如此。而谓可于世界政治经济潮流澎湃之旋涡中，得以图一日之安，虽至愚者，亦不能受其绐也。

今日学校之设，已十余年。高等教育，固为国家养成有用之才；中等教育，亦为地方育成贤良之士。其毕业于中等教育各学校，而活动于地方者，未尝无人也。然是否具有社会中坚之价值，吾犹未之敢信。以其在学校之时期言之，教育偏于注入，则自动之力减；训练未能合度，则自治之力弱。所谓心力体力平均发达，且使知识一方与实际生活相接近者，不过学者一种鼓吹之论调耳。能实施于学校者，吾决其必居少数也。年来提倡社会教育之声，亦洋洋盈耳矣。一切计划，是否已悉推行。推行矣，是否著有成效，姑不具论。第以著者区区之愚，窃以为果欲求社会教育之实效，则必自中上流社会一部分之教育始。盖中上流社会者，夙为群群众所瞻仰。而有左右群群众之能力者也。中上流社会之道德智力果完备矣，则所谓广泛之社会教育，当不难反手而奏其效也。且在立宪政体之国家，未有不注重地方自治者。然地方之所以能自治，必负有一部分中坚之士民，普及教育也，发展实业也，改良风俗也，尊崇礼让也，振兴工艺也，处理救恤与卫生也。断非少数官吏，计划设备所能周。吾国民苟无相当之能力以应之，则所谓自治者，亦终于不治已耳。今试证以吾所知之各县，其中上流社会之学识优者，则其地方之文化实业，必有可观；其无学识者，则对于地方公务，不出于积极之叫嚣，即出于消积之放弃。而其无裨益于社会，则结果同也。

著者所认为各地方之中上流社会，非如旧教育时代，仅限于举贡生监也。其范围似较昔时为稍广，凡能读书明文理、略具常识、有自立生活之资格者，皆属焉。如吾上文所列之六项，大率可以赅之。且吾主张所研究之学术，亦非求高深学理。如大学院学士会也，极端采用实用主义。一方面期于养成士大夫之人格，一方面在发达职业上之知识技能，以期应用于实际生活。由前以言，则不可无文学之修养、政法之知识，所以育成高尚优美之德性，与处理事务之才能也。由后以言，则不可无农工商学识之灌输，所以造成经营实务之长才，扩张生业之远识也。且也于发展心力之外尤须锻炼体力，故于卫生及医学等浅近方法，又不可不知之。且能行之也，西哲不云乎。健全之精神，存于健全之体质。盖世界有数之大学问家大事业家，无一不具有坚强之体力者。个人之有活动力也，不外心身两力发展之结果。活动力之大小，事业之消长，随之积人成国。则一国活动力之大小，而国之强弱，亦判焉矣。吾之所望于各地方之中上流社会，必从事于学术之研究者，亦蕲养成各地方大量之活动力而已。所有学科，当然较旧教育时代为完全而适于实用也。

美国哈佛大学校长伊哈脱氏，当代教育家也。其所著《实效教育论》，谓实效教育在养成疾速及集中注意之习惯，斯言实有至理。盖疾速之效，在于节省时间而集中注意之最高能力，乃能力中之最有价值而为事业与学问之源泉者也。此种能力，在成人之养成，较童年为尤易。彼现在学校生徒，以学科之繁多，勉力修习，实非尽为目的所驱使。转不如置身实务之社会中，时时以时势之要求，生活之需要，迫于个人理性之自动，使不得不求取知识技能，以自满足其欲望。故对于所研究之学科，乃可加以充分之注意也。且知识之取得，又不仅恃乎书籍。凡社会之事事物物，有足供我取裁者，无不搜而储之脑海之中，加以镕冶，使产出有用之新材料，以增吾之活动能力也。所谓集中注意力之易养成者，职是故耳。就此一端以言，则学术研究会效力之宏大，又将优于学校教育矣，试进而论其组织。

研究会于学术之分类。可如次所列。

第一部　伦理　教育　文学　史学　地学

第二部　政治　经济　法律　国文　统计

第三部　农业　工业　商业　簿记

第四部　卫生　医术　数学　生物学　物理　化学

上列四部，不过各依其类之相近者，而略分之耳。就文实二科言之,则第一第二两部,可属于文;第三第四两部,可属于实。质言之,即前二部概属于精神方面,后二部概属于物质方面也。凡入会研究者,各随其性之所好,可以自由选择。一部之中,固不必门门遍习。即于二、三部中任择一二门,亦无不可。大抵旧学汉文有根柢,现正从事于地方教育或公务,则所研究者率以前二部为多。但如实业及卫生之知识,又非可恝然不顾也。若有志经营生产事业,或欲考究理科,则所研究者,率以后二部为多。但如伦理国文等之基本学问,又非可漠然置之也。要之斯会设立之目的,在于应研究者之需要,以力求适合于时势,故无取限以定程,施以严格也。不观今日欧美教育学说之新趋向乎?学校学科,深苦其繁。辄以不切实用且蔑视生徒自由选择之权利为病矣。对于学校教育,且有如是之主张,矧在局部之社会教育哉。

就各部分析言之,如第一部中伦理学之范围极广。凡本国伦理书籍及外国伦理学说,固宜一一研究也。更宜考察地方风俗习惯,旧道德究应如何保存,新道德究应如何取舍,其可提出问题以资研究者,事实至夥。盖示人道以准绳,纳斯民于正轨,非此末由也。教育一门。不仅学校之设备,教授训练,一一均当讨论也。即通俗教育,必如何设施,而始可收效。关于教育行政,必如何计划,而始克进行。既考其学理,复征之经验。则研究之资料,必触处皆是矣。至若浚发心灵,涵养德性,则为文学历史地理三者之特效,所以使人之品格进于优美高尚之域也。而取得其应用之智识,尤其次焉者矣。历史地理关于本国者,尤应特别注重,文学之范围较广,则凡吾国之经学小学百家之书,以及近代中外名人之文辞诗歌,有可以认为文学而研究之者皆是也。第三部政治经济法律三门中,宜注重于现行法令之解释,及国家财政与社会经济之状况。国文则公私书牍等应用之文重焉,至统计则尤与修法学者有密切之关系也。第三部所列各门,则纯为实利主义之教育。俾一般经营生产事业者,增其智能以农言:肥料宜如何配制,种子宜如何选择,土壤宜如何改良,农具宜如何使用,农场宜如何管理。以工言:土货用何法改造,洋货用何法仿制,销路用何法推广。以商言:商德商智如何使之增进,组织如何使之完善,广告法如何使之有效,研究有得,实利随之。利益之宏,当操左券。至簿记为整理财产最良方式,旧式如何改良,新式如何采用,则又一般实务家不可不具之一种知识也。第四部中各门热心研究者比较的当居少数,此因物理化学动需试验,数学自修,较乏兴味之故。然不能因其居少数,而遂不设此部,使研究者有向隅之叹也。且如卫生学及浅近医学,在吾国素不讲求。体育之于社会尤当特别注重,盖健康实为事业之资本,关系人生幸福者,至重且巨也。以上所论列于各门学术之特质,与研究之方针,既略述其梗矣,试再论及研究之方法。

每部宜公推主任两人或三人。其资格不必于本部各门学术,均极精通也,但能于部中一二门,稍具特长,且常识略优于常人,而又能热心研究,长于整理事务之才者斯可矣。四部主任中,并宜公推两人或三人,兼充本会理事,以主持全会之事务。研究方法,约分数种如次所列。

(一)开会:常会、临时会;

(二)通函:提出问题、质疑、发表意见、介绍新知、调查报告;

(三)发行日报及杂志;

(四)购阅书报;

(五)讲习:长期讲习、短期讲习;

(六)结团游览。

设立斯会之宗旨,在于研究学术。故非仅聚集会员,为一形式的开会,所能毕乃事也。且会员大率散居各地,各有固定之职业,若时时召集,殊形不便。但关于会中全体应行议决之事项,有不能不以开会之手续行之者,此又事实上之无可如何者也。故著者主张,每年开常会(即全体大会)一次,临时会则可遇必要时召集之,不必限于全体也。通函研究一项,实居最重要之地位,会员中有提出问题、质问疑件、发表意见、介绍新知、调查报告时,均可随时通函本会,由各部主任分别通知各部会员,其有解决问题解释疑义之文寄至本会者,复于各部主任随时发表之,且可附以评论。惟欲达此项研究之目的,有最不可缺之一要件,则印刷物是也。发行月刊,少则一册,多可数册,否则即于本会所发行之,报纸中附录焉,亦甚便利也。讲习则延请专门学者,讲演一部分较精深之学术,会员皆可出席听讲。长期则分一年、半年、三个月(或二个月)数种,无论每部内何门,如认其足供地方之需要,或某项专门学者,有容易延请之机会时,均可酌量举行。短期则为一个月、三星期、二星期、一星期、三小时等,或因某会员对于某门之研究有心得,或因名人过境,对于某门提出特别讲习题,均可延请讲演。除附近会员召集听讲外,并须以印刷物公布之,俾知识之灌输,及于全体。购阅书报,亦为取得知识最重要之事。分别新旧书籍各种杂志,按部分门,随时购置。选择之权，操之主任，凡属会员，均有阅书报之权利。惟欲达此种研究之目的，则又不可无规模较小之图书馆。附近会员，既可随时赴会。即远道会员，亦可择要借阅，克期缴还。凡新购书籍，须由各部主任随时以印刷物通知各会员，记明书报目录，及内容之大凡。至发行月报杂志，及团结游览，则集思广益，增长新知之效尤为宏远，稍有常识，无不知之。研究方法，当不外此。试再论及经费，会中书报费印刷费，实为大宗。如开办之始，能得巨额之款，购置印刷机器一具，组织图书馆一所，备新旧图书数千册，则甚善矣。若不能，亦可由少数同志，人各出资少许，先备购书之费。刷印物不能用机器印者，可以油印代之。约计每一会员岁纳之费，多则银 5 元，少则银 3 元而已足。夫参天之木，实始于根荄；矗云之楼，必立其基础。语云：作始也简，将毕也巨。天下积极事业，大都如是耳。果能利益及于士民，信用昭于社会，则富豪慷慨以解囊，公家殷勤以补助，亦非势之所难能也。惟开办之始，甫具雏形，绝对不宜存斯想耳。此中消息，关系绝巨，大抵于社会事业稍有经历者，当能体察及之也。

以上关于研究会之组织，不过述其概略。其详细办法，须有章程，另行规定。至名称之是否合宜，则愿待商榷，第以著者个人之主张。窃认此为今日社会最有价值之一种事业，则诚几经思考，而自信其无稍疑义者也。

夫国民教育，人才教育，职业教育三者务宜并重。此则研究今日学校教育者之通论也。盖仅仅发达一部分之国民教育，则其结果，必至造成多数不能任事、不务生产之高等识字游民。而于国家政治社会生计两方，转生萧索之象，甚非计之得也。惟今日债台高筑,公私交困,国家既难偿推广高等专门及大学等校之宏愿,地方又安有遍设甲乙两种实业学校之余力。夫国有无才之叹,民多乏食之虞。则邦本动摇,危乱必至。证诸历史,可为寒心。是以著者推论及此,更不得不对于地方学术研究会抱无穷之希望矣。以研究会之效果,诚不能造成国家之人才,以宏济时艰。然未尝不可以造成地方之人才,以主持自治。不得已而思其次,倘全国一千八百余县,而成有此会。且著有成效,则于至贫极弱之中国,未必不稍稍有所补救。而况各地方既不能一时大兴职业教育,而有此种机关以助之,其裨益社会生计者,更无涯哉。嗟乎!支大厦之倾,难恃一本。立树人之计,奚待百年。地大物博,我国实有可为之资。虑远思深,吾党岂乏贤明之士。倘不以鄙言为河汉,而赐予商榷焉,则诚著者之所大幸也。

斯文作于三年岁杪,当时中日交涉犹未发生。今则创巨痛深,较昔为如何?不知如吾文所主张者可有万分之一,当于国人救国之恉否也。著者识。

(原载《教育研究》,1915 年第 24 期)

民国二三年间全国实业学校教育之概况

实业学校教育原可分之为二。一曰人才教育,一曰职工教育。由前之说,则大学农工商科及专门实业学校之所有事用以养成实业人才,以具有高深之学术、专门之技能,领袖农工商业诸界者也。由后之说,则职业教育之所有事用以养成多数职工供专门实业家之驱使,因以增殖产业改良生计者也,并世诸文明国其实业之所以勃兴者殆无一不取道于此。

吾国十余年以来,与实业之声亦洋洋盈耳矣,然其效果究何如者新式组织之公司工厂既已失败,频闻而所谓旧式之农工商业则无识无能,凋敝日甚,以致外货充斥于市场,人民难给夫衣食,长此不振,国何以堪,呜呼。吾邦人君子其思之其重思之,一公司工厂也无专门人才以任重要职务,无曾受教育之职工以分司诸役,蕲其发达何道之从,一社会也,聚无识无能之人以经营农工商诸业改良之望云胡可期,盖欲兴实业而不假道于教育譬之无源之水,沟浍虽盈而易涸;无根之木,枝叶既具而旋枯,诚以二者之关系至切合之,则相辅以有成,分之则两失而俱败也。

吾持斯议既阅数年兹读教育部所编之最近教育统计,获知民国二三年间全国实业学校教育之状况,乃益感于余怀爰摘其原表所揭各数略加编制，分别论列附以愚见，以告当世区区之愚冀，为邦人君子供钞胥之役用备遗忘已耳，若云意见之商榷则吾岂敢。

一、全国实业学校教育之状况

兹据教育统计表录全国实业学校数生徒数如次。

表中所载为民国二年八月至三年七月之实况以下各表同。

（原表略。编者注。）

观此由知甲乙两种学校均以习农业之生徒占多数，专门实业学校由以习工业之生徒占多数。

夫甲乙两种学校其所设施者，皆所谓职业教育也，增进地方之产业，改进社会之生计，胥于此项毕业生徒是赖。以愚所见就吾国行政区域略略计划，凡甲种实业学校平均每一省应设十二所，特别区域虽较少，平均每一区亦应设五所，如此计之则合二十二省，即应设二百六十四校，合五特别区域即应设二十五校，总计之即为二百八十九校，若以现在之数比之，则仅得其四分之一耳。乙种实业学校平均每一县应设三所，全国一千八百一十五县，即应设五千四百四十五校，若以现在之数比之，则仅得其十六分之一耳。须知依愚所规画亦属最少之数，试取日本大正元年教育统计所载之甲乙种实业学校一项参观之。

（原表略。编者注。）

夫以吾国幅员之广、人口之众，彼乌可以望我，然而我之实业教育状况则既如斯矣，视之宁不滋愧。

据教育统计表所载，在初等教育学校一栏内，除初等高等乙种实业三项学校外,复列有其他一项,不知已否包有实业补习学校一项在内,未经说明,无从检查,殊为遗憾。而吾观日本统计实业学校一表,见其实业补习学校发达之盛,窃叹彼之所恃以为普及职业教育之具者,其根本乃在于此。以农业一项论,合计男女生徒人数至二十数万人之多、效力之宏,可以想见良以实业补习学校之创办实较乙种实业学校为易既可于他种学校内酌量附设,而如商会农会等之实业团体尤应负筹设之责,吾国果欲谋职业教育之普及,似不可不于此注意矣。窃愿当代教育家一议及之。

抑吾闻之,职业教育非必怵甲乙两种实业学校所应负其责也,即中学高等小学亦应分负其责焉。盖于普通科学之外兼授以职业上之知识技能,以为出校后谋生之预备此法在美德诸国实已施之而大收其效。吾国现行学制,采自日本,论者或谓普通学校自具特质,不应羼入职业教育以紊其统系。然如此持论实无以解于毕业中小学后而不能自谋生活之生徒,是以应时势之要求,似不可不稍稍变其方法。惟根本改良关乎学制问题事极复杂,非片言所可解决。但就今日已成之中学、高等小学,亦不妨略加职业教育,以引其端而观其效。现在如江苏中学已有试办者矣,并愿当代教育家一议及之。

专门实业学校校数及生徒数比较的似不为少,然以吾国现在实业人才之缺乏,实业学校之师资取于是农工技术专员,取于是商界之主要人物,取于是证诸供求相应之理。现在之数原不为多,试取日本统计所揭之专门实业学校表一与吾国相对照。

(原表略。编者注。)

兹再列实业学校毕业生数如次：

（原表略。编者注。）

观此则知三项学校毕业生均以农为最多，依愚所推测，凡此项毕业生之出自专门学校者总数为七百三十二人，其中充官吏公务员及学校教师者当居其多数，真正从事社会生产事业者究属有限，政府当局似不可不一调查之也，其出自甲种实业学校者仅一千三百三十四人，数已微矣，出自乙种实业学校者仅一千七百四人，则其数尤微，盖按照地方以为计平均一县犹不能获一人试问对于社会尚复有何影响之可言。

二、各地方实业学校教育之状况

以上所列者仅就全国实业学校之总数撮要言之也，兹再就各地方分析而一述之。

专门学校国立者多，省立者少。兹论述各省实业学校，特仅及于甲乙两种而于专门一项，则付之缺如亦可司理职业教育责乃专在地方也，列两表如次：

（原表略。编者注。）

甘肃、新疆二省，热河、绥远、察哈尔、川边四区均无实业学校毕业生数。

（原表略。编者注。）

安徽、陕西、甘肃、新疆、广西五省，热河、察哈尔、绥远、川边四区均无据前二表所列，可就各省两种实业学校之各项生徒数及毕业生分别第其先后成二表如次：

（原表略。编者注。）

观察两表就推测所得条列如次：

（一）凡地方素称富庶，文化较为开明者，其实业学校教育必较为发达；

（二）凡地方受外力之迫压与刺激者，其实业学校教育必较为有生色；

（三）凡地方如有贤官绅之提倡规画，其实业学校教育必较为可观；

（四）凡地方甲种实业学校办理有成绩者，其乙种实业学校必应之而发展；

（五）一地方现在乙种实业学校生徒虽较少，而甲种实业学校已立基础者，则将来之推广必较易。

于此有宜考究者数事：

（一）凡甲乙两种实业学校较多之地方其已毕业之生徒对于社会究有若何影响；

（二）凡已毕业之实业学校生徒，属于甲种者是否多数从事于农工商业，其作小学教员者对于高等小学所施之职业教育，是否能收实效，属于乙种者是否具有自营生活之能力；

（三）凡乙种实业学校较多之地方其教授农业者是否皆备有完善之农场，教授工业者是否能利用本地方之物产，教授商业者是否能适合本地方之习惯；

（四）实业补习学校各地方已设立者有几，各地方实业团体中已附设者有几；

（五）凡各地方于普通教育学校内已增入职业教育者有几，

其办理之情形如何，效果如何。

于此有可异者数事：

（一）以京师首善之区工商业素称发达而无公立之甲种工商业学校、乙种商业学校；

（二）原非最贫最僿地方而甲种实业学校竟无一所或并乙种而无之；

（三）各地方商会农会为数至多而设立甲乙两种实业学校者绝少。

宜考究之事则地方教育行政长官及省县视学宜详加考察，谋有以改良之，可异之事则官府与社会两方应共负其责任，善为筹画而设施之。次复就实业女学校列一表如次：

（原表略。编者注。）

于此所宜考究者，如江苏、福建、浙江、湖南四省，其学校之设备究何若？已毕业之生徒有无影响于社会。

三、实业学校经费

全国实业学校岁出岁入表如次：

（原表略。编者注。）

地方实业学校岁入岁出表如次：

乙种实业：

（原表略。编者注。）

甲种实业：

（原表略。编者注。）

吾国用于实业学校教育之经费，戋戋者仅有此数，儗之各邦毋乃不伦，而国人不察犹动谓公私交困，遑有余力谋及教育不知一岁之中耗于官，耗于兵，耗于水火盗贼者，何可胜数乃皆视为当然，无足深怪独于此教育经费靳而不予究，不知其是何居心，须知家道中落欲图振兴仍当期诸子弟节衣缩食，设塾延师。虽在巾帼，犹明斯义。若使愚而不教则贫者益贫，既堕家声且害社会，一家有然，一国又何独，不然吾深愿吾贤明政府与地方省县长官悚然惧大祸之将至，迅为失教之子弟谋治生之方，即为垂危之国家筹救亡之策，尤愿吾贤明国会省县会议员毋削减其所预算之经费，以掣其肘，庶几取耗于官兵水火为盗贼所未尽之最少部分，留以供设塾延师之用，数年而后，吾民或有来苏之望乎，否则非吾之所敢知矣。

（原载《农商公报》，1916 年第 3 卷第 4 期）

国文学教学法商榷

——（以讨论高级中学国文教学问题为主旨）

恒源不自揣量，谨以课余，冒昧草为斯文，敬向海内教育家、国学家、及文学家商榷。如蒙教正有加，岂仅一人之幸。爰揭目录，列如次方。

（一）吾何为而作斯文（作斯文之动机）；

（二）关于国文学上之见解；

1."文学"一辞之两释；

2.旧式文章分类法之当否？"美文"与"应用文"之区别是否合宜；

3.文章修饰之必要，及判定文学价值之标准；

4."文"与"学"之关系；

5.教学国文学之目的。

（三）各级学校国文教学之标准；

（四）高级中学国文学教学方法。

一

吾何为而作斯文也？其动机盖有三焉。

（一）以为方今各级学校，关于国文课程，尚少一定标准；作品选读，程度不齐，历阶以升，每苦难于衔接。

（二）以为方今文言语体，置辨斤斤。一理各持，不容稍曲。而于文章体质之变迁，学生心能之发展，尚未加以顾虑，得一较为合理之主张。

（三）以为自动教育之说，倡兴有年，国文一门，用之尤要。其在高级，教本选文以外，最重读书。指示启迪，端赖教者。顾必如何乃可适合青年心能，以期施行有效，此中确有讨论余此。

用是怀疑，不能自已。年来研究所及，已屡思有所陈述矣。任授斯科，历时两稔，经验稍积，所怀益多。而认定新制之三年高级中学，或旧制二年之大学预科，上衔“大本”，下接“初中”，学生求知之欲正强，心能发展之度亦速。教者于选材施教，更不容掉以轻心。若仅选读无统系之单篇古文，遂可谓厌其愿望。在势恐有所难能，敢以斯题“高中国学教学问题”为中心，而略摅其管见。

二

兹于未论述本文以前，应将吾对于国文学上之见解略陈数端，先求指正。诚以此数端者，皆与教学斯科之进行，在在发生关系，若不预为辨明，将无从立其标准也。

（一）“文学”一辞，定义界说，论者至伙。依吾愚见，窃以为一名之下，二义俱存。分别以观，恰得两解。（1）指文章自身。凡属较有价值之古今作品，无论其为散文、为骈辞、为韵语、为质言，皆可以文学目之。此一解也。（2）对于古今较有价值之文章，加以精密之研究，以研究之过程，与其结果，一一笔之于书，即可称以“文学”。此盖以文章作品为研究对象。正如生物科学，以生物为对象；人生哲学，以人生为对象者同。“学”之一名，本由自动词转变，既称曰“学”，对象以存。文学对象，文章是也。此又一解也。其在普通用语，曰“此篇文章颇具有文学价值”。或读竟一文，目之曰，此是好文学。盖皆限于前一解而言之，即所谓专指一种作品，而称之以文学也。若对于各种作品，或论究其构造，或分析其体裁，或说明其变迁，此则属于第二解之文学矣。

（二）“文”“笔”之分，由来已久。一般人见解，以为“文”属美文，用以抒情；“笔”为散文（指无韵者），取以说理。纪事纪言，介于两者之间，核其性能，却与说理文为近。而壹以应用为宗，自是以还，“美术文”与“应用文”之严格区分以定，相袭相因，遂至一成而不可变。抑知文章用代语言，本起原于应用，如必作狭义解释，为之特设“鸿沟”，则美文一名，将为韵文、骈文所独占。而一切无韵之质言散体，皆可被排斥于美文文学范围以外矣。甚者视美文为神密的、非理知的、超常识的一种怪物。毋庸求普通人以易知其结果也。遂有专重外表、不重内容之主张，以为文章中有纯粹文学。真正文学一种，决非普通文法论理所能规范。

此种因袭见解，于文学研究上，及文学发展上，实发生莫大障碍。章太炎先生独能大声急呼，力破斯说。彼既认定一切著于竹帛之物谓之“文”，又认定说理之文亦有感人价值，其用并无殊于抒情之诗歌。其言曰，“身有疾痛。闻幼眇之音，则感慨随之矣。心有滞疑，睹辨析之作，则悦怿随之矣。”此盖并说理文与抒情文为一谈，而不复显分其效用者，斯诚可谓具超人之卓识矣。

夫文以代言，起于应用，本为千古不易之论，有情赖以抒，有事赖以纪，有理赖以辨，皆所以为应用计也。

愿应用之范围有广狭，应用之程度有高低。古今作者如林，或传或否，宁能一致？凡属精心结撰之作，以时间言，足以传诸异代；以空间言，足以播诸远方。斯必文章上应用之效，不同于寻常；亦可言文章上文学之值，迥殊于庸众。语乎广义，则代表语言之符号，皆“文”也。义稍狭，则于一切“文”中，有所谓“文章”焉，则指其造句成篇有组织者言之也。义益狭，则于一切“文章”中，有所谓“文学”焉。则指其传久播远，效用较著之作品言之也。表册簿记，可称“文”，而未可称“文章”。契约条款，可称“文章”，而未可称“文学”。文学云者，必文章于应用上具有特殊价值。写情则为人人心中所欲发，说理则为人人心中所欲言。夫人有情而不能自抒，有人代为抒之；有理而不能自达，有人代为达之。读斯作品；其有不沁入心脾，而感其愉快者乎。所谓文学之效，如是而已，兹分三级，列表如次。

文(广义)——无句读之表簿
文章(狭义)——有系统而成篇者
文学(最狭义)——文章应用较广足以传久播远者

散文{韵文、质文}
骈文{韵文、无韵文}

于此复有一义,应辨明者。所谓文学之效,视其应用之价值如何。此殆专就人类生活中之高等精神生活言之,并无与于日常生活之应用。不然,则干燥无味之法律条文,千篇一律之官府文牍,社会交际之通用契约,其应用又何尝不广。然而遂可谓其具有文学价值乎。此则稍具理性之人,咸能判别之也。

(三)文章起于应用,原以代替语言,义至简明,略如上述。兹再详论所由,用以畅明厥旨,夫备一事之遗忘,求一理之明辨。纪事说理,两途以分,要皆以语言不给,乃始假以文字。至事须详其原委,物必明其形象,则后世历史与科学之所由生也。理有曲直是非,论辨必资知识,则后世哲学之所由起也。前者偏重客观,近于"惟物";后者偏重主观,近于"惟心"。其宗于理知,则实为二者之所同。惟人类精神生活,理知以外,尚有情感。而情感之支配人生,其效能尤重于理知。歌也有思泣也有怀。昔人所谓"情动于中而形于言,言之不足,故嗟叹之,嗟叹之不足,故永歌之"。又谓"情发于声。声成文。谓之音"。(均见诗序盖哀乐之感,表现于外,率用语言,助以词气。)此则诗歌之所由作也。纯依天然,取便讽咏,故言皆成韵。句调短长,固所不拘,其于语声,必求吻合。

如此一类,笔之于书,乃复自成一域。言其形,则有"韵文"之称;言其质,则谓抒情之作。韵文一部,可以被之管弦。斯则所谓入乐诗也。顾入乐者必为诗,而诗则不尽入乐。韵语拓其域,则箴、铭、颂、赞、辞、赋、哀、祭,凡属抒发情感之文。皆可厕此大名"诗"之下。惟如易之文言,老子之道德经等,皆在说理,亦多偶而成韵。此殆惧夫"言之无文。行之不远",故特修饰其辞，以期增其效用。斯固与抒发感情，未可相提并论。顾若抒情之作，载之编章，讨人玩味，其修饰之加，自亦必较殊于口说。

“文”重修饰，“言”多直率。一视应用之久暂以为衡，非必秦汉以后为然。周代尚文，其象已著。《论语》为孔门师弟问答之辞，依言纪实，故偶词俪语，为数绝少。以视《易经》《老子》，宁可同科。即在雅擅辞令之士，出口成章，亦意使听者怡悦。是则修饰之工，又乌可废。人类审美之性，“重偶”属于天然。阴阳配合，寒暑代谢，刚柔调剂，天工人事，几无偶而莫成。言文创作，必以整饬为工，其意一耳。言在空间，发而即逸。意固不求其永存，故无取乎修练。文则以垂久行远为旨。故笔之于书，迥异出之于口。文言攸分，距离日远，盖有由矣。战国“诸子”，意在述学。非专重文辞。而偶辞韵语，已屡见于行间。汉代有作，大启厥机。东汉、魏、晋，斯风弥扇，展转因袭，肉重骨轻。迨及齐、梁，华褥乃以成病。物极必反。爰有唐代文人之复古运动。自是以还，骈散判为两家，互相诋訾，势同泾渭矣。

平心而论，文以代言，口手虽殊，其用则一。惟修饰之辞，意以蕲华美，文言相较，不无稍差。此则势所必然，无可避免也。学文之士，第一步，宜求于文法无误，注意在一“通”字。第二步，宜求文辞动人，注意在一“美”字。文法合否，则文章上“是不是”问题也；文辞美否，则文章上“好不好”问题也。否侪幼而学语，长而习文，顺其心能发现之过程。对于言文，“是不是”一问题，既解决矣，自当进一步，再研究其“好不好”。如谓但求无悖于文法规律，“好不好”则以置而不问。此不惟人类知能所不许，向亦事实所难能。

惟所谓“美”者,不应只重形式,并应兼重内容。修饰之工,用诸外表,形式的也。或增辞以重语势,或减辞以炼文气,善用联绵形容之词。时假名实之字以作形动,此实吾国文学造语上之特长。

“舟凝滞于水滨,车逶迟于山侧”(见江淹别赋)。此与“舟在水滨车在山侧”者,迥不侔矣。“落霞孤鹜齐飞,秋水长天一色”(见王勃滕王阁序),此与直写景况。文字冗长者,迥不侔矣。韩愈善用长句,柳宗元善用短辞。要不经过一番锻炼工夫,盖一文之造作,或增焉,或减焉,形式虽各殊。而其为修饰也则一。若夫诗歌,借物抒怀,赋自然以人格,呼草木而共语。物我同情,天人交感,始本发自天然,继多加以修饰。发于自然者,山夫村妇,偶一能之。此正如天然美景,亦觉奇趣横生。加以修饰者,文人绘工,始善用之。盖因天然景物。未必皆能入画,势不可以不加人工剪裁,始能合于美之一增。此即所谓外形之美也。外形之美,如不幸而至于“虚伪”“雕琢”“堆砌”,则厄运以成,改革必继之以起。近年文学革命之思潮声浪,所以能风靡全国,适合人心者,以是故也。然若因此遂谓文章弗应加修饰,则未免矫枉过正。辄期期以为不可。内容之美,实质的也,立言必有骨干。骨干者何,思想是也。此不必说理之文,以思为主,即抒情之文。有感而发,心理表现,又岂可无根本思想,以植其基。吟风弄月,无疾呻吟,“病魔”所中,“诗魂”难觅矣。

故论文章之美,内容尤重于外形。周秦诸子之文,既已大率如是。即在魏晋名家,说理谈玄,亦岂仅以文辞为尚。至如近代流行“小说”,《水浒传》之所以为美,则以其有反抗不良政府之根本思想在也。《儒林外史》之所以为美,则以其有改良社会之根本思想在也。《红楼梦》之所以为美,则以其有反对婚姻不自由之根本思想在也。若无思想而仅具文辞,则文学之值,固已仅矣。至就作文方法以言,如科学论述,意在说明现象与理由,纯属客观。不杂情感、伦理,似与文学修饰,不可同科。惟其造辞布局,亦自有其规律存在,此则研究“作文法”者之所应有事也。

言文分途,由来已久。分途之因,则以文重修饰,语率自然。前文已略言之矣,今请折衷立论,以蕲其平,可乎。

(1)溯其本原,言文之界,自不应认其存在,惟修饰之工,则不能不认其有存在必要。若修饰而失其自然,是为文言之病,务必加以改革。

(2)作文宜以合于近代语言为原则,惟判其有无文学价值,第一,须视其内容之思想;第二,须视其外表之修饰。至其全篇结构,亦自有关系可言。

(3)居今日而仍重古典之文,自为时代潮流所不许。惟读古书之能力,则不可不设法养成。

(4)如系言而有物,再益以修饰之工、构造之巧,则无论其为文言、为白话、为古文、为时文、有无“家法”,皆可以传久行远,不失为文学佳品。

并世闻人。如章太炎之精炼渊雅,则近于古典之文也。如梁任公之畅达爽朗,则接近语体之文也。古人如吴敬梓之描写尽致,施耐庵之刻画入骨。近人如胡适之之精警美畅,则皆纯粹白话文也。表里交尽,亦宜乎举世翕然宗之焉。

(四)为文必根于学。学之要,在读书。此虽老生常谈,实则具有至理。自来天才卓越之士,沈思藻翰,文采斐然。然必"读书破万卷"乃可"下笔如有神",即非专在古籍中讨生活。如观察物理、游览山川、调查民俗,其用亦复与读书埒。且其所读,非死书,乃活书。善读而得其闲,既益于学,交益于文。文学本非单纯之物,原质组合,供自各方。试舍"活书"而言载籍,举凡古代学术论著、史传纪载、言文考证、文艺创作、近代哲学科学以及外国语文,间接直接,几无一而非构成文学之原料。

唯考吾国已往历史,凡属精研究学术,号称通人,或则劳思于义理之精深,或则敝神于考据之繁杂。而于文艺一方,能兼为精密之研究者颇少所谓。行有余力,乃可旁及乎文。散文之不能积极进步,此或为其一因。清代如汪中、张惠言、之俦,诚属不可多得。近世注意散文之修饰,仍推太炎、任公。任公自评,谓"笔锋常带情感",诚非自诩也。批评文学之士,自来感其缺乏。近代文坛。诚有一二辈稍稍露头角,顾真正鞭辟入里、洽理厌心之作,所见尚少,此亦吾国文学界一大缺点也。

(五)教学文学,目的不外三端:(1)养成学生欣赏力;(2)养成学生创造力;(3)养成学生识别力。欣赏力之可贵,非纯恃盲目的情感也。下等艺术,何尝无倾倒之人。是则端赖教者平昔明廸暗示。予青年以训练良机,小学已启其端,中学益扩其域。审美之感与活泼之知,必使之互相为用,以交尽其能。创造之功,往往先之以摹仿,展读佳文,大增兴趣,摹仿之念,油然以生。此在成年之初,斯念尤为强烈,然苟不慎所择,则慕古趋新,咸足滋其流弊。摹仿未既竟其功,则创造更难言其故矣。识别之能,含有二义。一在能读古书,一在能辩文质。此则资乎"学",资乎

"识"。学非积不富,识非练不精。虽赖天资,亦依教育,植根培本,可不慎乎。

三

继此可一言各级教学之标准矣,兹从小学起,讫大学止。依新制画成五个段落(五个时期)如次。

前期小学(国民学校)	三年(或四年)	第一时期
后期小学(高等小学)	三年(或二年)	第二时期
初级中学	三年(或四年)	第三时期
高级中学(大学预科)	三年(或两年)	第四时期
大学(大学本科)	四年	第五时期

第一时期,完全儿童学习语言时期也。学语本儿童天然本能,惟必如何指导、如何练习,使本能得以尽量发挥。外之不陷于语法谬误,内之不陷于思想笼统。势不可不取一种适当教材,以为施教之具。教材维何,"教本"是也。教本之所书,初单字,次单句,次小段,次短篇,必一一与口之所语相吻合。其组织之由浅入深,由简趋繁,则又随儿童思想能力,与语言组织能力之增进以为衡。尤应注意者,则为发音、字义、语势三端。故斯时必兼授以"国音",详释各字之本兼各义。亦必时时练习"对话",矫正其发言之声韵与姿势。达于高级(三年级),始令从事于短句短篇之作文练习,而仍以与言语适合为准绳。故此时期,可统称之曰"学语时期"。

第二时期,则儿童心能稍进,于学语以外,可兼令学文。盖斯诗作文既可成段落,对于文学上欣赏之能力,亦渐形发展。应选读有趣味之白话文及诗(亦可间授以极浅显之文言文),用以养成其欣赏力及创造力,并应为之讲授简单语法,析分字性及用法,随时指示作文技术。俾知一句一段一篇构造,必如何始可称完美、称明达。练习语言,仍不可废。而笔记教师口述,亦须稍稍注重。此时期。可称之曰“学文(指白话文)兼学语时期”。

第三时期,则可云脱却语言而进于文学矣。如学生辩论会之类,所用以练习语言辩术者,则令于课外之行之。国文教员,仅居指导地位,而不视为正课所关,此时选授文章。仍以近代有趣味之白话文为主。

浅显之文言文,约居全部中十分之三四。宜详示白话文言之异点,令其对照迻译,用以增进学生解读古文之知能。其养成学生欣赏力与创造力,与前期方法同,而程度则益进。讲授“文法”“作文法”,亦视前期加详,可以析分章节,由教员口述,学生笔记,按时收阅,为之订正。对于文章体裁,须为之判分大类,各详其形式及内容。其选授文言文也,除近代作品外,可兼及唐宋以上,须随时为之讲明古今文体变迁之概略。此时期中最注意者,为作文技能之练习,应令学生多作多读。读书方法,更须留心为之指导。作文应以白话文为正宗,但有愿作文言文者,亦听其自然,反对提导,两无所执。简单修辞法,并应为之略略说明。此时期可完全称之为“学文时期”。

第四时期,则学生之心能益进,求知之欲正强,读书习惯,既渐养成。其于古今作品,觉得本本皆佳,篇篇皆好,直欲泛滥群籍,始快于心。此诚大好时机,正宜善为利用。区区小子,敢大胆对于此一时期，郑重声明曰："斯时国文教员先生，万万不可仅以选授陈篇，练习作文，遂可自谓尽其责任。最低限度，亦必为之指示门径，授与工具，作有系统的研究"。盖此时之所以为教，所以为学，皆不能以"文"为限，势须扩充范围，进而入于"文学"之域，顺其心能发展之序，引之则进，抑之则退。青年学子，当以此为一生重要关头焉。依吾经验所得，知此时期之学生，一则欣赏之力，特别亢进，各随个性所趋。或则爱读诗歌，图感情之愉快；或则爱解哲理，求知识之开明。好批评，喜创作，意气发扬，不可一世。一则对于古今作品，喜为分析的研究、历史的考察，关于语言文字之起源变迁，更欲为之探其本、穷其原。皆其显著之现象也。教授国文之人，自以此时期进行为最难，亦以此时期关系为最重。盖学者起"前小"以迄"初中"，积七八年之长期发展与修养。至此对于国文一门，正如馁虎思食，必求一逞所欲而后已。过此以往，即达于完全成人时期，从事于大学专门研究矣。其为大学专攻文学哲学之士，固与国文学发生极密切之关系。即习法、习理、习农、习工之士，亦岂可置国学国文学于不顾。梁任公有言："四书、易经……白香山集，以上各书，无论学矿学工程学……，皆须一读。若并此未读，真不能认为中国学人矣。

"一个人总要养成读书趣味，打算做专门学者，固然要如此。打算做事业家，也要如此。因为我们在工厂里，在公司里，在……里，做事完一天作出来之后，随时随刻，可以得着愉快的伴侣，莫过于书籍，莫便于书籍。

"但是将来这种愉快得着得不着，大概是在学校时已经决定。因为必须养成读书习惯，才能尝着读书趣味。人生一世的习惯，出了学校门限，已经铁铸成了。所以在学校中不读课外书，以养成自动的读书习惯，这个人简直是剥夺自己的终身幸福。

“读者自然不限于读中国书，但中国人对于中国书，最少也该和外国书作平等待遇。(下略。编者注。)”

此为任公先生在国学入门书要目及其读法一文内所言之一节。意在提倡养成课外自动的读书习惯，诚恳指导，认为一身幸福所关。青年受益，自属不小。吾以为自动读书时期，应以高中一级为最重要。此其责学生负之者半，国文教员负之者亦半。如任公言，愿望实非过奢。且以吾国国学及文学之丰富，国民对于先民所贻赐之手泽，珍爱拂拭，又谁不应尔。关于本期教学方法，将于下文专节讨论。此处恕我暂略。至此一时期之名称。可假定之曰“学文学时期”。

第五时期，则为大学专修中国文学时期矣。精深博大，有如国立“北大”“东大”两校所列之国文学系科目，自非高等普通学校所能从事。若取前期而比较之，前期则可加以形容词，曰“普通国文学时期”。本期刊可称之曰“专门国文学时期”。盖前期所研究者，虽为有统系之文学，而仍属于普通。如研究语言文字之起原，在前期则统名以“文字学”，而无复细分门类。至本期则须区别“形体”“音韵”“训诂”，各为精密之讨论。如文章分类，在前期则仅就古人成文，区其形式，以资比较；至本期则分出某一个时代，某一人专集，某一种作品——如“两汉文学”“建安文学”……，“陆机文学”“韩愈文学”……，“诗文学”“词文学”“曲文学”“小说文学”“史传文学”……等。如文法、如修辞，其研究之范围，在前期仅限于本国，至本期须罗列各国为此比较的研究，由浅而深，由简而繁。盖非如此不足以资深造，亦不足以云衔接也。

兹再列为一表如次方

（时期）（学级）（教材）（教学要旨及目的）

第一　前小　语言（教本）　学语——练习发表语言之技能

第二　后小　白话文（教本）　学语兼学文——练习语言及作文技能

第三　初中　白话文约十六七、文言文约十分三四　学文——练习作文之技能

第四　高中　有统系的普通国文学　教学普通国文学——为有统系的研究

第五　大学　专科国文学　教学专门国文学——为精深的研究

此第就其主要者言之。如“小学”学语之时，兼重作法；“初中”学文之时，亦兼重读书。所以不及列举者，盖取其重略其轻也。

四

至此可专言高级中学之教学方法矣，兹试区为三部，条述如次。

（甲）就教者一方而言，应注意于“普通国文学”之组织，学生读书法及作文法之指导。

（乙）就学者一方而言，应注意读书及作文方法，以期养成高等欣赏力、创造力、及识别力。

（丙）就学校设备一方面言，应注意于国学、国文学、图书馆之组织与教学两方，均获有充分适用之工具。

（甲）项

所谓“普通国文学”亦可名之曰“中国文学通论”。其中所涵，为六部。六部之首，冠以“总论”一编，计七部，条列如次。

（1）文式学：此乃就古今文章，区分种类，论究体裁，即通常所谓“模范文”者是。惟此与普通所选“模范文”不同者，则于每一类之始，必论究其分类之主旨，本类文章之特性，各家作品之特色。此在“普通国文学”中，实占重要部分，亦可简称之曰“文式”。

（2）文字学：内分“字形”“字音”“字义”三项，用以考究语言文字之起原及变迁，又可简称之曰“文原”。

（3）文法学：此在初中即已略具根柢，兹再扩而大之，并须就古籍文句中各种特殊词性，提出条例，加以解释，又可简称之曰“文法”。

（4）修辞学：此以古今作品为例，分别说用其法则，又可简称之曰“文辞”。

（5）作文法：此则专论“句法”“章法”“篇法”之构造。与修辞学之性质范围不同。其在初中，已具有根柢，兹再扩而大之，提出要点，加以详释，又可简称之曰“文术”。

（6）文学史：此就古今文学之变迁，摘要叙述，又可简称之曰“文史”。

除前列六部外，所谓“总论”一部，关系亦极重要，总论中所论列，目录约如次。

(1)文学之起源；

(2)文学之定义及范围；

(3)治文学之工具；

(4)文学与国学之关系及文学在国学中之地位；

(5)文学与地域之关系；

(6)文学与思想之关系；

(7)文学与政治之关系；

(8)文体骈散之特质及变迁；

(9)小说之源流及价值；

(10)文学与外国言文之关系；

…… ……

讲授本编之际，其有古人及时人之成文，适合于本题，且认为有文学价值者，如孙仲容、章实斋、刘申叔、章太炎、梁任公、胡适之，诸先生之作品，皆可选授。否则即由教者自编充数亦可。惟于脉给联贯之间，不可不加以有统系之组织。其目的在使学者获得文学上之重要知识，及详知文学与学术相互关系，洞悉古今学术渊源。曩者教育部定章。大学预科有“学术文”选读一项，意即在此。惟仅授学术论著单篇，而不加以有条理之组织，贯串其间，则仍觉美犹有憾。是以愚意主张于前文所列六部之前，特设“总论”一编，归纳“学术文”一项于其内，较其效力，似视仅授单篇成文为大。

兹就前文所述，组成“普通国文学”统系表如次。

普通国文学（中国文学通论）

- 总论
- 文原——文字学
  - 字形
  - 字音
  - 字义
- 文式——文式学(又可称文学分类学)
- 文法——文法学
- 文辞——修辞学
- 文术——作文法
- 文史——文学史

(附注)考究语言文字之起源变迁。实为治文学者入门第一步工夫。做表内特将“文原”一部,列入“文式”之前。

以上所列七部,应以“总论”“文原”“文式”为中心。余则酌量学生之科别及时间,或授或否,尽有自由伸缩之余地。盖新制高中,分设文实(旧制大预亦然),其属于文者,自可全部讲授;属于实者,可减去三部或四部(如系旧制专门预科一年,则应减去五部而仅存总论及文式)。所以认“文原”为必要,而特齐其值于“文式”者,盖以“文字学”为治文学国学之惟一工具。严格以言,不解文形,即为“识不得字”;不解字音。即为“读不成文”;不解字义,即为“看不懂书”。夫至字不能识,文不能读,书不能看,即非专习文法等科之士,而既俨然为中国社会中受过高等教育之人,恐亦将无以自解。须知“文字学”虽属专门之业,仍是国民常识之一种(在昔原称为“小学”,但以年代久远,变迁弥繁,爬梳整理,煞费心血,始成专门之业)。语其深,固穷年矻矻,不克竟其功;语其浅,则教授四五十小时,阅浅显书二三部,亦可以明其大要。既为中国人,总须知中国字,此吾重视“文原”之简单理由也。

“文式”在各部中居最要重地位，以故选授之际，须大费心思。即以分类一端言，精细粗放，价值亦迥殊矣。吾同学友顾君义先生，于此研究至精审，不才如余，曾屡为之参加讨论，直接间接，受益殊不小（据君义为余言）。年来搜罗国文选本，用资参考比较，已不下“百余种”。其用力之勤。可想见矣。近则斟酌损益，暂定八类。其属于无韵文一部者，为论著、为书牍、为典志、为序纪。属于韵文一部者，为诗歌、为辞赋、为箴铭、为哀祭。各类之下，且复细分条目，以性相从。惟君义之意，主张选而不作（惟彼于诗歌一类，闻亦将有说略一篇，辅之以教）。愚意则主张选文以外，须另分章节，加以论列。用意所在，盖欲构成一种从来未有之“文式学”—“文章分类学”，故不肯再以“模范文选”视之。近正开始草创，试验结果，成败尚未可知。

于此复有一言须附带声明者，国文学与国学原有至密切之关系。以统系言，国文学且可包括于国学之中。在高中一级，以时间及课程有限，研究所及，只以文学为范围，而不能泛及于国学。此实势之无可如何。但国学不明，文学终嫌隔阂。因是辅翊之者，乃不可不有“国学概要”一科。国学所包，至为广博，论其重要，实在思想哲学一方。其所以直接间接增进文学知能者，无往而不在，沟通吸引，要视教者学者迎机利用之方法为何如。若仅立一域以自封，惟知古典之是则，则诚难与之言文学矣。

（乙）项

在高中一期，学生读书，实为课外必要一种功课。其效力之大，视教室内定时讲解，尤为倍蓰。惟如何选择，如何纪载，孰宜精读，孰宜浏览，孰须摘要，孰须批评，一切指示启牖之劳。惟有教授国文学教员是赖识途老马、驾舟柁工，一误目标，贻害匪浅。愚意以为，读书一项，应分三种阶级。第一，精读之部；第二，必读之部；第三，浏览之部。关于读书期间，可分在校及假期两种。在校内者，又可分出若干段落。如在第一学年第一学期，应读完某某书几部；第二学期，应读完某某书几部。由教员列出书目，画定范围，任学生自择。如学生不愿读教员所指定之书，亦可自行选读，惟必事前经过教员之审核同意乃可。在假期内者，指定书名与在校同。夏假为期较长，尤为读书最好时日。避暑山村，寻幽古寺，柳阴路曲，松下风清，执卷吟哦，味乃隽永。读书之际，须辅之以抄录，或摘其要点，或纪其一节。此本为学问之初步，为材料储蓄之必要工夫，万万不容忽视。

读书抄录，吸取作用也。吸收既多，消化继之，消化融解，发表随之，于是乃有所谓“作文”。其在后小初中两级，最宜注意于教室内一定时间之作文练习，简明敏捷，厥为正宗。迨及高中，势则稍异，庀材既丰，积理渐富，修辞务美，立言务精。思想与艺术两方，皆定予学生以自由发表自由创作之机会。若仅一月两次或三次，在教室内任命一题，限两小时作完缴卷，则教者学者两方，必同有干燥无味之感。愚意以为高中作文，可分数种。①定时课作；②读书杂志；③自由创作；④教室笔记。定时课作，一如初中，惟次数不妨递减。大致第一学年，每月可两次，均于教室内行之。第二学年，月仍两次，可一次作于教室之内，一次作于自修之时。第三学年，则每两月三次，其作于教室内者。每一学年有三四次而已足。所以不终废教室课作者，盖为最少数习性较懒之学生而设，不得不有此一种被动的策励法也。读书杂志,应视为一种必要过程,繁简容或不同,推诿则势所不许。每月缴阅一次,由教员为之批评指示。自由创作,则各随学生之意,诗歌散文,皆弗拘。须限定每一学年,至少五篇,多则益善。教员批评指示,与课作同(或由教员指定作文题目,及用参考书。如系长篇巨制,则每一学期有一二长篇,亦可认为满足。此在北京平民大学已试行,成效颇著)。

教室笔记,可视为作文一种。一学期中,应缴阅两次。教员考察一班学生成绩,宜合数种作品,详加评定。用测各学生进步程度如何。其在假期以内,更应指导学生为长篇有统系之纪载,或精审之读书杂志。总之,高中学生在三年之内,除教室听讲外,精读之书,能有十余部;必读之书,能有二十余部;浏览之书,能有三四十部。再益以抄录、杂志、笔记、作文,用以锻炼其发表能力。则于国文一课,自必有相当之成绩可言。

尚有一事,并须附带一言。夫教员既如此为教,学生既如此以为学矣。则每一教室,每一班次,学生人数,万万不可过多。大约最高额不能超过五十人以上。因人数过多,则教员精力,必苦竭蹶,应付不遑。始勤终惰,教者之业荒,即学者之业损。此则有学校行政之责者,不可不特加注意也。

(丙)项

再言学校对于国文学一门设备问题,愚意以为,学校经费,无论如何支绌,而关于国学国文学文一项,不可不有一应有尽有之图书馆,以资教学之用。凡属精读必读之书,自以学生自备为原则,惟学生贫富不齐,学校亦不可不量为供给,以弭缺憾。至于各种浏览之书,为类既繁,范围亦广,更非学校莫办。且各种书籍，有非仅具一二部所能敷用者，多购则学校经费必大增。然却不可因费增而稍示吝啬，须知求学习文之士，实视书籍为餱粮，为工具。工欲善事，必先利器。精神之饥荒，尤甚于物质，吾且主张此项图书馆，宜接近国文教室。诚能如此，则除定时上课外，师生且可时时公同作业于其间，其效益当视定时上课为尤著矣。

民国一二年、七、五，草于北京羊皮寄庐

（原载《益世报》，1923 年 8 月 7—8 月 28 号）

《伦理学概论》自叙

一

这一部《伦理学概论》,是我在本年夏假期内,费三个月工夫,草草把他写成的。中间托友人抄写,费去一个多月,印刷又费两个多月,一直到了现在——十四年十二月,才算全体印成。

全书共分三编:

第一编:“总论”,所叙述的,是关于伦理学上各种重要观念;

第二编:“道德行为论”,所论列的,是关于道德行为的各种根本原理;

第三编:“道德判断论”,所讨论的,有下列三项:

(1)判断道德行为的标准,何以不同?其不同的原因安在?

(2)判断道德行为的标准,究竟是孰优孰劣?

(3)道德行为最善的标准,究竟是什么?我们怎样才能寻着人生的究竟目的。

第三编分量最多,约占全书五分之三。

二

伦理学，本不同于“修身教本”，当然要注重理论方面。可是，考究他的老根，原是出身于“处世术”——就是中国所谓“修身法”；所以他和人生行为实践方面，始终不能脱离关系、纵然研究所及，属于最高的理论，也是不能远于人生，其结果，还是要寻求出至善之鹄，以为人生行为最高的准则。

“道德的重要”一语，无论何时何地何人，似乎皆不能加以否认。可是，道德这样东西，也并不是一成不变的，他的自身，确实具有会变化会成长的特性，随时随地，不断的，向前演进，向上发展。至于其中执变化的枢纽，握成长的命根，却不是全靠那不言不语的大自然，叫他东就东，叫他西就西，还是依赖“万物之灵”的人类一点心灵，秉着自动的知能，以力谋环境的适应，促起道德的进步。

各民族有各民族特殊的历史，特殊的环境，自然就会产生出特殊的道德。若就其不同者以言，各国的道德习惯，道德观念，道德学说，绝不能是一个样子。可是，世界交通日便，在精神上，物质上，各民族间，皆有互相沟通，彼此交流之势；纵的如遗传方面，既要受其振动而转换方向，横的如环境方面，也要受其影响而变更形势。那末，生活状况，今既不同于昔，则所用以维持生活的要具——道德，当然也不能不稍稍迁变。甲可取乙方之长，乙也可采甲方之善。甲乙两方，互相采取，互相仿效；久之，自有丙的一个新产儿，呱呱堕地，由幼而长，成家立业，繁衍子孙。

三

如若以上所说的三端不错,那末,关于近人对于伦理道德的一般观察,和我个人对于伦理道德的态度,也就不妨略说一说了。

我们中国,是拥有五千年的历史——有文字记载的历史。凡古昔圣哲,所以诏示后人的,大之如治理人群的方策,小之如修缮个人的矩矱,有些是载诸礼经,有些是垂诸学案,有些是存诸传说,总算是丰而且富了!因此,国人也就庞然自大,侈然自豪,举起拇指,号诏于众说:"伦理道德,我们中国,是最好不过的;何必舍近取远,再去外求呢?"甚且慨然太息,口诵孟子的话:"我闻用夏变夷者,未闻变于夷者也!"这一类的议论,皆是我们常听得耳熟的。

可是,另外还有一种论调,与前面所说,恰巧相反,以打倒孔家店为当代的英雄,以穿破宋理窟为盖世的能手,必欲举五千年来的礼经、学案,付之一炬;必欲举一切社会相传下来的习惯风俗,根本划除。廓清榛莽,另植新谷。种则去诸邻邦,果当获于中土。以为不如此,绝不足以应变而图存。这一类的主张,也是我们常常领教过的。

以知识短浅,胆子很小的我,和我的朋友,我的同志,听到这两种相反的主张,实在是有点"不寒而栗"!

我在前面,不是已经说过了么?伦理学的出身,是一种术,是为着处世而设的一种方法。他和实践,是离不开的。既由术以升入于学,复由学以应用于术。不是仅凭着个人玄远高深的想像，可以一反手间，“欲如何便如何”的。他却会自由演进，自由成长。但在那演进和成长的茫茫长途中，还要看做道德行为主体的人，心能的发展怎样。当他心能发展时，又要看他和各方面不同生活样法的民族，接触的情形怎样。

大凡人我相交，当然是以我为主，以人为客。主客是两相对待的；也是互相关联的，万不能只顾我或人的一方面。有了我，便忘了人，自然是不对；为着人，便忘了我，也是同样不对。我应该不失自主之权，本着创化的心能，合理的知办，酌量损益，择善而行，才不至“喧宾夺主”，才不至“无礼慢客”，才可以取客之所长，补己之所短。

如果真照前面所述两种相反的主张，各走一端，不相接近，岂不是主和客，永远无合作之可能么？实在是“我为此惧”！

更有主张听凭自然变化的，以为各民族间，自然会沟通，自然会交流，自然会互相采取，互相仿效，自然会产生出适合的伦理道德。我们既不必替“则古称先”的人，十分发愁，更不必替“锐志改革”的人，十分骇怕。替他发愁，替他骇怕，皆是多事，皆是大愚。如中国古代的道家，便是这样的主张；今日一般乐天派和厌世派的自然主义的学者，也还是这样设想。

可是，这又不免错误了。稍稍明白生物学和社会学的人，皆知道进化有两种：一是自然的进化，一是人为的进化。自然的进化，是被动的；经过的时间，是很长的；进行的道路，是纯粹曲线的；前途成功与否，是不能预订的。人为的进化，是自动的；经过的时间，是可以缩短的；进行的道路，是可以改曲线为直线的；前途的成功，大致可以预为测定的。道德这样东西，既是违反不了进化律，各民族交通以后，变化起来，便格外觉得大，觉得快；如何能不由道德行为主体的“人”，操一部分主持进化之权呢？人类固然比不上如宗教家所说的天神，总还是优于其他动物；如何能听那不言不语的大自然完全作主呢？道家的“顺天主义”，实在是不如儒家的“戡天主义”。

若果照“听天委运，一任自然”的办法做去，那末，我那“我为此惧”的程度，恐怕还要格外加重哩！

四

如何才能不忘在我，权自我操呢？那末，我就不能不说到道德问题的研究了。

我们首先要问一问，伦理道德，可以分别新旧么？可以分别中外么？这真是难答的很！论到时间的先后，疆域的距离，那是不能不画上一两道虚线，以表示差异。但是细加考察，新的还不是由旧的蜕化而来么？旧的还不是由新的积累而成么？世界上本没有完全离开旧的新，也没有完全不许加入新的旧；你若是一定要主张“完全离开”，或者一定要主张“完全不许加入”，简直可以说是“非愚即妄”。中国和外国，民族本不同，当然由历史遗传下的适合于环境的各种道德条目，彼此也不能一样。可是，若讲到道德发生的本源，又何尝有异呢？各民族既经交通接触，则风俗习惯，更可以彼此化合，则不同的，又何尝不能参杂溶解，泯灭界限呢？再说到最高原理方面，又何尝不能古今中外，一致适用呢？

如若仅取古人几句道德的格言，便奉以为立身处世的准则，固然有时也可收相当的效果，但是，可能明了道德真正的价值所在么？可能尽合于最高原理么？看到外人有一二新奇可喜的习俗，便去盲目地摹仿，固然有时也可得相当的利益，可是，能说执一二事，便可以包括其余么？

我们既要实践道德，更要了解道德。比较起来，“了解”比“实践”，尤为重要。

我们对于一切道德行为，一切道德行为的标准，一切判断道德行为的标准，应该放大眼光，打破畛域，不论是新式旧，是中是外，所有道德的习俗，道德的学说，皆取得来做研究的对象，为之一一判别其利弊，评定其价值。不一定舍己从人，也不一定强人就我；要看前后递嬗的线索怎样，远近交通的行迹怎样；总要加上一番人工，求自动的适合。

讲到此处，就不能认定研究伦理学的工作，是异常重要了。

以我短才浅学，勉强写成这一部书，实在当不起“研究有得，著书问世”的这句话。可是，我平常对于伦理学，却也稍稍留心考察过一番，担任讲授都中各学校的伦理课程，历时且已三载。当此社会紊乱，议论庞杂，旧道德完全破产之声，新道德亟待建设之声，洋洋盈耳，莫衷一是之时，更觉研究这门功课，比较什么还重要。以我个人，略略涉猎，似乎也觉得有一些心得，因而也就不揣冒昧，假设一种主义出来，如本书最后一节所说的“创化的合理主义”便是。这真是不能不说是我十分狂妄了。

区区之愚，总还希望我亲爱的师友及海内外研究斯学的同志，对于我这种狂言妄论，多多加以指正！

五

说到本书的编著，固然是取材于英国模尔海特之书——*Muirhead*：*Elements of Ethics*——较多，但此外参考他书，撷其精华，供我咀嚼，亦复不下二十余种。书中罗列各种学说，加以讨论，自信尚能中西并重，和近人专采西籍，有人无我的，不尽相同。平心而论，我国远如儒道墨法各家的学说，宋明诸儒的学案，近如孙中山先生特创的主义，实皆具有不可磨灭的精神，当然要取得来估计一番。即如我在本书内所研究的结论，假定出一种"创化的合理主义"，引证《中庸》一部书所揭橥的"中庸说"，略加发挥，这并不一定是出于"敝帚千金"的心理，还是因他那理论，真正精深圆湛，可以当得"名言不朽"四个褒语，可以算是一种最高原理啊！

记得西人爱美尔生（Emerson）有两句话说："无论何人，皆是剽窃家，即如一所房屋，也是剽窃之作"。模尔海特也说："我们说某人著书，固然不错，看现在著书的人，往往自署其名于卷首，而但于序跋中述其所援据之古说。但是，就书籍的内容以言，则转宜大书特书古人之名，而自隐其名于两页之角。"这样说法，的确是不错的。那末，如我草草写成这部书，那里还配说是著作呢？勉强说来，可以算做一种"读书杂记"，或一种"研究汇录"罢！

六

本书本来是匆匆写成的，文字既未大加修饰，章节行款的配置，亦多不整齐，加以印刷之际，校对疏略，错字落字，更所难免。这皆是我对于读者不能不深抱歉仄的。

至于本书印刷时，始终帮我校对的，有同学友杨君廉波，妨害他的重要功课，替我做这无价值的工作，我真是异常抱歉，而又是异常感激！此外复有同学友李君云奇，赵君跃衢，同族江君伯虞三人，也曾替我尽过校阅或缮写之劳。若替我誊写清稿的，则有表兄薛君雨生。至书面上的题字，是请我的老友章君南碶写的。其他予我助力的，还有好友若干人。盛情厚谊，皆是令我感不能去心！书即印成，用特附述于此，以志不忘。

民国十四年十二月十一日

灌云江恒源自叙于京寓补学斋

（原载《京报副刊》，1925 年第 370 期）

改组江苏教育公报宣言

本公报自本厅成立，即行产生，八年以来，按月出版。讵日去年九月起，至本年本月止，中途停顿，半年有奇。受时局之影响，值厅务之变迁，主其事者，自必有不得已之苦衷在也。恒源甫经任职，知全省教育行政机关，不能无印刷物，以披露命令、法规、公牍、报告等项，藉供教育界同人遵守稽考之资，此定例也。按教育事业，与时俱进，研求改善，刻不停留。本省小学教育，既于去年六月间，由本厅与义务教育期成会，合组江苏小学教育月刊社。业已聘定专员，从事编辑，按月发行矣。而中等教育之目的，与夫训育教学之方针，各校现行办法，各毕业生之出路，以及其他各方面，事实上尤有精研改进之必要。故自本届起，将本报重新组织。除仿照教育部教育公报编辑例所列各类外，加以中等教育各种之事实与研究调查所得之资料、学生之择业自审及指导，本省与国内外之教育要闻等。年出十册，按期刊行。遇必要时，印临时增刊，至前任内应出未出之报。当代为印刷，逐渐补出，以副定阅本报诸君之雅意。尤希望本省教育界诸同志，互相辅助，力图改善，实事求是。吾苏省教育庶有希望乎。

中华民国十五年四月　江恒源

（原载《江苏教育公报》，1926 年第 9 卷第 4 期）

丹徒城外两个优良乡村小学笔记

江苏教育厅江厅长日前亲自视察丹徒教育,见一区第七初小校长徐锡璜,六区第二初小校长张祖武,热心任事,成绩优良,深为嘉许。兹录其笔记如次。

第一区第七初级小学校

校在观音洞。该处草棚麇集,所居多属劳动社会,卫生极不讲求,溲溺垃圾,几于遍地皆是。环境可谓恶极。但该校颇有抵抗恶环境之能力。视察一周,叹为难得。视察时,尚未至授课时间,而儿童已济济满校,或游戏,或阅书。秩序既整齐,举动尤活泼,见客至皆鞠躬为礼,状至可爱。校长徐君锡璜,虽非师范毕业生,而对于教育却有极精深之研究。该校现有学生六十人,其中并有幼稚生九,一教室几不能容。月领经费三十九元[①]。除徐君外,复设助教一人。校内有儿童图书馆。学生十余人,正在据案读书。略为询问,均能从容对答。足征训练有素。教室内布

① 本文集的货币为旧币银元,余同。——编者注

置，一切均极整洁。该校有奖励出席学生方法。置粉板一，凡学生早到者，得写格言一句于其上。一学期终了，检查各写若干次，最多者校长为之照相悬挂，用资褒杨。以故学生皆争先恐后，欲作早到校之一人以享先写格言之权利。而格言经学生自写，使道德观念，由内发而非外铄。尤为十分有效，此固不费一钱，而可以收教育上之良果者。可知事原在乎人为也。惟余意仅置一粉板，则早到校学生书写之机会，未免太少。似不妨增置三块，使每日写者有三人。仍复第其次序，庶几兴味更佳也。院内复悬有大黑板，粉书治痧疾方法。于此可见其保护儿童之周到。因此虽处不良环境之中，而社会对于学校，却能极端信仰，甚盼主校务者，好自为之。将来不难以学校教育一隅之势力，广布于社会。用以改良环境也。如此则功在人群殊不小矣。

第六区第二初级小学校

校在永丰圩，距县城十二里，六区所辖除永固乡外。复有高资。本城区域，东西长达三十里，南北只二三里，面河而背江。居民二千户，约一万三千人。地本江滩，有居民才二百年。故文化历史极短。地以产芦苇为大宗，稻次之，麦又次之。地洼宜旱。故农民所属望之天时，往往与他处相反。乡民除乡居力田外，在上海营茶食业者，约一千二三百人；在日本营理发业者，约一千余人，依乡之全面积划分七段。各段居民，筑圩聚处。共计及百圩。圩内居户多寡不一。该校所在地直永丰圩，则有三十余户。乡总董钱君之家在焉。校舍仅三间，以二间为校室，一间为预备室及寝室。茅檐而苇壁。乡公所亦设于具侧,与校同居一院。校舍内外,布置整洁,纸窗竹帘,颇饶幽趣。学生四十人,视察时出席者三十九。一年级十五,二年级十二,三年级八,四年级三,补习生一。单级教学。经费月二十一元。校长张君祖武,在校任事已十三年,勤于校务,不稍懈怠,且富于研究精神,不以现状为满足。有暇时,且为乡民筹画自治各事项,诚不可多得之才也。视察教授,对于各级儿童,精神颇能兼顾。表册亦应有尽有。日报杂志,依时购阅。课余无事,且为乡民诵解报纸所载各新闻。凡此皆可以见精神贯注,确能以学校教育之力,广布于社会。全乡二千户,现在尚未有受高级小学教育者。余在校盘桓约三小时,即与张君详谈一切。复约乡董到校,告以现代教育状况,与社会改良、文化增进各方法。彼等极为感动云。

(原载《江苏教育公报》,1926年第9卷第4期)

六合城外费省效宏之优良小学

江苏教育厅江厅长，日前亲自视察六合教育，见市立第八初小校长达应堂，能以少量经费，收获教育实效甚为赞许。兹录江撰笔记为次。

六合市立第八初级小学校，在南门外浮桥南，赁用民房就外表以观，殊不适宜。讵知在该县城乡中，此乃为最良之校。四个年级，复式编制，单级教学。一年级二十五人，二年级十六人，三年级十一人，四年级九人，共六十一人。经费月二十二元。视察时校长达君应堂，正授第三节课，一、二年级常识，三、四年级书法，教态活泼，精神贯注全班，并能注重国音及语势。学生无一不面现可爱之色。其由较大学生指示小学生也。小手执教鞭，指字而使之诵。条理不紊。尤为难得，对于学生略加提问，皆能应答如流。室之一隅，置有儿童储蓄箱，视教员书架上所陈列，则有小轮船模型，人形烧料模型，盖皆购自市场，用以助教授时直观之用者。据云，达君初来时学生极少，近则拥挤不堪。附近私塾，纷纷倒闭，达君并非毕业师范，而成绩居然能如此，真令人感佩无已。

（原载《江苏教育公报》，1926 年第 9 卷第 4 期）

致各县县长、第三科、教育局、县视学公函

各县县长、第三科、教育局、县视学诸先生公鉴：窃维授业解惑，有待良师，易俗移风，端资善政。是以学校教育固宜力求优良。而社会环境，亦应从事改善。习俗移人，贤者难免，矧在青年，渐染犹易。此圣母所以申三迁之教，先贤所以有素丝之泣也。吾苏倡兴新式教育，二十年于兹矣，胶庠栉比于市乡，弦歌声闻于道路。文化先进，誉播一时。顾起而视社会，风俗如何，事业如何，此则有目所共见，有耳所共闻，固无取乎一一罗列事实为矣。初等及中等教育之绝大目的，在乎养成善良公民。乃公民虽众，而社会风俗，并未完全改易。社会事业，亦未充分发展。斯则谁之咎欤。饥馑盗匪，固足以贼吾民，断吾学，阻吾风俗之改良，抑吾事业之进步矣。然学校未能兴社会相联结。学校固不尽为社会设，而社会亦不能为学校助。彼此乃如水火冰炭。阂隔不相容。其结果也，学校教育良，固不足以改进社会，而社会环境恶，转足以影响学校。此其故可以深长思矣。盖专就学校以言教育，其范围固甚隘也。毒菌已布于全身，些须药力，当然无所施其技。此正如孟子所谓一薛居州其如宋王何者也。窃尝论之，在学校方面，关于教学训练，主校事者，固宜负起

专责。此外如宽筹经费，支配学款，慎选师资，爱惜人才，尊崇道德，转移风气，斯则教育官史(原文如此，似为吏之误。编者注。)之责也。官吏之所司者政，学校之所司者教，政以范教，应以改进社会为鹄，而不当仅仅鹄于学校。盖必学校与社会，能打成一片，乃足以言教育之效焉。恒源不敏，忝长教厅。值此人欲横流，万方多难。腐心蒿目，夙夜竞兢。

诸君子综理县政，职司教育。其与不佞当有同情。拮据苦辛，贤劳可念，榛莽塞道，敢忘翦伐之勤。

风雨同舟，益感协恭之谊。谨陈五事，敬待商榷。

其一，尊师重道，为吾国数千年来良好习惯。近自公款设学，尊师之风，已稍稍替。然在昔贤有司延聘名儒，掌教书院。往往躬率诸生，北面请业，执礼之恭，士林感叹。方今学校组织，凡小学校长教员，资格限制，均须一依法规。此原为整齐其课程，并非轻蔑其地位。果系滥竽充数，贻误青年，则严行惩撤，宁容顾忌。若真品学俱优，循循善诱，则一县之长，自应对之敬礼有加，讵可稍涉轻慢。关于优待小学教员各项办法，敝厅职守所在，现在着手筹议。切盼各县教育官吏，深维师严道尊之义，发为育才作人之谋。物质方面，既须有以安其身家。精神方面，尤须特别以予慰藉。所事此关，绝非细故。是曰尊重教师。

其二，上行下效，自古有征。善政所施，风行草揠。司县政者，既有尊师重道之心，尤宜在在表示重视教育之意。深愿各县县长平日下乡巡视，足迹所至，学校为先。茅屋三椽，学徒一室。进而课其所业，正其所误。且可召其父兄，慰以温语。如此则风声所播，遐迩争传。曰，某家儿童，受县长奖励矣。曰，某儿文卷，经县长改正矣。群情鼓舞，感以入学为至荣。则社会怀疑学校之心，当可为之一变。此不过一举足之劳耳，又何惮而不为乎。足曰，重视教育。

其三，凡百政事，非财莫举。矧在教育，所费尤多。吾苏各县，学款丰拙，至不齐矣。颇闻偏僻地方，小学教员薪修之薄，有月仅四五元者。当此百物昂贵，仰事俯畜，且苦不给，遑论其他。贫士生涯，良可喟欢。亦无怪稍其能力之士，不复安于其位，悉委教鞭以去也。夫教育主干，在乎教师，教师不才，则教育之效力已失，而所造就之学生可知。愚以为今之司县教育者，不欲有所整理则已，苟欲整理，则宽筹经费一事，当为万不容缓之要图。何款可以增加，何项可以整顿，何种规费，可以化私而为公。果能分别性质，从容筹办，未必无相当效果也。要视贤有司能否实力实心做去耳。须知经费不充，则良教师无由得。无良教师，则良学校无由存。利害所关，绝非浅鲜。是曰，宽筹学款。

其四，削足不堪就履，胶柱宁能鼓瑟。拘滞鲜通易，滋诟病。凡事皆然，教育尤甚。须知设校兴学，贵在因地制宜，用收实益。以言小学，课程有定章矣，授读有定本矣。只有遵从，讵容违反。然如乡村学校，生徒来自田间，所学不离农事。则教材所需，自应半依实物。稻粱鸡豚，实皆施教者之最好资料。况且花香鸟语，柳岸莺啼，天然之美，足以陶冶情性。则乐歌图画之教学，其便利当有胜于都市万万者。若必一一责以遵定章，表定本，岂不戛戛乎其难之哉。本来天下事物，批评优劣之标准，固有不在形而在质者矣。学校教育之功用，实为改进人类生活，期有益于实际。徒取形式，庸有当乎。就固有生活之根据，运以创化之精神。使之易其质地,以日趋于高明美满之域。要视变通活用何如耳。此固非意存数衍,不求改进者,所可借此为口实也。深愿各市司教育者,察酌地方情形,务使设一校护一校之实益。至于教学之方,自不妨因事设施随时变化。凡能以扩充儿童生活智能,改进社会生活状况为标的,不骛高远,不涉空虚,皆可称为良校。是曰,注重学校内容。

其五,大厦倾,非一木所支。与薪火,则杯水莫救。人生寿数,最大平均,仅六十载。自胜衣就傅,以至学成致用,至多不过十五年耳。其在未入学校以前,与夫既出学校以后,始则生活于家庭,继则生活于社会。意志半受群众之支配。习性多由环境所铸成。事实彰彰,无可为讳。于此可知学校教育之力,及于人生,最多仅占四分之一。其他四分之三,则皆讨生活于社会教育权威之下。社会良则学校不期善而自善,社会恶,则虽有良校,亦无以自存。年来吾苏教育,因天灾人祸之相寻,学校已渐形减色。至若各种社会教育之设备,大率仅具萌芽,无复发荣而滋长。其不足以改良社会,自不待言。社会教育,既不能显其效力,则由社会原有恶势力所开发之恶焰,所放射之毒液,反在在可以戕吾至微至脆之学校教育,使之窘辱震撼,失所依归。言念及此,可为痛哭。今之中小学校,率有公民一科之设矣,此所以授生徒以做人之知识也。夫知识必资于证验,社会者,乃证验之广场也。今之社会,果何如乎。讲授卫生课矣,而学生行于市,则污秽塞途,入于室,则烟酒是好。卫生课之效力何在。讲授选举课矣,而学生则见其父若兄,亲执买卖选票之役,兴高采烈,腼不为怪。选举课之效力何在。学校力主高尚娱乐矣,而社会方面,有无高尚娱乐场所之设备乎。惟见诲盗诲淫之图书,充于市场,喝雉呼卢之博戏,偏于闾阎耳。虚荣之心,诈伪之习,奢侈之风,倾轧之技,徼幸与不劳而获之,尽量发挥而不之所已。其于青年学子,无往而不予以间接或直接之诱导。凡此种种,其责任又将谁归。此则无侪忝居知识阶级者,不可不汲汲然有以自反也。平居屡闻三五长老,促膝交谈。往往太息痛恨,谓近世人生大苦,道德堕落,法纪废弛,良俗美风,百无一在。而溯其总因,则为学校不良,教育日劣。夫学校教育自身,不能尽善,有待于改良者至多。斯固然矣。然社会不能改善,则学校之效力终微。此非一定不易之道乎。不佞愿与诸君子共勉之。居教育行政者之地位,对于学校教育,既应负其专责,而同时对于社会,则所负之责,为尤重矣。以消极言,则应洁己奉公,无惭私德。以积极言,则应改良习俗,利被大群,一言一行,动关社会之观瞻。可不慎乎。果能相观而善,则风气自可转移矣。是曰,注重社会教育,以转移风气。

以上五端,仅言梗概。务希诸君子善体斯意,施以补苴。实所厚幸。不佞本非作吏之才,且自维迂拙,难与时俗相容。惟念时事之艰屯,益感教育之重要。桑梓义务所在,劳怨宁复敢辞。值此任事之初,用特掬诚相示。愿与诸君子共凛靖共尔位之心,庶免贼夫人子之罪。情长语率,诸希鉴原。

顺讼,时祉。

江恒源敬启　民国十五年四月二十六日

（原载《江苏教育公报》,1926年第9卷第4期）

注重乡村小学教育的函

敬启者，推广义务教育，首当注意乡村。顾近日各县乡村小学，往往厄于经济设备不免简陋，此则无可为讳。至教学训育诸端，或以教师执教未久，经验尚待补充；或以办理特别困难，未能悉如所愿。而论其总因所在，实多与经费有关。目前欲施以指导促其改良，惟有纯就经济主义上着想，倘能不费金钱或费钱极少而可以收教育上之绝大效率，有一于此，皆可称为良校。允宜表率各方，堪资取法。素稔贵校于设备教学训育诸端，积极研究，不遗余力，其间随时改进，昭示于众，业已不少。若专供乡村小学之则效，必更所在多有，用特函请贵校，将关于前项设备教学训育诸端，认为施行有效而又不费经济者，逐一详示尤盼。能按项加以说明，俾措施易于着手，收齐以后，当由本厅分别通行各县，转达乡村小学劝其酌量采用。庶可以少量金钱收获多量效果，冀借助于他山，当不吝乎明教也。

（原载《申报》，1926 年 6 月 13 日）

河海工科大学专门正科第八班毕业祝词

导河则古,归纳百川,朝宗于海,学富渊泉,国内攸赖,水利农田,国外梯航,运输懋迁,排决疏瀹,程工惟坚,风雨测验,术益精研,神禹千载,功莫大焉,英才济济,辉映后先。

(原载《河海周报》,1926 年第 14 卷第 17 期)

对任用师范生之通函

迳启者，吾苏地方教育频年以来纷扰迭见。主其事者弥缝补苴，每觉不堪其苦。而于规画研求，一转致无暇顾及。推原其故，诚不一端。而师范生之不得其位，未必非其主因也。昔在师范生缺乏之时，地方教育正待扩充，借用非师范生以为过渡之计，或为势不获已。今则省立各师范学校每年毕业者不下五百余人，各县立师范学校毕业者亦接踵而起。情形已非昔比，苟仍陈陈相因，沿而不改，致岁縻地方，公帑所培养之特殊人才，一任置散投闲，末由展布。匪惟无以副公家之企望，且转足以贻社会之隐忧。此则吾侪司教育行政者，诚不能自宽其责也。平心论之，师范生潜修累岁，幸得毕业，孰不急于自见。乃既出校门，久久无人过问。因而不胜其愤懑抑郁，奋起抗争，至不惜为逾分之告讦，抨击地方前辈。行动固不免乎越轨，而激荡实有其原因。夫以新进而轻侮老成，此风诚不可长。然身居教育界先进、如果深闭固、似亦非裁成后进乐育英才之道。论物理则新陈本宜代谢，论人事则症结尤贵疏通。盖必人才无失所之虞，社会斯有进化之望。苟徒以尊重先进套语，訑訑然反颜相责，又岂有当。本厅迭据历届省省视学视察各县报告，其以非师范生充任教师，而教学不良，管训无状者，比较的实居多数，此皆不习其术而强效其用者也。夫无其术而强用是为害事，有其术而不用是为害才。事才两害，结果可知。迩来社会各方，责难吾教育界之声亦已洋洋盈耳。倘不力图振奋，首为位置人才着想，则受其敝者恐不仅限于教育一方，而民族之存亡亦繄于是矣。不佞职责所在，每一念及辄忧心如焚，莫知所措。用敢掬诚恳之怀，为忠实之告。补牢未晚，桑隅可收。师范生既以专司地方教育，为其唯一之天职，则教育局长对于此项人才录用问题自应迅筹具体方法，以资救济。切盼。

即日察酌地方情形，一面调查本县师范生人数，已用者几何？未用者几何？分别部居，列表详记。一面于局内筹设师范生服务介绍所，由局长与县视学及各区教委市乡董事等联络组织，无党无偏，分别贤否，公开绍介。并望从本学年度起，查明各校有不合格之校长教员，成绩过劣亟行分别撤换。遇有缺出，应尽师范生先行任用。若师范生果系才不称职，德不孚众，自亦不能勉强登庸，误人子弟。至于师范教育必如何实施，方可养成良才，无忝师表，则自有主办学校之人负其专责。总之，各县对于失职之师范生务必使各尽其能于教育正轨之中，毋再驰骛其心于教育事业之外。庶几，教育人才各得其所，纷扰于以永弭，文化由兹日进。此固贵县之大幸，而不佞亦可因此以稍减愆尤焉。惟此项主张，希望实施于今后，并非欲追溯于以前。故雅不愿形之官文书，为正式之宣布。盖诚恐有少数学识浅薄、性情躁急之辈，藉此以为排斥非师范生之资，转致治丝益棼，纷扰弥甚。务请曲体鄙意，审慎设施。所有调查结果及介绍所组织情形，仍望具报到厅，以凭考核。本厅并拟自本学年起，另行厘订视察方法。对于各校师资，严密考察，以期整顿，务希特别注意为要。专此奉达、顺颂公安。

江恒源　民国十五年八月二十九日

（原载《申报》，1926 年 9 月 2 日）

苏省文化事业征募书籍之通函

敬启者,盖闻右文必先稽古法,后即以开来文献,所存志乘所布,实邦国之经,治教之本,为政而不稽诸载籍,此管子所谓不法法则事无常者也。敝厅职司邦教,自六年草创,以迄于今,岁更十稔,而因陋苟简,簿书而外,若旧时府州县志及新修县志,十不得一。凡各地方山川风俗人伦物产每欲考索,颇苦无从。俯仰古今,曷胜慨叹。兹拟亟为搜集,使略备图书馆之雏形,并蕲逐渐充牣,用供施政之参考。敢请贵处代为征募,如有新旧方志,及关于乡邦掌故书籍能慨予分惠者,无任祷跂其现书已罄,尚有版本可以重印者,亦乞设法代印,应需工料,并请开示,以凭归赵,至纫公谊。江恒源启。

(原载《申报》,1926年9月23日)

学校中之道德问题[①]

今天到贵校来参观，姜校长叫我来讲演，这是很荣幸的，但是又很抱愧的。诸君有名师的指导，不时又可听到名人的讲演；浅陋如我，在旅行期中，又没充分的预备和参考，必然不会有什么贡献，对于在座诸君。请原谅吧！

道德问题，初看像是老生常谈，在座诸君谁不曾听得烂熟，看得明明白白。学校中那些修身公民伦理：功课以及训育上一切，都在指示这个问题，更用不着我来赘谈了。今天我所要讲的，自己却以为有些独特之见，可以和大家谈谈。——虽是大家或许看做很平常的了。

道德问题的研究者，常把道德问题分做道德行为和道德生活二项来讨论。什么是道德行为呢？他们以为那行为和社会有利害关系的，我们可以下善恶的判断的；叫做道德行为，其和社会没有利害关系的，便没有什么善恶判断的必要了。可是广泛地观察一下，一切行为都和社会有利害关系的，几乎没法可以从一切行为中去辩别出什么道德行为呢！譬如：早晨下床，不把床

① 江问渔先生讲演，曹聚仁笔录。

褥折好;洗了脸,不再把牙齿擦过。这些事,像是私人的事,和社会全没有什么关系的。但是你且想:不折被褥,藏着一窝恶浊空气,对于同居的朋友不是有妨碍的吗?凌乱地一床子,不听使人看了引起不快之感吗?不刷牙齿,在讲话时候,满口的臭;有了传染病马上可以传染;不是显然在妨碍别人吗?所以一切的行为,虽是至微至少,都和社会有利害关系;换言之,一切行为都可以归在道德行为范围中的。

什么是道德生活呢?人类的生活很是繁赜,从这繁赜的若干生活中,取那与风俗人心有关系的,命之为道德生活,这是一般研究人生哲学者的见解。可是这话也似乎有讨论余地:一、道德生活并不能离开一切生活而独立;二、道德是包含善恶两者,我们决不可专以善者以入道德生活中的。——广义讲来,道德生活和一切生活便是一物的两面呢!

道德问题范围十分广大,关系也很复杂,决非短时间所能匆匆讨论的。今天且裁取最重要的部分——学校的道德问题来研究一下。我们一生最紧要的,便是在学校受教育时期(本来教育的范围也很广大,不过学校有固定的场所和教者,我们姑且目之为教育)。学校生活也和道德生活最有关系。在学校以前,我们的一切都不曾完全,经过学校一番训练、一番培养,正和初苗的芽儿受着太阳的照耀、雨露的滋润才完全发育一样。

学校生活可以分做三个阶段,——小学、中学、大学。在这三个阶段中,无不与道德有密切;一切功课,一切学术,都和道德相依;无道德,便无所附丽。我们在学校,应该养成一种道德的工具,就是应该注重这道德问题。说到此间,又要讨论一个相关的问题——现在学校中有所谓德育,这德育究竟能不能成立的问题。许多学校中,在公民论理以外,又有所谓训育主任训育员之类,好像特地为着德育而设的。怀疑的人们以为专叫训育主任或训育员来提倡德育,说是特别注意德育;其实把范围很大的道德缩得很小的了。这话也有相当道理。你想:学校中的功课,有如手工,或者可说是和道德没有关系的;但从事于手工,既可以练习肢体,又可以集中注意力;并且经过一番勤劳,即有一番报酬,使我们明白天下没有不劳而获之理,不是在增进我们的道德吗?即如图画,在它里面所表现的情感最和气,人们平时比长较短的心计在审美观念中消除得干干净净,岂不是我们养成道德工具时的最好磨练吗?说到数学和几何,那更明显可以看出道德的关系来。二加三必等于五,任谁都不能否认,可以说一切没有比数学再诚实的了。几何的证明,必须按着一定的程序、一定的规律和合理的判断,这"程序""规律"岂不是道德上最重要的条件吗?这样看来,我们一生日夜沉潜在道德生活之中,息息在道德生活中过来,必如孔子所谓"七十而从心所欲,不逾矩"才完满呢!所以学校能够以道德生活和一切生活相辅依,那是最好(美国名哲杜威也这般主张)。否则由第一步(由主训育提倡德育)过渡到第二步来(道德生活和一切生活相辅依),那也很好。

学校生活既然要着重到"道德"二字;那末,所谓好的生活和好的行为,究竟有怎样一个目标?换言之,道德上所谓至善究竟是什么?据我看来,不问那行为那生活是个人的还是社会的,只要它是高尚而圆满的,便是道德生活,便是道德行为。所谓最高尚最圆满的至善生活或行为,以往的圣哲究竟有人达到过没有?

这还是一个疑问。不过以往的人虽未达到,我们正可以努力向至善的目标走去,今人胜古人,后人胜今人,时时进化,刻刻进化,永远在乾乾不息途中,那才是道德生活或行为的轨辙。

如何才是高尚和圆满呢?这当然不以贫富分:富的人固然可以依凭他的物力做些他的事业;贫贱的人,他在所能做得到的做去,还不是和富者一样吗?这当然又不以地位分:地位高的人,固然事业伟大些,范围广博些;但是地位低的人,也有他可做的事业可及的范围,还不是一样吗?我现在且把构成高尚与圆满的最重要的一点告诉大家,这便是"调和"二字。

"调和"在道德上可以从性质方面说他是一个主义,从运用上可以说它是一个方法,又可以从效果方面说它是一个"作用"。但"调和"决不是"骑墙",又不是敷衍。骑墙是中无所主,"敷衍"是不敢有所主。譬如甲乙在争闹,甲强助甲,乙强助乙,这是骑墙;不问曲直,专以题外的话来解劝这是敷衍。调和,它不是这样,它是依理性来判断,依系统来整理,本着创造进化的原则的。各式各样的乐器,合在一处,本来是不一致的;在调和了以后,悠扬的调子是动听的。酸甜苦辣,本来是不可口的;在调和以后,鲜美的味道是使人满意的。上战场,全靠军心融洽;办事情,全靠彼此意见调和。即如小小的家庭,也非得父子兄弟调和不会有兴盛的希望。这些浅近常见的例子,已可证明"调和"这回事是怎样重要的了。

为何一定要调和呢?因为在我们心理上,本来有"矛盾性"存在。个人的(利己的)和社会的(利他的),固然时常在那里冲突;即理性和感情,也无日不在冲突矛盾之中即如说诳话,那是不道德的。但是有一天,我们去拜访一位初相交的朋友,那时我们肚子已经十分饿了,朋友家也正在吃饭。在他招呼我们去吃饭的时候,虽然明白吃饭是恰好的需要;但理性指导我们交情还够不上去吃饭,只得打诳语说:“我刚吃过饭,肚子很饱呢”了。又如某君病在医院,我们虽然从医生那里知道他的病是危险到朝不保夕的程度;但在晤见的时候,终不能用诳语安慰他,说是医生如何如何担保平安的。这些依据理性来打诳语,便是自己在解决心理上的矛盾。所以“其父攘羊,其子证之”,孔子要笑他;而“父为子隐子为父隐”,便是孔子指导我们的方法。

我们研究学问的人,最要紧的便是解决矛盾;而解决矛盾即以比较轻重为原则,即所谓整理出一个秩序来。譬如今天是星期日,梅兰芳在上海演《天女散花》,同时又买到一册极重要的新书,这时看书的心理和看戏的心理在争斗着了;一回儿,看戏的心理指导我们:看戏在艺术上有多么价值,在身体上有多么价值;一回儿,看书的心理指导我们:看书所引起的愉快比看戏大,而且梅兰芳的戏,毕竟没有什么价值。这样心理上的争斗,结果乃把看戏的念头压下,把看书的念头提上,这样便把这问题解决掉了。后来,他正在看得十分浓兴的时候,忽然上海来一电话,说是同乡某君在医院病得很利害,急待我们去调置。于是看书的念头和访友的念头又在争斗了,这个指导我们如此,那个指导我们如彼。结果我们毕竟因为好书可以留到将来看,友病非得现在去访不可,便决定去访友了。这样一幕幕的矛盾,一回回的解决,便是我们生活的全部(有些问题,不能即行解决,那只有本着调和之途走去)。总结一句话:我们对于生活,对于行为,先看看是不是成系统，再看是不是本之理性，再看看是不是合创造进化的原则。这样自然会调和，自然是很高尚很圆满，自然成为道德生活道德行为的了。

现在，我再把学校中实际修习的要点讲一讲：

第一，服从——这二字或者是大家不欢喜听的。其实服从本身也与时俱进，小学时要服从教师（教师并不是完全都好，但在原则上，教师必是很好的），中学时要服从规律（自然的秩序），大学时要服从理性（自我支配自我）。

第二，判断力——世界上无千古不变之理，亦无一成不变之道德，所以我们应该养成道德的知识——判断力。例如，西洋的道德，和我国的国情必然有许多不适合的；古代的道德，和现代的环境必然有许多不相宜的。都待我们自己用尺寸去量度。这种判断力，一半全在自己努力，一半也靠外力的辅助——学校教育，所以是十分重要的呢！

第三，自发的力量——对于一切，我们都要来解决，觉得自我的精神活力是十分伟大的；并且本劳工主义，决不惰懒自己的肢体；以互助友爱的精神养成丰满的情感；本改良社会救济人群的心愿来发皇自己的志气；自创自发，把天能发展得十分完全，那才是堂堂的一个人。

最后，我把古籍中那本《中庸》介绍给大家。《中庸》里面所讲的完全是个调和主义（所谓“中”，便是一个标准的意见；所谓“庸”，固然可训为“常”，说是人人可知人人可能的；但也可训为“用”，以切于用为目标）。中庸开首就有“天命之谓性，率性之谓道，修道之谓教”三语，提挈一篇方法总论，而以“至诚”“尽性”

“中和”为三个大要目，皆是为论性而发。诚的工夫，就是充分发展个人的本性。所以说：“诚者，天之道也；诚之者，人之道也。”上一个“诚”字，是形容词；下一个“诚”字，是动词。“天之道”，就是指天性；人的天性，本来是诚的，所以说：“诚者”。我们应该依着诚的工夫做去，以尽人道，“诚之者”，就是说用人工做起诚来。因而又说：“唯天下至诚能尽其性；能尽其性，则能尽人之性；能尽人之性，则能尽物之性；能尽物之性，则可以赞天地之化育；可以赞天地之化育，则可以与天地参矣。”能以至诚方法，充分发展个人由生俱来一种诚的本性，结果便可与天地参。你看这种效力多么大呢。在《大学》上所注重的是身心意，而尤其对于正心的“正”特别注意。在《中庸》上所注重的是“性”，务使性时时刻刻保存“中和”。心比性范围大，心要“正”，性要“中和”，其注重个人心理则一。《中庸》上说：“喜怒哀乐之未发谓之‘中’，发而皆中节谓之‘和’，中也者，天下之大本也；和也者，天下之达道也。”喜怒哀乐未形之时，本来是说不出什么状态，硬要形容他说是一个“中”字，实在令人有点不明白。但是，它的意思是说：喜怒哀乐的感情，发时要中节，太过和不及，皆不好。中节本不易，若是论起它自然的本来态度，就假定未发时，喜怒哀乐的情性，本是至“中”的；要永久不失其“中”，所以必定要随之以“和”的。

到此，我再总结今天的话，我们要明白学校生活与社会生活，其间有多么密切的关系，所以我们为着将来，应该本着调和作用，与时流行以省察工夫走向至善的大道上去！

(附)记者赘尾

江先生讲演后三日,某君来寓,我偶然提及这回讲演,他说:"我是不高兴去听;教育厅长来讲道德问题,不过是来教训一顿罢了!"于是我笑了。江先生能够以学者态度来讲演道德问题,这真是难能可贵的;并且"服从也要与时俱进,中学时代要服从规律,大学时代要服从理性"和"我们一生日夜沉潜在道德生活之中,息息在道德生活中"那几句话,也非浅见者流所能懂能讲的。不过江先生既是以研究态度来讨论道德问题,那我就不妨以私心所未安地赘上一"尾"了。

"所谓最高尚最圆满的至善生活或行为,以往的圣哲究竟有人达到过没有?这还是一个疑问。不过以往的人虽未达到,我们正可以努力向至善的目标走去,今人胜古人,后人胜今人,时时进化,刻刻进化,永远在乾乾不息途中。"江先生这一段话,真是一套簇簇新的外套。"最后,我把古籍中那本《中庸》介绍给大家:《中庸》里面所讲的完全是个调和主义。"江先生这件礼物,又是一件极旧的古董。拿这套新外套穿到旧古董上去,我总觉得有些不相称(这话或者有人不十分明了,我在此先解释一番)。古代哲人以"绝对"与"神"之观念,为最初之一物,为先天存在之原理;近顷哲人以"完全圆满之绝对与神之实现",为吾人人格最后之表现,必俟将来最后之人出现之时,始告厥成。江先生"今人胜古人,后人胜今人,时时进化,刻刻进化"的主张,便是近代人生哲学家的主张。《中庸》一书,为宋儒讲性理学的所依据;他们的理欲二元论,就以《中庸》为出发点。所以朱子申明道:"生之谓性,人生而静以上不容说;才说性时,便已不是性也。"话即说：人生而静以上，即是人物未生时。人物未生时，只可谓之理，说性未得，此所谓在天曰命也。才说性时，便已不是性者，言才谓之性，便是人生以后，此理已堕入形气之中，不全是性之本体矣。故曰便已不是性也。此所谓在人曰性也。大抵人有此形气，则是此理始具于形气之中而谓之性。才是说性，便已涉乎有生，而兼乎气质，不得为性之本体也。你看宋儒眼里的'至善'，以为是先天存在的，和近哲的主张，岂不完全相矛盾吗？我们即勉强从《中庸》摘出几句，可以和自向的主张相表里，和现代思想相适应，但毕竟是很危险的。因此我以为江先生提倡调和主义是可以的，拿《中庸》来做提倡调和主义的护符，似乎可以不必。——这是私心未安的第一点。

在这旧道德崩坏新道德未建立的当儿，青年们感情的奔放，很有人在担虑。《东方》杂志二十三卷十五号张东荪先生的兽性问题，便是针对这个问题而发的。张先生说："我主张以理智利导情感，就是使情感跟着理智走，情感而能为理智所导引，则情感同时亦得满足。所以我这种主张既不是纵欲主义，又不是绝欲主义，亦不是节欲主义，乃是化欲主义。所谓化欲主义就是下等本能提升移到高尚方面去，使其亦得满足。"这话和江先生这回所讲的调和主义差不多的（兽性问题中又谓我们中国的礼教并不是绝欲主义。即以制礼作乐而观，可见梁漱溟所说的调和节中是大概不错。我们可名此为节欲主义。就是使人欲虽不绝灭，而自行节制，得保中和，不致泛滥。更与江先生语相同）。不过我在现在，不论张先生的化欲主义，或江先生的调和主义，都以为尚非其时，可以暂搁。从宋儒提倡理学起，直到现在，这千年间，人性被礼教桎梏得太久了；由桎梏过久而产生的变态心理，也已十分可怕了。男女之间，明明白白有“性交”和“爱情”存在，说到口里，却像是十分秽亵似的。这种心理再维持下去，青年的精神，更不知要委靡到什么程度。现在的青年，刚从桎梏过来，把情感奔放一些，也正是恢复天能的最好训练。所以青年学生，写情书也罢，讲恋爱也罢，于小说中专描写性爱也罢，至少能使他们的自我发展一些，一些也没有什么可怕。并且结过婚的我们，对于青年的讲恋爱，有时以为那真是十分可笑的，有时以为那真是十分可怕的，其实都是笑话。讲恋爱是青年的权利，不但不必怕，而且无庸笑。倘老天作成我们，韶光倒流，儿时可再，安知我们不是这样呢？

至于江先生讲到以比较轻重的原则来解决矛盾，举了许多例证，可谓十分透彻了。但我却以这还是门面话，和事实决不相应的。我们冠冕堂皇地讲起来，自然看梅兰芳戏不如看书，救国急于救友；但事实上必是去看戏的多，去从军的少。这是什么原故呢？就误在讲门面话上。本来理智这样东西，只在感情平静时才看得清清楚楚；一到情感激越，理智只好做感情的仆人，让它来支配。一切轻重，到情感手里，立地换个样儿。人类是感情的动物，惟有感情可以做我们的主宰呢。那些讲门面话的人，便是误认理智可以支配感情；一到不能支配时，只好装假了。——旧道德的最大缺点便在此点。——这是私心未安的第二点。

提笔写来，匆匆满纸，又是太多了，便在此留住罢。

（原载《暨南半月刊》，1926年第43期）

江宁县北固乡第一小学校视察纪略

校址在燕子矶之麓、地属江苏江宁县北固乡观音门镇。本乡有小学五,此校以成立早,故次特居第一。校在镇之北端,背临长江,风景极佳丽。校舍借用关帝庙。经费银月五十二元,支自江宁县教育局。现有学生一百二十四人。校长丁君超,任事数载,并力经营,年来成效卓著,誉驰遐迩,中外人士,莅校参观者踵相接。余以视察所及,为纪其略如次。

校内共有教室三。第一教室,男生,三、四、五年级合编。第二教室,男生,一、二年级合编。第三教室,女生,一、二、三、四年级合编,单级教授。教学重实际、重活用、不拘于一定课本。如常识,如农业,皆采撷各课本之所长,而加以一已之锻炼,期适合于社会生活,俾时时向革新方面展进。初级授国语,高级文语兼授。作文重实用,如书信、如契纸、如婚约,皆在练习之列。书法大小字并重。习大字,则寒假内,学生可以执笔书春联。习小字,则平时可助其师写报告,造册籍。

校无仆役,每日洒扫院落房屋、拭洗器皿什物,乃至整理花圃、树艺林木,皆教员躬率学生为之。其工作时间,在上午八时上课前、下午四时下课后。学生六时必到校,六时始回家。无一不视学校为乐园、事教师如慈母。星期日不放假，亦不授课。学生在校，半日游戏及工作，半日帮同教员整理校务、书写表册。

校内教员三人，丁君之、夫人，居其一。所授家、事及烹饪，不尽用课本，一依实事以为教。每日在校治膳，必留年较长之女生二人或三人以为助。女生归，则可以新法转告于其母或其家人。

学生衣履整洁，举止活泼，见客皆彬彬有礼仪。来宾至，则随侍其师，任招待。一切送茶款客之事，皆承师命以行之。

农忙时，学生即出校返家，助其父兄，有事南亩，时时告以校内所授之新知。迨由家入校，则又以家内工作情形，告之师，师辄为之条理其经验，证之以学理。因此，各学生家长，对于学校，无一不极端信仰焉。

洒扫之事，为校中极大工作之一。每日师生合作、除洒扫校舍及门前空地外，并定期分队扫除街道。初行时，乡人多非笑其愚，甚有对小学生施呵斥，目为好多事、不读书者。久之，亦自惭其无状。近则垃圾已不肯抛于通衢，有时且自扫其门外临街道路矣。

校舍内外，墙无纤尘，庭无杂物。入门左为学生小商店，右为接待室。室内统计图表，灿然大备。庭中芭蕉一株，高与檐齐，其侧就树根设小圆桌。学校园在东院，碎砖砌路，冬青筑墙。曲折清幽，令人览之神爽。学校林在校西燕子矶上，绿树满山，皆师生所手植。出校门而西，拾级登山，俯瞰长江，萦绕如带。从前石级多毁圮，近数年，由校一再修治，行人始无所苦。山腰有平地一片，据丁校长言，“拟建茅屋三楹于此，以为高级生教室，苦无经费，徒成理想”。问以需款几何，则谓“有银二百圆即可蒇事”云。

校内设有小图书室。室不大，而修整特甚。图书满架，师生公同阅览，状至从容。箕帚，则每生各备一具。不用时，列置复室中，各依其位。农具如锹锄等，有为校内自备者，有临时借自农家者，挂列一室之壁，秩然有序而不紊。用时则各趋其所，人执一器以去。

学习所在之镇，居户二百十四。区以职业，农最多，商次之，工又次之。商有布店、杂货店、饮食店、理发馆。其生活等级，校内制有统计比较图，列示于壁。镇人在外游学，曾受大学教育者，1人。现在省城受中等教育者，八人。皆该校旧生也。校中师生，既以本镇为服务地域之中心，并拟逐渐推广达于其他村落，制有服务区域图悬焉。

校内附设平民学校，入学皆成人，授课时在晚膳后。

学校与乡人相处也，感情极融洽。凡乡人入校参观，一律表示欢迎。有跣足不着袜者，有披衣不结扣者，亦让其入教室、观讲授、赴场圃、观工作。迨相识而稍稔，始乘隙施婉劝。久之，遂亦无不整衣履而入校者矣。

统观该校教育概况、可施以下列之详语

（一）真能使识字与作业并重，且为有意识的联络，足以打破一切偏重虚文偏重知识之障害。

（二）真能寓公民道德练习于作事之中，而又时时补之以科学知识使做人与谋生两种方法互相融和，且能使谋生隶属于做人，成一种合理的组织。

（三）真能使体育、智育、群育、美育不陷于孤立，使四者得以互相联络、互相调剂，成为一整个的高尚美满生活。

（四）真能使天真烂漫活泼泼之儿童，在一日二十四小时中，除睡眠外，时时皆活动于真美善环境之下，使知情意三方得以调和发展。

（五）真能发挥师生合作之精神，树立社会道德深固之基础。

（六）真能使学校与家庭互相联络，使学校教育之效力放射及于社会。

（七）真能用少量金钱得多量效果。

当此举世滔滔、教育衰落之日，独能于都市之外、荒江之滨，遇此罕遇之良好小学，可云难得。考察一过，欣慰无任。感触弥增。吾侪厕身教育界诸同人，得此固足以自豪，同时又不可不因此而自反矣。

中华民国十五年五月四日记于江苏教育厅

（原载《江苏教育公报》，1926年第9卷第7期）

江宁尧化门小学校视察笔记

余视察南京城内外各学校，前于北固乡获见燕子矶小学，已叹其得未曾有矣，兹于六月七日北出太平门赴尧化门，又获得一极优良之乡村小学，其空谷足音之感，殆与视察燕子矶小学时完全相同。爰就见闻，记其概要，并附略评。

夫以一校之微，能布散其效力于环校而居之各乡村、各家庭，用以促其生活之改善，斯固不能以寻常学校视之矣。月费47元之公款，物质方面，取诸社会者有限；而精神方面，还诸社会者无穷。吾侪服务公家，日糜廪禄，可不因之自愧而自警乎。

一、学校之略史

创始于民国元年，原属于第七区北固乡，旧称区立第三小学校，现改称江乘乡第一小学校。今日卓卓有名之燕子矶小学校长丁超君，最初即在是校任事。筚路蓝缕，以启山林，丁君之力固甚伟。然现任校长宋君鼎，曾于民国七年到校，与丁君共事，亦历五年，二人办学宗旨完全相合，故能沆瀣一气、合力进行，全校基础，于焉大固。现在丁君虽去，而宋君仍能保持固有精神，且力谋展进而未有已。是校与丁君主办之燕子矶小学校,距离仅十里,平日双方互相扶助,互相研求,不遗余力。既已相得益彰,因之二美并具。去年犹为单级复式编制,只具一教室,今则人数大增,室不能容,新屋既成,乃划为二。现全校儿童、已一百零四矣。

二、学习之现况

欲知是校之实施概况,可取校中六年级生章常德、葛兴广所合录之文,一检读,庶省余之琐碎纪载也。附录其全文如次。

(《南京尧化门江乘一校实施概况》略。编者注。)

该校实施状况大略如此。吾颇信其能平实叙述,未尝一加铺张也。

三、校长未来之计划

据宋君言,关于学校未来之计划,拟建筑博物馆及图书馆数楹,并将各教室内之土地,改用砖铺。此外训练方面,拟组成八大比赛会:①早起比赛,②清洁比赛,③礼仪比赛,④勤务比赛,⑤社会视察比赛,⑥暗示比赛,⑦守秩序比赛,⑧保护簿面比赛。每一赛会,置大镜框一面,悬诸壁,以便列表统计。其成绩最优者,校则为之特别表彰。

余曾与之讨论,依余之主张,各乡村小学,宜筑茅屋数楹,以为校长教员家眷住室,俾得安心从事教育,有子女,即可附从入学、且藉此与乡村妇女容易联络。惟此等办法,必施之于良学校、良教师,乃可有利而无害,否则将视学校若私产,其流弊必有不堪言者矣。

四、视察时之所见闻

校舍周围无墙垣,以资维护,杂处畎亩之中,并不虞盗警,于是可以见斯乡风俗之厚。据宋君言,本乡居民八十户,无大富,亦无大贫,力田以外,兼业缫丝,游民几绝迹。校在本乡之西,此外去校二三里,尚有若干小村落,各村落之儿童,来此入学者亦不少。又以距离火车站近,故学生中复有路员之子弟焉。

闻有尧化门车站站长某君,吴县人,前以其子在苏读书,用费多而功课无长进,特送之入斯校。其子初入学,以读书外有事操作,颇不耐。阅半月,乃与群儿化,逾一月,其父忽来校见告,并谢先生。谓斯儿近日在家,既能用功读书,又能做杂事,且不费一钱。言次,辄喜形于色焉。

农民对于学校,初持怀疑,继乃信仰,现已和衷共济,相处若家人。每值夏日,夕阳西下,晚餐甫毕,即见三三两两、手携坐櫈、联绎来赴校之操场,组织所谓纳凉会,杂谈一切,桑麻以外,兼及史乘,庄不失拘,谐不伤雅,灌输常识于无形之中,变化气质于相忘之际,其有裨于农民生活,殊非浅鲜。夫纳凉聚谈,不过一寻常事耳,为教育家所利用,便可以为实施社会教育之资,岂不可怪。类此者复有休假日之利用,校内师生,每于新历元旦及其他纪念日,鼓乐游行,聚集乡民,公开讲演,此又不啻本传教之精神、以推广社会教育矣。

以上两事，为余闻之宋君，且证以他人之言，而认为成效卓著者。

校舍三进，最后之一进茅屋四楹，闻建筑时，除由水泥匠工作外，师生亦皆于茅索绹、大施助力，故费用极省，全数只费国币一百三十八元。

校舍以内，无论教室、阅书室、寝室、庖室，皆清洁无纤尘。各什物之陈列，咸秩然有法度。庭内冬青成行，剪伐整齐，有松一株，盘列多层，有葡萄一架，架列成字，真可谓一草一木，咸含有教育意味。校内各种木牌，悉为教员偕同学生所自制，油漆书粉，未尝一假手于外人。宋君最近曾自制多格之箱一件，用以藏列学生各种课本。余以其颇切于实用也，因索得一图，并说明、附录如次，以供他校之采用。

（尧化门小学课本检阅箱立体图略。编者注。）

说明

(1)用途。感于课本之批改及检查、为教学及训练上之重要部分，在校务繁冗期间，苟无相当方法处理之，教师则因精神上的疲乏，对于儿童课程的结果，即不得不敷衍，对于整洁训练的一部分，则任其凌乱无次。因此参照邮局检信箱办法，制一木箱，按需要的多寡，内分数十格，或百数十格。格之上方，标以纸签，使课本文稿等已批改者、未批改者、错误者、用完者、簿面未书写者、粗劣者、检查不清洁者，分别置放各格内，再规定时间，教师既便于检查及批改，学生又便宜取放及订正。

(2)箱之尺度。高三尺四寸，长三尺，宽八寸。每格高四寸，

宽五寸，深八寸，可参照课本制度大小（尺度均须营造尺）

（3）价值。约一元数角，白坯制成后，用一二角小洋之色粉及热桐油修饰之。

（4）纸签标字的色别。红色系已批改之课本，黑色系未批改之课本，青色系检阅或应指正之课本。

（5）标名举例。二抄，即二年生的抄书；三默，即三年生的默书；三四书，即三、四年生的书法，五六算，即五、六年生的算术；合缀，即三、四、五、六年生的缀法；一二测，即一、二年生的测验稿。余此类推。

（6）使用的手续。教师于规定批改时间内（敝校均系晚间）遇箱中黑色标字格内有课本，即取出批改。遇错误者，随时置放纠误格内，遇错误过多者，随时置放粗劣格内。各项课本批改完竣后，将不错误者置放红色标字格内。于规定检查时间内，遇课本用完者，书写日期于簿面，再盖以用完图记，置放用完格内。遇污破不整者，置放破污格内。未书印簿面者，置放印书格内。至翌早由当值勤务学生将错误者散给同学改正，用完者散给同学使之再购一本，破污者散给同学另换簿面。既改正更换后，由各生归还该箱格内。至于粗劣者由教师面加指正，或使之重行改作、预答及测稿等改订后，即存于教师处。接待室仅有一小间，壁间除挂童子军服装用具外，复有图表多种。有三表余似见之于燕子矶小学，此或与丁君公同商制，亦未可知。余以其与乡村小学教育，极有关系也，用特录而表之，俾一般乡村学校知所注意焉。

（表略。编者注。）

现值夏历四月杪，二麦登场，新秧未插，农忙特甚。凡力能胜工作之儿童，大都去校返家，佐其父兄打麦、戽水。故校内学生，三年级人数颇少（只有二十），一、二年级、尚有三十余。惟在田工作之学生，亦非完全与学校生活脱离关系者，每一日间，尚有一、二节课须来学习。学校召集上课时，不用铃而用号。号由童子军司之，喇喇数声鸣，则学童纷纷由四野来集。牧者舍牛、耕者舍来。一课既毕，仍赴田间，工作如故。故校内于农忙时，特将授课表改订焉。

余在校盘桓约三小时。视察之余，既与校长宋君、教员茅君曹君互作问答，复约村中董事王君等两人到校，告以学校教育之重要，与夫学校家庭宜互相联络之理由。彼等皆异常感动，异口同声，称赞宋先生不置。

五、视察后略评

视察一学校，走马观花，为时甚暂，即侈然作批评，本不易洽当。惟最好与最坏之校，凡设备教学诸概况，虽以较短时间之考察，有不能逸诸耳目之外者，此又未可以常理论也。余于斯校，见闻所及杂以感想，用施略评如次所列，敢以质之海内教育家之曾至斯校者。

（1）道德知能，贵乎练习，练习之际，尤贵能善为利用。斯校能师生公同操作，随时随地，利用有余时间、有余精力，与夫人类一切固有本能，以养成儿童勤劳朴实清洁等好习惯，增长儿童公勇正直合群互助等好德性，发展儿童处理事务、整顿器物、举动敏捷、热心创化等各种好技能及好兴趣。不必分别德知体三育，使之各各孤立，而人生全部圆满生活，已可由此得一种最好修练，建设成一个最稳固的基础。

(2)小学教育时期，应注意于儿童身心双方之成长，而善为引导。引导之方，首在教以有益之活动。活动范围，不必尽属于心，而实多属于体。体有所操作，有所习练，在在皆足以影响精神。能因手足耳目之活动，随时授以相当之知识，则德性既日趋发展，知能亦日益进步，同时身体，亦必日形强健。是以初级小学教育之设施，一方面在使儿童读书，一方面在使儿童做事。能做事，则读书之效力愈觉恢宏；仅读书，则做事之能力，未必显著。斯校能兼顾两方，且使之调和融合，真难能而可贵。

(3)教师人格感化，关系最重。斯校校长宋君与同事与学生平昔同操作、同劳动，而且于休息之日，往往留校不归（并闻上年战事吃紧、学校驻兵时，学生星散，君独在校，苦心维持，以故驻兵多日，校具未遭损毁）。此一种忠于职务之精神，实在在足以表示其人格，儿童受此熏陶，当然收益不小。

(4)创造精神，宜养之于始。公正态度，须习之于初。斯校师生公同建房室、筑花架、艺谷物、制校具，既能独运匠心、不同流俗，且复征求同意、公共商量，一则导儿童以创作，一则示儿童以公开。意至善而法亦至良也。

(5)自治精神，吾国人民，最称缺乏。是校能注意及此，以期养成富于自治能力之公民，实为一般学校所难及。

(6)学校欲得社会信仰，首在联络家庭，而职业陶冶，尤关重要。斯校为乡村小学，其于农事特为注意，而非托以空言。此则尤堪取法。

以上六种，皆斯校之特色。统括言之，可谓能合于下列之四种主义。

(1)经济主义——不费多金，而效率甚大。

(2)实用主义——注重职业陶冶，练习道德生活于工作之中。

(3)社会主义(与经济学上所谓社会主义有别)——学校教育效力，能发散及于社会。

(4)进化主义——时时谋向新的好的方面发展。

世多谓无多钱，不能办得好学校；又谓一般乡民，多不信仰新教育。今观丁宋两君所办之小学，便可知其所言之不可靠。吾且深信伟大之教育精神，足以征服物质之艰难、转移社会之观念。吾党同志，曷兴乎来。

(原载《江苏教育公报》，1926年第9卷第7期)

视察无锡小学笔记

开原乡第一初小，不希望人人升学，见解最为卓特。

开原乡立第一初级小学校，斯校创始于清光绪三十年，原名日新，初为私立，蒋君仲怀实为创办人，民国二年，始收为乡有，现有学生一百零五人，第其等级，特分勇、德、美、静、明、洁、真七组，勇组二十三人，初入学，德组十七人一年级，美组十人二年级上，静组二十三人二年级下，明组十四人三年级，洁组十四人四年级，真组四人四年级上。

校长潘德光，办理斯校，极具热诚，研究改良，不遗余力。其利用余时余力，以期发展儿童之智能也，力求适应于社会，期以学校之力，改进社会也。与燕子矶尧化门两小学完全相同，校舍虽不多，而设备极整饬，有工读室、图书馆、艺术室、小公园、小农场、体育场、烹饪场。视察时，一年级学生十六人，读儿童文学第一册，室内陈列之成绩品，有木杆制品，极可取，外有分格箱，分贮学生书册，亦甚佳。三四年级，合一教室，正演习国语会话，教室内有图书台，有标本柜，有学生自治会办事桌，桌排列成长行，分别部居，以木牌为志，如公园办事股、新民月刊办事股等。二年级生上课，则在艺术室，艺术室外，有动物植物两园，走廊下置竹杆,用以分别来往人之路线(来者右往者左)。盖因该县城外,即为商场,车马杂沓,毂击肩摩,行路之人,不能不认定路线,以免危险,幼而习之。此该校教育惟一方针,注重学生自治力之发展,又以吸收智识、服务社会,不能仅限于本邑,故特注重国语之练习。就学生之家庭以言,农商两业,实为大宗,因此学校教育,亦即以农商两业为目标。其教学也,并不希望人人皆升学,而实希望多数毕业生,能为良善能自治之农民与商人。校内制有儿童父兄职业表、毕业生概况表。

学校既有二十年之历史,毕业生数当然不少,推其概况,成绩已彰,惟闻校长潘君,近有辞职之说,而教育局长则仍拟设法挽留,近闻已回校照常任事,为之欣慰无已。

当余视察既毕,忽有学生发起开欢迎会者,于是群儿会议,何时间,何地点,谁主席,谁报告,节目如何分列,职务如何支配,经过十五分,而各事大备,因而搬桌移凳,写信书单,顿时大具。余既莅会,首由全体学生唱校歌,次学生某致开会词,纯用国语,次国语讲演,次唱歌,次训话,次国语翻译,次欢呼散会,观于此一小小集会,而学生之自治能力,亦可窥见一斑矣。

该校经费,年七百元。

(原载《江苏教育公报》,1926年第9卷第8期)

与第二届全省实业行政会议诸先生商榷实业教育两方联络合作诸问题

实业教育联络合作之论，倡之者已不止一日、不止一人，惟普遍为具体实施，仍复有待，兹幸值第二届全省实业行政会议，在宁举行，聚吾苏实业行政界诸领袖于一堂，从容讨论措施方针与进行方法，厚生利用，造福乡邦，曷胜欣幸，恒源谨本极诚恳的态度、极热烈的愿望，代表省教育行政机关，提出次列诸问题，并附以具体办法，敬与贵会议诸先生商榷：

一、职业学校学生练习问题

职校学生，将毕业时，例应实地练习，兹拟练习办法如次。

（一）中等职校学生，拟由实教两厅，商明派赴省立各农场林场工厂及其他公私立商业机关，实地练习；

（二）初等职校学生、拟由各县实教两局、商定就本县肆厂、派送练习；

（三）练习期间，由学校与场厂店自由协定；

（四）在练习期内，所有膳食等费均由练习生自备，并须遵守场厂店肆一切规则；

（五）练习期满，由场厂店主管人出具证明书，报告练习成绩之优劣。

二、介绍职业学校毕业生服务问题

职校学生毕业后，除各实业机关自由任用外，希望由各县实业局商同教育局酌量指导介绍，谨拟办法如次。

（一）由实教两局，列表开明各毕业生在校学力及练习成绩，函送各实业机关，以便任用。

（二）农校毕业生，可由实业局介绍于农家，用“指导农作法”以图改良农业。其方法，略略如次列：

（甲）由农家指出农田若干亩，定为“指导区”，凡一切选种、布种、锄草、施肥、收获等事，悉依农校毕业生所预定之方法行之。

（乙）由田主预定该田平时收获量，与指导人订定契约，俟收获后，除由田主将预定之收获量划归已有外，所余若干，由田主与指导人均分（如每亩预定收一石，而结果收一石八斗，此八斗之余数，即由田户与指导人均分，每人得四斗）。

（丙）田主预定收获数，应依每年平均数定之（亦可以未经新法指导之邻田为标准）。

（丁）指导区或有意外之损失，致预定收获之数不足额时，应由原介绍之实业局与田主或农人协定一担保或赔偿方法、以坚农民之信赖。

（三）职校毕业生如有自营小农场、小工厂、小商店、除由实教两局依法酌予维持外，并可将其经营之成绩，宣传于社会，以资仿效而便推广。

三、推广职业教育问题

各县推广职业教育，希望由实教两局联络筹办，兹拟办法如次。

（一）由实教两局，联合调查本县农工商业状况，拟定有统系的计划，以便分别实施；

（二）考查本地固有农工商业，优点何在，劣点何在，何种可以利用，何种亟待改革，拟成具体方案，纯依教育方法以图解决；

（三）组织生活最需要最切实际的职业学校；

（四）组织工商补习学校；

（五）除设学校教育外，社会教育之关系职业者，亦极十分重要，并希望实教两界能通力合作、试言其略。

（甲）讲演：直接的——对于农村，如改良农作、除治害虫等，对于工厂，如工业常识，对于商场，如商业常识，均可为讲演材料。

间接的——对于农工商各方，如合群、自治、卫生方法、娱乐方法、勤俭储蓄等，均可用为讲演时。关于讲材之选择、讲词之拟议、实物标本之补充，均须联合研究，以期完备。

（乙）展览会；

（丙）理科教育馆：馆内可辟出一部，专搜集农工标本，以及商业各表册。

（丁）小公园；

（戊）农工（或工商）俱乐部；

（己）巡回文库：加入实业方面各种书籍。

四、学校选用教材及制作标本问题

（一）农村小学及职业学校教材之选用，希望由实教两局，约同两界同志，联合研究，各就本地之所需，拟成纲目。

（二）普通中小学关系职业陶冶之教材，并希望由实教两局，约同两界同志，联络研究，拟成纲目。

（三）农产工产各物标本，希望由实教两局，约同两界同志，联络搜集制作，此项标本，除备博物馆展览会陈列外，可分作学校教学之用。

五、推广植树问题

希望各县全体教育界，于植树节日，师生每一人能植树一株以上，试拟办法如次。

（一）由实业局呈明县知事，先期筹定的款，购林苗若干万株。

（二）由县知事先期约集全县教育行政人员及实业局局员、商店每一机关、每一学校，愿植树若干株，其植树地点，由各学校于可能范围内，自由选定，通知实业局。

（三）由实业局编定简明植树法，连同应发林苗印发。

（四）林苗植后，由县知事督同实业局员清查一次，记明已活者若干，未活者若干。

六、实教两界组织中心机关问题

欲图实际联络合作、运用灵活、效率增进，希望由实业局长约同实业界同人，联合本县教育界，设立“生活改良研究会”（或即名教实联合会）以为中心机关，会中设四部：

（甲）调查部；

（乙）计划部；

（丙）实行部；

（丁）推广部。

兹试举改良农民生活一例以言，欲达农民生活改良之目的，必备具次列诸作用及事项。

（甲）增进知识能力（农业知识及自治能力）；

（乙）除破阻碍进化的迷信；

（丙）利用相传的惯习，加以矫正，使其无弊而有利；

（丁）增加农产数量；

（戊）筹备高尚娱乐；

（己）改良农村卫生；

（庚）筹设农民储蓄会。

其进行也，必先之以调查，调查结果，可以明了农民固有生活状况，然后再计划改良方案，如对于（甲）则应筹设乡村小学，而乡村小学宜如何组织，应加研究；对于（乙）应注重在学校教育，尤应注重在通俗教育之讲演，而讲演人员，如何延请，讲材如何编订,应加研究。甲乙如是,其他皆然。由研究而成计划,必继之以实行,实行必先自个人始。我为本乡农民之一,又现为研究会会员之一,计划既定,应即本身作则,迷信要首先革除;一等娱乐,要首先屏绝;对于小公园之组织,要特别出力;对于农村卫生,要特别提倡。一处行之有效,应即谋推广于他乡,他处行之有效,应即谋推广于本乡。

以本会分子为事业执行之中枢,以一般农工商界分子为改良进行之目的,而最初联合教育界以谋造福于一般农工商民者,其责任希望由实业局长负之。

实业局长,不仅联合本县教育界已也,更希望与其他教育研究机关联络合作。最著者,如中华职业教育社、东大农科、金大农科、省立各农工校,皆可与之联成一气。

本进取之精神,运精密之计虑,用科学试验的方法,持温和诚恳的态度,实业教育,携手同行,国家于是乎安宁,人民于是乎富厚,社会道德,日进无疆,社会幸福,日增靡已,此不仅吾苏一省之幸已矣。

以上所列问题与所拟办法,是否有当,仍希赐予讨论,以期完善,无任大幸。

江恒源　民国十五年十二月五日

（原载《江苏教育公报》,1926年年终增刊）

提议设立盐业学校
敬告海属诸父老昆弟书

海属诸父老昆弟均鉴。恒源不自揣量，谨掬至诚，敬告于我海属诸父老昆弟之前。吾淮北盐务，著闻于全国久矣。地属于海，故海人业之者众。盖俨然一专门职业也。平昔屡闻长老言，“某吾精圩务，凡取潮、土工、盐色，辨析极精微，同人无与匹。言次，似倾慕不能忘。其意以为此“无与匹”之人才，绝不可以多得也。苟得之，则业务未有不因之而昌者。最近又时闻鹾业界友人言：“今日业鹾殊难，凡管圩管运，求一优良司事，竟不易得，匪惟高级司事然，即低级司事亦然，知识也，能力也，操守也，勤苦也，实在在均令人发生疑问焉。”言次，又若不胜其咨嗟太息者。此其所言皆事实，无可为掩也。兹试以教育眼光，一衡其得失，则知所闻“不可多得之人才”与夫“人才之不易得”，岂真无适当可靠之方法，以资补救乎。愚以为最适当最可靠之方法，仍在乎教育，仍在乎适应于盐业需要之特殊职业教育。

教育果有如斯效力乎。不见夫今之受教育者愈众，而失业者愈多乎。不知此非教育自身之咎，仍教育不得其法之咎也。教育而果得其法，则可使受教育者优其识、良其技、端其品、坚其守。用之于事也，可使增其效，益其功。谓予不信，请略论之。教育原分广狭两义。以广义言，固不必如今日之设校授课，始可以言教育也，举凡遣子从师，因事练习。固无在而非教育。即如社会之所引导，群众之所诱掖，又何在而非教育，青年子弟，汲汲谋生。因地制宜，遣习鹾务，天才卓荦者，强于吸收，勤于磨练，优于创发，勤勉公正。且加人一等，虽得中才者以为之师，仍可青出于蓝，冰寒于水，此则纵非千人而英，亦必百人而杰，自非时时所能观也。人类不齐，毕竟中才多而天才少，中才之士，能谨愿守矩矱，经长时间之练习，历六年或八年，固亦可试之以事，程之以功。若不幸而涉浮薄，惹嗜好，知能未充，一已已堕落，吾见亦非罕也。此又匪仅中才为然矣，天资愈高，活动力愈大，而其堕落之程度且愈增。斯果谁之咎欤，愚谓广义教育，似不能不一负其责也。今欲以狭义教育，而救广义之弊，就理论言，就事实言，均属可能，无待顾虑。设固定之教育场所，正其名曰"盐业学校"。招生入学，授以盐业上必要之知识技能，更复磨砻其身心，增长其能力，培养其德性。彼富于天才之士，固可得此以益拓其才，而不使之稍抑。即多数中才，亦可发展而渐企于高明之域，且无复坠落之可虏。在普通从师习业，必费时六年八年而后可试之以事者，今则入校三年，可毕其业，练习一年，可任以事，学习时期，既缩短其一半，治事效率，且增加乎数成。二者比较，其相去宁可以道里计耶，然则此项盐业学校，究将如何组织乎，依愚计之，程度约当于初中，在校修业期，以三年为原则，以二年为例外。毕业以后，高才者，可以经营鹾务，领袖群商。次焉者，亦可服务圩运，昌大其业。有产者，则自理其业，俾产量日增。无产者，则助人经营，用展所学。课程编制，以“盐业概论”一门为正宗，凡制盐、运盐、销盐，以及行政历史诸端，无不备，讲义之编著讲授，可约富于治学精神明于盐业状况之士，专任斯役，编著之初，须虚心博访，集思广益，可就教于所谓“不可多得之人才”，请其各言生平所心得，一一笔之于书，材料征集既丰，乃复加以整理。分类论列，修理贯串，叙述必求其详明，评断必蕲其允当，讲授之际，自简而复，由浅入深，举例说明，必依实事。外此更须搜集若干标本，制造若干模型，绘列若干图表，以为教学之助。并于校内酌设小盐店一所，以资练习，实地参观，尤不可少。至于补助课程，则有商业常识、商业地理、商业尺牍、盐业公交、珠算、簿记、测量、用器画、矿物学、应用化学等。普通课程，则有公民学、国文、英文、算学、体育、卫生、乐歌等。凡所教学，必以实际应用为归；凡所练习，必以社会生活为的。不涉高论，不尚空谈。刻苦、勤劳、诚信、朴实、精细等诸习惯，须于校中养成之。而于知识之增进，性情之陶冶，仍非置而不顾。即欲升学深造，亦非不可能。贤者得其大，不贤者得其小。学成以后，必能应社会之所需，而不嫌其凿枘。服务以后，必能谋鹾业之发展，而可操其左券。此则学校组织之大凡，与夫教育目的之所在也。设校之始，如循斯轨，则定卜成功。倘或违焉，则不如其已。

再言校款，筹措亦易。如设一级，则开办费，有五百元，即可集事。常年费，有二千五百元，即云充足。如设足三级，则每级减成二十元，共六千元，亦无虞不足。鹾业本有教育专款，现正散用于北鹾各公立小学，就普及教育以言，则小学推广，固属当务之急。惟两利相形，宜取其重。顾名思义，当知所先。似应聚散为整，组成一校。如处高小毕业，人数无多，招收新生，不无困难。似可酌设高小一级，用为预料，以备开学。至若现任鹾立各小学职教员，果系学识优长，经验宏富，旧校虽经取销，新校仍可服务。校址所在，宜择盐业集中之区。比较以观，板浦为适。校舍一时不能新建，则公立第一小学尚有余室，可以分用。若仅设一级，则措施更易。且公一小学，原有一部分经费，取之鹾业。今就其资以设预科一级，假其室以立盐校一班，其势固至顺也。

恒源与盐业，素少关系，既无一砖之池产，亦无一粒之运销。所以必欲如此创议者，一则以社会生计，日形窘迫，固有盐业，整理需人。念及桑梓敬恭之义，辄兴棫朴作人之思。二则以职业教育，效力至宏，生计问题，非此莫解。盐业既为职业之一，自应借径教育，以养成斯业之专才。私衷自度，似非徒逞理想，擅主纷更，同一贻讥躁妄也。

诸父老昆弟，利害切身，其自视业务之盛衰，谅必多所感触。深愿：

俯采末议，赐予赞同。庶可本公共之主张，促事业之早现，倘能于十六年度开始，即将此校组成，则匪仅故乡子弟之大幸，而吾淮北盐业，亦可由此开一新纪元矣。谨布区区，伏希鉴察。顺颂

道安。

江恒源敬启　民国十五年十月二十五日

（原载《江苏教育公报》，1926 年年终增刊）

推广学校毕业生出路方法

一、一般原则

（一）公私各机关任用职员，须用考试方法，就各校毕业生选取录用；

（二）各机关可联合举行考试，分用所考取之毕业生；

（三）行政机关对于各校毕业生，除任用外，并应负造就、甄录、指导、介绍各责任；

（四）公私各机关应设法使各职员办事之才能日益增进，各职员工作之效力日益扩充；

（五）公私各机关，应循社会进化之原则，力谋事实范围之发展、事业内容之充实；

（六）公私各机关，对于旧职员，应力谋退养之安全；对于新职员，应力求能力之增长；

（七）毕校教育，除中学之一部分专为达升学目的、大学之一部分专为养成精深学者外，凡各级含有职业性之学校，均应察酌社会情形，施以实际应用之教学与训练，不宜偏重空虚理论。

附注

(1)各界各级职员薪金额,宜定适当之标准,不使过多过少、失其均衡;

(2)各机关之兼差及干薪陋习,宜设法革除;

(3)凡最低级之职工,务必使其于推持个人及妻子生活外,且有余力供给子女教育费;

(4)社会节俭之风气,宜设法提倡。社会无谓之应酬,宜设法减少;

(5)各机关宜提创职员储金;

(6)中等以上学校之学生用费,应设法轻减;

(7)女子职业教育,宜设法推广,以期能相夫谋生、减少家累;

(8)节制生育问题,认为有研究之必要;

(9)以上各项,似均与毕业出路问题有间接关系,用特附注于此,以待专案讨论。

二、分类办法

(甲)政法学校毕业生

(一)本省法政学校,每年应将毕业生名册,造具若干份,送教育厅,由厅分送于本省各行政机关(册内须将各生在校学绩品行逐一注明)。各机关如需此项人才,可用考试方法从严录取。

(二)由行政方面协商本省高等审检两厅,对于法校专习法律之毕业生，加以考试。考试及格，以各县承审员、与狱员及本厅书记等职，分别录用。

（三）本省各县知事公署第一二科主任助理、各种财务征收机关之主要职员，皆应任用曾习政治经济法律之毕业生。惟任用之先、须由省政府特设一练习机关，受短时期之练习，如吏才养成所之类，俾志愿就业者经过考试后，入所学习实际应用各课程。在所经过一年或年半后，再由省政府组织考试委员会，施以严格考试及格，由省政府给予任用凭证。嗣后各县知事公署各税所任用职员，均先就此项人才选用。

附注

（1）本省其他各行政机关（即除县知事公署及税所以外之机关）如需用职员举行考试时，此项取有任用凭证之毕业生，亦得报名应试。

（2）凡高小初中之毕业生，无力升学、志愿谋生者，遇各行政机关考录书记办事员时，亦得报名应试。

（乙）农工商各校毕业生

（一）由教育实业两厅，调查本省规模较大之农场工场公司银行已用毕业生若干人，毕业生服务之状况何若。

（二）由教育实业两厅与各农场工厂公司银行协商，嗣后每年添用新职员应为本省农工商各校毕业生留出若干名额。如欲择优录用，可用考试方法分别去取。

（三）由教育实业两厅与各农场工厂公司银行协商，请其准许本省农工商各校每年派毕业生若干人到场厂行店实习。实习期半年或一年，视工作之性质决定。在实习期内，应由实习生自备膳费。实习期满，应请各场厂行店主管员及技术员，具书报告原毕业之学校备查。如场厂行店需要此项人员，即可择优留用（如本校于毕业期将满时例有一定实习时间，亦可改在场厂行店内实习，但须有本校教员随同指导。其实习成绩之考察法与在校同）。

（四）每年本省农工商各校应将毕业生名册造具若干份，送教育厅，由厅分送于本省公私各机关（册内须将各生在校学绩品行逐一注明）。除实业机关之各场厂行店任用农工商人员，须照（二）（三）两条办理外，其他各行政机关，如需用技术员或会计员时，亦可就此项毕业用考试方法、严从录取。

附注

（1）凡高小初中高中毕业生，不愿升学，在校已兼习农工商各科者，皆得以农工商校毕业生论。

（2）农村小学之毕业生，应以服务农业为主，不必纯以升学及出外就业为目的。

（3）凡法政学校习经济学之毕业生，亦得任商业上职务。

（丙）师范学校毕业生

（一）各县第三科主任助理、教育局长、县视学教育委员、应以任用师范毕业生为原则，而以任用非师范生为例外。

（二）各县各学校职教员，应一律任用师范毕业生，非至万不得已时，不任用非师范生。

（三）各县教育局应设师范生服务介绍所，对于师范生之服务,公开介绍。

(四)对于各县不合格学校职教员,应由教育行政机关严加取缔。

(五)各县教育局,对于本县师范生,应分别款目,详细调查,列表统计,每年报告教育厅一次。

附注

(1)关于各县组织师范生介绍所及调查师范生状况,前已由教厅函属各县酌办。

就业指导委员会嘱于十月一日以前将个人意见写出,勋以事务纷繁、意见有而写出难,今就忆及拉杂书出,或足为参考之一助。

(一)欲解决学生就业问题必须使供求两方能有联络使用人者,对于教育事业发生兴趣,于教育方针参加意见,此层或由教育界有所表示。

(二)学生多而事业少,因事业少而群趋于办学(必办大学),因之学生愈多其就业之资格亦是疑问。就教育言大学多而中学少已是一问题,就事业言生产愈多用途愈窄矣。

(三)学校可随时向毕业生就业之地调查其状况成绩以为指导及施教之参考。此事南洋大学行之甚见效,但南洋大学毕业在路电及工业机关较多办理较易然。他校亦可行之。

(四)学生觅职业固难而机关觅人有时亦不易。上海工程学会有职业介绍部勋曾在事者一年。此一年中求事者无一人能为之介绍职事而机关求人者有四五起皆非求事者所能应聘或愿应聘。结果只能介绍会外数人事后征求其入会(该介绍部一面通告各机关,如需人即来觅一面通知会员中之觅事者)。

（五）大学毕业者学有专门以为谋事较易而有时不然,勋曾受建筑公司托找监工以不以大学毕业为条件,故中学毕业或甲乙种工业毕业其机会亦甚多所缺者媒介耳。

（六）各机关用人悉以考试为标准一事言易而行颇难,但能使其用人以学业为标准已定开放许多机会。目下国内机关为非毕业生所盘据者甚多,每为保守其地位起见对于学生新进排斥不遗余力,即倖而相支共作而非毕业者流品不齐,新进学生每为所淘染而不觉此则教育界与机关所当共同注意而不可忽视者也。

（七）目下中国有一种事业需才甚亟而人才反极缺乏。则航业是自商船学校停办后少数航才已如硕果仅存,余皆以水手或小工充数其中情形及于国计民生之影响真罄竹难书。近年航业确有起色,以全国江江轮四百艘平均用六人计（驾驶及轮械）,即有二千四百人而二千四百人中受过相当教育者至多数十人而已。交通部有重办航校之议而未实行,而国内航界竟未能注意此事一向政府呼吁也。

（原载《江苏教育公报》,1926年年终增刊）

苏省教育行政意见

江苏教育厅长江恒源以教育事业施政虽属诸官厅，而商榷宜公之社会，草拟预计十条，希望于最短期间，可以实现计划六项，希望在最近数年可筹备实施，问题十种，认为关系重要，势须延请专家，公同讨论，拟议一件，为确实施教方针，根本所关，希望及早经众议以成定论。其原文甚长，兹分别摘要录次。

一、预计十条

（一）在最短期间内（十个月内）能详悉各县实际教育状况及社会情形；（二）在十五年度内，全省中少数各县关于教育经费账目尚未能完全公开者，一律彻底公开；（三）在十六年度一始时，全省中少数各县教育款产清理已具有端倪或已完全就绪；（四）至十六年度开始，各县教育行政人员皆能勤慎任事力图本县教育业发展；（五）至十六年度内，各县模范生除特殊情形外，皆得有服务机会；（六）十六年度以后，各县已成立之小学校，学生人数比较增多，教育方法日臻完善；（七）至十六年度，各县对于义务教育，在可能范围以内，必推广若干校；（八）至十六年度，各县已设立之师范学校，对于乡村教育之研究，皆能有相当之设备与成绩；（九）十六年度以后各县对于职业教育，皆能有相当之成效；（十）各县社会教育，至十六年度，均能振作精神，使固有之事业充分发展、待办之事业逐渐结办。此十条预计，可谓最简而亦最易，凡在文化较高各县，无待敦促，或已实施，惟以人才经费各有不同，兹各县仍未能一致，强不齐而使之齐，诚非易事，然助其成长，期其合度，责在行政，宁容稍缓，行政效能，约而言之，不外考察、提倡、指导、矫正、取缔、补助数端，至此数端必如何处置始能适宜，而且经济自赖乎计划，赖乎组织也。

二、计划六项

（一）优待小学教员，（二）提倡科学教育，（三）提高学生国文程度，（四）提倡体育，（五）增置省视学员额，（六）审查教授用书。此六项业或已具有方案，或尚在讨论筹议之中，预期在最近两年内能切实施行。至关于提倡理科、国文、体育三项，系就目前状况认为最需要者而言，将来因时制宜，亦断不能以此三项为限也。

三、问题十种

（一）毕业生出路问题（附推广学校毕业生出路方法、内分法政学校毕业生、农工商各校毕业生、师范学校毕业生等数种、原文甚长从略。编者注。），（二）省立中学校设科问题，（三）省立中学与省立其他各校联合问题，(四)省立师范分级分组问题，(五)厅立师范与县立初中合并问题，(六)小学教员检定问题，(七)省立中等以上学校校长教员薪俸问题，(八)对于一般学校特殊奖励问题，(九)关于私立学校考查补助及盖印问题，(十)学校教育问题。

四、拟议一件

(教育标准)(纲)根据中华民国固有的优美国民性，体察长时全国社会生活所必需，施以适当的教育，养成有能力的好人；(目)(子)所谓适当教育，应以下列五种为必要的原素：(一)科学的，(二)历史的，(三)社会的，(四)进化的，(五)理想与实际相接近的；(目)(丑)所谓有能力的好人，应以下列十项为必要条件：(一)身心两力均极健全；(二)性欲理知两方并重，且能以理节情，使之各得其所；(三)才能识体融合浑化；(四)能具有自觉自悟的心力；(五)能具有奋发进取的精神；(六)能具有整理旧文化创造新文化的基本能力；(七)能自治且能合群；(八)能征服自然，利用势力改良环境；(九)对于下列十种德行，皆能备具：①公，②忠，③仁，④恕，⑤智，⑥勇，⑦勤勉，⑧宽厚，⑨诚实，⑩温和；(十)对于国家能直接间接尽下列六种责任：①涤除国耻，②拥护国权，③保护国体，④尊重国法，⑤发达国产，⑥发扬国光。

(原载《新闻报》，1926年12月5日)

视察东海教育概况

江苏教育厅长江恒源，视察东海县教育情形后，对于该县教育，多所针砭，顷已训令东海县知事切实整顿，兹将其令文录下，文云：

查本厅长此次呈奉省长令，准亲到该县视察教育状况，总计该县城内设校凡九，经本厅长视察者七，几无一校可以令人满意。在经费过少者，固无发展之可能；即经费稍裕者，办理亦欠完善。其绝大原因：（一）则主任其事者，非尽明教育之人；（二）则社会对于教育，不甚加以注意；（三）则教员多不合格，而师范生任校长教员者，且绝少；（四）官厅不知提倡与整理；（五）教育委员以薪水太少，不能负责办事，坐是数因，以致私塾日形发达，学校学生，日形减少，地方富绅大率延师课读，不肯送子弟入校。甚有身任教育职务之人，亦将子弟送入私塾，而自身兼作塾师，一面又令子弟挂名学校，为取得毕业证书，考入中学之预备。凡此种种怪状，言之殊甚痛心。自非振作精神、彻底改革，该县教育殊难望其进步。为该县计：（一）应将城内校址距离太近之县一小公二小合并；（二）应将海朐市立各初小之经费，迅即筹定的款，每一校一教室单级教授，全年约需两百元；（三）各校校长应慎选明于教育之人充任;(四)本县已毕业之师范生,应尽量录用,并予以特权;(五)应由教育局筹款,派各教员轮流出外参观;(六)一切指导重责,应由县视学切实担负,并应协同教员局长详细规划改革方案,时时赴各地视察;(七)应将教委薪水设法加增,对于区教育之规画整理,使各负完全责任。以上七项,并应同时举办,不得视为具文。又该县城厢居民,据闻不下三千户,学龄儿童数,平均以一户一人计,约已可得三千。乃现在学校学生,合城内各校计之,且不满四百,相差何若是之巨。应饬教育局长督同各教委分别劝导,以蕲入学儿童之增多。该县教育经费,为数本绌,各市乡教育款产,亦复无多。富绅创设私立学校者,尤所罕见,岂因提倡无人,未能相观向善,抑或向来主办教育者,未能尽餍人望,致乐善好义之人,不免减少其固有热诚。亦应设法倡导,以期补助公家之不足。以上各项,并仰该知事督同教育局长切实规画,分别实施,该县教育前途,关系綦切。倘再视为具文,或藉端推诿,则该县教育将永居于落伍者之列,司县印者,诚不能不负其责也。切切,此令。

(原载《申报》,1926年12月29日)

农村教师的使命

（一）要增进农民的生产力，发展农民的自治力，要把农民现在的疾苦放在脑子里，农民所需要的快乐幸福也把它放在脑子里，一天天地奋斗，一天天地改造，要有不达目的不止的精神。

（二）要打破奢侈的教育，关门的教育，盲从外化的教育，死的教育，假的教育。

（三）要创造用钱少的教育，公开的教育，适合国情的教育，活的教育，真的教育。

（原载《教育与职业》，1927 年第 82 期）

整理江苏教育计划书

弁　言

恒源无似，承乏江苏教育行政，将及一年，绠短汲深，愧无建树。每一自謞，良用疚心。惟自念服务乡邦，宁敢视一官如傅舍。是以措置虽极无方，而筹画则未敢或怠。曩者不自揣量，曾布意见，以告吾父老昆季矣。兹复斟酌损益，成此计划书一通。倘后之来者，能酌采一二，见诸施行，且行之而效，使我之所议，不至尽成纸上空谈，或庶几稍补吾过乎。

中华民国十六年二月二十八日江恒源识。

概　言

江苏襟江带海，物产丰饶，山川秀美，得于天者，可谓至厚。文化与自然，本具有密切关系。在昔旧教育时代，人文著于大江南北，历史上已享无限光荣。迨新教育兴，文明先进之誉，又几几为吾苏所独负。呜呼，何其盛也。顾自民国一十五稔以还，省县各级学校，日益增广。究竟各校内容，是否悉能充实，不能使人无疑。而已学成之学生，布在社会，是否悉能用当其学，利己利人，亦不能使人无疑。若再放眼一察社会与政治之状况，其足以令人心灰而气短者，则更无往而不是。其结果也，不惟学校教育些须之效能，无以左右社会与政治，使之日趋于善良，而社会与政治恶劣之势力，反足以震撼教育，使之不克自坚其壁垒。举其较著，可得而言。朝气不作，故习相安；法轻势重，则利害相较；罔顾大群，情重理轻，则人我相形，只便小己。明知为不良制度，而不思更易，且依以为牟利之资；明知为极恶风习，而不谋革除，且恃以为治生之具。物价日益贵，生计日益艰，而奢侈之风，仍与之俱进。欲望日益高，游民日益众，而奔竞之技，乃因之弥工。学校毕业学生，岁盈千百，无复消纳之路，皇皇然莫知所归。躬操小学教师之清高重要职业，而薪修所入，入不足以温饱妻孥，出不足以教育子女。秉政者，既不知有所救济，而偶议兴革，则又以多方牵制，自谓着手无从。岂知物质感其困乏，已足为致乱之源。而精神苦其不平，尤易酿扰攘之局。盖论其情势之急迫，实已等于厝火积薪。加以贪吏土豪，互相勾结，良懦者失其生活之安全，狡黠者得其肆行之模范。是非无辨，法纪荡然。怨讟积于人心，愁苦充乎社会。庸夫或随风气以转移，有识诚难免痛心而慨愤。世人恒言："教育为社会设。职在谋社会与政治之改进。"而今之社会与政治，既如此矣。教育以无拳无勇之故，乃反退保一隅。时时惧外患之侵入，遑言放散其效益于群众。此在教育自身，或亦不能不负其责乎。何以故？凡今日组织社会之中坚分子，与夫奔走政治之一般官吏公职政客，大抵皆经过学校生活，固未尝不了解教育效能足以改进社会与政治之义也。

然则江苏教育，岂遂无优点可言乎。曰否。优点固多，诚不难一一胪举也。（一）则人才比较众多。其在老辈，艰苦勤勉，笃实诚恳，足以领袖士林者，固有之矣。而历年海外归来，与夫国立各大学所养成之教育专门人才，亦复如过江之鲫。（二）则财力并非缺乏。且教育专款，已能卓然独立。虽屡经兵乱饥馑，而税收所入，尚未至十分短绌。倘使时局底定，整理有方，固自绰有余裕。（三）则省立各校，已具有相当之设备。盖法医农工商业师范中学等三十三校，历十五年之惨淡经营，物质精神，两方供给，基础亦已渐臻巩固。（四）则对于世界教育新潮，颇能为相当之吸收，一切新方法之试验设施，尚非甘居人后。（五）则程度较优之县，地方教育成绩，已斐然可观。此盖皆有事实可资印证，绝非好作大言以自炫也。

顾天下事不能有优而无劣。况江苏教育，对于社会政治之改进，效力已微。则其劣点所存，自亦无可为讳。其属于省者，学校设科，不尽合于经济主义，不尽适于分工原则，不尽应乎社会需要，一也；学生毕业，出校服务，学校未必能先事预筹，二也；各校自谋发展，结果则性质同一，而程度不免相差，三也。其属于地方者，县知事多不知注重教育，为积极之提倡，一也；学款学产，未能为彻底之清理，二也；不顾财力，滥增校数，以致设备不完，徒务外表，三也；党见纷歧，累及教育，把持垄断，不主公开，深闭固拒，不谋改进，四也。其属于省县两方者，不能使彼此沟通融合，以收互助之效，一也；行政官厅，未能通盘筹画，切实执行，二也；行政失支配之权能，三也。其所以致此之由，则以无坚强有力之行政中枢,本远大眼光,施适宜计划。因之政治不获清明,社会日形浑浊。教育之为质也,本极脆弱,宁能脱离环境而孤立独完。益以时局仓皇,变乱迭起,影响所及,教育乃更首当其冲。于是劣点所在,愈苦无从湔涤矣。

惟社会进化,基于奋勉,既知症结所在,势不能不亟图补救之方。欲弭乱以图存,仍须设学而敷教。社会秩序,终有安宁之时,而群众幸福,亦自有实现之日。吾侪惟一之希望,在乎有贤明有力之政府。而政府惟一任务,则在乎决定教育大计,依标准以实施。自不难假教育之效能,谋社会之改善。愚以梼昧,谨就所知,拟成具体方案,分别条列。并揭苏省教育优劣各点,藉明其梗概。至言之是否确当,固非愚之所敢知也。

抑愚尤有进者,教育不能离社会政治而独立,已如前文所言矣。是以欲求教育革新,必先期政治改善。有善良之政治,即不患无善良之教育。社会虽不洁不健,政治可以廓清之而使之洁,教育更可以培养而使之健。政治如刀圭药石,教育则如食品养料。须知病根不除,营养固终无所施也。愚昔与二三友好,妄谈政治,曾自忘谫陋。僭拟省政府施政纲要一十九条,兹并附录于次,用供参考。

省政府施政纲要十九条

一、省政府须修明法制,履行公约。所有属于政府之大小官吏,均应廉洁持躬,忠实服务,以保障人民生活之安全,促进人民职业之发展,筹划人民幸福之增进,为惟一目的。

二、省政府任用官吏及规定其他机关延用一切公职，均应坚守人才主义，以采用考试方法为原则。

三、省政府对于官吏之考试，应采用严格主义。

四、政府规定官吏及公职之俸给等级，应使高级与低级之数，相差不至过远。

五、省政府规定官吏及公职之最低俸给额，应以能维持个人生活且不废子女教育为标准。

六、省政府应本公平主义，进化方法，整理税收，调节金融，确定预算。所有经济出入，一切公开。

七、省政府及属于省政府监督各机关，均应特置会计专员，一律用新式簿记。

八、省政府应竭力设法发展全省农商工艺，整理全省道路交通，修浚全省圩塘河道，兴办全省市政。

九、省政府应竭力设法平抑一般人民生活所必需之物价，同时并应提倡人民节俭储蓄，力挽奢侈浮靡恶习。

十、省政府对于无业游民，应设法处置。凡非年满五十五岁以上，或身有废疾者，不得坐食无所事事。同时对于失业之学校毕业生，并应设法宽筹其出路。

十一、省政府应竭力设法破除阻碍进化之风俗习惯及制度。鸦片赌博，及高利息借贷，尤应严禁。

十二、省政府应宽筹教育经费，力谋教育之普及。

十三、省政府对于中等以上各学校，应特别制定优待贫寒优秀学生办法。

十四、省政府对于人才教育与职业教育，应同时并重。

十五、省政府应制定教育标准，使中等教育以下各学校及其他一切社会教育之设施，皆能绝对遵守，切实发挥。

十六、省政府应竭力维持司法独立精神，并制定优待贫民诉讼办法。

十七、省政府对于人口调查、土地清丈两项要政，应竭力筹办，尅期完成。

十八、省政府应确定兵额，限制省预算案所列兵费，至多不得超过总额几分之几。

十九、省政府应竭力辅导人民自治。消极方面，宜铲除阻碍人民自治之恶势力；积极方面，宜养成人民发展自治之自觉心及组织力。

省教育

江苏省教育事业，以省立学校居大宗，十五年来，基础颇称巩固。现在支用经费，照十五年预算案暂支数所列。

法大　一校　四万三千五百四十四元

医大　一校　七万三千二百三十五元

农工商业水产　八校　四十四万六千七百九十八元

师范　十二校　七十九万六千九百八十四元

中学　十一校　三十八万四千九百二十六元

计　三十三校　一百七十四万五千四百八十七元

此外代用六校，尚有经费五万三千六百九十元。而论及教育经费全年总额，则为二百五十二万元。内除拨还上年度两个月积欠三十五万元外,实计二百十七万元。其经费来源,一为漕粮附税,一为卷烟特税。卷烟税款,现全年为一百二十万元,契约至十六年十月止,将来仍可增加。故未来教育事业,实饶有扩充之余地。兹拟整理之方,特先言经费,次言省校,再次及于其他。

一、教育经费

凡百事业,非财莫举。矧在教育,利益所获,在乎精神,物质所耗,尤为不赀。惟必用一钱能得十钱之用,方可称为合于经济主义焉。兹拟方案,条例如次。

(甲)本年度(即十五年度)经费之维持与整理,欲图改革。须先之以计划。在计划尚未实施之时,自不能不求现状之维持,以免教育之中断。而况苏省教育经费,既已具有独立精神与制度,尤不容不切实维持、切实整理。

(一)在十五年度,应由省政府竭力保持已成立之预算案,不使法定之款,稍形短绌。

(1)应由省政府通令各县,凡系教育经费,不准挪移或短缴。

(2)卷烟特税,应由省政府予以维持,同时并设法筹备,俟契约期满后,增加税额。

(二)凡十四年度各县旧欠未缴之漕附税,应由省政府责成教育经费管理处,设法严催,尅期缴足。

(乙)十六年度后经费之扩充,当此改革之初,欲图百废俱举,气象一新,势不可不为相当的创作。是以十六年度以后,经费应力谋扩充,以资发展。兹试假定十六年度预算总额为三百三十七万一千零八十元。收入方面,计分四项。

(一)漕粮附税:一百一十八万六千元(依照十五年度预算数)。

(二)卷烟特税:

十六年七月至十月,四十万元。

十六年十一月至十七年六月,一百二十万元(假定十一月以后,增加税额,每年为一百八十万元)。

(三)学校及其他收入:十八万五千零八十元(比照十五年度预算数。增加五千零八十元)。

(四)国税补助:四十万元。

除拨还十四年学校旧欠一个月十七万五千元外,仍余三百一十九万六千零八十元。假定支出各款,如次所列。

(一)省立各校经常费,约二百万元(比照十五年度预算数。增加二十余万元)。

(二)其他教育机关费又留学公有林恤金等费,约十七万元。

(三)原有补助费,约十四万元(依照十五年度预算数。连代用学校费合算)。

(四)新事业费,约七十八万六千零八十元。

(五)预备费:十万元(比照十五年度预算数。约增一万元)。

兹再就上文所列第四项新事业费一列其概数,至于各项理由,有为本文所未详者,当分见于下文。

(一)教育视察费,共计二万四千零八十元。

(1)教育厅增设省视学员额七人。旧有五员,万万不敷分布。兹拟增七员,合为十二员。平均每五县一员,庶几耳目易周，效力较著。每一员月俸旅费，以一百四十元计。全年应增一万一千七百六十元（如此款在国家经费项下开支，即可省却省款一部分）。

（2）设置专科指导员三人至六人。暂定为体育、理科、国文三科。因此三科，皆为本省所亟须提倡，不能不特设专员。兹假定每一员月俸旅费以一百二十元计。如设三员，总数即为四千三百二十元（在十五年度。理科指导员月薪旅费。系由补助中国科学社经费项下支给。以后仍可照办）。

（3）乡村教育指导专员二十人。如欲提倡乡村教育，此举万不容缓。假定指导期四个月，每月每员津贴一百元，总数即为八千元（此项专员，系临时增设，非永久性质）。

（二）省立学校建筑费及购置费。十六年底拟筹设第四女子师范一校，又八师八中两女子部，均从新筑校舍做起。此外各省校尚有亟不容缓之建筑及购置，假定总数为二十五万元。

（三）社会教育设施费，约计十五万二千元。

（1）讲演员薪俸旅费及其他用费，通俗教育讲演最关重要，约计四万元。

（2）理科教育馆建筑费，可先建一馆，约计六万元。

（3）图书馆建筑费，第一图书馆建筑，万不容缓，约计三万元。

（4）各种展览会用费，约计二万二千元。

（四）国外留学费，十五年度因经费不充，停派留学，从十六年度起，应照常恢复，并须酌量扩充，约计五万元。

（五）补助费，十五年度原列约十四万元，兹拟新增八万元，合为二十二万元。

(1)补助公私立各乡村小学校;

(2)补助公私立各职业学校;

(3)补助各县县立师范及初级中学;

(4)补助合于本省社会所需要之私立学校;

(5)补助各种成效卓著之文化团体。

凡受补助之学校,应以成绩优良者为限。

(六)奖励费,假定十万元。此举关系异常重要,受奖励者,约如次列。

(1)公私立各学校优良校长教员;

(2)办理社会教育着有成效之职员;

(3)公私立各学校优良贫苦学生。

(七)考察费,假定二万元。

(1)教育行政人员出国及出省考察;

(2)省立各学校职员出国及出省考察。

(八)各种常设及临时委员会用费,假定一万元。

(九)训练地方吏才之特殊教育机关用费,约计十万元(详见下文附录)。

二、省学校教育

省立三十三校,设置可一仍其旧,其有应行整理及改革各点,可条列如次。

(甲)学校经济之处理及职教员俸给之等差

(一)应由省政府制定表式,清查各校财产,编成统计。

（二）各校经费出纳，均用新式簿记。

（三）省政府对于各校建筑修理购置各费，应每年在编制预算案以前，由行政官厅考察明断，预为拟定，自行提出数目及用途，与学校校长商定，编入预算。

（四）各校特置会计专员，由校长遴选合格人员，呈由省政府核定委任。

（五）省政府每月发放学校经费，应规定一定期日，非至万不得已时，不得逾期。

（六）省校（又其他各省立教育机关）经费收支，统由省立银行代理，行设代理教育金库，为省库之一部分。所有省教育税收，及学生应缴费用，悉数存入。政府应支给省校之款，则按期由各分行或代理店，依据省政府通知书，查照预算册，如数拨给附近各省校。公款存行，概不支息。惟学校职教员到期已领之俸银，及学生存储待用之款项，愿意存行者，可由行优予利息。

（七）各校经费收支，每月终了，经会计专员结算后，应即逐款列表报告省政府。报告期，至迟不得逾次月十日。每学年终了，经会计专员结算后，应将决算书，随同一切单据，呈报省政府。呈报期，至迟不得逾次年开学后之第三个月。

（八）各校校长教员事务专员之薪俸，由省政府规定年功加俸等级，公布实行。其办法约如次列。

中学校及师范学校，校长月俸，可以一百二十元为最低级，依次递加，最高得及二百二十元。

中等职业学校，校长月俸，可以一百六十元为最低级，依次递加，最高得及二百四十元。

专门学校，校长月俸，可以一百八十元为最低级，依次递加，最高得及二百八十元。

大学校长月俸，可以二百元为最低级，依次递加，最高得及三百四十元。

中等学校，专任教员，每周授课时间，在十四小时以上、十八小时以下者，月俸可以七十元为最低级，依次递加，最高得及一百八十元。

专门学校，专任教员，每周授课时间，在十二小时以上、十八小时以下者，月俸可以一百二十元为最低级，依次递加，最高得及二百元。

大学专任教员，每周授课时间，在十二小时以上、十六小时以下者，月俸可以一百八十元为最低级，依次递加，最高得及三百元。

中等学校事务专员之月俸，略同于专任教员。

（九）各校职教员之薪俸，除年功加俸外，并可视其子女人数之多寡，略为增减。

（乙）学校内部行政之组织及事务之处理

（一）中等教育各学校之内部行政组织，拟略行变更。设校务会议，为全校最高机关。由校长、事务专员、教员、会计专员等公同组织，以下分设各种研究会及委员会。各种委员会内，除招生、考试两项外，可酌量加入高年级学生，帮同工作，用以磨练其办事才能。

（二）校长以下，设事务专员一人，助理员若干人，分任文书、卫生、图书及其他杂务等事项。

（三）关于训育事项，统由教员兼任，而以校长总其成。

（四）会计独立，由省委专员专司一校金钱之出纳，但在校内，仍受校长之监督指挥。

校内行政组织，略如次表。

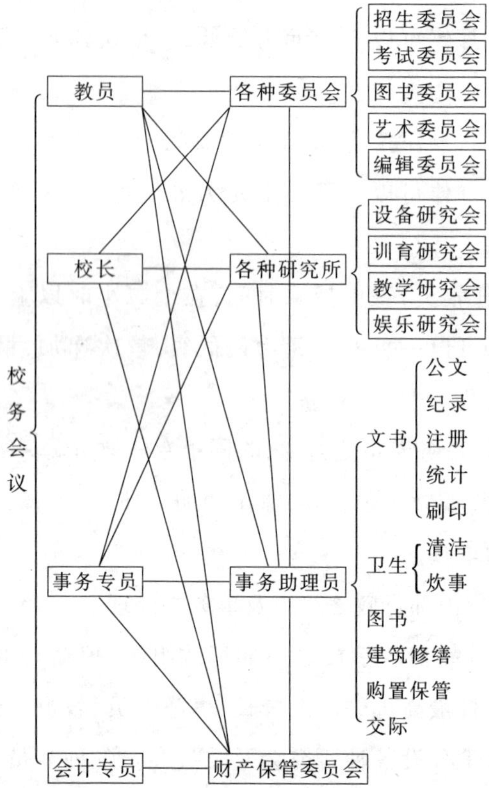

（五）各校于每学期开始，应将本学期所预定施行之学程、所聘定之教员、所招收之学生、又本年已休学之学生，分别列表呈报省政府。呈报期，至迟不得逾开学后之六周。

（六）各校于每学年终了，应具详细报告书，呈报省政府，其格式由省政府预为制定颁发。

（丙）学校用人之标准及人才之训练

（一）中等以上学校事务专员，应以任用师范大学及高等师范毕业生为原则。

（二）各学校校长教员事务专员，应由政府轮流派赴省外国外考察，以期增进其学识。

（丁）学生之待遇

（一）各校学生学费，应设法减轻。图书费（学校征收学生之图书费）讲义费运动费杂费等，应一律免收。

（二）省政府应精密考察各校贫寒优秀学生，除免收学费外，并得补助其相当用费。如社会方面，有热心教育之士，捐资补助各校贫寒优秀学生，省政府应特别加以褒扬。

（三）凡服务省立学校之职员，月俸不满五十元者，其子女肄业省立各校，应一律免收学费。但中途改就他业或他省学校私立学校事务时，应即停止。

（戊）学校成绩之考察及奖励

（一）省政府应设立中等学校考绩委员会，考察各学校之成绩，其方案可酌量依照中等教育计划委员会所拟定。

（二）省政府应制定中等学校视察标准，以便视察时有所依据。

（三）省政府应延请国内法律医学农工商业专门学者组织专门以上学校考察委员会，考察各大学各专门学校之成绩，每二年举行一次。

（四）省政府对于各校校长教员事务专员会计专员及其他各职员之奖励，除年功加俸外，并得施行下列各种。

（1）赠给金钱；

（2）资送出洋留学；

（3）名誉褒扬。

（己）各校内容之改组及扩充

（一）法政大学，应改称法律大学，专办法律一科，并应注重实地考察与练习。务使已学成之学生，人人皆品性纯洁，行为端正，思考精密，可以胜任司法事务。

（二）医科大学，应特别设法扩充，除医药两科当充实内容外，并应注重市政中之卫生行政，且应筹设产科讲习所，招收各县三十岁以上曾经生产身体强健能耐劳苦品性温和端正略通文理之女子，入所肄业。毕业期，定为一年。每次招收两班，每一班 50 人。招收时，可由各校教育局加倍选送，经校选录，至满足各地方之需要时，再行停办。

（三）工专两校，一专重机械电气，一专重建筑染织，皆为吾苏社会所必需。应设法增加经费，充实内容，并应设法筹画与工业界联络，以期推广毕业生之出路。

（四）商专一校，因此后需用会计专员甚多，在最近数年间，并应特别扩充级数。

（五）农业四校，除女子蚕业，仍应专注意于改良全省蚕业，以期增进女子职业技能外。

一农应注重棉业及林业，二农应注重蚕桑农艺化学及害虫，三农除注重蚕桑外，并应注意普通农作品之改良。农村小学师资之培养，大江以北，地方未尽，农作亟待改良，可用“指导农作法”，介绍农校毕业生于农家，亲执指导之役。即在大江以南，亦有多县可以适用。其方法，可附述如次。

指导农作法

（1）由农家愿意指定已有农田若干亩，定为指导区。凡区内一切选种布种锄草施肥收获等事，悉依农校毕业生所预定之方法行之。

（2）由田主预行决定该田平时收获量，与指导人订定契约。俟收获后，除由田主将预定之收获量划归已有外，所余若干，由田主与指导人均分（如每亩预定收一石，而结果收一石八斗，此八斗之余数，即由田主与指导人均分，每人得四斗）。

（3）田主预定收获量，应依每年平均数定之（亦可以未经新法指导之邻田为标准）。

（4）除天灾人变，真正不可抗力外，指导区如有意外损失，致预定收获之数，不足额时，应由原介绍之学校或其他实业机关，与田主预行协定一种赔偿方法，以坚农民之信任。

总之，省农校，当以发展全省农业为己任。（1）须与社会农民相联络。（2）须与各县初级农校相联络。（3）须与各农业机关各农业团体相联络。联络之目的，在乎宣传方法，指示工作。故所有计划，宜为农民业务设，不宜为学校装饰设。欲问农校成绩之良否，不全在表面设备，不全在学生考试卷，应视农民业务，受其良好之影响，至若何程度。

（六）水产学校，可改称为海业学校，内设渔捞制造商船三科。应特别增加经费，充实内容，并应注意推广沿海各县渔民职业教育。除筹设若干所渔业小学校外，且当谋一般渔民知能之增进，务使全省海上经济事业之进行计划，一以该校为中心，而该校亦当引此以为己任，纯依社会需要，而施以适当实用之教育。俾学校教育之效力，能普及于海上职业社会（长江运河，亦可包括在内）。

（七）男女师范，共十二校，应规定以专办高级部（即后期师范）为原则，所有前期师范班，应即停止招生，至现有学生毕业期满后为度。此项高级部，仍称师范学校，而不必揭高级之名。男子师范，拟分三部。

（1）普通部（或即改称都市师范部）略如从前所分文理艺三科，而不必严其界划。公共必修课课程宜多，选修科课程宜少。此部居省立师范学校之主干，全省都市小学教师，咸出于是。

（2）乡村师范部，此系招收高小毕业生，毕业期三年或四年，目的专在养成乡村小学教师。省立师范，不必遍设。可就原有农村分校，加以整理与扩充。此外各校遇必要时，亦可增设一二处。其办法，可参照陶知行君所拟试验乡村师范学校第一院简章，酌量筹办。

（3）专修部，遇必要时得增设之。

女子师范可缓设乡村师范部，而特设家事部，惟关于园艺一课，仍应特别注重。家事部内，可将保姆课程，酌量加授。以期养成幼稚园教育专才。如专为养成乡村保姆，亦可特别组成一种课程，以便教学训练。

男女师范在最近数年内，如认为有附设初中之必要时，仍可照旧附设。女子师范，则一律附设女子中学。

师范学校及师范学校之附属小学，一切内容组织，均宜特别讨论（附属小学，必如何始可与地方小学相联络，用收互助之效。此层关系尤为十分重要，应由省政府约集富有学识经验之教育专家，组成临时研究会，精密研究，拟具计划书，以备采择）。

（八）省立中学十一校，应以专办高中为原则，惟在目前各县初中办理尚未完善，一时恐难做到，兹拟定进行步骤如次。

第一步，应就省立中学所在地，分别各县特殊情形，拟定三种办法。

（一）高小毕业人数众多地方，而县立初中不能供其需求者省立中学应特别增加初中级数。

（二）初中毕业生较少，高中招生感觉困难之地方，省立中学应专办初中（可设双轨），暂行停办高中。

（三）如省立中学附近各县县立初中，因人才经济，两形缺乏，办理十分困难者，可由省政府提出省款一部分，加入较适当之县立初中，并力合办，但省款须超过县款若干。所有学校行政之权，应一切操之于省，并可将该校划归附近之省立中学，收为分校，以一事权。

以上三项办法，均须预定年限。年限满后，各县初中或已经大事扩充，或已能完全独立。在第（一）项之省立中学，应即完全专办高中；第（二）项之省立中学，应即开办高中，而初中之设置如故；在第（三）项之省立中学，应即将分校撤销。所有省款，由政府提归本校，开办高中，而本校初中，仍可设置。

第二步，划定高中区域，所有兼设初中之校，应酌量情形，分别等差，逐年减少。

第三步，经过第二步，达于一定年限，全省十一校，应即完全专办高中。惟因地方情形，不能一致。双级单级，仍应分别办理。

至省立中学高级部之内容，有应特别注意者数事。可一并述之如次。

（一）设备宜力求完足。

（二）选修科科目与时间，宜力求减少。

（三）各科学生宜有定额，非达定额，不得开课，选科亦然。约略计之，高级分科以后，每科必满二十人。人数不满，应并入他校。每学期拟设选科，应于前学期将放寒暑假时，逐一揭示。任学生报名选修，学校应视学生报名之多寡，再定某科设置与否。

（四）高中如设职业班，应以商科为宜。

关于中学一切问题，应由省政府约集富有学识经验之教育专家，组成临时研究会，精密研究，拟具计划书，以备采择（师范中学两种研究会，可以并而为一）。

（庚）各校招收学生联络方法：各中学应设法与农工等校，商定联合办法。凡中学学生修完初中课程，或修完高中理科一年课程，志愿转入农工海业等校时，可于学年终了，各校尚未招生以前，向本校声明志愿，即由本校分别转送。此项学生，如果程度相当，转入他校时，可由各校酌量情形，免考其学程一部或全部。如此则工专农业海业等校之初级中学班，可以无庸设立。在农工各校，每年均收有中学学生，于暑假招考之时，数目即可决定。如因人数过多，仍应严加试验，以定去取（如农工海业学校，一时不能将初级中学班完全停办，亦可察酌情形分为两部，一部专为升学，一部兼与以职业上之准备，以便养成优良职工。

至师范学校招收学生,本应取之于各中学之初级毕业生,则联合一层,更不成问题矣)。

(辛)中等各校教学训育之沟通方法:中等学校教学训育,应力谋沟通。可依据本省所规定之教育标准(详见下文),拟具双方融合方案,分别年级、课程,预将细目编定,呈由省政府约集专家,会议决定实施。

三、省政府教育

社会教育之重要,并不减于学校教育,兹拟整理方法如次。

(甲)通俗讲演:应由省政府设立通俗讲演委员会,会内所司各事,约如次列。

(一)设讲演员练习机关,选取各学校演说竞进会成绩最优之毕业生,施以相当之训练,使之充任本会讲员。

(二)整理本省旧有通俗讲演机关。

(三)由会编定讲演目录及讲稿,呈由省政府核定施行。

(四)凡讲演员出发讲演时,须各备日记册,详记讲演时之状况。每月终由会依据各员日记,列成简明表,呈报省政府备核。省政府遇必要时,得调取各讲员日记册参阅。

(五)讲演员人数俸给等级及旅费,均由会拟定,呈由省政府核准施行。

(乙)风俗调查及改良:由省政府设立地方风俗调查委员会,联合省视学及各县县视学,实施调查。调查结果,除具书报告外,并须拟具提倡或改良方案,呈由省政府核定施行。

(丙)理科教育:拟由省政府就全省中各大都市筹设规模较

大之理科教育馆五所，约略计之，如次列五处。

南京

上海

苏州

扬州

徐州

惟在十六年度，量其财力，只可建筑一馆。

（丁）展览会：由省政府察酌本省需要，在最近一二年内，应设立下列四种展览会。

（一）全省中小学国文国语成绩展览会；

（二）全省中小学理科成绩展览会；

（三）全省体育成绩展览会；

（四）全省职业教育成绩展览会。

此外各种应设立之展览会，应视本省需要最急者，临时酌定。但无论何种展览会，均须继续举行，方有实益。如果一次举行，后鲜继起，则只有横的比较，而无纵的比较，仍不能明了其进步何若，其效力终觉微末。是以必间数年举行一次，每次须择定一种评点最优之品以为标准，比较累次标准品，便可知其进步之程度何如。

（戊）建筑省立第一图书馆，该馆所藏，多宋元明善本，极可宝贵。而现在藏书楼，既旧且窳，不惟不合于用，亦且异常危险。是以亟待另建钢骨水泥房屋，以资庋藏。前此教育厅曾有组织委员会之计划，以时局关系，一时未能实现，殊为可惜。是以在十六年度内，无论如何，该馆新屋，必须建筑完竣。

县教育

苏省各县教育，程度至不齐一，整理改进，势必有执简驭繁之方，始可收纲举目张之效。

一、教育行政人员之选任考核及训练

（甲）县知事：县知事政务殷繁，欲责其专心于教育一项，本为势所难能，然最低限度，必具有下列两种条件。

（一）对于县教育经费之整理筹集公开，必能热心从事，引为己任。

（二）对于全县教育，必具有提倡维持兴创之决心与兴味。

除此两项外，如再能有积极的计划，则更善矣。

省政府进退各县知事，应以其能否了解教育热心教育为重要条件。

（乙）教育局局长、县视学、教育委员：

（一）省政府对于局长及视学之任用，应纯以人才主义为标准。可察酌情形，修正任用及服务规程，修正要点，约如次列。

（1）局长及视学人选，不必限定本县，遇必要时，省政府得选临县合格人员委任之；

（2）局长及视学之选任，不必限定由县知事保荐，遇必要时，得由省政府直接委任；

（3）任用之初，须经过省政府之调查或考询；

（4）各县教育局，每届年终，应将经办事项，呈由县知事转报省政府。同时由县知事对于局长，加具切实考语，以备考核。

（二）教育委员，应以任用籍隶本县富于教育学识经验及能力之师范生为原则。教育局长对于各教委，每届年终，应详举其办事成绩，报告于省政府，并分别附加切实考语，以备考核。

（三）教育局长、县视学、教育委员，应时常出外参观，以增进其学识。

（四）省政府于必要时，得搜集各项教育行政成绩品，开全省教育行政成绩展览会，约集专家，详加评定。

（丙）县知事及地方教育行政人员，得由省政府筹设特别训练机关，施以相当之训练，教育局长县视学及教育委员之训练，可分为两种。

（一）对于现任者之训练；

（二）对于未来者之训练。

二、教育经费之整理与扩充

（甲）清查款产，其办法如次。

（一）由省政府令饬各县组织清查教育款产委员会，限定时期，清理完竣，制成统计图表，并附具意见书，陈报县知事公署，由县转报省政府。

（二）其有积弊较深之县，应由省政府特派专员，监察清理，可划定情形相同数县，责成省视学一人，负责办理。

（乙）改革旧习，其办法如次。

（一）对于教育款产之经理，应绝对打破永远承租或包办陋习。

（二）承租学产，应一律用投票方法。

（三）县知事公署旧时经收学款陋习，应一律革除。

（丙）整顿收入，其办法如次。

（一）酌加学田租金。

（二）整顿各项学捐，如中资捐之类，凡收捐人一切中饱之弊，应切实剔除。若系假托办学，任意收捐，且应科以重罪（至若苛细病民，则虽属学捐，亦应停止）。

（丁）宽筹学款，此则可各就地方情形，察酌办理，举其著者。约如次列。

（一）亩捐（各县尚未完全实行）；

（二）契税加价；

（三）货物税附加；

（四）酒烟牌照捐；

（五）商铺捐；

（六）筵席捐。

（戊）整齐簿籍。

（一）教育局收支帐目，应一律改用新式簿记。

（二）教育局会计专员，应由县知事委任。

（三）县市乡各教育机关，每月应将经费收支清册，造送教育局。如无锡办法，最为适当。

三、教育状况之视察与指导

（甲）视察标准：由省政府预定视察标准，颁发各县。将来视察人员至各县实行考察时。即依据各项条款。施以测度。其有不中程者。则指导其改进。标准可数年一修订。以逐渐提高为原则。依其性质。约有数种如次。

(一)教育行政视察标准。此则专为考察县教育行政而设。现教育厅已实行(惟名目则不称视察而曰考察)。

(二)初中视察标准。

(三)县师视察标准。

(四)小学视察标准。分完全小学。单式或复式初级小学。单级小学三种。现教育厅已实行。

(五)社会教育视察标准。

(乙)视察人员:约分三项。

(一)省视学:省视学十二人,每年每人平均视察五县,每年视察期,六个月至九个月。平均每一县约得五十日,在此五十日中,能切实指导矫正研究计划,其效力必甚大。

其有行政能力薄弱或积弊较深之县,可由省视学酌量情形,特加注意,或专注于行政,或专注于经济,或专注于乡村教育,不妨多分其精力日力以从事。

(二)专科指导专员:暂设体育、理科、国文三科,将来如认某科有特别需要时,仍可增设。

(三)乡村教育指导专员:此则专为指导乡村教育而设,对于各县乡村师范,亦得兼施其指导。

四、学校教育之整理与推广

(甲)确定各学校教育之目的与方针,条列六项如次。

(一)都市学校,应以发展市民之自治力,增加市民之生产力

(如工如商)为目的;乡村学校,应以发展农民之自治力、增加农民之生产力为目的。

(二)普通小学中学,应以养成能升学之学生为目的,同时并应以改良社会环境为任务。县立师范,应以养成乡村小学教员为目的,而养成师范生改良社会生活之能力与兴味,尤为当务之急。职业学校,应以养成学生具有服务农工商业之知能与兴趣为目的,同时对于社会实业界,须有相当之联络,使学生未离学校时,即已与社会实业界发生相当之关系。

(三)无论何种学校教育,其公同惟一目的,皆在于养成有能力的好人,必使学生在学校时,已与社会发生关系,至出学校后,更使社会受良好影响。凡学生带有书呆子气、小名士气、厌世派学者气,皆为教育失败之证据。在身任教育之人。应引此以为大戒。

(四)无论何种学校教育,其所养成有能力的好人,在乎能做人且能谋生。做人与谋生,二者必使之互相联络,成为秩然有序之系统。

(五)无论何种学校,何种学校课程,必使教学做三者同时并重。学校即修治以后社会之缩影,学生即正在成长中之良好市民农民。学校教育效力,是假教员与学生之活动,以放射于社会,博得社会之极端信仰;复假毕业生服务之效能,改善一切生活,促社会之进步。

(六)省立学校,应循斯旨,以实施教育,居于县市乡立学校指导人之地位。县市乡各学校,更应与省立学校相联络,时时受省教育行政者之指导,而得其进行之正轨。

(乙)对于各学校之整理:

(一)县立初级中学:初中设立,应具备下列各种必要条件。

(1)必先行筹定的款;(2)必具有相当之校舍、运动场、图书、仪器、标本;(3)校长教员,必具有相当之资格;(4)学生入学,必具有相当之资格与程度;(5)每级学生数,至少须在20人以上。各条件如不能备具,轻则饬令改良,重则勒令停闭。

(二)县立师范:县立师范,除与前项所列设立初中条件应完全相同外,复有其他应行注意各点。

(1)应以办理乡村师范为原则。

(2)如系乡村师范,应将校舍设置于适当地点。

(3)乡村师范,应以下列各项为重要课程。

(A)普通农业上必要之知识技能,

(B)乡民自治事项,

(C)公民必备之常识,

(D)应用国文及国语,

(E)社会高尚娱乐之创作法及指导法。

(4)乡村师范,应以养成能教育农家子弟之好教师为目的。此项好教师,不仅能教成农家好子弟,并且可以教成许多好农民。

(5)乡村学校教师及学生,应兼负推广社会教育责任,且应实际操改良农民环境之工作。

(6)乡村师范,如能合于上列各项,即为好学校,否则应切实指导,期其改良。指导方法,约如次列。

(A)省视学切实讲解,

(B)介绍书物,

（C）责成县教育局局长县视学教育委员指导改良，

（D）令校长教员出外参观他校。

（三）对于县市乡各小学之整理：

（1）县视学及教育委员之视察方法，应力求精密。

（2）由教育局查核各学区设校地点，是否合宜，如有不合，应就可能范围以内，设法迁移，以期适当。

（3）由教育局切实调查学龄儿童，其调查方法，务求精密真确。

（4）由教育局依据省令，并察酌地方情形，规定小学各级经费数、学生数，及其他必要条件。

（5）各小学校长教员，应以延用师范生为原则，非至万不得已时，不得用曾受检定合格之非师范生。

（6）各县师范生服务状况，每年应由教育局报告省政府，其报告表格，由省政府制定颁发。

（7）教育局应注意于各小学之设备，可察酌地方情形，拟定必要条件及等级，呈由省政府核准施行。

（8）省政府应规定小学教员优待条例，小学教员，异常清苦。人所共分，除年功加俸、退老赡金、遗族恤金，事关通例，亟待实行或业已实行外，复有应办者二事。

（A）选送优良小学教员入大学。各县小学教员，如已服务满三年，确认为成绩优良，得由教育局呈准县知事送入大学，以资深造。肄业年限，多则三年，少则一年，照给本薪，藉充学膳等费。学成以后，仍回本县服务。每年各县选送教员名额多寡。则视本县财力定之。至于教员投考大学时，应由省政府与大学商定。无庸与中学毕业生,受同等试验。入学以后,并可任其自由选修学程数种,更不必限定与本科完全一律。因小学教员,出身师范,本不以升学为目的,故外国文与算数等科,未必皆能与普通中学毕业生具有同等学力。入学选修,则纯为补充其学力起见,更不必限其学分与年级,尽可就其性之所近,任选数科,修完以后,即可给予以特殊凭证。

(B)小学教员子女入学免费。省立学校一部分职员子女入学。既经主张免收学费。则各县小学教员。更不得言。万一不能同时并行。亦应先就小学教员一部分。提前办理(惟月俸收入已达五十元以上者。不在此例)。

(9)省政府应特别注意乡村小学。

(A)对于优良之乡村小学,应特别予以奖励。奖励方法分两种。

(I)金钱奖励:补助学校之设备,赠给校长教员,给予学生用品。

(II)名誉奖励:褒扬校长教员,褒扬赞助学校最出力之公民。

(B)于必要时,由省政府筹设全省乡村教育成绩展览会,由各县教育局筹设全县乡村教育成绩展览会。

(C)于必要时,各县教育局得组织乡村教育研究会,专心研究关于乡村教育各问题。

同时并与东南大学教育科乡村师范系、中华教育改进社所创设之试验乡村师范学校、中华职业教育社、本省义务教育期成会等各机关,互相联络。会中所司之事,约如次列。

(I)调查本县农业状况及农民生活状况,制成统计。

(II)指示乡村小学与农民联络合作方法。

(III)介绍办理乡村小学最优最新方法。

(IIII)调查乡村小学毕业生之状况,制成统计,以比较其在社会上服务之效率。

(V)其他。

(丙)义务教育之继续推广:于整理小学及注重乡村小学外,对于推广义务教育计划,仍应积极进行。以范围论,所谓关于义务教育之小学,固可包括于一切小学之中。若在乡村小学,则尤居多数。惟以组织论,比较的经费数少,且多属一个教室、一个教员之复式编制单级教学。盖欲求入学儿童人数增多,可以收教育普及之效。则此种教育,当然亦异常重要。推广方法,约如次列。

(一)设法敦促各县亩捐之实行。

(二)考核学龄儿童就学者之分率,择其就学人数比较多数之县,予以褒奖。少数者,仍应严加督饬。

(三)省政府时时介绍最经济之单级教学法,令县转饬仿办。

(丁)职业教育之特别扩充:

(一)各县应由教育事业两界联合,组成推广职业教育委员会,专司调查研究计划实施等事。

(二)每一县,至少应有县立或市乡立初级职业学校二所(注意农事之乡村小学应除外)。

(三)各级小学应实行职业陶冶。

(四)各县原有职业学校,如办理未尽完善,应由教育局负责,切实整理。

(五)各职业学校,应切实与实业界联络。

（六）在工商业繁盛地方，应竭力筹办职工补习教育。

（戊）各种成绩展览会之筹办：省政府于必要时，应筹设各种县教育成绩展览会，如县中、县师、高级小学、初级小学、乡村小学、职业学校等。皆可任择一种或数种行之。而于各种学校教育中，又可任择某一学科，或某数学科行之（如学校行政、县师之农事、高小之国文国语等，均可察酌情形，随时决定）。

五、社会教育之整理与扩充

（甲）机关之整顿：省政府对于各县社会教育，如认为办理不善，应责成县知事、教育局，迅将原有机关，切实加以整顿。整顿之标准，约如次列。

（一）绝对革除领薪不做事之恶习。薪数愈微，愈应从速革除。

（二）认定合于经济主义办法，应即切实执行。

（三）少数各县，如经费过少，宜缩小范围以行之，但必力求其功归实际，费少效宏。

（乙）风俗改良与古迹保存：

（一）由教育局联合各界，筹设风俗调查改良会。

（二）由教育局联合各界，调查境内古迹，并设法保存修理。

（丙）学校兼任社会教育之实施：

（一）各学校校长教员，应利用假期，兼任校外讲演，躬率高年级学生，赴城乡各适宜地点行之。各校并应联合组成讲演研究会，预将各种讲稿暨辅助讲演之各种用物（如图画、标本、幻灯、乐器等）分别筹备妥给。实行时，且可察酌情形，分工办理。

（二）由各学校组织“晚间俱乐部”，招待市民或乡民来部，不拘仪节。随便间（原文如此，似为问之误。编者注。）话，或谈故事，或讲时局，有时且可饷以音乐或茶点。

（丁）体育场之整理：各县体育场，应由教育局责成主办人员，切实筹画。每日到场运动人数，须按月向局报告一次。

（戊）理科教育之提倡，凡财力充裕之县，应就县治所在地，创设理科教育馆一所，以为全县理科教育之中心。否则亦应各自筹设通俗博物教育馆一所，用以增进市民普通常识，并便利各校师生实际教学。

（己）图书馆教育之扩充：

（一）各县图书馆，如规模较小，可附设于教育局及通俗博物教育馆内。但图书购置，仍应注重通俗，以期阅览人数之增多。至巡回文库，并应责成教育局转商各教委，切实筹办。

（二）各乡村小学内，均应另辟一屋，组成小规模的通俗博物教育室及通俗图书室。除供本校教学之用外，且可备多数乡民之参观阅览。

（庚）家庭改良：由教育界人士，发起组织“家庭日新会”，以期推行于其他各界。

六、各县教育会之考察与取缔

各县教育会，真正能热心研究教育者固多，而有名无实，且流弊滋生者，亦复不少。兹拟考察与取缔之方如次。

（甲）通令各县教育会，每年须报告成绩一次。

（乙）限制会长滥用职权。

（丙）对于逾期不改选之教育会，如查明实在有把持情形，应即令饬会长停止行使职权，并饬县知事接收，另行改组。

（丁）教育会章程应否修正或补充，应由省政府详加研究。

私立学校

私人设学，教育青年，既足以补充公家之不逮，且能助社会文化之发皇。在政府方面，自应优予奖励，以资激劝。惟人心不同，各如其面。乐育为怀、热心兴学者固多，而藉学牟利、贼夫人子者，亦不能尽免。自不能不彻底考查，分别优劣，予以奖惩。而对于呈请省政府立案之校，更应特别注意，限制以一定标准，兹拟整理方法如次。

（甲）由省政府设立考查私立学校委员会，专司考查及审核之事，此会现已由教育厅暨省署第三科联合组织成立。

（乙）由会审查曾经公布关于私立学校各种标准办法，分别加以修正，呈由省政府核定施行。

（丙）对于优良之私立学校，应特加奖励。

（一）奖励之标准

（1）某校或某科，认为本省目前所最需要，足以补公家之不足，因之予以奖励，特加提倡，此为甲类。

（2）办理完善，成绩优良，而不必一定为本省目前所最需要，但亦不能不予以奖励。此为乙类。

（二）奖励之方法

（1）金钱补助，补助之种类：

(A)指定添设某种设备(如图书馆理科试验室农场之类),

(B)赠给教员(某科教学有特殊成绩之教员)。

(2)名誉褒扬。

(丁)对于宗教团体所创设之私立学校,除遵照一般规程办理外,并应加意考察,必能备具下列三项,始可开始审查。

(一)不教授宗教课程,

(二)不强迫学生礼拜,

(三)须中国人任副校长。

对于一般教育中特别注重之点

所谓一般教育,系指一切教育事业而言。以教育种类论,则不分学校与社会。以学校主体论,则不分公立与私立。以教育程度论,则不分大学中学与小学。以教育目的论,则不分人才与职业。盖凡属本省一切教育机关所实施之一切教育事业,省政府在此最短时期之数年内,总应加以特殊观察。认定目前需要最急,有下列五事,须竭力予以提倡促进,并须约集专家为精密之讨论。

(甲)提倡体育。

体力不强,则活动力减,直接影响于工作,间接且影响于品行。兹为巩固教育根本,改进社会组织计。对于体育,不容不加意提倡,拟定办法如次。

(一)由省政府延请体育专家,分赴各县,考察中小学校体育实施状况,并检查各级学生体质强弱,列表统计。以后并拟每年考察一次,以资比较。同时对于各县体育场,并应加以切实指导。

(二)提倡童子军教育。

(三)提倡中等以上学校,实施军事教育。由省政府约集专家,详细研究,拟定方案,分别实施。

(四)分区开运动会。

(五)由省政府劝告中等以上各校教职员,最好能全体或大多数从事运动,以增进全校运动兴味。早操时,切盼全校师生,公共举行十五分钟短时体操。

(乙)提倡理科教育欲求科学教育发生效力,势必从小学起即注意理科。目前提倡方法,除筹设理科教育馆外,复有下列四种。

(一)对于小学教员,能制造理化数学教授用具者,省政府应特定奖励办法,优予奖励。

(二)对于小学教员,教授生物学科,能注重园艺农作,著有成效者,省政府应特定奖励办法,优予奖励。

(三)对于中等以上学校理科教员,或专习理科之学生,能发明或创造者,由省政府提出奖金若干,特定办法,优予奖励。

(四)关于中学理科设备,由省政府延请专家代为规划,分定等级,限定中学设备理科教具,非达最低一级,不能开课。

(丙)提高中小学学生国文程度。

(一)由省政府令饬各县组织中学及高级小学国文国语竞进会。

(二)由省政府筹设中等以下各校国文成绩展览会。

(三)由省政府通令各校各县组织国文教学研究会。

（四）由省政府延请国文学专家，分赴各校各县视察指导。

（五）由省政府延请专家，审查坊间所出版之国文国语教本。

（丁）提倡职业教育省政府对于公私立各种职业学校，应特别予以精神上及物质上之补助。

（戊）设法研究解决学校训育问题。

此项问题，关系极为重要，兹试详加申论，而后略定办法。学校教育，率分德育智育为两事，实则二者息息相通，绝不可以分离而分立。就事实言，初级小学，训育最重。大学以上，教学为先。盖一则注重良善习惯之养成，一则注重高深学识之启发。其以教学与训育并列，认为双方兼顾而不能不分工者，以学历计之，当在高小末年级以上，高中末年级以下。儿童胜衣就傅，六岁或七岁时入学，十二或十三岁而升高小，高小二年毕业而升中学，中学初高各三年，至高中一年级则年正十六七。倘入学稍迟，最高者且及弱冠，至弱冠则智力已渐能独立矣。故约略宽其范围，则知教训分工，当在十三岁至二十岁之八年间。施教育者，应学生心能之演进。一方既宜启其知慧，灌输以学识；一方更宜指导其行为，磨砻其能力。所以期其知行双修，可以完成全人教育也。乃按之实际，中学教员能热心授与知识而不复顾及学生之品行，训育员能指导陶铸学生之品行，而不复问及学生知能，已达若何程度。如此安能使学生知行两方，相联合，相融化。知育德育，两者既各不相谋，势必致勤学学生，只知埋头用功，不复知何为社会，更不知何为体育。性好活动，又只知注重课外事务，而于教室之受课，图书馆之读书，反觉异常淡漠。迨至毕业出校，分道扬镳，学识丰富者，未必能应付环境，处理事务，咸得其宜,甚且徒逞高远之理论,不切于世情,甘与社会为仇敌。倘因勤学过度,神经衰弱,更易流于偏激,而失乎中道。才具稍优者,往往无高尚学识,以指挥意志,甚且急功好名,易与恶劣社会同化,失却改进社会之效能。是真高明沈潜,两失之矣。夫所谓完全教育,必使学子身体知识道德三方调和、健全,具有切于实用之能力,始无愧为优良公民。此本求之于普通教育而已足。否则中小学时期之基础不固,虽取得专门大学之知识技能,而于公民应具之常识能力,及对于国家社会应负之义务,转无由充实,不克履行,此则为国家民族之隐忧,关系绝非浅鲜。然则教学训育,必知何联合融化,而后始臻完备,始可造就自发自动。一个完整的好人,势必于课程方面(教室内与教室外)有适宜的支配;教学方面,得特殊的刺激;教员方面,有特殊的精神贯通,人格感化。教授一课,不仅予以知识之吸收,且兼得行能之训练。教员不仅是传授学识之人,并且是引导行为之人。如此则负训育重任者,不仅为一位训育主任与二三位宿舍指导员。而训育员之所指导,又非仅以学生能守规律。勤学问为目的,实以养成心身健全、知能完备、能自治能合群之好人,为惟一任务。教书者不应单称教员。因其所职,不仅在教,而实兼训。任训育主任及舍监者,亦不应仅称训育指导员。因其所职,不仅在训,而实兼教。教与学既宜互相联络,学与做更宜交相融解。于此可知一学校中,仅有呆板的道德训练,绝不能养成才德兼备之人。仅有单调的繁重学程,更不能育成学养俱优之士。当此国势阽危、社会污浊、全人教育,关系民族兴亡,实属万分重要。必如何始能达此目的,实为目前一种极紧要问题。势不能不详加讨论，亟图解决。

于此复有一事，须附带论及者，则“中小学联合问题”是也。在小学教育一段阶中，本无所谓智德育之别。凡属教员，实际均负训练学生之责任，不惟初小，即高小亦然。何以一入初中，遽尔改变。须知今之初中学生，年不过十三四，固犹是昔之高小学生也。自治能力，并未健全。行为指导，品性陶冶，仍复在在需人。倘使初中教员，除教室教书以外，一切可以不管，则危险真不堪言。是以往往有品行循谨之高小学生，一入中学，未满一年，即知有考试要求范围诈伪作弊等事，不惟知之而且躬蹈之。由是以言，岂非六年教训之而不足。一旦破坏之而有余，斯果谁之咎欤。区区之愚，窃以为办理初中。仍不当完全脱离办理高小方法。无如今之办初中者，未必皆具有小学经验也。是则中小学应如何联合研究，以期二者之衔接，此举诚不容稍缓矣。

兹欲详加讨论，以图解决，一时恐不易达目的，谨粗拟办法四条如次。

（一）关于此项问题，应由省政府约集专家，组成一种特殊委员会，切实讨论。

（二）废除学校内舍监训育员或指导员，而以教员兼任训育事务。最好能分划全体学生为若干组，而以教员一人分率之，每组自十人至三十人。教员与之同起居、同饮食、同谈话、同娱乐，精神相通，自易收人格感化之效。

（三）初中初年级学生之训练，应不离高小。高中高年级学生之训练，应接近大学。

（四）师范大学学生毕业后，应提倡其能服务小学（薪俸待遇,不妨从优),迨积有小学经验以后,再行服务中学。

教育标准

中等以下教育之设施,万不能无标准以资依据。愚见所及,辄认此事所关,异常重要。兹试先述其理由与历史,次再拟具草案,以供教育界之研究。

教育者之中心问题,不在"所教"而在"所志";受教育者之中心问题,不在"所学"而在"所成"。譬如铸金,必先定其范;譬如建屋,必先缮其型。范也,型也,是皆教育者之所志,而预计被教育者之所成也。志不立,则教无所由施;成不计,则学无所的。所谓学术无国界,是指大学专科研究言之。彼高深之学科,特殊之艺术,日新月异,当然非比较研究,无以致其精,诚不容划界域以自囿。然若本国拥有悠久之历史,深厚之文化,旧业待乎整理,新业待乎创造,披沙拣金,发皇光大,固亦后人应负之天职,欲养成整理创造能力,又不在大学发其华,而实在中小学植其本。换言之,即植入于普通教育。是以普通教育之实施,贵乎预定一确切之宗旨,预立一适宜之标的。俾教之志,有所依;学之成,有所依;学之成,有所止。所谓普通教育,以狭义言,当然指中小学校所施之教育。然若稍广其义,则虽职业学校而阶级仍在中等者,亦属之。即大学初年级之公共必修科,亦属之。不仅教室以内之课程,即凡在学校内一切课外作业,亦属之。甚且如社会通俗教育亦属之。专门特殊教育之目的。固在养成一种具有特殊知识技能之教师、技师、农人、商人、军人。而普通教育之目的，则在养成确切属于国家之健全优良公民。公民之资格，人人所必具。不能因操有特种职业、具有特种技能，而与公民相离异，必先完成国家公民之资格，而后始可以操业而治生。始可以勤学而深（原文缺三字）可以出与友邦国民相周旋。

普通教育，旨在养成国家公民，此其标的，乃全国中小学所公赴。斟酌国情民性，以揭示其宗旨，他国固不能移之而通用。斯即所谓教育宗旨也。吾国教育宗旨之沿革，于今变更。已历三次，而私人所拟议者且不与。兹试述之如次。

第一次所定者，“忠君、尊孔、尚公、尚武、尚实”，时在清光绪三十四年。

第二次所定者，“注重道德教育，以实利教育、军国民教育辅之。更以美感教育，完成其道德”，时在民国元年。

第三次所拟者，“养成健全人格，发展共和精神”，时在民国八年。此则并不称为教育宗旨，而特称之为教育本义。

夫一国有一国之固有民族特性，一国有一地一时一民族之特殊需要。历史如斯，事实如斯，固不能强不同而使之同也。是以教育宗旨之拟定，第一，须视国民社会生活之需要何在；第二，须考察其所需要，是否与国民历史性相符合，是否为全国所公通，是否能使全体国民生活。向上展进，斟酌损益，此时不可不具有远大之眼光。考察既定，应即明确表示，不涉含混。既标其大纲，复定其条目。条目不足，更可由各地方自拟具体办法，以资实施。在民国初元，教育部拟定教育宗旨，固亦煞费苦心。自欧战告终，和平之论大盛，又以经过洪宪复辟两役惧国体或有动摇，乃有第三次之改定。近来又有根据国家主义以拟定教育宗旨为“养成健全国民,发挥独立精神,培植共和思想”者。以为此项教育宗旨中,最少须含三事。(一)国民之独立性:对外能抗强御暴,不失其大国民之风;(二)国民之责任心:对内能奉公守法,克尽其国民之天职;(三)国民之谐和性:彼此相扶相助,而发挥其休戚与共之情谊。

去年吾苏教育局复有公民信条之拟定,计分八条,既列其纲,复举其例,亦并录之如次。

(一)发展自治能力。(举例)(甲)自觉,(乙)自重人格,(丙)见义勇为,(丁)负责任事。

(二)养成互助精神。(举例)(甲)合作,(乙)和衷。

(三)崇尚公平竞争。(举例)(甲)尊重对方人格,(乙)保持光明态度。

(四)遵守公共秩序。(举例)(甲)遵守时间(如办公到曾赴约等),(乙)恪守公共规则,(丙)注意交通纪律(如街道轮船火车电车长途汽车之定章等),(丁)注意现行法律。

(五)履行法定义务。(举例)(甲)依法纳税,(乙)依法受教育,(丙)依法选举,(丁)依法服公职。

(六)尊重公有财产。(举例)(甲)注意国省县市乡之预算决算,(乙)爱护公有物品(如公共建筑物及图书馆之书籍博物馆之陈列公园之花木等),(丙)公私界限分明,(丁)经手帐目清楚。

(七)注意公共卫生。(举例)(甲)家庭及公共机关之清洁,(乙)街道清洁及整理,(丙)公共饮料及市售食物之检查,(丁)传染病之防止。

(八)培养国际同情。(举例)(甲)注意国内外大势,(乙)储备国民外交常识,(丙)参加各种国际之组织。

论及国民社会生活所需要,如此规定,似亦可谓完备矣。而在国家主义者视之,则谓于民族精神、国家观念,尚觉少所发挥。平心论之,国家主义,易流为硬性,易涉于虚矫,易趋于顽固守旧。依此以定教育宗旨,殊非所宜。然其中具有一部分之理由,却亦不能不予以相当之承认。盖一国家之建设,一民族之发展,必有其历史,以为培养滋生之源。国情民性,实由其历史以铸成。教育效能,在于陶铸国民,使之团结不涣,发扬向上,减其恶而取其善,补苴其所不足,而发扬其所优异,删除其文化殭废物,而满足其生活需要品。邻邦有所长,不妨取之以弥我所短也。惟不能舍己徇人、忘其固有,进化成定理。允宜遵之以图进取也。惟不能踰越阶级、徒逞理想。教育既贵普及,则公民资格,自应为全体国民所同具。民于中国,自应以中国为本体,必先备具普通知能,而后才可进而为专门研究。必先完成本国国民之资格,而后才可进而为国际的联合。此实自然之势也。愚以浅陋,不敢僭拟教育宗旨,谨根据诸家之主张,参以个人之意见,私拟教育标准如次,用供海内教育家之批评。在未经讨论公决以前,固不敢认为定论,希翼采用也。

教育标准

(纲)根据中华民国固有的优美国民性,体察现时全国社会生活所必需,施以适当的教育,养成有能力的好人。

(目)(一)所谓适当教育,应以下列六种为必要的原素。

1. 科学的,

2. 历史的,

3. 社会的,

4. 平民的,

5. 进化的,

6. 理想与实际相接近的。

(目)(二)所谓有能力的好人,应以下列十项为必要条件。

1. 身心两方,均极健全。

2. 情欲理知,两方并重,且能以理节情,使之各得其所。

3. 才德识,能调和融化。

4. 能具有自觉自发的心力。

5. 能具有奋发进取的精神。

6. 能具有整理旧文化创造新文化的基本能力。

7. 能自治,且能合群。

8. 能征服自然,利用势力,改良环境。

9. 对于下列十种德行,皆能备具。

(1)公,(2)忠,(3)仁,(4)恕,(5)智,(6)勇,(7)勤勉,(8)宽厚,(9)诚实,(10)温和。

10. 对于国家。能直接间接尽下列六种责任。

(1)涤除国耻,

(2)拥护国权,

(3)保护国体,

(4)尊重国法,

(5)发达国产,

(6)发扬国光。

毕业生就业问题

省政府应设法与社会方面联络，公同筹画解决学校毕业生就业问题。此项问题，关系社会之治乱，民生之苦乐，政治之隆污，均极重要，而且迫在目睫，不容不有正当解决之道。去年夏间，吾苏教育界同人，曾在上海发起组织指导毕业生就业委员会，现正在调查研究之中。希望省政府就权力所及，联合社会团体，公共筹画，救济失业之青年，即所以挽回纷乱之时局。愚曩曾拟有“推广学校毕业生出路方法一文”，可附录于次。

（略。编者注。）

至若改革政治，势必需用多数吏才。吏才自当取之于学校。惟察酌目前情形，在任用学校毕业生之初，似应加以相当训练，此举于推广毕业生出路，关系至巨。愚昔曾拟有“实施地方吏才训练计划书”一通，亦可附录于此，以供参考。

实施地方吏才训练计划书

一、主旨

兹欲谋本省（专指江苏言，以下同）一切文化事业之发展、人民生活状况之改善，特拟定先从养成施治人才入手，以期各级各种行政机关所有官吏公职，皆能具有相当的道德知识才能，足以洁己奉公、忠诚服务，力图庶业之振兴，百废之俱举。以吏治为民治之先导，即以吏治为渡入民治之阶梯。

吏才必经训练，而训练之实施，不应仅限于一界，势必内务财政教育实业警务司法各端，同时并举，始可收互助合作之效。

吏才必出于学校，而学校毕业学生，当此省政改革之初，似宜经过相当训练，以期适用。训练之施，即所以推广登庸之路，免致人才有损失之虞。

施行训练之初，势必具有精密计划。训练之时，即应根据所预定之计划，分别实施。凡所以磨砻其德性、贯条其知识、发展其才能者，法必求备，技必求精。

吏才训练，无取时期过长，多者一年，少者六月。

训练既成，必依法任用。任用以后，必依法考核，责以实效。一方谋人才之消纳，一方求省政之革新。

人才消纳，本不一途。即就吏治以言，亦复判为多类。省政革新，应起自下级，而以县为枢纽。县政既良，则省之上级机关，自能日趋于改善。

果欲求本省政治入于正轨、民生获享安乐、教化日新、风俗日厚、地无旷土、市无游民、盗贼绝迹、兵革不兴，必以此一事为起点、为策源。否则一切空言，咸为画饼。而学校教育，且无所依归。甚至学校毕业生愈多，而社会之危机愈迫。此实为有识者所共见，绝非无病而呻，故作危言以耸听也。

二、机关组织

吏才训练，必有固定机关。机关名称，拟定为“江苏吏治讲习院”。内设十科，约如次列。

(一)地方行政科：专为训练县知事及县知事公署秘书或佐治等人才，以备任用。

(二)教育科：专为训练各县教育局局长县视学教育委员，以备任用。

(三)实业科：专为训练各县实业局局长劝业员，以备任用。

(四)市政科：专为训练各县各市司理市政人才，以备任用。

(五)赋税科：专为训练各县知事公署及其他财务机关之征收人才，以备任用。

(六)会计科：专为训练各级各种公有机关之会计专员，以备任用。

(七)测绘科：专为训练测量绘图之技术专员，以备各县清丈土地及其他之用。

(八)统计科：专为训练调查统计专才，以为全省实施人口调查之预备，并供其他各公有机关设置统计专员之用。

(九)警务科：专为训练警务人才，以供各市各县整顿警政之用。

(十)司法科：专为训练法官律师司法书记人才，以为各县增设地方审检两厅之用。

设院长一人，总揽全院事务。各科设主任一人，专理一科事务。院长由省政府择本省才德识兼备之政治家聘任之(或即由省长兼任)。主任由省政府商同院长，择德望素著，才具优长，熟悉本省情形，而于本科事务，夙有研究者聘任之。各科教员，称讲师，由主任遴荐，院长聘任。入院听讲之学生，称学员。各科主任，对于本科各学员，不仅为学识之考核，且注重道德才能之陶冶与锻炼。讲习讲授,须依预定计划,编制课程纲要及讲义,不重在学识之灌输,而重在实际之应用,与人格才能之修养。

三、学员入学资格及讲习期间与人数班数

学员入学听讲,须分别规定资格。入学之初,且须施以精密严重之考试。各科事务不同,故学员资格不一致。而学程繁简有殊,故讲习期间不一致。兹试分别拟定,表之如次。

(表略。编者注。)

以上十科,共三十五班,三千一百六十人。凡籍隶本省,年在二十五岁以上,身心健全,未经法律褫夺公权之男子,均可依照所规定之资格,认定一科,报名受试。

教育、实业、测绘、统计四科学员,最好由各县择尤加倍(或加二倍三倍亦可)选送,经院考试。

各科各班所定人数,系最高额。如考试结果及格者不能满额,则宁缺毋滥。

各科应同时并设,若至万不得已时,则班数或可酌量减少,各科应训练成若干员方可敷用,则须临时察酌情形,再行决定。

十科最好集合在一处,如校舍不敷,亦可酌分数处。

各科学员,皆不设宿舍,膳食自理,讲义由院发,须先缴价购买。

四、课程编制及讲义

各科所设课程,应由院长先期约集各科素有研究之专家,分类讨论。预将纲要编定,统括言之,似不外下列六项。

(一)关于阐发原理之课程。

(二)关于授与常识之课程。

(三)关于讨论方案,研究进行计划之课程。

(四)关于解释法令,并运用法令之课程。

(五)关于授与技术,并练习技术之课程。

(六)关于精神修养之课程。

各课程之讲习,应本诸下列各标准。

(一)必求其能实际应用,切避空泛玄远之理论。

(二)必切定地方实际情形,指出利弊所在,而示以改革之方。

(三)必求其能坐言起行,于讲习学问之时,即宜注重德行能力之磨练。

各科课程,须依照纲要,编发讲义。关于原理,则以简明精粹为原则;关于常识,则以切要适用为依归;关于方案及计划,则以精密详审为要素。解释法令,既须求其立法精义所在,更须竭力推究其运用之方。技术重在练习,以期效率增进。关于精神修养,可视为公共课程,其要目,约如次列各项。

(一)人生之真义与价值,

(二)人类服务社会之真正兴趣,

(三)伟大人格之表现,

(四)舍身社会之精神,

(五)希求最大多数最大幸福之方法,

(六)社会进化与个人努力,

(七)才能真正价值的表现,

(八)高尚圆满之生活观,

(九)服务之积极精神与经济办法,

(十)事业成功之密诀。

除公共课程外,其有为各科所独具,而认为于精神修养有关者,仍可自定纲要。

关于精神修养之课程,应由院长延请社会负有重望之名人,预将题目拟定,分期讲演。各科主任,除兼任课程讲授外,并应每星期在本科施行讲演会或讨论会一次。讨论会须与学员公同组织,施行交互研究,至关于方案及计划之讲授,亦应假学员以自由发表意见之机会,而对于各县特别情形,能由各学员各就所知,分别报告。用证方案与计划之是否适宜,则尤为重要。

五、经费约计

支出(表略。编者注。)。

学费收入,每一人年缴四十元,以三千人计,应共得十二万元。尚有支出九万七千零六十元,应由省库担负。

至图书一项,须另外设法,故未列在约计之内。

六、毕业后之任用

凡学员在本院讲习期满,经考试认为及格,应由省政府给予凭证,承认其有候补各种吏员之资格,同时由院编制总册,送存省署。编制分册,分送存各该管行政机关。嗣后遇有缺出,即照册列各员,按照科目,分别选用。凡未经毕业注册者,一概不得滥充。

各员当候补时,仍应继续研究。每年须将研究所得,以书函送达本院各科。如科已停办，则应迳送该管行政机关，以备考核。

如各员因事得罪法律或道德时，应由该管行政机关查明属实，重则永远取消其候补资格，轻则停资若干年。非俟改善有据，不得恢复。

各员经政府任用后，应由该管高级行政机关，严加察核。每经三年，公布考成一次。并行另定奖惩办法，以资遵守。各员薪俸，应由政府明定等级，按年功加俸法，渐次增加。养老金及遗族恤金，并应明白规定。

七、附言

地方吏才，既有所取用。然则如本省各高级机关之所属职员，将如何，是则有二法焉。一则另立训练方法，一则如助理书记等职。临时需用，自不妨依考试方法，甄录委任。如在课员以上，则亦可就地方吏才中，择其优者，酌量调任也。至于会计专员，并可无分省与地方。凡属公有机关，皆当一律任用。惟事务有繁简，责任有轻重，薪俸有厚薄，则当各视其能力所诣，以定等差。

又如庶务一科，关系于物品者购置与保管，屋宇之整洁与修缮，集会之布置与招待，书函之草拟与缮发。常识既宜丰富，而条理尤贵缜密。更当廉洁勤敏，谦和活泼，不染嗜好，不尚虚浮。此项人才，为各机关所必需，却不必设科以敷教，是则任用之时何（原文如此。编者注），愚以为在普通中学（不分初高），遇必要时，似应特设此项科目，列入职业教育范围。嗣后各公有机关，如需此项人才，自不妨联合招考，以备分用。

（原载《整理江苏教育计划书》，1927 年）

全国教育经费保障条例[①]

一、理 由

全国教育经费独立，确定专款，系谋始要道。既经独立，须不受他界干涉侵占，方合独立精神。为预防及救济善后起见，提请国民政府颁布此项保障条例，以资维护。

二、办 法

教育专款保障条例：

第一条 凡保障中央及地方教育专款，适用本条例之规定。

第二条 凡中央及地方各官署，均有履行本条例之责。

第三条 本条例所称专款，凡关于中央及地方教育财产，无论官有公有私有皆属之。

第四条 教育专款被侵没或侵损时，得按照侵没数目及侵损程度，依下列程序，要求赔偿之。

---

① 此条例为江恒源为全国教育会议准备的提案。

第二章　预算

第四条　教育机关,应照普通预算,编造递送之时期,编订岁入岁出预算,依时呈送主管机关。

第五条　教育经费预算之格式,按照普通预算办理。

第三章　收支

第六条　教育收支之手续,按照财政部会计则例办理。

第七条　教育会计,采用下列新式簿记:

(一)收入总簿;

(二)支出总簿。

第八条　凡属收入之款,按其性质,分定款目,记于收入总簿;支出之款,按其性质,分定款目,记于支出总簿。

第四章　决算

第九条　教育经费决算,按照普通决算编造递送之时期,编订岁入岁出决算,依时呈报主管机关。

第十条　教育经费决算之格式,按照普通决算格式办理。

第五章　附则

第十一条　教育机关,得指定银行管理现金出纳事务。

第十二条　凡教育特种事项,应用特别会计时,得设特别会计。

第十三条　本条例未经规定事宜,得准用财政部会计则例之规定。

第十四条　本条例自公布之日施行。

三、附原案条例原文

第一条　大学院直辖中央教育经费,执行本条例,并监督所属京内外执行本条例之各教育机关(按审查会认为此文宜规定于大学院组织法内)。

第二条　各省区教育专款管理处,秉承大学院,直辖地方教育经费,执行本条例,并监督所属省内外执行本条例之各教育机关(按审查会认为此文系机关管辖问题)。

第三条　各省区教育专款管理处,得将上年度预算,计算收支平均数,提出于各省区最高教育官厅,以备编制,岁入岁出预算之标准(按审查会认为不能包举)。

第四条　编造总预算,岁收不敷岁出时,中央教育由国库补助之,地方教育由省库补助之(按审查会认为行政法之规定)。

第五条　教育专款会计,采用下列各种新式簿记:

(一)资产总簿;

(二)税捐总簿;

(三)基金总簿;

(四)支付总簿。

第六条　下列各款,应列入资产总簿项下:(按审查会认过涉繁细)。

(一)国立省立学校之基金或产业;

（二）非国立省立而受教育专款津贴之各学校基金或产业；

（三）属于教育机关之资产。

第七条　下列各项，应列入税捐总簿岁入项下：（按审查会认为过涉繁细）。

（一）划归教育专款之税捐款；

（二）税捐之附加款。

第八条　下列各项，应列入基金总簿岁入项下：（同上）

（一）租金利息款；

（二）学费款；

（三）其他收入。

第九条　下列各项，应列入支付总簿项下：（同上）

（一）国立首立学校之经费；

（二）国内外留学经费；

（三）第六条第二款之津贴费；

（四）属于教育机关之经费；

（五）其他支出。

第十条　分录簿，依总簿款目分立之。

第十一条　关于教育会计事项之各法令，特别会计适用之。

第十二条　关于特别会计法令，未特别规定时，准用会计法之规定（国定会计法尚未颁布。）

第十三条　本条例自公布之日施行。

（原载《全国教育会议报告》，中华民国大学院编纂，1928 年 8 月）

建议请大学院颁布中学校毕业考试委员会规程通令各省区市尅期施行案[①]

一、理　由

(一)考试制度之重要

考试制度,吾国采用最早,其优点甚多,无待详举。后世科举取士,纯以经义论策,决一日之短长,窳陋空疏,遂不免为有识者所诟病。抑知考试之弊,不在制度之不良,而实在内容之不善,此应分别观察,不当并为一谈。先总理中山先生盛称中国考试制度法美意良,特取以列入宪法五权之一,卓识远谋,真可谓加人一等。夫国家登庸官吏,为政法隆污所关,固宜采取考试方法,用以抑奔竞而拔真才。而学校学生期满毕业,资格认可,所系綦重,又何尝不当由行政机关特组考试委员会,加以严格试验乎?

① 江恒源原案,审查会决议办法大会通过审查意见。

(二)中国学校因毕业考试方法不良,遂至发生各种流弊

吾国新教育之兴,于今三十年矣。出身学校人才,诚不可以偻指计。然黉舍遍设。岁耗巨金,究竟一切效果,是否能如所期,殊难遽下断语。兹试略言其弊,学生在校修业期满,例得毕业证书。除国内有名数校号称严格外,余则未有不一榜尽赐及第者。如此则学生毕业资格之取得,并不在乎学业而专视乎年限,向学之心,安能望其忠实,此其一。学生平日在校,因毕业资格之观念过重,当然斤斤注意于考试之能否及格,冀达目的,不择手段,遂不免发生怀夹抢替等怪事。学校当局,既多姑息优容,懦弱教员,或且视若无睹,所谓人格教育,至是乃竟荡然无存,是则学校又何贵有此考试为耶?此其二。教员与学生朝夕相见,不免重视感情。每届考试,虽学生程度稍差,亦往往给以及格分数。甚且以特殊关系,不胜学生之深嬲,畏学生之威,乃竟不能不特予通融。彼此相蒙,尚复成何事体。此其三。甚有狡黠狂悍之学生,平昔凭借特殊势力,自恃善为活动,可以操纵同侪,虽足不入教室,目不寓书本,而学校校长以其活动力大,自知偶一不慎,即有危险发生,遂亦忍气吞声,予以毕业,此则更是贻恶毒于社会。先由学校高尚庄严清洁之地,破坏人类公同尊重之法纪,自誷良知,其将何以自解?此其四。

(三)必采用特殊考试方法,始可补救上列四种流弊

不敢谓国内学校多数如此,苟不幸而及半数,则教育前途,

已濒破产，而立国大本，更恐剥丧无余。稍具人心，能毋恫悼！目前救济之法，固有多端，而考试毕业之权，宜由学校校长教员之手，移于行政机关所特组之委员会，此则未始非急则治标之一道。此种考试之特殊效果且不必论，即就消极方面以观，似已有下列数种学生，在校读书可不必纯以考试分数为目的，自当先求其在我。校长教员可以安心施以适当教育，关于学校考试之事，不必再以学生无理之要求为虑。学生自不至因学校举行考试不遂所欲，以致仇视校长教员。校长更不必畏特别活动之学生如虎狼，乃至味尽天良，纯乞灵于毕业证书，以为送礼免祸之工具。如此则凡以往学校内许多发生纠纷之原因，当不难逐渐消灭。至若由教育机关所组成之考试委员会，聚若干修业期满之学生于一堂，一秉大公，施以严格试验。既可详察各校内容，比较各生程度。凡不能及格之学生，固无由取得毕业资格，而不能及格之学校，亦得藉以促其改良，或竟因之加以改组。此则各省区教育行政之权，平昔所不能施之于直辖各校者，至此亦可以稍稍伸张，其裨益于教育前途非浅鲜矣。

（四）中学校应特设毕业考试委员会之理由

惟各学校之等级各殊，种类亦异。大学系专门研究，小学属义务教育（高级小学，非属义务教育范围，亦应由县教育局组成毕业考试委员会，实施毕业试验，但此时尚非十分重要）。职业学校重在技能练习，情形不无特殊，目前似可暂缓。至若中学校之高初两级为期六年，上与大学相接，下与小学相承，实居全部教育之主干。倘或办理不良，则教育全部行将瓦解。是以在一省区市之中,果欲期各中学流弊悉除,且因比较竞争,可以各自奋勉,则此种特殊考试之法,在目前确认有实施之必要。高初两级毕业学生于升学之时,例须经过大学及高中之入学试验。其中如商业师范两科,又似与职业教育相同或相近。但特殊考试仍不能因之或免。盖中学毕业之士虽不升学,而布在社会,仍具有相当势力,足以左右民众。其间品行不端者,得此一纸毕业证书,纵横闾里,即无异假虎以翼。若不严加甄别,明定取舍,则流弊所及,何堪设想。若师范为国民之母,责任綦重,更不容不详加考察。商科虽属职业,但接近文法,究与农工不同,自亦不妨加以考试。果属学力无差,当然不至加上一重保障,又何乐而不为。至对于升学之士,将来亦未尝不可即以此种考试代替入学试验,此则欧美各邦已有行之者矣。

二、办 法

(一)成立考试方法之原则如次

组织毕业考试委员会应具各要件。考试科目之内容,宜求丰富,不可单纯,宜各方兼顾,不可偏枯。文字问答,固居重要,而体育口才艺术等项,为人类生活所必需,亦不能不特加重视。又若道德品格行为能力,虽一时不易使之完全表现,而多方考察亦为势所难缓。总之此种考试之目的,重在汰劣留良,整齐一地方中学之内容,并提高一地方中学之程度,关系全国教育兴衰,实属异常重要。拟请由大学院迅速制定中学毕业考试委员会规程，颁布全国。凡各省各区及各特别市皆应由教育行政机关延揽专家，组成考试委员会，每年于暑期中举行一次。举行地点，省则在省城，区则在首县。如省之地方寥阔，亦可由委员会察酌情形，就一省之内划为数区。或分组出发，同时举行，或分别时期，挨次举行，均无不可。所有委员无取固定，每年举行考试之前，由教育行政机关分别延聘，临时酌送薪金，事罢即行解散。各中学校无论国省县及私人所立，凡在一行政区域内，皆须受委员之考试。惟私立各校必以曾经立案者为限，各学校于学生修业期满仅给以修业证书，学生凭此证书，即可向所在区域内之考试委员会报名投考。委员会为处理事务，可由教育行政机关派员兼任，经费当然另立预算，支自省库，此其大略也。

（二）下列规程送请大学院考试制度委员会参考

中学校学生毕业考试委员会规程草案

第一条　各省及和特别区为考试本省区内公私各中学修业期满之初级高级学生，判定其能否毕业，应分别组织中学校学生毕业考试委员会，其特别市内之中学校毕业考试事宜，得附入省区代办。

第二条　本委员会设委员长一人，委员若干人，由各省区教育厅厅长或大学区大学校长聘请专家任之。

第三条　本委员会得设事务员，由主管教育行政机关派员兼任。

第四条　本委员会委员长、委员、事务员，均不支薪，但得酌给津贴。

第五条　本委员会于每年夏假前组织成立，考试完毕，即行解散。

第六条　凡公私立中学校之学生肄业期满，持其本校修业证书者，均得应试，但私立学校以曾经该地方教育主管官厅备案者为限。

第七条　考试时分划区域及支配时间，均由委员会临时察酌情形规定之。

第八条　考试门类为身体检查、笔试、口试三种，遇必要时，并得试验其主要实习。

第九条　各学校于举行毕业考试前一个月，须将该级学生所授各科课程列表呈报主管教育官厅转交本会，以为命题之标准。

第十条　各校学生考试及格者，准予毕业。其不及格者，得就科目之多寡或难易，分别令其留级或限期补习。

第十一条　各校学生毕业后，仍由本校造具毕业履历、分数表、像片、证书、工价等，呈报主管教育官厅，请发给证书。

第十二条　本规则自公布之日施行。

（原载《全国教育会议报告》，中华民国大学院编纂，1928 年 8 月）

大学院应设立大学暨专门学校毕业生考试委员会考试全国大学暨专门学校毕业生给发证书及授予学位案[①]

查考试制度,创始于中国;当纪元前一一一五年,吾国政府即用考试方法,征拨人才;行之凡三千余年,至一九零六年始废除。孙中山先生云:"故在君主时代可以不用考试,在共和时代考试则不可少。"又云"英国行考试制度最早,美国行考试才不过二三十年,英国考试制度就是学我们中国的,中国考试制度是世界最好的制度,现在各国的考试制度,大都是学英国的。"观此可知吾国考试制度既有数千年之历史,且实有存在之价值。其所以为末世诟病者,不在考试制度之本身,而在其内容之未当耳。兹将提出本议案之理由,及其办法条列如次。

---

① 作者:江恒源、凌冰、杨亮功。

一、理　由

(一)整齐学校程度

中国近年以来,公私大学暨专门学校林立,其办法课程及学生之程度,皆极参差不齐。整齐之,划一之,实为现在中国教育上重要问题。如中央大学院设立考试委员会,考试全国大学暨专门学校毕业学生,规定试验之内容,及称号之标准,则全国各大学暨专门学校为其学生毕业计,为学校之名誉计,其学校之设备及课程不得不为合格准备,其结果全国各学校程度渐归一律。英国之教育事业,从来多为私人或私人团体所经营,而又极重个别发展,故各校办法及程度至不齐,而英国教育所以有今日之发达者,说者谓公众考试制度之功为多。英国中学毕业生须经过校外考试(External examintion),始能升入大学,其考试会之组织,多由大学委任若干人,学校老师推举若干人,及地方教育行政机关若干人;牛津剑桥之联合考试部(Oxford and Cambridge school amination board),即其例也。伦敦大学本由二十余历史不同性质各异及程度不齐之学校,组合而成。其大学本部之任务,不在授课,而在职司学位试验,及称号之受与。其试验及称号之标准,大致一定。因各校不得不为合格之标准,其结果各校程度渐归一致。今日伦敦大学所属之学校,无极低之程度者,职是故也。非特此也,伦敦大学之学位试验,不限于其属之各校学生,校外生亦可应该校之试验而得学位;故伦敦大学之学位试验,实际上不不仅为一学校而设,乃代国家而设也。德国中等学校学员,须在九年的中学毕业,在大学至少肄业三年,经过政府试验,实习参观一年,试教一年,方得高等教师资格。其政府之教师试验,取严格态度,每次应考者仅三分之一被录取。说者谓德国中等学校教师优良,为欧美各国所不及,盖由于政府严格之淘汰故也。

(二)促进学校考试认真

中国近年来,学风嚣张,而废除考试之高潮,又复传播全国;其结果学校考试废弛,学生在学校随意听讲,不必读书,逍遥数年,即可毕业,蒙马虎皮,毫无所得,殊失国家办学训练人才之意。如大学院有大学暨专门学校毕业生考试之规定,则各学校为其学生毕业计,平时学校考试自然认真,以调查学生程度之高下;学生为已身毕业计,亦不愿抵抗学校之严格试验。近数年来,吾国学校因考试问题而发生风潮之怪现状,亦可以免矣。

(三)使学生对于所学学科上得到一种概括有系统的知识

中国各大学暨专门学校平时虽有各门功课之考试,而毕业时无学科全体之试验,其结果学生对于各门功课考试及格,而对于所学学科全体不能有概括的统一之知识。大学院之毕业生考试,系一种学科全体的考试,其目的使学生在学校不仅能得到有各门功课的零碎知识,必使其对于所学学科全体有一种概括有系统之了解。美国哈佛大学于学科的各门功课考试外,有学科全体考试之规定(General final examination),使学生不只要受到各门功课之考试,并且须受到学科全体之考试。其目的有四:

(1)学生在学校求学之目的,是要领略一个学科的全体,不是零碎将各门课程考试及格。

(2)发展学生独立读书之习惯,及思想领悟之能力。

(3)使勤恳学生对于所学课程,力增趣味,并使其可以度为的明了之目的。

(4)各学科可以考试学生于修了大学课程以后之能力。

(四)可以补视察员视察之不足

从来中央所派大学暨专门学校视察员,仅能从事于学校行政状况、校舍、图书、设备、学科、组织,及学校风纪等项之视察,而对于学生所学各科科目程度如何,则不能有明确之调查,盖大学所设立课程,包括专门学科,且分类甚繁,必待有多数专门学者分类视察而后可。此事殊不易办到,亦不经济。故大学院设立考试委员会,专司试验全国大学暨专门学校学生所学各科目之成绩,实所以补助中央视察员视察之不足。两者并行不悖,相辅而行者也。英国大学,设立考试部,试验各中学毕业生,同时又派视察员从事于中等学校之视察,此明证也。

二、办　法

(一)定名:本考试委员会定名为全国大学暨专门学校毕业生考试委员会。

（二）组织委员会：系临时性质，附设于大学院；其委员由大学院院长聘请专门学者担任，委员数目由大学院院长临时酌定之。

（三）责任：委员会委员之责任，限于出题阅卷暨审查论文等事，其他事务（如预备考场考卷及其他杂务），由大学院院长临时指派大学院职员兼任。

（四）考试地点：考试地点，暂规定为南京、广州、武昌、北京四处，各大学暨专门学校毕业生，可就其最近之地点报名投考；南京以外之各地考试事务，由大学院派员会同考试所在处之教育行政长官办理；各地试卷，由各地考试职员汇齐交大学院考试委员会评阅；其录取人名，除函知本人外，并登载沪报，以便通知。

（五）报酬：委员无一定薪金，仅酌给伕马费（Honorarium），其他职员由大学院职员兼任，不另支薪，如派往别处，可酌给旅费（Actual espenses）。

（六）投考资格：投考资格，限于国立或大学院承认之私立大学暨专门学校学生，由各校校长将有资格应考之学生名单，于考试前二月，备文送交考试委员会。

（七）考试科目：考试科目，由考试委员会规定通知各学校。

（八）考试日期：每年举行一次，时期规定在八月一日，各处同日举行。

（九）奖励及惩戒：奖励及惩戒，以各校被录取学生百分数之比例为标准，如该校被录取人数超过其报考人数百分之九十五，应由大学院长设法嘉奖该校办事人员。反之，如初到录取人数不及其报考人数百分之五十，应由大学院长设法惩戒或警告使其改良，不及百分之二十五，应勒令其停办。

（十）考取毕业生之权利：已录取之学生，应由大学院长发给毕业证书，或授予学位，可以免除别种职业试验（如高等文官教师检定试验）。其未录取者，或准其下次再行投考，或令其回校重新补习，由试验委员会决定之。

（原载《全国教育会议报告》，中华民国大学院编纂，1928 年 8 月）

人生习业择业及服务时所应具的必要条件[①]

中华职业教育社上海青年会合办之暑期职业指导讲习所，自开幕后，每日由王祖廉、郝艾迪、钟道赞诸博士主持讲演，学员极有兴趣。午后有参观及临时讲演二种。七月十二日下午二时请前河南教育厅厅长、中华职教社主任江问渔君讲演，先由主席郝艾迪致词、潘仰尧君介绍、江君讲题为人生择业习业及服务时应备具之条件，内容为：（一）了解非做工不能得食之原则，（二）明白人类受教育即为做工之准备，（三）牢记择业服务时之要点等。约讲一时半，由潘君申说致谢而散。

今天承中华职业教育社和上海青年会合办的职业指导讲习所主任郝爱乐博士的邀约，叫鄙人到这里来和诸位谈谈职业指导的问题；现在就将个人所感想到的，贡献给诸位做一个参考的资料。今天讲题可以分为五层说：

（一）非做工不能得食

第一层我们应该明白了解的是什么呢？就是非做工不能得

① 江问渔先生讲，林泽中笔记。

食，用文言说，就是“劳而后食”的意思，这是一个普遍的原则，也是共同的原则，例如动物界中最下层的动物——阿米巴，也要运动它的细胞，才能得到食物，维持它的生命；推而至于较高的动物，如蜂、蝶、牛、马等等，无一不要劳动，才能够维持它的生活。大凡一切动物，无勤劳工作是不能得生活的，这是自然界的自然现象；我们人类既属是动物，也不能违背这种原则，如果违背这种原则，小之影响于个人，大之影响于社会国家。何以呢？因为个人是社会上一分子，维持个人就是维持社会。古语云：“一夫不耕，天下有饥者；一妇不织，天下有寒者”。这是什么意义呢？就是说人不能不做工的，如果不做工，社会上便要闹穷了。如果我们中国，有一种专靠遗产不愿做工的人，一旦把遗产挥霍罄尽。非但他个人不能维持生活，社会上也就要受他的累，这是一件多么可怜可叹的事啊！

（二）除维持生活之外，还要促进文化

第二层我们要明白的，就是人类不但要做工，还要负促进文化的责任，可以分两方面讲：

1. 人类与他动物不同的地方：人类与他动物相同的地方，就是上面所说的，都要做工，才能维持生活；而不同的地方，就是其他动物生活是盲目的，是没有变化的，是没有进步的，如蚕吐丝、蜂酿蜜……自古及今，还是如此。试问我们人事是不是这样呢？我们从前食的方面，是茹毛饮血，现在五味调和；衣的方面，从前是夏则树叶，冬则兽皮，现在绮罗锦绣；住的方面，从前是穴居野处，现在是琼楼大厦；总之从前是简单的，现在是复杂的；从前是粗糙的，现在是精细的；从前是不圆满的，现在是圆满的。是什么道理呢？就是人类在那儿工作，是时时刻刻求进步，所以就随时代而演进，这种演进的情形，就是进化，或说是文化，在外表上看起来，就是文明。这种文明文化，是人类独有的。也就是和其他动物不同的，所以人类除维持生活外，应有一种大责任——促进文化的责任。现在我们为什么要集合许多人研究各种科学呢？为什么要办职业指导讲习所呢？就是要促进文化，但是还有人说，文化也有时候不进化，反而觉得唐尧禹舜时候的政治昌明、学术进步，这是什么缘故呢？这可以说是一种变态心理，当政治腐败、贼盗蜂起、天下大乱的时候，文化当然无甚长进，或者退缩，所以就回想到古人的太平景象了。及至否极泰来，天下太平，道德昌明，人民安乐，文化又复演进，如此循环不已，成为曲线的进行，终归于进步的。我们人类所以负有促进文化底责任的，就是想免去曲线的进行，而使他成为比较的直线进行，以为人类造幸福啊！

2. 做工的种类和维持生活的方法：做工的种类可分士、农、工、商……等类，做士农工商的固然是可以得着衣食住了，但是还有那做盗贼和种种不名誉事体的人，也可以得着衣食住；同是维持生活，然而士、农、工、商等职业的人，大家都以为他是好人，做盗、贼……等等不正当事业的人，大家都以为他是坏人，那么好人、坏人、善人、恶人究竟在那里分别呢？我们可以下个断语：大凡所做的工，是有利于己，有益于人，而能促进文化的，是正当的职业，人们是应当去做的；假如所做的工，只利于己而害于人，扰乱治安，破坏文化的是不正当的营业，人们是不应当去做的。简单地总括起来说，人们若做一个人——好人——不仅是做工以维持生活,还要负有促进文化的责任。现在中国有一种绝大的危机,就是专在利己,而不想促进文化,诸如一般人中了升官发财的遗毒,都趋向于政治一途,以至政途拥塞,宦海浮沉,个人社会均受其影响,那么怎么就可以促进文化使社会安宁呢? 现在约略举两个例来说说:如在商科大学毕业的学生,不一定要去做银行洋行的总理经理,只要找了一间房子,开一个商店,根据学理,采用新式薄记及广告术等勤恳地努力去经营,逐渐推广他的商业,除经营之外,闲暇的时候不去打牌,不去做不正当的事体,而寻一个正当的娱乐,或找邻居讨论市政,及注意公共卫生等事,久而久之,附近的商人也就受他的感化。又如农业大学毕业的学生,回去实行耕种,五亩也好,十亩也好。应用科学的方法,试用机器,耕种结果,劳力少而收获比其他农家多,附近的农民一定要仿效他,此外还做养鸡、养牲畜、养蜜蜂……各种副业。间暇的时候,还和他们谈自治,设俱乐部等等,无意中就形成一个新农村,以上所说,岂不是两个促进文化的好榜样吗?

(三)为什么要从小就要受教育? 教育有固定的和不固定的两种。无论大学,中学,小学,或职业学校,都是有一定的课程,一定的时间,谓之固定的教育;没有一定的课程与时间,受环境力而感化的,如店中的学徒和小孩子的模仿成人,都不是固定的教育,不固定的教育往往使人沾染恶习,不如授固定教育之有益;人们之所以要自幼即受教育的,老实说就是为将来工作的准备,这种准备,又要注重两方面,一方面是普通的学识,如国文、算术、常识等,这些都是做工的基本学识,无论何种职业都是需要的。一方面就是专门的学识,因为一个人做事,没有一种专长

精深的地方是不能胜任愉快,更说不到想胜过前人了。此外有几件要注意的事项:

身体要强健:因为没有强健的身体,虽有才学也是不能实行的。

办事敏捷:学问是呆板的,人事也是变化的,我们处世应当运用心思才力,把学问化开来应付一切的事体。而这种应付能力要敏捷,要有权术(权术二字,并不是坏名词;当作坏名词的,是宋以后的误解)。权术两字的义意怎样呢?“权”是权事物之轻重,“术”是做事的方法或方式,合起来说就是大凡事体到了面前当权其轻重,而想出一种方法来对付。近今学校中,所以要组织学生自治会的,就是为要养成他们有这种办事的能力。

良好习惯:习惯之良否关系人生极大,如能养成良好习惯,到什么时候就去做什么事,那么,时间经济效率增加,于己于人均有裨益了。

(四)选择职业时应注意之点:可分为消极积极两方面说:

1. 消极方面又可分为三点:(1)不作兴味不同,才能不合的事,如所做的职业,和自己的兴味才能不合,必定感觉枯燥无味,力不能胜;对于个人,固属痛苦。而对于事业的效率,也要减少。所以第一要劝他不要做兴味不同,能力不合的职业。(2)千万不要计较地位之高低,世界上的职业是平等的,只要和自己的志趣相同,无论何业都可以做得,无论何种地位都可以干得,只要凭你的本领和兴味,不断地向前做去,将来工作的成绩定有可观;那么地位也就继长增高了,所以当择业时,第二不可计较地位之高低。(3)千万不要计较薪之多寡,薪金本是服务的酬劳,如果你服务之后，有了劳绩，当然要增加你的薪金，我们所以要有薪金的，是为了生活，如果生活能够维持，又何必多金呢？现在大多数的人，当择业时，必问那种职业薪金之多寡，如薪金少，就不愿意去做，就勉强去做，也是不诚意的；这是最大的错误观念，所以我们当择业时，第三不必计较薪金之多寡。

2. 积极方面也可以分三点说：(1)本正大光明的态度，请人介绍，处现今时代，你坐在家里固然是没有人来三顾你的茅庐。但是你也不必卑鄙龌龊去钻营，你只要本着正大光明的态度，将自己的能力志愿告诉亲戚朋友，或职业指导所，请其介绍，自可得到相当的职业。(2)发表自己的能力，你的能力如何？人家不能知道，你尽可以在报上杂志上投稿或用其他方法把自己的能力表现出来，人家自然乐于介绍或延聘了。(3)多尽义务少享权利，现在社会上有一种最坏的毛病，就是大多数人理想不劳而获，或者少许尽些义务就想多得权利，以致民生凋敝，社会秩序紊乱；反过来说如果你存了多尽义务、少享权利的心，那么无论何处都容易谋到职业，无论何种职业都容易干得有成绩，个人固然容易发展，社会也可以安宁了！除上面所说的择业时应注重之点外，还有附带的一件事——就是青年谋事未得相当位置，便怨天尤人，而不反躬自省，始得心灰意冷，流于消极，而不克振作，继作浪漫颓唐，而不能有为，甚至有自萌短见者，这都是什么缘故呢？大概是不明了择业的方法和意志薄弱的因子，这是青年人应当切忌而深戒的。

(五)服务时应注意之点，他可分为消极积极两方面讲。

1. 消极方面：(1)不自大不自卑。自大势必流于骄矜，使得人家讨厌,不愿和你亲近,要免去这层,须不刚不慢,婉转曲折,处置一切;如其太谦就未免自卑,反而失却自己的身分,被人轻视,那么怎样就不流于自大自卑呢?全在凭处事的经验,来权其轻重,或者多看书籍,拿古人的格言来做处世的准绳,从前子贡问孔子说:“有一言可以终身行之者乎?”孔子说:“其恕乎。”这“恕”字我们就可以拿来反省。(2)不躁进不板滞。燥进则遭人忌,并且容易有错误,不如用冷静的头脑、镇静的态度去干。板滞足以败事,须提起精神,向活动方面做去。(3)不可以他人作比。青年人做事往往以他作比,这是最坏的毛病。例如某甲做事的本领不及某乙大,而他所得的薪金比某乙多,或见彼此都是同等待遇,他做事情很马虎的,我又何必多做呢?于是以人来对比,便不肯把他的心力用在应尽的职务上,结果非但不能把他的才能表现出来,反而要入于堕落的一途,那么怎样还可以使他的地位增高呢?这种毛病青年人心中万万不可有的。

2. 积极方面:(1)虚心诚意。心不虚则一切知识不易增进,意不诚则对于人家意见不能容纳。(2)耐劳猛进,做事需不辞劳苦,不怕麻烦,鼓着勇气向前求进展,万不可因困难而退缩,使你的才力不能尽量的发展。(3)有恒,做事须有恒心,须继续不断的向前求进展,才能达到最后成功,世界上一事无所成的人,便是最无恒心的人。孔子说:“人而无恒,不可以作巫医”。由此可见有恒之重要了。

除消极积极两种以外,对于工馀时间的利用,也是要注意的,怎么利用才能得当,可以根据下列几个原则:

(1)合于经济的;

(2)增进愉快的;

(3)增进知识的;

(4)帮助职业的。

根据以上几个原则,可做下列四种工作:

(1)记日记:把每天所做的事情一一记下来,看哪一件事是做得对的,哪一件事是不对的,哪一件事是没有照预定的工作去做,把他大大地反省一下,这是个人修养最好方法。

(2)锻炼身体:每天早上打打拳或做做八段锦运动肌肉,以增进身体之健康,与你的职业是很有裨益的。

(3)结交益友:并且要尽自己的力量帮助他人。

(4)从事高尚的娱乐,以愉快你的精神恢复一日间的疲劳,或弹琴或吹箫都是很好的。

最后可以将我们中华职业教育社服务的信条介绍给诸位,作我送给诸位的小礼。

(1)靠我的本领,养我的命;

(2)尽我的心力,做我的事;

(3)分我的工夫,帮大众的忙。

(完)

(原载《教育与职业》,1928年第98期;
纲要载于《教育与职业》,1928年第97期)

职业指导问题[①]

一、释　题

今天我所要讲的，是“职业指导问题”，开讲之始，要把这个题名，明白地解释一下。大概可分两层来说：一是职业何以需着指导，二是职业指导何以成为问题。

在普通用语，说“求事做”，翻译起来，就是“求得职业”。求事做，何以需着指导呢？要知道“职业指导”一语，其中实含有几种意思及几种作用在内。明白了这几种意思和几种作用，自然就知道职业有需用指导的必要了。

因为社会上，有些人，是求事做的；有些人，是有事需要人做的；有些人，要做事，而不明白应该做那一种事；有些人，要学习事做，而不明白应该学习那一种的。有了这四种人和这四种情形，自然就有了职业指导的需要，既有需要，自然就有职业指导事业发生，既有事业发生，自然就有种种职业指导问题发见，既

---

① 民国十七年九月二日在江苏泰县讲演。

有问题，自然就有职业指导的研究讨论，和职业指导专门学术的成立。

现在可再把这四种人和这四种情形，分析起来说一说。

（一）具有相当的能力，要求得职业的，一定要有人替他介绍。当预备介绍时，介绍人对于被介绍人，必定要加以详密的考察。如不是子弟，不是学生，知之不详，考察时，当然要有特殊的方法。这种方法，焉能人人皆备具呢？

（二）我有事，要找才能相称足以胜任的人，来担任我的事，沿途找人，当然不便，如有一处，平日调查得很齐全，登记得很清楚，各种人才，皆可以访查得出来，那末，就可到那个地方，托主办的人，代为推荐，让我们选择了。这样多么便利啊！可是，这一种调查和登记人才的方法，又岂是随随便便可以做得出来的呢？要做得有价值，当然有特殊方法。

（三）要选定一种职业去做，究竟是那一种好呢？比如学商的人，去自己开店呢？还去帮人家营业呢？钱业好呢？布业好呢？我的性质，究竟和那一种相宜呢？路头甚多，徘徊不定，不能不找一位有经验的老前辈，请教一番。还有因为现在的职业和一己的性习不相宜，预备改操他业的，或者因为有其他关系，预备转业的，自己主意不能决定，也不能不向有经验的老前辈，请教一番。被请教的人，在这个时候，应该如何指示他呢？似乎不能随随便便的答了几句话，就算完事罢！似乎要详加剖析，指明路径罢！这又何尝是容易办的事呢？

（四）小学生毕了业，要升学，还是进普通中学呢？还是进职业学校呢？决定进职业学校，还是学工好呢？还是学商好呢？

中学毕业生,要升学,还是进大学呢?还是进专门呢?决定进大学或专门,学那一科好呢?自己不能决定,一定要请教富有学识经验的老前辈;这位老前辈,又何能模模糊糊的答复几句就算完事呢?要做一个有价值的答复,当然也不是容易的事。

就以上四种情形,归纳起来,可以说需着介绍和指导的,共有三种:(1)就业介绍,(2)择业指导,(3)升学指导。

还有已得职业的人,他对于所业,不能发生兴趣,或者和厂主、店主、同事,处的不相宜,以至不能乐业,因而预备改业或转业,是不是问题呢?又如服务以后,要希望职业改进,必定要一己知能,不断地增加。如何增加呢?也是一种问题。这两种情形,事实上是必有的,难道担任职业指导的人,可以不管么?所以指导任务,除前列三种外,还有以下两种:

(4)职业访问:目的在帮同解除困难,希望有业者皆能乐业。

(5)职业训练或职业补习:目的在增加服务的效能,用以改进职业。

那末,这两种工作,又岂是容易做的么?

按照普通情形说,凡是一个人,就应该有一种职业;小的时候,进学校读书,随父兄师长,练习做事,是为壮时从事职业的准备;国家和社会,设置若干教育机关,是为准备从事职业的人,去学习,去修养。至于准备的充分不充分,学习的得法不得法,修养的到家不到家,自然父兄师长,要负完全责任。准备好了,学习成了,修养足了,父兄师长,免不了还要设法替他去找事做;又在将要择定一种职业去从事工作和从事学习的时候,究竟是那一种适宜,此时父兄师长,也要明白加以指示。此外如甲的父兄师长，有事需着人做，要向乙的父兄师长，访求适当人才，这个时候，乙的父兄师长，也就可以把他那些准备从事职业知能已充分的子弟学生，介绍给他。有了事后，还不放心，时常要问问他服务的情形怎样，有了困难，还要设法替他排除。这些皆是很平常的道理，人人能知道的。

可是，社会组织，却不能像这样简单，子弟要择定职业，要求得到职业的，也不能时时处处，皆有父兄师长，一步不离，随在他的身旁，备他顾问；并且要做介绍的工作，要做指示选择职业，指示学习职业的工作，以及帮助从事职业及改进职业的人一切工作，皆要具有相当的知识经验，才能胜任，并不是随随便便，人人皆可以做的。父兄师长，不靠近的，固然是无从做起，靠近而知能不够的，也是无从做起。做这一种工作的人，的确是要一种专门家去担任，才好哩！

怎样做法，才算周密，才算完备，这可以说是职业指导的总问题，就这个总问题分析起来，各种小问题，更是多得不得了。如要指导人家应择何业，那末，我自己对于职业界内容，一定能分析得清清楚楚，而后才可以下诊断。怎样去分析，是不是一个问题呢？明白了职业内容，还不算数，同时对于被指导人的心力、体力，以及其他方面，是否与某种职业相宜，还要一定能测验得清清楚楚，而后才可以下诊断。怎样去测验，是不是一个问题呢？如此一层一层追究下去，问题那就更多了。所以“职业指导”，近来渐渐成为一种专门学术，也就是因为这个原故啊！

二、关于“职业”的几种意义

继此，我要把职业的意义，略略地讲一讲了。

粗浅一点说罢，“职，就是责任；业，就是业务。人们的职业，就是人们担负下责任，去做事务”。若是稍缜密一点说哩，“职，是天职，是随有生以俱来；业，是事业，是含有利己利他两方面的意味在内。人们的职业，就是人们为从事于做事业，以完成一生天职”。

那末，除去专讲职业两个字的字义外，我们可再把关于职业上所应说明的意义，分作四项，来说一说。

（一）人们是一定要有职业的，因为本着动物界“不工作不能得食”的原则，无论富贵贫贱，皆非去做事不可。不过动物的工作，是盲目的，绝少变化和进步的，不含有利他性质及促进社会文化效能的。人类的工作，其初虽是由动物本能演进而来，但是到了自己认识工作价值以后，能以伦理的标准，分别工作的各类、性质，并评定其价值高低，此时工作便成为职业，于是他的真正意义，也就发见出来了。

人们一生，可以说没有一时能和职业脱离关系；只能说是因为年龄不同，对于所做的事务，所尽的天职，有时分量不同些罢了！如年幼的人，以游戏为工作，以学习做事为工作，这是为练习职业、储蓄知能，待成年以后，去实际服务而设的；如年老的人，不能任重大工作，但是还可以就力所能胜，从事于轻微的职务；万一衰病，社会因为他一生辛劳，做过许多事务，也应该衣他，食他，使他终其天年。

幼儿初出母怀，呱呱求食，举头张口，到处觅乳，此等意识不明的举动，也不能不说是一种工作。这种工作，大概是和动物的工作，相去不远；或者可以说是一样。稍长则从事游戏，从事读书，从事学艺，便有父兄师长，直接去指导他，有社会长老，间接去暗示他。这一种职业知能的预备，并且是一代比一代精，一代比一代好，所以职业才能有进步。这当然和动物工作，不可同年而语了。从事职业，固然是为着个人谋生，但与社会文化的发展，也不是直接间接，没有影响的；有了几种职业，并且可以说就是为直接促进社会文化的进步而设。到了职业能直接促进文化，那末，我们依着通常用语来解释，便可把这一类职业，叫做“事业”了。从城里到城外，拉一趟洋车，赚了三十铜子，用他去吃一顿饭，这虽可说是一种“职业”，但不能说是一种“事业”，因为他与社会文化无与；若是教了三点钟的书，得了薪金去买米吃饭，虽然是和拉车一样，可是，一方面说他是一种“职业”，同时一方面又可叫他是一种“事业”了；何以呢？因为他的工作，是和社会文化，有密切关系啊！职业总以能达到“事业化”的程度，才算有价值。这是关于职业应说明第一层意义。

一个国家内的人民职业，是和全国荣枯，有密切关系的。古人说“一夫不耕，或受之饥；一妇不织，或受之寒”。国内倘有吃饭不做事的游民，便是损失了国家一部分的实力。这是说人人皆当有职业！韩非子又说道：“多士则国贫”。这是说各种职业不可偏枯，若是从事生产职业的人过少，则国家必至贫固，还有操各种职业的人，更要个个皆能才与事称。职业前途才能发展；

若用非其才,则国家的损失,一定很大。这是关于职业应当说明的第二种意义。

还有职业种类,各各不同,有是称为正当职业,有是称为不正当职业。一个国家以内的人民,如果操不正当职业的人多,则国家必至衰落穷困,沦于野蛮,或至灭亡;所以最要紧的,应该努力发展正当职业,消除不正当职业。我们所说人们所操的职业,皆是指正当的职业而言。正当职业,是平等的,是人己两利的。这是关于职业应当说明的第三种意义。

人类活动,本有三个阶级:一级是谋“生存”,如小儿觅乳。二是谋“生计”,如普通只知自利的农工商人;最低级的则职洋车夫。三级是谋“发展”,这一级最可贵,他是一方面从事职业,得了酬报金钱以赡身家,与普通人做工无异,一方面则广储学识,利用才能,或改良旧业,或创造新业,使职业自身,得着大进步,同时社会文化,也可焕然改观。职业之所以可以贵者在此,职业之所以需要研究和指导者也在此。这是关于职业应当说明的第四种意义。

就以上四种,再把他归纳起来:

(1)职业的低级,是盲目地做工;做工本是人类与生俱来的天职,无论何人,不能游手得食的。

(2)职业的高级,是事业,希望职业能事业化,用以促进社会文化,增进人类幸福。

(3)一国以内,既要人人皆有职业,且不使各业有所偏枯,使生产日减,更要人人皆能才与事称。

(4)职业有正当的和不正当的两类,我们应该努力发展正当职业，销减不正当职业。

(5)职业自身，要叫他有进步，职业进步了，社会文化，才能改观。

三、中国的现状

现在我们张开眼来看看，中国的现状，是怎样呢？我今天敢大胆放肆，明白痛快地说一说罢。

(一)没有钱要饭吃的人，往往无事可做。

(二)有钱的人，往往吃饭不做事。

(三)能做事、愿做事的人，往往无事给他做。

(四)不能做事的人，往往占了能做事人的地位，去拿大钱，吃好饭。

(五)一方面人浮于事，因为不得事做的人太多。

(六)一方面又事浮于人，因为有事而不能得才与事相称的人去做。

(七)做事的人，往往只顾拿钱，不问一己才能，能否胜任。

(八)做事的人，往往只知以利己为前提，不去计较所做的事，于国家，于社会，有了什么好的影响。

(九)用人的人，往往顾情面，顾私交，甚且顾势力，不复详细衡量所用的人，是否才能与职务相称。

(十)学校毕业生，既出校门，即汲汲谋事，往往一业当前，不复详审己之学，己之性，是否与之有当，即贸然担任，结果则事人两伤。

（十一）有才之士，志高气傲，不肯求人介绍，或则竟无亲友可以为之介绍，也有虽经介绍而事不能成，或事成而与志愿及兴趣相反，其结果则或流于浪漫，甘心堕落而不反，或心理剧变，出于自杀而不悔。

（十二）正在学习职业知能的学生，升学之际，往往对于所要学的学科，不问个性所宜。一出以随便的态度；也有为环境所迫，不容他去自由选择的。

我却不敢说到处皆如此，各人皆如此，可是像这种状况，恐怕也不少罢！以这样状况，还希望职业能改进，国家社会文化能发展，岂不是等于"痴人说梦"么？仅仅职业不改进，文化不发展，还算幸事，恐怕"由今之道，无变今之俗"，再像这样推演下去，国家也要发生莫大危险了！

至于何以构成这样状况，当然是有许多原因，依我推想，似乎不外次列十种罢！

（一）历史的遗传性——重仕宦，轻实业。

（二）社会的诱惑——以做官为荣。

（三）家庭的父兄指导不良。

（四）个人的经济压迫。

（五）学校教育的错误——在校所学的和出校所业的，不相适应。

（六）一般社会，未能养成"职业平等"的观念。

（七）农工商业家，不能多数存"改进职业"的志愿。

（八）青年缺乏职业上的预备工夫。

（九）青年体力以力不健，易悲愤，易消极。

（十）古代道家消极学说及历代消极文学的影响。

我所说的，究竟对不对呢，我却也不敢自信。

四、职业指导的必要

我们既看明白了中国社会，有这样特别情形，感觉到了中国社会，有这样惨痛状况，且不必去太息，不必去悲哀，——太息悲哀，是无补于事的。我们应该打起精神，结起团体，从积极方面去设法救济，设法矫正。登高一呼，万山响应，要想影响大、收效快，自然是希望由政治方面着手，从政府方面倡行。好在现在的政治，比较从前，大不相同了。现在各级政府，也和从前，大不相同了，如何养人才，如何用人才，已经有了许多好的办法出来。可是我们站在社会方面，凡是有可以为力的地方，也不能不卖一点气力，以共谋解此大厄，不但是救国家，也是救自己啊！中华职业教育社，就是本着这个意思创设的，他所办的事业，是研究、试验、提倡三端，同时并进，力谋教育和职业两方沟通，双方携手，希望用教育的方法，来改进职业，本职业的基础，来设施教育。论到他的目的哩，可以说有五种：

（一）人人皆有职业。

（二）人人皆具有从事职业的充分预备工夫。

（三）人人的个性和所学，皆能与所操的职业相称。

（四）人人皆有乐业的兴趣。

（五）各业皆能逐渐改良。

近来社内有了“职业指导所”的设立，就是这应着最近社会的需要而生，也就是谋达到这几种目的的手段当中一种最重要手段。在我前面所说的各种原因，有是属于政治的，有是属于教育的，有是属于思想的，有是属于经济的，有是属于习俗。欲谋救济，当然要由各方面公同设法，但是如这种职业指导的工作，也未尝不可以救济一部分。他的工作是怎样呢？

（一）对于无业的人，为之介绍得着相当职业。

（二）对于有业的人，还要代谋职业能力的增进。

（三）对于求才的人，为之介绍得着相当人才。

（四）对于要选择职业的人，使之得着正当门径。

（五）对于要学习职业的人，使之入得适宜的学校和习得适宜的学科。

这样一来，为谋事人计，为用人人计，为择事人计，为习业人计，皆可以给予他们一个很方便的机会了。

这件事在中国本是一件破天荒的创举，在社内未举办以前，却也是很慎重的，曾经请两位朋友到欧美各国去考察一次，考察回来，把办法议定，到去年九月才组织成立，先在上海本社内设立一处，嗣又在南京设立一处。所内实际的工作，大约是次列几种：

（一）指导升学——使升学而不知入那一个校好，那一科好的青年，寻着一个门径。

（二）指导择业——使要做事而不知做那一件事的青年，认明一个道路。

（三）介绍职业——要谋事的人，可先到所登记，写明个人学历、经历、志愿，以便遇着机会，代为推荐。需用人才的机关，或个人,一时因见闻有限,可以到所里来查问,说明需要何项资格的人,愿出多少代价。这个时候,所内便可酌量代为介绍。

当施行指导,来所登记,及实行介绍的时候,需要恳切地谈话,自不必说,有时为详察身心,宜于习何科,就何业,并要用科学的种种测验方法。此外联络各方,也是十分重要;一方为人择事,必须和本地各机关联络,先明白了各界各业的状况;一方为事择人,必须和已登记的人联络,先明白了各个人的性质和能力。除此以外,还有应做的工作几种:

(四)讲演——为宣传职业指导的主旨,固然要依赖口舌,向各方说明,而希望未得业的人,能选择适宜职业,已得业的人,能提高服务的兴趣,也不能不用一番指导工夫。这一种工夫,是对多数人做的,不能用谈话,只好用讲演了。讲演的范围,大概有三项:(1)为学校将毕业的学生讲演,(2)为已得职业的人讲演(如职工较多的机关),(3)为普通社会讲演。

(五)讲习——因预备补充职业知能,特设临时短期教育机关,为预备就业,或已经得业的人,就其所需要的学科,分别讲习。在上海职业指导所已经办过的,有“文书讲习所”,四个月毕业,这是为未得业的人设的,但也有正在各机关服务的人在内;有“职业指导讲习所”,这是和上海青年会在暑期内同办的,其主旨是专为集合教育机关及社会服务的同志,公同研究职业指导的原理和方法。

(六)训练——因为要增进服务者的能力,特设这一种临时的短期教育机关。所内曾经受上海特别市政府的委托,办过“佣工训练所”二次,成绩还不错。

（七）出版刊物——社内在未设指导所以前，已经设股研究，并以研究所得，编成专书，计前后出版十多种，现在且拟多译欧美新出版的重要书籍，以供研究。

（八）调查研究——此时仍是不断的向各国调查关于职业指导的实况，并分别研究，以期得着好方法，用以解决各项应待解决的问题。同时对于国内职业界的实际状况，也是不断地加以调查研究。

（九）职业访问——对于因介绍已得业的人，仍复时时施以访问，以觇其服务的状况如何，遇有困难问题，并可帮同他设法解决。

上海指导所，成立只有十个月，还不到一年，历史很短，什么成绩，当然一时说不上，可是就成立以来的报告书看一看哩，到所登记的，已有一千四百多人，经所内介绍得着职业的，已有130多人，谈话不下二千余次，讲演不下一百余次。所可惜的，限于经费，一时不能充分发展；关于心理测验应备的仪器，也还没有备好。可是，无论如何，他们主持这件事的人，总是诚心诚意为社会谋幸福的，为国家谋安全的，对于被介绍和委托的人，并没有受过分文小钱啊！现在我极希望在场诸位，贵县教育界实业界诸位，对于职业指导这件事，特别加以注意，关于职业指导问题，特别加以研究。并希望在贵县方面，也能设所试办。我可以大胆说一句负责任的话："中华职业教育社职业指导方面，是极愿和贵县诸同志联络起来，公共研究这个职业指导问题"。

附录(一)

筹办职业指导所程序草案

一、由各地热心职业指导者集合同志,发起职业指导运动大会,宣传职业指导之原理,及实施方法,以引起社会之注意。

二、集合热心帮助之各教育实业及慈善机关人员,开会讨论筹备指导所之方法。

三、草拟指导所组织法及简章。

四、组织指导所办事人员及聘请专家主持之。

五、推举专家,拟定指导所工作计划书及其实施之步骤。

六、筹画固定及临时之经费(对于宣传及研究两项应特别注意)。

七、联络当地各界,求其协助。

八、开指导所成立大会,报告本社组织之旨趣,筹备经过之情形,及将来之工作。

九、设法使指导所在教育行政系统上占一永久独立机关之地位。

十、刊发指导所之成立经过情形报告书,及工作计划书,以求社会之赞助。

附录(二)

筹办职业指导所程序草案

(甲)筹办职业指导所之原则

一、竭力宣传职业指导之理论、意义,使社会民众,咸知职业指导之重要,引起其注意。

二、调查当地社会职业上之需要,为日后实施指导之标准。

三、详订预算表,确筹经费;表中对于研究、宣传二项费用,应较别项为多。

四、详拟事业计划书,以为筹备进行之准则。

五、请当地职业界、教育界、及能实力赞助之名人,为筹备委员。

六、预备职业指导之专才,以为成立后之需用。

七、少用经济,多用宣传研究等工夫,使办到实际之工作。

(乙)筹备职业指导所之标准

一、根据调查与统计之结果,为事工计划之标准。

二、视联络社会各界之程序与同情心,为组织顾问委员之标准。

三、视所聘指导员及干事之办事才能,与顾问之热心与否,为事业多寡之标准。

(丙)筹备之事项

一、宣传

(1)举行职业指导大运动。

(2)由各地最高学府,或教育行政机关主持,联络各学校,及实业机关，行政机关，对于职业问题，为连续之演讲和研究等。

(3)联络新闻界，多藉报章鼓吹。

(4)召集职业联欢会，引起其注意与同情。

二、调查

(1)教育界(包括教育行政机关)已施职业指导之实况与成绩。

(2)各中学大学之教职员，对于职业指导之观念与态度如何？

(3)各中学生对于职业问题之注意点何在？

(4)社会上职业问题之困难和需要状况如何？

(5)社会服务职业团体职业指导之观念如何？

(丁)开办之手续

一、开成立大会，是日可作普遍之宣传。

二、公布所内工作纲要，使社会民众，明了真相。

三、依普通组织法，设(一)主任、(二)指导员、(三)干事、(四)顾问，视当地情形之需要，由指导员干事等，照事工计划书，酌量举行之。

四、觅适当之地点为所址，能与社会服务机关(如青年会学生会等)，教育行政机关等合作更佳。

(戊)开办后应注意之事项

一、将职业指导之原则、意义、方法等，时向社会明白宣布，使勿误认职业指导所为普通之公共介绍所。

二、登记人才时，指导员无论何人应与之作个人谈话，藉以明了其性能与宗旨。

三、女子之职业指导，应与男子同时并行，在现代环境中，对于家事、婚姻，更须切实设法指导之。

四、多办职业训练班，造就青年自谋生活之技术。

五、中学之职业指导，应竭力提倡研究，并相机实施，对于中学毕业生之职业训练，更属重要。

六、对于职业介绍成功之人，应继续的予以指导和辅助。

七、职业指导所，除协助教育、职业机关外，应办各机关团体未办之事工，造成研究实施职业教育之中心。

以上两案系推钟道赞、刘湛恩、潘仰尧、徐受谦四先生会同审订。

附录(三)

职业指导用书书目(略。编者注。)

(原载《职业指导问题》，江恒源著，
中华职业教育社编，1928年)

《村治与农村教育》序言

我国农民三万数千万，是占了全体人民总额四分之一（原文如此，似为四分之三之误。编者注。）以上，如果要施行“全民政治”，当然不能仅仅顾到都市人民，而忘却了多数乡村的老百姓。

中国本来是五千年的古农国，可耕的熟田，与夫待垦的荒地甚多，天时既温和，地理又适宜，人民且性好勤俭，如是好好经营，农业前途，一定能呈长足的进步，可以使国家达于富庶之域。现在国内的制造业，一时既不能为逾量的发达，惟有恃农业产品，以与外人相竞争。倘若这一点天然可靠的实力，不幸再衰落下去，那末，中国前途的危险，还能避免么？这真要令人“不寒而栗”了。由此说来，全国三万数千万的乡村老百姓，对于国家所负生存的责任，真是很重很重啊！

现在，我们且详细看一看，中国的农业，究竟怎样？是不是近于衰落的现象呢？打开海关贸易册来计计数目字罢，中国农产品的输出，一年减少一年；同时外国农产品的输入，一年增多一年。我们以农业著名的国家，食品还要仰给外人，试问此后再有没有生路可走呢？可以说，莫大的危险，近在目前，已经快到吾们的头上了！我们应该从死里求活，从危中求安，不下一番切切实实的挣扎工夫,那是绝对不成功的。

中国的农业,已经衰落了,衰落的原因,又在何处呢?要医一种病,无论如何,先要明白得病之因。依我说,他的主要原因,是有四种:

(一)水利不讲,水害不除,河淤堤坏,一遇水旱偏灾,遂致无从救济。

(二)军阀互争,战祸不息,人民不能安于畎亩,以致农家逃散,田芜不耕(此指未革命以前的状况而言)。

(三)土匪滋扰,农民不能安居,以致无从耕植。

(四)农民慕都市的繁华,厌乡村的枯寂,往往舍耒耜而趋都邑,甘心从事于劳动生活,以致耕田的人,数目减少。

以上四种,可说是最重要的原因,"虽不中不远";至于未革命以前的十几年,法纪未立,政治不良,积极方面,无利民的农政,以整理土地,发展农产,消极方面,有害民的恶吏土豪,以摧残农事,压迫农民,那就更不用说。其他的原因,当然还有,恕我也不必多举了。

既然明白了农业衰落的原因,我们可进而一察农民生活的概况;比如医病的人,既经知道了病源,当然要再看一看他的病况。现在可分三层来说:

(一)农民生计怎样呢?是困穷的。"一日三餐顾不了,鹑衣百结面成鸠。"

(二)农民的智识怎样呢?是缺乏的。"不解"之无"两大字,背垂发辫效遗民。"

(三)农民的风俗怎样呢?是迷信的,是颓废的。"不雨求雨拜土龙，无子求子拜石父；烧尽纸香一大堆，土石何尝说可否？”

我不敢说各地农民的生活，皆是如此；但是，大胆说一句，类于此等情形的，恐怕也不少罢！

论到住在乡间的人民，也未尝没有拥有土地，深居简出，不自耕耘的大田主，与夫自己田自己耕的真正农家，还有无田而佃种人田的小康农户。像这三类农民，比较起来，当然是具有相当的知识，不至十分鄙陋不堪。可是，再去细细分析一下哩，所谓不自耕耘的田主，大概可以分成两大类：一类，诗礼旧家，子弟是要送入学校读书的，但是，读书的目的，在于升入大学，毕业后，做官，做公职，做绅士。一类，吃饭不做事，自恃有祖产可靠，年轻的不肯去读书，年长的便以赌钱吃鸦片为消遣岁月的最好工具。前一类固然是优于后一类，但是，你要问他对于一般农民的福利，有没有影响呢？可以说简直无丝毫影响可言。至于自田自耕的农民，在一国的农业界中，要算是最可贵的一个阶级了。可是因为没有适当的农业教育去扶植他，改良他，这一类农户，遂不免有两种趋势：一种是“农之子，不必恒为农”；因为老农有了一点储蓄，便要叫他的儿子去读书，他读书的目的，是为预备做士人，不是为预备做农人；于是不读书还好，读了书之后，便把长褂子着起来，列入士人阶级，不愿再去作工南亩；因此这一类的农家，就渐渐地破坏了。一类是田产少，收益薄，没有余力，供给他的子弟读书；又没有路近费省，近于农业教育一类的学校，让他进去，那末，只好不读书了；不读书当然愚上加愚。久之，田产不能保，便由自耕农降而为佃农了。佃农当中，当然也有自购新田，另立家产，由依人为活，进而独自营业的；但是，一经成了有产之户，无论为大田主,抑为小田主,也依然要复蹈前列两类人的旧路啊!

就大多数看起来,毕竟这三类人物,在一般乡民中,还是居于最少数。那末,我们现在既看到了乡民的穷困愚陋,万分可怜,并且看到了农民如此,影响于国家的安危很大,万分可怕,当然大家要公同觉悟,快快地设出拯救方法,努力做去,一方面救三万数千万穷困愚陋的农民,一方面也就是救我们大家所托命的贫苦孱弱的国家。

孙中山先生在三十多年以前,已经看到这一步了。他在上李鸿章书内,主张设农官,立农学,制农器,眼光何等远大!后来一部实业大计划,对于农业发展,也是异常注意;在国民党主要政纲内,更是定明了"平均地权"的办法。这皆为全国农业谋改良,为全国农民谋幸福,也就是为全国各方面的利益谋平均发展。

我们再看他在民生主义第二讲内有几句很痛切的话,说:"中国人大家都是贫,并没有大富的特殊阶级,只有一般普通的贫。中国人所谓贫富不均,不过在贫的阶级中,分出大贫与小贫。"这是的确不错的,尤其是我们到乡间去看看,更是觉得贫的人太多。因为贫,所以愚,因为愚,所以容易受人煽惑而去作乱,容易受人压迫而无抵抗。

我们现在真正要实行中山先生所定下来救国救民的"三民主义",在都市内劝告市民去实行,固是要紧,到乡村引导农民去实行,尤其是要紧。他们农民无知识,设法叫他读书识字,自然就渐渐知识开明了;有了知识,便可以替他们讲明国家大事,世界大势,指导他们结会研究,练习民权初步,组织地方自治自卫一切团体,举办改进农民生活一切事宜,凡关于农产的增进,交通的整理，卫生的讲求，娱乐的改良，迷信的破除，教育的普及，也就可逐渐的实施起来了。如是他们穿的、吃的、住的、行的，可以日益丰裕，日益圆满，同时对于爱国家爱种族的观念和感情，也可以明确而丰富，能自动的结合团体，力谋自卫，能自动的开会讨论，运用民权，到了这个样子，自然能显得出“全民政治”的精神，也自然能达到“三民主义”的目的。

可是，入手之初，怎样去办呢？这却是一个大大的问题。好了好了，现在有两种方法，两种工具，应运而生地出来了：一个，就是做组织乡村自治基础的村制，一个就是做改良农民生活中心机关的农村教育。

村制，是应训政时期开始而成立的；农村教育，是为以往乡村小学教育走错了路头，大家翻然觉悟，力求改良的。一个是用政治的方法，为农民谋利益；一个是用教育方法，为农民谋利益。二者皆是今日国家社会所急需。要真正的实行三民主义，非从这两方面下手不可。要决心的，诚意的，去救中国，救农民，也非从这两方面下手不可。在此两方试办之初，还希望能互相携手，打成一片，联成一家，应分工的分工，应合作的合作；分工合作，交互为用，才可以说“双美备，两难并”。

以上所讲，是为标明农村自治组织及农村教育，对于农民生活的关系，因而先说一说国内农民的概况，以见出这两种的功用和效能，而最后复希望两方能联合互助。这可算是讲题的开端。

（原载《村治与农村教育》，江恒源著，
中华职业教育社，1928年10月）

中国三十年来乡村自治与农村教育

中国古代,本来是有乡官主持农政的,而农民教育,也未尝不考究;可是,唐宋以后,古代制度,竟完全没有了。到了清代末年,政府下令预备立宪,乃同时宣布市乡镇自治章程,因而各省各县,组织成自治机关的,实在不少。民国成立以后,其初还保存固有,后经袁世凯下令取销,于是固有机关,也完全销减了。这一种昙花一现的村治,当然没有多大影响。好一点的,却也有把乡间学校、善堂等,略略整理;坏一些的,还有因此起了党派的争议,以致相互攻击、互相仇视,或城与乡分派,或乡与乡分派,闹得不可以解。益以省国等会选举,闹起来,更是异常激烈。情形如此,各乡小学,当然更谈不到了。至于乡村教育,立定计划,实施社会教育,以期移风易俗、增进民智,恐怕是没有的。至于乡村小学校哩,大概是一年几百吊大钱,有声无气的,一个先生,一二十个学童,早来晚散,敷衍了事,便算尽职:小学教育,已经说不上,还能讲到什么适合于农民生活的需要么?好一点的,也只能对于功课认真些,叫儿童多识些字,多念些书,能作短文,能做算学,有钱人家的子弟,在这个小学毕业,还能考进城里完全小学高级班或中学,那末,已经算再好没有的了。可是,你若问他:“你这学校,设在乡间,对于乡村文化,有没有促进的功用呢?对于农民生活,有没有改良的效能呢”?恐怕他还是瞠目不知所对罢!

然而,天下事,却也不能一概论。全国乡村自治机关,虽然被袁氏下令取销了,而山西一省推行村治,倒还十分出力,不数年间,并且成效卓著哩,全国乡村小学,好的虽然不多,而南京燕子矶、尧化门两个小学,倒能独出于风尘之表,专来做促进乡村文化的事业,专来做改良农民生活的工作哩。

山西的乡村自治情形,我是没有去看过,平时却也常听些朋友说起。他是各村置村长村副,由省政府每年指定几件事,叫他们去做,不竞奇,不立异,凡是良善风俗,皆设法把他保存住,各村小学校设立的也很多,盗匪哩,那是一个没有的,人民真能安居乐业。全省交通便利,电话如网线,密布于各镇乡。凡省政府长官,所有意志,村长皆可明了;由省内发出一令,虽至远之县,两日以内,也一定可以达到。同时复慎选贤能之吏,以长县政。他们所选的县官,除应该备具的道德、知识、才能以外,还要有两种能力:一是能骑马,二是能演说:骑马所以代步,可以时常巡行各村;演说所以宣传,可以时常与民众谈话。所以各村满意的。但是,要退一步讲,像这个样子,也就很难得了。最近山西一省,以军事既定,训政开始,对于村治,更是在那儿十分努力。据闻现又揭出八个字来做标语,说:“村村无讼,家家有余”。民国成立十六七年以来,像山西这样村治情形,恐怕其他各省,不能多见罢!

继此,再讲一讲南京两个小学和师范。燕子矶小学,在燕子矶山脚下,环学校而居者,有二百余家;大约农居百分之六十,商居百分之十五,工居百分之十五,其余居百分之十。这一个学校,是借关帝庙做校舍的;校长是丁兆麟先生。到他们学校里去看一看,学生个个活泼、有礼数,器物件件整洁、有条理,校景布置,处处适宜。像这个样子,在乡村小学中,固然是找不出来,就是在都市中又何尝能多看见呢。要说到他的教育主旨,那更是奇特得很:他是一方面注意在学生身上,同时一方面又注意在学生的父兄身上。教成好学生,固是他们的重要目的,因教学生而使学生的家庭也得着了教育的效益,更是他们的重要目的。因此之故,所有他们教育设备、教育方针、教育方法,就不能不特别的注重到社会方面,专以改良社会环境为教育的目的了。要叫学生明白卫生,也要叫他的父母兄姊,同时明白卫生;要叫学生享受高尚娱乐,也要叫学生父母兄姊,同时能享受高尚娱乐;要叫学生得了植树、选种、施肥等各种农业上的必要知能,也要叫学生父兄,能同时得着这些知能。教育本为改良社会生活而设,本不应该关起门来教书,所以他们的学校,和一般小学的办法,绝对不同。论到他们的教育结果哩,的确是学生得着了利益,同时,学生家庭也得着了利益。

尧化门小学,宗旨和办法,是和燕子矶小学一样的。它在尧化门外车站附近的一个村子上。村民约有一百多户,农业的约占十分之九以上,可以说是纯粹农村了。校长是宋调公先生。他的教育方法,也是注重农村生活改良的。学校是没有年夏假而有忙假,忙假收获之时,小的学生,还没有假,大的学生,当操劳南亩之时,每日仍要到校上课一小时或二小时。平日这位校长先生和村民互相联络，研究各种农村改进事宜，植树啦，筑路啦，娱乐会啦，应有尽有，村民真能感而化之，乐于为善。

那末，像这样小学，简直可以说是促进农村文化的中心，改良农民生活的要具，也可以说是改革旧式小学教育的先锋队，并且可以说是救农民救中国的革命军。不过所可虑的，这样学校的校长教员，不容易得。因为以往的师范教育所造成的师范生，到乡村学校去，未必皆能负此重任。如燕子矶尧化门两个小学校长丁先生、宋先生，他们是特殊天才，并不关于学校教育。我们要想这样的乡村小学，在国内能特别增多，特别推广，第一就要造成功许多像丁先生宋先生一样，或比丁先生宋先生略次一等的小学教师。这样教师，能不能用人为的教育方法，把他造成呢？当然是可以的。因此陶行知先生乃有晓庄学校的创造。他是纯粹鉴于以往关门式的教育，装饰品的教育，不自然的教育，不能救国，不能救民，要把他的理想教育，完全实现。同时也因为燕子矶尧化门两处小学，确实能和他的理想相合，足以证明这样小学，并不是没有的，并不是难办的，创造只要有人，就可以办。所以创立这一个晓庄学校（初名晓庄乡村师范学校），专来养成乡村小学教师；近来且更进一步，招收了许多大学毕业生，高中毕业生，预备养成乡村教师的教师了。

晓庄学校的办法，更觉奇特了，他是没有一定教室的，没有一定课本的。他的教育方法，不是教授法，也不是教学法，只是生活法。生活法是什么呢？就是“教学做合一”。因为人人离不了生活，即人人不能不有生活法。下等人过糊涂的生活，高等人过明了的生活、省察的生活。人类之所以可贵，在乎今日的生活，优于昨日的生活；后辈的生活，优于前辈的生活。要想社会全体生活优良，日益进步，必先使个人生活，一件一件处理得法。如何能处理得法呢？是要依科学的方法来修整，依艺术的眼光来部署，依道德的条件来调节。可怜可怜，一班无智无识、又愚又穷的农民，他是不知怎样才能使生活适宜的；一班知识幼稚、环境恶劣的村童，他更是不知什么叫做生活的。我们要改良农民的生活，先要是指导农民的一班朋友，个个皆能了解了自己的生活，安排了自己的生活，的确能使个人的生活法，又高尚，又圆满，与众不同，那才可以着手去做；说到这个地方，那自然就不能不预先有一种预备，一种方法了。陶先生晓庄学校的"教学做合一法"，就是用科学的、艺术的、道德的教育法，来培养学生生活、锻炼学生生活、指导学生生活的。随时随地要生活，即随时随地给他们一种进步的生活法。无一事不是生活的表现，即无一事不用进步的生活法来指示。离生活没有教育可言；要教育必定以生活为根据。不要固定的教室，并不是没有教室。在田里头种麦子，这是生活，那末，田里头就是他们的教室；在医院里诊治病人，这是生活，那末，医院就是他们的教室；到农友家里去调停争议，这是生活，那末，农友家就是他们的教室；到办公室去记账算账，这是生活，那末，办公室就是他们的教室；推而至于柳树下纳凉，水池边垂钓，花阶前赏月，松阴下弹琴，师弟同学，三三两两，谈天说地，那末，柳树下、水池边、花阶前、松阴下，就是他们的教室。没有一定课本，并不是没有课本；种一棵植物，常常观察它的生长状况，和它的外部形态，切断了，用显微镜考察它的内部组织，记载下来，经过指导员的订正，这就是活课本；对于这个活课本，有了怀疑，需用参证，便可翻阅前人所做的“植物学”，来细细核对一下，因为两相比照，那末，这个死课本，一旦和活课本联合，也就能显出活气来了。

他们学校里所附设的，有中心小学，有中心幼稚园，有民众学校，有乡村医院，有晓庄商店，有联村卫生会，有联村修路会，有联村救火会，有中心茶园，有中心木匠店，有织袜厂等等，这皆是学生练习生活的场所，引导农民改良生活的策源地、模范处。他们不是一味读死书的，有了生活的需要，要印证古人的知识，当然要去请教古人。他们要去做生活上的实事，要把事做好，这就是把未进步的不圆满的不高尚的生活，改造成进步的圆满的高尚的生活。所以无论何事，只要是生活上所必需，皆要去教一番，学一番，做一番，教学做合一的去磨练一番。

这确是破天荒的教育法，将来要想求得改良农民生活的健将，就要依赖他们的毕业生，将来要养成这一班毕业生，也就要依赖他们毕业生了。

此外与晓庄学校桴鼓相应的，还有一个栖霞山乡村师范。这个学校，本是属于中央大学区立南京中学，所以不称乡村师范学校而称师范科；但是近来乡村师范，已有独立设置的议决，大概不久也就要独立门户了。主任是黄质夫先生。这位先生，很有点特别啊，他做这个学校主任，同时又做栖霞山各联合村的村长。全联合村共有六千户，范围也就算很大了。黄先生乃率领一班学生，除去在本校读书上课外，定下来多少办法，怎样去替村民演讲，怎样去叫村民识字，怎样去引导村民驱除蝗虫，怎样去替村民小孩种牛痘，怎样去召集村民开会，讨论各种进行事宜。他的精神既充足，思想又很有条理，才能又很丰富，终日奔波，毫不觉苦，而且很有兴趣。一班学生皆是初中程度，年纪不大，精神活泼，当然很高兴的跟在他去做。现在做的还没有多少时候，可是，以成绩论居然也大有可观了。

全国地域，如此之大，学校数目，如此之多，像这个样子的学校，当然也不少，现在不过举出几个特异的来说一说，恕我不能多举了。

至于在学校以外，划定一种区域，组成一种团体，拟定一种办法，专为实施农村改进事业的，则有中华职业教育社所特办的徐公桥乡村改进事业试验区。该区在江苏昆山县，距沪宁铁路安亭车站，约六里，区内居民四百三十五户，1952 人。在民国十五年由中华职业教育社、中华教育改进社、中华平民教育促进社、东南大学农科教育科合组。至十六年春，改进社等退出，遂由职业教育社单独维持。至本年四月，又加以改组，先成立乡村改进会。会内计分教育、农艺、卫生、娱乐、建设、宣传、总务七部，由职业教育社特聘杨懋青先生主任其事。由杨先生联合本地村民领袖分担各部事务，就中以蔡望之先生等数人出力最多。关于经费方面，地方有时也要担负一部分。自改组以来，时间只有半年，成绩居然很好。如教育部的露天识字、民众夜校、通俗图书馆、通俗格言标语，农艺部的棉作试验、除螟运动、指示大麦黑裸病去除法、田间视察与谈话，娱乐部的丝竹、幻灯、留声机、象棋、军旗、篮球等，均经举办起来；建设部则已筑成石路三十五丈；宣传部则已讲演三十余次，听者极众。又与附近黄渡农场联合，换给优良种子；组成借贷合作社，借款于农民；制造村民籍、田亩册，极为完备。近来和本地小学校切实合作，效力更大。不久，还要建筑礼堂、陈列室、运动场等。因此风声远播，各方到区参观的人甚多；并且闻风兴起、预备仿办的，也不少。

像这一种机关，可以说是辅导式的农村自治，也可说是广义的农村教育。

在中华职业教育社方面，极愿各地方类于此项机关、此项团体，能多多组织、多多推广；苟为社内能力所及，并甚愿予以相当的帮助。

以上所讲，是我国最近三十年来的农村自治和农村教育的大概情形。

（原载《村治与农村教育》，江恒源著，
中华职业教育社，1928 年 10 月）

乡村自治与农村教育机关应如何联络的问题

自经此次国民革命，益觉农村教育，万不可缓。因此军事既定，训政开始，江苏省政府乃首先制定村制组织大纲二十五条。在十六年七月十九日经政务会议通过，十七年以后，各县乃纷纷从事筹备。因为人才缺乏，设所养成村长人才的地方也不少。

惟当此试办之初，一般人似乎不免有一些怀疑：怀疑在什么地方呢？

一、设所养成村长，为期甚短，此项村长，是否即能适用？

二、求治过急，社会程度，不能适应，是否有"欲速不达"之弊？

以上两项，虽说是有一点鳃鳃过虑，但是，所虑的却也不能说没有相当的理由。一则村长人才，虽然是低级领袖，却很不易得，既要有相当的知识，还要有相当的才能，这一种知识才能，有是取之于书本的，有是取之于社会经验的，积起来却也很不容易。现在各处所设的养成所，凡入所肄业的学生，大概高中毕业的学生，一定很少，就是初中毕业的，也未必十分多，大概还是高小毕业的居多数，据闻也有和小学或中学毕业程度相当的私塾先生及其他青年在内。像这一类入学的人，一定要说他知识如何高，当然是不能够的，而教学期间，仅有三个月（或者是六个月），试问，能教出许多东西？又能学得许多东西？一旦毕业，返归乡里，即膺村长之选，俨然为一村领袖，以指导者自居，是否即能胜任？是否即能令村民悦服？是否对于一村公益事务，即能措置裕如？恐怕是一种疑问罢！二则村长人员养成之后，全县即一同举办村治起来，我想其中也难免不发生一些窒碍！如因村长人员毕业，不愿意让他们闲散着，非设村制组织不可，而对于人选，则不必加以考虑，如此，是否合理当然是一个疑问；又如这一类做村长的人，平日不耕而食，不织而衣，在村民以外，特立一个阶级，而又没有薪水可拿，那末，他的生活问题，又怎么解决呢？依照我们的理想，当然是做村长的人，平日均有固定职业，种田的还是照常种田，开店的，还是照常开店，本村有要事发生，或商办公益，即由村长于营业之暇，召集村民开会集议，一议即定，一定即行，并不是在一般村民以外，另有一种穿长袍、戴眼镜、手携文明棍、身置特别位置的先生，整日里，坐在办公室，下命令、出布告，好像一村村民，皆是他的治下一般。可是现在也就很难说了，像这个样子，必定要一般农民，已具有相当的知识程度，而后才可不多费事、不多费心，凡有公益事项，一议以后，即群策群力，公同办起。目前一般农民，能够如此么？若不能，必定要有人终日在那儿做费心思、勤计划、多奔走、广宣传的工夫；如此便要把履行村长的事务，做成一种特殊职业了。职业是可以谋生的，而村长又是无给职，若是家有田产，收入较多，无需个人赚钱养家小，这还可以勉强，倘是寒士，又将如何办呢？若不论他才与不才，德与不德，贫与不贫，只要是养成所毕业的，就一例委任他去做村长，而这种村长，又不如我们所理想，试问，能妥当么？能保得住一村公益日形发展么？并且能保得住没有危险出来么？所以讲到这个地方，当然不能怪他过虑；因为他所虑的，实在是有相当理由啊！

现在既有了这种怀疑，并且认定了有这种困难，那末，就应该设出一种破除怀疑，解免困难的方法才好哩。

依我想，当这村治最初试办之时，始基却是不可不慎，是最要紧的，要认明养成所人员三个月毕业后，是可以做村长，不是当然做村长，倘若不相当，也不能因为他取得一纸毕业证书，就应该去加以委任。若为此过渡时期设想，最好办理村治人员，和农村小学联成壹气，合成一家。在村长知识才能差一点的地方，只要小学校长教员好，村长时常可以到校内去请教，请他们来指示帮助；若是知能优长的，更可以联合学校的先生，共谋进行，则力量更厚。小学校长教员，要以了解农村教育热心农村教育为要件，倘若是本村无适当做村长的人才，就是校长或教员兼任村长，也未尝不可。

不过一般小学校长教员，要他人人皆能去兼任乡村改进事业，恐怕也很不容易；这就要看一县主持教育行政的人办法怎样了。依我想，当此农村教育人才缺乏之时，要设出“急就章”的办法，似不妨由县教育局特派本县了解农村教育并爱恋农村教育的小学教员，赴晓庄、栖霞山、燕子矶、尧化门四处学校去参观实习三四个月或半年，归来之后，先立中心小学若干处，请他去当校长教员；此等中心小学校长，即可兼任所在地的村长。照现行村制组织,每村居民一百户,则一个村长,且可兼任两村或三村。这是看他的小学校所辖的区域大小,才能决定。

学校校长,既兼任了村长,当然不是仅凭一校同人,能把全村事业,完全办了,此时应该联合村民中的优秀分子,组成一种改进会,分设各部,逐渐举办。这不仅是依赖村民,做学校办事的助手,并且是指导村民,因此可以做办事的种种练习。久而久之,村民有了知识,有了能力,不待学校做主体,他们也就可以自由组成,自助举行了。如此才是乡村学校的最后的目的哩。

论到做村长的,虽然受过养成所的短期训练,但是对于农村教育,恐怕未必皆能了解;依个人的主张,最好也要到晓庄、栖霞山等处去考察若干时,看看他们的办法,究竟怎样,回来之后,再和本地小学校,联合起来,共同进行,可以更觉有把握。

如是照分工的原则来讲哩,做学校校长教员的,当然是专心去办教育,做村长的,当然是专心去办村自治。可是天下事,分工与合作,本来是交互为用,若专注重在一方面,那是不能成功的。说到乡村教育,本来也是乡村自治事业当中的一种,要知道教育范围,原有广狭不同,如为改良农民生活,如何叫他增产量,如何叫他得知识,如何叫他去迷信,如何叫他去养成组织力自卫力。所有一切工作,可以说没有一件不是教育的功用,同时也可以说没有一件不是和乡村自治相关。再进一步说,凡是引导农民筹备各种自治,就是一种教育。如此看来,广义的教育、自治即包括于其中;并可以说农村教育,就是以乡村自治事项为对象。

平情而论,从前乡村自治,毫无基础,不但无基础,并有许多地方,染了若干弊病,亟待驱除。居今日而谈村治,势非改头换面，另加上一番洗涤工夫不可。洗涤之后，更非加上一番培养工夫不可。我主张办村治的村长，在这个过渡时期，一定要和本地小学校长教员联成一气、合成一家；分工之后，实行合作，也就为着洗涤培养各尽其功而设。因为非如此做去，力量绝不能厚，效益绝不能宏；非如此做去，双方绝不能两利，绝不能交益。

在今日的乡村小学，如若再不以改良农民生活为教育的对象，那末，对于一般贫苦愚陋的农民，可以说更没有好的方法去救济了。要知道救济农民，也就是救济国家啊！照理说，以救济国家的万钧重任，竟欲付托在农村小学教员肩上，似乎有点太不十分公平。可是，在今日中国特殊情形之下，却非走这一条道路不可。那末，所以我们对于乡村小学教员，应当十分尊重、十分优待，才对哩！我们也曾想到，也曾说起，倘若专造成一般专来办理农村改进事业的专才，布散到各乡村，如中华职业教育社所办昆山徐公桥试验区一样，自然也很好。可是这一班人才，急切之间，又如何能养成呢？就是养成以后，也应该和本地小学联成一气，合成一家，公同办理，方可以收合作互助之效。如徐公桥试验区的乡村改进会，现在就是联合本地小学校办的。

听说江苏教育行政当局，现在预备开办劳农学院一所，它的目的，就是为养成指导农民改良生活的专才，这是很有眼光的。这种专才，可以说，就是广义的农村教育家。如在村治人才缺乏的地方，以这种人才，专任村长，也是很好的。

总而言之，所谓实施村治，定要和农村教育机关，联合起来，公同办理。依我个人说，在现在这情况下，这样办法，确是有百利而无一弊的。因为乡村自治和农村教育，目的本来是一个样子啊。现在可再分析开来说一说罢。

(一)对于一个一个农民的自身和家庭哩,要把他的畏缩的态度,变为活泼;愁苦的精神,变为快乐;忧惧的心象,变为安适;顽固的见解,变为开明;穷困的境况,变为富裕;简陋的生活,变为圆满。

(二)对于一般农民的生活哩,要把他的经济、卫生、集会、娱乐……诸端,一切改进;而其根本渊源,则在心理方面;所以对于他的“知”,重在能开通见解;对于他的“情”,重在能提高兴趣;对于他的意志,重在能改良习惯,增进能力。

(三)最后所欲达的目的哩,则如栖霞山师范所悬的十六个字——“野无旷土,村无游民,人无不学,事无不举”。我则取用周礼上六个字——“康、乐、和、亲、安、平”。并为之表解如次:

野无旷土 村无游民 人无不学 事无不举	康——	从身心及生计方面,表现出来的。
	乐——	从家庭及社会方面,表现出来的。
	和	
	亲——	从交际方面,表现出来的。
	安——	从身、家、社会各方面,表现出来的。
	平——	从情感心象上表现出来的。

(原载《村治与农村教育》,江恒源著,

中华职业教育社,1928年10月)

改进乡村的实施办法

前面已经把村治及农村教育的目的,讲得很明白了;现在可再把实施的办法,详细地说一说。

对于农民,实施一切教育,以期改进他的生活,无论由那一个机关主持其事,大约工作的标准,总不外乎下列三样。

(一)倡导

他们农民,对于各种道理,不明白的,可先做起来,指给他们看,做他们真正的引导者。

(二)诱掖

他们农民,对于各种事业,不明白其中利益的,可设法引他们去做,他们得了利益,自然就能发生兴趣,随意去做了。

(三)奖励

对于已经做好的人,用种种方法去奖励他,表扬他,自然他们能相互劝勉,高兴去做了。

至于讲到具体的实施办法哩,可在分几类来说一说。

一、关于经济

其中可分为数种：

(1)设立机关

内分永久的和临时的两种。永久机关，如农品陈列室、种苗交换所、信用合作社、消费合作社等；临时机关，如农品展览会等。

(2)印送物品

如浅说、图书等；或则关于劝导改良种植，或则关于劝导节俭储蓄，大概皆是属于经济范围以内的。

(3)改进事业的种类

如选种、施肥、用新式农具、除病虫害、养猪、养鸡、养鱼、植树、植蒲、植藕、建筑房屋、布置庭园场圃等。

(4)借贷资本

组织信用合作社，约农民为社员，以极低的利息，借款于农友，作经营农业的资本。

(5)便利消费

组织消费社，约农民为社员，对于农家公共需用各物，整买零售，不另加价。

二、关于教育

其中也可分为数类。

(1)经费的筹集。

(2)教育的种类:内分幼稚教育、小学教育、成人教育三种,须各方并重。

(3)教育机关的建设:除正式学校外,宜有公共集会的大礼堂。此项礼堂,最好能容五六百人,正方形,或六角形。屋内四周,陈列农产品及其他教育用品。屋外留宽廊,廓下近壁一边,可悬挂各种有教育效用的图画、格言、标语;此外并可陈列各种新式农具及其他各物;且可设立座凳,置备抬球、象棋等,以备休息娱乐。农友夏间纳凉、雨中谈话,均可借用此地。又宽大的运动场,必有一所;其中可另辟一隅之地附设公园。并可盖房三间,组成民众图书馆。

(4)职业指导:其中以“升学指导”一项,关系最大。

(5)补助学费:本村如有优秀子弟,毕业小学,愿升入中学及职业学校,或中学已毕业,复愿升入大学,乃因家境太窘,不堪担负的,可由本村预筹公款若干,专留补助此项人才学费之用。也可用借贷方法,由信用合作社内,划定一部分来借给他。

三、关于卫生

其中也可分为数种。

(1)设立小规模的医院。

(2)预防疾病,如种牛痘及代病家消毒等。

(3)提倡、指导、实施清洁方法,如时常印送浅说、图画及举行讲演;又如驱蝇驱蚊运动,每年须举行一两次。

(4)检查饮食物。

(5)注意育婴：如产科医生之养成，最关重要；万一不能，也当就本村旧有产婆，施以相当的训练。

四、关于集会

在未开会之前，要施以种种指示，既开会时，要注意在会人各种行动，以便会后分别指正。如议事程序、选举方法等，均须时时替他们讲解。久久训练，自能措置裕如，智能日进。

五、关于自卫

约如以下数种。

(1)提倡组织保卫团，内中可分御盗、救火等两组。

(2)练习兵操，并灌输以军事常识，此事可于春冬农隙之暇行之。

(3)随时讲明国耻及个人与国家的关系。

(4)随时随地提倡互助合作的精神。

六、关于交通

约如以下几种。

(1)建筑道路。

(2)修建桥梁渡船。

(3)修浚河道。

(4)介绍采用新式交通器具。

七、关于风俗

应该革除不良的风俗,保存善良的风俗;约略计之,如以下数种。

(1)劝导女子放足、男子剪发。

(2)破除迷信。

(3)提倡节俭。

(4)奖励善义举。

(5)劝戒赌博及纸烟等嗜好。

(6)提倡推行国历(公历)。

(7)代拟代书新年及喜庆用的联语。

(8)改良不合理的一切旧式文书。

八、关于慈善事业

如周恤残废,救济贫困,提倡养老、敬老,设立流民习艺所等。

九、关于娱乐

此事在乡村却是十分重要。以前旧的娱乐方法,或是近于迷信,或是浪费金钱,结果于身于心,毫无裨益。现在要改良娱乐,应定下几个原则:

(1)不多费钱。

(2)不多费时。

(3)不涉迷信。

(4)有益身心。

至于实施起来,又可分成两类。

(1)依地方旧有习惯,设法改良的:如说书、演戏、爆竹、宴会、庆祝等,可均保存其习惯,改善其内容。

(2)提倡新的方法:如同乐会、恳亲会、消寒会、纳凉会、新剧团等,这是关于集会的;如乐器、幻灯、留音机、灯彩、烟火、爆竹等,这是关于器物的。

十、其　他

其他事项,如代农友写信、写婚书、写契纸、代算钱粮、代丈土地、调解争议、襄办喜事、丧事等。又如调查户口、记录生死等,亦可属于此类。

以上所列,仅是一个大概,至于实际办法,须看各地方情形如何,才能决定。

今试假定有地一区,东西南北各长六里,人民共二百户,千二百人,十分之九是以农为业,设有小学校一所,要交给我们,去办一切改进事业,我们试先去看一看,应该怎样下手呢?依我说,先要施行详细地调查一次;调查款目,约如次列:

一、地势

内分区址、环境、面积、地别、道路等项。

二、人口

内分户数、人数。人数中更可就男女、年龄、职业、教育程度，各加以区别。

三、教育

内分学校、学生、学龄儿童、识字人数、本地旅外学生，又其他民众教育机关等项。

四、农民经济

内分田产、地价、人工、租税、借贷、农家副业、货物制造与购用、商店、运输等项。

五、农产

内分农作物、家畜、肥料等项。

六、卫生

内分住房、饮食、疾病等项。

七、风俗习惯

内分婚嫁、丧葬、宗教信仰、娱乐、宴会、合作互助等项。

调查既毕，制成图表，便可酌察本地人民性质习惯及经济情形，拟定按月筹办事项一览表。现在可把徐公桥乡村改进会所拟定的表，钞来看看，做一个参考。

附录

徐公桥乡村改进会编订改良农村生活全年进行程序历

民国十七年九月至十八年八月止

九月份

(甲)常务

(一)赴各村与农民谈话(采纳农民问题逐月相机实行)

(二)指导农民农作物选种方法

(三)实施棉花育种试验

(四)清洁街道(逐月进行)

(五)调查农民之教育程度及其田亩数

(六)编辑壁报(每二日公布一张)

(乙)特务

(一)出螟之劝导与收买螟蛾及卵块之实施

(二)通俗格言标语之揭示

(三)研究作物之病虫害

(四)购买改良麦种之准备

(五)筹备秋季全体大会及举行

(六)民众夜校之开始

(七)调查养鱼事业及其计划

十月份

(甲)常务

(一)农民同乐会之准备及实施(每周一次逐月举行)

(二)采集树种(如梧桐等)

(三)布置小学校景(与师生合作逐月举行)

(四)野外视察与摄影(采集农民问题逐月相机实行)

(五)农家簿记法应用之准备

(六)讨论养鱼事业及集股方法

(乙)特务

(一)试验改良麦种之分散计划与实施

(二)接洽合作社之进行步骤

(三)修治道路之组织及计划

(四)实施稻种选择法及贮藏

(五)棉种混合选择法之实施

(六)国庆纪念日之演讲会

(余见前)

十一月份

(甲)常务

(一)通俗教育之计划

(二)麦作试验区之管理

(三)农民同乐会之准备与实施

(四)举行民众夜校之同乐会

(五)棉种室内之考察

(六)新村领袖茶话会

(乙)特务

(一)麦作试验区之实行(品种试验及病害试验)

(二)棉作产量统计及室内考察

(三)民众夜校之扩充方法

(四)露天识字继续进行

(五)各村之通俗演讲

(六)通俗格言标语之实现

(余见前)

十二月份

(甲)常务

(一)计划全年进行程序

(二)农家簿记之应用(逐月例行)

(三)沿河植树之计划

(四)新村领袖茶话会

(五)学生家属同乐会恳亲会

(乙)特务

(一)合作社组织之进行

(二)通俗演讲之实施

(三)农民日常娱乐方法之筹划

(四)扩充民众教育方法

(五)采集树种(冬青等)及其播种

(六)通俗格言之取材与实施

(七)演剧组织及筹划

(八)试验改良麦种之分散与实施

(余见前)

十八年一月份

(甲)常务

(一)改良麦种试验区之视察(本月至五月)

(二)通俗格言之实施(逐月实行)

(三)农民谈话会及访友

(四)民众夜校谈话会

(乙)特务

(一)农民日常娱乐之设计与实施

(二)沿河植树计划之进行

(三)通俗历书之筹备(破除迷信)

(四)筹备新年同乐会及其计划

(五)化装演讲(联合假期旅外学生共同合作)

(余见前)

二月份

(甲)常务

(一)民众教育及协助

(二)沿河植树之计划

(三)提倡修桥铺路

(四)露天识字之实施

(五)编辑露天识字教材

(六)家禽家畜之调查及品种与病害之考察

(乙)特务

(一)组织同乐会扮演新剧及其他各种娱乐

(二)提倡节俭及破除迷信

(三)通俗历书之推广

(四)卫生运动之准备(开展览会等)

（五）露天识字组织及准备

（六）新春观念之改进

（七）张贴浅显的标语（逐月举行）

（八）筹备春季全体大会及举行

（余见前）

三月份

（甲）常务

（一）民众教育之扩充计划

（二）领袖家属之摄影

（三）儿童农艺指导

（四）修桥补路

（五）沿河植树之实行

（六）露天识字之实施

（七）指导学生举行全区清洁运动

（八）新村领袖茶话会

（乙）特务

（一）义务教育之提倡

（二）露天演讲之实行（灌输公民常识及农事知识等）

（三）张贴标语（格言）

（四）蚕桑之计划

（五）养鱼之准备

（余见前）

四月份

（甲）常务

(一)义务教育之提倡

(二)栽种花草(培养美术观念)

(三)沿河植树之进行及实施

(四)露天识字及演讲之实施

(五)播植树种

(六)养鱼之组织与施行

(乙)特务

(一)提倡栽桑与养蚕(金大蚕桑)

(二)引种改良棉种之筹备

(三)郊外游行演讲

(四)种牛痘之提倡与实施

(五)组织除螟团赴各村演讲

(六)指导农民拔除大小麦裸麦之黑穗病

(七)张贴标语(农事方面)

(八)预定棉作试验区域

(余见前)

五月份

(甲)常务

(一)栽种花卉

(二)麦种展览会之筹备

(三)民众教育之进行

(四)种牛痘之推行

(五)指导农民选种方法

(六)筹划农民娱乐之方法及实行

(七)国耻纪念日之演讲会(纪念日按期举行)

(八)组织除螟团

(九)提倡家庭卫生与布置

(乙)特务

(一)计划卫生运动及实施方法(防蚊防蝇等逐月举行)

(二)试种改良棉种与实施方法

(三)组织儿童运动会

(四)稻种试验之计划(盐水选种及秧田之改革)

(五)举行秧田捕螟运动

(余见前)

六月份

(甲)常务

(一)改良棉种试验区之管理(本月至八月)

(二)栽树之管理

(三)新村领袖茶话会

(四)继续举行清洁街道

(五)端午节之改进观念的举动(如提倡爱国卫生等)

(六)举行全区社会状况调查(本月起至七月份结束)

(乙)特务

(一)麦种展览会之实施及产量统计

(二)急救卫生之筹备与实行

(三)卫生运动之实行与赠送药水

(四)露天故事演讲会之取材与实行方法

(五)举行全区大扫除

(六)信用合作社之计划与施行

(七)联络旅外学生暑期内组织纳凉会

(余见前)

七月份

(甲)常务

(一)露天故事演讲会之实行

(二)纳凉会之计划及实施方法

(三)清洁运动继续举行

(四)计划各种进行事业

(五)举行义务教育运动

(乙)特务

(一)寻觅螟虫卵块之提倡

(二)急救卫生之实施

(三)施送简易药水

(四)预防霍乱及疟疾时症传染病之提倡

(余见前)

八月份

(甲)常务

(一)露天故事演讲会之实施

(二)卫生之实施

(三)实施棉种育种试验

(四)义务教育之提倡

(五)提倡家园之布置与实施方法

(乙)特务

（一）视察各种作物生长情形及病虫害之有无与驱除方法

（二）提倡改革侈奢习气以舒财力

（其余见前）

以上所录，不过是举一个例子而已。最好在着手筹办之初，就定下一种十年计划，预计十年以后，这一区域内的农村状况和农民生活状况，要到了什么样的地步，仅可依科学的方法，做一个理想的设计，画出图来，列出表来，分门分类，分年分月，一件一件，一期一期，详加说明。凡是在村内执行改进事业的负责人员，与夫一般农友，以及在校读书的农友子弟，看了图，读了表，皆知十年后的本村，另有一种圆满境况，便能把大家的兴味，鼓舞起来，努力前进，以期达于所同赴的一的。

（原载《村治与农村教育》，江恒源著，

中华职业教育社，1928年10月）

《村治与农村教育》结论

以上四大段,关于我要讲的话,大概可算讲完了。现在再来专讲一讲办理乡村改进事业的先生们应该具备的志愿和知能,及处理事务时,应该明白而且应该履行的几种要件,又对于农民应该持什么样的态度。大概这几项,皆是关于农村教育家(从广义解释,凡村长及办理试验区的人皆属之)的修养问题。那末,可就把这一段的话,拿来做全篇讲演的结论罢!

(一)个人的志愿知能,以我个人的见解,似乎要有下列三项:

(1)要立志把全村农民,指导达于"康、乐、和、亲、安、平"之域。若有一家一人,不得其所,便是我的职守有亏。

(2)要决心以"勤、俭、忠、恕、敬、爱"六个字,为立身、处事、待人的唯一方法。至于这六个字的涵义,我也可以把他解说一下。

勤　何为勤?是不偷闲、不苟安、不怕烦、不嫌苦;好去多方观察,好去多方研究;今日事今日了;今日之事,要做得比昨日好!

俭　何为俭?是具有先忧后乐之心,有利可让别人去先拿,去多享,己则不妨居后,不妨少取。物质上的享受,决不可求其十分优厚，食以清洁为主，只求其能饱，依（应为：衣）以朴实为主，只求其能温。本村农民，物质上的享受，不尽能如我，我何忍心为过分的要求？衣食住行，本应办求美好，但须以大家公享为的，而不应先注意个人本身。

忠　何为忠？是决心献身于乡村改进事业，本村一家未改善，一人未改善，便是个人未能尽责。并且绝不能因事败而灰心，不因有阻力而短气。

恕　何为恕？是要处处体点人情，不可以己所不愿，施之于人；不可以己所不能，责之于人。人有不对之处，须详察其发动之因何在，须以教育方法，指导之，矫正之。

敬　何为敬？是遇事留心，遇事不苟。虽是一件小事，也不可能轻轻把他疏忽过去。人家说话，要注意听；自己说话，要有斟酌。对于过去的事，要时时加以反省。

爱　何为爱？是立志以利他为目的，以自爱为手段；利他即所以利己，自爱就是爱人。

（3）要能模仿，同时也要能创造。

（二）对于事务的处理

（1）要立定计划后，再去做。

（2）要先行筹定经费，编好预算，依照章程，多数同意，完全通过，方可着手。

（3）要时时注意先后本末之序千万不可令先后失宜，本末倒置。

（4）要勤记载。公私日志，皆不可少；将办之事，要预记；办过之事，要追记；预记所以免遗漏，追记所以考得失。

(5)要勤比较。人我的优劣，前后的优劣，非比较无由知，不知如何能改进。

(6)要不断研究做事的方法，如何可以省金钱，使费少而利大；如何可以省时间，使时减而效宏。

(三)对于农民的态度

(1)要尊重农民固有的习惯。善的，要保存他，并且要使他发展；坏的，要改革他，但不可改革太骤，最好利用潜移默化的工夫。

(2)要设法教农民欢忻、安适：不要教农民惊疑、苦恼。和农民谈话时，要特别温和，特别诚恳；最好教他能农产增加，且时时享受娱乐。

(3)要时时处处，以农民的朋友自居，不可以农民的师长、官长自居。

(4)凡事以身作则。自己不赌钱，方可劝人戒赌；自己不吸烟，方可劝人戒烟。要劝农民清洁，应先从自身及办事室做起；要推行国历，要先从自身自家做起。

诸位！人生不过数十寒暑，做事的机会，真是很有限啊！与其高谈体国经野，大而无当，泛而不切，劳而无功，何如缩小范围，仅将一乡一村，切实做去，倒可以容易程切，容易见效呢？倘使全国七八万个农村，村村皆能“无旷土，无游民，无不学之人，无不举之事”，家给人足，熙熙攘攘，达到“康、乐、和、亲、安、平”之域，不要说“三民主义”，可以完全实现，且由此以推行于邻国，则大同之世，也不难接近了。到了这个境界，试问是不是这一二十万的村长、农村小学校长教员，以及其他农村教育家的功绩呢？唉！人生生命，虽然有限，而社会事业，则亘古不朽。愿吾们同志，一同到乡间去啊！救农民，救中国，实现三民主义啊！（完）

（原载《村治与农村教育》，江恒源著，
中华职业教育社，1928年10月）

调查江苏泰县全县农业概况报告

泰县在江苏省江北，旧为州，属扬州府，民国以后，改称县。该地夙以农业著。民国十七年，八月，本社办事部主任江恒源君，因赴泰县演讲，特利用余时，调查该县全境农业概况，报告本社。本社现在积极从事于农村教育之研究提倡，固极愿详知各地方之农业状况及农民生活情形也。

一、地势及面积

泰县位于江苏之江北，东南邻泰兴，东接如皋、东台，北连兴化，西界江都、高邮，地形东西长而南北狭。全县面积六千方里，有粮之田，约三百万亩。中亘运盐河，交通颇便利。县城居全县西偏。

二、农民户口

全县人民，约二十二万户，一百二十万人。业农之民，约占总数中十分之八。

三、农　田

运盐河以北之地,势较低,多水田;河以南,势较高,土含沙质,多旱田;质均肥美。田内河渠纵横,旱则灌溉有资,涝则宣泄有所,以故水旱之灾绝少见。各村落间,杂树葱茏,草木丰茂,虽至屋角墓傍,无禾之旷土亦甚少。境内几无荒地,仅沙子桥北及马朝荡有待垦之田十余顷,又县西北市乡有草地若干而已。

四、农产品

河北所产,米为大宗。水田植稻,通常每年只一熟,一稻既获,即不能再艺他项禾谷。惟佳田亦可一稻一麦,岁两熟焉。河以南产稻无多,以麦、豆、高粱为正宗产品。通常较好之田,二年之间,可得五熟:即第一年,收麦后,种豆;豆收罢,种荞蓄麦;荞麦既收,再种高粱。第二年,高粱收后,复种荞麦;荞麦收完,再种小麦。如此更番迭种,周而复始,几成定律。除正宗产品外,其他零星杂种之物:如棉花、落花生、山芋、芋头、萝蔔、芝麻等,亦复不少。近水之地,则多植菱、藕、慈姑。农产品,每年输出县外,为量至夥,惜少精密调查,以资统计。顾观县南姜埝一埠,全县杂粮贸易,于此集中,一日之量,最多竟达五六十万石,由此已不难推知。近年粮价,米一石,平均约 9 元左右,小麦一石,平均约 7 元左右,豆一石,平均约 6 元左右。每石重量,约一百六十斤。

五、农田耕作

农民耕作极勤：除田主不亲劳南亩外，其有田而自耕者，每户多则百亩，少则二三十亩，皆家长躬率子弟，公同操作，不足则添雇长短工，以为之助。已无田而租耕田主之田者，称“佃户”，或“客子”，大率一户所耕，亦皆在百亩以下。农产既获，纳租于主，则佃农之义务已尽。租值以米、麦、豆三种为标准；虽实际不种米麦豆，而纳租时仍复依之以课值。大致每年每亩租金，米纳一次，量四斗，麦豆纳两次，量各纳二三斗，不必交实物而可以依市场价纳金钱。据闻佃农所得，除缴纳租金外，尚可余全数农产三分之二，即假定每亩收获量米一石二斗，除纳四斗外，仍可自得八斗也。惟租金之额，各市乡亦不甚一致，重者有时且达四斗以上。农民耕田，在五十亩以下者，多用黄牛一头，用水牛者绝少。水车有已改用新式者。

六、农　村

农村人家，多寡不一；大致南乡大村落较少，东北乡则大村落较多。凡二百家以上在村，多有小商店及药铺数家。农家房屋建筑，颇不规则，茅屋低檐，窗牖极少。累累坟墓，与室比邻。粪坑多在门外，鲜覆以板。据闻近来百户以上之村，淳朴之风，已较昔稍减，不惟纸烟销场渐广，即阿芙蓉癖，亦有染之者。游民相聚，樗蒲作戏，更属数见不鲜。惟村庄较小，居户无多者，则仍浑浑噩噩，只知尽力稼穑，不务其他焉。

七、农村间之交通

陆路不甚整齐，河以南，因地多沙质，大雨之后，路易破坏；益以农民相弃不顾，尤觉崎岖难行。河北水道交通，尚称便利。近水人家，多备小舟一具，用以捞菱、取藕，有时并载粪水焉。陆行多用小车，一边置椅，供坐客，一边无椅，可载物；一人推之，体量极重，道土不坚，易遭碾破。近闻该县建设局正从事计划建筑县道，且规模颇为宏远云。

八、农民生活

农民生计，大率富裕。性更勤俭驯顺，游惰、狡黠，皆不多见。河以南之民，大都安土重迁，不好远出；河北近高邮一部分，则以稻田岁只一熟，往往农工告毕，即渡江东行至上海，觅劳动工作；其间沾染恶习以归，致浑朴农民社会，感受其不良影响者，亦复不少。乡村教育，想来即不甚发达。间有诗书旧家，亦多自顾本族，期于旧有文化之不坠，对于一般农民智识，加以注意者甚少。发启无由，遂致亘古度其愚昧生活。拜佛求仙，迷信极重；焚化纸箔，销费尤多；谚有三烧，此乃一居（三烧者，一烧大香，二烧纸箔，三烧鸦片也。泰谚云：“经过三烧，家产报销。”）。不识字之人，极众。男子尚有戴发辫者，问其何以不剪去，则以手抚其后脑，嗫嚅不能答。男童挂项圈、带耳环者，比比皆是。

九、农村治安

农民性既驯顺，游民且少，故土匪无从滋生；间有盗警，则皆外来客匪也。去年曾有数起，皆溃兵游勇，裹结淮甸之贼，南来假道，一过即了，绝未成大害。惟本年春间邻县泰兴，有沿村焚掠之状况，泰县东南乡，因与该县毗连，稍稍殃及。近则分兵驻防，农民已可安枕矣。农民自卫方法，近亦正在从事筹划中。

十、农村自治及农村教育

以往农村自治及教育两项，颇不发达。近来泰县人士，已注意及此。市乡行政局，既渐次成立；复设村制人员养成所，以养成可以充任指导员及村长之相当人才。指导员班，六个月毕业，职司一区自治要政；村长班，三个月毕业，职司一村自治要政。同时设计筹办模范新村者，已有其人。并能认定欲办农村自治，必以农村小学为中心；因以农村教育为乡村改进一切事业之本。县政府当局，皆属一时贤达之选，将来进步，未可量也。

（原载《村治与农村教育》，江恒源著，
中华职业教育社，1928年10月）

江苏泰县顾高庄境况及改进计划

民国十七年八月，本社办事部主任江恒源君，应江苏泰县教育机关之约，渡江为短期讲演。适泰县村制人员养成所所长顾君义君，有志于农村改进事业，拟就其所居之顾高庄，组织新村，因约江君亲赴任该庄，加以考察，代为规画。兹将江君所述该庄境况及所拟改进计划大纲，录之于次。

一、该庄境况

(一)位置

在江苏泰县东，距县城约六十里。

(二)户口

本庄及附属本庄各小村落，统计约四百余户，男女老幼，约三千口。

(三)职业

该庄人民，悉操农业，营工商业者极少数。

(四)交通

路不平坦。

(五)治安情形

极安稳。

(六)本村公款

固有的教育经费,每年约五六百元,仅由有田之户捐助。又顾氏族中,有捐出田产若干,指定收入,用充本族子弟入大学之学费,每年约二三百元。该庄富室,大多数能热心公益,普通小康之户,亦甚多,将来临时筹款,似不过难。

(七)村民领袖

顾君义君系北京大学毕业,曾任北京平民大学总务长,代理校长,现在泰县村制人员养成所所长(按该村领袖,绝不止顾君义君一人,兹特举其最著者)。又该庄曾受高等教育者二人,一为顾君义君,一为顾绍岩君。现在大学肄业者一人(顾海陵君,习医);在村制人员养成所肄业者一人(顾君立君)。

二、改进计划

(一)以本庄小学校筹办改进事业之中心。

(二)将来有村长时,亦应联合学校,组成改进委员会,办理一切改进事业。

(三)公推学校教员一人,赴南京晓庄学校、燕子矶、尧化门两小学、栖霞山乡村师范、昆山徐公桥农村改进事业区试验五处,参观一个月。

(四)将来新任村长,亦宜赴前列五处,参观考察。

(五)农村改进委员会之组织,可仿昆山徐公桥旧制办理,惟各地实际情形,不能一致,自不妨酌与变通。

(六)入手办法第一步,应调查本庄农民生活状况,制成统计图表。

(七)依据调查统计结果,制定分期筹办事项一览表:并制定经费预算表,召集村民领袖,会议决定,以便实施。

(原载《村治与农村教育》,江恒源著,
中华职业教育社,1928 年 10 月)

《高级中学国文读本分周教学方法纲要》第一册总说

高级中学国文读本,共计有四册,是专为供给高级中学国文教学之用。现在为力谋教学便利起见,特再编著“分周教学方法纲要”,以供一般担任教授国文读本教师的采用与参考。并在未经开始分周编述以前,又设此“总说”一篇,赅括地说一说教学的要旨。

(一)国文读本,预定是每一学期读一册,恰好够高级中学第一第二学年(即四学期)之用。分周教学方法纲要,也就与之适应,分编成四册。

(二)分周教学方法纲要,系专供给教师之用,故所言只能具一个大概;至教师实际应用时,如何损益变通,当然可各随其便。

(三)国文分周教学方法,是否良善,却不敢说。惟中等学生,国文教授,即不便明划区域、分类选录、依次教授,若再漫无归宿,更觉精神无由集中。况且本读本的教学精神,重在自习,重在讨论,重在引起学生读本兴味、增进学生读书能力,所以依个人的主张,要多供教材,使学生不致感其枯燥,要划成界限,使教材自成系统。此与分周教学,确是具有莫大关系。

（四）在国文读本内所选各文，皆以每一周为一个单位；在一个单位内各篇文字，确皆具有相互的关系。

（五）每周教学，并不以教师登堂讲授为开始，应以学生着手预习为开始；而在未开始预习之时，并应由教师说明本周所授的各文要义，且示以预习的方法。

（六）教师对于课文的讲解，应在学生预习之后；讲解即完，尤应注意于学生的复习。

（七）国文读本所选各文，间分正篇副篇；副篇虽不必由教师讲解，但遇必要时，也可以由教师加以说明，得与正篇受同等的待遇。若是普通副篇，在未讲正篇以前，仍须预习；其阅读次数，至少须经过三次以上。

（八）教师对于一周所授各文，应于前周末一小时，留出十分钟至十五分钟，说明教学的目的和要旨，对于次周第一小时应讲解之文，尤应加以说明，俾便预习。又每周三小时，除第一小时讲授之文，应在前周末时说明外，其第二第三两小时应预习之文，应在第一及第二两小时讲解将完时，预为说明。但这不过是大略的规定，至临时如何变通，仍由教师酌量活用。

（九）学生预习时，首须阅读全文，次须阅读注解，再次须摘录文中要点及应质问的疑义。

（一〇）教师对于某篇应讲授之文，无庸逐字逐句，加以解释；其已有注解者，一概不再讲，开始讲解时，应留十分钟至十五分钟，让学生质问文中疑义，或还由教师对于学生已预习之文，择要提问。此项讨论式的讲授法，尽可充分采用，随时增加其分量。

（一一）教师于讲解某文时，对于作文人的学派、文派、当时所处的环境和他所以有如此主张的原因，又此派对于后来的影响，遇必要时，均须详加说明。次则于文内各段，须分别示其要义；各段分析即毕，再行总括全篇，提示其主意所在（或者也可先行提示主意）。再次则对于文内修辞方面、文法方面，分别指示；有时且可就全文分析，列成一表，为之板示（或油印分发）。关于地理方面，有须用图表示的，并望由教师临时制成简明地图，以为讲解之助（有需用表的，并望临时制表）。

（一二）学生除阅读副篇外，如参阅其他必要书籍，希望教师授完某篇时，或一周选文授完时，向学生揭示其书名，并告以该书内容概要及阅读的方法。

（一三）学生对于已讲过之文，须加意复习；由教师随时加以提问。

（一四）教师为练习学生语言计，有时且可令学生就已复习过的文言文，演成白话。至关于语言上的必要的各种技能及姿势等，且应由教师注意考察，加以指导。

（一五）学生作文，应由教师酌量情形，务使所作之文，与所教学之文，发生关系；但是所教授的各文，有应仿效的，有不应仿效的，不可不明示界限。其不应仿效各点，或关于时代，或关于思想，或关于其他，均应由教师于讲解时，特别提出，详为指示。而同一仿效，有为溶解消化的，有为食而不化的，亦应由教师详晰指导；如能示以实例，则更佳。

（一六）学生作文时间，不必规定在每周教学之三小时内；最好能在星期日或星期一三时至六时（以不占其他学科教授时间为限)。作文次数,第一学年第一第二两学期,可每周一次或三周两次;第二学年第一第二学期,可三周两次或两周一次。作文题目,由教师拟,或由学生自拟,可相间而行。作文时,或在教室,或不在教室,可因时因势,由教师酌定。

(一七)学生每次作文,应由教师择其较佳的,令学生令行誊写一通,交由教师陈列于教室之内,以便同学观摩。

(一八)每学期教学周数,预定十八,若万一因特殊关系,不能满足此数,希望由教师设法补习,总以能完此十八周之数为最圆满。

(一九)寒暑两假,应由教师指定自习书籍若干种,令学生自习。教师对于自习各书,须于第十八周末一小时,留出相当时间,分别指示其内容并阅读方法。

(二〇)第一学年第二学期、第二学年第一第二学期开始时,在第一二两周内,应由学生各提出自习心得文一篇,送交教师;教师阅览批定后,即留陈教室,作为成绩品。如学生自愿留稿,也可另录一通,个人自行保存。

(二一)一级之内,如有国文程度特别优异的高才生,可由教师指定数人,帮助指导其他各生。

(二二)在第一学年第一学期开始时,应由教师制定一种"学生国文经历调查表"分发各新生,令其照格填写,如"曾读何书""爱读何书""从前国文教学情形如何""练习作文情形如何"……均须一一考察,据以制成统计表,以便将来教授时,有所依据。

(二三)继此复有应行郑重声明的七点,不能不特别地提出来说一说。

(1)我们读古文,重在明白历代文章体裁、构造的特质和变迁,并不是一定要作成和秦汉“六朝”“八家”的文章一样。

(2)我们欣赏和仿效,要把它分别开来,不可把它混合起来。如古代美术文,的确是可以令人读之愉快、感愤,我们尽可尽量去欣赏,却不必一定要字句毕真地去仿效他,非要和他作成一样的文章不可。

(3)在古文中,也不是全部不能仿效的,而仿效的方法,却有“死”和“活”的不同,我们不可不加上一番分析选择的工夫。

(4)古赋、律诗及骈体文,这一类东西,确是和实用方面渐渐地距离日远,或者竟趋而达于淘汰的一途,也说不定。可是,我们要考究古文,却也不可不明白它的特质。

(5)我们读古文,不仅要了解“文”,还要了解“学”。对于“文”,是历史的考究,对于“学”,也是历史的考究,本来吾国有数千年的悠久历史,古人学说,藉文字以贻留下来的,真的是浩如烟海。吾们既是中国人,而且已受了中等以上教育的中国人,如何能不知道一点呢?历史一课,有时不能讲到的,只好要借重国文了。所以国文的选读,于经、史、子、集各方面,皆要就他的精华,采撷一些;又不能让其散漫无归,有时还要借教师的讲说,把它条理起来,成功一个系统。一方面使学生明白“文”的历史,同时一方面更使学生明白“学”的历史。

(6)借文字以指示人生的行为、陶冶人生的情感,这却是有的;然而绝不是笃古者流,忘却时代思潮,一味步趋古人的,所可借口。那么,我们读古人之文,有时认为有益于人生的,当然要特别加以发挥;其有不尽合的,也不可不分别指出,详示学生以取舍去就之方。

(7)虽读古文,但同时对于文学的应用的白话文,仍要指导学生阅读。如有名的新旧小说及新出版的杂志,如何选择,如何研究,教师也不可不与学生以有力的帮助。

以上七项,皆是教学国文时,所万不可不注意的。希望担任国文学科的教师先生,对于学生,加以恳切详尽的说明,并施以相当的设备,以免学生发生误会,蹈入歧途。这种关系,实在不小!

(原载《高级中学国文读本分周教学方法纲要》,第一册,商务印书馆,1928年)

何谓职业教育[①]

一、职业教育的范围和特点

从广义和狭义的两方面可以说明这职业教育的范围：广义的——中国有句老话："三百六十行"。这行业就是职业。人类和其他动物一样，应该做事，不做事就不能得食。凡是做着适合自己需要并且有利人家的那种事情，都叫做职业，所以拖车子、理发、卖报……也可算是职业。凡是这只学校，它是适合了个人的需要，顾到了社会的利益，而造成一般做事的人才的那种教育，就可说它是职业教育。其实，现在的一切教育，都可把它们到这一个名目之下，因为它们全部的效用，总免不了带些职业的意义。这是职业教育宽广的范围，但有人也许会认为这太离奇了，那末，就看它狭义的解释。

狭义的——我们只要把旁的教育和职业教育来作一比较，就可知道它的特点，就可知道它狭义方面的解释：

---

① 江问渔先生演讲，陈望绅记录。

(1)职业教育与实业教育之比较——在普通的人看来,以为职教与实业教育是不易分别的,因为它们都要谋生产力的增加。其实,这是大错的,它们是有不能相混的地方在。比方职业教育里面有家事一项,一个女人在家里做主妇,这虽然并不是生产的,然对于一家的幸福却有重大的关系;但实业教育里就没有。又有人以为职业教育的目的总是转贫为富,如像垦荒开厂,等等。这也是错了的:转贫为富固然是职业教育的一种效用,但另外还有他大更重的使命,就是他要有利于社会,有利于人类。欧美各国和东方的日本,他们是异常注重实业教育的,他们竭力地养成实业人才,把他们来做侵略人家的攻具,这种教育是不有益于人类,是他们所忽视的。所以实业教育,就不能避免这利己一面的缺点。我们中国则不然,很早就有人对于利和义的分别下显明的判断了,孔子和董仲舒的话就是一个例子。这种观念,虽然不免有流弊,因为他们大忽略了物的利用和泊没了人类征服自然的能力;但那种克己的利人的精神终究是可贵的。职业教育可贵的地方也就在这点:在谋生产力的增加之外,同时还要主重人格,养成人类利他的精神而造福于社会。总括起来说:实业教育的缺点是在太看重事业,他们只希望大工场……等等的增加,结果,于是产生了不少的大资本家;职业教育却重在人的一方面,他们因为世界上穷人太多,所以他们要使个个人都有职业,使个个人都知道职业的重要。当然的,在现代,提倡职业教育无论如何是比实业教育来得要紧。

(2)职业教育与专门教育的比较——职业教育和专门教育也是不同的。专门学校里是要养成专门的人才,如像律师送生……之类，他们是在纵的一方面去求深造。职业教育却不然，他所要想发展的是在横的一面。社会上有很多的人因为了经济家庭或个人他种的关系而不能受高等教育，急急要有一种相当的职业，适宜于这种人物需要的教育，这就是职业教育。实业教育在外国，已有三十来年的历史了，然而现在所得的结果怎样？农夫工匠商人，他们到底有没有把学校里的方法实施到他们的事业上面，这就很难说了；所以有人说学生愈多，社会上的高等游民也就愈多，这虽不免偏激，但却是事实。因此，职业教育是异常重要的了。比方打仗，高等军官固然重要，而下级军官和兵士更加重要，没有兵士就不能打仗，没有下级军官就不能望其必胜。黄埔军官学校里所养成的也许多连排长，他们在国民革命上所占的地位是如何的重要，这就可做这层意思有力的左证。现在，我中国并不是没有将才，所缺少的就是兵士和下级军官。在外国住了两三年回来的工程师……或是实业学校出身的人，为了学生气太重，为了所有能力不合于社会的需要，他们觉得这样下去毫无道理，于是他们就想做个官儿了，因为中国人官气一向是狠重的，这样，社会就呈了衰颓的现象了。所以，养成下级军官和兵士的那种人才，在社会上是一件紧要而迫切的事情；而职业教育，就是适合这种需要的机关。

二、职业教育的效用

关于职业教育的效用这一点，可从两方面去观察：

国家方面——中国唯一的病征就是穷。但应该站在最高点上来观察,仅仅看到一部分是万万不可的。比方无锡这一县可以说是富饶的,但不能根据了无锡的情形就去证明中国各地方都要一样富饶的。关于这一层,中山先生在三民主义里面是说得很清楚的。要救贫,唯一的方法,就是振兴产业。但是单有了工程师银行经理高等技师是不济事的,同时应该有中级以下的一般职业者。这样,才能有增加富力的希望,这样才是救贫的唯一方法。

社会方面——中国社会唯一的病征就是愚。普通的一般工人,知识很低,他们对于社会上种种创设,也都是茫然。最近几年来,虽较前进步些,但内地的农工商……各职业界,仍然没有增加知识。唯其愚,所以容易受人压迫,容易受人诱惑;这样,故乱!这病征倘然不去救治,那末,中国的产业固然不能增进,就是社会的治安也要发生问题。而职业教育却就是救愚的良药。他要使一般农工商有好的技能、好的人格,产生好的结果,换句话说,就是要养成一般好的国民。这样,国家才有进步,社会也会向上了。

在这里,还得把家事教育补说一下。

在文化较高的地方,是有女子教育的了,但女子教育不准定就是家事教育。一般普通的女子,不识字的甚多。在现在,改革家庭的种种事业,像家庭卫生、家庭娱乐、教育女子,等等,还一起谈不到,她们把这种重要的责任,都一手推在雇用的老妈子身上,于是,那些迷信得可笑的事情,就层出不穷了。这样的家庭,固然不会有好的现象,就是学校教育也要受它的影响。因为弱小的孩子,受学校和家庭的感化,有同等的机会,所以家事教育在现在的女子是很重要的。但现在一般女子,她们方从事于政治和社会的活动,以为贤妻良母的主张是过去的了。诚然的,贤妻良母是过去的了,但家事教育并不是仅仅养成一般贤妻和良母,是要造成一个改良家庭的教育家。一个好的女子就是一个好家庭教师,她要负起改革家庭的重大的责任。倘然把这些责任推在毫无知识的老妈子肩上,那是很危险的。所以我们也可以说家事教育,就是要造成一个社会教育家。

总之,要救贫,要救愚。有舍职业教育是无他道的。

三、职业教育实施的方法

社会上有了工业农业商业——学校,不能就算尽了能事,宽广一点说起来,社会上的一般青年、老人,以及其他有职业的人也应当能职业的训练。职业教育在现代还没有精密的补释,从前中华职业教育社里有两句标语,却还恰当——使无业者有业,使有业者乐业。因为社会上失业的人太多,要练习职业,应由教育下手,这是职业教育在第一种意义上的解释。中国人有一个通病,就是大家都抱着“五日京兆”“做一日和尚撞一日钟”的心理,处处地方表示着消极,没有一点乐业的精神。拿学校里的教师来说,他们只知道依着钟声上课下课,对于方法的应否研究、教材的应否改良,他们是不管的,因为他们对于教育,根本就没有兴味。一个人要对于事业能够改进,能够有利于社会的各方面,应有兴味才好,应该乐业才好。现在有业而不乐,故业亦不振,大约是因为:(一)在他进学校的时候,就进错了。有一种人为了经济家庭或其他原因而不能进适合于他个性的学校,随随便便地拣一个学校进去,不管自己的学力怎样,不管对于他的兴味怎样,将来出来了,对于职业当然也没有永久的兴味了。(二)社会上引诱的太多了。个人因为现在的职业工作多而酬报少故不得不他谋;又因为中国人是有做官热的,所以又都想去做官。这样,当然不会乐业的了。引社会上的阻障使他灰心了。一个人初出学校大半是热心的;但后来因为同事间的不相投,发生了冲突,人家说他学生气太重,他又嫌人家太顽固,因此各方面不能调和,他就不能不改行了。这三种原因不同而一样地走到消极的路上去的,到处都过到。这是一个极危险的现象,对于经济上和国家的治安上,都有重大的关系。我们不得不想法来补救,而乐业却是一个好的方法。这是职业教育在第二种意义上的解释。

在这里我们要讲到职业教育的对象究竟是谁呢?这可分七种来说明:

(一)预备学习职业的人——有一种人在高小或初中毕业了,为了称种关系而愿意谋一个职业。譬如他愿意习工,那时应当考察他的个性体力和兴味是不是适合于这种职业;不然一定会人事两伤,没有好的结果。那种指导他们选择职业的——或农或工或商——究竟是谁呢?那当然是从事职业教育者的责在呵。

(二)还在学习职业的人——在这时候,应当有人时时刻刻去观察他的个性,看他是适宜于打字的呢,还是适宜于印刷的,关于这种种,从事职业教育的人当然要负全责,而后才能利其所长，补其所短。

（三）预备选择职业的人——一般初中毕业生，有了学力而没有相当的技艺，又不能选择职业，此时应有人考查他的能力个性，和对于本身以及社会的利益而去指导他，究竟是那一项要比较的适合。这种责任，当然亦是从事职业教育者要担负的。

（四）预备求职业的人——因为中国社会中任用私人的风气非常盛，所以一般学校里的毕业生，往往会无事可做。这时应该有人出来把那种失业者的个性兴味……等等考察得清楚，同时对于职业界也应调查得明白，于是才能两得其所，才不致无事的人永远找不着事去做，少人的事永远找不到人来做。这也是从事职业教育者的责任。

（五）预备改业或转业的人——人们往往为了兴味不投或人与人之间积不相能而对于所就的职业发生了厌弃，想另找条路去走，在没有找到这条路以前，他一定会彷徨无依，犹豫不决。那时从事职业教育的人，应出来指导，告诉他应不应改业，或是指导他应改那一种才比较的适合。这种责任，也是很重要的。

（六）已有职业的人——一般人虽然已经找到了一项职业，但在从事职业教育的人看来，他们的心愿仍是未了。他们还得时时去考察他们，询问他们，有困难的问题，就去帮同解决，看他们有能力不到的地方，就得给他们以半做半学的机会。这样，方能得到良好的结果。

（七）一般固有的职业界——新旧不兼容是一个普通的现象，学校出身的人往往会骂旧的工厂……是腐败，而一般厂主也就说学生没有用，以致形同水火。这是不大好的。我们对于那般老厂主应该负宣传的责任，应该去改良他们的脑筋，像爱国利人……等之思想应该尽量地灌输，同时，再替一般新人才去鼓吹，他们当然也会容纳新进的人才了。这种负宣传倡导的责任的，除了职业教育家外还有谁呢？

上面所讲的七项，都是职业教育的对象。

四、职业教育的机关

因为职业教育之责任异常重大，所以有不得不设立机关的必要。职业教育的机关，有三类：

（一）职业学校——有固定的课程的学校固然要紧，就是职业训练班和养成所，也是很要紧的。为了个人和社会的需要，应当创设一个短期的、临时的——两三个月就可毕业——训练班或养成所，如像理发训练班等等。

（二）教育区域——不论地方之大小，或人数之多寡，根据该地方住民的职业，分成若干职业教育区。比方农村教育区，因为住民最重要的职业是农，所以从事职业教育的人，应当尽量地指导他们，使他们知道怎样才能使农业产生增加。

（三）职业指导所——因为上面七种被教的人，很需要有人去替他们指导改良介绍询问，所以这种机关的设立是不可少的。在西洋，只有职业介绍所，这不能算是完备的。因为他们忘却了事前的应该要预备和事后的应该要补救。职业指导应该应用到心理学和教育学，使那般人——上述的七种人有改进和被介绍的机会，同时还该随时地去询问职业界，使人事两方面不至有隔膜。职业指导是异常重要的,因此它也就成了一个专门的术语。现在中华职业教育社已办有两处:一在上海,一在南京。在这机关里办事的人员,应该勤恳,应该时常研究试验,时常出去考查提倡。其实这种事业,最好能够由行政机关聘请专家来提倡,那就更易收效;或者社会上对于这种事业有特殊兴味的人组织私人团体来提倡,他的效力也是不小的。

现在,职业教育已经有了系统;并且渐渐地发展到普通教育里去,中学校大学校的课程里,都含蕴着职教的精神;而在比在德,也已有职业大学的创立了。在这里,我们可以看到职业教育在现代教育上的地位是如何重要呵。

(原载《无锡教育周刊》,1928 年第 56 期)

尽瘁于农村教育之武君鉴衡

本社武君鉴衡，于本年十一月十九日，不幸以疾殁于嘉定且武村故里，同人闻讣震悼，泪几夺眶出，越二日，公推4人赴武村，吊诸丧次，且息于君所经营之村民教育机关，曰武村中心茶社，悉君居乡，所以尽瘁于农村教育甚至，归告同人，追念此为村民谋福利之武君，悲乃弥甚。

君师范生也，从事乡村小学教育有年，平昔悯乡民愚陋，生产不增，生活未改，以为小学只能教童子，无由教成人，成人而不具相当知识，将何以淑社会？独居深念，辄慨然以教导乡民为己任。先是本社年来并力提倡农村改进事业，既于江苏昆山县徐公桥，设试验区，复与南京晓庄学校合组中心木匠店、中心茶园、农品陈列室等，君闻之乃大喜，因于公余就其所居之武村，约伯叔昆季，创建中心茶社，以立教育中枢，继以民众夜校、农民阅览室、农民问字处、农民合作社等，规章表籍多君所手订，经常费无所出，亲筹资购子鱼，投而蓄诸环村公河；比长，即以售鱼之资，供公益之费，年可得五百余元，君在社，每于星期六下午，公毕返村，村民闻君至，欣然相率来就谈，往往夜深始去。君于本村农产、教育、保卫、卫生、娱乐诸端，凡可以为村民谋福利者，无不竭智尽忠,排万难以行。行且必期其效,村民于君之爱且敬,固其宜也。

闻诸君之族叔嘏纯君言:“君自病至殁,不满二十日,初患热,服中医发散剂,汗下如雨;汗竟而热如故,改延西医,以首痛,则诊移骨节炎,及其将殁之前数日,喉瘇气噎,神智有时而昏;顾于垂危时,犹喃喃道社事村事不已”,呜呼!君可谓始终于所职者矣!

嘏纯君又言:“已于君分离虽远房叔侄,而情则无殊骨肉,关于村中教育之设施,无一不事前推诚商榷,议定协力进行,而今则已矣!”语时泪乃潸潸下。

村民于君病剧时,奔走相告,纷给探问,一室内外,几无隙地:及其殁,咸恸哭失声,记者至武村吊唁时,君尚未殓,犹见村民群集,挥泪告吾以君平日为村民劳瘁情形者踵相接。夫平民之热泪绝非可假人力而强致者。君之殁,其系村民哀思若此,岂偶然乎?

君在社服务,阅时半年,宽和忠实,平易近人,处理庶事,咸井井,研究职业教育问题,尤感特殊兴趣,同人于君之爱且敬也,始亦无殊于武村之民。君年才三十有一,父母在堂,前妻无出,续娶才逾一载,二十日前始产一男。嗟乎!素帷风动,遗像独存:呱呱孤雏,藐然在褓;生平抱农村教育宏愿,尚未获大施;君如何其可以死耶?且吾人慨夫世尚浮夸,竞骛虚名,能忠实淬励,实际从事于所谓“下层工作”,而丝毫不自矜伐,浑然若与世相忘如君者,盖不多见,此同人于君之殁所抱靡涯之悲憾而不能自已也。

十七,十一,二十二。

(原载《生活》,1928年第4卷第4期)

提倡国货声中可注意的几件小事

现在“提倡国货”之声，总算是洋洋盈耳了，本来中国已经穷到了这样地步，若不再从整理国货，推销国货入手，试问，还有什么方法，可以起死回生，达到民生主义的目的呢？这一次国民政府工商部在上海创设一个国货展览会，意在使全国民众耳目一新，知道国货的重要，并且可以因此得着了许多整理及推销的好办法，真可说是十分适合于国家及社会的需要了。目前国内许多政治家、经济家，关于整理国货推销国货的办法，著为长篇论文，精密计划，也不知道有多少，说起来皆是从大处落墨；或者是关税自主，或者是保护大工业，或者是大规模的改良农业，或者是整理全国交通，或者是推广大学试验室、科学馆、养成精深的科学家及高等技师，或者是设立大规模的炼钢厂、硫酸厂，当然没有一件不是当务之急，没有一件不是我们穷弱的国家所必需。我也极希望能在最短期间以内，完全实现。可是，我哩，却是自惭学识谫陋，对于上列诸大问题，实在不敢置喙其间；那末，“卑之无甚高论”，也就只好从小的地方来说一说了！要知道天下事，大的，人人皆能注意得到，因为他目标大，可以令人一望而知。小的，就不是这样了，论到价值哩，当然是大的贵，小的贱，大的重，小的轻，这是用不着说的。但是，人人皆好谈大的，小的方面，竟至无人过问，也不对的，并且小的中间，也有许多是关系很紧要的，聚了若干的“小”，也未尝不可成一个“大”啊！我做这一篇的文章，就是在诸大明公高倡整理国货推销国货“大言炎炎”的声中，提出几件小事，希望国人注意一下！“三句话不离本行”，并且对于这几件小事，也主张有时要用教育方法去改良，去创造，去振兴；那末，如是一来，“国货”一个名词，就是和“职业教育”四个字，拈合在一起，使他发生关系了！“闲言少叙，书归本传”，究竟所说几件小事，是什么东西呢？

粗草纸

第一件，是人人天天要用，却天天没有十分注意的“粗草纸”。论起这粗草的地位，漫说比那“玉版宣”“六吉宣”，是云泥霄壤，就是比之“毛边”“七都”，也是望尘莫及啊！可是，惟其他是最粗最卑，用场倒是最遍最广；平均全国五万万人，无论男女、老幼、贵贱、贫富，试问，那一个人每天能离掉他呢？用的既如此广且遍，那末，所需的数量，当然也是很多很多；可惜中国统计事业缺乏，无从明白他一年所销的总数多少，真是憾事！现在哩，可大大不好了！造粗草纸的朋友们，一天一天儿减少，人少货也少，因此这个粗货，倒反天天在那儿价值增高；同时外国近口的拭用纸，也是一天一天，云涌风起的，由海船上捆载上岸，先在通商大埠，供本国好洋味的朋友们，尽先采用，然后再不客气的，次第推行于内地。它的质地既精致，形式又美观，本国粗货，当然不能与之相比,“退避三舍”了。我是不大明白国内外工业情形的,据朋友说,外国粗纸,造起来是很容易,成本又极轻,中国虽是粗纸,而所用成本,并不见得过少,而且关卡重重,一税再税,做的人少,成本重,税又多,实逼处此,他自然不能不自抬身价了。那末,我们想一想,以这一种人人所必需,天天所必需的拭用粗纸,也要仰给外人,自己有货,不能振作,不知改良,束着两手,受人排挤,你看可怜不可怜!可痛不可痛!说起来诚然是一件没相干的小事,可是,细想一想,真小么?真不值得研究么?要说起一句大气包举的话,“此何足虑,只要关税一自主,就一切没有问题了”。诚然,诚然;可是,依我的主张,在这个时候,除一方面用大的方法,解决大的问题外,对于这件人人不甚注意。而又人人天天需用的粗货,似乎也还要想出一个办法去维持它,去整理它,去改良它,去推销它,才对哩!我所拟的方法,是下列几条:

(1)希望中央政府主管部,在最短期间内,调查国内最近制造此项草纸有地方,共有几处?会同各该管省政府,察酌地方情形,从速拟具提倡,保护、奖励各项办法,切实施行。

(2)希望由各本省或本县教育行政和工业行政两机关,联合起来,遴派技师,实行研究改良方法;研究有了结果,即就制纸业集中地方,设立传习所,以为指导改良的中心。

(3)介绍指导添用简单新式机器,此层希望由行政机关用特别廉价,代为购置;或竟先行借用,俟用户满意后再收价。同时并须特别详加指导。

(4)希望由行政机关招商贩运此项制成品,特别减轻税率。

(5)希望行政机关,对于同一人工,出品最多之户,特别予以奖励;奖励方法,或以精神,或以物质,可察看实际情形,自行酌定。

(6)各省县政府,对于此项物品,每年产量,希望能制成统计表,报告中央政府主管部;并希望由主管部汇齐各表制成总统计,用以比较该项工业之消长。

农家副业的产品

第二件,要说到“农家副业的产品”了。增进农产品,是农业政策和农业教育上一个最大公同的目标。可是,这是一件大事,暂且不去讨论,此外还有农家在农隙之暇,利用余时,做他愿意做的事业,也能制造出若干货品出来,积少成多,虽说小事,却是值得我们注意的。农家制造物品时,所有原料,大都是就地取材,成本极轻;如近水有蒲有苇,蒲可以织包、织席。苇可以织席、织帘;水岸有柳条,柳条可以编箱、编篮、编笼;近海有砺壳蚌壳,可以磨成衣扣及其他玩物;陆上有竹有藤,竹藤皆可以制成各种器具。还有特别一点的,如草帽辫、如发网、如花边、如织袜;甚而粗浅一点的,如打草鞋、如编蓑衣、如编斗笠。并有出制造范围以外的、如养鸡、养猪、养蜂;鸡及鸡子,猪及蜂蜜,也可算为副产货物。以此类推,不一而足,如是在农忙的时候,自然是大家勤于南亩,顾正业,顾不得副业了。若是到了农功告毕,入此室处,大家理应利用这个余时,来做一点合宜的小小工作,一则可免饱食终日,无所事事;二则也可借此谋一些生财之道。至于如何才能做得好,使成本轻,价值贱,出品多,如何才能改良固有、另辟新途,如何才能供一般都市朋友的应用,如何才能代替

若干的舶来品,那就不能不倚赖政治和教育的力量来帮助了。依我想,似乎有下列的几种办法:

(1)希望各县政府先行调查本县农民向来的习惯,提出最重要几种农家副业,决定主张,在数年之内,一定要叫他发展到什么样的程度,依了这个预定的目标,研究各种促进的办法。

(2)各农村小学,各农村自治机关,希望能联合起来,本着县政府所预定的方针,极力去提倡指导。

(3)希望县政府招致商人下乡去收买各种制成品,贩运到各处去;对于此种商人,要特别的予以各种便利或利益。

(4)本县或本乡,每年可搜集各项副业出品,开展览会一次,以便分别比较,对于出品优良之户,须特别予以优奖(此项展览会,也可附在农产品展览会内)。

化学小工业

第三件便要说到"化学工艺品"了。此处所谓化学工艺品,绝不是那大模范的工业制造。因为那大规模的新式工业,自有人在那儿提倡促进,我所说的,还是在那微小的一方面,如肥皂、洋烛、灯罩、牙粉、仁丹、薄荷锭、发油、鞋油、味精之类。大概这类的东西,皆是人家日用所必需的;论到事业的竞争,固然这一类工业,资本是愈大愈好,但是局紧机圆的小做起来,又未尝不可。三五同志,公同结合,有了十几间屋子,三四个技师,五六个助手,一二千元的本钱,步步为营地向前做去,希图渐进的发展,这也是很好的。可是看一看,伤心得很!如我所说这几样,在中国市场上面,还是国货多呢?还是外货多呢?论起这几种东西的价值,诚然不是十分贵重的,可是,用的范围太广了,积少成多,统计总价,恐怕也不在少数罢!就我们所知道的,上海及平津方面,有些朋友,专心壹志,做这一类小工业,往往千把块钱做本,不数年间,大发其财的,很多。在此刻关税不能自主的状况之下,已经有了如此结果,将来的发展,还不是大大的有把握么?可惜肯专心壹志,来做这一类事业的人,毕竟是少数;大学毕业专习应用化学的先生们,大概不屑意去做的,是居多数;中等初等工业学校的毕业生,又怎样呢?我想肯做的,也是很少很少罢!本来在这个时候,做起来也很不容易,原料啦,助手啦,销场啦,外货的势力啦,在在皆成问题。还有社会利禄的引诱,秩序的不安宁,民众的不赞许,甚且加以讥评,皆足以消灭他们创造及进取的勇气。加以在校所学习的,所修养的,是否能和创造这一类事业相合,也是大大的疑问。要知道这虽是一件小事,可是关系民生方面,实在是很大很大,如不相信,我们试去翻阅海关贸易册所载输入的货物种类数量价值表来看一看,如牙粉、仁丹、发油这一类东西,每年由各国输到中国的,共有多少,每年由中国运到外国的金钱,共有多少,这是不是中国一个大漏卮呢?不快快的想法子,还得了么?关于根本的大办法,当然先要转移全国教育思想,可是,这话又太大了,且不去说,现在且专就浅近易行的说出几条来看一看罢:

(1)希望多设中等以下的工艺学校或短期传习所,尤其在通都大邑,更要特别推广此项学校,要适应各地之所宜、物之所宜。可择定出几种小工业,分别各类性质,定出学习期间,或者是三个月学完，或者是六个月学完，甲件学完，再学乙件，丙丁亦然，多学则费时多，少学则费时少，各随其愿，不加拘束。学生毕业，始则帮人做工，继则自立营业，学校对于毕业生，应继续不断的负指导的责任。

(2)在较繁盛之县，希望县政府主管教育行政及工业行政两机关，联合起来，察酌情形，对于地方所需要的化学小工业，拟定种种提倡及奖励方法，切实施行，并编制统计表，以觇其进步。

(3)中央政府及省政府对于此项小工业，希望能特别注意，最好能在最近数年内，择定和外货有对抗关系的物品若干种，极力加以指导保护，或派员考察，顺便传授些新法，或调查成绩较优的，予以精神或物质上的补助，或由各省政府专开展览会，品评给奖。

教育用品

第四件，还有“教育用品”。将来学校是一天多一天，非学校的教育机关，也是一天多一天，此类机关既日有增加，需要教育用品，当然是多不可言。如铅笔、钢笔、粉笔、石板、石笔、图钉、书钉、墨汁、墨水、颜料、尺、板、画圆器、风琴、手工器具、游艺器械、运动器械、简单理化仪器等，一年所费，真不知多少，可惜没有调查统计，计一计它的总数。要知道这一类东西，皆是增进教育功能必要的工具，万万不可缺少的，但是，必定要以不多费钱为第一原则，能善于运用为第二原则。我们最痛心的，乡村开了一个小学校，经费本不宽裕，别的事多不管，先要买一架风琴，小学生毛笔写的中国字，还没有学好，外国字母，还不知道，一定要叫他买钢笔写洋纸本，买密达尺画格子，而实际考察起来，老师会弹的曲子，不过一两个，会写的外国字，不过几个字母，教育上的效益何在？并且弄得村长家长，皆满肚皮不高兴，试问何苦乃尔呢。再说这些物品，如若购用国货，还可聊以自解，而实际制造此类用具的，国内只有寥寥可数的几家，多数还是仰给外货；这多么可羞可怕啊！欲筹补救之法，似乎有下列的几项：

(1)希望各学校能制造简单教育用具，尤其是乡村学校做老师的，更要有这种技能才好。这是学生在师范学校时，就应该注意及此，凡是师范生学习手工，可专以制造教育用品为目的，俾出校任老师时，可以用其所学。

(2)希望中等工艺学校，对于制造教育用品，视为最重的一种工作；同时并希望此项毕业生，布在社会，能多数独立设厂制造教育用品，以应社会之需。

(3)希望各学校教授乐歌，能兼用本国乐器；尤其是乡村小学，更要采用；并须力谋改良与推广。

(4)中央政府及各省政府，对于此项工艺品，希望能特别予以奖励；凡商人运售各地，可一概免税，并专开展览会，以比较各厂各校制品优劣，而加以公正批评；优异的，与以优奖。

如此所说的，真真算是"小言詹詹"了，希望国内诸位大政治家、大实业家、大教育家，"毋以小而忽之"，予以特别的注意，则幸甚！

民国十七年九月十九日

(原载《教育与职业》，1928年第99期)

理想的中学[①]

我今天并不是来讲演,是来提出一个问题,和诸位讨论。讨论什么问题呢?就是“理想中学”。这个问题,我很相信对于中国教育前途,且可以说,对于中华民族前途,关系真非常重大,很值得大家来公同研究。可惜我对于这个问题,虽然注意了好久,研究了好久,却不敢自信有什么心得。但是因为他关系太重大了,所以很愿意趁这个机会,把他痛痛快快地讲一番。我想诸位都是研究教育的人,将来毕业后,到社会上去,不是做校长,便是做教员,所负的责任很大,对于这个问题的研究,一定是感觉得需要的。

在未讲本题以前,我有一点小意见,必须要向诸位声明一下:就是凡是建设一种新理论,或发明一种新方法,往往要对于旧理论旧方法,下一个批评。当然我也避免不了这一个公例,因为要讨论未来的理想中学,就不能不批评现在的现实中学。但是我很相信我所下的批评,是不偏于那一方的,不是有意挖苦人的。换一句话说,是纯粹客观的,是绝不含有恶意的。不过说起

① 江问渔先生讲,陈济浩、周振韶合记。

来，不能婉转，不能周到，那都要请教育界同人，特别的原谅，特别的宽恕，才好哩！

教育是一种方法，是一种改善人类的方法，就他施行方法的形式上说，可以分为两种：一为学校式的教育，一为社会式的教育。讲到学校式的教育，按照程度上说，又可以分为初等教育、中等教育及高等教育三种。按照目的上说，又可分为人才教育和职业教育二种。我们认定天下事是相反而实相成，偏当注意多方面，不可偏重一方面。鸟有两翼，车有两轮，是缺一不可的。人才教育和职业教育，二者性质虽不同，但是国家社会所需要，当然要双方并重。我们拿军队的组织来做比喻吧，每一个军队，必有两种重要部分，一部分是定计划、发号令的参谋及高级军官，一部分是有纪律有战斗力的下级军官和兵士，他们必定要联络起来，分工合作，才能成为好军队。如若只有参谋及高级军官两人而无下级军官及兵士，则指挥什么人？所定的计划，有什么用？反之，若只有下级军官及兵士，而无参谋及高级军官，则一盘散沙，谁来领导？还能打仗么？由此看来，社会上只有人才教育而无职业教育，或只有职业教育而无人才教育，都皆不对的。二者必须共同地调和地发展才行。任何国家，若仅注意一方，是绝对不会把国家办好的。人才教育的基础是中学，中学分高初两级，各为三年，是一般十三岁至二十岁青年修养身心、练习做人做事的惟一场所。他的目的，是做青年升入大学专门学校、研究较高深学术技能的准备。这一段教育最难办，因为中学学生，是由儿童时期达到成人时期的一个大过渡。青年在这大过渡期间内，生理上心理上都变化得很段（原文如此，应为“快”。编者注。),真不容易处理得宜、调节得当。所以,这一阶段的教育方法,一定要十分因密十分固重。各是简单一些说哩,自然不外以下列三种:(一)"吸引法",是把学生心能方面固有的优点设法充分地引导出来,发展出来;(二)"转换法",对于学生活动,认明他的方向不好,设法变换到好的方向去;(三)"节制法",就是遏抑学生不良的发动,免得一再练习,成为习惯。这三种方法,当然是并重的,是因人而施的。可是,话虽如此说,实施起来,却不容易。第一件,便要施教育的人,能设法明了学生的个性,明了的入手办法,自然不外时时和他接近,和他亲密。能做到这一步,然后才能说到教育如何实施。

再说到中学学生,对于现在中国社会的影响,那更是十分重大了。因为现在中国社会,有重要的缺憾、急切的需要,皆是和中学学生发生密切的关系。社会的需要,本来是因地因时而异的。社会教育,虽然能够补充成人的知识,但是总不如把中学办好,效力来得更大。所以办中学教育,对于目前社会需要的情形,千万不可忽略。那末,我们就可以看看目前社会最大的需要是什么了。依我个人的意见,以为中国一般社会所最缺乏的,有三件东西,我们该用教育的方法,假教育的力量,把它补起来。一般教育,固然要负这种责任,尤其是中学教育,负得这种责任更重。

第一,健康的身体。一个人因为身体不强,精神往往因这不振,所以我们要将中学青年的身体,一个一个练得强健,使他们到社会上服务时,能振作精神,忍耐劳苦,一切事业,才有发达希望。这就是最要本的健康教育。

第二,积极的精神。中国人经过数千年君主专制政体及大家族制度的训练,又加以不讲体育、不讲卫生,团结的力量,固然因之减少,而根本的积极精神也就十分缺乏了,尤其是所谓聪明优秀的人,缺乏积极精神,格外厉害。本来在专制政体之下,家长支配制度之下,一切事情用不着人民参预和子弟参预的。只要大家能做到不为恶的地步,却不必一定大家积极去为善。可是,现在就不能这个样子了,也容不得再像这个样子了。凡在一国以内的国民,人人皆是国家的主人,主人的资格,不是消极态度所能担当的。所以我们要训练这一班中学学生,个个皆有勇敢的进取的精神;不但具有不为恶的操守,还要具有能为善的知力,如此才能取得主人的资格,才能去知平奋斗,才能去改造目前委靡不振的社会。

第三,科学的能力。这更是中国人所最缺乏的东西了。我们要知道一个优秀有能力的民族,必具有两种要素:(1)支配自然的能力。他能支配自然环境,利用一切物质,这就是自然科学能力的表现。(2)处理人事的能力。他能办事有条不紊,把不同心情的人,组合起来,活动敏灵,工作效能,非常之大,使人与人间,个得着圆满融和的生活,这就是社会科学能力的表现。支配与处理,一是对物,一是对事,两种能力。并合起来说,就是"科学的能力"。这种科学能力,中国人实在是缺乏的很,所以我们要叫中学学生,养成科学的头脑,训练成科学的态度,热心去求科学的知识,得着科学的方法,能有科学的发明与创造。这就是中国目前所最重要的科学教育。

这样看来。我们便可以说,要把中国的国家办好,必须叫中国人具有健康的身体,积极的精神,科学的能力才行。全国人口四万万,青年以上的人,应占百分之七十,要想在最短间内,把这三种大缺撼,一齐补起来,诚然不容易,但是一部分在中学的青年,总不能设法本着这三个目标,好好去教,好好去育,倘不是这样做,恐怕中华民族前途,希望就很小了。可是,目前一般中学,能负得起这种责任来么?说起来,真是可怕啊!这一层,姑且放开一下,让下面再讲,暂时不去讨论他,我们可分析起来,说一说中学生所养成的学生,是不是应该具有下列十个条件?

(1)健全的身心;

(2)活泼愉快的精神;

(3)旷达远大的胸襟(不是嫉忌的狭隘的);

(4)丰富的实用的知识;

(5)诚恳、温和、爽快的态度;

(6)公平、正直、仁爱、忍苦耐劳的心性及习惯;

(7)分别利弊、剖析是非的见解;

(8)利用环境和自然的知能;

(9)组织团体、处理事务、协盟合作的能力;

(10)好研究、好创造的兴趣。

依我个人的主观见解说,中学毕业的学生,该要具有这十项条件的。果能如此,总可以补起以前所说的三种缺憾了罢!总可以供给中国社会之三种需要了罢!虽然是少数,但可以拿他做社会的中坚,至少总可以补救一部分,供给一部分了罢!再说这样学生,升入大学去深造,或到社会去服务,我想总可以做一个好国民了罢,总可以做一个社会的指导者了罢!总可以做改造社会的原能力了罢，总不会再做能说不能行的小政客了罢！再做精神衰弱的厌世派了罢！再做能消费不能生产的花花公子、花花小姐了罢！

中学教育居学校教育的中坚，应当负起这个使命，以完成这个重大使命。现在中学一般中学校怎样哩，我们打开他的章程来看看，开宗明义第一章，便说明要养成什么样什么样的人物，可以说，比我上面所列十条，还要完备得多了。但是真要考察一考察他的实际，那就不能说了。“金玉其外，败絮其中。”“说的真方卖的假药”，实在不能说“没有”，实在不能说“很少”。批评中学成绩优劣，我们便常常听到有人这样说：“某中学办得真不错，你看他们的毕业生，投考大学——有名的大学，取了多少啊！人家学校，十个人只取二三个，他们十个人，倒要取八九个，真不错啊！”这种批评，当然也不能说他完全不对。可是，我们要问一问，他们学校，何以能这样呢？批评的人，便回答说：“英文、国文、算学，三样皆好”。那么，我们明白了，办中学的人，只要加紧把英、国、算三样，像“填肥鸭子”的一般去教学生，其他一切，不必再管，这也不是十分难事啊！学生身体健康了么？不管；所学的知识持能，切于实际生活了么？更不管；考入大学的青年，不上二年，咳嗽起来，得了肺病，你能怪到原来的中学，平常不重体育、不讲卫生么？大学勉强毕业，到了社会上去服务，做起事来，不是态度消极，便是性情乖张，你能怪到原来的中学所施的教育不良么？好在学校对于毕业生，是“出了门不管换”的，既然没有人怪到，自家又何必自怪呢？我们又常常听到有人说：“某中学很好，表簿多么整齐，服装多么划一”，诚然，整齐划一，不能不说是他的好处,可是,除此以外,对于学生的个性,考察过没有?对于学生的行动,指导过没有?对于学生的健康,注意过没有?对于学生的学识,称量过没有?倘是以上种种,皆置之度外,只顾表面的整齐划一,又何足取呢?可怜办中国领新教育五十年,中学的毕业生,已不知道有若千,若千万,到如今还是处处感觉到社会不健全,领袖人才缺乏,这究竟是谁人负责呢?

记得从前有一位教育家,说过几句很痛心的话:“一般青年的身体,本来是健康的,不幸进了学校以后,未到三年,背也驼了,眼也近视了。本来是朴实的,不幸到了学校以后,不久便华服翩翩了。以前谁没有什么新知识持能,当能应付环境、处理事务,不幸进了学校以后,反向变成‘书呆子’了。这个‘书呆子’出学校后,再去传授,这不是大呆子传小呆子,小呆子再传小小呆子,造成一个呆子社会么?”这番话,诚然说了过火一点,但也不能说那完全不对罢!

诚然,也有好些中学,办得不错,当学生入学时候,也曾测量一测量他们的身体,什么肺量啦,视力啦,握力啦……。但是,真正做过比较研究,根据研究结果,力谋学生体育的发展,为各个学生设出许多补救方法的,有多少呢?考察学生个性,表格定的,也很详细,但是,真正去不断地考察,不断地指导的,又有多少呢?现在竟有些中学校长,一味贪图学生多,有了二百,便想扩充到四百,有了四百,便想到扩充到八百、一千,以为学生愈多,可以表示出学校发达,同时校长地位,亦可表示出特别高大,仿佛军队的军官一样,有了五百人,不过是一个营长,有了一千人便是团长了,有了二千人,便是旅长了。既专求学生数量的扩充，当然顾不到质的精美。因为如此，于是就有教训分立的制度的发生。一校以内，分设两个机关，一个叫“教务处”，一个叫“训育处”，两处规则和办法，订定起来，总是很精密，很完善，可是要问一问他们的实施，究竟怎样呢，可就很难说了。尤其是训育处，论起他的职责，是训练学生品行，指导学生生活，试问能尽这个职责的有多少呢？我们常常听到、看到学生对于训育处先便的信仰，如是王先生嘴大，学生背后，便叫他“王大嘴”，张先生眼大，学生背后便叫他“张大眼”。每一个宿舍里，任（原文如此，似为：住之误。编者注。）了七九个学生，有的是十三四岁，有的是十八九岁，他们在房内说些什么话，看些什么书，训育主任和训育员，去考察过没有？去切实指导过没有，恐怕也不敢去考察，不敢去指导罢！但愿饭堂不闹事，出去能请假，秩序能维持，就算很好了，像这样好能说到什么变化学生气质、陶冶学生品性么？

再说到教员，好的固然甚多，可是，做留音机器的，恐怕也不少罢，打钟上课，机器开了，铃声下堂，机器闭了，二分钟不能多耽搁，下课以后，各走各路，如同路人。到了考试的时候，学生便要求先生把所有的功课，提示一个大纲。——什么大纲啊！好听一点说法罢，明白点讲，就是范围。识相的先生哩。就不怀疑地应允了；古板一点的哩，还说什么良心道德的话，不肯就范，那末，学生严厉的对付方法，就要不客气地拿出来了。我尝说，如是教伦理学的先生，到了考试时，学生仍是求范围，或抄夹带，那末，这门功能的教学，可以说完全失败，还有什么成绩可言？倘若学生讲义记不得，他不要求范围，又不抄夹带，一字不答，交个白卷，论起他的品行，倒值得六十分，因为他虽然答不出来，是他的记忆力差一点，可是对于伦理学的意义，总算懂得了。我们须知道教员所教的是人，并不是书。若是以教书为目的，不以教人为目的的，那是教育上最大的错误，并且不能不认为是最大的罪恶。

现在许多中学校，所以有这样现象，归结起来，可以说有三个原因：

(1)学生人数太多，所以往往顾此失彼。

(2)教训分立。结果，“教”的方面，只能做到排课表，收分数的一类事：“训”的方面，只能做到稽查告假、照料饭堂的一类事。

(3)教师教书不教人——以书为对象，不以人为对象。

这样一来，学校就变成了知识的贩卖所，先生是出卖知识的，学生是购买知识的；师生的关系，只是物品买卖而已，还谈什么人格感化、才能训练呢？如此说来，现在的中学，是不能令人满意的了；但是我们同时也要晓得有些中学，正在那里谋改进、革新，不道或因人才的关系，或因经济的关系，事实上当有许多因难，我们就不必过于下些苛刻的批评了。

现在我们自来讨论新理论新方法罢！我们认为学校教育，应该含有四个大要素：

(一)教育环境

这大部分是指物质的设备而言，因为物质的设备完善，造成了一个优美环境，的确于学生心身修养方面，关系很大。譬如，我们在一间精美的会客室，室内陈设极华丽，铺有很好的地毯，就是平日好随便吐痰的朋友，到此也不能再随便了。这可证明到了好的环境，不能再发生不好行为的道理。又如我们居住明窗净几的书房内,或美丽的花园内,自然而然的,心旷神怡,恶念不生。反之,若久住在一个黑暗、卑陋、污秽的地方,还有不感觉精神颓丧的么?有人以为物质环境,不大要紧,那是不对的。所以为谋教育的优良,第一不可不为学生造成一个好环境。有了好环境,自然能陶冶成好品行。待到德性坚定以后,将来再到歹环境内,自然也就能具有抵抗的能力了,自然也就是怕为恶习所薰染了。

(二)教师

是教人的教师,不是教书的教师。教人的教师,第一要考究到人格。有了高尚的人格,再辅之以学识能力,那自然是学校内的好宝贝了。这种教师,也可以叫做"精神的设备"。

(三)教学的工具

有是属于学校设备方面的,如围圃、教室、礼堂、图书、仪器、标本等。有是属于学术基本工作方面的,如国语、国文、英语、英文、数学等。属于设备的,固要力求完备,属于学术基本工作的,也要训练娴熟,真正能够做吸收工具及其他基本工具。

(四)组织和方法

组织和方法,是指课程的支配、训练的设计和方针、进行的步骤等等,一定要十分完密,具有进化性和调和性。因为这个工作,关系学生知能的发展进步,真是异常重大啊!

以上四样,无论何种学校,皆应该十分注意,而对于对象复杂、时间长久的中学,更应该特别考究才对哩。好了,现在我们可来谈一谈本题了,可来谈一谈"理想的中学"了。

第一,校舍:建筑在离城市二三里外的乡村,有山林的地方更好。

第二,学生数:不宜过多,每级三十人至四十人,最好以三十人为标准,少一些也无妨。全校共计六级,数约二百人。我们的目的在训练成好人才,千万不可用商业的眼光来办学校,应以养成人才的眼光来办学校。学生尽管少些。“兵贵精不贵多”,一个要有一个的用,高初两级并应分设两处,因为年龄相差太远,施以同一的训练,不便的地方很多,或者以四年为毕业期,略仿旧制,不必一定分出初高。若是四个年级,全校学生一百二三十人,也好。

第三,教师:在这个学校做教师,一定要明白这学校教育的宗旨,绝不是出卖知识的,是以教育为终身事业的。薪金不妨稍优,并且要有相当的保障。教师的家眷,由学校供给住所,免得生活的枯寂。我想,真真抱定教育的宏愿,要想做一番事业,要想把一己的理想,实现出来,有了这个学校,遇着志同道合的朋友在一起,天天那些可爱的青年,在美丽的园地里做那艺术的工作,他的乐趣,恐怕世间没有一件事,可比得上的罢!再讲到学校以内的人员,不但分不出谁是教务,谁是训育,就是校长,也不过是对外的代表,实际仍是教员。平常各教员对于学生,除指导读书、察物、练习技艺外,重要的则为指导他怎样去做人。为着指导便利计,可将学生分成若干组,每组人数,不宜过多,由各教员各认一组,分任指导。除随事随时随地,师生公同研究,公同讨论,乃至公同生活外,每隔一两星期,可由教员在私人住宅内,举行一次茶话会,吃吃茶,弹弹琴,猜猜谜,说说笑话,师母并可同时出来招待。春风满堂,无话不谈,真如家人兄弟一样,什么个人的志愿啦，职业的预备啦，家内经济的状况啦，婚姻的问题啦，评论古人今人啦，皆可随后大家商量，在此随后谈话之中，也许得着很多很好的解决方法。这样一来，师生的感情，还怕不能融洽么？还怕有什么学潮发生么？这不是最好的教人方法么？

工具的课程，如国文、英文、美术三样，那是一定要依时依地上课的，但如作文练习演算以及翻译、讲演、辩论等，可作为课外作业，不必在固定时间、固定教室内做，却是关系也非常重大。总之，希望教师对于这三样功能，能用最经济的方法，使学生不多费力，不多费时，而能得着很好的效果。这是在教时、学时、将教时、将学时、已教后、已学后，皆要特别注意，不能随便含糊的。可是千千万万，不可使学生把全副精神，皆注重到这三样上，其余一切不管。最好，全部精力和时间的支配，能有十分之四，注重在这三样上，而论到教能，倒有十分之八。那么，就要看教师的本领怎样了。

非工具的课程，可以分做四大类：(1)一类是属于健康方面的，有练习运动的日常功课，有应该具备的卫生常识，浅近的医学知能，保护身体的能力、习惯；(2)一类是属于自然科学方面的，如生物学——动物学植物学、物理学、化学、天文学、地质学，以及应用的工艺农艺等；(3)一类是属于社会科学的，如历史地理、社会学、经济学、法律学等；(4)一类是属于艺术方面的，如图画、乐歌，以及美术的工艺、园艺等。三民主(原文缺主)义及建国方略又国民党史党纲等，除将精义散入有关系各科课程内，并应按时公开讲演，集会讨论，实地练习。公民或修身科，不必另设，认定各科皆与人生行为，有直接或间接的关系，教学之际，皆可用以训练公民道德，并且这种道德行为，是积极的，不是消极的，是活泼而能应用于各方面的，不是呆板而不能变化的。教授知识、传习技能，可以用书，则书为贵，可以察物，则物为宜，可以习事，则事也好。或者书、物、事三者交互并用，或者先物先事而后书。总以切于实际生活、能改善固有生活，为惟一主旨。职业教育，在这个人才教育的中学内，固然不必再标其名，然而如职业的陶冶、职业的预备，也不能不注意及之。如农如工如商，皆可撷其精华，散入有关系各科之内。这样办法，既不是呆板板的读死书，更不是呆板板的重形式。教学的地方，屋子里也可，空场上也可，树荫下也可，田野间也可，旅行时也可，集会时也可；统看各科的性质，就其教能最著的，方法最便的，酌量采用。更不必一定像从前刻板文字，先生讲，学生听，讲一次必一定四十五分钟或五十分钟，经过一定时间，一定要各科同时考试，不问宜考不宜考，皆要举行机械式的考试（考试问题，却是学校教育上一个重大问题，我的意思，以为有些功课，一定要按时考试的，有些功课，看平时成绩，不必按时考试的，有些可以无需乎考试的，应该分别办理）。甚且假期也不必一定限在夏天、冬天。

这样学校，这样教法，可以说完全是“活”的，是引起学生“自动”的，是切于“实际生活”的，是能采取旧生活中一部分好的经验，加入新方法，来引导学生注意学习、高兴学习，以便生出新生活能力的。用一种教学方法，皆具有一种很充分的理由，既不是“人云亦云”，也不是专凭空想，乱去试验。略举几个例子吧，如教学运动体操，那是天天要练习的，柔软操也好，八段锦也好，太极拳也好，应该每天早上起来，师弟一块，练习四十分钟或五十分钟,无论阴晴寒暑,一天不能间断。通常学校,体操排在功课表上,一周三时或四时,学生操,先生看,到学期终了,考试一回,记下分数,便美成绩;这能说是体育么?遇着外面有运动会,便拣了几个选手,天天去练习,甚至其他功课,一切不管,这可算是体育么?理想中学生的体育,应该是普遍的,实际的。成绩的考察,是看一般学生的身心,是否真正康健;康健的程度,是否逐渐进步。还有关于卫生常识、医学常识,也要教学生能真正受用。又如,生物学中的植物学的教学,通常皆是用教科书的,教员上堂,照本解释,好的画一画图,看一看标本及显微镜,考试起来,也是照本记忆、照本默写,这可算是科学教育么?理想中学内教授植物,是不一定要先用书的,有植物园,是他们的教育外场,中学教师先行定下计划,叫学生自己去考察,自己去解剖,自己去记载,教师为之指导,为之改正,到了做完之后,再叫他们去查看某书,看书上所说的,和他们所实验的对不对,这才是活用书本,不是死用书本哩。不然,岂不是变成植物学的国文国语或英文了么?又如,教授物理学,先生也照本宣讲,什么公式,什么理论,说了一大套,可是,学生考试及格了,而对于日常所用的电灯电话,所坐的电车汽车,如何构造,如何使用,还是莫明其妙,这不是一个大笑话吗?学生理卫生,若干骨头,若干肉筋,皆能记得清清楚楚,可是,出了学校,不到一年,还是说中医所讲的"上焦下焦",道理很对;学动物,鸟也知道,兽也知道,可是,出了学校,还是说"蛤入大水为蛤","腐草为黄(原文如此,似为萤之误。编者注。)",道理很对;岂是如何说法呢?在理想中学里。一定要力改以前这一套虚伪无实际的"国文或科学教授",应该要切切实实地特别想出合理的教学法来,因此在讨论教学四类功能的时候,就不能不有教育场的设备了。教育场是教育实施时所不可缺的一种环境,一种工具,所以万万不能不特别考究。现在是另别说在下面:

第四,教育场:

(1)健康体育场

分内外两场,内场有生理卫生标本室及小医院等;外场是广大运动物:雨中体育物、游泳地等。内场上课有定时,并可依学生的能力来分组,所用的教材,是活动的,是切于实用的。比如讲"性教育"吧,各是一个二十余岁的少年教师,在一个善通教室内,以不甚庄重的态度来讲,我想,效果一定是很少很小。倘是一位年纪较高的教师,以极识想而且极庄重的态度,生理卫生室内,搬出模型,一面看,一面讲,并且详释母亲生儿时痛苦,指出关于性的种种卫生方法,试问,学生听了,还会引起别的冲动,还能发生不合理的观念么?

(2)自然科学教育场

也分内外两场,内场有标本室、化学荣品室、物理器械室、察验室等,上课教学,也不是专靠书本。如,研究光学,则可实地练习照相,并不先行拆开照相机,观察他的构造;研究电学,先行观察发电机,然后再看书本。教师再指出公式,令学生记忆。外场有动物园、植物园、测候所等,并且有养鸡场、养蜂场,让学生实习,再扩而大之,凡是大的电气厂、农场、制造场,皆可以去参观,那末,也就可算得是外场了。

(3)社会科学教育场

三大间陈列室,墙上排有各种图表,树内列有各种模型、标本、器物,还有必要的书籍。如研究各国人口多寡强弱,研究人种的分布,便可令学生去自己看图看表、察模型。研究古今中外钱币,在中国的一部分,从三代"初钞"起,经过汉的"五铢"、宋的"交子"、明的"室钞"、清的"当百当十"钞,一直到现在的在"大洋""小洋"各种"钞票",色色俱全,且皆具有说明;外国部分,欧美怎样,日本怎样,也是如此。除实物外,还有书籍,供学生参考。察物读书之后,设可做了一篇很有系统的报告。研究到中外的物产,中外贸易的情形,也是物、图、表、书咸备。只要有教师先行指示出研究程序和方法,学生自然会去探讨。在每一学期内,关于历史的,要研究几样,关于地理的,关于社会或经济的,要研究几样,皆可由教师预先规定明白,以便循序渐进。再讲到室外场所哩,凡是学生的结会集社,一切赖有教师的指导,皆是属于社会科学的范围。怎样练习合作?怎样练习互相?怎样组织团体?怎样练习处理事务?别断是非?在室内研究所得的知识,皆可一一搬出来应用。再扩大范围,到附近学校的地方,调查社会状况,与农家设法联络,联络之后,设法去做改良社会工作,或到近的地方,去旅行考察,皆由师生公同活动,则更是社会科学极好的教育场了。

(4)艺术教育场

有大礼堂一所,兼做音乐室,傍边附有图画教室、工艺教室等。礼堂内张挂许多美丽的图画。关于艺术的课程,不必呆板地限定学生上课时间,更不必限定各人皆要去学,总看他的个性所近，或者是养成创造能力，或者是养成欣赏能力。每重相至少要开音乐会一次。图画、雕刻、泥塑等等，各随其兴趣，去教授传习；但是无论如何，一般学生的欣赏能力，总是要养成的；不会创造，而能欣赏，也就可以了。至于大规模的同乐会、展览会，用以养成美的情感，陶冶成温良的品性，那更是十分要紧。艺术教育场，再扩大一点说哩，凡在学校范围以内，布置得异常优美，即各教师家用以内，也是异常优美，学生以天真烂漫活泼的小小身心，天天浸润在这一个美的环境之内，时时处处皆得到艺术教育的机会，那末，这皆所算得是艺术教育场了。

第五，教法：根据教、学、做的组织与方法，可定为五个原则如次：

(1)有计划——不是盲目地玄抄袭他人课程；

(2)有目的——学生能达到某种程度；

(3)经济——不浪费；

(4)兴味——教不倦，学不厌；

(5)切于实际的生活教育能用新的方法，得到好生活，改良旧生活。

根据这五个原则，各教师应公同注意下列三个条件：

(1)事前做一个详密的计划，用表分列，可为实施的根据；

(2)事后应讨论得失，以为改进的准备；

(3)进行中应随时监督，随时考察。

在每个教师方面，各自注意的，复有下列四样：

(1)精细地照料；

(2)详细的计划；

(3)完备的记载；

(4)不断的改进。

如此实行起来，似可得到下列的结果：

(1)家庭化的中学；

(2)社会化的中学；

(3)科学化的中学；

(4)艺术化的中学。

而综合起来说，便是：生活化教育的中学。

至于这个学校，经费要多少呢？我还没有详细计算，大约开办费，至少总要十万元才能够。经常要哩，每年要五六万元，也可以了。办得好，办得精，养成人才，一个抵十个，多费一些，似乎也值得的。所难的，还是办理的人才。倘能有五六位志仝道合的教育家，专心一志，情愿十年不做别的事，专来办这一个学校，我想，一定可以成功的。

这种学校，当然不能多设，且不必多设，如若有钱人，不妨先设一两家来试办一下。

我很愿意联合二三同志，再来详细地讨论一番，有工夫可以写出一篇较转详较具体的方案来，向海内外的教育家请教。今天不过提出一个大意，时间有限，我也就不必多讲了。

(原载《教育建设》，1929年第2期)

农村教育与农村自治[①]

我常应各处之邀请,前往演讲;但来贵校演讲,却特别快乐。此盖因诸君将来所办之事业,与余个人平日所研究者,有相同的地方,与余个人年来所办理者,亦有相互的关系;加之贵校诸师长,与余又多有深切之友谊。今日由京过锡,未及充分准备,所讲者对于诸君,或无裨益,诸君其谅我!

今日讲题为"农村教育与农村自治",此题可简称曰:"农教与农治",或曰"乡教与乡治"。我所欲讲者,可分五节:第一是本题的意义与范围,第二是关于农村教育应当讨论的问题,第三是个人办理农村教育的经验与心得,第四是我对于农村教育设施和进行的几个提议,第五是余论和希望。

何谓农村教育?我们不先把他的意义认清,则观念势不免混杂。我看农村教育的意义,可以这样说:"以改良农事为中心,以增进幸福为目的,以极经济极稳固的方法,来启迪辅助农民,使农民能自动自治自立。"再将此定义析而言之:往者,我国士大夫皆主张富而后教,把"富"与"教"分开;今则不然,"改良农

① 江问渔先生讲,朱秉国记。

事”，这是“教”的事，改良农事所得之结果，可以算是‘富’的事，把‘教’与‘富’打成一片，同时并进。所谓增进幸福者，如使农民身体康强、精神充足、知识丰富；即施以卫生教育、农事教育、公民教育等等。何以要用极经济、极稳固的方法呢？夫方法甚多，如以针刺人，而人因针之刺发生反应，此亦方法也；但此种方法，是带有危险性的方法，我们不该采取的。我们当用慢性的方法，顺其自然的法则，不可用揠苗助长的方法，当用培养花木的方法；当使用力少而收效多，当有条理有秩序，失败少成功多。至于启迪的意义，好似为农民开一扇门；升堂入室，在农民自身之努力。辅助者，异于包办而言。最后我们希望农民能自勤、自治、自立，是在求农民自身之觉悟，不必待人以触电之，始能惊起。

何谓农村自治？一区域之农民，能自动组织机关，联络团体，选举优秀分子，出来兴办公益事业，此之谓农村自治。我们知道，成人能做，但不知如何去做，所以农村教育是农村自治之预备，农村自治为农村教育之结果，二者有相互的关系，不可分开的。若不注意农村教育，而徒倡言农村自治，犹使不知书者做文章，事实上万难做到；因此不能不先树立一个坚固的基础。

农村教育与农村自治的意义和范围，既如上述；当进而言关于农村教育应当讨论的问题。第一是实施农村教育的机关，在目下实施农村教育的机关，有许多种类：乡村学校兼办农村教育者，如晓庄师范、燕子矶小学、尧化门小学，皆以小学为中心，而兼办农村教育的；党部为中心兼办农村教育者，如浙江萧山县之县党部区党部所办之各种合作社等等；自治机关兼办农村教育者：如河北定县之翟村（该县于清光绪时即以自治机关来办农教事业,最近据我所知,关于副业方面,用新法养鸡,每只鸡一年能生一百五十余蛋);私人或机关兼办农村教育者,如中华职业教育社在安亭徐公桥所设施所实行的(但此为临时组织的,有一定的目的,目的既达,当易地施行)。教会团体兼办农村教育者,如苏州之唯亭;青年会在山东所办理之二十余处皆是。第二是实施农村教育的场所,如小学校农民教育馆、讲演会、游艺场等。第三是实施农村教育的方式,如谈话、识字、读书,此中应该有的:如农事之改良,包括换种、除害、耕植种种;建筑方面的,如补路;卫生方面的,如清洁道路河渠等;娱乐方面的,如音乐会同乐会等;防卫方面的,如防盗御匪等。凡此种种,对于每个人的精神上物质上,都有关系,同时亦是做人方法的实施。此外如储蓄会、合作社,亦复为办理农村教育者,不能不注意的。在目下训政时期中,所要做的工作非常之多,但我认为农村教育最为吃紧。因为中国农民数占全国人口百分之八十五,若于此时不能化不识不知的农民,为既识又知,何以使他们做国家的主人翁?

上述种种实施农村教育的机关,究以何者为最好?此为各人所当研究的一个问题。乡村小学校之教员,既欲其从事小学教育,教导小学生,同时又欲其顾及农事,事实上实不可能。党部是政治的集团,不是教育的集团;政潮起伏,很易影响于教育;所以兼办农村教育,我看实非所宜。自治机关,事务纷繁,兼办农村教育,恐不能集中精力,以致徒有虚名。至于宗教团体,他来兼办农村教育,至少总带有一点别种意味,或传教,或侵掠,我们不能认他是可能的。依我看,实施农村教育可分两方面着想:一是正统的,即诸君他日所设立之民众学校;一是别统的,例如某县有三十万人,可以划三千人为一区,至多五千人。一区面积,东到西,南到北,约七里至十里,此中设一农民教育馆,做此一区内农村教育的中心。馆内至少须有三人负责,办理前面所述的事项。如此则二十万人口的县分,当有一百二十人,才够分配,人才与经济,岂非又有问题。在人才方面,我们可以将小学教员在学校内所担的课程,减轻一点,把余下来的时间去办农村教育;或再训练人才,出来担当。至于经济问题,全视地方上的如何筹划,是行政的问题。

办农村自治,不能不谈及村长一问题,江苏民政厅已有区长训练所之设,则将来区长一问题,可以解决,而村长一问题,如何解决,有待吾人之研究。理想中的村长,当然还是农民,不着长衫,草履笠帽而开会讨论的人,最为适宜,可是现前的一般农民,实不能充此责任;若请那班粗通文墨游手好闲的人来做村长,又不免与他们做土豪劣绅的机会,因为国家法令规定,村长不给俸,试问这般人,能否只尽义务?因此村长一席,以小学教员兼任最宜。三五年后,待农民略有常识,知是非好歹,可由他们自己去充任。

还有一个要讨论的问题,我们办农村教育事之前,当与别种机关联络。天下事合则易成,分则难成;办农村教育,亦不外此。农民有病不能不请医生诊治,农事上发生虫害,不能不请专家设法去除,以及种种有关系的团体或个人,皆当充分有预先联络。不然事到临头,才去设法,不免失之过迟了。

有人问改良农事,应该达到如何程度,始可算了事。中国以农立国,八口之家,平均一下仅有十余亩田地,此十余亩田地,或许可以解决八口的生活问题。然而人情世故,往来应酬,所费甚多;子女方面,我们至少希望有供给受中等教育经费的积蓄,“养子不读书,好似养圈猪”,教育事最不可轻视;那末这许多费用,又是如何筹划呢?所以我们不能不以工业来辅助农业,把工业做农民的副业,我们自命为知识阶级的人,要希望物质文明的幸福,人人可以享受,电灯汽车,人人都能有。所谓“王如好货,与百姓同之”才是。总之,农业是根基,其余的问题,那是枝叶。根基能固,枝叶不难茂荣。

现在再将个人办农村教育的经验,为诸君报告:中华职业教育社于去年四月间,在昆山之东选择了一所地方,即是徐公桥,该地有居民四百四十六户,人口共计二千零一人,地方大约百方里(东到西、南到北约十里),其时选择有四个标准:第一,地方安静;第二,交通便利;第三,有富于研究农业精神的帮助人员;第四,地方不过贫亦不过富。职员设二干事,组织方面,分七部,如农业部、教育部、建设部、卫生部、游艺部等等。起初办理时,并无多大希望,现在却发生了种种兴趣。我们办理时,有六个字,“不包办不敷衍”,我们好似医病人,不强病人以饭,但必须预备饭;我们所供给他们的材料,力求切实扼要,在这里有几件事,当提出请诸君注意的。

第一,该有布置能美化又庄严的会堂。我们身入寺庙中,心里总有无名的敬仰心,此固因佛道宏大所致,而寺宇的巍然,亦其一因,所以聚数百农民于一处,或演讲,或讨论,不有庄严的会堂,很不易使他们注意,这也是教育上所以要注意环境的一个例证。第二,要有人名册与田亩册,孟子之所谓“诸侯之宝三:土地，人民，政事”。又谓“王欲行王政必自经界始”。我们办理农村教育，亦复如此；否则毫无根据，偶有事件发生，不易考究，我们在徐公桥又办一所合作社，去年放去五百元本银，今年七百元，农民借去多半是为购买肥料之用；因为肥料充足，农业收获所以很好，还本时清清楚楚一文不欠。我们对于农事指导的方法有二：划分区域，派人指导；或者悬赏指导，某种谷物，收获特别多的，与以相当的奖金，借此鼓励他人。

至于我们办的民众学校，一种是识字，机械方面的，如自己的姓名，邻右的姓名，都使他们牢牢记住，另外教平民千字课；一种是做人的十条信条，使他们反覆练习，不容间断。我们并不告诉他们，何时可以毕业，有时我们也找几个农民来开茶话会；我们和他们相谈要完全拿朋友的态度，绝对不可自己为领袖的地位，而傲慢一般农民（记者按：江先生报告徐公桥情形，较此所记稍详，读者如欲知徐公桥详细状况可参看中华职业教育社出版之《徐公桥》一书）。

我对于农村教育的设施和进行有下列几个提议：第一，我希望全中国研究农村教育的团体，或专家，相聚一处，开一回研究会，互相研究讨论，各人报告各人的心得和困难。“他山之石，可以攻玉”。种子愈多愈妙，空气愈深厚愈好，要把农村教育或民众教育普遍化，征求同志，一致努力。第二，中等学校应附设乡村服务，民众教育，社会调查，农事研究等等课程。第三，中等农业学校尤当设民众教育一课，以为学生异日开导农民之准备。还有我们办理农村教育，大可以联络当地的青年学生，他们或许因此而发生兴趣，愿意来做我们的同志。

末了我愿意供献诸君一点意见。现在的我们,可以说幸而为中国人,亦可以说不幸而为中国人;因为许多事外国人没得做的,我们有得做,有待于我们去创造;怎样又说不幸的呢?因为我们一时间内,当负几重责任,既须顾到自身,又要虑及社会国家。唯其不幸,是乃幸事。我们又知道:人生目的,在谋生存,谋生存的方法和理想,各有不同,哲学家因为自己穷困因而怜恤别人穷困。教育事业在扩大人类生存的方法和理想,求人人皆丰衣足食,由贫而富,由苦而乐。历史上的岳飞孔子孙中山诸人,肉体虽亡,精神固犹未死;此因这数人能为人群谋扩大生存的方法和理想所致,在座诸君,皆从事民众教育者,个人谨以十二分的至诚,祝诸君:精神不死!长生不老!生存的乐趣,扩大至于无穷!

六月初旬于民众教育院

(原载《教育与民众》,1929 年第 1 卷第 2 期)

《徐公桥》卷首语

农村教育,是救济全国三万五千万的农民最好的方法,也可说是救济贫弱中国的惟一不二的好方法。

当此训政时期,要想把三民主义,深切地灌输到全国农村,使农民皆能了解,并且能一一实施,惟有从农村教育下手,方能达到目的。

中华职业教育社,在昆山徐公桥做这一个小小的农村教育试验,究竟办的合不合,自己实在不敢自信;惟有本着虚心,诚意,努力地一步一步向前进行。

在社内同人所诚恳愿望的:

(一)各地同志,能大家一齐起来,对于农村教育问题,加以研究。

(二)各地同志,能各就本乡,联合同志,争先试办。经费不多,不要紧,多照多办,少照少办;只要办,自然会有效力发生。应认定此项事业,乃是救人救己救国的惟一要件。

(三)各地同志,对于这一本小册子,赐阅以后,务必加以评政,或到徐公桥实地去考察,或赐函来指教,皆是极端欢迎。

(原载《徐公桥》,江恒源著,中华职业教育社,1929 年 4 月)

《徐公桥》序言

中华职业教育社，经营这一个徐公桥小小的乡村改进试验事业，最初本是和中华教育改进会、中华平民教育促进会总会、前东南大学教育科、农科四个机关合作的，后来其他四个机关，完全退出，乃由职教社独立肩承，负责筹办。自从民国十七年四月聘定杨君懋青为干事，联合本地领袖，组成乡村改进会以后，才算是正式着手进行各项改进事业。

在去年七月间，职教社曾经编印一本小册子，名叫“昆山徐公桥乡村改进事业试验报告”，列入农村教育丛辑第二辑。这本书的内容，是叙述十七年四月至同年七月四个月间的试验事业概况，算是自有徐公桥农村教育试验区以来的第一次报告。

日月不居，进行未懈，从十七年八月转瞬又到十八年四月了。这九个月中间，较重要的事项可以值得记载的：如建筑了会所五大间，筑成了道路八百五十二丈，设立了农艺试验场，组成了借贷合作社，开设了三所农民夜校；又从前枝枝节节不甚经济的做法，现在因试验结果，经验渐多，已能逐渐减少；并且深切著明的，觉得非和农民真正去接近，不能彻底明了他们的心理，也就无从着手去实施有效的教育。更觉得启发农民自动、扶植农民自立一层，真是一百二十分的重要。农村教育的真正道路，就是要在"不包办""不浮浅"的中间，用心把他找出路，然后再一步一步，脚踏实地的做去。

徐公桥的改进事业，既经办理满了一年，理应将经过事实，略略地写一些出来，向社会各方面报告一下；因此便决意编了这一本"徐公桥"，并把他列在职教社农村教育丛书的第四辑。可是，有一层要向读者诸君声明的：就是在农村教育丛书第二辑——即第一次报告书内，已经说过的，本书为免去重复计，往往付诸阙如；最好，希望读者阅读这一本书时，再把第二辑拿来参考一下！

徐公桥这一个小小农村教育试验区，自从呱呱坠地以来，阅时不过一年，历史本来是很短的；而经办的人，办的又未必能处处得法，所以在职教社同人，总觉得自视欿然。可是，各方面热心农村教育的同志，耳彼虚名，往往不远数十里，数百里，甚且数千里，跑到这个小地方来参观。试问，有什么好的成绩，供给人家看呢？并是来看的人，为鼓舞我们办事人的兴致起见，又不免誉之者多，贬之者少，这更是使得我们万分惶恐，万分惭愧！在职教社的同人，决意编著这一本"徐公桥"小册子出来，可以说是本着一百二十分的虚心，一百二十分的诚意，希望读者诸君，加以严格的批评，欢迎读者诸君，赐以恳切的指导！

至于这本书所以要命名"徐公桥"，并无别的理由，纯粹是因为对于这个地方，含有一种革故鼎新的意思在内；就是希望把旧的徐公桥，改进成新的徐公桥；把平常的徐公桥，改进成特殊的徐公桥；把目前现实的徐公桥，改进成未来理想的徐公桥。更希望国内多数热心农教的同志们，一齐努力起来，各就原有所居的乡村，改进成了若干千若干万远胜于今日徐公桥的徐公桥！

全国三万五千万农民，假定每两千人为一村，全国当有一十七万五千村，有志救国的同志们，倘能一齐到乡间去，从事于改进工作，把一十七万五千村，在最短时间内，做到"野无旷土，村无游民，人无不学，事无不举"的程度，岂不是一片和亲康乐和平的气象，弥满全国么？到了这样地步，还怕三民主义，不能实现么？求仁不远，爱国有方，同志好友，盍兴乎来！

这本书的著作人，虽然是恒源，可是所有材料，皆是由乡村改进会供给的。即间有一二论述，也是纯本着客观态度。这一点当然要向读者特别的声明一下。

中华民国十八年四月二十日江恒源作于上海中华职业教育社

附：徐公桥乡村改进会会所落成时联语二则

无旷土，无游民，向一剪淞波影里，小试农桑，乃亦有秋，聊慰治平新梦想！

出相望，守相助，喜千家劫火光中，时还耕读，毋忘在莒，请看甲子旧烧痕！

（抱一）

何处是神仙？千家鸡犬桑麻，别有天地。

无人不耕读，一片和亲康乐，莫羡唐虞！

（问渔）

（原载《徐公桥》，江恒源著，中华职业教育社，1929年4月）

《徐公桥》

一、徐公桥概况

徐公桥本是一个桥名，因桥名地，便把环桥而居的人民所在地，叫作徐公桥镇。他是由五十户的徐公桥本镇和联合会本镇二十七个大小村落组合而成。照现行的行政区划，是属于中华民国江苏省昆山县安亭乡。东西、南北，各长十里，恰好成了一个方形。境内田畴交错，水道纵横，风景极佳(前面曾附有风景片四幅)，对外界交通，也甚便利。本镇距离沪宁铁路安亭车站约六里，距离安亭本镇约三里。

说起安亭这个地方，在距今三百年前，却曾出过一位很有名的文人——归震川先生，至今还有一所震川书院旧址，巍然立在镇北。我想凡是来到此地的人，皆要回想到中学读书时代，曾经读过他老先生那几篇很诚恳很动人的文字罢！

乘沪宁车到安亭车站下车后，陆行向西，三里而至安亭本镇。过镇再行二里许，把关看见一个暮色粉字的横木牌，悬在杆上，上面写好十二个字：

“由此向西,便是徐公桥乡区了”。

行人到了此地,便可明白这个地方,是徐公桥乡区的东方边境了。

入境以后,有古庙一座,叫做大王庙,庙前庙旁,各有古树一株,测其躯干,当为百年以前物。庙壁向东一面,写着大字六行:

改造农民生活
改良农村组织
发展农民自治
增加农产数量
推广农民教育
改善农民娱乐

庙壁向南,又写着三句:

(一)改良乡村,是救国的根本计划。
(二)打破不良环境。
(三)建设新徐公桥。

写的是白地蓝字,下署“徐公桥乡村改进会宣传部”一行小字。不用说,这是改良乡村教育机关所揭出的标语了。

过了古庙以西,树上电杆上,便看见悬挂了许多木片铅片,片上皆写着红字白字,在风日晴和大气新鲜的长空中,觉得格外清洁,格外严正。“行行重行行”,迤南过了一座石桥,再向西踏着新筑不久的“公安路”,约略半里,便到徐公桥本镇了。

若是由水路行,则从安亭车站旁,荡一叶小舟,经泗泾河,穿过安亭镇本镇以达于徐公桥,约计七里有余,可是,所费的时间,较之陆行,便要加上一倍。

徐公桥全区各村户数人数,他们改进会在去年年底,曾经调查过一次,有一个很清楚的统计表,可取来录在下面:

(表略。编者注。)

论到徐公桥建筑的历史,我想有一点好考古癖的朋友们,皆愿意去查问一查问罢!好了,现在已由杨君懋青把他考出来了。兹可将杨君所作之文,附录在下面:

(文略。编者注。)

“入境问俗,入国问禁”,徐公桥的风俗,在第一次报告书,已经略略说过了。讲到他们的方言,却也有些特殊的地方,可以取来与他处相比较,并且可以供国学家的参考。兹将蒋君仲钧所辑的徐公桥之方言一则,附录在下面:

(文略。编者注。)

二、乡村改进会

徐公桥乡村改进会,是民国十七年四月间组织成立的,到了现在,刚刚才满足一年。他是一个改进乡村的惟一机关,是一个主持改进事业的重要团体。内分七部:一总务,二建设,三农艺,四教育,五卫生,六娱乐,七宣传。各部均有部长,计划进行本部所辖的事务,部长以外,还有许多干事,帮同办理一切。

说到组织这个会的主动者,当然是中华职业教育社了。中华职业教育社,是以研究推广农工商业教育为职志,因为鉴于以往农业教育的失败,而筹补救之方,同时又感觉到中等农业教育的改良,一时不易做到,而目前农村方面,因为产量日绌,民智不进,需要社会教育,异常迫切,所以特地的转变方向,专从一般农民身上着想,专从一切农村方面用力。最近三四年来,已经一再委托社内同志调查欧美农村教育状况,同时因受中华文化基金会董事会的经济补助,指定一部分专办农村教育,于是就议定在国内选择一个适宜区域,从事于教育事业的试验。

当时决定划区试验办法以后,对于所要选择的地方,曾经揭出四个条件,以为选择的标准:一、交通便利;二、地方无极不治安的情形;三、地方有领袖人物,可以帮同办理;四、地方人民的财力,足以自给。并且决定进行此项教育的主旨:一、重要在启发本地农民自动,扶植农民自主自立自治;二、俟本地农民智力财力,足以自立,即将所有规画已具办理未完的事业,交归本地人民自办。

于是东选西选,居然选得这一个徐公桥地方,认为最适合于四项条件,尤其难得的,是地方有许多热心公益的领袖,愿意合力进行。所以最初中华职业教育社,聘请一位金陵大学农科毕业的杨君懋青,在那儿担任干事,后来因为事务太忙,又添聘了一位徐君柏才。他们皆是仗着地方诸位领袖,热心帮助,才能使会务进行不懈,略有一些事业可言。现在可把会内各部部长姓名表列出来。再将组织系统一览表,录之于次:

（略。编者注。）

在这个会内，还有未列名职员，而实际却十分出力赞助的，则有蔡氏昆仲。蔡望之君，是笞公桥鹭莺浜的人，曾经做过江苏省省议会议员，清刚正直，名振一时。后来齐卢之战，溃扤四溢，到处骚扰，他复亲率本地保卫团，持械防御，所有溃兵，屡次想来尝试，竟不能越雷池一步。从中华职业教育社，派员初到徐公桥，直到现在，望之君无事不予以相当的帮助。他的弟弟蕴之，现在任安亭乡乡政局局长的职务，当然遇到更能为会帮忙。中华职业教育社，最初敢于放心放手，在这一个地方试办改进事业，可以说完全是因有蔡先生及其他诸位先生。所以蔡氏昆仲，虽未列前表，此处却不能不补叙一下。

在徐公桥本镇，还有一个县立的中心小学，这个学校内的校长教员，更是热心赞助改进事业，遇事皆能合作。至昆山县教育局方面，平时帮忙的地方，更是很多。可见办一件好事，绝不是一两个人所能够的。“众擎易举”“独木难支”，古人的话，真是一点不错啊！

他们的会所，就是在小学校校址内，会所的房屋，是去年（十七年年底）建筑成功的。其五大间，东首三间，是一个能容五百人的大会堂。堂名题叫“无逸”。交取于《书》，以示事业改进，一息不懈。西首二大间，隔而成四。现在且将会所房间的平面图，附录在下面：

（图略。编者注。）

至于屋内屋外，一切写的挂的，更是不少，无非是增进知能、灌输常识的各种图表。

凡是我们到徐公桥的人，一入村境，过了石桥，踏上公安路，便望见暗红的屋岭，从日光中透露出来，那便是会所的新屋。稍近一些，便望见竹墙上东西两面有若干大黑圈，写着斗大白字，正面有三句，说：

农村自治，则救国的根本。

农产增进，是富国的根本。

农民教育，是人类进化的根本。

这是何等精神啊！

这一个会所，建筑费共用一千五百元，是中华职业教育社担任的，其余平治屋外运动场、打东南两面篱笆、添置屋内器具，皆是昆山县教育局及徐公桥村民等出资担任的。尤其难得的，当新屋落成之时，各领袖，各村民，争先恐后，纷纷送礼，有送桌子的，有送镜子的，有送书柜的，而所送的，皆是实用之物。这种精神，这种景象，真是令人十分感动！

他们会内职员办事，曾有简章十二条，又有办事通则及各部细则等，兹可附录于下：

（略。编者注。）

三、改进农村生活全年进行程序历

他们改进会同人，为着改进农村生活，曾经按定预备做的事项，分开时期，从十七年九月起至十八年七月止，按月把常务、特务两项分别开来,逐一记出,以便实施时,有所依据;可是,他们也曾说明白的:(一)这是照徐公桥区情形酌量定出,(二)并非一定不移,倘发见不完备处,仍可临时修正。兹可把他录在下面:

(略。编者注。)

四、乡村改进会报告

他们乡村改进会,办理将及一年了。去年七月间,曾经做了一次报告,专来报告他们已往的历史,及四月以后的办理情形,印有一个小册子,由中华职业教育社发行。这是在叙言内是已经说过的。现在一年了,办得情形怎样呢?前次记得他们曾印出一张很美观的报单,题叫"民国十七年徐公桥村况报告",内分列七项,这是年初印好,报告事项,是截至十七年年底的。现在可照原样先把他录在下面:

(略。编者注。)

至于最近半年之内(自十七年八月至十八年二月),有杨懋青君所做的会务报告,可以把他录在下面:

(略。编者注。)

其次对于建筑公路及桥梁,会内另有报告一件,并录于次:

(略。编者注。)

五、改进会的基本工作——村民籍及田亩册

一到了他们的会所里,便觉得他们所制的表册,颇整齐,而

且有条理。其中有两种基本工作，更是办理乡村教育的开宗明义第一章，我们却不能不提出来特别地说一下。那两种呢？一是“村民籍”，一是“田亩册”。田亩册本不容易办，但是因为昆山全县地亩，已经清丈完毕，在他们会内，仅仅借得原册来，查出徐公桥一区，把他抄下来就好了！所以倒还十分便当，不觉什么为难。至于村民籍，可算是办得很好了。固然一乡四百四十六户，调查起来，不至十分麻烦，然而他们订表、查表、登记，有条不紊，翻开书来一看，某家几人，有田几何，教育程度怎样，一目可了然。这是多么妥善！多么整齐！设施起来，又多么便当！

他们的村民籍，是每一家占一页，一页所载的，首户主，次亲属，亲属不止一人，则留出若干空格，以备填入。姓名年龄籍贯职业以外，凡已未特殊的教育、教育程度、自种或租种田地亩数、每年出产，均须记入。此外关于动态的，凋有残废迁徙两项，随时可以填记。

他们根据了这一本村民籍，最近更制成次列三种很有价值的统计表。

（略。编者注。）

六、徐公桥四百四十六家的富力

在这个徐公桥境内居住的四百四十六家，究竟他们的富力怎样呢？据改进会去年年底调查，知道他们货物的输出输入，是如次表所统计：

（表略。编者注。）

看上表，他们一年输出超过的价值，达五万四千六百一十二元。那末，就是他们四百四十六家，每一年进来的资产五万四千多元了。平均分配起来，每一家便摊到一百二十二元四角六分。如此情形，当然是极好的现象。如再能改良种种，则将来的富力，还要比现在增加，那末，地方前途，更可乐观了。

我们常常想到一个人到了中年以后，上有衰老的双亲，下有未成年待教育的子女，一年到头，辛苦谋生，总要教他能在保持不饥不寒的水平线生活程度以上，还有一些余落，足以供他子女的教育费，能再有余一些，储蓄起来，以备不时之需，并供酬应娱乐之用，那就更好了。千万不可以说“这一班乡下人，只要叫他有饭吃，有衣穿，有房子住，就好了，还要什么子女教育储蓄娱乐呢？”要知道乡民所以不能增进产量，不能自谋公益，就是因为他的智力浅陋，智力何以浅陋呢？就是因为他们没有受到过适当的教育。傍的事，还可以勉强，独有教育一事，是万万勉强不来的；一个没有受教育的人，和一个受过教育的人，立在一块，简单可以说是两个世界。我们还能再怪乡民不明白种种自治事业么？还忍心怪乡民不知道改良一切么？不去替他设法谋教育，试问各事从那里说起呢？乡民子弟，不应该读书么？四年小学，是义务教育，无论何人，皆有应享受的权利，高一些的教育，如高级小学，初中，高中，乡民又何尝不应该享受呢？不过教育离不了职业，农业子弟，毕竟是升入初中或高中的较少，那末，就不能不有适当初级农业教育，以供他们的需求了！惟其农事有了教育，才有改良新的希望。惟其教育，才有发展自治能力、改善乡村生活的可能。这一层如何能忽略过去呢？不但对于乡民子弟，应该要设法去普及教育，就是对于未曾受教育的成年农民，也不可不有补习教育的实施。

要希望农民无长无幼，无男无女，一齐皆受教育，第一，要有人替他们去设备；第二，还要他们有读书的能力和兴趣。如果是家内没有饭吃，身上没有衣穿，终日啼饥号寒，还能叫他读书么？就是读了书，他们仍是无益。所以富与教是要双方并进的；既富而教，其势自顺。无论如何，农民的子女教育费，是要替他们设法打算出来的。酌量地方情形，年纪大一点的学生，尽管半年作工，半年读书，那是可以的。若是不让他们去读书，专用来看牛割草，为的是农家经济力薄，有了一个小孩帮工，便可省去人工半个，那是万万不可的。

如徐公桥这个地方，各家富力，一年一年，增进起来，子女教育之费，当然可以省得出来，再能采用节省人工的新式机械农具，则人工也可以省了许多，便可设立初等农校，教育他们的子弟了。总希望十年后十五年后，四百多家的农民，个个皆具有丰富的知识与能力，“雏凤清于老凤声”，将来农民，自然和现在农民比较起来，迥不相同了。

七、徐公桥人的自卫与互助

徐公桥这个地方，还有一件事，令人值得注意的，就是维持治安问题。听说前五年齐卢战争时，这一块十里宽长的小地方，溃兵从未入过境，就是因为地方保卫团保卫十分得法，所以才能够如此。现在他们还有一个保卫团机关，设在本镇。雇用团员，只有八人，终日在团内服务。义务团员，则共有六十余人，平日照常去自营生计，按时会操，一旦有警，便人人荷枪而出。一种自卫兼卫人的精神，真是令人望而生羡啊！

照现在本镇上四百多家的情形看，可以说没有一个坏人，虽未必真到"夜不闭户，路不拾遗"的程度，可是已经是家家安居乐业、鸡犬不惊了。所以照他们十七年村况报告上说，"盗匪，无。小窃案两件"。

他们村民，不但具有自卫卫人的能力，并且还能发挥一种互助精神，以尽邻里友爱之谊。比如，一家得力的人生了病，稻麦下种时，不能去种，收获时不能去收；这个时候，他们的邻居，一定要争先恐后，合力同心，替他去种去收。这样情形，在他们看起来，已成为天经地义，行所当然。受之者固然异常感激，而与之者则并不居功。

就是田主和租户相互间的亲爱情形，也很可以令人羡慕。农功开始的时候，田主一定要办些酒菜，邀请租户到家聚餐一次，将要收租户的时候，租户也要同样办些酒菜，邀请田主到家聚会一次。彼此礼尚往来，不但情感不相隔阂，而且形式方面，也绝对显不出不平等的样子。

那末，像这一种景象，可以说是徐公桥村民固有的美德，并非是有了乡村改进会以后才有的。可是，有了改进会，那就更可以"锦上添花"，加上一番灌溉，使他大放异彩了。

他们现在更有新建的警钟架及警钟了。建筑钟架的费用共20余元，是中华职业教育社和本地村民平均担任的。初借古庙铁钟，以钟声不扬，改购铜钟，价十余元。则悉由村民担负。现在每日击三次：上午六时一次，声六下，这是日出而作。正午十二时一次，击十二下，这是表示辍工进膳。下午六时一次，击六下，这是表示日入而息。彼此以后，全村村民，均可以度这很有秩序的生活了。若遇有火警盗警，则先打乱钟，火则连打二下，盗则连打三下。这也是“有备无患”之意，实际盗固无之，火亦未之有也。

警钟钟架，所费几何，而效用如是之大，各村有心人，又何惮而不为呢？每当朝暾初上，或夕阳在山，钟声一动，更显出无限诗情，令人发生美感。如不信，试由安亭下车，雇小舟一叶，荡至该村。有没有“夜半钟声到客船”之感呢？不过，“夜半”两字，有时不合龙了。

八、农业概况及改进农业办法

徐公桥四百四十六户，就他们的职业上说，当然是以业农的居最多数。兹依改进会最近的调查统计，知道他们全区村民职业的百分比如次：

农人占百分之五十，

半工农占百分之二十五，

半商农占百分之二十，

半士农占百分之四点五，

无职业的人占百分之〇点五。

于此可以看得出农业是主要职业了。而无职业的人的比数,则是千分之五,也可以说是很少很少了。

那末,再看看他们的田产权及耕种的情形是怎样。据改进会调查,乃知道自耕农是占百分之十,可谓极少,半自耕农,是占百分之二十,还不算十分多,佃农占了百分之七十,可算最多了。他们曾绘有一图,可把它抄在下面:

(图略。编者注。)

我们看了这个图,也就可明白夏季收获物是以麦最多,秋季收获物,是以稻为最多了。至说到各种农产物的百分比,他们还有一图,录如次:

(图略。编者注。)

若详细说一说他们一区内农作物的各类及种植收获情形,他们还有一张较详的一览表如下:

(表略。编者注。)

那末,他们农民一年间工作状况,又怎样呢?一年之中,每月当然不能一样,有的时候忙,有的时间闲。且看改进会所制的统计图,便可明白一百分的忙时是在五、六、九、十四个月,而最闲的时候,则在一月、十二月。

(表略。编者注。)

继此便要说到改进会的改进农业办法了。他们一年以来,也曾经帮助农民做了不少有益的事,如除虫害啦,换种子啦,指示耕作方法啦,着实不少。不过皆是零杂的,不甚有系统的。他们也曾自办了一个小规模的农艺试验场,但是时期甚短(一年不到),没有试验出结果来,所以目前还不能供给农民参考,并且设备也嫌简陋一些。可是，现在正在那儿设法力谋扩充。他们平常对于农物生长情形培栽情形，以及气象，均有详细记载，录其表式如次：

（表略。编者注。）

他们固然极力采用新的科学方法，以谋农业改进，就是对于旧的老农经验谈，亦復加以重视。记得蒋仲钧君曾选集有“农家占候谚”一篇，也可附录在下面，供一供参考。

（略。编者注。）

最近在职教社方面，曾拟有两种试验办法，预备下半年在徐公桥开始施行。

（一）划区指导

是在一个农村教育区内，约定农民数家，就他所自种的田，划出数亩，做“指导区”。区内应种何项农作物，怎样种植，怎样管理，怎样收获，均一一依专家指导。到了收获时，如过于最近五年间平均收获量，则其赢余之数，悉归农民，不足则照数赔偿，且可另给津贴。因为坚固农民信仰起见，并可先付津贴若干，以资保证。

（二）定格悬赏

调查本区内某种作物每亩平均收获量而提高其标准。昭告村民，“能有种这种农作物到收获时，达此标准量，乃至过此标准量的，定有重赏”。这样一来，一般村民，自必加倍努力。这种标准量，并可逐年提高，以期农产量之逐渐增进。用这样方法来鼓励他们，想起来效果一定可以立见。

并由改进会既定两项章程，把所有的具体办法，皆规定在内，兹则一并附录如下：

（略。编者注。）

此外杨懋青君关于农作物实验计划及使用新农具办法，均经详细研究，并经一一写出，现在便可将他所拟的计划及办法，录在下面，并且有一部分，在改进会内，已经实行起来了。

（略。编者注。）

九、徐公桥的农家历

徐公桥乡村改进会，所有关于农事的设施，一方面固采用新法，力谋改进，一方面也颇能酌量地方情形，以期进行顺利。这一层在前面已经说过了。现在再看杨懋青君所编的农家历，便格外可以明白了。

（略。编者注。）

十、借贷合作社

中华职业教育社，为补助农民经济，并为养成农民合作习惯起见，于是就在去年年初夏拨款五百元，交由徐公桥乡村改进会设法组织借贷合作社，结果甚佳。本年又实行第二次试验，关于组织方面，当然比第一次要格外精密了。现在可把十七年改进会所办的借贷合作社社务报告，附录于次：

（略。编者注。）

今年改进会更邀集指导本地农民组成正式信用任命社了。兹录其呈县简章草案如次：

（略。编者注。）

十一、卫　生

农村方面，因教育尚未普及，所以对于卫生，多不甚讲求。徐公桥地方，所好的，村民对于不合卫生的迷信，比较尚不十分多。自乡村改进会成立以来，卫生讲演，清洁运动，已经不断地举行。至代种牛痘，去年曾经行过一次，今年仍照常办理。自经有了会所，特辟一间，贮藏药品，并预备设法约定沪上一位热心公益的医师，每星期下乡两次，酌送酬劳，半尽义务。此外他们所预备做的，还有改良助产一事，亦正在筹划之中。

在乡村方面，还有一件亟待解决而又不能急切解决的问题，便是厕所。大概徐公桥也有同样的情形。因为他们的厕所，不仅是用以储粪，还有经济的关系在内。要想把他们迁移地方，第一层，要使个人经济方面，不受损失；第二层，才能读到卫生清洁问题。根本的解决，自然要规定合宜的构造式样，规定设置适宜的处所，并且能数家联合起来公同使用，公同管理，且公同享有利益。不过这个样子，一时恐怕不易办到。他们为治标起见，只好就原有的设法加以改正了。据闻改进会内计划已定，不日就要实行。现在可把杨君懋青所拟的计划，录在下面。

（略。编者注。）

至于现在各厕所上均制有简单的规则牌,俾从公览,以资遵守。录之如次:

(略。编者注。)

十二、乡村十大信条

(一)吾们相信:要做国家的好百姓,先要从本身做起——做一个好人。还要从本乡做起——把一个乡村做得好好。

(二)吾们相信:无论农呀,工呀,凡是靠自己的劳力,过自己的生活,都是顶高贵的职业。

(三)吾们相信:世界上头等好人,不但靠自己的劳力,过自己的生活,还是随时随地,帮助别人。

(四)吾们相信:“求学”,是顶要紧的事,因为有了学问,坏的,可以使他好,好的,可以使他更好。

(五)吾们相信:种田的法子,如果一步一步讲究起来,除了实在没办法的天灾以外,都可用“人”的力量,坏的,使他好,好的,使他更好。

(六)吾们相信:挚挚诚诚地待人,老老实实地做事,无论在家呀,出门呀,是到底不会吃亏的。

(七)吾们相信:“勤”“俭”两字,是再好没有的,不虚度一刻光阴,就是“勤”,不虚花一文钱,不虚耗一件东西,就是“俭”。

(八)吾们相信:不良的嗜好,如“吸鸦片”“赌钱”等,是万万使不得的,因为这些事,不仅妨害职业,而且可以倾家荡产,害自己性命不算,还要害到子孙身上。

(九)吾们相信:女子和男子一样尊贵,女子也要读书,也要做事,不应该单靠男子,男子也不应该看轻女子。

(十)吾们相信:地方公益,要大家合力来办的,所以筑路呀,开河呀,造桥呀,我们要万众一心,有钱的出钱,有力的出力。

这是徐公桥的十大信条,曾经在村况报告单的背面印出来,并且大书深刻,用木牌悬挂在路旁的。

他们乡村改进会,为促进村友的自觉和向上起见,特酌察本地情形及一般农民的程度,制成这乡村信条十条,看似很简单的,却也是煞费苦心啊!他们每次开会既毕,必有一人就十条诵读一遍,有时且加以简明的解释。所有民众夜校,并将十条信条,列为课程,由授课的人,每日替农民讲解,不必求文字认识,但求意义明了。他们相信为十条条文,最适合于农民程度,据他们经验谈,凡是能了解十条的人,如再讲授三民主义,便觉得格外容易明白,格外容易吸收。所以他们决定办法,先令全村农民先将十条,大致了解,随即为之说明民族主义,同时开始练习四权。至于民生主义,本是他们设施的目的,天天在那边实行,更不用说了。

十三、民众夜校及图书阅览

徐公桥原有昆山县县立中心小学一所,现有学生一百余人,可是,要就全区学龄儿童数来说,未入学的儿童还多哩。现在可把改进会最近所制的统计图抄下来看一看:

(图略。编者注。)

在改进会平常与农友接谈,当然兼司劝学的任务,近来学校内学生数能比较上年增加,这也是一种原因。

此外,对于已过学龄的农村少年及未入过学的村友,更不能不设法去补行教育。去年半年来,露天识字,露天讲演,固然常常举办,但是,还觉散漫无归,因而从本年起,乃联合中心小学,共设民众夜校,先行开办三处,现在已开学快两个多月了。兹把徐君柏才所拟的夜校计划书及试办民众夜校规程,录在下面:

(略。编者注。)

除夜校外,会内复备书报阅览处。可惜书籍为数不多,好在照目前情形看,尚足以供农友的需要。兹将阅书报规程附录于后:

(略。编者注。)

十四、农民娱乐

消闲生活,是占人类生活的一部分,比较起来,其重要程度,并不亚于工作生活。尤其是农民,生活单调,一年到头,劳劳田亩,到了农功既毕,入此室处,自不能不有一些娱乐,供他们消遣。娱乐方法,当然有许多种,有是高尚的,有是卑下的,有是正当的,有是不正当的。对于一般农民,如是不用教育的方法,去指导他们的娱乐,当然易流于不正当不高尚一途。在徐公桥这一个地方,比较起的,农民不好的娱乐,还没有,所以提倡好的娱乐,格外容易。他们过去一年间,所组织的娱乐方法,可以具体说一说的,如新年,国庆日及春秋两季村友大会,均演唱新剧歌曲,及说书。又学习村乐,丝竹钟鼓咸备。置留半日机、幻灯,随时开演。备篮球、台球、象棋,任人来游艺。夏季则组织纳凉会,夕阳西下，皓月东升，聚村友到大广场，先开留音机，次则唱歌，再次则讲笑话、讲故事、谈时局。冬季则组织消寒会，风雪隆冬，置一大火炉于大会所之中间，村友团团围住，唱歌、说书、讲笑话、讲故事，谈时局亦如之。这样一来，不便满室春风，一场和乐，而种种教育，即可于无形之中，为有效的实施了。

他们本镇内还有一个中心茶园，是会内职员张越人先生设立的，园内陈列通俗图书颇多，凡村友来此吃茶，可以顺便看书阅报，这也是娱乐之场，含有教育作用的一种办法啊！

又杨君懋青撰有农家曲，教村友演唱，也可把他录出来：

（略。编者注。）

十五、今后六年间改进计划

在中华职业教育社一方面，对于此项农村改进事业，本是抱定试验态度去做的，并且不希望永久做，所以从十七年七月起，预备再办六年，因此乃罕酌地方形态，拟定了一个六年间的进行计划。尽可一并附录于次。

（略。编者注。）

十六、到会参观人的评语

近半年来，各方人士，到徐公桥参观的，为数很多，到了之后，均请其留下一些评语，兹就会内参观评语册子上录了一些下来看一看：

（部分）

何玉书君：希望对于四权之使用，切实指导，补助政府力量之所不逮，使农民革命化，以符训政之本旨。

潘公展君：能以最少的经费，办最大的事业，得力全在居民自动与各方合作，希望本此精神，努力不懈，使农民之民权民生，均有使用与发展之可能。

章沦清君：在我国而有此一片土，而有此实际的工作，真是一线生机！希望诸公努力，使我国各乡村均有此康乐和亲景象也。还有个小小的贡献：（1）希望贷款范围不限于农民，并不限于专给彼等买肥料，任何缓急，皆可济之。（2）农具应陈列于会所以内，能多陈列改良的中外农具，并加以详细地说明，尤妙！

村婆子的评语：有一天，吾们到徐公桥，只当做外来的客人，走到一个村落里，见一位白发的老婆婆，因指定乡村改进会的新屋，问老婆婆："他们屋里先生们到底干什么？"她答道："他们总是劝人家做好人，没有别的。"

（原载《徐公桥》，江恒源著，中华职业教育社，1929年4月）

实施民众教育应具的条件①

我们知道"需要"之发生,由于我们感到了缺乏。缺乏的感觉,人所同具,所谓不忍之心,人所独富,譬如上海绑匪的迭出,外人霸占租界,在常人不以为意,有心人视之,就感到种种的缺乏了。因为有种种的缺乏,而生出种种所以谋补救的策略,于是遂有种种的需要发生,而民众教育的需要,也就根据了种种缺乏而产生的。民众教育的产生,他所根据的缺乏,依我国人的观察,有客观和主观的两方面:客观方面的是属于民众的;主观方面的是属于办事人的,现在分别来说说。

一、客观方面

1. 愚——中国民众的愚昧无知,直较任何国为多,而尤以中国乡村里的民众,大都自己的名字都不会写,划一个十字来代表中华民国的国民,以这种目不识丁的民众,要想他们能够使用直接民权,这不是梦想吗？所以现在的民众教育,就因为民众知识

① 江问渔讲,袁世忠、蔡有常记。

的缺乏,而有知识灌输的需要。

2. 弱——这也是我们中国人的缺乏。城市的不卫生姑且不说,就是空气清新的乡村,也是不能卫生,因不讲卫生,国民身体就要弱了,各人身体弱了,国家也就弱起来了。我们看上海虹口的日本小孩子的身体,比我们中国的儿童,则中国儿童的体身相差甚远,于此可知中国国民的弱,不是无因的,以这样弱的国民,要想他来打倒帝国主义,岂非梦想?所以现在要靠民众教育事提倡卫生,提倡军事训练。

3. 贫——中国的贫,毋庸讳言的,中山先生说,中国只有大贫和小贫,没有所谓资本家。现在要设法怎样去解决民众的贫,才是我们的正路,而一般盲目的青年,在中国这种情况之下,还可高喊着打倒资本主义,不知不良的资本制度,是可以打倒的,而且是必需打倒的,惟良好的资本制度像合作组织等,是应当提倡的。必这样的利用资本来解决了中国之贫,然后再谈打倒资本,应未为晚,不然,穷人说硬话,煞是胡闹,而要解决这个贫,当然也要偏劳民众教育了。

4. 散——散是中国民众的大病,外人说,中国民众是一盘散沙,这是确实的,我们只要看中国的民众有没有团结?有没有组织?就可明了,在专制时代,因受了专制的摧残,愚民政策的支配,所以不能团结起来,那还可以说得过去,在现在青白旗帜之下的民众,假使还是一盘散沙,家与家不合,村与村不合,土匪一来,四散逃避,毫无抵御的能力,这实在是说不过去的一件事,所以因为民众团结的组织的缺乏,就有民众教育的需要。

5. 乱——中国乱的现象,不独在政治上可以看得出,就是在一个人的生活状况上，也可看出来，像生活浪漫、精神涣散，无非是乱的现象，所谓举国扰扰，正是中国的现状。至于治国之法，不外二种：一曰法治，二曰礼乐之治。礼乐之治，是在提高民众感情，使是正当的娱乐，以陶冶他的德性，俾生活各得其和平，所以戴季陶先生提倡礼乐，不是没有意思的。然这个工作，也是需要民众教育来提倡哩。

上述五种缺乏，是中国全国一致的，并且这五种缺乏是互为因果的，而民众教育的责任，就在同时解决上述五种缺乏。

从前的教育，往往毕业出来的学生，对于社会不能适应的，受过教育的人，不一定能够改造社会；或许因为他受了教育，对于社会更会破坏，这都是过去办教育者的最大的失败，现在我们知道了。知道学校不能离开社会，同时也知道单靠学校教育是不行的。因为学校内尽管说得天花乱坠，学生一到社会上去，他又受了社会的感化了。例如，学校内教他不可吃纸烟，学生的家长却在家中抽大烟；学校内教他不要赌钱，社会上确盛行叉麻雀、打扑克；学校内教他用阳历，他家内仍用着阴历，诸如此类，举不胜举。而学校教育的效率，也就因此消灭无余，所以今后的教育，应注意到社会一方面才是。我们要补救上述五种缺乏才是。而同时还要顾及各地的特殊需要、各人的特殊需要，而施以一种适宜的教育，因教育的事业，是由需要同产生的，所以甲地和乙地的需要不同，教育也就要不用（原文如此，似为同之误。编者注。），江北有江北的需要，江南有江南的需要，工有工的需要，商有商的需要，农有农的需要，此时有此时的需要，彼时复有彼时的需要，所以除一般的需要之外，复各地各时各人有其各不相同的特殊需要。

二、主观方面

我们做事,必具两个要素:一、精神,二、方法。有了精神而没有方法,则乱做而已,决难希有成效,然有了方法而没有精神,事业一样难于成功,因方法是死的,必有人的精神来运用它,才能显出方法的作用,所以精神与方法,是办事的必要条件,缺一不可的。

所以我们办教育的人,有五种主观的需要:

1. 无中生有

中国人做事,向来因循苟且,不喜多费脑筋,外人就不然,他们无论一衣一食,常常运用思想,在无生有,墙上脏了,要把他粉刷,桌子坏了,要把他修好,事无巨细,刻刻注意改进。现在的民众教育,也是无中生有,因为民众教育这件东西,本来没有的,全在诸君于这无中去找出有来。

2. 利用机会

这句话似乎有投机的嫌疑,其实办教育的假使求怎样才可经济时间?怎样可收效果?那非利用机会不可,乡村的茶园,我们正可利用它来施行民众教育。

3. 耐劳互助

我们感到社会环境太坏了,非有改良的办法是不行了,从前有乡村教育的提倡,希望把乡村教育来做改良社会之中心,但社会情形是很复杂的,改良匪易,且乡村小学教师,一天忙到晚,试替他想一想，有没有空余时间来直接开导社会？现在好了，现在已由国家来训练一般专门谋社会改造的专门人才了，但有了人才，未必就能改造社会，还要大家共同努力，互助合作，坚苦耐劳去干，同时再联络小学教师、行政界、村长等，通力合作才行。

4. 锲而不舍

我们做事，往往一时起劲，过了几天，就怠了下去，或是一遇困难就灰心了。这是不应该的，办民众教育，就要积极努力，民众不易教育，不可舍而不为，应从困难中找出路。

5. 以身作则

办民众教育要能够以身作则，才能指导民众生活的改良，否则，所谓“己身不正，焉能正人”，自己吸烟，而教人家不要吸烟，那是做不到的一件事。自己有了不良的习惯，要去矫正别人，那是绝不会发生效率的。俗话说得好：“上梁不正，下梁歪”。所以总要自己身体力行，才可以激励别人。

以上五点为实施民众教育者所应具的精神，凡是民教同志，都应该深深的反省而策励。（下略。编者注。）

（原载《民众教育》，1929 年第 1 卷第 3 期）

职业教育问题[1]

鄙人现一方从事办职业教育，一方从事学职业教育。今在旅途倥偬之际，得与诸君共聚一堂，互相讨论，固甚乐也。闻教育学院顾树森先生担任职业教育学程，在理论方面，诸君已有研究。今所谈者，中华职业教育社之实际工作也。吾人将职业教育社之工作，用方法归纳之，是否与原理相符，希诸君进而批评与讨论焉。

职业教育有两方面之意义：就狭义方面言，职业教育为生计教育，质言之，即吃饭教育，此一般人之见解也。吾以为此种说法，极不妥适。果从其说，则我国之徒弟制亦为教人谋生，使人吃饭，是亦职业教育。不知人类虽依吃饭而生存，而非为吃饭而生存也。就广义方面而言，则官吏、教师、医生、牧师、律师……皆是职业；即大学、中学、小学之教育，亦无非职业的，或预备职业的。是说也，又觉泛而无当。折衷言之，可下一职业教育之定义曰：

职业教育在使人于农、工、商、家政各方面能有谋生技能，同时施以人格训练、文化陶冶。

---

① 江问渔先生讲，朱端琰记。

我国数千年来，皆重文雅教育，崇尚文人之习惯，由来已久。但孔子亦言"已富之必教之"；管子虽为法家，亦言'衣食足而后礼义兴'，故亦非不知职业与教育之关系。唐宋以后，人格教育，益为注重；宋儒有"饿死事小，失节事大"之言。但人类生而具有各种需要，人格教育，仅能给以精神之滋养，而不能满足其物质之欲求。欲求精神生活之圆满，必备物质丰富之条件；不然，内徒空谈，不能办到也。

西洋自十八世纪后，科学发达，工业革命，由手工业变为机器业，由小组织变成大组织。学徒制崩坏，职业组织复杂，非有教育培养，不能使就业者胜任愉快，故职业教育运动勃兴。但同时仍兼顾公民教育、文化教育也。我国自废科举，办新学以来，失业人数，日见其多，职业教育，诚不容缓。目睹时艰，起而宣传鼓吹者，亦非无人，然皆是空论，无人从事实际工作。留学生及圈内大学生之学工、学农、学商者，虽可为职业教育之领袖人才但无下级干部。国民革命军之所以能北伐成功，一方固赖高级将帅之智谋，而得于黄埔军校下级官佐之力为尤大；因将帅不能亲自冲锋陷阵，有谋无勇，无用也。中国职业教育之领袖人才虽有，而职业教育之下级干部则缺。而在另一方面。则小学生有百分之八不升学，中学生有百分之六不升学；此不升学之儿童，遂为高级游民，社会之蠹。故职业学校之设，非常需要，中华职业教育社，即应此需要而产生也。

职业教育社，成立于民国六年，已有十一年之历史，中分二部：（一）研究部，专事编译书报、推广调查、研究问题，辅佐普通教育；现在已经出版刊物，有四百余种。（二）试验部，此部工作，可分三项而言:(A)中华职业学校,(B)农村教育,(C)职业指导。以上三种工作,皆职教社独自办理,各项内容,以下将分述之。此外尚有与其他团体合办者,如与晓庄乡村师范合办之中心茶社、中心木店,与南京特别市教育局合办之职业指导所、镇江之女子职业学校等,是也。

一、中华职业学校

就数年来之经验,所悬理想,与实际情形,每不相符。在最初办职业学校之时,欲使一般贫人子弟前来就学,故校址亦择在贫民较多之地。但实际上,贫民终于极少。办学之初,亦曾顾虑到其地方人民所需要之职业为何,调查十六所小学,附近做织工者有百分之四五,做木工者百分之二三。于是遂设织工科及木工作,以为已适该地之需要,则其地儿童,将胥来就学,但实际不然。就学者,多半自各地,浙江、宁波、杭州、江北各地皆有。积数年来之教训,深知欲求社会之改进,必各方面同时努力进展。该地之小学不发达,就职业学校之学生来源自少。成人教育、补习教育不发达,则年长失学之工人,自不知教育之重要,而使其子弟入学。故以上各种条件不具备。故前述二理想,皆未能实现也。当办学校之时,以为应绝对劳工化,教员学生,皆须做工,此风初时尚好,但不能持续。学生人教已达二百人以上,一为顾全学生性,及社会需要起见,添设师范、文书二班;但自添设此二班,而劳工之精神,则大灭杀。此二班学生为不能脱却长衣,从事工作,逐渐养成文雅态度:于是久而久之,此风影响及于全校矣。办学之初，亦认定学生必须自治，而且在：(一)教员指导之下，(二)人人有服务机会，二条件之下，努力促成自治风气。此风至今尚能保存，全校员生合作之结果也。当时设科，分为二级，二年一级，二年修完后。不急于谋生者，智力较优者，可加以深造。以毕业之学生，可以代替工厂中之旧式工头，因旧式工头虽有小领袖才，而无智识，墨守成法，不能改进。对于工人之教育问题，更不必言，易受人从鼓惑，起而罢工。且旧式工头，多有各种嗜好。大工厂每月耗一百五十元以上之费，聘一旧式工头者，必更愿雇一职业学校毕业之学生以代之也。

现在毕业于职业学校者，约二百余人，皆有出路，颇著成绩。上海有七家工厂做法瑯池盆用具者，其中皆有职业学校学生。自法瑯工厂兴办后，从前日本货之充斥于市者，今已绝迹矣。做衣扣亦为职校重视，所出衣扣甚多，沪宁沪杭两路之乡村小市，皆有贩卖者。现在职业学校力求适合社会需要，积极恢复初办时之劳工精神，至校中工友，今仅用十人，功课方面力求切实，一二年级，每日做工五时，三年级以上兼重学理，将来成绩如何，未敢逆料也。

职业教育，为当今急务，前已言之矣，但欲使职业教育普及，则师资及行政人员之造就，尤为先决问题；如无特殊训练之行政人员及教师，而悬职业学校之招牌，则有名无实，与普通中学，何似异乎。中华职业教育社，有鉴于此，故计划自下半年始，招收二班学生：一班在造就职业学校师资，招农业、工业或商业学校毕业者入学，授以教学方法及技能；一班在造就职业学校行政人员，如校长、教务主任及训育主任之类，此班收高中师范科毕业，师范学校毕业，或曾办过学校者，授以职业教育理论，及办学方法。此二种人材如已造就，则普及职业教育，容易进行。但此计划，能否实现，将来有无成绩，尚待事实之证明。以上所言，乃中华职业学校之大概情形也。

二、农村教育

不言“农业教育”而标“农村教育”者，盖教育之内容，不仅限于农业之智识与技能，尤不限于农村之学校教育也。从前之中等职业教育，办得太坏，与农民社会，毫不发生关系，其故或由于制度之不良，或由于方法之不善，欲变更制度，为政府之责任，但在可能范围之内，亦必谋有以改善之。吾人深切观察，无论从任何方面看，农村教育，皆有提倡之必要。徒养成少许农业学校毕业生，谁行其道？谁受其道？仍无裨农村之实际利益。欲使农村教育发达，必自下层工作做起也。

农村教育机关可分二类：(一)农村小学，以农村小学为中心，去施教育，改善农村生活，增加农民生产，如燕子矶小学、尧化门小学，皆有此种精神。从前之师范教育，已走迷途，教人离开农村，不事生产，故陶知行先生，力矫时弊，创办晓庄乡村师范。(二)另设一机关主持，而不以学校为单位，如前东南大学农科、教育科，中华教育改进社，及中华职业教育社合办之乡村改进会是也。此会合办之初，拟就计划中，先着手改进之乡村，必具下列四个条件：(一)交通便利，(二)农村生活力能自给，(三)自然环境甚好，无土匪盗贼之类，(四)本地有相当领袖帮忙。当时最热心者，为赵叔愚先生，今赵先生为农村教育尽瘁，事业未成身先死，诚为可痛心之事，其时曾找得离安亭车站六里远之徐公桥地方，适合以上四种条件，该地东至西十里，南至北十里，户口共四百二十余，男女老幼共二千零一人，无大富，无大贫，为一农业社会，奈因时局影响，东大改组，无人负责进行。直至十七年，中华职业教育社始独力兴办，请一金陵大学农科毕业生为干事，共分总务、教育、卫生、农艺、宣传、娱乐等七部。虽兴办未久，而堪以报告者颇多。建有能容五百人之礼堂，修桥造路亦不少，所费不下四千余元，虽大部分为职教社所出，而该地人民之愿自输将者，亦有千余元，可见农村非无明大义者。该地农产品，每年输出六万余元，输入一万余元，相抵多进五万余元，四百二十余家均分，每家可得一百三十元。农艺部，应用科学原理，帮助农民，选择种子，整理耕田，改良肥料，救农民预防害虫，救济天灾。教育部之成绩，显而易见者，则学生增加；至成人教育，则从普通实用之具体事物之名称先教起，并教以做人之道、国民责任，及伟人功绩、时贤轶事等。施教时必在适当情境之下，所取效果甚大。并制有信条，每二星期须熟背一条，每二月一单位，现尚在试验期中。卫生部工作，则替农民种牛痘、施药等皆行之。徐公桥自改善以来，生产增加，村无强盗游民。可见欲改造社会，并非难事，只在有心人之努力耳。

言至此吾谨以至诚恳之态度为诸君进一言，我国有百分之八十五以至百分之九十，皆是农民；整个中华民国，即建筑在此多数农民之上，其与国家民族之关系如何？但一般人对此多数农民，任其自生自灭，不谋有以教育之，使之增加生产，提高文化，一般土豪劣绅，更从而施其压迫手段。中华本以农立国，但现在外国输进者，已达一万万元以上矣，此三万万五千万人民无教育，生产每年减少，试问国家何以立？民族何以存？诸君皆研究教育者，且是皆热心教育者，请联络同志，下一最大决心。为三万万五千万人民谋幸福！

在农村做事，据经验之所得，有数点必须注意：(1)与农民往来，须以朋友自居，切不可以先知自许。谈话须和蔼可亲，绝除骄矜虚伪态度。在徐公桥方面之主事者即能本此以行。冬有消寒会，夏有纳凉会，皆在大会堂中举行。并有留音机及各种书画等，从中施教。并教以集会议式等，皆奏奇效。(2)调查全村户口，此为基本之工作。户口人丁，作一详细周密调查。生死亦须确实登记。此表用处极大：如某家有七龄之儿童，未进学校，则可从而劝学，此一例也。(3)必有大会堂，只为乡村农民集会之用。如不能建筑瓦房，则茅屋亦可。凡乡村人之婚、丧、喜事，及纪念日集会，皆可在此大会堂中举行。在此群众集会之中，可得许多无形之教育。增加生产，为农村教育极重要之工作。我国旧式生产方法，未免迟笨，而新的方法，又未能完全采纳。吾人欲使农民增加生产，有二法可行：一，奖励办法。某人生产较多者，则给以相当之奖励。二，设法使信科学方法(如选种、除虫之法)，商得农民所种之田，划出一区，由自己用新式科学方法去耕种，并许偿以该田前五年中最高之生产量。如照新式方法耕种所生产者，超于其最高生产量亦悉数予之，并先押若干银以取信。吾人可信照科学方法经营者，生产必多；故此法一行，农民自能照行新法。每年开农民展览会，加以游艺，以免枯燥，效果甚大。在徐公桥方面,有几个口号:改良农村生活,增加农民生产,提高农料智识,普及农民教育,改善农民娱乐。虽仅有八个月之历史,成绩颇有可观。以上农村教育之概况也。

三、职业教育指导所

要使职业教育彻底,则必使未入学校之儿童,得学其自己适宜之职业,已出学校之后,社会能与其以适宜之职业。是故职业教育指导重焉,欲其个性与某种职业相合,则有藉于心理测验;欲求学校所学能适应社会之需要,则有藉于职业调查。现在职业界不信仰学校,不高兴延用职业学校毕业生,此固职业界自杀之计。但职业学校方面,亦有不能讳之过失,所造就之人才,智识、技能、品性方面,皆受人指摘,不能副(原文如此,似为负之误。编者注。)职业界中人之期望。故学校应自努力,如何使职业界明了职业与教育之关系,如何使学校之设施,能根据职业界之实际需要,是职业指导中之重要目的。介绍职业,学校亦应顾到。现在我国青年之失业者,遍地皆是,激烈者,则铤而走险;灰心者,则从此消极堕落,甚而自寻短计,投江自杀。噫!英勇可畏之青年,不幸有此恶果,岂不可惜?职业介绍与职业指导,为青年之救星。希各地皆能设立,中等学校对此尤为重要,现中华职业教育社在上海之职业介绍,颇有成绩,吾人必继续努力。以救(原文如此,似为求之误。编者注。)无业者有业,有业者乐业也。(完)

(原载《国立中央大学教育行政周刊》,1929年第89,90期)

职业化民众教育

——职业的教育偏重本人技能，民众的教育偏重公民常识

中大民众中小学校，因增广该校学生知识起见，于昨日（三日）上午七时假中大中山讲演厅，聘请中华职业教育社主任江问渔先生讲演。讲题为：职业化民众教育。到者民众，及该校教职员，并全体学生共约四百人。到九时讲毕，并摄影纪念云。兹将其讲演大意录下：

教育之范围有二：（一）人才教育，（二）职业教育。人才教育乃一贯的即为造成一般有用的人才。但是其中有不能升学者，而又无专门技能，则将若之何。吾人为补救起见，故遂有职业教育之设。由此可知，职业教育，乃对人的问题。然在中国则有一种特殊的现象，即中国不识字的人太多。如木匠的传授，只有口述而不用文字。故有一种补救办法，遂有一种平民教育之设。盖因于不读书，则不配称之为人，亦不配生存于党国之下。由此可见，职业教育，与人才教育，有同等的价值。中国新教育生存，已有四十余年，所造就之人才，又不能促中国之进步，则为专门人才太多，而专门以下人才太少。犹军队中的军官太多，而士兵

太少的毛病一样。吾人应该知造就专门人才,固为重要,然对于平民教育尤为重要。两者共同发展,始可促中国之进步。

民众教育与职业教育的区别:职业的教育,偏重于本人的技能。民众教育,偏重于普通的公民常识。申言之,国民读书,明了国家大事,而不能谋生,则将若何?因免此敝,必须民众教育与职业教育,同时并重,一方注重各种公民的常识,一方又养其谋生的技能。至于民众教育,是否应该按升学的办法授课,或依职业的学识讲授,乃一种最重要的问题。以吾个人之观察,平民教育是应有职业教育之必要。施行民众与职业的混合教育,则注重三方面:(一)特别注重学生家族状况,(二)学生的个性,(三)社会的需要。以此为目标,而订其课程,始克有济。吾人于此,又必需注意办理之方法:(一)计划,(二)人材。有此二种,则组织始能完善。补救职业的方法,计为四类:(一)健康教育(体格检查),(二)公民教育(三民主义),(三)生计教育,即根本教育,(四)文字教育云。

(原载《新中华报》,1929 年 7 月 4 日第 7 版)

乡村教育

——上海县学员听讲笔记选录[①]

第一篇　概　况

第一章　何为农村

吾国近来对于乡村教育，研求之热度愈高，设施之结果亦渐佳。乡村教育，亦可名之曰农村教育。吾人欲详为研究，必须先将农村二字之意义，十分明了，然后可以讲农村教育。农之一字，古篆书为農，从晨从春，意即农人于晨光微露之时，出而工作，向光明正路而行。又写作辳，从林从晨，林为乡村多有之物，晨间远望丛林茂盛，亦农家景象也。村字古书为邨。农村二字之成立，系对都市而言也。都市为工商经营之区，乡村为农业根据之地。农村之种类可别为三种：(一)山村，(二)水村，(三)平原村。山村如安徽、湖南等省，农产除五谷之外，又多药材，人民性

---

① 江问渔先生讲述，陆树昌笔记。

情朴实。水村如江浙一带，港汊分歧，农产多稻棉蒲柳鱼虾之类，谚谓鱼米之乡，人民性情活泼、善交际。平原村如山东、河南等省，地势平坦，一望千顷，产五谷多矿区人，人民聚族而居，因地势宽阔，每多盗贼，是以人民居处，多筑堡塞为抵抗之具，习性刚强。各种农村之生活、风土状况，既如上述。则农村教育设施之时，亦须因地制宜。总言之，城市与乡村之区别，前者以工商为主，后者以农产为主是也。

第二章　农村之优点与劣点

第一节　优　点

农村之优点，一则田野交错，水道纵横，可以养成和平心理、快愉之情感。二则日居于大自然之下，空气清鲜，因之增长智慧，疾病减少，日日操作田间，努力工作，可名之曰自然体操，人民因之健康。三则都市居民，无事不处思积虑，劳心耗血，农人则专心农业，所谓种瓜得瓜，种豆得豆，劳力生活，身心坦然，体魄自然健康。四则乡人敬爱邻里，守望相助，疾病相扶持，可以发挥互助之精神。都市居民则不然，邻里漠不相关，同居一宅，毫无感情之可言。乡人性质纯厚，虽外来旅客，本不相识，偶有所求，亦可慨然留其食宿而不吝，风俗使然也。其余优点尚多，均由此数要素内变化而生，不再详述。

第二节　劣　点

农村之劣点，可分四项。（一）交通运输不交。凡交通事业，大多注重工商业发远达之区，而不注意农产物之运输。因之乡人对外接触机会极少，知识方面，则难有充分之发达。（二）见闻之机会少。都市方面各种设施完备，新的消息传布极速，一旦发生事故，顷刻之间，尽人皆知。而乡村则不然，交通迟钝，新闻消息之传播太迟，辗转相传，已系明日黄花，而乡人尚名之曰新闻，于是见闻不广矣。(三)刺激的事物太少。例如，中俄纠纷，都市方面早已尽人皆知，尤恐不能普及，于是开市民大会，分贴标语及讽刺图画等，使一般市民目睹心惊，知所惊惕。乡村方面则不然，此种标语图画，极难见到，一般乡人心目中，一无刺激。则所谓爱国心者，由何而起。(四)乡村卫生设备不全。吾国乡人对于卫生方面，太半墨守旧制，不知改革，生死委诸天命，医院既无，病症丛生，死于非命者，实难指数。又如产科，乡人不知助产士为何物，以最重要之母子生命，托诸稳婆，稳婆对于生产，虽稍有经验，并无真确之学识，因之断送于此辈之手者，亦时有所闻。总以上优劣二点言之，吾人爱护乡村教育，其目的即发达旧有之优点，取消一切劣点。由是观之，乡村教育，实为当今之急务，不可一日少缓也。

第三章　中国农村概况与农民现象

第一节　一般的农民概况和现象

吾国一般农民情形，第一可名之曰愚。何则吾国教育事业，多注重于都市。即如江苏，为教育发达之区，而乡村中失学的学龄儿童，尚有三分之一。其余他省，或因办理失当，或因经费不充，则其教育进行之迟缓，可想见矣。教育既不顾及乡村，农民知识自然缺乏，知识既无，焉得而不愚。第二现象曰贫，吾人欲知其穷之原因，其最易证明之点有四。(一)观诸海关贸易册，中国向称地大物博，农矿最富之地，出口品应超乎进口品之上。而历年考查，吾国原有之米麦海产品，竟不足以供给自用，反而求诸外人。倘外人不肯供给，行将发生粮食恐慌。（二）观诸国中内乱不息，盗贼蜂起，农工商不能安于其业，以良好田园，无人耕种，农产日减，是又贫之一大原因也。（三）证诸水旱不均，土地荒芜，农产不能发达。（四）乡人年来羡慕都市生活，乡民一变而为都市化，农人既不安于农，则生产日少，外货乘此机会，输入日多。统观以上四点，生产力薄弱，焉得谓之不贫。第三现象曰弱，前章曾言及农民生活于乡村，大受自然之力，身体强健，今则称之为弱，岂非自相矛盾乎，非也。前章所云，系农人受天然之利，自然之康健。兹所谓弱，系后天之习染，卫生缺乏，不能用新法医治，而成永远之疾病，身体焉能不弱。证诸乡村中农民，往往发生一种湿气症，腿部高肿，俗名曰粗腿病，医治颇难，竟成终身之累。又加沙眼、天花等病，乡村无处不有，此种现象，睹之岂不可怜，其致病之由，缘于农民不重卫生故也。第四现象曰散，此言似与前所谓守望相助，发生抵触，实则农民固有互助之精神，然缺乏组织之能力。凡诸公共事务，每乏群策群力之精神，即遇盗贼之来，亦无良策以抵抗之。究其实，农民知识浅薄，缺乏正当之训练故也。总以上四种现象，可说为吾国一般农民之通病，又有一种附属于农民者。曰渔民，吾国沿海数省，海岸线甚长，渔民约有一千万以上，其平时情形，所谓浮家泛宅，渔舟一叶，东飘西荡，以捕鱼为生活。所余之资，狂饮豪赌，以血汗换得之金钱，不惜一切，一旦财尽，则流为海盗，其原因亦不外乎缺少教育，毫无知识。现在日人乘隙地侵入，夺我渔业，其捕鱼之法甚精，以彼一人之工作可抵我国渔民两百人之工作，我国渔民若不急起直进，则优胜劣败，难免天然之淘汰也。

第二节　江苏一省之农民概况和现象

江苏农民现象，可分三类。第一类，苏松常一带农民，以八口之家，种田十余亩。第二类，镇扬淮宁一带，种田五十余亩。第三类，徐海一带，农民种八十亩，至百亩以上。以上三种农民，比较的淮扬略好，徐海略苦。吾人希望农人生计充足，一则可有人生之乐，二则每年每家可有百余元之积蓄，作子女往农业学校修业之费。卒业之后，可以改良农产，胜于往昔，既有学识，亦具有组织能力，可以充乡村自治。农村之不良生活，亦可渐为改进，渐趋富强矣。否则农民不能发展，则永为牛马，人民既不能发达，国家又有何希望？于是中华职业教育社，以年余百元之农民为标准，调查苏省状况，惟有无锡之农民，每年尚可有百余元之积蓄。考其可能之原因，可分三种：（一）有副业，如蚕缫丝。（二）农民能用新式农具，如新式抽水机之利用，无锡乡间，时有所见，事半功倍，农产自富。（三）工厂发达，人民可以做工。无锡工厂林立，男女均有相当工作，所以该地人民，平均每年可有余款矣，但缺少知识，往往以有用之金钱，掷诸浪费。能令儿童学习农业，尚系少数。由是观之，教育家急应竭力提倡，能以所余之资，培植子弟，则将来大有希望之地也。再则教育家庭应注意之处，为海州一带，该处土地肥沃，多系荒地垦熟，出产极富，人民因毫无知识，金钱之来源太易，于是吃喝嫖赌，无所不为，结果则家产用罄，流为盗匪。而社会方面，因环境如此，遂发生不良之现象，此亦教育家庭竭力改革者也。第三点如淮扬一带，农人家种百亩之田,又有年长之子弟,可以帮助耕作,生活渐渐宽裕,由小康而变为富有,坐拥巨资,于是羡慕绅缙,希望子孙读书识字。然缺乏知识,无鉴别之能力,不能择应用之业学习,至于高小或初中卒业之后,子弟羡慕都市生活,不安于乡居,希望至教育发达之申江,以求知识之增进,家庭既允其读书,自难阻止。抵申之后,为习俗所染,美衣美食而不足,加之以嫖赌,不知节俭,年须若干,往往因之家道中落。于是一般乡人,多有怀疑者,以为子弟不应求学,而不知其由于根本之错误也。第四点如徐海一带,农民可分为三种:田主,自田自种,佃户租户。以上三种农民,田主则坐拥巨资,以为子弟求学,反招损失,不如株守田园,可以持久。又恐其作轨外之举,于是诱之以吸食鸦片,绝对不使其读书。第二种虽可称为小康,然因田间工作需人,不令儿童求学,或无适当之学校,既学之后,亦无济于事,或鉴于乡人之求学者,因子弟之浪费而破产,于是视求学为畏途。总以上数种观之,可知江苏教育生活如此。吾人欲改善之,营救之,除办理乡村教育外,无完善之策矣。然办理乡村教育,应有各方面集中之点,总纲目不外乎改良农民生活、卫生生活、政治生活、团体生活。若云教之以读书识字,即可谓之乡村教育,则又误矣。

第四章　中国农村教育之重要

第一节　公民教育

凡一国家,能使其立足于世界,则人民必须具有公民知识。吾国人民有四万万之多,乡村若干,一时尚无相当之调查。然四万万人民之中,受有相当教育,而有公民常识者,只一万万,而多数之三万万，仍为愚弱贫散之农民。以一万万人民，来组织国家，焉能担此重任。其余三万万之愚民，如再不急为施教，吾恐老大中国，难在世界立足矣。况吾国旧俗，重士轻农，迄今此风仍不能完全打破，以至于今，竟成畸形国家。所以农民教育，实为当今之急务，乡村教育之设旅（原文如此，似为施之误。编者注。），可分二项：一农童，二农人。办学校系教育儿童，对成人则应用补习，其要义，即使无人不受教育，俾使改善其生计问题也。

第二节　国家富力

一国之富强，要视其富力之如何。富力高则强，低则弱，此必然之理也。吾国年来灾患频频，生产力日弱，外货输入日多。由此观之，乡村教育之设施，何其重要。古语有云，先富后教。然证诸当今时势，则微有不同，应即富即教，亦可云即教即富。如农人向无知识，今即教之以利用新式农具，可以省去人工，出产又可以增加，然后再教之以抽水机等之制造修理法，结果产量增加，农人明新农具制造修理法，知识即无形增进。总之，乡村教育之急于设施者，其目的即使农村间可以增加产量，农村之环境并须改良，使农民有正当之娱乐，如设立体育场、公园、民众茶园等，亦可以减少农人希望到都市之心理，安于业农，少受若干损失，亦系教之以富也。

第三节　国际设想

大凡每一国家，因位于寒热带之不同，而所产之物品，即各有所长，各有所短。有工商业不发达、农产丰富者，有农产缺乏、而工商发达者。此虽系自然的历史的，然亦有补救之策，即着重己之所长，使其前进无已，研求我之所短，使之日渐发达。倘不足是，则外人侵略日甚，国际地位亦从此坠落矣。吾国之长为农业，即应竭力发达之，其短为工商业，亦应竭力研求之，使其与各国同在水平线上，勿令其日短一日，此则必须提倡乡村教育，使有以改革之也。

第五章　农村教育与农业教育

第一节　农村教育与农业教育之区别

农村教育与农业教育，世人往往并为一谈，其实二者之意义不同，其不同之点，有三。（一）农村教育系改良儿童教育、成人教育而设；农业教育，系养成农业专门人材而设。（二）农村教育是平民的，初等的；农业教育则为大学的，中学的，阶级的。（三）农村教育范围广阔，包括五种意义：（1）农业民生计，（2）农村建设，（3）农民健康，（4）农民娱乐，（5）农民教育（狭义的读书识字）；农业教育，则专为养成农业上专门人材与知能。由是而知，农村教育，与农业教育之区别甚显也。

第二节　农村教育与农业教育之关系

农村教育与农业教育之关系，亦甚密切，可分为二。（一）农村教育之设施，注重农人生计，生产之改良，然必须有农业专门人材，为之指导。（二）近来学者，对于农村教育，因何如是之热烈，考其原因，即昔者农业教育，将对于农村之关系，完全置诸脑后。学校设于都市，与农人隔绝，平时实习，纯系贵族式的，卒业之后，不能实用于农业。有人鉴于此种设施为错误，于是改在乡村，使学生确实认识农业之历程、改良之法则、新式农具之功用，养成其坚苦耐劳之精神。卒业之后，办理农村教育，则驾熟而就轻矣。农村教育，与农业教育之关系，可谓密切矣。

第六章 中国农村教育发展之原因

第一节 优良小学之发见

吾国自创办教育以来，其最不良之习惯，即注意都市，而忽视乡村。数年前，忽于偏僻之地，发见多处优良小学，如燕子矶小学，用教学做合一之方法，求于事有济之结果，与农村联络一气，乡村受益甚大。学者发觉之后，愈信乡村教育，实为当今之急。然究竟此等学校，与农村因何发生关系，试举数种理由以明之。旧者学校有农业一课，教师照课本宣讲，学生按读本识字，毫无实在之农业学识。而是校则不然，纯以实习为主，如教授学童种植白菜，先引起儿童动机，再讨论选种施肥等方法，规定十大步骤，实地试验，于校园之内，种时按步做去，结果白菜非常之大，于是令儿童传知家长，互相参观，乡人目睹此良好之结果，颇为惊疑，教师则趁此机会，招集乡人，告以种菜方法，授以进行之十大步骤。此所谓十大步骤者，不过了了百余字，而效果胜于一部书。余则如烹饪讨论烹饪之步骤，缝纫告以缝纫之步骤，既省材料，又可协助家庭，做弟妹衣服，儿童可以借此实习，而农人之信仰亦日深矣。其对外也，亦与昔不同，往者校外悬挂木牌，示以闲人免进、禁止喧哗等句，乡人望之生畏，焉敢亲近。今日虽已改良，然于无形之间，仍寓校务重地之意。是校则大不然，门前一无阻拦，于教室后面，设凳若干，专为招待乡人而设，人人可以入内坐听，而校内职员，亦时至乡人家中访问，互相亲近，感情日厚。此种学校，其有功于农村也，岂浅鲜哉。

第二节　我国乡村学校之起因

当民国七年之时，国人往来西洋各国考查学务者日多。目睹各国乡村之设施，异常发达，而农民之知识亦佳，详细研求，知其原因，实根于乡村教育发达之所致也。于是返国之后，竭力提倡乡村教育，甚有抛弃一切，而往乡村实地实验者，如栖霞山师范晓庄师范、中华职业教育之社之徐公桥，纯以联络乡人，改良生计为目的。

第三节　乡村教育之当用社会式

职业教育之办理，不用学校式，而用社会式，如北方之平民促进会，成立之初，系办理乡村成人教育，是时一般农人，苦于衣食不周，无暇及此，竟有出而质问者，曰吾人生活尚不能顾及，如何能谈到读书。创办者受此质问，于是改为生计教育，以改良农人生活，及改用新式农具，以求农产之发达与进步，结果非常圆满。一般农人，不但生活宽裕，而知识亦增加。总以上三节观察，知乡村教育发展之原因在此，又悉农村教育之不可稍缓，是以渐渐发展，以期普及焉。

第七章　农村教育机关及其目的

第一节　农村教育之机关

设施农村教育之机关，可分为二种。（一）学校式的，创立一所农村小学，一面提倡农务，一面教育儿童，于地方则兴办一种实业，如养蜂、养鸡等，提倡新式农具，招集乡人办理讲习会，授以各种知识，农人明了之后，可以实行，此系学校而含有社会式者。又如民众夜校、教育成人，则又为学校式。（二）社会式的，如办理农民教育馆，设备各种农具书报，又如招集若干农人，作露天讲演，关于卫生体育等，作种种有益于农民之举，或如乡村改进会等。然社会式的，往往亦含有学校式者，如民众夜校，又如夏日纳凉会，则又为社会式也。

第二节　乡村教育之目的

凡设一机关，必有一定之目的，其目的有自创者，有效法者，试举例如下。栖霞山师范，其目的，则为野无旷土、村无游民、事无不举、人无不学。有人效法之，在其目的之外，加以补充，添康乐和亲安平为目的，昆山之徐公桥是也。专为改造农民生活，改良农村组织，发展农民自治能力，增加农产量数，推广农村教育，改善农民娱乐。无锡之民众教育馆，附设之平民教养院，其目的则为生计教育、公民教育、康乐教育、文字教育。总言之，其集中目的，不出乎改农民生活教育，使农民改良种种生活，而臻于完美，勿令永为牛马是也。

第二篇　关于农村教育应讨论之数问题

第一章　农村学校教育方面

第一节　农村学校教育问题

乡村学校编制问题，其普通者为单级复式二种，然现今有极重要之问题发生。例如有一乡村，设一单级学校，教室甚小，只容儿童40人，而经费不足，难以扩充，然是乡学龄儿童有八十人，于是有学龄儿童四十人，不得已而失学。如欲解决此项困难问题，惟有用半日制，早间教授四十人，午后教授四十人，庶几儿童无失业之虞矣。又如甲乙二村，各有学龄儿若干，然二村仅有一所学校，校舍尚可扩充，然二村限于距离，学校位于甲村，则乙村之儿童，往返不便，因此而失学。解决此等困难，则须用分日制，一周间分地教授，各得三日，庶几二村之儿童，可受同量之教育，则可以持平矣。乡村教育之设施，时因乡村生活异于城市生活。乡村一年之中，有农忙之期，如麦假秋收等。城市则无此现象，是以城市放假之期，乡村正闲暇之时，儿童可以读书，即如暑假寒假，亦应分别各地气候之不同，而处理之。吾国南北气候相差甚远，如寒假则适合于北方，而不应用于南方，暑假则适合于南方，而不应用于北方，因有种种不同之关系，于是设施方面，可用分季制，以一季为标准。吾国又有特殊情形，即沿海渔民是也，渔民亦国家之人民，当然有享受教育之权利，绝不能因其水居，教育不便，必须迁居陆地。然后可以授教。此必然之理也。如欲补救之，则应用流通教育，当局备小舟若干，随地教授，或制一大船，作水上学校，划定区域以教授之。第一种系使师就学生，第二种系学生就先生，其大意如是。对于教育各科之设施，仍须详为编定，吾国对于渔民，向少注意，考其实渔民有一千万之多，倘再不竭力援助，则渔民生活前途，殊堪畏也。

第二节　课程问题

从事于农村教育者，往往感觉课程不适于应用，一则太繁，二则不适于设计（原文如此，似为实际之误。编者注。）生活。吾人欲除此弊，第一要删繁就简，例如，乡村小学，儿童有田间工作，则体操一课，勿必备哑铃球杆等器具，音乐一课，何必定用风琴，即笙箫管胡琴之类，亦可教授，即在校外举行，使乡人围听，唱唱改良山歌，借此联络农人，其效果亦甚大，既与农人接近，农家有喜庆事，亦可率领学生，往为之贺，稍备游艺，于是感情与信仰更深矣。总言之，办理乡村教育，要切合于农民生活。

第三节　设备问题

昔者教育当局，偏于城市，注重外表，乡村则置诸不同，即稍添置，亦不允许。于是一般教师，具有大无畏之精神者，竭力整理，纯系自动。假如乡村有一小学，小屋三间，门前空地一方，于是先整理教室，再布置荒地，令儿童改造为小公园，再嘱儿童每人由家中取苇柴数根，筑成篱笆，然后令儿童各种花若干株，每日分班轮流灌溉，于是作文以记之，作画以表之，园内缺少动物，又令儿童养鸡养兔，叠造假山，成功之后，又可作文作画，再将作品上加以美丽之装饰，招集学生家属，开落成典礼，因此一番布置，儿童所得之利益如下：（一）养成学生建设能力，（二）养成审美观念，（三）养成自动观念，（四）养成互助精神，（五）养成耐劳之习性。又如嘱儿童收集以往之陈旧用具，成立小历史博物馆，借以知历来器具之变迁。又如嘱儿童收集小瓶，装蚕豆大小麦黄豆等农产品，陈列一隅，即可名之曰农产陈列所。又如学校用品仪器等，价值甚昂。所以晓庄师范手工一科，即专做校用仪器，以及各种标本，吾省各校，不妨起而仿效也，能如是则设备方面，可省若干金钱矣。

第四节　教师问题

乡村学校教师之来源，普通即以乡村师范学生为取材，考其实未必合用。最好之标准，为学校有三教师，一为师范毕业，一为农业中学毕业,再加以一年师范之资格,二者均有真实学识及责任心,十分之六办理学校事务,十分之四办理乡村事业,改进农民知识、社会活动,似此组织,则进行可无阻矣。

第二章 农村社会教育

所谓社会教育,即农村教育,其第一步即成立机关,为正式公立者,如农民教育馆,专为教育农民之成人而设。又如社会机关,职业教育是也,机关既成,而设施时之注重点:(一)农民缺少政治观念,当此训政开始时期,对于公民教育,应注意之;(二)注重生计方面,使农产量增加。总之,二者须并重,因地制宜,为不二法门。例如,江苏农人,大半奢华,应注重生计教育;北方农人强悍,应注意公民教育。目的虽如是,而对于地方学校区长村长等,亦须互相联络,以期进行之顺利也。

第三章 视察问题

吾国向例,督学教委之视察学校也,每多注重于城市,教委不过偶到乡间,其视察也,仅巡视一周,以了其具文之工作。考诸美国教育视察员则不然,视察员负指导之责,兼负调查农民之各种工作,以及生活状况之责。每抵一村,即招集农人开会,详细指导之,改正之。总之,视察方面,应养成专门人材,选择乡村师范毕业生,从事于乡村多年,而深有经验者,然后加之以种种测验,确与乡村教育有真实认识,方可责以重任,庶不致敷衍了事也。

第三篇　农村教育实施方法

第一章　学校式与社会式之设施

农村教育，以设施方法，为最重要之问题，兹将已往之实施者，试略述其方法。一如晓庄师范，虽系学校式，并无规定之教室，亦无规定之课程，校内分数部，一切对外问题，由教务部指导学生做去。社会生活部，则由学生至村庄联络，排难解纷，专任乡间零星事务，部长则兼办乡村医院，学生既可借此练习，又可以联络乡人感情。其余各部，亦系师生实行教育做合一。外人睹此现象，以为奇异，实则均系切实工作，毫无假借，农民所得之利益无穷。校内备有参考书若干种，一旦有困难问题，不能解决，然后再寻章摘句以证明之，所谓为应用而看书，非看书而备应用也。又如中华职教育社所办之昆山徐公桥，纯为社会式，初由四机关合作，嗣因江浙之战，四机关退出，由职教社独自办理。自民国十七年四月着手，联合本地领袖，组织乡村改进会，调查民籍及田亩册，提倡互助精神，改进农业，造农家历，办借贷合作社，农民夜校，图书室，农民娱乐。其目的为野无旷土，村无游民，人无不学，事无不举，康乐和亲安平。迄今年余，颇著成效。国人数千里前往参观者，无不赞颂之（可参观农村教育丛书《昆山徐公桥乡村改进会事业试验第二次报告》）。

第二章　农村教育设施之程序

论农村教育设施之程序，假设有一乡村，方圆五里，人口为一千五百人，分居为二百家，则应如何设施？大学有云，“物有本末，事有终始，知所先后，则近道矣”。办乡村教育，亦应如是，必须将本末先后，详细规定，妥善筹划，方可进行无碍，兹将其程序分述之。

（一）调查是乡之物产状况、风俗、人情、习惯、善恶、旧日所办理之自治如何，为预备设施之初步。

（二）组织机关，以原有在乡村办理之教育机关为最宜，于是联络乡区各长，相约组织一会，或名曰乡村改进会，会既成立，然后讨论分部办法，议定章程细则，作进行之根据。

（三）调制村民册籍，例如村人二百家，由十人分任调查，有四日工作，可以完成。册籍之式样如下：

户主	姓名	年岁	教育程度	职业	田数	收入	死亡迁徙数目
家属							

以上表示，调查完毕，可以添制种种统计表，勿庸另费手续。

（四）建设会所，可借公共房基或学校，建设会场，至少以可容纳两百人以上者为合用。

（五）拟定事业分年进行计划表，参酌地方情形、教育程度，以六年为适中之期，办理各种事业职业，最要者免去大言空谈，注重经济状况。

（六）分部进行，办理乡村应注意之点：(1)要富教兼施，如提倡养鸡养蚕等，一面增加知识，一面帮助农人生产富力。(2)扶助农民自主,最忌包办性质、办理人心存发财思想。(3)要做农民的友朋,勿做农人的先生,使人民望之生畏、不敢亲近。

(七)办事人要有修养诚默之态度,有事业心、忍耐心,因办理乡村教育,一般无知农民,往往发生反动,吾人须忍耐沉默,功到自成矣。

总以上数点,办理者分部行之,乡村虽具有愚弱贫散之现象,不患其不能改良也。凡我同志,务必尽力行之,实富国强种之根本大计也。

(原载《上海县教育月刊》,1929 年第 22 期)

职业教育指南

绪 言

马先生来函嘱我做一篇"职业教育指南"的文字,我真是手中无措,不知怎样应付才好。做罢,实在没有什么新奇的东西可以告人;不做罢,我自己却是正在研究职业教育中,难道你一点经验,说不出来么?况且人家既雅意殷勤,我又何忍推却呢?若一定说"等到研究好了之后再做",在我虽是一句老实话,恐怕马先生未必不说我是故意推诿罢!好了,想来想去,想定了,还是自忘其丑,写一点出来罢!

照马先生说,这篇文字是为学生做的,当然说话贵乎因人而施,过浅了固不好,过深了亦复不好。职业教育的范围,本来是十分广漠,实行研究时,自然要样样皆知道一点。最好,是实地考察和阅读书籍,二者同时并重。在普通学生,想研究职业教育,第一步必定要知道一些研究的门径,自不必说。那末,我做这一篇文字,能叫初入门研究职业教育的朋友,知道一些最浅最近的门径,也就很好了。可是,究竟能不能达这个目的哩,恐怕还是一个问题罢!

什么是职业教育

要研究职业教育,先要明白职业教育,是什么一回事。我且分做三层来说一说。

第一,职业教育的界说怎样。

依照"不做工,不得食"的原则来讲哩,凡是一个人,除去老幼废疾,皆是应该做工的。因为人类重要的条件是"生活",要维持生活,必有赖于物质的供给。物质的代价,便是做工。不过做工的种类,却不能一样,有的是劳心,有的是劳力。如做官的,天天去办公事;做教员的,天天去教书,这是属于劳心一类;如做农夫的,天天去耕田;做铁匠的,天天去打铁,这是属于劳力一类。不论属于劳心,不论属于劳力,凡是因做工而得着物质上的酬报,或是因为物质的酬报;而去做工,这一种"人己交便"的行为,皆可叫做职业。

人类职业,何以一定要以"人己交便"为要件呢?因为人类群居,彼此各有所需,亦彼此各有所能。各尽所能,各取所需,乃是组成社会的一个重要关键。甲去耕田,收获粮粟,可以供乙丙丁戊……等大家吃;乙去织布,织出布匹,可以供甲丙丁戊……等大家穿,推而至于丙去做家俱,丁去盖房屋;也是如此。甲有粟而无衣,自不能不有赖于乙,乙有衣而无粟,自不能不有赖于甲,因为卖粟得钱,复可以去买布,卖布得钱,亦可以去买粟。可知俗说,"三百六十行",行行皆是为供大家之所需,行行皆是为尽一己之所能,原因是起于谋“人己交便”结果,也就成为“人己交便。”

那末,我们便可以明白的说:职业乃是一种社会的行为,必以“人己交便”及“做工得酬”为定则。

怪得很,世界上人类行为却有好多种,万不能如我们简单的那想象。有的哩,兴到落笔,关起门来,自家绘画,自家欣赏,既不拿去卖钱买米,又不必求人之知。这一种工作,不但是劳心而且劳力,或许于人群也有莫大的影响。可是,你能说他是职业么?一定不能。有的哩,终日奔波,发放粮米,救济贫民。这一种工种,纯粹是有益于人,但于一己,却无丝毫物质的酬报。你能说他是职业么?一定不能。至于拥有资财,凭折取息,不劳而食,一家温饱。这凭折取息之劳,算得职业么?当然是不能。如若专以一己得利为目的,损害别人,在所不顾,这一类营业也不少,你能承认他是职业么?那更是万万不能。何以种种皆不能呢?就是因为违反前列的定则。于是我们对于职业,便可以下一个明确的定义了。

1. 要做工。

2. 要因做工得物质的酬报。

3. 要人己两便,各如所能,各取所需。

三样缺了一样,便不可以称职业。

职业的定义的说明,我们可顺带再讲一讲职业的范围。照广义来说哩,当然不必去分别劳心劳力为两级,做官也罢,打铁也罢,一列称做职业。若是照狭义说哩,便是单指着直接生利的农工。可是,我们平心而论,觉得广狭二义,皆不免稍有所偏,依照近今职业教育学说,是把职业教育方面所谓职业,分做四大类:(1)农业(2)工业(3)商业(4)家事,比较的尚属适当。

第二,职业何以需着教育。

教育本是一种方法,用他来解决一切国家社会问题的。国家有问题,故有国家教育,社会有问题,故有社会教育。职业亦然,职业所以需着教育,所以有职业教育发生,就是因为职业有了问题。

职业教育不是别的,是提出关于职业各种亟待解决的问题,希望用教育方法来力谋一一解决的。从前职业界,一个徒弟送到工厂,跟着老师傅学造家具,学打铁,这就是一种教育;一个少年,跟着他的父兄,学耕田,学种地,因学而得了许多农业上的知能,这也是一种教育。可是,以我们这样产业落后的国家,仍然依着高曾矩矱,不改变这一类旧式的职业教育,处此科学竞争世界,随地随时,要和外人相见,如何才能比得上外人?是不是问题?学成了农业,不能使农产量增加,学成了工业,不能徒(原文如此,似为使之误。编者注。)制造品出众,外货充斥,失业日众,社会现出一种不安宁的现象,是不是问题?要解决职业教育的问题,固然当求之于职业教育;就是要解决职业问题,重要部分,也还应求之于职业教育。

依照我们所主张,职业教育的目的来说,一个人学习手艺,教的人,能用新的方法,使学的人,学成以后,手艺做的格外好、格外快,不仅教他学做工,还要教他学做人。因为一个人的生活,是多方面的,一方面要学得谋生技能,以自营生活,一方面还要培养国家公民的资格,以履行公民应尽的义务,同时并要备具一些科学常识,能用科学方法,来改良他的职业,而又能具有艺术的知能,应用在职业上面,使职业格外发达。试问,像养成这一类的职业界健全分子,旧式店铺里边的老师傅,能胜任不能?如若不能,自然要用新的职业教育,来解决这个困难问题了。

职业需着教育,需着新的职业教育,实在是为职业界发生了困难问题,才发急起来,想到这一步。那末,我们所谓职业教育,认为只以供给职业界需要,只以解决职业界困难问题的,究竟是什么样子呢?大概可以说有四种:

1. 技艺的练习

2. 科学的常识

3. 公民的训练

4. 艺术的修养

第三,职业教育和其他教育的关系及异同怎样呢?

职业教育,不过是许多教育方法当中的一种。当然不能说,有了职业教育,其他便可以一概不管。现在我们应该明白的,(1)是职业和其他教育的关系;(2)是职业教育和其他教育的异同。世界上的事物,本来没有单独孤立的,而况教育,以小学论,旨在养成优良国民,似乎和职业教育无涉了,然后职业的基础,须植立于小学教育园地之中,何能说是没有关系呢?所以在小学课程中,职业陶冶,十分重要,要研究职业教育的人,对于这一层,怎能不注意呢?又如所谓民众教育——即成人补习教育——方面,虽然他是自成一个系统,然而它和职业教育,又何尝没有密切的关系之存在呢?你去向成年的农民,施行补习教育,所用教材除公民常识外,能离掉农事么?你去向成年的工友,施行补习教育,所用教材除公民常识外,能离掉工事么?可是,再换一方面看,世界的事物,却可不能不各具有独立的特性,惟其具有特性,才能彼此区别异同。教育种类甚多,职业教育,当然不能和其他教育性质一致。期间区别最显着,壁垒最分明的,便是职业教育和文化教育。文化教育,本是立国做人的基础,当然十分重要,不过替教育界想一想,小学毕业后,能升入中学的,有多少?中学毕业后,能升入大学的,又有多少?如不能升学的人太多,而他们在学校所学的,仅是一些些普通知识,并不关于谋生技能,试问这一类人散布在社会上,怎样安放呢?那末,讲到这一层,恐怕就觉得职业教育真是异常重要了。既有了文化教育,当然要有职业教育以济其穷,有了职业教育,并不是把文化教育,弃之不顾。在事实上,各有各的效用,各有各的价值,也就是各有各的需要,可以说“二者相反适所以相成”。

连带再说一说职业教育和高等专门的农工商业教育,程度是否相同。依照近今的学说,职业教育是以中等程度为限。所有农工商三科,和专门大学的农工商科截然不同。这也是研究职业教育的人所不可不知道的。

以上所说的三层,是希望研究职业教育的人,先把职业教育的意义、性质、范围,能彻底清楚,然后再进向从事于实际研究的工作。

工商教育

第一步,应研究的便是工商教育。工商两业在都市方面,关系极其重要,而失业的游民,也是以都市为多。是以研究职业教育的人,当然要首先注意及此。今欲研究工商教育的实施,第一步,应详细调查预备设施教育的地方社会情形,如本地工商两界的优点缺点何在?何种是目前最需要?何种原料,何以利用?何种制度,应该保存且力图发展?详细调查以后,便可决定设施教育的方针,预定将来学生出路。

第二步,再研究设学办法,如各门课程,如训练主旨,如职业指导,皆须一一加以精密的考察。

第三步,便可顾到学生出校以后了。工科毕业的,在工厂内做工的情形怎样?商科毕业的,在商店服务的情形怎样?是否能使旧工商界革新改良?是否能使社会生产,发展增进?均须详加调查,分别比较。如认为有应行改正之处,或若犹有憾之处,均可就以往的经验,再行设法改正该错,弥补缺憾。

以上所讲,是属于正式学校方面的,如欲考察已成立之职业教育机关则有中华职业教育社所附设之中华职业学校(校在上海南市),还有职工补习教育一类,目的是为补充一般职工的常识,培养一般职工的德性,并增进一般职工关于本业的知能。研究之际,当然先要调查社会实况,然后再定教育方法,其有办理较为完善的,并应实地去考察。

至关于工商教育一类的书籍,研究时可以阅读的,约如下列几种:

《初步木工学》,庄译(原文如此,应为“泽”之误。编者注。)宣著,商务印书馆发行。

《中华职业学校十年间之经过》,中华职业教育社出版。

《工业补习教育要览》,中华职业教育社出版。

《职业概况》,潘吟阅著,中华职业教育社出版。

《分业商品学》,潘吟阅著,中华职业教育社出版。

农村教育

农村教育的范围,比较农业教育略广一些。因为他的目的,不仅仅要教成好农人,使他能增加农产收获量,还要能养成他的自治能力,用以结合团体与办农村公益,革去以往一切不良的风习,真正能改善农民的生活。在今日的中国,教育尚未普及,多数农民正呻吟于愚陋困苦生活之中,这一种教育方法的实施,的确可以说是救国的良药。

农村教育的方法,不是单靠一个学校,教成若干农业学生的。它是合学校教育和社会教育,农事教育和公民教育,儿童教育和成人教育,普通教育和专业教育于一炉而共冶。有时他是以一个学校为中心,由这一个学校,发散出各种教育的效力,普及于全村男女老幼民众。有时自立一个教育场所,联合本地农民领袖及固有小学校,组成一种特殊机关,实施各种改进农村事业。如南京燕子矶尧化门两小学,是属于前一类的;如中华职业教育社在江苏昆山徐公桥联合地方人士组成乡村改进会,特派干事,专司其事,是属于后一类的。还有专为养成农村教育人才的机关,如南京晓庄学校,栖霞山乡村师范,金陵大学农村服务科,比较显著。他们这些学校,一方面教育学法,同时对于学校附近的农民,也是设施教育的。

欲研究农村教育,当然也要先从调查入手,考察成绩较好的固有教育？也很重要。至于书籍可供阅读的，则有：

《燕子矶小学》，中华教育改进社编，商务印书馆发行。

《晓庄学校与中国乡村教育》，杨效春编，上海爱文书局发行。

《农村教育丛辑》第一辑，中华职业教育社发行。

《农村教育丛辑》第二辑，中华职业教育社发行。

《农村教育丛辑》第三辑，中华职业教育社发行。

此外还有商务、中华两书馆所出版的关于农村教育书籍，也可一读。

家事教育

此项教育关系最重，而实施亦最难，可阅读的有系统的书籍也不甚多。我去年在泰县讲演时，曾有一次讲演讨论到这个问题，兹可附录在下面以供参考，并且希望能因此引起热心职教诸同志讨论兴趣。

（略，见《谈谈女子家事教育》一文。编者注。）

至于商务印书馆及其他书局所出版的关于家庭医药卫生及衣食住常识等书籍，皆可供研究家事教育一部分的参考。

职业指导

讲到这个题目，关系可就更大了。我可先把他的任务分类，十纲四十五目，写在下面看一看。

1. 职业询问：实业状况、教育状况、职业内容、学校内容。

2. 职业调查：本地农业、工业、商业本地各种教育、本地小工业、本地各学校实况、本地各实业界之特殊风俗习惯。

3. 职业讲演：小学之职业陶冶及升学指导、中学以上之职业修养、中学以上之职业指导、职业学校之专业讲演、职工教育。

4. 升学指导：填表、测验、谈话、讲演。

5. 择业指导：填表、测验、谈话、训练、讲演。

6. 改业指导：询问、调查、研究、劝导、决定。

7. 职业介绍：代人物色人才、代人招考人才、介绍相当职业、登报物色及推荐。

8. 服务指导：视察、召集谈话、解决困难、编辑关于修养德性之书报。

9. 职业训练：专业训练、服务训练、短期训练、临时训练。

10. 职业测验：教育测验、心理测验、器械测验、调制测验、统计。

这是中华职业教育社所附设立上海职业指导所订出来的。略略读一遍，也就可以知道他的事物重要和繁难了。

要研究这个问题，当然要实地去考察，同时为明了这种学术的理论和方法以及各国最近办理情形起见，也不可不多读一些书籍。我且将可介绍的各书写在下面：

《职业指导》，邹恩润编，中华职业教育社出版，商务印书馆发行。

《职业指导纲要》，邹恩润编，中华职业教育社出版，商务印书馆发行。

《职业指导问题》,江恒源编,中华职业教育社出版,商务印书馆发行。

《服务道德》,潘文安编,商务印书馆发行。

《职业指导运动汇刊》,中华职业教育社发行。

《青年职业指导》,潘文安编,大东书局发行。

《职业心理》,邹恩润编,中华职业教育社出版,商务印书馆发行。

《职业指导实验》第一辑,庄泽宣编,商务印书馆发行。

《职业指导实验》第二辑,邹恩润编,商务印书馆发行。

《职业指导大纲》,郎擎霄编,泰东图书局发行。

《教育与职业》(职业指导专号),中华职业教育社发行。

《教育杂志》(职业指导专号),李石岑编,商务印书馆发行。

《教育与人生》(职业指导专号),孟宪承编,申报馆发行。

结　论

我所要说的话,大致可算说完了,简单的很也浅薄的很,总希望研究职业尝未入门的朋友们,因读了这一篇简单而且浅薄的文字,居然能入门,那就是作者的罪过减轻不少了。此外我还有要补说的,就是关于研究职业教育的书,本是包括职教全部,不便分入前列几类的,也应该要介绍一下。

(原载《学生指南》,上海勤奋书局,1929 年 10 月)

谈谈女子家事教育[①]

——民国十七年九月一日在江苏泰县
女子职业学校讲演

一

诸位,这个时候,正是许多女同志们在那儿兴高采烈地加入政治活动,我偏偏来讲这个题目,恐怕有点不合时宜罢! 可是,我既然要讲,我的良心也驱迫我讲,那末也就顾不得合与不合了。

人类本是政治的动物,女子活动于政治自然是应该的——若是从事于其他农工商业,更是应该的。不过,"天下事不能以一端尽;"在政治方面或其他方面,尽管有女子去活动、去参加,而在家事一方面,需要女子和依赖女子的,也不能说没有,并且还可以说很多很多。依着社会事业分工的原则,在家庭制度,未经打破以前,当然有一种家事的工作存在,有了家事,自然就要有家事教育了。

---

① 此文原附录于"职业教育指南"一文,现单独成篇。

大家庭渐渐变化成小家庭,这是一定不可移易的趋势;将来小家庭或竟变化成“无家庭,”恐怕也说不定;不过这还是未来的事,时期远得很哩,二百年三百年,似乎还不能实现罢!并且我几句近于武断的话:“就是将来由小家庭进化至于没有家庭,也应该就现今存在的家庭,特别设法去改善一下,才对哩。”须知道,改善的作用,并不是希望把家庭制度保护住,永远叫他存在,实在是为人类谋普遍的幸福啊。如果认为由小家庭化为无家庭,是将来人类进化必经的途径,那末家事教育,也可说是随着这一条进行的途径,而予以绝好的帮助。

二

家事教育的目的和范围,究竟是怎样呢?我们也应该要把他说明一下。

家事教育,是为养成处理家务的适当人才,深信这一种家务处理法,是进化的,是革新的,是科学的,是艺术的,是教育的,是康乐的,是美满的。

家事教育,在职业教育中间,是和农业工业商业三种教育并别的。惟农工商三种职业,是男女可以兼营,而家事一种职业,却是专以女子为限。

要想改善家庭生活,当然要希望有许多贤母良妻;可是,家事教育所养成的人才,却不一定以贤母良妻为限。为人母的,为人妻的,负有主持家事的专责,自不必说。要知道,社会组织日益复杂。一般受过新式教育的女子,除担任家庭教师,家庭保姆外，恐怕在管理家务一方面，需用的地方，也很多罢！现今小家庭制度，总算是盛行了，一门之内大都一夫一妻，数男数女，倘若主妇患病，或者因事外出，男子虽是家主，但因终日在外服务，早出晚归，家内各事，如子女的教养啦，房屋的洒扫啦，器物的整理啦，饮食的烹调啦，衣服的缝纫啦，簿记的写算啦，怎能不需着人经理呢？如若把这种事物，竟一手托付在目不识丁的女雇工身上，不要说她是一定办不了，就是能办得了，又如何能放心呢？在这种情形之下，若是有了学校出身的家事专家，肯来替人家经理家务，或者是自己家事，不须料理，竟以替人管家为专业，或者是每天挪出一些工夫来替人家帮忙。在需要者一方面，出相当的代价，以买他劳力，应一己之所求；在供给者一方面，可以用所学，帮助人做事，且得酬金以自赡，岂不是两获其便，两全其美么？

"不去做工，不能得食"，这本是人类一种不可变的原则，从事职业，也就是做工。所以无论何人，职业是不能不有的。女子学习家事，经理家务，使人己两方，交受其利，在社会上还不算是很正当而且是很必要的一种职业么？

三

照中国现在是情况看，家事教育是不是十分重要呢？这却是一个问题。

我们闲话不必多说，且放开眼来，看一看各地方的家庭状况怎样罢！可以说，除最少数能合于我们理想外，其余的概括起来，可以分成两大类。一类哩，是好的：自矜诗礼旧家，不屑和平民为伍，约束子弟很严，妇女不准作时髦装束；不准随便交际。布衣布服，井臼躬操；对于祭祖祀神等事，是特别尊重，一丝不苟。一类哩是不好的：妇女好修饰；衣服必学时髦；平日对家庭杂物，不屑意去做，且不屑意去管；日高晏起，呼奴使婢，好吃好顽；在大的地方，是以吃馆子，逛游艺场，为日常功课；在小的地方，是以“打马雀”为每日一定的消遣品。所谓子女教育等，那更不知道是怎么一回事。

这两类的家庭，可以说比比皆是。如后一类哩，影响到国家社会，民族各方面，简直是亡国灭种的催命符。就是如前一类所谓好的，又何尝能令我们完全满意呢？至于各家庭一般的缺点：如不明养育儿童的方法，不知预防疾病方法，无爱美的布置，无高尚的娱乐，求仙侫佛，焚纸焚香，种种迷信，牢不可破；更是一言难尽。若苛求一些来说哩，像这个样子就是阻碍社会文化的发展，消灭人类应有的幸福！

集合个人而成家庭，集合家庭而成乡村街市，集合乡村街市而成县市省国，家庭在个人和国家之间，是不是成一种上下衔接的枢纽呢？

现在我们要想训练成一个一个单独的好国民，用他组织成好国家，家庭当然是一个重要的关键，我们可以说，有了好家庭，自然能产生好国民，有了好国民，自然能组成好国家。家庭，比如是横担两岸的桥梁，一岸担住了个人，一岸担住了国家，必定在这一岸有了好个人，才能度到那一岸，成了好国家。

也有人说：“学校关系之重，未必即让于家庭。”这话固然是很有理由。但是，我们要晓得人的一生行径，实在是植根于儿童时期。古人说,“蒙以养正”,这是一点也不错的,所以儿童时期的教育,家庭与学校,是共同负责的,并且家庭所负的责任,重于学校。因为无良好家庭,虽有良好学校,效力也是很微。比如学校讲高等娱乐,而儿童回家以后看见他的父母,正在那儿吸烟打牌;又学校注重清洁,而家庭的龌龊如故,学校注重卫生,而家庭的不卫生如故,试问学校教育还有什么效力呢?可知家庭不良,单有学校教育,是不中用的。家庭改良,不但学校教育可以收“事半功倍”之效,就是其他社会方面也容易改善了。

那末,我们中国各地方的家庭现象,既然如此,当然有急切改善的必要了。要改善,必定有一班能主持家务的适当人才,人才从何出呢?惟有出于女职业学校内家事科。今日家事教育的设施,是不是十分重要呢?我们各人且本着自己的良心来判断一下罢!

四

继此,我们便要谈一谈家事教育的设科内容,及办理方法的概要了。家事教育一科,所包涵的,约略计之,似乎不外六大类:

(一)第一类,是关于“卫生”的。如食品的检查和调制,饮料水的检查和清洁,蚊蝇的驱除,厨房的整理,院宇的清洁,衣服的浣濯,器物的洗拭,疾病的预防,厕所的整理等。

(二)第二类,是关于“保育”的。如怀孕时的注意,生产时的注意,幼儿的保护与营养,产妇的保护等。

(三)第三类,是关于“教化”的。如未入学儿童的教导,已入学儿童功课的复习补习,儿童个性及习惯的考察,对于儿童以入学校的察访,儿童玩物的设备,家庭图书室的整理,园艺盆花的布置,娱乐的设备,艺术的布置,子女升学的指导,子女职业的指导,子女婚姻的指导,子女交际及一切应酬宾客时各种仪节的指导,子女性教育的设施等。

(四)第四类,是关于“经济”的。如金钱的保管与调度,财产的整理,账簿的记览,物品的保管,权度的使用,货物的预储,各种合作社的参加,园艺的栽培。

(五)第五类,是关于“手工”的。如缝纫,织纺,刺绣等。

(六)第六类,是关于“礼仪”的。如结婚,丧葬,庆贺,宴会等,何者宜保存,何者宜改革,何者宜提倡,均宜详加讨论,定出合宜的标准,以为教育的设施。

以上六大类,均应一一条列出来,实行去“教学做。”关于各项教材的剪裁支配,当然要煞费一番苦心,而关于基本知识的授与,更是十分重要。如在“卫生”及“保育”方面,的生理、化学、医学、药学等一类功课,在“教化”方面的党义、社会学、心理学、算学、教育学等一类功课,在“经济”方面算学、簿记学、农学等一类功课,皆是关于基本知识的学科,必须编成简明扼要的教材,用最经济的方法,一一去教授,待到各种基本知识完备以后,才可以对于应用各条目,指导去“教学做”。

讲到设立家事科的办法哩,或是一校单设,或是在一校内与他科合设,皆无不可。但是,必定要有相当的预备,一定的步骤,万不可随随便便的,大家高兴一下,就挂起一块校牌,订了一张授课表,聘了几位教员,就把他成立起来。第一步,当集合同志研究教材,如何编制,如何支配,研究教具如何购置,如何设备,就力之所及,势之所宜,拟成一篇较完备的计划书。第二步,教材研究已有结果,甚且制编(原文如此。编者注。)有人担任,已经编成若干,此时,便可着手筹集经费;经费有着,再照原订计划去一一设备。第三步,始可以延聘效(原文如此,似为教之误。编者注。)员,正式开课。

这种学校招收学生的,对于年龄却不必一定加以限制。此(原文如此,似为比之误。编者注。)如,已出嫁或已有子女的妇女年在二十以上三十五岁以下,只要他能通达文义,能作短篇明白文字,有志于改善家庭生活诚心诚意的来就学,即不必加以拒绝;万一不能入正班,也未尝不可设特班。

在正班特班以外,并可设"艺友"制度,让有志来学而不能久学的人,到校来参观研究,随同实习;惟人数则不能不加以限制。

学生毕业出校,要和学校常通声气,每年须将服务情形,向本校报告一次或二次。学校遇必要时,也可搜集许多毕业生出校后的服务成绩,陈列起来,开一个展览会,让社会批评,用以鼓舞兴趣。

学生在校,到了适当时期,应须由教师指导他们,举行家庭革新运动,先就学校附近各家,设法与之联络;联络好了,感情融洽了,再行指出方法,指助他们去分别改善。

在社会方面,应该有类于上海"家庭日新会"及灌云"家庭革新社"的一种组织,以与学校相策应。将来发起组织这种会社的人,也就是出校的毕业生。

五

贵校是设施女子职业教育的惟一机关，希望诸位先生注意研究一下，如能在贵校添设家事一科，那是最好不过的。在中华职业教育社方面，对于女子职业教育问题，正在那儿不断地调查研究，极愿意彼此两方能联合起来，共谋家事教育前途的发展，表现家事教育前途的光荣。

（原载《学生指南》，“职业教育指南”，上海勤奋书局，1929 年 10 月）

职业教育的意义目的与范围[①]

一、绪　论

(一)何谓职业

就广义的范围说,一切工作,皆可谓之职业。教书是一种职业,开汽车也是一种职业,其他种种工作,都可谓之职业。就狭义的范围讲,一种工作必定与生产有直接关系的,方可谓之职业。我们暂行给"职业"下一个定义,说:习一技之长,用以自营生活,自谋生计的,叫做"职业"。但是,这里就发生一种疑问:电车上的扒手,现时所流行的绑票,是否为一种职业?还有专替他人做事而不要报酬的,如慈善家,和专任放赈的是否为一种职业?所以在"职业"的定义中,还要加上三个条件:

1.要有物质的酬报

慈善家和放赈人的工作,不能算为一种职业,因为他们没有

① 江问渔先生讲,胡祖荫笔述。

金钱的酬报。我们劳心或劳力，必定要得着金钱，或类似的酬报，以维持我们的生活。这样，我们的工作，方能有持久性。

2. 要人己交利

某甲开设一所赌场，这不能算是他的职业。在他一方面讲，也许能获得相当的酬报，以维持他的生计。但是对于那些弄得身败名裂、家破人亡的人们，确是无益，而且有害。所以职业是要人己双方皆有利益的。

3. 要有益于人群

开设赌场，固然是法律所不允许的。但是如拉黄包车这种职业，法律并未禁止它。而它于社会、人群，确无利益，与社会文化，亦不发生任何关系。我们希望此种职业能在社会进化的历程中逐渐被天演淘汰。

（二）何谓教育

就广义方面讲，无往而非教育。孔子说："三人行，必有我师焉。"但是狭义教育的解释是：要有固定的场所，相当的设备，和固定的课程；并且根据高尚的理想，订出完善的计划；同时运用机巧的技术，把前人的经验传达到后人；并且时谋经验的改进，用以养成合于理想，确是优于前人的人。前人的经验有两方面：一种是智识。例如，建筑一所房屋，怎样打图样，购材料，支配工作等。一种是技能，例如，以前的建筑是卑陋的茅屋，现在的建筑则系高楼大厦了。教育应努力一代胜似一代地工作。这样，社会才曰有进步。

(三)职业教育的起源

从前,在中外的教育史上都没有"职业教育"这个名词。在古代西洋有一种所谓"自由教育",系用以别于"奴隶教育"的。在希腊,古代也只有少数闲暇阶级玩弄着文雅教育,我国尚分士、农、工、商四个阶级。只有士是能受教育的,将来就要逐渐变成治人阶级。其余农、工、商,是不必受教育的,将来自然是被治者了。

徒弟制度是否为职业教育?从技能的传授上看,也可以算为教育的一种。但从教育严格的意义上看,实不能算为教育;因为它没有改进和发展的精神,而且也缺乏理想、计划和课程等。我们就姑算为艺徒教育吧!

职业教育是怎样起源的?在西洋,是由于工业革命和经济情况的改变。工业革命的结果,就是机械大兴。因为机械效率来得非常之大,所以手工业就被打破;而艺徒制也随之而衰灭了。为适应新经济的环境,职业教育即应运而生。我国提倡职业教育,为时颇早。前清即有实业学堂,普通中学也有工艺科目。但是因为传统的文雅教育观念太深,普通教育的设施又有许多缺点,而社会上的情形又继续不断地变迁;以致失业人数日益众多,所以近来很感觉到职业教育的需要了。以上是简略地讲到中外职业教育的起源。详情均见职业教育发展吏(原文如此,似为史之误。编者注。),容后续讲。

二、职业教育的意义

我们研究任何问题,必须先对于该问题下一个确切而且不能变更的定义,然后方易于着手研究。近人对于职业教育的意义,大致有下列几种说明和见解:

(1)以为职业教育是一种妄想或狂想。为避免劳资冲突起见,想出这种名词,以资调和。这种见解是消极的,自然是不对。

(2)以为职业教育是一种狭议的实用,不过是一种手工业的训练。徹底些说,不过是农、工、商,各界技能的特殊训练,只会去做而已。这种见解,我们觉得也是不完全的;因为这与教育的真义相差太远。

(3)以为职业教育是一种生产的准备。有一派西洋教育家分教育为两大类:a. 自由教育,即是普通教育。从经济学方面讲,可称之为消费教育。b. 实利教育,即是职业教育。从经济学方面讲,可称之为生产教育。普通教育在养成人民如何很适当地去消费。职业教育训练人民如何对于生产特别有效率。这种解释,表面上似乎是很有理由;但是以经济学的分类去范围职业教育,似乎是有些不妥。因为有几种职业——如政治家、教员、医生等——系介乎生产与消费阶段之间,我们很难将它们崭然划分的。

(4)以为职业教育的目的在养成有特殊效率的能力。在解决人生问题的情境中,有两种能力是必须获得的:a. 普通效率的能力,应用到各方面,随环境而适应各项问题。b. 特殊效率的能力,应用到某种特殊工作的方面,如做棹子、做皮包等。我们知道这两种能力是互相为用、缺一不可的。难道职业教育的目的,仅在于养成一种会做棹椅的人;而对于其他一切适应环境的问题,竟至完全不能解决吗?

(5)以为职业教育就是实利教育,是能实实在在生利的。实利是与文明、真、善、美,相反的,与文化距离甚远。这种见解,也未免偏于实利方面了。

(6)以为职业教育系实利教育与道德理想相融和。人类不能一时一刻与实利脱离关系;也不能与道德理想绝对分开。道德理想如无实利,则皆空讲;纯然实利,若无道德理想,则将来文化亦不堪言状。实利教育在养成职业,习得谋生的技能。道德理想在帮助做人,系人格的训练。所以职业教育应使谋生技能与人格训练互相吻合,互相融和,不应偏重任何一方面。杜威先生曾说:人类的生活并不是单纯的。即农夫,除必须有农夫特殊的身手而外,也得明白做人的道理;因为他回到家中,尚须占有做父、夫、朋友等地位。他也是觉得谋生技能的获得,应与处世人格的训练打成一片的。总结起来说,职业教育的意义,可以提要地述之如下:

a. 职业教育必须有远大的目标,以造成理想中的伟大人物;

b. 职业教育是教育全部中的一种,它的目的是准备谋生的技能,同时,也着重人格的陶冶;

C. 为维持人类的进化与改善,实利与道德理想是不能分开的。

三、职业教育的目的

目的因何而起？凡事有缺陷，方有需要；有需要，方有解决方法；有解决方法，方有目标，或目的。职业教育发生了目的问题，因为职业界本身有了缺陷与需要。此种缺陷起源于两方面：

（一）物质方面

在西方，工业革命打破了手工业，机械事业大兴，从前的艺徒教育，不能适应当代社会的要求；故职业教育，随之而起。在中国年来政治不靖，社会不安，以致物价日贵，而失业人数亦日益众多。要适应现代社会的经济状况，要使人人皆有生产力，必须提倡和实施职业教育。

中国尚来以农立国，所以农业的盛衰与国运的前途很有关系。最近海关贸易册昭示我国的农业，已逐渐在退化了。丝、茶，是我国从前输出品的大宗，但是现在向外的销售几乎是逐渐减少。而米、豆、麦的输入，也逐渐地超过输出。所以要恢复我国农业原来兴盛的地位和前途的改良，我们也得积极地实施职业教育。

（二）精神方面

从前人民对于教育的思想，以为它只是士一个阶级的专利品。只有士人须读书，其余农、工、商各阶级是不必读书的。所以从前的社会组织是直接式，用图表之如下：

直接式的社会组织

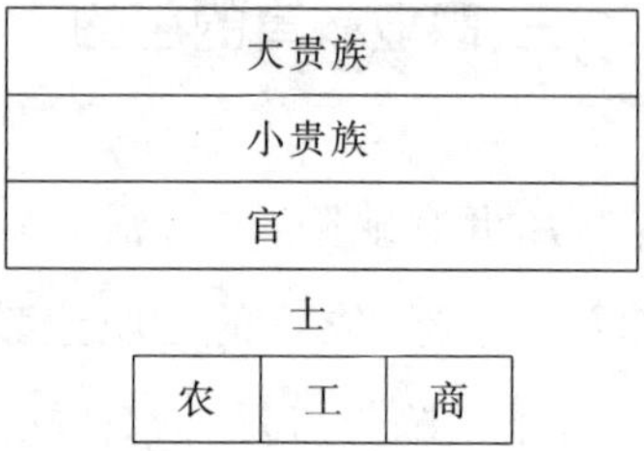

现代教育思想变迁,废除从前的阶级思想,而进于民本主义的理论。按照民本主义的教育,人人都应有受教育的机会。所以现时中外各国,都有强迫教育的规定,无论何种职业的人,都应有受教育的机会与权利。所以现今社会的组织是折扇式的,可用上图表示:

折扇式的社会组织

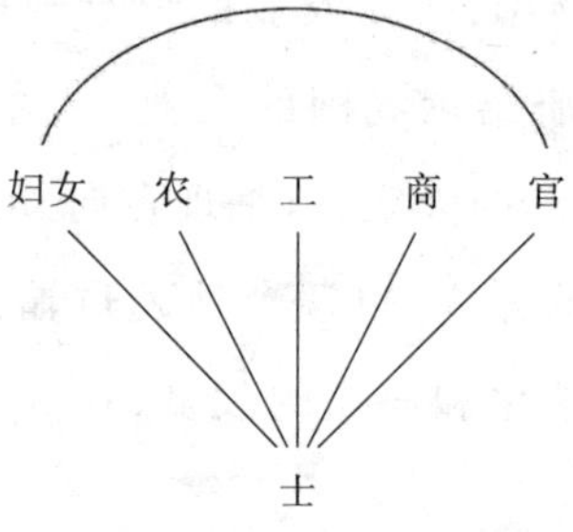

在民本主义的教育思潮之下,发生了两个难题:

(a)群众在经济上、时间上,皆不能有求得普通教育的能力。

(b)普通教育不能适应民众一般的需要,无一技之长。

以往教育的失败,有下列几个原因:

(a)忽于供求,不视社会的需要如何,而造出一些不适于社会需要的青年。

(b)偏重理论,职业学校不重实际,只讲理论,以致学非所用。

(c)职业学校毕业生希望太大,而能力却很小,所以遇到种种的失败。

为救济生计的逼迫,适应群众的需要和改进教育的效率,职业教育实为急不容缓之图。所以职业教育,有下列几个目的:

(1)教育与职业,要互相沟通,互相调剂。

(2)普通教育与职业教育,要互相融和,互相辅助。

(3)养成适合于社会需要之职工;同时,注意于道德的训练。

(4)使无业者有业,使有业者乐业。

四、职业教育的范围

可就三方面讲:

(1)就职业教育种类上讲,

(2)就职业教育程度上讲,

(3)就职业教育设施上讲。

以上三项的分类,是以能直接生产、改进生产为标准的。至于广义的范围,可谓无往而非职业。为便利研究起见,我们暂有上列的规定。现在逐条地细分如下:

(1)就职业教育范围上讲,有:

a. 农,系供给生产原料的;

b. 工,系改变物质形体的;

c. 商,系搬运物质地位的;

d. 家事,系助理家庭经济、卫生和子女教育等事项的。

(2)就职业教育程度上讲,大学生或专门高等学校所训练的工作,不能算为职业,只有以中等和中等以下学校所准备的训练为限。因为职业教育是随民本主义的教育而来的,故暂时以到中学止为限。

(3)就职业教育设施上讲,则有:

a. 各种职业学校;

b. 扩充职业教育机关——如中华职业教育社、职业指导所、职业介绍所等。

(原载《光华期刊》,1929 年第 5 期)

江恒源教育文集

2

刘旭光 主编
连云港市政协学习文史资料委员会
中国民主同盟连云港市委员会 编

群言出版社
QUNYAN PRESS
·北京·

目 录

职业与职业指导[①]

我今天到此地来,可以说是嫁出的姑娘回来归宁。这话怎么讲呢?因为在二十五年前,我也在此当过学生;所以对学校,可以说是我的母校;对诸位,可以说是我的妹妹。今天这个嫁出的姑娘,回来同诸位妹妹相聚一堂,这是多么快乐呢!本校自江苏师范学堂,而为两级师范学堂,而为第一师范学校,由一师改组为苏州中学。校名虽然多次地变更,但地方还是一个,而外形亦大致是没有改变。久别苏地的我,今天回到母家,真是愉快万分!所以今天和诸位欢叙一堂,可说是一家人。方才汪先生的话,实在太客气了。我们既是一家人,那末我今天只是来谈谈家庭姊妹话,说说家常而已,无所谓讲演。但是也得要找个题目,我今天讲的题目是"职业与职业指导"。内中所讲的,注重职业选择青年修养和服务的道德。至于说得对不对,还请诸位批评指正!况且我早已说过:我们是家人,即使不对,我想诸位也可(原文如此。编者注。)可以原谅的。

平常我们常听说:社会上的职业,有三百六十行。其实社会

---

① 江问渔先生讲,汪联煜、吴福元、陆家睿记录。

上的职业,不止此数,照中华职业教育社前三年在上海调查,一共有五百四十种之多,可见社会上职业的繁复了。中国从前把职业分为士农工商,以读书的士为最贵,但是现在士不足为奇了。因为农工商也要谋生。要谋生,需要职业,要有职业,必须以读书为基础,不比从前,只有士有读书的权利,其余的都可以不读;现在无论农工商都要读书,行行都要从书本里出来。除了农工商以外,还有教员、官吏、律师……也都是职业。不过此项职业,是简(原文如此,似为间之误。编者注。)接生产,名为专门职业。农工商是直接生产的:农人栽培原料,工人把原料制成工艺品,商人把工艺品运输贸易;都是直接生产的。至于教员、官吏、律师……却不然,他们不是直接生产而是间接生产,可说是专门职业。农工商是自己生产,直接生产,可说是职业。

所以职业的分类有二:(一)广义的职业:无论用脑力或是用体力,无论是直接的或是间接的,凡是服务社会,得到酬报以生活的皆是。(二)狭义的职业:这是专指直接生利的,凡是直接生产的皆是。如农工商等。但是除了这二种之外,还有家事,如烹饪、缝纫。这是女子个性的特长,但也有男子做的。其余如家庭间之教育、经济、娱乐等等,便是介于直接生产与间接生产之间的一种职业。

从上面看起来,职业要有下列四个条件。就是职业的定义。

一、用劳力得酬报

教员教一小时的书,他工作一小时,就有一小时相当的酬报。工人做一只台子,费相当的劳力,才得到相当酬报。这种可称为职业。那末要问:绑匪、窃盗不也是劳力而得酬报的么?我们是否称他为职业呢?不!这是不正当的行为。因为他用不正当的劳力,得不正当的酬报,决不能算是职业。所以要有第二个条件来限止。

二、利己还须利人

用劳力得酬报,它的性质,不但对自己有利益,同时对社会对人都有益的。所以绑匪、窃贼却不能算是职业。因为他于一己果然有利,但对人对社会却毫无利益,并且有害,所以不叫职业。

三、劳而无酬者不得谓之职业

如于人有益,而于己毫无利益的,也不能算是职业。或们(原文如此,似为我们之误。编者注。)只能说他是慈善事业,而不能称它为职业。

四、确定的

职业既经确定后,非有特殊原因,不得轻易变更。做工的今天做工,明天还是做工;做农的今天做农,明天还是做农,甚且视为终身的事业。所以职业是确定的,不确定的不能谓之职业。

像我今天来演讲,当然不能算是职业。因为第一既无酬报,第二又不确定,所以不能称为职业。照以上四点看来,职业的定义,想诸位都能明了无疑了。

我们现在再讲职业的性质。

一、职业的必要

人人应当有职业。古语云:“不劳而食谓之贼”,不劳而获,其害甚于盗贼。吾们要免除盗贼之讥,便要劳动。劳动就是从事职业的动机。所以人人应该劳动,人人应该有职业。

二、职业是平等的

职业没有高下的分别,只有正当与不正当的区别,总司令和大总统的职业,同小学教员的职业,毫无差别,绝对没有高下之分。小学教员尽责,效力普及全国,全国受益;大总统溺职,为全国吐骂,全国受害。那末小学教员或许反比大总统高贵呢?所以吾们晓得无论什么职业,不能以金钱的多寡来断定职业的高下。薪水多职业高,薪水少职业低的谬见,千万不可存在心头。

三、职业要预备

吾们不能碰着什么事就做什么事,因为对于个性未必相合,倘使从事与个性不近的职业,一定得不到好结果,因此职业就要有预备了。那末职业怎样预备呢?教育就是预备职业的,预备职业的教育,便是职业教育。学生预备做农、做工、做商,所受的教育,是做农、做工、做商的预备职业教育;中学生预备升大学,所受的教育也是预备职业的教育,因为从大学出来,或再由外国留学回来,终究要从事职业的,那没不也是预备职业么?所以广义的说:自小学至留学,凡是教育,都是预备职业的。此乃教育上,职业教育上重大的问题。

普通说职业教育是吃饭教育。职业果然为的是吃饭,但是除了吃饭之外还须“做人”。高小毕业后不能全升中学,中学毕业后不能全升大学;不升学的用什么方法来补救?那末只有使他们在社会上谋生,谋生必须得到职业,要有职业,当然需要职业教育;职业教育是预备职业的。这可以说是直接预备。其余的教育,虽然也是预备职业,可是不是直接而是间接预备。

从高小、初中或高中毕业后,就有一个问题:就是升学不升学的问题。假使升学的那末学那一科;假使不升学而进职业学校,那末学什么?是农是工还是商?假使此时随父兄的指定,或因某校录取较易而进某校,或因某校路远而不进去,或因某校有相识的人而进去。试问选择职业,是不是应当这样的?这当然不对!要用科学的客观的方法,从自己个性出发,不能盲目从事。否则其害不浅!要知道职业是终身大事,是社会的问题,因个人之错误而贻害社会,真是罪大恶极!所以我们选择职业,应注意下面几点:

一、家庭经济

自己家庭的经济是否有能力升大学,自己要通盘筹划一下;毕业后不升学,不能算是可耻。若有了经济能力,仍是糊涂地升学,也没有好结果的。假使经济能力不及,我们尽可以在社会上服务了几年,再升学也不迟。切勿以中学毕业不升学为可耻,这还离不掉科举时代的思想。

二、自己的特长

任何人总有他特长之处，即使不是长于人，至少自己在各科中有较为特长的：长于英文，长于数学、国文、图画。所以在学校里要找出自己的特长，用正当的方法，加以发扬利用；不要辜负了你的特长，要极力发展，才有利于社会。

三、顾及社会需要

吾们要明白社会上的需要看社会上需要那几种人才，我们就性之所近地尽力去学；将来出为世用，做社会上有用的人才。

上面举出三点，是预备职业必要的条件，但是十三四岁的初中生，十六七岁的高中生，能有见识自己找出长处，从那处着手？要他能通盘筹划家庭经济、留心社会需要，岂不很难么？学生在校读书，那有余暇去注意这些呢？讲到这点，选择职业除了自己留意、努力之外，还要有两个帮助的机关：

一、在学校

学校里要有职业指导的机关，帮助学生选择职业。名称可以随便定，或是叫职业指导委员会，或是叫职业指导社。

二、在社会

社会也应当有帮助学生选择职业的机关，来助学生调查社会上的需要、学生的家庭经济……。

这种帮助的机关，第一要调查学生家庭的经济状况，是否有能力升学。再要调查学生的特长是在那一方面。倘若他的工艺很好,就指导他学工;他的数理很好,就指导他学科学。总之,把他的特长,尽量发扬出来。再要调查社会上的需要,看职业的情形如何,缺少那一方面的人才,那一方面还须改良。把调查的结果,做设施教育的准备,同时指导校生学习的门径。像这种指导学生预备职业,就叫做职业指导。

职业指导在欧美有二十年的历史,在中国创职业指导机关不过一年半,就是民十六在上海设立中华职业指导社。但是中国人研究此项问题,却不止一年半了。职业指导的重要,在现在谁都知道。但是普通有人常生误会,以为职业指导是介绍失业学生的,固是职业指导是介绍职业的,但这不过是它一部分的职务,而他整个的任务,是在帮助青年解决职业问题。欧美社会,日渐发达,感受人才缺乏,故扩充职业介绍而为职业指导,设之职业指导社。中国在上海也有职业介绍所,可是能力有限,范围很小,成绩自然至微。吾们想中国兴学三十余年,社会事业,依然故步自封,而失业的人日见增多。讲到此层,如何不惊心怵目!某人一旦充任要职,便任用私人,以致毕业的学生反找不到正当的职业。因此懦弱的以致堕落了,自命不凡的用激烈的思想、手段来改造社会,结果酿成混乱的社会。要研究如何人人有职业,不但介绍职业,并且还要帮助青年解决职业问题,那末就有下列几点的注意:

一、升学指导

从高小毕业后,进什么学校?进中学,还是进职业学校?这时就要有升学指导。教员、社会都是我们的指导者,此谓升学指导。

二、职业指导

升学后,学什么?进师范科、农科、商科,还是工科?这时就要有职业指导;并且要看你的性情、身体、经济、家庭和遗传而定。

三、职业介绍

毕业后,就要介绍职业。因为这样的介绍,是可以使各方面得利益的;怀才者固然可以展其怀抱,而求才者亦可得相当的人才,即社会上也可以各行得各行良好的人才而不致纷乱了。此谓职业介绍。

四、改业指导

从事某项职业,时间不久,因性情不近或因其他原因,要想改就他业的;那末负指导之责者,必须问他是否出于一时之愤,还是经过长时间的考虑的。若属于前者,仍要平心静气请他安心供职;若属于后者,那末要指导他另谋他职。此谓改业指导。

五、职业补习

在机关内供职,自觉学问不足,能力有限,要想补充知识和能力;社会职业指导机关,便要设立补习学校、讲习会,以补其不足,此谓职业补习或职业训练。

由上面看起来,一个人从小学毕业直到服务社会能指导他人为止,职业指导无时不在排除困难,使能继续长进、尽力他的职业,职业指导之事才完。所以职业指导可以提高社会文化,使学校与社会联络,而它是中间的媒介,这才是职业指导全部的工作,也是它绝大的使命!

我以上所说的是职业的范围和效用,现在谈职业指导者的职务:

一、职业调查

职业指导者是容易做的么?拿苏州一地来讲:手工业机器工业是如何?就商言:银行钱庄是如何?木匠铜匠是如何?刺绣又如何?调查各项职业需要和它的特殊技能,这叫做职业调查,或职业分析。把调查的结果——需要的人才,各行职业的特殊技能——报告学校,学校根据社会的需要,偏(原文如此,似为编之误。编者注。)制教材,确定训育方针。

二、职业介绍

由调查各人之个性知识技能,进一层调查父兄、家庭状况,同时看他在校里的特长是什么?品行如何?交际如何?才可明白他性之所近,介绍某项职业,此谓职业介绍。

三、服务调查

某生服务情形如何?好的还图继长增高,不好的急须设法改良,调查他们的成功、失败和服务的状况,制成统计,以为后日之稽考,此谓服务调查。

在中国社会上,司账者或厂主,往往不任用学校里出来的学生。他们以为任用学生,不如用一个从小训练起来的学徒。实在因为学生的脾气太大,小学毕业的还好,若是工商业学校的毕业生,那真了不得,虎威难犯。在学生方面,还以为薪水太少,环境不良,结果发生冲突,甚至跑了。在我们看来,司账者和厂主固然顽固不化,但是学校中教的学的是否合于社会情形、社会需要?所以,学校中除课本之外,还须顾到社会需要,学生学其所用,将来便可用其所学。同时还要把那班司账厂主的脑筋化一化,从各方面去训导他们,使其改弦更张,接受新潮流。否则,学校是学校,社会是社会,各不相联,这实在是很危险的!

从过去的事实上看:学农的不从事于农,学工商的不从事于工商,反而去做教育,以致师范毕业的反得不到位置,所以,职业指导机关,极应注意这种事情。所以,职业指导的工作,非常重大。学校里的功课,如教育学、心理学、文学、科学、哲学多得很,都要明白了解。但是仅懂书本上的知识还不够,还须注意社会上的情形。在校中课本的知识固然重要,外界的情形尤须熟悉。一个职业指导者,不但要有学问,还要有经验,不但要有经验,并且还要有博大的同情心、高尚纯洁的人格、虚心诚恳的态度、敏捷能干的才能、才可以负指导职业的责任,才是一个健全的职业指导者。这种人才,真不易得,因此外国有专家——职业指导专家。在中国这种人才更难得。职业指导不但在没有职业之前要指导,即在有职业之后仍须指导,这样才可以各安其业、各谋其政。国家的文化可以提高,人类的幸福可以增加。由此看来,职业指导的范围很广、时期很长,事业的重要更可见了。中华职业指导社很惭愧,没有达到很好的地位,因为我们正在研究。所以我个人更希望：

一、社会上指导职业的人数，逐渐增多。

二、学校方面先从研究调查入手，然后组织职业指导会，帮助学生选择职业。

三、希望在座诸位：

（一）不要看轻自己的长处，要把长处尽量地发挥利用而光大。

（二）普通人以为自己比别人长处多，不必再孜孜求学，这也不对，诸位切勿存此思想。

（三）诸位毕业后，到社会上服务，除基本的职业知识技能以外，还要有服务道德和服务才能。往往看见有许多先生，学问很好，但不能使学生满意，反而引起学生厌烦。学生发问，先生不肯虚心回答，倘他能诚恳回答，他就是有服务道德。所以应当以不厌不倦的诚恳态度，才算有服务道德。先生在讲堂上，学生不守秩序，他就手足无所措，这是他缺少才干。这种道德才干，不能学的，只有自己练习。有的人说话不得知轻重，像小孩一样，也容易使学生发生轻视的心。所以学问成熟，才能不成熟而因之失败者，比比皆是。所以我希望在座的诸位对于服务道德和服务才能，在学校里有相当的训练。

所以学生要特别留神注意下面几件事：

一、立定志趣

立志要远大，望得远而高，像在道山亭上望到城外一样。否则胸襟不扩，所得有限。我时常说“从远处望从近处做，从大处看从小处干”。这是得到服务道德与服务才能的不二法门。

二、多尽义务少享权利

尽了义务，当然要得酬报，但不要太注意在一方面，总要有牺牲的精神。道德起源，由于牺牲、克己主义，这是理性的不是欲望。今天劳动一天，晚上就易睡着，今天一天的不劳而食，就与猪犬无异，晚上睡在床上，也要受良心的责备。诸位想：做猪好还是做人好呢？所以我们不要管代价的多少，先尽了义务再说。这样才可以提高文化、增进幸福。所以我们要脱离物质的支配，而求精神的安全。

三、谋生与做人

要谋生就要做人，要做人就要做谋生。中国的哲学上有："饿死事小，失节事大"的话，孟子对齐宣王说的话也很好，"王曰：寡人好货。对曰……王如好货，与百姓同之，于王何有？""王曰：寡人好色。对曰……王如好色，于百姓同之，于王何有？"这就是说：天下人人有饭吃，而又内无怨女，外无旷夫。所以做人要从谋生做起，谋生要从做人做起。有人说职业教育是吃饭教育。其实吃饭只是职业教育中的一部分，他整个的目的，除吃饭之外，还要做人。关于做人这一点，是职业教育上极重要的问题，谋生与做人相互联络，调和着，统一着，所以要谋生，不但在吃饭，还要助人，提高社会文化。那末如何助人？如何提高社会文化呢？所以要有公民教育、科学知识，同时还要有谋生技能。譬如，学商的到社会上开片商店，一方面在谋生，赡养父母妻子，他方面店内的组织要使他店模仿,改良其他各店,这是他的责任。这样可以改造社会造福国家,这是积极地做人。又如小学教育教书一小时,可得薪水四五角,在他以为尽职了,不想到中国失学儿童之多、社会现象之不良、教育之不普及,这样旁人要他振兴教育,不啻缘木求鱼!而他的思想、行为,不免有杨朱为我之讥,无墨子兼爱之道。若他能改良社会,使一般的人都改良,那末你的人格比蒋主席还高!有位教员说:“我薪水虽小,对于学校环境,都能尽最设法改良,讲究卫生,破除迷信。”他把所有的能力,热忱地去办一切建设事业,感化社会人心,改良野蛮社会为文明的社会。这种伟大的贡献,可谓善于为人矣。教育局中央大学听了这种消息,立刻嘉奖,增加薪金,这位教员还说:我的生活程度很低,不必加薪。他如此地克尽厥职,如此地做人,我要仿“曲肱而枕之,乐在其中矣”的话而说:“努力也,薪水在其中矣!”倘若教员上过一课,就打算要薪金;假使别校要加薪,而想自己也要加薪,去参加群众运动,他的见地,未免太幼稚了。他没有回想自己的能力、自己的工作如何,而凭一时的感情,这是不对的。所以应当用理智来制裁自己。做人在前,谋生在后。谋生固然要紧,做人更其要紧。所以我希望在座的诸位!要把谋生与做人联合起来!

今天讲的话,很散漫而又肤浅平淡的;但是惟其肤浅平淡的话,假使加以考虑,滋味就无穷了。今天没有充分预备,错误的地方,在所不免。好在我说过:我们同姊妹一样,即有错误,诸位大概也可以原谅的。

(原载《苏中校刊》,1929 年第 1 卷第 21、22 期)

职业指导

——十八年七月在中大民众教育院讲①

职业指导,本来是职业教育中的问题。可是对于民众教育,也有很大的关系,所以今天特地提出来和诸位谈谈。关于这个问题,我现在可分四层来讲:

一、职业指导的范围、发展和效用

职业指导这回事,在中国以前从没有谈起过。便是在欧美各国,它的历史,也不过三十年,倘使我们详究发达的原因和以前的事实,无论中外各国,终可以见得两个共通的来源:(一)在以前倘是要找一个老妈子,或要雇一个佣人,可以到街上"荐头店"里去找,在那时候的所谓"荐头店",便是现在的职业介绍所,换一句话讲:就是现在的职业介绍所,是由以前的"荐头店"蜕化而来的。这"荐头店"的范围,在外国比较广一些,因为外国自从工业革命后,失业的人非常多,要补救这许多失业的工人,除介

① 江问渔讲,朱若溪记。

绍其职业外,对于他个人的知识技能,也曾加以相当的注意和补救的。(二)我们可以听到父亲对于小孩常常说:“这孩子的算盘非常好,将来可以叫他习商。”或者说:“这孩子的图画非常好,将来可以叫他习画。”在这说话的中间,我们便可以知道一个人的特长或天才,在小孩时已经表现出来了。而父亲的所以说这话,便是职业指导的一部分,其用意是使小孩将来不要走错路,得以尽量发展他的天才而作职业上的预备。但是对于那小孩的身体强壮与否,怎样去加以指导而使他的天才能够充分地发展,这些问题,并没有仔细地研究和考察过,所以以前的职业指导,虽然没有明白地显示,而实际上已有了相当的注意,不过范围狭小,没有学理上的研究罢了。但是天下的一切事物,最细的总是从最粗中进步而来的,最复杂的总是从最简单中进化而来的,所以我们始终不能否认以上的事实是现在职业指导的滥觞。

至于职业指导的效用安在,利益如何,我可以逐层来说明:一个人总有一种特长,在他的若干才能中有一种特别好,这便是他一般才能中的特长;在一般通才中能够出类拔萃,这便是一般中的优秀分子。然而这些占有特长的人,他自己往往有下列两种弊病。(一)抱着马马虎虎,随波逐流,不肯去深究的态度;(二)不肯利用机会,反而夸耀他的智慧,结果陷于失败,真所谓“聪明反被聪明误”。这是何等的可惜?这样看来,有才的人,不去发展他的天才,便不免淹没掉了,须知人类的进化,社会的发达,非要这一般优秀分子不可,所以社会上应当要使那般有天才的人得到充分的发展,因为个人的成功,社会上也受到莫大利益的。才能发展,方法维(原文如此,似为为之误。编者注。)何?

惟有提倡职业指导。

职业指导是多方面的,是长时期的,决不是介绍了一个位置便算了事,或者指导了一条职业的途径便算卸掉责任,他的事业是重要,他的责任是久长。关于这层,我现在可以来详细地说明:譬如,一个人在高级小学毕业、预备升学的时候,应当要注意他的特长,而加以相当的指导,使其升入适当的学校,这种指导,叫做“升学指导”。当他升入中学以后,教员应当常常注意他对于功课的兴趣、处事的手腕、身体的健康等,而再指导他一条良好而适合的途径,使其日臻完美。同时学校里也须设若干科目,以供学生的选择,这种种便叫“职业预备”,我们知道并不是职业学校才是将来职业的预备,就是一般普通学校都是作为一个人将来职业预备的。譬如,一个大学毕业生在社会上服务,他所做的事就是职业,所以职业学校,不过是专业的学习,时间上短促一些罢了!这样看来,普通学校对于学生的职业问题,当然也要注意的,至于中学毕业后,一部分升入大学的学生,固然可以做农工商各科的专攻,就是不升学的也有许多路可以走,或者到社会上去服务,或者被聘为家庭教师,这到社会上去服务的人,现在可以暂时不论,就是那般请先生在家里教授的人,那被请的教员,负有很重大的责任,决不可随便,也当加以相当的指导,这时候可说是“择业指导”。职业择定后,然后向着那目标用相当的课程去教育他,但是将来的就业问题,又发生了困难,教员既无力替他介绍,各机关又乏公正的考试,真是所学无所用,在这时候惟有希望有一种机关替他介绍职业,而职业谋到后,那介绍机关的责任,还不能就算完事,必定要常常去问他办事有没有痛苦、有没有困难、学问有没有不足的地方。这种责务,便叫“服务访问”。倘若他还觉得智识缺乏,职业介绍者,还应当要替他补习,这种补习,便叫做“职业补习”。设立这种机关专办这些事业、做这些工作的,便是“职业介绍所”或者叫“职业指导社”。

职业指导所设立,以后要实施指导,必须要有种种相当的准备,我也可以分几项来说:

(一)学校调查

调查该地的学校有多少、内容如何、收费若干、学生多少、学生的出路状况怎样、学校的历史如何、那一校注重工、那一校注重农。调查完毕后,便制成一张很简明的统计表,以作升学指导的预备,譬如,有一个学生来要解决升学问题的时候,便把这表给他看,使他了解该地的学校状况,然后再问他个人的志趣、家庭状况、将来希望等,一一叫他解决,这种询问,这种解答,叫做“自我分析”,询问完毕后,再请他填一张表,藉以知道他的能力如何、学识如何,并且还用机械来测验他的身体如何、精神如何,这种办法叫做“心理测验”。以上种种都做完后,于是按照他的情形、能力,指导他,使他可以得入一个最合宜的学校。

(二)职业调查

调查该地的机关有多少、职员有多少、工厂有多少、工厂里的厂主是何人、工人有多少、成年人占多少、童工占多少、内容如何、环境如何、前途如何,要很详细地逐项写下来,一俟有人来请求介绍职业时,便把这表给他看,使他明了当地的情形,易于选择。

1. 社会联络

便是和实业家联络,其步骤有三:

A. 问他厂内须要多少职工，须要那一类的人，品性要怎样，年龄要多少。

B. 问他喜欢要什么学校毕业生，那一类的学生。

C. 替厂主说明，倘认为职工学识不足时，本所可以尽义务来教育他，并请其厂内缺乏职工时，可以随时来所报告。

我想照了上面谈话的结果去介绍职工给他，实业家一定可以认为满意而答应的。

2. 学校联络

这种联络可说是为着供给厂方的需要而联络的，其步骤亦有三种：

A. 向学校里去抄一份学校调查表，藉此可以知道学生的希望怎样、学问如何。

B. 和校方说明，倘有学生在升学时感觉到困难的地方，可以到社询问，本所可以替他解决。

C. 再说明倘有初中毕业而不能升学，要想到社会上去服务而能力不足的学生，本所可以来训练他，务使其在最短期间，得到想当的技能，而介绍他一种职业。

职业指导的事前准备是如此，其效用可分三方面来讲：

(一)个人方面

大凡青年在学校里读书，对于职业问题，往往是不注意不很清楚的，试观学生在投考的时候，中学不取便去考师范，师范不取再去考专门学校，而对于那一校的性质如何，与个性适合与否，则不加注意，试再问他为什么要进那个学校，竟至瞠目不能答，于此可以见得他们对于进学校的疏忽，没有一定的目标了，照这样情形，青年的前途是很危险的！所以当他在进学校以前，应当要给他一种职业的指导，依照他个人的特长和特性，指导他进一个适当的学校。譬如，小学生他常常喜欢拆看钟表的组织，便可以知道他性近工业，那末，升学时应令其进工业学校，以发展他的特长，以上所说不过是升学时的职业指导，至于进了学校以后，职业指导则尤要。普通一般学生往往各种功课，都喜欢、都好，虽然这是很好的表示，而不知都好则不精，不精则无所用，所以应当各种功课都在水平线上，而那些功课中要有一种或两种特别好，这种特别好的功课，便可作他将来职业的预备。在这里，教员便应当负有指导的责任，要看出学生的特长，而指导他学习一种适宜的课程，庶可免盲目学习而一无所长之弊。

（二）学校方面

学生是造就办事人才、促进文化的场所，但试问校中的功课，是否都能满足学生的欲望？我想这还是一个问题，恐怕有许多都是“金玉其外，败絮其中”吧。所以有许多学生，从学校里毕业后，处处把什么学校毕业的牌子挂起来，大言不惭地自称胸罗万卷，其实他还绝少特长，职业指导，便是要来补救这种弊病的。近来美国举行职业调查，往往去问一般精巧的工人，说你为什么能做到这样好？结果知道他们多数都是从经验中得来，并没有什么学理，于是便把他的答辞记下来，归纳成什么原理原则再去教一般学生，这样一来，学生在极短时候内，便可学得几十年中得来的经验，岂不是学习上可以十分经济，而社会上也能日趋文明进化么？学校里功课方面的支配，必须要适合学生的需要；而用人方面，也要经济。譬如，某人担任什么功课，是否适当，是否能够发展他的所长，这也应当要注意和顾虑到的。近来工业革命后，分工制度日益发达，一个人差不多要做几个人的工作，但是怎样才能使其效力增大呢？我们知道学校是供给社会上人才上的需要的，所以要一个人的工作效力大，必须在学校里有良好的训练，这良好的训练，便是依照个性，从事职业指导。

（三）社会方面

我们经营商业，决不是赚了几个钱就算了事，应当再要研究改进方法，怎样才能使事业进步、社会进化，职业指导，便是要来解决这个问题的。因为职业指导，是负有改良职业的责任，更进一层说：用职业指导来改良职业，间接就是使社会进化。上海职业教育所，对于介绍和改良职业，是非常注重，因为目击近代中国失业的人太多了，毕业生也太多了，有的有了才能无人用，有的有了位置无人做，有的大学毕业或留学回国后做一些很不适当的事业。这人才上的不经济，实在是万分可惜，况且现在中国正在工业革命时代，失业的人，一天多了一天，倘若我们不想补救的方法，则必致社会秩序纷乱，所以职业指导的设施，实在是一件急不容缓、燃眉急务的事。

二、职业指导社的工作和种类

无论什么职业指导社，下面三种工作总是必须的：

（一）调查

可分四种：

A. 各类职业的调查；B. 学生服务状况的调查；

C. 学生家庭状况的调查；D. 学生个人志愿及环境的调查。

（二）谈话

对于请求介绍职业的人，须作一度的个人谈话，从中便可以探悉他的个人情形怎样。

（三）宣传

最有力的宣传，惟有演讲，一方面对于学生讲述选择职业的重要；一方面要暴露学生的弱点，而使其不再蹈覆辙。前者是使学生觉悟，后者是使学生改过，而尤其是第二项的宣传，最为重要，因为往往一个人做了一件事，便要趾高气扬，或者自己明知能力不足，不能去办某事，而他偏要去做，一以侥幸的心理出之，这种弊病，都是学校里平日训练无方、不适合社会情形所致，所以无怪乎一般社会人士，都喜欢招请小学毕业生而不喜欢中学毕业生，因为小学毕业生的能力不充足，而国文程度尚可，衹须施以相当的训练，便可以使用，而中学毕业生则不然，往往自夸学博而不愿再受人训练。关于这点，学校和职业指导两方面，都当负有重大的责任来矫正他，学校里的教育应使学生明白社会情形，而职业指导，也须用宣传方法来匡正这种弊病，明白他们的不良之处，而共谋事业的进步。

其次，我们再要讨论到职业指导所的创立主体了，大概可以说有下列三种：

（一）政府设立的

通都大邑及工商业发达之域，政府应有职业指导所的创立。

（二）各机关附设的

如由教育局或其他机关附设，其利有二：

A. 对于事业推行便利；

B. 调查简便，如，统计局附设后，则各项统计已有查考，无须另行调查。

（三）私人设立的

总之，无论由私人设立或国家设立，总有二个共同的条件：

1. 必须要和各机关联络，或和各方面合作，以期收效宏大；

2. 职业指导事业非常复杂，必须有继续不断的研究，方能使其日趋发达。

以上不过是社会方面的创设，余如学校方面，也有同样的组织，如：

（一）职业指导研究会

这规模虽小，范围虽狭，而对于职业指导一项没有专门的研究，不足以创办。

（二）职业指导委员会

这由许多人联合起来，共同做职业指导事业，其注重点在学生毕业后对于职业上的介绍，范围则大小不一。

现在中国职业指导业的幼稚，我在上面已经说过，在从前还不知道什么叫作职业指导，自民国五年中华职业教育社请了两位朋友，到欧美去调查一次后，便到南京去宣传一次，于是一般人的脑筋里才存着一些职业指导的印象。十六年九月便在上海设立一个职业指导所，这职业指导事业的实施，不过仅有一年多的历史。

三、办理民众教育者宜怎样兼顾职业指导

诸君以前曾在社会上服务过的,将来是再要到社会上去办理民众教育的,而办理民众教育,同时也须顾虑到民众的职业问题,换句话说,便是办理民众教育的时候,应当要注意一般民众是否都有职业,他的职业是否妥合。倘使有没有职业的人,便要设法替他介绍;有职业而办事能力不够或学力不足的人,便要替他作种种的补习,务使社会上每个人都有适当的职业、良好的办事能力。其次,升学指导也是很重要的,对于小学毕业的学生,每个人都要有精密的调查,藉以知道他的心理和家庭状况,以便替他解决升学问题。譬如,有人喜欢学农,则指示他一个适合的农业学校,有人喜欢学工,则指示他一个很好的工业学校,倘有天才很好而家计寒贫、无力就学的学生,则应设法扶助他,或抽一部分的公款来补助他去读书,这样庶不致贻淹没天才之憾!

四、办理职业指导者应有的修养

办理职业指导者,必须具下列几种学识:

A.社会学　　B.教育学　　C.心理学

D.统计学　　E.生理卫生学　　F.自然科学

必定这样,办事时方可不感困难,且免除问题发生,致有束手无策的缺憾!

办理职业指导的人,一方面固然要具有相当的学识,能够努

力的做去，而一方面对于他自己的人格和品性方面，也应当要有下列几种特殊的修养：

（一）有高尚纯洁的人格

这话说来似乎未免太抽象，而实际上则是很具体的，试问土豪劣绅，可否去办理职业指导事业呢？

（二）有诚恳谦和的态度

与民众接近，这种态度是很重要的，否则他们怎肯来听你话，受你的指导呢？

（三）有虚心客观的态度

凡百事业，要求其成功，则处处应当抱着这种态度，要站在第三者的地位上，丢掉成见做去。

（四）有互助合作的精神

这便是要有同情心，要把人家的困难看作自己的困难一样，人家的痛苦，看作自己的痛苦一样，这样事业才会有成功。

（五）有敏捷果断的才能

遇有疑难的事情，要能够很敏捷迅快的决断。

（六）不要厌烦

遇事厌烦，是做事失败的主因。办理职业指导的人，尤宜切戒，否则永无成功之日！

（原载《教育与职业》，1929年第107期）

在浙教厅欢迎会中的报告[①]

我们听见陈厅长、郑先生的言论,非常感动。现在行政界对于职业教育的提倡是很多的,可是皆没有郑先生这样诚恳,更没有郑先生说得这样透彻。可知郑先生对于职业教育的研究,是很深刻的。

郑先生所说的有四点,我还要添一点上去,就是服务的道德心。中华职业教育社是要使人人皆有职业,换句话说,他就希望人人皆有饭吃。可是,并不叫他有饭吃就算完事,一定还要教他做人,所以除了谋生以外,公民教育、人格修养及科学的智识等也是特别注意。

职业教育并不用一种方式去设施,除了学校式的教育之外,还要社会式的教育。我们在徐公桥所办的,就是社会式的职业教育。我们有民众夜校、临时补习班、乡村小学,是要使社会得生活上的改良,一方面对于儿童,一方面对于成人,都能够得到利益。至于都市方面的学校,统计、簿记、打字都是社会上的需要,现在在上海已经办了。这些科目,我们现在不过试验试验要

① 杨炳勋用“炳勋国音速记学”速记。

看将来的成绩如何，还不敢说，总之，开办种种的补习学校，当以当地情形的需要为标准。

职业指导方面，我也要向诸位报告一点。我们在上海设立了一个职业指导所，已经有两年了，介绍成功的共计有五百多人，谈话的有二三千人，近来我们请了一位心理学专家陈青士先生，来办心理测验，下半年就可实行。郑先生所说的是很不错，我们听了更应该努力地去做。

工商教育一方面，有中华职业学校专司好（原文如此。编者注。），可惜今天校长赵师复先生没有来出席，我可越俎来把该校的历史来说一说。中华职业学校经过的历史，有十一年了，实在是惭愧得很，对于社会的贡献很少。但比较起来，还有一些心得，可以奉告诸位。至于学生的出路，大概职校毕业学生，都是有职业的，闲住的很少。所有学生在工厂商店里服务的时候，常常写信来报告我们种种的情形。我们认定这一层应该是学生应该尽的义务。学校对于这一层，更是十分注意。凡修业年限已满、考试及格的学生，学校还不是马上给他毕业证书的，一定要经过一年的试验与商店的报告之后，认为合格，才给他。我们行了这个方法，觉得有些功效。校内学科分工科同商科，工科注意机械，商科在上海是异常重要，工科方面因社会的需要，并拟设立短期的测绘科、应用化学科等以养切实有用合于相当建设之人才。商科里边也拟添加文书科、簿记科，使得他们服务的机会，可以多一点，但是经费方面，却是非常困难，学生来的很多，固然可以证明这个学校，尚不至为社会所弃，而职业的需要，也就可以明白了。

我们现在要晓得从小学毕业的学生,升中学的有多少,由中学的升高中的有多少,由高中升大学的有多少,不升学的如何去安插他们。这一点是很重要的。现在失业的人,是很多。普通教育究竟与职业教育如何支配?我们希望行政机关切实调查一下,明白各级不升学的究有多少,从这个统计的报告上,才可以研究出怎样去办普通教育、怎样去办职业教育。

(原载《教育与职业》,1929 年第 107 期)

理想中学

我有一个理想中的中学。此校校址,应离城市数里。每30人一班,全校至多两百人。教学与训育不分,教员都负训练之责。教员的家庭,都在学校近旁。学生与教员为家人父子。此中无固定教室,功课表与规则也没有。设备方面,分四部:一,健康教育部,其露天部分,作各种操练运动之用,室内陈列各种卫生生理疾病之标准;二,艺术教育部,室外是极优美之园地,室内陈列图画雕刻音乐器具;三,自然科学教育部,室外是动植物,室内是化学仪器;四,社会科学部,室内陈列各种图表,关于人生社会的,均极有系统。教程方面,只须由教员预定某时期内,研究什么,由学生自行。从实体的对象,去考察搜集,作成纪录或绘图;然后由教师示以书本,以资应证。各部室内陈列的标本图表,许多都由师生共同制作出来。随时开音乐会、艺术展览会及旅行。对于工具的科学,如国文、外国文,亦必用极经济的方法,使学生获得很好的结果。再加上优良的教师,使用好的方法,必能使学生身心有适当的发展。有好身体、好头脑、好品格,则所得的知识,才是真正有用的。

(原载《中华基督教教育季刊》,1929年第5卷第3期)

调查江苏十七县农民生计状况后的感想

张伯苓先生说:“中国这样大的国家,这样多的人民,而实际分析起来,不外官吏、军人、农民三大类而已”!这句话恐怕有几分对的。官吏、军人,对于国家的贡献如何,姑且不论,单就农民来说罢,“锄禾日当午,汗滴禾下土。谁知盘中餐,粒粒皆辛苦”!这样卖力气,总算是对得起国家了。然而我们翻开海关贸易册来看一看最近十年间最重要农产品米、小麦、面粉三项进出口的价额几何,却不免大吃一惊,且让我把他抄在下面:

(表略。编者注。)

中国不是五千年的古农国么?工业幼稚,制造品不能不仰给于人,所可恃以为生存之具,只有此一点农产品,现在万分重要赖以维持生命的农产品,也不够了,是不是我们全国人民生命之源,不久就要断绝呢?我想,世间人类第一件大事,当无过于“救命”,像中国这种情形,是不是已经到了性命不保,要张开大口,喊出“救命”“救命”……的呼声呢?这是怪谁?谁忍心再怪那些胼手胝足的农民呢?一国之内既已“生之者众,食之者寡”,试问,如何得了?

中国人民号称四万万，全体农民总数，虽无明确统计，大约至少有三万万。何以不能以这三万万人劳力之所得，除自养外，再养那一万万为国宣劳、为民服务的官吏，驰驱戎马、桿卫疆圉的军人，以及其他民众呢？本来是可以的；无如天灾人祸，纷至沓来，过去若干年（指革命以前言），河决口了，湖泛滥了，眼见一转，竟成大灾，未成灾前，治河濬湖之事，有人过问么？没有。数月不雨，赤地千里，成了旱灾，未成灾前，凿井防旱之事，有人过问么？没有。匪来了，所过成墟，兵过了，万家走避，田不能耕，谷不得种，有人过问么？没有。这皆是以往的实在情形。古人言："一夫不耕，或受之饥"，天灾人祸，既如此矣，产谷之田，与耕田之人，已不知减损了多少，从何处再希望家给人足呢？况且所谓三万万农民中，还要将年老年幼不能任操作的男女，以及一部分缠足的中年女子除去，而丁壮中，因无田可耕、无食可得，迫而为兵为匪者，又要去了一部，因慕都市繁华，捨耒耜、去乡里，愿作苦生活于电灯之下、马路之上、锅炉之傍者，又要去了一部，如此分析地减除起来，真正从事于南亩的忠实同志，不是已经很少了么？

可是，依我想来，还不能算少，论到"贵精不贵多"之义哩，只要质好，却不在量，而况中国农民，本来人数众多，虽经多方面减除，尚属五大妨碍；所可惜者，没有人替他去设法防天灾，消人祸。他们自己哩，又多半是目不识丁，异常愚昧，从来不知什么叫做结团体、谋自卫、袪灾患，至于怎样改良种子、增加产量，更说不到。农民既因未读书，未受教育而愚，当然缺乏御患应变的知能，患来了，变成了，当然只落得了一个"穷"的结果。因穷，乃益愚，这是必然之势。再讲到他们身心方面和卫生方面哩，既然日日在困苦忧惧之中，食料营养，又不十分充足，既经不容使他身体健全精神活泼了。个人及公众的卫生，更不知为何事，出则无盖粪缸，罗列门前，入则牛马鸡豚，共居一室，夏日蝇蚊成堆，倒认为最好的侣伴，如何能使他身体无病、精神不减呢？至因人工缺乏，使用农童，往往事过于力，以致阻害青年的身体发育，不免成了面黄肌瘦，幼既如此，长更可知。若乡村间儿童的头疮、沙眼、腹虫等病，更是“数见不鲜”，一致认为无轻重。再要谈到乡间妇人生产情形。有助产士（即从前所谓产婆）么？有啊；东庄某大嫂，是大家公推出来，请她做“姥姥”的，你要问她接生时，手，洗干净没有？断脐带的剪刀，消毒过没有？她能答将出来么？她那黑暗暗的指甲里边，便是微生物的豢养所，一把小小剪刀更是微生物的传播器，一动手、一用剪完全把病菌传染过去，小孩生了，不到十天，听说产妇得“产后疯”了，小孩得“七朝疯”了。好在是一命呜呼，数早注定，绝不怨到大嫂的手指不净、剪刀不洁，这便是一般农民的卫生情形。本来也难怪，他们已经穷得不了，愚更是可怜，普通卫生常识，从何处吸收？更有何人替他解说？卫生既然不讲，当然身体一天弱了一天，人类的生产力、创造力，本是由健壮身体发展出来的，弱的病状已成，当然生活力要大减特减。再说到团结力罢，这更是民族创造事业、战胜艰难、表现伟大坚强的最要工具。可是，像中国现在的一般农民，穷愚孱弱，已经到了这样地步，还能说到什么团结和组织呢？我们试放开眼睛来看一看近代文化，灿烂光辉，所有表现于物资方面的，可以说无一件不是发自个人健全的体力、心力，团体的团结力、组织力，因为有了进取不已的能力，运用进步不已的科学，遂能以人力宰制自然、驾驭自然、利用自然，积之既久，才能一改寒酸之貌，变为富丽之容。彼蠢然如笨牛、羸弱如病夫的人，何能希望到此呢？念之真是汗颜，言之真是心伤！

中国江苏一省，说起来还算富庶之区，在穷苦地方人看，不是说他如同天堂一般么？但是，实地到乡间去看一看，仍然也要大吃一惊。依照我们的理想来说：第一，希望一般农民，皆能具有相当的知识；第二，希望一般农民农产收获量，能逐渐增加，不忧困乏；第三，希望一般农民能身体健康，精神活泼愉快；第四，希望一般农民能自己起来，结合团体，共谋自治自卫。然而谈何容易呢？不要说僻陋穷苦地方的农民，距此理想，去题万里，就是富庶之区的江苏，又何尝能够得上千分之一呢？

三十岁以上的农友，他本来是大字不识，要强迫他去读书、识字、求知识，容易办到么？他已经穷得不了，还去叫他读书，他愿意么？身体健康，精神快乐，也要看他家境怎样。团体互助，也要看他知识能力怎样；穷极了，还能顾到健康么？还能说到快乐么？穷极而且愚极了，自顾不暇，自保不遑，还说什么团结？

照目前情形看，真要救济这一班极困苦极纯洁且关系国家命脉的农民，把他的生活逐渐改善起来，高调且不必唱，务必要先把一个“穷”字的大病，赶紧医好，这是开宗明义的第一章，也是急所先务的第一着。我很相信我杜撰的“富教合一主义”，似具有相当的理由，值得大家一番研究。并且我还有一种理想上的假定：一位农民，年在三十以上、四十以下，妻年亦相若，上有不能胜操作的老父老母，下有未尽能任操作的子女三四。已正如古人所说的“八口之家”,可算是一种标准农民。他所种的田,在北方则百亩左右,在南方则三十亩左右,一年之间,所有收获的农产,除去所用资本及一家生活费外,如是自田自种的,可以净余三百元至四百元,佃种租种的,可以净余150元至250元。同时乡间有了中等程度的农业学校,校内一切设备及教材教学,皆能适合于本地农民的实际生活。这八口之家的农民,可以送入一个或两个儿子到这个学校去肄业。毕业之后,回家种田,一定能比他父亲所种的,利益特别增多,而且又有组织团体的知能、改进社会的兴味、做公民的道德、使用四权的能力,在一乡一村中,可以算得是乡村自治团体中的优良分子。此等学校,收费极廉,浮费极少,大约一年一个学生,连饭食书籍等,有了一百二三十元,已经绰有余裕。那末,这一种标准农民,在各处乡村中间,一定是很多。倘使他的收入,能如我们所理想的数目,而这一种理想的中等学校,各县至少能有三两个,农民还有不愿意把他的儿子送入肄业的么?学成以后,还不能改良农村组织么?还不能增加农民产量么?还不能推行农村自治么?还不能改善一般农民生活么?现在四十岁以上的农民,只能在可能范围以内,灌输一点知识、改正一些习惯,用社会教育、补习教育方法来做治标工作,也就好了;而现在乡村小学读书十三四岁的农童,我们却不能不看他为一块初出土的宝玉,一定要好好的去磨琢他、修饰他,将来即寄以改良乡村组织增加农民产量、推行农村自治、改善农民生活的大任。在农民方面,转贫为富、转弱为强,固要靠住这一班未成年的小农友,在国家方面、民族方面,转危为安、转枯为荣,也要靠住这一班能亢宗的农家子。如此,中国前途，才有希望，才有转机，否则纵使都市方面，一万万老幼男女众，人人皆读书明理，而其余三万万人还是穷苦愚陋，不够做公民的资格，则我们这一个国家，仍是不能自立，仍是不能生存！

现在合于我这样理想的中等农校，有没有呢？以中国之大，或许是有的，今年没有，明年或许是有的。假定已经有了，还要有许多乡村小学毕业生来升学才行哩！现在乡村小学，设立的有多少？已设立的，好还是不好？假定说，乡村小学，并且是高级小学，已有多数毕业生要升入农校了，可是，还要问一问这一班学生的家庭经济状况，够不够供给他的子弟读书呢？讲到这一层，我可以武断地说："合于理想中的标准农民虽是很多，而合于理想的经济状况却是很少。"可怜！八口之家，终岁辛勤，衣食以外，无复余资，有了十二三岁小孩，已经能替一替手，叫他看看牛、割割草，便可省却半个人工，那里还有送他入学呢？既经无力入学，或者并小学教育也未能受到，雏凤之声，不能清于老凤，岂不是亘古过那贫苦愚陋的生活，一代一代，永无出头升极的希望么？这一个问题，关系国家民族的存亡盛衰，实在不小，愿吾同志，千千万万不可把它轻轻放过！

此次中华职业教育社，选定江苏六十一县中的十七县，预制表格，托由同志亲到乡间去调查填写，表分两种：甲种，是调查每一农家最近一年间经济收入状况，乙表是拟定一种标准农民（如前文所说）八口之家一年间经济收入状况。结果收到甲表五百五十五份，乙表四十二份。调查统计，自然以材料多范围广为好，区区十几县，每县仅数十户，实在是太少了。可是，统计起来,却未尝不可以知它一个大概,并且就种种事实,加以分析比较,也还可以搜寻出真象之所在。那末,就此大量观察起来,一般农民的穷困,已是无可讳言;所谓标准农民者,一年所收入,能合前文所悬的理想,恐怕真是凤毛鳞角、不可多得。比较起来,在十七县中,也可说是六十县中,只有无锡一县,农民收入还算多些,大约如标准农民,一年间净收入可及一百元以上至二百元,推究其所以致此之由,有原因三种:

(一)用新式农具——最要者用灌田汲水机,人工因之以省;

(二)有蚕桑副业;

(三)农隙之暇,可以到工厂做工。

于此可以推想到要救济今日一般农民的穷困:

第一,设法增加农产数量要达此项目的,除设法防天灾除水患外,关于改良农事,当然十分要紧。而改良农事的工作中,如,推行新式农具、提倡合于本地的副业,更是异常重要。无锡固是一个好例,再看到日本年来提倡农家养鸡以谋夺我国际贸易的蛋业,设法增加农产,近年每一户净收入竟达六百元以上,更是我们最好的一面金鑑。

第二,治本治标要继续进行。治本之方,在乎一面普及乡村小学教育,一面理想的中等学校随之产生。农家子弟因得多多入学,以使将来养成救国家救农民的有用人物。治标之方,在乎设法推行乡村社会教育、补习教育,一面教农民以种种致富之道,同时灌输实用知识、练良好习惯。待到农产增加、穷困大减、治标之目的渐达,治本工作,即可以着手进行。在治标时,或以乡村小学为实施工作之中心,或以社会教育机关为担负工作之主体，即各随其便。治标治本，成为一贯，既要从事治本，便不能不有治标工作预为之地，既要从事治标，便不能不以治本方法为之鹄。

十八年十月

（原载《教育与职业》，1929年第108期）

“富教合一”主义

农村小学特别注重农业陶冶

农村成人教育注重农事

农村民众夜校以农事为中心

教他致富方法同时使他得着许多人生实用知识和道德行为的训练

“教育离不开生活”，这是一句很普通的老话，几乎要成一种口头禅了，试问还有谁人不懂得呢？然而你真要抓住乡下一位种田的朋友，硬教他读书，说：“这是和你的生活有关，你如若不读书，便不能识字，不能看报，不能吸收种种知识，不能做一个很好的公民，你的‘人的生活’，便不能圆满。”他听了之后，一定是现出很怀疑很焦虑的态度答道：“先生的话，不错啊。可是，我收的粮粟，不够吃，老婆小孩子，光着身子，要穿衣服，没有钱去买布又怎样办呢？照你先生说，读了书，能识字，看报，够做一个公民，就可以有衣穿有饭吃么？并且还要请教先生，是不是一到了公民程度，一有了公民资格，就有人来给我们衣服穿，给我们粮粟吃呢？”于是乎这一问倒把这位热心民众教育的先生问住了。

不错，不错，读书、吸收知识、做公民，是人类生活不可少的要件；那末，穿衣、吃饭，是不是人类生活的要件呢？不具公民的程度和资格，诚然不可以做人，但是，他没有衣穿，没有饭吃，先不能保持他的生存，虽想做人，试问又从何处做起呢？

平心而论我们对于不识字不明理的饱食暖衣的一类人，劝导他去读书，勉励他去做公民，这是千该应，万该应，无丝毫疑惑的事，若是对于饮食不饱、衣袴不完的人，不管他的生活怎样，只一味督责他去读书，去做公民，纵然他勉强答应你，能有效么？

我们今天真正要替乡下种田的朋友们谋一点幸福，叫他们生活方面，能改善一些，似乎要看明白他们真正的需要，才好。我尝说：现在农民，有四种现象：一穷，二愚，三弱，四散。这就是他们的缺憾，能设法弥补他们的缺憾，便是他们的需要。穷得怎样呢？不要说，连年闹灾的地方，农民是不聊其生了，就是所谓长江下游素富庶之区，一个农民，家有八口，种田十亩至二十亩，农产所入，每年除穿衣吃饭外，剩余之钱，也几乎没有，难道一个人就不生病么？生了病，医药之费何从出？没有，只好听天，难道一个人就不应该有一点酬应和娱乐么？酬应娱乐要相当费用，没有，只好枯寂。他有小孩子，要不要入学校，受教育呢？依我们想，这一班目不识丁、情形很可怜的农友，自己因为没有受过教育，知识差，不去改良农事，总希望他有一两个儿子，能入合宜的初级农业学校肄业，毕业之后，回来帮助他的父亲耕田，可以格外使收获量增加，同时他也可以做一个很有道德智能的公民，这才能使今日农村生活，慢慢儿改进起来。可是照现在的样子，如何能够呢？愚、弱、散三样，也是多由穷字发生出来的，饭不够吃,生人之趣,已觉索然,还有心去读书求知识么?还有心去组织团体力谋自治么?营养不足,卫生不讲,农童未及成年,即使他任力不能胜的工作,希图省却一个或半个雇工,身体还能强健么?倘使家给人足,年年除衣食用费外,仍多数余款,储而待用,此时再有民众教育家,好好来指导一番,自然他也会热心求知识,高兴结团体,注意讲卫生了。

可是,万言归宗说几句,他的稻子,不能多收一二斗,他的棉花,不能多收一二十斤,他没有物质做他生活的根本,各事还是白说。我们讲农村教育人,当然要以农民生活为对象,讲到农民生活,便要先注意到物质一方面,不要把他们一个最根本的问题——"穷"字忘掉了!

古人有"先富后教"的说法,这自然是不错的,但是,我还杜撰了一个主义叫着"富教合一"主义,略释其义,便是一面教他致富的方法,同时使他得着了许多人生实用知识和道德行为的最好训练。这种教育,是跟着致富方法走的,是以物质为基本的,不是谈空话、强迫人家不吃饭去做好人的。所谓道德行为,要从穿衣吃饭的行为上评价出来,所谓实用知识,要从利用厚生的效验上,证明出来。试举一二个例子来说一说罢:我们要提倡用新式农具,如抽水机啦,打稻器啦,乡民最初当然是不明白的,一定要把他们召集在一块,详细讲给他们听,构造怎样,装置怎样,实地试验给他们看,效用怎样,利益怎样,用口不足,要继之以手,用言不足,要助之以图。因此,农民分明了,高兴采用了,因采用而人工省、赚钱多了,同时他又能得着若干的物理学和制造学上的知识,这不是教他致富,又教他科学常识么?比那拿一本书,挂一张图，空口讲科学常识，是不是好得多呢？我们要提倡农家副业，如养鸡啦，养蜂啦，一定要把种种新的好的方法，传导农民；或者是召集农民于一处，组织临时传习所或讲习会，历时二星期或一星期，或者亲到农民家里去切实教授。农民因为教授讲习，能明了，信服，照样试办，大得其利，虽是致富的事，又何尝不是教育的工作呢？明白鸡和蜂的生长状况、生活情形及一切习惯，还不是极好的动物学么？若是要教导他们组织种种合作社，一方面固是调剂他们的经济，帮助他们谋生产的增进，同时使他们明了合群的重要、开会的办法，这不是极好的团体生活训练么？其他类此之事，更是不一而足了。

我们并不是说，叫农民读书的事不好；我们是说读书工作，应该在他们物质生活问题能稍稍解决之后，再去实施。我们认定穷苦不了的人，他是不感觉读书需要的，勉强叫他去读书，也是无益。

我们也并不承认"富而后教"之说为十分圆满。我们是认定一方面教他们能多收几石稻麦豆，生活得以裕如，同时就在教导致富方法上，供给他们许多有用的知识和合理的道德训练。授与他们的有用知识，并不一定要用文字，实物可以直观，图画可以指示。若是道德训练，更可用不言之教，潜移默化于无形。

我们再扩大范围来说罢，教导他们改良农事，固是包含着许多知识道德教育在内，就是教导他们注意卫生清洁、建筑道路、修治桥梁、组织高尚娱乐团体、提倡节俭储蓄，又何尝不是教育？我们很相信人能增长知能、增长德性，皆是赖有此种训练。凡有一种兴作，一定要先向他们说明道理，待他们道理明白之后，有了认识,再用言辞鼓起他们的兴趣,有了兴趣,再教导他们设施的程序,于是知行便可合一起来,愈行知识愈丰,知识愈丰,行为愈好,这还不是最良好的教育方法么?若是单靠文字,识几百个字,教几课书,其效力如何能有这样大呢?

我们承认识字读书,是很要紧的事,但是这一种教育,是文字教育,是狭义的,如教导农事,以及教导卫生建设娱乐等等,皆含有给与知识训练、道德训练的功效在内,这是生计教育、道德教育,是广义的。借文字来做吸收知识、训练人格的工具,并且能自发自动地去使用工具,那是最好的事,然而谈何容易呢?在农村小学校里,识字读书,固然是居于较重要的地位,但仍须特别注重农业陶冶。而在农村成人教育,第一步便当注重农事,以及其他改善生活之事,识字读书,尽可放在第二步,即使设立民众夜校,要教他们的书,也应在教材方面特别注意,最好能以农事为中心。

天下事总要先其所急,务其所本,适应其所需要,换句话说,就是要抓住他最紧要的地方最根本的地方,着实用力,不可放松,要害既得,其余枝枝节节问题,自可迎刃而解。今日农民的一切病象,既皆是从一个"穷"字发出,则治病之要,当然要使他富。而于教他致富之际,施以适当教育,便是最良好的知识教育和道德教育。把农村经济和农村教育联合起来,打成一片,随富随教,即富即教,发财离不了做人,发了财更容易做好人,可以说是现在解决农村问题最根本最紧要的方法,也可以说是解决全国社会问题政治问题最重要的办法。

"富教合一"主义,我极希望你能拯救全国三万万的穷苦农民，我极希望你在五千年古农国放一些惊人的异彩，我极希望你能在一切教育主义中首先建立一个大功。

（原载《教育与职业》，1929 年第 108 期；

转载《农村改进的理论与实际》，生活书店，1935 年）

关于师范教育的几个重要问题[①]

主席:诸位先生;沈先生前天写信给我,说:全省师范科联合会在苏州中学开会,叫我说几句话,鄙人很惶恐!学识谫陋,对于师范教育没有研究,关于师范教育问题,也没有系统的意见发表过,如何能说呢?可是良缘难逢,很愿以零碎的研究的问题,贡献诸位,以备参考,有的,略附些意见;有的,却不敢下断语。不过,即成问题,不得不设法解决,在人才济济的大集会,很难得到平心静气讨论的机会,现在人数不多,同时诸位又都是教育名流,很愿放肆地谈谈,请诸位进而教之!

在未讲前,有两点要申明:第一,社会上有种种问题,不关于教育的,依我的见解,似乎也可以用教育方法去解决他;第二,不关于师范教育问题,但也可以用师范教育去解决,或许师范教育问题解决,社会问题也可以随之解决一二。

① 在江苏全省师范科联合会议演讲。

一、师范生实习问题

师范生在终了一期，一定要到小学实习，实习期间大约一千分到二千分钟，为期不过数星期。所实习的有国文、算术、史地、自然等课程，同时并实习教务、训育、事务等，实习时，有本校各教师批评指导，如国文教师指导教国文，算术教师指导教算术，而附小（旧名）实小的主任校长教员指导实习教务训育及事务。究竟这种实习，对于师范生影响如何？几个星期的印证收效如何？似乎有重行估价的必要，我想：凭着教案去实习教学，而指导教学者未必尽是学过教育的人。普通中学教员，对于小学教学法究竟研究过没有？有无教小学的经验？他的本身是否受过师范教育的训练？都很难说，那末，这样实习岂不是令人很怀疑的么？再讲到教务、训育、事务的实习。我以为无论教训事，他总有一定的起讫，相当的过程，绝非几个星期便可了事，一定要有首尾，有顺序，一步一步去处理，才能得整个的练习，若只有片段的工作，如何能了解整个的过程呢？这样实习究竟效果如何？也是我很怀疑的。

如此情形，效果既然有限，而对于时间经济各方面的损失却又不少，往往因学生学习而学校停止上课，教员闲看无事，而薪金仍照常开支。就此看来，不是学生牺牲了保贵的时光而学校蒙到了经济的损失么？

那末，以往师范的学生，就在小学内去学校去做去教，好比学工的在工厂里，学农的在农场里一样，岂不好么？但是他尚在试验时期,我们办师范教育的人,马上就去跟他一样做,恐怕也很危险。为今之计,我个人却有个具体办法,且说来供诸位参考。

办法怎样呢?就是把高中师范科分做两段:前二年为修养时期,后一年为实习时期。把乡村师范分做两段:前三年为修养时期,后一年为实习时期。在实习时期内,务使学生能充分发挥自己的能力,让他们实地去办小学教育,假定一班40人,便可分二十组每组2人,在学校周围附近,择定古庙或商借民屋,为施教地点,由此两人,亲到各地去调查学龄儿童多少,拟定办学计划书。学校如何设备,如何编制,如何教学,请学校当局加以指导,规定每一校开办费40元,每月经常费8元。开办以后,每周由师范学校的指导员亲到各校去视察指导,这样办法,可以说有两种好处:

(1)实地去做,可以得着真经验,养成真能力。因为这样去做,不是纸上谈兵,乃是躬行实践,可说是真正的实习,由自己去发现疑难,自己去设法解决,这种实习获得的效果,自然就很多很多了。

(2)帮助普及教育,以吾江苏来说罢?教育经费已经增加了若干,但多数学龄儿童仍然没有入学,各县教育经费竭蹶不堪,而各区乡材纷纷要求增级设校,教育局长颇苦无法应对,筹措为难,可见普及教育却不是轻易办到的。有了这样的实习办法,假定一个师范学校每年四十个实习生,便可创成了二十个小学校,每一校四十学生,二十校便有八百学生,而每校开办费只要40元,经常费每月只要8元,经费可省,以后所有师范生皆可利用这个办法去实习。能创新的便去创新,不创新的便可一班一班就这个已有的学校来递换。在地方教育方面,有了经费,便可把个小学校接收过去,如此一来,对于普及教育问题的解决不是也有了几分帮助了么?

关于这个办法,有二点应该要特别注意。

甲,联络县教育局:此计划非学校单独所能举办,须赖地方行政机关之协助进行,方可免除阻碍。

乙,另订课程:师范生实习时期经延长为一年,则师范生受教育时期自因之减少,课程方面遂不能不有另订之必要。课程的支配,是法令问题,当然不能随便更改,但是我们既然认为有讨论必要,尽可充分讨论、就现在的情形、已往的历史、社会的需要,常细观察,加以一番深切的研究。

二、师范生的课程和训练问题

(一)师范生课程和训练具有特殊性质

师范生应有的标准是:常识丰富、身体健全、人格高尚、思想正确、心气和平、办事灵敏、兴趣浓厚等等,因此,平日功课与训练皆不能和普通中学生相同。普通中学生思想行为虽偏激一些,还不十分要紧,因为入了大学以后,仍可再加陶镕。师范生六年毕业,如果不合上面的标准,思想不纯正,心气不和平……到社会如何能薰陶学童、领导社会为人的表率呢?师范生若无相当训练,一旦涉足社会,也许酿成社会乱因。

（二）课程分量的分配

师范生既与普通中学生不同，师范生不以升学为目的，心理学教育学教学法……为其必修科，却实习时期由半年延长为一年，而理想的师范生又须常识丰富，如此时间减少，而能力须加强，是否与中等生同课程同教室同教师所能达到？为节省经费计，自然要中师合并，而为实际训练计，中师可否合并，还是一个问题。这是对于师范生课程分量的问题，不可不研究的。

师范生虽以不升学为原则，然他如要进大学教育科或师范大学，当然也不能加以阻止。就个人所感觉到的来说，似乎学过师范的人再进大学教育科，要比出身普通科的更好一些，但是大学对于师范生的入学实验办法，能不能同普通中学毕业生一样，却是一个问题。师范生关于外国语数理方面的知识，或许不及中学生，可是教育方面的知识能力却大大地不同了，大学教育科对于这层，似乎也应顾到。这是我的附带说明，用以表示师范课程的特殊的意思，现在书四坊间书本上，载有"中学师范适用"，其实中学，适合的，未必适合于师范，这实是一大问题。

（三）课程的范围与种类

普通师范学校所研究的皆是小学教育，以儿童为对象，其实师范教育除儿童教育外，还有其他三方面：

1. 成人教育。办小学不仅以儿童为对象，同时成人教育也很重要：无锡民众教育院是造就成人教育师资的，那么师范教育就可以忽略成人教育么？就可以专研究儿童心理儿童教育么？

中国目前成人教育的迫切,谁都承认。小学中须有成人补习班的设立,这是没有异议的,我们希望每个小学,晚上皆有成人的补习班,使成人获得生活所必须的知识,担任此责任的,便是师范生,师范生负有担任成人教育的责任,可另增待遇以酬其劳。如此看来,师范生在校内讲儿童心理,同时须注意到成人心理。讲儿童研究,同时须顾到如何指导成人,这是课程方面应注意到成人教育的理由。

2. 社会教育。师范生不仅作小学教师,对于社会教育也应该顾到。小孩子虽是活泼伶俐,在顽固不化的家庭,终是很危险,小学教师一方面在教育儿童,一方面便须设法改善儿童家庭的环境。故社会教育也须注意,倘是另设专司,对于实施上或有不便,并且是不经济的,莫如由小学教师兼任学校可多聘教师以此指导社会,训练家庭,才可达到改造社会的目的。要有这种人才,在学校须有相当的训练,便有设立社会教育一课的必要。

3. 初等职业教育。小学教育逐渐普及,一班贫寒子弟为谋生计,须进初等职业学校,农工商等职业学校遂有设立之必要,其程度当于小学五六年级至初中一二年级,此等师资何由而取呢?除去专门技术教师须请专家担任,其他职教员,当然要取之于师范生,因此师范生便不得不受初等职业教育的训练,以应此趋势。师范生要有特殊精神,特殊意义,不能说有学过农的便可开办农校,有学过工的,便可开办工校。要知道教农教工的专门家,固要经过教育的训练,而担任职校全部教育的人,要亦不能不受特殊职业教育,将来这种职业学校,社会需要一定很多,所以这一项人才,不能不预为养成,这门课程,不能不酌量添设。

在前面已约略说过：思想正确，人格须高尚，能力须充足，常识须丰富，才酌得上师范生的资格，到社会上训练儿童，指导成人，改造社会，才无流弊。否则，流弊滋多。目前社会流行小说，如雨后春笋，过激的，鼓吹阶级门争的，伤风败俗的都有，师范生若无充分知识，便无从判断，加以取舍，顿使社会险象环生。就民众方面实地的视察，往往零星琐屑之事，亦须就正于学校的校长或教员，稍一不慎，便要发生诸多流弊，于此可见师范生训练的重要和急切了。

三、师范教育法制问题

(一)男女同校问题

一班人多谓从小学至大学，都可以男女同校，但是师范生是否须男女同校？究竟同校与不同校的效能那一种大？我们似乎不能不研究一下，我们知道女子适宜的，是幼稚教育和家事教育，女子很配学师范，尤其是充任家庭教师，管理家务。所以受过师范教育的女子，去从事家庭教育，很足以改善家庭。要改善家庭的环境，须亲自到环境里去改善，这是女子的本分，而男子所受的是普通教育，不宜于幼稚教育和家事教育，宜乎此的唯有女子，为训练便利计，为造就特殊人才计，师范学校男女似宜有分设的必要。

(二)师范应否分等级问题

现在的师范,大概可分高初两级:从小学毕业升到乡村师范科里去的,是初级师范;从初中毕业升到高中师范科里去的,是高级师范。

小学教师固须出身于师范,至于初中的师资,请大学毕业的未免抑高就低,请高中毕业又是能力不足,而适合的唯有师范专修科毕业生,故设师范专修科很是重要。

师范学校的教师,固须受过大学教育,但师范生的教师,是和普通生的教师性质不同,师范学校的教师,须受过师范大学或大学教育科的才是相宜。就国文而论,师范学校的国文教师,必须在师范大学或大学教育科毕业,才能比现在不懂教学法的先生好得多,将来指导实习,也可使师范生得着实际的知识。所以,我理想的师范学制系统可以分作两方面:

1. 师范生的培养:小学毕业后,可以升入三年的初级师范,初级师范毕业后,可以升入三年的高级师范,高级师范毕业后,可以升入二年的师范专修科,或升入师范大学大学教育科。

2. 教师的聘任:小学教师须初师或高师毕业,初中教师须师范专修科毕业,高级师范科教师须师范大学或大学教育科毕业。

(三)师范独立和附属问题

这问题可分为两方面说:

1. 职业专科教师的造就,可以附设于职业学校,这是因为农业工业商业的教育,都需要实习。把专科教育附设在职业学校,可以利用良好的环境,可以多得亲切的经验,养成初级职业学校的好师资。

2. 普通师范生的造就似不宜与中学生合并,宜单独设立,这是因为师范生须有特殊的修养,须加以特殊的训练,倘和中学生合并,不容易发展示范教育特殊的精神。

四、师范生毕业后的指导和待遇问题

(一)指导问题

普通学生毕业后和本校毫无关系,师范生毕业后,因为有介绍位置的责任,比较上稍有联络,稍有感情,但是何妨不进一步呢?每校的毕业生,往往就在他所领导的教育区去服务,本校须负指导的责任,每年母校可派两位教师出去切事指导,这个办法的好处很多:

1. 调和冲突。省立师范毕业生,和本地县立师范毕业生,往往存有门户之见,互相排挤。省立师范的实小和本县小学,城市的小学和乡村的小学,往往发生隔膜,不能融成一片。地方小学认为实小的理想太高,不容易采纳,而实小方面,因为本地有了这种观念,就不去和他们联络,这种情形,指导教师都可负调和的责任。

2. 补助行政之不足。指导教师所到的地方,可以随时做社会调查的工作,而与师范生共谋改良的方法,如何转移风俗习惯?如何利用正常娱乐?这些都是应负的责任。

(二)待遇问题

师范生初入社会,对于小学教育都是兴高采烈,隔了几年以后,往往冷淡起来,竟至改换职业。这是因为小学教员的月薪,不过20元左右,不能和其他职业相比。其初对于教育事业尚有兴趣,尚有自己研究学问的志向,后来,这兴趣和志向渐渐的消失了,就不免有责任很重酬报很轻的感想,因此就灰心起来,在这种情形之下,我想出了几个办法:

1. 精神方面:

师范生毕业以后,学校方面随时随地和他们联络,用赞助的方式,鼓励他们的精神,使他们勇于进取,毫不灰心,这就是我上面所提出的指导教师的办法。

2. 物质方面:

A. 现在小学教师加薪的呼声,一天高似一天,但是这加薪的办法,努力的教师增加,不努力的教师也同样的增加,似乎极不平等,对于教育上实际的效力却很少。我有一个建议,最好由省每年提出十万元,做奖励小学教师的款子,优良的教员,到学期终了的时候,酌良奖给。如此办法,好的教师当然高兴,劣的教师却可增加他们的努力。如此做去,一定可以收很大的效果。

B. 小学教师自身虽未受高等教育,然而往往希望他们的子女,能够受高等教育,但是每月只有数十元的进款,怎能达到他的目的?当局应该提出一笔款子,做他们子女入中学的费用,如此,不是对于他们有很大的安慰吗?

C. 在养老金和年功加俸外,同时还宜奖励储蓄。其奖励办法，可用私九公一，即每人能月储 9 元，公家则添助 1 元，每年能储 90 元，公家则添助 10 元，如此便可以安心乐业了。

如照上面所讲的指导和奖励的办法做去，凡以前小学教师意志不坚定的，自然可决定了，生活不安全的，自然可以安全了。意志定，生活安，努力从事于教育，教育自然大有进步了。总结以上几个问题：(一)师范生实习问题，(二)师范课程和训练的问题，(三)师范教育法制问题，(四)师范生毕业后的指导和待遇问题。

今天很荣幸，得此机会，把我平日所认为实际的而亟待解决的几个问题，提出来贡献于诸位，就正于诸位，希望诸位详加讨论研究，不独江苏教育前途之福，亦且中国前途之福啊！

(原载《福建教育周刊》，1929 年第 51 期)

三方融合之人生观[1]

鄙人很荣幸的,承欧先生之召,得来很有声誉的大学,和诸同学晤叙,是非常愉快的!至于叫我演讲,实不敢当,不过和诸君见面聚谈,就正于诸同学罢了。我今天所要说的题目就是"三方融和的人生观"。诸位在前两日见了宣布此题目后,定要怀疑着葫芦里面究不知卖的什么药?是那里三方?这是我在未说正文以前,先得解释一下,使得大家知道,哦,原来如此!

所谓三方融和人生观的三方就是:

一、物质的即经济的

二、艺术的即美的

三、道德的即伦理的

吾们人人都希望得到圆满的、高尚的人生,教育便是依据这种目标,使受教育的人,得到这样的人生;然而谈何容易,世界上许许多多的科学家、哲学家,绞脑汁,费精神,就是为的要解决这人生问题。从此可见人生问题,是很难解决的。当人生问题未解决以前,对于生活,感觉很痛苦,很烦闷,想种种方法,看许多

① 江问渔先生讲,宋禀钦君笔记。

的书，去设法解决。既经解决，便比较安慰些了。今天就专提出比较高尚圆满的三面融合和人生观来谈谈。

就个人说，物质的需要，是不可缺少的。没有物质，衣、食、住、行便都没有。所以物质为养生之具，是生理上的一种关系，没有物质，就没有人生之可言。生活有自然现象，其物质的欲望是与生俱来的。初生小孩，便会在母怀里吮乳汁。因无食欲，个体既不能保存。而个体的养护，更不可不依赖良美的物质，所以物质与人生，不能分开的。

然而个体存在的时间，是有限度的。上寿不过百年，平均能活到六十岁的，就不算寿短了。如何能使我们死而不死，于是精神欲望便从此出来了。我们虽说一日不食则饥，无饮食男女便无文化之可言。所以饮食男女之欲，为人生根本来源。但是为什么"呼而与之，乞人不屑"？我们虽然不肯轻易毁伤身体，但是为什么"杀身成仁，舍生取义"？因为生虽我所欲，但所欲有甚于生者，就是精神生活。精神生活，与物质生活，每每相反，惟其相反的生活才配称为人生。人生是除物质生活以外，犹有道德、伦理的精神生活，没有精神生活，便是牛生，便是马生，不是人生。

道德伦理，是从那里来的？便是男女饮食支配的得当。若支配不当，便不是道德。所以舍男女饮食，便不能谈道德；舍道德伦理，便不成人生。可见人生是离不了道德，否则又与禽兽何异！

但是男女饮食，每每支配不得其当，或求之而不可得。所以人生当时感觉烦闷，悲观。为了避免烦闷悲观，就不得不游览名山大川，看一看行云流水，听一听鸟语莺歌，优越好听，心神与大自然融合为一。心上绝无男女饮食之欲，而原有的烦闷，即可烟消冰释，生出愉快的感情来。此种愉快的感情，便是艺术美的感觉。有了此种感觉，即能生存；生存上得了安慰，情感中和，无往而不自适了！艺术是因为道德与物质冲突而生出烦闷时求得安慰的方法。艺术的生活，非人类所独有，动物也能领受，如海犬闻音乐而出听；牛耕田时，农夫唱歌，不仅可消除自己苦痛，且予牛以欣赏，这是最显著的两个例子。

艺术的高低，可以分为许多等级。下层的如个人的修饰，化装冶容，戕贼自己身体。往昔的女人一般戴耳环，缠足；近来的绑胸束腰，都是野蛮人的一种举动。至较高一等的修饰，就不然了。他不用消极的方法，专采积极的方法，除身体外，且布置四周环境，推及社会，使大家都在美的生活中过活了。美有进化性，随人民文化程度而异。可见美术与文化又有密切关系了。再较高的一等的，就是所谓赋诗作歌，撰小说，做一个创造者。总之，艺术是人类不可或缺的一件东西，虽然各种等级，美感的性质不同，但无论高尚正当与否，总可说是生命之源。缺此，人生便冷酷无情，干燥无味。

照此看来，物质、道德、艺术对于人生，都是很重要的。但是个人的个性不同，每每对于某种特别相近，特别有兴趣，所以便做成各种不同的人。

有的人对于物质方面很感兴趣，从事研究物质的原理，经营物质方面的事业，便成为工人、商人、工程师、经济家和制造家。有的人道德心很发达，规行矩步，言动不苟，立身处世的道理，研究得很透澈，这比如从事教育的人多如此。虽稍偏重道德、伦理，可不能谓坏，此种人的地位，往往也很高的。再有一种人，看来疯疯傻傻，呆头呆脑，对家事从不过问，但他咏几句诗，绘一幅画，或是雕刻什么印章，玩具，却很精致，真有特别天才，这种人便会作成艺术家。

上面的三种人，社会上都很需要。更把社会上的人，分析一下，这三种人在各种社会里，都会发见。但是我们若进一步观察，专讲其中的一种，而弃去其余两种不讲，那文化就要低落，民族不盛了。这专讲一种的结果，便是畸形的发达，社会上毛病便从此而出。

一国的人民，注重道德，并非坏事，但道德伦理之为物，终是孤立的。离开艺术物质而来谈道德，仍是空虚的。在周朝井田未废时，士大夫各有世禄，可以不讲物质，而谈礼说乐；所以他们说什么“君子喻于义，小人喻于利”的一些话。现在社会情形已变，我们再这样说便不行了。但是孔子时代，也已有人不赞成。如荷蒉蓧的丈人，便不满意孔子的“四体不勤，五谷不分”，换句话讲，就是不赞成孔子的离开物质，而专讲道德。至于孟子的观念，便不同了。齐宣王好货好色，他并不反对，只教他和百姓同好，则内无怨女，外无旷夫了。到了宋朝，是中国文化最发达的时期，但是理学家如朱子只重理而轻欲。欲便是指男女饮食而言，试问朱子何由而生？不进饭能吗？能离开男女饮食吗？欲是根据生理上的，所以清朝戴东原极力反对。道德标准高，不在物质方面。从前的人以为饿死事小，失节事大，要知这种论调是不大健全的。因为离开物质，而谈道德，便落于虚空；在社会上很难维持。所以道德标准也不应提得过高，应该根据物质去讲，以一般人为标准。舍去物质男女而空谈道德，这一种道德，是很危险的。

再看离开道德，而专讲物质，行不行？自然不行，若离去道德，而讲物质，便不可问人家死活，只顾自己利害，那是流弊更多。

艺术能不能离开二者而讲呢？所谓“文人无行”，便是指的不讲道德的艺术家，仗其名，而行浪漫之实。任意鼓吹浪漫学说，言行不加检束，脱离了伦理、道德范围，而他们复以为这是艺术家的态度，殊不知这种论调，给无知识血气未定的现代一班青年听了，是很危险的。且引起阶级斗争，破坏社会道德，而紊乱社会秩序，学校里若有了这样的艺术教员，关系校风很大，所以师范学校，要养成有道德的艺术人才，尤其是是现代的中国。

从前孔子与诸弟子言志，特别赞许曾点，足见古代已有人看重艺术教育，就是看重艺术的人生。自汉以后，艺术便没有了。既有，也不过是浪漫派，不能顾及道德。研究中国教育的人，切不要忘记这件事。

从上面看来，道德、物质，与艺术三者，不能分离，是很显著的。然不妨偏重一面，但是其余两方面，也得有相当的注意。一班经商的，看中物质六分，但应有三分或是二分注重道德，不然的话，即无以维持物质的行为，很是危险的了。同时也希望有二分或是一分有艺术的享受或欣赏。不如此，恐多成为守财奴，或是奸商了。至讲道德方面的人，尤其是现代中国的政治上，要注意道德，固是不错，但不可忘掉物质。道德不能离开物质，是根据物质而言的。有六分道德，同时分二或三分要注及物质方面，因为人人有物质需要的。除此外，再有一分，或二分的艺术方面的享受，能照这样做去，才不致成为专唱高调的道德家了。从事研究艺术的人，除应有什之六注重艺术外，同时二分或三分注重现代的道德，一分或二分注重物质方面，庶不致变成浪漫过度的艺术家了。总之，从事职业的人一方固应发展个性，同时其余两方也应当兼顾起来，这样人人可以有比较圆满的高尚的人生观。否则尔为尔，我为我，事业不成，人格破产了。这便是我今天所讲三面融合的人生观的意思，希望大家注意起来，能照这样做下去，则吾三生有幸了。

（原载《大夏周报》，1930 年第 72 期）

职业指导

——在江苏省立民众教育院演说辞[①]

现在民众教育的重心，就在生计教育方面，而生计教育之收效，实有赖于职业指导，故凡从事民众教育者，不得不对于职业指导，有相当的认识和研究。本篇文字，所以介绍于本刊者，即此旨也。

记者

一、名词的来源

职业指导这个名词的来源有二：在中国方面，所说的荐头，新名词就是职业介绍；在外国方面，总是因为要想救济失业的人，于是就有职业介绍之产生。但仅仅介绍，不能就算完美，还要加以训练，使得他们加增职业上的常识，而在未就业前，如何预备职业，亦必异常注意，这就是真正的职业指导。所以说职业指导，不仅是介绍，而职业指导，却是职业介绍的扩充进化而来，

① 江问渔讲，王高笔记。

也可说是毫无疑义。

二、职业介绍的意义

常常有做父亲的或做先生的对人说:他的儿子或他的学生,体格怎样的好,将来可以大为发展;且有时说他的儿子或他的学生,性质近于文学,或者说有艺术天才,或者说对于算数是他的特长,诸如此类的话;意思不过是要使得从小表现,发展他的特长,不要把他的天才埋没,总要设法好好去利用它,这就是职业指导中一部分的工作,对于青年预备职业,是十分有利益的。不过指导起来,还嫌肤浅,应该根据科学方法,去测量他的能力,才能指定施行教育的标准,如此,有什么长处,也就能够利用,使得表现出才是。所以职业指导的好处,就在将特殊天才,使他在同侪之中,出类拔粹,表示出他的特点。不过往往有两种态度:一种态度是糊涂,一种态度是骄傲。糊涂则自己不检,扶持无效,于是就埋没去了;自己骄傲,旁人也不高兴来指导,就是很好的天才也就埋没了。总之,要文化发达,必定要有优秀分子;而职业指导,就是要利用天才,使这种天才,能够充分发展,而用在农工商各种事业上,如此做去,非但个人成功,就是社会利益,亦无穷极,此职业指导之所以必要也。

三、职业指导的范围

1. 升学指导

升学指导，是职业指导中很重要的一部分，当儿童十几岁时候，就要鉴别，看他宜于学工，还是宜于学商。职业预备，是因才而施教，学生读书，进中学进大学，或是出洋留学，日后服务社会，无论做教员或其他事体，总是职业；且普通学校，时期很长，所以两者均是职业预备。假使在中等学校毕业，升入大学，也就要看他是长于何科？喜欢何科？他在中等学校，所预备的是什么？然后再决定入文科理科，还是农科法科，这就是升学指导的事业。

2. 择业指导

在中等学校毕业生，不能升大学者，他们也有若干的出路，就要按着他们的天才、社会的环境、家庭的状况和个人的志愿，然后再谋相当的职业，这就是择业指导。

3. 职业介绍

某人没有职业，要想谋事做，没有表兄或者母舅在那个机关上服务，无人援引，又没有考试制度，那会有机会呢？岂不是要把人才埋没掉吗？所以一定要希望有人或者有机关能够帮他介绍，并不顾人情面，只看你宜于做什么事，就为你介绍什么事。但是大规模的介绍，总要从两方面着想：一方面有很多谋事之人，一方面要有很多的职业，以为谋事人的出路，所以就要有职业介绍的组织；这职业介绍，也就是职业指导中的一部分。

4. 服务访问

介绍之后，还要时常访问，他对于这种职业，感觉什么痛苦？有没有什么困难？他自己的程度与他所做的事合不合？他的知识够不够？诸如此类的问题，总要访问详明。

5. 职业补习

服务情形，既然访问清楚，他有痛苦和困难，就要帮他解决。他的知识程度如果不够，就要加以补习，加以训练。要如此做去，必定要有机关，要有人员，所以就要有职业指导机关之组织，而由职业指导者负指导之责。

这些事总是由职业指导所或指导局内人员负责，领导他们走入光明之路，这种升学指导、职业介绍以及服务访问、职业补习，皆在职业指导范围以内。

6. 学校调查

如某某学生，他要考学校，先来问应该学什么科目？考什么学校？你对于各学校的组织、分科、课程等各方面，事前不明白，怎样去指导升学，所以不得不明白各学校的情形。如无锡各学校，就要调查清楚，然后有人要到无锡投考学校，只要把这张调查表给他看就好了，故学校调查，为升学指导之用。

7. 个人谈话

(1) 自我分析

要介绍学生入什么学校，也必须知道他以前进过什么学校？家庭的情形如何？个人报的什么志愿？品行怎样？程度怎样？而且父母是什么职业？一一由谈话之中，使他说出，这是个人谈话中的自我分析。

(2)心理测试

自我分析之外,还要测量他的智力究竟怎样?能力如何?由此测验,更可发现天才和天性,这是个人谈话中的心理测验法。

8. 职业调查

假使有一农人,要来到无锡进工厂,先一定要问那个工厂好?那个工厂合宜?固然要用个人谈话的方法,不过究竟去那里好?不得不有职业调查。调查各工厂厂主的履历,工厂的历史,工人的数目,未成年者若干人,已成年者若干人,男若干人,女若干人,以及工厂的内部环境与前途,均须详细调查,而且每年要调查一次。有人要来谋职业,就可把这个东西给他看,使他自己本他的心意去选择。

四、社会联络

1. 职业界的联络

与职业界联络,就是要和职业的领袖人物,能伙(原文如此,似为够之误。编者注。)联合,而提出几个问题来讨论:第一,他们的工厂里用的是何等人;第二,请他详细告诉厂内工作情形;第三,愿意尽义务的帮他训练工人。如此讨论两方意见,合乎情理,无形之中,就能联络。

2. 学校的联络

与各学校校长也要有相当联络,同时向他请求几件事:第一,向校长要学生名册,可以看出学生总数,年龄,志愿,每年毕业者若干人,有几人升学,几人不升学;第二,如有学生要转学或升学，可到我们这里来，指导其路径；第三，学校与指导所，合教一种知识，时加练习，就可应用。

职业界和学校，所以要两方互相总联络，因为学校好像是货物生产地，职业界是货物的消费地，而职业指导所，不过从中介绍，做个经手人罢了。换言之，就是取货于学校，销货于职业界，指导者是个介绍人而已。所以说职业指导，就是介绍。

五、职业指导的功效

青年对于职业观念不甚清楚，如考学校，不问自己性质近于什么学校，志愿在那一个学校，总是今天考这个学校，明天考那个学校，瞎碰一场。又如某校有亲戚，某校有同乡，有个照应，就去考投，不问个性如何。入校之前，要清楚职业观念，也就不得不靠着职业指导。

如一个十一二岁的小孩，他能懂钟表的构造，所以初进学校，就要有职业指导，调查出他对于钟表是特别明了，学校中就应该特别注意，教他这种知识，其他也是如此。在学校内的学生，样样好固好，不过长处要格外注意，并且还要引起兴趣，使观念清楚，则志向可决定矣。

学校造就人才，使得出来服务，好促进社会文化。但是校内功课，是否适合，还是一个问题。有些功课，固然适用，有些甚不尽然。如在学校里所学的高深学理，而到工厂里并不受欢迎，因为所学非所用。所以职业指导，就是要看需要什么，而教他什么，使他得着实地应用。

如关于铁工上的知识，我们到各铺子上去实地观察，看这个铺子专门做什么？用什么方法？那个铺子又如何如何？这样把一个个铺子上的经验，调查记载起来，然后分析写出，以为教材，这种好方法，用到社会上去，造就出一般实用的人才，这班人才，又可得出若干简便的方法，于是经验复有经验，方法自有进化。所以职业指导，就是要调查社会实际情形，而得到一种好的方法。

学校造人才，社会用人才，总要来得经济才是。如西洋工业进步，于是分工日细，学校的责任，就在与职业指导所联络，造就很经济的人才。

我国在闭关时代，一般工商人，没有什么学问，他们的职业，是父子不变的传流下去。这些习俗，要想革除，只有用职业指导去改良工商业，使得他们的方法，一天比一天进步。如此，新的人才才可造出，职业才有进步。

还有一点，上海容易看出，内地是不易多见的。工商界喜欢用小学生，因为一般小学生才受过教育，总是心地很纯洁，天资正当发达的时候，容易训练。这种事实的发生，两方面都有坏处。社会不应该用这些小学生，使他不得再继续求知识学问，而同时小学生本身，也不应该自失良机。所以职业指导，对于小学生要加以指导，对于社会上更要说明，而用附带的工夫，向他们宣传讲演。

六、职业指导的机关和组织

职业指导既属重要，那末要去推行，就首先要设立机关。

1. 政府单独设立

在大的地方,如都会省会所在地,由政府单独设立。

2. 政府附设其他机关

较小的地方,虽不必单独设立,但也应该由政府附设其他机关之中。

3. 市设

小的地方,可由各市组织设立之。职业指导事业,在中国的现在情形看,有人无事,有事无人,实为常见之事。为双方便利,指导机关尤当急需设立。但各机关对于下列两点,无论如何,总要注意:第一,各方联络;第二,同时指导,同时研究。教育实在是若干知识和若干经验合拢而成的东西,也必定要有组织,才有进步。

在学校之内,对于职业指导,也应该有两种帮助:第一,由校聘请职业指导员,不过这个指导员,一定要对于事业有兴趣,对于学问有研究,而且对于外界,善于联络;第二,由校内富有指导能力和经验的教职员组织职业指导委员会,专门办理指导事宜。在入学后,对于学生就要做职业预备的工作。在毕业时,对于学生,应替他找出路,就是做择业指导和升学指导的工作,且必与职业指导社及职业界人,联为一气。

在距今十年以前,中华职业教育社,曾经派人出外调查职业指导,编成书籍,在南京宣传一次。到了民国一十六年九月,才设立指导所于上海,一直到现在,仅仅有二十几个月,各方面皆觉不甚完备,所幸做事的人总算很努力,对于上海各学校和职业界的联络,总算已经做过。现在对于指导工作,最为注重;在一年以内，请求介绍职业者有两千余人，其中成功者达二百余人。单就上海方面，也容一百八十余人。自从做了这番工作以后，我有两点感想：第一，我们自己惭愧，注重介绍而不注重其他重业；第二，社会不良，每每有才无事，有事无人，以致用人多不适用，反将国家优秀分子埋没了许多。因此我所以生出无上的感想，这是管见所及的两点。

七、职业指导的方法

1. 调查

(1)职业界调查

(2)调查服务学生状况

(3)调查学校状况

(4)调查学生个性

(5)调查学生家庭状况

这种调查手续，看起来很麻烦，假使职业指导社和学校及职业界能够联络，本互助协力之精神，可收分工合作之效果。

2. 个人谈话

(1)心理测验

(2)自我分析

个人谈话的方法，前面言之甚详，它的好处，我们已经知道，兹不赘及。

3. 启迪学生

中国职业学校，在学生毕业的时候，就利用讲演方法。我也曾经对他们说：社会上一般的情形，是有人要到机关上去谋事，而自己手段不高明，能力不成功，弄到垂头丧气，旁的人看见如此，他又认为这是很容易的事体，费九牛二虎之力，还不成功，这是如何愚笨之事。因此我们要注意两种态度：第一，趾高气扬；第二，特别客气。第一种态度，最易惹人的鄙视，少年每多犯这种毛病。第二种态度，总要年岁长大，经验丰富，才能如此。遇事非常客气，最易引人同情，且受社会欢迎。不过客气的程度，不可太深，太深则近于谄，也要注意。

诸位一部分研究民众教育，对于民众们的生计教育，当有深切的了解，去为他们谋职业，一部分是研究劳农教育，也应如此。对于失业之人，要使他有职业；预备谋职业的人，要为他择业；已有职业而大不如意的，要使他乐业。另一方面，还要对于下列各点，努力做去。

(1)职业调查

(2)职业补习

(3)升学指导

职业应该分析明白，才能从事指导，才能讲到职业介绍。如果对于各工厂，能够联络，而对于一般民众，施以特别训练，使知道普通工业上的常识，做个很好的工人，厂中也自然非常欢迎。不过担任这种种责任，不可随便，应当多参考书籍，以资研究。

现在还还（原文如此。编者注。）谈的，就是职业指导者应修的学科，如社会学、教育学、心理学、统计学、生理卫生学、科学方法等皆须修习。此外如职业教育学也非学习不可。各种学科，不要死读，要能活用才好。

至于主持者更应有相当的修养，逐条分述如下：

(1)高尚纯洁的人格

(2)诚恳和蔼的仪容

(3)虚心研究的态度

(4)互助合作的精神

(5)敏捷果断的才能

(6)不厌烦恼的习惯

上述六条，是主持者应有的道德上和才能上的相当修养，就是我所贡献于诸位而希望于诸位的地方。

(原载《民众教育》，1930 年第 2 卷第 3 期)

中华职业学校校歌[①]

努力！努力！自己的努力！过自己的生活。努力！努力！我的努力帮助别人的生活。努力！努力！一致的努力！养成共同的生活。用我手，用我脑，不单是用我笔；要做，不单是要说，是我中华职业学校的金科玉律。

（原载《黄炎培日记》，1930 年 1 月；
转载《中华职业学校十五周年纪念刊》，1933 年 5 月）

① 作者：江问渔、黄炎培。

对于成年补习教育的意见

应教育部教育方案编制委员的征求而作。

我所说的意见，是根据此列的几个问题，希望一个相当的解决：

(一)成年补习教育一般目的和设教的分类是怎样？

(二)实施成年补习教育时，对于各类教育，应如何联贯？如何利用？

(三)成年补习，何以教育必要？要设补习学校，应该有若干种？

(四)实施成年补习教育时，对于师资、经费两项，有没有格外简便的方法，来补助公家能力之所不逮？

除去对于上列四项问题，说明一些意见，此外关于乡村教育的，还有一篇《富教合一主义》的杜撰不通的题名和文字(载本刊一零八期)，关于都市补习教育的，还有一篇《中华职业教育社》附设“职工补习农校”的暂定教学方案(附后)也愿意一并就正！

一、成年补习教育一般目的和设教分类

成年补习教育，是为一班不识字的成人，及曾受教育、略识文字、已有职业或正练习职业而仍须受补习教育的成人而设。它的教育目的，似不外次列四种：

（一）使受补习教育的成人（凡未成年的十四岁儿童，和成年人一同受补习教育，应以成年人论），能识字、读书，进而能作文、写信，凡吸收知识经验的工具，比较一班不识文字的人，格外完全。——这是要用"文字教育"。

（二）使受补习教育的成人，能明了党义，运用四权，爱国家，重法律，急公义，略识中外大势、宇宙自然现象、社会进化情形、近代文化要素，具有判别是非的理智、辅助公益的热情。——这是要用"公民教育"及"科学教育"。

（三）使受补习教育的成人，能感觉到一义所执之业，有弥补缺憾的必要，改良固有的需求，因此得着较高深职业知识的辅充，较优良职业技能的练习，可以增加工作收益、解决生计困难——这是要用"生计教育"。

（四）使受补习教育的成人，因种种指导、暗示、提倡，能感觉到以往健康方法的不讲求，娱乐方法的太卑陋，由此注意到身体锻炼、疾病预防、衣食住的清洁，迷信的祛除、公共游息娱乐方法的改良与场所的设备，逐得身体健康、精神活泼，个人工作效能日益增加，群众互爱互助精神日益显著。——这是要用"健康教育"。

二、实施四种教育时的交融方法

前文所说的四种教育，可以说是成人补习教育的一般目标，但是实施起来，应该怎样呢？依我个人的意见，似乎要用“交融方法”。什么叫做“交融方法”呢？就是实施甲种时，当然以求达甲种目的为本，可是能交融到其他乙丙各方面，同时正目的达到，副目的亦可达到，岂不是方法格外觉得经济，效力格外觉得宏大么？

现在且举个例子来说一说罢！试以“文字教育”言，所有教材的选取，似不妨用“知识集中法”，取一事一物以立定中心，就此中心之字，用为主干，籍以吸收其他各方面与此有关系的知识。例如，产棉之乡，教农民以文字，即可取一“棉”字为中心，然后推广范围，以容纳“棉花种类”“植棉方法”“棉纱”“棉布”等一切代表这一类知识之字，列成单语，缀成短句，使彼一班农民，因认识关于“棉”一类的字，记忆关于“棉”一类的句，便可明白关于“棉”一类的事，可以得着棉业的知识，足以供给他改良生计之用。这是以文字教育交融于生计教育的方法，其他如“蚕”，如“稻”，以及农业工业上的种种，皆可由此类推。

再以“康乐教育”言，如组织运动会、展览会、同乐会，一方面固用以提倡体育、艺术，这是正目的，但同时仍可用以训练公共集会的习惯，指示互助互让的法则，并可因此激起爱国家爱民族的精神，了解人类利用自然征服自然和爱护自然的各种方法。这可算是康乐教育交融到公民教育最明白的一例。

实施公民教育，重在实地训练、实事教导，本不一定要用呆板文字。如集会啦，讲演啦，展览啦，表演啦，当然皆可以得到相当的效果，可是，有时因着图画标本等而能认识文字，因讲解所悬示的格言标语而能记忆单句及短文，则文字教育，也未尝不属于其中。这总是要视教的人才能怎样、方法怎样，倘若才能很干练，方法很灵活，随事随地随时，皆能善为利用，那是一定于本额正产品以外，还能获得很多额外副产品。

实施公民教育，更与生计教育无涉了，然而因讲到服务道德，工作神圣，则可不知不觉间，对于一己职业效能的增进，收了若干的效果，生计教育，可以说是独立的了，却也不然。例如，教以养鸡、养蜂、除螟、植树以及使用新农具等各方法，于指示实物、样本、模型、图书外，仍免不了要用一些简单文字，受教的人，因此所识之字，印像甚深，我想一定能牢记不忘、永久受用。讲明养鸡养蜂，要如何勤劳、如何守秩序、如何有恒心、如何重卫生，讲明除螟，要如何彻底、如何合作，譬如对于害群的恶人，一定要大家合力驱除，千万不可姑息养奸，是一个样子。受教的人，能不十分感动么？能不使行为方面，得着好的指示么？讲明植林的利益，且可使受教的人，知道绿柳红桃的分配，足以点缀乡村风气，因而感觉到美的人生。讲明新农具内部的构造，除使一般农民能信服、愿用外，还可以顺带叫他们明白机械的构造，得着了许多有用的理科知识，并且因此可以悟到人类有征服自然的权威、创造文化的能力。这样说来，岂不是生计教育和文字教育、公民教育、康乐教育，皆发生连带关系了么？事本在人为，工夫要活用，倘使教的得法，自然可以一本而数利。

三、成年补习教育的必要和补习学校的种类

我们中国,办成年补习教育,却是和欧美日本义务教育已普及的国家,有些不同。在欧美日本所设施的补习教育,是为提高他们国民教育的程度,大部受教的人,已经在小学内毕过了业,他们在学校时期,多则八九年,少也有五六年,这一类人,比较是容易教的。中国则不然,不识“之无”的人,到处皆是,尤其是乡村更多。都市方面,从事工商业务的人,比较的尚有需用文字之处,所以虽未尽受过义务教育,倒还不至多数人一字不识,可是程度的参差,也就很远很远了。如此情形,当然办起补习教育来,格外觉得复杂,格外觉得困难。然而惟其复杂,惟其困难,更不能不办,更不能不聚精会神地办。

我们试考察一考察民众一般的现况,可以说,到处听到穷苦之声,到处看出衰弱之状,到处现出愚陋之象。本来没有人去指教他们如何改良职业,如何注意卫生,如何吸取知识,让他们专凭历代相传下来的老法子,度那随遇而安、不求深解的岁月,当然知识有限,一切生活,无从改进了。不进则退,更是理所当然了。如果能闭关自守,与外域断绝交通,物质供给,无虞缺乏,还可不成问题,不幸海禁大开,外人挟雷霆万钧的经济势力、文化势力,来侵略我们,一天比一天加重,相形见绌,因而“穷”“弱”“愚”的三种可怜现象,乃日益暴露。

现在要讲救中国,要讲用教育来救中国,对症下药,那是非从救穷救弱救愚三件下手不可。大学啦,中学啦,小学啦,乃至

直接救穷的各种职业学校啦，皆应该认定目标，一致趋赴，自不必说。所认为焦心苦虑、不易处置的，便是成千累万的年事已长，不能再入学校，而且已经得了穷弱愚三种病的成年人。要弥补他的缺憾，非按照中国各地方实际情形，施行大规模的成年补习教育，经过十年切实工夫，不能挽此厄运。

讲到实施成人教育，当然学校教育和社会教育，要同时并重，现在且暂置社会教育不论，先就成年补习学校来说一说。成年补习学校，要应付极复杂极困难的各方面，皆能使他适宜，则设立学校的种类和实施教育时所用的课程及方法，自不能不因人因地而各异。兹试略略分述如次：

甲、普通补习学校

此等学校的教育目标，当然包括前文所说的各种教育，惟依受教人的程度及职业，则又不能不分列为以下三种：

（一）成人识字学校（可称识字班或平民读书处）

此则专为一班不识字的民众而设。

（二）普通职工补习学校

此则为略识文字或已受小学教育的一般工商界职工而设。

（三）普通农民补习学校

此则专为略识文字或已受小学教育的农民而设。

成人识字学校，不论都市乡村，只要有此需要，即当一律设立。惟此称教育目的，不仅以教他们识字，就算完事，当然还要以识字为借径，因而灌输若干切于实际生活、改进个人职业的知识。且希望教育时期，不必过长，一期结束之后，即升入较高一级学校，在都市则可入普通职工学校，在乡村则可入普通农民学校。

普通职工补习学校及普通农民补习学校，虽然是各种教育（如前文所说）一律并重，但依中国实际情形，为急其所急起见，似应以生计教育为中心，先要教他们得着生计方法的改良，把衣食住问题，完全解决。最好在实施生计教育时，兼为公民道德的训练，各种有用常识的灌输，却不必一定拘迂于读书识字。

严格说来，即不必另设识字学校，亦未尝不可，只要有志来学，即一字不识，仍可施以生计教育，附带使之识字。因为此种生计教育，绝不是市面上铁匠铺，成衣店老师传授徒弟的办法，只传习其老而且旧的技术而不知其他。

乙、职业补习学校

此则专为改进职业而设，在都市一方面的，则有次列若干种：

（一）工业补习学校

其中又可分为数类：

1. 某种工业补习学校

有了一种工业，即可设立一种学校。

2. 某种工业徒弟补习学校

此则专为十四岁尚未及成年的各工业的徒弟而设，除注重技术外，并应兼重国语、常识，及公民道德的教训。

3. 某种工厂职工补习学校

此则专为某一个工厂或性质相同之某数个工厂内一般职工而设，教育目的当（原文如此，据下文，似为为之误。编者注。）专科工业技能与公民道德并重。

4. 某种工厂徒弟补习学校

此则专为某一个工厂或性质相同某数个工厂内十四岁尚未

及成年的徒弟而设，教法前条2校同。

（二）商业补习学校

其中也可分为数类：

1. 某种商业补习学校

有某一种商业，即可设立一种学校。

2. 某种商业技术补习学校

如簿记、打字、验币术等，皆可设立短期学校以传习之。

3. 某种商店职工补习学校

此专为某一个商店或性质相同的某数个商店内一般职工而设，教育目的为专科商业知能，与公民道德并重。

4. 某种商业徒弟补习学校

此则专为商店内十四岁尚未及成年一般徒弟而设，教育目的，除注重某种专门商业知能外，国语常识公民道德，皆须并重。

在乡村一方面，最重要的职业补习学校，则有

（一）普通农业补习学校

此是专业用来教育一班农民，补授以最适用的农事知识和技能。其中因各种农业知识技术的性质，仍可随时设立若干短期的传习所及技能科或某某班。例如：

1. 养鸡班

2. 养蜂班

3. 养鱼班

4. 除螟讲习班

5. 农具讲习所

……

此外专为妇女设立的,还有

(二)妇女补习学校

其中又可分为两类:

1.普通家事班

2.技艺班

以农言,则有园艺、养鸡、养蚕、养蜂等,以工言,则有各种手工艺等。

各种成年补习学校,大概是如此。至于大学附设的推广部,各种假期学校,当然也可属于补习教育范围。

惟此等成年补习教育,仅仅依赖学校,还觉得未能尽教育的能事,应有其他方面的社会教育,辅之以行,如图书馆、博物苑、运动场、展览会、讲演会,以及各种集会、游艺等,在在皆足以教他们得着教育的机会,用以增进知能,陶冶心情,指导行为。

四、帮助解决师资及经费问题的一个办法

既然要大规模地办理成年补习教育,师资与经费,当然是先决问题。能如江苏省立的无锡民众教育院及劳农学院的办法,养成一班程度较高的民众教育、乡村教育的人才,那自然是最好不过的。总希望各省能如这个样子的师范学校(可说高等师范学校),各自设立,以为全省民众教育的大本营,使全省成年补习学校,皆居他支配之下。不过此种学校,不是随便可以办的,万一人才不够,不妨缓一些办,尽可送本省学生到邻省去附学。若是中央教育部能设立一所,以为模范,那就更好了。

不过有一层，使我们不能不注意的，就是成人需要补习教育，如是之切，应受补习教育的人数，又如此之多，而如江苏的民众教育院、劳农学院，一年所造成的人才，散在各县，为数仍属于有限，况且这一般人才，在各县里，皆是主持民众教育行政的多，实际执教鞭于补习学校的少。如此情形，若是真要一时设立许多补习学校，经费固不易得，人才又岂易得？似乎不能不有其他一种帮助解决这个问题的办法。

依我个人设想，这一类补习学校的教师，绝不是人人皆可以做的，学识如何，姑且不论，至小限度，也要有一些不厌不倦热心教育的兴趣，和随机应变、善于观察社会心理的才能。并且我主张，真要引起这一种兴趣练习这一种才能，最好在各小学校、中学校、各师范学校，乃至其他各级各种学校，皆能由教职员合力组成成年补习学校一所或数所，先由具有相当兴趣及才能的人担任教师，再由此声应气求，可以引起许多富于这一类兴趣才能的同志，多来加入，或愿同尽义务。若在师范学校，其中最高年级学生，具有此项兴趣，而愿担任教授的，也可帮助原来教师公同办理。如此，则各种补习学校，除各地方教育行政机关，自行筹款设立外，凡是有学校的地方，便有补习学校的设立，当然公家要得着不少帮助，极复杂极困难的问题，至少也可以解决十分之三四了。

不过这一类附在各学校的各种补习学校，要办明性质：是私立，是校内教员私人所合组，凡任功课的人，不支给校内一文薪水，惟准许借用学校教室教具，凡社会团体及各机关各私人，愿意以财物捐助者，亦可领受，但仍须受本地方教育行政机关的监察指导。这皆是最紧要的条件。此外并希望本地教育行政机关,集合办理补习教育人员,组成一种研究会,时时提出问题,公同评论,且开成绩展览会以资观摩。试验如得新法,则互相仿效。行政机关,视察所及,如认定某某补习学校、某某教员,有特别劳绩,亦可予以相当之精神的或物质的奖励。如此,则一文不费,可以教育许多成人,一校不设,可以造就许多教师。但是怎样提倡,怎样鼓吹,才能使各校教员闻风兴起、当仁不让、争先恐后地大做起来,则就要依赖教育行政当局及教育界先汇了。

附:中华职业教育社职工补习晨校暂定教学方案(略)

(原载《教育与职业》,1929 年第 109 期)

乡村师范生所负之使命及乡村教育者应有之目标[①]

诸位先生、诸位同学，在未说话之前，兄弟先要向诸位道歉，就是：(1)兄弟是服务在中华职业教育社，职教社一部分的工作是乡村教育，和贵校是朋友，处于朋友的地位，而不能到贵校来和诸位时常接近，这是很抱歉的；(2)中华职教社把徐公桥做改进乡村的试验区，办一个乡村改进会，和贵校是近邻，处于近邻的地位，而不能时常到贵校来和诸位联络，这也是抱歉的；(3)今天到贵校来和诸位长时间地谈话，因为今天在九点钟以后，职教社有很紧要的事情，兄弟必得要赶回去，这是更抱歉的。

诸位辛辛苦苦地在这里工读、种田地、烧茶饭，都是自己来干，为的是什么呢？诸位一定是知道的，目的是为救农民，救中国。怎样去救农民，救中国呢？就是改进农民生活，改良社会组织，社会可分两方面说，都市和乡村，现在来讲乡村，都市的且不去讲它。

谁都知道，国家的基础是建筑在大多数民众身上的，大多数

① 江问渔先生在江苏昆山嘉定青浦三县乡村师范学校演讲词，迪人记。

民众不健全,国家就不稳固,我们中国四万万同胞有三万万是农民,这三万万农民就是建筑中华民国的基础,三万万农民个个是健全的,中华民国就是稳固,如果不健全,那就不稳固。

我们看现在农村人民的生活怎样?农村社会的情形怎样?我们时常听到外国人讥笑我们中国人是病夫,是弱种,是一盘散沙的民族,只这一点我们四万万同胞的健全不健全,大概也就可以知道了。诸位在这里很辛苦地工读,将来出校服务,要去改进农民生活、改良农村组织,不要叫我们三万万的同胞——农民再受苦,不要让外国人再讥笑我们中国人是病夫,是弱种,是一盘散沙的民族。

我们先从体格上来说:都市里的民众不用讲,大都是弱的,最近中华职教社调查的结果,不但都市里的民众身体不强壮,就是乡村里的农民弱的也是很多,各种疾病都有,这大概是不讲究卫生的原故罢!

比如说蚊子在乡下是很多的,乡下人不知道他能传染疾病,不去留意他,在这秋天乡下人害疟疾的特别多,害疟疾的主要原因,虽由于受寒受热,但也许是由于疟蚊的传染罢!

再说苍蝇能传染疾病,是大家知道的,在都市里的卫生运动,扑灭苍蝇是很热烈的,很认真的,在乡下呢,谁有空去干这种工作?就是有空,谁愿意做痴呆子去干呢?所以任凭他去自生自灭,做传染病的媒介罢了。

还有当农忙的时候,乡下人因为农事忙急,叫小孩子帮同工作,一方面不致田地荒芜,再方面还可以省却雇工的金钱,他们只知道贪一时的小便宜,而不知童年工作是妨碍生理的,因此乡村儿童瘦弱的是很多,在儿童期瘦弱,那能不影响到成年期呢?

至于一切设备,都市里都比乡下完善,像妇人育儿一项,都市中有很好的医院和产婆,乡下呢?还不是自己照顾自己,即使请到产婆,有多少是懂事的,我们看她的指甲长得多么长,不知藏着多少龌龊和微生物呢?所以乡村中的妇女和婴孩,死于生产的也时常听到说,由于产儿是制成疾病的妇女那是更多了。

总括以上的几点,说乡下人身体强壮,没有疾病,不是整个的,绝对的,还不能脱离一个弱。

我们再从知识方面讲:乡村中的自耕农是很少的,大多数是佃农——也许有例外的地方——他们辛辛苦苦地一天做到晚,一年忙到头,除了地主的租税,经过商贩的剥削,所剩的可说是穿不暖吃不饱,那有余力去求知识呢?所以乡下人总是愚的多。

农民当农忙的时候叫儿童帮同工作,上面已经说过,其实他们的童工也是没法想啊!他们穷,他们要生活,他们不得不叫儿童工作,他们要儿童帮着工作,过生活,他们的儿童就没有读书的机会了,实在,他们没有给儿童读书的能力啊!这样,乡村未来的农民不是更愚了吗?

无论那种事业,有了组织就容易做,乡村人老是"尔为尔我为我的"的,所谓"各人自扫门前雪,莫管他家瓦上霜",结果,乡下有一两个土劣,千百个农民都没法想,只好让他去把持、宰割。有一两个土匪开了几枪,他们就束手无策,只好由他去抢劫、掳掠。这样,那会有好过的生活,会不穷呢?

中国人的迷信观念太深了,保守性太重了,而尤其是乡村人,他们有了病不去请医生看、买药吃,他们只知道求神问卜、烧香念佛,泥塑木雕的偶像它知道什么?可怜的乡下人不是白白地花费了钱吗?他们种庄稼的方法,是父传子,子传孙的,他们不知道庄稼的病虫害可用人力防治,终归之于命运、年岁,他们不知道采用新式农具,像打稻机打水机等,可代替人工、畜力,节省经济。

总括以上的几点,乡下人是愈穷愈愚,愈愚愈穷。

我们看,乡村中的农民,一百个中能有几个识字的,可以做领袖?我们找,乡村中的农家,一百家中能有几家有钱的,不要欠租税?这种的乡村生活,用什么方法改进呢?惟有教育,惟有乡村教育,能使农民知识增加、庄稼丰稔。

从前的教育走错了路,他教男学生变做少爷,女学生变做小姐,这种贵族式的学校,那能不使得做父兄的不敢叫他的子弟读书呢?那能适合于乡村中勤苦耐劳的情形呢?

我们想为什么一个男的或是一个女的,进了学校就变成少爷、小姐?这是学校里的课程不完善,生活太优美了,使得一般学生“居移体,养移气”的习惯成了自然。

我们再想现在的小学,是不是完善的?有没有改革的地方和改革的必要?像乡村小学里教自然,尽可领了儿童到野外去研究实物,得一点真知识,教室里照着教学法怎样引起动机?怎样决定目的?最好拿本地所需要的教他们,譬如说:除螟是现在乡村中最重要的一件事,我们教自然的时候,就当领了学生到稻田里去拔取白穗,认识螟虫是怎样的东西,一面再讲它的生活史及各种防治的方法,这样,不比在教室里空空洞洞地讲好得多吗?至于唱歌有风琴固然是很好,如果没有,拿胡琴笛子来代替，不是很通俗很幽雅的吗？

虚伪的教育，我们要打倒，而关起门来办学校的，我们也不需要，我们要和家庭联络，和社会沟通，我们直接教小孩子，间接要使小孩子的父母受我们的影响。我们的教育，是把学校做为中心，慢慢儿推广到社会方面去，使得社会上信仰我们的学校不是把男学生变做少爷、女学生变做小姐的。

诸位在这里研究乡村教育，已经注意到这一点，读书之外，自己种田，自己烧饭，养成农夫的身手、科学的头脑，将来服务社会，成绩一定是很好的。

讲到乡村教育，有的拿学校教育做中心，像南京的晓庄；有的拿社会教育做中心，像昆山的徐公桥。方式虽然不同，目标总是一样的，不外乎以下的几条：

一、生计教育

农民的生计困难，上面已经说过，我们办乡村教育者不能先决这个问题，一切都谈不到，虽然有许多问题像业佃租税等，不是我们轻易所能解决的，但是有一部分工作我们却可以帮助，什么呢？就是：

(1)积极方面——提倡副业

有许多地方的农民是采用单一栽培制，即在一区田地中每年老是种那一二种的作物，这种的栽培制，管理的人工，忙闲不能调剂。还有很温和的气候、很适宜的风土、很良好的水利，农民不知道利用，辜负了大自然给人们的极优美的赏赐，在这种环境之内,我们就可以提倡养蚕、养蜂、养鸡、养鱼等副业。

(2)消极方面——防除病虫害

农民所豢养的所栽培的动物和植物,一旦发生了病虫害,像牛羊鸡豚等的瘟症、麦的黑穗、稻的螟虫等,他们总存了迷信的观念,归之于命运年岁,上面也已约略地说过。其实,这不能怪他们迷信,他们不知道用科学方法可以防除,只得归罪于命运年岁,我们遇到这种情形,应当用极诚恳的态度,指导他们用方法去防除。这样双方并进,增加农民的生产和收入,他们的生计就自然渐渐地宽裕了。

二、康乐教育

快乐是人生的要素,不快乐的人生就没有什么意义,要过快乐的人生,须有健全的精神,而健全的精神,寓于健康的身体,有了健康的身体,精神上才觉得快乐。

我们看,娇养惯的公子哥儿、奶奶小姐们,物资方面的享受是多么的丰美! 这样的人生一定可以快乐了,可是他们或她们的身体如果不健康,那就非但不能享受很丰美的物资,反而觉得精神上有无限的痛苦了。

我们再看,一辈的劳动者,穿的粗布衣,吃的蔬菜饭,物资上的享受虽然不好,精神上却是快乐,这是因为他们常劳动,常劳动身体就强壮,身体强壮,物资上的享受虽然差些,精神上也是快乐的。

这样说来,我们要过快乐的人生,只要多劳动就行了? 不,一味的劳动是不行的，须有相当的娱乐来调剂，精神上和身体上才感觉着快乐和健康。

乡村中的农民，劳动是有过无不及，娱乐呢？可说是没有相当的。结果，是弄得身体孱弱，而尤其是童工，农忙时帮作的童工。其次，是不知道卫生，像上面所说的疟疾，生病不吃药等，结果，也是把身体拖得孱弱，甚至于丧了性命。

所以设立乡村医院和乡村娱乐场所，是很重要的，这非但是能医治农民的疾病、调剂农民的生活，间接可以破除迷信、改良风俗。怎么能破除迷信，改良风俗呢？我们来说一说：

农民的所以迷信，是有原因的，他们生了病去求神问卜，一辈的僧道卜筮，故意张大其词，附会其说，吓得生病的人家，魂不附体，烧钱哩！化纸哩！许愿哩！舍身哩！只要僧道卜筮们说得出口，总是听从的，等到忙乱了一阵，病人已拖够了，病势也转机了，他们也确信有神鬼了。因此，迎神赛会，拜菩萨，一幕一幕的活剧，有得演了，如果设立了乡村医院，替人家诊治好疾病，不是能破除迷信了吗？

迎神赛会虽是迷信者的举动，可是内幕的情形不是这么单纯，也许是由于好事者流的主动，他们在比较空闲的时候，没有娱乐，借着这个名热闹热闹罢了。有许多农民因为没有相当的娱乐，拿喝酒、赌钱、吸烟做消遣，起初不过是玩意儿，后来渐渐地养成习惯嗜好，终于有破家荡产的，甚至于做出不道德或伤风败俗的事情来。如果是能设立乡村娱乐场所，给人家调剂生活，不是能改良风俗了吗？

三、公民教育

中国之军阀政客贪污土劣的所以多，是由于三万万农民没有团结力，好像是一盘散沙，教一般军阀政客贪污土劣，容易施行他们蹂躏、宰割、鱼肉、把持等等的手段。如果个个人受了公民教育，都有管政治的能力，行使各人的职权，就不会有军阀政客贪污土劣了，即使有，决不致于没法想而忍受着宰割、蹂躏、鱼肉、把持。这一点可以说是自治教育。

人的利己心是很重的，我们要养成利他，不能偏重利己，凡是有益于公众的事情，我们要尽力地做去，要知道有益于公众的，于自己也未始没有好处，凡是不利于公众的事情，我们要尽力地阻止，不要以为与自己无关而由他去，要知道不利于公众的，于自己也不好，这一点可以说是道德教育。

要达到以上的三大目标，在于我们的努力，用文字宣传也好，用图画表示也好，用语言解说是更好，但是现在的农民识字的究竟少，能看图会意的也难得，与其是多用图画的宣传，不如多用言语的解说。再不然，就用直观的实物来指示，只要我们能努力，总有达到目标的一日。

从前人说："富而后教。"这句话从表面上看来是很对的，因为一个人生活先要紧，能够生活，方才有工夫求教。但是，过细地想一想，我们要使得农民富，须从教着手，要教导他们用科学的方法去增加农产的数量、发展农业的经济。不去教，是一辈子不会富的。不过，单教他们富是不行的，我们看到许多农产品富饶、工商业发达的地方，民众虽是富裕，而道德却很堕落，这是很危险的。

这样来说，富而后教是不行，单教他们富也不行，我们要提倡“富教合一”主义，随富随教，即富即教。比如，指导农民组织合作社，一方面固然是发展农民的经济，而另一方面的意义，是要农民对于有益的事业，能够大家起来合作，不单是做一个合作社的社员，能借几块轻利的钱和买一点便宜货，以及自己的农产多卖几个钱就算了。

总之，我们的教育是整个的、有连环性的，不是局部的、片断的。我们的教育要从广义方面讲，不能向狭义方面想，教育者随时随地的一举一动、一言一语，都是含有教育的作用、教育的意义的。

今天兄弟提出来和诸位谈的，对不对还是一个问题，请诸位大家研讨罢！以后有机会和诸位再谈。

十八年十月于徐公桥畔

迪人不谙速记，这篇稿子是记着江先生演讲时的几条大意，在后追述出来的，不免有遗漏或错误的地方，还要请江先生加以指正，当时江先生演讲并没有题目，这个标题是该乡师校长吴文奎先生在江先生讲完之后归纳出来的，合并附识。

（原载《教育与职业》，1930 年第 113 期）

民众职业指导[①]

第一章　引　言

一、职业指导之意义

职业指导之名词，为世人所称道，在欧美仅二三十稔，在日本不过数年。至于中国，则一般人士，对于职业指导，素所忽视，近虽有注意及之者，顾以历史短浅，其能洞悉其真谛，而于职业指导之名词，克下确切不移之定义者，殆鲜其人，甚至穿凿附会，误解业生，良堪笑也。

兹所述者，除冠以引言殿以结论外，主要析为下列四章：

1. 职业指导之范围及效用
2. 近世各国职业指导概况
3. 中国职业指导概况
4. 实施职业指导之方法

① 江问渔 1930 年 3 月在民众教育院演讲，武宝琛、陈耕心记。

本题讨论,以实施职业指导之方法,最占重要,但理论为方法之南针,方法为理论之实践,二者不可偏废。是以开宗明义,当将职业指导之意义,有相当之认识,相当之解释,相当之界说。

何谓职业指导?倘析“职业”与“指导”二者,分别以言,则易于明了:

(一)职业:所谓职业,照普通之意义,如农如工如商学,都为职业,甚至官僚牧师,江湖卖技,僧道星卜,亦无一非职业。但职业二字之真义,非若普通所言之广泛。所谓真正之职业,在吾人意念之中,当具有下列之四种性质:

1. 普遍性:所谓普遍性者,即任何人,均须具有一种职业之谓。国人往往以为家拥巨资,便可安坐而食,毋须作一技一艺之求。其实除孩提小弱与夫年老隆钟者外,均须从事职业,从事生产。苟饱食终日,无所用心,便为社会之蠹,所谓不劳而食谓之贼是矣。劳即工作,工作而有益于生产,即为职业。人人须习勤劳,即人人须有工作,亦即人人须有职业,此即职业具有普遍性之谓也。

2. 平等性:国人对于职业,素有“高等”“下行”之别,但细为推究,职业仅有正邪之分,不应有高下之异,社会上发生某种需要,有人操业顺应其需要,满足其需要,此满足与顺应之工作,便为职业。国家需总统统大政以理国事,是为职业之一种;个人需缝工制衣裳以御风寒,是亦为职业之一种。总统渎职,民众代表得弹劾之;缝工偷惰,其雇主亦得而奚落之。是以总统职业也、缝工职业也,某总统某缝工同一具有职业之人也,职业只重正邪,无分贵贱,此即职业应具有平等性之谓也。

3. 互利性：职业仅有普遍性平等性，犹为未足，必须更求有互利性，一方谋利于已，一方求利于人。如开场设赌、引人入彀，有利于已矣，而不利于人，不得谓之职业；又如灾荒施赈，冰天雪地，以衣衣人，炎暑酷热，以食食人，有利于人矣，而不利于已，故亦不得谓之职业。真正职业当一方为已谋生，即个人因有职业而能谋衣食之温饱；一方为求服务，即他人得因其职业而有生活上之帮助，此即职业具有互利性之谓也。

4. 受酬性：艺术家终日埋首斗室，从事图绘，只求发挥个己之天才，供个己之欣赏，而绝不计金钱或其他酬报之代价，此等不计金钱或其他酬谢报代价之工作，亦不得谓之职业。倘其作品，定价出沽，一方得资谋个人之生活，他人得画则悬诸庭堂，装饰屋宇，而供欣赏。如此则人得其益，而已亦受酬，是方命为职业。此即职业应具有受酬性之谓也。

5. 进化性：此点为国人所最漠视者，故不得不郑重申述之。语云："高曾矩矱""克绍箕裘"盖即言子孙当谨守乃父乃祖之业而不轻易更张。夫职业应有永久性与保守性，如国人常言："农之子恒为农，工之子恒为工，商之子恒为商"，其用意似亦甚善。惟子之农应较父之农为进展，子之工应较父之工为精巧，子之商应较父之商为兴盛。苟仅尽保守之责，绵延而莫求进步，则奚足为贵？中国人民，素不利用科学，以求物质供给之发展，欧美人士，则能利用科学，发展生产而适应社会需要，斯即欧美人之职业有进化性，而中国人之职业缺乏进化性而已。此职业当具有进化性之谓也。

（二）指导：职业二字之内涵，已解释于前，今更进而言指导。

指即指示,导即引导。指导即为广义之教育。世人不察,往往将职业指导之意义,误解为职业介绍,仅视为使无业者有业而已。孰知职业介绍仅职业指导之一小部分,职业指导之范围,另有其广阔之境界。

所谓职业指导,乃“本客观的态度,用科学的方法,本协助的精神,用深厚的同情,依精密的考察,指示青年从事于职业”之谓也。而从事职业,又可分为研究职业、预备职业、从事职业、改进职业等步骤,均为职业指导中不可缺少之工作。

二、职业指导之内容

职业指导,有属于社会方面者,有属于学校方面者,内容极为复杂,兹根据职业指导之步骤,约略析为下列之十类:

1. 职业调查:对于本地职业界之情形,加以精密之调查,施行职业介绍,始克有所依据。

2. 职业询问:对于本地职业界,尤须时间询问,俾得明其需要,而使职业指导更见效能。职业界中人有所询问,亦当详为说明。

3. 职业讲演:关于职业方面之理论、主张,以及实际方面之经验、心得,随时随地举行演讲,俾各界对于职业的各方面,都有相当的认识与同情。

4. 升学指导:青年有志升学者,考察其个性所近,能力所宜,以及经济状况,施行升学指导,以为将来职业之预备,而免误入歧途。

5. 择业指导:青年已在学校毕业、无力升学者,应按其个人之能力、社会之环境、家庭之状况，以及素抱之志愿，然后指导其选择相当的职业。

6. 职业介绍：对于无职业者，就调查与询问所得，为之介绍，一方使无业者有业，一方使乏人雇用者得人；一方使服务者得发展其才能，一方使需要者满足其欲望。

7. 改业指导：人有因一时择业不易，而从事于与个性相远之业务；倘思改业，即应施以改业指导，解除其学非所用，用非所学之痛苦，而免其覆辙之再蹈。

8. 职业测验：举行职业测验，可以明了从事职业之能力，估量将来服务之效能，对于改进技术、鼓励服务、诊断弊病，均有利益。

9. 服务访问：职业介绍成就之后，须随时访问服务情形，如有无困难，有无心得，技术是否足以应付所业，个性是否适合所业，都宜访问，俾作指导之张本。

10. 职业训练：吾人虽具才能，但未受训练，则从事职业，势难胜任愉快，是以根据测验之结果，询问之所得，如觉程度不合、能力不足、知识不充、技术不精、效能不显、服务不力，便须加以训练，务使人尽其才，才尽其用。

以上所述，职业调查、职业询问、职业讲演，属于研究职业方面；升学指导、择业务（原文如此，似为指之误。编者注。）导，属于预备职业方面；职业介绍、改业指导，属于从事职业方面；职业测验、服务访问、职业训练，则属于改进职业方面。

三、职业指导有关系之学科

1. 人生哲学：人生哲学，研究人生的究竟。人生终极的目的，应为最多数人谋最大之幸福，从事职业指导者，当于人生哲学有深切之研究，然后能指示从事职业者以有价值的途径，为最多数人作最大幸福之策划。常见多数失业青年，往往因失业而愤懑而灰心而堕落而厌世而自杀。职业指导专家，如能先之以安慰，继之以开导，告以人生之真义，然后为之介绍职业，必能为国家储多量之人才，增加社会工作之效率。

2. 教育哲学：教育哲学常超乎现实教育以外，从人生经验的全体上，用哲学的眼光，作统合的研究。它又往往用远大的眼光，运用教育科学所研究之结果，并指示吾人以研究之鹄的。从事职业指导者，对于教育哲学有深切之研究，便能运用教育哲学上所昭示之教育方针，作有目的有价值之指导。

3. 教育学：职业指导须以客观的态度，用科学的方法，本协助的精神，用深厚的同情，依精密的考察，指示青年从事于职业。必须研究教育学，始能运用教育上的科学方法，作精密的考察，运用教育家的协助精神，深厚同情，作职业上恳切的指导。不明教育者从事职业指导，常觉利未得而害先见也。

4. 心理学：从事教育者，不明学习心理，便无从实施有效的教学；不明群众心理，便无从从事社会的改造；从事职业指导者，不知社会心理，职业测验，亦将无从实施最有效之指导。

5. 社会学：社会学乃研究社会之起源、功用、构造与发展。职业指导的目的，在乎增进社会的效能，巩固社会，发展社会，改进社会,是以社会学和职业指导关系之密切,不言可知。

6. 统计学:职业指导中,举行职业调查,需要统计,举行职业测验,更须运用统计,其他如职业介绍、改业指导、升学指导、择业指导,亦无不应用统计,利用统计。

7. 生理学:健康为一切事业之出发点,从事职业者,无健康之身体,势必影响到服务之效能、工作之效率。故职业指导中之健康指导,亦占重要。

8. 教育行政:如何组织升学指导委员会,担任升学指导?如何施行职业补习教育,使易于普及?都与教育行政有关。

9. 学校行政:如何于校内组织升学指导委员会与职业指导委员会?如何举行职业演讲?如何与职业界联络作将来学生就业之地步?均与学校行政有关。

10. 学校课程:小学校应如何实施职业陶冶?中学应如何注重职业训练?师范学校或其他学校,应如何注重专业训练?均与学校课程有关。

四、职业指导者应备之条件

职业指导,事极烦杂,从事职业指导者,对于上言之各种学科,固当有相当修养,而下列数端亦为应备之条件:

1. 人格——高尚,纯洁。有高尚纯洁的人格,始足为青年的导师,始足为青年的楷模,始足博得社会的信仰与同情。

2. 态度——诚恳,虚心,谦和,慈爱。诚恳、虚心,始能感人,而得人之诚服、谦和,始能动人,取得人之同情。

3. 习惯——无嗜好,能勤俭。有不良之嗜好,易受人之鄙夷，故从事职业指导者，须屏绝一切不良嗜好，而尤须克勤克俭，一方为人之观感，一方谋指导效率之增加。

4. 才能——精干，活泼，敏捷。职业指导既为一种复杂而麻烦之业务，必须精干之人，方能处置井井有条；必须活泼之人，方能胜任愉快；必须敏捷之人，方能应付裕如。

第二章　职业指导的范围及效用[①]

职业指导之范围，前节已略言，兹当进而详论之。使读者有具体之认识、整个之了解，庶不致再有误会发生。近今世人，无间中外，往往以为职业指导即职业介绍，而职业指导所即介绍职业之机关。斯言也，固不能厚非，盖介绍职业实为职业指导中一种工作，而职业指导乃职业介绍扩充所成。但视职业指导仅限于职业介绍则大缪矣。然世人之所以有如此缪误者亦有，历史上关系在，请略言之如次：

欧西各国（英国为最）自十八世纪工业革命发生以后，人民失业者颇多，失业多则社会当然不能安宁，是以政府方面，不得不设法救济，乃有职业介绍所之设立，俾无业者有业，庶社会上不至发生紊乱状态，人民既有职业，但对于职业上一切需要，多未准备，尚不能应付裕如，致又有职业训练。为介绍职业起见，事前又不得不有职业调查，因此之故职业指导之内容，乃日益充实，同时社会上一般宗教家慈善家，鉴于人民失业流离颠沛之可

① 以下各章为朱秉国记录。

悲悯,亦起而从事职业介绍,教育家又根据此种事实,从而研究之,发挥之,致职业指导之范围,日加扩充,渐渐成为科学。职业指导之起源,大抵如此,一般人误识职业指导即职业介绍者,即此故耳。

往昔我国,虽无职业指导之名,但确有职业指导之实,试观以下所举现象即可知之:

一、父兄之于子弟,长亲之于晚亲

知子莫如父,知弟莫如兄,父兄于子弟幼小时,往往留心考察子弟所长,以定其终身职业。子弟身体强健者,即望子弟将来能成一军事家,子弟运算神速者,即望子弟将来能成一商业家。子弟对于教育事业,有特殊兴趣,即命之学师范,子弟喜音乐善歌曲即命之从事艺术。长亲之对于晚亲,亦复如此,此种现象,即择业指导也,虽无职业指导之名,谓之有职业指导之实,谁曰不宜?

二、先生之于学生

不论今日之学校,往昔之私塾,先生对于学生、恒注意学生能力如何、兴趣如何,从而鼓励之,使学生于其所长,益加努力,兴趣益加浓厚,由是决定其职业前途。小学可以如此,初级中学亦可以如此,但高级中学以及大学,则因范围过大,先生对于学生之注意,不能深切,对此不免疏忽。但此种事实,亦择业指导也。

三、学校先生之于学生

此专就学校言，普通中学校学生毕业，先生即衡其能力而为之择一学校，使学生投考，此非升学指导而何？师范学校职业学校之毕业生，先生往往介绍其至某校服务，至某机关服务，此即职业介绍也。

以上所述事实，主观者未必知其为职业指导，以客观者态度言之，实皆职业指导也。所可惜者，此种职业指导范围，仅及于家庭学校，且被指导者与指导者，相处并不远，在介绍职业时可以明了被介绍者一切情形，既介绍职业之后，被介绍者之变化如何，介绍者往往不加注意，故此职业指导，仅为片断的，无系统的。吾人当设法使职业指导为整个的、有系统的，尤当使职业指导之范围扩充发达，不限于学校家庭，当及于社会，使职业指导为长的、深的、精的。广为职业指导不如是不足以言职业指导也，或曰欲使职业指导为长的、深的、精的，广的职业指导，当如何乎？换言之，当有若干骤乎？此可就被指导者为标准，区分下列三时期：第一未有职业以前，第二决定选择职业从事预备之际，第三已有职业之后，姑先图示于后，再加以详细说明。

小学时期，或者谓为无受职业指导之必要，实则不然。盖小学中手工课之设立，即在养成小学生他日从事工业基础；园艺课之设立，即在养成小学生他日从事农业之预备；储蓄之练习，即在养成小学生他日从事于商业。小学生能注重器械之构造，异日即可为工程师，此时为教师者当详察兴趣，细查阅学生之行尚，与以相当之职业陶冶。

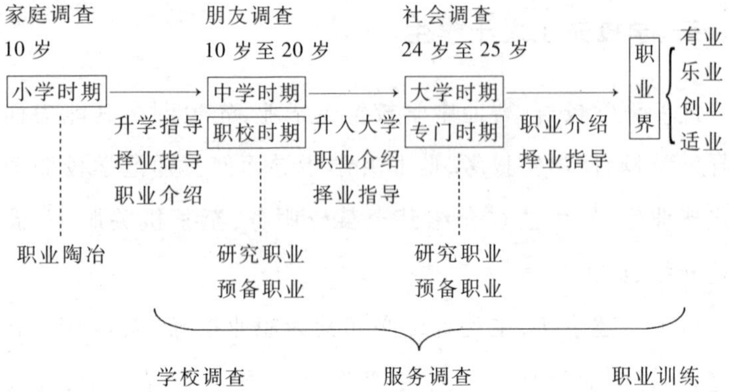

小学毕业以后，家庭经济不感困难者，可使子弟升学。子弟升学，欲知何种学校为宜，不得不受升学指导，其无力升学者，势必服务社会，欲服务社会，又不能不有择业指导。中学时期或职业学校时期之学生，一方当致力学问以充实个人之知能，一方当研究职业，以为从事职业之预备，譬之中学生之读国文，为教师者，于教材中选有职业成功名人传略，无形中引起学生研究职业之兴味。为社会学教师者，制订表格，草具计划，使学生就学校附近或家庭附近详细调查，俾知社会情形，从事职业时有改进之方案，此亦职业指导也。

大学校或专门学校中学生，亦当如中等学校之学生，既须致力学问，亦当研究职业。大学毕业之后，留学者姑不论，且属少数，多半当置身职业界，故不得不有职业介绍、择业指导。欲介绍职业，势必有职业调查；欲指导升学，势必有学校调查；既介绍职业之后，是否称职，不得不有服务调查；如不称职，当究其故，与以补救方法，又不得不有职业训练。同时对于被指导者家庭之状况、朋友之好尚，以及社会之环境，尤须一一调查，否则不免失所数据，而处置不能得其当也。

投身职业界之后，虽有业矣，绝未足也，预计他的生性，能适于所业否，必能适业而后才能乐其所业，不至见就其异思迁，有浓厚兴味，能乐业矣，犹未足也，必使能所（原文如此。编者注。）业，有所改进，有所创造，使社会中多数人皆得蒙其利益。是以由小学以至大学毕业，即投身职业界，无时不在职业指导之中。职业指导，关系之重要可以知矣。

关于职业指导之范围与重要，犹可以别种方法说明之，亦先图示于后，再加说明：

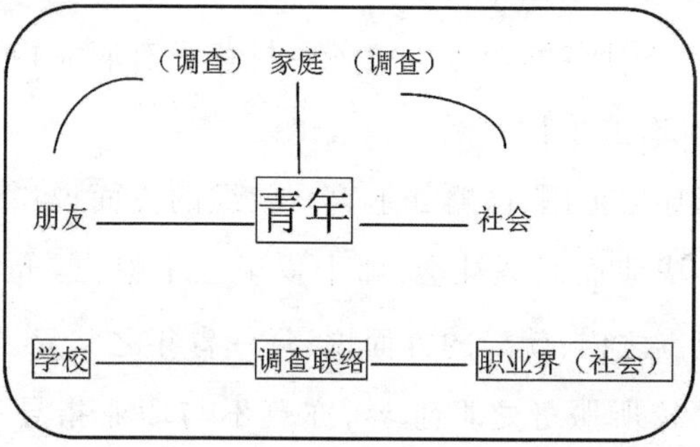

青年为社会之中心，而青年之为优为劣，家庭、朋友、社会三方面，皆有直接关系，故有详细调查之必要。学校为造成人才之场所，内容如何，不能忽视，故亦有调查之必要。青年既毕业学校，即不能不从事职业、服务社会，故于职业界情形，职业界中人调查与联络，又当同时并行。凡此诸端，皆从事职业指导者当深切明了，不可知其一而忽其二也。前图所示，即为职业指导所及之范围。且职业指导之利益，在青年方面，固可用其所长，展其才能，而学校方面，亦可以收学生所学，即社会所需之效，学生不致学非所用，徒惹社会中人谓学校等于虚设也。至若社会方面，从事各种事业之青年，如皆为优良人材，凡事自可蒸蒸日上，不致无进步矣。

综上所言，吾人对于职业指导之范围，当已明了，无庸赘述。我国今日之社会，失学失业者，遍地皆是，而学校腐败，学生所学，不能出而应世，亦事实上所诏示。彼欧西各国，学校教育之发达远过我国，失学失业者之总数，亦皆不及我国之巨，对于职业指导犹重视如此，然则我国人对于职业指导之尤当研究，努力推存，更可想见。诸同学皆从事民众教育者，他日服务社会，对此自应力行，务使各学校各市镇各乡村莫不有职业指导之事业，中国前途，庶有豸乎！

职业指导之范围，已略如上言。就纵的方面说：每一青年自小学至大学毕业而服务社会，即十岁至三十岁，二十年间，皆在职业指导范围之内；就横的方面说：每一青年之父兄之家庭以及所求学之学校所服务之职业界，亦莫不与职业指导有关系焉。兹再进而论其效用。

职业指导之效用，可分三方面说：第一，青年方面；第二，学校方面；第三，社会方面。请依次言之于下：

（一）青年方面：今日之青年，非时呈苦闷之状态乎？郁郁不乐之青年，非比比是乎？虽青年之所以苦闷者，原因殊多，但谋职业而不得者与夫有职业而兴味不合者，以及视社会中职业界种种不平之现象而致苦闷者，恐为一最大原因也。更有一种青年，自身或不甚苦闷，而旁观者为之不释，虑其前途，无所归宿。是故今日之青年，实可别为下列之四类：

1. 在学校中求学，不知学何种学科，不知将来从事何种职业，每日钟鸣而上课，钟鸣而下课，钟鸣而饮食，钟鸣而睡眠。自以为在学校唯有读书，至于职业，待毕业之后，再作计议，求学时期，无庸过虑。试问此种青年，将来能否供献于社会？

2. 视职业之事，颇为易易，将来有亲戚提挈、友朋推荐，在求学期间，实不必斤斤然注意职业。此种青年之理想愿望，异日能实现能满足者，犹可说也，其不能实现不能满足者，又将何如？

3. 好谈空论，不务实际，以致就人谋事，寄食篱下，无论如何，不愿出此；且也较低位置，较小事务，皆不乐就。此类青年之结果，可以想见。

4. 埋头用功，不问凡事，普通人皆称之为“好学生”。在学校中各门功课成绩都考得优良，若谓汝可择数种功课，性所近者，特别加意研究，彼则谓将来毕业平均成绩，难免受影响矣。结果无一种功课，特别擅长，对于社会亦不能有所供献，换言之，社会亦不乐用之。

以上四种学生，今日之学生界，当然不是个个如此，但学生界能脱此四种范畴外者，为数实难多得。在学校中如此，待毕业以后，谋事心急，就业心热，学工者若无工业界位置，做料员，当书记，心亦甘之，以致一二年后，曩者在学校中所学，皆已遗忘，不能忆起矣，曾亦思当日公家之栽培，耗几许金钱，购机械，供之实验，延名师，为之讲授乎？若谓科员书记等人材，尽可设一职业科训练之，何用废许多金钱买器械聘名师为？又有一种青年，因小事不就，大事难谋，因而诅咒社会万恶，思以革命方法改造之；或者心灰意懒，感嘘叹息。此就在学校中与出学校后言也。其未进学校者，事前自己不知究以学何种学科为宜，何校较优，考师范不取，则转而考中学，考中学不取，又转而考职业学校。盲无目的，凭头乱撞，或者以某校有亲友在焉，乃前往投考，或者以家道清贫，乃考师范与夫缴较少之学校。其入学校之前如此，是以毕业之后，学校自学校，功课自功课，而我仍为我也。

噫！此种现象，谁实为之？孰令致之？青年乎？青年乃人类最可贵可爱者，不应病之。社会乎？又不尽然。然则何以致此？曰社会上无一种设施以救济上述诸弊端也，此种设施维（原文如此，似为为之误。编者注。）何，职业指导是。职业指导本应联合社会青年两方，以救济青年，使其免种种苦恼与困难。故论职业指导对于青年之效用，实有下列三端：

1. 使青年明了个人天性天才之所宜，天性天才，有为自己所能知者，有为人所发现从而知之者，人能知其天性天才之所，或他人从旁指导其天性天才之所宜，则学功课或从事职业，必可不至入歧途。

2. 使青年能自动地努力。自动地努力，关系殊大，盖师长之督促，仅能收十分之五六之效，学校中之奖励，亦仅能收十分之六七之效，惟青年自己内发之努力，能收十分之十之效。能自动努力者，即有成功大事业之希望。某人尽可埋头工作，其人尽可自己自修，即自动努力之谓也。且因自己特别努力之故，从而十分信任师长，试观书册所载，某学某之学，某之行为与某之行为相似，因某人能成大业，而某学其所学，行其所行，某亦成大业矣。信服书本所言,尚有如此效果;则信任师长之言行,其效果不更大耶?

3. 使青年于求学求业能得适当的支配、适当的调剂。此点可略扩大其范围而申述之,中国青年(外国青年亦许如此)多有虚荣心和向上心复合的各种心象,小学毕业,欲考中学,,中学毕业,欲考大学,盖社会上人士视大学生为荣也。实则同为一大学生,其程度相差,往往有多至五六年者。大学毕业生可为大学毕业生之师,此犹就普通之较优大学言之。大学之办理不善者,其毕业生之程度,更不堪问,而青年为虚荣心所驱使,不论大学之为优为劣,不进大学,心殊不甘,实则与其进不良之大学,学而无用,何如至中学毕业而止,更不若自己自修。自己自修能有成就者,无用举古人为例,今日商务印书馆之王云五先生已足证明。王先生十四岁时尚为一学徒,平日惟读《申报》,其后又从店铺隔壁一家学英文,迨十六岁时方入学校,但不久又中止,故王先生仅仅毕业中学,并非大学毕业生,然而现在王先生的学问,所谓留学生,所谓博士,恐不能过之,此即自动地努力之效也。故吾人所望于今后之青年,不必但好虚荣,求入大学,而期其自动地努力,但此青年自身或有所不知,必有师长时时与之谈论,如何求学,如何求业,得适当的支配、适当的调剂。不然,使有用青年,因为自己不知学何种科学,又不能自动地努力,对于求业又无适当的支配与调剂,以致埋没殆尽,实为可惜。当知青处之埋没,对于社会之进步、文化之发展、国家之盛衰,皆有莫大之关系,不容忽视也。

(二)学校方面:青年为职业指导之对象,学校实为职业指导之工具。就过去之教育言，试问自废科举兴学校以来，即有新教育以后，对于社会，究有若何供献？时至今日，乃知有民众教育，此亦可见过去教育之离乎民众矣。彼农业学校，中国亦早有之，但农人之耕种方法，仍如故也。农业学校之毕业生，曾亲往民间指导了？推而至于其他各种学校，亦多如此。友人某尝有是言：农业学校教师之留英者，归则翻译英国农业方面种种书籍以教授学生，教师之留日者，亦将日本农业方面的种种书籍，翻成中文，教授学生，以致所授者，皆英国日本之农业也，如若用之，惟有往日本英国而用焉，本国本地之农业，教师不之知。语近滑稽，意实深长。教者不先考察社会上所需要，而定学科，而教学生，试问学生出校以后，安能对于社会有所供献。“教育即生活”之谓何？“学校即社会”之谓何？是故言今日学校教育之缺点。则有下列三端：

1. 学校只教书，不问社会上需要。办教育者仅曰将学校办好，教师终年不缺课者，即为良教师，学生考试成绩优良者，即为好学生，至于学生将来之出路，乃谓此社会所当顾及者，与学校无与焉。

2. 学生毕业之后，有职业与否，服务之效率如何，皆不过问，只希望学校中学生多，只希望校务发达，学生出路问题，不稍留意。

3. 学校中应授功课，应有学程，尚未教完，但因学生毕业之期限已至，即许学生毕业，学生是否有毕业程度，乃视为无足轻重之事。

学校教育如此，将何以为学生谋出路？何以言教育之功效？

何以言供献社会？如欲为学生谋出路，论教育功效、供献社会，惟有籍职业指导为之介绍。每一学校择教师人数，少担任助功课，使其有优裕时日指导学生之学习与调查当地社会之需要，在学校内设职业指导委员会，时常与职业界中人联络，因其需要，培养人材，如此学生毕业，何患无出路？而教育之功效，于此亦足表现。故论职业指导对于学校方面之效用，则有下列三端：

1. 使学校注意授学科是否所为社会需要，此点已略言之于前，兹不复论。

2. 使学校注意毕业生服务率。将来估量学校办理之成绩如何，不在学生数之多寡，亦不在学生考试成绩如何，当视学生毕业后之服务效率有无进步，如第一班毕业学生，服务社会之效率为十分之五，第二班毕业生为十分之六，渐次增进，则学校办理之成绩即推优良也。

3. 使学校注意学生出路。此点殊为重要，学校对于毕业学生，犹工厂之出品，当货真价实，销路畅达，但此非藉广告宣传不可，有职业指导，则办教育之方法，办教育之目标，当然不仅注意于学校以内，凡学校以外之社会种种联络，自亦必不能忽视。

（三）社会方面：所谓社会，即指职业界。目下之中国职业界，有多种不良现象，例举之有如次：

1. 不能因其所需要而求人才。一方面好讨小便宜，不肯出较大薪金以延揽人才；一方面又有因顾及情谊关系，引用不学无术之私人。或者好虚名，聘请曾任大事者，而其现在能力如何，则置诸不论。

2. 不喜欢学生。每逢荐举学生时，职业界中人皆有大学生不如中学生好，中学生不如小学生好之概，询其故则曰学生之经历愈大，其“学生气”愈深，意即谓学生之脾气坏，习气重，薪金微小，即不乐就，又不能驾驭之。学生习气深，非旧式学徒之可作奴隶，此固事实所诏示，但职业界中人固执如此，使学生不得用其所学，实当负一大责任，无可旁贷也。

3.不谋职业改进。职业界中人皆以为旧方法优良，新方法不可靠，今日生产之方法，恐仍为数年前或十年前之方法，以致职业无进步之希望。

4.缺乏创造能力。因为不能引用学生，故职业不能改进，因为职业不能改进，根本又谈不到创造职业，此皆有连带关系。但学校不与职业界接近联络，则两者惟有背道而驰，皆蒙其殃。使有职业指导所居中介绍，则学校学生，不患无出路，而职业界亦不患职业之不能改进，无创造能力矣。据此以言，可知职业指导之于社会方面的效用，不外下列三端：

1.使职业界明了学校人才之真相，并感觉职业之亟应改进。往者职业界之所以不信任学生，不知职业改进之重要介者，厥为不明了学校人才之真相。若有职业指导居中绍使，学校与职业界互相交沟通，则两受其益矣！

2.使社会得着适当的人才，以供给其特殊需要，社会有何种特殊需要，学校即培养何种特殊人才，此乃两者最经济最妥善之方法，然此非职业指导从中沟通，实难奏效。

3.使社会事业日益发展，人人能尽其才，社会事业之效率方可增进，方可日益发展，职业指导亦在使各人能尽其所长，以应社会之需要，使社会事业日臻发达。

观上所述，职业指导对于青年，对于学校，对于社会三方面之效用，已可想见，无用再为详论矣！

第三章　近世各国职业指导概况

各国职业指导之发展，大有一日千里之势，其所以如此者。仔细考究，实有两种原因：第一，社会方面的原因；第二，学校教育方面的原因。兹先言社会方面的原因：自工业革命发生以后，人民即有失业现象，无噉饭之地，政府方面，不能不设法补救，而补救之方法，惟有职业指导。同时因工业革命以后，工作上最注重效能，欲效能增进，非有相当人才不为功，因此二故，欲使人人有职业，实有设立职业介绍与职业训练之必要。

再就学校教育方面的原因言之，学校教育因有时间性之限制，学生出校以后，从事何种职业，服务之效能如何，学校方面，不能不注意及此，不能不设法为学生谋出路。考察学生服务之效能，再推而言之，学生未进学校以前，应考察其天性天才宜于何种学；既进学校以后，尤宜发现天性天才，使之学有专长，将来对社会有较大之供献，此实扩大教育之范围也。但此类种种问题之解决，都赖有职业指导。

职业指导之历史，仅有二十余年，因各国历史、国情、环境，各有不同，故所用之方法，亦因之而异，是故吾人言职业指导，切不可刻舟求剑，以为他国之方法尽可适用于吾国也。兹姑略举近世文明国家职业指导之概况，至于我国职业指导之概况与实施时之法，当另立一章论之。

(一)英国:英国正式有职业指导机关之设立,始于一九〇九年及一九一〇年,迄今不过二十年耳。何以言此二年者,因英国于一九〇九年有职业介绍律之颁布,一九一〇年有职业选择律之颁布,自此二种法律颁布后,各国之言职业指导者莫不奉为圭臬。英国各地不论为城市为乡村,莫不有职业指导机关之设立,兹将伦敦一地职业指导言之,以其为英之国都,且办理特别完善也。

伦敦一地十七岁以下青年之求学者,每年有7万人至8万人之谱,求业者如此之多,国家自应设法使之有业,不能视若无睹,此类青年之程度,多毕业于初级中学,因家境不丰裕,不得继续升学,而职业指导实施的步骤则如下:

(1)未就业者考察其能力、家庭环境等各种情形,俾便介绍职业。

(2)已就业者调查其服务效率如何,根据其效率而筹划补救之方法。

(3)对于就业青年设法辅导,其方法或设补习学校或随时举行个别谈话,或请医生为之检验身心有无缺陷。各地方施职业指导之方法,虽不尽同,但此三者,实为普遍之现象也。

英国民族,最爱自由,故职业指导之事,亦由政府方面与社会人士共同举办,并非呆板,一成不变,此与其他各国不同之处,为吾人所当注意者也。

(二)德国:德国民族政府权能最大,不但为欧洲之特殊者,亦为世界所独无仅有。人民政治及科学能力,亦远非他国人所可比拟。他们补习教育异常发达,欧战以前可为全世界冠,欧战以后，仍能保持原状，故人民程度，较别国高深。至于他们职业指导事业，虽不足为世界之冠军，但补习教育，实与职业指导事业有莫大关系，且补习教育，实可视为职业指导之一部。一九一九年，德国有正式法令颁布，由工商内务教育农务四部联合训令各地，凡有1万人人口以上者皆当设立职业指导所。凡其不满1万人人口之地，当合两处或三处设立之。其实施步骤：

(1)家长商榷。青年家长对于青年之天性、天才、种种习惯能力，当较他人明白，故于施行职业指导之始，即首有家长之商榷。

(2)通告各学校，训令各学校办理职业指导，德国政治素重系统，级况严明，不能紊乱。故各校办理职业指导亦当受政府指导。

(3)与劳动局联络。社会上所需要之人才，劳动局知之最详，故办理职业指导者，必须与劳动联系，共策进行方能收实际之效果。

(4)实际辅导。认定实际需要，而训练实际人才，以供给社会。时间经济，人我物力，皆不致空废。各地办理职业指导情形，以柏林最优。

(三)美国：美国为世界最早之民主国家，各种事业多由社会人士自动地办理，职业指导亦然。此与他国不同者一，且美国工商业发达，人民失业者较少，其办理职业指导之程序与组织方法亦因之不同。此又为美国之特殊情形也。试考职业指导之历史。即知最初提倡职业指导，从学说从教育入手者，即为美人柏森斯氏，Parsons 他们实施职业指导之步骤为：

(1)召集各校教师设立职业指导师范科，此种入手方法，即认为职业指导，非人人可能办理者，当有相当人才以从事之。

(2)大学设立职业指导科，大学之内，添设此科，一方面研究职业之学说，一方面考察职业指导之实际，即此可见美国之实施职业指导，先养成人才，再由人才创造学说，有学说以后再顾及实际问题。非如他国之由实际情形而产生学说，再培植相当人才。此两种不同情形，适得其反。

(3)出版书籍。此与下节有连带关系，兹姑略不述。

(4)设立图书馆。所以设立图书馆者，收罗关于职业指导种种书籍，以供给研究职业指导之参考，供给从事职业者之借镜。同时，亦可由此训练青年对于职业之认识与兴味。

(5)联合各学校各宗教团体各慈善机关，一同办理职业指导。

总之，因为各国情形不同，其办理方法亦因之显然有异，有先从学说入手而后顾及实际，以收水到渠成之效；有先从实际入手而后探索学说，以获如土投地之益。

美国办理职业指导之目的约有四种：

(1)帮助家长教师青年个人解决选择职业问题，并宣传标准，供给社会人士之采择。

(2)计划适当方法俾人选用。

(3)编辑若干出版物与书籍，使谋职业者与从事职业指导者为自动的解决。

(4)注重训练人才以办理职业指导，盖职业指导，非徒设机关而已。必须有专门人才从事焉，当知美国办理职业指导之方法，在教育发达与失业者不多之国家,始可用之,非别国尽可采用也。

(四)日本。今日之日本,实可算为东方之德意志,吾人尽可反对日本,打倒日本帝国主义,但日本人之能力与精神,吾人却不能不钦佩之,日本表面上无职业指导之名,仅有职业介绍所,而所做事业,实皆为职业指导事业。兹先述其组织:

1.研究

文部省(教育部)内设立中央职业指导协会。此为半官僚式的,乃学者与官吏所共同组织之团体,东京更有日本职业指导研究会,则全由学者所组织。

2.咨议机关。即供咨询之机关,由内部省所设立直接与社会局发生关系,内部省内有中央职业指导委员会,由内部大臣或内部省所任命之人员组织之。再下有地方职业指导委员会,由内部省所任命之人员组成之。再下有市町村职业介绍所,此种机关与上述之咨议机关皆互相关系。

日本职业指导之办法如何,兹以东京府立之职业介绍所所做事业为例而述之:

(1)职业介绍所与本府各小学联合,有联合方可共策进行。

(2)职业介绍。凡十五岁以下之儿童欲求职业者,即介绍职业。

(3)保护监督。方法亦与各学联络行之,一方面研究,一方面实地做去。

(4)性能检查。儿童之性能如何,时延医生为之检查,有无缺陷。

(5)各种相谈,举行个别谈话,俾得窥见儿童之心理。

(6)研究调查。

(7)编印书籍。

但其介绍之顺序,亦为吾人所应知者,兹故亦略述之:

(1)填表。欲介绍职业者,须先填表,凡个人之学历、志愿、能力,所需要之薪俸等等皆当一一填明。

(2)召唤与相谈。此乃职业介绍所于谋职业者已填表之后,召唤而作谈话也。

(3)检查。检查分三方面:身体之检查、心理之检查、能力之检查,尤重最后一项,如教书者必擅长演讲是。

(4)登记。

(5)分发。即介绍服务。

(6)保状。凡经济方面。精神思想方面,职业介绍所皆须征求保状以妨将来。

(7)就业。

(8)辅导。有服务访问、补习教育等等。

此皆预备谋职业者,在职业介绍所必经之手续不容忽者。总之,吾人当知职业指导,因人因地而异,其方法如日本,名虽为职业介绍所而实则为职业指导。至于我国职业指导之近况如何,须待至下章再为略述。

第四章　中国职业指导近况

中国职业指导,真可谓方在萌芽,较诸欧美各国,相差悬殊,故一般人对此尚多茫然不解,即知识阶级分子,亦有不能详悉职

业指导为何事者。以言职业指导在中国之历史,当分两层述之:

第一为清华学校(即今清华大学),中国最先提倡职业指导者,首推清华学校,但限于学校以内偏重教育,故可谓之为教育指导;第二为中华职业教育社,此则偏重于社会方面,不独限于学校也,但较清华学校进行为迟,故应先述清华学校职业指导之历史。

清华学校,民国五年,清华学校校长周诏春(寄梅)先生首先鼓吹职业指导之重要,急待实行,乃先从学校做起。其实施方法,第一,举行职业讲演,聚一时学界知名之士,为王正廷先生讲职业教育,梁任公先生讲文学,伍朝枢先生讲法政等等,意在使学生对于职业有反省、有认识,我之性情宜学乎文学,抑宜学法政,或学商业而决定其选修之学科。第二,发散表格,令学生填写,由学生自己决定学何科何系。此一者皆可谓为职业指导,顾以其偏于学校教育,亦可谓为教育指导。但此不过职业指导之初步耳,周先生去职后,清华学校对于职业指导提倡之空气,渐趋沉闷。后有教务长王先生亲送学生赴美留学,曾考察到职业指导问题,并作成一书。迨民国十年庄泽宣先生任职清华学校时,又复提倡职业教育,不遗余力,制定表格较周先生所制定者为详,散发与学生,嘱学生一一填写。同时校内且组织职业指导委员会,由庄先生任会长,故又得有种种计划及学理上之研究。学校内设有职业指导,为学生必修科之一。在事业实施方面,嘱令学生填写散发之各种表格,并由庄先生将各种结果,编成《职业指导实验谈》一书,书内言之綦详,又庄先生所著之《青年四大问题》一书,亦列职业问题为书中四大问题之一,此皆足以供研究职业指导之参阅，亦应认此二书即职业指导之书籍。庄先生离清华学校，清华学校对于职业指导之提倡进程如何，则未有所闻，但清华学校之年报及各种刊物中，尚时有关于职业指之论文或报告披露。要之职业指导实可以清华学校为中国之发源地也。

第二，中华职业教育社所做之事业：(一)研究。集合同志，对于职业教育学理上办法上皆注意研究，将研究之结果公诸世人，以备采择。(二)推行。鉴于国人对于职业教育之忽视，不能普及，故又注意于推行职业教育方面。(三)实验。诚恐学理所示，书本所述，不足尽信，又不得不重职业教育之实验设职业指导所，以从事于职业指导，即为实验事业之一。

中华职业教育社对于职业指导之进行，先从译述入手，介绍外国职业指导之学说与实施方法等等，民国八年于《教育与职业》月刊特出《职业教育》专号。后又发行《心理测验》专号，盖以心理测验与职业指导有密切之关系，心理测验为职业指导实施上之最良工具也。民国八年九年间之工作如此。后乃于社内设立之职业指导部，所做工作：(一)调查上海一地之重要职业状况；(二)调查各学校之急等毕业学生年龄上、学力上、体力上之各种情形，俾得进行升学指导时有所依据；(三)询访各实业家对于学校学生之意见与感想及所需要人才之条件。

其后感觉职业指导，非可已于此者，乃请顾树森先生赴欧洲各国考察职业指导办法，顾先生居欧三四年时将调查所得研究所得寄回社内，故社内有关于职业指导种种书籍之问世。民国十二年十三年一方调查海外职业指导之进行状况，一方社内更加紧工作，设立职业指导股专从事研究编辑与支配。民国十三年且有职业指导运动之举，择定上海、南京、济南三处，每处有通同之运动，运动方法：(一)散发关于职业指导各种印刷品；(二)举行职业指导学理上之讲演；(三)择定中等学校举行心理测验。有此三处之职业指导运动，国人对于职业指导，知之者方日见增加。此后又设立职业指导委员会，由职业教育专家共同组织，于是国人对于职业指导了解者较前益多。民国十六年九月方正式成立职业指导所，先在上海设立以后并拟次第推行于各地。对于职业指导各种运动与学理上最有贡献者，为现任沪江大学校长刘湛恩先生，而潘仰尧先生任职业指导所副所长之职，对于职业指导实际工作上之热心与努力，亦不减于刘先生也。

清华学校职业指导事业与中华职业教育社之职业指导事业，目的相同，进行程序则异，清华学校注重在学校以内，为学校式的；中华职业教育社，则注重社会方面，为社会式的。自清华学校与中华职业教育社对于职业指导提倡以来，政府方面，亦渐渐注意，如，南京之职业指导所，本为市政府教育局与中华职业教育社所合办，今则由政府独自办理，上海市政府亦设有职业指导委员会。

中华职业教育社设立职业指导所，屈指及今不过三十月，三十月来之成绩如何，想亦为学者所愿闻。吾居尝自觉职业指导对于社会关系之重大，当时时改进，去年曾请杨卫玉先生(职业社副主任)赴日本考察，特别注意职业指导问题。近来又于社内添设法律指导，请四位律师任之；健康指导，请四位医生任之。开办尚未满五个月。

自设立职业指导所以来，来所登记(即谋职业者)有五千六百人，此五千六百人中，介绍职业者为三千四百人。而因介绍获成功者，有五百九十七人，试问其五百九十九人若无相当职业之谋得，能保不走入歧途或流于悲观厌世乎？今日中国社会上最大问题莫过于生计问题，使各地皆设有职业指导所，或者对于生计上，裨益不浅。又此三十月内，来所谈话者有八千人，受升学指导者有一千七百六十四人，升学指导，在沪地最为重要，盖沪地学校林立，优劣不齐。远方来者，人地生疎，如无相当指导，实难免有误入歧途之虑也。

至于登记者之资格如何，亦值吾人注意，计五千六百人中，大学毕业生有二百零六人，专门学校毕业生有一百零八人，师范学校毕业生有一百二十五人，中学毕业生有二百八十八人，职业学校生有二百一十六人，中学肄业生有一百二十五人，初中毕业生有一百零四人，小学毕业生有一百二十二人。至介绍成功者，有二百五十人为教员位置，一百四十二人，是服务于各种机关，在工业界有一百零七人，商业界有九十八人。共五百九十七人（此为最近统计）。薪水最多者三百元，最少者八元。

此项统计，亦吾人研究社会问题之实际材料也。

因时间匆促，关于中国职业指导之近况，不能尽量详论，止于此矣。下章当论及实施职业指导的方法。

第四章　（原文如此，似为第五章之误。编者注。）

实施职业指导的方法

本章最为重要，且为吾人将来实施职业指导时所必须了然者，前乎此之所以将各国已有之职业指导情形及理论方面略为申述者，无非为本章张本也，兹分节论之如下：

第一节　机关与人才

欲实施职业指导，即不能不设立机关，专事办理，既有机关之专设，又不能不有专门人才以主持之，此节故专论机关与人才。

（一）设立机关之必要

办理职业指导，何以须设立专门机关？按其理由，有下列三端：

1. 专负责任

往昔办理职业指导之事，专注重于实际。并无机关之设立，如父兄之于子弟，指导如何选择职业，如何谋职业。先生之于学生，为之筹划职业，有职业之后，又为之训练，此虽未明白言之为职业指导，实际上皆职业指导之事也。但此未规定何人当负职业指导之责，且职业指导之办理，又非一二人力之所能，如不设立专门机关，则责任无专门者担当，势必不能尽其所事。

2. 专家主持

职业指导之办理，非人人可得而为之，必须有专门性，对于职业指导有深切研究，丰富经验者，方可胜任无虑。办理职业指导，对于社会调查，又必须注意，凡此皆非专家主持不可，既有专家，即不能不设有专门机关，与之主持，此亦设立机关必要之理由。

3. 各界接触

各种学问，最初仅有一两方面，日渐发达，则方面愈多，社会之组织亦复如此，大抵先有中心，而后发生旁枝，如农人之耕种，乃其事业中心。但耕种所需之肥料、种子、农具，以及人工等等，必须多方接洽购买，即旁枝也。故人类文化愈发达，则所接触者愈多。职业指导之办理，凡社会中所有事业，皆当接触，接触既多，必设立专门机关，俾便于事业之进行。

此种理论，推诸于一切事业，莫不如此。社会事业之发达，大抵先有实际需要，实际需要即为“事”，有需要即当有人供给，供给需要之人，即为社会服务家，有“事”之后，即有“术”的产生。术者，方法也。有“术”之后即有“学”之产生，“学”者原则也，理论也。多种事业，有术足矣，不必有学：多种事业，有术之后尤须有学。譬诸人生世间，需屋宇以御风雨，此事实也，既需屋宇，即有工人建筑，工人建筑必有方法，欲有方法，即有待于工程学之探讨。此则为吾人所深悉，无待赘言也。

（二）机关种类

职业指导机关之设立，按其种类，可分为下列五种：

1. 就机关之任务说，有协议机关与执行机关

如，日本之职业介绍所为执行机关，中央职业指导协会、中央职业指导委员会则为协议机关。前者为起而行之机关，后者为坐而言之机关。

2. 就机关之性质说，有独立机关与附属机关

各学校内所设之职业指导委员会为附属机关，各地所单独设立之职业指导所则为独立机关。

3. 就机关之立场说，有社会机关与学校机关

按近代教育机关可分为社会式的与学校式的两种。此乃各机关之立场不同。如，清华学校之职业指导委员会，其对象为学

生,偏重于教育方面,故为学校机关。中华职业教育社在上海设立之职业指导所,其对象不限于学生,为社会一般人士,且不偏重于教育方面,故为社会机关。

4. 就机关之主体说,有公立机关与私立机关

机关之经费,由公家担负者则为公立机关,其由私人或私立团体担负者则为私立机关。前者如南京市政府设立之职业指导所,后者如中华职业教育社在上海设立之职业指导所是也。

5. 就机关之组织方式说,有独立机关与联合机关

前者为单独设立之机关,既不附属于别种团体,又非与别种团体所共同组织者,后者则由学校与社会团体或慈善机关,或甲校与乙校联合设立者。

上列五类,虽不敢言将全世界所有之职业指导机关,包括无遗,但能轶出兹五类者,恐不多见,以下再论近代职业指导机关之趋势。

(三)机关之趋势

近代职业指导机关之趋势,有下列情形。

1. 协议机关与执行机关不能偏废,当相互协助,彼此调剂,如鸟之两翼、车之两轮。

2. 区域之划分与组织上有系统。不划分区域则职业指导办理之责任不专,不有系统之组织,则职业指导之研究不精。

3. 专家专业,往者办理职业指导者,随随便便,凡热心社会之人及学校教员皆得而为之。今则不然,已有人将职业指导视为专业,今后教育的趋势,已偏重于社会方面,学校教育与社会教育当并驾齐驱。往者论及教育即以为学校,此种观念,凡稍明

教育潮流者,类皆打破,职业指导在美国大学已设有专科,研究之者可以获得学位,可见职业指导已有专家专业之趋势。

(四)机关组织的内容

欲论职业指导机关之组织,理应将世界各国已有机关之内容一一列举,作一比较,但因时间限制,事所不能,兹将上海职业指导所预备施行之内容述之,为读者异日服务地方办理职业指导之参考:

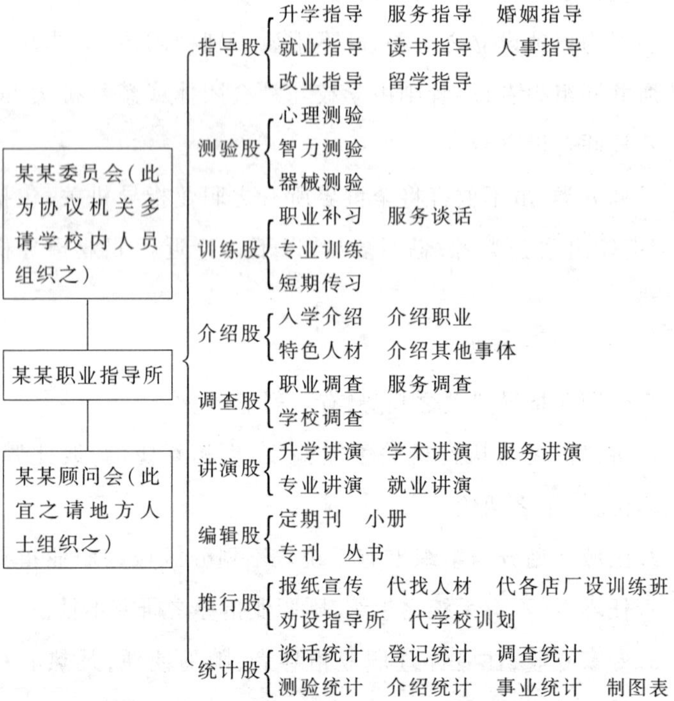

上列各股因经费关系,仅有五人兼任,吾人日后办理职业指导,组织尽可变动,但内容不能减少,盖非此不足以应付实际需

要也。

(五)人才训练

既有职业指导之需要,即不能不有相当人才办理,既需相当人才办理,当设法训练之。所训练之人才,一方当注重学术,一方当注重技能(经验),所谓“才”与“学”二者兼重是也,有技能无学术乃一空壳子,有学术无技能乃一实心子。中国人恒不能免兹二病,殊为可惜,办理职业指导者所需要之学术有基本的,如社会学,教育学、心理学等;有应用的,如社会调查方法、统计、演讲等。人格之修养,尤为重要。至于技能方面,则当注意练习,不可专重书本也。

训练实施职业指导人才途径,不外大学校内设立职业指导专科以养成顾问人材,师范学校内添授关于职业指导之功课,此外更设短期之训练班,于学理技能,双方并重。但此在今日之中国,尚未能即日办到。此不能不望将来能次第实现。

第二节　调查工作

吾人从事一切事业,莫不有入手方法与基本工作。调查乃一切事业之入手方法与基本工作也。如造屋然,调查此规划地基之事件;如作战然,调查为侦探敌情之任务。此而不注意,则将来难望有美满结果,犹不先规划地基而欲造屋,不预知敌情而欲战胜,皆事实上所不可能者。故吾人从事于职业指导之实施,对于调查工作,必不可忽视。不特此也,职业指导乃“人”与“事”之关系,“人”与“事”间种种变化,复杂异常,若不能于事情调查清楚,了如指掌,则将来调剂难得其宜,分配未免不当。此调查工作对于职业指导之实施,特别占有重要地位,应专定一节以说明之者也。

(一)调查之原则

原则之成,或来自归纳,或出诸演绎,办理任何事业,合乎原则成功,不合乎原则即不免失败。关于施行职业指导调查工作所有之原则,约有下列六端。

1. 划定区域

区域不划定,则调查工作之范围,漫无限制,故规定调查上海,即以上海为划定区域,规定调查无锡,即以无锡为划定区域。学校内之调查,规定甲班,即限于甲班,规定乙班,即限于乙班,必不可混合为之。

2. 规定时间

调查时务须规定时间,如决计在本年五月内第一周。调查完毕,即当于一周内竣工,不能迁延,盖社会上任何现象之表现,皆受时间性所限制,前乎一定之时间与后乎一定之时间,必有不同之处,即有相同之处,吾人亦不当默认。学校内之调查工作,当于每学期之始或学期之末为之,因每学校间学生参差不齐,适合于调查也。

3. 规定目标

不论何种工作,必有工作之对象,对象最贵单纯最宜明白,如调查一所屋宇,其面积有若干、屋内有何种设施、有若干人数,皆当调查明白,不可含混了之。

4. 注重实际

所谓注重实际,即所调查者当为真实之情形。不稍臆断,无或谬误,有30人即写30人,而不可谓大概有30人。是以调查表格内皆宜用数目字表示,至不得已时始有文字填写,良以文字有含混之缺点,不可据以为准绳也。

5. 注意结果

所以要调查者,为查考变相之原因也,欲知变相之原因,先当明了变相之结果,因果且有相互关系,故于调查工作,最宜注意结果。

6. 注重应用

应用即实用之谓,今之从事调查工作者。所用之表格,往往取自外国,表格之内容,是否适合我国应用,不特被调查者不之知,即调查者亦茫然不解也。此种调查工作,虽从事焉,可断其无补于实际,是故制定表格时,当注意我国社会情形,职业界状况等等,切不可闭门造车以求出而合辙。

上述六项,皆为制定调查表格之原则,缺一不可;且前五项之原则,亦完全为最后一项而设,此为吾人所当了然也。

(二)调查之种类

按调查种类甚多,大别之有以下四种:

1. 职业调查

凡直接生产者为农工商等,皆在调查之列。所谓直接生产,即用自己之劳力而生产,农夫用自己之劳力使土地生产,此直接生产也;工人用自己劳力使天然物变为应用物件,此亦直接生产也;商人用自己之劳力搬运货物,调剂有无,此亦直接生产也。推而至于渔夫、航者,亦得谓之为直接生产,盖鱼虽为天然物,若无渔夫取之,则人不得食;商人虽能搬运货物,调剂有无,若无航船者供之役使,亦无济于事。至于为教师者,使人读书,为医生者,治人之病,则不能曰直接生产,而不在调查之列矣。

2. 学校调查

学校为造就人材之场所,学生为预备投身社会之分子,就学校方面言,希望学生能服务社会,使社会事业日渐发展;就社会方面言,希望学生能适合需要,使社会事业日臻发达。故学校亦当调查并能自成一类也。

3. 青年调查

为实施职业指导而作之调查工作,本不当调查青年,置年老之人与婴孩幼童而不顾,但因青年为社会中重要分子,多望投身社会,应特别注意耳。

4. 家庭调查

青年各有家庭,欲知青年之一切,非详细调查其家庭不为功,此家庭之所以能独成一类也。

若按调查之对象言,上述之一、第二、第四,可统称为社会调查,而第三为个人调查(前者亦可谓之为"事"的调查,后者为"人"的调查)。若按调查之性质言,则家庭为出产人才之地,学校为培养人才之所,职业界为用人之处,青年为被用之人,此亦稍有不同者也。

(三)调查之效用

为效用计,故有调查工作之举行,是以言调查之效用,当就以上四类分别言之,但因篇幅所限,只可就职业调查一类言其效用,举一反三,是所望于读者。

1. 调查可以明白各职业界之实际状况与内容,明白各职业界之实际状况与内容,则施行职业指导时方有根据。如,一青年欲于某地就业或改业,若实施指导者不知某地职业界之实际状况与内容,安能处置裕如?

2. 因为调查可以明了各职业界所需要人才之性能何如,于是可转知各学校教学上训练上培养适当之人才,以供给其需要。如无锡一地,各纱厂内最需要初中毕业生,而此种毕业生所不能缺乏之性能,即须有器械学常识而又复身体强壮、性情敦厚者,既知无锡各纱厂需要此种人才,则吾人可以转告各中学校,凡初中毕业生不继续升学者,当注意及此,结果各得其宜,实无上之策也。

3. 因为调查可以明白何处需要人才,何时需要人才,则他日介绍职业时,方有源源不绝之机会,不致无法应付也。

4. 因为调查可以发现各职业界之缺点于危险,则事前可谋补救之方,事后可设弥补之法。近来沪上各银行界中人员,时有席卷款项潜逃之事,若吾人于调查时注意各银行界人员之行为,发现其不轨,即可转知业主,加意劝告。不幸席卷款项潜逃之事实,已经发现,则吾人亦可转知各学校训练银行服务人员,此后当着重品行之修养,使将来不致再有不幸之事发生。此亦于事后未尝不可弥补也。

(四)调查表格之内容

未述调查表格内容之先,犹有不能已于言者在,但此与调查工作,并无若何之关系,是不得不申明也。往日办教育之人士,祇知闭门讲学,不问世事,设有兄弟二人,一为商人,一为教师,二人相遇,决不互道其职业界之情形,而谋补救调剂之法,此种现象,实不妥善。不特此也,我国同业之人,往往各道所长而不道所短，有时且互相猜忌，各不相容，训至两蒙其殃而后已。曾亦思社会上各种事业，端类分工合作，长短相济乎？军队中步、马、炮、工、缁五种士兵，各有职责，缺一则不能诣战场角胜负，办教育事业亦正类此，当详悉社会情形，尽分工合作之效能。若为每半年教完几册书，即称了事，此教书非教人也。其书本尚不能教完，至规定时间，则放假休息，如此敷衍，更无论矣。社会上更有一种人士，意谓“多一事不如少一事”，或者便“大事化为小事，小事化为无事”，其实吾人偶一沉思，即知此种观念，亦多谬误。试观芸芸之人世界！何一非小事化为大事，无事而为有事乎？西洋之科学家，若牛顿，若爱迪生，所发明之蒸汽机，所发明之电灯，莫非无中生有，小事化为大事。若人人抱定“不管闲事”之见地，则社会将奄奄无生气，而人类文明亦无发达之希望矣。且彼好问闲事之人，必脑力灵敏，而后始能无中生有，使小事化为大事；又必身体康健而后始能有优预之精力，从事身外之工作，果此种好管闲事者而正当，则吾人应倡之不暇，安可忽视之哉？此亦声言吾人所为之调查工作，与社会事业之发展，有重大关系；与人类文明之进步，有相当意义，而不可以等闲视之也。兹再进而言调查表格之内容。

按调查表格，共分六种，兹先述职业调查表，此表每一机关皆应有一张，以备查考，表之前端有下列六项：

1. 职业调查表

(A)职业机关名称

以向官厅注册者与招牌上所书明者为标准。

(B)地址

该职业机关所在地系何街、何巷,门牌系若干号。

(C)主人或经理

该职业机关之主人或经理或对外之代表人,其略历如何。

(D)职业之性质

职业大别有士农工商等,倶有业一业而又兼其他职业者,似此情形,应以其生业为准则,向以其兼管之职业副之。

(E)成年职工人数

十六岁以上有相当能力,体格强健者谓之成年;因吾人实施职业指导,多半为成年人之就业与选择职业,此故不得不注意。

(F)未成年职工人数

十四岁以下职工,谓之未成年职工,吾人为将来职业补习计,不得不将此种人类,调查清楚(此项人数与前项人数应分别男女,不可混而言之)。

职业调查表之前端大都有上述六项,兹再分别言职业调查表全部之格式于下:

(1)内容

此处所指内容,即职业之内容,非表之内容也。

(A)该业在本地之规模及重要之程度若何?第一次调查时可以用文字表示,但第二次调查时可用数字者,则需用数字表示,如资本数、人员数等,以便日后据此等数字估计该业之进步与否。

(B)该业逐渐发达抑逐渐衰落?欲知此项情形,对于该业之历史,即不能不有相当研究;该业十年内之经营状况如日益优良,则知其逐渐发达;如日益微弱,则知其逐渐没落矣。

(C)该业营业状况是否终年一律?抑一年中有淡有旺?此项调查,可以明白该业之性质,如丝业之经营,春季较秋季为旺,因春蚕优于秋蚕也。

(D)该业是否有继续性?抑一年中占几个月?此项调查在考察该业之经营期是否终年如一日,抑一年中仅有数月,过此则不营业。

(E)该业每日工作时间若干?每年季节给假否?此点在较新式之商店工厂,皆有规定;有规定则办理职业指导者调查清楚,即可施以职业补习之教育。

(F)薪俸若干?职员之等第有几?各级职员之薪俸若干?

(2)环境

环境对于职业亦有莫大之关系,环境优良,则职业易发达,环境恶劣,则职业难发达,此调查表中对此不得不注意也。

(A)有无危险?如调查一工厂,该工厂若邻近火油店铺,则该厂危险性即大;该工厂邻近有不相同之营业机关,亦不甚相宜。

(B)光线充足否?此与职工之身体健康,关系匪浅,不得不调查。

(C)热度如何?此可分两方面而言:一方面该工厂所在地所,是否通风;一方面该工厂之工作,是否需要高度之热;如铜铁厂之工作,非有高度之热不可。但有科学方法,使热度适合于人体者,是在工厂之能应用与否耳。

(D)空气新鲜否?空气对于吾人之健康,其重要不言可知,理应注意调查。

(E)卫生设施如何:一方面当调查工厂内之卫生设施状况,一方当调查职工有无卫生习惯，而工厂附近有无妨碍卫生之障碍物。

(3)前途

前途系指职业之前途而言，此项调查对于职业本身之兴替固有关系，而对于职工之生活，亦有影响，此于以下各项目可以知之。

(A)薪俸增加之速率如何？职业之薪俸最高者每月有若干？最低者有若干？中等者有若干？平均标准若干？其增加之速率如何？在新式商店中对于以上各端皆有规定；若薪俸增加之速率大，即可表示该职业日渐发达，若薪俸增加之速率小则该职业即不发达。

(B)初任事时之平均薪水若干？初任事之职员，平均薪水有若干？取平均数乃就该业整个言。平均薪水大则该业即发达，平均薪水小则该业即不发达。

(C)升擢之机会何如？职工升级之机会，抑多抑少？何时何种情形方得升擢？

(D)有无训练可以获得？职工入某工厂或商店之后，有无训练可以获得？所获得之训练，抑优良？抑恶劣？（此项训练，不论属于个人行为方面的，抑属于职业方面的）。

(E)从事该业之人数有若干？此项殊为重要，盖从事某项职业之人数多，则某项职业势必发达；但人数过多，有供过于求之现象，必发生危险，非设法补救不可。前数年沪上橡皮业之经营，即有此种现象。

(4)所需之训练

需要何种训练即某种职业界所希望得到之人才，其技能如何，品行如何，知此则可以转告各学校，作训练人才之标准；使学生得有准备，不致将来不能服务职业界，此于谋职业与职业界二者互有关系，不得不调查也。

(A)品行

品行一项，分析言之，有人格、个性、习惯等等。此在调查时皆当个别留心，俾他日介绍就事之后，不致发生危险或职业不合其个性与习惯。

(B)技能

技能一项，特别当注意特殊之技能，即与职业有直接关系者。

(C)级任事时之缺点

此指雇主对于初任事职工有何不满意之处。例如，无锡各纱厂，新近调查所得，最需要初中毕业生，但初中毕业生必有器械学生之常识，能稍稍修理普通机器；又有驾驶工人之能力，能为工人排难解纷，管理周至。而事实上今日之初中毕业皆不善此，吾人如能知此一项，即可以转知各学校，对于初中毕业生之不继续升学者，特别于训练时注意以上所述两点。

(D)雇主愿意雇用何种学生？

今日职业界中人，对于雇用学生，皆谓学生之习气大，不易雇用；即雇用学生时，亦曰大学生不如中学生，中学生不如小学生，吾人于调查时，即可直接询问雇主究竟需要何种学生。

(E)雇主对于初任事之雇员，需要何种准备工夫？

从事任何职业，皆各有其特别之准备工夫，如技能，如身体，如言语等；此于调查时亦当询问雇主也。

(F)雇主对于雇员，在未雇用之先，欲完成其训练，抑雇用后，再加补习，职业界中人往往有需要此种雇员者；

在学校内训练一二年,再于就业后补习一二年;亦有需要由学校完成训练而后雇用者。此皆二者是也,吾人于调查时亦当询问雇主。

(G)雇主愿意与学校合作否?

今之旧式商店,痛恨学校学生,始终不欲与学校合作;比较新式之商店,已渐变此种态度,逐渐与学校合作:吾人于调查时亦当注意及此,其不愿合作者,善意劝导;其愿合作者,相与联络。故于以下三点应特别询问:

(a)职业指导所所介绍之人员,愿意任用否?

(b)年幼职工愿意送人补习学校否?

(c)有空位置时,愿意告知职业指导所否?

关于职业调查表之内容,已大致述之如上,至于表格之大小,排列之纵横,须视各人之采择与应用时之便利,不能一概论也。

2.学校调查表

学校调查表乃以学校为主体。为就无锡言,则凡无锡境内之各学校,不论中学小学大学,皆当调查清楚,且各学校之内容状况,详为记载,列作一表,如此则青年之欲投考学校者,至职业指导所请求指导,即可一目了然,而升学指导易为之矣。兹将此项表格之内容与用途,略述之如下:

(1)学校调查表之内容

(A)学校名称　如无锡中学、国学专修学校、省立教育学院等。

(B)学校所在地　学校校址在无锡何地,务须详细,不可概略。

(C)校长姓名及履历等。

(D)学校及程度　学校内分几科,如农业、艺术等;学校的程度,或高中或初中等。

(E)各科学生人数　每科有男女学生各若干人。

(F)教师人数及学历等。

(G)教务训育方面之特殊情形。

(H)学生用费数每年需若干?

(2)学校调查表之用途

(A)为升学指导之用　若有青年学生,准备升学,诣职业指导所请求指导,吾人即可以学校调查表与学生参看,使其明了各校状况,不致乱撞。

(B)为介绍职业之用　对于各校毕业生之品行如何,所学为何科,能详细明了,则介绍职业时乃有根据,可免发生种种弊端。

学校调查表内容中(F)(G)(H)三项,应特别注意,不可稍稍忽视,盖因此三项与升学指导及介绍职业关系最为密切也。此外关于青年本身,亦应调查,兹举其大纲如下:

- 青年调查表
  - 在校学生
    - 将毕业
    - 初入学
  - 服务学生
    - 学校出生
      - 毕业的
      - 未毕业的
    - 非学校出身

3. 在校学生调查表

在校学生调查表,亦可谓为个性调查表。在校学生,何为而须调查也?盖为在校学生谋将来之出路计,为培养实际人材以供给社会之使用计,此项调查,必不可少。初入学校之学生,又何为而须调查表?盖为预备职业,明了学生个性为实施训练之方针,使学生天才得自由发展,此项调查,亦不能阙。故学生入校时虽经严格考试,尚不能谓为了事,于入校之后,当施行心理测验。其于学生之才能,得一真切明了;但吾人仔细考虑,总感觉到学生中入校的与在校的实不若出校的重要,是以兹表可略而不言,读者阅下列之毕业学生调查表,即可知之,毋用言也。

4. 毕业学生调查表

此表亦可谓为青年个性调查表,调查之目的在明了学生之个性,俾介绍职业时,有所依据。表之内容,如姓名、年龄、性别、住址等,为普通调查表格应有之项目,毕业学生调查表亦当有之,此不待言。兹亦将此项表格之内容及用途,略述之如下:

(1)毕业学生调查表之内容

(A)遗传

此就毕业学生之先人的职业及天才言,明了学生父母之职业及历代祖父母外祖父母之有无特殊天才。则于学生本身的天才如何及适宜于何种职业,可以作判断时之根据。

(B)教育

此指已得之教育程度如小学、初中或大学言。而所学为何科,对于何种科学最长,最有心得,皆为调查时之扼要点。

(C)天禀

凡人之敦厚刻薄,大都系天禀所赋;调查时注意及此,则可知被调查者宜于何种职业。

(D)健康及体格

体格如肥胖、清瘦,及轻重、握力等,皆可用目力观察,器械权衡,至于健康如心力、体力、耐劳等,必须赖平日之注意卫生,方能有效。

(E)品性

品性一项,包括个人道德(如诚实、和平、信用等),习惯(如朴素、勤勉等)与服务时协助他人之精神如何等等。

(F)交际能力

交际能力关系职业甚大,如交际能力差、举动呆板、态度冷酷,即不能引起他人注意、博得他人同情,而事业实难有发展之望。古者圣贤之教人也,“应对进退”为日常必不可少之工作,良以交际方面的训练,对于职业前途关系实非浅鲜。是以调查毕业生在学校求学时,有无组织团体之活动;对于公共生活,愿意作领袖否;抑从中活动,别有用心;与朋友相处,是否能互相协助、表示同情;此皆可用各种方法,一一调查清楚:即从言语间,亦可窥见其交际能力如何也。

(G)职业经验

在学校中,师长所指导如何?在家庭内,父兄所传习者如何?在社会上有无短期之服务?此皆与职业经验有关,有一一调查之价值。

(2)毕业学生调查表之用途:

(A)唤醒学生对于职业的注意;

(B)明了学生之个性,以为实施指导之根据。

上述两种用途,吾人不难知之,无须详细演述:而此种表格,不特可用诸调查毕业学生,即调查未毕业之学生,亦可充用;前项在校学生调查表之所以略而不言，此亦一故也。

5. 学生服务调查表

关于调查表格，已述四种如上；兹所言学生服务调查表，实为正式表格之最后一种，兹述其内容如次。

(A)所服务之机关及所任职务

(B)录用之方法

由亲戚荐举或自行考试。

(C)入业的动机

考察学生何以人工界或商界服务，自动的抑或被动的(指他人荐举的)。

(D)升擢之机会如何？

(E)初任事时薪水若干？

(F)加薪速率如何？

(G)工作时间如何？

(H)如何利用闲暇时间？

(I)对于所业的意见：(a)兴趣；(b)见解(对于该职业前途作如何观)；(c)志向(有无方法使该职业赞成新局面)。

(J)会否改业及改业的理由何在？

(K)雇主的评语如何？雇主对于所任用之学生，有何意见？职业界当征求其评语，俾便施以适当之补救。

以上各种调查表格，于使用之后，不能不作一番整理工作，以免凌乱无章。整理表格之步骤，约言之有下列四端：

(1)分类

如就程度分，则有小学教育、中学教育、大学教育之别；以事业分，又有大事小事之不同；至于薪金，当有高低；用人总数，亦有多少。

(2)考察

根据分类之结果而研究职业界所任用人员，其标准如何、薪金多寡。

(3)评断

考察之后，当作进一步之工作，如职业评断、录用人员之方法、服务者之兴味等等。

(4)指示

指示青年及学校与职业界，共谋职业之改进。

6.家长报告子女服务表，此表系补足正式调查表之不足，故可谓之为补助表，即家长对于子女之服务状况报告于调查者，表格内容，与服务调查表大致相似。兹因时间所限，不复赘述。惟望读者因时因地善为制宜耳。

关于调查工作，各方面皆已述其端倪，兹再综合言之。从事调查之主体，则有社会机关、学校机关、政府机关三种。若图以明之，大致如下：

- 执行机关
- 研究机关
  - 单独机关
    - 社会
    - 学校
    - 政府
  - 联合设立
    - 学校与社会
    - 政府与学校
    - 社会与政府

至于调查工作本身之区别，实际亦仅有职业调查与教育调查两种,而学生服务调查家长报告则介乎二者之间。兹亦图以示之,作本节结束。

- 调查
  - 职业调查
    - 各业概况(将全体职员言)
    - 各种职业所需要之智能及品行
  - ……………学生服务调查家长报告
  - 教育调查
    - 学校调查
    - 青年调查

第三节　指导及介绍

本章第一节所论,为实施职业指导时之机关之如何设立,人材之如何培养;第二节专调查工作;本节则略论指导与介绍指导,原可概括介绍,所以相提并立者,良以社会人士特别重视此点也。兹分工作种类、工作目的、工作步骤、个性检查四点述之。

(1)工作之种类

职业指导工作各类,大别之有下列三类:

(A)职业指导　如选业、就业、改业等等;

(B)人事指导　如婚姻指导、健康指导、法律指导等等;

(C)教育指导　如升学指导、选科指导等等。

(2)工作之目的

职业指导工作之目的,不外以下五种:

(A)预备职业得其当

即"习业"本人想求得之职业,如升学、选科等,能如愿以偿。

(B)选择职业得其当

即"适业"本人之职业能与个性、天才、环境相宜。

(C)失业之减少

即"得业"世界各国皆有失业民众,即日本东京尚有五十万失业民众。英国伦敦亦有二十万人失业。

(D)青年获得良好修养

即"乐业"于预备职业,选择职业之后,本人尤贵能安心服务,服务道德为精神的,而非物质的,为社会民族而服务,非为私人为室而服务。故服务必须之条件:在消极方面,不能"忘着责任";在积极方面,尤须"继续不断地努力"。

(E)职业的改进

即"创业"职业之改进,对于国家富强有莫大关系,今日之政治家、教育家、社会服务家、革命家所努力,无非为改进职业计也。

职业指导工作之目的,大致如此,以下述工作之步骤:

(3)工作之步骤

步骤即做事之程序与手续。职业指导工作之步骤如下:

(A)填表

填登记表,如升学的、改业的、人事的、就业的、介绍的、择业的等等。

(B)填指导表或受测验

如修改分析表等等。

(C)个人谈话。

(D)指示。

(E)推荐

即介绍职业。

(F)访问

即服务访问。

(G)补习

服务人员能力不足者,与以补习之机会。

(4)个性检查

升学择业、介绍职业、选用人才,均须有个性检查。所谓个性检查者,即心理测验也,亦即职业心理测验也。吾人于未述测验之前,不可不先知心理学,对于人类气质的四种旧的区分:

(A)多血质

此类人性粗燥,最厌心算。

(B)神经质

此类人多悲观、脑力清楚、理想敏捷、感觉亦锐密,但不务实际,缺乏坚定意志。

(C)胆液质

此类人好作领袖,意志坚固,能耐劳苦。

(D)黏液质

此类人处友忠诚,立身敦厚,任事肯负民众职业指导责任;但能力稍差耳。

心理学对于人类气质的四种新的区分,吾人亦当知之。

(A)智力型

此类人能深思远虑,男性能为学者,社会服务家;女性能为艺术家,有似于神经质。

(B)经纶型

此类人能力,有才干,长于交际,勇敢果断,肯负责任,有似于多血质及胆液质。

(C)技术型

此类人观察精细,雅好研究,勇于建设,好奇心大,能为科学家,故一部有似于神经质,而毅立则近于胆液质。毫无政治上之野心,但知努力事业之发展。

(D)力量型

此类人人格高尚,胸怀宽大,处世正直,能耐劳苦,但能力稍差,有似于黏液质。

以上区分,纯系就职业方面言:以下就个性检查之内容述之:

(A)谈话

谈话为初步检查工作,可以测验对方之知识、才学及能力。但谈话时须注意以下列数点,而主试者才能学识,亦应有相当修养。

(a)对方得失心太重

考问时往往有反常之态度,所答非所问,主试者当设法补救,除去不良之环境影响。

(b)不可以貌取人

被试者之面貌如何,尽可置诸不问。

(c)已往经验的限定,即主试者不可有成见。

(B)测验

测验方法:

(a)文字:用文字作成种种问题,使被试者作答案。

(b)图画:用图画使被试者认识。

(c)器械:用器械测验被试者能力、体力等等。

测验之种类:

(a) 能量测验　测验出天赋的潜力。
　　能力测验　表现所学之成功。

(b) 个人测验　专对一人作个别的测验工夫。
　　团体测验　同一材料测验一班学生。

关于指导及介绍种种工作,大致如此,读者当知方法在乎活用,非一成不变,尽可因地制宜,因事设施,下节当专论学校教育方面的指导工作。

第四节　学校教育方面的指导工作

本章前此三节所述关于职业指导之实施,皆未尝分别属任何方面,统系职业指导所应有之工作;本节则专论若在学校内实施职业指导工作,方法当如何。兹先普遍言之,而后再分别论述小学校、中学校、大学校、职业学校内实施职业指导工作之方法。

前曾言吾人从小学校起至大学毕业止,皆在职业指导期中,而学校内施行指导工作,不外在功课方面。注重有职业性的科目,校内有教员专责担任职业指导工作,对于学生之家庭或访问或调查,又或延请较本校高级之学校(如小学校请中学校,中学校请大学校)教员来校内讲演该校内容,以备学生升学之准备,同时亦可延请实业界中人,如厂主、店主等演讲该厂该店内状况,使学生有选择职业之预备。至于训育方面,指导学生之团体生活,养成学生之劳动习惯;成导引学生参观工厂及各职业机关,使学生了然职业界之实际情形,亦皆职业指导之工作也。

或在学校图书馆内,多多购置关于职业指导书籍,如服务箴言、职业应用文、世界十大成功人传等,供给学生浏览,亦可谓为职业指导工作。此外尤须备学生考察表，于每一学生进校之后，至毕业止，继续不断地考察其各方面。体力如何？学力如何？对于何种学科有心得有兴趣？家状况如何？种种问题，特此学生升学后，抄腾一份送诸现在所在之学校，以备该校继续考察。任何学校内关于职业指导之普通工作，大致如此。以下再分论小学校内之职业指导工作：

(一)小学校之职业指导工作

吾人当知小学校内之有职业指导工作，并非使学生预备入职业界：良以今日之小学教育，已渐趋职业化、社会化，即所谓职业陶冶，务在使学生所学，能出而致用。庶几“教育即生治，生活即教育”之说，方能吻合。是以在数学方面：如手工课当作折纸细工，使学生于不知不觉间，得有营造屋舍观念；又如唱歌课：将农工劳动呼声谱成唱歌词，使学生于唱歌中得知农工生活状况；又如园艺课：使学生栽花植木，荷锄种植，知道如何培养植物，如何收获禾苗。在在皆可得而曰含有职业指导工作之意味，即推而至于其他科目，亦皆可参以此种精神，举一反三，是所望于读者耳。

在训育方面，注重课外作业，使小学生知道如何开会，怎样过团体生活。如，团体生活最重服众及保守纪律，而此种习惯，在在与服务道德有关；又如公民训练、劳动习惯等，亦莫不有关于职业指导。不特此也，吾人且可利用儿童之好动性，使其活动趋向于职业，又可利用儿童之模仿性，使儿童明了职业究为何事，儿童又富有群性(社会性)，吾人亦可利用之，使儿童明了如何服务。总之，在教育方面与训育方面，皆可设法使职业指导的精神寓乎其间，兹再述小学校内实施职业指导工作必不可少之事项：

(1)考察表(内容包括上文业已申述之体力、学力、兴趣等等。)

(2)个人谈话

(3)家庭访问

(4)校外参观

(5)读书指导除教学外,指导学生阅读职业界成功名人传记,及其他有关于职业指导之书籍;或敦请专家名人作职业指导演讲。至于升学,就业亦应与以相当指导。小学校内实施职业指导工作,止于此矣,以下再论中学校内之职业指导工作:

(二)中学校之职业指导工作

中学校之职业指导工作,以初级中学一阶段最占重要,今日美国所办理职业指导,亦以初中之职业指导最有成绩。盖小学校之学生,年龄多半幼稚。所实施之职业指导,完全重职业陶冶;初中学生已入于青年期,初中毕业以后,能继续升学者比较少,多半投身职业界,是以职业指导特别重要。但今日教育界人士多未顾及此点,是不能不望读者加注意焉。

中学校之实施职业指导工作,不仅于入学试验时,严格考试一次而已,于学生入学之后,对于智力、体力皆当详细测验,家庭状况亦应调查,已往学历,尤当考察。在功课方面,须设法加入职业教育功课,如,初中之在乡村者,不可不有农场,使学生获得农业方面之知识;在城市者,对于商店之营理,商业之经营,亦当充分使学生有明了之机会。

以上所言,系直接加入职业教育功课;同时亦可设法利用原有功课,加入职业教育之性质与意味。如,上海之中等学校,对于英文一课，当注重商业上实地应用者；又如手工课，当制作实用物品，使学生了然原料之处，再与工厂出品相比较；又如地理课，应使学生注意各地之物产，该项物产之培植方法，输入输出之情形；国文课之选读论文，宜含有职业性，如，最近中华书局出版之南通《张季直先生传记》，其中有讨论经营实业之文字多篇，生活周刊亦会为王云五先生作一传记，叙述王先生由幼年至壮年求学之困苦难艰，最近某报亦有“商业经营经验谈”一文之刊载。如一学期中选此类文字数篇，使学生诵读，一方可使学生得知经营实业之方法，一方又可激发学生之努力求学，较诸空品讲道德、说仁义，其受效之差异岂可以道里计哉。

此外，可使学生作社会调查工作，为临时研究问题之养料：多多购买职业教育一类书籍，作补充教材，果能依此一一行之，学生对于功课，当更觉有趣，不致终日昏昏欲睡也。

中学校在课程方面实施职业指导工作，大致如此。在训育方面，中学校亦着重课外作业、自动的精神。如自治会之组织、游艺会之举行，皆可加入职业教育意味。总之，今日办教育，万不可视学校生活可以与社会生活相隔离，当使学生作种种社会调查，明了社会实际情形；使学生有劳动、互助、谦和、耐苦之习惯，吾人当知职业即做工，但做工有直接生产与间接生产之不同，此处所谓职业专指直接生产言耳。

中学生至毕期近，学校内老师当引导外出参观各职业机关（最好能有长时期之参观）。此外，或请大学校之教授来校演讲该校内容，以便学生度量自己能力而选择学校前去投考，或请职业界中人来校演讲，俾学生得就业之准备。教师尤当与学生作详细谈话及家庭访问,使学生选择职业,能得其当,学生之欲就业者,当负责介绍。其他中学校内应做之职业指导工作,亦不外上文所述求学内应做之职业指导工作之五项,故不赘言。

(三)大学校内之职业指导工作

小学中学而外,即当论及大学校之职业指导工作。或者以为大学校内学生年行已长、学历较深,无用其职业指导,殊不知大学生之选科,乃毕生关键所在,不能不经多方谈话,详细考察,否则偶一不慎,即有终生之憾。今日之大学教育,多偏于文雅教育,自己认为是治人者,人为被治者,空口讲仁义,说道德;实则实际的道德与仁义当在工作上表现,如劳动、如平等、如互助,皆服务社会必须有之道德也。使学生能养成劳动习惯、平等观念、互助精神,亦职业指导之工作。

办理职业指导的人材,亦不能不期诸大学源源供给,虽曰职业指导的事业,是术而非学,但职业指导之成为术,前曾言需种种学问为之筑一基础,基础巩固,实力方可充裕,而推行于社会,方见蒸蒸日上,此亦大学教育所当愿及者也。

(四)职业学校之职业指导工作

职业学校功课,本身已多半含有职业性,故实施职业指导工作当注意两点:

(1)技术之应用。即使学生所学者有充分应用之机会,不可仅为书本上之智识,能说不能做。

(2)货物之推销

职业学校之学生,犹商店之货物。商店货物有种种方法,推销出店,故职业学校对于学生当特别注意介绍职业,其他应做之工作,与普通学校无差异可言也。

综上所述,可知不论小学、中学、大学及职业学校,莫不需职业指导工作;吾人且可见到职业指导工作,实可代替学校训育。关于学校教育方面的指导工作,不复申论,下节当讨论社会教育方面的指导工作。

第五节　社会教育方面的指导工作

职业指导所,原为社会教育机关,本节何以又讨论社会教育方面的指导工作?意即在今日各种社会教育机关,有何种方法做指导工作也。徵实言之,今日各地多设有民众教育馆,民众教育馆为社会教育场所,自不待言,社会教育之对象,注重成人,亦吾人所熟知者。成人应受之教育,大抵有生计、康乐、道德三方面,而生计教育尤属特别重要。故职业指导着重于生计方面兼及于康乐教育、道德教育,现上海市职业指导所貌有医生律师等人员,即可知之。

民众教育馆之在乡村者,对于职业指导工作应做事项,大致有下列诸端:

(1)小规定范围详密调查,设立民众教育馆,先当有范围之规划,规划范围之后,于本区域内应做精密调查,对于生计方面,如民众经济状况,子弟在外读书情形,尤当特别注意!

(2)本区城内有几所工厂,有几处商店,过去历史与目前状况为何,亦当于调查时顾及勿忽。农业情形,于调查之后,当附以改良意见,为改良种子之应用、新式农具之推行、病虫螟害之驱除等等。在商业方面,若商人知识幼稚,当设立补助学校,商业道德欠缺,当着重公民训练;工业方面,对于固有者设法改良,未有者尽量介绍;其他若合作社之组织、副业之提倡,在在皆当视地方情形人民生活状况而异其指导方法。

(3)馆内附设之阅览室,宜多备关于职业教育书籍,供给民众阅读。

(4)馆内每周当有一次关于职业指导之演讲,或改良提倡固有职业方法,或灌输新的职业之知识,务在使民众于生计上得有裨益。

(5)馆内附设之民众学校,于职业补习、公民训练当特别着重。吾人当知补习教育本身即职业指导也。如,于农事清闲之时,讨论副业经营方法,此即职业训练;又如,识字读书,无锡产蚕,即受以关于养蚕知识,而讨论有关系之事件,如术生,如改良蚕种等。此即职业补习,其他如个别谈话,如家庭访问,莫不可参以职业指导意味与性质。

(6)本区域内如有小学中学校,当极力联络之,作以下三种工作。

(A)给学校以一份完竣之本区状况调查表格,使学校知本区内社会实际情形,而训练相当人材,供给社会应用。

(B)本区域内中小学校学生之欲升学者或就业者,在指导方面,当尽吾人所知悉者,极力协助,切不可使学生乱撞。

(C)消极方面,应使青年学生不忘弃本区域内固有职业而设法改进;积极方面,尤当培养学生有创业之精神。

民众教育馆能与学校教师联合,作上列三种工作,于青年与社会两方,得益确非浅鲜。其他如图书馆、体育场,皆可依上列所述诸端分作其一部分。总之,吾人深信,人生大道,舍职业指导末由,而职业指导,实人生整个之教育也。

第六节　实业界的指导工作

职业指导工作，专靠学校或社会教育机关办理，受效仍微，故不得不希望实业界亦从事职业指导工作。且人材之任用。端赖实业界，实业界能从事指导工作，受效当特别伟大也，此殊非易事，欧美各国，关于此点，已渐有发展趋势，中国关于职业指导事业之推行，尚在萌芽时期，此点当未能做到。

今日实业界之雇用人员，大抵有二种希望：第一，希望被雇人员工作效率大。第二，希望被雇人员能乐业，不见异思迁。然欲达到此种希望，则实业界之用人，首先不能顾私情、谈情面，而对于被雇人员生活之改善，幸福之注意，尤当孜孜不已，被雇人员体力不健康者，当设法为之发治、请求卫生。被雇人员学力不充分者，当与以补习机会，使其知识长进。总之，今日为雇主者，当明了雇工非仅对雇主负责，雇主不独在选择适当工人，雇主对于雇工有施行职业指导之责，雇定一工人之后，对于此工人职业生活的改良，应负责任，应协助工人获得一位置，与其能力相当，兴趣相合。换言之，协助工人在工厂内得一位置，不能谓已尽雇主之责。于雇定之后当量力看护工人，若有较优位置，当先行告知，并协助工人获得此位置之训练。不此之务，实业界若求蒸蒸日上，戛戛乎难也。

本章六节，已告完结，下章为结论。

结　论

关于职业指导各方面大致已皆论及：在绪言（原文如此，在实际撰写中,绪言被列为第一章,后顺延。编者注。)中讨论何谓职业何谓职业指导、职业指导之内容、与职业指导有关系之科学、职业指导者应有之修养;第一章中讨论职业指导的范围及效用;第二章则述及近世各国职业指导概况,因时间所限,仅举英、德、美、日四国;第三章专述我国职业指导近况;第四章讨论实施职业指导方法,分六节申述:第一节讨论机关与人材,第二节讨论调查工作,第三节讨论指导及介绍,第四节讨论学校方面的指导工作,第五节讨论社会教育方面的指导工作,最后一节,则希望实业界中人,亦起而从事职业指导工作,兹更略论最近职业指导之趋势,作本篇一结束(可参看"职业指导的趋势"一文,载教育与职业第一一二期,美国 Harry D. Kitson 原著,陈选善译)。曩日办理职业指导者,皆迷信心理测验,以为由心理测验之结果观之,即可决定人生毕生职业;又迷信人之天性,有一成不变之势,某也生而宜于教书,某也生而宜于经商,皆非人力所可转移者。今则不然,此种观念,完全推翻;换言之,即不迷信心理测验矣。按其理由有二:第一,人类有可型性,实非先天遗传所可范畴;第二,职业有进化性,今年从事之职业,明年即可发生变化,有改业之必要。根据此二种理由,人生之从事职业,实可时常变动,而对于职业指导发生下列四种新的观念:

(1)每人同时可从事数种职业,皆可成功并获得快慰。

(2)每人自己应决定自己之职业,科学无论如何发达,不能代替个人担负此种责任。

(3)职业指导并非施行一次即可了事,多数人之职业历程,需要许多决断;故真正之职业指导乃继续不断的工作;换言之,即对于被指导的人，当作继续考查工作。

(4)职业指导虽可随时随地执行，但组织不能不有系统，地方社会有设立职业指导所之必要，职业指导所组织宜分研究股、指导股、介绍股、社会股四部。职业指导之发生，就欧美各国言，为时不过二十年，而职业指导之工作，千端万绪，实不易言。据美国的报告，全年学生共两千万人，女中曾受职业指导者达三百万人；大学校内亦特设专科，年来研究职业指导而得有博士学位者，不乏其人。我国对于职业指导之提倡，为时甚暂，而社会人士对于此又不甚注意。愿读者，负起责任，努力做去，社会国家，其有豸乎！(完)

"职业指导"共十二讲，都三万馀言，前六讲笔记(绪言第一第二两章)统由问渔师详加校阅(本刊第一卷第九号所披露武、陈二君笔记之绪之，是否经江师过目，记者不得而知)。后六讲笔记，问渔师因事务冗繁，不及斧正，嘱记者草成后即交教务处付印。一月以还，记者往安亭昆、嘉、青三县乡村师范为吾兄秉忠庖代功课，殊鲜闲暑，返校以后，又因胃病复发，心绪不宁，自维整理笔记，时间匆促，不免疏忽，故文字间苟有出入之处，理应记者负完全责任，此不能不特别申明，并乞问渔师恕罪与读者原谅也。

民国十九年五月朱秉国附志于教育学院

(原载《教育与民众》，1930 年第 1 卷第 9—10 期，
第 2 卷第 1—2 期)

参观了广东省立第一中学以后联想到中学前途影响社会国家大问题

我今年八月间，因应广东中山县教育局暑期教育讲演会之约，到彼处讲演六日，归来顺道一游广州，在广州参观学校多处，觉得最足惹起我的注意和感想的，是省立第一中学。

我现在先说一说第一中学的概况，然后再说我的感想。

他们的校舍，是用中国南部文化史上很有名的广雅书院，在粤汉铁路西村车站之西，面积约占百亩，围墙高耸，环以深濠，四面水田荣地，俨然一个小城池。校内建筑物，大部分是广雅书院的遗物。现有初中、高中学生十余班，高中分普通科和师范科。

他们学校的设备，有科学馆、艺术馆、图书馆、医院、工作场、农场、合作社、史地研究室等。

他们学校的组织，校长以下，不用总务、教务、训育三权鼎立各管一部的制度，乃是代之以教务委员。教务委员，是负全校校务的设计及执行，但仍集中讨论审查决定之权于校务会议。校务会议，是由全校各项负责人员，合组而成，专用它来辅助校长的。校务会议，为司理校内常务，特设常务委员，组织教务委员会，另设事务部隶于其下，置事务员，分司会计、庶务、文书、注册。

校内学生,高初中分部,高中部务会议,由教务委员、科主任、导师、讲师共同组织。高中分科,有科务会议;初中分班,复有班务会议。这一种组织法,是民国十七年筹议,十八年开始实行的。

他们学校的课程,是采用"道尔顿"制,为"教学做合一"的运用。他们教育的主旨,是顾到学生全部的生活,不仅仅注意在呆板的授课和自修。他们是认定课程离不掉生活,离了生活,便是无用的课程。这和教师离不掉学生是一个样子。教师离了学生,无从明了学生的个性和环境,便没有方法去指导学生的生活,若是不去指导学生生活,专以教书为事,那只是教书,不是教人。只教书不教人的教育,是死教育,是无用的教育。

据闻这一个学校,是梁漱溟先生任校长后,实行改革的。现在梁先生虽去,但有他的忠实同志,能本着已定的宗旨,已定的计划,切实地努力进行,所以能和梁先生没有去的时候一样。

我且把他们所定的学生"公共生活实践分配图"及说明录在下面:

(原图略。编者注。)

公共生活时间分配图说明:

一、一日生活全部,分为睡眠与醒觉二大部分。

二、早六点以前,晚九点三十分以后,为睡眠时间;早六点以后,晚九点三十分以前,为醒觉时间。

三、按学生生活种类之不同,划分醒觉时间为六段。

四、早六点至八点为第一段;八点至十一点为第二段;十一点至午后一点三十分第三段;一点三十分至四点三十分为第四段；四点三十分至七点为第五段；七点至九点半为第六段。

五、第一三五三段为活动比较自由的时间，共七小时，包含晨操、农作、洒扫、办事、膳食、阅报及游息等项。

六、第二四六三段为活动比较固定的时间，共八小时三十分，包含学习功课及写日记（第六段有三十分钟为写日记时间）。

七、第一三五三叚（原文如此，似为段之误。编者注。）时间，由科主任（高中）或班主任（初中）指导。学生自己详细分配安排，另为学生个人生活表，科主任或班主任负指导之责。

八、第二四六三段时间，由学校另订功课表，专任导师或讲师负指导之责。

九、每段学习功课时间，包含实习、讲授、自修、休息时间在内，不另列自修或休息时间。

十、此表的排列：(1)在注意学生全生活的照管（功课的学习，日常生活之料理，及公共事务之练习，同等看重）。使学生身心各方面，都得到实际的训练及均齐的发展。(2)在谋教学作的合一（将实习讲授自修时间联为一气），使学生对于功课事务等，都得着踏实的学习，而无只重书本及功课堆积之弊。(3)在令学生的生活，时时都有教师指导（每一段时间各有教师负责照管），使学生的程度，容易进步。(4)在使学生无时间的浪费，无身心的过劳（时时在学习时时都有休息）。(5)在使学生自身有反省的机会（睡眠以前有三十分钟定为写日记）。

要明了这个公共生活时间分配图的用意，可再参看梁漱冥先生讲演“今后一中改造的方向”内一段关于学生生活的话：

“我根本的主张，是要学生拿出他的心思耳目手足的力量，来做他们自己的生活，不一定是他们个人的，就是团体的，也要由他们自己去管理，去亲身经历，总要他们用他们自己的心思才力，去求他们自己所需要的智识学问。我们很不满意于现代手足不勤，心思不用的教育，差不多现在学校里一切的事情，都是要学生不要操心，而由别人替他们预备好，所吃的饭菜，有厨子替他预备，日常的杂务，有听差替他预备，一切的校务，都有职员替他照料，所有的功课，都由教员预备好了，来讲给他听，校内的秩序，也都由学校管理人来维持。总而言之，现在的学生，只站在一个被动的和受用的地位，好像把学生时代看做是人生一个短期的预备时代，是专门读书的时代，不是做任何事情的时代，以为像这样有别人替他把什么事都预备妥帖，他就可以专心读书。但是所得的结果，却完全不然。不仅是他的书不能读好，学问不能求得，并且还把他变成一个不能做事的废物。教育的本意，是要把人们养成有本领、有能力，如果要使一个人有本领、有能力，就非发展他的耳目心思手足不可。要能够用耳目心思手足来做事，才算得是有能力、有本领，要是一个人始终不用他的耳目心思手足，他就始终不能够有能力。反之，如果能够常常用他的耳目心思手足，一旦遇到一个问题，他就立刻可以把他解决，不致茫然，也不致慌张，总能够寻出一个应付的法子，对于无论什么事情，他自己才能够做得来。”

我对于他一段话，真是十二分表同情。现在他们学校里实行这一种生活教育自动教育的方法，为时尚不算久，我不敢说一定就能实验成功，可是他们所定教育的方向，的确是一点不错的。尤其是实施工作及农作两种课程，更值得注意，值得研究，值得拿他来考虑一下,实验一下,看他究竟能不能解决目前教育上一个最大的困难问题。

他们校内学生的工作,现分木工、藤工、解工三部分,设有指导主任一人,工匠若干人。学生所做的木椅、藤椅,我曾亲眼看见堆叠起来,许多许多。据说,将成本人工一齐加算起来,比较外国买来的,实在便宜得很多。农场暂设园艺一部,种蔬菜等,可以供本校的吃用。每星期内学生工作农作,正式上课,每样虽只占三小时,而自动实习的时间则颇多。他们是真做的,不是像从前上手工课可以随便的。是能生利的,不是只消耗不生产的。照这样做下去,的确可以补助学生用费的一大部分。比如学生每人每月要饭费八元,将来每月做工所得就可以抵补饭费,再有盈余,连学费也可抵补了。这样一来,岂不是使做中学生的父兄们,不必再焦心子弟的教育费了么?

我也曾问过他们学校内的先生:"普通中学的学生,是以升入大学为目的的,工作农作做得好,能生利,能自立,大学是不过问的,大学所要问的,是国文、算学、英文啊,学生因为多用力于农作工作,对于升学所需要的功课,不是程度要差一点么?"

他们的先生毅然答应我说:"据经验的结果,觉得学生国、算、英三样功课,绝不因为工作农作而程度低减。"

当我去参观的时候,正值暑假,当然看不到学生生活的状况,可是,看一看他们的设备,听一听他们的谈话,察一察他们校内外的情形,翻阅一翻阅他们的印刷物,留心一留心社会对于他们的议论,也就可以明白他的大概了。

这一个学校是具有一种特别的宗旨、特别的方法,将来试验成功与否不可知，可是在目前，总要算他是一个特别学校了。

因此，我却不能不有一些“空谷足音”之感，也就不能不把我一些感想，痛痛快快地说出来了。

我老早感觉到中国教育前途有个绝大问题，是“普通中学，怎样办才能合宜？才能有效”？

聚了一千或八百十三岁至二十岁未成熟、半成熟、将成熟的青年于一个大门之内，一间屋子里，住上六七个，甚且十来个，他们说的是什么，看的是什么，做的是什么，整年整月整日的没有一人去理会他。白天哩，钟儿一响，铃儿一摇，说是上课了，大家便把书包抱着，墨瓶揣着，东奔西撞，如蜂子出窠一般，各人去找学校牌示所指定的教室；纷扰定了，教员来了，名薄一翻，顺次呼名点了一下，便打开书包，匆匆忙忙，教了四五十分钟，钟一响，铃一摇，合起书包，扬长去了，路上相遇，并且连招呼都不打。我不敢说一般中学，皆是如此，可是，像这个样子的，一定也不少罢！在学生只知缴费上课，在学校只知收费教书。什么人格修养，什么生活指导，谁人管得了这些？我前两月曾和一位教育家，谈起这个问题，他很悲惨地向我说：“我们家内养一只狗、一只猫，没有事的时候，还要去看他一看罢！现在对于做国家柱石的学生，做社会命脉的青年，可以这个样子蹧蹋么？”这是何等沉痛啊！

在办中学的先生们，谁不是这样说：“中学生是大学的预备科，是养成好青年的唯一场所，一般做中学学生父兄的，尽管放心，尽管把十二三岁以上的朋友，交给为国家为社会造就人才的学校，一定教得育得，十分合宜，十分妥帖，能成为一个国家社会的好青年，还不能做你们家庭的好子弟么？”

话说的多么好听，可是能否中用，还要看事实如何。今日一般中学，皆能说的和行的一致么？试问，那一个人敢相信？

我常说，要是真真靠着普通中学养成合于下列十个条件的青年，一定要另换一套办法。那十个条件怎样呢？让我先把它写出来：

(1)健全的身心。(2)活泼愉快的精神。(3)旷达远大的胸襟。(4)丰富的实用的知识。(5)诚恳、温和、爽快的态度。(6)公平、正直、仁爱、忍苦耐劳的心性和习惯。(7)分别利弊，剖析是非的见解。(8)利用环境和自然的知能。(9)组织团体，处理事务，协助合作的能力。(10)好研究，好创造的兴趣。

要换另一套的办法，养成这个样子的人才，似乎又非有次列几个标准不可：

一、学生人数，不可过多——至多二百人，以一百五十人为合格。

二、要有充分的设备——自然、社会、艺术等，皆要有特殊的场所，完备的教具。

三、打破教训分立制度，注重教人，不注重教书。

四、教员要有“终身以之”的决心，视学生如家人子弟。

五、教员的待遇，要从优，使他能安心服务。

以上的说法，是我去年在上海大夏大学讲演的，讲题叫做“理想的中学”，当然，这样中学，费的钱，一定是比较多，所造就成的学生，一定是比较少。若真要替国家社会养成优良的大学生，将来一个一个，皆可以做民众的好领袖，则本“兵贵精不贵多”之义,似乎也值得试验一下。

不过试验尽可试验,若就今日公私交困的中国来说,想把这样学校,多多推广起来,怕恐也不对,不惟不对,其势也不能。

说到中国目前的情形呢,每年各省各市各县一大批一大批的高小毕业生,不是要升学么?将来能不能由中学升入大学,那是六年后未来的事,姑且不管,暂时总是以入中学为是,大概除非真正家道清寒的,或家长有一点眼光的,绝不肯投靠职业学校。说到这里,难解决的问题,就迎面扑来了。

真如我上文所说的中学,当然不容易一时就有,即使有了,也不能过多,勉强说来,就是比较多些了,也还不能把这整个的困难问题,完全解决。

你想,现在米珠薪桂,生活程度,这样的高,有什么方法能把他降下去?普通不能工作,靠着不动产或动产利息过活的,有两万元,总不能算少了罢。但是以周年一份利计,每年所得,也不过两千元。具有大学毕业的资格,在社会服务多年,品性既极端正,办事又极勤谨,这一类人,恐怕也不算多罢。但是他每月收入的薪金能有二百元,还能说少么?以上所说的这两类人,在全国四万万人中,我想总是居最少数罢!可惜无调查统计,可以指证出居万分之一啊。这两类人,若是家有八口,居近都市,试问,一年之间,除衣食住行所费,剩余能有几何?倘是有三个子女,同时入中学,少些说,每一个费去二百元,共要六百元,能办得了么?中学已经办不了,升入大学,更怎样办呢?一人一年,便要六七百元,就是拥有两万元财产的富翁,月入二百元薪金的高级职业,恐怕也有点吃力罢!这两类的人,居全体内最少数,已经嫌吃力了,其大多数的人,更怎样说呢? 那末,结果,只好让那些最少数的再最少数富有资财的人,拿出大薪水的人,专享那送子女入中学、入大学的特有权利了。“教育平民化”,这句话吗,怎么说,就是对于普通中学毕业不能入大学的学生,又怎样去处置? 是不是一个问题?

有人说:“这件事很容易办啊,普通中学,不妨少设,——少而又少——设了以后,专作升大学的预备,自不妨专为一般头二等有钱人教育子女的特别场所。此外对于中人以下的子女,尽可大办职业教育,供他们多数人的需要,家道贫寒的,初级小学毕业,可入初级职业科,家道不丰的,高小毕业,可入中等职业科,否则亦可于初中毕业后,入高中程度相等的职业科。这样一类,这不是完全解决了么?”

这样解决的办法,也很有相当的理由,倒是有一班不服气的人,总觉这样办法不对的,他总不愿意把受大学教育的权利,让给少数人中之最少数人独享,认为独享之后,害处甚多,理由当然说得十分正当,难不倒他,可是又有什么方法,能两面俱全呢? 因而又有一些奇特的主张出来了。

某君说:“一个普通中学,一年要用五六万元,每一个学生,个人还要用二三百元,社会的负担,真未免太重了,学生毕业,对于社会,未必真有许多贡献,应该改变方法,小学毕业学生,有了职业能赚钱之后,你才可以入中学,最好中学学膳费,不要父兄负担,这不仅解决困难问题,并且可以奖励生产。”

这一种说法,还是主张中学存在的,更有进步的说法,主张把中学一个段阶,完全废掉,全国只设小学、大学,现在可把某君给友人的信内一段话录在下面：

“尝私议有一法停止制造游民之教育，但设小学、大学。初高终业者，皆须就职业，无力者代谋之，游惰者税罚之。大学招生，必须终业高小而曾就农工商各职业三年以上之学生。如此进可习为官师，而退亦不失为其职业。清时吴挚老东游，日人某，曾有不设中学之献议，挚老归来，未及措施而逝，其所记丛录可检也。”

这种方法，可算的根本的解决了，究竟实行起来，有无窒碍，还不敢说。可是，无论如何说法，一般人对于现在教育的不满意，尤其是对于普通中学一个阶段的不满意，可以说已到“无可讳言”的程度了。普通中学，不能尽废，而办法却不能不改良，数量却不能不限制。平心而论，也可算是“斯言也天下之公言也”了罢！

倘使像广东省立第一中学的办法，试验成功，各中学校皆能照样去做，第一，先教学生用费，不要父兄费心，可以使社会嗟怨之声，省却了多少。第二，学生毕业以后，力量够升学的，考入大学的功课，程度并不低减；不能升学的，出校以后，或工或农，仍可执一业以自给，则大家视为不易应付的高等游民，也就不至于层出不穷了。再说到他们教育主旨，不是教书，是教人，是自动的活教育，不是被动的死教育，那末，学生应付事变的能力当然也就不同了，这更是无论什么学校，皆应该效法的。

如此说来，我便有一个折衷及比较两全的办法了：普通中学，尽可分成两种，一种专为养成优异人才，预备升大学的，不妨让有资财的父兄，把具有特殊天才的子弟，多费几文，送入其中肄业，但此种中学，却不能过多，也不必过少。其他一种中学——数目较多的中学，则皆须含有职业性，或农或工，必须令学生习得一种，用以自给。此外在中等教育一个阶段内，要有许多级许多种的职业学校及职业补习学校，以应一般预备职业和补习职业的青年的需要。职业指导，尤须特别推广，以辅导职业教育的进行和发展。社会教育也要同时特别注重，使多数未受教育或尝受恶教育的成人，改良其思想行动，增进其生计技能和活动能力。千万千万，不要再认定学校式的普通教育，是教育制度中的大宗正统，不要再认定普通中学时学制统系中的中心重镇，应该放开眼光，看一看中国社会现在的苦况和教育界现在的内容！

民国十九年九月二日脱稿于中华职业教育社

（原载《教育与职业》，1930年第118期）

职业指导

——在劳大讲[①]

诸位,刚才郑先生给我把职业指导问题概约介绍,兄弟是觉得很感谢。

兄弟是无学的,能力很薄弱,尤其是对于职业教育无甚经验,而且中华职业教育社又没有多大的贡献,觉得很抱歉。

关于职业指导,是人人所应该注意的,今天所讲的职业指导,在两周前已经向郑先生讲过。

这个职业指导是多方的,问题是很复杂,非短时间所能讲尽,但我极愿把这问题提出意见来给大家研究。现在分作三层来讲:

(一)职业指导的意义

(二)职业指导的效用

(三)职业指导的办法

---

① 江问渔先生讲,陈表记录。

(一)职业指导的意义

普通人从来以为职业指导就是职业介绍,介绍职业,能够担任这种责任,即算尽职业指导的能事,和荐头店的组织一样,这是错误的。因为职业介绍不过是职业指导的一部分。凡是一个人自幼至老总不能与职业脱离关系。小学、中学、大学就是职业的预备时期,无论学工的、学农的、学商的都要有职业指导,就是普通的,也是很需要的。

职业指导问题,就是怎样决定一条路径?何人来指导?怎样招生?等等问题,这不单是教育的问题,也是社会问题。职业指导的问题能够解决,那末商店里,即有人材,可以发展营业;人得有职业,才可以安居乐业。还有职业有进化的性质,希望时常有改进,儿子的营业当然比较父亲好,因为儿子有新的方法,就是得有职业指导的新方法,也可说是社会指导。

一个人在学的时候已经有职业的准备,到社会里又有职业指导,所以职业指导可以说广义的教育,不是学校的形式的教育,教育的时间很长,教育的范围很广,若说是职业指导就是职业介绍,那就大错而特错了。

(二)职业指导的效用

在没有讲职业指导的效用以先,有先决问题须先讲明的。

人人都要有职业,古人云,"不劳而食谓之贼",反过来说,就是劳而后食那才对。凡是人都要劳动，劳动者才能够有饭吃，贵校命名为劳动大学，即向此方面做的，这是很好的。中国旧观念以为劳心者治人劳力者治于人，这是错误的，劳心劳力是要同时，应该身心并用，不能说主人是主人的阶级，奴隶是奴隶的阶级，主人和奴隶应该合于一身。不过打破主人奴隶的界限，不是把心力绝对的合起来，是要用脑的时候不要离掉手，用手的时候尤其不要忘掉脑。

中国几千年来是把治人和治于人的阶级分别得很清，而职业教育，就是要打破这界限。第一在职业预备时期，要适应其个性。对于职业教育，即加以注意；到毕业后，即使之用其所学，就是所谓适业。适业以后，还要使之乐业，就是学的是什么，做的就是什么职业，不要学教育的去做官去，学法律的去种田去，因为职业所用之人，是要专业化的，人人既能适业，更进而求乐业，然后事业才能够发展。

中国多是不能适业的，并且是无职业的，学教育的人，到毕业后，假使没有人去援助他，那就做他项（原文如此。编者注。）业了，师范毕业生出来做书记的是很多。国家既然用掉这许多金钱，培植师资而无所用，岂不可惜。所学非所用，处处地方都有这种现象。真正需要真人材了，没有人了，因此书本是不可靠的，智识是不可靠的，结果是不中用，社会对学校起了怀疑而不能信任，归根究源起来，是由于学校所学不合社会需要，因此学校毕业生日增，而失业者更多，这是很危险的现象，中国之所以穷到如此地步，如此紊乱，其起因，就是由于无业者滋扰所起，所以要解决这个问题，是非大家有职业不可，即非施行职业指导是不能解决的。

关于职业指导的效用,可以分作三面:

1. 对青年所发生的效用

2. 对学校所发生的效用

3. 对社会所发生的效用

1. 对青年所发生的效用

青年是国家的宝贝,社会的中坚分子和民族发展的原动力,假使不善加培植,则元气丧失殆尽了。所以无论是教育家、社会家,都是以青年为对象,不过现在普通的中学生,对于职业教育,没有研究的心得,惟斥斥于分数的获得,与职业毫没有关系。结果,样样都预备,弄得多而不精。

B.(原文如此,无A。编者注。)“船到岸口自然直”以为有人介绍就可以有办法。

C.(原文如此,无A。编者注。)意气高昂,思想超绝,以为人生在社会上,在改造整个的全社会,假如注重在职业方面,是很引为羞耻的。殊不知道职业问题能够解决,由个人推及到人人,这就是大事业。关于青年职业指导,有数事须要注意的:

①适应个性——侦察青年的个性,使其天才和个性能得尽量的发展。

②社会所需要的职业,时时给学生发现,就是研究何种职业,以供给社会的需要。

总之,职业教育,可说是教育的目的,和中山先生的民生主义,意义是相似的。无论学自然科学或社会科学都应该注意的。

2. 对于学校所发生的效用

学校是为社会需要而设立,学生是供给社会用的,假使与社会隔阂,学校自学校,社会是社会,这是错误的。中国以前的旧教育,固然不必说,就是五十年来的新教育,也是不免有此大毛病,至于要治这种病,是需要职业指导了。因为职业指导,是学校与职业界的媒介,根据职业的需要,教以普通的机械学、工场旨理法、社会心理,使其能适合于实际应用。如成绩很好,对于职业界很有信用,那末学生的出路日广,所以学校是学生的职业的推销所。一方面还把新的学识介绍到职业界里去,使职业得能改良,所以学校又可说是成绩报告处。

并且对于学生的个性,须考察得精确,能得发展其所赋的能力,不要学成为废人。

3. 对于社会所发生的效用

工厂,商店银行等都是狭义的社会,能施行职业指导则工作效率增大,效率大则易发展,所以职业指导即是职业界得到很大效率的职工。

(三)职业指导的办法

职业指导机关,在中国固然是很少,就是在外国也是不多。英国自产业革命以后,失业者渐众;于是有职业介绍的组织。后来学校有职工补习学校,并把范围扩充起来到职业服务。其发展的历史不到三十年。美国是由少数学者研究此道而提倡的,因为职业指导是狭义的教育,是可为失业者和已有业者,设法解决各种问题。至于中国职业指导还没有十年历史,最初起源于清华大学,因校长的热心,制表使学生填,以指导学生关于职业方面的问题。其次为庄泽宣先生,其提倡职业教育并组织职业指导委员会,定职业指导为必修的课程。曾著有青年四大问题,内容很好,很值得介绍给诸位的。其次为中华职业教育社,创设于民国八年,起初派人赴欧洲各国调查,得悉各国实施情形,至于切实工作,不过是最近三年,在民国十六年八月才设立这个职业指导所。在二年八月之中,外边来社谋职业的有五千人之多,介绍成功的有六百人,无论中学生、大学士、留学生都有。薪水最多的是三百元,最少的是五元。由此可以证明社会需要职业指导的人是很多的了。除外有职业补习班、职业训练班,时期有三月、四月、半年、一年不等,科目有华文打字簿记、会计、统计等。总使无业者受此训练能得有业,使有业者,更多得一个技能。

不过其根本工作,还要注重调查,调查职业界的内容,学徒的程度、学徒数以及其他,调查清楚后,即可使教授有所根据。其次调查学校因为明白了学校以后,职业介绍时,搜集人才是很便了。此外还有调查青年的个性、应用机械的心理的测验,作青年学业就业都有了标准,并且进而调查其父兄的职业、家庭环境和传遗(原文如此。编者注。)等,各就调查所得,加以明晰的统计,上海中华职业教育社现在也正在做这种工作。可是职业指导的范围很广,最近新添有健康指导和法律指导,各请指导员四人,起初办起来觉有许多困难,现在已经慢慢地上轨道了。

此外还有辅导工作:

①观察工人的生活,提高学校的成绩,以及关于卫生、经济、

教育方法各方面,都用诚意去劝导他们,并可代为办理。

②已介绍的青年,应时常询问他们的情形如何,有何困难发生,并开设讲习班,给以新的学识。

③连络和推行的工作,设职业指导讨论委员会,找到学校当局职业领袖使其实际的连络、推行工作。并且其还要到各处讲演,宣传职业指导讨论委员会的意义,指导各校组织职业指导委员会,使其分工合作,各得其宜。

实施职业指导的组织

关于职业指导的机关,各国都不相同的。英国是由商部设立的,目的在救济失业者;德国是由统计处设立的;至于日本,教育部既有职业指导的研究,而内务部也有职业指导的介绍机关。论及中国,还在萌芽时候,成绩较著当然是中国职业教育社,而清华大学不过是一时的。其他各处也都有职业指导委员会,职业介绍所等,可说是模范初具。其组织大概可分为社会设立的和学校设立的两种。

①社会设立的——划定区域,组织职业介绍所等机关,政府可加以辅助。

②学校设立的——组织职业指导委员会,由校长职员等办理,并聘职业指导专家负其专责。制定个性考察表格,以测验学生的个性,读书时有选课指导,毕业后有职务指导等。

总之,中国现在既然如此之穷,失业者如此之多,谋事是很不容易,而找求真材很困难,假使要解决这困难,那非教育不可,即非实施职业教育不可。所以我希望,无论中学生、大学生和教师对于职业指导,都感着兴趣,加以研究,而后设立职业指导委员会。一方面有了若干人口,就设立职业指导的机关,例如德国一千人中即可设立职业指导机关。假使能够如此,那末这各机关,就变成青年学校职业界的讲(原文如此,似为沟之误。编者注。)通的机关了。

如何训练职业指导的人才。

职业指导是各种科学集合而成的一种科学,好像教育学,是由教育法、教育哲学、教育行政、学校管理法等等科目所集合而成的一样。其训练人才所应注意的:

①学识——学识是很重要的,实行职业指导的,非但对于儿童心理学、成人心理学、变态心理学、社会心理学都要知道,就是社会学、社会构造法、社会调查、统计学、教育学都要了解,然后才能四通八达,可以担任这种工作。

②才能——若有了学识,而无才能,也是不行的。才干是很要紧的,训练时对于有条理,敏捷的习惯,都须要养成。

③兴趣——兴趣也是很重要的,因有兴趣才发生效力,所设社会服务的精神是要养成的。

④人格——要养成人格高尚,道德高超的人格。

从上面四项看来,四者都是很重要的,其进行的程序,可以分作两个途径:

①由东头到西头(原文竖排,现为由上到下之意。编者注。)——就是有了学识,有了人格,有了才能,然后就发生兴趣,这是教育机关的普遍的现象。

②由西头到东头(原文竖排,现为由下到上之意。编者注。)——有了兴趣,有了人格,有了才能,然后学识就丰富起来,

这是社会上的现象。

假使由东头到西头（原文竖排，现为由上到下之意。编者注。），两方合同地办起来，那末职业指导是不难普及了，不难发展了。

乱七八糟地说了许多话，对与不对，我自己也不知道。在最后我有两点意见。

①关于职业指导，是人人都应该知道的，关于这类的书，人人都应该看的。因为这是广义的教育。

②今日所讲的，虽无多大精彩，但是因此而提起研究的兴趣，不无稍有裨益，至于关于职业指导的问题，如有研究讨论的地方，写信给我来讨论，那更是荣幸之至了！

（原载《劳大周刊》，1930 年第 3 卷第 9 期）

拟请政府厉行职业指导救济失业民众案①

我国产业落后，经济困穷，全国民生，凋敝已达极点。益以连年兵灾匪祸，备受折磨，以致农辍其耕植，商艰于懋迁，工厂寥落，百业萧条。农村民众，往往弃其固有生活，群趋都市；而都市人才，又以供过于求，无事可做，于是民众失业，遂为目前极严重极困难一大问题。有识之士，目击心伤，惄焉如捣，筹议救济，已非一日。顾兹事体大，非赖政府与人民合作进行，不易收效。兹幸军事告终，全局奠定，而全国工商会议，适于此时召集，国是待商，昭苏有望，谨本中山先生人尽其材地尽其利物尽其用之旨趣，提出请求政府厉行职业指导，救济全国失业民众一案，希望调剂人才之出路，适应人事之供需，藉以充实国力，安定社会，不仅一般民众，咸享安居乐业之福，且能使事事得人，人人得所，民国前途，庶几有豸！谨陈简易扼要办法，是否有当，敬候公决！

---

① 1930年11月工商会议提案。

一、调查职业现状

民众预备职业，选择职业，于个人志向、才能、性情、兴趣以外，首应适合社会之需要。不适需要，即为日后失业之阶。以故欧美各国，于职业调查，万分注意。调查所得，统计研究，以为职业指导之根据，俾知何种职业，需要何种人才，何种人才，需要何种训练；何业有需才之机缘，何业有人满之趋势。既使准备就业者，平日借镜有资，而各业之盛衰消长，彻底明悉，则于职业之改进或推广，亦不患无所措手矣。拟请由工商部令行各地方工商法定团体设立职业调查处，指定专员，实地调查地方职业现状，于各业之用人条件及进展情形，尤当特别详细，此固为设施职业指导时最重要之预备工作，而一切经济事业之振兴与调节，亦复于此是赖也。

二、实施都市职业指导

中国失业民众之多，与欧美各国，迥然不同。欧美各国之失业，多由厉行产业科学化以后，生产过剩所致。中国现状，适得其反，产业既不发达，人事尤不相称，以致求业者尽有人浮于事之叹，而求人者仍兴人才难得之嗟。所学之不合于个人才性兴趣，固为一种原因，而贸然择业，致所习不适于社会之用，尤为最大病源。今日环顾世界各国，殆无一不感失业之苦痛，顾各国惟其感国民失业之苦痛，于工商失业之进展，乃更积极注意，不遗余力，一致厉行科学管理，大量生产，观其机械之巧，技术之精，计划之缜密，设备之完善，效率之伟大，国人如何能望其项背？我国值此民众失业问题严重之时，救济方案，惟有先从厉行都市职业指导入手。拟请由工商部会同内、政教育两部，拟订职业指导法规，通令各地教育实业机关，合组职业指导所，于指导青年升学、择业、就业、改业等事项以外，关于人事指导、科学管理，以及技术训练、职业修养、服务道德诸端，均应切实注意，庶几经营事业，均有可用之人才；造就青年，均有可为之工作。

三、订定救济失业法规

政府既已厉行职业指导，则此项法规之订定，似亦不容稍缓。盖中国失业之多，一方固由一般民众之缺乏专门技术，一方亦因职业保障法规未能即早订定，国内专门人才未能尽量奖用。值此失业问题万分严重之时，拟请由工商部会同内政部，订定救济失业民众法规，令行各地方政府酌量本地情形，妥为筹划，或仿照日本办法，多设授产场，公众食堂，简易宿泊所，以为目前治标之计。或兴办各种公共建设工程，发展生产事业，由政府规定办法，严定考成，以立根本救济之图。各地方职业指导机关，此时便可相助为理，协同进行，俾效能益形显著，如是则此等极严重极困难之问题，当亦不难逐渐解决也。

（原载《教育与职业》，1930 年第 119 期）

拟请工商部厉行工商补习教育以期增益服务道德工作效能促进工商事业发展案[①]

中国工商事业之不振,原因虽非一端,而人才之缺乏,与服务道德之堕落,工作效能之薄弱,实为最大原因。溯自国民政府成立以还,于工人教育之提倡,不遗余力,工商部既颁布工人教育实施纲要于先,立法院又将工人补习教育订入工厂法于后。可见工商补习教育之重要,已为政府所注意,惟是政府虽竭力提倡,而工商界犹未能积极进行,殊为可惜。抑知工商补习教育,直接虽为增进工人商人之知能,间接即为增进工商业之效率,于劳资两方,俱有极大利益。举其著者言之,一为增进服务者对于本业应具之知能。借以助长其办事效率;二为增进服务道德,借以防止邪说,与无谓之冲突;三为增进工作效率,借以增进产量,加多工资,以达安业乐业之目的。果能实施有效,我国工商事业,或有起死回生之望。谨陈办法如次,是否有当,敬请公决。

一、由工商部会同教育部规定工商补习教育实施条例,颁布

---

① 1930年11月工商会议提案。

全国，凡工厂、商店的职员、工人满三十人者，均应举办补习教育。

二、由工商部令行各地商会、工会必于本会及其所在区域内，至少筹设工商补习学校若干所。

三、由工商部令行各地工会、商会或同业公会，随时派员至各工厂、各商店劝办工商补习教育，代为计划，随时予以鼓励。

四、由各地教育行政机关会同地方教育及实业团体，设立工商教育师资养成所，养成实施工人或商人教育之师资人才。

五、由工商部会同教育部订定工商补习教育之课程标准，颁行全国，要以技能科目与知识科目并重，尤须特别注意于服务道德。

六、由政府明定工商补习教育之目标，订定分年进行之计划，严定考成，期收实效。

（原载《教育与职业》，1930 年第 119 期）

《黄墟农村改进事业试验报告》序

黄墟农村改进试验品，编成报告册，将付梓，属余为之序其端。余维黄墟改进区之设，实始于民国十八年冬，至本年十一月廿四日，星纪才历一周，比之其他各处，如定县，如徐公桥，真可谓小弱弟矣。顾此一年间，以主事诸君特别努力之结果，种树至十七万一千零一十九株，民众识字处学生数达二百八十四人，全区平面地形测量已告竣，户口调查统计已编成，提倡蚕桑，研究水利，申乡约，严保卫，全区生气，蓬勃以兴，几乎有后来居上之势。宜乎诸长兄对之有媿色而咸叹阿弟之聪明才力，毕竟不凡也。余固为是区设计委员会委员中之一人，顾一年以来，未能多所赞助，抚衷自问，良用歉然！今睹是编所纪各端，惭慰之余，弥增感触，愿抒夙怀，就政有道。夫黄墟改进，设立专区，时仅一年，何以能有如斯之成绩？曰，以有人故：地方领袖，德望才能，固不可多得矣，而司理生计教育诸务，又皆一时之选；且有省政府补助相当之资力，排去意外之阻力，遂使营养充分、发展自由，此一位聪颖优秀之后生，先天后天，固皆超迈庸流，不能不认为得天独厚也。全国乡村，数以百万计，安得村村皆能得人？如不得人，则事无由举，岂非亘古沈瘉于贫苦愚昧之域，而无由自拔，是则仅有少数又少数之定县徐公桥黄墟等，无异持杯水以救舆薪，试问于全国有何裨益？夫人之欲善，谁不如我。吾知览此册而不慨然动念，油然生改进乡村之心者，绝无其人，唯一转念及人才经济两问题，则又未必不计穷而气沮，此真目前乡村教育界一绝大问题也。余诚自惭谫陋，顾以年来从事职教，奔走农村，于此猝难解决问题，辄觉时时盘桓于脑际，三五好友，抵掌高谈，思考所企，亦会妄有拟议，私心自忖，以为经济关于事实，非待公私充裕，无从措手，而人才则可由教育而成，即无钱亦未必无法。设为专科，从事训练，一也；乡村师范，扩大范围，二也；初高两中，兼重农事课程，并予以农村改进训练，三也。人才既成，宜谋出路：能年筹二千元以上的款，划定人口千余户数百余一方之地，俾二三同志，并力经营，此策之最善者，是则徐公桥黄墟之类也；不能，则不妨广其途，扩其域，有公共机关设立之地，即为乡村改进人才服务之区。乡村小学也，乡镇公所也，公安分局也，慈善团体也，合作社会也，皆希望能延用改进人才一人或二人，除助理本机关固有事务外，可分其精力十之七八，专从事于改进农村生活之指导，划定区域，厘订事项，预定期间。物质建设，不能一时毕举也，则不妨先谋心理改进，而徐程其功，如此则改进人才，消纳愈多，即改造区域，扩充愈广，亦即改进事业，发达愈速，所费无多，所益实大，或亦解决困难问题极迂拙之一法欤！闭户造车，能否出合辙，固非愚之所敢知也。深望黄墟改进区诸君子，有以教我；并望海内热心乡教诸君子，有以教我！

中华民国十九年十一月十日灌云江恒源于中华职业教育社

（原载《黄墟》，黄墟镇农村改进试验区委员会办事处，1930 年第 1 期）

三方融合的人生观[①]

今天很荣幸到此来讲演。从前,我曾到此地讲过一次,今天又来,我是感到非常的荣幸和快乐。

今天讲的题目是“三方融和的人生观”,三方,什么是三方,并且怎样融合法,在未讲正文之先,应该先加一个解释,所谓三方者,就是物质、艺术和道德,物质也可以叫作经济,艺术的也可以叫做美术,首先也可以叫做伦理,我把这三者融和为人生行为的标准,也不过我个人的意见。我们知道人生观是人人不同的,甲有甲的人生观,乙也有乙的人生观,我个人以为,人生观要融和这三者,不必个个人都要和我的一样,但是这种道理,说起来也有相当的理由,还希望各位同学指正。

什么叫做人生?人生简单的定义,是人类的生活,普通生活两个字,包含的意义很多,除了人类的生活以外,还有从前有人主张的“杀身成仁,舍生取义”的人生观,这就是现在所谓的“精神不死”,所以人生可以分做形式生活和精神生活两种,形式生活是物质的生活,至于精神生活就是人的肉体死了,他仍旧是存

① 江问渔先生讲,管彦文笔记。

在着。精神生活使人类生活变得高尚，圆满。人类之有教育，也是为使人类的生活变得更高尚、更圆满，就是政治、文化，也是为要达到这种目的，但是这目的很难达到，就因为这样，所以使得人更努力向前。哲学家、社会学家也都是为的这样，革命的目的是改革社会，也就是改造人生。

诸位知道，人们所需要的有三样东西。

第一是物欲，就是物质欲望，这种欲望是好？是坏？在中国还没有一定的解释，哲学家说这种欲望是坏的，但是没有这种欲望，人类又不能生存，实在，每个人都有生存的欲望，一种个人的生存，人们要饮食就是为的维持个人的生存；一种是种族的生存，人们要有婚姻男女的事情，也为的要维持种族的生存。所以饮食男女是人生最重要的事情，于是这种欲望，的确有存在的必要。就是植物也是需要的，比如花要吸收日光水分，是为保存它本身的生存，要花粉借风，虫做媒介带到别的花上去，这又等于人类的男女行为。其次，动物如爬虫以至我们人类，不管个体分化或雌雄生殖，也无非都为了接继种族。显然的，这是因为肉体的生存不过像乌龟一样至多活着百年，为要传种的关系，不得不有男女的事情，这就是物质的行为，自然是人类所不可少的。广而言之，社会上一切的文化及文明，也是由这物质的欲望而出发的，为什么有十多层的高楼，是因为要躲避风雨，这是从以前巢居穴居而进为现在的文明。再，我们既然有了男女之欲，后来就有了婚姻制度，到了现在大家都认为婚姻是人生大事。所以物质是我们根本生活，但是他的进化要跟着道德，不然这物质的欲望就成为坏的东西了。

第二是艺术，讲来也很奇怪，人类是很需要艺术的，劳苦的时候，需要它安慰，抑郁的时候，需要它舒展，工余的时候，需要它休息，休息以后再工作，他的效能才大，所以艺术的人生不可少的。人们自有生以来，就认识了它，孩子们会哭，会笑，三四岁的小孩一听到母亲的歌声，他就会提起精神来听，再推而广之，耕田的牛需要农夫唱山歌给他听。更有奇者，据动物学家说，航海的时候奏起音乐来，就有许多海兽昂起头来听，所以艺术每个人都喜欢的，不过各人对于美术，因为知识和兴趣的不同而各异，艺术上同时也有阶级，比如有些人喜欢读诗、唱歌、看图画，又有些人喜欢看大世界的吃蛇，所以人类自有生以来就欢喜美术，但是因程度知识的不同而各异。

第三是道德，道德是什么地方来的？饮食男女虽然也需要道德而进化，然而道德是可以独立的，人类没有饮食男女不能生存，没有娱乐艺术就感觉不到兴趣，但是没有道德同样不能生存，因为有了男女的事情，就有子女、父母、姊妹，就是有家庭，推而广之就有了邻里、社会、国家，也就是有了团体组织，于是个人行为就受了契约的束缚，这契约就是道德。章实齐先生有过“原道”这篇文章，他说三个人住在一室有了道德，第一是当心门户，第二是吃饭的分配，第三是早起的规定，这就是道德的行为。道德简单的说就是道，没有道德，社会秩序就不会安宁，有群居生活，一定是需要道德。

现在的文化，若是拿道德的习惯，来代表，这我们东方的人，似乎可以自章（原文如此，似为豪之误。编者注。）的，中国是有了五千年的历史，养成了很好的道德。但是道德也有进化的，道德的标准有高低，社会改变，道德也跟着改变，不过道德也有不变的，现在的道德虽然注重自由，然也不完全这样，道德的进化，应该不塞住他的源流，应该不阻住他的去路。其次，道不可专门注重物质，从前孟子上有一段，齐宣王对孟子说，“寡人好色，寡人好货”，孟子回答说，应该让天下的人都有美满的姻缘，天下的人都有财富，那才可以好色好货。所以每个人都有物质欲望，可是同时顾到别人，这才合乎道德。论语上又有一段，孔子叫他的学生各言尔志，子路、曾参都说过了。最后曾点，曾点说：暮春三月，春服既成，他希望约几个朋友，到旷野去洗澡。孔子说：“吾从点也。”为什么孔子要从点，这就因为曾点的行为含有艺术生活，所以道德更重艺术。

现在的社会，大家都说是道德沦亡的时候，究竟道德的标准在什么地方，还没有确定，比如说，婚姻问题，任着父母之命媒妁之言而产生的，那当然是不尊重个人的自由，然而尽照自由恋爱来结合呢？又产生了许多悲剧，这是因为没有道德标准的缘故。再，书本上写社会的不平等等的东西，人们看了很痛苦，可是照它方法来解决呢？又是不对的，这也因为没有道德标准的缘故，这些，都是因为人生观没有把三方调和的缘故。我们欲望知道，每个人都是有的，不管他是从事于生产事业，或是专门学艺术的人，再或者那些道德家，然而因为三方不调和，所以每个人的人生观就不会相同，有些人以发财为人生观，有些人却说美术是最重要的，又说现在的道德是机械的道德，应该美化它，他们进一步不顾一切习惯来破坏旧道德。又有些人说道德是最重要的；这就是变成了机械的道德，这种道德不一定人人都如此，什么

“失节事大,饿死事小”,都是那班人误会成功的,现在的世界是不容许那些人了。所以我以为,一个人的人生观应该从三方面调和,从事于生产事业的人,只要十分之六重在物质,其余十分之四则顾及艺术及道德;艺术(原文似漏家。编者注。)就以十分之六注重在艺术,其余物质及道德,也应该占据他的十分之四;道德家当然也十分之六注重在道德,其余艺术及物质也应占有十分之四。所以前行用的例子——孟子对齐宣王说的话,孔子赞同曾点的话,也是顾到这三方面的。假使照这样,生产的能顾到艺术和道德,艺术家能顾到物质和(原文似漏道德。编者注。),道德家能顾到物质和艺术,这三方面能够调和,那么人生不会枯燥,而且变成有兴趣,变成人的人生了。

(原载《劳大周刊》,1930 年第 4 卷第 13 期)

读书提要

——《西洋教育制度的演进及其背景》

庄君此书，系民国十七年，著成出版，全册二百六十四页，是一部简要明晰且具有特别眼光，专为供给中国人读的历史书。共分十大章，第一章绪论，说明中国人为什么要研究西洋教育史，研究教育史的，应该注意什么。并说明本书与其他西洋教育史不同之点。其次，二三四五六各章，则分别以希腊、罗马、基督教、阿拉伯、条顿人为题，于一一撮叙当时大事与文化后，再说到各时代的教育制度。背景既明，则教育制度变迁的因果，自易了解。第七章于叙列近世西洋大事外，关于文化的再生，基督教的改革，皆有所论述，最后再说到近世前三百年的教育概况，而总题则称为“近世欧洲的曙光”。第八章乃叙及近世后数百年，首述十七八世纪的西洋社会与教育，次述西洋当时各先哲对于教育上的主张；而与教育发展最有关系的“心里探讨”“科学发达”两事，当然十分重要，所以也特别加以阐发。第九章论到新教育的扩张，而括以政治化、社会化、专业化、生活化四语，分别诠释。第十章题为“新教育与世界”，则专用以说明新教育及于各方的影响。末了，复谆谆谈到教育与文化的关系，指示研究教育的人以一条正大坦平的道路。

这部书的确是中国人研究西洋教育史时最适用的书。本来用中国人的手,编西洋人的教育史,自然容易袭用西洋人的观点,因此遂不免有许多出主入奴的地方;这也难怪,中国学术,还未具有独立的资格,对于西洋古代的史料,既苦难于选择,只好依据他们现存书籍,间接以求,他们如何说,也只好随着如何说了。庄君这部书却不是这个样子,确能看出他们言过其实或出于偏见的地方,绝不肯受其蒙蔽。看他书后所附列的西文重要参考书十七种,而首列一种是 Cubberley 的 History of education,他在第一章内曾盛称此书在西洋教育史中能顾到社会背景文化全部,认定他体裁是极好,那末,庄君著作的编辑要旨,也就大概可知了。可是,他同时又说此书除许多繁简不当的地方以外,还不免有两种毛病:一是对于美国教育制度的由来及变迁,讲得太多,这是因为他是美国人,当然不能怪;二是把西洋文化,看得太重,有唯我独尊的神气。庄君以为,如是中国人著书,也和他同一观点,当然是大大的不对了。本来庄君对于教育,研究极其精深,他又是竭力主张把新教育做成中国化的有力分子,所以他著西洋教育史具有特别眼光,绝不肯盲从西洋人的偏见。他希望研究西洋教育史的人,第一件要注意到教育制度的由来与演进,因为现在西洋教育制度形成的原因,万不能不彻底领悟;同时并且要知道教育制度,是有地方性和时代性的,那一处地方那一个时代,才产生那一种制度,绝不是偶然的。教育与社会的关系,既然异常密切,当然更要注意到社会的背景。本书不称西洋教育史,而特称做“西洋教育制度的演进及其背景”,也就是为表示这部书的特点和他所希望的目的。

庄君所谆谆然教人注意的，便是"西洋社会的文化"。因为教育是文化一部，而且是传递文明的惟一媒介，要认识与了解西洋文化的变迁，须知道每个时期的教育制度，而欲明了当时教育制度变迁的由来，自然更要注意到当时有什么样的文化了。

教育史原可分为两种：一是教育制度史，一是教育学说史，本书叙述则纯以制度为主，但与制度有关系的学说，亦复有时涉及。

全书十章，先谈希腊、罗马的文化与教育，再谈基督教对于教育的贡献，阿拉伯人对于西洋文化及教育的关系，条顿民族的出现，与主宰西洋文化和育教（原文如此，似为教育之误。编者注。）制度，然后讲到近世欧洲文化与教育制度的造成，新教育的建设与扩充，条分缕析，一气贯注，的确读了这一部书，胜于读了不相干的几十部书。

（原载《人文月刊》，1930年第1卷第10期）

中国当前之危机

——农村社会完全破产①

十九年十二月十六日，本科特请上海中华职业教育社主任江问渔先生莅校演讲。江先生学问渊博，擅长辞令，所讲语多警惕，惜记者未能将原意充分发表，尚祈江先生及阅者诸君原谅！

今天很荣幸地、能够和诸位讲几句话，自己觉得很是惭愧！因为我(江自称)干的是职业教育，来讲农村问题，岂不是班门弄斧么？不过职业教育中，有一部分是提倡农业教育的，似乎与诸位学农的性质很相近，而关系却也很密切，所以特地提出几点，来和诸位谈谈：

第一点，是中国农村教育的需要：中国人口，有四万万三千四百多万，农民占百分之八十以上。现在他们的境遇怎样？细细地考察，好把四个字包括起来。

① 江问渔讲，蒋杰记。

穷

中国的农民,大家都是穷的,不过是大穷小穷罢了,我举出两个证明:

(1)我们如果翻开海关出入贸易册,就可知道每年进口的米麦棉花面粉等,源源而来的数量真是繁多。这种现象,实在使人骇闻动魄、痛心疾首。据调查结果,每年进口的棉花,价值有二百多万,农产品有一万六千多万。试想,中国是地大物博,以农立国的,国内的一切原料,都靠农产品。现在呢,米没有,要吃外国的;衣没有,要穿外国的,工商又是这样落后,事事要仰给于外国人。因此,输入的货物太多,就受了重大的经济压迫,在城市方面,还比较好些,但是农民的状况,简直痛苦已极!

(2)讲起中国情形来,大家都以为北地荒凉、南部富庶,其实还是表面状态,实际何尚这样。去年上海中华职业教育社,调查江苏省苏常一带,每户平均有田二十亩至三十亩,淮扬平均五十亩左右,徐海比较有八十亩至一百亩,假使三处地方,各拿六县做代表,三处共有十八县,据我们调查所得,悬想着每县有两种事情,是不可少的:

A. 每县至少要有一个中等农业学校;

B. 每县至少要有两个农业学校毕业生,服务农村,促进农村教育与农村卫生、农村自治、经济合作等事项。

那些学生,平日在学校里,应当注意三件事情:第一件,对于普通科学知识,能够明了和应用;第二件,要明白农村经济,第三件,要明白农村自治组织。将来回到本乡后,不必再升什么专门以上的学校,只须刻苦耐劳,脚踏实地做去,就能够做一个好公民,做一个好农夫。如果乡村里面,这种人才,逐渐增加起来,农村问题,就有办法了。但是,要造就这种人材,农民每年至少要有一百元的存款,依我看来,恐怕农民没有这种能力罢。譬如五口或八口之家,上有父母,下有子女,负担很重,生活甚苦,那里有什么多余的金钱,给子女入学呢?根据调查结果,每县每户所存的数目,至多不过三十元。只有五县比较好些,能存到百元左右。所以能存到百元左右,有三种原因:第一,施用新式农具,如冰铁犂等,提高工作效率,增加他的收入量;第二,农民有副业,像养蚕等事情,每季有四五十元的收入;第三,附近工厂很多,利用农事空暇的时间,增加他的收入量。此外,如江北高邮的情形,比较还好,但是升学的款项,仍旧难于筹划。即使有这种能力,要升入这种学校,恐怕机会又是很少。何况农民要他的子女,帮助着工作呢。结果农民还是穷极,所谓富庶的地方,仍是穷极了。

弱

诸位一定要疑惑,农民天天和那大自然接触,胼手胝足的工作着,身体那有不强健的道路。其实不然,因为有四种原因,阻止着他们上康健的大道。

(1)不讲究卫生

我们跑到乡村里去,常常看见,这边吃饭,那边就是毛厕,走进房屋里面,觉得黑暗异常,湿气很重。所以一到夏季,疟疾痢疾等相继而起。至于小孩呢,患痧眼蛔虫等病的更多。在这种状况之下,死亡的增加,当然是势所难免的。

(2)田间工作

农民在田间赤足操劳的时候,往往有腿肿等事情发生。对于工作上,就受着阻碍,治法还没有发明。现在日本正在那里悉心研究着,不久的将来,或有补救的办法。

(3)滥用童工

儿童发育没有完全时,不应有过分的劳动,这是谁都知道的。但是中国的农民,常把十二岁的女子当着十八岁,十五岁的当着二十岁,和成人一般地工作,要省却那每年百元的雇工资。因此弄得面黄肌瘦、精神颓唐,这都是营养不足,工作过度的缘故。

(4)精神方面

现在的农民,可说是穷愁交迫,尤其受着治安的影响,昨天失窃大批对象,今天又给警察敲去几块钱的竹杠,再听着人家打劫的消息,又想着自己穷极无聊的境遇,凡此种种,都能使身体健康的农民,受着莫大的打击。

愚

乡村人民不识字的多,城市中人,虽然是不识字,还有耳朵在那里听人家的传说,所以新知识仍能输入,物质文明仍能享受。至于乡间呢,还在那里讲,今年宣统几年了,皇帝在那一方,出世没有,一见学校,大呼其洋学堂不止。在这种情况之下,诸位请想,总理三民主义中,所谓组织农民协会、农民合作社等,怎能实现呢?所以一般农民都是愚。进而言之,三万万以上的公民不识字,还成一个国家么?人家讲中国的农民,不配做国民,因为一个真正国民,是国家的柱石,对于国家有深切地了解,浑浑噩噩的人民,决不配做国民。听了这番的论调,回顾国内的情形,将何以自解!中国的农民,大都因穷而愚,因愚而穷,如此循环不已,民族的前途,真是不堪设想!

散

散是聚的对象。我们大家知道,做一件事情,一定先要有组织,然后去分工合作,才能显得出效力来。所以一个人只有一份力,十个人决不止十份力,竟有二十份力,也未可知。欧洲各种事业的组织很好,效力也很大,中国古时,也有守望相助、疾病相扶持的制度,但是现在的农民,绝对没有这种组织。譬如,一个村庄上,至少有五十个壮丁,如果两个土匪跑上了村,放了几声枪,大家就都要逃之夭夭、销声匿迹了。或者两个警察,跑到乡间说:我们奉了军队或县府的命令,每户要纳某某费大洋2元,恐怕大家都是奉命维谨,一点也没有反抗的缴纳了,这种农民,如何配做国民。

农村社会,所以如此衰颓,事实告诉我们,有二个原因:

A. 政治方面

现在的农民,最希望没有任何扰民的事情发现,可是目下农民所受政治上的痛苦如何,压迫又如何,这是我们大家可以不言而喻的。

B. 教育方面

办理教育的人,欢喜办在城市里,做那油粉擦在脸上的工作,至于乡村呢,老实不客气,就没有人过问,谁也不愿意过问,因此糟到现在的样儿。

农村教育,是改进农村的利器,也是救国的基础,从事农村教育的人,好像造房子打墙基的人一样。所以我们今天,宜特别注意中国农村教育。

第二点,是中国农村教育的发达史。这一点和第一点有些连带关系,因此也提出来讲讲:至于农村教育的发达,是从两方面引起的:

一、中国以前办理教育的人,都不愿到乡间去,因为薪水很少,而且劳苦特甚。自从民国九、十年的时候,中国有几位教育家,出洋考察美国、丹麦等地方,觉得他们对于农村教育,非常重视。回国以后,就办理乡村师范,从这个起点,大家模仿着,办理农村小学,他们的任务有二,就是教育乡村儿童和改进农村的社会组织、社会活动。

二、农学生对于农民毫没有利益,是毫无用处的。在我的理想,以为农学生在校里,要负着调查十里以内的农业情形和指导的工作。譬如,农具怎样应用,螟虫怎样驱除。并且要研究所在地的土质,送好种子给农民。离开学校以后,对于十里以内应做的事情,像增加农民收获量等等,也要注意。今天不是当面恭维贵校章主任,他的办学,实在是本着这种精神的。但是在过去呢，有许多农业学校，不是这样的，只要造几所新洋房，招生足额后，其他都不顾。学生方面呢，穿着马褂，摆出架子，在那里希望做场长。毕业以后，唱着不要种田、专管农政的高调。乌江棉花，不是贵校推广部推广出去的么？受着农民莫大的欢迎，名誉极好，可说是有功于社会的一件工作。大家因为好，就群起而模仿着，差不多现在的学校和机关，都有农业推广部、农业改良部等组织了。起初贵校推广的时候，一方面行医，一方面设小学校，因此得着农民的信仰。现在情形比较开通些，大家工作的时候，都从民众学校入手，逐渐改良种子和增加产量，因此就提出一个新的名词，称作农村教育或者农村改进。

中华职业教育社在徐公桥办的改进区，也是抱着这种宗旨。其他各地同样的机关，也是很多的，不过都有些偏重，约略好分做四种：

一、拿教育做中心，任务是增加生产、注意卫生、提倡教育的，称做教育派。

二、拿农业做中心，任务是增加生产和调剂农民经济的，称做农业或经济派。

三、拿改进农村组织和农村自治做任务的，称做自治派。

四、拿改进农民心理做任务的，像现在的青年会等，称做心理哲学派。

第三点，是办理乡村教育的困难：我们最感困难的，就是现在有三万万以上的农民，假使拿三千人做一个单位，便有一百万个单位。在短时期间，教育如何能够普及呢？在徐公桥附近，有五千多农民，每年要花二千五百块钱，照这样推想，需要金钱的总数多么大，而所生的效力何等小。虽说有钱有人，不啻恒河一沙，无补于万一。如果让农民自动去办罢，只能够逐渐进行，恐怕一百万个单位，一百年也是办不了的，在这种物竞天择、弱肉强食的时代，恐怕中国就难以立国了。所以要这种短时间的办法，实在没有，但是我想着一个无办法中的办法，现在和诸位谈谈。

（一）师范学校，要增加改进农村的四种功课：

（1）乡村政治

要能够彻底了解乡村组织和自治情形。

（2）乡村教育

社会教育和民众教育，要同时进行。此外对于农民心理，要细加研究，然后方法态度等，就好根据研究的结果而动作。

（3）农业常识

对于农业知识，不必丰富，不过农业常识，都要知道的。譬如，你晓得本地种子不好，就好介绍金陵大学的好种子给他，至于其他农业指导，也是如此。

（4）经济情形

如合作办法、农村经济等，都要明白。师范学校办法是这样，普通中学也应当这样。推而广之，暑期学校等，也要照样办理，这么一来，中学生都明白农村的一切，提起这种问题，好比是家常便饭，而到乡村去的人，就逐渐加多了。

（二）有了这许多人材，政府就好设法来提倡，收效是一定很大的。至于办法呢？在每一个镇公所、区公所、农民银行、小学校、公安分局、邮政局等，都要有一个农事指导员，把改进农村的事务，归他一人包办，这样做去，力量自然伟大而普遍。至于薪水呢？只要按月有四五十元，各机关遍造预算的时候，好把这项列入。

（三）从消极方面讲，假使一个机关里面的农事职员，每天在那里汗流满面、早晚勤恳的做着，其他同事，一定要受他的感动，就会利用空的时间，为农村而服务。譬如，该机关有四个人，每天每个人抽出他十份之二的时间来工作，两个人就有十份之四，四个人就有十份之八，这样一来，恐怕一百万个单位，便好变成五十万个，而农村教育的前途，在最短期间，便可促其实现了。

今天所讲的都是老生常谈，想来诸位早已知道。不过我觉得这个问题，非常重要，希望诸位负了这种使命，努力向前进取，并且预祝未来的胜利。

（原载《金大农专》，1930 年第 2 卷第 1 期）

我国中学教育的前途

一、预先声明

本篇论文,作者是本着十二分诚恳忠实的态度,指证出我国目前一般中学校的现状,因而推论到我国中学教育的前途,应否改革?并应如何改革?

我在执笔草此文时,应有下列五点,预要向读者诸君声明一番:

(一)教育办的好不好,教育制度创造演进的适宜不适宜,这不是三两个少数人应该负的责任。我若不客气地指摘出现在学校教育的种种弊病,那是纯本客观的态度,观察一般实在的情形,绝非有意责难那一个人,若说是有意责难人,那末,连我自己亦复在内!

(二)我是极愿意心平气和地,讨论出教育制度的适否,先指出病根所在,希望国内同人能加以重视,群起谋根本治疗之方,绝不敢杂入一点躁气,含着一点偏心。究竟能否这样呢?那又要看我的修养如何了。

（三）我现在是在中华职业教育社服务，并且是预备将来把这一篇做成的文章，登入本社《教育与职业》月刊，似乎动机所在，是要替“职业教育”做一些宣传和鼓吹工夫。当然，宣传职教，鼓吹职教，也是我应尽的责任，不过我做这一篇文章的动机，则绝不是这样。个人深信，平常对于一般中学校的内容，曾经详加考察，对于一般中学校的效果，并且详加估计。放开眼来，看到中学与中国民族前途实在是关系异常重大，更觉得动魄惊心，认为这一个问题，的确是十分严重，似乎在良心上不容我再轻视，不让我再含糊。那末，我所以要做这篇文章，可以说，还是以“观察现在中学，心有所不安”为唯一的出发点了。

（四）我做这一篇文章，初下笔时，便立定一个主意，自己不轻易下主张，不亟亟求得结论，仅管尽量的把目前中学教育现象指出来，把各人的改革中学主张方案写出来，总是持着慎重态度，论而不断。这并不是我自己有意取巧，有意规避，实在是我个人认为，这个问题太重大了，太复杂了，万不能随随便便就把他解决下来。我极希望海内贤达，能一齐起来，加以精密讨论，并对于各项改革的主张，一一加以评价，当然我个人也很愿意加入其中，做一个“马前走卒”。我想，集合多数人的知虑，讨论既久，一旦到了相当时期，瓜熟蒂落，自然就能有比较的合理主张和结论出来。

（五）我这篇文章，本来是预备分成三大段做的：第一，是中国中学制度的变迁；第二，是现在中学的概况，并提出各项待解决的问题；第三，是近来各派对于中学改革的主张。后来因为“中学制度”，已经有抱一先生担任撰述了，同时也登在《教育与职业》月刊，那末，我做的，既未必全，又未必好，本不甚爱，也就乐得把他割弃了。可是，在没有论述中学现状以前，还有一大段要说的话，预备分项把他写出来，虽然所说的不是专为讨论中学教育问题而设，但个人却认为和中学教育大有关系。在个人区区愚意，以为要考察我国现在中学内容的良否，批评我国现在中学制度的得失，总当先有一些比较合理的标准，特别提出来，以便为将来文章的印证。不过我所说的各项，究竟能否当得起"合理的标准"五个字呢？那却是一个问题。这一层，我也很希望读者诸君，能予我以满意的指教！

二、八项比较合理的标准

为什么要立这若干项标准呢？因为我们要说明一件事实，论究一个问题，不能不先定下几个准则，以资依据。论到教育制度、教育方法，不能随便可以说的，尤其是对于整个教育系统中的"中学"，并且是在我国特殊社会状况中的"普通中学"，更不能随便说。第一，要辨清教育的性质和功用；第二，要认明教育和其他各方的关系；第三，更要表明作者个人对于教育的思想，对于改革、教育的态度。那末就一项一项分别写出来罢。

（一）因为前清私塾制度、科举制度、书院制度，不能养成有用人才，不能适合世界文明各国教育进化的途径，乃发奋变法，采用新制，先则仿效日本，继则仿效美国，现在又有人在那儿鼓吹仿效法国了。以为新教育，本是西方的产物，既经仿效，非仿效的彻底不可。可是，现在因为新教育成效未见，甚且觉得流弊滋多，于是乃又一反以往欢迎的态度，由怀疑进而为拒绝，为排斥；徘徊歧路之际，当然不知不觉地要走到“复古”一条道路上去了。廖茂如先生批评近来学校教学方法的不良，回想到昔时私塾的优点，所列举出来的如：(1)功课讲求精熟。(2)注重个别指导。(3)注重真实学习的结果。的确一点儿也不错。可是，我们也要本着公平眼光，分别以观：极端主张欧化，当然不对，树要择土而植，衣要量体而裁，不择不量，如何能成呢？极端主张“古化”的，当然也不对，交通器具，今古不同，万无舍便利的洸车、汽船，而仍用老旧式手车、帆船，不求变更之理。教育本是“改造社会”“促进人类文化”的精神事业，欲达到改造社会的目的，便不能不先谋与固有社会相适应。这不是投降旧社会，乃是改造旧社会的必要手段。欲达到促进人类文化的目的，更要先认明这一个民族的文化来源怎样，特点怎样，而后乃可以定促进的方针。这不是意存迁就，乃是为辨明路头。所以我说：主张教育完全欧化，与主张教育完全复古，两方皆不对。最好择旧有之善者发挥而光大之，择新来之适者培养而滋长之。发挥光大，有时须用新的方法；培养滋长，自然也离不了旧的境地。旧的因有新的方法，新的因在旧的境地，自然皆要逐渐变质，久而久之，便成一种“不中不外”或“中外混合”的东西(教育制度和方法)出来，这一种，或者可以叫他做“国化”教育。国化教育，当然是我们所盼望的。不过当进展到国化的路上去的时候，应该用什么方法呢？这却是一个极可注意的重要问题。这一个标准，概括起来说，是“我国将来的教育是要融和中外新旧，造成一种‘国化’的教育”。

(二)教育离不了固有社会，所以办教育的人，万不能忽视了社会背景。中国教育,是办在中国社会的,是中国人所享受的,当然对于中国社会的背景,先要顾到。中国社会背景中,居第一重要地位的,似乎要数到“国民的经济力”,其次便是社会的组织,第三是社会有力的思想。而此三项,又复具有连锁的关系,互相牵连。只看中国一方面,眼光囿于国内,自然是不对的。人家已经到了乘汽车乘飞艇的地步,我犹固守着土车帆船,说是古色古香,那如何能行呢！不过有一层,我们应当慎重的注意,思想是纯属于精神一方的;社会组织,则精神与物质均有关系的;经济力,则是纯属物质一方的,三者可以说是截然不同。改变思想,可以用教育感化的力量,这是无问题的。改变社会组织,便不是空言所能奏效了。要大家庭变成小家庭,非待组织家庭的分子具有自立的能力不可;要乡村自治能完成,非待农民经济能力和公民知能达到相当的程度不可。至于国民经济力,其衰也,固非一朝一夕之故;其兴也,自非一言一动之功。欲得优良的社会组织,一方固要民众有知力,同时一方也要民众有富力。有了优良思想,固然可以改变他的行为,进而增进他的富力,改良他的组织。然当富力未增,穷困到几几不能自存的地步,改变组织,不能不时时要顾到中断的危险;鼓吹思想,更不可不时时顾到意外的流弊。倘是不加思索,图一时的快心,专来大唱高调,说非先改变一切固有组织,非先提出一种惊人的革新思想不可,究竟这个办法对不对,我实在不能不怀疑。就教育来说罢,人家学校组织得何等完备,何以能完备?因为他们富,不但公款足,私款亦足,中国如何能够呢?即使悉索敝赋,勉强做成数所,那末高等教育以上的大学犹可说,普遍的中学,更普遍的小学,如何能够呢？社会本是整个的，如何能把他横割竖裂，说："我们是办教育，设学校的，可以不顾其他，我这个教育社会，是和其他社会不必相同的"呢？所以办教育，万万不能不顾社会，万万不能不顾社会背景中最重要的"国民经济力"。这一个标准，括起来说，是"办教育要顾到本国社会的经济"。

（三）中国整个社会的现象，可以说是这一种病的现象，什么病呢？我常常说，是有四种：一穷，二愚，三弱，四散。尤其在农村方面，这个病象更显露。中国全体人民，四万三千六百零九万四千九百五十三，占百分之八十五的农民，便有三万七千零六十八万零七百一十。一国之内，以超过五分之四的人民，穷困、痴愚、孱弱、涣散，到了令人十分惊诧的地步，如何还能立国？今日要救中国，无论站在那一方面，皆当殊途同归，认定这四个目标，一致进攻，务必驱除这四种恶魔于中国社会之外。当然教育方面，要担负起一部分责任。那末，讲到这个地方，就不能不遵循以下所说的主义和方针了。（1）是"平民主义"。从前认为教育是特殊一个阶级所应享受，结果，受教育的，是少数或最少数的有势力凭藉的分子，而大多数则仍沉沦于黑暗悲苦之境，今日中国三万七千万的农民，便是目前的一个好例。现在应该大大的改变方针，所有设学施教，应一依全民为标的。（2）是"生产主义"。从前中国教育，是讲究分配行动的多，讲究生产行动的少，所以产业不能发展，民生日形困敝。现在应该大大的改变方针，注重生产教育。本来近代平民主义，弥满于全世界，它的支配人类的力量，异常重大，以我们阶级界限，比较的尚不十分过严，而平民思想，早已发达的民族，尽可尽量吸收，尽量推行，似不至有何流弊。那末，在教育方面，当然也不能违反这种趋势了。有钱的人，要受教育；没有钱的人，更要受教育。都市的人，要受教育；乡村的人，更要受教育。幼年教育受得不足，到了成年，还要补修。不能升学已就职业的人，还要设法教他补习。因为受了教育，才有脱离穷愚弱散的可能。因为人人皆受教育，才能使社会降伏了这四种病魔。教育既不是为少数人的特殊阶级而设，当然不是空讲治人的方法，劳心的职能，应该“治人”与“治于人”同时并讲，劳心与劳力，同时并进。打破“治者”与“受治者”的阶级，打破劳心与劳力的界限，自然要注重到生产方面，使人人能生产，能享用。那末，近数年来，国内流行的几种教育运动，如义务教育运动啦，职业教育运动啦，科学教育运动啦，当然皆有可重视的价值。不过我所谓义务教育，不是仅以能识字能读书为目的；我所谓职业教育，不是仅注重做工生利而不重做人；我所谓科学教育，不是专注在高等专门方面，而忘却了一般社会的初级的科学教育设施。俗语有云：“不入虎穴，焉得虎子？”现在中国社会既经看定染了四种大病，奄奄一息，朝不保暮，倘要他起死回生，便当谨谨慎慎地辨清病人的体质，酌定适宜的药方，好好去疗治。这一个标准，括起来说，是“今日中国人办教育，要认定四种穷愚弱散的病况，本着‘平民’和‘生产’两主义，谨慎地去疗治”。

（四）“教育即生活”，已经是一句老话，人人皆能说的了。可是，要仔细问一问究竟怎样具体地办才能达到“教育即生活”的目的呢？人的生活，本来是具有多方面：有属于物质的，有属于精神的。如思想的发动，知识的构成，道德行为的表现，团体的组织与活动,艺术的创造与欣赏,说起来皆是精神一方的事;但一加详究,那一件能与物质相离呢?古人有言:“人之大患,贵我有身。”那末,好生之心,人类所同,为什么竟有人发出这样愤恨的话来呢?依我推想,因为“身”,就是一个物质,要维持此生,继续此生,自不能不有赖于衣食居室。厌世派的哲学界,好逞高尚的理想——也可说是幻想——希望要超越物质的生活,势既不能,所以特发出此种悲愤怨惧的语气。实在论起来,物质有何害?全看人类的支配方法如何!人人有职,人人作工,劳我一分心力,得着一分酬报,社会全体生产量,便不患不裕了。道德的行为,绝不是没有独立谋生能力的废人可以表现的;团体的组织,也不是一班无职业的闲散阶级可以合作进行的;创造艺术,既要具有特殊的天才,更要有相当的努力,艺术价值的发见,附俪于物质上的,为数更多。何以要欣赏艺术?是为增进人的做人趣味,也可以说是为增进人的工作效能。政治法律,更是为支配职业、调节职业而设。可见职业是占人类生活中最重要部分,他是能横亘于物质精神两方面,也可以说是一切生活的源泉,一切生活的主干。要是说“教育即生活”便应该老实不客气地首先注意到职业问题,认定职业是占全部生活中的重要地位。在中华职业教育社同人研究职业教育,确定职业真正意义,是备具两方面:一方面“独立谋生”,一方面“社会服务”,绝不是单调的做工得钱,便算尽了职业的本分。果尔则人生一世,必执一业,无论你从事农工商也好,从事教育也好,从事政治也好,从事律师、会计师、医师也好,从事绘画师、雕刻师、音乐师也好,职业尽管各人不同,万不能容一人没有。教育是为预习职业,那末,职业与教育的关系,也就可想而知了。这一个标准,括起来说,是“要真能达到‘教育即生活’的目的,须注意到职业教育”。

(五)教育本是“母性”的,是纯赖感化作用的,他和政治及法律两项作用,可说是截然不同。一个教育机关之内,应该充满和乐之气,使被教的人,日坐春风之中,于不知不觉之间,可以使善性发荣滋长,恶性根本泯亡。小学内十二岁以下的儿童,视老师如慈母,完全是家庭化,自不待言。就是大学学生,皆是成人,而专究一门或兼究数门学术,随着良师,相依为命,不但受业解惑,于学术方面,须极端信仰,关于人格,感化尤深。中学则介于大学小学之间,初高两级,经过六年之久,斯时青年生理、心理,变化均剧,并且渐离固有家庭,度入人事复杂的社会,此时倘无被信仰的教师,除启发智慧外,注意性情的陶冶,习惯的养成,能力的训练,而徒注重严肃的校规,自谓可收整齐划一之效,结果教育与学者之间,顿划成两个相峙的阶级,虽学校外表一时可观,但早已经失却教育的真正意义了。此理本极明浅,惜乎能知者多,能行者少,这恐怕也是有特殊原因罢!这一个标准,括起来说,是“要认明教育的特性是感化,不是威慑,最重要是深得信仰的教师”。

(六)社会事业,不能发达,以致失业日多,文化堕落,这当然不是教育一方所能负责。但是就教育效能以言,总是应该帮助社会事业,使它得着充分展进的机会。教育能向前进步,社会事业也当随之向前进步。若是教育发达,而社会事业反形退步,我们虽然不能说这是教育之过,至少从事教育的人们,应该内省良知,外察世变,深切地反省一番,究竟病根何在,教育对于社会,应负几何责任，明白病源，亟施疗治，还可以戴罪图功。这一个标准，括起来说，是“从事教育的人，要认明个人对于社会事业应负的责任”。

（七）教育功用，诚然能改造社会，但社会的改造，却不能专恃教育一途。有人对于教育希望太高，认他是包治百病的“万应灵药”，以为只要教育一好，社会自然就百病消除，那是错误的见解。可知责备教育太苛太严，当然也是不对的了。因为教育的力量，一方面，他能以缓和的工夫，潜移默化的精神改良社会，同时一方面他也会受社会恶势力的牵制和摧残。如果社会的病，太深了，太重了，非用刀圭割治，非用猛烈攻剂不能奏效，只好借重政治之力，去攻治他，去改革他，教育那里还能显出功能来呢？就是有一些可显的功能，只怕也是“杯水车薪”，于事无益罢！所以现在不顾一切，专来责备教育界的人，实在是有点不公平，不恕道。我极希望不在教育界服务的一般知识阶级，不要忘了自身所处的地位和所负的责任，要把切已的事，先行改革起来，不要专去责备办教育的人，我更希望教育界中人，不要把眼光仅仅看定在学校大门以内，把学校以外的社会一齐忘掉。这一个标准，括起来说，是“讨论教育问题，要能知已知彼”。

（八）要研究教育制度的适当与否，教育方法的优良与否，第一，自家不要存有“护短心”，第二，自家不可用“短视眼”。因为护短，则不免讳饰病况，短视则不能明察环境。可是也不能不加思考，对于旧有教育，竟至一笔抹煞，一口骂尽，粗看表象，即主根本推翻。如果这样，也就未免太草率了。最好，要察现象，看背景，寻病根，多方参考，详细研求，却不必亟亟地希望它有良好结论。我以为从开始诊察起至得有结论止，至少应经过四种工作：(1)从本国及各国历史方面，加以比较地观察。(2)从本国及各国社会方面，加以比较观察。(3)从多数专家研究的结果上，加以推究。(4)从本国社会实际需要上，加以研究。这一个标准，括起来说，是“讨论教育改革问题，要虚心远瞩，详察明辨”。

以上拉拉杂杂地，说了一大篇，共成八顶，究竟和本题目“我国中学教育的前途”，有什么关系呢？我问过了自己，也觉得要好笑起来。可是，我继此，便要说明现在一般中学的实况了，更要条举各派改革的主张了。说的究竟对不对，所提出的疑难各点，究竟能不能成为问题；所举改革的主张，究竟有无可举的价值，我想和我前面所说的八项，多有极密切的关系，或者读者诸君，待到读完了我全篇文章之后，也可以感觉得到关系之所在，现在我也就无庸多说了。

三、现在一般中学教育的实况

论现在中国一般中学教育的实况，可先从中学学生说起。

(一)中学学生的态度。盛振声先生著“中学训育问题的研究”一文，说明中学学生常有几种不正当的态度发生：(1)愤世疾俗，(2)清高自得，(3)不可一世，(4)情天恨海，(5)藐视读书，(6)书本生活。且谓这六种不正当生活态度的发生，(1)由于缺乏正当的人生观，(2)希望太高，(3)眼光太浅。盛君并指示出指导的方法。原文载在第十七卷第六号商务印书馆所出版的《教育杂志》，各条下均有详细说明。那末，就人类普遍心理现象以言,青年在中学时期,当然容易发生这各种现象。倘若受了外围的刺激过甚,则此种态度,更觉容易发生;发生后且容易加重。固然,减少外围的诱因,不是教育一方面所能为力;但就教育本身来说,也应该大大地注意及此,使学生这种态度,特别减少才好。可是,现在一般中学学生怎样呀?我们且平心静气,一加观察,究竟近来这几种态度,是减少呢?还是增加呢?我敢武断说一句,"还是不断地增加"。倘然这样继长加高下来,则举世滔滔,更不知要养成多少不中绳墨逾越轨道的志士;目空一世,不识社会为何物的名士;缠绵情场,自甘颓放的才子佳人;奔走活动,不重实学的小政客;规行矩步,不辨菽麦的书呆子。论到青年的本质哩,像发生这种态度的人,比较的还是优秀分子居多;然因指导无方,或竟不加指导,一任其自由发展,以致备受斫丧。这岂仅一人一家的损失?国家和民族的前途,也是大有关系啊!此外因体育不讲,用功过度,遂使活泼青年变为病夫,因为志气萎靡态度消极的,恐怕也不在少数。

(二)中学学生的思想。中学时期学生的思想,最容易变动,也最容易消沉。现在一般中学学生,大概就思想分析起来说,不外三派:(1)是海阔天空,好逞妄想,甚且因受刺激而流于偏激,因受诱惑而专好新奇。由此思想发为行动,自不免越常规,犯校章,倘因此受斥于学校,见弃于社会,则更放浪恣肆,结果或竟把此质美未学的青年,好好的一个前程送掉。(2)是谨守慎为,只知埋首读书,他的思想所及,不出于教室、书本、学分三一范围。由此思想发为行动,遂无往而不流于消极,所有校内团体活动,则绝不参加,课外作业,则绝不肯做,不好交际,不多主张,这一类在普通中学中，还是所谓好学生。(3)是随波逐流得过且过的自如派，这一派是没有什么思想的发见，也可以说无思想派。我绝不敢说现在各中学学生皆如此，当然不如此的也很多；可是依我观察起来，像这个样子的，恐怕也不少罢！

(三)中学学生的体质。谁也知道健康是一生事业之母，快乐之源。中国教育，一向尚文，习惯早已养或(原文如此，似为成之误。编者注。)，所以新教育兴了四十年，各校皆有体育，究竟人民一般的体力进步到几何，尚未有较真确的统计，可以检查(体育的进步，当然是有的，尤其是学校多的地方，女子体育，进步显然，可是比之日本，那就差得远了)。我们很知道中学学生，自十二岁以至二十岁，他的体力正在发达时期，此时爱护调节，应如何十分注意。现在一般普通中学，有体操课，有球队，有运动会，但是否真能普及？是否个个学生皆能得着相当的训练？是否对于斫丧身体的不良诱因，皆能注意排除？我真不敢说。我们常常看见中学校学生，因为大风起了，天气凉了，便要求体育教员，免上操场。我们常常看见一个球队十数人出场比赛，全校数百同学，因此停课往观。我们又常常看见学校举行运动会一次，会前会后，要停课到两星期，而与会的学生，恐怕未必及半数。甚且所谓选手学生，学校视同骄子，特别恭维，课可不上，而学分则照给；吃也要特别，睡也要特别，居然在一般学生中成了一个特殊阶级。中学体育，是这个样子，那末，一般学生的体力进步如何，也就可想而知了。

(四)中学学生的知识能力。我常听人说，现在中学学生程度，比较很差，初中毕业，未必及得上旧制中学的三年级。高中毕业,比较前清高等学堂毕业生,以及民国初年国立大学的预科毕业生,差得很远。这种话,似乎也不能说他完全不对。还有天津《大公报》评论内,对于现在中学学生,也有一段说话,可把他引在下面:

"中学学生,介在可进可止之间,进而入大学专门,则以中学所习为深造之基本,否则服务社会,本其中学所有普通智识,亦足以蔚然造成健全的社会中心;或者独学精研,根据中学智识,亦尽有完成天才,达于绝诣之可能。近年政局不定,经费竭蹶,士习嚣张,学风败坏,大学学生,至不能缮写寻常交际信札;专门出身,至不能了解普通自然现象;此无他,中学教育退步故耳。吾人以分析眼光观察今之中学,教科设备,自有许多超越二十年前学校之处;顾就一般言之,十年以来,似属退步多而进步少。观于各地方中学经济为难情形,以及少数有名中学学生拥挤状况,可知良好中学校之缺少,实为无可如何而又不容否认之事实。因此之故,升学者,不能得深造之资;不升学者,不能以技能自食其力,勉为社会独立生活中之健全分子。方今公私建设事业,处处需才,而游手好闲之徒,智识低能之辈,浮动于社会各方面,日为饭碗竞争,得所藉手,则磨牙吮血,儌幸于一掷万金之迷梦。或挟朋树党,造成小组织以图把持包办之计。凡此种种,皆其学识能力不足,精神修养欠缺之故。而大学中学教育不良,供给之人才与社会之需要不相适合,又实为厉阶。因此吾人主张改造教育,尤主张改善中学教育。使于青年之人格锻炼,品行修养,在中学时代,即为之树立优良基础,宛若"蓬生麻廉中,不扶自直",将来升入大学专门,可以专精学艺,不虞其根器薄弱,而受外界诱惑。其不能升学者,即令衣食奔走,亦以学养有素,不致堕落恶化,为环境所征服,贻害于社会。”

中学毕业青年不能升学,即使具有相当的知识能力,因为所学习的,皆是属于普通科,对于产业上,不能有所贡献,国家社会,已经损失了许多,而况就是普通知能,还不能令人满意呢?请再看下段所说的中学毕业生的出路。

(五)中学学生的出路。普通中学,高、初两级,费了六年光阴,而所学的仍不过是普通学科,并无一技专长可以为社会执业。如能全数升入大学,倒也罢了(升入无聊的大学,毕业之后,影响于社会何如,那是另一问题,不在本文讨论范围)。无如事实告诉我们,中学毕业生,真能升入大学的,却又很少很少。五年前江苏省教育会,调查江苏全省中学毕业生,统计起来,升学者还不到百分之四十,近年情形,虽不可知,但推想起来,恐怕也未必能增多罢!那末,这每年一批一批中学毕业不升学的学生,怎样去安排呢?欲就农工商界各业,而所学的,又系普通学科,与农工商无关,而且所谓农工商界的小事,亦未必能尝去屈尊相就。结果,惟有下列几条路可走:(1)趋集都市,向党政方面谋工作。(2)在本县本乡,谋政治工作。(3)到小学校去教书,在家闲住。谋工作,未必即有工作,于是社会方面,乃感觉人浮于事,失业者日多,以致倾轧之象,排挤之风,悲愤之气,嗟怨之声,到处皆是。可是各方面间有新事业发生,欲求适当人才,能耐劳苦,能忠职守,能于普通常识外,略具一技之长,可以了得人家事的,主事者则又相顾摇头,叹谓不易物色。矛盾现象,乃竟如此,而一般普通中学,仍是增班添级,天天谋扩充,日日图发展;教育行政方面,也从未闻有通盘计划,施以节制,加以调剂,这真是令人十分可疑可怪的事。

以上五种现象,皆是明明白白,放在我们眼前,我们虽欲讳饰,恐怕也讳饰不了。究竟青年学子,烂漫天真,他们有何罪过?我们固然不能怪他,并且也不忍怪他。所以造到如此地步,不用说,还是从事教育的人,要负一些相当的责任了。有人和我辩论说:"欲救此弊,又有何难?只要每一个中学内,有好好负训育专任的先生,立定标准,设好办法,如盛先生那一篇大文所说,还怕青年有不当的态度发生么?思想指导和矫正,也是看训育的设施如何,只要训育好,自然也就少有问题了。体育改良,那更是容易事。至于知识能力,不能齐一,比较参差一些,那末,多筹经费,使设备完善,延聘有名望的教员,按住学生们,拼命用功,还怕程度不增高么?说到出路,更不要"杞人忧天"。目前社会事业不发达,所以不能安插许多中学毕业生,将来政治上了轨道,不但社会方面,事业增多,需才孔急,就是政治方面,各级各类,需用人才,也不在少数。不见英国工党内阁执政以来,对于中学,力求扩充么?此本是根据平民主义应有的教育政策,也可以说是世界不可抗的思潮。以我们中国人口如此之多,受中学教育的,千人中未必有二三个,力谋扩充,正是我们的责任,还能说今日中学设得太多么"?照这样说,似乎也具有相当理由。但是如此问题,就能这样轻轻解决了么?我们且再看一看现在一般中学的办理情形,把其他的现象一一说出来,便可以知道能不能依照目前局面,来解决这个困难问题了。

(一)中学教训分立。因为学校学生人数多,规模大,图行政的便利，不能不设立教育、训务两处，以便处理各务，系统分明。其意也未尝不善。可是由此一来，凡是做教员的，皆属于教务一个系统之下，每学期开学后，接到授课表，即行按表上课，其他一切便可不管。其属于训育系统有训育主任，尽管订计划，立规条，未必有暇时时和学生接触。和学生比较常接触的，则有所谓训育员和指导员。章程规定明白，有时查宿舍，有时查饭厅，有时管请假。可是，宿舍内不叫喊吵闹，能按时息灯，能按时起床，饭厅内不骂厨子，不摔碗箸，出去时皆能来写假条，这算得是训育成绩么？一间宿舍内，住了五六人或七八人，小者年十二三，大者年二十一二，关起门来，所谈何事；枕头被底，所藏何书；训育员能去查问，敢去查问么？平日学生身体康健如何，性情如何，家况如何，使用金钱的情形如何，将毕业了离校以后的办法如何，训育员对此能十分注意，时时挂在心头，时时加以访问指导的，试问能有几人？可是，这又不能尽怪训育员不肯负责了。学生众，班级多，应付不周，只好消极敷衍，不求多事；学识薄，资望浅，信用未孚，只好维持现状，不求有功。有特殊势力的学生，校长教员，且特别看待，特别优容，言行不对，训育员还敢去指教么？初中高中，同在一校，施以同等训练，窒碍已多，中学师范，并在一校，专业训练，更复无从说起。近来还有一种情形，凡是做教员的，皆不愿兼任训育，无论何人，皆视训育一桩事为苦差，所以如此，自然有特殊的原因存在。至于教员只管“教书”，不管“教人”，一离教室，便与学生无关，差不多已经大家认做天经地义毫无疑惑的定例了。试问，中学内各种功课，那一种能与人格修养、才能锻炼脱离关系，国文、历史、地理、社会等学科，不必说了，就是自然科、艺术科又何尝不与做人之道有关？教员之于学生，一方面要灌输学识，一方面也要顾到训练品行。今则只知有“书”，不知有“人”，纯粹成了一种买卖行为，机械作用。教育结果，还能问么？比较起来，小学校里，师生关系，尚属密切一些，关于学生个性的考察，家庭的状况，先生有时也还加以注意。因小学究竟组织简单些，并不皆是教训分立，教书的人，也还不是仅以教书自囿。可是，一到中学，便大大不同了。仿佛今年学生上半年是十二岁，在小学里，还是一个儿童，下半年进了初中，十二岁半，资格能力，就迥然不同，俨然以成人看待了。中学教书的先生，因为契约上，订明是不管训育的，也就对于学生一切行为，不闻不问。这样情形，算得合理么？我有不少朋友，在中学方面服务的，对于此等情形，谈起来，也很不满意，也很觉得危险，可是，举世滔滔，已成积重难返之势了。我请教高明，应否要打破这个局面，并且用什么方法，才可以打破了这一个局面？

（二）中学教学不顾实际。为什么要求学问，不是为供给实际生活的需要么？普通中学，规定科目如此之多，到了高中，还要自由选修，今日学这样，明日学那样，上一时听这样，下一时又听那样，教员只用一张嘴吧，学生只用两只耳朵，就算尽了教学的能事。这样办法，早经有人大起怀疑了。学生英文程度，未必十分高明，而所有生物、物理、化学、地理各科则多用英文原本。教员上课，还要释生字，解文法，一学期不过讲二三十页，规定教学时期已完，只好就算这一科毕业。如此办法，对于英文练习，或者有些效益，而于本科课程的功用，简直可武断说一句“得益甚少”。如此情形，恐怕现在的中学，不在少数罢！中国科学向不发达，而近代人类竞争的胜败，则多决定在科学知能如何，提倡科学教育，那是目前最重要的一件事，这是谁人都知道的。中学课程，对于自然科学、社会科学皆应特别注重，自不必说。可是，自然科学，要先察实物，然后再证以书本的。社会科学，要注意读书，同时佐以实际考察的。现在看一看一般中学的情形，教生物学的，专去读动物植物学的书，并且读的皆是外国书，本国所产的动物植物，是不必去观察的，不心去解剖。教物理化学，是专去读力、光、声、电及有机、无机化学的书，呆记公式，对于眼前所常用的电灯、电话、电报、照相、留声机以及墨水、肥皂、酱油的制法，可以不去问讯。结果，名词公式，记住了一大堆，而于眼前的自然现象，日常使用的普通物品转不能说明。尽管在校内考试，得过一百分，而一出校门，不满二年，便说“雀入大水为蛤”“腐草为萤”的道理不错。甚至稻麦、豆菽也辨不清楚。这样下去，要想依靠学校教育的力量，来增长国民制御自然的能力，如何能够呢？讲求社会科学，当然要斟酌中外情形，一面灌输学生以必要的学识，一面训练学生以实用的知能。对于中国文化，更要特别注意，加以及采择，择其善者适者，特别发挥，以期恢复民族固有的能力，发扬民族伟大进取的精神。现在一般中学内担任公民社会历史地理等科的教员，不是迷信外国学说，生吞活剥不复加以咀嚼消化，便是笃信中国旧章，迂拘因执不知变通融和。骛新的，固不明白中国实际社会的需要，拘古的，更不明白现时中国社会的情形，只抱书本，不知其他。课外的读书指导，社会风俗的调查，丝毫不复过问。结果，学生们书在心内，可以背诵出一大套，而事在眼前，转不知如何去处理。照这样下去，要想依靠学校教育的力量,养成通权达变的人才,又如何能够呢?这是不是中学教员应该负责呢?在小学方面,还有若干教员,考究教学方法,就是编著各种小学教本,也还有附看教授书的,一到中学,就仿佛换了一个世界,再用不着如此了。一个中学教员,担任一门课程,教授十年,他那一本讲义,未必有多大改革变化,根据他们历年心得写出一本教授书教育法来的尤其少,固然现在中学教员中,好研究教育的人也不少,可是死守旧法,不求改进的,眼前也未免太多了。我曾听见一位教育家现任大学教授的先生说:“中学教育的一个阶段,比较的进化迟,因为中学教员先生们,皆是守旧的居多,看看各国的情形皆是如此。”这句话大概是不错的,那末,也就怪不得我们中国的中学教员了。不过中国国势,与各先进国有点不同,人家的社会,人家的教育,已经有了相当基础,我们则基础尚未巩固,或者还要另换成基石,如再长些不变,那还得了么?我再请教高明,应否要打破这个局面?并且用什么方法,才可以打破了这一个局面?

(三)中学教育不合社会需要。社会需要的中学毕业生,是一个知能健全的人,而现在中学,偏偏养成知能不健全的人。中产阶级以下的人家,送子弟入中学,需要成就一个能守常,能应变,能整理家事,能服务社会的人,而现在的中学,偏偏养成不能守常,不能应变,不理家事,见弃于社会的人。在家随父老做事的子弟,还可以心思手足,同时并用,得着完整的训练,得着社会必要的经验,尽管科学知识没有,外国语文不通,脑筋思想不免有些腐旧,还能在旧社会讨生活,做一个旧社会的平常人。或者因为有了特殊天资,特殊机会,自家去求知识,自家去练能力,也还可以造成一个旧社会中革新的人物。可是,一到现在中学,便成了特殊阶级的分子了,章程订明他们惟一责任在上课,在读书,在应考,在得证书。上课读书等事外,一事不必问,不必管,全身手足的机能,通通用不着。住的,吃的,穿的,用的,皆要特别考究,皆有人替他预备好,习惯成自然,如此者经过六年长久时间,毕业之后,除升学的一部分外,不升学的回到家来,父兄希望他来帮助理家事,谋生活,固不能达到这个目的,而因欲望高,气焰大,想到社会去服务,亦且往往与社会扞格不相容。论到这种流弊,说得最痛切的,要算是梁漱溟先生在广东省立第一中学的一段演讲词了,现在可把它写在下面:

"我根本的主张,是要学生拿出他的心思耳目手足的力量,来做他们自己的生活,不一定是他们个人的,就是团体的,也要由他们自己去管理,去亲身经历,总要他们用他们自己的心思才力,去求他们自己所需要的智识学问。我们很不满意于现代手足不勤,心思不用的教育,差不多现在学校里一切的事情,都是要学生不要操心,而由别人替他们预备好,所吃的饭菜,有厨子替他预备,日常的杂务,有听差替他预备,一切的校务,都有职员替他照料,所有的功课,都由教员预备好了,来讲给他听,校内的秩序,也都由学校管理人来维持。总而言之,现在的学生,只站在一个被动和受用的地位,好像把学生时代看做是人生一个短期的预备时代,是专门读书的时代,不是做任何事情的时代,以为像这样有别人替他把什么都预备妥帖,他就可以专心读书。但是所得的结果,却完全不然。不仅是他的书不能读好,学问不能求得,并且还把他变成一个不能做事的废物。教育的本意,是要把人们养成有本领、有能力,如果要使一个人有本领、有能力,就非发展他的耳目心思手足不可。要能够用耳目心思手足来做事,才算得是有能力、有本领,要是一个人始终不用他的耳目心思手足,他就始终不能够有能力。反之,如果他能够常常用他的耳目心思手足,一旦遇到一个问题,他就立刻可以把它解决,不致茫然,也不致慌张,总能够寻出一个应付的法子,对于无论什么事情,他自己才能够做得来。”

诚然,不能说个个中学皆是养成“不做事的废人”,可是,照现在一般中学的趋势去训去教,一定会有这种不良结果,可以说,这是无可避免的,也是无可讳言的。我也请教高明,这样局面,是否应该打破?并且还要请教,打破以后,再如何办?

(四)中学教育不合社会经济状况。欧美各国以及日本,对于中学教育一阶段,力求完美,学生人数希望越多越好,设备希望越完全越好,这是因为他们公私财力,足以副这个希望,那末,又何乐而不为呢?况且他们除了普通中学外,还有中等程度的若干级的职业教育,足以救济,足以调节,所以比较起来,尚不至有什么破绽。但是他们具有远大眼光的教育家,已经发出若干不满意于教育现状的论调,主张改革的人也很多。而日本人主张中学改革,则尤为急切。我们中国,职业教育,可以说连萌芽还没有。拼命的对于中学一个阶段,力求扩充,并且一致的趋新趋高。本来说新制中学改办之后,旧制中学不妨并存,可是现在旧的已完全没有了。无论人才经济怎样,总是要办新制中学的,初中甫有规模,无论如何,总是要办高中的。级数越多越好,学生越多越好。学生毕业离了学校,便如货物出门一概不管。办中学的一方面，既然要力求发展，则下面衔接中学的小学和上面衔接中学的大学，自然也要力争上游，共谋展进了。况且小学第一级，是属国民的基本教育，更要谋普及，专门以上的高等教育，关乎国民人才的养成，也更要谋发展了。你也求发展，他也谋展进，第一成问题的，便是“经济”。现在再看一看中国的经济状况怎样，能不能和现在的教育制度相适合？这一层庄泽宣先生说得最痛切，可把他的话引在下面：

“中国人的富力，本不及西洋人，近年来比日本人也比不上，加以连年天灾人祸，人民经济状况愈趋愈下。而儿童受新教育的费用，却比受旧教育要多得多。况且从前的旧教育是为少数人想得功名富贵而受的，现在的新教育，照理讲来，除低能儿外，人人都应该受，所以学费应该更廉，但是实际上讲起来，父兄送子弟入新式学校，比从前请先生或入私塾，费用要多得多，年限长得多，一般的‘平民’把子弟送入学校读书，已经不容易了，送入中学，经济力的担负更担不起。至于大学生的父兄，可以说都是‘中产’阶级以上，然而因为上面所提及的缘故，所谓‘中产’阶级以上的人家，是一天少一天，他们的子弟本可以升学的，因为经济力不足，也只好望洋兴叹。我们常常听见有许多的好学青年连想入中学都困于经济而进不成，说来真可叹息。至于新教育用费较多的缘故，是因为新教育是多方面的，是需要精美的设备，较有训练的教员的，至于想输入新方法、运用新教材的学校，更需较大的经费，因此学费也不得不增加。学生用的新书比旧书贵，好的学校又都在大都市，旅费也就不少。一方面学生的用费愈增愈多，一方面国民的经济状况愈趋愈下，这是多么可怕的现象！升学需费更多，不升学一无所长，高不成，低不就。并且现在的学校与社会隔绝得很，进学校越进得久，越不知道社会的真相，其结果做一个纯粹的学者资格不够，叫他与社会一般人为伍，又配不上，或更不屑做。所以各学校的毕业生，便成了高等的流氓！”

也有人说，“中国人的穷，是因为无教育，教育便可为救穷的良策”。这话诚然不能说他错。但是，要照中国目前所用的教育制度，所用的教育方法，能使产业发达么？能使财富增加么？不要说一般国民人人应享受的义务教育普及已经是很难很难，即使勉强普及，亦未必与国富有裨。说到六年制普通中学，多多设立，更不容易。即使一切不顾，多方搜括，拼力来扩充中学，仍照现行制度，现行办法，不加变更，恐怕将来中学设立愈多，社会穷困愈甚；中学毕业生愈众，社会上不能谋生治业的人愈伙。干脆地说一句：像欧美式的完全中学，中国要想一口气设立了许多，照目前公家的财力，实在是有点不配。而有了很阔绰的学校，当然要有俸额较高的教员，于是对于学生，便不能不收较多的学费。那末再看国民社会经济情形又是怎样呢？庄先生已经说过了，我从前也曾做过一篇文章——参观了广东省立第一中学以后，内有一段话，也可把它引在下面：

“现在米珠薪桂，生活程度这样的高，有什么方法能把它降下去？普通不能工作，靠着不动产或动产利息过活的，有两万元，总不能算少了罢。但是以周年一分利计，每年所得，也不过两千元。具有大学毕业的资格，在社会服务多年，品行既极端正，办事又极勤谨，这一类人，恐怕也不算多罢。但是他每月收入的薪金能有两百元，还能说少么？以上所说的这两类人，在全国四万三千万人中，我想总是居最少数罢！可惜无调查统计，可以指证出居万分之一啊。这两类人，若是家有八口，居近都市，试问，一年之间，除衣食住行所费，剩余能有几何？倘是有三个子女，同时入中学，少此说，每一个费去两百元，共要六百元，能办得了么？中学已经办不了，升入大学，更怎样办呢？一人一年，便要六七百元，就是拥有两万元财产的富翁，月入两百元薪金的高级职业，恐怕也有点吃力罢！这两类的人，居全体人民内最少数，已经嫌吃力了，其他大多数的人，更怎样说呢？那末，结果，只好让那些最少数中的再最少数富有资产的人，拿大薪水的人，专享那送子弟入中学入大学的特有权利了。'教育平民化'，这句话，怎么说？就是对于普通中学毕业不能入大学的学生，又怎样去处置？是不是一个问题。”

那末，像这个样子，社会方面，还能供给得起么，我以为办教育的人，不要只看见自己的学校，忘却了学校以外的社会，更不要只看见外国的学校，忘却自家国家社会的现状。教育本是为改革社会的，自不能不顾到社会经济能力。如现在所办的学校——尤其是中学，是“硬将教育从他赖以生存的社会经济背景里，强扯活拉，分离开来”。（用陈礼江先生的话）如何能成呢？这一层，我更要请教高明，是否要让这种不自然的局面，永久存在？

以上所说的这四种现象，当然不是较简单的问题，可以容易设法把它轻轻解决了的。学校（指中学）以内的教育方法，既不合式，不能养成适合社会需要的人才，“如何设法救济”已成了不容易解决的问题。而像这种级数多、学生众、课程繁、阶级特的六年制中学,应否多多设立?或者竟说是“应否设立”?更是关于教育行政教育制度的不易解决的问题。倘若糊里糊涂,让它随便过去,闭着眼睛,不加思考,或者竟存一种侥幸心,以为“穷则变,变则通”,不必枉费心思去硬谋解决,到了水到渠成,自然也会解决。那末。我也就不必哓哓不休,免得惹人生厌了。不过默察中国社会情形,危机四伏,险象环生,万万不能容得我们安稳地渡过这重重难关,虽欲徼幸也无从徼幸起。且历史成例,明明告诉我们:“穷与乱,是息息相关,互为因果的”。今日职司教育的人,既不能救穷弭乱,稍尽一点天职,反而凭着现在教育制度,教育方法,专来帮助增长穷境,培植乱源,这怎不是社会的罪人呢?五夜扪心,能自安么?我也是做过中等学校教员和校长的,任过教育行政职务的,就到现在,还是从事于教育职业,要说起责任来哩,当然也其中“有罪”的一人。那末,我做这篇文章,也可以说是我自供“罪状”罢!

四、各派对于改革中学教育的主张

那末,问我有解决这个困难问题的方法呢?我还不敢说,却是很愿随同海内同志加以研究。现在我可把目下各派的主张——预备解决这个问题的主张,一一写在下面,以供海内同志的批评和采择:

(一)第一派。主张不必由公家设普通中学校,政府只定出设学标准,让私人依照标准,自由去收徒设学。大学或专门学校，招收学生，尽可让这一般私学学生来投考。政府如需用普通公职人员，也可设场收考这一般学生。腾出大宗公款，可以尽力来推广义务教育，整理高等大学教育，并多设社会教育机关及科学试验室、科学参考室，或多设奖学金，以奖励科学的发明。

（二）第二派。主张由公家广设农场工场，小学毕业后，无论何人，皆须入场学习三年，或农或工则各随其便，三年习毕，随其质地，如果特别优秀，经考试机关核定，得升大学或专门，学费免收，膳费自给，贫者酌免。

（三）第三派。主张中学一阶级，可不必设，应注全力于办小学、办大学。因为国家办事人才及专研学术人才，关系一个国家一个民族的政治盛衰，文化消长，万不能不设法好好地培养起来，以应需求。同时国民教育也要十分注意，因为没有这样普遍的基本教育，则一盘散沙似的四万三千多万人民，万万无从团结起来，成一个大团。中学一个阶级，它的任务，只在预备升入大学，当然数不宜多，质不宜平。最好按照目前全国的财力和社会的需要，用国家的全力，设完备的大学数所，置学额若干，再来酌设预备科，专收天资特别优异的青年，入内肄业，经过一定时间，即行升入大学，不必再立中学之名，即就附近大学的地方，设立若干所，责成大学兼办。在小学毕业的，为农为工为商各听其便。但也要应社会需要，设立各种职业学校，以便有志习新职业技能的小学毕业生入内肄业，修业的年期，学习的科目，多留活动余地，不必拘一。再高一些的，可以酌设专科学校或者专门学校，以便在低级职校毕业的生徒，入内肄业。全国大学，不必多设，另有专门学校，可以补其缺乏；大学生数不必多设，专由预科毕业生,供其取求。这样一来,则无目的普通中学当然可以不要,而全国人民所感受教育不良的苦痛,也就可以完全消灭了。

(四)第四派。主张在中学一阶级内分设农工商科,又凡其他为谋生准备的科目(如医学家事等)亦可于中学内分设。不妨把中学初高两级六年分成三段,每段二年,低者称为"初级",高者称做"高级",中等者则称做"中级",低级和小学衔接,高级和专门或大学衔接。凡是习农工商及其他职业科的学生,则各随其性质所近,环境所宜,任习一科,在小学内先受相当的陶冶与训练,升入中学以后,仍是一贯的训练。低级毕业,愿升中级者听,中级毕业的亦照样,如愿深造,一直可达大学。他的教育方法,皆是低级注重"做",高级注重"学"。换句话说,就是程度低的,多侧重于劳动工作,以养成"双手万能"。年级愈高,则渐趋重于理,而学理仍与实验并重,以期养成脑手交用,由技师进而为创造者、发明家。至于普通知识,公民训练,在中学内,仍是照样注重,万一少数学生性质与文学哲理政治相近,也有能言语的良师为之指导,不能言语的图书馆供其浏览,登高自卑,不妨由中学而大学,而研究院,蔚成一个文学家、哲学家、政治家、法律家。但此等文哲政法的专门学者,并非不辨菽麦的书生,不知制造的名士,不识经济的隐者,因为他在中学时期,已经受过了职业教育的洗礼。这样一来,所有普通中学的流弊,可以一律扫除,而因职业专科的一贯,技能自容易专精,而于文化教育,也并没有什么妨碍。这可算是救中国教育的惟一良剂。

(注)参看中华职业教育社出版的《教育与职业》第十二期黄炎培先生著的"与李石曾君谈职业教育"

（五）第五派。主张把整个的教育系统，分划成三个阶段：第一阶段，叫做“基本教育”，无论何人，皆须经过。内分三支：（甲）八岁至十五岁儿童每周受基本教育，至少二十五时，凡四年。（乙）十五岁至三十岁的人，每周至少六小时，凡二年。（丙）三十岁至五十岁未受正式教育的人，必须补受基本教育，至少每周三小时，凡一年。第二阶段叫做“扩充教育”，也分三支：（甲）为曾受甲种基本教育的儿童，愿继续求学的而设，凡五年，分两级，第一级三年，与以产业上基本知识，所注重的是各种社会及自然科学。第二级二年，分两部，一部为不升学的儿童而设，注重产业上特殊的及实用的知识及技能，使毕业后能在各界充任中级职员。基本教育学校的师资，也在此养成。一部为升学的儿童而设，注重文字上的训练。（乙）为曾受乙种基本教育的成人而设，也分两部：一部为已在各界做事的职员补习产业上知能，每周数小时，以半年为一单位。一部为天资较佳预备升入甲种扩充教育第二级的人而设。此种学生，经济不足，可由公家补充。修业期约四年。（丙）为曾受丙种基本教育的成人愿继续求学的而设，也分两部：一部重在补习，一部则为之广设图书馆，并派员指导，俾便自修。此种扩充教育机关，除图书馆外，可称为“产业学校”或“劳动学校”。第三阶段叫做“学术教育”，则为养成专门学术人才。这称教育机关，不是教室，不是宿舍，而是大规模的图书馆及试验室。

（注）参看庄泽宣先生著的“如何使新教育中国化”

（六）第六派。主张把中学移设于乡间，因为有公共庙宇祠堂，可以借用，有自然的教材，可供研究，有农事工作可以习劳，且可省却学校及学生两方许多用费。教育实施时,多留自由活动余地,农忙时在田间工作。农闲时则在学校读书,无所谓放假。教法,则注重自修,参以讲演,无所谓呆板上课。课程,则注重国文国语中外史地,政治经济和本地社会的研究和调查。其他如农林、水利、畜牧等,视学生性之所近,可以分别研究。毕业期或迟或早,亦不必一定。在此肄业的学生,皆能明了世界大势及本国情形,皆能大公无私,和衷共济,皆能读、能说、能写,皆能操作、能走路、能当兵。

(注)参看第十七卷第六号《教育杂志》,唐谷先生著的“我国今日所需要的中学校”

(七)第七派。主张普通中学内,附设农场、工场,让学生去耕田,去做工,关于普通学科,同时一并学习,可是农事与工作,应与读书作文一类课程并重。耕田做工,是真做,不是假做,是实际生产,不是随便游戏。务使学生脑手并用,将来升学的,功课程度可以不低减;不升学的,可以从事于农工事业,独立谋生。而在做学生时,因为耕田作工,也可得着经济上的补助,减轻父兄学膳费的负担。

(注)参看中华职业教育社出版第一一〇期《教育与职业》江问渔著的《参观了广东省立第一中学以后》

(八)第八派。主张普通中学教育,要极端注重实际生活。学校内须组成职业指导部,务使各种课程,在可能范围内使他“职业化”,学生学习之后,便可增进产业上的知识技能。同时普遍地注重体育,注重劳动,注重处理事务才能的训练,注重团体生活习惯地养成。到了初中第三年,尤须注重考察各生个性、家况、能力，分别升学与就业两种，予以适当地指导，或设法为之补充职业的知能。在教育行政方面，对于中学毕业生的出路，详加调查统计，须适应社会的需求，使普通中学与职业中学为适当的分配。而于中等职业学校的设立，政府须预立合宜而且活动的标准，不必划定呆板形式。科目设置，宜先调查，毕业期限，宜分多级。并须推广补习教育，使失学之人，有进取的机会；推广职业指导，使社会学校两方，造才用才，皆能各得其所。

（注）参看中华职业教育社出版的《教育与职业》所载各论文

以上八派，激进和缓，虽各有不同，但是对于现在一般中学，主张加以改革，则是一致的。究竟何派主张，较为合宜？我个人却不敢遽下断语。希望教育界同志，详细加以讨论，或者除此八派以外，还有较完善的改革方案，更盼不吝赠教。在作者个人，是无成见的，而且是极端欢迎新主张的。

民国二十年一月二日脱稿于中华职业教育社办事室

（原载《教育与职业》，1931年第120期）

民国十九年的职业教育

“过去一年又一年，清风明月总依然。”风月是自然物，尽可一年一年的“依然”下去。而人类除做“自然人”外，还要做“文化人”，他是负有展进社会文化的重大责任的。倘是一年一年的故我“依然”，就小我说，便是个人的不长进；就大我说，便是社会的不长进了。教育事业，是展进文化最要的方法，而一切教育事业中的“职业教育”，在今日的中国，更是疗治社会虚弱病的良方，增加社会强健力的要策，所有一切设施，不但要一年胜似一年，更要一月胜似一月，一日胜似一日，才可以生存于经济角逐之世。我国自从有了“职业教育”的一个名词，同时即有了“职业教育”的实际设施，已经不止一年了。以前的情形，我且不必为历史的叙述，现在可把去年一年——民国十九年——间的，全国职业教育状况，略说一说。

（一）民国十九年的全国职业学校数　实施职业教育，要有固定的机关，这种机关，便是职业学校，除农工商大学外，凡在中等教育程度以下的，无论是专为训练职业知能的单纯职业学校，无论是附在普通中学内的农工商科，皆算属于这个范围。在民国十九年一年间，全国职业学校及普通中学内所设的职业科，共有几何呢？此时惜无调查统计表可资查考，我们只好根据十八年的情形，用以推测十九年的概况罢！据国民政府教育部公布调查全国职业学校数及级数如次表：

全国职业学校数及级数

（原表略。编者注。）

以上所列的数字，是从“全国中学校数级数比较统计”内摘录下来的。虽然是民国十八年的教育数目，可是民国十八年度一学年，是占入民国十九年度的，上下两学期的情形，当然不至十分大变动。可惜这个表，只有职业学校，至于普通中学内职业科，那就无从知道了。

我们就这个表上所示的，似乎有下列几点值得令人注意：

（1）民国十八年比较民国十五年，职校增加的有山西、福建、辽宁三省，北平一市。此三省一市中，以福建一省情形最好，增了三校十九级。

（2）民国十八年比较民国十五年，职校减少的，有河南、湖南、浙江三省。河南、湖南二省的减少，是由于军事匪患，自不待言；浙江比较安宁，乃亦减少五校十八级，却不能知其原因所在了。

（3）湖南一省，就数量上看，在三四年前，职业教育的发达，可算是各省之冠。十八年虽然减少至五分之四以上，而校数在各省中，仍然是占第二位。

（4）东北近数年来，比较秩序还好，而荒地待辟，富源满地，确是设施职教最好的地方。如辽宁一省，在民国十五年职校三十一，已不算少了，到民国十八年又增五校，居然居全国各省的首位。吉黑两省,也皆是生产急待发展的地方,民国十五年并无一所职校,民国十八年亦各有数校了,这皆很好的现象。

(5)所可惜的,江浙号称教育发达的地方,职业教育,乃竟衰落不复振,岂真社会无此需要耶?

(二)民国十九年的职业教育行政　其次,我们便要说到“职业教育行政”了。国民政府根据三民主义以施政施教,而欲求民生主义的贯彻与实现,当然在在与职业教育有关。在民国十九年一年间,南京举行各项会议,其中均有关于职业教育的提案,如三中全会朱家骅、褚民谊两先生提出“厉行本党教育政策案”中,关于职教的有两段,可录之于次:

“职业教育,向为我国所忽视,各省举办之各种职业学校,类皆以书本为主,缺乏实验之设备,且与当地生产环境不相呼应,毕业后,又无适当之出路与保障,故其所得之效果,直等于零。今后吾人必须力矫前弊,对于学校之设立,须以适应当地生产需要为主要条件,于工业区域内设置实验工厂,于农业区域内,设置农业试验场。一方面为学生实习之用,一方面即为改造当地生产之张本,并为之预筹生活出路,与确实保障,使能达到人尽其才,地尽其利,物尽其用,货畅其流之目的。同时于军队中,实施职业教育,以为他日垦殖筑路及其他生财之用,此不仅可以化分利为生利,且为消弭战祸,救亡挽危之根本大计也。”“职业教育,一是于工业区域内,设立各级工业学校,以改良当地工艺技术,增进工业生产为原则。二是工业学校,必须附有实验工厂,并须以实习为主,学科为辅。三是全国划分若干农业区,每区设立一农业学院,于各地设立农业学校,在学校区内,附设农业试验场，与当地之乡村师范学校、乡村小学、农业合作社等，互相联络，并设农业巡回指导员在区内各乡巡回指导，以期增进农业生产之技术与效率。四是由教育部与训练总监部会同计划实施军队职业教育。五是规定凡政府机关之技术人员，应尽先录用职业学校之毕业生，并由各省县市设立职业介绍局，专为接洽介绍。”

所说的，既是切中弊端，计划的又是能十分妥洽。据报载，此案已经议决交政治会议讨论。

去年教育部所召集的全国教育会议，对于职业教育实施，虽少具体的计划，但教育部订立职教课程标准，已正在征集各方意见，积极进行。前农矿工商两部，举行全国农矿工商会议，对于农业教育，工商教育，劳工补习教育，也是有许多议案议决成立。总算是政府方面对于职业教育十分重视十分注意了。

（三）民国十九年的职业教育背景　究竟中国现在需要不需要职业教育？那就要看职业教育的“背景”如何。本来背景所在，也就是问题所在。现在可就十九年间，最著名的几项，提出来说一说。

（1）失业的人数增多。近年几乎没有一国不闹失业问题，一班政治家、经济家焦思苦虑，希望解决这个严重问题，一时还未能得着完善的办法。中国哩，因为天灾人祸循环不绝，农不得安心耕田，工不得安心制器，商不得安心懋迁，所在皆是，至于士的失业，皇皇奔走，为数更多。已失业的，固觉无从安排，而每年学校毕业生，除国立大学不计外，还有若干私立大学；除大学毕业生不计外，还有若干不能升学和不得升学的中学毕业生；除中学毕业生不计外，还有若干不能升学和不得升学的小学毕业生。十九年一年间，此项未就业的毕业生，究竟增加了多少，又合之以前无业的及其他无业的人共有多少？一时颇难统计；但是只就中华职业教育社所附设的上海职业指导所，民国十九年一年中，到所委托介绍职业者人数，看起来也就很令人可惊了。兹就委托者二千八百七十二人中的资格，加以分析如次表：

民国十九年登记人之资格分析表

（原表略。编者注。）

这不过是上海一隅的情形，其他各处，更可推想而知了。有人说，失业还是先有业而后无业的，若中国人，大多数是本来无职业的，或依父兄，或依亲友，一旦失却所依，遂不免到处乱撞，实在说起来，这一种人何尝算是失业呢？即如初出学校的毕业生，无事可做，只能说未得业，也不能说是失业啦。那末，我国目前失业及无业的人，既已如此之多了，而无目的的普通中学，还是不断的加工制造具有普通知识而无专门技能的人，将来如何是好呢？试问，这是不是职业教育的一个重要背景？是不是社会亟待解决的一个重要问题？

（2）工厂工人工作的效能。我却不敢武断的说，中国工人工作的效能，一定怎样低；可是，比之外国，总是有点及不上罢！并且还有一些事实告诉我们，某工厂近来出品日少；某工厂近来出品日劣；某工厂因工人与资方不合作，闹了乱子，关门大吉。这皆是不能否认的。那末，以我们产业落后的国家，仅仅有了一些萌芽甫具的新式工业，而衰落可怜的情形乃如此。再看看四邻工业发达的国家，正在那儿请求合理化，极力谋产量的增加，品质的良善,我们将怎样立国呢?试问,这是不是职业教育的一个重要背景?是不是社会亟待解决的一个问题?

(3)农产品的减少。中国是五千年的古农国,这确是可以夸耀于世界的,可是,现在的农产品的数量怎样呢?还不是产量年少一年,所有赖以养命的米面等项,在在仰给外人么?兹就十八年海关贸易册进口的农产品查一查看罢!

	(数量)	(价额)
米	一〇、八二二、八〇五担	五八、九八一、〇四五两
小麦	五、六六三、八四六担	二一、四三〇、七八五两
大麦	一三、六〇一担	三八八〇八两
面粉	一一、九三五、二九六担	六二、九〇三、八六三两
未列名粮食品	一〇五、二一五担	六五三、五〇五两
计		一四九、八八五、〇〇六两

为什么这个样子呢?秩序不安,田芜不治,水利不讲,旱涝为灾,固然是显著的原因了,而种子不知选择,农具不知改良,肥料不知使用,病虫害不知驱除,更是重要原因。农业学校,不是为养成各级农业人才,用他们来改良农事的么?但是二十年来,效果何在呢?到了现在,米面的收获产量,竟愈弄愈少,究竟如何说法?这也可算是职业教育的一个重要背景罢!

(4)东北西北富源的待辟。东北西北,荒地甚多,富源满地,亟待开辟,而深苦无人,所有人才,皆挤在东南一隅,你争我夺,而吃的还嫌不饱,衣的还嫌不暖。男儿志在四方,何不万里长征,跑到东北西北去,打开一条新路,另寻一块乐土呢?如果要这样办,就应该先从养成边业人才上着手。像这样情形,也可算得是职业教育一个重要背景罢！

可认做职业教育的背景的，当然不仅是上列四种，可是，看到了这四种，也就可以感觉到中国生计问题、职业问题的严重，不能不汲汲设法谋圆满地解决了；要谋圆满的解决，自然就要想到职业教育。

这几种职业教育的背景，固然发生了不止一日，但是，到了民国十九年，似乎格外觉得露骨，格外觉得刺目，格外觉得令人惊心罢！

（四）民国十九年的职业训练机关的新发展　前文说到十九年的全国职业学校数，知道过去一年间，各地方职业教育发展的情形，实在是有限，现在再讲到职业训练机关的新发展罢，可就十九年内职业教育上几种特别情形，提出来说一说。

（1）投考职业学校的涌跃　从前一般人多不愿意送子弟入职业学校，现在却不同了；从前一般小学毕业生预备升学，多不愿意入职业学校，现在也不同了。就中华职业教育社所附设的中华职业学校历年学生数来看罢！

民国十年度	四百一十二人
民国十一年度	三百六十三人
民国十二年度	二百七十二人
民国十三年度	一百六十三人
民国十四年度	三百人
民国十五年度	四百三十二人
民国十六年度	四百四十人
民国十七年度	五百零四人

民国十八年度	七百零四人
民国十九年度	九百人

学生逐渐增加情形,已可概见了,并且再查一查十九年在学学生的父兄,其中有的是曾任省立学校校长,有的是曾任或现任简任官,有的是拥有巨资大贾,于此也可以推知近来社会一般心理,对于职业教育的情形了。

(2)职业学校毕业生的出路　从前工商界是不甚欢喜职校毕业生的,现在情形,也大大不同了。兹再就十九年一年间中华职业学校毕业生经上海职业指导所介绍成功的,录如次表:

学校	六人
工厂	七人
公司	二十五人
机关	十五人
其他	四人
总计	五十七人

不但已毕业的学生,多数已被各界任用,并且有未到毕业期的,因为社会需要急迫,亦当常常有人来抢用哩。这还不是很好的一种现象么?

(3)各工厂特设训练机关。近年各工厂自行设立养成所或训练所,专来造就本厂适用的人才,在十九年一年间,就我们所知道的,如无锡申新纱厂办理职员养成所,已历数年,到了民国十九年办理更格外认真。无锡庆丰纱厂养成所,去年亦开始成立。他们皆是招取高中毕业或高中职业学校毕业的学生,加以相当训练,不收学膳费,且略供零用,人数不多,训练极严格,将来像这一类训练班，一定是继续增多，在十九年一年间，总算是已经开端了。

（五）民国十九年的职业指导　职业指导是职业教育中占最重要地位的一种工作。他是特设机关，任用专家，本着科学的方法，教育家的态度，对于一般受指导的青年，供给事实、经验、及意见，去帮助个人选择职业，预备职业，获得职业，及改进职业；同时也替各机关代为物色人才，考选人才，训练人才。自从民国十六年九月中华职业教育社附设上海职业指导所以来，各地闻风兴起，纷纷的来索章程，问办法。到了去年——十九年——一年，各处设立，或筹备职业指导所的，居然不少了。在民国十九年十二月间，并且由各处职业指导机关联合起来，在南京开过一次联合会成立会。兹将全国职业指导机关联合会成立会出席代表姓名列表如次：

（略。编者注。）

（六）民国十九年的农村改进事业　农业学校的目的，是专为造就各级农业上好人才及好农夫，是属于学校教育的范围。其造成的人物，服务农家，是以改进农业为唯一目的。但是中国农民，大多数未受过相当教育，愚昧不堪，卫生不讲，染病的很多，身心都很孱弱，无结合，无团体，不知协作互助为何物，简直是一盘散沙，涣散情形，真是不可言状；至于农事不知改进，生产无由增加，因之生计异常窘迫，穷得不了，更不必说。所以今日要改进农民生活，还不是单纯改进农业所能奏其全功，必于其全部生活，加以注意。年来农村改进事业，应运而生，就是为谋农民全部生活的改进而设。划定一个区域，认定若干农村，并认定各农村中的全体农民，做一个教育对象，特设机关，延请专家，专司改进事业，深入民间，施以适宜的指导训练。看定农民生计艰难，则为之改良农事，提倡副业，是之谓生计教育。看定农民知识固陋，则为之教授识字读书，灌输常识，是谓之文字教育。看定农民不明结合，不识互助，不知怎样做公民，不知怎样爱国家，怎样去开会议，怎样去谋公益，怎样去办自治，则为之讲解做人之道，合作之益；指导他们如何开会，帮助他们如何筑路，修桥，辟公园，改厕所，是之谓公民教育及政治教育。看定农民不知卫生，不知防卫，不知如何娱乐，则为之筹设医院，助之筹备消防，导以适合运动，以锻炼体质，练习合群，导以高尚娱乐，以代替种种迷信，藉以愉快其身心，是之谓康乐教育。各种教育，要同时并进，协作推行，万流同归，以改进他们的全部生活，为惟一目标。自从中华职业教育社在江苏昆山徐公桥设了一个乡村改进会，中华平民教育促进会在河北定县设了一个大规模的农村教育试验区，江苏无锡教育学院，设了劳农学院，教成了许多学生以来，各地方农村改进的空气，真是异常浓厚。兹就民国十九年一年间情形来看罢：

徐公桥试验的经过，已经二年多，仍在那儿积极进行，并且中华职业教育社认定目前各方需要农村改进人才，甚为急迫，因于去年——十九年——秋间，在徐公桥设立一个“乡村改进讲习所”，招取学友十人，程度皆在中等学校以上毕业，其中有做过教育局长的，有做过小学校长的，有做过农场主任的，有在大学肄业二年的。他们的功课，是一半“做”，一半“学”，做与学相联络，相印证，从“学”的工夫里面，证实做时所得的经验；从“做”的工夫里面,求得有系统的实用知能,所谓“学”,是包括读书、听讲、谈话、讨论、做笔记等;所谓“做”,是包括调查、参观、农业实习、农家访问、茶馆讲演、民众夜校的筹备和教授,开会指导、管理庶务、拟订办法和章程等。这一个学生数极少的学校,恐怕自从有了新式教育以来,是第一个罢!这一种教法,恐怕也是不多见罢!他们是预定两年毕业,但不到两年,程度认为已够,也可出去服务。这个讲习所,开办才历半年,正在那儿加功讲习,将来很希望他这一种试验能成功啊!

继徐公桥而起的,复有镇江的黄墟乡村改进区,那是江苏农矿厅出资,委托中华职业教育社代为计划筹备的。自从十八年十一月开办,经过民国十九年一年的努力,劝导农民种了桑树一万七千余株,民众识字处的学生达三百余人,全区地形测量已告竣,户口调查统计已编成,新黄大道也行将筑成了。

此外复有江苏教育厅所办的汤山农民教育馆,是以农业改进为主体;无锡教育学院所办的黄巷试验区,是以政治教育为中心;上海县钮惕生先生所倡办的俞塘农民教育馆,是以生计教育为要件;江苏各县义务教育联合办事处所办的镇江中冷新村,是以试验普及教育为目的。以上四个农村教育机关,前两个是在十八年设立的,后两个则是十九年新创的,各处主事的人,皆是积极进行,气象极为蓬勃。

其余各种新设立农民教育馆,在江苏一省比较最多,如上海县的颛桥农民教育馆,是在十八年间设立,而十九年一年间,江苏各县新成立的,约计在二十处以上。

至若兼办乡村改进事业的乡村师范学校,除旧有不计外,十九年一年间，各处新设立的，为数亦不少。中华职业教育社所附设的新农具推行所，在十九年一年间，推销国产农具，介绍于一般农民，计其总价，达二万四千元以上，这件事关系农民生计亦殊不小。

（七）民国十九年的补习教育　补习教育，在职业教育中，是居于重要地位，在乡村方面，凡是办理乡村改进事业的，没有不注重农村补习教育问题的；可是，在都市方面，关于工商补习一项，比较的尚不十分发达。上海总算是工商业最发达的大都市了，而补习教育，比较起来，还不能算多。在民国十九年一年间，市教育局倒办了几十个民众学校。同时市商会方面所办的夜校，上海中华职业教育社所办的晨校，也特别的注意试验研究，除补习学校外，他们两处，又各办了“通问学塾”一所，一半面授，一半函授，借书给学生看，替学生批阅文字，解释疑难，每周面谈一次，每月讲演一次，并且两处在十九年底，公共筹备编印一种《通问》月刊，现在已经出版。至于统观全国民众学校，在十九年一年内，增设的当然是很多，不过是否真能合于职业教育范围的补习教育，那就很难说了。

（八）民国十九年的女子职业教育　女子家事教育，在今日的中国，似乎还说不到。看一看过去一年间，中华职业教育社曾开过“女子职业教育研究会”多次，议成议案，而正待实施的，亦着实不少。讲到实施方面，如女子蚕桑教育，的确有大可乐观的景象。江苏省立浒墅关女子蚕桑学校，成立十多年，成卓绩著，不用说了，就是初中程度的镇江私立女子职业学校，学生不过一百二十人，去年——十九年——一年，养蚕制种的成绩，据报告上说，可得净利一万二千余元，也可算得是打破职业学校的新纪录了。这个学校，是在十六年由中华职业教育社会同镇江冷御秋诸先生创办的，意在用他来做女子职业教育一个试验场所，那末，总算是一部分试验成功了。

此外复有上海三友实业社和中华职业教育社所合办的“女子缝纫传习所”，是十九年十月间开始创设，招收初中毕业程度的女生，教以裁制新式衣服的技能，而于普通写算商业知能及服务道德，亦复十分注意。内分甲乙两组，甲组毕业期六个月，乙组则为一年。这种切实办理的女子职业教育，恐怕也是从前所不多见的罢！

观察民国十九年一年间的职业教育概况，觉得有些是令人称心满意，有些是令人动魄惊心，毕竟统观全局，比较短长，还是可惧的地方多，可喜的地方少。现在疮痍满目，利害切肤，览岁月之迁流，念风云之紧迫，应作如何感想啊！昔人有言：“前事不忘，后事之师”。深愿吾教育界同人，回溯十九年以往之职教概况，毋自欺，毋自满，努力前进，和平奋斗，务使二十年之“新我”，特别发展，毋令十九年之“故我”，依然存在。庶乎到了二十一年一月，作者再执笔著“民国二十年之职业教育”时，可以添出许多可喜的资料也！

（原载《教育与职业》，1931 年第 121 期）

乡村教育[1]

第一编　概　论

第一章　何谓农村？

我们先要知道农村是什么？然后可以讲农村的教育，不然便是隔靴搔痒。“農”字的上面，是臼或林，下边是辰。他的意思，便是朝夕操井臼造林的工作叫农，农人住的村落，就叫农村。

农村有山村、水村、平原村的分别：山村的人，住居山旁，他们靠种植和打猎来度日，民性大都刚直强悍。水村的人，是依水而居，他们除种榖之外，还去打鱼，民性活泼敏慧。平原村人，靠树艺五谷，以谋生计，民性和平宽大。

---

① 江问渔讲，王穆清、王沂清记。

第二章　农村优劣各点

第一节　优点

1. 怡情养性的美景

城市地方，乌烟障气，见天不大，住民在这种环境之下，容易感觉到枯寂和乏味。乡村之间，有淙淙的流水，有苍苍的青山，农民日处其间，受着大自然的熏陶，可以养成和平的心理、愉快的精神、宽大的胸怀、高尚的道德。

2. 增进身体的健康

乡村的空气，毕竟和城市不同。农民生活其间，疾病自然比城市少了，并且农人“日出而作，日入而息”，这种自然的运动，比较人为的运动，获益更多，所以农人的身体，最为强健。

3. 发挥互助的精神

城市人民，缺乏互助的精神，大都是“各人自扫门前雪，莫管他人瓦上霜”。所以住居同里之家，也是各不相谋。甚且居于楼上楼下者，也是判若秦晋。至于乡村，那就不然了，只要看“守望相助，疾病相扶持”的两句话，农人的乐于相助，便可知道了。

4. 养成纯厚之性情

乡村人民，终岁勤劳，自食其力，与外界交接极少，所以他们的性情，非常纯厚。那些狡猾的市侩，那堪和农人比呢！

第二节　劣点

1. 交通运输不便

乡村地方，道路狭隘，水道不修，交通运输非常不便。所以农民的货物，流通不易，经济地位，便日见低落了。

2. 见闻机会无多

农民日处乡曲，见闻甚少。都市方面，已成明日黄花的事情，而在乡村还是大惊小怪的互相告语呢！这样，要他们明白社会情状，世界大势，自不可能。何怪他们的知识程度，日渐低落了。

3. 激刺机会无多

要人家有所兴感，应先予以激刺。如欲国民爱国，须将国家贫弱的原因，用文字图画，广为宣传，然后有反应起来，或因此而发奋努力。都市方面，刺激的机会很多，什么标语，什么书报，什么小册，触处皆是；乡村之间，宣传品缺乏之极，结果使农民对国家观念，淡至欲无！

4. 卫生习惯缺乏

乡村的卫生，太不讲求了。他们的衣服，是肮脏的，他们的食物是生硬的，他们的住屋是黑暗的。还有像妇女生产时的没有助产士，传染病的不能设法防止，乡人之死于非命的，真不知多少！

乡村的优劣情形，大概如此，负有改造乡村社会之责者，应将乡村的优点，发扬光大，乡村的劣点，改革化除，务使乡村社会，日进文明，与都市方面，并驾齐驱！

第三章　中国农村的概况

第一节　全国农村

1. 愚

中国农民的"愚"是谁都知道的，推农民之所以"愚"全在教育机会的不能均等。以前的教育家认错了目标。他们办教育，都致力于城市，以为城市人烟稠密，观瞻所及，不得不稍具规模，所以城市教育，比较的发达一些。至乡村教育，便不在以前教育家的眼中，可怜占百分之八十以上的农家子女，都是无学可入。我们江苏各县的教费，多者数十万，少亦六七万，除办理城市学校以外，还能在乡村地方，略事点缀。像湖南等省，那就糟了。各县的教费，只有五六千元，行政用费，去其一半，城市学校，又花一半，乡村地方，便挨不到了。由斯以观，以前的所谓乡村教育，原不过教育家的一句口头惮，并不是要脚踏实地去干的一件重要工作。我们想！中国的乡村教育，糟到这般田地，乡村的农民，焉得不“愚”？三万六千万的农民，既如是之“愚”，其欲中国之振兴，那便无异痴人说梦！

2. 穷

我们中国，素以地大物博，自豪于世。但一观最近的海关贸易册，便足惊人。不特奢侈物品，源源输入；就是著名产物，如米麦海产，也不能自给，每年溢出，动辄百万。以有限的金钱，不绝的外溢，中国社会，焉得不穷？推求漏卮日巨之原因，帝国主义者经济方面叠进的侵略，果为祸首；而以十数年来，内乱频仍，土地荒弃。土匪遍地，民不安枕。水道失修，灌溉不便，亦是重要原因。再加之都市物质生活的诱惑，十分厉害，乡村农民都想厌弃农村，这样，生产自然减少，民生也便日就凋敝了！

3. 弱

在前章乡村的优点内，曾说乡民因受天然之惠，身体强健，本节又提起“弱”字，不是自相矛盾吗？其实并不矛盾。乡村的环境，的确可使身体强健，不过乡村农民，太漠视卫生了，像小孩子不种牛痘而出天花，食物不洁而生寄生虫……这都是事实，你走到乡间,便可一一看到。

4. 散

乡村人民"一盘散沙"绝无团体习惯,以致公共事业,凡百废驰。盗匪猖獗,无法捍御,土劣横行,无力抵抗,乡村社会,满目荒凉,似此情形,可哀可叹!

又若沿海七省,有七千万以上的渔人,他们每天除捕鱼以易钱,去酗酒斗殴而外,便无所事事了。而且他们捕鱼的方法,又非常笨拙,若与日本人相比,中国二百个渔夫,只合上日本一个渔夫的产量,其散乱情形,尤觉可怜!

第二节　江苏乡村

据调查所得,八口之家,在苏常一带,耕种田地,从十亩至二十亩;在扬州通州等处,耕种四五十亩;滁州海州各地,耕种八十亩至一百亩。惟以种作方法的不善,生产能力的低弱,农民之衣食用品,时虞不给,绝无生人之乐。此种社会问题,亟待我们从事乡村教育的人,想法解决。解决之法,惟有改造种作,增加生产,使他们衣食无虞,得"有生之乐"。衣食丰足之外,能略事积蓄,俾得农家子弟进农校读书,至学业有成,去改良农作,做一个完全自治自主的国民,尤为教育者的责任。

无锡情形,与各县稍异:他们有育蚕治丝的副业,他们有新式的种作农具,他们又可以到工厂里去作工。因此,他们的生活比较宽裕。除衣食之外,还有一二百元的余款,可以供给子弟,受农业教育。所以无锡地方,渐有进取之望了。

海州地方,土地肥沃,气候温和,宜于农事。近年以来,逐渐富庶。不过他们的金钱,不去使子弟受教育,拿来乱七八糟,随便使用，作威作福。社会风尚，反一天糟似一天了。

杭嘉湖一带，素称富裕，常见乡村农户，祖父克勤克俭，得稍有积蓄，儿孙便拿血汗之钱去入什么野鸡大学，他们的结果，实学没有求到，金钱倒挥霍一空，乃祖若父，惟有痛心而已！

综上以观，江苏的农民经济，大都困难万分，生活方面，时虞不给，农家子弟，更无机会可受教育。而经济较为宽裕的几县，所有积蓄，又不善使用。我们江苏农村教育前途，殊难乐观！

全国乡村的一般现象，即是“愚”“穷”“弱”“散”，而号称文物荟萃的江苏，又是满目荒凉。农村教育的前途，尚是荆棘遍地，这个艰巨的责任，我们须出全力以赴之，同志勉乎哉！

第四章　中国农村教育之重要

1. 在民智上讲

一个民主国家，能独立于世界，全靠国民的自治精神。我国四万万人，有三万万的农民，没有智识，配不上做公民；只有一万万人，具有公民的资格？只这一万万人，如何可以弄好中国。所以以前只重城市而忽略乡村的畸形的教育，实在是大错特错。今后我们要努力农村教育，使三万万的农民，都得受教育，都有知识，都能做个健全的公民。

2. 就富力而言

一个国家的强弱，以富力之如何而为断。若英美日本，富力充足，国便强盛。我们中国，虽是数千年来，以农立国。但近年来人口渐多，漏卮日巨，弄得民穷财尽，国势衰微。现在我们要中国强盛，须先增厚富力，要增厚富力，全恃教育。我国有“先富后教”的古话。其实是“即教即富”。如教农民用器机种田,可以减少人工,增加效率,便是一个很好的例子。

3. 从国际间看

立国于今日之世,应注意者有二:就是把自己的长处,发扬光大;将自己的短处,设法改良。中国之长,就是农业;中国之短,就是工商。农业之长:便是土地肥沃,气候温和,得天独厚。工商之短:便是一以条约束缚,一以资本缺乏,以致着着失败。怎样发扬我国的农业?便是使用机器,改良农作,让它尽量发展。怎样改进我国的工商?便是取消不平等条约,发展民族资本,俾得挽回利权。要达到发展农业,改良工商的希望,舍农村教育,请问还有什么方法?

第五章　农村教育与农业教育

农村教育与农业教育,两者不同,未可相混。农村教育,是为改良农村生活而设;农业教育的目的,是要养成农业专才。农村教育,是平民的初等教育;农业教育,是有大学、中学、小学的等级。农村教育,范围广阔,内容有五:(1)农民生计(物质的),(2)农村的建设(道路桥梁),(3)农民的健康,(4)农民的娱乐,(5)农民教育(读书识字)。所以农村教育,是改良农村生活;农业教育,是研究农业上的知能,与什么健康娱乐,完全无涉。

讲到二者的关系,却是很大,因为要注意农村教育,须改良生产。要改良生产,那末全靠农业教育。以前的农业教育,失败在学非所用,故对于社会一无贡献。

第六章　中国农村教育发展的原因

现在中国社会,仍旧混乱;而办理农村教育者,对于农村教育的认识和兴趣,却渐次发展。一向从事教育行政的人,大都漠视农村,实施教育的人,又不愿跑到乡间,所以农村教育,弄得奄无生气。但也奇怪,在沉寂之中,首都地方,忽然发现燕子矶、尧化门两个优良小学,他们学校里教的是种菜、烹饪、缝纫等等,切于实用,很得家庭的信仰。因此,便打破了农村教育界的沉寂而渐渐地生动起来！这不是乡教前途一线曙光吗？我们要向着光明的前程,努力赶去！

第七章　农村教育机关及其目的

所谓农村教育机关,就是实施农村教育的场所。这种机关,可分二类:一是学校式的,二是社会式的。何谓学校式的,就是以农村学校为社会文化的中心,一以改造社会;一以教育儿童。所谓社会式的,就是虽无学校形式而能实施教育,像露天演讲便是。而社会式中又有学校式,如徐公桥(是社会式)之夜校是。而学校式中,也有社会式,如社会改良社是,观下表更可明白:

- 机关
  - 社会式
    - 社会式——露天演讲
    - 学校式——民众夜校
  - 学校式
    - 社会式——社会改良社
    - 学校式——民众夜校

农村教育的目的,是要达到“野无旷土,村无游民,人无不学,事无不举”的地步,也就是周礼上“康乐,和亲,安平”,达到了这步，农村教育便告成功。兹表举之：

农村教育的目的	野无旷土 村无游民 人无不学 事无不举	康乐 和亲 安平

第二编　关于农村教育应研究的问题

第一章　农村学校教育

第一节　编制问题

比如有一所学校，教室只有一间，而学生足有八九十人，在一个时间内，不能容纳。如另建新屋，又没有经费。在这情形之下惟有实行半日制，始克应付。

设若教师有了，而又道路不通，又如何办呢？那就需要分日制。如一三五三天在东村，二四六三天在西村。

此外我们要注意的就是：乡村地方，因为农忙的缘故，不得不放忙假，我们可以变通一下，实行分季制，甲乙两地，每地教两季。

还有村庄寥落，交通不便的地方。可以实行流通教师，以将就儿童。

更有水村的人，营水上的生活，那末可以造一条渡船，让孩子乘船过水，以利就读。

第二节　课程问题

现在的农村小学的课程，太觉空泛，不切实际生活，应教的不去教，不要教的反而去死教，也好算是笑话！

乡村小学的体育一科，大可不必，因为呆板的体操，不及儿童在田里劳作的好；音乐一科，也可不必在教室里“1234567”的死教，尽不妨让儿童在校外，把胡琴拉拉笛子吹吹，唱唱山歌念念田谣，倒来得好些。

农业一科，在农村小学里，很有教的必要。但是一般的农村小学，却付之缺如。

照这样说来，农村小学的课程，大有改革之必要。我想可从各县教育局里组织研究会，将会中研究结果作将来实施的方案。

第三节　设备问题

学校设备完备与否？对于教育效率之增减，是非常大的。但是中国的乡村教育经费，困难万状，要学校的设备，像外国小学一样完善，实话是千难万难。但是，我们要想出方法，在可能范围内，力求学校设备之完善。

乡村学校，能利用无用的公物，充作设备，确是一个好法子。像各村间的庙宇，不妨改充校舍，公共荒场，大可建筑校园或充作农场。

乡间的自然物，我们也可尽量采用，以作学校之设备。至于自然一科，更可利用自然。一片大自然，即乡村学校之试验场也。

有许多小学，买贵价的花纸，在教室里装得花花绿绿！而在教育方面，一无价值，这样实是浪费极了！

总之乡村学校因经济的关系，设备不妨因陋就简。但不费钱的设备，要尽量设法，使他比较的完备。

第四节 教 师

乡村小学教师，请乡村师范毕业生去充任，当然最为适合，不过他们的农业知识，恐怕还不足以指导农民。所以在复式学级的学校里，最好再请一位农业学校的毕业生，如是，才可兼筹并顾，学校、社会均获其利。

不过，乡村师范的毕业生和农业学校的毕业生，倘若是没有服务乡村之志愿，也是不行的。现在略举数端，与诸君谈谈。

1. 要有决心

非常可叹的，乡村师范的毕业生，往往不愿到农民间去。有的身在乡村而心在城市，有的身当教师而心存发财。叫这般人去办乡村教育，岂不糟糕。所以，当乡村学校的教师的，先要下一个“到乡村去”的决心。

2. 要手脑双全

叫孩子死念书本是不中用的，已有事实证明了，只在学校里勤谨的，不算好教书。也有事实证明了，做乡村学校教师要有劳工的身手，要有科学的头脑，要有社会改造家的精神，能用手用脑的，去教育孩子，去改造社会。

3. 要有进取的精神

做教师的，进取的精神，是少不来的。因为要事业继续发展，自己的思想也须随着时代潮流进行。设若故步自封，不谋寸进，今日是良教师，恐不数年又成教师界之落伍者了！

第二章　农村社会教育

第一节　社会教育机关

社会教育机关,公家设立的,有民众教育馆和农民教育馆,私人设立的,有中华职业教育社之徐公桥等。民众教育馆和农民教育馆之组织,诸君可回本县调查,姑且略去,徐公桥之组织,当由下编论之。

第二节　社会教育之实施

实施社会教育的方法,种种不一。有成人学校,有露天演讲,有通俗新戏,有……但主要目标,不外两端:

1. 培养农民的爱国观念

2. 改良农民的生计

中国乡村的病是“愚”和“散”,所以挽救国家须培养农民之爱国观念。

中国农村的病,是“穷”和“弱”,所以中国要改造乡村,须改良农民的生计。

第三节　与他方如何联络

实施社会教育,贵能与他方联络,我以为农村教育机关,第一须与当地中心小学互相携手。第二须与村长、区长联络一起。因为中心小学,是该区各学校的中心,也负有改造社会之责任,农村社会教育机关,能和它携手,力量增厚,收效自宏。村长是一村的领袖,区长是一区的领袖,农村社会教育机关能与他们联络,可以减少阻力,增加助力。

第三章　视　察

教育行政机关，设有视察专员，以监察和指导地方教育，用意不可谓不好，但从事实上看来，却也收效甚微。因为省县视学，难得到乡间里去的，即使偶尔乘舆走一趟，对于乡间情形异常隔膜，也是谈不到指导。就是教育委员，虽则常往乡间，但对于乡村教育，也未必十分明了，流弊所至，省县视学，每届学期终了，惟有不负责的消极评语，教育委员也只是敷衍了事而已。所以视察制度和视学员的责任，都是亟应讨论的问题。

其实，视导学校，不是一件容易的事，须要专门人才才能胜任。他的职责，除了切切实实指导学校之外，还须加入农民的队伍，指导农民。

第三编　农村教育的实际

农村教育的实际情形，以时间关系，不能多所报告，现在且将晓庄学校与徐公桥乡教社，略为介绍，诸君明达，当能举一反三。

第一章　晓庄学校

第一节　小引

晓庄学校，是一个革命的师范。他们见着过去以至目前的一般旧式学校，只是死读书本，一无实效，真的失望极了。失望之余，他们便树反叛之旗，另找路径。二年的成绩，非常可观，诚可为我国教育前途，辟一生路！

第二节　教、学、做合一

他们的根本理论,是“教、学、做合一”。就是教的法子应该根据学的法子,学的法子应该根据做的法子。事情怎样做就怎样学,怎样学就怎样教。离开了事实不做,那末学不是真学,教也不是真教。在做上教在做上学的,所得知识,才是有效,才是真实。所以他们学校里,用不到许多的职员,书记是师生共同担任的,庶务会计也是师生共同担任的。又用不到许多校工,饭是师生共同烧的,扫地汲水,也是师生共同做的,甚至挑粪倒便桶,也是师生共同做的。他们更没有堂课,是在做事当中,增进新经验,寻求真知识,所以抱着做的决心者,他们非常欢迎,那书呆子文凭迷,是在摒弃之列!

第三节　现有事业

他们工作,十分努力,已办事业,有下面的几种:

1. 小学师范院

是以养成乡村小学的专门人才为目的,学生男女兼收,毕业程度,初中、高中、大学不一。

2. 幼稚师范院

目的是培养乡村幼稚园的教育人才,专收女生,毕业程度合高级中学。

3. 中心小学

特约的有尧化门、燕子矶。自设的有晓庄和神策门、黑墨营、大象房、嘉善寺、四颗柳等。这几个小学的学级编制和社会环境是不相同的。如晓庄是单级小学,它的社会环境是散漫的村落。尧化门、神策门是复式小学,它的社会环境是集合的农村。燕子矶是单式小学，它的社会环境，是农商杂凑的乡镇。这几个学校的使命，一面是为晓庄师范试行小学做学教的中心，一面又为各该校所在地乡村社会改造的中心。

4. 中心幼稚园

有鼓楼、燕子矶、晓庄三所，都是晓庄幼稚师范院实施幼儿教育做学教的中心。

5. 晓庄乡村医院

他们见着庸医的惯会杀人，诈巫的妖言惑众，一般村民，非常可怜，便有医院之设，一面可为附近农民解除痛苦，做乡村卫生运动的枢机，一面又可为师生实施医事卫生做学教的中心。

6. 实验民众学校

是社会活动之一，他们对于学校的编制如何？课程如何？教法如何？都在一一细心研究。

7. 民众教育研究会

该会的宗旨，是在研究民众教育的问题并促成民众教育的实现。他们的事业，开办民众学校，编辑千字课本，设立中心茶馆。

8. 农艺陈列所

内分农人生活、农事历程、农场管理、农具改良及农产制造五项，是以宣传科学农艺增进农人生产为宗旨。

9. 中心木匠店

它的宗旨是依据生利主义及教学做合一办法造就木工人才。他的课程除木工外，兼教以人生所必需的常识。店设拾儿岗、长生殿，是我们中华职业教育社和该校合办的。

10. 晓庄商店

该校处在乡间,入城购物非常不便,全校师生,便集股开办商店。

11. 中心茶园

也是中华职业教育社同他们合办的。里面有乒乓球、棋子、玩具,以资娱乐;有书籍图画,以增知识。

12. 乡村业讯

该刊的目的,是在沟通乡村教育的消息,研究乡村教育的问题,探讨乡村教育的理论,并促进乡村教育的普及与改造。乡村业讯每月出版两次,是与中国乡村教育同志会合办的刊物。

13. 乡村教育先锋团

这是他们全体师生共同生活上一个极重要的组织。校长就是团长,两院的院长就是副团长,指导员合组指导部有指导部会议,计划全校教学做事项。全体学生,共选总队长两人,每队队员七人,各队互选队长一人。全团有团务会议,全团人员,无论何人,统受团中规约及团务会议的制裁。

他们见着晓庄往城里的道路,崎岖不平,便临时组织筑路委员会,兴筑道路。他们因为有股匪的恐吓,便组织联防自治会,以谋自卫,其他有帮助村民的婚丧喜庆等等,总之有益于村民的,他们都能竭力去赶。最近他们特约四十户农家,实施改造农民的家庭,他们分队,到农家居留一月,和农民共同生活,以指导农民。他们的事业,恐怕还不止这几种,但是,只就这些事业上看,他们教学做的精神,已可概见,这是何等可敬的事啊!

第二章　徐公桥

徐公桥是社会式的农村教育机关。最初是我们中华职业教育社和中华教育改进会、中华平民教育促进会总会、前东南大学教育科农科四个机关合作的。后来其他机关完全退出，乃由职教社独力肩承，负责筹备。自改组以来，时及一载，各方工作，经努力进行，才略见效果，兹以组织概况及过去的事业和现在的情形及将来的计划，简略报告。诸君如对此项工作，特别有兴，不妨与问渔及职教社同志面谈详情，或通信问答，亦无不可！

第一节　徐公桥组概概况

我们中华职业教育社，鉴于目前农产日蚀，民智不进，农村社会教育的需要，异常迫切，因有徐公桥乡村教育改进会的组织。自民国十七年四月间组织成立到现在，才一年多些。这个机关，是一个主持改进事业的重要团体，内分七部，就是总务、建设、农艺、教育、卫生、娱乐、宣传。各部都有部长，计划进行本部所辖的事务。部长以外，还有许多干事，帮办一切。现在把该会组织系统表录示，希诸君注意！

村民大会—村长会议—执行委员会—

- 宣传部——部长——部务会议
  - 演讲股
  - 阅报股
  - 揭示股
- 卫生部——部长——部务会议
  - 清洁股
  - 预防股
  - 急救股
- 农艺部——部长——部务会议
  - 调查股　园艺股
  - 作物股　养蜂股
  - 合作股　植树股
- 教育部——部长——部务会议
  - 民中学股
  - 露天识字股
  - 通俗格言股
  - 通俗识字股
  - 通俗图画股
- 总务部——部长——部务会议
  - 会计股
  - 出版股
  - 文牍股
  - 书记股
  - 交际股
- 娱乐部——部长——部务会议
  - 技术股
  - 音乐股
  - 体育股
  - 新剧股
  - 棋术股
- 建设部——部长——部务会议
  - 道路股
  - 桥梁股

第二节　徐公桥的“昨”

1. 试立农艺试验场

我们见着农民耕种方法的笨拙，作物产量的低落，便租田数亩，自行试验。全场三分之二为麦作试验，三分之一菜蔬试验。

2. 建筑公安路

乡间道路，年久失修，一遇阴雨，泥泞不堪。本会首先将徐公桥出入要道,修治平坦,经费全由村民负担,而无外资之助,谁谓乡民不能热心公益,旋于本会,组织筑路委员,于去年九月,即会公安路建筑完竣,路长百余丈,用费二百一十七余元,工程总算是大了。

3. 举行国庆纪念大会

乡村农民,终年勤劳与田园,对于国庆纪念,竟淡漠视之。甚且不知国庆之为何物,因此,我们联络中心小学,举行国庆纪念大会。使一般农友,知道国庆之重大意义,以激发他们爱国思想。

4. 组织借贷合作社

农民经济,困难万分,以致作物不良,产量减少,该会组织短期贷合作社。向中华职业教育社,借银五百元,转借于村民,以援助他们的经济恐慌。

5. 装置警钟

中国人对于时间,看得最不值钱。乡村的生活,尤其是浪费时间。该会有鉴于此,便装置警钟于中心地点,平时准时鸣钟,养成村民遵守时间的良好习惯。遇有特别情形,再鸣警钟,以资警告而便预防。

6. 装置路灯

装置路灯,既便行人,又益治安。该会将村中原有路灯,重加整理,又添设数盏,分设要道。

7. 设置信条牌

徐公桥各村要道,均设有乡村信条,使村中农友,时时不忘,可以养成种种美德,成为模范村民。

8. 建筑会所

该会成立之初，因无适当地点，暂借民房二间，权充会所。但因事业日就扩充，所借民房，不敷应用。再三集会，决计另建会所，计屋五间，费一千五百余元。

9. 设立农具陈列室

将各种新式农具一一陈列，以资浏览，并可借给村民，随时使用。

10. 举行新年同乐大会

旧历新年，是村民最快乐的日子。不过他们的娱乐，没有好的方法，觉得非常可惜。该会便利用机会，请旅外学生组织通俗新戏社，与安宁青年合作社通力合作，表演各种通俗新戏，颇受一般人之欢迎。

11. 通俗演讲

每天上午九时左右，在中心茶园举行通俗演讲。

12. 村长谈话会

徐公桥共有二十八村，每村设村长一人，每隔两星期，举行村长谈话会，以求事业之革新。

13. 组织信用合作社

自去年短期借贷合作结束后，一般村民，今春又感经济上的痛苦。便与该会协商，组织信用合作社，以供村民之需要。

14. 推行民众教育

徐公桥区内，成人不识字者，尚有百分之五十以上。该会亟谋补救之法，便设夜校三所，自编教材，授予成人，学生百余，成绩颇佳。

第三节　徐公桥的“今”

1. 筹买新农具

村民的农具，都很笨拙，所以废时多而收效小。该会看到这点，便拟采购精良之新式农具，俾可增加效率，改良事业。

2. 布种花草

在该会会所及中心小学之隙地上，栽植花草，点缀风景，以供学生与村民之观赏。

3. 举行植树运动

先由中心小学师生，组织植树队，利用旷土，种植树木，全区村民知之，起而仿效，举行大规范之植树。

4. 举行春季村民大会

该会会章，定每年春秋两季举行村民大会。本年四月，举行春季村民大会。有京沪要人，来徐演讲；并有各种游艺，以助众兴。

5. 布种牛痘及施送药品

村民的卫生大家都不讲究。在健康方面，影响不小。因此该会常备简易药品，遇需要时送赠村民，并于三四月间，布种牛痘，以免村童传染天花。

6. 组织家庭同乐会

为改良村友及互相联络起见，便有家庭同乐会之组织，入会会员，非常踊跃，现已宣告成立。

第四节　徐公桥的“明”

1. 设立农产陈列室

将本地各种作物之种子及经过实验之改良品种一一装置于

玻璃瓶内,依次陈列,以供村民比较研究。

2. 举行农产展览会

征集区内各种农产,按时展览,特别优良者给予奖品,以资鼓励。

3. 筹备农村医院

乡村之间,既无医院,又无良医,村民一遇病痛,每有无处问津之苦,如能设立医院,裨益农村,实非浅鲜。

4. 组织村议会

村议会为各村行政最高机关,专以处理村民为职志。

5. 提倡国技

联合各村青年组织国技研究团,专请技师教导。

6. 设立公共浴室

择区内中心地点,设立公共浴室一所,村民在劳作之余,入室洗浴,精神身体均觉爽快。

7. 举行清洁运动

乡间为守恒,最不注意,污秽之物,触目都是,亟应举行清洁运动,养成他们的清洁习惯。

我们中华职业教育社,对于此项农村改进事业,本是抱定实验态度,稍有成绩,便要交给村民,所以自十七年七月起,预备再办六年,曾察酌情形,六年计划,计划内容,分村政部、农艺部、教育部、保安部、建设部、娱乐部六部。各部工作,二年之内,都有具体的计划大纲。

计划颇繁,恕不录示,至于详细情形,请参阅拙著《徐公桥》。

——本文已完——

本文是江问渔先生于十八年夏在十三机关合组暑期讲习会所讲，记者忙于校务，无暇握管，及今已隔半载，始克整理完毕。对于读者诸君，表示歉意。幸有价值之言论，当不为时间所限。又有附带声明者，本文未经江先生之指正，或有错误，记者当负完全责任。记者附志

（原载《中华教育界》，1930年第18卷第4期）

最近对于教育上的两种新感想[①]

诸位同学！鄙人自从上次到贵校来讲演以后，到现在差不多又是隔了许多的时候了。但鄙人从前所讲的种种，对诸位实少贡献的地方，而今天讲的，又不过是些老生常谈，实在觉得非常抱歉！

鄙人今天所讲的，就是我"最近对于教育上的两种新感想"。这两种的新感想，也就是我平日时时盘旋于脑海中的两种怀疑。先有了这两种的怀疑，于是一碰到事实的指示，就立刻便发生了两种的新感想。而且这两种的新感想，对于现在中国的教育上，有莫大的影响，值得我们去注意！值得我们去研究的！

鄙人前次到了广东，因为职业的关系，就去参观了许多的学校和许多的教育机关。但其中就有两个地方，足以使我昔日之怀疑，形成今日之两种新感想的：一个就是广东省立的第一中学；一个就是广州的国立中山大学的教育系。但这两个地方的事实，与我所发生的两种新感想，是否都属于真理的，那我不敢断定，然终觉得有注意研究的价值，现在我就把那种新感想与事

① 江恒源先生演讲，蔡锡暇记。

实讲了出来,给大家来研究研究。

首先,是关于中学方面的。在我里(原文如此,应为理之误。编者注。)想中的中学,我在《教育与职业》的刊物上,已发表了一篇的文字过了,并且正要想办一个里(原文如此,应为理之误。编者注。)想的中学,以符合我的主张。现在我在此地就不再讲了。不过关于中学的学生,有两个很重要的问题,却不得不使我们来研究的!一个就是中学学生学费的筹措问题。其次,是中学生的出路问题。

凡为人之父母者,没一个不想其子女由小学,而中学,到大学,到大学毕业后,再在社会上得到一个地位的。但我常常和朋友谈起:在现在的社会上,欲得二百块钱的月薪的人,实是少数人中的少数人;而其每年所入,亦不过两千四百元之数。倘是不会赚钱,而专事依靠遗产为生的人,有了两万块的流动产的,在现在的社会里,也实在是少数人中的少数人;而其每年所入按其遗产只百分之五或百分之十为利率计算,则亦不过一二千元之数。但八口之家,上有双亲,下有妻子,一家之用途已觉浩大。今若在其子女之中,有三人为中学学生,每人每年之费用以三百元计,则其每年学费,当在九百元之数,岂非得其全年收入之半数乎!而其所余之款,又将何以维持其一家之生计乎!故中学生学费之筹措,实为中学生父母之最难解决之问题。至于大学生每年所费,虽无详细的统计,但据我耳中所常常听到的,至少亦得五六百元之数。为父母者更欲维持其前进,则尤觉困难矣。准其如此,故社会上一切不妄的呼声,以及杌陧之状况,遂应之而生;欲谋解决,殊非易事!

我们再看一般中学的毕业生，去进大学的，可不必去说；但不去进大学的，就不得不去找事做。但要到现在的社会上去做事，非有一种特殊的技能不可。小而言之，就是机关上用一个书记，也当有一种特殊的技能，方能得人信任，而站得住他的地位。故知道要到社会上去做事，非受过一种特殊的训练不可。而现在的一般中学生，皆非受过特殊之训练者。其在中学所学的学科，只能适应升学的需要，而不能作为到社会上去做事之技能。故中学生在现在的社会里，实无站脚的地位，而都成为一般失业的分子。因之，社会上就大起一种不安的现象。所以欲解决中国的扰乱问题，非先解决中学生之出路问题不可！如此重大的问题若能解决，则中国之前途，可说求无太平的希望！

现在欲谋解决上述两项问题的人，在所多有。但总括的说，不外乎两种的办法：

第一种，就是主张废除中学阶段。将中学都改为职业学校，把中学生都从事职业训练。如有智力甚高体格强健或竟为天才的儿童，才准其进入大学，从事高深学术的研究，而国家当负辅助与奖进之责。其余智力低的学生，国家当严厉限止其进大学。如此则小学之年限可加长，而大学的程度可提高，中学生的职业问题又可解决。这种办法，现在日本教育界的闻人，多有主张如是者。但能否实现？其实现以后能否达到美满的效果？这是谁都不能肯定的！

第二种，就是主张中学生的学费，必须自取筹措。凡学生如欲入校读书，必须预先我（原文如此，应为找之误。编者注。）到一种工作，而后方可进校。否则，生活不能维持，还有余暇来求学吗？故主张无论何人，如欲入校求学，则每日至少在工厂或机关里做四小时的工作。盖如是，一方可以谋生，一方可以求学。而父母的负担，亦从此可以减轻。社会上一切不安的呼声，也可消失许多。

以上两种的办法，要皆有其理由，且为事实所形成。但在实施上，总觉困难万分，故我只作相当的赞成，而不为绝对的承认！

现在广东的第一中学，有一个解决中学生学费以及出路问题的办法，我认为是一个较为满意的办法，而且也就是引起我最近对于教育上所发生的第一种新感想的。今天就在此地略为一说。

广东省立第一中学，是由省款开办的，内部有高中和初中两级。它在民国十四五年的时候，情形非常不好。到了民国十六年，梁漱溟先生添长斯校时，于是大加整理，才得略称完美。当梁先生第一次到校时，他就召集全体学生训话，其演辞中的要旨，即谓“人之所以欲进校求学者，就所以为将来应付社会环境之需要也。故学生除得智识之外，尤须有实际之劳动工作。从前之学生，只知道读书，除书本以外，简直一切事情都不管。等到学成之后，非特无以应付环境，即自己之手足肢体，亦无应用之可能。欲其与社会之环境相奋斗，岂非立于淘汰之地位吗”？梁先生的意思，就是要把学术研究与职业训练，同样注重。所以在他的中学里，就设有一所农场和几处的工场。学生除研究学术外，都须实际劳动工作。后来梁先生走了。由他的一位学生继任，也能依着梁先生的意思，继续前进。在现在，他校里的学生，每周间必须做六小时的农场或工场的劳动工作。在这天（原文如此，似为六之误。编者注。）小时中，学生必须亲自作耕田，掘地打藤、锯木等等的事情。据该校的职员说："学生所出产的物品，所卖得的钱，校中只取购买原料之费，其余的钱，都归学生自己。"故每生每月可得八元之数的收入。除膳费外，尚有零用之费。如此办法，实甚适合现在中国的中等学校。倘能更事改进一步，则中学生之一切数用，皆可自己筹指（原文如此，似为措之误。编者注。）矣。但我又问他："你们校里，个个学生都须从事劳动工作，固是很好的一个办法。但学生中有使必须再进大学，而大学里所要考查的，为中学里学过的学科，而非农工的实际劳动工作。今贵校的办法如是，对于学科的程度，岂非有降低的现象吗"？他就对我说：他们在未实行以前，也是这样想。但一经实行，非特对于学科没有什么妨碍，而且学科的程度及效力，反比从前增加。盖此种办法，一则能使学生的身心有所调剂；一则可多使学生与社会接触，随时随地，无形中增加了不少的实际学识，所以自从此种办法实行以后，对于学生的学科方面的程度，反觉其增进。此外，关于该校的行政上训导上，也有许多许多的特点，我在《教育与职业》的刊物上，也发表过了一篇的文字，诸位有空的时候，自己去看一看，就可以明白了，我在此地，也不多讲了，但我自从看了它的办法以后，就有一种的新感想：感想到现在欲解决中学生的困难问题，在中学里应把学科研究与职业训练，同样注重不可。因为如此办法，一则，对中学生可自由升学，也得随意休学，从事耕田做工；二则，中学生的学费，可自行筹措，毋用再使父母为难；三则，中学生既能耕田做工，则中学毕业后，可无失业之忧；而社会上不安的现象，亦可稍得平静。所以这种制度，实为救济中国的一个好办法。现在我还有几种的意见，不妨再为一说：

A. 这种制度，我认为是有存在的价值的！

B. 这种制度，既认为是有存在的价值，那我们大家亦得来研究一下！试验一下！

C. 如果实行这种的制度，那恐怕与我从前所主张的里（原文如此，似为理之误。编者注。）想中学，有所不合。但这是不妨的，我们可把中学分为两种：一种是为多数人设的，如广东的第一中学者。因为社会上的多数人，当为中产以下的民家，非如是办法，实不能享受教育的权利，与获得谋生的能力。一种是为少数人而设的特殊中学，是给一般经济充裕的子弟进步。因为他们大多是预备研究高深学术的，对职业训练方面，当可较轻一点。

这三种关于中学的意见，是否是对的，那我实不敢说！还望诸位给以详细的研究与批评才好。

第二，是关于大学教育系研究教育方面的。现在书坊里所出的小学教科书，真是多极了，差不多各书坊都有。但这种教科书的编制，究竟是否适合于中国儿童的身心的呢？这句话，谁都不能回答！因为这个问题，谁都没有去研究过，谁都没有去审查过。但研究这个问题的责任，应该是谁去负的呢？你倘若去责成编制是项书籍的编辑员去担负，那他只知道出版卖钱，以适应现时的潮流，迎合社会的心理为主旨。而且在事实上也没有这许多的工夫去研究。你倘然去付托应用是项书籍去教小学生的小学教员去负责，则他们与（原文如此。编者注。）周至少要担任二十多小时的功课，一天到晚，身心上已觉疲倦得了不得，那里还有余力兴趣来研究是项的问题呢！所以我有一次，到一所的小学校去参观，碰到一位小学教师（据他自己说，已是做了十多年的小学教师了）。我就问他："你既是做了这许多年的小学教师，那末你知道现在出小学教科书的书坊有多少？而且它所出的是那几种？每种是几本呢？"他就不能回答。后来我又问他："照现在的中国学制，儿童七岁入小学，每年应该认识多少字呢？"他也不能回答。于是我又问他："你知道儿童对于中国的字，还是笔划少容易记呢？还是笔划多的容易记呢？"他又不能回答。像这样的问题，小学教师不能去研究，编辑者不肯去研究，那末究竟由那个去负责这个研究的责任呢？我想来想去，总觉得还是大学里教育系的同学去负罢。现在广东大学教育系的同学，已负起他们的责任来了。他们将全国的小学教科书，都收集拢来；切切实实的从字音字义上来研究与统计，务使适合中国儿童的身心而后已。他们对于现在的教学法与训导法等等，是否适合于中国儿童、青年、成人的身心，也在详细考察研究之中。而且他们主张在中学里、小学里所用的一切教科书，皆须由教授者自行编制，以避免在教育上发生盲人骑瞎马的现象。总之，他们认定中国的儿童是中国的国民，所以一切的训练，皆须中国化。使中国的教育成为中国化的教育。外来的教学方法与教育理论，只可当作为一种参考而已。故其研究教育的对象，亦为中国。所以我看了以后，对于现在的教育上，就发生了第二种的感想：感想到在大学里教育系的同学研究教育，应该以中国做对象。对于学校里所用教科书的编制，以及训导教育等等的方法，皆须以适合中国儿童、青年、成人的身心为目的。如此，才能使中国的教育中国化，而其所造就的人才，也能适应中国社会的环境。

现在在教育上，还有一件很重要的事，就是成人教育的问题。在吾国的国民，就表面上说，算是有百分之三十是识字的。——其实尚没有此数——则吾国四万万的同胞，岂不是有三万万人是亮眼瞎吗？无怪乎社会如是之扰乱！所以欲中国社会的安静，非实施成人教育不可！但施行成人教育，有两点不可不注意的。第一点训导与教法，当适合中国成人的身心；第二点教材须适合中国社会的环境。那才能收到很大的效果。总之：我们在教育上的方法与理论的研究，处处当以中国做着眼点，而以外国抄来的作参考，以资改进，则庶可挽救中国于万一。否则，专事依人作嫁，人云亦云，则恐非改良中国教育，解除中国危险的好方法呢！

我"对于现在教育上的两种新感想"已经讲完了。对与不对，还请诸位加以详细的研究与批评才好！

十月十四日

（原载《大夏周报》，1930 年第 91 期）

职业指导概论

——在江苏省立民众教育院讲辞①

引　言

一、职业指导之意义

欲明乎职业指导之意义，可先分析“职业”与“指导”二词之含义，然后再为一综合之观察与推究。兹即分别述之：

(一)何谓职业

言职业，其含义，似乎人尽知之。农业职业也，工业职业也，商业亦职业也……但此皆肤浅笼统之解释，安可取作职业一词之定义？切实言之，所谓职业也者，必须具备下列四种性质：

1. 普遍性。“普遍性”者即人人皆应有职业之谓也。吾国人

---

① 江问渔讲，李邦权、孙恭记。

本文与《民众职业指导》一文中结构相似，但部分内容有不同，为求全面知晓，现将本文与《民众职业指导》一文重复的部分，如第二章，第三章删除，其他保留。

每以为家拥巨资,即可安坐而食,不须再为身心上之劳苦,殊不知社会中除年老者及幼童而外,人人皆应有相当之职业,一方谋自己之生存,一方为社会而效力。否则浮游天地之间,终日嬉戏,不事生产,直是社会中之蠹虫耳。所谓:“不劳而食谓之贼”是也。——夫劳者工作之谓也,能工作即有其职业。人人皆应有相当之工作,即人人皆应有相当之职业。职业之应有普遍性,其义即在于斯。

2. 平等性。昔者吾国人常谓:某种职业为贵,某种职业为贱,其实职业之中只有正当与不正当之分,何有贵贱之别。要言之,凡应社会之需要而为正当之劳动以适应之者,皆职业也。譬之因政治管辖之便利而有总统,因精神疲乏之调剂而有优伶,总统与优伶二者,皆应社会之需要而产生。虽所事有别,然其为职业也则一。总统不称其职,必遭国民之罢免;优伶不善其技,必受他人之怪叱。是故职业无贵贱高下之分,仅有当否之别耳。

3. 互利性。职业含普遍、平等二性质外,尚须有互利之性质。互利者利己利人之谓也。职业果只限于利己方面,则不得谓之职业;反之职业只有利于他人而无益于己,亦不得谓之为职业。原夫职业之为用,在己为谋生,在人为服务。能具此二者,始能备职业之条件。试举例以言之,总统与优伶皆为社会服务者也,然他方彼等亦恃此以谋生,故得谓之为职业。他如慈善家终日施衣布粥,一以利人为目的,不合于谋生之条件,故不得称之为职业。又如艺术家静居室内,日事绘画,询之何为而此,则曰吾发展吾天才而已。苟如是,则一以利己为目的者也,故亦不得为职业。总之职业必须有利己利人之益便也。

4. 进化性。“高曾矩矱”吾国之古语也。此种思想只为保守的而不为进取的，只为回溯的而不为开发的。故农田之犁，传自往古，迄未改良。其他如工商业，亦无不沿用旧法。夫农家之子固可为农，工人之子固可为工，然非云成法沿习，不谋改进也。试观欧美之胜于吾人者，不外能求进步。良以事业有进化，则在在可臻于发达之境，其造福于人群者至大！职业又何能缺其进化性乎？

（二）何谓指导

指导之意义，广义言之，即教育之谓也。杜威在其所著《民本主义与教育》一书中曾谓：“我们要讲到教育上一种普通的作用，就是指导、制裁或引导的作用。在这三个名词里面……第一个名词指导，是一个较为适中的名词。他所暗示的意义，是把受指导的人的主动倾向，引上一种继续不断的途程，使他不致散漫而没有目的……”观此，可知指导二字之蕴义矣。

“职业”与“指导”二者之意义，予已为以上之叙述矣，今再进而论“职业指导”之意义。于此吾人所应注意者，即世人每以为职业指导之能事，即在乎使人人得有职业而已。殊不知此乃职业介绍之职责，而为职业指导中之一小部也。综合言之，职业指导之意义，可如下述：

“本客观的态度，用科学的方法；本协助的精神，用深厚的同情；用精密的考察，指示青年从事于职业。”

若再为分析观察之，则又可得下列各方面：

1. 研究职业。

2. 预备职业。

3. 从事职业。

4. 改进职业。

二、职业指导之内容

职业指导属于社会教育之范围,其内容可分为十大类:

1. 职业调查。欲从事于职业指导,必先知现代职业界之状况,是职业调查尚焉。

2. 职业询问。知职业界之状况矣,进一步必须为职业之询问。询问者,所以知职业界之需要也。

3. 职业讲演。职业指导之重要,能深悉此中底蕴者实鲜。故从事职业指导,必须时时举行职业讲演,一方引起一般人之了解与同情;他方则使一般人深知职业之重要焉。

4. 升学指导。青年之升学者,必须为适当之指导,以顺应其个性,选择适宜之学科。

5. 择业指导。此为对于已毕业学校之青年而言,所以使个人得谋生之途径,而为社会增加服务效率者也。

6. 职业介绍。职业介绍之目的,在使社会上人得其所,不致有材弃于地之憾。

7. 改业指导。青年对于原有职业,有表示不满而急欲谋改业者,亦须为适当之指导,免致再蹈二次之覆辙。

8. 职业测验。职业测验所以分别各人之能力,以求合于所担承之事务也。

9. 服务访问。访问者,所以询知已服务者之情形,或有若何之心得,或有若何之困难……而为之谋相当解决方法也。

10. 职业训练。青年之无业者,或有业而不能称其职者,皆须再为相当之训练，如设立补习学校是。

凡此，皆职业指导之范围也。由是可知职业指导之实施，良非易事也。

三、与职业指导有关系之科学

职业指导之得在学术界中占一席，乃近十数年来的事。其理论之根据，乃各方面之研究，借助于其他各种学科也甚多。譬之教育学之成立，端赖人生哲学、心理学、社会学、生物学等之助力。优生学之独立，恃诸生物学、社会学、遗传学等之贡献。抑又进者，宇宙间之学问，自一方面观之，则纷纭庞杂，目不暇接，但自他方面观之，则因分工之进行，而事事得以昌明。是故学问之根源本为一体，分工者所以求其更明也。据此则各科学之间，其相互之关系，自密且切。以言职业指导，其关系最密切者，如人生哲学、教育学、心理学、生理学、社会学、统计学、学校行政学、教育行政学等是。

再自进化上言，任何学术之成立，皆先有术而后有学，学者所以应术之需要而生也。职业指导之成立自亦不外乎此。

四、从事职业指导者应有之修养

从事职业指导者，除以上诸种有关系之科学，应行加意研究外，其自身之修养亦有不可不注意者。良以职业指导为活的事业，其成效何如，全视从事者之活动的程度为转移。故舍知识上之探究外，其自身之人格、态度、习惯与才能皆应有完满之修养。兹即分别述之：

（一）人格方面

从事职业指导者，苟自身人格上有缺陷，则无论如何，不易取得受指导者之信仰。受指导者对之而失信仰心，职业指导又将何从而实施？故予以为从事职业指导者，其人格应高尚而纯洁，始能具指导者之资格。

（二）态度方面

人格上可无若何之缺陷矣，然犹须有善良之态度，始可使受指导者心悦志从。所谓善良之态度，分析言之，可得下列各元素：诚恳、谦和、虚心、仁慈。

（三）习惯方面

习惯方面之修养，应具有勤恳俭朴之良风。不勤则职业指导难于实施，不俭则职业指导不能达到有效率之地步。此外尤须屏绝各种不良嗜好，然后其人格、其态度，始能即于以上之理想。

（四）才能方面

职业指导为活的事业，前既言之矣。唯其为活的事业，故从事者之才能，必精干活泼而敏捷，然后职业指导之成效，始可得而见也。

第一章　职业指导的范围及效用

一、职业指导之范围

一般人多误解职业指导之能事，只在介绍职业而已。殊不知介绍职业，仅职业指导之一部耳。其在西洋，因历史上之关系，亦多此种误解。良以工业革命而后，都市失业者众，政府设立职业介绍所以补救之，此即后日职业指导之滥觞。其后介绍之范围日大，兼顾未从事职业者之修养及既从事者之改进。前者为训练之机关，后者则为访问与解决。而同时宗教家慈善家在社会上，亦尽力为指导与介绍之工作，此外又得教育家之帮助。因前者之实行，职业指导之事业日益发达；因后者之研究，而职业指导之范围日以固定。再言我国，自历史上观之，职业指导之施行亦有三方面：

1. 父兄之于子弟，长亲之于晚亲，亦多考察其个性，代选相当之职业，如谓某也勇敢，可以为军事家；某也攻心计，可以为科学家；某也善唱作，可以为戏剧家……凡此皆职业指导中之择业指导的工作也。盖以知子莫若父，知弟莫若兄，故虽于职业指导无相当之研究，然其事业已先肇其端矣。

2. 师长之于门人，亦多甄别其个性，如谓如何宜于某事，如何宜于他事，以此而定职业之方向，此亦为择业指导之一种。

3. 学校之于学生，近亦多为升学之指导与职业之介绍，惟每以生徒众多而不能尽其能事。

以上三者，虽可稍尽职业指导之功能，而造福于一般青年。然吾人考夫职业指导之全境，则上所云，实不足以尽职业指导之全部功用。盖一般父兄之于子弟，师长之于门人，学校之于学生，关于职业上之指导，多为片断的无系统的，短时期的不精密的。而吾人所希望者，则为长的广的精深的有系统的。试以一青年为例，其在未有职业之前，决定职业之时及既有职业之后，皆应受职业指导。易言之，即吾人从事职业之全部过程，皆职业指导之范围也。兹为便利读者起见，图示如次：

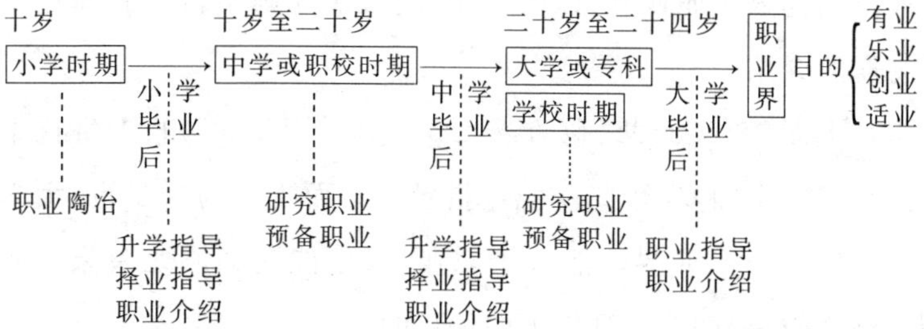

说明：

1. 小学校之职业陶冶，如手工之为工业基础，园艺之为农业基础，储蓄与计算之为商业基础，目的在因各方面之发展而见其特性（Jrait）。

2. 小学毕业后有升学者，有就业者，故于升学者应有升学指导，对于就业者应有择业指导与职业介绍。

3. 中学时期应将职业与功课并重，一方对职业加以研究之工夫，一方对职业则为相当之预备。譬之学校之有“职业指导委员会”者，引导学生研究“职业成功者名人传略”“各业状况之调查”等，皆应有之事也。

4. 中学毕业后，亦有升学与就业二途径，故于前者有升学之指导，于后者则有职业介绍与择业指导。

5. 大学时期，对职业应有研究与预备之工夫，譬如学工者，对于工业之知识技能等，固应有相当之修养，但工业之中犹有若干部分，学者亦仅能再择其一小部分而为详密之研究。在此选择之际，是职业指导尚矣。

6. 大学毕业，在普通教育系统中，是为一最后之阶段。故其毕业生当均入于职业界，以效忠于社会，于此则不得不有择业指导与职业介绍。

观上图（原文如此，似为表之误。编者注。）可知，人生自十岁以至于二十四岁，皆应受职业指导。然而犹以为未足也，大学毕业后应入于职业界。能入于职业界，始能受圆满之效果。所谓圆满之效果，即能达到以下四种目的：

1. 有业——人人得有职业。

2. 乐业——人人热心于其职业。

3. 创业——舍旧有职业外，而能本一己之才能，另创新的职业，使职业日臻于进化之境。

4. 适业——就各人之才能，选择适当之职业。此外为实施之便利计，对于学校、职业、家庭、友朋、社会之调查，尤应注意。其关系于下图中表示之：

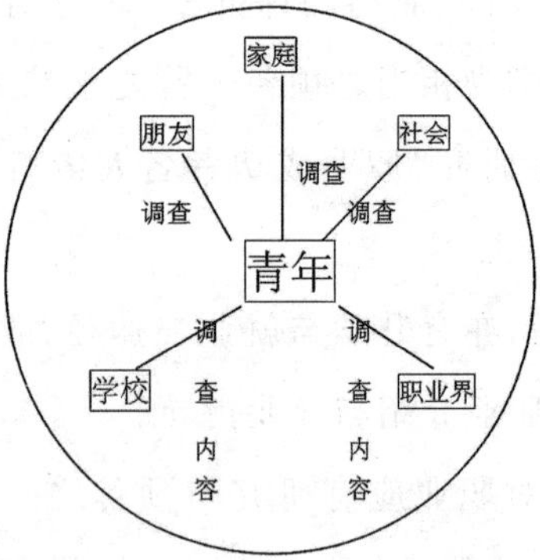

说明：

1. 青年为职业指导之中心。

2. 学校为预备职业之所，故应调查其内容。

3. 与职业界应为调查联络之工夫。

4. 与青年有关系之社会家庭与朋友亦应为详密之调查。

总之职业指导之范围，自纵的方面言，由小学校之职业陶冶，以迄于大学毕业后而入于职业界，在在皆需职业指导之设施。自横的方面言，家庭、父兄、友朋与社会等亦应为职业指导势力所及之处。大矣哉，职业指导之范围也。

二、职业指导之效用

由以上之论述，可知职业指导之效用，至少可以及于三方面：青年方面、学校方面、社会方面兹再分别述之：

（一）青年方面

现代青年之烦闷，原因固多，然其因职业问题之未得解决，或得一业后而不能尽如其意者为主要。综合言之，现代青年生活之病态，可如下述：

1. 在学校内，不知职业为何物，终日只以读书为能事。

2. 视职业为或有或无之事件，漠不关心。

3. 志大气盛，高淡空理。

4. 平日为学，只以应考试为能事，不注意自己之兴趣及才能，为专门之进修。

上述四种，实为现代青年之普遍的病态。其结果，毕业学校后，浮浪于社会，不能谋一职业，或则学非所用，或则小大不就，或则因失望而日形堕落，凡此不独影响于其个人之前途，抑且遗害于国家社会之秩序与文化。吾人如欲谋补救之方，则舍实施

职业指导外,别无何种良计。请先述其利益:

1. 使青年明了个人天才之所宜,知从事预备专门之学科。

2. 使青年能自动的努力,益增教育之效率。

3. 使青年于求学求业,能得适当的支配,适当的调剂。

4. 使青年得受完满的适当的教育以成其才。

(二)学校方面

今日学校之需要职业指导也亦甚殷。要言之,吾人可以青年为实施职业指导之对象,学校则实施职业指导之工具也。今日之学校,又何为而急需职业指导?夫中国之励行新教育也,亦将三十年矣。试问在此三十年之中,新教育之成效,果何如乎?文盲遍地,良材见弃,此不可讳饰之事实也。其尤甚者,一般以职业教育为标榜之农工商业学校,效果几等于零。学生之在校也,仍以受文雅教育为要的;教师之教学也,亦只以翻译讲义为能事。呜呼,所谓新教育者,其内容,其结果,竟如是耶!试分析此种病症之内幕,可有三方面:

1. 学校只管教书,不论社会需要。

2. 毕业学生,不论其出路如何及对于社会服务之效能。

3. 学生以毕业为终止期,学校亦不论其将来之趋向。

然则如何而可?曰提倡职业指导是已。其责任,应由学校教师及当地职业指导所共同负之呼。至于利益,亦可下述:

1. 使学校注意所采学科是否为社会所需要。

2. 使学校注意毕业生服务之效率。

3. 使学校注意学生之出路。

（三）社会方面

所谓社会，自狭义方面言，即职业界是也。其中包括农工商及家事等。今日社会上之不良现象，有可得而言者五：

1. 职业界不能视自己之需要，而求相当之人才，——综其原因，不外：(a)讨便宜，(b)讲情面，(c)好虚名。

2. 职业界不欢迎青年学生——今试与一职业家言，有大学毕业生某，请为容纳相当之位置，彼必疾首蹙额而言曰："大学生乎？吾不敢也。"如再以中学毕业生进，则或可稍解其容，而有采纳之意。总之，在今日之社会中，青年学生之资格愈高者，则社会上愈不欢迎。夷考其原因之所在，则可自二方面言：(a)学生方面——痹气大，习气重，难驾驭，嫌薪金少。(b)社会方面——无诚意，保守性重。

3. 不谋职业之改进——吾国人保守性之深痼，实为世界上任何国家所不及。吾人试观国内农业之耕种用具，沿自往古也；工业之生产方法，亦仍旧日之形状……溯其原因，要在于社会上不谋职业之改进也。

4. 缺乏创造能力——社会上既不纳用学生，又不谋职业之改进，则职业界中，又有何创造之可言？无创造，自不能有进步；无进步，自易形成今日衰颓之状态。

吾人欲谋前列诸端之免除，首在使学校与职业界携手。然而又如何以使学校与职业界携手乎？曰实施职业指导是已。职业指导者，学校与职业界间之媒介也。

社会如有职业指导之事业，则：

1. 使职业界明了学校人才之真相，并感觉到职业之应改进——沟通学校与职业界。

2. 使社会得有适当的人才以供给特殊需要——沟通人才与职业界。

3. 使社会事业日益发展——人才能各得其所，社会效能自大，事业之得臻于发展也，实理之常也。

第二章　近世各国职业指导概况[①]

（略）

第三章　中国职业指导近况[②]

（略）

第四章　实施职业指导之方法

第一节　机关与人才

设立机关的必要

欲谋职业指导之实施，自有设立专门机关之必要。其理由可如下述：

① 与《民众职业指导》一文中相关章节极似，参见《民众职业指导》一文。

② 与《民众职业指导》一文中相关章节极似，参见《民众职业指导》一文。

1. 专负责任——我国古代，亦尝有职业指导之实施矣。如父兄之于子弟，师长之于学生，常甄别个性，代择职业，然其效果为何如？此吾人不得不宁思者也。切实言之，古代之所谓职业指导，父兄与师长，既未明白规定其责任，故其实施也，亦为零碎的、片断的、狭隘的。试问以此而欲期求职业指导之成效，其不被讥为妄诞也几希！故在今日欲言职业指导，必须专负其责之人，而欲有专能负责者，则莫如设立机关矣。

2. 专家主持——事业之进行也，欲求其效果之大，必须由专家主持，然后始能为完密之措施，周详之规划。职业指导亦然。古代稍负职业指导职责之父兄与师长，多非专家，宜其成效之不著也。

3. 各方接触——社会者一整个的互相关联的集团也。其间事业，自亦相互为用，而受联络之利。譬之农业，其有关连者，如肥料则求之于商店，机器则求之工厂，种子则求之农业学校，出品则求之于交通机关，种种方面之联络，有如下图所示：

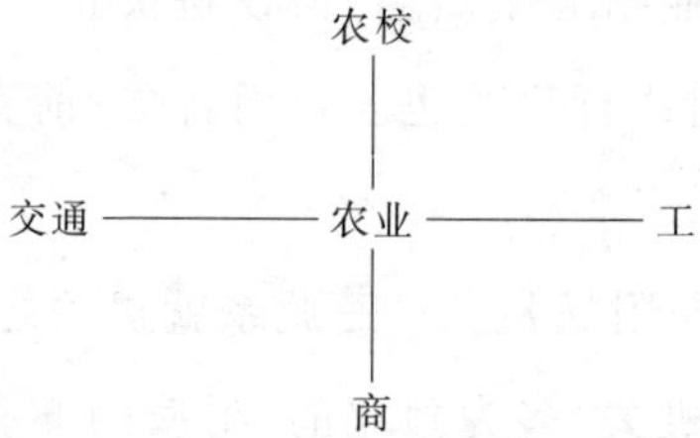

准此，则职业指导欲与各方接触，受大规模联络之功，又安可无专设之机关？

观此三因，可知其间实有一贯之系统，申言之，即有专设之机关，然后始有专诚负责之人；有专诚负责之人，则专家之主持尚矣。有专家之主持，然后始与各方面接触，相互联络。总之：社会事业之发生，乃原因于需要与供给之关系。因需要而为相当之适应，于是供给方法之“术”生。再因“术”之不能即满人意，于是又有研究办理之“学”出。综观其间之过程，无在不需要“专心”之研究。兹再图示其关系于下：

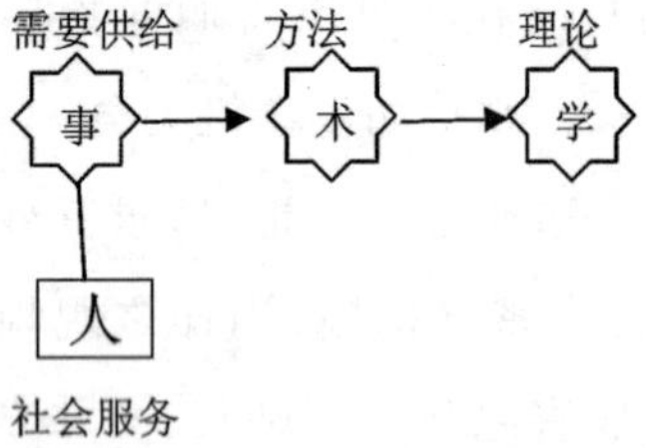

言夫职业指导，其间历程自亦不外是也。

机关的种类

吾人融和全世界上之职业指导机关，可分为五种，述之如次：

1. 协议机关与执行机关——此系就机关之任务而言。日本之中央及地方职业指导委员会，协议机关也。中央及地方之职业介绍事务局，则执行机关也。要而言之，前者为言的机关，后者则为行的机关。

2. 独立机关与附属机关——此系就机关之性质而言。大抵各国之职业指导机关，多为独立的，附属的亦有，如德意志之附属于统计局中，其一例也。

3. 社会机关与学校机关——此系就机关之立场而言。近代教育机关，大概分为学校式与社会式二种。前者因有时间、年龄、资格等之限制，故受教者仅限于校内之学生，后者则因无何种之条件，故受教育者，可包括社会之全体。职业指导为教育事业之一，自亦可分为学校式与社会式二种。学校式如清华学校之设施，社会式则如中华职教社设立之上海职业指导所。

4. 公立机关与私立机关——此系就设立之主体而言。上海特别市市政府所设立职业指导委员会，公立机关也。中华职教社举办之上海职业指导所，私立机关也。

5. 独立机关与联合机关——此系就组织之方式而言。大凡由一个机关设立者，谓之独立机关。反之由数种机关联合设立者，则谓之联合机关。前者如上海职业指导所是；后者如南京职业指导所(由中华职教社与特别市政府旨办)是。

机关的趋势

知必要与种类矣，再言近代各国之趋势：

1. 协议机关与执行机关并重——兹言协议机关为言的机关，执行机关为行的机关，夫言行二者，又安可得而倚重倚轻乎？要而言之，言行二者之关系，犹鸟之两翼，车之两轮也。鸟缺一翼，不可以飞；车少一轮，亦不可以行。故协议机关应与执行机关并重而后可。

2. 分区办理，系统清晰——职业指导之实施，应为长的、广的、精深的、有条理的。故不分区，则责任不专，责任不专，则事业难期有成。无系统则研究不精，研究不精，则措施必致无方。是以“分区办理，系统清晰”，乃今日共同之趋势也。

3. 专家专业——此点前已言之。近今美国各大学有设职业指导专科者，毕业后亦有博士学位之授予。夫亦曰，提倡职业指导之专家专业而已。

机关组织的内容

言职业指导机关组织之内容,原应广为搜集各国之材料,分别论述,以供诸君之参考。但以时间之关系,不能为详细之讨论;加之关于以上所云之内容,又当有比较职业指导专书之印行。故今仅以上海职业指导所之内容为例,特列表如次:

(原图略,见《民众职业指导》内容。编者注。)

(注一)委员会之组织,应请教育家及社会热心志士参预。

(注二)顾问会之组织,应请各大店厂之经理参预。

观前表可知职业指导之范围至广,即其实行也良非易事。诸君办理民众教育时如附带设有职业指导所,其内部之组织,只须略具其规模可矣,不必若是之繁复也。

人才的训练

大凡一种专业之进行,必须有相当之人才,而后始克受完满之效果。而人才之成,则必先为相当之训练。言职业指导,亦有同样之情形。兹再分别述之:

1. 训练之方法——欲养成职业指导之专门人才,其法有三:

(1)大学设职业指导研究科——养成领袖人才。

(2)师范学校设职业指导科——养成实施人才。

(3)短期训练——此为临时补充性质,但须以补习工作辅导之。

2. 训练之标准——训练之标准有二:重学识(学)和重经验(才)。再详为述之如次:

- 人才
  - 学——学术
    - 基本的——教育学，社会学，心理学，等………
    - 应用的——调查方法，统计方法，讲演技能等…
  - 才——经验——重练习………………………………………

（应用的……与才……：互相为用）

此外尚有人格方面、态度方面之训练，亦应随时注意，盖此皆与实施职业指导有密切之关系也。

第二节　调查工作

吾人从事一切事业，莫不有其下手之办法，欲求下手之办法，须有根据，欲各种事业有根据，舍调查工作末由。譬如建筑时之测量，作战时之侦敌，测量也，侦敌也，尤如创办事业之调查工作也，何况人与事相互关系密切之职业指导乎！凡欲事业之发达者，非重调查不可，故分述如下：

一、调查之原则

1. 划定区域——区域必须规划清楚，始可收效。

2. 规定时间——调查时之年月日，亦须规定，以便检查

3. 确定目标——目标尤行路之的也，不可缺少，贵简纯明了，易于从事工作。

4. 注重实际——所谓实际，乃真实之调查，最好用数目字填表，较切于实际。

5. 注重结果——调查无结束，则徒然劳力，必须查考变相知原因，因果之关系，对于各种事业始有深切之明了，易于改进矣！

6. 注重应用——所谓应用，即实用之意也，切不可用外国之表格，亦不可闭门造车，须注重社会之情形，而重实际，适于实用也。

二、调查之种类

1. 职业调查——以直接生产者为限，如农工商之情况，凡用劳力而所获得之职业之谓也。甚至渔夫航者，亦可谓之为直接生产者。至于教师、医生，乃间接生产者，故不在调查之列。

2. 学校调查——学校为造就人才之场所，学生为预备投身社会之分子，影响于职业界甚大，故应调查，因其为培养人才之所也。

3. 青年调查——青年为社会之中坚，可以促进社会之进步，必须在调查之列。

4. 家庭调查——因家庭为青年生长之地也，欲知青年之情形，家庭调查，则不可偏废。

附注：就调查之对象言，则 1、2、4 各节，可谓之为社会调查，亦事的调查，3 节可谓之为个人调查，亦人的调查。

三、调查的效用

若言调查之效用，非将上列四点分述不可，但为时间所限，仅能就职业调查一类而言，分述如下：

1. 可以明白各职业界之实际状况与内容，以便指导时有所根据。

2. 可以明了职业界所需要之人才性能如何！以便转知学校当局，对于教学与训练有所准绳，养成有用之人才，以供给社会上之需要。

3. 可以明了何时，何地，所需要之人才，以便介绍，不致有无法应付之虞。

4. 可以发现职业界之缺点与危险，在事前事后，均可以设法补救,如发现银行携款潜逃,或职员品行不端时,即可警告店方,知所防备也。

四、调查表格之内容

此节甚关重要,吾人应注意及之,因表格之内容,贵能实用故也。兹详细解释如下:

(一)职业调查表

正式表格之一,表之前端应有下列六项:

1. 职业机关名称。曾向官厅注册者,与招牌上所书明者为标准。

2. 地址。该业机关之所在地,系何街?何巷?门牌几号?均须详明纪载。

3. 主人或经理。该业机关之主人,或经理(或对外之代表人)。其履历如何?经验如何?必须详细列出。

4. 职业的性质。有主业与副业之分别,应以主业为准则。

注:生产即为主业,副业即兼管之职业也。

5. 成人职工人数。十六岁以上而有相当能力,体格健全者谓之成年。因实施职业指导时,多注重成年就业择业故也。

6. 未成年职工人数。十四岁以下之职工,调查清楚,亦备实施职业补习计耳。

注:(5)(6)两项,均应分别男女人数。

内容

系言职业之内容,调查表之全部格式如下:

1. 该业在本地之规模及重要之程度若何。第一次调查,可用文字表示,但第二次调查时,则需用数字表示,如资本数,人员数等,以便检查该业之进步与否。

2. 该业逐渐发达,抑逐渐衰落,注重该业之历史的发展情形。

3. 该业营业状况是否终年一律,抑一年中有淡有旺。此项调查,可以明了该业之性质,如丝业,则春季为旺,即其例也。

4. 该业是否有继续性。抑一年中占几个月。

5. 该业每日工作时间若干,每年季节给假否。

6. 薪俸若干,职员之等第有几。各级薪俸有几。

环境

环境优良与否,对于职业有莫大之关系,调查之:

1. 有无危险。如工厂附近设有火油店铺,则该厂危险性即大,或厂之邻近是否有相同之营业机关。

2. 光线充足否。

3. 热度如何。可分两方面言之,该工厂所在地是否通风,该厂之工作是否需要热度,务使热度适合人体,以便工作。

4. 空气新鲜否。

5. 卫生设施如何。调查厂内之卫生设施状况,并须注意工厂附近有无妨碍卫生之秽污。

前途

指职业之前途而言!

1. 薪俸增加之速率如何。该业薪俸最高者,每月有若干,最低者有若干。中等者有若干。平均标准若干。其增加之速率如何。均须调查明白,即可知该业之发达与否!若薪俸增加速率过大,则表呈现发展之征象,否则反之!

2. 初任事时之平均薪水若干。平均薪俸大则该业发达,否则反。

3. 升跃之机会何如。职工升级之机会,抑多,抑少,何种情形,方得升跃。

4. 有无训练,可以获得。

5. 从事该业之人数若干。

所需要的训练

职业界所需要之人才,即学校所需要训练之人才——

1. 品行。人之品行,分析言之,有人格、个性、习惯等,平时应当留心调查,以便职业介绍。

2. 技能。尤当注重专门之技能。

3. 初任事时之缺点。

(1)所学非所用。

(2)不能满足雇主之需要。

此二点,均应注意于职业界,始有俾益。

4. 雇主愿意雇佣何种学生。

在今日职业界对于学生之态度有二:a. 习气大不愿雇佣,b. 即雇佣,则谓大学生不若中学生,中学生不若小学生,此一般之现象也。吾人于调查时,即可直接询问雇主需要何种学生!

5. 雇主对于初任事之雇员,需要何种准备工夫,从事任何事业。均应调查也。

6. 雇主对于雇员,在未雇用之先,欲完成其训练,抑雇用之后,再加补习于后。

7. 雇主愿意与学校合作否。

有不愿合作者劝导之,其愿意合作者,则与之联络,故应注意以下三点：

(1)职业指导所所介绍之人员，愿意任用否。

(2)年幼职工愿意选入补习学校否。

(3)有空位置时，愿意告知职业指导所否。

以上所述，均为职业调查表之内容，至于表格之大小，排列之纵横，以及排列之艺术，均视应用时之便利而定也。

正式调查表有(原文如此，似为之之误。编者注。)二：

(二)学校调查表

以学校为主体，内容状况调查清楚，作一表，务使一目了然。

此表表格之内容与用途，分述如下：

内容

1. 学校名称。

2. 学校所在地。

3. 校长姓名及履历等。

4. 学校及程度，学校内分几科，如师范科，农业科等，学校的程度，或高中，或初中，不可概略。

5. 各科学生人数？每科男女学生若干人。

6. 教师人数及学历等。

7. 教务训练方面之特别情形。

8. 学生用费数，每年需要若干元。

用途

1. 为升学指导之用。

使升学青年，可依此表，而明了各校状况，不致误入歧途。

2. 为介绍职业之用。

使介绍职业者,可依此表,而知各校毕业生之品行如何,知识与技能如何,乃有根据,不致发生弊端。

3. 此外关于青年本身,亦应调查,兹列

- 青年调查表
  - 在校学生
    - 将毕业
    - 初入学
  - 服务学生
    - 学校出生
      - 毕业的
      - 未毕业的
    - 非学校出身

(三)在校学生调查表

可谓为个性调查表——正式表格之三

在校学生为谋将来之出路计,为培养实际人材以供给社会之使用计,故必须调查也。在初入学校之学生,为准备职业计,明了个性使学生天才得自由发展计,亦须调查也。但出校学生较在校学生之调查,尤为急切,今虽将在校学生调查表从略,请阅下节,即可推知一二,勿庸繁言。

(四)毕业学生调查表

亦可谓为青年个性调查表——正式表格之四

此表之目的,在乎明了学生之个性,俾介绍职业时,有所依据耳!此表之内容:如姓名、年龄、性别、住址等,均为应有之项目,故从略,今将此表之内容及用途,分述如下:

内容

1. 遗传:指毕业学生父母之职业天才若何,以及历代祖父母、外祖父母、有无特殊天才,据此可以判断天才,适宜于何种职业,即此之谓也。

2. 教育:教育之程度若何、小学、中学、大学,抑专科、对于何科最有心得,此其要点也。

3. 天禀:人之天禀,有敦厚刻薄之分,应该注意及之。

4. 健康与体格:健康如何,视其心力、体力、耐劳而定!

体格若何、视其体重、握力等,此外尤应注意是否注意卫生。

5. 品性:包括道德诚实、和平、信用习惯朴素、勤勉,与其合作时能否有互助能力而言。

6. 交际能力:善交际者,举动灵活,态度和蔼,公共生活,表示同情,与友人交,肯相辅助,易得他人之同情,其办事也易于成就。不善交际者则反是,故交际能力关系职业之前途甚大,不可不详加注意也。

7. 职业经验:

在校中,师长指导如何,
在家中,父兄老人如何
在社会,服务期限长短
} 此皆与职业经验有关,故须调查清楚也。

用途

1. 唤醒学生对于职业的注意。

2. 明了学生之个性,以为实施指导之根据。

上述表格,亦可用诸在校学生,故前节略而未述,即此之故也。

(五)学生服务调查表

此表为正式表格之五

内容

1. 所服务之机关及所任职务。

2. 录用之方法;由亲戚荐举或自行考试。

3. 入业的动机;自动的,抑被动的(指他人荐举而言)。

4. 升跃之机会如何。

5. 初任事时薪水若干。

6. 加薪速率如何。

7. 工作时间如何。

8. 如何利用闲暇时间。

9. 对于所业的意见:

(1)兴趣。

(2)见解(对于该业前途作如何观)。

(3)志向(有无方法使该职业造成新局面)。

10. 曾否改业,及改业的理由何在。

11. 雇主的评语如何。

上述五种调查表格,用后应有整理工作,始免渎乱无章之弊,而整理之步骤,亦有四点如下:

1. 分类。就程度言,可分为小学、中学、大学或专科教育之分别。

就事业言,可分为大事、小事之不同。其他如职员薪俸之高低,用人总数之多寡,亦须分类。

2. 考察。应考察职业界所任用人员之标准如何。以及薪俸多寡。

3. 评断。关于职业评断,录用人员之方法,得服务人员之兴趣等。

4. 指示。指示青年、学校、职业界三方面,共谋职业之改进。

(六)家长报告子女服务表

可谓为补助表

此表之目的,系补助正式调查表之不足,亦即家长对于子女之服务状况报告于调查者之用,其内容与服务调查表略同,兹不赘述,用时应以因时制宜为原则,则收效可望矣!

总而言之,调查工作之主体有三:为社会机关、学校机关、政府机关三种,今以图表之如下:

- 执行机关……单独机关
  - 社会机关
  - 学校机关
  - 政府机关
- ↕
- 研究机关……联合设立
  - 学校与社会
  - 政府与学校
  - 社会与政府

此外尚有一图列下:

- 调查
  - 职业调查
    - 各业概况(将全体职员言)
    - 各种服务调查家长报告
  - ……………学生服务调查(家长报告)
  - 教育调查
    - 学校调查
    - 青年调查——已毕业的未毕业的

系言调查工作本身的区别,实际在于职业调查与教者(原文如此,似为育之误。编者注。)调查二种耳。至于学生服务调查,家长报告,则介于二者之间,作本节之结束也。

第四节 (原文如此,似为第三节之误。编者注。)指导及介绍

一、工作的种类

职业指导工作的种类,约分三项如下:

1. 职业指导——选业、改业、就业等等(介绍包括在内)。

2. 人事指导——健康、法律、婚姻及其他。

3. 教育指导——升学、选科等。

二、工作的目的

职业指导工作的目的,亦有五种:

1. 预备职业得其当——即“习业”之谓也。

2. 选择职业得其当——即“适业”之谓也。

3. 失业之减少——即“得业”之谓也。

4. 青年获得良好修养——尤重服务道德之精神,其含义有二:①在消极方面言,不忘其责任。②在积极方面言,能够积极的努力,而达到“乐业”的田地。

5. 职业的改进——改进职业,而达于创业为目的。

以上所述,乃职业指导之目的也。

三、工作的手续

指导及介绍的工作手续,即言其步骤之程序也。如下述:

1. 填报 ①登记表——关于升学的,人事的,就业的,改业的,择业的,选业的;②指导表。

2. 填分析表或受测验——如个性分析表是也。

3. 个人谈话。

4. 指示。

5. 推荐——即只介绍职业之谓也。

6. 访问——即服务访问也。

7. 补习——认为服务人员之能力,有不良者,与以补习之机会。

四、个性检查

所谓个性检查,即心理测验也,亦职业心理测验也,兹将研究心理学者对于人类气质的新旧区别分列四项如下:

旧说人性		新说人的四型
1. 多血质,此类人性多粗燥;	智力型,深思远虑。	
2. 神经质,此类人性多悲观;	经验型,长于社会服务。	
3. 胆液质,此类人好作领袖;	力量型,勇于制造建设。	
4. 粘液质,此类人处友忠诚。	技术型,能力较差。	

上表既明示人类气质的区别,进言其个性检查之内容如下:

1. 谈话——就表册问题谈话,在选用人才时,关系殊大,主试者应注意数点:①被问者辄有警惶状态,此系其得失心太很,主试者应避免不良环境。②不可以貌取人,以免主观见解。③考其已往经验及动作,以客观的态度取才。

2. 测验。

(1)方法。可用文字、填图、器械三种方式测验之。

(2)目的。①能量的测验——有潜心而无能发表者。

②能力的测验——已经有经验者。

以上所述为指导及介绍种种之工作情形也。

第五节 (原文如此,似为第四节之误。编者注。)

学校教育方面指导工作

在学校教育方面,自小学以至于大学,在在均需职业指导,至其方法则不外注重课程训育之指导而已。如注重职业性之科目:家庭调查,研究问题,或请高级学校教员演讲该校之内容,以启发其智识，升学时有所准备。请实业界领袖演讲该业之情况，使学生有选择职业之准备。又如指导学生能有劳动之习惯，互助合作之能力，或概观工厂实际之情形。亦或在图书馆内，多置职业指导书籍，如世界十大成人传记等，以供阅读。此外尤须注重学生升学考察表，对于每个学生，均应有长期之考察（自入学起，迄毕业止），其体格如何，技能如何，品行如何？恃此学生，升学后，可抄写一份送交其所在之学校，以备该校继续不断地考察此在校指导工作之大概情形也。以下分述学校指导之工作之办法。

一、小学

今日之小学教育，已有职业化、社会化之趋势，所谓职业化者，即职业陶冶。所谓社会化者，即生活教育，教育即生活。譬如教学方面，论工艺，可以培养其营造之观念；论园艺，可以培养其种植之技能；论唱歌，可以陶冶农工生活之精神，在在含有职业化之性质也。譬如训育方面，尤须注重课外作业，如服从，责任心，公民道德以及养成劳动之习惯，均须在团体生活中训练不可也，此种习惯与职业指导，亦有莫大关系。不特此也，吾人知教育作用，贵能利用，利用儿童好动性，向职界活动；利用其模仿性，使了解职业之重要；利用其群性（社会性）使明晓服务道德，凡此种种，均与职业指导攸关也。兹再述小学校内实施指导工作应注意事项如下：

1. 考察表	3. 读书指导
2. 个人谈话	4. 各人演讲
5. 家庭访问	7. 升学指导

6. 校外参观　　8. 就业指导

以上所述，为小学内实施指导工作必不可少之事项也。

二、中学

在中学实施职业指导工作，以初级中学为最重要。今日之美国，办理工作最有成绩者，首推初中之职业指导所得效果为佳。在此期之学生，多半投身职业界，故甚重要。在中国，对于此工作，极为缺乏，以后应努力推广，于社会国家均有裨益也。其实施之程序有三：①入学试验，应有严格试验一次，入学以后，亦须有智力测验。对于智力、体力、家庭状况均应当详细考察。②功课方面：a. 加入职业教育之功课，在乡村不可不有农场之设备，使学者可获农业之知识；在城市不可（原文似少不字）有商科之课程，使学者明了商业之重要。b. 利用原有功课，加入职业教育之性质与意味，例如地理课程，可使学生注意各地之出产，以及输入输出之情形；国文课程，选择实业名人传记，藉此可以激发学生之努力也。c. 使学生调查社会之需要，作讨论问题之资料，或则选购职业教育书籍，以作补充材料，如能依此而行，学生增加研究功课之兴趣，其响影（原文如此，似为影响之误。编者注。）岂浅归哉。③训育方面，亦重课外作业，与小学方法略同，推广办理可也。其应注意之点有四：

1. 参观：最好有长期时间参观各职业机关。

2. 演讲。

3. 访问。

4. 介绍等是也。

三、大学

或谓大学之学生,学识较深,无须指导工作,但大学之选科,乃毕生关键所在,偶一不慎,即有遗憾,故仍须职业指导之工作也。应注意事项有三:①实用教育,今日之大学教育,多偏重文雅教育,专言空的道德,不尚职业之道德,宜指导养成其劳动之习惯。②互助道德,养成互助精神,平等观念。③养成职业指导之人才,以供社会上之需要,运用其实力,推行于社会,其事业之发展,可预卜也。

此外尚有职业学校之职业指导工作,应注意之点有二:技能之应用,货物之推销是也。总之,可知小学、中学、大学,甚至于专门学校,莫不需要此等工作也。

(原文如此,似为第五节。编者注。)社教

从事职业指导事业者,亦可谓从事社会教育事业,因职业指导所,原属社会事业,故论及社教方面的指导工作,在今日实施社教的中心机关,多利用民众教育馆;社会教育的对象,原属成人,其教育目标,大抵言之,为生计、康乐、道德三大类。以生计教育为最要,而职业指导亦注重生计方面,以及康乐、道德、人事各方面,进言其具之办法如下:

(一)划定范围

先将范围划定,应在本区内有精密调查一次,尤重民众生计状况如何。

(二)调查工作

将本区内所有之工厂、商店调查后,应统计数目之多寡,过去与现况之情形,并加以研究。附有改进之意见,关于农事亦然，视环境若何，而指导之方法亦异。

（三）购书陈列

多购职教之书籍，陈列于馆附设之阅览室，以供民众阅读。

（四）定期演讲

注重职业改进之方法，务使民众于生计上得有裨益。

（五）举办夜校

于馆内附设职业补习学校、夜校等。着重于职业训练，或提倡各种副业及经营之方法。

（六）家庭访问

（七）联络小学

应做三种工作：①将本区状况调查表格之结果，发散给各小学校，以资训练人才之准备。②本区学生凡欲升学就业者，应有尽力指导，以免误入歧途。③介绍职业，使本区学生，在消极方面，设法改进，在积极方面，应有创业介绍。

关于社教方面的指导工作，此外体育场，图书馆等机关，均可依上列所述诸端，用灵活的方式去做。总之，人生与职业之关系甚为重要。故社教的职业指导工作，亦关重要也。

（原文如此，似为第六节。编者注。）实业界

在今日美国的学者有谓；职指工作，不但是教育家，而实业家亦须办理，其意即谓，工作率能增大，而精神快愉，非使其天才技能相适应，必须有职指工作，使其工作率增大，此第一要义也。对于工人生活之改进，须负完全责任，亦非职指工作不可。此第二要义也。所以今日之实业界，欲其职工乐业而工作效能大，必改善其生活不可。体力不健全者，设法为之医治，学力不充者，

与以机会补习之,使其天才与技能,继续不断的进展,则事业之成就可期,缺少职指工作,亦不能奏功,非使职业界学校化,教育界职业化。注重职指工作,使各方面的效力扩大,此实业界的职指工作所应有之使命也。

(原文如此,似为第五章节。编者注。)结论

职指之各方面均已论及,在引言讨论职指之意义和内容。第一章言职指范围及效用。第二章则述近世各国职指概况。第三章叙述中国职指近况。第四章则讨论其实施方法,此章较为详细,分六节讨论,甚关重要也。至于结论,则略论最近职指之趋势(参看《教育与职业》112 期载有“职业指导的趋势”)。昔日办理职指者,多迷信心理测验,以为心理测验可以决定人之天性、能力,宜于业商则经商,宜于作工则制货,宜于教书则课读,生而为之,绝非人力所可转移。今则否认其说,谓人之于职业也,并不限定一种职业,职业时常改进,创造新的职业,同时人之于职业也,分若干段。美人调查有三种职业,人有可型性,故从事于职业并非先天遗传,此一说也。第二言,职指是自觉的,不是代觉的。第三谓,职指是继续不断的指导。由上所述,故人之于职业实可时常变动,乃发生三种新的观念。①研究,②指导,③介绍改进。职指之范围广矣!美国职指之进步极大,全年学生二千万人,其中受指导者已三百万人,大学设有专科,得有博士学位者,不乏其人。回顾我国职指之情形,尚在萌芽时期,吾国人应如何努力,实现理想之职业指导工作,有益于社会国家,岂浅鲜哉!

(原载《民众教育》,1930 年第 2 卷第 6—7 期)

为盐业教育事函

黼光先生大鉴（中略）：兹有一事奉商，盐业为吾灌重要职业之一，赖此以营生活者不下五六万人。年来凋敝达于极点，固以时局关系，无可如何。而人才缺乏，亦其主要原因。曩者弟倡盐业教育之议，颇得少数人之同情。区区愚忱，盖纯为乡邦公益改进职业着想。个人原无一方之池，一粒之盐也。忆昔曾有计划书等布诸社会，同时热心奔走其事者有丁前局长百川，及朱君宾谷，担任向运商方面洽商。并已具有端倪者，则更有汪静生先生，此事百川、宾谷知之最详。吾兄任事以后，关于全县计划，度已备具，盐业教育一项谅亦在尽筹之中。万乞吾兄，勿失前此已有之机会，速成百年树人大业。颇闻静生先生一再查问，希望与兄一谈，拟请吾兄即日约同百川兄或宾谷往访静翁，商量进行办法。好在款一有着，即可宣告成立也。事关吾灌盐业前途盛衰，地方生计，荣枯至巨。倘使此种空前之盐校，成自足下之手，则不惟万家戴德，功在全县，即最初提议之人，得以依附末光，亦觉无量愉快也。进行后结果如何，并盼示复。

（中略）专此敬颂道安，弟恒源再拜，五月廿二

（原载《灌云教育年刊》，1930年）

青年研究国文的方法[①]

今天的讲题,是叫"青年研究国文的方法"。我们现在可把它分做两步讲。先讲第一步。"国文对于人生的效用",次讲第二步"研究国文的方法"。

一、国文对于人生的效用

国文对于我们的效用。可分两方面来讲。①吾人的技能方面。②吾人的修养方面。技能方面,即就是吾人的知识方面。我们人的知识。可分二种:第一是常识,这是普通的。一般人的知识。第二是一种系统的知识,即是所谓科学。科学有二类。一类是专研究"物"的科学,即就是自然科学。另一类是研究"事"的,即是社会科学。这二种科学自己又可分出许多的门目。前者如生物学、数学等等。后者如政治学、法理学等等。但是一个人的脑力有限,对于这种科学不能样样都精。所以只能专一门而已。然而对于第一种的"常识",却都须知道。吾人的修养

① 江问渔先生讲演,韩荣德记。

方面。大别可分出行为的修养与情感的修养。前者修养了,可使我们知道什么是应该做的,什么是不应该做的。什么是是的,对的。什么是非的,不对的。后者可使我们的精神时时觉得很愉快很快活。

什么可使吾人的知识丰富渊博,吾人的行为高尚清白,吾人的情感美满愉快,不就是国文吗。因为丰富渊博的知识,大都是从博览群书中得来。高尚清白的行为,大都是从阅读古训中取得。诵吟美术方面的文章如诗歌之类,可给我们精神上极大的涵养。此时我们的情感,就觉得美满愉快。哈,国文对于人生的效用大不大?

二、研究国文的方法

国文对于人生的效用,上面已讲过了。现在就讲第二步"研究国文的方法"。本来要国文好,只要一天到晚的读书,那末无有不好的,此法确是很对。但是对于已有了职业的诸君(记者附注:此文为江先生对市商会夜校通问班所讲),空余的时间很少,此法是不能用的了。所以不得不要有一时半功倍的方法,使诸位读书的时间虽很少,得到的效果却很大。

关于研究国文的方法,可分出三方面来讲。

(一)读书的方法

(甲)选读

须选择我性子所亲近的欢喜的文章来读。那末所读的才有个范围标准,而不至于耗费宝贵的工夫。

(乙)时候

在疲劳的时候。应读一种诗歌之类的涵养身心的美术文章。在精神充足的时候,应读那种学理,叙事的文章。如此得能将时候各尽其用。不至于浪费。

(丙)方法

①分别文章内的重要与否,重要的当要精读,继续不断地重复地读过去。不重要的只要粗读一篇(原文如此,似为遍之误。编者注。)就好了(大都文章的开始与结束时总很重要的)。②读后要使他不忘记,这可有三个方法:(子)文章中有要紧的地方,在它旁边圈几个圈,或做其他的记号。(丑)另外备好一本摘记簿,将书中重要的地方或纲要摘下来。(寅)书看完后,将书中的大意过一遍。总之,诸位总要有恒心。每天要留下一些时间来读书。看得少不要紧,因为积少就能成多。最怕的就是无恒心。

(二)笔记的方法

(甲)笔记的规则。(子)不可乱记。(丑)完全记下来。譬如有三句句子,只有当中一句是有精采的。但他的精采是靠上下二句衬托出来的,因此我们笔记时,要将这三句都记下来,不可单记当中一句。否则这一句的精采将就因无上下两句的衬托,就会无形中失去的。(寅)笔记时不可草率。

(乙)记法。(子)记录有精采的句子和章节。句子必须择能独立及有精华的。章节宜选紧要的。(丑)提纲挈领。书读完后,将书中的纲要,大意立出一张表来。(寅)书看完后,将书中的意义与自己对于此书的评言和感想参合起来后笔记。这比较上二种笔记来得难点。但我们只要慢慢地一层层学上来，自然也会觉得不难的了。

（三）作文的方法

文章大别可分成三种。第一种是理论文。第二种是叙事文。第三种是抒情文。这三类文章性质虽各别，作法却大同小异。一篇好文章须具有两个要素：第一是“通”。第二是“美”。“通”的文章使人家看了能明白这文章的意义。具有“美”的文章使人看了，能被它所感动。两者之中如缺少一个就不能称为“好”文章。所以我们作篇文字最好总要具有此二点。但这目标是很不容易做到的，尤其是要做到这个“美”字，要做到这二点，唯有竭力研究人家的好文章。研究这文章为什么值得称“好”，好在那里。研究出了好的地方，就将他圈下来或摘下来。使我将来作文也可以照这样做去，能这样的研究，将来自然而然自己作文起来也能运用如是了。或则还可以“青出于蓝”，比他还要来得好。

讲到作文的方法，我倒有密诀在此。密诀是什么？就是在动手作文之前，先要有下列三个步骤。第一，摘要。第二，立表。第三，材料。（完）

（原载《新闻报》，1931年1月26—27日）

青年之三种需要[①]

现在每个青年,都有三种需要,就是健康、科学和团体生活。健康的重要,没有一个不知道,但是为什么国人身体孱弱的精神萎靡的倒占一大部分呢? 这就是数千年重文的缘故。自从废除科举兴学堂以后,才渐渐地注意起来,现在无论那一个学校,差不多总有体育这一课,不过究竟有什么功效,实在无从调查。以我观之,要求健康,决不是单有形式上的体育课所能得到的,要像饮食一样,每日不可间断一次才是,因为勤锻炼了,自然而然于无形中可以增进健康,使得身体强健,精神充足。

科学有自然科学和物质科学两种:中国这两种科学,都不发达;自然科学尤其不及外国同样的有进步,至于物质呢,是具体的,文明是关于物质方面的,所以物质文明与文化不同,文化是精神上的,中国的文化是有悠久的历史,但是物质文明远不及他人,国人以后对于科学须切实研究,以期追赶,遇到科学上的问题,总要求其解决,才肯罢休,否则长落后人,是国人的羞辱。

讲到团体生活,这是中国人的大缺点,就是键全的团体少,

---

① 江问渔讲,孙育才记。

大抵总是相互推委，敷衍了事，究其原因，是由于受君主制度遗毒或阶级制度弊害。自今以后，大家要抱有牺牲和尽职两个决心，才可以改革这种时行流弊。因为个人在团体中过生活，假使没有牺牲态度，而有自私心，对于职务，也不尽力做去，可以说，那个团体，没有不失败的。

青年是国家的柱石，对于健康的身体，研习科学，和改进团体生活，须得有相当认识，而努力做去才对哩。

（原载《敬中期刊》，学生自治会学术股编辑委员会，
1931 年 2 月（藏于上海档案馆 D2 - 0 - 2033 - 170））

青年三关(又名青年难关)

青年人生生理心理两方,变化均剧,正如一枝含苞欲吐的鲜葩,势必加意培养,留心保护,方能开一朵灿烂的明花,结一个圆满的果实。可是,世间爱花的人,固然很多,而任意摧折花的人,也不少。青年可爱,当然是社会一般的心,以今日社会环境的恶劣,不良的诱因所在皆是,青年一颗柔嫩的心灵,受其污染和摧残,又岂在少数吗?“出淤泥而不染”,那就要看青年的修养工夫如何了!

青年的本质,大多数是善的,乃因为社会不良,往往阻碍他善美的生长,或竟不幸陷入不善不美的陷阱之中,终身不能自拔,这是多么可痛可惜啊!

这种社会恶而且丑的陷阱,随处皆有,仿佛一个陷阱边上,便有一个魔鬼,张口磨牙,左手持利刃,右手持糖果,专来迎候青年,阻拦他不能达到善美的大道,享受那人生应享的美满愉快的幸福,偏叫他堕入陷阱之中,甘与痛苦悲哀为伍。

这些陷阱,也可以叫他做“难关”罢!有关在前,不能避开,只有度过。其实“度过”又有何难?大家知道,幼儿生了不久,不是有一个“痘关”吗?天花一发,小命呜呼,多么可怕!然而只要一种牛痘，便能安稳度过了。如我所说的难关，要安稳度过，比度痘关还容易哩！

究竟“关”在那里？是什么关？且让我慢慢儿一一说来：

第一，是“名关”。古人有一句话说：“三代下惟恐不好名。”那末，好名，也不一定便是坏事了。况且，因为好名，便不去做坏事，且一心向上，还不好吗？可是，我所说“名关”的“名”，是一个“虚名”。“实至名归”“爱惜名誉”那是好的；不顾实际，专好虚名，那是坏的，此处要辨得清楚。明明知道是一个“骗钱”的大学，因为我要贪图一个大学毕业生的头衔，昧着良心去鬼混，那便是陷入难关了。明明我是在职业学校毕业，具有一技之长，或商或工，均可用我所长以服务社会，努力上进，图本位的发展，实有了，名也有了。乃偏偏羡慕官厅机关的高名，官吏公职的位尊而事简，混了数年，竟把多年来辛辛苦苦所学成一点知能，完全消失了。这便是甘心陷入难关，不能自拔。我是在乡村师范毕业的，当然要认明一己责任所在，为乡村教育尽力，乃一旦因为都市有了较高的名位，遂把教育事业，完全摔掉，结果，名位高，争者众，固有的地位既失，而新得之事，不久亦归于泡影。我做一点小事，怕什么？职业是平等的，做小事，可以显得大人格，他做一些大事，何足羡？做得不好，害人更多，得罪更大。因骛虚名，害己不足，还要害人。倘若不打破此关，为害真无穷尽啊！

第二，是“利关”。“利”这一个字，也不是纯粹是坏的，一件事能利己而又能利他，还不善么？一件事能利及群众，还不美么？可是，我所说的“利关”的“利”，是专指个人的“私利”而言。只知有己，不知有人，只知个人安乐，不顾别人痛苦，甚且夺人之利以自利。那还不是自投苦海么？眼看见某人不费力而得着金钱了，某人一次得利，终身可以无忧了，某人因为得着多数金钱，可以大交朋友，大闹阔绰了，遂不免十分艳羡，以为做人之道当如此，于是不辨明“利应得不应得”，专去研究“利如何能得”，一入陷阱，遂不能再起来了。这一班人，真是不少啊！要知道尽我一分劳力，得着一分酬报，酬报之利，正与我劳力相当，那是应得之利，利既得而心亦安。如能以我之所余，补助人之不足，遇见社会上不健全的残废人，老无所依幼无所养的可怜人，量力之所能，帮助他一些金钱，那便可享受良心的奖励，表示一己的德行。如再能发挥个人的知能，创造一种生利事业，使国家社会皆受其益，那更足表示伟大的人格了。我不敢希望人人皆是创造生利事业，我也不敢希望人人皆是舍利济众，但是劳力与酬报相当，那是人人应该守的原则。你能守住这个原则，自然能度过此层难关，若并此原则而不能守，恐怕就要被魔鬼征服了。

第三，是“情关”。“情”这个字，也不是坏的，可是，要用之得其正，不要驱之入于邪。情与欲，本相连贯，或者就说它是一件东西表里两面，也未尝不可。我是不主张“绝欲”，也不主张“纵欲”，而是主张“节欲”。节有疏通调节之义，根本承认情欲是人生所同具，只有疏之、通之、调之、节之，使它得着一条光明平坦大道，畅行无阻。可是现在一般青年，对于此层，又不免往往发生危害了。男女交际，本来可以的。然而有一原则焉，要各各以礼自守，不应有丝毫近于轻佻浮薄。因交际而发生爱恋，因爱恋而至订婚，也可以的。然而有一原则焉，必达相当程度，而后才可以言恋爱，必经长时间多方面的考察，而后才可以缔婚约；必待父兄或长辈的指导,而后才可以明白决定主张。此处所谓相当程度是指“已达成人年龄,且具有自治能力”而言。长辈的指导,长时间与多方面的考察,不能视为无足轻重。天下事往往“当局者迷,旁观者清”,纯任情感,失却理智,此时正赖指示有人,精审详办,方不至误了终身大事。此皆是安稳度关的良好方法。倘不是这个样子办,随便谈社交,随便言恋爱,视结婚为随随便便的事,一切出之以轻率,则魔鬼笑脸向迎,就要扶你到痛河苦海里边去了。社会的例子多着哩,请你看罢!

诸青年乎!难关何在,是谁造成的?社会么?当然社会不能辞其咎,然而你的心,先要照得明,你的脚,先要立得稳,千万不要自己先把心灵蒙蔽,先把脚跟动摇,倘若一蒙蔽,一动摇,那末重重难关,顷刻就在目前建筑起来了。你还能怪得着社会么?你要度这三重难关,求得善美的境地,终生得着圆满的幸福,我有三张度关通行证,可以赠给你,请你收好备用:

通过第一关,是“求实”。

通过第二关,是“人己两利”。

通过第三关,是“节欲、自治、详察”。

(原载《通问月刊》,1931年第1期)

作文和笔记[①]

十二月十一日晚，通问学塾举行作文笔记研究会，并请江问渔先生演讲作文笔记的方法。现在撮记要点在下面，以为自修之助。

一、笔记的方法

笔记大概可分为三种：一是看书笔记，看见有好的句子，就随时录下来。二是看报纸笔记，看见好的句子，或者常识，也可随时随地地抄下来。三是听来的名言，或者对于某件事的感想。笔记的种类，不外以上三种。但是我们对于好的句子和有趣味的句子的选择，有什么标准呢？选句的标准大概有三种：

第一种有文学意味的，很有趣味的句子，很有精采的句子。第二种含有哲理的，如说理说得彻底。第三种关于修身的，如古人格言……以上都是选择句子的标准。现在再将做笔记的方法来说一说。如我们看书看见有整段的好句子，那末要从头至尾

① 江问渔讲在通问学塾讲，高启良记。

抄下来，不是很费时间吗？最好将其中不切实用的句子删去。说得更详细点，如我们看见一段好的整句子，有二十句，头五句和中间的二句、末尾的三句都是好的，那末夹在中间不切实用的十句，就不必去抄它。在再抄的以前，要写明书名、著者姓名、第几页等，字要写得端正，不可潦草，也要持之以恒，决不可高兴就写，不高兴就不写。

二、作文的方法

作文这样东西，也可说是很难的，也可说是很容易的。在不会的人，只觉得拿起笔，不知写何是好；在作惯的人，写起来很容易，不觉其难。这其中有三个秘诀：一是多读。二是多看。三是注意留心；三者之中，最要紧的尤以注意留心。比如我们每日早晨看报纸，看见一篇评论文章，非常之好，平常一看而过，现在却要特别加以注意。我们平常读一遍的，现在至少要读五遍十遍。这样记在脑里，等你作文起来，就能帮助你了。像你们在商界的人们，自修的机会很多，如你们店里的通告，来往的文牍……这都是很好的。细微的如虚字眼、成语、俗语，如果能时时注意，对于我们作文，都很有用处的。

（原载《通问月刊》，1931 年第 1 期）

青年研究国文的方法

——在商会通问班讲①

一、国文对于吾人人生用处

文字与言语是一样的,言语说的机会多,文字用的机会少。我们要研究国文,最先须要有修养。修养的基础,不外下列三点:

知识、行为、情感。

(一)知识

知识的范围本来很广,但不外有两种:第一,是社会科学,第二,自然科学。社会科学是讲的"事",自然科学是讲的'物'。因为我们日常生活,事与物与我们接触的机会最多,于是我们对于事与物,就不能不有彻底的了解。但是如自然科学的'物',我们要明白它的道理,就必须一样一样的去试验、研究。但事实上是很难办到,于是乎我们不能不靠书本来帮助我们。又如社会科

① 江问渔讲,高启良记——在上海市商会通问班讲。

学的“事”，古今中外的历史、人情、风俗、习惯等，亦是全靠文字之功。我们既知文字的效能、文字的用途，那末我们要求知识，就不能不先研究国文。

（二）行为

行为关系一个人的人格，是最重大的。比如我们日常的一举一动，与吾人的生活都是有关系的。如能读书读的多，就能自己矫正；如某一书内叙述某人的行为怎样好，某书叙述某人的行为怎样坏，在这时自己就可将自己的行为来与书里所叙述的好人，比一比自己行为是否合理。

（三）情感

情感也是很紧要的。要有精密高尚思想。如现在的一般青年，若是得了一个月俸多点的职业还好，若月薪小，就会生出一种消极的思想。他们脑筋里在想，以为‘我们的月俸这样小，又是在人家手下做事，环境怎样的恶劣，叫我怎样去发展？怎样去奋斗，其实达观的人看来本不足异，要知道吾人成功的真谛，决不是有钱有势力，才算是成功。如科学家试验，哲学家的新主义，往往受同时人的揶揄，或丧失生命。在普通一般人看来，这是不值的，要是在科学家，或哲学家看来，却认为是他们一部分的成功。

二、研究国文的方法

研究国文的方法也可分为三个步骤如次：

读书方法、笔记方法、作文方法。

(一)读书方法

读书也要有一种方法。如不合法胡乱地读,也是不对的,假如读书没有方法,你到图书馆里满架都是书,不知读那一种是好。尤其是像你们有职业的人们,更需要费时少收益大,继能免浪费光阴的弊病。最好是起先自己抱定一个宗旨,认明一个目标,研究一种学术,然后请先生代你们选择,选择好了,以后你们再将选择的书,排成秩序先读后读,读的时候又分为粗读,精读。粗读的书,只稍读一遍或二遍就好。如一本书其中某一章或某一节是好的,那末就是读十遍或二十遍也是值得的,这是精读。还有一层亦是要注意的,比如我们在图书馆里借了一本书,有一百页,我们在未读之先就预定一天看十页,或二十页,这样看起来就便利。如若读的是自己的书,在读的时,看见有好的句子,就用红颜色的笔将他圈起来,或在书目上做一个记号,那么,如若是需到参考的时候就便利得多了。

(二)笔记的方法

笔记就是我们平常读书或看报,看见或读到好的文章,无论是说理的或文艺的,都可抄下来;但是抄的要首尾能贯通,能成片段,绝不是胡乱记的。如读一本书,其中有五页是好的,就将五页抄下来,但在这五页之中,不大紧要的句子,也可以剔去。还有一种就是日记,日记最好能每天写,其中所写的不外自己一日间与‘事’与‘物’的接触,或有趣味的‘事’与‘物’。写的亦要有片段头尾，切忌乱写以及写的潦草。在日记或笔记簿的头一页，留一页专写全部的提要。笔记与日记最好要写得活动精密，不要写得呆板；比如你们今天来听我演讲作笔记的时候，如我到市商会，市商会的大门是什么形式，大礼堂是什么样，如看见我江先生头发是白的，你们记起来要说我的头发像雪样的白，这样写法对于我们作文很有益的，但不限于多少，要持之有恒。

（三）作文的方法

作文又分出议论文、叙述文、抒情文、应用文等。但在未作以前，要留出一张表来。如第一段应怎样写法，第二段应怎样写法，分为几段，这都是很重要的。在作文时我们所作的笔记或读书的感想，帮助我们就很多。如某一篇文应摹仿某书的某一章，或某一节写法就好了。或句子应摹仿某日某报的论文的句子，人看了更其感动。作文最紧要的，就是要使别人读起来能通，美。

我以上所说的，都是研究国文的方法，和国文关系吾人生活的效用。研究国文的方法，固然很多，但我以上所说的几点，都是研究国文方法中最重要的几点。

（原载《通问月刊》，1931 年第 1 期）

读书提要

——《德法英美四国教育概观》《欧洲新学校》

中国自从废了旧式的科举和私塾的教育,并力经营新式的学校教育,四十年来,公家私家,不知道费了几何金钱,所造就成的各级各种的人才,也不知道有多少。照理说,应该政治早经上轨道了,产业早经发展了,社会的组织,早经完备强固了,人民的公德、私德,早经向上了。可是,详加考察一下,竟无一件可以令人满意。你要硬说因为有了新教育,倒反把民德、民智、民富弄坏了,自然有点太武断,太不合理;但若不察实际,一味恭维新教育,说他能如何利国福民,那末,人人皆有一幅能辨好坏的眼光,试问,又如何能叫人心服呢?莫非是因为外国的教育,进步太快,中国的教育,进步太缓,所以比较之下,不免相形见绌,遂自处处觉得赶不上人么?还是所谓新教育者,非中国国性国情所宜,如热带动植物,不能在温带地方蕃殖的道理一样呢?这却是一个大大的问题。

记者常常怀疑着,今日中国所办一切教育,或仿日本,或仿美国,或仿法国,仿来仿去,闹得不休,究竟对于中国教育的背景,教育的环境,教育的对象,细细的体察过一番没有?一个国家，总有一个特殊的历史；一个民族，总有一个特殊的文化。设施教育时，是不是应该时时要顾到他固有的历史，和固有的文化呢？

如是不问青红皂白，生吞活剥的，硬把人家的教育制度，整个的搬到中国来，犹如不问头和脚的大小，硬把一顶帽子，一双鞋子，强迫的叫他戴叫他穿一样，那末，帽小头大，和脚大鞋小的人，如何办呢？不办不成，硬办，蛮办。结果这一顶帽子，这一双鞋子，便要变成苦人的害人的东西了。

中国近来一般人，对于现在教育的制度、教育的方法，感觉到不满，发出改革或革命的呼声已经不少了；同时唱“新教育国化”或“国化的教育”的建设论，亦复大有其人。记者不敏，却也是其中摇旂呐喊的一个小卒。

方今世界棣通，各国文化皆是互相影响，无论你国民性如何强，保守力如何大，断断没有永远固守一己的制度、方法，不去参考别人，不去应时变化的。可是，也断断没有把一己所固有的完全抛弃，专去依赖他人的。“取人之长，补己之短”自然十分心安。并且于“因时制宜”以外，还要“因地制宜”。采人的制度方法以为己用，应如蚕之食桑，蜂之采花，经过一己咀嚼消化工夫，使桑变为丝，花变为蜜，那才是最好的现象。所以讲到此处，便不能不注意到选择和审定的工夫了。桑果不宜于蚕性，花果不宜于蜂质，不但丝吐不成，蜜酿不出，吞了下去，采了下去，恐怕蚕知（原文如此，似为和之误。编者注。）蜂，还要生病哩！中国采用新教育制度和方法，时而日，时而美，又时而法，效果如何？应该大家估计一番，所采用的，和自家国内的情形是否相宜？也要大家察度一番。估计之后，察度之后，证断决定，认为有弊有病，应当即早设法挽救医治，更不要一味主张复古；应该放大眼光，广征博览，多方考察，详加比较。自家既经有了主旨，发生了问题，再去参考别人的办法，以谋问题的解决，主旨的实现，那自然是最顺利，最便当的事了。

今日主办教育的先生，可惜不能人人到外国去考察。常常到外国去考察，无已，把中外教育家所曾经考察过的各国教育制度和方法，介绍于国人，使没有到过国外的人，也可以知道许多新的教育制度、新的教育方法，最近是什么样子，比较研究之下，自然能得新的触发，新的领悟，我想这一种效用，也不在小处罢！

最近出版界新发行关于考察各国教育状况的书籍，虽然不少，但以我所看到的，觉得读了之后，大受感动，大启知慧的，则有两种：

一是常道之先生编的《德法英美四国教育概观》；

二是唐现之先生译的《欧洲新学校》。

《德法英美四国教育概观》这一部书，是常君就所编中央大学"比较教育"讲稿，加以增删而成。著者本是研究教育的专家，而又曾在美英德三国实地考察过教育多时，故本书取材，极费斟酌，大致皆是就可能范围内，择其为时较近而且见诸实行的。其中特别注重的，有四点：

(1)教育行政机关组织。

(2)小学及义务教育。

(3)中等学校之编制与课程。

(4)小学及中学师资之养成。

关于高等教育、职业教育、特殊教育等,亦略有说明。书末,复附录欧美教育参观记。读完这部书以后,我想至少可以能明白了下列几点:

(1)各国历史不同,社会不同,故教育行政机关的组织以及实际教育的设施,不必完全一样。

(2)各国教育的设施,无一不根据社会的背景,而力求本国文化的发扬。

(3)各国教育,无论如何保守,而制度方法,皆在那里不断地进化;并且他的进化,皆是循着稳健之路以行。

(4)各国对于基本教育,所谓“义务教育”,无一不认为立国之本,并力推行,以期国基永固。

(5)各国对于职业教育的实施,皆渐渐注重,已成不可掩的趋势。

我们既要求教育真能有益于本国人民,对于学制教法,力求完善,自然不是尽凭主观,仅仅看到本国以内,如近视眼的主张所能成功的;也不是忘记了本国,一味摹仿他人所能有效的。最好先能知己知彼,然后再以一己所固有的为体,而以由他方面采来的为用,吸取溶化,成了一种中国化的教育,这才真正是我们中国所需要的教育。

《欧洲新学校》这一部书,是唐君译自 Canleton Wastbunme 与 Myron Stearns 二人合著的 *New Schools in the Old World*。直译之,便是“旧世界的新学校”。唐君以为这个名子,是美国人起的,他们看欧洲才是个旧世界,在中国人看,便不能如此说了,所以他就改译成“欧洲新学校”。

这本书一共是十三章,除末一章结论外,从第一章一直至第十二章,是记叙十二个学校。文章虽是记事体,而实在是夹叙夹议。著者对于本国现行教育的方法夙抱不满,所以特地到欧洲寻觅教法特殊的学校,既看到了可以代表十二校,于是就把它一一纪载下来。对于每一个学校,皆加上一个特殊的形容词。在十二学校中,要以第十一第十二两个最出奇,故写来格外的有精彩。原文既然,译笔亦复如是。

教育的方法,本来是日日在进步之中,但是因为有人偏于爱保守,有人偏于爱进取,所以主张的办法,便各不相同。至于在教育行政方面,皆是看重形式的居多,以其便于考察,这也是通常的习惯。美国是新的国家,所有教育方法,新的、进步的,却也不少,乃著者犹复口口声声,说美国学校教育太注重格式,太注重呆板课程,若是我们中国,还能说么?他们书内所有责备美国教育的地方,试问,那一条,那一句,不可移用来责备我国的教育呢?

可是,要一定认为这十二个学校,皆是好的,皆是对的,却也不能如此肯定的说。不过他们那一种不甘心安于现状,不甘心屈服于“人云亦云”的教法的精神,是很可佩服的。我们中国学校的弊害,也不算小了,埋没了许多青年理性,摧残了许多青年才能,小言之,是害人子弟,大言之,便是断丧国本。尤其是中学一级,害人更甚。前月中华职业教育社曾经发行了一本《中学革命》月刊专号,颇能惹起世人注意,大可与此书互相印证。

我很希望有人读了此书以后,发一个宏愿,自己来参酌国情，采取新法，折衷至当，自行创立试验学校一所，规模不必大，人数不必多，持之以恒，行之以渐，庶几也可为中国沈闷晦塞的教育界，发出一颗明星！

（原载《人文月刊》，1931年第2卷第4期）

中国女子职业问题

（上略。编者注。）

日本以前最注意贤妻良母，但是现在日本女子的观念大有改善。除主持家务外，亦多注重社会服务事业，极力提倡女子职业教育。年来日本对于职业的设施，有组织，有计划，政府、社会、学校三方面，均同心协助，男女高等小学，一律均有职业指导。未满十八岁之学生，则施行少男少女之职业介绍。职业课程，普通分二科：①家政科，如烹饪、缝纫绣花等。②商业科，日本女子愿在百货商店服务的，近来很多，如三起一家，年可收纳二三百人，惟取录以后，尚须派至名古屋，予以职业训练，每天津贴约八十五钱至九十钱。到店服务的在早晨由上级职员先向女职员谈话。但男子不喜欢百货店，却与女子之希望相反。此外女子充当银行、社会机关、行政机关的书记，打字员也不少。日本女子大学家育很少，然大学课程，亦注重家政科。普通学校最要紧的是人格训练、体格训练、家政科。日本女子体格雄壮，电梯电车中买票员，亦多有女子充当。总括起来说，女子对于社会国家都有莫大的贡献。女子不仅理料家庭，并同时在社会服务。今日我们中国女子，在社会服务的也不少，然女子职业指导尚须研究，而极待发展。希望在坐女界领袖，设法开办女子职业学校，特别注重职业教员养成所。若有女同胞去日本研究女子职业，将来回国后，对中国女子职业指导，必有一番大贡献。

附讨论内容：

（一）已婚女子应否有整日工作？

答案：

1. 不应有全日工作，因为不可完全牺牲家庭，而服务社会。

2. 应当半日在家，半日服务社会。

3. 对于劳动妇女阶级，应提倡节制生育，或倡办托儿所（日本有数处设有托儿所，便利一般有职业之男女，寄托其儿女，得以专心服务，特聘保姆数人，专司保育定。课程为游戏、唱歌、谈话等科。凡六个月以上，未满学龄之儿童，都可入托孩所。每日每人二钱，内容美备，办理完善。若身体检查，喂养法，尤有研究，大可取法）。

（二）如何养成女子专门人才？

答案：

1. 设女子职业学校。

2. 大学专门，如商科专门、医科专门、园艺专门。

3. 高小学，如家政专门、教员训练、商店等。

（三）如何训练女子有服务精神？

答案：

1. 教育。

2. 舆论。

3. 各机关实行训练。

(四)怎样改进女工生活及如何使政府实现工厂法?

答案:

1. 组织女工队,能使女工团结起来,自动地去要求政府实行工厂法。

2. 呈文。

3. 舆论。

4. 希望妇女团体合作,一致努力要求政府实行工厂法。若工厂法能实行,则女工生活必能改良。因工厂法规定八小时工作,禁止夜工及童工,假期亦应给工资等等;但今日女工实际生活状况,乃每日工作十余时,童工、夜工,亦未禁止,纪念日、放假日亦无主工资,其苦不堪设想。

(下略。编者注。)

(原载《中华妇女节制协会第二届全国代表大会暨十周纪念报告书》,中华妇女节制协会编,1931 年 5 月)

《小学训育法 ABC》序

刘君百川，余长江苏省立第八师范学校时所认为高材生也。国学既优长，研究教育复热心，毕业后，服务省立附小实小校各有年，而其成绩尤以长省立东海实验小学时为著。盖可本其所得以实验也。每闻乡人士道及，窃深许之；且幸昔所赏鉴为不虚。人事牵率，刘君不能不离海而来扬，而研究精神，益精进。顷者，出其所编著之《小学训育法 ABC》以祈余指导，风尘栗碌，此事废久矣！余将何从而赘词？特年来从事职业教育，奔走各方，对于一般之中学生，不无有所注意，觉修养方面，满意殊艰，此责虽应为现所在之学校负，而其所自出之学校，亦不能完全卸厥愆。倘小学训练有方，则蒙养已得其正，何至有此现象耶？念及此，则刘君兹作，实乐为之介绍以问世矣。

民国二十年五月十九日江恒源序于上海中华职业教育社

（原载《小学训育法 ABC》，刘百川，世界书局，1931 年）

关于乡村改进问题的解答

这篇文章，是江先生在徐公桥本社附设乡村改进讲习所为诸学友讲演，由学友李君光照笔记记下来，复经江先生校改过的。全篇揭出三大问题，一一加以解答，皆是江先生平昔经验和研究极有心得之言。现在热心于乡村改进事业的固多，而挟怀疑和畏难态度的也不少，读了江先生这一篇文字，庶几黑暗长途中，可以遇着一个引路的灯光了罢！编者附志。

在中国现在状况之下，欲除去四大危症——贫、愚、弱、散，只有从乡村教育与乡村改进下手，才是救国的根本办法，已经用不着怀疑的了。可是，话虽如此，事实上却又不然。许多关心乡村问题的人，因为乡村改进的事件太大了，倒反特别慎重起来，本来没有疑问的，结果倒不免发生了许多疑问，现在把他归纳起来，约有下列三层：

第一，乡村改进，应该要怎样办？提出这个问题的人，以为现在各处所办乡村改进区、农民教育馆、农业推广部、新村等，每年至少要千元以上的经费，以中国如此之穷，乡村如此之多，那能处处都筹有一千多元来作改进的经费呢？说明白点，就是改进乡村,要如何才能省钱,才能以少量的金钱,收最大的果效?

第二,叫什么人去办乡村改进?这是乡村改进的人才问题。叫乡村小学的教师去办么?他们的专门责任,是教育儿童,现在乡村小学教师,每天至少要担任四五小时功课,课后还有应该处理的事务,乡村改进的事业,多么麻烦,他们那里还有余力去兼任呢?由学农业的人去办么?他们又多昧于教育,不谙政治,就是他们自己愿意去担任,也恐办的不能十分合适。然则叫区长乡长等去办,如何呢?此层更是问题。以目前情形而论,做区长乡长等人,除少数外,真正能认识乡村改进事业真义,热心研究乡村改进事业,决心创造乡村改进事业,而又具有相当教育知能的人,恐怕不多罢!要他们去担任改进乡村,成功的希望如何,也就很难说了。那末,这样看来,乡村改进的责任,究竟由何人担任才合宜呢?

第三,乡村改进与乡村自治,是否是一件事?乡村改进,为的是改善农民生活,创办乡村自治,也是为改善农民生活,若说二者不一样,试问有什么不同的地方呢?若既是一样,就不该一面提倡办理乡村改进,一面又去办乡村自治,一件事而立两个题目,何苦乃尔呢?

以上三点,几乎可说是目前一般人共同的疑问。我们研究乡村改进,一方面要顾事实,一方面要讲理论;事实是理论的基础,理论是行动的指针。上列三个疑问,于乡村改进的理论上,有极大的关系,应该要加以说明,现在本我个人的意见,把三个问题,作一个概略的解答如下:

第一个问题——如何办理乡村改进?——的解答。要办乡村改进，应该知道次列四个标准：

(1)简而易行。就是不要专重形式，不要好大喜功。

(2)事事求经济。就是要用最少的劳力资财，可以获得最大的效果。

(3)力求普遍。就是能使改进事业，普及于全国乡村。

(4)促进农民自动。这一点尤其是办理乡村改进的人所最宜注意的。其事业成功与否，就要看他对于此点能否努力。在乡村中工作，千万不要忘记大多数的乡村民众，是一切的主题。

根据上列四种标准，再看目前各处所办乡村改进事业的情形如何：第一，似乎多趋重于形式，还未能十分顾到实际。第二，所用经费，似乎多些，至少在一千元以上，甚有多至万元以上的。第三，似乎办事人居主动地位，使民众为被动。在此乡村改进事业的发轫时期，一般农民，知识太差，而抱有积极精神的办事人，恨不能一口气就把整个的乡村办好，以致有了这样情形，却也不能怪。不过照真正的道理说起来，总是有点不对。若是承认前列四个标准为合理，那末，像这三种情形，便是和标准不合了。今日一般人往往觉得乡村改进，不能推广普遍，将有办不通的趋势，也就是因为这个原故啊！我们今日既已认定这四个标准，以后办理乡村改进，自必矫正以往之失，开拓将来之路，庶几乡村改进事业，才有希望。至于说到具体的办法哩，依我个人理想：希望以后各乡村的公共机关内，无论何种，都要有一位或两位的乡村改进人才加入，说明专任区内改进事业的推行；其工作方式，我可举两个例子来说：如一个乡村小学里，参加一个乡村改进人才进去，他可以以十分之三的精力日力，在校内帮同教书，以十分之七的精力日力，专去做乡村改进。如此则所费的，只不过一个薪金，至事业之费，则可多可少，并不是件件皆非要钱不可。古人说得好：“人之欲善，谁不如我”？这种心理，是人人有的，如果校内各教员，天天看见这一位担任乡村改进的同事，从早到晚，不厌不倦，专为农友做事，自然而然的，也就可以感到兴味，说不定都会被那种精诚热烈的空气所传染，一变从前只知教死书不知做活事的恶习，起兴趣，也挪出一部分的精力时间，来帮助他。如此则一校内，做改进事业的，便不止一个人了。如有三个教员，每人拿出三分半力量，合起来便成了一个人。这件事的确可以做到，并不是一种妄想。因为无论做那件事，最要紧的，是兴趣，有兴趣，自然会振得起精神。兴趣之来，有是自发的，有为环境所引起的，自发的兴趣，比较的非常之少，且欲兴趣的继续不断，仍需要环境去鼓励逼迫。我敢说大部分小学教师，并不是不喜欢做事，实在是未会唤起兴趣。假使在他同事之中，有了努力乡村改进的人才，他们一定会见猎心喜，跃跃欲试的发出丰富的兴趣，由丰富的兴趣，而鼓舞，而参加，实在是可能的事。又如区公所、镇公所等，希望区长镇长们，能认定乡村改进事业的重要，筹定一笔可靠的经费，聘请一位乡村改进的人才，在公所内专办乡村改进，办了稍久，同事受其感动，则情形也可以和学校一样。这不过随便举两个例，其他在乡村的公共机关，无一不可以照这样办，自然改进的范围，就能愈推愈广了。至于实际上如何进行，殊难一定，可视经费的多寡，再定事业的先后。钱多可办钱多的事，钱少可办钱少的事。如推广优良品种，提倡经济合作，介绍新农具，举办民众学校，多开展览会、演说会，设置代书处及问讯处,代种牛痘等。都不需大宗的钱。更有吊丧问疾庆贺往来,都可以利用他来施教,更是一钱不花。如若有钱,自可兼办物资上的建设——如修道路,建桥梁,开公园,造房屋等。平常更应当随时随地利用机会,一步一步,深入民间,不求速效,不图近功,不重外表,自然能大办大效小办小效。将来愈推愈广,愈拓愈多,自然就能转移风气,一变从来的旧面目。那末,乡村改进,照这样方法去办,还不对么?

第二问题——叫什么人去新乡村改进?——的解答。“什么人,能办什么事”,这是一定不移的。办理乡村改进事业,自然要乡村改进的人才。依据为事择人的道理说,凡是办理一件事,选择一种人,总不外依据下列三个件:不但依此条件,去选择,更要依此条件去培养。那三个条件呢?①对于某事,具有浓厚的兴趣。②对于某事具有特殊的才能。③对于某事,具有相当的修养和训练。依第一个条件,则小学教师、区长、镇长、农业推广员,只要他们对于乡村事业有兴趣,就可让他去兼任乡村改进的事;如果没有兴趣,却亦不能十分勉强。依据第二个条件,选取富于乡村改进才能的人来办乡村改进事业,自然会有良好的成绩。但社会中,平常的才多,特殊的才少,这也是无可如何之事。第三个条件,比较最为重要,因为兴趣可由环境引起,最少数的天才,有机会也还可以遇着,至于乡村改进人才的修养和训练,那就不能不赖有完美的教育机关和教育方法了。那末,我可先说乡村改进人才应具有的知能,然后再说乡村改进人才教育的方法。

我以为乡村改进人才应具有次列四种知能:

(1)关于教育方面的知能　他能去办理乡村的各种教育,以提高民众知识，增进民众能力。

(2)关于政治方面的知能　他能指导农民怎样去组织团体，怎样去开会。农民有争执，他能去代为调解；农民有不满意的事，他能代为疏通解释。

(3)关于生计即建设方面的知能　他能指导农民改良种种农事；他能指导农民，去修桥，筑路；他能指导农民，组织种种合作社。

(4)关于卫生娱乐及消防的知能　他能指导农民，讲求公私卫生，改良公共娱乐，组织消防队，使一般民众日进于康乐之境。

能备具了以上四种知能，虽说博而不精，但办理乡村改进，是需要多方面的人才，能如此也就很好了。若要求精，则每苦不博，各方应付，倒反困难。况且遇有问题，也未尝不可以转请专家，代谋解决。如今只需在四种知能之外，再加以强壮的体格，浓厚的兴味，便可认做全才。让此全才去一心一意的从事乡村改进工作，可以说没有不成功的。

说到这里，便可以再进一步谈谈乡村改进人才如何造就、如何养成的问题了。我以为此种特殊教育，似有次列两种方式：

(1)是专门训练。

如无锡教育学院，定县乡村师范，本社所设乡村改进讲习所，皆是专为造就者四种知能的人才而设，希望此种机关，将来多多推广，以应社会的需要。

(2)是扩大训练。

如中等农校，于学生将毕业时，加以乡村教育一门课程，施以特别训练，专注重在教育及政治两方；如普通乡师，可择其有乡村活动兴趣的学生，特施以合宜的训练；如普通中学，亦可视各地情形,加入乡村改进一门功课,专为不能升学的农村青年,养成回到乡间服务的能力。那末,这样一来,乡村改进的专才有了,助手也有了,乡村改进的任务,自然不愁没有人去担任了。再问我"乡村改进叫何人去办"?我便爽快的说"让这一类人去办"。

第三个问题——乡村改进和乡村自治是否是一件事?——的解答。论乡村改进和乡村自治的区别,笼统的说,两者是一样的东西;可是详细一些讲,却有先后缓急的不同:乡村改进,应在先,乡村自治,应在后;乡村自治缓,乡村改进急。现在拿河和渡河的船来做比喻罢:目前破碎的乡村是河的这一岸,乡村自治,是河的那一岸,乡村改进,是从河这一岸渡到那一岸的一个渡船。或者有人要问我,你为什么一定要这样主张呢?我可以回答他说,这是事实上的需要如此。何以见得呢?请看乡村自治的名目,不是早已叫得很响了么?可是,看看实际情形如何呢?若只悬一块自治公所的牌子,只有几个穿长衫的自治职员,这能说得是自治么?当然不能。想要实现自治,至少要农民中每一户皆有能识字能读报的一人,至少他们能明白开会的仪式,至少能指导自己所任职务的意义,而生计方面,也不至十分不像样;可是,这岂容易做到么?不容易做到,只希望用自治机关,自治职员,自治规条,或者竟假一块自治公所的牌子勉强去做,便可以做到么?现在一般农民,缺乏相当知职,陷于穷困境地,对于公私各事,不能发表主见,不具何种兴趣,无一些办事能力,如此而言自治,安得不走投无路?照理,真正乡村自治实现的时期,应该在乡村民众百分七十以上具有小学毕业的程度,百分二十以上具有初级中学毕业程度以后,比较才巩固才完备。比如造一所房子，一定要先立墙基，然后盖瓦，那自是很稳当的办法；若墙基未立，就去造屋顶，先图叫人家看见房子已经成立，这不是自欺欺人的举动么？如何能成功呢？如举办乡村自治，事先无一点准备工作，临时只求形式的完成，似乎也和造房子不立墙基而盖瓦一样罢！倘使在教育未普及，民智未浚发以前，有一种特殊办法做预备工作——盖屋立墙基的工作——岂不大妙？那末，今日的乡村改进，便可算是大多数民众未能自治时的过渡办法，同时也就是将来推行自治的准备，他所办的事情，①要叫农民生计裕如，②要叫农民读书识字，③要叫农民认识本身和国家的关系。因为这几件事是乡村自治的先决条件，不然，一切办法，都不免蹈空。除此之外，他还要在农村青年的身上特别着眼，设法加意培养，使成国家的新生命，自治的好公民。因之对于乡村小学，既要力求完备，而且普及，将来小学毕业人数增多，更希望多设一种适合于乡村社会的初级中学（此种中学的详细办法以后再为讨论），招收那曾经田间生活锻炼过的小学毕业生，入校肄业。他的课程，一是注重农事，二是注重政治智识，及公民道德。他们毕业之后，既可以改良农事，增加生产，又可以办理乡村自治，以固国基。此种人才出现之日，才是真正乡村自治开始之时。那末到了这样境地，便可直接痛快地把"乡村改进"的一个名称完全取消。因为既已诞登彼岸，渡船也就可以不要了。依我预计，从乡村改进，改进到乡村自治，其间经过时期，至少六七年罢！

（原载《教育与职业》，1931 年第 122 期；

转载《农村改进的理论与实际》，生活书店，1935 年）

考察日本职业教育后的感想①

主席！诸位先生！诸位同学！

今天我很快活的得与诸位见面和谈话！并且更能趁在贵校成绩展览会开幕的时候而来贵校。在十六年度成立以来，还不到四年的光景，历史很短。而竟有今天这样的成绩，实在令人钦佩！不说别的，只要看墙上的表格，就可知平日的成绩；看各位同学的态度和体格，就可以晓得平时有相当的训练。由此可推想到贵校的前途，是无可限量！希望贵校努力前进！

现在我要谈考察日本后的感想了。我们大家恨日本人，因为日本人要欺侮我们。可是我们要想到日本人为什么要欺侮我们中国人，而不到旁的地方去侵略，偏偏的要盯着我们中国人呢？这显而可见中国是的确有弱点，而落得他们来欺侮的。

今天又是五卅纪念，我们更当作一个纪念。要追想起日本和我们在五卅时候的这件事。这次我们到日本去的，共有三人。路线是从上海到大连，经辽宁、朝鲜、马关到东京。在东京共住二十天，后来又到西京、大阪、神户、长崎等处。我们的目的是为

① 江问渔先生演讲，陈国桢、夏瑞莲记录。

调查职业教育。我们看的学校，是女子职业学校、师范、小学、农业商业学校；还有著名的机关及社会行政状况，所看的只有五十多处地方，而看过了，实在使我们发生种种感想。

（一）在日本明治维新以前与现在日本维新后的社会——他们维新后，专模仿欧美的事业，同时他们再发展固有的文化，两相混合起来，以武士道为锻炼身体之基础，以道德为品行的修养。到维新以后，又与欧西的体育方法参加拢来，又倡一种军国民教育，使人人都有爱国之心，他们对于保护国家之能力具备以后，又想扩张侵略势力。他们不但校里是如此的主张，而且能使一切人民都有身体的道德的修养。

（二）守法律，爱公德——日本人都狠柔和与客气，这好似他们固有的道德。但是，我们去研究起来，这都是他们派留学生从中国采去的，实在日本人没有固有的文化。在日本对于王阳明“知行合一”的‘学说’个个都佩服，又启发了他们不少思想。同时，又常去采仿欧洲物质文明、团体生活、人格锻炼，使他们发挥了一种人格教育。他们确以旧文学做根底，以新文学作培养。

（三）重科学——以各种自然的对象去研究；但是，研究是对象的。我们要应有天然的事物，正如我们要造电灯、洋房、自来水……都是研究科学后生出来的价值。所以我们要注意应用科学，科学范围极大。人与人之相接触，是精神方面，不是物质方面的。要晓得人与人接触的事情，与社会家庭等的统计调查，亦都是科学方法，中国本来就有这种方法，不过因为没有人去办理，所以现在反不能发达了。

（四）注重职业教育——地少人多，生活问题的解决，亦不容易,有许多人因经济而不能升学,他们看了这种情形,就想了一个办法,希望要增加生产,为要增加生产,他们便不得不注意职业教育。所以有五十年之历史,扩充至各方面,只要看他们全国的中学生有三十二万。职业学校则除补习学校外,有四十多万,就此可见他们的普遍了。回看中国,以普通中学统计,只有二十一万,职业学校亦有一万多人,实在可叹之至!再说日本的教育制度,把中学分成五年。又分成二部。一部是预备升学,一部是预备做事。又每个普通中学内设职业指导科,补习学校的学生,有二十多万人注重职业,由此可知日本最近的趋势,是注重职业教育呀!

(五)养成向外发展的人材——这人才的培养不在本国应有,专注意向外发展。所以谓向外,就是向我们的中国了。他们学习农工商的功课,又常到中国来考察,这就是希望在中国做一个主人翁。所以他们所学的都与中国有密切的关系。

1.注意中国语言文字——日本现在各校都加上中国文学。我们学英文,为要学欧洲的科学,现在我们中国科学既不好,可是他们要学,这是为什么道理呢?就是预备做中国主人翁。

2.商业的研究——日本一些研究商业的学生,常到中国各处来考察金融事业,常设立工厂,发展他们的能力,希望将来接收我们中国的商业经济,这是他们向外发展的准备。

3.设立青年训练所——这一种是关于社会方面的,日本人只怕他们国人没有爱国心,只怕一些高中生为社会的压迫,就作不良分子。又怕知识薄弱,生产低落,一些青年容易受外界的诱惑,因此设青年训练所,自十六岁至二十二岁以下的人,有相当的训练,每日上三小时课,三年毕业,以体格训练、人格修养、职业指导为训练的目标,使全国失学的学生,都有就学的机会,努力工作。这亦是为全国的国民除去青年病,使人才都聚在一起,这亦是向外的发展。同时我们又目见日本火车的设备精致,买票收票有秩序而不拥挤,满路都是化学工业品广告,两旁高山上又有很大的森林,我们中国但见标语满贴,而荒山荒地依旧如此,那不伤心!他们交通事业极发达,有地上及地下铁道,建筑又伟大,一路都见七层楼的高大洋房,商业又发达,店内只见小姑娘们工作,而办得有条有理,他们国内没有外国货,他们的中学生都是穿破衣服,难道日本人穷吗?不是的,他们受了教育的陶镕,所以不事浮华,专敦朴素,我们现在中国人都是穿红着绿,奢华的了不得,将来不亡则已,亡则必定亡在日本人之手,因为他们与我们太接近了,我们不必恨,不必骂,只要学他们二点:①保持固有文化,采取欧美的新文化。②发展民族自强不息的精神,洗去我们的耻辱。要这样,须要注意三点:

(一)锻炼身体——学校当普及体育训练,社会当注重公共卫生。身体是万事的基础,身体好,能生活愉快,做事有兴趣,因此效能大,生产率增加。所以我们要救国,第一步须提倡体育。

(二)人格训练——人岂可不讲礼吗?打倒旧礼教,果真是对吗?我认为不能全部推翻,当取长补短。现在的中国,实在使我悲观,尤其是上海,只知道一味浪费,一点不讲礼貌,从前还有一点礼貌和规矩,现在是更不行了。无教之国,无教之民,是亡国的预兆,礼貌这种事情虽然小,其实他的作用是很大,有礼貌可以生出恭敬、互助,共同合作,由互助合作而得很好的团体生活，所以我们现在对于人格的训练，应当特别注意。

（三）科学化的职业教育——农工商都是从科学而来，科学化的职业教育，是使农工商应用上得发展。我们人类的劳动习惯，这是广义的教育，我们在校中不当仅由教室走到饭厅，我们更应用脑和手去劳动，这是职业教育的初步。第二步注重科学采求原理。第三步学一专门技能。很伟大的一个职业教育，归宿到一切科学上去，譬如唱歌要编成农夫歌，那时便要描写农夫的苦乐现象，苦的要使人同情于苦，乐的要使人见了知其乐趣。但一般学校内之自然科学，不是生产发达之科学，现在普通一班教植物学的教师，高兴时就画画读读，考试时出几个题目，使学生硬记，一般学生差不多是敷衍过去，但是成绩怎样，依然是如此，这样那里能使生产发达，照这种情形，应用科学，完全是没有希望。所以一切学业，希望教者以职业教育的方法去教，要是照洋八股的教法，一辈子亦不会科学发达，职业普遍，所以希望以后当以科学的职业的教育方法，去应用，去改变过来。我们对于日本人，不必骂，不必恨，只要记，只要去努力。最后我希望松江女中是为全国学校的模范，替中国出力。（完）

（原载《松江女中校刊》，1931年第1920期）

今后中国教育改革之方针[①]

今天的演讲，和平常的演讲不同。诸位是研究教育行政的，所以我今天所要说的大多数是关于中国教育行政方面的问题。我从事教育行政事业有好几年了。在这好几年的经验中，我觉得中国教育上要走的路，愈弄愈狭。这到底是什么道理呢？我今天特地把这问题提出，和诸位讨论一下，或者能够引起诸位研究的动机。

我今天打算要讲的，大多是琐碎的问题，倘使一定要冠上一个题目，那我不妨说："中国教育应取何种方法来改革？"或者可以说："今后中国教育改革之方针。"未讲本题以前，我们先得认清中国现在教育的病源在哪里？知道了病源，然后再对症下药，才可见效。中国现在教育的病源很多，兹择其要者来说一说。

一、中国现在教育的病源

我们看看现在小学校毕业生，能够升学到中学的有多少？

① 在中央大学教育行政系演讲，赞明记。

因为教育行政机关没有正确的调查统计,我们无从知道这数目。再看中学毕业生能升到大学的有多少?同样的也没有统计。不过我们虽然得不到一定的数目,但是我们知道一定有若干中小学毕业生没有升学的。那末我们想这些没有升学的中小学毕业生,回到家里,到底做些什么?不但小学毕业生没有受过专门训练而无职业;就是中学毕业的,亦因学校内所读的都是预备升学的功课,没有受过职业训练,也是不能得到何种职业。这样中小学生年年的毕业出去,社会上无职业的一天多似一天,我们研究教育行政的,应怎样解决这种弊病?

我们时常听说,求学者年年增多,官立的学校不足容纳,还要私立的学校补充。可是试问一批一批毕业生到社会上做些甚么?从没有人顾问到。在学校的当局,只要个个学生在校品行很好,学业成绩很好,个个都能毕业,那就算责任尽了;就以为办学的成绩好了!在教育行政当局,只要说某某学校的毕业生考试的分数很高,考试没有作弊,都可以毕业,也就算义务已尽。但是毕业后到社会上做甚么?是没有人知道的。一年中到底有多少学生毕业,从没有计算过。因为不知道毕业生有多少,也就无从知道学生毕业后的问题了。这也是中国教育行政的一个弊端。

有人想,我们需要普通教育,预备这些学生毕业后升学,预备这些学生将来做社会上的领袖人才,使中国的现状可以改好。但试问这些毕业生到社会上果能使中国改好吗?他们不知道怎么样生产,他们不知道如何谋生计。我们试看我国的海关贸易册:例如每年衣服材料棉毛织物进口值两万余万两。布的原料棉毛丝等本是我国的主要产物,可是因工业不发达,反得购用外货。又如食料方面,我国本是农业国家,农产物素称丰富,可是现在每年反要购入外国的米和面粉等竟达一万余万两。像这般养生之源,我们还仰给外人,其他种种实用品,更不必说起。因此,我国国民生计,愈加困难。总理以为我国没有贫富之分,只有大穷小穷之别。按之事实,的确如此。近年来政治界、实业界天天求生产方法之改造,可是教育界反从没有想过补救办法,难道教育界不可提倡生产的教育吗?这也是现在中国教育病源之一。

现在社会上能像诸位得享受大学教育的有多少?试问我们中国青年,现在有多少配受大学教育?能有多少配受中等教育?能够月赚两百元的人,在我国四万三千六百万人口中,恐怕不满五千万,可是这种人除供给自身及赡养家庭外,能够送他两三个子女都受大、中学教育吗?实际上是办不到的。再看看有两万元家产的,在乡间虽不算富,却也中等以上了,可是在现今一个大学学生每年要花四百元。(贵校或者不必,可是上海各大学还要在六百左右哩!)中学生每年要花两百至三百元。像只有这种家产的人,能够使他所有的子女都受充分的教育吗?实际上也决难办到的。现在我们试想,象这种月薪两百元以及家产两万元,在中国已经是很少数的人,尚且不能做到,其他还不如此的大多数的人,将怎样办呢?我们教育界天天喊教育普及,教育救国,岂不是全属空话吗?这是现在中国教育之又一病源。

普通人都说大学要养成领袖人才,可是大学生毕业后有事做吗?平时在校求学时,只知读书,不会交际,又没有显著的亲戚,毕业后能保得住有什么饭吃吗？这种现象我们到处可以看见,教育行政者对此将有什么办法？

说到普及教育方面,我国学龄儿童没有正确的调查统计,我们都无从知道到底数量有多少。从前我国代表在外国出席万国教育会议时所报告的什么识字人数百分比,完全是猜度的,哪里真正是知道？我们要中国教育普及,第一步得有个详细的调查,通盘的计划。就江苏一省言,要使所有的学龄儿童都受教育,每年的经费要三千五百万元,可是全省的收入也不过只有两千万,相差得远哩！像这样情形,我们又将怎样办？

说到小学教员的待遇,每人月薪各县平均还不到二十元。在现今这样生活费用日高的社会上,他们的生计怎能维持呢？所以要求加薪的消息,时有所闻。结果仍是没有办法！因此现在的小学教员,每况愈下。分析起来,我们可分之为三类:第一类的小学教员,是在窥候时机,一有机会,就立刻跳出教育界,另入他业。第二种的大多数的小学教员是取敷衍主义,什么事情都是马马虎虎。第三类,有些小学教员看了几本激烈主张的书籍,于是立刻改变方针。关于这一点,时常有人焦急的说,那以后还了得吗？但是试问何以如此呢？小学教员何以肯干这种举动呢？这岂不是又一个教育行政的问题么？

说到现在一般学校情形,坏的还不如从前的私塾,私塾倒有两个好处:第一,无所谓放假,从早晨至晚暗,读书的时候很多。第二,私塾的学生倒能写一笔端整的好字。可是现在坏的学校就不同了,有暑假、有星期假、有纪念假等等各色各样的假期。早晨九时才开始,下午不到四时就散学,所教的东西,就是所谓乡村小学也还都是普通科。读了六年毕业后,写起字来还是不整齐的。而且农家的父兄不送子弟入学还可以得一点帮助,一送子弟入学,那就糟了。身上非穿长衫,足上非着鞋袜不可,因为先生吩咐过的。小学毕业后还要升中学,中学毕业后,无论如何非进大学不可。家产不足,不妨卖几亩田地;程度太差,不妨进个野鸡大学。混了几年,也就冠上什么学士的头衔。回到家里,已经订婚的,非离婚不可;有兄弟的,非析产不可。农家的生产已经有限,本不易过活,倘不幸出了这一流子弟,则除破家外更有什么办法?这种现象,不是中国很普通的吗?我们研究教育行政的,将怎样改革才好?

说到训育方面,我们平时看了许多中学的训育标准,说要培养什么美满的道德,造成什么健全人格等等冠冕堂皇的条文。可是训育的责任只放在训育主任一人身上,实际上一间寝室住几个十二三岁的小弟弟,又住了几个廿来岁的大阿哥,混杂不堪。训育主任是从来不管这些的,他只是在一学期中召集几次什么训话会,派了几个什么班长室长等,逢到什么纪念日就开个纪念会,至于有没有学生来听是不管的。似乎训育的责任至此完了。训育的标准,似乎这样也就可达到。从前所谓"人格感化"等等,更无从说起。现在只要能敷衍得过去就算很好了!

在教学方面:虽然有些卖气力的很热心的教员,可是也只是不缺课,照书读,使得学生个个考试及格而已。至于学生所受的是什么,可以不问!我时常说句刻薄的话,现在的教员是一架留声机器。训育与教学既然分开,即使教员所贩来的智识能完全卖给学生,但人格道德,仍是无法诱导的。又,我国早就提倡科学教育了,到现在这十余年来,中国的科学到底怎样?有没有真正的科学发明?说起来真是愧煞。现在学生只知读死书,求分数,一出校门,早已把所学的什么生物理化完全抛到脑后,在学校内理科考试得一百分的学生,出了学校,连电灯泡里有什么东西都莫明其妙,这就是所谓中国的科学教育!所以我想要从这种只知贩卖知识的教员身上,提倡科学教育,恐怕是不可能罢!

就现在一般的学生讲,也可分三类:第一类的学生在中小学时代只知道埋头读书,对于教员是很驯服的,学校的规则是很遵守的,考试的成绩是很高的,运动场是从来不去的,各种课外活动是从不参加的。这类学生是最得现在一般教员们的喜欢。小学毕业立刻考进中学,中学毕业立刻考进大学。可是在大学读不了两年书,啊呀!面色萎黄了,肺部疼痛了,不断的咳嗽了,红色的东西,也从口里出来了,校医一诊,原来肺病已深。或者就没有肺病,也只知道贮蓄学分,社会人情是不问的,这类学生,我名之曰"书呆子"。但是比之以下两类,总算是可以了。第二类学生是"马虎派"。天天只要混得过去就算了,将来如何,临时再讲。第三类的学生,平常是趾高气昂,雄心勃勃,似乎有不可一世之概。书是不必读的,风头是要出的。今天在这里开会,明天到那里做派代表。一张嘴是伶俐的,学校教员们所怕的就是这类学生。弄得结果,教员对之愈怕,这类学生闹得愈厉害,或者有机会看到了几本红色的宣传品,还要不得了(当然除此三种以外,也还有动静得宜,才德兼备的一类,不过比较起来极少罢了)!试问教育行政者,对于这种情形,有没有想方法来改正?有没有就各类性质不同的学生,分别施行不同的指导?不幸的很，这些问题的答复都是反面的，难怪社会上对于学校教育一天天的怀疑。难怪社会上对于学校和教育家的信仰一天减少一天！

二、几种别人的改革意见

上面已经把中国现在教育的病源，略略地讨论过，现在我们对于这种病应当开怎样的方子呢？且先看别人所开过的方子怎样：

（一）第一张方子，主张恢复书院制。换言之，就是私塾制。

（二）第二张方子，主张恢复一部分科举制。以为自然科学或者可以特别设学校，其他种种社会学科，文学哲学等，尽可不必在学校内学。只是隔几年开考一次，考及格的，就给他一个什么资格。

（三）第三张方子，主张改造学制，只分小学、大学两种。小学人人要受的，大学为培植领袖人才之需。小学毕业后，从事于农或工或商三年，观察其成效，考查其道德，如很好，即送之入大学；如不好，仍使之从事于原来的职业。这种制度有三种好处：(1)这种教育是真正的生计教育。(2)使公私经费均不致滥用。(3)把向来"士"的观念打破，把教育完全认为生活的必需品。

（四）最后第四张方子是庄泽宣先生开的。可以说是他的革命教育论，庄先生在他所著的《如何使新教育中国化》一本书内，主张分全部教育历程为三阶段：1. 基本教育，凡一切人，不但儿童，就是不识字的成人都应受这种教育。受了这种教育之后，能够看报、写信、算普通的算术等。2. 扩充教育，也可说是生产教育。注重生活上的训练,取消一般普通科。3. 学术教育或可说是人才教育,乃培养真正的社会领袖人才和真正的科学家。

三、我的改革意见

我个人也有张方子,我觉得上述第一张方子,改学校为书院制,对于大学校未始不可,若说中小学一律书院制,则确是疑问。第二张方子恢复科举制,却不免太旧。第三张方子的办法,好虽好,但又未免太闷。第四张方子虽然好,目前恐未必能办到,至于我的方子是很简单的。仿佛似杜威氏所谓"教育即生活,生活即教育"。生活本是多方面的,如艺术生活,职业生活,政治生活等等。我这方子不免有些人要说:现在学校不是已经如此了吗?手工、图书、唱歌不是艺术生活吗?地理中的物产不是职业生活吗?公民历史社会等等不是政治生活吗?可是我想这太复杂了,不如简简单单地好些。我但就中等教育一个阶段定个方针,就是"中等教育职业化"。这方子在我心里已经闷了许久。恐怕有人以为职业教育是奴隶教育,是吃饭教育。但是这种种论调,我们不必去辩,中华职业教育社对于职业教育已经有很好的定义:第一是各人谋生,第二是社会服务。两者合起来实行,才是真正的职业教育。平常学校教育对于学生,最多只顾到各人谋生一方面;服务社会的精神,是从来没有注意到,这确实是莫大的缺点(关于这一层,江先生举他所见的一个邮局内的职员对顾客之无礼为例),职业教育和徒弟制不同。职业教育同时注意 1. 职业技能。2. 服务道德。3. 科学常识。而徒弟制则不然。我主张中等教育即应向此三方面进行，力求实现。

要把我这理想举个实在的例子来说，可以举我今年夏所见的广东省立第一中学。详细的情形，可参阅《教育与职业》第一一八期我所做的一篇《参观了广东省立第一中学以后》。这学校也分高、初中，学生有三百余人。校内有农田可以耕种，有工厂可以做工，课程与普通学校无大异；只是农科、工科等功课在别的学校定为选修者，在此不但为必修科，且占重要位置。每天廿四小时分为若干节，每节所做的事有规定。学生在校可以作工，学校照工作给资。据说有些学生一年读书不但不必缴学费，并且还可以拿回几块钱。这种教育结果至少有三点好处：1. 父兄经济负担可以减轻。2. 学生毕业后如不能升学，也可作工谋生。3. 学生没有太用功太懒惰之弊。但是我当时还有点疑问，以为像这样一来，学生毕业后，关于升学学科的程度不会降低了吗？但是后来据说，这种教育试验一年以来，学生程度不但不降低，反而较前进步。因为 1. 学生读书比前有兴趣，故易进步。2. 因为精神好，读书时注意集中，平常三小时工作，现在一小时就可完毕。

我想倘使从前中等教育的弊病都可由这种方法来打破，总可算是中国教育史上的一个新纪录。这种教育我无以名之，名之曰“职业化”。这就是我所开的一张方子。

“附录”江先生对于小学教员待遇改革的意见

先切实调查各县的社会经济状况，按照普通生活费用，每县定一最低标准，然后以此标准而定各该县的小学教员薪资，这是第一步工作。第二步，要使小学教员安心操业，必须时常增加其薪资。加薪之标准有二：1. 自然的加薪，即每逢教员产生一个儿女，必定要加薪若干，使其不致对于生子而不安心。2. 以教学成绩为加薪的标准。第三步，每年省教厅及县教局应特别提出一笔款项，作为小学教员的奖励金。此外，奖励方法又有二：1. 为储蓄奖励。即每一教员每月预储三元，学校方面也就奖以三元，2. 为劳绩奖励。先由省提出优良小学教师标准，饬县查报，经省复查核定，奖以金钱。以上都是关于物质上的待遇。第四步，逢一小学教员有什么特别创见，或有什么特别长处，应由省当局亲笔书一对联赠他，以资表彰。这一点，我从前在江苏担任教育行政时，曾做过几次，觉得这是对于小学教员一种最好的精神安慰法。第五步，应由政府特别规定，凡小学教员的子女在各级学校求学者，应一律免收学费，甚至于膳费也可免收。这样一来，小学教员必更安心于其业了。因为他们觉得他们自己虽没有享受高等教育，但他们的子女将来必可如愿以偿了。

（附注）本笔记曾请江先生修正，合行声明，并此致谢。

民国十九年十二月十五日于中大教育行政系

（原载《教育与民众》，1931 年第 2 卷第 6 期）

理想的乡村中学

现在各处乡村改进事业，都不是农民自动去办，自动去改进，这真是一个根本问题；这个问题不解决，乡村改进事业总是不会成功。本篇江先生提出一种办法，——创设特殊的乡村中学——培养农民能力，使他们能自动去改进他们的事业。名为理想的乡村中学，其实，确是切实可办的乡村中学，理想二字，或指现在无此中学而言吧！编者志。

农民教育的必要　应先教育而后自治

乡村教育的性质和范围

关于乡村教育的三大问题　乡村改进人才必备的条件

乡村中学的需要　乡村中学的特质内容和效果

办理农村中学两个先决问题

对于教育行政的希望

中国农民占全体人民百分之八十五，至少当有三万五千万人，可是，从来没有人去顾问过；教育家，未尝把农民做教育的对象；政治家，未尝把农民做政治的本体；乡绅田主，能体恤农民，爱护农民，已经是不易多得，要希望从教育方面，政治方面，提高他的人格，增高他的地位，那真是很少很少的事。那末顾问他们的是谁人呢？我想，只有那贪官污吏，和乡豪劣绅罢！

一般农民，既已无人顾问，而顾问的，又不是好人，当然只有摧残，没有扶植了。一棵树儿，一棵草儿，生在山野，平常灌溉他，保护他，整理他的，没有人，而牛羊的践蹈，则不计其数，虽然能遂其生，也是长短枝蔓，不堪玩赏。一般农民，不也是这样子么？自行自动，自生自灭，不知读书识字之益，不知迷信烟赌之害，不知结团合群之利；从古代遗传下来的一点文化，能保存些许，已算很好，至若近代国民应备的知能，近代国家社会应有的组织，近代文明创造必由的途径，可以说他们连梦见都没有！我尝举出中国农民具有四大病况：一愚、二弱、三贫、四散，并非过分之谈；因为有了以上所说的因，自然要结成现在的果，试问，一个国家，一个民族，有百分之八十五以上的人民状况如此，能不能在这个优胜劣败，竞争剧烈的世界上立国呢？我想，无论何人，皆要答应一句说："不能"罢！那末，我们中国的前途，是不是十分危险呢？

现在总算有一线希望了，一部分教育家，一部分政治家，也能把他的眼光，转移到可怜的农民身上。有的是大声疾呼，赶快振兴乡村教育，有的是积极讨论，推行乡村自治，当然是最好现象了。不过施行要有次序，办理要分先后，在乡村教育未有相当成效以前，乡村自治，是否即能举办？那却是一个问题。依我个人主张：乡村教育，是造成乡村自治的根本工夫；乡村自治，是推行乡村教育的惟一结果。这并不是我个人因为从事教育事业，遂致侧重一方,实在是因果的关系如此,虽欲勉强,也勉强不来的。

那末,现在我们便可专来谈一谈乡村教育了。

说到乡村教育,第一,要辨明他的性质和范围,因为只说乡村教育四个字,那是笼统不清的。依我个人的观察,乡村教育,似乎可以分为三段:

第一,是"乡村小学"

那是最狭义,最单纯的乡村教育。

第二,是"乡村全民教育"

内中所包含的,有乡村小学,乡村中学的正式学校教育;有临时设立的种种讲习所,传习所,民众夜校式的补习教育;有农民教育馆,农民问字处,讲演会等种种不同方式的社会教育。这可说是"广义的乡村教育",因为他以乡村全民为教育的对象,故特称之为"乡村全民教育"。

第三,是"乡村改进"

这可说是最广义的乡村教育,因为他所包含的,不只是教育事业一项,除前条所述各种教育已为改进事业所包含外,如农民的生计,农民的健康和娱乐,农民的组织,农村的建设,农村的防卫,无一不在改进范围之中。如何促动,如何启迪,如何指导,如何推行,当然脱不了教育的方法。可是,这一种方法,已经是笼罩了农民全部生活,居然包扫一切了。但是因为他仍本着教育方法,以达种种改进目的,所以特称他做"最广义的乡村教育"。

乡村改进,在现在可说是很时髦的工作了;各方提倡办的很多,各方实际去办的也不少。的确,这个工作,是救国的秘宝,是农民的福星。不过,真正要把这个工作推行普遍到全国,却也有几个问题横梗我们面前,我们似乎不能不先把他谋一个适当解决。

第一,那里有许多钱去办乡村改进事业

照现在已办的各处来说罢,或是每年用三千元,或是每年用二千元,至少也还要一千多元;而区域划定,当然不能过大,至多二千户,一万人口,已经觉得不易照顾了。普通适中的区域,应以五百户,三千人为最合于理想。可是,以中国地方如此之大,农民如此之多,欲谋改进事业的普及,安得有多量金钱,以资供给?如若不能,则一省之中,只有十余处,还不是等于杯水车薪,于事何济呢?

第二,那里有许多人才,去办这乡村改进事业呢

这一种乡村改进人才,的确是不易多得,教育固然可以造成,可是同在一校毕业,受过同等教育的,实际办起改进事业来,未必皆能一样合宜,皆能一样合于事前的希望。况且一时又怎能造成这许多改进人才来呢?如无相当人才,虽有金钱,亦无如何。

这两件,的确是办理乡村改进的重要的问题。有人说:“解决这两种问题,并不十分难;特设教育机关,专来养成改进人才,以应需要,并由此专才,分别传习。将来愈传愈多,愈推愈广,凡属乡村公共机关,皆有此种人才的足迹,尤其是每一个乡村小学,一定有一二位改进专才,专来担任本学区(与行政所划的学区不同)的社会活动,社会改进在学校所费的,只不过一二位的薪水,其薪额,也同于普通小学教员;如此则用钱有限,而事业可

以普及,岂不是两个问题,同时皆可解决了么?”

这个解决办法,当然我也承认,在现在没有想出再好的办法以前,总不能不认为有相当的价值了。可是,说到此处,又有第三个问题,相继发生了。

第三,怎样使农民自动的去改进

换句话说,就是“一般农民怎样才可以自家去办改进事业?”这一层却是非常重要。因为乡村是农民所有,乡村的主人,是农民,不是外来的乡村小学教员、外来的农民教育馆馆长、外来的乡村改进会的干事。教员、馆长、干事,来到乡村,办理改进事业,是一时的,不是永久的,是过渡的办法,不是长远的办法。办到后来,仍然是要交还农民自办。倘使一般农民,不能自动,不能起来接受,不能自尽主人的责任,那末,一切改进事业,仍是空虚,不是实在。可是要使农民达到自动地位,怎样才能够呢?这不是一个最重要的问题么?

解决这三个问题,真不容易。极力推广小学教育罢!可是,小学毕业的程度很浅,受过了义务教育,虽然可以做一个普通公民,未必能即能够做乡村的领袖。要想一般小学毕业生能自动地去办改进事业,一定是不够。励行社会教育罢!可是,一般农民知识程度很低,虽然多方去启迪指示,只可以启其愚昧,使之帮同奔走,那里能够自动的起来组织团体,共谋改进呢?

然则必如之何而后可?依我个人想,要使农民具有自动改进的资格,非受过适当的中等教育不可。我们并不希望个个农民皆受中等教育,事实上也万无个个农民皆受中等教育之理,可是,受中等教育的,至少六十人中要有一个人。假定在一改进区内,人口三千,其中受中等教育的有了五十人,拿这五十人做这一区改进的主体,那末也就很好了,能再超过此数,那更是多多益善了。

何以一定要受过中等教育的人,才可以自动呢?才可以尽主人的责任呢?这个理由,极其简单。因为我们希望这一班农民,也可做农村领袖的:

1. 要他具有组织团体、领导民众的知能。

2. 要他具有筹集公款、管理公款、支配公款的知能。

3. 要他具有改良风俗习惯的知能。

4. 要他具有深悉国家大势、世界大势的知识。

5. 要他具有改良农事、增进生产的知能。

6. 要他具有爱乡爱国的意识和情感。

7. 要他具有运用四权的知能。

8. 要他具有改良乡村环境,使之进于美善地位的知识和决心。

9. 要他具有公正廉明的德性。

10. 要他具有舍己爱群的同情心。

11. 要他具有判断是非,并临机应变的才能。

12. 要他具有认识并爱护本国旧有良善文化的知能和情感。

13. 要他具有认识并吸收近代文化的知能。

试问,能具有以上十三条件资格的人,不受过中等教育,如何能够呢?并且这一种中等教育,还不是一般所谓中学校的教育所能代替的,势必有合于我们理想的乡村中学,方可以负起这个使命。

那末，说到此地，便不能不希望有一种特殊的乡村中学应运而生，来养成这一般乡村自动改进的人物，更不能不希望用这种特殊的乡村中学，来解决这一个困难问题了。同时，我们也就可以感觉到这一种中学，的确是十分重要了。

这一种中学，是具有特殊的目的，负有特殊的使命，自不能不具有若干特殊的性质。依我个人推想：

1. 要简易，因为简易，才可以推广。

2. 要经济，因为经济，才可以多设。

3. 要教书与教人同时并重。

4. 要做与学同时并重。

5. 要以养成生产能力和政治能力，为两大主要目标。

6. 要注意发挥本国文化，同时不背世界潮流。

7. 要所学所习，皆切于乡村生活。

8. 要养成知情意三方健全，德与才同时兼备的人物。

9. 要使此种教育，完全中国化。

10. 要打破虚荣心的升学观念。如确有升学的必要，当然不在此例。

既然认明了这十种特殊性质，则此种学校的一切设备、课程、训练，当然不能与普通中学一样。

先言设备：高楼大厦，如都市方面的中学校舍，乡村当然无需乎此。有祠堂庙宇可借，则借之，不可借，则建筑简易的乡村式房屋，只要宽厰明洁，虽茅屋亦未尝不可。校舍之傍，必附有广场，附有农田，广场可资运动，农田可资耕作。仪器标本，最好由教师自制，非至万不得已，不购舶来品，表册图画，一切自制，要详要备。

次言课程:

1. 本国文化史,要特别注重。

2. 要根据三民主义,教授社会科学。

3. 对于本县本省本国地理,要特别注重,更要注意经济事项。

4. 关于本乡本县人民生活、产业状况,要由教师指示调查方法,并从事实地调查,编制详细报告。

5. 关于自治法令及其他重要法规,要详加讲解;同时练习草拟规章,练习集会选举,练习处理事务。

6. 关于合作事业,要一方讲解,一方补习。

7. 关于自然科学,要注意实物考察;同时注意实际应用,并须与职业教育互相联络。

8. 关于农事教育,学做并重;附近如有试验农场及农业学校,须与之切实联络;必使学习以后,能措诸实用。

9. 关于农家副业,视本地所宜,切实教学,切实练习。

10. 关于乡村建设,如筑路、筑井、浚河、修桥、公园、公仓、公墓、厕所等,必一一指示其方法。

11. 关于乡村风俗习惯应如何改良,乡村娱乐应如何增进,乡村公共卫生应如何改善,均就本地情形,一一提出讨论,以备实施。

12. 关于乡村防卫,一方指示组织方法,一方练习实际技能,以资应用。

以上各项课程,或用讲解,或用读阅,或用讨论,或用实习,或用调查,各视其性质所宜,分别学做。其所用教具,有图画,有讲义,有农场,有实物,有事务。其施教地点,或在室内,或在田间,或在会场,不必一定。其施教时间,除固定时间外,亦可随时指定。总之,此种课程的教法、学法、习法、做法,是活动的,实际的,生活的,社会的;不是读死书,并不是做死事。

再言训练:

1. 注意整个生活。

2. 注意人格感化。

3. 注意实际才能。

教师与学生,如同家人兄弟,学生与附近农民,如同亲戚朋友,平常所要做的事,皆是学校内所教所习的事。

这种学校毕业的年限,以四年为标准,酌量情形,程度已够的,可提前一年改为三年;不够的,亦可延长一年,改为五年。一校的学生,不宜过多,至多不得过两百人。不以升学为目的,故无取乎学外国文。入学年龄,不宜过小,最好小学毕业,曾在家庭习过农事数载,入学时年已达十七八。学校经费,不宜过多,也不能过少;教师和学生,如能注意农事实习,有田百亩,耕作得宜,收获之资,可以补助经费之一部分。

此项学校,希望能多多推广,假定一县有农民三十万人,依照每六十人有一学生的标准,全县即应有学生五千人。因为陆续毕业,陆续入学,不必一定有如此数,亦可折半为两千五百人。平均每一校容学生两百人,即应有十二校。平常一县农民有三十万人,总算是大县,大县当然不多,假定普通一县农民十五万至二十万,则全县所需要的乡村中学,应有六七所。只要县教育费不至十分支绌,纵然一时不能设立六七校,即暂设四五校似不至十分为难。倘使由省方酌量情形，比较轻重，抽出一部分省费，专来补助此种较有目的、较有实用的学校，则更觉易了。

用此特殊教育，养成普通切于乡村改进、乡村自治的人才，依我个人推想，此等毕业学生，布在乡村，应有下列的几种效力：

1. 能演说——可以言语启迪农民。

2. 能作文——可以文字发表意见，并能草拟规程。

3. 能开会讨论事件。

4. 能持械御盗，组织保卫团，一旦国家有事，并能执干戈以御侮。

5. 能组织自治公所，实行乡村自治。

6. 能自己种田，增加收获数量。

7. 能创办农家副业。

8. 能改良乡村环境及一切不良的风俗习惯。

9. 能创办乡村一切公益。

10. 能以个人的品行、知识、能力，感化乡里，使一般农民生活日趋美善。

事在人为，善由意造，我想，这不一定是空想罢！

果能由此理想，竟成功了事实，则乡村公益，还怕没有人主持么？乡村自治，还怕没有人处理么？不必再设什么改进会，自然改进事业，有本乡人自家来办了。这是不是把中国教育上、政治上一个顶困难、顶严重的问题，可以完全解决了么？

不过，天下事，不能尽是一帆风顺，问题之中有问题，问题之外也有问题。须知道要办乡村中学，还有两个应该先决的问题，先不能把他忽略过去，而事实上并且不能忽略过去。什么问题呢?

(一)乡村中学学生的来源

前文不是说过乡村中学学生,要招乡村小学毕业生么?实际说起来,仅仅四年初级小学毕业,程度恐怕不够,最好高小毕业。可是,现在乡村四年小学尚未普及,那里能说到高小呢?学生无来源,如何办中学?岂不是一个问题么?

(二)乡村中学的教师的来源

要知道这一种中学教师,不是随随便便可以当的,要有学识,还要有经验;要有德性,还要有能力;要有坚强的体力,还要有浓厚的趣味;要有国学的根底,还要有近代世界的知识;要有办事的热心,还要有牺牲的精神。真不容易啊!一个普通大学毕业生,未必就能胜此重任。将来我们希望这种乡村中学,能多多推广,学校既多,需要教师亦众,试问,如何能得着这许多合适的乡村中学教师呢?这岂不也是一个问题么?

这两个问题,当然要发生的,可是并不是没有方法可以把它解决的。天下事,必分工而后易治,断没有一人可以包办。我对于第一问题的解答:希望地方教育行政人员,在最短期间内,并全力普及乡村义务教育,进一步再由各乡联络组织高级小学校或高小补习班,这并不是难办的事。我并希望教育人员十分注意,千万不要把乡村小学毕业生,一律送到城内去进高级小学。将来乡村小学多,乡村中学的学生,自然就有来路了,况且这种乡村中学,也是陆陆续续举办的,看地方情形,够办才办,不够办,则不妨先行从事筹备,设立尽可稍缓,所以关于学生来路一层,是容易解决不必忧虑的。我对于第二问题的解决答,希望教育行政方面，先约若干专家，切实讨论，议定这种中学的主旨、特质，并编定了课程大纲，然后再依据主旨、特质及课程大纲，设法训练这一种特殊教师。大学内、高中内、农科学校内，均可附设乡村师范班，取高中、师范或中等农科毕业生，证明其有志乡村改进事业，而体力、知力以及文笔口才，均足以副之者，入校肄业。学做并重，二年毕业。第一年普遍学习，第二年分类学习。年龄不妨稍长一些，最好以二十五岁左右为合格。如能在社会上服务过数年具有相当成绩则尤佳。这种师范班，一省之内，如果经济、人才，均极宽裕，似可先设十班（第二年即有二十班，每年有十班毕业），每班以四十人计，开办二年，即有四百教师可用，纵然稍加选择，至少亦有三百人可用。假定每一个乡村中学，用教师（校长在内）七人，一省二百校，即当需要教师一千四百人（此是指少数言），继续办理师范班六年，已可足用。如再求推广，则期以十年，大致也就可以普及了。这是我对于解决第二层问题的意见。

末了，我还有几句话，要顺带一为辨明：有些人说："这种乡村中学，诚然是救国的良剂；可是，既专注重于乡村自治人才的养成；那末，对于养成国家人才，岂不是落空了么？"我说，这却不然，国家人才和乡村人才，本来是同一重要，决不能因为主张养成乡村人才，竟把养成国家人才一事，搁置不办。就是在乡村小学毕业的学生，如果家道好，资质佳，愿意升学，由初中而高中，而大学，在乡村中学教师们，不但不加反对，并且还要替他去介绍投考适当的都市中学（专为升学而设的中学）哩。这本来是并行不悖的事，那有偏重的道理呢？不过，就目前的中国社会需重的情形来说，总觉无目的都市式中学，设立太多一些，公家私家多用金钱，还是小事，而因此竟把乡村人才湮没殆尽（不去造就，自然等于湮没）。可怜愚暗的农民，终古沦于黑暗之域，以致立国基础，受了影响，不免动摇，关系就觉得太大了。希望教育行政当局，通盘筹画，为适宜的分配，对于专为升学而设的中学，最好重质不重量，不宜再让普通中学为无限度的推广，无目的的扩充。对于乡村中学，如认为有开办之必要，不妨着手筹备，以期早日实现；即使认为距离开办之期尚远，亦不妨先行遣派专家着手调查，继以讨论。这是我本着十二分诚恳的态度，愿意贡献于行政当局，并就正于海内同志的一点小小意见。至于说的对不对，还求高明指正。

二〇年三月二一日脱稿于大连九中

此文草成后，曾持以就商于黄任之先生。黄先生曾提出应讨论的两点：

1. 此项学生，完全在一区域内招收，似不易。无已，惟有兼收距校较远之寄宿生。因寄宿而使学生离却家庭生活，恐不免仍是养成学校学生习惯，致回家以后与固有家庭生活不能完全融洽。

2. 学校，并且是中学校，此项名义，依然存在，则学生一入其中，遂不免以学生身分自居。鉴彼前车，将来是否发生不良影响，此层似应注意。

黄先生所说的两层道理，一点不错。不过第一层的苦难，是没有方法解免的，既要组成一个学校，学生过少，固嫌不经济，而随便讲习，又似失系统，结果，自不能不兼收寄宿生。因寄宿，固然容易发生出如黄先生所说的流弊,但是如果训练得好,组织得精,亦可因寄宿而得着较好的效果,也说不定,这就看事在人为了。打破学校的一个名称,一个偶像,使身在其中的,忘却了自己具有特殊的身分,的确是很要紧的,不过我们既要希望教育行政方面转移教育行政的眼光,重新支配一支配教育侧重点,把都市的中学稍稍看轻一些,把乡村中学稍稍注重一些,那末,法令有明文的规定,一时要想完全把学校名义取消不用,恐怕也很难。

在我个人意见,总觉得要养成乡村领袖人才,取高小毕业生来训练,似非切切实实的有三四年工夫不可。学校设备,尽可不必考究,但是教师要合宜的,课程要合宜的。除此以外,尽可分些余力,再办若干短期临时的种种补习教育式讲习所、讲习会等,以期全民教育实现于乡村。

同时,我又细想一想,此文是以“理想的乡村中学”名题,毕竟是脱不了“理想”二字。六十人中要有一人入此项学校,平均就要十家中有一个人入学了。照今日的农民的经济状况,如何能办得到呢?倘能勉强办到十分之七八,已经不容易。还要希望农家生计能裕如一些,田地收入增加一些,每年赢利,可达百元以上,新农具多采用一些,人工可省下若干,同时小学教育能普及,高小毕业人数也增多,庶几乎才可以使我的理想实现一部分,否则还不是一个空理想么?慰情聊胜无,倘然一省之中,有了相当的人才,择定可办的地方数处,先行试办一下,开一开风气,验一验成效,也就很好了。不过千千万万不要随便办,不加思索地办,无准备地办,有一于此,必定成功了非驴非马的样子,那就可怜可惜了。

如何能使农夫生计可以稍稍裕如呢？那末，今日办理乡村改进的先生们，似乎对于此点，要特别的多负一些责任。如何能使我的理想由一部分实现，而至于全部分实现呢？不至发生种种流弊呢？仍不能不希望贤明的教育行政当局，决定方针，切实一办。

如黄先生所虑的，当然不错，或者在行政当局未能决心筹备以前，我们或可择定一个适当区域，用补习教育的方式，招集小学毕业的农家子弟若干人（不必求多），以能通学为合格，有几人算几人，按照我的理想试办一下，究竟看一看如何，这却未尝不可啊。

著者附识

（原载《教育与职业》，1931 年第 123 期；
转载《农村改进的理论与实际》，生活书店，1935 年）

参观大连职业学校以后

我国职业学校的不激增和不受人重视,未始不是办学者没有切实辨明社会的需要,和注意毕业生的出路;同时学校方面没有适当的教授人才和适宜的设备。读了本篇,大可以使我们感发,而力改进今后办学的方针。

民国二十年三月二十二日,偕黄任之、潘仰尧诸先生,参观日本南满铁道株式会社所设工业专门学校附设之职业教育部。校址在大连市伏见町十四番地。内分五科:左官科(即泥水作)、涂工科、铅工科、电工科、木工科。除电工科一年毕业外,余均二年毕业。入学程度为高级小学毕业。现在校学生一百零八人,每班人数以十二人为准。学生以日本人为多,中国人绝少。我们到校参观时适逢春假,未上课,由事务部主任及专门科教员招待引导,随地说明。其课程表所列,分各分科共通学科课程,及各分科专门学校课程两类,兹录其科目名称及授课时间,并摘译其各科内容说明书如次:

(表略)

左官科

旧时建筑工程，内容简单，泥水匠捏土涂壁，算是工作的大部；然在近世的建筑工程里面，泥水匠实是担任建筑物最后加工的一种美术家。要在铁和混凝土等所造的骨干上，附以肉和皮肤，使它具备建筑的要素。不但涂圬墙壁和天花板等，并且要引出花纹，或制成种种雕刻物。

最近建筑物，对于耐火一点，非常注意。同时水泥工业又极发达，室内装饰部分，向系木材的领域，现在都已改变。以水泥为主要材料的胶泥涂圬，人造石涂圬等，在建筑物的内外面都很重要。又自各种涂面粉出现以后，其材料和施工法，亦有日新月异的状态。所以左官科，授以各种材料的品质、配合及施工法，并使对于钢骨建筑的构造及式样，得其概念，而尤注重于实际工厂的实习。

涂工科

现在称为文明利器的，不必论了，凡在吾人周围的物件，绝少不用涂料的，物件因涂装而始有完全的保存、卫生及美观。这是涂工的职务，而在建筑工程，更是重要。近世建筑，凡木材、铁材、混凝土等，一切材料，无不应用，以前千篇一律的涂料及涂法，现在已是不合理了。又因油脂工业的发达，而适合于种种材料及种种场所的新涂料产生不少，从而涂装方法，亦有种种的不同。

最近涂装方法,都倾于机械化及艺术化。前者使用吹附器以谋工作效能的增进;后者在涂面上,施以种种技巧,使增美观。此等问题,常和色彩有关。所以在涂工科授以各种涂料的性质及配合,墙壁、天花板、木材、铁材及其他各部的油漆法,家具类的假漆法,汽车、电车、客车和各种器械的涂装法,及关于色彩的概念,都就实际工场,从学理和实习两方面,使之明白了解。

铅工科

铅工不是铅细工,不但处理铅管,实是处理建筑物全部卫生设备的职业。内脏的障碍,有害于人体的健康,建筑物也是一样。给水、排水等卫生设备的完全与否,在建筑物机能之上,有重大的影响。例如因洗涤式便所及浴室等设备不良,而污水或致漏出室内等,不但污损建筑物,并且有害于卫生,所以铅工可称为维持建筑物卫生状况的医师,非常重要。

现在都市建筑,有努力升高的倾向,于是上下水的完备,更为需要。一面因材料及器具有长足的进步,他的构造和作用,不可不知。又建筑工程,常从附带设备而进行,因此对于关系职业,必须联络,而于建筑的本质,亦应明了。所以铅工科,授以卫生设备用材料的种类及性质,各种器具的构造作用及装置方法,给水和排水工作的配管法,及新建筑的概念。

电工科

普通所称电工，其工作范围很广，但在本部（该校的职业教育部），以电灯、电铃等的设备为主，所谓电气的内线工程是也。引线以点电灯，工作本是简单，然使用碍子及碍管之方法，实最幼稚，即就此法而言，也要特殊的技能。配线工程不完全的建筑物，往往有种种的危害，因漏电而致火灾，是最显著的一例。近世建筑的材料及构造是不必说了，即施工法亦全脱旧态，尤其是都市建筑的大部分常采高层建筑的形式，需要各种的附带设备，因之内线工程，不单以燃点电灯为毕事，又要和关系职业，互相联络。

最近照明学，异常进步，以前的材料及施工法，都已革新，尤其是照明器具，全有隔世之感。因之现在做电工的，除材料及施工法外，对于各种照明器具的性能和近代新建筑的概念，都有了解的必要。所以电工科，从电气与建筑的两方面，诉诸学理，并征诸实验，以施适当的训练。

木工科

在以前木造建筑时代，木是主要材料，木工的工作，比较简单，专用他们传统的习惯和常识，这已经不是一件容易的事情。至于近世建筑，随各种工业的发达，而一变其材料。新材料，可以设计新构造法；新构造法，可以发见新建筑美，而建筑的新式样,遂从此产生。此非以建筑构造的理论为基础不可,此非以科学为根底不可。所以新时代的木工,不但处理旧时各种的木工操作,要用科学方法,并且对于新建筑之全般,也要有正确的观念。例如铁筋、混凝土,是近世建筑构造的宠儿,倘使对此没有相当的理解,断不能作完全的木壳。又在满洲,炼瓦建筑物还占大部分,其构造的概念,亦不可不知,否则内部杂作,不能完美。

木工在工作性质上,要算出各部尺寸及制成施工图样。又近世建筑的特色,在于各种附带工程,而木工实为关系各职业导师,对于各种工程有相当的联络及调协,在建筑工程的进步上,有重大的责任。所以木工科,除木造地板、墙壁、天花板、门窗等的构造及内部杂作的工作法外,并授以一般建筑物的构造及施工法。

据引导人向我们解说:专门学科的教授,多用工业专门毕业生,注重学理;实习教员,多为富于经验的巧工巧匠。学理教师与实习教师,必求其互相联络,使科学的根据的学理,一一由实习方面表现出来。我们略略看他们的各科设备,各科成绩品,觉得此校设备,处处求周到,实习方面,处处力求精密。如左官科实习室,实习种种墙壁门窗的构造,涂工科实习种种颜色的配合及花样之翻新,随做随毁,更番练习,必求其精练娴熟而后已。观其陈列一座木制住屋,系由五科学生公同制成,木制及室内家具,木工科任之;墙壁门窗之装饰,左官科任之;电灯、电话之装置,电工科任之;室内涂饰,涂工科任之。浴室、厕所、汽炉等配合,铅工科任之。其所制是一个合于理想的美圆家庭住宅,令人赞赏不已。并闻毕业以后,人人皆有事,月薪多者可及五六十元

（日金）。此真是最合于社会需要的好职业学习也。我匆匆参观了之后，致发生无限感慨，也觉得有不少的启发，用特略书所见如次：

（一）此校只有学生一百零人人，而每年经费三万元，折算华币，约六万五千余元，所费不谓不多。然日人毅然为之不稍惜，这一种注重职业教育的精神，真是不易多得。为吾国计，此种学校，最好由地方政府，看定社会需要，筹设若干所。初办时不必过多，但设备不可不周到，教师不可不慎选，学生人数不可十分多。或者其他大公司、大工厂，认为自身营业上有需要此项人才时，亦可自行设学。在无锡纱厂方面，已有职员养成所数所了，惟彼招收学生，系初中或高中毕业，这是养成中级以上的职员技师，最好能如此校，纯招高小毕业生，而肄业年限，多则二年，少则一年。

（二）此校学生人数不多，也是一种特点，其实为精密训练计，又如何能多呢？我国办理职业学校，往往因经费关系，不能顾到此点，最为可惜；尤其是私立的职业学校，更是对于学生一层，不愿少招，结果以致效力较小，觉得合算么？

（三）闻此校此次春假后，招收新生，定额只有五十人。而报名投考者则已有六百余人，因为投考多，所以选取可以严格，选取严则学生程度好，将来学习起来，自然成绩较佳。我国一般社会，对于职业教育，尚未能十分注意，投考职校的，未必真能十分踊跃，投考者少，则选取不能严，学生程度自然较差，这也是当然的结果呵！

（四）职业教育，重在学生毕业有出路。我国从前各处设立职业学校,只顾招生,只顾教授,只顾毕业,而于毕业出路一层,决不计及,以致学生出了校门,无从用其所学,结果,后来投考的人,自然不能踊跃了。此校有南满铁道会社做他一个大收容所,学生毕业,不愁无处用,且闻薪水亦不薄(每月可达五六十元),那还有什么问题呢?我以为办职业教育,最好在未设校时,即先行计及出路,如果料定将来出路不佳,还是不办的好。

(五)此校教员分两种:任教授专科的,多为工业专门学校毕业生,任指导实习的,多为老工匠。这一层,与我们所主张的办法,完全相同。巧工巧匠,也是千人而英,百人而杰,岂容易得?得着一个,当然要好好的爱护任用。不过这一类人,是不大十分明白学理的,所以要另外有明白学理的人,来设计,来教授,使学理与经验联成一块,打成一片,自然就能相得益彰了。我以为职业学校的教员,实在说起来,还不止两种。在技术方面的,既有学校出身专教学理的一类,和实际工业出身,指导实习的一类,而教授普通科学与所习的技术有关系的,也不能不有一类人(不过这一类可以由技术教师兼任)。其他教授党义、公民、修身、国语、外国语等,更不能不有一类人,如此则共有四类了。此四类人,支配必求其适当,且要认明他们各种的重要是一样的才好。

(六)办理职业教育,第一,须辨明社会需要;第二,须认明毕业生出路;第三,须得适当教授人才;第四,须有适当的设备;第五,须有适宜的教材与教法。此校可谓五者具备。公家如果提倡职业教育,似宜先设合于此五项条件之职校一二所,以为模范。社会或私人方面,如有志实施职业教育,似可就五种中择其为社会所最需要而又易于设备者,暂设一二种。

（七）职业教育的重大目标：第一，在改良旧职业，第二，仿效或介绍新职业，第三，创设新职业。以中国情形论，创设新职业，一时殊不易做到，但旧职业可以改良，与夫新职业可以仿效及介绍的，着实不在少数。我们希望社会产业改良，经济发展，失业减少，惟有使新的职业能增加，旧的职业能改进。职业教育最大的效能，(1)使学习期间，特别缩短，比如徒弟制，需要五年，方可满期，而学校教育，则只需要二年或一年。(2)能利用科学新方法，使职业改进。此校所设五科，大都为旧职业的改良，新职业的仿效与介绍。吾国泥工、铅工、涂工、木工、电工，那一件不为社会所需要？那一件不是旧法需改良，新法需仿效？尤其是在都市方面，此种需要尤急。我们希望政府能设法提倡，更希望建筑业、电气业、木器业、铅工业、油漆业自身，能彻底的觉悔，明白现在的方法非改进不可，非改进不能与外人竞争，非改进不能自存，快快约同教育家筹画设学办法！

民国二十年三月二十五日脱稿于沈阳旅次

（原载《教育与职业》，1931 年第 124 期）

日本女子职业教育

女子职业，是以家政为主要，却也不能只以家政为限。我们中华职业教育社提倡研究职业教育多年，对于家政一项，自愧毫无所贡献，是以此次到日考察，关于女子职业教育，十分注意。

按日本昭和二年教育统计所揭示，甲种工校学生无女生，甲种农校，有女生二千三百八十二人；甲种商校，有女生三千二百一十八人；甲种职业学校，未载；乙种农校，有女生三千零七十六人；乙种商校，有女生一千四百七十四人；乙种职业学校，有女生五千五百九十五人。甲乙两种实校职校，共计有女生一万五千七百四十五人。但此与女子家政无涉。此外在高等女学校一表内，列有所谓“实科”，计学校七百五十五，学生二万九千一百四十，殆是专指家政科而言（或者其中有一部分含有商科）。除此以外，复有所谓选科、专修科，恐怕所选所教，亦多属于家事职业一类。而检计其学生数，亦有七百余人，兹为便于检览计，列成一表如次：

（表略）

日本全国女子职业学校，学生四万五千余，比起中国全国职业学校学生数还多出三万，而据彼邦教育家见告：谓年来此项学校,已日渐扩充。在昭和二年数目如此,近三年内,增加的很多。吾国人对比,应作如何感想呢?至日本大学及专门学校,为女子特设家政科的,在昭和三年,已经有了九校,现在或者更多,也未可知。

此次我们在日本看到的女子职业学校,仅有下列四处,记述如次。

东京府立高等家政女学校

在东京市礼多摩郡中野町三三零番地

是校系明治四十五年创立。初附设于丰多摩郡农业学校,称实业女学校。嗣乃移归东京府管辖。昭和三年,农校他迁,始得专用校舍,并改今名。学生定额四百名。设家政、经济两科,依照实业学校令及职业学校规程,授以关于高等普通教育及职业的知能,兼注意涵养德性。招收寻常小学毕业生及与之有同等学力的学生。修业期限四年。其程度与高等女校等。家政科,除普通学科目外,特注重裁缝、家事、手艺、园艺。经济科,除普通学科目外,特注重英语、商业、簿记。

我们到校参观时,适校长清水福市氏外出,由教谕松田金重招待,既为之说明学校教育主旨,复引导参观各室。

现在校学生三百八十七人,皆通学。全年经费日金三万七千三百四十二元,每一学生占款额九十六元。本年毕业的学生,在家政科方面,多数从事于家庭职务,服务社会者不多。经济科方面,则多数希望在公司、银行、百货店三处服务,出路甚好。

松田氏谓吾等言:“现在东京全府立的女校有九所,而此种学校只立一所,是普通女校八而职业女校一,若照目前社会需要以言,应当一反其数,易普通女校为一,而职业校为八,方为适当。”于此也可略觇彼国女子教育,渐趋于职业的概况了。

由松田氏引导参观各教室、各标本仪器室等一周。觉得处处皆能表示清洁、整齐、简捷、朴实的精神。家事实习的设备,烹饪室、洗濯室皆不十分铺张,却处处切于实际生活。宜乎社会对于是校十分信任。近来每次招考新生,定额只取五十,而志愿入学者,竟达五百八十人以上。

我们参观时,见学生在课室内听讲,在实习室内工作,无一不精神专注。年纪高者,体质尤壮健,往来室内外,均恂恂有礼。

统观是校设备,繁简适中,教学训育,一循自然,深深感觉到和我国社会,颇为合宜。参观既毕,特与松田氏作长时间的谈话。兹撮记氏之所言如次:

(一)校内教师之养成,一由家政专门学校,一由高等师范学校。

(二)如烹饪室的设备,约需两千元(日金)。

(三)每班人数过多,则教学不便,过少则经济拮据。适中之数为二十五至三十。

(四)学校极力与各家庭联络,每年必开学生父兄会一次,或两次;每月必访学生父兄谈话,或请其到校谈话,一个月可以遍及。

(五)校外极力与职业界联络,由校内担任职业指导事务的先生,出外调查接洽。

最后，我们复与之商，可否许我国人到此长期——半年或三个月——的参观考察？松田氏则答称或可做到，但仍须决于校长。临行并相约此后互相通信。

我们觉得，我国如要办女子职业学校，此校大可供参考：①因其费额不多，朴实简便。②因其教育方针，不过趋新，亦不守旧，极合于中庸。③因其技术、德行、体格、才能，四者并重，而教育方法，则极其自然。

我甚愿我国有热心女子家政的女教育家，能破费三个月的日力精力，专到此校，详细考察，同时并参以他校实况，归来便着手试办也。

共立女子专门学校及共立女子职业学校

在东京市神田区一桥通町

两校合并设置，纯系私立。创始于明治二十一年。校址初在本乡区，近移神田区。校长鸠山春子女士，为日本有名的女教育家，年已六十余。是校设立的发端，实为矫正当时不实用的女子教育，故务以保存东方女子的美德并养成女子独立能力为要义。殆仍是以贤妻良母为教育宗旨者。

专门学校，分本科、别科、家庭科、专修科四类。

（一）专门本科，系收高等女学校毕业生，授以切于女子的专门知识技能，以养成中等学校的裁缝手艺教员为目的。其学科以裁缝手艺为主，兼课修身、教育、家事及图画。随意科，加图语。修业期限三年。毕业后，由文部省依无实验检定，授与女子师范学校及高等女学校的裁缝及手艺科的教员证书。

(二)别科,专为具有免许状之小学教员志愿入学者而设。其教育目的,与本科同。修业期限,亦为三年。其不同的,只在入学资格。

(三)家庭科,则为毕业高等女校后准备入家庭者而设。由校授以家庭方面必要技术及学科。最重要的为娴熟裁缝,并使之学习割烹、洗濯、色染,且应其希望,教以编物、刺绣、造花。其修身之道,处世之方,以及关于家庭教育、法制经济常识,凡准备为主妇者,皆一一为之教授。此科毕业后,再入专修科乙部毕业者,亦得受文部省许可,为女师范及高等女校的裁缝科教员。

(四)专修科,则凡家庭科毕业及共立女子职业学校受验科第一种毕业的人,均可入学。入学后,视其学力,分别教学。凡以前曾习过技术科目,则使之兼习教员。毕业后,甲部可以为女子师范高等女学的裁缝科及手艺科教员,乙部可以为女子师范、高等女学裁缝科教员。均得由文部省依无实验检定,授予教员免许状。

共立女子职业学校,系招收寻常小学毕业生,除技艺科目外,授以修身、外国语、历史、地理、数学、理科、图画、家事等。注重作业。目的在养成坚实有用的女子。毕业后,得升入专门学校,其资格与高等女学校毕业者同。关于技艺科目,有裁缝、编物、刺绣、造花四种。专门学校本科及别科:第一学年,兼修四科目;第二学年,则除裁缝科外,其他三科目中可任选其一。家庭科,亦以裁缝为必修科,而以其他三科目为随意科。

以上所述,是他们学校的编制情形。

我们到校时，先与校长略谈，嗣由校长派一职员，引导各处参观。时各班正在上课，所课者多为裁缝、编物、造花三种。裁缝编物教室为和式，一室之内，学生多及百人以上，竟有一室及二百人者。据引导某君为吾等言：现有学生二千余人，寄宿三百余。本校教授裁缝、手艺、家事各室，则另在一处。各班人数，比较特多；但其中也有合班者。其合班方法极参差，甚且有职业学校高年级专科与低年级合一班者。教育目的，在养成家庭的良妻贤母，在养成学校的技艺教员。重实际生活，重温和品行，故极为一般社会所欢迎。盖以鸠山春子在彼邦雅负时望，学生毕业，可以由文部省依无试验检定，给予教员免许状，因此入学学生，十分踊跃。

每年全校给费日金二十一万圆，除收学费外，不敷颇巨云。

这一所学校，论其办法，并未见得如何新颖，但其注重实际，足以适应社会的需要，亦殊可取。办理此种学校，的确很困难。但详加考究，其困难主要之点，并不在学生来学不踊跃，设备巨款，而实在于教师之难得人。日本比较家政科有办法，第一要件，便是教员人才不缺乏，有大学，有专门女校，年年养成家教教员若干，以应社会的需要，自然困难之点，可以解除大半了。

要办家政，无论如何，不能离了固有的社会，固有的家庭。中国在外国学家政的人本不多，即有，返国以后，如是竟照外国的方法来办，也是绝对不相宜。我个人以为，我国如要办女子家政教育，比较的还是以取法日本为是。毕竟日本与我国国情相近，生活程度距离还不过远。

大阪市立实科高等女学校

在大阪市北区

我们到大阪还看了一所女子职校。是校初为北区实科女学校,昭和二年,始移归市辖,改称今名。到校参观时,校长外出,由修身教员加藤成次郎氏招待参观各处,并与之谈论各问题。

是校现有学生五百余人。入学资格,为寻常小学毕业,修业期限四年。裁缝、编物、刺绣,及家事中的烹饪、洗濯;而礼仪的作法,均极十分注意。曾观其上裁缝课、作法课。课作法时,二生轮流装作宾主,进退、迎送、让坐、献茶,各有常度。教师指示,备极精细,不容一丝一毫草率。加藤氏述学校教育方针,在养成学生优良品行,娴熟各种技艺,同时注重体育。毕业以后,可以主持家政,可以服务社会。谈话时并示刺绣教授顺序图,纯用科学方法,判别教授次序,极可取法。

是校无大精采,比之东京高等女子家政学校,似乎远不能及。

朝鲜公立女子实业学校

在朝鲜京城府黄金町六丁目六番地

我们赴日本经过朝鲜京城时,还考察过一所女子实业学校。

此校是专为教育在韩的日本青年女子而设。创始于大正十五年。分家政、商业两科。招取寻常小学毕业生。修业期限,均为三年。其程度属于乙种职业学校,现有学生 318 人。家政、商业,均三个年级齐全;每级人数,皆在五十以上。校舍三层楼,系昭和三年新建,总工费用去日金八万八千余元。普通教室六,特别教室八,均极宽敞。理科设备室及各实习室,亦均应有尽有。割烹、洗濯、裁缝三室,不惟远胜大阪女校,即东京女校,亦觉不及。每年校用经费日金三万四千余元。学生毕业才三次。家政科学生,以从事家事者居多;其次则入官署;再次则入银行、公司、商店。商业科,反是,服务最多的地方,为银行、公司、商店。

是校所明揭的教育宗旨,在授与女子以必要的家政及商事实务知能,且施高等普通教育,并涵养妇德。课程除关于家政及商业专科外,其普通科,如修身、国语、数学、地理、历史、理科、家事、英语、韩语、法制、经济、图画。音乐,体育两科均一样通习。数学课中有珠算。修身课中有作法。理科课程且与家事课联络合并。裁缝、家事,也是两科通习。惟至第三学年,家事一课,在家政科则每周增至十六小时;而于商业科则减为二小时。商事要项及商业薄记两课,第二学年两科均通习。第三学年商业科独习。商品研究及英文打字两课,第三学年商业科每周二小时,而家政科则无之。这是他们校内学科课程教授的大概情形。

我们到校参观时,由校长兼总务过董重氏招待。此君人极朴实,且健谈,既导余等参观各室,且详告以办学主皆及训育方法,始知此校有一特点,是"成绩考查方法"。兹略记大要如此:

是校对于学生,除学业外,最注意于性行身体方面的修养锻炼。校内新订成绩考查要项及实施方法,据过氏言,曾经过长期的讨论斟酌,始敢实行。他们的办法,是分成绩考查为两部:(甲)学业成绩考查,(乙)推荐成绩考查。学生成绩考查,涉及学业的理解、推理、记忆、应用、技能各方面，意在考察学生平素学业的成绩。因将学科分为两部，甲部，多用口答、笔答、及成绩物；乙部，则除成绩物外，注意作业状况及实习实验状况。推荐成绩考查（本成绩中亦含学业成绩），多施行于第三学年第二学期。盖因学生毕业后，大部分希望就业，其势不能不于学业成绩以外，复考察推荐成绩也。彼等认定学校教育，须顾及全人格，不仅在学业方面见长，品性体格，亦极重要，且因有此种考察，可以促进学生自学自治的精神，同时教职员对于学生个性的调查研究，亦可得了固定的标准。兹录其表式如次：

（原表略。编者注。）

各教员对于每一学生，均须填记一纸，结果以教员总人数，除总分数，即定某学生的成绩。此种办法，好处颇多：①可以使学生知道品行重于学问。②可以促起学生注意自己，来约束自己。③可以使教员施教施训时得了一个明确的标准。这确是适应社会需要而施教育，确是为养成整个的人格而施教育，很可以促吾国今日教育家的反省。

关于日本的女子职业学校，仅看过这四所，可是他们女子职业教育的趋势，已大略可知，试写在下面：

（一）国内正需要中等以下女子职业教育的推行。

（二）女子职业教育，技艺与品行、体育，同时并重。

（三）施教育时，务必时时顾到社会生活实况。

（四）家事裁缝等，认定是女子的必不可少的知能。

我国要办女子职业学校，商科似乎无问题，所难者在家政，在女子训育，并在与训育有关的思想。

我个人的主张,以为照中国目前情形来看:

(一)家政科有特别提倡、研究、实施的必要。

(二)女子司家政,与社会经济方面、生产方面、道德方面、民族生存、繁荣方面,均有极大的关系,千万不可忽视。

(三)尽管有一班女子,高谈政治,不事家人生产,我们也是尊重他。但是还有一班不愿谈政治,不宜谈政治的,自不能不在家庭中做妻做母。既然做妻做母,难道为妻为母的道理,可以不讲么?况且家政范围,并不仅以家庭职务为限,有时社会方面的地方也很多哩。

(四)办理家政教育真不易:第一,要切于实用,合于国情;第二,要本着经济主义;第三,要不背世界潮流。所以不难于创设形式已具之学校,而难于得实施家政教育之人才。中国要办家政科,先决问题,则在如何养成此项教师。

(五)如何才能养成此项合于理想的人才呢?那就要希望行政方面,定出标准,设法访求,加意培养了。本社此时似可先行筹计,倘能物色到合适人才,不妨助以资金,请其赴日研究,以便归来设校试验。

(原载《教育与职业》,1931 年第 126 期)

日本带有职业性的中学校及师范学校

我们此次赴日,专以考察职业教育为目的,关于普通中学校及师范学校,本不在预定考察范围之内,但普通教育,毕竟与职业教育不能完全脱离关系,因此择定带有职业性的中学及师范学校,顺便的考察一下。其考察所及,仅有下列四校,记述如次。

浅野综合中学校

在横滨市神奈川区子安町家打越

是校系私立,由日本富商浅野总一郎捐出私财百万元(内动产不动产各半),委托水崎基一氏任校长。自大正九年创始,现在已历十年。水崎氏曾赴美国,考察教育多年,醉心于"综合制度"。返国后得此机会,乃专心一意,作合理的试验。论起他的办法,在文部省未颁布中学改制令以前,显然是与政府的法令规定抵触的。可是他仍是"不立其名而行其实"的,照他的理想来干。现在总算是全国承认他的办法不错了。

他在学校设立旨趣书里,开首便是这几句话:

"浅野综合中学,是在我国(日人自谓也)应现代的要求,铿社会的趋势，鼓吹国民道德，授以职业上的技能，养成坚实的中等国民。”

并且更明白张胆的说：中学校不纯粹是高等教育的准备机关，因为有过半数的学生，是以中等教育为最终的教育，如何能不顾到关于实际生活的知能呢？因此他们在学校内，便毅然决然的把三年级以上学生改分两组：一为升学组，一为不升学组。凡在不升学一组的，或农、或工、或商，须随其性之所近，各习一业。习农则有广大的农境，习工则有完备的工作场，习商则有商业实践室。

是校校舍，背山面海，环境极佳。水崎氏既导吾等参观各教室、各农场、各工场，复约登小阁，煮茗谈话，玩赏风景，时夕阳初下，海波不兴，远望富士，迎人欲笑。我们告以本社设立宗旨及所办各种事业，氏乃大加赞许。氏并谓“职业知能，与人格训练，务必双方并重”。闻吾等所定职业教育目的，为“为已谋生，为群服务”八字，乃连声称赞，说“好极好极”！

水崎氏今年已六十，而步履极健，望之如四十许人。自谓个人对于中国情感极好，其壻现在上海某银行任事，不久或来中国一游。极愿和中国人做朋友。且指壁间所悬王羲之字体的行书横幅，谓对于中国王字，极爱好云。

出校，复导我们至附设混凝土专科一看，见学生数十，正在做搬土工作，短衣窄袖，泥污满身，直与苦工无异。闻此等学生，皆系中学毕业，复入此科，专习制造混凝土技术，二年毕业，出而任事，目前社会，极为欢迎。

嗣后另登一山，至浅野氏铜像前，浏览片刻。始握手告别。

玉川学园

在东京府下町田町

这一个教育场,不称校而称园,却是具有很大的意义。大概是对于现代所谓学校,有一点不满的表示,而欲凭一己的理想,创成一个特别的教育理想场所出来。他们发起创办的人,多是基督教徒。新近创立,历时尚未久。园长小原园芳,现赴欧洲,考察未归。由教授田尾一一招待我们,以园内工事未完,未及详细参观,只略略与之谈话。

先看他们教育的主旨,揭示出四种主要方向:

一、塾教育。

二、劳作教育。

三、自学自律教育。

四、宗教教育。

再看他的设备:各教育室,皆是依山建筑,有农场、有工场,环境极佳。现在建筑工程,尚在进行中。所有重要劳作课目,约如下列:

一、农艺——一般的蔬菜、园艺、植林、开垦。

二、饲育——牛、猪、鸡、蜂、鲤。小学部养小鸟及兔。

三、工艺——木工(家具制造)

四、土木——开垦道路,修缮下水沟等。

五、印刷。

六、出版——出版事务、通信、小卖、贩卖。

七、编辑。

八、购买——代理贩卖日用品，学生用品，又新闻，牛乳等。

九、保险——生命火灾保险代理店事务。

十、炊事——由女生部主持。

再看他们学生的日课：

五时	起床，行冷水浴。
五时半	礼拜，体操。
六时半	朝餐。
八时半	在教室内开始学习。
十二时半	学习终，中餐。
一时	开始劳作。
三时	休息（通学生，劳作完了，散课）。
五时	劳作终止。
六时	晚餐。
七时	音乐、特别谈话、演说会、演剧、电影或学习。
八时半	就寝。

他们的教育方法，是半日读书，半日工作。读书在室内，工作在农场、工场及其他事务所。如此看来，和我们平常所主张的（做学主义），一面做，一面学的办法，可说是完全相同了。废除呆板的学校形式，而以塾教育代校教育，废除只用脑不用手的书生教育，而以劳作教育代读书教育。同时注重自学自律，以扩大自我，培养人格，锻炼知能，这是我们所万分赞成的，所未便赞成者，只宗教教育一点耳。他们主持教育的，是基督教徒，（子为汉臣，安得不云尔？）这也就不能怪他了。

他们园内，有幼稚部、小学部、中学部三级。通学寄宿随便。学生学费：幼稚部月三元，小学部五元，中学部六元。食费月十五元。舍费月五元。据闻在彼邦私立学校中所费并不十分大云。

这样情形，可以说和美国人在镇江所设的三育大学，一部分相同，而上海江湾私立的立达学园，除宗教教育外，精神亦复与之相近。

东京府立青山师范学校

在东京赤阪区青山北町五町目

是校明治九年创立，在日本可说是很老的一个师范学校了。全校组织如次：

（一）第一节，十个学级，学生四百零六人。修业期间五年。入学者，为高等小学毕业生。

（二）第二部，三个学级，学生一百零七人。修业期限一年。入学者，为中等学校毕业生。

（三）专攻科，二个学级，学生四十八人。入学者为师范毕业生及本科正教员。

（四）讲习科，二个学级，学生六十六人。入学者为寻常小学正教员。

（五）附设附属小学，学生共十七级。

是校于普通师范课程外，兼重商科，实则商科教学方面，亦无特殊设备。

校长因事外出，由教务长山田时次郎招待，参观一周，觉得校舍虽旧，而设备极周。理化、博物、史地，均各有专室，各有专科教员。一科之事，即由专科教员负责主持。我们与之讨论各问题，据山田氏所言的，如次列：

（一）师范第二部，修业期限原为一年，现拟增加一年，改为二年。

（二）师范教育，最好单独设立，不宜与普通中学合在一处。

（三）本校学生，兼习商科，毕业后可以任乙种商业学校教师。

（四）小学教师兼任社会活动最好。但就日本的目前社会情形看，有些地方，似乎还不需要。

（五）师范生试教时间较短，很不相宜，最好附属小学多设，试教时师范生人数不宜过多。

（六）本校毕业学生，目前当无赋闲无事之人。

是校搜集明治维新以来各级学校教科用书，累累满架，是诚极可宝贵之教育史科，惜以时间匆促，未能详观。

东京府立丰岛师范学校

在东京北丰岛郡巢村天字池袋

是校设在乡间，与农业社会相接触，故于设施普通师范教育外，兼重农业，有农场九四七四平方米。自明治四十一年开办，迄于现在，已有二十年了（可是比较青山师范还差三十一年）。在校学生，现有五百八十五人，其中也有第一部、第二部、专攻科、讲习科四组。历届毕业生人数，总计二千六百余。

我们到校参观时，先由教授田园军平氏招待，略谈数语，即邀至校长室。适校长樱田贤三氏下课，坐定寒暄后，我等即与之讨论。关于师范教育的种种问题，兹将彼此内容之辞，略记如次：

（一）（问）师范附属小学，设备较完美，人才较优秀，皆因为经费充裕，若普通小学，经费不多，必欲以附小为模范，使之仿效，似不可能。若不使之仿效，则又失却附小之责任。若谓研究教学方法，待有结果后，可以供各校采用，则范围未免太狭。况且所谓有研究有心得，试验已成功，各校采用其方法，是否不须多量经费，仍是问题。如需款过多，普通小学，如何能胜任？然则必如之何而后可？

（答）此确是一个问题。本校也早早感觉到这种情形。无已，惟有多取乡村小学校以为代用，俾试验研究之范围扩大，庶可稍救其弊。

（二）（问）关于农村改良事务，小学校教员，应该兼任。那末，贵校对于在校师范生，如何训练？

（答）注意农事教育，兼试行乡村调查。

（三）（问）农事功课，如何教学？

（答）一周四时，二时理论，二时实习，有农场三千坪。

（四）（问）师范生升学者有多少？

（答）极少。即升学，亦升入高师或专科（养成所）。

（五）（问）中学改制问题，足下对之，有何意见？（并由余略述中学的弊害，如太重知识灌输，不重人格陶冶；重理论，不重技能等）。

（答）感想相同。现在日本中学改制，亦即为此。

（六）（问）男女同校，尊意以为如何？

（答）中学校不宜同校。

（七）（问）（性教育）如何实施，方为适宜？

（答）间接由博物教员指导，直接由校长、校医指导。如是女生，则由老女教员指导。但此时尚未得有良好办法。

继乃参观各教室及附属小学，又室外农场、手工教室，一切设备，均极完善。博物、理化，设备尤好。即附小方面，理科、史、地等，亦各有专室。手工更是十分考究。

樱井氏年近六十，诚恳笃实，精神甚健。吾等问以教育心得，则答称"注意养成生徒诚实、勤勉、坚忍、敬爱、守规律的习惯"。

我们在日本考察中学校及师范学校，尽于此矣。如综合玉川两校，已完全是职业化，几不可以普通中学论。青山、丰岛两师范，虽比较稍近保守，但观其对于自然科学教育之注重，则知职业教育之基，固已植立于无形。其他各中学，惜乎未能多看，以资比较，但相信自经此次改制，不久必能焕然改观，此则可以断言者。

（原载《教育与职业》，1931年第126期）

江恒源教育文集

3

刘旭光　主编
连云港市政协学习文史资料委员会
中国民主同盟连云港市委员会
编

群言出版社
QUNYAN PRESS
·北京·

目 录

（第三卷）

日本职业补习教育

日本补习教育,年来也十分注意,竭力推行,其进步真是一日千里。照他们昭和二年的统计所揭示,全国实业补习学校,属于工业的,官公私立合计一百零五校,学生一万一千九百三十七人;属于农业的,公私立合计一万二千七百九十一校,学生九十四万七千五百一十八人;属于商业的,官公私立合计五百四十七校,学生四万六千七百零八人;此外商船一校,学生十九人;水产二百二十六校,学生一万四千四百四十二人;裁缝三百二十七校,学生二万零六人。又工业农业合的七十三校,学生九千零一人;工业商业合的一百六十八校,学生二万七千九百六十三人;工业水产合的一校,学生八十七人;农业商业合的五百六十一校,学生五万五千零三十六人;农业水产合的三百八十五校,学生三万三千九百二十人;商业水产合的二十七校,学生二千三百八十五人;商船水产合的一校,学生一百三十六人;工农商业合的三校,学生四千七百二十二人;工业农业水产合的二校,学生一百三十二人;工业商业水产合的五校,学生九百二十七人;农业商业水产合的四十二校,学生六千三百二十人;工农商业水产合的四校,学生六百四十八人。总计全国官公私立各种补习学校数一万五千二百九十七所,学生数一千一百八十一万九千零七十八。这还是他们三年前数目,现在当然更多了。

他们的补习学校,上课的时间,多在晚间,也有少数在早晨的。晚间多是从六时起至九时止,每日三小时或二小时。也有分作上下两班的:上一班自下午四时半起,至六时半止;下一班自六时四十分起至九时半止。还有季节的,或星期日的。他们补习学校所在地,皆是附设在一个固定学校内。如工业学校,则附设工业补校;商业学校,则附设商业补校;也有附设在高等小学的。所补习的功课,或农、或工、或商,当然皆是以职业科为主体;同时对于常识灌输、公民训练、人格修养、体格锻炼,也十分认真。所收学生,在都市则为现正从事于工商业的青年,在乡村则为现正从事于农业的青年。其程度大约是受过寻常小学教育或高等小学教育的,年龄皆在十三四岁以上二十岁以下。这是他们职业补习学校的大概情形。

我们再看看他的法令罢。他们有所谓实业补习学校规程,系大正九年由文部省制定公布的。第一条,说明主旨,谓实业补习学校,是对于小学毕业现正从事职业者,授以关于职业之知识技能,并施以国民生活必要的教育。第二第三两条,规定程度,分作前期后期:前期修业期限二年,后期二年或三年。凡具有寻常小学毕业程度的,入前期;具有高等小学毕业程度的,入后期。此外并规定每年教授时数:属于工商业的,则前期二百八十时至四百二十时,后期二百十时至四百二十时;属于农业或水产的,则前期二百时至三百二十时,后期一百六十时乃至三百二十时。其规定课程,除职业科外,有修身、国语、数学、理科。但这不过是他们政府所揭示的一种标准,实际各处所办的,皆是各应社会需要,作适宜的配置,并非呆守法令,一成不变。

除普通职业补习学校,彼等近来复有一种青年团及青年训练所的组织,也可算是补习教育的一种。他们的办法是,招收十六岁以上二十岁以下仅受过小学教育现正从事于农工商业的青年,组成一团,设法教导。其教育场所,多附设在小学校或其他学校内。每夜上课三小时,每星期二日或三日,四年毕业。其课程:①为军事教练,②为精神训练,③为职业补习。毕业以后,征兵入伍,得享受两种权利:①减少兵役半年,②超越下等、中等兵的阶级,直接当上等兵。现在日本此项青年团,都市乡村到处皆是,可算是风靡一时了。彼等用意,不仅仅在补习职业知能,并且训练军事上的能力,养成努力向上牺牲爱国的精神。国家无事,生产力固可以大大增加,一旦对外有事,则除现役军人,预备军人外,还有数百万或千万以上未满二十岁的爱国青年,人人皆可以执干戈赴战场。那末,这样一来,国家的力量之大,还可以数计么?唉!他能把全国力量集合起来,加以锻炼,他能把全国精神,统一起来,加以振奋,时时在自强不息之中,进行他们奋斗的生活,谋国者不当如是耶?他们集合国力,锻炼国力,统一精神,振奋精神,岂仅是自卫么?还要向外发展哩!向外侵略哩!(外)者何?中国是也,我全国可敬可爱之青年啊!其将束手待人来宰割呢?还是另求自存自立之道呢?可惜我们因时间匆猝,此次在日本所看到的职业补习教育机关,仅有下列五处,记述如次:

东京市立四谷商业实务学校

在东京四谷区七十二番地

是校创设于大正三年，附设在四谷高等小学校内。每晚六时上课，九时下课，计三小时。现有七班：本科五班，内有二年AB两组。一年ABC三组。高等专修科二班：内有簿记会计部，陈列广告部。闻此校在东京商业补习学校中最有名。校长由四谷高等小学校长金子源三郎兼任。我们到校参观时，由金子氏殷勤招待，既导吾等参观各室，又复详加说明。兹记其言如次：

（一）东京市政府，每年拨出日金二十五万元，专办补习教育。现在此种市立补校，在东京一市，共有十三所。本校年需经费，约一万五千元。

（二）现在日本此种实业补习学校，其程度大约三级：

1. 义务教育未受完者补习二年——第一级。

2. 已受完义务教育者补习二年——第二级（此可称为预科）。

3. 已修完第二级者则入中等科二年——第三级（本科）。

本校现在所办的是第三级。

（三）本级除办本科外，还有高等专修科，研究科。入高等专修科者，须修完高等专修科课程。修业期限均为一年。

（四）补习学校课程，务求实用。

（五）日本办理职业教育，如本校规模的，全国只有一个，故各处来此参观的人很多。

（六）十年以来，日本职业教育制度的变迁，大概可以说的，是科目制渐渐进化为学年制。

金子氏在大阪办理补习教育，很有声望，故言时殊自负。我们参观各教室，见陈列商品实习室的实习布置，各出心裁，力求悦目。人各一橱，花样翻新。教授斯科的先生，为美国留学，专研图案画的美术家。又见其新生上课，先练习板上蒙布工作，由教师绘画于黑板，写明用钉的程序，此殆是陈列商品第一步工夫。

东京市立第四实业学校

在东京小石川

是校附设小石川高等小学校内，校舍极宏敞，关于实习工厂的设备，十分完善，故补习学校，即用其一部。校长杉木佐七氏与吾等谈，亦甚自负，谓如此补校，日本全国只有一个。的确小学校有如此设备，殊不多见。观其统计所揭示，建筑一项，已费日金九十五万三千余元。现在补习学校设有本科及高等科两类。本科中，电气组一年的一班，机械组二年的一班，建筑组二年的一班。高等科中，建筑组二年的一班，电气组一年的一班，机械组一年的一班。此外复有六个月毕业的补习科十种：内分电镀、自动车、建筑、设计、制图、印刷、藤工、木材、工艺、涂工、机械、管理、锻工等。这不是一个补习学后（原文如此，似为校之误。编者注。），简直是一个很完全的职业学校了。

我们到校参观时，学生将下课，未及见其教授实况，仅由教员某君导观各工厂、各实习室一周。

四谷实校,以商业补习出名。此校以工业补习出名。

大阪市立实业学校附设补习学校

在大阪市北区玉江町二丁目

是校在日本补习学校中最出名。现分专修科及讲习科两种:专修科,收容年在十四岁以上之高等小学毕业或与高小有同等学力之学生;讲习科,无一定办法,其科目的程度、期间、时间,临时酌定。男女生分两部:男子部,授课时间,午后六时半至九时;女子部,授课时间,午后四时二十分至六时十分。

男子工商两科咸备,女子则专习商业。兹将是校现在所预定的男女学科目及各科修业期间学额等,表之如次:

(原表略。编者注。)

是校每年四月一日开始授课。其入学手续,先填愿书,记明愿习何科(大概得选一科至三科)。入校后,除交校友费一元外,入学金及授业科均免。

此为是校大概情形。校长由实校校长北川武藏氏兼任。惜乎吾等以他事牵制,未能一观其授课实况也。

爱知县农业补习学校

在爱知县碧海郡安城町

此外我们在农村方面,曾看过碧海郡安城町一个农业补习学校。

是校创始于大正十一年。现有学生五百八十八人,内分本科、别科、研究科三种。本科修业期限三年,周年昼间上课,此与乙种农校无大异。别科修业期限,前期三年,后期二年。上课或在昼间,或在夜间,均系季节,非周年。研究科修业期限,男子二年,女子一年,昼间季节上课。学生家庭,大概小作农居多数。

学校揭示教育方针,计有五项:

(1)唤起农业趣味,鼓吹农民道德,涵养爱农精神。

(2)以勤劳为主旨,留意于经济思想的养成。

(3)以乡土为中心,使之明了应用最新学理的农业经营方法。

(4)普通作业,让之家庭,在学校则励行进步的作业。

(5)留意于实习地的整理,务期土地利用,为集约的经营。

学校对于学生,除在校指导实习外,并行校外指导,如指导家庭实习地,参观农场、农会、及模范农家等。

我们到校参观时,见学生正在整理田地,皆粗衣跣足,精神异常饱满。

据闻此项补习学校,在爱知一县,共有三百六十九所,碧海一郡,占有三十二,而安城町有其一,即此校是。于此也可以明白日本近来对于农业补习教育的注意程度了。

东京市立日本桥第二青年训练所

在东京市日本桥

还有一个特殊补习教育机关,就是“青年训练所”,因为他也含有职业教育一部分在内，并且我们认为此种机关异常重要，既经参观，理应略略报告。

是所附设在东京日本桥寻常小学校内，主事者即为小学校长田代胜之助氏。氏人极诚恳，富于热诚，与我等谈青年训练所的组织及其主旨甚详。并出示其勉励青年的歌词。所内现有学生两班，每班百人，均为附近商店徒弟及低级职员，年皆不满二十。着制服，骑自行车，精神活泼，令人可畏可敬。我等到所参观时，正值上军事训练科，一军官为正教练，复有二在乡军人（即退任兵士）在旁边为之照料。对于学生姿势动作，稍一不合，即严词训饬，其丝毫不苟的精神，于此可见。每星期上课两日，每日三小时，从下午六时起至下午九时止，一时教练，两时讲解。全所三组，每组二班，共六班，每班百人，全所六百人。

据田代氏言：此项青年训练所，开办才历五年，无论城乡，全国一致。其用意所在：①锻炼青年身心，②提倡爱国精神，③陶铸牺牲克己精神，④振作国民志气。

吾等参观以后，真不禁毛骨悚然。返观我们国内情形，更不禁悲从中来，悽然泪下了。

我们看过这几个职业补习教育机关，同时又听了许多议论，觉得他们办理职业补习教育，有令人所注意的几点：

（1）力谋普及。

（2）课程务求实用。

（3）程度逐渐提高。

（4）农业补习教育，完全采用丹麦方法。

（5）对于精神身体两方的教育，同时特别注重。

我们要办职业补习学校，其注重之点，除去补充生产技能外，对于服务道德、公民道德、政治社会科学等各种常识的训练灌输，当然也要特别注意。又如青年团的办法，在中国确也有提倡仿行的必要。

（原载《教育与职业》，1931 年第 126 期）

日本职业教育概观

本篇是分三大段来叙述:第一段、说明此次同人赴日察的目的、动机和方法,等于绪论及目录,当然不算正文。第二段则是阐明日本教育的真象所在,及注重职业教育的由来,且提明一种特殊惊人的趋势。所言虽非全属职业教育,但在本篇中却很占重要的地位。第三段,可算是“日本职业教育概观”的正文了;分条抽象的论述,分量并不多。或者以为本段文字,不免太简略一些罢,但是因为各项皆有专篇详细报告,此处为避免重复计,乃不能不出以简括之笔,御彼纷繁之象,非偷懒也,势使之然也。

一

民国二十年三月,恒源偕黄任之、潘仰尧两先生,因调查职业教育事,赴辽宁,旋奉本社董事会推派,电嘱由辽经韩赴日本,考察彼邦最近职业教育状况。当时被派者为恒源及潘先生,而黄先生适以有事于东,三人遂同行。在日勾留二十二日,计考察及访问所及,共有四十八个机关,兹先表列其名称如次:

(表略。编者注。)

事毕归来，既由吾等三人议定各就考察事项，分别作报告书，复推恒源草“日本职业教育概观”一篇，弁诸首，以当总报告。

我们此次考察，事前却稍稍有一些准备；而所以能准备，盖有下列二因焉：①年来本社实施职业教育，因社会需求殷切，故发展进度，极为迅速。一方面固很可庆幸，但同时一方面，又很觉责任太重大，转不免抱“欲速不达”之忧，而以“举鼎绝膑”为惧。久思到邻邦去，看一看人家职业教育实施的经过，前年已经有本社办事部副主任杨卫玉先生赴日一次了，归来之后，所得颇多，本社事业，因之改进不少。日月不居，现在又隔两年了。最近日本正在那儿励行中学改制，使普遍教育成为职业化；欧美各邦积极推行生产教育，更是屡见于报端。这些情形，当然在在足以供我们的参考，如何能不去考察一下呢？②我们所经办的事业，方面既多，种类亦伙，而各项问题也就循环继续的发生。要想把各个问题一一皆能得到圆满的解决，自非仅凭一二主办人的思虑经验所能有济。那末，借镜他邦，以期得有新触发，新领悟——或竟因此得着新方法——自为万不可少之事。有了以上二因，所以同人近年来对于赴外国考察一事，常常议及；又以日本近在东邻，国情与我相仿佛，而旅行所费，又不甚多，故赴日一事，便时时在准备之中。此次既奉到本社董事会的推派，所以我们立刻就把应考察的事项，及亟待解决的问题，一一提出、议定，挟以东行。并决定考察时，每至一机关，参观与谈论，须各占其半。参观所以明察其事实；谈论所以交换其意见。欲求一已办事经验，得知相当的参证，特殊问题解决，得相当的帮助，自然两种工夫，皆不能少。又对于某一种事业，某一类机关，因为欲明了其根本设施之旨趣，及变迁经过之原因，往往在未考察之先，或既考察之后，赴其主管之行政机关，就其专办某项事务之专员，详加询问，请求说明，互相讨论，其结果也，得力亦殊不小。

以上所述，是我们此次赴日考察的原因及考察时所到各机关的种类。至关于考察应行注意各项，也可算是一得之愚。惟是否有当，一己却未敢自信。

二

我们此次到日本，固然以考察职业教育为唯一目标，但于彼邦教育真相，也不能不从纵横两方，表里两面，详加考究，以期明了他们注重职业教育的原因和特别趋向之所在。

说起日本的文化来哩，如武士道的锻炼体格、好勇、善斗，原是他们民族性所固有；而关于精神方面，如知识阶级的注重“知行合一”主义，普通社会的重秩序、重礼仪，那却是大半取自我国。自从明治维新以后，极力吸收欧美文明，推行军国民教育主义，一致尊崇科学，因而在体育方面，加上了新式体操、军事训练。征兵制行，国民卫国之力既充，而向外发展之态亦炽，既以知行合一之旨为主干，同时对于守法、合群、互助、牺牲诸义，亦复鼓舞发挥，不遗余力，是以民族努力向上的精神，弥漫全国。既以尊崇科学为主旨，自然能养成征服自然的知能，且因日人手技不劣，性善摹仿，而又醉心西方物质文明，故推行科学教育的结果，所有生产事业、物质建设都能着着进步。有人说“日本人善保守，也善趋新，凡属于旧的良好方面，既认明其有益于民，决不肯轻易抛弃;凡属于新的良好方面,既认明其有裨于国,决不肯轻易放松。调和溶解,居然能构成一派,卓然有以自立”。的确不错。我们略略考究他们五十年来的教育进化史,知道他对于体育、人格修养、科学三端,是一律并重;而一二两端,更是以旧有为主体,复行加了新的成分,新的养料。以此内容格外充实,效能格外显著。近年来,适应世界经济潮流及本国社会生活需要,乃又注重到普遍的职业教育。其用力之猛,进行之速,更是令人惊叹不置!

因为他们一向注重科学教育,所以无论何种学校,何级学校,对于自然科学教育的设备,无不力求充实,力求完备。到了今日,全国物质文明,居然异常发达;高电架遍涉于四郊,化学工业制品的广告满布于通道。因为科学发达,除了高等实业学校已养成了不少专门人才外,关于中等以下的职业教育,也便容易养成许多好技手、好农夫、好工匠。社会观念,既不似中国深染重文之习,对于技术不复重视,而商店、工厂、以及农家,又皆能知道吸收新技术,欢迎学校出身的人物,益以职业补习教育,适应社会需要,竭力推行,故农工商旧职业日益改良,生产数量亦日益增加。

现在要证明日本教育趋重职业,除在《日本职业学校》一文内已经论及外,可再检阅昭和三年度全国教育统计所载各数,一为比较。先看他们最近六年间的中学校罢:

日本全国中学校累年比较

(原表略。编者注。)

六年之间,校数增多七十八,学生数增多九万六千九百七十。再看他们最近六年间甲种实业学校罢:六年之间,校数增多二百三十七,学生数增多十二万一千八百八十八。已经比中学学生多了,并且乙种实校,也有些是关于中等教育范围,与中学初年级相当,若再把他加入,则数目更大。就是说高等女学校,属于中学一级,应加入,但是属于职业补习学校中有一部分也是。再看他们最近六年间甲种实业学校罢:

具有中学程度的,又何尝不可算甲种实校呢?如此便可做成下列一个比较表:

日本全国实业学校(甲)比较

(原表略。编者注。)

观前列数表,日本近来职业教育的发展情形,已经大概可以明白了。可是这还是三年前的实况,近二年来,甲种实业学校及职业补习学校的增加,为数当更多,推想起来,至少学生数总要增及百分之二十。

那末,再看看我们中国罢,据教育部发表的调查统计:

全国中学校一千一百三十九所,内职业学校一百四十九所。

全国中学学生二十三万四千八百十一人,内职校学生一万六千六百四十一人。

全国职校在全体学校中占百分之三十三,学生占百分之七,还能和日本比么?如何说?如何说?

日本当局,近来鉴于国内国外的趋势,汲汲以提倡职业教育、扩充职业教育为务,真是朝野上下,万众一心,其进步之速,不惟令人可惊,亦且令人所敬。本年一月,文部省修正中学校规程,对于中学教育,也实行职业化了。他的办法:凡是五年中学,从三年或四年起便分成二部,一部升学,一部不升学。不升学一部,或农,或工,或商,固俨然与甲种实校无异了;而升学一部,仍复有实业及作业课程。意在用此以养成国民勤劳习惯、生产知能。以为一般青年,即使入大学,习文科,也应该使双手得相当的练习。这样办法,那能不令人惊异!令人佩服!(关于中学改制重要原因及经过,有潘仰尧先生访问文部省笔记一则,可供参考)。

日本人一面注重职业教育,但同时对于体育及人格修养,仍是十分重视。就我们所看到的各种各级学校,殆无一校不有完善的体育设备,无一校不是注重军事训练。至重礼貌、重秩序、守纪律、敬师长、爱同学、重公德、爱国家、重团体生活、重社会互助,忠实、诚恳、勤劳、朴素、勇敢、牺牲、整洁,凡是关于做人必要条件,民族努力向上的精神,无一不直接间接,有形无形,加以训练。最近校课于修身外,复加公民。多数实校当局,一再见告,谓“我们(日人自称)教育无他巧妙,惟以注重体格,人格,及生活技能,为教育上惟一方针”。又谓:“人格最重,技术次之。学生道德品行,果超越于众,即技术稍差,学校亦可加以优待。尤其在商校方面,要注意礼貌谦和,农校方面,要注重改进社会的能力,发展其热烈同情心”。此等三方并重的教育方针,在彼邦可以说是贯通教育的全部。学校教育如是,社会教育亦如是;正式学校教育如是,补习学校教育亦如是;普通教育学校如是,职业教育学校亦如是;高等中学教育如是,初等及义务小学亦如是。所以五十年来,全体人民,体格健康日益进,爱国精神日益强,生产能力日益增。我们履其都市,入其商场,偶迷路,询于路人,虽庸夫走卒,无不指示殷勤,为之详告。偶遗物,拾得之者,必追还失主。此二事,皆我们此次所经历过的,于此也可以证明教育普及之效了。而楼高八层的百货商店,所陈售的,不杂一件外来商品。巨大商铺,售物记账,只一十七龄女子司之。汽车卖票,多为妙龄女郎,其待客容貌之和蔼诚恳,举动进退之从容轻健,皆非我们意想所能到,于此更可以显出三项教育并重的效能了。

日本于趋重职业教育兼重体育及人格修养外,近来复有一种特别趋势,足以令我们中国人惊心动魄者,则教育目的,在养成向外发展人才是也。所谓向外之"外",何所指?质言之,就是我们贫且弱的中国!兹试略举数例以为证:

(一)凡中等学校特减英文课时数,增加中国语中国文为必选科,尤其在甲种实业学校内,对于中国语文,特别注重。此其用意所在,不难推测而知。

(二)东京某商校学生,将毕业,必到中国考察一次,其路程由东三省,而济南,而青岛,而上海,终由福建经台湾而归。在未出国前,教师为之作种种预备,返国时,皆作有极详细的报告书。

(三)商校学生,研究商品,必注意于中国有关系之物,毕业时,提出长篇论文,多及八九万字。其题目如"味之素",如"天鹅绒",既叙制造方法,复述输出状况,终且详论推销策略。此不过甲种实校学生耳,年未满二十,而眼光与能力乃如此,真使我们阅后,心为之悸,手为之抖。

(四)凡坊间出版书籍,有所谓某某讲座者,大都高声疾呼,警告青年,谓日本地狭人稠,食料不给,厄运将至,虽关在前,欲从死里求生,必努力奋斗,向外发展。并闻熟于彼邦内幕者言:彼等平日师以训其弟,父以勗其子,皆一致以努力前进,勉作东方主人为言。其诋毁中国，无所不用其极。甚且直言不讳，谓中国人有亡国之可能，指出各种恶德，如不爱国家，不重公道，不能结合团体，不肯努力向上，浪漫、懒散、好小利、忘大义，皆为亡国的要件。其意无非用此以振作国民勇气，诱起其侵略野心。

（五）彼等更搜集中国物品，陈列以示国人，使知中国物产丰富，可资开发。国内既有巨大商品陈列所之组织，在吾大连复创设“满蒙资源馆”，其调查之精详，搜罗之宏富，尤令人阅之惊叹不置。彼等用意，无非暗示彼邦一般民众，知中国遍地黄金，有待于日人之攫取。我们到了此等境地，真是愧惧慨愤，一时交萦，直无异方寸之心，穿入万箭。

（六）更有如补习教育，聚焦十六岁以上，二十岁以下，仅受过初级小学教育，现正从事于农工商各业之青年，予以三种教育，夜间上课：（1）军事训练，（2）人格修养，（3）职业补习。此其目的，固不仅仅为训育全国青年，使之上进以巩固立国之基，同时并为储聚实力，以备扬国威于域外。

这一种趋势，可以说是异常显明。在彼逞其野心，向西侵略，自谓一循优胜劣败的法则，但人谁不自爱其国家？自图其生存？“人为刀俎，我为鱼肉”，情势如此，其何以堪？我既深深感觉到此层关系于我民族兴亡，万分重大，良心逼迫，乃不能不痛哭流涕，向我亲爱的国人一言。

三

继此便要说到他们的职业教育了。

统观日本各种职业教育的设施，认定彼等目前确具有下列各要点，不妨以纲要的形式，分条述之如次：

第一，确定目标，不稍移动。如是属于中等教育的甲种农工商实校，便专以养成中等技师、商店职员为目标；如是属于初等教育的乙种农工商实校，便专以养成好农夫、好技手、好商人为目标。既定之后，无复移动。任其事者，无一不专心一志，终身以之。

第二，切于实际，不骛高远。如甲种实校所用教本，皆是应实际的需要，设法编制，设法采用，绝不如我国中等商工职校教授高深英文的课本；如女子职业学校，注重家政，力求切实；其为女子商业教育，更是特别的注意品行。

第三，仿效良制，竭力推行。如农业补习学校，仿效丹麦制度，既认定适于国情，即竭力推行，不复怀疑，不复懈怠。

第四，继续研究，务求贯彻。如政府不断的派人赴丹麦研究农村教育，务求彻底了解，希望将丹麦制度，完全旅行于全国。

第五，程度提高，力求进步。如全国乙种实校，日渐减少，甲种实校，日渐增多，皆可为程度提高，力求进步之证。又如工商补习教育，初为学科制，近来渐渐改进为学年制，更可以证明教育日趋完备，程度逐渐提高。

第六，行政机关，能见其大。如职业补习教育，为彼邦目前所急需，政府便不惜巨资，竭力推行，不惟求数量的增多，并且求内容的充实。

第七，全国上下，步调一致。政府提倡监察于上，社会努力奉行于下，勇往直前，力求成功，决不苟且，决不敷衍。

第八,普通教育,注重职业。如高等小学,一致注重职业指导;普通中学,一致趋向职业化。

第九,社会教育,趋重职业。如职业绍介所,遍设于全国,且研究极其精详,设备极其周到,进步之速,令人可惊。

第十,社会救济事业,多与职业教育为缘。如东京市社会局所办的种种救济事业,有所谓授产场,是纯粹为女子职业教育的一种。

就我们所考察到的四十八个机关,匆匆一过,走马看花,当然不能精详。所有论述,是否确当?更不敢说。这只好委诸"仁者见仁,智者见智"了。惟天下事,百闻不如一见,看纸上所说的千回,不如看实地所有的一次。我们此次考察,虽然所得无多,且所论未必皆真确,然而受其刺激,察其实际,聆其言论,自觉知识已增广不少。我极希望凡是从事职业教育的人,尤其是我们本社现正从事各实务的同志,能在最短期间内,再往日本为专精的考察,并且每一年或二年,皆有人去,吾敢预卜所得的益处,一定比我们多,效力一定比我们大。

(原载《教育与职业》,1931 年第 126 期)

日本职业学校

一、日本职业学校概观

兹当论述"日本职业学校概观"之始,其势不能不把他们所谓实业学校和职业学校的异同和关系,略说一说,也算是有一个交代。

日本中等及初等教育两个阶段内,均含有实业学校、职业学校两种:属中等的,称做甲种实业学校,甲种职业学校;属初等的,称做乙种实业学校,乙种职业学校。究竟他们实业和职业的区别,在那里呢?

我们先查一查他的法令来看罢:日本明治三十二年公布,中间曾经过数次改正的实业学校令。第一条,说明实业学校教育的主旨,"实业学校以授与从事实业者必要的知识技能为目的,兼重德性的涵养"。第二条,便说明实业学校种类,以工业学校、农业学校、商业学校、商船学校、水产学校五种为主要。其为他项实业而设之学校,亦属之。实业补习学校,并附于此,且将兽医学校,也看做农业学校。此外复有各种实业学校规程,由文部省以省令公布。规定修业年限为两种：

（一）以寻常小学毕业程度为入学资格的，是二年至五年。

（二）以高等小学毕业程度为入学资格的，是二年至三年。但以上两项，均可延长一年。如前一种的修业期限五年，后一种的修业期限三年，当然是属于甲种实业学校范围。其在第一种寻小毕业而修学期限只有二年或三年的，不用说是属于乙种了。再比照他们的学制系统来说罢，甲种实业，是在中等教育一个阶段内，与中学相当；乙种实业，则属于初等教育一级，与高等小学相当。在他们文部省定了五种实业学校——工业、农业、商业、商船、水产——的规程，大概是整齐划一的。至于女子实业学校哩，他们是以高等女学，当于男子的中学。女子实业学校，当然也是一样：凡是中等女子实业学校，皆称做女子高等实业学校；那末，不及中等的，自然径称为女子实业学校了。女子实业学校的课程，就我们所看到的，大概皆是以商业及家政为主；或者还有蚕桑。

以上所说的，是他们实业学校的情形。他们所谓实业学校，实业教育，除去中等初等——即甲乙两种——外，复有所谓高等实业教育，即专门实业学校。惟此次既不在我们考察的范围，自可无庸论述。

我们再看他大正十年文部省制定公布，经过昭和四、五、六年改正过的职业学校规程罢：该项规程较重要的约有三点：①规定修业年限，二年以上，四年以内。②规定入学资格，年在十二岁以上，具有寻常小学毕业程度。③规定每周教授时间二十四时以上，每学年二百日以上。

我们可把他的实业学校及职业学校两种规程所规定的重要条件，比较一下，或者格外可以明白两方不同之点。

（一）修业年限——实业学校长，职业学校短。

（二）入学资格——实业学校固定，职业学校不固定。

（三）每学年授课日数及每周授课时数——实业学校多，职业学校少。

还有一条，我们可以看得出来的：就是甲种实业学校毕业生，预备深造的，可以升入专门实业学校；而职业学校毕业生，预备深造的，则另设专修科及高等科以应之。在他们统计表上，把职业学校分做甲乙两级，大概说来，所谓甲种职校，就是指这一些专修科、高等科及四年以上毕业的职校而言。

总之，在他们尚未承认这一类职业学校在学制上占有正当的地位。以为这不过是由徒弟制演进的徒弟学校而已，万不能与正式实业学校并肩而立。虽然在统计表上把他加在实业学校一栏，亦仅因为叙述排比的便利起见，暂行列入，作为实业学校的附庸。

可是，天下事不能一成而不变，我们若仔细看一看他的学制变迁史，可知他们近年来教育行政当局的态度及眼光，已和从前大大不同了。旧规程内实业学校的修业年限，原定以寻常小学毕业资格入学的，是三年至五年；但现已改为二年至五年了。在文部省训令中，并且说明缩短年限的理由，是为谋实业教育的普及，这不是已经和职业学校的最低修业年限同样了么？实业学校，增设公民科，职业学校，亦同时增设公民科，这不是把实职两校的学生同样看待了么？此外如实业学校，减少教授时数，特别注重实习；农业学校，承认夜间学校，且许依照特殊组织，成立农村、渔村教育机关，这更是明明的把实业学校和职业学校的界限打破，使之互相接进。两相混合，这皆是近来日本文部省改正法规后的现象，我们可以一一指证出来的。

在他们因为习惯和历史的关系，一时自不便把“实业”两字，骤改成“职业”，所以仍把实业学校，来包含职业学校，这也无足深怪。而在我国，则已经把职业教育、职业学校的定义和范围，完全确定了；即除去高等专门的农工商等校以外，其余在中等以下的一切关于农业、工艺、家事等学校，皆为职业学校（中等以上的专科一部分，亦属于职教范围），这是我们和日本用语不同的地方。“名从主人”，我们今日既以中国去看日本的实业及职业两种学校，则总题名当然是仍用职业学校一词，较为合理。这一层于辨明日本实业学校和职业学校异同及关系以后，不能不顺带的声明一下。

继此，我们便看一看他们近年全国的职业学校校数及学生数了。据昭和三年文部省的统计摘要所指示：全国甲种实业学校及职业学校六百九十九所，教员一万一千五百一十八人，学生二十二万八千一百九十二人。比照大正十二年，校数增二百三十七，学生数增十万一千八百八十八。全国乙种实业学校及职业学校二百一十二所，教员五千六百一十一人，学生三万八千八百四十九人；比照大正二年，校数减一百二十三，学生减一万四千七百零七。兹列表，示其校数学生数如次：

日本全国实业学校及职业学校校数及学生数

（表略。编者注。）

兹试略加研究：他们甲种实业学校，在大正十二年，全国只有四百一十校，学生只有一十二万六千三百零四人；五年之间，逐渐增加，至昭和三年，校数多及三分之一以上，学生多及二分之一，其为社会需要此种学校的殷切，与夫教育行政方面的积极提倡，已可不言而喻。可是，乙种实业学校，何以于五年之间转现出减少的现象来呢？看他们统计，在大正十二年，全国乙种实业学校数，共有三百三十五，至昭和三年，则只有二百一十二，竟减去一百二十五，已及三分之一，学生数共有五万三千五百五十六人，竟减去一万四千七百零七，乃超过五分之三。推测其原因所在，大概不外下列三种：

（一）年限过短的职业训练，不足以应社会需求，故乙种多改为甲种。

（二）实校、职校年限短的班级，多数增加年限。

（三）乙种职业学校毕业生，多数升入专修科及高等科。

上面所推测的三种原因，或者不至十分过错罢！

二、日本农业学校

日本全国甲种农业学校二百二十所，公立的二百一十三，私立的七。教员共计四万一千六百九十一人，学生共计四万五千零四十五人。其中入学志愿者二万三千四百三十五人，入学者一万六千二百二十人，恰好二人中取入一个。此项学校，就各地方分配的情形来看，一道三府四十三县，业已普遍设立，至少必有一校，至多且及二十校。一地方在五校以上的有二十处。这还是昭和三年的实况，现在隔了三年，数目当然更不至此了。某农校校长见告："日本全国现在甲种农校数已逾三百，惟其详数，一时尚不能知。"至乙种农业学校，在昭和三年度，公私立一一五校，教员共计八百六十七人，学生共计一万九千二百九十五人。入学志愿者八五一九，入学者七四一七，比较甲种实校入学志愿人数，真是很少很少。近年来，甲种农校，特别增加，已无疑问，而乙种农校究竟减至几何，其详数可惜无从查考了。此种乙种农校，却不是各县皆有，在各县中校数较多的，当推神奈川、千叶、岛根三县（神奈川十一校，千叶、岛根各十校）。

此次我们在日本考察所及的农校，只有三处，记述如次。

东京府立农艺学校

在东京府丰多摩郡井荻町上井四二一〇番地

是校创立于明治三十三年。初为农业补习学校，系中野町外十三村所合组。继移管于丰多摩郡，属郡立。未几变更组织，改称农业学校。大正二年，复移归东京府管辖。三年前新校舍筑成，内容充实，乃改称府立农艺学校。学额一百五十名。学生入学资格，为寻常小学毕业，修业期限三年。最初入学志愿人数，与入学人数比，几相等。最近五年间，此数尚未及二与一，于此可见都市附近的人民，习农的居少数了。

观其学则上所定课程，除实验实习时数不定外，每周授课三十小时。关于农艺课程，"作物及园艺"一科最注重；三学年中，第一第二两学年，每周三时，第二年每周四时。"病虫学""土壤及肥料""农产制造""畜产""农业工学"五科，第三年始教授，每周仅二小时或一时。此学则盖犹是未改制以前所定，故课程中未列入“公民”，而实习时间，亦比较不多。授课时皆用坊间所售教本，校内印有本校昭和六年度学校教科书一览表。

每年校用经费日金一万九千九百五十七元

校长铃木静穗氏系研究农业补习教育专家，所著关于农业补习教育书籍颇多。新从丹麦考察归来，任校事尚未久。与我们谈现在日本农村补习教育状况极详。

我们下午二时，到校参观，教室已无课。学生多从事于田间工作：有整理园地的，有移置草肥的，皆身着农工之衣，直与农夫无异。铃木氏告吾等：“本校教育目的，农艺课程与普通课程并重，目的在养成有知识有能力有道德的农民。”略观校内设备，屋系新筑，极宽厰。关于博物、理化的设备，应有尽有。而健身室，尤为考究；可知在课表上虽仅列体操教练每周一小时，实际如击剑、角力等，固天天操练也。

东京府立园艺学校

在东京府荏原郡驹泽町

是校创立于明治四十一年，占地甚广，设备颇完善。盖应社会的需要，逐年扩充，乃有今日的景象。以农场一项论，除普通农场、实习地、水田、学生担当地、果树园外，如植物见本园、蔬菜见本园、输出植物见本园、花卉见本园、盆栽苗园、花卉苗园、切花园等，无一不备。花卉用固定温室十楹；促成用固定温室三十楹。关于图书、标本、器械、动物等，总价值日金六万六千二百一十四元。全年经费六万六千九百九十元。产品收入二万零四百五十元。

现有本科第一部学生五百余人,本科第二部及专修科学生六十余人。本科第一部学生,入学资格,为寻常小学毕业,修业期限五年。本科第二部学生,入学资格,为中学毕业及与之有同等学力者,修业期限一年。专修科学生,入学资格,为寻常小学毕业程度,年在十四岁以上者,修业期限,亦为一年。

是校设立,盖纯应都市人民的需要:①为增加果品蔬菜的产额并改良其品质。②为供给观赏植物的栽培。③代公家私人为庭园的布置。在三百余万人之东京市中,只有此一校,宜其视同骄子了。

再看一看他们本第一部的课程:除普通科外,关于园艺农业的,有"农业泛论""农业经济"(含簿记)"农业法规""蔬菜""果树""观赏植物""庭园都市计划""作物""病虫害""土壤""肥料""园艺工学""畜产农业制造"。外加"建筑"及"教育"。实验及实习无定时,各年级同一注重。

是校特别注意于身体锻炼及人格教育。关于精神修养,列有六大要件:①正礼节,重廉耻,养成古武士风。②勤勉学业,启发知能。③以勤劳锻炼身体,养成刚毅忍耐的气象。④忘私利,远迷惑。⑤以质素为主旨。⑥重诚意。

是校教育设施,以养成园艺技师为主体,附带养成技手(如专修科)。学生毕业过二十次,共计一千一百四十七人,除死亡及未详十六人外,其布在社会的:官公吏一百九十七人,会社员四十九人,自家经营五百一十四人,升学八人,入营中十人,学校教员七十八人,在海外十六人,试验场员六百五十人。就中最可注意的，为最大多数之自家经营五百一十四人；开设花厂啦，设果木园啦，营菜圃啦，我想在一个大都市的东京附近或其他大都市附近，一定不会少罢！其次便是一百九十余的官公吏，我想在市政方面，担任公园管理事务的，也不会少罢！

近代人类社会进化，需用实用植物与观赏植物，日益增多。市政勃兴，美化尤要。即在私家住宅，园庭布置，花卉栽培，亦复十分重要。社会有了一种需要，即当适应以一种教育。日本东京园艺学校，就是为适应东京社会需要而创社，难道我们中国的上海、南京等市没有这种需要么？（其他都市亦然）以上海一市而论，人口三百万，日用蔬菜几何，果品几何，花卉几何，虽无统计，大概不难以“很多”二字赅括之。至于庭园需要布置，更不用说。人谁无爱国心？难道每天食用外国果品，不觉得难过么？倘能设法养成一班善用科学方法的园艺家，经营花圃、菜圃，其指导社会，裨益国家的力量，不是很大很大么？奈何到了现在，还没有人发起创办呢？我国各处中等农校，不是已有设立园艺一科了么？毕业生出了学校，到了社会，其影响如何呢？如其效益不大，其原因又在那里？这皆是我们应该注意且值得注意的问题。并且我又想到南京方面，如中山陵园附近，不是最好没有的一个天然园艺教育场么？不但有地，而且有人，不但有人，而且已有了相当基础。如果教育行政当局，能略筹一些经费，责成主管职员招一班高小毕业生到场训练，以应南京一市的需求，不是一件最顺势、最合理的事么？

爱知县县立安城农林学校

在爱知县碧海郡安城町

负东方小丹麦盛誉的日本爱知县碧海郡安城町，我们此次居然看到了（现在郡一级已废，但习惯上仍用旧称）。至关于他的全部事业，另有黄任之先生撰著专篇来报告，此处我可不必再说。我现在所要说的，是那乡村文化中心的甲种农业学校——爱知县县立安城农林学校。

是校创立于明治三十四年，迄今已有三十年的历史。第一任的校长山崎延吉氏，在职历十九年。他是一位极热心极有能力极有思想的农村教育家。初任职时，年尚未满三十，英气勃发，二十年来，不但把这一个甲种农校，办得如火如荼，做成碧海郡惟一的事业中心，即对于全国农村教育，皆发生极大影响。关于农村改造，农村计划，以及忠告农村青年等书籍，由氏手著而风行全国的，种类极多。上而政府，下而农民，对之无不倾倒。氏诚彼邦农村教育界一奇才也。打破农业学校的关门教育，主张扩张农业教育于校门以外，努力改进农村民众生活，氏实为创始之一人。当时地方负有重望之老辈，如县会议长、如县农会会长、町长等，皆能极端信任，予以援助，辅其成功，亦属难能可贵。氏任校长历十九年之久，始终一贯，对内设校风之改善，设备之充实，对外任农村之开发，地方之指导，成效大著，自非偶然。现在全郡人才辈出，事业大兴，溯其渊源，咸谓出于农校。而论及农校主干，必及山崎。是以日人称是校为碧海农村文明之源泉，农民精神发育之慈母，洵非过誉也。

现在山崎氏虽然退休不做校长，而仍著书立说，到处奔走，鼓舞农村青年，条陈政府当局，警告一般社会，努力于全国农村的改进。继山崎而做校长的，为大森谨年氏，大森之后，又继之以富田文雄氏。富田氏在职尚未及二年。我们前往参观时，由富田氏招待，殷勤为吾等述学校教育主旨，其言略如次：①本校自来即注重实际劳动及社会教育两事，三十年来方针未尝稍变。②本校对于地方自治，一向负指导责任。③本校对于学生人格修养，十分注意，凡所以助长德性之事，无一不加提倡。④本校课程，学习并重，上午多在教室内学，下午多在校外田野内习。

我们到校参观，时值下午，教室内无课，学生多在田内作工，握锄持耒，完全与农夫无异。个个身体强健，态度从容，工作努力，见客来有礼貌。教师着白衣，杂于学生之间，共同操作。据称除阴雨天外，每日皆如此。由富田氏导吾等看学校内各室一周。其设备之完善而有条理，令人十分钦佩。

是校现有学生四百人，原分农、林两科，现又增设畜牧及蚕桑。修业期限，初为四年，嗣改五年。实习工作，第一学年即开始。实习与学科由同一教师教授，以期学理与实际相调和。所有作物的实习，均以适应地方为主。家畜、家禽的饲养学习，种类不取其多，而以增高技术效率为目的。娱乐室、图书室、食堂、浴室等的设备，皆求符合理想，有益于训育及卫生。校友会，分运动、文艺、产业、庶务会计四部。运动一部，是注重；剑道、柔道、弓道、角力、蹴球、庭球、竞技、泳水等无不备。复有修养会、同窗会、父兄会、农家恳谈会等，以增进学生心身修养，联络沟通各方感情。制作富于兴奋性的校歌、寮歌，时时演唱，以安慰精神，增进兴趣，活泼天机。

学生毕业过二十次，总数一千八百余人，其中从事农业实务的七百五十，任农业团体公职的四百八十五。碧海一郡内，町公所、农会、合作社、学校等各机关，无不有其足迹。是以碧海一郡农业，实为是校毕业生所左右。地方所以能开发，实以此为枢纽，为原动。一个中等农业学校，竟能收了如斯效果，恐怕在我们中国不可多见罢！

惜乎我们匆匆一过，未能详加考察。我极希望国内主持中等农业的教育家，欲求农业教育，真能于国家社会有益，不可不到该校去详细考察一番。

我们在日本所考察到的甲种农业学校，只有此三处。现在可把我个人考察以后所认为重要的几点，特别提出，写在下面，希望国人加以注意。

（一）所有教的学的课程，必切于社会需要，必切于实际生活。

（二）注重实习，不重空言，必求理论与实际相调和。

（三）学生毕业以后，自家经营农业实务的居多数。

（四）除重生产技能外，关于人格修养，身体锻炼，十分注重。

（五）以一农校为地方文化中心，兼任社会教育，指导地方自治，开发地方事业，更是日本一般农业教育最近趋势。

我国甲种农业学校之设，较久的已及二十余年，全国农校校数，合计何止百余，已往之效果如何？似宜加以估计。如认为所办的已失败，亦应考察其致败之由，设法救正，更不妨借镜人家已办好的农校，做一个参考。

三、日本工业学校

据昭和三年统计，日本全国甲种工业学校八十八所，公立的八十二，私立的六。教员共计一千九百七十七人，学生共计二万八千二百六十八人。志愿入学者二万零三百五十八，入学者八千九百九十一。此项学校，就各地方分配情形看，也可说是各处皆有。其中比较最多的，当推东京、大阪。东京六校，学生数二千七百七十三；大阪五校，学生数二千五百七十六。工业发达之都市，当然如此。至乙种工业学校，全国只有二十八所，教员共计二百三十三人，学生共计四千一百三十三人，志愿入学者总数四千零五十五，入学者一千八百二十七，亦几于二人中取入一人。此项学校，并非遍设于各县，在东京只有两所，其一是附属于官立东京高工。工艺学校，大阪也有两所，学生数颇多，现有一千四百二十三人。

近来日本工业，总算是异常发展了。高等工业二十一校，学生七千七百余人，历年毕业，为数颇多。高等技师，已不患无人。但在高等技师以下的中级及低级工业人物，也不能不设法养成。以现在甲乙两种工校校数及学生数相比，毕竟还是农校多，工校少。此则因为农业是普遍于全国的，而工业则仅限于都市。且农校设备，每较工校简单，故设农校易，设工校难。

我们此次在日本所考察的工业学校，只有四处，记述如次。

东京府立工工艺学校

在东京市本乡区元町一丁目(水道桥际)

是校创立于明治三十九年。大震灾后,新建校舍,极壮丽。现有本科学生五百人,选科学生九十人。校长近藤荣助氏。

本科系收寻常小学毕业生,修业期限五年。设金属工艺、精密机械、木材工艺、制版印刷四科。各科五个年级俱全。每科每年级的学生数,至多三十二人,至少十五人。选科学生,入学资格,则为高等小学毕业程度,在校任意选修一科目,或数科目。修业期限二年。一二两年级俱有。该校又设置第二本科,招取高等小学毕业生入校肄业。下午五时上课,九时修了。四年毕业。四科设备完全与本科同。惟每周教授时间略少。此项第二本科,开办尚未久。近藤氏复有增设研究科的计划,专备已毕业的学生,在校专修或补修某一科,期限一年,现在尚未实行。此种办法,在大都市内志愿入学人数多的地方,真是十分相宜。一所学校,白日用,日将落即停,未免太不经济。现在一校可能化两校之用,利用其余地、余物、余时,可以使教育之效能增加,岂不大妙?

近藤氏既告我等以学校近状,复属各科主任,分别引导参观各科设备、成绩、及教学情形。惜乎个人对于机械工艺、金属工艺太外行,不能详察其所以然。略观其设备之完善,布置之整洁,教学实习方法,有条理,有次序,已为之大感佩。木材工艺,复分家具、工艺品两科,依学生志愿,从三学年起,分科专习。家具成品,确是迥异寻常;而木制品图案之美,构造之精,虽在不识木工之人见之，亦为之叹赏不置。制版印刷科，设备尤富，教学尤精，凡制图、照相、制版，以及一切印刷材料之配合，无一不使之明其理，娴其术。此仅甲种工校耳，而内容之充实丰富已如此，于此亦可以觇日人对于中等工业教育注意的程度了。

全校建筑物价格，未及详询。设备品总值日金三十一万五千九百八十元。全校经费，在昭和三年度一十一万二千零五十七元。近以添设第二本科，当然要增加，其数亦未及细问。观日人建筑如此宏丽校舍，以为中等工校之用，真可谓不惜巨资。而全校学生六百人，经费一十一万二千元，未必算过多。再以教育效能相量，则此一十一万二千元，更不能算多了。

学生毕业已二十次，前后共计千余人，以服务公司、工厂、商店占最多数。观昭和三年统计，其数为四百七十八。其次则自营事业，共计二百七十余。升学的极少，只有四十。

是校虽系府立，但设有商议员若干名，组成商议员会，专用以筹商并议定学校各项教育设施方法，由校长开会，效力颇大。

我们除参观外，并与近藤氏讨论以下几个问题，记其答复之言如次：

（一）关于技术方面，最近我们校内附设一班家具工养成所，长者一年毕业，短者只要六个月，不讲学理，专教制作方法，努力练习其技能，成效极好。不过在文部省方面，则绝不如是主张。依我（近藤氏自称）的意见，工业教育惟一目的，在练习做。如现在不属于文部省管辖的机械航空练习所，他们学习的日期虽短，而成绩却甚好。这不是一个好例子么？

（二）工校所用教本，最好另编。我们校内所有的书，多半为工业教育研究会同人编著。皆是认定需要,且经过一番详细讨论,始行着手。至于普通科教本,则多是选用已有之书,也有特别编著的。

(三)英语学习,每周时数很少,学生毕业时,仅能希望他勉强看一看英文书,所以本校内各课本,没有用英文原本的。

(四)学生毕业时,皆有事做。所收入的薪金,以日计,大概一元五六角至两元;以月计,大概在四十五元左右。

(五)近年来本校招考新生,志愿入学者,比以前加多。大概学额一百二十人,志愿者倒有六百九十二人。其中尤以愿入机械科者为多。

我觉得近藤氏所说的第一条极有理由,学技术而不去做,空讲理论,有何用处?理论研究,在大学专门,犹可说,中等工校以下,当然可以不必。至于不主张职业学校加入普遍科课程,因此对于文部省有不满的表示,这却有待于研究。因为人格修养,普遍常识,皆为做人所必需,若一味把他看轻,似乎也有些不对罢!

近藤氏所说第二项第三项,我们觉得日本这个办法,很对很好。中国有了职业学校,而无适当教材,请一位西洋留学生,教工艺功课,他既不是教育家,未尝研究过教育心理,又不知道什么是教授法。国内无适宜教本,硬要教他自编。国文差些,固不情愿,就是国文好点的,也不见得愿意讨这一种苦吃(况且有能力的工艺专家,非有特别情形,谁肯专在中等职校内当教员)?无已,惟有用英文原书来教授了。程度低一些的书,自己不肯用,且恐怕学生不愿用,索性用深一些的罢。谁知道中学二三年级学生的英文程度,差的很远,上课时还要讲文法,问生字,试问如何能成功呢？不成功而偏要硬做，结果，惟有学如未学一样了。日本人能看到这一步，由工业教育家，自己编教本，深浅自然能得宜了（现在我们已把这一类教本，悉数购来供参考，深愿职业教育界同志，共同注意及此）。

是校设有家具工养成所，惜乎未及往观。

大阪市立都岛工业学校

在大阪市北区养源寺町三丁目

大阪在日本，是一个工业最发达的地方，他们高等工业教育方面，已经有了一所很著名的大阪高等工业学校，学生人数之多，在全国高工校中，居第二位（第一位为东京高工），所以应之而起的，不能不有一个或几个中等工校，以资衔接。大阪一市中等工校，府立市立各四，而以市立都岛工业学校为最大。我们居然来到此校参观了。参观之前后，均有谈话，历时颇久。

是校创始于明治三十二年。创立经费，支用日金四十万元。校舍建筑，闳阔壮丽，比东京府立工艺学校，殆尤过之。其新建筑工费一项，数逾日金两百万元，可谓不惜巨资了。学生定额一千七百名，目前在校者一千二百五十。设机械、电气、建筑、土木四科，均系招收寻常小学毕业生，修业期限六年。阅其要览，所述校务沿革，知从前关于设科亦复经过许多变迁，现在总算是渐趋于固定了。至学校教育方针，积极注意人格修养及体育。纯本勤劳主义为规律的陶镕。其于技术磨练，则时时详察社会进展情形，加授关于能率增进的课程，以期养成朴实耐劳的有用人物。各科特色，并经揭明：

（一）机械科，关于机械重要学理及切实有用的实验、实习与设计制图，均完全教授，务期养成能通学理、能任实务之技术家。到了毕业以后，能自立且能深进。

（二）电气科，授以电学上一般理论及其应用，以养成质实勤勉、努力实务且不怠研究的技术家。

（三）建筑科，授以建筑切要学理及实技，养成介于高级技师与普通职工中间的人物，故教育目的，在增高学生作业能率，并使旧式建筑工程，可以为科学的健全发达，且能得意匠美学的表现，与工事经济的完成。

（四）土木科，关于土木学理，实验实习，及设计制图，均完全教授，务期养成通学理精实技的技术家。卒业后可以副社会需求，既能自立营业，亦能继续深造。

至于各科教学方法，均一致侧重在实验、实习、制图三项。如机械科则分工事实验、制作实习、设计制图。电气科，则分电气实验、制作实习、制图实习。建筑科，则分工学实验、制图实习。土木科，则分材料强弱实验、测量实习、设计制图。盖实验所以证明知识之真确，提示科学之真理，此犹偏重于用脑一方；实习则脑手双用，以期从做的中间，得着有统系的知识，制图则多与实习相关联，不惟练手，并且练心。

以上各项，均由校长杉田稔氏向我们一一口述，而学校所刊印的要览内，亦且详载。杉田氏近六旬，态度极诚恳，对于我国人尤觉十分亲热，自言曾在东京高工任训育员多年，与中国留学生接触者近千人，且来过中国数次，既为我们述学校内容，复引导赴各部参观。该校房屋颇多，各部设备，极完美，参观一周，费

时很久。杉田氏引导我们,每至一处,必招呼其主管科长或专门学科教员,为我等详加说明。兹就所见闻,约略记如次:

(一)礼堂悬有“忠实服务,勤俭治产”八个大字,分挂两旁,如中国之联语。

(二)教室多与图书室(各科图书室)相连,讲解研究,互相联络,自然十分便利。也有与制图室相连的。

(三)机械科教授,用挂图百余幅,为工业教育研究会所绘制。据称用了此图,不惟讲解易明,时间也可大省。

(四)实验室陈列极完全,如机械科的工学实验,则凡关于用原动力机械一类的东西,皆择要陈列;有汽船、有汽车、有飞机。水力实验室新近也设置起来了。如电气科,则凡关于实验强电流弱电流的机械、器具,更是无一不备。如建筑科,土木科,则凡关于各种建筑材料的性质、用途,均经实验之后,继以研究。列石科若干,木科若干,砖瓦及水泥若干,一一分判其强弱等级。其实验房屋耐震(地震)的铁柱程度,也是分别成若干种,若干级。

(五)教科书均不用英文本,但高级生可以看英文参考书。说来也奇怪,寻常小学毕业,未曾习英文的学生,进校才一年,我们看见有两三个,在制图室画图,写出英文字,居然异常之好,真不能不令人特别诧异。

(六)建筑科教室内六年级学生,正在那儿制作设计图,黑板上教师出了一个题目,并将题内要件一一列出,题为“银行建筑”,其下注明①面积若干,②构造目的,③构造式样,④所需要各房间,并附列参考品。每生各给一纸,三个月交卷,非制完及格,不能毕业。

我们看完了以后，只有赞叹，只有佩服，竟无从指出他的疵谬所在。

再问一问他们的毕业生服务状况，据答称，自创办以来，毕业二十余次，毕业生人数近二千，其中自营事业的一百八十人，任公职的约两百人，在工业公司及工业制作所的最多，数及一千四百以上。升学的极少，合计不满六十。于此也可以觇他们社会需要中等工业人才的情形了。

因为如此，所以近来志愿入学人数与年俱增，学校方面，甄别选取，亦较严格。招考新生所悬的合格标准渐逐提高，非身体强健，资质俊秀，不能入选。考取严，原料好，当然毕业成绩格外优良，而社会信用也格外昭著了。

是校规模既如是之大，学生人数，既如此之多，他每年所用经费几何呢？我们且看他最近数年间的经费预算比较表：

大正十四年	日金	二十三万八千零三十八元
大正十五年	日金	二十六万八千三百三十二元
昭和二年	日金	二十七万一千二百三十元
昭和三年	日金	二十四万五千零二十二元
昭和四年	日金	二十四万零五百零二元

平心而论，还能算多么？

是校附设有工业补习班，称“大阪市立都岛工业专修学校”，专收昼间从事业务之青年夜间到校，施以工业补习教育。据闻办理极好，惜乎未能往观。

大阪市立实业学校

在大阪市北区至江町二町目

上文所述的,是两个规模较大的甲种工校,现在又要说到乙种工校了。大阪方面,有一个市立的实业学校,据介绍参观的朋友说,此校在大阪市颇负有一些声誉;并谓此校有一个特色,就是于施行商工业教育外,能利用校舍,施行青年男女补习教育。此层应俟下文再为叙述。现在先就他的本校情形,略说一说。

是校是大正八年开办的。创设之始,是依据旧徒弟学校规程并业务规程为乙种组织。嗣经几度扩充,乃将学生修业年限,延长为三年。但是他所招收的是寻常小学毕业生,核其程度,虽比高等小学多一年,仍不脱离乙种实校性质。现分工业、商业两科,均称本科。工业本科,分科有五:曰机械科、曰金属工业科、曰家具科、曰电机科、曰应用化学科。各科三个年级俱全。学生年级至多的二十一人,最少的八人。五科共计二百六十余人。商业本科,每年两级,三个年级,共计二百六十余人。全校总计,现有学生五百余人。每年需用经费约日金九万元。

校舍颇嫌狭小,屋亦不甚宽敞整洁,看过了都岛工校,再到此校,当然观念大大不同了。不过此系乙种实校,且他是具有补习教育的特长,当然不能把眼光抬得过高。

校长北川武藏氏,教务主任丹羽贤氏,招待我们,均极殷勤恳挚。导我们参观各教室,各实习工场,一切设备,无异寻常。家具一科,在彼等认为最适于社会需要,但观其所制成绩品,亦无特别精彩。我们参观后,与之略谈,据称各科毕业学生,出路均极好,检视其学校要览,揭示昭和四年以前历届毕业生概况。计一千一百零九人中,个人自家营业的四六,服务个人商店的一百二十,服务个人工场的四百四十,服务商业公司的六十三,服务工业公司的一十四,服务银行的三十八,在仓库公司及运输保险等公司办事的三十,当然不能算错了。我们尤觉可异的:北川氏谓家具一科,学生毕业之后,或自营业,或助人营业,出路比较他科尤好。这与中国情形完全相反。于此也可以觇日本社会与中国不同了。

东京府立泷野川商工学校

在东京府北丰岛郡野川町泷野川四九二番

如上文所述之乙种实校,在东京时我们也曾考察过一个,两校内容相同,也是并教工、商两科,不过在彼称做实业学校,此则径称商工学校罢了。校属东京府立,规模不大。创设于大正九年,初为北丰岛郡立。十二年郡制废,始移管于府。现有商科学生三班,一百一十九人,机械科学生三班,五十人,电气科学生三班,五十九人,共计二百二十七人,皆通学。入学资格,为寻常小学毕业,修业期三年,殆是一个完全的乙种实校。全年经费,日金三万四千二百五十元。毕业生共计四百七十八人。其中就业商店公司的一百六十八,就业银行的二十七,任官公吏的四十七,升学的十八,自家经营的一百零二,死亡及其他,一百二十。附设补习班。

我们到校参观时,由校长佐藤孝治氏招待,略看其上课情形及工厂布置,比之府立工艺学校,当然不可同年而语。校舍较旧,且不甚整洁。据佐藤氏言,本人就职未久,正在计划改造,校舍亦急须改建云。

我们以是校属乙种实业范围,照吾国目前情形论,似乎需要此种学校甚为殷切,势不可以不加考究,因与佐藤氏略事讨论,记其问答如次:

一、(问)学生毕业后出路情形如何?

(答)大概皆有事,且自家营业者较多。

二、(问)学生毕业后就业,是否须学校介绍?

(答)商科学生,绍介职业,学校与家庭各任其半;工科学生,三分之一,由学校绍介,三分之一,自行图谋。

三、(问)学生到工厂及商店实习办法如何?

(答)三年级工科学生,夏假内到工厂实习十日,商科则在本校所设立商店实习。

四、(问)校内普通科的教本,如何选用?

(答)无专书,择坊间发行之中等教科书程度较浅者用之。

五、(问)技能科教学方法,是否应先实习而后教书?抑应先教书而后实习?

(答)最好先实习而后教书。

六、(问)招考新生,是否要检查个性?

(答)既有小学申送书,详载其个性,复有口试,似乎够用了。

最后复问加藤氏对于乙种商工校改进的意见。其答辞颇扼要,记如次:

(一)要学校与工厂切实联络。

(二)要学生技术娴熟。

（三）要养成学生经济观念。

加藤氏并述个人对于本校的主张，谓乙种实校，三年毕业，尽可照旧。但毕业就业后，仍须于晚间来校上夜课二年。如此一方服务，从事于实际工作，一方到校补习，多作学理的研究，双方调协，效益极大。前后五年，其程度一定能超过普通甲种实校之上。

是校以设备论，在日本各学校中，当然不算十分良好，但如校长加藤氏所发表的意见，及所主张的办法，确实可以供吾们的参考。

我们在日本考察甲乙两种工业学校所看过的，只有此数。至于前次路经大连时，曾参观过日本人在大连所办的一个乙种职业学校，内容很好，已有专篇报告，刊在一二三期《教育与职业》月刊，此处可不必再叙。

私立电机学校

第一校舍在东京神田区锦町二町目

第二校舍在东京神田区锦町三町目

此外在东京看过的，还有一个私立的电机学校。此校规模极大，班次人数也极多。上课分昼夜两部，且有函授部；惟人数过多，难免有滥收之弊。校长加藤静夫氏，亦谓："本校此后须注意于质的改进，不必再注意于量的扩充。"至目前学生入学，所以特别增多，则以日本近来电气事业大发展，社会需要电气人才较殷，是以一般青年，为急切谋得职业计，多纷纷投考斯校。我们到第一舍参观夜班时，校长加藤氏出而招待，十分殷勤，导观各教室,见一大教室内,正在试验电影,学生满座,几及千人。是校所设科系,为类至伙,兹录其一览表如次。

电机学校校内教授部各科一览表

(原表略。编者注。)

闻此校创办已历二十四年,毕业过四十四次,毕业生两万余人。我国学生在此校肄业者,现亦有十二人云。

我们看过了这五个工业学校以后,觉得有最可注意的五点:

(一)设备力求充实。

(二)特别注意实习。

(三)教学用书,自己编,视实际的需要编,绝不主张用英文本。

(四)除授与实用技能外,注重品行修养与身体锻炼。

(五)程度逐渐提高。

四、日本商业学校

前文已说过两所工商科并设的实业学校了。现在可再来专述单纯的商业学校。

日本全国商业学校,据昭和三年度统计所示,甲种的共有二百三十六所。其中公立一百五十三,私立八十三。教员共计五千零二十五人,学生共计一十一万九千六百八十三人。布在地方的,各道市县皆有。大都市方面比较特多。如东京则有三十六校,学生二万一千三百七十四人。大阪十九校,学生一万五千二百五十三人。这还是三年前的数目,现在当然更多了。除甲种普通商业学校外,复有甲种商船学校,昭和三年度,全国亦有十一校,学生二千三百二十四人。

此次就我们在日本所考察到男子商业学校,除前文所述工商兼设的两校外,复有一所单纯甲种商校。我看过以后,感受刺激之深,几如中电。现在应该把他详细报告一下。

东京府第一商业学校

在东京府丰多摩郡涩谷町钵山四二

是校创设于大正七年。现有二十五级,学生一千二百二十五人。入学资格,为寻常小学毕业。修业期限五年。盖纯粹一甲种商业学校也。校内附设补习教育的商业实务学校,现也有学生一百三十人。

我们到校参观时,适校长羽田文永氏因事外出,由教谕富士川滋氏接待。既为吾等述学校种种情形,复引导参观各室。兹将重要各点,略述如次:

是校虽系商业学校,但对于自然科的教学,极其认真,故博物标本、理化仪器的设备十分完善。其注重体育,设备周到,并与其他各校同。

观其课程表所列各项课程,与其他商校比,亦无大异。大概前三年重普通学科,三年起,开始趋重专业学科。外国英语最重,每周七小时,五学年一样。第二外国语,有中国语、及俄国语,此两种课程,从前教学时数颇少,今已特增。注意“珠算”,入学之始,即加意练习。我们问富士川氏“贵校校课所最注重的是何科?”彼答称:“吾们学校,了无他奇,所最注意的,在珠算、簿记、外国语、应用文字、礼貌、人格训练几种。以上各样,果能皆达吾等所欲达的目的,则学生出校,便可无虑。”果然,我们参观到一年级初入校尚未满一周的学生习珠算课,教员口念歌,目周视,学生握盘行算,先生聚神指导,真是特别认真,丝毫不苟。所谓礼貌,也是有事实可证。我们看见学生,对于本校先生,对于外来宾客,皆恂恂有礼,不稍玩忽。富士川氏谓,学生见教员,必行礼,虽每日千次,亦然。因为此种习惯,是商人所应具,且不可不具,所以无论如何,在校内就要把他养成。

是校更有两种特色:一为赴我国考察,一为商品研究。商业学生,临毕业时,赴外国考察,本属寻常之事。但彼等考察,确有特殊目标,特殊计划。其考察目的地为我国东三省。出发前,教员为之编印小册,为之讲解,为之编种种目录,拟种种问题。考察时,必详为指导。考察完毕,必作详细报告。并闻近更扩充范围,其考察所及,不仅以东三省为限了。研究商品,更是商业应有之事,不足为奇。可是彼等所研究的,却又与普通商品不同,大多数皆是注意我国市场。我们曾见彼等将毕业的学生,作有长篇论文二十余册,其题目大率专论某一种重要商品,如“味之素”,便先述制造方法,继叙营养成分,再论及推销方法。推销到何处?当然以中国为惟一目的地。甲种商业学校,将毕业,学生论年尚未满二十,居然能作八九万字长篇研究论文,其目的所在,又复专注于我。如何能不令人惊叹,令人愧愤!据闻较有名的商校,关于考察研究工作,大率如此。唉!我们中国各中学内高中商业科及中等商校,不是到处皆有么?效果如何?且请自问!

我们问以毕业生出路情形，富士川则谓“近来年社会求人的人，实在比求业的学生多。虽说市面不景气，但就本校实况言，仍是供不应求。本届毕业生，希望就业的一百零二人，而嘱托推荐的，则有三百六十二人。因为如此，所以每年招收新生，投考者十分踊跃，大致选取入学二百五六十人，而志愿入学者则达一千二百六十以上”。这种情形，是和大坂都岛工校完全一样。

再问及经费情形。在昭和四年为日金九万九千一百七十八元。以一千二百余学生之学校，而用费如此。平心而论，还能算多么？

我们看过此校，不免发生了下列三种特殊感想：

（一）彼等办事，真是切实，处处皆从实际着想、着眼、着手。即以珠算一端而论，在我国商校，皆视此为无足轻重，甚且有些学校，竟谓珠算一项，无论如何，学生皆是及不上商店学徒的纯熟。而此校则反是。富士川氏告吾等，谓：“学生习珠算，到市场时，如不能充分应用，便是学校教育的失败”。闻之真令人发生无限感慨。

（二）确定目的，专为养成商业优良职员，并用之以对外发展，不惟各项课程，均有一贯的主张，即其注意体育，注意礼貌，亦复具有深意。返观我国商校，现状何若，真要愧死！最近某君见告：“年来日人以金价太贵，货物滞消，同时中国关税自主，出口之货，不无稍受打击，乃纷纷来到中国设厂制造。最近半年之间，外人到华设厂者已有五百余。其中属于日人的，至少也有五分之三”。那么，彼等挟高贵的金钱，来华易银，以充资本，这不是一元变成二元，资本骤增一倍多么？以彼充裕之资本，购吾贱值之原料,雇吾低值之人工,货品制成,仍复销之中国,试问吾中国人受害为何如！彼等既有多数工厂在华设立,需用多数中等工校毕业生已不待言,同时为经理营业,需用商校毕业生,一定也不会少,是则所谓养成向外发展人才,此时真是个大好的机会了。可怜吾中国人尚在梦中,如何是好!

(三)同一甲种商校,他们的学生,毕业前可以做长篇论文,而论文所研究的皆是重要对外贸易的商品论,其年龄也不过十七八岁,最大也未满二十。我们高中商校的学生,有没有这个样子?就是商科大学罢,平日研究,有没有这个样子?我们教育界同人,似乎要凭着一己良心,来想一想,问一问!

我们在日考察完全甲种商业学校,只有这一个,但有此一校,也就可以代表其他了。

我们以二十几日的时间,匆匆看过了这十所职业学校,已经把看过的情况一一记载出来了;特别的感想一一发表出来了;可注意的要点,更一一指示出来了。那么,要真正问我们心得几何,我倒很难说;真正问我们考察以后,借镜有资,可能把中国办理职业学校待解决的问题解决了一些没有,我更不敢说。不过,综合起来,觉得有一件可以提出来向国内教育界,尤其是职业教育界诸同志商榷一下,也可算是我考察日本职业学校作成报告时一个小小结论。

(一)职业学校,在日本原分甲乙两种。以我们今日中国情形看,自不妨以初、高中两级来比拟他。其低一些的,且可降至高小,高一些的,则又能侵入专门。但是若拘执名义,凡是职业中学,一定要分别初中、高中两种,修业各三年,那就不对了。且看看他们最近文部省省令,不是已经把实业学校最低修业年限,说明得改为二年么?朝鲜京城的职业学校,就是用此制度,而成绩甚佳。日本乙种职校,从前一定要三年,现在二年亦可。那么,我们也就可以明白他的意思了。至于甲种,五年六年,更是随便。总之,职校修业年限,应否延长,应否减缩,须视所习职业的性质以为定,何能板拘一格呢?如大坂都岛工校,便是六年,程度高;研究精,当然是可以的。如东京工校,便是五年。所以我的意思,以为要办职业教育,修业年限,务必活动,有伸缩性,何科学习应需若干时,即定若干时;千万不要以为既称职业中学,无论所习何科,初、高两中,一定各限三年,凡不及和过度的均不可,那就失当了。此层关系甚大,极愿教育行政方面注意及之。

(二)要办职业教育,不能不有相当的师资。日本的农工商校的教员,一半是取诸专门学校毕业生,一半是特设职业教员养成所以养成之。而此项养成所,工业的,率附设在高工学校;农业的,率附设在农科大学;职业的,率附设在商科大学。在中等农工学校内,则附设职业补习教育的师资班。检其统计,在近六年间:

全国实业教员养成所

学生数{最多 三百六十七人
最少 三百四十一人}

毕业生数{最多 一百二十三人
最少 九十二人}

全国实业补习学校教员养成所

学生数：最多　一千三百零一人；最少　九百四十一人

毕业生数：最多　九百九十一人；最少　八百二十三人

此层为办理职业教育的先决问题。日本办法,大足供吾国教育行政的参考。

(三)职业学校照目前普通的分类,皆是指着农、工、商、家政四项。商科比较不难办,此次在日本,虽然看的不多,而扼要之点,除去养成向外发展人才一项,为吾们中国人所不愿,当然无庸效法外,此外若注重实用技能,注意礼貌,已可说是探骊得珠了。在中国方面哩,要办商科,还要先看学生毕业后的出路如何。同时也希望商业界领袖,能放开眼光,力谋改进,延用学校人才。需要之途既启,则办理教育自易,所难者还是工科。新式用机械的工业,教学时要有充实的设备,有良好的教材和教法。此固关系经济,而亦关系人才。二者之中,人才尤要,希望要特别地设法养成。就是普通的手工业,办理时也要看准社会的需要,如何设计,如何实施,亦复非人不行。农业社会,比较守旧,中国农村教育,要他采用新法,尤为困难。日本农业教育最重实际,近来采用丹麦制度,对于普及一般农民的教育,尤为十分注意。就中国情形来说哩,似乎初级的、普遍的、社会的农业教育,比之中级、高级尤为急切。不过甲种农校也不能少,但是必定具有碧海郡农村学校的精神,方能有裨于愚穷的农民社会。所以量不必伙,而质则不可不精。大学农科为研究农学、农政,解决农业上重要问题的总枢纽,当然也是重要,数更不必多,似宜就全国地理物产所宜，划成若干区，每区设一农科大学，而在本区以内的中等农校，皆须受其指导。如此才有合理办法之可言。

（原载《教育与职业》，1931年第126期）

职业化的日本教育[①]

诸位先生，今天兄弟很荣幸！很高兴！要兄弟来演讲，实在不如说，来谈话，来说几句恳切的话。兄弟心里非常悲忿，非常感慨！今天的讲题是职业化的日本教育。但内容要分几方面：不仅职业方面，且要谈到教育方面；不仅教育方面，也要谈到社会方面；不仅社会方面，就是国家也有关系。

国家是整个的，社会与国家有联带的关系，教育者占一分子。国家与社会的进化，要靠整个的大家努力；教育者的努力也不过是其中的一分子。譬如五人走路，教育者是这里边的五分之一；假如在这个团体中，这一人努力，其余的人不努力，结果还是无用。因此我发生了两种感想：

甲、社会的改革，要靠各方面同时进行。

乙、在社会上办事，人家不努力，我更要努力；切不可因为人家的不努力，打消了我的志气。要用我努力的精神，去感化他们，使他们也努力。假定五个人中间，先前只有一个人努力，只有五分之一的力量；因为渐渐的感化了，两个人同时努力，就有

① 江问渔先生讲，钱重天、徐迴千记。

了五分之二的力量。社会与国家的振兴,也就容易了。我们教育者更要认清自己的责任,努力起来,去感化人家。

这不过是题前的引论,我更要在没有讲正题之前,再说几句。在座的诸君有的是熟人,有的是朋友,都非常亲热。现在讲到日本的情形,更使我们中国人加倍发生亲爱。

我们想为什么日本的国家蒸蒸日上,而回顾我国怎么样:诸位都是教育者,教育者是灵敏的,责任是重大的。我们见到人家的国家强盛,不能不把我国谈谈。

日本的学校里,讲堂黑板桌椅……以至教科书,无一不同我国一样,为什么他们教育的效果如此。古话说,"彼亦人也,我亦人也",难道我们不能超过他们吗?

我们同心协力站在一条战线上,更不能不显示我们的亲密,在我们的讲堂内,好似一家人,所以兄弟今天讲了有错误、过分的地方,诸位总能够包涵的。

诸位先生,日本的教育,自明治维新后到现在,始终一贯的有三大主旨,无论教育行政,教育到(原文如此,似为制之误。编者注。)度,都依着这三大主旨进行。

第一是日本人能注重体格的锻炼——体育化。

第二是日本人能注重人格的陶冶——德育化。

第三是日本人能注重科学的训练——智育化。

一个国家,一个民族,所抱的主旨,都有它历史的关系。

(一)先讲体育。日本在维新前,就有武士道。他们有所谓大和魂,他们都很好斗,这都是锻炼身体的方法。所以他们最重武士,武士能忘记自身。这在维新以前是这样,在维新后更能接受了外来的新方法。对体育方面注重三点:一是普通的柔软体操;一是军事训练;一是实行征兵制度,他们的男子年满廿一,而不入军伍,是自觉没有颜面的。对于军士的看重,与武士同。

这样一来,于是全国人对于体育,更讲究,更发展;新的旧的,混在一起,全国人民普遍的注意起来,不像我们中国除了学校里几个选手,其余的都身体衰弱,更不像我们中国的体育不切实际。

他们的体育设备,非常完全;技术的传授也非常周到。他们学校里的体育功课中一小时是兵式体操,三小时是普通体操,课外的练习打拳,和其他的体育训练,和一个人吃饭呼吸空气,看得有同样的重要。

体育对各方面的关系,非常重大,直接是个人身体的强弱问题;间接是与社会上各种活动的兴衰有关。记得有某大学教授,曾考查日本人的身长,现在比三十年前增加了许多。从前人家都称他倭人,矮子;现在却不然了,身体已高了许多了,这都是对于体育考究的结果。

(二)讲到人格的陶冶,日本人最重精神的教育,不过日本人自己阐发的,却是很少。我们知道从前日本人的人格训练,都是由我国取去的。唐朝派了许多留学生来,宋朝又派了许多留学生来,明朝时把我国王阳明的学说全部取去,所以从前日本人的人格陶冶,有三点可注意:

第一是王阳明的学说——知行合一。日本人极端的发挥,极端的提倡;在我中国反而几至淹没不闻;他们对知行合一得到了很好的效果。

第二是日本人的有礼貌,待人客气。他们对我中国人虽是非常藐视,可是若在日本境内看起来,礼貌周全,他们把中国的文明取去以后,新学说来了,他们还是照常保存。

第三是日本人有服从心,绝对的服从。学生对先生绝对的服从,教员对校长也是绝对的服从。谈到服从的意义,我们去参观时,有一个校长说:

1. 因服从了,能安心服务。

2. 因服从了,能努力尽职。

3. 因服从了,有信仰中心。

假定一个机关,或一所学校,没有服从,那就不行了。什么事都不能干了。

综上三点:——知行合一、重礼貌、能服从,是日本人所固有的吗?我们知道这是完全由中国取去的。汉唐宋明各代都取去了许多中国文化的精华。

维新过后,欧洲新学说来了,照例可以把中国取来的抛弃了,但他们却并不如此,他们在旧有的中间,更羼入了几种新的成分。

1. 他们有团结的精神,合作的精神,互助的精神。欧美的商店,有组织公司的制度。这制度在日本成功,在中国失败了。失败的原因,不外几点:一是股东不负责,没有团结力,常常闹意见,不能合作,不肯互助,因此经理卷逃了,公司当然失败了;在日本却不然,他们组织公司,股东能尽职,所以能成功,能发达,这都是他们有团结力,互助合作的精神。

2. 守纪律。这条和服从有关系的。他们一向很能服从,现在吸收了欧美的新学说,更成了一个法治的国家。

3.他们有牺牲努力向上和积极的精神。这也是取之于欧美的。起初时他们很信中国黄老的学说,现在因为那种学说近于消极,维新后渐渐改变了。所以现在他们的教育方针,向着自我牺牲,向上努力,和积极的路上走去。

在日本新旧的学识相合起来,得了新的成分,对于人格的训练,比之功课,还格外重要。

(三)日本人注重科学的训练。日本人那里来的科学呢,就是从前到中国来取去的是很少,只有在唐朝时取去一些算学,但是少得可怜。那时的日本人毕竟是愚笨的,连我们中国的算盘都学不会。我们中国人运用的算盘,是上边有两珠的,他们只有一珠,就是说,还不会应用两珠的算盘,这就可见得他们的可怜了。

但是维新以后,情形却大不相同了。现在你随便走到日本的任何都会里总能见到他的电机的发达,他们工业的发达,工业设备的完全。

从前人家都说日本人能模仿人家;不错,日本人从前的确能模仿人家,到现在不仅能模仿人家,进而能创造了,这都是他们注重科学教育的当然结果,都是他们小学中学大学一贯的科学中心教育的效果。

他们对于科学教育有三点:①科学方法;②科学本身;③科学应用。

单讲科学本身,他们的学校,大学、中学、小学,一贯的对于科学的设备,非常周全,如物理、化学,都很考究,很能注重实际;

决不像我们中国人在学校里读过科学的功课,出校了过后,就觉茫然的。

我要反复的说明日本的教育主旨:是注重体育化、德育化、智育化。但职业教育还没有讲过,实在也就是根据了这三大主旨而进行的。

照日本的教育制度,对职业的训练,有实业教育,有职业教育。我现在先把两种教育的名词解释一下,分别一下。

他们的实业学校,包括农校,工校,其目的在养成技士人才,从初等而中等,高等以至专门学校,有一定的程序,以备振兴实业,养成实业界人才,储材而为国家之用。

至于商店,工厂,银行原有徒弟制度。这种制度各国都有,其原因不外贫寒子弟,无力读书,不得不直接入工厂商店为学徒。此种制度固有其历史上的价值,但他的缺点,很不少,教育者就应该设法补救,其缺点大概如下述。

1. 徒弟制度养成的人材不能改良,无创造能力。

2. 徒弟制度只有技能的传授,而缺乏人格的陶冶。

3. 徒弟制度对公民教育有缺点,所养成的人才不知爱国。

日本教育者洞悉其缺点,因有徒弟学校的设立。这便是职业教育的起源。此种学校专收受工厂商店的学徒。技能差的取来补习,使之成就,并开导他道德上的陶冶,启发他智识上的本能。这就谓之补习教育,也就是职业教育。现在实业教育与职业教育的意义明白了,它的分别也就知道了。

现今世界不断地进化,各个国家保存他己国的文化;一方面社会的进化,也免不了外来的影响。

在这种情形之下，日本的教育实在也分不清实业教育与职业教育了。这两种教育发生了两点共通的现象：

1. 实业的人才多了，小学毕业的，不升中学；中学毕业的，不升大学，实业界就不能解决此种问题。

2. 徒弟的补习教育盛行。

世界的经济潮流到了。日本教育上就不能不发生变动。经济潮流的大要如次。

1. 平民化。人人应有享受物质上的赐与，教育上要打破现社会的不平等。

2. 经济变动。人人应作工；人人应受普通的教育；人人应职业化；因此人人应受职业的训练。

现在苏维埃共产学说的盛行，职业上就发生了一种危机，一种变化；就在欧美各国，亦受到此种影响。在日本，实业教育便自然地压下了。实业教育的年代久长，职业教育的年限亦可加长。实业教育有公民的训练。职业教育亦加入公民的训练。另外待遇方面的不同，补习教育和中学一样。假使一个学徒有志上进，而家庭贫穷，国家也可造就他，使受高等教育。因此有工人大学的创立，一面作工，每天可上两小时课，十年毕业，与受高等教育者无异。英国的工人能做政府的部员，这都是补习教育的效果。这些学生并得在补习学校里听讲，故十年所受到的学业，比大学亲切；造就的人才，平民化，教育职业化；所以现在注重职业教育。先前职业教育与实业教育是不同的，现在差不多已无甚分别了。

或许有人要问，日本现在何以注重职业教育呢，这原因不外两个：

1. 教育界生病。小学毕业，无力升中学；中学毕业生无力升大学；群起找寻职业。

2. 世界经济潮流的影响。注重平民化、生产化、人人应作工的精神。

日本的教育界不能不适应这两种趋势来举办职业教育；因此可得到两大便利。

甲、日本社会各业科学化。日本各业无论农业、工业、商业、以至家事可以说没一件不是科学化。日本人对科学的教育，已普遍的知道。不但学校里的学生有相当的信仰，就是普通百姓，亦能认识和应用，都知科学为万能。其情形与中国适相反。在我们中国，一个中学生在校里时研究科学，可是一出校门，便忘掉了。譬如找一个离校的中学生来问他，动物的种类和组织等，大都是茫然不知，又如以习见的事物，若电灯，电扇的构造，询一个中等毕业生，恐能讲明的实在很少。这种种都是教育者之过失。这是呆板的照了书本教的必然的结果，这种情形实在是中国社会进化的最大障碍。

在日本却不然，日本举国民众都知道新方法的应用，无论工业、商业，均照新法改良，故需提倡职业教育。

乙、日本社会各业录用学生。我们中国旧式的商店，对于录用学校里的学生非常害怕；学生的资格愈高，他们便愈惧怕；若是某大学的毕业生，便摇头不用；若是中学生，他们便说，比大学生好些；对于小学毕业生的厌恶心理则又减少些。考其原因，掌柜说学生的脾气太坏，欲望太高，实在不敢领教。他们根本上已不信仰学生。这实在应由学校负责。盖所授讲义,不切实际职业训练,不合社会需要,而在日本各业无不录用学生。这一方面是他们实施职业教育的效果。因此在日本职业教育的推行,就很容易。

再进而谈谈日本的学校情形,先讲小学。日本全国的小学,尤其在高等小学中,均有职业指导的一科。在学校里,对学生个性家庭状况等,考查得很明白,尤其是无力升学的,更应明了。他们对于社会上各种职业,调查得很精细。学生出外就学的,有的是书记,有的是徒弟,有的是工人。把这种种社会上需要的人材,析为一百分,究竟那一种占多少;规定之后,就可因需要而施教了。每星期更有一次讲述日本农、工、商情形,使明了现在日本的实况。在功课内。更加入职业的陶冶。譬如在国文课中,亦参入实业者的成功史等一类的教材,历史手工等科亦然。这样一来,都能够适应社会的需要,学生升学与否,均得其所。

谈到中学为职业化的缘故,亦已改制,规定五年毕业。从第三年或第四年起,不升学的,入职业科,完全施以职业的训练。就是升学的,也应熟习两项功课——农耕和做工——养成手有做的能力,与劳动的习惯,处处能实际去应用。

因此我感想到中国的学生,用手的地方,除了拿笔写字之外,还有什么能力?他们以耕田打铁,与热笔书写,同一重要。

至于职业学校,日本更与中国不同,他们能注重实用,能适应社会的需要。举一个例来说,东京有一园艺学校学生不仅有校内的练习,并且把他们的出产物,如蔬菜,花卉,能供给社会的需要,实地指导民众改良。对于东京市的民众有两大贡献:一是供给物质的享用;二是供给美术的欣赏。

回观我国,如上海南京等大都会有此种学校的设立吗?可怜享用的,玩赏的,几乎都要外国人来供给。像现在吃的桃子,还要美国运来。中国人难道真是没有能力吗?真不能养成和东京园艺学校一般的人材吗?

普通人总以为职业教育注重技能的养成,日本人不单注重技能,除此之外,更有两件重要的训练:就是人格和体育,也有同样的注重。

学校里面学生见先生,每见一次,就鞠躬一次;对来宾亦然。一天中见了一百次,二百次,也须鞠躬一百次,二百次。问他们为什么要这样,他们回答:这是我们教育的政策,因为待人客气,是商人的要件;学生将来去就商,在学校里应先养成有礼貌的习惯,将来在社会上方能有立脚点。

务农的人养成强健的体格是唯一的信条,所以他们在学校里就着重体格的锻炼。

他们毕业时,次第的排列,因品行欠佳,学业成绩虽列前茅,但也须移后。他们成绩的考查,列成一表,分学业和推荐二项。成绩的总分,须合学业、品行、才能三项,才成百分,在毕业时,根据各教员的意见,合定之。

除此之外,他们更看重体育,包含普通运动,国技,和军事训练。综言之,注重实际,注重人格与身体。

他们全国上下一贯的职业化,对于我们中国很有关系。他们现在一致培植向外发展的人才,这是他们唯一的教育目标。他们的向外发展,就是对我国发展,尤其对我们的东北发展。

他们因为要向中国发展，所以学校里增加中国语文一课。国家办学校，课程中增设外国语文一课，不外因为该国的文化高，足以取法。我们现在的中国，还有什么给他们取法呢。然而他们亦增加中国语文一课。这就是他们预备到中国来做主人翁，学中国语文是学做主人翁的技能。

讲到他们的商业学校，我看见他们的情形，心里异常难受，差不多要哭出来了。他们商业学校的学生毕业时，必须到中国来考查，先到东三省，其次天津、济南、青岛、上海，再到福建，由台湾回去；做一篇游记，详述所见所闻。如讲东三省，则东三省之物产、地理、人民生活状况等，均有详细纪述。这种纪述，他们当然严守秘密，我们所不易见的。

更须做一篇论文，研究销行到中国来的商品。如研究味の素，先述做法，再考究和中国人的口味配合否，末述销行到中国来的方法。

在他们的心目中，眼光总是向西望，目标总是吞灭中国。他们常常讲述所谓满蒙问题；同时立一表解，表明满蒙有多少面积，多少人口；一面列日本的人口与面积，使听者先有一印象。日本这么小的地方，住着这么多的人。满蒙比日本大几倍，而人口反不及日本的几分之几，使人民知道到满蒙去是必要的事。其余在各处都标着日本地狭，人众，粮食恐慌，再不设法，就要束手待毙。现在惟靠青年向外发展。西边的中国整年的混乱，遍地是金银，未曾采取。先生更老实不客气的讲，我们到中国去；日本人不到中国去，能忍看欧美人来宰割我东亚吗？我日本人是东亚的主人翁。中国国民生成亡国的天性；中国人不肯爱国；

中国人无团结力；中国人贪私利，不顾公益；中国人不努力向上，民族无发展的希望。凡此种种都促成中国人必致亡国。

日本人更抱有所谓“二三男”政策，只须大儿子留在日本，其余二男，三男，统统赶到中国去，实现他们向外发展的目标。

综上所言，可见日本人的向外发展，实是上下一心的进行着。所以各种教育均培养此种人才。他们人口的增加率，异常迅速，每年差不多要增加八十万。这增加的人要向外发展，这便是我们中国人的生死关头。

三年来更发生一件惊人的组织，有所谓青年团，——又名青年训练处的成立。社会上最可怕的人，是不升学的青年，而青年又是占人群中的大部分。思想既未完全发达，智识行为又无多大训练，其他学说便容易侵入，容易传布。他们有知识的人，三年前就想到此种补救办法，在小学校中，附设青年团，晚上上课，日间各有工作。从六时到九时，实施军事训练，由军官来教导，实施人格训练，养成能爱国、肯牺牲、努力向上、向外种种积极的能力。把此种原素编入生动的诗歌、图画，以陶冶他们的人格。实施生产教育；补习农、工、商应用的智识技能。出外就能利己利国。青年团的毕业生，可减少半年兵役，去从事生产事业。且日本兵制有上、中、下三等之别。普通人服兵役入伍时，为下等兵，但青年团的毕业生一出校，就当上等兵，所以一般青年均趋之若鹜：小学校长也无不愿意当团长的。

此行曾参观一青年团，有百余学生，三个教官，其中一个是退伍军官，二个也是军人，完全尽义务的。教练时，脱衣不齐，全体重穿重脱；如是者再，稍一不懂，决不通融。于此可见日本人的精神。

此种青年团的组织,在国家无事时,此种青年品行高超,努力生产。产品就可增加,一旦有事,即可从军,立刻可聚到。现成有训练的军人,几千万。他们常说灭中国,只须一星期的工夫。

说到我们中国人,像一盘散沙。想到他们的向外发展,和青年团的组织,真令人咋舌!这都是他们实施职业教育的效果。现在归纳起来,可分三层。

1. 日本自维新以来,上下一致的,施行三大主旨——体育化、德育化、智育化。

2. 日本人注重职业教育,适应社会需要,注重实际应用。

3. 日本人致力向外发展,注重生产事业与产品的销路,并组织青年团。

现在我们中国人骂日人,恨日人。万宝山案发生后,更恨他们,更骂他们;但是要知道这次万宝山真是韩民来屠杀我们国人的。日本人实无时不想屯兵中国,中国愈内乱他们便愈高兴。

因此兄弟今天希望在座诸位,等暑期一过,开学后,对小学生开宗明义,第一章,就把万宝山案件详述给他们听;其次,如日本的青年团的组织等也须有相当的提示,务使他们能深切的认识日本人的可恶。

我们此次去日本共有三人,去的时候便想回来后,对社会有所贡献。我们更分析历来游日者所抱的宗旨:第一种是游览性质的,仅仅赏玩他们的景色。这是名士派的游历,无补于国家社会的。第二种是到了日本,见到日本的种种情形,刺激很深,很奋激,当时立志要救国,可是一上船,就消失了一半,回来后,更不消说了。第三种是当时受了一态(原文如此,似为种之误。编者注。)强烈的刺激,只感灰心,抱消极态度,以为中国是无望了。这三种人,我们都要不得。我们决心互相勉励,决计保持我们的宗旨,至几月,几年,至少在我中华职业教育社,所属的各机关,做强烈的宣传,从我们起,实地去做抵御日本的工作。我想总有一部分的力量。

我们中华职业教育社在昆山徐公桥办有青年团,决心去学日本人,我个人的感想,将来万一中国灭亡,我徐公桥的民众,总能起来奋斗挽救。

兄弟返国二月,天天持着这种心愿,始终不敢消失,我们是一家人,因此尽量的讲出。愿大家来做同志,一致爱国救国,做抵御日本的实际工作。

(原载《教育季刊》,1931年第3期)

多元的乡村改进法及主张省县设立乡村改进综合机关理由与具体方案

欲救中国,必先救全中国农民。欲改造中国,必先改造全中国农村社会。其理由,梁漱溟先生言之最详最确而最痛切。[①] 即不佞年来作文演说,亦未尝不以此一再絮聒于当世也。[②]

中国农民,在全体人民中,数占百分之八十五,而其穷困、愚陋、孱弱、散漫,一切生产、活动、组织诸能力,比之东西邻邦,相差几不可以道里计,以致全国人民所食、所衣、所用,皆须仰给外人。起而视域内,除少数大都市大城邑外,只见一大群形体同乞丐、劳动同牛马、诚朴质实之同胞,终日作息于田亩。一恶匪来,则全村之人皆惊散;一恶吏来,则全村之人皆慑服。近则农村少数小康之家,亦纷纷以破产告矣。破产之因不一:或由匪乱,或由灾害,或由举债筹资,送子弟入中学大学伤哉!此无量数最穷

---

① 梁漱溟先生关于乡村改进言论,多见于《村治月刊》,近有“山东省农村建设研究院组织说明书”一篇,推阐中国实施村治之特别重要,尤为精透。

② 著者关于乡村教育乡村改进论文及演讲辞,多散见于中华职业教育社所出版之《教育与职业》月刊,又有《农村教育与农村自治》单行本,亦经中华职业教育社发行。

困之民，懦者既受蹂躏于各种天灾人祸，幸而能存，亦已有皮无骨，尫然如将死之人。强者或且荷戈为盗贼，以期苟延一日之生命。夫国之本在民，今日全国大多数之民如此，谓能与列强竞存于大地，夫谁信之？

“政治”与“教育”，其职责在谋国家改进、社会改进。若农村，若农民，实为国家社会组织之重要分子。司政司教者，自应运用政治及教育之力，穷者使之富，愚者使之明，弱者使之强，散者使之聚，方可谓尽其职责焉。国有农政，校有农学，用以改良耕作，增加农产，所以救农民之穷也；普及义务教育，励行民众教育，所以救农民之愚也；整理卫生行政，提倡民众运动，所以救农民之弱也；慎选良吏，颁布法令，指导组织村治，所以救农民之散也。然而吾国实际情形究如何？以往各农校，既未能皆有益于农民，有补于农产矣。而义务教育，距普及之期甚远。新法卫生，非农民所易解；真正自治，更非一蹴所能企。事实昭昭，宁可为讳？于是乃有教育家创为“乡村改进”之说，划区施教，以实验一己之理想。年来南北各方，纷然设立，风起云涌，桴鼓相应，可谓盛极一时矣。此固吾国农民之福音，亦吾教育界扩大范围，沟通社会，特创出一崭新局面也。

兹试就目前各方所办乡村改进各机关，一加分析，应有下列各方式。

甲、就组织以言

（一）有由教育团体，筹定经费，派定干事，划定区域，联合本区农民领袖，组成乡村改进会，以实施改进事业者。——如中华职业教育社所办之昆山徐公桥乡村改进区。

（二）有由教育团体，拨出大宗巨款，派定专门家多人，选定一县，施行各种改进事业者。——如中华平民教育促进会在定县所办之华北试验品。

（三）有为公立社会教育研究机关所设之实验区，专备师生实施研究社会教育者。——如江苏省立教育学院农民教育系所办之乡村民众教育实验区。

（四）有由宗教团体所设之青年会派定干事，择定区域，联络农民，助之改进者。——如苏州基督教青年会所办之苏州唯亭乡村服务处。

（五）有以乡村师范学校为根据，师生合作，兼营社会活动，联络附近学校农民，施行种种改进事业者。——如黄墟镇江县立师范学校。

（六）有以小学为根据，校长教员，兼营社会活动，联络附近农民，实施改进事业者。——如南京尧化门小学校。

（七）有以农科大学农业推广部为根据，兼营乡村改进事业者。——如金陵大学所附设之乌江农业推广区。

（八）有为行政机关拨定专款，择定区域，联合社会团体，组成委员会，聘定干事，联络本区农民领袖，组成改进会，以实施改进事业者。——如江苏省政府农矿厅联合中华职业教育社所办之镇江黄墟乡村改进试验区。

（九）有以农民教育馆为根据，实施改进事业者。——如江苏各县所设之农民教育馆。

乙、就改进事业以言

（一）有生产（包括农事改良、副业提倡、经济合作、提倡节俭储蓄等)、教育(包括卫生娱乐等事)、政治(指组织会议、公共建设、制定公约、讲演时事、调节争议等),同时并重,务求平均发展者。——如中华职业教育社所办之昆山徐公桥乡村改进区。

(二)有专注重精神教育,从联络入手,以期潜移默化者。——如苏州青年会所办之唯亭农村服务处。

(三)有以生计教育为中心,注重农事改良,同时兼顾教育及政治者。——如金陵大学所办之乌江农业推广区。

(四)有以教育事业为中心,专注意于农村小学教育,而兼顾及农事及政治者。——如以前之晓庄学校。

丙、就办事人员以言

(一)有各种人才咸备,举行大规模的试验者。——如平民教育促进会之定县华北试验区。

(二)有兼备教育(兼政治)、农事、卫生三项人才,组成改进会,领导各部,分别进行者。——如中华职业教育社所办之昆山徐公桥乡村改进区。

(三)有以农事人才为主干,兼顾及教育及卫生者。——如金陵大学之乌农业推广区。

(四)有以教育人才(广义的)为主干,专注重感化主义,不另用农事及其他人才者。——如苏州青年会所办之唯亭农村服务处。

(五)有以学校教员,兼营改进事业,不复另设其他专员者。——如南京尧化门小学校。

丁、就经费以言

(一)有每年费用颇多,达数十万元以上者——如平民教育促进会所办之定县华北试验区。

(二)有每年用费在三千元左右者——如中华职业教育社所之徐公桥乡村改进试验区。

(三)有每年用费在千元以下者——如苏州青年会所办之唯亭农村服务处。

此目前各方所办之乡村改进事业大概情形也,亦可谓形形色色矣。

不佞自愧非乡村教育专家,然却颇有志于研究,年来感想所及,极愿提出一些意见,用供吾乡村教育界诸同志之参考。

目前南北各方所办乡村改进事业及已组成之改进机关,为数似已不少,但以中国幅员如斯之大,人口如斯之多,仅有数十或十百改进区,何补于三万五千万穷愚弱散之农民?此正所谓持杯水以救与薪之火也。近且有人致疑于“费钱太多,人才难得,不易普遍”者,其所疑诚是也。但吾侪平昔曾有自勉及互勉之语矣,曰:“钱多则事多办,钱少则事少办,无钱事也要办。”尤以“无钱事也要办”一语,为吾侪所拳拳服应,匪惟不视为滑稽,且竟奉之作金玉也。试思劳我之心与力,使人受其利,免其害,导之以趋善,勉之以向上,助之以自立,为之介绍良法,以改良生计,何尝费一文钱乎?

是以不佞极端主张中国办理乡村改进事业,应立定下列两个原则:

一曰,普遍——能使改进效力普及一般农村。

二曰,经济——不多费钱而可以办事有成效。

惟其经济——用钱不多,而后可以普及,亦惟欲谋普及,其势不能不取经济主义。

惟欲使乡村改进事业,能普遍而不费钱,必得人而后才可以收实效,否则机关遍设,费钱无多,而职员坐领干薪,一事不办,又复何益?盖所谓"普遍",所谓"经济",皆指能办事且办事有成效而言。此则不可不办也。

若论今日中国办理乡村改进,其真正目标,应在教育上、政治上、经济上三方谋充分的发展。尽可因办理人之学识、旨趣、责任,种种关系,不免稍有偏倚,但专司教育者,断不能忘怀于农民之组织,漠视夫农家之生计。以推广新农业为目的者,亦必借学校及讲演,以开通智慧,藉医药以联络感情。开会集议之事,更为事实上所不能免。专注意于政治方面,舍却教育生计,岂不嫌其空疏?可知三方只宜相顾相关,断不容相离相异。再就实际效力以言,更应以教育为最重要工具,最根本方法,一切农事改良,经济合作,筹画公益,从事集会等,必教之而后能知,知之而后能行。是以"富"与"教"宜合为一,"富""教"与"政"亦宜合为一。此或为不可易之之定理乎!

至于今日各方所办乡村改进事业,机关或大或小,人员或众或寡,经费或丰或绌,中心或在此或在彼,诚不能一致,吾以为尽可任其自然,固不必强其一致,且亦不必希望其一致。果如前文所言三项事业,皆能得有专门人才,各领其事,组织完善,并辔以驰,此固大佳,自应多多益善。万一不能,则愿各地多热心之士,真能了解此项事业之重要,自愿划区自试,各依普遍经济两原则,不断努力,切实进行。吾人惟一希望,则是此项机关,愈设愈多,此项事业,愈推愈广。只要遵轨而行,皆是于民有益。彼乐善好施者何必施财于无用之地？不妨择一乡，设一区，以救此一乡一区农民也。有财者欲为老辈留纪念，不妨拨款万金或数万金，委托友人，专办此事也。组织固无取整齐，经费亦不必限定多寡，前列九式（或在九式之外），任取其一，皆可施行。区长先生，有余力，可以行；镇长乡长先生，有余力，亦以可行；小学教员，有余力，更可以行。吾人均当加以赞美。自耕之农，生计充裕，有志公益，愿行焉，则尤为国人所欢迎。一己有钱，慷慨捐输，造一桥，修一路，功德固不朽，无钱而能奔走联合，能使多数人感动欣喜，各愿出钱，以成美举，则德泽永在一乡。即使一乡民众，无钱可醵，而能疏解其纷争，慰藉其劳苦，告以时局消息之重要，劝以做人处世应有之方针，再进则为之介绍新农业，为之指导组织合作社，其有裨于农民，又岂浅鲜？乡村改进事业，本可以多元的方式表现之，多元的方法实施之。经费丰绌，人才多寡，范围大小，何必斤斤计较？亦无庸斤斤计较。聚一点一滴之水，可以成江河，聚一匪一匡之土，可以成山岳。吾深愿顾此种形形色色不必相同之乡村改进区，遍于全国也。吾尤愿能担任乡村改进事业之人才，遍于全国也。

惟热心赞助乡村改进之人易得，实力担任乡村改进之人难求，故就目前需要言，造就多数乡村改进人才以布散于全国农村，诚为十分重要矣。论造就方法，不妨多出其途：专设机关以养成之，一也；于普通中学，或师范学校，设科训练之，二也；依做学主义的原理，在乡村改进机关内，随做随学，随学随做，三也；由会议研究，磨砻而陶铸之，四也；读书运思，自求智识，自明道理，并就本乡着手试验，心得既多，技能自精，五也。

若依不佞个人所理想：窃以为中国乡村改进，本是目前一种过渡办法，将来义务教育，普及乡村，自治完成，农会健全，各地农民，生计充裕，各地经济合作社皆成立，此时改进办法，便成过去。惟在此改进办法进行过程中，极希望有一种农村学校产生（亦可称为理想的学校），其程度属中等教育，目标在养成多数能改良农事、能管理政治、且愿永留乡村之青年，此则农村之柱石，而亦国家之栋梁也。入学资格，当于高小毕业。入学时年龄，在十六岁以上，二十岁以下。修业年限，少则三年，多则五年。教学方法，不专重读书；耕田、治事，或视读书尤重。不专注重输入式的教授；自修讨论，应与讲授并重。更不必终年上课，农忙则返家，农隙则到校；阴天则读书讲论，晴天则下地工作。调查社会、召集会议、代写文书、调停争议，皆属治事，即皆为学校课程。无呆板的毕业考试，以真正能用新法种田，确实能增加产量，真正能组织团体，确实能筹办公益为毕业的标准。除关于农事、经济、政治、教育课程外，中国文化史、个人人格修养、体格锻炼、军事训练，均应特别注重。此项学校，希望一县能有五所，养成之人才，每五十户中能有一人。此项人才，一方助乡村改进之进步，同时一方促乡村自治之成立，是真由“村教”以达于“村治”时之惟一过渡桥梁也。[①]

然而理想毕竟是理想，无论此种学校，一时不易得，即得矣，又岂能多？而乡村改进，需才孔亟，若来源专恃学校，又乌乎可？前文所述，造就人才，厥途有五，一二三不可得，则四五亦甚佳。

---

① 著者“理想的乡村中学”一文，见于一二三期《教育与职业》月刊。

旷观古今中外，特异之才，由于学校教育养成者固多，而由于此社会磨砻陶铸者亦不少。天才卓荦，因无师友助之发展，以致湮没不彰者，何处蔑有？与会所至，为之不疲，偶得知心，益增努力。否则古调独弹，兴致索然矣。行一事而奖之者有人，效之者甚众，快心之举，无逾于斯，奋勉之加，率由于此。有奇而获众赏，有疑而获众析，此兴趣之所由构成，而事业之所由发展也。天下事果能得有力者，提倡于上，久之成为一种风气，则身居于此风气中者，耳濡目染，知能自增进于无形，而习性更变迁于不自觉矣。由是以言，乡村改进，既不妨多出其途，无庸拘于一式，而养成乡村改进人才，更不必专赖于学校，而于学校以外，似宜凭借政治之权力，运用社会之训练，一方可以陶冶成许多乡村改进之中坚分子，一方即用以推广许多乡村改进之实际事业。

不佞以研究乡村教育问题较久，稍稍观察目前中国社会情形，或即为江苏社会情形，极希望县省两方，能合政府及社会之力，各组成一综合机关，以为推展乡村改进事业之原动。依个人意见，确认此事在目前之中国，真是万分重要。且深信不多费钱，不多吃力，而其效能或将过于设学校。

请先言县：县方应先从研究入手，其机关可定名曰“某县乡村改进研究会”。一省以内，不必各县皆设也，宜先划一二县以试办。为期则暂假以一年。主持斯会者为县政府，助之以教育局建设局，及其他重要机关。入会人员，为现任各区公所职员，各乡村镇长，乡村小学校长教员，以及其他有志研究乡村教育之县民。月会一次，集于县城。会时，先讲演，次报告，再次讨论。讲演十二次，约邃于乡村教育学理及富于乡村改进经验者任之。

说明其理，指示其法，并介绍应读之书，以期会员闻之益其智，增其能，浓其趣。此则约需二小时至三小时，估会之第一节。讲演既毕，报告开始，甲君起言："我为小学教员。见环校而居者五十户，成人男女失学者近百人。吾悯之。校课完，晚餐罢，聚农友与之谈。谈久情洽，则授以书字，使之识，使之解，使之写，使之缀。一堂六十人，逾三月，成绩殊楚楚。"乙君起言："我任乡长，自愧无以为乡友助。环村有河，河水年不涸。我约乡友三十人，与之谈养鱼之利。众欣然，商定合作办法，各出资本一元。我既为之拟办法，订公约，复赶水产养殖场，请养鱼专家详示以养鱼取鱼方归而试之，未期年，获利六十元。今且增加会员，扩大范围，预料将来结果，必更佳矣。"丙君起言："我为自耕农，略知书，家有祖遗田五十亩，耕植勤劳，衣食粗给。悯吾同村农友，贫且愚，愧无法以为助。偶读乡村改进书报，大感动，亟思为贫愚之苦村友，稍稍改善其生活。乃走访乡村教育专家某先生，告以村况，请示南针，研究结果，乃先行两事：一开沟，二用新农具。归而约村友恳切谈三次，众大感动，户出两人努力从事开沟工作，未逾月而工竣。今岁大丰，收获较往年增及五分二。"丁君起言："吾所居之乡，户近百，无邮政，距城且二十里。而旅外之人，近四十，每月寄信收信，事大苦。自我在此乡小学校长，察知此事，因走访在此四十家，告以吾每月必入城一次，愿代诸君寄信及取信，有不能写信者，并代操笔。事经三月，彼等大感激。今则言听而计从矣。"诸如此类，每一会继续报告，少则五六人，多则数十人。时间不必过于限制。人多或可改用书面。此则占会之第二节。报告毕，继以报论。赵君提出问题，谓"吾乡素苦螟虫害，而乡民不知驱除，吾欲用新法而苦不得门径，应如何?”钱君提出问题，谓“吾乡饮料不良，亟需设法。个人主张，就百户之中心，凿一井，需款约五十元。平均每户出五角，即可蒇事，而苦于无人倡率。个人颇有倡率之志，而方法步骤，拟而未之决。究应如何办理?”孙君提出问题，谓“吾觉方今外患日亟，而民气消沉，拟宜远师古人农隙讲武之义，近仿日本青年训练之方，日讨国人而申警之，以鼓舞其爱国心，并为合群互助的组织，卫乡卫国的设备，究应如何分区筹办？请讨论”。李君提出问题，谓“乡村改进事业中，首宜注意于生产。但吾于农事，未之学问。而观察吾乡，农事应改良之点甚多。乡中无公款，不克请农事专家来任指导。无已，吾其与某农校，某农场，力谋联络，前往请教乎？此法是否可行，且究应如何行？应请公决”。凡此应讨论、待讨论各问题，每会多或百余起，少亦数十起。有可以当场讨论解决者，则决之；有不能即决，须访专家代决者，则推定数人任接洽焉，此则会之末一节也。一次会终，必须有详细记录，印而分发于各会员。一年十二会，年终必有一详细报告册，印而分售。会员愿购，则可酌减其值。平日会员出席，除用少量旅游费外，无所消耗。凡有志于乡村改进者，皆可籍此会以增进其知能，激进其兴味，试办其事业。一年以后，加以考察，全县实施改进者共得若干区，每区共办若干改进事件，熟心从事于改进事业者若干人，不费多钱，或竟不费一钱，而其措施确能有益于民众者若干事，一一记录而著于书。经县政府会同各局，认定一年以来，因有研究会而确有成绩可言也，则不妨胪举其事实，呈报于省政府，供参考。倘省府以为善，再令其他各县，使之仿效，俾此方法愈推而愈广，则乡村改进之前途，当益康庄而光明矣。愚不敏，谨拟具体办法条文如次：

某县乡村改进研究会组织办法：

一、本会以研究农村实际问题，谋改进事业之普及，并促进乡村自治早日实施为宗旨。

二、本会由某县政府教育局建设局及其他地方重要机关发起召集，并由县政府派定职员，专司会务。

三、本会每月召集一次，其开会地方及日期，由县政府先期通告。

四、本会开会以县长为主席，县长缺席时，得先期商请代理人，临时代理之。

五、凡本县各区区公所职员、各乡镇长、各教育实业机关职员、有志研究乡村改进事业者均得报名入会。

六、本会每次开会，均须施行下列三事项：

1. 讲演。由县政府邀请乡村教育专家，先期拟定讲题，到会讲演。

2. 报告。由各会员自行报告研究心得，及实地工作概况（会前书面报告，或会时口头报告，均各随其便）。

3. 讨论。由各会员提出实际问题，共同讨论，其有不能解决者，得由主持会务之机关，转请专家代为解决。

七、本会每次开会，均须推定一人或二人专司记录，会毕须将记录印发各会员。

八、本会经过一年，须制印会刊。

九、本会会刊，得定价发售；惟对于会员，得照原价酌减十分之五至十分之七。

十、本会试行时期，暂定为一年；一年期满，如认为有效，可由县政府缕述经过事实，呈请省政府令行各县酌量仿办。

继此便可以言省矣。省之机关名称，可曰“某省乡村改进委员会”。此项机关效用，则在联合全省已有之改进区及全省各处埋首从事于乡村改进工作，或热心提倡赞助乡村改进事业之人，沟通其声气、情感、志趣，设法使之增进知能，改善方法，且予以安慰，益其奋勉。迨同志日多，播成风气，人才自易乐趋于田间，一国政治教育，到此才有办法。会内组织，可分四部：①研究部。应委托专家，专司其事。②讨论部。通信讨论，无定时；开会讨论，每年二次。讨论部有不能猝决之问题，则移付专家，代谋解决。③考察部。考察必根据于报告，知会各机关，每三个月必报告一次，实施考察时，或委托教育厅督学兼任，或委托省立教育学院兼任，或临时特约富于乡村教育研究之专家任之，均可。4奖劝部。各乡村改进机关，如经过考察，确认为成绩优良，则应予以相当奖励。其有费款太多，成绩不佳，或虚有其名，毫无实际，或办理错误，发生流弊，则宜详加指导，加以纠正。考察之初，须定标准，且不妨分别等级。纵揽会务，有委员会委员，委员有长，则省主席任之。各委员则由有关系之各厅长任之。酌量情形，亦可加入社会方面相当人物。委员会每月至少开会一次。平时会中常务，可设秘书一人，助理二人处理之。用费务求撙节，办事必须求实效。如须特设训练人才机关，或实验事业场所，务宜详加审慎，或不必自设，委托其他机关代理行之。根据以上所述理由，谨拟具具体办法条文如次：

某省乡村改进委员会组织办法：

一、本会以联合全省乡村改进机关，谋改进方法之完善，改进效力之普及为宗旨。

二、本会由某省政府主持办理。

三、本会设委员九人，除省主席、民政厅长、教育厅长、建设厅长、建设厅长、农矿厅长为当然委员外，得延聘社会方面相当人物加人（原文如此，似为入之误。编者注。）。

四、本会分四部：

（一）研究部除本会委员兼任外，得聘专家或委托教育机关专任其事。

（二）讨论部每年开讨论会二次，由委员会召集全省乡村改进机关代表行之，平常则用通信讨论。

（三）考察部由教育厅长领其事。

（四）奖劝部由省主席领其事。

各部办事细则另定之。

五、本会每月开会一次。

六、本会设秘书一人，助理员二人，处理日常会务。

七、各县乡村研究会，每年应向本会报告一次，并得推举本县境内改进成绩最优之区，商请给奖。

八、本会经费，应列入省预算。

九、本会暂定试办期三年。

民国二十年七月十日脱稿于中华职业教育社

（原载《教育与职业》，1931年127期；

转载《农村改进的理论与实际》，生活书店，1935年）

补习教育的效用在那里

通常所谓补习教育,大概皆是为小学毕业,无力升学,现正从事于农工商职业之青年而设。目的在利用工作余时,补授以职业上必要的知能,及与职业有关系的科学常识;又于青年立身处世的公民道德服务道德,亦同时加以相当的训导。因为此种教育的对象,是职业界服务的青年,而补习的课程,又是重在职业知能的灌输与训练,故在学制上往往把它列在职业教育范围之内,或迳称之为"职业补习教育"。

试略略考察近代各文明国补习教育的历史:最初的设施,大概皆如上文所说。可是近来渐渐不同了。因为教育思潮,趋向于平民化,于是教育制度,亦就趋向于社会化。所以就横的一方面看,既要人人皆能够受较高深的教育,就纵的一方面看,自然也就要把此种非正统的补习教育程度,逐渐提高,绝不愿意使教育的权利,为少数人所垄断。欧美各国且不论,即就日本来说罢,近数年来补习教育的"学科制"已渐渐进化为"学年制",就是从前的补习,大都以专习一科,或两科为目的,一科习完,教育即算终了,而所谓某某科者大都限于职业。而最近则不尽以"科"为限,多数改为"学年",就是除专授职业学科外,并注意于其他文化教育各科，以期受教育的青年，获得完全训练，使之既能谋生，又能做人。故必限之以“年”，而不得限之以“科”。不但此也，如“青年训练所”办法，除职业训练，人格修养外，更致意于军事训练，那尤其是补习教育特殊的一种了。讲到课程，复分出若干级，低的等于中学初期，高的超过中学而近于专门科的初期。我们看到日本一处的情形，其他各国，也就不难推知了。

本来是“天下无难事，只怕有心人”，尽管生长寒家，无力升学，小学毕业，即入商店，或工厂做一个学徒，而能每天于工作之后，修学二三小时，继续至八年或十年之久，其程度未必不及高中毕业生，未必不及专门学校的一二年级。我想，只要有供给这种教育的机关，一定有这种艰苦卓绝的青年。日本现在不是已有这样趋势了么？并且如大学讲座，夜大学，亦未尝不可列入补习教育范围。英国不是有一位小学毕业的工人，因为受过补习教育，复到大学讲座，听讲多年，一旦内阁改组，竟做某部部长了么？大家千万不要看不起这“未入流”的非正统的教育啊！要知道不是正途出身的，倒也有不少奇才异能的人物哩！

说到我们中国，正式的学校教育，尚未能普及，尚未能办得像样，甚且因为有了学校，反而使社会生出许多不好的现象，致社会一般人痛心疾首，那里还能说到非正式的学校教育——补习教育呢？可是，我的意见，却不是这样。我以为惟其正式学校教育，未能普及，惟其正式学校教育，没有办好，惟其社会不满意于现在学校，而补习教育，更要特别注重，用它来补偏救弊，以期解决种种困难。所以近年来我常和朋友们讨论到目前中国教育问题，大家皆是长吁短叹，认为百病丛生，最后，我却大大的高捧

补习教育一番,说它在今日的中国,却有医治"教育病"的效能,值得大家来提倡。我曾记得我有一段近乎武断的话:

"在此进退两难的教育局面之下,只有补习教育可以解除一部分或一大部分的困难。在此公私交困,人人视教育为畏途的时候,只有补习教育,可以免除这个苦痛。在此生产支绌,人人诟病,教育不能助长生产反而摧残生产的呼声当中,只有补习教育,可以弥补这个缺憾。在此多数青年,升学无力,烦闷抑郁,怨气冲天之际,只有补习教育,可以疏解这种郁气。这并不是替补习教育,特别捧场,实在补习教育的自身,有此伟大能力,能由此伟大能力显出特殊效用。"

我对于补习教育,既然看得如此之重要,当然我所说的补教内容、对象、程度,不能和通常人所说的一样了。

(一)就内容说,是要十分充实。因为它的任务,不仅仅是职业技能及常识的补授,同时对于公民道德的陶冶,本国文化的发扬,个人人格的修养,爱国心的激发,以及体格的锻炼,均宜十分注意。质言之,职业训练、人格修养、体格锻炼(包括军事训练),是补习教育的三大目标,也是补习教育三大主干。这三大主干,一定要平均发达,无所偏倚,要交互为用,调剂得宜。

(二)就对象说,是要各方兼顾。凡已经从事职业,无力升学,有志上进的青年,固然是补习学校的正式学生,但是照中国目前特殊情形来看,却不能不把范围放宽一些,如乡村未进过学校的十七八岁青年,已经能随他父兄做种种农事工作,那末,对于这一类人,也不妨在农隙之暇,藉短期民众学校,做一个补习教育机关,除补授四年的义务教育外,并可特加注意于职业训练。这不是很好的推行义务教育,且含有职业性的义务教育的办法么?又如高小毕业,及初中毕业,尚未有事做的青年,亟须补习一些职业知能,更宜藉此种补习教育机关,来代替职业学校。就是高中毕业,技无专长的,亦未尝不可设补习教育机关,授以较高深的技艺。不过这一类补习教育,万不可专注技能一方,致将德体两育忘却。以上所说,觉得关系异常重大。因为果能如此办,则受补习教育的人,就格外众多了。

(三)就程度说,应分出若干等级。最低级的是和初级小学相等,如前文所说,这当然是中国特殊情形。不过同为初小程度,却要把合于十岁以下儿童的教材一部分除去,且要另加入职业训练。初级的是和高级小学相等,中级的是和初级中学相等,高级的是和高级中学相等。此三级可以说是补教的正宗。过此以往,还有最高级的,便要和专科学校一二年级相等了。共分五级,似宜咸备,以应社会各方的需要。倘若再扩充一些,如夜大学,如学术讲座,便俨然和大学一部分课程相等了。

这就是我所主张的补习教育,能发出伟大效力,能解决中国教育困难问题的补习教育。

我们试平心静气,就中国实际情形来观察一下罢:一般社会是不是觉得学校教育,太不适合于中国经济社会状况呢?一个中学生,每年要费二三百元,一个大学生,每年要费四五百元,中人之家,如何办得了?办不了而偏要硬办,难怪嗟怨之声,盈于道路了。不要说在入学一方面的人是怨声载道,就是在办学一方面的人,因为公私财力十分艰窘,又何尝不是疾首蹙额呢?我们亲眼看见有许多天才生,真正可以造就成一个出类的人才的,可是因为他家道清寒,无力培植,小学毕业以后,不能再上进,中学毕业以后,不能再升学,这是不是国家一个大大的损失?同时也有一班资禀学力不甚高明的青年,因为受虚荣心的蛊荡,竟成群结队的进那些无聊的大学。在学四载,费款累千。毕业以后,仍是无业可执。这是不是国家一个大大的危险?中学教育,是以预备升学为目的的,而所升的大学,乃如此。一年一年,造出许多大学毕业生,布在社会,东碰西撞,已经无人过问了。其中学毕业不升学的,又那肯甘心降志,去学农学工学商呢?不肯学,也是在社会上东碰西撞,更是无人过问。所幸职业教育已经有政府提倡于上,社会鼓吹于下了,然而学校设备需财,师资养成需时,一时又那能设立许多?就是多设,一时又那能办得皆好?"远水不救近渴",将奈之何!这不是中国社会目前的实在情形么?

我且不避烦琐,再就都市及乡村两方面,分别的说一说:都市哩,在工厂或商店以内的职工徒弟,曾经小学或初中毕业,有志上进,而苦无机会的,的确一天多似一天。这一班青年,总算是社会生产分子了,他能愿意于工作之暇,补习学业,那是毫不费他父兄一文的,可惜国家及社会竟没有许多适当教育机关,以供给他的需要。这是多么可怜!乡村哩,目前小学校,是寥落如晨星,所以识字的人,很少很少。但是一班从事于南亩的二十岁内外的青年,农作有暇,茶馆静坐,束手闲游,有时却也感觉到不识字无知识的苦痛,愿意读读书开一开眼,无如现在也没有许多适当教育机关,竟使他们永远沦于黑暗世界,这又是多么可怜!

我们要想教这一班现在职业界可爱的青年,个个皆能增加他的职业上的生产能力，固然应当与他以补习教育的机会，就是要教他能忠实服务，爱群爱国，志趣向上，也不能不有待于补习教育。还有一层，我们真正希望多数毕业小学、毕业初中的青年，能愿意到职业界服务，更应当有极完美极充实的补习教育机关，使他求学有地，上进有阶，一面安心习业，一面努力修学，于是因修学而业乃益精，因有业而学乃益进。我们且不必对于中国现行的教育制度、教育方法有所批评，但是“不甚适宜，亟须补救”这八个大字，恐怕是大家皆承认的罢！

那末，我便要正式的来讲一讲补习教育的功效了。

第一，它能教公家不多费钱。要设一所学校，无论如何，皆当建校舍，购教具。可是一所巍巍高大而宏丽的校舍，灿烂而完备的教具，一到了下午四时，学生下课，便扃而不用，岂不大大可惜？今借固有学校，以施补习教育，便可不要另外的设备了。如是工业学校，用之以施工业补习，则讨巧尤大。每日从下午五时起至九时半止，有四小时三十分之久；如是二小时一班，一教室内，且可分设两级。学校教员，终日工作，固然十分劳苦，然有精力过人而又能热心教育的人，未尝不可以兼任。此项兼任教员之薪金，当然比日课为减。如此，便省钱许多了。公家费钱少，而教育所及者众，这是多么经济哩！（在大工厂内，设有工人补习学校，如是办的有成绩，政府更当加以奖励）

第二，能教社会生产力增加，民族生存力健全。多数职业界青年，能群起受职业的训练，使其技益精，其能益大，一人生产技能增进，生产数量增加，集合起来，便是全国全社会的生产技能增进，生产数量增加，如此则国贫民贫的困难问题，不是可以解除了一大半么？不但此也，前言补习教育，有三大主干（即除职业训练外，还有体育及军事训练，人格道德的修养）。那更是民族生存发展的重要条件，尤为我积贫积弱的中国所必需。倘使多数青年，因受补习教育，能增加生产能力，而又能结合团体，热心爱国，努力奋勉，国家基础，自然万分巩固了，民族前途，也自能得着无限光荣了。

第三，它能教多数无力升学的青年，得着深造的机会，因此不以就业为苦，而以就业为乐。青年投身职业，多以学业未能深造为憾，这也是人情之常，并且可说是青年向上心的表现（但是其中有一部分受科举制度的流毒，以毕业大学为荣的，当然要除外）。今有补习教育以供其需求，昼而执业，暮而就学，学分多级，循序渐进，不难由中学以达大学，十载辛勤，一文不费，知识技能，竟可与高中专科以上的毕业生相等（纵然不能十分完全，但至少有一部分与高等教育结果相同）。如此则多数职业界青年，皆可欢欣鼓舞，不再以就业为苦了；不但不以为苦，并且因就业以后，可以安心求学，免致父母担负学费，受尽痛苦，遂自觉个人前途，光明灿烂，或竟乐不可支。如此一般青年，乃至青年的父兄，自能渐渐改变以往种种特殊的心理——如重升学，好虚荣的心理；轻职业，重知识的心理；怀疑现在教育，厌恶现在学校的心理。到了此时，才可使走投无路的教育，得着一个绝大转机。

以上所说，皆是有目共见的效能，至于藉补习教育以推广义务教育，以补助职业教育，在中国特殊社会情形之下，可以表示特别的效力，那就更不用说了。

中华职业教育社对于补习教育的实施研究，已历多年，所附设的，有晨校，有夜校，有通问学塾，虽是一时不能达“三干并立，五级咸备”的程度，可是完成补教、发展补教的大愿心，社内同人却早经发过了。最近本社办事部内更新添补习教育部，以期集中精神，统一事务，试验研究，分途并进，极愿与教育界及职业界各同志切实的互相联络，共策进行。俾中国未来的补习教育，可以作教育界的一个重镇，可以为救教育病一剂良方。我因为是职业教育社服务之一人，对于补习教育，且具有特殊的兴趣。故敢书其所感想，以就正于海内诸同志。

民国二十年八月二十四日作于中华职业教育社办事部

此文系江先生去年所作，曾载于《申报》教育消息栏，本刊以其所论，关系于中国教育前途至巨，故商得江先生同意，复行揭载，盖认此为一般教育问题中亟待商榷之一个最要问题，而此文确又为最便于商榷之材料也。

编者附识　民国二十年

（原文如此，似为二十一年之误。编者注。）四月十日

（原载《申报》，1931 年 8 月 28、29、31 日，9 月 5 日。

转载于《教育与职业》，1932 年第 133—135 期）

日本教育最近之趣向与中国应有之觉悟[①]

诸位,兄弟此次赴日考察,为日虽少,而受着的刺激确异常之多。回国后,至各处讲演,因此也充满了刺激性的言论。今天所要讲的题目是:“日本教育最近之趣势,与中国应有之觉悟。”本题可分三方面来讲:(1)日本维新后,教育上着重之点及其成分之分析;(2)日本教育最近趋势与中国之关系;(3)中国宜怎么自救。

一、日本维新后教育上着重之点及其成分之分析

日本维新以后才有新教育之产生,考察其新教育之施行,有三种特征:(1)注重体育;(2)注重人格教育;(3)注重科学教育。以上三种特点,并非凭空产生,也非抄袭欧美,乃秉其固有优美之特点,掇采欧美,融和中国,去短留长,遗糟啜精,以形成其灿烂之光辉。譬如以体育言之:日本向重武士道,武士道之精神,

---

① 江问渔先生讲,田康、邱鹤笔记。

不单锻炼身体，学习骑击斗殴，并须崇尚义侠，讲廉耻，重道德。维新以后，对此种固有的风气，既善为保持，且进而取法欧美，留学他们的柔软体操和军事训练，积极提倡，不遗余力。故三四十年以来，国中的女子，她体魄的强壮健硕，竟为中国男子所不及。此全恃他们能发挥自己之长处，效学他人之优点，以至于此。试在日本闲站街头，看路上行走的男男女女，多非常强健。有一次，我们带了许多行李，从火车上下来，雇一个脚夫搬运，这堆行李看去似需四五人方能搬走，但是一个日本脚夫，他头顶背驼左右担挂，前后携带，上上下下，共带了十六件行李，还是二手捧着头地安然行走。你看他们的体力，是如何之大。又一次，看见一个六七十岁的老妈妈，她手携小孩，还负着很重的物件，自自在在地上了电车。绝无受累的形状。回顾我们中国，学校里的学生，还算注意体育和日常运动，所以他的体魄和精神比较好些。至于一般马路上行走的青年，垂肩偻背，俨然病夫，和日本人比比，我们的感想是如何？日本自来注重体育，今更加注意提倡，真有突飞猛进之象！

日本之人格训练，异常重视，且著有成效。其人格训练，效法中国之处至多，中国素讲道德礼让，如今被日本占先，我且望尘莫及。日本对于礼貌尤其重视，小学生在校中，每遇师长，必鞠躬致敬，对来宾也是如此。商店中人更是恭敬，对顾客购物，必先致礼。容貌恭谨，收钱时，必称谢。反观我国，待人之简慢，店伙之阴阳怪气，真不可同日而语。礼貌足恭，本近乎虚伪，然而日本遵此行之。确也有许多好处。譬如师生之间，必恭必敬，同事之中，有礼有仪，他们相与间，雍雍和睦极有秩序，绝少发生风潮,争斗意气,得以永相亲爱,实在有许多好处。再如中国王阳明所唱的知行合一,中国有宝贝而自己不能运用,反被日本取了去,并且视为极要之圣经格言。日本维新后之一切改革,均本着知行合一之决做去,因此有这样的成就。维新以后,又取法欧美诸美德,像互助啊,爱国啊,爱群啊,以及牺牲的精神,勇往直前的精神,有长必取。且更注重社会上一般民众之人格训练,如火车上的购买车票,绝不拥挤,绝不争先,到站之前后,鱼贯而立,静悄悄的按照次序买票,迟到者,反手立于末尾,丝毫不乱。上车亦然,依次入车箱,毫无争执。以视中国车站购票之拥挤,上下车之争夺,老妪弱息,每至视为畏途,真不知相去几许也。车中乘客,绝不喧哗,在小站停车,惟一分钟,而乘客上下,井然有序。此足见其训练有素。社会民众,守秩序之程度至高,我们中国人实在惭愧。

其次为重视科学教育。科学教育,有三方面:(1)科学之管理和组织。此即人才科学之组织与管理及使用是也。(2)科学应用:如各种天然物质之利用采取科学方法,是。(原文如此。编者注。)。(3)科学方法。如公司组织,学校组织,如何管理,如何应用人才,团体之组织如何,如何引用人才。我们自马关上岸,烟囱林立,电杆如麻,电线如网,没有一个山头不遍植森林,没有一块田地,是不整齐修洁。车站旁边所贴的,多是化学一类物品的广告,农田之修整,和电气化学之发达,真可佩服。反观中国,便是近邻各处山陵,还是童山濯濯,而车站的广告,大都食物一类。化学广告邈不可得,电气事业,尚在幼稚。日本科学之结果,使其实业蒸蒸日上,他们维新以后的成效是如此。

二、日本教育最近趋势与中国之关系

日本最近的教育计有二种趋势:(1)注意职业教育。(2)养成向外发展人才。职业教育是在造就相当职业人才,日本实业发达,教育普及。其提倡职业教育之原因有三:世界潮流之激荡,新职业日盛月兴。本国失业者日多,不能不施相当职业训练以资救济。(3)以前过于偏重文化教育,职业未免太差。有此三种原因,故日人便注意职业教育。至中学第三年,将学生分为二组:一为升学组,一为就业组。就业一组完全施以职业教育;即在升学一组之中,亦有各种实践课,注重手的训练,使他们用手操作,即便升入大学,也知家庭日常生活之困难。他如农校工校,其学生的实际工作,极为注重,定必训练学生使有运用工具及实地采作之能力。且办有一种生活中学,校中有商有农,此种学校处处风行。日本之职业学校有二种:称为甲种职业学校及乙种职业学校。职业学校中学生数,以全国计之,与普通中学之学生数相等,不但是贫穷之子弟受职业指导,即有钱人之子弟,亦必受职业指导。且补习教育风行一时,尤重农村之补习教育。

养成向外发展之人才,就是根据他的移殖政策。其所说向外的"外"是有一个范围,有一个对象,便是我们中国。他的外是一种狭义之外。他们养成向中国发展之人才,到中国来做事,到中国来做主人之事,研究如何在中国做事的学问。举实例言之:如学校中重中国文字语言,吾国学子所以讲习英语、英文,是因为英美的科学的发达,熟悉其文字,可以研究某科学。中国难道科学比日本发达么?日本学习中国的文字,他们也欲研究效学我们某重(原文如此,似为种之误。编者注。)优点么?其实不然。他们是学习中国语言文字,预备到中国来做事,预备到中国来做主人翁的。又如在商业学校毕业的学生,必定要来中国考察,在未出国之前,教师必详将东三省方面的物产、地理、风俗、交通,讲导一个透彻。旅行先从东三省进来,初要毕业,便选一种商品研究,研究中国销售何项商品?如何使商品销入中国?毕业生做起论文来,动辄十数万言,而他们所研究的题目,是十分狭小的,如味之素的研究,除论其制造成分、方法及销售之外,必说及销售至中国,用何种方法?用何种策略?回观中国大学中毕业出来的一班商学士,则又如何?我们考察日本的社会教育,又受了一种重大的刺激。日本农村办的社会教育事业极为发达,我们走过一处农村社会教育的机关,门贴请人讲演的布告,上面写着某月某日请某某人讲满蒙问题,且内中贴有满蒙之图,中间关于满蒙的出产、土地、人口,标注得明明白白,且标着字句道:满蒙土地如此之大,人口如此之少;日本人口如此之多,土地如此之少;必定想一个方法去调济此种问题。在日本人心目中是极感兴趣,使我们中国人看了实在异常难过。他如书坊中所出版的书,大都为《满蒙讲座》《警告青年》等一类的书,满蒙讲座团是明着的讨论我国满蒙问题,所谓告青年书,其内心突使我们惊心骇目。内容讨论,第一章便说到日本人多地少末路将至,日本青年不可束手待毙。第二章大都述及欧美的形势。第三章大都是述如何求生,如何利用中国。日本人专向青年危辞悚听的宣传，师以诏其徒，夫以告其妻，父以命其子，终说日本要打破难关，死里求生，拼命向中国发展，并且指出中国人大都自私自利，没有爱群团结的精神，贪懒惰，不进取，无爱国心，无人格，无情感。以上诸端有了一种，则该团之灭亡殊不足惜，况中国人民兼此数者而具备，真与朝鲜相同，我们日本人不必客气，须知欧美白种人东来，日本首当其冲，我不取中国，丧亡将无日，且反优胜劣败之道。此种言论日人竟明目张胆，成为一种口头禅，了无顾忌。更有一事使人难过，日本小学为六年，是一种国民教育；中学重人格训练及军事教育。在八千万人民之中，受中学教育者，为数固甚多，然又以为未足，以为受军事训练之人尚少，且当十六岁至二十岁之青年，以为国家宜及时施以训练，失此时机，甚为可惜，否则此辈青年，易入不良之途径中，故四处组织青年团。此种青年团附设在附近之学校中，有三类课目：人格训练、生产训练、军事操。其军事操至为认真，有制服，有真枪，且有军官及退伍兵士，帮同训练。青年团中之团员，大都是商农工三界服务的青年，一星期中受有一天的此种训练，三年毕业，毕业后有二种权利：本征兵可以减少半年时期，毕业后不必由下等兵逐渐上升，迳可作二等兵。此种组织，日本行之不过二三年，全国上下，竭其全力从事此种工作，其目的也不外图谋向外发展而已。他们重职业训练，也是向中国谋发展，然则向中国发展可否成为事实？则我回答说：极易极易！东三省已渐成为日人此种主张的实行地！

日本近来不是闹着不景气么？在中国人目光中以为不景气，是日本萧条衰败，无可奈何的现状，实则不能作如是观。正因日本国内之不景气,所以他们实界的人才,拼命向中国图谋发展,试看一年中日本人在中国境开设工厂尚多少?用他们的钱,汇入中国,已是占了一半便宜;中国的原料,又这样贱;用他们的人才,利用中国贱原料,且可免避关税的影响,这是何等的便宜事。他们的工商人才,到中国来作实业事业,而小工就用中国人,已经做了中国一部分的主人翁,中国人中有一部分,已经做了日本人的奴隶了。以上是经济上的观察。再从军事方面说,我们回国的路上,曾遇见一位中国的军事专家,他在日本考察军事已有好久,他说日本用心就想在数年之内灭中国。凡警察巡官手中均有中国地图,他们对于中国情况,比我们自己熟悉得多。何处有粮秣?何处有车马?有事征集起来,可以有多少?均有相当预算。

所以日本国内的教育的方针是如此,而对外的野心又如此,中国昏昏,蒙人家替我料理后事,暗中在那里详细打算,真如鱼游釜中,不知死亡之立至。

三、中国宜怎样自救

我们此次日本考察回来,才捏了一把汗,知道我们中国正是成了俎上之肉,快要供人吞嚼,真是危险万分!从来到日本去考察过者,计有二种人:第一种人看出日本内情,愤慨之至,卒至无可奈何,乃趋入消极之途;第二种人则以为日人如此,中国人如彼,相去实不可以道里计,一定赶不上,不如付之命运,任其自然罢。吾人此次考察回来,究取何种态度?当我们三人到日本去考察之后,回到船上,互相讨论着说:以上二种消极态度,是断然不当为。吾人抱持我们根据几个目标,回来宣传:吾人办职业教育现今共有二十个机关,吾人就其本位上努力工作,力谋发展,将我们的见闻,广为宣传;凡接触及之青年,广为宣传,见机会且向政府陈说。我们踏上祖国之岸,即本此热忱做去,至今尚未冷淡,这是我们尽力本位上的一点赤心!诸位,我们中国已到如此状况,吾人当设法自救,若使一般国民人人爱国,人人图发奋,图谋社会之改良,国势之振卓,这真谈何用易!吾人缩小范围,尽吾人一人之力,尽力宣传。再紧要者,当谋本位之发展,就本身职位上努力,谋自身之健康,我年虽四十多岁,天天早上上操,自己以身作则,领率子女及妻子,一同运动。所以我们中国谋自救有几个要点:(1)人人重身体的锻炼,注重军事训练,快将体魄赶上日本,以其人之道,还治其人之身。须知身体衰弱,关系事业至大,人作八小时工作而有余,我作六小时工作而过疲。故作事消极者,乃身体不好,精神不继之故。(2)用日本方法图人格修养,日人说我不爱国,不互助,我便力图自强,笃心修行,着重自身训练。(3)日本重科学教育,而我们也来提倡科学教育,重实际之生活,发展双手的能力,养成劳动习惯,推行职业教育,吾人每听得大学生可笑的谈吐,如问大学生:你学何科?他回答说:我读工程或读土木,读教育。教育还可说是读,而并土木工程亦称为读,可笑孰甚!而一究实际学校中,也确重读而不重实也。中国重虚不重实,重脑不重手,故要救国,必手脑并重。总刮之,注意三点:(1)重体育。(2)重人格训练,使固有道德充分发展。(3)重生活教育,使手有效用。读书时如此,到社会上亦如此。

总之，吾们图自救，必先图对抗日本，对抗日本之道，在以其人之道还治其人之身。

（原载《教育建设》，1931 年第 4 期）

反优生的生活程度问题[①]

这是一个老问题,但也是永远新的。生活程度过于高了,可以发生很严重的反优生的影响。第一,他教人展缓结婚,至少教那些有眼光肯前瞻后顾而能力上最有做父母的资格的人暂时放弃结婚的机会,甚或教他们完全不作结婚之想,以至没世独身。第二,他教人减少子女的生产,即降低他们的生产率,因为多一个子女便多一分费用,同时,子女少了,也可以让做母亲的人留出时间来,帮同赚钱。第三,他增加婴儿的死亡率,人口学家有一条定理认为,婴儿死亡是和工资除去必需的费用外的剩余成反比的,剩余愈少,死亡愈多。总之,过分高的生活程度可以阻碍个人与家庭的发展,因此,也就阻碍了种族的发展。

大战时期里和大战以后生活费用飞涨,其结果之一便是使"成家立业"成为一大问题。不说别的,家具就贵到一个普遍买不起的程度。一对新婚的夫妇,迫不得已,只好租有家具的屋子,限制子女的产生,同时做妻子的仍须出外工作。在这种情况下,家庭是会稳固到什么田地的,成立虽难,而拆散却易,并且从

---

① 美国瑞霭士著,补斋摘译。

生物方面看去,也实在是“有若无”,因为他是不生产的。国以家成,要是这种家庭一多,数十年之后,国家可以宣告生物上的破产。

谁都因(*原文如此,似为应之误。编者注。*)当各就其经济能力所及,在最高的水平线下过活。但同时我们也要记得,一个人尽可以享受种种的所谓“摩登”的利便,但同时他的理智生活和道德生活却远不如一个农家子弟的那般高超,那般浓厚。在这位农家子弟也许从来没有在摩托卡里兜过风,也没有在最新式的澡盆里洗过澡。要知真正能提高我们文化的水平线的东西,绝不是衣服,也不是房子,更不是跳舞,打考而夫和修指脚,乃是我们日常的行为、思想和人品。前者是末节,后者才是根本。就今日的情形而言,我们的种族恰恰犯了舍本逐末的大病:我们为了要维持这种极高的但是并不绝对需要的生活程度,不惜焦头烂额以赴之。

昨天的奢侈品,今天都变作所谓的必需品了。不错。但是生活的支出总的不要超过实际的收入,并且总得留一些余地,才是道理。有购买奢侈品的欲望,而无其能力,但又不肯放弃,于是迟婚呀,减低的生产率呀,离婚呀,重重诈盗行为呀,卖淫呀,穷困呀,暴殄货物呀,种种现象,应运而生。因爱奢侈,便重金钱,因重金钱,缔结婚姻时便惟利是视。凡是沾染上奢侈习惯的民族没有能够持久的。

近代生活程度的飞涨不已,很有一部分是广告术的成绩。在这一点上美国自然最出名。随你翻阅那一种日报或杂志,总可以看见不少的各色货物的广告,尽得灿烂夺目,说的天花乱坠，教你不由得不相信，不由得不跃跃欲试，以先买到为快。但是偶一转念，觉得何以半生以来，始终没有买过用过这种种“必需品”，居然还支持着，还能苟延着残喘？则又不禁哑然失笑。又觉得这样那样的东西，既然如是其不可须臾缺少，又何必要这样大吹大擂的，费了偌大本钱来大张晓谕呢？

售卖和广告心理学是现在大学或商科学学校里司空见惯的课程。懂了这种心理学，随便什么东西都可以打扮得十分十二分的，教人看了，的确认为是日常生活所不可少，追求幸福的过程中所不可无。因此社会上，兴风作浪似的，就引起了不少的莫须有欲望，莫须有的要求。实际上，十之七八并不是必须的，否则商家便不必上天入地，想尽方法来兜销了。而这种方法的本钱，早晚总得在消费者身上出账，绝不放过。近代商业经济的注意点始终在怎样销售货物，它的目光专注在消费者的钱袋上，千方百计的不教他倾囊不止。至于撙节储蓄一类的心理和原则，至少是一样值得栽培的，却无人顾问。在这种形势之下，自然有许多人家不能产生子女，因为泰半的财力都消耗在贵重的衣饰和其他的奢侈品上去了。有的人家情愿留出钱来买一辆最新式的汽车，对人却说，没有能力生子女，生了也没有能力教育他成才。

一家不知持节的人家早晚要失败，充满了这种家庭的邦国也不能在大地上立足。也许有人要说，从事商业的人不能不设法唤起欲望，产生市场，否则大规模的生产事业便不能成立。这种反对的论调，骤然听去似乎有理，其实是异常牵强的。为甚么我们有许多基本的事业，闲着没有劳动去发展？原来劳动都被比较不重要的事业吸收去了。农林畜牧的事业,久矣感觉到工作者的缺乏,因为工作者都到工厂里去了。国内缺乏相当的住房,使成家立业的人不能有安身之所,因为工资太贵,为了建筑而投资是得不偿失的。公用事业的设施和改进,也不能举办,为的是同一原因。我们要是不太注重所谓生产事业,我们同时也可以腾出人力来兴办许多大规模的公共卫生事业。若是我们不兢兢于生产许多不相干的物品,童工这个问题,也至少可以解决一大部分。做主妇的到处抱怨雇不到仆妇,为的是妇女们都向工厂里寻求那工资较高,但是比较不自然,比较无关要紧的工作去了。小学的师资现在几乎完全取给于女子,因为男子大都加入了生产事业,觅不到的缘故;我们明知小学生同时有男女教员领导他,总要此(原文如此,似为比之误。编者注。)完全由女子领导好,但也没有办法。

总之,大规模的生产事业与高压力的销售方法,一则消耗无量数的人力,一则消耗无量数的财力,使人们对于比较基本的成家立业的工作,反淡焉若忘,不加问闻。长此以往,种族的基础是难免不发生危险的。

编者按:此段文字系针对美国人民而发,与中国读者颇若无大关系。然自欧战以来,中国所受之西洋化,十之八九既为美国化,则原著者所引为触目惊心之种种事实,即在今日,恐已早具萌蘖,所待者,开花与结实耳。试一察近年来之大都市生活,此种萌蘖,盖在在可见,而在留学生之日常生活中,觉察愈易。若辈为维持其在外洋习得之个人生活程度计,不惜以迟婚及生育限制为代价,而见人辄曰:余雅不欲娶妻而使冻馁也,雅不欲生子而不使受教育也。闻之者鲜不以“有眼光，负责任”称誉之。及探其中平居踪迹，则衣食住行之所需，友朋徵逐，游观消遣之所费，数实不赀，诚能及时撙节，不第可以赡养妻孥，且可以为储蓄。向以“有眼光，负责任”举之者，至此或不免以“无眼光”，“不负责”，“个人享乐主义者”惜之矣。瑞民论近代广告述之恶劣影响，发前人所未发，诚不可多得，然其中亦有不尽可训者。广告之魔力固大，然感受之者大率为意志力比较薄弱，而易于接受暗示之人，意志力较强之人因不易为所动也。意志薄弱之人而多所靡费，因而少生子女，则于种族值损失，亦不过大耳。

（原载《优生》，1931 年第 1 卷第 4 期）

成绩展览与服务精神[①]

今天的说话，可以分两层。

第一层是关于成绩展览的。我以为成绩展览会的举行，要合乎一个原则，就是要继续不断地举行。以前南洋博览会，可算是规模宏大，可是开过以后便烟锁（原文如此，似为销之误。编者注。）云散，以致不能有很大的成效可言，此外成绩展览会要注重横的纵的两方面的比较，横的如就各学校各县的成绩互相比较；纵的如就今日所展览的成绩，定出标准，评定优劣，等到明年再举行展览时再加精密的比较，看看究竟是进步抑是退步，这是极有效力的一件事，希望大家能注意！不仅如此，现在风行一时的展览，是属于有形的成绩，其实无形的成绩展览格外重要，譬如我们要考察一个民众教育机关的成绩，我们不必到机关里去看，我们可以到他附近区域的一二里路以内，随便抓着一个老伯伯或老太婆来问，问他们知道那个机关是什么事吗？他们的回答有时是“不知道”三字，有时是“他们是教人学好的”，从这里我们也就可以知道他的成绩大概如何了，这不是无形的成绩展览

① 江恒源口述，杨汝熊志。

吗？这是不劳而可获的口誉吗？

第二层是关于服务精神的。有人说，各县社会教育之所以不发达，实由于教育局长及各小学校长对于社教隔膜的缘故，这也未尝不是原因之一，可是也常常有些人回到本县去，依恃省方的命令，和局长相持，力争社教的经费，于是教育局长常因此觉得这种人的态度太不对，结果仍不易圆满。其实我们的态度，固然应当走直线，有时也需要走走曲线才行，原来走直线一分钟可到的，走曲线须二十分钟也可以，只要我们能够达到目的，我们总要委屈求全，以求我们事业的发展。须知人与人初次见面时，多数是感情为主，而理智次之，人类总是感情动物，总是以感情先行决定一切；其实面善的不见得肚里也好，而面丑的倒不见得不是满肚子的计划，所谓金玉其外而败絮其中的固比比皆是。所以今天我来劝诸位要委屈求全，并非要诸位以后降卑自己的人格去做事；实在是在目前大家对于民众教育还没有明确的认识的情况之下，是非如此不足以祈求民众教育的发展呵！

（原载《教育与社会》，1931 年第 31 期）

日本的现状及其教育对象[1]

（本年五月江先生甫自日本考察教育回国，特请到校讲演。所有演讲笔记，原拟在教育研究会刊发表。近因国难发生，覆阅一过，益佩江先生先知之明。为特补刊于此，以促国人之猛醒，内览日本不顾一切侵我东北之由来。——编者附识）

我本是一个土学生，不是留学生，新近在日本住了一个多月，才做了一个月的留学生。在这一个月中所得的学问，诚然无几，但受到的激刺却很大。

在未讲本文以前，有几句话要预先说一说，我们不是常常骂日本吗？恨日本吗？骂他们欺负我们中国，恨他们压迫我们民族吗？果然！凡为中国人必爱中国，骂日本人是爱国心的表现；但徒骂有什么用处呢？空口唾骂，没有实力，反遭日本人的轻视，我们必定要知道他的情形，考察他所以能压迫我们的缘故。然后竭力以谋对付，才是道理，才有雪耻的可能！

我这次到日本，最大的目的，是考察教育，在未讲考察情形

---

① 江问渔先生讲，朱有福记录。

之先,把他的社会约略谈谈。因为社会的良窳,便是教育的结果,看了他的社会,就可知道他们教育程度如何?以下便就用叙事题材,述我所见了:

我是从朝鲜到马关,由马关乘火车到东京的(日本京城),便把它的交通机关说一说。他们的火车,从来不脱班,规定几时到某地,竟是一时一刻都不会参差,这是我到日本最初感觉的一件事。大火车站的两旁,有洗面器架的特别装置,以供旅客盥洗之用。其设备之完美,与注重卫生的程度,也就可以一望而知了。车道两旁,满植林木,凭窗远眺,平畴千里,沃野靡极,风景佳良,心为之怡然!回头看我们中国怎样呢?素称办理完善之京沪路火车,脱班视为常事,车道两旁,山多童秃,其他可想而知;至于车站设置,其为旅客设想的,没有这回事。彼此相较,如何说法呢?

后来到东京,见他们房屋很整齐,街市很宽广,但表面上看不出他一般人民的知识程度如何。刚巧在此发生了两件事。一件我初到东京不久,一次在街上,因为不认识路,去问一个年约四十岁的妇人,她不因我是外邦人而现惊讶或异样的神彩,很殷勤地指出路径,生怕我还不明白,她拿出铅笔画了一张很详细的地图给我。又一件,同去的一位朋友,他失去了一支钢笔,正谈论间,有一男子前来说道:“那笔是你先生失掉的吗?我已把它送到警察局去了。”此外我们看见许多店铺,内部的陈设很美丽,规模也不小,其中的经理员都是一两位年轻的女子,交易兑换,有条不紊,这女子的本领着实不小。这许多虽是小事,但足证日本人知识程度的高下了。在中国以为理想的境地,在日本却一一见诸事实了,所以然的缘故,被我找出了二点,不知确否?

(1)教育普及——日本的教育很普及,通常人民都受过六年的小学教育,无论工人,商人,农人,都有普通人应具备的知识。他们都知道有国家,他们都知道有世界,他们都知道人与人的关系。他们知道为人的礼貌,拾钢笔的男子,问路的老妪,他们受过小学教育,知道许多美德;那管理商店的女子,他也受过小学教育,所以能担任这个职业。

(2)精神教育的注重——精神教育,换句话就是公民教育。日本人对于这一点,非常注意。以守法互助牺牲等行为,认为是立国之本。无论家庭、学校、社会,都以此相砥励。那拾笔的人,他受过精神教育,所以知道路不拾遗的美德。说到我们中国怎样呢?每百人中有七十八人不识字,教育都没有受过,公民道德的好坏,也就可想而知了!

以上,把日本的社会,谈了一谈,以后就要讲他的学校教育了。走进日本的学校,一切情形,都与我们相等。教育中有桌子、椅子,他们黑板上写白字,他们先生教书,学生听讲,都与中国没有什么两样。他们有图书馆,有操场,中国的学校中,或者比它大些,可是他们制造出的人材,比我们厉害;他们的国家比我们富强,这究竟是什么缘故呢?经过长时期的考查和这次参观的结果,我也找出了以下的几个原因:

(1)体育发达——日本学校中,体育非常注重,无论小学,中学,乃至大学,莫不以体育为主要课业,他们提倡非常普遍,目的在养成一般健全的公民,并不在造就一二运动家。说到中国,未尝没有体育,社会提倡的热忱,不减于日本(近几年来),但为什么不及日本的呢？中国学校注重体育的程度怎样？我固不敢武断地说一声高或低，但似乎有这样的情形吧：运动课遇风可以不上，遇雨当然不上，某校与某校赛球，可以停课，开运动会可以休息几天，运动员得了胜利，可以停课庆祝。他们视运动是一件了不得的事，偶有成绩，可以荒弃学业，这算是注重体育吗？在日本却从没有这种情形。他们视运动是一件刻不容缓的工作，有位日本的教员对我说："注重教育，是日本国家盛衰之所系"。恐怕不错的吧！

(2)有礼貌守纪律能服从——我考察了四十几个学校，一多半进到会客室，都是学生倒茶，男女学校都是一样。他们的学生，待人很礼貌，态度非常恭敬，但回想到我们中国的学校怎样呢？先生上课堂，不站起来招呼，退课了，先生走了，也是如此。一年级这样，二年级也是这样(小学又当别论)。这种情形，日本学校绝对没有。记得有日本某女学校，他们的情形说出来，恐怕大家要引为笑话了。当客人面前，先生毫无顾忌的批评学生，倒茶不当，待人无礼，这岂不可笑吗？但他们的学生，只唯唯听命，无一句怨言。在中国万一有这种事情，必定要说腐化了，或者因此闹一场风潮。唉！中国不是五千年文明古国么？想起来真可怜！

(3)注重生产教育——日本一向注重科学教育，并且注重应用科学，所以生产异常发达，现在为不景气现象，闹得很厉害，他们教育方面格外注意到职业教育了，所以今年又把学制变更，分中学为二部分：一是预备升学的；二是不预备升学的。凡不预备升学的学生吗，尽量灌输以生产技能，使他们毕业出校，不致无业可做。其他像职业学校，工业学校，则随处皆是。因此人尽其才，学以致用。但回头看我国怎样？所学非所用，所用非所学，办了三十年的教育，徒然增加不少无业游民。又是如何说法！

(4)教育设施以中国为对象——换句话说，就是向中国发展，这可说是近年来最明显的一种趋势，且举数事来证明一下。

最明显的是各学校注重中国语——中国语，在日本学校课程中，本来有其位置，不过选课而已，现在却把中国语改为必修课，它的位置在英语之上。他们研究英文，是为了经商，为了研究英国的学问；研究中国语，是什么用意呢？他们难道要研究中国学问吗？不是的，他们是要来侵略中国，制中国的死命啊！

我去参观他们的一个商业学校，他们是收取小学毕业的学生，五年毕业，差不多仅有初中以上的程度，没有什么了不得，但他们在毕业时，必有二件事要做：

(1)到中国考察，考察是平常的事，中国也未尝没有，但他们的考察，却有些与我们不同。未出国之前，他们的教师对于东三省及其他各省的地理、矿产，都有详细指导，充分预备。及他们在东三省考察后，就顺流而下，天津上海等地，无不在他的考察中，然后归国，作一篇详细的报告。

(2)要做论文，每篇总在八万字以上，多至十万字，题目是研究某种商品，比如说“味四素”这样的东西，它的化学成分怎样？中国需要程度如何？出产的情形怎样？销到中国的方法怎样？在这篇论文中都有极详细的记载。他们仅有初中以上的程度，年龄在十八岁二十岁左右，而有这样的能力，真是惊人！

总之，他们的目的，要侵略中国，要预备做中国的主人，他们的教育目标,是以中国为对象。“如何向中国进攻”,“如何亡中国”,已差不多成了学校中必修的功课,我们的中国真是好危险啊!

日本还有一种青年团的组织,团员都是年富力强的青年。我曾参观过一处青年团,他们的功课分三种:一是体育(军事训练);二是生产技术;三是精神修养。那青年团的校长对我说了许多关于青年团的话,很冠冕堂皇,其实何尝如此;他们是晚间七时上课,每晚二小时,每星期三次,三年毕业,毕业生有两种好处:二:(原文如此,似多余。编者注。)(a)征兵入伍,可以减少兵役期半年;(b)可以直接充高级官兵。他们的这种组织的目的,也就是养成到中国发展的人才,作侵略中国的先锋。

此外,他们的书坊内发买的,有各种讲座的小册子,这些讲座也是用以灌输人民以这样的知识:“日本要亡了,人口增加,生产落后,我们的国家,已陷于万分危险境地!我们要逃出这险境,必须向外发展,你们不要怕,西方尽有我发展的余地!朝鲜生成是亡国奴,性质不足为惧,再西一点的支那,他们怎样呢?第一,他们民族没有团结力;第二,他们人民没有爱国心;第三,他们人民兢尚奢侈;第四,他们人民体格不健全;这都足使他们民族堕落!国家灭亡。我们不必客气,要向支那去发展!”这一类话,我们听到,真真要气死,为什么他们这样看待我呢?何以中国竟被他这样看待呢?我们真是如他所说么?我们且仔细想一想看。

最后有一件事,使我留下很深的印象,当我路过朝鲜的时候,有个朝鲜人,对我说:“朝鲜亡国以后,不但受日本种种虐待,连买袜子的钱也没有了。”亡国之音,使人惨然,日本的狠心黑胆,在在使人捉摸不定,老大的中国,怎堪是他的敌手呢?亡国的朝鲜,可为殷鉴!

由上述种种事实,我敢大胆说一句,中国不亡则已,如亡不是亡于西洋各国,一定要亡于日本。中国人若再执迷不悟,不自振作,只知一己利害,不知国家利害,那末亡国惨祸,就在目前。有志的青年们,你们若不忍坐视,不愿让五千年的古国沉沦海底,那么今后努力的方针,应该切实注意下面三件事:

①注意体育——强健民族的体格。

②注意精神教育——激发人民爱国心,养成守法纪秩序的习惯,振起急公好义,互助牺牲的精神。

③注意职业教育——养成各级实业人才。

我们骂日本,恨日本,怕日本,都是不中用的,我们要知道日本,要努力去赶他们。我讲到这里,心里难过极了,在座诸位,劝你们要从前回想,要向后追想,希望你们不要忘记了我们的国家,忘记了我们的危险,牢记着:我们敌人——日本!

(原载《江苏省立无锡中学校刊》,1931年第8期)

《文字蒙求》序

大东书局影印《文字蒙求》既成，属我作一篇序言，冠在书首。其用意，是要使读是书者，在未看本文以前，先看过这一篇序，便可明白本书著者和印者的主旨及本书的效用，由此再看本文，可以格外有兴趣，且容易了解。

的确，为一本书作序的人，应该负起这一种责任，尤其对于有价值的书，更要负这个责任。可是，如浅学寡识的我，能不能担这个担子呢？那就很难说了。无已，也只好试一试看罢。

这一部《文字蒙求》的书，是清朝道光年间山东省安邱县王筠先生做的。王先生是一位精通中国文字学的专家，他的有名著作，关于文字学一方面，比较分量重一些的，有三种：一是《说文句读》，二是《说文释例》，三是《说文系传校录》。这三种书，差不多研究文字学的人，没有不看过的。说到这部《文字蒙求》哩，在他老先生下笔撰述时，只以为是一种训蒙的小书，并不算什么重要的作品，因此后来的人，说起他文字学著作来，也就往往不把这部书计算在内。

其实大小轻重，那里有一定标准？大学讲义，博大精深，诚然十分重要，非多年埋首研究学术的老博士，不敢轻易下笔；而初级小学的教科书,又何尝容易做呢?又何尝能让普通人随随便便去做呢?必定要识得儿童心理,明白社会需要,了解本国历史和环境,知道教学方法,富于小学教育经验,而又具有名学的知识和文学的才能,才能胜任,才能编出薄薄的一小本,短短的几十课。可知做小学教科书的先生,其学识、能力未必不及大学教授,而其精心结构,亦未必不及编大学讲义的吃力。

由此看来,这一部《文字蒙求》的小书,也就万万不容轻视了。尽可作者本人自己不重视,文字学已有程度的人不重视,但是他的价值自在。一件东西,本是因人、因地、因时,显出价值的。三部大的说文书,在大学专门研究文字学的人,所当视为鸿宝,而在初解文字的儿童视之,则莫明其妙也。此非书之过,乃遇之非其人之过也。反之,示儿童以此等蒙求浅近之作,则真如饥而得食,自然容易消化,获着充分营养了。那么,就儿童来说,这部小书,还不是一件宝贝么?

人要读书明理,不容不识字。可是,今日的中国,说到读书识字,真不容易啦。不要说做官的人,会闹出"茶毒生灵""草管人命"的笑话,就是目前一班大学生,保不定不说出"鬼鬼崇崇"罢,"敝姓是立早章"罢。本来也难怪,小学校里的先生对于识字一层,会考究,能考究的,能有多少呢?老师如此,还能责备弟子么?一到中学,学科多而且重,国语国文,无心深求,而教的人,也未必能得法。到了大学,除专门研究中国文学史学的一部分学生外,谁还来注意中国文字呢?但愿作文通顺,别字无多,也就很好了。文字一层,当然说不到。

实在说起来,今日研究文字学,是大学专门的一科,而在中国古代，则是通常所谓“小学”。小学就是小孩子所学的了。何以古时小孩子学，今日小孩子不学呢？这也有个原因：字体由大篆，而小篆，由小篆，而隶书，而行书，变得太厉害，确是不大容易学。而会教“小学”的先生太少，能编浅近“小学”教科书的人不多，恐怕也是一种原因罢！

依我想，在高等小学和初级中学的学生，未尝不可以教他一些文字学知识，只要教的得法，学的自能有趣，教学均佳，成效自著。好的文字学教本，一时固不易编就，若借古书来用，那么王老先生的这一部《文字蒙求》，便是很好的教材了。

他能就象形、指事、会意、形声四类，搜集二千余字，分得清清楚楚，先写正楷，附以篆文，一类之下，分若干种，每种举出若干字，这的的确确是合于今日所谓科学方法。并且所有解说，务求简明，他的原序上说，“兼以诱之读《说文》”，更是合于今日教育学上所谓“自动主义”。学者能把这二千余字，个个认识他的构造，了解他的组织，则触类旁通，对于一切字，自不难辨其本源。就程度论，当然不能和专修文字学的大学生相提并论，但果能如此，也可算得是识字的人了。如由此深求，再去读《说文》诸书，则顺水推舟，十分容易，自不必说。

大东书局印出这一部极有价值的书，售以贱值，用资普及，真可说是“加惠士林”了。我很希望高等小学及初级中学的国文教员，依据此书教授，同时再多立表解，多加提问，每周二小时，有了一年，便可教完。如能就教授经验，编成教案，随本书以行世，则有功于教育，就更大了。

拉拉杂杂，写了一大篇，所要说的话，已经说完了；但是否能尽了我作序人的责任呢？我还不敢说。

江恒源

民国二十年五月

（原载《文字蒙求》，（清）王筠著，上海大东书局，1931年5月）

读书提要

——《最近三十五年之中国教育》

此书精装一厚册，盖商务印书馆为纪念创立三十五年而刊行者，卷首列有现在任馆务经理王云五君所撰导言一篇，详述馆之创设经营，与中国革新运动的关系，并指出民国十五年后所持出版之两大方针，一为教育普及，一为学术独立。卷末则附凸平凹三种版印成绩品样本二十八页。所谓“最近三十五年之中国教育”者，则为论文十六篇。兹录其篇名及著者姓名如次：

篇名	著者
三十五年来中国之小学教育	吴研因　翁之达
三十五年来中国之中学教育	廖世承
三十五年来中国之大学教育	何炳松
三十五年来中国之职业教育	黄炎培
三十五年来中国之民众教育	高践四
三十五年来中国之女子教育	俞庆棠
三十五年来中国之艺术教育	汪亚尘
三十五年来中国之体育	吴蕴瑞
三十五年来中国之教育行政	朱经农

以上属卷上

三十五年来中国之新文化	蔡元培
三十五年来之音符运动	吴敬恒
三十五年来之国语运动	黎锦熙
三十五年来之中国印刷术	贺圣鼐
三十五年来之欧美印刷术	赖产(原文如此,应为彦之误。编者注。)于
三十五年来中国之出版业	李泽彰
三十五年来之商务印书馆	庄俞

以上属卷下

此十六篇论文,卷上九篇,如小学、中学、大学,职业教育、民众教育、女子教育、艺术教育、体育、教育行政,可说是纯粹的教育正宗;而卷下七篇,则仅能认为与教育有密切关系,而确非真正教育。且其中有一篇论及欧美印刷术,则去"中国教育"更疏远矣。编者所以划分上下两卷,盖亦明示以卷上九篇与卷下七篇性情迥异,而特立此区别欤!

另有"三十五年纪念册",列入论文十六篇之后,印刷成绩品样本二十八页之前,有文、有表、有图,原系别成一个组织,临时附装于此者。论文及纪念册,所用之纸,色虽不同,而质地均极细致;字虽不同(一仿宋,一楷书)而形体均极精美,令人阅之神爽。至印版样本,则更灿烂夺目矣。书之首尾,并附有总馆及分馆摄影图。

以上所述,是为书之大概组织情形。

论文十六篇,非出自一人之手,编述之前,亦并未预示以构造轮廓,故各篇长短各异,而体裁亦不一律,其中有材料搜罗,务求丰富,而叙述不厌求详者;亦有力求简括,断制谨严,不欲以铺张取胜者。十六篇中,篇幅最长,字数最多,当首推黎锦熙君所著之《三十五年来之国语运动》,占页至一百一十二,字数约及七万;其次为何炳松君所著之《三十五年来中国之大学教育》,比较亦颇详尽。至于标立体裁较有趣味,则为蔡先生之《十五年来中国之新文化》,而黎氏国语运动一文中之第四期,仿照小说及传奇体,亦极尽滑稽之趣云。

总之,此十六篇,无论文章体制如何差异,而其精心结撰,绝不苟且,则可谓一致。盖执笔者多属专家,平昔既研究有素,故说来自能有本有源,头头是道。此真民国以来出版界一部最有价值之著作也。

惟书价太巨,寒士购阅不易,倘能取此一十六篇改印成通常小册,低价出售,则加惠士林不少矣。

(原载《人文》,1931年第2卷第9期)

游日感想[①]

诸位,我们这次与潘先生、黄先生到日本去了一回,去的唯一目的是考察他们的职业教育。我们也叨幸做了二十几天的留学生,而所受的感触亦复不少,回国后很想把所受到的感触到各处去诉说诉说,现在就把这次所身受心感的,撷要的与诸位谈谈。——详细的俟将来《教育与职业》上出了专刊可以参考。

我们先到东北辽宁,然后到朝鲜而抵日本。诸位也知道朝鲜本属我中国的,现在是沦亡于日本了,朝鲜人民看见了日本的警察手指一指,就马上站住,不敢稍动,亡国之氓,还有甚么可说呢? 到了日本看了他们山之优美,林之深茂,满觉得日本的生气充溢;他们的火车三等的要比我们二等车厢好得多。农村的天然景色,而又加以种种人工的布置,更是使人发生无限的美感,而羡他们农村教育的有效。沿途看了那绵绵不绝的高电架,可以推想到他们工业的发达。看了他们人民的有礼貌,有公德心,感觉到他们普通教育的普及了。

假使有一个欧洲人,到东方来,先到日本而后到中国,或先

① 江问渔在职业专科学校同学欢宴席上讲,李希笔记。

到中国而后到日本，他必说："中国是不够现代文明国家的资格的，而日本是够的。"所以中国就在世界上要站二等国而不得，日本却站了头等国的地位。

可以随便举一个例，来证明日本一般人民的教育程度与公德心的普遍：譬如问路，被问的人必定要详细的指示，等你领悟了之后才觉安心，就是他自己不知道也必领导你去问知道的人。有几个大商店里，店伙都是许多年轻的小姑娘，甚至电梯的司机等都由女子司其事，她们都很有礼貌，对人很和婉客气，从不见一个人有忿怒的恶意的面色。这些都是不得不归功于他们教育底功效。

那末，他们倒底是怎样一种教育呢？现在抽象的来略一说明。日本的教育可从二方面讲：一方面是他们固有的，另一方面是接受中国的。他们固有的是武士道，讲勇敢，角力，任侠，不怕强暴，有牺牲精神；接受中国的是有礼貌，有耐心，尤于王阳明先生的知行合一学说他都通盘的接受了过去。对于西欧的国家主义的爱国观念、牺牲精神、科学的应用与实际的尝试的精神他们也都有了，他们集了人家好处的大成，所以从明治维新到现在是无日不在突飞猛进之中。

日本教育所最注重的是：①体育：学校有兵式操、健身房、拳术科等的设备，所以日本人现在的体格健全发达，远非我国人可比。②精神教育：对于道德的培养，人格的锻炼，爱国心、牺牲精神、互助团结，处处都在向学生们下兴奋剂。所以欧洲人说："中国是没有欧洲近代国家的精神的，他们不知怎样去爱护他们自己的国家，而日本人却都是有国家观念，知道怎样的去爱护它的。”③注重科学:欧洲近代物质上所有的,他们差不多全有了,可见他们应用科学的精神为如何了。

看了他们人民智识程度的高,国民道德的好,风俗的优美,教育的普及,农工商实业的发达,殊不惭为现代的头等国家!

他们常说:“中国人不知勤奋,不能振作,自私自利,没有节操,不爱国,好逸乐,爱虚荣,爱奢侈,不能生产,不知节俭,这些亡国的要素,他们都具备,取而代之,祇有我们日本!”所以他们的教育是常教学生对中国生恶感,对中国恨,具敌气,骂中国,轻蔑中国,来打倒、灭掉我们中国;那末,我们应该怎样呢?并且他们中学也改制,职业教育就因上下一致的提倡,中学现分为升学与不升学二科,而一切教育的趋向,也就趋向于职业教育了。

他们更注重向外发展的人才教育,向外发展,向那里呢?自然是向中国啰!他们要打倒苏俄的五年实业计划,美国的巡洋舰政策,便不得不拼命的先下手为强;最近学校的废止外国语,增加华文一科,不用说的,自然是要来侵略中国做中国人的主人翁;日本人的处心积虑,真是叫我们看了觉得要惊心动魄,寝食不安!

关于补救失学青年的,有青年团的组织,特别注重这三点:①军事的教育。②人格的教育。③职业的训练。日本的兵士,本分上中下三级,从青年团出来的就可以入上级,不必要经过中下二级,所以他们国家无事则已,一旦有事,则通国皆兵!职业的训练,则对生产有极大的获益;人格教育,更对青年品性的修养;意志的陶治,都有显著的功效。他们全国的人民都受这样的三种教育的,而青年团为尤著,他们都是十六岁以上,三十岁以下的青年，所以日本万一和人家开战，除了本有的常备军以外，可以增加及千百万的青年军！中国处在这样紧张的现代，危险殊甚！

我们将怎样努力呢？我们只有从我们固有的本位上去努力，就我们力所能为的地方去着手，各尽其最大的贡献，所以我今天谨以三个条件与诸位互勉：

（一）是体育：无论如何，我们总得先要把我们的身体，弄得强健起来才行，至少须要不使自己受疾病的侵害；身体强健了，然后做起事来，都精神焕发了！才负得起责任来！

（二）是人格：我们要养成互助互爱的团结精神，要有气节，肯牺牲，要勇敢的去奋斗，要努力的猛进！勇往直前的去干！同时要注意我们的礼貌，道德，与乎应世接物的礼节。

（三）是技能：我们要充分的修养我们的技能，去做服务的工具，努力的谋我们技能之精益求精。

我国现在和日本的形势是紧张极了，我们不要怕日本，我要知道日本，我们也用不到恨他，骂他，我们应该要去掉他的坏处，而学他们的长处！我们要相亲相爱的从今天做起！

往往有许多人到了日本去，在看到了他们使人吃惊的事件的时候，当时也很觉得情绪十分紧张，但是等到回国了，经了太平洋的浪潮一荡便完全地冲洗完了，等于没有刺激；有的看了；他们这样猛进，以为我们是永远追不上的了，便自暴自弃起来。这两种现象我们都是要不得的，所以我们是不愿意做这二种人，我们要从本位上各自去努力，分头的尽我们最大的贡献，我们相信个人是没有多大的能耐的，但是集合了许多的个人就有能耐了;一个人所做的事业是有限的,但是集合了许多的事业便无限了,我们现在能力所及的有中华职业学校,徐公桥,等等的去处,我们总要大家个个人起来,去分头的干!

这次我们三个人,幸亏没有被太平洋的浪潮,把我们的感触冲去,所以回国后很愿意到处把这些感触向人发泄!今天诸位不要以为我多吃了几杯酒,故意张大其辞,实在都是事实呢!希望诸位同学勉之!这是我今天一点小小的贡献,敬谢诸位的盛意!

(原载《通问月刊》,1931 年第 6 期)

《一个新农村》序

农村改进事业，具有文化、经济、政治三方面，其目的则在救济农民之穷愚弱散。

中国农民在全体人民中占百分之八十以上，其染受穷愚弱散四病至遍且至深。

救国志士如欲谈教育，谈政治，而不能决定宗旨与办法以驱除此四大病根，则一切无从说起。

是以今日欲拯救垂危之国家，惟有集合全国知识分子倾注其全力于乡村，更希望从事乡村改进事业诸同志一致联合起来共策进行。

同学孙君与其同志创办新村成效卓著，兹因刊印报告册，属序敬言特写此贻之。

灌云江恒源

（原载《一个新农村》，孙吉元，

孙嘉猷出版社中华农村促进社，1931 年）

二十一年四月二十九日在省保卫团训练员教官补习所讲

中国的亡不亡就在我们的努力不努力

中国人的缺点在于苟且，自私与消极

保卫组织健全政治经济文化才能实施

保卫团训练员有促进社会组织的责任

保卫团训练员尤须发生移化社会之效

博爱互助义勇耐劳是做人的根本条件

诸位，今天来与各位同学谈话，觉得很愉快，同时也觉得很感慨。因为这里是教育机关，又当此国难时期，得与诸位见面，是很难得的，所以很愉快。我们国家现在所以会糟到这种境地，归纳起来，皆是我们从前的不努力，一切教育的失败；今见诸位在这个学校里，有宗旨，有目的，有精神，是其他学校所不能及到的，所以觉得感慨。现在我们且分六个问题来研究一下。

中国前途究竟怎样

假使我国的民众,真是如鹿豕如牛马,无知无识,那末只要有智识的人来,当然是屈服他,是听他宰割,我们还有什么话说。可是我们中国真是没有人才么?有留学生,有博士,各种智识能力,并不弱人,何以会被日本人欺侮到这般田地,奸淫我妇女,抢劫我财产,杀戮我同胞,我们竟没有办法,这是不是万分痛心的一件事。这次上海若没有十九路军和第五军誓死抵抗。则现在又不知已到若何地步。太仓嘉定等处,同胞痛苦的情形,我们看看怎样?再看东三省同胞的痛苦,我们的感想,又将若何?对于东三省的同胞,兄弟觉得很悲忿。当去年东三省初被日本占领的时候,各处的学校罢课,学生纷纷请愿,要政府出兵,收复失地,抵抗日本,现在失地已收复了吗?日军已驱逐了吗?何以各学校学生,寂然无声,对于救国的工作,一切都不做呢?我们还记得去年上海援马团,抬了棺材出发,表示爱国的决心,很受民众的欢迎。现在呢?棺材那里去了?人也到那里去了?这种行为,这种学生,能不能救国?言之只是痛心!中国现状是很危险的,不用说了。有人说中国曾经亡过两三次,结果都没有关系,譬如元朝亡了我们中国,结果因为我们人数众多,被我们同化了。清朝也亡了我们中国,结果也还被中国争过来。要知道现在的亡国,不仅是武力的征服,更有文化等侵略。亡了以后,决不容易恢复的。印度朝鲜不是一个先例吗?所以我们若再不认定民族生命力(即民族性爱国之表现),亡国一定是免不了的。

现在我们到乡下去看看,乡下的老百姓,他们总是说,你们为什么要抵制日货,惹得日本人出兵,到我国来,现在只要他不杀人,我们就可以安居乐业了。这是一种无知识的话,还有一般知识阶级,也没有国家观念,中国的前途,真十分危险了。我记得北方有一个卖唱的女子,叫李想容,她每天卖唱的以前,先演讲了日本的暴行,我们应当怎样的爱国,以后才卖唱。这就是有一种生命力的表现,可惜一般知识分子,倒反醉生梦死,不知生命是什么,真是可怜而且可怕啊!! 试看我们现在东三省的教育怎样呢? 一切都归日本人规定支配,他们的目的,是要减少我们民众的爱国心,消灭我们的历史,改变我们的文化言语,他们的心思,几多刻毒,所以中国的亡不亡,就在我们的努力不努力。

中国人的缺点何在

我们的缺点很多,所以造成这次的国难,现在我们应当觉悟了。我们的缺点,可分以下几种:①苟且敷衍。现在社会上是充满了苟且的气习,人人都是只顾目前,做社会的奴隶。我记得江北有一个县县长,禁烟很严是很好的,可是有一次捕得烟犯,马上就有军队来包围县政府,要求释放,县长就允许了。何以他的主张不能贯彻,为什么不弃官而去,或者将事实通告民众,就被他屈服呢? 这就是苟且。②自私自利。吃饭也可以说是自私自利,不过我们只要能推己及人,抱“有饭大家吃”的主张,就不是自利了。③消极卑屈。就是遇事不敢做。这三种是有连环性的,因为卑屈所以自私,因为自私所以敷衍,毫无责任心。这种民族能与人抗衡吗?以后我们贴标语,须将个人弱点铭之座右,实事求是去做,则日本不打自倒。空喊打倒日本,是没有用的。以后我们不但军队要同日本比,政治、经济、教育、组织,各种事情,都要同日本比,虽不想胜过他,也要与他一样努力,一样振作才行。所以我们要强国,要报仇,先要除去以前各种弱点;要除以前各种弱点,就要从个人做起,更要推广到全体方面去,不能独善其身,就算了事。

如何组织民众

要将民众组织起来,这句话在革命军初到江苏的时候,就听到这种口号,现在为什么还要诸位去组织呢?因为实际上,我们的民众还是没有组织起来,所以日本人叫我国是没有组织的国家。的确,我们试看社会的情形,是否实际有组织?我们乡下的民众,只要来了两个土匪,四五十个家,就都吓得跑了;公安局警察来了两个,要每家出2元,因为民众没有组织,没有力量,就只好给他拿。以上种种现象,观察起来,我们要去打日本,岂不是梦想?组织民众,有三种办法:(1)政治组织,即民众如何为自身谋幸福;(2)经济组织,如设合作社,共买肥料等,以谋公共有利之事业;(3)文化组织,民众力量不够,非有人帮助他不可。所以此外还要有更紧要的组织,就是保卫组织。保卫组织健全后,政治、行政、文化,才能实施。社会秩序才能维持。这种组织,关系民众的强弱,不是单单训练民众的武力,更要注重道德,使能尽职,能牺牲,能不自私自利,才配当保卫团团员。兄弟去年到日本,是由朝鲜去的,因此看到亡国的惨状,和强国的组织。朝鲜人在日本人压迫之下,只有肩挑买卖的商人,可以维持生活,要开一个小铺子,是办不到的,朝鲜人对于教育,也没有享受的机会,只有歌技学校,养成他们的奴隶。在马关地方,见到五六十个朝鲜人,在一起走,日本警察看见了,用手一指,朝鲜人就一个也不敢动,后来我不清楚,大概是免不了关黑房了。我看了朝鲜人亡国后,这种现象,觉得很痛心,我们如不愿子子孙孙做亡国奴,现在大家就要努力。我到了日本以后,看到各处书坊中,有一种小册子,其内容大约是警告日本的青年。"我们的难关到了,我们的食料是非常缺乏,西方(指中国言)有黄金,有食料,你们如不愿意死,就要西方去。"而学校方面的教员,也天天在那里宣传说:"日本是世界的强族,是东亚的主人翁。我们要怎样的自立,怎样图强。"所以日本可以说无时无刻,不想我们的念头。看看我们中国人,死日已在眼前,还是嘻嘻哈哈,不知死活,天天争权夺利,真真可怜。但是我们如不认我们是劣等民族,应该赶快组织预备奋斗。再看日本青年团众,他的组织怎样呢?一般小学毕业生,无力升学,散在农工商界执业的人数很多,就把这些青年集合起来,使农的学农,工的学工,更有军事训练,他们天天在生产,天天在训练,所以他们除二十万常备兵以外,还有若干预备兵,除预备兵外,还有十六岁至二十岁的数百万青年兵,我们要怎样才能同他们抗衡呢?青年团定二年毕业,毕业以后,他们的好处可以减少半年服兵役的义务。再者,日本是按下士中士上士的阶级递升,非常严格的,从此处毕业者,可勉除下士的阶级,直接当上等兵。不过他的教育很严,曾记得有一次上操时，学生一百余人，练习着装法，因三个人没有脱好，教官就大发雷霆，命令重做。日本的一举一动，总是非常严格，真是叫我们毛骨悚然。现在我们究竟怎样呢？真是不堪设想。不过我国也有好的，譬如山东的邹平县，设备乡村教育研究院，此院分作两部，一是研究院，一是训练班。研究院定期二年，训练班定期一年，此中学生，有做过教员的，当过警察的，老的，小的，都是有一种补习的性质，毕业后到各乡去设立乡农学校，指导农民。这种学校，并不是专门读书，有武艺的训练，演说的学习，农事的指导。他们每天清早号一吹，全村老的小的，就都来了，来了以后，大家就跑步，到天色大亮的时候，大家再去种田的种田，做工的做工。到午饭后再来讲道德，说仁义；到晚上大家才来读书。从前邹平县的土匪很多，现在是没有了。中国各省各县如果都能照这样组织起来，贪官污吏还会有么？政治还会不良么？国家还会不强，见日本人就怕么？兄弟又听到河南某人办的学校解散后，一部分的学生，散在河北去做工作，非常可爱。他们白天的时候种田，到晚上就着了短衣，左手执手枪，右手拿面包，更提了灯笼，到各村去教老百姓读书。他们为什么要拿手枪，面包呢？因为河南土匪很多，他们教老百姓的时候遇到了土匪，就可以打；因为到这村教完书，还要到那村去，所以要灯笼；因为时间长，饿的时候，就拿面包充饥。这样的精神，正是我们民族生命力的元素啊！

诸位的责任

中国现在要从下层组织做起，才有办法，诸位负有培养中国生命原素的责任。现在你们更要担负一个新的使命，就是除了指导怎样组织保卫团，怎样将民众训练好，使能有各种军事知识外，还有两点更要紧的：第一，要帮助他们社会的组织；第二，要促进社会的文化。譬如乡下的道路，没有修，粪坑没有盖，迷信没有除，明知日本货，还要去买，等等，一样一样要助他们做起来。如民众仅有武力，不能好好组织起团体，以兴办一切，效力还是很少的。所以希望诸位，要效法山东邹平和河南的办法，努力做去，才能成功。

要完成的使命

一个人不是万能的，但我们要研究。有了研究，一切事业才能成功。譬如我们见农民种田不得法，我们可以到农民家里去研究，告诉他们，要如何改良。又如乡下有一二百个小孩，传染天花，我们只要买六块钱的痘苗，花一二天的工夫，就可以种好，没有问题了。我们要完成使命，不能仅仅注意保卫团方面，我们对于社会一切应有潜移默化之功，去造社会，不可蹈以前土劣的覆辙。如农民赌博，当以朋友的态度，去劝告他，他们就自愿不赌了，切不可以公事公办的手段对付他。所以诸位要做农民的朋友，农民的公仆，不可以做农民的先生，或带有官吏的色彩。民众最有良心，最容易共事的，如我们去调查户口，问他们，你们做什么的，家里有多少人，有多少田亩，同时就用小册子铅笔记起来，这样他们就要发生疑虑，不敢说真话了。只可以用和颜悦色的态度，同他们闲谈，于闲谈之中，各种状况，就自然知道，回来以后，再记起来，他们就不疑心，一样的调查，因方法不同，成效上就不能一样，这是我们要注意的。

做人的根本

最后我们应根据道德，立相当的标准。①有高尚纯洁的人格。②有博爱互助的精神。③能侠义勇敢。④能刻苦耐劳这是做人根本必不可少的。诸位要做社会的指导者，社会的改革者，要根据以上的修养标准做去，则社会自然光荣了。

敬祝诸位成功。

（原载《江苏保卫团半月刊》，1932 年第 1 卷第 4 期）

怎样做一个人

——在省保卫团训练员教官补习所讲

今天讲的问题,是怎样做一个人。做人的方法,条件究竟怎样?现在简单地从两方面来说:一是物质的人生;一是精神的人生。所谓物质的人生,譬如一个人,不能不吃饭,不能不睡觉,不睡不食,病就来了。这是因为一个人的身体是多少细胞组成的缘故。所以,必须要用养料来供养它。不过一个人,不是仅仅吃饭穿衣就算完事,应当做些事业,更要注重道德。道德,就是关于精神的人生方面的。如果一个人没有道德,则与禽兽何异?譬如一个人在很饿的时候,看见人家吃饭,就不能够抢来吃的。关于这个问题,有两种说法:有的人说,生活是人人要维持的,吃饭是人人需要的,所以一个人在饿的时候,就是抢,也是无妨;有的人说,这是不对的,古人说,一介不以与人,一介不以取诸人。取犹不可,那能抢呢?这两种说法都有道理。前者是站在本身方面说的,后者是站在客观方面说的。孟子诸位都读过的,从前孟子去见齐宣王,宣王说:"寡人有疾,寡人好色,寡人好货。"孟子说,没有关系,王如好货,只要同老百姓共有,使他们都能够饱食暖衣;好色也不要紧,只要使老百姓大家有夫妻,所谓"内无怨女，外无旷夫”。这话很有道理，是将物质与精神两者合起来了。假使自己好货好色，忘记了别人的啼饥号寒，和怨妇旷夫，那是社会秩序绝对不能维持的。你是人，我也是人，你要吃饭，我也要吃饭，这可以说是天赋的本性。不过精神方面也是很重要。譬如一个人到朋友家去，朋友招呼我吃饭，我如认为交情不够，虽然肚子很饿，也只好说已经吃过了，交情不够连朋友留一顿饭都不能吃，因为除了物质上的需要以外，还要顾到道德上的需要。我们时时刻刻不能脱了物质的人生，更不能脱了精神的人生。如脱了精神的人生，就不是人，就无异于禽兽。即如兄弟近日事情很忙，而晚上客人走得很迟，到一二点钟才睡觉，因为应允了承先生之约，今天早上五六点钟就起身，一个人睡觉每天以七小时为适宜，我昨天祇睡了三四个钟点，物质上的需要是不顾，不过我不能顾了物质上的人生，忘却了精神上的人生，就是一夜不睡觉，今天也是要来的。社会上一切的罪恶，都是因为只顾物质的人生，忘却了精神的人生所发生出来的。这是我们要特别注意的。现在我把上面的意思做一个结论，就是我们要以精神的人生做第一，物质的人生做第二。有时要抛弃了物质的人生，顾全精神的人生，决不能抛弃了精神的人生，而顾全物质的人生。如上海这次打仗的军士，到危险的时候，如果顾到物质的人生，就没有勇气前进，只有向后转的一法，这就不对了。要知道物质的人生有死的时候，最长也不过百年，所谓人生七十古来稀。而精神的人生是无穷尽的，一千年，二千年，还是可以存在，例如关云长、岳武穆等，他们的肉体虽死，他的精神依旧永久存在。其次，我们对于全国的同胞，处处要尊重他们物质的人生，对于自己就要尊重精神的人生。现在社会上所以会这样纷乱，就是把这个原则颠倒了的缘故。

社会上的人，形形色色，各种都有。把他分析一下，大概有两种：一种是指导者，另一种是被指导者。所谓指导者，首先是最高的教育机关、研究院的院长、大学的教授；其次是最高的官吏，如国府主席、各院部长、省府主席、各厅厅长；再次是普通官吏，和中小学司教的人员。指导者要注意自己的言行，因为指导者，一举一动人家都要跟他学的。譬如小学教员对学生所讲的话，如果讲错了，小学生就要跟着他扩而大之了。报馆的主笔如果说错了话，看的人也要受他的影响。所以指导者的人格、道德、学问，都要有充分的准备。诸位将来是到各县去指导青年的训练员，叫他们看了诸位的样子，再去传给各乡村的群众，所以诸位所做的事，训练员就要跟着你们学，教错了训练员似乎人数还少，不过训练员再以讹传讹的去教许多老百姓，那就影响太大了。又譬如承先生昨天同你们到北固山去，回来了以后，如果因为肚子饿，自己先吃饱，然后再叫诸位去吃，那就是错了。将来诸位到社会上去也就这样的做，那就是抛弃了精神的人格了，诸位的责任非常重大，这是要特别注意的。

现在我们中国所以会这样的紊乱，就是因为指导者的不当。现在各县的县长，能够切实从事而得民众信仰的未尝没有，不过每因热心的原故，反被排挤，反被裁撤，而蝇营狗苟，专门敷衍塞责，因循苟且，今天拉拢，明天请客，明敲暗括，无所不用其极的县长，反能久居其位。你看乡下的分局长，每每因为没有经费，就包庇烟赌，甚至贩卖烟土。民国数十年来，所以弄得这般乌烟瘴气,都是这般王八蛋的官造成的,这样的混蛋东西,是人类吗?配做民众的指导者吗?

现在我把以上的总结一下:一、指导阶级要有特别牺牲向上的精神,社会才能兴,国家才能强,否则国家非亡不可,人类非灭不可。不过诸位要认清做官并不是不好的一件事,如果做官是不好的,那末贵所所用教官的二字岂不是骂人吗?但是现在一般的官是不行的,是太讨便宜了,农夫每天黑汗浃背的田里工作,所得的报酬,却是很少,做官的还要去敲他的竹杠,所以有人说,做官的简直是王八蛋。然而你们不要以为官是王八蛋,就不愿意做官。要晓得,现在的官,也有好的,不过好的少罢了。以前官的信用,现已丧失殆尽,所以我们要将官的作用恢复起来,要去做人,不要做王八蛋。诸位是警官学校毕业的,以前在各县候差的时候,厅中忽有电报把诸位调回来,那你们的亲戚朋友,一定要恭喜你们,大抵这次进省去是升官了,不料到省以后,还要你们受一个月的严格训练,诸位以为这是赵厅长开顽笑了,于是三朋四友议论纷纷,这是什么道理?结果有一位同学说,这决不是厅长开我们的顽笑,是因为这次办保卫团的任务非常重大,关系国家的存亡,不是简单的一件事,现在要把人的范围扩大一下,所以要训练我们。那知满了一个月以后,又要延长六个星期,诸位又要怀疑,以前那位同学所说的不对,这次延长恐怕是主任从中捣鬼的。我以为这并不是主任的捣鬼,因为这个责任太重大了,你们以前所学的,到各县去恐怕还不够应付,所以要延长。我说到这里,又有一个感想,我国科举已废了二十七年,现在大概在四十岁以下的人,都是受过新旧教育的,二十岁左右的人,受的完全是新教育,同西洋各国的教育是一样的。为什么他国能蒸蒸日上,国民都能做人,我国就都是些王八蛋呢?我记得上海战争的时候,我国留学生,看了日本的形势,说中国没有办法,这话很奇怪,不识字的人说这话,还可以原谅,堂堂留学生为什么说这种话呢?这是有道理的:(一)因为我国政治不良,换句话说,就是政治不上轨道;(二)因为我国几十年来风俗习惯一点儿没有变更,换句话说,就是国民道德没有增进,政府是像一个火车头,人民犹如车辆。社会的发达,要靠火车头的灵活,如果火车头不好,就不能拖着车辆前进,社会就不能发展。中国人的天资比人家聪明,所以我国留学生在外国留学的时候,考的成绩总比别国的人好,尤其是日本的留学生是很笨的,连 abcd 都读不起来,然而他们回国以后就能够各得其所,学农科的有农业上的发明,学工科的有工科方面的发明,我们中国呢?因为火车头不灵,所以外国回来的留学生,每每所学非所用,以致毫无建树,这是一点。至于发明方面,中国有味精,日本有味之素,其价值实不相上下;日本会造手榴弹,我们中国人也会把学校改了工厂,一天能造五千个手榴弹;惜乎这种学生,政府不用。这样看来,中国不是没有人才,政府不能用罢了。现在我们中国的大学生,还有一种大毛病,日本人他们是拿世界的学问来做自己的学问,取其所长,舍其所短。中国科学的名词多数是从日本翻译过来的,日本翻译他国的书籍,仍以本国为主,以主观的脑筋去研究。譬如蚕,虽然吃的是桑叶,吐的是丝,我国则多食而不化,吃的是桑叶,吐的也是桑叶。拿我国的农业学校而论,是负有改良农产物,增进农村经济的使命的,而他们所用的讲义,都是中国留学生从美国所学的或日本所学的照样翻译过来,不顾国情的合不合;至于学校的地址,他们也不选择,凡农校附近的农民,他们也置之不问,不灌输他们普通的农学智识,“教”和“做”是绝然两个问题。所以中国虽有新教育,没有国魂。现在所谓新潮流新教育,都是学皮毛,学时髦。对于婚姻,认为父母之命媒妁之言是不合潮流的,我以为只要父母之命,命得好,媒妁之言,言得好,也是好的,并不是自由结婚是绝对好的。我知道有一个乡下人家里,有一顷田的产业,他的少爷在上海大学里读书,每年要花费五六百元,本来用不了这许多,因为上海是时髦地方,到了上海有几种先决条件,就是四十块钱一套西装,十二块钱一双皮鞋,八块钱一支钢笔,就要花去数十元。到了暑假回去,又要向老太爷交涉,说现在旧式婚姻是不行的,于是结过婚的就要离婚,老头子弄得没有办法,只得说,算不是你的老婆,是我的媳妇罢。他的少爷在上海就自由恋爱,另行组织小家庭了,后来因为不能生产,经济竭蹶,又要向老太爷要生活费。这样看来,做父母的人的义务,实在太大了。所以我在上海同人证婚的时候,常说我们四十多岁的老头子,大家要联合起来,不能给少年自由享福。现在每每高唱打倒旧礼教,其实旧礼教,并不是统统可以废掉的,例如新名词秩序纪律,也是旧礼教的一种,这可以废掉吗?我国教育办了二三十年,道德,风俗,习惯,丝毫没有变更,没有增进,反格外恶劣,真是使人痛心!社会那得不紊乱呢。所以这次要诸位来训练,又要延期,就是要诸位去担负这个重大的使命,所谓政治不上轨道,就是利用人做工具,造成自己的地位,如谓这个补习所将诸位训练好后,承先生在江苏就有地盘,这种话，就是政治不上轨道的证明。承先生是要诸位去改变风俗习惯，恢复旧有道德，打倒卖烟土的公安局，扶助政治上轨道，所以我们要从下层做起，不论老少大家联合起来，站在一条战线上，赤胆忠心地向前做去，国家前途才有希望。

最近江北有一县的中学学生，因毕业要求赴苏杭参观，校长因国难这样严重，省库这样支绌，没有允许学生，就闹风潮。我当时以他们受了几年的教育还闹出这种事实，觉得非常生气。我又记得去年津浦道上徐州学生，因来京请愿后，回去女生先上二等车，坐位被占据了，男生就向站长交涉，也要坐二等车，没有达到目的，就闹起来。该地老百姓因为学生不避风雨来京请愿，是为国家的，特备面包犒赏，而甲校与乙校竟因争食发生殴打，这样还成什么教育？这就是指导者的不当。诸位负有改良政治转移社会风气的使命，将来到社会上去，要以身作则，更要去亲近好人，就是不好的人，也应虚与委蛇。这是手段，因为社会上坏的人多，如公安分局长等，一定同你们假意殷勤，应特别注意。不过社会上也有好的，如陶知行先生办的晓庄师范，其中学生有专门学校毕业的，有做过教育局长的，他们情愿抛弃了固有的地位去做小学教员的工作，可见社会上好人并不是没有。兄弟在上海中华职业教育社服务，社中有几个同志，在昆山徐公桥的地方办一个新村试验区，这区面积的广，东西南北约各五里，内有居民八百多家，三千多人，办了二年，现在道德也好了，道路也修了，烟赌也没有了，乞丐也没有了，村里还有小公园，小医院等设备。该区的职员薪水很薄，而精神很好，无时无刻不为民众谋幸福，所以能够把这个社会弄得花团锦簇，这样才是真正的社会。

指导者是你们的好朋友，是你们要结交的，这是第一要件。第二要件就是本位发展，位置不在大小，只要将本位充实发展起来。一个小学教员有道德有能力，天天为民众谋幸福，不想做中学教员、大学教授，就是本位发展。例如日本三十年以前有小崎延吉（现已六十余岁）自农科大学毕业后，在东京碧海郡专办农业小学，当了三十年小学校长，他把小学办得很好，合作社办得很多，村屋也很整齐，得了民众的信仰，在民选的时候，就当选了国会议员，这就是本位发展的结果。这种人我国也有，山东有一乞丐名曰武训，他讨到了五千钱以后，就将钱交给一个稍有资望的人，存放利息，渐渐积下来，成了一笔整款。他说我看一般小学生，没有读书，是很可怜，我去请先生教他们，恐怕资望不够，所以拿这个钱请你请一个先生来教这许多小学生，他自己仍是讨乞，节俭省用，将钱给学校的费用，这样他虽是一个乞丐，他的身价比做官还高，我们以后不要将升高存在心里，只要努力做去，将来总有良好结果的。所以古人说，有天爵者，有人爵者。人爵是政府的委任，天爵是道德好，人人钦仰是社会的舆论。现在我国被人家欺侮到这般田地，江苏省的同胞，要大家联合起来，不遗余力的向前做去，使苏省发生极大的光荣，现在与诸位们，就是要团结互助，这是兄弟小小的一点贡献。

（原载《江苏保卫团半月刊》，1932 年第 1 卷第 4—5 期）

做人的方法[①]

今天所讲的题目,真是老生常谈,就是“做人的方法”。学生为什么到学校里来读书,无非是求做人的方法;教员上课下课,无非帮助学生做人。人生于世,第一步不能放过了研究做人的道理,第二步要做人做的有益有趣。这是人人都应该想到的问题。今天我把我个人四十余年的经验,把“做人的方法”贡献给诸位,使诸位能应用这“做人的方法”。今天我所讲的“做人的方法”是大题目,而这又包含了三个小题目:三个目标,两个方面,四个步骤。

第一,做人要具三个目标。一个人应该怎样讲仁义道德,怎样具才能,是必然的问题。但道德和才能不能分开,而是合而为一的。没有才能的好人不能适合于社会,无道德而有才能的人也不能生存于世。忠厚长者就是一班无用的人,在承平时代虽可存在,但在现时已不能存在了。所以有能力无道德或有道德无能力的人是一样地不需要,而一个人要兼具这两者就要具有三种能力,也是目标。

---

① 江问渔讲述,省立松江中学侯焕昭记。

1. 自养能力——即是有生产的能力。要能够凭自己的力量，无论劳心劳力，可以一方面维持个人及家庭，另一方面可以替社会人类国家服务，帮助文化创造及其他事业的改进。靠父兄的财产不谋生产而自给，或以不人格的运动贿赂以求生活，都是可耻的举动。一个人须有自养的能力，不求人而独立，小之可养一家，大之可养一国。换句话说，自养能力就是职业、生活、经济上的能力。

2. 自卫能力——即能保卫一人推至一国的能力。一个人要锻炼个人体格，有勇气，有不屈不挠的精神，及和平奋斗济弱扶穷的心志。如有人伤害一人的体格，摧残他的人格，危害他的名誉，他受了这种辱后，就应该毅然决然的反抗那人。以这能力推之于国家也一样。现在中国所受外侮，都是没有自卫能力的缘故。

3. 自教能力——就是自己教化教导自己的能力。我们儿童时代所受的小学教育，因本身没有自教的能力，便由父兄师长来教训教导。使我们到了中学或青年时代，有自教、自求光明、自求觉悟的能力。使能增高人格地位，导入光明之路。并须要以自教教人，使社会也得到光明。

这三个目标，使受教育的人有自养自卫自教三个能力。能具这三个能力，虽在困苦中，奋斗努力，才有兴趣和意味。天才环境和生活可以限制个人，而能力的发展不得受他们的限制。故一个人必须具这三种能力。一有了这三能力，即使对社会国家无多大贡献，对自己总要有三大能力，可使自己做一个有道德能力的人。一个没有自养能力的人就是社会之蠹虫，没有自卫能力的人就是懦夫，没有自教能力的就是糊涂虫。一个人要做人的生活而不要做非人的生活。有了三能力即有学问道德，就是在做人。有一个哲学家说："我们宁可做流离困苦、终身不得志的苏格拉底，不愿做一只快活的猪。"苏格拉底虽困苦，他因有了道德学问才困苦的，他过的是人的生活。猪一天到晚睡在猪栏里，无忧无虑，但它过的当然非人的生活。现在的富家子弟们有田有地，没有这三个能力，每天坐吃玩睡，或看看小说等，就是同猪一样。一般无聊的人看看恋爱小说，都说"青年的烦闷"和"青年的悲哀"，就因为他们没有创造自教的能力。范文正公说"先忧后乐"，做人的确应该如此。因为成功之先必须受到困难和阻折。如果反之，那末又是猪的生活了。所以做人必须具有这三能力。推广说，一国家、一社会、一民族也是如此。一个国家如生产不足，无自养能力，即不能和他国战争。被他国欺侮而视若无事便是有伤国格，而没有自卫能力。一个国家的人民大多数人不识字，不能自教，即不能够蒸蒸日上。一国家无此种三大能力，简直不能算是一个国家。中国现在的被日本侵占土地等，也因受此之影响。所以即使不能使一国人民都能有能力，至少要使智识阶级的人具有这三能力。个人有这三能力，可以自救，大多数人有这三能力，可以救国。所以这三能力是救人救国的三个目标。

第二，做人要有两个方面。往往一个人只看一方面，不看他另一方面。譬如现在诸位看这讲台是凸出的，我看来却是凹进去的，但是我和诸位都不对，因为这桌子是一面凹进一面凸出的，所以一个人应该看到两面。只看一方面的人，他的智识一定

有欠缺,这不能算是做人的方法,还足以扰乱自身及国家。这有三个例子以为证明:

1. 做人的责任有两方面:一学生在校读书上课自修遵守规矩是为学生的责任,教员上堂下堂努力教训毫不苟且是为教员的责任,商店伙计在店中做事是职业上的责任。但这种责任的尽负是有酬报的。学生伙计为的将来谋生,教员为的薪水。而一个人的第二责任是不必要有酬报的,就是替社会服务。譬如有一个苦恼的老太婆到邮局去领汇款,又不识字,去问一个邮务员。这一个人如果不睬或讨厌她,就无第二责任,如替她帮助,便具第二责任。这第二个责任就是道德的驱使。有人不尽这义务的就是因为没有受过好教训。这义务就是利己利人。所以做人应尽的责任就是利人同时利己。如商人进日本货赚钱,即无第二责任。

2. 做人的观点两方面:人生观和社会观,即对己对人的观察。再以桌子为譬喻,我说的是对己的,你们说的是对人的,结果却都不对,就是这两观点各是片面的,而须合而为一的。如一人做错了事,这责备的方法就有两个观点。自己责备自己的务必要苛,责备他人的务必要宽,这就是如何应用这两个观点的例子。又如两人合吃一碗饭,如以唯心论说,各人都要自己吃,不免有一场吵闹。如以唯物论说,各人推辞不吃,或另谋其他妥善办法,反不会发生吵闹了。《孟子》上有一段话,就是齐宣王说他好货,孟子说如果人人有裕也便可以好货。齐宣王说他自己好色,孟子说只要外无旷夫内无怨女便也可以好色了。这便是先社会后个人,先唯物后唯心的观念。所以这两个——唯心唯物,即人生观社会观——观点是要合而为一的，不能只有一面的。

3. 做人的理想两方面：如果现在有人要想到一个塔上去玩，这理想是未来的。而真想怎样到这塔上去，这理想就是想达到未来的方法。如不想第二理想而欲实现第一理想，无论想飞想跳，是绝不可能的事。例如人类的进化也有一定的步骤。又如外国人会客室中有没有痰盂的，那末有人要吐痰也只得吐在手帕中。乡下人家中没有痰盂，于是乱吐在地上。要达到不需要痰盂和外人一样的地步，于是必须要把痰盂来折衷一下。因为有了痰盂可以使人的清洁卫生的心注意一点，慢慢地再使身体强健而并不需要痰盂。这痰盂和搭到塔上去的桥一样，是接合现在和将来的理想的，所以是一种过渡的桥梁。现在人往往要达第一理想而忘了第二理想，是不可能的事。现在的人思想不彻底，办事不成功，言论不轨等，都是因为只有第一理想没有第二理想的缘故。以上所说就是一个人做事须有两个方面。

第三，做人的修养要有四个步骤："想""说""做""察"，这四步骤是循环的。

第一步骤是"想"，就是于事留心，不能把一个问题轻轻放过，要从愈多方面的想愈好；想就是锻炼脑筋的一个方法。

第二步骤是"说"，想了以后即使嘴里告诉人，腹中打稿子，用笔写稿，都是"说"。如何说的明白，说的感动人，就在想的彻底和平时模仿和练习上。

第三步骤是"做"，就是说了以后的做。有人笔下写的口里说的往往和做的事实不符，那末这说等于白说，做的也没有意思了。

第四步骤是“察”,也是四个步骤中最主要的一个步骤。这“察”又可分三类:第一类是根据所做事实的“察”。曾子“吾日三省吾身”,就是察的意思。第二类要求教于师长朋友,以他们所教训的来察我自己。第三类是求之于书籍报纸。书报中之可作模范教训的,用来参照照察自己。因为“想”“说”“做”三项中如果有一项错误,做的当然不对,所以非“察”不足以自觉和改过。如果“想”“说”“做”了而不顾“察”,那你的智识不能进步,道德不能增高。所以“察”为最要,唯“察”才可以增加各种能力。

做人的方法当然非常多,但一人能有三目标求能力,兼顾两个方面,根据四个步骤,那末做人谅没有大错的,而且使人生愈有兴趣意味,而不感到困难。这是我个人四十几年来的经验贡献给诸位的,希望诸位都能如此做去,能够做人。一方面救己一方面救国!

一九三二年五月十二日

(原载《江苏学生》,1933 年第 2 卷第 3 期)

中国教育与中国需要

教育是供给人类需要的一种重要工作。人类需要,是因为缺乏而起,缺乏不同,故需要亦不同。而缺乏与需要,又是因地域而异,因时代而异。中国人在这个时期内在本国国境内,纯粹为中国人办教育,吾以为第一个先决问题,是要认定中国目前所最缺乏的是什么,所最需要的是什么。外国人办教育,是为供给外国人实际需要而设,与中国不相干。倘若把外国人一切教育制度和方法,不加思索的完全移到中国来,那便是十二分的大错误。

中国办新教育四十年,成效如何呢?地大物博,夸于世界,问一问生产增加了没有?一般贫苦愚陋的农村生活,改良了没有?靠天吃饭,纯为自然所征服的一般民众,能不能明白科学方法,以自卫个体,改造环境?号称四万五千万人的古国,是不是半数以上的人,认识文字,具有国家观念?如若没有,如若不能,如若不是,那末教育便不能不负一部分——或者较重要一部分的责任。

人家棉花,收得太多了,用不了,烧不了,便一大包一大包抛到太平洋去。你这专务收括的官吏,叫农民去种罂粟,不叫农民去种棉花的国家,能够和人家相比么?人家极平常的一户农民,全年纯收入,能有美金八百元,住洋房,铺地毯,御摩托车,吸雪茄烟。你这大多数衣不蔽题,食不兼味,妻啼饥,儿号塞的农民,能够和人家相比么?人家教育普及,多数人能知道利用科学,改良生活,能明了个人与国家的关系。你这到处烧香拜神,重重迷信,一字不识,失掉东三省,还不知道的国民,能够和人家相比么?

彼此不能相比,那是一个很明显的事实,何以吾们中国办教育的先生们,竟想不及此呢?拼命的大建华丽宏壮的教室宿舍,拼命的扩充普遍中学教育,拼命的贩卖外国讲义,结果如何呢?社会上失业的知识阶级,一天比一天增多;到处不安宁的现象,一天比一天严重。米不够吃了,吃洋米;面粉也不够吃了,吃洋面粉;所谓五千年古农国便是这样。一个中学生,每年要用三百元,中家之人,只好望而却步;即使勉强筹足六年学费,让他毕业,仍是无一技之长,只能为社会分利,不能为社会生利。愚陋、穷困、孱弱、涣散的农民,充满国内,那里有人去问他?他的儿子不读书识字,他本人不读书识字,他不会用新法种田,不会组织自治团体,与都市专讲欧美教育的先生,本不发生何种关系,当然讲欧美教育的先生们,也绝对看不到这些农民的苦况,听不到这些农民的哀声。可是,米面产量一年短少一年,盗匪一年增多一年,甚且为讲欧美教育先生们平素所最看不起的小小日本人,也会在二十四小时内把辽吉两省的要地,占了许多,三个月内把东三省完全占领,举国四万五千万人民,竟致束手无策,这却不能在再说和未受过教育的三万以上农民,毫无关系了。

一言以蔽之，中国以往所办的教育，是丝毫未顾及社会实际状况，丝毫未顾及中国目前最大缺乏，力求需要的供给，以致演成这样可怜的景象啊！

那末究竟中国目前需要有几何呢？依我看有四项：

一、增加生产。

二、平均分配。

三、改进生育。

四、普及教化。

而此四项，却在在和乡村有关。因为中国产业太落后了，工业制造，当然不能和人竞争，所可持者，惟有农业，现在农业，却正是在日形衰落时期。生产的货物，既然十分短绌，而分配又极不匀，"朱门酒肉臭，道有冻死骨"，确是常见的现象。法律不完备，卫生不讲求，因而结婚不加限制，生育不知改良，以致优种日少，劣种日多。教育只有少数人能够享受，且又无益于生产，不合于国情。以县教育费最多之省分，而入学儿童，数尚不及十分之四五。试问以如此国势，如此国力，还是指着三万万以上又穷又愚又弱的一群农民，大声喊着："我们去实行某某主义，我们一致联合起来去干某某，"是不是等于梦呓呢？

现在我要用十二分的诚意，恳求我们教育界有权有势的诸先生，快快醒悟，快快回头，认定中国的最大缺乏，分出一大部分的精力财力，到乡村去实施合于目前需要的教育，以救此垂危的国家。

教育本来不是包治百病的万应灵膏，当然以上所说的四项需求，不能纯赖教育一方面来供给；可是，教育却不能不负较重大的责任，更不能不预揭出这四项需要，做此后教育进行的四个大目标。

以上所说，仅不过是引一个端绪，仍当赓续论列，以就商有道。

民国二十一年一月二十日脱稿于中华职业教育社

（原载《教育与职业》，1932年第132期）

读书提要

——现代教育名著《教育哲学大意》

近代教育科学,和教育史的研究,总算十分进步了,坊间关于这一类书籍的编印出版,着实亦不在少数,如教育心理学啦,教育测验法啦,用此以谋教学方法的改良,确有一些把握,这是属前一类的所谓"教育科学"。如要明了古代教育家如何能答他的问题,则需要关于教育史的知识,利用此项知识,便可以探索教育理论与实践的由来,这是关于后一类的所谓"教育历史"。

这两类学问,在研究教育的人,都是认为十分重要,因为他对于一般从事实际教育工作的人,都能给予以可靠切实的帮助啊!

可是,科学虽能帮助我们以实现教育目的,历史虽能示以昔人如何实现目的的方法,而我们的目的,究竟何在呢?现代教育,应努力的,是什么呢?又教材的选择,学校的组织,教学的方法,自身与生徒的关系,用怎样标准来决定呢?这些根本问题,恐怕仅仅靠住科学和历史,绝不能得到满意的答复。

那末,我们便不能不想到"教育哲学"的研究了,我们不应希望教育哲学,完全能把这些问题一一解答,而教育哲学自身,并且亦不应负有解答这些问题的责任。但是因为研究教育哲学之故,却可以使我们自己去求解答,那就不能不说是教育哲学的功劳了。

现在关于教育哲学的一类的著作,尚不多,不惟中国如此,欧美亦然。美国波特教授(B. H. Bode)因受其同邦教育哲学大师杜威先生(John Leweg)的启示,并裴格莱教授(W. G. Bagecy)的诱掖,慨然著成《教育哲学》大意一册,其目的并非为一般从事教育者解答各种根本问题,乃是使一般怀有问题之教育工作人们,或预备从事于教育职业的人们,因读了此书,可以自己会去求解答。

全书共分十二章,已经孟宪承先生于前年译成,交由商务印书馆出版,现已三版了。书中章名,述之如次:(一)教育之意义;(二)教育的价值;(三)教育与平民主义;(四)理想之发展;(五)兴趣职分与努力;(六)思想之历程;(七)思想之训练;(八)训练效力之转移;(九)心灵实质说;(十)意识状态说;(十一)意识即行为说;(十二)教育与哲学。各章所论列,纯从实用主义派哲学的观点上,讨论现代教育问题,所讨论的,大旨集中两点:

甲、教育应有的目的或理想;

乙、受教育者的心灵——或智慧——的性质。

据著书人波特氏自己在原书序文中,曾有次列一段的说话:

“著者深信我们教育的理论与实践,历来受着几种偏见的流毒。这种偏见,为历史进化上所不能免,而为现代知识所不可存。教育要有补于人生的美富,和世界的大同,必先祛除此种偏见。至于近今教育上科学方法的发展,同时带着一种对于根本问题的比较的忽视，这样趋重科学的方法，在目前大概是好的，其结果可将教育研究，建设在一个永久的基础上。然详细节目的探究，和一般理论的探究，宜有相当的联络，否则教育不过日渐成为复杂的——或机械的——历程，而不能为进步和改善的工具，也有严重的危险！”

这一段议论，极公允，亦极严正，究竟教育对于人生的功用何在呢？渐成复杂或机械的历程，而于进步和改善无与，则教育的目的，不是已经完全失掉了么？

波特氏此书，可以说真能力除偏见，示学者以实用之方，而孟宪承氏以教育专家，译此名著，不仅能曲达其意，并且能明畅其词，合之可称“双美”了！

方今我国各方正呶呶教育改良问题之争议，能得此公允严正之书，以一供参考，吾知有裨于吾思想纷乱之教育界，绝非浅鲜也。

（原载《人文月刊》，1932 年第 3 卷第 5 期）

呈一件为呈请解释电影教育在学制上地位由

为请解释电影教育在学制上地位事，兹据私立上海女子中学校函称：电影为现代教育之利器，欧美及日本各国，莫不积极提倡各大学内设有专科，师范学校亦往往列为必修学程，小学校则恒以电影为教学之助。此外如德意志之国立教育电影检阅所，意大利之国立教育电影检阅所，意大利之国立电影教育学院，日本教育部之电影教育研究会，苏俄之国立儿童电影馆等，凡此施设，俱足以为电影教育重要之佐证。我国对于电影教育，年来虽有热心提倡之人，却少相当之施设。敝校有鉴及此，拟自本年下学期起，增设电影教育一科，以资造就专材而为异日应用。只缘是种事业，在国内尚属创举，学制方面，缺少鲜明之依据，但就事实而论，却又涉及职业教育。素谂贵社诸公万流仰镜，卓识昭明，所以为电影教育谋者必至详且尽，用特检同敝校电影教育科规程草案及学校时间学分支配表各二份，函请贵社予以解释，或呈部请示以利进行等因，查电影一项，确为现代教育之利器，似应因势力导，培养专才，以应需要。惟此项教育，应需何种程度，相等于何项学校，在我国学制，尚无规定，而考诸各国亦无师承，敝社不擅自主张，用敢黏呈该校来件请大部予以指示，俾资遵循，无任感幸。谨呈教育部。

附　教育部回复：

呈件均悉。查电影固可为现代教育之利器，但现行学制上，殊无地位可言。除职业学校外，女子中学及其它正式学校，均不得设电影专科或专班。仰知照，并转行知照。附件发还。此批。

（原载《教育部公报》，1932 年第 4 卷第 29—30 期）

中华职业教育社第十二届年会致词

主席，诸位先生，此次中华职业教育社第十二届年会，全国职业教育讨论会第十届大会，遵照去年大会议决案，在福州举行，实属机会难得。犹忆去年大会之时，议定下次开会地点，为沈阳福州两处，当时大家心里，曾感觉到东北外侮日亟，情势或恐不佳。不幸去秋就发动了，一年间东北风云时见紧张，吾人乃有在闽举行大会之举。回想东北事变固觉悲愤填膺，但得有机缘，在此山水佳丽之闽省开会，心中又觉快慰，盖吾人于国难中获得一片干净土讨论社教问题也。至此次到会代表，有个人参加者，有代表团体者，以地域区分，上海南京两市，绥远、甘肃、江西、山西、江苏、广东、浙江、福建八省，均有代表到会，希望会后得有结果，不失开会之本意。至此次大会筹备事，福建教育厅各同志非常勤劳，盛意极为可感。鄙人谨代表中华职业教育社致谢。同人等此次远来，备蒙招待，高谊隆情，更是不能忘记。又此次共收到提案五十三件，其中关于农村改进为多，足见各方非常注意农村改进问题，敢信此次定有良好结果也。最后说到教育状况，据各方报告，及闽省职业教育设施之事实与计划，福建职业教育的成绩在全国殊不多见，如再加努力，定可成为职业教育之模范省。盖福建各种环境均优，天时地理人和三者兼而有之，可以助其成功也。至本社每年召集大会一次，其目的不只注意在当时议案的议决通过，实在注意在会议后的是否有效。尤其此次，吾人之希望更大，到会代表极多，定有一番高见发表，兄弟不敢多说下去，致占宝贵的时间。

（原载《教育与职业》，1932 年第 139 期）

福建《民国日报》题词

职业教育一方注重谋生知能之养成，一方注重人格道德之训练，盖谋生与做人同时并重而后才完成职教的使命也。

（原载《福建民国日报》，1932年8月9日，

中华职业教育社第十二届年会暨第十届职业教育讨论会题中）

职业教育的真义与使命

职业教育不仅是授与学生以谋生技能,解决个人吃饭问题便算了事。固然,个人吃饭问题,能得正当解决,社会上可消除许多乱源,也是很好;但职业教育绝不能以此自满自划,所以于训练职业知能时,对于学生的人格道德,一定加以精密的陶铸,务期养成“社会服务”的精神。盖真具有谋生技能,又具有服务道德,所谓做工做人,双美备具,而后职业教育之责任尽,职业教育之意义才能完。

做工得食,以自瞻身家,这是通常人易知易行之事;若是社会服务,则含有“舍己为群”之义,是纯粹“自我扩大”的表示,当然和通常做工得酬不同。人类社会所以能进化,我以为就是因为有这一点精神,继续存在,且继续发展。今日中国的社会,是不是缺少这一点精神呢?“自了汉”似乎多一些了,只知有己,不知有人,所谓博爱互助的侠义行为,固然不能说没有,可是竟如凤毛麟角啦!这也许是近来中国人身体不大十分康健,以致遇事容易消极罢!或者因为生计日艰,自济且不给,遑论他人,也许是事实罢!可是照目前情形来说,“自了汉”到了今日恐怕也未必能“自了”了,失业之多,谋事之众,来往憧憧,大半皆大中学毕业生也。教育到了这种地步，不是已有“前途茫茫”之感么？“穷则变，变则通”，自然要想到职业教育，以救其穷应其变了。可是能通不能通，就要看入手之初，对于职业教育的真正意义和办法，是否能解释明确设施适当？倘若不幸把职教的范围，束之过狭，即只知授学生以职业技能，而忘却社会服务，则真义既失，全局皆非。可以说，永无完成职业教育使命之一日，而国家且蒙无穷之害了！

国难当头，举国悲愤，民族自救，此其时矣。吾侪一方面应提倡合理有效的职业教育，以养成大多数能谋生又能服务的青年，“使无业者有业，有业者乐业”，同时更应再进一步，设法发扬民族精神，改进全民生活，所以要把职业教育的内容，力谋充实，把职业教育的范围，力谋扩大，庶几能借职业教育的途径，以达自救救国的目的。具体而言，在都市方面，除提倡设立适应社会需要的男女职业学校外，应竭力推广“补习教育”及“职业指导”，以救济一般失学失业的青年，在乡村方面，除提倡设立并改良农业推广及农业教育机关外，应竭力推广乡村改进事业，以改进一般农民生活，俾农村经济文化同时并进，以谋中国最根本的建设。并且因此联合初级教育人员共同努力乡村事业，既可为中国山穷水尽的教育，开辟出一条光明新路，也可为中华萎靡不振的民族，培养成一些活泼新机。如此一来，职业教育，对于中国前途，关系更觉重要，那末需要社会服务的各级各项指导人员，也就更要多多益善了！

（原载《新福建日报》，职业教育专刊，
转录《福建教育厅周刊》，1932 年第 127 期）

关于山东省地方教育的意见

关于小学教育

（上略。编者注。）

关于普及义务教育问题，顾先生报告教部已定有两种办法，但办法不厌多，故扩充部定办法，亦不成问题。本席以为师范生最后一年实习办法，不应只在小学内教书若干小时，应使其联合起来，自己开办小学，自招学生，自觅校舍，自置校具，办法简易；教师又可不须薪水，此法极可推行。至高先生所言，至为重要。本席以为课程教材，应备具以下条件：

一、要简易。

二、适合于各种地方需要，因地制宜。

三、儿童过法定学龄者，应增加职业课程，年幼者应予以职业陶冶。

四、教育不要脱离当地生活。如教音乐不必用外国风琴，乡间乐器，亦可代用；手工图画，亦不必用外国材料。至于训练问题：

一、应注意公民常识，并应将合于当地需要之常识，如卫生合作等分别条列，逐项实施。

二、注意与学生家庭联络并代为解决其家庭中之困难问题及指导其生活，又关于师资问题，可分两项：

一、责任问题。

二、待遇问题。

二者有相互关系，最后希望教育行政方面有提纲挈领的办法，由教厅设立全省小学问题讨论委员会，除负上述各责外，并为改进全省小学教育中心，尤应对于小学教科书，负责编纂。

关于师范教育

（上略。编者注。）

教厅所拟师范教育改革办法内，一、三、四、五，各条因部定新办法，大致已解决，本席意见：

一、第二条添设乡师一节，如有能专办此项学校之人才，即可多设，否则暂不必增加。

二、第四条县立中学一律改为师讲所一节，应酌量地方情形办理，不便武断。

三、民众师范学校之设立，亦应顾及办理此项学校之人才。最好选拔高中毕业生派赴省外，学习民众教育，回省后派在民众教育试验区内实习，再令其办理民众师范学校。第六条当然办理，不必讨论。本席对于师范教育意见：

一、十三四岁之小学生实不能自己决定是否愿终身服务教育界,最好方法于各师范学校招收新生时用职业指导方法测验其天才是否适于教育事业,譬如口吃者,不能充当教员。

二、注重人格教育,以免以前教书不教人之弊。

三、小学教师待遇问题:

甲、令县查报优良小学教员经厅查实后予以金钱的奖励。

乙、提倡夫妻学校,使夫妻共同经营一学校,以安定其家庭生活。

丙、推广田园学校,学校附近划定田园,由年长学生耕种,其收入归教师。

丁、小学教员之子女入小中大学时,如成绩优良均应免费,并由公家津贴其膳宿费,此项办法,可以教员之服务年限或服务成绩为律。

戊、实行年功加俸。

己、实行养老金办法。

庚、实行教员储蓄酬金。如教员月储一元,公家即再酬以一元。

辛、合作社事业由小学教师助办,其收益之一部分,即归该教师所有。

壬、最后希望部中规定精神奖励办法。

(上略。编者注。)

关于师范教育,今天大家所讨论者,归纳之约有以下七点:

一、师范学生应受专业的训练,一考入师范学校,就要注意教育。高小应注重职业指导,学生毕业时,除领毕业证书外,还应由学校发给一种关于个性检查表,以便升学时供上级学校之检查。

二、要真作。

三、要以学校为指导社会的中心,故应将师范生养成为指导社会之中心人物。

四、师范生毕业出校后,应由教育行政当局规定办法,以辅导其进修。

五、教育行政机关对于师范生及小学教师的待遇应设法提高。

六、应注重乡村师范学校。

七、注重乡师应兼顾及民众教育,在乡师内,应注意训练民众教育人才。

关于职业教育问题

兄弟现在中华职业教育社服务,对于职业教育愿意发表一些意见:

关于教育厅此次所拟问题,似不必分别解答,因为教育部对于职业教育,定有规程,不日公布,凡种种办法,及种种标准,均已有规定,将来要办职业学校,可遵照部章办理。本席愿对职业教育本身,略贡意见:

一、以前大家误会,以后办职业教育,即是解决吃饭问题,殊不知吃饭问题,为职业教育之一部而非全部,职业教育之目的,在技能与文化并重,换言之,即谋生与做人并重,中华职业教育社所提倡之职业教育,即系谋生与做人并重之教育。

二、就山东而论，应推广初级职业教育，充实高级职业教育，但所谓推广，并非急求各县均设一职业学校，因职业教育：

（一）须先考查地方情形宜设何种职业学校再规定计划。

（二）要办职业教育，须有相当师资，万万不可办非驴非马与初中差不多之职业学校。

三、职业学校师资为根本之根本，应最先解决，师资可分两类：

（一）行政方面，如校长及教务主任训育主任等，最好招取高级师范或师范大学毕业生再加以一年或两年之职业训练。

（二）技术方面，如专科教员技师等，最好招取高中职业科或农工商专科学校毕业并有相当经验者，再加以一年或二年的师范教育。

四、此外职业补习教育，亦极为重要。所有年长失学而愿从事于工商业者，应予以相当训练。惟农业补习教育，因须在乡村办理，故较为困难。无论如何，将来须认定补习教育为职业教育之重镇。此项职业补习教育与现在各县之职业补习学校不同，真正的职业补习教育，应分初级、中级、高级、最高级，补习者之程度，自初级小学毕业生起，至大学生止皆可。再则职业指导，亦关重要，希望教育厅联合各机关在济南先设立职业指导所一所。关于职业指导办法甚多，其经报告有成绩者，都可仿效。以上两项，系在正式职业学校之外与之相辅并行者。

五、要办以上所述各节，在省中须先规定职业教育策源地，希望由教育厅组织职业教育设计委员会，聘请职业教育专家并联合农工商各界领袖人员及各项行政人员，会同组织共同设计推广。

最后更进一言，现在学校教育已臻绝路，非别求生路不可，欲求生路，即须扩大教育范围。据本席个人理想，很希望设立一种学校，程度略与初中相当，专收十八岁以上高小程度之农家子弟，训练期间，二年至六年均可，不必严格限制。其目的在养成一种人才：

一是能用科学方法改造农业。

二是具有能写能说、能保卫乡村、能办自治、能作小学教育、能指导民众的能力，此种学校称为职业学校亦可，另定名称亦可。办法不必严格限定，其课程亦不必严格限定。其教学方法，可利用教室，亦可利用野外，应当学做并重，注重人格感化，师生同苦分甘。大可采用以前私塾讲学的精神，但方法则须用科学的。总之要将学校墙壁打通，将小学、中学、职业师范民众等项教育打成一片。有志者不妨划定一个小区域，试办一下，此种理想，不知当否，敬请指教。

关于中学教育问题

现在讨论中学教育问题，个人贡献一点意见。山东高中毕业生，每年约三百人，假定有七十人升入大学，一百五十人升入专科学校，七十人转入各种训练班。初中毕业生每年约八百人，假定升入高中者四百人，升入师范、乡师、职业学校者二百人，则所余无几，不成重大问题。据个人意见，若就升学者而言，则无论高初中均应注重下列四点：

一、以前教训分立的流弊太大,此后应教训合一,即每一教职员均应负教训全责。

二、学校不仅是智识贩卖所,应注重学做合一,即对于学生教以各种智识之外,并应教之做人。

三、(甲)应提倡劳动习惯;(乙)应注重合作训练;(丙)应提倡侠义精神。

四、注重全人教育。

总之,每校学生人数不妨少,设备则要完全。深望山东教育当局努力为之。最后本席愿再次声明,希望将本席前建议之理想学校办法,实验一下。

(原载《山东省地方教育讨论会会议记录》,
山东省政府教育厅,1932年)

读书提要——《新兴俄国教育》

此书原为日人山下德治所著，于一九二九年十二月由东京铁塔书院出版，而祝君译成，则在民国十九年(即 1930 年)十一月，至民国二十年(即 1931 年)十月始由中华书局印成发行。到了现在，距著者属稿时，已算有两年多了。在这两年中，苏俄的教育方针，有无变迁，苏俄的教育方法，有无更动，却不敢说，但这一部书，在此时总还不失为研究苏俄教育的一种重要参考品，此则可以断言。

俄苏教育，何以能惹起全世界人的注意呢？在本书译者所作的序文内，曾引到著者原书序文的一段话，我觉得似乎有介绍的必要。他是这样说的：

委委实地，新兴教育的产生，正有如俄国无产阶级的革命，是历史必然的现象；他不只是以俄国为限的问题，他乃是应该成为全世界人类所一致关心的问题。经过革命后十年的工夫，而得世界最大的教育试验场的评语，可决不是偶然的。如今的人类教育，在新兴俄国发见自己的新地盘，为现实的学问所采用为方法之史的辨证法，也开始从科学方面来说明教育。

这几句话,简括而具有深意,可算把苏俄教育值得令人注意的原因,阐发殆尽了。

全书共分大部:一、述苏俄新兴教育的产生,内分三节。先叙革命的因果,次叙新兴教育与文化革命的关系,最后说明新兴教育之世界史的革命。此可算全书中一篇绪言。二、述新兴教育的根本原理,分三层来说明。(1)说明教育的社会性,认定它的本质,是真正的社会教育;并辨明和倍尔根曼(P. Bergeman)、拿托尔伯(P. Natorp)及杜威(J. Dewey)诸位教育学者的社会教育学,本质不同。苏俄新兴教育,是社会的,而社会的意义,则在实践。所以他们的教课,一定要把所有现象,分成三个基本范畴:一是自然现象,二是人类活动,三是社会特质现象。平常简称这三个范畴,为自然、劳动、社会。在这三个分类中,特别注重人的活动。并且辨明这种教育,和德国的歌德(H. Gaudig)及克善斯泰奈(G. Kerschensteiner)等所主张的劳动教育,也不是一样。(2)说明教育的阶级性,认定新兴教育,是为全民众而设,不是为某一个阶级而设。同时并引证许多史实,以见教育阶级性的存在,是因为受了历史的制约。(3)说明教育的现代性,认定教育现代性的重要,所以说:"惟有依靠现代,人间才能连接过去与未来。"又说:"教育现代性,是新兴教育自身当作真正社会教育所表现的真理。"在全书中这一部分比较的艰深一些,晦涩一些,可是最关紧要,因为要了解苏俄全部教育,或者缩小范围说,要了解这部书,那末,对于这一部分理论,似乎不能不先求一个明白晓畅。三、叙列俄国教育界的领袖。他所举共有七人,每说一个人,皆把他的主张、学说、方案,罗列一些出来。四、述苏维埃的教育方针,内分十二小节:(1)党的教育方针,(2)苏维埃教育之目的论的规定,(3)教育的政治化与共产党员的养成,(4)义务的普通教育与其劳动化,(5)职业教育的振兴与高等教育的解放,(6)妇女的解放与男女同学,(7)托儿所与幼稚园之教育,(8)少数民族的解放及其教育,(9)浮浪儿的教育,(10)文盲绝迹运动,(11)校外教育机关的设施,(12)宗教与教育的分离。此皆是指示出彼邦教育实际具体的方针,在全书中可算最关重要的一部分了。五、述苏维埃教育机构。看一看他们组织的精密,与各统计表所表示进步之快,真是令人惊讶不已。六、述苏维埃教育的方法。(1)说明方法的根本学理。(2)论述基本的教材,并举出几个课程表。八、为附录,系转载沙兹基的一篇论文,及山下氏旅行日记的摘要。

全书共计二百七十五页,关于苏俄教育的全部,可算是应有尽有了。本来山下氏对于布尔乔的教育,有较深的研究,故论述能见其大,而批评亦极见其精。祝氏译文,大体明畅,惟因原文造句,间有一二处流于累赘,而译时不能以意剪裁,遂觉有少数地方读来不甚十分爽朗。但有了这一部书,使不明白俄国教育情形的人,读了一过,便可以了解近代新兴特殊教育的大体,其有益于学术界,还能算小么?

原书中首篇有绪言一篇,系评述裴斯塔洛齐的自由主义,经译者删去未译,于是原有之第二章,仿佛成了本书的绪言了。附录中原有沙兹基和巴索夫的两篇论文,现在亦由译者弃去一篇未译,故仅存一篇,其所以不译的理由,在序文内已经声明了。

近年来,关于论述苏俄教育的书籍,用中文编译出版的,已经有好几种,如顾树森君所编的《苏俄新教育》,列宁(Newing)原著的《苏俄的教育》,威尔生(Wilsom)原著的《苏俄新学校》,英国教师同盟原著的《苏俄活教育》,而比较起来,祝君所译这部书,似乎格外有益于读者。

民国二十一年九月二十日　作于人文社

(原载《人文月刊》,1932年第3卷第8期)

国难中民族复兴问题[1]

诸位同学！今天我所讲的题目是：国难中民族复兴问题。定这题目时，我觉得有无穷的意思，本想预备半天，作成一篇较有系统的讲稿来和诸位一谈，可是总没有工夫，一直到今天下午一点半后方在家里胡乱地预备一点。讲得不好，要请诸位原谅！

现在我把这题目分作四段来讲，就是：①解释题目的涵义。②对于一般中国民族观察的评论。③中国民族之缺陷及其急需的补充。④复兴问题，即如何才能达到民族复兴的道路。这四段中，当然以第四段最重要。但是没有前三段的叙述，也就没有后一段的结论。

解释题目的涵义

现在人都知道，“国难”到了，究竟“国难”发生于何时？是不是去年九月十八日日本用武力占据东三省后，才算有“国难”呢？依我的个人的见解，以为“国难”的发生，决不能限定在“九一八”

① 江问渔先生讲，唐茂槐笔记，十月八日。

以后。比如一个人得病,起初是内症,后来发为背痈。我们研究这人的病源,知道当他有内症时,体内细胞组织,已经有一部分坏了,所以才有此结果。同一样道理,我们便知道东三省被日本侵占,实在“九一八”事件没有发生以前,早已种了许多因。所以就空间上讲:外面的敌国外患,固为“国难,”而内部的天灾人祸,又何尝不是“国难”呢?就时间上讲,“九一八”事件,是明显的“国难”,而“九一八”以前的种种,乃是潜在的“国难”。内部原为外部之本,潜在实为明显之因。可知“国难”不仅是目前的问题,其范围是很大的,其来源是很远的。待到国家有了外表“国难”发生,才来讲民族复兴问题,实在是已嫌迟缓了。

所谓“民族”,大家都说是分作汉满蒙回藏。其实这种分法,不甚妥当。满蒙和汉族早经通婚,只有地域的区别,毫无种族的歧异。自唐宋以来,回族早已遍居内地。所谓藏族为数更少。所以我说的民族,是包括居住中华民国境域以内与夫侨居海外的一切人民,并没有什么分类。

至于讲到“复兴”二字,可以分开来说:“复”是复其旧有,“兴”是兴其未来。所谓民族复兴,也就是“文化复兴”,因为文化,一部分是旧有的,应该竭力去恢复它,去光大它。一部分是新生的,应该竭力去吸取它,去融和它。旧者待复,新者待兴,为数甚多,为势甚急,应该人人皆感觉到。惟怎样去复兴?用什么办法去复兴?复兴的道路是在那里?这却是目前所急要解决的一个问题。就中国历史上看,如宋后之元,明后之清,皆是以北方民族,侵入中国,宰制中国至百年或二百年之久,当时这些民族,只有武力,没有文化,所以侵入之后,反而被我们汉族同化了。一旦其势力衰落,汉族仍照旧复兴起来。但是现在的敌人,是有武力又有文化,和以前的情势,大不相同。一旦侵入以后,能不能如元清一样,倒是一个问题。如不能为我同化,则我们民族势必受其蹂躏乃至灭亡,朝鲜前车可以为鉴。所以现在我们要讨论的不是国家存亡的问题,竟是"民族存亡"的问题,世界上有许多国家已经灭亡,而其民族却仍然没有灭亡的,如印度犹太是。这是因为他们还有特殊文化存在的缘故。我们中国文化,如不想方法复兴起来,那真是国家灭亡,民族也一同要灭亡了!

有许多人还是认定中国民族具有它的特殊性,纵遭国难,也不过是一时的现象,将来日子久了,自然可以复兴。如在元朝之末,有朱元璋出来恢复;清朝之末,有孙中山先生出来恢复;现在不必忧惧,到那时候自有能人出来。这一种顺其自然的乐观论,今日能不能靠得住呢?却是一个疑问。另有一种极端悲观的人,却确切地认定中国民族,丝毫没有希望。他以为中国民族亡国条件,业已备具,还有什么话可说。其实天下没有这样绝对的乐观,也没有这样绝对的悲观,事在人为,何必靠天?责由己负,何必怨人?依我看来,中国民族是可以复兴的,不过复兴的责任,要我们民族自己担负起来。我们今日要讨论的就是民族如何自救的问题,也就是国难中民族如何自救的问题。再清楚地说,就是中国民族的文化如何创造和如何复兴。文化如能复兴,民族也定能自救的。

对于一般人中国民族观察的评论

现在我要把近来一般人对于中国民族观察,所下的论断,一一列举出来了。列举完了之后,我们要再加一些批评。

A.民族衰老说——主这说的,以为中国民族太衰老了,不中用了,消极、悲观、厌世,主张退让,主张复古,只存侥幸心,不肯向前迈进,这皆是衰老的特征,业已日落西山,还有什么希望呢?

B.民族幼稚说——主这说的,以为中国的民族,与其说衰老,不如是说幼稚,你看要破坏就破坏,事前没有计划,一受外界的刺激,就起而妄动,动了以后,且少反省的能力。这不是简直和幼稚孩子们一样么?孩子年轻,要他长大,还要相当时间;而现在外患之来,急于燃眉,那里能容得我们慢慢成长呢?

以上两种,是从民族年龄上讲的,再从民族道德上讲罢:

C.私利说——他们以为自私自利的人到处皆是,只顾其家,不顾其国。只知有己,不知有人。所谓急公好义互相援助舍己为群等精神,几乎消灭殆尽。民族道德如此,还有存在的可能么?

D.无组织说——他们以为中国人毫无组织能力之可言,如团体中甲、乙、丙,互相排挤的现象,很多很多,正所谓一个和尚挑水吃,两个和尚便抬水吃,三个和尚,却反没有水吃了。

再从民族生产力看罢,那就要不能说,不忍说了,大家吃的穿的和一切日常用的,舶来品有多少啊!痛心极了!像这样民族,衰老、幼稚、自私自利、毫无组织能力,穷得一塌糊涂,还能配在大地上生存么?我们不要只看见少数人住洋房的适意,要看许多人住茅屋的悲哀；不要只看见少数人读书有福，要看大多数人失学可怜，和失业流离的苦痛；不要只看见最少数人奔走国事，自相团结，要看大多数人的互相倾轧、钻营、私利，残忍的种种怪状。讲到这里，简直极端悲观的论调，倒也不能说他有相当的理由。可是和这说法相反的，也还有好几种哩。

A. 非衰老说——认为中国民族，并没有整个的衰老，倘果真的完全衰老了，为什么在民族运动中，也还有太平天国，国民党……的表现呢？

B. 非幼稚说——认为介乎幼稚不衰老之间的一般青年，既无士大夫的衰老习气，更没有农氏（原文如此，似为民之误。编者注。）无意识的幼稚冲动，他们——青年——正是大可有为着。所缺乏的，就是没有好好领导者啊！

C. 否认无组织说——认为中国民族并不是根本没有组织力的。比如元朝末年，有烧香会的组织，郭子兴便是该会首领，其势力遍于全国。最近也还有十九路军起来抗日，就是东北义军也还在那里拼命和敌人厮杀，怎能说没有组织力呢？怎能说不能团结抗敌呢？

D. 能刻苦耐劳说——认为中国人民，生来就能耐劳吃苦，古时圣人传下来的治国要道，也只要是“节用爱人”四个大字，执政的人果能把这四个字做得好，也就很好了。

这一派纯粹是乐观的论调啊！也不能说它没有道理。

这两种悲观和乐观的论调恰巧相反。现在让我个人来批评一下：①两方面所说都有一部分对的，一部分不对的。②士大夫确是衰老了。这是由于宋代以后读书的人，专注重个人自保的道德因而不知不觉间竟养成了“乡愿主义”，这种结果遂使好人不让他露面，坏人倒反可以保存。③一般青年却不是尽衰老，未读书的农人更不衰老。④组织力爱国心，不是不可训练，不可激发的。⑤刻苦耐劳，那是中国人的特别优点，大可利用，大可发挥。⑥专就农民来说罢，中国是以农民立国的国家，道德的维持，生产的发展，全靠在这三万万农民的力量。在农村社会里，我们很可以找得出一些披发缨冠而往救的互助精神，打抱不平的英雄气概，这是为士大夫社会里所不能看见的。如此次东北义勇军队伍里，还不是大多数的农民参加着么？

照这样看来，我们民族中虽然有衰老，幼稚的不景气现象，却不是不可有为。但是我们要注意的是现在农村破产的现象，到处皆是，倘不设法挽救，真是到了破产，中华民族可就没有希望了。所以我们今后自救的目标，不是悲观乐观的从违，乃是要提起精神去努力的唤醒三万万的农民，拯救三万万农民，这便是我们惟一的自救目标——民族自救的大道。

中国民族之缺陷及其急需的补充

现在的民族，是在优胜劣败弱肉强食的囚笼中求生存的时候，我们中国民族，文化如此落伍，当然免不了失败。但是由古代的民遗留下来的那些零星片块的文化，难道都是些垃圾吗？我以为只可惜还没有人把她——文化——搬出来做一番补苴罅漏的工夫，于是旧文化气息奄奄，新文化又是无所采取，便变成了“无文化的国家”。

在这时虽然有一般爱国的志士，救国的学者，费了许多精力和时间，创造出许多方案，写制许多政策，可是说的写的虽好，能实行么？实行起来，又如何呢？军队蛮横如故，官吏贪污如故，农村经济衰落如故，教育破产如故；这是什么缘故？是不是民族缺少了几样根本东西呢？到底全民族缺少的是什么？依我看来，似有下列的四种：

A. 缺少强健的身体——包括“身”和“心”两方面。

B. 缺少科学的智能——包括研究科学的智能，兴趣。

C. 缺少领袖的人才——包括组织能力。解除困难的手腕，领导群众的学识和正当的态度——须知领导如机头，属员如机器，机头的错误，便是牵引全部机器的损失啊！

D. 缺少道德的热情——包括爱护国家，宽宏大量，自救救人的互助精神，牺牲小己为群努力的精神——人而无热情，便是阴阳怪气，我们与其说是怯弱，毋宁说是冷血，须知道一个国家的存在，起码要有在水平线上的能力。……中国究若何？中国民族既然衰老、幼稚、私利、无组织，又是身体不好，科学不好，统御人才没有，道德热情没有，在在都是发现着病的表征。我们看到朝鲜的前车之鉴，真欲不寒而栗啊！我们要铲除这种病根，复兴我们的文化。应该从上面四个目标做去才行！继此便要讲到复兴问题了。

如何才达到民族复兴的目的

讲到民族复兴问题，国内便有两派的主张：

A. 意志说——这就是黄任之先生在去年春游日本回国后写成的黄海环游记里所说的，他说中国人还不要紧，只要大家一齐起来干就是了，那末换句话讲，就是要达到民族复兴的唯一出路，只要大家都有坚决的意志，一齐去干。

B. 品质说——在新月月刊某期里潘光旦先生有一篇文章评论黄先生的话，说是靠一二个人意志也许是可以的，如多数人的能力不够，那就成问题了，能力不够，便是民族品质的问题。品质何以不良，是因为选择与淘汰，违反了优生原则啊！我们知道潘先生是站在优生学立场来讲的，可是他的结论，并不是悲观，他还是认定中国民族，是有希望的。

C. 调和说——这便是我的主张，我是个调和论者，我以为无论什么主张。都有他相当的长处和短处，应该取其所长，舍其所短，才能收效最大。所以我以为潘黄二先生的主张，都有一部分是对的，而且可以并行不悖。现在就我个人的意见，举出七条来讲一讲。我认定这七条皆是民族复兴的大道，是民族自救的唯一方法。

1. 自励自勉——我相信一个人能够自励自勉，而没有依赖性，努力做去，总会有相当的成效。在这一方面，我是极端相信黄先生的意志说是有价值的，有可做的机会，便鼓起勇气去做。只要有能力以“己达达人”立定意志，创造一切，彼此相勉相励。这便是我们第一个复兴民族的责任。

2. 先从知识阶级做起——我以为有四个目标。

A. 信念——就是要坚决的相信自己的民族是有希望的，自救是有方法的。如当前的国庆不准庆祝，这就是自己没有信念的表现，难道国家倒了霉，连庆祝都没有了吗？家里老太爷要死了，不能庆祝，是对的，难道我的国家，我们民族，也和要死的老太爷一样吗？我们应当相信，我们民族虽然暂时倒霉，是永不会灭亡的，是确确实实可以恢复的。这位“大我”的老太爷比不得“小我”的老太爷，虽然病重，是绝对不会死的。这种意识，便是我们所应当抱定的信念。有了这种信念，才是有复兴的可能！

B. 决心——用一种坚毅不拔的决心，努力奋斗，死也不怕的做去。

C. 勇气——当做了时，统对不要计及困难，要有大刀阔斧铲除荆棘的精神。如十九路军在上海困斗的勇气，难道我们就不能够有吗？

D. 恒心——要继续不断地努力干去。

3. 今后我们所采取的方针。

A. 在旧的方面——应该把中国固有文化，早早恢复，中国固有文化中也不是没有好的，例子多得很。以制度来说，如古代小学有：“礼、乐、射、御、书、数”的课程，何以要习“射”？因为古时战争，是用弓箭的，何以要习“御”？因为古时是车战，现在用枪炮。何以现在大家不习枪炮？竟弄成这样懦弱样子。我们应当把古代保卫民族的文化，复兴起来，这不过是一个例子，其他类此尚多。试取各国以为证：

(1)丹麦——丹国内的民众教育专家，都极力主张用丹麦语教授，并把丹麦，历史诗歌，灌输于一般国民，以养成儿童青年及成人的热烈爱国情绪。

(2)数年前有一位印度学者到中国来参观，问中国学校：“你们先教本国哲学还是先教西洋哲学呢？”答称：“先教西洋哲学后教中国哲学。”他便哈哈的笑起来，说“差了差了”。诸位想想：印度是亡国的民族，他们学者尚且如此主张。我们闻之，应作如何感想呢？

(3)日本——日本从过去到现在，都是竭力模仿欧美的文化的，但在大学方面的讲义，所有外国人名，虽写外国原文，而在其他通俗的书报，写到外国人名，则一例用他本国的字母。这是什么缘故呢？他的意思，以为大学研究的，是世界学问，而通俗书报，则是为给一般国民阅读的，为保存民族性起见，自应如此，这便是他们国民教育最重要的表示。我们如何呢？请看一看罢！

B. 在新的方面——我们也应当竭力采取外国的长处，以补我之不足。

(1)关于科学的——我们应该提倡自然科学，不要再像过去那样妄自夸大，以为各种科学我们古代已经有了，不必再学别人，因而举出指南针、印书、造纸等，须知道这是已过去的陈迹，有什么用处呢？

(2)关于道德习惯的——如洁身自好，不重公道等，我们应该竭力革除，竭力提倡培养公德心，训练团体生活的习惯。

我们应取人之长，医己之短，抱定信念、决心，鼓励勇气、恒心，使中华民族作成一种“新民”。民族品质真能好，真能体格强健，有了好主义，好政策，好方案，还怕不能实行么？

4. 三派人的安排——现在我以为有三种人，是要赶紧设法去安排，安排这三种人也可算是复兴工作中一件重要工作。

A. 青年的安排——政府应当有一教养用的整个计划，然后才能使他们各尽所能，各趋所好。

B. 农民的安排——三万万的农民，太没有安排了。于是弱者别图生路，强者铤而走险；士劣因之横行；盗匪因之蠭起；天灾因之流行，农村日趋衰败，中国将陷于永久无希望的境地，所以安排农民，为当前要着。

C. 军队的安排——二百万军队，如何安排，也是很紧要的一件事，不过我们是书生不知军旅，此层可不必去谈它。

对于上面 AB 两种安排似应有下列两个方法：

(1)有知识的赶快下乡去与青年、与农民携手——青年要竭力唤醒农民，培植农民的道德能力。——详细办法可参考梁漱溟先生著的中国民族自救运动之最后觉悟一书。

(2)教育界同人要赶快去和农民合作——以后教育的目的当注重发展农村，改进农村。

5. 青年中年老年人的调和——一个社会秩序的安宁，首须避免这三类人的冲突，如青年人对于中年人以为少猛取精神，因而不满；对于老年人以为头脑冬烘因为不满；而中年人复以青年人举动轻浮因而不满；老年人更以青年人学识浅陋行为幼稚、中年人的傲慢自大因而不满，这是绝大的错误。所以我们要恢复社会秩序，须使老年可以作青年中年人的字典，因为他经验丰富，时时可以供中年人青年的顾问；中年人是介于青年老年的中间地位，能够一方引导青年，一方继承老年更该尊老爱幼；青年人应该敬老年，重中年，领受中年人的指导，必须这样，社会秩序才能安宁，进行步调才能整齐，文化发展才能迅速，民族才真有复兴的可能。

6. 遵守中庸之道——中国民族向来是推重儒家哲学中庸之道，所以“和平中正”四字到现在还是保存着。可是近年来因为受外来学说文艺的激荡麻醉,竟使此数千年的中心道德思想,有动摇之势了。这真是一种可怕的病态变态。目前要复兴民族,务必恢复和平忠厚之气,使多数人趋向于中庸之道才好哩!

7. 我们今后应该本着下列几种标准做去。

A. 手脑合一——用以锻炼个人的科学能力、生产能力、治事能力。

B. 士农合一——用以发展农村文化。

C. 文武合一——用以增进自卫卫国的能力。

D. 富、教、政合一——用以救济一般农村社会贫、愚、弱、私、散五种不健全的大病。

这是民族复兴的最要道路,这也是文化创造的惟一法门。

时间有限,不克多谈,问题复杂,不易明晰,预备不充足,说话无条理,不能供给诸君以较好的参考,尤为抱歉!希望诸君特别原谅,多多指教!

(原载《大夏周报》,1932 年第 9 卷第 6 期)

乡村教育与乡村改进[①]

我今天所讲的可分二部分:第一部分是一种报告,第二部分则提出几个问题。

一、现在先来报告乡村改进的事实

(1)第一个乡村改进的方式。"乡村教育"这个名词,中国从前是没有的,民国八年的时候,江苏方面有人到欧美去考察教育,回来以后,才知道欧美各国对于乡村教育的重视,于是提倡开办乡村师范,推广乡村教育,乡村教育的名词才得产生。民国十五年,中华教育改进社和中华职校教育社等五个团体,创办徐公桥乡村改进区,以前各地并不是没有改进乡村的事业,不过用"乡村改进"的名词,是从徐公桥改进区开始的。徐公桥改进区创办后,曾因时局关系,停顿了一年多,民国十七年四月再行恢复,到今已有四个年头两个月了。徐公桥共有三十四村,两千多户,改进区内自东到西自南到北皆五里,改进事业由中华职业教

① 江问渔先生讲,刘特云、徐一震记。

育社派专员主持，并派指导员联络当地负有信望干练的领袖共同设计进行。现除一中心小学外，另设小学数所，由中心小学负责辅导，又附设几个民众学校、民众问字处、民众代书处、民众壁报等，补救失学的民众，这是改进会对于教育方面的办法。

要达到乡村改进的目的，除教育以外，还应该注意农民的生计，着重于农事的改进，像改良种子，改良农具，请求水利，改良贮藏肥料等。此外尤宜创办合作社，实行贷买贷金的制度，给农民购买农具肥料种子贷款种种的便利，使农民不受重利盘剥的痛苦。关于这些问题，改进会都设有专员指导，如农事指导员、经济指导员便是负责办理这些事情的。

农民的教育问题有了办法，生计问题有了办法，但有时生起病来，不知道好医生在那里，即知道好的医生，却或没有钱去请，这又是一个问题，应该从卫生方面来解决。因此改进会里又设一个民众医院，替民众医病、打防疫针、种牛痘等，不取半文钱。农民有了病也不会担忧。还要设法预防种种疫病的发生或传染，使农民不会有染着传染病的忧虑。如是农民有了饭吃，有了智识，又有健康的保障了。

关于休闲娱乐运动等问题，改进会也应该设法解决。所以改进区内又办了民众运动场改良茶园、公园等，给民众游览活动。此外如筑路救火造仓库等，改进会都一一去做。这是改进区内的建设事业。

我们要去改进乡村，必须联络当地民众，要设立学校，必先调查学龄儿童，还有如息讼、解纷、防卫等事，不能不有政治组织来解决，所以徐公桥乡村改进会里面，先从当地民众三千人的当中选几个领袖来,为本会的职员,协助本会办理乡村改进。会内设了好几部,来做调查和其他兴革事业。一面叫他们做事,一面就训练他们,灌输以自治公民知识,使不正当的、不合理的不良风俗习惯慢慢地改去,代以正当的、合理的种种活动,使养成良好的习惯。中华职业教育社计划在六年内,使徐公桥的民众,都有自动的能力,都有自治的本领,便由他们公选出一个人来做改进会的主任,主持一切改进事业,这是关于政治方面的改进。以上所说,是徐公桥乡村改进区的概况,这种用乡村改进会为乡村改进中心的,是乡村改进的第一个方式。

徐公桥以外,中华职业教育社还办了好几个乡村改进区,如镇江的黄墟、苏州的善人桥、泰县的顾高庄、绍兴的舟山、余姚的朱家桥。都有改进区。有的由官厅拿出钱来,有的由地方或私人拿出钱来,委托中华职业教育社去办,有的由职教社自己拿钱去办。

(2)第二个乡村改进的方式:乡村小学是乡村的中心,小朋友是未来的主人翁,小朋友训练好了,乡村自然会逐渐好起来。其他方面区内的自卫事业、改良事业、合作事业、公安事业、公民的道崇训练智识训练等,都从中心小学出发,例如余姚绍兴两处的改进区,便是以中心小学为中心的。关于这种用中心小学做改进乡村中心的,是乡村改进的第二个方式。

(3)第三个乡村改进的方式:如在北方的定县,以县为单位。平民教育促进会在此地乡村改进事业,可分为文字教育、生计教育、公民教育、健康教育四种。他们使民众读千字课,来推行文字教育;添办了一个农场,做改良农业的中心;设了一个工厂,做生计教育的中心；设了一个医院，做健康教育的中心，经费每年数十万，欧美留学生在此办事者很多。他们以县为改进乡村的单位，可说是乡村改进的第三个方式。

(4)第四个乡村改进的方式：例如山东省邹平的乡村建设研究院，此院内分二部，一部专收大学毕业生，研究乡村改进的高深学理，由梁漱溟先生主持，一部专收小学教员或初中毕业生，以养成实地办理乡村改进的人才为目的。他们曾经下乡办过乡农学校及其他的社会活动等。乡农学校的科目有三种，一学术讲演，二农业讲演，三公民训练。关于这种用研究学理造就人才的研究院为乡村改进中心的，是乡村改进的第四个方式。

总之：现在中国的乡村改进事业，不外上列的四个方式，一以改进会为中心，二以小学为中心，三以县为单位，四以研究院为出发点。这四种方式，尤以第二个方式以小学为中心的为最经济最有效的方法。此外如各省县市地方的民众教育馆，也含有改进乡村的事实，但不是确定划区去从事改进的，我们在此地不去讨论它。

二、关于乡村改进区的几个问题

普通人对于乡村改进事业，常有怀疑的地方，现在选出四个常遇到的问题，简单解答如次：

(1)乡村改进与乡村教育有何不同？狭义的说，乡村教育就是去办农村学校。广义的说，乡村教育要从学校的活动进而为社会的活动，将课室里的活动搬到农村社会去活动，真正的乡村教育,要把农村改良,就是乡村改进。故从广义说来,乡村教育和乡村改进没有分别,两者应该打成一片。

(2)乡村改进与乡村自治有何不同?普通所说的地方自治,都是假自治,乡村改进就是将目前的假自治改为真自治,我们要依靠乡村改进的力量,去促进真自治的实现。乡村改进的事业与真正的自治,实在分不出什么界线来。最近余姚朱家桥的小学校长,因为他做了许多乡村改进事业,不只在校内活动,对于校外社会事业常常来参加,与乡长发生冲突。乡长便认他行动越轨,马上把他捉到官里去。后来经过中华职业教育社派员去说项,才得放出来。这种乡长不谅解小学校长出来改进乡村的事端,实在可笑。病根全在于乡长们所办的是假自治的缘故。我们不希望目前的假自治存在,总希望真正的自治实现出来!我们觉得乡村改进事业是一座过渡桥,不能自治的人民,要从这座桥才能渡到真正的自治,所以乡村改进与乡村自治是没有冲突的。

(3)经济困难,如何可以改进乡村呢?我们要做改进事业,最好先设立小学校,由学校兼办乡村改进,是最经济最有效的方法。无论如何,我们总要拖定"多钱多做,少钱少做,无钱也做"的主张。"多钱多做,少钱少做"的意义,不必说了,只有"无钱也做",诸位也许不相信,我可以举一个例来说明。譬如学校前面有一毛坑,臭气腾腾,很不合于卫生,我们想去改进,身边却没得钱,校长自己二十块钱一个月,除了吃的穿的杂用的以外,那有钱来办改进事业呢?我们于无钱当中,去想一个办法,可开一个恳亲会,召集许多家长农友来,对他们劝说,使他们都知道毛坑不盖的坏处，臭气要使人难过，污秽要使人生病，务须使民众十二分了解我的意思，然后提出改进毛坑的意见，大家必都会赞成。大家赞成了，钱便由大家捐出来，不捐钱捐气力，大家一致来改进毛坑。譬如说做毛坑盖需洋五元，共有一百个家长，每人出洋五分就可把盖做好。校长自己也应该出一份钱，表示合■■(原文缺两字，大意为:作，这)不是无钱也办吗？又如我们要替农民及学生种牛■■■■(原文缺四字，大意为:痘，就捐)得钱买痘浆，又不明了种痘的方法，那末可以■■■■■(原文缺五字，大意为:想法子到)杭州医院去捐点痘浆来，探问些种痘的方法(原文缺六字，大意为:教他们自)，种试种，后来不会种的也会种了。这不是■■■■■■(原文缺几字，大意为:没钱就能把事)办的例吗？像这种的办法很多，这■■■■■■■■(原文缺七八字)做事不怕没有钱，只怕不会想法，会■■■■■■■■(原文缺七八字)。

(4)在中国政治紊乱状况之下怎么能办改进事业呢？中国政治不上轨道，民众程度太浅，这的确是事实。惟其如此，我们不得不起来改进乡村。中国是世界上地大物博的国家，历来以农立国，然现在每年反要吃暹罗米若干担，买进美国棉花数千百万元，中国人口四万万多，占全世界人口四分之一，东北西北的土地，只够自己去开荒。然现在东北土地反被日本人掠夺而去。中国农村的破产如此，中国的危机如此，假使中国再不向农村方面去着想，急谋唤起民众改进乡村之道，恐怕不要日本出兵东北，不要帝国主义来亡我，我自己也支持不改良事业、合作事业，因社会不安定、政治不上轨道而灰心冷意。都从中心小学出发其进取之心，正惟政治不安定，国家形势要求以中心小学为中心努力去改进乡村，以固国本。我们要，是乡村改进的治支配之下，努力改善人民生活，使政治因人■■■■■（原文缺五字）而上轨道。我们要在不安定的社会状态之下，改进北方，使社会因人民程度提高而日渐安定。等到政治进事业道之后，这种改进乡村事业，或者不及现在的需要助他们。

我们的结论，就是以乡村学校为中心去改进乡村，希望诸位，此后努力改进乡村，救中国之危亡！

（原载《湘湖生活》，1932年第2卷第1期）

职业教育

——在山东省教育厅讲

江问渔先生为国内职业教育专家，本年七月应本省教育厅之聘，来济参加教育问题讨论会。七月二十日在本馆附设影戏院为教育行政人员训练班讲职业教育问题。稿由教育班同学记录，并由江先生略加订正，特由本刊发表。

诸位先生，现今因贵省教育厅，感觉现在的教育的道路，皆走不通，所以函约各地研究教育者，来此地讨论，兄弟也是被约的一个，因这机会，得和诸位谈谈，是非常荣幸的。兄弟常常看见各校招考，考取的青年学生，无论来自田间，或来自工商及其他各界，其毕业后的结果，使他的衣服变了，气度变了，从前手可以提重的，现今也不能提重了，足可以走远的，现在也不能走远了，竭力向士大夫及统治阶级的道路上趋，真是异常难过！我们中国兴办教育数十年，研究科学数十年，农业生产上，多收获了几石粮呢？工业生产上，多织了几匹布呢？

吾们看看海关上的调查统计，知道外国进口的农业生产物与工业生产物，与时俱增，而中国各种生产业，日形凋敝，经济破产，观这情形，不寒而栗。

听贵省教育行政人员说，初中招考，投考者拥挤，几逾所招之额十倍，高中招考，则投者寥寥。在未入初中之农家子弟，本能种田，及入初中毕业后，则手不能持锄耙。如不耕田，有其他之生产业相抵偿，为始不可，结果除公私各家，耗费许多金钱外，农家仍是少一佃农生产者，社会多一失业分利者。

吾以为初中或高中，毕业后回到田间，用其所学，以新的科学方法，去选种，耕耘，收获，更以务农余力，联合村民，作种种社会事业，如农村合作社，以及自卫、自治、卫生、村道等各事业，使生产量增加，人乐其居，不惟无前说之弊，反能使社会得到莫大利益。

在自己作一生利者，或能耕田，或能作工，或作其他种种生利事业，在社会则作一热心扶助之导师，辅助自治自卫，联合合作，能文能武，能劳力能劳心，这才名曰有用的教育。

若所有青年，一自学校毕业后，但穿其长衫，手不能持百斤之重，足不行百里之遥，不惟教育破产，社会亦将随之而破产。

以上所说的，是一些闲话，一些感触，现在可专来谈一谈职业教育了。究竟职业教育是什么东西？有的说："因大家没有饭吃，所以提倡职业教育，使大家都有饭吃。"职业教育，仅仅是为吃饭，这未免看的职业教育太狭了。

有的说：无论士农工商，劳心者劳力者，凡世间所作的事，都是职业教育，这样说法，又未免看的职业教育又太广了。

职业可分两类，一种是直接生产，一种是间接生产。为农工固是直接生产的了，商一方是间接生产，一方也可算直接生产。

但家事中亦有间接直接之别,如炊饭洗衣,可省去庖夫洗衣人之费,这是间接所生之利,为以作家事之余力,以纺纱,以织布,则又是直接所生之利,可以补助生产了。凡一个人,不能不谋生,既欲谋生,则须修养谋生之工具,若用教育方法,使人人得到谋生工具,并且使人人得着生活的供给,得着生活的乐趣。但是国家是人群集合而成的,是社会组织而成的,仅仅谋个人之生活,尚不能行,须对家族,对邻里,对社会,对国家,对世界,尽其相当之义务,方能尽一个人的责任。

譬如邮局邮务员,素日对个人职务,勤奋非常,小大不苟,这样人不能不说他是一个尽职的善良职员。可是有一日,一个乡下老太婆,因为不识字,又不懂邮章,请教他一件事,他竟扳起面孔,露出不耐烦,不愿说话的态度,拒之以千里之外,类似这样的公务员不只邮务员,此不过举其一例。吾以为这样人,对人群如此冷酷,对社会如此淡漠,未免少修养,未能尽其应尽之责,这就大不对了。所以职业教育之定义,是用教育方法,使人人按照他的个性,得着生活的供给和乐趣,并尽其对人群之义务。这种教育就是职业教育。

再说职业教育的目的罢:

一、谋个性之发展。

二、为个人谋生之准备,使无业者有业,有业者乐业。

三、为个人服务社会之准备。

四、为国家及世界增进生产力之准备。

至说到职业教育的分类:

一、农业教育。

二、工业教育。

三、商业教育。

四、家事教育。

五、公职教育。如公共机关文书事务员之养成。

六、专业教育。如高等专门训练之律师、医师、教师、新闻家,及其他职业需用之专门人员等。

现在职业教育之范围,已日形扩大,以纵的话方面说,已向上伸的不少,横的方面说,已向四方扩大的不少。

(甲)正式职业学校,可分三种:

一、农业,工业,商业。

二、高级中学内,设有农工商科,及有职业科之初级中学者。

三、专科大学设有职业科,或专科学院。

(乙)补习职业教育。

一、农工商等职业传习所,讲习所。

二、农工商等职业补习学校及补习科。

三、慈善或感化性质的各机关附设之职业教育。

(丙)特殊性质之职业教育,如军队附设之职业教育。

(丁)职业师资教育,如农工商等职业教师之养成机关。

(戊)职业指导。

职业教育,应打破年级制之传统思想,如学生个性对于某科相近,或天赋聪明,对于某科某技术,数月或一年即已谙熟,即令之毕业,如某生须年余,或二年,或至二年以上,始能毕其学业,即视其练熟时,使之毕业,总之毕业年限之长短,以其能否会悟所学之课业技术为准。

再说职业教育设施的标准：

要在一个地方设一个职业学校或职业科，须先看当地情形，详细调查，然后按实际需要，设一个某种职业学校，或某种职业科，教学方面不必用死法，教材不必一定用书本，应根据本地实际需要情形着眼，否则所学者尽是死板之物，尽是书本之法，学后仍不能实用。譬如在山东曹州设一农科学校，所授者尽系北美加拿大，或日本北海道之种植气候土壤等学，是否适合于曹州之土壤及鲁西之气候，弗问也，试问此校学生，学成毕业后，在其乡邦有何利益？所以设立职业学校，须顾学校环境之需用情形，始能收效。

又职业教育之设科，按照社会状况，大概言城市以工商为宜，乡村以农工为宜。

职业教育机关，专收男生或女生，或兼收男女，视地方情形定之，但男女不同之职业，其设科必各审其所宜。

业经调查某地已有之职业，何种已发达，何种应改良，及未有之职业，何者最为需要。

根据前条调查之结果，于农工商等各科中，决定何科，尤当于一科之中，决定专设何种。如设农科，应视土性为宜，决定何种作物；如设工科，应视地方状况，决定其为机器工或手工，而于机器或手工中，更视地方所产何种原料，需用何种出品，而决定何种工艺；如设商科，应视地方情形，而定普通商业或特种商业。

至于学科分配的标准：

一、职业学科，所以培养各该职业之知能，如农工商家事等之各专科。

二、职业基本学科，所以培养各该职业知能之基本。为农科之须学习生物及化学，工科之须习数学及物理，商业之须习算术，家事之须习理科等是。而尤以国文算学为共同基本必需之学科。

三、非职业学科，此为人生不可少之修习—与职业有间接相关之影响，各级各科性质情形互有不同，设置此种科目，当然不能一致，惟至少应有下列之三科：

一、关于公民者。

二、关于体育者。

三、关于音乐等艺术者。

另有职业教师更为需要。

欲办各种职业教育，非先培养各种职业师资不可，职业教师可分三种：

一、工业用之技能教师，授课实习时，无妨佐以巧工巧匠，及化学机械等工匠。

二、农圃专业教师，授课实习时，无妨佐以素有经验之劳农。

三、商业专科教师，无妨佐以富有经验之老商，富有学理者与富有经验者，兼收并蓄，必能收互助益彰之效。职业教师尤需注重个人人格，俾养成学生人格，以便出而服务，彰明事业。招生之前，须择其对职业教育有兴味者，如高中师范科，对职业教育有兴味者，高中农工商科，对职业教育有兴味者。

又利用工暇补修，如在白天营业之商店伙友，及在白天工作之工场工人，晚间均可令其入补习学校补习。

又社会人海，茫茫无际，人之择业常无适从，故非有职业指导所，以指导青年，舍迷途而入康庄不可。

职业指导所，须备有升学指导、选业指导、职业介绍、改业指导、服务调查、服务指导等，或能尽指导之能事。

职业教育系属专门学科，竭力讲授，亦非一年不可，今在最短时间对诸位先生，略谈其大概而已。

（原载《山东民众教育月刊》，1932年第3卷第9期）

读书提要

——《现代教育名著丹麦的民众学校与农村》

谁都知道丹麦是北欧一个小国,土地只有一千七百一十八方里,比起我们中国的浙江省,仅有一半大;人民只有三百二十二万,比起我国中国的江苏省,仅有十分之一,不过抵得上我们一个上海市。可是,到他们的国内去看看吧,岂止是鸡犬桑麻,人民安乐,简直是敏捷、勇迈、活泼、自由的精神,充满于农村社会。一个寻常农民,入可以住楼房,铺地毯,出可以乘汽车,登讲坛,出席会议,入朝参政。每年农产、制造品牛油咸肉输出国外,蔚为大宗。全国农民不但富于增殖产业的能力,且人人优于管理国政的兴趣。近三十年来,其农村文化经济,居然能著称于全世界。凡世界文明诸国的政治及教育名家,无一不啧啧称道,愿往效法。彼国何由而致此?说者谓,彼能运用复杂的合作组织,所以有此殊绩。诚然诚然。顾彼运用合作组织的性能,又何由而构成呢?聪明优秀,岂真得天独厚欤?抑别有他故欤?言至此,自不能归功于教育了。

百年以前,丹麦的农民,还不是和我们中国一样么?愚蠢、贫穷,比比皆是;且因受了外力的压迫,全国民气,萎靡不振。可是，近五十年来，大大不同了，他们不但有知识，而且有能力，有德行；不但能自治，而且能治人。要知道今日丹麦农民所以能如此，并无其他巧妙；他们不过能运用一种娴熟的方法而已。方法何来，来自教育。我们可以说丹麦农民经济上和政治上的成功，也就是教育的成功。

我们要明白，丹麦的教育，并不是欧洲一般"依样画葫芦"的教育，乃是真能适应时代需要的特殊教育。它不是公家办的国立公立学校，不是按时上课下课、按时考试毕业的呆板教法，并且他的学校，不规定在丹麦学制之中。可是，凭了这种教育力量，竟能唤起丹麦的国魂，竟能再造丹麦的人生。这种教育，是有名的青年成人教育，这种学校，就是有名的民众高等学校。

溯起创办这种教育的老祖宗，就不能不令人景仰到九十年前丹民先觉者的格龙维（Ni-kolaj Frederik Sevrin Grundtvig）了。这位先觉者，并不是大学教授，也不是大学毕业生，因为大学教授和大学毕业生，或与穷苦农民，不甚十分接近。不接近当然不能知道他们的甘苦；不知甘苦，亦就未必能发生同情。他是一位历史学者和诗人，他是一位宗教牧师兼学校教师，他实在是一位充满热情的爱国志士。他立志决心，要凭他一己的热心、毅力、诗才、学艺，警醒丹麦全体农民，挽回国家厄运。初则实施民众运动，继则改造学校教育。这种学校教育，这种施教育的学校，即所谓"民众高等学校"。凡是入民众高等学校的学生，要具有几个特质：①不要做官；②不要做大资本家；③自田间来，出校后还是回田间去。受过这种学校教育以后的学生，回家劳作，能加倍勤勉，加倍活泼，方可算是教育成功。入学时，不必用什么甄别试验，毕业时，不必用什么毕业试验，更无所谓给予证书。教育原来是生活，在校读书与做工并重。一年中有时在家，有时到校，男子就学，自十一月至翌年五月止；女子就学，自五月起至七月止。总以适合于实际生活为主旨。学校书籍不必多用，因为重要教育，不在能读书，而在能做事，能做人。

自从格龙维创成这种特殊教育以后，于是继之而起者，先有柯尔特创造罗亭民众学校，以激起北斯列什威的丹人民族思想，继有施洛特等民众教育大运动，遂使民众教育的精神，渐渐满于全国。迨至二十世纪以后，这种教育的势力，益形发皇起来，学校数也多了，学生数也加了，课程更丰富了，而全国农民，也就大改旧时面目，另换成一种新的生活了。各国教育界、经济界人士赴彼国土，详加考察，以思仿效其教育方法与合作组织的，不绝于途。而著书以论述其历史现况的，亦实繁有徒。即以我国而论，用国文著述或译述丹麦教育与农村经济的，在最近数年间，已有五六部。如说到叙论精密而简洁，当以彼邦三个民众高等学校校长所合著的一部书为最。三位校长，一曰贝脱勒（H，Begtrup），一曰伦特（H，Lund），一曰曼涅芝（F，Manniche），这部书的原名，为 The Folk High Schools Of Denmark and The Development Of a Farming Gommunity，而孟宪承君迻译以国文，因名之曰“丹麦的民众学校与农村”，盖取其简洁易明，且适合于书之内容也。

书分上下两卷，上卷共列七章。第一章，述丹麦民众高等学校的历史，认格龙维为“民众高等学校之父”，而详述其生平。书中有两段，是令读者十分感动的，可把它介绍在下面：

“怎样能觉醒民众,这问题,是他(指格龙维)很长久地思索着的。他慢慢地想到要设成人学校,用丹麦语讲丹麦祖先底故事,叫民众从过去光荣底回忆,得到将来民族底自觉。这种工作,他觉得非充分用丹麦语,不会成功。”(七页)

“格龙维以英国人那种的实际精神,趁这机会,鼓吹他的民众学校底主张。他说,农民市民,要享有参政权,参与立法,自己先须有相当的知识;他们需要的知识、能力,不是什么外国语,而就是要能用丹麦语流畅地正确地发表自己意思,能了解丹麦底历史和社会情形。建设一种高等学校,使民众来公同讨论和研究他们自身的问题,所以成了必要。”(十页)

第二章,述第一期民众高等学校——即柯尔特(Chisten Kold)所办的罗亭民众学校。第三章,述第三期民众高等学校,说明施洛特(Ludwig Schroder)对于民众教育的贡献。第四章,叙到二十世纪的民众高等学校,把近三十年来丹麦民众教育重要变迁和改革的一切经过,简要的加以说明。第五章,则载“学校生活一日记”。第六章,述都市民众高等学校。第七章,述国际民众学院。

下卷分五章。第一二两章,述丹麦的农民的兴起,以极简明的笔法,叙农民理知能力发展的由来,与土地制度改革及农产增加的一切状况。第三章,叙丹麦合作事业兴起的经过以及合作事业与民众教育的关系,均能扼要。其中引到丹麦合作运动的领袖尼尔逊(Anders Nielsen)的一段话,最可令人注意,录之如下:

“它(指民众教育)弥补社会的罅裂,筑成了合作的大道。它使学生进入实际生活底时候，爱国家，爱事业，成熟而能思考，自立立人。……我们可以说，不仅是合作运动，便是整个丹麦农民底文化，都建立在民众高等学校底基础之上。我们说到合作运动底社会的和经济的贡献，我们不能不感谢两位伟大的宗教和教育的领袖格龙维和柯尔特和他们的同事及信徒。他们提高了民众文化，唤醒了团结精神，教民众运用自己的能力，以改进自己的生活，使民众明了团结力量于个人和全体双方都有利益。”（一一五页）

民众高等学校和合作运动，的确有密切关系。合作事业所得的酬报，是农民经济的改进，农民实业的繁荣；而民众教育所得的酬报，便是改进和补充农民运用合作的能力。城市合作事业，所以不及乡市发达，亦就是因为农村的民众教育特别发达之故。

第四章，叙述“民众高等学校与农村社会”。其中叙到丹麦少年团情形，有次列一段的话：

“到了二十世纪，丹麦少年团开始扩充演讲底工作。少年团是十四岁到二十五岁的少年组织成底自治团体。团中领袖，是团员选出来的少年男女。这些‘少年中少年’底工作，有演讲、唱歌、运动、表演、戏剧等。有时候，牧师、教师、和年长的农夫都来帮忙；常常在同情于这种事业的农夫家开会。少年团和民众高等学校，具有同样的人生观，想追迹格龙维底基督教的团体精神。团中领袖，大都是以前民众学校底学生，团员年龄较幼的，将来也大都要进民众学校。全国团员，共约五万人，已立全国联合会，并刊行杂志一种。团员大都是农村的少年，城市里可说没

有人参加。”(一二六页)

观此,便可以明白民众学校对于农村社会教育相互联络的情况。同时也可以明白丹麦民众教育对于农民兴起的关系了。

最后第五章,专述“民众高等学校在北斯列什威的影响”,可以教人深切的明了教育作用和民族精神关系的重要。

这是该书全部的大概情形。

我们读了这部著作之后,最少要生出两种感想,得了两种认识:

(一)一国的教育,应适应一国社会的需要,绝非不顾实际,而徒抄袭他人的所能有济。

(二)要想教育真正收改造人生之效,一定要用活教育,不能用死教育。活教育的特征何在呢?一曰,注重精神;二曰,切于实际生活。呆板的形式教育,空泛的不切实际教育,当然不足语于此。

根据此种感想,此种认识,请再来看一看我们中国一般教育现象吧!民生如此困穷,外患如此严重,民众如此散漫,教育应该不应该负相当的责任呢?我以为至少救国救亡的责任,教育要负起一部分,或一大部分。那么,我们对于目前不能救国不能救亡的教育,应该持何种态度,作何种主张呢?

孟君译的这一部名著,布之社会,的确可以促起我们教育界的反省,供给我们许多可参考的好材料,但欲笼统抄袭,却又不可;其理由在译者序文内已经说过了。就是(一)丹青十年义务教育已普及;(二)丹麦职业教育,已有了相当的设备,所以它的民众高等学校教育,程度是中等的,性质是文化的。若我们中国，教育尚未普及，职业教育，尚未具有相当成效，情形不同，当然不能完全仿照他们的办法来办。可是，他们那一种教育精神，那一种唤醒国魂，振起民气，锻炼青年意志才能的教育精神，确是我们中国所应当效法的，这可说是毫无疑义吧！

（原载《人文月刊》，1932 年第 3 卷第 10 期）

农村教育与农村改进

何为农村教育？是在农村特设机关，认定一般农民生活需要，以实施种种改善农民生活的方法，是为农村教育。它的机关，当然有许多种；他的方法，当然有许多样。有“固定”的，如农村小学，是为供给一般农童的需要，教他们识字、读书、作文、写信、记账，教他们认识了解各种自然科学，社会科学的道理，教他们练成会做工、会做公民的技能习惯。如补习学校，是为供给一般成年农友的需要，教他们在农事余暇能得着读书识字的机会，明白做好人的道理，认得做好人的路径，增加许多农事上的知识技能。有“活动”的，如农品陈列室、农品展览会、各种讲演会、阅书报室、农友问事处、农友谈话会以及包罗多种的农民教育馆，教材是随事随时供给的，教法是因地因人设施的，来受教的并不限定何人，而总以促起其反应，开通其知识，增长其经验，为惟一目的。取固定方式的教育设施，统名之曰“农村学校教育”，取活动方式的设施，统名之曰“农村社会教育”。所谓农村教育，则为混合二者之总名。

在担任固定机关小学校的教师，当然可以兼司补习教育及各种社会教育事业；而在担任农村社会教育人员，有时亦可兼任补习学校教师。

至于农村人民以农业为生活主体,农村教育为适应农民生活计,当然以发展农业,增加农产为惟一中心。虽然农村小学,谈不到农事教育,但关于职业陶冶,势必以农事为重要教材,这是无可疑惑的。不过要说到农民整个生活,却又不是农业一端所能包括殆尽。那末,通常人往往会把农村教育,认作农业教育,这显然的是一种错误了。

正式的农业学校以及临时的农业讲习所,又各种农业补习学校,这无疑的是属于农业教育的范围,就是农事试验场以及农业推广部,日与农民相接触,用种种启迪奖诱方法,以增进农民农事知识,也可说是社会式的农业教育。若是此等农业教育机关,除指导农村人民农事外,兼及于其他社会活动,教导农民如何组织团体,如何增进公民常识,那自然是顺水推舟的事啊!在农村教育机关的人员,为实施职业指导、职业训练,时时处处,与此等农业教育机关、农业试验机关、农业推行机关相联络,藉收互助之效,那自然也是顺理成章的事了。

讲到这个地方,关于农村教育的意义、目的和范围,似乎大概可算明白了。

那末,"农村改进"又是什么东西呢?农村改进,是就一个农村或数个农村,划出一个适当的区域,依照理想的能实现的预定计划,用最完美的最经济的方法技术,以化导训练本区以内的一切农民,使全区农民整个生活,逐渐改进,由自给自立以达于自治,俾完成农村的整个建设。此种区域,通常称作"农村改进区",改进区所办的各种事业,通常称作"农村改进事业",从事农村改进事业的人，通常称做“农村改进者”，或“农村服务者”，亦有称作“农村导师”或“农村指导员”的。

农村改进，原是中国一种特殊方法，它是适应着中国农村特殊需要而产生的。因为农村人民愚的太厉害，穷的太厉害，既愚且穷，当然身体不能健康，团体不能团结，真正自治事业，还能说得上么？不能得着真正自治，便是农村永无完成建设的希望。中国全体人民，农人占百分之八十以上，是居立国的元素的重要地位，那多么危险啊！要想凭着农村小学，去普及农民教育，如何能够呢？要想着凭着少数农业学校改良农民生活，又如何能够呢？况且小学专为教育农童，农校专为指导农事，农童以外，还有许多成年农民，农事以外，还有许多事业，又如何能顾到呢？穷到如此地步，愚到如此地步，已经不能够做立国的要素了，加以敌国外患，如此严重而紧迫，不用特殊方法来谋一个起死回生，如何得了呢？穷则变，变则通，所以想出这一个特殊的农村改进方法出来，这也可说是中国变态社会里边一种通权达变万不得已的方法啊！

要办农村改进，当然要设立一个改进机关。这一个改进机关，它却不是一个依时上课的学校，可是各式学校，也可包括在机关之内；它不是一个呆板不动的教育馆，可是教育馆所应做的事业，却要样样做到；它不是一个农业试验场，可是农事指导，却要首先顾及；它不是一个承受官府命令来筹备自治的公所，可是关于促进农民自治的责任，却要首先担负起来；它不是一个保卫闾阎的保卫团团部，可是关于保卫一切的训练，却不能不兼司其事。所以它的设施，有下列三大纲：一曰文化的，全区普及教育、改良风化以及清洁卫生、健全体魄之事属之,二曰经济的,全区改善生计之事属之,三曰政治的,全区团体组织、公共治安、公共建设之事属之。论其目的,便是教富政三端,教所以救其愚,富所救其穷,政则化其私,医其散,不私不散,乃可结合团体,从事于农村整个建设;三端并重而不容有所偏倚,三端并行,而不容判其后前;三端连锁,而不容有所隔断。

这种设施的方式,设施的范围,却不能一致。其经费多,规模大者,可以设立多种教育机关,并且有农场,有医院,有金融机关,以主持促进各项事业;其经费少,规模小者,则可以一个机关兼司各种事务。万一不能自成一独立机关,亦可凭借他机关以行之。如以一个农村小学,一个农业学校,一个农事试验场或推广部,均可分出一部分的人力财力,就其附近农民,划成一区,从事于改进工作。即使无财而有人,亦不妨凭人力以行之。而将来尤有希望的,则为藉合作社的组织,以团结农民实施改进,此则尤为亲切有味,简便易行。总之,要救中国,要救农民,要使知识分子,与农民合作,得一个最好的安排,要使中国民族,真能起死回生,要使中国农民真正自治,整个建设,真能完成,舍此别无他道,亦别无他法。

(原载《教育与职业》,1932 年第 140 期;
转载《农村改进的理论与实际》(两个名词的解释),
生活书店出版,1935 年)

中国几个特殊的文化团体

绪　言

一国学术文化事业，真正能够发展，似乎要备具次列四种条件：

（一）研究精神及试验态度。研究和试验，本来是一件事的两面。你如要研究有结果，一定要继续考察，精密检定。你如要考察和检定，真能有把握，有价值，绝不是仓促的粗疏的可以成功，一定要施以反复的长期试验。不具有研究精神，不能察物。苹果离树坠地，常人视为故常，而牛顿察之，则可以悟出"万有引力"之理；蒸汽冲开壶盖，常人漠不关心，而瓦特察之，则可发明发动机关之用。不具有试验态度，不能明理。一个天空行星的发见，观测要十数年；一种教育方法的构成，试行要经过若干辈。自然科学如此，社会科学亦然；纯正科学如此，应用科学亦然。古人所谓"即物穷理"，物固无尽，理更无穷，前人所言未必然，他人所见未必尽，我惟以研究和试验来处理它，制御它，才可窥物之奥，得理之真。一切学术知识之萌芽发展由于此，一切文化事业的发皇进步,亦由于此。

(二)共同组织和社会赞助。研究和试验,固赖个人坚苦不懈,更赖团体联合进行。因为学术文化的性质,时时在进化之中,以人力负之以趋,当然独力不如合力。参互考证,既非个人知虑所能周,宏大设备,更非个人力量所可及。研究精神试验态度,可以说是保进学术文化的胚胎和种子,而欲求研究和试验方法,能着着收效,则必赖有相当的共同组织,以资培养,同时更赖有社会的赞助,以资扶植。无共同组织,则知识分子的力量无由集中;无社会赞助,则共同组织,亦不能持久。

(三)离开学校教育范围,自行发挥特殊精神。学校教育,原为传达和发展学术文化的最要工具,公家设学施教,更是把握着文化学艺的特权,可以使效力普遍而且增加。可是,仅恃学校教育,力量仍恐不够;况且学校教育的功用,是偏重于传授的多,偏重于研究的少。欲求学术文化,真正能有所发明,有所改进,则除学校以外,公立学校以外,不可不有私人设立的研究和试验机关以为之助。在学校教育发达的国家,已经如此,在学校未发达的国家,更应如此。况且在此种研究和试验机关,可以包括许多教育机关在内,或为学校式,或为社会式,方法固不必一致,种类亦不厌其多。如此方可构成良好方案,俾容易仿行;发见特殊成绩,期有所贡献。因为他能具有多方面观察的眼光,备有不拘一格的应付手腕,并且能充分发挥独往独来的精神,故能放出特殊异彩,为人类社会谋普遍的幸福。

(四)经过悠久的时间。一种事功,其成就的大小,往往和时间久暂为正比例。关于学术文化事业的研究和试验,大都要用实力，下死工，更是时间积的愈多，其所成就的功绩愈伟。观于欧美各种学会，几无一可称例外。盖公共组织，必时间久，而后健全分子才能众多，亦必时间久，而后研究试验方法，才能改良进步。即以社会赞助而论，也要时间久而后信用才能卓著，博得同情的地方才能多，而赞助的力量，才能宏大而普遍。

根据以上四个条件，来看一看我们国内的文化团体的状况罢！自从废科举，兴学校，凡是以前有名的书院，已经性质变化，陈迹无遗了。而所谓有名的最古的学校，比较起来，并且不多，至学校以外的文化团体，胜清之末，出现者无几，即出现的，也大都等于昙花。民国成立以后，似乎南北皆有一些机关组织了，但统算起来，也不过二十一年，而况此二十一年中，人祸天灾，继续不绝，那里还有许多人安心壹志，去研究文化事业、试验文化事业呢？话且如此，可是也不能一概而论，现在我且把各种国内文化团体，认为比较历时最久，影响于国家社会最大的三个，所谓具有特殊性质的，略略叙述一下，想亦为海内留心文化事业的同志所愿闻罢！

中国科学社

中国科学社产生于民国三年，是由留美学生诸同人发起的。它的主旨，是在传播科学知识，促进实业发展。最初社所设在美洲合众国之绮色佳城，初注意于科学杂志的编辑刊行，继乃扩大范围，改组为学会。民国四年十月，起草社章，议决通过，第一届遂公举了任鸿隽、赵元任、胡明复、秉志、周仁为董事，杨铨为编辑部部长,是为学社正式成立之始。

民国六年呈准北京政府教育部立案,翌年办事机关,由美移归,在上海南京两处,设立了中国科学社的事务所。民国八年,由财政部准拨南京成贤街官产充社所。是年图书馆组织成立,民国十年广东省政府也拨给了九曜坊官产充广州社所及图书馆址,至是社在国内,遂立下相当的基础了。

民国十一年,生物研究所,在南京组织成立,是年举行常年会于江苏南通县,修正社章,改原有之董事会为理事会,专司执行事务;另设董事会,主持全社经济及大政方针,遂正式举出马相伯、张謇、蔡元培、汪兆铭、熊希龄、梁启超、严修、范源濂、胡敦复九人为董事,丁文江、竺可桢、胡明复、王琎、任鸿隽、秦汾、杨铨、赵元任、秉志、胡刚复、孙洪芬十一人为理事。即由董事会呈准北京政府,议定由江苏国库月拨补助费两千元。民国十三年,在南京举行第九次年会及十周纪念会,斯时生物研究已具有相当成绩,颇为海内外所重视。民国十五年,遂由中华教育文化基金董事会议定补助年费一万五千元,三年为期,指明专供生物研究所之用。民国十六年,由国民政府财政部拨补助费国库券四十万元,指定作基金,至此社基乃益巩固。社中得此巨金,遂于民国十七年购妥,上海法租界亚尔培路房地,作社所及建筑图书馆之用。民国十八年,乃移总办事处及编辑部到上海社所。同年集资创办中国科学图书仪器公司,从事于编译丛书制造仪器。是年中华教育文化基金董事会,议定继续补助生物研究经费三年,年各 4 万元,并另助生物研究所建筑费之半 2 万元。

民国十九年,上海社所及明复图书馆建筑告成,翌年元旦举行落成典礼,并举行版本展览会。同年南京社所及生物研究所,也建筑告竣。于是社务亦就大形发达了。

以上所述,是为中国科学社十八年来的简明小史。

论到社员,计分为六类:①普通社员,是研究科学及从事科学事业,经过相当的介绍,且被选举出来的。②仲社员,是具有前项资格,而程度略次的。③永久社员,是普通社员一次纳金至一百元的。④特社员,是普通社员,具有特别成绩,并且经过大会选举的。⑤名誉社员,是由大会选举负有学术界声望的人。⑥赞助社员,是对于社务曾加赞助之人,由大会选举出来的。

现有社员人数一千二百七十五,若就二十年一千三百一十七人中以学科区别起来,则

(原表略。编者注。)

观前表,则知全体社员,以工程科学人才占最多数,其次则为物质科学,再次则为生物科学,而比较最少的,乃为社会科学,于此也就可以明白他们研究的精神,是注重在自然科学一方面了。

至社务的执行机关,则有董事会、理事会、分社、社友会、年会五种。

(一)董事会。以董事九人组织之,任期各九年,每三年改选三分之一。第一任董事会,于民国十一年冬正式成立,现为马良(相伯)、孟森(心史)、蔡元培(孑民)、吴敬恒(稚晖)、汪兆铭(精卫)、孙科(哲生)、熊希龄(秉三)、宋汉章、胡敦复九人。任鸿隽(叔永)任书记。

(二)理事会。以理事十四人及总干事一人组织之。会中设

会长、总干事、会计各职员。每年举行全体理事大会两次，议定全年行政计划及预算决算。理事任期各二年，每年改选七人。现任理事，为王琎（季梁）会长、杨孝述（允中）总干事、周仁（子竞）会计、竺可桢（藕舫）、孙洪芬、李协（仪祉）、秉志（农山）、丁文江（在君）、胡庶华（春藻）、杨铨（杏佛）、胡刚复、任鸿隽、胡光骕（步会）、赵元任、翁文灏（咏霓）十五人。

（三）分社。凡国外相宜区域内，社员人数在四十以上的，得设分社。民国九年以来，美国已有此项机关。它的社务，由分社社员所组成的理事会执行之。其中也设会长书记及会计各职员。

（四）社友会。凡各地社员满十人以上的，即可设立社友会。它的任务，在办理各地社员的交际及学术讨论，并承办总社董事会理事会所委托的事件。

（五）年会。每年夏季，择相当地点举行，由年会委员会主持之。凡社员均可出席。理事会及各学术研究机关主任，均须报告一年中进行状况。开年会时，除讨论社务选举职员外，凡社员在科学上有研究发明的，得作成论文，在会中宣读。

社内历年所办事业，可就其重要的，分述如次：

（一）关于出版物的：

(1)科学杂志。自民国四年出版，按月发行，今已出至十五卷。

(2)论文专刊。自民国十一年起，每年汇集年会所宣读的论文，刊行专刊。

(3)通论特刊及单行本论文。

(4)科学丛刊。凡较高深而有系统之科学研究，均刊入其中。

(5)科学丛书。专为供各大学教材之用。

(6)生物研究所专刊。自民国十四年至十八年止,共刊动植物论文五卷,每卷五号,自第十九年第六卷起,分动物和植物两组。每年每组各出一卷,每卷十号。其中名作如林,另有专刊书目供索取。

(二)关于科学图书馆的:在民国十一年图书馆正式开览时,只有中西书籍五千余册,中西杂志一千余册。书籍半为社员捐助寄存,半为本馆选购。杂志多数订购,少数由各国学术机关赠送或交换。历年积极经营,不遗余力,十五年后,且因得有中华教育文化基金董事会的补助金,购买生物学书籍甚多。民国二十年,上海亚尔培路建筑钢骨水泥的三层楼图书馆成,计面积占五千五百余方尺,书库可藏一吋厚书二十二万册,社中书报,除一部留置南京生物研究所供参考外,其余均移入上海新馆。其历年书报数目,表列如次:

(原表略。编者注。)

每年所订购的英美法德日等国杂志,共计一百四十余种,由各国交换所得的,又四十余种,其中不少可珍贵之品。

(三)关于生物研究所的:生物研究,发轫于民国十一年秋,初办时,规模不大,各研究员,皆是大学教授,以课余时间,兼任其事,概不支薪。嗣得政府补助,乃始购器械,集标本,辟陈列馆,以供社会人士的参观。南京有了公开的自然历史博物馆,实自此始。民国十三年后,动物植物两部,均有研究论文研究专刊发表,国内学术界,乃大注意。中华教育文化基金董事会因其著有相当成绩，乃予以相当补助金。三年期满，继续补助，且助建筑经费，筑成南京生物研究所。中国科学社既以此为重要学术机关，而全国生物学界，亦且视此为重镇了。现在动物一部，已采集的标本，有三万六千余件，都二千二百种部。内专聘长于研究的人员有九，教授二，研究员七。各方到所专心研究的，不乏其人。植物一部，历年由所派人赴浙江、四川、西康各地采集标本，所得亦多，已定名的，有二万份，其他待定名的，数且过之。

（四）关于科学教育的：曾于民国十五年夏间，联络其他机关，在北京清华大学办理过暑期中等学校科学教员演讲会，目的在改良中等学校的科学教育。又在社内设有改良科学教育委员会，以从事调查各中等学校科学上的设备、教材、书籍，筹议改良方法，并时常在科学杂志内发表论文和记载。此外如常期讲演，临时讲演，均为灌输科学常识于一般社会而设，亦复时时举行。

除上列各项外，如社员参与科学名词审查会，审定各种科学名词，先后计有数学、物理、化学、生物各科。其余国际科学会议，若国际植物学会，若太平洋学术会议，若太平洋科学会议，若国际人类学考古学会议，社内均派有代表出席。此外复于民国十九年设立科学咨询处，以备社会人士的问题。

社内复有奖金四种，用以提倡科学研究的兴趣。

（一）为高君珊女士所捐赠，专为纪念其亡妹而设的。现款一百元，金奖章一枚，每年征文一次，题目范围，限于算学、物理、化学、生物、地学五科。

（二）为北平社友所捐赠的考古学奖金，也是现款一百元，金奖章一枚。

（三）为范太夫人奖金，每年五百元，限于资助生物研究所的研究员。

（四）为爱迪生纪念奖金，其奖金基金，是民国二十年爱氏逝世后，由社募集的。奖励范围，以应用科学上的发明为限，而被选之人，更是限于中华民国青年。每年奖金，也是现款百元，金奖章一枚。

中华学艺社

中华学艺社，是以“研究真理，昌明学艺，交换智识，促进文化”为宗旨。它的产生地点，是日本；他的产生时期，是民国五年；原为留东帝国大学、早稻田学、高等工业学校、高等师范学校等同学所发起。当时共同组织的，有四十七人。初名丙辰学社。执行部举陈启修、杨栋林为正副理事；评议部初举陈瑾昆为部长，陈辞职，改举罗鼎继任；编辑则举吴永权为长。民国六年，改推王兆荣，傅式说为正副理事；文元模为编辑长。斯年《学艺杂志》编辑印行。在日本东京开周年纪念会，邀请有名学者到会讲演。

民国九年，社内同人多数由东归国，因选郑贞文、王兆荣为驻沪干事；吴永权、杨栋林为北京干事；许崇清、白鹏飞为驻日干事。改《学艺杂志》为月刊，举郑贞文、陈永泽为编辑主任。上海设事务所，附设图书阅览室。是年十二月三日，为本社成立日，上海、北京、东京三处社员均开会纪念。

民国十年，因留欧社员渐多，三处干事协议，推定周太玄、曾慕韩、张梦九为驻欧干事。同时设驻英干事，并设广州事务所，推许崇清、黄毅为驻粤干事。民国十一年，社员人数益多，社务渐繁，除原有各地增设干事员额外，其他中外重要都会，亦分别增设干事，计德国陈大齐、戴夏，美国、姜琦，日本京都杜国兴，天津、杨梓林，南京高士元，苏州钱宝琮，长沙陈文祥，奉天胡嘉诏，福建何熙曾、刘骏业，成都许泽霖，云南钟毓灵，杭州朱章宝等。编辑部分文理两科，文科编辑，陈承泽逝世，以范寿康继；理科编辑，仍由郑贞文主持。是年冬，在上海开六周纪念大会，议决暂以上海事务所代行总事务所职权，公选郑贞文为首席干事，暂行总干事职权。美国中西部，增设干事；国内江西、吉林，亦各设事务所。自是以后，各地逐年均有增设，不备举。

民国十二年，设“学艺丛书委员会”，举陈大齐等二十五人为委员，着手编纂审查，先后成书二十余种，均交商务印书馆排印出版。是年修改社章，改社名为中华学艺社。中华学艺社，至是始正式成立，仍以上海为本社事务所。是年因日本议会通过以庚子赔款一部分兴办对华文化事业，上海事务所曾发表意见书，有所主张。

民国十三年，郑贞文当选为第一届总干事，周昌寿当选为副干事，并由总副干事提出何崧龄等二十六人为各科干事，总事务所遂正式成立。呈报教育部，准予立案。学艺大学，发起筹备。是年夏，假杭州省教育会，开第一次年会。秋，日本东京大地震，在东社员，曾努力从事救济工作。

民国十四年，学艺大学组织成立，选王兆荣、范寿康、何崧龄、陈大齐、文元模为董事，并选王兆荣为校长。组成学术视察团，东渡考察，自是以后，遂屡有学术视察团之组织。

民国十五年，学艺大学，因经费支绌停办。派员参加第三届泛太平洋学术会议，自是以后，遂屡有参加国际学术会议之举。

民国十七年，商借日本各文库所藏中国宋元精版古籍，影印寄沪印行，定名为“中华学艺社辑印古书”。是年组成社务改进委员会，整理档案，修改社章，登记社员现况，举行选举，并筹建总事务所。

民国十八年，修正社章，改总干事制为委员制，选举周昌寿等九人为执行委员，陈大齐等五人为监察委员，并推屠孝实为执行委员会主席，傅式说为总务部长，范寿康为编辑部长，经亨颐为监察委员会主席。

民国十九年，购定上海法租界爱麦虞限路地皮二亩四分，为总社社所。改选傅式说为主席，周昌寿为总务部长，聘马宗荣为常务秘书。宋版论语注疏出版。学艺杂志从第十卷起，改为文理科分册发行，间月发行一册。第七次学术考察团东渡，考察政治、经济、司法、教育情形。开始编辑世界名著及社会化的学艺文库。日本第六次学术协会大会，举行于东京，由社推员代表出席。举行第四次年会于南京，会期三日，除议决要案五十余件外，由社友提出论文二十篇，公开宣读。

民国二十年，筹办南京学艺中学。学艺汇刊发行重要书籍多种。组成“筹募基金委员会”。添设法国里昂分社。组成“民众科学普及委员会”，聘定社员，办理民众科学杂志。公开科学讲演。摄制关于科学工业农业等之电灯幻灯影片。筹设“民众科学验室”于重要地方之学艺中学。学艺杂志，出版已达百余期，因编辑百号增刊，以资纪念，遍征社员撰述，汇集文理科论文三十余篇，约二十万余字。

民国二十一年，日军侵沪，战事起，推员加入沪上各救国团体，从事救济工作。战事初停，举行改选，根据新章，选举董事周昌寿九人，成立董事会，并推傅式说、马宗荣、胡庶华为常务董事，谭勤余为基金监，周昌寿为书记，更推傅式说为董事会主席。是年新社所全部落成，迁入办公，从此社基永固，发展更易了。惟沪变之际，商务印书馆被毁，所有社内书稿，归商务印行者，同化灰烬，极为可惜！

以上可述，是为中华学艺社十七年来的发展略史。

论到社内组织，社员大会下，有董事会；董事会下，有编辑总务两部，各设主任及干事。此外设有分社干事及临时设立的各种委员会。至社员则分正社员、名誉社员、赞助社员、团体社员四种。现有社员六百七十余人，所占籍贯，几于各省皆有，而国内外大学专门毕业的，为数尤多。

现在分社在国内的，有南京、北平、汉口、广州、杭州、南昌、福州、长沙、太原、成都、云南、贵阳、辽阳、吉林十五处；在国外的，有日本东部、西部，英国、法国、德国、美国东部、中部、西部八处。

事业方面，学艺大学，设立未久，即归消灭。学艺中学，南京已设立。图书阅览及美术陈列，现均竭力扩充，日形完备。出版事业，最称发达，兹就出版图书，略加统计，有如次列：

（表略。编者注。）

以上仅述其数，至于书名，则社内备有目录，可函索也。

中华职业教育社

中华职业教育社，创始于民国六年，当时联名发起的，全国南北教育家共四十余人。第一次成立大会，举行于上海，即借上海西门江苏省教育会为社所，推定黄炎培为办事部主任，旋聘蒋梦麟为总书记。其组织，分董事、评议、办事三部，而以办事部为执行机关。十六年来，逐渐发展，现有社员，已达一万余人。新社所在上海环龙路华龙路口，于民国十九年建成。

设社之初，即预定三项目的：(甲)推广职业教育；(乙)改良职业教育；(丙)改良普通教育，俾为适于生活之准备。其在社章内，复规定三类任务：第一类，调查、研究、劝导、指示、讲演、出版、表扬、通讯答问；第二类，设立职业学校；第三类，设立职业介绍部。民国七年，重订职业教育目的：①为个人谋生之准备——使无业者有业，有业者乐业。②为个人服务社会之准备。③为世界及国家增进生产力的准备。旋又宣布职业教育的定义，其文曰："用教育方法，使人人获得生活的供给与乐趣，同时尽其对群之义务，名曰职业教育。"并宣布职业教育的分类：①农业教育。②工业教育。③商业教育。④家事教育。⑤专业教育。可是，按照目前社内所办的试验事业以言，于农业教育以外，复有农村改进事业，是已扩大范围，把农村社会教育一部分包括在内了，就是补习教育一类，其施教方法，也不是仅限于学校式，其中社会式亦占一部分了。职业介绍，原规定为社务之一，已不属于学校教育范围，现在所附设之上海职业指导所，应社会的需要，发展异常迅速，在社的事业中，且居极重要的地位了。

兹试先言社的集会情形，次再及于工作。

社员大会，初规定每年一次，名曰“年会”，设社的翌年（既民国七年），五月，举行“第一次年会”于上海；同时筹设“职业学校成绩品展览会”；并于讲演外，举行辩论会。八年五月，举行“第二次年会”，于社所附设之上海中华职业学校，同时补行职业学校开幕式及募金纪念品授与式。会场陈列学校铁工木工钮扣珐琅各科制作品。九年五月，举行“第三次年会”于上海，附设玩具展览会，职业教育图表展览会。十年六月，举行“第四次年会”于上海，附行中华职业学校小图书馆开幕式，并成绩展览会。十一年五月，举行“第五次年会”于上海，并举行“全国职业学校联合会”第一次年会。十二年五月，举行“第六次年会”，附开“全国职业学校联合会”第二次年会。十三年五月，在武汉举行“第七次年会”，同时举行“第二届（西部）职业教育出品展览会”（第一届（东部）职业学校出品展览会，已于上年二月在上海举行）。十四年五月，在南京举行“第八次年会”，同时举行“全国职业学校联合会”第四次年会，及中华职业学校成绩展览会。十五年五月，在杭州举行“第九次年会”，议决，以后每二年举行年会一次，附江浙两省职业学校出品展览会，并举行“职业学校联合会”第五次年会。十七年五月，在苏州“举行第十次社员大会”，附开“全国职业学校联合会”第六次年会，及苏州职业学校成绩展览会。十九年七月，在上海新社所举行“第十一次社员大会”，并举行新社所落成典礼。同时举行“全国职业学校联合会”第八次年会，及职业教育成绩展览会。二十一年八月，在福州举行“第十二次社员大会”,同时举行“全国职业教育讨论会”。议决,自是以后,仍每年举行社员大会一次,恢复以前“年会”制度。

在每次举行年会(或社员大会)时,有所谓“职业学校出品展览会”,随同举行,最初出品,仅限于中华职业学校一校,继乃扩充范围,广为征集,议定划全国为东西南北四部,分年举行,以便普及。第一届东部,举行于上海;第三届西部,举行于武汉;均已见上文。其第二届举行期,则在十二年八月,地点则在北京,所谓“北部”是也,惜乎以时局俶扰,第四届南部出品展览会,迄未举行。十四年以后,虽有出品展览会之设,而范围所及,则较前狭小矣。

“全国职业学校联合会”,自民国十一年组织成立,嗣后每年集会一次。十五年,杭州大会,虽议决年会间年举行,而此项联合会,除十六年停会外,十七年以后,仍复每年召集。惟近年来,因职业指导及农村改进两项事业,渐次发达,于是新机关加入日多,其势不能限于学校。十八年,举行联合会于杭州时,已深感不便,遂改订会章,更名为“全国职业教育机关联合会”,二十年七月,集会于镇江时,复改名为“全国职业教育讨论会”,翌年并随同年会举行于福州,盖至是已历十次矣。

自民国十五年起,有“专家会议”之举,除二十一年因沪战停止外,每年均召集一次,被邀集者大都为实际从事职业教育及研究职业教育之人,其时期均在一二月间,人数不多,而精神极其团聚,对于社务进行贡献颇大。第一次,十四年二月,举行于苏州;第二次,十六年一月,举行于嘉定;第三次,十七年二月,举行于上海;第四次,十八年二月,举行于无锡;第五次,十九年二月,举行于南翔；第六次，二十年二月，举行于苏州；第七次，二十一年二月，举行于沪南闵行。

至董事会，照社章规定，每年举行两次，会期在三、九两月；评议员会每年举行四次，在一、四、七、十这四月；办事员会，则每周举行一次，均于星期一行之。

除以上集会外，复有因事实的需要，设立各项固定性或临时性的委员会，其属于董事部方面的，有“资产保管委员会”，有“百年基金委员会”；由办事部主持召集的，有“经济委员会”，有“推行委员会”，有“女子职业教育研究会”，有“农村教育委员会”，有“兽医教育委员会”，有“俭约救国运动委员会”等。

继此便可一言其工作了。工作应分四部分来讲：

（一）属于“研究”部分的：论到研究工作，须将调查编辑两项，合并说明。因为调查可算是研究的入手工夫，编辑是属于研究结果的记录。十六年来，举行国内国外调查已有二十余次，国内各省，考察几遍。国外，在亚洲方面，如南洋群岛，如日本，如朝鲜，均经推员考察多次；在欧美方面，亦均特推专员，指定事项，详细考察，调查考察，必有报告，报告材料，也就是研究材料。此项材料，分类编辑成书，印行于世，数已不少。还有专对于一个问题，一个事项，注意研究，详密调查的，如近年来所举行的“心理测验”，是专为供给职业指导的应用，特聘心理学专家，主持其事，前后将研究结果，著成论文，发表月刊，并编成专书，单本印行。如调查一地方的农村经济状况，是专为供给实施农村教育的参考，曾有“江苏十八县的农村调查统计”一书发行。又如调查各学校的状况，是专为指导青年升学之用，调查职业界的状况,是专为指导就业择业改业之用,调查国货工厂,是专为指导国货的制造及推销之用,亦均编有专书,分别刊印。此外如调查各国关于职业教育的新方法、新学说、新政策,凡已见之于书报的,均留心采集,择要详译述,用饷国人。因此在编辑出版方面,十六年来,所有印刷品,已着实不少。以月刊论,则教育与职业,已发行至一百四十三期;丛书,已发行二百余种;各种报告册,已发行六十余种。最近又合十余人的精力,费五个月的时间,编成一部二十余万言的"职业教育之理论与实际",把所有职业教育事项,一齐包括在内。中国自有职业教育以来,总算这一部书,是最有系统最为丰富了,这也可算他们社内同人研究的结晶啊!

(二)属于"推行"部分的:论到推行,又要把劝导、指示、计划、协助等事,合在一块儿说了。推行的重要工作,厥为"讲演",讲演的种类不一,以性质论,有是普通,有是专门;以时间论,有是长期,有是短期;以机关论,有是学校,有是工厂。平均一年之内,多及百余次。尤其在学校毕业之时,关于升学就业的讲演特多。近年来,各工厂约请讲演的,亦日见增加。无线电播音讲演,并有多处。除社内派员到各处讲演外,复在社内特设"讲座",邀请名人于每星期六讲演一次。此种讲座,有的是为学术研究,有的是为救国工作宣传,有的是为社内外的青年进修,所以它的名称,也不一致。其次则为"通讯",旨在普遍宣传职业教育的理论与方法,并普遍介绍国内外职教消息,计约定通讯之报馆四十余家。在各地教育同志平昔以职教事项来函商榷,或委办的,为数更伙,无不一一接受,或代为解答问题,或代为计划方案，或代为调查事实，遇必要时，且推员亲赴其地，规划一切。

（三）属于试验部分的：凡社内所办的实际事业，皆属于试验范围，凡主办各种事业的机关，皆为办事部所附属。惟事业的种类不一，机关组成的性质亦各异，约而言之，有下列四类：①职业学校教育。②职业补习教育。③农村改进事业。④职业指导。所有各项机关，现计二十五所。有是社内所独办的，是为“自办机关”，所办的，即为“自办事业”；有是与其他机关或个人合作的，是为“合办机关”，所办的，即为“合办事业”；有是受其他机关或个人委托办理的，是为“代办机关”，所办的，即为“代办事业”，其中有正式的学校，有临时的讲习所，有补习性的晨校、夜校、日校，有社会教育方式的通问班、图书馆，有指导青年及一般社会人士的指导所。在自办事业部分中，可以值得令人注意的，有次列几个：

（1）中华职业学校。是校已有十五年历史，次社一年而产生，现有学生八百九十余人，内设工（机械、土木）、商两科，旨在养成中级工商业界实务人才。技能的练习，与品性的训练并重，毕业生现有一千六百余人，均散在社会职业界中，尚能博得相当声誉。

（2）第一第二两所补习学校。一设在本社所，一设在上海九江路汉口路。日班、夜班、晨班咸备。两校学生约千余人。设学宗旨，是把职业智能的补修，公民道德的陶冶，普通常识的增进，同时并重。

（3）昆山徐公桥乡村改进区。办理已近五年，区内户六百六十五家，人口三千一百九十七。纯以教育经济组织三项为主要的指导训练目标。区内有农场,有合作社,有形式不同的各种小学校,有适应需要的社会教育机关,有小医院,有公共仓库,有保卫团。在这一个区域内无窃案,无讼案,无赌,无烟,无高利的借贷。

(4)上海职业指导所。正式设所,已六年,所主办的为职业介绍、就业指导、择业指导、改业指导,升学指导、职业调查、职业测验、职业训练、服务指导,并设人事指导的法律及健康导师,以备青年顾问。一方联络教育机关,一方联络职业界,俾"造人"与"用人"两方,供求得以相应。近来到所登记请求介绍职业的人,平均每年四千余,而介绍成就的,达十分之一。

在合办事业中,比较有成绩的,为镇江女子职业学校,及镇江黄墟农村改进区。在代办事业中,则以绍兴善庆小学及余姚诸家桥小学最有希望。彼以一乡村小学,兼任乡村改进事业,确能为乡村教育开辟出一种特殊局面,倘能试验成功。则影响社会,定不在小。

(四)属于其他部分的:其中可分为二类,一类是关于"实业经营",其目的仍在改进农村,救济农民,如镇江三益蚕桑制种场,以垦荒、植桑、养蚕制种为目标,同时注重于工人训练。再如新农具推行所,一方推销国货新式农具,一方指导农民,因采用新农具,以改良农事,中间并会短期训练过一班服务生。此两事,虽非职业教育,而实与职业教育有极密切的关系。一类是关于"社会服务",如"提倡国货",则受上海各国货工厂的委托,附设"国货指导所"于社所,同时并调查各国货工厂内容,编制成书,以资阅览。如"救济工作",则于各次水灾、兵灾,无一不协助各团体努力进行。其在二十一年一·二八沪战之役,从事军事后方接济,至力尤勤。

社中执行机关的办事部,设主任、副主任,由评议员会推荐,董事会聘任。办事部内分设各股部。十六年来,亦屡有变更。现在是分五股两部,五股是总务股、推行股、设计股、研究股、编辑股,两部是农村服务部、补习教育部。而另设总会计部,司全社经济,并不属于办事部。它是上受董事部的指挥,下与办事部的总务股相联接。由此办事部总机关为一切事务进行的策源,一切事业的中心,如研究推行等事,则由主收股部分别担任;如试验事业,则督同各附属机关,分别进行。每月有社务月报,每年有社务年报,除分别报告各社员外,并以之宣示于社会。

本无社所,初借江苏省教育会,继赁上海法租界辣斐德路,至十九年得热心社员的贷助,始于法租界华龙路环龙路两路交接地,购地五分余,起建钢骨水泥五层楼房一座,共费银 8 万余元,至今债犹未清偿也。

社内经费,极其拮据,每年除收社员社费外,有江苏省教育经费管理处在国款项下补助两万元,中华教育文化基金董事会补助一万五千元,教育部补助二千五百元,上海市政府教育局补助一千二百元,不足则由董事部筹办。其支出经费,除中华教育文化基金董事会的一部分补助,系指定事业,另立预算外,在办事部的全年预算支出,只有五万元,其在附属机关,除中华职业学校系经费独立外,若上海职业指导所等,仍是由本部供给。从前基金尚有一些,自从购地建屋,已悉垫用无余。其仅存的,则有不能动用的百年基金一万八千元云。

董事评议两部，无附属职员，办事一部，职员共二十三人，各附属机关，合自办合办代办，约五百余人，而被指导的男女学生、店员、农民，至少应在十万人以上。

国内历史悠久的文化机关，当然不能说只有这三个，其影响于中国社会文化的，当然也不能说只有三个，惟以限于时间，材料一时不易收集，继续论述，惟有俟诸他日了。

民国二十二年二月十五日脱稿

（原载《人文月刊》，1933 年第 4 卷第 1—2 期）

江问渔先生语录　勇[①]

“勇”不只是平常所谓有匹夫之勇,其实匹夫之勇。往往要偿事。“勇”应该广义的来说。便是一个人对于一件事“能做”“肯做”“会做”“做得好”,就是“勇”。

(原载《新闻报》,1933年2月11日)

① 记者:乌和周。

《职业教育之理论与实际》序

人类社会的进化，无论对于物的制御，对于事的处理，皆是先有术而后有学，质言之，便是先有事实，而后有理论。学与理论，盖皆由事实所积之经验以构成之。未有农学，先有农事，未有医学，先有医术，凡百皆然，教育亦不能外。

人类在未有教育理论以前，实际早有教育之存在。职业教育，原属于教育中之一类，在未经构成理论以前，亦早有职业教育的实施。由家庭职业传习，进而为徒弟制，再进而为学校制，程度虽不同，其为职业教育之性质则一。

中华职业教育社，自民国六年发起组织以来，即以研究职教、推行职教、试验职教为职志，阅时十五载，编辑出版书报七百五十册，集合讨论一百五十余次，附设试验职教机关，合自办、合办、代办二十三所。其受委设计，应约讲演，为数尤伙，不复缕计。目前所集中精力以从事者，则有职业学校教育，职业补习教育，农村教育兼农村改进，职业指导四大类。身负重荷，长夜冥行，不敢卸厥仔肩，惟冀为教育界开辟一条新路耳。

十五年来，民生益艰，国难益重，而所谓国家命脉的教育事业，益感荆棘塞途，进行多阻。于是倡办职业教育之呼声，乃应时势的需求，一时竟弥满于全国。虽然，职业教育之设施，又岂易言？制度如何确定，师资如何养成，设备编制如何适当，教材教法如何采用，社会如何联络，毕业生如何介绍，如何指导，普通青年如何训练，农民生活如何改进，此固不容稍掉以轻心，又岂能尽凭诸理想？

中华职业教育社同人，从事于职教事业，经过十五年，自信尚能稍稍积有些须经验。是否能由此些须经验，以构成理论也，诚不敢知。然而老马或能识途，愚者不无一得，以一己艰苦所经历，忠实报告，并提出主要标准与原则，用以告诸将行此道之人，似亦理所应尔。而况职教现为政府与社会所重视，各方风起云涌，冀从事于此者日多，默尔而息，又乌乎可？

民国二十一年六月，适值职教社成立十五周岁，同人思有以纪念之也，爰倡议编成《职业教育之理论与实际》一册，用饷国人，众咸赞同，议定各就所业，从事编著，并推本社办事部研究股主任陈青士博士主其役，阅五月而书成，内分一十八章，约二十余万言，关于全部职业教育，可云网罗略尽矣。既付梓，爰述其缘起以弁诸端。

民国二十一年除夕江恒源作于中华职业教育社办事部办公室

(原载《职业教育之理论与实际》，陈选善编，

中华职业教育社编，1933.02)

敬告全国青年[1]

昔德国宰相毕士马克有言："看汝等青年何若，便可明瞭汝之国家前途。"每一讽诵，辄为之低回太息，诚哉，一国家之组成，必以青年为主干，青年之为优为劣，而国家盛衰之命运系焉。此岂细故乎，中华职业教育社附设上海职业指导所，其间聘有健康指导师，用备青年来所顾问，迩来诸导师报告，谓到所顾问之青年，所苦之病，率以神经衰弱为多，几占十分之九，云云。一隅现象如此，他方可以推知，本社本所同人，深觉此项问题，万分严重，用敢掬其至诚，敬为我国亲爱之青年告。

健全精神，必寓于健全体质，心身相关，原极密切。吾国以累代重文，竟成习惯，读书之十，轻视体育，不讲卫生，祖父相传，体质已弱。值此科学昌明，经济角逐，非进取无以自存，非奋斗无以自保，若以此体质，持与外竞，安得而不失败，乃者吾国生产之绌，民力之衰，外祸之亟，士气之颓已一一显呈而毕露矣，所以致此之因果甚多，而体质不健，实居其一。今闻诸导师报告，竟发现为国家主干之青年，不幸之现象如此，真令人不寒而栗，此

① 作者：江恒源、杨卫玉、刘湛恩、潘文安。

不能不认为国家莫大隐忧，倘不及早设法挽救，则我民族前途，宁堪设想。

尝考神经衰弱构成之原因，或由于过度使用脑力，或由于不正当之性欲冲动，及无节制之纵恣。前者关系于学校教育，后者关系于社会环境，而后者实尤重于前者，夫物质文明之开展，男女交际之变迁，潮流所趋，既大异于往昔矣。青年脆弱心情，受其激荡，任意追逐，不能自止，结果惟有日趋陷溺耳。须知欲念不无满足之境，纵欲即为罪恶之媒，社会恶魔之诱惑，既已层出而不穷，个人心旌之动摇，遂亦莫知其所届、苦闷、抑郁、悲观、厌世相继而生。势所必至，夫精研科学，努力劳作，服务社会，保卫国家，是皆全国人民所厚望于今日之青年者，而青年固已如此矣，天下痛心之事，孰有过于此者乎。

同人等，对于中等教育当局，施教施训，固切盼其能精密注意于学生身心，对于社会负有维持风化责任之领袖，固切盼其能谨慎持躬，无再示后生以恶范，而于现在高中大学或毕业高中大学之青年，血气将定，学识渐充，更不能不具万分愿望，以期其能由自省而达于自立。

夫向上之心，本人所同具，物质之欲，当为青年所鄙夷，惟以环境之引诱，诤言之不闻，遂不觉图快一时，自忘所志耳。青年乎，人禽界限，生死关头，讵可不辨，此时应详较利害，坚定志痛，誓不为外物所感，外力所摇，以明一己之责任，学未成，技未熟，品未立，耻未雪，吾可以为人乎？曰不可。不可应如何？衣不如人，犹可以无寒，食不如人，犹可以无饥，吾尚以为不满乎，请放眼一看寒无衣者，饥无食者，吾将如何？饮食男女，诚人之大欲，然求之也，得之也，必以理，非理而得，于心安乎。曰不安。不安将如何？卫吾之身，以为国用，卫吾之国以尽己责。吾既读书，应明斯理，不知自卫，不知卫国，读书何为？凡此种种，极愿我亲爱之青年，时时自省，以求自立，国家万钧重任，民族万里前程，均将希望诸君以两肩荷之，以两足行之。

勿为物质所困，勿为性欲所迷，善保有用之躯，勤加合理锻炼，此实为目前青年对己对国之最低责任，同人等诚不忍再有所责备于青年也，而唯愿以极诚恳之热情，敬求吾亲爱之青年接受耳。

恒源犹忆去岁吾友杨君归自欧洲，以所见相告一日至德国某地参观一中学，见学生五六十人肉袒练技击，热气蒸发于面背，时方严冬，细雪纷飘空际，参观人士，身着皮大衣，犹畏寒也。俟其课毕，进而问之，曰："君等得毋苦乎？"中有三生，慨然答曰："先生抑知我德意志已为人缴械之国家乎？吾无枪炮以与敌人斗，惟有炼此身成钢铁，以与彼相耳。"吾闻斯言，不觉神经为之大振动，呜呼，此所谓德意志青年也，德国国家之前途如何，殆可于此觇之矣，吾国亲爱之青年乎，观于此事，感想又将何如？

国将不国，时不再来，言有尽而意无穷，吾全国敬爱之青年，其共鉴之。

（原载《申报》1933年2月7日）

何谓农村改进

——农村改进的意义、范围与目的

农村改进,是就一农村或若干农村,划成一个适当区域,依照理想的能实现的预定计划,用最完美的方法技术,以化导训练本区以内的一切农民,使全区农民整个生活,逐渐改进,由自给自立以达自治,俾完成农村的整个建设。此种区域称作"农村改进区"或"乡村改进区"。改进区内所办各项事业,称作"农村改进事业"或"乡村改进事业"。从事农村改进事业的人,称作"农村(或乡村)改进者",或"农村(或乡村)服务者";亦有迳以"农村(或乡村)运动者"称之者。依照普通习惯,有时并可称作"农村(或乡村)导师"或"农村(或乡村)指导员"的。

农村改进与农村教育,一部分相同,而非全部一致。因为教育事业,原包括于改进事业之中,而改进事业,却不限于教育一种。又照通常习惯,所谓农村教育,大率指农村小学而言;而在农村改进事业中,所包括的教育范围,则至广且大:凡一切学校教育、社会教育,皆属之。甚且再将范围扩大,竟不称以教育而迳称以教化或文化。盖凡与农民相接触,无论取何方式,足以使之发生反应,因之影响及于其生活的,其工作或作用,皆可以教育或教化目之。若就其形式一方言,则又可概称之以“文化”焉。

农村改进与农业改进,当然有极密切的关系,但只能说改进农业,是农村改进事业中较重要之一项,绝不能说农业改进就是农村改进。依实际情形言,当然农民所业者农,生计所关,影响及于全部生活至大,苟农业能改进,则农民生计裕如,各项文化等事业一定推行便利;不过物质问题以外,对于精神方面,亦绝对不容漠视。况且如组织合作社,筹办水利等,性虽属于物质经济,却不仅是农民一家一身之事,势非有公同组织不可。既需组织,自然要涉及精神方面,并且和教化训练有关了。

农村改进与农村自治,关系和异同,又如何呢?农村自治,是农村改进的目的;改进工作,就是为达到农民真正自治的手段。通常有一种误解:以为改进事业,多半为自治事业,因而认定办理农村改进,也就是办理农村自治,此则不可不辨。真正的农村自治,一定要百分八十的农民,个个皆能自给自立,百分五十以上的农民,个个皆能自治。这当然不是可以一蹴而企的。如何使个人生计充裕,如何使公民常识丰富,如何使具有组织能力,自非经过相当的教导训练不为功。倘未备上列三项资格,而贸然令其办理自治,则是假自治而非真自治。真自治何由成?则应以改进工作为阶梯,为津渡,盖必由此改进之阶,方可登自治之楼,亦必由此改进之津,方可登自治之岸。改进过程中的种种村治训练,固为真自治之直接预备工夫,即其他种种文化的设施,经济的增进,亦莫不与建设农村真自治有联带的关系。

农村之改进,既与教育、经济、自治(即村政)三方有关,亦即可认定此三项为改进事业中的三大柱石。改进事业范围,固然是很广，种类固然是很繁，但括其大要，实不外“教”“富”“政”三端。在一个改进区内，凡是小学校、幼稚园、托儿所、民众补习学校、种种职业讲习会、传习所、图书阅览、体育运动、娱乐集会、通俗讲演、学术讲演、问字处、问事处、壁报、各种展览会，以及家庭访问、个人谈话、人事指导等，皆是属于“教”的一类，凡是介绍良种，改良耕植，介绍农具，驱除病虫害，推广植树，指导养鸡、养鱼、养蜂、养猪、养羊，推广各种小工艺，组织各种合作社，提倡节俭储蓄等，皆属于“富”的一类。凡是公共醵资建筑道路，修浚河流，改良村容，创设学校、农场、医院、公园、公共仓库、公墓、厕所，组织保卫团、消防队、慈善救济机关、息讼会、风俗改良运动、公产公款管理，因而需要集会、议事、选举职员等，皆属于“政”的一类。

教富政三端，须连锁合一，同时并进，既不容有偏重偏废，亦不容各自分立。盖三方之事，大都互相关联，因办理此方，而涉及彼方的，实所在多有，略举其例：如设立民众夜校，教育方面之事也；然因为设校，不能不事先约集地方领袖，开会筹商，进一步且组织校董会，选举校长，那末，便是由“教”而涉及于“政”了；又夜校所授之课，除补习文字外，特别注重生计，授以各种农事上必要知能，则又是由“教”而涉及于“富”了。再如筹设合作社，经济方面之事也；然因为灌输合作常识，须设立短期传习所、讲习会，则是“教”的事了；因合作社开会，养成人群互助的习惯，增进公民道德的知识，于是各项自治事业，由此格外容易进行，这又是因“富”而及于“政”了。又如组织保卫团，以防不测，设立息讼会，以泯争议，村政方面之事也；然因保卫而练习武术，结团教战，则由“政”而进于“教”了。若开会筹议组织团体，以从事于兴水利，改良农事，则是藉“政”以致“富”，更不用说了。

惟三方进行之际，仍宜分别部分，设置专员，各负专责。盖纯依分功合作之原则，以期整个计划的实施，而在各部之上，更应有总揽全局的机关；或职员，以支配一切。庶消极方面，可免各方隔阂；积极方面，可使脉络灵通，效率益著。

（原载《职业教育之理论与实际》，陈选善编，第五章农村改进第一节，中华职业教育社编出版，1933 年；转载《农村改进的理论与实际》，1935 年，生活书店出版）

农村改进机关

——八种农村改进机关组织的方式

划定区域　办理农村改进事业,自不能不有负责机关,专司其事。依照中国目前各方面实际情形以言,所有改进机关,大约有次列八种方式:

(一)由私人教育团体,筹集经费,特派专员,在指定的区域内,联络地方领袖,组成"乡村改进会",按照分年事业计划进行表,努力工作,至预计年限终了,各项事业完成,即行撤回职员与经费,所有事业,统交地方农民管理,此为第一种方式,如中华职业教育社所办之昆山徐公桥乡村改进区,即属于此类。兹录其组织系统图如次:

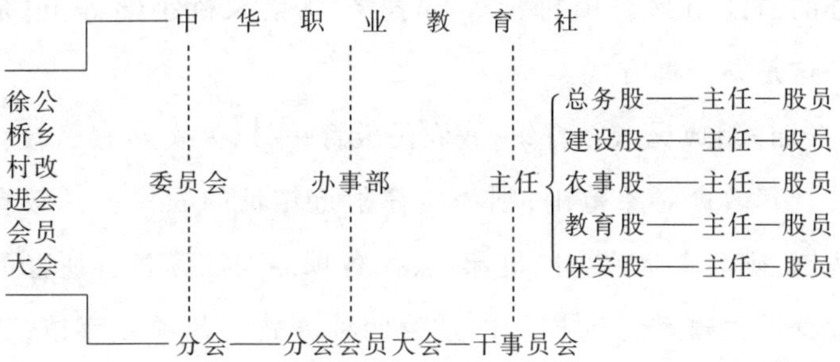

(附注——系统线,------ 指导线)

此外如平民教育促进会所办的定县实验区，是划全县为一区，由私人设会筹款，设计进行，亦复预定年限，其教育的目标有四：①文字教育；②生计教育；③卫生教育；④公民教育，亦可算属于这一类。

（二）由本村热心改进人士，组织团体，努力于改进工作的，如河南安阳县中山村的自治社，是其一例。它是由本村几位青年同志发起组织，选举村长，推定职员，分任总务、公安、息讼、建设、教育、财务各项事务，并另设监察团，以司监察，定有五年计划，关于教育经费各端，均有相当的建设。这是第二种方式。

（三）由学校教育机关人员，对于附近学校居住的农民，施以各种改进工作；此项改进机关，可说是以学校为根据，也可说是由学校来兼理。这是把学校教育与社会教育，打成一片，甚且扩大范围，凡一区以内，关于富教政各端的改进，均由学校兼任其事。其例：在中等教育方面，如江苏省立栖霞山乡村师范学校、河南省立辉县百泉乡村师范学校；在小学教育方面，如有名之南京燕子矶小学、尧化门小学，皆是最显著的，又中华职业教育社代办的浙江绍兴舟山村善庆小学、余姚诸家桥小学等，也是这样。这是第三种方式。

（四）组成民众教育馆，或农民教育馆，以为实施农民教育总机关。其教育对象范围，则为居住附近馆址的农民。其教育内容范围，则为文字、生计、健康、公民各项。如江苏各县所办的农民教育馆大概都是这样。这是第四种方式。此项教育馆，亦有由私人出资设立的，如上海俞塘民众教育馆，是其一例。教育馆虽以教育名，但其所办事业，绝不限于教育，亦犹定县所办平民教育，而范围并不以教育为限也。

（五）由一省行政机关，主持其事，先行训练农村服务人才，分散各地，组织民众学校，即以民众学校为基础，实施农村改进工作的，此为第五种方式。如山东省政府所办的乡村建设研究院，训练成农村改进人员，散到乡村，联合地方领袖，组成乡农学校，即以本村发起学校人为学董，由学董推定本村有知识而负声望的人为校长，招收本村成人及青年为学生，而农村改进人员，则专任教师。其功课分固定与非固定两种，凡教室以内，所讲授的文字课本、公民常识、农业大意，教室以外，所训练的国技、赛跑、打靶等，皆属固定一类。此外临时发生的，如卫生运动、同学会组织、新年团拜会、临时讲演、放足运动、劝学运动等，则皆属非固定一类。此项改进人员，薪水出自公家，而其数则甚微。就全省，办若干县，期以三年而普及。另训练成高级乡村改进人员，分司视察指导。现在山东一省已开办年余，各省预备仿办，派员到彼处考察的，亦不少。

（六）由农业教育机关，为推广农业良种子新方法于农民，特设推广区。而在推广区内，兼施改进工作的，如金陵大学所办的安徽乌江推广区，除指导农民植棉外，关于设立小学校、补习学校、施医、施药，提倡合作等事，也能竭力进行。这是第六种方式。此种方式，在各级政府实业行政机关，也有拨出一部分经费，派定专员，划区试办的，如国民政府实业部所办的南京南门外推广区，是其一例。

（七）由办理保卫入手，即以保卫机关兼司广义的农村教育，养成多数有勇知方的青年，分散各村，受总机关指导，努力于各项改进工作,因此自卫能力,既十分充足,全境内秩序大定,人民安居,进一步再从事于积极事业,如修桥、筑路、浚井、开河、改良农事、增进生产、普及教育、奖励善行、调解争议等事,农民自易乐从,事业进行,益觉十分顺利。如河南镇平内乡等县所办保卫团,即系依此步骤,大概皆以一县为一个单位。此是第七种方式。

(八)由宗教附设的团体,纯本感化主义,划定区域,实施改进工作的,如苏州基督教青年会所办的唯亭乡村改进区是,这是第八种方式。此种方式,不注重外面物质上的建设,而注重内面精神的感化,如民众教育及人事指导等,是不断的实施,目的在确立信仰,改善行为,以为有此两端,则一切改进工作,推行自易。

此外复有一种,在目前尚未构成整个的方式,但将来一定可特立成为一种,此种方式维何?即依合作社为中心以实施乡村改进是。因为合作社是属经济改进事项,可以直接改进农民生计,但同时因组织合作社之故,可以灌输各种常识,施行公民训练,养成互助精神,实一举而数善咸备。逆料将来这一种方式,一定能成立,且能发达,此则可以断言。

以上所述八种方式,或其主持机关与人物来源不同,或其入手之初,方法各异,或其所注重之点,不能完全一致,但其划定可为单位的区域,可依据的特设机关,以农民整个生活为改进工作的对象,则可云大同小异,千篇一律。若云那一种方式好,那一种方式对,则又要看各种实际的需要与环境如何,当然不能遽下论断。

至本节所举,代表机关,内容若何,以限于篇幅,不克详述,尽可由学者自行设法征求其报告书册,若能亲赴其地,详加考察,比较研究,则尤为精确矣。

(原载《职业教育之理论与实际》,陈选善编,第五章农村改进第二节,中华职业教育社编辑出版,1933年2月)

农村改进事业实施办法

现在各方面已办之农村改进事业，大都各就地方情形之所宜，酌量进行，其办法当然不能一致，实际亦无取乎一致，但是综合各方实际状况及以往经验，拟定一个公通标准，用备着手举办人的参考，似乎也有相当的必要。从前中华职业教育社曾拟有“乡村改进试验实验办法”一种，计十五条，这是专为本社办理改进区而设的。民国二十一年职教社开年会于福州，一时从事农村改进事业的同志，讨论及农村改进问题，一致认定目前实施改进工作，有议定具体办法，俾供各方参考之必要，因根据职教社的条文，费两日工夫，议成一件“农村改进事业实施办法”。兹先照录原文，次再加以说明。

农村改进事业实施办法

民国二十一年八月十一日

中华职业教育社第十二届社员大会

全国职业教育讨论会第十届大会议决通过

（一）办理农村改进事业，为集中精神及财力计，得由主办机关，择定一区或数区实行之。

（二）办理农村改进事业，应邀集专家及有关系者，组织各种委员会，分别办理调查设计等事。

（三）办理农村改进事业，应以经济文化政治三者，连锁合一，改进农民整个生活，达到真正自治为目标。

例如（甲）提倡合作事业，以发展农村经济为基础，同时注重文化及政治之改进。（乙）推广民众教育，以促进农村文化为方法，同时注重政治及经济之改进。（丙）实行农村自治，以改良农村政治为原则，同时注重经济及文化之改进。

（四）农村改进事业之成功，应以土无旷荒，民无游荡，人无不学，事无不举，全村呈康乐和亲安平之象为标准。

（五）办理农村改进事业，应取之程序如次：

（甲）联合地方中心人物。

（乙）调查该地概况。

（丙）划定改进区域。

（丁）筹定可靠经费。

（戊）组织改进机关。

（己）订定分年进行计划。

（庚）详密调查农家状况。——以后每二年举行一次，第一次不妨简略。

（辛）测量土地，绘制地图。——如力有不胜，不妨从简，或分年进行。

（壬）订定信条及公约。

（六）办理农村改进事业，除前项规定外，如以下列举各端，应视人才经济及当地情形，次第举办之。

（甲）促进文化

1. 推行义务教育，设立小学，凡学龄儿童，不论男女，设法使之入学。

2. 推行成人教育，设立民众学校，救济年长失学，设立补习学校，授予生活上必要之智能。

3. 推行通俗教育，设图书阅报室、讲演所、露天讲演、改良茶园、陈列所、展览会及询问处等。

4. 推行健康教育，设体育场、提倡国术、旅行、田径赛，并讲习健康常识，检查农民体格，举行儿童健康比赛等。

5. 推行卫生教育，设小规模医院，或诊疗所；对于道路及沟渠之清洁，饮食之检查，厕所之改良，蚊蝇之驱除，牛痘之布种，公墓之设立，医生产婆之检定与训练，及各种疾病预防之指导讲演等，均须注意。

6. 凡受相当教育而欲升学或就业者，分别施行指导。

7. 保存善良礼俗，而劝导改正其不良。于迷信之破除，节俭之提倡，义举之奖励，烟赌之劝戒，国历之提倡，旧式文书及仪式之改良，新年喜庆联语之代拟等，均须逐渐实行。

8. 岁时娱乐方法，根据不多费钱，不多费时，不涉迷信，有益身心之四原则行之。如旧习惯之说书、演戏、宴会、庆祝等，则改善其内容，如新方法之同乐会、恳亲会、消寒会、纳凉会、新剧团等，则提倡其实行。

9. 农民之宗教观念，各依其自由信仰，但随时以教育方法，养成其高尚正确之人生观及相当之责任心。

10. 提倡慈善事业，如周恤疾病残废，救济贫困无告，设立养老院、慈幼院、游民习艺所等。

（乙）发展经济

1. 设立农场或特约农田，繁植优良品种，以有效之方法，推行于农家。

2. 散给优良之种苗，推行优良之新农具，指导防除病虫害之新方法。

3. 荒地荒山，尤须分别利用；植树开垦，均宜设法实行。

4. 经营公有企业，保管公有款产。

5. 改进原有之副业，如猪羊鱼鸡之蓄养，果木蒲藕之种植等，推行新式有利之副业，如养蜂、花边、草帽、织袜等。

6. 举行悬赏劝农，及农艺展览会，农产禽畜比赛会，农事讲习会等。

7. 设立公共仓库，以备农产品之堆贮。

8. 指导组织各种合作社。

9. 厉行购用国货。

10. 提倡实行家庭预算及决算。

11. 提倡修治道路、桥梁，装订农村电话，提倡购用脚踏车及介绍新式交通器具，以求交通之利便。

12. 研究改良水利，疏浚河道沟渠，使减免水旱灾害，兼利船舶交通。

（丙）促进自治

1. 联合筹备地方自治人员，完成各级自治组织。

2. 组织保卫团，施行严格之军事训练。

3. 提倡消防团，以防火灾之发生。

4. 提倡青年服务团，以养成其努力为公之精神。

（七）办理农村改进事业，应注意次列两大原则：

（甲）在事务上，期使改进期间终后了，能以当地人才继续举办为度，故一切设施，以本区人为主体。

（乙）在经济上，期使改进期间终了后，能以当地财力继续进行为度，故一切设施，以本区财力能负担为标准。

（八）办理农村改进事业，对于农民应注意之点如次：

（甲）时时至农家访问，时时与农民谈话，态度温和，语言诚恳，为农民之朋友，勿使农民误认为官长。

（乙）务使农民欢欣安适，勿使农民惊疑烦扰，信用既立，进行自利。

（丙）凡事以身作则，自己不赌钱，方可劝人戒赌；自己不吸烟，方可劝人戒烟；劝农民整洁，先自本身及办事机关始；劝农民节俭，先自本身及家庭始。

（丁）处处表同情于农民，代为解决种种困难——代写代阅信函，代写婚书，代写契纸，代完钱粮，代解纷争，襄助丧庆，医治疾病等，处处尊重其原有习惯，即有必须改革者，亦当用潜移默化工夫，不可操之过急。

（九）农村改进事业之经费，得由主办机关，视其事业之范围规定之，但须注意下列各点：

（甲）办理农村改进事业，如已筹有的款，其办事员薪金不得超过事业费十分之五；但办事员只支少数薪俸，而无事业经费者，不在此例。

（乙）办理农村改进事业，应联合机关职员，学习教员，分尽义务，以期节省经费。

（丙）办理农村改进事业，应以地方自认经费为原则，如经费不足时，应逐年设法筹积公款公产，以确立经费之基础。

（丁）办理农村改进事业，除农民自愿捐助经费外，不得增加农民的负担。

（十）农村改进事业之推行，应取次列之方式：

（甲）以地方原有教育或自治机关为中心，实行农村事业之改进。

（乙）由各县行政机关、教育机关、农事机关，在经费人才可能范围内，分别举办，或联合举办；否则先从筹备经济、培养人才入手。

（十一）施行农村改进事业，应预定期间，以完成农村自治为度，但遇不得已时，得酌量延长之。

以上办法共十一条，各条之下，间分细目，兹逐条略加说明如次。

第（一）条，所谓主办机关，当然不外前节所说的八种，无论那一种，凡是直接或间接主持的，皆可认它是主办机关，要办改进事业，一定分区，区之大小，当然要看实际情形。至于一区或数区，则更要视实际需要情形定之。

第（二）条，所谓调查设计等事，须组织各种委员会，此层关系极重要，不仅在初开办时，要有此种策源的机关，就是开办以后，随时需要指导，随时需要研究，一定也要有人不断的从旁面在后面做这种工夫。本来实际工作人员，与指导研究人员，不能合而为二，能分开分司其事，才能够收分工合作之效，事业才有进步可言。

第(三)条,是提出改进工作方针,要将政治、经济、文化三者,连锁合一,此在上文第一节已经略略言及了。并且因为解释明晰起见,又分别举出三例,自然格外清楚。至举出"达到真正自治"为改进工作的目标,也是在前文第一节内说过的。有了此种议定,便可令人对于改进事业的性质,一见即可了然了。

第(四)条,是举出改进事业成功的标准,"土无旷荒,民无游荡,人无不学,事无不举",大抵皆是属于具体方面的;至"康乐和亲安平"六字,则是就表面视察所得的现象,似乎有一些近于抽象了。

第(五)条,揭出进行的程序,这是示以初入手时的几种步骤,大都皆是从经验得来,所列甲至壬九项,无一不关重要,尤其是庚项所说"调查农家状况,第一次不妨从略"一语,真是阅历有得之言,非经过实际工作者,不能体会及此也。

第(六)条,所述三大项二十七款,仍不过是举例以明之,并非改进事业,皆可包括殆尽,此层务宜特别注意。

第(七)第(八)两条,一为对事的方针,一为对人的方针,所关均属重要,在对事方面,如第(七)条一要注意当地人才,一要注意当地财力。在对人方面,便是对于农民方面,如第(八)条提出具体的四点,归纳起来,可成次列四语

1. 为农民之友。

2. 顺农民之欲。

3. 为农民之先。

4. 解农民之困。

这四个方针,实在也可以定为四个原则。

第(九)条则专言经费:①规定俸额与事业费的比例;②指出节费的方法;③订明经费的来源;④揭出筹集经费的戒律。此四者更是从事改进工作者应当注意遵守而不容漠视的。

第(十)条,指示办理农村改进两条大道,照原文上说,一“以地方原有教育或自治机关为中心”,应该注重在“中心”二字,意谓有了一个学校,即可凭藉这个学校为改进区之事业的出发点,有了一个区公所,即可凭藉这个公所为改进区的发动机。这皆为不多费钱,不多用人来着想。以为只要有了热心能干的教员职员,分出一部分的日力精力,便可就学校附近、公所附近,划出一区,按照预定计划,分别做起来。如此办法,可说是一条便道。照原文上说,“由各县行政机关、教育机关、农事机关、在经费人才可能范围分别举办,或联合举办”。这是和第一条的便道微微有点不同。县政府或教育局的常局,因为热心于农村改进,恰巧有了相当改进人才,财政方面,还可以筹出一部分,那末便在本县境内,划出一区或数区试办起来。假如农业学校或农事试验场,因为推广农业,也可划成一区,设施农业以外,或与农事有关的各项改进工作,一个机关力量不够,或甲乙性质不同的两机关,必合作乃可显出力量的,此时自不妨联合起来办。例如一县之内,教育局和建设局便可互相联合,划区试办,藉收互助的效益,而免分裂不经济的流弊。如此办法可以说是一条广道。便道广道,皆是容易走的,不过走便道时,无钱而有人,走广道时,必定人财两备,所以原文第二项末句上说,“否则先从筹备经济培育人才入手”,盖诚恐不加思索,随便开办,倒反弄成非驴非马的景象也。

第(十一)条,是为揭明农村改进事业的终了期,仍复重言以申明之曰“以完成自治为度”,如不能达到一定度数,换言之即真自治未完成,自不妨酌量情形将预定期限再行延长了。

(原载《职业教育之理论与实际》,陈选善编,第五章农村改进第三节,中华职业教育社编辑出版,1933年2月)

农村改进的人才

天下事，非人莫办，尽管有了极完善的计划，若无人去实行，仍是一张纸上所写的空话。

农村改进工作，论功用可以说是国家根本要图，而论地位，论报酬，则是极低极薄。非具有特别认识、特别抱负、特别修养的人，绝不肯跑到乡间，为此枯槁寂寞之举。

若再论到农村改进人才所需要的学识、才能，依我个人想，似乎应有次列的标准：

第一，对于教育要具有相当的知能与经验，举凡学校教育、社会教育，以及地方教育行政，乃至本国文化的历史，近代世界思潮的趋势，皆能知其概要，且能自己去计划，去组织，去教授，并且能随地、随时、随事，利用机会，去指导农民。这不仅是需要学，需要识，更需要才，因有才，才能调度，能支配，能张弛伸缩，各得其宜，学与识始可以发生实际的效力。

第二，便是对于农事、卫生、医学、合作社、乡村自治四项，要有相当的常识。论理，对于教育具有充分的学识才能，已不容易，同时还责望以其他各种重要条件，似乎悬格太高，有点不近人情；但是为谋农村改进事业的发展、农村改进人才的美善，觉得除教育一门以外，非备有其他常识不可。须知所谓常识，与专门学识有别，只需知其大概，并不希望做成专家。况且四者之中，性质范围，各有不同，农事医学，专之又专，绝非浅尝所能有得；但是你能知道大概，不至十分外行，有农学院，有农村实验场，有医院，你便可以去和他们做朋友，遇事可以去请教，可以替农民请帮手，来解决关于农事卫生病医的一切问题。合作社的组织，能知道了大概，便可以帮助农民来组织。乡村自治的法规，以及组织的手续，只要略加研究，不难了然。这一种常识，大概是求之甚易，而行之非难，以心思灵活，行为敏捷，教育既具专长之人，似乎对这四项略略考究，自然也容易成功。而且我所谓具备常识，固然是认为一种条件，而根本所希求的，还是注重在运用常识的才能。明白农事，明白卫生，目的是为能联络农校、农场、医院，以改进农村生产与健康。要植林了，可向林场去募树苗，作物病害发生了，可向农场去询方法；时疫起来了，可到医院去设法预防，这皆是如何奔走访求的问题。奔走访求，需求才能，同时自然也需要一些常识；合作社的组织，自治的进行，更是需要才能的地方多，而常识也是居于重要地位。

学识可以勉力去求，这是属于人事，而才能则大半由于天生，几非人力所能勉强，从事农村改进工作，除相当的学识外，总是多少需要着一些天才；但是这种天才，是不是可由后天磨砻锻炼出来呢，却是一个问题。依我个人经验来说，后天的磨砻锻炼，似乎也不是没有相当的效力，假使具有这种天才的人，因为没有适当的教育，让他去陶冶，没有适当的机会，让他去发挥，久之有了天才，也就不免湮没了，这是多么可惜啊！讲到此处，我们便不能不深信训练农村改进人才的机关,是十分重要了。

从前办理农村改进的人,大多数皆是半路出家,本着他一些学识,一些才能,认定从前教育与一般穷苦农民,不发生何种关系,愿意扩大教育范围,增进教育效力,以救济农民,一面做,一面学,他那一种热心、同情、毅力,更是超人一等,可是他并没有进过什么农村改进学校,学过什么农村改进课程。这一类改进家,从前从事于教育的固多,而从事于农业及其他职务的也不少。由此以言,欲从事于农村改进工作,除学识才能以外,热心、同情、毅力,也可算是必要的条件了。而此种条件,是不是可以由磨砻锻炼成功呢?依我说也是可以的。

那末,我们应该谈到农村改进人才的教育问题了。教育须定目标,农村改进人才教育,不用说是以养成农村改进适当人才为惟一目标了。农村改进人才的标准,是怎样呢?依我想,似乎有次列二十个条件:

一、有服务乡村的决心与兴趣。

二、有万分表同情于农民的热忱。

三、有百折不回万分坚定的恒心与毅力。

四、有不畏艰苦,自愿牺牲的勇气。

五、有刻苦耐劳,勤勉任事的习惯。

六、有事前研究,事后反省的细心。

七、有和蔼诚恳谦和的态度。

八、有强健坚实的身体。

九、有流利清朗的口才。

十、能做优良的小学教师。

十一、能设施种种社会教育。

十二、能体察地方需要，拟成合于实际且易施行的计划。

十三、能和地方长老合作，并得其信任。

十四、能帮助农民，设法增加生产。

十五、能指导农民，组织种种合作社。

十六、能指导农民，为种种高尚娱乐，而潜易其不良习俗。

十七、能指导农民组织各种会议。

十八、能指导农民自卫，并能教农民练习军事。

十九、能和其他各机关联络，得其帮助，以利农民。

二十、能使个人所办的事业，不断的改良，不断的进步。

简括的说起来，就是有脑能思考，能计划，能调度；有口能演说，能谈话；有手能执笔写文，能执鎗御盗，能下田操作；有足能到农家去访问，去调查，能到其他各机关去联络，去请教，去请帮忙。能养成这样人才，才可以说达到教育的目的，合于预定的目标。

这并不是十分难做到的事，只要定下了教育主旨，避去了种种教育流弊，打破了目前教育种种形式，选好了教育课程，施以适宜的训练，一定可以养成合于理想的农村改进人才。

至于这种教育机关，叫他什么名目，定它什么程度，又招收什么学生呢？当然是成问题的。依我想，如有乡村师范学校，能照这种目标，专养成这种人才，以供农村改进之用，固然是最便最好；万一不能，则不妨另设机关，专可训练。此项机关，似不必纯粹依照学校组织，凡入学资格，毕业年限，教学方法，尽可十分活动。所招收学生，大概可分三类，甲类是初中毕业或与初中程度相当,生长农家,性与教育相近,曾在家种过一二年田或做过一二年事的;乙类是做过乡村小学教员,有志乡村改进的;丙类是高中师范科毕业,或曾受高等教育,志愿到乡村服务,对于农村改进事业,已有相当认识的。入学以后,一面学,一面做,务使心口手足,皆能受到完全的训练与陶冶。对于甲乙丙类,应注重实际的技能,而对于丙类,可注重较高的理论。毕业期限,不必一定,大致规定为二年。将来服务以后,实际工作人员,与巡回指导人员,宜分两类。丙类毕业生,如服务成绩优良,当然可以提升指导,即甲乙两类毕业生中,如服务多年,经验宏富,成绩特别优良,亦可提升。这样办法,并不是一种理想,如现在山东乡村建设院所办的训练班与研究班,已经照这个方法训练。又中华职业教育社前年亦曾设过一次“乡村改进讲习所”,招收学友十人。

两者虽属初办,比较成绩尚好。惟山东乡村建设研究院训练班,是合于甲乙两类,训练只有一年;所收研究班的程度,皆是受过高等教育,比高中师范科高,是与我的主张,稍有一些不同耳。

(原载《职业教育之理论与实际》,陈选善编,第五章农村改进第四节,中华职业教育社编辑出版,1933年2月)

怎样做人

生物学家曾经把研究动物的结果，告诉我们说：“凡是高等动物，如人类，拟人猿，猩猩，乃至牛马等，不但生理方面，构造和作用，大同小异，就是心理方面，也有许多作用相仿佛。”是的，的确不错。那么，人和其他动物，究竟不同在什么地方呢？直立啦，用手啦，能言语啦，固然皆可以指出来认作彼此两方绝大区别之所在，但我以为人之所以异于兽者，确确实实，还是在“做人”两个大字。

人能做人，兽只能做兽，所以独有人类能产生文化，且能使文化继续的进步。兽类中最高等的，虽如拟人猿、猩猩，也不能有文化产生。这是人类在大自然中，足以自豪的一点，可是同时在大自然中，也是不免恐惧的一点。可自豪的理由，凡属人类，当然皆能了解了；若说不免于恐惧，又有何种理由呢？这就是说“人是由‘做’而成的，你能做人，才算是一个人，你不能做人，便不算是一个人”。不是一个人，是一个什么东西呢？不用说，是一个兽了。人兽之分，仅仅在这一点，仅仅在能做人和不能做人的一点。能做则人，不能做则兽，界限极微，而又极严，这是多么厉害，多么危险，还不足以令人恐惧么？

做人究竟怎样呢？我们不是常听人说："某人很是做人家的"。这是指着省食节用者而言。但我说的做人，绝不是做人家的做人。做人家，固然也有一部分好的，合于做人之道。可是，无理由有节省，流于吝啬，甚且近于自私，那就完全和做人之道相违反了。又常见社会上，对于一种好酬应，好闹面子的人，也往往称他说"某某人居然做人了"或"某人很好做人啊"。这一种做人，也和我所说的不一样。

我所说的做人，换言之，就是"自己做自己"和通常所说的"修身""克己"等意义，有些相类，而范围或稍有不同。我以为要做人，至少应备具次列三件事：

第一自己要认识自己的价值。认明我是一个人，是一个堂堂正正的人，不仅是吃饭造粪的机器，戴帽穿衣的架子，认定我一生有应负的责任，应尽的义务，不能随随便便，糊糊涂涂，空过了几十寒暑。

第二自己要了解自己对于社会的关系。明白我一时一事，不能脱离社会，我之所以有我，皆是由社会培植出来。我个人要图生存，同时也要图社会生存；损社会以利一己，便是社会的罪人，结果社会受损害了，个人也同样吃亏。认明"没有社会也就没有个人的道理"之后，便知道一己所做的事，不独是为个人，也同时为社会。

第三自己要体会到"自我的扩大"的可能。我的身体，不能叫它特别的长，我的聪明、才力，不能叫它特别的大，这是先天的限制，无可如何。然而我有向上的宏愿，我有进取的热忱，我有刻苦耐劳勤勉努力的习惯，我有博施济众、游侠好义的心肠，我有“富贵不能淫，贫贱不能移，威武不能屈”的勇气，这些我皆可以叫它为无限的发展，为不断的伸张，绝不致有人能来制止我，不但没有人来制止我，有时且可因旁人的辅助和鼓励，更可使发展伸张之速率加快。这种发展和伸张，就是自我的扩大。扩大的在精神，扩大的在人格，扩大到极度，可以使精神人格永久不死，万古长存。

这是要做人时应先行立定的三个基点。有这基点，才可以着手去做“做人”的工夫。这三个基点，约而言之，便是“自觉心”。这一点自觉心，关系真大啊！人兽之辨，即在于斯！所以西哲有一句名言：

“宁可做困苦一生的苏格拉底（希腊的哲学家），不愿意做快乐的猪！”

壮士舍生以救国，志士杀身以成仁，亦无非由于这一点自觉心的特别放大。这一点自觉心，本是人类所固有，能把他恢复起来，扩张起来，便是做人；不能恢复，不能扩张，甚且薄弱湮没汩亡，便是做兽。兽不是也会吃，会睡，会生殖，甚且会替人做事么？人者仅是会吃，会睡，会生殖，会做机械的事，那又与兽何异呢？

为人乎？为兽乎？就看你自己对于自己，认识得怎样，了解得怎样，体会得怎样了！

做人的基本条件，要有“自觉心”，在此前文，已经说过了。可是，“自觉”，还只是做人的起点，而非做人的真正工夫。要使做人的工夫，真能做得切实，做得具体，那末，第一件，便当“立志”。

“志”是什么东西呢？是具何种意义呢？古人说得好，“志者心之所之也”，总算解释得很明白了。心不是人人皆有的么？可惜不能人人皆有“所之”“无所之”，便是无志了。

人类不能无行为，有行为便应有标的。今天我决定出门到某处去，“某处”便是我走路时所要达的一个标的。倘若心中不先将这个标的决定，出门以后，茫茫无所之，这不是乱走瞎撞么？无目的而乱走瞎撞，多么苦恼，多么危险啊！

行路不过是人类行为当中的一件事，并且是一件极平常极简单的一件事。我想苟非愚顽，白痴绝不会如此不立标的的。须知人的生平行为，处事接物，随事，随时，随地，皆有一个是非善恶的准则，尚不预先打定一个主意，以为进行的标的，还不是和乱走瞎撞一样么？

谁人不愿意做好人呢？你无论见着何人，要说他是立意要做坏人，总是极口呼冤，不肯承认的。那末，要做好人，就应该先把做好人的意志立定啊，不立志而空口说做好人，是不中用的。世上许多口里说是要做好人，而实际做的时候，皆和做好人的行径相反，我说他唯一的毛病，就是没有把做好人之意志立定。

中国古圣贤当中，最好讨论做好人问题的，第一是孔子，第二是孟子。你看论语书上所说“志于道”“志于学”“志于仁”“志于义”，那一件不皆指明做好人的志么？志既立定，无论来了何种危险，遇了何种艰难，当然不至再有所畏惧，所以说“三军可夺帅也，匹夫不可夺志也”。至于孟子说到“尚志”，是做士的第一件事，当时的所谓士，也就是标准的好人。此外如孟子书上所说的“存心”“求放心”“养勇”等一类的话，也都和立志有关。你看他所说的大丈夫，“富贵不能淫，贫贱不能移，威武不能屈”，气概何等伟大啊！倘不立志，能有这个样子么？

志本是根诸心，发诸己，一经立定，坚固不摇，既不能因他人而移易，亦不容为他人所夺取时。可怜，近世一般青年，不是随波逐流，可东可西，毫无一定志向，便是不能战胜环境，见异思迁，志行薄弱；还有志趣卑鄙，不求远大；其且观察错误，认邪为正，误入迷途，执意不返。此四种人，一是根本无志，二是有志未立，三是立志不高，四是虽立志而不能做成好人，结果仍等于未立志。

第一种人，是失掉了人的意义与价值，不用说了。第二种我想一定是痛苦非常。第三种是一味敷衍，苟且偷安，倘者遇见了堂堂正正立志高尚的好人，相形之下，必定异常难堪。第四种受了种种惩创，仍是不能自立。结果皆是不能做人，皆是不能做成好人。

实在说起来，立志也是容易的事啊！只要你能认定做好人的目标，生死以之，一转念间，志就立定了。古人所谓志定如山，心坚如铁，真是一点不错啊！环境能移我么？强暴能迫我么？困难能阻我么？我不是牛马，我是人；我不是奴隶，我是主人；我要转移环境，我要棓克强暴，我要战胜困难。人类原为万物之灵，我应该以人力胜天行。一切幸福、安宁、自由、权利，天不能无故给我，人不能故予我，要我自己努力去求。绝对不希冀侥幸的机会；绝对不依赖他人的势力。我认定当然之理，循一定轨道以赴之，虽有已然之事，横在我眼前，倘不与我当然之理相合，我仍当出死力以排除之，求合于我的所当然。盖必如是才能算心安,必如是才能算理得。只论是非,不问成败;浩浩荡荡,独往独来。做人到了这样境界,才可以见出人的意义,显出人的价值。

这就是立志的功用,也就是做人的工夫,也就是做好人的不二法门。

(原载《机联会刊》,1933 年第 62—63 期)

可怜哉上海的学龄儿童

上海全市人口三百万，学龄儿童至少当及五十万人，平均一个学级以容五十人计，应有五万个学级才能够收纳，平均一个学校以六级计，应有一千八百余校才能够分配。普通容三百学童的小学，当然为数不多。故无论如何，在上海一市要希望义务教育能普及，非有二千个小学校不可。

现在上海小学教育状况如何呢？据上海市教育局十九年度的调查统计所宣示：全市内国立小学校二所、省立完全小学校一所、市立初级小学校一百十九所、市立完全小学校六十五所、他种公立小学校五所、立案之私立小学校八十二所、试办之私立小学校五十所、私立改良初级小学校四十所、未立案之私立小学校一百九十四所，共计五百五十八所，当然差的很远。

我们试随便走到一个小街，一个巷堂，皆是看见有许多小朋友们流着鼻涕、拖着鞋子、成群结队，东奔西跑，无人过问。当然他的父亲母亲不是做工，便是营商，终日汲汲遑遑忙着衣食，那里还有工夫顾到儿童教育，这也不能怪他。可是，这般活泼泼地儿童，天天在这种反教育的空气中流荡熏染，如何得了呢？试问，上海是一个什么地方？一块洁白的素绢能受得起长期浸在大玄色缸里面么?

公家限于经济,不能多多设立小学以救济这一班儿童,因而有一班创办私立小学的人应运而生,自然也是很好的事。可是详细考察一下真正办得像样子的,虽然不在少数,而其中设备不完、教法不合,结果足以误人子弟的,恐怕也很多罢!尤其离奇怪诞的:一个黑暗不通光的亭子间内,可以辟作一个教室,容到二三十人,这竟是把儿童当作幽囚。一年级初级小学,便大教其英语,这竟是把儿童当作鹦鹉。专心一志察访谁家有钱的老太爷老太太过寿或开吊,可以用学校名义送他一块匾,或率领一班儿童去拜寿、送葬,这更是教儿童做猴戏。真可谓天地之大,无奇不有了!横竖藏匿在租界之内,市教育局立案与否,不去管他,马上总不能就来封闭我的门罢!混他一天,算一天,学费拿到手再说。唉!这还能说得上教育两个字么!

至于一班有钱的富商大贾、阔官豪坤,既不愿意把亲爱的娇儿送入无聊的私立小学,就是对于学生数目过多的公立小学也不愿意送入,盖恐和贫儿混在一块,把习气弄坏,因此乃想出两种办法:

(一)家内请先生教,且偏重用老法子。在初级小学时期,即令读四书五经,其理由在立定国学基本,至于能否消化,则置之不问。开明一些的则有所谓国、英、算三项并重。至于如何使身心各方平均发展,则绝对不管,职业陶冶之说更谈不到。

(二)联合的组织小学,自立一格,与众特异。房屋用具,一切皆要考究。教师薪水,也特别的大。功课方面,并且要注意英语,绝对的不让他和贫穷的孩子相接近。

以上两种，皆是所谓少爷小姐的教育。为保存他的特殊地位免使沾染社会恶习，所以有此隔离办法。此种办法，就整个的民族社会来看，可以说有他的好处，也有他的坏处。弄的不好，恐怕还是坏处多好处少罢！

更有教会所设的小学校，他们的教育，更是说不到养成国民的一句话了。

可怜！真可怜！以三百万人口的上海市，五十万亟待教育的儿童，除少数办得很好或较好的公立或私立小学，使运气好的极少数儿童享有幸福外，其余大多数或最大多数的儿童竟天天生活在不规则的家庭中，徘徊跳跃在龌龊不清的街巷里，看的、听的甚且摹仿的，大多数皆是近于一些奸盗邪淫的一类事。我们试闭目想一想，这一班天真烂漫的儿童前途怎样，现在所预备的是什么事，将来由幼年、而青年、而壮年、成一种什么样的人，对于国家社会民族影响若何，是不是要令人不寒而栗呢？

可怜哉上海市的儿童！可怜哉上海市的学龄儿童！

以我们这个教育不普及的国家，固然到处皆看到这可怜的现象，不仅是上海一地为然。可是，上海更值得令人注意罢！"全国繁华市场啊"，"全国经济和文化的中心啊"，这不是常常听到这个赞美的词句么？名流、学者、事业家、以及憧憧往来的显官巨绅，天天奔走社会为人群造福的热心同志，聚集在这一地，不知有多少，我想对于这一个惨酷景象，一定感觉到罢！对于这一个严重问题，一定考虑过罢！究竟如何设法救济他呢？

（原载《教育与职业》，1933 年第 141 期）

考察日本教育后的感想[①]

一、到日本所见的一般情形

我们在马关登岸，趁火车往东京，见他们的三等车比中国的二等车还舒服，布置非常清洁；无论打票子的时候，或上火车的时候，秩序非常整齐，没有拥挤不堪的情形，大家不争先恐后，很守秩序。车站上都备洗濯室，你上火车下火车都可以洗手洗脸。坐在火车里看去，两旁山岭很多，山上的树林都是很密的，而且很整齐很好看。回想中国火车站打票子的时候怎样的情形？上火车时候怎样情形？与他们一比真要愧死！尤其可怪的，当我们在辽宁见中国的火车站上是很混乱，走了几步路到南满铁道火车站去看看，很守秩序，乘火车的都是中国人，为什么两个火车站的情形决然不同？这因为一个有人能管理，一个没有人能管理；也因为一个有组织，一个没有组织。沿途触目的都是电气工业或化学工业的广告牌。科学上最要紧的是电气工业与化学

① 江问渔讲，乐观生记。

工业,而这两种工业日本近年来发展很快。东京的地位与上海差不多,不过有几点与上海不同的:①东京没有绑票的,街上看不见警察,而治安很平静。②市内有高架电车,有隧道,交通发达。③大百货商店从一层至八层出卖的都是本国货,没有一件是外国货。④商人很有礼貌。⑤往往很大一片店铺只有一个十七八岁的小姑娘在里面,招待顾客是她,开发票是她,包扎东西也是她,从容不迫;在上海是不能做到的。⑥如问人路径,他们都会很客气告诉你,或画一个图给你看,或陪你到目的地。

二、日本现在教育的趋势

日本自明治维新以后,努力于体育锻炼、人格训练、科学教育的提倡,现在更注意推行职业教育与造成向外发展的人才。一个民族、一个国家的发展不是无缘无故的,日本有旧有的文明做根基,把新来的文明加上去。如武士道是日本固有的文明,现在旧的与新的文明融和起来,故国民军事知识都有了。他们因为身体好,有种种的好处:①工作效能增进。譬如一个身体好的人一天做八点钟工作不倦,一个身体不好的人做了四点钟腰就要酸了。②人生观上不同。身体好了心地光明,生气荣荣,身体坏的就要消极,就要自杀,日本人正真能努力向上,就因为身体好。知行合一也是日本固有的文明,不过在唐朝时派人到中国来留学,从中国学得去的。日本把王阳明的学说完全拿到日本去了,加上了欧洲去得来的文明,他们乃知道团体训练。至于科学教育,科学是什么东西?可从几方面来看,自然科学要拿自然物来做研究对象，一定要用眼去看，用手去做，还要用脚跑去，要比较，要实验，要证明，这是科学方法。科学应用的结果，渐及于拿事体做研究对象，来调查，来统计，这是社会科学。现在日本不但把科学应用于物，已应用于事了。

中国人的身体实在都比不上日本人。日本学校里除体操课程以外，天天要训练各种柔术，各种运动。中国学校里不平均的体育最坏，有人说旧礼教是坏，那么新礼教有没有呢？学生的礼貌有没有呢？中国人组织任何一个团体，不是专权，便是放弃，结果团体散了。日本人读书不一定要用书，先要物的考察以后，然后用书。

近年日本注重职业教育，有两个原因：①因为国内教育上有不平衡的地方要使它平。②因为国际的潮流，不得不注重职业教育，又因为提倡了职业教育可消灭共产主义的学说。农工商各种职业教育都要拿科学做底子，日本的科学教育本已很好了，所以提倡职业教育没有几年，成效已大著了。日本全国中学制度自前年四月一日起都改革了，把中学分成两种：一种是预备毕业后升学的，一种是预备毕业后从事职业的。预备职业的中学，授以各种专业的技能与知识，课程的切实合用自无待言；预备升学的中学，起居饮食也要教学生自动操作，养成其勤劳的习惯，不像中国的学生进了学校，拿着笔成为士了，其他一点不去劳动，岂非辜负了两只手？梳的头发很光，佩了自来水笔，戴了领结，这样装束的学生在日本绝对没有，并非日本学生穷，因为要实行劳动教育不得不这样。现在日本有中学生三十多万人，职业学校学生有五百多万人，日本人口也不过八千万人。中国有四万万多人口，中学生只有二十多万人，职业学校学生只有一万数千人，欲与日本相比，真无从比起。日本因为科学教育有根基了，故容易发展职业教育。

我们到一个日本商业学校里去参观，他们的教师对我们说，他们校里出来的学生，珠算如打不过老商人，这算是他们教育失败的。他们教珠算往往出一个除法题目，要学生几秒钟马上算出，所以人家做事是真做的。

三、日本教育与中国的利害关系

现在日本各种学校都把英语课程减少，加多中国文、中国语的钟点。诸位须知道，学习他国的语言文字不外乎两种原因：①因为他们文化高，想学点来。②因为他们文化低，学了他们的语言文字来支配他们，来做他们的主人，日本学校学习中国语言文字的原因不是前者，是属于后者。例如日本商业学校商品研究一科，专研究商品怎样能销到中国去。他们对于中国的东三省，不叫东三省，叫满蒙；满蒙与中国，他们当作两样事情。一般教师常对学生们说："我们日本人众地狭，将要衣食不足了，要打破这个难关，必要向西方的中国去发展。"又常常听见有人说："日本的青年应该到中国去做主人翁，因为中国确有亡国的可能，中国人的不向上，不努力，自私自利，不爱国，不爱团体生活，不互助，这种都是亡国必备的条件，现在中国都已有了，我们日本人何必客气呢！"

最近四年来日本全国一致，组织了许多青年团，各处都有，专收无力升学的小学毕业生，每晚上课，包含三种补习教育：①军事。②职业。③精神训练，教他们努力向上。并且为奖励此种补习教育起见，日本政府特颁布一个法令：凡是青年团毕业的，可减少兵役年限，马上就当头等兵，所以大家很乐于加入青年团补习了。这样一来，日本有一天与别国发生战事，二十岁以上的青年都可出去从军。

四、中国人怎样渡过这个难关

一个国家亡国后之惨痛，实非人类所受，例如朝鲜人做了亡国之民，连袜也穿不起了，因为他们叫你生计艰难，自然灭种。我们不努力，人家拼命的努力，优胜劣汰，天然的结果。他们有五种宝贝，我们学他四样好了。①无论老幼男女，身体要好，先从自己来做起。譬如一家之中也要使得个个人要身体好。②道德、人格、精神方面不能不注意了，还要加上一个爱国家。③我们要注重科学教育。④提倡职业教育。大家对于这四点能努力，才可救国家的危亡！

（原载《关声》，1933年第2卷第7期）

《一个小学校长的日记》序

希望有优良小学校，必先希望有优良小学校长，真正之优良小学校长不易得，则不妨悬一理想之境以待之。语不云乎：理想者事实之母也。有理想以为先导，忠实以守之，努力以赴之，事实终必有完成之一日焉。同学刘君百川，研究教育极精邃，任小学校长且有年，平日持躬行事，固力求与所悬拟之理想相接近也。近著斯书刊以问世，待人乎亦自待耳！呜呼，其用心可谓深且透矣。

江恒源

民国二十二年四月十五日

（原载《一个小学校长的日记》，刘百川著，

开华书局，1933年4月）

江苏省职业教育之改进计划

江苏号称教育发达之区，提创职业教育亦独早。查民国十三年度之调查统计，旧制甲乙种实业学校，合公私立全省有一百三十七所之多，其他设有职业科之中学，专门学校及实业机关，慈善机关附设之职业教育，尚不在内，可谓盛矣。在教育行政方面，于民国十二年，设置职业教育指导员，民国十四年，复举行乙种实业学校校长会议。在办理职业教育者方面，同年五月，有江苏全省职业学校联合会之组织。各方面于职业教育之推行研究，不为不力；徒以政府对于教育方针，无明确之规定，地方当局，又复步调未能齐一，遂致职业教育量的方面，固然可观，质的方面，成效不著，结果乃至因噎废食，而成今日之现象。乃者政府既以生产教育为最要之方针，社会亦感于过去教育之失败，于是职业教育之推进，为急不待缓之举矣。谨就管见所及，先拟本省改进职业教育之第一步计划如次，用供采择：

一、设立计划全省职业教育之总机关

职业教育包含农、工、商、家事及其他各种。改进之初，如调查、研究、规划、指导等等，头绪甚繁，在外国有特设职业教育局者。现在本省财政竭蹶，当然不必有此大规模之组织；但为提纲挈领计，似可由教育厅仿教育部例，延聘专家及有关系各厅之代表，组织一设计委员会主其事，另调各科有关系员司，在会办事，如此则所费不多，而事有专责矣。

二、派员调查全省教育实业状况

职业教育之目的，一方为人计，以供青年谋生之所急；一方为事计，以供社会分业之所需。则青年所急为何种事？社会所需为何种人？非调查不可也。进一步言，立一校，位置当否？设一科，应所需否？又非调查不可也。往者职业教育之失败，非本身之罪，实谋者不臧之过。今为改进计，调查为必要矣。

三、整理现有职业教育机关

苏省职业学校虽较前减少，然合全省公私立之职业学校及慈善实业团体所设之教养机关，为数尚不在少。现在欲推行职业教育，非先改进现有职业学校，无以树风声而资则效。整理方法：一方面调查其内容，加以指导；一方面商定新计划，助其发展，此项任务，即可由上列之设计委员及调查专员任之。

四、通盘筹划确定职业教育经费

凡百事业之兴替，与经费有重要关系。现在各省于义务教育，社会教育，均有规定经费，其成绩较诸未规定前颇有进步，即其明证。教育当局既欲推广职业教育，似宜仿福建省例，于省县全部教育经费，统盘筹划；酌定职业教育应占成数，庶足以明趋向而示决心。且此项经费，不必另筹，只须在学校教育经费中分别轻重缓急、比例定一标准可矣。

五、先从普通教育职业化着手

民国二十年，教育部通令："……各普通中学应一律添设职业科目或附设职业科……"。同年，国民会议第五次大会议决，确定教育设施案内，规定"中小学校教育应体察当地状况，一律以养成独立生活之技能，与增加生产之能力为中心，社会教育亦应以增加生产为中心目标"可知政府与人民，已一致认为目前之教育，应以职业教育为最大目标。当然不能使所有普通学校，都改为职业学校，更不能以一切教育，代以职业教育；但至少要使普通教育与职业不隔膜、不轻视。质言之，使普通教育要职业化，如小学之注重职业陶冶，中学之设职业指导科，既不须增加经费，亦不变更普通教育固有之目的，而可以使青年得到实际之效用，可以使职业教育先具相当之基础，可谓一举而数善备也。

以上数点，均为初步着手之办法。至于将来应否分区设校，及师资如何养成，系统如何制定，出路如何预筹，消费如何减少，效力如何增进等等，似宜俟上项计划实施以后，方有正确之依据，兹姑从略。

（原载《江苏教育》，黄炎培、江恒源，1933年第2卷第4期）

家庭教育与民族前途

目前最大的问题,是我们的民族,如何求出路。外患如此之重,内忧如此之深,一般民众,穷、愚、弱、散,到这样地步!教育即不能挽救,甚且涉想到种族品质的问题,不免惹起一些悲观,这也难怪。可是,今日为民族求出路,固然很难,倘若不求则危险更大,诸位请看一看安南和朝鲜罢!

要想替民族求出路,当然不能专注重在教育一方。但是教育所担负的责任,无论如何总比别的方面重,这是可以断言。从广义来说教育,则我们人类的一举一动,是无一时无一事不在教育环境之中。若就狭义的说,自然要分出大小少三级的学校教育了。要知道在小学阶段以前,还有一件极重要的,便是"家庭教育"。

家庭教育,是人生的始基。从胎教起,若保育,若游戏,若学语,若学走,若饮食,甚且若小学教育的补助,无一不是家庭教育应研究的对象,属于家庭教育应注意的范围。

人生的始基,自然也就是民族单位的根本。老年人希望小;成年人不中用;青年人也可虑。假定这句话是对的,那末,一般小朋友又怎样呢?对于他们,总不能有什么怀疑罢!并且不能不加以深切注意罢!

我以为民族前途的出路,既要从教育上求。第一着,即应该从根本的教育着手,根本的,当然无过于家庭教育了。

家庭教育的设施,也不是很容易的事啊!知识、技能、工具,样样要备具才行。试简略说一说家庭教育科目罢。

1. 生育人体生理、育婴、卫生、医药,这一类是关于健康方面的知能。

2. 饮食调节、应用化学、衣服裁制手工,这一类是关于化学工艺的知识。

3. 园艺、小动物饲养,这一类是关于生物农学的知能。

4. 儿童心理、教育法、游戏法、训练法,这一类是关于教育的知能。

做小朋友母亲的,一定要时时注意,处处当心,对于以上各项知能,皆应有相当的修养才好哩。做母亲的,能具备以上的知能,实施合理合法的教养,我想一般小朋友中,一定有若干特殊人才发见出来。我们要知道一个民族的兴盛,纯粹依赖一族中有多数的健全分子,健全分子的体力智力能力,皆要由教育养成,而论及根本,则在家庭教育。

现在中国目前所最感缺乏的,是创造人才,创造力所由成,大部分要依赖科学教育,而科学能力的训练,最要的在幼时立下基础。

家庭教育是训练儿童科学能力最好没有的一个场所。只要有方法,有工具,有智识,运用的好,支配的好,那是一日千里,效力极大。并且从小把根立好,一生百业,皆可以此为源泉。

(原载《家庭教育的实际》,蒋息岑编,大东书局,1933 年 5 月)

《中华职业学校十五周年纪念刊》序

中华职业教育社成立之次年，即附设中华职业学校于上海西门陆家浜，日月不居，今已十有五载矣。校内同人，以斯校之立，备尝艰辛，既有十五年之历史，不可无文字以志之也，爰有纪念册之编印；书将成，特来征余为文弁诸端，余与诸君子共事久，且于教育所感至深，乌可以无言。

余维二十世纪一国家，一民族，在此世界，果欲卓然有以自立，势必具有三项水平线以上之能力焉：一曰自卫能力；二曰经济能力；三曰组织能力。此三项能力，何由构成？则必自组成国家民族一分子之各个人，植其基，立其本。基于何植？本于何立？当然一惟教育是赖。然而细察吾国今日之所谓教育者，果能达此目的否？各级学校，何尝不注意卫生，何尝不讲究体育，近且添设军事训练矣。试问多数学子，体质健康如何？可能发扬蹈厉，一洗萎靡不振之习，慨然以抵抗暴敌为己任乎？生产日绌，民生日艰，工业制造远落人后，衣食所需不克自给，近则农村破产，民众失业，其势岌岌，几不可以终日；而学校所造成之青年，既无补于社会之困穷，且因受过教育之故，而物质之欲，消费之数，反随其学程以俱增，以致诟病新教育之呼声，甚嚣尘上，司教育者,竟无词以解答焉。再言合群互助,畴不知为人类进化之机枢,乃人之谋我,万众一心,我之自谋,各怀疑忌,敌人讥我之辞曰“中国无十人以上之团体”,近且谓我为“无组织的国家”,其侮我辱我,亦云至矣。在无知无识之愚民,不知结合团体,情犹可原也;乃所谓知识阶级者,其猜忌排斥之风,乃亦所在皆是;甚至大敌当前,刀加于项,而犹不肯稍改其恶德:其痛心为何如!各级学校,岂无群育之名,何以社会一盘散沙如故?呜呼。教育之效用如此,其为培养三项能力,以固吾国脉乎?抑为消蚀三项能力,以斲丧吾国脉乎?斯诚难言之矣。夫国家败坏,至于此极,诚不能专责备教育一方,然教育之用,在植能力之基,立能力之本,基本不固,则发展难期,此何待辨?是则吾司教育者,误国祸国之罪,又胡可逭乎?物先腐而虫生,体既弱而病至,今日敌国外患之来,固非无因也。呜呼,国民能力如此,即使四邻宾服,海内晏然,又讵可长安而久治?

中华职业教育社,联合诸同志,提倡试验职业教育,冀本“愚公移山”之忱,为教育界谋辟一条生路。十六年来,继续进行,未敢稍懈。统计目前试验机关,合自办代办合办,二十五所。析其事业,可得四项:一曰职业学校教育;二曰职业补习教育;三曰农村改进;四曰职业指导。而此四项之中,则以属于职业学校教育之中华职业学校,为创立最早之自办机关,其所负养成工商界中级人才之使命,实较其他为尤重。自开办以迄于今,毕业者千三百人,布在工商各界,多数尚能本所学以致用,而现在校内肄业者,数且近千人。其所谓养成个人经济能力,用以集成国家能力者,或亦不无千万分之一之效力在也。余深愿吾政府、吾国民,能即早觉悟，协力同心，从速捩转教育以往错误之趋势；更愿吾职校诸同人，思在昔创业之艰难，念将来使命之重大，来学生徒日众，社会需要至殷，一切施教施训，益用兢兢。其于养成学生经济能力也，固为学校教育之主要目标，同时并应懔然于国势之孱弱，国群之涣散。确切认定，非国民人人皆兵，不足以御侮；非国民层层团结，不足以图存。积极锻炼学生体格，益之以军事训练，切实指导团体生活，储备其合作智能，此皆当今切要之图，万万不容忽视者也。

嗟乎嗟乎！吾国改行新教育，于今四十年矣，其唯一目的，非为救我危亡之国家乎？今日河山破碎，民气消沉，国魂其安在？物力凋敝，民食维艰，国本将焉托？国家固无负教育，教育实有负国家。今欲唤醒国魂，培植国本，万钧重任，仍应荷在吾教育界两肩。迷途速反，带罪图功，此其时矣，注重生产训练，振起民族精神，并全力以趋之，排万难以赴之，其他一切细故末节，尽可置而不论。吾中华职业学校，既负社会重托，为中华职业教育社最早设立之机关，而校址又适在全国经济中心之上海，观瞻所系，影响各方，应知来日当益大难，进步本无止境，即使教者勤教，学者勤学，犹恐未必能收教育之实效，救国家于危亡，倘或稍涉懈弛，则罪戾宁可避免？恒源忝任社务，与校内同人，亲爱无殊昆弟，值此国如垒卵，恰是同栖危幕之下，实无心再作呢喃好语，共报阳春！惟有矢志追随诸君子后，共同奋勉，期以一校教育之成绩，巍然领袖本社附属各机关，更期以一校教育之效力，尽量放散于各工商社会。

余言虽罄，余感无穷，当此文成櫜笔之际，仿佛暴敌飞机大炮之声，同胞被难哀号之状，一一震于吾耳，呈于吾目。呜呼，余何心复忍为此文哉？余自愧不能执干戈以杀暴敌，携衣食以救同胞，而徒濡墨摇笔，斤斤于是，实一国家之罪人也夫！

民国二十二年三月三十一日

江恒源作于中华职业教育社办事室

（原载《中华职业学校十五周年纪念刊》，

中华职业学校编，1933年5月）

小学劳作教育与社会问题

一

在讨论本题之前,可提出几点来说一说,作为一个引言。

第一,教育本是一种方法,他的惟一功用,是解决人类问题。我国目前所最感觉恐慌的,不是生产减少,大家闹穷么？那末,如何增加生产？便是目前亟待解决的问题。固然增加生产的方法,不止教育一样,而教育总算是各种方法中最重要的一种。可是,现在我国教育,虽然日渐发达,而能生产的人反日见减少,那末教育岂不是不能解决问题,倒来加重问题么？这明明是教育本身发生毛病了,而且把他的功用完全失掉。这一点,吾们应该认明的。

第二,教育的目的,本在造成多数有益于社会之人,现在教育单是少数人的专利品,多数人已难享受此种利益,而且此少数已受教育之人,亦未必真能有益于人群啊。这样看来,教育如何能显出它的真正效用呢？如何能达到改造社会的目的？所以我们应下最大决心,认定目标,将目前社会背道而驰的传统教育彻底改革一下，另造出一种活的新的教育。

第三，传统教育当然不是新的，更不是活的。论到它的特点：①为少数人而设施。②专注重文化教育而轻视职业教育。文化原为推进社会的动力，负有促进各种事业的使命，文化教育与生产教育其间虽有界限，也未尝无相互的关系，因为文化教育，并非绝无生产的意义；同时生产教育，也不是不能促进社会的文化的进展。至于传统的教育思想，则是认定教育是少数治人阶级所应攫取的工具，多数被治者，没有受教育的权利，因此成立“劳力”“劳心““治人”“治于人”的对立阶级，那更是教育上亟须改革的。

我想打破这种传统教育的方法不外下列的三点：①使教育社会化。②使教育能达增加生产的目的。③使“不劳不食”一语，成为天经地义，使人人皆明白不工作即不应吃饭竟成了一种极巩固的信念，凡是教师训练学生也就以此为标准。

这几点明白了，所谓劳作教育的重要和它的意义，也就可以慢慢的推想而知，继此便讲到本题了。

二

现在我要把这个题目内所有名词内容和意义，分别提出来说明一下。

小学教育的范围。你要问小学教育是什么，在普通习惯上都是答复一句说是为六年继续授予的儿童教育，但我以为那是太狭一些了，今如有十六岁的青年，从来未受过小学教育，现在他初入民众夜校读书,也可以说他所受的是小学教育,可是便不能说是儿童教育了。所以小学教育不妨分作儿童时期的小学教育和青年时期的小学补习教育两种。

劳作教育的意义。劳作教育就是重视行动的教育。譬如打水,拭桌,耕田,栽树,这都是劳作。幼年的小孩虽不能耕田,但总有他可做的活动,活动就是劳作,不过单是坐着听,站着讲,这不能称为活动。我们为推广小学范围,对于现在小学教育的宗旨起见,应该在普及义务教育,养成身体健全、常识丰富、有公民资格、明了世界大势外,还要注意以下一的点(原文如此,似为以下的一点之误。编者注。):就是实施行动教育,养成儿童创造力。创造的能力实由行动发生。儿童幼时的行动,关系于将来社会种种的创造很大;所以小学不重视行动,无异摧残儿童天性。又人的能力应分成"应变"及"制御自然"等各项。这种能力,不能从言语学识中得来,乃由行动中学来。必手脑并用,而后能力才能增加。因为有行动,才发生困难,有了困难经过思考,才得拟定解决方法,用过方法,才能得着经验。我们专听书、专讲书、专读书,无异在陆地上学游泳,将来一朝下水,恐怕难免不溺毙罢!现今学校教育,都是书本上的教育,绝少注意行动的教育。其实儿童的行动,是教育的基本。为养成将来创造的能力,实在是不可忽视的。

小学和社会的关系怎样呢?有房子一所,内中有教师,有学生,在那里教读、运动,常人称这个所在是学校。学校以外的农工商集合的场所称为社会。儿童在学校是学生,回至家中,又是社会之一分子。从前人说:社会多是不好的,而学校倒是一个好地方。但是如果承认社会是不好,那么学生既从家庭社会中来,又怎么能好呢?况且学生毕业后,还得向社会去,即目前在学校读书,也是不能离开社会,学校与社会随时随地有密切的关系,社会不好,学校应受影响,学校好,也要望他能影响及于社会。假使关起学校的门来,不愿与社会交通,事实固不可能,而且也有悖学校设立的意义和价值。所以现在有人提倡学校教育社会化,学校中学生的组织,与社会上组织一样,有法院,有市政府,藉以训练学生社会的活动。但是社会上种种事物,如何能一一仿效呢。况且徒有组织的形式,也无济于事,譬如儿童已学会自治会的行动,一到社会,反增加其作恶的手段;在校很能服务,很能守秩序的学生,一到社会,见社会一般人的作恶,他也就同化起来,这种事多得很。这岂是学校社会化的本旨呢?所以我想学校就是社会,学校所在之处,可作社会改进的策源地。社会上的民众行动,学校师生应去酌量参加;社会上的一切事物,学校师生应去酌量担任;学校在都市,要使这市内的一巷一里都受它的指导。在乡村要使这村每家每人,皆受他的改进,否则对于学校使命即有所未尽。从前的人以为学校是读书的地方,社会是做事的地方。现在不然了,学校教育,不仅是读书,还要做事,所以学校是社会的缩影,绝不能和社会分离。

社会是什么?我们不必用社会学上所揭的定义来解释,现只从通俗一般的来说,据从前人说文化相同、生活相同的集团是社会,我也说文化相同、内心相通、语文风俗相同、组织的形式相同的集团是社会。中华民国是一个集团,也是一个社会,一家一学校,也是一个社会。若就小学教育的立场来说,凡在学校以外有同文化的集团,即可称作社会。

社会何以发生问题呢?我们所谈的社会问题,也不是同于社会学上所谓社会问题,(如人口问题,经济问题等)。却是广义的通俗的一般问题。如一切社会制度和社会的道德标准,因生活上发生变动后,旧的既然厌其不好,新的又未能一时成立,新旧交替之时,呈现出许多怪现象,于是社会问题便不断的发生,而这时的社会,也就成为病态,不是常态了。

小学教育能医治社会病吗?我不是说过么?教育是一种方法,换言之,也就是改变生活的工具。人类社会的病态,教育者多能发见,多能了解,那么医治的方案,当然也能知道,可以对症下药。社会的病态,虽是错综复杂,关系于多方面,但教育是人们整个生活的指导,医治起来,亦较易着手。何况小学教育是训练儿童行动的基本,也就是改善社会生活的权舆,如何不能医治社会病呢?

三

在题目中应说明的话,已经说过了,现在再来说一说我们的理想社会怎样。又中国现在社会怎样罢!我以为理想的社会,应该如下文所列:

(1)健康快乐。中国人的身体实在太差,和日本人比较已相形见绌了,比之欧美人,那就更差。都市中人因为空气的不好,自己的斲丧,身体因之不健全,而乡村中人饮料不洁,卫生不讲,疾疫流行,加之以滥用童工,未经发育的身体,遽施以过量的劳作，所以面黄肌瘦。而社会人士又多以连年战争，生活流离，终日愁衣虑食，心境上发生悲苦。于是身体愈加孱弱，在欧美人每日六小时的工作，绝未感觉疲倦，在中国人则已汗流浃背，精疲力竭。足证我国人身心的不健康的极度了。人们的悲闷、消极、和妒忌猜疑等，据心理学者说是生理上的病态，所以健康快乐，实是社会上的基本条件。

(2)富裕安适。大家有饭吃，有衣穿，有屋住，那就不发生问题；倘使有少数的人吃的是鱼翅，穿的是狐裘，住的是高楼大厦，而多数是饥不得食，寒不得衣，雨露风雪无归宿，那就发生问题了。所以我们所希望的社会，是一般人都有饭吃，有衣穿，各安其居，各乐其业，大家普遍的得着富裕安适。

(3)勤勉迈进。社会是进化的，人类是活动的。而社会的推动，有藉于人类活动不断的精进。否则哩，颓唐浪漫，怠惰不前，那末社会是不会能进化的了。

(4)融合衔接。年老的人虽然经验丰富，然而瞻前顾后，遇事退缩，少进取的心思。青年人血气方刚，有时意气用事，不审慎考虑，于是青年恨老年的保守，老年笑青年的躁切，相互批评。其实二者各有所长，各有所短，我们希望能互助合作，长短相济。老年负指导之责，青年有迈进之行，那末承上启下，融合衔接。那才是社会上一种极好气象。

(5)团结互助。各种事业的进行，端赖从事者的同心协力，一致推进，人类之所以能生存于社会，也就是有这种互助的精神。但是现在我国社会上排挤、猜疑的风气盛极了。这岂是一种好现象呢？我们所希望的社会，是无论什么人，都要能团结互助。

(6)急公好义。我国人往往利己心重,利群的观念浅薄。只为有“利”不知有“义”。所以关于群众福利的事业,无人过问。甚至损群以利己。理想的社会,是多数人,急公好义,忘却一己一家的利害,纯以虚公耻,与公利为最大标的。

(7)革新进步。万物都是新陈代谢,社会当然要随时代而改进的。理想的社会,是时时革新,时时进步,以期社会文化逐渐提高。

倘若社会现象,与此相反,便成问题了,中国目前的社会是怎样呢?我试列举如下:

(1)孱弱愁苦。愁苦是吾国士人最普遍的生活,一般人都愁眉蹙额,愁衣愁食,苦得不成样子。因而也就贫弱得不成样子。

(2)穷困颠连。连年天灾人祸,流离失所的人们其数实不在少,他们的困苦颠连,那更可不言而喻了。

(3)游惰消极。我国失业的人数,逐年激增,因游惰而不务正业的,也大有人在。至于意志的颓唐,精神的萎靡,苟安消极,更是一般人们的现象。

(4)排斥猜忌。凡是二人以上的集团,就有排斥猜忌的事情发见,这种没有互助精神的情形,可算中国人特有的现象。

(5)散漫无序。有系统有秩序的事物在我国社会中很少见到,中山先生说“中国人像一盘散沙”,真真“慨乎言之”了。

(6)自私自利。“各人自扫门前雪,不管他家瓦上霜。”是中国人心理的写照。心事都只知有我,不知有人。这真是最不好的一种现象。

(7)顽固保守。“墨守成法,故步自封。”这种保守而不知革新的态度,也就是中国社会显著的状态。

以上种种虽是我主观的解剖,但多半是现社会的写实。社会如此,是病的现象,那末,病的原因,又何在呢?我想不外乎下列几点:

(1)卫生不讲,健身乏术,优生失道。这三点理由亦极浅易,无待赘述。即就优生一端而言,急公好义的人,应该奖励的;自私自利的应该排斥的,但现在不如此。好的未必选择,坏的未必淘汰,这纯粹是反优生的办法。

(2)生产力薄,消费失当,分配不匀。中国人生产力的薄弱,尽人皆知,而且消费失当,不应消费者,浪费无度。更加以分配不匀,那更呈现出社会不安的现象了。

(3)惰无惩,勤无劝。怠惰的游民,是人类的败类,社会应有法律的制裁。精勤者是促进文化社会之中坚,应有舆论的奖励,以资鼓励。现在社会则反是。

(4)物质欲盛,同情心减。现代人只知有物质的享乐,不复知有精神的节制,因此同情心减少。争权夺利,甚至不为利己,也去损人,与从前人所谓“忧乐相共”一语,相去奚啻霄壤?

(5)不重科学,不知进化。中国人用电灯而不知究其内容;吸鸦片而不知其毒害。做事,不根据科学的方法;造物,不推求其改进的原理;墨守成法,只有坐以待毙。

(6)转移风俗的势力无由构成。有权位的人,不能以身作则,改良社会的风习,反而竭力摧残,良风美俗,使社会恶化腐化。这是更可痛心的!

上述数点为致病之原因，归纳起来，又可成为下列三点：

(1)手脑两分——就一人言，读书的只能用脑，不能用手；做工的只能用手，不能用脑。手脑的分离，是使社会不进步、科学不发达的主要原因。

(2)士工两分——就一群言，人与人分离，做工的专做工，不知求知；读书的专求知而不做工；经验学识不能打成一片，学非真学，知非真知，实有背于“做上学，学上做”的原则。

(3)人物两分——就自然界言：我们中国人大都不能支配物而为物所支配，于是只知顺天应命，一味迷信。可是人与人之间，倒能钩心斗角，极尽互相倾轧的能事，因此更把物的创造和制御，忽略不注意了。

以上种种问题的产生，教育者应负相当的责任。医疗这种病态也就要着眼于此。所以教育的功能，即在能对症下药。

四

那末，认明病源，便要立方服药了。我以为今日社会所以致病的总原因，则由于“教育不知注重行动”。不注重行动，于是工作者不能用脑，用脑者不能作工，所以要改进社会，则必须改变此种根本观念，使大家认定行动即教育，劳作即行动。

小学教育的对象，包括儿童青年在内，既如上述。那末小学校内应否或能否施行劳作教育呢？这问题的答语是“当然应当”“当然可能”。至于在一般学校已经施行劳作教育的，我现在也可举出几个实例来，供一供参考。

天津南开大学附中张校长去年考察欧洲教育回来，认定教育与生产机关应结合，今年暑假后，即在该校设立试验学校，添办了印刷、织工等工场。将全级学生六十人分为二组：第一组作工则第二组读书；第二组作工则第一组读书，每周轮流。每日读书六小时，作工六小时。①打破钟点制，各课时间不是平均分配。②打破分散教程，务求各科互相连络，科目有国文、英文、算学、自然科学、社会科学。各科不用机械式的普通课本，教法是采取自学辅导制。对于社会科学教材，是编成一部的大教本，名曰“中国与世界”；从中国出发，推及世界，由现今推及古代。譬如讨论中国“纸”之发明及其对于社会之贡献，与目前衰落情形，先就本国。由古说到今，其次又从外国纸的发明与销到中国情形，说到中国纸业应如何设法改良。其他教材教法亦多类此。意在使中国文化与外国史文化，相互参证，可以教学生了解各事物之演进历史。并使此种教材与工场所习的相联络。教的什么，做的也就是什么。这种教育目的在养成学生①得有相当知能，毕业后到社会有适当的事业可做，不必去仰面求人。②不但能为己谋生而且能改良社会，指导社会。③也可作升学的预备，如国文、英文、算学等学科，其程度，并能和普通中学学生一样。假如这个试验能成功，中国教育一定受到极大的影响。

又前在广东看到省立第一中学也是带有职业劳作的精神，校内有农场，有工场，学生亲自耕种。收获的米菜，既自可自给自养，且能出售资助学费。所有教室内桌椅等用具，多由学生自制。材料由学校供给，另付工资与学生，它的优点是：①学生在校不但养成健全的脑，能看书写字，且能养成健全的手足，成为有用的人。②不论贫富,都有入学的机会,不多要父兄花钱,而能自读自作,真是普及中等教育的不二法门。③不背生活即教育的本义。是以“劳动即生活”为教育主旨,免得养成吃饭不做事的少爷,或读书不做事的呆子。

以上虽是中学实施劳作教育的实例,但也可供小学的参考。我们相信小学实施劳作教育不惟可能,且是必要。现在试先说一说劳作教育的意义及效用罢:小学生在生理上讲,当然不能胜任繁重、长时间的劳作。但是劳作既称教育,必不如工场的作工,有强制性,便可灵活应用,所以下列四点,我们先要明白。

(1)劳作教育即生活教育:人类生活方面,有经济生活,有政治生活,有休闲生活,这三种生活,无不须要活动。即就日常的吃饭穿衣生活,也必有活动才能完成。所以只有听讲背诵的空洞机械的教育,没有实际生活的教育,是死的,不是活的。小学教育是教育的基本,小学生本有他活泼的生活本能,今舍去他的本能而不去利用,还能够称作教育么?

(2)劳作教育是科学的:科学方法的应用,科学态度的培养,为现代人重要的事。但是讲科学时也同时要实行劳作,例如教师讲植物学,可使小孩子种植花卉园蔬。教师讲动物学,可令小孩捉蛙捉蝶。种花捉虫,加以研究,是小孩子的科学。也就是小学的劳作。

(3)劳作教育即兴趣教育:儿童天真烂漫,活泼泼地,假如从他的兴趣出发,使他劳作,再在劳动之中,施以教育。结果呢,在儿童乐于操劳,而兴趣浓厚。在教师呢,已不费气力,收着劳作教育的效果。

(4)劳作教育就是职业教育:职业教育的知能陶冶,职业兴趣的培养,在儿童时候极为重要。如何培养,如何陶冶,皆要假手于劳作,借经于劳作,我们绝不能以儿童年小,便忽略过去。须知一生职业之基,即植之于此。

劳作教育之意义效用略如上述。兹再总括地说一说:劳作基于活动,活动在于兴趣;人为行动的动物,不能不重行动。否则,即非人化的教育,也就灭绝教育的意义与效用了。

继此再把儿童教育应该注重劳作的理由,补充的说一下:初等教育的重要,人所共知。劳作教育既然是行动的活教育,那末基本的小学教育,就应实施行动的训练。①因为幼时学习的习惯,可为以后的基础。何况儿童天性好动,教育者正可利用其好动的本能,养成勤劳的手脑。②儿童有好奇心,对于各种事物,都喜欢去尝试。③儿童富于群性,喜欢一群一群的共处着,其团体观念较成人为深刻。④儿童好模仿,对成人的一切动作,愿意去学,正是施教育的好机会。

如上所说,儿童既有好动、好奇、富于群性和模仿性等,这都是劳作教育的基础。所以小学施行劳作教育,可以说毫无一点疑义。

五

我们讨论至此,便要说一说小学实施劳作教育的具体方法了。在未讲实施办法以前,有几点关系承上接下,不能不一一加以申述:劳作即为做事,做事有四点须注意:①认识。②看。"认识”与“看”同时进行，有同样的重要。③听。不能看的要听，因为看听能使观念明了，然后才可认识，或经分析讲演以后，才易于认识。譬如教学电灯，必先示之以形，并使其分析清楚，而后才能明了。④做。分析明白以后，便须动手去做。如电灯的结构如何，如何修理，如何运用，则必须做。所以劳作者有四种步骤，即看、听、认、做。常人每多误解以为劳作完全是做。所以我特别提出这项劳动程序来。

一般小学的课程大概可分为三类：

①言语科。如言语文字及记载发表。记载所以保存经验，发表可以应用经验。②自然科学及工艺制造。此与劳作关系甚深，整个的劳作教育，即以此为关键。③社会科。地理历史及公民等，凡人事经营管理组织支配等事项的研究皆属于此。要依照劳作教育的法则，对于上述三大类。应如何实施呢？我现在举我的设计例子如下：假定有一乡村单级小学，学生五十人，教师一人，月薪二十元，须兼校长及校工。这位教师要实行劳作教育，他可召集学生问他们说：“校中无多长物，只有空地一方，我们在此地辟一小公园好么？”学生同意了，那末，便可共同商量一个进行办法。可由会议中和学生议决先把公园筑一围篱，学生各自回家携带竹柴一束，编造起来。围篱有了，教师更引起种植花木的动机，学生也就同样向家中或朋友处索得些花种及器具种起来。花有了，于是各人分配一方地，自行灌溉，培植，再用比赛的方法，来奖勉鼓励。过若干时教师又说：“园中植物有了，还缺少活的动物。”于是大家来养小鸟、蜂、兔或家禽；至于鸟笼、蜂巢、兔窟，又是工作的好材料，各人认定一个，其他相当材料，都

可叫儿童做。最后教师说:“单有动物不行,逛公园的人要休憩,那就要有凳子。”于是集议制造小凳,请他校的手工教师来设计帮忙。各种齐备后,先生又说:“我们公园的各种东西,自小至大,都可研究,我们来作一个详细的记载好吗?”于是各人都有记载。教师除修改文字外,再加指导。不久,教师又说:“公园已落成了,我们举行落成典礼,邀请来宾赏玩好么?”于是开会筹备。某某担任主席,某某担任招待,其余的来布置会场,邀约家属父兄姊妹。所有会务组织会场管理以及会罢作报告等事,均由学生分别处理。此种设计,一方为实施劳作之单元,而另一方面,且可训练人事之组织和支配,即为良好的社会教材。若种植植物,饲养动物,自然科又在其内。文字记载及会场报告,则言文科也在内,这岂不是各科都实行到,而各科又能联络了吗?这种办法我以为是穷学校实施劳动教育的最良方法。至于学生兴趣,据我的推想,他们一定很高(原文如此,似少兴字。编者注。),既使他喜欢劳作,而且可以训练各种能力,较之专读死书的教育,相去何止天壤?

小学虽不可不读书,然当广其范围,何况劳作教育之目的,在从生活上出发,譬如一年级的教材,便可在吃饭上教他,讲米和菜在生理上的关系,使其认识。在穿衣上教他,如衣服材料从何而来,如何保藏,且可简单教些制作方法。此外如造屋之木料是何处来,屋应如何高大,一方看,一方听,且可做小模型。使他逐渐增加衣食住行上认识,进一步,可令儿童如何慎饮食,常洗澡,和住室内如何清洁,等等。第二年级将言语文字教他,教他写大楷和小楷字,写兄弟亲戚的姓名,写亲戚朋友来往信札,做小小的传记,也可定为劳作之一。且每一儿童,必须认识菜蔬花木几种,和植物的几种效用。知道养兔子养鸡,且使学着做衣服及编织物品。考试是不考书,而在查问大小字写得如何!衣和兔子养得好否?年级高的,言文方面,使他言语说得正确,明了,记载的文字明白。进一步,便要研究动植物的形态,在城市参观工厂,参观后用文字记载;在乡村考察五谷种类,种植时期,培养方法,考察后也须加以记载,加以研究。在校里布置教室,开会时轮作主席,报告演讲,养成其发表能力。使儿童既用脑,又用手,手脑并用,百事可成,那末教育的效用自然大著了。

看、认、听、做是整个的教育过程,不能偏重;但要有组织,有系统。因于教材上发生不能解决的困难,可和他校的教师共同商讨研究和襄助。还有实施劳作教育时,教材的范围,不必一定限于教室之内。教室外各种事物,都可用为教材。它的教师,亦不必限于学校之内,社会上各项职业熟练之人,也可请他做先生。所以教农艺的时候,可到田间去请老农做先生;教工艺的时候,可到工场去请工人做先生。教材取诸社会,教师也不妨求诸社会。不但学生所学得着许多便利,而且学到的技术,也格外真确有用。

实施以上所说的具体办法,我想还要注意下列几点:

(1)以每一学期或一学年做单位,作一计划。或初四高二全组施行或分组施行。计划确定之后,然后寻找材料,切实组织,分配工作。

(2)要集合同志,组织一研究会。大家报告试验心得及困难,以收合作互助的效益。

(3)要和社会沟通,社会上的各种机关,设法多方联络。

(4)教师要善为教导。不呆板,不固执,因势利导,灵活有趣。

六

最后,便要说到小学实施劳作教育的效果——并证明这种教育方法,确切可以医治社会病原。解决社会问题,中国社会问题之解决,在于养成各人制造能力,如果仍如传统的教育,划分劳心劳力的鸿沟。耕田的只用手,读书的只用脑,那末永远不会创造。外国科学发明,重在于做,中国汉代学风敦厚,也因有劳作的精神。不意降及近日,劳作的精神,完全丧失,于是科学家稀少,国人生产能力薄弱,人民生计艰困,教育者那能不负相当责任呢?如果在小学时代便养成了许多小科学家,年长时各向社会上发展,这时社会当可蒸蒸日上。譬如说:假使因提倡劳作,提倡科学,于十人中或百人中养成一个科学家,如爱迪生其人,那时中国自然就有办法了。至于一般身心培养得强健,生产能力增高,职业训练纯熟,那末中国人更何至于贫乱!目前社会不劳而食者太多,他们反自鸣得意,绝不知这是人生的羞耻!所以我们应当造成“劳而后食”的舆论,来转移风气,或者中国民族前途方有希望。

至于因劳动以养成互助的习惯,增加社会的同情,使社会生活的组织能力在儿童时代即已得到一种良好训练,将来长大了做国民,不至再如散沙,自然是更不用说了。如此,社会还不能改良么?

或者有人说:小学六年之内这样做了,固然很好。但是中学不这样去做,社会上又不这样做,那末虽有良好的小学生毕业离校以后仍难免于社会上的同化。这又如何是好呢?这种说法,固然也有它的理由。但是教育家应先具有"尽其在我"之心。且须先以身作则,倘经过长久时间的倡导,成为一种风气,那时中学的教育也当然要大大改变,以适应这种趋势了。就是社会上的观念,也不难渐渐改变起来。我们只要有恒心有毅力,天下事不怕不能成功!

诸位,社会的改善,民族的复兴,都担在我们的肩上了,大家要努力,速速造成劳作教育的新局面,以救中国啊!

(原载《师范教育学术讲演集》第二集,《小学劳作教育》,杭州师范学校,1933年6月)

军国民主义教育的真正意义和实施方法

谁都知道军国民主义教育,不是真正好的合于理想的教育,办的不好,容易引起国民的侵略的狂热,其结果,竟和人道主义相违反。从前的德国,便是一个失败的前车:现在的日本,恐怕也要蹈失败的覆辙。可是,我们要明白,今日一个国家,一个民族,真要生存在大地之上,绝不是组织国家的分子,宽袍大袖,缓步从容,甚且病容满面,病体支离,所能成功的。就是要讲"维持和平,互不侵犯",也必定各人先具有相当能力,而后才可有够得上讲的资格。就是要希望昌明人道主义,拿和平的道德,来代替侵略的暴行,也必定要先具有自卫能力,而后才可以享受道德上的权利。须知道和平的道德,绝不是专来为"不振作的懦夫"做护身符的。那么,我们便可断言:提倡侵略的军国民教育是万不可有;而纯为自卫的军国民教育,则万不可无。我不敢说这话是天经地义,可是,在我们目前的中国,在我们这样危如累卵的中国民族,这种说法,无论如何,总还是站得住的。

一个人生存在人的社会里面,要想能站得脚,一定要具有三种能力:一是自卫能力,二是自养能力。三是自教能力。能知道卫生以祛除疾病、增进健康，能健全身心，以抵御侮辱，防范损害，这叫做能自卫。能具有职业上必要的知能，以从事社会生产工作，因此获得相当的消费，这叫做能自养。能吸收知识，增加知慧，得以努力向上，立己立人，这叫做能自教。不能自卫的人，自养的能力，一定不充分发展，当然谈不上自教；能自养的人，如不能自卫，自教也无从说起。所以要能达自教的目的，自养与自卫，固是万不可少，而自卫比较自养，则尤为重要。因为自卫能力的完成，不仅仅是个人体力健全，更要能有勇知耻，团结互助，这不只是关系身的一方面，更关系到心的一方面；而道德的意义，也就包含于其中。一个人如此，一个国家，一个民族，也是如此。要想一国以内，产业繁兴，人人安其居，乐其业，并想在国际方面，可以立起来，说几句公道话，能维持国际间的和平，其势非具有保卫国家的实力不可。而要具有保卫国家的实力，则又非先要使组织国家分子的国民，人人具有自卫能力不可。国民的自卫能力，何以养成？当然要依赖军民主义的教育。

也有人说，要养成国民自卫能力，不一定纯粹依赖军国民主义教育，如注重优良的体育方法，发展一般国民的民族思想，国家意识，同时再注重职业教育、科学教育，使人人有健全的体格，自立的生计知能，爱国合群的精神，则不言自卫，外国人也不敢来侵犯了，又何必要揭出这个名词来呢？这些话，自然也有相当的理由。但是，我所谓军国民主义教育，他的意义或许和普通所说的不同：

第一，要辨明的，他的唯一目的在自卫，丝毫不舍有侵犯他人利益的意味。

第二,是把体育一部分,也包括在内;因为只有体育,还不够养成自卫。

第三,正是借此途径,以发展国民的民族思想,和国家意识。

第四,同时要注重生产教育和科学教育,因为军国民教育,不但和此二者不相离相背,并还要相辅相依。

第五,要使此种教育,普遍及于全民,绝不能因此养成一种特殊阶级,并且从前因为由募兵制度所产生的流毒,且可借此一扫而空。

第六,尤其在此国难严重,国脉将亡,民气消沉,民力萎顿之际,正要赖此以振趋向上的民气,练成坚强的民力,认定培养国本。唤起国魂,非此未由。若问军国民教育,如何去实施呢?便可毅然答之曰,“实施全民的军事训练”。

用极简单的眼光来看,只要全国人民,个个能做工,个个会打仗(当然要除去老弱残废疾病者),则国家就能够生存了。因为做工,能增加生产数量,得以自给自足;打仗能抵抗外来侵侮,得以自立自保,能自给自足,还怕外人经济侵略么?能自立自保,还怕外人武力侵略么?当然话不这样简单的说,所谓做工,也要应用科学的发明和方法,生产以外,也还有合宜的分配;所谓打仗,除个人自为战外,同时也还要有近代科学化的军队组织,和军事设备。可是,若专就国民的个人来说,的确先要有这样子来做国家的基本,才可以立得住脚。试就中国目前急切的需要来看罢:是不是距离这个样子的程度太远呢?应该不应该赶紧设法补充起来呢?目前的中国,真是如一个久病之夫,骨瘦如柴,人的气力,已经没有了,那里还能够有奋发有为的精神,不屈不挠的勇气呢？要教人人能做工，能生产，正是供营养，生肌肉，强骨骼的唯一办法；要教人人能鼓得起气，肩得起枪，打得起仗，那正是练筋骨，增气力，唤起灵魂的唯一办法。营养不良，骨肉不健，当然灵魂消散，无从招唤回来；如无灵魂，则虽有一个肥硕强健的身体，也正是等于行尸走肉。所以我尝说，注重全民的生产，职业应用科学教育，那就是强健国家肌骨；注重全民的军事训练，那就是培养民族的灵魂。现在的中国，肉也没有了，魂也没有了，整个的政治，整个的教育，还不应该认定趋向，对症下药吗？我以为中国目前政治的设施，教育的计划，不必高谈学理，简简单单，只有认明两大目的，完成两大作用，一曰“生肉”，一曰“招魂”。

试放开眼来看一看，并世的国家，那一个不是聚精会神，从事于军事训练的？日本是征兵制的国家，举国人民，皆要经过定期的军事训练，不必说了，就是在中等高等大学方面，对于技击的训导练习，何等注重！不但正式教育如此，就是在补习教育一方面，如近年所办的“青年团”，竟是把职业补习和军事训练，认为课程两大宗。他们自称全国十六岁至二十岁贫不能升学而为在职业界的青年，皆须入此种教育机关，将来训练好了，一旦和外国开战起来，除去常备后备兵外，还有这一千余万不怕死的健儿，可以执枪入伍，这是何等气魄！可惜他们纯粹是以侵略为目的的。德国不是被人已缴械的国家么？不准制械，不准练兵，可是，他们怎样呢？学校穷得不堪，买不起运动器械，他们学生，以高山流水，当他的运动器，每日练习登山泳水、远足、攀高、拳击，自称要练得此身为铜铁，以便与敌人炮火相拼，法人睹此情形，竟至大惊失色,认为未来的隐忧。苏俄军事训练的办法,更是极彻底了;凡是一个学校,一个工厂,一个农村,无不有一个军事训练机关的设备。他们要把全国六千万十七岁以下的儿童,经过军事训练,要把全国十岁至五十岁的人训练成具有军事资格。本年四月二十四日天津《大公报》登载历樵译的“苏俄军事训练”一文,所说他的办法甚详,读之真是令人舌挢不能下。可惜他也是以侵略人为目的的。这样情势,我们还能够醉生梦死,佯若不知,听天由命么?日俄在东方,是两大强国,夹得我们很紧,日本并且已经伸出巨灵之掌来扼住我们咽喉了,我们在这种状况之下,要求生存,试问舍去用军国民主义教育,普及全国军事训练外,“当然要和生产教育并重”,此外复有何方法?

就是查一查我们的历史来看罢,古代教育,又何尝不注重军事训练呢?国子八岁入小学,教以“六艺”,六艺者何?礼、乐、射、御、书、数是,射,是射箭,等于今日的打枪;御,是御车,等于今日的驾驶飞机军舰。因为古时车战,所以要练习御车。并且古时庠序之所以得名,是一由于养,一由于射,可知射是古人所必习技能,那不是军事训练而何?秦汉以后,读书之士,也还是多好佩剑,能舞剑,何尝如后世读书人的两只手,只会拿笔扞,不能做他事呢?三十年来,新教育兴,学校林立,体操运动,列为常课,似乎可以一扫文弱之习了;乃按之实际,则又不然。课程表上,每周列了几小时的体操,风大了,停;雨下了,停。试问效力能有几何?运动会开了,几个选手,出场竞胜,试问一般体育如何能普及?国难严重了,各校增授军事训练,数年以来,效力又有几何?说起来,真是令人痛心!加以爱情小说,青年受其麻醉；男女恋爱，壮士因以纷心。正当年富力强，无论日呼烦闷，神经衰弱，青年学子，患者最多。这样下去，民族前途，尚堪设想么？

时至今日，无论为抵抗空前外侮，无论为挽回国家厄运，无论为力求民族复兴，无论为爱护多数青年，无论为振作全国人心，皆应在教育方面立定军国民主义，竭力普及全民的军事训练，这是救国的最要切的一着。如再不注意，则国家也就无从救起了。我前文不是已经说过了么？军事训练，要从广义看，凡是锻炼体格，练习跳高跳远，乃至防守、救济、制造，皆包括在内。至于习劳苦、守纪律、养成互助习惯，牺牲精神，更不必说。扩而大之，如何浓厚爱国情绪、发展民族意识，也是为军事训练所必需。这层关系很重要，所以不嫌重复，在此地还要来补说一下。

现在要说到实施方法了。我以为要实施军事训练，应首先注意到以下三件事：

一、司训练的人才。从前各学校所办的军事训练，大都是随随便便，聘请一二位曾在军队里面做过事的军官来做教练员，这位教练员尽管军事技术具有相当的程度，可是对于被教学生的心理兴味和程度，总是不能明了的居多数，因此教的方法和步骤，也就不能十分合宜，结果遂不免始勤而终惰，固然在学生方面，因为对于军事训练的意义，不十分了解，加以一向疏懒，骤然上紧，使他如何吃苦，总觉得有些不惯。此外还定有别种原因，使学生不起劲，此却是事实。但教练员，不能明白教育心理，恐怕要占大部分的原因。所以我以为要想军事训练，在学校内，真正能发生效力，势非先要训练成一班适宜教练员不可。若不于此根本处注意，还是像从前一样，随便请一二位有军事知能的人来担任，事先不加以相当训练，同时又没有其相当设备，和帮助，在教的人，还是拿学生和初入伍的兵一样看待，一样教练，可以说一定不会有好结果的。这是专就学校军事训练一方面讲的，如是在其他方面，如工厂，如商店，如农村，也是一样要注意教练人才，要对教练员先施以相当训练。

二、相当的设备。我们常常听到学校方面的人说，施行学生军事训练，没有真枪打靶一定是提不起兴趣，此言非无相当理由，不过在此时，要各级学校，一律备枪，又如何能容易做到呢？这也是事实。我以为枪不必一律皆有，可是如苏俄方法，小小武库却不能不设备。空手上兵操，甚且如便衣队练习横排纵排走，的确是没有意味的。好在一校以内，枪不必人人皆有，有了若干，可以轮流使用。不但一校各级各班可以轮用，就是在一区域内的各学校，联合起来，也可以轮用。并且武库所在，如何藏储，如何管理，一定也要订出规则，如军营一样。还有一层，所谓军事训练，也并不是专指操枪打靶一事，如练习防守、练习救护、练习工事也是十分重要的。教练之际，也要有必可少的器械，这种器械，当然也属于武库所藏的范围。至于除学校以外，如职业团体、如农村武库设备也不能少。此项武库设备，当然和教练员的训练有密切关系。因为此种设备要因地制宜、因时制宜，绝不能和正式军队一样斟酌运用，全在司教练的人，能下一番心思，并且有适宜处理办法。心思如何才能用？办事如何才能有？当然要靠住事前训练的工夫了。

三、合宜的组织。在一个或数个学校，一个或数个职业团体，一个或数个农村以内，所有受军事训练的学生、职工、农民，要参照军营队伍的组织，把他们一一编制起来，使他层层联络，如身臂手指，互相叫应，并且入伍退伍，要有定时，有定程，才可以克期而普及，计区而推广。这一种组织，已经是很重要了。尤其重要的，还有管理训练的事务机关，我虽是一个外行，不敢随便乱说，但是依理想推之，似乎应有以下的办法：在一个区域内（假定以一省一市做一区域为单位），一定有一个中枢机关，专司全区军事训练之事。中枢机关所办的：第一、要计算全区在若干年之内，需要若干教练人员，此项人员，宜分若干级，预定几年之内，可以训练成功？训练之时，课程如何编制？教育如何实施？招收学生，是何等程度？毕业以后，如何分发？服务之际，如何考察？这一部分的事，可说是最关重要。第二、本区以内各处武库，应如何设备，如何分区，如何购置，如何管理，如何使用？先之以计划，继之以筹备，终之以监察指导。这一部分职务，也是很重要的。第三、对于本区以内各地方，所有受训练人员，入伍退伍的调查登记，各地各校各机关的联络指挥，这一部分事务，也要办得有条不紊，罗罗清疏。在此总机关以下，当然更有所属的各分机关，分机关单位的区划或是依行政区域的县市，或是依学校，或是依职业集团，均无不可。除此项机关以外，并应设立各级傍支机关，如顾问委员会之类，以资辅佐而备咨询。有了这种合宜机关的组织，才可以设计推进，计日成功。

以上所说，虽分列几方面，实在仍是互相关联，并且是整个的一件事。有了机关组织，才可以教成人才；有了人才，才可以从事设备；有人才，有设备，而后有机体的组织，才可以日益健全，不断进步。

这就是一种全国皆兵的办法，人人是国家一分子，人人皆应受军事训练，就是年纪老了，不能再执干戈，而他的弟弟，他的子孙，也是要入伍的。这不是那一部分人的事，是大家的事，也就是自已的事。有专司机关，以主持其事务，那是国家委任他来办的，完全负其专责；而在此机关以外的人，有余时，有余力，仍当要随时竭力，予以帮助。帮助时所用的力量，原不必一致；其间各学校以内的教员，对于学生公民的训练，应用化学的教授，历史地理知识的灌输，团体生活的指导，卫生健康的注意，如农村的村长，农村的小学教员，对于受训练人民的调查，爱国心的启发，互相合作的指导，那是和军事训练，关系尤为特别的密切，当然要由主持机关的人员，和这一班人，常常联络，常常接洽。

在国民政府，也可由内政、军政、教育三部，推出人员，合组成一委员会，以为各省市办理此事的总指导机关，详为考察，妥为设计，随时予以指导，以免办法分歧，而流于错误。但宜疏节阔目，总揽大纲，不必锱铢必较，绝对集权。

如此办法，不出三年，全国青年和成人，至少有二千万人，皆具有军人资格，这就是真正的国家实力（是实力的一部分，因为武力以外，还要有富力）。那末各省各县所有雇用的保安队，警察队，平常认为不甚得力的，也就可以由此逐渐调动，统由本地人民充当，有一定瓜代之期，自无意外把持之弊，在职期内，只给饭食，不支饷银，既可省却公家一大部分经费，而地方也可得无限实益。其余退伍民兵，仍当按时操练，以免荒疏。地方盗患，永远肃清，自不必说，不幸边疆有事，敌人侵入，人民随地设防，皆可为卫国劲旅。在国民政府一方面，尽可竭其全力，练成科学化的国军五六十师，并努力从事于军事专门教育，养成将领人才，专为国防之用，而另以人民军事训练之事，责之其他机关，如此国军民兵，分途训练，上下一心，力图振作，虽一时不能收回已失之地，数年以后，一定有收复失地之一日，若不此之图，终日空谈救国，则仍于国家丝毫无补，愚见如此，仍希海内贤达，加以指正。

（原载《军国民杂志》，1933 年第 1 卷第 3 期）

现代的教育可能救国

炎泉同学：

来函早经收悉，觉得非常佩服！因为事情太忙，直到现在方能作复，务请原谅！

乡村改进研究会，希望你们努力赶去，由嫩芽而放叶而开花而结果，将来做一个推动社会的集团，决不要空空洞洞的毫无表现，如同目前许多集会的毫无结果，才算有价值！在我的地位，只要力所能及无有不帮忙的。尤其你说的"扩大组织找一些实际工作来做"，从研究而成为事实再由事实上去研究，其所成就自较切实。我以为你可以联络几个同志，择定几处已有成效的乡村改进区，加入实习，只要有特殊的成绩，则以今日乡村人才十分缺乏之际，出路可以没有问题的。

至于你说人生观难于确定，那么我大大不以为然！你学的是教育，而先没有"自信力"，认为教育不足以救国，将来到了社会中去如何领导社会呢？要知道目前中国的无办法，就在国民"自信力"的缺乏！敌人入沈阳说是不能抵抗，入锦州又说不能抵抗，我们一步步向后退，敌人一步步向前进，其结果惟有亡国而已！所以目前去投军，去救护，去募捐，这都是目前治标的救国方法;讲到治本的救国,非注意教育不可!惟教育能使人知做人、知爱国、知救国!倘使以往的教育者个个明此重要道理,个个能切实负责,有牺牲心、有自信力,今日的中国决不到此地步!此后大家加紧努力吧!

“用脑不用手”确是现代教育上的缺点,你既知道就应力矫其弊,尤其希望在乡村中养成很好的农夫。“适应个性”也是教育上的要着,我们秉着良心干吧!部令终有一天随着我们走的!

本社征求虽已结束,但我们很欢迎青年社员,你如愿加入我极愿介绍,附寄原书章程请填下。

新闻事业确有兴味,《申报》新闻函授学校内容甚好,但为免除分心起见,我不赞成你加入。

以后如有问及我的地方,我无不愿竭诚

以告顺祝

努力!

江问渔于民国二十二年二月四日

附来信:

问渔先生:

自与先生别后,已将一月了。

先生不辞辛劳,为社会为民族为国家努力的精神,真是使生佩服。尤其是爱护青年和教导青年的热诚,使每一个青年都有一个敬爱先生的印象,留在脑海的深处。

我们所组织的小集团—乡村改进研究会—在一月十四日的晚上开了一次本学期的结束大会,在这里讨论了些关于以后进行和假期内的利用。因为时期是临时决定的,又因天下大雪,所以不及请先生出席指教,真是抱歉!

十九日考试完毕之后,怀着满腔的热望要来和先生一会,但走出了校门又为地上的雪和泥所阻,心中殊觉怅怅。生现在有几件事要向先生求教,同时希望你的指教。第一,是人生观问题,这个问题憧憬在我脑海中,已有好多时候了,近日更逢内忧外患的迫切社会的紊乱,新旧文化的冲突,世界的矛盾,整个的局面已起了动摇,我们谈教育是否能救中国呢,外患这样的迫切,敌人是否能允许我们作久远的生聚和教训?政治的大发动机没有上轨进行的时候,单靠少数人在教育上努力,是否能收实效?因为这样,所以影响到人生观的不能确定。

第二,是现代教育上的问题,现代的教育是畸形的发展,单数人用脑不用手,在乡村中多了一个受教育的人,就少了一个生产的农夫。不管课程是否适用,因了"等因奉此"的部令只得照他做。不知学生个性之所近而施教,只知教学生埋首在繁琐的课程之中(某校初中一同学因喜研究无钱电而被开除,以致自杀于铁轨之下),所以生对于现代的教育抱着一个疑团,不知现代的教育可能救国?是能培养真的人才么?

乡村改进研究会,下学期拟扩大组织,并想找些实际的试验工作来做,不知先生以为若何,请不客气的指教!

中华职业教育社展期征求已结束否,假使没有结束,先生能为我介绍入贵社为社员么?

生对于新闻事业,感觉很有兴味,报载《申报》馆内附设新闻学函授学校,先生亦教授之一,不知先生能否告诉我一些关于该校的内容？

因了些个人的问题，又要费掉先生多少宝贵的光阴，很是感觉到不安，先生若有暇，即请赐复，敬祝

教安！

生程炎泉谨上。

民国二十二年一月二一日于上中

（原载《教育与职业》，1933年第143期）

如何能解决农村改进事业前途的困难呢?

一、希望省县政府决心试办。

二、希望实际改进者,决定方针,改良方法。

我国农民三万五千万,穷愚弱散,困苦万分,农村濒于崩溃,国本行将动摇。挽救方策固非一端,而近年来所盛行的农村改进工作,确是各种挽救方策中,比较有把握的一种。

但仔细观察起来,施行此种工作,前途尚多不易解决的问题,兹试举其最著者两项:

一、无政治力量的帮助,以资推进,则烟赌等重要恶习不易除,且包庇烟赌的公安分局依然从中作梗;放高利贷剥削愚民的土劣无从绝迹;下级区长乡长袖手傍观,不肯加以助力。如此,则纵有极少数的热忱改进家,苦心经营极少数的区域,仍是无济于事。

二、办一处改进区,办一个农民教育馆,每年要用二三千元,而实际受惠的农民,为数很有限。以中国农村之多,农民之众,如何能够普及?纵使所办者成绩甚佳,亦无异于舆薪杯水。

此皆目前的实在情形,无可为讳。然则必如之何而后可呢?

依我个人想，要解决此困难问题应分两方面去设法。

第一，希望省县两级政府的主政者，多数能了解此项事业的重要，下决心，用全力，延聘专家，筹定经费，假以全权，限以时日，就省划出一两县，就县划出一两乡，为试验区，由专家详订逐渐推广的计划，一方训练人才，一方实地试验，参酌邹平办法，而更求其精密切实。待至人才养成，方法确定，便可由一两县推行及于全省，由一两乡推行及于全县。人才最优者，可以为县长，次优者可以为区长、乡长，或县乡教育机关领袖。一省之内，果能有半数以上之县，一县之内，果能有半数之上乡，农民皆移其风、易其俗、安其居、乐其业，则一省一县已可以称小康，再进而生产增加，教育普及，保卫力量健全，自治基础巩固，便可以称大治。

第二，希望实际从事改进工作的同志，认定需要，决定方针，改良方法，务以容易普及为惟一标的。不多用钱，不多用人，不多费事，不多费时，力求简易，力求切实。当然以增进文化，改良生产，健全组织，三方连锁并进，为工作三大主干，而实施之际，应认定次列两事为主体：

一、拼命推广乡村民众教育，并以训练青年农民，为主要目标。

二、努力倡导组织合作社，即以合作事业，为改进农村经济，训练农村组织的基本。

民众教育机关，不必另设也，可附设之于乡村小学，即以乡村小学为施行民众教育之大本营；合作事业之指导，有专员固好，否则亦可由小学教员兼任其事。假定一个小学内，有教员三人，其中一人分出十分之五的日力精力，专任改进工作，而其他二人，各出其十分之二·五的时与力以助之，则一个小学区内，即有一个专任改进员了。再有因训练而得相当能力之本区青年若干人以为之助，则全村气象不难活跃，而一切事业，亦不难发展了（在规模较大、办理改进成绩较好的农村小学内，亦可招收学友，附设改进人员训练班，以便养成改进人员）。

今日国势已到如此地步，稍有知识之士，谁不愿尽心竭力以救危亡？各级政府不无贤达，稍稍放大眼光，便能洞见及此。而中等以上各学校，尤其是师范学校，施教施训，更应顾念到这一层，速速养成此项人才，以备实行到乡村去。其现在从事于改进工作之士，也不必畏难，也不必悲观，政府人员，预料不久的将来，一定要走上这一条路。而在自己所办的事业，更要先行认清目标，不要把路走错，虽然政治力量一时未能得着，仍当一步一步的向前努力迈进。

以上所说的一番话，虽然平淡浅近不免老生常谈，但个人自信却是从许多经历中得来，极愿和海内同志商榷一下，并望多多赐予指正！

民国二十二年二月五日作于中华职业教育社办事室

（原载《教育与职业》，1933 年第 143 期；
转载《农村改进的理论与实际》（农村改进之路），
生活书店，1935 年）

与灌云盐业界同人商榷办理盐业学校书

（上略。编者注。）恒源不敏，谨本野人献曝之忱，希冀巩固教育初基，确立教育主旨，敢陈愚见，敬备。诸公采择。

一曰应确定教育目标也。盐业人才不外两种，一为实际经营人才，如辨土方测潮汐管晒扫司储藏施精炼等事，势必于气象物理化学算术等皆具有相当知能。一为运输商业人才，如处理纳税转运考察销场行情买卖交际计算价格等事，又必需具有经济地理商业等知能，其为共通所必需而在目前尤当认为十分重要者，则为操守廉洁、行动活泼、善应事变，且勤俭朴实刻苦耐劳，绝不沾染时下恶习，如奢侈浮华赌博顽笑等，学校非属专科，自无庸分科教授，但于两项知能，既希望其备具，而于行将毕业之末一年，则无妨量其家境，察其才能，略为分划，俾获专长。

二曰应确定教育程度也。初办之时，可招收高小毕业生或初中肄业生，施以三年教训，其程度自等于初中，将来办有成效，则不妨稍稍提高，可招收初中毕业者，其程度自可与高中相等。但亦可略加伸缩，不必拘定年限，职业教育本以实际能力为归，最好年限不拘，而以能应实际需要为准。惟初办之时法令须兼顾，目前只好定为初中也。

三曰应确定教育方法也。此种教育非仅在灌输知识兼要养成实用才能，更要注重其品行操守，故教课与实习并重，而于人格感化，更应特别注意。

四曰应慎选教育人才并妥为筹备也。校长为一校主脑，务宜物色能研究能计划富于商业经验教育常识之人任之。其标准人物略如前人师训育主任韩镜溪先生（此仅提出供参考并非真推荐），校长聘定以后，应假以相当筹备期间，以便延聘教师，预备教材，设备教具。下手之初能得充分预备，开办以后，才可按照计划妥为进行，如此既可步骤不乱，且易计日程功。

五曰应组织董事会以便分任职务也。此种学校，论其性质实介乎公立私立之间，应组织董事会，以树立学校之主体。运使为当然董事，此外地方盐业界领袖并应加入名额，少则十一人，多则十五人或十九人二十一人均无不可，但须明定任期及改选方法，且须互选常务董事三人或五人，专任会务。关于学校经费之保管支付，校长之进退考察，学校报告之审查核定，应负全责。但对于校长职权以内之事，则应让其自由处置，不可加以干涉，最好对于校长任用职员教员绝对不加意见，如此方可以专责成严考核。在校长一方面，亦可不存对人敷衍之念，不存对事顾忌之心，可以放手做去，将来做好做坏，对于董事会自应完全负责，无从诿卸。愚意以为此层关系异常重要，筹备之初，即应预为计及也。以上五项，不过偶尔想及，拉杂奉陈，敬希垂察。至于学校预算以及一切进行计划尽可候董事会成立聘定校后，从容讨论，以期完善。恒源离乡日久，诸事不免隔阂，所言是否有当，殊不敢知。惟区区希望盐校及爱护盐校之热忱或能为诸公所鉴谅也。……

（下略。编者注。）

（原载《教育与职业》，1933年第144期）

农村问题[①]

绪　论

在开始讨论此问题时,应该说一此题前应说的话作为绪论。

(一)何谓农村。农村这一名词本来用不到什么解释,不过,我们为便于研究起见,不妨将他的性质约略地说明一下,以为研究及改进的依据。顾名思义,农村与都市显然不同,简言之,“异于都市者即可谓之农村”,无论从居民职业或居处方面,都可以寻出与都市截然不同之点:以职业来说,都市居民大多业工商,而农村居民则百分之九十以上业农;以居处而论,都市中房屋栉比,异常稠密,而乡村里面则桑麻相间,居住散漫,从这两点看来,可以推定都市与农村的性质是绝对相反。

农村也有许多种类,如以环境来分:靠山的叫做山村,临水的叫做水村……以地域来分,南方的农村居户比较散漫,北方的农村居户比较密集,以农民耕作方式而论,则一村之中,又有自

① 江问渔先生讲,郭影秋记。

耕农、半自耕农、佃农等等的不同，不过农村的种类虽异，而其当前的危机——崩溃——却没有两样。

（二）中国农村与国家生存之关系，个人是小我，国体是大我，大我的生命无死亡，小我的生命有死亡，却不是一样，可是大我也会不幸到了灭亡，所以国家并不是永久生存的，如安南、朝鲜等等，不是大我的也死亡了么？中国国家之生命寄托胼手胝足之农民身上。因为中华以农立国，全国人口百分之八十以上为农民，农民强国家亦强，反之，农民弱则国家亦不得不弱，所以我国教育政治等一切设施，都应当以农民为对象，以改进农村为大前提。现在我们应认为中国农村与中国生存之关系极为重要，我们智识分子，欲报国家应该一致以救济农村为唯一目的。

（三）中国农村何以发生问题。中国农村经济是世界经济的一环，世界各国农村皆发生问题，中国自也不能例外，但外国所发生的问题却和中国的问题不同，如美国的农村问题，是因为生产过剩，他们会把大量的小麦当柴烧，多量的棉花向海洋里抛弃。而中国说，则为生产不足，如米麦棉花等大多仰藉外人，据海关贸易册的统计，外国米麦之输入中国者，每年约在三万万元以上。试想一个农业国家工商业既不及人，而主要的农产品还要外人供给，这样是否能在大地上安然生存，确是一个重要问题。

还有，去岁稻子丰收，价值减低，这样当不再感到恐慌了，谁知又合了谷贱伤农的说法，收获愈多，愈足促进农村经济的破产，因为农人在种植的时候，废去若干的种子肥料等等流动资本，而此资本即由残酷的高利贷而来，及至新谷登场，却不料谷价低落，入不偿出，辗转相寻，必至农民穷至于极而后已。考其所以致此的原因。大抵是因为交通梗塞,难于运输,或者是因为苛捐杂税太重,不便流动,再不然便是旧式的仓库破坏,没有适当的贮存,这样一来,遂使丰收之年亦至成灾。

从上列两点看来,中国农业无论生产过剩或不足,都可使农村日益崩坏,农民日益减少,而农民亦将放弃农村,跑入都市,而农村中种种问题,由是以起。

以上为农村问题内部的原因。至于外部的原因,则不外帝国主义经济的侵略。中国手工业制造的东西,比不上外国机器工业的生产品来得便易,而中国的生产品只有静受淘汰,外货输入愈多,则中国之社会经济愈益贫困。即如筑路一事,固属正当,但交通便利之后,外货渐渐普及了农村,农村的生产品则因为外货充斥,无处销售,这样一来,反使农村经济加速的破产。

(四)问题的严重性及如何研究此问题谋有解决之中国目前的三危机——根据上述农村问题,关系国家的存亡,如不深加注意,则国家将陷于万劫不复的地位。目前中国的危机有三:第一是日本的侵掠,第二是匪徒的扰乱,第三是农村经济的崩溃,三者有一于此,即可灭亡,况三者兼而有之,现在我们对于前二者且略而不谈。只就第三者加以研究,并略制解决的方案。

中国农民一般的现象

中国农民一般的现象,亦可谓之中国大多数的农民的病征,现在要想条分缕析起来,自然不是易事,只将其病之荦荦大者,分述如次:

(一)穷——穷是中国农民一般的病象,不独徐海为然,即江南富庶之区,亦莫不如此,民国十八年,中华职业教育社会将江苏全省曾为徐海,苏淞常等四区调查,苏淞常一带有下列三种现象:第一地少人密,第二地力已尽,第三高利贷剥削,试想,全国之最富区域首推苏浙,而苏浙之最富区域则推苏淞常,苏淞常尚如此,其他各处可想而知。

(二)愚——中国办理新教育已经三十余年,荒僻之区不识字的人数固多,即全国文化水准较高之苏淞常一带,其农村中不识字人数亦属不少,我们不能只看到都市的文明,都市文明只是都市文明而已,荒僻的农村是没有份儿和都市等量齐观的。惟其愚,所以穷;惟其穷,所以愚;贫穷与愚蠢实互为因果。

(三)弱———一般地说来,农民使用劳力,他们的身体一定十分健康。其实不然,他们因为(一)营养不良,得不到适当的滋养,而又(二)不讲卫生,没有卫生的常识,及适当的劳动时间,至于(三)常因职业的不同,而发生职业上的各种病症,而且(四)滥用童工,使年纪轻轻的小孩子失掉适当的发展。这样遂使得他们的身体衰弱不堪,至于痧眼,痢疾等病,更为通常的不足为奇的症状。

(四)散——由上三因,自然的形成了一种散漫的各不相关的社会,所以中国农民,过去只是“各扫自己门前雪,不关他人瓦上霜”,你我无关,大家不相帮忙。

上列四者,是中国农民一般的病状,以之而言昌明政治,以之而言抵御外侮,是不啻浊其源而欲清其流,无论如何,是不会如愿以偿的,我们应当详察病源之所在,然后对症下药,以收药到病除之效。

中国农村衰落的原因

中国农村的衰落,并不是某一方面的原因,反之,他乃是许多因素构成的,在空间上说是各方各面多元的,在时间上说则由来也渐,绝非一朝一夕之故。现在我们综括起来,约有下列数点:

(一)属于政治的——汉唐之世,善良官吏,大都以水利农田为怀,宋明以还,对于农政日渐废弛,即是善良官吏,亦不过是政简刑轻而已,至是已不能帮助农民共谋福利,农政不兴,而关于水利,田赋公共仓库等等有益于农诸政皆略而不讲,这样的现象约有一千年,近年以来,更苦的便是苛捐杂税的暴敛,闻某省已征田税至民国五十二年,又某省更勒逼民众种植鸦片,否则迫纳懒民捐,因之遂使上列四病,日渐加重。其他如军队之骚扰,更为有目共睹之事实。至于政府,原是为民众办事的,而各级政府以县政最重要,县政不良民众的苦楚更不堪言状,所以我们要复兴农村,应当以县政为单位。否则弊政丛生,土匪横行,实为农村衰落之主要原因。

(二)属于社会的——社会方面的原因第一是土豪的剥削,因社会组织不良,而噬人之土豪遂应运而起;第二为多子分家,如一老人有田二十亩,分给生子五人,每子只得四亩,愈分愈少,亦愈分愈苦。近来有人高倡移民垦殖之说,主张把内地民众移到西北一带荒凉区域里去,但此种移法虽好,究竟一时不能实行，何如将江南人多之处移到江北人少之处为便，为什么大家都不是这种主张呢？此外如烟赌懒惰浪费等亦是农村破产之因。

（三）属于经济的——农村中高利贷的可怕，现在已不必多说了，故各处办理之合作社，正可使农民深深感激，可是以现在人材及资金的不敷，安得使合作社推行很广？其次，如人工太贵，农具不良、肥料太贵、外货充斥、谷价低落等等，均为经济上的原因。

（四）属于自然的——水旱之灾、病虫之害，因中国科学知识不发达，不足以言预防，只好听其自然，据某君统计，数年前浙江一省，农作物受虫害之损失，约达一万万二千万元，其害可想而知，此外如苏常一带之地力渐尽，面积太小等等，如不设法整理，皆为不治之症。

（五）属于农民自身的——农村的衰落，政府方面应负大部分责任，而农民自身也不能不负一部分的责任，例如不讲卫生、滥用童工、不能互助、不识文字等等，都是自身的原因，而近年来之少壮农民入伍当兵，亦为农村中之重大损失。

综此以观，农村之崩溃，农民所负之责任较小；有此五原因而农民之病状日深，使之渐复于原民地位，衰弱至相当程度，便继以崩溃，而农村之中即起一种大的骚动，如此即没有日本来侵，而社会已紊乱得不堪言状，我们不要宁使焦头烂额，不愿曲突徙薪，现在应该在头未焦而额未烂时，早为曲突徙薪的工作。

农业的要素

既明白农民的病状，更了解农村衰落的原因，继此便要设出救济的办法了。现在来讲办法以前，把农业要素几样说一说：第一是大地，大地最低单位不可不定，如国家承认有众之生存权，即应当授以相当之耕地，如其耕地不足，则其生产必甚危险。第二是劳力，有土地而无劳力，则不足以构成农业，劳力之中又可分为三种，即人力、畜力、机械力，一人使用机械，其效用可抵数十人，故我们应当创造机械力。第三是资本，农业上土地，肥料等皆为资本，而最重要者则为流动资金，个人不足应由国家尽力协助，否则没有活动余地。第四为技术，欧人所以称雄能一世者，实因其有近代之机器，以养成其新的技术，此外如管理设计等等，都应采用新的。普通讲农业要素都是此四种，但我以为应再添上二种：首先是治安，如农民天天与土匪斗争，则损失极大。如欲振兴农业，则先须平匪。其次如助力亦甚重要。（一）副业，无副业专靠土地，绝对不能维持，农忙的时候有限，闲时应当提倡副业，而土地产物不足之处，亦应极力提倡。（二）教育指导，欲振兴农村非普及教育不可。（三）合作社这确是助力最大的一种上列数者，治安系中国特殊情形。而副业一项外国对之已极考究，中国更要极力提倡。此三者实为发展农业最重要的条件，此种说法本甚牵强，因为要解决问题，不得不如此。

救济农村方法——解决农村问题

前章已将农村问题略加探讨，因时间短促，实不敢谓之详尽。此处仅将个人所闻及研究所得，草拟解决办法，希望前论之不落于空谈。我们知道，农村的病因甚多，解决的办法自亦不能仅限一种,而各种方法之中,有利的固然很多,民弊的也不能说绝对没有,必须将各种方法兼罗并用、择善以从,然后方能将农村中各种病象完全祛除。假如我们不将罹病的历史及环境考查清楚,便贸然的采用外法或墨守旧法去救治,这样不惟无功,说不定还要有过,我们应当尽量采用科学的方法,同时并求此法能适合于中国的国情,食古不化,固不足应付目前的困难,纯粹采用外国的办法,也未必能适合于中国的现状,下面便是我所拟定的救济中国农村的简单的方案:

(一)大规模的兴利除害工作——中国农作物,每年毁于水旱病虫之灾的数目,虽然没有正确的统计,但据一般的情形看来,可说是中国家农业上的损失一定很多。我们应当做大规模的兴利除害工作,如造林治河祛除病虫害等等,皆为目前当务之急但这种需时多耗费大的工作并不是农民自身所能担当得起,应当由政府负责努力推行。

(二)整理田制田赋,管理全国食粮——整理田制应当先举行大规模的调查,最重要的便是规定耕地单位。田赋问题过去便是百弊丛生,也应当切实管理,以期减轻农民的担负;至于食粮的管理,应当由中央设立管理局,先举行大规模的调查,统计全国各地生产及其分配,这些,当然也不是农民自身所能负起的责任,应当由政府负责去办。

(三)改良农的教育——我们是以农立国的国家,对于农的教育自然要切实讲求,但过去的农的教育是失败了,表面上虽设了许多高等的中等的农业学校,但对于中国农业生产及农民生活究竟改进了一些什么,他们最大的毛病,便是将理论与实际分家，高等农业人材与中等农业人材一些儿没有连络，这样遂弄得农校虽多，收效卒少。现在我们要改良农的教育，自然不能再蹈过去的覆辙，农的教育应当分下列三种：

1. 农学教育——所谓农学教育即是大学教育，他的责任是研究、计划、解决较大的农学问题，推动全国农事的进展，现在在中国方面，只有金陵大学能负起这种大的使命，其次如中大农学院，再次如岭南大学，也还说得过去，我们主张应将全国农事相近各省划为若干农业大学区，每区各省不同之试验，殊途同归，分工合作，这样才能有效。

2. 农业教育——所谓农业教育即是中等农业教育，或中等以上的专门农业教育，这里养成两种人材，一种是技术的人材，直接从事于实地工作；一种是推广人材，受高等农业人材之指引，将各种新的智识、新的方法，直接的或间接的向农民介绍，将农科大学所研究的结果，依照计划努力推销。

3. 农人教育——有了货物及推销员，没有售主也不会构成交易，所以我们又要注意

这些所谓售主的农人教育，农人教育即是小学教育，补习教育，是农的教育的第三级，也是农的教育的最下层，此项教育没有成效，其他中上两级教育也决不会有好的结果。这种教育可以分做四个方面来办理：

(1)农村儿童教育——农村小学不必呆守颁布的假期，不必呆用规定的课本，他们的一切都应当适合他们的日常生活，拿假期来说他们可以不放寒暑假，而放麦假稻假，至于教材教法方面不必拘于规定的课本，或墨守某项教学法，务须使他在学校里所

学的便是在家庭及社会上所能应用的。

(2)农村青年教育——青年是年在十六岁以上二十五岁以下的农村民众,他们是社会的中坚,我们必须好好扶植,在邹平及定县方面,授他们以相当的补习教育,毕业之后,便指导他们组成同学会,使之参加地方一切公益事业。我们可将青年中已受教育或未受教育的人分别开来,给予不同的训练,对于已受教育的人,仿照丹麦高等民校办法专授以公民常识及职业补习,对于未受教育的人,则设立普通的农民补习学校,予以智识的灌输及生活技能的训练,使得他们能得到深切了解,在一面旗帜一个口号之下,共向建设新社会的路上努力。

(3)农村成人教育——成人的年龄,我们算他在三十岁以上五十岁以下,普通使他们与青年同受一样的训练,这实是一种大大的错误,因为成年的人,各有家室之累,并且也没有青年那样的耐心,假使你把训练青年的方法去训练他们,他们一定感觉不便而不肯或不能安然接受。所以我们教育成人的方法,应当采用谈话、访问、演讲等方式,谈话的时间要短、次数要勤、材料要切于实际,并且需要切实的为他们指导方向,解决困难这样才能悦服爱戴,衷心的欢迎我们,向我们所指引的路上走。

(4)农村妇女教育——妇女在农村社会中,占有很大的势力,普通将妇女略而不谈,这也是一种很大的错误。办理农村妇女教育应聘用女的指导员,第一步先从家庭访问做起,第二步为他们解决困难,第三步便将他们组织起来,如妇女改进会,家政谈话会等使他们共负起改进家庭、改进社会的责任。

(四)竭力提倡合作社——上面三点都应由政府负责推行,

无论在哪一方面均非短时中所能奏效,求其办理易而收效速的,只有竭力提倡合作社,从事社会教育的人固应当积极办理,即从事小学教育或其他职业的人,也应当竭力提倡,使得经济的效用增大,一般农民,不再受高利贷的剥削。

(五)筹设农村改进区——改进区的范围可以不限大小,划定五百家可以,一千两千家也可以,最大者如邹平定县,他们以县为单位,办理全县农村改进事宜,最小者如中华职业教育社在余姚绍兴办理之农民学校,他们虽只一个指导员,但也能指导农民修路改良种子,综之区域之大小应以人才经济为准,尽力做去自会有效。

(六)县政乡政的改进——前面已经说过,县政是国家政治的基础,县政不良,地方建设就无从着手,农民疾苦必日益加深,所以要想挽救濒于崩溃的中国农村,非从根本改良县政不可。现在我把平日所知道的两个地方报告出来,以供改进县政与乡政的参考。

1. 山东——最后山东省政府划邹平菏泽二县为乡村建设实验区,就菏泽来说罢:他是将全县划为廿乡,约二百村,乡中设有乡公所,或云公安分局,每乡设乡校,每村设村校,即兼办人事登记,训练保卫,征收钱粮等地方行政工作,乡校与村校的权力者,即是由乡民或村民选举出来的校董,组成校董会,中国社会原来是喜静恶动的,大家都束身自好,必须由大家畀以正当的名义,他们才肯努力地方事业,而校董会之设立也就是这种原因了。乡校之下设教育、经济、卫生、保卫、息讼各股,分理地方上各项事宜,而县政府方面即依照乡校之分股,设置教育实业卫生保卫司法各科，任定专门人才，以为各乡校之指导，至于人材之供给，则由省立乡村建设研究院负责，该院分研究部与训练班，两部造成两种人材，训练班毕业学生担任各乡校及村校事务，研究部卒业人员则担任县府之各科指导员，这样一来，农村中免去田赋等黑幕及各种冗费机关之剥削，其结果必甚良好。

2. 河北——河北定县原为中华平民教育促进会实验区，最早因欧战时，我国一般留外学生感到华工教育程度之低落，遂联合教授。归国以后，即发起组织平教促进会，教一般失学的平民识字，后来觉得只文字教育一项尚不足以改善民众生活，遂提出公民、生计、卫生等四项教育从各方面着手，指导平民。去岁并受河北省政府委托设立县政研究院，内分调查、研究、实验、训练四部，用调查之材料以供研究，将研究之结果供诸实验，并设立训练人材机关，以准备大规模的推行，他们是否也要采用山东乡村的办法，现在尚无从推定，不过他们的努力是不下于山东的。

上面是我国研究县政较有成绩的两个地方。特地介绍出来，作改进县政乡政者的参考。

以上六点，是个人救济农村的简略方案，除此之外，当然还有许多其他方法，因时间关系，这里不再多述。

农村问题的分类

农村问题及解决方案已如上述，这里本用不到再说些什么，不过，我们为的精益求精起见，特地指出几个研究的途径，以供

有志研究诸君,依其兴趣之所近,多加探讨,分类如次:

(一)农村组织问题——农村组织,包括自治与政治问题,在目前中国尚无适切办法,现虽全国采用区乡闾邻制,然此种制度是否为目前最完善的组织,实为一大问题,我们应将中国历代各种乡村组织法,以及近代世界各国之地方自治,详加研究,求一最最适合于中国现状之地方自治组织法,以供采用。

(二)农村经济问题——农村经济问题,应当包括土地、技术、资本、合作等有关于农民经济生活各部分,这里应当注意中国农村经济之现状与其改进之方法,如土地之整理,技术之改良,资本之流通,合作事业之扩大等,均应切实研究。

(三)农村教育问题——目前农村教育,日渐趋于破产,受过教育的青年,不但不能使生产增加,而家庭所生产的反不足供他一人的耗费。我们应当研究农村教育怎样才能变成生产的教育,怎样才能配称救国的教育?研究的项目,应当分为学校教育与社会教育二种,使教育的效力,确能改进农村。

(四)农村卫生问题——农民病状已如前所述,因之提倡农村卫生实是刻不容缓了,记得上海浦东高桥地方曾由医科大学与卫生局合办卫生试验区一处,先将区内居民作一详细调查,然后由医师分段指导,这样一来,不惟区内住户皆知讲求卫生,而区内各小学亦逐渐与区办事处发生关系,我们办理之初,虽无大宗经费,然从小处做起,如设立诊病所,举行种痘与防疫宣传等等,亦未始不可收效。

(五)农村保卫问题——一个人必须有三种能力,然后可以生存即是自养。自卫、自教、保卫问题便是自卫问题,自卫有了办法，才能安心作业，否则不安居那里能谈到学业呢？我们应将此项问题详细研究，使农民皆有自卫的实力与能力，治安没有问题，改进农村自然就有办法。

（原载《教育新路》，1933 年第 30—31 期）

对于商务印书馆出版国语及社会教本意见

对于初级国语教材之意见

一、观察初级国语教材方面,缺点在少练习机会。例如颠倒字句,令儿童改正,或每句当中,留以空白,使儿童填字成句,以便练习,一方面可使儿童发展性能,一方面亦得矫正其错误,习之日久,儿童心机活泼,趣味盎然。虽然缀法可以另外教习,但在教本方面,似亦应设法与之联络。既然联络,自不能不于教授书中分别提及。

二、初级国语教材,多取反复故事,及引用大单元,以数课包括而成,意在使儿童方面复习机会较多,又以联锁课文,使读者容易了解,此乃的当办法,惜乎引用太多,学童反因此减少兴趣。

三、初级国语计八册,内究课文,名词故事嫌多,如狗狐狸等,在编者意思,以此类名词,学童印象较深,兴趣亦浓,教者易于教授,此意甚是,但如其课课皆然,学者兴味减少,反生厌恶,且以此为灌输材料,足以蒙蔽知识,似宜酌量减少。

四、关于文字方面，实用文似乎嫌少，如儿童和家属亲朋教师同学等往来信札，学校或儿童自治团体等通告广告等，均关系日常生活，似乎不可忽视。

对于高级国语教材之意见

小学高级国语教材，因学童年龄较高，选课亦较深，究其内容，不外乎记事叙述写景历史信札等类文字，一方面灌输知识，一方面促其成人。然以范围太广，往往顾此失彼，难得周全，今审其内容，优点甚多，选材颇能兼顾，诚为实用善本，似不能有所批评，但就个人主观意见，略述一二点如次：

一、高级国语教材，关于中西勇敢故事嫌少。学童将进青年时期，感情最激发，模仿性亦最重，在此意志未坚之时，能给予以正当观念，俾养成勇敢精神，坚决意志，并激发其爱国思想，最为适宜，惜乎教本中此种教材太少。

二、选课文字，应从学童身心方面着想，例如勤苦、耐劳、俭朴等项，为学校训导所刻不容缓，而观其课文内容，于此等事项之指导，则稍嫌不足。在高级学童年龄，已达十岁之外，勤劳俭朴，应人人实践。此不独我国古代所重，即今之西欧各国，亦正提倡不遑。故国语选材，宜乎多多引用，尤其如卧薪尝胆等故事及文句，更应尽量选入，以期发展民族精神。

三、关于职业教材，亦嫌太少，在高级小学毕业后，以各个学童经济环境论，当不能人人升学，故关于职业情形，须先给以印象，使其得有职业的正当认识，庶几高级小学毕业，得谋就职业，以求生活之出路。

四、细察各册内容，均少生产材料，如造林运动、改良农业、工业运动、提倡国货、合作生产、合作消费等，更少现实的材料，如自然材料、生活材料等。

对于初级社会教材之意见

一、初级社会教材，选择较难，因个人、社会、国家、团体、及现实生活，事事物物，包括详尽，异常繁难，今究其内容，各方均能兼顾，诚属善本。兹择其最缺少数点，稍贡意见。

二、社会初级教材，缺少团体服务及团体合作事项。儿童在团体生活中，第一须明了团体意义，第二要服从团体规则，尤其对于社会服务，更应十分了然。因人既不能离群独居，社会事务，常要互相辅助而行。在初级儿童知识简单，遇事茫然，在就学之初，关于社会教材，似宜多多引用指导使其得有相当认识，以达于成人。

对于高级社会教材之意见

一、缺少锻炼身体教材。儿童喜运动，乃系天性，在教材内容，关于个人卫生、公共卫生，均有论述，惟如何为合法运动，强健体魄，无显明指导，此乃缺点。今者欧西各国，一致提倡体育，军事训练，妇孺皆然。我国号称“东亚病夫”，若不急起直追，将有亡国灭种之患，故关于选材方面，允宜十分重视。

二、关于选民教材不足。初级小学毕业,义务教育,已经终了,高小毕业,对于国家政治组织,国民责任,更应了解(凡参政,选举,罢官等,一切人民权利,似无待指示而已明)。况值训政终结,宪政行将开始之时,人民义务较重,尤宜特别注意。关于高级社会教材,此层似宜明白叙述,以便学童练习,俾出校时,不至发生困难。

(原载《复兴月刊》,1933 年第 1 卷第 10 期)

读书提要

——《农村教育》

近年来关于农村教育的一类著作，坊间出版颇多；但真能放大眼光，看透中国农村病状，斟酌实际需要，写成一部极有条理，极合实用之中，以我所知，郭人全君所著的《农村教育》，似乎可以算合于这个资格！

这部书是分着上下两编，上编称绪论，内列四章：一曰农村社会，二曰中国农村之现状，三曰农村建设的途径，四曰农村教育与现代中国。下编称本论，内列七章：一曰农村教育，二曰农村小学教育，三曰农村幼稚教育，四曰农村成人教育，五曰农村教育，六曰农村之社会教育，七曰农村之学校教师。复有附录三篇：一为农村实验教育之创议，二为立达学园高中部农村教育科“工学”生活底试验（张石樵著），三为参考书目。

普通所谓农村教育，其范围大都偏于乡村小学校教育，尽或叙到一些成人教育及社会教育，也皆是以学校式教育或小学校教育为中心。抑知今日中国农村所需要的教育，绝不是这样，应该放大范围，以全村人民的生活为对象，不仅学龄儿童需要义务教育，而儿童的父兄母嫂，需要教育尤殷；不仅是正式小学校在乡村十分重要，而非正式的补习学校，在乡村重要尤甚；不仅是学校式的教育应该普及，而同时社会式的教育更应该普及；不仅对于已达学龄的儿童，教育不能放松，而对于未达学龄的幼儿，教育更不容轻视，不仅是国民教育、文化教育，要让农村人民和都市人民同样的享受，而直接关于生产一方面的农业教育，更要让农民和农民子弟特别沾光。这皆是一定而不移易的道理啊！

这部书的着眼点在他的绪言内，叙述本书大纲时，曾经说得很明白，他说着眼点有三：

（一）是对于中国农村社会及其现状予以剖释，这个剖释是必要的；因为从这个剖释所得的结果，可以觅取农村改进的途径，然后使农村教育，按置在改进的途径上推动而整个农村社会，有其共通的特点，而亦有各各不同的异点。此种特殊情形的理解，即为农村教育实施的根据。

（二）是探讨过去教育之成败，以为近日教育之参考，并作为农村社会建设与教育建设之将来的途向。因为农村教育运动不是偶然而起的，我们必须认清了他的时代背景而后决定他的时代使命，所以在这一点上特别注意于现代中国之由来与其教育的变革上面，然后由此而确定农村教育之目的与方法。

（三）是根据前二点所得的理论而应用于实际的设施上，使理论与实际结合，分别的说明农村教育之实施的方法。的确是依照这个方式叙述的。他在上篇内，第一章是泛论农村社会的物质与种类，而第二章则详述中国农村之现状，先从经济危机上观察，再就一般情状上观察，诚能面面俱到，搜罗无遗。

在上篇内“农村建设的途径”及“农村教育与现代中国”两

章，比较亦关系重要。经济改善，自治自卫，农业生产的提高与改良，文化提高与建设，这四项在目前的中国农村，确是改进和建设要件。现在普通谈农村改进的人，大概是提出三个标的：一为文化及教育，二为农事及经济，三为组织及村政。以此四项，与之比照，可说是完全合一。经济与农事可合在一起，村政组织也就是自治与自卫了。

在"农村教育与现代中国"一章内，推论新教育的演变与失败，有一段极沉痛的话，似乎有录出给大众一阅之必要：

"中国的学校教育，垂延了三十余年，在这三十余年中的过去，我们却并不曾见到这种教育所发生的良果，却只听见教育破产的呼声。日本军国主义的教育，我们亦模仿过了；美国民治主义的教育，我们模仿过了；甚至行政学术化，我们亦模仿过法国大学区制了。其结果并没有发生军国主义的效力，民治主义的效力，与学术化的行政组织。日本、美国、法国能于民族社会发生效力，而一至移植中国，即完全失其效力。此中原因，我们不能不加以论断。否则教育前途，仍如昔日之模仿，其结果亦仍如往昔之模仿而失败，则中国民旅前途安有希望"？

这一段很沉痛的说，凡是从事过教育的人，读了一过，当无不毛骨悚然。在这一段内虽未明言及教育失败的原因，可是他揭出"模仿"两个字，似乎也尽够受用了。并且他接着便说明新教育失败的因子，谓教育，当以其时其地之社会情形，为重要枢纽，其变革也，亦当随社会之变动而与之适应"，这是一点不错的。因此他便断定说："造成教育破产之基本原因，就是现代教育，原来是资本主义的产物，他的课程及其精神，都相应于资本主义的需要,……我国的社会情况,显然与日美不同。若不问国情一味模仿,则土性不宜,橘逾淮而为枳了”。

书中并指出教育改革的方向,曾揭出三论:一曰“现代中国的认识”是需要认识中国社会复杂矛盾的现象。二曰“明了现代中国的由来”是要明了中国为何到了这样地步,三曰“辨明现代中国的前途”。认识了现代中国,明了了现代中国的由来,如是而欲延续民族的生命,建设民族的前途,只有努力从帝国主义与封建残余两种桎梏之下,解放出一条民族经济的生路来。换句话说,就是要发展民族一切生产事业到了相当繁华地步,使人民生活能得着相当的提高,各事方有办法。试问,何以能达到这个目的呢?当然方法不止一端,可是依照目前中国社会需要而论,农村建设,却是最重的一端,而用以启农村建设之钥,架农村建设之桥,则又非农村教育不可。

此书在第四章第二节,指出农村教育之基本的条件:一要“现代中国化”,二要“现代农作化”,在这两个条件下,各各分析成四项,真是精确不移之论。

这皆是此书上编精义所在,的确在农村教育理论方面,有许多很好的贡献。再看他下编关于实际方面吧:

在著书的人,根本即不承认农村教育是狭义的乡村小学教育,这一点我是一百二十分的表同情,看他在下编内所论述的,有的是小学教育,有的是幼稚教育,有的是成人教育,有的是农业教育,有的是社会教育,差不多把各种各式教育,皆包涵在农村教育的一个旗帜之下了。并且他在下篇开首第一章(即原书列的第五章)内说明农村教育的意义与目的的发端,便有下列的一段话：

农村教育，是为农民、农村、中国之需要而产生。农民之所以需要，是为农民生活枯窘，智识程度地下，必恃教育有以改善其生活，提高其知识。农村之所以需要，是为农村组织不良，文化落后，必恃教育有以提高其地位，始能发扬民族精神。有健全之农民，始有健全之农村组织；有健全的农村组织，始有健全的民族。

这种理论是一点不错的。因此他把农村教育的意义析之以三字曰“农民底”；复从而释之曰，一是“农民底”的而非超农民的。二是“农民底”的而非奴隶的，三是“农民底”而非杂农民的。

至说到农村教育的目的，则有如下引一句最精透的话：

“农村教育之最大目的，实为本农村教育生产化、革命化、生活化之合一的意义所欲达到之终点”。

书内关于目的的分析，则列有生产的知能，科学的头脑，劳动的意识，健全的身心，团结互照的精神五项，且有图表佐其说明。

至说到各项教育，比较的以“乡村小学教育”一章，最为详尽，其他似乎稍嫌简略。末一章论到农村学校教师，亦多精通之论。

总之，这一部书，依我看起来，虽然各部分的简繁，未必写得十分匀称，但他各方顾到，见解明通，已属不可多得，而在理论方面，不少独到之处，更属难能而可贵。比较起来，在目前的中国，这本书总要算最合于实用的了。

（原载《人文月刊》，1933 年第 4 卷第 9 期）

十六年来之中华职业教育社

一、发起及成立

中华职业教育社成立于民国六年五月六日，当时具名发起及赞成者，有伍君廷芳等四十八人。其发起动机：一、鉴于各级学校毕业生之无出路，以致学校毕业生愈多，社会失业之人愈众。二、鉴于社会不知注重新技术、新人才，以改善职业，致职业与教育距离甚远，无从沟通。认定此两种现象，有害于教育，且大不利于职业，乃发宏愿，谋两方之联络，矢志先从教育下手，而以结社研究、提倡、试验为方法。

先是黄君炎培，于民国二十三年间，已深深感觉到中国教育之不切实用，因有“实用主义教育”之倡导，国人应之者綦众；未几黄君自新大陆考察教育归来，益觉近代教育，必以生活为依归，而生活要枢，则在生计，于是进一步乃力倡职业教育以冀矫正教育之弊，救济社会之穷，其奔走南北，联合同志，创立本社，实以黄君之辛劳为最多。

民国六年五月六日，在上海举行成立大会以后，即借上海西门江苏省教育会为社所，同时制定组织大纲，发表宣言，当即推定黄君炎培为办事部主任，蒋君梦麟为总书记，黄君出外考察，主任由沈君恩孚代理。初刊行《职业教育丛刊》，继发行《教育与职业》月刊。并议定从六年一月起，开始募集社员。此时虽仅为一普通教育团体，但已甚为国内教育实业两界所重视矣。

二、宗旨及目的

本社设立之宗旨，在中华职业教育社章程中，虽未有所规定，但第一条已将社员所应共信共守之义务，明白说出，即亦与宗旨无异，其原文云：

“本社之立，同人鉴于吾国最重要最困难问题，莫过于生计；根本解决，惟有从教育下手，进而谋职业之改善。同人认此为救国家救社会唯一方法，矢愿相与始终之。”而于本社成立之始，第一次所发宣言书中，言之尤为明确，其言曰：

“吾侪所深知确信而敢断言者，曰：今吾中国至重要至困难问题，厥惟生计。曰：从根本上解决生计问题，厥惟教育。曰：吾中国现时之教育，决无能解决生计问题之希望。曰：吾中国现时之教育，不惟不能解决生计问题，且将重予关于解决生计问题之莫大障碍。此而不思所以救济，前途其堪问耶？救济之道奈何？或曰：此社会事业不发达之故。夫人才而有待夫现成之事业耶？抑事业实待人才而兴耶？或曰：此用人而违其长者之咎。然吾闻农场尝用农学生矣，其知识，其技能，或不如老农也；商店尝用商学生矣，其能力，未足应商业用，而其结习转莫能一日安也。

吾侪所深知确信而复敢断言者。曰:方今受教育者之不能获职业,其害决非他方面贻之,而实现时教育有以自取之也。

且教育曷贵也?语小,个人之生活系焉;语大,世界国家之文化系焉。今吾国文明之进步何如乎?行于野,农所服者先畴之畎亩也,游于市,工所用者,高曾之规矩也。夫使立国大地,仅我中华,则率其旧章,长此终古,亦复何害?独念今世界为何等世界?人绝尘而奔,我蛇行而伏,诚观美利坚一国,发明新器物,年至四万种,安迪生一人发明新器物,多至九百种,我未有一焉,谁为之?无新学识以应用于实际,无新人才以从事于改良。教育不与职业沟通,何怪百业之不进步。由是吾侪深知确信而复敢断言曰:吾国百业之不进步,亦实现时教育有以致之也。

同人于此,既不胜其殷忧大惧,研究复研究,假立救济之主旨三端:"曰、推广职业教育;曰、改良职业教育;曰、改良普通教育,为适于职业之准备"。既已说明教育之弊,因而设立救济办法三端,本社宗旨,昭然若揭矣。

宗旨既立,目的亦于是乎在,其本此宗旨以施行其所预定之教育方法,用以达其目的也,则有如次之议定焉。

"曰调查、曰研究、曰劝导、曰指示、曰讲演、曰出版、曰表扬、曰通信答问。其所注意之方面,为政府,为学校,为社会,而又须有直接之设施。曰、择地创立都市式乡村式男女子职业学校,日夜星期职业补习学校,而又须有改良普通教育之准备。曰、创立教育博物院。迨夫影响渐广,成效渐彰,又须设职业介绍部;其为事,曰调查、曰通告、曰引导。"

此皆见之于最初立社时第一次所发表之宣言中者。嗣则社章制定,列入事业目的及种类,条目更觉分明;虽十六年来,几经修正,而此项条目,迄未变化一离其宗也。兹录中华职业教育社章程第二、第三两条如次:

(略。编者注。)

以上各项事业,视财力能力所及,次第举办之。

社章所规定之事业若此,十六年来,究已施行几何,并就所施行之事业,可以测定目的已达几何,应俟下文再为详述。

除上文所述外,本社复有"职业教育设施标准"(为本社出版物之一种)之制定,开宗明义,揭出职业教育设施原则,明白规定职业教育定义、目的、分类,盖为补充前此宣言与现行章程之所未逮也。

"职业教育目的,为次列四项:

1. 谋个性之发展;

2. 为个人谋生之准备——使无业者有业,有业者乐业;

3. 为个人服务社会之准备;

4. 为国家及世界增进生产力之准备"。

而职业教育定义及分类,并与职业教育目的有密切关系,盖均为设施原则中所不可缺者,用特一并附于此。

"职业教育之定义——用教育方法,使人人依其个性,获得生活的供给和乐趣,同时尽其对群之义务,名曰职业教育"。

"职业教育之分类:

1. 农业教育;

2. 工业教育;

3. 商业教育;

4. 家事教育；

5. 公职教育，如文书员、事务员等，公正机关人员之养成；

6. 专业教育，如律师、医师、教师、新闻家及其他职业需要专门训练者”。

三、组　织

本社组织以社员大会为最高权力机关。由社员选举董事，组成董事部，选举评议员，组成评议员部，复由评议部评议员会推荐办事部主任副主任，经董事部同意而聘任之，以组成办事部，执行社务；并为各项事业计划精密、进行便利起见，组成各种委员会，兹分别述之如次。

（一）社员

社员入社之资格及手续，规定在社章第四条："凡有正当职业之个人，及农工商业或教育团体，愿研究并提倡职业教育者，得以社员二人以上之介绍，并经审查及格后为本社社员。"又同条第二项，规定"凡现任职业学校教职员，得依其志愿自由加入本社，不必经介绍手续。"至社员种类，则有如社章第五条所规定：

1. 甲种普通社员。岁纳社费银五元，有选举及被选举为本社评议部评议员之权，并得无偿领受本社各种定期刊。

2. 乙种普通社员。岁纳社费银二元，有选举及被选举为本社评议部评议员之权，并得无偿领受本社定期刊之一种。

3. 永久社员。纳社费银二百元以上，为永久社员，有选举及被选举为本社董事部董事评议部评议员之权，并得无偿领受本社定期刊及其他出版物。

永久社员纳费一次或分次均可，但分次缴者，至多不过十次（每次二十元）缴足社费之日起，取得永久社员资格，永免纳费，在未缴足时，暂以普通社员待遇。

4. 特约社员。凡于职业教育有专门之研究或对于职业教育有实在之赞助者，得由社员提出经评议会之通过，请为本社特约社员。

社员以外，复有赞助员一项，赞助员并分三类，社章第六条亦有明白之规定："凡表同情于职业教育之个人或团体，愿以经济赞助本社者，推为赞助员，分三种如次：

（甲）一次纳捐者为临时赞助员，

（乙）每年纳捐有定额者为常年赞助员，

（丙）一次纳捐二百元元以上者为永久赞助员"。

现在社员及赞助员人数已达九千八百八十四人，附录统计表二如次。

（表略。编者注。）

（二）董事部、评议部及办事部

1. 董事部　董事均名誉职，由永久社员互举，名额暂定九人，任期四年。每二年改选半数，再被选者得连任。第一届选出之董事，以半数为二年任期，用抽签法定之。董事部之职权：

（1）管理本社资产，并筹划本会经费；

（2）审核本社每年经费预算决算；

(3)核定本社大政方针；

(4)聘任本社办事部主任副主任(见社章第九第十两条)。

董事部每年举行董事会常会两次，设董事会主席，由董事互选，一年一任，连举连任(见中华职业教育社董事会规则)。

2. 评议部　评议员亦为名誉职，暂定每社员百人举一人，但至少以十一人为限，至多以三十五人为限。由董事部加倍提出候选人，经社员选举。评议员任期二年，每年改选半数，再被选者得连任。第一届选出之评议员以半数为一年任期，用抽签法定之。凡评议员有以董事兼任者，其董事资格仍存在(见社章第十一条)，现在评议员额为十五人。评议部之职权：

(1)研究及规画本社每年应办事业纲要；

(2)推举本社办事部主任副主任于董事部；

(3)协助本社办事部，推行社务(见社章第十二条)。

评议部得以事实上之需要，互推常任评议员。常任评议员名额，占评议员现额四分之一，其中一人为评议员会主席(见社章第十三条及中华职业教育社常任评议员规则)。

3. 办事部　依照社章第十四条所规定，办事部得设主任一人副主任一人或数人，总书记一人。在本社成立之初，曾设主任一，总书记一。至十二年，增设副主任一人后，总书记缺遂久悬未设。办事部主任副主任由评议员会推举，而公决聘任则董事部主之。主任副主任，须选自本社社员，而总书记及其他职员则无此项限制。盖总书记等职员之聘任，概由主任主之也。办事部全责，由主任负之；副主任则协助主任，办理社务。任期均为二年，再被任者得连任。凡办事部职员有以董事或评议员兼任者，其固有资格，照常存在。办事部除分设各股外，并得设委员会，延请社外专家担任，此皆明白规定于社章者（见社章第十四十五十六各条）至办事部内部组织，或伸或缩，大率一视事务繁简以为定。目前组织，是为五股两部，另有总会计部一部，虽附在办事部，但其职权是受资产管理委员会之指导，掌理本部全部会计事务，而资产管理委员会，则又由董事部依据社章公推委员三人组织而成。董事一部，所辖者除资产管理委员会外，复有百年基金管理委员会，以管理本社所存储之百年基金焉。

（三）各种委员会

本社附设之委员会，除上文所述直辖于董事部之两委员会，均系含有固定永久之性质外，其有应事实需要，临时设立者，则有如经济委员会，扩充补习教育委员会，女子职业教育委员会；其有联合各方公同组织者，则有如兽医教育促进会，国货指导委员会；其有因一时需要而设立，事毕即行取消者，则有如社所建筑委员会等。

兹附录本社组织系统图如次：

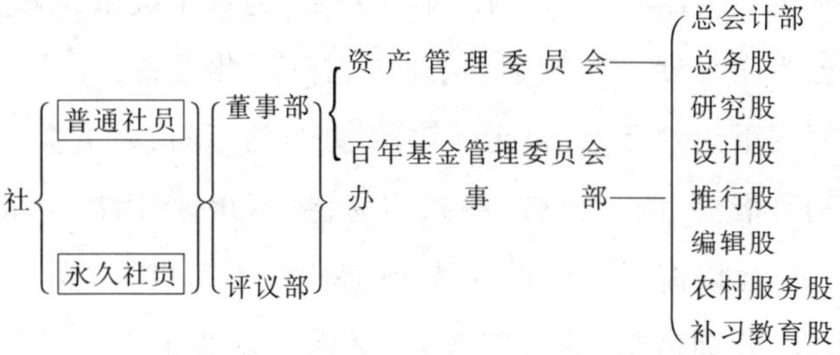

四、社 所

本社初无社所，成立之初，即借上海西门江苏省教育会余屋以办公。民国十五年冬，始赁居上海法租界辣斐德路四四二号民房。维时事业日渐发展，而办公之所，则颇苦狭隘，以致阳台之上，走廊之下，均改为办事室。十七年，经董事部会议，决定设立建筑筹备委员会，负责筹划购地建筑社屋，先后开会九次，举凡地址之勘定，图样之商核，经费之筹措，房屋之验收，均经次第办竣，盖亦煞费辛勤矣。

当委员会成立之初，即努力进行购地事宜，履勘多处，经年未成，直至十八年春，始购得上海环龙路华龙路口清册道契二八二三号地一块，适当顾家宅公园门首，计面积五分二厘，值规元银一万两又二百元，时四月五日也。

购地即毕，即从事于创制建筑图样，经若干次会商，乃决定建筑五层楼房，特延聘公利营业公司工程师任设计，图样成，开始投标，结果潘荣记以最低价格获选，计价规元银三万八千六百两，所有水电卫生器具，均在内。本社基金，为数本极微，购地费万元，业已悉索敝赋。兹则建筑、监工、打样、及设备，合计需四万两，折算国币约六万元，如此巨款，筹办当然不易，委员会一再详商，以捐募借垫，两相比较，缓急难易，势不相侔，因决定取借垫而舍捐募，盖以需要急而得资易，其势不得不而也。既由本社热心诸舍友，分别借垫，共数三万元，又因委员会主席钱君新之之介绍，另向四行准备库抵借三万元，于是经费问题乃获解决。

建筑开工,始于十八年八月七日,原订六个月工程完竣,延期五个月,直至十九年夏初,始告完成。七月二(原文如此,似为二十之误。编者注。)日,本社召集第十一届社员大会及第八届全国职业教育机关联合会,而新社所落成典礼,亦即于斯时举行焉。

当时社屋布置情形,在本社第一一六期《教育与职业》月刊“比乐专号”内,曾有一段记载:

“入环龙路华龙路交角之大门左首,为问讯处。其北墙上嵌有建筑委员会主席钱君新之铜牌一百年基金提名白石碑一,百年基金纪念白石碑一。右首墙上有徐公桥全体村民公献白石碑一。走川堂右首第一间,为农具推行所陈列室,第二间为《生活周刊》发行部,第三间为生活周刊编辑部。再北为比乐堂,足容二百人,社之会集所也。其上有堂匾,为九一老人马相伯所书。会堂前方为出租部分之会食堂。出会堂而北为厨房,为热水间,为社役厕所。走后梯而上第二楼,有厕所,有浴间,有社工室。走川堂而南,左首为总办事室,职业指导所,右首为小会客室,会议室,业余图书馆。出川堂,有电话间,走前梯而上第三楼,均为出租部分之房间,浴室厕所,共计十二间。走后梯而上四楼,其情形与第三楼同。出第四楼之川堂,走前梯而上第五楼,除浴室厕所外,为本社办事部同人宿舍,为本社储藏室娱乐室。走五楼后梯而上屋顶,泽为游憩运动之所,登高望远,风景殊佳也。”但现在则略略变更矣,比乐堂移至三楼,生活周刊社已迁他处。屋顶之上,且添建临时房屋焉。

本社成立,十有三年,至是始有较宽裕之办公社所,社内同人办事精神，固可为之振奋，而工作效率，亦可因之增加，然而一钱不名，款由借贷，直无异于赤手成家，其间困苦情形，亦复一言难尽。总之，渠渠厦屋，所以能获有成，是皆熟心社员之努力，及社会人士赞助所致，斯则全社同人所永矢勿谖者也。

五、集 会

本社集会、为类颇多，其间尝有数种会议，同在一时期内举行。至社内重要事业，因会议而产生者，为数甚伙。兹为叙述便利计，仍将各种集会，分别胪列，其有不能划分者，则连类举之，而于重要事业，并附及焉。

（一）年会

自民国六年五月举行成立大会于上海以后，每次年会，均定于五月间举行，至十一次以后，始改在七月或八月。

第一次年会　民国七年五月，举行于上海，讲演会外，兼举行辩论会，并附设职业学校成绩展览会。是年本社所附设之上海中华职业学校已开办。依大会议决，推定办事部主任黄君炎培，总书记蒋君梦麟赴奉黑吉三省及朝鲜青岛等处调查讲演。

第二次年会　民国八年五月，举行于上海中华职业学校，同时补行该校开幕式及募金纪念品赠与式。会场陈列该校铁工、木工、纽扣、珐瑯各科制作品。依本次年会议决，设职业指导部，中华职校附设职业教师养成所，与北京大学、南京高等师范学校、暨南学校，江苏省教育会合组新教育共进社，发行《新教育》

杂志,借上海留法俭学会,组织留法俭工预备科。

第三次年会　民国九年五月,在上海举行,附设玩具展览会,职业教育图表展览会。议定中华职业学校添设商科,设职业指导委员会,农业教育研究会,并推员调查各地农业状况,计划创设职工教育馆。

第四次年会　民国十年六月,在上海举行,附行中华职业学校小图书馆开幕式,并成绩展览会。是年农业研究会发表"改革乙种农校意见书"。本社自制心理测验器七种完成,亦同时发表。商定国内外重要都市三十九家报纸特约通讯。筹办全国职业学校出品展览会。职业学校联合会,于是年八月间组织成立。自翌年起,全国职业学校联合会,均与年会同时同地举行。

第五次年会　民国十一年五月,在上海举行,同时举行第一次全国职业学校联合会。

第六次年会　民国十二年五月,在上海举行,同时举行第二次全国职业学校联合会。议定与东南大学合办暑期学校职业教育组;就上海市场中心,筹设业余补习学校。

第七次年会　民国十三年五月,在武汉举行,同时举行第二届全国(西部)职业教育出品展览会,并举行全国职业学校联合会第三次年会。是年在上海南京济南武昌举行职业指导运动,公布全国职业教育统计报告。与东南大学合办南京暑期学校之职业教育组,编订职业科课程告成。中华职业学校试办择业预备科及文书科,创设南京女子职业传习所。

第八次年会　民国十四年五月,在南京举行。同时举行全国职业学校联合会第四次年会,及江苏省职业学校成绩展览会。

议定募立百年基金。

第九次年会　民国十五年五月，在杭州举行。议决，以后年会，每隔年举行一次。附开江浙两省职业教育出品展览会，并举行全国职业学校联合会第五次年会。议定，联合中华教育改进社、中华平民教育促进会、东南大学农科、教育科，就江苏昆山县徐工桥镇试办乡村改进区。筹设镇江女子职业学校。

第十次年会　民国十七年五月，在苏州举行，附开全国职业学校联合会第六次年会，及苏州职业学校成绩展览会。

第十一次年会　民国十九年七月，举行于上海环龙路新社所。自是改称年会为社员大会，同时举行全国职业教育机关联合会第八次年会。前年曾改称全国职业学校联合会为“全国职业教育机关联合会”，至是又改称为“全国职业教育讨论会”。并在新社所内举行职业教育展览会。同时举行新社所落成式。公布社旗。筹设徐公桥乡村改进讲习所，通问学塾，三益改良蚕种制造场，学术讲座。

第十二次社员大会　民国二十一年八月，在福州举行，议决仍恢复年会制，每年举行一次。同时举行全国职业教育讨论会第九次年会。是年五月，曾在上海中华职业学校举行本社十五周纪念大会。

第十三次年会　议定本年夏间在开封举行。

(二)职业教育展览会

本社所设之职业教育展览会，亦有多种：以范围言，有属于一校一地者，有属于全国若干省区者；以性质言，有属于制作者，有于制作品外兼及行政图表者;以举行时间言,有与年会同时者,有不同时者。兹分别述之如次。

第一次　职业学校成绩品展览会,民国七年五月在上海与第一次年会同时举行,与会者二十七校。

第二次　民国八年五月,中华职业学校制作品展览会在上海本校,与年会同时举行。

第三次　民国九年五月,职业教育图表展览会、玩具展览会,在上海与年会同时举行。

第四次　民国十年五月,中华职业学校成绩展览会,在上海本校与年会同时举行。

第五次　民国十一年二月,第一届全国(东部)职业学校出品展览会在上海举行,参加陈列者八省五十校,三千零三十九件。

第六次　民国十二年五月,第二节全国(北部)职业学校出品展览会在北京举行,参加陈列者九省,五十八机关,二千六百零二件。

第七次　民国十三年五月,第三届全国(西部)职业教育出品展览会,在武汉与年会同时举行,参加陈列者十一省区,一百五十八机关,六千五百二十五件。

第八次　民国十四年五月,中华职业学校及江苏省成绩展览会,在南京与年会同时举行。

第九次　民国十五年五月,江浙两省职业教育出品展览会,在杭州与年会同时举行。

第十次　民国十七年五月,苏州职业学校成绩展览会,在苏州与社员大会同时举行。

第十一次　民国十九年七月,职业教育成绩展览会,在上海新社所与社员大会同时举行。

(三)全国职业教育讨论会

全国职业教育讨论会,系"全国职业教育机关联合会"所改称,而全国职业教育机关联合会,则又为"全国职业学校联合会"所蜕化。全国职业学校联合会成立于民国十年八月,自民国十一年起,除十六年外,均每年举行年会一次,除第七第九次外,并均与本社年会同时举行。兹分别记之如次:

第一次年会　举行于上海,时在民国十一年五月。是年七月,并在济南举行临时会一次。

第二次年会　举行于上海,时在民国十二年五月。

第三次年会　举行于武汉,时在民国十三年五月。

第四次年会　举行于南京,时在民国十四年五月。

第五次年会　举行于杭州,时在民国十五年五月。

第六次年会　举行于苏州,时在民国十七年五月。

第七次年会　举行于杭州,时在民国十八年八月。议决改名称为"全国职业教育机关联合会"。盖因斯时乡村改进会及职业指导所,已成立数处,均待参加,势不能复以学校为限也。

第八次年会　举行于上海本社新社所,时在民国十九年七月。复议决改名称为"全国职业教育讨论会",俾范围扩大,用收集思广益之效。是年农村改进区联合会及职业指导机关联合会,均经组织成立。

第九次年会　举行于镇江,时在民国二十年八月。

第十次年会　举行于福州,时在民国二十一年八月。

第十一次年会　预定今年举行于开封。

(四)专家会议

本社为缜密讨论职业教育问题,以期圆满解决计,自民国十五年起,除十七年和二十一年外,每年有专家会议之邀集,均于春初举行,人数不多而精神极为饱满,议论亦能集中,对于职教事业之创兴改革裨益至大。

第一次　举行于苏州,时在民国十五年二月。

第二次　举行于江苏之嘉定,时在民国十六年一月。

第三次　举行于上海古拔路赵园,时在民国十七年四月。

第四次　举行于江苏之无锡,时在民国十八年二月。

第五次　举行于江苏嘉定县之南翔,时在民国十九年二月。

第六次　举行于苏州,时在民国二十年二月,议定推员筹设善人桥农村改进区以为纪念。

第七次　举行于沪南闵行,时在民国二十二年二月。

(五)其他集会

本社除上文所述各种集会外,其为固定者,则有董事部之董事会,规定每年三九两月举行一次。评议部之评议员会,规定每年一、四、七、十月举行一次,遇必要时,均得举行临时会。至办事部之办事员会,通常均于每周星期一举行一次,现计将达五百次。其非固定者,则有各种委员会、顾问会、研究会、谈话会等,其会议次数及期间,有疏有密,则一依事实之需要定之。

六、事　业

本社事业，以大类别之，有如次列：

(1)关于“研究”一类，其中所包括者，有“调查”“编辑”等。

(2)关于“推行”一类，其中所包括者，有“讲演”“计划”等。

(3)关于“试验”一类，其中包括各种附属机关所办之事业。

(4)其他，此则可称为“杂类”。

(1)、(2)两类事业，均在本社办事部内分别主办。(3)类则另组附属机关，主持进行，而所谓附属机关，则又有“自办”“代办”“合办”三种。至(4)项，则或为实业经营，或为社会服务，亦大率间接与职业教育有关。兹先将本社历年所办事业，列为一表，以资观览。

中华职业教育社历年创办各种事业一览表(民国六年五月至二十二年五月)

年次/事项	①调查研究编辑②推行讲演计划及其他协助事项③讲习及传习④中华职业学校内之工商教育⑤职业指导⑥农业教育及农村改进⑦职业补习教育⑧女子职业教育及蚕业教育⑨职业教育联合讨论会议⑩职业教育展览会⑪经济状况
民国六年	①开始发行《教育与职业》月刊。(初发行《职业教育丛刊》仅二期即改印本刊，至今十六年，未尝一期间断，现已发行至一百四十五期)。(1)本社成立，发表宣言。(2)派员向各处讲演
民国七年	①(1)推员赴东三省山东青岛调查讲演。(2)继续发行《教育与职业》月刊。②中华职业学校成立，开办工科，设铁工场，设木工场，设钮扣工场，设中央木工教室

续表

民国八年	①(1)推员赴各地调查农业教育实况。(2)继续发行《教育与职业》月刊。与北京大学、南京高师、暨南学校、江苏省教育会合租“新教育改进社”,发行《新教育杂志》。②(1)设珐琅工场,(2)开办职业教育养成所,(3)设留法勤工俭学预备科
民国九年	①联合国内外重要都市三十九家报纸特约通讯。②中华职业学校开办商科。③设职业指导部。④设农业教育研究会。⑤(1)开办玩具展览会,(2)开办职业教育图书展览会
民国十年	①(1)发表改革乙种农校意见书,(2)发表自制心理测验器七种完成。②设上海市商业补习教育研究会。③筹办全国职业学校联合会
民国十一年	①(1)职工教育馆成立,(2)开办职业师范科。②筹办全国职业学校联合会。③开办全国东部职业教育展览会
民国十二年	①与全国教育联合会协定职业教育课程标准。②(1)设职业补习科,(2)设简易工艺科,(与中华针织厂合办)(3)设择业预备科。③(1)设职业指导委员会,(2)设江苏中等学校职业指导研究会,(3)设毕业生就业指导委员会。④开办上海业余补习学校。⑤开办南京女子职业传习所。⑥筹办全国职业学校联合会。⑦开办全国北部职业教育展览会。⑧江苏省开始由国款项下拨给补助费
“民国十三年	①(1)公布职业教育统计报告,(2)职业教育课程标准协订完成。②在南京上海济南武汉举行职业教育运动。③筹办全国职业学校联合会。④(1)开办全国西部职业教育展览会,(2)举办江苏职业教育展览会
民国十四年	①(1)发行《生活周刊》,(2)发表《全国职业教育报告书》。②调查晋省农村状况,代晋省当局设计划区试办农村职业教育办法。③(1)设文书科,(2)设工商补习夜校三所:甲(本校)、乙(尚公)、丙(农坛)。④开办高级商业学校。⑤筹办全国职业学校联合会。⑥开办南京职业教育展览会。⑦筹集“百年基金”
民国十五年	①设淞沪工业补习教育委员会。②南京女子职业传习所增设分所。③筹办全国职业学校联合会。④(1)开办江浙两省职业教育展览会,(2)开办家庭园艺巡回展览会。⑤受中华教育文化基金董事会补助金
民国十六年	①开始调查上海各业实际情形,陆续编成《职业概况》。②(1)开办南京职业指导所,(2)上海职业指导所成立。③(1)试办昆山徐公桥信用合作社,(2)试办嘉定武村信用合作社。④开办职工补习晨校。⑤开办镇江女子职业学校(与镇江人士合办)

续表

民国十七年	①(1)发表农村改进试验报告,(2)陆续发表职业心理研究书籍。②中华职业学校增设土木科。③(1)设文书讲习所,(2)设佣工训练所,(3)开办暑期职业指导传习所(与上海青年会合办)。④(1)设晓庄中心茶园,(2)设晓庄中心木作店,(3)建筑晓庄农艺陈列所,(4)开办徐公桥乡村改进试验区,(5)续办昆山徐公桥信用合作社,(6)续办嘉定武村信用合作社
民国十八年	①调查江苏十八县农村生活状况,编成统计报告公布。②设中华商店。③(1)设健康法律导师,(2)开办职业专修学校。④(1)开办镇江黄墟乡村改进试验区(受苏农矿厅委托筹办),(2)续办昆山徐公桥信用合作社,(3)续办嘉定武村信用合作社,(4)开办新农具推行所。⑤开办职工补习晨校。⑥筹办全国职业学校联合会。⑦购定地皮,筹款建筑社屋
民国十九年	①(1)推员赴日本调查职业教育,(2)开始研究职业阶梯。②(1)受绍兴吴性栽君委托,代办善庆农村小学,(2)受钱新之君委托,代办徐公桥观澜义务试验小学,(3)受余姚夏杏芳君委托,代办诸家桥农村小学。③(1)开办通问学塾,(2)开办业余图书馆。④筹办镇江三益蚕桑制种厂。⑤新设所落成,共费银8万元
民国二十年	①(1)继续推员赴日本调查职业教育,(2)发行《中学革命》月刊专号,(3)推员赴北平定县邹平等处调查职业教育及农村改进实况。②设学术讲座,每星期讲演一次
民国二十一年	①(1)推员赴福州调查职业教育及农村教育状况。(2)推员筹备编辑《职业教育之理论与实际》一书,预定十八章。(3)《教育与职业》月刊,增设《村讯》。②(1)沪松战事起,协助各团体,组织临时救济会,从事救国工作。(2)学术讲座,改称"学术救国讲座"。③受高翰卿陆增祥两君委托,代办昆山陆景小学。④(1)开办第二补习学校,并将本社所设之晨校、夜校、通问班,统一组织,改称"第一补习学校"。(2)与南京路商界联合会合组"南京路职业补习学校"
民国二十二年	①《职业教育之理论与实际》全书告成,共二十万言。②中华职业学校举行十五周年纪念会及开成绩展览会。③(1)受许秋帆君委托,代办镇江丁卯小学。(2)筹备农事教育机关。④筹备增设第三补习学校

观前表,则于本社各项事业,已可略知,进而再述各事业之概况。

（一）研究类

论到“研究”，当然要与“调查”“编辑”并举。调查可为研究入手工夫，而编辑则可为研究结果之记录。在社章第三条规定本社应办事业，第一类（甲）调查、（乙）研究、（丙）出版，可并为一类，而以研究一名统之（社章原文已见前）。本社十六年来，举行国内外调查，前后二十余次，国内各省，考察几遍，国外在亚洲方面，如南洋群岛、如日本、如朝鲜，均经推员考察多次，在欧美方面，亦均特推专员，指定事项详细考察。调查考察，必有报告，报告材料即是研究材料。此项材料分类编辑成书，印行于世，数已不少。有时专对于一个问题一个事项，注意研究，详密调查，以期便利于职业教育之实施，及其他方面者，如近年来所举行之“心理测验”，是专为供给职业指导之应用，特聘心理学专家，主持其事，前后将研究结果，著成论文，发表月刊，并编成专书，单本印行；如调查一地方的农村经济状况，是专为供给实施农村教育之参考，曾有《江苏十八县的农村调查统计》一书发行。又如调查各学校状况，是专为指导青年升学之用；调查职业界状况，是专为指导就业择业改业之用；调查国货工厂，是专为指导国货制造及推销之用；亦均编有专书，分别刊印。承受中华教育文化基金董事会补助金，其中有一部分即指定调查研究之用。此外如调查各国关于职业教育新方法、新学说、新政策，凡已见之于书报者，均留心采集，择要译述，用饷国人；因此在编辑出版方面，十六年来，所有印刷品为数颇多；以月刊论，则《教育与职业》已发行至一百四十六期，自二十年九月起，复增辟《村讯》一栏，专用的揭载农村教育消息及论文报告。自二十二年五月起，又辟《讲坛》一栏，专用以揭载学术讲座之讲辞。丛书已发行二百余种；各种报告册，已发行三十余种。最近更合十余人之力，费五个月时间，编成一部二十余万言之《职业教育之理论与实际》，将一切职业教育事项悉数包罗无遗，中国自有职业教育以来，当以此书为最有系统、最为丰富，可称为社内同人研究之结晶。

本社对于研究工作，十六年来，未尝稍懈，至最近数年尤为努力。兹择其重要者，叙列如次，而各系之以年。

（一）编成各国学制系统图——民国七年。

（二）出版职业知能测验法——民国十二年。

（三）编成中国职业分类表——民国十二年。

（四）开始调查上海各业编印职业概况，现已成书五十余种——民国十二年开始，现仍继续进行。

（五）研究职业教育课程标准——民国十二年开始，十三年告成。

（六）编制《职业阶梯》，此事手续极繁，现正在进行中，一时尚未有结果——民国十九年开始。

（七）编译《性情态度兴趣的测验》，尚未出版——民国十九年。

（八）编成《性能检查法》出版——民国十九年。

（九）编成《普通事务测验》出版——民国二十年。

（十）编成《兴趣测验》出版——民国二十年。

（十一）订定大中小学实施职业指导办法——民国二十年。

（十二）继续调查大中小学校长教员之经历——民国二十年。

（十三）编成《相关系数计算表》——民国二十年。

（十四）编成《华文打字测验》——民国二十年。

（十五）编成《打字速度自审表》——民国二十年。

（十六）利用上海职业指导所材料，寻出实际问题，特别研究。此事正在进行中，尚未有结果——民国二十一年。

（十七）以中华职业学校为对象，寻出实际问题，加以研究。此事正在进行中——民国二十一年。

为研究而调查，亦为研究而编辑，研究有结果，则编辑工作随之，此为一定之理，在前文已言之矣。兹为明了编辑事业实况计，再制历年出版书籍册数一览表如次：

本社十六年来出版物一览

甲、图书类	纲要类		15 册
	教材类		5 册
	职业测验类		3 册
	图表类		5 册
	报告类		32 册
	杂类		6 册
乙、丛刊类	职业教育丛刊	商务印书馆发行	13 册
	职业修养丛书	同上	4 册
	农工业教育丛刊	本社发行	8 册
	职业小丛书	商务印书馆发行	53 册
	职业教育研究丛辑	（已售罄）	8 册
	职业概况丛辑	本社发行	23 册
	职业指导小丛书		4 册
丙、定期刊物类	月刊	本社发行	147 册
	周刊	生活周刊社发行	300 余册
	通问月刊	已停刊	

合计　约 626 册

(二)推行类

论到“推行”,既应将“讲演”“计划”两项,包括在内,同时并须将“劝导”“表扬”两项,共同叙述。再社章第三条所规定,本社应办事业,第一类共分七项,除甲乙己三项(甲调查乙研究己出版),属于前一类外,如丙项劝导,丁项计划,戊项讲演,庚项表扬,当然悉属于本类(社章原文已见前)。

推行工作,应以讲演为最重要。本社讲演约分三类:一为应各界之约,派员出外讲演;二为在社自设讲席任人来听;三为应学校机关之约,为长期讲习。故以性质论,有是属于普通,有是属于专门;以时间论,则有为长期,有为短期;以所在地论,则有是在学校,有是在商店,有是在工厂,有是在行政机关,亦有是在本社。平均每一年内,讲演约百次。每届夏季,学校行将毕业时,关于升学或就业指导,讲演为数尤多。十六年来,约计讲演次数,当在四千次以上。惜乎民国十六年春间,曾一度遭暴徒劫掠,表册记录,损失殊多,以致无从统计。近年来各工厂约请讲演,日见增多。无线电播音讲演,亦有多处。其在本社约请名人作临时讲演者,立社以来,已数数举行,而自二十年后,设立学术讲座,每星期六必举行一次,则已成为固定。自去年秋起,以所讲多关于救国问题,因特冠以“救国”两字。本年复,设印刷学术讲座,用以传播近代科学的艺术的印刷学术,由留学法国艺术家主持其事。此外因通问班(属于补习教育一部分)之召集,服务谈话会之组织(由职业指导所主持召集),亦时有临时讲演,举行于本社比乐堂中。

其次则为“计划”：有为自办事业而预行设计者，有为受人委托而代为设计者。代人设计，此类极多，往往为计划精密起见，特推员亲往其地，实际考察而后着手。

各地“通讯”，更是络绎不绝，远近同志，因办理职业教育，投书商榷解决困难，本社无一不推诚相告，间有委办时间，亦复竭力为谋，忠于所事。为普遍宣传计，自立社之第四年起，即已联合国内外重要都市三十九家报纸，特约通讯，用以介绍国内外职教重要消息，并传达最好之方法与理论。

“劝导”及“表扬”，亦为推行职教之必要工作。一善足录，无不代为传播，以期取法有人：一事可成，无不勤为敦促，以冀效果实现。合作事业，因此而成立者固多，教育改进，因此而收效者尤多。盖纯本社会服务之心理，以发挥协助之精神，其具体事实，已详见前表，兹不复赘。

(三)试验类

凡本社所办实际事业，皆属于试验范围，凡主办各种事业机关，皆为办事部所附属。惟事业之种类不一，机关组织之性质亦异，约而计之，盖有四焉：

(1)职业学校教育。

(2)职业补习教育。

(3)农村改进事业。

(4)职业指导。

现在各项机关，合计二十所，有为本社所独办者，是为自办机关；有为受其他机关或个人委托办理者，是为代办机关；有与其他机关或个人合办者,是为合办机关。兹先将各项机关一览表列之于次,然后再就各重要机关,略述其概况。

(表略。编者注。)

本社担负试验事业各机关,既有二十所,若一一详叙,恐为有限之篇幅所不许,惟有择尤一述其梗概,好在各机关自身,大都皆有一种报告专册在也。

(1)属于职业学校教育部分。在职业学校教育一部分内,有试验工商教育之上海中华职业学校,有试验蚕桑教育之镇江女子职业学校,有为高等教育之兽医专修科,有为初等教育之农村各小学,亦有临时设立现已停办之讲习所传习所等。其中历史较久,值得令人注意者,则为上海之中华职业学校,兹可举之以为代表焉。

中华职业学校:是校在上海南市陆家浜迎勋路,次社一年而产生,已有十五年的历史。现在校肄业学生人数,表如次:

(表略。编者注。)

十五年来,在校前后毕业者,共计一千一百八十五人,就其习科,区如下表:

(表略。编者注。)

历年所设各科,大都因社会需要酌量设置,所有各科毕业生,一千一百八十五人,散在社会职业界,比较尚能博得美评。兹就毕业生所服务之职业,分别记其人数,如次表:

(表略。编者注。)

是校教育宗旨,在养成职业界实务人才,技能的练习,与品行的训练,同时并重,故毕业生脱离学校投身社会,尚不致十分隔阂。十五年来，对于社会似不无相当贡献可言。以前珐琅科之设养成人才，为数虽无多，然种子所殖影响滋宏。十年以还，上海珐琅工业，逐渐发达，舶来搪磁之品，居然绝迹市廛。机械及铁工，因为都市所必需，在校学生往往未及毕业，已为工厂公司选聘以去。近年校内对于工厂营业，十分注意，总期工作所获能稍有盈余。商科方面，注重实际知能，除商业必要科目外，小楷珠算，均极认真礼貌一端，且极考究。所有课程训练各项，校内已就试验所得，著成专书用备社会参考。

(2)属于职业补习教育部分。从前本社对于职业补习教育，已经试办多次，但仍苦未能尽量推行。追至十六年后，上海职业指导所成立，应社会需要，乃有夜校之创设。同时亦设办晨校，招收工厂商店一般青年，授以国文算术及公民道德等必要知能。数年以来，进行顺利，逐渐扩充，晨校额满，复创设"通问学塾"，以应一般求知上进青年之需求。此等补习教育机关，设在本社内，原有一校，至民国二十一年秋，以来学日众，乃又在上海九江路汉口路增设一所，亦同样分社晨夜两班，各班且分设两组。此处既为商业所荟萃，当然来校就学者深感便利，因此各大公司，如商务书馆冠生园等，纷纷以全体学徒商送入学。两处补习学校，既日形发皇，于是乃遵章呈请主管行政机关立案，并创一办法及名称。其于本社旧设之晨校、夜校、通问学塾，统办曰"第一中华职业补习学校"，改称晨校为晨班，夜校为夜班，通问学塾为通问班，而"业余图书馆"亦附焉。在九江路新设之校则称曰"第二中华职业补习学校"，校内晨班夜班亦如之。

现在第一补习学校晨班学生一百一十二人，分甲乙两组，课程以国文为主体，兼注重公民服务等训练。夜班学生二百九十九人，分文书、英语、日语等科。通问班学生一百二十三人。第二补习学校，晨班一百四十五人，夜班三百零六人，通问班八人，所设科目，有职工补习，有商业簿记，有国文，有初级高级英文。除授课以外，意于人格道德的陶冶，才能的训练，时时邀请名人到校讲演，此则两校之所同也。

本校除自办两校外，并与南京路商界联合会合组补习学校一所，至于应各公司工厂之约，代为计划补习教育事宜及代行授课者，近亦纷至沓来月必十余起。

从本年下学年起，并拟就上海南市中华职业学校，再办"第三中华职业补习学校"一所，专收贫寒青年，授以工业上的知识技能，现在在筹备中，数月以后即可实现。

(3)属于乡村改进事业部分。办理最早之乡村改进区，当推江苏昆山县境内之徐公桥。是区办理已历五年，现有户六百六十五，人口三千一百九十七。纯以教育、经济、组织三项为主要的指导训练目标。区内有农场，有合作社，有公共仓库，有小医院，有形式不同的各种小学校，有适应需要的社会教育机关，有保卫团；最近且试办乡村模范警察。区内设有乡村改进会，初由本社聘任总干事，联络本区以内各领袖，公同组织，继则陆续征求会员，分划区域，组织分会，而分其权责于一般农民。教育的目的，在于全区学龄儿童完全入学，不识字的青年成人完全灭除，知识开明，风俗敦厚，发挥互爱互助之精神，共谋本区文化之进展。经济的目的，在于农事改进，生产增多，家给人足，百废俱举，村容野容，焕然改观，健康安乐，疠疫不兴，养生送死，毫无遗憾。组织的目的,在乎人人能自治,能合群,视公事为己事,扩大家庭而至乡里,并扩大爱乡之心,以爱国。就徐公桥改进区之成绩以观,虽不能谓三项目的已达,但五年以来努力迈进,其各方进步之实况,观于下列各表所示之数字,亦不难考见矣。继徐公桥而起者,则有江苏镇江县之黄墟,苏州之善人桥,奉县之顾高庄,宁波之白沙(此处现在筹备中),亦均本此目标,从事改进。历时虽未久,已有相当之成绩可观。此外如本社代办之各农村小学,凡学校所在,改进区亦随之;范围虽有广狭,而办法则一。数年以来,各方农村改进事业,纷然以起,朝野上下,并且均认复兴农村为救国要图,则此后农村改进事业之日益发展,当可断言,而本社蓝筚启基于民国十五年以前,虽曰成功失败,未可预料,但此项工作之具有重大意义,似乎无论何人,不能否认也。

兹就徐公桥乡村改进会最近概况报告专册,择录其重要部分如次:

1. 组织

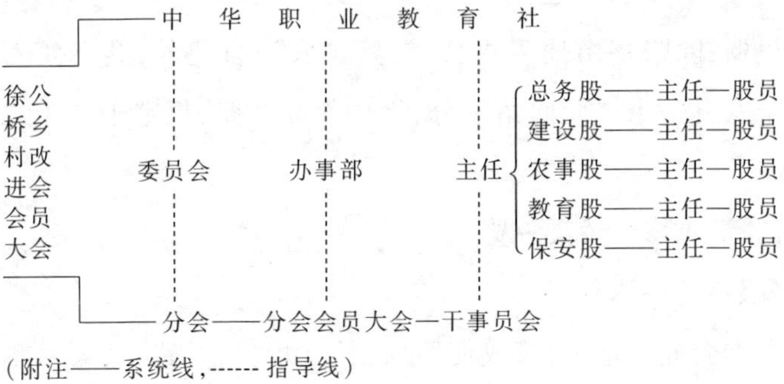

(附注——系统线,------ 指导线)

2. 区域

在民国十九年二十年经两度之扩充，实测全区面积，凡三十一方里，二十一年又加入蒋巷等村，全区面积，约扩展至四十方里。

3. 户口

(甲)历年人口统计

(表略。编者注。)

(乙)最近两年生死婚嫁人数统计

(表略。编者注。)

4. 经费

兹录已决议之下年度预算如次

(表略。编者注。)

5. 建设

甲、历年筑成道路一览

(表略。编者注。)

附注：自本会成立迄今，筑成泥路四、长九华里，石路四，长六华里弱；除路基由地主捐公，泥路由农民自建外，共费筑石路银二千八百一十二元四角三分，徐杨徐淞二路，规定于二十二年完成。

乙、历年修建桥梁一览

(表略。编者注。)

自本会成立迄今，筑成泥路四，长九华里，石路四，长六华里弱；除路基本由地主捐公，泥路由农民自建外，共费筑石路银千八百十二元四角三分，徐杨徐淞二路，规定于二十二年完成。

6.经济

分研究农事、提倡副业、举办合作三项,分述如次:

(1)农场　有田二十亩,实地研究试验。

(2)鱼池　有合作鱼池一处,农民自办者亦有数处。

(3)苗圃　自栽树苗,每年植树时分给农民。

(4)养鸡　原有意大利种八十余只,在二十一年春兵事期间,完全损失,现仍继续试养。

(5)养蜂　最初试养失败,自二十一年起,继续试养。

(6)推行新农具　打水、砻谷、打稻各机,均已试行有效。

(7)介绍改良种子　金大二十六号改良麦种,推行最广,稻种则就地择尤(原文如此,似为优之误。编者注。)推广,棉种则介绍江阴白籽棉,及山东济南棉。

(8)农产展览　每年秋收后开会。

(9)耕牛比赛　每年春季举行。

(10)合作社　已成立者,有信用合作社、借贷合作社、生产合作社、花边合作社、有光合作社、珠翠合作社等,近更计划改进,以达到每分会有一合作社之目的。

(11)公共仓库　于每年冬季谷贱时,农民得以白米或稻向本库典款,俟春季米价增加时赎出出售,已举办二期。

(12)改良土布　区内妇女家家纺织,曾举行土布展览,计划改良。

(13)提倡小工艺　传习花边。

(14)测候所　每日测验气候报告。

(15)调查经济　每年调查农家经济状况一次,惟尚未实行家庭会计,收支两项,其势不能十分正确,二十年受水灾影响,亏损甚巨,二十一年麦米收获虽优,但价格低落,农民吃亏不少。

7. 教育

(甲)全区学校数历年比较

(表略。编者注。)

(乙)全区学生数

(表略。编者注。)

(丙)全区学校经费

(表略。编者注。)

(丁)升学状况

(表略。编者注。)

(戊)全区成人识字数

(表略。编者注。)

此外,如教育会议,由全区小学校教职员组织,为全区研究教育之总机关,月开常会一次。民众演讲厅,已设立者有三处。青年服务团,现有团员四十五人;小青年服务团,现有团员四十人。婚嫁改良会组成后,区内农民受指导者在半数以上。省节会组成后,计全区全年节省之费,至少在六千元以上。民众体育场,每年举行运动会及学校联合会各一次。民众公园,通俗演讲,壁报、公共阅报处,时事报告,通俗格言,民众改良茶园,以及儿童幸福会、常识展览会、同乐会、长寿会等,均按期举行。

8. 保安

保安事业,与昆山公安局分驻所联络进行,现在区内盗贼不生,烟赌绝迹,无游民乞丐,人民咸得安居乐业。兹述其概况如次：

（1）公共医诊所　聘任西医一人，主持改进全区卫生事业，并担任诊治民众疾病，及防疫工作，其状况如下表：

（表略。编者注。）

（2）保卫团　本镇梅浦珠翠三处，均已举办，共有团员八十四人。

（3）消防队　已经设立，尚待推广。

（4）代赊局　筹集基金，置备棺木，酌量施给。

（5）济贫　老弱残废者，酌予给养。

（6）公渡　于徐公口设渡船一只，便利行旅。

（7）警钟　设于会内，平时报时，有事报警。

4. 属于职业指导事业部分。在十年以前，本社对于职业指导事业，已极注意，调查外国办法也，设委员会也，鼓吹运动也，曾经一再举行，但设立机关，正式开办，则始于民国十六年秋，所谓机关，即“上海职业指导所”是。所内事业，依照该所章程所规定，计有次列十三项，兹录其原文如次：

（1）职业询问　凡个人或团体，欲详悉某种职业之内容，询问本所者，本所当尽量答复。其问题之复杂与繁杂者，本所经详细审查，敦请专家，分别答复。

（2）职业调查　本所为便利青年择业，及公私团体明了各业状况起见，调查各地各种职业之概况及内容，并由本所继续刊布职业概况丛辑，以供参考。

（3）职业讲演　本所与各学校各团体联络合作，时往演讲，或请专家举行学术演讲，或举行服务人员谈话会，俾增知识，并以促进工作效能。

(4)升学指导　青年来沪就学,每苦未悉学校之内容及其优劣之所在,凡来所询问,当尽量指导之。

(5)职业介绍　凡欲委托本所介绍职业者,应由委托人填求职表,向本所登记。如欲雇用人才,委托本所代为物色者,应填求人表,本所即就登记人才中,择其相当者,郑重介绍。凡在未经介绍以前,必经过详细谈话。

(6)择业指导　择业应根据本人特性、志趣、志愿、环境、社会需要而决定之。本所受个人或学校及其他团体之委托协助,或代办择业指导。

(7)改业指导　凡欲改业者,必有不得已之苦衷,本所在青年未决定改业以前,指导种种怀疑之点,并劝导青年不宜轻易改业。

(8)服务指导　服务指导,除随时赴各机关实地指导外,并用通信或谈话方式,对于介绍成就而所担任职业适宜者,鼓励其努力,不适宜者,设法忠告,或使之调换适宜之工作,均继续予以指导。

(9)职业测验　本所置备各种测验器械,用科学方法测验青年之心理智力体力性格,俾实施升学或就业指导时有所根据。凡各学校各机关,遇招考时,或对于在校学生或服务人员欲调查其个性与能力时,均得委托本所施行心理测验。

(10)职业训练　本所如认定某项人才缺乏,社会极感需要时,得延聘专家,开办专修学校,或补习学校,造就适用人才。

(11)健康法律指导　本所以健康与法律,关于青年人士问题至为重要,应于未讼未病以前切实指导,特订请医学家法学家轮流到所以备青年之就询，与彼此间之质证。

(12)协助职业指导　凡各地教育机关各学校委托本所代为计划实施职业指导者本所应就能力所及协助进行。

(13)编辑刊物　本所就调查研究所得，随时编辑刊物，并编制统计，发刊关于职业分析职业修养等书。

至历年到所登记求职人数，共计一万四千七百九十二，当然前数年人数少，近数年人数特增。现在每日平均到所登记者五十人，若至学校寒暑假期内，则每日人数或且近百。若就登记人之资格，加以区别，则有如次列：

国内外大学毕业	三千四百零七人
专科学校毕业	二千三百零五人
师范学校毕业	一千九百六十二人
中等职业学校毕业	二千一百九十七人
中学校毕业	二千四百五十八人
中学校肄业	一千六百五十七人
其他	八百零六人
共计	一万四千七百九十二人

此一万四千七百九十二人中，男子占百分之八八点四，女子占百分之一一点六。论及介绍成就者之职业，则以教育为最多，商业工业公职次之；职位则以教员、会计员、文书员、店员、练习生为最多、工程师，技师，卖票员次之。兹将历年登记人介绍成就者人数，统计如次：

学校教师	七百八十四人
机关职员(内包括会计文书技术等)	四百七十八人

工厂职员学徒	二百三十四人
商店职员练习生	三百四十七人
卖票员	一百五十人
其他	六十八人
共计	二千零六十一人

统计历年登记求职一万四千余人,而介绍成就者二千人,约及百分之一五而强。

此外受机关委托代办各项事业,历年以来,为数亦不少。计:

代计划者	二百七十二起
代调查者	三百九十六次
代考试人才者	六十二次
代物色人才者	一千八百五十四起
代测验人才者	一千四百九十六人

平均计之,代计划及调查,每月在十次以上;代物色人才,每月且有三十起矣。

若施行职业讲演,健康法律指导,及服务指导谈话,自十九年二月至二十二年三月,继续举行,未尝稍辍。当该所初设时,社会方面,尚未有相当的认识,故来所受指导者人数寥寥。近三年来,则应接不暇,户限为穿矣。检阅该所所发表之统计,自民国十六年九月起,至民国二十二年三月止,凡五年七个月:

职业谈话共计二万八千四百五十三人

若以年别之,则为:

民国十六年(四个月下同)	八百零三人
民国十七年	一千二百八十六人

民国十八年	三千九百七十四人
民国十九年	六千二百零三人
民国二十年	七千一百八十三人
民国二十一年	七千一百七十九人
民国二十二年 一月 五十四人；二月 六百二十四人；三月 六百五十三人	一千八百二十五人

此二万八千四百五十三中之谈话；介绍职业，占百分之七十，指导职业占百分之十五。其中专门人才之谈话，仅得百分之二十。此百分二十之专门人才介绍职业，当然比较容易也。

升学谈话，共计八千二百七十七人。以年别之：

民国十六年	五十五人
民国十七年	五百四十九人
民国十八年	一千一百六十人
民国十九年	二千一百四十人
民国二十年	二千六百七十二人
民国二十一年	一千五百四十九人
民国二十二年（一二三月）	一百五十二人

此八千二百七十七人之谈话，大学生占百分之四十，中学生占百分之十。

人事谈话，此中包括法律健康婚姻等项，共计一千一百五十四人。以年计之：

民国十六年	二十六人

民国十七年	五十八人
民国十八年	一百零八人
民国十九年	一百九十八人
民国二十年	三百二十五人
民国二十一年	三百五十人
民国二十二年一二三月	八十九人

再统计其人数及次数刻有如次列：

职业讲演	一百六十六次
健康指导	二百九十三人
法律指导	八百四十八人
服务指导谈话	十五次

以上所列，是为事业实施方面，若关于研究及编辑方面，历年来所出版之书籍，已达二十余种。

自上海职业指导所成立以后，各地闻风兴起，纷纷仿效组织，为数业已不少，逆料此项事业，将来必能日益发皇而光大也。

（四）其他

除上述三项以外之事业，复有"其他"，此则虽科称为杂类，但大别之，亦得成为两项：(1)关于"实业经营"，其目的仍在改进农村，救济农民，如镇江三益蚕桑制种场，以垦荒植桑养蚕制种为目标，同时注重于工人训练；如新农具推行所，一方推销国货新式农具，一方指导农民，因采用新农具，以改良农事中间并会短期训练一班服务生，此两事虽非职业教育，而实与职业教育有极密切之关系。(2)关于"社会服务"，如提倡国货，则受上海各国货工厂之委托，附设“国货指导所”于社所。同时并调查各国货工厂内容，编著成书，以资阅览。如救济工作则于每次水灾、兵灾，无一不协助各团体努力进行，其在二十一年一二八沪战之役，从事军事后方接济，则致力尤勤。

七、经费（均以元计）

本社经费，异常拮据，自创设中华职业学校，同时附设珐琅工厂铁工厂等，结果对于社会，虽有相当贡献，而自身营业，则亏累甚多。民国十一二年间，曾举校债十万元，至今尚未偿清。十九年后，以建筑社所，又复举债六万元。现除百年基金一万五千元，其他基金已一文无有。而本社各项事业，因应社会需要，其势则不容不逐渐扩充，无米为炊，自不免徒呼负负。社内办事用费及职员薪金，比较其他机关，可谓减而又减；盖社内同人硁硁之愚，深觉一丝一粟，皆取之社会，对于社会贡献几许，尚不可知，若自身稍涉浪费，便是社会绝大罪人，故时时举“用一分钱做三分事”二语相互勉。最近更组织“经济委员会”，随时对于本社一切经费，加以讨论，用资整理。兹将经费收支概况，略述如次：

（一）历年收支经费

本社自民国六年开办以来，所有历年收支经费，均有清册，不幸十六年经过暴徒劫掠，册籍损失大半，兹从他方书籍中检出十五年以前之历年经费四柱表，并编成十六年以后之历年决算比较表，分别录之于次：

（表略。编者注。）

观前列两表，则知六年至十五年，共用经费二十一万九千四百八十四点四一元，十六年至二十年，共用经费十九万八千零二十九点三九元，合计为四十一万七千五百一十三点七零元，再加入购置社所地皮费一万四千二百三十一点四一元，则总计为四十二万一千七百四十六元一角一分。此即本社成立以来十五年间所用经费之总数也。

（二）本年度及下年度经费预算

本年度尚未终了，下年度开始有待，一则预算正在实行，一则预算已经议定，兹特合并附录于次：

（表略。编者注。）

前节已将本社十四年间共有经费四十二万六千七百四十六点一一元，明白揭载矣，若再将最近两个年度预算数加之，则为十六年间所用之经费，当为五十三万二千七百七十六点一一元。此五十三万二千七百七十六点一一元者，皆吾社会之血汗也，吾办事部同人，应时时笃念及之；所努力之事业，是否无负社会，而在社会方面，亦极希望能本客观的眼光，公平的态度，考察而批评之也。

八、职　员

本社既具有十六年历史，其间职员更动，当然不少，兹分别现任及前任各职员，表列如次：

（表略。编者注。）

（原载《教育与职业》，1933年第146期）

中华职业教育社第十三届年会开会词

诸位先生,今天是中华职业教育社第十三届年会,前在镇江开十一届年会时,已确定在沈阳举行,去年在福州举行第十二届年会时,因当九一八事变之后,沈阳已被日本侵占,遂决定今年年会在开封广东沈阳三处择一举行,其所以仍列沈阳名称者,是表示我们有收复失地之决心。这次大会,在上海报到社员有二百余人,现到汴的亦不少,足证各社员研究职教之兴味浓厚,与社会需要殷切,更足征到河南开会,大家都很高兴。河南交通便利,古迹名胜极多,教育上了轨道,党政当局都很好,天时地利人和三者具备,所以大家很高兴来,筹备时,总社同人等,在上海不能先期来帮忙,赖河南大学当局、教育厅当局及其他各厅处同志们的努力,筹备得非常完备,各社员到这里都非常安适,这是兄弟和总社同人极抱歉而又极感谢的。今年这个会是第十三届,回想以前屡次开会,总期职业教育之进步,究竟完成这个使命与否,兄弟也不敢说,这次在汴开会,希望这次成绩要超越从前,同人讨论议案时,要格外有精神,会后格外努力。教育部顾先生,代表教育部来汴参加,这更是本会之光荣。顾先生是办职业教育的老同志,希望在此次会议席上,多赐指教。此外还有一点感想,就是当在福州开会时决定今年开会地点,原列有沈阳,今沈阳仍被日人占领,尚未收复,致使不克如愿,可谓风景不殊山河顿异,于庆幸之余又不禁感慨系之。

(原载《教育与职业》,1933 年第 147 期)

毕业与失业

已有职业而忽然无职业的，谓之失业，若是根本就没有职业，既未得过业，当然也说不上什么失业了。可是现在一般人把失业二字的范围和意义，往往用得太广，无论已否得业的；只要在没有职业的时候，皆一例叫着失业。这也可说是一时的习惯罢！

暑假到了，便见成千累万的大学毕业生到上海职业指导所来登记求职，学教育的，当然要找一个教员或校长的位置；学经济商业的，当然要在银行公司里得一个职员；就是学其他科学的，也得要谋一个相当事儿，用以解决个人生活问题。在职业指导所的先生们，总是疾首蹙额的说，"不得了，不得了，大学毕业生，谋事的大学毕业生这样多，不得了，不得了"。

实际说起来，大学毕业生何止是本国以内的呢？就是毕业欧美，归国以后，到职指所托谋事，也不少哩，至于从前大学毕业已多年或在学校教书或在机关做事，因校长或领袖换人，而随同出来另谋生计的，又何尝没有呢？还有大学未毕业，正在求学时期中，因父兄学费筹措不易，预备求一事以资补助，所谓半工半读的也到处皆是。

最可怜的,有两位大学毕业生,是这样的说:

“我在中学师范科毕业,做一个小学教员,每月还有三四十块钱拿,现在花了一千六七百块钱,费了四年光阴,取得一个大学毕业生资格,东奔西撞,历了许多时间,倒反连一个小事,也找不出来,真是倒霉!”

我想发出这种可怜的太息声,不止这两位罢!大学生毕业是这样了,中学毕业无事可做的岂不是更多么?

“一面毕业,一面失业,在学校毕了业到社会便失了业,学校学业终了,个人失业开始”。

这一类呼声,真令人闻之心痛、胆寒,这还是小的问题么?可以随便避开,可以朦着眼睛假装看不见么?这明明白白的是一个教育的结果,并且明明白白的是一个教育的重要背景,凡是主持教育行政的人,和现在正办着教育事业的人,可能置之不顾么?

(原载《教育与职业》,1933 年第 148 期)

中华职教社社歌[①]

惟先劳而后食兮,嗟！吾人群之天职。欲完此天职兮,尚百业之汝择。愧先觉觉后之未能兮,舍吾徒之责而谁责？同心组成吾社兮,将以求吾道之昌也。研究试验以实施兮,期一一见诸行也。苟获救吾民之憔悴兮,卜吾国族之终强也。手旗兮飞扬！吾何往兮？比乐之堂！将使无业者咸有业兮,使有业者乐且无疆。嗟！嗟！吾愿何日偿兮？天假我以岁月之悠长！

（作于1933年9月,转载于

《中华职业教育社二十周年纪念特刊》,1937年）

① 作者:黄炎培、江问渔。

小学教育与职业教育

通常人的见解，总以为小学不是施职业教育的地方，职业教育的实施，至少，应从初中一年级起，在小学校内，如是采取较新一些教育的说话，也只好用劳作教育的方法，来达到所谓职业陶冶的目的就好了。

此种见解，当然不能说他不对，然若说他就完全对吗？恐怕也有点不妥。

七岁以上十二岁以下的儿童，在校受教，应该不应该完全注重书本上的知识呢？这个问题，我想无论何人，皆可不待犹疑的答应一句说："不应该"。既不应该，那么，书本以外的教学时间与分量，应该占多少呢？这个问题，就不容易解答了。可是，依照儿童的心力体力和学科的性质效用来说，无论如何总是用活的教材——实事实物——教导学习的多，用死的教材——书本——空讲空教的少。固然，不敢肯定的说，这是真理，我想总是接近一些真理罢！

职业教育，是包括农工商家事四大类，此四大类的工作，无一非人类生活所必需，此四大类的意义、目的、效用，更是近代文明社会人人所应晓，在童年能详明的认识他，知道不劳而食，是人生第一件可耻的事；知道劳而后食，是人类第一件合理的事。

此种关系,多么重要啊!

儿童有好动的天性,正能利用这一点天性,教他从事于职业的活动和练习。养几只兔,养几只鸡,种两畦菜,植数盆花,不是农业教育吗?此一类事,八九近十岁的儿童,谁不愿意干,谁不高兴干?干起来,有研究,有记载,拿书本来对照对照,检查检查,这不是最好的自然科学的教学吗?本来写成书的是死的东西,到此不是尽变成有用的活东西了吗?指导学生,组成一个小小合作社,储蓄会,公同购买各人所用的笔墨纸张,公同贩卖养鸡所得的鸡子,有了用余铜子,把他储蓄起来。记账算账,清查,保管,大家轮流来学习,更番的代做。不但练好了商业有关的知能,且可借此以学习合作的能力,培养互助的精神,此事多么重要啊,推而至于工艺家事,亦复如此。

如此说来,这种的教育,在小学校内,简直可占教育的全部或大部,纵然有公民,国语,常识,社会,自然,各种用书本的课程,也可与这类的实际工作相联合,相融和。若是手工图画等,不消说,与职业科联合融和的程度更高了。

小学何尝不能施行职业教育?职业教育,且可侵入小学教育占领一大部。此事一经说破,道理不难大明。值此生产衰落,举国一致提倡职业教育之际,对于小学教育,尤应特别注意,此正所谓端其根本,养其始基。说到乡村小学,大都感觉到经济支绌,如能每校附带有田十亩,有园一方,师生耦耕,以裕收入,那不更是目前当务之急吗?

惟如何施行,方能有效?一方固赖专家的研究设计,一方更赖有优良的师范学校,能养成实施此种教育的师资。

(原载《教育与职业》,1933 年第 149 期)

中国教育目标及现今教育需要

欧愧安先生为大夏大学习教育诸生讲授教育原理，既毕其一部分所谓“教育目标及现今教育需要”诸问题，因约恒源殿之以一小时讲演，此真可谓“狗尾续貂”矣！

我之讲题不另揭，当然以欧先生之所题为题，然而此题未免太大，其中所含之小题，不知凡几，以我谫陋不学，何敢贸然登坛，随便乱讲，而限以六十分钟，更不知如何剪裁方为适当，用是颇觉惴惴。不得已，先一日抽暇拟写一些预稿，幸雨窗无事，客来不多，因以二小时又四十分，草成此篇。

一

支配人类一切生活，有三大要件焉；一曰“经济”，无此，人类便不能维持生存，延续生存；二曰“教育”，无此，人类便无从改善生活，增加生活的意义与乐趣。三曰“组织”，无此，人类便无以防危害，图安全，使一大群的秩序，能永远保存；一大群的生命，能永远继续；一大群的福利，能不断增进。人类一方为此三要件所支配，殆如日居于空气中而不自觉其为空气。但同时更应更要能养成支配此三要件之知能,以改善社会。此固人类应有之权利,亦人类应尽之义务也。

论此三者之性质与作用,实有交互连锁不可分离之关系焉。盖就分工之义以言:关于一群的生产、分配、消费,一个人的劳作、饮食、居室等,皆可以经济行为赅之。关于知识技能的教授,行为习惯的摹仿指导,以及一切身心修养等经验之继续传达,皆可以教育行为赅之。关于团体或机关的构造,群众生活规则的指定,公众秩序的维持,以及赏罚的执行,外侮的防御,行政事务的整理,自治公约的协订,皆可以组织行为或政治行为赅之。三者原可各不相谋也。但就合作之义以言:经济行为,何以能策进步,何以能免纷争?既有赖于教育的陶镕,更有赖于政治的统制。政治行为,目的何在?在于维持一大群人类的安宁,俾养生送死,两无所憾。抑知用政治之力以管理之而调节之者。大部分皆经济事项也。若政治之力有所不逮,则一惟教育之力是恃,此又势之所必然也。教育岂能为少数人而设,岂能无目的而施?依据国家所决定之政策,以范围一国之大群,如何能脱离政治?养成组织国家之健全分子,其与国家盛衰,政治隆替,如何能不发生极深切之感觉与意识?今日教育,异于古昔,当然非少数有闲阶级的点缀品装饰物,如何增进经济效能,如何改善经济状况?在个人则关乎经济能力,在大群则关乎经济法度,此则司教育者所应时时计及,万不容漠视不顾,更无待论矣。

根据以上所论断,则三者设施,理应一贯,自无疑义。惟执业各有所偏重,持论各有所立场,此亦势之无可如何者也。谈经济者,必欲置教育政治于肘腋之下,谈政治者,必欲侪经济教育于附庸之邦，一似各挟有一部分实力，只有上人，不肯下人者然，愚窃以为过矣。平心而论，教育则殊不如是，盖彼生而具有母性，雅不顾亦不敢睥睨一切，轻视他人。晚近以来，教育界一部分人士，因恶社会龌龊，政治腐败，乃存避世思想，关门教学，自谓如此办法，可以保存一片干净土，诚有之矣。实则此种思想，可谓绝对谬误。试问其始教也，学生取自社会，迨毕业也，仍应还诸社会，教育事业，可能一日与社会脱离关系乎？而况百年以还，凡新兴国家之构成，无一不赖全体国民为基础，使为国民者，缺乏国家意义，则国家将何从生存？谓教育自有可努力之园地，不复分神以问国事，则将来养成之人物，是否储为国用？倘使教成一班学子，竟成异国之人，则今之办教育者宁非国家之罪人乎？至于文化教育，占正统地位，数千年来，蒂固根深，中西原属一致，而于心手并用，发展职业教育之偏统主张，事本后起，重视乏人，亦固其所。但时至今日，因社会经济状况的递嬗，哲学思想的变迁，偏统大昌，亦几几由附庸而蔚为大国矣，并世国家，编定学制，组织课程，竟有全部以职业教育为中心者，此种教育界澎湃思潮，讵可忽视？况且所谓职业教育者，实包括人类生活教育一大部，与近来所谓偏而不全之生产教育截然不同，盖彼纯粹以经济为背景为中心也。居今日而言教育，倘漠视经济而不顾，可断言社会之杌陧纷乱，将永无穷期，永无止境。

二

教育不能孤立，其理已明，盖因所教所育者非他，“人”也。

人不能一日离经济及组织以生存，即教育一日不能离经济及组织以自立。于此吾极愿提出次列两问题，以待公决：

（一）今日教育，应否以经济为背景为中心，以适应社会大多数人之需要？

（二）今日教育，应否以巩固国家基础，恢复民族繁荣为目的，竭力培养一般国民的国家意识，并团体生活的必要知能与品行？

如不加以否决者，则试问以今日所现行之教育制度，所实施的教育方法，是否能达此目的，合此需要？真成绝大疑问。谓予不信，请申其说。

（一）国民教育，何时始能普及？以江苏论，每年地方义务教育经费，整数收齐，数达一千万元以上，民力亦云竭矣，而统计全省学龄儿童，已入学校者，十人中不过三人，其距离普及也，岂非茫茫长途，异常寥远！

（二）小学办理又如何乎？凡已毕业而不复升学之学生，可能具有国际与民族的观念乎？可能稍稍改善其祖若父所传下来之旧式生活乎？已入学者恐犹未能，则未曾入学之文盲，更无论矣。

（三）高小毕业，不能升入初中，初中毕业，不能升入高中，高中毕业，不能升入大学，此一班青年，布在社会，可能悉数归入农工商，以从事学习乎？如不能则将如何措置？

（四）不能升学者无论矣，即幸而升入大学，四年学费，已足倾中人之家，而毕业以后，无业可执又将如何？

（五）小、中、大三级学校教育，既少职业教育的设施，于是青年学子，一旦身离校门，复返社会，有愿习农工商业者，以无新的知能可学，仍守高层之矩矱，当然生产无多大进步可言；其不愿学者，则游离于社会之间，东碰西撞，日随环境以转移，为龙为蛇，各依所遇，危险之甚，尚堪问耶？

（六）今日教育现状与效果，既如是矣，于是再放眼一察社会：

1. 到处呈现分崩离析之势，所谓"不合作"的现象，竟弥满于公私机关或团体。

2. 到处暴露颓靡苟且敷衍之习，所谓"不振作"的现象，竟充分表见于各个人及各团体之动作。

其为不愿合作耶，抑不能合作耶？不愿振作耶？抑不能振作耶？病象既不一，病因自多端：

1. 中国人身体向来不甚强健，年事稍长，又有嗜好，忧虑纷来扰乱其心思，消磨其体质，于是不健弥甚。身体既差，精神易倦。据近世医学家言，凡猜疑、嫉忌等恶习，多半由于身体不健全而起。是则不能合作之原因，多半在生理；而不能振作之恶习，亦为身体所影响，更无不论矣。

2. 此外不能合作的原因，则又多由于个人已成的恶习，试举其重要者，有如次列：

胸襟不宽大；同情心薄弱；缺乏互助的精神；做事不肯努力，或努力不能持久；暴躁易起冲动；虚荣心太重等。

3. 不振作的病亦然，其致病之由：

不愿切实做事；侥幸心太重；只知重视个人物质欲望；虚伪成习；时时存得过且过的心理。如再进一步，则自私自利，亦为势所必然。

总之,缺乏急公好义的精神,舍生为群的精神,创作进取的精神,则双方之所公通也。鸣呼,以如此之人,组织社会,吾敢断言,营私人事业则事业必败,服国家公务则公务必隳。外侮日迫,内乱方滋,因果相循,夫复何说?居今日欲以现行之教育,谓可养成上文所言各种缺乏之美德,能乎不能?此则深愿我教育界同人,各本良心,下一断语。然而各种美德之养成,试问舍教育以外,又有何其他方法?吾辈至此,真觉走头无路,大费踌躇矣。

吾敢冒昧以言:国家衰微如此,社会穷困如此,人心陷溺如此,而近日所谓负荷救国家拯社会,挽人心之教育,如再不谋根本改革,则惟有亡国灭种而后已。

三

以我浅学寡识,诚不敢率尔提出改革方案,但就感想所及,辄愿一言,以就正有道。

(一)教育事业,固应适应世界潮流,但绝不可忘却我是中华民国人,因此应时时顾到中国国情(如物质环境),中国国性(如国民特性),毅然舍摹仿及裨贩等恶习,努力创成一种中国化的教育,以适应中国目前所需要。

(二)中国目前需要何在乎?依吾极浅短的眼光察之,钩玄提要,五端尽之矣;曰:贫者富之,弱者强之,愚者智之,散者聚之,私者公之:此五者皆教育所应负之责任也。

（三）根据前说，应将全部教育，结束成两大主干：一曰职业教育，一曰人格教育，并应认定二者如车之两轮，鸟之两翼，互相前进，废一即停。于此仍应略加解释：

所谓职业教育者，其涵义约如次：

1. 从童（原文如此，似为儿童之误。编者注。）教育起，即养成其"劳而后食"的基本观念。

2. 从儿童教育起，即养成其"双手万能"及"手脑并用"的良好习惯。

3. 以近代科学为策源。

4. 包含生产消费运输等一切知能。

5. 纯以社会大多数人的福利为依归，绝不为少数资本主义者养成助手。

6. 纯以服务社会为主旨，绝非偏狭的谋生主义。

7. 同时注意服务道德，认为道德不备，虽有职业知能，亦属无益。

所谓人格教育者，其涵义约如次：

1. 养成阔达大度的胸襟。

2. 养成刻苦耐劳的习惯。

3. 养成丰富伟大的同情心。

4. 养成互助及合作的精神。

5. 养成游侠好义的气概。

6. 养成努力创造的意念。

7. 扩大国家意识，培养成民族情感。

（四）教育机关原有学校式与社会式两种，两种应并重。

（五）凡以前学校过重形式及不切实用不经济等一切设施，必革除之使渐尽。

（六）希望政府约集国内专家，从事讨论，同时承认带有试验性的教育机关，务使其依据理想，尽量试验。尽可限之以时期，却不宜缚之以法令。

（七）希望能另编一套适合目前国家需要的学制、课程、教法；从养成师资入手，逐渐谋学制之推行，课程之完备，教法之改进。

一人私见，大略如斯，是否有当，未之敢信，深愿海内明达，有以教我！

民国二十二年"双十节"前一日脱稿

（原载《教育与职业》，1933年第150期）

关于青年修养三问题的解答

（江问渔先生在中华职业教育社第一职业补习学校讲习班举行的“青年恳谈会”里。给我们解答了三个我们青年所怀疑的问题。政英小记者）

第一个问题，人生的责任，究竟有几个呢？

人生责任虽多，但最要的，可分第一责任及第二责任。第一责任就是个人谋生。我们常听见人说，人生有三件事，（一）求学，（二）求职，（三）求偶，那些可以说都属于个人的，但我们不敢说足够了个人谋生，就算尽了责任，更重要的是第二责任——社会服务，社会服务与个人谋生不同。（一）不希望酬报而愿意做的，（二）没有范围来约束，是广义的。（三）专帮助大众的利益而求幸福的。比如救起一个马路上被汽车撞倒的行人，或尽力掖助一个生病的朋友，那是属于前者，倘你捐款建筑道路等，那就属于后者。

人类之所以可贵，全看第二责任如何。人格是否伟大，全在自我扩大——精神扩大得怎样。我们不要做社会上的“自了汉”“市侩”。因为单仅在第一责任尽力。离于禽兽者几希。所以第一责任与第二责任是二者不可缺一。正像车有二轮鸟有二翼一样。

第二个问题,我们对己对人的观点。是不是一样,如不是,应该怎样分别。

我对于这问题也分两个观点来解释。第一观点,是对己的人生观。第二观点,是对人的社会观。

小孩子拿着糖吃,如其你要去抢他,他就会哭嚷的,那就是一种自私的表现。人类是有自私的,但以其有自私的缘故。所以才会保护着自己生存。不过对己虽然要自私,但应该抑下一部分。你生活虽然舒适了,而亦应想到别人还饥饿呼号,那么,你不能完全自私的。应该分一部分物质的精神的给人家,那是对己的人生观,也就是对人的社会观。

再说得透切一点,对己的人生观,须节制个人的欲望,拿唯心来克制自己。对人的社会观,应尊重别人的欲望,拿唯物来对待别人。那么分别严整,才可获得康乐的社会。

第三个问题,我们对于改进社会的理想,究竟是什么样子呢?

我们要改进社会,一定先要有理想。于是理想也分成了二种,但第一理想也就是目的——远的。所要达的目的。第二理想也就是方法。——近的,所以达目的的方法。

现在的一般青年,都望着金字塔,黄金之屋羡慕。他们想踏进了里面,一定可以享乐无尽的,于是一边旁观者无聊的人说,“你飞飞看”,于是青年真的想飞了,可是不幸将刚生的柔翼折了,跌了下来死了,于是聪明的人嚷了,“青年烦闷啊! 做现代的青年,是多么烦闷的呢”! 终于刺伤了一个个有作为的优秀分子青年的心窝,一个个堕入了无底的渊薮。

那是写社会悲哀的文人的罪恶。其实这种要到金字塔黄金之屋的目的,不是不可能,只要你有了第二理想——方法,就得了。

我们只要这样劝慰青年,金字塔黄金之屋都是高得不能攀登的,你不要不量力盲目着想飞去,我们只要设法造一条桥,造到了塔尖,那时不是大家可以安安适适的走上去了吗,至于桥的基础,一定你要有强健的体格,正确的思想,体格锻炼好了,思想修养成了,那么你认定了目标去做,造桥的工作,何患不成?

以上说的,未免太抽象了吧,但我想青年中总明白的,只要细细的考虑一下。

(原载《新闻报》,1933 年 10 月 1 日)

军国民教育之重要及其实施方法

诸位,今天我所要讲的,是军国民教育。

我们知道,一个国家或一个民族要想在大地上生存着,绝不是和其他国家或民族互相订立一条互不相侵略的条约所能做到,是必须另外具有一种特殊的资格;我们要把道德来制裁一切,就必须用武力来作基础,有了强大的武力,然后才可享受道德的权利;决不是懦夫的叫喊所能做到,所以,我们要享受道德的权利,就要提倡自卫主义的军国民教育。

一个人,要想生存在社会上,第一要有自养的能力,就是自己能够生活,无求于人;第二要有自卫的能力,就是自已能够保护自已;第三要有自救的能力,自已能够反省,能够吸收外界有益的智识。一个人要有这许多能力才能站得住,所谓国际,也是如此。一个国家,能够关起门来不需外国的供给而足以自养;有他国来侵略,即行抵抗而自卫;自已的文化,能够拿来发扬光大,便是国家的自教。因此,我认定此几种能力为生存之必需条件,这三项条件,都有相互的关系,而尤以自卫为最重要:无自卫能力,即使可以自养,亦决不能维持长久;无自卫能力,更无暇去谈到自教。

有人说:“可不必以军国民教育来训练,只要在学校里实施军事教育、普及民众教育,同时再宣传国家主义,也足以救中国,我们又何必提倡军国民教育呢”? 这几句话当然也有相当的理由,实在是军国民教育的流弊太多了。所以我们现在必得先认清军国民教育的范围、目的和意义:

第一、军国民教育的意义,并不是侵略,而是自卫。

第二、军国民教育的范围是包括体育。

第三、由此途径,以养成人民对于民族的意义和国家的观念。

第四、同时注意生产教育、科学教育,相顾而相成。

第五、普及全国,不论男女老少,都要受这军国民教育;并且要扫除慕兵制的流弊。

第六、国难何等严重,国家的力量,却是这样的单薄;我们要充实国家的力量,振起消沉的民气,必以此军国民教育来做急救剂。

由以上所说的看来,就可以证明军国民教育是何等的重要,是何等急切的需要!

中国好像是个久病之夫、骨瘦如柴,而且灵魂也差不多消散尽了,这样的人,你要叫他振作起精神来,当然是不可能的,我们预先要设法使他的肉长出来,再锻炼他的骨骼,使个个人都能打仗,都能生产。换句话说,就是用生产教育和职业教育来训练,使大家能做工、大家有饭吃,再找回魂灵而激发爱国的情感。要使全国都这样做,第一步就是要厉行军国民教育。甚么时候可以成功,我们可以不必管到,只要我们由个人做起,推倒小团体……一步一步地扩大。以后的教育,要把招魂生肉来做目标,那么救国的工作,可说大部已经成功了。

现在,我们睁开眼来看看各国的军国民教育怎样:

德国。学校里没有完备的体育设备和军事器械;但是他们学生对于体育非常注意,政府对于军国民教育实施得很严。他们的青年说:“高山流水都是我们天然的运动器具。只有炼成铜筋铁骨,才可以和枪炮格斗”。这种精神,使得各国都非常害怕,尤其是法国。

日本。日本对于军国民教育非常注意。他们常常自夸地说:“我们和敌人打起仗来,即使常备军、后备军、第二后备军完全失败,全国还有几十万十六岁以上的精壮青年,个个都能拿枪杆上得前线的,也还得得和敌人一拼”。小学生下课后,到公共地方互相锻炼,青年工人,每天也规定时间受军事教育。

苏俄。他们有很大的军事教育的计划,无论是团体、学校或农村,凡是十岁以上五十岁以下的人民,不分男女,个个都要受军事训练,预计在若干年内,要训练成几多人可以打仗。

以上是各国军国民教育的概况,现在回头来看看我们的历史怎样:

中国古代,八岁入小学,习礼、乐、射、御、书、数。其中“射”就是射箭,古代用箭打仗,就是于现在的步枪一样;“御”就是驾车,古代用车作战,就等于现在的飞机。这些军事学识,古人在八岁时就开始学习,可见中国古代对于军国民教育也是很注重的。直到民国十七年,“五三”发生,各校才发起军事训练,从此才有了这个名词;“九一八”发生,各校更纷纷组织义勇军,加紧训练,但是各方面都不大能够顾到。我们要想把军事教育普及民众,必须有缜密的计划,方能表现出军国民教育的最大效果。不过这里所谓军国民教育,我们必须广义地看,公民、体育,以及关于爱国、牺牲等精神,亦包括在内,并不是简单地"打仗"。这是我们应该注意的。

施实军国民教育的方法如何呢?我以为要注意次列三方面:

(一)施训的人才。要实施军国民教育,先要训练实施军国民教育的人才。这项从来没有人注意过,以前都很随便;只要这位教官的技术好,就以为是一个不可多得的好教官,对于这位教官有否学过心理学,能否适合学生心理,都置之不理,所以,仅可以教得很好,但结果总因为不明了心理的缘故而不能引起学生的兴味,以致不能表现军国民教育之伟大效果,不能养成浓厚的爱国情感,就泯灭了军国民教育的意义。所以我们要推广军事教育,必须注意这一点——教官明了学生心理,并且除了教官之外,还要有他人来帮助。预备做教官的人,必须先经一番训练,所以要设一个"军事教官训练所"。

(二)相当的设备。俄国之所以有成绩,就是因为有武库。不仅枪械精良,而且救护的有救护器具、防守的有防守器具、制造的有制造器具。所以我们要希望有成效,武库的设备是必要的。至于武库如何管理?如何应用?……等,军事教官必须一一明了,使受军事教育的人,能于实事实物上获得实际的经验。

(三)适宜的组织。训练的成绩如何,必需考察,这种责任须由专门机关来担负,所以应该以一个适宜的区域为一单位,每一单位置一总机关。它的责职是:

(一)训练施训的人才。调查本区内有多少学生,多少工人……一个教官能教多少人？这么许多人要多少教官才够分配？教官的资格如何？如何进行？如何指导？如何考察……。

（二）要设多少武库？武库里所应设备的东西应该如何购买？如何保护？如何管理……。

（三）办理入伍及退伍的登记，并联络其他各区。各区机关之上，设一最高机关作为主脑，使军国民教育行政得以统一。

上面所说的三方面，如果能够完全做到，那么，三年之后，必可全国皆兵。到那时候，如果说某处警察不好，就可由受过训练的人去掉补，治安问题就可解决；治安问题既经解决，地方上就没有匪徒；地方上既没有匪徒，人民就可安居乐业。即使有别人来侵略，我们就有很大的力量来抵抗。所以这才是救国最好的方法，如果不实地去做，只是空谈，对于国家是没有补益的。

我们既然认定这是对，我们必定要由小做起，以求达到目的。那么，国难自然消除，国家也就不救而自安了。

（原载《江苏省立上海中学校半月刊》，1933年第75期）

六年来的中国职业教育[①]

今日我国现象之呈现于吾人眼前者，一方面为工商凋敝，农村经济破产；另一方面则学校虽多，都未能顾及社会之实际情形，及其现在需要，因之毕业于学校，失业于社会者比比皆是，充其极将使教育愈普及，而失业者愈多，社会饥荒之现象，亦将愈甚。欲谋补救，非注重生产教育即职业教育不可。然我国之提倡职业教育，亦既多年，先之以学者之鼓吹提倡，继之以政府明令推广，结果原有之职业教育机关，质的方面未必有若何何进步，量的方面亦不见其增多。自国民政府定都南京（即前六年），根据国民党代表大会所定教育政纲，注重职业教育因此职业教育虽未必十分发达，尚能维持其原有之现状，但一查民国十八年教育部统计，全国职业学校之数量竟较十六年前有退无进。此则大堪诧异者。

民国十四年度全国职业学数　一九二五所

民国十八年度全国省县市立已立案职业学校　一一三所

事实之需要如此其急，政府之关心如此甚切，而事实之表现

① 作者：江问渔、杨卫玉。

乃如此甚少,亦为今日中国若干矛盾现象中之一大矛盾。虽然,最近三年职业教育实有翘然特出、睥睨一切之概,诚可为职业教育史上最有精采,最可纪念的一个时期。其值得吾人记载为,有下之数事:

其一,民国二十年一月教育部通令自二十年度起,各省应酌量情形添办高初级农工科职业学校各县县立中学,应逐渐改组为职业学校或乡村师范学校;各普通中学应一律添设职业科目或附设职业科;各县市及私人设立普通中学,应分别督促或劝令改办农工等科职业学校。

其二,民国二十年五月国民会议第五次大会议决确定教育设施案内规定:小学校教育应体察当地社会情况,一律以养成独立生活之技能,与增加生产之能力为中心;社会教育应以生产为中心目标,尽量增设职业学校,及各种职业补习学校……。

其三,民国二十一年,教育部请专家组设计委员会,议定职业学校法,职业学校实施规程,经立法院通过国民政府公布,二十二年又推订职业学校课程纲要等,此为民国以来空前之创举,足见政府注意职业教育的一班。政府与国民代表用这样大的决心和力量来提创职业教育,在中国要算破天荒了。其次教育部的中小学课程标准委员会,所订课程亦有趋重职业陶冶与声业指导的倾向。各省区如江苏、浙江、江西、福建等省已实施限制设立普通中学,小学则注重劳作。看了上面的各种事实,可见职业教育,已为政府人民学者各方面,一致认为目前中国或许是世界所最需要的一种教育,几乎要把他当现代教育之中心。这种情形也为十几年来未有之现象,所以在最近的六年,尤其在目前，中国之职业教育间，可谓极一时之盛了。而实际之各省各地方，除了少数省市教育当局，出于自发自动的努力，谋职业教育之发展外，大多数是奉令提倡、奉令计划罢了。故六年来之中国职业教育量的方面固稍有所增加，质的方面尚有待于整理改进。现任江西教育厅长程时煃氏说得好："办职业教育要看我们有没有决心？有没有毅力和能力？……"（见民国二十一年中华职业教育社在福建举行年会之开会词）本来；提倡是空的，计划要有了事实才有效的。要有坚持到底的决心、百折不回的毅力，因应咸宜的能力，而后提倡可见诸实行，计划可发生效力。上面所说的决心、毅力、能力、要出于自动自发的，若出之于官样文章照例奉行，虽天天下命令，时时有计划也是无用的。进一步说，就是增加了千百所的职教教育机关，其成效也很微细的。我愿各省市各地方教育当局，鉴于职业教育需要之迫切、立定注意、发挥实力，使提倡进而为推行，计划进而成实施，则一年二年……后之中国职业教育，必将予社会以极好之影象，而完成他的使命和目的。

（原载《江苏省立上海中学校半月刊》，1933 年第 76 期）

江问渔先生语录[1]

为人须要看得透、想得开、立得正,各尽其能。食不怠事,量力而行,求心所安。

量力择业以养己、馀力服务以助人、舍己以助人者、得其当则贤,不得其当则愚。

忘人以谋己者、自了之漠也、损人以利己者、害群之马也、无毅力、无恒心、无定识者、即无向上之人。

哲学家之所以伟大、盖彼能以思想指示社会。

(原载《新闻报本埠附刊》,1933 年 12 月 2 日)

① 记者:女尧。

一年来之中华职业教育社

一、引　言

中华职业教育社的会计年度,是从七月一日起至翌年六月三十日止的,所以各种旧事业的继续维持,与新事业的创办增设,大概也是依照会计年度来支配与处置。顷承上海新闻社诸先生命题,属作《一年来之中华职业教育社》一文,照理应该将是社自廿二年一月一日起,至十二月卅一日止。所有十二月中间的事实,一一报告出来;可是,因年度的关系,却不能整整齐齐的,照这样叙述,有时或者也要涉及上年度,并且本年度事业,进行才及一半,各种统计数目,多未能完全结算,也就只好从略。这是在开始作文以前所应当声明的。

二、概　况

中华职业教育社是一个私人组织的教育团体,现在共有社员一万三千三百余人内分三部:一曰董事部,现任董事会主席为钱新之君;二曰评议部,现任评议员会主席为蔡孑民君;三曰办事部,现任正副主任为江问渔杨卫玉两君。办事部内分五股二部:曰总务股、曰研究股、曰编辑股、曰设计股、曰推行股、曰农村服务部、曰职业补习教育部。就中研究编辑两股,尤关重要,现由何清儒博士主任其事。

该社除各种集会外,所有事业大概可判为内外两大部。属于内部者,如研究、如编辑、如推行、并因研究而调查,因推行而演讲,凡此种种归纳起来,可统称为内部事业。属于外部者,则又可分为四大部:一、职业学校教育,二、职业补习教育,三、农村改进,四、职业指导;皆特置机关,由专任人员负责处理,却是带有试验性质。若论到各机关设置的来源,又是各各不同。有是该社自办的,有是受人委托代办的,有是与其他团体合办的,现在合计起来,共有二十二处;有的是正式学校,有的是非正式学校,有的是特殊教育场所;而同一学校中,又是有专科、有中学、有小学。

以上所述,是为该社最近概况。兹可就集会与事业两部,分别述之如下文。

三、集 会

该社会议种类颇多,如董事会、评议员会、办事员会、经济会议、各种特别委员会等,而比较关系重要,每年必举行一次的,则为社员大会,专家会议,并随同社员大会举行之全国职业教育讨论会。

专家会议，照例每年皆是在二月左右召集，本年二月二日举行于沪南之闵行广慈院，到三十三人，由蔡孑民刘湛恩两君主席，讨论重要议案多件。社员大会则于本年七月九日，举行于河南开封，共到一百四十三人，除议决议案一百件外，并有一电致教育部，比较关系颇重要，兹特附录于次：

南京教育部王部长钧鉴，我国承十余年重文积习，科学未精，产业落后；既已食众而生寡，遂至财尽而民穷，一般劳苦民众，只知用力而不知用心，多数读书士夫，又只知用脑而不知用手，彼此阂隔，末由沟通，国势日衰半由于此。科举既废，学校代兴，习俗未更，民生益困。本社确切认定，非提倡职业教育，无以救社会之穷，更无以完教育之命。十余年来，瘏口敝舌，亦既竭尽鼓吹之能事，究竟收效几何，殊难详为估计。比者外寇压境，内乱方滋，学校毕业生徒失业彷徨，成千累万，农村破产，举国皆然，险象环生势乃岌岌，凡此内忧外患，有一于此，足以撼摇国本而有余，从事教育人员，到此真不知何从措其手足。本社举行本届年会，讨论及此，莫不一致引为深忧，时适有来自陕西之会员报告西安附近农民，拆屋售樑，暂求一饱，弃田掷券，逃亡四方，惨痛情形，闻者泪下，益觉今日崇楼大厦，丰食美衣，号称巍巍学府，作育人才，竟与水深火热之民众无关，自问良心，不安弥甚。夫维护国本，救济农民，诚赖政府慎选贤吏，严惩贪污，致政治于清明，关系固为重要，但欲使多数民众，殖产治生，有业乐业，责任所在，我教育界同人，又乌能解。本社社员，服务农工等校，多能了解劳作意义，极愿本身作则，领导青年，是以短衣窄袖，把锄持斧，与学生共操作于农场工场者，不乏其人。无如下士既闻而大笑，贤者遂不免为习俗所转移，此则凭建瓴之势，作登高之呼，用以转换一般社会重文轻实之心理，不能不有赖于最高教育行政机关。本届年会讨论结果，一致主张吁请大部通令全国，切实说明生产教育之重要，劳作教育之价值，并明定学校考绩标准，凡能帮助社会生产者，一律予以优奖，同时商请实业部对于生产优良机关，优奖其技师技手，总期设校授学，一以增加国富为归。居肆作工，必以改进产业为准。上好下甚，古语有征，草偃风行，影响重大，伏乞钧部俯赐鉴察，准予施行，迫切电陈，无任惶恐。

中华职业教育社第十三届年会江问渔黄任之顾荫亭齐性一张仲鲁等一百四十三人仝叩。

同时议决明年开会地点，第一南昌、第二广州、第三辽宁。至全国职业教育讨论会，则同时同场，一并举行，实际竟合而为一，所不同者，间有少数代表未经入社，可是到会时，亦已加入职教社矣。

四、事　业

照上文所说，该社事业，可分两大部，兹即依其次序，分而述之。

甲、关于研究编辑推行等事业

该社研究、编辑、推行，分设三股，主持其事，就中研究与编辑两股，关系最密切，往往不可分离，兹就本年三方状况，略述如次：

(1)研究。该社所有研究事项，往往先要经过调查工作，兹仅就研究之结果，分“以前”“现在”两部分，分别列出，所谓以前，系指二十年之前。所谓“现在”，则指二十一年以后。盖以二十一年的工作皆列入本年度以内也。

二十年之前

编成各国学制系统图——民国七年。

出版职业知能测验法——民国十二年。

编成中国职业分类表——民国十二年。

开始调查上海各业编印职业概况，现已成书五十余种——民国十二年开始，现仍继续进行。

研究职业教育课程标准——民国十二年开始，十三年告成。

编制《职业阶梯》，此事手续极繁，现正在进行中，一时尚未有结果——民国十九年开始。

编议《性情态度兴趣的测验》，尚未出版——民国十九年。

编成《性能检查法》出版——民国十九年。

编成《普通事务测验》出版——民国二十年。

编成《兴趣测验》出版——民国二十年。

订定大中小学实施职业指导办法——民国二十年。

继续调查大中小学校长教员之经验——民国二十年。

编成《相关系数计算表》——民国二十年。

编成《华文打字测验》——民国二十年。

编成《打字速度自审表》——民国二十年。

二十年之后

利用上海职业指导所材料，寻出实际问题，特别研究。此事正在进行中，尚未有结果——民国二十一年。

以中华职业学校为对象，寻出实际问题，加以研究。此事正在进行中——民国二十一年。

编成《职业适应测验》现正试验其可靠性——民国二十二年。

编辑全国职业学校概况，现正在进行调查中——民国二十二年。

举行职业历程调查——民国二十二年。

拟编职业成功人传，现正征集材料中——民国二十二年。

(2)编辑。研究有结果，发表以文字，当然入于编辑范围，所不待言矣，其次如丛书、周刊、月刊、及其他各书的编辑，为类亦复不可少，截止现在：

普通图书类　共计有六十六册

丛书类　共计有一百一十四册

定期刊物类　共计有四百五十一册

在二十一年七月以后至现在所出版者：

丛书类　六册　定期刊物类　十五册

(3)推行。推行工作，当然以讲演为最重要，讲演约分为三类：(一)应各界之约，派员出外讲演；(二)为在社自设讲席，任人来听；(三)为应学校及其他机关之约，为长期或短期讲演，故以性质论，有是属于普通，有是属于专门；以时间论，有为长期，有为短期，以所在地论，有是学校、有是工厂、有是行政机关，亦有是本社。自二十年后，本社并设有学术讲座，每星期六举行一次，已成固定，本年照常举行，惟规定范围，为经济、世界大势、青年修养三大类。

其次则为“计划”“通讯”两事，代人设计办理职业教育，为数甚多，甚且推员亲赴其地，经过实际考察，始行着手。通讯则有特约之国内外重要报纸数十家，陆续登载关于职教消息。本年度比较以前数年，则尤为繁忙焉。

乙、关于试验事业

兹照上交所说四项，分别加以叙述，并在未经叙述以前，将各试验机关，列成一表，附录如次：

	机关名称	负责人	地点
自办机关	中华职业学校	贾佛如	上海南市陆家浜
	上海职业指导所	潘仰尧	本社
	第一中华补习学校	谢向之 梁忠源	本社
	第二中华补习学校	赵霭吴	上海九江路B九号
	第三中华补习学校	贾佛如	上海职校
	新农具推行所	姚惠泉	本社
	徐公桥乡村改进会	陆叔昂	京沪路安亭徐公桥
	农村服务专修科	宋紫云	上海漕河泾
合作机关	国货指导所	赵秉仁	本社
	南京路补习学校	赵霭吴	上海南京路
	善人桥乡村改进区	张仲仁	苏州胥门外善人桥宝林寺
	三益改良蚕种制造场	冷御秋	镇江双井巷女职校
	镇江女子职业学校	法审仲	镇江双井巷

续表

	机关名称	负责人	地点
代办机关	兽医专科学校	谢向之	本社
	诸家桥小学	茅志岳	浙江余姚
	善庆小学	陆梦樵	浙江绍兴州山
	观澜小学	蔡造时	京沪路安亭徐公桥
	陆景小学	王之浩	京沪路安亭徐公桥
	黄墟乡村改进区	宋紫云	京沪路新丰站
	顾高庄乡村改进区	俞应江	江苏泰县姜堰
	丁卯小学	吕渭渔	镇江建设厅许体钢转
	鸿英乡村小学师资训练所	李楚材	上海漕河泾

机关既多,当然不能遍说,只能择其重要者以为代表,其为本年新设者,则特别提出焉。

(1)职业学校教育

观前表,则知属于职业学校教育范围之机关,为数尤伙,就中规模最大,历史最长者,则为中华职业学校,校址在上海南市陆家浜,创立已十有六年,现在设置三科,一机械科、二木工科、三商科。分高初两级,本年度共有学生一千零八十九人。

其在本年内新创设者,则一为农村服务专修科,一为代办鸿英师资训练所,两机关内容组织,可阅该社呈市教育局一文:

(见"呈请上海市教育局转呈教育部文",略)

此外,则有镇江丁卯小学,由校主许秋帆君委任该社代办。将来并拟在该处创立农村改进区。

(2)职业补习教育

该社现在上海一市设有三校，除第一校内所含各班，前三年已经设立外，其二校及第三两两校，均自去年九月以后，及今年七月以后，才正式成立。

第一职业补习学校，设在该社（即环龙路口），第二职业补习学校，设在九江路汉口路，均分晨班、夜班。每校学生数，均在六百以上。第一补校内，并附设通问班，业余图书馆。通问班专为不能依时到校之学生而设，发寄讲义，通讯问答，在本埠者，并得来校面谈，或召集演讲。业余图书馆，则专为供给工商界职工工余阅读而设。以上两校，所设科目，有商业、有簿记、有文书、除技能训练外，更注重人格·陶冶，服务道德。本年更设第三职业补习学校于上海陆家浜中华职业学校内，专重工业补习、甫经开办，学生人数，比一二两校为少。

(3)农村改进

该社所办农村事业，以江苏昆山徐公桥乡村改进区创办为最早。其他陆续创立者，复有多处，就其组织形式以言，可分为复式与单式两种，复式组织，则划定一区，特派干员，联合本地领袖，组成改进会，区内包有教育、卫生、农事、合作、建设各机关；单式组织，则仅以一乡村小学为中心，指导农民，办理各项改进事业，本社最初所创办之昆山徐公桥改进区，是属于复式组织一类，计有土地面积四十方里，人口三千五百三十六，创始于民国十七年四月，期以六年而完成。五年以来，计筑成石路六华里，泥路九华里，修建桥梁二十九座，厕所加以改良；公墓现在提倡。全区小学校，在十七年只有二校，学生一百人，现在有六校，学生四百一十二人。识字人数，在十七年五百六十人，现在一千零四十一人。农事及经济方面,有农场二十亩,实地研究试验,有苗圃自栽培苗,分给农民。有园艺场、有鱼池、有养鸡场、有合作社、有公共仓库。时时介绍改良种子,推进新农具,举办农产品展览会,教授各种手工艺,每年均举行经济调查。卫生方面,有公共医诊所,既为农民诊治疾病,兼为农民灌输卫生常识。预定计划,六年完成,截至本年终,已五年又八个月,至明年四月,即行交还本地人接收。

此外合办即代办者,尚有多数,就中如乡村小学,一方面属诸职业学校教育,一方面仍可归入农村改进事业范围,即如本年秋该社所办之漕河泾农学团亦然。

(4)职业指导

关于职业指导事业,该怕创始于民国十六年秋,期间所办事业,计有十三项:一、职业询问　二、职业调查　三、职业演讲　四、升学指导　五、职业介绍　六、择业指导　七、改业指导　八、服务指导　九、职业测验　十、职业训练　十一、健康法律指导　十二、协助职业指导　十三、编辑刊物。

历年到所登记求职人数,截至本年六月止,共一万六千零三十人,就其资格加以区别,有如次列:

国内外大学毕业:三千五百四十五人

专科学校毕业:二千四百七十三人

师范学校毕业:二万零七百二十八人

中等职业学校毕业:二千三百九十九人

中学校毕业:二千六百六十八人

中学校肄业:一千八百五十二人

其他:一千零二十一人

共计:一万六千零三十人。

至历年介绍职业成就之人数,则有如次表:

学校教师:八百一十人

机关职员内包括会计、文书技术等:一百一十人

工厂职员学徒:二百八十三人。

此外自民国十六年九月起,至二十二年六月止,凡五年十个月,统计谈话人数如次表:

民国十六年(四个月下同):八百零三人

民国十七年:一千二百八十六人

民国十八年:三千九百七十四人

民国十九年:六千二百零三人

民国二十年:七千一百八十三人

民国二十一年:七千一百七十九人

民国二十二年(至六月份止):七千九百八十一人

共计:三万四千六百零九人。

人事谈话,包括法律、健康、婚姻三项,共计一千四百二十八人,以年计之如次表:

民国十六年:二十六人

民国十七年:五十八人

民国十八年:一百零八人

民国十九年:一百九十八人

民国二十年:三百二十五人

民国廿一年:三百五十人

民国廿二年(至六月止):三百六十三人

共计:一千四百二十八人

再统计其人数及次数职次:

职业演讲:一百七十六次

健康指导:一千二百八十五人

法律指导:九百二十三人

服务指导谈话:十五次

本社历年所办事业大致如斯,欲知其详,则有该社之各种报告册在。

(原载《1933年之上海教育》,上海新闻社编,1934年3月)

呈请上海市教育局转呈教育部文

既具有造就农村人才的理想，总想着机会去试办一下。职业教育社，在民国十九年已经在徐公桥招收十位学友办过一次“乡村改进讲习所”了。二十二年秋，又扩大规模，办了一个“漕河泾农学团”。此文是在农学团成立后为职教社做的。原系公文书之一种，其中关于农学团的办法，总算是已经择要的说出一些了。

呈为创设农村服务专修科，实验特殊教育，仰恳鉴核转呈教育部，特予核准备案事：窃敝社历年创办各种教育机关，大都含有试验性质，总冀以一得之愚，贡献社会。近五六年来，先后筹设农村改进区多所，其为复式组织者，有如江苏昆山县之徐公桥，划区设会，包有教育，农事，卫生，合作各项机关；而单式组织，则仅以一乡村小学为中心，发挥其社会教育效能，转导农民，兴办各种福利事业，如浙江余姚朱家桥小学，是其适例。当此农村破产，举国惶惶，倘使此种事业，能普及中邦，则于复兴农村，似乎不无小补。乃者各方有识，注意及此，已不乏人，近两年间，到社访求人才，切属推焉，络绎不绝。敝社深维此项农村服务人员，既须农事学识，与教育知能，双方兼备，尤须具有刻苦耐劳习惯,舍己为群精神,更能了解农民心理,善于调度肆应,立定服务志愿,淡于利禄浮名。如此人才,似非通常教育机关,所能完全造就。而况近来所谓学校教育,大半注重形式,尚理论,对于实地工作的训练,师生人格的交感,漠视者多,重视者少,其与养成实用人才之旨,未免背道而驰,事实彰彰,亦无可为讳。敝社一部分职员服务农村,经多年之切磋琢磨,乃始积成一些实际经验,而事业日形发展,人员调用,早感不敷,对于社会需求,当然无从应付。久拟集中精力,创设一特殊教育机关,专用以造就农村服务人才,藉供各方延揽。三年以前曾在徐公桥小试其端,惜人数太少,时间短促,且训练方法诸多未周,虽有相当成效,而自视甚觉歉然。最近则农村衰落,其势益甚,社会需要较昔尤殷,爰不自揣,就上海市漕河泾地方,筹设农村服务专修一所,借款购田四十亩,复与沪西园场合作,借用园田七十亩,以供种植;赁用姚氏别墅房屋以为校舍。发布简章招收高级中学毕业,或与高中毕业程度相当,曾在社会服务,确切有志农村服务之学生三十名至四十名。招考时,先令有志投考者,各寄自述文一篇,察其文,观其志,以定准考与否,结果投文愿考者一百一十八人,而准考者只有七十三,考试时所列题目:有体格检查,国文论说,常识问答,田间操作,十分钟谈话,五分钟演说,结果共取得三十四名。此三十四名中,正式高中毕业者十四人,其余则多为乡村师范毕业生,大率任过小学校长教员多年,毅然舍去固有职务,来此愿受特殊教育。现已于本年十月十日开学,经过三周间生活调溶训练,于十月二十八日起,按照课程,正式授课。毕业期限,定以两年。暂时先将第一年课程,分别拟定;并根据课程,揭出三语,以为教育之总目标:一曰自养养群,二曰自教教人,三曰自卫卫国。至课程种类,亦大别为三:一曰教育,二曰农事及经济,三曰村政及组织,除此三类外,极端注重精神陶冶,军事训练,事务练习,以期养成健全人格,处事才能;更使明了本国文化,世界大势;并完成其吸收知识发表意见的必要工具。所有教育方法,不拘拘于机械式的讲解,而重在自动研求;不斤斤于书本上的知识,而重在实地工作。其在室内也,有固定讲授;有特约讲演;有指定书籍,令其阅读;有开会讨论,练其才献;有日记按日缴阅;有扎记按期呈政。其在室外也,有农事操作;有家畜饲养;有气象观测;有社会调查;有划定改进区,指明各项改进事业,令其分别练习。师生共劳作、同起居,即采取军队化,以严整其纪律,复采取家庭化,以融洽其感情。务使手脑并用,才德兼修,以达到全人教育之目的。学生学费一概免收,第一年每生每月只用膳费五元。第二年以农产所获,并饭费亦可自给。平日在校,无寒假无暑假,即星期日亦仍照常工作。开学以来,学生工作之兴趣颇佳,研究之进程亦速,自觉此种特殊教育,尚值得努力一试。同时适有上海鸿英教育董事会,以开办小学,须先训练师资,乃以鸿英乡村小学师资训练所,委托敝社代办,爰代招收有经验之师范生十五名,加入共公训练。此项训练班,修业期限,虽仅为一年,而所修课程,核与专修科第一年所习者大体无异,因将两方学生,混合组织为农学团,藉免岐异而便训导。又以校址在漕河泾,即冠以地名曰"漕河泾农学团",藉资识别而便称谓。以上所述,是为农村服务专修科创设缘起及教育实施大概情形。

查创设专科以上学校,应遵照部章,呈请立案;但以此种教育，情形不无特殊，且基金一项，按照部章规定，为数颇多，敝社经济，夙苦拮据，一时实艰于筹措；倘使移借他疑，以供临时检验，则事近欺朦，虽免法律制裁，亦难得良心许可；教育为何等事业，敢不特加慎重？思维再四，唯有将实在情况缕晰详陈，拟请钧局俯念敝社办理此项特殊教育，含有试验性质，势与通常学校不同，准予代为婉陈下悃，转请教育部核准备案；一俟实验告终，再行详报。为此检同各项表册，呈请钧局检核赐予转呈，不胜迫切待命之至！

（下略。编者注。）

（原载《1933年之上海教育》，上海新闻社编，1934年3月）

读书提要

——《过渡时代之思想与教育》

商务印书馆最近出版一部较重要的教育书籍，著者为现任国立北京大学校长蒋梦麟先生。全书四百七十三页，果然一巨册，不仅值得教育界同人注意，即留心研究中国近二十年来的文化思想者，亦应咸认此为极有关系之著作也。

兹于介绍本书内容之先，有次列三点应加以相当的说明：

一、西洋学术思想，输入中国，历时虽久，但最初并未发生任种反应，直至辛亥革命，始著思想变迁之迹。民国成立，才满四载，欧战猝发，举世震惊，至此中国才有"文化运动"一名词出现，而所谓"新文化"之潮流，亦遂浸灌于一般新青年之思想行动之中。民八以后，思潮振荡，且爆发而不可遏，空前之"五四运动"遂发生于斯时。蒋先生在当时，实为扶植新文化推进新思潮之一人，所有发表关于思想及教育文化之文字，具有感动青年之特殊能力，实为有目所共见。平心而论，殆不愧为思潮进之前驱。

二、民国六七年以后，文化运动之潮流，澎湃于全国，而提倡最力，人才最多，其机关之地位，且居全国的中枢，同时举世之人亦竟目为新文化之策源地者，则国立北京大学之最高学府也。蒋先生于民国八年，入北京大学，任极重要之教职，既竭力扶植具有新思想之青年学子，同时对于青年的行动，亦毫不客气的施以合理的指导。所有一切言论主张，当然有其背景，背景既明，乃可判定其文字之价值。

三、天下事不能完全有利而无弊，在文化运动之初期，其根本的精神，在求个人的释放与思想的自由，纯粹注重个性的发展，其表现于外也，遂为爱国运动。其间经过情形，蒋先生在本书“引言”内，已说得很明白。惟蒋先生又言，“近年以来，发展个性，渐趋于浮薄的自利主义；爱国运动，渐趋于肤浅的标语运动”（见本书引言）。指出文化运动末流的弊害所在，又真可谓语重心长了！蒋先生自谓“书中所讨论的问题，大都目前仍然存在，迫切要求研究和解决的”（见本书引言）。这是的确一点不错。文化运动与思想进化，既为人类要求新生活过程中一日不可缺乏的要件，那么关于运动，如何才能使其有利而无弊，或利多而弊少？关于进化，如何才能使其缩短行程，少走曲线，少受痛苦与烦闷？皆是负教育责任的人所应该努力研究，以期待着较圆满解决的。况当外受强邻的压迫，内感经济的恐慌，一般青年，大多数彷徨歧路，莫知所从，更要赖有先知先觉之士，施以合理的指导。是则蒋先生所谓“目前仍然存在，迫切要求研究和解决的问题”，更不能恝然置而不顾了。

说明既毕，可一言本书的内容。

书分八编，原系就蒋先生自民国七年至民国十一年前后五年间所作的单编文字，分类排比而成，共分八编。

第一编曰,“过渡时代之思想与教育”,系独立一单篇,文见七年二月《教育杂志》。斯文首述欧洲社会及学术文化的进化途径,纯粹根据历史,以明其变迁;次述中国与西方文化接触后思想改革与教育设施应取之方针,而以积极建设为立论之归宿,指明积极建设之道:曰定标准,曰定中心问题,曰新陈交换,曰适应社会需要,曰方法。并明言内部思想之改革,当察世界大势,而欧美近世文化中犖犖大端,则有“科学之精神”与“社会之自觉”两项。又指示养成上述两种精神之要着五点:一曰科学发达,使人力得制天力;二曰进化学说,使人知发展生长有天然律存;三曰历史精神,使人知文明之进化为接续的,徒事去旧不足以启新也;四曰审问事理,使人尽其心力而求真理,不为无思考的信仰所羁绊;五曰民权主义之发达,使人知万事之本位为自然人,不以职位财力而定人之价值。盖认定“中国教育当与近世之精神相谋而并进。泥古之教育,为过渡时代以前之教育,不可行矣。消极破坏之教育,而无积极之进行者,为过渡时代之教育,可暂而不可久。若为今日之教育圆长久计,当取中国之国粹,调和世界近世之精神,定标准,立问题,通新陈交换之理,察社会需要,采适当之方法以推行之”。此则蒋先生对于中国过渡时代思想改革及教育设施之根本主张,亦即全书若干篇文字一贯之理论也。

第二编曰,“思想的变动与人生意义的追求”。编内所包涵的文字共有九篇,其中尤重要的为第一篇“改变人生的态度”,其指示人生态度改变的方向也,一从小人生观到大人生观;二从弱的生活到丰富的生活;三从家族的生活到社会的生活;四从单独的生活到团体的生活；五从模仿的生活到创造的生活；六从古训的生活到自由思想的生活；七从朴陋的生活到美感的生活。而所用改变的方法，则一为推翻旧习惯旧思想；二为研究西洋文学哲学科学美术；三为把自己认作活泼泼底一个人。其次对于"新旧调和"说，认为"新"是一种态度，不是一个方法，也不是一个目的。"旧"是对于新态度的反动，并不是方法，也不是目的。结论遂不认新旧是两个学派。因为"两个学派，能容调和派，而新旧之间，用不着调和派"。接着"新思想"一文，也是明白指定"新思想是一个向进化方面走的态度"。再次论"个性主义与个人主义"，谓个人，是对社会国家言；个性，是对文化教育言。而于"新文化的怒潮"及"学潮后青年心里态度及利导方法"两文，是专从大处远处观察，专从积极方面指导。最后"智识阶级的责任问题"，指示智识界参与实际政治问题的要件，谆谆以不可忘了自身本职与发展学术、科学、思想等，更是极有见地。

第三编曰，"教育方面的转变"，编内所包涵的共有文十一编。为蒋先生关于教育根本思想及教育重要方法的表示，其中尤为重要的，是"什么是教育出产品？"一文，蒋先生所认为教育的出产品，一是"活泼泼地个人"；二是"能改良社会的个人"；三是"能生产的个人"。其在"教育思想的根本改革"一文内，指出"认学生为中国主人翁"的错误，"使小孩子变为一种枯的秋草"的错误，均是机关重要。此外如"学生自治"、"对于学生的希望"、"社会运动与教育"、"学风与提高学术"各文，更是对于一般青年为很诚恳的有益的指导。

第四编曰，"人生哲学与道德教育"，系介绍美国杜威的人生哲学、道德哲学及俄国托尔斯泰的人生观。其补助中国哲学思想及教育思想的编颇,亦复不少。

第五编曰,“儿童心理与历史教授法”,只有文字两篇,而篇幅却很长。

第六编曰,“欧战以后的教育问题”。其在“欧战后世界之思想与教育”一文内,指示欧战后,思想注重点将易其地位,一国家主义以外,将兼及世界主义;二物资科学以外,将兼及精神科学;三民权主义将占胜势。当欧战初停,却是有这样的趋势,可是照近数年来的各国有政治权威的人行动以观,似乎一、二两项,又有些不对了。在“世界大战后吾国教育之注意点”一文内,指示各点,如行政方面的推行义务教育、职业教育,推广大学及专门教育,学校设施方面的发展个性,注重美感及体育,注重科学,注重职业陶冶,注重公民训练,皆是很对而且很扼要的。又本编内有“欧战后英国之教育”,原载在七年七月《教育杂志》的,篇幅亦极长。

第七编曰,“对北大学的几句话”,此系蒋先生入北京大学以后的历次对学生的演说词,共十五篇,而因为报告学校状况致友人的书,又为纪念会事致学生的书,亦载其中。

第八编曰,“杂录”共四篇。

从这一部汇合各篇单文而成的著作里边,不难窥见蒋先生从民国七年以后十一年以前五年间的人生哲学及教育思想的主张。粗疏的说起来,似乎有次列六项:

一、主张向进化方面的人生态度,亦即所谓新的人生观。

二、主张人本主义的生活教育。

三、主张思想改革,要注重积极的建设。

四、主张提高专门以上学术和义务教育、职业教育并重。

五、主张参加政治活动,不可忘了本职。

六、反对牧民政治。

(原载《人文月刊》,1934 年第 5 卷第 2 期)

中国乡村改造之我见[1]

今天奉陶先生之约到这里讲几句话,本来定的题目是“徐公桥之农村改造”,我听说,王琳先生已讲了一些,现在我就不讲徐公桥的改造,今天我要讲的,可以说是“乡村改造之我见”。我有两个意见,今天提出来同大家讨论讨论:

(一)我们中国这样的大,各地这样的散漫,要想用政治的力量来解决一切的问题,事实上是不可能的,必得要把下层的基础打稳才行。譬如造房子一样,假若地基没有打好,尽管上面是画栋雕梁,总经不住风雨的飘摇,下层基础是什么呢?就是一个个的乡村。我们假定三千个人算一个农村,假定中国有四万万人,那么,中国的农民要占百分之八十五以上,应该要有多少农村呢?所以在最近两三年来,谈政治的要顾到乡村了,谈教育的也渐渐顾到乡村了,可见这下层基础是很重要的。假使我们上面的假定是不错的话,就是要多办若干个晓庄,若干的徐公桥,才能把下层基础建筑起来。否则,中国的问题还是不能解决的。但是,办了若干个徐公桥,若干个晓庄,中国的问题就可以解决

① 江问渔讲,戴自俺、艾稀记。

了吗？本人也时常对于这个问题下以深刻的研究、思考，究竟应该怎样解决？他的症结究竟在什么地方？经本人的思考及与友人讨论下来的结果，共同有两个意见，现在提出来同大家讨论，也可以说这是我自己两三年来的一点经验。

第一，农民所需要的是什么？农民不识字，不懂得行使四权，不晓得什么叫开会，所以我们就有识字运动。我们要在可能的时候，给他们识字，给他们一点知识，但是在农民方面，却不能像我们的期望一样。他们总以为：要我们读书、识字、很好，究竟读了几本书之后，我们的麦子能不能多收一点？稻子能不能多收一点？识了几个字之后，能不能马上就得一件好事？实在说起来，读了几本书，识了几个字之后，对于他们是没有多大关系，没有多大益处。由此我们可以知道一般乡民需要的是“富”，我们要教他们能从生产上去增加，能从与他们有切身关系的事去努力，结果就可以使他们达到“富”的目的。他们“富”了一切事情都容易举办。在这里，有人主张“先富后教”的，又有人主张“先教后富”的，以我个人体验下来，两者都不大对，应该是“富教合一”。也可以说是“即富即教，即教即富”。我们要把“教”的范围放大，不可大狭。教他们读书识字，固然是教，但是除了书本之外，可教的还很多。我们看，往往有许多一字不识的乡里人，他能吸收普通的许许多多的知识的，所以教的范围，不可只限于书本。我举一个例来说：乡下人最缺乏的是开会的知识，假如我们要在某一个时候召集他们来开一个会，要他们像我们一样的唱歌，行礼，提议，附议，举手，那是无论如何办不到的。假若我们来办一个信用合作社，凡是这团体中的社员，无论他有多少，在要开会的时候，就要把开会的一切告诉他们，要怎样怎样的举手，怎样怎样的发言，否则不能入这个团体。这一件事情，因为与他们有切身关系，对他是有利的，所以他无论怎样，他总得要按着规定而行。这么一来，就可以使他们得到一种很好的团体训练了。这不过是一例罢了，其他还可以准此类推。

第二，我们都觉得，我们平时要想灌输一点自然的知识给农民，往往是很难很难，就是用挂图，讲演……都不行。换一方面，譬如我们养鸡，我们养的鸡一年能生三百个蛋，普通农民所养的只能生二百个，那么我们就可在农暇来开一个养鸡班，把喜欢养鸡的农民都召集起来，我们来同他们讲解鸡之养法、选种、保护，同时，还可以对他们讲许多关于动物方面的常识。又如，我们平常要对他们讲什么物理学等，也不应该凭空的同他们谈。假若我们有了一些机器，叫他们来看，在他们看的时候，我们就可以对他们说，某部分是什么，某部分与某部分是有关系，这么一来，机器他们可以使用了，同时我们就教了他们许多物理学、化学了。但是，有人说，这种方法对于农民的知识还是太少，要他们多有些知识，还是要用课本才行。这一层，自己也感觉到有些困难在。就讲开办民众学校吧，课本也发生问题的，要拿儿童的课本来用，那是不行，因为那里面的什么“大狗叫，小狗跳，叫一叫，跳一跳……”在成人是不要的。这一层，本人觉得也还是要用“富教合一”的办法。现在我举一个例来说：假如我们用“稻”作中心而对他们施教，那么在这个里面，我们可以教他们割稻的器具什么最好、价值如何，用什么器具把稻碾成米最快最便利……都可应有尽有的教他们。这么一来，稻是他们日常生活所必需的，与他们有切身关系的，一定容易收效。推而广之，其他的都可由此触类旁通的去教他们，使他们由此可以得到一种知识，更由此而能够改良。反是，他们无论如何是不要的。这是比较合宜的，假使我们只纯粹的在狭义教育上动手，是难收效的。由此推想起来，乡村里的教育，我以为有两种：

（一）儿童教育

（二）成人补习教育

这两者，在我个人推想起来，都是非用“富教合一”的方法不可的，尤其是成人补习教育。

（二）要用什么方法才可以把上面所说的普及于全国呢？要解决这个问题，我们就先要晓得，要普及中国的农村教育，要用多少人才？这不是一朝一夕之功，是要有计划方针才可进行，才可行得通的。关于这一层，自己觉得有个重要问题，就是“政治与教育不应画分，应该合而为一”。现在就政治方面讲，已渐偏重于乡村，既要偏重乡村，就是从下层阶级干起。如国民党的区分部一样，现在的许多特设训练区长村长机关都是。这区长，村长，是代表政府施行一切的，假若他也能代表教育施行一切，与教育合起来的话，可以说是“如网在纲，有条不紊”。这样，我们就要看：

（一）我们看村长或区长是不是依教育的方法和含有教育的意义去改良那个农村？

（二）要改良农村的生活，首先就要改良农村的经济，这一层，是要区长或村长与学校合一去改进的。假若仅有学校或仅有区长村长，力量很小，无论如何干不起来！所以本人就有“政教合一”的主张。假使一个地方，有了七八百户人做一村，那里有一个学校的校长是很好,他不特对儿童好,对什么都好,但是,那里的村长是反对他的,不与他合作的,那么就有许多困难要发生了。所以在这种过渡时期里,最好是把农民补习教育等创办起来,训练民众自己能推举村长,由民众推举出来的,一定能与学校合作,这样一来,就可以从事改进了。还有区长或村长能与学校合作,至少有两点好处:

(一)两方面合起来了,可以多用教育的方法去改良一切;

(二)负责的人是有职无薪,一切容易办理——因为由学校的教员来干,薪资当然是由学校去发给了。人民的负担不必加重,就是第一容易的地方。

从上面所说归结下来,我觉得现在中国所需要的乡村教师要具有两种能力:

A.有教育儿童的能力;

B.有教育普通人民的能力。

这样一来,一方面教育儿童,一方面负改造社会的责任。还有,要训练一般的村长,区长的事情,也是要靠乡村教师负担的。

上面所讲的这两点,第一"富教合一"是所以解决乡村教育的问题的;第二"政教合一"是所以解决普通问题的。"富教合一"的主张,能使中国乡村经济改善,"政教合一"这个主张,可以改进中国的乡村组织。能得有这样的人材而共同来实现这种主张,就是我们乡村改造得成功!

(原载《晓庄之一页》,方与严著,
上海儿童书局,1934年4月)

江恒源教育文集

4

刘旭光 主编
连云港市政协学习文史资料委员会
中国民主同盟连云港市委员会 编

群言出版社
QUNYAN PRESS
·北京·

目 录

（第四卷）

国立北平图书馆事业概说

(一)成立沿革

刱设于清季宣统二年,原名京师图书馆,民国成立后名仍旧,至十七年秋改今名。先是美国退还庚款,设文化基金董事会以保管之,该会曾与教育部订立合同,合办图书馆,嗣因故中辍,改设北海图书馆。十八年八月仍申请议,以两馆合并,仍名为国立北平图书馆。

(二)组织

馆设委员会委员九人(正副馆长为当然馆员),馆长一人,副馆长一人,分设总务、采访、编纂、阅览、善本、金石、舆图、期刊等八部,各设主任一人,其下判为若干组,分理馆务,另设编纂委员会及购书委员会。

(三)建筑

全部为工字形楼房,外用中国宫殿式,内部为铁筋洋灰钢铁,书架概不用木质,有大阅览室一,同时可容二百人,新闻杂志善本舆图四库等阅览室五,陈列室一,普通书库四层,可储书四十万册。四库书库、善本书库及写经书库、舆图书库、期刊书库及报纸书库、模型室各一,研究室四,纪念室二,大编目室一,及各办公室,楼外西北隅为装订室,摄影室,缮校室,再西为发电厂。

(四)藏书

文津阁本四库全书一部,善本书三万册,唐人写经八千余卷,普通中国旧籍约三十万册,新书一万三千册,金石六千余种,新旧舆图二千余种,日文书七千五百余册,西文书六万册,宫殿建筑模型四十余件,外寄存图书者共十四家。

(五)编目

现均用卡片式,计分四种:(1)书名卡,(2)著者卡,(3)分类卡,(4)排架卡。书本目录已抽印单行本者,有善本书目录,方志目录,中文舆图目录、政府出版品目录、西文联合书目录、满文书联合目录、穆麟德遗书目录、西文参考书目录等。

(六)编纂出版

编成索引十余种,定期刊物有馆刊、英文两月刊及年报三种,不定期刊物已出版者约二十种,详出版物目录。

(七)阅览

普通阅览时间,冬夏终日均为十一小时,冬季午前九时起午后十时止,夏季午前八时起至午后九时止,每年除例假及国庆日与遇有特别事件停止阅览外,余均逐日开放。阅览以最近一年内平均计算,每日阅书及新闻者五百人,阅杂志者一百六十人。

善本阅览,须有学术机关介绍,并提出研究模范审核许可后,发给阅览证。每星期一停止阅览一日,并设有陈列室陈列善本书籍,任人参观。

(原载《中华教育界》,1934 年第 21 卷第 12 期)

复兴民族教育问题[①]

——在省立扬中实小讲

诸位先生：今天承金先生约兄弟来和诸位讲几句话，事前没有预备一个适当的题目，到了此地，才想起一个复兴民族的教育问题，确巧正与金先生所要我说的话相合。复兴民族教育问题，这是一个很大很复杂的问题，因为没有充分的准备，恐不能讲得使诸位满意。外国人常笑中国是"文章国"，所谓"文章国"就是说中国人对于一切的事情，只嘴里说说，做做文章，就算了事，绝少实地得做起来。我想，就是我今天讲得不好，诸位要是能脚踏实地得做起来，也是很好的。

我们知道，教育乃社会组织的一部，社会的演进，国家民族的兴废，与整个社会的政治经济教育，都有密切的关系，复兴民族的重任，似乎不是教育界可以单独负担的。诸位都是办小学教育的，就教育的本身说，按程度分，有高等教育、中等教育、初等教育；按性质分，有学校教育、社会教育等。复兴民族的重任，也不是小学教育界可以单独负担的。不过教育是有继续性的，

① 江问渔讲，党希宗、徐阶平记。

是有潜移默化的力量的，而小学教育，又是基本的、放射的，小学教育可以影响到其他各种教育，所以我们办理教育的，尤其办理小学教育的，不能推诿我们的责任，最低限度，也应该负起复兴民族十分之五六的责任来。

谈到复兴民族问题，不由得便想到中华民族的衰微。日本侵占东四省，暴发的时期，是在民国二十年九月十八日，其实，就是那个时候不暴发，迟早也是要暴发的，中华民族的堕落，日本侵略的野心，已潜伏不是一天了。比如一个人的身体，到了衰弱到极点的时候，时时会有发病的可能。所以我们要说中华民族的衰微，不能从现在说起，我们从鸦片战争以后，就可以看出中华民族是一天一天堕落了。不过民族的衰弱，也有其衰弱的原因，我们要先知道民族衰弱的原因，然后民族的复兴，才有希望呢！中华民族的衰弱，固然因为人心太坏，政治不上轨道，帝国主义的侵略，其实教育的不良，也是一种原因，我希望我们办教育的人，不要诿罪于他人，我们要戴罪图功，努力复兴民族的教育工作！

现在我要讲到复兴民族教育的本题了。大凡一个民族要能生存在世界上，一定要具有三种能力。第一是自养力，所谓自养力也可以说是自存力。譬如一个人，营养不足，饭没有吃，衣没有穿，如何能生存呢？第二是自卫力，所谓自卫力，也可以说自保力，就是要能自己保卫自己，譬如一个人，自己不知保卫自己，何以抵抗外侮呢？第三是自教力，所谓自教力，也可以说是自治力，就是一个民族里的人民，都要能反省、能自爱、能适于团体生活，这才能自教。若是糊糊涂涂，与犬马何异？以上三种能力，为民族生存不可缺一的条件。我们要看一个民族能不能生存，先要看一个民族能不能具有这三种能力。中华民族若是要谋复兴，当然也先要充实这三种能力。这一个重大的责任，我们教育界要负一大部分呢！不过中华民族衰弱到这步田地，我们中国以往的教育，难道没有一个学校负起了这个责任来吗？有是有的，但是一缸水里放了一小块糖，有什么作用呢！真所谓杯水车薪，无济于事啊！我们知道：现在办教育的人，培养这三种能力的很少，而摧残这三种能力的却很多，这是多么的危险！我们有志复兴民族的青年教育者，应当如何的努力！现在我且根据这三种能力，分别的和诸位解释一下：

一、自养的能力

要中华民族能够复兴，先要使中华民族的人民，都能够自己养活自己。现在中国的农村经济破产，已经到不可收拾的地步，再看看中国教育的现象，是否注意自养能力的培养呢？现在的教育，不但不能培养自养的能力，反而造就若干不能生产的无业游民！一个学生进了大学，五块钱一枝的自来水钢笔，是非用不可的，几十块钱一套的西装，是非穿不可的，这不是浪费吗？有三百亩地的人家，便要送学生到大学去读书，每年费用要八百元，进大学便学了些社会科学或是文学，到了毕业以后，无事可做，所以每年夏天，只看见些失业的大学生，和潮水一般的涌来，要他们做官吧！没有这样的修养，要他们教书吧！是师范大学毕业生的事，不需他们来多劳，因此大学毕业生愈多，社会上失业者愈众，这是多么的危险！从前有个朋友，对我讲了几句很幽默的话，他说，“如果你和那个人有仇，你可以劝他买国会议员，或劝他儿子进大学。”为什么呢？买了一个国会议员，可以费去他三万五万，劝他儿子进大学，每年也可以用他八百元，因为大学毕业是无用处的！这是如何幽默动人啊！中国是以农立国的国家，我们看看从大学农科里毕业的学生，做些什么事？有多少能直接负起改良农业的责任的？大学农科的毕业生，虽一天多一天，而乡间农民的耕种，还是保持以往的旧方法。像这样的教育，造成了许多只消费不生产的废人，国家又何必要有教育？据最近海关的统计，米麦的输入，竟达三万万元之多，中国是一个农业国，外来的米麦，输入且如此之多，这是如何的可怕！讲到这里，我要举一个例子，日本总算是很富了，但是他们的教育，却很注重生产，我有一个朋友，在日本十二年，最近才从日本回来，他说他在日本横滨的乡间，当一个乡村小学教员，他们的乡村小学早已注意生产能力的培养。他带回了许多关于生产教育的书籍，他们虽然口头没有鼓吹生产教育，而实际早已埋头在那里干了。又有一个朋友，新从德国回来，他说德国的小学校穷极了，他们很多自己做桌子做椅子的，劳作教育生产教育的精神，随时随地都可以看到。中国现在的教育是如何呢？一个小学生进了学校，天天回来要跳舞衣，要图画纸，惹起家庭的厌恶，一个小学校，必需要有一架风琴，难道除了风琴，就不能教音乐了吗？中国教育之所以如此，完全因为抄袭外国教育的缘故。要知道外国是资本主义的工商业社会，中国是一个极贫乏的农业社会，这样的教育，怎能在中国奏效呢？最近日本中等教育的改革，凡是中学校的学生，学术的陶冶，固然很注意，但必需每一个学生能耕地能打铁,这是如何注意自养能力的培养!诸位,都是办小学教育的,不要以为小学生很小,不能养成多大的生产能力,须知道生产的能力,精神与兴趣,均要在小学时代养成,如小学里养鸡、养鸭、养鱼、种瓜、种菜等工作,就是提倡生产教育的基础,也就是培植自养能力的根基。最近陶知行先生在上海创办了一个工读团,就是培养自养能力的一个组织,我们办小学教育的,要注意从小学起,即培养儿童自养的能力,将来中华民族的前途,方有希望呢!

二、自卫的能力

人类自卫的能力,是与生俱来的,小孩子如果被大人抱紧了,他便要哭起来,这便是反抗的表示。中国以前的教育,本注意自卫能力的培养,周代的小学,有礼、乐、射、御、书、数六科,射御就是培养自卫能力极好的方法,那时的教育者,射箭御车,正和现在的架飞机练手枪一样。到了汉代以后,读书的人都佩剑,这也是自卫的一种表现,现在的教育呢?读书的人,文弱不堪,那里能谈到自卫!中等学校有体操一科,其目的也是在提倡健康,培养自卫的能力,但是风大了,学生便要求不上,或是因操衣不全,暂时请假,要知道健康的训练,正和吃饭一样,风大了,体操可以不上,难道肚里饿了,可以不吃饭吗?再说到中学校的军事训练,在民国十八年,济南惨案发生以后,各处军事训练的声浪,便高入云霄,到了"九一八"事件发生以后,有多少受军事训练的学生抵抗日本的呢?二百七十个学生军到了前线,只剩了二十个,其余病的病,逃的逃,试问成何事体?我曾听到一个朋友说，北方有一个学校，在军事训练开始的时候，有五百余人，一周后便减少了若干，再过几周，简直就没有了。像这样的青年，简直是堕落的青年，简直是亡国奴，诸位是办理小学教育的，切勿谓小学生不能施以军事训练，但是同仇敌忾的精神，可在小学时代养成呢！日本的陆军，在一周内可以出兵三百万，是如何的可怕！兄弟到日本去考察，曾经看到一个补习学校，这个学校的名称，叫青年服务团，日本是征兵制，人民日间服务，晚间仍需到补习学校去补习。这个学校里的课程，又分三种：一是军事训练，二是职业训练，三是精神训练。他们对于精神训练，非常注重。他们天天对学生这样讲，"中国人是堕落的，不能生存，我们日本人应该向西发展。欧美人对于中国，垂涎很利害，我们应当努力，我们要注意自卫，注意向外发展！"我听了毛骨悚然！唉！人为刀俎，我为鱼肉，我们中华民族的前途，真不堪设想！我服务小学教育的青年，应当从今天起，赶快培养儿童自卫的能力，为国家民族努力！

三、自教的能力

所谓自教的能力，其要点有四：（一）守秩序，（二）顾公德，（三）能互助，（四）有国家意识和民族情感。有一次，兄弟到东北去考察，先走到北宁车站时，看到秩序非常紊乱，后来又到南满车站，秩序就好得多了，这是什么道理呢？原来南满车站是由日本人管理的，由这点看来，中国人真是奴隶呀！又有一次，兄弟在上海乘车子到徐公桥去，车站上买票的人，非常拥挤，当时有一个穿洋装的青年，看起来好像是大学生，他虽不依法定的手续,卖票的恭恭敬敬的把票子送到他的手里,那穿洋装的到了站里,从容不迫的上车了。我们守法的人,却依旧站在那里,得不着买票的机会。中国人之不守秩序,于此可知一斑。中国人有私德,但是没有公德。有一个朋友,曾对我说过,"中国的贪官污吏,同时可以做孝子贤孙。"在外面括了地皮,买狐裘,买燕窝,回来孝敬父母,一时乡里称颂。现在做官的括地皮,真不算一回事!仅括几十万的,大家还称誉他为仁义之士!从前有一个人,从某机关卸职以后,带回来的信封,用了五年还未用完。由此看来,中国人太不顾公德了。再谈互助,格外令人惭愧,有十个中国人在一起,至少要有三条心,不是乙排甲,便是甲排乙,或是丙排甲排乙,明争暗斗,永无宁日,像这种民族还配存在吗?兄弟在一个朋友的笔记上看过一则故事:有一次,朝鲜人和意大利人同船,意大利的小孩子,拿面包打那朝鲜人,他的母亲和父亲在旁看了,嗤嗤的作笑,可怜那朝鲜人受了这场侮辱,不禁大哭起来。还有一次兄弟到日本去考察,看见有二十个朝鲜人到日本去,他们都由马关上岸,忽然有一个日本警察用手指一指,那二十个朝鲜人,立刻站住不动了。倒霉得很,那二十个朝鲜人,被关在黑牢里,所有的财物,都被日本人劫去了。唉!二十个朝鲜人,抵不住日本警察的一个手指,真痛心呀!有人说,亡国是不打紧的,中国曾亡了两次,但是终于能复兴起来,要知道那时亡人国家的,只用武化,现在帝国主义者亡人国家,文化武化兼而有之,亡国之后,脑中再也没有祖国的观念了,这是多么的毒辣。如说亡国不打紧,朝鲜便是一面镜子。

以上所讲的三种能力,是民族生存的必要条件,具备了这三个条件，民族决不会灭亡的。如果三者缺一，这个民族必亡无疑。以往的教育，不但不能培养这三种能力，反而加以摧残，今后我们小学教育界的同志，应该埋头去干，将我们垂危的民族复兴起来！

最近中华职业教育社的同志，在上海办了一个乡村教育实验区，本区的宗旨，是培养热心的同情的不为利诱不为威屈的乡村教育人材，训练的宗旨有三，就是自教教人，自卫卫国，自养养群，训练的方式，一面注重军队化，一面注重家庭化，现在里面有学生三十多人，有的是做过教师的，有的是当过排长连长的，他们没有寒假年假，就是星期日，也要出去帮助农民做事的，二年毕业，毕业后派到外面去服务，如没有事做，可以回来种五亩田，今年的双十节，那里才开学，我每星期都要到那里去一次，和他们谈谈文化及其他社会问题，有时和他们研究复兴民族的方法，心里觉得很愉快，不过这种事业才发轫，究竟能否成功，为功为过，且待将来报告罢。

（原载《苏扬中小校刊》，1934 年第 7 卷第 6 期，
转载《江苏教育》，1934 年第 3 卷第 12 期）

教育与救国①

我是个毫无学问,毫无经验的人,在社会上干了多年教育事业,其实我办教育时有过的,应该忏悔的。

我们看,中国过去的教育是成什么样子?后来改为新式教育,取之于欧美和日本,这新教育快将四十年了。假如说新教育是有效的话,那么日本抢占东三省,我们全民族应当去拼命啦!这显然是新教育的失败,新教育对于国家没有贡献的证据!大家都说国家弄到如此地步,是归罪于政治,我是负教育责任的一个人,应当加倍的责备自己的!

在这农村经济破产的现状下,一个中产的农民,培植子弟由中学到大学,每年消耗的金钱数百元,差不多每年的生产所入只能用于他一人身上,而他自己逍遥在外,过过糊涂生活而已。将来大学毕业后,对于社会,国家有什么贡献?这种教育不是亡国教育是什么?

我们对于人民,要培养爱国心,灌输民族的意识,完成公民的训练,那就是所谓"义务教育"了,也就是"公民教育"。就江苏

---

① 江问渔先生讲,茅锦泉、陆振暄记。

讲,消耗了的教育经费不下千万元,而受教育的儿童只有十分之三而已!以这样知识浅陋的人民,那里有爱国精神,年来人民对于国家教育费的负担一天重似一天,而结果是这样,那里对得起人民呢?

诸位先生,诸位同学和我,都是教育上觉悟过来的人,从以往的睡梦中醒了的人,我到贵校及各工小校以后,可断定中国是不会亡的了,诸位同学都是刻苦耐劳忙碌奔走,烧饭,洗衣,教育儿童,假使把师范教育推广,并以此普及小学教育,可使农村社会上的工作,有了做的人及指导的人使愚鲁困苦的农民,得到了生机,这就是救国的教育,我是十二分的感动的。

我们要用活动的教育,推广到乡村,使一盘散沙的农民,都能解决生活的问题。

兄弟也是个觉悟的人,在中华教育社服务有年,凡是教育机关,都有我的朋友和先生在服务,我都愿意去看看。假使社会改革要从政治着手,或其他方面着手,那也最好先从教育着手。中国内忧外患,危机四布,我们要培养政治方面的人材,当然也要从教育上想方法的。

那么,我们现代的教育应当怎样呢?不是闭门的教育,不是独立的教育。学校不过是一个小圆圈,社会就是个大学校,我们有许多的知识向这里去求来的,所以我们要推广出去,要有社会化的教育,和社会实际联络。另一方面在政治立场上的教育,就是政治和教育合一;对于经济立场方面,我们要帮助他们解决,这就是教育和经济的合一了。我们对于农民耕种的方法,种子的选择,合作的事业经营等,就是教育和经济的关系了。

这种教育，对于乡村应有三种目标：

（一）乡村文化；

（二）农民经济；

（三）乡村组织及保卫自治。

我们的教育，一定要以文化为目标，对于乡村的一切建设，我们要有去实行的。诸位能将这三种办好，以学校为乡村的中心，要领导一般人民去做，以自己救自己，及养人、教人的精神，推到全中国，这样就是救国的工作了。

现在中国的教育，简直可说亡国的教育，资本化的教育，贵校很努力地实行生产的工学教育是中国目下的新教育，救国的教育。

（原载《黄渡乡师》，1933 年第 3 期）

关于医学教育的一点小意见

无论国医方面，怎样的高唱着“国粹保存论”，可是科学的医术，在中国总是要发达的，这句话可说是一定而不可移易罢！倘若国医先生，感觉到“五行生克”之说太渺茫，“上焦、中焦、下焦”之说太粗疏，也愿意去研究研究生理解剖学，或人体组织学；感觉到一向所用的药品皆是原料品居多，精制品太少，也愿意去研究研究化学，药用植物学；那么，已经是入了科学的医学范围，不是纯粹的“国粹保存论”者了。

平心而论中国以往医术，未尝没有独到之处，但是皆凭少数或最少数人的天才，自家独创独造；既无研究方法传之后人，而创造的秘诀，更不愿公之于众，结果终于人亡术息而后已。迄今世间所传有奇效的单方，有莫名其妙令人知其然不知其所以然的手术（如针灸），皆可说是往昔一班天才者的遗产。今日果有聪明过人的医学家（无论习中医抑习西医），能用近代科学的方法与条理，用自然科学的理论与技术，把古人所传留下来的单方和手术一一加以详讨精研，我想对于世界人类一定有很大的贡献；岂仅是保存国粹，竟是光大国粹、发扬国粹，以为“世粹”了。

科学的权威与信用，在今日的中国社会，似乎渐渐有相当的基础，同时因都市日益发达，知识界改进农村的事业，亦日见扩充，当然科学的新医术，自然而然的会需要起来；的确现在一般人信西医不信中医的心理，已逐渐的显著了。因此，我们对于医学教育，便不能不希望他能特别的扩充，目的是要养成多数医师，以供给社会之用啊。更不能不希望他能特别的完备，目的是要除养成医师一手的好技术外，更要养成医师一身的好心肠、好品行啊！

本来教育的目的，一方面教人能“做事”（也可说是做工）。同时一方面要教人能“做人”。做事要练习技能、丰富知识，而做人除技能知识外，更要有好的品性、好的才能。近日的学校，往往只是注重知识的输入与技能的传授，而于品性才能却不大注意，似乎有一点不对。我们看一看近来由学校出身的医生，所谓科学的新医生，有没有一部分人是这个样子呢？重视物质，不知其他；对于寒苦病人，少同情心；安于现状，不肯精深研究。有一位朋友曾经说过，“医生有两只眼，一只是大眼，高抬起来，看不起人，尤其是看不起穷人；甚至“不肯与人民答话”，大也就大得像样了。一只是小眼，钻入钱孔中（虽然现在用洋钱钞票铜子，但是仍可借用）。成一直而小的光线不肯放开，小也就小得像样了。”这一段话，虽然是刻薄一点，可是恐怕这样情形也不是没有的罢！

好的医师，当然也很多，如在上海职业指导所担任义务健康导师的，在上海浦东高桥办卫生试验区的，不受一点酬报，替农村教育机关继续服务至一两周以上的，这是多么令人可敬可佩啊！可是天下事，往往丑的容易教人注意，好的人反不多说。吾又平心而论，好丑两方，比较起来，恐怕还是丑的多，好的少罢！固然我这话，是不根据于调查统计，未免近于武断的。

我极希望现在当医士的，除技术外要备具次列三个条件：

一、要有教育家的意味和方法。比如对于受诊的人，除对他医病外，再能趁机灌输以卫生的知识；或是用其馀力馀时，帮助社会做种种宣传卫生知识的工作，如此不但能救得已经有病的人，还能救得未有病而易生病的人，这多么快乐啊。

二、要具有极大的同情心。同情心当然人人皆要有，可是在做医士的更要特别扩大。有钱的人来诊病，固然诊的要十分用心，而少钱和无钱的人，他来求诊，更要十分用心。对于无钱可怜的穷人，如何设法，使他们也能受到新医术的恩惠，更要由多数同情心扩大的医生们联合起来，组织起来办才好。

三、要有爱国的热情和行动。医生是为人类服务的，似乎不应存一个国界在心中，可是我们做中国的人，便不能这样说，所以就是做医士的，除去诊病时，对于无论何种国籍的人，皆应一视同仁外，应该认定我是中国人，我是穷而且弱受人侵略的中国人，所有使用一切关于医用的物品啦，凡是可以拿国货代替的，最好尽量采用国货，此其一。中国药物，未尝没有可用的，能用心研究，先就中国国药加以精炼，使他成了科学的国药，此其二。中国全国人民四万五千万，而农民占百分之八十，这三万万以上的穷苦农友，多么可怜！做医士的，能把趋向都市的眼光，转移到乡村方面去，那才算真正爱国的行为哩！当然我也不能强人所难，但是每一个做医士的，当初离校时，皆能下一决心，发一宏愿，说我一定要到乡村去服务一年，然后再到都市，如此前去后续,乡下的新医生也就不少了。农民是国家的基本,要培养国本,能忍心让他们终日在不卫生环境中生活么?此其三。

这三种心肠,三种习性,或者也要配上一些能力才干,试问如何养成呢?要解答这个问题,只有在医学校内想法子了。应该不应该在医校内,特别注重这一点公民教育,特别养成这一种良好风气,我以为在医学教育上是值得注意的,因而特地提出来,和我教育界同仁商榷一下。

(原载《教育与职业》,1934 年第 151 期)

最近中国社会对于新医的需要及今后新医界的态度[①]

(上略。编者注。)中国的医药已有数千年的历史,可是因为世界上科学进步、交通便利,各种疾病也愈多,非科学的旧医,无疑的不再需要了。现在所需要的,便是应用科学方法、确实有益人群的新医。并且目前医学的趋势,注重预防,那么只有应用科学的新医,才能做此工作。

最近几年来高唱“农村教育”“农村改进”,农村里都是没有经科学洗礼的同胞,他们绝不知新医药是什么,更不知卫生是何事,他们当然比城市里的人要衰弱,多疾病,那么要改进农村,提高农民知识,又非科学医家去指导,去医治他们不可。在欧美各国平均二千居民有一医生,我国至少要一万人中有一医生,依目前情形看来,到此数目尚远哩。

我们现在不谈别的,且来谈“农村改进”这件事。我们常想在乡间办一个小医院,开办费至少要三百块钱。有了此三百块钱办器具药物,接下的问题,便是能否以五六十块钱一月来请一

---

① 江问渔先生讲,佩之笔记大意。

位很好医生呢？这就是要看诸位将来能否肯牺牲一些，毕业以后，能否服务二三年，造福这般无知的农民，若是能这样做了，那么改进农村，一定收效甚大。

现在普通一般医生，他的两只眼是一大一小的，一只眼太小了，他对于金钱的眼光，放得太小了些，没有钱的不看病。还有一只眼太大了，他对于病人很高傲的，若然和他一些不相识的病人，他的架子总是十足。这二种医生，岂是中国目前所需要的？所以要做一个良好的医生，应当抱有下列的态度。

第一是教育心的态度：医生看病，不要给病人开了方子，或是和他开了刀，便算尽了责任，在他治病的时候，应当含有教育的意味，就是把这个病人详细地指导他一切，使他明了他病的原因，教他卫生方法，俾以后不致再患这病。在病人方面，因为你给他许多恩惠，当然很乐意地听从你。这样收效之大，甚于我们当教员的几倍。所以医生当有教育家的态度。

第二是同情心的态度：我一次到某产科学校去演讲，所见得的都是些穿得很漂亮的小姐们，我就怀疑这种贵族化的人们，将来到社会上去，贫人请她接生而没有报酬的肯不肯呢？还是仍旧要十块钱吗？在这种情形之下，惟有同情心能使行一切。对于有钱人当然要他的钱实在无钱的，只有替他尽些义务了。

第三是爱国心的态度：医生而爱国，是否只看中国人的病，不看外国人的病？不，这是狭义的爱国。我们且看往年一二八中日之战，日本特别注意于破坏中国文化机关，这是明显地他们不怕中国的兵多，只怕中国的文化长进。所以我希望医界向着文化一方面去爱国，我现在提出三点：（一）希望分析中药，研究有用药材,在学术界争地位。(二)用中国器具,凡是一切医疗器具,有国制的,当提倡应用;没有国制的当设法制造,以少用外国货为原则。我见贵院在高卫卫生区的诊所里面,国产的东西很多,殊可钦佩,可惜装东西的皮包是外货,若是代以土制的藤篮那更好了。(三)爱同胞,我国的国命,寄托于三万五千万农民的身上,而一般农民,可以愚、穷、弱、不团结、自私五事包括之。凡是一个公民,应当共同负起一种责任,怎样把这般农民从黑暗中救出来。我们到乡下去,见得的都是些面黄肌瘦带病的人,这又是医界的责任了,怎样去改良他们的生活,预防及医治他们的恶病呢?(下略。编者注。)

(原载《国立上海医学院院刊》,1934 年第 11 期)

目前的中国究竟需要什么教育?[①]

诸位同学:兄弟今天得有机会到这里来和诸位讨论教育问题,是很高兴的。我只诚恳地、坦白地提出这个题目来讨论;不敢说什么心得,也不希望马上就有结论。

把教育看做"万能",是不对的;同样,把教育看做"独立",也是错误的!教育应具有哲学的基础,他在人生的生活过程中却是占着重要的动力,这动力对于国民基础的储存负有很不少的责任;动得佳,固很好,动得不佳,便糟了!中国自改换了新教育以来,已有三十多年,从事实上看来,教育对于国家有功有罪,确是成了一个问题;这数十年来培养出来的学生,在社会上服务,成绩如何呢?我们应该来从教育的设施上理论上思想上,作一个客观的考察。

近来有人主张中国需要"人才教育",但试问三十年来的教育,所造成出来的人才何在?日本人夺去了东北四省,何以没有人出来把他收回?眼前的贪官污吏,还不是以前受过了相当学校教育的学生吗?从小学至中学一直到大学都有自然科学的课

① 江问渔先生演讲,仲义、其超合记。

程,试问关于科学的发明有多少呢?我以为目前中国所需要的是"为中华民族找出一条出路的救国的教育"!现在我且分十项来说一说:

(一)国民统一性的教育——现代新兴的国家,其特征,可以说是"国家的基础建筑在全体国民的身上",但他的先决条件,是要使国民教育能得着普及。看现在各文明国,他的普及的程度怎样?有的到百分之九五,有的到百分之九七,有的到百分之九八;就是我们的敌人日本,他的国民教育的普及程度,亦已达百分之九八了。

国民教育普及的功效,是要使每一个人知道自己和国家的关系,而国民亦因是而统一,不致再似一盘散沙。可是,中国国民受到教育的人数现在还不满百分之三十;基础既不稳固,国家哪有不危险之理?!故目前亟需要的是"国民统一性的教育"——也就是"义务教育"——使全国的儿童,都有同样的享受教育的机会。

(二)生产化的教育——试以江苏一省为例罢,全省教育经费,每年一千五百万余元,学龄儿童入学的,只有七分之三,江苏如此,他省更不必说。现在中国的教育经费既如此其拮据,长此以往,到何日才能使教育普及呢?所以,只好用补救的方法,来提倡生产化的教育。日本的小学教育,是采用生产化的,内有种田、养鱼、养蜂、合作社等事业,于是小学教育也便很发达了。

中国的教育——尤其是乡村教育,很需要实行生产化,把生产品来补助学校的经费;并且可以养成学校劳作——耕读——的风气,使学校与社会打成一片。这是间接帮助农民(如改良耕植法提倡副业等)的生产,直接促进农村教育的普及。

(三)群众化的教育——教育的普及,不仅止于儿童而已,应该使成人(老人在内)也得有受教育的义务,俾共知近代与现代之文化以适应现实生活。群众化的教育若果能切实施行,可使群众对于一切事业的阻力转化为助力。因之,群众化的教育,也是十分重要。

(四)社会化的教育——社会化的教育,是用以达到教育群众化的手段。要实行社会化的教育,可从二方面着手:1. 有固定的学校或场所以及课程,而不必一定有固定上课与毕业时间,此犹为补习学校式的;2. 在乡镇上宣传,在广场中表演新农具的用法,指导农民修桥补路,指导农工新的手工业推至无量,均有教育的作用。此是纯粹社会式的。教育,不能再闭门造车式的,而是要把无数的人民都做教育的对象。

上述(一)(二)(三)(四)四种,是有相互的关系的。

(五)乡土化或地方化的教育——中国古来有人才教育,养成替国家服务的人才;又有乡土化的教育,使人民得以安居乐业。自采用外国的新式教育制度以后,乡土化的教育已被束之高阁。于是办一学校,便建筑了许多很好的房屋给学生住,使学生养成了很坏的脾气,以天之骄子自居,与乡土化地方化的生活背景完全相反;一旦离校,便不能安家而要向都市跑了。

中国既经济如此其恐慌,更不该使教育与实际生活离开;而应来尊重地方乡土的生活习惯,使教育成为地方化,或乡土化。同时,当然还要顾到国民统一性的教育。

(六)经济化的教育——一个人的生活,离不掉衣、食、住的消费,若不能生产,便是光做了一个消费者。若经济上失了生产、消费、分配的平均,社会便要发生扰乱。教育,也应该根据经济的原理与背景以谋发展。中国教育最大的缺点,便是未能顾及中国社会内的经济背景;因为中国是农业经济的社会,把工商业经济的西洋社会里所施行的教育搬过来,当然是不适用的。在中国进了学校后的学生,旧生产能力既失,新生产能力又无从增加,成了仰给于人的摩登消费者。中国的教育,自小学起,便要养成学生之能生产又能消费的经济化的习惯,使之能手脑并用,知道稼穑之艰难与中国经济的状况,明了"劳而后食不劳不食"以及生产、消费、分配得以适当的观念。

教育是经济的上层建筑,所以经济化的教育也为目前所急需的。

(七)科学的教育——在中国,应该十分尊重科学的教育。有人反对科学,以为飞机炸弹的残酷,都是科学发达的结果。其实,这只是把科学应用得不妥,与科学的本身是不相关的。中国三十年来所行的科学教育,是假的洋八股式的(例如:一个学生在校内考得很好的电学化学的成绩,出了校门,叫他把电灯拆开看看或作一个日常应用的化学试验,便瞠目无以应)。而未能实际应用的——因为先生与学生都是只在书本中探求科学。科学的教育,应使学生观察现象界,于指定时间内去实验并作报告,然后再与书本中的结果相比较,证明其与所说符合否。

人生观的改良,科学的进步,农村的发展,都可于科学界教育的推广中助益之。科学不一定要到国外去抄袭,人体、月、太阳……都是科学的对象,可怜得很,现在中国只抄用了若干英文名词或公示;其实,应该自己来(小学中学起)制造科学的仪器与标本、务使个个人都可得到科学的知识和享受科学的教育。

(八)全人教育——古书上说“有猷有为有守”;猷者,是谋猷计划,为者,是作为能力,守者是操守或人格。有猷,有为,有守。三者俱备,是全人的教育。现在中国的学校教育,只侧重在知识(如上课考试讲义),而忽略了能力与人格。当然是不对的。从前孔子却有二个教学法,倒可参考:1.因材而教——例如“子路问孝,子曰色难”“孟武伯问孝,子曰父母惟其疾之忧,”同样的问孝,孔子因其个性之不同而异其教言;2.设计讨论——例如,子路主张以勇武治理地方,曾皙主张闲散生活以处事,孔子提出了一个问题,令学生从而设计讨论之。可是,现在中国的教育,连这二种的教学法都不能切实行之。日本的教育制度中,规定凡学生之学文学、哲学、法学的,也得要去参与一种劳动的工作(如种田等),其理由欲使学生手脑并用和知道稼穑艰难。这是很合于全人化教育原理的。

(九)职业化的教育——广义的说来,一切劳心劳力的事都是职业,狭义的说来,农工商各业谓为职业。现在的职业,似趋向于集团式的;但是,每一个人总是要职业的,所以每一个人对于职业应有四个阶段:1.适业——按个人之个性与才能而定职业,故学生之升学时应循此指导之;2.得业——学校有职业指导,社会有职业介绍,因是而得业;3.乐业——对其职业有兴趣;4.创业——改旧创新。希望每一个人自受教育起至服务于社会止,均具此四点。

所以,在政府在社会,应同时注意到属于职业教育范围的补习教育与职业指导。

(十)民族化的教育——要救济与稳固中华民族,至少要全民族先要做到:1.自食其力——自给自养,不靠舶来品而能生活,使大家有事做有饭吃;2.自卫能力——要有卫生常识,健全体力,自尊心,羞耻心,以御抗帝国主义来华侵略的外侮;3.自治能力——要能:守秩序、顾公德、互助(要大家通力合作)、舍己为群。

上述十种教育目标,果能一一施行,则中华的民族与国家才有出路的希望!我附带要申明一句的:我并不是敢于和目前盛行的人才教育,文雅教育,与正统派的教育为难,不过我是对于目前中国亟需的教育,提出十种来讨论。希望政府认定中国目前的需要从速决定教育政策!希望全国智识分子,认清目前社会经济状况务使经济上的生产、消费、分配得着适当的措置。

希望教育界同人切实研究,构成新教育的理论以促成新教育的趋势,不要迷信着人才的文雅的正统的教育现状而自觉美满;而应该来推进合理的救国的教育,庶不负于国家与社会,使中国能在萎靡中救回来,这样民族前途才有希望!

(原载《教育学期刊》,1934第2卷第1期)

《中华职业学校职业市市刊》序

人各有业；不敬，无以致其精。人必有群；不乐，无以宏其用。敬业乐群，本校校训，固昭昭矣。职业市之设，所以使诸生于固定校课外，训练社会服务；盖直接实习乐群，间接实验敬业也。吾诸生应始终本无怠无荒之心，互助互勉之行，以谋人己两利，而共缮夫大群矣。今者国难日重，势益岌岌，大群若隳，业于何托？此正所谓非常之时也。诸生勖哉！市刊之作，则检讨过去工作之要具在焉。若徒持此数篇文字，以与社会相见，固非诸生之初心；抑亦非不佞所殷殷期望于诸生者也。

江恒源

民国二十三年五月

（原载《中华职业学校职业市市刊》，中华职业学校编，1934 年第 1 期）

目前中国教育应取之方针及职业教育实施之标准

一

吾侪对于目前中国一般现象，略加观察，稍事体会，即深深觉得有两大条件，需要最为急切：

（一）社会领袖人才。

（二）国民生产能力。

此种观察，此种体会，虽极粗疏浅薄，但相信颇为真确。

所谓社会领袖人才者，包涵所及，应有次列数种：

（1）科学实验室内之自然科学专家。

（2）各项工程学者及从事工务制造等一切高等技术人员。

（3）农工商界之领袖人物。

（4）卫生医学专家。

（5）舆论界领袖人物。

（6）教育界各级教师及重要职员。

（7）从事各级政治及各项公务之重要人员。

(8)从事社会事业之领袖人物。

此类领袖人才，既希望其人数增多，足供幅员广大之中国的分配；同时并希望其质地优美，确能有裨于目前危险的国家。是以其资格除备具近代科学的知能外，还要有此列几种：

(1)明了中国固有的文化、历史，并具有爱护中国文化历史的热情。

(2)对于中国社会实际情形，观察精透，明其弱点与病状，能用新的有效方法加以疗治。

(3)思想精密，胸襟阔大，博爱，互助，勇敢，明达，牺牲自己利益，保护公共幸福。

(4)适于团体生活，具有组织知能。

(5)刻苦耐劳，能发展创造欲，节制占有欲。

所谓国民生产能力者，是指着一般农人、工人、商人，以及主持家事的主妇，皆能用科学的新方法，或根据于科学而确是进步的方法，以栽培、制造、运输、管理一切供给人类生活物品的知能而言。或且扩大范围，凡近代一切经济生活所必需的知识技能，皆可以"生产能力"一语括之。

一国国民，无论其教育程度若何，但总须做成一个能生产的分子。直接生产的，当然是利用自然物而生自然物的"农"；变化或制造自然物而成实用物的"工"。半直接生产的，便是保管或运输物品与调节金融的"商"；而受公共委托，主持一集团的经济事务之主要人，亦附焉。间接生产的，便是管理公务，维持公安，传授文化的一切人员：如官吏、警察、军人、医士、律师、会计师、新闻记者、学者、艺术家、教师等。

一个国家的组织，当然此三类人，缺一不可。但分量分配，务必期其适当。“生之者寡，食之者众，”固已失其均衡矣。若“生之者”一类，技术既极其粗劣，而不知改良；“食之者”一类，欲望又极其扩张，而忘其责任，则国家焉得而不乱？中国之大患，正由于此。

兹欲以教育一部分之力，认定病源，施以疗治，吾以为最急切者，在养成多数新的农工，从初级职工起，以至最高级技师及发明家止，应各级咸备；此中当然包括一部分领袖人物。果如是“生寡”之病，庶几其瘳矣。辅助农工之商业人员，自低级合作社职员起，以至经理一国对外贸易之人员止，亦须各级咸备；其中亦含有一部分人才。但其数与农工比，绝不容过多；多则国病。至间接生产人员，如前文所列公务员等，亦宜分配妥帖，并求其量少而质美。

是以就人数分量分配以言，直接生产人员，宜占全体中之多数；半直接生产人员，宜占全体中之次多数；间接生产人员，宜占全体中之少数。就教育程度等级以言，所谓三类中之高级人员，当然是指货真价实的真正人才，绝非仅具资格而无实力的冒牌人物所可滥竽充数。而三类中之初级职员，则应使直接生产者一类，占大多数，此其大较也。

所谓大多数初级之直接生产职工，又非仅具有优良之技术，足供上级技师之役使，而其个人生计，亦可优裕而无缺憾已也；尤必具备近代文化人所不可少的公民常识与德性，及团体生活所应有的习惯与能力；而在今日情势特殊之中国，更须特别扩大民族意识与爱国情感。不惟直接生产的初级人员如此，即其他半直接生产与间接生产的初级人员亦然。

欲发展国民的普遍生产能力，第一希望中级以下直接生产的职工，到处皆是；第二希望半直接生产的初级人员，皆能兼备生产能力；第三希望间接生产的高级低级的全部人员，咸能一致了解生产的意义与效用；有余力余时，且皆能从事劳作。全国以内，除年龄尚幼，或青年力求高造，现正从事于职业的学习，及年老不能任操作，又疾病残废者外，无一人不是直接间接在生产园地内，各依其能力兴趣，活泼愉快，努力工作。如此则全国人民生活所需，不必求人，可以自给自足。发展国民生产能力之效果在此，普及国民生产能力教育之目的亦在此。

当然高级人才与低级职员，要衔接、要完备，二者相辅相助，正如一个军队的组织，既要有高级将领参谋，中级官佐，更要有低级的连排长及士兵。各级而缺其一，即无以作战。一国以内，所有人民，横的三类，固不能少，而纵的各级，尤不能少也。

天之生才，不能一致，芸芸万众，恰如"梭"形。极优秀之天才，与极愚庸的下才，大概皆居于梭的两极端，最为少数；其居梭之腹者，皆中才也。教育实施，势不能不适应其实际情形，而善为之所。优秀天才一端，与夫接近此端之腹部者，皆应施以高深教育，蔚成一国领袖人物；其接近愚庸一端之大腹部，除少数受教育后，为半间接生产及间接生产之中初级人员外，而大多数，则应纳之于职业教育。此乃万分合理之事，无容怀疑者也。

今以教育制度之不良，教育政策之不善，致优秀天才，不克全数享受到高等教育的机会，已不知糟蹋了多少领袖人物；而庸劣下驷，凭藉父兄资力，反得滥竽最高学府，取得特殊资格，以陵轹一切。同时社会经济方面,既少高级人才出为司理,而一般中才又无适当教育机关,以供其生产技能的练习,致农工商业日益衰颓而凋敝,整个的国家、整个的民族竟至汲汲不能自保。外则异族欺凌,大盗入室;内则农村崩溃,举国惶惶。推溯致病之由,绝非一朝一夕之故;而论及责任所在,至少教育总应担负十分之四五。

二

兹欲以教育之力,使中国在短期间内,能产生出许多领袖人物,使国民能增进若干生产能力,依吾个人意见,似应采用次列各办法。

(一)由政府划分全国为若干大学区(与民十六七江浙所设大学区不同)。就环境所宜,以国家之力,设置大学若干所。已有者充实之,未有者增加之,已有而认为不需要者归并之。地域广,不妨增设分校;需要急,并宜多附设专科。务使内容完备,研究精深,真能解决社会重大问题,以为政治之助。录取学生,必择真正优秀之士;其贫而无力者,则酌拨公款补助之。对于各私立大学,善者补助之,不善者取缔之。此外复就各要区,设置规模较大之科学、图书、博物、美术等馆。

(二)省立高级中学,每省多者四校,少者两校,务使设备完全,质地优美,选取本省各初级毕业生之菁华,施以极优良极严格的训练,以为升入大学及专科之预备。对于私立高中之不善者,务必严加取缔。

（三）初级中学，除各高中附设外，亦以省立为原则。各县非财力优、人文盛者，不准滥设。其学生数，应与高中之需要相适应，而严防其过剩。

（四）各县应遵照部令，用特殊方法并力于义务教育之推行，务于最短时间内使之普及。高等小学，必求优良。每年高小毕业，由县府选拔最优秀者若干名，送初中受试。其有家道清寒，父兄资力不足以供费用者，录取入学后，以县款补助之。

（五）各初中毕业生，由各校择优选送，经教育厅督率各高中，施以严格考试，择其尤优者录取之，贫寒无力者，则以省款补助之。

（六）高中毕业生中，有一部分不能考入大学者，则入专科；有最少数一部分不能入专科者，则就业；就业后，另有高级职业补习学校，以供其工余补习。

（七）初中毕业生，有一部分不能考入高中者，高小毕业生，有一部分不能升入初中者，除入师范学校外，则有高初两级之各种职业学校，以供需求（职业学校办法详下文）。有不能升学而就业者，则有各级各种职业补习学校，以供补习。

（八）高小及中学教育，科学知识、公民道德、体育及军事训练须并重。

（九）小学校应注意乡土历史地理。乡村小学应完全职业化。

（十）中学教育，应注意本地方人文。

（十一）专科及大学教育，除研究实用知能及高深学术外，体育及军事训练仍应继续注重；而训练社会服务的德行及才能与发扬民族精神，尤为不可漠视。

（十二）高中及专科大学，应利用假期，指导学生服务社会。

（十三）小学校应兼司社会教育；专科及大学应注意社会实务。

（十四）无论何级何种学校，学生入学之初，均应一一为之备置检查表，按期记其个性、学行，及健康状况。毕业后，除本校留副外，应送交已考取之上级学校及所就业之机关。

（十五）小学与中学，中学与专科大学宜就学生升学的供求需要上使之亲密衔接。专科大学，宜就所研究的事项，所训练的人才，与社会事业为切实的联络。

（十六）地方政府对于小学中学，宜每年提出专款，列入预算，专用以奖励优良教员。政府对于专科大学教授，宜定特殊优待及保障办法。

（十七）与省相等之市，其教育设施，得比照省的办法而略为损益。

以上办法，不过略具纲要，容俟得暇，当再详为论列细目。区区之愚，深信果能如此做去，则三年以后，全国教育，必能焕然一新，五年而后，人才定可辈出。

三

上文所言，是皆关于国家领袖人才之养成。继此，再当专论职业教育之设施。职业教育之目的，在谋国家生产能力之增加、合作之外，仍须分工。其势自不能不与人才教育，稍立界划。

职业界亦有领袖人物，所谓直接生产一类之高级人才者是：此应归入人才教育范围。而本节及次节，则专为论列中等以下各级的职业教育。近来教育家对于专科教育及与专科程度相当之高级职业补习教育，往往纳之于职业教育范围，非无见地；但以原则论，职业教育程度，仍应以中等以下教育为正宗也。

为改良旧职业，发展新职业，其势不能不养成多数中级及低级职工，此其义，人人能知之能言之矣。然在我国，自清季制定学制，设立各级实业学堂以来，时逾三十年，而职业教育迄未获有相当的效果，近来办理职业教育之困难与怀疑且与日俱增而靡已，其故果何在乎？依吾浅见之推测，以为有次列数种：一般社会观念未变更，一也；政府教育政策未确定，二也；较有权威之教育思想家，著书立说，未能条贯一切，作整个的观察，三也；职业教育，自身办理，未能得法，四也；此四者均有连带的因果关系，决非一方所应负其全责。兹试就目前办理职业教育所认为困难与怀疑各端，条列如次：

（一）中国重文，早成习惯，社会一般人心理，送子弟入学读书，无论资才何若，均以升学为主要目的。兼之职校毕业，尚未信其必有出路，因之职校招生，投考者间或不甚踊跃。此其一。

（二）职业界墨守旧法，不求改进，其子弟世其家业，或招收青年学习，大都仍用旧式徒弟制度。新式职业教育，既不为职业社会所需要，当然发展较难。此其二。

（三）除通都大邑外，凡专设商科之职校，学生毕业后，商店多不肯收用，而问及校内实际所教育者，亦未必真能与中国商业社会习惯相适合。在学校方面，或且认迁就旧习惯为非计。如此学校与职业界两方各不相谋,距离日远,结果两失其益,交受其害。此其三。

(四)除通都大埠外,职业学校之工科设备往往流于简陋,致减少教学效能;或略有设备,而教学不甚合度,工作未能切实。于是学生毕业后,只具有一些书本上的知识与不纯熟、不贯串的知能。帮人做工,旧式手工业不需要;独立营业,资本技能环境三方皆不容许,结果竟成废材。此其四。

(五)社会既不信任职业教育,对于职业学校,往往存轻视之心,收用无人,必然之势。即使有少数青年,筹集一些资本,独立营业,结果亦以经验缺乏、扶导无人,营业不免失败。至是只有另寻别路,以度生活,谈及职业教育反觉十分痛恨。以身受职业教育之人,态度且如此,遑论其他?此其五。

(六)办理职业学校之人,既已劳精疲神于校内任务,对外接洽,往往苦无暇晷。加以一向教育者习惯多不乐与工商界相往还,同时工商界人物之不甚开通者亦多不愿意与教育界相接近,双方隔阂之结果,职业教育,乃不免大受障碍。此其六。

(七)职业学校设立之初,未能注意到毕业生出路问题,以致设科施教,无一定标准,无特殊目的,对于本地职业界需要毫未顾及。结果学生毕业就业甚难,因之多数最初信任职业教育之人,至是亦不免转变其心理。以是职校前途,更形暗淡。此其七。

(八)近来各级政府,对于职业教育,大加提倡,因之新校设立,为数颇多。但以师资缺乏,招生困难,设备简陋,社会对之既多怀疑,即亲任督察与主持之人员,对于职教亦复不能自信,而时有职教究应如何办理之提问。此其八。

（九）职业补习学校，除通都大邑外，为数无多。其有民众夜校等，虽属补习性质，究与职业训练，关涉较少。且因有此等补习教育机关，转使一般教育人员，对于职业补习教育，不甚注意。此其九。

（十）职业补习教育，办理却是十分困难，公家既无的款筹拨；商店主持人且多不愿意徒弟肄业其中；工厂方面，注意筹设补教者，为数更少；一般观念，皆视此为无足重轻。此其十。

（十一）职业指导，一般社会尚未能了解其真正效用，故各地方设立专所为数无多，在学校以内，设职业指导科或委员会者其数更少。办理此项事业之人才固极缺乏，而政府未能加紧提倡，最高学府未能注意养成，亦复大有关系。此其十一。

（十二）近年来，各地农业学校颇知注意实际工作，且极力谋与农民接近，此自是大好现象。惟校数不多，效力有限。加以上与农学院未能充分联络，旁与各农林场未能切实合作，下与农村小学未能发生密切关系，仍是很大遗憾。并且与高小程度相当之农业学校，或农业补习班，为数太少，结果农民方面获得教育利益甚小。此其十二。

（十三）近年来，乡村师范学校多能兼任一地方的农事指导；但结果亦以校数无多，效力有限，并且彼等纯以普及小学教育为目的，关于农事指导是否真能胜任愉快，亦是疑问。此其十三。

（十四）年来各地方设立农村改进区，农民教育馆，农民合作社，为数颇不少，且均有相当成绩，惟有中国幅员太大，农村太多，试问改进区等能有多少况且政治未上轨道，烟赌未能肃清，土豪劣绅所在皆是，以毫无政权之教育机关，深入内地，究竟效果能有几何？能否救得目前垂危之民族与将崩溃之农村？确是疑问。此其十四。

以上所列，见诸本年中华职业教育社评议办事两部所拟提出于年会之议案，相信此非一人一团体之私言，实社会之公言也。

顾欲以教育救中国，欲以职业教育救中国全国人民衰落之生产力，绝不能因此自馁自弃。须知解决困难，祛除怀疑，非无办法也；只视吾教育界同仁之努力何如耳。

该议案中所列先决问题五则，吾深信关系于教育同仁心理上之建设至为重要，兹亦不妨照原文转录如此：

（一）职业教育主要目的固在教学生产知能，但同时对于公民的训练，及其他必要的文化教育，亦万万不容漠视。尤其在此国难严重民族衰落时期，对于一般青年，倘无一种精神教育的训练，以扩大其民族意识，培养其民族情感，则个人纵能自立，仍于国家民族之生存无补。印度、朝鲜亦曾有职业教育矣，吾国宁能步其后尘乎？是以今日中国实施职业教育，应认定以“训练职业知能，厉行民族教育”为两大主干。譬之人身，前者是营养体质，后者是陶冶精神，两者相依，正如车之两轮，鸟之两翼，无论如何，不能偏废。是曰，“职业知能训练，须与公民训练并重，且求其互相联络。”此其一。

（二）入学目的，惟一在读书，学校程度，判定在年限：此为一般人之见解。实则职业教育重要目的，在教学者手脑并用，绝非仅重书本知识。在高级职校，为养成初级技师及中级职员，自不妨稍稍兼重学理，若初级一阶段，尽可完全注重劳动。应有十分之六七时间，从事实际工作。而年限长短，则可视工作性质及学习能力，分别决定之。学校形式观念，有时亦能误人。最好初级职校，关于学校形式方面，容易引起青年不良观念者，竭力避免之。是曰，“初级职校，宜减少学校形式而纯以实际工作为务。”此其二。

（三）职业教育实施方式，不仅在学校一方，即社会教育所关，亦极重要。都市方面，施行职业指导，固纯粹属于社会教育范围矣。乡村除农业学校外，关于农事各项指导，试问何项能离乎社会教育？倘使实施职教者，只知有学校，不知有社会，壁垒森严，不肯离校门一步，此等关门式的职业教育，可以断言其效力至微。是以在今日之中国，凡主持职业学校同仁，均应具有兼任社会教育之信念，方能使民众获得新教育的利益，促进旧职业的改良。此层在乡村关系尤重。是曰，“职业教育，宜与社会教育，联络进行。”此其三。

（四）职业教育范围，实含有职业学校教育、职业补习教育、职业指导三方面。职业学校，在全部职业教育中，当然居重要地位。然若无职业补习教育以辅佐之，则职教推行之途径必狭，无职业指导以联贯之，则职教实际之效能难著。势必教育行政者与社会两方，咸彻底明了以上三方面之性质与功用，决定同时并重，并使之互相联络，方能获得圆满结果。尤希望办理职业教育同人，应一致先行确定此种信念。是曰，“职业教育，不应以职业学校为中心，须兼重补习教育及职业指导。”此其四。

（五）职业教育目的，在养成多数具有新职业知能之人员，以供社会各方之用，藉谋旧职业之改良，新职业之勃兴。倘人员养成而无处销纳，则职业教育将完全失其效用矣。是以在学校开办之初，即当详察职业界需要，计划到毕业生出路问题；既设科施教以后，必时时顾虑到学生所学，是否为社会所需；将毕业时，更当切实筹划并实施介绍职业办法；此固一定不可移易之理也。正式职业学校，设立太多，设备不完，教法不善，毕业生不能有出路，当然无足怪。即办理较优之校，而平昔对于学生出路不加注意，结果亦复不能圆满。照目前中国情势以观，应并力提倡推行职业补习教育及职业指导，以应社会之需要。而于正式职业学校之设立，则不妨取有限度、有计划的办法，由教育行政机关负其全责，统筹全局，施行统制。期于进行职教普及之中，仍寓有解决学生出路问题之意。是曰，"集中行政权能，谋职业学校之健全，注意毕业生之出路。"此其五。

确定观念，了解真理，谋教育心理上的建设，实为解除职业教育困难与怀疑之绝大锁钥，绝不能谓其属于理论范围，而视之为无足轻重也。

四

继此，当一论职业教育之实施办法矣。

在未言具体办法以前，仍有四项，关系于原则者，不能不一申述也。

（一）一种政策的决定推行，不能不赖有重心以资策动，并随时依据已定标准加以指导矫正。故施行职业教育，必须由政府树立权威，实施统制。

（二）一种事业之成功，必赖多方合作，方能有济。然同时亦必自身先能努力，而后才能望人帮助。故冀职业教育之发展，必职教机关之主办人，先能有以自立。

（三）主办一种事务，固宜并全力于本位的发展，但同时亦须放开眼光，看到周围环境，及一切与己有关之事业。

（四）昔人有言"物有本末，事有终始。"是以无论何事，先后进行之序，万不可弃，而整个计划尤为重要。凡不加思索，贸然从事者，幸而能成，不足为训。办理职业教育，其例亦不能外。至实施具体办法，就目前社会所需，情势所宜，则中华职业教育社年会所提议案中一十八条，似可采用，兹特一并转录如次：

（一）教育部增设职业教育专司，主持计划、考察、指导、奖进全国职业教育事宜；同时联合其他有关系之部会，组成"全国职业教育委员会"。此项委员会除以最有效方法，促进全国职业教育使之充分发展外，关于各都会附属机关需要技术人员，及带有技术性事务人员之训练与录用，并应互相商定沟通协作办法。

（二）各省市教育厅教育局，设立职业教育专科，主持全省全市职业教育行政，同时联合其他有关系之厅局，组成"省市职业教育委员会"。此项委员会，除本协助精神，并合全力，促进本省市职业教育使之充分发展外，关于省市政府各附属机关技术人员及带有技术性事务人员之训练与聘用，并应商定合作办法。

（三）关于高级职业学校师资之养成，由教育部拟定整个计划；并指定专款，限定每年、每省、每市训练成若干职员教员，以供各方聘用。

（四）关于初级职业学校师资之养成，由各省市教育厅教育局（市未设局者皆由市政府任之）筹拨专款指定成绩较优之职业学校，代为训练。

（五）各省市教育厅教育局，应认明社会重大需要，以省款市款，设立规模较大设备较善之高级职业学校数所（市一所至三所省三所至五所），以资示范。非有充裕之财力足供设备，适当之人才能供任用，社会之需要能认识清楚，毕业生出路能确有把握时，千万不可随便添设。但同时对于本省本市成绩优良贡献最大之私立职业学校，应充分予以物质上的补助。此种办法，在最近的将来数年内，应定为行政上一种方针。

（六）各省政府，对于各县设立初级农工业之职业学校，应在不抵触教育部法令范围内，另订单行法规，确定若干标准。凡农校应以农场为中心，工校应以工厂为中心，农场工厂必有合用的教师，而无学校的积弊，否则一概不许设立。其有县款已提出若干成指定办理职教者，则可用之于工厂农场之筹备及补习教育之推广。此种办法，在最近的将来数年内，应定为行政上一种方针。

（七）各市政府，对于各初级工商业职校不应为无目的的提倡，与无标准的滥设，宜拨出一部分公款，并劝令工业商业各团体联合筹款，多多设立短期的补习性的工艺传习所。其有用新式科学方法，设厂制造，收徒训练，而能兼重公民训练者，宜以公款特别奖助之，并可依照前项条例，另定单行法规。此种办法，在最近的将来数年内，应定为行政上一种方针。

（八）由教育部联合实业部制定特殊法令，通行全国工商团体，责令筹设职业补习教育机关。凡工厂、商店，对于某种年龄，某种程度之职工，均应令其受职业补习教育，违者有罚。此层关系于职业教育之推行，十分重要，施行得法，可以说有百利而无一弊。凡正式职校感觉毕业生出路困难，而此种社会性的非正式的职校，则绝对无之。在最近将来数年内，应由行政机关，联络社会，并力推行，以期普及。

（九）由教育部联合内政部、实业部、制定职业指导法规，除责令各省市就通都大邑以公款筹设职业指导所外，并奖助私人团体自行筹设。遇必要时得由教育部，设立“职业指导讲习会”，召集各省市教育行政人员及学校行政人员，共同讲习。此事与推广职校毕业生出路，训练一般青年，沟通学校与社会，关系均极重要。在最近的将来数年内，应由行政机关联络社会竭力提倡。

（十）由教育部通令全国，凡普通中学及高级小学，均于末一学期，设立职业指导科，或组织职业指导委员会，施行升学及就业指导。

（十一）都市及城镇，设立男子职业学校，职业补习学校，以教习工艺制造技能为主，以商业及合作社之教习为辅。女子职业学校，以教习家事及助产为主，以园艺等教习为辅。

（十二）乡村职业学校，以教习农事知能及合作社办法为主，以训练自治组织、自卫组织、及交通、卫生、家事为辅。

（十三）乡村小学，完全农业化或地方职业化；应另行拟成乡村小学课程标准草案，建议于教育部。

（十四）乡村青年训练，由农业学校，乡村师范学校，乡村小学主持其事。凭藉农众学校，农业补习学校，临时讲习会，或特别组成之青年服务团等各机关行之。

（十五）都市及城镇青年训练，由职业学校联合工商团体组成委员会主持其事，凭藉职业补习学校，或特别组成之青年服务团行之。

（十六）青年训练的目标，除补习职业知能外，极端注重体质健康锻炼，发扬民族精神，陶冶服务道德。

（十七）各县试办农村改进区，或农村教育区，以农业学校，乡村师范学校，乡村小学，或农场、林场、渔场、合作社，主持其事。如同一县内，不止一区，可联合组成“县单位的农村改进协进会”，或“农村服务社”，以为全县农村建设之总策源。并希望教育机关与金融机关联合从事改进事业，亦以县为单位，并先从训练人才入手。其训练人才之费用，则可于农民借款息金总数内酌提若干，但以无损于金融机关应得之最低利息为限。

（十八）农村服务人员的养成，由各省县农业学校，乡村师范学校，专任其事。由农校养成之人才，侧重在农村农事之改良；由乡师养成之人才，侧重在农村教育之普及。但前者仍须兼重教育，后者仍须兼重农事。而对于合作社之普遍推行，自治事业之积极促进，自卫组织之短期完成，均应负其全责。

以上一十八项，总计其要点所在，有如次列：

（一）由部省市教育行政机关，实施统制政策，为有秩序有条理有计划的提倡、监察、指导、奖进。

（二）对于职业补习教育，职业指导，农村改进事业，凡带有社会性的职业教育，无毕业生出路问题之可虑，且可帮助职业学校毕业生出路问题之解决者，由政府及社会公同负责，联络一致，分工合作，切实推行。

（三）以推广社会式职业教育，弥补学校式职业教育的缺点，为本办法唯一的方针；以力谋学生出路，训练青年知能，为本办法唯一的目的。

五

本文撰述既毕，犹有一些余意，应向读者补述：

（一）吾十分相信人才教育与职业教育，应为适宜的分配，绝不能让其自由发展，酿成畸形。

（二）除人才教育职业教育外，关于成人的补习教育及其他社会式的一切教育，仍应有整个的大规模的设施；但各级学校，亦须兼负推行之责。就中尤以小学校、师范学校、职业学校、负责尤重。

（三）农村建设为救国要图，此事与教育的关系至为密切，应有人才训练的计划及实施的方针，因此师范教育及职业教育，亦应连带负其责任。

（四）社会教育及农村建设教育，既需多数中级职员实际工作，此则师范学校及职业学校，应负训练之责。而所需之少数领袖人物，冀其担任设计、指导，应由大学及专科负责养成之。

（五）成人教育及农村建设教育，在目前之中国，确是成为重要问题，究竟如何实施？容俟有暇，再为详论。

（原载《教育杂志》，1934 年第 24 卷第 1 期）

个人谋生与社会服务

人是自然生物中的一员，自不能不赖物质以维持个体的生存；人又是社会组织中的一员，更不能不负责任以协助社会的进化。

人若是只知穿衣吃饭，试问与其他动物何异？人之所以异于禽兽者，就是除去穿衣吃饭以外，还有其他“做人”的责任在。

“人”之能做不能做，与夫“人”做的好不好，全看他对于“社会服务”的情形如何。

一个邮务分局邮务员，坐在铜栏干里，早上依时到，晚上依时去，卖邮票、寄信、收信、寄物、收物、算帐、结帐、作报告，一点儿也不差，每月领薪水八十元，回家买米面、付房金、过日子，职业安定，生活无忧，他的“个人谋生”一层，总算没有问题了。

可是，不幸中国识字的人不多，具有社会常识的人尤少，一天，忽然来了一个可怜的六十多岁老太婆，手拿一封取汇款的信，不知如何取法，战战兢兢，立在铜栏干外，向这位邮务员先生，发出悲哀的声音，求他指教。这个时候。便可看出这位先生“社会服务”的精神怎样了。这位邮务员，始而不理，继而竟把眼一顿，大发雷霆，怪声呵斥，认为这个老太婆，十分讨厌，不应在此地乱说，扰乱了他的办公精神。我们试想一想看，此时这位老太婆的心境，怎样呢？

其实哩，只要用五六句话，便能把对方的困难解除，且使一己良心。得着很好的安慰："您是取汇款的么？""请到那边去！"同时招呼那边同事一声说："这个老太太，恐怕不大识字；他是来取款的，请你帮帮他的忙，他对好好招呼一下罢！"这样多少和气，多么现出"做人"的意味，乃偏偏不是这个样子，我真不解他们的居心？

在他或者还是振振有辞的说，"我一点不差啊，我只管卖邮票、寄信、寄物，只要邮票不卖错，信物不寄错，我的责任已尽了，门外老太婆，关我何事哩？"

这却也不能怪他，他在学校里边，听先生讲邮务课程，只知道信物如何寄，账如何算，却不知道怎样去"为群服务，以余力助人"。到了做事时。也只知道如何办公，如何取双薪水，并未能完全知道，"对于社会如何做人"。做人之道不明，实由于做人之道无人讲，学校教育如斯，社会教育亦如斯，结果竟把好端端一个人，只做成一个穿衣吃饭的用具了，唉！可怜，可叹！

读者诸君，千万不要误会，说"作文的人，某年，某月，某日，某时，在某某处，曾亲眼看过这一位邮务员学生"。这个说法，不过是一个推想举例罢了。中国之大，人类之多，你不能保证其必有，我却也不能保证其必无。

并且假说举例，也不必一定限于邮局，如铁道人员，银行人员，乃至于上海洋行商店人员，无一不可随便取譬，读者诸君，请各自想一想罢！

我觉得一个人，倘若随时，随地，随事，有只为自己一个人打算，丝毫无帮助社会之心，视人之疾苦，漫然不关休戚于其心，纵然他无害人利己之心，这个社会，已经成了冷酷的景象，还能说到进化么？若再有害人利己之心，则更是成禽兽世界了。

读者诸君，更千万不要误会，说："是一个人应专为社会服务，不必为个人谋生。"我绝不是这样主张。因为这样不惟不对，亦且不能。并且我所说的"社会服务"，是专指"以余力帮人，不受物质酬报"的，与普通所说业业却服务，大大不同。这一层也应该说明的。

我以为教育的根本功用，就在教人如何得着"个人谋生的知能，和社会服务的意念"，此两者，恰如车之两轮，鸟之两翼，缺一不可。

但是，今之教育如何呢？

（原载《绸缪月刊》，1934 年第 1 卷第 1 期）

升学指导与就业指导的意义和功效

兄弟是这里三十年前的学生,此次回来,宛如出嫁了姑娘回娘家一般,很觉愉快;可是惭愧没有好的“礼物”带回,而吴校长又是老同窗,不能推托,所以特地请何先生一同来。诸位都知道玩把戏的最初出场必不好,到后来才渐入佳境,演戏亦以押台戏为最精彩。所以今天的演讲,何先生是专为扮演押台戏的,其精彩必有可观。

现在讲的题目是“升学指导与就业指导的意义和功效”,升学和就业指导,其源本属于职业指导之一部。职业指导范围颇广,职业介绍即是其中之一部门。此外如职业训练,人事指导等一切关于生活方面的问题皆属职业指导的范围。升学和就业指导,故亦属于此范围,惟这是专为毕业生而设的罢了。

对于职业指导的范围和意义,一般人的见解,以为职业学校像这里的化工科,工专及女子职业学校等即是职业指导,但这是偏而不全的见解,小视了职业指导的范围,忽略了职业指导的意义,职业指导至少须包含下列三部分:

(一)职业学校。有固定的学生,固定的学科,固定的生活,多事理论的灌输,少实地工作的活动,所谓职业教育,亦即是职业指导的正宗。

(二)职业补习学校。他的毕业期限及课程都不一定,随社会及受教人的需要而设施,尤其为已有职业的人补习,此种补习教育,是职业补习学校最大的使命,或称职业补习教育,原是职业指导的偏枝,可是因为时势的需要,后即由附庸而蔚为大国,目前补习教育在中国与职业教育并重。

(三)职业指导。此为一般人所常忽视者。实则是三者之中最重要的一项,如就历史言:职业学校为第一,补习教育第二,职业指导第三,如就责任重要言:则职业指导为第一,补习教育第二,职业学校第三。固然这种比较未免太过,但至少亦得鼎足而立。由此可见职业指导之重要性。现在先把他对于社会的需要略为一述,俾诸位对职业指导有一相当的认识。

一个社会之组成,其文化事业之能不断地前进,全恃有三件事:

1. 用人机关,即职业团体,职业社会。农工商业,如欲其发展,不能不靠人力的扶持和改进。但若固步自封,则此社会必然陷于停滞状态,不能有所进步,第另有一个社会是在不断的前进,则不进步的社会又必然受此进步社会的侵略,现在中国经济政治各方面,俱受帝国主义者的侵略,即因中国社会文化事业都落在人家的后面,而无以自拔自振,因此知目前中国非有新的人才出来,产生新的事业不可,至于人才的范围很广,大致说来便是现在的一般青年,而人才的成因则为:

(1)养才——适应个性,训练人才。人本来是一种原料,如某性近甲,则决不可使之学乙。

(2)用才——才也不可乱用，用必得其当，若明知彼是学甲而强使之为乙，则废其所学不用，也必定生锈而无用，至为可惜。

养与用二者都是爱护青年人才最主要的条件。必须能如此，然后青年才能进入社会，获得新的生活和新的生机，这便是人才与社会的关系。

2. 造就人才机关，这可以学校做代表，学校的使命即养成社会实用的人才，社会各阶层需用的人才不同，所以学校造成的人才也就有等第，如大学及专门学校是造就特殊人才的，中学则造就普通人才，职业教育则造就技术人才，如初级工程师等，下至工人艺徒，亦莫不须训练。

社会组织，无异军队，军队中高至军长师长，下至兵士火夫，均是必要的组成员，军队决不是单有了高级长官就可以与敌作战的。所以职业方面的人才，亦应由于其程度高低的差别，而致其所用，高等人才，尽力于社会上层的重大工作，低级人才，亦自有其下层的工作，分工合作，社会事业才有进步，可是现今职业界方面不信任学校人才，却为公认的事实。他们的理由是说："与其用大学生不如用中学生，与其用中学生，不如用小学生；因为程度愈高，欲望愈大，愈不受训练。"此言未始无理，不过一语抹煞学生未免偏激一些。又一般工厂方面亦多不愿用学生，以为学生是偏重技术理论的通晓，而工厂技师则纯为多年训练，经验有素的实际人才。职业界与学校教育之所以隔绝，原因固然很多；但学校只知"关门制造人才"易起外界的误会，未始非主要原因之一。

同时，讲到教育界对于职业人才的训练方面，似乎缺乏精慎的考查。学生或宜学工的反学了文,宜学农的反而学了医,这种埋没个性的举动,太半由于无人负责指导,以致误入歧途。而尤可惜的是学成无用,而用非所学。例如本来是学银行的,因为找不到事做,即掉头向政界中去鬼混。至于学校方面,则以为学生读书,学校教书,于是关了大门,说社会是黑暗的,没有一片干净土,不愿和社会接触,学校和社会形成了两个壁垒,殊不知学生何自而来?将来学成何所而去?是不是仍然要送还到社会?原料既取自社会,则还得用于社会,那么关了大门埋头造人才,不顾社会的需要与否,一意独干,岂得谓之合理?譬如说这里的化工科制造牛皮,倘然拼命生产,不合于社会需用的程度,货品必然过剩,可是此不足为大害。至于人则是活物,倘若造才过剩,将来定然闹出乱子,为害社会固非浅鲜也,所以惟有:

3. 职业指导,居间介绍,可以调通双方(学校社会)声气,它的功效有三:

(1)调剂作用。譬如职业人才和学校是一个三角形,职业指导便是三角形的中心。居中传达调剂使三方面融会贯通。指导青年就学,也把社会情形调查清楚,报告给学校,同时指导社会改进使能尽量接受学生。

(2)指导与介绍。不断地作服务指导。从小学到大学以至于就业入社会服务,它都负了指导的责任,而就业服务指导的时期更较就学时期的过程为长。在青年选择职业的时候固当尽力指导,使人都依照其个性所宜和社会需要而受准备的职业训练。就是在求业的时候亦复居间介绍,使才得其用。到就了职业以后,还负责指导有职业的人如何敬业乐业,使社会收得更多的效益。

(3)联络作用。调查学校情形,报告给职业界,使其到学校中聘用人才,又把社会实际的需要,指示学校,准备如何造就人才。学校社会于此都能得一可凭的标准。

职业指导如此不断的居中指导介绍,为社会与学校服务,社会和学校如无此职业指导即失其沟通作用,这就是职业指导之意义与功效。

其次就升学方面而论有三点须加注意:

(一)升学不是荣耀就业也非卑贱。大抵普通科毕业生,百分之九十以上的是预备升学,但普通一般的观念以为升学是荣,就业是辱,而实是一种错误的观念,近几年来,社会上种种怪论,百出不穷,此种错误思想,如果被青年们全都传染着,可就危险得很,兄弟极愿诸位亟早矫正!升学既然非荣,就业更非是辱!有为的青年,应当属目远大。中学毕业即服务社会,是先就了业;中学毕业升大学,难道大学毕业,你就不替社会服务吗?不过迟早先后之不同,有什么荣辱贵贱之可言呢?

兄弟尝设想一个标准青年应该是这样的:他是中学或小学的毕业生,走入工商界服务,月薪约十元至五十元,星期日或每天晚间工作之余,入相当补习学校,补习的范围。(1)与他的职业有关的学科。白天工作,晚上学习,学一点即实验一点,了解程度自必较在校时的有学无做的胜过多多。(2)公民文化方面的道德训练,如何做个好公民?如何尽我一生之力以效劳于社会人群?继续十年十五年不断的补习,他并不耗费父母的汗血金钱,白天替社会做工,他更无负于社会。这样一个青年,兄弟认他是一个标准的青年。前年报载英国有个工部总长,自小没有受过什么正式学校教育。但他只听讲达十五年,未尝一日间断,竟能够做出大的事业。反观我国一般大学生,入大学用功研究学问的当然很多;但是存心鬼混的也不少,读书不是他们的目的,走马路,跑跳舞场,消闲寻乐,是他们的日常生活,挥霍金钱,文凭到手,万般皆欢,于是退而靠后台,夤缘攀附,一旦引擎而登,倚势仗威,即不是劣绅也可以叫做准劣绅,诸位听了这话,或许嫌我说得过分,但事实是事实,现在这种堕落的青年大学生正多着哩!

(二)知己知彼。古语说“知己知彼,百战百胜”。升学预备升那一个大学?那大学的内容怎样?必须调查明白,是谓知彼。但我自己程度如何个性近于那一种学科;预备进大学里的那一科,更须精心审量,是谓知己。青年人能够知己的,每多不能知彼,譬如一个年青的学生,他跑到此地来进学校。但他为什么要到此地来?因为他的表兄在此地,所以他也来了。反之,青年人也有能够知彼而不能够知己的,譬如看电机工业很发达,就去学习电机,但他自己的算学根基很差,事便近于滑稽了。所以“知己知彼”,无论就业或升学,都应奉之为圭臬,守之不可或失。

(三)最后还有一个意见。不知对不对,觉得现在书坊间流行的文艺小说太浪漫颓废了,青年人极欢喜读这类文艺,懂得几个“新名词”,写几篇无病呻吟的“小说”,便自命为文学家,文学家的影子还没有看见,文学家的颓废习气便模仿起来,此外更有新兴的幽默文学,他们站在不负责的一面说空话,谈笑挖苦,不减当年晋朝的清谈之风,胸有成竹的人饭余酒后读之未始不可,但流行到青年界,只是讽刺批评站在旁观地位对国家社会不负责任,危险岂可言喻?青年须知个人与国家民族的关系异常密切。

升学或就业的目的是为国家社会谋福利不是为个人图快乐。虽然人类的生存,先须保全个己,但假使社会腐败国家灭亡,则个人从何保存有何快乐可图呢?可是在为社会服务的大前提下,兄弟深劝诸位不要中了浪漫颓废的流毒!

总括上说:无论就业或升学,我们应当知道:

第一,升学不是荣耀,就业不是卑鄙,千万不可存着荣辱的错误观念。

第二,要能知己知彼,才能百战百胜。

第三,升学就业都是为着社会,不是专为个人。

(原载《苏中校刊》,1934年第3卷第104期)

怎样受职业教育

本刊前曾发出读者意见调查表，征求读者对于本刊改进之意见，所得结果，凡在可能范围以内者，均当竭力采纳。多数读者以为关于直接指导青年之文字，应随时加入以广效力，本刊爰拟随时择登是项文字，以负读者之望。去夏上海职业指导所举行升学指导周，请名人演讲各种教育之内容，以为青年之参考，讲辞多精确恳切，对青年指导极有价值，兹将关于职教讲辞之一刊布于后，以广流传，且为此类文字之开端。

编者识

主席，诸位先生；今天是升学指导运动周的第二天，就是所谓"职教日"，我们应该要将关于职业教育方面的材料多贡献一点，所以我要讲的问题，便可分四点来说明：

（一）何以要受职业教育？

（二）怎样受职业教育？

（三）职业教育的效用何在？

（四）什么是职业教育？

为便利起见，讲的时候，我们应该要反过来讲。就是要把第

四个问题来做第一个问题,现在分别说明如次:

(一)什么是职业教育

今天到此地来听讲的,有学生亦有先生,学生之中大概总不出乎这五种人!

A. 高等小学毕业者;

B. 初级中学毕业者;

C. 高级中学毕业者;

D. 现在已经有职业而预备要去补习者;

E. 预备要做事,但无职业可找,而有志想来受职业者。

我们知道了出席听讲人的成分,现在便来说“什么是职业教育”关于这个问题我可分三点来说明:

1. 广义的解释,做农的必须先要实习,做工的必须要拜师傅,学商的必定要受训练,就劳心的工作,间接生产的工作,也必定要有人教,跟人学,所以我们总括起来说:凡是一切职业,都要经过教育的熏陶。

2. 狭义的解释,便是农工商。我们把一种物品用人工制造,可以使用,这一种就叫做工业。还有一种就是我们把货物运到别的地方去调剂,这就叫做商业。凡是与农工商有关系的,或是间接帮助他去做事,都可说是职业。如工程师在表面上好像与农工商没有什么关系,只是坐在屋内打样画图,但实际上他是间接帮助工商业之发展,所以这一种亦可叫做是职业教育。

3. 家事教育,这一种专门是用在女子方面,除去农工商以外,“家事”或叫做“家政”,亦是职业教育之一种。

其次讲到他的程度,便有所谓高级的职业教育,和初级职业教育。实如高中毕业,进农业专科,就是叫做高等职业教育。如其是初小毕业,到了高小的时候,他就可以用两只手去做种种事情,这就是叫做初级职业教育。

我们再从组织上来说,便有正式的,和补习的两种。所谓正式的就是各级职业学校,这是正式的职业学校。非正式的,就是补习教育,这一种是在早晚利用余暇来补习实用学科,并训练学者品行。

(二)职业教育的效用何在

要谈这个问题,我们必须先要知道这三种原则:

1. 职业平等。大总统国府主席都是一种职业,如果没有大总统或是主席,国家便没有元首,这是我们人类社会所必需而不可缺少的一种职业。又如电车、汽车、火车等驾驶员,以及包车夫等,其地位虽不如大总统国府主席之高贵,然其有益于社会,有利于人群,比之那班违反民意,剥夺民权之大总统,犹胜过千万倍。所以做一个蠹国蛊民的大总统,倒不如做一个福国利民的车夫来得切实。

2. 劳而后食。我们应该抱定一天没有作事,便一天没有饭吃的原则去做人。诸君试看动物的食品,都是由他们自己找来的,我们人为万物之灵,岂能依靠他人而生存?小孩子不能找寻食品,所以要受教育,这就是给他将来劳动的准备。年老之人,我们应尽力帮助他,因为他在以前曾经劳动过了。凡是不劳而食的人,都应该要打倒,反之,我们都应该要尊重。就是他是一个没有出息且十分可恶的"扒儿手",也要比吸鸦片烟而不劳动的人要好一点,因为做扒儿手必先要费许多思想和运用许多劳力,然后才有饭吃,而有钱有工夫去吸鸦片烟的人,他完全是坐享其成,对于社会毫无裨益,对于自己也不用心思,这在人类之蛊的当中比扒儿手更坏了。

3. 手脑并用。中国之所以穷,中国之所以弱,就是因为一班人只会用脑,不能用两双手去变换物品,以及改良物品,因为自身没有克服天的能力,所以科学不能发达,生产一天一天衰落,外侮日亟,以至国运垂亡;反过来说,一班做工的人,脑子里一点智识亦没有,只会用两双手去做工,不会用脑去想办法,因此文的结果成了空虚,武的结果成了野蛮,所以中国一切事情都乱七八糟,就是吃了这个大亏。

我们把上面这三种原则明白了,就知道职业教育的效能在什么地方。职业教育可以说是教人"做成一个人"的教育！只会用脑,不会用手,或是手脑都不能用,这就不能叫做人。

做人并不是一件容易的事,这亦是有方法的。学了职业教育便可以正正当当做人。我们一天到晚辛辛苦苦的劳动者,觉得都是为我们自身而劳动不得的,为社会而劳动这是很有意义的。这一种乐趣,从什么地方来求得呢？就是从职业教育里面来求得。因为受了职业教育,可以不求人,而我独自可以生活,这就是人生的乐趣。假使我们能够养成一种高尚的人格,不但不去求人,而且还可以帮助人;别人有不能达、不能立我们可以帮助他达立;这便是职业教育直接赐予我们的好处。在间接方面,职业教育并可促进农工业之改良,人人皆有业。现在社会之所以混乱,就是因为失业的人多,有了职业教育。便可消灭社会造乱的原因,这便是职业教育对于社会方面的效能。

(三)怎样受职业教育

无论是属于那一种职业,我们倘须选择的时候,便应该要注意下面这几点:

1. 认定个人的个性和能力。要明白个人的个性和能力,这是一件不容易的事。譬如你是高中毕业,或许你自己还可以看到你是哪一种趋向,如其是初中,那就不能看出了。高小尤其不必说。诸君倘遇到有自己看不出自己的个性和能力的时候,你就可以请职业指导所来替你解答。将来学农,学工,学商,就要看你自己的兴趣怎样。这要用一种方法来测验才成功。现在的学校差不多都是做一篇文章,就决定取去,这是一种最不合理的方法。我们主张用的方法,是要用一种科学方法来测定,无论什么事我们都应该要凭科学方法来解决了。

2. 认定科目不要轻易更改。如果遇到困难的时候,我们的志愿就发生动摇而改科,这是我们青年在求学时期最忌的事。因为一改科便将以前的精神、时间,和种种方面都要牺牲了去,到后来必致一无所成,这是应该要特别注意的。

3. 不慕虚荣。如果一个学生进了大学,就在自己的名片上刻起"某某大学"的头衔起来,这就是叫做慕虚荣。现在有许多野鸡大学的学生,都在自己名片上挂起了大学生的牌子,但是他本身一点事情亦不会做,其实这有什么用呢?我们宁愿不要资格,而要实学,这才是我们理想的模范学生。

4. 做学并重。我们知道有些东西是可以从书本里得来,但是有许多事情并不是专靠书本,必须要有实际的经验才能成功,这就是所谓要脑手并用了。譬如前几天有个学生对我说“……我想读工科”,我就问他“工就可以读吗?不要去做就成吗”?又如有人说去读职业教育,职业教育怎样能够去读呢?这必须要实地练习和有实际的经验不为功了。

5. 考察社会职业状况。

我们应该要注意,我们现在所学的职业是否与社会上所需要的相同,并且我们将来还可以根据我们考察所得,拿来改良现社会一切不良的现象,这亦是我们每个青年所应有的责任。

6. 注意身心修养。个人身心修养关系职业教育极为重要。其对已应注意之点有三:

(1)勤劳。中国有一句俗语说“勤能补拙”,又说“业精于勤”,由这两句话我们便可知“勤”对于职业教育的重要性了。

(2)节俭。现在社会之不安宁,多由于构成社会分子之个人因不知节俭而发生,所以我们要消灭社会罪恶,必须更要从节俭着手。

(3)刻苦牺牲。我们对于任何一件事,必想先要认识清楚,应该尽义务的还是尽义务,应该享权利便享权利,我们处处总不可存吝啬之心,必须要有牺牲刻苦的精神,去完成我们伟大的事业,这才是我们做人应有之态度。

至于对人,亦有三点:

(1)有礼貌。无论任何一个人,他应该从小到老对人都要有礼节,因为我们尊敬别人,便是尊重我们自己,这不可不注意。

(2)利群。我们要有智识方可帮助别人,如其没有学识,不但不能扶助旁人,而且还要旁人来扶助。虽然礼貌亦是利群,但是爱智识,才是真正利群。

(3)爱人爱物。我们自己好,便应该要连想到别人好,切不可存自私自利之心,置他人于不顾。我们不但要爱人,而且还要爱物,因为万物同为天地所生长,应该要一视同仁,不可存有残杀之心,这也是我们做人应注意之点。

(四)为什么要受职业教育

我们在别的学校毕业了,为什么要进职业学校,这不外有三个理由:

1. 个人的环境。或是因为他家道贫寒,没有能力去进普通中学,为要维持生活起见,倒不如切切实实去学一种职业,比较来得妥当。所以我们说为什么要进职业学校,一部分也就是与环境有关系。

2. 个人的聪明才力。真正聪明的人,一百个当中难找五个。我们这里所谓聪明,不过是一种比较而已。我们固然希望个个青年去进大学,将来对于科学有所发明,对于国家社会有所贡献;但事实上决不能如此,所以知识比较差一点的人就去学农,学工或者学商,这是就消极方面而言,若是在积极方面说来呢?

如果你数理好，就去学理科；你文学好，就去进文科；我们可以说，为什么要进职业学校，就是与聪明亦有关系。

3. 个人的志愿。我们要进一个职业学校，必须先要明白自己的志愿。虽然你的志愿不能完全由自己来决定，但是你可请父兄长辈们来替你决定。要把我们自己的志愿认清楚了，然后才可以去选择进什么学校。

总之，你的环境，和你的聪明才力，以及你的志愿都适合于你进职业学校，为了这三个理由，所以你才要去受职业教育，这便是我对于这问题的结论。诸位预备要进职业学校的，在这里也就略略的可以得到一个参考了。

（原载《教育与职业》，1934年第152期）

职业教育之立体观

职业教育与人才教育，是整个教育中的两大主干。两者区别与效用，凡有常识者，无不知之，可以略而不言。兹仅就职业教育一方，加以论列，并认定职业教育为多元的、多方面的、不是单纯的，片面的，因题本文之名，曰“职业教育之立体观”。

欲使职业教育，真能在生产落后民生凋敝的中国，显出一些效能，吾职教同人，应先行确定对于职业教育之根本观念。本文次序，于提出五项先决问题（即为确定根本观念而设）后，复罗列各方对于职业教育疑难各点，所以期其明了症结之所在也。症结既明，施治较易，是以最后乃谈到积极办法与步骤。

本文立旨，不主空论，总期以经验及研究所得，忠实的贡献于吾职教同人，惟是否有专，殊难自信耳。

一、先决问题

为确定职业教育观念计，特首先提出先决问题五项：

（一）职业教育，主要目的，固在教学，生产知能，但同时对于公民的训练，及其他必要的文化教育，亦万万不容漠视。尤其在此国难严重民族衰落时期，对于一般青年，倘无一种精神教育的训练，以启迪其民族意识，培养其民族情感，则个人纵能自立，仍于国家民族之生存无补。印度朝鲜，亦曾有职业教育矣，吾国宁愿步其后尘乎？是以今日中国实施职业教育，应认定以“训练职业知能，厉行民族教育”为两大主干。譬之人身，前者是营养体质，后者是陶冶精神。两者相依，正如车之两轮，鸟之两翼，无论如何、不能偏废。是曰，“职业知能训练，须与公民训练并重，且求其互相联络”。

（二）入学目的，惟一在读书，学校程度，判定在年限，此为一般人之见解。实则职业教育重要目的，在教学者能手脑并用，绝非仅重书本知识。在高级职校，为养成初级技师及中级职员，自不妨稍稍兼重学理。若初级一阶段，尽可完全注重劳动，应有十分之六七时间，从事于实际工作。而年限长短，则可视工作性质及学习能力分别决定之。学校形式与观念，有时亦能误人，最好初级职校，关于学校形式方面，容易引起青年不良观念者。竭力避免之。是曰“初级职校，宜减少学校形式，而纯以实际工作为务”。

（三）职业教育施教方式，不仅在学校一方，即社会教育所关，亦极重要。都市方面，施行职业指导，固纯粹属于社会教育范围矣。乡村除农业学校外，关于农事各项指导，试问何项能离乎社会教育？倘使实施职教者，只知有学校，不知有社会，壁垒森严，不肯离校门一步，此等关门式的职业教育，可以断言其效力至微。是以在今日之中国，凡主持职业学校同人，均应具有兼任社会教育之信念，方能使民众获得新教育的利益，促进旧职业的改良。此层在乡村关系尤重。是曰，“职业教育，宜与社会教育联络进行”。

（四）职业教育范围，实包含有职业学校教育、职业补习教育、职业指导三方面。职业学校，在全部职业教育中，当然居重要地位。然若无职业补习教育以辅佐之，则职教推行之途径必狭；无职业指导以联贯之，则职教影响之效能难著。势必教育行政者与社会两方，咸彻底明了以上三方面之性质与功用，决定同时并重，并使之互相联络，方能获得圆满结果。办理职业教育同人，应先确定此种信念。是曰，“职业教育，不应以职业学校为中心，须兼重补习教育及职业指导”。

（五）职业教育，目的在养成多数具有新职业知能之人员，以供社会各方之用，藉谋旧职业之改良，新职业之勃兴。倘人员养成，而无处销纳，则职业教育，将完全失其效用矣。是以在学校开办之初，即当计议到毕业生出路问题；既已设校施教，必时时顾虑到学生所学，是否为社会所需；将毕业时，更应切实筹划并实施介绍职业办法。此固一定不可移易之理也。正式职业学校，设立太多，设备不定，教法不善，毕业生不能有出路，当然无足怪。即办理较优之校，而平时对于学生出路，不加注意，结果，亦复不能圆满。照中国目前情势以观，应尽力提倡推行职业补习教育及职业指导，以应社会之需要；而于正式职业学校之推广，则不妨取有限度的、有计划的办法，由教育行政机关，负其全责，施行统制。此于进行职教普及之中，仍寓有解决学生出路之意。是曰，“集中行政权能，谋职业学校之健全，注意毕业生之出路”。

上列五则，关系职业教育实施方针，进行标准，异常重要。此实有类于心理建设，为一切事业根本所关，固非纯尚夫理论也。

二、今日办理职业教育之困难与怀疑

前列五项先决问题既明，应再就目前中国办理职业教育一般困难情形与怀疑各点一一罗列，期其能认明对象所在，可以从容下政治工夫焉。

（一）中国重文，早成习惯。社会一般人心理，送子弟入学读书，无论资才何若，均以升学为主要目的；因之职校招生，投考者不甚踊跃。

（二）职业界墨守旧法，不求改进，其子弟世其家业，或招收青年学习，大都仍用旧式徒弟制度；新式职业教育，既不为职业社会所需要，当然发展较难。

（三）凡专设商科之职校，除通都大邑外，学生毕业后，商店多不肯收用；而问及校内实际所教者，亦未必真能与中国商业社会习惯相适合。在学校方面，或且认迁就旧习惯为非计。如此则学校与职业界两方，各不相谋，距离日远，结果两失其益，交受其害。

（四）职业学校之工科设备，往往流于简陋，致减少教学效能；即略有设备，教学亦不甚合度，工作未能切实，于是学生毕业后，只具有一些书本上的知识与不纯熟不贯穿的技能，帮人做工，旧式手工业不需要，独立营业：资本、技能、环境三方，皆不容许，结果竟成废材。

（五）社会既不信任职业教育，对于职业学校，往往存轻视之心，收用无人，必然之势。即使有少数青年，筹集少数资本，独立营业，结果亦以经验缺乏，扶导无人，营业不免失败，只有另寻别路，以度生活，于是谈及职业教育，反觉十分痛恨。以身受职业教育之人，态度且如此，遑论其他？职教前途，可想见矣。

（六）办理职业学校之人，既劳精疲神于校内任务，对外接洽，往往苦无暇晷；加以一向教育者习惯，多不乐与工商界相往还，同时工商界人物之不甚开通者，亦殊不愿意与教育界相接近。双方隔阂之结果，职业教育乃不免大受障碍。

（七）职业学校设立之初，未能注意到毕业生出路问题，以致设科施教，无一定标准，无特殊目的，对于本地社会需要，毫未顾及，结果学生毕业，就业甚难，因之少数最初信任职业教育之人，至是亦不免转变其心理，于是职教前途，更形黯淡。

（八）近年来各级政府，对于职业教育，大加提倡，因之新校设立，为数颇多。但以师资缺乏，招生困难，设备简陋，社会对之既多怀疑，即亲任督察与主持之人员，对于职教，亦复不能自信，而时有职教究应如何办理之提问。

（九）职业补习学校，除通都大邑外，为数无多，其有民众夜校等，虽属补习性质，究与职业训练关涉较少；且因有此等补习教育机关，转使一般教育人员，对于职业补习教育，不甚注意。

（十）职业补习教育，办理十分困难，公家既无专款筹拨，商店主持人，且多不愿意徒弟肄业其中；工厂方面注意筹设补教者，为数更少。一般人观念，皆视此为无足重轻。

（十一）职业指导，一般社会，尚未能了解其真正效用，间有设立，又以办理不善，失却社会信用与同情。在学校以内设职业指导科或委员会者，为数更少。办理此项事业之人才，固极缺乏，而政府未能加紧提倡，最高学府，未能注意养成，亦复大有关系。

（十二）近年来，各地农业学校，颇知注意实际工作，且力谋与农民接近，是大好现象。惟校数不多，效力有限，加以上与农学院，未能充分联络；旁与各农林场，未能切实合作；下与农村小学，未能发生密切关系，仍是很大遗憾！且与高小程度相当之农业学校，或农业补习班，为数太少，结果农民方面获得教育利益甚小。

（十三）近年来，乡村师范学校，多能兼任一地方的农事指导，但结果亦以校数无多，效力有限，且彼等纯以普及小学教育为目的，关于农事指导，是否真能胜任愉快，亦是疑问。

（十四）近来各地方设立农村改进区、农民教育馆、农民合作社，为数颇少，且均有相当成绩。惟以中国幅员太大，农村太多，试问改进区等，能有多少？况且政治未上轨道，烟赌未能肃清，土豪劣绅，所在皆是，以毫无政权之教育机关，深入内地，究竟效果能有几何，能否救得目前垂危之民族与将崩溃之农村，确是疑问。

以上十四点，或以社会习惯未更，或以环境恶劣过甚，或以自身之施行无方，或以分工之制度未备，或以职业师资之缺乏，或以政府之指导未周，或以推行未能普遍，或以彼此未能合作，而重要之点，则为职校学生之无出路。职业教育之难普及，吾职教同人，应认明此为必经之过程，必有之现象，既无庸顾虑，亦不必怀疑，辟榛莽而入坦途，仍在自身之奋勉与同人之互助耳。究应如何解决，请视次方办法。

三、解决职业教育疑难办法

此可一言解决疑难办法矣，疑难既不止一端，办法当然亦不止一项。问题既属多方，当然亦有多方办法，以应付之。先言一般的办法，次则及于各个的办法。

一般的办法：

（一）应先就前述五项先决问题，详加考虑，如以为是，应即明确认定，并求其彻底了解。

（二）教育行政机关、学校教育机关、职业指导机关、工商团体，应切实联络，分负责任，认定重心所在，共谋职业教育为多元的发展。

（三）应由最高教育行政机关、地方教育行政机关、酌察中国目前情形，立定施政的标准，负责培养职教师资，暂时并限制职校的滥设；同时竭力推广社会性的职业补习教育及职业指导所，并注重青年训练。而办理职教同人，务必移注目光于社会，注意到职教效能，于正式职校，则坚定充实内容，适应社会需要之主张，以期毕业生皆能有出路。于社会性的职教，如补教、农教，则力谋推广；并为有秩序的进行。尤其对于青年训练，要特别注意，实施训练时，职业知识与公民道德，要同时并重。

各个的具体办法：

（一）教育部增设职业教育专司主持计划考察指导奖进全国

职业教育事宜；同时联合其他有关系之部会，组成“全国职业教育委员会”。此项委员会，除以最有效的方法，促进全国职业教育的发展外，关于各部会附属机关需要技术人员及带有技术性事务人员之训练与录用，并应互相商定沟通协作办法。

（二）各省市教育厅教育局，设立职业教育专科，主持全省全市职业教育行政；同时联合其他有关系之厅局，组成职业教育委员会。此项委员会，除本协助精神，并合全力，促进全省全市职业教育之充分发展外，关于本省本市政府、各附属机关技术人员及带有技术性事务人员训练与选用，并应商定合作办法。

（三）关于高级职业学校师资之养成，由教育部拟定整个计划，限定每年、每省、每市训练成若干合用之职员教员，以供各方聘用。

（四）关于初级职业学校师资之养成，由各省、市教育厅教育局指定成绩较优之职业学校，代为训练。

（五）各省、市教育厅教育局，应认明社会重大需要，以省款、市款设立规模较大设备较善之高级职业学校数所（市一所至三所，省三所至五所）。以资示范。非有十分充裕之财力，足供设备，适当之人才，适供任用，社会之需要，认识清楚，毕业生出路，确有把握时，万不可多增校数。但同时对于本省本市成绩优良贡献最大之私立职业学校，应充分予以物质上的补助。此种办法，在最近数年内，应定为行政上一种方针。

（六）各省政府，对于各县设立初级农工业之职业学校，应在不抵触教育部法令范围内，另定单行法规，确定若干标准。凡农校应以农场为中心，工校应以工厂为中心，农场工厂，必有合用的教师而无学校的恶习,否则一概不许设立。其有县款已提出若干成,指定办理职教者,则可用之于工厂农场之筹备及补习教育之推广。

(七)各市政府,对于初级工业商业职校,不宜为无目的的提倡,与无准备的滥设,宜拨出一部分公款,并劝令工业、商业各团体联合筹款,多多设立短期的补习性的工艺传习所,其有用新式科学方法,设厂制造,收徒训练,而能兼重公民训练者,宜以公款特别奖助之,并可依照前条例,另定单行法规。

(八)由教育部联合实业部制定特殊法令,通行全国工商团体,责令筹设职业补习教育机关;凡工厂商店,对于某种年龄、某种程度之职工均应令其受职业补习教育,违者有罚。

(九)由教育部联合内政部、实业部,制定职业指导法规,除责令各省市,就通都大邑以公款筹设职业指导所外,并奖助私人团体自行筹设。遇必要时,得由教育部设立"职业指导讲习会"召集各省市教育行政人员,及学校行政人员,公同讲习。

(十)由教育部通令全国,凡普通中学及高级小学,均于末一学期设职业指导科或组织职业指导委员会。

(十一)都市及城镇设立男子职业学校、职业补习学校,以教习工艺制造技能为主,以商业及合作社之教习为辅。女子职业学校,以教习家事及助产为主,以园艺等教习为辅。

(十二)乡村职业学校,以教习农事知能及合作社办法为主,以训练自治组织自卫组织及交通卫生家事为辅。

(十三)乡村小学,完全农业化,应另行拟成乡村小学课程,建议于最高教育行政当局。

（十四）乡村青年训练，由农业学校、乡村师范学校、乡村小学，主持其事；凭藉农众学校、农业补习学校、临时讲习会、或特别组成之青年服务团等各机关行之。

（十五）都市及城镇青年训练，由职业学校联合工商团体组成委员会，主持其事；凭借职业补习学校或特别组成之青年服务团行之。

（十六）青年训练的目标，除补习职业知能外，极端注重体质健康锻炼，发扬民族精神，陶冶服务道德。

（十七）各县试办农村改进区，或农村教育区，以农业学校、乡村师范学校、乡村小学、农场、林场、渔场、合作社，主持其事。如同一县内，不止一区，可联合组成"县单位的农村改进协进会"或"农村服务社"，以为全县农村建设之总策源。并希望教育机关，能与金融机关联合，从事于农事改进事业，亦以县为单位。并先从训练人才入手。其训练人才之费用，则可于农民借款，息金总数内酌提若干成；但以无损于金融机关应得之最低利息为限度。

（十八）农村服务人员的养成，由各省县农业学校、乡村师范学校，专任其事。由农校养成之人才，侧重在农村农事之改良；由乡师养成之人才，侧重在农村教育之普及。但前者仍须兼重教育，后者仍须兼重农事。而合作社之普遍推行，自治事业之积极促进，自卫组织之短期完成，均应负其全责。

以上一十八项，综计其要点所在：

（一）由中央省市教育行政机关，实施统制政策，为有次序、有条理、有计划的提倡监察指导奖进。

(二)对于职业补习教育、职业指导、农村改进事业,凡带有社会性的职业教育,无毕业生出路问题之可虑,且可帮助职业学校毕业生出路问题之解决者,应由政府及社会公同负责,并力推广。

(三)以推广社会式职业教育,弥补学校式职业教育的缺点,为本办法唯一的方针;以力谋学生出路,训练青年知能,为本办法唯一的要义。

果能各方合作分工,整个动员,认定重心,切实做去,则职教前途,定能大放一番异彩也。

民国二十三年六月十五日作于中华职业教育社办事部

(原载《大上海教育》,1934年第1卷第10期)

农村改进与农村教育

（一）农村改进与农村教育的关系

（二）农村改进事业发展的由来及其特质

（三）现在全国办理农村改进情形

（四）怎样才可以走通农村改进之路?

（五）我的三种主张

一

一桩较新的事件发生，一定先要闹出许多同内容不同形式的种种名称。近几年来，农村事业，总算为大多数人所注意了；因此名称也就自然而然的特别繁多起来。最初的老名称，是“乡村教育”；继之而起的，便有“乡村改进”，或“农村改进”；未几又有“农民教育”；近来又有“乡村建设”；还有扩而大之的，竟称“农村运动”。到了最近一年，更有“农村复兴”一词，传遍于全国。“乡村教育”，当然是一个教育机关实施教育事业的总名；而所谓“乡村或农村改进”者，则必划定区域，以明实施改进事业的范围，是称“改进区”；联合区域以内地方人士，组成团体，分担任务,是称“改进会”。至“农民教育”,则必有农民教育馆的特设机关,以为施教的主体。而“乡村建设”,则更是大规模的设立训练农村服务人才研究改进农村方法的机关,从下级政治组织的“县”做起。若“农村运动”,则是一切农村事业活动进行的总名。“农村复兴”,则是对于全国农村建设所悬的标的。还有不显露乡村或农村字样,而实际所干的,却是农村事业,如定县的平民教育促进会所办的“平民教育”,江苏无锡教育学院所办的北夏实验区,又河北江西各县所办的农村方面的合作社,可说皆是属于这一类。

其实哩,“改进”也罢,“建设”也罢,“运动”也罢,“复兴”也罢,名称虽然不同,而苦心孤诣,希望达到改善农村全体人民生活的目的,还不是一个样子么?再就他的作用说,能和教育脱离关系么?

科举废了,新教育兴了,各县纷纷设立小学校,可是第一期所设立的,皆是在城镇方面,第二期才轮到乡村。乡村小学,经费少,教师差,当然像样子的很少。可是,有几位先生素持城乡平等观念的,自然认为这个办法不对。还有略趋向于重农主义的,觉得乡村子弟,读了书,而与他的父兄农业无关,或竟因读书而脱离了本乡,这种情形尤其不对。同时并且感觉到已往所办中等农业学校太无成绩,毕业学生竟和农民不发生丝毫关系;而所谓最高学府的大学农科或农学院,更是高高在上,不知在下复有无量数的无知无识又愚又穷的农民。因此很想得一些理想的乡村教育,有了出名的乡村小学,当然是如见至宝。至宝不可多得,则主张设特殊的乡村师范学校,以养成合于理想的乡村小学教师。还是怕不够,乃又有划区试验,把学校教育和社会教育浑合实施的特殊办法。这就是民国十五年以后各处相继成立的乡村改进区。后来主张在乡村方面,专从社会教育入手,乃有所谓“农民教育馆”的教育。其有认定以创造乡治为建设国家基本的,乃有地方政府所特办的“村治学院”及“乡村建设研究院”。近年来全国农村,因受天灾人祸及世界不景气的影响,崩溃破产,岌岌可虞,于是“复兴农村”一语,乃成为朝野上下一致的主张,设会筹办,著书鼓吹,讨论此项事业的不一而足。但一溯及此项事业的渊源,还是由教育发其端。嗣因社会需要,乃逐渐使他的范围扩大,所以论到他的目的,是以教育方法达到农村的真正自治;论到他的内容,是包括文化、经济、政治三方面;论到他的功用,是冶学校教育、社会教育于一炉,以全区农民为教育的对象。虽然目前南北各地所办的农村事业,不是一样,有的以教育为中心,有的以生产为中心,有的以经济合作为中心,有的以政治组织为中心,有的以保卫组织为中心,有的以卫生为中心,但万言归总,是离不了“深入民间,相机指导”八个大字。所以无论如何,还是以教育为枢纽。不过此处所谓教育,不专是学校式的呆板教育,而是社会式或学校社会混合式的活动教育。

以上所说,是由农村改进事业的名称,说到他的历史发展;又由历史发展说到他的性质,仍复注重到教育方面。虽然为一般人所易知,但要达我论述“如何才能走通农村改进之路?”的一个目的,即不能不有这一大段的开场白。

二

我真不能忘记最初发起乡村改进区的事和人，在此处很愿意插叙一段。并且说明农村改进所负的使命及其特质。

中华职业教育社最近出版姚惠泉、陆叔昂两君所合编的《试验六年期满之徐公桥》一书，序文中有黄任之先生撰的“徐公桥乡村改进史的最初一叶”一篇，中有一大段是叙述乡村改进事业的由来，可转录于此：

“今夏徐公桥试验六年期满，这是复兴以后第六年，就是民国十七年四月改进工作复兴以后到今满足预定六年试验期了，复兴以前，还有一段徐公桥开创史，让我来叙述一下。

“中华职业教育社为什么发起农村改进工作呢？自民国六年成立后，即便着手试验工商职业教育，而没有及农；到了民国九年，已感觉当时农业教育的失败，而没有认清失败到什么程度和怎样挽救，乃设“农业教育研究会”。于是年九月十月间，征求改进农业意见，一面推定王企华君（舜成江苏省立工农校长）、邹秉文君（东大农科主任）、原颂周君（东大农科教授），调查各地乙种农校，提出改革大纲七条，——《教育与职业》第二十五期。从此本社同人，对于农教无时不在讨论研究中。

“民十四年八月，中华教育改进社于太原开第四届年会，我被推演讲职业教育，提出山西职业教育计划案两项中的一项，就是“划区试验乡村职业教育”，文如下：

“……就农村较便地方，划定一村，或联合数村，其面积以三十方里为度，其人口以三千至五千为度。先调查其地方农产及原有工艺种类，教育及职业概况。为之计划，如何可使男女学童一律就学？如何可使年长失学者得补习之机会？如何养成人人有就业之知能而并使之得业？如何使有志深造者得升学之指导？职业余间如何使之快乐？其年老或残废者，如何使之得所养？疾病如何使之得所治？如何使人人有卫生之知识？如何使人人有自卫之能力？凡一区内有利之天产，则增益而利用之；所需要之物品，则供给之。无旷土，无游民，生产日加，灾害日减，自给自享，相助相成。更如何养成其与他区合作之精神，以完成对省、对国、对群之责任？凡此种种，先设一中心教育机关，就其固有之自治组织，用其当地之人才，量其财力，定设施之次第。其费用以当地担负为原则。划定办理期限与成绩标准依次考核，试验有效推广于各地。”

“当时山西阎百川省长锡山，认为切实可行，嘱教育厅长陈君乙和问我如有意在山西试办，请多留几日从长计议。乃于九月六日偕东南大学教授冯君梯霞（锐）、赵君叔愚，复至太原。在两星期间，调查了晋北忻县定襄县，晋南榆次、太谷、灵石等县，指定樊野场村（忻县）、待阳村（定襄）、静升村（灵石）为试验区。在当时的督署勤远楼开会报告，约期再来实地筹办。——以上详《教育与职业》六十九期黄炎培在山西三星期间之工作文。不多几时，兵祸纷起，就无形停顿了。

“吾偕冯君赵君商，华北既没法进行，何不就在江南试办呢？乃决定联合中华教育改进社、中华平民教育促进会总会、东南大学农科教育科，共同试办划区农村改进工作，于十五年五月三日，订定“试验改进农村生活合作条件”七条：

一、署名于本条件之各团体，为抱同一之目的，愿以合作方法试验改进农村生活，因商定本条件。

二、合作方法，由每一团体各推代表二人，组织董事会，主持计划改进农村事宜；由董事会组织执行部执行之。其细则由董事会定之。

三、合作机关费，由各团体平均担任，每机关每年以银两百元为限。如有不足，由负有全国名义之中华教育改进社、中华平民教育促进会总会、中华职业教育社分任之。其每机关加任之数，以一千元为限。事业费由各团体，视其所任事业性质范围，分别担任或筹措。

四、关于试验经过状况，应与执行部按年编制报告书，由董事会核定后，报告于各团体。

余略。

“是年五月十五日，在南京举行成立会，我偕袁君观澜（希涛）代表本社出席，通过董事会简章九条，我被选为会长，陶知行君为副会长，徐养秋君（则陵）为书记，邹秉文君为会计；并推赵叔愚、顾倬、冯锐、杨鄂联、唐启宇五君组织调查设计委员会，以赵君为主任，勘定地点，规定进行。以上见《教育与职业》第七十六期。

“调查设计委员会，对于选觅地点，取交通之便利，认定向沪宁路一带进行；又以该路东西两端地方状况不同，拟各选一地，分别试验，以资比较。——西段后来选取镇江的黄墟，——东段假定昆山，地点适中，距上海不过远，民风纯厚，地方领袖，为方惟一(还),蔡望之(璜)诸君,皆公正热诚。当时县知事吴士翘君(邦珍)且是本社同志,像昆山可认为理想区域。乃于六月十日我偕冯君梯霞、赵君叔愚、杨君卫玉、徐君仲迪(代表唐君启宇)赴昆山会议,结果,蔡君望之请把他的家乡徐公桥为试验区,立即前往,经过冯赵杨徐诸君数日间之调查研究,略略的定了计划。

“是年七月五日南京开联合改进农村生活董事会,由调查设计委员会提出报告,议决以昆山徐公桥为第一试验区,仍继续调查其他地点,以便规定第二试验区,而以赵叔愚君为本会执行部主任。——《教育与职业》第七十八期。

“在赵叔愚君指导之下,那年十月便成立了“徐公桥联合改进农村生活事务所”,聘定李君企常、程君寿安为干事,常驻徐公桥,办理一切,草定改进农村生活事业大纲。那时候蔡君望之以外,蒋君仲钧、徐君德明、蒋君云翘、张君越人,还有不及举出姓名的地方诸领袖,以及徐公桥小学校长徐君柏才都很热烈地干办。那时候徐公桥只有一个乡立第三小学,即今中心小学,无逸堂还没有建造,事务所设在保卫团事务所,即今公安分驻所,开会有时借小学举行。我与杨君卫玉时时前往参加,赵君叔愚奔走更忙,当时所订改进大纲:(一)散布改良种籽,驱逐害虫,提倡副业。(二)改进小学教育,推行义务教育。(三)推行平民教育。(四)施行职业指导。(五)提倡贩卖购置或借贷等合作组织。(六)筹设通俗图书馆及演讲所。(七)实行卫生运动。(八)提倡修治道路,栽植树木。(九)劝导戒除烟赌。(十)增加娱乐机会。

没有多时,终于在万分困难的环境中,不得已而停顿,至十七年才入复兴时期。”

“乡村改进区”办理的由来和开始试验的地点，大致可以明白了。同时也可以明白民国十七年以后，各方所办的农村教育，农村建设等，凡是划定区域，以全区农民为教育对象，从事改进工作的，尽可办法不同，大概皆和这一个方式相类。

后来中华职业教育社，编著《职业教育之理论与实际》一书，中有“农村改进”一章，是由我担任撰述，当时我对于农村改进事业的意义，很大胆的写了次列一段的话：

“农村改进”是就一农村或若干农村，划定一个适当区域，依照理想的能实现的预定计划，用最完善的方法技术，以化导训练本区以内的一切农民，使全区农民，整个生活，逐渐改进、由自给、自立，以达自治，俾完成乡村的整个建设。此种区域，称做“农村改进区”或“乡村改进区”。改进区内所办各项事业，称做“农村改进事业”或“乡村改进事业”。从事农村改进事业的人，称做“农村(或乡村)改进者”或“农村(或乡村)服务者”亦有径以“农村(或乡村)运动者”称之者。依照普通习惯，有时并可称做“农村(或乡村)导师”或“农村(或乡村)指导员”。

并且为辨别农村改进与农村教育、农业改进、农村自治的不同，也有次列三段的话来说明。

“农村改进与农村教育(狭义的)是一部分相同，而非全部一致。因为教育事业，原包括于改进事业之中，而改进事业，却不限于教育一种。又照通常习惯所谓农村教育，大率指农村小学而言，而在农村改进事业中，所包括的教育范围，则至广且大，凡一切学校教育社会教育皆属之；甚且再将范围扩大，竟不称以教育而径称以教化或文化。盖凡与农民相接触,无论取何方式,足以使之发生反应,因之影响及于生活的,其工作或作用,皆可以教育或教化目之。若就其形式一方言,则又可概称之以文化焉。

“农村改进与农业改进,当然有极密切的关系;但只能说改进农业,是农村改进事业中较重要之一项,绝不能说农业改进,就是农村改进。依实际情形言,当然农民所业者农生计所关,影响及于全部生活至大。苟农业能改进,则农民生计裕如,各项文化等事业,一定推行便利。不过物质问题以外,对于精神方面,亦绝对不容漠视。况且如组织合作社等,办水利等,性虽属于物质经济,却不仅是农民一家一身之事,势非有公同组织不可。既需组织,自然要涉及精神方面,并且和教化训练有关了。

“农村改进,与农村自治关系和异同,又如何呢?农村自治,是农村改进的目的,改进工作,就是为达到农民真正自治的手段。通常有一种误解,以为改进事业,多半为自治事业,因而认定办理农村改进,也就是办理农村自治,此则不可不办。真正的农村自治,一定要百分八十以上的农民,个个皆能自给自立;百分五十以上的农民,个个皆能自治。这当然不是可以一蹴而企的。如何使个人生计充裕,如何使公民常识丰富,如何使具有组织能力?自非经过相当的教导训练不为功。倘未备上列三项资格,而贸然令其办理自治,则是假自治。而非真自治?真自治何由成?则应以改进工作为阶梯,为津渡。盖必由此改进之阶,方可登自治之楼;亦必由此改进之津,方可登自治之岸。改进过程中的种种村治训练,固为其自治之直接预备工夫,即其他种种文化的设施,经济的增进,亦莫不与建设农村真自治有联带的关系。”

结论且拈出“教”“富”“政”三个字，认作改进事业三大柱石，并说明其交互关系。事隔三年现在觉得所说的话，还嫌未能十分圆满贯通。盖论到农村改进事业的分类，当然教富政三方并重，而论到进行运用方面，仍当以教育为重心，比如说如何普及教育，如何增加生产，如何组织团体？当然是三方并列的；但增加生产，要着手组织合作社，合作社如何组织？事前既要有相当的劝导，临时又要有会议的练习，这就不能不说是一种教育的功用了。团体如何组织？要有公民常识的灌输，要有严守秩序的训练，这还不是教育么？所以教育一项，实在是三方的总策源，是三方的神经主系。这一层却不容不补充说明一下。

以上所说，是关系于理论方面，对与不对，我却不敢说，这是要向海内贤达请教的。

三

那么，我更要说一说目前各地方所办的农村改进事业的情形了。要想把一个一个改进机关取来详细论列，既限于材料，又限于篇幅，当然势所难能，无已，且专就他们的办理主体来分类说一说罢。

（一）由私人教育团体筹集经费，特派专员，在指定的区域内，联络地方领袖，努力进行的，如中华职业教育社所办的徐公桥乡村改进区、中华平民教育促进会所办的定县平民教育实验区。

（二）由本村中心改进人士，组织团体，自行办理的，如河南安阳县中山村的自治社，江苏太仓县长泾桥乡村改进社。

（三）由学校教育机关，对于附近学校居住的农民，施行改进工作的，如各处乡村师范学校，乡村小学所办的推广工作，及改进工作；又如燕京大学社会学系所办的清河试验区。

（四）由农民教育馆或乡村民众教育馆负责办理的，如近来各处社教机关所办的农村教育事业。

（五）由一省行政机关主持其事，先行训练农村服务人才，分散各地，组织民众学校，即以民众学校为中心，实施改进工作的，如山东乡村建设研究院。

（六）由政府筹款派员，划区办理的，如经济委员会江西办事处在江西所办的县中心服务区，及江西临川县所办的实验区。

（七）由宗教附设的团体，纯本感化主义，划定区域，实施改进工作的，如苏州基督教育年会所附设的唯亭山乡村服务区。

（八）由农业教育机关为推广农作物的优良种子及关于农业的新方法于农民，特设推广区，而在推广区内，兼施改进工作的，如金陵大学农科所办的安徽乌江推广区。

（九）由办理乡村保卫入手，即以保卫机关兼施广义的农村教育的，如河南镇平县。

（十）以合作社为中心，施行乡村改进工作的，如河北江西各县所办的乡村合作社。

如此说来，农村改进的方式，竟有十类之多，若就其事业的目的及其组织的形式，再加判别，似可得次列两项：

甲、就事业的目的分之，

(1)正宗教育的改进事业,

(2)非正宗教育的改进事业。

乙、就组织的形式分之,

(1)复式的组织,

(2)单式的组织。

正宗教育的改进事业,大概是以教育为主体,所有改良经济,训练组织,皆一依教育方法行之。非正宗教育的改进事业,并非不重教育,但事实上仅视教育为辅助之用,而另有他的主要目的。正宗教育的复式组织,大都带有试验性质,所以用人用钱皆较多;而所含的部分也较杂。单式组织,则取已经试验好的方法,依着已造好轨道,向前进行,用人用钱皆不多,所以希望他能普遍,能持久。

这是近数年来国内各处所办农村改进事业的大概情形。

四

继此,我便要讲到如何办理农村改进事业的问题了。换句话说,便是"怎样才可以走通了农村改进之路"?

依照目前中国需要情形,我以为办理农村改进事业,应该先提出次列两点,希望热心农村事业的同志们加以注意,并加以研究。

(一)互相联络,互相帮助。我的意见,以为农村改进机关,无论创自何主体,施行何方式,他们的目的皆是一样,一定要互相联络、帮助,才能增厚改进工作的效力。

（二）努力推广单式组织，尤其是正宗教育的单式组织。因为单式组织，很容易创设，所以要特别求其推广，以期改进工作，易于普遍。

当然，复式组织的试验机关，也不能少；但与其勉强求多，名不副实，毋宁集中在几个有力团体或机关，负起责任，单靠他去研究教材教法，以及养成高级指导人才。至于实际施教人员，则各乡村师范学校，应负全责。说到此处，则目前乡村师范教育，又必定要彻底改革才好。此是另一问题，暂且不提。至于所谓非正宗教育的单式组织，如农业推广区及合作社所在地的办事区，当然也要和本地的小学校相联络，如双方混合在一块，公同进行，那就更好。

一个单式组织的乡村小学校，所有校长教员，能划定附近学校的地方为一区，负起改进的责任，当然对于推广农业，组织合作，乃至于组织保卫、设备医药、讲究卫生，也要一齐兼顾。小学教师，出身师范，当然不是全才，同时能兼通农事、经济、医药。然而关于农事、合作、卫生的必要常识和推行方法，总当要知道一些。并且能和十里二十里外的农场、银行、医院、相联络，能去取他方法，能在科学机关和农民的中间，做一个媒介人，这却是万分要紧的一件事。

现在我试就实际情形设一例子，来说明一下罢：

有一个乡村小学，校长教员共四人，同心同德，要施行农村改进事业，于是就学校附近划定一区，户共三百，男女一千五百人，决定以此一千五百人为教育的对象，悬出四个目的，希望三年之间，一定能达到，并且达到以后，一定使他的程度，能逐年增高。

(一)全区教育普及,人人能识字、能记帐、能看报、能写信。

(二)全区生产能力增加,生计充裕,无一个不能自活的人。

(三)全区人民身体健康,精神活泼、愉快,屋内屋外、一切整洁。

(四)全区人民能守秩序、能互助、能自治、能自组织保卫团、能知道自身和国家的关系。

因此也就成了四个问题:

(一)教育如何普及?四个人如何教一千五百人呢?有何简便、经济的方法?

(二)生计如何改善?有何扼要有效的方法?

(三)如何能使人民健康?有何种简要切实的方法?

(四)公民教育,如何实施?如何才能使人民自治自卫?

设了几个问字处,终年无人来,壁报高贴,农民看不懂,有夜校,来学者寥寥,试问何时才能扫除文盲,普及教育?从银行借来千把块钱,成立了贷款处,不问农民用途何若尽量借出,这算不得改善农民生计。定期举行清洁运动,扫一扫屋外场面,选出几个人家较干净一些的,悬上一面模范家庭木牌,用了好几百块钱,造成了一个小公园,花木栽的很好看,先生在里面下棋避暑,农民来来去去,坐坐谈谈,这算不得艺术教育和卫生教育。有时开了某某会,聚集了许多农民,大讲一次,娱乐一场,散了事,这又如何能算公民教育?如何能训练成自治能力?

那么,如何办呢?我以为应有次列四个步骤:

第一步,四位同志,应先商定几个进行方针:

(一)要切合实际,不重形式。

(二)要切合需要,不务高远。

(三)要埋头苦干,不事宣传。

(四)要简便易行,不取繁杂。

(五)要做农民朋友,不要做农民主人。

(六)要持之以恒心,将之以虚心,不畏困难,不坚己见。

(七)要事前有精密的计划,事后有详细的检讨。

商定了之后,便来做第二步了。

第二步,举行普遍的调查,调查细目:

(一)关于文化的如:全村受过教育的人有多少?其程度等差如何?本地有无私塾?附近有无小学及私塾?风俗如何?有优良的及恶劣的均详记,其他。

(二)关于经济的,如:土地面积、农场、自耕农、半自耕农、佃农、每家耕地平均面积、农作物、畜养、副业、各家生计概况、妇女职业、借贷及利息、其他。

(三)关于健康的,如:饮料、饮食品、公共清洁情形、家庭清洁情形、厕所、患病人数、医生及药店、其他。

(四)关于组织的,如:有无集会?团结的习惯如何?其他。

这不过略举数例,好在要详细调查时,关于项目可参考的东西很多,所以此地也就不必详举了。实行调查之际,要用访问的方法,千万不可令农友惊疑,这却是万分紧要的。

调查完毕,全村大致情形明白了,如何改进的道路,也可约略看出来了。此时应用一番研究工夫,十分仔细的,十分精密的,认定问题,详定计划。

第三步,便开始计划了。计划时,第一件要紧的事,是认定对象切合需要，万不可人云亦云的，随便把某某处改进区的分年计划进行表，加以损益，钞缮一张，便算了事。要认明本地有本地的情形，问题不是一样，解决办法自然也不能相同。如对于普及教育一个问题罢，要解决他，当然除办普通小学外，流动教室也可用，导生制也可用，究竟如何用法？那是成问题的。农隙补校也可办，托儿所也可办，妇女工艺传习所也可办，究竟如何办法？那是成问题的。同时并举呢？还是分期实行呢？这当然要酌察地方情形了。再说教材罢，采用什么教本呢？对于妇女，如何才能适应他们生活需要呢？这皆不是随便写下来，随便就做的。又如经济改进计划，更复杂了，普通采用的模范农田，特约农田，是不是可以随便做？是不是一做就有效果？农产展览，一览而散，是不是就有效用？当然要详察本地以往情形，目前最大需要，何者可利用，何者可改良，何者可输入，同时还要想到有何农校，有何农场，可以与之联络，有何金融机关，可以去求助力，皆是一一要预备好的。讲到健康改进，更为难了，自己不是医生，可以随便替人看病么？性命攸关，不是随便顽的。此时必定要有一个医院，与之约定，常时指导，非常时帮忙。至如种痘、打预防针等普通技术，那是不能不会的。再讲到如何组织的问题，那是一件广义的公民训练，更要按定本区人民的习惯，因时制宜，因事利导，因地立说，不拘格律，不流板滞。可以潜移默化，收效于无形，更不是徒重形式，可以成功的。

第四步，计划拟定之后，便开始实行了。实行时，第一，先把约定帮助的机关，如农学院、农业试业场、银行、医院，一一皆预备好。第二，先从不费钱或不多费钱的事做起。第三，随事、随地、随时、寻找机会，为农友帮忙，解除他们的困难；凡是有益于农友的事，略尽口说奔走之劳可以做到的，无一件不替他做。第四、随时做，随时考察，随时改正。第五、与外界各改进团体，多多联络研究。

四位同志，定下四种步骤，在此苦干了三年，如是本着上文所说条件，努力不懈，一贯到底，相信一定有相当的成绩。所有四种问题，相信一定可以得着相当的解决。那末这一条改进之路，不是就可以走得通了么？一处如此，他处亦然，岂不是改进之路，就可以四通八达了么？

这是我假设一个例子，随口说来，随笔写来的，当然不能十分精密，可是大致情形，总是不差的。现在所要研究的，就是怎样能得着许多服务农村同志？这却是一个先决问题啊！

五

我所要说的话，大致完了，此处应该再明白的把我的主张，结束成三点，分别说明一下，藉作结论。

（一）我对于农村改进事业一向是主张采用多元的。有一个合作社，有一个农业推广区，做改进的中心，固然很好，有区党部、区乡公所，能做改进中心那就更好。总之，无论何种主体，只要能划定区域，设法指导区内农民，以改进其一切生活的，皆为目前中国所需要。至于本文的主旨，似乎注重在教育机关，这并不是我的主张改变，是因为专就教育立场来发言，认定一切改进工作，既是离不了教育作用，若由教育机关，主持改进工作，当然更可以十分道地，十分考究，并且为谋改进效用，真能普及，改进范围，真能推广，除由其他各方面担任工作外，也还得多多依赖农村教育机关和主持农村教育的人员。

（二）我是一向主张互助的，办理农村改进事业，更当互助。中国人的第一大缺点，在不能互相帮助，因为不能互相帮助，所以事业效用不宏。如不幸做到互助的反面，更要把一些已有的效用抵消。农村改进工作，绝不是少数人所能包办的，比如一个以乡村学校作改进乡村中心，他时时要到农学院农场等处去访问，去贩货，已如上文所说；倘有农学院，到乡村去做推广工作，合作社总社到乡村去推广合作社，医学院到乡村去推广卫生工作，当然要请当地学校先生帮忙。此时学校先生，一定表示热烈欢迎，竭力助他成功，或竟打成一片。在农园、医院、合作社总会，在乡村所任工作，固然是改进事业的一部，而在乡村小学得了这些外助，更可以充实改进工作内容。

（三）我近来是主张推广单式组织乡村改进区，专用乡村小学来做改进中心的（或不称小学而浑言乡村学校亦可，抑或不称学校而另立其教育机关之名，亦无不可）。因为这一种单式组织的农村教育机关，用人不多，费款有限，容易普及，且容易持久，不过复式组织，专司试验研究工作及养成指导人才工作，也不可少。并且若干单式组织的改进区上，一定也要有一个指导监督机关，不断的派人视察。

民国二十三年八月一八日脱稿

（原载《中华教育界》，1934年第22卷第4期）

中国当前几个重要的教育问题[①]

现在中国社会这样地纷乱,要待解决的问题自然很多,我们不能够把它一个一个地提出来细讲,今天只把教育上成为问题而且亟待解决的,提出来和诸位谈谈。但是并没有系统的研究,不过贡献点意见,以供诸位参考参考而已。

第一个问题亟待解决的,我觉得是普及教育问题。讲到普及教育,人人都已知道,为什么要普及教育。因为目前的国家,是需要人人负责的,并不能由少数人来管理,来统治。假使要人人对国家负责,把国家弄得很富强,那便非普及教育不可。所以现在问一国之强弱,并非仅仅问该国工商业如何,军备如何,或矿产多少;并且要先问受教育的人数有多少。受教育的人多,则国家一旦有事,全体人民可以立时总动员。我国的社会是这样地纷乱、懦弱,要想抵御外侮,复兴民族,那更非普及教育,准备全国总动员不可。刘湛恩先生前次出国考察欧美教育;并出席世界教育会议,当时各国的代表报告其本国受教育的人数,有谓在百分之九十以上,有谓在百分之九十五以上,刘先生报告谓中

① 江恒源先生讲,黄振祺记。

国现在受教育的人数已达百分之三十以上。这样的数目,与人家比较起来,已是差得很远;但在我们看起来,已经是过分了。我国哪里会有这么多受教育的人呢!所以国家一有重大的事,只有少数人负责,而大多数的民众,尚在茫然无知中。这就是中国普及教育在今日所以成为重要问题的原因。普及教育既甚重要,那么应如何普及呢?我以为有数种观念应先改变:

1. 应把教育范围扩大。普通所说的普及教育,只是指普及义务教育而言。但是照我的意见,觉得目前的普及教育问题,不是这样的简单。我们虽然普及了学龄儿童的教育,普及后的情形,固然比未普及前好;但我们请问儿童教育是普及了,可是他们的父母怎样呢?他们的环境怎样呢?我们若只普及了儿童的教育,而忽略了他们父母的教育,那教育还是要失效的,对于社会不能有多大的补助,所以我们要普及教育,应使青年人,成年人,甚至老年人都能受到教育,那时候教育才能显示他伟大的功效。

2. 不应限于学校教育。现在的义务教育,都是指学校式的教育而言。一定需要具备学校的形式,如校舍、设备、及课程等等,但我们要普及教育,应该打破学校与社会的界限。我们的教学,不限于学校以内;而是以整个的社会为对象。使不在学校内的国民,亦能受我们之感化、陶冶、训练。

3. 普及教育不仅是识字教育。普通人均谓会识字、写信、读书的叫做受过教育。但此种人对国家对社会未必能有多大利益,所以于读书识字外,正要与以生产技能之训练与良好品性之陶冶,使国家社会均受其益。固然,识字后才能获得知识,有知识而后始能对国家社会负责;但以中国今日之贫困,社会之混乱,生产技能之获得,实较识字教育为紧要。所以我说普及教育不单是普及识字的教育。

这三点可说是普及教育的前提,也可说是我个人对于普及教育的意见。现在就把我平时研究所得,说明中国教育能否在目前情形下普及。

我是江苏人,试以江苏为例。江苏各县的教费大部分用于办理小学,其余一部分办中学,一小部分办其他教育,如社会教育、职业教育等。江苏全省各县的教费,除省款外共有一千多万。在全国要算首屈一指。各县最多的达十五六万;最少的也有五六万。至于入学的学龄儿童数,不管以前,照现在来说,每十个学龄儿童,也不过有二个多人入学。我们试想想看,这一千多万的教育经费,是取之于老百姓的血汗,现在百姓的儿女仅有十之一二得到教育,这是一种多么痛心的现象!假使照这样地办理教育,那么要使江苏的学龄儿童全部入学,非五千余万的教费不可。但是在现在的情形下,老百姓负担千余万的教费,已是不胜其繁重,怎么还可以增加其负担呢?

我觉得解决本问题的方法,第一点主张变通四年制的义务教育,义务教育的年限不应该呆定四年;第二点变通学龄界限。从前限定入学儿童的年龄应在六岁至十二岁之间,现在虽然延长至十六岁,但还是不行,我们应该根本地取消这种限制。第三点是打破现在学校形式。这在前面已经说过,我们教育的范围不只限于学校,而应以全社会为对象。现在提出用怎样的方法,来达到目的。在未提出办法之前,先提出两种先决条件和我们所要达到的目标。

我以为应在：(1)不增加民众负担范围内求教育之普及；(2)务使在五年内普及之。这就是两个先决的条件。我们所要达到的目标是：(1)使人人觉得自己乃中华民国之国民，富有国家的意识与民族的情感，感到自己与国家的密切关系，肯牺牲自己为国家谋利益；(2)使具有组织能力，能够自治自决，从事于团体生活；(3)使获得经济能力，秉有生产技能与生活工具。总之，我们务使人人无论在智识方面或品行方面，都能达到此目标，现在提出具体的办法。

我的办法并不需要推翻现存制度，改变学校，取消师范；而是采取另一方法，可与现制并行不悖的。这方法也许大家都已知道，陶知行先生不是有工学团办法么？由一先生教十个小孩，再由每个小孩教三四个成人，如是则每一先生可教三四十人。假使一个先生能教五十个小孩，那么一个先生可教二三百人，照此愈推愈广。这样的学校并不须具备一定的形式，有人有工具就可以施教。关于识字卫生及其他技能传授，都可采用此方法，这办法现在大场实验。我很赞成此种方法，但有一缺点，就是只能在某一部分地方可以实行，未必处处都可应用。并且这种的师资很难找；小孩能否转教他人，也是一个问题。所以我想较妥的办法应为多元的国民教育。这办法是：

1. 划一地方为教育区，区之大小，视负责人数之多少而定。假使教师只有一人，那只好划小些；如果教师有两三个，那不妨划大些。划定区域后，假设本区有百家，每家有4人，则共有人口四百人。这四百人即是我们教育的对象。智识高的，可以请他帮忙,未受教育的,则施以教育。

2.将教育对象分类。(1)将区中的儿童组成儿童部。普通的小学有一定的形式,有一定的地方,他们是使儿童来受教的,并且在校的时间,几乎一整天。但我们对区中的儿童,每天施以两时半或三小时的教育就可以了。或由他们前来就教,或由先生到他的所在地去教。我们没有一定的地方做教室,在林间也好,在田野也好,是一种流通的教室。乡村的小孩不能全年都来念书,在农忙的时候,也要帮助他的父母工作。所以只能在农闲时来受教。但在农忙时我们可到田间与儿童的父母谈话,施行田间教育。至于组织方面,可将区中年龄较长的儿童分成数队,训练其种种能力,担任各种工作。此外关于农事经济方面之工作,亦可用同一的方法来施行,如某种工作为儿童一人能力所不及,可组一队担任之。队设一队长,受先生之指挥,凡一切事情都可如是推行。(2)将区中青年组成青年部。普通所谓青年,乃指十八岁以上三十岁以下的人而言。我们则指二十岁以上三十五岁以下的人为青年。青年乃社会中最重要、最好的分子,已经受过教育的,可组织之使成为吾人之助手,一年约费百小时与之谈话,指导其关于自治农事及经济等工作。如区中青年均能受先生之指导,则收効必甚大。还有成人,也可以组个成人部。但成人居于次要的地位,或与青年部联合组织为成人部亦可。(3)将区中妇女组成妇女部。妇女在社会上之地位实为重要。我们常常看见信教的妇女们每逢礼拜日常挟一圣经前往教堂作礼拜。可见妇女信教较男子为坚。如能在妇女中获得信仰,则各种工作必易推行。但由男教师指导妇女,似有未便,最好教师的夫妇两人均在一起工作,则妇女训练可归师母负责。

如果事事都能像这样做去,那么只需教师夫妇二人即可将全区弄好。但我们试看看现在的学校教育,他们教育的对象只限于儿童,教育的范围就是学校,除学校以外,他们对儿童是不负责的,这样的教育。对于国家社会究竟有何影响?而我们仅须教师夫妇俩,用传教式的方法,即可将全区弄得清清楚楚、整整齐齐,无论在经济方面或效率方面均较学校式的为优。

在这儿应附带说的是师资问题。这样的教师非现在的师范学校所能养成。因为现在师范学校训练师资的方法,是将讲义装到学生肚子里,再加上一两星期的实习,就可以当起教师来。这样的教师,到底能希望他做些什么?我以为师资训练的方法,也应当改变过来,应使学生在教育区中实际工作。毕业后的出路是找一相当区域,办理一教育区。

还有实行教育区办法后,教育行政也须变革。通常督学视察学校的时候,所注意的是教师的教法。但到教育区所应视察的,不单是教师的教学;并须视察本区中的社会情形。以各家庭是否受教师之指导而改进其生活为判断教师成绩优劣之标准。

师资与行政若能改良,则实行这种办法并没有什么特殊困难。也许有人以为这在理论上说说,固然是很容易;一旦实施起来,恐怕未必如是便当。不然,欧美各国普及教育为什么一定要采学校式教育?可是我国的社会和他们不同,欧美各国经济富裕,工业发达,一切建筑设备都易做到;而我国的情形则不然,事事均不如人,如若模仿人家必致失败,三十年来新教育设施之失败,是我们一种很好的教训,所以我们应当自己另辟一条出路。

假使能做到人人都有国家的观念、民族的情感，则国家民族之复兴，可计日而待。刚才所说的办法，虽近理想，但还可实行。如徐公桥普及教育，即采用是法，今年夏季结束时，全区教育亦即普及。现在的漕河泾农学团所办的小学也在采用此法。

本问题原只限于普及教育，但因与师资训练及教育行政有密切关系，所以顺便地说了些关于师范教育和教育行政的改革。

第二个亟待解决的问题要推公民教育了。人类是具有两种生活的：一是“物的人”的生活；一是“人的人”的生活。按生理上言之，身体不过是骨骼、筋肉、及神经系组成的。为保存身体计，乃有衣食住之需要。又因生理发育的结果，有满足性欲的要求。于是有生育，有子女。故昔人云：“饮食男女，人之大欲存焉”。但是，人类如果只有“食”“色”两种生活，则与禽兽何异？我们知道人类之所以异于禽兽者，除食性之外，还有一种生活。如：“一箪食，一瓢饮，人不堪其忧，回也不改其乐”。这种生活，即是“人的人”的生活。世界上之一切文化，即是“人的人”的生活之表现。所以人类除物的满足外，还应当求人的生活。那么教育也不应只重“物的人”的教育，而忽略了“人的人”的教育。近代公民教育，即是做人教育。

但是现代教育只重视文字、数学、理化而已。很少人注重到公民修身等科。所以在上公民课的时候，任学生打盹也好，看小说也好，先生是不管的。其所以会发生此种现象的原因，在于实施公民教育方法之错误。那么公民教育究竟应当如何实施呢？我以为有两个目标：(1)在知识方面，了解做人之道理与方法；(2)在行为方面，获得良好之习惯与能力。至于办法，首先亦当将教者的心理与学者的态度改变过来。

通常称作教师的职业为教书。做教师的,也只知道照书教书。其实教育乃在教“人”,不是教“书”。不但口里说说而已,心里还应当计划怎样地实行。譬如教手工,不是敷衍敷衍叫学生裁几张纸,剪点东西;或削几块竹片,刻些字画而已。更紧要的是要学生的精神集中在他的工作上,按着合理的做法去做,务使养成良好的习惯与态度,能如是,这就是手工的公民,或公民的手工。

又如教历史,在知识方面,应当使知历代兴衰治乱的道理;另一方面则应激发爱护国家民族的情感。如此,则不仅是读一本历史而已,同时具有更深之价值与意义。这也可称做历史的公民或公民的历史。不独教手工历史应当抱此种态度,推而至其他各科,亦无不应如此。

不唯教学的态度应当转变;先生与学生间之关系,也要改变。刚才说过,现在的先生只负教书的责任,所以对于学生的行为方面,总不注意,完全采取一种放任的态度。师生间平时既少接触的机会,遂致相见时有如路人一样。我们现在应当把这种态度改变过来,教师不独负教学的责任,且应负起改善学生习惯行为的责任。并且应常与学生接触,使受感化于无形。

一个真正的人,应该具有良好的知识、能力和品行。但学校的公民课,既不能对于学生品行方面有所裨益,那不如勿设公民一课,将公民训练散在各科中。无论在教室或教室之外,都可训练学生之品行。尤其课外作业与活动,教师更可利用此种机会以指导之、训练之,使其品格向上。

第三个亟待解决的问题是大学生出路问题。每当学期结束的时候，职业指导所就有许大学生前来登记，要求介绍职业。指导所虽极力为之奔走接洽，然仅能介绍十分之一二，其余的只好爱莫能助。但是大学生每学期仍如商品生产一样，不问出产品之优劣与销路如何，仍在那儿大批地制造。于是一批一批的大学生失业着，酿成出路的恐慌。解决此问题的方法，第一自然要社会事业发达；第二则希望政府以人才为录用之标准。但是这种希望在今日工商业尚未十分发达，政府未上轨道的中国，未免是一种奢望，为事实上所办不到的。

我以为解决此问题之方法：第一要自立。即所谓求人不如求己；第二要自助——自助而后，人助之；第三要互助——大学生应当互相合作，使其所从事的事业，因互助而日益发达。至于社会方面，对于大学生亦须予以帮助。因为在积极方面，可发挥其才能，为社会谋福利；消极方面，亦可消弭社会上若干祸乱。

社会帮助的方法，最好由银行放款予大学生，使有资本以从事各种生产事业。如银行不信任学生，则学生可请校长担保，或请校长与职业指导所共同担保。现在随便举一个例来说明，比如：有三个大学生，一个是学应用化学的，一个是学商科的，一个是学教育的。那么他们三个人可以互相合作，向银行借款千元，于都市附近的乡村办理其事业。习应用化学的可制造各种日常用品，如肥皂牙膏及化妆品之类；学商的则组合作社负推销的责任；而习教育的则可在村中划一区域为教育区，实施教育，改进农民生活与生产技术，以获得农民之信仰。这样做去，他们的事业未始没有希望，银行的借款，也不至于靠不住。

不过要这样做法，大学教育也得改变，不应注重讲义知识之灌输，而应训练其获得实际工作的能力。

今天准备要讲的问题，本来不止三个。还有职业教育，教育制度，教育行政等问题，说起来都很费事。刚才只说了三个，已经花了两个钟头，似乎不便再说下去。现在就此告一段落，其余的问题，待有机会再谈。

五月廿九日讲

（原载《大夏》，1934年第1卷第3期）

中华职业教育社之农村工作

农村改进事业之动机

本社从事农村改进事业之动机,始自民国十五年。当时因感觉农业学校不切实用,与农村实际不发生关系,乃立意创办乡村小学,借教育方法改造民众,以求农村之改进。其办法,首先划定区域,名曰某处乡村改进区,由职教社社员联合地方领袖组织乡村改进会,以促地方人士之自动求改进,而谋事业进行之敏捷。其程序,由地方全民大会产生委员会,由委员会产生办事部,部设主任以执行全区改进事宜,在试验期内,由职教社委派,将来六年期满,则于当地人中遴替,并将全区一切事业交还人民自办。其最初着手之事业为教育,于区内设立小学,并由中心小学校长负全区教育及其他社会事业之责;以次兴办自治、经济建设、保安等方面之事业。

办理最早之乡村改进区,当推江苏昆山县境内之徐公桥。是区办理已历五年,现有户六百六十五,人口三千一百九十七。纯以教育、经济、组织三项为主要的指导训练目标。区内建设,除乡村改进会而外，并有农场、合作社、公共仓库、小医院、形式不同的各种小学校，以及适应需要之社会教育机关、保卫团各项之组设；最近且将试办乡村模范警察。至训练目标，其教育目的，在使全区儿童，完全入学，不识字之青年成人，完全减除，知识开明，风俗敦厚，发挥互爱互助之精神，共谋本区文化之进展。其经济目的，在使农事改进，生产增多，家给户足，百废俱举，村容野容，焕然改观，健康安乐，疠疫不兴，养生送死，毫无遗憾。其组织目的，在使人人能自治，能合群，视公事如己事，扩大爱家爱乡之心以爱国。就上所言，是徐公桥改进区之成绩，虽不能谓三项目的已达，而其五年来努力迈进，各方进步之实况，观下列各表所示之数字，亦可以见其大概矣。继徐公桥而起者，有江苏镇江县之黄墟，苏州之善人桥，泰县之顾高庄，宁波之白沙（此处现在筹备中），均本此目标，从事改进。历时虽未久，成绩皆有可观。此外如本社代办之各农村小学，凡学校所在地，莫不有改进区之设，虽范围有广狭之分，而办法则大致相同。本社蓝筚启基于民国十五年以前，虽曰成功失败，未可预料，但观于数年来各方农村事业之纷起迈进，则此项工作之具有重大意义，似难否认矣。

徐公桥工作举例

兹就徐公桥乡村改进会最近概况报告专册，择录其重要部分如次：

（一）组织——组织系统如下表：

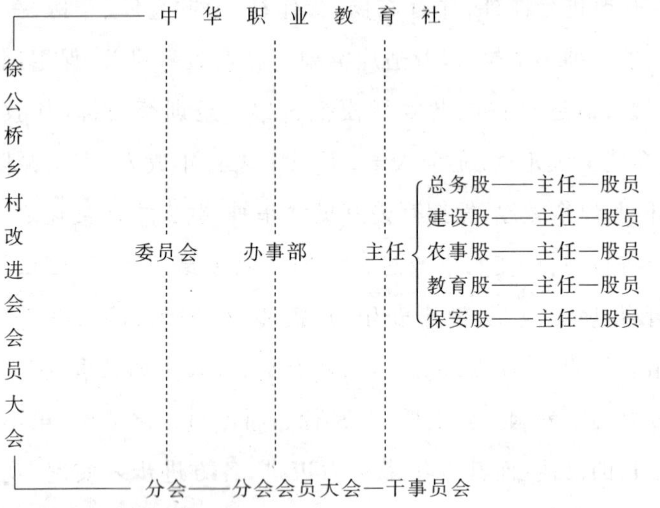

（附注 —— 系统线，…… 指导线）

（二）区域——在民国十九年、二十年经两度之扩充，实测全区面积，凡三十一方里，二十一年加入蒋巷等村，全区面积，约扩展至四十方里。

（三）人口——本区户口历年增加状况如下表。

（表略。编者注。）

（四）经费——徐公桥之经费，按二十二年之预算，全年总收入为二万五千五百点五八元，全年总支出为二万五千五百元。

（五）建设——自本会成立迄今，筑成泥路四，长九华里，石路四，长六华里弱，除路基由地主捐公，泥路由农民自建外，共费筑石路银二千八百一十二元强。徐扬、徐淞二路，规定于二十二年完成。下表即示筑路之历年成绩：

（表略。编者注。）

又本会自成立迄今，修筑石桥八座，木桥二十一座，共费银二千一百八十一点七零元。

（六）经济——分研究农事、提倡副业、举办合作三项。分述如次：

1. 农场　有田二十亩，实地研究试验。

2. 鱼池　有合作鱼池一处，农民自办者亦有数处。

3. 苗圃　自栽树苗，每年植树时分给农民。

4. 养鸡　原有意大利种八十余只，在二十一年春军事时期，完全损失，现仍继续试养。

5. 养蜂　最初试养失败，自二十一年起继续试养。

6. 推行新农具　打水、砻谷、打稻各机，均已试行有效。

7. 介绍改良种子　金大二十六号改良麦种，推行最广。稻种则就地择优推广。棉种则介绍江阴白籽棉，及山东济南棉。

8. 农产展览　每年秋收后开会。

9. 耕牛比赛　每年春季举行。

10. 合作社　已成立者，有信用合作社、借贷合作社、生产合作社、花边合作社、有光合作社、珠翠合作社等。近更计划改进，以达到每一分会有一合作社之目的。

11. 公共仓库　于每年冬季谷贱时，农民得以白米或稻向本库典款，俟春季米价增加时赎出出售，已举办二期。

12. 改良土布　区内妇女，家家纺织，会举行土布展览，计划改良。

13. 提倡小工艺　传习花边。

14. 测候所　每日测验气候报告。

15. 调查经济　每年调查农家经济一次，惟尚未实行家庭会计、收支两项，其势不能十分正确。二十年受水灾影响，亏损甚巨。二十一年米麦收获虽优，但粮价低落，农民吃亏不小。

（七）教育——在二十一年度，全区共有公立学校四，私立学校二，共计有学生四百一十二人，其中男生占二百七十三，女生一百三十九。该年教育经费共为四千一百六十一点六零元。区内之教育事业，除公私立学校外，又有教育会议，由全区小学校教职员组织，为全区研究教育之总机关，月开常会一次。民众演讲厅，已设立者有三处。青年服务团，现有团员四十五人；小青年服务团，现有团员四十人。婚嫁改良会组成后，区内农民受指导者在半数以上。省节会组成后，计全区全年节省之经费，至少在六千以上。民众体育场，每年举行运动会及学校联合会各一次。民众公园，通俗演讲，壁报，公共阅报处，时事报告，通俗格言，民众改良茶园，以及儿童幸福会，同乐会，长寿会等，均按期举行。

（八）保安事业——与昆山公安局分驻所联络进行，现在区内盗贼不生，烟赌绝迹，无游民乞丐，人民咸得安居乐业。兹述其概况如次：

1. 公共诊医所：聘西医一人，主持改进全区卫生事宜，并担任诊治民众疾病，及防疫工作，其状况如次表：

（表略。编者注。）

2. 保卫团：本镇，梅浦，珠翠三处，均已举办，共有团员八十四人。

3. 消防队：已经设立，尚待推广。

4. 代赊局筹集基金，置备棺木，酌量施给。

5. 济贫：老弱残废者，酌与给养。

6. 公渡：于徐公口设渡船一只便利行旅。

警钟设于会内，平时报时，有事报警。

以上为本社在徐公桥工作之梗概。兹将本社工作原则，试验心得，及未来计划，略述于下，以作本报告结论。

工作原则

工作原则。吾人以为农村改进工作，须有四种原则：(一)经济，教育，及组织三方面，必须联合发展；(二)中心问题不妨因地而异，不过总须注意教育；(三)深入民间；(四)居辅导地位。

试验心得：(一)以社会立场，办乡村改进，根基甚稳，而收效则甚微，若无政治权力，困难极大；(二)工作人员除学识热心之外，须同时具备随机应变之才能；(三)人民所不需要之事，绝不可做；(四)如改进区面积大，必须划为分区；(五)青年与成人之教育，须划分；(六)办乡村工作如以经济为中心，收效更宏；(七)办改进区之出发点可以因地制宜，中心点须因时制宜；(八)办改进区应以小学校或合作社为工作基础；(九)费钱须少，用力须勤；(十)改进农村乃完成自治之桥梁。

至吾人所遇之困难，约有四点：(一)保卫工作极难办；(二)感觉人材不足；(三)是否由社会渡到政治；(四)乡村改进运动尚未能造成一个轨道。

未来计划：(一)下学期起，拟筹款召集三十名学生，严格养成专门人材;(二)徐公桥结束之后,拟在上海附近或其他风气最坏,问题最多之地方,再作一度之试验;(三)联络行政界试办规模较大之改进工作,划定试验区作一个乡村研究,但不敢作所谓县政研究。

(原载《乡村建设实验》,第1集,章元善编,
上海中华书局,1934年4月)

如何解决生活的矛盾[①]

一个人常有“矛盾性”的，也可以说，我们天天都在“矛盾的生活”当中过日子。尤其是一般青年们，他们处在这种环境之中，每想解除“矛盾”而不得。于是就生出种种“烦闷”。因“烦闷”的结果。于是对于自己生活也就任其“随随便便”。还有种人，欲想解除“矛盾”而不得，则变成“消极厌世”者。这样说来，“矛盾”却不是一个好东西，然而不然，我们试看古来多少著书立说的人，总是想来解决人生的“矛盾”的。假使人类没有“矛盾”没有“烦闷”，也许人类就不会再有进步。幸而人人要去研究“矛盾”，要去解除“矛盾”，因研究得到的结果，而人类才有进步。所以兄弟以为“矛盾”还不是有害的东西或是有益的东西。至少，兄弟是这样的看法，各位如果在“矛盾的生活”当中去留心。则一切的“矛盾”事情。很可以使你发生研究的兴趣。

比如说，有人主张人要“知足”。这就是前人所谓“知足不辱，知止不殆”的意思，但另有人则主张人要“力争上游”。向前“进取”，这两句话刚刚相反，意思是绝对的冲突。因为“知足”与

---

① 问渔讲，谢崇山记。

"进取"二者,似乎是不可以兼顾,其实也不然。我们应该"知足"的要在"物质"方面,应当"进取"的则是在"精神"方面,即以服务言,许多人在生活方面,尝受"物质"的限制,但是这里边需要"知足"与节制欲望,而况"艰难困苦",实足以"玉汝于成"。至在"求知"方面,则不要有此"知足心",可以尽量的去吸收见闻,向前"进取"。

兄弟很惭愧,没有什么好的法子能来解决生活中的"矛盾",现今只勉强提出两点来同各位作个商榷。

第一,中国有两个字,似乎可以用,就是儒家所说的"中庸"之道。照朱夫子说,"不偏之谓中,不易之谓庸"其实,这不很对,可谓庸者。"用"也,庸是说要"有用处",要"有效用"。我们做一件事情,如能合乎"中道",并且还要"有用处"。以这样的态度去应付生活,或者便可解决了"矛盾"的一部分。即如穿衣服,并不一定要穿绸的缎的。只要衣服能保持体温,虽布的何妨。吃饭呢,也不一定要吃鸡鸭,或者要吃人参燕窝才算养生。就是普通饭菜,只要能合乎卫生就行。如果合乎"中道",即不必再有过甚的要求。所以我们对于"物质享受"不妨"知足"。至对于"事业发展"呢,那是要有"进取的精神",即如求学,当然是愈多愈好。因此,我们对于精神方面的"进取",是要"不知足"的。像从前越王勾践欲报吴仇,他一面"卧薪尝胆",节制着生活的欲望,一面则时刻不忘报吴之仇,他在事业方面日望发展,但他这是合乎"中道"并不像人家"唱高调"。因为他的生活是与实际有用处的,所以我们如拿"中庸之道"来解除生活中的"矛盾"问题,这是比较实际的方法。

第二,我们的生活要能"情理合一"。就是要"情得其平,理得其当"。万不可以"喜欢怎样便怎样",或"固执成见"的态度。一件事情放在面前,要贵能"衡情酌理"而将"情理合一"。因为无论何事,偏于"情"固不可,偏于"理"亦不可。

我不敢说上面两点就可以解决了人生的"矛盾"问题,但这两点,确是可以解决生活中"矛盾"问题之一部分的。

总括说来,我们做人要以"自修为起点,以利人为终结"。凡事要务"实际",要讲根本,所谓"君子务本,本立而道生"。我们今后如想解除生活中的"矛盾"与"烦闷",并要振作自己,我们就应该在"自修"和"利人"两方面去努力。孔子说,"泛爱众,而亲仁"这两句话,我们值得记住。

(原载《新闻报》,1934 年 4 月 14 日,
转载《京沪沪杭甬铁路日刊》,1934 年第 952 期)

本届大会议决案之结晶

中华职业教育社，举行年会，历十四次，同时举行之全国职业教育讨论会，亦历十二次。聚全国职教同人于一堂，纵横其议论，费时间，耗金钱，呕心血，究竟成效几何？真值得吾人加以详密之检讨。

本届大会，举行于新生活运动发源地之南昌，到会人数之多，社会希望之切，气象之盛旺磅礴，均为历届所稀有。其特殊精神，杨卫玉先生已有文详述，兹可不赘。

当大会筹备之初，本社评议办事两部同人，迭次会商，一致感觉得前此历届大会，议案未能握定中心，以致会议精神，不免流于散漫，因有竭力设法以图矫正之议，结果，本社评办两部，公同提出，“认定重心，各方联络，合作分工，整个动员之职业教育实施案”一案，理由与办法，均极详审。其在会员方面，究以散在四方，且环境有殊，需要各异，事先虽有本社之通告，而步调仍难十分整齐，此亦势之无可如何者也。然而大会既启，讨论到集中精神问题，又无不一致表示赞同，此亦可以觇同人心理之趋向矣。

本社所提议案，主张行政方面，立定施教标准，负责培养职教师资，限制职校滥设，推广社会性的职业补习教育及职业指导,并注重青年训练。主张办理职教,同人应移注目光于社会,注重到职教效能,于正式职校,须充实内容,以期毕业生皆有出路,于社会性的职教,则力谋推广,并须为有秩序的进行。其尤当特别注重者,则在青年训练。盖冀上下一致,合作分工,可以于短时期内,完成职教救国之重大使命也。

经第一次大会议决,与分组审查会外,特设“特别委员会”,推定十一人,审议并处理特殊案件,而本社特案审查之役,亦付托焉。此次特别委员会之设,可云最经济亦最切实际。意见不隔膜,一也;精神易集中,二也;讨论易贯彻,三也;论断能敏捷,四也;优点所在,至彰彰矣。

当审查社提特案也,对于一十八项的具体办法,均各得有相当结论,因此提出大会,无复异辞,其纪录见下文,此处可无庸复述。

其值得全国教育界注意,可认为此次大会议决案的结晶,便是次列两项中心问题:

(1)社会性的职业补习教育;

(2)农村改进方面的青年训练。

当特别委员会议定此案之前,并曾决定三个标准:

(1)可能性最大者;

(2)偏重行动方面者;

(3)适合目前需要者。

到会同人,一再交换意见,乃认定前列两个问题,与三个标准完全适合,因即决定以此两问题为中心,可见当时曾煞费过一番研究工夫。迨到提出大会,一致赞成通过,又可见人同此心,心同此理。

社会性的补习教育，究竟如何实施？其中或关于教材，或关于教法，或关于编制，或关于设备，皆须经过研究试验整理编制工夫。在大会匆匆议定之时，当然无暇草拟详细办法，今后此种责任，由行政方面负之者半，由社会教育团体负之者亦半。本社已有试验机关，除拟定详细办法外，并亟应联络他力，切实推行，方不辜负此次大会同人之望。

至于农村改进事业，各方办理方式固甚多，但认为目前改进最大任务，则在训练青年。希望农村能真正自治，农产能特别增加，农民教育，能在短时期内真正普及，再扩充范围，农民能由充实自身保卫力，进而卫国，实无一不惟农村青年是赖。今日全国十二三岁以下儿童，纵得全体入学，亦只能希望其负将来建国之任，若求其目前即能起而救国，则恐为事业所弗许。试问今何时乎？大盗入于内室，家破人亡，祸迫眉睫。目前惟一目标，则在最短时期二三年内，能养成一班二十岁内外，能自卫卫国，自治治人，自养养群之青年，用以立国防之基，驱大盗于门外耳。中国人口，农民居多，若就全国农村十五岁以上二十六岁以下青年，约略计算，至少应有八千万人（此据晏阳初先生所估计），此八千万人者，实今日建国御侮重要之础石也。倘仍任其愚弱穷散，不加理会，则全国民族，势必永沦大渊，若能上下一心，对于此辈青年，并力训练，则不出三年，全国便有八千万新式生产分子，八千万能组织自治之公民，八千万可以持干戈赴疆场之勇武卫士。果如此，则国基永固，宁不如操左券？此真国运盛衰之最重要枢纽，民族存亡之最大关键也。

年来在北方如邹平如定县,乡青训练,早经注意,江西一省,训练未久,成效已著,即本社所办各改进区,于此亦最注重。所谓适合目前需要,殆已成为铁案。

惟如何施行,方能普遍而有效?第一,不能不希望全国各改进机关,互相联络,一方交换心得,一方互取所长。第二,不能不希望政府对于各改进机关,予以相当的指导与扶持,俾厚其力而速其效。第三,则本社应特别努力,任各方面沟通联络之媒介。在本社特案具体办法。第十四、十五、十六三项,关于青年训练问题,已议决“由社详拟办法,酌量实施”;第十七、十八两项,关于农村改进事业推广问题,亦决议“由社详拟办法通信研究”。是则本社,如何方能尽其责而无愧,固赖同人特别奋勉,同时亦盼各方同志,能不断的予以督责。

(原载《教育与职业》,1934 年第 159 期)

升学指导

刚才刘先生讲的我没有听到,我所讲的或者与刘先生有相同的地方。

我要讲的有两部分:一部分是什么是职业指导?一部分是青年对于升学就业应注意几点。

诸位知道我们今天这个会,是上海职业指导所主办的。职业指导所是一个什么机关呢?或者诸位知道没有职业的可以到那里去谈话,登记,请他介绍。这固然是他们的责任。但是他们的职务不止这一种。职业指导所的意义是什么?我们应该讲一讲。职业指导所是服务社会的机关。为什么叫他是服务社会的机关呢?他帮助社会上三种人并且同他们联络沟通。哪三种人呢?第一是青年。青年要到社会上去做事或者要升学,或者有疑难的事,要找人研究,但是这人不是万能,怎能替你解决呢?可是社会上有一种机关,在这种机关里的先生,他们旁的事不做,专来做这种事情。青年要升学的、要就业的、要解决疑难的、尽管到这里来,他们可以指导你到光明之路。但是仅仅帮助青年是没有用的。光去安慰他们,不过是口惠而已。所以还要职业界帮助。要同他们联络,要知道他们详细情形,同他们发生感情,然后同他们说他们要发展事业,最好要用新的人才。这种人才那里有呢?我们把工商界联络之后,就可以把青年预备找事的和职业界预备找人的凑合起来。从前职业界对于青年不认识,对于青年不放心,现在有职业指导所做一个很有信用的媒介,他们可以相信了,并且可以定出条件,托职业指导所去办,或代为训练。这样他们可以得到许多人才,他们的事业就可以发展起来了。还有一种帮助是什么呢?就是教育机关。诸位要晓得学校是什么地方,是造就人才的地方。造就人才做什么,是供社会用的。可是他们不知道工商界的情形,不知道社会上的需要,他们关起门来办教育,而学生出去之后,未必能合用。这好比鞋铺帽庄不顾尺寸去制造货品,那么人家不是嫌太大,便嫌太小,货是死的,假使没有用还不要紧。人是活的,假使一批一批出来都没有用,那就要闹出大乱子来了。可是要叫学校里的先生出去调查工商界的情形,社会的需要,那是很困难的。而各位先生未必有时间精力去做那种事情。假使有一个机关能够把工商界的情形告诉他们,要造就什么人才,如何造就各界需要的人才,他们就能明白了。好比帽庄鞋铺根据了头脚的大小来做帽子鞋子,才可合用。青年、学校同社会好像是三角形的三点。平常三方面各不相谋。青年要进什么学校,找什么事,就乱碰乱撞,碰得好是他的运气,碰得不好就臭骂一顿,在报屁股上发表些文章,什么青年的悲哀啦等等,如此而已。职业界说学校造就的人才不能用,各方面各不相关,现在有一个机关好像是三角形的三边,把这三点联络起来,这个机关就是职业指导所。联络之后,青年对于职业界发生关系了。要找事的,要找人的,两方面都得到便利了。学校知道职业界需要什么人才,就造就什么人才。职业界亦可得相当人才了。这样结果怎样?小而言之,社会秩序安定了,个人生活安定了。一方面工商业发展了,人类幸福增加了。职业指导所的责任如何重大,于此可见。所以今天职业指导所在此地为诸位预备升学和就业的青年,来做一个指导,做一个升学就业的指导,这就是使升学一般青年知道各学校的情形。要就业的知道职业界的情形,这就是要使三方面联络起来的意思。

第二层我再讲青年要就业或是要升学,在此时一定是萦回脑际,颇费踌躇。今天请诸位来就是要解决这个问题。要升学的有许多学校的章程可以看,要就业的有职业界的情形可供考参。看书不够可以同职员谈话。一次不足,再作二次。我们在此时要把三个观念弄清楚。

第一个观念,我们不要以为升学是万分荣耀,就业是万分卑贱。我们要把这个观念打破。我们知道小学毕业要升中学,中学毕业要升大学。这个观念固然不错,可是因为家道清苦,因为一时经济周转不灵,不能不在商店里找一个职位,不能不替人做点事情,他就容易悲观容易消极。这是完全错了。我们要知道世界上的大伟人不一定是受过学校教育的,尤其现在补习教育的门开了之后,求学更多便利。我们所佩服的青年,我们所认为模范的青年,并不是会写文章的大学生,而是向天做事拿着很小的薪水,晚上进补习学校的青年。小学毕业的进初中相当程度的补习学校,初中毕业的进高中程度相当的补习学校。他们到那里去学什么呢?学两种功课:一种是与他们职业有关系的功课，如学商的去学经济，簿记。在机关里做事的，晚上去学文书。白天做这种事，晚上就去学这种事。白天做不好，晚上学了第二天就做好了。学一点，做一点，愈学愈精，愈做愈好。还有一种，去学公民道德，人格训练，甚至爱国的种种道理，这种我们统称为精神训练。为什么要学这种？试问一个人没有道德，没有人格，不爱国家，那还能算是一个人呢？所以第二种一定是非常要紧的。第一种可使我们得到职业上的智识技能，第二种可使我们人格地位增高。在初中程度相当的补习学校三年，也可同高中一样。在高中程度相当的补习学校读了三年，也可同大学一样。请问他费了多少学费呢？没有多少。因为他不过支出了薪水的一部分。试问他们有学位吗？没有，但他们比有学位的人还能干。这种青年我们认为是模范的青年，标准的青年。我们要对他表示钦佩，我们要对他行敬礼。

我们反过来看看上海的大学多得很。在大学里读书的青年，每年要用他父亲五百块钱。现在农村经济破产的时候，做父亲的怎能负担呢？假使费了这许多钱，是真读书的，那还可以。但他却只是忙着跳舞，做不相干的事。这样他若有叔叔在南京做官，还可以弄个小差使。但是没有，那么他只好做流氓，回去做土豪劣绅。小学毕业升中学的，中学毕业升大学的，我们可以佩服吗？这可以证明升学有什么可贵的地方，就业有什么可贱的地方呢？我们要把这个观念弄清楚。

第二古人说，“知彼知己百战百胜。”一般青年往往知道自己，不知道人家，或者知道人家，不知道自己。比方说他的算学很好，他的经济状况也好，那么，可以进工业学校了。但找不到一个适当的学校,而进一个成绩不佳的学校住下。还有因为表兄在那个学校里,他亦进入那个学校。还有明明算学不行的,他要学工,明明口吃的他要学律师,所以我们要明白这个学校是否与我相合。打仗的时候,要知彼知己,才可百战百胜,我们到社会上去也同打仗一样,假使不是这样,一定要大败而归。

第三点是什么呢?我们可以说人有两种责任:一是为个人谋生活,二是为国家社会服务。这点是很要紧的,往往有人谈到青年就业问题,就说在这个年头你就一个事也就罢了。这是专就个人谋生讲的。但是我们只能认为说了一半。还有我们对于国家社会也有关系。现在朝鲜、印度、安南,都有职业教育,可以使人找到饭吃。这不过当他们为牛马而已。养牛马总要给他们吃些草料的。这样的职业教育,我们要不要呢?所以一个人不仅仅是为个人谋生,而要为国家社会服务。

譬如我是在布庄里做一个伙计的,可是我们的掌柜的不大正气,夜里把日货来改包。这时要请问你是什么态度?还是为个人谋生呢?还是为国家服务呢?我想在这时候要求两全,也有办法。第一你不必同他争吵,这是为个人谋生活,但在卖货的时候,你就可同人家说明这不是国货,这是冒充国货的日货。假使说了以后掌柜的将你换掉,那是没办法。但是你说了在为国家社会服务方面,已尽了责任了。

每天规定八小时工作我就做八小时的事,这是为个人谋生活。但是我们想一想国家如此困难,国难如此严重,我们应该找点更多的事做做。我们提前半点钟,迟半点钟去,这笔账不能写在个人谋生活的账上,而要写在为国家社会服务的账上。若人的做事是专为个人谋生活，那么犬能守夜，鸡能司晨，人与禽兽有什么分别？犬有义犬，犬要做义犬很难。但人都可以做义人。所以人之所可贵的就是在个人谋生之外，还可以为国家社会做事。假使做教员的，铃响上课，铃响退课，拿薪水去买米，这可以说是为个人谋生活。我们怎样使学生个个爱国，个个能做事，在事前有预备，临时又卖力，人家听了一点钟，就得到一点钟的益处，这就是为社会服务。为社会服务有没有报酬呢？没有报酬的。你若为了要报酬而为社会服务，那就把善的念头变成恶了。我常说我们有两种责任：一是为个人谋生活，二是为国家社会服务。人之可贵者不在第一种责任，而在第二种责任。社会上所钦佩的，也是这种人。历史上不朽的，也是这种人。

现在关于升学就业指导的正文我不能详细的贡献，但是升学就业的先决问题我们应该要研究，应该要注意的。

（原载《出版周刊》，1934年第82期）

《农村复兴与乡教运动》序

农村之待复兴，乡教之待促进，诚为吾中华民族当前最迫切最重要之问题。金轮海先生努力于乡村教育有年，其平日办事之能与学养之优，均不可多觏，近更出其所著《农村复兴与乡教运动》一书以示余；余受而读之，觉其内容丰富，取材精当，注重实例，一挥浮词，自非率尔操觚羌无实际者所能比拟。是书之出，不仅足资乡教同志之借镜，且亦可供行政当局之参考。爰附一言，以并其端。

江恒源

民国二十三年三月十六日

（原载《农村复兴与乡教运动》，金轮海编著，商务印书馆，1934 年 12 月）

大学生出路问题[①]

大学生的出路问题,是严重的问题。大学毕了业,如果有娘舅或是表兄在南京做事,那便做一个科长,领几百块钱一个月的薪水,没有问题,可是大多数没有娘舅、表兄在南京的。那就是麻烦了。不多几天中华职业教育社的职业介绍所,便要有大批的大学毕业生来登记,请求谋职业。介绍所虽然终天忙着打电话。或是写信到各公司各机关去找位置。结果能找到的,十个中间还不到一二个。

本来,从社会组织方面讲,大学生要有出路,须得依靠两个条件。第一,是各种事业发达。像建设事业,交通事业,教育事业,工商业以及其他种种实业。如果都发达起来,位置自然加多,需要的人材也多。大学生的出路便可不成问题了。第二,是要有一种完善的考试制度。一秉大公。以能力来定取舍的标准,不管娘舅、表兄的情面,不管大人先生们的介绍信,可是这些,在中国目前都还谈不到。所以欲谈大学生的出路,必须有三个原则。一自做,求人不如求己。二自力,用自己的力量创造事

---

① 江问渔先生在大夏大学讲,杨肃记。

业，不要依靠别人。三互助，几个人合起来，和衷共济同心协力的去办一件事。这三件事。是大学生找出路的必要的原则。

现在譬如有三个大学毕业生，一位是学化学的，一位是学教育的，一位是学商的，他们既没有娘舅、表兄介绍位置，可是也不愿在家吃老米饭睡觉，他们决定要创造一个新的局面。碰到这种时候社会上便应该帮助这些青年。现在许多银行尽管把金钱送到内地去救济农村。要知道复兴农村固然重要，而救济这般失业的大学毕业生，尤其重要，直接可以减少社会上许多为恶作非的“高等流氓”。间接也可以借他们的力量来做复兴农村的工作。譬如刚才这三位大学毕业的青年，他们自己要创造一件事业，可是筹不到三千块钱的本钱，银行便应借给他们，如果不能信托，那可由大学的校长作保，再不然职业介绍所也可联名具保。约定五年为期——期限要长些，利息要少些。

这三位青年有了三千块钱，便可以在都市附近拣一块地方。像离开上海很近的嘉定、南翔、黄渡、宝山等地。租几间屋子，便可以办起事业来。那位学化学的也许可以开一爿豆腐店，用化学方法来研究豆腐的质料，并且加以改良，加以培制。定名曰科学豆腐，又便宜，又卫生，又可口，又滋补。买的人一定很多，生意一定很好。此外还可以利用副产品，几百块钱买一架小机器，制造牙粉牙膏之类。那位学商的，可以经营一个农村合作社谋一般农民们的便利。那位学教育的，却可以做农村普及教育的试验。一方更把科学的种植蓄养方法教给农民。也是农村复兴的一种办法。

可是这样讲，大学教育似乎又要应该有些改变了。现在的大学毕业生。似乎只是读了一肚子的讲义，丝毫没有实地试验的经验，那是糟糕的，不行的，所以今后的大学教育，对于大学毕业生专门职业技能的养成，应该更加重要些。那么大学生的出路问题，也就可以易于解决了。

（原载《新闻报本埠附刊》，1934 年 6 月 7 日）

答复“如何做人?”问题

近来青年朋友们,多有以“如何做人?”为问者,兹谨就愚见所及,略为答复如次:

“如何做人?”这就是说“用什么方法,走什么途径,才能做得一个人?”我现在且慢说方法和途径,可先说一说“要做成什么样子的人?”做成什么样子的人,那纯粹是一个做人的目标了。有了目标,然后再定方法和途径,似乎也是很顺当的。

要答复“做成什么样子的人?”的问题,抽象的说一句,便是做成一个“现代的中国人”。当然“现代”是指着时间,中国是指着空间。这个意思是说,只做成中国人,是不够的,因为是不适合于现代;能成了现代的人,而无益于今日的中国,也还是不够的。必定要做成了现代的中国人,才能维持现代中国民族的生命,才能使中国的国家存立于现代。

现代的中国人,是什么样子呢?我以为要具有三个条件:

(一)能使用科学的方法去种田、制器、经商。换句话说,就是能够做一个新式的生产的分子。

(二)能跑路、担物、打鎗、懂得新式的防御方法。换句话说,就是要具有保卫身体、抵御强暴的知能。

（三）能忠于职务、忠于团体、和人合作。换句话说，就是要具有自治互助的精神。

倘使这三个条件完全具备，可以算得是一个人了。在古代的中国人，或者不一定要完全具有这三件，可是在今日的中国，做一个人，倒是非这三件完全不可。我们睁开眼来，看一看近代的各文明国家，那一国的人民，不是大多数或最多数，如人是这个样子若不是，能使国家生在么？

我们中国受列强的侵略，受暴日的侮辱，国几不国了，原因在那里？简单说，就是三个大字：(1)是“穷”；(2)是“弱”；(3)是“私”。生产的分子太少了，只有一群无知无识的愚农愚工，用极旧式的生产方法，终日耕田制器，所得几何？供得起一班不农不工的游民用新式的消费方法去消耗么？消耗不够，所以外货就源源而来。卫生不讲，营养不良，烟毒为患，优生方法，无人顾问，已经植下弱的因素，而学校教育和社会教育两方，虽有体育一项，结果仍是一群文弱书生，就是古代遗留下来的一些雄武之风，到今日也汩没无余了。猜疑、嫉妒、倾轧、排挤、自私自利、苟且敷衍、不顾公德，更到处皆是。因为穷，所以格外弱；因为穷与弱，所以格外私；因为私，穷与弱亦随之而加甚，三方竟成了因果循环，不能解脱的形势。教这样人民，来支撑这个国家，还不是如“枯索驭六马”么？

有人说，中国所以如此，中国人所以如此，是因为帝国主义者种种束缚，使我不能动作，能把外来的束缚解除，中国人自然会富强公勇起来。要知道我们自己不先想法子养成做工健身的能力，和急公好义的精神，束缚能解除得脱么？以前误国误民引狼入室的人，其骨早已枯朽了，怪他也无益，反正，还要我们现在的中国人，立起身来，自寻生路，努力做一个像样的中国人，像样的现代的中国人。

我现在再就前义解释一下说，要做现代的中国人，最明确的标准是：

自养养群　自卫卫国　自治治人

人人能具有生产能力以自养，则国家还怕穷么？人人能具有抵御外侮的能力，则国家还怕弱么？人人有爱公德爱秩序的精神，则国家还怕没有组织么？本着互助互爱的热忱，自立立人的见地，专为大多数人谋幸福，专为托身的大团体求安全，自然能发挥自养能力以养群，发挥自卫的能力以卫国，发挥自治的能力以自治人了。

那么，如何才能够养成这三种能力，做一个现代的中国人呢？这便是采取什么方法寻走什么途径的问题了。

诸位青年朋友！你现在学校也罢，不在学校也罢，第一件最要学的事，是不能不作职业知能的准备。无论工农及其它职业，皆要学好一件，能够谋身自立，自给自养。职业学校，职业补习学校，乃至好的函授学校，或其它可以学习的地方，皆可设法加入，就是在中学预备升学的，入大学预备深造的，如性质相近于实科的话，最好努力于农工理医。就是学经济政法的，也要多多从事于实际社会的考察研究。浪漫颓废一派的文学，如无定力，最好不去理会他。厌世悲观的人生观，最好赶紧革除他。行险侥幸的行为，认定是有百害而无一利。依靠政界有关系人的势力，混一个无聊的小事，认定是害人而且害己。择一业，做一事，要表现出人己两利的意义。坚决认定，要做一个有益社会的分子，绝不做一个社会的寄生虫。自己能够自养了，还要立志去养人。天下最愉快的事，是以一己余力，去帮助别人。我能帮人一分，结果，人来帮我的，恐怕十分还不止。不过要认明白，我的帮人，是纯粹尽我应尽的义务，绝不丝毫存一分望报之心。倘若为善而望报，则善的性质，已经转变而成恶了。

诸位青年朋友们！你能够自养自立，能够去帮助别人，若没有健全的身体行么？一定不行。所以第二件要紧的事，便是不断的锻炼身体。今日中国处了这样危险地位，将来无论如何，总是免不了与侵略我们土地的敌人，一场恶战。现在要做工做事，固然需要强健的身体，将来要维持国家的生存，保全民族的独立，更需强健的身体。普通体育，还不够，应该努力从事于军事训练。人到受人极端欺侮而不知反抗，是世间第一等无耻的贱物试问，谁人愿意做贱物呢？当然反抗那是我们的天职。要反抗便先养成够反抗的能力。现在受军训的机会，不能说没有，每天能分出一小时的工夫，努力从事，一年以后，便可以驰骋疆场了。

诸位青年朋友！能练好职知能，是能练好军事知能，就能复兴民族么？我觉得还不够。所以更有第三件要紧的事业团体生活的训练，养成互助、合群、守秩序，爱公德的美德。一件事业的成功，固然要赖一己的努力，同时也要别人的帮助。况且复杂分工的工作，更要公共努力，步调整齐，方能有效。若专信任自己，不信任别人,如何能够呢? 在一群之中,有应该公守的规约,有应该同尽的责任,如若苟且一点,便是全体受其影响。专顾自己的利益,不顾别人,已经使团体吃亏了,倘若损人以利己,那更是害群之马。最好,先尽了一己的责任,完成一己的工作,有了余力余时,再来帮助别人。这是前面已经说过了。论到个人修养的办法,一要每日写日记。二要多读关于青年修养的一类书籍。三要联合同志,结会研究互相砥砺。四要多听名人讲演。

如能照这样做法,我可保证诸位一定能成一个“现代的中国人。”

民国二十三年六月十日

(原载《国讯》,1934 年第 71 期)

谈谈青年健康及体育问题

常常和朋友们,议论到近来吾国青年健康及体育问题,皆觉得这一个问题,真是十分严重,对于民族前途,关系异常重大。同时也有些青年朋友们,本着怀疑和忧惧的情态,来同我讨论及此的。当然利害切身,稍有知识的人,皆不肯把他轻轻放过。所以我此时很愿意特别提出来,和读者诸君尤其是青年读者诸君,略谈一谈。

有一个事实告诉我们,"前年上海职业指导所统计报告,一年内在上海的大学学生,到本所健康顾问室向医师请求指导的,统计起来,其中患神经衰弱病者,占百分之九十。"大学生是全体人民的菁华,是国家社会的柱石,而患神经衰弱病者竟如此之多,民族的损失,多么重大啊!固然上海一地,不足以代表全国,到上海职业指导所谈话的大学生,不足以代表全上海市各大学的青年,然而略略的推测起来,现在一般青年的体质,也就可以知其大概了。

谁人都知道,要担任繁难的职务,要忍耐困苦的境遇,要和一切艰难去决心奋斗,不能不有壮健的身体,来做基本,否则虽有丰富的知识,精巧的技能,向上要好的志愿,也是不中用的。

我们试放开眼来，看一看近代独立的国家，强盛的民族，他的人民健康的水平，是怎样？倘使我们随便约集三四十个，欧美各国人或日本国人，排成一队，和我们中国人数目相当的一队，立在一起，不必如何动作，只就两方的体格状况精神，比照一比照罢，是不是一优一劣，已经十分显明呢？这不是我故意来塌自家的台，事实是这样，能容得掩饰么？

我们如果不顾自然淘汰，愿意民族永远衰弱沉沦下去，那就各话不说，倘若想在这个生存竞争的世界，能立一立脚，使我们的民族，还能够生存，那么关于目前青年康健及体育问题，就容不得不加以讨论，且亟亟要谋一个解决的方法了。

讲到全民健康问题，当然关涉到的方面很多，如不健全人结婚的限制，婴儿养育法的改良，饮料及食品的检查，公共卫生的改进，均应一一加以注意，现在姑且缩小范围，专就青年健康及体育一端来说罢！

学校不是专为培养青年人才而设的么？号称三育并重，体育不是三育中的一育么？就是社会教育机关，对于健康或体育，不是也往往专设置体育一部么？科举时代的旧教育，容易养成文弱书生，不必去说他了，科举废，学校兴，已经三十多年，国民健康的成绩如何呢？今日一班在大学肄业的青年，不是从小就受新式三育并重的教育么？结果如何呢？

我们每年常看到或听到各地方各学校举行运动会，社会轰动，热热异常，应该中国一般人体格壮健，比较从前大有进步了。究竟怎样呢？小学且不论，中等学校，初高六年，入学诸生，正是由儿童期以达青年期，生理上的成长，心理上的演进，关系均极重大。在此六年长期间内，负教育责任的人，对于学生心身的发展，哪能不特别注意，积极的助其充分发育，消极的免其意外摧残；今之教育家在口头笔头，谁不是这样说，这样写？稍为像样的中校学或中等职业学校，又哪一个不是设置体育专任教员，不是检查学校体格？无论如何，一定皆辟有一个运动场，购有若干运动器械，功课表上皆列有体操课或是每日早上皆有早操。学生经过了长期训练六年，长的年近二十，小的亦年达十八，升学的为大学生，不升学的到社会任事，总应当体质坚实，精神活泼了。何以到了今日，中国一般青年，还是弱的病的很多呢？社会环境不良，引诱的恶魔太多，现在足以影响到青年健康，这也是事实；但是在教育方面，能说不负责任么？

中等学校，设有体操课，雨大了，无特别操场，停课；风大了，天寒了，也停课。课外运动，参加者只有一部分的少数人，或最小一部分的最少数人。运动会筹备开始，学校内，专注意少数最少数的选手。一班三四十人，选手不过数人。此数人者，学校视同娇子，特别爱护，以其能为校增光也。其余则一概不问。每学期或学年开始，例行体格检查，但学期或学年终了，复行检查者绝少；不复检，则一学期或一学年内，究竟健康程度，进退如何，何从察知？不知，更何从谋体育之改善？所以尽管有极用功读书的学生，到了毕业时，已经目短视而背弯曲了，升到大学，已经神经衰弱不堪了。试问，学校内此等体育的设施，对于青年，是有益呢，还是无益呢？请当代教育家，各各扪心自问一下罢！

学校的体育，既是这样，社会教育的体育，其效力有限，更不必说了。民族复兴的大任，希望担在青年的两个肩上，乃三四十年由新教育所养成的新青年，情形竟如此，怎能不令人万分忧惧，令人万分焦急啊！

“往者不谏，来者可追”以往的错误，且不必去说他了，我愿从今以后：

第一，全国大学在学青年，深深觉悟到己身与民族盛衰关系之重，一致努力于身体的锻炼，凡认明足以阻害身心健康的行动，务必一概摒除。

第二，全国中等学校当局，深切忏悔以前体育的失当，务必使全体学生个个皆有好运动的兴趣，人人皆有能运动的机会，实行普遍的锻炼，力避畸形的发展。

第三，政府当局奖励体育、提倡运动，务必本普遍的原则，注重团体的竞争比赛，并应历年比较，以察其进步何若。

第四，各界有志向上的青年，应切实认定自身健康，不仅是一己的幸运，并且关系到民族前途，赶紧联合同志，努力于身体锻炼。

第五，凡是有志服务社会的医校教师及医士，应各各分其余力余时，对于学校青年及社会青年的健康事项，加以指导及协助。

第六，凡是新近组成的社会教育机关，对于民族体育，宜用最简便、最有效的方法，促其普及，增其兴趣。

第七，一般知识阶级，对于青年健康及体育一件事，应一致认为关系重大，不加注意，民族行将灭亡。家庭方面，要父诏其子，兄勉其弟；学校方面，要师督其徒，长率其幼；社会方面，要先知觉后知。尤其在舆论界，更要时时加以鼓吹指导；若仅仅纪载运动会消息，球队胜负情形，我以为还是不够的。

倘能各方一致，如此做去，这一个气息奄奄的衰弱不堪的老大民族，在不久的将来，一定能变成一个坚强勇敢活泼迈进的青年气概。有志青年，盍兴乎来！

民国二十三年九月五日

（原载《国讯》，1934 年第 77 期）

乡村运动与民族前途[1]

燕京大学第四次师生全体大会于本日上午十一时二十分钟在该校大礼堂开会,到有全体师生七百余人,由社会系教授杨开道主席,开会后首唱校歌,继由杨氏介绍讲员江问渔先生,略得江先生学贯中西,著有《中国先哲人论》一书行于世,曾任江苏教厅长,并在许多社会机关服务有年,现任上海中华职业教育会主任,经验极为丰富,今乘赴定县农村工作讨论会之便,道经北平,得机会在此讲话,我们十分荣幸等语。介绍毕即请江氏讲演,讲题为“乡村运动与民族前途”,其大意如次:第一,自西洋文化侵入中国之后,中国文化渐趋破产;在此种中西文化冲突中,我们得建立一种新的文化——以中国固有文化为体,以西洋文化为用。第二,中国以农立国,现在要复兴民族,必须以当务之急;农村问题如能解决,其余为都市问题等,皆可迎刃而解。第三,现在中国很缺乏农村建设人材,故第一步工作得从造就农运人材着手。

---

① 原题为“乡村运动与民族精神”,根据内容,改为本题。

江氏演词如下:

今天在贵校说话,非常愉快,兄弟无学识,无经验,不敢说讲演,不过提出几点小小意见,请诸位研究一下,本日所选的题目是“乡村运动与民族前途”,中国遭际了空前的国难,民族前途,已濒于万分危急状态,如何挽救国难,如何复兴民族,是每个知识分子,都急欲知道的问题,急欲解决的问题。但解决这个问题,有两大前提:一为中国的新开源何处?一为挽救的最有劲、最经济、最确实的是什么?我们研究考量之后,就知道这两个问题,实在是一个问题,因为不知病源,就无治病的方法,知道病源了,自然也就有了方法了。

诸位,在校读书,为的是什么?我们在社会上作事,又为什么?若是国亡民灭我们还为谁去作事?所以这个问题,是我们每一个必须解决的问题,中国现在遭逢这样历史上空前的中难,就给我们一种试验,民有无能力来挽救国难,知识阶级有无能力领导民众,恢复民族的材能,关于挽救恢复的方法理论,各报纸,各杂志,都有许多的意见发表,见仁见智,各有理由,但在我看来,都不是最劲的办法,都不能应目前的需求,所幸现在有了一线光明之路,就是乡村运动。关于乡村运动的理论与方法,今日姑不必说,仅把我所见到关于此项工作的实际情形,向大家作一个最忠实的报告,这次到定县赴全国农村工作讨论会的人,到会的有一百五十人,其中有的是机关的代表,有的是团体的领袖,有的是学校的教授,有的是个人自动参加,南北东西,跋涉程途,各人对于农村工作的方式不同,理论主张也互异,但是都有一种同样的目标:就是大家都要解救国家的危难,要救亡图存,恢复民族。

分析开起来说，很有兴趣，有的机关，最初并不是为乡村工作而设的，但后来渐渐都走上这一条路，如华洋义赈会，最初本是救灾济贫的慈善机关，后来觉着消极的救灾，没有多大效力，于是就办理农村信用合作社，现在合作社在乡村建设工作内，占了最重要的地位。如，定县的平民教育促进会，原本为是普及教育、铲除文盲而设，现在也来办公民教育、卫生运动，贵校的社会学系，本是溉输高等理论、培养知识分子的，现在也设了社会试验区，来实际工作了。山东邹平的村治研究，本是要组织民众、维持地方秩序的，现在也办农村建设。即如敝社，最初目的，不过是要培养专门人材，施行职业教育而已，但现在也乡村文化建设、生计教育、卫生运动等工作，四面八方，都集中注意办于此，乡村运动，就蔚成一种风气，一种潮流，可见这种运动，并非偶然，而是有它的来源，有它的背景的，背景是什么呢？（一）白色帝国主义的侵略，使国家民族，濒于危亡，不能不自图挽救；（二）农村破产，百业衰落，饿寒交迫，不得不自求活路；（三）教育方法和制度，不适时宜，不能不扩大范围，适应环境。因为有内外各种原因，所以这种思潮，就迷漫全国了。

平心而论，乡村工作中，成绩最好的，要算晏阳初先生所创设的定县平民教育促进会，今日时间短促，不能把定县的详细情形，向诸位一一报告。好在相去非遥，朝发午至，有机会的时候，盼望诸位能亲自去参观一次，一定有许多地方，很能或到这种运动的伟大效力。这次在那里开会，精神极好，关于乡村建设的各种问题，如自治、经济、教育、行政等等，都注意到了，空气异常紧张，这种潮流，可算是达到最高点了。

我们在这时候，一则以喜，一则以惧。喜的是解救国难有了办法了，可从乡村建设着手；惧的是中国许多运动都是虎头蛇尾，自鸦片战争以来，各种文化运动、政治运动、民族复兴运动，在最初都是风起云涌，震灿一时，但结果都是烟消云散，化为乌有，现在若不谨慎，这种运动，也难免要再蹈覆辙，那样后世的人，读历史的时候，一定会把现在这种运动的人，当作罪人了。岂不可怕？要想不成为空谈，不成为空开会、白消耗，就必须有材力，有训练的人材，来担任这种责任，但是训练人材，必须先明了国家的情形和国家的需要，才能训练适用的人材，中国现在的情形，可分两说：

（一）病象：从前中华职业教育会，把国内的病象，分为穷、愚、弱、散、死五种，定县平教会又分作为穷、愚、弱、散四种。

（二）病源：有的学者说，中国的病源，是中西文化冲突的结果，我觉着很对。中国本来有高尚的文化，伟大的精神，但经过几千年的演化，变成了一种躯壳、一种具文，已失云自真精神的所在。在闭关自守时代，还可以补宜罅漏，勉强维持，自海禁大开以来，外洋的物质文明科学精神，侵入中国，中国固有文化，已摧枯老朽，不能自存，国人徘徊于东西文化之歧路上，失却生活标准。人心日坏，风俗日偷，悲观、颓唐、浪漫、苟安，不自振作，于是外来的势力，就乘机侵袭，演成今日的危难状况。

想治这种病，必须两方面下手，光靠中国旧有的是不能，但是光因袭外来的，把自己的完全抛弃，也是不行，为正好比一个人一样，光有灵魂，没有身体，灵魂便无处附着，光有身体，没有灵魂，也是无主宰。中国现在，是二者俱缺，青年人悲观、颓唐、浪漫,这是无灵魂的现象,社会穷困、百业凋敝,是无身体的现象。想救这样的病,必须双管齐下,作两种工夫:(1)招魂。发扬中国旧有道德,振刷民族精神;(2)充实身体。引用外来的科学方法,发展工商业,着手的方法,要先从乡村建设起始。

中国的坏,不是坏在农民身上,是士大夫,知识阶级。不争气之三万万五千万农民,坚苦耐劳,浑厚朴实的好国民,但他们都是很愚,很弱,很穷,无能力,无眼光,必须士大夫知识阶级来领导他们。如以士大夫知识阶级的责任是大的,应该带罪图功,负起领导民众、挽救国难的责任来,大学生应该改变态度,实行下乡,与农民携手,辅助他们。

现在中国需要训练的人材,有三种:(1)农村青年。他们的数目既多正在有为,若训练儿童,有点缓不济急,训练四十岁以上的人,又是老大无成,顶好能把十六岁至三十岁的青年农民,加一番训练,使他们能生产,能自卫,能自治,无事的时候,自食其力,国家有事,就是国家的后卫军。(2)农村工作之人员。这是一种中级人材,就如乡村师范等学校的毕业生,借他们的力来指导农民,使他们知道如何作公民,如何爱国家。(3)指导人材。在理论上技术上,有专门研究的人,能明了世界大势,国家需要的,是这种人材,当然要从大学校中找寻,向全国大学请求,希望大学校能为农民造就出这种指导的人材来。燕京大学各教授,如许仕廉先生、杨开道先生,张鸿钧先生,已经努力向这方面迈进,希望同学中间,也能多出这种人材,在乡村运动中,放一异彩。

(原载《燕京新闻》,1934年10月16日、18日、20日)

《与中华职业学校毕业同学一封书一席谈》序

中华职业教育社，试验职业教育，既阅十七年，其惟一方针，一在培养成受教者职业知能，一在陶冶成受教者公民道德，二者殆如车之两轮，鸟之两翼，缺一焉而不可也。中华职业学校，为本社最初创设之试验职业学校教育机关，入学之士，毕其业以服务社会者千余人，大率各能本其所学，以完成对己对群之任务，而又以情谊之联络，品行之砥砺，知识之交换研究，其势不可以缓也，乃有校友会之设，于兹亦阅十三年矣。乃者在会同人，有刊物之编印，属余为弁数言于其端，余于谊固不敢辞；且余极愿乘此以一抒所怀，以为在会诸君进得修业之助，或亦诸君之所愿闻乎！

“使无业者有业，有业者乐业”此本社十数年来所揭之主旨也。毕业职校诸君，以具有相当知能，固不患无业矣。顾有业以后，如何而可以乐于业，此诚吾人所应注意之一问题也。愚以为乐趣之生，必由于辛苦，由苦而来之乐，乃为真乐。从事一业，其初或未能与吾意完全相洽，甚且以为工作太苦，不无生厌。于斯时也，第一应对于工作之性质，力求明了。第二应对于所负工作之责任，详为认定。第三应将一己所执之业与他业相比较，并以一己与同业同地位之人相比轻。果能如是，则苟非真正与一己个性才能十分相违反之工作，大抵皆可勉强忍耐，不致轻易更张。且工作责任大明，更可本“一日不作一日不食”之决心，埋首苦干。迨至心专而志一，奋力而竞进，杜绝游思，屏尽妄念，既省却无限烦恼趣味自油然而生。斯时，溯致此之由，则无非出于“敬”之一字。盖察工作之性质，认工作之责任，所以示“不苟”也。与他业他人相比而奋进，丝毫不肯分心于事外，所以示“专一”也。“用志不纷，乃凝于神，”古人之言，岂欺我乎？由此以观，欲求乐业，必先自敬业始，彰彰明矣。曾涤生有言，“坐这山，望那山，一事无成”，谓不敬于事也。认定我所执之业为生命，竭全力以赴之，运全智以营之，业得其敬，即心得其乐矣。昔孔子自述生平也曰：“发愤忘食乐以忘忧，不知老之将至。”其所以能乐其所乐，即因其能敬其所敬也。吾人立身社会，苟欲发展所业，乐而不倦，舍“敬业”外实无从下手。吾知诸君在职业界富有相当之经历，必能证吾言之不谬。深愿毕业先进诸君，领导于前，俾新毕业初得业之青年，有南针可循，而蔚成社会之善良风气也。此其一。

个人既有业可执，且有业可乐矣，应推与人为善之心，以谋公众之同乐。晚近浇漓之风，凉薄之气，充塞宇内，所谓互助互让者，早成口头上一名词。此事关系民族生存前途，实至为重大。愚以为处今日之中国，凡属稍有知识能力之人，均应发挥服务社会之精神，以力矫夫末俗。无论所行至若何程度，而多少皆应负起一些责任，方可以救得民族衰微。世人一般见解，多以服务即为执业，抑知服务一词，实含两义：其为狭义也，是指通常执某种职业，劳我心力，获得物质酬报而言。其为广义也，则指以余力余时，无条件的救人之急，解人之困，成人之美；小之则立谈片语以指行人之迷途，大之则破家亡身，捍卫国家之大难。盖纯以助人为天职，无丝毫望报之心，所谓社会互助精神之表现在此，所谓为群牺牲精神之表现亦在此。平昔余好以“个人谋生”与“社会服务”两语，区分人类之行为，以为前者属于职业范围，狭义的服务也，有物质代价的服务也；后者属于公民道德范围，广义的服务也，无物质代价的服务也。能为前者，固不失为一人，然而未必即能为好人，为善人。好人善人评价之高低，全视服务精神能扩张至若何程度而定。以已先知觉后知，以已有余补人不足，人格之所以能伟大，社会文化所以能演进，其发端胥在于是。若夫在执业之际，亦即个人谋身之际，依时进退，按程工作，无怠无荒，得薪归来，以赡家室，本人已两利之义，以尽分工合作社会一员之所职，自属心安而理得矣。然此仅能尽个人谋生之责，犹未足语于服务社会也。倘在开始工作之时，存紧张工作之心，预作相当之准备，期效率之增加，行将散值之际，犹不肯闻铃声而即退，必求一件工作完成；当工作进行之际，必提起精神，特殊努力，其用以警惕一己也，曰：“国难深矣，国族衰矣，民生艰矣，工作少一分精神，即是大群受一分损失，尚敢一依故常乎？尚敢稍涉怠惰乎？”凡此所为，皆所谓寄服务社会精神于通常工作之间也。于此可知社会服务精神之表现，有二方式焉。一在个人谋生范围以外分其余力余时以为人助；一在个人谋生范围以内，于执业之际，表现其特殊努力。悉以为学校教育，注重公民道德训练，其最大目的，即在充分养成服务精神一点。揆之古人所谓“乐群”之义，实有一部分与此相通。礼记“乐群”注谓“乐群乐于取益以辅其仁”，是即所谓互助也。诸君毕业出校执业于工商各界，对于社会服务一端，我知其不惟彻底了解，且已实际履行矣。余所希望者，更扩大其区域，使所服务之机关与吾所生活之同事，皆能感而化之，亦用以造成一种社会特殊风气也。此其二。

中华职业学校校训，原列“敬业乐群”四字，平日师友间所以悬为以教以训之标的者，在知能方面固注重养成个人治生能力，以助社会生利，在道德方面则注重养成服务社会精神以完成国民天职。诸君在校既已受过充分训练矣，出校以后，当然能本此主旨，以验诸事而使诸人。今此刊物之编印，即谓为鼓动风气制造风气之最要工具，又何不可？

江恒源作于中华职业教育社办事部

民国二十三年九月四日

（原载《中华职业学校校友会季刊》，1934 年第 1 卷第 1 期）

《农村改进》创刊号发刊词

中国的国家，是由大多数农民构成，所以中国社会的基础，也便是建筑在农村之上。国民不幸竟害了穷、愚、弱、散、私五种大病，以致国势阽危，几几不能收拾。若论到中病最深，病况最重，当然是一班可怜的农民。

在外来的经济侵略，未达到尖锐化时，病象尚未大著；在内起的种种摧残剥削，还未到十分严酷时，病势或不至暴发。可是到了今日，内外夹攻，同时并进，其势竟不能不图穷露刃，捉襟见肘了。农村破产，农村崩溃，其声洋洋盈耳，其状触目皆是。试问到了如此地步，是不是整个的民族前途，发生绝大的严重问题呢？

我国废科举，兴学校，四十年了，所谓高等教育的农科，中等教育的农校，初等教育的农村小学，不是各省各县大概皆有么？可是，对于农民生计，真能裨益几何？对于农村生活，真能改善几何？自前清预备立宪以至民国以后之筹办乡村自治，约计也经过了三十年，可是，现在农民的组织如何呢？自治的雏形，能略具么？

教育依然是没有普及，生计倒反较前益困，各不相顾，一盘散沙，只见乡村知识分子，有产阶级，纷纷离乡村而趋都市，甚且有气力的壮丁，亦不能安心于田亩，农村至此，当然更形衰落，更形颓败了。

在距今十二年前，中华职业教育社同人，因为迭次筹议农业教育，乃深深感觉到农村教育，非另辟蹊径，不足以打破僵局，乃有“乡村改进区”的一种拟议。未几即由理想进而成事实，由理论进而为试验。最初创议于山西，不成则就江苏昆山徐公桥地方，着手尝试。七八年来，全国之内，乡村改进，乡村建设，筹议设立，风起云涌，既已盛极一时，同时农村衰落，农民困苦，其程度益复日形增高。所以论到农村改进和农村建设的需要，在今日可算已达到最高度；而论到农村运动的潮流，在今日也可算渐渐达到最高线。

诚然，不敢说挽回中国阽危的国势，消除国以内的种种阻碍国家进步的恶势力，排除国外来的一切吸我民族膏血的大恶魔，包治穷、愚、弱、散、私五大症，皆惟乡村改进工作是赖。但是既认定农村是建设整个中国社会的基础，农民是占全国人民的最大多数，则乡村工作，至少要负起救中国的一大部分责任。

经过去今两年两次乡村工作讨论会（一次在邹平，一次在定县），集合全国实际办理乡村事业的朋友于一堂，各各报告其所经历，乃知近年来农村运动的风气已弥漫于全国，而吾中华职业教育社十余年来之苦心经营，到此也有“吾道不孤”之叹了。

在中华职业教育社入手试办改进区时，即划定改进工作为三类：一曰文化、教育，二曰经济、农事，三曰自治、组织；斯三者并须连锁进行。到现在各方办理农村改进，方式虽不一样，而工作内容的分类,大概皆不外此三大范围了。在中华职业教育社以私人团体,经营农村事业,力量有限,当然范围不能过宽,大概所办的,其区域内的人口,皆不过多,少的约当于县以下的“乡”,多的约当于县以下的“区”,这也势所使然,无可如何。可是,近来各方面,以一县为单位,从事乡村建设工作的,南北已经有了好几处。因此便可以确切的说:现在乡村改进或乡村建设区域的等级,已明明白白,分做成县、区、乡三级了。就中国整个的社会说,既然要以乡和村为最要基础,而就中国整个行政系统说,当然又要以县为最低单位。在乡村方面,由社会人士联合行政机关、学术机关、实业团体,努力工作;在行政方面,联合社会各团体,并全力于县的整个建设,一面由上而下,一面由下而上,全县的改进工作告成,建设事业完备,则全国建设,当可完成其十之七八。这却不是没有把握的事,全看吾们农村运动的同志能不能下最大的决心,能不能充分的努力?语曰:“天助自助者”,不要倚赖别人,不要希冀机会,一切还要靠住自己。

今日农村运动潮流,已渐达到最高线,此固是可喜现象,可是,同时也觉得可惧。自前清戊戌变政以来,各种运动,各种潮流,由初兴以至成熟,哪一次不是轰轰烈烈,震动一时,结果如何呢?除去写在书本上,留为史迹,供人流连欣赏外,真正能开得好花,结得好果,足以有益于国家民族的,有多少呢?要想一种运动,一种潮流,真正能发生效力,利益斯民,我以为一定要有两个条件:一、实际工作的表现,二、方法及理论的研讨。斯二者能分工合作,联合迈进,则运动潮流,一定有特殊的贡献。

吾中华职业教育社,努力于农村工作,既历十年,平昔本苦干实干之主旨,从不敢一毫存侥幸之心,与好名之念,近设农学团于沪南漕河泾,专为养成农村工作人才。自徐公桥试验工作告成,交还地方,复辟改进区数处于沪南,专供农学团友实地学习。平时既请求实做,同时亦不废理论的探讨。总期在此运动进行之中,潮流澎湃之下,既不为落伍之卒,且能为善斗之士。最近团中诸师友,汇集其年来所经历而已见诸记载者,拟付诸梓人,刊行于世,既认此为创造之始,因名之曰"创刊",示后此将续有所布也。稿具,嘱余作作数言于卷首以为发刊之词。余检阅全册,知其编辑主旨,注重在公开的报告实际工作,及研究方法和论理两点,核与余前述两大条件,完全相合,不觉为之大喜且慰。因此也就不嫌词费,把十余年来乡村改进工作发展之经过及与吾职教社的关系之所在,略略叙述一番。同时对于农村运动前途,却也不能不鳃鳃过虑,于是特揭出两大条件,期用以应付此潮流者一供吾同志之参考。至对于吾社努力乡村实际工作同人及担负本刊编辑诸君,更愿揭出两义,以期共勉:一曰"存虚心",二曰存"实心"。盖心能虚,则可以吸收各方知识,以广吾闻,不至为成见所囿。心能实,则一切取材,务求实际,不尚架空之论,不作无根之谈,一字一句,皆可脚踏实地,坐言起行。存实心,所以为施诸人,存虚心,所以为受诸人;二者相反而实相成,不惟不相违悖,且能相得益彰。如此做法,绝不敢说什么"力矫时弊",也只能说"求其心所安"吧!

民国二十三年一一月二日

(原载《农村改进》,1934年创刊号)

参加第二次乡村工作讨论会后感想

一

此次乡村工作讨论会在定县举行凡三天，到会代表共有150余人，大都是代表其乡村工作的团体。要是将所代表的团体或机关分析一下，可列为十三类：

1. 农村改进区——占大多数。

2. 农民教育馆——江苏无锡徐州及其他各地占次多数。

3. 乡村师范学校。

4. 农业学校——大学、中学。

5. 农业推广机关。

6. 县政研究机关。

7. 县政府。

8. 合作社——如华洋义账会。

9. 农民教育机关。

10. 自治团体——如河南镇平等。

11. 自卫团体——同上。

12. 行政机关——如农村复兴委员会实业部。

13. 报馆。

二

开会目的之最重要者:

1. 各机关工作报告——可知各方的环境与夫工作得失之经过。

2. 联络感情。

3. 讨论办法——分成各小组,讨论实际工作,不重形式,不尚空论。

4. 交换意见。

5. 讲演——请下列三种人担任:(1)在理论方面,具有精深研究者,(2)经验丰富者,(3)具有国际眼光者。

大会会期共三日,其时间支配,报告占十分之六,讨论占十分之二,演讲占之十分之二。

三

讨论后可得下列的评价:

1. 南北各地乡运机关代表,同聚一堂,报告彼此工作得失经过,实为开展乡运工作效能之极好机会。

2. 会的本身,虽未经过官厅立案,而各方行政机关,亦有代表参加,足见农村改进,以引起政府方面之注意。

3. 会前的准备，统由本会值年主持，事后少数同志又举行过谈话会数次。

4. 讨论会值得注意的各点：

甲、关于县政方面——全国实验县，在南方有二：江苏江宁、浙江兰溪。北方有三：河北定县、山东乡村建设研究院第一试验县邹平、第二试验县菏泽。南方江宁兰溪，纯以政府为立场，北方纯以社会为立场，致两方意见，稍有不同。

江宁县梅思平县长，谓以环境的不同，须各视其需要来推动一切，应用政府全力来建设一切。兰溪县胡次威县长亦主张用政府全力，以革新县政。菏泽县孙县长则谓用政治的能力来命令发动，不如深入乡村，埋头去建设下层。因由下向上推动，用钱少，而由上向下建设，用钱多也。

由上所言，可得到客观的评价：北方、不重形式，不求速效；南方、善用方法，力求速效。但他们苦干实干之精神则一。兹依我个人的主张，尽可上下两方，同时并进。

乙、关于乡镇教育机关——邹平菏泽有所谓乡农学校（在教育行政机关方面，仍谓之民众学校）。其内容分为儿童部、成人部、妇女部、建设部、经济部、息讼会、保卫部，这可称谓政治文化的总揽机关。乡校在村的方面，是处于最低级，在各村联合方面的，是处于第二级，直至县政府，是处于第三极。根据彼等报告，确有相当成效，较之现行之区公所乡公所，却来得切实。但此种办法，是否在他处也能普遍推行，仍成问题，原因是在人才和经济两项。

丙、关于合作社——合作社在河北一带由华洋义赈会倡导组织,甚为发达。各村自有合作社后,关于乡村建设,却能次第举办,因此颇引起各方注意。竟有人认为“要改进农村,必先举办合作社”之说。

四

记得我在“九一八”以后,曾到北方与教育机关朋友,交换意见,彼等认为办教育事业,无须与政治发生关系。但此次谈话,已完全改变主张了。多数人是这样说,“我们办教育,如若不与政治发生关系,如何能使全国民众团结?”关于政治,同人亦略有讨论。我的主张,是:

政治方面:要拥护有力量的领袖,肩负起救中华民国的全责,最初是应采用统制政策,最后仍须注重人民自由,此可称为有节制性的民主主义。

经济方面:主张扶助中产阶段,使之发展,同时对于无产阶级尽力,使之达到“耕田有其田”的目的,并防制资本主义的发展,此可称为温和的社会主义。

其次训练青年,同人咸视为十分重要,目标所在:

1. 应增加社会生产——增加国民经济力。

2. 注重公民教育——特别发挥民族精神和扩大民族意识。

其归宿:(1)自卫卫国(2)自养养人(3)自治治群。

办法:(1)根据中国的历史(2)确定目前社会需要(3)用科学的方法(4)以复兴民族为宗旨实施训练。

梁漱溟先生谓:

1. 以乡村来繁荣都市——繁荣都市必先繁荣乡村，然后以其余力余财来建设都市。

2. 以农业引发工业——要发达工业必先引发农业，然后以其原料来供给工业。

3. 创造中国文化要以农村为根据。

(1) 中国文化最初发动的精神，甚为伟大，大都表现于制度典章风俗习惯之中，久而久之，使最伟大的精神低落而变为机械化。

(2) 自欧美文化“利”“力”两项传入中国后，中国固有道德制度，遂被摧毁无余。

五

会后个人之感想，可略说一说。

1. 先前各方面对于农村事业运动，大多漠视，现在已纷纷联络，集中一点。农村运动，实为目前社会运动之最大且要者，已可定全证明，同时并可明了一个运动思潮之构成。(1) 由于感觉内在空虚须要充实(2) 不能承受外来的压迫而起反抗。虽其方式不同，而其动机则一。

2. 经过这两次会议，可以完全明白建设乡村已显然的分成纵的和横的两类：在纵的方面：(1) 关于全县，是县的建设(2) 万人以上，是区的建设(3) 8 千人以下，是乡的建设。在横的方面，以文化、政治、经济三方为骨干。各处方式大概皆是这样。

3. 乡村工作的使命为复兴中华民族，创造中国新文化，其责任的肩负不能希望于全国青年。故同人一致注重青年教育,主张全国十八岁以上三十岁以下的人民,均应予以相当训练。据定(原文如此,似为定县之误。编者注。)报告,全县共有人民四十万,其中八万系受过训练之青年,在工作方面颇著成效。全国如以四万万人口计,当有八千万应受训练之青年,若能普遍的养成其自卫卫国、自治治群、自养养人的精神与能力,则复兴民族,创造新文化,自有十分把握。

(原载《农村改进》,1934 年创刊号)

中国职业教育问题[①]

在未讲正题之前,兄弟有几句话,要用诚恳的态度,向诸位声明:就是个人虽然若干年来,努力苦干,然而回想起来愧对民族国家,中国的社会所以落到今天的情形,我们教育界人,要负百分之五十以上的责任,中国目前这样的教育能否挽救国家的危亡,能否挽救中国的民族,确是很大的问题,并且这样的教育,是否致害于国家前途,也是很大的问题。我们是大学学生,应该担负起创造中国新文化的责任来,今天的讲话,虽然时间很短,然而切希望诸位能够深切的注意"如何改造中国教育"及"如何创造中国文化"。

现在讲到正题,为了讲解的便利起见,不得不分为几段,使头绪比较清楚一点。

第一段,从职业教育的立场来看,职业有什么特性?我们知道士、农、工、商三百六十行的工作,全都是各别不同的职业,但是职业有其共同特性,我觉得从教育的立场看来,须有五点特征:

(1)为普遍性,就是人人都应有职业,常言道"劳而收获",

① 江问渔讲,刘文修记。

"劳"就是代表工作亦就是职业,譬如多少的人在学校读书若用教育的眼光去看就是预备职业,无论是老年人或少年人,都有其职业,唯只残废和病患者,处于无可奈何,而不从事于职业,所以社会上有救济事业,但是此类人数很少不是普通的情形,大多数人还是都需要有职业。

(2)为平等性,从前有一种旧的观念所谓正当职业和不正当职业,或上行职业,或下行职业,例如前清时候,有几种人不许入考,而现在就没有这种区别了。上自总统主席,下至粪夫,车夫,全都是职业,因为如果要没有总统主席,这一国家对外就无人负责,要没有粪夫,屎尿就没人弄出去,必妨碍卫生,有害健康,要没有拉洋车的,走路就很迟慢并很困难,固然洋厕所和汽车,一则使用方便,二则可免除这类职业,但是在最短期间,是否能全国都做到呢?所以说这一切的职业都是平等的。

(3)为互利性。凡为职业必定是双方互相有利,如果某种活动是单方有利的,就不算职业,例如开场聚赌,得头的人可以有利,而输钱的人则毫无所获,并有损失,这种不能互利的活动,就不算职业。

(4)为受酬性。凡是职业都受酬劳,例如好的方面,慈善事业有利于人群,但是不受薪酬就不算职业,画家到中山公园陈列作品,但是没有报酬,虽然一天到晚的画,然而也不算是职业,同样作坏事的人不受酬劳,也不算职业。

(5)为进化性。凡是人类的职业,必定时常进步,修改不停,例如从前的工业农业,和今天不同,这就是进化的原故。

为什么要谈到这五种特性呢?就是希望在施行职业教育的

时候，根据这五点来改进职业，增进人类的幸福，这是第一段中我们应该知道的。

第二段。职业教育的种类，它的范围如何、程度如何，我们也应该知道。这虽然没有确定的说法，然应有假定的设忆。例如农工商家事等，应在职业教育中研究，而又有国家将航海业亦加入职业教育中。有人说职业教育以生产为目的。例如农业是从田地中生产，工业是从原料中生产，商业是将货物从甲地移至乙地，使价值增高，也是生产，家事之柴米油盐都有经济的关系，若家事不好，家庭经济就受影响，所以若以生产为目的，这四者就可以为职业教育的范围。但是照中国的情形看来，实际上稍有不同，例如文书的工作，和前四者似乎没有关系，但是许多商店洋行公司的文书，如果没有职业的知识，就不能顺利工作，类乎这种的工作很多，例如画图的技术，甚至于专管打字或写字的工作，虽然不管其他一切，但是在商业上应用非常广大，也是职业。因为分工过详，不得不如此，所以职业教育的范围很扩大了。

再讲到程度问题。有人说职业教育是中等教育，初小四年高小二年和职业教育没有关系，初小是国民教育，高小是中学的准备，大学以上乃研究高深理论，是人才教育，和职业教育也没有关系。所以职业教育只就是高中和初中的六年期间，这是各国都如此的。但是依实情看来，不得不加以考虑。例如苏俄的全部教育都是职业教育，这个我们暂且不说。但是小学能否成为职业教育呢？兄弟以为可能性很大，尤其是高小，不应专为中学的准备，应该注意到职业教育的训练，使其毕业后因经济缺乏而不能升学时，就可以参与某项职业，以谋生存。那么专科大学能否成为职业教育呢？我以为普通中学毕业，是没有实用能力的。

例如某公司或某医院设练习生，招收高中毕业学生，这能够算是中等教育吗？照这样看来，职业教育往下可以侵入小学范围，往上也可以侵入大学范围，将来的大学教育，范围要缩小，重质不重量，要造就专门的人才，此外，有专科小学（初小、高小皆包括在内）及专科中学，都是职业教育的范围，这是第二段。

第三段。中华职业教育社，在中国是一个有很长历史的社团，究竟他们每年做些什么事呢？我想告诉诸位，但不是夸大的宣传，而是忠实的报告：第一是本社作什么事体？第二是本社的目的是什么？第三是本社对于职业教育有什么主张？第四是请大家讨论。这一段可谓是承上启下的过度段落？职业教育分为四类，这种分类的方法是根据社会的事实，而不是依据死的书本和国外的著作。一为职业学校教育，简称学校教育；二为职业补习教育；三为职业指导，就广义说来，这不是教育的范围，但以职业教育看来，乃是重要的一种；四为农村改进事业。这四种里面还有农、工、商及男、女的等等不同。所谓职业学校，是一定的毕业年限，一定的学额、经费和课程，学生以授职业教育为专业，先生以受职业教育为专业，最大的职业学校在上海有共一千三百多学生。它的内容好坏暂且不谈，但是告诉诸位一件事实，就是学生未到毕业，就被社会上抢走聘用去了。这个职校的目前工作，一是对于教材事业，从事研究，编制系统的职教教材。二是制作进程事业。希望来日的学生可以自供自给不花学费。

职业补习教育，在上海很多，但多是假挂招牌，比较肯实地做的在上海共有四校,三校为中华职教社所办,一校为别人所办。职教社所办的三校,一为短期补习学校。二为已在职业界作事者的补习教育,重服务道德。三为工科补习教育。工厂的学徒或技师只知道机械的使用,而不明机械的理论和修理的方法,于是白天在工厂做工,晚上到补习学校学习机械原理和修理方法,还有的学习工业画图,这三校的目的很显明,有一共同点就是注重公民道德,因为上海各地之道德非常恶劣,我们要设法改正,使之道德化,认识公民资格的重要,并用测验的方法,量其入校前后的差异,测验的结果,是前为傲慢后为客气;前为呆板后为活泼,前为欺诈后为忠实……这是教育的成功,这是职业教育中最有效绩的一点。因为补习学校无需多大的学费,所以现在很有推广的需要与可能,不过教材及教法,尚未臻完善,还需要努力研究,师资更是重要的问题。

职业指导。大多的学校办职业教育,不知道社会上需要何种职业人才,学生在校毕业后,也无人负责介绍,结果成为失业。乃走入强途,于是乎使青年与学校与社会,三者成为敌对互相责骂,社会责骂青年之捣乱无用及学校之教育失败,青年责骂学校教育之误人,及社会之不能解决青年问题。学校则怪怨社会,不聘用它的毕业生,这种情形,就是很需要当中有一媒介互为协调和指导,即可免除彼此之责难,这正是"职业指导"所负的责任。这种工作在外国也不过三十年的历史,欧洲和美洲也有不同,欧洲是因为青年失业乃设立职业介绍所,而美洲乃是为了学校而设立,前者以青年为立场,后者以学校为立场;前者为职业指导,后者为职业教育的研究。中国职教社的这一机关,就是每天有许多青年到此地请求指导，各学校到暑期毕业时，请职教社人去讲演，社会上的工商业领袖，要招人或训练人时，都是来请教于职教社，一天到晚的工作，简直是忙个不堪，所以这种社团，极应推广，而中国只上海一处，别地无有。

农村改进事业。职业教育社自从民国六年起，对于农业学校未曾办过，但是到了十二三年的时候，我们见到学校的毕业生，既不能为农，也不能做教师，只会穿起马褂来，到政府去要事，于是乎我们乃划一农区，在这区内设法使教育普及、卫生讲究、农事改良，搜寻良好种子，提倡副业，办合作社，免除奸商高利贷的压榨。在民国十五六年，有江苏一县，划为一试验区，就是诸位所知道的徐公桥。试办以后，从十七年开始，定了一个六年计划，具体地列出工作进行表，某年作到某项事体，派去一部分职员，并联络当地的领袖，共同努力合作，到民国二十三年六月完成，整个地交回当地人民令其自行办理。这几年来，此类工作如雨后春笋，像这样划区来改进农事的，统计起来有千处以上，这或者不是职教社的功劳，也或是社会趋势的所向。华洋义赈会本为很小组织，而今扩大在各地办合作社来改良农村，山东邹平梁漱溟先生从事村治工作，晏阳初先生在定县努力作乡村改进工作。这种潮流的高涨如此，是我们未曾料想到的。但是这种运动的高涨，发生了一个问题，就是人的来源，如何去训练人才，使有农业教育的知能，及刻苦耐劳的习惯，实际下乡改进农村。

这四种工作进行的时候，要先事调查，而后研究试验，再进而推行职业教育社的工作目标，自从民国六年直到今天，大部分是"使无业者有业,使有业者乐业"。去年又定了三句话,"自养养群,自卫卫国,自治治人。"概括说来,职业教育的目的就是增加一般人的生产智能,以及培植公民训练,发扬民族精神。

第四段,职业教育应当如何办理。职业教育的困难很多,在教育杂志复刊第一号上,我写了一篇"目前中国教育应取之方针及职业教育实施之标准",这上面说的比较详细,诸位可以参看,对于目前的困难,我们要想法解决,以下是个人的意见,请诸位指正:

(1)要办职业教育,无论是学校教育,或社会教育或学校与社会混合教育,必先顾到一个条件,就是"学生的出路"。

(2)要办职业教育,必有相当的设备;办工业教育必先有工厂;办商业教育必先有商场。

(3)职业教育的师资何来?不是大商人可为商业教育的教师,不是老工人可为工业教育的教师,亦不是学过普通教育的人可为职业教育的教师,而是把学过师范的人,使受职业教育的训练,毕业后做职教的行政人员,做教员的乃是把工商业者,使受教育的训练而充当了。这两点合而行之,造成职业教育的人才,我国教育行政当局应先兴办这项事业。

(4)对于乱设职业学校者应加取缔。

(5)职业教育当中有所谓学校教育、补习教育,及职业指导,它们的彼此职能,就是要沟通学校与社会的隔阂。

(6)农村青年训练,这种教育分三阶级:1. 农"学"教育为高等教育,如,大学农学院是;2. 农"业"教育,为中等教育;3. 农"民"教育为初等教育。农民教育又分为三,即农人、农青、农童之三种教育。这应该和教育部的普通教育有所区别，但是一般人不如此想，我觉得乡村小学应该完全职业化，尤其农青教育为复兴民族的重要工作，所以在教育中，应该特别重视农村青年的训练。

若能依上述六点去做，我想可减去一部分困难，这固然或非根本的办法，若彻底说来，应改革全国的整个教育制度，但此只可在教室内自家人互相谈谈而已。

（附记）本稿系江先生在北大教育系所讲，江君讲后即南行赴沪，故记者未能请江君校改，稿内如有错误由记者负责。

民国二十（原文如此，似为二十三之误。编者注。）

年十月志于北大西斋

（原载《众志月刊》，1934 年第 2 卷第 2 期）

做人究竟是为什么

——心理建设之基本观念

欲图民族复兴，一定要从建设方面下手，而心理建设比较物质建设，尤为特别重要。近来吾国知识界颇有讨论及做人问题者，愚认为此与心理建设，实有至密切之关系也。适上海青年会教育部以“做人究竟是为什么?”一题，托为讲演，愚既编成纲要，兹再加以整理补充，著成此篇。明知研究未能彻底，结论未必真确，但以此问题与建设大业、民族前途有关，亦竟自忘其谫陋，愿以此未成熟之作品，就教于海内热心国事之君子，研究人生哲学之专家。至于文字方面，因著者不善修辞，且系讲义体裁，不免稍涉拖沓芜冗，还希读者诸君特别原谅!

民国二十三年十一月十日著者附识

一

人是要“做”的，不做还能算人么？但是做的方式，是千般万样；做的方法，是千变万化；做的价值，是早晚不同，贵贱迥异。

评判做的价值，一定要从做的方式上、做的方法上，详细考察其经过情况,以及经过开始时的动机,经过终了后的影响,方能分出高低。这本是伦理学的问题,讨论起来十分复杂、十分繁难。我们固然不能因为怕复杂、怕繁难,便避开了不去讨论;但在这小小篇幅上,短短时间中,恐怕也不能如讲学家一般,做彻头彻尾有系统的研究罢!

现在我们直接了当,要问一个明白的,便是"做人究竟是为什么?"的问题。这在第一行题目上,已经写得很明白的了。

同是一个人,同是一个样子在那儿做,可是,有是明白自己现在正做着的;有是做尽管做,自己却不一定明白是做的;有是随便做去,半明半昧,不求甚解的;有是一定要把做的意义,做的价值彻底弄明白的;有是已经弄得彻底明白,并且把主张明白告诉别人或后人。而所告诉的话,却是有要得的,也有要不得的(这是学说的不同的原故)。

现在出题目的先生,出了这个大题目来考人,被考的我,也就毫不客气的,想了好多时,整理所想的好多次,竟胆敢提出来向读者诸君请教,而读者诸君亦居然肯来注意读,读了之后,想来一定有许多评论,可以说立场虽各不同,但是要把这个问题决心弄明白,恐怕大家的目的,是一个样子罢!

二

我很大胆,我很武断,我应该先向读者诸君告一个罪,我对于这一个大题目,却拟先说几句类似答案的话了:

(1)做人是为"生存"——"个体生存"和"种族生存",皆包括在内。

(2)生存的最终目的,在“圆满生活”;人之所以要做,也就是为求得圆满生活。

(3)圆满生活的标准是“至善”。至善不易求得,却拼命要把他求得,所以做人的方式和方法,也就不断的改善,向前进,向上进。

我所说的话,对不对,却不敢肯定,姑且言止于此,再看下文罢!

三

如若有人问我“究竟圆满生活,是什么?”“张开眼来,看一看现在的人,再看一看以往的人,谁人已得到圆满生活?”这一问,却要把我问倒了。

上海滩上的阔人,总是有的罢,他们的生活怎样哩?吃的,是山珍海味。住的,是高楼大厦,大门内还有一块大草地;冬不知寒,夏不知暑,莫干山牯岭青岛等处且有房屋,就是天气热些,也可以去消夏避暑。出则汽车风驰,影院舞场,可以供其消遣;入则娇妻美妾,俊仆清客,可以供其娱乐。时代进化,科学大昌,知道神仙不可求,长生不可必,也就择定佳山水处建成一个生圹,请当代名人,把联语碑文预先撰好。自家固然做过大官,儿子也曾欧美留学归来,学问学来了多少,不必问,反正已经到了政府,做了好官。这个样子,还不算圆满的生活么?诚然,是很圆满的,现在一般人所追求的,恐怕也就是这种生活罢!

可是，话又说回来了。我们不是读过一些古书么？古书上所记下来圣贤的说话，不是一般人皆承认他是有价值的么？什么“居无求安，食无求饱”啦，“士志于道而耻恶衣恶食者未足与议”啦，什么孔老夫子骂他的学生子张“学干禄”啦，赞美他的学生子路，“与衣狐貉者立而不耻”啦，连篇累牍，所在皆是。不独中国如此，就是外国亦然，我记得西洋某哲学家有一句不朽的名言说，“宁愿做一生受苦的苏格拉底，不愿做快乐的猪。”这是什么道理呢。并且我们看到历史上可敬可佩的名人，真正当得起“精神不死”“人格常存”的伟大人物，大概皆是颠沛流离，一生受尽痛苦。所以父母教子女，先生教学生，长辈教晚辈，偏要举出这些人来，教他去效法呢？这究竟是什么道理？

讲到这个地方，我真有点糊涂了，可是转一转念头，我却明白了，我想读者诸君比我聪明多，一定早已明白了。原来一个人“做人”的价值，绝对不是在物质的享乐，而是在精神的发展，人格的扩大啊！

一班负政治责任的先生们，身居高位，固然要先存一个“天下有饥者，犹己饥之也；天下有溺者，犹己溺之者也。”的心肠，有知识能力的人，所谓民众中优秀分子，居社会领导者地位，也应当存“先天下之忧而忧，后天下之乐而乐”的怀抱。这种心肠，这种怀抱，就是人格扩大精神发展的表现啊！

一个社会中，一个民族中，倘若没有具备这种人格这种精神的分子，做个骨干。或者这种人太少。而与这种人相反的恶势力，足以摧残他毁灭他，便可断言这一个民族，这一个社会，一定离衰落期、灭亡期不远了。

为什么人类社会中，一定需要这种人呢？理由却也很简单。我们试闭起眼来想一想看，倘若一己得着安乐了，吃的也好，穿的也好，住的也好，如心遂意，般般皆好，但是在他的周围，皆是一班衣不能蔽体食不得一饱的穷鬼，天天呻吟嗟叹，哭泣号咷，甚且要演出“朱门酒肉臭，路有冻死骨”的惨状，试问，这样情形，心里能快乐么？古人有言“一人向隅，举座为之不欢”，多数人为了一个人的失望，且引起不欢，难道少数人为多数穷苦不堪的人所环绕，能漠然无动于衷么？我想，一点同情心，无论何人，皆是有的，并且我很相信，这一点同情心，是经过千万亿年由我们文明人类的老祖宗遗传下来的。倘使稍能把他扩大起来，便可以明白物质享乐对于人生的价值，是有限的；同时更可体验出做人的评价，除去物质以外，还有一种可宝贵的精神，悬在那块。

可是，我们也不能完全把物质抛弃掉啊。因为物质是人类养生要具，是万万抛弃不得的。没有物，如何能有人呢？既不学神仙的辟谷，便不能不吃饭；既不如鸟兽之有羽毛，便不能不穿衣；既要繁殖子孙，绵延种族，而且人类根本上具有满足性欲的需求，便不能不娶妻生子。既要吃饭，当然欢喜吃有味的；既要穿衣，当然欢喜穿华美的；既然娶妻生子，当然要筹计到如何赡家室，如何长子孙的问题：这皆是很正当的；绝对不能反对的；并且应该尊重这些物欲需求，绝对不容轻视漠视；更绝对不容加以遏抑的。但是有一个重要条件，可算得做人的金科玉律，我们千万不能忘记什么条件呢？说起来简单的很，且通常的很，就是“对于物质的享乐，要着眼到社会，不要只顾到个人”。

古代曾有一种哲学家，主张把人类物欲，完全灭绝的，那固然是绝对行不通,后来迂拘宋儒,发了些不近人情之论,亦是同一行不通。比较起来,还是最初儒家的主张,合理一些,近情一些。他主张节欲,不主张绝欲;主张“己立立人己达达人;”主张由一己推及他人,主张人己兼顾。不主张专重小我个人的利益而忘却大我。社会如孟子答齐宣王好货好色的话。我觉得最圆通,最美满。本来好货好色,是人类固有本能。所表现不一定是坏的;所以认为坏,是因为他只知一己之所好,而不顾他人之所好;甚且剥夺他人之所好,以满足一己之所好。倘使如孟子所称“好货好色,与百姓同”,那便是全社会人,个个皆吃好穿好,人人皆依时婚嫁:还不是一个理想的快乐世界么?大家全好,个人为大家当中的一个,还不是更好么?

当然,一个社会当中,人人皆得着物质的圆满生活,是不容易的事,在目前可以说还是一个理想罢!因此就不得不想到社会上负有责任的人了。本来人类资禀是不能齐一的,聪明才智,各各不同,有特殊知能的人,他对于社会改进的责任,要负得重一些,所有发抒他的知能机会与夫赋予他权位的时期,也要比较多一些,他的心目中所备具的圆满生活,自然不能注重在一己的物质享乐,而并注重在他所顾及的大多数同胞生存欲望的满足与物质生活的发展。倘若他所亲爱的人群中,有一个得不着吃和穿,他心中便觉得十分不安,一定要想法子把心中弄安了才适意。这一点精神,便是自我的扩张,便是人格的扩大。并且从这种精神上可以得着他所认识的圆满生活。当然,这种圆满生活,是纯粹建筑在精神方面的。

好了,我说了这一大堆,对于圆满生活的性质,大概可以收回了；我们要追求圆满生活，应该采取什么途径，也大概可以知道了。

四

读者诸君，请注意一下，我们现在所急急要弄明白的，是做人的问题，是如何做人的问题，是做人的价值在什么地方的问题，我以上所说的，恐怕还未能满足诸君之意罢！现在我再绘一张图请诸君看一看，并且我就这图上所表示的，再加解释一番，或者可以格外明白一些罢！

（一）一个圆线边的宝塔式，这是我们“做人”时一步一步上进的象征。

（二）人的基本，是物欲，生而好食，长而好色，是出于做人的天性，不能否认的，也不能阻遏灭绝的。

（三）物欲的目的，是为维持“生存”，生存是人人所需要，物欲自然是人人所不能少。

（四）人要生存，是不错的。但是，你一个人生存，不顾他人生存，那么？你可纵欲无度，专顾自己，不顾别人，行么？人之所以能生存，当然离不了社会。社会组织的重要条件，便是“秩序”。古人所创的礼、乐、兵、刑，无非为维持秩序改善秩序而设。至于个人生活在这有秩序的社会中，自然也要具备合于秩序的德行与习惯努力工作，负责任事，平恕待人，终实不欺，试问那一件不是必要呢？人之所以能做人者在此，人之所以不做禽兽者也在此。

（五）人有社会，禽兽也有社会，可是禽兽的社会，是基于一时间利害而组成，绝无伟大同情心与坚忍力的表现，无随时改进随时扩大的可能。人则不然，既有适合于社会生活必不可少之善良习惯，再精而练之，便有由情感出发经过陶冶涵养而成之德曰“仁”，有由理智和行为共同磨练而成之德曰“义”。更有由仁义两方演育而成之德曰礼让与廉耻，有了仁义以为做人之本，自然可以生存于秩序社会之中，且可为改进社会的原动力了。

（六）人能居仁由义，便处处可以表现出人格的伟大，而由“为己进而至于为人”也就有根据、有着落了。孔老夫子曾经说过，“古之学者为己，今之学者为人”，为己便是力谋自己的扩张，先求有以自立;为人则是好虚名为虚荣,一惟他人之势利是依要知道,活泼流动,生趣盎然,慈悲为怀,胸襟阔大,光明磊落,直道而行,这皆是做人的真本领真主宰能如此当然富贵不能淫、贫贱不能移、威武不能屈了。

(七)能为己而后才为人,为己工夫已经成功之后,“为人”才有把握,这是和孔老先生所说的为“人”完全两样的。此处所谓“为人”,便是牺牲为群的精神。人格扩大,到了此处,可以说渐渐能达圆满之域了。

(八)一步一步进上去,人格愈高,对于做人的乐趣,也就能格外浓厚,对于做人的意义,也就能格外了解,而“圆满生活”的获得便在这个情境之中。孔老夫子的大弟子颜渊“居陋室,一箪食,一瓢饮,不改其乐”。为什么?宋末文天祥被元人捉去,关在牢里,作正气歌,心中坦然,为什么?我以为不为别的,就是为他已经得到了圆满生活的情景与境地。那么这种情景与境地,当然是纯出于个人的主观感觉与认识,圆满生活价值的评定不是在物质,而是在精神;似乎也可以明白了。

(九)如是,一生奔走社会,为同胞谋幸福,结果,大家安乐了,自己也享着一份,自然可以算得是圆满生活,果能如此,自然很好。然而谈何容易呢?不幸如颜渊,如文天祥。受尽一生艰苦,物质的享乐,可以说丝毫没有,然而他的生活我们能说不圆满么?古今中外,舍生取义的志士,杀身成仁的君子,身难死而精神永远不死,人虽亡而人格永远不亡,在后人看起来,不是圆满生活是什么生活。

(十)“圆满”本来是一个带比较性的形容词,昨日以为圆满,今日觉得差了；今日以为圆满，明日又觉得有点不够了。惟其如此，所以做人的人，才不断努力、不断上进。我们揭出“至善”两字，明知道这是一个高悬的字塔金顶，是不可攀企的境地，然而我们做人的最后目的，总是希望要攀上去把它拿下来的。好了，讲到此地，可以把本题的答案，逼出来了。

做人究竟是为什么？是“为追求圆满生活，追求至善”。若溯及最初生活的渊源，亦即所谓“圆满生活”之根。与不可攀企的至善之本，则仍在于人类生存的物质欲望。调节物欲的方式和方法，维持生存发展。生存的方式和方法，能想得好，教得好，学得好，做得好，那便是“做人”的道德行为。教育家所以教人者在此，政治家所以治人者在此，我们较有知识的人，所以自教自治者亦在此。

五

本文要说的话，大致说完了，现在还有几句赘言，也要顺便说一说：

现在我们要建设一个新的国家，排除空前的国难，以复兴我光明灿烂的民族，是不是需要若干建设人才；由建设人才以树立建设事业，是不是先要从心理建设下手？倘使还是只知有己，不知有人，只知维一己的私欲，不顾公共的利害，以为做人之道，只有求个人物质的享乐，其他一切可以不问，这种心理，充满于知识阶级的脑中，虽然具有建设的知识与技能，虽然已成了若干的物质事业，试问又有何用？至于所谓狷介高旷之士，认为国事已不可为，一昧的主张消极，竟至构成厌世的心理，甚且佯狂避世，放浪笑谑，那更是病的心理表现，对于建设国家，又是去题万里。

我以为目前要养成建设人才，第一先要养成多数人的建设心理，要养成建设心理，一定要使多数人彻底明了做人的方针与做人的价值。这一种责任，当然不是一个人两个人能负得起来的，一定要知识界先能树成一种模范，造成一种风气，我相信中国的民族复兴，绝对不是没有希望的。

民国二十三年十一月十三日脱稿于上海寄庐补学斋

（原载《复兴月刊》，1934 年第 3 卷第 4 期）

《试验六年期满之徐公桥》序文

中华职业教育社，于十七年春夏间正式接办徐公桥乡村改进事业，当时定下了一个六年计划，到了二十三年六月底，居然试验期满了。爰由主管人员编成一部分报告，就是“六年试验期满之徐公桥”，著者为之作序文一篇并诸首，文内特提出三项主张，意在就正于海内同志。此项主张，合理与否，诚不敢说，但是纯由辛苦经验中得来的，却是可以自信的。

徐公桥乡村改进区，六年工作计划试验期满，将于民国二十三年七月一日，举行交代典礼，完全将一切已办就的事业，由主办人中华职业教育社，交于徐公桥本地人士接管。事前有报告册印行。主编报告册的先生，要我做一篇序文。论理我即不可以辞谢，论情我且不能已于言。因在事务十分冗忙中，抽出一些工夫，写出我所要说的感想和意见。

徐公桥改进区，是发起创办于民国十五年冬，当时合办的团体，却不止一个，十六年后，曾略略停顿过一些。至民国十七年春，合办团体，各自分散了，乃由中华职业教育社独力担任经营的责任。因于十七年年度开始，有六年分期进行计划的议定。

此时我也刚刚到职教社任事，对于徐公桥改进事业，感觉到有特别兴趣。平日常和最初发起创办人黄任之先生及其他各同事，讨论得失，研究利弊，可以说六年以来，没有间断。中间并且南南北北，也走过了许多农村教育机关及农村改进机关，到了一处，除留心考察外，并和主办先生们，详加讨论。光阴如逝水，一转瞬间，徐公桥改进工作，预定的六年期间，已经告终。而我个人所积关于乡村改进事业的感想，也着实不少，屡经分解变化的意见，更是不一而足。现在意见却不敢说已经固定，可是就六年来直接间接经验之所得，似乎已渐渐成功一些统系化，不像那以前浮动不定了。能趁这个机会，把我的感想、我的意见，赤裸裸地说出来，不是一件很难得的事么？

徐公桥改进事业，经过六年间的经营努力，学校由一所添到六所，学生数由一百六十余人，添到五百三十五人，从前成人识字的，只有五百六十人，现在则有一千五百二十四人，狭窄不平的小道，改筑成宽大石子路共有六华里，泥路共有十一华里，修筑石桥木桥共有三十一座，置有农场田二十二亩。仓库也有了，诊疗所也有了。河内有由合作社所公养的鱼，家内有由鸡场分来意大利种的鸡。花边和绣品制成，也能卖到上海去。不着袜的农民，也能登坛讲几句话，报告一些工作。合作社共有六所。改进会各分会员，共有四百六十二人。这皆是写明在报告册内，有数字可靠，有事实可证的。这怎能说不是小小成功呢？

可是，我们本着薄于责人厚于责己的良心来想一想，放开复兴民族排除国难的眼光来看一看，能满意么？绝对不能满意！不惭愧么？真是万分惭愧！

第一,徐公桥一个小小地方,经过六年改进,共花了国币一万七千三百元,还能说这不算多么?以这样金钱,办了这样事业,"货"与"价",相当不相当呢?恐怕要成功(原文如此。编者注。)一种问题罢!解释这问题的,固然有见仁见智的不同,但希望改进事业的普及,可以说我们总是一致的。可是,以中国幅员如此之广,农村如此之多,安能有了三四百家的乡村,即由一个改进区,即有数千元去栽培他呢?若不能,还不是杯水车薪,无济于事么?

第二,就徐公桥立场来说,中华职业教育社,总是一个外来的团体,六年之间,他花了一万七千三百元,各种事业办完之后,派来的职员也调回了,经费也不再贴了,本地人怎样办呢?倘使职教社能替徐公桥把基金筹好,或者农民生产力因改进的结果,已有相当的进步,有十分之八的人家,除自身生计充裕外,还可各拿出一些款子来充作地方公益费用,交代以后,可算是无问题。现在能够这样么?不错,徐公桥热心农友,公同醵资购置公有农场二十二亩、万年公墓一所,诊疗所、仓库、小学均有相当的房屋,小学也筹有四千余元基金,这不能不说是他们的公有财产。可是,这一点,能够维持么?当然不够。所幸有了县农民教育馆,能来和改进会合作,县政府又肯每年拨来一千五百元,作为接收后的费用,故暂时可以无虑。不然,如何能放心呢?

以上两层,的的确确,是我们办徐公桥改进区的人,所认为要成功问题的。有问题而未能解决,这是我们极不满足的,凭依其他势力,目前使问题暂不发生,这是我们万分惭愧的。

可是,在这种愧悚警惕之中,却也能使个人改进了许多见地,增长了许多识力,似乎从黑暗长途中,也能摸出了一条光明大道。因此不敢自闭,敢以所见,忠实揭出,就正通人。

第一,以后宜多办单式组织的乡村改进区,复式组织的最好少办。

单式组织,是以一个乡村小学校,或一个农民合作社做中心,对于附近农村,划成一区,施行改进工作。如徐公桥,是一个复式组织的改进区,他设有总机关,总机关下有小学校、民众学校、诊疗所、合作社、仓库、农场等,是以一个大机关,包括了许多文化、教育、经济、保卫的许多小机关。论到魄气大,效力宏,当然是复式组织好,然而用钱较多,不能持久,则短处也是无可讳言。单式组织,不多用人,不多用钱,能持久,简便而易推行,这些长处,均极可取。目前建设农村,已为万不容缓之事。欲求建设有效,其势不能不求普及。欲求普及,惟有设法推广单式组织的改进区,使之普遍于各省各县耳。至如何养成许多农村服务人才,以供各改进区之用,那是乡村师范教育,乡村中学教育,应该如何扩充如何改进的问题,此处可以存而不论。

若复式组织改进区,当然也不能不有,但是一定要具有下列各条件:(一)由教育机关所附设,专用以训练人才,并实验方法的。(二)由社会团体或私人筹定相当的款,地方又有机关愿与合作,有领袖愿尽助力的。(三)由省县政府拨定专款派员特设的。如无以上之一种情形,还是以提倡多设单式组织的改进区为好。

第二,办理乡村改进区,入手之初,要握住三个重心。三个重心,是什么?(一)普及教育,(二)推广合作社,(三)注意公共卫生。应认此三件为一切事业动发的枢组(原文如此,似为纽之误。编者注。)。

就教育言，应分儿童保育、青年训练、成人组织、妇女集会数种，要同时并进。实施方式，有是学校的，有是社会的，有是家庭的，因人而异，不必一致，亦不能一致。教育目标，以经济生产为惟一中心，以组织团体完成公民道德、发扬民族精神、训练保卫能力与技术，为重要目的。合作社，应与教育联合并进，并互相补助。关于农村经济问题，如，避免高利贷、购入廉价种子肥料农具、联合卖出农产品、不致再有人欺凌剥削、结合经营集团农场、采用科学的新方法等等，皆可凭藉合作社之力以解决之。并且团体生活的训练、互助精神的养成、服务德性的增进，皆可于进行合作社时逐渐得之。

注意公共卫生的理由，可以不必多说。应注意的：施行之际，要有简单的药库，要有略通卫生医药常识、能种牛痘、能打预防针、能治疟疾痢病的普通人员，在乡村服务。此事关系乡村人民幸福极矩，而博得农民的信仰亦最深，入手改进之初，应先注意及此。

以一个乡村小学，能有两位或二三位先生，一面教小孩，一面教青年和成人妇女，有时在校内工作，有时到农家去工作，划定学校附近一二百家做教育对象，信用既立，关于筑路、修桥、息讼、置公墓、风俗改良等事，自然皆易进行，毫无阻力，其余表面的装饰、无意义的运动、只凑热闹的娱乐集会，希望愈少愈好。

第三，办乡村改进的人员，应预先约好几个学术机关作后盾。

农村服务人员，除一部分担任设计指导的，要经过专门的训练和高深的研究外，其余只要备具一些经济农事医药常识，明白教育及地方自治的道理，能担任乡村小学教员而又精明强干、刻苦耐劳、热心服务，也就够了。最要紧的，是使他能到各处去贩货，去取方法。比如改良农事罢，一定有一个农学院或农事试验场在他背后，遇有问题发生，便转身去讨教，贩得好货，取得好法，马上回来，交给农民。推而至于卫生医药，一定要有一个医院跟住，合作社一定要一个金融机关跟住，其理亦同，就是关于教育的实施，也要有一个研究机关，立在他的背后。如此，则办理改进的先生，便完全站在学术机关和农民两方中间，做一个介绍者。这样一来，高高学府的文化恩惠，可以下及于胼手胝足的农人，而无知无识的农人，也可沐受文明的日光，渐渐提高地位了。我以为这一层，凡是办理乡村改进事业的人们，应该首先认定，并且要首先准备。

以上三项，总算是一点小小心得，究竟对不对，我也不敢说，极愿农村教育界诸同志们，加以指教。

此外还有一点要说的：像徐公桥这一类复式组织的改进区，或其他各处单式组织的改进区，皆是以私人团体或纯粹私人之力办的，试问国内能有多少呢？其由省县政府拨款派员筹办的，也不是没有，可是数目更少了。现在要希望普遍地推广，势非大规模举办一下不可。大规模怎样办么？我以为应合政府、金融界、教育界三方之力，联合组成一个协作团体，筹定的款，立定计划，先从训练人才入手，以多元的方法在短期内谋乡村改进事业普遍于全国。这并不是不可能的。其详细办法，容当著成专篇，就教于海内贤达，此处我只能引出一个端绪，尚希望读者特别鉴谅为幸！

（原载《试验六年期满之徐公桥》，姚惠泉、陆叔昂编，中华职业教育社，1934 年；转载《农村改进的理论与实际》，生活书店，1935 年）

读书问题[①]

刚才承彭先生一番介绍的话，兄弟觉得很惭愧，现在我究竟能有多少可以贡献给诸位，恐怕很难如彭先生所说。今天来和诸位讨论一个读书的问题。

我对于读书实在是门外汉。要一个门外汉来讲门内的事。那当然很困难。但是古人说："我非智者而爱智者。"我也有同样一句："我非学者，但我爱读书"。现在既承介绍。我就把微细的心得贡献给诸位做个参考吧！

读书这个问题很大。现在只分三点来讲：一，为什么读书？二，书是什么东西？三，怎样去读书？

一，为什么读书？这个问题很离奇。比如有人问为什么吃饭？这不是和为什么读书一样吗？这似乎很难回答。但是仔细一想，也很有道理在里面。

为什么读书？照兄弟的回答是"为学做人而读书。"有人要

① 江问渔先生演讲，徐传钰、徐子骏记录。本文与发表于《教育杂志》，1935年第25卷第4期、《商务印书馆出版周刊》，1935年，第124期的《对于读书问题的我见》，体系大体相同，内容略有出入，现收录，便于全面比较。

说是为文凭而读书,这当然绝对错误的。为会考读书,为升学而读书,为谋职业而读书,固然有一部分理由,但未免看读书的价值太低了,所以我说为学做人而读书。但我不敢说这答案很对,不读书的人就不为做人吗?

进一步说,怎样去做人?我以为要做人。做一个好人要有三个条件。一要有丰富的知识,二要有优良的品性,三要有应变的才能。这三个条件缺一不可。要把这三种融会贯通,才能成为好人。要是缺了一样就不行,二样也不行,三样没有,那么古人说过,"不为圣贤,便为禽兽",我就得说,这三样都不全的人,同禽兽差不多了。

有了知识,还得要有善良的品性,去支配知识,知识是空的,没有才能也不行。所谓才能,就是应付困难的能力,中国被外人压迫,说没有法子,这是没有才能的缘故。有了知识,有了才能,而没有优良品性,也不行,因此要做个好人,就要读书,以增加才能、知识,校正品性。但是现在满处都有书呆子,智识很丰富,差不多什么都知道,做事却一无才能,这是因为他以为求智识而读书,而不是为学做人而读书。所以要做一个完人,这三种缺一不可。

但是,怎么样的人才算是好人呢?一,就主观上讲,要得圆满的生活;二,就客观上讲,要有益于社会人群。

圆满的生活到底是什么呢?上海有一班阔老洋房汽车什么都有,衣食住是非常舒服,所以普通总以为有了钱,就可以得到圆满的生活。但是客观上讲,他的行为,这般夺人利以利己者的阔老,有益于人群吗?所以,圆满的生活,不是物质上的享受,而是精神上的发展。

孔子说“食无求饱,居无求安”,又说“士志于道,而耻恶衣恶食者,未足与议也”。孔夫子说的话,大概不会错吧?他赞美“衣褞袍与衣狐貉者立而不耻”的子路、“箪食瓢饮不改其乐”的颜渊,但对于“肥马轻裘”的子华,却不十分满意。欧洲有位哲学家说,“我宁愿做一个终身穷苦的苏格拉底,不愿做一只快乐的猪。”这是什么意义?骤然听了似乎不对。其实,这种人已得了圆满的生活。再看文天祥被元朝捉去后,关在狱中,他还作正气歌,一无幽忧之色,他在快乐着他已为人群谋了福利。所以我们可以证明,生活的圆满不在个人的物质上的享乐,而在发展其个人的人格,能为社会谋幸福。“杀身以成仁”“舍身以取义”,这是因为他要想为人群谋福利,以求得圆满的生活。他肉身虽死,精神却仍没有死。所以先天下之忧而忧,后天下之乐而乐,终身奔走,为社会人群谋福利,才是为做人的责任。

不过人人都能先天下之忧而忧,后天下之乐而乐吗?这当然不可能的。因为一部分人没有读过书,所以知识高的、才力强的,应该对于国家社会多尽一点责任。地位高的,也应该对于国家社会多尽一点责任。

现在再来讲做人的根本究竟是什么。这当无疑异的是求生了。

但是求生的目的相同,种类却很多。乞丐的讨钱是求生,扒手的偷钱是求生,谋职业也是求生。慈善家赈济饥民,是求多人的生存。孙总理奔走呼号,首创革命,谋民族民权民生问题的解决,也是为民众求生存。

不过因为求自己的生存，而妨碍他人的生存，是罪恶。牺牲个人而谋大众的生存，才是伟大。这个一个做人的最大标准，千万不可忽视。

所以中国旧德目所列的“仁义”二字，是很可以注意的：

▲仁字的意义：一，二人为仁，是社会的起源，所以仁字含有社会的意义。二，我们吃的瓜子仁杏仁等，为什么叫瓜子仁杏仁，这表示仁在土中渐渐发育成长，所以仁字含有生机。三麻木不仁，这就是麻木不动的意思，所以仁字有流动、活的意义。四，仁人不夺人所好、强人所难，这表示有同情心。所以仁字有四种意义。一社会，二生机，三活动不息，四同情心。

▲义字的意义：以个人的立场认为需要的、应当的，就做。反之，就不做。要富贵不能淫，贫贱不能移，威武不能屈才对。所以做人还应该注意仁义。

第一点为什么读书，我来总括的说一句：读书为做人，为得圆满的生活。

二，书是什么？爱迪生发明许多东西，并不是读书得来，是由实验得来，达尔文的许多优生学上的贡献，是在野外看小虫得来，诸位在实验室里，也并不是读书，但是可以说读书。

那么书究竟是什么？有人说，书是订成本子的东西，但是这个答案，不能算十分对，我说书可以分做广义的和狭义的，抽象的和具体的。

孔子说：“三人行，必有我师焉”这三人中就是因为其他二人，可以告诉他所不知道的一些东西，所以这样就是读广义的书，所以广义一点讲，万物都是书。同样考古家所挖得的古物也是书。陶渊明教他儿子善待仆人说“彼亦人子也!”这句话就增加了做人的学问,但这除了读古人具体的书之外,是不为感到抽象的书,就是读书所得的反应。比如释迦牟尼因为看到了死人的痛苦,就厌恶世界上生老病死而决心出家,这也就可说那死人是释迦牟尼的抽象的书。

所以读书为学做人。现在我们既已解释了什么是书,那么我们又可说做人要有下面六套工夫,一读古人书;二受师友训导;三观察事物;四行于事实;五反省;六记载。

名人遍天下,我们不能在一起谈论,已死的古人,不能在一起研究,那么只能把书来看了。

但离开具体的书本以外的书,效用比书上的还大。广义与抽象的书,比狭义与具体的书还重要。

所以我说书不仅是具体的书本,各种事物都是我们的书。

三,怎样读书? 书的范围太广,现在我就偏重在具体的狭义的书本来讲一讲吧!

一、读书的步骤

(甲)将读的时候,要注意书的选择,一审明内容,是否需要,或者友人介绍,师长指定,自己选择,二配合时间,是否能在这时期中读完。

(乙)读书的时候要决定怎样读法:(一)哪里需要精读。(二)哪里需要略读。

(丙)读完以后,要作几种重要的工作,一做表解,务使书中内容能了然;二摘录,摘录书中要处;三评论。

二、读书三戒

（甲）戒浪读不加选择。一会儿看这类书，一会儿看那类书，徒耗费时间而一无所得。

（乙）戒盲读。既经选择的某一类书，但这类书很多，要审慎书中内容是否适于个人需要才读。

（丙）戒死读要与事实相考证，不过于盲从书中言语。

三、读书四要

（甲）与活的观察相混合；

（乙）与事的体验相融合；

（丙）配合目的、时间、和需要；

（丁）要想学合一。

以上为什么读书、书是什么、和怎样读这三点，算匆匆的讲完了。最要紧的一句话，是希望诸位要记日记，近代成功的人，没有一个不记日记的，因为读的书有紧要的地方，记了下来，断言片语，可以终身用之无穷。还有发生什么感想，久后易于忘掉，也得记下来才好。

最后，诸位是到这里来读书的，希望不要忘掉了你对于国家所应负的责任！

（原载《新闻报》，1935 年 1 月 22—23 日）

关于农村教育的三个重要问题

近数年来,农村教育,大形发展;并且由农村教育,开发扩充,而成"农村改进""农村建设";甚至竟构成了一种农村运动的思潮。这种思想潮流,居然弥漫澎湃于全国,不能不说是一件极可注意的事。

天下事,有的先有实际,而后构成理论的;也有先有理论,而后才能形成事实的。农村教育,是属于前者;所以关于农村教育问题的发生,有须加以理论的研究时,往往是在有了事实之后。

论到农村教育历史的发展,可以说有下列三种原因:一则因乡间小学,为数太少,为推广农村小学教育计,乃注意到小学之母的师范生,因有特殊训练的乡村师范学校产生。这种学校,在江苏省是首先设立的;设立以后,便有乡村教育或农村教育的一种名词成立。这是第一种原因。二则因乡间小学,须用特殊的教育法;教材要适合农村生计,假期要适合农家季节;既要教儿童,同时更要兼教校外的农民;因为农民与城市人民不同,文化太低了,非有人给他一些文化的陶冶不可。但是这一种乡间小学岂容易得么?不易得而居然得着了(如民国十三四年间,有南京燕子矶尧化门等处优良乡村小学的发见),自然要叫人喜出望外;于是由表扬提倡,而至互相仿效,因此乡村教育或农村教育的这一个名词意义,乃更特别扩大而深厚了。这是第二种原因。三则因中等农业学校,不能有益于农民;和高等小学同程度的,更是无农业教育可言;农学院农业专科,又高高在上,和农民隔离万里。究竟职业教育的农业教育一项,如何实施呢?调查设计,一再商榷,乃有一种“农村改进区”的办法创兴,因此也就叫他为农村教育。这是第三种原因。有了这样产生农村教育的事实,则历史来源,不是一样大概可以明白了。由此来源,分别演变,由内发的,既要生出许多旁枝旁节,由外入的,又要加进许多新流新派,于是种种问题,就不能不随之发生,而论理的讨论和成立,也就不可以少的。

观前文所述,知道农村教育的由来和发展,既有三个途径,于是各种问题也就循着这三条途径,分明构成。兹试就各问题中,认为最重要的三项,分述如次。在著者作此文的目的,既欲说明问题的内容,及所以构成问题的原因;同时亦颇欲妄抒一些愚见,以谋此问题之解决。惟是否有当,殊难自信,仍希国内贤达,赐予指正!

一

第一个问题,便是农村教育的性质,应如何判明?农村教育的范围,应如何确定?

一个乡村小学,设在农村里,他不仅是教农家儿童,同时也顾到社会。他在平时,对于学校附近的农家,确能设出种种方法,指导改良一切生活。这种情形,若就小学自身而言,固是乡村小学教育,而就其社会活动言,则又是乡村社会教育;若就社会活动的目的言,自可名之曰"农村改进"或"乡村改进";而就其效用言,又可名之曰"农村建设"或"乡村建设"。如此则所谓农村改进也,农村建设也,其工作范围和性质,当然仍是属于农村教育一类。其他如乡村师范所附办的社会改进工作,农民教育馆所专办的社会改进事业,更同样的是属于农村教育范围了,这种说法,本来是毫无疑义的。

其所以发生疑义,竟至成为问题的,则是由于农村(或乡村)改进区的特别设立。

说到乡村改进区的由来罢:最初发起设立的,要算是中华职业教育社了。这一段历史,却不能不在此处叙述一下。本来中华职教社所负责研究、推行实验的,有农工商各种教育。工商两项,早有附设的学校在那儿试验了;而"农"的一项,研究至再,则颇觉十分为难。初等中等的农校,鉴于前车,既不敢贸然试办,而目击一班贫愚弱散的农民,宛转呻吟于颓败污秽的农村,心中又实在过不去,迭次调查筹商,结果在民国十一二年间,乃有一种特殊农事教育方法的拟议。而第一次明白表示于众的,则为职教社代表黄任之先生在太原举行中华教育改进社第四次年会时所提出之"山西职业教育计划案"两项中的一项,所谓"划区试验乡村职业教育"者是,兹节录其原文如次:

"就农村较便地方,划定一村或联合数村。其面积以三十方里为度,其人口以三千至五千为度。先调查其地方农产及原有工艺种类、教育及职业概况为之计划,如何可使男女学童,一律就学？如何可使年长失学者，得补习之机会？如何养成人人有就业之知能，而并使之得业？如何使有志深造者，得升学之指导？职业余闲，如何使之快乐？其年老或残废者，如何使之得所养？疾病如何使之得所治？如何使人人有卫生之知识？如何使人人有自卫之能力？凡一区内有利之天产，则增益而利用之；所需要之物品则供给之。无旷土，无游民。生产日加，灾害日减。自给自享，相助相成。更如何养成其与他区合作之精神，以完成对省对国对群之责任？凡此种种，先设一中心教育机关，就其固有之自治组织，用其当地之人才，量其财力，定设施之次第。其费用以当地担负为原则。划定办理期限与成绩标准，依次考核，试验有效，推广于各地。”

这就是农村改进区的具体方案。嗣该社以此种计划，不能行于山西，乃于十五年间，联合其他机关，择定江苏昆山县徐公桥地方着手试办。十六年后，人事变迁，工作停顿。十七年四月起，乃由中华职教社独立承办。拟定六年计划，分别项目，从十七年七月一日起，至二十三年六月三十日止，循序前进，克期完成。初成立时，有联合设立的董事会，名曰“改进农村生活董事会”；对于所划定的地方，亦即名之曰“改进农村生活试验区”。到了职教社独立自办时，即确定名称，于地方划定之区，则曰“徐公桥乡村改进区”，于联合地方人士组成之会，则曰“徐公桥乡村改进会”。而所办的事业，分之有村政、农艺、教育、保安、建设、娱乐六部；合之为文化、政治、经济三大端。对于此六部或三端，则统种之曰“改进事业”。对于此六部或三端进行之工作，则统称之曰“改进工作”。这便是农村改进的由来。

论到农村改进区的发起创办，当然离不了教育方法，亦即脱不了教育范围。可是，他的组织，却十分复杂了；有学校式教育的小学校、补习学校，有社会式的改良茶园、代笔处、问字处，有推广优良种子的特约农田，有调节农村金融的合作社，有公共储藏的仓库，有改良卫生减除疾病的诊疗所，有公共组织的自卫团、消防队，有临时兴作的筑路、修桥等工程；形形色色，不一而足。这些不同性质的工作，很难拿教育一个范围来包括他；顺其情势的必然，只好不称他做“农村教育”，而称他做“农村改进”了。

自有徐公桥改进区以来，各方面创办这一类事业的，风起云涌，着实不少啊！有的由二三有志之士，自就本乡，划区就办，名之以新村或自治区的；有的由宗教团体特设的农村服务处，择定一乡一村试办的。也有其初和改进农村全部的生活无关，因办了许多时，转转弯弯，也竟归宿到农村改进路上来的；如金陵大学农学院所办的推广部，最初只不过为推行新种子到农村去，可是，后来也兼办改进工作了；如华洋义赈会在北方所办的农村合作社，最初只不过供给农民一些款子，救济救济他的穷困，可是，后来也渐渐扩大范围，趋向到农村改进工作上面去了；如河南镇平县的农村自治工作，最初只不过为团结自卫，御寇保家，可是，后来匪平民安，也渐渐趋向到积极方面，发起各项农村改进工作，而力图自治了。更有从政府方面着手试验的；如山东特设乡村建设研究院，养成农村服务人才，并创定邹平菏泽两县的全境为乡村建设试验区；那末，竟把农村改进工作，扩大到全县，竟以县为农村改进或农村建设的一个单位了。

如前段所述的各种农村改进或农村建设工作，大都皆不是以农村教育为限，因此也就不说是农村教育了。到了这个地步，有了这样情形，于是问题发生了。

(1)农村改进，是否就是农村教育？

(2)农村改进，是否就是农村教育工作范围的扩大？

(3)农村改进，农村建设，是否可以脱离教育，而自成一个范畴？

这三个问题，实在是一个问题，质言之，也就是农村教育的性质和范围，是什么样子的问题。

我以为要解决这个问题，第一，应先认定一件事皆是具有形式和实质两方面；第二，解答一件事，应该兼顾形式和实质两方，并且要看这件事所产生出的价值如何？第三，为解答便利计，不妨对于这件事分析一下，判别成若干类。我却不敢说这是一定原则，但至少也可以作为解决这个问题的根据罢！依此根据，试解析之如下文。

凡是以一个教育机关（如小学、乡师、农教馆等）为农村改进出发地，那么，所有改进工作，当然是属于农村教育，这可说是没有问题了。即如最初中华职教社所创办的乡村改进区，内容虽然很杂，事项虽然很多，然他的原来动机，纯粹是为试验农事教育。就是后来因社会的需要，工作事项增多，工作范围扩大，而一切进行的方法，仍然是本着教育精神。办合作社罢，要先之以讲解，继之以训练；办卫生事业罢，必不断的施以讲演、展览、劝导；这皆教育的作用啊！中华职教社在民国二十年编印一部《职业教育之理论与实际》，其中“农的教育”一编，对于农村改进，下有次列的定义：

“农村改进，是就一农村或若干农村，划成一个适当区域，依照理想的、能实现的预定计划，用最完善的方法、技术，以化导训练本区域以内的一切农民。使全区农民整个生活，逐渐改进；由自给自立以达自治，俾完成乡村的整个建设。此种区域，称做农村改进区或乡村改进区。改进区内所办各项事业，称做农村改进事业，或乡村改进事业。从事农村改进事业的人，称作农村（或乡村）改进者，或农村（或乡村）服务者，亦有迳以农村（或乡村）运动称之者。依照普通习惯，有时并可称作农村（或乡村）导师，或者农村（或乡村）指导员。”

试问所谓“指导”，所谓“训练”，非教育而何？不过就组织的方式上说，当然有简单与复杂的不同。一个小学，一个师校，一个农教馆，划定一小区，施行改进工作，可称他为“农村改进机关的单式组织”；如是一个农村改进会，下面辖有若干机关（如小学校、民校、农场、仓库、合作社、保卫团等），又组织分会的地方，分会下复设有若干机关，此可称他为“农村改进机关的复式组织”。可是无论单式也罢，复式也罢，其组织、为教育机关，其施行、为教育工作，这是可以断言的。

除了上段所说各机关外，也有些是独办农村卫生工作的，独办农业推广工作的，独办合作社工作的，他的机关，并不是从教育而出发，而且是很单纯的，这在形式上说，似乎和教育无关了。然而，考究一考究他的实际，究竟能不能离开教育呢？你要去办卫生，不用讲演、劝导，行么？不去联络当地小学教师，行么？你要办农业推广，不先去开通农民智识，他能接受你的方法么？你去办合作社,对于农民,不要经过相当的训练么?详细说来,那一件不是教育功用?须知社会式教育,并不限定要拿着书本教;要到教室内讲,实在是随人、随地、随时皆可施行教育啊!况且办卫生的,有时在农村,也要举行一个讲演会。办农业推广的,有时也要开一个短期讲习班;甚且附带要教农民识字(如乌江推广区便是这样)。办合作社的,更要举行讲习班或训练班。这是在他事业进行中,要加入许多教育工作的。不过他的本目的,不是为教育事业,因此通常人,也就不认他有教育作用。所以就改进事业的形式上,尽可分成"正宗的教育改进事业"和"非正宗的教育改进事业"两种;而就实质上说,竟没有一事一时,可以离开了教育作用,抛弃了教育精神,不过有"外著的"与"内藏的"不同的分别罢了。

依据以上两段所说明,可列为一表如次:(表略。编者注。)

就以上的所说看来,凡是农村改进,无论用何方式,属何种类,皆可以"广义的农村教育"赅括之。这并不是故意替教育抬高身价,扩充区域,而是实际情形,却是如此。照目前各地所举办农村改进事业看,大概皆是分成文化教育、经济农事、村政组织三大类。这三类,要推行尽善,可以说没有一样不是拿教育工夫来做枢纽的。

读者诸君,千万不要以为这一个问题无大关系啊!在著者个人意见,辄认此事关系异常重大。倘使把农村改进工作,离开教育范围,轻视教育作用,抹煞教育精神,我可以大胆说一句:"无一事能成功"。试问,旧日绅士们所办的旧式慈善事业,成绩怎样呢?并不是他动机不好,实在因为无教育精神贯注于其间,所以往往流于消极,甚至生出许多流弊。就是新的事业罢,推行之际,何尝不是借政治的权威,一鼓作气,使万民遵行呢?然而,好的,也不过“人存政举,人亡政熄”;差的,更是表面服从,徒有形式,内里仍是依然故我。此无他,没有内心的潜移,习惯的改变,所谓心理建设。始终一点没有做到,哪里能有效果呢?心理如何建设?还不是要依赖教育么?毕竟山东乡村建设研究院的先生们,有一些眼光啊!要建设乡村,改造县政,尽管用政治力量以制定法则,而仍重用教育的力量,以建筑下层基础,这不是一个极好的例证么?

讲到这个地方,这一种问题,似乎可以解决了罢!

二

其次,第二个问题,便要谈到农村改进人才的训练了。

现在训练农村服务人才的机关,大概是有三种:一种是乡村师范学校,一种是特设的教育学院或其他临时专修科讲习所,一种是在农校内附带设立的训练班。有人说,乡村师范,根本上应否设立,已经成为问题。因为师范教育的使命,在养成小学教师。欲使小学教师兼任农村改进工作,事实上是万不能够。况且师范而冠以“乡村”,是否另有一种都市师范与之对称呢?无偶而立,是谓不伦。这一种看法,却也不能说他毫无理由。有人说,特设专科,或临时教育机关,专用以造就农村服务人才,固无不可,然而,在二三年的短时期内,要教学生能学成农事、政治、教育三种知能技能,是万不能够的事,这却也是事实。有人说,分出农科一部分学生，教以推广农事的知能，及关于农事经济的知识，以备下乡去工作，诚然是很好；但乡村工作人才，绝不是只知农事一方面的只在农的一方面工作的，如此仍是偏而不全。以上这三种说法，三种疑问，大概都是偏向于消极论的。

也有不主消极，而专注重在一方，因而好排斥他方的。甲说，农村改进人才的养成，非乡师莫办；因为农村一切工作，皆以教育为本体，而小学教育，尤为一切改进事业推行之根本。只要有精力过人，智勇兼备的小学教师，一切农村事业，皆可以办。特设专科讲习所，固然可以不必，而农科附设或附带训练，则尤为不妥。乙说，此项农村工作人员，绝不能纯粹依赖小学教师，非有特殊的机关，经过特殊的训练，不可。丙说，农村改进，首重经济；经济问题不解决，一切都是白费。取农科学生，加以训练，将来到了农村以后，以农事改进为中枢，而旁及于村治教育，各事自可迎刃而解。既不必专用师范人才，更无特设专科特别训练之必要。以上各种说法，就他本位上言，总是具有相当理由罢！

因此问题就来了，问题维何？便是：

“农村改进人才的养成，究竟以何种教育机关为宜呢?”这却是一个问题。我以为要解决这个问题，似乎也要先行决定一个方针。什么方针呢？著者的意见，以为天下事，性质不是一样，处理方法，当然也不能一样。有的宜于单元的，有的宜于多元的；而多元之中，并且应当分出主从的。对于养成农村工作人才的一件事，我以为应该采取多元的方式，而于若干方式中，并应侧重某一种。

我们要明白今日中国的农村，是具有特殊情况，绝不同于欧美各国及日本。农村改进工作,在欧美日本,绝不至如我国这样急而且迫。因为他们地方乡村自治,已组织完成,乡村人才,已训练有素,那里像我们这样衰落颓败,一盘散沙的怪象呢！我们今日要急起直追,大家一齐注全力于农村,实在是为救一时之急。以时间论,既是一种过渡的时期;以办法论,也是一种过渡的办法。倘使农村改进人才的训练,已有了相当人数,农村改进工作,已有了相当效果,数年以后,大多数的真正乡村地方自治,已告完成,所有农村社会,皆能焕然改观,则此时农村改进工作,便可完全停止。那末,在这个时候,训练农村改进人才,当然是一种临时的特种教育。既是特种教育,自然要设特种教育机关。所以特设专科,分定等级;高的,养成农村改进工作的研究人员和指导人员;低的,养成农村改进的实际工作人员。地方需要多少,便养成多少,这是当然的事。至于乡村师范,专为养成能够施行广义农村教育的小学教师,自然也是十分重要;因为在此时期,单式组织的农村改进机关,我们是希望到处皆有;最好有了一个乡村小学,即有一个农村改进区。若说乡师,因无城师相对待,便可不设,恐怕是胶柱鼓瑟之论罢！本来这种师范制度,也是为应一时之急而设的;到了相当时期,便可取消。至若农校方面,在大学农学院或专科,尽可养成高等农村经济人才,以任指导或调查等工作;而在高级农校,尽可养成实际推广人员,预备在改进区内,专门担任农事指导。但此种人员,一定要备具教育常识,尤其要备具教育精神。并且不止农校如此,就是在医校方面,也应该养成一部分学生,专为下乡去推行卫生工作;商校方面,也应该养成一部分学生,专为下乡去推广合作社工作。此项学生,要备具教育常识和教育精神,也是和农校学生一样。如照这样子做去,则每一改进区内(指复式组织的而言),有由特种教育机关所养成的改进工作人员,以为总干事;总揽一切,再有优良小学教师,专门农事、卫生、合作社推广专员,以为之辅,则各色人才齐全,自然事业,更容易发展了。

如此说来,要解决"农村改进人才的养成,应以何种机关为宜?"这个问题,便可依照以上所说的标准,毅然答之曰,"以特殊设置的教育机关为主体,而辅之以乡村师范,辅之以农科等机关。"

三

最后,第三个问题,便要说到农村教育的对象了。

本来广义的农村教育,是以全教育区的全体农民为对象,当然男的、女的、老的、少的、富的、贫的、驯良的、狡黠的、健全的、残废的,一齐在内。不过现在我们办农村教育的人,有一个大前提,却不能不明确认定。什么大前提呢?试看下文。

我们努力救济农村,固然是为一般穷贫弱散私的农民,非快快的把他医治好不可,但最大的目的,还不是仅仅注意到一个一个的村落,乃是注意到整个的民族。这个先提,应该先行决定的。今日中国整个民族的危险,是内感于文化的衰微,外困于强邻的压迫。而文化衰微的原因,则是由于旧文化的崩溃在即,新文化的建设未成。强邻压迫的由来,则有经济侵略肆其毒,更有武力侵略逞其威。内外夹攻,遂至国势岌岌,不可终日。以目前国难严重情形来说，不惟是大地各国所未有，抑且中外历史所罕见。全国国民，处此严重情形之下，苟欲自谋生存，自非有用特殊力量，特殊办法，不克有济。所以今日农村改进工作，不仅是为农村，乃是为民族；不仅是建设农村，乃是为复兴民族；不仅是为救济农民，乃是为排除国难；不仅改善农民生活，乃是为紧固全国国防。这便是“从大处着眼，从小处下手”的惟一理由。那末，今日农村教育的实施，对于一般教育的对象，究竟应该不应该有所侧重，当然成问题了。

依照常理说，农村教育，既以全体农民为对象，当然不应该有所偏重。可是，照目前国势说，却不能这样。倘若把儿童、青年、成人，同是一样教导训练，在这个时间，这个空间，适宜不适宜呢？换句话说，时势的要求，事实的需要，能容许不容许呢？义务教育的普及，当然是十分重要：世界上那有全体国民只有百分三十的识字，可以立国的呢？但是，今日拼命的去普及义务教育，就算全国学龄儿童皆入学了，试问十岁内外的小孩子，能担起救国御侮的大任么？成人补习教育，也是十分要紧；然而四十岁以上的成人，多少总觉得体力差一点，勇气少一点，并且这些人，皆不免有家室之累，遇着急难，恐未必个个皆能奋不顾身罢！那末，十三岁以下儿童，嫌小了，四十岁以上的成人，又嫌老了，不消说中坚的人物，要轮到青年了（读者诸君，请注意，我此处所说的青年，是专指一班年在十六岁以上二十六岁以下之人而言，或者和通常所说的青年，不大一样）。我认定这一班青年，是体力强壮的，血气盛旺的，朝气勃勃的，有竞争心的，无家事之累的，世故不深的，容易受刺激的而能发生好反应的，如果施行了合理的训练，树立了中心的信仰，这还不是国家的柱石么？

现在国际风云，这样紧急，倘二三年之内，不幸有世界大战发生，其地点在远东，或者竟在中国附近，试问，此时我们应该怎样应付？即幸而大战不发生，那末，我们已失去的土地，能够置之不问么？在国防上的设备，自有政府负责，但是在国民方面，能一点不要准备么？严格说来，真正的国防，应该全体国民总动员才行。飞机、大炮、海陆空军，粮食刍秣，是政府管理的事，而后方秩序的维持，物质的供给，军备的补充，危险的预防，国民的事，多的很啦。这些事，年幼的不能办，年老的不易办，只有地方上受过训练的青年，在社会领袖者指导之下，才能沉着去办。这样说来，中国既有了特殊情形，青年训练，这不是万分重要么？中国人口四万五六千万，十六岁以上二十六岁以下的青年，约数应该有一万万人，而散在农村方面的，至少当有八千万人。都市方面的青年训练，固属重要，而农村方面青年的训练，则重要尤甚。所以今日农村教育，对于儿童、青年、成人、妇女各方，当然同时皆要顾到，而比较青年方面，更应当特别侧重。

在河北定县平民教育促进会，却是已看到这一层了。他们编印的第一卷第九期《民间》半月刊里面载有季鸾先生著的一篇“秀山堂一夕谈”的文字，是记叙季鸾先生和平教会晏阳初先生的谈话。他中间有一段，是记晏先生所说的，可录之如下：

“平教运动的对象，是超过小学年龄的农村青年。以年龄论，就是从十五六岁到二十二三的失教青年。这样青年，定县就有八万，通全国计之要有八千万之多。大家试想，将来建国，靠现在的儿童，现在的救国，靠谁？是不是靠这八千万无教育的农村青年负此责任。我们救亡,一定要找住这八千万青年,组织训练起来,此外再无可依赖的。但是,这些青年,谁去教育?怎样教育?我们平教会近年的事业,就是专以此为对象。换句话说,就是将国家教育系统上所不闻不问的这一阶段之农村青年,给他们文字知识与其他公民训练及保健卫生的知识与训练。”

他又说,“就定县说,结果甚佳。平教事业,是要青年自动参加,实际上参加者甚为踊跃。既毕业者,教他们在各村服务,并训练出来多数简单的医生,有十二样易治的病,可以施疗。定县眼病最多。现在有六十几村,业已治好。这些毕业学生,再经训练,又可以教人。平教会现在注意的,简单讲,就将农村青年组织起来,鼓励他们,自己在农村建设之各方面努力。现在所得的答案,是农村青年,很愿受教育,很向上认真。”

这是晏先生指出全国八千万农村青年,关系中国民族前途的重要,可以句句动人。而季鸾先生,因此却也发了一番议论,兹可一并附录在下面,他说,“从十七年以后,我常常想到一个问题,就是从国防上认为训练农村青年,是最要紧的一件事。讲起国防来,问题重大,千头万绪,但国防基础,总之是人。中国号称人多,但无组织,无训练,就等于无人。就论体格,现在壮丁的体格,大概也退化了。因为供给壮丁的源泉,是农村,而经济破产,生活困穷,加以鸦片白面之害,所以农民体格,渐渐衰落下来。直、鲁、豫诸省人,从前号称健壮,北方的兵士,大概是这几省人;但近年也差了。大概山东还好一点,河北、河南,恐怕远不如前。况且只是体格好,还不够,必须要有公民常识、爱国精神,方能有用。这是更非训练不可。训练之法,最好从农村青年起。现代国家，皆有此种组织，日本叫做青年团，就是对于尚未达征兵年龄的农村青年，趁农暇之时，给一点军事训练和公民智识，办法要不妨农，亦不费钱。十几岁青年，正活泼尚武，训练就等于娱乐，无形中便可以矫正体格，增进健康，养成团体活动的习惯，与守纪服从的精神。一旦国有大事，这就是救国者。我想中国应该先以训练两千万农盲为目标，或者还可以多。中国只要养成这样几千万爱国壮丁，国防已算有了一半。中国最怕的，不但是无器，并且无人。现在不赶紧向训练壮丁上努力，一旦有事，壮丁先感缺乏，近年招兵困难，就是一种机兆。我的见解，就国防上说，目前最要紧的，还是准备握枪的人。"

这一段话，是何等透澈，又何等沉痛啊！那么，我主张农村教育，要特别侧重在青年身上，得了这一个帮助，似乎理由格外充分了罢！

季鸾先生说起日本青年团，这是我亲眼看见的。记得我四年前到日本去参观，曾经看到了东京几个青年训练机关，真是使我胆战心惊啊！他们招收团员，是十七岁以上二十岁以下的职业界青年，施以军事训练、职业知能训练、精神训练。上课是在晚间七时至九时。施行军事训练时，完全和入伍的军人一样。精神训练，是用谈话、唱歌等方式。据深知内幕人说，"他们精神讲话，竟不客气的，鼓励青年，向外发展，到中国去侵略。"我曾和他们的校长谈，他说，"训练这班青年的目的，消极的使他们思想不恶化，行为不堕落；积极的，则准备国家一旦和敌人开战，除常备军后备军外，全国还有二千万青年军，皆可执干戈、卫社稷，国防的力量，还不大么？"唉！侵略人家的国家，尚且如此，被侵略的国家，怎样呢？难道竟束手待毙么？人家有青年，我们难道没有青年么？事在人为，我们农村教育的同志，还可一依故常，照老法子去办么？

以上三个问题，总算说得明白了，所有解决的办法，也曾依据时势的需要，情势的缓急，分别说出来了。最后我很愿意把中华职业教育社最近所编定一张“农村改进工作纲要图”抄在下面，既用以供农教同志的参考，并籍作本文的结论，庶乎大家看见了之后，也可以明白农村改进工作最后的目的，是在“复兴中华民族。”

（图略。编者注。）

民国二十三年十二月一日脱稿

（原载《教育杂志》，1935 年第 25 卷第 3 期；

转载《农村改进的理论与实际》，生活书店，1935 年）

对于读书问题的我见[①]

我读书虽然数十年，毕竟还是一个大门外汉，以一个门外汉，来研究门内事，当然很困难的。可是古人说过，"我非智者，而爱智者"，我也有同样的说法："我非学者，而爱读书"。现在且把我对于研究读书问题的一些心得，分三点来说一说。

为什么读书

这个说法，似乎很离奇，比如有人问"为什么吃饭？"这不是和"为什么读书"一样么？这却是很难回答。但仔细一想，也有些道理在里面。为什么读书？我的答案是"为学做人而读书"。有人要说是为文凭而读书，这当然是绝对错误了。为求学问智识而读书，为谋职业而读书，虽然有一部分理由，但仍未免把读书的价值，看得太低。所以我要说"为学做人而读书"。我不敢说这个答案一定就对，因为不读书的人，也有会做人的啊。但是

① 本文与发表于《新闻报》，1935 年 1 月 22—23 日《读书问题》，体系大体相同，内容略有出入，现收录，便于全面比较。

我可再答一句说,“不读书的,且会做人;那么读书的不更应该会做人么?”

继此,再进一步,来研究怎样去做人罢!我以为要做人,要做一个好人,一定要具有次列三个条件:(1)优良的品性;(2)丰富的知识;(3)应变的才能。这三个条件缺一不可,一定要把这三件,完备起来,且融会贯通起来,才能成为好人。倘若缺了两件,固然不行,就是缺了一件,亦复不可。若三样没有,那么便如古人所说“不为圣贤,便为禽兽”了。本来三件都不全的人,便可以说和禽兽差不多。盖有了知识,还得要有善良的品行,去统御他;知识原是空的,没有才能,也无从运用啊。所谓才能,就是应付困难的能力。中国被外人压迫,说没有法子,这便是没有才能的表示。要做一个好人,要从读书入手,其目的就是为借读书的作用,来增加知识、锻炼才能、矫正品性。但是现在到处都看到书呆子,知识虽很丰富,差不多什么都知道,可是遇事却无应付方法。这就是因为他“只知为求知识而读书,不是为学做人而读书”的原故啊!

若是具体的说来,究竟什么样的人,才能算是好人呢?我以为要分两层来说:

(一)就主观上说,要得着圆满的生活——个人的感觉。

(二)就客观上说,要有益于社会人群——事实的表现。

圆满的生活,倒底又是什么呢?一班阔老,洋房、汽车什么都有,衣食住,是非常舒服,在普通人看起来,总以为这就是圆满生活了。但是就客观上讲,他的行为是往往夺人之利以为己利,算得有益于人群么?所以圆满的生活,绝不是在物质上的享受,而是在精神上的发展。

孔子说,“食无求饱,居无求安”,又说,“士志于道,而耻恶衣食者,未足与议也”。他老先生的说话,大概是不会错罢!他是一向赞美“衣敝缊袍,与衣狐貉者立而不耻”的子路,“箪食瓢飲不改其乐”的颜渊的,那么,他的用意,也就可以推知了。欧洲有一位哲学家,也曾经说过这样的话,“我宁愿做一个终身穷苦的苏格拉底,不愿做一个快乐的猪”。这是什么意思呢?骤然听了似乎有点令人怀疑。其实,这就是他感觉着“圆满生活已经得着了”的表示啊。如我国宋代的文天祥,被元朝捉去后,关在狱中,他还作正气歌,一无忧虑之色,那么,他的泰然自得,也就是他得着圆满生活的表示啊!由此可以证明,生活的圆满,是有时离开物质超过物质,而纯粹在于个人人格的发展。盖他能为社会谋福利,他能决心杀身成仁,能舍身取义而不悔,人格之所以伟大者在此,感觉到得着圆满的生活也在此。而以肉体虽死而他的精神永久不死。因为他是“先天下之忧而忧,后天下之乐而乐”,他是终身奔走,为社会人群服务,认定必如此,才算尽了做人的责任。

不过人人都能“先天下之忧而忧,后天下之乐而乐”么?这当然是不可能的,因为一部分人,还没有因读过书,而得着修养,还未必皆明白做人之道,所以智识高的,才力强的,应该对于国家社会,多尽一点责任;地位高的,更应该对于国家社会多尽一点责任。

现在再来研究一研究“做人的根本,究竟是什么”。做人的根本,恐怕是“为求生”罢!说起求生,种类也很多了,乞丐的讨钱,是求生;奸商的骗钱,是求生;谋职业也是求生;慈善家赈济饥民,是求多数人的生。孙中山先生奔走呼号,首创革命,是谋全民族的生。同一求生,而范围的大小,行为的邪正,迥乎不同了。因为求自己的生,而妨碍他人的生,当然是罪恶;牺牲个人而谋大众的生,这才能算是道德。为求生而表现出道德之行,这便是一个做人的最大标准,千千万万不容忽视,因此又要说到中国一向德目中所列的“仁义”二字了。因为这两个字,是和读书学做人,有极密切的关系啊!

仁字的意义:(1)二人为人,是社会的起源,所以仁字含有社会的意义;(2)我们吃的瓜子,叫瓜子仁,杏核有杏仁,为什么这些东西都叫仁呢?这是表示仁在土中,能渐渐发育成长,所以仁又含有生机的意思;(3)我们说“麻木不仁”,也就是“麻木不动”,所以仁又有流动活动的意义;(4)仁者爱人,这是普通的解释,就是所谓博大的同情心。所以“仁”实含有四种意义:(1)社会的结合;(2)生机成长;(3)活动不息;(4)博大的同情心。

义字的意义,是以个人为立场的,认为需要的,应当的,就做;反之就不做,要具有“富贵不能淫,贫贱不能移,威武不能屈”的精神,他是和仁的德行相辅相助的。

无论新的、旧的道德学,关于仁义的德行,皆是特别注重的,我们不读书,不学做人则已,要读书要学做人,我以为一定要依据仁义,以求得圆满生活。那么,对于第一点,“为什么读书?”的问题,我的答案道,“读书是为学做人”,也就可以明白了。

书是什么

爱迪生发明许多东西，并不是纯由读书得来的；达尔文的许多优生学上的贡献，是从研究小动物得来的。现在一班学者在实验室里所做的工作，在社会上所做的调查并不是读书，但是也可以说读书。

那么“书”究竟是什么东西呢？有人说，书是以文字图画表示，订成本子的东西。但是这个答案，不能算十分对。我说书可以分做广义的和狭义的，抽象的和具体的多种。孔子说，“三人行必有我师焉”。因为三人中，除我外，其他二人，皆可以告诉我一些不知道的东西，那么，这就无异于读书了。这可说是“广义的书”。所以就广义的书来讲，地上万物都是书，即考古家掘得了地下古物，也是书。陶渊明写信给他儿子，教他儿子善待仆人说，“彼亦人子也”。这句话，后人读了，受到感动，改善了他的行为，增加了做人的学问，这固然可说是“具体的书”；但如释迦牟尼因为看见了死人的痛苦，就厌恶了世界上生老病死，而决心出家，这死人，便可说是释迦牟尼所读的“抽象的书”。

现在我既解释了什么是书，并且认定了读书，是为学做人，似乎读书的功用，可以明白了。若专来说做人哩，我以为，应有下面的六套工夫：(1)读古人书；(2)受师友训导；(3)观察事件；(4)验之于行事；(5)反省；(6)记载。这也可说一种是“读活书的办法”。本来名人遍天下，我们又何必专靠已死的古人呢？只靠书本一定不够用，离开具体的书本，抽象的书多得很哩。广义的与抽象的书，比狭义的与具体的书，实在是重要得许多。所以我说，“书不仅是具体的一本一本读物。凡是各种事物，都可以做我们的书”。

以上所说，是我对于书的意见和解释。

怎样读书

如此说来，书的范围，未免太广漠了。现在我再要缩小范围，就具体的狭义的书，来研究一下罢！

（一）读书的步骤：

（1）将读书的时候，要注重书的选择：

①审明内容，是否为我所需要；

②配合时间，是否能在一个定期内读完。

（2）读书的时候，要决定怎样读法：

①那些需要精读；

②那些需要略读。

（3）读完以后，要作几种重要的工作：

①做表解——分析书中内容，阅之一目了然；

②摘录——摘录书中要点；

③评论。

（二）读书有三戒：

（1）戒盲读　不加选择，一会儿看这类，一会儿看那类，徒耗时间，一无所得；

（2）戒浪读　虽经选择，而不确定目标，且忽作忽辍；

(3)戒死读　不反省,不详察,不求与事实相考证。

(三)读书有四要:

(1)要与物的观察相印证;

(2)要与事的体验相融和;

(3)要配合目的,时间,和需要;

(4)要思学合一。

为什么读书？书是什么？怎样读书？这三点总算略略说过了。我仅把我的一点心得,简单说出,实在浅陋的很！此外还有一件与读书问题有关的,便是“写日记”。近代成功人,可以说没有一个不靠“日记”的。因为读过的书,有紧要的地方,记了下来,虽是段言片语,也可以终身用之而无穷。还有时人名言,及个人感想,日久易忘的,也必须要把他记载下来。如此日子愈多,材料愈富,经验也就不断增加了。最后一点,我以为要研究读书问题。同时,应该明确认定,我在此时对于国家,对于民族,应该负了什么责任！

(原载《教育杂志》,1935年第25卷第4期;
转载《商务印书馆出版周刊》,1935年,第124期)

职业补习教育还不值得提倡么?

通常人皆以为职业教育,只有职业学校,不知道除了正式的职业学校教育外,尚有非正式的职业补习教育及职业指导两项。这三项在职业教育范围内,可以说是三根台柱,他的分量和价值是完全相等的。并且照中国现在社会情形来看,恐怕职业补习教育,比较其他两种,还要十分重要。其理由让我来略为说明。

现在一般社会人士,对于教育不是认为有两种问题,不易解决么?一"是学费太重,不易筹"。大学每年要四百元,中学每年要二百元。中人之家,且觉为难,寒士更无从说起了。就是职业学校,每年也要百元以上。假期既终,学期开始,父兄为子弟张罗学费,学生到各处借贷学费,真是嗟怨之声,盈于道路啊!二是"学校毕业生无出路"。高、初中毕业,本是为升学而设的,中学毕业之后,不能继续升学,不消说是无业可执了;就是大学毕业以后,又何能就有事呢?上海职业指导所平日来登记求职的,络绎不绝,不是大学毕业生居最多数么?漫说大学,就是职业学校,除去特殊的工商学校外,凡普通文科变相的商校,毕业生又何尝有出路呢?

这两个问题,真是不容易解决啊!有人主张把大学一律关门,这当然不是一个办法。有人主张多办职业学校,少办普通中学,似乎合理些;但职业学校仍是正式学校,一时固然办不了许多,即使办得多,而入学的人,也还是比较家有余资者才可以,试问,社会枯窘如此,有余资的人,又能有多少呢?

我想来想去,觉得只有推广职业补习教育,可以解决这个难题。因为职业补习学校所招收的学生,皆是已经从事于农、工、商业及其他职业的人,有是居职员地位,年龄大一些的;有是在生徒阶级,才入职业界的,有是在都市方面做工做商的;有是在乡村方面,专务农业的。有是在场广店铺做事的;有是跟随父母兄嫂在家庭做事的。有是受过小学教育的;有是受过初中教育或已经入过高中的。有是在私塾读过数年书的;有是从未进学校的。这一班形形色色职业界的青年,成人、妇女、皆是职业补习教育的对象。将来一定要希望全国内,无论都市乡村,凡是这一类人个个皆要受职业补习教育。这种教育,当然要希望他能普及各方,愈多愈好。一来,入学的人可以不要父兄担负学费;二来,他们未学之先,已经有了职业。如此在前面所说的两种困难问题,不是根本就不会发生了么?

并且他的好处还不止此哩!

第一,天下最苦痛的事,莫过于聪明有志青年,因为家道清寒,小学毕业,不能升中学,初中毕业,不能升高中,甚且高中毕业,不能升专科或大学。眼看见同班毕业的朋友,资质学力,并不如己,因为托父兄庇荫,学费无忧,一个个升学以去,自己只好到农场工厂商店去做工了。于是一腔不平之气,满口愤激之语,时时流露,此时倘有思想左倾的报纸或小说,入到他们眼里,激烈一点的，保不定就要发生乖异之念，这是不是社会上一件很危险的事呢？如若有了各级职业补习学校，让他们工余时去实习，高一些的，可以入程度同于高中专科的补习学校，低一些的可以入程度同于初中的补习学校，再低一些的，可以入程度同于高小的补习学校。每日上课二小时或三小时。比较正式学校，年限尽管长一些，但皆能各各如其志愿以偿。高中毕业，不能进专科的，补习了三年，程度也可以同专科一样；初中毕业，不能进高中的，补习了三四年，也可同高中一样；小学毕业不能进初中的，补习了三四年，也可同初中一样。并且初、高中所学，皆是文化学科方面居多，而补习学校所学的，除文化学科外，职业技能的传习，还占了一大部分，所以比起普通中学起来，更觉有用而更觉切于实际。

第二，在普通中学，或正式职业学校，所有课程，无论如何，皆有一部分时间不经济或不切实际；而学的人，亦未必样样皆能专心壹志。并且有了学校形式，有了学生观念，皆不免和社会有了一层隔阂。若在非正式的职业补习学校，就不是这样了。白日所学所习，与晚间所学所习，互相关联，不但关于职业技能是如此，就是处世接物之方，亦处处可以得到印证，得到体验。因此，学生学一点便能得一点，习一条便能受用一条。这是多么切实，多么有用啊！

第三，要一个社会人文能发展、能进化，一定先要职业界能改良。而职业如何改良呢？一定要多数中级低级职工，知识能进步，技能能进步；而要知识技能的进步，只有靠住职业补习教育了。以中国情形论，农工界高级技师，未尝无人，商业运输界，高级专家,未尝无人,然而中下级职工不行,还是无用。譬如军队,只有有学问的师旅长参谋,而无受过训练的下级军官和士兵,能打仗么?当然不能。若依赖正式职业学校,养成这许多职工,谈何容易呢?普通学校,那当然更不能担负起这个责任了。所以职业补习学校,的的确确是促进职业改良的一个重要工具,并且可认定他有促进社会进化的效能。

第四,近来一般人,不满意于现在教育的,还有一种说法,说,"学校是养成双料少爷,双料小姐的地方,本来子弟可以在家帮同父兄做工的,因为进了学校,饭来张口,水来伸手,久而久之,倒反把固有做工的能力失掉,固有做工的习惯改变掉了。乡下农家子弟,因为进了学校,回来家田倒不愿意种了,甚且乡间也不愿意住了。这样一来,岂不是一国之内,因为学校设立,学生增多,反使生产分子,减少了么?"说来固然稍嫌过火,然而何能说他完全不对么?若职业补习教育,就没有这些流弊;并且他还能力矫这些流弊。所有学生,既然大都是社会生产分子,补习以后,能使生产能力,特别增加,这样一来,不但他个人受到很大幸福,地位可以日益提高,酬报亦可以日益增进,同时社会也受到无穷利益,生产既可以增加,分配销费,亦可以适当。

第五,天下最可怜的人,是偏而不全,做工的终日辛劳,蠢如鹿豕;读书的,四肢不勤、五谷不分。一个社会里只有这两种漠不相关的人,构成两级,不相沟通,不相联络。换一句话说,便是只有所谓不能生产的士大夫和无知无识的劳动苦工,此外再配上一些只知个人私利的商贾。试问这个社会,如何能站得住呢?今日畸形的教育,就是养成这种畸形社会啊!倘使职业补习教育，能扩大起来，推广起来，一般社会，皆明了同时做工同时求学的重要与效用，造成了一种风气，形成了一种信仰，觉得世间第一等可尊敬的青年，是一面做工一面求学。工学联成一气，士与农工商冶为一炉。这一种偏而不完的人，便可逐渐减少，而偏而不全的畸形社会，也就可以马上改变了。

第六，再说到设校施教的便利罢，普通正式学校皆要有一定的校舍，一定的设备，一定的章制，一定的经费，一定的年限，一定的先生，一定的学生，何等庄重，何等麻烦！职业补习教育，却无取于此，随地随时随人，皆可以施教，农场上也可以，工厂内也可以，商店里也可以，家庭中也可以。所习的事，就是所教的事。教材俯拾即是，校舍随处皆有。学生多寡不拘，年限长短不定。经费多固可以办，经费少也可以办。即使没有经费，只要有热心服务的人，就可以办。多么活动，多么便易啊！

以上所举各点，皆是浅而易见的。那么，中国社会既需要如此，畸形教育又弊端害如此，在今日的中国，职业补习教育，还不值得提倡么？

至于提介职业补习教育之际，师资如何养成？课程如何编制？方法如何研究，当然问题也很多，此处恕不能多说，下次再为续谈。

（原载《教育与职业》，1935年第162期）

做人的两种责任[1]

诸位,今天兄弟到贵校来讲演,觉得非常愉快。我们看看上海这样大的城市,有三百万人口,做工的究竟有多少?仅仅占一小部分。这是因为二百年来种下的重文轻实的错误观念,使一般人轻视做工。记得在五六年前,我听到一位老辈说起,某人有一个儿子,十五岁以前帮助他父亲耕田,十五岁以后进中学,毕了业回家,田也不会耕了,连住家里的房子也觉得不满意,还要起家庭革命。这位父亲真气极了。还记得那时候有拿钱运动议员买票的事,以出钱的多少为选举的标准。于是有一人说得很幽默,他说看你所有的家庭产大还是小,家产大可以运动议员买票,小可以送儿子去上海进野鸡大学,虽不至于倾家,也差不多荡产。若是一个年收二千元租的富农,送一个儿子进大学读书,他除缴足学费,书费等等之外还要预备西装革履,吃西菜,上跳舞场的一切耗费,每年虽不要一千,也得要八百。你说一年的收入他一个人身上就用去一半,那还有不破产之理?那时还不像现在的农村破产,而这种学校里造出来的这批可怜的青年,外表

① 江问渔先生讲,张诚、吴丕勋记录。

极其华丽，内里一点货色没有，身无一技之长，走来走去在社会里做个高等流氓。这种教育有什么用，国家费了许多的钱来办教育，得到如此的结果，可见以前的教育是失败了！

兄弟也是办教育失败的一人，现在同着中华职业教育社的同人，带罪图功，转移方向来办职业教育。我们有两个目标，一是物质建设，一是心理建设。物质建设要使受过这种教育的人，个个都有生产的技能。心理建设要使个个有极深厚的爱国心很好的道德，都能尽忠职务，一切懒惰、自私、投机、不负责种种不良习气皆除去；要急公爱群、办事敏捷。这就是中华职业教育社努力工作的两条骨干，二者的关系好像车之两轮，鸟之两翼，缺一不可的。

因为以后出来做事，不但要靠技能好，而且还要道德人格好，要能忠恕勤诚。这也不是什么新名词，这就是二千年前已经有了的仁义两个字，仁义二字的意义据韩退之的原道上开头两句说，“博爱之谓仁，行而宜之之谓义”。我的意思以为这还包括不了仁义两字的意义，它的意义依我看可分为四种：(1)仁字是从人从二可见至少有两个人之间才能发生仁，你过一个人的单独生活是没有仁的，仁是社会生活，因为有二人以上的组织就成一个社会；(2)同情心的扩大，就是所谓博爱。义字是从羊从我，羊是很驯良和慈善的动物，可以代表慈爱的意思；(3)我们普通叫一切果子的心核为仁如花生仁，杏仁等，只要把它放入土中，就会蓬蓬勃勃的生长起来，可见仁包含有生机要长成的；(4)有句俗语说不能动弹为麻木不仁；可见得仁就是动，凡是人或社会都是要动的，地球也是动的，易经上说，“天行健君子以自强不息”，俗语也有“户枢不蠹流水不腐”的话，都是表示凡物要动，人也不能例外。我们将几种意义归纳起来说仁义是社会生活必不可少的，是爱国心，是牺牲小我以利大群。

兄弟所希望于诸位的，就是转移风气，中华职业教育社就抱了这个宗旨。中华职业学校是中华职业教育社设立的，和你们可以算是姊妹学校，大家都要负起这个责任。兄弟常对他们说做人有两种责任，可分为第一责任与第二责任。第一责任包含做工、谋生；第二责任包含服务与做人。譬如一个教师一打铃他就上课，再打铃就下课，到月底拿薪俸，这样他对第一责任可以说是尽了，因为他是做了工，也谋到生活；倘使他上课时不特别振作并于课外鼓励同学建设国家复兴民族的精神，那么他的第二责任还算没有尽到。第一责任可以说是职业，第二责任是社会服务，两者不同点就是：一，职业有时间性受酬性，而服务社会，既没有受酬性，又没有时间性；二，职业是两利的，利人利己，社会服务就非两利的，而是牺牲自己的。现在社会的般的情形，大家都只知第一责任忽略了第二责任，我们要做一个人，要做一个圆满的生活，就要尽两种责任，所以兄弟希望诸位以后要负起这两种责任，尤其不要忘了第二责任！

（原载《国立同济大学旬刊》，1935 年第 46 期）

做人的目标[①]

——在龙门社讲

主席,诸位先生,诸位同学!

兄弟在历史上说,曾担任过上中功课,和诸位有同学之谊,平常和几位先生谈起,知道龙门社组织起来的目标。是在讨论"如何做人?如何增加为社会服务的效能?"所以虽是今天第一次和贵社见面,而精神上早经接触了!

今天参加诸位的聚餐,心里很感激,而且很愉快,可惜要我来演讲,没有许多好的材料,向诸位贡献,却是很惭愧的。本来想用讨论的方式,和诸位谈谈,因为章先生说,"第一次还是个人讲的好些,将来有机会,再用讨论式,似乎合宜。"我觉得也很对,所以现在我用概论的方式,讲一个题目,叫做"做人的目标"。

平常很多人,觉得做人没有意思,随随便便的,持"做一天和尚撞一天钟"的态度,勉强应付下去。有一部分人很消极,竟至"做一行怨一行"。也有一部分人,对于做人自以为是很明白的了,但细按起来,恐怕也是"明白其所明白",未必他所明白的说

① 江问渔先生讲,周鉴文记。

法，一定就有什么好处，影响到吾们青年罢！

这一个“做人的目标”的问题，的确是属于哲学的论理的范围，决不是三言两语，一天两天能够解释明白的，如果作一个有系统的研究，就是用大半生的时间，恐怕也不容易解决。现在我哩，只好就所知所感的，略略提一些出来，向诸位说说，或者也算做我“江某的人生观”罢！

最近我们常听到社会上有两种呼声：一、是民族复兴，二、是国家建设。

因为我们受到空前的国难、严重的压迫，当然会有这种呼声发生。有的人认定这些问题是和物质很有密切关系的，以为道路筑好了，工业发达了，民族复兴和国家建设，自然就有解决办法。

人类和普通动物的不同之点，是人类在做事以后，能自己反省一己所做的事，是否有价值，是否合宜，同时人类的物欲、权欲、名欲、利欲等，也特别强烈，且特别复杂。

我们可以说，做人的根本动机，是为“生存”，做人的最后目标，则为求得“圆满的生活”，而这种动机和目的，却皆是基于“物质欲望”。

但是人类毕竟是道德的动物，他有一点同情心，一点理性，能扩大至于无限。所以行为基础，虽是限于生存的欲望，与普通动物无殊，但说到一切文化进步，便大有天渊之别。

现在我们先来研究一研究关于圆满的生活的问题罢！

什么是圆满的生活呢？上海滩上所谓阔朋友吃大菜、坐汽车、住洋房……名利都有。这些人是不是得了圆满的生活呢？

在他的主观方面,或者可以说是的,但在客观方面看,那就成为一个疑问了。

古人说过,“天下熙熙,都为利来”。因为有利,才可达到他“妻妾之奉,家室之美”的目的,这就是圆满的生活啊!

可是,孔子不又曾说,“居无求安,食无求饱”一类的话么?这是什么缘故呢?

记得《论语》上记的,孔子有个弟子子张想学做官,得俸禄,曾被他的老夫子,不客气的大骂了一场。而孔子又有一个弟子叫子路,穿了破棉袍子,和穿狐毛袍子的富贵人们,站在一起,竟能丝毫不觉得羞愧,孔子倒反大大的夸奖他一番,说他有志气。那么,究竟为什么呢?孔子竟不教人求利禄、求富贵么?

我们再看,凡是历史上被一般人们讴歌崇拜的伟人,大多数是终身流离飘泊,未曾得到一些安富尊荣,稍有智识的人,即偏偏愿意去学这种人。有见地的长辈,也不教子弟学升官发财,偏教他学这种人,这不独中国是如此,外国也是一样的。

但是我们细想一想。假使居于社会领导地位的人,仍是“只知有己,不知有人”“互相猜忌”“一盘散沙”,虽然物质的建设改进了。而个人的心理,社会的习惯,还是卑劣不堪,试问如何能复兴民族,如何能建设国家呢?照这样说,心理的改变、精神的振作,比较物质,实在更为重要;至少我们应该道,“要双方并重”,否则危险一定很大。实例多得很,诸位大概都能够看得到,现在我也不必多说了,且来讲讲本题罢!

我们相信,人一定是要“做”的,不做,便不能算人。但是做的方法,做的价值,却大有高下程度的不同。要评论做人的价值,一定要从做人的方式上看他的动机和影响如何,然后再选择一个正确的标准,来判定他的“是”或“非”,是非的标准,本来难定,有的今天是“是”,明天是“非”,昨天是“非”,今天是“是”,这是因为有时间性的关系。有的在这里是“是”,在那里是“非”,在这里是“非”,在那里是“是”,这是因为有空间性的限制,总之他是一个很复杂的问题啊!但是,我们也不必害怕,仍应该努力去探讨一下。

在人生哲学史上,观察一观察做人的道理,便知那孔子有孔子的方法——儒家;庄子有庄子的方法,——道家,他们都已经弄得彻底明白,各立出迥然不同的主张,在他们那些主张上和真理上,究竟那一种最适宜于现在的社会和中国呢?

我先要声明,我是赞成儒家主张的,是站在儒家的立场上发言的。

我敢很大胆地说:“做人基础是生存,生存是做人的根本,不独我们人类是如此,就是生物界也是如此,如牛、马、狗、猪…………牠们如果有言语表示,一定也会答应说,“一切的活动,是为生存””。

凡是人,谁都有饮食之欲,男女之好,如果没有饮食欲,个体就不能存在,如果没有男女之好,种族就不能绵延。

记得西洋某哲人有一句名言说,“与其做一个快乐的猪,毋宁做一个苦痛的苏格拉底!”猪是一天到晚,不要工作的,苏格拉底的生活,是很苦痛的。初听到这话,以为是很奇怪罢!可是,细想一想,却有一个大大的道理在里边。

原来圆满生活并不是专在物质上的享受,而是在精神的发展啊！尽管一班短见浅识的朋友，觉得这一般受苦的人，是不对，然而我们要判断人类生活是否圆满，总应该看明他的行为，影响于社会，是否有利？更应该体会到他的个人心理上，是否得着安慰？是否个人觉得心安理得？

不过，我们所谓圆满的生活，却也不能完全看轻物质。"饿死事小，失节事大。"这种极端的说法，好是很好，可是实际上也有不少行不通的地方，生活当然需要衣和食，健全的人，当然有男女之欲，这是不能轻视的。

道家的老庄，是主张"绝欲"的，儒家的孔孟，是主张"节欲"的。主张节欲，是承认物欲的存在，但须加以调节，这是很合理的，橘子在饭后稍吃一点，是很卫生，多吃了就有碍卫生。所谓节欲，就是对于物欲加以节制，节制就是调节，儒家有价值的人生哲学要义，就在这个地方！

"己所勿欲，勿施于人"又"己欲立而立人，己欲达而达人。"是能推己所欲以成人之欲。这种社会互助精神，实在是由调节物欲的方法而来。

我们所理想的圆满生活，就个人说，是人格的扩大，就社会说，是幸福的普遍。使人人得着安乐，男子依时而娶，女子依时而嫁。社会好了，我也在其中，社会不好，我当为社会奔走。先忧而后乐，万一乐不可得，宁可牺牲一己快乐，以救群众。如孔子是一生不得志的。文天祥结果是坐监牢的，但这也是心安理得，绝没有什么怨尤。而他们人格的伟大，也就是在这个地方表现出来。

人类聪明才智，本来各有不同，在社会所负的责任，当然也不能一样，在封建社会和君主时代，上层阶级的智识高、权力大，当然负责也格外重。封建废了，君主没有了，有知识且有道德的人，对于社会，仍是要负起"先忧后乐"的责任啊。

历史上的公例，凡知识高的人，一定为群众所信仰。自然，他为众人受苦也比较要多一些，多而推于至其极，亦未尝不可以牺牲生命。须知身体受苦而精神快乐，这就是圆满生活的情境，就是从个人心理上，所得着圆满生活情境。你看孔子的学生颜回"居陋巷，一箪食，一瓢饮，不改其乐"他乐的什么？我以为他的"乐"，就是他圆满的生活的获得啊！

所以圆满生活的表现，是在人格的伟大，是在能够为社会服务，甚且视死如归。舍了一个小我，以保全千万人所组成的大我，所谓"杀身成仁""舍身取义"啊！古往今来，社会所以进化，文明所以发展，完全在这一点。

现在我们又要回转头来讲到做人的基本在生存，而生存基本在物欲的问题了。我们生存的基本是物欲，物欲一定要调节，而调节的要件。则是"秩序"二字。秩序原是为社会而设的。我们要做"社会人"就应该在有秩序的社会生活中，求得"圆满生活"以完成一个好好的社会人。所以要做社会人，一定需要不可少的社会道德。道德的要目怎样呢？

第一是"勤"：生存在社会里，要工作不息。可以说，不做工就不配做人，生存是权利，劳作便是义务；

第二是"勉"：勉的意义，是能用，力能忍耐；

第三是"忠"：就是能尽责任；

第四是"恕"：我不欢喜的事，不能强人家去做，我欢喜的事，人家当然也欢喜，所谓“己所不欲，勿施于人”。凡事皆要推情度理，公正以处；

第五是“公”：就是平情合理，不存私心；

第六是“诚”：就是诚实不欺，不猜忌。除了勤、勉、忠、恕、公、诚。六种德目以外，推而上之，综而合之，复有“仁义”二德。

“仁”是从情感而发，以社会为立场，是积极的，艺术的，活泼的，自然的。“义”是由理智而发，以己身为立场，合于理，毅然为之而不疑，不合于理，虽杀身亦不肯苟且。

仁的另一种解释，是社会性的表示，所谓“合二人而成仁”，二人就是社会的起点。再有一种解释，是生机，是成长，是活动不息。如花生仁杏仁之“仁”，以一种很小的种子，含有生机。可以发展成一类大植物。平常人说“麻木不仁”，也就是麻木不动。

儒家对于这些意义，发挥很多，一部《论语》，便以“仁”为主干。孔子说，“古之学者为己，今之学者为人”。为人是为虚荣，为虚名，舍己从人，依傍势利，既不合于“仁”，更不合于“义”。可是，“舍生取义”“杀身成仁”的“为人”，就不能作如此讲了，盖能先具有为己工夫，然后才达到“为人”。则这种为人，才有价值可言。

做人的根本，要有这种道德。有这些道德的总和，便是“圆满的生活”，也就是“至善”。至善本是比较的形容辞，好像一座金字塔顶，是不容易爬上去的。但是唯其爬不上去，所以总要继续的向上，不断的前进，不放松一步，向最高的目标去努力。古人告诉我们做人要为救社会而牺牲自己。正所谓“一息尚存，此志不容稍懈”啊！因为如此，社会才能进步，文化才能增进，人类才能得到圆满的生路。

物质的欲望,生存的要求,道德的行为,精神的表显,人格的扩大,本来是一贯的,不能反背的,能调节发展得宜,自能由最普遍的最低级的物质欲望,成功到圆满生活。教育家所以为教,政治家所以为治,都是在这一点。

我希望现在的青年们,要立定志向去做人,且互相联合起来,站在儒家的人生观上,去救社会救国家。

我同时希望大家,要把这些问题加以精详的研究和讨论。

(原载《新闻报本埠附刊》,1935 年 4 月 13 日;
转载《龙门社刊》,1935 年创刊号)

从普及职业教育及复兴民族教育做起①

诸位先生今天承教育会，诸君相邀，到此来担任演讲，但没有什么好的意见贡献，非常惭愧，此外还有两点，要向各位预先声明的，一是言语方面，因为我所说的，虽然是普通话，但各位恐怕对于我的言语，不能全部了解，一是时间方面，因为今天还要回上海，不能说得过长，作从容的讨论。

今天所讲的，是没有什么总的题目，不过诸位听了以后，就可以在这里面找出来。

第一，什么是职业教育，本来职业教育，是没有确定的理论的，但他有他的意义，范围和特殊的性质，我们可从这几点上，得到一种比较的理论，现在把我们所已经看到的想到的，来讲一讲。

职业教育的起源——职业教育，是自有人类以后就有的，并且在没有文字以前，职业教育也已经有了，譬如父亲种田，儿子也学着种田，随学随问，随教随习，在工作上学习职业，所以古人说，“农之子恒为农，工之子恒为工”。但社会进化之后，便将中国以前所定的士农工商，显然分成两个阶级，一个是治人的阶

① 江问渔先生演讲词，唐杏芬、宋宝庆记。

级，所谓“君人南面之术”的士归之，一个是被治的阶级，就是农工商的劳动阶级。那时候的教育制度只行于士的阶级。而农工商只有徒弟制度，这种制度，对于教育的理论和方法等，是没有的。所以与教育的制度，相反的地方也很多。

现在先以欧洲来说，欧洲工业革命以后，社会经济制度，经过极大的变迁，小手工业，被大工厂打倒，徒弟制度也因之破坏，并且因科学的发达，对于生物理化，悉心研究，而增加了巨量的出品，但是大工厂的一般职工。应否予以相当的教育，给他生活的技能呢？那当然是需要的。我们先做一个譬喻吧，大工厂的工程师，犹如军队中高级的将领，但是军队的实力，到底还是士卒，所以大工厂，必须有职工，必须有下级的有力分子，那末对于这有力分子，就需要用新方法去传习他们了，这个新方法，是什么呢？就是职业教育。

再说到我们的中国，从前是没有职业教育的，不过有一种类于职业教育的制度，就是半工半读的制度，也就是我们所惯道的“耕读家风”，如诸葛的“躬耕南阳”，以及其他显宦的“解甲归田”，这因为我国自古以来重农，所以读书人，往往兼操农事，这种又耕又读之风气，遗传下来，就是职教育最好的先例，但这种耕读的制度，被新教育所破坏了，所以现在所讲的职业教育，是抄国外的法子，能用不能用，还是一个问题，上面所讲的就是职业教育的起源。

职业教育的范围——在一般的理论上说，职业教育可包括农工商—即三百六十行—三种，但是除此以外，如家政或家事，这是女子的职业教育，如大公司的商业文书，打字员，医生，药剂师，会计师等自由职业，也都是职业教育，再推而广之，如行政机关的职员也可包括在内，如此看来，职业教育，除了农工商以外还包括家政及自由职业。

职业教育的程度——据一般的理论，职业教育，只能施行于中等教育，但现在看来觉得这理论是错误的，如果向上说，中学毕业后，受了相当的短期训练，也可以做药剂师或商业文书，再向下说，高小初小也都可以实施职业教育，譬如初小二三年级的学生教他们养鸡养兔，栽植花木，把研究所得的选种施肥等记录起来，这也是职业教育，那末从前的理论也不难打破了。

职业教育的内容——至于职业教育的内容，是各国不同的，大概与社会的背景互相连系，如中国职业教育社所办的事业，约可分为四类，第一是职业学校教育，这种教育是有固定的场所，教材，学生和修业的期限，第二是职业补习学校，这种教育，便没有固定的场所与教材，学生也不是专门读书，一方面可以在白天做工，一方面在晚上或假期中受教育，以求得相当的职业知识，第三是职业指导，现在可把下面的图表明出来，

从这图上，就可知道职业指导，一方面联络学校，使学校知道社会所需用的人材去指导青年，从事职业的知能，一方面社会

如需要何种人材时，就可替学校所造就的青年介绍，救济失业的青年，这样社会与学校的鸿沟，就可由职业介绍所联络，使学校有方针，青年有出路，社会有人材，所以职业介绍所，是青年升学就业，社会选择人材，学校训练人材的积极为社会服务的机关，也就是解决种种职业问题的说明人联络者，这种机关，在外国本来都是由行政机关兼办的，第四是农村改进事业，什么叫农村改进呢，譬如在一个范围内，有多少人家，我们就以这多少人家做对象，设立一个施教机关，无老无少，无贫无富，无男无女，都要受教育，并在经济方面，如何改良生产组织合作社，在文化方面，不识字的如何使之识字，如何使之有道德有爱国心，如何使之改良风俗，使之做高尚娱乐，在政治方面，如何使一盘散沙的人民能互助，能合作，能互相保卫，我们就预备三五年，把这一区人民，教得个个都有生计，道德，智识，合作，自治的能力，康乐和静的样子，这就是农村改进事业，这种事业，学校教育社会教育都可以办的，可惜新教育推行以后，大家注意市镇而忽略乡村，这种事实是非常可虑的，因为一个青年到城市进学之后，就不安于田亩，即使他不升学，也穿起长褂子不会动手了，致父兄失一工作的助手，农村受到莫大的损失，此种现象，足使国家农村两蒙其害，即以农业学校而论，也是学成不用，是否能改良农业，还是一个问题，所以我们办教育的，应分其余力，作改良社会的先锋，教学生的父兄改良种子，组织地方自治团体等事业，像南京的尧化门小学燕子矶小学等，都足以为我们的楷模，所以中华职业教育社，以改进农村为事业之一，徐公桥创办以后，全国对于这种事业都风从起来了。这种事业在欧美日本是没有的，这因为他们的乡村自治办得好,所以无需再有这种机关,但我们在此农村破产,民生凋敝,农民生活不堪的时期,这种事业确属必要,而我们办理学校教育的也不能不负其责。

教育部因事实的需要,将前列三类,也成为定案,但虽是三令五申,各地要办职业学校仍感到困难,以我们的经验说起来,工要工场,农要农场,商要商店,即使设备充分,对于上面原则已不生问题,但对于本地的职业如要,也须顾及,没有来路,先要注意出路,所以这是很不容易的事,不过职业补习学校,在都市已成了重心,因为既不纳学费,又不耽误职业而增进智识。那末各地如果要办职业教育应当怎样呢?第一先要有小组织的设计委员会,详细调查社会的情形,第二就是要有设备,第三要有出路,譬如内地是偏重于农,就办改进农业,某地有中学,即以中学做基础另外增加经费,去办改进农业的事业,就是小学也可如此,不过我们先要认清目标然后去办。

第二职业教育的目的是怎样,职业教育这名词,世人往往误解以为就是吃饭教育,这是大大的错误,中华职业教育社的宗旨,就是注重职业上必要的智能及公民道德的训练,所以中华职业教育社的社徽是◎字,是双方并重的,缺其一,就像车子少一个轮一样,所以若只讲智识而不着重道德,即要蹈以往的覆辙,并且道德比智识更是重要,譬如智能是饭,道德是空气,虽然一是有形一是无形,而空气比饭更重要,我们又知道安南印度朝鲜的人民,也一样可以吃饭,而不能得到自由,这因为没有实施复兴民族教育,所以我们一方面提倡职业教育,一方面还须注意复兴民族教育。

第三怎样普及教育,我们即以江苏的地方教育经费约算起来大概有一千万左右，但是入学儿童还不及学龄儿童十分之五，诸位想，若使学龄儿童都要求学的机会，岂不再要一千万吗？但现在农民的负担究竟是怎样呢，江苏需此，其他也不必讲了，这样连读书机会都没有的国民，一个无知的人民，如何能复兴民族呢？而且成人与小孩，是一样的重要，一样的要普及，所以陷于现在的制度经费下的几个民教馆、小学校，的确不能做这种事，那么又怎样去普及教育呢，而且普及教育还须将职业教育与复兴民族教育双方兼顾，则筋肉与精神，同时可以增长，所以各机关都应抱同一的态度，下普及教育的决心，如果小学校仍是关门教小孩子，只注意在书本上，这种教育，可说与社会无辟，永远不能救国。

所以我们理想中的小学校，对儿童须厉行职业化教育，依着职业教育的方法材料去做，小学生对于文字受过了后，我们还要教他们用手，比如教算术，必以量长短衡轻重等“做”为第一，而文字只能列入第二，并且还要把余力，指导学生的父兄，使得有改良农产爱护国家的思想，这种资料，可以在书本上及地方情形上作参考，有时若因精力关系，那末可实行导生制度，用大的学生教小的学生，留出一部分精神来作普及教育的工作，如此则本来只能教五十个的，现在可以教二倍或五倍的学生了。

今天因时间关系，不能多讲这个问题，不过是抛砖引玉的意思，如各位要研究这问题，尽可通信与中华职业教育社共同研究。

现在国难严重，民族社会是如此的危殆，我们在教育界的各位，请从普及职业教育及复兴民族教育做起。

（原载《奉贤教育》，1935 年第 4 期）

对于读经问题的意见

我国在这个内忧外患，重重压迫的当儿，一般人民，方痛心疾首，惶惶然以民族前途为虑，乃一部分教育界知识分子，忽然又开出什么"读经"问题，居然"甚嚣尘上"。真是令人莫明其妙(当然主张读经的先生，也是为着民族的前途)。商务印书馆教育杂志社主笔先生，以为此项问题比较重大，值得公开研究，于是广为征文，及于下走。我虽浅学，却也很愿意随诸位君子后，发表一些愚见。

因为谋论述的便利，特把本篇文字，分作四节，节再分段，兹可顺序逐层写记出来。

一

开首，我们要问的，便是所谓"读经"之"经"，究竟是指些什么？如若仅就"经"的一个字意义来说，似乎也就很够教人麻烦了。章太炎先生，在他所著的《国故论衡》里面，有"原经"一篇，说明经的来源和类别，可算是再详尽也没有，我们去翻一翻看罢。古时候执政的人，所有一切教令符号，既叫做经，后来私家著述，也叫做经；所以老子有《道德经》；墨子有《墨经》，《吴语》上说，《挟经秉枹》，连兵书也叫着经；汉时扬雄作太玄，就叫着《太玄经》；隋唐时，王通还著了一部《元经》。可见经之范围是多么广，经的种类又是多么杂啊！把《易》《诗》《书》《礼》《春秋》五样，加以《五经》之后，而特定他为“经之正宗”，这是始于西汉，秦以前却不是这个样子。后来唐人把《周礼》《义礼》《公羊》《谷梁》分开来学习，便析成《九经》；未几又加入《尔雅》《孝经》《论语》，便构成《十二经》；到了宋朝，又把原子书类的《孟子》，列入经部，于是就成功了《十三经》。所谓九经、十三经也还是五经的扩大，这皆是算“经的正宗”。

现在只说一句“读经”，这个经，究竟是什么？专指五经、九经、十三经、以内的书呢？还是超出这个范围，连其他的经，也统统包括在内呢？平心而论，被历代帝王、学官、士子所尊重的正宗之经，固然是大有价值，即不属正宗的杂著各经，又何尝没有相当的价值存在？并且在汉魏以后，学者所著的精品，虽然不以经名，也往往有很好价值在内。现在只说读经，而不确切指定范围，未免太笼统了。只取正宗之经，而遗弃非正宗之经，我以为是不对的。有经名的书，固不应该遗弃，既无经名的书，又可以遗弃么？

以我推想起来，现在主张读经的先生们，恐怕他所说的经，一定是指十三经以内的经罢！其他一切非正宗之经恐怕就不在他所说的范围之内罢！如果我的推想是对的话，那么就有问题发生了。问题在哪里呢？就是在我本节上文所说的第一段。因为只用一个经字，并且是正宗之经的经字，遂把许多有价值而非正宗的经或无经名之书，皆统统排斥在“经字圈”以外，那是显然有一些不公不平。一件事失去了公平的标准，当然要成问题，这是第一层我们不能不先行研究的。

二

我们姑且退一百步来说“对于主张读经的先生们，只许读十三经以内的经”这个办法，承认他是可以的，但是又有问题来了，(一)应该选读哪几种呢？(二)小学、中学、大学学生程度不同，时间又不一样，读的时数，如何支配呢？(三)中学一级有普通中学、有师范、有职业，大学一级有本科、有专科，而本科专科的各科各性质又各殊，读的分量如何配合呢？这皆是问题啊！还有哩，(四)在中学国文科教员，授文言古文，往往选及《左传》及《诗经》，这些算不算读经呢？(五)大学或专科学生研究历史，往往取一部《诗经》来研究古代文学的变迁，取一部《周礼》或《义礼》来研究古代社会的制度，取一部《论语》或《孟子》来研究儒家的学说思想，这些又算不算读经呢？

在主张读经的先生们，关于各经种类的选择是否就是十三经中已经认定了若干种，明白将名目开示出来！就各种不同学校、不同科系，不同程度的学生，是否将应读各经，已经各各分配了若干部，并明白将篇名开示出来？我还没有看见，当然不敢妄下评论。但是因为我想起来，这一张单子开示出来，恐怕是很不容易罢！因为还有许多问题，下面所说哩！

(一)就读经的本身讲，古文今文的问题，至今还没有真正的弄得清楚。如若真中有些是伪书，怎么办呢？或者可以这样说，书虽是后人伪造的，但是它的内容还好，我们何妨一读呢？如果照这样说，对于汉朝人所伪造的周朝人的书，事实已经证明，乃因其冒牌成经，内容还好便去读它，那么，倒不如迳读汉人所著的自署真名而又确有价值的书，较为心安理得了。

当然，《十三经》中真的很多，并且部头小一些，如《大学》《中庸》《论语》《孟子》之类，也很容易读，那么，尽可取他全部来从容读授，详细讽诵。可是，又有问题发生了。

（二）一部书的篇数章数，本是一定，是否许讲读的人，可以删减选择，次第颠倒呢？如果不许的话，在小学的学生便不容易办了。《大学》《中庸》两部书，总算分量较少些，可是这两部书所说的道理，十一、二岁的儿童能领略么？"大学者，大人之学也"，不是前人早经说过了吗？至于《中庸》，谈哲理的地方很多，比较更是深奥了。如此，以全部经书教授小学生是否适当？还不是一个绝大问题么？

（三）在本节第一段内所说的（五）、（六）两个问题，如是主张读经的先生，也能承认他算是读经，那就没有什么问题。若是不承认的话，那又要麻烦起来了。在他们（指主张读经的先生）以为中学方面，尤其是高中方面，读一读经部的《论语》《孟子》，并不是难事，又何必十分畏难？这样说法，当然也有相当理由。但我以为，如果教国文的先生，教公民学的先生，教历史学的先生，能对于我国先民遗训（即如经书所说的话），尽量撷其精华，传授后辈，则得益已经很多，即不必读经，不必读全部的经，又有何不可？并且除经以外，凡是古今来有价值的著作，有意义的名言,皆取它来做引证,取他来做教材,更有何不可?在他们或者以为大学生研究中国史学,检讨古书中的经书,认为不算读经,也说不定。因为有些人是这些说法,“读经就要信经,凡古圣贤所说皆是对的,无论如何,不许怀疑,所以读经要在小学初中打下根基,也就是这个用意”。我想主张读经的先生,未必一定是这样说法罢!如果不是这样说法,也就不能再说大学生研究中国历史,不是读经了。

三

就上列两节所说的话,推究起来,我很觉得:

(一)不应该笼统的单说“读经”两个字。

(二)不应该忘记了中小学内皆有国语、国文、历史、公民等课程,大学内也有专门研究中国历史的学生。

因为单提出“读经”两个字,界限太不清楚了,意义太混乱了;无论如何,总是令人摸不着头脑。

在主张读经的先生,当然他也有忧国家、忧民族、忧世道人心的苦心,并且有为中华民族求出路的深意。这种苦心,这种深意,只要是中国人,当然要深深的表示同情。可是这种宏愿,这种目的,能不能因学校学生一经读经,便可以偿以达呢?恐怕还是一个问题罢!

在我个人的感想,以为今日学校的学生,对于本国历史,太无兴趣,对于本国过去的文化,太不能认识,这却是一件大大可忧虑的事。受过了六年中学教育的青年,对于自身所托命的国家、民族、文化仍是毫无情感，这是什么现象？是不是预备亡国的现象？何以弄到这个样子呢？固然是学校内教公民的先生们教国文的先生们，乃至教其他各功课的先生们，尤其是直接担任行为指导的先生们，要负完全责任；而教历史的先生，比较起来，似乎责任尤重。我的愚见，以为与其大声嚷着读经读经，毋宁竭力改良历史教学。关于历史教育的改良，不惟中学是紧要，就是小学，也是同一紧要；若是大学生，缺如了这种素修，则紧要的情形，也未尝不厉害啊！

公民课，国语国文课，固然和我国所谓经，有关系，而历史一课，则关系尤为密切。读过了一部《论语》未必真正能得着受用，如若指示出孔子的人格、思想，而再证之以老先生的言论，及他与门弟子问答之词，我想学生受益，一定很大。由此类推，我们对于经，究应该如何研究，也就不难推知了。其实何尝单单对于“经”，是应该如此呢？

四

研究到了这个地步，我便可以大胆的把我对于所谓“读经”问题的主张，明白的说出来了。

（一）凡是古人的嘉言懿行，明训至理。总应该尽量的采入历史课本；其次在国语国文课公民课内亦可多多采用作为教材，这却不必一定限制于五经、九经、十三经，当然经也是占着一大部分。

（二）对于各种经书，可用一番科学整理工夫，条分缕析，把它爬梳一下，叙述出来，以备中等以上学生课外阅读，并且不一定专限于经，其他有价值的古书，也应该这样办（如商务印书馆所出版的国学小丛书，有许多种是照这样做而且做得很好）。

（三）大学或专科学生，把经书当做历史研究，那是很好的事。本来章学诚先生早有了“六经皆史”的说法。现在要考究古代社会的制度，文物除掘地层验古物外，当然要推敲到古书。可是这些古书却也不必一定限之于经，当然经也是占着一大部分。

（四）希望今后教育界，不必再提出这“读经”两个字，这一种笼统的说法，本来是不对的。

（五）我极盼望我们教育界同人，快快的把这一椿无聊的笔墨官司——读经问题，早日结束。如若有精神，有时间还是赶紧提倡科学教育大家，努力用科学方法，来研究中国的旧文化，创造中国的新文化。

民国二十四年三月十八日脱稿

（原载《教育杂志》，1935年第25卷第5期）

教育与国防

提起“国防”,二字,大家便不知不觉的发生了两个观念:(1)国防的设备,是大炮、飞机、炮台、战舰、海陆空军;(2)国防的责任,是政府少数人所担负。其意以为国防只有物质上的设置,只有少数负责的人应该注意,其他,便可以不问不闻。这就“狭义的国防”来说,固然不错;但是近代国家,要生存在世界上,绝不能仅依赖一国以内最少数人的力量来支持一切,更不是仅仅有了一些物质的设置,便可以有恃而无恐。须知物质的运用,物质的发展,一定要有精神贯注期间,一定要有整个国民的力量,充满支撑于其内。是以说到国防,除了“狭义的国防”外,还有“广义的国防”在。并且这“广义的国防”,较之狭义的,尤为重要。我们十二分相信,一国国民,倘使在战时没有维持后方秩序的能力,没有共赴国难的精神,甚且没有能够自给自养最低限度的物品,则纵有较完善的军备,纵有政府负责人的牺牲决心,而国家能否存在?恐怕还是一个疑问。

今日的中国,可算已到最危险的地步了罢:东四省失地经年,收复不知何日。长城天险,已与敌共。敌人势力,现正布满华北,天津在他们的大包围中,渤海岸上,有敌人筑成的广大机场;黄浦江边,有敌人建就的高耸炮垒。军舰可以随意出入我长江,威胁我首都。彼固俨然以亚洲主人翁自居,目空全世界,盘马弯弓,急图一逞。此时实无异到了世界大战的前夕。在世界大战,尚未发生之前,敌人已经一步紧一步的,将易蚕食手段而为鲸吞的暴行,若一旦大战爆发,则桎梏我如牛羊,宰割我如狗彘,还不是意中之事么?须知我国虽弱,我国民虽贫且愚,究竟还是独立国,不到朝鲜及安南的程度。究竟还是圆颅方趾的人,不是牛羊,不是狗彘。难道我们就承认国家已无救了吗?难道就承认束手待毙,自侪于牛羊狗彘么?难道我们的失地就不愿收复了么?我想,只要是中国人,谁都不肯承认且不甘承认罢!

不愿亡国,便应救国。不愿做兽,便应做人。要救国,一定要注意到国防。要做人,一定要做到有益于国防的人。在政府当局,负有设备国防的责任,这是当然的事,如何办法,暂且不去研究它。若在政府以外的国民,应该怎样呢?这却是我所要讨论的问题,且认为目前急待解决万难再缓的问题。

我以为今日中国国民,处此特殊地位,要注意国防,要做有益于国防的人,非具有次列三种力和三种心不可。哪三种力呢?

(一)自养力;

(二)自卫力;

(三)团结力。

哪三种心呢?

(一)羞耻心;

(二)自信心;

(三)爱国心。

"力"是由知能的灌输训练而成，比较偏重在知识意志习惯方面。"心"是重在情感的启发与培养，一部分却也根据于知识，而渐渐成为习性。就个人方面说，情形是如此，若就一个民族社会说，大多数国民能具有此三种力、三种心，便能养成一种强盛充实的国力，蔚成优良向上的国风。

那么，国力怎样才能养成？国风怎样才能蔚成？又知识怎样去灌输？能力怎样去训练？情感怎样去启发去培养？试问，这许多说法，哪一件不是教育问题呢？

固然，救国之道，不止教育一端，帮助国防上的设备，也不能专赖教育，但至少可以说，教育是各种救国方法中的最重要一种。而要养成有益于国防的人，更是舍教育以外，无从下手。要真正能全国总动员，真正能把全国力量尽量发挥出来，从事于卫国工作，更非借径教育，无法收效。

所谓教育，当然是指着广义教育而言，凡一切学校式、社会式、家庭式，皆包括在内。不一定要学美、学法、学日，也未尝不可学美、学法、学日。总以切合中国目前需要，专为救亡国存，好好造成一种最经济最有用的中国教育制度、中国教育精神、中国教育方法，为唯一的目的。尽可取法于人，而要以我为主体。设备不妨简单，要能普遍而实际。课目不妨减少，要能切要而实用。时间不妨缩短，要能速成而有效。横的方面，要舍其轻而举其重；纵的方面，要先其急而后其缓。不尚空谈，不唱高调，教一人要得一人之用，教一课，要得一课之益。

（一）就养成"自养力"来说吧，一定要普及自然科学教育，注重应用科学教育。增进一般国民的生产力，储蓄力。不仅使受教育者能生财、而且能用财,能输财。无老无少,无男无女,皆以服用外货为可耻,以服用国货为至荣。自信中国国民确有自给自立的知能,无论如何,务求食用所需,不再依赖舶来之品。从儿童教育起,即予以充分的职业陶冶。中等教育一级,必竭全力注意于职业教育的普遍推行;而专科大学,务以养成多数职工指导人才,职业界领袖人物为依归。这一班指导人才,领袖人物,又必充满民族情感,爱国精神,努力于全民族的经济发展。先忧后乐,先国后家,己立立人,己达达人,不注意于个人物质的享乐,专注意于民族经济的繁荣。蔚成学风,铸成民性。一旦国家有事,无论是自动参战,无论是严守中立,凡是国民,人人皆能发挥互助的精神,使供给无乏,运输无阻,不至忧民用的不足,再仰给于外人。如是则国家大本,自能立定不摇了。

(二)就养成“自卫力”来说吧,军事训练,务必全体注重。不惟学校教育如此,社会教育亦然。政府要有整个的计划;分区筹设武库;严格训练青年。合文武为一体,融智勇于一身。人人以文弱为大耻,以舍身卫国为至荣。对于历史教育,地理教育,要特别注重,凡是受过教育之人,虽在妇孺亦知爱惜锦绣河山,崇拜民族英杰。平时散在乡里,则能互相联合,保卫闾阎,战时敌忾同仇,则能执干戈以赴疆场。确切自信,中国国民,是不可侮的民族。此时埋头苦干,作种种预备工夫,他时自能抬起头来,博得最后胜利。不畏惧、不浮夸、沉着应付、刚毅不挠。并且决定教育宗旨,养成国民坚强的体力,矫健娴熟的战斗力,是纯为保卫一己的国疆,绝不是为侵略他人的土地。

(三)就养成“团结力”来说吧,集团生活的习惯,在儿童教育,即应开始训练。中等教育以上,更当特别注重。说到社会教育方面,亦必以此为主干。务必多方设法,消灭其狭小的猜忌心;锻炼其合理的服从性,训练其严守秩序,指导其自治组织,发展其互助精神。并晓以为群服务之可尊可敬;示以自利自私之可鄙可耻。无论何方教育,皆万万不可徒重书本知识,务予学者以社会服务的机会,以增进其组织知能。为之师者,尤应以身作则,一方详察学者个性,施以极亲切的指导,一方加入集团生活,施以有计划的熏陶。而于民族意识的扩张,民族情感的激发,更要随时随地随事,不断的注意实施。如此则国民高尚纯洁的人格,侠义勇敢的精神,公而忘私的习性,合群结团的能力,在教育未终了时,业已养成,教育终了以后,更可发扬光大。一旦不幸,国家有了非常之变,这一班受过教育的国民,消极的既可维持后方秩序,积极的且可帮助军事进行。

如照这个样子做去,国民三种能力,既可分别养成,而融会起来,便成了一种不可抗的大力。至于三种心习,自然亦可同时随着三种能力,一一陶熔成功,一一充分表现,这还不是最大的国防设备么?我深愿教育行政当局,教育思想专家,学校教育者,社会教育者,速速转移目光,速速集中精神,注意到此,千万不可再说“国防是国防,教育是教育,两者各不相涉了”。须知现在已到“国将不国”的地步,还容得我们习故蹈常,从容施教么?现在大可简捷了当的说:“今日中国的教育,是为国防而设施,今日中国的国防,正赖教育做一个大助力”。

(原载《国讯》,1935年第84期)

《中华职业教育社通问班纪念册》序

书曰,“好问则裕,自用则小”,这是为师心自用的人说法的。但求知为人类所同具之欲,世间实在有许多怀疑之人欲求解惑而呼吁无门的！这种知识上的饥荒和生活上的饥荒有什么两样?

有人说,这叫他们进补习学校好了。但是,无论这种学校并不多,即多了,而有些人因为时间和空间的关系,入此学校亦不可能,那又怎么办呢?

本社有念及此,特于民国十八年创设一种通问学塾以救其穷,而其办法较函授学校为活动,就是发问不限于所指定之阅读书籍,关于常识及专门知识方面亦许其提出问题。

五年以来,教育学者均尚有相当的满意,用特编为是册,一面作教者的检讨,一面供世人的参考,倘海内明达,有所指正,那不止嘉惠于敝同人,实一般的有志入此班的人们的福音啊！

民国廿四年一月十五日,江问渔

(原载《中华职业教育社通问班纪念册》,第一中华职业补习学校通问班编,1934 年 7 月,中华职业教育社)

人生哲学

在此一年余中,我对于诸位的谈话,虽然很多,但皆偏重于农村改进方面,对于为人处世之道,虽间有谈及,而片段鳞爪,没有系统!且诸君学业即将告一段落,不久就要与万恶之社会溶为一炉而奋斗,如果对于人生观不认识清楚,则将来之危险很大。

社会芸芸众生,或则腐化,或则恶化;或则愤懑奋发,铤而走险;或则萎靡不振,意志消沉;或则随俗浮沉,不知所止。结果,遂至于不可收拾。正其本,清其源,要皆由于人生观没有确定所致。用特将我个人体验所得,为诸君一述:

我对于人生,分平面直线两方面看:平面的,名之曰"三方融和的人生观";直线的,名之曰:"宝塔式的人生观"。兹分别述之于次:

三方融和的人生观

什么叫做三方融和的人生观呢?就是说,人生须要经济、伦理、艺术三方面兼顾,而且还要调融洽的意思。

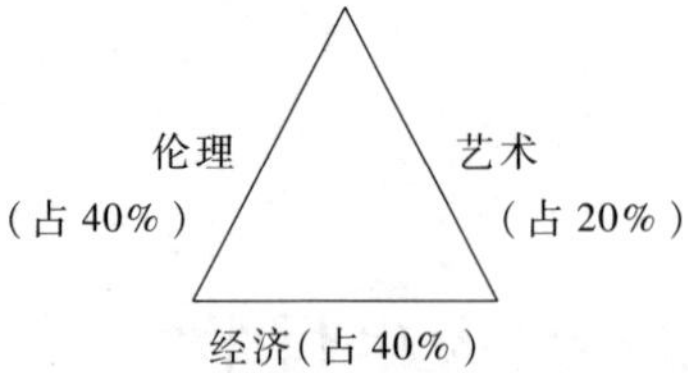

（一）经济

我国古时，有主张绝欲主义的，代表此派主张者为老子。他说："剖斗折衡，而民不争"，宋儒因之而有天理人欲之说，主张要先去尽人欲，然后方有天理。可是，此论虽高，但不圆通的，因为人是不能离掉物质而生存，饥时自然思食，寒时自然思衣；发育至相当时期，自然有男女之情。古语云："食、色，性也。"；又云："饮食男女，人之大欲存焉。"果如宋儒所云，则毫无生趣矣！故最初儒家是主张节欲，节，就是调节，与绝欲迥然不同。如孟子对齐宣王好货之间（原文如此，似为问之误。编者注。），谓使"居者有积仓，行者有里粮"；对好色之问，谓使"内无怨女，外无旷夫"。这不仅是调节物欲，竟是扩大一己之私欲，而成一群之公欲了。这的确是代表最初儒家学说。可见真正的儒家，并不全注重于消极伦理，是采取调节主义的。故我亦主张人生不可脱离经济，且须占40%。

（二）伦理

人生离不掉经济，即西人之唯物论唯物史观是也！可是，如西人所主张，未免偏重于物质，而疏忽于道义了。其弊实大而且多。盖伦理者，有调节经济的作用，能支配我们的物欲，能指导我们的人生。礼记云："临财毋苟得，临难毋苟免"。财之来，谁也要想得；难之来，谁也要想免。其所以毋苟者，即是伦理的作用。古人“先天下之忧而忧，后天下之乐而乐”；“天下有饥者，犹己饥之；天下有溺者，犹己溺之”。此可于慈母爱子之心见之，亦即是伦理的作用。希望能将此心，推而广之，扩而充之，至于社会国家而及全世界！

现在一般人主张，重于体而轻于用，换句话说：就是重于经济而轻于伦理。欧洲之功利主义，即中此弊。致互相侵略，战争不已！宋儒则从太重精神而忽于物质，致虚伪冷酷，甚至有“饿死事小，失节事大”等语（这句话在特殊情境，也并不错，但滥用起来就大有流弊了）。我们要体用兼重，以经济为体，以理论为用。所以我主张经济既占40%，伦理也要占40%。

（三）艺术

一个人如果整天地在经济的、伦理的中间过生活，则自然而然地就要感觉到枯寂寡味，索无生趣，故必须想一办法，调节之，和融之，以增加其生活之兴趣。在古代文化未开之时候，宗教崇焉！盖宗教可以安慰人的痛苦；兴发人的精神；修养人的心身；陶冶人的性情。际此20世纪科学昌明的时候，宗教是近于迷信的，不合逻辑的，我们应以艺术来代替宗教，艺术的作用，不特能与宗教有同样的作用，而且范围很广，诗歌、艺术也，音乐、艺术也，图画音乐等，亦艺术也，推而至于游玩山水，欣赏自然等，亦莫非艺术也，较之宗教之跪诵默祷而收调节之效，其良窳不可同日而语。不过，艺术的作用，仅仅在于调节人生的枯寂，不能与经济和伦理相提并论，所以我主张只占20%。

但是，古时有一个反对艺术的人——墨子，他着有《非乐》之论篇,亦有相当的理由。不过,我以为他是有感而发,有一次:他到一个地方,因为那个地方名叫朝歌,他随即回车,他的意思,朝晨不是唱歌的时候,朝晨尚且歌唱,则其平时沉溺于音乐可知,此《非乐》之文之所由作也!我们在朝晨的时候,应当利用朝气,作一些经济的、伦理的工作,至倦而乏味的时候,然后从事于艺术。千万不要忘记,艺术的作用,在于调剂。如果如此,我想墨子复生,一定也不会反对的吧!

宝塔式的人生观

什么叫做宝塔式的人生观呢?就是一个人为了生存而发生欲望:如果向善的方面演进,则推己及人而达于至善之境,犹之

宝塔的层层而上，高一层，即增加一层的见地。而达于最高顶一样；如果向不良的路上走进，则将入堕落之渊而至于不可收拾。犹之由塔基而下，则地狱沉沉，绝少光明之路。所以名之曰宝塔式的人生观。述之如下：

一个人自从脱离了母胎，即有欲望，虽在襁褓的时候，不能自由寻求欲望的满足，但到饥寒的时候，自然会呱呱地哀号而要求。推而至于青年成年老年，皆有青年成年老年的欲望，孟子说"人少，则慕父母；知好色，则慕少艾；有妻子，则慕妻子。"即是欲望的表现。考其所以发生欲望，皆是基于生存。推而广之：政治家之所以为政，教育家之所以教育，经济家之所以办经济事业，慈善家之所以办慈善事业，亦莫非为生存。形而下之：就是乞丐的寡廉鲜耻，盗贼的作恶多端，亦莫非为生存。不过所走的路向不同而已！

我们如果从好的路向走，则可以造成一个秩序的社会，由义而仁，由己及人，做到极顶，就可得圆满的生活。《礼记·大学篇》云"大学之道，在明明德，在亲民，在止于至善。"明德是人类明其固有的天良；亲民是将已明的固有天良，推而至于大众。即孟子所谓"亲亲而仁民，仁民而爱物"也！——朱子集注谓亲当作新，似可不必——由己及人而成为有秩序的社会，即是至善；至善、即是圆满的生活。譬如母亲见儿女的饥寒而为之设法，即是明德；推慈母之心而及于大众，使之成为有秩序社会之民，即是亲民；即是至善。由明德而至于至善，必须经义与仁的阶段。义字是为己工夫，仁字是为人工夫。试详论之：

古人造字，义(義)字从羊从我。因为古时是游牧时代，他们见到畜类中间,唯羊的性情最为驯良,唯羊的行动最为秩序,譬如羊的跪乳,就是他的美德的表现。所以善字美字等皆从羊。义字从羊从我,就是羊的道德,必须从自己做起的意思,所以叫他是为己的工夫;

仁字则不然!仁字从人从二,是表明须二人以上的意思,可见仁字的中间,含有社会性的,含有团体性的,所以叫做是为人的工夫。

古人讲仁义,皆执其一端而言之。所谓"义不掌财,仁不带兵;""所谓博爱之谓仁,行而宜之之谓义。"多讲得不完全,未免有顾此失彼之弊!依我的见解,义与仁的解释如下:

(一)义

(1)尽其应尽的责任谓之义。

(2)求其心之所安谓之义。

(3)应付得宜谓之义——即合理行为,所谓"义者、事之宜也。"

(4)全其人格谓之义——具有独立的人格,不为威屈,不受利诱。

(二)仁

(1)适于社会生活谓之仁。

(2)同情心之扩大谓之仁——昌黎云:博爱之谓仁。

(3)生机不绝、成长不已谓之仁——果实之核,所以能生长,因其中有仁。

(4)自动不息谓之仁——华佗云:"户枢不蠹,流水不腐。"

如果将四书作归纳的研究,可以看出仁与义有以上种种的解释。

可是,仁与义是相辅并行的,因为人是情感的动物,情感的冲动,任其所之,势必至于漫无收束,故必以理智节制之。理智即是义的作用。譬如教育即是仁,政治即是义。能仁义相辅而行者,宋之文天祥似乎近之。其被虏于元,泰然处之,此种临难毋苟免之精神,义也!亦即是仁也,故文天祥之为人,谓之舍身取义可,谓之杀身成仁亦可。他肉体虽死,精神未亡,正气千秋,人格长存。到此地步,即是圆满的生活。

有人讲圆满的生活,仅囿于物质,真是大错了!一人的生活安逸,而大多数人的生活不安定,可以谓之圆满的生活吗?故须求圆满的生活,必须仁义相辅而行,推己及人。自由身的安逸,而至于家给人足,而至于世界大同。如此,庶几可说是圆满的生活了,唐之郭子仪似乎近之。他在自身方面,七之八壻,位极人臣,富贵寿考,一身兼而有之;而对于国家方面,则平安史之乱,复贞观之治,所以后人以为标准人物,而天官样之所以遍地悬挂也!

可是,至善是无止境的,犹之宝塔之上,尚有无数丈冥冥之太空,不可测度一样。所以庄子因之而提倡齐物论。他说:彭祖八百遐龄,如果放远眼光看来,不是同夭殇者一样寿短吗?因此他主张去是非,泯善志。他说"与其是尧而非桀也!毋宁两忘之",又说:"彼亦是非,此亦是非……"于是又有逍遥游之作。后来,东晋士大夫之假名风流,落拓不羁,置国事于不问不闻,置晋室于沦亡者,亦未始非此说误之也!盖其父杀人报仇,其子必将杀人而越货,为事势之必然者,即孟子所谓"有伊尹之志则可,无伊尹之志则篡也”！须知人类之所以为万物之灵，所以能进化，其始只在乎争得一点一滴。一点一点的增加，一分一寸的比较，积久乃成为今日的文明。孟子曰：“人之所以异于禽兽者几希”。诸位千万不要忘记，人之所异于禽兽者，只在此“几希”！

总括以上所讲，可分如下数点：

(1)看重生存的欲望，但是要加以调节。

(2)求圆满的生活是人生的惟一目的；而履行仁义便是最重要的方法。

(3)要把儒家的学说，发扬光大。

(4)求人格的独立，并扩充之使人格伟大；求同情心的扩大，并使成长不已，活动不息。如颜渊之箪瓢陋巷，不改其乐；诸葛孔明之鞠躬尽瘁，死而后已；范文正之先天下之忧而忧，后天下之乐而乐；文天祥之被虏于元，泰然处之……皆此类也。

还有一点，需要说明。人生是矛盾的；因为矛盾，所以需要调和。可是，愈调和，愈矛盾；因为愈矛盾，就愈加需要调和。只有从调和的中间才可以求得圆满的生活而达于至善之境。但是，调和要有系统、有秩序、有是非、有轻重。要一其系统，整其秩序，明其是非，权其轻重，而求得圆满的生活，而达于至善之境。不如此，就要成为一个“骑墙派”了！

(原载《农村改进》，1935 年第 2 期)

关于“中国本位的文化建设宣言”的讨论

本年一月十日，有十位教育界负声望的先生，发表一篇“中国本位的文化建设宣言”。文分三段：第一段痛论中国在文化领域内已经失去了地位，很慨愤地说：“现代世界里面，固然已经没有了中国，中国领土里面，也几乎已经变了没有中国人”。因此主张“必须从事于中国本位的文化建设”，才能使中国在文化的领域中抬头，才能使中国的政治、社会和思想，都具有中国的特征。并指示出努力建设中国本位文化的方法，要用“批评的态度，科学的方法，检阅过去的中国，把握现在的中国，建设将来的中国”。第二段，把从前中国文化的历史陈迹，与近数年来文化运动的主张言论做一个清算。第三段，乃说到十位的主张，指示出中国有自己的特殊性，不一定同于他国，中国有现在的时代性，不一定同于古代，所以要注意于“此时此地的需要”，对于古代的中国制度思想，不必徒然赞美，也不必徒然诅咒，应该加以检讨，决其去留。对于欧美文化，应该吸收而不应该全盘承受，“要决定于现代的需要”。而总申其义曰：“不守旧，不盲从”。在此思想纷乱阴霾蔽空之际，有此一个霹雳，发现于教育文化界，不但促进一般人的特别注意，简直可以说是中国最近思想界中最有价值的主张。依我个人说,当然是十分赞同的。

经过了十日,十位发表宣言的先生,为集思广益计,复有召集“文化建设座谈会”之举,我也是被邀者之一,可惜因通知信上的地址写得稍有错误,事过三日,方才转到。而到会诸先生的言论,在报纸上早已经完全发表,并且我已经一一讲过了。

今日看到本月廿六日出版的《华年》,有潘光旦先生做的“谈中国本位”文一篇。他的意见,对于宣言的原则,表示赞同,但以为对于“中国本位”的解释,尚未能充分说得清楚。同时他对第一次座谈会的诸位言论,认为未能握住问题中心,希望以后经过数次,可以得到一个比较公通的见地。说到“中国本位”哩,潘先生认为“民族性格”一层,关系也很重要。他说本位的因素,共有三个,就是除去宣言中所说“中国地域的特殊性和现在的时代性”外,还有中国“民族性格”的存在。因而说:“不错,我们有我们此时此地的需要,但需要是一事,满足此种需要的条件与能力又是一事,条件应求诸我们个别的地理环境与文化背景,能力应求诸我们的民族性格”。他以为宣言里面和第一次座谈会诸位先生议论里面,尚未能将民族性格一层顾到。我觉得潘先生所说的这一点,是很值得注意的。

中国民族的性格,究竟是怎么样子,的确要好好的研究,把他认识清楚。如果经过分析认明以后,他是好的,便应该选择他、发扬他;他是不好的,便应该遏抑他、淘汰他;他是可好可坏中性的,便应该引导他向好的一方面去。这一层研究分析认识决定的工夫,决不是随随便便可以做的,一定要集合多数人的聪明才力,才可以得到相当的成绩。第一层工夫做好了,接着第二层，就要做如何选择、发扬，如何遏抑、淘汰，如何引导的工夫了。厘订政法制度啦，改善经济组织啦，酌定教育政策啦，自不能不看准中国此地此时此人的需要条件和能力如何。好的医生，诊病，用药，一定要先问明白，病人是生长在什么地方，南方还是北方？从前的身体怎样？强还是弱？有过什么病没有？一向是操何职业？静的一类呢，还是动的一类呢？问清楚，认明白之后，才可以定用药的分量和施治的程序。大同小比，我们要建设中国本位的文化，应如何着眼着手，也就可以明了了。所以我说：潘先生所说“民族性格”一层，是很值得注意的(一月廿七日)。

(原载《国讯》，1935 年第 86 期)

愿为各工商界一班失学的青年请命

中华职业教育社,在上海自办职业补习学校三所,代办职业补习学校一所,学生人数共计二千余,总算教书的人,比较还能认真,入学的人,比较还有兴趣。大概是去年秋冬之间罢,在三马路中华第二职业补习学校一天晚上,竟有这样一段事情发生,我很愿意把他叙述出来。

学校座位满了,不能再容了。门口已经挂出“截止招生”的牌子。可是,有几处商店内的学徒,还不断的来报名,一定要入校补习。这个时候,学校主任先生,很婉转地对这一班青年说:“实在对不起,座位已满,不能再容了。你们如不相信,可到教室里面去看一看”。这一班天真烂漫、立志向上的青年,齐声答应说:“好,我们且进去看一看再讲罢”。“喂!先生!不要紧,座位虽然没有,屋内还不是有空么?我们愿意每天晚上站一二个钟头来听讲,这是没有什么要紧的啊”!到了教室门口,看了之后,很可怜的向主任先生这样说。主任先生听到这样说话,看到这样情形,真是十分感动,竟然流下泪来了。

这是该校主任先生亲口向我这样说的,我听了之后,也觉得异常感动,虽然没有流泪,却也有些心酸了。

我们且想想看罢：

第一，这一班已经在商店公司服务的青年，下了工，不到游戏场电影院去游玩，偏要到补习学校来读书。在上海这个地方，而有这样青年，是不是令人可敬可爱呢？试问是不是国家社会一点很好的元气？还不值得大家去爱护他、去培养他么？

第二，这班可敬可爱的青年，小学毕业不能升初中（或职校），初中毕业不能升高中（或职业），不是为别的，是为他们父兄资力差，家境不好，无可奈何，才到店铺工厂里面去做学徒，去做小职员。眼看见他们的同时毕业学友，尽管学力不够，尽管天资不高，可是，因为他们父兄有钱，一个个皆升学去了，满腔愤懑不平还消说得么？幸而有了职业补习学校，可以弥补他的缺憾，总算可以稍稍安慰了。可惜，这种学校设立太少，供不应求，于是乃有这样哀哀乞怜，愿意站住听讲的呼声出来。我们看到这样情形，是不是深深感觉到工商界的执业失学青年，有急切救济的必要？是不是深深感觉到这种职业性的补习学校，有急切推广的必要？

第三，我们无权禁止终日游荡不读书的青年，挂名大学中学，每年用他父兄血汗金钱五六百元乃至千元以上。我们却不能不对于这一班已有职业而仍热心求学的青年，深表一万分的同情。我以为世界上最可尊敬的人，是一面就业，一面求学，业与学相沟通，行与知相印证。他们白天是做有力的生产者，晚间是做真实的求学者。不费父兄一文钱，可以补习得很好学问，很好技术。并且因为补习而知能增进，于是执业服务的效率，乃不断的增加。为一己，则服务的地位，可以巩固而且增高；为社会，则经济的发展、文化的进步,可以得着了最好的推动力。这还不是社会上第一等人物么?

第四,我们更无权可以禁止专为谋利不顾学生学业一班不良的私立学校,大开其门,大招其生。我们却不能不认定现在职业补习教育,是一剂救弊补偏的良药。目前一般人不满意于现在教育的,不是认为有两种困难问题,不易解决么?一、学费太重,穷人无力读书;二、学生毕业之后,无有出路。倘使职业补习教育,真能推广起来,这两种困难问题,不是可以完全解决了么?

集合了以上四种感想,可以明确认定,今日中国社会,职业补习教育,是万分重要。因此我愿本一万分诚意,替"哀求站住听讲"的一班失学青年,向现在有教育之责的先生们,向热心社会公益的先生们请命!

(原载《国讯》,1935年第86期)

师资问题——关于普通中学的一部分

我对于师资问题的研究，比较起来，尚有相当的兴趣。自从接到本会通知之后，本想把中学师资，小学师资，师范教育师资，职业教育师资，社会教育师资，一个一个，列举出来，凡是我意中所欲说，认为成问题的，皆通通说出来。不意，我的身体，竟不许可；最近经过医生检查，谓我血压较高，万万不可多用心，多作文，并且在最近数个月，更要好好的休息。那么，这样一来，我就不能不特别警备一下，因此，也就把我这一篇预备写的文章，缩小范围，只写成第一部分普通中学教师，其余暂行搁笔不写了。将来如精神好些，余时多些，我还要继续的把各问题写出来。

在此我有一点，要预先声明的，就是我所要讨论的，皆是以中国目前实际情形为对象。不尚空言，不骛高论，凡事一以实际为归。

在普通中学一个阶段，初高两级，共有六年。学生从十三、四岁起，至十九、二十岁止，身心发育，变化多端，为教为育，真是不易；在中学担任教师任务的，无论教授何项课程，均应明白学生心理，这是一个必要条件。可是，现在做中学教师的，多数是普通大学毕业，教育心理，本来没有学过关于所教的课程，程度尽管很好，但因心理学未经研究，对于学生反应的情形如何，总是不明白。那么，因此教育的效能，也就减低了许多。这却是一个问题。

中学教师，既然是一种专业，当然不是个个普通大学毕业生皆能胜任。因为做教师的，除教书外，还要兼顾及学生行为的指导。要行为指导能做得好，一定先具有相当修养才行。可是普通中学，哪能人人如此呢？这也是一个问题。

就是讲到教书罢！他除去对于所教学科应具的知能外，还要具有一套教书的方法和技术。普通大学毕业生，未经过适当的训练，那里能得有好的方法和技术呢？无方法，无技术而教书，效能一定低减。这也是一个问题。

要解决这三个问题，我以为应当恢复从前的高等师范制度，或者改良现在大学教育学院教育学系的课程。既用大学教育来养成中学教师，一定大学生在校所学，与将来中学所教，能完全相适应。换句话说，中学学生所希求于教师的是什么，大学师范生在校所学所习的就是什么。这样一来，凡是中学课程，皆可由受过师范教育的大学毕业生担任了。如普通大学毕业生，要到中学校教书，也可以，但须仿照英、德各国的制度，一定要到大学所附设的中学师资训练班，至少再受一年的训练，如照这样办，也就不会再有以上所说的问题发生了。

以上是就一般普通情形说的，道理很浅，解决也很容易，若再深入一层来讨论，现在中学课程的教学方法，便觉得有许多方面，须待研究，须待改良，当然这也关系到教师问题。兹可择其要者略说一说。

一、关于理科的教学,普通皆以用书为主,以实验、实习为辅。这种办法,究竟对不对呢?倘使转过身来,纯以实物考察研究为主,而以书本参阅辅之,不见得效力就十分低减,或者效力格外增高,也说不定。如照这样办,在学校内,一定要具有充分的设备,在教授的先生,一定要具有善于调度支配的能力(就是设备的因地制宜,也要教师能独出心裁,善于布置)。教师这一套本领,一定要在大学里或高师里就准备得十分充足才行。这一层在养成中等理科教师的机关,应该特别注意。因为目前中国所最缺乏的是科学,尤其是自然科学。要想养成多数人自然科学的知识,不能不在中学方面打好基础,而执其枢纽的便是中学理科教员。

二、关于历史地理的教学,关系尤其重大,平常中学校长们聚谈起来,往往说到史地的好教员,不容易得。这一种责任,也是养成中学教员的大学高师,所应该负的。究竟史地教材,如何选择,如何剪裁?教学方法,如何改进,应该在未毕业时,已有相当的研究,适当的训练。

三、再说到艺术及体育两项,中学方面更成问题。有些艺术专科体育专科学校,所招收的学生根本上程度即不齐一,而教育的修养,尤为缺乏,竟有以国文不通的初中毕业生,入学一年领到一张证书,便可以到中学做体育教师的,试问如何能胜任呢?做中学艺术教员,其中也有因为缺乏教育修养,而行为不觉流于放荡的,试问要以艺术教育,陶冶中学生成善良品行,又如何能够呢?我以为一定要在大学,或高师里面,负起责任来,特设艺术科、体育科,选择品行优良程度较好的高中毕业或师范毕业学生，人科肄业，毕业后专供中学教习艺术及体育之用，照这样办，才可使中学得了许多好的艺术及体育教师，在消极方面，教育既可以免除好些流弊，在积极方面教育也可得着许多好果。

本来中学教育，照目前情形看，似乎全部皆有改进的必要。而真要能达到改进的目的，势非另有一套中学优良教师不可。现在普通大学，既无从造成优良的中学教师，而且他的目的，也并不是为造成中学教师。若依赖现在的教育学院、教育学系，似乎只能造成师范学校教师或普通中学行政人员，关于实际教课人才的养成，却是仍极不够。所以归根究底，非恢复高师制或改良大学教育学院的课程组织不可。而整个中学教育的改进，也是要由大学教育学院负起研究的责任。

再说到现在中学服务的教师，以薪水论，既不算过高，在都市方面，也仅能够维持中人的生计。而实际当中学教师的，到了中年，子女成行，有的入中学，有的入大学，所费已属不赀，哪里还有余资，去多买书籍，多购杂志？并且每周担任授课钟点又很多，精力未必过人，研究时间当然更少。须知道做教师的，一定要时时求进步，时时添新知识，方能引导学生。若是死抱着一本讲义，上学年是这样，本学年也是这样，下学年还是这样，材料不增加、教法无变化，那还有什么较大的效用呢？这种情形，恐怕不能够免罢，却也是一个重要问题。

要解决这个问题，在教员自身方面，固然要特别努力，自求进步，而在行政方面，一定也要多方设法，既须普遍的予以进修机会，更要特殊的择其成绩特优者予以精神上及物质上的奖励。并且这一种奖励金，不妨在预算内列入。我想果能如此做，一定可以鼓舞研究兴趣，助长研究功能，那么，中学教育进步，也就可以促进了。如是在规模较大的中学内，对于少数特殊教员，更不妨减少他的授课时间，指定他的研究工作，以期其对于中学教育，有特殊贡献。此亦可由省教育行政机关指定一、二校，所需教费并可在校预算内明白列入。

（原载《教育杂志》，1935年第25卷第7期）

如何拔除中国人精神上的六大病根

时至今日，中国的国家、社会、民族已到了极衰微的地步了。有人说，这是由于国民身体不健康；有人说，这是因为国民缺乏科学头脑；有人说，是缺乏组织能力；有人说，是缺乏急公好义的精神。因为有了这些原因，才会形成了今日的穷、愚、弱、散、私的各种现象，这些话看起来是很对的。但是只要仔细的想一想，就可以发觉他是不够圆满的解答这个问题。我们应该推求为什么中国缺乏科学头脑？为什么中国人缺乏组织力？为什么中国人缺乏合群性？从这方面，我们可以找到一个比较圆满彻底一点的解答。那就是说因为中国人在他的精神上、本质上，早种下了六种病根，到现在更是发荣滋长，才构成了现在这种衰颓的气象。倘若国民不能将这六种病根拔除，可断言中华民族，一定淪于万劫不复的深渊。说到病根的拔除，也并非难事，全在国民之能否觉悟，有无决心。现在且把这六种病根及其医治方法，分别说明如下：

一、重文　这是在习惯方面显示出来的一种病。因中国数千年来历史和习惯演化的结果，劳心和劳力形成了二个对立的阶段。劳心阶级——就是中国一向风行的士大夫阶级，往往把他抬的太高,劳力阶级却又压得太低。结果社会上遂分成二个不同的阶级:劳心的“四肢不勤,五谷不分”,劳力的则无知无识,蠢如鹿豕,二者绝对不能沟通。于是在文化建设和社会事业方面,理论与实际,渐趋于异轨,以致生产退化,分配不均,而有种种不良的现象发生。

从历史看来,从前的时候,中华民族本来也是重实的。但是从黄河流域的文化迁移到长江流域之后,因了种种关系,重实之风,竟一变而为重文了。无论治学论事,多半是重文辞,尚空谈,士大夫完全成了能说话不能做事的有闲阶级。其中沉着一点的,不过是谈理论性,浮夸一点的,竟流入弄月吟风。所有学术,便距离实际生活愈趋愈远了。

到了近百年来,外国经济势力的压迫,一天重似一天,虽然废科举,兴学校,而所谓科学教育,仍不过是一种洋八股而已。到了今日,全民族遂构成了“贫血的虚弱亏症”。由“慢性的贫血”进而成了“急性贫血”。国际贸易,每年入超数多至六七万万,如此下去,如何得了!

医治方法,应该从打破“重文”观念一方面入手,要完成这个目的,惟有提倡生产教育、科学教育。由知识阶级先行觉悟,注重“心手并用”和“双手万能”,实行“多做少说”主义。这样做去,自然能把这种病根拔除。

二、笼统　这是在思想方面显示出来的一种病。病况是遇事不求分析、不重条理、不辨是非。于是在学术遂产生了许多玄学,在道德上遂产生许多“乡愿”,在社会用语上遂产生许多“差不多”“马马虎虎”等一类的词句。结果遂使一般人意志不易坚确，理智遂衰弱，思想难有中心。这是一种脑经昏乱，身体臃肿的病，医治的方法，只有用“科学汤”来疏解，去其肥油，清其浑浊，以科学之方法，作条理之分析，务使思想言论，能清楚坚确，有条不紊，然后才有希望。

以上两种毛病，还没有被发觉是有害身体的重症，一般人也不觉他有什么真正危险，可是在精神上所受的创痕，已经很可观了！

三、猜忌　这是在情感方面表现出来的。一类是“耻己之不能而嫉人之能”一类是“专显一己之能，而不欲见他人之能”。其结果，遂使社会上到处呈露出不合作、互相倾轧、互相排挤的现象。这是一种“心脏萎缩症”也可叫作“狭心病”。

居高位的，甘心犯了这种毛病，虽至身败名裂，犹不知悔悟；下层的更无怪要随风而靡了。本来中国的历史上染着了这种污点的人很多：为争着一个帝位，可以弟兄相残杀；老皇帝被外国人掳去了，新皇帝因贪恋帝位，还不肯希望把他迎回来哩，这还有君人之度么？至于成功君主的惨戮功臣，那就更不必说了。所以伯夷叔齐、太伯、仲雍一类的人，可说是历史上的有数人物；而蔺相如与廉颇，胡林翼与官文的大臣交欢，共济时艰，更是成为千古美谈了。可见得这虽是庸德庸行，而自古以来，却是不可多见啊！到了现在，生计既极艰难，私欲乃更昌炽。于是党同伐异，你夺我争，几乎更到了“短兵相接”的地步了。人家以团体的力量向我进攻，我乃四分五裂，把力量分散，所谓团体生活的习惯，自来就没有养成，这还不是祸国之根么？

疗治之方，惟有养成国民博大的同情心。全体一致，觉悟起来。认清救亡图存,非万众一心不可。铲除嫉妒观念,发挥合作精神,在互助自救的原则下,全国通力合作。由有权位的人先行以身作则的做去,然后通国一致的自然会团结起来。这是一帖“宽心散”,不能不先行服用啊!

四、苟且　这是在意念方面表现出来的。大家不肯实际去努力,完全希图侥幸取巧,遇事随便,不求甚解。所求不得,则成为烦闷,流为消极厌世,再进一步,则更成为浪漫。燕居帷幔之上,鱼游沸釜之中,竟至流连忘返,莫知所终,亦可悲矣!这是一种“麻木不仁,半身不遂”的病。

还有一派无聊文人,更进一步,发为诗歌,创为文字,宣布这种病菌,麻醉一般青年,真是可恨啊!抱着“今朝有酒今朝醉”的心理,现在真不少啦,甚至于他们的计算,以为国亡了,外族侵入了,我还可以做顺民,我还可以做隐士,只要目前身家得保,国事民生,自可付之度外。这种病根,是不是亡国灭种的催命符呢?朝鲜之灭亡,安南之沦陷,皆以此故,说到此处?可为寒心!

治疗之方,宜用“强固神经丸”,把全体的神经,紧张起来,先由居领导地位的人,本身作则做起来,遇事不苟,有条不紊,大义所在,丝毫不能放松。应该做的,虽赴汤蹈火而不辞;不应该做的,虽威武权势不能屈。在中国这样情形之下,非充分表现这样的精神,不能树起人民独立的人格,不能发扬国家伟大的国格。

五、自私　这是一种发于意志,而表现于行动的一种病。染了这种病的人,只知有己,不知有人,贪婪无厌,纵欲无度,前面所说的“苟且病”不过是软性的不振作,此处所说的自私病,竟是硬性的无理争夺了。把毕生的聪明才力,不用在事业方面,而花费在损人利己的工夫上面,这是一件多么不合算的事！做官的抱了“笑骂由他笑骂,好官我自为之”的态度,以为贪污了一次,可以解决了一生的生计问题;为商的则不顾民生,不顾大体,利之所在,事之可为,结果其私囊虽可饱满,而关于国计民生的前途,竟不堪设想了！这可说是一种“胃扩张”的病。

近两年来,中国的政治可以说是已经稍稍上了轨道,但有时仍旧不免有贪污的事件发生,高级官吏,自己先不讲廉洁,在下的一般官吏,自然要相率效尤了。这些公务人员本来应该为民表率的,尚且如此,那么一般商人,更是无从说起了。到了这样地步,全社会的人,只知有私利,不知有公利,只知有私益,不知有公益。这还成为人的世界吗？明朝末年,流寇满地,而做官的人只知保身家,顾妻子,京城陷了,皇帝死了,而一般有钱的王公大臣,还是藏金私室,不肯拿出一文,那么只好让外族来统治蹂躏了。试看今日的人心,是否胜于明朝末年,今人的利欲,是否低于明末？此念不消,民族前途,决少光明,是固无待龟耆即可断言的。

要医治此病,应由“收缩胃脏”入手,力制物欲,洁己奉公,要有先忧后乐之心,己饥己溺之念。唯物的学说,万万不可过度推崇了;新式享乐方法,万万不可再行采用了。应切实认清,公众利益,即私人利益,所寄托之大本营;公众且不保,私人安能存在？认明谋私利的人,虽然可得一时的安乐,但终久必沦为外人的奴隶。如能切实觉悟,痛改前非,中华民族自不难走上光明大路。

六、奴化　这是一种表现在品性方面的病。其危险性较前者更大，患此病的人，往往忘却了自己的地位，忘却了自己的人格，忘却了自己的民族。无气节、无勇气、无骨骼，一味的畏外媚外，这种病可叫着"软骨病"。患了这种病的人比行尸走肉，还要不如，可能算是个人吗？

近百年来，外人用军舰大炮，打开了中国的门户，我们对待外人的态度，最初是轻视外人，其次是信仰外人，再次竟变成惧怕外人，到了现在，更是谄媚外人了。凡是外国人的东西，无论什么都是好的；凡是外国人的言行，无论什么，都是对的。外国人吃的，叫"大菜"；难道中国人吃的是小菜吗？外国人在中国的租界，偏叫作"大英地界""大法地界"，难道忘却了自己的主权吗？无知识的人说还罢了，有知识的也是这样说着，这岂不是亡国的现象是什么？

想把这种病根拔除，只有用"强骨剂"，认识本国文化、尊重本国文化、培养国民自信力、培养国民自尊心，尽可采用外国科学方法，却不可忘了自己的地位；尽可采用外国的制度，却不可忘了中国的本位，所以这种发扬民族精神，扩大爱国情绪，扩张国家意识的工作，要由教育家首先担负起来。

归结起来说，要挽救危亡，应该知识阶级先有彻底的觉悟，在政治方面的行动，在教育方面的设施，皆要能对症下药，才可以有济。现在不嫌辞费，再把这六种病症的医治方法，概括的条列之于下：

（一）认识并尊重本国文化——不泥古，不盲从；

（二）发扬民族精神——培养爱国情绪；

（三）注重科学教育，生产教育；

（四）取人之长，补己之短。——决定取舍方针，以己为主；

（五）培养组织能力；

（六）注重集团生活习惯的养成——培养互助，合作，服从，牺牲的德性；

（七）不断的研究分析本国社会内容及国际变化的情势；

（八）人人以复兴民族为己任，一致把精神振作起来。

（原载《绸缪月刊》，1935 年第 1 卷第 9 期）

在目前中国社会需要上认明职业教育的前途

一个人的行动，一定要认明白个人的前途，一椿事业的进行，一定也要认明白事业的前途。否则吃力而不讨好，甚至愈努力而纠纷愈多；问题愈难解决，这又何苦来呢？职业教育，原是为解决社会职业问题的。因为个人缺乏职业技能，所以要设校教学，以补其缺憾。因为社会职业不能改良，不能进步，所以要养成多数职业人才，以供职业界的任用。这个意思，这个办法，不是很好么？在社会方面，结会研究，提倡推行；在政府方面，明定条规，督促进行，近几年来，职业教育的声浪，总算是弥满全国，而职业学校的设立，亦可说得是到处皆有了。然而就在这种情况之下，问题便发生起来了，同时对于职业的前途，也就不能不略加推测，略加考虑了。

"职业教育，怎样办呢。招生广告，贴出许多，学生总是不肯来，勉强来了，入学了，还是心心念念，打算升入高中，升入大学，对于所习的职业，绝不热心，毫无兴趣，如何是好？"——这是现在办职业学校的先生们一种说法，不是问题么？

"职业教育，真难办啦，勉勉强强，把学生教得毕业了，社会上谁来过问呢？向商店去推荐罢，他说我不需要学商的学生，向工厂去推荐罢，他说我不需要学工学生。叫他们自己去开个小商店罢，开个小工厂罢，资本又从何处来呢？真是走投无路啊！”——这也是现在办职业学校的先生们一种说法，不又是问题么？

“学校总是成学校的环境，学生总是有学生的派头，一个青年，未入学校时，尽可无事不能干，无苦不能吃，可是到了中等学校以后，脑海中装进了“学生”两个大字，身体上享受了学校一番待遇，不知不觉，便和社会隔离了。再加上学校内的先生们，闭起门来教书，不问社会，教完书本以后，学生还是学生，社会还是社会，两不相关。试问，这种职业教育所教好的学生，对于社会职业界，有怎样好的影响？”——这又是社会有心人对于目前职业教育，所发一种不满的论调，所说当然不容浮虚，还不够是问题么？

“部令规定，不准增设普通中学，要增设，一定是职业学校，很好很好，于是各处公立私立的职业学校，纷纷设立了。但问一问所设的职校，是那一种呢？可以说十有七八，是商业。因为商业教育容易办啦，设备无需，教员易聘。然而各地商业社会，是否需要商业毕业生呢？如不需要，毕业后如何办。若说只顾目前，不问将来，那还成什么教育？但是，现在竟滔滔皆是，还有什么话说。在最高教育行政方面，对于此层，也未尝不发急，要设法去限制，可是又如何能限制许多呢？”——这又是低级教育行政方面的先生们对于目前职业教育所发的一种消极评论，也不又是一种问题吗？

当然关于职业教育的问题,不止此,然而既有了以上四种,已足够做职业教育前途的暗礁了。那末,暗礁已摆在船在前面,试问行船的人,应该怎样办呢?我想,总不应该闭着眼,昧着心,悍然不顾,照常前进罢!或者是设法把暗礁除去,或者是另辟航线,避开危险,这皆是合理的办法啊。如此说来,我们对于职业教育前途,便不能不有一种明确的认定,希望前途能愈走愈宽,愈前进愈平坦才好,这也是理所当然罢!

我以为要认明职业教育的前途,如何走法,惟一要件,还是要看明白目前中国社会需要的情形如何。

平心而论,现在中国社会,也并不是完全不需要职业学校学生,如在通商大埠,银行商店,也往往招收中等商校的毕业生,各工厂也往往招收中等机械科的毕业,不过这一种学校,这一种毕业生,信用要好一些,比较能使工商界信任。还有现在各处筑公路,各机关改用新式簿记及打字,需要中等土木工科及商业学生,也不少啊。总还要看自家学校所训练成的学生,技能怎样,品行怎样,这一层也很要紧。就大体看起来,近年来工商业大都不景气,厂家铺家,闭歇的多,新增的少,自然不需要多量职工,而内地工商业,仍是墨守旧规,不肯延用新人才,再加以不景气,更是无从说起了。这也是实在情形。根据以上的说法,我们可以说:

(一)职业学校,不是不可以办,但要设备齐全,内容充实,训练成的学生,技能好,品德佳,能吃苦,耐劳,能忠诚服务。

(二)已有的职业学校,要由行政方面督饬改良,力求适应社会需要,新设的职业学校,要加以限制,非有充分设备,真能适应社会需求，不准设立，内地的商校，更要禁止设立。

（三）有一件新事业新工作发生，仅可设立各种短期训练班讲习所，如合作社讲习班、新农具使用练习班等。

（四）如果工厂招生学工，农场招生学农，商店招生学商，纯用新的方法教学训练，与旧日徒弟制度绝对不同，无学校之名，而有学校之实；有学校之益，而无学校之弊。这尤为职业教育家所赞成所欢迎，在行政方面，更希望能予以特别奖励，以资提倡。

如此去做，似乎在职业学校一方面，所有困难不易解决的问题，也就可以大致解决了。认为不够解决，我还有其他说法，用以济其穷而救其弊，且让我慢慢说来。

通常人一提到职业教育，便说到职业学校身上，以为除了职业学校以外，就再没有其他，这个观念，本来是有一些错误。要知道职业教育，并不限于职业学校，而职业学校教育，亦只是在全部职业教育中占着一部分，或者可以说是占着重要一部分。依照普通方式讲，职业教育，是分职业学校教育、职业补习教育、职业指导。

是共有三类，若照中国特殊情形来讲，除上列三种外，还要添上一种，农村改进——即广义的农村教育。

如此说来，所谓职业教育，竟有四个方面了。也可说是四条道路了。专注重在职业学校教育，而不顾其他，遇有困难，便觉前途寥远，税驾无方，叹气唉声，束手无策，这本来是不应该的，专就职业学校教育一条路上说，如能看准社会需要，妥慎进行，前途已不是真正逼仄而不可通。若再走上其他三条大路，则更是坦荡康庄，一往顺利。“山穷水进疑无路，柳暗花明又一村”尽管放心罢!

论到目前中国社会情形,似乎“职业补习教育”,比较职业学校教育,还觉得十分重要,并且办起来,困难问题也很少。凡是已在工厂商店农场或其他机关服务的青年,自已感觉到学识不足,技能不够,并且眼见他们的小学同学中学同学,升学以去,不免羡慕人家的幸运,惭愧自己的缺陷,这一种人着实不少。有了职业补习教育以应其需求,使他白天做工,帮助社会生产,晚间上课,增进一己学力,并且使白天所做,与晚间所学,联成一片,一己的知能增多,同时工作效能,也格外加大,不但有益于个人,而且有益于社会。这是多么美满! 在他个人,平时不需父兄一文学费,可以得着高深的学识技能,在学校不必担心毕业后出路,因为他们本来已有了职业,这又是多么安适,我极端希望这一种教育,能多多推广,先由都市办起,推而至于乡村,不妨尽量的扩大起来,由附庸而蔚为大国,使他在职业教育范围内,成了一个重镇。那末,就是正式职业学校教育,数量减少一些,也不妨事。这不是职业教育一个极光明的前途么?

再讲到“职业指导”,那更是目前中国社会最需要的一件事,他是站在青年、学校、社会职业界的中间,纯粹负起三方面沟通联络的任务。指导青年如何升学,如何就业,如何得业,如何乐业。指导学校如何造就适应社会需要的学生,如何使学校所教与社会所需,合成一块。指导职业界,如何改进职业,如何得着适当的人才。学校有了这个机关,才可使教育实施有标准,青年有了这个机关,才可使心身有安放,前途得安全;职业界有了这个机关,才可得到优良职工,才可使职业改进。这一种机关,这一种事业，在今日中国社会，的确是十分需要，的确是职业学校所不可少的助手。要职业学校教育，真能完成它的使命，显著它的效能，当然非有它不可。可惜现在一般社会，尚未能完全注意到此，我端极希望行政方面能多方督促，多方指示，使这种事业，能普遍的发达。这真是职业教育，应该走的一条光明大道，前途发展，更是不可限量的。

至于讲到“农村改进”，那不但是改良农业的最良的工具，并且是救济农村衰落完成农村建设的最大的动力。划成一个教育区，小的当于一村，大的当于一乡一区，再大的可以及于全县，在此区域以内，所有男女老少，皆是教育的对象。以文化、经济、政治为设教的三大纲，三者并须连锁进行。这种办法，一方面固是鉴于以往中等农校的收效较小，思以整个农村改进，实施广义的农教，另一方面亦以农村真正自治，不易完成，理想的农村建设，无从着手，因有此划区施教的试验。自从中华职业教育社在江苏昆山徐公桥地方着手试验以来，六七年间，各方闻风兴起，组织新农村，筹设农村改进区，所在多有，其中扩而大之，以一县为一单位，用教育方法，以实验农村建设的，并已有若干处。这真是职业教育界一个异军特起，的确适合于目前中国社会的需要。欲知其详，中华职业教育社，有种种出版物可供参考。

固然要实施职业教育，推广职业指导，发展农村改进事业，也有教材问题，教师问题等须研究、须解决，但是这三条大路，皆是近来从事职业教育同志们所应走的，尽管放开大胆，迈开大步，走上前去，一定是愈走愈宽展，愈有趣，这有可以断言的。

综上所述，可以列为以下三项，用作本文的结论：

（一）要认定职业教育，不止是职业学校一条路，除职业学校外，还有三条大路可走——即职业实习的教育；职业指导；农村改进。并且这三条路，皆是目前中国社会所急需所应走的路。

（二）就职业学校一条路来说，也不是没有方法去走，绝不是真正死路一条，还是要先把自身腰脚健全起来，不必责人，先当责已。如青年为农场学农，入工厂学工，不必有学校之名而无学校之实，有学校之益而无学校之弊，则尤为今日社会所需要。

（三）办理职业教育，最重要的要看清目前中国社会的需要，不妨四条大路同时并走，他自然有光明的前途，无庸怀疑，也无庸忧惧。

民国廿四年五月十五日脱稿

（原载《教育与职业》，1935 年第 166 期）

为何读书与如何读书

读书有狭义的，广义的；平日我们拿出书来看看，这是狭义的。对于事的视察，评判，研究，分析，这是广义的。在做人时期，更要知道读书与做人有密切的关系。书不是死的东西，我们读了书就有三大利益：

（一）增加我们的知识。没有知识的人，读了书可以得到不少的帮助。

（二）改良我们的品性。因为我们读书，所以把我们的品性，习惯，由败坏的改作良善的。

（三）指导我们的行为。行为是活动的，走一步路是行为，应付社会的事情也是行为，我们读了书，书就能指导我们的行为，走上一条应走的道路。

我们读书，有以下的四大类：

（一）工具的。我们读英文可以看外国书，可以知道外国的文化；学算学可以自理账目，可以进一步的研究物理，化学，统计等，这是属于工具方面的。

（二）知识的。假如我们研究理化，可以知道自然界的变化和功用，研究历史，知道古往今来的变迁，读古人嘉言，可以作为我们行为的标准。

(三)欣赏的。文艺,图书,看了觉得愉快,因此可以把不好的情绪改正。

(四)修养的。读了这一类的书,可以知道做人的意义,明了怎样做人。

这四大类的书,须以不同的读法去运用:

(一)工具类——要精透。

(二)知识类——要明白。

(三)欣赏类——要体会。

(四)修养类——要力行。

我们读书,应有三个步骤:

要没有读书之前,应当有一个准备:

(一)在将读时要用选择工夫。鉴别书本功效的大小,作为先读后读的次序,同时注意。

(二)在既读时应分精密略读。有价值的要精读,一字一义都要体会到。

(三)既读之后,要有处理办法:①分段;②表解;③摘要;④评论;⑤心得;⑥笔记。

这样才可以说这本书读完了;这样在工具,知识,欣赏,修养四方面,都能得到了。

(原载《京沪沪杭甬铁路日刊》,1935年第1291期)

中国过去的文化与将来的教育

主席！各位先生！今天是最后一次的演讲。刚才主席说，“这次的演讲，好比唱戏，是最后的一幕”。应该是最有精彩，使各位叫好，不要狗尾续貂。但是兄弟想想，实在是唱不出什么好戏，恐怕有负主席和各位的期望。今天的题目是“中国过去的文化与将来的教育”。

一

文化与教育，原是具有极密切的关系，以范围论，当然教育是包括在文化范围之中；而以效用论，则教育又可为促进文明最要之具。现在我们所要研究的，是“中国过去的文化与将来的教育”的一个问题；这个问题就表面上看，似乎分成两段，但实际还是一个。因为文化本是一条不断的长流，有过去，一定有将来；而教育也是一条不断长桥，他是依据过去，开发将来。要看教育的效果如何，应先看他对于文化是否能促其改良，助其进步。

我们要知道，凡是一个国家，一个民族，皆有一个特殊的东西，以支配他全部人民的生活、并延续他种族的生命。这种支配生活，延续生命的东西，是什么呢？我以为就是文化。

现在我们全国的人，除掉最少数的一部分以外，凡是稍具有知识的，都感觉得有些彷徨忧虑、悲观烦闷，好像失掉了什么要紧东西似的；这种情态所表示，我以为不是别的，就是说，“我们中华民族已经没有了独立的文化。”换句话说，“已经失掉了立国的精神。”人民是依托国家以生存，国家精神失掉了，个人精神如何能不发生变动呢？当然我也是彷徨忧虑、悲观烦闷情况中的一人，但是自信还不肯完全为消极心理所征服，所以很愿意就个人近年来观察和感想所及，来研究一研究这一个问题。

关于文化的定义，聚讼纷纭，说法很多，现在我也不必去胪举。但是依我简单眼光看起来，可以简单的说，“文化就是生活”；或者说，“文化是人类生活的方法和形态”；不消说生活和文化，便是一而二，二而一的东西了。因为文化是一个抽象的名词，必赖个人的衣、食、住、行以及民族的语言、习惯、学术、思想、国家的典章、制度，才能把它表现出来。所以我们中国自从有了文字，以至于现在，这一部很长的历史，可说就是“民族文化史”，也可说就是“民族生活史”。

二

讲到我们中国的文化历史，可以把他分成三个时期。

第一期，在秦汉以前，是为“文化独立时期”，也可说是“文化创造时期”。那时候，中国的文化和外国的文化，还没有发生任何关系。

第二期，是秦汉以后以至清代，这一个时期，经过非常之长，大概有二千多年，是为“亚洲文化交流时期”。在这个时期内，中国在东亚方面与印度交通，把佛学传进来；在西亚方面，与波斯、土耳其交通，把波斯与土耳其的文化传进来；如中国所食用的许多东西——葡萄、琵琶等，都是从他们传来，而不是中国所固有的。他们的文化传到中国以后，因为我们的消化力很强，能够把印度的佛学，化为中国的佛学；能够把西亚的音乐，化为中国的音乐。

第三期，是清以后以至现在，尤其是距今以往的一百多年，足为“世界文化交流时期”。我们在这最近一百多年来，被西方欧美文化所压迫，可以说身心两方，皆受了重大的创伤，今日大家成了彷徨忧虑、悲观烦闷的情况，也是事所必至、无怪其然的。

我们再来看看三个时期的文化中心在什么地方呢？

第一个时期，是在黄河流域。我们大家都知道，中国的文化是发源于黄河流域的，由黄河流域慢慢儿向南方推进。

第二个时期，是在长江流域。上面说过，中国的文化，是由黄河流域，慢慢儿向南推进，最初是及于江汉，再渡长江，而到湖南江西。到了东晋，五胡乱华；到了南宋，辽金入寇；于是中国的民族，经过几次的大迁徙，重要的人物，皆跑到江南来，因之中国的文化中心，就不知不觉的转移到长江流域了。二千年来，许多重要的学说、思想、制度、艺术皆是在长江流域发生的。

第三个时期，是在珠江流域。因为长江流域的文化，经过了二千多年，不免有一些衰老；而珠江流域，接触欧美的文化最早，近百年来，广东方面人才辈出，是其明证。所以第三个时期，珠江流域的文化，已渐渐有北抗中原，构成中心势力的趋势。

我们再回头来，看看各时期的文化特征如何罢！

在这第一期，黄河流域的文化，那完全是“重农”的文化。这时期的思想，是重实际而不重空想，创造的精神极丰富。所以那时候，各种实际学说，极占势力，结果竟造成一个大一统的局面，凡是典章、制度全国皆能统一。

到了第二期，长江流域文化上，便发生变化了。汉初黄老思想，非常发达；汉末，士大夫讲气节，尚清谈；到了魏晋，清谈之风更甚唐代以后，文学发达，佛学也盛行，第一流人才，往往出身于佛学佛教，那个时候，国家势力，却也是很澎胀，西征突厥东征高丽，因此民气发扬，士大夫的气度，异常恢宏。可是不幸的很，同时出了二个怪物：一个是“科举”一个是“缠足”。科举到了唐代可说是已经成立固定的模型了。唐太宗有一天在楼上，看见了许多举子，很得意的说，“天下英雄入吾彀中”，其情可以想见自有科举，自由研究的风气，不免受了阻碍；自然科学的萌芽，也就横被摧残了。就是到了现在，还是受他无穷毒流的。缠足之风从六朝到五代，便渐渐盛行起来，影响到全民族的体格健康，着实不小，这真是我们历史上极大的污点。到了宋代，外侮纷来，至南宋遂成为偏安之局。那时候，曾产生了道学理学，穿了儒家的外衣，里面把道家佛家的内容装进去；换句话说，就是把儒道佛三种揉成一片，创成所谓道学理学。同时国力衰弱，影响到人心方面，士大夫持躬谨慎，而气度则不免狭小。这第二个时期，经过的时间很长，思想方面，受了很大的束缚，对于科学上，没有多大的贡献；同时虽吸收诸多外来的文化，但结果都是偏向到消极一方面去。总括起来说,他的文化特征,可以“重文文代”一语赅之。

再讲到第一时期,本来明末就有利玛卖到中国来,传授天算等学术,不过范围还是很小,影响不大。到了鸦片之役,五口通商,一百多年来,中国文化,发生变化,就更大了。其中又可以分为三个小时期:第一个时期自鸦片战争后,我们看见外国人的坚甲利兵,以为外国人的长处,是机器,而政治哲学,还是我们自家的好。我们只要派人去学他的机器制造,坚甲利兵,以及修铁路,开矿产,也就很够了。但是甲午之役,同日本一打,完全失败,看见日本,渐渐儿勃兴起来,他并不是完全靠坚甲利兵,于是第二时期,便仿行外国的法制,预备立宪啦,筹办地方自治啦,开办新式银行啦,种种名目,一齐来了。由清末到民初,却是这样的情形。第三个时期,是从“五四运动”后,接受欧美思想,注意到思想学说方面,因为接受人家的思想,我们自己的思想便动摇,纷乱起来了。在经济方面,有资本主义、共产主义……等等;在文学方面,有浪漫文学、普罗文学……等等,直到现在,还是在纷扰错乱之中。

我们再来看看各时期的文化背景如何罢!

第一个时期,明明白白,是重农的国家,在周代是实行封建制度,有一部,并且是采用井田法,到了秦国,商鞅废除阡陌,经济上起了一个大变化,于是在社会组织上,就由封建制度转成为家族制度,同时私产制发达,商业也渐渐兴起了。

第二个时期,虽然是农业,可是组织不同,渐渐成立了“佃农制度”,社会上形成两级。在都市里面,文化发达,士大夫成立了一个特殊阶级，在乡下则大半是佃农阶级，并且因为民族迁徙的结果，到长江流域的，都是大家士族，于是士大夫的阶级，格外构成巩固的形态。重文文化发达，当然这也是一个重要的因素。

第三个时期，觉得科举不好，于是废科举，设学校，可是重文的习惯，还是保存知识阶级的遗传性中，所以到现在，仍闹“洋八股”的一句笑话。同时无缘无故的，又来了一个危害民族的怪东西——鸦片，使我们全民族的经济上、体格上、品行上皆受重大的损害。再加以外国继续不绝的种种侵害——经济侵略啦、文化侵略啦、政治侵略啦三管齐下，竟把我们中国弄得不成样子。仅就经济侵略一端来说罢，海关统计报告，近年来国际贸易的入超，每年数达六七万万元，那便明明表示出全国每年有六万万元现银流出。一国的经济，犹之一个人的血液，试问一个人有多少血，可以无限制的向外流，也就无怪乎国家的经济日形枯竭，生产不但落后，而且快要消灭了。我们中国人，在这个时期，感受到经济的压迫、生活困难，因此大家互相猜忌、互相排挤，种种败德，也就完全暴露出来。到了最近，更有最近邻人，用强盗式的侵略来夺吾土地，使我国全体国民，抬不起头来，倘再不恢复独立的精神，不但国亡，文化也要亡了。

本来在第一个时期，我们的文化很好，到了第二个时期，经过二千年长久的时间，文化已日渐衰落，到了第三个时期，所谓文化也者，已经只剩下了一个旧的空架子，如果能够把大门关起来，不与外人交通，有贤而知者，略略补苴罅漏，还是可以支撑一时。无如到了第三个时期，外国欧美的文化来了；欧美文化的特质，一个是“利”，一个是“力”，利是功利权利，力是团结力，机器力、兵力，我们中国的文化，完全与之相反，以我们的旧的空架子，遇到外来的利与力，当然抵抗不住，因此迭受他们的打击，就节节败退下来。败退到今日的地步，可以说几几无存在的余地了。

三

各时期的文化状况，既如上述，现在再来讲一讲我们受文化所陶铸成的民族性罢！讲到我们的民族性，话是很长，我不愿意故作怪僻之论，仅就我观察所及及一般心理家研究所得的，指出几点来，略说一说。

第一，能适应环境，而不能征服环境。因为能适应环境，所以无论到什么地方住下来，都可使子孙绵延。但是我们要知道，近代文明，所以能突飞猛进，横厉无前，完全是利用科学的力量，来征服一切环境。中国因为科学不发达，征服环境的能力，比较薄弱，所以不能完全创造现代的文明。与欧美人相较，遂不免处于劣败的地位。

第二，善于保，善于守而不进取。我们相信保守不一定完全是坏的，但是应保守而不保守，应进取而不进取那就很坏了。并且两方比较起来，进取的精神，更重于保守。中国人因缺乏进取性，所以到处皆不免吃亏。

第三，善于摹仿，而不善于创造。前面已经说过，我们第一期的文化，是独立的、创造的，但是到了现不但创造的能力渐渐消失了，就是摹仿的能力也差的很。

第四，洁身自好，而缺乏侠义的精神。讲到洁身自好，原来也是很好的。可是中国人过于洁身自好了，竟把见义勇为的精神，渐渐失掉。所以到了这个地步，当然和国家政体，有力学说，皆有关系。我国二千年来，孔子学说，原为国民思想的中心，但要知道，孔子死后，儒分为八，当中有一派好勇任侠，是和墨子一派差不多的，到了汉代，还有如朱家郭解一流人物，承其宗祧。所以司马迁做史记，在游侠传上说，"儒以文乱法，侠以武犯禁"。可是这一种学派和这一种风气，到了后来，因专制君主的淫威日盛，也就渐渐消亡，不能存在了。我们看马援诫子书上说，某人虽是豪杰之士，但千万不要去学他，以致后来豪侠之风，成为江湖下流一派，而社会上所选择奖励的，只有一些束身自好不管外事的驯良懦弱书生，这在民族精神上，不能不说是很大的损失。

第五，安分守己，而没有团体生活的习惯。我们要晓得，现代文化的要素，一个是科学，一个便是集团。日本人常讥笑我们中国人说，"以个人论，中国人是很聪明的，有力量的，如果单独分开两下相打，日本人一定要失败的。可是要双方十个人，合起来，日本人是一个心，中国十个人，至少有三个心。以日本十个人的力量，合起来，打中国三个人，无论如何，日本人总是胜的。"这话恐怕是有一点对的罢！所以中国人的安分守己，教他独善其身则有余，若论到团结力量，便差的很远。因此中国人便成一个无组织的民族，遇事皆受人家压迫，吃人家大亏。

四

这几种民族特性，当然是由历史的文化陶铸成功的。

我们讲到这里，对于中华民族，不能不有下列几点明确的认识，因之要决定教育方针，也就不能不有几种坚决的主张。

第一，在思想方面，犯了笼统的毛病。中国人对于任何事情，总是说“大概是这样”“大概差不多”“马马虎虎的”，以不了了之，这是绝对和科学的思想相反。那么，我们要矫正这个弊端，就应该竭力采用科学教育，养成分析的精神。

第二，在体格方面萎靡不振，缺乏进取的精神。我们中国人对于体育，二千年来，都没有注意，所以体格就日形衰弱下来。近来有人在河南地下，取出古代的酒器，比较我们现在用的酒壶，高大得多，我们就可以推想古人的体格之大。并且古人小学，即用射御，凡是读书人，皆好佩剑，可见勇武气概，古代不是没有的。可是宋代以后，就不是这个样子了。到了近代，人民体格的衰弱，竟不成话说，今后教育，应该竭力提倡普遍的运动，提倡普遍的卫生，用以养成勇武的风气。

第三，中国教育，从前是世界大同的教育，而不是国家的教育。因为中国向来是地广人众，四邻都是文化低落的小国，所以狭义的爱国教育主义，不甚发达；加以其他原因，遂至民众成为一盘散沙。到了近代，与世界各国相接触，又专门的抄袭外国办法，不加深察。我们要知道，教育是不能完全抄袭人家的。试看日本，他们本来是没有文化的民族，他的文化，从前是由我国唐代传去的；如日本人所用的算盘，完全是我们中国的，但是他的算盘上头，只用一珠，这可见日本人的笨。同时又可见日本人带有一点独立性，到了近代，日本人的文化完全是摹仿欧美了。但是，他却成竹在胸，自有主宰。他的大学生，用的书籍，遇有外国名词不但不用中国字，而且不用假名，直接写原文。但是，关于一般国民用的书籍，遇有外国人名地名，既不写汉文，也不写西文，乃完全用假名。他以为大学教育应有世界性，国民教育应有国民性，这是很有见地的。他们的体育，虽然是取法欧美，但是我们去看看他的学校学生，没有不会日本武术的，这样看起来，日本人摹仿外国，是自己有主张的。我们中国就不是这样。这是我们第一吃亏的地方。所以今后我们教育的方针，应该在以培养爱国心为要点，竭力鼓吹爱国空气，随时随地要以本国为中心，要知道不经过国家性的教育，绝不能达到世界大同的。

第四，在专制时代，朝庭可以放官到各处，似乎在政治上很团结的了；然而这是假的团结，到了民国，连假的团结，都没有了。现在我们的国家，好像一座房子，已经被火烧起来了，非大家协力同心来援救不可，我们外患的对象，不仅是日本，无论白色帝国主义，赤色帝国主义，都是我们的敌人。我们应该藉外患的刺激，使国民起来一种反应，大家团结起来，以图国家民族的生存。这种训练，这种引导，教育要首先负起责任。所以无论在学校教育方面，在社会教育方面，皆要以训练人民团结，引导人民团结，为惟一任务。如何养成互相的美德，如何养成侠义的精神，皆是万分重要的。

以上四端，依我个人看，皆是今后教育所应该明确认定的。

自鸦片之役以后，继有甲午的中日之役，又有庚子的八国联军之役，到现在，外侮内乱，纷至沓来，东北四省，又被日人占去了，华北大局，且岌岌堪虞。沈初起，大家还觉有点兴奋，可是过些时候，又好像没有这回事的样子了。这种现象，实在是万分危险。从前宋室南渡，建都临安，金人来了，宫中还是围棋饮酒；明代福王，偏安南京。清兵到了，宫中还是打灯谜。现在如果还是这样，国家非亡不可。所以我个人觉得，我们中国人，真要想起死回生，决不能安故蹈常，一定要全国上下，振奋起来，另造成一种风气，另创造一个局面，而要想全国人心，一起振奋，其势非用广义教育的力量不可。

五

现在再回过头来，说到文化方面。我们的文化，到了现在，不能不同外国文化交流，这是已成定局。我们的文化，第一期为独立时期；第二期为亚洲文化交流时期；第三期为世界文化交流时期，现下正在世界文化交流时期之中，决不能把大门关闭起来，只有同人家去交流。不过要与人家的文化交流，是要自己先有一个独立性。认定自己的独立性，然后再与人交流，方可以图国家民族的生存。而教育便是把握交流的指针，决定交流的方向。用以创造有益于中华民族中国化的文化总发动机。

发扬我们的文化，延续我们民族的生命，都是教育的惟一责任。因此我们对于今后的教育，更不能不有下列的三种认定：

第一，要针对国难。现在的教育，虽说是要有世界性，不是专为养成国民去和外国人打仗。但当此国难临头的时候，好比一个人家，大盗进了门内，刀已架在我们颈上，若再教家里的人去从容揖让，此则不仅不武，并且不智。此时只有鼓舞家里的人勇气，一齐拿起刀来，把强盗驱逐出去，才能算正当办法。所以我们教育界，对于排除国难，应该负弩前驱，先负起万斤重担。这不独是救国，也就是自救。能实施救国教育，才可以不至亡国。

第二、对于国民性，要认识清楚，对于世界的大势，也要认识清楚。倘以为我们中国人生活方法和形态，样样皆是好的，或者样样皆是坏的，这当然是不对；反过来说，以为外国人生活方法和形态，样样皆是好的，或者样样皆是坏的这也是不对。我们总当用一番审核研究工夫，经过适当的选择。这一种责任，也是教育界应当负的。现在有人以为中国的文字，不合世界潮流，应该改为罗马字。照言语进化的原理上说，是不错的；可是照现在国势及人心上说，那便是错了。因为目前竟把汉字废掉，中国的国民性，就要发生极大的危险。所以我们行事，处处应以民族利害为本位，本国好处，总应该保存，他人的好处，总应该采取，保存采取，也是要教育家决定的。

第三、我们更要用特别有效的方法，在短时间内，普及全国的教育，并且要由普及教育，普遍的达到下列三个目的：一个是改良国民的经济状况，使个个人有饭吃；一个是要养成国民的集团生活的习惯；一个是要扩大国家民族的意识，养成爱国的精神；而第三层尤为万分重要。应该把中国的伟大人物，锦绣山河，以及被外人侵略的历史，灌输到国民的脑筋里去。

最后，还有一层，不能不说的：我们要想创造中国的文化，不是随随便便，可以创造得起来的。要把固有的文化，加以整理，我们的缺点，应设法除去；我们的优点，应设法扩充。同时把世界的文化吸收进来，而咀嚼消化，须以我为主体。譬如医生医病，好的医生，一定先要问问病人，是南方人还是北方人，做什么职业,然后才定用药的分量,及割治的步骤。我们接受外国文化,也要问中国的国民性如何,然后再来分别取舍。如是囫囵吞枣地主张发扬本位文化或接受外来文化,我以为皆是不对的。希望全国教育哲学者,教育行政者,教育实施者,联合起来,多用一些脑力,好好研究一番,决定一个具体方案,切切实实的做了十年八年,庶几中华民族前途,才有一些希望。

(原载《复兴月刊》,1935 年第 3 卷第 10 期;
转载《湖北教育月刊》,1935 年第 2 卷第 5 期)

三年来中国之职业教育

绪　言

近数年来,各方面对于职业教育,比较以往,空气似乎异常浓厚。其原因所在:一则社会需要,不同于前。生计日艰,失业日众。农村破产之声,到处皆是。对于普及中学教育,既大启怀疑,势乃不能不移其注意力到职业教育身上,希冀走此途径,可以解决一部分穷困问题。二则最高教育行政机关对于职业教育,特别提倡,特别督促,因此各下级机关,乃不能不遵令实施。基此二因,所以最近三年来,各地方职业学校,数量较前大增;并且除职业学校教育外,职业补习教育,亦添设不少。而属于职业指导范围内的就学升学指导,职业介绍,亦因教育部的竭力敦促,渐具萌芽。这不能不算是最近三年教育界的一种特殊新趋势罢! 兹就三方面略述其概况如次。

政府方面

此处所谓政府，当然是指最高教育行政机关的教育部。我国教育宗旨及其实施方针，在民国十八年六月，即由国民政府明令公布，至民国二十年十一月，复由国民党第四次全国代表大会第三次大会修正通过。其宗旨所明白宣示的，应“根据三民主义，以充实人民生活，扶殖社会生存，发展人民生计，务期民族独立，民权普遍，民生发展……”这是已经和职业教育发生很大关系了。至实施方针，定有八条，其中对于普通教育，说明“养成国民道德外，以养成国民之生活技能，增进国民生产能力为主要目的”，这更是明白宣示注重职业教育了。而于师范教育，复说明兼重乡村师范，也是趋向到职业方面。至于农业，则特设一条，关于农业推广，农村改进，农事改良，农业新智识之普及，农村合作社之促进，又特别的详加叙说。教育部既秉承此项宗旨及实施方针，三年以来，努力推进，当然成绩大有可观。兹可就其重要部分，略略叙述。

一、关于法令的。在民国二十年四月教育部已有训令到各省市教育厅局，详言职业之重要，并规定各省市对于中学教育设施之纲领八条，消极的限制普通中学的招生及设立，积极的主张添设职业学校。指示普通中学中应附设职业班或职业科目，县立初中，应附设或改设乡村师范或职业科。同时并附列各“省市设置中等农工学校实施方案”二章，计三十一条，全国空气，顿为转移。于是自民国二十一年起至民国二十三年底，三年之间，迭经制定关于职业教育的法令条文，陆续发表。至是办理职业教育的人，乃有轨道可循。

二十一年七月，由国民政府公布“职业学校法”十七条，所有职业学校的宗旨、组织、类别、设置等，均略备。至是职业教育，在学制上的地位，才获确定。此十七条条文，最初的起稿，当然也是出于教部。是年十二月，举行国民党第四届中央执行委员会第三次全体会议，关于生产教育，又有重要议决案，其实施方法的规定，有次列六条，极可注意，附录之如次：

（一）小学应就儿童环境，授以生产技能，且养成其劳动习惯，务使小学毕业之儿童，一方面具备国民常识，一方面成为社会生产分子。

（二）各省市应尽量扩充职业学校。私人捐资兴学，亦由省教育厅或教育局劝其设立职业学校。私人办理有成绩之职业学校，由公家予以补助。公私立中学成绩不佳或地方无此需要者，一律改办职业学校。

（三）职业学校，应注重生产技能，劳动习惯，不必规定同样。毕业年限，不必分农、工、商等科，应就地方之需要，注重专科单设。

（四）职业学校，以不收费为原则，俾贫寒子弟，有入学之机会。

（五）高级职业学校，注重专门技能训练，必须与实习场所打成一片，而不仅为书本或理论教育。

（六）高级职业学校，应由教育部视察各省需要，斟酌缓急，逐渐添设。

教育部在二十二年一年中，制定关于职业规程办法，自行公布的，有"职业学校规程"十三章九十六条，内分总纲，设置及管理、经费、设备、编制、科别及课程、实习、训练、成绩考查及毕业、学年学期及休假日期、纳费及待遇、教职员等，规定极为详尽。此规程系二十二年三月公布。同年九月又公布"职业补习学校规程"二十三条，关于职业补教的目的，设立的程序，入学的资格以及学校编制、学科类别、修业期限、授课时数等均经明白规定。以上两种规程，殆可为办理职业教育的必要准绳。

教育部既公布了职业学校规程，复于二十二年六月，训令"中小学师范职业学校规程注意事项"内，指示实施职业学校规程应行注意的十五项，意在指明应该特别注重之点，且藉以免除各种误解。同年十月，又有三项重要法令公布：1."各省市推行职业教育程序"计十二条，指示调查设校环境，组织"职教设计委员会"，设置科目时的注意点，经费的支配，补习教育的推行，学校内容的充实，科系及班级的重行核定，职业教育的推广，职业指导的实施预备，均极切实而扼要。2."各省市职业学校职业学科师资登记检定及训练大纲"计十条，这是专为指示造就职教师资而设，详定登记、检定、训练三种方法。关于进行手续及训练课目，均一一列举，极为详备。3."职业学校各科教学科目及时数概要"，内分初级职业学校，招收初中毕业生的高级职业学校，招收小学毕业生的高级职业学校，列成三大类。每一类均分成农业、工业、商业、家事四项；每一项复分成若干科；每一科均明示教育目的，入学年龄，修业年限，科目，教学时数，最后则附以总说明。这一种概要的编成，始以调查，继以编制，再继以会议，最后经过修正,才决定公布。却是费了不少时间和精神。

在民国二十二年,教育部复有“各省市中等学校设置及经费支配办法”公布,原文共计七条,第一条即明白宣布各省市中等教育经费之分配,限至民国二十六年度,达到下列标准:职业学校,不得低于百分之三十五(包括职业补习学校)。师范学校,约占百分之二十五,中学约占百分之四十。其次对于新增经费,则限定尽先充用于职业及师范学校。对于中学的级数校数,则指示缩减的方法;对于私立中学,则主张严加取缔,并督促改办职业学校或职业补习学校。在教部认为要推广职业教育,必先限定教育经费的支配,这是一种最切要的办法。在办法中,并且限定各省市厅局于民国二十二年底以前,依据经费分配标准及达到期限,详拟概要方法呈核。其二十三年度详细实施方案,并限于二十三年底以前呈核。

此外教育部为推行职业指导的,复有“各省市县教育行政机关及中小学校施行升学及职业指导办法大纲”十一条,于二十二年六月间公布。大纲中指示行政机关实施升学及职业指导的要点共十一项(如第五条),指示小学升学及职业指导的实施要点共十五项(如第六条);指示初级中学升学及职业指导的实施方法,除依照小学实施各点外,计应行补充的有十一项(如第七条);指示高级中学升学及职业指导实施的方法,除依照小学及初中外,计应行补充的有六项;这可以说是应有尽有了。大纲中又明定“中小学升学及职业指导之实施,以学校为主体,由教育行政机关负责督促进行”(如第三条)。此项大纲公布以后,据闻已有不多省市遵照举办了。

教育部在民国二十二年一年，法令条文，制定颁布得甚多，并且皆是很关重要。到了民国二十三年六月间，更有《职业学校各科教材课程表设备概况汇编》印行颁布。这当是跟着职业学校各科教学科目及时数概要公布以后所应有的。汇编计三册，系由教部委任专家及著有成绩之职校编订而成。在例言内，曾经说明，“职业学校种类繁多，内容复杂，且科学知识，日新月异，研究发明，日有进展，殊不易确定一永久适合之课程标准。至设备方面，更时常有新工具及器械之发明，尤不能呆板规定，故步自封。……此次所颁各科课程表教材大纲暨设备概要，系就征集所得，分别整理，悉照原稿付印。其目的在供各省市实施之参考。至各科内容，互相出入之处，可依照地方情形及经济能力酌量采择”。

民国二十三年冬教育部举行“全国职业学校及中小学劳作科成绩品展览会”先在本年四月间，通令各省市，饬各地选送优良出品，于各省市分别举行展览后，择优送部，陈列展览；并颁办法五章十七条，关于筹备会出品范围，出品手续，奖励及惩戒，均经明白规定。

以上所述，是为教育部最近三年间所制定颁布的重要法令。

二、关于督促的。法令仅是一纸虚文，而欲求实际推进，则仍有赖于行政方面的督促。在督促的工作中，当然包含了指导、纠正、代为计划诸作用。前此教育部普通教育司内，仅设两科，民国二十二年九月，修正“教育部分司各科规程”第四、第五两条，普通教育司，乃得增设一科，将职业教育一部分，由第一科内划出，由新增之第三科专管；并派钟督学道赞兼任科长。于是主管有专科负责，推动更觉有力了。钟君原为职业教育专家，自任部督学以来，即奉派分赴各省视察职业教育，帮同各省行政当局，计划实施，指导各校教育进行，效力至大。并且同时奉派视察职校的，不止钟督学一人，且有参事司长重要部员，分任其事。

三、关于会议的。教育部为推行职业教育，详订各项办法，特在部内组织一种“职业教育设计委员会”。这个会的组成分子，照规程所定，除由教育部参事一人，普通教育司司长科长外，并延聘其他各项人员充之：计职业教育有关之会部代表七人，职业教育专家三人，实业界三人。会的任务：（一）拟定推广职业教育的办法，（二）拟定职业学校设置办法，（三）拟定职业学校实习办法，（四）拟订推广职业学校毕业生出路办法，（五）拟定中小学职业指导办法，（六）调查各地实施职业教育情形，（七）讨论其他关于职业教育事项。会的规程，系公布于二十年四月。九月间，曾由教部召集开会一次，二十一、二十二两年间，亦曾召集会议两次。其由委员会议决要案，可以令人注意的有“职业学校设施原则”五项，内计关于设置方面五条、关于设备及经费方面四条、关于教师方面三条、关于学生方面三条、关于学科实习及训练方面二条。有“职业学校设施标准”（一）规定职业学校种类，（二）规定职业学校之设置步骤。有“职业学校学生实习标准”，规定实习场所，实习时间，实习区分，实习要点，均极详尽。

到了民国二十三年十一月，趁南京举行“全国职业学校及中小学劳作科成绩品展览会”，特由教育部召集一个“全国职业教育讨论会”，被召集的人，以各省市厅局主办职业教育行政人员为主体，另聘专家若干人，连同部内出席人员，共六十四人，列席者亦有七、八人。十二月七日开会，历三日而毕。同时并有两次关于职业指导的讲演。会议开幕之初，由教育部编定议案大纲两组、九项、三十条，讨论时，即依此为根据，凡有各方提出议案，其可归纳于此者，则改并之，不可归纳者，则另议之。而于大纲各项，认为较繁复者，则付小组会议讨论之；否则即由大会议定。分组凡二：（一）关于行政法令经费的，（二）关于课程及学生出路的。所有议决各案，已由教部整理，披露报端，兹不复赘。

各省市方面

近三年来，各省市教育行政机关，因教育部督促于上，社会情势敦迫于下，对于职业教育，无不异常注意，所以无论何方，皆有相当的进步。惟比较起来，市的方面，较省为差：一因市方注意小学教育经费，用于义务教育的居多；二因市方中学教育的职校，为数不多，一向没有什么基础，推广起来，其势颇难。兹就各省市有报告材料可稽的，略述其职业教育概况如次。

南京市。全市职业教育，现在有奇望街职业补习学校及市立妇女职业补习学校各一所，前者设商业科、女子职业科、华文打字、速记科、簿记会计班、电气班、商科夜班等六级；后有设高级二班，初级一班，教学缝纫、刺绣、造花、编物等。从廿三年度起，市政府社会局，正筹议创设一规模较大的职业学校，内分机械、电机、丝织、土木、建筑五科，招收初中毕业学生，入学修业三年。对于补校，亦力谋推广。其经费支配，据最近二个年度统计如次表：

（表略。编者注。）

以上所列，仅为中学师范及职校两方面的比例，全体经费，惜乎尚未详知。是以职业教育经费，究竟占全数几何，无从说起。惟据报告中学及职业两项经费合计，其数才占总额百分之十一占四四云。

又南京市前数年曾有职业指导所之设，但现在已经停办了。

江苏省。江苏在民国二十一年度，有职校六所，中学职科四所，计分十三科四十学级，经费为三十三万二千四百三十五元，占总额百分之十七点二一，较之二十年度，增百分之一点五六，计四万一千六百四十三元。至二十二年度，有职校六所，又公立一所，中学职科四所，计分十四科，五十一学级，经常费为四十一万一千八百四十一元，占总额百分之十九点二三，较之二十一年度，增加百分之二点零一，计七万九千四百零六元。至二十三年度，有职校九所，中学职科三所，计分十七科，五十四学级，经常费为五十五万一千六百二十四元，占总额百分之二十五点三一，较之二十二年度，增加百分之六点零八，计十三万九千七百八十三元；历年临时费，尚不在内。这是指省的教育而言。至于各县，则由省厅订定办法，通令限制县立及私立中学，不得任意扩充；同时提倡推广职教，凡县立中学原办单轨的，不再扩充学级；原办双轨的，自二十三年度起，逐年减招新生。各县已设有职业学校的，应设法扩充；未设的，应即筹设。万一因经费限制，亦应筹设职业补习学校。已立案之私立中学，其在普通中学设置较多之地，应督饬劝导，减少普通学级，逐渐改办职业学校，或职业补习学校。从二十三年度起，凡私人筹设中学的，应督饬劝导改办职校，或职补校。据闻通令以后，颇见成效。在十九年度，只有县立职校三所，私立职校四所，至二十三年度，县立职校已增至十一所，私立职校已增至十四所。

上海市。上海一市，近三年来，职业教育，颇有相当发展。在正式职业学校教育方面，如市立师范，其中一部，关于农事教育及工艺品制造，俱有很好成绩。在市立中学方面，亦有职业班的增设。至私立职校，原有的，固极形发展；初设的，亦特别增多。据上海市教育局统计所表示，在二十三年度，全市职校，国立的二所，省立的一所，私立已立案的八所，私立未立案的七所；学生数共二千六百六十二人；经费数共二十万五千八百三十一元。在补习学校方面，市教育局自办的，二十一年度十五校，二十二年度二十校，二十三年度十七校；至于私立的补习学校，则为数更多了。

安徽省。安徽省教育经费，在二十三年度总额为一百三十二万余元，职校经费，约占百分之二十九强。现计有职业学校七所，女子职业学校二所。其改进职业教育办法，预定四项原则：一、不骤然增加省库巨额之负担；二、顾及省立中等教育的平均发展；三、根据过去历史，社会需要，及校舍现况，规定省立学校之分布地点；四、根据交通状况，各地现有小学校数及小学生人数，划分师范区。其对于职业教育，分整理及扩充两项，即对于已设的，竭力整理，充实其内容；对于未来的，则自二十三年度起，分年筹设适合社会需要的职业教育机关。

江西省。江西省教育经费，用之于职教的，在二十二年度为三十五万一千八百六十六元，占总额百分三十二点八六五；二十三年度为三十七万三千一百一十一元，占总额百分之三十二点七二，以后逐年增加。至二十四年度，即可以达到百分三十五之标准。其预定的改进原则：一、为限制私人设立普通中学，奖励私人办理职业学校;二、为五年以内,务使全省私立中学与私立职业学校,平均发展。

湖北省。湖北省拟自二十三年度起,将中学经费,减少五六万元,师范经费减少一二万元,职业教育经费,可增加十七八万元,因此职教经费在总额可占百分之三十。

浙江省。浙江二十一年度公私职业学校共二十二校,中学设置职业科目的,省立七校,县市立十二校,私立二十五校,共计四十四校。在今后五年内,预定增设职业学校计划:一、省立实验农业学校一所;二、省立初级农业学校一所;三、省立高级工业学校一所;四、省立初级工业学校二所;五、省立商业学校一所。

福建省。福建现有职业学校,计省立五所,县立二所,私立八所。该省在民国二十一年,曾设“设计委员会”,推定省立五职校,分任起草“福建省职业学校课程标准草案”。并组“学生指导委员会”,分令省私立各中等学校,分别组织“学生指导委员会”。二十二年,议定逐年缩减省立普通中学经费,增加省立职业学校经费;同时试验乡村改进工作。二十三年,讨论学生出路问题,议定种种办法;并对于职业补习教育,特别注重,力谋推广。其次调查职业师资及调查本省重要物产,亦分别举行。

湖南省。湖南职业教育,发轫最早,比较发达,计属于省立的,有高级两所,一工、一农,工校学生三百一十一人,全年经费八万六千二百二十七元;农校学生二百二十八人,全年经费五万六千四百三十四元。省立初级男女职业学校八所,学生共一千零四十八人,全年经费二十五万六千八百八十三元。属于县立的,有郡立职校一所,学生一百七十二人,全年经费九千八百二十五元,内有省款补助费一千一百二十元。县立初级男女职业学校九所,学生七百四十一人,全年经费共四万九千八百四十六元。县立简易职业学校一百五十三所,学生共七千六二十二人,全年经费共二十三万二千五百六十二元。属于私立的,有高级职业学校二十所,学生共三千零一十九人,全年经费共四十四万九千七百一十八元,中有省款补助费一十一万五千零二十元。统计公私立职业学校,全年经费共一百零二万五千三百五十五元。只就省教育经费一端言,二十二年各职校经临各费及私校补助费,共为六十一万五千四百零七元,已占中等教育经费百分之三十六点八四;二十三年度,比较更多,百分比竟占三十八点七五,是比较部定百分三十五的标准,已超过许多。这在各省市中,不能不算首屈一指了。该省拟定改进职业教育计划,计有五项:一为养成职校教员,二为充实职校设备,三为联络各实业机关,四为改进省立职校,五为改进县市职校,皆规定有具体办法。

四川省。四川省教育经费,以全省肉税为专款,每年收入,预计可达一百八十万元。二十二年度,岁出预算总额,约一百一十万元,除拨用大学小学及补助公私立各校外,用于省立中等学校的,仅有六十万零九千四百余元。其中职校经费数,仅占一十四万三千八百余元。现有职业学校,计省立的四校,联立的一校,县立的十校。其在预定计划,拟自二十三年度起,竭力增加经费总额,并尽先增设职业学校校数。

北平市。北平市职业学校一所,内分机械科四班,化学科四班。商业学校一所,均系高初级合设。在民国二十一年度,其经费占总额百分之十三,二十三年度,增至百分之十四。现在拟定计划:一、就原有职校,增至九班;并逐年改为高级,三年毕业。二、就原有商校,每年增一班,至九班为止;逐年改为高级,三年毕业。三、就原有中学逐年改为初级职业班。四、添设女子职校。五、缩减中学班。预计依照以上计划办法,全年经费,职教可有十八万四千六百零七元,约占总额百分之三十六。

察哈尔省。察哈尔有省立农业专科学校,省立职业学校各一所,职业学校经费六万四千一百四十六元,占总额百分之二十六。拟定计划:原有职校,充实内容;农业专科结果,改为畜牧科职业学校;原有第一师范,分年改办职业学校。

宁夏省。宁夏省原有师范一校;中学一所,内有职业一班;女子师范一所;初级中学一所。自二十三年度起,拟添办职业学校一所。省教育经费总额,为七万七千七百三十六元。职教经费,预计三万元,二十四年,增为四万元。

以上所述,仅就所知,略有摘要,省市既不完全,繁简亦复各异,此则限于材料,无可如何,只能使读者诸君得着一个大概。精以求之,则有各省市的详细报告在。

社会方面

在社会方面,组成团体,从事提倡、研究、推行职业教育的,似乎先要说到中华职业教育社罢! 他是创立于民国六年,到现在已有十八年的历史。他的事业,有会议,有研究,有试验及实施,兹可分项一述该社最近三年间的工作概况如次。至于其他社会团体,亦间有一部分涉及职业教育的,则以材料一时无法搜集，只好暂行从略了。

一、关于会议的。该社(指中华职业教育社，以下同)每年皆召集社员大会一次，连同“全国职业教育讨论会”一块儿举行。最近三年间，民国二十一年开会地点在福州；民国二十二年，在开封；民国二十三年在南昌。这三次会议，皆是在东四省沦失之后，所以会场议论，固然以职业教育为主题，可是对于如何复兴民族，如何排除国难等，亦复时时顾到。

福州之会，议决要案颇多，其中比较重要的，有次列两案：

(一)“国难期内，职业教育界应有之努力案”系中华职业教育社提出，内分：(1)如何有效的抵制仇货？(2)如何推行疆边事业？(3)如何推行农村改进事业？(4)如何提倡补习教育？结果照原办法通过。

(二)议定农村事业改进程序目标及方案，此系并合三案讨论，结果乃得一最详尽的具体办法。

开封之会，要案也很多，而结果则归结到“转移全国人士的心理趋向”一点，因于会罢，拟成长电，陈诸教育部。民国二十二年度以后，教部关于职教的种种设施，虽未明言采用该社会议的办法，但会的影响恐怕也不在少处。兹录原电文如次：

(电文见“一年来之中华职业教育社”一文，略)

南昌之会，由该社办事部提出一个总议案，其中包涵的很丰富，且在议案前，提出五项“先决问题”关系也极重要，兹附录其文如次：

(一)职业教育，主要目的，固在教学生产知能，但同时对于公民训练，及其他必要的文化教育，亦万万不容漠视。尤其在此国难严重,民族衰落时期,对于一般青年,倘无一种精神教育的训练,以扩大其民族意识,培养其民族情感,则个人纵能自立,仍于国家民族之生存无补。印度、朝鲜,亦曾有职业教育矣,吾国宁能步其后尘乎?是以今日中国实施职业教育,应认定以"训练职业知能,厉行民族教育"为两大主干。譬之人身,前者是营养体质,后者是陶冶精神。两者相依,正如车之两轮,鸟之两翼,无论如何,不能偏废。是曰,"职业知能训练,须与公民训练并重,且求其互相联络。"此其一。

(二)入学目的,惟一在读书,学校程度,判定在年限。此为一般人之见解。实则职业教育重要目的,在教学的手脑并用,绝非仅重书本知识。在高级职校,为养成初级技师及中级职员,自不妨稍稍兼重学理。若初级一阶段,尽可完全注重劳动。应有十分之六七时间,从事实际工作。而年限长短,则可视工作性质及学习能力,分别决定之。学校形式与观念,有时亦能误人。最好初级职校,关于学校形式方面,容易引起青年不良观念者,竭力避免之。是曰,"初级职校,宜减少学校形式而纯以实际工作为务。"此其二。

(三)职业教育实施方式,不仅在学校一方,即社会教育所关,亦极重要。都市方面,施行职业指导,固纯粹属于社会教育范围矣;乡村除农业学校外,关于农事各项指导,试问何项能离乎社会教育?倘使实使职教者,只知有学校,不知有社会,壁垒森严,不肯离校门一步,此等关门式的职业教育,可以断言其效力至微。是以在今日之中国,凡主持职业学校同人,均应具有兼任社会教育之信念,方能使民众获得新教育的利益,促进旧职业的改良。此层在乡村关系尤重。是曰,“职业教育,宜与社会教育,联络进行。”此其三。

(四)职业教育范围,实含有职业学校教育、职业补习教育、职业指导三方面。职业学校,在全部职业教育中,当然居重要地位。然若无职业补习教育以辅佐之,则职教推行之途径必狭;无职业指导以联贯之,则职教影响之效能难著。势必教育行政者,与社会两方,咸彻底明了以上三方面之性质与功用,决定同时并重,并使之互相联络,方能获得圆满结果。尤希望办理职业教育同人,应一致先行确定此种信念。是曰,“职业教育,不应以职业学校为中心,须兼重补习教育及职业指导。”此其四。

(五)职业教育目的,在养成多数具有新职业知能之人员,以供社会各方之用,藉谋旧职业之改良,新职业之勃兴。倘人员养成而无处消纳,则职业教育将完全失其效用矣。是以在学校开办之初,即当详审职业界的需要,计划到毕业生出路问题;既设科施教以后,必时时虑到学生所学,是否与社会相适合?将毕业时,更当切实筹划并实施介绍职业办法。此固一定不可移易之理也。正式职业学校,设立太多,设备不完,教法不善,毕业生不能有出路,当然无足怪。即办理较优之校,而平昔对于学生出路,不加注意,结果亦复不能圆满,照目前中国情势以观,应并力提倡推行职业补习教育及职业指导,以应社会之需要。而于正式职业学校之设立,则不妨取有限度的有计划的办法,由教育行政机关负其全责,统筹全局,施行统制。期于进行职教普及之中,仍寓有解决学生出路问题之意。是曰,“集中行政权能,谋职业学校之健全,注意毕业生之出路。”此其五。

当会议时,曾由特别组议定两项中心问题,以示此后办理职教的重心所在:(一)社会性的职业补习教育;(二)农村方面的青年训练。

并于会罢有一电陈明国民政府军事委员会委员长蒋介石先生,盖因开会地点在南昌,而蒋先生于开会时且有训词颁布也。电文录如次:

牯岭国民政府军事委员会委员长钧鉴,元日敝会开幕,承钧座远锡训词,勗勉殷勤,万分感奋。寒夕并蒙宠召,由文组长转述钧座近年教育主张,洞明症结,指示宏规,益深敬佩。乃者滔天匪祸,由公削平,近复振作国人精神,提倡新生活运动,遐迩交感,气象一新。敝会同人深信教育救国,必以新精神为主宰。职业教育,固在增进青年生产知能,而公民训练,服务道德,尤为重要。此次会议,曾经议定今后三年内以推广职业补习教育,加紧青年训练两事为中心。目前江西一省,此项教育,业已开始实施;前驱有人,赓续自易。敝会同人允当仰承尊旨,加倍努力,上以副政府厚期,下以尽国民天责。务乞随时随地赐予教导;俾有遵循,曷胜大幸。现敝会已于本日下午闭幕,敬电奉陈,敬抒谢悃,伏希垂察。

中华职业教育社第十四届社员大会暨第十二届全国职业教育讨论会全体会员同叩

民国二十三年七月十五日

除大会外,该社每年春间,皆有专家会议的举行。民国二十一年因沪战猝发,暂行停止。二十二年,举行于沪南闵行。二十三年举行于沪南漕河泾。漕河泾之会,有可注意者两事:

(一)议定"农村改进工作纲要";(二)议定努力于民族复兴教育的进行。

兹附录"农村工作纲要图",及该社所发宣言全文如次:

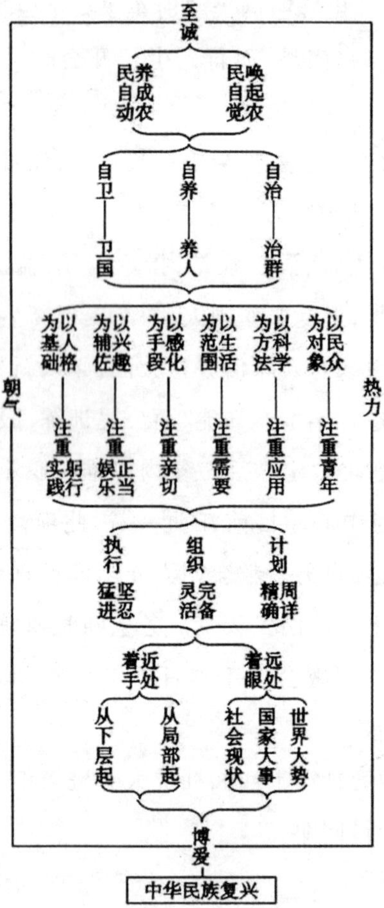

此图制成于民国二十三年二月,凡中华职业教育社从事农村工作人员,一律悬之座右,遵守勿渝。

中华职业教育社宣言

全国父老兄弟诸姑姊妹公鉴:中华职业教育社夙以研究、提倡、试验、推行职业教育为职志,精劳神敝,亦既十七年于兹矣。乃十余年来,民生日益困,实业日益衰;社会失业,日益众多;学校教育,日益彷徨而无措。近且强敌入寇,国土沦亡,举国人民,蒙空前之奇耻大辱而末由振拔。世界风云之险恶,既为有目所共见,而民族前途之危殆,更为有识所同忧。本社同人,知薄能鲜,上无以纾政府之忧劳,下无以挽社会之厄运,抚衷自问,惭悚弥深!本年二月二十四日,本社举行专家会议于上海,竭四十人之精力,费十余时之光阴,讨论问题,多关重要;而佥认为确定社会观念,阐明各方关系,根本所在,尤有亟须与全国人士商榷者四事焉,谨掬至诚,宣言如次:

职业教育之定义,是为"用教育方法,使人人依其个性,获得生活的供给和乐趣;同时尽其对群之义务"。而其目的:一、谋个性之发展;二、为个人谋生之准备;三、为个人服务社会之准备;四、为国家及世界增进生产力之准备。其分类,则有农业教育、工业教育、商业教育、家事教育、公职教育、专业教育等六项。此皆经过本社同人若干次之研究讨论而始决定者,迩者国内生产教育之呼声,洋洋盈耳,而于生产教育之界说,则迄未有明确之规定。就表面以观,似职业教育,与生产教育,内容一致,形式无殊矣。然若论其范围,则生产教育,似又较职业教育为稍狭。究竟涵义何若,界划何若,应有极精确之辨明。此为教育理论所关，希望吾教育界同人，能予以深切之注意。此其一。

近年以来，各方感于生计艰难，富力日削，热心提倡职业教育，或生计教育者，风起云涌，此诚教育界极可乐观之现象也。顾“事预则立”，“有备无患”，古训昭垂，宁可以废？职业教育，或生计教育，论其效用，固在解决职业问题，及生计问题矣，然若无预备，无计划，贸贸然徒求校数之增多，其结果不惟不足以解决此问题已也，且恐将来更困难更危险问题或缘之以起。盖无专科教员之训练，则技术教师无由出，无工具上之设备，则所教所习皆空谈；无毕业生出路之预筹，则教育必无相当之良果；无职业界相当之联络，则教育仍与社会为两橛。在设校之初，或不致有若何感觉也，迨至修业期满，学生出校，职业界既无人延用，个人又不能独立谋生，仍是与一群无业游民，憧憧往来于社会，此与不升学之初高中毕业生何以异？果如是，则今日高倡职业教育与生产教育者，岂非国家之罪人乎？既认教育为国家建设事业之一端，则对于职业教育，自应有通盘之计划，准备之工夫，此不能不望各级政府，注意及斯，早为之所。此其二。

教育诚为立国救国之要图，但必责教育以万能，其他视若不负若何责任，此固理所必无，亦势所不许。希望教育有进步，有实效，同时亦必希望各方面，能革新，能努力，如机器然，全盘机构健全，方能动作一致；否则此健而彼窳，此行而彼滞，则健者行者，亦终于力竭精疲一蹶不振已耳，于全局果何益乎？即以失业一端论之：在一般人士，佥以为职业教育，可以解决此难题，此论似矣。然曾一考失业之原因何在乎？实业不兴，土匪遍地，制造失业之机会，层出而不穷，试问仅有少数职业学校，于事何补？

即有职业指导机关,所补救者,亦至有限,而况所谓职业学校者,未必真能养成生徒自立谋生之技能,所谓职业指导机关者,尚未为政府及社会所重视乎?在此情况之下,势不能不希望政府,积极保护国内已有之实业,用图产业之振兴;同时倡办重工业,以立一切工业之基本。果国内产业发展,自易销纳多数职工,而职业教育,亦不难适应其需要,而显著其效能矣。此其三。

立国之道,首在民心,次为民力。国力者,民力之所萃,而民族之意识,则民心之所表现也。乃者寇至不能御,全国民众,忍辱而吞声,民力已可见矣。夫力不足犹可徐图充实,若民心不振作,则生气索然,生机将斩,生力之充实,宁有望乎?如何充实民力,第一要着,在民族能自给自足,不再仰给于舶来物品。此诚职业教育所应负之一部分责任也。至如何振作民心,则关系民族前途,实较充实民力为尤要。一切教育,固应以此为重要目标。而职业教育,亦应视此为唯一重任。本社所揭橥之职业教育目的第二项,固明示以"为社会服务之准备"矣。今且不妨明白诠释社会服务之意义曰,"为民族谋独立与繁荣"。再详言之,则对己为革新个人之生活,对群为创造公众之福利,以人格修养为起点,以民族复兴为终极。王阳明不云乎,"平泽中寇易,平心中寇难"。今者民心之不振作,其为害且烈于强敌矣,吾教育界倘不以振作民心为工作要件,则不惟已失之国土,无从收复,而民族灭亡之惨祸,且恐不能幸免。吾职业教育界,倘不以振作民心为工作要件,则不惟教育失其主旨,即欲充实民力,亦复徒托空言。言念及兹,为之毛戴。兹经议定职业教育之设施,以"自治治人,自养养群,自卫卫国"三项为主干。无论于都市,于乡村，为学校教育，为社会教育，为正式职业学校，为非正式之补习学校，咸将以此为依归，并经议定组成“民族复兴教育设计委员会”用以联合各方，征集材料，贡献意见，推进一切工作，业已开始集会，惟救国大业，绝非一手一足之烈所能成，势必群策群力，全体动员，方克有效，本社同人不敏，深愿在政府指导之下，追随邦人君子，竭尽知能，用完素志。此其四。

谨此宣言，伏维亮詧。

二、关于研究的。该社关于研究一部分，特设研究股专任其事，而调查编辑，亦即洞入其中，与之打成一片。兹就最近三年间的研究工作，记其重要各项如次：

（一）研究：大中小学教师人事研究，大学毕业生研究，中学生兴趣种类及持久性之研究，全国职业学校状况，各业机关人员标准，银行员职业历程，练习生状况，职业学校毕业生出路状况。

（二）审阅：潘文安等所著《女子职业指导问题》，蒋铎译著《职业指导之原则与实施》，郑文汉编译《职业问题之探讨》，陈重寅等编著《中小学升学及职业指导》，其他未出版之论著数十种。

（三）代施测验：美亚织绸厂，晶明玻璃厂、上海水泥厂、国际大饭店侍应生训练所、中国国货公司介绍所联合办事处、上海市教育局。

（四）编辑及译述：职业教育之理论与实际，全国职业学校概况，职业指导论文集，职业教育名辞简释，职业成功人传略，职业兴趣测验，性情态度与兴趣的测验，欧美职业教育与职业指导论文百余篇。

（五）测验编制：评判性能测验，华文打字测验，职业兴趣测验，普通事务员测验，职业适应测验。

（六）征集：职业学校各科职业学科教材大纲及设备标准，职业学校非职业学科教材大纲及设备标准。

三、关于试验及实施的。该社最近数年间，把各种试验及实施工作顺其自然趋势，竟分成了四大类：

（一）职业学校教育；

（二）职业补习教育；

（三）职业指导事业；

（四）农村改进事业。

各项事业，皆由附属机关负责实施。

论到各种机关的性质，有是属于自办的，有是属于合办的，有是属于代办的。大大小小，共有三十所。其中有的是正式职业学校，有的是职业补习学校，有的是指导所，有的是农村改进区。而同一学校，又有专科、中学、小学的不同。

1. 关于职业学校教育，有该社自办的“中华职业学校”一所，比较起来，规模尚不算小，内设机械、土木、商业三科，学生共有一千三百八十人。最近三年间，每次学生毕业，出路甚好，竟无一人赋间（原文如此，应为“闲”。编者注。）。

2. 关于职业补习教育，有该社自办的“职业补习学校”三所，均在上海，一在华龙路本社，注重商业补习，学生共有六百四十余人；一在三马路，注重服务道德，学生共有八百五十余人；一在陆家滨职校，注重工业补习，学生共有二百二十余人。这皆是最近三年内设立的。

3. 关于职业指导事业，有该社自办的“上海职业指导所”，最近三年间该所工作概况如次：

（表略。编者注。）

4. 关于农村改进事业，该社有自办的"昆山徐公桥乡村改进区"，经营六年，到了民国二十三年六月，计划完成，现在已移交地方人士接管了。该社曾编有"六年试验期满之徐公桥"一册，详载其经过。当徐公桥农村工作正在进行之际，各地闻风兴起，创办这一类事业的甚多。因此该社与地方合办及受地方委托代办的为数也复不少。该社并于民国二十二年秋，在沪南漕河泾地方开办了一个"农村服务专修科"，用以养成农村服务人才。其办理旨趣及方针，在他们呈报上海市政府教育局一文内，说得很明白，可附录其文如次：

（见"呈请上海市教育局转呈教育部文"，略）

现在该科学生快要毕业，于去年秋间起，已经分别派在各处实习了。

自从中华职业教育社提倡研究试验实施职教以来，各方面多少皆要受到他的相当影响。但是严格说来，该社的缺点，仍然不少啊！

民国二十三年除夕脱稿

（原载《江苏教育》，1935 年第 4 卷第 12 期）

全县学校

“中国改进政治问题，诚然是千头万绪，不易爬梳。但依照着“物有本末，事有终始”的一个原则来说，似乎在中央方面，所谓最上层的总枢，总要能看准需要，立定最完善的计划与步骤，庶几由上而下，推进起来，可以若纲在纲，有条不紊。在各地方，所谓最下层的县镇乡村，总要能打下根基，立好础石，方可说到国家建设、社会改进。

中国是以农业立国的国家，除少数沿江沿海的通都大邑外，凡内地各县，还是农业者占百分之七八十以上，就是在县城及镇市，有一些工商业，也无非是依农业以生存，简直可以说是农业者的集合地。照目前中国情形来看，如何发展农业？如何指导农民？如何安定农村生活，改善农村组织？这一些最下层的基本工夫，恐怕是一切政治之本，尽管在中央方面，对于外交、国防、经济等等，要依据国际形势、国内情形，定下一种适当的方针，但同时要看准一切政本在全国二千余县，在县以下的几百万乡村。农村改进无办法，即县政无从说起；县政无办法，即全国大政无从着手。

既为现代国家，一定组织要现代化。当然所谓县政，绝不是仅仅得着一个好县长，替人民平反几件冤狱，开浚几条河道，修造几条桥梁，多办几个学校，所能尽其责任；而最大的主旨，最后的目的，则在完成全县的真正自治。真正自治的完成，就是人民一种力量的表现，也就是人民富力、知力、组织力、保卫力、文化进展力总和的表现。这绝不是旧式的好县官所能够负起这种职责，完成这种任务的；更不是现在热心要好的县长，无计划、无条理，想到那里做到那里，所能达到目的的。

因为真正自治的完成，必定要人民生活的状况，能得到相当的改善，全县境内各乡各村，人人皆能安其居，乐其业，人民集团的组成，能达到相当的程度；全县各乡各村，能合作互助，选贤任能，层层组织，成了一个秩然有序的系统；人民一般的文化水平，能普遍的提高，全县人民，能有 80% 以上，识字阅报，能明了自身与国家的关系，并且有百分之十至百分之十五，能负起乡村指导的责任，可以做一群公正明达的领袖。要达到以上所说的目的，一定要用政治力量的推动，和教育力量的培养；并且二者要交互连锁、同时并进，按照已定的计划、步骤，分全县为若干单位，由县政府总揽其成，由各区分负其责。计划、实施、视察、辅导、促进、考成、妥慎进行，不操切，不迁就，不纷更，多则五年，少则三载，务使克期完成。这确是很有把握的一件事啊！

如何做法呢？便是用感化性的教育力去潜移默化，加上强迫性的政治力去推进鼓励。这便是把一县看成一个学校，是即所谓"全县学校"。一县以内，无论老幼男女，皆是教育的对象。县长便是全县学校的校长；县长以下，所有佐治人员，便是全县学校的各科教师；县以内的知识分子，也便是帮同教学指导的先生。他的教育场所,有总有分,各级不等。他的教育方式,有是学校式、有是社会式,各种不一。他的教育工具,有是讲解、有是演说、有是书本,有是图画标本或实物,有是会议讨论,有是实际做事,有是音乐游艺,有是电影,有是无线电播音,各样不等。他的教育科目,有是农事,有是合作社,有是水利交通,有是识字读书阅报,有是风俗改良,有是团体组织,有是保卫训练,有是医药卫生,有是消防工作练习,有是服务指导,各类皆有,而约之则为经济、文化、组织三大宗。由推动而引起自动,由辅助而使之自立,由被治而达到自治。这便是“政教合一”。古人所谓“作之君,作之师”,凡是做县长的,便是兼君师于一身。他是治民的官长,同时也是教民的师长。

这不是不可实现的理想,不是无根据的空说,现在确已有许多地方,在那儿从事于实地试验,中国本来是一个特殊的社会,吏治不修已久,教育失败显然;人民生计既艰、惰气又染习极重;所谓穷、愚、弱、散、私,五种病况,到处皆然。加以空前国难,压在头上。倘无特殊方法,在最短期内,谋各县各乡国民教育的普及;全体人民生计的改善,集团生活习惯的养成,保卫能力的增加,则无论怎样去讲国防,讲内政,恐怕皆是缘木求鱼、劳而无效。古人所谓“求治之方,贵立其本”,那么改良县政,总算是“治之本”了;而县政如此实施,恐怕更是一切政治根本之根本罢!

试依我很浅的见解,推测起来,说明一下:一、儿童教育的普及,可算是近代国家最根本的一件事罢,但是照现在各县教育设施状况来看,经费少的,固然无从说起,就是经费多的,如江苏年有34万元的各县,依着老法,又岂能容易成功?成人教育在中国不更十分要紧么？但是现在各地良风美俗，已日见消失，不识字的文盲，到处皆是，一县以内，仅凭几个民众教育机关，办的不好的，且不必去说他，就是办的好一些的，又有使成人补习教育，在短时期内普及么？倘若有了全县学校，由县长督率一班佐治人员，动员了全县知识分子，总活动起来，拟好计划，切实施行，自然情形不同了。二、农民生计，如此艰难，种植不知改良，副业谁来提倡？合作社办法虽好，有何人去指导推行？仅使一二省立县立农场、林场，能促进改良吗？农学院高高在上，纵有推广部，那里能有实惠普及农民？如是有全县学校，把全县生产教育，作一个整个计划，有负责指导的专员，有协助供给的高级机关，有一定进行的步调，有系统组织的办法，那就不是这个样子了。三、民众组织的重要，谁不知道？要完成真正自治，当然要从组织入手。可是，照现在各县所设立的区公所，区公所内办事的区长助理员，能负起这个责任吗？可武断说一句，一定不能。若是有了全县学校，各区组织，与各区任事的人，就要根本改良，方法与精神，完全和旧日两样，那末效力自然不同了，因为一是枝节的，一是根本的；一是局部的，一是整个的；一是无计划随便做的，一是依据计划有系统做的；一是少数人努力的，一是全体活动的；一是冲突或重复的，一是彼此呼应、轻重合度、缓急适宜的；一是目的不固定的，一是目的固定，且万流汇合同赴一鹄的。以上所举事例，不过数端，其他推而广之，殆无一不如此。

不过这种事业成功，一定要有三个条件：一要有一套完密精详能适合环境需要的计划；二要有一套能实行此项计划，笃信此项主张，其热心毅力才干识见均能够料的人才；三还要有能推诚信任的上级机关。讲到此地，就不能不希望各省先有一个训练人才和拟定计划的策源机关了。

现在设置实验县，县政研究院，县政人员训练所的，已有好几省，自是很好现象，倘再能确定目标，完密计划，依照全县学校的主张，切实推行，我想一定可以达到完成各县真正自治的目的。

要知道完成县自治，是一个最正确的目的，所以采用全县学校的特殊的办法，就是为适应中国的特殊情形。相信这种办法是一时的，是中国特殊环境造出来的。待到各县真正自治，全体完成县民能自由选举县长，自然这种办法也就要加以变更了。

我自来是看重县政，相信县政是一切政治根本的人，近数年来，和许多同志从事实际的农村改进事业，证明农村改进的目的是为达到真正农村自治，而所用的方法，则为广义的教育。虽然所办的，仅为二三十方里的区域，改进所及的，仅为二三千的农民，却极端相信这种方法，可以扩而大之，及于全县；加以各方考察规模较大的试验县和训练机关研究机关的办法，益觉年来所怀抱的理想，确切可以实现。用敢揭出“全县学校”一个名词，并略抒其意见。容俟有暇，更愿写成一套具体计划，以就正于有道。

民国廿四年三月十四日脱稿于江上建国轮次。

（原载《国讯》，1935 年第 91 期）

保甲与保学

中国民众组织不健全，国民教育不普及，此事关系国力消长，实在是异常重大。究竟用什么最有效的方法，才能把下层民众一齐组织起来呢？用什么最经济最简便的方法，才能把国民教育在短期间内普及起来呢？这却是目前亟待研究和解决的两个大问题。

地方自治章程，乡镇闾邻组织办法，自清末以至民国，不是已经一再公布，并且一再通饬实行么？区公所的设立，其目的不就是为筹办自治么？各地方调查户口，编定门牌，选派镇乡村长，不也是常常听说各处在那儿举办么？可是自治的成绩在那里，可以说成绩很少很少。这是法制不善呢？还是吏治不良呢？还是民智不够呢？原因究竟在哪儿？依我说，三方面或者均有一些关系。多数农民不识文字，怎样能教他去组织？入手调查，就未能十分清楚，怎样可以去训练？乡镇村仅有自然的区划，而无实际的编制，怎样能叫他去成一个系统？这皆是摆在眼前的事实，何必掩耳盗铃呢？

现在有了几省，是实行保甲制度了，但有一部分人很怀疑着说："旧日镇乡闾邻的组织，不也是很好么？何必改动呢？只要编查认真,训练起来,还不是一样么?”我起初对于此事,却也未敢轻下断语,或竟赞成其说。可是,此次因事到湖北江西一次,略略考察一下,观念就有点变迁了。因为我所感觉到的:一、就形式上说,保甲制是十家为甲、百家为保,加过一番人为的调度,是比较很整齐划一的;而旧日的镇乡闾邻制,则是纯依着自然,不加整饬。二、就精神上说,保甲编制是一种训练方法的初步,所以要办保甲,就是为训练民众;他是把训练目标,明白揭出的;民众对于保甲的观念,和对于旧日镇乡闾邻的观念,的确不是一样;那么在精神上所起的反映,自然也就大大不同了。就这两点加以判断,似乎目前所行的保甲制比较起来,要好一些。当然法制是死的,人是活的,法制好,还要有人去施行他,运用它;必定施行得适当,运用得灵活,才能有效;不过就两种法制自身比较一下,自然也还有它程度的高低。

我上文已经说过,保甲目的,是重在训练,这本是保甲制度的惟一要义。可是,现在有些办保甲的地方,我常常听见他们谈到此事,就不知不觉的彼此互问起来,有这样几句说话:“你们保甲办好了没有?”有的是说“已经办好了;”有的是说“正在那儿办哩。”我从他们这些问答的语气中,可以感觉到他们心理,似乎有一些错误。原来他们所谓办保甲,是专指着调查户口、编造册籍、装钉门牌的三件事,而对于重要的训练工夫,恐怕未必真正的摆在心头。调查完了,册子报了,门牌钉了,或者保甲长派定了,便以为大功告成;这真是绝大的笑话。须知以上种种,不过仅是办保甲的一个起首的初步,正式的工作还未开始哩。试拿学校做个比喻罢:学生到校,缴费注册,选定课程,认定教室坐位，寝室床位，饭厅桌位，这不过是开学时前一小段的准备工夫；至于先生上课，讲的如何，学生上课，听的如何，教材如何，那皆是后一大段，一时还说不到，可是学校教育的重要目的，却是在后一大段，不是前一小段。办理保甲，道理也是一样，编查仅是初步，正式工作仍在训练；若训练尚未进行，只是编查完竣，便说保甲办好，那是不通之极。

人情大抵皆是安于故常，惮于兴作，非经过重大刺激，很不易改易他偏于惰性的心理。湖北、江西，比较保甲办得有效，比较人民容易受训练，比较官吏及地方智识分子，容易振作精神，那自然是有他的特别原因。其他地方，因为没有受过刺激，还不免安于故习，这也是无怪其然。可是，大家要明白，今日中国是处何等地位？将来中国，是成何等景象？大家若不组织起来，振奋起来，试问能把空前的国难排除去么？能立定在这个大地之上么？千万不要以为我所居的地方，还是一块乐土，匪患没有，饭有得吃，便可以各事不管啊！试张眼来看一看：一年五六万万元的入超，中国人的血快要流尽了；敌人还是得寸进尺的一步紧一步地逼上来，使我们不能安身；失地不易收回，且慢说，就是目前的危险，还不够受么？说到世界风云，万分险恶，更是有目共见，一朝大战爆发，我们怎样呢？这皆是我们利害切身的事，万不能不顾虑的。关于国防方面大的问题，当然有政府负其全责；可是，在地方的民众，组织问题，我们可以不问么？今日保甲制度的推行，实在是组织民众训练民众的最要的工作，如何能漠视呢？

现在湖北江西两省组成保甲以后，第一步工夫，便是注重在

“充实保卫”及“普及教育”两项。他们充实保卫,所以为防匪,这是由目前环境逼出来的,比较还容易办。至于普及教育,是为提高文化水平,把所有文盲扫除干净,所有儿童皆收入学校,当然更是立国百年大计。行政当局能注意及此,那最好没有的事。要知道他们两省县教育经费,一向是甚少的,据说一县每年有了5万元,已经是数一数二。可是,县教育经费充足的省分,各县义务教育,距离普及,道路尚是辽远,而湖北江西两省各县教育经费毫无着落的,乃能决定普及教育计划,居然实行起来,这不能不说是因为实行保甲制的好处罢!

湖北的办法,是两保或三保联合起来,设一个小学,名叫“联保学校”,江西的办法,是一保设一个小学,名叫“保学”。湖北一保是一百户,如两保设一小学,则二百户的儿童,虽然一时不能全数入学,可是教育方法,能改良一些,能变化一些,则普及也不算难事。至江西一保一学,虽然户数不限一百,但普及起来,更是格外容易了。说到经济问题,他们是规定每一校每年二百多元,取之于本保内的庙产祠堂产,不足再由较富之户捐集。据闻各地方庙及祠堂总是有的,附属于庙堂的产业,每年总是有一些息金的。此项息金,大概皆是用之于烧香吃喝,一用即了。今把它化无用为有用,并且取用的仅是一部分,当然是没有什么问题。现在他们两省均已着手开办了,虽然所办的小学,质地未必十分良好,但是普及之效,目前总算收著了。如再能扩大范围,兼及民众补习教育,那末,文盲全数扫除,公民教育普及,不更意中事么?

湖北江西两省,国民教育所以能普及,完全是保甲制实行的效果。反过来说,因为国民教育普及,于是民众组织,乃可益形巩固,而保甲组织下的公民训练,保卫训练,乃可格外有效用。

我很愿其他各省,皆能起而仿效,尤其是教育未普及,或有经费而教育尚未普及的各省,更当注重于保甲制度的实行,与夫“保学”的推广。

(原载《国讯》,1935年第92期)

参加第二次乡村工作讨论会后之感想[①]

这次我到定县参加第二次全国乡村工作讨论会，所得的印象及感想很多，很愿意报告与大家一下，因为我们都是乡村改进工作战队里的人。

此次北行，共用去了二十天，在定县用去六天，北平耽搁八天，其余的辰光，都是用在路上了。

一、到会的机关

参加开会的人代表的各机关，可以用以下的分类：

（一）以代表农村进区或乡村改进区资格出席者，这种代表在代表中占大多数。

（二）以代表农教馆资格出席者，以无锡为最多。

（三）以代表乡村师范学校资格出席者。

（四）以代表农业学校资格出席者。

（五）以代表农业推广机关资格出席者。

---

① 江问渔导师讲，于荣钧笔记。

（六）以代表县政研究机关资格出席者，为山东之邹平，河北之定县。

（七）以代表县政府资格出席者，这种县政府大概都是建筑在乡村建设上的。

（八）以代表合作社资格出席者，其中最大的如河北华洋义赈会。

（九）以代表农民教育机关资格出席者，本来农教馆也是农民教育机关，这里说的农民教育机关，是以教育为目的的。

（十）以代表自卫团体资格出席者，这自治团体，不是区公所，不是乡公所，如河南镇平之自卫团体，纯粹是人民自动组织的是。

（十一）以代表自治团体资格出席者，如河南南县的自卫团体，这种自卫团体同时作乡村改进工作者。

（十二）以代表行政机关资格出席者，有二个，一是农村复兴委员会，一是实业部。

（十三）以代表报馆资格出席者，这种记者，不单是旁听采新闻的，是对于农村建设工作有兴味者，并且他们也代表工作出席。

总计有代表机关分类十三个，到会人数一百五十人上下。

二、开会目的

这次开会也没有明文规定有什么目的，不过由我们客观看来，大约可以说有四种：

（一）征求各方工作报告——这次到会代表的近一百个机

关,因为时间关系,三十几个机关有报告,各方事业进行的情形及困难,籍此都可以知道。

(二)交换意见——各方所有的困难,要想方法解决,互相交换意见求乡村工作的效率增大。

(三)联络情感——到会的人士,虽然都干着乡村工作,究竟因为地理上及各种关系,不能常常见面,不相为谋,所以联络情感也是这个会中的一个目的。

(四)讨论办法——会中有分组精密讨论,以求研今后乡村工作进行上的办法。

这次在会中讲演的,大概都是有特超思想的或是有多年经验的,或有特殊独到之研究的,或有国际眼光的……虽然名为讨论会,其实报告及讲演占了三天中六分之五讨论,只有六分之一的时间。除了乡村改进组还有些表决复表决的讨论些案件外,其余各组大都用谈话式,因为这个会注意的在精神,不重在形式,所以谈话的收效倒也不少。

现在我们再立在客观地位,对于这个会的目的和它的结果作一个估价,批判,可以说一句——是达到了目的——我们看:

(一)会中各人作各人事,各方作各方事,但是能互相联络,来为国家打基础。

(二)这个会本没有什么立案,但是行政人员也自行参加了。可见政府方面鉴明这群人已经成了一种很大势力,不能不予以重视,引起了政府的注意,因为本会同仁对于国家建设上确有许许多多的贡献。

(三)会前有准备的小组会,会后有精密的检讨会。

三、三天各方报告中可注意的几点

在开会期三天中，各方讲演报告中，确有写些很值得注意的：

第一是“县政问题”。

现在国中办理县政的，在南方有江苏之江宁，浙江之兰溪，在北方有山东之邹平（山东乡村建设第一试验县）及菏泽（山东乡村建设第二试验县）与河北之定县。

兰溪和江宁的县政是政府发动，根据政纲施行县政。在北方的以社会的立场，教育的方法施行县政，注重社会而不注重政治，是由下而上的。

因为二者的设实不同，所以在报告时，大众听到，似乎见出有两个主张样子。比如菏泽县长孙君报告菏泽县政工作，他说办县政要由下而上不要由上而下，他的理由是：(1)由上而下，上面动下面不动，就等于不动，丝毫不能收效的，如果下面先动，上面再动，即能事半功倍，收效宏大。(2)由上而下，这个费那个费经费开支很大，要由下而上，那就很省钱了。他并说菏泽县在县政施实下的人民对于黄河水灾的抢护，救济都收了非凡的效果，又如菏泽县人民感觉公安局不好，把公安局取消，但是地方上并没出什么乱子，秩序如常，可是弊害除去了，这就是由下而上的效果。兰溪县长又有他的报告，他说当这社会紊乱的时候，只有用快刀斩乱麻的方法由上而下的干去，兰溪三五个月内的县政实施，已把征收税及土地整好了，土匪也清了，要由下而上不知要等若干年日也。

以我的观察南北人的分别是北方人注重实干，南方人注重聪明干，他们（菏泽及兰溪）县政的实施方法，我以为全对又全不对，这话怎么说呢？就是上下要一齐动，譬如二人走一里路，两头对中全走，不是一人走半里就可以见面吗？这是很经济的，不过他们这种改造精神，始终是值得我们佩服的，如果推及全国，那么建设自有办法了。

第二是“乡校问题”。

乡校是山东邹平办的，是以乡校训练人才改进县政。乡校中分儿童部（小学教育），成人部（成人教育），妇女部（家庭教育），建设部（为农工水利等），合作社（经济），息讼会（法律），保卫部（公安）各部分。他们的实施有三阶段：村—乡—县。我们没有亲见他们的工作，不过看他们的报告书，似乎很有把握，这种方法是很好的，但是像北方集中的村落，怕官的农民，自耕农多予佃农的情形下，或者可以走通，像南方的情形下，是否走的通，恐怕还是个问题，也就是说，全国推行起来是否可通，还是问题。

就是走的通，试问普通高小毕业的学生经半年训练，是否可以担负起这样的责任？至于说到指导工作的人才更是成个问题，他们指导工作的人才是乡村建设研究院造就出来的人担任，他们是不担任下层工作的，指导工作的人是否可以担任指导呢？

但是这种办法很值得我们的注意，愿大家对他们的理论及报告有暇时多多研究一下。

第三是“合作社问题”。

如华洋义赈会，原来是个救济的机关，后来他们感觉到救济不过有钱分钱，有粮吃粮，纯粹是个消极的办法。所以他们每逢暑寒暇时到乡间招集有些知识的青年，讲述成立合作社的重要，办理的手续方法等，收效很大，后来合作社成立的也多了，并且因为合作社办理好了许多村政，因之当时人士对于合作非常重视，很有兴趣，因倡有以合作社改进农村的论调。

现在我把他提出来，是因为农村改进的工作事业，"人"及"钱"两方都不可缺，所以合作社问题也值得我们的注意。

四、小组会及检讨会

我在"九一八事变"后三四天的辰光，找北方先生谈话，说国家弄的到了这个地步，我们办教育的人，办的是什么教育？心中非常难过，我们应该注意国家的政治。但是他们说，"教育是神圣的，一尘不染，绝对不能沾及政治"。我碰了一个钉子，这是三年前的事了。

这次我在定县开会参加会前的小组会及会后的检讨会，到会的人互相谈话交换意见，就不是这样了。自然，国不能存，我们事业也不能办了。

后来，我自己把我自己的意见发表一下，我觉得中国目前工作中最要紧的是训练青年——现在的青年要把他训练起来，就是造成救国的生力军。但是现在各种学说思想非常紊乱，青年常常感觉到国家如此，是资本主义好呢？是社会主义好呢？是民主政体好呢？是独制政治好呢？我们不能不给他们一个切实的答复。他们一旦错了，就是训练出来，他们把错的种子带到乡间播种起来，造出若干错的人来，是多么危险？我主张经济方面要扶持小产中产阶级，比如北方一家百亩上下的，南方一家五十亩上下的最多，不但维持，还要助他们发展。无产的人要使他们有产，防止要向资本主义道上的畸形富产阶级的进行，这可以说是温和的社会主义。

政治方面要拥护有特殊才能的领袖、能集思广益的领袖，不必各事非经开会，非经过半数通过不可。在方法上极力发挥意见由领袖择善采纳，在工作上各人尽量发挥各人能力，专制主义自然不适于现在之中国，民治主义要有节制性。换句话，就是有节制性的民治主义，这似乎近于独裁，但这是手段，不是目的。

教育一方要求生产足衣食，一方要注意公民教育以复兴民族，发展民族精神，发挥民族意识。

这不是空的理论，还有具体的办法：

（一）充分利用科学方法，不使产业落后，生产不足；

（二）根据历史，我国历史中有很多光荣的，可效的事迹，要保存，要发扬；

（三）切合目前社会需要，排除恐怖；

（四）恢复民族精神，唤起国魂；

（五）由青年训练入手。

我们谈话的结果。和我个人的意思差不多。我们还有几个口号：

（一）以乡村繁荣都市——我们以为乡村繁荣了，再繁荣都市是非常容易的。要是只顾都市繁荣，简直是枯渴乡村，形成社会畸形，上海不就是一个很好的例子吗？

（二）以农业引发工业——工业原料取于农，人人都知道，农是工之母，所以非以农业引发工业不可。

（三）创造中国新文化要以农村为根据——究竟梁漱溟先生有些研究，他说中国之所以受各帝国主义的欺侮，纯是中西文化的冲突的结果。

这话的确不错，这个原因可以分两项来说：

1. 中国文化发生发展的很早，它的表现在典章，风俗，习惯，后来渐渐成了机械化，只剩了一只空壳子。欧美文化的骨干是“利”和“力”（也是因为成了机械化），利就是经济主义，力就是枪炮政策，拿中国空壳子的文化和欧美的经济枪炮碰上了，自然把中国文化打个粉粹。

2. 本来中国文化发源于农村。拿时期来分中国文化可以分成两期：一期是黄河流域的文化（唐前），它是重质的，根据于乡村。譬如当时作官的人大多出身农家，具以种田为光荣，像诸葛亮的《出师表》上——臣本布衣，躬耕南阳——作官后归田是很平常的事，可以说是手脑并用，这种例子六朝更多了，举不胜举，所以说黄河流域的文化根据于农村，重实重质的，及到宋后，文化由黄河流域到了长江流域，那士大夫就是士大夫，变成了都市的文化，差不多南方佃农之多也是这样造成的，佃农之家很少读书，读书的人很少种田，官退位后像在苏州一住，也说归田。知识分子成了特殊阶级，成了都市文化，重文重名，与黄河流域的文化迥然不同了。

我们要恢复旧文化，救中华民族。当然以长江流域文化是不可，纯用黄河流域的文化也不可，因黄河流域以地质及时代的变迁文化已显低落。现在要采用欧美的科学文化与黄河流域文化的一部及长江流域文化可取的一部创造新文化,以农村为根据。

现在我要谈:我在会后的感想了,我的感想可以分三点来说:

(一)农村运动潮流已经构成。华洋义赈会由慈善机关而转向农村事业,河南镇平由人民自卫而有改进农村的转弯,县衙门也感觉到要改良县政非由乡村建设入手不可。总之许多方面的事业都归到农村改进一点上,政治界和社会上面也很重视这个工作。这并不是无穴来风,当然也有它的原因,(1)是内的原因——如农村破产,农民痛苦非常,影响整个社会国家,大家都没办法,苦闷已极。(2)是外的原因——感觉到帝国主义的欺凌压迫,国亡无日,想脱苦境,农村运动当然国也是抵抗外国压迫的一种工作。

这种农村运动的思潮已经是沸腾了,我们且由政治上看,以往的思潮也很多,前清有康梁戍戌政变的维新思潮,庚子年有粗苯的义和团的排外思潮,清末有排满的革命思潮,民国以来又有什么新文学运动,新文化运动的思潮……但是结果只留下几本书籍,一些文墨。我们现在要利用这个农村运动的思潮,如果叫他昙花一现,任其自灭,是多么可惜?同时我们还顾虑的是(1)无聊分子利用时机,作投机工作,鱼目混珠。(2)不能利用这高潮,任他自灭。

(二)农村改进分类明晰非常。此次开会对于农村改进的分类明晰非常,我很感觉到兴趣,因为好像与我们自己平日研究的不谋而合。纵的方法,可按县——区——乡三级;5 千人左右为乡级，万人以上可为区级，全县则为县级，这是纵的方法。横的方法有文化经济的——如学校教育、社会教育、风俗改良、提高娱乐、农业改善、生产生计等。有政治组织的——如团体组织。

这种分类可谓完成了农村改进的轨道。

（三）农村工作使命为创造中国新文化复兴中华民族。农村改进的使命，不是教得人人识字，使人人有饭吃，就算完事。极应该注重青年的训练；中国危亡的救星就是一般青年——乡村里的青年——以定县调查的结果比例来估计，大约全国有八千万青年（十八岁以下幼年及四十岁以上老年人，难靠他们干什么重大的工作）这八千万青年，实在是国家的宝贝，要把他们训练得能自教教人，自养养群，自卫卫国。拼命作上三五年，来创造中国新文化，复兴中华民族，一定有很大的把握！

怎么训练这般青年，培养国家宝贝，就是我们目前急极需研究而工作的一个严重伟大的问题！

（原载《复兴月刊》，1935 年第 3 卷第 8 期）

读书三戒

(1)不要做书痴子。譬如我们读了理化,不懂电灯的构造怎样,这样无补实际的读书者,便是书痴子。

(2)不可死读。读书不思考,不反省,记得了嘉言录,不想想自己究竟是怎样的人,这也是读书者所切戒。

(3)不可骄傲。读书觉自满,这是大错,我们要自己觉得空虚渺小,更要深切的认识"学然后知不足"的一句话。

(原载《京沪沪杭甬铁路日刊》,1935 年第 1314 期)

民族复兴与政教合一

有人说,“民族复兴的‘兴’字,可以用得,而‘复’字却不用得。为什么呢?‘复’字含有复古的意味,所以近来闹得乌烟瘴气,有种种花样出来,皆是一个‘复’字从中作祟”。这话固然也有相当理由。可是,我以为“复”字仍可以用,但要确立他一个定义,划定他一个范围。如恢复民族独立的精神,恢复民族创造的能力,这种“复”,不是很有价值么?然而实在说起来,关于复兴民族问题,他的最要紧地方,还不在此。

现在谈到民族复兴,不是高声大喊,便是枝枝节节而为之。固然,“为”总比“言”好了;可是,我们要知道,天下事能做成功,总要寻到一个要点。你能把要点抓住,努力做一下,自然其他可以迎刃而解。依我观察,我们真要做民族复兴工夫,真要寻到要点,抓住去做,应该一眼看到最大多数的下层农民,应该从县政一级做起,而做的方法,便是“政教合一”。

论到教育,本来是不能脱离经济,不能脱离政治的。因为经济是人类物质生活的要件,政治是人类精神生活的要件(实际物质与精神并不能分开,所以如此分法,亦只为解说便利计耳)。教育所以能开展文化,他的基础,便是建筑在经济和政治上面。

试问,文化离去经济,离去政治,他还是有内容没有?从前读书人,误解《论语》“子罕言利”的古训,以为“事关经济,便是龌龊不堪”这本来是错误的。“罕”作“少”字讲,并不是作“不”字讲,老夫子罕言利,只是不多言利,不轻言利罢了,何尝不言呢?至于儒家所排斥的利,那纯粹是指着个人的私利,绝非大众的公利。如属公利,正是古圣贤极端所主张,哪有不言之理呢?孔子不是赞成他的学生“足食足兵”的说法么?不是和弟子问答,有“既庶矣,又何加焉?曰富之”的说法么?《易经》上不也是有“以美利利天下”“何以聚人曰财”的说法么?如《大学》《孟子》,说到财货的地方,那就更多了。至如关心民疾,留意国事,平时讨论体国经野之事,可以说一大部分是关系政治的。就是讲到个人修养,也是为辅世长民而设;是以要说“独善其身”以外,还要“兼善天下”。试看,古人书籍所遗留下来的思想学术,无论经、史、子、集哪一种,大概除‘集’当中,含有一部分纯文学外,其他几乎无一处不和政治相关(当然是指广义的政治而言)。从前的秀才与举子,尚能读书不忘国事,何以改行新教育,倒反情形不同呢?依理说,受过新教育熏陶的人,应该对于国事的关心,格外厉害才对,何以到了今日,国儿破了,家儿亡了,倒反无声无息,处之淡然呢?真是有点令人不解!

现在因为生计逼迫的不得了,大家才觉悟,知道教育非和生产合一不可,总算是进步了。然而对于教育和政治合一,比较起来,了解的人还不算多,或者也可以说还是不大习惯,这不能不说是关系异常重大吧!二十年来,教育界不知道为什么道理,竟造成了一些“教育要保存独立的领域”,“教育要和政治分开”,

“教育要和社会离远些，才能保存一块干净土”等等的言论和态度。这真是不幸的很！但细细考察起来，却也不能怪他，从前大小军阀太蛮横，太不可以理喻了，办教育的人，只好暂行自固壁垒，闭起学校门，各事不管，专管教书，当然这也是“不得已而为之”。要知道这是处在一种特殊环境，是应付变态的病的社会，所以才有这种变态的办法，现在是什么时候呢？还能容得这种心理，这种办法存在吗？

照理讲，凡是司教育的人，受教育的人，要一致举起两只手，受头脑的指挥，努力从事于生产工作；（广义的生产）同时更要抬起两肩，受理智的指导和情感的激荡，毅然决然，以涤除国耻，支撑国事为己任。我可以肯定的说，不如此，民族是没有出路的，国难是不能排除的，危除的局面，是无法挽救的。

有一位朋友，曾作一种深刻之论说“现在大学教授，尽管学术高深，够上做一个大学教授的资格，可是他，对于国事，淡然漠然，以为国家兴亡，与我无典，这是做一个大学教授虽有余，做一个国家的公民却不足”。这种不够公民资格的大学教授，如真正太多了，民族前途，尚堪问乎？这是多么危险啊！

所谓教育与政治合一，当然也要分出许多形式：在大学里面，研究政治经济的师生，时时要拿本国的政治实情和经济现状做对象，参以各国学说和制度，作比较的研究，设法来解决本国问题；研究教育的师生，时时要看到中国教育的背景，教育的现状，文化的历史，与文化的前途，参以各国学说和制度，作比较的研究，设法来解决本国问题。这就是政教合一啊！在中小学里面，担任公民的教员，时时引导学生，留心时事，作种种集团生活的训练;担任历史地理的教员,时时指点学生,了解本国文化,国际大势,激起爱护国家爱护民族的热诚。这也是政教合一啊!遇着国家有大事发生,师生一致,联合起来,热心去讨论,社会有应行兴革的事,帮助社会去动作,这皆是政教合一的工作啊!说到此处,却要特别声明:"政教合一",绝不是学校里做先生的,做学生的,天天去游串衙门,算做活动政治,天天去忙做官,算做热心政治。如果这样做,那就大错特错了。这一点界限,要特别的把它弄清楚。因为天下事,最怕是鱼目混珠啊!并且还有一句老话,也值得注意,就是孟子所说"有伊尹之志则可,无伊尹之志则篡",因为政教合一的办法。他本有他的特质,更不是无聊的具有支配欲的人所可假托其名,用以自便利图,如果有其人,应该一致起来,把他打倒。

以上所述,是泛指一切教育而言,若专说到下级教育机关,下层政治工作,应该把政治和教育打成一片,那更可以指出极重大的需要,和极充分的理由。因为现在横在我们眼前,立待解决的,便有好几种问题,我们万不能把他避开,万不能稍涉含糊,而且情势逼迫,已经紧不可当了。

中国全体人民,农民占百分之八十以上,此三万万农民,大都不知国家为何事,散沙一盘,要他鼓起爱国心,一致对外,试问,从何说起?可是,近代国家,要想把国家基础,巩固起来,却皆是依靠这一点,不要说现在敌人入室,河山破碎,正赖万众一心,排除空前国难,就是在通常平安时候,又能容许这个样子么?这是不是一个关系国本安危的问题呢?

再看看各地方吧,初等教育,不是已经办理多年了么?初等教育中,一大部分是国民教育,然而现在凭藉教育之力,已经造好多少真能和国家发生痛痒关系的国民呢?做小学教员的,死抱着几本呆板的教科书,天天按时上课,照本宣解,薪水本无多,甚且不能按时发,没精打采的,学生来也好,不来也好,来多也好,来少也好,一切顺其自然,校以外的社会,更甚绝对不管。司地方教育的长官,只有恪遵功令,按部就班,只求现状能维持,其他绝非所问,究竟一地方国民教育,何时普及。如果普及,效果若何,何尝真正在他计拟之中?即偶有计拟,不能实行,也就置之不问。对于儿童教育,已经是这样,对于成人补习教育,更无暇顾及了。试问,这种情形,能把有效的国民教育,在短时期内,普及起来么?

在做一县县长的,他说,我的事情本多了、太杂了,哪里有工夫管到教育呢?有教育局的,让教育局长去应付吧,无局而有科的,让科长去安排吧,只要把已有的若干小学校,能维持住,也就好了。试问,这样情形,可以能借教育的力量,把民族复兴起来么?

河也要浚的,路也要筑的,农场也要设的,合作社也要办的,保甲也要的编,这些皆是教育以外的事,让另外一班人去办吧。在担任教育职务的人,看见浚河、筑路、设农场、办合作社,编保甲等,是与己一切无干,也没有人叫他去帮过忙,当然袖手旁观了;或者因为办的不大得法,还要说几句冷嘲热笑的话。结果,河虽浚,路虽筑,农场虽设,合作社虽办,保甲虽编,人民何尝真正能了解其意义,真正能感觉其需要,愿意去自动自发呢?于是好做事的官来,兴作的事便多,不好做事的官来,兴作的事便少。

在他们看起来,反正是官家事,不是自家事。这也是无怪其然啦。本来不是从教育下手,本来没有整个计划,那么,一盘散沙,安于习俗,不明公益的农民,如何能够彻底明白呢?试问,这样办法,可以统一人民意志,统一人民行动,一致对外,复兴民族么?

如上所说,在民族复兴一个目标下,所设施县一级以下的政治教育。不是完全成问题么?这些问题,是不是要快快解决?要解决,一定要明白他的症结所在。症结在那里?依我说,就是在政治和教育两相分开,教育与政治,各自独立。

现在一班办社会教育的人,总算能看到这点了,已经把文字教育,生计教育,政治教育,同时并重。这却是很好的现象。但是,我还嫌他范围狭一些,效力小一些,按照目前社会的需要情形与国家民族危险的状况,应该痛痛快快的,把县以下的一级政治,完全和教育打成一片。一县以内,政治实施,完全凭借教育;教育实施,完全依顿政治。我却不敢说,这就是最好没有的办法;但是对于现在人心涣散民气消沉,生计艰难,文化低落的一般农村,要想在短期间内,能急切收政治教育之效似乎非用这个办法不可罢。我在三个月前曾做过一文,题曰"全县学校",就是为鼓吹这个办法,兹不妨把他抄在下面。

(见《全县学校》一文。编者注。)

最近因受河南省政府主席刘经扶先生的嘱托,又作成《县政建设计划纲要》一篇,这可名之曰"政教合一制县单位的农村建设"。我以为要复兴民族,非用这一个方法不可,这便是恢复我们民族独立的精神,创造的能力最要作用。如能一县立定计划,做了五年、六年,全国能有一千县如此办,我可以说"新兴国家一定可以实现”现在且把我所草拟的计划纲要，录在下面，以期与国内明达，共同商榷一下。

（见“县政建设计划纲要”一文。编者注。）

（原载《复兴月刊》，1935 年第 3 卷第 11 期；
转载《农村改进的理论与实际》，生活书店，1935 年）

县政建设计划纲要[1]

总说明

民国二十四年四月，余因应河南大学短期讲演之约，于役开封，一日与河南省政府主席刘经扶先生谈及县政建设问题，余力主“政教合一”之说，刘先生韪之，属代草一《县政建设计划》备参考，谓谓实验县之名不必用；且须经费不另增，与现令法令不违反，余谨诺之，事毕返沪，因成斯篇。

今之设政之士众矣，而主张用教育方法，以谋政治建设者，为数尚不多，岂非政教分立之说，深入人心，一时不易转捩哉？余在十年前，即深感觉到教育脱离政治，必有种种弊害发生，所谓具有大学教授之资格，而不知国家为何物，其资格乃不配作一公民者，即其显著之一证也。自服务中华职业教育社，随同社诸君子，从事于乡村改进工作，而改进事业所揭橥之大纲，即为文化经济政治三项，以此益证余所见为非谬。昔吾亡友赵救愚先

① 此文原附录于“民族复兴与政教合一”，现单独成篇。

生,于此义最称了解,其言曰,“教育农民,在读书、做事、管政治”余固叹服其精且确矣。若今日能得一县之地,以从事于实验政教合一办法者,则吾友梁漱溟王怡柯孙廉泉三先生是也。余自愧于政治少研究。但在此国难严重、农村衰落、政失其常、教失其效,举国人心极端彷徨忧惧之际,非有一特殊方法,无由安定社会,以立国家之基,则余所明确认定也。且所谓特殊方法者,一扼其要,仅有两端:一、从下层乡村建设做起,而以县为最大单位;二、纯取政教合一制度,以教为治,统政于学。余草拟计划,即依据斯旨,以树立大纲。至于办法细目,则因各县各有环境,势难强不同者以为同,非待亲至其地,加以实际考察,固无由拟定也。

目　标

就省城附近择定一县,在遵照现行法令及支用固有经费两个条件下,依据合理而有效的政教合一方法,施行有系统的县政建设工作,期以六年,完成完县真正自治;并使此项工作,在进行满预定期限二分之一以上,认为确实有效时,即推行于其他各县。

说明:

择省城附近之县,期其便于考察监督也。最近实验县之组织,往往与现行之通常法令不一致,并且增加出许多经费。本计划所定之县政建设,与实验县不同,所有一切组织,并不违反现行法令,且经费亦不多增。盖必在此种条件下,能施行有效,方可使其他各县,容易仿行。本计划最要之点,一在“政教合一”的合理办法，一在工作期限的预定六年。盖非政教合一，无以显其功用，非有较长年限，无以完其设施。两者若缺其一，皆难有济也。

此项建设工作，目的非仅在一县也，期以所获得的经验与试验有效的方法，推行于其他各县耳。施行未久，当然无从推行，若待至六年，又觉时期寥远，兹酌察实际情形，以为经过三年，有效与否已可显见，所有轨道已渐告成，如效已著且有轨可循也，则不待犹疑，即可推行于其他各县矣。

组　织

一、辅导机关

为完密县政建设计，须设有其他机关以资辅导，其主持机关之人，既具清静头脑，从旁观察，随时研究其得失，指导其进行，同时并供给其人才的选任。依据上述理由，主张在省城内，设立下列一会一所，此两个机关，并可同在一处。

(一)县政建设研究委员会；

(二)县政建设人才训练所。

此两项机关，当然统辖于省政府，但为施行便利计，亦可由省政府委托省立大学代办。

说明：

此两项机关之设立，关系极为重要，为省政府计，非有此项机关，无以尽其辅导之责，为县政建设自身计，亦必有此机关，方能厚其势力，显其功用，委员会是纯依客观眼光，一方详查其实际进行状况，辨正其得失，一方参考他省县政实施情形，加以研究，庶见解不至囿于一隅，方法可随时加以改进。训练所，则注重训练人才，此项人才，盖专为供县政府科长科员及区署署长之选任；凡大学习教育及习政治之四年级学生及已毕业之学生，皆可入所学习。委托大学办理，有许多便利：一、经费少；二、人才多；三、研究易。并且县政建设之目的，在初办时，虽只取一县，试其效否，而最后则仍冀其普遍推行。是以储才不可不早，而研究不可不精。若藉此使大学教育与实际社会相沟通，则更是有百利而无一害也。

二、执行机关——即指定某某县政府

县政府之组织，约如次列：

（一）设县长一人，由省政府选任，最好选任时，能商得县政建设研究委员会之同意。

（二）县政府设秘书一人，辅助县长，佐理政务。

（三）县政府设四科二处。

（1）文化科：普及教育、改良风俗、励进人才、训练低级职员等事属之；

（2）乡村科：户口调查登记、公安维持、保卫训练、集团训练等事属之；

（3）经济科：改良农事、提倡合作社、浚河、凿井、整理交通等事属之；

（4）财务科：土地整理、征收改良、编制预算决算等事属之；

(5)司法处:由承审员专司其事、而以两级调解委员会协助之,最好能司法独立,另设法院;

(6)卫生处:由县立医院主持其事,各区分设保健所,各保分设保健员。

(四)科设科长科员,凡农场林场工厂主任合作社指导员等,均由经济科科员兼任;卫生处主任,由县立医院院长兼任。

(五)县政府下划全县为若干区,区设区署,署设署长。

(六)区下设若干保甲,保设保长,甲设甲长。

说明:

此项组织,大致悉依现行法令,虽设科较多,但与法令无大出入。各科处事务,虽各独立,权限虽各划清,但务必取得相当联络,宜随时举行县府政务会议,以资统一。

教 育

依据政教合一之主旨,县政建设,应完全以教育为总枢组,立定“以教为治”“统政于学”办法,分全县教育机关为三级。

一、保学(初级)

以保学为普及国民教育的总机关,与保长办事处,合设在一处,全保文化的策进,即以此为中心。以保长甲长为学董,另由县府重视区署长之所保荐,择一保中之贤而有知识者委任之为校长。所有教职员,统由区署选派。内分:

儿童班;

成人班；

经济建设班　各种临时讲习班，合作社班、凿井班、使用新农具班等；

保卫班　特别注重青年军事训练；

初级调解委员会。

由区署随时派员赴保学指导视察。

二、区学（中级）

区学为全区文化政治经济建设之总机关，此即所谓全区学校，以区署长为校长，以署员为教职员，由县政府随时派员指导，并用科学考绩法，考核其成绩。内分：

高级小学班；

经济建设训练班；

壮丁训练班，择各保受过训练之年龄较长青年，到区训练，同时区内有武库的设备；

保健所，由县立医院派员到区专任其事；

合作社联合会；

高级调解委员会；

其他各项临时举行之保甲长训练班展览会比赛会等。

三、县学（高级）

此即所谓"全县学校"与县政府合而为一，县长兼任校长，各科处人员，除处理行政事务外，均兼任教职员。内分：

自治人员训练班，由各区署择优保送入学受训练；

升学班,由各区选送真正优秀之高小毕业生入学,施以初级中学教育,预备升入省立高中及大学;

县府人员讲习会;

图书馆,专供县府职员及来学学生阅览;

科学馆,专供县府职员及来学学生研究及试验;

医　院,除施医外,兼任全县卫生教育之实施,内设保健人员训练班助产士训练班;

农场及林场,除供给各区优良种苗,并指导全县农事改良外,凡由各区署选送入学之青年,均由该场场员负责教导;

工厂,以农具制造及修理为初办时之主要工作,其次酌察地方实际需要,得设他种卫艺科,凡由各区署选送入学之青年,均由该厂厂员负责教导;

无线电播音讲演;

全县壮丁会操;

全县补充教材审查编制委员会。

其他临时举行之讲演会音乐会比赛会等

说明:

此项教育机关之组织,与实际教育之施行,在本计划全部中,居最重要之地位。盖欲求县政建设,真能有效,必使此一部分计划,能完全实现。此项办法,是联合学校教育与社会教育,不使之分裂,是联合人才教育与职业教育,不使之偏枯。如能切实施行,定能将以往政治上教育上之种种障碍,一扫而空,可以造成一个合理的进化的现代的社会。惟有一不可忽视之要点,即各部执行人员,必个个皆为健全分子,否则空有死的形式,而无活的精神,仍无济也。

进行步骤

为建设工作实施有效计,进行步骤,应预为决定。

第一步　在县政府组织成立,各区署长分别选任后,对于全县应施以大量观察,其重要各点,约如次列:

(一)全县村落集镇之分配及水陆交通;

(二)全县人口及一般生活情形;

(三)全县土地物产及一般经济状况;

(四)全县文化及习俗概况;

(五)以往县政府对于财政处理办法;

(六)其他。

以上粗略的调查,务尽二十日内办完。

第二步　筹备举行全县人口调查,可仿照"国防设计委员会"在江苏句容县所办之调查统计办法,由县政府呈准省政府拨发临时经费二三千元,特聘专家,主持其事,期以三个月办成。

说明:

此项工作,关系极为重要,将来一切施政方针,应以此为根据,且实际办理,亦不甚难,附陈第五卷第五期《人文》月刊一文以供参考。

第三步　在进行全县人口调查期间内,可召集一次全县政务会议,以期明了全县实际情形,并与第一次大量视察之结果相印证,且可借此机会,以观察本县各地方可用之人才。

第四步　拟定全县整个的分期实施建设工作计划表,此项分期计划表之完全决定,或须在全县人口调查完毕之后,但着手编制,不妨提前。

第五步　三级学校之组织,可在人口调查进行期间,同时筹备;但须决定主旨,由简及繁、由近及远,不必限定同时兼备。

建设工作实施要义

全部计划既具,而施行之际,仍须认定次列各要义,以为准则:

(一)取广义的教育方法,以为县政建设的出发点。

(二)视全县为一个学校,所有县民,皆是教育对象;所有县政,皆是教育资料;所有兴作,皆是学业实习;所有活动,皆为师生所合作。

(三)以选任人才,训练人才,为工作施行的先决问题。

(四)凡兴办一事,必先具有整个的计划,而复施行,万不可想到何处,即做到何处。

(五)凡有兴作,必适应人民所需要,其非需要者可缓办。

(六)凡兴办一事,为人民所不易了解者,必多方宣传解说,必待其涣然冰释,而复再举行。

(七)虽属为民兴利之事,但目前为人民财力所不能胜者,务必从缓。

(八)凡训练人民,必以不妨害人民固有职业为原则。

(九)应随时随地,表示以本县人民为主体之意,无论何事,务以启发人民自动辅导人民自治为原则。

（十）初开办时，工作人员数，万不可多，必待事业发展，再行逐渐增加。最好随时训练，随时添用，并且所添用者，必为本县人，万不得已，亦必为邻县的本省人。

（十一）凡在公人员俸额，比较邻县，万不可高；如能稍减则更好。

（十二）真正自治完成，则此项“政教合一”的建设工作，即可告一结束。所谓真正自治完成的条件，在全县各级人才已完备，能继续办理各项固有事业，并能时时设法改进。

（十三）期限定以六年，每年终用科学记分法，报告各项进行成绩于省政府；省政府及县政建设研究委员会考察成绩时，亦必依据科学记分法比较其进度。

说明：

（十二）及（十三）两项，一为人才养成的标准，一为成绩考察的方法，盖建设目的，非仅在物质，而实在人才，故必以养成人才为成功的要件。考绩方法，务必采用科学记分法，方能洞志其真象。

（原载《复兴月刊》，1935 年第 3 卷第 11 期；
转载《农村改进的理论与实际》，生活书店，1935 年）

学生对于中华民族的责任[①]

诸位同学：不和诸位见面，已经三年多了。记得初次和诸位见面，还在大仓园；后来在四方城，又见过一次。自从诸位搬到这里来，今天我们还是第一次见面。我觉得诸位比较从前，都长得胖了，高了，很是高兴。

这次到南京来开会，事情很忙，身体又不大好，所以现在和诸位，祇是随便谈谈。我想要请诸位，问问自己，对于中华民族，负着什么责任，什么使命。像这样的问题，诸位一定在平时听见老师讲过许多了吧？不过，各人讲解的方法不同，况且国家贫弱已极，而诸位还能享受国家的恩惠，在这里读书，那末诸位对于中华民族的责任，就更加重大了。诸位一定要明白了你们的使命，加倍努力，培养你们的能力。什么能力？我觉得有三种不可缺的能力：

第一种，自养养群的能力。自养就是自存，一个人不能自己养活自己，就要不能生存在社会上，那是很危险的。但是，一个民族不能自己养活自己，就要不能生存在世界上——危险的意

① 江问渔先生演讲，黄文英、张嘉树笔记。

味,更是厉害。试看现在的中国,穷困到什么地步?每年被外人拿去的金钱,总有几万万。为什么这样惊人的数目外溢着?只因为我们吃的,穿的,用的都仰给于外国。用了人家的东西,当然要给人家金钱。倘若偶尔用些外国货,本也是国际的常情;偏偏现在都是我们日常生活的必需品,靠赖着人家。洋米、洋布、洋货,没有一样不是“洋”!所以中国会穷。诸位试想,“自养”两字,对于个人和民族的关系,多么重要!假如一班学生,在学校里不培养好生产的能力,将来毕业以后,固然不能养活个人,亦且贻害社会。所以现在的教育改良了,不单要使学生有智识,并且要使每个人都有生产的能力,可以自养。譬如你们学农的,每人能种两担稻,四人便有八担。除了自己吃的以外,尚可养活别人。全国各项的生产增加,那就不必去靠赖外人,金钱亦就不至外溢。这种自养养群的能力,既可以使个人立足于社会,又可以使中华民族永存于世界,是不可以缺少的。

第二种,自卫卫国的能力。我们单有了“自养”的能力是不够的!你们看,朝鲜,印度,也正在提倡着生产教育,职业训练;可是他们的生产是亡国奴的生产,他们的自养是被统治的自养!所以我们除了自养的能力以外,还要自卫的能力。这种能力是天赋的。无论那种生物,都有自卫的能力;不过,不去锻炼,也是不可以的。我们怎样去锻炼自卫的能力呢?第一,使身体强健。要使身体强健,须富有卫生常识,并且注意运动。从个人的锻炼,推而至于团体。所以现在的学校里,都很注重体育。年幼的,有童子军训练;年长的,有军事训练——无非要使得学生的身体强健,第二,使生活有规律。凡是起,作,游,息,都该有一定的时间，一定的程序。就时（原文如此，似为是之误。编者注。）“思想”，也须有条有理；“做事”，也须有始有终。学校里的生活是很有规律的，每个人就当养成这种守纪律的习惯。第三，使人人有爱国心，个人有了健全的身体，守了纪律固然就有了自卫的能力，但是要想到整个的国家，民族，如何自卫？那么须人人有了爱国心，才能够做到。记得有一个朋友对我说过，他从前在德国的时候，看见德国的学生在冷风中赤着身体，他觉得很奇怪，就去问他们。他们说：“自从欧洲大战以后，我们德国受到列强的不平等的条约束缚，不能有什么军事上的准备。我们现在只能够锻炼我们的身体，使得它像钢铁一样的坚强，将来好替国家去抵抗敌人的枪炮，保卫国家。”诸位试想，外国有怎样坚强的实力，他们还要锻炼了国民的身体以保卫国家，像我们中国，实力缺乏，还可以不锻炼我们的身体吗？我们要锻炼好身体，养成自卫的能力，为着保卫国家，这就叫做“自卫卫国”。

第三种，自治治人的能力。自治，就是自己管理自己。一个人总不能够独自过着离群的生活，像小说中的鲁滨孙一般，所以必须适于团体生活，而修备着二个道德条件。第一，“反省作用”。有了反省作用，才能知道自己的过失。人类能够反省，所以能够改造环境，而创出现在文明而繁华的世界，人类为什么比其他动物高贵？就在乎人类有反省作用！我们对于一天的生活，必须要反省——有没有对不起自己、朋友、老师和父母的地方。从前曾子说过：“吾日三省吾身……”的话，孔子又说：“过则勿惮改”；假使我们觉得有了错处，就该赶快改去。第二，“大公无私”。一个人生存于社会，必须去掉私心，顾到大家的幸福，社会才能发展,国家才能强盛。假使一个人只顾到自己的利害,那就是人群的败类!外国人说我们像一盘散沙,我们怎样才能团结?必须每个国民,去了自私自利的心思,方能有组织,有纪律。要知道,现在的争执。不是个人和个人争执,乃是社会和社会,民族和民族的争执,譬如有一根棒在这里,那是很容易被人折断的;假使十根棒合在一起,就很难折断了。这就是说,个人的力量是很容易失败的;但是结了坚固的团体,就不怕失败了。记得日本人说过:一个中国人比较一个日本人,也许中国人是胜的,日本人是败的;假如十个中国人去比较十个日本人,却一定是日本人胜的。因为日本人能够大公无私,十个人一条心。中国人却是十个人十条心,至少也有五条心。——现在,我们知道自己的缺点,散漫,没有组织;我们必需去掉私心,努力团结。我们应该养成自治的能力,创造组织的能力,并且去劝别人改邪归正。所谓自治治人,就好像孙中山先生以先知觉后知的意思。

要想做一个完好的国民,必须要养就上面说过的三种能力:自养养群,自卫卫国,自治治人。古人云:"己欲立而立人,己欲达而达人,"也是这个意思。

这些能力,既是我们每个人所必要的;怎样可以使这些能力充实呢?那必需要有正确的知识,良好的道德和丰富的经验——就是应付环境的才干。假使一个人有了学问而没有道德,那末他的行为毫不检点,无法无天,便是危害社会。假使一个人有了道德而没有学问,那末他不过规规矩矩而已,没有什么可以贡献给社会。假使同时有了学问和道德,而没有应付环境的才干,也不能轰轰烈烈,有造于社会。所以学问,道德,经验,三样必须具备,缺一不可。我们要自养,就须做到手脑并用;我们要自卫,就须做到文武并用;我们要自治,就须做到公而无私。这样总合起来,才是圆满的生活,充实的生活。你们看,日常盛东西的器具,不都是圆的吗?地球,不是圆的吗?我们的房子,不是充实了空气吗?圆满的,充实的,是我们生活所须要的!

我们要想得到圆满充实的生活,当然就该在学校里培养能力。我想诸位在学校里,必定有三件事要做的。第一,上讲堂求知识;第二,到工场习技能;第三,每日作息有时,修养道德。但是,这样做了,并不是就可以产生能力,养成能力。诸位,必须把所有一天的生活,时时反省,有过就改——然后人格才始伟大,才可以"立己立人",才是复兴中国的好青年。

我今天所要讲的,就是这些。我希望诸位记录起来,时时检查自己,有没有做到上面的几项,已做到的,继续去做;没有做到的,勉力去做。将来到社会上去,也常常自己反省——或反省言行有无误谬,或反省知能有无进步……务使自己成为完善高洁的国民,替社会国家做一番事业,尽你们对于中华民族的责任!这样,无论别个学校的教育是否成功,遗族教育总是成功的。这样,才算不辜负国家,不辜负先烈。努力吧,诸位,我诚恳的希望着。

(原载《遗族校刊》,1935 年第 2 卷第 4—5 期)

训育上的几个要点

首先介绍江西庐山特殊学校之情形，该校李校长一平有一篇偏锋的文字。

“教育为什么？教他做人。现在中国人不像人，尤其是士大夫更不像人；故东北四省失掉了，还麻木不仁。我们的特殊学校，就想教成百余个人做人。”

他的做法是：①上了山后，十年不下山；②半工半读，自作自食。有一个阎先生帮助，教时先教四书中“人不可以无耻”，再教英文、数学等。对学生说：“打要打得痛”“爱要爱得真”；尽可是阔人送的学生来，弄得不对，也要给他先打五十个板子，再教。

教育的方法是“为人”两个字。庐山常失火，一天晚上，命令学生救火，救了一夜，结果成功。

有人问他，“你的学生，将跑什么地方？”他说：“跑农村中不跑的地方。如果日本人来了，只有拼命抵抗。”

从这里我们可选出几点，以供参考。

①教人做人的目标。

②降低物质欲望。

③他的教育方法的精义，可以采取。

偏锋文介绍了，再提出本人的十条。

(1)训导与教务的分开，祇在行政方面，是可以的。至于品性的指导；智识的传授，是绝对不能分开。例如历史，不仅教其智识，而且教其行动，如何爱国，如何发展文化等；但现在的教员，是留声机，不负品性指导的责任，乃一大错误；中学训教分得太利害，发生流弊不小，应该把训导与教授，打成一片。

(2)训育应有统一的办法，整个的计划，应脚踏着地，逐步做去。

(3)我以为道德有普通道德，特殊道德二种。假使士兵没有勇的特殊道德，就不能打仗；中国需要的特殊道德，如①团结道德；②爱国道德；③侠义精神。

(4)据个人体念，青年心理方面，有六条倾向，施教训的人，应该注意。①重于自我表现——好名，好权，好反抗。②冲动很强，好恶无定——易怀疑，少信任。③好活动，爱做动的工作。④好做助人的工作——如社会服务。⑤好受物质享乐——尤其是在都市方面。⑥易为环境所转移——青年意志薄弱，常为环境所动摇。

(5)时间性不得不分——高中与初中的训育，不能用同一方法；青年受生理的自然影响，尤其是性的发育，不得不注意。

(6)孟子的性善，是站在教育的立场上；荀子的性恶，是站在法律的立场上，我们要注意性善去栽培，不要在性恶方面着想，去铲除摧残。

(7)学生常问时事问题，如共产民主等等，怎样答复呢？训育主任，不得不预备答复。①从大处着眼——如政治方面，不能说法西斯蒂以外，再无办法，法西斯蒂的手段可采，民权是最后不可忽视的。②从小处着手——至于步骤，是要调查，先调查家庭与学校进步情形，毕业后分别决定就业与升学。

(8)本身作则外还要虚心研究。

(9)重视天才及奇才——奇才都好捣乱，容易犯规，乱世应重奇才，要特别爱护。

(10)训育的步骤，要有浅有深。如先明白利害，次讲是非；应按照身心发展的步骤，先养成习惯，后要发去自心；关于实施此种步骤，先要培养其情感。

（原载《中等学校训育研究》，1935 年第 1 期）

升学就业指导演讲录[①]

诸位小朋友！现在你们将要毕业了，家里头的家长，和长辈。一定要想到毕业之后，升学呢？还是就业？我以为无论升学和就业，第一不要认错路，如果认错了呢？就要一辈子吃苦，你们要不认错路，只要去问一问会走路的人，我今天将升学就业的方法讲给诸位听，就是告诉诸位走路的方法，也就是帮助诸位不要把路走错。

我们在社会上不能不有职业，为什么呢？因的要生活，一定要有职业，诸位要知道，无论升学，无论就业，都是为职业，你们升到职业学校去，为的是什么？为的是职业，你们从小学中学升到大学，为的是甚么，也是为职业。所以升学的人，也是要就业的。这样说来，无论什么人，都要就业，都要有职业的。

你们要知道两句话，就是"升学非荣，就业非辱"。诸位！上海有许多私立大学，里面的学生，是不是个个学问好？这一班人辛辛苦苦地从小学升到大学，可是他们毕业以后，仍旧没有事情做的也是很多；这样说来，升学有什么荣呢？我国有个王云五先

① 江问渔先生演讲录，周梅亭记。

生，他是什么学校毕业的呢？他不是大学毕业，也不是中学毕业，却是小学毕业的，因为他能自修，所以成了一个文学家，这样说来，只要自修，也能得到大学问的，所以我劝就业的同学，不要悲伤，只要自修，有空的时候还可以到补习学校里去补习。

自修的功课可分二种，一、工厂里的功课；二、商店里的功课。如果能自修，你们的知识增加了，你们的职业也可提高了，这一种青年，是第一等青年。如果大学毕业后，没有职业可做，这一种青年，是我们所憎恶的。

你们因金钱不充裕，便去就业，或到商店，或到工厂，都可以的。可是要适合自己的性情，和自己的能力；古人有句话"知己知彼"，如果我字写得好，这是我的长处，说话不清楚，这是我的短处；你们要知道自己的长处，也要知道自己的短处，可是在就业之前，必须要调查，调查以后，便可知道那种适合于我，我应鼓起勇气去做，这种青年是一个有为的青年。就是升学的，也不要糊里糊涂，应当想一想你的算数好不好，你的图画好不好，还要检查你小学里的功课怎样？进职业学校呢？还是进普通中学呢？都应该很精细地考察一下。

你们无论升学就业，都是为职业，职业二字的意思，大家都知道是做事，职业是有酬劳的，我们要生活必须要有职业。还有一种叫做服务，譬如别人问"你在那里服务""我在和安小学服务"服务是没有金钱酬报的，服务的性质，不利于自己，利于别人的，这种不是职业，是服务，他牺牲了自己，帮助他人，这种人我们应该敬佩他，因为他有服务的精神。我们人类可分好人、坏人、不好不坏的人，诸位！今天我讲升学就业指导，就是要叫你们做个好人，换句话，就是要叫你们有一种超职业的精神，现在我举一个例来说说，我在校内教了三十分钟的书，不但使他们程度增加，推而大之，可以利社会，救国家，这种人就是有超职业的精神。

今天我和诸位讲升学就业的方法、内容可分四点：一、人人应该有职业；二、你们要知道升学不是快乐的事；三、你们要知道“知己知彼”的一句话；四、你们应该有超职业的精神。

（原载《新和安》，1935 年第 27 期）

农村改进问题[①]

此次中华职教社在青举行年会，本人得来青观光，会后复承沈市长约与各位一谈乡村建设，本人深感学识经验浅陋，不敢作何讲演，不过仅就过去服务工作情形，向诸位报告，亟请指正。说来非常惭愧，职教社经营事业虽有多种，但实际考察颇难以言成效。以与市举办之乡村建设各种伟大工作相较，诚有小巫见大巫之概。因为有许多事业，如贵市所举办者，敝社同仁非见不及此，实以心有余而力不足，贵市如农产改良能以政治力量推进，以收极大之成效，及其他种种事业，切由在上者热心提倡，在下者一致奉行，故能推广迅速而成绩显著，凡此种种，均非私人团体所能望其项背者也。

现在不必多作赞佩之词，且就中华职教社创办之事业，及经过困难，与所得感想，分段向诸位报告：

中华职教社成立于民国六年，次年创一职业学校，当时对于农村改进事业，固未敢轻于尝试，嗣以多数社员倡议欲以改进整个农民生活为对象，作一实地试验，因为欲改进农村，除改良生

① 江问渔先生讲演，许筱山笔记。

产及经济问题外，尤须灌输农民科学常识，增进农民教育，训练农民组织，如此方可达到农村改进目的。会十四年秋中华教育改进社举行年会于太原，黄任之先生赴会讲演职业教育，曾提出分区实验农村改进案，当经一致通过，是时阎百川先生主政山西，有模范省之誉，对此议案，就乐予赞助，已准备择地实施，不料因军事发生，此项计划遂成泡影，十五年后旧事重提，拟就江苏省内觅一相当之地实验，于是由东南大学农科，教育科平民教育改进社，及中华职教社等四团体联合组织农业改进委员会，计划举办，不料复经时局变动，东南大学改组已另成一机关，平民教育社鉴于合作难成，觅妥定县，独树一帜，至是中华职教社，只好独力创办，以求实现数年来所提之计划。其时选择地点，规定三原则：(1)交通便利；(2)人不极贫亦不极富；(3)当地有热心公益之人士，按此三种原则，经多方选择，始觅定昆山徐公桥为目的地，该处距上海不过三站之远，离车站约六里许，户口约三百户，人口约两千人，即于民国十七年四月开始举办，六月订定分年工作计划，内容分改进经济，提高文化及组织训练三大目标，以六年为完成期，在此六年之中，经过困难非常之多，盖此事业，既无师承，又乏门径，同人等均于暗中摸索，其间经过若干挫折，复折回原路而另觅途径者，如组织方面，召集民众集会，会后问之尚茫然不知所为何事，如宣传方面，备有娱乐，民众大都为看热闹而来，但经过一场热闹之后，对于所要训练之事，仍不得结果，此外如地方烟、赌、土、劣及迷信等事，无处不予以重大之阻碍，欲加铲除，非藉政府力量，无从生效，凡此种种，不知经过多少计划，受过多少挫折，始能稍有头绪，区中办事组织，分为农艺、教育、保安、娱乐……等七股,设总干事一人,分干事数人,联络地方公正人士,加入合作,当此之时,各种事业诚有百废待举之势,但进行程序,先后缓急,如何决定,则又茫无把握,且无政治力量为之后盾,又不能扑之过急,如此暗中摸索者凡二年,虽说不能大发生多少影响,但迄今追思,其间计划不周密,人员无才干,事业未分轻重缓急,致浪费时间精力不能得到结果,与理想之计划相差甚远者不知凡几。

至第三年因区中主持得人,工作乃有适当之方针,事业开始为有系统之进展。讲到实施原则按现代农村改进不外三要素(一)经济;(二)教育;(三)组织。惟此三种以何种为中心,则又各是其说有以经济为中心,而以教育组织为完成其目的之方法者,有以教育为中心,而以经济组织充实其内容者,有以组织为中心而以教育经济为辅助者,大抵因地制宜,各有其优劣。当时则决定以教育为中心者以经济组织充实教育之内容。

至实施方法,则从第三年起,注重推广小学,设中心学校,推行分校,分校不足,总之以流动教室,流动室之外,复有民众学校,凡一切生产改良经济改进,及训练组织等事,均由学校教学向民众灌输,如驱害虫、组织合作社等,编之民校课本中,向民众讲授,地方不良分子,则利用教育力量,潜移默化,以期自动改善,此以教育为中心之方式也。同时复以经济改进为之辅助,如举办小本贷款,最初仅有资金五百元,继续扩充至六千元,初为小本贷款,嗣扩充为信用合作社,再进而设立公共仓库,有一年,江苏大热,但谷贱伤农。农民反感痛苦,于是由社中放款于农民,农民以谷抵押于公共仓库故是年各地农民颇受痛苦,惟徐公桥独免,以此农民对于社中工作,更增最大之信仰。除上述之积极增进生产外,复为消极之指导开源节流同时并举于村中,成立节俭会,凡冠婚丧祭,提倡俭朴,力节浪费。

此时村中高利借贷绝迹,农民免剥削,无益消耗减,衣食渐以充足。至烟赌诸害,本苦无办法铲除,幸承县长热心协助,得由社中推荐一贤良警官。训练一班有学识之巡警,消极方面,励行肃清烟赌,积极方面,协助推广民众教育,因此深得县长之嘉奖,而将此种警官办法,推行于各区,迄今号为实验警管区制。由此种种改进事业中,鄙人得到少许经验,归纳言之有数种:

1. 各项建设,须注重合于农民需要;

2. 各项建设须注重经费少效率高;

3. 不好高骛远。

以上三种原则,约言之,即在于因势利导,此鄙人认为最重要者也。

至于训练农民组织,则注重利用事实,作实际之训练,而不宜徒拘形式,为勉强无谓之集会,关于实际训练方法,社中可作参考者,即:(1)组织青年服务团,以有系统之组织,为农村各项公益事业服务;(2)分区设主任,责成办理该区一切公益事务,此项办法,行之极为有效,盖一区范围甚小,为主任者,足以领导该区民众,极得民众信仰,故推行各事业,效力甚大。

以上所言,各项改进,莫不以经济组织为发点,而以教育完成其目的,现在检阅六年来

之工作,其所成就者,则以地方青年均有组织,对于公益,自治事业,均热心活动,高利借贷及烟赌等事绝迹,而民众自动能

力尤可于一二八之后,民众热心接济十九路军,及自动组织捍卫地方二事表现之,教育功用,改进成绩必须于危难时方可充分显示,于此益信。

现该区训练时期已完成,故一切事业应移交于当地人民自办,现已有基金五千元田二十亩,经常费则利用农民教育馆开支,人材则借重馆长与校长,故目前各种事业得仍以继续维持于不敝。

徐公桥之实验事业已告一段落,但迄今追思,约有下列各种感想:

1. 物质改进远不如青岛之李村沧口;

2. 自治训练成就与否,仍无把握;

3. 择地实验其原则尤不合理。

不过中华职教社费一万七千元,所得之代价,尚属不少,代价者何,即同仁增许多办事之经验,可作将来经营事业之指南也。

第二实验区之地点,已择定赵家塘,在上海市县之间人口二百户,面积方里,现定实验期为三年,分四期进行,第一期准备(包括访问调查);第二期领导;第三期推进;第四期自动,仍以教育为中心,而以经济组织为训练内容也。

以上关于徐公桥事业之经过及赵家塘继续筹办情形,可告结束,无庸赘述,兹再以各地农村改进实施方式,约述于下:

1. 成单位的乡村改进,即以五十户为单位,每一单位中设一小学校教师除教学外,兼负一区改进之责,此种组织单纯,易于推广改进惟教师必须富有超职业之精神,否则不能办到,此则不能不希望师范教育中有特殊训练也。

2. 区单位的乡村改进，人口约五百户，组织较繁，事业较多，主办者为公家或私人团体，如青岛市之各乡区，及职教社之徐公桥等是，此种方式，内容繁杂，人才需用亦多，办法应详加研究。中华职教社，现正继续从事此种方式之实验，希望能造出一条轨道，以供各县之参考。

3. 县单位的乡村改进，以一县为单位，如邹平、定县、江宁、兰溪等是，其内容方法，未经实验，不能有深切之认识。

以上三种方式，全国各地均在努力实验中，惟无论方式如何，最重要之关键，在于办理得人，人才应具之特质甚多，而最重要之特质，即为超职业之精神。所谓超职业精神者何？即以事业为前提、不计报酬、不避劳苦、终其身为事业牺牲，此种精神，又实为改进农村一切原则中之总原则也。

（原载《青岛教育》，1935 年第 3 卷第 4 期）

今后中国职业教育的趋势

今后中国职业教育怎样办呢？这是职教同人所共同怀疑要问的问题罢。我以为要解决这个问题。先须认明白目前或者说今后中国职业教育的趋势。趋势明白，方针自定，问题也就不难解决了。

中国兴办职业教育已有三十年么？究竟对于国计民生有什么好的影响呢？恐怕还是一个疑问罢。

平心而论，社会事业不发达，需要新式的职工不多。职业学校毕业生，当然出路感觉狭隘。一般社会心理，重文轻实，未能完全转移，职业教育自然也受其影响。此两层皆与办理职业教育的人无关，社会方面应该负责。可是，职业教育自身如不健全，则社会对于职教的信任亦必减轻许多。

现在职业教育是否健全呢？这却很难说。兹不敢过为苛刻之论，仅就最要数端一言之。

一、职业教育。原有三大类：(一)职业学校教育；(二)职业补习教育；(三)职业指导。并且中国因特殊需要，在农的教育一方又演进成“农村改进”一类，也不能不说是属于职教范围。可是，一般人一提到职业教育，皆以为是指着职业学校。其余便不暇过问。这不能不说是一种错误吧。要知道职业补习教育，在职业教育中实居最重要地位。依照中国社会的需要，似乎比正宗的职业学校教育，尤应特别推进，积极提倡才好。至于职业指导，他的功用是站在青年、学校、职业界三方面的中间随时随地随事，做一个联络者、媒介人。职业学校教育和职业补习教育，非有他不能显其功用、完其使命。现在办职业教育者，只知注重职业学校，而忘掉了其他，势乃偏而不全。因此整个的职业教育的健全，乃不能不受其影响。如目前职业学校毕业生出路发生问题，即其明证。此其一。

二、教育是为帮助解决国家社会问题的。职业教育，除帮助解决国家社会问题外，还要帮助整个教育解决问题。更可以明白一些的说，普通中学教育有了困难，职业教育便可以帮助他去消除。那末，职业教育的性质和办法不能和普通中学教育一样，也就可不言而喻了。可是，现在办职教的人沿用办普通中学的方法，仍复不少。不顾社会需要，不顾学生出路，甚且不顾学生出路，呆板的一班又一班一年又一年的办下去。这如何能有好的结果呢？此其二。

三、在教育部定章职业学校，分成高初两级。高级一定三年，初级虽是三年，但其中活动的很，一年二年均可。这本来是适应社会需要。便于一般青年的习艺谋生啊。可是，一般办职教的人皆是主张高初两级完整三年的居多数。以为必定三年，才可以当初中毕业资格，否则竟不像正式学校。这也不能不说是一种错误的观念罢。存了这样的心理去办职教，我想活动力一定很小，对于社会的助力一定不大。此其三。

四、以往农业教育如中等农校，何以成效少呢？当然其中有个原故啊。论到农的教育，天然是分成三级。高一级的是“农学教育”，那是大学专科。中一级的是“农业教育”，是高初两级的农业学校。低一级的是“农民教育”，如最近农村改进的广义农村教育皆可属于此类。所谓农民又分三类：一曰农童，二曰农村青年，三曰农村成人。对于三类人的教育方式方法当然各各不同。有的是正式小学，有的是非正式的补习班传习所，有的是社会教育式的讲演会运动会等。有了农民教育，才可以接受农学教育所推行的新方法，才可以接受中等农业学校毕业生的指导。从前农业学校的毕业生无用武之地，就是因为农民教育不发展。农学院的新方法无从推行，也就是因为农民未受过相当教育。并且农民教育一定要三类同时兼顾，或缺或偏，皆不成功。现在下级的农民教育如何能普及呢？这却是一个问题。此其四。

五、女子家事教育也是属于职业教育的。这种教育，是和良妻贤母的教育宗旨相近，当然不是超良妻贤母主义的。可是近数年来，以思潮激荡，大声提倡家事教育的人为数颇少。平心而论，这一层究竟对不对呢？我以为我们应该承认超良妻贤母的教育。因为不如此，则一般曾受高等教育而又具有社会才能的女子，无处可以安置也。但同时也应该承认良妻贤母主义，因为不如此，则对于大数为妻为母之女子，将无由以决定教育方针也。女子家事教育。大帅与良妻贤母主义相近。近以提倡无人。竟使一班为母为妻之女子。不明母妻应尽之责任与职守，小则害中于家庭，大之则害中于民族。此层关系实在是异常重大。此其五。

六、职业教育绝不是只教人"谋生",还要教人"做人"。是以中华职业教育社所揭示的教育主宗,有两大主干:一是"教学者以作工知能";一是"教学者以公民德道(原文如此,似为道德之误。编者注。)"。两者恰如鸟之两翼、车之两轮,缺一不可。自九一八国难发生三四年来,国人懔然于国运的衰颓、复兴民族成为教育上绝大目标。至此在职业教育一方,更不能不将公民教育扩大范围,于民族情感的发启更为十分注意。无如办理职业教育之人,对于此点还未能十分注意,总以为职业教育旨在训练生产技能,其他可以不必过问。即有公民课程亦复习故蹈常,不求精彩。此真是绝大错误。此其六。

以上六点,皆是目前中国职业教育上应认明的界说,也可以说是应待解决的问题。必将界说明确认定,才可以确定此后职业教育的趋势。趋势既明,则问题也就容易解决了。

兹欲判明职业教育的趋势,以期将职业教育的问题一一能得着相当解决也,我以为应有次列的十项主张。

(一)今后办理职业教育,要使职业学校教育、职业补习教育、职业指导三方并重。并使之互相联络,用收互助之效。

(二)今后职业学校的创立,要确依部定标准。苟设备未充足,学生出路无把握,社会需要不尽适合,宁可缓解。至如内地商业学校,如认为社会需要不大,尤当特别慎重。

(三)所有已设立的学校,要竭力充实设备、改进教法,对于学生出路要详加研究。

(四)凡工厂农场,能招收练习生到厂学习,不必有学校之名而有学校之实者。此类机关政府宜特加奖励,并特加指导。其指导目的在使之教育化,而不使之流为徒弟制。

(五)地方有某种需要,即设某种职业训练班,科目不必一定,年限不必一定。此种教育机关愈多愈好,不宜限制。

(六)农事教育。其属于高中一级者,不必多亦不容多,应视地方需要定之。其属于初中一级者,可纳入农民教育范围中,普遍于农村,却以一定皆具有正式学校形式。

(七)女子家事教育。除设校施教外,应取补习式社会式普遍的施行。

(八)职业补习教育。无学生出路的困难,有增加社会生产的实效,可谓有百利而无一害,应特别设法推广,愈多愈好。

(九)农村改进,属于农民教育一级。除县单(原文如此,似少位字。编者注。)的农村改进外,凡区村两单位的农村改进,要设法普遍推行。

(十)精神训练,比较职业训练,尤关重要。以后办理职业教育,务必注重于公民道德的陶冶及爱国心的养成。

以上十条,虽不敢说今后办理职业教育一定要如此。但默察社会实情、国家大势,似乎趋势总应该这样此罢。并且要免除职业教育的困难要谋得职业教育能有一点实效,恐怕也非此不可能。

现在中华职业教育社会将在青岛举行了,我极盼望全国职业教育界同人能认明今后职教趋势,讨论出相当的解决办法。这不仅是职教之幸,并且是中国之幸。至于我的观察和我的主张对不对呢,合不合呢?我不敢说,还求明达指正。

民国廿四年七月十三日脱稿

(原载《新闻报》,1935年7月19日)

三年来的中国文化问题

文化是人类生活的方式,他是包括着衣食住行的工具方法,以及学术思想、典章制度、文字言语、工艺美术、宗教信仰、风俗习惯等等。可以说,凡是一种民族,皆是有他一种生活方式,有他一种由生活需要所构成生活行动所表现的文化。论其式样,当然各各不同,而论其程度,更是各有差异。它的构成,他的表现,是整个的,不是分割的,硬说文化有物质和精神之别,本来不对。但是就生活方式上看,就人与物人与人的关系上看,似乎有两样不同情势,摆在我们眼前:(一)专注重物质的支配、享受,个人欲望扩大,权与利的伸张,效果的计较,这是成功一派的思想行动、法制风习。(二)专注重人与人的伦理关系,轻视个人物欲的扩张,重视个人内心的修养,以刻苦为极则,主张以精神克制一切,这又是成功一派的思想行动、法制风习。因为两种方式的不同,于是对于第(一)派,便叫他做"物质文化",对于第(二)派,便叫他做"精神文化"。近代欧美人的生活方式,是偏于前者,因此便叫他做"欧美文化",中国人的生活方式,是偏于后者,因此便叫他做"中国文化"。并且,因为欧美人势力布满世界,几乎要支配全球人类,于是又有人把欧美人的生活方式叫做"现代化”或“世界化”。

近十多年来，在中国思想界言论界发生关于文化问题的争论，真是甚嚣尘上。如若把他分析一下，且归纳起来，大概可分为三大派：甲、主张中国文化是完全好的，我们不必去效法外人，反求诸已，也就够了。乙、主张中国文化，完全用不得，要全盘接受欧化，因为欧化是现代的，是世界的。丙、主张折衷调和，以为无论中国文化、欧美文化，均有好的部分和劣的部分，应该取其好，去其劣，以创成适合中国需要的文化。

自从“九一八”事变发生，国以内知识分子，感受绝大的空前刺激，于讨论国事应付事变之余，因而对于文化问题，又有新的说法发生。实在哩，仍是不脱前列三派的窠臼，不过名词有些不同罢了。

即以本刊论，从二十年十二月二十三日第一期《救国通讯》出版之日起，便揭出四大信条，认做干救国工作者必备的根本修养：一、高尚纯洁的人格，二、博爱互助的精神，三、侠义勇敢的气概，四、刻苦耐劳的习惯。就此四条看，也可以说是纯属于精神方面，便不妨目之为精神文化了。其实此四种文化，何尝仅仅限定中国人应该如此？就是欧美的一般成功人，还不是这个样子么？不过就大体分析起来，总是认定这四种是东方式的文化罢。

的确，自国难发生三年半以来，国内热心爱国之士，感觉到民族前途的危险，群起提倡复兴民族教育，主张恢复民族自信心，于是不知不觉地就有“中国本位文化”的一种主张出现。

在演变未发生以前，中国思想界的纷纭错杂，可云已达极点。其中“现代化”一语，却比较最占势力。而所谓现代化者也，又是欧美人制造出卖的成品，与中国人无涉。中国人惟有醉心，惟有崇拜，他复何说？平心而论，欧美的科学（包括科学教育，科学方法、科学应用等等）中国实在及不上，理应急起直进，竭力采用。这是当然的，无问题的。还有欧美人的集团组织，也是中国人所最缺乏的，所谓团体生活习惯和道德，中国是在在不能如人，这一点吃亏也很大，应该用教育的方法（广义的教育方法），赶紧把他弥补起来。这更是当然的，且必要的。至于其他方面，就不妨有个斟酌了，如说妇女手脚指上要用蔻丹，是近代化，非如此不可，那真是笑说了。

在甲派主张恢复中国文化的，说起来似乎太笼统，太昧于近代世界大势，可是，他的本心、他的动机，却不是错的。难道一个民族，竟不许他仰慕本族固有的文化么？无论何国教育，对于本国历史，皆是留恋的、爱慕的、拥护的，所有民族自信心的养成，皆赖乎此。你又何能说他完全不对呢？他的不对地方，是一味复古，一味守旧，忘记了人类进化的真义，且因此发生许多不良的影响。要批评他，应该用分析的眼光，诚恳地说明其错误，而不应抹煞其善良动机。

主张中国本位文化的说法，虽说是由甲派脱胎而来，或者与折衷调和的丙派相近，但是他的苦心也不可没，“检讨过去，把握现在，创造将来”，这三句话，是不错啊！可惜具体的说明少一些。

乙派主张全盘接受西洋文化的，既斥甲派为顽固，又目乙派为守旧，断定也皆是一文不值，似乎也有些过火罢！近来胡适之先生有点明白了，最近在《大公报》上发表一文，题曰“充分世界化与全盘西化”，也就不再说“全盘接受西化”，而说“充分世界化”了。

本来世界既然大通，则文化交流，自是一定不可免的趋势。中国只有秦以前，是独立的文化，然而赵武灵王胡服骑射，已有一点受异族风习的影响了。迨汉魏六朝以至宋元，东亚交通频繁，由印度、波斯传进来的事物很多，所谓中国文化，已经不是纯粹的中化，而是东亚各国交流后的亚化了。关于音乐建筑等艺术方面不必说，就是宋代所谓理学、道学，也夹入一部分佛家思想在内，何尝完全是中国土产呢？到了清代中叶以后，欧风东渐，世界大通，于是世界文化交流的局面大启。最近一百多年来，可以说两方民族生活方式，也就是两方文化的大潮，日日在交流之中。我们既不能把大门关好，只有让他交相渗杂渐次演变了。不过在此渗杂演变的过程中，我们却也不能不根据自己民族利害的立场，略定一些缓急、轻重、主辅、取舍的标准。有为我们所急需的，如上文所说的科学及集团组织两事，无论如何，当视为十分急切，尽量采取。其他虽是含有世界性的或现代化的，但仔细推敲起来，倘若于我们无益，又何必去加以提倡。如饮食注意卫生是当然的，然而不必一定要改用刀叉。衣服自然是西装便利，但在本国毛织制造没有发展以前，如提倡改着西装，则反为有损。还有中国文字，如依着进化的道理说，将来一定要演化到用拼音符号，但此时就去改革，把汉字完全废掉，却与民族精神的发展，大有妨碍，只好暂缓鼓吹。诸如此类，皆是要一己先有主宰，方可使交流起来，不至吃亏。

如此说来，三派的争执，也就可以不必了。

（原载《国讯》，1935 年第 100 期）

识字教育

中国教育未普及,文盲太多,这是一件极可耻的事。近年各方面对于此事总算十分注意了。教育部筹画各省市义教的普及,正在竭力迈进,而各省市亦多特设机关,特筹经费,特定办法,积极筹备,总希望在最短期间把文盲肃清。尤其是关系中外观瞻的上海一市,近来对于识字教育工作,更为紧张。并决定自二十四年七月一日起全市实施强迫,凡不识字的16岁以上50岁以下之男女,均须一律入识字学校。七月一日沪报载:

本市市政府,为扫除全市文盲起见,自今日起,实施强迫识字教育,暂以一年为限。在此一年中,将凭全市人民之共同努力,解决本市50万文盲问题,市政府特为此事而组织之识字教育委员会,自四月开始筹备工作以来,已将各项筹备工作告一段落。第一期之识字学校220所,均将于今日开学,实施强迫教育云。

这不能不说是一种极可喜的消息。我们极端盼望各地行政当局,尤其是各地教育行政当局,皆能如上海市的一样努力,皆能期以一年,把全省全县的文盲肃清。

惟于此有三个问题,似乎不能不注意,我很愿本一得之愚,贡献一些意见。

(一)关于经费问题。上海总算是一个比较经费宽裕的地方,所以此次能剑及履及,放手做去,若普通内地各县,平时教育费已极少,维持固有的几所小学,且苦不给,哪里还有余力去扩张识字学校呢?我以为遇有这样情形,便当用特殊方法去应付:(1)组成普及国民教育设计委员会,住持其事,委员一律义务职,即附设在县政府内,由县长任委员长。(2)采用陶行知先生所拟的传递先生及小先生办法,尽量推行。(3)奖励私人捐资设学。(4)整理各市镇乡公产公款,提充教育经费。如此各方同时并进,多元推动,也就可不多费钱而达到目的了。

(二)关于教材教法问题。教材的编制选择,也是十分重要。当然我们不能贸然地自编课本,但是对于现在各方已印行的千字课,选择采用,却也要大费斟酌。并且用书与用字块,孰为便利?却是问题。而字块之中,有的是单字方块,有的是成句的纸片,如何连锁互用,更应加以研究。除了识字写字外,如谈话宣讲,对于年长成人,亦有相当效力,如何运用也是问题。这些问题,皆是在推进识字教育时应当详加讨论的,且要讨论出相当解决方法的。

(三)关于识字以后的问题。青年成年识字了,很好,但是识字以后如何呢?不去温习,识的字,会忘掉的;识了字,不去用它,效用是很小的;普通文言体的报纸,既不容易看懂,若去看有害的小说,是很可怕的。这皆是问题啊!这些问题,如不能解决,虽读书识字,还是不行。我以为识字教育运动以后,继之而起的,应该有一种平民读物供给的准备才好。不但供给读物已也,关于普遍的社会教育,更要十分注意,否则民智民德,是不会不断的且平衡的发展啊。

(原载《国讯》,1935 年第 101 期)

中华职业教育社第十五届年会

本年中华职业教育社举行第十五届年会于青岛，同时举行第十三届全国职业教育讨论大会，计到会社员及各职教机关代表208人，会期三日，七月十九日上午开幕式，下午全体大会，二十日分组会议，二十一日全体大会，下午闭幕式，议决议案三十八件，该社办事部，并拟出中心问题，附陈解决办法，亦经大会议定承认作参考。其间比较重要，可以值得令人注意者，厥为大会最后议定五大准则。其条文如下：

（一）职业学校教育，职业补习教育，职业指导，主张三方同时并重。就中国目前社会需要情形言，职业补习教育，尤应特别注重。

（二）已成立之职业学校，须加紧充实内容，宽筹毕业生出路。拟筹设之职业学校，务宜详察社会需要，慎重进行。

（三）农业教育，主张在整个农村改进计划之下，切实施行；除农业学校，须照前条办理，农村小学，须注重生产教育外，关于普及农事指导，训练农业技术，主张随事随地随时，多多设立短期讲习会训练班。

（四）女子家事教育，须特别研究，积极提倡。

（五）培养国民爱国情感，练习青年服务知能，在施行职业教育时，须特别注重；希望此种公民训练的积极精神，能渗透于一切职教机关，认定被教的青年，非具有公民道德，不能完成职教使命。

以往该社历届开会，皆是发表一大篇宣言，说明大会的主张，或者有极长的电文，向政府陈述种种意见，此次竟变换花样了，仅揭出此五项主张，以为全社会同人实施职业教育提倡职业教育的准则，或者也可以说是重要的参考。这五条准则，确是异常扼要：

（一）以该社的地位，并不主张无条件的多设职业学校，而主张职业学校教育，职业补习教育，职业指导，要三方并重，并主张"已成立的职业学校，要充实内容，宽筹毕业生出路，拟设立的职业学校，要认明社会需要，慎重进行"。这却是经验有得之言，与一般人主张有异。

（二）农业教育，既要有专门的农学院农专科主持于上，而中级低级的普遍农事训练与指导，当然更是十分重要，如能打破呆板的学校式则尤好。

（三）女子家事教育，不仅关系家庭的幸福，并且关系民族前途的兴衰，近年来因为女子家事教育的不振，吾们民族已经吃亏不小了。

（四）公民训练，与职业训练，恰如车之两轮、鸟之两翼，缺一不可，如被教的青年，结果仅能"谋生"，而不能"做人"甚且不知"做人"，则又何贵有此职业教育呢？

此次该社年会，议定前列五项为职教同人实践及推行的准则,的确值得全国教育界注意,并且认定此简简短短的五条,比较历届年会的宣言电文,切实得多,有价值得多。

（原载《国讯》,1935 年第 102 期）

投考不及格就消极吗[①]

重乾君：

刚才接你的来信，仔细地读了一遍，觉得你的文理很清通，其程度实超过普通一般初中毕业生。你说："求学的原因，并非是为个人的升官发财计，求学的责任是要为国家与民族服务，把所得的一切利益终归于国家……"这都是很正确的观念。

关于你的升学和要我替你向学校当局介绍一层，我倒有两点意见供你参考。

第一，你此次投考上中，不知是入普通科，抑或入职业科？若入普通科，则高中毕业后，自非升大学不可；你既是"农村茅舍中的一个忠实的贫苦学生"，将来能否再升大学，是不能不预先考虑。若入职业科，则你是个普通初中毕业生，对于职业科目毫无根底，即使得而考取，与你的个性是否相近，能否有多少造就，事先亦不能不加以考虑。

第二，学校之所以有考试，是表示"公正无私"和"取优去劣"的意思。以你的国文程度来说，当然不能说是"劣"，但现在的考

① 回复易重乾来信。

试，是注重各科的平均发展，你的数学既然“坏了一些”，自然不能算是“优”了。如果要我替你向学校当局介绍，这是不可能的，因为这是私情并非公谊啊！我们立身社会，岂可因私而废公么？

你看了我上面的话，也许是很失望的；但你要晓得：这是“君子爱人以德”的意思。

末了，我还有点意见贡献给你，如果你一定要升学而第二次投考又不幸而名落孙山的话，你千万不要“趋向消极的路上走”，应该埋头刻苦，自修半年，等明年春季再考，古语说：“有志者事竟成”，这是一定不移的道理。如果不升学，则高深的知识学问亦未尝不可于刻苦自修中求得之，爱迪生、高尔基、王云五都是没有进过什么中学大学的，而其贡献于人类社会者却不能不说是很大的啊！好了！祝你努力奋斗！

问渔谨复八月三日

附来信：

问渔先生大鉴：

先生大名鼎鼎，在报章杂志上无日不见，近年来更主持中华职业教育社，对于国家社会，建立了不少的功劳，最近更在沪郊，创设沪郊农村改进会（离我村不多路），因此沪郊的农村，得到莫大的助益，所以我早已认识并且崇拜先生的大名了。

你接到这信的时候，一定非常奇怪不知哪里来的小子，敢冒大不违，贸然送信给先生。

先生：我是一个沪郊农村里的一个贫苦学生，我的名字叫做易重乾。最近在XX的一个初级中学毕业了。我深感到现在国难严重的中国的国民必须有一些智识,然后可以生存于现在的世界,尤其是我们青年,应该埋头求学,充实智识,那末可以将来领导全体的国民,去冲破那国难的氛围,所以我觉得有升学的必要。

我是彻底的明了求学的原因与求学后的责任。至于求学的原因,并非是为个人的升官发财计,求学的责任是要为国家与民族服务,把所得的一切利益归于国家。我的心目中但知有国家,不知有我,即使将来立身于社会,这种意志也绝不会改变的,抱着铁一般的意志去埋头苦干,为全民族打开一条主路。

所以我决计升学,故于七月六七两日投考江苏省立上海中学,第一次招生因为人数过多,又因我的数学坏了一些(因我的母校在内地的××),故没有录取。回家的时候,受到家庭严重的苛责,庄上人的热讥冷讽,这种难受的态度,真使我的心都要碎了! 幸亏我还能忍耐,不然早已趋消极了。

我自从第一次投考失败之后,即日日温习数学。八月十一十二日两日,我又要第二次去投考上中了,那时请先生可怜照顾,替我向学校当局介绍一回,这是我最恳切的希望。因为我家境的清寒没有能力升入私立学校,又因交通的不便,终年没有新闻纸类的看到,我的家庭又是纯粹的农家,关于投考的常识一点没有懂得,只有上海中学离开我家只有六七里的光景,这是最理想中的学校,不然便没有升学的机会了。

关于学业方面,我自信,假使进了上中,决计能跟得上去,并不是莫明其妙的,我是农村茅舍中的一个忠实的贫苦学生,并不是城市中的一个滑头货,请你不必猜疑我是狡伪与居心。这是我最诚恳的请求。

先生:请你救我一个生死不得的青年,假使你不救我的说话,我的生命线也要没了,我要不得不的趋向消极的路上走了。就此祝先生身体健康!

学生易重乾谨上

(原载《国讯》,1935 年第 103 期)

全国儿童年开幕

本年八月一日起到明年七月三十一日止,政府定为"全国儿童年",先期特设全国儿童年实施委员会,主持其事,于开幕的前一日——即七月三十一日,国府且颁发明令,列举儿童幸福事项多端,期其能一一实现。开幕之日,典礼异常隆重,首都南京,当然不必说了,就是上海及其他大都市,亦复郑重其事,并闻内地教育界对于此事,开会讲演,且所在多有。这不能不说是近年来最可注意的一件事罢!

儿童是民族生命的始基,民族未来的兴衰,其枢纽皆系在目前儿童身上。成年男女,人人有生育儿童的权利,即应人人尽教养儿童的义务。但是,从前的旧观念,是把儿童当着私人所有,或一家所有;现在不同了,应该把儿童当作一个国家所有,一个民族所有。为父母者对于儿童教养不善,不仅是做父母的责任有亏,并且是做国民的责任未尽。所以在政府方面、社会方面,凡是认识民族生存关系的人,对于全国儿童幸福的完成,皆应视为天职,不容稍懈。此次儿童年的发起,就是为指示国人对于民族前途的认识,明白国人应负的责任,扩大儿童私有观念,共谋儿童幸福的增加,这件事真是十分有意义,十分有价值。

在国府明令里面，把儿童幸福事项，已经说得很详尽，很明白了，目前的问题，就是有了目标，如何能使他实现，亦就是有了好题目，如何能做出好文章。普及儿童教育，增进儿童健康，训练儿童集团的习惯与能力，培养儿童深厚的爱国心，这皆是目前十分紧要的事，固然要希望在教育行政、卫生行政、以及学校教育社会教育各方面，能多多注意及此，但儿童总是脱离不了家庭的，在家庭中具有最大感化力的，第一便要数儿童的母亲。倘使做母亲的未受过相当教育，或受过偏而不全的教育，对于儿童幸福，总是有损无益，这是可以断言的。因此，我很感觉到要想普偏（原文如此，似为遍之误。编者注。）的使全国儿童幸福增加，惟一要件，或者竟可以说要提倡并推行“做母亲的教育”。

做母亲的教育，不是很重要的教育么？难道，不可以算儿童幸福的根本么？我很愿意向全国儿童年实施委员会诸公，提出这一点小小意见，作为儿童年开幕后的贡献，并愿全国知识阶级，一致起来，共同主张。

（原载《国讯》，1935年第103期）

中国今日的职业教育

各位先生！这一次兄弟到贵省来参加教育讨论会，同时得到这个机会与诸位来研究中国的职业教育问题，个人觉得非常荣幸。

一谈起职业教育，我便感觉得有无限的感慨。职业教育乃各种新式教育之一，中国自有新式教育以来，同时便有职业教育，到现在已经有了三十几年的历史了。可是我们现在看一看国家方面、社会方面，穷困的程度却是一天增加一天，这是我们办理职业教育的人不能不抱愧，不能不负相当的责任的。现在不但是政治上的国难很严重，经济上的国难也很严重。大家常说要排除国难，宜从教育下手。其意是说政治上的国难要以通常教育去排除。但是当此国民经济破产失业人数增加，要补救这种经济上的国难，最好的方法，便是职业教育。我们办职业教育的人，对于已往的失败，用不着抱愧，用不着感慨，只有戴罪图功加倍努力，庶几可以尽到我们的责任。但是我们今后对于职业教育应该怎样努力呢？这个问题不能不加以研究，免蹈过去那种劳而无功的失败。

现在我为要使眉目清楚起见，把这个问题，分成四段来讲。

职业是什么

职业的意义很广泛，无论是从事于一种专门或普通的事情，无论是士农工商，都是职业。不过在教育的眼光里，却与普通的看法有几点不同。

第一，职业有普遍性。这就是说社会上人人应该有职业。除了精力已衰的老人外，人人应该从事于职业才有吃饭的权利，不从事于职业的人便不应该有饭吃。凡事不劳而获，游手好闲的人是不合于教育上所谓职业的条件的。

第二，职业有平等性。社会上因需要不同，而人们便分别从事于种种不同的职业以为供给。无论那一种职业，种类虽是各自不同，可是不能有尊卑之分。不能说这种职业是卑微的，而那种职业是高尚的，只能说某种职业是正当的，某种职业是不正当的。在教育家眼光中，拉黄包车是职业，而做国民政府的主席，也是职业。假使做国府主席做得不好，以致祸国殃民，在教育家看来，这个人还不如自食其力的洋车夫哩！在中国旧时，把职业分别高低的观念，现在应加以排除。

第三，职业有两利性。我对人的需要上予以有利的供给，人必酬我以金钱的代价，这是职业的行为。如果不是互利的，只是片面的有利，那就违反了教育上职业的原则，譬如开赌博厂，于此一方固有利益，于彼一方则受了损失而无利益，这不能算是职业。

第四，职业有受酬性。做了劳心劳力的事，其目的如果是受酬的，才是职业。至于慈善家的事业，便不是职业，因为他并不是以此换人家的金钱，我们只能说他是做好事，不是从事职业。艺术家制作许多作品，如果是因为要发展个人的天才，并未以金钱的报酬为目的，也不能算是职业行为；如果他的作品每件要卖多少钱，那么，他的目的是在于受酬，却是一种职业行为了，甚至于演讲，也有职业的与非职业的之分。如学校教员，每点钟以多少薪水作酬，他便是从事于职业了，又如我今天对诸位演讲，是因为教育厅临时之约，没有受酬的意思，便是非职业的。

第五，职业是有进化性的。广义的讲起来，人们一切事业都是职业。因此吾人观察一种民族职业进化的程度便可以明了其文化的高低。中国几千年以来职业均有不断的进化，所以衍成了伟大的文化，不过近两三百年间，农工商各业比较外国的进化来得慢了，所以生产落后，事业不能发展，文化也就显得停滞了。

第六，职业有社会服务性。照上所说，职业以受酬为原则，于双方都是有利的。你如果劳了多少心，或劳了多少力，他便应给你多少代价。好像会计上的借方和贷方一样，每一笔帐都是两方相等的。可是你从事职业时有时不仅仅为的是代价，自愿在所得代价之外，多劳一点心，或多费一点力。譬如教员教课，原定五块钱教一个钟头，可是许多教员常常自愿把教课的时间延长几分钟，或在规定钟点之外，另外抽出时间来指导学生，使学生多得一点利益。这种额外的劳力似乎违反上述的受酬性，其实并不违反。那么，这种额外的利益牺牲，应该记在哪一个帐上呢？应该记在“社会服务帐”上。个人虽牺牲了一点利益，可是社会上却增加了一点幸福。社会乃个人的总体，社会受益，不啻个人受益,也是一种无形的受酬了。所以这种额外牺牲并未曾白白的牺牲。无论是办职业教育或是受职业教育的人,对于这一点,应该特别明了。

以上六点就是在教育家眼光内,所看出来职业的特性。要想完成此六种特性并使之效能增进,以图社会的进化,则非职业教育不为功。

职业教育的种类、范围和程度

普通一说职业,便有农工商三大类之分。农是利用天时地利,加上人的劳力,以产生原料。工是在原料上加上人的劳力以产生制造品。商是把农工所产生的物品,加上人的劳力,以转移其地位。三者都是要增加货物的经济价值以应人生的需要。普通职业的分类,就是如此。不过在我们办职业教育者看来,这样分类,颇嫌其范围太狭,而太笼统了。我们应该把它放宽一点。譬如打字和文书,在工商各机关要用他,其他各机关,甚至一个律师事务所也要用他。这种打字和文书不能不算是一种自由职业,其他如药铺的药技师、会计师、律师、事务员都是如此。受过一个短期的训练,以从事于劳心的工作也应算为职业。至于说到程度,普通人总以为职业教育,以中等教育为限,其实也不尽然。我们且不用广义的说,一切专科都是职业教育。即如高中毕了业的人,再受年把的训练,成功一个土木工程师、会计员或统计员。他既然曾毕业于高中,而再受训练,便不能说他是中等的职业教育程度,所以职业教育的程度,不是以中等教育为限度,可以超过高中程度。甚至于专门学校的专科也可以归纳于职业教育以内。

中华职业教育社的事业

兄弟现在担中华职业教育社的任务。各位都是有志于职业教育的人,现在应该把我们这个社内所办的事业说一说,或可由此而得互相参证之益。我们的事业,可分为下列的四大类:

(一)职业学校

这种学校班次并不一致,大概系初高中程度,最低的比高小程度要高。高的也有超乎高中程度的。教学场所有一定,修业年限也有一定。

(二)职业补习教育

这种教育与普通教育不同的地方,是在于所招的学生,不限定是专门来做学生,有许多是已有职业的,他们是业余时间再来接受训练的。来来往往,人数没有限定,因此毕业的限期也没有一定,多者一年半,少者数星期也可以毕业。教学场所有固定的,也有不固定的。固定的现在已有四所,不固定的却很多。有的是在农场或树林里,有的是在商店或工厂里。特别替学徒或其他有职业的人,每周教授几点钟,分若干次教完,时间期限都要看情形而定,并无常规。

（三）职业指导所

关于职业指导这一点，明天刘先生要到此地来详细讲一讲，所以今天我只讲一个大概。凡是学生毕业后的前途，总不外乎两大类，一类是要升入更高级的学校以求深造，一类是就业。升学的人可以到指导所咨询各较高学校情形，及其相宜的学科。就业的人在学校里一向与各界没有接触机会，到了要就业之时，自己不知甚么地方有工作机会，便可以向指导所请求介绍。还有些银行商店等机关，找不到相当的工作人才，也可以向指导所请求介绍，或委托指导所召考这种人才，录取的人才，如觉程度尚差，或者又可以请指导所训练几个星期。还有办理职业教育的人不知社会上需要一些怎样的人才，指导所也可以替他们设计。总之职业指导所这个机关，是站在找事者与找人者的中间，作一个媒介的，使职业的供给与职业的需要联合在一起。于是求事的各得其事，求人的各得其人，使人与事各得其所。这个机关最初设立的时候，社会上不明真相，所以没有人理它，竟有门可罗雀的情形。现在社会上已经明了了。找事的，找人的，银行商店委托招考的，每天接洽的非常之多，真有户限为穿之概。办理职业教育的同志，对于这个事业，应该特别注重，因为这是达到职业教育目的的一个要紧的办法。

（四）农村改进事业

普通职业学校多半设在都市上，改进工商的职业是很便利的。对于农业的改良却没有发生效果，从前的中等农业学校，办了几十年,与普通农民,并没有发生多大关系。这是一种失败。我们以为不能不改弦更张。现在我们从事于这一方面的事业,不叫农民教育,农民教育的范围比从前的农业教育要大。我们的农民教育是找一个相当地方,划作农村改进区。一区之内大约有农户数百家。区内无论老少男女,都是我们教育的对象。我们不但是改良农事一端,此外关于公私卫生、团体组织、儿童教育、成人教育、识字教育、生计教育等,也同样的重视。择定了地区之后便从事于各项调查,调查清楚了乃拟定计划,期于五年或三年,必须使人民个个识字,有饭吃,使人人明白国家或世界的大势,以期成功为一个真正的自治区域。

以上是职业教育社所办的四种事业,至其本身上的组织,研究,和调查等项当然有的,不过今天却因时间关系不能加以说明。

职业教育社的事业的进行,还有两条渠道,非常重要,不能不对各位说说。上面说过,本社的事业已有职业学校教育,职业补习教育,职业指导所,农村改进四项,其共同目的都是要增进人民的生产能力,这就是两条渠道之一。还有一条渠道就是公民教育。这是要培养人民的道德,使人民明了世界大势和国家的地位,以提高民族精神。这一条渠道与前者有同样的重要,所不同的,则前者乃偏于物质方面的,而后者则偏于精神方面的,一个人的生活解决了,如果道德不好,品格不正,社会国家何贵乎有此行尸走肉的人哩!所以本社不仅仅以生产技能教给人民而已,同时且非常注重公民的训练,以唤醒民族意识。这两者有如车之两轮、鸟之两翼,不可偏废。

我们还有三句话作为我们的标准,三句话就是:自养养群,自卫卫国,自治治人或者自教教人。我们用职业教育的方法,把人的一双手,同大脑联合起来,便穷不了我们。不过我们自己个人的问题解决了,还不能算了事,社会是个人的总合体,我们应该"已(原文如此,应为己之误。编者注。)欲立而立人,己欲达而达人",我们应该"自利利他"。这就是自养养群的意思。我们要救国,要卫国,必须先有个人自卫的能力,个人的体格且不健全,便不配谈救国卫国。必须自己有健全的体格有自卫的能力,才配得上讲卫国,或抵御外侮,这是自卫卫国的意思。还有第三句话是自治治人或自教教人,意思就是说自己教自己还不能算是尽到了教的能事,还要以我们的心得转授于别人。教养卫三个字大家却知道是重要,要怎样才做得到教养卫三个字,大家都说不出办法来。我们以为自养养群,自卫卫国,自治治人三句话是做到教养卫顶好的办法。至于这三句话对不对,还要请教于各位。

办理职业教育有些什么困难?怎样解决?[①]

我们看看各地办理职业教育的同志们,莫不叫苦连天,说是困难太大,关于办理职业教育的困难,我曾研究过,最重要的不外四种。

(1)出路困难。学成了一种职业,在社会上往往找不到适用的机会,要想再求深造去升学,事实上又不可能。这种困难,无

---

① 此段转载《生计教育》,1936年第1卷第3期,名为"办理职业教育的困难与解决方针"。

论办教育的与受教育的都是感受到的。

(2)社会心理没有转移。一提到教育便把职业教育放在末位,而把其他普通教育放在上座。这是国人向来只知用脑而不知用手的一种风气,还遗留在一般人的心理中。

(3)设备上的困难。

(4)师资缺乏。

针对以上困难,兄弟便把解决的办法分别说一说:

(1)出路问题,现在因为有许多新事业的发展,已有自然解决的趋势了。如现在各处兴办工路,则学土木工程的人有办法了。现在各处的银行公司等,都觉得招收学徒,不如找学生,可以学商业的人有办法了。现在各官厅机关都知道要用新式会计,要用统计了,所以学这一类科目的人,也有办法了。不过我们办理职业教育的人,应该事先加以详细的调查统计,先知社会上需用些甚么人才,然后设计划、定方针,同时还要有职业指导机关,以为介绍工作推广出路之帮助。

(2)因为上条所说的事实,许多职业学生都有了相当的出路,有许多大学毕业生,蹲在家内睡觉,倒不如一个职业学校的学生,有一技之长。所以社会上一般人的心理也渐渐转变了,只要风气一开,大家便都知职业教育的重要了。

(3)关于设备这一点,我们要请教育行政机关注意。要办工科学校先要有工场设备,要办农科学校先要有农场设备。无论如何总得先把设备充实,才可进行。

(4)关于师资缺乏,兄弟可以叙说一个有经验人的话,便可知道解决的途径。我曾在朝鲜参观了一个职业学校。我问他师资如何解决。他说他把学问家和实行家联合在一起，师资便不虞缺乏了。譬如他们办了一个土木科，便请有土木学问的人，同时又请了泥水匠的老师傅。先生会讲道理，泥水匠会实行，讲的和行的常常在一块，便可以把他们的经验和学识合而为一了。这样办到两年，先生的经验有了，老师傅也变成了一个很好的助手了。

最后再把以上的话综合来说说，共有五个要点：

第一，生产技能和职业道德应该同样并重，二者不可有畸重畸轻。

第二，职业学校，职业补习教育，职业指导机关，三者要同样并重，从前忘却后面两者，所以得不到好结果。三者好像鼎的三足，缺了一足就会失却重心。

第三，职业教育要注重实际劳作，工要工厂，农要农场，万不可蹈空。

第四，先顾到出路，才办相当职业科，如果出路无把握，宁可不办，照现在的情形看，办职业补习教育，比较困难问题少一些。因为来学的人，职业是已经有的，所以不发生出路问题。我们现在对于职业补救应该特别谈推广，愈多愈好，真是有百利而无一害。

第五，还有最要紧的一点，便是要同时注重公民教育。如此才能使受教育者的精神和物质都无所缺，对社会国家始可成为健全的一员。

职业教育的本身在实行，不在空言，所以言论上没有甚么新奇之处。以上所说五点，只不过是兄弟数年来从事于此的一些小小经验，提出来就正于各位。

（原载《湖北教育月刊》，1935 年第 2 卷第 5 期）

推行职业教育，究竟应该用哪一种方式较为适宜呢？

——主张多元的推行，却不主张滥设职校

读者诸君，乍看我这一个题目，也许会发生疑问罢！“要推行职业教育，还不是用职业学校来推行么？难道除职业学校外，还有其他方式么？”我想，也许有人会发出这几句疑问的话出来哩！发这一类话的，当真是少数人么？不在教育界的朋友，不必去管他，就是身居教育界的，恐怕也不在少数罢！随便说说，似乎也没有什么大要紧，但仔细想来，这一种思想，这一种言论，影响于职业教育前途的发展，实在是不小，所以我在此文开场的时候，却不能不说一说。

用职业学校，来办职业教育，这当然是职业教育的正宗；职业学校，在全部职业教育的领域中，原是居于一个重镇地位，也是没有什么疑义。可是要知道，近来职业补习教育，应着时势的需要，也几几有“附庸蔚为大国”的趋势了。使青年先受教育而后再求职业，这是正式职业学校教育的责任；使已有职业的青年而后补受教育（包括职业的与非职业的教育两种），这是职业补习教育的责任。职业补习教育的重要，并不亚于职业学校教育

啊！如照中国目前社会情形来看，或者可以说职业补习教育，比较起来，还要重要一些。这一种理由，此处不必详说，在本刊论文内，已经说过许多了。

如此说来，可知要推行职业教育，不必一定限于正式职业学校一种方式，就是非正式的职业补习学校，也很关重要的了。

创设一个正式职业学校，谈何容易啊！设备不易完善，教学容易踏空，毕业生出路，往往发生问题，如若滥设，一定流弊很多。所以，我极端主张正式职业学校，不宜随便办，要办一定要办得好。至于职业补习学校，尽管多设，愈多愈好，如是有农场、工场、商场所在的地方，更是不可不设，愈多设愈好。说到职业教育的课程编制，与夫补校的教学方法、训育方法，自然要详加研究，力求精美，这也是当然而且是必要的。

那么，说到此地，我便可毅然对于我所设的问题，先作第一个答案，说：

“推行职业教育，一定要竭力推广职业补习教育。”

除推广职业补习教育外，还有次列两种方式，我以为对于职业教育的推行，也是很关重要。

（一）各式各样应需要而设的短期训练班。此项训练班，当然也是愈多愈好。可是各地方必定要有一个指导及研究机关主持其事。

（二）大学或学院附设的农工专科。此项专科，为职业学校教师及职业指导员等高级职业人才所从出，专注重技术应用，不多讲高深学理，此与职业教育推行，关系也很重大。

所以我作第二个答案，说：

“推行职业教育,要各地方多办短期训练班,并且要办得好。同时要设多(原文如此,似为多设之误。编者注。)高级的职业专科(毕业期至多三年,至少一年)”。

还有哩,教育原分学校与社会两式,职业教育又何尝不是这样?正式的职业学校,固然是学校教育了,就是非正式的职业补习学校,以及各种短期训练班,也还是具有学校的形式,属于学校教育的范围。如若现在各地方所办的民众教育馆以及农村改进区等,其中有一部分是纯属于社会式教育,便专拿职业来做教育的资料。他们所指定的生计教育,也可以说就是职业教育啊!实在说起来,在社会教育方面,推行职业教育,当然也是可以的。所以我又有第三个答案,说:

“推行职业教育,要社会教育来帮助”。

即如“职业指导”的工作,也可算是一种广义的社会教育啊!它的功用,对于职业教育的推行助力,不是很大很大么?

我以为要推行职业教育,还不止以上所说三方面,就是普通中学小学,也未尝不可肩负其责。当然,普通高中初中以及高小,皆是以预备升学为目的,而初小则是属于国民教育范围,似乎和职业教育是分道而驰,截然两事。可是,我们要知道教育不能离开生活,而职业在生活范围内则占最最重要的地位。受教育是为训练生活,也可说是预备职业。从前在小学内,已经有了“职业陶冶”的说法,最近小学中学更有劳作一科,当然是和生产及职业有极密切关系。再如中小学内注重职业指导工作,为毕业生谋出路,更是关于职业教育的范围。

所以真正要把职业教育的精神,渗透到全教育界,要把职业

教育的作用,普及到一般青年,则普通中小学校,当然也要有一种特殊办法,所以我有第四个答案说:

“推行职业教育,更要有普通中学小学来共同协作。”

归纳上文所说,可以得着下列的结论:

这并不是有意把职业教育侵入普通教育的领域,实在是帮助普通教育解决困难问题,不但无损于普通教育的独立,并且还能增加普通教育的效能。

一、正式职业学校,贵精不贵多,不主张多设。

二、推行职业教育,用职业补习教育的方式,比较适当。

三、短期职业训练班对于职业教育推行,很有关系,但是要办得好,要有主持指导研究的机关。

四、职业专科比较重要,希望能在大学或学院内多多附设。

五、要社会教育方面,来帮助职业教育的推行。

六、要在普通中学小学教育方面,也能渗入职业教育的精神,普及职业教育的功用。

总括的说一句:“主张用多元的方法,推行职业教育,可是绝不赞成随便的滥设职业学校。”

(原载《教育与职业》,1935 年第 169 期)

江恒源教育文集

5

刘旭光 主编

连云港市政协学习文史资料委员会
中国民主同盟连云港市委员会 编

群言出版社
QUNYAN PRESS
·北京·

目 录

（第五卷）

怎样做妇女的领袖①

诸位先生和诸位同学:今天承周先生邀我来这里演讲,但我这种演讲是和普通的演讲不同;只可算是一种谈话。我今天到这里来很受感动,上海私立学校很多,妇女的补习学校也不少,但像这样另具有眼光及宗旨,将来预备替社会服务和有以贡献于社会的,实属少见。这是在校的同学们所不晓得的,像人们生活在空气中而看不到空气一样的情形;然而我们在旁观的却看得很清楚,现在周先生能够另辟途径,使妇女们登上光明的大道,而且这种重大的目的就是无论在家庭、在社会,或在其他的集团各方面,都能够有所贡献。我今天到这里来,实在是感动得很,就像这次的级干事联欢会,也是寓着很深的意思的,可惜我没有什么很好的话来告诉诸位。

女子在智力和生理各方面并非不及男子,而女子所负改造社会的责任,也并不弱于男子,或者更重于男子,因为社会的改造须先从家庭着手,中国的家庭制度是很坏的,设不加以改革,那其他一切是不堪设想了。但改革社会,逐步进行,像一个小孩

① 江问渔先生演讲,郭筠倩笔记。

子的学步，起初是学站，缓缓地扶着步行，以至于成熟的走路，这样就很自然的能够走路了；假如要使才学步的孩子，马上走起路来，那不是要跌交吗？社会的改革也是这样，逐步进行的，因为社会是一步步地进化，所以在社会中的推进责任，不仅在男子，女子的责任也很重大，普通人对于“贤妻良母”的一种主张很反对，大家都主张女子也当到社会上干社会运动。不过，假如女子统统抛弃了家庭的责任而到社会上去，那么家庭的责任给谁去负呢？我们静下心来说，女子须先在家庭做了“贤妻良母”，然后再扩大了到社会上去干社会运动，设使女子抛弃了家庭而只高谈阔论于社会，这种不务实际是无异于小孩子的不扶而走，未免立足不稳罢！现在周先生的设立此校，是具着到社会上为社会的改良者，而回到家庭里为家庭的改良者的两种意义，就是希望诸位有着这种伟大的精神。

其次，既然要做社会改造的中心人物以及做家庭改良的中心人物，那么，对于这种妇女领袖的资格，必须具有下面的条件：

一、身心的健康——这项是最重要的条件，因为我们中国人的健康问题，倘若和外国人比较起来，实在是很可伤心的，现据各方的统计：

（甲）死亡率——外国人于1000人中一年只死亡一人至二人；而中国人于1000人中一年死亡10—20人。这就比较多了十倍的数目。假如是死了一个生利的人，那不是社会上，就增了很多孤儿寡妇吗？这是多么重大的损失！

（乙）产妇——中国产妇1000人死10人以上，外国人只死一人或二人。这是多大的损失！

(丙)平均年龄——所谓平均年龄,就是将某一时期若干死亡者的年龄,统统加了起来,再拿死亡数去除总数的平均数,叫做平均年龄。据统计,外国的平均年龄50岁;而中国则是30岁。这便是外国人多做了二十年的事情呢!

(丁)疾病——这个数目是更可惊人的。

据以上的统计看来,中国是种种不如人,而身心健康的情(原文如此,似为事情之误。编者注。),却是重大的原因啊!近几十年来,中国是比较进步点,但也及不到外国,像社会上堕落、犯罪、枪杀等事件之多,大都是不健康所致。所以诸位当如何地去锻炼身心的健康,由己及人,这就应当注意于个人卫生,社会卫生及公共体育,体格健全才可以负起改造社会的种种有益运动。

二、学(原文如此,似为科学之误。编者注。)的精神——科学是可分为几方面的,像我们日常所用的汽车、电灯等都是科学的结果,应用科学的结果;以及在课程上的地质学、物理学、化学、数学等都是科学的研究,但这不过是一种记录的复习,而大致可分为:

(甲)自然科学——人、兽、草木等自然现象的研究。

(乙)社会科学——人和物中的发展的汇合。

而自然科学更是科学研究的正宗对象。

中国人的科学知识是非常幼稚的,像雷电这东西,古代的人都认为是有神司守的;而外人则能解释这种现象,利用之以为日常用品,这都是科学研究的结果,成为科学昌明之今世。所以大批火药枪械日益精明,权威很大,能够称强于世界。而中国古代的人们只能在书本上下工夫,忽略了实体物的研究,举凡不能解释的东西,都推在神的身上,所以有知识的只知书本,而没有知识的,就只有迷信了。结果到了现在种种不如人,都是科学知识太差的缘故,所以现在应亟亟地补救起来,才赶得上人家啊!

像日本有这样的强盛,都是他们在小学教育、社会教育,及妇女教育中把科学知识安排在里面,使成一种科学的环境,而尤其注重于妇女的科学教育,使妇女们把科学的知识基础打好,然后可以传教之于其儿童,所以现在中国妇女的家庭教育、胎教教育、社会教育以及普及教育等当推广之,希望以后做妇女领袖的应当注重这一点。

三、集团的生活习惯——中国人向来是个人主义甚重,此种集团生活的习惯是未曾养成。即在家庭的小组团中,也常有咀唔不安的,所以外国人常讥中国人无三人以上的集团,因为外国人的集团是一条心,一个真理;而中国人则在十人以上的集团便有三心二意,而使力量涣散,这就是无团体生活训练的缘故。

集团的条件:

A. 尽责任——各人都尽其应有的责任,然后团体可进展。

B. 服从——各人都须服从主脑的指挥,然后团体能坚固。

中国人向来是过习惯个人生活的,像家庭的小组团中,这个管家的家长,常常有独断专行,或滥用公款的权利,这些事,虽然他是一个负全家责任的一个人;而做他的子弟们固然是有服从性,但有些家长往往有偏私的成见,缺少责任心,以致流于胡闹。在家庭尚且如此,对于社会是不言而喻了,所以弄到中国的局面是成一盘散沙,而受人的欺侮!现在我们应当觉悟起来,训练这团体的生活,换句话说,就是集团生活的道德。

中国现在是穷、弱、散、乱等弊病繁多,上面所述的三点却关主要并且皆关系女子。所以希望诸位当真要做社会伟大的领袖人物,就应该亟亟履行,以副周先生办学的宗旨啊!

(原载《妇女月报》,1935 年第 1 卷第 7 期)

全国乡村工作讨论会第三届年会通告

通告一

本会上年双十节在定县开会，经拟定本年度在无锡借江苏省立教育学院地址开第三届年会，推定漱溟、恒源筹备开会事宜；兹经与教育学院商妥借用该院地址，准于本年双十节如期开会，特此通告。

第三届年会值年　梁漱溟　江恒源

民国廿四年八月十日

附到会须知

乡村工作讨论会第三届年会到会须知：

一、凡参加本会年会者，以乡村工作机关或团体之代表为限。

二、本届开会地点借用无锡江苏省立教育学院，筹备处亦设于该院。

三、本届年会会期，定为十月十、十一、十二，三日；赴会者请于九日前向筹备处报到注册。

四、开会期间（十月九日起至十三日止）食宿由筹备处代办；住宿会内，须随带简单行李。无锡旅社，房价较廉，如不带行李，愿寄宿旅社者，由筹备处代为接洽，尚可优待。

五、会员到会注册时，住宿会内者，每人缴膳杂费3元；寄宿旅社者，交膳费2元。

六、火车轮船减价证，由筹备处进行接洽，能否成功，尚难预定；惟到会代表，仍请尽八月三十日前将姓名、性别、籍贯、年龄、代表机关名称及经过路程逐项开明，寄交筹备处，以便造册报部。过期不能代办，请见谅！

七、筹备处于十月九、十两日，设临时招待处于车站，会员到站时，即填写登记表领取出席证章，简单行李，随车携带，大件行李可交招待处代运。由无锡车站至教育学院（社桥），雇人力车约需大洋一角左右。

八、会员携带之印刷品，欲分发时，请交办事处代为分发。

九、开会日程及起居时间临时公告。

十、会员拟参观江苏省立教育学院各项实验事业者，会期之后，请自行接洽。

十一、会员如欲参观无锡各工厂或游览风景者，请向办事处报告，以便结合团体，接洽办法。

十二、会员到会后，请随时留意筹备处之布告，以资接洽。

通告二

上届年会经推定漱溟、恒源为本届值年，筹备开会事宜；兹为便于办事，特在无锡教育学院成立本届年会筹备处，并加推高阳、许仕廉两先生为筹备员，与值年等一同办事。复公推高阳先生为筹备主任，以利进行。凡外间在开会前有与本会接洽事件，请即向本会筹备处接洽为幸！特此通告。

第三届年会值年　梁漱溟　江恒源

民国廿四年八月十日

通告三

上届年会经决定本届年会着重问题讨论，所有与会各团体机关之工作报告均改为书面提出；兹遵照拟定本届开会办法如次：

（一）凡来与会之各团体各机关，如有工作报告，均请以书面提出，于会期两旬以前，寄到筹备处，以便印刷分赠同人传阅。其寄到过迟者，恕不代印。如系以印刷件提出者，亦请于会期前一日交到筹备处，以便分配。

（二）本届年会，关于问题讨论，分下列四组进行：

甲组：凡地方自治乡村保卫社会行政公共卫生等关于政治一类之问题属之；乙组：凡关于教育一类之问题属之；丙组：凡农业工业水利道路金融及合作社等关于经济一类之问题属之；丁组：凡不属以上各组之问题或事涉两组三组者属之。

（三）凡来与会各同人均得提出问题讨论，各组暂请定书记一人负收集问题之责；所有提出之问题，均希尽早分别寄交各组书记，以便整理，或预为征求专家指教。各组书记人选如次：甲组书记陈筑山先生（定县平民教育促进会）；乙组书记高阳先生（无锡江苏教育学院）；丙组书记许仕廉先生（南京实业部）；丁组书记梁漱溟先生（邹平山东乡村建设研究院）。

（四）本届年会除首次会及末次会应开大会外，其余尽开分组讨论会；讨论结果于末次会报告之。

以上办法系经值年等拟定；各方同志如有意见，仍盼通函赐教，以求尽善。特此通告。

第三届年会值年　梁漱溟　江恒源

民国廿四年八月十日

（原载《乡村建设》，梁漱溟、江恒源，1935 年第 5 卷第 2 期）

中华职业教育社农村工作报告

工作的发轫

中华职业教育社成立到现在，将近十八年。最初努力于职业教育之宣传提倡，和工务教育的试验实施。其后又鉴于农村的衰落，与一般农业学校造就的人材不合实际的需要，并且不能担当挽救农村衰落的重任，主张改变方向，把职业教育的范围扩大，深入到农村里去。民国十四年八月，黄任之先生参加举行于山西太原的中华教育改进社，第四届年会，演讲职业教育，提出山西职业教育计划案，中有划区实验乡村职业的一项，很得各方的同情，山西当局并请黄先生调查了好多县分，指定了好几个试验区，终因兵祸纷起，在山西就停顿了。后来在十五年五月，联合了中华教育改进社、中华平民教育促进会总会、东南大学农科，订定条件，共同试办划区改进农村工作。经了多时调查的结果，就决定设第一试验区于江苏昆山的徐公桥，在那年十月，正式宣告成立，公布改进农村生活事业大纲十条。十六年三月，因为时局和经费的关系，暂告停顿。这短短的半年称做筹备时期；

到此为此，也是中华职业教育社从事农村工作的第一时期。

工作的演进

在徐公桥试验区成立时，公布的改进农村生活大纲十条，是中华职业教育社第一次的农村改进工作大纲。

到了民国十七年四月徐公桥由社独力继续举办，聘定干事，协助地方人士，组织改进会，做了实施改进的机关。在社的内部添设农村教育股，做了推动农村工作的主脑，并且订了一份农村改进实施办法，作为进行的标准，一份六年试验计划进行表，作为进行的根据。

十八年八月，农村教育股改为农村服务部，实施办法作第一次的修订，将事业分做文化、经济、政治三大部，定连锁进行方法，而以教育做推进的主力。这年的十一月，镇江黄墟改进区因了江苏省农矿厅的合作而成立，进行方法和徐公桥大致相同。

十九年八月，设立徐公桥农村改进讲习所，招学友十人，加以严格训练，且做且学，一年毕业，分别出外服务，他们的工作方式，也是和徐公桥大致相同。

二十年七月，成立了吴县善人桥改进区，接办了浙江绍兴善庆农村小学。同年十月，成立了泰县原高庄改进区，三月设立了观澜义务教育实验学校，试验半日制、全日制、时间制的儿童与成人教育。这一年徐公桥成立了六个分会，托六个分校帮同主持，于是事业的进行，益见顺利，从这时一直到现在，又先后设立了好几个农村工作机关。

二十二年十月，设立漕河泾农学园，招收二年毕业的农村服务专修科团友34人，一年毕业的鸿英乡村小学师资训练所团友15人，有园艺场、畜养场、农场、民众教育场和沪郊改进区小学校等，做研习的场所，在这个时期里，社的农村工作，有两件值得报告的：

（一）是农村工作的方式，正式规定，分为单式组织和复式组织的两种，单式组织，是以小学做推进工作的中心；复式组织，是以改进会区乡公所等机关，做推进工作的主力。

（二）是编制农村工作纲要图，使实施工作的趋向，益加确定，图附如次：

农村改进工作纲要图

（图略，见“三年来之中国职业教育”。编者注。）

此图制成于民国二十三年二月，凡中华职业教育社，从事农村工作人员，一律悬之座右，遵守勿渝。

工作的一班

在这许多机关中间，因为限于篇幅的关系，只有提出：（一）最初开办的徐公桥改进区；（二）训练人才的漕河泾农学园；（三）最近开办的沪郊农村改进区来略略说一说，以见工作的一班。

中华职业教育社的农村工作机关,列表如次:

名称	地址	户口	面积	负责人	开办年月	备注
徐公桥乡村改进区	江苏昆山安亭徐公桥	七三五户三五九七人	四〇方里	蔡望之陈明之金轮海	十七年四月	六年试验计划完成于二十三年七月交归地方自办并扩大区域为昆山地方自治实验区
黄墟农村改进区	江苏镇江新丰黄墟	一三二九户五七七四人	五三方里	冷御秋李西沈	十八年十一月	
中华新农具推行所	上海华龙路八十号			姚惠泉祝唯一	十八年十月	
三益改良蚕种制造场	江苏镇江桥头镇		三四八亩	冷御秋	十九年三月	
善人桥农村改进区	江苏苏州木渎善人桥	一四五七九人	四四〇方里	张仲仁王洁人朱孟荣	二十年七月	二十三年十一月交与吴县教育局接办
顾高庄改进区	江苏泰县姜堰	七三〇户三五〇八人	三五方里	顾君义	二十年十月	
善庆农村小学	浙江绍兴柯桥州山	六百余户三千余人		吴性栽高东方	二十年七月	二十三年八月交归地方接办
诸家桥乡村试验小学	浙江余姚五夫	六(原文如此。编者注。)	六方里	夏杏芳阮蓝田	二十年八月	
丁卯乡村小学	江苏镇江江太平乡			许秋帆俞应江	二十年三月	
农村服务专修科	上海漕河泾			黄齐生王印佛	二十二年十月	与鸿英师资训练所合称漕河泾农学园

续表

名称	地址	户口	面积	负责人	开办年月	备注
鸿英乡村小学师资训练所	上海漕河泾			杨卫玉 王印佛	二十二年十月	与农村服务专修科合称漕河泾农学园
沪郊农村改进区	上海沪闵路	约三万人	约三百方里	陆书昂 王印佛 沈寄农	三十六年六月	跨上海市松江县上海县三行政区分设赵家塘吴家巷三办事处
观澜义务教育试验学校	昆山地方自治实验区回巷村	一一七户 六〇一人	三方里	杨　潘 叶　菁	二十年三月	
陆景乡村小学	昆山地方自治实验区唐家角	一四〇户 六一九人	四方里	茅志岳	十八年二月	二十四年一月交还地方接办
荻山自治实验乡	江苏上海县第四区	四二五户 二一三七人	一五方里	乔憩林 姚惠滋	二十三年二月	

甲、徐公桥乡村改进区

子、组织

徐公桥已于二十三年七月交归地方人士接办，目前他们还是有一个改进总会，七个改进会分会，一共有会员四百六十多人。在各分会的会员中，每一分会，各自举出五个干事，组织分会干事会，加上一个分布小学的校长，做干事会书记。再由各分会的干事，举出九个总会的委员，由委员举出了一个主席，组织改进会委员会加上昆山一个农民教育馆馆长，一个中心小学校校长，做了委员会书记。再由委员会请了昆山县长、教育局长、公安局长和中华职业教育社代表二人,一共五个人,组织了一个顾问会,来帮助委员会推进。这样的组织,似乎还严密,而人选也还健全,所以事业的进展,仍能顺利地无多大困难。

丑、经济

徐公桥近一年来进展的事业,最快的要算合作社,只就这次冬季的白米储藏而论,竟超出了二千石,信用借款超过了八千元,肥料借款也将近二千元。最近筹办白米运销合作,中华职业教育社已许加以助力,直接运销于上海,是一件有希望的事业。目前合作社的全部营业,将达三万五千元,全区人口不过三千六百人,那在经济上自然获着不少的利益。又靠了合作经济的关系,无形中约束社员,日渐向上,嗜鸦片的自然淘汰之列(区内鸦片绝迹),即喝酒和到区外赌博的人,也大形减少,这是合作社成立后莫大的收获。可惜合作社组成还不能满意,对于合作社原则当然未能尽合,理事会的少数人,到底太辛苦了。这种办合作社免不了的过程,正在督促改进的。

寅、教育

其次是教育,关于义务教育,因了昆山县教育局的帮助,指定做义教实验区,经费没有问题,一方面因为警管区的试办,保甲制的实行,再加上改进会分会的努力,学龄儿童入学的,以达到90%以上,可是成人识字教育,近来没有显著的进步,这也在研究督促中的。

卯、建设

建设方面,桥梁已全部完成,泥路也增策不少,石子路因为经费关系,最近没有增加。河渠的浚修,用征工方法,与政府百分之二十的经费补助,有好多处完成了。

辰、保安

保安方面,死亡率比四年前减少了百分之四十五,疾病统计,比四年前减了百分之五十五十八,改进会的诊疗所,近来简直门可罗雀。不过保卫训练反松懈下来,这个因为保卫的需要大行减低;一则地方实在太平无事,有夜不闭户之概。二则警管区保甲制实行后,奸人更无混人,他们只有偶或招集旧保卫团,团员操演一下,既没有冬防之组织,也没有想新团的训练。他们在一二八接济十九路军第五路军的经验,认为江南之人,谈不到执干戈以抗敌人,只要在后方地理接济,防护治安就够,这不能说他们没有民族意识,不过环境如此,就也难以振作了。不料区外附近的客民,看到了这个弱点,就乘这次废历十二月三十日深晚十二时许,聚集了六个人,到了刀棍手枪,从吴淞江起岸,偷偷地劫你一个冷不防。遭殃的是一个青年农民张姓,他因为拼命抵抗,竟至小腹上受了一刀,连肚肠都拖出来,大喊救命的结果,惊起了四周的乡邻,鸣锣开枪,此六个人急急地逃了。乡邻把受伤的张姓报告诊疗所救护,终算没有死掉。一方面六个匪徒,因为保卫团团部,和公安局的合力搜捕,竟于废历大年初一的下午,在区外的安亭镇上一个也不少的捉到了,这个教训,目前正做着鼓吹训练所新团员的材料。

乙、漕河泾农学团

子、创立缘由

中华职业教育社附设的农村工作机关既不少,而各方面请求介绍农村工作人员的又很多,觉得合用的人实在太少。民国十九年徐公桥改进讲习所训练的学友十人,又分配无余,于是就上海近郊的漕河泾,创设一班农村服务专修科,得到上海市政府的帮助,居然于二十二年十月实现了,一共招收了高中毕业,服务农村二年的学友三十四人,预定二年毕业,招考的方法,先通信决定其准考与否,结果在通信的一百一十八人中,准考的只三十七人,再招来作文字、演说、体格、劳作等考试,取录了三十四人,后来又淘汰了六人,现余二十八人。那时上海鸿英教育基金董事会,曾托本社代办鸿英乡村小学师资训练所招收毕业师范,有服务经验的学友十五人,加入共同训练,预订一年毕业,就混合组织为农学团。因团在再漕河泾,所以称作漕河泾农学团。这是中华职业教育社最近训练农村工作人员的唯一场所。

丑、生活提要

集中。农学团在最初四个月,称作集中生活时期,实行军队化、纪律化,团友在生活上力求平等,在职位上严分等级。经过二周间的生活调溶、训练,方始作正式的研习。课程种类,大概分做教育、卫生、农事、经济、村政、组织等,极端注重精神陶冶,农事操作,军事训练,事务练习,组织系统如下:

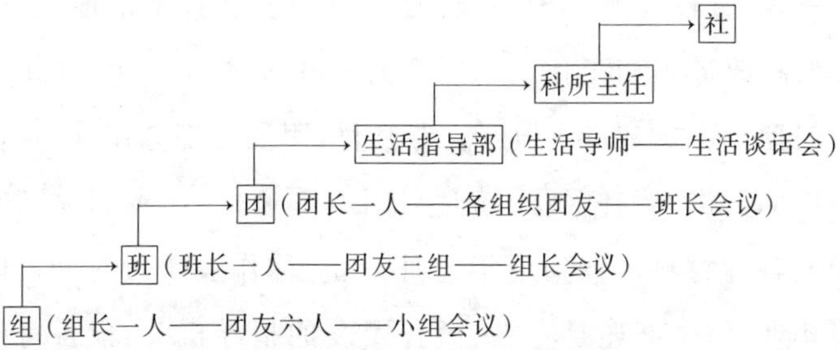

分工。到了二十三年二月，集中生活期满，师资训练所的全部团友，分往沪闵路一带乡村，办理小学，实习单式组织的农村改进，专修科的一部分团友，分往沪郊赵家塘吴家巷等处，办理复式组织的农村改进，一部分团友分任团本部的园艺场、畜养场、农场等工作。每二星期，各团友集中团本部一次，加以训练，一共六个月，称作分工生活时期，组织系统如下：

- 中华职业教育社
  - 农村服务专修科
  - 鸿英乡村小学
  - 师资训练科
    - 漕河泾农学团
      - 评议部
        - 建议
        - 监察
      - 执行部
        - 修养组
        - 研究组
        - 经济组
        - 教育组
        - 村政组
        - 总务组
      - 导　师
        - 人事导师　人事导师
        - 教育导师　村政导师
        - 农村经济导师　农事导师
        - 园艺导师　畜养导师
        - 合作社导师　医学卫生导师
        - 军事导师　国术导师
        - 艺术导师　外国文导师

实习。二十三年八月，师资训练所团友正式办理鸿英乡村小学三校，分校五所共十一级，专修科团友选择十个地点，分别担任农村改进一切工作。每二个月集中团本部一次，称作学业实习时期，从二十四年三月起，专修科，团友一部分调动，担任独当一面的工作，倘有困难，随时与团本部通信，团本部也随时供给团友各种材料。直到十年七月为止，称作业实习时期。以后就算毕业，但本部还是存在，做各团友的指导机关，预备每年相当时期，还要集中一次，加以训练，平时的通信与供给材料，自还继续办理。

寅、目标和方法

中华职业教育社办理农村改进事业，主张经济、文化、政治、三者连锁合一，就是富教政合一，来改进农民整个生活，达到真正自治做（原文如此。编者注。）目的，所以农学团的总目标，一是“自养养人”，二是“自治治群”，三是“自卫卫国”，所有工作同志，“凡做做此，凡学学此，凡教教此；”对己、对人、对事、对物的一切动作，都是这样；并且实行“教根于学”，“学根于做”，“做是学之始”，“教是学之成”的主张，同时还实行“一面做一面学，从做中间求学，从做学中间求得系统的知能”。这是工作同志“做”、“学”、“教”不二方法，也就是持此以达到改进农民整个生活唯一的途径。

卯、现在的生活

师训所团友十五人生活的分布，都在沪闵路一带，共计：

1. 鸿英第一小学区——鸿英第一小学四人——一小分校二人。

2. 鸿英第二小学区——鸿英第二小学三人——二小分校二人——二小二分校二人。

3. 鸿英第三小学区——鸿英第三小学二人——三小分校一人。

专修科团友二十八人，生活分布的区域较广计：

1. 团本部办事处二人

2. 沪西园艺场二人

3. 劳获蓄养场一人

4. 万生农场一人

5. 沪郊改进区三人

6. 马桥农民教育馆一人

7. 三林农民教育馆一人

8. 黄渡农民教育馆一人

9. 高桥改进区二人

10. 徐公桥改进区二人

11. 南京和平门二人

12. 浙江湘胡(原文如此,应为湖之误。编者注。)乡师一人

13. 安徽特教处一人

14. 广西研究院一人

15. 四川成都一人

16. 江苏东台小学一人

17. 常州工学团一人

18. 考察全国农村四人

丙、沪郊农村改进区

子、决定地点

从昆山徐公桥改进区六年试验计划将告完成,预备交归地方人士接办之前,中华业教育社在上海近郊,调查了许多农村区域,预备另外划定一区,把办理徐公桥改进的人才经济,移来办一个改进区。一方面作为在都市中鼓吹农村去的实例;另一方面作为农学团长修科团友,实习在复式组织下办理农村改进的

场所。后来在二十三年三月初,决定就上海西南沪杭公路的沪闵段,北起上海市的吴家巷,跨过松江县境,南到上海县的赵家塘,面积约三百方里,称做沪郊农村改进区。

丑、三个办事处

沪郊区中又决定了三个办事地点:一个是最北的吴家巷,预备拿经济做出发,而以万生农场做根据地。一个是中间的金家塘,预备拿教育做出发,而以鸿英第一小学做根据地。一个是最南的赵家塘,预备拿自治做出发,而以众安乡公所做根据地。后来因为经费及领导人材过于缺乏的关系,就把赵家塘先干起来,在二十三年三月十二日开始筹备,一直到七月初,金家塘、吴家巷才相继发动,可是到了现在,吴家巷一处,还是因为种种关系,进行得异常迟缓。

寅、下手方法

只有赵家塘按照预定步骤,进行很是顺利。金家塘也还有一些成绩,这二处都是靠了医药的力量,而把农民的心抓住,接着办理民众教育场的力量,而把农民组织起来。于是户口调查、保卫组织,都很顺利的办就。在乡公所保甲长自治制度之外,另有和徐公桥差不多的,改进会会员大会,委员会改进会分会,帮同推动。

卯、事业概况

沪郊区因为成立不久,远不能说怎样的成绩,现在姑且提出几点,大略说一说:

组织。除了邀集热心公益,绝无嗜好的农民,组织改进会会员大会,产生委员会,成立办事处外,又划分小区做分会区,已经成立了四个分会,同时有户长会议,研究从家庭的整理扩而为地方的整理。有妇女家政会,指示各种家政上改革要项。有青年服务团,训练为公服务精神。凡是地方上的事务,已能很热心的参加。有儿童作业团,就家庭、学校、三方面的需要,加以各种作业训练,儿童对于作业的兴趣大增,家长们很是欢迎。这次冬防期间,又有守望队和保甲的组成,竟收到窃盗绝迹的效果(以前区内到冬季终有窃盗案件)。

教育。根据了教育调查,全区增设了小学八校十一级(原有三校五级),积极作推广义教和民教,实行学校教育社会打成一片的主张。每个小学,附有民众教育场,试行不测重于识字的教育,把三十岁以上的男女成人,组成普训班,十四岁以上,三十岁以下的青年男子,组成青训班,青年女子组成女训班,都注重精神的陶冶,公民的训练,常识的灌输,时事的报告。特别注重于青年,俾成异日农村社会的中坚。现有小学生四百八十二人,青年一百五十七人,成人九十五人。有好多地方事情,就在教育场内大家发动,而请乡公所举办的,一切风俗的改良,婚姻的举办,调查的实行,都由教育的力量,收到顺利进行的效果。

经济。经济调查已完成。本年即将着手农事的改进,合作社亦开始筹备。农事的改进,预备用中心农场,特约农田双轫法进行。种树养鱼也相当鼓吹,而将于今春实行的关于水利道路桥梁,得到政府的助力,农民很高兴的自己兴修了一部,小小的公用水埠,已成立二处。

保安。医药方面,有诊疗所一,简易药库四,大受农民的欢迎。区内事业的进展,得到医药的助力,很是不小。今年起,更注重预防,预备协助乡公所举行卫生运动,注射防疫针,布种牛痘。警管区的试办,也因公安局的帮助,而实现了一处。赌博在这次废历新年,竟自动绝迹。吸鸦片的,都因保甲的严密,调查得非常正确,定下分期戒绝办法(年轻者先戒,定二年戒绝),已开始实行了。

(原载《乡村建设实验》第2集,
乡村工作讨论会编,1935年9月)

关于中国职业教育的六个中心问题

对于六项问题。真能认识清楚,才可决定今后职业教育的趋势;对于六项问题,皆能得着相当的解决,乃可谋整个职业教育自身的健全。

本文所谓六个中心问题,即:

(一)关于职业学校教育的问题;

(二)关于职业补习教育的问题;

(三)关于职业指导事业的问题;

(四)关于农村改进事业的问题;

(五)关于女子家事教育的问题;

(六)关于青年训练的问题。

上述六个问题;看似分立,而实际却有互相连锁不可分离的关系。如(一)、(二)、(三)项,原是职业教育实施方法中三个主干,因为重其一而轻其二,其结果也,不仅是偏而不全,即所谓重一之一,亦因之而发生障碍。如(四),那是由于中国特殊社会需要所产生,而职校中农的教育一类,实非此无由解决。如(五),更是职业教育中重要的一类,匪仅关于社会目前的安全与福祉,而种族的兴衰且系焉,今竟提倡无人,可慨孰甚。至于"青年训练”从表面观之，似不仅为职教一方面问题，实则关系到整个职教。依作者的意见，甚愿将第（六）项的精神，渗透到上列五项，俾职业教育领域以内，无一处不以青年训练为目标，为骨干。倘对于六个中心问题，真能认识清楚，便可决定今后职业教育的趋势。

可是说起来真十分可怜！中国改办新式教育，近四十年，职业教育的提倡实施，至少也有三十年。近年来最高教育行政当局，对于职业教育的规画、倡导、督促，总算是不遗余力；同时各省市职业学校的设立，亦复数量激增，不能不说是一种极好现象。但此种职业教育，对于国家富力，社会生产，究竟能补助几何，仍是疑问。而职业学校学生毕业后出路问题的严重，则已呈现于目前。

教育原为帮助解决国家社会问题，不幸目前的中国，教育自身，已经发生了许多问题，亟待解决。职业教育，除帮助解决国家社会问题外，并帮助整个教育解决困难问题，不幸目前的中国，职业教育自身，也发生了许多问题，亟待解决。

就大体言，社会事业不发达，需要新式职工不多，则职业学校的毕业生当然感觉出路的狭隘。一般社会，重文轻实的心理，未能完全转移，则职业教育，势必受其影响。此固非办职业教育者之过，而社会应负其责。但是，职业教育自身不健全，亦足以减轻社会的信任，此层却也不能不预为顾及。

兹试不避忌讳，略言其弊：纯以办普通中学的方法办职业学校，不顾教学设备，不顾社会需要，不顾学生出路，此其一。办理职业教育，只知注重职业学校，而不知职业学校教育外，还有补习教育与职业指导,因为偏而不全,遂致路狭而效寡,力薄而势孤。此其二。办理职业教育,除学校教育外,不知注重社会教育,因此农的教育方面,受其影响特别重大。此其三。误认职业教育,目的专为谋生;而于公民道德的训练,民族精神的启发,不甚注意。此其四。女子家事教育,以近来思想及风气之所趋,几乎无人敢加以提倡,若从实际观察,吾民族因此吃亏甚大。此其五。

欲除其弊,以与其利,于是乃提出下列六个中心问题,并一一附之以意见,盖必须六个中心问题,皆能得有相当的解决,乃可谋整个职业教育自身的健全。

第一,今后职业学校,究应如何办理,方为适当?

这当然指正宗的初级高级职业学校而言。目前职业学校,功效如何,已为有目所共见,若一任其无条件的无限制设立,则将来困难问题,必日益增多。因此,对于此问题,拟有下列的答案:

(一)希望以后再有新的职业学校创立,务必对于社会需要,调查明白,学生出路,预为估定,应有设备,充分办好,否则宁可缓办。

(二)关于商业学校,如非地方真正需要,毕业生出路,确有把握,最好少办。

(三)凡已设立的职业学校,务必竭力充实设备,改良教法,并协助本地方职业指导业务的进行,以期和社会职业界相联络,相沟通。

(四)希望今后初级职业学校的各班年限,不必一定三年,最好酌察社会需要多设活动的短期班。

(五)正宗的职业学校应兼负推广职业补习教育的责任,视本校的性质,招收附近学校的工商界青年职工,予以工余的职业教育补习;其在农校方面,对于农家子弟亦然。

(六)希望教育部令饬各省市教育厅局,除查照部颁各项条规,切实遵行外,对于上列各条,酌量采取其意旨,通令全国遵照。

第二,职业补习教育,目前是否需要?如认为需要,应如何实施,如何推广?

职业补习教育,原属职业教育的一部。但在我国一般人的见解,总以为职业学校,是职业教育的正宗,而对于职业补习教育,仍多视为无足轻重。在墨守旧法,不知改进的工商业者,习用徒弟制度已久,多不肯把自家店厂内的小职员及徒弟,送到补习学校去读书习艺,这也是事实。因此办理职业教育的人,遂以为社会既不需要,亦就顺其自然不加推动了。近年来上海一方面,总算风气渐渐开通,职业补习学校设立的很多,固然其中也有不尽属于职业教育的,但比较起来,也就很好了。我以为目前的问题是:

(一)希望教育界同人,先能认明此项教育,确为目前所需要,然后再来多方设法,使一般社会,咸能了解,那么,用什么方法呢?

我的答案,是:先由各地方教育同人明确认定职业教育的利益所在,多方宣传,如:(1)学生毕业,无出路的可虑;(2)有许多机关,可以利用;(3)青年入学校在正式学校,得益尤大;(4)可以消除社会许多不平之气;(5)可以促进职业的改良等等;皆可举出例证,使一般社会,尤其要使工商业者彻底了解。不但宣传已也，还要结团研究，或自行设校施教。如此自能使风气开通，社会心理，渐渐改变。

(二)希望此项教育，能普遍推广于内地，先由通商大埠，渐次推及城市，再由城市推及乡村。那末，如何才能达到这样目的呢？我的答案是：(1)希望各级政府特别提倡；(2)希望办理职业教育的人，把注重职业学校教育的心理，转移到职业补习教育上面，竭力去鼓吹实施；(3)希望各实业团体各工厂公司负责创办。

(三)实施此项教育，最忌任教师的人，存一种“业余兼差”的心理。那末，如何才能除去此种心理呢？我的答案，是(1)希望各地方教育行政当局，要严密考察，注意奖惩；(2)各地方办理职业补习教育的团体，要结合起来，公同研究，不断的谋教法的改进；(3)希望地方职业指导机关协助研究，并对于担任补习教员不断的施行训练。

以上三项问题，倘能如此办理，大致总可以得相当的解决，同时更希望教育都能采用上列办法的意旨，除明颁命令，督促进行外，并编成指导或参考专书，广为分发。

(附注)

最近中华职业教育社附设第二中华职业补习学校主任赵宗预君本其经验所得，著成一书名曰《都市的职业补习教育》，可供同人参考。但此书所述，仅限于都市，至乡村方面，如何办理职业补习教育，则可于农村改进问题中，讨论及之。

第三，职业指导事业，目前是否需要？如认为需要，应如何实施？

一般人对于职业补习教育，既多漠视，而对于职业指导，尤为不甚关心。须知职业指导,在全部职业教育中,也可说是居于极重要的地位。就各中小学言,就业指导,升学指导,固属异常重要,而就一般社会言,青年、学校、职业界三方面,要谋适宜的联合,使青年就学有所,可以得着一个良好学校,使学校明白社会情况,可以养成适合职业界需要人员,使职业界明了职业改进的必要,可以求得新式有用人才,此种使命的完成,实惟职业指导所是赖。是以职业学校教育,职业补习教育必赖职业指导的帮助,方能显其效用,尤其在中国不甚信任学校教育之工商业者,更要有一种媒介机关贯串其间。如此说来,职业指导,在今日中国社会,是十分重要,已可不言而喻了。

现在教育部关于办理中小学筹备就业指导及升学指导,定有条规,并有"职业指导参考材料第一卷",分发到各处,就是对于职业指导所的设立,亦复极力提倡,但此事如真要办理完善,似乎对于次列各问题,不能不先谋一个圆满解决。

(一)关于人才问题。我以为要解决此问题,扼要的有次列三个办法:

(1)希望由教育部定期筹设职业指导讲习会;召集各省市教育厅局职员及中等学校教职员参加讲习。

(2)希望由教育部指定几处国立大学教育学院系添设职业指导讲座。

(3)希望教育部修正师范学校课程于第三年加入职业指导一科。

(二)关于经费问题。希望由教育部通令各省市,说明职业指导事业费,也包括在职业教育经费之内。使各地方办职业教育的，不一定要把职业教育经费，皆用在职业学校一方。

（三）关于各地方实际办法问题。希望教育部再行编辑一册，将关于办理职业指导必要的知识技能，以及筹办时的一切程序与夫应行注定各点分别说明，俾资遵守。

有了人才，有了经费，再有了实际办法的指示，如此办起来，也就可有一些把握了。

中华职业教育社所附设之上海职业指导所，办理职业指导业务，已历九年，各地方筹办职业指导事业的，大都来此参观考察，甚且派员到所实习，所内关于筹办职业指导所的组织工作等，拟有若干条，兹可附录于次，以供参考。

（略。编者注。）

第四，农业教育如何实施，方有实效？农村改进区，应否推广？实际筹办，有无轨道可循？

此一个中心问题，认为关系异常重大。轮到农的教育，天然要分成三个阶段；势必三阶段互相衔接联络，方能各得其所，各著其效。居高级一阶段的，为“农学教育”，此为大学专科所有事，目的在研究关于一区域的农事农业问题，得着解决之方，可以推行于农民。居中级一阶段的，为“农业教育”，目的在养成实际经营农业人员，担任乡村农民指导人员，农业新方法推行人员。居于下一阶段的为“农民教育”，而所谓农民，又要分成农童，农村青年（十六岁以上二十八九岁以下），农村成人（三四十岁以上），三类。所有教育方法，当然各各不同；如教育农童，农村小学任之，此种小学，带农业性须极其浓厚，与普通小学，绝对不同。如教育农村青年，则可用补习教育及社会教育方式；而内容则农事指导并公民训练并重,文字符号,亦为必要。如教育农村成人,尤其是年事较大的成人,则应纯粹采用社会式。这一阶段的农民教育,在全部农的教育中,其重要性,并不减于农学院及农业中学。因为没有这一段下级教育,则大学所研究出来的方法,互古无推行到农村的希望;而一般中等农业学校毕业生,也互古与农民无接近的可能(中等农校,设科施教,须视社会需要定之,不应过多,尤其高级中学,更不能无限制)。所以要农的大学中学教育真能有效,则下一级的农民教育,必须特别加以注意。近年来各方面所努力进行的农村改进区(或农村服务区,农村教育实验区),大致皆是适应此种需要完成此种使命的一种工作。

在农村改进区中,有的是把中等农业学校,包括在内的(并不是农业学校被包括,实际有了农业学校的地方,自然他就要划成一个改进区,用学校做改进事业的中心,兼施本区以内的农民教育)。也有在有形无形间,把农业学校一部分的初级农业教育分割下来,由本区担任的(虽然不是正式的农业学校教育,但指导高小毕业生从事于农业学习,也就等于初级农校了)。而农业学校自身,仰而上之,与大学专科相接,俯而下之,与农民教育相触,完全做一个承上启下居中策应的专员,当然一切措施,比从前十分活动,且十分有意义,因此教育的趋势,也要十分实际化,社会化了。

中国从前中等农业学校,办了许多年,成效未著,恐怕就是因为三方教育未能各各完备且各各衔接的缘故罢!到了此时,趋势既明,方针已定,那末,农业教育的实施,便不怕没有适宜的办法了。

再说到农村改进区的自身，照现在各方进行的情形看，诚然是很错杂，但把他归纳起来，也可以分为三个阶段：低一级，可叫做“村单位的农村改进”，改进区内人家，最多不过二百户，通常有一个农村小学做策动的中心。中一级，可叫做“区单位的农村改进”，人口少则三千，多则一万，特设一个改进会的专司机关，内中复包括许多分机关，如小学校，教育场，合作社，农场，药库，青年服务团等等。高一级则以全县为一个改进区，可叫做“县单位的农村改进”，以县政府为中心，从事于全县的乡村建设。

在中华职业教育社所试验的，如已往的昆山徐公桥乡村改进区，最近的沪郊农村改进区，大都皆是属于“区单位的改进”一类，从前该社曾议定有具体方案一种，名曰“农村改进事业实施办法”，可附录于次，以供参考。

（略。编者注。）

至于实际办理农村改进区，最近该社一班主持人根据平日经验，曾经写过十二条，兹可一并附录于次，也可算得是一条可循的轨道罢！

（略。编者注。）

第五，女子家事教育，在目前中国社会，是否需要？如认为需要，应如何提倡，如何实施？

就教育理论言，女子家事教育，也是属于职业教育范围中的一类。但是年来提倡职业教育虽有人，而竭力提倡女子家事教育者比较少数。一则女子家事教育不易办，师资难得，一也；设备标准，新旧两方难称适合，二也；二则近十年来，教育平等男女平等两说，讲得太呆板、太极端，以为女子教育只有超良妻贤母主义，决不能容良妻贤母主义之存在，大势所趋，竟莫敢与之抗，而所谓女子家事教育，又在与良妻贤母主义为缘，因此遂无人敢明白主张。实在平心而论，真理何尝是如此呢？就能力言，男女诚然无殊，凡男子能为之事，女子亦能为之；而就生理言，男女究属有别，男子应为之事，亦必强女子为之，是否经济，仍是疑问。我们当然承认超良妻贤母主义，因为不如此，则一部分曾受高等教育而具有特殊才能的女子，无以显其效用也；但我们同时也应该承认良妻贤母主义，因为不如此，则对于一大部分为妻为母之女子，无从定教育的标准也。天下断无使一切男子女子，皆受高等教育之理。世界无论何国家，何民族，亦断无使女子悉受高等教育，而所职皆超过妻与母之理。女子既不能人人皆放弃妻与母之职务，却又不教以如何为妻，如何为母之标准，试问，古今可有此办法？须知为妻为母的教育，质言之，即女子家事教育也，如此说来，女子家事教育之在今日之中国应否注重，已可完全明白了。至于论到如何提倡，如何实施，我们的主张是：

（一）中华职业教育社，前曾设有“女子教育设计委员会”，希望能积极进行，谋内容之充实，期有所贡献于社。

（二）希望教育部特颁明令，或由部呈请国府特颁明令，申述女子教育的方针，明白宣示良妻贤母主义的教育，应与超良妻贤母主义，同时并重，不容偏废。

（三）希望教育部详定女子家事教育实施标准，并就全国分区特设女子家事教员养成所数处，养成女子教育师资，以备各方延用。

（四）各省市女子师范学校，对于家事教育，须特别注重。

（五）普通女子中小学课程，亦须加入家事课。

（六）对于年长失学之女子，须多方倡设女子补习教育机关，以资其补习。

（七）在社会教育方面，对于女子补习家庭指导，要特别注意。

（附注）《华年周刊》专以提倡优生学说普及优生智识为务，在第四卷二十一期中有论文一篇，题目曰，“女子教育家庭前途与种族运命”言之极为深刻，令人读之感动，可供吾人参考。

第六、施行职业教育，不能不顾及公民陶冶，及民族复兴的准备，然则对于一般受职业教育的青年，究应如何实施训练呢？

此一问题，关系万分重要，我们极端相信，职业教育不仅是教人能“谋生”，还要教人能“做人”。是以要把职业教育分成二大主干：（一）是授与学者以谋生的知能，（二）是陶冶学者成公民的人格，两者恰如车之两轮，鸟之两翼，缺一则不可行。沈变以来，国人凛于图存救亡之必要，在整个职业教育的目标下，更欲使公民的陶冶能实际化，遂定名曰，“青年训练”，此则无间于正式的职业学校，非正式的职业补习学校，社会式的职业指导所，学校社会混合式的农村改进区，凡是一切职业教育机关接触的对象，皆必本一定的目标，施以适宜的训练，而于一般对象之中，尤必注重于青年。去年七月中华职业教育社第十四届大会举行于南昌，曾经议决中心问题两项，“一曰，社会性职业补习教育，二曰，农村改进方面的青年训练问题”。本年二月该社举行专家会议评部会议，更议决通过“复兴民族目标下之青年职业训练之具体方案”一件，这不能不说是一种切要之图罢！

当然各处环境，不能尽同，所用方法，亦不必一致，但处此国家危急之秋，而仍是沿用平常的教育方法，闭门读书习艺，不管其他，则可断言其万万不可。闻日本近来对于工商补习教育，已悉改用青年训练办法了，他们的办法，是职业补习外，注重军事训练及精神陶冶，人家是何种国家，职业补习教育，尚且如此，我们今日国家情形，还能容得习故蹈常，不求振作么？

关于青年训练具体办法，所拟提出讨论的，则为该社所议决的具体方案中的原则四项，其原文如次：

“一切实施方法，应依次列各原则：

(1)简便易行——以人人皆能做到为目的；

(2)容易持久——以能继续进行，不遽中断为目的；

(3)不变更各机关固有组织及课程——若是非是列变，当然是例外；

(4)多实做，少宣传”。

原则如果成立，各机关如何做法，尽可自行拟定。

至于该社“复兴民族目标下之青年职业的训练具体方案”原文，曾发表于《职业与教育》(原文如此，应为《教育与职业》之误。编者注。)月刊，亦可取之以供参考。

以上所述六个问题，可认定为中国今后关于职业教育的中心问题。至如课程问题，师资问题，毕业生出路问题，虽属重要，似皆可归纳在第一类问题中，以其所得讨论者，固皆属于职业学校教育的内容问题也。

(原载《教育杂志》，1935 年第 25 卷第 9 期)

农村建设与救亡图存

诸位同学:救亡图存这句话,在人人脑筋中皆有很深刻的影响;因为国难这样的严重,国家处在这样的危急状况中,救亡图存是个个人应负的责任。但救亡图存是要在行动上实际表现出来,不是空口说白话的,亦就是说要拿什么方法去救亡图存?今天的讲题是把农村建设与救亡图存建在一处,不用说农村建设就是救亡图存的一种方法了。然而农村建设是国家里各种建设中的一种。单讲农村建设来救亡图存是否嫌太偏重了点?在我国人的意思,农村建设的确是救亡图存的各种方法中最主要的最根本的一个方法。为什么呢?现在有五点理由:

第一点,中国国家全部是农村组织,不要看上海、北平、汉口、几个是很大的都市,这究竟是占很少数,其余哪一个不是保留着农村社会的状态或是靠农村来维持的?因此可断定中国全部是农村组织,因此亦可断定要挽救中国的危亡非从建设农村着手不可。

第二点,中国全部人口有多少,有人说是四万万,有人说是五万万,也有人说是四万万五千万,但可断定其中百分之八十以上皆是农民。一个国家的强盛,首在有健全的国民,所以要挽救中国,要把这百分之八十以上的农民变为健全的国氏(原文如此,应为民之误。编者注。),能不先从农村建设着手吗?

第三点,中国目前所遭遇的问题,归纳起来不外两种:一种是外来的帝国主义的侵略,无论是白色赤色都是侵略我国的敌人:一种是内部的,就是报纸上常常看到的口头上常讲的农村崩溃,农村衰落。这两者间是有连带关系的,假使我们把农村建设起来,外来恶势力就可排除;反过来说,内部的农村崩溃,也是受外来的压迫太多的原故。我们现在要救亡图存,当然先要把外来的压迫解除才行;要解除外来的压迫,首要的当然是力量,尤其是民众充分的力量;然而我国现存的力量是很薄弱,不足以拿来解除压迫,所以我们就非要先把内部健全起来不可。内部健全了也是一样可以解除压迫的。就要健全内部就要先来建设农村;如果不从农村方面想办法,外来的压迫永无解除之日;也就是说中国在没有力量的今日,要解决当前的困难,只有从农村建设着手的一条路。

第四点,大家都感觉中国现在生产落后;工业落后,要知道中国现在的工业全是手工业多,原料等等都是由农业来的,因为农业的不振,才有这种现象。譬如我们现在吃的米多半是暹罗米,麦也是外国的,这为什么?因为第一不够,各地农村崩溃,大家皆弃地而走,至产量减少;第二是不通,交通不便,运输困难,关卡重重,成本加重,不及由外国一直运到的简便。此外还有种籽,成色不同种种关系。假使能把农村建设起来,何患生产不能发展?工业不能振兴?所以我们要以农业来发展工业,不能以工业来发展农业;要以农村来繁荣都市,不能以都市来培植农村。如果农村不建设起来,农业不发达起来,工业都市好像无源之水,无本之木,其竭也其枯也必矣。

第五点,国防问题,我们如要与国外打仗,最紧要的有三种东西;第一就是,科学设备,这一点不用说中国是落后的,买外国的飞机大炮来与外国对敌,未必能得到胜利,要靠自己制造,现在更谈不到,祇好慢慢的来。第二就是壮丁,这个祇有出之于农村;中国的士君子是不能当兵的,农村建设就是培植壮丁的工作。第三就是巩固后防,如交通的开发,秩序的维持,人民的救济等等,在作战上也占很重要的地位,这当然要靠农村的人民负起责任来了。但是农民不加训练如何能负起这种责任呢?所以农村建设对于国防上讲也是迫不及待的工作。根据以上五个理由,我们可以下一个全称肯定的说农村建设是救亡图存最主要最根本的方法。这是说明建设农村为救亡图存的理由,是我所讲的第一段。

第二段我要讲农村要怎样去建设?建设的途径是什么?中华职业教育社以及其他团体对于建设农村的工作,都不外三种:一种是文化的建设,一种是经济的建设,一种是政治的建设。文化的建设不仅是提高教育程度,举凡迷信的破除,卫生的注重,风俗的改良,婚姻的改良等等皆包括在内,所以不仅是读书识字而已,是从广泛的做起来的。其次经济的建设,如改良手工业,办理合作社,举行农村贷款使金融流通,改良农具与耕种方法等等。至于政治的建设,如训练农民的集团生活,区设定区公所,镇设镇公所,办理保甲,使农民能得到政治的常识,受到政治的训练,达到真真的自治的目的。抑且这文化、经济、政治三大目标是连锁的,如文化方面的识字运动里可以包含经济的、政治的常识,经济方面的合作社,需要写账等事情,要能写账就要读书识字,并且合作社也是训练集团的生活组织。此外政治方面的格外处处是与文化方面、经济方面有关系的。所以我们今后要建设农村,也不外从文化、经济、政治三方面建设去。

第三段我要讲农村要拿什么方法去建设?我们办理什么事都要选择一种好的手段才能得到好的效果,建设农村要选择一种什么样的手段呢?经我们研究的结果,就是要以教育的手段才行。建设有真的,有假的,有精神的,有形式的,有系统的,有无系统的种种区别。如以教育的手段去,就是真的。精神的。系统的建设。举例来说,一个县长令人民筑路,做得很有成绩,及至县长离开此地,工作又停顿起来,大有人存政举,人亡政息样子,这是什么原故?都是因为人民是被动的根本未能明白筑路的意义和重要,这是一种假的建设,不是真建设,结果毫无效果;要能真真的建设起来首先要人民了解建设的意义与重要自动的去建设才行。又看省政府今天下了个命令要做什么,明天下个命令要做什么,省政府命令至县,县命令至区,区命令至镇,于是一时紧张起来,章程也者订得头头是道,标语也者贴得满壁满墙,会议也者开的连续不绝,口号也者喊得震天价响;然而实际的效果呢,只做到订章程贴标语开会议喊口号而已,这些都不是精神的建设而是形式上的建设。又如有时举行什么一种运动系卫生运动,派许多人带些臭药水跑到乡下去,农民见许多人来不知何事,皆惊慌起来,大家奔走逃避,来的人把臭药水洒了一阵而走,农民回来祇闻到一阵阵臭味而已。这样的运动对于农民如同暴风雨下了一场,毫无影响,这就是偏重形式的建设,结果徒然废钱,这些钱都是人民血汗的钱,而做的事对于他们毫无益处,岂非可惜?我这次到外埠去考察看到一个农民教育馆花了八十块钱画了一张油画挂在那里,这油画画的是什么呢?又是美国枕白克儿子被绑的图。有一个朋友问我这与农民教育有多大的关系?我也想不出来有多大的关系。像这八十块钱在乡间里不知可做若干的事情,然而花费在一张图画上,这就是太重形式的缘故。至于无系统的建设,譬如县长今天命人挑这条河,明天又命人挑那条河,结果徒劳无功,成绩毫无。所以我们建设农村,一定要采取教育的方法,要根据三条原则:就是第一要求真,不是假的,要看重农民的需要的切实做去,不一定所做的事在表面上要使人看得出来,不一定要有什么馆,就是两间破庙也可以。譬如农民好打官司,常至倾家荡产,我们要感化他们,替他们排难解纷,这样的工作,虽表面上看不出来,然而农民所受的利益实在不浅。第二,要培养他们的自动,辅导他们的自动。第三,要有系统的,如调查农民经济状况如何,土地状况如何,然后决定几年的计划,明年做到什么地步,后年做到什么地步,才能收事半功倍之效。

第四段我要讲点关于农村建设的具体方法。农村建设是从什么时候谈起来的呢?从前只有农业的教育,设立许多农业学校,来培植农业专门人才,然而这些人才对于农村方面有何影响呢?无疑的这种农业教育是失败了。所以到民国十二年感觉到这种教育的失败,于是才有分区设教的方法产生;中华职业教育社办理的徐公桥就是由此发起的。今后我们对于农村的建设也是用分区的办法，以户口多寡作标准；第一，村的农村建设是由一百户至三百户。第二，区的农村建设是由五百户至二千户。第三，县的农村建设以县为范围。像徐公桥由乡而区的农村建设，梁漱溟先生在邹平县所办的是县的农村建设。抑且无论村区县都是广义的农村教育，要使行政与教育打成一片，作县长的一方面是一县的行政首领，一方面又是教育的首领。孔子说；"作之君，作之师"，这个君字就是行政首领的意思。所以做县长的一方面作之君，一方面作之师，作君的带有强迫性很大，然而没有感化性，因此行政的效率不高。县长要有两只手，一只是作之君，有强迫性，一只是作之师，有感化性；这样，全县的农村教育，有系统的发展起来，就是县长走了，全县的人民皆可自立，可以不受影响。其次现在谈建设，人才也是很要紧，所以我们急切的要培植人才，要养成第一号人才若干，第二号人才若干，至少要使全县的百分之八十以上的人都能读书识字，使其家给人足，要百分之二十是能做领袖的才行。最后，还有几句比较要紧的话，就是从前的人都是头与手分开的，用头脑的人都是不动手的，而动手的人都是不用动脑的，所以才会造成今日国势危亡的现象；我们要救亡图存，要建设农村，最切要的第一步工作就是要使头与手接近起来。希望智识分子都能到乡下去，与农民切实携手，灌输他们的智识，这样，对内的革命——扫除文盲，建设农村既可成功，而对外的革命——打到帝国主义，解除压迫也可成功，中国才能有救。

（原载《大夏周报》，1935 年第 12 卷第 1 期）

农村改进问题[①]

——在乡村改进研究会讲

农村破产了，农村崩溃了，听啊！满耳是农民大众的嗟伤，看啊！满地是农民大众的流离，我们不要装苦脸，因为装苦脸是没用。我们也不要空着急，因为空着急也是没用。最好的办法，是集中我们全国的人力和财力，来共同努力乡村改进运动，《沪农月刊》本是研究农村疾苦，改进农民生活的先导。前日编者索稿于余，苦无以应，偶检得前省立上中乡村改进研究会席上，江问渔先生讲述之"农村改进问题"原稿之一部，觉得很有价值。今乃加整理敬献给读者诸君之前。记者附志。

一、何谓农村改进

农村改进的意义、范围、目的：

就一个农村或若干农村，划定适当的区域，依照理想的能实现在预定计划，用最完美的方法、技术以化导本区以内一切农

① 江问渔先生讲，程炎泉记。

民，使全区农民整个的生活，逐渐改进由自给、自立以达自活，并完成乡村的整个建设。

二、农村改进在中国的需要

1. 它在中国是特有的产物，因为中国有百分之八十以上的农民没有受到教育的恩惠。所以农村都是愚而无知。

2. 农村经济的破产受地主高利贷以及一切苛捐杂税的压迫，使农民无以自存。

3. 中国政治的不良，影响到乡村方面，以致土匪如毛，一切建设都不得进行，乡村自治，更悬滞不进，民权不发展。

4. 农民的嗜好不良精神萎靡，更没有自卫的能力，不知卫生的习惯，每年屈死者不知凡几。

三、农村改进和农村教育，农业改进及农村自治的关系

1. 农村改进和农村教育　农村教育是农村改进事业一部分。它要改造农民的头脑，使农民有智识，这是救济他们“愚”。

2. 农村改进与农业改进　农业改进是改良农民经济方面的生活的一部分。这是救他们的“贫”。农村改进要改进农人整个的生活。

3. 农村改进与农村自治　农村自治亦为乡村改进的内部方法之一，农村自治的目的，在训练农人有团体的组织，公共的防卫这是救他们的“私”。

所以我说:“乡村改进必要拿以上三件事联合起来,才能成功,这三件事应该同时并进,我人一方面应教农人有智识。使:

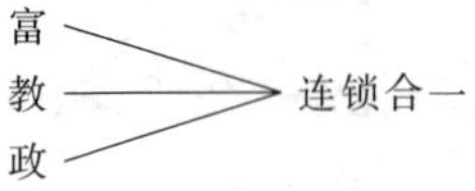

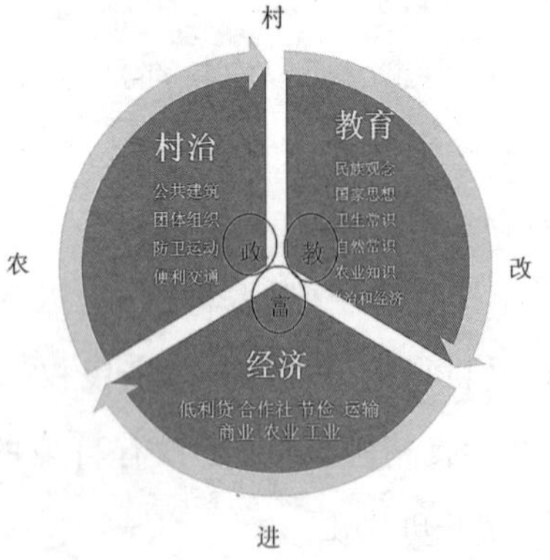

在一个农村改进区内最好有三个改进的指导者:教育政治一人农业经济一人卫生医学娱乐一人。

四、农村改进机关

农村改进机关,基于国人复兴农村的自觉,先后组织试验者,已极众多。惟因时地的不同,故机关组织之方式,亦因之而各异。俗语说,“戏法人人会变,各有巧妙不同”。兹将国内试行已有成效者,介绍于后:

1. 由私人教育团体等募集经费,特聘专员,在指定区域内,联络地方领袖，组织团体，按照分年事业进行计划，努力工作，期满事完，即行撤消，移交地方自办。例如：中华职业教育社之徐公桥，善人桥，河北定县的乡村改进社等。

2. 由本村热心改进事业人士、联合组织团体，按照计划，努力进行。其优点：(1)省钱；(2)本地人自动；(3)本地领袖比他方来人为亲切。例如：河南安阳县中山村等。

3. 由学校教育机关，对于附近学校居住农民，施以种种之改进工作，此项改进工作，是以学校为根据。一切进行事务，也由学校教师来兼理。其优点：(1)不另请人和化钱；(2)农民欢迎熟悉和素所仰望者；(3)学校和社会打成一片。例如：晓庄师范，山海工学团等。

4. 以农民教育馆为改进农村之机关，而施以文字生产，公民，健康等教育。例如：现在江苏县设立的农教馆、民教馆等。

5. 由省县政府设立机关训练农村改进人材，分散各地，设立乡农学校用以改进农村。例如：山东省乡村建设研究院等，按该院院长梁漱溟先生从研究哲学而认识乡村改进的重要，该院现设二班：

a. 研究班：二年毕业，入学资格以大学肄业或高中毕业以上之程度；

b. 训练班：一年毕业，凡小学教员或初中毕业生皆可加入训练。

其办法，以本省(山东)的邹平县为实验区，设立农场，医院，将全县分若干区，以地方有资望者组织学董会，以学董会会员推举一人为校长，以训练班毕业学生为教员，以研究班毕业员为指导。邹平县之试验,成绩斐然。于是推行及于全省。他们施教用两种方式,其其一,有固定的时间地点,和施教对象——人民——其二,并不择时,择地择人而行。只要认为有教育的,需要时,他们就去教。他们训练的标准有四:(1)文武合一;(2)政教合一;(3)士农合一;(4)儒侠合一。

6. 以农业教育机关,为农村改进之工作。他们大概以改良生产入手。例如:农村学校农业试验场等。

7. 以办理保卫入手。因此组织机关,推行改进。例如:河南省南阳府,镇平县前西北军参谋长彭禹庭将军所办镇平县各乡村的改进。

8. 由宗教团体附设本感化主义到乡村去从事改进乡村。例如:唯亭的耶教团体;以精神训练内心感化为目标。

9. 此外更有一种以经济组织为着手的,即以合作社为乡村改进的出发点。现在虽然好像是没有出现,但是在将来,我想必能风起云涌,而能得到很大的功效。

五、结　论

中国是一个以农立国的国家,一切的一切,都是建立在这个破败的农村的基石之上。基石给狂流冲毁了,一切上层建筑不是便也要陆沉么?风雨如晦,鸡鸣不已,救国不尚空言,愿我乡教同仁,认清目标,切实做去,民族复兴,实利赖焉!

(原载《沪农》,1935 年第 3 卷第 3—4 期、第 5—6 期)

《农村改进的理论与实际》序

这一本小册内，编入关于讨论农村改进的文字十三篇，是我从民国十八年至二十四年，六年间陆续做成的，大概在月刊上及其他刊物上，皆已经发表过。

这一类文字，有什么价值呢？做成功了，发表过了，就算完事，谁入再去瞧他呢？乃偏偏有许多要好朋友，劝我把他集合起来，刊成一册，以供全国农村工作诸同志的讨论。我想以此供诸同志的讨论，那是万万不敢；但藉此向诸同志请教，我却很愿意；因此也就不客气的，把六年来所有关于这一类文字，搜检一下，结果从二十余篇中，捡出这十三篇来，合编成一册；又因其各篇所论述的，有些是关于理论，有些是关于实际办法，于是就是题他一个总名，叫做"农村改进的理论与实际"。

我本来生长农家的，虽然年纪大了以后，到都市去求学，到都市去服务，可是，和农村却始终没有脱离过关系。自从民国十七年夏，到中华职业教育社来，担任办事部主任的职务，光阴过得好快，于今已有七年了，这六七年间，职教社事业，顺着自然的演化，和适应社会的需求，不知不觉的，竟型成了四大主干。那四个主干呢？（1）职业学校教育；（2）职业补习教育；（3）职业指导;(4)农村改进。依我的职务来说,当然对于上列四项,皆要理会到研究到,并且我对于这四项,皆感觉到兴趣,皆愿意去理会,愿意去研究。不过就四项比较一下,似乎觉得对于农村改进工作,格外兴趣浓厚一些。因为这个原故,所以平常糊说瞎写的关于这一类文字,也就比较多了些了。

这十三篇文字中,有一篇是民国十八年作的题写"富教合一主义"(在本书篇次列在第六,所以不列在第一篇,因为他不是属于概论的原故)。那是我对于农村改进问题发表意见的第一遭,当时我到职教社,才一年有半,徐公桥的乡村改进事业,正在积极进行,而各处农村改进事业,尚未十分发达,有了一些,大都皆在那儿高唱着"先富后教论"以为是圣人的造教,不会错的。我对于此点,却是有点怀疑,认为应该修正,因而有这篇文字发表。

到了民国二十二年和二十一年,这两年间,比较发表关于农村改进的文字却多些了(册内各篇,如一、二、三、皆是在二十一年做成的;四、五、七、皆是在二十年间做成的。其中一二篇,皆是属于概论方面)就这若干篇中所表示的意见,要把他摘要说出来,可以有下列几项:

1. 认定农村改进,就是广义的农村教育

2. 认定农村改进,是完成农村自治的惟一方法

3. 认定农村改进,以文化,经济,政治为三大主干;并且此三项,要连锁进行,混合推动

4. 认定农村改进工作的原则:(1)要简便易行;(2)要普遍;(3)要经济;(4)要促起农民自动

在这两年间,各处农村事业,已渐渐的发达起来;所有互相

参考的材料，即比从前增多，而各方工作同志的兴趣，也比从前浓厚，我在这个时候，也就开始到各处去参观，到了一处，皆要各同志讨论实际问题，可以说以上各项见解的确定，固然一半是由于自己体验得来；一半也是和各同志讨论的结果。

那末，我又发急起来了；既认定农村事业的重要，究竟用什么方法，才可以把他推行得普遍；并且能使他办理起来，适合于我们的理想，不至鱼目混珠，或瞎费金钱呢？因此，第一，便主张造就农村改进人才；第二，便主张多元的推进，希望社会团体及省县政府机关，一齐活动，一律参加。因此在二十年有一篇（理想的乡村中学）文（篇次列在第四），和一篇"多元的乡村改进法及主张省县设立乡村改进综合机关理由与具体方案"文（篇次列第七），前后发表。在这个时候，中华职教社已经小试其端，在徐公桥招收了十位学友，设立一个"乡村改进讲习所"的特殊教育机关，我是每星期到所讲演一次，册内有"关于乡村改进问题的解答"文一篇（篇次列在第五），就是在所内讲演词由学友笔记下来的，在这篇讲演词内，已经把个人确定的意见，表示出许多了。

关于讨论造就农村改进人才问题，除前述讲演词外，在册内还有"农村改进的人才"文一篇（篇次列第三），这是从一部"职业教育之理论与实际"的全书中抽出来的，亦很值得一看。后来到了二十二年秋，职教社竟在上海漕河泾地方设立起一个"农村服务专修科"来了，招收受过高中教育，且具有农村工作经验的青年三十余人，切实训练，两年毕业；同时职教社又接受"鸿英教育基金董事会"的委托，代办鸿英乡村小学，先招收小学教师十五人，设立"鸿英小学师资训练所"，地点也是在漕河泾，因此把两方学友合并起来，组成一个“澧河泾农学团”。当时我曾替职教社起草呈文一篇，说明这种教育主旨及办法（篇次列第八），这种教育总算是独出心裁，与一般传统教育办法大异其趣，我当然也是主持这种特殊教育的一人。这一班团友，到今年（二十四年）夏天，已经完全毕业，分别到各处服务去了。

在二十二年一年中，关于农村改进的文字，册内选入的，只有一篇，而且篇幅也很短，题为“农村改进之路”（篇次列在第十）。本来我在这一年中，做这一类的文字不多，可是，这一片很短的文字里面，却表示出次列四种重要主张：

1. 主张用政治力量，来推动改进工作

2. 主张尽力推广民众教育，注重训练青年农民

3. 主张努力推行乡村间的合作社

4. 主张以乡村小学为推进民教及合作事业的基本

这四种主张的确定，可以说也是四五六年来由一层一层艰苦实验中得来的。

到了民国二十三年，中华职教社原定六年实验计划的徐公桥改进区期满了，社内主管人员编好一个报告册，要我做一篇序文，于是我在这篇序文内，又表示了三个意见：

（篇次列第九）

1. 主张多办单式组织的乡村改进区

2. 主张办理改进区时，入手之初，要握定三个重心：（1）普及教育；（2）推广合作社；（3）注意公共卫生

3. 主张办理乡村改进的人员，要预先约好几个学术机关做后盾

在二十三年下半年，我曾受了《中华教育界》月刊社之约，做了一篇“关于农村教育的三个重要问题”文（篇次列在十一）；受了《教育杂志》社之约，做了一篇”农村改进与农村教育“文（篇次列在十二）；这两篇皆是比较篇幅长一些，其中所含的意思当然也多一些，除关于农村教育农村改进的性质、范围、目的、继续的主张。格外予以明确的认定及阐发，又关于人才训练问题，教育对象问题，继续以前的主张，格外提出重要理由外，比较值得令人注意的，便是农村改进的机关组织、形式和实质三方面的分类，判明农村改进机关，有“单式”与“复式”组织的不同；形式上又有“正宗教育”与“非正宗教育”的各异，实质上，更有“外著的教育性改进”与“内藏的教育性改进”的两种。可以说，这皆是其他方面所未尝说过的。

二十四年（即今年）春，我有鄂豫之游，归来又成长文一篇，题为“民族复兴与政教合一”，这是发表在《复兴》月刊的，篇次列在十三，本册殿军的一篇。这篇文章，前面是论列政教合一的理由，后半则述及实际办法，盖到了现在，已明确认定，农村改进是分成三级：最低一级，是以一个乡村小学为单位的单式组织；最高一级，则以县为单位；中间一级，则以区为单位。区与县皆是属于复式的组织。所谓政教合一的农村改进法，是始于村的“单式”，终于县的“复式”，到了县，那就非有政府主持，不能达其目的了。县政建设以全县农村改进为基础，我认为这是复兴与民族的最根本的办法，非此，民族固无从找出路；非此，即有其他良好政策，亦无从实施。

我这一十三篇文字所表现思想，因为经过六七年的长久时间，当然其中有不少变化的地方，也有前后不能一致的地方，但是比较起来，还是一贯的。我很愿意把我这一点小小的思想结晶，提供全国农村工作同志之前，诚恳地请求指教。

民国廿四年八月

（原载《农村改进的理论与实际》，江恒源著，
1935年，生活书店出版）

全国乡村工作讨论会

本年十月十日全国乡村工作讨论会,集会于无锡江苏省立教育学院,盖继邹平定县两会之后为第三届大会也。计到会会员一百六十九人,代表工作机关九十九处,十日、十一日、十二日集会三日,分成六个半日,第一个半日开幕式,有晏阳初君讲演,第六个半日闭幕式,有钮惕生、梁漱溟两君讲演。分组讨论,占两个半日,大会分组报告及讨论,亦占两个半日。讨论问题,分四类:一曰政治类,凡地方自治,乡村保卫,社会行政,公共卫生等属之;二曰教育类,凡关于教育文化等事属之;三曰经济类,凡农业、工业、水利、道路、金融及合作社等属之;四曰杂类,凡不属于以上各问题及事涉两类或三类者属之。分组讨论,即依此四类,由到会各会员,分别认定,加入一组或两组。讨论时重在交换意见,商量办法,不求有结果,亦不用表决,一事讨论终结,由各会员自寻线索,自谋受用。对于政府,不建议,不请求;对于社会,不宣言,不表示,期以鼓吹推动之力,间接影响于政府、于社会。往年两度集会,有各机关工作报告,由到会代表口头报告于大会;本届以机关多,特改口头为书面。会终由值年编成一书,曰"乡村建设实验",现已出版过两册,由中华书局发行。次年集会地点,由本届大会议定。下年度值年,则由本届主持大会之主席团商定公推于大会由大会公认。大会主席团之产生,则由值年临时聘定。本届值年,为梁漱溟、江问渔两君。主席团为晏阳初、陈筑山、高践四、许仕廉、章元善五君。下届开会地点,定三处:一、西安,二、重庆,三、广州,由值年酌择其一。而下届值年,则为杨开道、瞿菊农两君。此则该会经过之大致情形也。

本届大会,精神异常饱满,深信影响于国家社会,一定十分重大。盖虽不必有正式会议之形式,而实具有极深远之意义与极重要之功用。凡乡村工作人员,固然因此可以坚确其认识,增加其勇气,而创造文化民族复兴之基本工作,且可以此为策源。吾深愿此种一年一度的大会,能范围日扩,效力日宏也。呜呼!国将不国矣,救亡图存,固不止一端,而乡村工作,则负责尤重,此则对于到会诸君,更不能不深致期望之诚,而愿共奋勉者也。

(原载《国讯》,1935 年第 110 期)

值得注意的一个农村经济调查

触目惊心的调查统计

中华职业教育社,办理各种事业队职业学校教育职业补习教育职业指导外,农村改进也是其中较重要的一部。他们农村改进事业,初在江苏昆山徐公桥试办,六年规画完成之后已经完全交还地方了。最近又在上海县境内,择定四区继续举办,四区的地名,曰赵家塘,曰金家塘,曰张家塘,曰毛家湾四区总名,便叫"沪郊农村改进区。"他们前年初开办时,对于全区农民,已经调查过一次了,今年秋,对于全区经济又复举行较详细的调查,现在统计其调查结果,是这样:

全区户口　九百四十四户　四千零九十四人

全区全年总收入　十三万九千七百二十一元

全区全年总支出　十四万三千九百七十八元

全年收支相抵不足　三千九百七十八元

现在全区负债总额　四万四千六百一十四元

每年付出利息　七千九百二十四元

本来办理农村改进事业，是以教育经济村政为三大主干。并且普及教育改善经济完成村政，三事要连锁并进。所以教育一项，虽是他们主干之主干，而如何用教育力量，以增加农民生产，宽裕农民生计，实在是二个重要的改进目的。既要改进经济，自不能不详知原来经济状况了。据闻他们进行经济调查工作之前，曾经请教过农村经济专家张心一先生，代为拟定调查表格，而进行调查时，又很仔细详尽，所以这种统计的数字，是比较可靠的。

试就一个小小统计分拆观察一下罢：

（一）以十三万九千七百二十一元，分布在九百四十四户，平均每户每年只有一百三十七元四角一分，衣食住行，一齐在内，那当然是不够开销的了。所以一年要亏空到三千九百七十八元。这一种生计状况当然不能算十分宽裕了。

（二）全区负债总额四万四千六百一十四元，便是平均每一户要负债四十七元。

（三）全年负债四万四千六百一十四元，要付出利息七千九百二十二元，平均月息是一分五厘，比较其他地方，当然不能算过高，但每户平均负债四十七元，每年也就要付出近九元利息了，那九元利息还不是仍在他那一百三十七元生活费内开支么。

（四）照现在情形看，每年不足三千九百七十八元，结果还是举债啊！如此债上加债，又如何得了呢？

这是一个实在情形，千真万真确切可靠的。可是比较起来，上海县内，农民生计还不是十分穷困，如是再到内地来看一看罢，恐怕不如这个样子的，还很多很多呢！试问如何办？我想实际办农村工作的人们和留心农村经济的人们，看到这一种可靠的调查统计，一定要触目惊心罢！如何设法帮助农民增加生产，减少销费，减轻负债，注意储蓄还不是一件再重要不过的事么？

（原载《国讯》，1935年第114期）

何谓个人修养

前日，江问渔先生在第二中华职业补习学校高级国文班训话为时约半句钟，含意良深，语多警辟，很可为我们青年作修养上之研究。故特将先生讲词摘要记之如后。

孙鹤

今天我所要讲的就是“个人修养”这一个人在学识与经验中得来的教训事怎样的？这个问题是研究人生哲学中最重要的一部分。现在限于时间不能细说，就是说我们略言一二：所谓个人修养就是说我们一个人，必须从学识与经验中探求古圣先哲的一言一动。作为个人一生的座右铭，虽是不能完全学步先哲，但不得已而求其次。只要取得先圣贤人一言一动间最值得采取的一点，“终身服膺”，这样子的个人修养，可算已经有几分工夫的了。

像在一种“天人交战”的时候，我们就可利用个人修养上的观念来解决某种事情。不过何谓天人交战？这也必须加以解释的：天就是天理。人就是人欲，如商人之于买卖，劣货价贱而利厚，国货价贵且力薄，相较之下。当然贩卖劣货大可图利，这是利欲熏心。所谓人欲极度发展之时,惟想到国人应提倡国货,岂可甘作奸商、丧尽天良。所谓天理,这时也发生在相对的地位。于是人欲与天理酣战与方寸之间,一时难于排解。在这时候,忽然想起了生平服膺的“见利思义”与“临财毋苟得”二句话来当头棒喝。吹灭了人欲之焰势,天人交战的结果,天理终操胜券,这不能不归功于个人修养吧!

而且个人修养还能养成一个人有卓越非凡之气。《史记传·侯嬴传》魏公子信陵君曰:“人有德于公子者,愿公子无忘之也,公子有德于人者,愿公子忘之也”。他这几句话的所以有价值就在与世上四个字。什么叫做个人修养呢?就是俗情相反。世人多好叨功而忘恩义,岂肯有德施于人而不思酬答,侯嬴之言适得世情之反,正见其人之卓越寻常也。吾人如奉此为明训,“终身服膺”则受有感化处,亦不复浅矣。

再如郑板桥诫子书中“此亦人子也”句,大有博爱平等之道,傭仆下人,亦人子也。岂宜薄待!我们如读过这句话,以为确是明言。久贮心头而不忘,遇到怒气处待仆欧时,用来自己警惕自己曰:“此亦人子也”,就再也不愿多使彼仆者难堪了。以上数点,就是个人修养对于道德上发生的效能。

(原载《新闻报本埠附刊》,1935 年 11 月 15 日)

乡村工作问题

——俞塘演讲记录[①]

沪郊农村工作协进会,组织各机关交互参观团、俾得取长补短,共策进步。第一次,参观俞塘教育事业——日期十二月十四日,到实际乡村工作人员一百余人。俞塘有江苏省立民众教育馆系钮永建氏所创办,规模宏大,组织完善。参观既毕,由钮氏请职业教育专家江问渔氏演讲乡村工作问题,藉以增进同人经验。

江先生之言曰:

吾对于目前乡村工作方面认为有五个问题,急待解决而认识的:

乡村建设工作。在目前似乎不免令人有怀疑,有的人以为注重了乡村建设,就不免要忘掉都市建设,就不免要只知重农而不知重工。他的心理认为要建设新中国,不能偏重乡村,不能重农轻工。以吾看来要繁荣都市,必先要建设乡村,要发展工业必

---

① 江问渔先生讲,筱石记。

先要注重农事,中国本是一个农业国,农民要占百分之八十五以上,放弃了农村,都市靠什么来繁荣?放弃了农业,工业靠甚么来发展?只重农而不重工,固然不兴,我们要就其固有根本而利用之。所以积极谋乡村建设,就是繁荣都市,发展工业。此其一。

乡村建设。不外经济、文化、政治三端,并且还要把这三端连锁起来。吾的意思是不是应当在三者之中,认定一种做中心,或以经济为中心,或以文化为中心,或以政治为中心。如认这种意见为对的,吾主张乡村建设,应以文化为中心。文化最大的效用在启发自动。无论组织民众、训练民众、教育民众,应先启发民众,然后民众有自动力量。故经济、文化、政治,尽可并立,不过下手时,要以文化做基础。此其二。

做一件事。在事前一定有一个先生决问题,这问题就是基本工作。吾想拿教育来做基本,是再好没有的一件事。吾们要谋教育普及,普及的标准有狭义的、有广义的,过去只注意到义务教育,仅仅注意在儿童身上。这种狭义的普及救育,还不足救目前的国难。吾们应当把儿童、青年、成人都能受到相当教育,这就是广义的普及教育。然后藉教育的力量,养成农民自动的能力,来推动农村的建设工作,那就容易见功。此其三。

现在乡村改进机关,南北各地非常发达,有以一县为单位者,有以一区为单位者,有以一村为单位者。从纵的方面讲,就有这三个阶级;若从横的方面言,有单式的组织,复式的组织。凡此种种不知费了若干时日、若干精神、若干财力,方能得到一条途径。倘能合各方的经验,造成各个单位的轨道。所谓轨道,就是各种事业进行的顺序和实行的方案,使继起者有所则效。

此其四。

为什么要办农村改进？老实说一句，就是中国已到存亡生死关头了，就为要救亡图存，要复兴民族、巩固国防，是救亡图存的要着。教育也是一种国防。吾们教育民众要团结、要爱国、要自治、激励人心，训练大众，至少限度可以减少若干汉奸，促进地方自治。此其五。

江先生讲毕后举行讨论会，对于怎样唤起民众一个问题特别注意。晚上继续参观并开映教育影片，至十五日晨，始分道而散。

（原载《新闻报本埠附刊》，1935年12月20日）

生产教育的理论与实施

一

生产教育，是教导学生或民众以劳作方法，作手脑合作的训练，制成所拟制的物品。职业教育，是教导学生或民众，为某种职业知识技能、品行的精深训练，俾学成以后，直接从事于某种职业。

职业教育，除正式的农业、工业、商业、家事等教育外，凡各种专业训练，以及关于职业指导等工作皆属之。而生产教育的目的，则在使被教的人，能得着手脑并用的训练，以做成一定物品，却不必一定要从事于某种固定的职业。因此，就教育的效用言，生产教育是比较职业教育为"广泛"；若就教育性质言，职业教育，则比较生产教育为"专精"。

若依"劳而后合"（原文如此，似为劳而后食之误。编者注。）的原则来说，必人人能做工而后才能够尽做人的责任。职业教育，是纯为人们做工的预备，而预备做工的范围，却不一定专限于制成物品。生产教育，则专以制成物品为限（耕田植物收获农作物，亦以制成物品论）。制造物品，当然是做工，既是做工，生产教育自可列入职业教育范围之内。由此以观可云,“职业教育所占的范围广,生产教育所占的范围狭”。

但就一般的教育系统以言,如大学专研文哲诸科,当然和职业教育,距离甚远,不能混为一谈;可是,如义务教育的初级小学,预备升学的高级小学初高级中学,乃至专科或大学,其中设有农工商家事的一种职业科或职业指导科,却不妨称之为“一部分的职业教育”。若对于此种科目,不称之为职业教育,而称之以生产教育,当然也可以;但是要以专制造物品的劳作方法为限,如职业指导等,便不能适用了。有此一番推论,更可证明生产教育的范围,是比较职业教育范围狭。

依据上文所讨论的结果,可以对于生产教育,下次列的定义:

“凡教导学生或民众,为手脑合作的训练,以制成物品为目的的工作,谓之生产教育”。

我这样胡乱的妄下定义,究竟对不对,当然还要向高明请教。

有人说,生产教育,应从广义的解释,如关于经济事项的指导练习(如合作社办法、实用簿记等),也不妨以生产教育称之,固然未尝不可。不过“生产”两字的含义,无论如何,总不能把他扩张得过大;如过大,倒不如径改称为“生计教育”,比较起来反觉合理得多了。本来,人类不能一时一刻脱离经济关系,而经济事项即和人类生计密切到万分,或者竟可说是合而为一。如若定名为生计教育,那么,循名责实,他的范围,自然又比职业教育广大起来了。

生产教育的定义,既有了一个假定如上文,继此,可再重复的说一说生产教育和职业教育的关系。

（一）凡职业学校、职业补习学校内所教授的农工两科，以及家事教育的缝纫刺绣等，当然可以称他为生产教育；但如商业、文书、统计、家事中的烹饪，以及职业指导，服务指导，则只能称之为职业教育，却不能称之为生产教育。

（二）依照普通习惯，凡采名为职业学校，职业补习学校，以及其一切职业训练机关职业指导机关，皆应正名定分，称之为职业教育机关。此等机关，对于机关内固定学生施行职业训练，则称他做"学校的职业教育"，其由此等机关或由此等机关联合其他机关，对于非固定或半固定的民众，施行职业训练，则称他做"社会的职业教育"。若就学校的或社会的职业教育门类中，一部分属于生产知能训练，亦可以称他做生产教育。

（三）在普通小学中学大学内，设有农工科目，专为一般小学生中学生大学生，训练手脑合作的能力，小之使一般升学的儿童青年，明白了稼穑艰难，体会到劳工神圣；大之，亦可培养做工服务的基本知能，以为习业的准备，同时社会教育机关，对于一般社会民众，亦尽量施行生产训练。其目的是扫除中国数千年来读书人专用脑不用手，与做工人专用手不用脑的积习；同时并改良粗劣工艺，并藉此可以普遍生产的训练，使整个的生产数量增加，而此种生产增加的利益，是纯粹为民族社会所公有，而非为少数人所垄断。对于此种农工科，固然可称做职业教育，而称以生产教育，似乎更为合宜。

二

希望实施生产教育,真正能有效,似乎要立定次列五个原则:

(一)生产教育的实施,要普遍于各级教育机关及各界民众。

(二)生产教育的实施,要因地制宜,力求简便而实用。

(三)生产教育的实施,要有负专责的机关与机关内负专责的人员主持其事。

(四)各机关实施生产教育,要切实联络合作。

(五)实施生产教育,要以一县做一个单位,由县教育行政负责人员立定整个计划。

依次五个原则,切实进行,在学校方面,凡是乡村小学,皆应附设一个小农场小工厂;城镇小学皆应附设一个小工厂;普通中学,皆应附设农场或工厂;大学学生,除农科工科外,皆应选习农或工一科。省县教育行政方面,对于中小学生产教师的训练,尤应特别注意。

其属社会教育方面,如何实施生产教育,则可于下文言之。

三

关于社会教育方面,实施生产教育办法,兹可分成十条简略说明如次:

(一)各民众教育馆推定专员,就本馆施教区内,联络本地人士发起组织生产教育委员会,专司本区以内生产教育的设计、筹办、促进、考察、指导。其有类似民教馆之社会改进机关,办法亦同。

(二)各地小学校,可划定学校教区(以通学生所住的地方为限),对于区内民众生产教育,兼任设施,其办法由校内推定教员一人或二人专司其事,先调查,次组织,再次训练,而终之以代为推销成品。农工职业及师范学校所在地,学校更应如此。

(三)各地规模较大的工厂,应派定专司教育专员,除施行本厂工人补习教育外,对于工厂附近各居民,应酌察情势所宜,利用工厂设备,兼施生产教育。

(四)利用合作社力量,组成生产机关促进并改良各地生产事业。所有生产品,即由合作社代为销售。

(五)乡村方面,以改进并增加农产品为主要目的,由农业教育推广机关,联络当地教育机关、合作社、及热心人士,筹办各种适合农民需要的训练班、讲习会、传习所、展览会。

(六)城镇方面,以推广新工艺改进旧工艺为重要目的。由社会教育机关或实业机关,联络当地人士,先从小规模做起,并可采用合作社方法来推行。

(七)妇女方面,由教育机关的女职员联络当地妇女,组成"妇女生活改进会",先从推广手工艺入手,亦可用合作社方法来推行。

(八)学校教育机关,实施社会生产教育时,务必与附近社会教育机关等,打成一气,聊成一片,实行互助合作。

(九)目前实施生产教育可暂以一县做一个单位,由县教育行政机关,拟定全县整个计划,以全县民众为生产教育的对象,以县境内民众教育馆为实行计划的主体，而辅之以小学，合作社农场工厂等，其关于联络组织等工作，民众教育馆，应特别的多负责任。

（十）县单位的社会生产教育计划拟定呈准后，由县教育行政机关召集全县有关系的各机关代表举行一次讲习会，以便解说计划的实施方法，并予代表以技能训练，同时藉此各代表的服务道德与能力。

（原载《教育与民众》，1935 年第 7 卷第 4 期）

人生的忏悔与认识

——在青年会讲演

青年会要兄弟来演讲,叫兄弟讲的题目是《人生的忏悔与认识》。这题目可以说是个哲学上的问题,兄弟学识浅薄,对于这样大题目是不敢在诸位面前放肆讨论的。所以在未讲之前先得向诸位告一个罪。告什么罪呢?因为这个题目的范围是很广,应该从人生根本意义上原原本本讲说一番才对。但现在我却要把它的范围缩小,竟缩小成这样:《在国难严重国土日促的中国,我们略具知识的人应该忏悔些什么?应该认识些什么?》。这样一缩小,这个问题就有了空间与时间的限制了。那么也就是说,目前我们对于大家所托命的国家、社会,就责任上说应该怎样来忏悔,应该怎样来认识?我这样的讲,恐怕和原来出题目先生的原意是不大相符罢?对于听讲诸位的预期或有些歧义罢?所以,我先要在这里向出题的先生和听讲的先生告一个罪。

所谓忏悔与认识是个人情感和理知方面所发表的心象,就构成心象的原因上讲,可以说是客观的,但心象是因人而异,却又是主观的。譬如兄弟今天所要讲的也只能说是兄弟个人的忏悔与认识,决不能强人来同我,也许我的忏悔与认识完全和诸位先生的忏悔与认识不一样。

忏悔的意义是怎样呢？认识的意义又是怎样呢？此处应该说一说，大凡一个人做一件坏的事，由于理知的昭示，就会感觉到不安与痛苦，这纯是感情方面的事，有了这种不安和痛苦，便想到用何种方法去排除，遂又入于理知的区域，因之对于自己痛下责备，这便是忏悔。若进一步下去观察，用思考以期改革自己未来行动的方向，决定以后进行的方针，这便是认识。可知忏悔和认识是联结的、一贯的，有理知引起情感，由情感再度入理知，也是联贯的、衔接的。这是兄弟个人的解释，仅仅是很着实际的经验，并无心理学的依据，究竟对不对，我也不敢说。

我们既然知道忏悔和认识的心象是如此，那么，我们中国人在这种国难严重的现在，应该忏悔些什么呢？我以为忏悔的有四点：

第一，没有锻炼好健全的体质，是我们应该忏悔的。一个人身体健全是万分必要，不但个人的事业要依赖他，就是国家的强盛也要依赖他，我们来想一想，从前是不是不断地保护着我们的身体？是不是没有摧残过自己身体？是不是不断地锻炼着自己的身体？兄弟且举一件事来说：据上海职业指导所担任健康导师的报告：近来许多青年所患的病百分之八十，是神经衰弱。诸位想想，这些神经衰弱病是从哪里来的？我为此事曾做过一篇文章，题为《敬告青年》，我不敢说这种现象一定是由于青年自身的不自爱，但平昔锻炼工夫太差，可以无容怀疑罢！诸位不要以为这是小事啊！据犯罪学家的报告，大多数的犯人，都是因为身体不健全，而且身体不健全的人，绝不能忍劳耐苦服务社会，乐意的去帮助别人的忙。我以为这一层我们应该忏悔的。为什么我们的身体不如人呢？我们要及早回头，青年、中年乃至老年人都要深深地忏悔才是。西谚说：健全的精神寓于健全的身体。这句话是不错的。近来有些人尤其是知识分子容易悲观、消极，为什么？我以为大多数是因为身体不健全，不能忍受刺激，如果身体健全，无论处在什么逆境，都不会流于悲观，流于消极。人民是组成国家的要素，人民的健康也就是国家的健康，关系何等重大啊！

第二，我们应该忏悔的是没有养成刻苦耐劳的习惯。过去，我们不事操作，不耐劳苦，专好享受，不去生产，都是罪过啊！并且我们放开眼来看：我们中国有许多人是用新方法来消费，仍用旧式方法来生产。因此外货竞入，一年海关的入超有多少！一个国家每年流出几万万金钱，试问全国能有多少膏血，够这样大出血不止呢？就目前中国现状来说，我们应该用旧式方法去消费，用新式方法生产才对。可是我们现在恰恰与此相反！固然我们希望人人皆能得着近代物质文化的享乐，但在这样危险状况下，我们知识阶级中人都应当本着“先天下之忧而忧，后天下之乐而乐”的心肠，凡事“苦我先来，乐我居后”。用此磨炼成刻苦耐劳的习惯，以为做人的标准才对。如果不如此，我以为国家固不得了，个人也不得了，那真是万分危险啊！我们应该自问人生是不是应该刻苦耐劳呢？我们曾否刻苦耐劳呢？如若不是，便应该深深去忏悔！

第三，牺牲及游侠好义的精神，我们是欠缺的。对于此点也应该深深的加以忏悔。诸位想外人势力侵入中国，为什么竟如入无人之境呢？好像美国某学者曾经说过一句颇耐人寻味的话:“一个中国人在世界上是聪明人,两个中国人在一起就是世界上最愚蠢的人”。

这个原因,不是别的,就是为少了牺牲的精神,少了游侠好义的精神,因为少了这种精神,所以个人自私自利,不能合作,不能互谅！或者有人要问一个人要求个人安乐,难道是错的么?当然不错的,但要知道人是群的生物,应以群的利益居前,个人权利放后。人在大群中是必须要团结才能挽救一己,也才能挽救自己所居的民族。一定要人人尽六分义务,享四分权利,这团体才能巩固。当然不能说,中国人根本上就不能团结,不肯牺牲,但因为家族制度太发达了,彼重则次轻,因此对社会的牺牲精神就不免差一点了,可以说中国人人人只顾到自己和自己的家人亲属,没有顾到国家,没有顾到社会。这就是减少牺牲和游侠好义精神的最大原因。兄弟认为各人除去在本位(就个人职业说)向上以外,还应有一点超职业的服务精神,即为己之外应该为人,把为人忘了,把国家忘了,这社会便少牺牲精神的人,这个社会可以说便要变成冷酷的社会,不长进的社会,中国过去的社会是不是如此呢？若是如此,我们还不应该忏悔吗？依我所想,在团体生活中,非人人具有一点牺牲一己的精神不可,非时时为整个大我打算不可！以中国之大,人民之多,如果人人肯牺牲百分之一,有了一百人,其牺牲的总量不就有百分之百了吗?全国人能够牺牲其百分之一至百分之五,这一种力量还不大吗?这种大的力量还不可以去抵抗外国吗？可是,我们现在却不是这样,不但说不到牺牲,弄的不好,有时还要损人利已！那就更不成话了。

第四,我们做起事来持久有恒的力量很差,也是应该忏悔的。中国人持久和有恒精神的欠缺,随时随地可以看出来。人家讥笑我们“五分钟热度”,本来热气是不能持久的,而热力总希望他能继续不断地存在才好。因为热力能推进一切行动,能够鼓起几百倍勇气,能使意志坚固,百折不回,能有新的刺激再促成不断的有恒的努力,使之永久保存热度。我们应该觉悟,做事能有恒能持久,那便是成功之母,个人创事业应该如此,救国救亡更应该如此。譬如青年会的演讲,讲一会就停,力量是不会大的。可是继续不断地讲下去,有系统地讲下去,力量就大了。但是现在好的机关团体像青年会的能有多少呢?

以上所说的四点:没有锻炼健全的身体,没有养成刻苦耐劳的习惯,没有牺牲和游侠好义的精神,没有持久有和永恒的力量,可以说是每个中国人都应该忏悔的。尤其我们知识阶级更应该深深的忏悔。

现在讲完了忏悔,再讲认识罢。认识也有四条,这四条大概和前四条皆是有关的。我以为中国人到了这种危险地步,总应该以救亡图存为唯一目标。所以我们要明确认定的:(一)亡国是人人不能忍受的痛苦;(二)救亡是人人应有的责任;(三)要救亡,人人须具有牺牲的决心;(四)必须人人团结,救亡才有力量。这四点却也是老生常谈,像豆腐青菜一样平淡,但豆腐青菜虽平淡,而维他命却是很多的,无论如何倒也少不了它。

(一)我们觉得现在有许多似通非通的人常在那儿说:亡国是不要紧的,我国在宋朝曾亡给蒙古,但不到百年就复国了,明朝也曾亡于满洲，但孙中山先生起来就把它推翻了。历史上的例子甚多。并且现在的人类是向世界大同走的，那时世界上的国家都要起来合成一家，为何怕亡国呢？诸位想想这种话是不是对的呢？据兄弟想，这些话是完全错的，我现在先举几个实事来说罢：

某杂志上记载一位先生的笔记，他叙述一次乘船到欧洲，同桌吃饭的共有八个人，两个中国人，四个意大利人，他是中年的一对夫妻，带有两个男小孩，大的十岁，小的八岁。此外还有两个高丽人，皆是学生。一天正在吃饭的时候，一个意大利小孩忽然把一块大面包突然向一个高丽人面孔上一掷，口里说道："你这个亡国奴，配和我们一块儿吃饭吗"？这个时候，小孩的父母不但不加阻止，反而向小孩和高丽人微微的笑。两个高丽人不能再坐了，跑到房内抱头大哭，三日未出房门。

诸位想想，亡国的痛苦能避免么？能忍受么？中国现在东四省三万三千万（原文如此。编者注。）人民，不是正在遇着亡国奴的生活么？大家不要以为我们住在上海，很太平，想一想在铁蹄下的东四省人民的生活是怎样的呢？我们想亡国后的生活绝不会像我们现在的舒服罢！人人必会遇着那种高丽人的痛苦罢！我们应该把亡国的惨象，普遍的告诉别人，做教员的告诉他的学生，做父亲的告诉他的子女，哥哥告诉他的弟弟。诸位不要以为亡了国，做汉奸就好了，我新近在一个朋友处看到湘老人题字的一本小册子，那是影印东北义勇军某烈士的书，他被杀时，日本人还很敬重他。可是汉奸有谁去记住他呢？这一层我们应该明确认识啊！

（二）因为认识了亡国的痛苦，那么，我们怎样来挽救国难，救亡图存呢？这个责任当然政府应该负的。但单单希望政府也不对罢！你自己的责任尽了么？我以为责任虽有大小不同，但应该人人负起一点才对，做教员的教学生知道国难的严重，激起学生爱国心，指示学生救国的道路去走，那就是教员应尽的救国责任。甚至做卖买的，也应该尽他应负的救国责任。责任虽有大小不同，但总应该个人担负一点才对。日本做母亲的人教他们小孩子就是把东亚地图明白指示，告诉他教他大了要到中国去。那么，就他们的国家讲，他们是尽责的了。我在日本看到他们专为工人小店伙而设的补习学校，他们主要的功课有三种：(1)是职青（原文如此，似为职业之误。编者注。）训练，那是本行；(2)军事训练，那是和普通的兵士受军事训练一样；(3)精神谈话，这种精神谈话实在使人可怕可骇，他们老实不客气的是鼓动青年向外发展。

他们的教育是如此，我们的教育怎样呢？师之于弟，父之于子，长者之于少年，是不是教训只是尽了一些救国的责任？到店里去买货物是愿意买国货还是愿意买外货，那就是最好的测验。如同样一件货品，外货是四毛，国货是五毛，你宁可多出一毛买国货，那是你尽了救国的责任了，因为你虽多出了一毛钱，可是你留了五毛钱在中国了。所以救亡图存，是人人应有的责任，各人都可以就力之所及，尽些他所能尽的责任！必先责己而后责人，否则是没有资格说人的！这一层我们也应该认识。

（三）我们要从事救亡工作，那是明白了，不救亡将没饭吃、没衣穿，生意也不能做，所以人人应该从事救亡工作。要从事救亡工作，必须具备牺牲决心，没有牺牲决心，不用说救国，任何事都是弄不好的。所以要救亡，牺牲的决心是必要的。当然所谓牺牲并不是叫人人去当义勇军，那不但不近人情，且亦不可能。牺牲程度有大小，牺牲百分之百是牺牲生命，是最大的牺牲，牺牲百分之一二，如买国货不买外货是小牺牲。而牺牲也是一样的。再譬如说每天看报，本来五分钟就够，但因为决心救亡图存的缘故，就须要十分钟，增多五分钟去研究世界大势，意阿战争怎样？我们外交的情势怎样？这五分钟就是救国的准备，就是牺牲。在好像诸位星期日到这里来听演讲，不去看电影、逛游艺场，或者不来听演讲，集合十个八个同志研究战时常识，研究做战时的后方工作，如防空防毒救护工作等等，这就是对国家负了救亡之责任。诸位人生一世，娱乐当然是应该的，但在这样的局势之下，生存且不保，还能说到娱乐？要得到娱乐，先要有相当牺牲才行。上面所举的，是从小的地方说的，扩大言之再聊合同志，在职业的余暇到乡下去，继续不断地宣传鼓吹，广施一些国难教育，固然白天跑得很劳累、很疲乏，是苦的。可是夜间回来躺在床上想到许多乡下人经过自己教育之后竟由感动崛起，进而组织团结，何等愉快，这种就是牺牲的代价啊！这一层更要明确认识，认识牺牲的必要、牺牲的价值。

（四）我们既经认识了以上三点，此外还有一件最要紧的便是团结。外国人说我们中国人一个人是聪明的，两个人在一起是世界上最愚蠢的，这话是讽刺我们不能团结。外国来压迫我们，也是因为我们不能团结抵御，才肆无忌惮，才让他们在中国如入无人之境。元朝有个皇帝，总怕他十三个儿子不能团结，把他们招到面前拿一根箭一折两段，又拿十根箭放在一块折，折不断，他就对他的十三个儿子说："一矢易折，十矢难摧"！这是说，个体的力量小，团体的力量就大了。

中国人对于团结的力量向来是很小的，除了家族以外可说没有团结，但说到团结却也不是容易的事。人类本是团体生活的动物，然而中国人却不能团结，这种人生还有什么大的意义呢？我们要知道必定能团结才能有力量，要大家团结起来，大家先应该养成团结的生活习惯，如合作、互让、守法牺牲、急公好义、律己严、责人宽这种生活习惯养成了，以救亡的精神，救国的精神做团结的信条，一定可以团结得结结实实的。至于怎样团结呢？那也是必须由小而大，是有一定方法的、一定步骤的。一个人结合成两个人，两个人结合成三个四个以至于千百万人，大海的水也是由江河来的点滴汇成的。人民能够团结，政府当局自然也会团结，因为他不敢做背乎人民的事啊！所以要救亡，人民必须要团结，要团结必须要具牺牲的决心，有了团结才能发生力量，牺牲才有代价。

假定我们团结起来，要人人牺牲一点一滴是很容易的。各人能牺牲百分之一，一百人就是百分之百，牺牲了百分之百还不能救亡么？这样浅近的道理我在上面已经讲过了，所以我觉得对于这第四点必须清楚的认识，我们牺牲了百分之百，必定要团结！团结！才会发生力量，力量生出效果，我们的牺牲才不是白牺牲。

我们忏悔了过去四点的不对，身体不健全，健全起来；没有养成刻苦耐劳的习惯，锻炼起来；没有牺牲和游侠好义的精神，培养起来;不能有恒,不能持久,应该改变过来。我们既经忏悔了过去,更应要认识现在,认识当前的民族的危亡。我们要认识:(1)亡国是人人不能忍受的痛苦;(2)救亡是人人应有的责任;(3)要救亡,人人应具有牺牲的决心;(4)必须团结才有力量,才能达到救亡的目的!希望大家以此做一致目标,努力去做救亡的工作。过去忏悔了,现在应努力!不要到了未来,再忏悔现在。

(原载《国讯》,1936 年第 120 - 121 期)

请教育部严厉制止修改教科书案

（上海分会提）

议决：通过推举江问渔、黄任之、程其保三会员起草。

原文如下：

南京教育部王部长钧鉴，近闻某省市当局及书坊对于教科书原有关于培养民族意识文字，有擅自删改之举，事关国家教育主权，民族生命，迫叩钧座严厉制止，以维国脉，而正人心。

中国教育学会第三届年会江

（原载《中国教育学会第三届年会报告》，1936年2月）

宪法草案中的教育一章

历时三载，经过会议百余次，条文共计一百四十有八的中华民国宪法草案，居然于廿年五月五日发表了，凡属中华民国国民应如何感动兴奋，一方庆幸国家根本组织之大法成功，一方面感谢诸位立法委员会之竭智尽忠，辛勤国事，同时并应详细研究各条文，以求其如何能一一实现。就我个人观察所及，认为关系立国根本大计，最值得令人注意者，厥为宪法第八章之教育。

谁人都知道无独立的文化不能成为独立的国家，而如何促进文化的独立与发展，则一惟教育是赖。中国旧式教育，经过前清甲午庚子两役，咸认为不适宜了，于是琴瑟不调，改弦更张，乃有新式教育的发动与推进，自清末以至现在，将近四十年了，究竟成效何在，令人言之痛心！

当然不能说四十年来新教育，竟无一点效果啊，现在如科学人才虽不多，到处皆有一些，一般民智虽不高，然比较从前已增进许多，这不能说不是进步。可是，国家被人压迫到这样地步，何以汉奸还不断产生？并且做大汉奸的，多是受过新式高等教育的人；何以一般人民对于国家，不感觉到有何等痛痒关系？固然他的原因甚多，但是教育总不能说不负责任罢！以我浅见的观察，似乎有下列四点，可认他是致病的根由：国家教育宗旨，常常变动，未能认明一个要点，把握得住，切实进行，此指十六年以前言，一也；偏重上层的高级的，而忽略了一般国民的下层基础教育，二也；各地教育经费，未能确定，三也；各级各种教育，未能尽推行国家政策之义务，甚且双方不能打成一片，四也。有此四点，遂使教育上构成一种病因，以致国家民族，示受教育之益，反受教育之害。出身高等教育的人，可以公然做汉奸；有知识的商民，不知提倡国货，一班无知识的愚人，充满农村，内地各县教育，经费支绌，意趣索然！身负教育重任之人，不知国家政策为何物；甚且，资格够做一个大学教授，而道德不配做一个公民。教育结果到了这样境地，国家生命且不能依赖他来保存，遑论其他？

现在新公布的宪法草案，关于教育一章，计八条（从一三一条至一三八条），总算是能认得病根所在，对症下药了。（一）规定教育宗旨，在发扬民族精神，培养国民道德，训练自治能力，增进生产知能，以造成健全国民，这是何等切实明确，适合重要，此后一切教育，便当牢牢把握住这四个要点，切实设施，志专而心壹，殊途而同归。（二）规定学龄儿童的基本教育，规定未受基本教育成人的补习教育，说明免受学费，则此种教育之普及，当然是由国家独负责任，能注重下层教育能注重教育普遍，我以为要提高全国文化水平，要养成全体健全国民，就是植根在此一点。（三）规定教育经费最低限度，中央占全预算总数百分之十五，省县市占百分之二十，有此一层保障，则此后从事教育事业之人士，当不至再感萧索了。（四）尤其重要的，是规定全国公私教育机关,受政府监督负推行国有政策之义务,有此一条,则今后教育设施复可在同一目标下努力迈进。消极方面,减少许多精力财力的浪费;积极方面,养成多数国家实用人才和最大多数维护国家生命的民众。凭我良心说,宪法草案中关于教育一章,有如此规定,是最合于目前国家民族的需要,是我国救亡图存独立自强的一剂良方。此后的问题,便是如何实行,如何推进,如何能使写在纸上的皆得一一见诸事实?这不仅是政府责任,吾们知识分子,尤其是吾们教育界的知识分子,要在宪法草案规定下共同负起服从政府,协助政府肩负这一种责任!

(原载《国讯》,1936 年第 129 期)

读《张季子九录》

一

南通张季直先生，生于清咸丰三年，卒于民国十五年，享年七十有四岁，他在二十四岁时，即入清提督吴长庆军幕，三十岁时，随吴入朝鲜，对于中、日、韩利害关系留心研究，洞见症结。时距甲午中东之役，尚有十年，而先生所作未雨缪绸之计，曲突徙薪之谋，固早先国人而大声疾呼了。清光绪二十年甲午，他已四十二岁，是年礼部会试中式，殿试一甲一名，所谓中状元者是。可是，他一方面固然文章有价，科举成名，同时一方面见国家受空前之挫辱，而老父又在籍病故，其感受刺激之深刻，殆非常人所能堪。悲愤之余，乃有奏劾大学士李鸿章一疏，一时直声震海内，有识之士，不复再以普通科举场中人士相待了。自是先生遂亦立定个人事业进行之主旨，不在政府而在社会，不在官治而在自治，不在仕宦而在实业，于是从四十四岁起，一时为清光绪二十二年，即着手创办通州大生纱厂，越五年，创办通海垦牧公司。自是以后，盐业、渔业、航业等各公司，相继筹办，先后成立。迨及清末，更注意到铁矿业，构成所谓“棉织主义”。同时在地方设立各级各种学校，以期养成实用人才，到民国，南通一县居然有了大学。除实业教育，已建成伟大模范外，关于地方道路交通，慈善救济，图书博物之馆，公共游览之园，殆无一而不美且备。盖由有清之季，以至民国之初，先生所并力经营之实业教育以及一切地方自治事业，可以说以一县之地足以楷模全国，到此时他已经六十岁了。

先生虽僻居乡邦，致力于地方实业、教育、自治，毕竟不能和政治完全脱离关系。其一，他所办的事业，规模较大，有时要假借官府之力以为助，当然要和官府往来。其二，他一向度幕僚生活，对于国事，好发言论，有所主张，并且当时有名的封疆大吏，都很器重他，有时竟要请他做临时参谋。其三，他在清末，曾担任过江苏省谘议局议长。当时因为他的声望关系，苏省议局，在国内居然能做得有声有色，接着就参加上“辛亥革命”，这纯粹是政治生涯啊！其四，民国创造之初，以及北京政府成立之后，因为要实现他的理想政策，并曾担任过官吏，那么更是完全做政治实行者了。后来解去国务，仍任治水重要职务。到民国十一年，他年已七十岁，仍被任为江苏新运河督办。盖综观先生一生经历，可以分为两方面来说：一是他所遭际的时局，也可说是所遭遇的时代潮流；二是他个人的志趣，也可以说是个人事业的标的。说起前项，他在四十二岁时，即遇到中、日之战，割地赔款，全国悲愤，此时他便决定了个人努力事业的趋向。未几，北方有义和团之变，南方数省，成立互保之局，而暗中策画，先生确是一人，时年已四十八岁了。翌年便有“变法平议”一篇大文发表，到了光、宣之交，立宪运动潮流，澎湃国内，而先生实为首先接受潮流并鼓荡潮流之一人，辛亥之秋，义师起于武汉，苏沪反正，金陵战争，继则南北议和，清帝退位，斯时先生更居时局的重心，其于策划治安，筹措饷项，调停党争，在在均有重大关系，迨至洪宪帝制议起，他更以元老资格，主持正论，海内更仰望其丰采了。凡此二十余年间的国内重大事变，可以说没有一次与他无关。这是一方面。说起后项，他是对于水利、盐政、农业、工业、商业一向便留心研究，据其自述，他在二十二岁，从桐城孙先生勘察淮安河道，因读淮泗老辈论治河淮之书。而在三十五岁时，并曾在开封知府孙先生幕，观察黄河工程，上书豫抚，论治河方略者五次。后来对于导淮一事，费尽苦心。而全国水利局机关之设立，与河海工程学校之举办，尤见其规模之宏阔而远大。今者苏省导淮大工，所以能施行无阻，其基础实创自先生也。盐政改革，规画尤详，今日盐政逐渐改进，亦有大部分循其所议之轨范。至于实业大计，注重棉铁，颇冀借行政之力，以达其所期，结果竟不克如愿。于是到民国五六年后，遂亦高卧沧江，不愿再问国政，而逢人则盛称“村落主义”了。可是关于苏省治河工程，仍不肯放手，此亦个人事业兴趣使之然也。这又是一方面。

论到先生为人，是一个实务家，同时也是一个政论家。因为是趋重实务，所以他很能注意到应用科学。注意采取欧美新知。因为是政论家，所以他也能探论到政治大原。可是比较起来，还是偏注重于实际。至于文学方面，却也有特殊天才和修养，散文颇能师韩、苏之长，短篇更多取法于子厚，作诗作联，文人的结习也很深，直言无顾忌，是其特性，而有时好使气，也往往令人难堪。总之,他在清末以至民国,毕竟不失为一位历史的有名人物。现在要明了他的经济、事功,除到南通看他物质建设外,可以一读《张季子九录》一书。

作者和张先生虽居同一省,且昔曾一度从游,但对于他的生平,仅略知一二;自从读了《张季子九录》后,才算把这位先生生平,比较看得清楚。适《人文月刊》社要我做一文章,即以"读张季子九录"为题,因而在未说到九录内容以前,先把他的一生经历,叙述一个大概,庶几读者未读其书,可以先知其人,因知其人而后读其书,可以格外明了。

二

《张季子九录》一书,是张先生的儿子张孝若编著的。所谓"九录"是把全部文字分成九类录之。据原书例言上说,这是张先生前所自定的(自订年谱内,曾有此项记载)。

(一)政闻录　凡政事、经济、农工商行政、及水利计划、盐务改改革等属之。

(二)实业录　凡手创之纱厂盐垦事业、及其他实业等属之。

(三)教育录　凡手创之南通教育事业、及其他关于教育文化的议论属之。

(四)自治录　凡手创之南通自治事业、及其关于自治之意见属之。

(五)慈善录　凡手创之南通慈善事业属之。

(六)文录　依体分七类:曰论说记述,曰序跋,曰赠序,曰笺启，曰碑传，曰哀祭，曰词赋铭赞。

(七)诗录

(八)专录　凡单行成书之著作属之。

(九)外录　科学文艺。

政闻一录，分量最多，占全书十九卷；次之则为文录，卷数与政闻等。

正录以外，复列附编十卷，是为张南通先生荧哀录。

目录之前，例言之后，附入简明年谱(专录内还有先生自订年谱)。

全书凡九十三卷，订成二十八册，民国二十年冬由上海中华书局出版。

与本书有极密切关系，可以供读本书人参考的，还有一部张孝若君编著的《南通张季直先生传记》。这部书内容分三编十三章，第一编是从清咸丰三年叙到光绪二十四年，那是从先生初生一直叙到戊戌变政；第二编是从光绪二十五年叙到宣统三年，那是从先生创办实业自治一直到辛亥革命；第三编便是从民国以后一直叙到晚年。此书也是在中华书局出版，其出版期还比《九录》早一年。

(第三、四两部分分别为读政闻录和实业录内容，略。)

五

本段则专来叙述先生的教育事业了，就《教育》一录来看，他是共分六卷，计文一百二十四篇，除卷一所载前三篇，还是属于旧科举时代旧教育意见外,其他则悉属于新教育范围。就一百二十四篇,一析其种类,则知关于师范者有三十篇,几占全数百分之二十五,于此亦可以见出他老先生对于初级基础教育的十分注意了。

综观先生一生所经营的教育事业,就纵的方面说,从幼稚园而小学,而中学,以至专科大学,可算是各级教育咸备;就横的方面说,有普通、有师范、有职业、有特殊教育(如盲哑教育等)、有农工医科、有博物苑、有图书馆,可算是各类教育俱全。夫以一县之地,而教育事业之发达如此,在中国一千数百县中,当然要首屈一指了。若问其何以竟能如此呢?则又不能不佩服到先生夙所主张"借实业以兴教育"的政策了,非教育无以强国家,非实业无从兴教育,这是先生所主张最简明的理论。最难得的,理论成立以后,他便先后自己一身做起。在清光绪二十三年创办大生纱厂,越五载至光绪二十八年,乃设立南通师范学校,此为先生正式开办教育之始。继此而兴的,则于光绪三十一年,设立通州城厢初级小学、博物苑、唐牐艺徒学校、吴淞商船学校;光绪三十二年,在师范学校内附设木土测绘工科、农科、医科各特班,并设铁路学校于苏州;光绪三十三年,设立通州女子师范学校、海门长乐各小学、国文专修科;宣统三年,设立垦牧各小学,农业学校;民国元年,设立纺织学校、盲哑学校、图书馆、盐场警察长尉教练所;民国二年,设立幼稚园;民国三年,在南京设立河海工程专门学校,设立南通女工习所,民国四年南通纺织学校改专门;民国五年南京农业学校改专门;民国七年,设医学校,旋改专门;民国八年,设立伶工学社、工商补习学校、交通警察养成所、蚕桑讲习所；民国十年，设立垦牧高初等各小学。上述各专门学校，旋即合组为南通大学，未几又改为南通学院。各教育机关，除商船学校在吴淞，河海工程学校在南京，又一部分小学在海门外，余皆在南通一县（苏州铁路学校不久即停办）。二十余年间，各级各种教育机关，相继成立，其经费除最少一部分取给公款外，全部皆是出南通实业公司。以实业兴教育，先生之目的，可云达矣。惜乎继起之人，未能具有先生之魄力、之气概、之才能，以致先生逝世后，各种事业皆呈萧索之象，即已成立之教育亦不能尽免，可叹也！

兹就教育一录，再析为次列数项，一为论述。

（一）关于教育意见

先生对于教育，并无特殊哲学思想，亦未构成何种特殊理论，其所发表的，大抵皆是平正切实，人人易知而易行。兹就文字方面认为比较显著的几点，述之如次：

1. 特别注重小学教育

先生认为普及教育为强国之本，这一类说法在各文中屡屡道及。其所以注重设立师范，要把师范教育办好，也就是为此。

2. 注重民族精神及爱国观念

他所以主张普及教育，就是因为人民不知国家，不知爱国，他平日对于学生训话，极端注重这一点，看他在《南通师范学校十年度支略》序里说："自前清甲午中国师徒败衄，乙未马关订约，国威丧削，有识蒙诟，乃知普及教育之不可已"（见教卷三，第15页）。

而说的最痛切是，则有师范学校开校演说一篇，试摘录两段如次：

“中国今日国势衰弱极矣，国望亏损极矣。国者民之积，民之中各有一身在焉，国弱望亏，其害之究竟，直中于人之一身。环顾五洲，彼所称强大文明之国，犹是人也，以我中国黄帝尧舜神明之胄，退化不振，长处人下，至有以奴隶目我者，诸君以为可耻否乎？

“欲雪其耻而不请求学问则无资，欲求学问而不求普及国民之教育则无与，欲教育普及而不求师则无导，故立学校须从小学始，尤须先从师范始……”（见教卷一，第 17 页）。

3. 尊孔

他是尊重孔子的，认孔子是古代有数的教育家，应该效法他，他有一篇文章，题为“学制宜仿成周教法师孔子说”（见教卷一，第 15 页）。此外在教育一类演说词中，也时时提及。

4. 主张严格主义

他有一篇《论严格教育旨趣书》（见教卷三，第 12 页）是在民国元年发布的，文内首一段即说：“军队无放任，学校无放任，此今日世界各共和国之通例，军队放任，则将不能以令，学校放任，则师不能以教。将不能令则军败，师不能教则学校败，其为国患，莫此之尤”。其前乎此文的，则有前清光绪二十九年的师范学校年假说，他说：

“诸生知教育何义乎？以教为育，便是干涉而非放任，放任者野蛮之事，干涉者文明之事，天何为而测其躔度，地何为而辟以河渠？此干涉之大者。生铁之必数炼而为钢也，生棉之必层制而为布也，此干涉之繁者。反是而思之，孰为野蛮，孰为文明？既干涉便有约束之事，有服从之事……”（见教卷一，第18页）。

后乎此文的，则有民国八年以后迭次所发表的反对学生罢课，反对学生运动各篇文字，其在民国九年“致河海工程学校学生自治会函”一文（见教卷五，第7页）其言尤为委婉而沉痛。固然先生对于“五四”学潮的先因后果，观察未必皆确，论议不免失平，但其一片爱惜后辈爱护国家的热忱，无论何人，似乎皆不能加以否认。

5. 注重道德教育

他以为学校是培养人才之地，所谓人才，当然要首重道德。其平日诰诫学生也，有曰：“忠实不欺，坚苦自立”（见教卷一，第17页，“师范学校开放演说”），有曰：“修公理，明公德”（见教卷一，第19页，“师范年假演说”）。尤其注意的，是提倡俭德，他在光绪三十四年“师范学校开学演说”文内（见教卷二，第28页），有一段说得很精，摘录如次：

“俭何是美德？俭之反对曰，奢，奢则用不节，用不节必求多于人，求多于人则人必不愿。至于人不愿，则信用失而己亦病，是奢之病，妨人而亦妨己。故俭为美德。今何以独举俭之一字为诸生勖？俭可养高尚之节，可以立实业之本，可以广教育之施……”

其他类此甚多。如训迪商业学校学生也，有数语焉，曰：“吾人之享用，不可较普通之今人增一毫，吾人之志趣，不可较最高等之古人减一毫”（见教卷三，第23页）。如向师范学校第十届本科毕业生演说也，有数语焉，曰：“无论对于一人，对于社会，均不宜多求于人”(见教卷四,第2页),皆是一贯的主张。又诰诫他的及门学生已在学校办事的,如致“师范顾于黄诸生函”(见教卷三,第23页)内有一段说:

“诸贤当共念国家来日之大难,力图教育根本之至计,必有精进不已之心,然后能成物,必有恢宏无外之量,然后能集忠,毋以已至而安于自足,毋以自小而局于一隅……仆老矣,事又繁,不能常接地方后进勤加训勉,窃愿以策勉诸贤者间接及之。幸念区区之意,期成任重致远之才,仆虽老,犹可为诸贤之助也”。真令人读之十分感动。

以上仅举重要的几点来说一说。先生原是科举出身的人物,他能洞悉世界大势,默察国家前途,毅然主张办实业,兴教育,是很不容易的事。最初创办通州师范也,毁千佛寺,当时发为文章,排斥佛家,尊崇儒家,而识者不察,行之过度,于是各处毁庙之风,纷然以起先生忧之,乃亟亟发为缓和空气之文,力主折衷之说。到了晚年,也竟大大崇佛氏了。最初主张学制取法日本,可是同时也主张中国学制宜法成周。小学不主读经,是他最初主张,到了后来主张又变了。这总是因为个性不强,所以各事皆容易走到折衷调和一路。惟因重视国文,竟至始终排斥白话文,毫无折衷调和的余地,这却未免有一些太过了。

(二)关于学校教育

先生对于学校教育,可以说能各方兼顾,而论其所主张的本末前后之序,则是第一注重小学,因注重小学而注重到师范教育;第二乃注重职业教育;第三则为专科高等教育及特殊教育。

兹试依次一为叙述。

1. 小学教育及师范教育

先生主张兴小学，普及国民基础教育纯粹是为了开通民智，树建地方自治根本，以图国家之强盛，可以雪耻而自立，理由及其简明，并认定欲兴小学，非先办师范不可。通州师范开办在前清光绪二十八年，比较其它各省，是早一两年，当时确是有"树之风声"之效。先生为办师范，却是很用过一番苦心，我们看他初次所作"通海请立师范学校公呈"（见教卷一，第6页）。规划何等精密周详，在此时看来，固然没有什么出奇，可是在三十五年以前，确实是不容易啊！照他老先生的理想计划，有二百户要有小学一所，当然需要小学教师很多，师范之设自不能少，而师范学额要逐渐扩充，自然更是十分紧要。当时科举尚未废，旧习惯中于士大夫之心很深，先生对于兴学悉心规划，一面为发育新机，一面也要尊重旧习，所以再四斟酌，对于师范生及其他学生毕业后的给予职官一层，很多建议。在今日看来确是不值一笑，可是在当时，不能不说是他的一番苦心啊！

先生对于通州师范规划既极精详，希望尤为殷切。平日对诸生殷殷训诰，视同家人，每次开学放假，必有演说，示以做人之道，办事之方，语均精粹。尤其对于师范生国文教学，十分注重，他本是一位中国文章很优美的老先生，而又是具有善理实务的天才，故立论极精确而又极通达，我们看《教育录》卷一、所载"论国文示师范诸生"文（见教卷一，第17页）一篇罢！他说：

"国文为通各科学之精神，算术与之并重，国文必期实用，与美术国文有别，美术国文者，华藻之文也，适用国文者，切事切理之文也。然若不能通贯,如何能切事切理?不常读常作,如何能通贯?不通贯之国文即不适用,施于实业,工手一例之技能耳。施于师范,则误人益甚。本校诸生,将俱无高尚技能之思想乎?闻诸生有言曰:"文止须实业有用,不必人人能为国粹之文,又曰'辞达而已矣,'二说皆不切。试问国粹之文何等文耶?辞达之达如何达耶?仆若督诸生为国粹之文,是以欧、苏、韩、柳期之人人也,不谬若是。若督诸生必如孔子之所谓达,是以六经诸史之文期之人人也,不谬若是。所望于诸生者说一事使人了然首尾,说一理使人了然眉目,说一境使人如见其物。在题中说出,不在题外敷衍。不华可也,不美可也,不博不深甚至不长均可也,不切不可不通,不可诸生其务为切,务为通。若以寻常适用之文为国粹,以寻常适用之文为辞达,则是不切,亦即不通,所谓通者,能与事理文理之上下四旁,无障无碍也,如所言则障碍多矣,故可说不通。昔人言秀才不读"三通",终是不通,又言读书十年,才可当得不通,则不通之程度,亦有甚高者,愿诸生无易其言也"。

至于对于师范生品行训练,更是主张严格,极端勖以刻苦、俭朴,此在前面教育意见一节内,已经说过了。其训诫务崇俭德也,在《教育录》卷二"师范学校开学演说"一文,前面有未及引者,兹再补录一段如次:"教育为实业之母,师范为教育之母。以诸既投身于教育,苟不自俭,何能教人?且教育之在我通州今日,尤为艰难,无他,财力支绌,民智未开而已。开民智,惟有力行普及教育,广设初等小学,假使一小学建筑物求美备,形式务求完全,教员务求厚俸,供给务求丰旨,而甲绌于前,乙必怯退,今年能创,明年将穷,教育必无普及之一日。是须诸生心知其意,以义务为实行,不以公德为口号,而基础从能俭起”。

2.职业教育与专门教育

先生是经营实业的专家,对于教育当然注重实际,所以他除注意地方小学,其实办理师范外,便重视到职业教育,他在前清光绪三十二年,师范教育已经有了基础之后,看到地方事业,需要实际人才,乃就师范学校内附设土木测绘工科、农科、蚕科各特班,后来通州清丈全境土地,固然是使用这一班测绘人才,就是导淮测量工程,也是这一班人去担任的。农科初是附设,后来就扩充独立成为正式甲种农校,又复升格为农业专门,农科大学,蚕科、后来独立为蚕桑讲习所。纺织学校,民国元年设立,当时是甲种实业,未几也改为专门。

在《教育录》卷四,载有“商校本科毕业演说”文一篇,惟商校设于何年,年谱则未有记载。

关于家事方面的,有女工传习所,在《教育录》卷四曾有“女工传习所记事序”一篇。

商船学校不在通州而在上海吴淞,也是先生提倡创立了,他虽然是专门学校,也可算入职业教育范围。现在该校由交通部接办,在航业方面已养成了不少人才。河海工程学校也是先生所创设的,学校在南京专为培养治水人才,程度是专科,后改成大学,但也可列入职业教育。此外在南通的大学专科,大概皆由各甲种实业学校扩充而成。

至于通州中学内,附设国文专修科,其用意则专为养成社会办事书记之才,在《教育录》卷二曾有《述义》一文,时犹在前清光

绪三十三年,文内述说书记人才之需要,有这样一段话:

“慨自科举停废,士竞科学,以文学为无用,致废书而不观,甚至焉乌混写,略不知惭,汉唐错列,被讯勿悟。而旧时学人,非特年齿已长也,其所素习,专论制艺,授简作札,辄谢不能。遂致一公司之成,一议会之立,求充书记之任,客多于牛毛,欲求当选之良,贵逾于麟角……”这一种教育,也可以列入职业教育范围。

工商补习学校、伶工学校、特殊教育的盲哑学校,亦均属于职业教育范围,先生有志创办盲哑学校,在清光绪三十三年已发其端,《教育录》卷二,载有“致署江苏朱按察使劝兴盲哑学堂函”言极痛切,盖因朱为盲者,故以此相劝也。到民国元年,又有筹设盲哑师范、传习所之旨趣文发表。

此外关于大学者,则有“请设工科大学公呈”(见教卷二,第14页)”筹画南洋大学致端江督函“(见教卷二,第12页)。

(三)关于社会教育

先生对于社会教育,最注意的为大规模的博览馆。他在前清光绪三十一年曾著有一篇大文载在《教育录》卷二,题为“上南皮相国请京师建设帝国博览馆议”,首言博览馆之功用,次列规画六端一、建筑之制二、陈列之序三、管理之法四、模型之部五、采辑之例,六、表章之宜。同年又有“上学部请设博览馆议”(见教卷三,第17页)当然清廷没有这样能力,兴此空前大业。于是先生乃于光绪三十四年开始筹备通州博物馆,至宣统二年通州博物馆便宣告成立。可是,他对于全国大规画的博物馆院,仍然不能忘情。民国二年，他又有一篇“国家博物院图书馆规画条议”文发表，文内分必设之时期，办设之场所，陈设之物品，规画之大概，经理之人才共五项，“请建图书馆呈”，载在《教育录》卷三，系前清光绪三十四年作，而通州图书馆则设立于清宣统三年。此外如伶工学社，亦可把他列入社会教育的范围。

除以上述外，先生关于教育计划言论，见于《教育录》者仍不少，本文当然无须一一列举。最后我以为先生关于教育还有最精两语，不可不一为补述，他说：“万物有始者有卒，教育有始而无卒之事也；万物有新者有旧，教育有新而无旧之事也”。此两语录自《南通教育年鉴序》（见教卷六，第 12 页）原文对于斯义，阐发甚详，大可玩味。

（第六部分为读自治录、慈善录内容，略）

七

叙述至《慈善录》，所有《九》录已毕其五了，继此复有《文录》、《诗录》、《专录》、《外录》四类。依着作文的程序说，似乎应该赓绩叙论，以全始终，然而再四斟酌，事实上竟难许可。何以故呢？其一，文录以下，复有三录，分量占全书之半而强，非再有一万五千字，或二万字不能毕其事，而《人文月刊》决不需要此种长篇，一再登载。其二，《文录》一类已有十九卷之多，《诗录》亦有十卷，即以目录论，在原书已占五十四页，若专取文诗两项来叙述，恐怕要编成一部“张季子的文学”了。如何能够这样办呢？其三，专录计有九卷，如《周易音训句读》，纯粹学术之书也，《绣谱》,专门技术之作也,当然不能随便绍介。《自订年谱》,则于叙述《政闻》《实业》《教育》各录,已取之以为重要参考了。《联语》则《诗录》一类也。如果有暇,专来著一部“张季子研究”。凡是关于学术、思想、文艺,皆可一一加以阐发,当然要需要这几部文字,若仅为撮叙《九录》,似乎可以不必。其四,外录如时艺、如赋及试帖,如策问及殿试策,当然也可考究出他老先生一部分的思想和文艺,可是比较前述文诗,重要的程度,又稍逊了。在读《九录》的朋友,尽可随便顺手来翻阅一翻阅,若要认他是文章正宗,似乎不必。

有了上列四种原因,所以我的“读张季子九录”这一篇似通非通全非全的文字,也就至此宣告终结了。现在所以要有这一段声明,那是纯粹为免除读者误会起见,惟为引起读者兴趣计,不妨再就他老先生《文录》《诗录》中选出诗、词、联各一篇,以作余兴,并以殿吾文。

临城票

山东连年苦盗贼,白昼正尔横缚人。临城铁道坦如水,要遮亦有网截津。盗惟爱钱好,人尽可为票,青岛曾探赤黑丸,洛阳下江新招安。龙蛇山泽风云宽,岂无护路队,戎服荷枪壮仪卫?岂无镇使兵,金弹酬赠如弟兄?由来亦有治盗法,政事堂空虚令甲。横行自合满中原,行旅何因命如发。命不足惜奈国何,中有殊族非一科。咄咄抱犊山之阿。政府盗渠方议和。

满江红（挽又铮，又铮工词，故词以吊之）

问客彭城，道芒砀风云犹昨。数人物，萧曹去后，徐郎才霸，家世不屠樊哙狗，声名曾隽燕昭马。战场南，小怯亦何妨，能为下。将玉帛，观棋暇，听金鼓，横刀咤。趁续完赛传，更编遵雅（又铮集名）。反命终申知遇感，履凶不论恩僻价，好男儿，为鬼亦英雄，谁堪假。

博物苑相禽阁联

见树木交荫，时鸟变声，亦复欣然有喜。（陶潜）

待春山可望，白鸥矫翼，傥能从我游乎。（王维）

（原载《人文月刊》，1936 第 7 卷第 4—5 期）

中国民生教育学会成立大会演说辞[1]

兄弟现在中华职业教育社服务，贵会系民生教育学会，可说是兄弟之辈；现值小弟产生之时，虽说各方应酬颇多，但不得不前来道贺几句。

贵会的产生是适合目前社会的急需的，钮主席已经很详细的说明了；而且总理的三民主义之中，尤以民生主义为立国之本，其重要也可想而知了。今天兄弟对于贵会的希望少讲，仅提出几个问题来讨论一下。

我常这样扪心自想：为什么要办教育？为教育而教育是没有意义的。但是目前竟有一般人把他误会了，以为教育的职责就是如此，所以把教育弄成畸形的发展，使教育本质上发生了极大的问题。现在我把常感觉到的三大问题，述之如下：

1. 高小或初中毕业生之求智问题：高小毕业的学生，既不能升学又不愿就业，我们对于这种青年或儿童，应否有一种教育的方法去帮助他们，使他们能够得到一种生产的能力以便谋经济独立减少失业的人数。

---

① 江问渔演讲，王凤楼笔记。

2. 已在社会服务之智识分子的安排问题:小学或初中毕业而不能升学的,就年龄说总在十五岁以上;这种人的求智欲非常发达,而他自己亦常这样想:在学校内比他坏的同学是升学了,他自己又在学工学商,心中常有愤愤不平之气。假使从积极方面能够因势利导,教授些各种智识和技能,则其效率必然增加,可是目前的教育机关能注意到这一层的能有多少?

3. 受过高等专门训练之学生的安排问题:现在高等专门训练的机关,日益增多,学生人数亦随之而激增,试问此等毕业生能否全部得业!政府仅供造就人才的机会,而不问其应用人才,这是最危险不过的。这亦是目前教育圈内的一个严重问题,是不容忽略的。

欲解答上列三大问题,有人以为并不感觉到有什么困难,只要创办职业班,职业补习班,并希望社会事业能有彻底的改进,就可补救上述的三大缺点了。但是,这个答案并不见得有特殊见解的地方,因为过去职业教育的广泛,和现在职业教育的设施,就足为我们的明鉴。

现在请稍抒余个人愚见,以作研究者之参考,我以为创办职业教育,应以活办为主,不宜死办,但活办与死办究有什么分别呢?我以为活办就是要适合社会需要,不必拘泥乎某种形式(如法令规章等是);过去职业教育的缺点,就在专注重于学校形式的缘故,至于活办的办法究为如何?例如划某一县为一区,在区内设立机关,以民生教育的办法为办法,除了在县内设立普通小学以外,其余全县教育事业,概由本机关来负责,以便在最短期内使全县普及,实施办法第一步即在调查高小毕业生的性质、职业兴趣和服务能力等，使服务社会，以便人各尽其才，物各尽其用。第二步则收回训练，训练完毕后，再分发任事，重回训练，这样一来，高小毕业生的求智问题可完全解决了。

至于职业补习训练，亦要以活办为原则；现行的办法至少有下列的两种缺点：第一，专注重于文学的训练而忽略职业技能的训练；第二，普通学校的课程不适合于实际的应用；今后对于上列二点，如能有适当的改革，则其效果必然增大。总之，职业补习训练的办法亦要以活用为主，使能给与服务而又求学的人以极大方便。

第三个办法就在劝诸位受过高等专门训练的人，不要怨天尤人；固然社会的罪恶可以使我们怨恨，但是，如果学生完全要依赖社会的救济，而不设法自救，则大学生和社会都未免太可怜了。所以劝诸位切勿怨天尤人，应本着教育的立场和自己的能力，努力去做，那末这个问题即可迎刃而解了。我希望受过高等专门教育的朋友，能三五成群的组织起来，预定计划，托校长担保，向银行借款，去创办实业，为社会谋福利，这是一种很好的办法，经过几个人的努力，就可获得最大的成效，这是最合经济原理的。

最后，我得申明一句，此次谈话，不过提供一个研究的目标而已，至于详细的内容，尚有待于诸君的努力。

（原载《民生教育》，1937年创刊号）

中国女子教育问题

一

谈到中国女子教育问题,真令人发生无限感慨!有些人,在心坎中积有许多要说的话,因为思潮激荡压迫,竟不敢说;又有些人所主张的,与近代思潮,距离太远,显然是不合时宜,违反时代,而偏偏占有相当势力。现在我来做这篇文章,也只好就我的见解,凭我的良心,说几句我所要说的话。

目前关于女子教育的主张,可以说是有许多种(当然过于不合时代的主张除外)。但是要把他综合起来,实不外下列三大宗:

(一)良妻贤母主义

此种主义的目的,在造成圆满家庭,认定家庭是社会的基础,家庭改善,社会自能进步,并且就优生的道理来讲,此种主义,对于种族进化,也很有相当关系。唯在持这种主义的人,不知不觉的,容易偏到保守一方面去,以致往往不尽合于现代化。

尽管说良妻贤母,也要合于现代,但在思想上,总是不免偏于旧的一方。这也是无可讳言的事啊。

(二)超良妻贤母主义

此种主义,是完全根据进化的观念构成,认定良妻贤母主义,是守旧的、落伍的,不合近代思潮的。他是专从一班高才大志的女子着眼着想,以为女子束缚太久,要把他解放出来,和男子一样。至于男女生理方面不同,职务不免差异,在彼等认为是不成问题。

(三)职业主义

这一个名词,和上一个名词,实在皆是我个人杜撰出来的,通与不通,现在我也不暇顾及。职业主义,是根据经济观念,着眼于全体社会产销两方。他的主张,是认定女子有女子应尽的责任,自然和男子一样,而责任却离不开职业。职业是包括家庭和社会两方。主持家政,养育子女,是职业;从事于社会文化,政治,农工商各工作,也是职业。在职业主义者看来,两方是一样的,不分轻重的。何方相宜?那是要看女子自身的性能和环境来决定。在女子教育主张职业主义,确是把良妻贤母主义及超良妻贤母主义,竟“合一炉而冶之”了。

这三种主义,当然各有相当理由,各有相当优点,我暂且不必遽下论断,静待明眼人来批评罢。

二

现在可要说到我的见解了。说起我的见解,也很粗浅简单,大概有次列四项主张:

(一)主张采用多元的方式方法,推广和改进中国女子教育

这一层理由很简单。人类的资秉兴趣环境际遇,本来是各各不同,限定一种教育方式方法,以容纳许多不同的受教育人,如何能适宜呢?并且不仅是女子教育,应该如此,就是男子教育,又何尝不是如此?

(二)主张依据教育机会均等的原则,对于男女教育要平等重视

这原是天经地义的事,男女两方,生理虽各不同,而能力并无差异,当然要一视同仁。

(三)主张依据自然的现象和趋势,以实施合理化的女子生活教育

所谓自然现象,自然趋势,当然有许多种,如女子个性之所宜,科学应用的重要,皆是属于这个范围。所谓生活,以区域分,有是家庭生活,有是社会生活,两方当然要并顾;以性质分,有是经济生活,有是政治生活,有是艺术生活,皆是认为人类所必需。

所谓合理化,当然要按照中国社会实际需要,采用近代科学方法,以创造文化的精神,谋民族前途的发展,具体说来,有次列三项:

(1)普遍的推广女子家事教育。家事教育的目的,在改良家庭的生活,其中所包含的,有是关于增进生产,如工艺、园艺;有是关于改善消费;如烹饪、洗染,以及经济储蓄;有是关于教育子女,如保育、教诲、补习;有是关于团体训练,如乡邻集会、公益维持。无论如何,在目前的中国家庭,在全体社会机构中,仍是居于严重的地位;就是将来社会进化,家庭组织,有所改变,有所扩大,而圆满家庭的建立,这一个阶级,也可说是进化过程中所必经。既经认定家庭是社会机构的础石,则今日中国社会所急切需要的民族复兴,与经济独立,是不是要靠那全国六七千万乃至一万万的家庭,负起一大部分责任来呢?增加生产,减少消费,注意储蓄,这便是民族经济自给自足最要工具;保育儿童,教导儿童,这便是民族健全,民族复兴的基本。试问这一种最普遍的而且最根本的工作,是不是要女子担负呢?既要担负这种工作,自然要有相当的修养与训练,那末家事教育,就不能不设法来力谋普及了。尽管说,有些女子,在社会担任其他职务,未必就牢牢地守在家庭里面做主妇。然而天下事总是应该就大多数人着想,万不能看到极少数的特殊情形,便抹杀一切。况且所谓特殊的少数,仍是另有安排的办法,所谓多元的方式方法,优点就在这个地方。

(2)普遍推广女子职业教育。如前文所说女子家事教育,实际上也含有一部分职业的性质在内。关于生产,性属农工,不用说了；即如购买、储蓄、管理、簿记，也是在在和经济商业相近。并且就目前社会情形看，在较大都会里面，聘任女子管理家务的，已经不少；小家庭内，有三四个幼小子女，家主在外服务，早出晚归，忽然主妇病了，所有家务，付托在未受过教育的老妈子手里，当然不放心，自然就需要聘任一位受过家事教育的女子来代为管家且照应子女了。既属聘任，自然给薪，那还不是职业么？那末，这还是不离开家庭说的，再看现在社会各种事业，日形发展，在各种职业宜于女子的，也着实不少啊！尽可各就其经济情形，家庭状况，社会需要，个人兴趣，任学一种，在自身可以具有独立生活的知能，在社会可以得着适宜人才的任用，这也是健全社会，调整产销的最好办法。并且就实际情形说，一个女子，就她一生服务时期，可以分为四个阶段：如在职业习成后，尚未结婚前，自可充分用她精力，在职业机关去服务；到了结婚后，当然以处理家事为重，然在未生有子女以前，仍可照常在社会方面作工；就是有了子女，酌察情形，也何尝不可分出一部分时间？若是到了子女已经成立，家庭经济宽裕，自己已有相当年龄，更可腾出身体，到社会上，从事于各种无给的社会服务；或竟到政府机关去工作，也未尝不可。所以在教育立场上说，为女子增进能力计，为社会任务分工合作计，女子职业教育，力谋普及，以应其需求，那总是应该的。

(3)注意女子人才教育，养成社会各方面的女子领袖人才。这一层关系也极其重要。一个社会，要真正能促进改良，女子领袖人才，那是非有不可。有些人看轻了女子能力，以为女子不必一定受大学教育，这种观念却是极端错误。当然，我们要把男子女子一样看待，由高小升中学，由中学升大学，凡是知力够了，应该让女子充分发展，循序深造，不可有丝毫屈抑。果然大学毕业，已具有领袖社会资格，当然各就其才能学力到社会各界去服务，政治界也好，经济界也好，文化界也好，各就所长，尽量发挥。就是结婚以后，生有子女，不能专任家事，也可请其他女子来帮忙。不过真正能够升到大学的青年，无论男女，就全体来说，究居少数，所以就整个教育计划来讲，要统筹全局，各方并顾，有了家事教育，职业教育，以应一般的需要，有了人才教育，以养成特殊人才，自然也是极合理的办法啊！

（四）要认清中国目前需要，竭力提倡女子社会服务的精神

中国民族，目前所最缺乏的，就是集团生活的习惯，和为群服务的精神。这或者也是中国数千年家族主义发达太过的缘故罢！我们现在一方要竭力谋家庭组织的健全，同时更应提倡超家族的精神，谋社会组织的进化与发展。这原是相反而实相成的办法，不但是两不冲突，而且是两相调剂。普通男子对于这一种精神，已经缺乏了，或者可以说女子为尤甚。我们要明白，一个人利害观念，只限于家庭，对于社会国家的事，当然就要冷淡了。这却是中国人大大吃亏的地方。今日国事所以如此，恐怕这也是一个最大原因罢！我们应该对于此点，特别注意，要从学校教育社会教育两方面来特别倡导，特别训练，务使女子于服务家庭时，要兼顾到社会，于从事职业时，要兼顾到国家。尽管你是一家主妇，终日孜孜然整理家务，保育子女，然而你终当分出一部分精力来为社会奔走，尤其是在国难严重的今日，更要把超家庭超职业的精神，尽量发挥出来才对。如联络各家主妇，组成妇女生活改进会，联合有知识的女子，组成风俗改良会，遇着必要，或竟组织妇女救济会，这皆应该做的。所以一定在实施女子教育时，要注意到养成女子服务的兴趣、知能、道德、习惯，务使今后中国受过教育的女子，他的认识思想行动，要由家庭扩张到民族，由个人扩张到团体，由管理家事扩张到管理国事，由个人职业，扩张到社会服务。家庭任务、个人职业，是个人生活的基本；民族、国家、社会，是个人服务的对象。真要改进社会，复兴民族，保卫国家，则这一种超家庭超职业的精神，非有不可。而要这种精神，真能发挥得适宜、有效，更要先求一己职业知能之完备，自身家庭能健全，这一层在整个女子教育方面，尤其是十分重要。

以上所主张的四层，依我的浅见，似乎皆关重要，在第三层所说的三项，似乎要同时并进，绝对不容偏重偏废。

三

现在便要说到实施办法了，因为时间不许可，只好简略的说明一下。

在小学方面，男女一样受教，当然无问题。

在中学方面，关于女子的：

(一)普通科。除预备升学课程外，应加入家事一科。

(二)职业科(或中等职业学校)可分为家事和职业两项。

(1)家事。课程注重应用科学,家庭组织,社会服务。

(2)职业。农工商各课程,注重生活必要技能,并注重经济独立及社会服务的训练。在专科方面,分短期长期两种。

(一)短期。如各种专业的训练,应多多为女子职业方面设法,俾就学的机会多,就业的范围广。

(二)长期。即正式专科学校,亦应多多为女子职业方面设想,设置适宜于女子职业的科系。

在大学方面,和男子一样,无问题。

在社会教育方面,要注重集团生活的训练,养成社会服务道德与能力,俾女子对于民族国家所担负的责任,能和男子一样重,或者他的努力,他的贡献,还能比男子格外大。

民国廿四年十一月二十日脱稿

(原载《教育与职业》,1936年第171期)

失业大学生的出路问题

日前沪报载南京专电:“教部为筹备救济失业大学生,曾通令调查最近两年失业大学生人数,兹向教部探得,二十二及二十三两年度全国专科以上失业毕业生总数为九六二二人”。调查之数,是否确实,不可知,但可断言,实际绝不能少于此数。夫专科以上毕业生,无业可就,散在社会,数近万人,这一个问题诚然不能算小。实则此种现象,呈现于中国社会,已非一日,并且早已有日趋严重之势。试看中华职业教育社附设之上海职业指导所所发表之统计,二十三年七月至二十四年六月一年间到所登记求职之国内外大学生毕业八百七十二人,专科学校毕业五百五十九人合计一千四百三十一人。这仅是上海一隅,且仅是到一个机关登记求业之人,而数已如此,若合全国计之,为数当然很大,是则教育部所调查的失业人数九千六百二十二,当然是比较真确的了。

一个社会内里,若有一部分人失业,这个社会,一定要发生异态,要使社会人心不安。若使失业之人,知识不高,欲望不大,比较不安的程度还小,若一班失业者是大学生,他的知识,他的欲望不同于普通民众,那末就不能再以寻常事态,寻常问题视之了。

我们为何要有高等教育呢？当然是为造就国家人才，社会人才。若造成了人才，而反令他失业，不仅是不经济，并且国家社会也要受害，岂不是有了高等教育，反不如没有的好么？当然，我们也不能因噎废食，就说高等教育不好，且主张不要。可是，对于大学限制数量，改良质地，我想总是应该的罢！这一层我们极端盼望最高教育行政当局，要切实的加紧去做。

就教育自身去解决这个问题，除限制数量改良质地外，如少设大学，多设专科；少设预备升大学的普通中学，多设训练生产技能的职业学校，职业补习学校；专科大学，须与社会事业相联络，毋使教育处于孤立；这皆是紧要的几点。再从政治方面经济方面去设法，当然道路就更多了。

在许多道路中，我们认为最重要的，便是社会上有力量的集团，如银行等要设法帮助专科大学毕业生到内地去造产。倘使有学农的毕业生五人或七人组成一个小集团，决心要到内地去开垦，做好精密详审有效的计划，经过学校校长教授核定，认为可行，即由校长保证人，向已经约好的银行，借一笔长期的借款作资本，去好好经营，五年而小效，十年而大成，能为社会增加了许多财富，养活了许多贫民，辗转造成了许多中级职工，这岂不是利已利人又兴国兴家的事么？农可如此，工也可如此，商也可如此。这的的确确是失业大学生一条最好的出路啊！这一条路，固然要盼望大学生自己去认定、去开辟，可是同时也要盼望校学当局和有眼光有心思的银行家协作起来，帮助他们去开辟去创造。

（原载《国讯》，1936 年第 131 期）

怎样学习国文及习字学诗文艺等问题

怎样学习国文:

宾鸿先生:大函读悉,承询各节,奉达如次:

一、学习国文最要是多读多写。阅日报写日记,可视为日常必要工作,不宜有一日间断。除此以外,再择定与个人职业有关系修养有关系之书籍读之,如此历日既久,则国文的知识和技能,自然大有进步矣。

二、参看前条。

三、写日记效力甚大,已如(一)条所说。

(问渔答)

习字学诗文艺等问题:

陈绍俊先生:大函读悉。承询各节,奉答如次:

一、习书选帖,原无一定标准,总以择取性之所近者为宜,如照足下笔姿看,似乎大字以习颜帖为好,小楷习赵字帖。

二、要想学诗,宜先读诗。学诗初步工夫,可读唐诗三百首、千家诗、宋元清诗选,诗韵有书可查,无大困难也。

三、要能写流利通顺的白话信,不一定读尺牍如能多阅书报,时时留心,久之自可挥毫如意。流利误写作流连,请注意。

四、文艺范围很广，有小说、有诗歌、有戏剧，这是狭义的；说到广义，则凡含有美术性的文字，皆可入文艺范围。如只以文艺为陶情怡性之具，而非专修文艺的话，则不妨择有名的小说及诗歌于业余读之，有时兴到落笔，自然亦可以作一些短文及诗歌，以写性灵而舒怀抱。

（问渔答）

（原载《国讯》，1936年第133期）

古今乡治的比较

推进乡治，建设乡治，合于古，宜于今，古已实行，今更重要，是我中华民族复兴的初基，是今日社会容纳人才的要道。此文仅仅引起端绪，希望国内贤达群起讨论，俾坐者可以进行，已行者更可改进。此不仅著者个人之私幸也，国家前途，实利赖之矣。——著者附识（廿五年七月七日）

近来上而政府，下而社会，一致注意到乡治问题，并且很有一部分人肯下苦工夫，努力去推行、试验、研究。这不能不说是最可庆幸的一件事，竟可以说这是复兴民族的基本工作。现在我很愿意把汉代的乡官制度，引说一下，并顺便取他来和今制比较一番。

汉代郡县以下乡官制度，大率沿秦之旧，十里一亭，十亭一乡，乡有三老，啬夫，游徼。三老掌教化，啬夫职听讼，游徼循禁盗贼。其官多出于选举。高帝记“二年二月，令举民年五十以上，修行能率众为善，置以为三老，乡一人，择乡三老一人为县三老，与县令丞尉，以事相教，复勿徭役。”啬夫亭长，兼可自制科条，役使游惰，其善者至于上掩郡县长吏之名，死而民祀之。《复

(原文如此,似为后之误。编者注。)汉书·爰延传》:"延为外黄乡啬夫,仁化大行,民但愿闻啬夫,不知郡县。"《仇览传》:"览为蒲亭长,劝人生业,至于菜果有限,鸡豚有数,农事即毕,乃令子弟群居,还就黉学。其剽轻游恣者,皆役以田桑。严设科罚,躬助丧事,赈恤穷寡,期年称大化。"凡此皆证汉时三老多忠信老成之士,而能各率其义以道民也。推其所以致此之故,亦以上之人,所以礼之者甚优,故人知自好,而人才往往出于其间耳。天下之治,始于里胥,终于天子,自古及今,小官多者其世盛,大官多者其世衰;乡亭之吏,最为亲民,苟于郡县长吏,相助为理,天下有不安然者乎?汉于乡官颇知重视,此又足为后世者也。——以上这一段文字,是节录自金陵学报高炳春君著《两汉地方政治制度之变迁》,大家看来,似乎很有兴味罢!

汉代亭乡户数的多寡,今已无从考证,约略推测起来,一亭似可当于现在保甲制的联保或四五百户的一乡。若汉代之乡,大概可当于今日各县的一区。也有人说,古时地狭人少,一亭不过等于今之一保(百户内外),一乡不过等于今之联保(多至四五百户),其范围绝不能广,此语是否可靠,无由证明,只好存而不论。倘有笃古先生,能把他考证出来,当然也是十分欢迎。现在我们要说的,是汉代乡官的职守与现在办法的比较。说来真奇怪,古今虽隔数千年,而人类心理所表现和办法的采取,竟能不甚相远。我们且看乡村三件大事,不是第一教育普及,第二不打官司,第三安居乐业么?现在办乡村改进的朋友们,往往揭出文化、经济、村治三大目标,实际说起来,还不是和二千年前一样?所谓普及教育,当然不仅是小学教育,连成人教育,也包括在内,不仅是书本文字教育，连讲演劝导等等凡是移风易俗的教化作用，也都包括在一起。

这和汉时三老所掌的，试问有什么不同？近来各处设有息讼会、调解委员会，那不是和啬夫所掌的听讼一样么？至于“游徼循禁盗贼”那是公安局所管的事，可是乡间早有保卫团的组织，近来更有壮丁队了。这种组织，当然也要有人去主持，去训练啊！并且如仇览先生那样办法，简直是经济建设和文化建设，同时并举，所谓政教合一，是已早在二千年前实行了。

当然时代是展进的，人类是进化了，毕竟古代事务单纯，不能和今日较复杂之社会相提并论。尽可采取古人的精义，却不必拘泥古人的陈迹。可是“亲民之官多，则国治，治官官多则国不治”这句古话，却未尝没有理由，还有“治事之官，要多于治民之官”这一句话也很扼要。在此科学昌明，积极建设时期，此层恐怕更是十分要紧。

至于汉代所用乡官，偏重在年高德劭的老成之士，在现在眼光看来，或者有些不对，但是天下事也不能一概论，当然理想的人才，是三十内外壮年，精力既丰，学识经验和修养，储蓄得正好，自不妨以此为正宗。其次年轻而老成的和年老而有朝气的，亦未尝不可用。总之，无论年龄如何，“修行能率众为善”，那却是最好的标准。

现在各大学毕业生，不是说没有出路么？果然乡治能大兴，那末需要人才就很多了。英英青年，不必争名于朝，尽可争功于野。我的区区微意，极盼望政府能特设一种训练机关，专来训练乡治人员。切合需要，揭明目标，分别事业判定等级，取初中高中职校专科大学毕业生而养成之。设总校于中央,设分校于各省市。由教育内政等部合组一委员会以主持其事。如此大规模的办去,我想一定效果甚大,影响甚宏。真要想追踪古制,且超超前轨,似乎非此不可。)

(原载《国讯》,1936 年第 135 期)

《中华职业学校校友会十周纪念特刊》纪念文

联络情谊，研究学术，砥砺品行，这是目前最重要的三件事，也就是诸君设会的本旨。我以为为根本做人计，固然要努力做这三件事，为目前救亡图存计，更要努力做这三件事。试问，我们所托命的国家民族，已经危险到这样地步，我们除去剑及履及的赶快干救亡图存工作外，其他那里有话可说？直截了当的说罢，救亡图存，是我们一切工作的总目标；而联络情谊，研究学术，砥砺品行，便是达到这个目标的最好方法，再进一层说，团结、生产、牺牲，便是这三句话的注解。因为联络情谊，是为的团结；研究学术，是为的生产；砥砺品行，是为的牺牲，当然团结、生产、牺牲，是救亡图存的根本要道，

中华职业学校校友会十周纪念，发行特刊，书此奉赠，并愿与诸君共勉！

丙子四月江恒源

（原载《申报》，1936年4月26日）

职业补习教育的十种重要性

本刊此次编了一期“职业补习教育专号”所搜罗的论文，当然关于研究补教实际问题及提出实际方法的很多。我也是热心职补教育的一人，可是却拿不出什么好的方法出来，惭愧得很。那末只能拉开嗓子，多多喊几声“职业补习教育的重要”，以为诸君作桴鼓之应了。

职业补习教育，在全部职业教育区域中，已经渐渐感觉到他的地位重要，或者竟可以说，他已经渐渐和正式职业学校教育，“分庭抗礼”，恐怕这也是目前社会环境和需要逼迫他做成这个样子罢！

中国社会，原是一个不健全的社会，可是因为不健全，或竟格外需要职业补习教育来补助，使它不健全的毛病能逐渐减轻，并且慢慢儿可以把它健全起来，也说不定。

所可惜的，中国办理职业教育，已有三十多年，而对于职业教育范围内职业补习教育，尚未能使多数人感觉或了解他的重要啊！我在此地，要做这一篇文字，却是具有一些大声疾呼的意思，想把他的重要性——也就是目前中国社会所看出的重要性，一一说出来，让大家知道，尤其是希望我们教育界同人，加以注意，共同负起责任来把它大大推进一下。

一

儿童教育需要普及，这本是天经地义，无容疑惑的事。假定说，儿童教育已经普及了，那末儿童受过国民的教育之后，他的年龄还小，就能够在社会上谋生么、自立么？送到农工商场去当学徒，就能得着各种职业上的新知识新技能么？如若不能，应该怎样？这却是一个问题啊！说到此地，似乎自然而然的，就要教人想到职业补习教育上面来了。有了职业补习教育，便可专来为一班受过小学教育（或初级或高级）预备入职业界或已入职业界的青年，供给他适宜的训练。有了这种训练，那末就他个人说，既可增进职业知能、文化学识，使他在社会上能够谋经济生活的自立；而就社会说，便可以改良旧职业，创造新职业，为整个民族国家的经济谋发展，这样关系的重大，还用说么？而它的重要性，不已经是显然可见了么？这是从受过国民教育的青年身上看出职业教育的重要性。

二

况且今日中国义务教育，尚不能普及，一般青年和成人未受教育，目不识丁的比比皆是。试问，对于这一班人，将如何办？推广识字的教育，以扫除文盲罢，固然是目前当务之急。可是，仅仅识字就能解决他们整个生活问题么？我想，不能罢！那末如何办呢？说到此地，恐怕又要教人想到职业补习教育了。我以为识字教育,不妨和职业补习教育,混合起来一块儿办,那就是在文字中加入职业的材料,在文字外要有职业的练习,如此则大多数失学青年和成人如何教育的问题,皆可拿职业补习教育的方法来解决它了。凡是青年成人受过职业补习教育的,不但能够做国民,也同时能够做生产者,他不仅能识字,并且能做工,如此则教育作用,便更觉有效,更觉远大了。这是从未受过国民教育的青年成人身上看出职业补习教育的重要性。

三

不但如此,我们中国现在到处闹穷,一个学生进大学,固不容易,进中学也何尝容易?就是进职业学校,也还是要花钱啦。父兄替子弟忙学费,苦得不了,而学生在校肄业,本学期不知下学期事,心神也异常不安。并且学成出校,有没有职业可就,还是问题。试到内地去看一看,这种嗟怨之声,到处皆有,甚且口口声声说学校害人。如若有了职业补习教育,就可以补救许多了。子弟小学毕业,不必一定升学,尽可送入职业界,虽然农场商店工厂,学不到什么新智识,但是有了职业补习学校以应其需要,白天做事,早晨或晚上入学,所学的一部分是职业课程,一部分是文化课程,学一点得一点,和升学所得的是一样,或者还要切实些,而父兄忙学费之苦,青年忧虑学费不给之苦,完全没有了。你看,它的效力多么大啊!这是从父兄供给子弟学费情形上看出职业补习教育的重要性。

四

上面还是就青年的父兄说的，再就青年自身来说罢！小学毕业了，因为家贫不能升入中学，中学毕业了，因为家贫不能升入大学，无可奈何，只好入工厂商店去当学徒做工了。他眼看见一班同时毕业的同学，成绩虽不如我，可是因为他父兄有钱，可以享受升学的幸福，看到自己哩，只是沉沦在工商界做一个徒弟，或低级的职员啦！于是就越想越不平，越不痛快，这不是社会上一种实在的情形么？千万不要看轻了这种情形啊！要知道青年懑闷之气，抑郁之怀，影响于社会，实在是异常重大啊！如若有了职业补习教育，这个问题，也可以解决了。一面做工，一面入学，并行不悖，便利得很啦。有小学毕业程度的，入初中相当的补校，有初中毕业程度的，入高中相当的补校，有高中毕业程度的，入专科相当的补校，尽可年限长一些，循序渐进，皆可以修完他所要修的学业。并且在这一种补习校内学，比较入正式学校做正式学生，还要能得着实惠，因为他是为需要而来学啊！那末个人升学目的达了，职业知能也特别增进了，同时职业的地位也逐渐提高了，所有社会青年懑闷不平之气，也完全消灭了。请问，这样教育重要不重要呢？这是从不能升学的青年心理上看出职业补习教育的重要性。

五

再说一般学生来说罢,中学毕业,不升学的有事做吗？未必有;大学毕业,总应该得业罢？也未必;职业学校毕业,还不应该有事么？还是未必。那末毕业升学,又有什么一定可贵呢？然则不入学校行么？那却是也不行。究竟怎样办呢？我以为最好的办法,不如使青年受过国民教育后,即入职业界,到了职业界后,再入职业补习学校(这当然是指中等以上职业补习学校而言)比较合宜一些。当然,国民小学是义务教育,那是要普及的,不消说得。其余如预备升学的初中高中,预备入职业界的职校,预备教书的师范,如何设立,设的数目多寡,如何去学,入学的人数多寡,我们皆可以暂时不问,让他另求合理的措施。我们现在则专来希望有大量的职业补习学校的设立,以应一般小学毕业后已入职业界青年的需求,认青年入了职业界,即应该来补校肄业,这不但是他的权利,并且是他的义务。我们要把一般社会观念转移过来,认定有了职业再入补校的青年,十分可贵,十分可敬。反之,入无聊大学,学不到本领,空戴一顶方角帽子的人,未必有用。如此则职业补习教育的价值,就马上增高起来了。这是就毕业学生出路上看出职业补习教育的重要性。

六

再说到教育政策罢,试问国家要办教育,是不是希望他能帮助改良社会，希望他能帮助改良社会产业？大学专科的科学教育，应用科学教育，固然是树立改进产业之本；正式职业学校教育，是养成多数改进产业的职工。可是，大学专科数既有限，就是入正式职业学校的人，又能有多少？我们却是希望这种帮助改进产业的教育，真能普及社会大显效能，那末职业补习教育，恐怕是再好没有的一种利器了！因为他能使整个职业界的青年和成人，人人皆得着适当的训练，使他们增加生产知能啊！试问这一种教育，应该不应该推广，应该不应该定为国家最要的教育政策？这是从国家教育政策上看出职业补习教育的重要性。

七

就教育效用上说，固应认定职业补习教育是十分重要，就是就改进全国产业，增加全国富力来说，也不能不特别谋职业补习教育的推广。我们试想一想，一国有若干万青年和成人，白天在农场工场商场做工，帮助国家社会生产，早上晚上去学习职业知能，使他生产工作效率格外进步，格外提高，这一种效用多么大！倘若不是这样，则生产效率，从何增加？若是仅有高级技术人才，而没有受过相当训练的中级低级职工，以供其驱使，恐怕仍然是无用罢！于此便可证明出来职业补习教育的价值和他的重要性了。这是从增加生产效能上看出职业补习教育的重要性。

八

再就职业教育自身来说罢:职业教育,原是以正式农工商职业学校为正宗,可是现在不然了。正式职业学校以外,还有职业补习学校,还有职业指导,可以说全部职业教育的构成,以此三者为要素,竟如鼎的三足缺一不可。因为只有职业学校,绝不能使职业教育普遍化,有了职业学校,再有职业补习学校,则职业教育,乃可以言普及,这是一定而不可移之理。在正式职业学校,要有正式设备、正式学生,当然学生是他事不做,专来做学生。不要说今日的中国,职业学校不能普设,就是在欧美,又何尝能普设呢?况且职业学校毕业生出校有无职业可就,也还要看社会情形如何。若职业补习学校,所收的已在职业界做事之人,当然便利得多,不会发生这些问题了。这真是可以补助正式职业学校效力之不足,可以使职业教育的效力普遍于社会。这是从职业教育自身效能上看出职业补习教育的重要性。

九

我们再来看一看一般职工罢,我们绝不能说大多数职工中没有天才出众的人,因为人数太多了,当然就要有特殊人物。这些特殊天才,既然无力升学,已经是万分委屈了,若再没有补习教育机会给他,那不是更对不起人么?我很相信倘有各级职业补习学校,以供给他们训练,其中有一部分特殊天才,一定可以表现出来,露出头角,蔚成大器。可怜一班旧式农工商界,因无补习教育,已不知埋没了许多天才!这一层,真是十分要紧啊!这是从特殊天才方面看出职业补习教育的重要性。

十

还有一层,我要附带说的:天地间办理一切事业,皆要以经济为贵;你能用费少,效力大,那就是成功的价值比较高。普通办教育的,要造校舍,购仪器,买标本,种种设备,花费许多,结果物力耗了不少,而实际成效,未必能真如所期,并且就设备来说,也未必真能充分利用,这是多么可惜!若职业补习学校,可以借用已有的校舍,已有的仪器标本,不必另有设备,而教育的目的已达。若是在农场工厂内设置补习学校则便利更多。那末,既有正式学校以及其他农工厂可以利用,又何乐而不为呢?并且这样办法,双方皆有利益,学校农场工厂有了补校,既可得着许多帮助,而补校不必另行设备,便可以多多设立,这还不是十分经济么?并且我更希望以后凡是公共场所,皆可设职业补习学校。这是就办理便利上和经济效能上看出职业补习教育的重要性。

职业补习教育,既有了这样十种重要性,我们还不应该大大提倡,大大鼓吹,大大推广一下么?

(原载《教育与职业》,1936年第174期)

答四川灌县瘦生先生

大函展诵一过,异常感动,足下所提出商榷各点,均具有相当意义,兹就我愚见所及,奉答如次:盖仍是商榷之商榷也。

(一)就本刊中特辟一栏,专谈简单实业的知识,同人亦未尝无此拟议,但此事却有几点须商榷:(1)各种专家固定约撰文字,很不容易。(2)实业包括农工商,若空是高谈阔论不易使一般人了解。说到太浅近,又觉得无大意义。(3)散在其他方面关于农村农业国货制造商品商业等文字,亦已时有登载。(4)前此有科学谈话一栏,认为十分重要,因为科学是一切实业之母,普及科学知识,就是为振兴实业并且改良生活之基。但亦以撰者不易约,不能期期登载。

(二)承足下好意,本著"春秋责备贤者"的大道理向我们几个人提出意见,教我们批评时事,养成舆论权威。我们却有点愧不敢当。我们根本即没有养成舆论权威的动机与企图,仅仅本着良心,说几句和平中正的话,很不敢有一些偏激之论,使青年受到不良影响。至于能否转移风气,我们也不敢过存奢望也。

(三)编辑《中华民族魂》一书,却是十分重要,江苏教育厅易君左先生所编《民族英雄故事集》虽是仅限江苏却是好书;又新中国建设学会赵厚生先生所编之《兴国记》也很好，皆可供参考。我们几人，目前事忙时少，一时尚谈不到此也。

（四）对于失业青年，最好的办法是普及补习教育，通函教授也是补习教育之一种。近年来中华职业教育社正在提倡研究普及和改进补教方法，已有论文及方案发表在《教育与职业》月刊上。关于介绍职业一层，则有该社所设立之上海职业介绍所，专办其事。在《国讯》方面，当然也是要就其力之所及，尽介绍鼓吹之能事也。

（江问渔答）

（原载《国讯》，1936 年第 136 期）

个人自修和社会服务如何调协

龚寰先生:大函诵悉。足下所欲讨论的问题,归束起来,是“一个个人自修和社会服务应如何调协?”的问题。

当然一个人要自己学习丰富或技能娴熟,非经过一番埋头苦干的工夫不可,但是话也不能这样呆板的讲。我们亲眼看见过有一种读死书不明理的人,纵然埋首用功装下了一肚子古籍,不能应用甚且拘谬不堪,试问有什么用处?有一种肯为社会奔走的人,就在奔走时,随时随地积下了许多经验,特别聪明而有恒的,还可把这些经验条理起来编写出来,这也不能不说他是很好的学识。固然这一起人,比较是偏在两端,究属少数。然而因此也可以证明,埋首自修的未必全好,偏重社会服务的亦未必全非。

我以为最好是埋首自修和社会服务同时注重,并且还可以使他两方连锁互用,比如足下说预备替同人组织合作社,事前要奔走,要推动,要联络,那纯粹是社会服务的工作,可是你同时要查合作社的章程,拟合作社的计划,进一步的要去读合作社书籍,研究合作社理论,这不是个人自修和社会活动打成一片么?

我极相信能如此办则足下所读的书是活书,读一分书可有十分用。其原因就为所知所行,能合一互用!

足下说:“人是社会的,人不能为一己而放弃社会的参预。”这是一点不错的。我们所以要有学问要有技能,绝不是纯粹为自己,做一个自了汉,还是为社会啊!因为为社会服务为社会谋利益,则自己一分的利益当然也在其中,若事事专为自己一个人打算,为己太过,结果社会一定要受到不良的影响,那末自己一分,也未必就能保存。今日中国社会所以糟到这样,我们且想一想原因在那里?我们还不应该深深忏悔么?

一面自修一面服务,为人为己,同时并重,同时并进。那末,为己也就是为人,为人原是为己。这末一来,学识便不尽取之于书本,同时也可取之于社会,就是取之于书本内,也可用之于社会。上面所说组织合作社,便是一个适例。

至于足下说到:“办合作社怕牵入社内,无暇努力自为。”又说:“体力孱弱精力有限。”体力不佳,却要十分注意,千万不可因服务社会而影响到身体健康。若说怕牵入社内,无暇自为,我以为只要与固有职业无妨碍,尽可分出一些余力参加帮忙。

总而言之,我们一个人生于社会,受豢养于社会,具有一分知识,即应该为社会负一分责任。知识比常人高一分,其为社会负责任,也就应该多一分,丝毫不应存自私的心理。自私金钱固不可,自私学问也同样不可。一方追求学问,一方尽力职业,一方以职业余力余时为社会服务,可以成为三角式的人生活动。这三角的边是不等的,长短应可以随时而变。除去正在学校做学生的人是缺了“职业”一边,其余二边皆要同具的。我以为要人生有意义，是应该如此；要人生现出价值，也是应该如此。愚见如此，不识尊意以为何如？

（江问渔答）

（原载《国讯》，1936 年第 136 期）

淞沪纪念广慈院概况

（民国二十四年度）

二十五年一月前，院长陶啸冬氏以夫丧辞职，恒源以理事会之推举来长斯院，并请潘保意女士主持院务。光阴荏苒，年度瞬过，兹将一年来院务概况，分事务、教导、生产、养护、学生、经费六项，简述如下：

事务方面

（一）修理院舍。本院院舍约一百二十间，年久失修，不但外观不壮，抑且含有危险。今春除将后埭宿舍加筑托梁外，各部院舍均加修漏刷新，以壮观瞻而免危险。

（二）装置浦滨铅丝网。浦滨原围竹篱，亦以年久失修而倾圮，既碍观瞻，又欠谨慎。兹为久远及儿童便于欣赏浦景计，改筑铅丝网，亦于今春竣事。

（三）更换全院电线。本院所装电线，业已年久，常有走电情事，尤以礼堂为最，自沪电输闵后，危险更甚。为安全计，遂于今春全部更换，电费支出，因能节省三分之一。

（四）建造厕所。本院原有厕所，以近处工读场所，一至夏天，臭气四溢，殊属有碍卫生。然以限于经费，未能另建。近以东南砖瓦厂慨捐全部砖瓦，乃就东南浦滨新建厕所一座，于今夏落成。建筑内容，尚合卫生条件，儿童获益，殊非浅鲜。

教导方面

（一）增设职业补习班。年来工商各界招考练习生，大多以初中毕业为资格。本院小学毕业生年龄身材尚小，毕业后就学工商，殊多未能如意之处。爰于年度开始时创办量才职业补习班，学生 18 名。所设科目，除尽量充实基本学科外，都属切于就业之实际应用科目，如商业、珠算、工商应用文、簿记、习业须知等等。年度终了，毕业者 16 名，就业各界都有相当成绩。惜一年补习为期尚短，最好办理二年制之职业初中，对于程度资格，两更切实。

（二）办理就业指导。本届就业指导委员会成立于二十五年四月。关于指导方面，尤注意于侍应实习，投考须知，学徒生活三方面。考查结果，对于学生就业殊有相当助益。

（三）注意康乐教育。本院鉴于一般儿童之殊欠壮健，与社会无妥适之闲暇活动，以及近来我国提倡健康教育之偏重身体忽略心理，乃积极实施康乐教育，期儿童于闲暇时间能作妥适之活动，为儿童身心两方康乐之张本。于教导部之下设康乐指导股，专司儿童康乐教育之设计、推行和考查。一年以来，粗具端绪，可为将来发展康乐教育之基础。

（四）充实假期生活。本院假期与一般小学无异，而儿童家庭，或则境遇艰苦，或竟无家可归，故假期回家者，寥寥无几。所有春假、寒假、暑假，少者一周，多者七周，漫漫假期，如无适当之假期生活指导，则在平时惨淡经营之教育成绩，恐尽毁于假期而有余。爰有假期生活指导计划之拟订，所有教导工作人员，分批轮流，负责指导。固于教师假期休息捐弃一部，而于儿童假期生活之合理的进展，殊有裨益。

生产方面

（一）发展农场。本院西北角有民田三亩，久有收买之议而未成。今春议租成立，农场面积随而扩展。此外，以本院每年所用蔬菜约需四百担，爰订四时种植蔬菜计划，积极实施，已见成效，大部分已能自给。二十四年冬奉令育苗，即育树苗万余株，除充实本院园林外，尚有一部出让，成绩尚佳。

（二）充实家事组。本年度女生计有三十三人，年事稍长而可作实事者，在半数以上。更鉴于各种家事之应予普遍实习，在本年度下学期特设专任家事指导员一人，凡刺绣、制衣、洗濯、烹饪、保育等事之应予实习者，统予订定计划，按步实施，女生之家事知能乃大见增进。

（三）扩充西乐队。本院西乐队成立于民国十六年，仅有乐器十五件，屡思发展，终以限于经费而未果。今春由院董陈子馨先生慨助发展费五百元，添购乐器八件，扩充之愿，始得稍偿，而乐队亦租（原文如此，似为粗之误。编者注。）具规模矣。

护养方面

（一）注意疾病预防。本院治疗儿童疾病，有诊疗所之设，由医师看护负诊疗之责。惟此种救生工作事倍功半，仅能为消极之补救，殊欠积极之意义。以此本年度对于卫生工作，大加注意。凡天花预防，伤寒霍乱混合预防，白喉预防，疟疾预防，冻疮预防等等，无不积极实施，以此院生疾病，乃大见减少，成效甚著。

（二）实行午睡。本院院生起身时间在冬季为六时，在夏季为五时一刻，或五时半。盖一日之计在于晨，故提倡早起，俾学生富有早气，而勤于工作也。惟日间工读繁忙，一切活动需时，睡眠时间不能提早，总至九时始得安睡，儿童精神殊感不济。同仁为增进儿童健康及工作效率起见，本年度开始实行午睡，考查结果，深觉殊有提倡之价值。

（三）实行女生保育制。大姊姊照顾弟妹为一般家庭所习见，此种事情不但足以增进姊弟间之亲爱精神，提高年长女孩之保育知能，且能节省母亲精力，以从事处理家务，诚一举数得之美事。本院一二年级中，小院生殊多，一切保育决非少数保姆所能办理周至。乃有女生保育制之产生，由年大女生分任保育之责。凡属认定之小弟妹，其整洁、吃饭、洗衣、游戏等等，均由保育女生负责指导。曾经举行整洁比赛等等，成绩尚佳，实为一富有兴趣而大堪试行之制度也。

学生方面

(一)学级编制。本年度院生,共有二百六十九人,分编六学级,其中除五六年级复式外,其余各年级,及职业补习班均为单式。

(二)各级学生数分配(略)。

经费方面

本院经济本极拮据,“一二八”后,虽由地方协会拨助基金十万元,每年有子息九千六百元之收入,但尚不敌都市农村不景气狂潮之侵袭,捐款大减。本院经济遂陷于奇紧。而事业前途又不容长此不加发展,于是事业经济间,遂成相当距离,收支不敷甚巨。以此基金之增筹,捐款之增募,乃为当前解决经济问题切要之图。兹将本年度收支决算录后,以见本院经济状况之一般。

本院收支决算书(略)。

(原载《上海市地方协会年报》,
上海市地方协会,1936年7月)

答关烈先生

大函奉悉承询三事,奉答如次:

(一)看足下笔迹,似乎写过一些苏赵字帖,笔力似嫌弱一些,最好临一临柳字,柳字临后,再写赵字;或者临写赵字,同时看一看柳颜字帖。小字不妨习赵字帖。

(二)本市免费补习学校大概是没有的。半费或减收三分之一,大概可以商办。

(三)上海农业训练所一类的机关很少,只有江湾私立立达学园(初高中程度)及市立新陆师范(初高中程度)有一部分农事训练学程,又上海县俞塘有强恕园艺学校;系高小及小初中程度,但以上各校均非补习科。此外如上海近郊各处私人设立的园场牧场实际经理农业园艺畜牧的似乎不少,如欲入内学习,则自备服用,商请收容,有熟人介绍,似乎亦未尝不可。

(江问渔答)

(原载《国讯》,1936 年第 137 期)

答映章先生

大函诵悉,书法三纸亦收到。

所询两事,奉达如次:

(一)足下现在中心民校任事,当然事务很麻繁,责任也很重大;可是同时感觉道兴味,也一定很浑厚。自己感到学识不够那是极好的向上心理。古人有言:“学然后知不足,教然后知困”。世界上那里有全知全能的人呢?只有时时感到问题,时时感到问题要解决,时时感到解决问题的方法不够,于是才去勤求知识,精密设计,努力进行,因此个人才会有进步,事业才能成功。至关于民众教育一类的刊物,以吾所知,有下列几种开列出来,请斟酌选购:

江苏省立教育学院出版:地址——无锡社桥

《教育与民众》 全年十册 定价二元

《民众教育实验报告》(第一、二次六角,第三次八角)

《高长岸》 定价一角五分

《研究实验部十九年度工作报告》 定价三角

《黄巷实验区》 定价四角

《北夏第二年》 定价三角

《成人学习心理撮要》　陈礼江译述　定价五角

（该院尚有其他出版物甚多，可直接函询）

浙江省立民众教育实验学校出版：地址——杭州留下荆山

《民众教育季刊》　全年四册　定价一元

《民众学校的经营》　定价五角

《民教辅导业书》　七册　每册定价三角

《三年来实验民教馆实验研究工作报告》（非卖品函索附邮一分）

山东省立民众教育馆出版：地址——济南贡院墙根街

《山东民众教育月刊》　全年十册　定价一元五角

《民教辅导丛刊》　十册　每册定价一角

《合作丛刊》　六册　每册定价五分

《乡村建设》　全年二十册，定价一元（山东邹平乡村建设研究院出版）

（二）足下书法就通常情形来看，在应用方面，也很可以过得去了。如是感到写字有兴趣的话，尽可深以求之，勤以练之，其中却也含有审美的意味在内。看足下所写的大小楷，似乎笔力稍嫌弱一些。依足下的笔路来说，是和苏字赵字相近，但未习苏赵以前，应该写一写柳字。或者大楷可习柳字贴，小楷可临赵字，同时并应多看多读（读碑帖当然和读书不同，是玩其味，体其神，阅读既久，自然能心领神会，下笔格外有力，感觉灵巧）。

（江问渔答）

（原载《国讯》，1936 年第 138 期）

记中华职教社的成都大会

一年一度的中华职业教育社年会，今年又在四川省城成都举行了。记者为参加会事先期入蜀之一人，故极愿以个人经历，为文以记。

职教社年会，向例一年更换一地，去年是在青岛举行，记得曾有一文记其事，并且载入“国讯”。今年年会，系第十六届，同时举行之全国职业教育讨论会，则为第十四届。初，职教社于本年四月间，通告各社员以开会地址及日期，一时踊跃愿参加者颇众；盖以四川山水佳胜，甲于全国，多愿于开会前后，一逞游兴也。会期定在本年八月十六、十七、十八三日，其预约所乘由沪至川直航之船，则为民生实业公司驶往重庆之民风民权等轮。

川省当局闻职教社将来开会也，特别表示好意，决定予以物质上的赞助。同时，教育建设两厅厅长，约职教社负责人先期约职业教育专家十数人来，为之设计关于全省职教设施事项，并由教建两厅指定专员任筹备。本来职教社每次开会对于开会地的主人，总想尽一些义务藉留纪念而答高情，兹闻川省当局有此表示，当然欣然允诺。因决定约十人先会期二十日往，记者亦忝为十人中之一人，以任务论，固不仅参加设计，亦同时担任会务筹备也。原定计划,八月六日前到成都,有了十天工夫,可以从容考察、会商、并草拟矣。不意到了重庆,忽为大水所阻,一住六日,直至十日始抵成都(在重庆却也做过参观,讨论等工作),斯时离大会开幕,只有五天了。于是,先由教建两厅长约集城内各职校校长职员及两厅主管职教行政及实业机关职员举行一次谈话会于省府大办公室,彼此交换意见;继此同人便分头参观考察,分别商讨,着手草拟计划,于是竭五日之力,而一册万二千言之建议书告成。当然书中所议极粗疏,未必能尽合于实际,但关于所提原则步骤又所规定物质设备及处理方法的最低限度,或亦不无可供参考之处也。该建议书内容所包含的,计有五项:(1)职业学校教育,(2)职业补习教育,(3)职业训练,(4)职业指导,(5)农村改进。五项前有一大段绪论,分八项来说明。书成,于大会启幕之日,一方面以八位草拟人名义,正式备函,送陈川省政府主席及教建两厅长,并切实声明此项建议,匆匆草就,缺漏太多,仅能以一得之愚,提供参考。一方面以印成之本,散送到会员,由主席团当场声称请求指教。此一种工作仓率完成,实不免粗制滥造,究竟对此川省职教之设施,能发生几何影响? 殊难说定。思之思之,曷胜惭悚!

大会筹备办事处,设在成都华兴街蜀华公司内,而外省赴川与会同人,亦即住在蜀华公司及提督东街川江旅行社建设厅招待处,又有一部分住华西大学及友人家者。会场借四川大学大礼堂。八月十六日上午十时大会启幕,推定主席五人,蒋养春君(川教厅长)、卢作孚君(川建厅长)、胡春藻君(重庆大学校长)、庄泽宣君(浙江大学教授)及记者。行礼如仪后,由庄君致开会辞，记者报告大会筹备经过及意义，顺便声明年来职教社所持职教之主旨：(1)认定职业教育，是由职业学校教育、职业补习教育、职业指导三大部分构成，三方应并重。(2)要办职业学校，一定要顾到学生出路、社会需要、学校设备三点，不宜随便滥设。(3)职业教育，应从广义解释，训练生产知能与公民道德修养应并重，在此国难严重，更应竭力注重民族主义教育。其次蒋君代表教育部长致训词，并以主席资格致词。又四川省党部周君，省主席代表秘书长邓君，军分校主任李君，及各机关代表，先后致词，直至十二时四十分始散。是日一堂济济，共到社员会员来宾等八百余人，可谓盛矣。

是日午后二时起，第一次大会，记者主席，报告上年大会执行议决案情形及本年各方所提议案经过筹备会审查情形毕，由各省各校代表分别报告，至五时始毕。继乃议定次日分组审查会办法。此次会议，出席会员八十余人，人数虽比往年少，而精神则极好。

本来此次外省（指非川省而言）入川赴会会员，在七月十五日以前，到社报到愿参加者，已有二百六十余人，后来突然减少的原故：(1)因八月底，川省大水暴发，消息传到沪上，经报载出，同人多临时变计。(2)因船期改变，同人多不愿乘外国船，故多中止其行。(3)因大水船阻（船到宜昌停而不行者数日），赶不及开会，已来而中途折回者不少。有此三种原因，故入川会员数，特别减少，此真非初料之所及也。

十七日上午八时起举行分组审查会，至十二时散，午后二时起，继续开会，至五时半散。共有议案四十七件，分成甲乙两组审查，甲组所审查者，为职教行政，职业学校，民族复兴教育三类；乙组所审查者，为职业补习教育，职业指导，农村改进，其他四类。甲组议案较繁，同人卖气力亦较多，主席为军分校教官郭一藩君，同济大学教授兼同济高级职业学校主任唐雄伯君。乙组于原有议案外，由陆叔昂君另提出“建议川省政府筹设农村改进实验区以资纪念案”，由全组同人签名，又因审议职业补习教育各案，另推员草成较完备较具体的推行职业补习教育办法，均议定于次日大会提出。乙组主席为成都青年会干事汤守朴君。

十八日上午八时继续开大会，先由主席团卢作孚君报告职业训练经验。继则分组报告审查各议案结果，报告毕，由主席一一提付大会讨论，有照审查办法通过者，有加以修正者，有因讨论之结果而暂行保留者，至十二时半始告完毕。

继乃议定由大会致函各方道谢。并议定明年为职教社二十周年大会，在沪举行。是日会场精神，尤为严整而饱满。是日午后，因预受蒋教厅长约，推定四人，公开讲演，高士光君讲“工业教育与国防”，何清儒君讲“职业指导原则及效用”，杨卫玉君讲“女子职业教育与民族复兴”，记者则讲“中华职业教育社之真面目”，原定每人讲时占三十分钟，二时至四时即告毕，实际至四时四十分始完。继此乃举行大会闭幕式，由主席蒋养春君及记者先后致词，是日到会者五百余人，建厅职员全体出席。至摄影散会，已六时十分。

此次职教社成都之会，除入川社员会员人数较少外，其余可称异常圆满。会议时人数虽不多，而情谊却十分亲切，精神亦十分紧张，较之以往历次大会，似乎更强人意。尤其令人感念不忘者,川省教育界同人对于职教社本届大会,不但十分注意,并且十分兴奋。同时新闻界,宣传消息,著论勖勉,亦极为殷勤。而政府方面,对到川与会同人,予以种种优待,更是迥异寻常。当大会闭幕之次日闻川教育厅,即行召集各职校校长,在厅举行会议。而记者则已于十九日清晨偕同人离蓉东去矣。

此外复有两事应行补记:(1)在前此数次大会,职教社办事部均有一种议案提出,本届则无此项举动,而另易以一种"敬告全国同社社员同会会员教育界同人职业教育界同人书",书中要点计分六项,盖纯为表示职教社办事部同人年来所感想所希望,切盼全国教育界职教界同人及各社员各会员能加以深切注意,并予以指教赞助者。书印多册,当场分散,并闻沪上日报已经登载。此事似乎值得令人重视。(2)约定专家到川设计,黄任之君亦原在被邀之列,乃黄先生将动身时,其夫人有病,竟不果行,乃作一文,曰"为中华职业教育社年会敬告四川各界",航快寄成都由大会筹备处代为印散(编者按:该文已见本刊第一百三十八期),此文有相当价值,更值得令人重视。

民国廿五年八月廿五日

(原载《国讯》,1936年第140期)

怎样读书

子开先生:大函读悉。所询之事奉答如次:

一、自修国文,应读何种适宜程度之书籍?此问题,觉得很难答复。一则所谓“适宜程度”是一个抽象的说法,标准难定;二则要决定程度相当,一半靠客观一般还要靠主观。

足下国文程度如何?源不能知,当然客观无从说起,那么,只好想着足下自己主观了。又看来书括号以内有“古书尤好”四字,不用说,足下是注重在读旧书一方面了。讲到读旧书一方面,那就要看足下喜欢读的决志读的是那一门,那一类,门类指定,方能着手选择。以愚意揣之,史书是比较要紧些,其次则为经中的《四书》,再次则为子书及文集。如统括一些,有《经史百家杂抄》,《古文辞类纂》二书,可以备,可以读。如专精一些,有《左传》《史记》,又后来的《史文通义》,也可以一读,实则近来各书坊所出版的新书或译本,为现代知识界所必需的,也不能漠视不顾啊!

二、关于偏重论著之言文杂志,比较《东方杂志》、《新中华》皆很好,若说是合于青年兴趣,则兴趣各殊,亦只能自寻所合,他人似乎不能代定也。

三、关于农村书籍，近来出版者不少，黎明书局现有好几种。又生活书店出版的，有拙著《农村改进的理论与实际》。

四、末了，问及鄙人研究国文之步骤或经过，这话真教我难说。（一）我于国文，研究不深。（二）研究经过，纵有一些，亦未能筑好一条轨道，比较可以为足下告者：最初我是受旧式教育，先读《四书》《诗经》《书经》《左传》《礼记》经余必读，同时读古文唐诗。年稍长一些，读《纲鉴易知录》、《御批通鉴》、《史记菁华录》、《史记》、《汉书》，选读《古文辞类纂》《文选》《庄子》；同时作论策义等一类文字。思想开发以后，则好读各种杂志。到了学校，则从事于各种科学研究，对于古书读的机会已经少了。后来到了大学，则专研国学，此时所研究的，如分期文学史，专家文集诗歌等，那皆是专门一些东西，其实亦并无若何心得也。教了几年书又到了社会上办杂事，十年以来，伏案无暇安心不得，也就说不上“学术研究”四个字了。虽云老马，并不识途，惭愧之至！

（江恒源）

（原载《国讯》，1936 年第 142 期）

非常时期的公民教育

——公民教育讲座第七讲纪念稿①

诸位:今天的演讲,学校本请黄任之先生来主讲,但以最近绥远发生战事,全国民众一致援助。上海方面,特派王晓籁黄任之等八位代表赍款前往慰劳守土长官傅作义主席及前方抗敌将士,黄先生特转托本人来和诸位商讨。本人与黄先生私交甚笃,且以黄先生系为国族效劳,公谊私情,均使我无推诿余地,故即接受黄先生委托,欣然应允。昨晚在外面奔走至八时余方返寓,临时抱佛脚,翻了几本有关公民教育的书报,拉什参考一下,并花一小时多的时间,想出几条简单原则,现在就把它约略阐释,贡献给诸位参考。如有不对之处,还请诸位指教。

第一,先说公民与人民国民的区别。一个独立国家,必定要具备三个条件:土地、人民和完整的主权,这是人人都知道的。但其中以"人民"为最要。一国的人民,如果不加训练,灌输之以种种知识,使他们知道自己和民族国家的关系,那这种的"人民",亦仅仅行尸走肉而已,在国家立场来看,实在没有多大用

---

① 江问渔讲,周报社记。

处。我们如果能够把他们训练好，施行种种教育上的技能，并告诉他们以个人在国家上的地位，使得他们知道个人与国家有一种不可分离的联系，知道爱护保卫国家。达到这种标准的人民，我们不叫他为“人民”，而谓之曰“国民”。一个国家的民众，倘若徒训练其为“国民”还不够，我们必须使他们进而为“公民”。所谓“公民”，他不但知道爱他的国家，知道保卫他的国土，并且还须具备了种种政治上的常识能力和实际从事政治活动。不但他自己知道爱护国家、保卫国土，并且还能设法教他的父母儿女、亲戚朋友，都知道爱护国家，为国效命。讲到这里，诸位试闭目想一想，我们国家里的民众，有多少的人，已具备了公民的资格；那恐怕我们的答案，一定是很少很少。因为国内的人，大多数都缺乏公民的资格，所以本学期本校设立“公民教育”讲座，实在有很深刻的意义。

第二，再说“公民”的条件。关于公民的条件，世界各国因立国的精神和政治制度不同，所以也没有一律的标准。但尽管立国精神不同，政治制度互异，下列诸条件，却无论做那国的“公民”，都是必须具备的。尤其是要做今日非常时期的中国公民，非具备了这几个条件不可。第一，要有集团生活的习惯；第二，要有近代科学的知能（非专门的）；第三，要有为国牺牲的精神。三者说起来很是平凡，其中实有无价的环宝，并且也不容易做到。倘若把它归纳起来，也就是我国儒家所常说的“知”“仁”“勇”三达德。科学知能是“知”，集团生活是“仁”，为国牺牲是“勇”，简单明了，丝毫不昧。

第三，再论施行公民教育的原则。施行公民教育，言人人殊,但我却以为:(1)由小至大;(2)由近及远;(3)推己及人,三者实是颠蹶不破的原则,尤其是第三个推己及人的原则。我们要施行公民训练,必须先把自我训练好,然后才可以训练他人。我国先圣孔夫子曾说:“躬自厚而薄责于人”,就是这个道理。试举由小至大由近及远推己及人的实例来说明。我们如能从自己做到:(1)爱惜公物;(2)洁己奉公;(3)安分守法;(4)恪守秩序;(5)同情;(6)互助诸美德,发挥的结果,我们也必能做到:(1)舍己为人;(2)为群尽力;(3)为国牺牲;(4)国重于家;(5)义重于生的地步。前者可说是一个人的私德,做一个好公民的普通条件;后者可说是一个人的公德,做一个好公民的特殊条件。要想一个人有公德,有特殊条件的具备,非先把私德培养好不可,先从普通的条件充实不可。这就是由小至大推己及人的浅近道理。

但是目前中国社会的实际情形,是否与我上面所说的诸种道德相符合呢?说起来实在很痛心。我们从日常社会生活现象来看,到处都充满国民道德的衰落。电车上卖票员的“揩油”(苟且、不能洁己守法),火车上先来旅客的多占座位(取巧、自私),火车站旅客或电影场观众的抢先买票(不守秩序、自私)马路上青年女子的失足倒卧,不予扶助反嘻嘻大笑(“看相”——缺乏同情心,猜忌),这都是国民道德衰落的表征,也就是公民教育迫切需要的绝好明证。我们要实施公民教育,必须先从这些恶德革除起。能够使全国民众都革除这些不良的习惯,把基本的私德培养好,我想公民教育的工作,也就完成大半。大家能把私德发挥,那么毁家纾难、舍生取义、杀身成仁……种种义举,当然不难做到。

我常常讲过，一个人生在世上，起码总有两个团体必须参加，而且是须臾不可分离：一是家庭，一是国家。前者可说是一个人的“内壳”，后者则是一个人的“外壳”。但是，我国数千年来国民经济基础建在农业经济之上，所以全国人民，至今尚重家庭而轻国家，重“内壳”而轻“外壳”。这真是舍本逐末，倒果为因！

在这非常时期，我们固须加紧训练民众，但要训练民众，我们必须先从自己训练做起。我上举诸种恶德，请诸位深切反省一下，有则改之，无则加勉，然后再把转移风气的大责，负担起来，积极推进，我想国家虽危，不患无复兴的一日。

今天所说，系一种“临时抱佛脚”的杂感，自审错误之处，在所难免，惟望诸位认为对的，共同奋勉，认为不对的，宠加纠正，则感谢多矣。

（原载《大夏周报》，1936 年第 13 卷第 11 期）

中华职业教育社第十六届年会会前各专家之设计建议[①]

发起之由来

本社历届年会，对于开会所在地，皆思特别尽些义务，以答地主高谊，此次川省当局，闻本社集会成都，特由教建两厅长先期来函相商，托由本社约好专家多人，先期到川，为之计划全省职教进行事项，拟定一种方案。本社办事部筹备年会同人，当然欣然承诺，于是各方接洽，结果约定专家八人，于七月廿四日由沪起行入川，原拟八月四日前抵成都，在成都有十数日工夫，可以从容调查考察写成计划。不意八月二日到重庆，忽山水暴发，公路阻梗，在渝勾留，竟及六日之多，直至十日始到成都，斯时距离大会开幕，只有四日，所幸在渝时对于渝地省立职校，曾经一度参观，并对于各项计划，已略略拟好原则，因此尽四日之力，参观考察，并参加教建两厅长所召集之联席会议，结果，制成建议

① 署名作者还有：杨卫玉、贾观仁、何清儒、姚惠泉、唐英、高士光、陆叔昂。

书一册，于大会开幕之日，送交四川省主席教育厅厅长及建设厅厅长（建议书见后）。

省政府之联席会议

八月十二日下午三时由四川教建两厅长召集教育行政机关主管职教人员及各职校校长教职员及实业机关主办人员，并邀请到蓉专家，在省政府大办公厅，举行一次联席会议，共到六十余人，教育厅长蒋养春先生、建设厅长卢作孚先生共同主席，首由卢厅长说明川省邀约各专家来川设计之动机及本省对于各专家之希望，次由蒋厅长说明职业教育办理之主旨，以及本省职教前途之希望。两主席说毕，中华职业教育社主任江问渔先生即席演说职业教育最近之趋势，与夫同人此次之任务，演词切要，听者极为感动，次则专家何清儒博士发表关于职业指导之意见。此外各职教同人，亦有意见分别发表，大家交换意见，彼此情形，益形明了，直至五时半始散。

专家设计之结果

此次先期入川专家共有八人、列表如次：

江恒源　中华职业教育社主任

杨卫玉　中华职业教育社副主任

唐　英　国立同济大学附设高级职业学校主任

何清儒　中华职业教育社研究股主任

贾观仁　中华职业学校校长

高士光　中华职业学校工科主任

姚惠泉　中华职教社农村服务部主任

陆叔昂　中华职教社沪郊农村改进区总指导

各专家设计之结果写成建议书一册,兹将该书全文转录如次:

建议书——关于川省职业教育之建议

此次中华职业教育社年会暨全国职业教育讨论会,举行于成都,承四川省政府当局,优予赞助,并指示多方,同时教建两厅长,更虚怀若谷,一再垂询。同人等仰感情谊之殷拳,极愿作刍荛之贡献。

在同人入川未久,考询观察,皆异常粗疏,对于川省职业教育,贸然提出主张、条列办法,当然于实际需要,未能完全适合,惟同人区区之怀,所敢坦白以告者,即无论何项主张,何种办法,务必恪遵因地制宜切实易行两原则,绝对不敢稍涉高论,违反实际,或漫无标准,徒重形式也。并认定所有主张及办法,仅能提供参考,是否可行,仍希当局抉择。

同人等所欲建议者,约有五项:

一曰职业学校教育;

二曰职业补习教育;

三曰职业训练;

四曰职业指导;

五曰农村改进。

除各项意见及所拟方法，均分别具见于下文各项建议方案外，兹谨撮其要义，分条申述，用弁诸首，其有为各建议案所未言者并附及焉。

（一）教育原为各种事业中之一种，断难孑然孤立，与其他事业无关。职业教育，原为全部教育中之一系，更难孑然孤立；与其他教育无与。惟现在就职教而言职教，亦只能谨守立场，无越轨范。在上文所列五端，所包已广，可知与其他各方，关联至多。目前川省有极难得之一事，令人见之，十分感动佩服，即教建合作，已成具体化，此层关系全省职业教育前途之发展，至重且巨，同人等极盼望能努力迈进，造成轨道，以资各省取法。

（二）职业教育，原以职业学校教育，职业补习教育，职业指导为三大主干。至于职业训练，可认为职业学校及职业补习教育之分支，但因目前中国社会之需要（在川省最近之将来，此项需要，当更殷切）。此项训练，已有独树一帜之势。农村改进，为广义的农的职业教育，是以一般农民为教育对象，极低级亦极基本，虽不能列入正宗职业教育范围，但此种过渡的特别教育方法，在吾国目前实在是十分重要。此次同人分别建议，五项并列，即以斯故。

（三）在过去一般人之见解，多以为职业学校，即为职业教育，一似职业学校以外，即无职业教育之可言也者，此则不能不谓其偏而且误也。当然职业学校，在全部职业教育中，居于重要地位，然若无职业补习教育与职业指导，试问，职教如何能完成？况且就中国社会特殊情形以言，目前职业补习教育，或更重于正式职业学校，即退一步言，二者亦应等类齐观，不容轩轾。此种明确认定，关系实异常重要。

（四）办职业补习学校，用力不多，流弊较少。办职业学校，费力太大，流弊易滋，此层不可不办。论到职业学校，欲求其真正有益社会，谈何容易？倘使不定标准，不立目标，人云亦云，随便设立，前途危险，一定甚大，此则不容不预为防范也。

（五）就职业学校性质以言，可分为农业、工业、商业、家事四类。农业学校，须有大学农学院之农学教育，引导于上，有普遍的农民教育承接于下，三方连锁进行，方可着其功效。川省如能设立一所合于理想的中等农校，亦属必要。商业学校，最易与普通中学相混，若不加限止，听其滥设，流弊之多，将不可胜言。最好此项教育，由短期职业教训班任之；盖招收初中毕业生，加以训练，授与以实用之商业知能，固甚易易也。若原有省立商校，目前全省只有一所，当然要力谋充实，以为各方楷模。家事教育，是因地因时而各异其趣，同人等因入川未久，社会观察不深，尚未敢轻易提供办法（但对于川省女子职业教育，在职业学校教育建议案后，曾附提原则六条，以供参考）。故此次对于职业学校教育之建设，仅能就工业学校一端，加以论列。

（六）目前川省经济建设，正在积极进行，当然各方面需要技术及管理人员，异常殷切。何种事业，需要何种人才，完全是实际问题。故同人等关于职业训练之建议，仅能提出若干原则，以供参考。其实在川省民生实业公司，所有各级各种人员训练，已早著成效，有许多极好方法，可资采用，将来各方实行，尽可尽量取法，无待外求也。

（七）职业教育，目的固在训练学者生产技能，但同时更须注意公民教育，此项公民教育，如不加以时空限制，扩而大之，便是人格教育，如加以时空限制，狭而言之，便是复兴民族教育。国难已如此严重，民族存亡，千钧一发，在主持职业教育之人，对于此点，如何能丝毫漠视？尤其以川省为复兴中华民族根据地，则职业教育之实施，更应特别注重民族主义教育，希望能以民族精神，渗透入各式各种各级职业教育之中，俾处处可以表现其特色。以川省人文之优秀，民气之发扬，民族主义教育之施行，定能收得特殊效果。此则可以断言也。

（八）为川省整个职业教育计，应更有造就人才之远大计划。盖职业界之中等人才，可以养成之于中等职校，临时需用技术人员，可以养成之于短期训练班，职工知能之补习，可以付托之于职业补习学校，但较重要之高等职业人才，与夫主持职业教育之人才，仍不能不用其他有效方法，培养储蓄，以资任用。此固百年大计所关，绝非通常简易办法，所可收效，未雨绸缪，似宜早为之所也。

关于职业学校教育之建议

川省古称天府，物产丰富，甲于各省，如自贡之盐，内资之糖，夹江之纸，潼川之丝，万县之桐油，隆昌之夏布，早已名闻全国。此外丰富之矿产，尚待开发，交通事业，尚待整理，以及农业之改良，商务之振兴，在在需才，故职业教育之实施，在今日实为急务。此种职业教育之实施，固然有一部分需用短期职业训练，亦有一部分需用职工补习教育，但欲养成较完善之中等职业人才，仍有赖于职业学校，兹但就职业学校中工业教育一部分，贡献意见如次。

（一）职业学校之创设，与普通中学不同，后者祇须顾及学生人数，苟能招得相当人数，不问其需要如何，出路如何，即可设立。而前者则不然，必须适合当地情形，采用当地原料，以兴办当地工业，或改良当地农业，或发达当地商业。毕业学生必须具有改进职业知能，乃切实用，故设科首须考虑，设备尤应完全，绝不可凭理想以设科，闭户造车，出门不能合辙。尤不可偏重讲授，忽略实习，以致理论虽高而技能不足以副之。是以职业学校创办之初，必须注意下列五项，而初级职校为尤甚。盖初级职校毕业生能力薄弱，不能任重致远，以就职本地者为最多，故尤应审慎也。所谓五项：

（1）所在地环境之调查；

（2）设科之审议；

（3）实习之设备；

（4）师资之选择；

（5）当地之需要。

查川省原有省立职业学校六所，同人等以时间关系，未能作详细之考察，殊为遗憾。至于物产交通情形，则沿途所见，虽不详密，却可知其大概。兹就工科职业学校学科以言，应先办者，似为机械工程、土木工程及应用化学三科。其程度以高级职业学校为宜，课程程度，宜不求其深，而求实用，以职业学校，本非深研学理之地也。分科不求其细而课程包罗宜广，以过于专门，则学生出路太狭，学校难期发达也。范围包罗不广，则猝遇意外问题,无从应付也。高级宜先而初级宜缓,以工业发达之初步,技术之责任较重,初级学生恐难胜任也。

(二)试言各科课程内容,除普通应有者外,似应注意下列各点。

(1)机械工程科。

(甲)蒸汽机。注意小型蒸汽机及汽锅,蒸汽机虽属旧式原动机,然耐用可靠,在工业不发达地方,最为适用。

(乙)油机。注重笛塞尔式,即俗所谓柴油机。

(丙)煤气机。柴油机虽属最新式之原动机,然中国现在尚不产油,燃料须仰给于外国,如不用柴油机,不唯违背提倡国货之主旨,倘一旦有事,供给且有断绝之虞,故目前宜提倡煤气机以代柴油机。

(丁)水力发动机。川省各地水力丰富,旧式水辗水碓急应改良,大规模之水力发动所,开办之期,当不在远,故水力发动机,应加研究。

(戊)汲水机。注重盐井用之深井汲筒及一般用之远心力吸水机。

(己)制造工业用机器。制糖造纸榨油纺织机器等之构造及原理。

(庚)电气工学。注意管理及应用

(辛)汽车工学。注意修理及驾驶。

(壬)工场实习。注重基本工作及零件之修配。

(癸)设计及制图。注意机器原件之设计及各种机器之实测图。

上列十项课程全部修了，当为时间所不许，各校应参酌学校之所在地情形以定去取。

(2)土木工程科。

(甲)公路。注意路线之测量修筑及养路。

(乙)铁路。同前。

(丙)桥梁。注意监工及简单桥梁之计划。

(丁)房屋。平民住宅及规模较小的公共建筑(如商店学校等)之设计估价及一切房屋建筑之绘图监工。

(戊)都市。注意旧都市之改良。

(己)乡村。注意乡村之建设，村容之整理，住行之改善等。建筑与土木虽系两途，然依目前情形，似宜兼修，但不妨就环境情形侧重一项以宏造就。

凡建设工程，务宜就地取材，以期不背经济原则，最新式之工程，未必为最经济之工程，故兼宜注意于学生经济思想之培养。

(3)应用化学课

(甲)小工艺。如实用品化妆品之制造。

(乙)制糖。注意提炼及精制。

(丙)造纸。大规模造纸厂及用本地原料之小规模新式设备。

(丁)制盐。

(戊)榨油。

(己)染色。

上列六项，除小工艺外，宜斟酌所在地情形去取之。应用化学工业于日用品之制造改良，关系甚大，若不从速振兴，则抵制外货，终不可能，虽目前之出路稍狭，然以四川物产之富，人口之众，且为西南各省货物集散之中心，苟能利用其廉美之原料，研究制造，工业之发达指日可待，学生之出路自无问题。

（三）再言训练方针，简述之如下：

（1）对于简易工程有设计之能力。

（2）对于一切工程在上级工程师指导之下，能胜任愉快。

（3）特别注意技能之训练实习，须有充分之时间。

（4）养成勤劳服务之精神，不问名位，不计报酬。

（5）养成高尚人格。

（6）养成精密注意之习惯。

（7）注意身体锻炼。

（8）除去卑视劳动之观念及以升学为荣之思想。

（四）设备方面，务必求其完全。对于基本技能之实习设备，尤为万不可少。如机械科则木工锻工铸工钳工及车工之实习工具机械原动机电机及水力之实验，均极重要。至于应用方面之设备，如兼办别科者则可就别科之设备利用之。

土木科则各种测量工器，如经纬仪水平仪等，材料标准，房屋桥梁道路等各种模型，均万不可少。此外并须有宽大之土木工场，以供学生室外实地实习之用。至于水力实验设备，或先与机械科共享之。材料试验室虽属紧要，然需费甚大，只可于财力充足时设备之。

应化科则分析之设备，万不可少，小工艺之制造，轻而易举，亦宜备之。至于应用方面，宜就所在地情形酌定之。

总之，各科设备，在纵的方面，各种皆宜备全；而横的方面，每种尤应有充分之数量，使各个学生，皆得实习之机会，方能养成实用之人材。否则上焉者徒知理论,而缺乏技能,下焉者并理论亦不明了,每年经费等于虚掷,甚可惜也。

(五)设校地点,宜先就现有职业学校充实其设备,然后再就各地物产及工业情形,逐渐增设,最好先择有基础之省立职校加以充实,俾完成为一个中心职业学校,以资表率。

(六)至监督方面,更应注意,照目前川省情形,在行政方面,似应添设督学一人,专管职校,俾随时随地指示考察以资促进。

(七)最后说到步骤:

第一,教厅方面立定整个计划,并遵照部章,规定本省设立职校之标准。

第二,就原有各职业学校,先择一校或二校设法充实内容,以期树立全省职业学校之中心。

第三,设一督学,专任考查监督并研究全省职业学校之改进与扩充。

第四,宣布设立职校标准,凡各县市请求设立职校时,须依照此项标准办理。

此外如女子职业教育,范围固亦甚广,需要亦属迫切,但亦须在因地制宜之原则下,集中财力人力,择要举办,断不可贻广田自荒之戚。就川省目前情形言,蚕桑家事二科,似在最要之列,其他与男子职业学校同性质或非最要之科目,似可暂缓设置。现在成都重庆省立两女子职业学校,同有家事一科,诚为切合需要,兹愿就原则方面,提供意见,以备参考。

(1)家事科之范围要扩大。如家庭教育、卫生、经济、设备、园艺、娱乐等,都应包含,不仅限于衣食方面。如此进则可为社会服务，退则为贤母良妻。

(2)设备要相当充实。除关于衣服之缝纫工场，食事之烹饪室外，他如关于园艺之场地，医药卫生之实习，幼儿之保育等，均须有相当设备。

(3)教材要精选而有中心。家事教材，国内尚少佳本，宜加精选，并宜每一科目与阶段定一中心，博而不精，不切实用，非所宜也。

(4)实习要注意。实习时间，至少要与理论时间相等。

(5)目标勿与实际生活过远。家事教育之目标，并不在造成高等生活之女子，而在造成服务现社会家庭之有力分子，故不宜与社会现实生活，距离太远。

(6)利用设备人才广施补习教育。利用原有设备及人才于晚间设备补习科，招收成年妇女，施行补习教育，其效更宏。

关于职业补习教育之建议

近来职业补习教育，在全部职业教育中，已渐居重要地位；尤其在今日之中国，其重要性比较更大。理由甚多，无待详述。按照川省目前情况，各项产业，方在着手开发，一切人员有待于训练者甚多。以广义言，此项职业训练，或系短期，或系临时，亦可列入职业补教范围。但为尊重职教地位计，仍不妨另立系统，以资建议。兹仅就狭义的职业补习教育论，如都市方面，商店工场之职工，如乡村方面之农家子弟，多半未受过完备教育，最合理之办法，是一面作工，一面补习，即利用工余时间，入校肄业，晨晚星期，分班均可。如此既可谋生产知能之增进，且兼顾文化教育之实施，小之则利益个人，大之即充实国力，且此项教育，父兄无筹措学费之苦，毕业无另谋出路之难，凡属学校公所工场商店，随处皆可设立，只要有专人主持，一切皆易筹办。是此项教育，比之正式学校，既为社会所急需，办理又极容易，真可谓有百利而无一弊，即使尚无职业，能习一技以谋生，有此教育机关，以应其需要，亦复异常便利。教育部曾于民国二十二年九月，公布职业补习学校规程二十三条，办理轨道，既可遵循，措施手续，亦极简便。为川省计，似应由省教育行政机关，特别设法提倡，以期普遍推广，兹谨建议次列各项办法，用备参考。

（一）由教育厅长就教厅内指定科员一人，专任职业补习教育研究、计划、考察、推进等事。

（二）暂行指定一两市，如成都和重庆先行试办，徐图推广。

（三）其他各县教育行政机关，有愿特别提倡此项教育，业经拟定计划，并筹定的款者，教育厅应予以核准，并尽力协助，随时督促考察。

（四）在指定试办之都市，确定实施计划时，应由教育厅内之主持专员，秉承厅长及主管科长之命，切实联络各职业界领袖共同提倡，遇必要时，亦可组成辅导会顾问会等。

（五）关于职业补习学校课程，照目前情形，职业与公民，应同时并重，并可酌量情形，加入军事训练，但军事训练之实施，应商请军事机关主持此事。

关于职业训练之建议

职业训练,乃对于某一种职业所施之特殊训练,以增进其工作效能者,其性质偏而专,期限无一定,而其设施则完全根据社会需要。对于事业之进展,人才之利用,关系极为重要。川省正在建设时期,新兴职业,日益增多(即原有之重要手工业,需要改进者亦复不少)。例如公路发达,则需要汽车驾驶及修理人员,电气之应用日广,则电气装修之人才,亦必需用日增,至商业区如重庆,则会计人才及事务管理人才,均应急待训练,同人等入川不久,自不能将需要训练之职业,逐项举列,但关于实施职业训练应守之原则,则可择要提出,以供参考。

(一)教材须根据工作需要。规定训练教材之前,必先将工作(或职业),作一有系统之分析,以确定其中所含之部分,此即所谓工作分析。非但训练内容之项目,须根据实际研究而定,即各项材料亦应以需要为标准。在分析时,非祇将需要列举,并须指出各种需要之量度。凡不适合需要之材料,不论其在传统教育上占何地位,亦不必列入。

(二)方法不限于团体讲授。职业训练,虽系教育性质之工作,但训练方法则不限于上课讲授之一种,其中有讲授,有工作,有团体施行,有个别指导。一种训练,应采用何种办法,或几类方法,应按照所规定之教材定之。概言之,凡关于知识之材料,多适于讲授,凡关于技能者,多以实做为有效。

(三)时间应根据工作标准。一种工作,应训练若干时间,本应根据已往经验而定。以前用若干时间训练成功,以后方知应用时间之多寡,故必先调查同类工作训练之经过,以其能达工作标准所需之时间为根据。现今实施训练者,往往无已往材料为参考,故常凭理想而定。但如能先定工作欲达之标准,然后再作计达标准之所需时间,即较为合理矣。

(四)环境宜利用实际状况。专在教室中训练,非但不便,且足以减低效率,为何种工作训练,即应有何种工作之环境。盖环境中之设置及设备,往往为训练方法上所必需,如必需假设环境,亦应以愈切实际为愈妙。关于讲授方法之知识材料,自不必限于实际工作地点举行。

以上所述,均属原则,至将来实地施行时,事前事后,教建两厅皆当有精详协商,切实合作。如此正训练工作,认为应归教厅方面办者,则需要如何办法,必先由建厅方面指明之,将来训练完成,此项人员当然由建厅方面分别任用。如为便利计,即由建厅或建厅所属之机关自行训练,亦无不可,但关于教育方面之考察指导,仍应由教厅主之,所以郑重行政系统与权限也。各种正式初级职校,如不合标准尽可缓办,而为运用灵活计,则不妨取高小、初中毕业生,施以短期训练,即以此训练班传习所等代替初级职校也。

关于职业指导之建议

职业指导,乃指导青年解决择业、就业、服务,以及升学种种问题之工作,并不限于职业介绍。故虽在工商业尚未十分发达地方,亦有推行之必要。如果承认发展个性为教育之一种任务,社会与学校之沟通为当今急务。则指导青年个人问题以及谋求出路之工作,即不可少。以川省论,工商业已逐渐发展,将来就业机会,不虞缺乏,固应在在需要指导,而在青年受过教育之后,择业、就业以及升学诸问题,更必因之而不断发生。故指导工作为增加整个教育效能计,尤宜特别提倡,期其尽量发展。兹谨将关于川省发展职业指导进行步骤,简略建议如次:

(一)在初创时期,可不必有正式组织,只须由教育厅指定负责人员,以一部分时间担任指导工作,即可开开始试办。其任务有下列数事:

(甲)督促全省各中小学实施职业指导工作。如不能全体一律办,可择一二专员督察区或若干县市先办,俟办有成效,再行推广。

(乙)主持关于职业指导各校合作事项。

(丙)搜集关于当地重要职业之材料及与本省学生升学有关之各方高级学校参考品。

(丁)组织关于职业指导之讲演会或讲习班。

(戊)研究职业指导之各种方法。

(己)调查统计各校实施职业指导状况。

(二)除以上各项工作,先行试办外,凡已经试行职业指导之学校或机关,当局应尽量与以切实之辅助。例如,重庆青年会所组织之少年职业指导所,已略其规模,稍有成绩。成都青年会亦正在筹划进行。果能得政府之倡导援助,必易发展,在初创时期,此举实极关重要。

（三）教育部关于各省市教育行政机关设置职业指导组事，早已公布暂行办法，就川省情形论，在初创时期内，或不能正式组织，故不如先行第一第二两步。经过相当时期之后，可再按部订办法进行组织。至于组织之后，自当遵照部订办法（请参阅部订办法）进行工作。

同人愚见所及，以为目前所极应注意者，职业指导工作乃整个教育之一部，并不因地方情形而增减其价值。所有实施之组织与方法，固可按照需要，斟酌变通，但其基本原则系共同应用，则绝不可违反。果认清重要，决意实行，困难之处，自所难免，但终必有相当之收获。同人极端相信此项工作，对于全省教育效率之增进，关系异常重大，欲完成职业教育使命，固绝对不容忽视，即为辅助其他教育之改进与职业之发展，亦绝对不容忽视也。

关于农村改进之建议

川省得天独厚，区域广大，人口众多，物产丰富，地势险阻，自国难严重，国人认为复兴民族之唯一根据地，朝野上下，同心协力，积极谋实力之培养。农村的改进为广义的职业教育，实为培养实力之基本工作，在川省今日之地位，自更重要。顾农村衰落，川省未能独异，经费筹措当然困难万分。在此情形之下，似应在用钱少而效率大之原则下求途径，从穷干苦干中谋出路，同人到川不久，见闻有限，愿以客观眼光，并本平昔经验，贡其浅见如次：

（一）农村改进工作，必须经济教育自治三者，连锁合一，不能分离；以经济为基础，以教育为方法，以自治为目的。

（二）无论县单位，区单位，村单位之农村改进，一以学校为推动之主力，学校教育和社会教育，并须二位同体，绝对打成一片。

（三）每区至少设一中心学校，每联保或每乡镇至少设一领袖学校，每一保或数保至少设一简易学校，各受上级之监督指导，办理本校范围内之一切农村工作。

（四）改良农事，组织合作社普及卫生工作，训练保甲长及壮丁等，校长教员至多为其中之一员，居于指导地位，但不必责其负完全责任。

（五）成人教育，以不妨碍其实际生活，并增进其谋生知能为主，且不必斤斤于识字上课，而特重做人之道与民族意识，一切工作均要含有教育意味。

（六）以简易学校或领袖学校为大单位，每甲为小单位，指导农民成立合作社，每一中心学校区，成立一合作社联合会，俾因经济关系密切，而农村自治渐趋完成，用善意的控制其经济命脉，农村工作之推进必可顺利，但合作社章程，宜活用不宜死用，必须因地制宜，有时且应予以合理的变通，社员训练于农暇多多举行，尤为必要。

（七）信用树立，则工作困难必可减少，故一切工作，如农事改良等，不必求急进，他处试验确有成效之种子与方法，可先介绍于少数青年农民，俟确有把握，再逐渐推广。

（八）青年实为农村中坚，应加以严密之训练，为之组织青年服务团，果指导得法，实可为各种工作之先锋。

（九）关于全省农村改进事业之设计、统辖、指导等事宜，似可由教建民三厅，指派人员组织川省农村改进事业委员会，秉承本厅主持之，各县并应设立分会，主持农村改进事业，直辖于省委员会。

（十）凡中心学校，应多聘合于当地需要之技术人员兼任教师，俾中心学校对于全区各种技术之推进，增高效率。

（十一）前项技术人员，似可由三厅会同设立培养机关，或指定相当机关，负责培养，就各地需要，而决定其培养之种类。如川大之农学院，重庆之教育学院，北碚之实验区，各处之农事试验场等，均为最适宜之地点。

（十二）领袖学校，除校长必须能力较高外，其教师与简易学校主任及教员等，只须聘用普通人员。此项人员，可就每一专员督察区特设或指定相当机关培养之，即延前项技术人员负责训练，以能刻苦耐劳，服务命令，切实负责，认识清楚为合格。

（十三）前项技术普通人员之来源，以原任小学职教员或高中毕业生初中毕业生中拔选之，视其能力与工作历史而定，加以相当时期之训练，服务时，每年仍须于适当期间集中，不断训练。

（十四）所有农村工作之考成方法，应由三厅会同严密订定，呈省政府通令公布，而由委员会切实执行。

（十五）实施农村改进工作时，应尽量利用原有相当经费，务使其十分合理化，必要时得由地方人士之发起，委员会之核准，募集特捐。

凡此所述，不敢谓当，如原则确立，似不妨指定少数县区试办,如认尚可推广,则按期实行,似较妥善也。

中华职业教育社　杨卫玉　贾观仁

江恒源　何清儒　姚惠泉　谨拟

唐　英　高士光　陆叔昂

民国廿五年八月十五日

(原载《教育与职业》,1936 年第 178 期)

报告成都大会筹备经过及职业教育意义

本社主任江问渔君当时以大会主席资格报告筹备经过，但其所演说之内容，除报告筹备情形外，大部分是关于职教社最近主张，阐发精详，条理清晰，用特另录一遍，并于文前另加以题，以期与内容相符合。

——编者

今天，中华职业教育社第十六届年会和第十四届全国职业教育讨论会在这个地方举行。这是什么地方？是号称天府之国的四川省城，即古之所谓益州。四川是最近全国人所目为中华民族复兴的根据地，而会场所在又是国立四川大学，这里是西南最高学府，也是全国最高学府。我想凡是今天在此参加大会的人，没有一位不是特别感觉得有兴趣，并且精神异常兴奋的。

我今天在此地报告大会筹备经过，并说明大会意义：首先要声叙的，此次关于一切筹备的烦难琐碎，苦苦辛辛，那皆是四川省政府教育建设两厅厅长，秘书主任秘书科长股长以及诸位先生所一一身受，我们上海本社办事部同人，实在是没有做一点事。不但没有做事，到了重庆，还要麻烦了民生公司里的许多朋友，教育界许多朋友，到了成都，麻烦人更厉害。说起来真是万分不安、万分惭愧，同时是要向受过麻烦辛苦的诸位先生，表示万分歉仄、万分感激！

这是关于会务一方面的，我不能不说几句良心上所要说的话。说到四川的整个省政府，这一次帮助鼓励我们的，那就更大了。拨出巨款，作我们开会之用，还要寄些到上海去，叫本社办事部约头十位专家先来，我们到了之后，主席、秘书长、厅长、委员以及厅内诸先生，一致诚恳表示极好的意见，并且虚怀若谷，一再垂询，真是令我们异常感动！当我们几个人来的第二天，教建两厅厅长就召集了本厅主管人员及各职业教育机关人员在省府大办公厅开了一个联席会议，由卢厅长蒋厅长说了许多令我们又感激又佩服又安慰又惶恐的话。凡此皆是我们永远不能忘记的。不但是我们先来的几个人万分感激，就是后来的各位，也万分感激，不但此次来参加大会的会员万分感激，就是全社社员，也万分感激！这更是我几句良心话不能不一说的。

四川省在今日的中国，是居于重要地位，在过去的中国，也是居于重要地位，它是天生一副绝好的文学背景，教育背景，职业教育背景。它的物产之丰，山川之美，人物之秀，可以说没有一省能及得上的。所以此次到四川开会，一经本社办事部，通告发表，踊跃参加的人很多，七月十五以前，在上海本社报名的，已有300多人，并且各省各市皆有，固然是一方认定职业教育的重要，同时也是开会地点太好的原故，后来忽然来的人少了，那是因为听到四川大水，大家踌躇起来，又因为船期变更的关系，可是从外省来的虽少一些，而本地社员会员参加的都很多，我们相信此次大会职业教育的空气，比较以往各次，还要特别浓厚一些。

以往历次开会，到了一个地方，总想对于当地主人有一些贡献，此次来四川，似乎这个愿望格外大一些。卢作孚厅长在上海时，已经谈过好多次，而蒋养春厅长也有信到上海、到重庆，表示的皆是十分诚恳。因此便由本社办事部，约定几位先行来成都，原来预备约好十二三个人，后来有些人不能来，结果只有八个人，而黄任之先生原约定八月五日乘飞机来的，结果因为他的夫人病，也不能来了。先来的几位，是八月二日到重庆的，满拟四日来成都，五日到，十六开会，会前尚有十天工夫，可以为四川省政府尽一些义务，说起尽义务，真惭愧得很，也仅仅是就考询观察研究所及贡献一些意见和办法罢了。不意大水来了，在重庆一住便住了七天，十天才到成都。距离开大会，只有五天了。时间既短，当然工作效能减少许多。十一日在省府大办公厅举行联席会议一次以后，同人即勉力草拟一份建议书，现在已经印好，将来一方面要送呈省府及主管厅供参考，同时一方面也要就教于大会同人。时间既然短促，观察当然粗疏、讨论研究，皆不精密，匆匆写就，如何能好呢？只好说愚者千虑或有一得罢。如是一千句话中，有一句半句，认为尚有参考价值，就可把他取下来，其余的使不妨弃之于烂纸簏中。黄任之黄老先生真是爱四川的很，他固然是爱四川也是爱本会啊，他因为不能来川，特地做一篇文章航空寄来，前两日已托王白与先生交《华西日报》发表了，现在又油印出多份，分送诸位先生，请诸位先生看一看。

中华职业教育社创立已十有九年，社员数若连旧有的算在一起，总有一万七千多人。举行过大会十五次，到本届已十六届了,和本会同时同场举行的全国职业教育讨论会,亦经过十三届,到本届十四届了。历时如此之久,会议如此之多,究竟对于国家、对于社会,有多少贡献呢?真是难说的很,因此在本社办事部同人,常常把这几句话,摆在心上,并且常常拿这几句话自己质问自己,真真是万分惭愧惶恐啊!但是经过长时间的研究讨论试验,可以说目前明确认定,并且可以说是本社近年来所明白主张的,却有三层,很愿意在此地说一说,一则表示本社态度,一则借这个机会,好来请教于诸位先生。

(一)我们认定职业教育的全部,是以职业学校教育、职业补习教育、职业指导三件来构成,可以说这三件是职业教育的三大主干,如鼎有三足,缺一不可。以往一般人,多以为职业学校就是职业教育,职业学校以外,即无职业教育可言。对于职业补习教育是绝对看不起,对于职业指导更是漠不关心。这不能不说是一种误解,一种偏见罢。当然我们要承认职业学校教育,在职业教育全部中,地位异常重要,但是照目前情形看,尤其是照中国目前社会情形看,职业补习教育,似乎比起正宗的职业学校教育还要重要一些。何以呢?办职业学校,有毕业生出路问题。办职业补习教育是取已在职业界的青年,来做学生的,他是已经有了出路,可以不必再替谋出路了。我们极端相信,许多青年能一面在职业界作主,为社会生产,一面入校补习,增加他的生产知识,并补充公民知识道德及文化科学的知识,这不仅是有益个人,并且是为整个国家增加实力。我以为凡是没有得着升学机会的高小初中高中毕业生,而已在职业界的,皆可收容到这一种范围里面来,那么他们原有一股不平之气,自然是没有了,一种求知之欲、上进之欲,也就可以达了。他们父兄,并未费更多学费,而他的知识技能道德照常一样增加,并且学一样得一样,学一种得一种,比入正式学校好得多。请看,效益多么大呢!还有一层,这种教育,随时随地皆可以办,学校、工厂、商店、农场以及住家皆可以设,自己不要设备,可借他人之设备以为设备,毕业时期,长短不拘,上课时间,早晚随便,又多么容易啊!在这个正式学校成效不甚显著之时,这种教育,正应大大的好好的提倡一番才是。至于职业指导,他是为青年、学校、社会三方面,做一个媒介者、介绍者,平常我们总是怪学校与社会隔离,青年与社会不相应,甚至青年求学与所入学校不相称,三方捍隔那里能有好结果呢?职业指导,就是为谋解决这一个大问题,把三方联合起来,这样工作,还不值得一做吗?可以说没有职业指导,便不能职业教育的使命,显着职业教育的效能,所以说职业学校教育、职业补习教育、职业指导,这三种是职业教育构成之大干,缺一不可。本社同人,一向主张三体同列,三方并重。这是第一层。

(二)专来说职业学校吧。一个完备的职业学校设立,谈何容易?高级的固难,初级的也难。因为要设一个职业学校,一定要顾到三个先决问题。(1)是毕业生的出路,有无把握?(2)是设科是否适合于地方需要?(3)设备是否完全?就是三种问题,皆能解决,皆无问题,那末这种学校尽管办,如若三个问题当中有一个不能解决,还是设立补习学校,与其办许多无实际效用的职校,使习职业者而无职业,闹大笑话,无宁多办职业补习学校,弊害还可少一些。如是社会有新事业发生,倒可以临时设各种训练班。此种训练班需要何种,便设何种,需要几何人便招收几何人，这却是一个办法。并且是切于实用的办法，故本社同人，对于正式职业学校，绝不主张无条件的随便滥设。这是第二层。

（三）再说办理职业教育的目的罢。有一技以谋生，可以解决个人生计问题，这一句话固然是不错，但本社所主张的职业教育，绝不是这样狭义的谋生主义，倘若实施职业教育专为谋生，那末朝鲜也有职业教育，印度也有职业教育，日本人也会替朝鲜人设法谋生啊，英国人也会替印度人设法谋生啊，我们能照这个样子做么？所以中华职业教育社对于职教一而是主张广义的，不主张狭义的。要青年训练好生产知能，同时也要青年训练好公民品格、服务道德、民族精神。近数年来本社对于民族主义教育，更是特别注意，主张把民族精神，渗透入一切教学实习工作之中。可以说中华职业教育社对于全部职业教育，皆是以生产技能的训练和品行道德的修养为两大抬柱，认为这两个抬柱，恰如鸟之两翼、车之两轮，缺一不可，无论职业学校、职业补习学校、职业指导，任何种类，无论学校教育、社会教育，任何方式，无论都市、乡村，任何方面，无论青年男女老幼，任务对象皆是一致如此。所以近年来有三句话也可以说三个标语："自养养群，自治治人，自卫卫国。"现在中国国难如此严重，这一层认为格外重要。这是第三层。

以上所说的三层，究竟对不对？合不合？或者够不够？我们还不敢自信。要请诸位指教！

此外各方面远道朋友，热心爱护本社本会的朋友，有电报和航快信来祝贺我们大会的，高谊盛情极为可感，也应该向大会报告一下。

(1)上海沪江大学校长刘湛恩先生来航快代电。

(2)江苏省立上海中学校校长郑西谷先生来电报。

(3)上海开明中学校董会主席新华银行分行经理田定安先生来电报。

(4)中华职业学校全体职员来电报。

又贵州教育厅来电报声明不及派代表。

拉拉杂杂说了许多,占去许多宝贵时间,抱歉之至,并乞诸位先生原谅。

(原载《教育与职业》,1936 年第 178 期)

职业的性质[1]

人生与职业,是有最密切的关系的。讲得严格些,可以说一个人如果要求生存,便不能没有职业,没有职业,便不合做人的条件。至于职业的种类,那是并无限制的。所以一个人的评价,并不在乎职业的贵贱,而在乎他的有无职业。

我们既明白了人生与职业的关系如此重要,便当更进一步来研究职业的性质,职业是有他底特殊的性质的。大概可以分做五点讲:

(一)职业是平等性的。无论做大总统和洋车夫,在以职业为立场的观点上是一样的,是无分贵贱的,因为他们都是适应社会的需要而产生的。总统做得好,是人民的幸福;车夫技能好,使坐车的舒适,作用完全一样。所以说,职业是有平等性的。

(二)职业是两利性的。不论那一种职业,一定要人我双方有利益,方可称得是正当的职业。像我们花了钱,可以叫洋车夫拉我们到目的地去,而洋车夫可以拿了钱回去买米买柴,维持一家的生计。这不是双方有利的吗?这才是正当的职业。如果违

---

① 江问渔先生在本路吴淞扶轮小学校讲'升学就业指导'之一节,许英笔记。

反了这个原则，便不能谓之职业。像盗窃之流，虽则他们也是为了要维持家庭的生活而去盗窃的，表面上看来，似乎亦可称为职业，可是被资窃者非但无利，反受损害。这就不是两利的，绝对不能称之为职业。

（三）职业是普遍性的。除了年老、体衰、残废、疾病者外，人人必须劳动，而后可以生活。年老的人，因为过去已经尽力服务于社会了，如今年老体衰，应当让他休养，我们非特要敬重他，还要处处爱护他。残废的人，是特殊的例外；不过局部残废者，仍可做他相当的工作，即适宜于他的职业。现在有许多人，受庇于祖宗的遗产，丰衣足食，无所事事，表面上似乎是很阔气的上流人物，其实这种人无异是社会的蠹虫，哪里能及洋车夫粪夫之劳动而后生活的光荣呢！因为他们既无职业，就是游民。我国古时一向有“不劳而食谓之贼”的一句谚语。所以职业是普遍性的，并不是袛限于某一部分人的。

（四）职业是受酬报的。职业是有金钱酬报的，如果不受酬报，便不能称之为职业。譬如艺术家，他为表现自己的天才，画给人家来欣赏，以促进社会的美化，而并不收受酬报，这便不是职业；如果把他作品标价出售，这就是职业了。再有放赈的人，他在冰天雪地之中，或在炎暑酷热之天，费了许多精神和光阴，做这种有益于人类的好事。可是这种不受酬报的工作，必不能维持永久，更不能普遍，所以也不是职业，只能推崇之曰慈善家。这种不受酬的工作者是占着极少数的，虽然在社会上确是很需要。所以一般的职业，是没有不受酬报的，否则便不能称为职业。

（五）职业是有进化性的。人类的可贵，贵在能够继续不断地进化。我们国家所吃亏的,就是这一点比不上人家,进(原文如此,进似多余。编者注。)职业也是如此。而且有一种传统的概念,就是“工之子为工,农之子恒为农”。这种思想,固然也有好有坏:好的方面,就是子承父业,再加研究工夫,事业容易发展好;坏的方面,则在一味墨守陈法,不求改进,这就失去了进(原文似少进字)化的效能。我们无论考察现世界上那一个国家,不管政治、农业、工业、商业等等,可说无一不在进化之中。所以真正的正当职业,必须跟着时代潮流,一刻不息地进化。

(原载《京沪沪杭甬铁路日刊》,1936 年第 1623 期)

职业指导

一、职业指导的意义

职业指导工作所包含的领域,可以说有四种:(1)选择职业;(2)预备职业;(3)获得职业;(4)改进职业。前两项是在未得业前所应採的手续,因为个人天性与职业的关系,至为密切,如果不相适合,便有失败的危险。所以,一方面要注意个性的诊断,一方面更须指示职业上普通知识的授与,庶于择业的时候,可以有所依据,不致茫无头绪。后二者是在指示获得职业的途径,与夫改进职业的方法,一方面须学校与社会各职业机关多方联络,期收声息相通措置灵便之效,一方面对于得业者一切问题之解决,与夫知识之增进,仍负辅导的任务。所以职业指导,并非就是职业介绍一端,实含有多方面的意义。

构成职业指导的因素,可以说有三个重要方面:一是学校,一是职业界,一是青年。学校是造就人才的地方,要他能适合社会需要;职业界是使用人才的场合,要他能改进职业,谋职业的发展;青年是被用的人才,要他能适合个性,技能,得以发展所长。三者有连环性质,密切关系,职业指导,是要使三者调洽,发挥其功能,俾得人尽其才,才尽其用,“供”与“求”都能相称,其机构如下图:

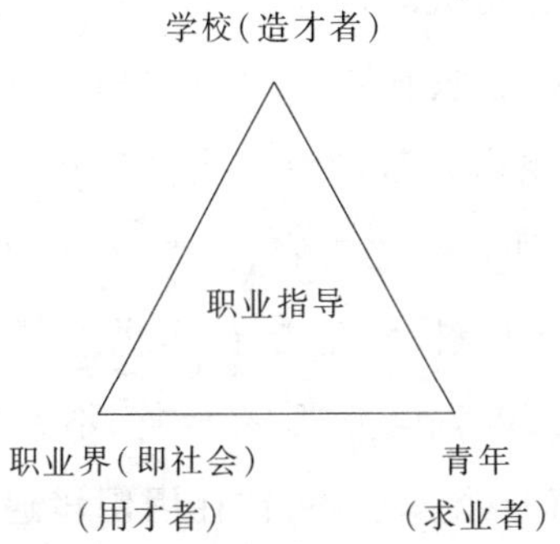

因此,我们可以说职业指导,是在供给事实、经验及意见,去帮助个人选择职业、预备职业、获得职业及改进职业,其目的在使无业者有业,有业者乐业,使人人能得到与其能力、兴趣、个性相称的职业。

二、职业指导的效用

职业指导效用,也可分为青年、学校、职业界三方面来申述,兹将其重要意义,阐明如次:

(一)关于青年方面

青年做事全赖其自动的努力,才能有优良的成绩。职业指导,可常为之提醒警觉,指示其努力的前途与处世的方针,则其心目中有了目标，可以心志专一，学求实际。一有服务机会，必能勇于从事，克尽厥职。其次，人各有其长，亦各有其所短，倘能利用其所长，补救其所短，使从事于最愿意最相宜之职业，则可事半功倍，而将来之成功，亦可操左券；如果反其道而行之，往往徒劳无功，必遭失败。职业指导，关于个性之审察，志趣之考查，非常注意，对此问题可以帮助有相当之解决。同时青年处世未深，见解幼稚，对于职业界之内容，茫无所知，即知自察其个性所近，亦无可资参考之材料，职业指导，可供给以实际调查之报告，藉此可以外察大势，内省能力，胸有成竹，不致盲从。另一方面，我们也常感觉得青年求学求职，往往因困境遇之不同而须改其途径以进，如不量经济能力而预为通盘筹算，则所用求进之方法难宜，届时进则未能，退复无用，进退维谷，困难实甚；苟有职业指导，则可预计何时必须辍学就职，当预为之谋，课业偏重于实用，不致临渴而掘井。总之，青年为社会所用之人才，要适合其个性、能力、环境需要，在在有赖于职业指导的帮助和进行，于上述诸点的关系看来，则职业指导的意义，已经很明显的了。

（二）关于学校方面

学校的责任，不仅在授与知能，并须注意其所授的知能，是否能使学生施诸实用，而确能藉此自效以贡献于社会。普通学校的见解，以为唯一的天职是在教学，学生毕业出校以后，可以不闻不问，这是绝大的错误。学校是为社会造就人才的机关，一切知能，应适合社会需要，所以应与社会有极密切的联络沟通。具体的说，学校之所教，即社会之所需，社会之所需，即由学校中教授之。学校的课程能根据此原则,然后乃能为社会造就有用之人才。职业指导,一方面帮助学校注意社会职业状况与需要,一方面可以改进课程使适应此需要,学校社会彼此沟通,可免青年无就业之苦,社会有才难之欢(原文如此,似为虞之误。编者注。)了。

(三)关于职业界(即社会)方面

职业指导使青年选择预备适宜之职业,则学成服务社会,社会必得适宜之人才,这是彰明较著,不须申述的。普通学校与社会无媒介以居间联络,社会所需之人才,其实际之知能品性,每非学校中人所深悉。今有职业指导通其声气,社会必待相当之人才,以供给其特殊需要。凡百事业,其成功最大要素,是在适宜的人才,苟能使用得当,则种种事业,皆能因此增其效率,日益精进。职业指导,既以引导青年各竭其所长,使尽量贡献于世为职志,则社会之蒙其利益可知。

三、职业指导的原则

关于实施职业指导,有下列各原则:

(1)职业指导应以教育为基本,对于各职业要一律平等,不能预存高下贵贱的观念——职业指导,苟非从教育方面入手指导,如旧时父兄令子弟入商店为学徒,仅具职业指导之心,而无职业指导之法,结果为学徒者对自身职业,没有了解观念,自不能认其真义。同时凡属正当职业,都可服务社会,发展才能,价值是同等的，无所谓贵贱，只须问是否个性相宜，志趣相同，决不能存贵贱的观念，妄自菲薄。

(2)职业指导的需要是普遍的，职业既是人人所应有，所以职业指导也是人人所需要——一个人有了职业，才能发展自己的人格和服务社会的精神。在过去专制的阶级制度社会里，士之子恒为士，农之子恒为农，工之子恒为工，商之子恒为商，职业差不多因袭而固定的。职业指导，当然并不感如何急切需要，但现在的社会已和以前不同，职业界的情形也日趋复杂，新职业的产生和旧职业的分化，层出不穷，分析愈精细，择业愈困难。职业的范围扩大了许多，要择一个适当的职业，自不能不有赖于职业指导了。

(3)职业指导是社会国家的事业，不是学校或其他任何团体独有的事业。——职业指导的目的，在使无业者有业，有业者乐业，现在社会纷扰的主因，大都为“失业”与“不安于业”所造成，因此要解决这问题，国家社会自应把职业指导的事业担任起来。同时在这种内政不修，外患频来，实业不发达的情形下，办理职业指导者，当有“无职可指，无业可导”之感。所以，政局的安宁与社会事业的发展，实为职业指导的先决问题。从施行结果的效率看来，此项工作应是社会国家的事业，不是社会中任何团体独有的事业。

(4)职业指导是合作的事业，不是任何团体可能单独办理的——担任职业指导者，一方面须了解被指导的个性，一方面又须熟悉职业界的情形，所以职业指导有效的施行，必须由人才的来路与人才的去路，两方面切实合作，协力进行。例如学校中担任职业指导者,必须与学生个人、学生家长,有长时间的接触,深切的谅解,与校内教职员合作,与校外职业界联络,始能得到相当的效果。

(5)职业指导是一种继续的长时期的工作,不是一时的的或短时期的——职业指导的范围包括职业的选择、预备、获得、改进四项,这种工作,当然不是一时的,先在帮助青年选择相当的职业,次在指示其如何预备训练,再次要负介绍职业的责任,最后尚须考查其获业后的状况,解决其困难,辅导其成功,务使其达到圆满的适应,造成其永久的职业基础。要达到这样的目的,自须有继续的长时期的努力。

(6)职业指导的施行,应以事实为根据,不是武断的,盲目的——职业指导,乃是应用科学方法根据可靠事实,帮助个人在职业上达到一个圆满的适应。施行职业指导的根据有两方面:第一,职业界的情形,每种职业的内容、容量,需要何种资格、报酬,擢升机会等等;第二,被指导的能力、兴趣、品格、志愿、家庭状况、经济状况等等,办理职业指导者对于双方(职业界及个人)必须有详细的调查、深切的了解,然后施行指导才有根据。

(7)职业指导是处于辅导地位,非处于代决地位——职业的决定,应由各人自行负责,指导不过帮助各人在职业上谋一个圆满的适应,并非替代各人解决职业问题。因为职业在人生中非常重要,这样重大的责任,唯有自己去决定,不是别人所可担负的。同时职业的适应,至为繁复,虽可用科学方法来解决,但总不能完全脱离人们的意见,所以职业的取决,应出于个人的意志,不应由他人代庖。

(8)职业指导,应顾到一种重要事实,就是人是有可塑性的,他的能力在相当限度以内是可以迁移的。他的品格、兴趣、志愿是可以变更的——职业的能力,不是天赋及与生俱来而不能变易的,是可因环境训练而转移造就的,品格、兴趣、志愿等受环境的影响尤大。所以担任职业指导者,不应根据一人在某一时期所表现的能力品格,所表示的兴趣志愿而贸然下一个最后的决定,须知能力、品格、兴趣、志愿,都可以用教育力量增减转移的。

(9)担任职业指导者,须对于职业指导有专门的研究,有深切的兴趣——职业指导,现在已渐渐成为一种专业,担任指导之责者,必须有充实的学识,专门的研究,才能胜任。因为职业指导的内容与方法,所包原理至广,如教育哲学、儿童心理学、训练法、管理法、课程编制法、心理测验、职业智能测验、社会学、统计学等等,无不与职业指导有密切的关系,所以欲收职业指导良好效果,非有专门研究,深切乐趣不可。

四、欧美日本职业指导概况

(一)英国

英国正式有职业指导与系统,始于一九〇九年与一九一〇年,自今计之,不过二十余年。考英国对于职业指导之实施,本有两种法律规定;其一为一九〇九年颁布之“职业介绍律”,其二为一九一〇年颁布之“职业选择律”。自此二律颁布后,全国职业界,无不奉为圭臬,守若科律。至于实施机关之设立,则遍见于各城市。兹以伦敦一市为代表,以概其余。

在伦敦,十七岁青年之欲求职业者,每年计有七八万人之谱,此辈青年之程度,大抵相当于一般初级中学,多以家境清寒,不克上进而中辍。因有此数万人之求业问题,悬而未决,社会上时呈不安之象。于是职业介绍出,以谋适应之方,职业介绍之任务凡三:

(1)调查青年实况。调查未就职业青年之能力、个性、及家庭环境等,与已就职青年之服务效率。

(2)介绍职业。调查既竣,则进而为无职业者介绍相当之职业。

(3)对于已就业青年设法辅导。详细调查就业后之情形,或设补习学校,或工作服务访问,以辅导之。

英国为酷爱自由的国家,社会上任何事业,一方面固有政府主持者,一方面亦尽量与私人以发展之机会,职业指导,也是这样,其性质至为复杂,有由政府主办者,有由地方人士设立者,有由政府与人民共同合作者,因时因地,各有不同也。

(二)德国

德国的科学研究至为精深,可说是全世界的领袖。欧战以前,补习教育非常发达,战后仍保已往之荣誉。但舍此以外,则另有与补习教育相关联之职业指导出(原文如此,出似多余。编者注。)。先是一九一九年,德政府工商、教育、内务、农务,四部会衔通令全国:“凡一地人口在一万以上者,须设立职业指导所,办理职业指导事务。其人口不足一万者,则相互联合组织之。”

在职业指导所内，其事务有下列四种：

(1)家政商榷。青年之家长，对于青年之个性，习惯，及能力等最为明了。关于职业指导训练，家长亦应负重大的责任，故实施职业指导，必先与家长商榷。

(2)通告各学校。由职业指导所将研究所得之方法，通告各校，遵照办理。吾人知德国之民族性，素重纪律，系统井然，故各学校之职业指导，必受政府之管辖。

(3)与劳动局联合。社会之需要，劳动局知之最审，故办理职业指导者，必与劳动局联合，故(原文如此，似为始之误。编者注。)能收实效。

(4)实际辅导。因实际需要而训练人才，以供给于社会，庶几人才与物力两得其所。

(三)美国

美国为近代民主国家的先导，各种事业，大都由社会及国家联合办理。在职业指导史上，距今十余年前，有柏尔森斯(Parsons)首先提倡职业指导于美国，其主张如下：

(1)招集各校教师设立职业指导师范科。氏以为此乃入手之方法，盖职业指导之事物，非人人得而胜任愉快者，故必先培养专门之人才。

(2)大学校设立职业指导科。大学校设立职业指导科的目的，亦在培养专门人才，一方研究职业指导之学理，一方考察职业指导之方法，据此可知美国职业之发展，乃先自培养人才研究学术着手，事业之实践，则在其后。

(3)出版书籍。刊行关于职业指导之书籍，流布社会，使人知此种事业之重要及其性质。

(4)设立图书馆。搜集关于职业指导之图书，陈列图书馆内，供给研究者之参考及实施者之取法，并陶冶青年对于职业之认识与兴味。

(5)联合会议。联合政府、学校、慈善机关、宗教团体等，而为大规模之计划推行。

(四)日本

日本的职业指导，虽仅有职业介绍之名，然其事业范围之广大，与职业指导实无二致。其组织系统，有下列三种：

(1)研究机关。文部省(按即与我国之教育部相当)内设中央职业指导协会，系官僚与学者共同组织之团体。在东京则另有学者组织之大日本职业指导研究会，皆以研究职业指导之学理，为其主要之事务。

(2)咨议机关。内务省设有中央职业指导委员会(与社会局协进)由内务大臣或内务省任命之人员组织之。再下又有市町村职业指导委员会，由村长及学校教员议员等组织之。

(3)实施机关。在中央，有中央职业介绍事务局；在地方，有地方职业介绍事务局，在市町村，有市町村职业介绍事务局，合力进行。

职业指导施行方法，可以东京府府立职业介绍事务所为例，内容如下：

(1)职业指导，与本府各小学联合进行。

(2)职业介绍,专为十五岁以下之儿童介绍职业。

(3)保护监督,与本府各小学联合进行。

(4)性能检查,延请医生,检查儿童身心有无缺陷。

(5)各种相谈,即互相谈话之意。

(6)研究调查。

(7)编行书籍。

职业指导之步骤,约如下列:

填表 ⟶ 召唤 ⟶ 检查 ⟶ 登记 ⟶ 分发 ⟶ 保状 ⟶ 就职 ⟶ 辅导

五、我国职业指导事业的演进

我国职业指导,从开始到现在的历史,还不过二十年左右,以发展的程度论,尚在萌芽时期,较之欧西,相差甚远。此中较有一述价值者,有北平清华学校与上海中华职业教育社二处。清华学校为中国正式实施职业指导之始祖,中华职业教育社则为中国努力推行职业指导之团体,兹分别简述如次:

(一)清华学校

清华学校在民国五年时,该校校长周诒春先生极热心于职业指导之提倡与实施。先于该校作下列二种工作:(1)举行职业演讲,使学生有反省之机会,知个性之所近,各个择适宜之学科;(2)制就表格,令学生填写,然后由学校统计知某某适宜于某科,某某切近于某学。但此皆偏重于学校教育方面,也可说它是教育指导,教育指导的意义,就是用教育方法来指导学生,使增加教育效能,故实施职业指导的初步。此后又定职业指导为必修科,作学理上的研究,同时对事业推广,亦颇注意。

(二)中华职业教育社

中华职业教育社,成立于民国六年,从事于职业指导,则自民国八年始,初由翻译书籍入手,冀介绍职业指导学术于国内,兼作宣传的工夫。同时社内即设职业指导部,办理下列各事:(1)调查上海重要职业状况;(2)调查各学校将毕业学生之年龄、体力、学业、品性、志愿等;(3)征集各实业家对于毕业生之态度;(4)介绍毕业生入职业界。此后又派员赴欧考察,以资借镜。又在上海济南南京三处,作大规模之运动,结果甚好。民国十六年九月,成立上海职业指导所,办理下列各项事业:(1)职业谈话;(2)职业询问;(3)职业调查;(4)职业讲演;(5)择业指导;(6)升学指导;(7)职业介绍;(8)改业指导;(9)人生指导;(10)协助职业指导;(11)编辑刊物。年来事业益广,进展极速。

此外各地青年会,每年有夏令会的举行,会中对于职业指导问题,颇多注意,全国青年协会,并有职业指导研究部的设立,而各学校如沪江大学、光华大学、大夏大学、上海中学、中华职业学校、澄衷中学、南京中学等,都有职业指导的设施了。

十七年五月,全国教育会议,通过"设立职业指导所及厉行职业指导案",并规定三条办法:(1)各级学校之修业期最后一学年间,应有职业指导及升学指导;(2)全国各大学生及中学应设职业指导部;(3)由大学院拟定进行程序,会同有关系各部通令各省设立职业指导部。十九年九月,又有全国职业指导机关联合会的成立,以研究各机关共同之职业指导问题为宗旨,由此职业指导事业,也逐渐扩展了。

六、职业指导实施

指导纲要——实施职业指导的人,对于受指导者应注意些什么,大概说起来,可分职业未定以前的指导,和职业既定后的指导两方面。这种事业,不是单独所能办到,必须要有关系的各机关大家互助才行。兹录庄泽宣先生所拟的纲要如下:

(略。编者注。)

筹办程序——设立职业指导所,最好由教育当局慈善机关与职业界共同组织。至于筹办程序,上海职业指导所会拟有草案,足供参考,介绍如次:

(1)由各地热心职业指导者集合同志,发起职业指导运动大会,宣传职业指导之原理及实施方法,以引起社会之注意。

(2)集合热心赞助之各教育实业及慈善机关人员,开会讨论筹备指导所之方法。

(3)草拟指导所组织法及简章。

(4)组织指导所筹备委员会,聘请专家主持之。

(5)推举专家,拟定指导所工作计划书及其实施之步骤。

(6)筹画固定及临时的经费(对于宣传及研究两项应特别注意)。

(7)联络当地各界,求其协助。

(8)开指导所成立大会,报告本所组织之旨趣,筹备经过情形及将来之工作。

(9)设法使指导所在教育行政系统上占一永久独立机关之地位。

(10)刊发指导所之成立经过情形报告书及工作计划书,以求社会赞助。

组织机关——职业指导所的组织,在现今地方教育经费,非常困难的情形下,当然不能十分完备,然为谋得相当效能起见,各项职员又不能尽付缺如。兹拟最低限度的组织如下:

(1)为专责任求实是起见,每一指导所,至少设主任一人,干事一二人,为有给职。

(2)为集思广益联络各方起见,应请本地教育实业行政之热心领袖,组织顾问会议,以便随时咨询。

(3)为求指导切实起见,除主任暨干事常川驻所外,应请各项专家及各界富有经验之士为指导员(为名誉职),遇有专门问题如法律健康等可请其指导。

根据以上三点,地方职业指导所之组织,其系统可列如下:

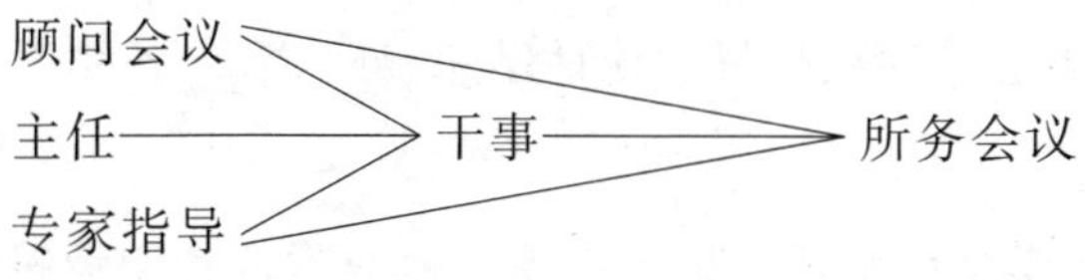

学校设施——职业指导,除了社会设立职业指导所外,学校

的设施也是非常重要，兹分小学、中学、大学三方面来叙述。

(一)小学中的职业指导

(1)小学职业指导应与升学指导合同实施，其最要目的系决定普通中学，职业学校或辍学就业两条途径。

(2)指导职务应由各级任教员分任，最好由学校组织职业指导委员会(或教育指导委员会)以校长、教务主任、训育主任及各级任教员为委员。

(3)学校课程应酌量职业化，以增加学生对于职业的认识及兴趣，引起他们对于职业问题的注意，养成他们对于职业的正当观念。各学科如算术、国语、手工、图画等之教材，应切近与各项职业，使无形中发生联络，以收职业陶冶之功。

(4)学校应为每个学生备一考查表，详载各生每学期成绩、品格等。其他如家庭状况、课外作业、测验结果，及凡能帮助我们了解个人的资料，都应一一随时填入表内，以备指导时之参考。此项考查表，应该有累积性的。

(5)学校应与家长联络，随时举行谈话，俾详悉各生家庭情形，经济状况以及各家长的心理。

(6)教员及各指导员应利用各种机会多与学生谈话，藉以观察其品性志愿、兴趣、嗜好。谈话结果，亦可载入各生考查表内，以备参考。

(7)小学生应就适当机会参观本地或附近各职业机关，于高年级生，尤应特别注意，藉以引起对于职业之兴趣，略知其内容，以为将来择业之准备。

(8)对于小学最高年级学生应举行有关升学及职业的演讲与参观。

(9)学校图书馆,应搜集各项中等学校章程一览,以及有关职业陶冶之书籍,以供学生之参考。

(10)学生之升学者,应将其学业、体格、品性、志趣考查表誊送一份与所入学校备查。

(11)毕业生之就业者应调查其服务成绩,继续指导。

(二)中学中的职业指导

(1)中学职业指导应与升学指导合同实施,以指导学生俾决定志愿为原则。

(2)学校应设指导委员会负责设计施行,教务、训育、课外作业,各方面皆应有代表,最好聘请教育心理专家为顾问。

(3)在初中最后一年,可在课程中加职业或职业指导一门,其内容应包括职业内容、择业方法及应注意事项。

(4)中学课程应酌量职业化,以引起学生对于职业之兴趣。

(5)课程以外,应请专家举行演讲,并实地参观重要职业机关,以及提倡各种课外作业,俾发展学生之知能。

(6)学校应为每个学生备一考查表,详载各生每学期成绩、体格、品性、家庭状况、职业志愿等等,以备指导时之参考。此项表格,应有继续性。

(7)学校应联络职业界各种机关,调查本地及附近之职业机会及需要。

(8)学校应多与学生家长通信或谈话,讨论学生择业问题。

(9)指导员应与学生个别谈话，助其自审。

(10)指导员参考六、七、八、九、四条所得结果，指导学生决定升学或就业，与以相当之介绍。

(11)学生之升学者，学校应将其考查誊送一份与所入学校备考。

(12)学校应调查升学者学业成绩及就业者服务成绩，继续指导，以为改进指导方法之参考。

(三)大学中的职业指导

(1)大学职业指导，以分析学生性能，供给种种有关系材料，俾学生对于职业问题，有最适当之解决为目的。

(2)大学应设职业指导部，或职业指导委员会，实施指导职务。学校人数多者，部务宜聘人专任；人数少者，可由教员或他部职员兼任。

(3)大学应于课程外举行演讲、参观，提倡各种课外作业及鼓励阅读关于职业内容修养书籍等。

(4)大学应试行导师制，将毕业年级学生分配于各教员，俾得切实指导的利益。

(5)学校应联络各机关调查本地及外埠各种职业之机会及需要，随时宣布。

(6)学校对于学生学业成绩、课外作业成绩、体格、测验成绩、品性、志愿、嗜好、家庭状况、父兄职业等，应详细调查汇登备考。

(7)学生应填写择业自审表，由指导员约期谈话。凡对于择业问题未有适当之解决者，应参考五六两条助其考虑。其已有决定者，亦应继续共同研究，俾所择确为最适当之职业。

(8)指导部对于毕业学生，应于可能范围内，介绍相当职业，登记时可征收邮电费用若干。

(9)指导部应调查就事(原文如此，似为就业之误。编者注。)毕业生之服务成绩，以为改进指导方法之参考。

此外实业机关中亦应设施职业指导，以求人事相称，业务发展。如雇工时举行谈话、测验、体格检查等，雇用后加以不断地训练，同时调查其工作成绩，服务精神，予以调剂。而人事研究更属重要，盖为雇工、训练、调剂之根据，不能不特别注意。

(原载《教与学》，江恒源、沈光烈，1936年第2卷第6期；转载《职业教育》，江恒源、沈光烈著，正中书局，1937年)

民族复兴教育成效的一斑

——请看农村教育人员寄到职教社的两封报告信

千灾百难的中华民国到了最近，从各方面综合地观察一下，似乎已经走上民族复兴的轨道了。其他不必说，即就中华职业教育社农村服务专修科毕业生在农村服务情形观之，亦可以窥见其一斑。中华职教社原以提倡、研究、试验职教为职志，至本年已有二十年的历史，他们整个的教育宗旨，叫做“灵肉双修”，即一方面注重生产知能的训练，同时一方面注重民族精神的养成。是以对于民族复兴教育，推行不遗余力，尤其在农村事业方面，工作更为紧张。社内自办的沪效农村改进区，不用说了，就是由社所造就成功的农村服务人员，散在各地，从事于农村教育工作的，亦无不奋发猛进，均有相当的成效。现在他们专业毕业生中有王李两君，最近寄信到社报告个人工作情形，展阅一遇，真令人十分欣慰，十分兴奋，记者认为此信有介绍于读者之价值，特为披露于次：

王君是在安徽工作的，他的信上说：

“自到了安庆，一切工作，相当繁杂，但兴趣很好。本学期在区内（一共六保）散布了五个民校，一个夜校，有的离办事处五六里路,用脚踏车上课,每天都是上课两小时,用两个干事负责。生(写信人自谦,下同。编者注。)自己的工作,完全是活动的,有诊疗所,合作社及合作农事试验场等的设计和指导,此外还奉教厅命辅导了五个私塾。现在五个塾师都是区务进行上的干部人员了;各种事业利用他们去推动,容易而迅速。明春预备在区内布成一个合作网,现在正联合保甲长及安徽省农村合作委员会,在两星期后,叫本区合作讲习会开课。生的计划是每保长保送四人来受训,利用农闲训练一月,每日下午上课三小时,直到现在为止,进行上是很顺利的。前天开筹备会,出席的各保保长,都一致乐从,生学得农村训练工作,要理论与行动相辅而行。如果只有理论的讲解,没有行动的实践,不但理论没有装入农友的脑袋,无所寄托,且一次又一次,要给农友看得毫无意义。同时没有理论的讲解,而就有行动的表现,不但农友要看作是我们的事,不来襄助,即使硬拉了来,也是盲目的蛮干,结果是被动、乏味、规避。所以生不赞同一般人的办法,开一个普遍的训练班,在几星期内训练的内容,应有尽有,什么农事、合作、数学等等,弄得受训的人摸不着头脑,训练过后,做一个报告就了事。这样生以为是以农友为幌子的出卖农民的教育,而不是真正挽救民族的劫运,复兴农村训练农民的教育。那种的教育只能敷衍上司的公文,不能建设坚固的农村,那种取巧的办法,万一大家相率效尤,救国当然谈不到,而且是道地的亡国教育然而现在的趋势怎样呢?细细考察一下,滔滔者天下皆是也。生虽人微言轻,不配起来大声疾呼,即使勉强呐喊,喊死了也不足引人的注意。但现在既有此机会,生决意要从本位上脚踏实地地干一下。这半年来所致力的，完全是今后的基础工作。譬如合作讲习会吧，农家大家需要。不过生决不主张自己来一手包办，而美其名曰农民合作社，可是需要我们来领导办。所以在冬余设会训练，训练结束，明春就把这理论应用到实事上，看环境需要，先举办那一种合作社，各方面已经接洽有把握，将来只要当心经济托付的人选，想来一定不致过分失败的。现在，我们正预备参加一个全省教育成绩展览会，工作上更忙得不亦乐乎”。

在这一段话里面，他指出利用私塾的成效，他指出民众训练的要旨，虽然话是偏激些，可是我觉这些话总是值得令人注意的，并且是值得供人参考的。接着信内又说：

“因为老师们都是热心爱国，致力于社会工作的，愿意将社会一角的新机的消息，告诉给老师们听，就是我们最近一个百文援绥运动的经过：

生是主张把一切农民训练的意识与行动联锁起来的。自从绥远血战发动以后，我们于各民校的公民时间、各特约茶园的讲演，及各壁报的小评论上，都集中在这问题上，连讲了不到一星期，农友们的情绪被激发起来了。然而他们当时只有爱国的热情而没有想到怎样救国的行动，我们就提出捐款援绥的事，他们都很赞同，先后自动捐了起来，多少不等。这还平常，有一天联合纪念周（各民校联合举行，每月初一次，这一次是半天，除纪念仪式外，有联合唱歌、联合体操，这是一月中最热闹而最兴奋的一天）时，讲到了这个消息，民校学生都愿意一致响应，最后议决尽两星期内每人至少省下铜元十枚汇寄前方，这区区的百文，在别处或不足为奇，可是这里自民国二十年破围（沿江围堤被江水突破)以后,全区家破人伤,接着几年旱荒,人民苦得不堪言状,所谓观音土,这里的农民都亲自尝到滋味的。我们近省会二三里的民校里,有好多学生都是在城厢附近马路上做过乞丐的,有时我们经过那里,就怪难为情地避开了。现在百文援绥运动进行了一星期了,那种学生捐钱时的情景,看了使人又可怜又感动。有几个学生真没有钱,拿了小篮到河边捉小鱼,将所得的钱来应捐。”

从这一段话里,可以看出民众受训练的效果,可以证明中国的前途,确有复兴的希望。学生没有钱,至于拿小篮到河边去捉鱼卖得钱来应捐,这不是更叫人感动之极,流下泪来吗?信末又说:

“昨天蒋委员长被留西安的消息透了出来,一下就传到四郊,当夜赶来探消息的人,挤得水泄不通,大家都问蒋委员长什么时候才能出来?还整着些焦愁和愤怒的样子。又说这样日本人怕要打进来了吧。每天墙报牌前不断地站了数十人,略识之无的人,没有法子全看懂,硬挤在里面问人家,可见农友的爱国心是万分饱满的,只是当局能领导,农教同志能切实干,农村复兴,国家富强,都是眼前就实现的事。”

这封信还是在去年十二月二十三日前寄来,当时蒋先生还没有离陕,推想这一班农民到了二十五日后,得到蒋先生返洛返京的消息,更不知欢欣鼓舞到什么样子哩!这能说不是农村教育的功效么?

再看李君的信,李君是在河北省内工作的,他的信上说:

“生在此服务,瞬已十月余,同仁相处甚为融洽。学生不但对生发生浓厚情感，同时对各师长亦间接发生信仰。定阅《国讯》的人，异常踊跃。生自感不足的，确为各种学科无深厚之基础，仅用十二分之热诚与努力而获比点星结果也。一月一日，学校放寒假期限两个月，生拟借机赴山西军官教导团受二月短期军训，以锻炼军人体魄，并达旅行考察之素志。目前训练班学员凡二百余人，分发附近各县农村实习，普遍作闾邻长及壮丁训练。因县政府协助甚力，各村均能踊跃参加。绥远事变，民众自动捐助。五日内共捐八百余元，可窥见此间农民爱国情绪之一斑。同仁等亦常于黑夜视察或集合民众讲演学校农村，渐已打成一片。将来拟促成每村皆在一坚固之团体与学校发生密切关系。现已试办者，有村自治委员会、青年服务团、武术会、合作社数种。最有成效者，为村自治委员会。以华北农村大多为数百人家之集合，日久年深，其中党派分岐，词讼不绝，又以政治不上轨道，形成底层民众混乱。入手方法，先调解词讼。选村中负重望之领袖，成立息诉会，俟成功进而成立自治委员会，如村中无党派讼事者，则进行合作社或武术社，以促成其集团生活。能有团体生活，始可以言建设。其他与学校联络方法：(1)则参加其定期集会；(2)则随时解决其困难问题，现各村农民皆不以本校师生为特别的人，而本校师生亦皆以接近民众为无上光荣。甚至各县长亦皆土布秃头。时与农民聚谈，安国、博野、蠡县、安平四县民众，咸自称庆境内无土匪，白面客少若晨星。确亦国防最前线上难得之现象也……”。

学校与农村打成一片，这是一个新教育的趋势。在从前喊这口号的人，是为不满于以往农村教育而发。到了现在，实行的地方和实行的人，渐渐多了，并且认定这种新教育方法，对于复兴民族大有帮助，竟是发现出他更有意义的效能来了，如李君信上所说不是已经具有相当的规模了么？不是已收到相当的效果了么？

以上王李两君所说的情形，在全国农村中，真可算是一角中一角，实在是渺乎其小，然而大者小之积，倘积了许多小的一角，而成大的一角，再积许多大的一角，而成全部，则整个的中华民族当然要焕然改观了。我深愿从事农村工作的人们要鼓起勇气，迈步向前；我相信今年训练民众的成效一定比较去年更显著。民族复兴工作固然不限于农村教育一端，可是我们不能不认定农村教育对于民族复兴的效用最大。所谓“自力更生”，农村便是“力”的生长发源地啊！

民国廿六年一月四日晚稿

（原载《国讯》，1937 年第 153 期）

穆氏文社社员中一个特殊人物

既要介绍这一位特殊人物,应该先说明穆氏文社的由来。穆氏为谁?当代实业家穆藕初先生也。穆先生不仅是经营实业,大有造于国家社会,而三十年来扶植文化,赞助教育,厥功之伟,尤值得教人称赞,值得教人敬仰。在距今二十年前,他曾斥资数万金,选送大学毕业生出洋留学,陆陆续续有好多位。现在在国立中央大学校长罗家伦先生,教育部次长段锡朋先生,皆是当时穆先生选送的。穆先生尝说:“助人是文化人的天赋。有钱帮人求学,原是平常的事”。因此他平常绝口不谈这一些事,所以世人知之者不多。今穆先生已六十二岁矣,为善之心,老而弥切。当前年六十岁时,忽然有一天约中华职业教育社同人吃便饭(穆先生是职教社的董事,当然该社也是他扶植的机关之一),谈起要办一个文社。他要文社的动机,是为着职业界一班不能入补习学校的青年,求知欲很旺,而写作发表力较差,要替他们谋一个救济办法。因此一夕之谈,就把文社办法决定,由这位老先生(所以说老者,就其年而言之,也实则穆先生并不觉老,望之仍如四十岁人)拿出钱来,委托职教社代办。于是职教社也就代为聘定一位专任职员,几位助理职员,拟好章则,发布广告,招收社员,按期命题改作,到如今已办过三届,征到社员近千了。社员中平平常常的人当然甚多,小为杰出的也还有,现在居然发现出一位特殊人物来了。他是新入社的社员,才缴到一篇"自述"文字,同人读了他这篇文字之后,竟不能不十分惊奇,不能不一再感叹,因此便不加思索直觉的说出一句:"这是一个特殊人物啊"! 闲话少说,要看真凭实据,让我先把这位青年的自述文,一字不易录了出来,读者诸公看了,然后我再来申说一番。

(原载《国讯》,1937 年第 158 期)

黑暗中摸索

坚奋先生：

承问各条奉达如次：

（一）人们对于职业应该努力，那是一定不易天职，无容怀疑的。至对于职业的不满，那就要看情形了：是个人体力不相宜呢？是领导者待过不好呢？当然要详加考察，不能凭个人仅一时的感触遽尔诊断。足下现在所操何业？未经说明，当然不便代为判定。但有一点可以奉告的：就是我们对于环境，最好能设法转移改善，千万不要被劣的环境征服或未用过一些移转改善工夫遽尔去逃避这个环境，所以"忍耐"也是我们美德不容忽视的。如要改谋职业未尝不可。可是事前一定要妥慎的考虑，并且，足下要另谋哪一种职业，一定也要先说出来才可以代为筹计。

（二）现在周刊、半月刊真是如雨后春笋太多了、太杂了，教我介绍真不容易，因为彼此见解，既未必尽同，当然所选出的，亦未必一样。最好，还是个人自选吧！选时有三个标准，却是可以奉告：(1)言论上所发表的思想，要明适正确；(2)所论列的，要有实际内容，换言之，就是不谈空话，不重浮词；(3)所说的话，要足以开阔人的胸襟，增加人的见解，解释人的疑惑。如能本此三个标准，我想选定一两种刊物也不是难事吧！

（三）比较切于实用的新式簿记有次列三种：

陈文编《初中商业簿记》上海四马路生活书店经售。

潘序伦编《商业簿记教科书》商务印书馆出版。

童传中编《高级商业簿记》中华书局出版。

（四）照足下目前所作的文章程度来看，似乎投稿《国讯》还觉得差一些，但是能用工不懈，不久一定是可以的。你不妨试写点来看看。

（五）关于民国以来的革命史有下列三种（原文如此，实仅列两种。编者注。）：

《中华民国革命全史》一册，文公直著，益智书局，一元五角。

《中华民国史料》三册，孙曜著，文明书局，二元四角。

江问渔答

附原信：

我自读了贵刊为民族解放和救亡图存的言论，给我的印象委实是太深了，我本是乡村落伍的青年，自从接触了贵刊即发生了不少的爱国思想。我不幸仅受小学的教育，对于危急存亡的国家大势和疯狂似的“友邦”无止境的侵略本来是不十分关心，亦不去注意的。自经贵刊言论的督促与熏陶把国家观念与民族意识被推动得装入了我的脑袋，使我认识了当前国家垂危的趋势，和青年应负民族复兴的责任，而且更进一步地引起了我知道世界形势的需要。这一切国民应有的基本认识，可说皆是贵刊所赐。这并不是我恭维贵刊的好听话,乃是我久藏心灵深处的真心表现。所以我对贵刊努力爱国的热忱,私心是无限的敬佩!也许《国讯》大多数的读者,皆有此同感吧!

现在我有几个难解决的问题,希望贵刊的顾问先生指导。我自出了小学之间,即来此地度着牛马工作的劳苦生活,可是这工作始终使我厌倦,不能引起我的兴趣。也可说是不配我干吧!因为这工作,不需要什么,只要有强大的力气。同时精神上的紧迫很重,动辄遭受苛责与辱骂,长此下去前途是不会有光明的。所以我觉得这样干下去,是毫无意义的。但是为了不易解决的生活问题,不得不盲目的蛮干着。现在我一方面难在这样局面下勉强忍耐消磨这悲惨的岁月,可是一方面是在不断地求上进。因此各种杂志和书籍,皆成了我暇时自修的良友。但是盲目的乱番乱读,对于学读上非但没有相当的益处,同时精神白白耗费,也是很可惜的。因此我想能得到些许进步起见,所以虔诚地写这封信来,把下面的几个问题,相烦先生指示一条康庄大道,使黑暗中摸索的我,得到光明的启示,有所适从。

(一)如上述环境生活,还是忍耐下去呢?抑另找有希望的职业?两者之间,请详示一条适当的途径。

(二)言论公正而不受拘束,可称为民喉苦的周刊或半月刊请介绍。一二种,编者何人,亦请明示。

(三)敝人现想研究新式商业簿记,请介绍一二种最切实用的新式簿记学书。

(四)观此信程度可否投稿贵刊作一个常地的通讯员。

(五)关于民国以来的革命史,须记载真实,用白话写成的,请介绍何处有售？

以上诸问题，希在读者同问栏中，详细答复是荷。并祝《国讯》前途光明。

《国讯》读者朱坚奋

（原载《国讯》，1937年第158期）

《活的学校》序

晋用先生为乡村运动之健者，平素发表关于乡村教育之言论文章甚伙，见解卓越，为恒源所敬佩。近著《活的学校》一书，本其七八年来从事乡村教育之经验，用小品文体裁，写述一农村由艰难创造达到成功圆满之境，此中困苦奋斗情形，足为一般小学教师所师法。农村小学为乡村运动之基本单位，最重要亦最易推行，如何始能收实效，在此书中可以得一圆满答案。书中指陈办法，开明学理，俱见切实，文笔生动，清丽可诵，洵为一般师范生与小学教师必备之书。书将付梓，乐志一言以为序。

江恒源　廿五，十二，十

（原载《活的学校》，晋用著，正中书局，1937年）

关于做人问题的讨论

——答复农学团叶范两君的来信

我写这一篇文字的动机,是因为最近有旧学生叶范两君寄来了两封长信,谈到做人问题,并且出了题目,教我解答。而两君长信的由来,则又是因为去年我有一封谈做人之道的信,寄给钟君天石,他们两位读了之后,遂各发出一篇大议论来。我要答复他们的疑问,于是也就下笔不能自休,拉拉扯扯地写出这样一大篇。

叶范两君,何以对于这些问题觉得有趣味,肯来讨论呢?这不能不让我先来表明一下。

近年来,我们在日报副刊上或各杂志上,不是常常看到"青年的烦闷","青年感觉空虚","生活矛盾",以及一切厌世、消极、抑郁、牢骚等论调么?虽然近来少一些、好一些,但有时仍不能免。因此,我便屡屡怀疑到现在的教育制度和教育方法,认为今日青年心理所以在此,固然其他方面的原因很多,而教育总不能不负相当的责任。恰巧,我在中华职业教育社服务,于是发起办了一个"农村服务专修科",招收三十几位有志农村事业的青年,施以近于理想的特殊教育,意在试验一试验同人的理想,证明用教育方法,能不能转移青年心理?这种教育的特点,便是知能的训练和人格品行的陶冶,同时并重,可以说当时师生两方终日所孜孜研究的,皆是做人方法。他们在学训练期是二年,二年以后,分到各处去实习。同时和农村服务专修科合办的,还有鸿英小学师资训练所,这是专为训练乡村小学教师而设的,人数共有十五位。因为地点同在上海市南郊漕河泾,遂组织起来,合称做“漕河泾农学团”,直至今日他们的旧名称还是存在着。本来在农学团之前,职教社也曾办过一个徐公桥乡村改进讲习所,招收学员,只有十人,讲习一年,成绩却不错。此次农学团的办理,还是有一些旧经验可以凭藉啊!职教社所以要办这一种特殊教育,固然为要试验同人的理想,同时也因感觉到农村事业需要这一种人才,而这一种人才,除知识技能训练外,关于精神修养,即所谓做人之道,恐怕更是特别重要。在当时施行训练,却也看不出什么特殊的效果。可时(原文如此,似为是之误。编者注。),他们实习完了,到各处实际去办事,效能却一一显露出来了。兹除留在本社附属机关办事,及任鸿英各小学校长教员,均能表现出超职业的精神外,还有几位朋友在外面做事的,时常写信给我,讨论到做人问题,此次叶范两君的信,更能引起我特殊兴趣。我所以愿意先把他们的信,发表出来,然后再把我所要说的话,写在下面。我极希望注意此项问题的先生们,能予我们以正确的指示。

叶君来信

(叶君现在上海高桥改进区办事)

江老师:

久疏训诲,无任瞻恋。昨接本团团友通讯摘要,末刊吾师复天石兄解答人生问题一书,阐发详尽,读之惊喜若狂。现社会有无数有为青年,追求人生问题,徘徊街头,彷徨歧路,莫之所措。读吾师此书,当能豁然开朗,知所归矣。生以为实地苦干农村工作者,对此问题尤感需要;盖因乡村工作,实至清苦、至艰困、至烦琐之工作也。物质享受极低,精神痛苦有时极深,以是干乡村工作者,始则欣然下乡,深入民间,继则感觉困难,发生厌心,终于毅然抛弃,重返都市,欲求能对于乡工真能发生信心,始终如一者,百不多见。次则因无出路,暂借乡工作枝栖,以图解决其生活耳。最次则浑浑噩噩,不识乡工为何事,整天糊里糊涂,消歇其寿命耳。总其原因,不外对人生问题,认识不清,无正确观念,只知随波逐流,以外物的转移而变更其志趣,动乱其情绪,中心遑遑,茫无所归,甚至厌世而自杀。生于实干工作苦闷之下,益觉人生问题解答之迫切。工作愈困难,愈要求精神上之解放。生以为精神上之解放问题,即是人生究为何事问题?只有将此问题求得圆满解答,然后肯苦干硬干快干永久干,甚或牺牲生命亦所不惜。然解答是项问题,至感困难,及读吾师是书,恍然若有所悟,并将胸中积思,胪陈就正,愿吾师明以教我!

(一)"中心信仰"。

生年来在社会磨炼中感觉到做一个人,第一须要建立"中心信仰”,人而无“中心信仰”,犹之无源之水、无根之木,受不住人事的波折,经不起社会的磨炼,终必至一败涂地,不堪收拾。证诸现实,因缺乏“中心信仰”而随俗浮沉,盲从、恶化、堕落之青年,真不知凡几?富家子弟丰衣足食,不愁饥渴,只图享乐,于是嫖也、赌也、酒楼也、游艺场也,视为人生唯一乐趣,其或贪婪逸乐,妄想富贵,杀人放火,以求一逞。其或迷信天堂,烧香念佛,求神拜菌,了其余生。凡此种种,皆因无“中心信仰”,在人海氾滥中,莫之所适耳。然生又觉建立“中心信仰”,殊图不易,须有适当环境;刻苦修养,科学知识,哲学基础,良好导师,始有所得,未识吾师以为然否?

(二)“中心目标”。

生以为“中心目标”,应当追求真理,真理之所在,即大众幸福之所在,现社会之劳苦大众,整天做牛做马,而不得一饱,整天流汗流血,而衣不蔽体,整天筋疲力尽,而不得安眠。此种“非人生活”,简直是眼前地狱!谚云:“兔死狐悲,物伤其类”,况于人乎?生以为“中心目标”,须以改善劳苦大众的生活为前提。伊理契言:“唤起人们奋斗自救,对各国指明达到“人的生活”的直接的途径,跳出奴隶贫穷和耻辱的境界,是我们这班人干的。”

在贫愚弱散私的中国现状之下,是否可以是言作为我们的“中心目标”呢?

(三)“决定路线”

生以为仅有中心的“信仰”与“目标”,而不见诸行动,则无以展其实效,亦不过是好高骛远,大言不惭而已,于人无益也。故须将个人修养所得,认清路线,用以施展其才,为人群造福。惟是路线，果何线乎？在现实环境许可之下，仅有乡村工作尚堪差强人意。然乡工问题，实一农村经济问题，在普遍贫乏的现社会，劳苦大众终日岌岌焉遑遑焉，救死而惟恐不瞻的情况下，以言教育，则教育仅为少数富有者之专利品，整千整万的失学儿童，仍拒之于宫墙之外，不得其门而入。言村政，则封建残余势力，到处存在，劫持乡政，阻碍进化。言经济，则高利贷主义之剥削者比比皆是（例如高桥，胶车夫生活至为困难，不得不出于借贷之一途，借贷而又无门可告，于是有高利贷某君乘机居寄，借洋壹元，日息铜元十枚，借贷者尚踵相接）。试想如是高利贷，非出于万不得已者，谁愿之乎？总之今日各地之农民生活，处处受经济之束缚，陷于悲惨之绝境，挨过地狱之生活，无幸福之可言，吾人于此，应取何种路线，为解决是项问题之方针乎？

以上所举，为生近年来所积思，正苦无法解答，亦在歧途彷徨，愿吾师本“诲人不倦”之旨，指示迷津，俾登彼岸，不胜迫切待命之至。敬叩道安。

学生叶英谨禀

范君来信

（范君现在中国银行农村放款处办事）

问师：

久未奉候，心殊歉罪，徒以内外工作繁忙，奔走靡定，疏忽之处，尚祈鉴谅！拜读我师覆钟天石兄书，恍同亲聆教谕，衷心不禁油然而生感也：人生究为何事？曰求人格的伟大，生活的圆满，简言之为社会服务耳。生也不敏，愿一阐述：人生者，人之生活也。人生之意义约分为二：

一、人究为动物之一，故生活的圆满，为人人所朝夕而求之者。

二、人类之得进步，得有今日，端赖有伟大的人格，所谓伟大的人格，即不但求个人生活之圆满，甚或牺牲个人圆满，而求大众之圆满生活，亦即所谓为社会服务是也。最普通者即为利己利人之一类耳。

社会上之现有问题，即为第一类人太多（但求个人圆满），第二类人太少（为社会服务）所造成。丰衣足食者，不思道上之穷汉，别的且勿论，请以青年问题一说。

吾敢信现时中国之知识青年，外受国破家亡之环境压迫，内受血气天良之思想苦闷，至少皆抱有以上二种之志愿，儒家之志，佛家之事，类皆有之。除一班堕落青年（其实每为社会所造成）外，则现在青年之苦闷，无业者愤慨填胸，觉热血无处可洒；有业者，处处受阻，不甘长此苟安，忍看亡国。故总言之曰："青年究应如何站上民族复兴前线？"

再以我团论之，则当年漕河泾畔同志，敢信皆有反常人庸人之行的精神，亦莫不以物质享受，务求其低，精神发展，务求其高而自慰。数载以来，同学间每以此为论题。世事实往往仍不免苦闷，吾二十八同学，业教育乡建者兹勿论，在银行界者现亦有七人，生愿以此中人作一坦告，曰：与当初志愿相反也。

"办合作乎？一人辖二百社以上，何堪顾全？唯一之心事，放款与收款，放款多而收款快，足定饭碗之升降；偏助农民，则使行方歧视；严守行规，则使农民所怨望；积极，恐蹈偏激消极，又不愿。办放款乎？利多即优良，但亦是分内应该；利少即平庸，升迁休作梦想。故与普通商人无异。但手胼足胝，筋疲力尽，有甚于十六铺前之苦力。暂时尽力之所及而辅助农村乎？则实觉于银行农民劳资之间，作一媒婆，大感上下为难之苦。以上三点，北方较南方尤甚。凭良心言，居行中者，皆有此隐痛，未能直言耳。”故吾师既答毕“人生究为何线”，生再敢以“青年究应如何站上复兴民族前线”，“精神发展如何使之高涨”为问？盖生等对于耐劳，早已纯熟，物质务求其低，可以毋虑，所引为疑者，以上二题耳。

生范尧峯谨上

二月廿八日南宫

“人生究为何事？”这一个问题，我曾于五个月前，在答复钟君天石书中，略为讨论过，现在阅叶范两君的信，知道他们对我所说的话，已经能完全接受，且能完全了解了。他们所以能接受能了解，我以为并不是一看之下，即能如此，还是以前在漕河泾时种了一些根柢啊！这一点是我愉快之余，敢冒昧断定的。那末，我跟钟君信内所说的是什么呢？不妨也把他录在下面：

“（上略。编者注。）顷读六日寄来惠书，以做人问题为问，既佩吾弟能虚衷研究，更喜吾弟进修得益已显著，依情依势，不能不一言。”儒家言：“一息尚存，此志不容稍懈”，试问此志何志乎？佛家言：“吾生为一大事而来”，试问大事又何事乎？以吾释之，所谓志也，事也，皆可以大学“明明德新民止至善”三语做他的注脚。若再以新名词释之，则是“求人格的伟大”，“生活的圆满”。

此种伟大,此种圆满,就有形言,则是着于社会的事业;就无形言,则是顽廉懦立的精神,而总其纲要以言之,则为“为社会服务”五个大字。芸芸万象除损人利己的恶人不论外,所谓常人庸人,也不知多少,我们苟有志于做人,研究人生究竟,当至最低限度,要把自己做到超过常人庸人之上。物质享乐务求其低,精神发展,务求其高,此则反常人庸人之行也。然而这一关便不容易做到,以吾弟目前之所行所事,已能做到矣。若再能确切认明,立定志愿,发自内心永无改悔,完成知仁勇三德,则儒家之所谓志,佛家之所谓事,胥在是矣。下走做人五十二年,除童蒙不晓事外,自入了社会,于今亦阅三十年,而真正确定认识与志愿,亦近十余年间事,从前固仍在半明半昧中也。吾弟聪慧过人,令我折服,前途光大,曷其有极,深愿取吾所言,细加研究,如能阐发有得,一隅三反,来书见告,足以启予,则吾之喜更可知矣。(下略。编者注。)”

现在我们再回转到前面,看叶范两君的信罢!他们两信,前大半段的话,大概是就我所说,加以阐发,加以引证,到了后半段才提出问题,如叶君所说,决定路线,也就是决定个人工作方向,在他认定乡村工作,这是用其所学,他个人说当然是对的。至于他说到工作实施的困难,列举社会矛盾各点,这当然也是事实。如范君言,办合作而感到困难,那也是矛盾问题。可以说,两位所提问的,性质是一样啊。

我觉得对于这个问题——即解决人生矛盾问题——的研究解答,似乎不是比较容易的事。我可以老实说,我对于这个问题,是早经体验到、研究到的,并且认定从我一身一心起,乃至环绕我身的四周境地，经过我生的一切接触，竟无一处、无一时，不令我感觉到矛盾。生活乎，矛盾乎，两者竟有不可分离之势矣。那末怎样解决呢？我的答案，说到此地，便不能不拿出来了。

你若是听其自然，让他矛盾罢！那末，不明白的愚夫，便容易陷于罪戾；而已明白的懦夫，便容易流于厌世悲观。前者当然非我所愿，读书明理，用处何在？若竟无法以安排矛盾，则又何贵乎要你来做人？后者办法，更非吾人所应取。文化创造，多由奋斗得来，聪明才力，贵乎运用，若聪明能及，才力不施，则忘己背天，罪乃益重。如此说来，吾们人类第一可贵之处，便是在安排矛盾了。安排的方法，当然要因事制宜、因时制宜，各各不能一样。但有一个目标，可以算作原则。目标维何？曰："安排矛盾归于中庸。"这却是我的明白主张。但读者诸君，千万不要以为"中庸"两字，近于妥协、近于平庸，和现代的道德标准相反啊！要知道，我们人类一条进化大道，就是建筑在中庸上面。中者正也，不偏也；庸者，更事多而有用也（庸字从庚，从用，庚与更通用）。庸本与用通，古之所谓"登庸"，即"登用"也，酬庸，亦酬其用也（用与能义相通）。宋儒解为"不易之谓庸"，那是有一些不对的。你如能将一切人事上的矛盾，上下下下，左左右右，安排得正当，而又有用，那末丑的也就可化而为美，乱的也就可转而为理，劣的亦就可变而为优了。近日教育家有一句名言，叫着"化阻力为助力"，那也就是安排矛盾的效果啊！记得孟子上有一段，万章问孟子，舜做皇帝，他的父亲瞽叟杀人，此时皋陶为士，如何办呢？孟子想了想，想出一个法子，说："只好舜抛弃帝位，背他老父，逃到海滨罢。"这就是孟子安排矛盾的一种办法啊！在孟子的眼光看，这也可算是近于中庸了。

安排矛盾，归于中庸，可以算做我们做人的标准罢！我以为，还有一种标准，应该拿来作重要的补充。什么标准呢？就是“多数人的福利”。当我们安排矛盾时，要本着中庸的目的来办，第一点，应该注意到的，便是多数少数利害的比较问题。如一件事，大家全有利或全有害，那自然没有什么矛盾问题了，成了矛盾问题，总是利害不能两全的事啊。于此便不能不要有一个标准了。标准是这样：如你安排的结果，利是偏在少数人，害是偏在多数人，比较一下，无论如何，总是不对；因为他的结果，是不中啊，无用啊！反过来说，如一件事，利是偏在多数人，害是偏在少数人，比较一下，无论如何，总是对的；因为他的结果是中啊，是有用啊！本来天下事，十全十美，是不容易遇到的，总是等到一番安排之后，才能化有害为有利啊。

我们既离不了矛盾社会，脱不了矛盾人生，只有天天盘旋在矛盾圈子内，本着力求中庸的目的，认明利害所及是多数还是少数，好好做一番安排工作。可是，除此以外，我还有一个道理，也不能不在此说明一下。我们不能离开矛盾人生的圈，固然是不错，但是如遇到特殊的境界，必要的时会，也不能不跳出圈外啊！要认明白这种跳出圈外的办法，仍然是积极的有用的，这一层要特别注意。因为是这样，所以我们对于跳出圈子的修养，便不能不早早预备起来。修养什么？预备什么？依我说，便是一种“独来独往，一空倚傍”的精神。那也就是孟子所说的“富贵不能淫，贫贱不能移，威武不能屈”的精神。如再说得具体一些，或推而至于其极，那也就是杀身成仁，舍生取义的精神。这一种精神，在平常时,不一定要完全拿出来,因为在矛盾圈内,安排矛盾时,所有行动多少总要带一些弹性,有了弹性,当然这一种跳出圈子的坚决精神,也要减少一些了。我们不能因为过惯平常的生活,便安心忘记了非常时,当然也不能因为有了非常时便再不去过平常时的生活。所以,比较合理的办法,是在平常时要有非常时的预备与修养。倘是一生遇不到非常时,那便很好,但是天有不测风云,人有暂时祸福,我们总应该预备好一套能应付天变人变的不偏而又有用方法才对。尽管火灾没有,水龙总是不能不备的,并且备的不算,还要有相当的练习。以上这一段,是说明我们怎样预备跳出矛盾生活圈的办法,我认为这种预备,是万万不可少的,就是为在圈内安排矛盾言,这一种预备,这一种精神,也不可少。

对于如何解决矛盾生活问题,我只能说到这个地方。我想,我们如真能照着这个样子去做,也可说是"虽不中不远"罢!

至于范君所提出来问我两个问题——一、青年究应如何站在复兴民族前线?二、精神发展如何使之高涨?关于第一问站在前线的话,那当然是抽象的说法。我以为要解决这个问题,完全是要依赖自己,完全是要依赖个人的心理改造。固然,外境需要,也很重要,但是看清需要之后,还是要个人立定主张,决心去做。依我的看法,中国民族最大缺点,是"自私"。无论何事,先要为个人打算,然后再看社会,甚且利害所在,只看见自己,社会完全看不见的,也不少。固然,自私也是人类生存的要件,可是自私到何种地步,总是有应该限度的,过了限度,当然就要变成罪恶。限度何在?便是"损人"。凡事如能两利,虽自私而无害,若因自私而损及他人,无论损的多少,立刻就成罪恶。我尝说,杀人放火不一定是罪恶,而一涉到损人利己,则罪恶即无可避免。我们要知道人类社会,所以能不断进化,所以能日趋文明,所以能有道德,所以能表现人格的扩张和伟大,皆是基于损己利人,舍己为群的一点。尤其在今日的中国,需要损己利人舍己为群的道德,更是万分重要。国家民族所以不振,原因当然甚多,恐怕自私一念,中于人心,那更是原因之原因。今日全国国民,懔然于国族之将亡,一致起来,主张复兴,主张自力更生,当然是最好现象。一班知识阶级,要站在前线,培养自力,我以为只有抱定“毋自私,肯牺牲”六个大字,做个人改造心理建设心理的标的,则一切可以不谈,一切皆能如愿。至第二问,如何能使精神发展高涨的问题,似可不必另答,倘能就上文所说,努力以赴,日新不止,自强不息,自能使大公无私的精神,牺牲小己以救大群的精神,发展不已,高涨不已,那末不必多说,也就可以明白了。

以上所说,纯是我个人的愚见,一方面用以答复叶范两君所提问,一方面还要请教高明。

(原载《国讯》,1937 年第 159 期)

今后中国的职业教育[①]

中国改办新教育以来，已近四十年，职业教育的提倡实施至少也有三十年。近来最高教育行政当局对于职业教育的规划、倡导、督促，总算不遗余力；同时各省市职业学校的设立，数量上亦见激增，不能不说是一种极好的现象。可是从实际方面观察，未能尽如吾人理想之处犹多。此种职业教育，究于国爱富力，社会生产裨补多少，尚是疑问。而职业学校学生毕业后出路问题的严重，已呈现于目前，这是不可讳饰的事实。

就大体言，社会事业不发达，需要新式职工不多，则职业学校毕业生的出路，自然要感到狭隘。同时一般社会重文轻实的心理，未能完全转移，对于职业教育的影响，当然也很大。从这方面来推论，固非办职业教育者之过，而社会应负其责。不过职业教育自身的不健全，亦足以减轻社会的信任，就目前而言，确有下列诸弊：

纯以办普通中学的方法办职业学校，不顾教学设备，不顾社会需要，不顾学生出路，此其一。办理职业教育，只知注重职业

① 作者：江恒源、沈光烈。

学校，而不知职业学校教育外，还有补习教育和职业指导；因为偏而不全，遂致事倍而功半，路狭而效寡，此其二。办理职业教育，除学校教育外，不知注重社会教育，因此农的一方，受其影响，特别重大，此其三。误认职业教育，目的专为谋生，而于公民道德的训练，民族精神的启发，不甚注意，此其四。女子家事教育，近来为一般短视庸浅者流，曲解为“骗回家庭”主义，几至无人敢加提倡；若从实际观察，吾民族因此吃亏甚大，此其五。

上述五端，为其荦荦大者，已可见其病态之一斑。，凡百事业，不能专赖一方努力，必须联合有关系各方面，同时策动，合作进行，始能有成功之希望。关于职业教育设施，此层尤为重要，似不能不特别注意，今后教育行政机关、学校教育机关、职业指导机关、社会教育机关、工商团体等，应切实联络，分负责任，认定重心所在，共谋职业教育之多元发展，始克见效。其次应由最高教育行政机关，地方教育行政机关，审察中国目前情形，立定施教标准，负责培养职教师资，限止滥设职校，推广社会性职业补习教育及职业指导所，并注重青年训练。而办理职教同人，应移注目光于社会，注意职教之效能。对于正式职校，则坚定“充实内容适应社会需要”之主张，以期毕业生皆有出路。此外如补习职教、农业教育，尤力谋推广，并为有秩序的进行。至于青年训练，尤应特别注意，职业智能与公民道德，须同时并重，庶可养成社会优秀中坚分子，以为复兴民族之基础。

综上所论，今后中国职业教育，所应注重之点，亦大略可分。兹再具体的提出六项加以说明，以待海内贤达指正。

（一）职业知能练习，须与公民训练并重，且求其互相联络职业教育主要目的，固在教授生产知能，但同时对于公民训练及其他必要的文化教育，亦万不容漠视，尤其在此国难严重民族衰落时期，对于一般青年，倘无一种精神教育的训练，以扩大其民族意识，培养其爱国情绪，则个人纵能自立，仍于国家民族之生存无补。印度朝鲜亦曾有职业教育矣，吾国宁能步其后尘乎？是以今后中国实施职业教育，应认定以“训练职业知能，厉行民族教育”为两大主干。譬诸人身，前者是营养体质，后者是陶冶精神，两者相依，正如车之两轮、鸟之两翼，两者无论如何，不能偏废。

（二）初级职校，宜减少学校形式，而纯以实际工作为务

入学目的，志在求知。学校程度，囿于年限，已为普通人共同之观念。实则职业教育重要目的，在受教育者手脑并用，绝非仅重书本知识。在高级职校，为养成初级技师及中级职员，自不妨稍稍兼重学理，若初级一阶段，尽可完全注重劳动。应有十分之六七时间，从事实际工作，而年限长短，则可视工作性质及学习能力，分别决定之。学校形式与观念，有时亦能误人。初级职校关于学校形式方面，如有容易引起青年不良观念者，最好竭力避免之。

（三）职业教育，宜与社会教育联络进行

职业教育实施方式，不仅在学校一方，即社会教育所关，亦极重要。都市方面，施行职业执导。固然纯粹属于社会教育的范围，而乡村除农业学校外，关于农事各项指导，试问何项能离乎社会教育？倘使实施职教者，只知有学校，不知有社会，壁垒森严，不肯离门一步，此等关门式的职业教育，可以断言其效力

甚微。是以在今日之中国，凡主持职业学校同人，均应具兼任社会教育之信念，方能使民众获得新教育的利益，促进旧职业的改良，此层与乡村关系尤重，应特别注意。

（四）职业教育不应以职业学校为中心，须兼重补习教育及职业指导

职业教育之范围，实含有职业学校教育、职业补习教育、职业指导三方面。职业学校在全部职业教育中，当然居重要地位。然无职业补习教育辅佐之，则职教推行之途径必狭；无职业指导以联贯之，则职教影响之效能难著。势必教育行政者与社会两方，咸彻底明了以上三方面之性质与功用，决定同时并重，并使之互相联络，方能获得圆满结果。尤希望办理职业教育同人，应一致先行确定此种信念，庶能进行顺利。

（五）集中行政权能，谋职业学校的健全，注意毕业生的出路

职业教育目的，在养成多数具有新职业知能之人员，以供社会各方之用，藉谋职业之改良，新职业之勃兴。倘人员养成而无处容纳，则职业教育将完全失其效用。是以在学校开办之初，即当详审职业界的需要，计议到毕业生出路问题；既设校施教以后，必须时时虑到学生所学，是否与社会相吻合？将毕业时，更当切实筹划，并实施介绍职业办法，此实为一定不可移易之理。一般职业学校，设立太多，设备不完，教法不善，毕业生不能有出路，当然无足怪。即办理较优之校，而平昔对于学生出路，不加注意，结果亦复不能圆满。照目前中国情势以观，应并力提倡推行职业补习教育及职业指导，以应社会之需要；而于正式职业学校之设立，则不妨取有限度的有计划的办法，由教育行政机关负

其全责，统筹全局，施行统制，期于进行职教之中，仍寓有解决学生出路问题之义，则尤重要。

（六）提倡女子家事教育，以应社会实际之需要

女子家事教育，为职业教育范围中的一部分。年来提倡职业教育者虽有人，而竭力提倡女子家事教育者则比较少数，究其原因，一则女子家事教育不易办，师资难得，同时设备标准，新旧两方，难俱适合。二则近十年来，教育平等男女平等两说，讲得过分离开事实，以为女子教育，只有超良妻贤母主义，绝不容良妻贤母主义之存在，大势所趋，竟莫敢与抗，而所谓女子家事教育，又每每与良妻贤母主义为缘，因此遂无人敢明白主张。实际平心而论，真义决不如此。就能力言，男女诚然无殊，凡男子能为之事，女子亦能为之。然就生理而言，男女究属有别，男子所为之事，亦必强女子为之，是否经济，仍为疑问。我们当然承认超良妻贤母主义，因为不如此，则一部分曾受高等教育而具特殊才能的女子，无以展其抱负；但我们同时也应该承认良妻贤母主义，因为不如此，则对于大部分为妻为母之女子，无从定教育的标准。且在现社会下，断难使一切男女青年，皆受高等教育，即世界上任何国家、民族，亦断无使女子悉受高等教育，而所职皆超过妻与母之理。女子既不能人人皆放弃妻与母的任务，却又不教以如何为母如何为妻之准备，宁不矛盾？须知妻为（原文如此，似为为妻之误。编者注。）为母教育，实言之，就是女子家事教育，在今日之中国，实可说是需要迫切，急应提倡，不容再缓的了。

至于在现今非常时期内，应如何调整职业教育，以应付需

要，则可分为治标、治本两方面来讨论。对于紧急的需要，即战事中各种工作的训练，职业教育应选取最切实的材料，最有效力的方法，在最短期内，训练急需的人才。但除对于临时的战事需要加以课程上的调整外，对于国家脱去历非常时期后的基本需要，亦应兼顾，因为战事未必一定发生，即发生亦有终止的时候，并且强健国家，亦非专靠战争的胜利，所以常态时期的训练，亦不能忽略。

为应付非常时期中紧急的需要（即战事的需要），各种职业教育应依其性质，就其范围，选出与战事最有关系的工作加以训练，求其能迅速收到实用的效果。其余关于次要的事项，均可酌量减低分量或暂时搁置。决定与选择这时期的职业教育的教材，必须根据战时的需要，与各种职业教育所包含的工作，作详细的分析。兹就职业教育普能的分类，将农、工、商、家事四科对于紧急需要应有的调整，简略举例如次：

（一）农科

专门科目应将教材集中于军用食品的生产、购买、分配、运输，以及军用牲畜的养育、训练等问题。如能对于各种农产品的成分及数量，加以研究，以求发现新食品或代用品，更为可贵。这样，所训练的人才及所采取的教材，可以直接的应用在军事上，帮助服务胜利。

（二）工科

工科中最主要的为土木、机械、电机三科。这些科目的教育，亦应集中于与军事有关的事项上。例如土木科可教授战壕、桥梁、营幕等的建筑；机械科可注重枪炮及军械的使用及修理；

电机科可用无线电及其他军事上必需的电汽工作为主要教材。至于其他工科,亦可依同样原则变更。如应用化学可学习烟幕弹及防毒面具的制造,染织科可以军装为实验品。工科对于战事的应用,可说比别科更来得重大。

(三)商科

商科之中,本亦包含多种训练,按其性质,对于紧急的需要,亦应有不同的变通。受文书训练的,自然可以应用于军队中的文书上,尤应注意文件、消息的传递以及宣传的方法,研究商业的,应以军需的购置、保管、分发等问题为材料。至于工商管理,可注重管理工役等事,所以训练时分别着重,对于军事胜利,亦有所贡献。

(四)家事

纯粹的家事学科,固然很难适应军事上的需要,但当战争期中,家事的管理,往往比平时困难,如食品的缺乏,购买的不便,以及各种便利工具与服务者减少,这些问题都应事先研究应付的方法。所以家事科在非常时期内,亦极重要。除纯粹家事科外,还有别的家事科,其对于军事有直接助益的,如看护科可用于军队救护工作上,为一种极需要的训练;缝纫科可以制作军装为实习材料;这都是很明显的例。这些科目,经过调整后,对于紧急的需要,都有相当贡献。

以上专就对于非常时期所紧急需要的职业教育在课程上应有的变通而论,但这种变通只能应付一时的需要,解决目前的问题;若求国家脱出非常时期,或不再入非常时期,必先研究所以进入非常时期的基本原因,然后筹划彻底的对策。这种对策的

内容,也就是治本的方针,大要说起来有三点,就是坚强民族的意识、增进工作的效能和培养救国的性格,兹分述如次:

(一)坚强民族的意识

职业教育在坚强民族的意识上,与他种教育没有多大区别。普通科目,如公民、历史、地理等,应多注重政治、外交的事实,使学生明了国家的地位,发生爱国的热忱,并认清一切教育的目标,应集中于救亡图存上。握住了中心目标,然后一切的努力,才有归宿,民族的意识,方有表现。除课程内如是发扬外,课外对于时事的演讲、讨论、阅读等,都是可以利用的方法。

(二)增进工作的效能

对于增进人生工作的效能,职业教育尤有特殊的贡献,因为人生中各种工作的技能,大都由职业教育训练得来,能在职业上成功,即是对于国家有相当的帮助。所以为应付非常时期内的需要,职业教育应特别注意工作效率及其改进方法,使受过训练的,都能各就所从事的职业,发生最大的效果。各种事业都以最高效率去发展,国家的局势自然可以转变。这种过程,虽然迟缓,但有一定而不移的美满收获。

(三)培养救国的性格

培养救国的性格,职业教育亦可有特殊的贡献。救国的方策虽然很多,但是没有善良性格,决不可以担当强健国家的责任。在非常时期中,最需要的不外耐劳、勇敢、合作、纪律等,职业教育中的实习工作,都有培养陶冶这些性格很多的机会。例如机械制造必需耐劳,化学试验必需冒险,这都可证明实作对于性格的关系。由实际工作上训练这些美德,比空用言论有效得多。所以职业教育应尽量利用实作,养成这种需要的性格。

以上所论,虽专就狭义的职业学校而言,但他种形式的职业教育,如职业补习教育,社会或民众的职业训练工作,以及职业指导等等,那些工作,亦未当不可对于非常时期有可适应与贡献的地方。例如补习教育及各种职业训练,可各依其性质,注重与紧急需要有关的训练。同时在课内课外,亦应注意民族的意识、工作的效能及救国的性格。至于职业指导,在紧急的时候,可利用登记、审查、指导、安插等种种方法,谋求人才的经济;在缓和的时候,对于人生的效能,则须特别的指导。能如此,职业教育才可算发挥了它的真实意义。

(原载《教与学》,1937 年第 2 卷第 8 期。转载《职业教育》,江恒源、沈光烈著,正中书局,1937 年)

职业教育概说

一、职业教育的意义

职业教育在全部的教育中仅居一部分,也可以说是最重要的一部分;因为它确实是关系整个国家整个民族的生存要素。就个人言,是训练必要的知识技能与服务道德品性,造就有利益于社会的生产一分子;就社会而言,对于旧的一切生产、运输、消费方法谋改进,对于新的一切生产、运输、消费方法谋创造,使社会的一切事业,逐渐发展,成为富有生活力的新机构。当然有了健全的国民,有了生产的社会,才谈得到国家建设,民族复兴。

教育不过是解决国家、社会、个人种种问题方法的一种,除此以外,尚有其他方法,如政治、法律、经济等都是。所以我们对于教育的效用,不必存过分的奢望,但也必须认定,教育对于整个人生,确有莫大影响,有它的功效,有它的力量,值得我们努力。职业教育是教育中的一种,着重于职业有关的训练,使人在职业上发展个性,服务社会,对于国家的健全有所贡献。尤其在今日中国的情况之下,更显示出它的重要地位,和特殊的意义。

本来教育没有职业与非职业之分,就广义言之,一切教育皆含有职业的意味。因为职业活动,为完成人生全部活动必要条件之一,普通教育也应该包括职业的活动。所谓普通教育、职业教育,不过是指着各种教育的立场而言,并非划分职业教育与普通教育不相关联。综合言之,各种教育的目的,都在培植个人活动能力,追随各种人生活动。分析言之,普通教育为职业教育之基础,职业教育为普通教育的效用。

追溯职业教育的起源与演进,有如下的叙述。

草昧时代,人人"自耕而食""自织而衣",是一种经济自给时代。这时候所谓分工,无所谓职业,小孩子从小在无意识中观察成人的行为,模仿成人的动作,到了相当时候,自己的力量和技能达到成熟,可以自理,便去过那勤劳的成人生活。这时候无所谓教育,无所谓训练,职业技能的传递,完全靠模仿而来,可称之为无系统的模仿制度,这是第一个阶段。

迨后社会组成渐形复杂,社会事业亦日见发达,于是做工的专做工,做农的专耕种,捉鱼的专打鱼,造工具的专造工具,以其所有,易其所无,这是一种较为经济,效力较大的方法。一个人不必件件皆能,博而不精,可以专做一门职业,积蓄了长久的经验,技艺纯熟,收效较宏,于是才有职业的分别。小孩子预备做成人,决定学习那一种职业,就去找关于这种职业经验宏富本领高大的人做老师,请他指导,耐心学习,以期成功,这是徒弟制度产生的起始,也可说是职业教育的始祖,此为第二个阶段。

徒弟制度因为组织不完密,没有系统,不论在时间上效力上都很浪费,同时职业内容逐渐充实,科学知识亦逐渐增进,使各职业不但包括些普通的技能，而更须一一建立于科学基础上面，学职业的人，先要具普通科学基础，然后再学本业的应用科学和专门技能。于是徒弟制度不能适合社会需要，正式的职业学校，就应运而生，这是第三个阶段。

从上面演进的三个阶段看来，我们可以认识职业教育的着重所在，职业知识技能的传递，应该是“做”与“学”并重，而“原理”与“实习”也该同时并行。

因为职业教育多着重于生产劳动，所以一般人往往误认为功利化而不明其真正价值，甚至诋之为噉饭教育者。实则职业教育，绝对非个人功利主义之教育，更非蔑视文化之教育，它自有它的真正意义，兹可以各家学说证之。

孟禄（Monroe）博士说：“一切教育皆可谓之职业教育。盖其目的皆在准备使人能于人生各种事业上，得有格外有效、格外满意之作为……”

杜威（Dewey）博士说：“所谓职业者无他，凡人生一定方向之活动继续不断的工作而能致其效益于社会者即为职业。而职业教育就是准备从事于这种工作的教育……”

希尔（Hill）氏说：“职业教育，自狭义言，乃专事训练具有社会价值的种种职业。然此外尚须养成自求知识的能力，强固的意志，优美的感情，进而协助社会，使成为健全的优良分子，盖一方注意职业训练，同时必须顾到受教育者，乃为国家之一公民。”

中华职业教育社于民国六年创社之初，对于职业下的定义说：“一方为己谋生，一方为群服务。”又于职业教育下定义说：“用教育方法，使人人依其个性，获得生活的供给和乐趣，同时尽其对群之义务。”

由此可知，职业教育的价值，绝不仅为狭义的功利主义与生产主义，即自由教育、文化教育、人格教育、乃至公民教育，亦都包含于其中。孙中山先生曾说过：“我是为民生主义而革命的，如果革命忘了民生，就不需要了。”又说：“民生是人民的生活，社会的生存，国家的生计，群众的生命。”更说：“民生是社会进化的中心。”从这许多话里，可以看出一切的政治、教育，除了以民生为本位，就失去了革命的意义。职业教育就是照中山先生所说的“人尽其才，地尽其利，物尽其用，货畅其流”的意思。努力训练一般儿童、青年、成人，使人人依其个性，准备一技之长，从事于人民生活、社会生存、国家生计、群众生命的生产事业，他自有他整个的远大目标，无论如何决不趋于狭隘的途径。

二、职业教育的目的

教育不过为解决国家社会个人种种问题中之一种方法，前已提及。但是国家社会个人的许多问题，是因时而异，因地而别，所以教育也有时间性与空间性的。在现今的世界，尤其在中国这样情况之下，提倡职业教育，实为急要之图。在欧美各国，往昔也无所谓职业教育，只知道注重文艺教育、贵族教育，而蔑视工艺，正如我国习俗重士而轻农工商一样。到了中古时代，始有学徒制，习一艺之长以谋生计，但并无职业陶冶意义，而为当时一班上等人所认为不屑为者。直至十九世纪以后，工商业勃兴，工厂制盛行，原有工艺增多无数倍，浩繁复杂，绝非简单模仿所能奏功,乃始有所谓职业教育。所以职业教育实际讲起来,可说是二十世纪工业发展后的新产物。

现今职业教育,所以需要很急切,经济状况的变迁,是第一原因。现代全藉蒸汽与电力之作用,世界人类生产能力倏增,制造既迅速无伦,商业亦接踵勃兴,经济状况既大异于前,社会自大受影响,于是教育与职业上的新需求,乃益形迫切。教育观念的改变,是第二原因。往者教育,重在文艺,为闲暇阶级而设,一般人对于工作的人生观,至为狭隘,认为人生只要达到求富的欲望,就算满足,现在观念改变过来了,觉得社会的基础不在少数特殊阶级的书本教育,而当顾及多数的国民,不但教育的权利普及于人人,且须所授的教育,要适用于各阶级之个人,于是职业教育的需要,益显其重要。普通教育的不尽适用,是第三原因。近来一般人常说,普遍教育愈发达,社会失业者愈众,毕业于学校,即失业于社会,虽然并不是完全如此,但是毕业于小学,不能升中学,毕业于中学,不能升大学的人是很多很多,大半无工可做,无业可就,这是一个如何严重的问题,在这样的情形下,职业教育,当然值得提倡了。

知道职业教育需要的原因,也可以明白职业教育的目的所在。中华职业教育社对于职业教育目的曾依照各方面分析研究的结果,确定以下三点:

(1)为个人谋生的准备;

(2)为个人服务社会的准备;

(3)为世界和国家增进生产能力的准备。

三、职业教育的范围

设施职业教育的范围,平常是高级小学起至中等教育教育阶级止。其程度约可分为三个阶段:

(1)相当于高级小学程度者;

(2)相当于初级中学程度者;

(3)相当于高级中学程度者。

但就广义言之,中等教育以上之专科学校,亦未尝不可列入职业教育范围。国联考察团的报告书中,就有这样一段意见:

"就原则上言之,职业学校应分为三级。第一级在小学毕业后开始(小学校本身即可与四围一般的活动接触,并可将儿童引入职业上最初门径,尤其以在农事方面为然),第一级职业学校,或系真正之职业学校,或系艺徒半工半读学校。与此等第一级有关系之儿童,为数最多,故各地应普遍设立。学生离开此种学校后,应继续受训练至十八岁为止,以获得普通教育为主旨。第二级学校或为六年训练,而授以三年中等预备课程;或系在习毕三年中等教育或三年第一级职业训练后,加以三年之训练。第三级学校,或高等专门学校,系与大学同其等级,且可并入大学之内。此系六年中等学校或第二级职业学校以后之训练,在原则上,应以四年为期。"(《中国教育之改进》第145页)

以上就是纵的一方面说的。再试就职业教育,横的一方面,分类一下,约有六种:(1)农业教育;(2)工业教育;(3)商业教育;(4)家事教育;(5)公职教育(如文书员、事务员等公共机关人员）；（6）专业教育（如律师、医师、教师、新闻家及其他职业，需要高等训练者）。

至于它的施教方式，可分为下列四项：

（1）正式职业教育——即正式的职业学校教育。此类教育，约分三项：（1）专设的职业学校如农业、工业、商业等初高级职业学校，皆属之；（2）设有农工商科之高级中学及设有职业科之初级中学校；（3）设有职业专修科之大学，或专科学校。

（2）职业补习教育——可分为三项：（1）关于农业、工业、商业、及其他职业知能补习的日班、晨班、夜班、星期班等，皆属之；（2）关于农业、工业、商业、及其他职业知能的短期训练班、傅习所等，皆属之；（3）带有慈善性质或感化性质各机关所附设短期或不定期之职业传习班。

（3）特别的职业教育——如军队附设的职业教育。训练军官兵士，授以屯垦运输等知能。又残废军人的职业教育亦属之。

（4）职业指导——职业指导系根据科学指导青年，谋习业、择业、就业各种问题的解决，其辅助职业教育的进行，力量极大，故亦可目之为广义的职业教育。

（原载《职业教育》，江恒源、沈光烈著，正中书局，1937 年）

中国职业教育的发展概况

前　清

清季职业教育机关最初成立于同治六年。是年六月，福州船政局设英文法文学堂，继又设绘事院、驾驶学堂、管轮学堂、艺圃，是为职业学校之嚆矢。光绪五年，天津立电报学堂，八年，上满立电报学堂，十九年十月，湖广总督张之洞奏设自治学堂于武昌，分设四斋、方言、算学、格致而外，更设商务斋，但不久停办。同时北洋武备学堂附设铁路班，二十二年江南陆军学堂附设铁路专门班。江西蔡金台等设蚕桑学堂于高安县。二十三年，时当甲午战败，乙未议和以后，各省份纷纷倡新政，谈新学，鼎鼎有名的湖南时务学堂即于是秋成立。杭州蚕学馆亦于是时创设。二十四年戊戌变政时期，清廷依康有为之请，论各省府州县成立农务学堂。此农务学堂，各省尚未遵旨创办，而清廷政变已作，当时认实业为立国根本，颇以缺乏此种人才为虑，二十五年乃谕令出洋学生分入各国农工商等学堂，遂有出洋学生肄习农工商矿实学章程的颁布。二十八年十一月，山西农林学堂首先成立。

此时各种学堂的产生，大都顺应国防与交通上之新需要而设立，与现时职业教育之意义略有不同。二十九年十一月，张百熙等覆奏"重订学堂章程"中有实业学堂分高等实业学堂、中等实业学堂、初等实业学堂三等，其种类有实业教员讲习所、农业学堂、工业学堂、商业学堂、商船学堂等等。其奏折中有"国民生计莫要于农工商实业，兴办实业学堂，有百益而无一弊，最宜注重"云云。三十年，上海史家修创设私立上海女子蚕桑学堂，三十一年十月，清廷设立学部，三十二年五月，学部通令各省举办实业学堂，三十四年，学部以闽督之奏请，通行各省，限两年之内，每府设中等实业学堂一所，每州县设初等实业学堂一所，每所收学生百名。宣统元年，学部行各省提学司，整顿各种实业学堂，三年六月，学部召集中央教育会于北京，学部交议女子职业学堂办法案，未及列议，不知何故，忽然撤回。所以终满清一朝，法令上未见职业学堂字样。但是实业学堂数目，逐年增加，由一百三十七所而至二百五十四所，实业学校学生也逐年增多，由八千六百九十三名而至一万六千六百四十九名，不能算没有进步，虽然在一般教育的百分比上看来非常之少，仅占百分之一左右，但总还是良好的现象。

民国十六年前

民国十六年，北伐成功，中华民国的一个更生时期，一切设施都有崭新的改革，教育也是一样。在十六年前的职业教育是怎样状况，我们得加以一个简述。自民国二年八月，公布实业学校令，分实业学校为甲乙两种，其种类为农业学校、工业学校、商业学校、商船学校、实业补习学校。其第三条第四项，规定女子职业学校，得就地方情形与性质所宜，参照各项实业学校规程办理，“职业学校”一名词之见于法规自此始。但实业学校与职业学校的意义，有所不同：实业教育是为少数力能升学的子弟，已经受过普通教育的，再予以实业上的知识技能。因之它的设施范围狭，它的种类少，它的程度高，而所造就的人才，是以养成实业界中坚人物为主旨，研究的学科也多属专门学理方面。职业教育是专对多数不能升学的生徒，予以职业上的知能，其目标在使各人得到一艺之长，能就相当职业维持生活。所以它的设施范围广、种类多、程度浅，学科的注重点也多偏重于艺术和实习方面。正式讲起来，实业教育并不是纯粹的职业教育，不过在职业教育进化史上的一个阶段而已。到了民国四年以后，全国教育会联合会，每年十月举行一次，关于实业教育、职业教育、农村教育的决议甚多。例如民国四年，在天津有实业教育进行计划案，民国五年，在北京有各特区域应速设实业学校案，民国六年，在杭州有职业教育进行计划案，自民七至十三数年之间，在上海、太原、广州、济南、云南、开封等处，都有议案讨论研究推行。

民国六年五月，南北教育家发起创设中华职业教育社于上海，同年十月，教育部召集全国实业学校校长会议，自后职业教育逐渐走上轨道，关于目的、定义、范围、设施标准等等，都有了具体的规定。十年八月，全国职业学校联合会成立于上海，是年四月，据职教社调查上年度全国职业学校得八百四十二所，是为新学制未颁行前之职业教育实况。民国十一年十一月，教育部

颁布学校系统改革令,职业教育始取得学制上确定之位置,兹列图说明如下:

职业教育在新学制上的位置图

依据十一年十一月一日学校系统改革令

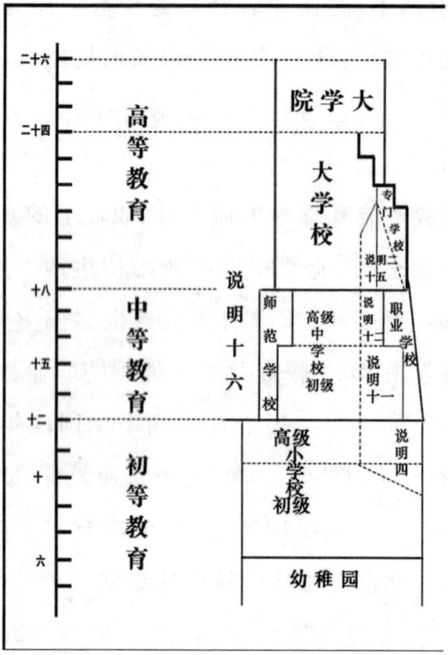

说明四　小学课程得在较高年级,斟酌地方情形,增置职业准备的教育。

说明十一　初级中学施行普通教育,但得看地方需要,兼设各种职业科。

说明十二　高级中学分农工商家事等科,但得酌量地方情形,单设一科或兼设几科。

（附注）依旧制设立的甲种实业学校改为职业学校或高级中学农工商等科。

说明十五　职业学校的期限和程度得酌量各地实际需要情形定之。

（附注）依旧制设立的乙种实业学校酌改为职业学校，收受高级小学毕业生，也得收受相当年龄修了初级小学学生。

说明十六　为推广职业教育，得在相当学校里酌设职业教员养成科。

说明二十五　大学和专门学校得附设专修科，年限不定。凡志愿修习某种职业而有相当程度的进这专修科。

民国十三年九月，职业科课程标准草案脱稿（由中华职业教育社推定朱经农等分任起草，函征各专家意见，至此斟酌修正定稿）。十四年八月，中华教育改进社，开年会于太原；黄任之氏创议划区试办乡村职业教育，为山西省当局接受，与赵叔愚冯锐等调查晋南北农村，旋受时局影响中止，散归南北，觅地试办，是为农村改进事业的起始。十五年五月，职教社发表全国职业教育机关，凡一千五百一十八所，这是民国十六年前职业教育的实况。

最近八九年间

过去的职业教育虽然逐步渐展，但活动的中心总在社会，政府除公布学校系统改革案采及职业教育以外，殊无实际上的设施。即文告上的督促也不多见。最近八九年来，因为农村经济破产，凡百事业消沉，而引起失业问题和经济问题之严重，使社会感觉到生产之重要，不得不趋向于职业教育，同时因有政治力量的推动，所以格外的发达了。

民国二十年四月，教育部通令各省市限制设立普通中学，增设职业学校，在普通中学添设职业科，县立初中应附设或改设乡村师范及职业科，同年六月，国民政府曾根据了国民会议第二次会议，公布“教育实施趋向办法”。其第二第三第四第五各条，都明白规定，无论什么教育要注重生活之技能，生产之能力；末了说：“以后须尽量增设职业学校及各种职业补习学校”。同年十一月，国民党第四次全国代表大会修正通过中华民国教育宗旨，其最重要的就是说：“普通教育须根据总理遗教陶融儿童及青年，以‘忠孝仁爱信义和平’之国民道德，并养成国民之生活技能，增进国民生产能力为主要目的”。二十一年十二月，三中全会通过程天放氏所提“研究教育目标与改革教育制度案”，关于职业教育方面，异常注重，计生产者六条，师资者亦六条，均极切实。二十二年三月，教育部公布“职业学校规程”共十三章九十六条，“职业补习学校规程”二十三条，又颁布“各省市职业教育行政机关及中小学校施行升学及职业指导办法大纲”、“各省市推行职业教育程序”、“各省市职业学校职业学科师资登记检定及训练办法大纲”、“职业学校各科教育科目及时数概要”。此外又特设一职业教育设计委员会，专司计划推广职业教育，特设专科，专司职业教育行政事项。一方面又委托中华职业教育社暨著名之大学中学职业学校起草职业学校各科课程纲要及设备标准。并规定各省市职业教育经费应占教育经费总额百分之三十五。在中央方面对于职业教育之计划与提倡。可谓无微不至，因之近年来的职业教育特别的兴盛。且比较的能为合理的发展。

国联教育考察团东来，对于中国教育之改进，亦多指示今后应着重于职业教育方面，其报告书中有"……职业科之学生与普通科之学生相较，为数太少……据吾人之意，应取三种步骤；第一，除非教育部得有证明，知在某特别地方，确实需要一普通科高级中学，此后不得再设仅有普通科之高级中学。第二，所有足以发展中等教育之人力与财力，应集中于增设注意实际课程之中学。第三，教育部应限令一切高级中学，于一定期间内，证明其对于举办职业课程已有完善之设备，否则撤销其立案"（《中国教育之改进》第一一五至一一六页）。又："……教育上各方面应与人生实际，职业的情形，手艺与实地学习之训练更相接近"（同书一三五页）。由此可见中国设施职业教育之重要，前途之进展，急待吾人继续之努力。兹附教育部统计民元以来至二十一年度全国中等职业学校数、学生数、经费数之比较，列表如下。

（表略。编者注。）

（说明）括弧内数字系中学与师范学校附设职业科之数目，十九二十两年度以校数计算，二十一年度以科数计算，惟民国三年度缺绥远一省，五年度缺黔桂川三省。

（原载《职业教育》，江恒源、沈光烈著，正中书局，1937年）

德美苏俄日本职业教育的近况

德国

在德国初等教育完了时期，即强迫职业教育开始之日。联邦宪法第一百一十五条规定：十八岁以下之幼年必须入学。继续学校（Fortbildungs-sohule），其目的已由小学教育之继续，而易以职业性质之教育。至德文 Berufsohule，完全是职业学校，以法律规定入学之时期。虽全国种种设施，尚乏关于规定强迫入学之共同法律，但在各地可能范围内，总必实行强迫补习教育。年来政府与社会对此问题非常注意，认此为稳固经济进步文化之最大原则，城市乡村均努力推行。

全时间职业教育（Full-time Vocationai Education）亦即设施之特殊学校。修学期自一年至五六学期不等，预备一种固定职业。分低级与高级两种，前者为培养各业之实际人才，后者为已服务职业界或艺徒时期完毕者作高深之训练，视其入学之程度定之，进低级者须小学毕业，高级者须中学六年级修完。

学校采用选科制，入学是随意性质，预备少数优秀者之高深训练。目的在养成经济界重要人才，而尤注意到行政及管理职务。虽亦有升入大学者，且彼此常互相聊络，但究非设立学校之本旨而视为大学之预备学校。其课程完全独立，非其他学校所具有，且其性质特别，如高等纺织及工艺学校，其程度常有超过大学者。

商业职业学校(Commercial Vocational Schools)是对于青年妇女之希望从事于商界者，予以基本商业知识，以作充当艺徒之预备，且能适应特殊职业环境，而得更深切之了解。教学目的，彼此不同，有注重普通商业知识者，有培养某种商业人员者，如贩卖员是。有养成特殊人才而获得证书者。学校种类视目的而别，通常约可分为纯粹实用学校，发给证书之学校，和其他种类不同之学校三大类。

工艺学校(Arts and Crafts School)为训练应用技术人才之所，并不设正式科系，凡夜科、季节科、星期科等等，无不具备，为一般工匠等而设，以应社会之要求。学生亦最为复杂，不仅为欲习一艺之幼年，纷纷来校，即修完艺徒时期，而为求得高深技能来校者亦甚多，惟肄业年限，各人长短不等，要皆一面上学，一面谋生，以维持学业。

工人教育最重要之教育中心为劳工学院(Akademieder-Arbeit)其目的在预备工作技能，发展个人能力，及增进个人对于其他团体及社会之责任观念。故凡实业、法律、国家与社会等等，均应明了。劳工法律，尤为重要；其宗旨不仅在养成一种科学的及理论的的明了者，且须解决一切习惯上不合理的问题。其与大学地位，不相统属，全为成年工人而设，故所有课程、方法、及年限,均以工人的需要为前提。

职业师资限制綦严,任用条件亦苛,既重专门学术,又需实际技能。先予以试教三年,俟其确有成绩时,始得聘为终身教职。同时对于特殊之人才,仍有变通之规定,以求经济上之机会均等,职业指导办理亦著成绩,纯以科学方法,诊察各个青年之特能、心理、及职业测验,为其唯一利器,在职业心理测验界,实有不少的贡献。

美 国

美国的职业教育,藉政治力量推进,故发展较速。职业教育分两大部分:一为遵照莫利尔案各州所设立之农业专门学校,一为遵照职业案所设立专门以下之各种农校。职业案对于农业教育之定义,其主要目的在预备实际雇用人才,程度在专门以下,为已经服务农业或预备服务,年在十四岁以上之幼年而设。学校种类,约可分为全日学校、日间单科学校、夜学校、部分时间学校四类,其中以全日学校为最盛,学生半日上课,半日实习,暑假期内则全日均在农场工作。夜学校通常均为已服务于农界之成人而更希望求得新知者而设,主要点在谋实际问题的指导与解答。日间单科学校与部分时间学校,均为不能全时间出席者而设,组织尚未健全,并不十分发达。

商业教育为高级中学最后二年之功课,含有专业性质。设科种类计分三种:一为普通商业及会计,二为录事训练,三为零售事业。补习学校,为年在十四至十六而已服务商界之男女青年补习商业知能而设，俾能改善其现有之职业。故教授之程度与种类，视其原有之职业情形而定。此外亦有种课外活动，如高中商科常组织商业俱乐部、幼年商会、幼年贸易局、学校银行、校际商业比赛等等，以辅佐学科之不足。初级中学之商业教育，为适应下列两种学生而设，一为初中学业后不预备升学者，二为继续入高中者，前者为求获得谋生之基本技能，后者为升入高中之预备。

家事教育亦颇感需要，受此种教育之女子，约可分为五类：一为妇女之服务自己家庭或充当佣妇者，二为妇女之雇佣于工商业者，三为各种家庭服务人员，四为在校女生，五为离校之女子而未得正当职业者。亦有全日学校、部分时间班、夜学校等分类，授以家事上之种种知识与训练一般妇女对于贤母良妻之责任，虽视为非目前急务，但她们亦希望先在家事与职业界服务若干年，同时为家庭的一分子。故多数采用家庭计划（Home-Project）可以聊络学校与家庭，因此她们对于家事教育，非常重视。

职工教育，以普通补习学校为最多，尤以协作式职业教育（Cooperative Vocational School）为最有效。前者为十四岁以上之离校学生而从事工作者而设，每周上课四小时，继续两年，一方面联络实地作业与学校课业，一方面改进社会之生活。后者为准备已服务之青年求得新知识而设，一部分时间在学校，一部分时间服务，学校功课目的在改进已有之职业，故名之曰协作式职业教育。教学情形与职业界完全相符，计划课程都归顾问委员会主持，由职工、雇主、商店、工店等代表组织之。

职业指遵自小学以至大学全部教育系统,几无不有是项工作,尤其注重在中学。凡辨理稍有成绩之学校,类皆实施职业指遵、知能测验、教育测验、家庭调查、体格检查、个别谈话、家长集会以及职业演讲,参加公司工场等等,均为通常方式。全国职业指导协会研究指遵之心理测验的价值,探讨现在通行之方法,分析业务,寻求发现能力之方法等等,工作成绩,尤多表现。

苏　俄

苏俄教育制度,就其与职业教育发生关系者而讲,可分为三段,即劳动学校、职业学校、及高等专门及大学。劳动学校是属于第一阶段,职业学校是关于第二或中等教育阶段,高等专门及大学是属于第三阶段,兹分别叙述如次:

(一)劳动学校(Labour Schools)

苏俄初等教育亦称为社会教育,是在劳动学校内施行的,一切儿童都要经过这个阶段。其在学年龄,自八岁以至十五岁(有时亦有至十七岁者)中分二段,一自八岁至十二岁,一自十二岁至十五岁,或十七岁。所谓劳动者,含有生产意义,不过一切教学,是注重儿童自动化、具体化、环境化、生活化,根据实际生活经验,离开书本字面,由他们生活历程中间,获得一切应用的知能,追求生活中必须的常识和能力,而其教育的中心在养成劳动习惯。

就一般劳动学校教材而论,一年级儿童注重他们的周围生活，二年级扩充到城市生活，三年级扩充到郡县生活，四年级省生活，五年级苏俄生活，六年级世界生活。其范围的大小，随儿童年龄的长进而转移。一切教材着重于生活的训练和生产的创造，儿童必定要在里面学习生活，且必由生活而学习。

（二）职业学校（Professional Schools）

职业学校是苏俄教育系统的第二阶段，专收十五六岁毕业于劳动学校的儿童，选定自己所想做的各种职业，而去研究和操作。这种学校大别之可分为三类：（1）农民学校，设在农业中心或乡村，注重各种地方主要的农业和乡村职业；（2）城市学校，设在工业中心，研究与工商业运输有关系的各项职业；（3）工厂学校，与生产的企业相联络，训练各该企业的人才。

职业学校的修业年限，依各种职业性质规定之。往往修完学校的功课后还须到实际职业机关去见习一二年才算训练完了。农业学校的学生，且有每年八个月在学校，三个月在农场的限制。商业学校，是与商业团体或机关有联络，学校经费，往往一部分由教育行政机关供给，一部分由当地贸易局支给，校内常设有规模较大的工商业博物馆，以供参考和研究。

（三）高等专门学校与大学（Higher Technical Schools and Universities）

高等专门学校，包括劳动大学，是苏俄教育系统的第三段，目的在养成各种事业的技术和管理人才。苏俄专门教育中劳动大学所占的地位十分重要，专门学校约分医、工、农、教育、经济和社会学及音乐美术六类，他们校舍设备，虽都简陋，但实验室、图书馆却多完备，这是值得我们注意的。大多数学校里面，已不再用讲义，一切教学，大半是利用实验室各种方法，也有应用指导教学制的。

学生在未进学校以前，须曾经有一年以上之生产事业机关之经验，并已在学校休假期间必定要腾出两个月的时间去实习他所选习的职业工作。学校毕业后，还要做一二年的实际工作，以增加他们的实际经验，和证实他们在学校里面所学的东西。到了实习完毕时，若证明他们技术真正充足，即可派往各机关服务，领得技师或其他的证明书。

苏俄高等专门学校，为与职业机关沟通起见，往往派学生到他们那里去见习，利用他们一切设备，实施学校的教学，比之欧美各国学校自己的设备（实际上总是设备不完全）好得多，而且职业机关的设备，新式而切实用，最足满（原文如此，似为“满足”之误。编者注。）学生的欲望，至于大学与专门学校，实没有显著的区别，不过稍偏于研究和发明而已。

日　本

日本中等教育及初等教育两阶段，均有实业学校、职业学校之设置，甲种实业及甲种职业属于中等，乙种实业及乙种职业属于初等，前者等于中学，后者等于高小。

实业学校以授与任事职业者必要的知识技能为目的，兼重德性涵养，其种类可分为工业、农业、商业、商船及水产五种，入学资格如系寻常小学毕业，则修业二年至五年，如系高小毕业，则修业二年至三年，二者均可延长一年，其五年及三年毕业者，为甲种程度，而寻常小学毕业修学系二年或三年者，则为乙种程度。至于女子实业学校课程，则多以商业及家政为主。甲乙两种实业以上，尚有高等实业，则属于专门性质矣。

实业学校与职业学校稍有不同，实业学校修业年限比职业学校为长，入学资格亦较固定上课时间较多。实业学校学生预备深造升入专门实业学校，而职业学校学生，只得升入高等科及专科，两者设校之目的不同，一在学校系统上占有适当的地位，一由徒弟制演进而来之一种徒弟学校而已。但是近年来实业与职业两种学校，已渐接近，均设公民课，注重公民训练，并减少授课时间，增加实习工作，足为注重实际技能表演之明证。

农业学校注重于丹麦式之国民高等学校，与一般之农业补习教育。前者之目的，专以养成青年男女为高等农民，发达农民文化努力建设新农村并以造成殖边人才。盖日本农业发展已无余地，现在所需要者，不在国内普通之指导人才，而需要开辟新殖民地之高等农夫与建设新村之人才也。

工业学校最近之趋势，着重五点：(1)设备力求完备；(2)特别注意实习；(3)教学用书多根据实际需要自己编辑，不用英文原本；(4)除授与实用技能外，兼注重品性之修养与体格之锻炼；(5)程度逐渐提高。

商业学校对于考察中国及研究商品，异常注重。当每届毕业时，必须有特殊目标之外国考察一次，其目的地为东三省。出发前之考察准备十分周全，考察中之解释指导，教员亦异常热心,继以周详而有条理的报告,近且将视察范围,扩充到东三省以外矣。至商品研究,则多数注意中国市场之营业状况,往往年龄未满二十之学生,能作八九万字之长篇报告,令人惊叹不已。

女子职业教育最近之趋势,约有下面四点:(1)国内正需要中等以下女子职业教育的推行;(2)女子职业教育,技艺与品行体育同时并重;(3)施教育时,时时顾到社会生活之实况;(4)家事缝纫等,认定是女子的必不可少的知能。

此外如职业补习教育,亦非常重视,发展颇速,职业指导,推行更不遗余力,文部省(按即于我国之教育部相当)明白规定,凡高等小学,一律实施职业指导,寻常小学第五年,亦应有职业指导之设施。大正十年七月,开始实行发布职业之约法,通行全国,联络统一,调剂人才,不取报偿为原则,中央、地方、市町村,均有职业介绍委员会之组织,负责办理。

(原载《职业教育》,江恒源、沈光烈著,正中书局,1937年)

职业学校教育

农事教育

我国农事教育虽然办了几十年,但是直到现在,尚无成绩可言。推其原因,大概不外乎外内两种。所谓外因,即制度以外的社会环境,如土匪、兵灾、赋税等等;所谓内因,就全国来讲,是没有整个的计划,就各地来讲,是制度不良。中国自创办新学校以来,即完全抄袭外国,不问本国需要,一切职业学校办法是如此,农事教育也不能例外,这是不能振作的大原因。

中国的农业学校向分三级,即农业专门、甲种农业、乙种农业。现在农专虽有升大学的,甲乙种的名义也取消,但依程度而言,仍有三级之分:高级的收中学毕业生,中级的收高小毕业生,低级的收初小毕业生。

农业教育的范围极广,大体说起来,可分为农人教育、农业教育、农学教育三部分,农人教育是谋农业的维持,农业教育是谋农的发展,农学教育是谋农业的改进。前二种是关于农事教育的实施成分居多,后一种是农事教育的研究成分居多,三者是相因而非各别，实在有相互联络的必要。

就理论方面讲，能三者平均发展共同注重是最好，但就目前中国实际的情形看来，不能不权衡轻重，略分先后，农学教育固然不能偏废，而农业教育、农人教育，尤感重要，可为一切农事教育的中心。现在就这三点，分开来讨论一下。

(一)农学教育

农学教育可说是农事教育的最高部门，偏重于研究学理，它的目标一面在灌输外国的农业知识、农业技术、农业工具、农业材料，使其适合于本地情形；一面在改良本地的农业知识、农业技术、农业工具、农业材料，使其适合于科学原理。中国为五千年古农国，论理已有悠久的农业历史，精细的农业技术，也应该有高深的农业学理，也应该在农业学理方面出类拔萃。不过事实上并不这样，其原因有三：第一，中国的生物科学基础太差，农业科学也没有法子发展；第二，中国农业研究的人才太少，根基太浅，对于实际而浅近的问题，尚且左支右绌，没有绝对的把握，何况高深的学理！第三，中国农业研究的经费太少，设备太差，就是有了相当的人才，也难为无米之炊。因此不能建立较好的基础。

中国农业研究的成绩，虽然不见得十分高明，而农业研究的机关却也不少，单就试验场一项而论，国立的、省立的、县立的、学校附设的、私人创办的，至少有好几百个。不过他们没有一个一贯的系统，整个的计划，各人出各人的主意，各人做各人的工作，尤其是范围太小，距离太远的试验场，工作非常幼稚，成绩非常恶劣,那里配叫做试验场。经费的短少、设备的缺乏、人才的低劣,尤其是大多数试验场的通病。所以中国的农业试验场,名义上虽然很多,实际上却是很少。实验场尚且如此,其他的农业研究团体,研究机关,更可以想见了。那几个寥若晨星的学会、学报、研究所、考察团,尤其人财两乏,无法进行。

然而研究的工作,在今日一切科学化的时代中,毕竟很重要,不能忽视。在学校方面应负起这责任的,当然是最高的农学教育机关、农学院、和农学专科学校了。据一般专家的意见,以为这种研究工作,非有专门的人才及完善的设备不可。在中国今日经济状况下,决不能多设,最好就全国农业情形分设几个大学,每区设立一所。农科大学应和农事试验场积极联络,共同规定工作计划,分期分途去做,完全以研究为中心,专取中国境内几个较大的关于农的问题来设法研究。在研究工作未有相当结果以前,学校方面对于行政推广指导方面之人才,亦应注意造就,以应当前需要,如农村生活的改进,合作事业的推进,乡民自卫的技术等等。不过这种研究工作比较高深,不是短期间所可奏效,也不是多方面可以乱撞的。决定研究对象以后,如本国没有相当人才,亦可聘用客卿,不过必须调查十分清楚,确能帮助研究指示进行,否则宁可暂时停止。

(二)农业教育

农业教育的目的,在造就经营农业和推广农业的实施人才。与农学教育的目标稍有不同。农学教育类似发明制造机关,农业教育就好似发行贩卖机关,前者重在研究,后者重在实干,二者相辅而行，互相衔接，始可各显其效能。

农业学校的地点应审慎选择，一须有开拓地位，使学生有实习机会，以引起兴趣。二须在农村中心，使学生常与农民接近，以同化其生活。前者为造就经营人才所必需，后者为造就推广人才所必需，能双方同时顾到更好。又因各地需要与环境不同，农业学校的性质，或者注重园艺，或者注重畜牧，或者注重森林的类别，所以在创设以前应考察当地情形，然后选择决定。

农业是一种生产事业，对于土地、劳力、资本三种生产要素，都应相当顾到。设立农校，首先应有广大可耕的地积，作为实地研究场所，使学生养成实际经验的耕种技术；其次建筑物与农具，可说是农校的固定资本，一以促进学生明了整个农业的经营方法，一以便利学生指导农民利用新式器械，以增进效能。至于劳力，一切农田劳工，都可使学生担任，无另行雇用的必要。至多雇用二三劳农，做劳动的领导者。

农业学校组织应稍与普通学校不同，以少带学校色彩着重农场工作为标准。校长等于场长，负企业经营的责任；教员等于技术员，负改进指导的责任；学生为劳动者，负耕作管理的责任。这样才觉得健全而有意义。

农业学校以造就农业实施人才为目的，程度大都属于中等教育阶段。这种人才的训练，应先认定一主要目的作为根据。如注重实施经营者当以农业经济为中心，注重农事指导者当以农业推广为中心。此外可斟酌社会需要，设短期的讲习会、讲习科等，以适应社会的需要。并应于课程方面，注重到知识技能的传授，和劳动经验的实习，二者并重，才能完成农业教育的使命。

农业学校应时常与农学教育机关的农学院或农专科联络，受其指示，取其新法，以施之于实际并传之于农民。

（三）农人教育

农人教育就是对于农村人民所施的教育，对于农业主体的改进尤为重要条件，而一切文化经济组织等等，亦得各方注意；扩大范围来说，也就是农村改进的事业了。农人教育设施的对象，主要者为青年、成人（妇女包括在内）、农童。青年和成人是推动农村社会的中坚人物，农童是中国将来的农村组织的柱石，必须加以相当教育，农事才有进展可言，农村才有进步的希望。

这种农人教育的办理从人才、设备、经济上着想，以附设小学与农业学校为宜；从进行、发展、效率上着想，以独立组织为宜（即设立改进机关）。惟在一般农村经济破产的情势下，仍以附设为适宜，因为附设在学校里面，学校方面也加重一层责任，即可正式的担任一切推广事业。比较起来，农业学校推行较便，小学以设备简陋，较为困难，但是现在办理此项事业，为普遍计，为节省经费计，依赖乡村小学，利便之处实在很多，千万不可忽视。

农村的青年教育，较成人及农童教育，尤为重要。青年富朝气，有向上心，具吸收性，肯努力进取，只要好好指导，容易收效。我国农业从前因农民失教，致成衰落现象，现在决不能再积习相沿，必须将这开来继往的青年，抓住不放，予以适当教育。如组织青年服务团，开办农事讲习会，试验新种子，利用新农具，一切予以指导教学，为改进农事教育的先锋队，各处试办，已有成效，正可再加研究，以期改良推进。

农村的成人教育，普遍对象就是一般成年农人，他们是农村职业团体中的重要分子，往往牢守着传统经验，过惯了简陋生活，实施农村成人教育办法，唯有多和他们接近，研究他们的心理和环境，同时应有下列的注意：教育的时间比较短，但须继续不断。就他们工作时间实地指导，能有实利可见，适合经济生活能力。至于具体的办法，如常识讲谈会、田间学校、农闲传习、试验演讲、表证农田、组织合作社等都是。

实施农村妇女教育，在今日情势之下，不妨另立一个部门，并且认定此种教育也极关重要。她们除料理家务外，大都与男子同样的下田工作，对于农村家庭职业的推广，农家家庭生活的改良，以及农业常识的灌输等等，均应顾及。如注意工艺传习、家事讲谈、农事演讲，使其生计宽裕，生活向上，乐业而发生兴趣。

农童教育也就是小学教育。这一种小学教育训练，固然要遵照法令规定办理，但在乡村方面，为适应环境，发展农业，改良农事计，应多多注重农业陶冶。甚至要极端农业化，才能有实际的效益。

关于农村改进事业设施的人才，一方面固需要乡村师范生，同时一方面也需要农业学校毕业生，所以农人教育与农业教育，关系实异常重要。兹附徐公桥农村改进区之实例如次：

昆山县徐公桥乡村改进会概况

（一）沿革

本会于民国十五年十月成立，迄今已七年，初由中华职业教育社联合中华平民教育促进会东南大学教育科农科，组织联合农村生活董事会,就徐公桥保卫团设事务所实验改进计划,至十六年春停办,十七年四月乃由中华职业教育社独力肩承,继续进行,十八年自建会所五楹,为总办事处,二十年又划全区为七小区,每区设分会以收平均发展之效,二十三年六月底,试验期满,由地方人士接办。

(二)组织

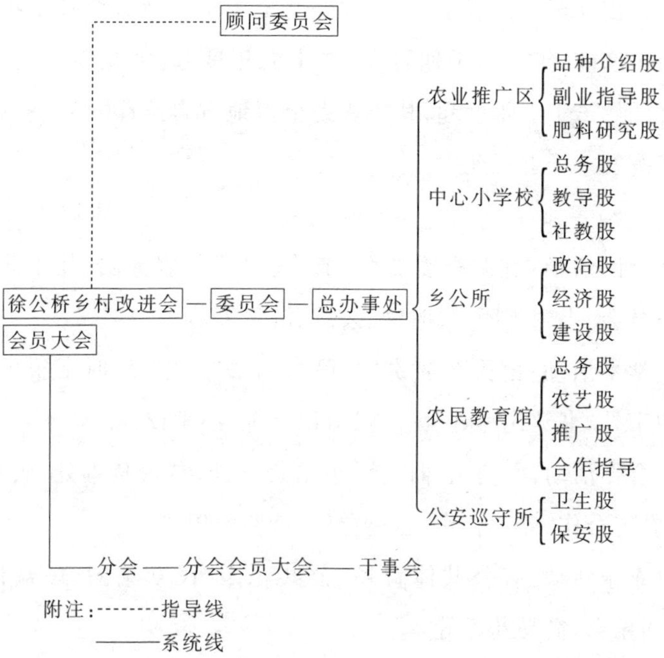

(三)区域

在民国十九年二十年经两度之扩充,实测全区面积共三十一方里;二十一年又加入蒋巷等村全区面积扩展至四十方里(除去住宅园林河池坟墓等,耕种田亩约计一万七千二百余亩);近一年中，渐将事业扩展至第三区全区。

(四)户口

据保甲编制户口调查，全区共八百三十七户，四千一百零一人(男二千零二十二人，女二千零七十九人，壮丁七百十三人，学龄儿童八百三十三人)。

(五)经费

自创办至二十三年六月，其经费由中华职业教育社支拨，二十一年度前，年支二千四百元，二十二年度起，则减为年支一千五百元。二十三年度起，其经费完全由地方自给(由昆山县政府常年拨发一千五百元)。

(六)事业

公民活动：有调查委员会、节俭会、青年服务团、壮丁队、建设委员会、小青年团、报时钟、公渡、济贫等。

学术活动：由民众演讲厅、民众阅书室、壁报、时事报告、民众问字处、书契代写处、民众强迫识字等、小学校等。

合作活动：由信用合作社、小本贷款处、贫民贷本处、农业仓库、农艺合作、养鱼合作、养鸡合作、特约农田等。

康乐活动：有公共体育场、公共花园、民众茶园、民众休闲室、同乐会、简易药库等。

工业教育

我国工业教育的历史甚短，社会上对于工业素不重视。直至清咸同之交，西洋机械才引人注意，然而一般士大夫还以为我们所研究的是形而上之学，他们所研究的是形而下之术而已。数十年来工业的进步甚少，到现在外货充斥市面，国货逐渐衰落，工业的不发达实为主因。

世界各强国如德法英美日本诸国，都注意工业的进展，努力想法使它振兴。现在人们要知道一国的强弱，往往拿它全国所用的马力来判断。我们全中国的马力，还不能及英美工业发达的一个城市，近年以来，全国知识阶级均感觉民生的重要，工业的急需改进，对于工业教育，已一致的热心提倡了，这当然是一种很好的现象。

工业两字的意义，实在非常繁多，很难把它一一述出，它的普通意义，包括任何一类之人类工作。在工业教育上所用的工业两字，其意义是指生产性质的机械工与手工而言。大凡从事工业的人，不外四种：(1)工人；(2)工厂管理员；(3)技师；(4)工程学者。所以设施工业教育机关的目的，也可以照此分为四种：

(1)职业学校工科（或称工业学校），养成工人或管理员（程度较高者为初级技师）。

(2)初中职业科，养成助理员或管理员。

(3)高中工业科，养成管理员或初级技师。

(4)大学专门学校工科，养成技师和工程学者。

此外小学的职业准备科，如系简单的工艺，亦可以养成工人为目的的。至于工业教育的普通目的，实包含两种：(1)谋手与脑的联络发达，以促人类的进化；(2)谋工业效能的增加，以促社会进步。因此又有五种工作的标准：(1)正确；(2)优美；(3)敏捷；(4)创造；(5)坚固。现在把普通工业的设计图写于下面，以供设施工业教育的研究。

工业设计图

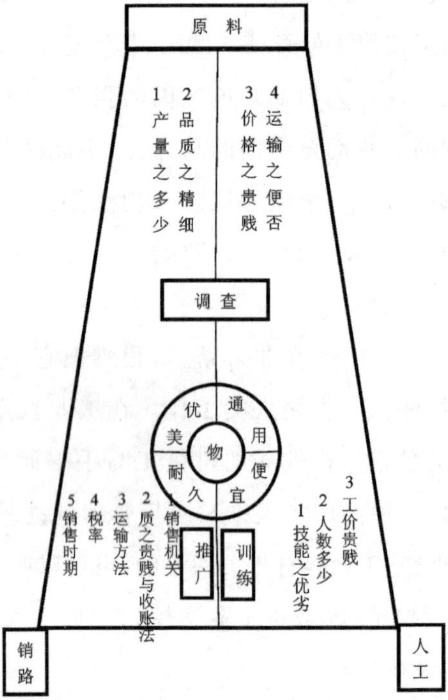

就事实方面讲，工业性质的教育机关，应该多偏于初级的程度。招收学生的时候，也应该以工人子弟为原则。设置的学校，大概有下列五种：

(1)特设之工徒学校。

(2)设有工科之职业学校。

(3)初级中学工科。

(4)高级中学工科。

(5)大学专门学校工科。

入学的程度也勿取严格的限制,但于体格、性质、兴趣方面是否适宜于工业之锻炼与教育,应有精密的考查。今后工业学校应注意的约有数事:

(1)实习钟点应占学业全时间之半数以上,不可偏在理论。

(2)制作的物品须有生产价值和教育意味。

(3)材料方面当力求节省,广为利用。

(4)工厂设备当力求完善。

(5)教师应以有工业技能者为原则。

(6)使学生与工业界常接触,并随时参观各种工厂。

(7)农工有密切的关系,有联络注意的必要。

兹更述办理职业学校的一般原则,也可以供设施工业教育的参考:

(1)职业学校的设置以地方需要及利用其环境与生产为原则。

(2)职业学校之教育方针以实地工作为主,上班授课为辅,俾学生毕业后能在工厂内担任技术工作,或有自组一种小工业之能力。

(3)职业学校内之教职员学生须一律短装,躬自操作,免除一切文人旧习。

(4)校内工厂设备务求适用。

(5)学校出品,以能推销市场,减轻消耗为主。

总而言之,办理工业学校,最应注意"因地制宜",在工业已经发达的地方,应该尽量扩充机械工业。至于手工业,利用丰富的天产和过剩的人工，不要多大的资本，可使一般平民得到生计上的帮助，又可以积极推广，所以初级职业学校，最好先从办理手工业入手。如果要用生产的所得，偿教育的所费，在初办的时候，恐难办到。因为试验时期消耗太大的缘故。但仍宜力谋尊节消费，增加生产。对于青年，务宜养成其自谋生活的能力。

关于工业学校的课程也很繁复，因为工业二字的含义甚广，其科目也分门别类的甚多。上自建筑机械，下至泥水木工，旁及电气水道，凡衣食住行四者所需，都与工业教育有密切关系。普通重要的分类，有机械科、电气科、市政工程科、土木工程科、木工科、藤竹工科、染织科、应用化学科、印刷科等，每科更可分析为若干种，编制课程的标准，必须有一定目标，才可定课程的深浅。要有弹性组织，多伸缩余地。注意经济效能，着重实习工作，才能养成工学兼长的人才。

工业学校的目的，不仅在培养知识，尤重在生活技能。所以对于实习工作，更应注意。而同时困难也很多，例如工厂管理的困难，学校设备的不能完备，出品的推销窒碍等。工厂为活动的工作场所，应注意经济与系统，务使条理清楚，纲举目张，才能有进展。设备不全，当然为经济关系，能设法购置自然最好，否则可联络当地固有工厂，商洽为学生实习之地，才不至因噎废食。出品能沟通商家，设备原料由他们供给，出品由他们承销，学校仅任教育管理之责，这样最属妥善；否则联合各机关合设出品推销所，共谋推销，亦较有效。

商务教育

商务教育也就是商业教育,不曰商业而曰商务,范围似乎比较广一些,它唯一的目的,是在造就商业上的应用人才。要造就工业上的应用人才,便靠商业教育设施的适当。现在社会上需要商业教育的人,可以分做五种:

(1)年在十四岁到十六岁志愿做商业的学生。

(2)年在十六岁到十八岁将入商界的学生。

(3)年在十八岁以上要求高深商业学识的学生。

(4)年在十八岁以下要补修学科的商业学徒。

(5)年在十八岁以上要补充商业知能的店员。

需要商业教育的人,既有上述五种,那末设施商业教育的机关,也应该依据以上的需要,分做下列五种:

(1)初级商业学校(和高级小学或初级中学程度相当)。

(2)高中商科和高级商业学校(和高级中学程度相当)。

(3)大学商科或商业专门学校。

(4)商业日夜学校。

(5)商业补习学校。

上列五种商业学校,一二两种是专为一般希望受商业训练的学生设立的,教学的时候,应该注意所授的课程,能否适应学生的年龄能力,如司账会计等职,不是十三四岁的儿童能胜任的,就不应该对十三四岁的儿童教授。所以支配各级的功课,应该照学生的年龄能力为标准。这样做来,就是学生半途辍学,也可以凭他平日学得的知能,去找相当的职业,不致发生失业的恐慌了。第三种学校在造就商业方面的专门人才和领袖人才,所以教学的时候,应当注意于组织管理方面,而不可偏在技能方面了。第四第五两种是商业补习学校(依理应让下章再讲,但为叙述便利计,亦不能不一言)。此等教育是为有志商业不能完全商业教育而要求补充商业知能的人而设,教育方法一方面须注意于商业上的技能,增益他的商业训练,一方面需注意于普通教育,增进他的基本知识。要设立一二门专科,给学者一种狭义技能。对于商业学生,能够设法使他受完全的商业教育,当然最好。否则也应当采取学年制分年教授主科几种,使修了这几科的人的学力,和寻常毕业于商业学校的相等,这种制度在商业补习教育方面,很为适用。

古语说:“学以致用”,商务教育简直是以学为用,这里所谓用,是指为社会所用,它的对象应以整个的商业社会做中心,注意到“实务”二字。同时发挥爱国信念,因国家民族的生存,谋国家社会经济的自立。这种广义远大的目标,不能不先行建树。至于训练的要则,当以“做”为中心,所谓“做”,亦包含两层意义:一是熟练的技能,一是合适的品性,二者相辅而行,不能缺一,后者尤为重要。具体说来,技能方面包含簿记、打字、珠算、小楷四项,品性方面含有礼貌、谨慎、敏捷、俭朴、互助、精密六点,能做到这几样,才能适应于现代的商业社会。

其次对于时代知识的灌输,当前环境的紧急需要,亦应顾到。非常时期的教育,应酌量变通,譬如受文书训练的,可增加军队应用的文书,及消息的传递,宣传的方法等等。研究商业的，可以增加研究军需的购置、保管、分发等问题为资料，在训练时分别有所着重，俾得助益。

商科学程普通分为三大类：第一类是基本学科；如国文、英文、理科、史地、数学、公民等是。第二类是知识学科；如商业概论、商品学、商业经营、国际贸易、信用合作、交通运输等都是。第三类是技能学科；如簿记、珠算、打字、应用文、小楷、验币术等都是。这三种学科的分量支配，亦不相同。大体说来，初级的基本学科应占十分之六，知识学科应占十分之二，技能学科应占十分之二，其目的在打好基础。中级的基本学科，应占十分之五，知识学科应占十分之三，技能学科应占十分之二，其目的在充实学力。高级的基本学科应占十分之四，知识学科应占十分之三，技能学科应占十分之三，其目的在完成训练而注意于应用。当然这是一个假定，实际上还须视学生程度学校环境等而定。不过基本学科，千万不能轻视，如因时间少的话，也得设法锻炼教材、经济教法，以期增进教学的效能。

商校对于选择教材，应先明了各种商业情形，如商业簿记格式，各种币制兑换率，关税和转运手续等等，须与当地商场中现时习用的吻合，勿拘泥课本。

商校的设科，应先定目的，预备造就何种人才，将来供何种机关使用，然后再决定设那种学科，选那种教材。同时实施教育的时候，随时和商业家接洽，并明白他所注重的要项及种种的组织。以谋适合应用，训练也不可以太偏狭，免得学生出路狭窄，难得发展。

商校的职业教导也是非常重要。对于愿进商科的学生，应审查其性质能力，分析其优点，然后指导他，使他选择适当的科目，努力练习。譬如速记一门，须头脑灵敏，记忆力强健，拼法娴熟，有相当的国文英文程度和普通知识的人，才得选习。否则徒然耗费时间和脑力，结果还是无成。

商科的实习极为重要，应刻刻留心，时时指导，实习的方法很多，举其大概如下：

1. 参观。参观前要把参观目的认定，提出注意点和疑问，以便请教。参观时应仔细观察，随手收集材料，参观后更应把所得材料，整理清楚，作成报告，以备参考。

2. 调查。调查工作比参观更难。如何调查，要指示方法；调查什么，要规定事项；如何入手，要预备参考材料；如何整理，更要熟知统计方法。此外如交际问话等，也得有相当研究，才能顺利进行。

3. 见习。先期与职业社会联络，依时派学生往各商店见习，把注意事项，择要提示，规定办法，严密考核成绩，作指导的依据。

4. 假设实习。提出问题，逐一去做，成立一所假设商店，做假设买卖，举凡成立经过、布置、账据、手续等，全同真的商店一样，由教师组织实习指导委员会，定实习单元和步骤，以凭考核。

5. 自设商店。由学校与学生出资本，组织一所合作商店，凡创办手续、进货、记账等，均由学生主持，学校派定负责专员，切实指导。

6. 商业合作。先期联络商店，商定名额，派往实习，朝往暮归。实习事项，以能周便全部为上，否则就做局部练习。最好无论新式的、旧式的、规模大的、和范围小的、都能面面顾到。

7. 各科实习。各科教学遇到可以实习事项，决不要放过机会。具体说来，如写发票、做广告、做标本、做模型、做统计、做账簿、计算损失等都是。

8. 商品实习。先期向各商店各工厂征集各种商品，分类陈列。先使学生认识，次使学生研究，提出重要问题，更着重在制造推销等的改进。国产与洋货，可分别陈列。多多比较，使能熟辨，认明无误。

商科学生的品性训练极为重要，应该注意的事项很多，择其要者而言，如教师的以身作则，感化最大；多请名人演讲，指示修养方法；举行个别谈话，解决疑难问题；利用课余到社会去调查民生状况，使体验明了实际生活。其次如公民课的充实，以实习作中心；教材的选择，以启发青年思想为准则；务使学生有健全的品性，良好的习惯，明了互助生存之道，及服务最低限度的修养，更要有浓厚的民族的情绪。

关于毕业生指导的方面，约可分就业指导与服务指导两大项：就业指导，依其个性能力，审其专长与缺点，指示其最适当之职业。同时指导得业的途径，如应试前的预备，就业前的准备等等，一方面和职业界应有相当联络，尽力介绍位置，务使人尽其才，学得其用。服务指导，学校当局应派专员多多访问，征求雇主对于毕业生的意见，考询毕业生对于服务的感想，加以恳切指导。这种指导员，应选学识经验二者俱优，兼有交际才能的人担任。

家政教育

家政两字,也可称之为家事。狭义的说起来,家事是一种以家庭作中心的事务,无论它是一夫一妻合作的家庭,或是父母子女群居的家庭,因为要谋自身或儿童和社会国家的利益所发生的事务,叫做家事。广义的说起来,凡类似家庭的组织,但没有家族的关系,因为要谋多数人的利益才发生的事务,亦可称做家事。所以凡是家庭的主妇,或负一部分治家责任的人,或将要负治家的责任,和担任处理家政同样职务的人,都可以称之为管家的人。从家事教育的基本方面讲来,本为男女所应同受的,因为家事本应由男女共同负责处理啊。不过向来社会习俗是"男主乎外,女主乎内,"因此家事便成了女子的专业,而家事教育的施行,也是对女子而言了。

要知家事教育的重要,应先明了家庭对于社会国家民族有什么关系。择其要者言之,约有四点:(1)家为一般人人生目的之总归宿处,除了特殊的个人以外,人生都是先有安定和乐的家庭,做一个生活基础而后才肯努力作种种社会事业,虽在欧美,也是这样。颓废流浪者多无家室,也有因无家而转至颓废流浪者,民族复兴有待于人民具正常的人生观,所以须要有快乐满意的家庭。(2)家为国富的储藏所,在私产制度的社会,资材之储藏多在家,劳力由人,而人处于家,所谓"民足"的意思即在于此。(3)家为民族性的陶铸所,日本的人民重服从,欧美的人民尚自由,都是从小家庭里养成,凡是办教育的人,谁都会感到家庭的势力的伟大。(4)家为种族延绵的机关,为人种选择改良的处所,婚姻的选择配合,没有不求优良的,这点与民族的本质,尤多深切的关系。总上所述,已可知家庭的重要。而况中国的社会组织向以家庭为基本,虽不免有弊害的地方,但正应将家庭的功用,发挥光大起来,使一方面能维持社会的安定,一方面能应付现代的需要。同时中国公共事业不发达,教育机关也不能充实足用,儿童的养育等,处处不能脱离家庭的照顾,在当前环境中,家事教育,当然更感需要了(就是将来社会演进,有废止家庭之一日,但在由未废止度到废止之过程中,亦应用教育方法切实谋现在家庭之改良,而后才可安稳演进上去)。

杜威夫人说:"家事是一种业务,也是一种社会事业,因为主妇对于家庭,负维持促进智育、德育、和社交地位的责任,好像和主持社会事务的人一样。"美国哈肥氏(Harvey)有言:"妇女的责任在使家庭有益于社会。然则吾人应研究者,为妇女应知何事,应习何术,始可胜其责任,于是不得不专设学校,以为研究之所",由此更可以证明家事教育,不仅在个人与家庭方面,关系重大,而在社会国家方面关系更重大了。

家事是否成一种职业?这个问题,曾经过许多专家的讨论,多数专家以为家事不但是一种职业,而且是一种很重要的职业。因职业并不限于直接生产的,农、工固是职业,商也是职业,做律师、教员也是职业,何以家庭的主妇任务不是职业呢?况且主妇对于家事处理得当,不独男子在外可以无忧无虑,可以增加他的生产力,即子女保育得人,身心发育两健,也足以增加成年后的生产力,由此可知家事是一种很重要的职业,可无疑义。

家事教育的范围如何,大概的讲,至少应包含下列各项:

1. 食—选择、购买、烹调、整理、盆碗洗濯等。

2. 衣—选择、购买、裁缝、洗濯、改造、修补、保管等。

3. 住—布置、清洁、选择及购买家具与用器,修理,灯火照料等。

4. 保育—对于儿童的保养和教育。

5. 会计—支配、预算、簿记、储蓄等。

6. 看护—对于疾病的预防,简单治疗,病人看护等。

7. 社交—朋友往来、馈送、访问等。

8. 园艺—庭院布置,花木培植等。

家事教育的范围既广,而小学校与小学以上的中学专门等学校,因程度的不同,实施的目的也因之而异。大概小学的家事教育,重材料而不重技能,科目不妨多,而不必求其精。中学及专门学校的家事教育,须有职业性质,练习须多,以求其精。同时须授以其他种种科学,吾人的生活,除了职业以外,尚须有娱乐,家事教育也应顾到这一点。除授以各种理论技能外,更须研究家庭伦理,理想的家庭等,要使物质精神两方面,皆造其极。家事教育,虽有职业性质,然如研究家庭的历史,家庭与社会之关系,社会进化之原理,家庭之艺术与经济等,亦含有文化与科学的性质在里边,也应该注意到的。

其实小学谈不到家事,可是家事教育的陶冶,也不可缺,在美国的幼稚园中,有种种关于家事方面的玩具,以引起儿童的注意和兴趣,就是这个意思。到了小学的高级部,儿童年龄较为长大,体力智力也比较充实些,就可以酌量情形,设置家事科了。

在我国家事教育的类别,约有三种:

1. 职业学校家事科,或特设家事学校,或专门教授关于家事的一部分知能。

2. 高中分设家事科和属于高等教育性质的家事专修科。

3. 普通学校设家事科。

我国素来对于家事教育,不甚注意,大都在家庭内由母亲传之儿女,学的时没有一定方法,循着惯例做去罢了。现在学校内的家事教育也很幼稚,其列入学校课程中的,如小学、初中、师范之女生劳作,每周有二三小时的课程,大学则偶而有之,殊少规定必修,教会学校反比较的注意此事。至以家事为特设科系者,寥若晨星,燕京大学之家政系,河北女子师范学院之家政专修科,华南女子文理学院之家政系,大夏大学之家事必修科目,以及少数中等学校之家政班级,一切设施,尚在萌芽之中。家事教育所以不发达的原因,重要者约有三端:(1)是一般人对于家事教育的观念错误,以为是一种卑陋工作,不屑去从事;(2)是家事教育的师资缺乏,与教材的不适合应用,无从表现成绩,也无发展机会;(3)是教育行政当局及教育界对于家事教育缺乏积极的提倡,于是很少人去注意它了。

今后的家事教育应如何推进,当然和别种教育一样,也须各方面有相当注意,才可收得显著的效果。兹根据上述不能发展的三点原因,拟定推进的主要步骤,约如下列:

首先,应多宣传提倡。教育界的人应将家事教育的意义及其重要,多加宣传,使一般不明白家事教育价值的,或有错误观念的,可得正当的了解。对于青年女子,更应特别注意,使她们认清家事教育在人生中的地位,对于这种教育发生领受的兴趣。假若能造成一种风气。以为家事教育是极关重要,迫不及待的事,实施起来,就比较容易得多。

其次,对于师资训练与教材改革,应十分注意。我国目前家事教育的师资缺乏,无可讳言,推进家事教育,必先培养师资。各大学有教育学系的,都应设家事教育科,训练中等家事教员;师范学校,应添设家事科,训练小学家事师资。此外为应付目前需要,可由教育行政机关或教育团体,举办短期训练班,供给中小学家事师资。至于我国已有的家事教材,大部是抄袭外国,不切实用,应由各大学或其他学术机关,将本国教材加以研究试验,审定标准,然后施行者方有所采用,有所根据,这样方可实际的推行。

再次,教育行政机关应将家事教育列为中小学女生必修科目,并规定最低限度的时间、教材、及设备等事,这样学校课程中有了正式的地位,推行起来,自然比较便利得多了。

家事教育也要注重实做,以方法而论,与其举行若干次的演讲或比赛,不如作实际的表证与指导;以内容而论,与其空洞的高谈食衣住等等之研究,不如在饮食、教育、看护等方面,求常识的普遍。兹将家事教育的具体方针,条述如后:

1. 增进家庭和乐——其内容如:(1)孝顺父母,和睦邻里;(2)兄弟、姊妹、姑嫂、妯娌、相互亲爱;(3)了解夫妇结合的基础,在乎志同道合;(4)知道如何永久保持夫妇间的爱情;(5)爱护子女,无所差别等。

2. 注重儿童保育——其内容如:(1)有儿童卫生之知识;(2)

有儿童疾病护理的技能;(3)有教育儿童之学识;(4)有教育儿童之方法等。

3. 充实家庭经济——其内容如:(1)能编造家庭预算,并能量入为出;(2)能有储蓄之习惯;(3)能勤恳俭约;(4)能选择正当职业;(5)能利用休闲时间,从事简单的副业;(6)能有修理家庭中简单用具的技能等。

4. 促进家庭卫生——其内容如:(1)有整洁之习惯,能每日作简易之健身运动;(2)注意食衣住的卫生;(3)了解各种疾病之浅显病理;(4)知道普通疾病的预防及普通急救的方法等。

5. 改良家庭交际——其内容如:(1)蠲除虚浮的应酬;(2)注意联络戚族朋友间的情感;(3)知道节省无谓的礼物;(4)应有互助的情谊等。

6. 破除家庭迷信——其内容如:(1)能了解水旱疾病与鬼神无关;(2)能改良家庭的祭礼;(3)能节省糜费,作他种有益的事业;(4)求神问卜一切误人的事情,均能破除等。

7. 恢复家庭固有道德——其内容如:(1)父慈、子孝、兄友、弟恭;(2)亲亲而仁民,仁民而爱物;(3)长幼有序,朋友有信;(4)言忠信,行笃敬等。

8. 消除家庭恶习——其内容如:(1)力戒随地吐痰、随地便溺的习惯;(2)宜养成遵守时间的习惯;(3)能了解缠足、洞耳、束胸与生理上的影响,并能实行革除;(4)革除重男轻女的习惯;(5)能解除一切不良嗜好,作有益娱乐等。

9. 提倡家庭艺术——其内容如:(1)有设计布置家庭的能力;(2)有布置家庭园林的技能;(3)有讲述故事的情趣;(4)有

欣赏音乐图画的能力等。

10. 改良婚丧制度——其内容如:(1)婚嫁须得当事人的同意;(2)知早婚的弊害;(3)能打破一切虚荣的观念;(4)能实行俭约合理的婚丧仪式;(5)废除堪舆家择地营葬的迷信等。

江苏省立扬州中学于民国二十三年九月间,附设女子生活学校一所,目的在造成身心双健、具有强固民族观念、活泼纯良的女性,充实其实用知识,独立谋生技能,艰苦耐劳精神,外可服务社会,内可维持家庭的健全国民,办理甚善,兹述其概况如次:

课程除普通中学所必有者外,还有珠算、簿记、看护、缝纫、洗染、烹饪、园艺等,以实习居多,指导员和学生都在一起,每个人都要伸出自己的手,从做上教,从做上学,会的教人,不会的跟人学。做一件事,对事说是做,对人说是教,对自己说是学。每个人都可以做先生,又可做学生。凡是校内生活上食衣住的制备,整理清洁等,和学校一切事务,都由学生分工处理。所以行政方面,除主办人员及指导员外,没有什么会计、庶务、书记等职,连校役也不用。

在住宿上用家庭的组织,全体四十人分成三个家庭,每家有寝室四间,膳堂一间,客堂一间,整洁布置,及一切生活问题,就由这家庭里的学生,自行料理,一日三餐是另外分组轮值,自己购置材料,自己去烹调。

关于学生的体格锻炼和身心娱乐,更有适当的配置。每日还要写楷书,记日记,为了训练保育的技能,曾向育婴堂领几个婴儿做实习。

初到校时的学生,对于操作都有些害羞心理,但经过短期的训练，竟把她们的观念完全打破，去了以前畏缩不前的心理，而争先恐后的去做了。并且对于园艺上的担水、施肥、荷锄耘草，亦不以为苦；蓄养饲喂，洗桶倒水，亦不以为污；纺织缝纫，手足并用，并不以为忙；勤劳吃苦，融融自乐。检查她们的身体，比较在普通学校的女生，有显著的进步云。

职业课程

课程是什么？凡是学生所从事的活动，所发生的行为，用以达到某种教育目标的，皆谓之课程。课程的意义，实包括学生的全部活动，全部生活，并不仅指课堂里面的活动而言。所以不论室内作业，室外活动，教师均负积极指导的责任。学校里的教学和训导，本不应该分立，教学上的事情，有赖于训育的帮助，训育上的效用，亦须教学来启示，息息相关，绝对不能划开，以致教自教训自训而各不为谋。在普通学校应如此，在职业学校，更应该并合为一。职业教育的第一责任，固在教人习职业以谋生；其第二责任，还须能服务社会，注意做人的道理；二者的关系，如鸟之翼，车之轮，不可或缺。

职业课程这一个名词，并不十分妥当，因为讲起全部的教育课程，都应该职业化与经济化，不必特立一个名称。职业与文化，也是相互为用，职业因文化而有价值，文化因职业而得增进。所以职业课程的内容，除了传授职业知能以外，至少对于公民的训练，体格的锻炼，休闲的教育等，都该负相当的责任，应以此为原则的规定。

工学并重为一切职业课程的标准,由工而学,即工即学,学不离工,工进学进,工好学好,都以做学教合一为方针。

从前职业学校的课程设施,往往受到普通学校课程支配的影响,能够使普通学科与职业学科各占半数,其时间支配合理的已属很少,至于要求把职业知能做中心,而以普通学科作附属者,更无从说起。推究其因,一方面因囿于升学观念,不能不求其适合,一方面为主持者能力所限制,未能为正当的改革,此则不能不引为憾惜。

职业学校课程,大别之为三部分:(1)基本学科,即普通学科及有关系学科,包含公民人文及工具等科目,其分量虽可视职业的性质而异,如商科及文书等职业,往往注重文字及常识的充足,自非稍稍加多分量不可。其他一般职业,可以百分之十五至二十为标准。(2)职业学科,此则以职业理论、方法等知识为主体,是职业教育的中心,时间的多寡,与职业性质有关,如家事、商业运输、汇兑等比较的多,理发、汽车驾驶、缝纫、刺绣等则比较的少,可以百分之二十至三十为范围。(3)职业实习,这是培植生产技能的唯一方法,过去徒弟制度的优点在于此,即现在新式工厂训练学徒之重心亦在于此,除了少数特殊职业以明了其知识方法为达到目的者外,都须有充分的实际工作,应以占百分之五十至六十五为原则。

中华职业教育社有规定职业学校学科分配的标准,兹录如下:

"查职业学校课程的普遍原则,固在本业知能之养成,然其他与职业相关的知能以及人生陶冶问题,决不宜因职业学校而废置，故职业学校之教学科目，应有下列三种分配：

1. 职业学科。所以培养各该职业之知能，如农、工、商、家事等的专科。

2. 职业基本学科。所以培养各该职业知能之基本，如农科之须习生物及化学，工科之须习数学及物理，商业之须习算术，家事之须习理科等是，而国文算学则为共同基本之必需之学科。

3. 非职业学科。此为人生不可少之修习，与职业有间接相关之影响者，各级各科性质情形各有不同，设置此种科目，当然不能一致，惟至少应有下列之三科：

(1)关于公民者。

(2)关于体育者。

(3)关于音乐等艺术者。

其教学总时间至少应占全时间20%，兹分别说明如下：

公民科之常识及陶冶为无论何人所不可缺，而人生观之正确与否，尤于服务职业有极大关系，此前一科之所以必须列入也。

吾人终日服务，而少人生多方兴趣，则其生活枯燥，甚或习为不正当之娱乐，而身体精神且因以大损；故于职业教育时期，不能不有相当之准备。若一方使其身体受充分之锻炼，一方使其精神受充分之涵养，庶将来出就职业，有健康之身体，以勤于服务，有高尚之娱乐，以慰其心神，教育之结果，差为圆满。此后二科之所以必须列入也。至其时间，鉴于职业学校各科之种种不同，仅规定三科总时间之至少限度，各校尽可斟酌情形，就三科分别支配，或于限度以外，量为增加。”

近来也有人主张，就纯粹的职业环境中去训练职业人才，譬如银行的自办行员训练班，纺纱厂的自办妇女纺织传习所，印刷所的自办初级工人预备班等等，要使一切设施，均合乎教育与职业两方面的条件，当然是最好的方式。办职业学校于生产的机关，比较办生产机关于学校环境，要来得好一些，虽然知识与经验，各有其便利的地方，可是最后的实用，毕竟前者有胜于后者，惜乎此种机会不多罢了。

在中国现今经济破产的情形下，职业课程的方针，应以适当技能为主体，专门知识次之，普通知识又次之，而发挥民族精神与爱国观念，尤当尽量采取的一点。其次职业学科中对于职业经济或成本会计的研究，亦应注重。此种学科在德国称为事务学，美国则名之曰职业的商业须知，因为知与能固属重要，而经营估计，如何能使事业发展，尤为学习职业的人不能忽视的。

职业课程的编造应根据科学的职业分析，兹先介绍各家的主张如次：

海来伯(Herap)的主张以为有七个步骤：

(1)调查员观察工作的过程，以知其大概。

(2)依其发现的先后，列举某项工作所包含的步骤。

(3)访问工人、工头、经理等，依照访问的结果，订正第二步所得之工作步骤顺序等。

(4)有时调查员亲身尝试某种工作，以发现是项工作所有的职务。

(5)列举是项工作所必需之知识、事实。

(6)列举与是项工作有关而并非必需之知识与事实。

(7)根据分析结果编订教材。

加得斯(Charters)的主张,有下列五个步骤:

(1)进行困难分析,或职务分析。譬如调查员访问商店售货员在职务上所遇见的困难,或者以客观的地位观察售货员服务的情形,以发现商店售货员所履行的职务。

(2)根据所发现的困难,提出问题。譬如一位售货员报告他对于性急的雇主常常发生应付上的困难。根据这个困难,我们可以提出以下问题:“如何应付性急的雇主?”

(3)访问经验充足成绩优良的售货员,以寻求解决困难之方法。

(4)将访问结果编成报告。

(5)根据上列各步骤所得之结果编订教材。

克得生(Kitson)的主张,也有五个步骤:

(1)列举关于某种工作之普通事实——如学习时期,健康上之危险,进业的条件等。

(2)列举并说明某种工作所包括的职务——例行的及例外的。

(3)规定某种工作所必需的知识。

(4)规定与某种工作有关的或补充的知识。

(5)说明在某种工作中升进的机会。

以上三氏的研究,都可供编造课程时的参考。工作分析的方法,约可分五种:

(1)自省法。对于自己有经验的工作加以反省,作分析的依据,譬如小学教员要分析小学教员的职务,可回省自己在小学教员职位上所履行的各种工作;排字员要分析排字的工作,可回省在排字时所经过的各种步骤等;惟须注意工作要确有经验,并不自欺。

(2)访问法。访问从事某种工作的人员,征询某种工作所包括的职务或步骤,作困难分析时,可征询在履行职务时所遇见的特殊困难,不过访问的人数要多一些,以资比较,而求正确。

(3)自身尝试法。自身加入工作,俾得亲历工作的环境,工作的过程。这种方法虽然也有它特殊的利益,但所需时间甚多,用于简单的工作较好。

(4)问卷法。问卷法最为简易,但须注意两点:第一,问卷中所征询的问题应偏重于事实,不要问意见。第二,被询问的人必需有回答问卷中所列各问题的能力,而且愿意回答。

(5)观察法。以客观的态度,观察在职人员的工作,作详实的记载,这是科学中最基本的方法。

现在再将职业课程的研究途径,简述其纲要,以为本章之结束:

(1)调查全国职业学校已有之课程,加以观察。

(2)就政府已拟定之课程标准,加以研究。

(3)就一校用上述三种方法编制,加以试验。

(4)多参考外国的出版书籍,以作借镜。

(5)须将课程范围特别扩大,以利进行。

(6)须将普通学校进而为职业化,以求效能。

(原载《职业教育》,江恒源、沈光烈著,正中书局,1937年)

职业补习教育

职业补习教育的重要性

职业补习教育在全部职业教育区域中，渐渐感觉到它的地位重要，或者竟可以说和正式职业学校教育，已成“分庭抗礼”的现象，这是目前社会环境和需要逼迫而然的。中国社会组织本不健全，惟其不健全，所以格外需要职业补习教育来补助，使不健全的毛病逐渐减轻，慢慢儿走上完善的路上去，兹一述其重要性如下。

假定儿童教育已普及，那末儿童受过国民教育之后，年龄还小，当然不能在社会上谋生自立，如送到农工商场去当学徒，自然需要得着各种职业上的新知识新技能，那就非职业补习教育不为功。有了职业补习教育，便可专来为一班受过小学教育预备入职业界，或已入职业界的青年，供给他适宜的训练，就个人方面说，可以增进职业知能、文化学识、谋经济生活的自立；就社会说，可以改良旧职业，创造新职业，为整个民族国家的经济谋发展，其关系至为重大。这是从受过国民教育的青年身上看出职业补习教育的重要。

就一般青年成人的文盲来说，现在中国的文盲到处皆是。推广识字教育，固是当务之急，如能以识字教育与职业补习教育混合一起来办，其效果尤著。在文字中加入职业材料，在职业上教其认识文字，不仅在识字，而且能做工，不但能够做国民，而且同时能够做生产者，如此则教育意义更觉远大。这是从未受过国民教育的青年成人身上看出职业补习教育的重要。

现在中国到处闹穷，父兄对子弟教育费用之负担，极感困难，遂时有嗟怨之声，而且学成出校，有无职业可就，还是问题。有了职业补习教育，便可补救不少，不必定须升学，尽可送入职业界，可以白天做事，早晨或晚上入学，所得成绩，或反较升学来得切实，而父兄亦可减少负担，这是从父兄供给子弟学费情形上看出职业补习教育的重要。

就青年自身来说，一般青年往往因经济困难，不能升学，只好入职业界服务。眼看同班的同学，在学时成绩虽不如我，而因父兄有钱，可以享受升学的幸福，不免有愤懑之气，抑郁于怀，如有职业补习教育，便可有相当解决。有初中毕业程度的，入高中相当的补习学校，有高中毕业程度的，入专科相当的补习学校，尽可年限长一些，循序渐进，皆可以修完他所要修的学业。个人升学目的既达，职业知能也因之增进，而职业地位，也可逐渐提高，懑闷不平之气，自然消灭。这是从不能升学的青年心理上看出职业补习教育的重要。

就一般学生来说，毕业以后，未必有事可做，在此毕业即失业之社会中，出路真正万分困难。毕业升学，又有什么一定可贵？自不如先谋职业，再求补习，较为合宜。吾人应努力将一般社会观念，转移过来，对于有了职业再入补习学校的青年，表示万分敬意与可贵。这是从毕业学生出路上看出职业补习教育的重要。

就国家教育政策来说，办理教育不外希望一般国民能帮助改良社会，以及改良社会产业，正式职业学校教育，其目标如此，可是数量有限，要是求普及社会，大显效能，那末唯有推广职业补习教育，使整个职业界的青年和成人，人人皆得着适当的训练，使他们增加生产知能。这是从国家教育政策上看出职业补习教育的重要。

就教育效用上说，固应认定职业补习教育是十分重要，就是就改近（原文如此，似为改进之误。编者注。）全国产业，增加全国富力来说，也不能不特别谋职业补习教育之推广。试想一国若千万青年和成年，白天在农场工场商场做工，帮助国家社会生产，早上晚上去上学习职业知能，使他生产工作效率格外进步，格外提高，这一种效用多么大？若是仅有高级技术人才，驱使没有受过相当训练的中级低级职工，其效力可能与此相提并论？这是从增加生产效能上看出职业补习教育的重要。

就职业教育自身来说，职业教育原是以正式农工商职业学校为正宗，可是现在范围扩大了，除了正式职业学校以外，还有职业补习学校，职业指导，全部职业教育之构成，应以此三者为要素，竟如鼎的三足，缺一不可。在正式职业学校，要有正式设备，正式学生，不要说今日的中国，职业学校不能普设，就是在欧美也何尝能普设？唯有借职业补习学校来补救其效力不足。这是从职业自身效能上看出职业补习教育的重要。

总之无论从那方面看来，职业补习教育，都应该大大的提倡、鼓吹、和推广，此则可以断言。

各国职业补习教育的现况

各国对于职业补习教育，因社会经济及政治状况之继续不断地前进而渐趋复杂，都认为今后的重大问题。盖义务教育完了，而因经济或才力之限制不能升学，非向职业界谋生不可。同时又感到职业技能知识之缺乏，事实上不能适应生产环境，不得不另辟教育途径，以培养其所需之知能，即已入职业界之青年，亦因科学机械之进步，原有能力殊感不足，必须补习准备，以保障其现有之地位，因之职业补习教育，更感重要。兹将德、英、法、美、日各国职业补习教育概况，简述如下。

德国办理职业补习教育之时期最早，在十八世纪至十九世纪初叶，已有日曜日工艺学校之办理，先以宗教为主科，后逐渐演进而着重于职业训练，一变而为实业补习学校。十九世纪中叶以后，改称职业补习学校，内容较前充实，办法亦渐完密。其目的为职业训练与公民训练两项，一八七用年，公布工业法律，凡业主须使十八岁之徒弟入学，否则受二十马克之罚金，或予以三日之拘留，一九〇〇年公布之法律，定为一种义务，业主应使工徒于工作时间内入学。一九一一年公布之职业补习教育法，规定十四岁至十八岁之青年均须入学，分上中下三级，修业期为二年至四年，每年至少上课二百四十小时，以四十周计，每周六小时，愈多愈善。学科为德语、公民、算术（普通）、及商业学、信札、速记、簿记、经济地理（商业）、或职业须知、图画、专门科学、技术科学（工业）等，其中最重生物学及事务学二科。

英国于一九一八年通过“斐休强迫补习教育案”，凡十四岁至十八岁之青年，于上午八时至下午七时之间入学，每年三百二十小时，其目的为双重的，即小学教育之继续与职业性质之陶冶。惟以种种事实的困难，尤其是一九二一年实业衰落的原因，各地多未能实行，比较的能彻底实行之城市仅鲁格里（Rugly）。

法国于一九一七年公布教育法令 Projel de loi，其目的为培养良好工人、良好国民、及良好军人，实施强迫补习教育，分工艺、普及、体育三种。同时又分低级与高级，前者为十三岁至十七岁之青年而设，其科目分法文、历史、地理。乡村学生兼授农业，城市学生注重工商，航海学生注重航海术，女生则授以家事缝纫。后者为十七岁至二十岁之青年而设，以公民、普通法律、或家政为必修科。男生注重竞技、步行、射击及军训，女生注重家事、卫生、及看护。对于工艺科目，无必修之规定。惟其强迫程度，因种种关系，尚未能一致做到。

美国之职业补习教育法令，以一九一七年“司密士职业教育案”为圭臬，凡十四岁至五十八岁（各州不一律）之青年，须入补习学校，每年上课百四十四小时，每周四小时，修业期限二年，其条件较德国为宽。至实行之程度，各州极不一致，而真能强迫者亦甚有限，半因经济情况之不景气，半因教育内容之未完善，就其办理的性质而分，约有六类，即普通补习、职业训练、家事、职业推广、职业预备和商业补习是。如就其重要目标而言，我们根据二十四个城市的报告,得如下的结果:养成较好公民者,有七城市;培养优良职业技能者,有四城市;训练较好普通教育者,有四城市;以上三者兼备者,有四城市;无一定目标者,有五城市。藉此可知该项教育设施一斑。

日本职业补习教育,以农业为最发达。据每年统计,毕业于寻常小学者约一百二十万人,其中从事职业不再升学者约三十八万人,毕业高小者约四十七万人,其中置身于社会谋生者竟占四十二万人,更合其他退学者约九十五万人须受补习教育,其问题之严重可想而知。职业补习学校分前后两期,前期科目为修身、国语(日语)、数学、理科、及职业科,后期为修身、国语、数学、及职业科,女子则以家事、缝纫代替其他学科。前期修业期限为二年,后期二年或三年以至四年,教授时数自二百八十至四百二十小时,对于农业补习学校,得特别延长之。以言强迫尚未普及,其困难即在经费偏枯,教员缺乏,教育实施,尚难彻底。

就以上德英法美日各国之现状而言,可知职业补习教育的方针、年限、教育时数、及科目,颇不一致。不过提高程度,增加年限,注重人格、体格、及职业三者之训练,目标则各国似乎没有多大的出入。

我国职业补习教育的演进

我国职业补习教育,向称实业补习教育,光绪二十九年所颁实业补习普通学堂章程,颇为周密妥善,不过实施不力,结果有清一代,设立实业补习学堂者,为数甚少。

此项章程中规定设学的要旨如下：

“设实业补习普通学堂，令已经从事各种实业及欲从事各种职业之儿童入焉。以简易教法授实业所必须之知识技能，并补习小学普通教育为宗旨。”

此种学堂“可附设于小学堂或中学堂及各种实业学堂并兼用其教员及学舍、物品、器具。”对于学费主张免收，此项章程中有下列的规定：

“实业补习普通学堂应令贴补学费，听各地方核计本地筹款情形，随时酌定。如能免其出费，俾贫家易于就学，尤善。”

设置的学科，分普通科目及实业科目两大类。实业科目又分农、工、商、水产四科，各科又分类。关于教授，此项章程中也有下列的规定：

“凡实业补习普通学堂之学生，多有已在外操作实业者。学堂教授科目，务注意切合其素所操作之事物，使能实地应用，日有进步。”

关于教师的选择，主张以“有小学堂教员之学问者，或其于普通教育实已受足而又有实业上之知识及经验者充之。”

到了民国二年，有实业学校规程的公布，其中实业补习学校的一切，与清代所规定者大致相同。

民国六年为中华职业教育社诞生之年，是年十月，全国教育联合会在浙江开会，议决职业教育进行计划案，呈教育部。翌年由教育部训令各省教育厅酌量办理。其中有关于实施职业补习教育办法二种，兹摘录其大意如下：

“职业补习教育实施简单，推行较易。各小学校得附设职业补习科,各地方宜酌设职业补习学校,使小学校毕业生得入此科,专修关于职业上之知识技能一二年,毕业后即可得相当之职业。使毕业于小学校或并未受小学教育而已有职业者,亦得利用余暇,入此补习。”同时定职业补习科办法十条,职业补习学校办法八条,均甚切要。

十七年大学院召集之全国教育会议,中有许多关于补习教育的提案。郑洪年所提出的实施成人教育案中,述及成人教育亟须提倡之理由有四:(1)根据教育平等原则应实施成人教育;(2)养成健全之公民;(3)提高生产能力;(4)提高国际地位。

十八年教育部教育方案编制委员会修正通过的成年初步补习教育计划,规定成年补习教育分国民识字训练及职业训练两种。国民识字训练,应于二年内使之普及,二年以后应注重职业训练。

二十年国民会议通过之“确定教育设施之趋向案”中,也有“尽量增设职业学校及各种职业补习学校”的规定。

二十一年教育实业两部会令公布“劳工教育实施办法大纲”二十四条,其对象为一般已有职业之劳工,其训练分识字、公民、及职业三种,前二者为一年,后者则视实际情形定之,每周八小时。

二十二年教育部“职业补习学校规程”正式公布,其设施对象为十二足岁以上曾受相当识字教育之青年,其要点如次:

(1)各级学校得普遍设立。

(2)学科分职业与普通两种,前者占百分之七十,后者占百分之三十。

(3)修业年限视学科性质定之,分学期制与学科制。

(4)指定每日或每周之若干时间,或寒暑假期或其他时间上课,以部分时间训练为原则。

(5)不给毕业证书。

(6)奖励公私团体设立。

以现状而论,职业补习教育,各地切实施行者尚属寥寥。择其较有成绩者言之,则以上海之职业补习学校,青岛之劳工教育,办理较为完善,尚有待于努力推行。现在短时期义务教育已经开始,凡受过是种基本教育者,若不继以职业补习教育,则无论公民或职业知能,均感异常缺乏,二者关联甚密切,实有相辅接替的趋势,也就是短期义教完成之日,即为职业补习教育开始的时期,需要迫切,急待提倡与推广。

职业补习教育的范围与目的

补习教育的范围如何?普通的定义如下:“凡对于就业青年或成人,利用其工作余暇,予以知识、技能、品性、体格各方面之相当训练者,谓之补习教育。”依其目的而论,又可分为普通补习教育,及职业补习教育两类。前者为对于未毕业义务教育而从事职业的儿童,令其分执业时间的一部分,补足其应受的义务教育;后者为对于已毕业义务教育而入职业界之青年,于执业之余暇,或分执业时间之一部分,授以职业上之专门知识和技能。不过作者所述的,是职业补习教育一类,属于后者。

起始所谓补习教育,大部分是以青年为对象,当时因青年受环境的压迫,弃学就业,对于基本知识技能尚未有获得者,故设机关以补授他们未及在学校时代获得的知识技能,所以一切教材、方法、训育等等,与所谓“全日学校”“正式学校”者,无大差异。近年来成人教育的运动逐渐扩大,乃有所谓成年补习教育、成人教育等名词发现,它的效用也日益显著。其实所谓成人补习教育,也还是包涵在补习教育之内,其中专属于职业训练的,当然要纳入职业补习教育范围之中。就横的一方面看,补习教育是要使就业青年、中年、成年,人人皆有继续受较高深教育的机会;就纵的一方面看,更要把程度提高,绝不是仅仅补授些未及在正式学校时代学习的基本知识技能,就算尽其职能。所以就课程而论,应分若干阶段,深浅具备,以便就业青年成人的继续深造。就教材、方法、训育而论,应以就学者的需要为准绳,不必呆板规定。至于近来各方面应事业发展需要技术管理人员,特设短期训练班、传习班,又为传习一种新技能新方法,设立讲习会,与夫带有慈善性感化性各机关所施的职业训练,亦可列入职业补习教育范围。

职业补习教育的目的,当然注重在职业训练,但基本的知识,亦时时顾及。又虽以职业训练为唯一任务,而对于道德修养、公民训练、体格锻炼,更须特别注意。兹引各家的意见如次:

可莱(Robert L. Cooley)以为学习教育的目的有四:

(1)养成健康的身体。

(2)养成良好的品格。

(3)增加生产的能力。

(4)养成向上的意志。

普鲁逊(Prosser)及爱伦(Allen)的意见,以为补习教育应有下列十种职能:

(1)供给就业青年以应用基本工具——读、写、算——的能力。

(2)帮助他们矫正身体上的缺憾。

(3)帮助他们保持身体的健康。

(4)帮助他们获得及保持一种职业,及计划在职业中的进展。

(5)帮助他们计划休闲时的活动。

(6)帮助他们阅读的兴趣。

(7)帮助他们获得健全的兴趣、欣赏等。

(8)帮助他们获得及实行良好的社会习惯及经济习惯。

(9)帮助他们获得对于社会事件的兴趣。

(10)帮助他们获得良好的社会态度及健全的职业观念。

顾树森氏对于补习学校的目的,认为有四种:

(1)为普通教育之补习。

(2)为职业教育之补习。

(3)为身体健康之保护与锻炼。

(4)为公民道德之养成。

孟宪承氏在讨论中国成年补习教育问题中,以为中国成年补习教育,应以增进生计为补习教育主要目的,而以识字及公民训练为次要,曾提出三项依据:

(1)依据民生需要。在此人民生计穷蹙,物力凋残之时,一般失学的成人正是救死不赡,求生不得,就是有业者又谁不是终岁勤劳，才免饥寒，他们生活上所感觉到的需要，是谋生而不是求学。如果人人对于食衣住行四大需要有相当满足，生计问题，有相当解决，自然会有较高的求知欲，和较健全的公民活动。

(2)依据教学原则。施教要有效力，必须要受教者充分感觉到学习的需要，而发生求知的动机。民众感觉到的是生计困难，所以设施教育，应以增进生计为中心。

(3)依据已定方针。我国教育宗旨、教育方针，都以发展国民生计，改善人民生活为中心，补习教育也应该如此办理。

作者对于成年补习教育亦有一些意见，以为此项教育的目的不外次列四种，应如何根据需要以施教育用以达其目的，不能不加以讨论。试申论之如次：

(1)成年补习教育，在使受补习教育的成人，能识字读书，进而能作文、写信，凡吸收知识经验的工具，格外完全，这须要文字教育来完成它的使命。

(2)成年补习教育，在使受补习教育的成人，能明了三民主义，运用四权，爱国家，重法律，急公义，略识中外大势，宇宙自然现象，社会进化情形，近代文化要素，具有判别是非的理智，补助公益的热情，这须要公民教育及科学教育来完成它的使命。

(3)成年补习教育，要使受补习教育的成人，能感到一己所执之业，有弥补缺憾的必要，改良固有的需求，因此得着较高深职业知识的补充，较优良职业技能的练习，可以增加工作收益，解决生计困难，这须要生计教育来完成它的使命。

(4)成年补习教育，要使受补习教育的成人，因种种指导、暗示、提倡，能感觉到已往健康方法的不讲求，娱乐方法的太卑陋，由此注意到身体锻炼，疾病预防，衣食住的清洁，迷信的祛除，公共游息娱乐方法的改良，与场所的设施，使得身体健康，精神活泼，个人工作效能，日益增加，群众互爱互助精神，日益显著，这须要康乐教育来完成它的使命。

无论文字教育、公民教育、科学教育、生计教育、康乐教育，对于成年补习教育都有其整个性，应互相联络应用，以达完成上述四项目的。

观以上各家说法，则知补习教育，从广义说，自应如此主张，方为合理。就但(原文如此，似为但就之误。编者注。)狭义的职业补习教育而言，仍以职业训练为主体，至于在国难严重之今日，特别注意民族主义的教育，亦为办补习教育者所不可不知者也。

职业补习教育的实施

职业补习学校的种类，约可分次列四种：

(一)工业补习学校

其中又可分为数类：

(1)工业补习学校。有了一种工业，即可设立一种学校。

(2)工业徒弟补习学校。此专为十四岁左右的各工业徒弟而设，除重技术外，并应兼重国语、常识、及公民道德的教训。

(3)工厂职工补习学校。此专为某一个工厂或性质相同之某数个工厂内一般职工而设，教育目的为专科工业技能与公民道德并重。

(4)工厂徒弟补习学校。此专为某一个工厂或性质相同之某数个工厂内十四岁左右的徒弟而设,教法与第二项同。

(二)商业补习学校

其中也可分为数类:

(1)商业补习学校。有某一种商业,即可设立一种学校。

(2)商业技术补习学校。如簿记、打字、验币术等,皆可各别设立短期学校以传习之。

(3)商店职工补习学校。此专为某一个商店或性质相同的某数个商店内一般职工而设,教育目的为专科商业知能,与公民道德并重。

(4)商业徒弟补习学校。此专为某种商店内十四岁左右一般徒弟而设,其教育目的除注重某种专门商业知能外,国语、常识、公民道德,皆须并重。

(三)普通农业补习学校

这是专用来教育一班农民,补授以最适用的农事知识和技能。其中因各种农业知识技能的性质不同,仍可随时设立若干短时的传习所及技能科或某某班,例如养鸡班、养蜂班、养鱼班、除螟讲习班、农具讲习所等。

(四)妇女补习学校

其中又可分两类:

(1)普通家事班。

(2)技艺班。以农言则有园艺、养鸡、养蚕、养蜂等,以工言则有各种手工艺等。

此外如大学附设的推广部,专科夜大学等,亦可列入职业补习教育范围以内。

职业补习学校的设科,有两条轨道可以遵循,一是根据欧美职业补习教育学者所提示的学理,一是根据中国现在的实际状况,两者比较起来,以后者较为切近事理,易于着手,因各学者所提示的学理,大半以他们的环境做出发点,用之中国未必适合无间,然以之为参考活用,亦甚有益。

现在一般职业补习教育专家,对于设科问题,有学年制学科制两种主张,各有其理由,主张学年制的以为:

(1)职业界所需要的知能是多方面的,当然职业补习教育也该多方面的,要做到多方面的职业补习教育,惟有采用学年制。

(2)职业补习学校的学生,虽多数已有职业,但是职业是否稳定,职业是否合性,还是绝大问题,因此职业补习教育,要多留活动余地,而采用学年制,实能解决此问题。

(3)职业界的青年不是职业界生产的工具,而是组织社会国家的分子,所以职业补习教育不该专求某种职业知能的训练,而学年制的长处,就有训练组织社会国家的健全分子,可以求多方面的发展。

主张学科制的以为:

(1)物之不齐,物之情也,不能比而同之,划归一律。

(2)学生大部分切于求现在急需的知能,不愿同时学习各项学科。

(3)学生急于求现在最感需要的知能,希能在短时期完成,不愿同时学习各项学科,分散精神。

(4)学生白天服务时间很长,再没有充足的时间来学习各项学科。

(5)学生业余精力已极有限,再不能同时接受各项学科。

(6)学年制年期较长,学生因服务上各方面的变动太多,往往不能完成学科的进程,半途而废。

总之学年制与学科制,各有其所长,应视环境情形,相机处置。学科之不宜繁富,应力求简要,则是共同所应注意之点,兹述设科的一般原则如下:

(一)要适应环境上一般需要

工厂区域要办工业补习教育,同一工业区域,有的需要甲学科,有的需要乙学科,有的需要丙学科,以彼易此,都无是处。其他商业区域之应办商业补习教育,农业区域之应办农业补习教育,都是一样。同一科学,同一办法,同一教师,在甲地行之而有成,在乙地行之而失败,其原因盖在乎此,具体说来,大致如下:

(1)手工业区办手工业补习科。

(2)电气工业区办电气补习科。

(3)机械工业区办机械补习科。

(4)园艺区办园艺补习科。

(5)棉业区办棉业补习科。

(6)稻作物区办稻作物补习科。

(7)畜牧区办畜牧补习科。

(8)蚕桑区办蚕桑补习科。

(9)茶业区办茶业补习科。

(10)银行区办银行补习科。

(11)进出口商区办国际贸易补习科。

(12)公司区办会计补习科或商业广告补习科。

(13)普通商业区,办商业补习科。

(14)一区域内有几种职业,事实上需要时,可以办几科。

(二)要适应环境上一般程度

职业补习学校从程度上说来,可分初级、中级、高级三种,研究办那一级补习学校合宜,要看环境上一般程度如何,一般程度属于初级,那只好办初级补习科;一般程度初级虽多,中级不少,那可以兼办中级补习科;一般程度初级中级虽多,高级的也不在少数,那可以兼办初级中级高级三种。就中国现状论,初级的需要甚于中级,中级的需要甚于高级,办职业补习教育者,应注意致力于下层工作。同时要把职业界程度提高,然后再把学校的程度也提高,职业青年升格是因,学校升格是果,倒因为果,倒果为因,都不能达到成功的途径。

(三)要供求相应

甲学科已有人办,而办的成绩还美满,办的容量已合职业界的需求,那就不必再办是项学科,致成叠床架屋,劳而无益,职业补习教育,原是社会事业,不必存"成功必自我"的观念,而做供过于求的事情。

(四)要兼办短期科

职业补习学校的学生流动性极大,分析其原因,一因工作改变,二因住所变动,三因兴趣降低,四因待遇减少,五因服务地点无定,六因雇主反对,能够继续一年以上的,为数极少。所以每科修业时期,以短为宜。同时最好兼办短期科,择生活上切要事项,利用适当时期随时举办,多则二三月,少则二三星期,告一段落。尽可于将来需要时,再作进一步的修习。

至于职业补习学校的方式,以授课时间言,可有下列各种:

1. 日校。在日间抽出一二小时为授课时间。

2. 晨校。在早晨上工以前授课,以不妨碍工作时间为原则。

3. 夜校。在下午下工以后的晚间授课。

4. 星期学校。在星期日授课。

5. 农隙学校。利用农暇时间授课。

6. 介乎函授与面授之学校。无规定授课时间,由学校指定功课,学生随时交阅成绩,如笔记、作文等,请学校批阅,遇有疑难时,学生可随时到校询问,请求请授,另有演讲会、个人谈话等。

职业补习学校的教材,应该根据于职业的分析,譬如设立文书科的,应该对于文书的职务,做一番详细分析的工夫,文书的职能如何,需要什么技能,有那些重要条件,都应精密研究,根据分析结果,再编订相当教材,使合于实用。同时因受补习教育者的需要、程度、背景,各不相同,对于教法,应注意个别性。在入学前、求学时、毕业后,都应举行个别指导,做一番诊断的工夫,使对于学生个人能有深切的了解，知道他已往的经验、背景，现在的程度、需要，将来的志愿和计划，作恳切详尽的指示，以收其效能。

综上所述，职业补习教育的设施，应注意到三条重要的原则：

1. 一切设施应富有弹性，切忌有一律的规定。如程度、年限、设科、授课时间，均应根据地方情形、学员需要酌定之。

2. 对于文字教育、公民训练、品格陶冶等固不能忽略，而尤当以生计教育为重心。消极方面，使所施教育对于学生本来从事的职务，不发生阻碍；积极方面，对于学生的生计问题，多少能发生些影响，获得效益。

3. 因时间上的限制，所以教材务必审慎选择，要注意采取精华，注重实际。

职业补习学校的实例

中华职业教育社在上海市办理职业补习学校三所，兹将第一中华职业补习学校概况介绍如次，作为实例。

(一)设校宗旨

以实施职业补习教育，教授实用科目，并训练公民道德，俾易于就业，或改进其业务为宗旨。

(二)设立科目

暂设下列各科，并依社会需要，随时增减。

1. 技能系。华文打字科、英文打字科、文书统计科、华文速记科、商业补习科、会计科、簿记科、算学科。

2. 指导系。工商管理科、人事指导科、就业指导科、升学指导科。

3.语文系。国文科、国语科、英语科、日语科。

(三)课程纲要

各科课程纲要如下表:

科别	课程
华文打字科	检字表法　打字手法　复打字法　打字实习　七打法　字机装拆及修理　公文程式大要　中文小楷
英文打字科	指法　拼字　行数疏密　速度练习　标题及边缘　函牍格式　复写　标格　字机保护　字机修理
文书统计科	公文程式　各种文牍　商业文件　应用国文　文书处理法　档案制度　应用统计学　统计图标绘制法　书法及复写法
华文速记科	速记公式　基本符号　特别符号　速记法　术语用法　速记读物　练习翻译
商业补习科	簿记会计　商业常识　国文　英语　商算　中外商业地理
会计科	高等会计　商业算学　商业学
簿记科	商业簿记　合伙会计　公司会计
算学科	算术　代数　几何　三角　高等代数　解析几何　微分　积分
工商管理科	工商组织　科学管理法　簿记会计　广告学　推销术　劳工问题　工厂安全
人事指导科	职工选择　职工训练　成绩考查　奖金制度　工资制度　职工安全
就业指导科	商业簿记　职业英语　职业应用文　就业指导　服务道德
升学指导科	升学指导　国文　英语　数学　史地
国语科	国语发音　注音符号　国语会话
国文科	古今文选　国学概论　文学史　文字学　文法要略　应用文　作文　日记　读书录
英语科	时事英文　翻译　会话　文法　读本　阅读　作文　读音　造句　书法　文学修辞
日语科	读音　文法　会话　翻译　阅读

(四)修业期限

各科修业期限如次:

1. 技能系各科　分三个月、一学期、一学年、二学年四类。

2. 指导系各科　分三个月、一学期两类。

3. 语文系各科　分一学期、一学年、二学年、三学年四类。

(五)入学资格

不分性别年龄凡具高小以上程度,有志专习者,均可报名入学。

(六)入学手续

先期到校填写报名单,并缴注册费两元(入学时抵作学费),凭注册收据缴清学费,再凭学费收据,领上课证。

(七)学费数目

各科每学期学费如次:

1. 技能系各科　最低八元,最高三十元。

2. 指导系各科　最低四元,最高三十元。

3. 语文系各科　最低三元,最高十八元。

(八)课业时间

各班课业时间如次:

晨　班　上午七时至八时

日　班　上午八时至下午四时

夜　班　下午六时至十时

星期班　上午八时至十一时

(九)考试

分临时考试、学月考试、学期考试、毕业考试四种,以六十分为及格。

(十)毕业

学生修业期满,考查成绩及格,初级发给修业证书,高级发给毕业证书。

附组织系统表

- 校长
  - 经济审查会
  - 校务主任
  - 教务 校务会议 会议
    - 事务处主任
      - 广告、印刷、卫生
      - 布置、登录、贩卖
      - 保管、调查、交际、收发
    - 会计处主任:编制、稽核、存放、出纳
    - 文书处主任:统计、出版、缮写、编译、文牍
    - 教务处主任(招生、图书测验、学籍)
      - 商业补习科、算学专修科、英语科
      - 国语科、店员补习科、华文打字科
      - 文书统计科、国文科、日语科
      - 升学指导科、簿记会计科
      - (以上)各科科员校友会
    - 训导处主任:特殊指导、师长训语、名人演讲

(原载《职业教育》,江恒源、沈光烈著,正中书局,1937年)

特殊职业教育

特殊职业教育的意义

特殊职业教育,简单的说,就是军队的职业教育。因为普通职业教育的范围,大概以农、工、商、家事为分类,而军队本来不是职业,在外国为一种公民义务,在我国为临时雇役,没有一种终身的职务意义在里头,不过其性质与上述各类职业,有所不同,所以称之为"特殊职业教育",这种特殊职业教育非常重要,因为在军队里边,一旦退伍或被裁之时,必须另觅生活之路,倘能在平时施以相当的职业教育,就可弥补失业的缺憾,同时可以使退伍的军队,变成生产的集团,所以各国对于此项教育也都非常留意,而在养兵最多之我国,更含有重大的意义,和迫切的需要,应该加以深切研究和努力提倡。

中华职业教育社以前曾有一电致南京编遣会议,其中关于军队职业教育,有几点意思贡献,比较很透澈。大意是说,裁兵作用非仅节省国家财力,并为增进社会生产,用意至善,不过必须注意被裁之兵,如何可以获得个人生计,使能自食其力,不贻害于社会，则于将裁未裁之际，应深谋远虑，实施职业教育，才能解救此困难。同时提出两点主要办法：(1)对于急待遣裁之兵，主张习艺；(2)对于暂时可以缓裁之兵，主张屯垦。此外对于因战争而残废之伤兵，主张亦应妥为设法，加以怜悯，施以训练，务使其能工得食而后已。由此看来，所谓特殊职业教育的主要意义，是要使军队农工化与生产化，消除向来消费的积弊，跑上积极的谋生技能路上去，为个人谋生活，为社会增生产。

特殊职业教育的现况

特殊职业教育创设的历史并不很久，大概在欧战以后才发达的，各国因遣散过剩军队，乃分别的予以教练，使成生产分子，于是对于这个教育问题，非常注意，兹述英美德三国的军队职业教育概况以及我国的情形下：

英国的军队职业教育，规定施行下列四种教练：

1. 工业教练。由工部训练处办理。

2. 休养教练。由抚恤部办理(专为受伤待医之军人而设)。

3. 高等教育。由介绍处办理(为从事专门职业或经理职务之准备)。

4. 农业教练。又分两部分：

(1)在英格兰与威尔斯方面，由农部郡农业执行委员会办理。

(2)在苏格兰与爱尔兰方面，由工部与有关系各农业处所会商办理。

以上各项教练，规划均极周详，关于施教之场所、教授之程序、年期之长短、以及补助费之多少等等，都有逐项详细的规定。在受教期内，除发给家族抚养金外，如疾病医药费、旅行川资、工作时受伤抚恤金等，均由公家支给。学成而就业，并给予必需之工具与相当之参考书。此外“非伤兵”所受训练，大致亦如此，惟范围较广，种类较多。

美国参与欧战之兵士，多数为寻常的公民，此种公民，在未参与战役以前，都有职业，所以退伍以后，大多数均恢复其固有之职业，无领受军队职业教育之必要。不过有少数退伍兵士因下列两种原因，而使之受职业教育。一是因战事而受伤过甚，以致残废，不宜于原有职业的；二是因在未参与战争前，职业训练，本来不甚充足，借此机会领受军队的职业教育，使他可以得到较好的职业。

美国实施军队职业教育的机关，大都利用原有的大学、专门学校、实业学校、以及初级之工业学校等等，依程度而插入相当学校，如无相当学校可入，乃实行所谓“介绍职业训练”(Placement Training)。此法和学徒制相似，将兵士荐入寻常之实业机关，受相当之训练，即以此为将来服务之所。无论入校或入实业机关，在训练时期内，每人都可以得政府的津贴，如有家属须受津贴者，则以人数为标准，大概每家每月以一百五十金元为限，军官士兵，同样可得享受。

德国兵士平时除规定勤务外，当局者利用其空闲时间，分别施以职业训练。在未分组前，先将全部士兵，用种种测验方法，严格分别，决定其适宜职业，然后施以相当职业训练，使他们退伍后，有就业的准备。在陆军部各军队中所设之军队职业学校，计有三种：

1. 工业职业学校。实施与工业密切关系之军队，如工兵营、电信团、铁道团、炮兵团，及已略受过技术训练之兵士，使学习专门技术、制图方法、成本计算、商务尺牍等重要知识。毕业考试及格，即可得正式职工证书。

2. 公职职业学校。欧战以前，德国政府已颁布章程，凡服军役12年以上者，由国家给以“平民安插证”，凭此证书可向国家机关，或市政机关，要求相当位置，此制今仍保留，不过在军役期内，须加倍的充实准备职业训练，凡关于一切公职方面的知能，均加以严格的训练，以便应用。

3. 农事职业学校。因大多数兵士，来自乡村，对于农事上已有相当经验，再加以指导新农具的利用，化学方法的采取，以及一切农产品的改良等，丰富其知识，使增加生产，俟军役期满，仍令其回乡从事农业。

我国的军队职业教育，在民国十年至十五年间，各省统兵长官之稍具新头脑者，都很注意设施此种教育。如江苏之第二师师长朱熙、山西督军阎锡山、云南督军唐继尧、浙江第二师第六团之伍崇仁、驻北京之冯玉祥诸氏，均以治军有方，有声国内，而办理之军队职业教育，亦都有相当成效。十五六年以后，此项教育尚少设施，据闻已有军事教育机关，注意及此，并着手筹办了。

特殊职业教育的实施

中华职业教育社在国民十八年国民革命军荡平燕蓟，统一关外,全国军事宣告结束,发生编遣问题时,曾集合专家,精密讨论,议定"裁兵过程中职业训练计划大纲"一份,颇为扼要,足供实施者之参考,兹摘要介绍如次:

该项计划分三项讨论:(1)对于待裁之兵;(2)对于留伍之兵;(3)对于伤兵。在胪列具体办法以前,揭出八条原则:

(1)对于前述三项军人职业训练其目的有二:一使公家增进生产,二使个人获得生计。

(2)实施军人职业训练时,须用费少,容人多,收效宏。

(3)军人职业训练,除国家兴办特别大工程外,应以适于个人独立自营生活为准。

(4)军人职业训练,除特别大工程得先察本地需要,就近举办外,其他皆宜利用本地固有材料与销路。

(5)军人职业训练注意于其种类,尤应注意于其分量,毋使供过于求。

(6)军人职业训练应注重改良旧职业,提倡新职业。

(7)施行军人职业训练时,及军人已受训练,获得职业,而尚未脱离团体生活时,应注意施以适合于三民主义的公民教育。

(8)施行军人职业训练,除对于兵士外,更应特别注意于军官职业训练。至于具体办法,分三项申述,其职业训练计划如下:

1. 对于待裁之兵,分兵士及军官两方面:兵士方面,除编入浚河筑路外,施行训练时,须依据五种情形,拟定进行标准:(1)兵士人数;(2)退伍时期;(3)本地可用的原料;(4)本地最需要的职业;(5)兵士中习过职业的人数。以上五项,逐一调查决定后,方开始实行。进行时期,于公民教育并须十分注重。军官方面,除愿随兵士习艺或被招入军校外,则训练以下列两种职业:(1)各级学校军事训练教官;(2)城市乡村自卫团教练员。

2. 对于留伍之兵,则仅施以屯垦教育。这是化兵为农的最好办法,虽说是留伍,却与另编成国防劲旅不同。其办法有三步:第一步,派农业专家,分赴东西北三方面去考察,东以辽吉黑为一区,西以甘新青藏为一区,北以热察绥蒙为一区,考察之后,拟定进行计划。第二步,就三区适宜地点,分设三个大规模的农事试验场,专用以学习农事及学习村治等办法。第三步,分出工兵,从事筑路,将来道路所通之地,即为军队屯垦所至之区。

3. 对于伤兵,主张先从调查入手,其次疗治,再次加以训练。

(原载《职业教育》,江恒源、沈光烈著,正中书局,1937年)

职业教育师资

职业教育师资的需要

职业教育师资的优良与否,关系职业教育的前途很大。倘没有适当人才,其结果往往失却职业教育的真义,造成非驴非马的现象,谓之普通教育,则学生不能升学,谓之职业教育,则学生不能谋生,使青年有进退维谷之苦。

二十四年教育部根据各省市推行职教计划的估计,公布今后五年内各省市各科职业师资的需要数量,共计三千六百二十九人。如果按科目来统计,可得如下表:

农科	
普通农业	七百九十九
蚕桑丝	七十
畜牧	七十
园艺	六十八
森林	五十
农业制造	四十一

工科	
普通工科(未分某种工科者)	五百八十六
应用化学(制革、制皂、酿造等在内)	一百二十六
染织(棉织、毛织、丝织等在内)	一百一十九
土木及相关科目(绘图、测量等在内)	一百一十九
机械	五十八
电机	二十七
商科	
普通商科	一百一十三
家事科	
普通家事	六十三

由上表的数字看来,职业教育师资,以农工为最重要。现今职业学校的师资,大概可分为三类:(1)职业学校行政人员及重要职员;(2)非职业科教师;(3)职业科教师。前两种人员,比较还容易求得,第三种教师最感缺乏,也最难造就。

职业教育师资的标准

以往职业教育师资的来源,可以说有三条门径,其演进状况如次:

最初办理职业教育者,往往求教师于普通教育之门,令学生购买几册课本,逐句予以讲解。其优者辅以图解或实验,已属尽其能事,次焉者照文解释,但求学生能明了其中的大意,完全授以书本知识,不切实际生活。

其后觉得欲训练职业人才，非请曾受专门教育者担任不可。于是农校请农专毕业生，工校请工专毕业生，商校请商专毕业生，这是最普通的现象。殊不知过去所谓专门学校，虽其目的在培养专门人才，而实际上不过予学生以许多原理、方法、公式而已，此种理论材料不能见诸实效，因之不能表现职业教育之真精神与成绩。

最近十余年来，变换方向，而大都趋重于实际技能，师资之聘任多求之于职业界实际人员，如工头、技师或其他工匠。实际上虽然较空谈理论眼高手低者为优，但是教师不能将科学原理做根基，教学既无方法，学习未能彻底，所有技能，也难有发展进步的机会。

第一种人才当然归淘汰，第二种人才又不切实际，第三种人才也有缺憾，所以职业教育的师资问题仍不能得到完美的解决，所以必须另觅途径，使有学识者辅以经验，有技能者佐以知识，同时以师范训练完成之，令成一个知道何以教、教什么、如何教、及愿意教的人才，才可以言职业教育的进步。具体的说，一个职业学校的教师，至少要有两层资格：(1)对于他所担任的专门学科，须有职业的经验，实际的技能与专门的学识；(2)对于教育的原理及方法，须有明确的了解，及实施的技能。

健全的职业教师，必以经验、学术、教法三者皆具为标准。如三者不可得兼，则宁舍教法学术而取经验，盖无学术教法而有经验，则教师尚不失为生利之人才。纵无进取良法，然学生自能仪型教师所为，以生产事物。既能生产事物，即不失职业教育之本旨。所以经验、学术、教法三者，皆为职业教师所必具之要事，然三者之中,尤以经验为根本。

职业教育既以造就生利人才为其主要之目的,则其直接教授职业之师资,自必以能生利之人为限。盖己立而后立人,己达而后达人,天下未有无生利经验之人而能教人生利者。昔樊迟请学稼,子曰,吾不如老农,请学为圃,曰,吾不如老圃。孔子岂故为拒绝哉,亦以业有专精,事有专习,孔子之不知农圃,亦犹老农之不知六艺耳。由是以推,无治病之经验者,不可以教医;无贸易之经验者,不可以教商;凡百职业,莫不皆然。然职业教师之第一要事,即在生利之经验。无生利之经验,则以书生教书生,虽冒职业教师之名,而早已失却职业教师之资格了。

由此可知职业教育师资,对于生利经验实在是万分重要。中华职业教育社编印之"职业教育设施标准"中,亦有次列的规定,足供参考。

"凡职业学校专门教师,如不易聘得师范训练,与职业经验兼备者,可聘富有职业经验者而以受过师范训练者辅之。如二者不可得兼,毋宁专聘富有职业经验者,较之专聘仅受师范训练者必差胜。"

职业教育师资的养成

教育部"职业教育设施原则"中,关于职业教育师资者有三条:

1. 职业学校教师对于专门技术须有极丰富之经验,而学理次之。如无相当之教师,则以富有经验之技术员与普通教师联合教授。

2. 职业学校教师须先以工作示范，并与学生共同工作，然后加以切实之指导。

3. 职业学校教师之教学方法，须有具体方案，以定预期目的。

国联教育考察团对于职业师资训练，也有下列的意见，他说：

"凡技术专门教员，应时与从事该项职业之人相接触，或有一部分时间，躬自实习该项职业。技术专门教员，亦应受过师资之训练，授以教育学上之知识。"(《中国教育之改进》一四六页)。

由此看来，职业学校师资的养成，应该以学识、经验、教法三者并重为标准，而尤其对于经验一项，须特别重视，在前面已有相当的讨论。一个职业学校师资的养成，其基本条件，约有几点：(1)要有健康的体魄；(2)要有专门的技术；(3)要有职业的兴趣；(4)要富于责任心；(5)要有敦厚的品格；(6)要有敏活的头脑；(7)要有劳动的身手；(8)要无不良的嗜好；(9)要有合作的精神。关于个人方面的训练，应该注意学识的灌输，技艺的精练，道德的涵养。关于社会方面的训练，应该注意养成团体生活的习惯，和同情互助的精神。

职业师资训练的方式，约有三种：

1. 招收无职业无师范训练的学生，予无双层的训练：即一方面授以职业中必需的专门知识及技能；一方面授以教学的原理及方法。

2. 招收已有师范训练的学生，养成其职业中必需的专门知识及技能。

3. 招收已富有职业经验学识的学生，予以师范的训练；或就成绩优良的职工，养成职业教师或取才于职业学校毕业生。

三种方式各有其利弊和困难，如以训练时期短，用费少而论，则第三种较适宜。

（原载《职业教育》，江恒源、沈光烈著，正中书局，1937 年）

其他教育方面的职业教育

小学及师范

小学校的职业教育，可称之为“职业陶冶”。职业陶冶的主要意思，并非要直接授儿童以专门的技术，强使儿童成为徒弟职工，乃在避去从前一切空虚的教育和仅属书籍文字知识的教育，利用各种作业，对于全部儿童，施以各种业务上的普遍陶冶，事事与实际生活相合，与社会生活接触，使儿童依此实行作业，潜移默化，得受种种训练，使养成勤劳精神与实行能力。举例来说，如设学校园使之爱玩天然，而习为种种，初不知其为农，而农在其中。又如教之手工，使依样制作，初未尝有意为工，而工实在其中了。

小学校的职业陶冶，不但是职业教育的初基，也是普通教育的基础。因为“教育即生活”，已为一般人所公认，如何去完成生活基础的使命，惟有用职业陶冶，使适应于社会的实际生活，而有解决社会实际问题的知能，慢慢引渡到生活路上去，而可以补救记忆符号、堆积知识、不切实用的弊端。

小学教育的目的,虽在培养国民基础知能,然而要以不离开固有生活为前提。根据此项原则,所以除了普通学科以外,农村区的小学,应以农艺为中心;工商区域的小学,应注重工商环境;森林渔业等区域亦然。兹分申别述于下:

乡村小学每日应有相当时间的农场实地作业及观察,课以农艺改进常识,引起其对于农事的认识与兴趣,并当予以充分的学习机会,实施劳作教育。

市镇小学亦应仿照乡村小学办理,尽量实施园艺及畜牧教育,以培养市镇学生对于农艺之知能。

繁盛都市小学应实施初步的工商教育,调查小学周围主要实业场所,加以参观和小规模的在学校内外设置仿办,予以实际的工商知能。

小学的自然、算术、图书、工作等科,应注意应用知能。其他学科分别性质酌予减少,其授课时间,以实地作业代之。

小学校实施农艺或职业教育,乡村城市,均以三四五六年为标准;三四年级以园地为主,五六年级以农场为主,对于年龄较幼稚的学生,可以实地观察与直观教学代之。

儿童劳作的生产品,应视其资本性质,以其余利之一部分,拨给儿童以资奖励。

以上都偏重于生产方面的说法,因为生产是实业教育的重要部分,应特别注意它的设施。小学校的基本实业教育,它的目标,具体的说,一是要使教育生活化,这里面可以分析为六点:(1)养成儿童适于服务的正当习惯;(2)授以生活技能的概念;(3)指导择业就业的途径,及毕业后服务的准备;(4)从事于劳苦的锻炼,以造成健康的体格;(5)使了解人类实际生活;(6)认定正确的人生观。二是要使学校社会化,这里面可以分析为五点:(1)使儿童认识社会的职业;(2)使了解社会的一般现状;(3)使明了社会进化的历程;(4)培养服务社会的兴趣;(5)养成互相合作的精神。

根据上述的两大目标,作一切设施的准绳,大概的说,教学方面多采用富有职业劳动的材料,低级部着重启发,中级部着重研究,高级部着重实习。训育方面,养成儿童良好习惯,与吃苦耐劳之精神,注意课外作业之指导,如公民训练、团体活动、服务实习、休闲娱乐、社会调查等等,多多举行。

师范学校的职业训练,根据于小学的需要而来,师范生将来的职业,便是小学教师,小学教师对于小学校的一切职业教育设施,自该有精邃的研究和纯熟的技能,如乡村师范学校,对于农艺更应当特别努力,一方面为施教准备,一方面即为健全的生产分子,至于着重劳动实习,则可谓一致的目标,无庸赘述。

教育部对于职业科师资训练办法,关于师范学校或高中师范科,可以招收职业学校或高中农工商科毕业生之有相当经验者,予以一年的师范训练,使充小学程度的职业补习学校补习班教员,此项规定,可以参照办理。

中　学

中学附设的职业教育,可分两方面论,一是初中,一是高中。初中教育的主要目的,为升入高中的预备,同时发展个性与能力，以为将来择业之依据，大部分学科仍是普通性质。惟查初中学生往往困于经济，或限于程度，不能升学，而国文、英语、算学程度，又多在水平线上，毕业后不肯向原有生活中去觅途径，往往以充当小学教师或书记雇员等职务为唯一出路。或则毕业于学校，即失业于社会，缺乏应用知能，自难适应实际生活，所以有实施职业训练以资补助之必要。高级中学分师范、农林、理、工、商业、水产、普通等科，各有其特殊目的。应增加作业时间，加紧实际工作，练习生产技能，增进应用知识，以求与现在社会，将来生活，作切实之适合与准备。如农林须以试验场为教育中心，水产须以渔场及食物制造为教授目标，理工应重制作及化验，商业应重银行商店之练习，与各国在华之商场情形，普通科应以理数化等为其研究目标，同时应顾副业之教育，以救济不升学之学生。

具体办法，约可以次列为标准，实际施行时，须视环境情形，参酌应用。

（一）关于初中方面

（1）初中从第一学年起，最好能添设师范及职业选修学科，以为解决实际生活的准备。

（2）着重实地作业，如养蜂、养鸡、园艺等，最好能利用原有农田或渔场，作实施的场所。此就校址在农业或渔业区域而言。

（3）注重工商的实际教育，如商业之英文簿记、商业常识、商业尺牍等；工业之数学机械书及工业常识等学科，培植其直接生产技能与实地作业训练。此就校址在工商业区域而言。

（4）女生应注意家政、蚕桑等科，以谋家庭教育及蚕桑实业之改进。

(二)关于高中方面

(1)高中各科应增加实际工作时间,由20%至30%。

(2)改良设备,充实内容。

(3)技师指导与教员应联络共同研究实习作物,或商业改进。

(4)师范科应尽量添设农艺学科,并注意工商业常识,以应小学需要。

(5)普通科应利用环境,授以副业教育,以救济不能升学学生为从事职业之准备。

大学专科

大学和专科都是研究高深学问和造就专门人才的地方,在学制上占着最高的地位,是为比较优秀的分子而设立的。一个领袖的养成,一方面要有专门的知识和技能,一方面也要有丰富的普通知识才行。

大学教育的目的,也不外要引导大学生达到圆满生活的过程,所谓圆满生活的过程,从个人方面讲,是要受教育的人天赋的才能充分发达,养成能够自立的人;从社会方面讲,是要养成适应社会需要,并且能够辅助社会进化的健全分子。职业教育既在一方使得人人得到生活的供给和兴趣,一方尽他对群的义务,这和达到圆满生活过程的意思,完全相合,所以更应注重。

再从造就职业师资一方面看，对于大学和专科学生，更觉得关系迫切而重要了。

就现在中国情形而论，有商科、工科、农科、法科等单独设立的学院，和兼办数科的大学，这些都是研究高深学术的所在，但就实际讲起来，完善者固有之，而不完善者亦不少。不是课程不完备，就是设备太简陋；不是专重理论，便是忽略实习。同时大都仿照外国学制，未必尽能适应中国社会的需要，所以往往学生毕业后仍不免有失业的现象。在国联教育考察团亦有下列意见：

"任何教育制度，未有不根据生活之环境而能生存者，中国大学教学之计划，若不参照中国之实际生活，反参照外国大学教学之情况，则民族文化，必致堕落，……学生所研究之材料，与其个人切身之经验远相隔绝，于不识不知之间，养成不幸之习惯，只知记忆书本，不知用批评精神观察事实，或应用书本以为解释之工具。"（《中国教育之改进》一八三页）

以前全国教育会议议决，"凡大学学生非有十学分之关于农工专门课程，及二十学分之实习，学校不得准其毕业"，也无非注重实际需要的意思。同时又有议决，"全国大学应设立职业指导部"，其目的亦在顾及学生的才具志趣，使他合于自己的个性能力，发挥其特长为社会需用。

关于家事科的设立，全国各大学中注意到的，寥寥无几，今后对此，似亦应有努力提倡注意训练的必要。

社会教育

职业教育与社会教育有密切之关系，占着极重要的地位。虽然社会教育包含着公民、学术、健康、休闲等种种活动，然而职业生计，实为一切教育之根本，作者以前曾发表过“富教合一主义”的一篇论文(《教育与职业》一〇八期)中有一段话，兹引录如下：

“不错，读书、吸收知识、做公民，是人类生活不可少的要件，那末穿衣、吃饭，是不是人类生活的要件呢？不具公民的程度和资格，诚然不可以做人，但是他没有衣穿，没有饭吃，先不能保持他的生存，虽想做人，试问又从何处做起呢？平心而论，我们对于不识字、不明理的饱食暖衣的一类人，劝导他去读书，勉励他去做好公民，这是千应该万应该无丝毫疑惑的事；若是对于饮食不饱、衣袴不完的人，不管他生活怎样，一味督责他去读书，去做公民。纵然他勉强答应你，能有效么？”

确然的，要求社会教育有效力，非从改良人民生计方面入手不可。实施职业教育的纲要，一在调查一般民众的生活职业状况，二在指导民众增加生产的方法，三在指导民众组织合作社，如信用合作、消费合作、生产合作等等，对于民众经济方面有所裨益和帮助，则一切进行，自可格外顺利了。

(原载《职业教育》，江恒源、沈光烈著，正中书局，1937年)

中华职业教育社农村改进事业概况

引　言

本社各农村改进事业机关,一年来工作,无特殊之点可以报告。惟根据本年二月九日本社专家会议及评议员会通过之“复兴民族目标下之青年职业训练具体方案”,于青年训练特加注意耳。兹就各事业机关之概况,报告于下:

属于附设机关者

1.徐公桥乡村改进区。属江苏省昆山县,十七年四月开办,二十三年七月试验完成,交归地方人士接管,仍由本社负监督指导之责。现已扩大为昆山县自治实验区,区长即为徐公桥青年领袖,兼任民众教育馆馆长,实行政教合一试验。义务教育堪称满意,区内由一个中心小学负统率责任,其下有两个领袖小学协助一切,每个领袖小学之下,另有许多分布小学,力量一贯,效率大增。成人教育由民教馆领导各小学办理,另由本社每学期拨努力奖励金一百五十元，凡办理成人教育成绩优良者，给以 5 元至 30 元奖金，颇有成效。现正按照省颁强迫识字办法，积极办理。合作社益臻健全，公共仓库由社员自行管理，设有分库多处。警管区试验，在国内为嚆矢，苏省政府特指定昆山全县为警管区实验县，即以自治实验区为实验中心，区内户籍保甲禁烟禁赌治安卫生，均有相当成绩，得力于警管区者不少。其他改进会、青年团、保卫团、农事改良等，仍照常进行。

2. 中华新农具推行所。十八年十月成立，推行达十七省市。年来于北方土井汲水试验已告成功，河北定县首先采用，陕西赤水合作社，南郑水利局等继之，北方农田灌溉困难，已有相当解决。近复从事小马力木炭引擎试验，成效亦极圆满，对于舶来品油类燃料，自可抵制不少。

3. 农学团辅导处。二十二年十月，漕河泾农学团成立，以自养养人，自治治群，自卫卫国，为总目标。有农村服务专修科团友二十八人，鸿英师资训练所团友十五人，经集中、分工、实习三时期，至二十四年十月方告结束。继于社中成立农学团辅导处，负指导团友服务，解决团友困难之责。目前，各团友分散各地工作，服务状况尚可满意，其分布地点如下：

专修科

上海沪西园场一人　上海强恕园艺学校一人　本社沪郊改进区三人

上海高桥改进会一人　上海三林民众教育馆一人　本社农村服务部一人

中国银行农村调查部三人　黄渡乡村师范一人　南京蒙藏

学校一人

浙江兰溪实验县二人　浙江湘湖乡村师范一人　江苏赣榆民教馆一人

河北保定师范一人　河北易县中学一人　广西国民基础教育院一人

广西柳州沙塘学校一人　四川建设厅一人　安徽特种教育处一人

江西特种教育处一人　浙江杭州师范一人　国内农村考察团编撰二人

病故一人

师训所

鸿英第一小学区,以上海县金家塘为中心,共三校,分四级,计六人。

鸿英第二小学区,以上海县赵家塘为中心,共三校,分四级,计六人。

鸿英第三小学区,以上海县张家塘为中心,共二校,分三级,计三人。

专修科团友四人,曾于去年三月,会同科外同志一人,组织国内农村考察团,经粤、桂、黔、滇、康、川、鄂、赣、皖诸省,于上月返沪,费时十阅月,行程二万里,深入农村,备尝艰苦,所获材料,殊为丰富。现在该团团友二人已入中国银行农村调查部,二人在社编撰考察报告。该团到处受人欢迎,对于宣传本社宗旨,发扬民族精神,颇得各方好评。

4. 沪郊农村改进区。在上海县沪闵路,二十三年七月成立,预定三年完成,其步骤分倡导、协作、自主三期,用最经济的人力财力,作广义的教育试验,以学校为中心,逐步推动农村改进,使学校与社会打成一片,教、政、富连锁合一,辅助完成地方自治,藉以树立区单位,村单位农村改进之轨道。目前工作区,有九百四十四户,四百零九十四人,内男子二百零五十八人,女子二百零三十六人。现有事业,略如次列:

(1)组织。会员大会,会员一百五十三人。委员会委员十一人。总办事处,设赵家塘。办事处,分设赵家塘、金家塘、毛家湾,张家塘四处。分会分设倪家桥、张车、乔家塘、何家塘、王家桥、王家塘、邹家塘七处。儿童作业团成立四团,有团员一百九十二名,实行课余为公众服务,以为重要作业。青年服务团,成立四团,有团员八十九人,隐然为农村中坚,作各分会灵魂,于事业推进颇得助力。壮丁队一百三十二人,实行守望,最近一年内,全区无盗窃案发生,经县政府检查,认为满意。救护队成立四队,队员九十三人,授以战场救护技术,作万一准备。保甲组织完成,保甲长训练所开始训练者四保,将继续办理。全区工作人员讨论会,检讨全区工作。他如户长会,妇女家政会,俭德励志会,婚嫁改良会,均已先后成立。

(2)教育。全区设立小学十所,学龄儿童七百四十五名,入学者五百六十六名,未入学者一百七十九名,较未设改进区前增加就学儿童四百一十六名。民众教育场十处,分青年班,妇女班,成人班三种,现全区在教育场受教育民众七百二十一人。并有流动教育团,识字指导团,话剧团,音乐会,读书会等,全区识字民众一千一百二十一人,不识字民众一千五百四十人,较前增加识字民众八百二十一人。

(3)经济。合作社一,合作农场八,贷本处一,生产互助社一,鱼池三,菱池一,植树二千,并举行农产展览会,提倡改良土布,介绍优良种子,养猪养鸡,近正试养乳牛。

(4)卫生。诊疗所一,简易诊疗所三,简易药库七,一年来区内外民众就诊者二千五百人以上,一年来无疫病发生。改良公用水桥五,改良厕所十八,垃圾箱十四。开办卫生训练班一期,受训练之工作人员及青年农友四十五人。卫生讲演会三次,助产训练一次,种痘八百余名,注射防疫针五百余名,施送卫生药品,检查体格,救济老弱等。得沪郊农村工作协进会卫生委员会之助力,该区卫生工作,有特殊发展,现协进会卫生委员会将在区内设立办事处,常驻医师一人,助产士一人,负责指导,如能实现,其结果更可圆满也。

(5)建设。公园二处,作息钟四座,桥梁五座,泥路半里,开河五处,简易测候所一处等。

属于代办机关者

1. 黄墟农村改进区。在镇江东之新丰,以前受江苏农矿厅委托,与地方人士计划办理。十九年十一月开始,于垦荒、植桑、育蚕、改良水利、推广改良猪、扩充民众教育、办理壮丁队,均著成效。现在以镇江县立师范为中心,而黄墟小学辅之,于义务教育,已告显著进步。自农场成立,尤得农民信仰,一切农事,较前大见改进。

2. 观澜义务教育试验学校。在昆山县徐公桥之固巷村，由本社董事长钱新之君独立创办，二十年四月开学。试验本社前董事袁观澜先生所主张之推行义教办法，藉作袁先生一生尽瘁义教之纪念。二十四年八月交归地方接办，由本社略助经费。并负责指导。关于徐公桥全区义务教育之推行方法与成人教育之实施方法，每由该校先为试验，然后推及全区。

3. 农光乡村小学。二十年七月开办，在浙江余姚之诸家桥，原名诸家桥小学。由夏杏芳君委托代办，除学校教育外，并及社会教育，年来于迷信之破除，卫生之实施，治安之维护，尚有相当成效。

4. 鸿英乡村小学。二十三年七月开始，在本社附设沪郊农村改进区，由鸿英教育基金委员会委托代办，现有校本部三，分校六。试验以学校为中心之农村改进，与沪郊农村改进区联络办理，其结果尚可满意。

5. 丁卯农村小学。本社前董事现评议许秋帆君创办，二十二年三月，经校董会议决，委托本社办理。校在镇江西之太平乡，环境复杂，人事应付，颇感困难，经二年来之努力，基础渐固，充实学校内容，试办民众学校，地方农民日渐信仰，并已设立分校二处。

6. 熏德乡村小学。在江苏东台县溱潼湖北口，本社永久社员田幼陶君创设，二十四年七月交由本社代办。现正积极整理，充实内容，上学期举行水灾急账募捐运动获有成效，整洁运动亦有良果。

属于合作机关者

1. 三益改良蚕种制造场。在镇江西之桥头镇，十九年三月与镇江女子职业学校，上海中华职业学校，及各方人士合资创办，主旨在用科学方法改良蚕桑，提倡女子职业教育，改进农村妇女生活。所出蚕种颇受欢迎，前者丝价大跌，种价随落，本场努力经营，幸能维持。年来试种果树，试养羊兔，以为附近农民示范，并办理成人教育，附近成年男女入学者百人。

2. 荻山自治实验乡。在上海县第四区，二十三年二月上海县教育先进乔憩林君等创办，由本社合作办理。目前义教已普及，保甲组织完密，人事登记实行，壮丁队九十八人实行军训，冬季出防，盗窃赌博绝迹。诊疗所一，公共卫生、种痘、注射防疫针，均有成效。改良棉花，合作社消费信用二部业务特别发达，鱼池五处。半年来成人识字教育强迫实施，有识字学校三，女子自动识字团一，拟于一年内，将所有文盲，全数扫除。破除迷信，则有劝禁清明，拘捕女巫，利用庙宇，亦见顺利。他如筑路二里，修桥三座，均相机进行。每月有保甲长全体会议，讨论全乡事业进行，到者大半于乡事颇能发表意见，会议时由本社派员列席指导，并报告国内外重要消息，灌注民族意识，唤起爱国情绪。最近上海县立三林民众教育馆就该乡设立基本施教区，此后进行，益多助力矣。

3. 长安小溪口改进区。在浙江长兴安吉二县交界处，为当地领袖雷儆寰君托由本社计划合作办理，二十四年二月开始。

目前小学校舍落成,仓库成立,保卫团积极整顿,青年服务团团员三十七人,颇能热心工作。

4. 上海县立道南小学。在沪闵路毛家湾,设立多年,本社沪郊改进区成立,该校适在区内。二十四年八月,商得上海县教育局同意,订约合办,以贯彻本社对于农村小学社会化之主张。近来在沪郊改进区总办事处整个支配之下,于壮丁训练,保甲组织,成人识字,极见努力。而小学儿童自二十余名增至五十二名,尤为该校渐得农民信仰之凭证。

(原载《乡村建设实验》(第三集),梁漱溟、江问渔,乡村工作讨论会编,中华书局,1937 年)

青年与职业

今天的讲题，是“青年与职业”这个讲题意义，可以分为三层说明：

（1）青年对于职业的关系怎样？

（2）职业的目的及其重要性对于青年生活所发生的影响怎样？

（3）青年对于职业所发生的问题有那几样？应该如何解决？

我很希望把这讲题中所包含意义说明了之后，一般听众，尤其是一般青年，能够得到一些关于解决职业问题的知识。

一

先讲第一层青年对于职业的关系怎样？

青年时期，在个人的生活过程中，可以说是“黄金时代”，这是就个人说的；要是就社会的观点来说，青年是组织社会最重要的分子；因而一个民族，一个国家的组织，皆要以青年为中坚，为主干。

青年时期，既是这样重要，那么，在这时期中所发生的问题，当然也比较多,归纳起来,却不外下列三种。那三种呢?(1)是修学问题,也可说是求知问题;(2)是婚姻问题。也可说是求偶问题;(3)是职业问题,也可说是谋求工作问题。职业问题中还包含着许许多多小的问题:例如如何选择职业啦?如何学习职业啦?如何能够得到适合于个性,而又有益于社会的职业啦?如何能因个人的从事职业,而促进社会文化的进步,国家力量的生长啦?

修学问题,固然是关系个人知识的增进和教育程度的提高;但是修学最后的目的,也还是为着帮助职业,使从事职业的知能增加,于此可见求知的问题,是不能离开职业的,若是离开,便失掉求知大部分的效用和意义了。

修学问题,和职业问题有关系,不必说了。再说婚姻问题,那是关系种族的生存和繁殖,可是职业问题如果没有解决,婚姻问题也会受到很大的影响啊!反过来说,职业问题要是先能够圆满解决,那非但可以组织成一个圆满而又健全的家庭,并且还可以增加职业上的许多助力。因此可以证明,婚姻问题和职业问题,也有着不可分离的关系。

说到职业问题和青年的关系,那就更大更重要了。我们人类生存的目的,可说是有两方面:(1)谋个人身体的安全;(2)谋社会的福利。这两种谋求,比其他一切问题,皆来得重要,我们相信青年时期,是个人幸福基础建筑的开始,也是对于社会建筑幸福道路的开始;我们假如能在青年时期把职业问题解决得很妥当,把一切关于职业的事件安排得很顺利,那不但是个人的莫大幸事,也是社会国家的莫大幸事。

固然中年壮年乃至老年人,也有着职业问题的发生,但比较起来,绝不能如青年所遇到的职业问题那样迫切而严重,青年时期的职业问题,是关系整个社会的利益。因为青年时期的生活,可以直接间接的影响到整个社会国家的兴衰。故青年时期的职业问题,无论从那方面看,皆不能不加以特别的注意和研究,以期谋得适宜的解决。

我们极端希望中国的青年,要做个现代的青年,同时也希望中国的青年,要从事于现代的职业;现代的职业是和科学发生关系的,是比较复杂的,是要为社会谋福利的。所谓现代青年,我以为是这样的:他能做国家的生产分子,他能做推进社会文化的原动力,他是一个职业乐园中的工作者;他的身体是健康的,他的知识是丰富的,他的技能是娴熟的,他的精神是愉快而活泼的,他的思想是不断向上的。以现代青年从事现代职业,他的职业当然可以安定了。他因职业安定可以组织美满的家庭,他因职业安定,可以得到补习学术的机会,他因职业安定,可以享受高尚的娱乐。在没有得到适当职业之前,修学问题固然可以解决,在得到了职业以后,修学问题更可以解决。至于婚姻问题,因职业问题的解决,当然更可以格外圆满。如此,在青年时期已经立定了个人幸福的基础。集个人而成社会,由青年而至壮年,那末,社会幸福的基础,也就同时可以建筑稳固了,于此可见人类的一切生活,根本皆寄托在职业之上,而人们在青年时期则是含苞欲吐的一朵鲜花,藏璞将凿的一块美玉。请看,他和职业的关系是何等重大啊!

二

刚才是讲青年和职业的关系,现在再回过头来从职业上说一说,职业的目的是什么?职业的重要性何在?职业的目的和重要性对于青年生活的影响怎样?

我们先要问一问"职业是什么"?那末,答案是"职业是谋求个人生存和谋求社会福利的人类必不可少,必不能少的工作"。他的目的是为人群服务,一方发展个人才能,一方增进社会幸福。

我们知道现代的职业,和从前简单的旧式职业组织是大不相同的,无论用手、用脑或手脑并用,都和科学有密切的关系,因此职业必须训练,必须指导,必须选择,而且这几层,一定要在青年时期做好;倘若今日青年不能从事于现代职业,则青年的本身,固然苦不可言,而现代的国家社会,也要受到极大的坏影响。

我们更要知道:(1)职业是具有"普遍性"的,凡是人类都应该从事职业,只要你的身体不是残废——就是残废,也还有一部分的特殊职业可做,除了精力衰弱不能工作者外,可以说一生中没有脱离职业的时间。(2)职业是具有"平等性"的,无所谓高贵,也无所谓低贱,祇要个人能够得到物质的供给,以维持生存;社会能够得到事业的发展,以增进福利;这些职业皆是应该存在的。(3)职业是具有"进化性"的,旧的可以改造,新的可以创造,凡是从事职业的人,都要具有这种改进职业的向上心,以促进职业的发展,职业的发展,也就是社会文明的进化。青年时期,年富力强,本着乐业的兴趣,从事于职业的进展,当然效能是特别的大。可是反过来说,如若关于青年的职业问题不能解决,或解决不当,则弊害发生也是不堪言状啊!

还有一件事,更要特别注意的,就是从事职业的,要抱着极大的服务心。“服务心”是什么?就是“超职业的精神”;职业的工作,原是用自己的劳力,供社会的需要,同时得到社会物质的报酬,这是为个人的生存而工作的,如若有时利用职业工作以外和余时余力,为社会无条件的帮助,这叫做社会服务,这种社会服务的精神,也就是“超职业的精神”。如若在工作时间以内,精神特别紧张,工作特别努力,兴趣特别浓厚,不计较工资的多少,只知向前努力,以为这样才可表现伟大的精神,才可把自己的人格特别提高,这也是“超职业的精神”,也是社会服务。在青年时期,就应该把这种精神充分的养成,充分的发展,因为这种精神是个人立身处世的道德基本,也是增进社会幸福的渊源。若是这种精神欠缺了,虽然获得职业,未必即能服务,不能服务,就是不能有益于社会,有益于国家民族!

如此说来,可以明了现代职业的目的,和他的重要性了;这种目的和重要性不是对于青年在在要发生很大的影响么?青年要解决一切职业问题,不是应该先把这一些道理彻底了解么?

三

最后,再来讲一讲青年对于职业所发生的问题有那几样?应该如何解决?

青年时期对于职业上所发生的问题,当然很多,假如要一一的列举出来，恐怕为时间所不许，现在只好把比较重要的几点提出来说一说。

（一）选择职业问题

要从许多职业中选择一个适合于个性，而又能为社会国家谋福利的职业，这就是择业的问题，这问题可以说包含着次列两项：

（1）拿入学校读书来说吧：凡是预备要进职业学校或某种专科学校，或是预备进大学的，这些升学问题，可说皆是为预备职业而起，当然也就是职业问题，因为要预备职业，就不能不学习职业啰！所以升学问题，也可说是择业问题，这是一种。

（2）拿学成就业来说吧：学校里毕业了，要找寻一个适宜的职业，农业啦？工业啦？商业啦？听你选一样去工作。可是同一农业，同一工业，同一商业，其中也有好多样，究竟去就那一种呢？当然要加以选择，这便是择业问题的正宗。

（二）训练职业问题

在学校里学职业，固然是职业训练，就是在学校中受过相当训练，到了职业界里，还是要经过相当的训练！因为职业界的情形与学校中所接受的教材多少总有些不同，假如不加以适当训练，那末你的工作一定不能十分娴熟，故这训练问题，实在也是很重要的。

（三）就业和改业问题

职业已经选定了，训练也受过了，跟着就要发生就业问题，换句话说，如何可谋适宜的职业，开始你的职业生活，这一件事，也并不是简单的，尤其是今日的中国社会，更是十分困难，如何能得着一个相当职业呢？还是自荐呢？还是求人介绍呢？现在有没有人,有没有机关可以代人介绍呢?自荐的方法又是怎样呢?就业前的观察和就业后的体验,如何才能适当呢?这一切的一切,都是问题啊!

假定上面所说的一切问题都解决了,可是就业不久感觉到个人对于本业不适宜,感觉到不发生兴趣,甚且觉得痛苦,于是就有“迁地为良”的意思发生了;这样一来,改业的问题,不是又成立了么?究竟应不应改业?凭着自己的主观,对不对?改业的意见发生,是否因了一时的冲动?或另有误会?改了以后,与自己的前途有无妨害?如决定要改,应该改就什么职业?这一切的问题,都得细细的考虑,谋圆满的解决,否则就有把自己光明的前途毁灭于无形中的危险!

(四)升进问题

从事一种职业后,当然要希望自已地位的升迁,职权的扩大,并且因为经验的丰富,职业范围的扩张,对于社会贡献的效能也希望能够增高,这种需求,可说是人情之常,在青年时期,这种需求的欲望,恐怕更强烈,这当然不能说是不好。可是,如其不认请一定的标准,随便营谋,过于活动,其流弊也是很大。因此,升进之后,必须使个人与社会都能得到利益。换句话说,一方面要使个人的才能可以得到发展;另一方面使社会的事业也可得到进步。这个问题,还不算重要么?

(五)职业的成功问题

成功固然不是绝对的名词,但在各种职业中,都有成功的希望和机会;青年人的向上心很大,盼望成功的思想很旺盛,可是成功并不是躁进可以得着的,也不是专靠外表活动所能有济的。

要走成功的道路，一定要有相当的条件，这些条件，如何决定呢？决定条件以后，如何去履行呢？这皆是问题。如若不幸把道路走错了，非但不易于成功，反而有失败的危险，因而这一个问题，也是非常重大。

以上所说的五个职业问题，要想一一的圆满解决，当然不是容易的事，并且各人有其不同的实际情形，自然不能一概而论，因此不能定下一种公用的方式。可是有两项根据，却是解决职业问题时所不可少的。那两项呢？（1）研究个人；（2）是分析职业。因为要解决任何职业问题，先要明了个人的情形和职业的状况；个人方面，如体力、个性、兴趣、志向、才能、环境等；职业方面，如内容、性质，工作种类和时间等，都要观察清楚。同时青年职业问题的解决，固然要依靠自己，但是有经验的师友家长，也得从旁辅助和指导，因为个人的观察和考虑，总难免有些不周到的地方。同时还希望社会上多设立职业指导机关，专负帮助青年解决职业问题的责任。至于学校的师长，更应该常常注意到学生的职业问题，切实加以指导。

我们要认清青年职业问题关系异常重要必定要得一个适当的解决办法，国家民族，才能立定稳固的基础。我极盼望各方面热心爱护国家，爱护青年的人们，一致起来，注意这一个重要问题，共同谋一个解决的办法。

（原载《广播周报》，1937 年第 121 期；转载《播音教育月刊》，1937 年第 1 卷 第 5 期；转载《青年之友》，1937 年第 1 卷，第 1 期；转载《职业与修养》，1939 年第 1 卷，第 8 期；转载《浙江青年》，1941 年，新 1）

升学就业指导概说[①]

升学就业指导的重要

升学就业指导,在人生问题中是一个极重要的问题,因为一个人的求知识和谋职业,是人生必要的条件,倘若处理得不当,那么好像一个无舵之舟,终不能圆满地达到彼岸。一个人的性情、兴趣、能力各有不同,倘若能因势利导,可以得到长足的发展,个人与社会,双方都有利益。否则事倍功半,个人固然吃亏不少,社会也蒙受很大的损失。这一个重要关键如何来调协,那全是指导工作的责任。

就个人言,升学就业有了适当的指导,可以知道自己的情况和学校的内容以及社会的需要,可以有所准备,不致盲撞而受到无谓的损失。可就自己所长,努力进取,藉以获得圆满成功。

就家庭言,现今父兄对于子弟学费的负担,已感很重,如果升学不当,经济将更感窘迫。即就业而言,如果用违所长,辗转

① 作者:江问渔、沈光烈。

改变,毫无所成,其损失与痛苦将何如,都有很大的关系。

就社会言,社会所需要者为适当优秀之人才,谋一切事业之发展。青年升学就业得当,各能发挥其特长,为社会应用,自然是社会之福;反之,青年未能用其所长,社会非但不能蒙其利,而且说不定还成一种隐忧,所以实施指导是极感重要的。

升学就业指导的意义

升学指导和就业指导,事实上只是一个问题,不过是有先后之别罢了。因为升学的目的在增广知识,培养技能。知识与技能,是个人谋生与服务社会的工具,换句话说,就是从事职业的预备。就业指导,是升学指导的结果,所以举行升学指导的时候,已有就业指导的意义包含在内。美国名教育家鲍比特氏在他所著的《课程论》里,很明显的说:“人类在求学时代的种种生活,都是为着将来的社会生活。”社会生活的含义固然很广,而“职业”和“服务”,当然是他最大的成分。因此我们可知升学和就业,实是一个问题,不过是升学在先、就业在后的关系罢了。

如从其先后关系,再加细密的分析,确定其意义,那么亦稍有相异之点,兹分述于下。

升学指导是根据青年的个性、智力、体力、家庭状况等,帮助他们升入某种学校,选习某种科目,并且指导他们关于升学的种种预备事项,使他们不致于误入不适宜的学校,或误习不适宜的科目,虚耗精神、时间和金钱,而难于成功。就学校方面讲,可以不致于收进不适宜的学生,减少教育的效率。

就业指导是根据青年的个性、学力、体力、家庭状况等，帮助他们选择职业和介绍职业，使他们不致误选不适宜的职业，浪费精神与时间，而难于成就。就职业界方面讲，可以不致于录用个性能力不适宜的人才，阻碍事业的发展和进步。

升学就业指导的演进

升学就业指导，是职业指导工作的一部分，不过是最重要的一部分。在没有职业指导以前，升学就业指导当然也没有产生。所以职业指导的演进，也可说是升学就业指导的演进，因为职业指导能包含升学就业指导的缘故。考职业指导的含义，至为广博，除升学就业指导职业介绍外，关于人事方面的还有婚姻指导、康健指导、法律指导，等等。但最初的职业指导，都偏重于职业介绍一项。例如欧洲各国大战以后，即发生严重的失业问题，因此引起政府及社会人士对于职业介绍的注意，因从事职业介绍而渐及于职业指导的全部。日本近年来职业指导事业发展至速，但仍袭用职业介绍一名词，更可证明职业指导的事业，实滥觞于职业介绍。至于具体的，有组织的，合乎科学方法的职业指导，要以美国波斯顿城为发源地。当时波斯顿大学教授柏尔森氏（Frank Parsons），感觉大学生对于职业问题，大多一知半解，茫无所从，乃提出一部分时间来，做指导学生对于职业预备的事。1908 年波斯顿地方设立职业局（Vocation Burean），他便辞去教授职务，专做职业指导的事业，后来传播到美国各城市，渐渐又传到欧洲各国及东邻日本。

我国的职业指导运动，只有十余年的历史。民国八年中华职业教育社设“职业指导股”，提倡宣传，唤起国人的注意，随后又设立“上海职业指导所”，以为实施的机关。学校方面，以清华学校为最早，后来各著名的中小学，都相继的进行。近年来因社会不景气，需要迫切，故发展颇速。

升学就业指导的要则

升学就业指导较大的目的有三：(1)使父母学生，及教师方面知终身事业动机之紧要，加以审慎周详之考虑；(2)学生离开学校之后，尽力使其获得适宜个性的之工作；(3)学生就业以后，时常与之接近，尽辅助之责；如有需要之时，应建议力求进步及升迁之方法。兹述施行指导的要则如次：

(一)指导者应处辅导地位，不能处于代决地位。学生升学，愿入何科，或就业愿择何业，指导者只能分析、建议、鼓励与协助，尽量贡献意见，不能代为决定，因为这是受指导者的事，指导者的责任，不过帮助谋得一个圆满的适应而已。

(二)施行指导，应以事实为根据，科学为方法，来谋解决问题，对于各方面的情形，都应有详细的考查和深切的了解。如各学校的内容、设备、科别、教师、特点等，职业界的情形，每种职业的内容、容量，需要何种资格，报酬、擢升机会等，以及被指导者的能力、兴趣、品格、志愿、家境、经济状况等，都能真确明了，指导才能顺利进行。

(三)指导者应与被指导者，多个人接触的机会，因为人类非器械，有感情与特性的。如完全以机械的呆板方法处之，则去指导的本旨太远。而且人是有可塑性的，他的能力在相当限度以内，可以增加，同时品格、兴趣、志愿等，也可以变更，所以个别谈话，是很重要而不可忽视的。

（四）指导者应有专门的研究和深切的兴趣。指导工作，现已渐渐成为一种专业，担任指导之责者，必须有充实的学识，专门的研究，才能胜任。因为工作的圆满与否，与主持的人才，关系极大，不能不特别审慎。

升学就业指导的实施方法

升学就业指导，应有四个步骤：（1）事实的搜集；（2）事实的传布；（3）个性的考查；（4）实施指导。事实的搜集，是在调查各学校的内容和职业界现状，如性质、环境以及特殊之点，作基本的组织。事实的传布，即将所搜得的材料，加以分析整理，供学生的参考。同时指示阅读书报，举行讲演，参观实习，以作印证。个性的考查，包括许多方面，如体格、智力、特殊能力、兴趣、品格等。考查的方法，不外两种：一是应用客观的测验，二是主观的评判。材料务求正确，方法务求精密，必须真能达到所要测量的能力。三步工作完了以后，则一切情形，均可明晰，在实施指导的时后（原文如此，似为候之误。编者注。），不致有所隔阂了。至于实施指导的方法，以前中华职业教育社沈有乾、钟道赞两博士曾拟订过大中小学校实施职业指导的办法，颇切实际，兹摘录其要点如下：

（一）小学方面

（1）组织升学及就业指导委员会；（2）施行各种调查；（3）实施职业陶冶；（4）举行升学及职业讲演；（5）征求学生家长意见；（6）实施指导，7 设立暑期升学补习班

（二）中学方面

除依照小学实施者外，应补充下列各条：（1）参观职业机关及比原校上一级之学校（如专科大学，或高中等）；（2）举行普通职业之初步调查；（3）阅读关于职业之书报；（4）举行个别谈话，注意其品性思想及一切困难问题；（5）举行名人讲演会，注意人格及求知等问题；（6）设置奖学金及贷学金名额；（7）联络职业界及上一级的学校，以谋学生服务及升学之便利。

（三）大学方面

除依照中小学实施者外，应补充下列各条：（1）注意课内自修课外活动；（2）充实图书馆及实验室内容，注意管理及指导人之人选；（3）举行职业调查及问题研究；（4）令学生拟具求学与服务之方针，以备个别研究；（5）实习各种工作；（6）组织职业介绍委员会；（7）毕业生服务指导。

升学就业指导的圆满成功

升学就业指导要达到圆满成功的目的，应注意三方面的联系：一是青年自身的认识与觉悟，二是学校与家庭的联络，三是社会职业界的沟通。兹阐述其要义如次：

青年是升学就业指导的基本因子，要求充分发展能力、适合

性情、满足生活、合于理想之希望，必须切实认识自己、明了自己。譬如个人环境、品性情绪、兴趣嗜好等，应先有过考量，以为指导的依据。同时应该打破虚荣的观念，避免盲从的态度，排除速成的心理，不要用违所长，不贪眼前便宜，更不可存着不劳而获的念头，须有“利居众后，责在人先”的精神，脚踏实地的努力干去，才有光明的前途。

学校与家庭应有充分的联络，因为家庭状况，不但与学业有关，对于整个生活，亦有影响，例如家中没有人指导，或没有适当自修的地方，可以影响学业。又如家境困难，不能供给求学的经济需要时，即或勉强不辍学，精神上亦不能与常人一样。类此问题，均应设法调剂。同时家长态度，如不能与学校取一致步骤，也将陷于无所适从之苦。所以学校与家庭，应有切实合作，否则很难成功。

至于社会职业界的沟通，当然更属重要，因为升学就业的归宿，不外职业问题。这种指导事业，本来非少数人所能胜任的，应群策群力，上下合作，才可收效。学校方面，固然要有主持实施的组织，社会方面，也应常有专门机关，推动进行。而政府方面，尤应有统一的计划，俾能精密合作，联络施行，藉以收得圆满的效果。

（原载《教与学》，1937年第2卷第11期）

职业教育[①]

——在中华大学讲

今天来贵校得与诸位同学见面谈话,兄弟是觉得非常愉快的。刚才承陈校长过分的介绍,那是不敢当的。陈校长出了“职业教育”这个题目要兄弟来讲,兄弟是主持职业教育的人,自不能不来和诸位一谈,因为事先没有准备,所以今天只得就职业教育方面的几个比较重要的问题拿来分析一下。

职业是什么

所谓职业就是三百六十行,也就是我们所习知的“士”“农”“工”“商”都可叫作职业的。不过,职业这两个字,在我国自来是没有把它弄清楚的。如同吃饭一般,人们只知道是不可少的,却不知道它的实在用处。我们现在研究职业教育的人,对于业职(原文如此,应为职业之误。编者注。)这两个字的真义,自然不能不首先加以研究的。

① 江问渔先生讲,王靖国笔记。

所谓“职业”在狭义方面说来，是与“服务”二字有别的。“职业”就是一面做事，一面拿薪水。而显著的“服务”则是不讲求报酬的。例如贵校各位先生们在这里教书要支薪水，这就是“职业”。又例如兄弟在这里谈话，是没有受报酬，就不能说是“职业”。

明白了“职业”的含义，现在我们再将“职业”的特点分述一下看看。

第一，职业的平等性。社会上一切“职业”都是有平等性的。我们仔细观察，上至国民政府的主席，下至街上拉黄包车的车夫，他们同是做事，同是为供人类的需求而得报酬，所以他们的职业是平等的，并没有什么高低之分的。假如我们今日还以地位的高下来分职业的高低，那是不对的，不过职业虽不分高低，却是有正当和不正当之别，这点是我们所不可不知的。

第二，职业的两利性。职业是有两利性的，譬如理发，在理发师方面是藉此赚钱以维持他们的生活；在顾客方面则藉此得着正当修饰，是主客双方，两得其益，故谓之两利性。倘若我们作事光利己而不利人，或是光利人而不利己，那都不能视为“职业”。

第三，职业的受酬性。职业者间，一买一卖，一主一客，互相得着所赏代价的利益。因此，它也含着有受酬性。

第四，职业的进化性。我们在今日社会一般情况之下，固然承认拉车是一种正当的职业，可是我们并不满足。我们希望这种职业不会继续存在的。因为同社会其他情势一样，我们的职业是有进化性的。我们愿不久的将来，用电车和汽车或其他交通利器来整个的代替人力车。我们也愿由今日通用的木质马桶而进化到全用抽水马桶或其他不能想象底形质的东西。不过，话虽如此，职业本身是不会进化，欲求进化，那是非经过相当的训练不可。换言之，即是非需要教育的培养不可。

职业教育的实施

从前我国人在士农工商中，只认士有学而农工商无学，所以我们中国的农工商三业一辈子都没有进步。我们知道，在外国却不然，他们以士为行之本，农工商三种职业都是使之尽量教育化科学化的。所以各方面都有进步。我们中国是把士农工商成直线的截成四段，使之绝然分开，故结果恰恰和外国相反。我们提倡职业教育就是在打破这种分段法，使之得到进步。

现在再谈到实施职业教育的组织罢。首先我们大家知道各种职业学校是实施职业教育的机构，那是无疑义的。不过普通有个错误的观念，就是大家以为只有职业学校才是实施职业教育的机关，其实这是大误特误的。因为除此之外，职业教育还有其他重要的设施。这种设施就是我要次第谈到的职业补习教育和职业指导所。

职业补习教育就是教育那班知识浅陋文化程度低落而在商店工场及各种机关服务的人员。因为据我们所知，在这些商店工场里面，知识缺乏的人要占百分之八十至百分之八十五以上，而已经受训练的不过占百分之十而已。所以为要培养他们的道德，增进他们的技能，提高他们的知识，就非使他们受教育不可。

我们采取了职业补习教育的方法以救济他们的失学,使他们不致被排于教育之外,其目的即在这里。

再职业补习教育还有几个特点。我们认为:(1)职业补习学校是附设于各学校机关和商店之内,因此它的设备极为简便,开办以来,并不需要许多经费的。(2)因为创办容易,所以不收学生的学费,凡志愿入学的,都可以自由入学。(3)普通的学校,功课太多,其中有许多学科并不切学生实际需要。职业补习学校的功课既单纯,又很切实用,学生们白日做事,晚上读书,如若对工作发生困难,到晚上便可以得到解决,所以在职业补习学校学十分便得十分。(4)有许多青年在高等小学毕业后,因为家庭贫苦无力负担学费而致失学的,心中总有点怨恨社会制度的不良。使自己求知欲不能满足。为要补救这种现象,我们可使这班青年入职业补习学校,使他们一面做事,一面求学,以提高他们的文化程度,免得他们怨恨社会。

职业补习教育既如上述,现在再说职业指导所,职业指导所内分:(1)升学指导;(2)就业指导;(3)服务指导三种。我们认为有些青年在未进大学之先,对于自己应入什么大学,应学什么科学,多没有衡量确定的把握。首先,应有人来指示他们,使他们不致走错路。职业教育者有见及此,故特设升学指导以指导将要升学的青年,按他们的环境志趣才能,教他们入什么学校,学什么科学。其次,青年在毕业以后,多半对于社会的情形,不甚清楚,因此自己究竟能得到什么工作呢?做什么事好呢?一时都不能解决的,在这种情形之下,他们也还需要指导,于是职业指导所又为他们设就业指导,为他们解释疑难,并且视其才能，为他们介绍职业。再则，青年们就业以后，他们对于自己的工作是否发生兴趣，是否能胜任下去而没有困难，职业教育者也顾虑到了这点，仍旧继续指导他们，使他们得到圆满结果，这种指导就叫作服务指导。有了这三种指导，所以职业指导所的目的是指导青年求学就事和服务的。因此它的使命是十分重大的。不特如此，职业指导所还有一个特点，它是把青年学校和社会三方，紧紧连系在一起的，它一面抓住实业界，看他们需要什么人材，以便代他们物色；一面抓住教育界，将社会实际需用人材的趋势，随时打听好了告诉他们，并且为他们代青年找出路。这样一来，用人的人有办法，被用的人也有办法了。

总上三点看来，我们可以看的出，职业教育有三个台柱：一是正式学校教育；二是补习教育；三是职业指导。由这三方面通力合作，那末是一定可以实现我们总理的民生主义的。

超职业精神

我们通常所看到的那些按照规定时间办事拿薪水的人，严格地说来，那不过是一个平庸的人罢了。因为真正是个职业者，真正能为社会服务的人，应该有超职业的精神才对，我们知道，现在是国难期间，我们在社会上服务，除了在办公时间努力我们的职守外，还当利用余剩的时光来为社会尽更大的力的。我们是中华民国的国民，应当无条件的努力工作。这么才不是个平庸的职业者，才算得是个好人。不过好的程度是要看他的能力及予社会的影响大小而定。我们刚才虽说职业与服务不同。可是两者间也还有关连的。譬如当教师的,光在表面上不缺课不能算好的教员。好的教员要算实实在在的准备他的功课,多多找参考资料,以教授学生,使学生获得更多的知识,这么一来,此种人既在做事,又具有服务的精神——超职业的精神的。所以“职业”与“服务”是有关联的,我们认为职业是人人都应该有的。而就教育的立场说,我们不但认人人应该有职业而且还须人人有服务的精神,有超职业的精神才是啊!

(后略。编者注。)

(原载《中华周刊》,1937 年第 579 期)

《西南旅行杂写》序

《西南旅行杂写》一书为中华职业教育社农学团国内农村考察团向尚、李涛、钟天石、汪本仁、姚惠滋五君所合写。该团于二十三年春自处触发，历经粤、桂、黔、滇、康、川、鄂、皖诸省，行程万余里，费时十阅月，屡遭艰险，饱尝风霜，困苦奋斗，不断努力，始克完成此行，其志可嘉，其精神尤可佩。

当其考察之前也，有计划，有目的，有公约，组织严密，进行有序，绝非走马看花徒观察表面者所能并论，五君平素对于农村问题已有相当研究，根据其经验与理想作实地考察，以求有所印证，其重要意义实有三：

（1）以认清全国农村景况，俾对于全国农村景况有实在之概念，而后根据此概念，求一共通之改进方案，以贡献全国农村运动者之参考。

（2）以明了全国农民生活实在情形，尤注意于农民经济一年内之出纳状况，俾对于全国农民生活程度有所根据；而平均估计其经济之出入量究为多少，而后求其水平标准，根据此水平标准，以为改进农民生活。

（3）以考察各种族之特殊性格，近年来全国种族间之纷争，已数见不鲜，处此非常时期，益觉得险恶，故以相当之精力与实践，深入各种族部落间作真确观察，求其不同之特点，与其所以纷争之关系，抒论记实，以贡献国人，求其解决之道，期于民族国家稍有裨补。

由此可知五君志趣之所在，其愿望实甚宏伟。出发以后，努力从事，每至一处必作深刻观察，精密研究，不避艰险，务得其实。是书材料，仅为考察所得之一部分，用生动笔致记述各省特点，而于民情风俗、社会动态、民族实况、农村妇女等项，尤为详尽，叙事全凭真实，不啻写照，而五君之奋斗热情，更充满于字里行间，足使读者感奋兴起。书将付梓，乐志一言以为序。

江恒源于民国廿五年七月十六日

（原载《西南旅行杂写》，向尚等著，中华书局，1937 年）

中华职业教育社二十周年纪念感言

我是一匹行走不甚快的羸马，在中华职业教育社，任办事部职务，已经九年了。平日因为各方面的不断鞭策，似乎也曾尽过一些驽骀之力。可是回溯一下，九年以来，所办的事，成绩在那里，凭着良心，仔细的想一想，真是汗流浃背，惭愧欲死。

现在中华职业教育社二十周年了，一个社会团体，能支持至二十年之久，在今日，诚然不是一件容易的事。并且照全社表面上看，内部如研究，编辑，推行各股，不断的有研究报告发表，定期月刊《教育与职业》，已出到了一百八十五期，出版各类丛书，合计起来也有二百余种，为人设计，调查演讲，以及向各方通讯宣传，每年至少有二百余次，总称得是很努力了。外部试验机关，合自办，代办，合办，数近四十所。如历史最长的上海中华职业学校，现有学生一千六百九十余人，工商各科学生，未到毕业，已经有人来预聘，出路非常之好，其散在各地服务的，大多数尚能博得好评。如素为各方所重视的上海职业指导所，每日到所请求指导及求职登记的平均有五十余人，经所介绍职业成功的，每年有六百余人，各机关委托物色人才训练人才的，平均每月六十余次。如在上海所自办的职业补习学校，以及代办的职业补习学校，共有五所，学生总数，近四千人。并有业余图书馆一所，阅览借书，人数也极众。如农村改进事业，前在江苏昆山徐公桥，办了一个改进区，经过七年，已经把计划完成，交还地方了。现在又在上海县境内赵家塘，金家塘等处，办了一改进区，内有代办之鸿英小学七校，合办之乡村小学一校，专用以试验单式组织的乡村改进。全区以内，也有一千余户，四千余人。中间并且训练过农村工作人员两次。如劳工教育与无锡申新三厂合办。如新农具推行范围之广，及于全国。南京曾设办事处。湖北亦有武汉办事处，推广职业补习教育，极为顺利。江西省府并约为推员协助，推行百业教育，更算是有相当的效果了。然而按之实际，究竟对于国家，有多少贡献，此话真是很难说。

一个机关，一个团体，如系创立不久，成效未著，犹可说也；若是已经过二十年，期间就不算不久了。经历很久期间，仍无相当成绩，如何能委卸责任呢？兹当职教社举行二十周年纪念大会，我们正好借这个机会，做一个总检讨，把以往的缺点，一一列举出来，对病施药，共下决心，誓从二十六年五月六日起，结束以往，开拓将来，谋旧污垢的涤除，求新生命的活动。我虽是驽驽，却是很愿加入这一个革新队伍，再来一效驰驱，并愿把我对于职教社将来事业计划，就感想所及，略说一个大概。譬如医然，既有方案之立，则病状如何，已可略知一二了。

首在设法调整全部机构以期增加办事的效率

调整工夫，约有数种：第一，看每一机构的组织是否健全？

第二,看每一机构的行动,是否灵活?第三,看纵横两方的机构与机构间,统率联系,是否适当?看明白之后,即应妥为安排,妥为支配,务使人与事相称,以期才尽其用,事得其理。其旧有不良的障碍,必竭力排除之,旧有不良的习惯,必竭力洗涤之。如觉实力不足,且应加入新的健全分子,即使经费已感支绌,因此而益使负担增加,不免困难更甚,但是为求办事效率的增进,设特殊办法,亦为势理所应该。好在职教社二十年来,承政府及社会的培养,已极优厚,平日期望之殷,似与普通团体不甚一样;我以为只要机构能健全,办事效能能显著,逆知其对于国家社会,将有更大更多之贡献,则经济助力之获得,不见得就十分为难。

同时应认明工作方向切实努力并应把握住重心

从前职教社的全部教育方针,是所谓"灵肉双修"主义,即一方面注重生产职业的知能训练,一方面注重公民道德,服务道德,民族精神的培养,以此为两大干柱,譬如车之两轮、鸟之两翼,缺一不可。我以为这一种教育方针,是对的,是正当的,是有效的。近年来对于全部工作人员,更是极力提倡"超职业"的服务精神,以为一般被教青年的模范,我以为这更是扼要的。这种工作方向,总算是已经认得十分明白,十分正确了。至最近一二年来,默察社会情形,似乎因各方经济建设的特殊提倡,关于职业教育的需要趋势,又有两种很显明的呈现在我们目前:其一,便是职业补习教育,将随职业学校教育,大大发展,同时职业学校教育,也要适应经济建设,以设科施教。其二,便是内地需要职业教育中的职业补习教育,无论农工商那一方面,皆是日益殷切。尤其是对于已在职业界之青年,更是需要训练。因此职教社的全部工作,应认明这种方向,顺着趋势,并且要站在趋势的前线,把握重心,加倍努力,方可以继续以往的工程,完成未来的使命。

便要努力造成若干条轨道

这是这职教社常务董事黄任之先生常说的一句话,的确是很有道理。职教社二十年来,所办的事业,试问能有多少可以供人效法,换句话说,就是已经有了几条轨道,可以供人通行?倘是一件事人办我也办,显不出什么特殊之点,那也就没有什么意义了。诚然,不敢冒昧的说,职教社所办的事,可以做人家的模范,但是总应该能供人家参考,才不负设社研究试验的本意罢!如第一个试验机关上海中华职业学校,他是次社一年而设立,于今已十有九年了,总算还有一套机械工科实习教材教程,可以供人参酌采用。至于其他各科教材教法,有些已经编好,有些尚未编好,就是已编好的,是否就算定本,可以供人采用?尚不敢说。如职业补习学校,先后设立,已经有好几所,学生人数,也不算少,可是校数多,学生数多,就算能尽责么?所可贵的,在能编好一套一套的教材教法。现在主办人,固然对于此事,正在那儿努力,可是已成就的,实在还不多。如上海职业指导所,成绩也不算差啊,所立的办法程序,比较也不称少啊,可是要一套一套编成切实可采用的规条办法,还是有待于一番整理。又如农村改进事业，从前在徐公桥乱碰乱撞的做了许多年，总算积了一些经验，目前正在上海县境内施行以小学为中心的单式组织的乡村改进法，满意要想造好一套做法，以供各方采取，可是现在试验尚未完成，一时整套的做法，尚拿不出。就以上四项来说，如上海职业指导所，可以说，轨道已大致造好了，只待工程师把各节各段铁轨接合起来，便可通行。中华职业学校、轨道也有了一大部分。其他还是正在镕铁炼钢，测地筑路，这不能不说是职教社一个极大缺点。我以为职教社目前的惟一任务，是能在将来三年以内，造成职业学校、职业补习学校，职业指导，农村改进四条轨道，以备大家来驱车通行。并且这四条轨道，皆是复式的双轨或三轨。我们所以要调整机构，所以要认明工作方向，努力把握重心；皆是为着这一件事啊。心有所感，撮要一言，是否有当，还求本社同仁以及爱护职教社和热心职教诸君子批评指教。

民国二十六年五月五日夜作于中华职教社总办事室

（原载《教育与职业》，1937 年第 186 期）

中华职业教育社第十七届社员大会社务报告

（上略。编者注。）

此次本社在上海举行第十七届社员大会，全国职业教育讨论会第十五届年会，原是根据去年程度大会议决案执行。按理，年会及讨论会，均应在各省市轮流举行，并且时期皆是在暑假期内。去年大会所以议决在上海举行，并且在五月六日举行，最大原因，是为本年五月六日，是中华职业教育社的立社二十周年纪念日，要在本社所在地顺便举行一个简单而较有意义的纪念会。因为如此，三个会，就在此时此地合并举行了。

至于三个会的一切筹备事宜，当然是由本社办事部同人负责担任。在筹备时，大家觉得近年来各地所办的职业教育，进步很多，互相比较观摩，实在是很重要，因而就决定组织了一个职业教育成绩展览会，又因为筹备人手少，不敢把范围扩大，故出品的地方，只有上海一市，及附近上海市的江苏浙江两省。地点是在南市陆家浜中华职业学校内，今日也同时开幕。规模是很小的，可是就这三个地方出品来看，职业教育的确是进步许多了。

去年大会议决案执行情形，让午后举行第一次会议时再向各位到会代表及社员报告。此次大会筹备情形,说来也很简单,可以不必多叙。此时所要向诸位说的,就是本社办事部人手太少,能力又差,此次筹备,不周到的地方很多,同时又劳动了办事部以外的许多帮忙的朋友。这是办事部同人一方面应该表示感谢,另一方面又应该表示歉仄。

此次各方面交到议案,共有三十六件,到会代表及社员已经注册的,计有四百五十人,陆续到的,恐怕还有。此次各方面到会的朋友,各省市很普遍,远如甘肃贵州亦皆有朋友来,真可说是不远千里,不远万里了。关于本社所办事业,一切现状和历史,办事部在会前已经编印好了一本廿周年纪念特刊,大致都已写记进去了。内部工作,如研究,如编辑,如推行,还是依照去年年度开始时所议定的计划努力进行;外部试验工作,如职业学校教育,如职业补习教育,如职业指导,如农村改进等,虽然是基于事实的需要,略有增加,但还是没有多大变动。

其中有比较特殊一些,可以奉告于诸位,并且可以告慰于诸位的:

第一,在本社附属机关当中试验事业当中历史最久,规模最大的,是中华职业学校,他是次本社一年而成立,现在已有十九岁了,十九年前,是在一个浜的旁边,荒草地上,盖起几间房子,招收几十个学生,一点一滴的办起来的。当时第一任的校长,就是今天代表教育部长到会致训的教育部司长顾荫亭先生,第二位校长,就是现任京沪沪杭两路管理局的局长黄伯樵先生,今天也在座。现在全校学生已有一千六百九十余人。各班未到毕业时已经有人来预约任用,出路总算是好极了。毕业生在各处服务的，比较也还能博得一些好评。当然成绩说不上怎样好，并且设备方面，待补充的很多。去年承教育部考核的结果，在二十五年度内给予补助费两万元，同时补助本社的中英庚款。也有一大部分拨充到学校。目前校内，是设械机（原文如此，似为机械之误。编者注。）、土木、商业三科，下年度，拟再添设化学工程一科，现在正在筹备。

第二，职业补习学校，本社自办的原有三校，一在本社，一在上海三马路，一在中华职业学校，还有代办的一校在上海大马路，在一个月前因为事实上的需要，又在爱多亚路浦东同乡会即本处办了一个第四职业补习学校，这是承浦东同乡会协助合作办成的。四个补校学生合计起来近四千人，似乎数目，也不算少了。可是本社同人还是认为不满足，认为此种职业补习教育，还是未能深入职业界，还是未能普遍的帮助一切职业的改进，所以本年二月间，本社举行专家会议时，对于职业补习教育，曾经议定了一个比较特殊的议案，现在正联络各方来进行。他的主要方针，是注重分业分区的职工训练，先从调查实况编制教材入手，次乃及于培养师资，再次乃协助各业的组织，这是比较近于理想的办法，当然和目前所办的补习教育，不尽一样。现在职业补习教育，渐渐为社会重视了，不独上海如此，内地亦然，如江西省政府创办百业教育，很有效果，可知是“道不孤，必有邻，”并且他们当局，很愿意和我们本社合作，我们已决定派员去帮忙，这当然是一件很难得的事啊！

第三，去年秋间本社在湖北武昌，成立了一个武汉办事处，这是承武汉党政军实学各界公共协助，组织成功的，本社派有专员，在彼处主持，他所办的事业，一为职业补习教育，一为社会服务职业指导，一为短期职工训练，现在第一第二已经开办，当有成效。

第四，本社去年又和无锡申新三厂合作，试验劳工教育，因为彼处已经办了一个劳工自治区，他们愿意和本社合作，本社因为一向无此种试验，也就愿意接受，现在办理快一年了。

第五，从前所办的徐公桥乡村改进区，已经完成了，交还地方，现在又在上海县内办了一个沪郊农村改进区，区内有代办的鸿英乡村小学七所，合办的公共小学一所，是纯粹以小学做中心的单式组织的乡村改进区，希望能试验出一条轨道来，供大家参考，现在才办理两年多，还未有相当的成效。

以上五项，比较特殊一些，值得向各位先生报告一下。

但是，在本社办事部同人，仍然感觉得很空虚，感觉得不能副社会的期望。默察现在全国情形，社会的确是在那儿大进步，人心的确也在那儿不断的向上。尤其是对于经济建设一端，各方皆在那儿提倡，在那儿努力。那末，职业教育，也就不能不跟住赛跑了。尤其经济建设，需要人才，人才何来，不能不希望到职业教育，有所贡献。因为这个原故，同人深深感觉到本社未来的使命，是十分重大。以往的二十年，是匆匆过去的，“以前种种，譬如昨日死，以后种种，譬如今日生，”我们负工作责任的人，应该认明今天的一天，是本社划分前后界限的日子，以前的缺点，一一认清了，要深深地忏悔，深深地觉悟，从今天起，要得着一个新生命，开一个新纪录。同人愿意戴罪图功，在政府监督之下，大会指导之下，社会赞助之下，努力一干，以补前愆。（下略。编者注。）

（原载《教育与职业》，1937 年第 186 期）

提倡职业教育声中有三个亟待解决的问题

最近数日间,中华职业教育社在上海举行第十七届社员年会,二十周年纪念大会。同时举行第十五届全国职业教育讨论会,一时职业教育空气,异常浓厚,各方既咸感觉职业教育之重要,各报纸又竭力宣传鼓吹,极尽提倡之能事,这当然是最好的现象。在此提倡声中,我却明确认定有三个极严重问题,非赶快的把他解决不可。用特分别说明,并陈解决办法。

第一,职业学校教育,职业补习教育,适应社会需要,将来一定要大扩充、大发展,这是无可疑的事。可是,职业学校增多了,职业补习学校,普遍设立了,试问,这一大批教师从那里来?若说懂得职业的人,便可当教师,那真是极大的外行话,教师是学校的魂灵,无好教师,不会有好学校,所以要想发达职教,第一先决问题,便是养成且不断的养成许许多多的职业教师。说到养成职业教师的方法,年来经过多少专家研究,以及参考先进国家的办法,似乎已经有了一条可走的轨道。说起来,也很简单,便是要做职业学校及职业补习学校的教师们,可以分成两大类:一类学过农工商家事学科的,再到大学教育学院或专科教育班去受一些教育学术的训练;一类学过师范或教育学科的,再到农工商家事等学科学院,受一些职业知能的训练。这两种人,受过训练后,便可由政府检验,许其充当职业老师。这种培养办法,在政府指定适宜的大学或学院负责来办,是很容易的,只要定下计划,经过协商,命令指定,就可以成功。所以,我们极希望国民政府教育部,认明这一个问题,非早早解决不可,迅速择定几个大学,在下年度即开班训练。同时,我们也极希望平素办理教育学院或农工商学院已经着有成绩的公私立大学,不必犹豫,挺身负起这个责任,马上筹备,定于下学年开班。那才真是职业教育前途莫大的幸事。

第二,要想谋职业教育发达,一定要办教育的人能和职业界打成一片,协力合作。并且要想青年人入学,能得适当学校,青年就业,能得适宜场所,这是关系青年习业择业问题,也就所谓青年出路问题,非有人帮助他们解决不可。还有职业界需要合宜职工,势必经过选择、训练,也非有人帮他们的忙不可。这些问题,如何才能谋得圆满解决呢?责望于学校,责望于职业界,皆不是完善的办法。我以为要解决这个问题,只有由地方政府各就本地筹设一个"职业指导所",由这个指导所负责人来联络学校职业界,并用合理方法,来指导青年,解决职业问题。这是轻而易举,不是十分难办的事,并且可说,办了之后,办好了之后,可以使教育界与职业界两方交受其益;如其不办,或办而不好,则职业教育,固无从发展,职业亦无从改进。其利害的关系,竟如此之大,所以我们极希望地方政府,能从速注意到这一件事。

第三，职业补习教育，照目前社会需要来看，一定要大大的发展，或者比正式的职业学校教育，还要大放异彩，也说不定。原来职业补习教育，种类甚多，而说到真正的职业补习，应以职工分类训练，职业预备训练两项，最为重要。此项补习教育，要想把他办得真有效，真能用以改进职业，则三种要件，非一一完成不可：(1)依据职业调查，工作分析，编好一套教材教法；(2)训练成优良教师；(3)健全同业公会的组织(就职工分业训练说)。关于训练教师一层，已如上文所述，或者还要其他补充方法。关于同业组织一层，须要由党政机关来领导。至于编制教材的工作，是异常重要，异常复杂，绝非随便办一办所能有效。并且此项工作，为职补教的根本所关，倘若办不齐，办不好，则职补教的效力，便无从表现。那末，此项工作，又将由那一方面负责呢？我以为应由国内教育研究团体，当仁不让，负起这种大任，果能把一种工作完成，且不断地施行职业调查，工作分析，不断的研究改正，不断的试验补充，可以说对于国家社会的贡献一定很大。

三项问题，固极严重，而解决之方，亦非繁杂，简括言之，便是：

(1)培养职业学校职业补习学校教师的问题，由教育部指定国内几个适宜大学来负责办理，当然可以迅速解决了。

(2)联络教育界职业界，指导青年升学就业等问题，由地方政府负责筹备办职业指导所，如此也可以谋得适当的解决。

(3)编制职业补习教育的教材教法问题，由国内教育研究团体来负责办理，那更可以圆满解决了。

三个问题，由四方面分头负责，共谋解决，则事不难为。效亦易见，这不仅是教育自身的问题，而职业改进，生产的发达，经济建设计划的完成，亦皆于此是赖矣。

（原载《大公报》上海版，1937年5月6日；

转载《教育与职业》，1937年第186期）

职业教育[①]

——游国梁记

讲到职业教育这个题目，好像一本书里，分若干部分，究竟由何处有起为好呢，然而现在以这样短短的时间，只好就职业教育的几个普通问题来谈谈，现在我们分作几段来说：

一

职业二字，在这一点说，就是三百六十行，后来又有士、农、工、商的分别，到现在也就是各种职业了。谈到职业，是个人都知道的，好像吃饭，是人人都会的，但是，要讲到如何吃法，那就难了。我们先就职业二字来谈一谈，假若要认真谈起来，话也很长，不过他的特点，可以列举如下。

职业与服务不同，若是为社会无条件的做事、帮忙，这就是服务，做事而享有报酬，那就是称为职业了，好比学校的教授教书，受有薪水，那就是职业，而我在这里讲滨（原文如此，应为演

① 江问渔先生讲，游国梁笔记。

之误。编者注。)，没有受什么报酬，这就是服务了，下面把职业的特性——或者说是他的界限——说出来：

(1)平等性。无论任何职业，都是平等的，无等级之分，各国府主席与黄包车夫，在职业地位上都是平等的，除了正当与不正当之外，并无等级贵贱的差异，仅对社会服务方面，各有不同而已，因为他们都是尽自己的能力，为国家做事，替人类服务，其效果虽不同，而劳力则是一样的。

(2)两利性。在物理学上的反作用定律，就是说：你以一种动作施诸于他，他也有一动作反诸于你。我们以剪发为例；一方面为剪发的劳役，而一方面给金钱的报酬，所以使两利的，而非片面的，假若单是自己或单是为他人，那都不是职业，职业是必需两利的。

(3)受酬性。所闻职业，系以此为专门服务。一方为他出力服役，而一面受他方对等的报酬，假若不然，那就是服务而非职业了。例如黄包车夫，出力拉车，达到目的地，他必向客人索车费，即是酬金，所以职业是具有受酬性的。

(4)进化性。社会是天天在进化的，人们的生活，也同样地一天提高一天，换句话说，就是职业也一天比一天进化，在今日社会情况之下，拉黄包车是一种正当职业，但我们并不希望永久如此，而黄包车进而为汽车、电车，甚至飞机，则黄包车夫的生活，当然比加以改变，而逐渐提高了。又如挑粪的，我们认为是不好，但他也是一种职业，不过我们希望将来完全用抽水马桶，而消除这种挑粪生活，即是取消这种职业。所谓进化，乃表示人类能力之所及而加以改善，所以不能不有赖于教育，是故职业乃根据进化性而来。从前所谓士、农、公、商，一般都认士为有学问，可以做官，驾乎其他各业之上，因此各种职业，在我国没有进步或进步很缓。外国则不然，各业皆有学问，而无士这个名词，各业皆以士为基础，由士而为农、为工、为商，都是横的关系，故各种职业，各种学问，是平均的进展，一切职业皆科学化。而我国则不然，士农工商系纵的关系，士居尊，其他认为不需要学问，所以没有进步，落伍。好在目前已渐有觉悟了，这也就是职业教育的由来。

二

一般人的观念，认为职业学校，就是职业教育，这是很大的错误，至少是一部分的错误，职业学校，分专门、中等、初等三级。总之，认为职业学校的设置，就是职业教育；而不知职业学校之外，尚有职业初习（原文如此，应为补习之误，下同。编者注。）教育。姑无论进过职业学校与否，其要件有二：一为职业之技能，一为文化和公民道德。进了职业学校的人，固然受了好的完全的训练，但是未受过教育的人，却不能因此而不作工。我们要想社会职业进步，就须从百分之八十以至八十五以上的未受过职业教育的人着手，单靠受过职业教育的极少数的人，是不成功的。所以职业教育，须注重百分之八十以至八十五以上的人，使其有机会提高他的职业技能与智识。我们最痛心的事，就是百分之八十五以上的人，无机会读书。所以从事职业教育，应特别注重职业补习教育。而且职业补习教育，是很容易办的，因为补习教育的特点:第一是不要特别设备,可以假借学校,公所,或大的商店做校址,不必另设校舍,并且不收学费,在工余的时间上课,这样白天工作,夜间读书,又不妨碍他们工作时习,几全其美。第二是普通学校,功课系复,补习教育,则功课单纯,且适合需要。第三是一般高小毕业的青年,功课很好,成绩优良,但因家贫,不能升学,衹好废学作工,可是其不平之心,因环境不遂而日益加高,对于社会之组织,发生疑惑不满,而引起思想之变异,误个人而误社会。兹有补习教育,则可救济其失望,抑其不平之心适合其程度,将来逐渐提高,可加(原文如此,加似多余。编者注。)增加大学内的专门科目,使其既不费力,而可研究高深学问,一面也是为社会国家造就人材,所以我国目前,除初等教育外,而以补习教育为最重要。

三

人们有三个阶段,在学校固然是受教育,而在未进学校以前,和既毕业以后,应否仍有教育,此为社会一般所忽视,而为职业教育者看得很清楚的,故在未进学校以前,必有升学指导,因为一个准备进学校的人,在未入门的时候,他对于学校之选择,研究科门之决定,必须有所商问。到了毕业以后,又发生问题了,就是自立做事的好,抑雇佣于人的好,故必须谈讯商酌,这就是就业问题,必需有就业指导的设置。再则社会需要何种人才,及人才的数量,为一般学校所不知,,故除了就业指导之外,应为之介绍职业,事先为之打算。及到就业以后,是否能够乐业,又必加以调查，而再为之指导。

吾人生于社会，不能与职业脱离，也就是不能脱离教育，所以在未就业，或已就业，皆非有教育不可，而此项教育责任，皆为职业教育所担负，是故有职业指导机关之设置，而其作用很大，因其可与学校、青年、农工商各业，联为一气，打成一片。过去此三者皆各自分离，不能衔接，社会上需要的人才没有，而学校造就的人才无用，所以青年之就学就业，非受指导不可；而农工商各业之用人，又非与学校商洽不为功。职业指导，则介于其间，而为社会服务。所以必需将职业学校、职业补习教育、职业指导三者联系，而后职业教育才算完成。

四

职业是人人皆有的，但是于职业之外，还要有社会服务的精神，即是超业（原文如此，似为超职业之误。编者注。）的精神，人之所贵者，不在有职业而在职业之外有社会服务的精神，人能尽责，努力忠于本身职业，这不过是一个好人，是为人的起码条件。而尤应于职业之外，以业余的时间为社会服务，帮助国家，处在这国家危难之际，更应有服务的精神，多为国家效力。所以我们在每天上午八时以前和下午五时以后，为社会服务，并非对上级讨好，显自己的本领，应当是无条件的帮助社会，才为贤人，为后杰，一般不过是平常人而已。总而言之，吾人须有服务社会的精神，才能表现人生的价值，人生的兴趣，和人生的意义。

这里所说，服务在职业之外，然有连带关系，比如教员上课，他在教室上一定时间内,尽其职责,使学生明了了解,这算是好先生,不错。但是,他欠缺服务精神,所要的是在除于本科中使学生引起兴趣外,更应于课外指导他们,这才有人的兴趣,才是人格之伟大。这种为社会服务,起业(原文如此,似为超职业之误。编者注。)的精神,乃人生无价之宝,望各位将这无价之宝,好好养成。祝你们前途远大!

(原载《滇黔》,1937年第3卷第1期)

用人的标准

翻阅我们老旧书，所有古代明君贤相，与夫一班居高位或有学问的人，定下了用人标准，真是多得很啦。如“贤者在位，能者在职”。“举直错诸枉”，如“进贤退不肖”，如“无求备于一人”，可说是不胜枚举，虽是比较粗疏一些。迨至魏文帝曹丕定下“九品中正”，那算是精密得多了。只有他的父亲曹孟德为汉丞相时，下过一道命令，说是“求才心急，教他手下人，推举人物，侧重才能，不一定注重私人道德，比如有盗嫂受金的人，只要他有才，品行差一点，也不要紧”。后世却有些人大大的骂他，说他不对，我想一想，似乎也觉得稍微偏了一些。

我以为吾们中国从前有一句旧话，叫着“才德兼备”或者再古一些，叫着“有猷、有为、有守，”，这种评论人才，选定人才的标准，当然是很对的。有计谋，有作为，有操守，三者能俱备，还不算全才么？一直到了现在，凡是贤明领袖取用人才的标准，还是如此啊。

我们且再看一看外国人所定的用人标准，倒也可以大大供吾们一番参考。比国已故首相安乐补脱氏。他的用人标准，定有次列六项：(1)天才；(2)见识；(3)学问；(4)健康；(5)勇敢；

(6)博爱。

这是我的朋友王育三博士告我的。育三先生并且说到,他那六个标准还有简单的解释:天才,是善辨是非,勇于决断,尽可学问不高,而这种才能,可以先天备具。见识,是由于听得多,看得多,经验得多,积合成功的。学问,那是师友传授,以及由自家读书学习而成。健康和勇敢,容易明了,不必详解。博爱一项,居末位,最关重要,因为爱发于情,人人皆有,就看你所用的爱,是爱己还是爱他。换句话说,是爱少数的身家,还是能普爱群众,如若不能博爱,则以上五项皆可以做自杀或杀人的工具;如若博爱,则以上五项,才能算是他的服务社会的美德。

因而又想起吾们中国老古语所谓"智仁勇"三达德来了。"勇"可当于健康勇敢。"智"可当于天才见识学问。"仁"当然可以当于博爱了。人情不甚相远,立说可以相通,这可算叫做"中外一致"。

(原载《国讯》,1937年第167期)

矛盾生活

人类生活处处充满着矛盾的现象。理智告诉你应该走这条路,情感偏偏牵制着不放你走。思想听你做这件事,行动却又不受你的命令。因之感觉到痛苦烦闷,不知道应该怎样自己处理,这一种矛盾生活。应如何来调整,这是今天要和诸位研究讨论的。

据我个人的见解,一件矛盾事实的发现,应注意到三个重要的项目,就是整个与各个、多数与少数、前进与停顿,现在分条来说明。

所谓整个与各个。就身体来说,脑神筋是整个的,耳目口鼻等都是各个的,耳目口鼻、应当听脑神筋指挥,互相协调,才能成一个健全的机构,否则便会闯乱子。就政治来说,中央政府是整个的,地方政府是各个的,中央与地方,要联络贯通,事业才能发展,否则难以富强。所以矛盾的事实当前,应当注意自己(各个)与社会(整个)的关系,有没有损人利已务使社会不因我而受到不良影响,这是从系统说来解决的一条途径。

所谓多数与少数。意义和上述的有些相同,佛家说要“空假双照”。什么叫做空呢?就是把一切的事情看得没有意义,像和尚那样做一个自了汉，对社会毫无贡献，实在是不应该的。什么叫做假呢？就是“执着贪欲”，自私自利，像一般愚夫愚妇，丝毫不肯为群牺牲，结果也是无益而有害。这两种现象应该调整起来，使他得到一个中庸，才能发生伟大的功能。所谓“中庸”，是不偏而有用也，譬如同样一件物品：一个是国货，品质劣而价值大；一个是洋货，品质好而价值小。论常情、当然买后者，可是一想到个人的损失还小，国家的影响却大，于是就顾全多数而买前者了。这是合理的中庸说。

一个人的生活。应刻刻前进。不应停顿。可是人的惰性。却又是通常所有。所以应该特别用自制工夫去克复（原文如此，似为服之误。编者注。）他，易经上说：“天行健。君子自强不息”。要有自强不息的精神。去努力社会的事业。务使达于至善的境地。俗语也有：“户枢不蠹。流水不腐”的说话。实有深切的意义。这种种启悟。也就是古人的“止至善”与现今的“自新”与“进化”的学说。

总之，一个人的生活应该打破偏见，消灭私利，为群众努力，为社会服务，扩大个人的思想，谋整个国家民族的出路。要评价一个人的“人格”，全在“公”与“私”、“群”与“己”这一点上看他分别如何，贡献如何。

（原载《新闻报》，1937 年 6 月 24 日）

民众教育职业化与职业教育民众化

——民众职业教育概论[①]

本篇为江先生在教育部民众教育干部人员讲习班之讲演词，由冶新良斌笔记。因未及交江先生校阅，所记或与原意略有出入，当由记者负责。特此声明。

——记者

一、职业教育的意义

什么是民众职业教育呢？本来职业教育这个名词上，并无民众字样。这“民众”两字是后加的。职业教育上加了民众两字，妥不妥？通不通？我可说是很通很妥。就拿职业教育的定义来说：解释职业教育定义的，原有很多大同小异的说法。中华职业教育社历次专家会议讨论，定下了职业教育的定义是：“用教育方法，使人人依其个性获得生活的供给和乐趣，同时尽其对群的义务，是为职业教育。”照这个定义来看，的确带着“民众”的

① 江问渔先生讲，邱冶新、赵良斌记。

意义。如说“人人”，自然是全体的民众；“生活的供给与乐趣”，实含普遍性；“对群尽其义务”，就是一个人有饭吃不算，还须你帮助我、我帮助你，使大家生活都有供给，都有乐趣，这也是关及到全体民众的。所以职业教育虽没有民众字样，实际是民众的教育。

职业教育与实业教育不同：职业教育注重人，以人为对象；实业教育重在事，以事为对象。讲到人，自然是多数的人，不是少数的资本家、企业家。民国元二年没有所谓职业教育，有的是实业学校，后来才改设为职业教育，可说是由以事为对象变而以人为对象。一个人决不是只图吃饭，就算完成人生；吃饭以外，还要尽公民的责任。无论中外教育者，都认为职业教育，不仅授与被教者以职业技能，同时还注意于公民道德。有人骂职业教育为吃饭教育，只注意吃饭问题，而忘记了做人问题，实在是错误。因为从未有人说过职业教育，于解决吃饭问题外，没有其他的教育。中华职业教育社全部教育宗旨，是“灵肉双修”，还有宗教家的意味。怎么叫“灵肉双修”呢？肉是肉体，人们工作劳动，做生产事业，是属于筋肉方面的发展，除此“肉”的方面，还有“灵”的方面的修养。如公民道德、国家观念、民族意识等，都是属于“灵”的方面。一个人假如只有“肉”的修养，而无“灵”的修养，就是“行尸走肉”，不成其为健全的人。职业教育如仅注意到“肉”的方面，也不成其为教育。尤其是在这国难严重的时期，更不需要这种教育。所以职业教育除职业的训练外，还有“超职业”的精神。反过来说：假使没有技能的训练，单是讲道德，说仁义，人人要做志士仁人，手不能动，不会生产，变成了废人，也不是我们所希望的。长沮、桀溺讥笑孔子“四体不勤,五谷不分”,中国数千年来的教育,都是注重精神方面的发展,而忽视了筋肉方面的发展,所以我们办职业教育,要“灵肉双修”,这“灵肉双修”,也可说是职业教育的定义。

二、职业教育的范围

职业教育的范围是很广的,普通分纵的方面和横的方面。横的方面如农业教育、工业教育、商业教育,再扩大了加上家事教育。不过,这种分法不大适宜,因为还包括不了职业教育的全体。譬如,有些公职方面如会计文书这一类的训练,不属于农工商的,但大的工商机关确需要这种人员。又如医生是自由职业以及其下的服役人等,均不是工或商。故职业教育范围,农、工、商、家事外,还要加以扩大。纵的方面:就要讲到程度问题。有人说:职业教育,以小学程度为限。但是推广了说,也不能拿程度做标准;譬如仅受过民众学校识字教育的,施以职业教育,不能说是相当于小学程度。有时受教者的程度,还要超过中学以上;譬如公路测量的短期职业训练,要招收中学程度。工厂中有些使用机械的职工,或许要高中的程度,他如会计、簿记员、合作社等方面的人员训练,要招收中学大学专门学校的学生。所以职业教育的范围,从纵的方面说,有相当于小学的,有相当于中学的,也有相当于大学专科的不能说限于某一种的程度。

三、职业教育的分类

职业教育和民众发生密切的关系,可从其施教方式看出来。职业教育施教的方式分三种:一是职业学校教育,二是职业补习教育,三是职业指导。这三者可说是一个香炉的三只脚。从前中国人对于职业教育,常有似是而非的见解,以为职业学校,就是职业教育。“你要办职业教育吗?”“什么是职业教育?”“职业教育就是办职业学校。”这实在是一个错误。固然,职业学校,是职业教育的一个主要事业。但是,办职业学校,要有固定的校舍设备,要有固定的教师,固定的学生,能受到这种教育的人,当然的最少数最少数的人,而一般大多数的民众,不会同时都能受到。若认此种职业学校教育为职业教育,未免只顾到学校,而忘记了社会。中国三十年来职业教育之不发达,职业之不发达,都是此种错误观念所造成。所以我们现在必须矫正这种错误,把职业学校,认为职业教育之一种,还有职业补习和职业指导;而职业指导,就需要上说尤为迫切。职业学校,职业补习教育和职业指导是职业教育的三条腿,这三条腿是一样粗,不能有所轻重。从前认职业指导为职业教育上的骈枝、附庸,现在这个附庸要蔚为大国了。

于此,有须补行声明的。职业教育的种类,除上述三种外,尚有两种特殊的事业:一是农村改进,一是慈善教育。农村改进是在中国社会特殊情形之下构成的特殊事实。这种教育工作,也属于职业教育的一部。为什么呢? 因为“农”,根本就是职业中的一业，改良农村，实施农民教育，当然可以说是职业教育的范围。中国农村太衰弱，农民又为主干，职业教育顾及农村改进正如在前述的香炉三只脚间，加上一个横档。第二所谓慈善教育，就是慈善家设施的贫儿院、苦儿院等一类的慈善事业。中国穷苦流浪的儿童，孤寡无告的民众太多，慈善家设法收容，偏于消极方面，本与教育无关，我们加以名词，叫“慈善机关”。但现在这些机关，也渐渐能教育化、职业化了，于养育以外，并顾到职业的训练，也可以称他为“慈善教育”，而认为一种特殊的职业教育。好比欧战后各国办理残废军人教育一样。

四、职业教育的目的

讲到职业教育的目的，是普遍的着眼于大多数的民众。中华职业教育社订定职业教育的目的有两句话，可以玩味到是对整个的民众的。就是“使无业者有业，有业者乐业”。这两句话似乎是志向太大，范围太广，不容易做到。不过，古人说：“远处着眼，近处着手”，故不妨如此说法，使没有职业的人教他有职业；有职业的人，还要教他乐业。这里所谓“有业”“无业”，无疑的是指多数的人、一般的人而言，所以从这个目的上看，职业教育，也实在是全民教育。除上面这两句话可作为职业教育的目的外，具体的目标，有下面几项：(1)推行职业教育；(2)改良现在的职业；(3)帮助学校使教育职业化；(4)帮助民众补习教育使之职业化。目的定得虽这样大，但从大处看，小处做，并非故意夸大。这个意思，是要明了的。

五、职业教育与民众教育的关系

职业教育与民众教育天然有密切的关系。就施教方式来说,职业教育与民众教育同样的有三种方式:

(一)学校式

完全是一所学校,有一定的设备一定的教师。按照一定的计划,招收学生,训练学生,到了一定的时间,给学生毕业,和普通学校一样。

(二)半学校式

一半学校式,一半社会式。没有固定场所,借人家的房屋做教室;没有一定教师,请别的先生做教师;没有固定的学生,临时有人来学习。你说他不是学校,也具有学校的形式;你说他是学校,又与学校不尽同,这就是职业补习教育。

(三)社会式

用社会的方式教学。如开展览会,供民众观览,并举行宣传讲演,使民众得到相当的知识,受到相当的观感。又如合作社是经济的组织,常开会时,亦可利用时机,教授民权初步及识字。这都是社会式的教学。

以上三种教学方式,可说是和民众教育一样。而第二第三两种方式,尤为重要。无论从农、工、商各项职业教育方面看,均属需要。故职业教育与民众教育,实有密切的关系。

六、职业补习教育与民众

(一)职业补习教育的意义与功用

职业补习教育,根本就是民众教育。它的对象有两种:一种是有职业的人,授以该项职业上之知识技能,以补充其能力,俾能改进其职业。一种是求职业而未得职业的人,给以职业上的修养,学习半年或三个月,学成后,应社会上的需要,以用其所学。后一种的补习教育,或由政府因特别需要而从事开办,或是社会看出需要而由私人或团体举办。但是过去的职业补习学校,商业方面的较居多数,工农方面的很少。且此种补习教育,大家都误认为不过教学徒识识字罢了。

(二)职业补习教育实施办理

职业补习教育的实施,可分课程教材及同业组织三方面来说:

1.课程的分类。近年来因为经济建设的关系,国内的职业补习学校,如雨后春笋。但细细考究其内容,是不是真正办的职业教育呢?纯粹职业性的固有,也有以算数、英文等为补习科目的,与职业并无关系。有人说:既习职业,关于文化方面正如国文、算数、英文等科,也属需要。不过,这话究竟不正确。真正的补习学校,课程应分下列三方面:(1)职业知能:包括技能、知识、生活、职业道德等方面。(2)公民训练:包括民族意识及公民道德。(3)体育:包括自卫、卫生常识、及军事训练。这几种课程分量的分配,一般人的主张,是职业知能占百分之五十,其余公民及体育各占百分之二十五。职业知能科目,也因补习教育的性质而异,譬如陶瓷职业补习学校,应授以关于陶业的历史、地理,及陶器制造的化学知识。其他农工商职业补习教育,均应视实际需要规定教育科目。关于职业生活的教材,也要适应其所操的职业,一种职业有一种生活。比方成衣匠的生活是终日坐着缝纫应注重活动,又指导其每隔三十分或五十分钟,起来运动一次。卖煤者煤屑散沾身体,应使其注意清洁。诸如此类,每一种职业,有一种特殊生活,应视其生活需要,从事教导。职业道德之培养,也是一样。如医生要教其有同情心、博爱心,操钱业者要教其养成廉洁的习惯。这种职业道德的训练,很是重要。因为我们办教育的人,是天然有热忱,有服务道德的,其他各职业界的人,很缺乏职业道德。职业道德,与人群进化有莫大的关系,不可不注意训练。

2. 教材的编订。至于教材的编选,可分工作调查、工作分析、和教材编制三个步骤。教材是民族生活经验的结晶;必须深入民间去寻找,方能获得实际资料。比方要编订理发匠的补习教育课程,须由一般很有研究的人,到理发店去调查,把他们应用的工具、操作的办法,以及注意清洁、待客礼貌等等,加以比较,并召其中的巧工巧匠,加以询问而记录之,整理之,编为教材。再召其巧工巧匠来,请其评定,是否合用。依工具之新旧,理发时间的长短等等的不同,分别编订高等次等不同程度之课程二种,以适应受教者不同的能力,而使各适其个性。

教材编好,要教师来教。职业补习教育的教师,比一般普通学校教师要难做。决非希图其余暇得到额外报酬的普通教师,滥竽充数，所能胜任。故必须加以特殊训练。

3.同业的组织。职业补习教育的实施，非徒望受教者个人之进步，并望此一种职业之能改良。所以应指导其联络同业者，组织同业公会。希望此种职业受过训练以后，原在本业内之职工，个个工作效率增加。同业公会要做三件事情：（1）讲演：每种职业公会，要有教室一所，供临时讲演之用。（2）陈列：辟陈列室，把每业所用的工具，陈列在里面，给大家观览。比如藤器，把国内外最好出品陈列；如无实物，则代以图画。（3）奖励：在一业中，每年选其成绩优良的工人，给以旅费，使其出外考查，交换职业上的知识。这种办法，对于职业上的效力很大。现在办理职业补习教育的人，对于此种同业公会，尚未能办到上面这些事业，甚望能百尺竿头，更进一步，注重到这方面。

职业补习教育要活办，须多方面利用人家的力量做我们的力量以图事业的发展。如联络办理民众学校的人，在其识字教育办完以后，续办职业补习教育。学校经费仍旧，而以职业做中心。课程可如上述的比例，教师亦可尽量利用别人。如师范学校职业学校增加职业课程，学生毕业后，了解职业教育，将来师资即有着。现在工厂区域之于劳工教育，平常注意者为识字，此仅对了一半，并非全对。有人说：工厂的工人、农场的农人，他们已经在那里工作，我们只要教他们识字就好了，这是错误。他们虽知其然而不知其所以然。我们要教他们知道所以然，知道新的方法新的技术。自己的能力不够，要对经验丰富的技术家，多做潜移默化的工夫，激动他不要做“守知奴”，利用他的技术转教他人。合作社就本身上说，是个经济的组织，但须用教育充实其内容;每次开会之后,须施行补习教育。补习教育是多元的,须因地制宜,上面的工作分析、工作调整和同业组织,如不能彻底办理亦可降低一点,但求其有。凡有场所,应即实施。曾记得上海某商店不肯送学徒入学,我们加以劝导,教他姑送来试试看。他答应了,乃专对这学徒讲服务道德,如何对顾客客气,如何努力服务,如何注意清洁等。后来这学徒回去,掌柜的觉得很好,乃就愿意他入学,风气因以大开。"道无术不行",这就是办理职业教育的"术"。

七、职业指导与民众

(一)职业指导的意义与功用

职业指导,更是民众教育事业,他是社会教育和社会事业合作的东西,又是社会机关和教育机关合组的事业,在日本由农部与文部合办。一个人离不开职业,离不开教育。在学校受教育,出校就职业,职业指导,就是济学校教育之穷。学生入学校以前,准备将来就何种职业,以为选择学校选习科目之标准,须有指导。学校招生,对于学生职业志趣如何,而施以适当教育,亦须指导。至于学生毕业出校就业,更须指导。职业指导,就是担负这些责任。现在学校收学生,不问学生将来职业兴趣如何,只管随意教授,故一批一批学生毕业,到社会上找不到职业,毕业就是失业。学生投考学校,也无一定标准,以致碰学校,碰职业。职业指导,就要做青年职业准备的准备,帮助学校,指导学生入学事宜,如智力测验、体格检查等等,务使学校得到真材,学生有相当的职业准备。从前学校只是制造学生发文凭,结果都为无用货品,徒然糜烂而已。殊不知制造学生出校无职业可做,实为造乱之源。所以职业指导,是要负起改进学校的责任来。

再就职业界说,希望职业改良,就要得到好的人材。以前对于学校毕业生,最不信任。他们说:学生用不得,用大学生不如中学生,用中学生不如小学生。学校原为社会造就人材,而社会厌弃,这是如何的矛盾!职业指导,是要将青年与学校与职业界三者联络起来,职业界需要何种人材,学校即从事造就;青年愿就何种职业,学校即施以相当教育。职业指导机关,指导学生选择学校,介绍学生去就职业,帮助学校教育青年,代替职业界介绍适当人材。把青年、学校和职业界联络起来,不使各不相谋,而能互相依赖。这校,青年在学校受教育,出校后才能就职业;学校教育,才能适合于社会需要。这种职业指导的工作,在欧美不过三十年的历史,我国不过十年的历史。中华职业教育社在民国十二年做职业指导运动,十六年设立职业指导所,最初门可罗雀,无人过问;现在青年来请介绍职业,工商界来请介绍人材,工作繁忙得了不得,简直穷于应付了。

(二)民众职业指导实施办法

职业指导,看是难办,实在也没有什么难处。所要注意的,也是活办,不要死办,务其实不胜其名。如民众教育馆有服务处、问事处,为民众解决问题、介绍工作。即可利用这种组织,做职业指导的事情。名称可以不改,仍叫服务处;内容加进职业指导。入手时范围要小,以民教馆原有施教区域为指导区域,分下列步骤实施:

1. 联络本地学校工商界。施教区域内有中小学校及工厂商店多少，第一步先调查一下。学校学生入学升学的情形，工厂商店的职工状况，均要调查清楚。调查工厂商店，应注意其职工服务状况，不必考察其营业情形；因商家不愿以营业内容告人，调查时只问其有多少职工，多少徒弟，升迁如何，卫生如何就好了。此项调查要继续不断的举行，每年能举行一次或二次更好。最好组织职工顾问会，以资联络。每一月或两月开茶话会一次，请学校及工商业人同来聚谈，以联络感情，推进事业。

2. 升学指导。第二步实施先做升学指导。调查区内高小毕业生有多少人预备升学，多少人预备就业，分别来做指导工作。指导升学，要扩大联络。拿松江来说，指导松江学生升学事宜，就要联络上海、杭州等地的学校；如不明了浙江大学，如何能指导其附近中学学生的升学呢？举办升学指导，还要有相当的器具；如有要学机械工业的，须有器械以测验其能力；不进中大学校而愿学打字的，须以打字机试验其手指，故最好能有应用的设备。其次，要汇集各学校章程，以供学生阅览，由其自己决定愿意升入何校。指导者要用科学的态度，不可代为指定。除指导学生外，还须与招考的学校联络。有些学校，也常自动的请指导，或临时邀请讲演，学校亦有教员负指导之责。照日本的办法，高小最后一学期，有一专门教师讲职业指导，对学生个性调查甚详。故理想的升学指导应与学校教师联合办理。

3. 就业指导。就业指导有三种：(1)择业指导：小学毕业生不能升学，父兄令其习工商，究竟送他到工厂或是商店，铁厂还是橡皮工厂呢？不能决定，前来请教，就可为之选择。先看这学生体力如何，加以检查，把体力与其要就之职业配合一下；其次看其智力如何。如不会说话，就不能充商店交际员，体弱不能行路，就不能当跑街，这是要注意的。测量智力时如无适当器具，可用文字测验。(2)改业指导：就职者就某种职业后，或因水土不服，或因性情不投，或与同事相处不对，就要改业。对于改业者也要施行指导。指导时须注意其原因，是否为见异思迁。青年人易为环境所冲动，须详细调查，如可不改，仍须劝其安于旧业。(3)职业介绍：没有事做的人，希望介绍。介绍职业，很不容易。平常要联络工商界，就是为介绍的地步。商店工厂人员有变动或业务发达须增加人员时，均是介绍的机会。在大都会商店很多，机会并不难找。有些商店工厂，不信任朋友或同事，而信任职业介绍所介绍人员。所以只要注意联络，不愁介绍不出去。在此部分中，还附属两件事：一件是服务指导：调查一镇一城市的被介绍的人服务状况，分别指导其服务，并可做学术上的研究。最好两月或三个月作一次服务谈话，或开茶话会，或举行远足均可。经费如不困难，不必教被邀者出钱。召集谈话时，令各人报告服务困难及疑问等，加以适当的解答，如有不能解决之问题，可请专家指导。另一件是短期训练：召服务的人训练十五天，教他们把所缺乏的，加以学习，实属需要。还有商店将学徒送到职业指导所，请求训练者。训练或偏重精神方面，或偏重知能方面，视实际需要而定。

4. 研究工作。实施职业指导，自己须有根据。社会事业，日新月异，指导者要从事研究，把搜罗的材料，整理统计，做研究的工作。还有其他学术机关材料，也要广为搜集，以备参考。规模小人少的机关,可由数个机关合做研究工作,或与较大之指导机关联络,通信研究。

八、结 论

民众教育,虽有语文、公民等多方面,但须以生产教育为中心。民众学校施行识字教育以后,接着就可办职业补习教育。职业教育,不仅是施行于职业学校,施行于少数人,而要大量推广,普及于大多数的民众。最后有两句话,可以做办理民众职业教育者的心理建设,拿来作为结论,就是:

民众教育职业化,职业教育民众化。

(原载《江苏教育》,1937 年第 6 卷第 6 期)

中华职业教育社之地方自治辅导工作

辅导地方自治的史略

中华职业教育社所办的事业，与地方自治最有深切关系的是农村改进。农村改进的范围很广，有教育，有农事，有组织，有卫生，有建设，以及其他关系农民生活的一切，无不包含在内，其最后的目的，是在求农村的真正自治，所以这种工作，可说是地方自治的渡桥，是辅导人民达到生活改善的过程，就职业教育的立场说来，也可说是农村的职业教育。回溯办理此项事业之历史，是在民国十四年八月，其时黄任之先生在山西太原中华教育改进社第四届年会中提出了一个划区试验乡村职业教育的议案，其文如次：

"……就农村较便地方划定一村或联合数村，其面积以三十方里为度，其人口以千至五千为度，先调查其地方农产，及原有工艺种类，教育及职业概况，为之计划，如何可使男女学童一律就学？如何可使年长失学者得补习之机会？如何养成人人有就业之知能而并使之得业？如何使有志深造者得升学之指导？职业余间如何使之快乐？其年老或残废者，如何使之得所养？疾病如何使之得所治？如何使人人有卫生之知识？如何使人人有自卫之能力？凡一区内有利之天产，则增益而利用之，所需要之物品，则供给之，无旷土，无游民，生产日加，灾害日减，自给自享，相助相成。更如何养成其与他区合作之精神，以完成对省对国对群之责任？凡此种种，先设一中心教育机关，就其固有之自治组织，用其当地之人才，量其财力，定设施之次第。其费用以当地担负为原则，划定办理期限，与成绩标准，依次考核，试验有效，推广于各地。”

当时山西省长阎百川先生，认为切实可行，有意在山西试办，经调查研究，择定忻县的樊野场村，定襄的待阳村，灵石的静升村为试验区，后以兵祸纷起，就无形停顿。乃于十五年五月，联合中华教育改进社中华平民教育促进会东南大学农科等改就江苏昆山之徐公桥加以试验。后以各机关因故陆续退出，十七年四月乃独立肩承，于二十三年六月试验完成，交还地方自管。除此以外，尚陆续办理各地农村改进区，及兼办社会教育的农村小学多处，均以辅导地方自治，改善农民生活为目标，现今受本社协助辅导的，有以下各机关：

（表略。编者注。）

辅导地方自治的办法

辅导地方自治，大概分两个方式：如果区域较大，事业较多，则以组织乡村改进会为推动中心，称之为复式组织。如何财力不充,设施较简,则以农村小学为推动中心,称之为单式组织。前者大概以一区一县为单位,后者大概以一村为单位。如果就中国现在实际情形看来,则后者之需要,似尤较前者为切。因社会经济衰落,后者推动较易,值得大大的提倡。地方自治,本来在在不能脱离教育的作用,否则便变成毫无生气的表面文章了。而办理教育者,自当从广义上着想,不仅是在学校里教书,谓之教育,即在学校以外教人如何增生产?如何得知识?如何去迷信?如何养成组织力自卫力?所有一切工作,无一不是教育的功用。要把地方自治上的"政",和学校教育上的"教",互相联系起来,地方上的乡镇保甲诸长,和小学校里的校长教师,融洽一起,共谋一切事业的进展,整个生活的改造,才能收得伟大的效果。

农村改进可说是辅导民众达到地方自治必经的一条桥梁,地方自治真实成功之日,才是农村改进工作完了之时。其中经过,当然要费相当时间,和不断努力,才能完成他的使命。其入手辅导步骤,约如次列:

1. 调查　调查为入手之初必要的步骤,以作辅导改进的根据。如举行户口调查,教育调查,生计调查,卫生调查等。

2. 计划　根据调查所得,加以统计,观察研究,衡量情形,决定缓急先后,订定事业进行之计划。

3. 试验　按照计划,逐步试验,随时考查,辅助改进。

4. 完成　利用地方自治的组织,用教育的力量,由促动鼓励民众,到辅导民众;由辅导民众,到民众完全能自动办理。一切无困难和阻隔,且能按步就班,谋事业之发展,才能算完成辅导的使命。

推动地方自治中心机构的组织,大概如下表:

(表略。编者注。)

如果以一个小学作中心,分股当然不必如此之多,可以酌量减少,合并归纳,俾符实际。而于联络民众感情,沟通协助机关,应多下工夫,使助力增加,推行便利。要使一个乡村学校,成为一个乡村社会的中心,则应注意下列诸端:

1. 学校一切设备,应按时开放,使民众常来阅览和活动,使成民众的乐园。

2. 学校举行各种纪念会,及其他集会,尽量欢迎民众参加。

3. 设简易药库,替民众作简易治疗,减少民众一般轻微疾病的痛苦。

4. 举行家庭访问,探询民众疾苦,和他们表示同情,并且帮助他们解决问题。

5. 设立民众教育场,谈论每日时事消息,社会新闻,经济情形,及地方应兴应革事项,相互讨论,同时教以普通的常识,和简单实用的文字。

6. 联络地方公正人士,以及各机关技术人员,作为推动地方自治的干部人员。

7. 提倡合作事业,养成合作习惯,予以经济上生产上的帮助。

8. 严密保甲组织,协助公民训练,唤起民族意识,使能爱国御侮,有自卫精神。

9. 改良恶劣习俗,提倡正当娱乐,修桥筑路,整理村容,使呈康乐现象。

10. 办理各项流动教学，以增教育实际效能，如农忙托儿所，儿童作业团，青年服务团等等。

以上所举，并非已包罗净尽，不过是一个大要，各地情形不同，自可参酌应用。在本社辅导下之各农村小学都兼办社会事业，已成不易之原则，所以一个小学校长，实际上就是辅导地方自治最重要的领袖，责任固然很重，但在现今国势情况下，也不能不有这一点精神。

辅导地方自治的实例

兹就复式组织与单式组织，各举一实例如下：

昆山县徐公桥乡村改进会（复式的）

（一）沿革

本会于民国十五年十月成立，初由中华职业教育社联合中华教育改进社中华平民教育促进会东南大学农科组织联合农村生活董事会，就徐公桥保卫团设事务所，试验改进计划，至十六年春停办，十七年四月，乃由中华职业教育社独立肩承，继续进行。十八年自建会所五楹，为总办事处，二十年又划全区为七小区，每区设分会，以收平均发展之效。二十三年六月底，试验期满，由地方人士接办，现又扩充区域，由江苏省民政教育两厅，指定为政教合一实验区。

（二）组织（略。编者注。）

（三）事业

公民活动　有调解委员会、节俭会、青年服务团、壮丁队、建设委员会、小青年团、报时钟、公渡、济贫等。

学术活动　有民众演讲厅、民众阅书室、壁报、时事报告、民众问字处、书契代写处、民众强迫识字、小学校等。

合作活动　有信用合作社、小本贷款处、贫民贷本处、农业仓库、农艺合作、养鱼合作、养鸡合作、特约农田等。

康乐活动　有公共体育场、公共花园、民众花园、民众休闲室、同乐会、简易药库等。

徐公桥事业六年来进展成绩比较表（表略。编者注。）。

私立鸿英第二乡村小学（单式的）

私立鸿英乡村小学，共有七所，散布沪郊农村改进区内，兹以第二校为例，介绍如次：

（一）组织（略。编者注。）

（二）事业

儿童教育，以儿童作业团为中心，其目的在训练儿童，具有良好习惯，改善日常生活，增进应用知能，锻炼体格，和团结精神，举办事项，约分三类：

学校方面　公民训练、常识训练，做学训练、军国民教育初步训练，同情心之养成等。

家庭方面　协助劳作生产训练、卫生训练、礼仪作法等。

社会方面　保甲长之训练、协助地方改进事业之参加，集会之协助，救济事业之训练等。

社会教育以民众教育场为中心，其目的在普及全区民众教育，增进社会文化，扫除男女文盲，协助地方自治为宗旨。分场内教育，和场外教育两项，分述如次：

场内教育，有固定集合，每晚召集民众，施以教育。凡三十岁以上之男女成人，归入普通训练班；凡十四岁以上三十岁以下之青年男子，归入青年训练班；凡十四岁以上三十岁以下之青年妇女，归入妇女训练班，教育项目，分时事、常识、谈话、人事、语文、算数、家政、音乐、医药常识等，临时集合，如开纪念会，或临时讲演等。

场外教育，公民方面，有俭德励志会、公民宣誓、厉行新生活等。语文方面，有壁报、读书会、演讲会等。生计方面，有提倡副业、举办合作、改进农事、展览农产等。健康方面，有体育场、业余运动会、卫生运动、婴孩比赛等。家事方面，有母亲节、长寿会、儿童节、家政研究会等。休闲方面，有弈棋、音乐、乒乓球、民众茶园、公园等。

沪郊农村改进区历年事业比较表（民国二十五年十月止）（表略。编者注。）。

（原载《地方自治专刊》，1937年第1卷第1期）

《农村建造》序

迩来经济衰落，农村破产，已足造成中国空前未有之危局。加之山河破碎，外侮纷来，以致国本动摇，民生大困，因此其严重性，乃格外显著。穷则变，变则通，于是“复兴农村”，“改造农村”，乃成我国今日时代之中心运动。无论何方，佥认此为急不容缓之工作。惟农村运动，是我国一种新兴事业，如何实行，如何建造，一切问题，有待于讨论者至多，金轮海先生从事农村实际工作有年，近本其历年来所得经验，著成《农村建造》一书，全书将农村运动过去史迹，现在状况，将来动向，指示详明；又分述组织、经济、土地、农业、教育、宗教、卫生、农民等项，提供具体意见，详述实施办法，关于农村实际问题各方面，可云应有尽有矣。而探讨论述，更多独到之处，诚足为农村工作同志之最良参考品。书成索序于余，余检阅一过，深觉其切实丰富，绝非一般侈谈理论者可比，爰乐为一言，以弁其端。

江恒源于民国廿四年六月二十日

（原载《农村建造》，金轮海著，商务印书馆，1937 年 6 月）

矛盾生活的调整

我们人类，天天是在那儿过矛盾生活，这是无可讳言的事。不过是智者易感，愚者无知，未经说明，大家便不注意罢了。倘若你知识愈增加，可以说你感觉到矛盾生活的痛苦，也愈加厉害。古今中外，有许许多多哲学家，一天到晚，讨论人生矛盾如何解除问题，而结果终不能把矛盾解除掉。中国二千多年前，有一位哲学家叫老子，他算是最彻底最不客气，他著书立说，把人生矛盾的惨酷现象，赤裸裸地表演出来，弄得一个丑态毕露，教人读之，毛骨悚然。如说“圣人不死，大盗不止”。对呀，大盗，的确是由圣人反映出来的。这一边出了一个圣人，自然那一边就要出来一个大强盗。这是自然而然一定不可移易的道理啊。若是“两忘之而化其道理”（庄子语）自然圣人没有，大盗也没有了。然而我们能叫圣人没有么？能不愿意圣人产生么？如说：“破斗折衡，而民不争”。对呀，的确一切争吵，皆是由斛斤酌两而来。你短了一寸，我要一升，权利所在，一分不肯退让。倘若无斗无衡，那里还有争吵呢？可是，民智已启，你能真正去把斗打破，把衡折掉么？闭聪塞明，绝圣去智，其势既不可能，那只有硬着头皮，来感受矛盾生活的痛苦了。和老子同时的，有一位孔老夫子,那是我们2000多年来,一致认他做圣人的。他老先生,也明白人生有矛盾痛苦,可是他却时时想用“中庸之道”来调整,你看他对于鬼神罢,主张“敬而远之”。本来鬼神有无,不可知,一定呆板的去敬他,未免有些不对,不敬却又不可。矛盾不可解,只好用敬而“远”之的折中办法了。在孔子之后,有孟子,他算是继承孔子道统的。他老先生最好讨论解除人生矛盾的办法,他有一位弟子叫万章,有一天提出一个问题来问他说:“假若舜做皇帝,他的父亲杀人,这个时候,皋陶做法官,舜是大孝子,又是最讲道德,爱百姓的皇帝,而这位司法官,更是执法如山,不畏势,不徇情的,请问老夫子,这个时候,舜应该怎样办呢?”当然这是一件矛盾的事件了。舜能睁着眼让皋陶把他父亲,活活的捉去,抵罪偿命么?不忍,也不肯。然而法律是平等的,杀人偿命,是没有话说的,舜是爱百姓的天子,可以让他糊涂的父亲,随便去杀人么?不能也不该。然则怎样办,才能两全呢?这一来,可把孟老夫子难住了。老夫子想了半天说:“有了。舜把他的老父,背在背上,逃到见不着人的地方海边去罢,皇帝的大位,当然是牺牲了,老父也可以救出来了,总算好了,就这样办罢”。在他老夫子,想出这一个万不已的调停办法,确实也算很不容易了。然而能说是可以把矛盾生活完全解除了么?我以为还没有。你皇帝的父亲,算是救了出来了,被杀的人,若是老的,他有儿子啊,若是小的,他有父亲啊,难道他们无父子之情么?舜是大圣人,大孝子,想到这个地方,又将如何解除他的痛苦呢?所以时无论古今,地无论中外,人无分智愚,矛盾生活,终是难免的。小而如一言一语,一饮一食,皆有矛盾存诸其中,大而如国际交涉,集团生活，矛盾性的存在更多。人道主义，不是昌明已多年了么？科学功用，不是显著多时了么？可是，近来各国，皆是拼命利用科学，制造战争杀人工具，英国做防毒面具数万万，而抱在母亲怀里的数个月婴孩，也要装上一套，人类残酷到这样地步，也就是矛盾到这样地步，还能再说么？我们有许多不愿意说的话，有许多不愿意做的事，因为种种关系，使我不能不说，不能不做，矛盾之极，痛苦至不堪言。因此之故，所以有些人，看透人生是如此，便流于悲观，流于厌世，甚且至于自杀。这究竟如何办才好呢？

我以为人生而有矛盾，是随有生以俱来，更是随知识而增进，这是无可如何的事。竟可以这样说："不矛盾不可以为人生"，唯其有矛盾，我们才需要调整。调整工夫，便是促进人类一天一天的进化向上。矛盾层出不穷，调整也应付不穷。进化向上，也就无时止息。悲观固是无益，厌世更是自苦，自杀尤其是表示你的懦弱无用。

我们要肩起"发展个人人格，增进社会文化"的大责任，只有迎着矛盾问题，好好下一番调整工夫。哲学家所以要穷思苦索，立说著书，政治家所以体国经野，老安少怀，教育家所以要承前启后，易俗移风，一切一切，皆是为此一件事。

依我个人愚见，我们要调整矛盾生活，一定要认明次列三项，分别加以努力。

（一）"整个"与"各个"

宇宙间，一切事物，皆是有"整个"与"各个"的分别，并且整个与各个，是相依相倚，互相关联，所以一定要谋调协合作，不然,就要发生矛盾,大起冲突了。拿人的身体来说:脑的神经作用,是管全体动作,是整个的;手足耳目,是司一部分动作,是各个的。脑神经不能发号施令,或手足耳目不听命令,随便活动,便是整个各个矛盾起来了。可知矛盾发生,是由整个与各个失去依倚联系,一方自由行动,不尊主权;一方亦指挥无力,失去统驭职能。其所以失掉职能的原故,或者是由于自重大过,或者是由于自视太轻,以致尾大不掉,呼应不灵,成功病时状态。人体如此,人事亦然。明白这个道理以后,便应该把整个各个,各各认明他的职能,使之互相尊重,既要"整个"举起权能,也要使"各个"各得其所。如此二者便能互相调协,成了一个合乎"中庸"而"有用"的系统。这种道理,儒家佛家,皆说得很好很精。儒家说:"智、仁、勇,三达德",皆是含有整个之义,尤其是"仁"字,整个性更大。古时仁义虽是并称,但仁之道是整个的全体的;义之德是部分的,个别的。佛家说空、假、中、一心三观,也就是"空观"、"假观"、"中观"三种观想法,"空观"即一切平等,是整个的;(庄子论"齐物",亦是这个意思)。"假观"即各个分别。其不遍于空,不偏于假,便是空假双照,称为"中观"。我们要看轻了生死问题,把此心超出生死关系之外,同时又却要认明个人是要为社会努力服务,尽我所应尽之责,方可无负此生,便能合乎"中观"。若是对于世界一切,执着贪恋,那是偏于假,偏假者,便成一个愚夫愚妇。若是看透一切,万事不管,一事不做,那于是偏于空,偏空者又成了一个厌世的废物,消极的自了汉,在佛家是称为"边见",边见便是失了"中观"。我们要以整个统驭各个,指挥各个,要使各个皆能一一发挥能力,在整个统驭之中,去为合理的动作。偏整个，轻整个，会起矛盾；重各个，轻各个，也会起矛盾。不偏便是“中”，不偏又有用，便是“庸”。中而有用便是“合理”。无论何事总使要整个统制各个，各个服从整个，整个尊重各个，一方要处置公平，一方要安放得当。有时各个之下有各个，则各个亦可自成为整个。譬如军队组织，师下有各旅，旅下有各团，团下有各营，秩然不紊，成了一个系统。这就是“行为系统化”，如此则矛盾自然没有了。一个人如此，一群人也是如此，一事如此，万事也是如此。

（二）“多数”与“少数”

认明“多数”与“少数”的区别，这也是异常重要，可以说人类一切善恶的行为，皆要以此为判定的标准。通常生活的矛盾，也就是由于“多数”与“少数”相冲突，不调协而生。我们判断行为的善恶，当然是要重“多数”轻“少数”。同一好事，利益及于多数人的，当然那好的价值高；利益及于少数人的，当然那好的价值低。专顾少数利益，而忘却多数，如在多数立场来看，这种行为，自然就要发生矛盾了。你为了一家，忘了一国，在家算是好家长，好子弟，在国便不成为好国民。只能称做一家的好人，未必即能成为一国的好人。以国比家，大小各异，这样行为，还不算矛盾么？要解除这个矛盾，最好是能身家国家双方兼顾，若是两方不可得兼，便应看明白利害所关，谁是多数，谁是少数，看明白了之后，适用前条“系统说”，以国统家，只好顾国不顾家了。这就是“合理化”。孟子所说：“生我所欲，义亦我所欲，两者不可得兼，只好舍生而取义”，也是这个意思。因为身是少数，舍一身而救众人以成大义，是为多数。一个人在社会上原是多方面的。

为一家之人,同时为一乡之人,同时也为一国之人,当然国的范围大于乡,乡的范围大于家,这纯粹是就多数少数比较起来说的。以多统少,那是毫无意义(原文如此。编者注。)。既是一个国家的国民,在今日国界尚未破除时,爱国当然是惟一的责任,这是无可怀疑的。同时你爱你一家,爱你一乡,也是当然的。爱家乡,爱国家,本来没有什么矛盾,如若你领着家人,去买货,国货价贵而质地差,外国货价廉而货美,此时你如决心购买价贵的国货,愿意牺牲一些金钱,似乎觉得有些矛盾罢?可是你想一想,一人一家稍受损失,而国家却得了益处,而且一人如此,人人如此,国家受益更大,也就觉得心安理得,矛盾完全解除了。这就是因为以多数统少数的原故啊!因为受公民训练,而个人职业不免受些影响,也是觉得矛盾罢?可是在此强敌压境,国家危难的时候,就不得不如此做了。

以大统小,以多统少,还有什么矛盾呢?若说我们为爱国而至牺牲个人,而至牺牲对手的敌人,似乎有违反"人"的道德罢,为什么同是人,一定要互相残杀呢?不是矛盾呢?那末,也容易解答啊!爱自己的国与侵略人的国,是截然不同的。我爱国是为卫国,并不存一丝一毫侵略的野心,具有侵略野心的国家,要来灭我所托命的国家,我以爱国家故,不能不起而御侮抗敌,这是正当防卫,是防卫自己的安全,不是有心去害别人。倘若敌人抛弃侵略手段,我便可顿时和他为友,还有没有冲突,什么矛盾呢?人类生活矛盾之起,皆是根源于伸己屈人,利己害人的一念。应该明确认定,己是少数,人是多数,最好的事,自然人己两利,少数多数,利益均沾。凡事如能为多数人着想,努力为社会服务，为群众谋利益，当然大家有益，我的一分也在内。可是，有些人竟不能打好这个算盘，偏偏要“有已无人，”或“损人利己。”你是有己无人，他亦有己无人，个个独立，表面上似乎各不侵犯了，就是古代杨朱学说，也未尝不是向这一路去想，可是结果一定矛盾很多，一定不会好，因为人是无时无事，皆要营群的生活的，如何能各各独立呢？若是利己损人，则更是一切罪恶之本，不惟生活矛盾，社会且由此紊乱不堪一定要干戈大起，要来一个真的你矛我盾了。所以万言归总为一句：要解除矛盾生活，只有以少数服从多数，以多数包含少数，事能两全最好，不能两全则为了多数利益，不幸使少数利益牺牲，也只好忍痛为之，因为不如此，也就再没有其他合理的办法了。

（三）“前进”与“停顿”

认明一切人事的现象，“前进”与“停顿，”往往是同时同地，二者并存，异常综错，并且是因为前进太过，容易激起反动，有时竟使停顿部分，反为后退。但是，我们要明确认定世界无论何事，皆是进化的，且不断进化的。进化的目的无止境，无止境而强指一止境，则曰“止至善”在前进中，未必无错误，无罪过，尤其在旧制度、旧习惯、旧机构，已经不适用，行将腐烂崩溃之时，一经揭开攻击破坏之幕，前进便容易过度，同时不肯改革，秉性顽固的一部分，必定要竭力抵抗，于是攻守两方行动，皆不能一依常轨，并且此时轨道未立，亦无常轨可依，那末便矛盾百出了。矛盾之极，当然使人苦痛万分。弄得不好，所有人类恶德，一时容易完全暴露出来。此时调整矛盾方法，就集团生活来看，“中庸说”是可以适用；就个人行为来看，“反省的自新说”

也是可以适用。并且社会经过大矛盾、大动荡,大改革后,新的轨道逐渐造成,矛盾现象也逐渐减少,一定要有一时期的平稳安静。可是,就在这稳静之中,不知不觉的又要呈现出停顿部分多、前进部分少的现象。因为停顿太过,也渐渐有一部分不适,而渐流于堕落。于是人类矛盾的感觉又来了。群众行为,个人行为,皆是如此。此时要调整他,更应该采用"个人自新说,"使心象上不断革新改善,千万不要再让他堕落下去,以至矛盾之极,再要来一个打破坏。这确是要紧一着。中国儒家讲"自新",却是有一点深意的,他说:"以前种种,譬如昨日死;以后种种,譬如今日生。"这和耶稣"复活"是一样意思,不过耶稣教说得更彻底些。如佛家所谓"放下屠刀,立地成佛,"更是斩钉截铁了。总之"自新"一说,确实是调整矛盾,解除矛盾的最好最切工夫。

以整个统各个,以多数统少数,造好一个互相依倚的系统,成功一个中庸而有用的合理方法,并认定人生是不断前进,以期止于至善,而个人自新,尤为一切进化之本。这是我所说的概要。现在话是说完了,可把上文举几种说法列在下面,成为一表,并以线示其交互关系。

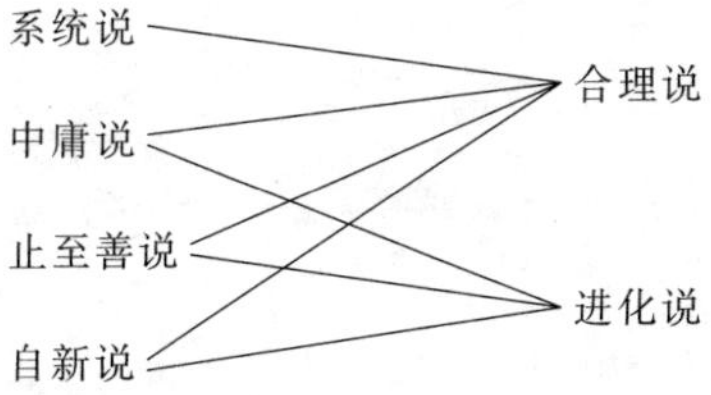

同时更以六句话，如佛家偈语一样，写在下面，用作我们人生修养要旨及目的。

打破边见　力求圆满　扩大人格

增进文化　共谋安乐　以期大同

（原载《国讯》，1937 年第 168—169 期）

征集并训练全国军需工业人才计划书[1]

希望中央组成战时国防教育委员会
会中特设军需工业教育组主持其事

在全国总动员的阶段中，人才动员无疑的占着一个地位，在全部人才的旗帜下，有关国防的各种工业人才，又是目下所感到的较大需要。我们如何在最短期间，能把之一项人才集中起来，训练起来，使他们能充分的发展其所长，使国家军需工业生产量充实足用，这不只是值得研究的问题，而且是应赶快设法力求实现的紧要工作。必使军需工业有相当的发展，战争胜利才有较大的把握，但欲发展军需工业，又必先储备军需工业人才，这是不待智者而后知的。

自战争爆发后，前方军事上即感各项工业人才之不足，最显明者为汽车修理，枪械修理，战事持久，战局扩大之后，则其他土木、电工、化学等人才，均将不敷支配。同时并因政府统制工业

① 作者：江洹源、石显儒。

关系,此后各工厂都要制造与国防有直接或间接关系的各种物品,其原来出品适为国防需要的,当然可以继续制造,但应额外加工,增多产量。其原来出品与国防无关的,此后恐怕也多要改变方向,制造军需物品。欧战时德国的机器制造厂改为子弹制造厂,人造绢丝及假象牙制造厂,改为无烟火柴制造厂,就是最好的实例。吾们的工厂实行总动员,集中力量制造军需物品后,工业界必感到人才缺乏的现象。如上所言,各工厂若其出品适合军需,但因增加产额的缘故,一定要需用大多数的工作人员,其厂原有之出品若不合战时用途,由政府督责改造军需物品的,则一切原有之工人及增添之工人亦必定需用一种特殊的技术训练。是故在此大规模工业军用化的时期,军需工业人才的征集与训练,实为不容忽视的重要工作。吾人切盼,中央当局,能于最短期内,组成一种战时国防教育委员会,在委员会中特设一种军需工业教育组,聘请工业界与职业教育界之人员,负责主持此项工作,使前方军事工作上,有技术人员之协助,后方之军需工业,得以充分(原文如此,似少发字。编者注。)达。兹草拟军需工业人才征集与训练办法如下文。

全国军需工业人才征集办法

所谓工业人才应分三种:(1)专门技术人员;(2)中级技术人员;(3)普通工人。中级技术人员,可以短期训练,普通工人,更比较容易取得,最难者为专门技术人员,此项专门人员,决非简短期间训练所能奏功,有效办法,惟赖征集有相当教育与经验之人员，就愚见所及，征求之法，不外以下五种：

1. 由中枢机关（例如上项提及之国防教育委员会）确定军需工业之种类，调查各项人才之需要数量，并指出应征者必具之资格经历担任职务及待遇。

2. 通令各人才登记及介绍机关，如南京全国学术工作咨询处，上海职业指导所等处，代为征求（军事资源委员会所调查之专门人才亦可调用）。

3. 致函全国学术教育机关，征求军需工业人才，并由各该机关负责介绍之。

4. 制定应聘人员登记表格，由应聘人填写后，附各项证明文件，送各军事机关及各工厂听其择优任用。

5. 必要时可由国外聘请专门技师，聘请手续，宜由驻外使领馆办理之，并可由侨务委员会负责招聘华侨中之技术人才。

军需工业人员训练办法

所有中级技术人员及普通工人，可以短期训练，前已言之，依愚见，关于中级技术人员，可由速成训练学校及训练班养成之，普通工人可由工厂中实地教导之，兹分述之：

（一）军需工业训练学校及训练班

此项训练学校及训练班，虽限于军需工业一方面，但因此为全国普通的需要，应由中央政府作全盘的计划，督促全国实行，兹分述其办法如次：

1. 由国防教育委员会军需工业教育组，拟成“军需工业教育实施通则”，经会通过，呈经中央政府颁布（通则拟稿附后）。

2. 由职业教育界人员或机关负责，遵照政府颁布之军需工业教育实施通则，选适当地点，确定所设科目、预算、筹备、经常费用，请中央核准施行。

3. 平时之工业职业学校，应利用已有各种设备及教育人员，加办军需工业速成训练班，与当地工厂确实合作。

4. 各大工厂如其设备充足者，亦可办理中级技术人员训练学校，并可酌收新生，予以训练，关于组织筹备方面，得呈请军需工业教育组派人指导之。

5. 由职业教育界人员或机关，就难民中之知识分子组织速成训练班，遵照中央颁布办法予以技术训练，完成后分派至各军事工程区或工厂服务（中华职业教育社现有特种技术训练学校计划可资参考）。

（附）全国军需工业教育实施通则草案

国民政府国防教育委员会，为适应战时需要，急于造就工业人才起见，特颁布军需工业教育实施通则：

一、校区。凡各工业集中区，宜由区内实业界教育界，共同负责，按其特殊需要办理军需，工业训练学校。

二、经费。所有各教育或工业机关，遵照军需工业教育实施通则，办理军需工业学校或少少数班次者，其经费由中央补助二分之一（由军事资源委员会及全国经济委员会负责），其余二分之一，得由各该省政府建设厅酌量补助。

三、科别。所有各军需工业学校或军需工业特别班，所教之科目及课程，均须遵照中央规定之工业种类，并得参照当地需要设科，惟以军需性质为限。

四、学期。修学期间以速成为目的，求于最短期间，造成军需工业之中级人员，普遍修业期限为四星期或六星期。但课程内容之较繁者，得延长为半年或一年。

五、资格。凡具有下列各项资格之一者，得报名考试：

1. 高级中学修业满二年以上者；

2. 高级工业职业学校修业满二年以上者；

3. 初级中学毕业曾在工业机关服务满二年以上者。

六、费用。学费全免，宿费杂费由各校参照当地情形规定，其有因家境困窘，不能缴纳各费者，得由学校借垫，但须觅有相当保证人，于毕业后服务时补还之。

七、特别补习。为适应战时需要增进工人技术计，各校得于环境可能范围内，采用下列各种补习办法：

1. 合作补习。凡工厂自动办理之学校，或校址与工厂相距不远者，可择工厂中之工徒与学校中之学生，根据其教育技术志趣等，组织工学合作补习班。每班学工分两组，以一星期为轮流替换限度，甲组入学之一周，乙组入厂工作，乙组入学之一周，甲组入厂替代之，其目的在求学生与工人与学识技术方面，有均齐的发展与进益。

2. 晨夜补习。为增进工作效率起见，各工人工作时间不得过长，每日每人工作以八小时为限，工人工作完毕后，即可入校补习功课。早班，夜班，非一定谓上课时间在晨间或夜晚，实即指工人未做工之前,或既完工之后,普通工人应入晨班或夜班补习二小时。

3. 老师讲习。为储备多数技术教员人才起见,凡工业集中区域之工业学校,得酌设师资讲习班。所有具有相当技术而缺少教育经验者,欲充作工校教师,宜先入师资讲习班受课,其已充作教员,但缺教育知识者,亦得入补习班补习。该班所教之课程,不外工作分析,教材分配,阶段教法等项。

八、管理及监督。所有依照工业教育实施通则办理之军需工业学校及训练班一切管理及监督之责,由军需工业教育组完全担负。

(二)普通工厂工人的训练

工厂中工作人员普通工人占绝对的大多数,在工业总动员实行期中,各工厂所需之普通工人,在数量上计之,较任何工作人员为多,此项工人,因其所需技术无多,用不到事前予以学校教育,学理研究。惟于进入工厂工作后,应设法使其取得初步技术,此后并应使其有继续补习进修的机会,工人初步技术训练,以就工厂中各个人工作之部分教导之为得计,训练之内容,应分两种:一为工作之全体;一为工作之部分。前者授予全盘机械之动作,及全厂各部之组织情形;后者授予各该工人所司管之某一特别部分工作,关于前者,可由团体教导之,关于后者,可由分组或个别训练方法教导之,兹拟工人训练组织之步骤与办法如下:

1. 成立教务委员会,由工厂管理人负责,联合职业教育界人员。组织工人训练委员会,负责管理一切工人教员。

2. 教员　所有教师及指导员,由本厂之技师及工头充任之。

3. 教材　由教务委员会编制之。

4. 时期　由初入厂起继续教练,直至工人能独立负责管理其所司之部分为止。

5. 指导　教务委员会负责测验工人之兴趣,技能,以为妥当之工作分配,并继续施用访问个别谈话以求人与事之真正调整。

6. 续学　各工厂宜设工人补习班,使工人有继续读书之机会,如本厂不能设立,宜托附近之职业学校代办之。

7. 调用　各工厂工人如军事当局有需要时,得随时调用。

职业指导工作的效用

在军需工业动员时期,职业指导负有四种责任:(1)调查各军事作战区域与军需工厂之用人情形及其在质量两方面的需求;(2)根据调查所得贡献军需学校当局及指导一般学生;(3)对求学者所学之课程,工作者所申请之工作,与其志趣技能,予以适当的调整;(4)为学业完成之青年介绍至前方或工厂工作,并使服务成绩优良者,有进修发展之机会,至于办理职业指导的方法有以下几种:

(1)由工业集中区职业教育界人员,或机关,组织职业指导所,以为一般的军需学校或工厂服务(职业指导所内容的组织,上海职业指导所办法可供参考)。

(2)规模较大之军需学校或工厂,自备职业指导部为该校之学生或该厂之工人负指导之责。

(3)由地方教育行政机关,如教育厅教育局等设立职业指导部,负指导全区受军工训练之人员,使其能为国家作有效之服务。

以上的计划,仅是一时所想到,无疑的这是一个挂一漏万的说法,并且也不敢说事事都能做得到、行得通,但是在此战事扩展至全面,全国工业在实行总动员,政府当局施行严格工业统制之时,军需工业人才的征集与训练,确是一件很关重要的工作,却很愿意贡其一得之愚,用备当局之参考,区区微意,如此而已。

(原载《教育与职业》,1937 年第 187—188 期)

《中国农村经济研究》序

金轮海先生近著《中国农村经济研究》一书,书成索序于余,余检阅全书,觉取材丰富,见解允当,洵为最近不可多得之佳作。全书凡八章,都十万余言,首述中国农村经济之特质,及崩溃原因,分析甚详。继将封建阶级残余之剥削,国际帝国主义之侵袭,搜罗具体事实,加以提示;而于农村金融、农村土地、农村经营重要各点,讨论尤多。最后主张运用三民主义中民生主义经济建设政策,以合作运动之统制经济,统制经济之合作运动方法,作建设农村经济之主干,更多独到之处。迩来农村运动,蓬勃发扬,经济建设尤关重要,是书对于农村诸问题贡献甚多,凡留意农村事业者,允宜人手一编也。

江恒源

民国廿五年十一月十日

(原载《中国农村经济研究》,金轮海著,中华书局1937年)

抗战一年来之中华职业教育社

“中华职业教育社,近来怎样啦?”“职业教育社内的同人怎样啦?”“职教社的事业,怎样维持的啊?”“他们的中华职业学校怎样啦?”这皆是恳切关心职社近况的各地社员和平素同情于职社事业的许多同志,在友朋谈话中间和通信中间,有这一类的问话。在职教社办事的人听到,当然是十分感激,十分兴奋。

现在和职教社内同人,香火因缘比较深一些的国讯社,她已决计在重庆把停顿八个月的《国讯》旬刊,复刊了,复刊之期,并且是“淞沪大战”之周年纪念日——八月十三日,意义多么深远啊!因此想到《国讯》复刊以后,关心职教社的许多好友,询问必更多,那末,索性写好这篇文字,报告一下,即借《国讯》宝贵的篇幅,把他发表出来罢。

中华职教社,在国内是一个历史较长的文化团体,他曾于二十六年五月六日在上海华龙路总社举行过一个较有意义的二十周年纪念大会,各地社员来会者千余人,展览成绩,报告经过,讨论议案,演放电影,游艺,宴会,报纸予以鼓励,社会为之奋兴,可谓极一时之盛。当时同人一改主张,愿以极精密的方法,极严肃的态度,检讨过去二十年的成败得失,继乃本着远大眼光,合理计划,利用可凭借的固有基础,从二十一年起,再加倍努力,渗入一种新的特殊精神,以完成新的特殊使命。

白云苍狗,变幻万端,过了两个月,卢沟桥的烽火,高涨(编者注:原文为“张”,疑为笔误)起来了。过了三个月,淞沪的炮声轰动起来了。在去年八月十三日以后,我东战场的淞沪军队未东撤以前,职教社职员,皆是从事于救济事业,救济难民。就是到了现在,还有一部分职员,继续在难民救济机关服务。职教社的经济,一向是拮据的,抗战军兴,来源断绝,当然更是苦不堪言。迫不得已,乃大大减薪,同人每月仅领最低生活费,以暂行维持。减薪犹不能解决,乃又有一部分同人的疏散。此种办法,明知是十分痛苦,然亦无可如何。

职教社之重要职员,如董事会常务董事办事部正副主任,在去年十月间,已离沪了。其他职员,先后他去者亦不少。所有留在沪社同人,茹苦含辛,支持这一个艰难局面,亦着实不易啊!社内办事人既少,而经费又极窘困,万不得已乃将社屋一部分分租于其他机关办公,现在华龙路一所巍巍大厦,几乎成了一个“大杂院”(北平语),入其门者殆不胜今昔之感矣。

职教社有一个成立最早、规模最大的附属机关——中华职业学校,校址在上海南市,他今年已满二十岁了。大战爆发,地当战区,无从开学,而学生来学,苦无所归,乃赁爱多亚路浦东大厦作临时校舍,计容一千余人。一学年过了,现仍照常招生。旧有校舍自南市沦陷,即遭焚毁。二十年来经营缔造之教室宿舍,二百余间,至此竟成一片瓦砾。其间挺然未仆者,则有钢骨水泥建筑的中华堂,然内容则已空空如矣。校内工厂,素称完备,机器也很多,所幸在去年九月间,已经把精良的机件取出。始则运到武汉,继又运到宜昌,最后乃运到重庆。拟在重庆创立分校,既承川省政府特别补助,复承巴蜀学校借给筹备办公处所及地皮房屋。此外渝地社会,直接间接,亦多多承其赞助。现在学校工厂均经筹备完竣,不久即可开工开学了。

职教社在上海所办的许多职业补习学校,因为用不着总社多贴钱,所以还可照常维持。近以沪上青年,失学者太多,各补习学校,乃大见发达,就中尤以华龙路一校、浦东大厦四校学生更众。当然这也是一时特殊畸形发展的现象啊!

职教社还有一个驰名遐迩的上海职业指导所,他自民国十六年正式成立,经过十余年的不断努力,在上海各界,早经承认他是一个忠实勤勉的服务机关,可是到了现在,今昔情势,也有些不同了。尤其令吾合社悲痛不已的,是职业指导所最初发起人兼任所主任的刘湛恩先生,不幸竟于本年四月死于非命,这不仅是吾们职教社的一个损失,并且是我中华民族一个大损失。

再说到职教社历年所办的农村改进事业罢,从前小小局面,未常不可一观,可是,洪水一来,田产人畜,悉遭冲毁,所谓皮之不存,毛将安傅,当然是无从说起了。尤其最令人痛心难受的,是改进区内一班曾受过教育的农民,他因为有了国家意识,民族情感,反而容易把性命牺牲掉,听说被屠杀的,已经不少。我不杀伯仁,伯仁由我而死,这叫我们怎能无所耿耿呢?

目前职教社办事部在上海所办的事业,似乎重心渐渐移到广西了。广西办事处在桂林设立已经半年多,所办事业,如职业补习教育、职业指导、职业介绍、职工训练,均正在那里蓬蓬勃勃的发展，还有与其他机关合作的各项事业，亦正在顺利的进行。近且拟在柳州创设了一个机械科的职业学校。因为中华铁工厂，已在柳州开办，厂校联合，当然更是十分便利。职教社在广西所以能如此，其最大原因，当然是由于桂省政府的特别赞助啊。最近有社董提议，把沪总社移到桂林，恐怕不久也会成为事实。

武汉呢？在两年前，职教社已有了办事处的设立，两年来，他们所办的事业，也着实不少。可是最近因时局关系，暂行停顿了。办事处的主任，现为江苏难民救济机关借用，到湘西去主办青年工读服务团。工读服务的主旨和职教社的教育主旨，原是大同而小异啊！

重庆呢？职业学校，算是成立了。还要筹设一个中华职教社四川办事处，并已与重庆青年会商定，合办一个重庆职业指导所。将来关于一切职业调查、研究、训练、改进等工作，皆由此发端。职社同人对于川省既愿来忠实服务，而川省政府当局及社会领袖，对于职社，亦敦夙好，多方予以赞助，如此两好相合，职教前途发展，也就不难预期了。

一年以来，职教社同人，诚有一些感到流离颠沛之苦，而上海总社，又因环境变迁，经济困乏，事业大受影响，式微之叹，或将不免。但是天下事往往绌于此者丰于彼，职业教育社，不能发展于沪上，而转可发展于内地，将来内地发展的希望，或者比沪上远大，也说不定。况且同人因为奔走各方，可以增加许多经验，得着许多磨练，收获亦复不少。国难未已，助我者多，同人处此情况之下，惟有加倍努力，以期无负各方之期许而已。

（原载《国讯》，1938年第180期）

此何时乎！我来谈一谈目前的教育问题

近年来我常常有一种感想，并且由此感想，常常假设一个“比喻”来作推论。大概是这样说的：

“一个人家，大门以内，人口众多，不幸被强盗来打劫了。一群大盗，辟门直入，逢物便抢，逢人便杀，还要放火烧房子。这个时候，在前面抵挡的，是家内一班壮年兄弟，前仆后继，已经牺牲了不少。前院房屋，既然烧毁了许多，旁边侧门，也有盗爬进来了。可是这个人家，院落很多，前面旁面虽然闹得不成人境，而躲到后面深院子里面的人，总还可以苟安一时。因此后院内的人们，便是起居饮食，一切和平常无异。虽然前面兄弟子侄和强盗抗战，血流满地，尸身累累，他们也是闭着眼睛，如同没有看见的一样。试问这一班住在深院里的父兄，在这一个大家庭中，营共同生活，要得要不得？还有他的靠近子侄，和前面逃避烧杀躲入后院来的房分远一点的子侄，有些年已长大，有些还未成年，本来皆是在学校读书，有先生照料指导着的，其中却有一班血性充足、火气盛旺的青年，他亲眼看见他的伯叔兄弟被惨杀，血淋淋的首身两段；亲眼看见他的姑母姊妹被奸污，蓬头裸体，哀号求死。竟忍不住了，不愿逃了，要去替他亲人报仇，到前面去拼命。可是此时在深院里住的父兄，主张办法，倒是自命高明，竟从容不迫地，采取一个“以常御变”的标准。（一）照常请先生依着老法子教书，先生也乐得无灾无难地照样办去。（二）他以为子弟去拼命报仇，是不必要的，尤其是靠近自己的子侄，更不可以随便。他还郑重声明地说，教育是百年根本大计，万不能因一时家庭内发生变化，就把这百年大计变动起来。这样主张，这样办法，是不是心安理得？我总以为是一个问题。

我这一番话，比喻目前我国局势是不是适当，虽然不敢说，但就大体来看，总不能说是不对的吧？那末，我们就来推论一下罢。

前面拼命抵抗外侮的，是这一个大家庭的子弟，逃到后面入学读书，也是这一个大家庭的子弟，前面子弟和后面子弟，皆是隔房的兄弟辈啊！同是一家人，当然不能说谁应该去拼命，谁应该去逃难？既要维持一个大家庭的整个生命，一定要有人去拼命，才能维持得住。一班人命拼完了，一定还要有一班人继之而起。这是必然之势，也是自然之理。我们何尝不知道国家造就人才，是不容易的？拿中学大学学生当兵用，当然是太不经济，国家损失太大。凡是可以读书修学的，自然还是照常请他们去安心读书修学，不要荒废了他们的学业。可是，在我们国家里，因为国民教育未完全普及，各战场需要补充军官兵士的人，又异常之多，便有两个问题发生起来了：（一）怎样可以使全国大多数民众皆能鼓舞起热烈的抗敌情绪，一致出钱出力，报效国家？（二）可以使各战场下级军官的补充、兵士的补充，皆特别容易，且因人数众多，有了选择，所补兵士，质地能特别优良。这两个问题,原有联带密切的关系,也可以说就是一个问题。因为各地民众抗战情绪异常热烈,自然中学学生愿意投考军校的,特别踊跃;同时一班壮士,愿意应征入伍受训,前赴战地的,也特别增多。但如何才能使各地大多数民众抗战情绪热烈起来呢?那自然是需要极切实而有效的宣传、鼓吹、训练、组织的工夫了。这种工夫,谁人去做呢?我们就不能不想到一班高中以上程度的青年学生了。近年来各地方做这些工夫的,当然也不少。可是,我们凭着良心说,做的够不够呢?如认为不够,何以不把各地现在学校内的学生,察其程度够用,即移出一部分读书上课时间,加以训练,由教员领导,到附近学校十里二十里的街市乡村,做有计划长时间民众运动的工作呢?当然,各学校这样办的也不少,但是,我们再凭着良心说:做的道地么?够么?是否处处皆是先生学生,共同在一块儿鼓起热情,努力去干,并且事前加以精密计划,事后加以严格检讨呢?如果未能,那末问题仍然存在。这一个问题关系对抗战前途实在是太重大了。要得着圆满解决,当然不能仅责成教育界一方,可是教育界总不能不负相当责任吧?

再说,在此抗战建国的进行过程中,还有一个重要问题,便是后方生产。当然这一个重大责任,也不是教育一方所能专负的,可是,各级学校教育,各种社会教育,因为他有养成优良生产分子,传播优良生产方法的责任,至少限度,应该说是要负起责任中的一部分。试问在全面抗战未发动以前,是否各方已经筹办及此?近则抗战已历一十六月了,试问,竭教育力量,假教育途径,以进行增加农工生产力量工作的,除空言计划,高谈方案外,各方真正做到,且做得已有成效的,又有几何?当然,我不敢一笔抹煞,说是“没有”。有的,并且不少。但是在这种严重局势之下,够么?当然不够。不够,如何办?我却不能不十分焦急。

有某处大学新毕业的学生向我说:“近半年来上课得益似乎不多,因为迁地的原故,图书未运全,仪器未运到,实验工夫差了,参考图书机会也少了。教授讲义,和从前并没有变动,教起来也不大起劲。且教授因为人多,课少,闲着无事,亦殊觉无聊。至于一切组织,当然还是旧的,未见有什么革新,我们真是异常烦闷。”当然这些说法,我是不大相信的。又有在中学的学生对我说:“我们学校,还不是和平常一样的么?照常做那一套功课。有同学发起请学校先生指导组织时事研究会,算是勉强答应了。可是,过了两次,先生便不高兴趣来了。”这更是一面之词,这个青年所说的话,当然未必靠得住。

这一类话尽可不必去信,但实际的一般情形,我们却不能不特别留心。本年四月间中国国民党议定抗战建国纲领,那是中华民国全体国民所一致拥护,希望能早日实行的。纲领中最后所列庚,教育一项所有(二十九)至(三十二)四条,那真正是解决本文前述三个重问题的最好最要方法,不仅是解决那三个问题,并且可以说真是抗战建国的根本大计,我们愿以万分热诚,盼望政府能早日领导实行,更以万分热诚,盼望全国教育界人士,要诚心诚意地,检讨以往教育是否合理,现在办的教育,是否够应付这个局面?如何才能圆满解决前述目前三个严重问题?更如何才能适合于抗战建国纲领所列“推行战时课程”“训练技术人员”“训练青年妇女”各条,使抗战力量不断增加,建国力量,预为储备齐全?

我极端相信,一切事功,因人而举,教育是"造人"的。造人当然要有好的方法。我不敢说以往的方法,现在的方法,全不对,全不好,但"不够"二字,我可以武断说的。此何时乎?平时不够,尚可苟全,此时不够,便有亡国灭种之惨,一发万钧,危险性太大了。此何时乎?我很愿提出这一个严重问题,请我们中华民国一个大家庭中全家的人,尤其是住在后面深院子里的人特别注意。

(原载《国讯》,1938 年第 187 期)

职业指导与抗战建国

国讯社设在重庆青年会，重庆职业指导所，也设在重庆青年会，并且是同在一个屋内办公，他们两方职员，也多是共通任事。“绿杨分作两家春”，他们这两个机关，何以要合在一起呢？想一想，我明白了。《国讯》编辑的主旨，是重在帮助抗战建国。而职业指导，或者也是具有同样的主旨罢！

日前因为重庆职业指导所副主任喻鉴清先生在青年会为该所及青年会又中华职业社四川办事处，中华职业学校同人讲演“职业指导要义及其实施方法”，偶尔提到他去年在美国时的一段事情。他那时正在纽约研究职业指导，到处去参观考察，回来便和学校教授质疑问难，多方讨论。大概是去年八月底罢，沪上大战已开始。一日，有一位教授先生，忽然正颜厉色地对他说：“你还不赶快回国么？此时你们国内，正是需要你去用职业指导，帮助抗战呢！快回去罢！快回去罢！”原来这位教授的说话，是有理由的。从前他在美国参加欧战时，曾经用他那一套职业指导的技术，为入伍新兵，作智力体力测验，为参加战争人员，作工作分析，在当时贡献很不小。他本着二十年前的旧经验，以为中国的情形，也是和美国一样。这位喻先生又是中国人在美国专研究职业教育、职业指导的，所以对他特地的有这一翻说话。

其实，我们中国，那里够得上这样程度呢？全国的职业指导所，除中华职业教育社在上海设立一所，已经有了十余年历史外，其他地方，有没有呢？说起来，真可怜，有多少人注意到这一件事呢？现在上海沦陷了，上海职业指导所还在那儿艰苦支撑，真不容易啊！本年春，职业社广西办法处在桂林又又设立了一个桂林职业指导所，本年秋，职业社四川办事处，在重庆和重庆青年会合作，又设立了一个重庆职业指导所，目前两所所办的，总还是介绍工作。在办职业指导的人，却想到前方剧烈抗战，后方人员用途，要妥为支配，在消极方面，不要使有用的人失业；在积极方面，要使人尽其才，才尽其用。如此才可以有裨于抗战，有益于建国。可是，以这样穷困不堪的教育团体，设立了这一个小小机关，也就为难得很了。拿重庆一所来说罢，实际全所工作人员，只有四位，还要兼办《国讯》的事。每日到所求事者求人者，由所约谈者，络绎不绝，户限为穿，职员应付一切，真是十分竭蹶。可是，他们一天到晚，孜孜不懈，努力苦干，当然，他们目的，是为帮助抗战建国啊！并且听说他们还要进行职业训练，使无业之人皆可有业。然而杯水车薪，效力也就微乎其微了。若真正说起来，办这一件事体的责任，又何尝是完全专属于社会教育团体呢？

（原载《国讯》，1938 年第 187 期）

抗战建国过程中之职业教育实施方案

一

筹办重工业，振兴轻工业，利用旧经验，采取新方法，以创兴新农业；同时关于交通、运输、金融、贸易等一切组织技术，一律力求改进，其目的则为增加全国生产，改良全国人民生计，巩固永久的国防。此在抗战建国过程中，固属十分重要，将来战事结束，亟谋复兴，则整理破碎，其事益艰，用力益巨，当然重要更要加上十倍。在国家确立整个的经济政策，整个的经济事业进行计划，并且各事谋充分的准备，各方谋合理的衔接，自有政府主管机关负责筹办，可无待言。惟念凡百事业，待人而兴，而人何由成？则赖乎教育，因此深深感觉到职业教育，在全体经济建设一个大机器轮盘中，至少亦可为一个重要之机件，当然要加以精密注意，妥为使用，俾尽其职能。

再论到国家整个教育政策，整个教育建设的进行计划，大类区分，实不外次列三项：

（一）养成合于近代文明国家水准的国民，此则有赖于普遍

推行的国民教育，其中实包括着儿童教育及成人补习教育两种。——国民教育

（二）养成科学发明人材、社会领袖人物、国家高级公务人员，此则有赖于大学及专科教育。而普通高中初中高小则为之准备优良原料，任其选择。此外若种种科学研究所、试验所以及大规模的农场工厂、大规模的工程、大规模的编辑，各种较复杂的政务处理，则皆是大学专门学生最好之练习场所，最好之学习对象也。——人才教育

（三）凡已受过小学教育不能升中学，已受过中学教育不能升大学及专科之青年，或则已入农工商及其他各界学习职业，或则仍在社会间浮动游离，更有习业多年，知识技能，亟待补充的职业界分子，与夫欲入职业界而技能尚未充足，亟需加以训练之分子，综计一切，人数绝不在少。对于此种人，若善为造就，则皆可为国家之生产能手，若听其自然，则不仅为国家不生产之消耗者，甚且为社会各方面之扰乱者。如此一正一反，其利害关系，何等重大！若欲消极弭此无穷大患，积极造就建国强大助力，惟有大兴职业教育，大兴广义的职业教育，方可以解此难题，达此目的。——职业教育

国民教育、人才教育、职业教育，可称为国家教育的三大主干，一鼎三足，原是厥重维均。至其施教方式，当然不能以学校教育为限，种种社会式的教育亦应辅之以行。而三方教育，各各需要适当师资，尤宜分别性质，尽量培养。是以在三项主干教育以外，一定有小学师资教育、中学师资教育、职业师资教育、社会教育方面所需要之各种师资教育，随之实施，并妥为配合，用立

其本。

以上所述，皆属至浅之理，至明之事，稍有常识，类能知之，能言之也。

然而我国四十年来，鉴于旧式私塾、书院、科举教育之不善，毅然采用新教育，以矫其弊、救其穷，学校教育，既勃然以兴，社会教育，亦应有尽有，至于今日，究竟已收得几何效果？殊令人不敢贸然答复。当然一般民智，已较甲午庚子，开通许多，专门人才之养成，数已不少，农工商业已比三十年前，大有进步。但今日大时代莅临，正是我全国国力民力，与人举行一个空前大比赛，至此我国力量，是否充实？已显然矣。窃以为一切事功，人为之本，力之发，由于人，人之成，必（原文如此，此处缺字，似为教字。编者注。）养。时至今日，惟有决定方针，妥立计划，加倍努力，缩短日程，要依着“普遍”原则，以养成百分九十以上能够做公民之人民，且务必在最短期间，力求此种国民教育之普及。要依着“精粹”原则，以养成高级人才，先由中学一级端其本，此后决不再容许粗制滥造。更要依着“适当”原则，大兴广义的职业教育，以养成大多数生产分子，同时改进一切旧有职业。当然此三项主干教育，互有联带关系，非可孤立各不相顾也。第为分工计，现在姑置国民教育、人才教育于不论，专就职业教育一端，加以研讨。

实业学校、艺徒学校，在前清末年，各省已纷纷设立，至今日职业教育效果如何？言之真万分可怜。既往尽可不咎，而“前事不忘，后事之师”，失败之原因，不可不一加检讨也，浅见所及，以为外围原因，除一般社会人士“重文”观念、“重官”观念、“升学”

观念,足以阻碍职业教育发展外,其关于职业教育自身者,实有次列数端:

（一）办理职业教育者,对于职业教育师资,往往不甚重视,以为凡是习过农工商之人,皆可充任职校教员。同时培养职业师资,亦无适当教育机关专负其责。

（二）教育界人士往往以狭义视职教,以为设立职业学校,即是办理职业教育。因此对于职业补习教育、职业指导等,多未能特别加以注意。

（三）职校设科,未能适应地方需要,事前既无充分调查,而对于学生毕业后出路,亦未能精密注意,代为竭力筹画。

（四）办理职业教育,未能充分与实业界取得密切联络。

（五）农业教育一项,除设农科外,对于广义的农民教育,未能充分兼顾。

（六）办理职业教育,未能多多采用社会教育方式,力谋深入民间,只知呆办学校,不复顾到社会。

（七）职校课程,关于文化学科方面,未能显示其特性。尤其对于政治常识、服务道德等灌输训练,未能精密注意,切实施行。

当然以上七种现象,近来已经逐渐减少,但惰性仍在,病根尚未尽除,势非速谋廓清,早予以根本改正,绝不足以应目前急需。依照愚见,似宜由政府当局,服务职教人员,先行认定次列各点,切实执行。或则宜由政府明白宣布主旨,以正一般人观听;或则宜由政府兼筹并顾,用行政权能以袖遍（原文如此,似为补偏之误。编者注。）救弊;或则宜由各方主办职教人员,认明应走路线,努力迈进,不再怀疑,不再泄沓。

（一）职业教育原是包括职业学校教育、职业补习教育、职业指导三项。此三项务必同时并重。

（二）职业教育师资，必须从速征集，赶紧培养。

（三）切实调查统计职业界各项人才需要与供给之实况，藉定设立职校，及校内设科之方针。

（四）主持职业教育者必竭力与实业界联络，求其协助，供其需要。

（五）农产的教育，除设立学校外，务必注意到广义的社会式的农民教育。

（六）生产教育以外之职业，关系人民生活，比较具有重要性者，亦复不少。务必利用短期训练方法，助其改进。

（七）实施职业教育，除技术训练外，务必同时注意到一般文化教育、政治教育、服务道德训练。

以上七项，皆是属于原则方面，关系异常重要，尤其在目前抗战建国过程中，更应特别重视，认定执行，不容稍缓。

二

继此，当一述各项具体的实施办法。

（一）尽量提倡推行职工训练

职工训练，与正式职业教育，有显著的区别。而与职业补习教育，则有极密切的关系。就广义言，职业补习教育，可以包括职工训练；职工训练，亦即为补教中之一部。但职工训练，是目的单纯，期间固定，用途显明，此其特性所在，确与职教有殊。而职工训练完成，仍应有职业教育继之于后，是两者之不能相离，又为事实所必然矣。兹将推行职工训练要件，条述如次：

（1）凡规模较大之工厂、商店，对于初入厂店之工友、伙友，均须施以短期的技术训练。

（2）农村方面，应酌察地方需要，设立各种临时讲习会、传习所，以及其他关于农事技术改进的训练班。

（3）各工务机关、公务机关，需要技术人员，或特殊公务人员时，均得临时自行设立训练班，招收学生施行训练。

（4）凡短期可以训练完成之技术，得由职业教育机关、职业指导机关，联合实业机关或技术团体，临时设立各种职业训练班传习训练。此事宜由政府设法奖励社会多多筹办，有时亦可由政府联合社会团体筹办。

（5）就普通职业中，择定与生活关系较重要者若干种，陆续筹设训练班，如电气使用、汽车驾驶、车辆修理、油漆、烹饪、理发、女佣等。其一切讲解实习，材料不必过繁，时间更不必过多。此事希望由行政机关联合学术团体筹划进行。

（6）上述各种训练班，训练时期长短，当然视所训练之技术性质定之，但总以"短期速成"为原则。

（7）在进行训练时，仍须不妨碍其工作（如在工厂商店之工友伙友，但其工作时间或可略为减少），并须竭力设法，使不妨碍其生计。

（8）训练场所，除厂店外，可借用各学校教室及公所。

（9）训练时所用教材教法，须由专家根据"职业分析"的结果编定之。教师除延聘科学人才外,得由专家依据教材,选择巧工巧匠,加以临时训练,令其帮同教授。

(10)除技术训练外,关于该业所必要的科学常识,既须酌予补充,而公民(政治常识在内)及服务训练,亦须同时切实授予。

(11)由政府规定条文,指示办理职工训练的进行方针及步骤,竭力加以提倡(教育部已有办法公布,希望再就原文加以补充)。教育团体、实业团体一致联合,尽量鼓吹推行。同时研究教材教法,分别试用。

(二)尽量提倡推行职业补习教育

职业补习教育,范围至广,方式至多,效用亦至大,在整个职业教育中,可认为是一个重镇。尤其在抗战建国过程中,要普遍增加生产,改进一切职业,仅有职业学校,决不能负此责任,惟有运用多元的职业补习教育,方可以路路皆通,效宏利薄。因为补习教育,如"水银泻地,无孔不入",确能伸张到社会各层,使人人满其所欲望。兹述提倡推行之方如次:

(1)凡规模较大之工厂、商店,均须有长期不断的职业补习教育机关的设置。

(2)人口集中之市镇,必须有职业补习教育的设施,其场所可借用或赁用普通学校、公所、商店及民房。

(3)凡大学、专科学校、职业学校,均须附设推广部,兼施各种各式职业补习教育。

(4)各地方普通教育机关人员,均应兼负推行职业补习教育之责任。

(5)区乡镇村公所及小学校内人员,均应兼负推行职业补习教育之责任。

(6)施行职业补习教育时,并可根据“自我教育”原则,就职工中一般知识技能水准较高者,加以必要训练。将来此种人即可在主管教育行政机关或教育团体辅助指导下,向其同业或他人进行职业补习教育。如是则人力物力既省,而教学成效更可普遍而宏大。

(7)就街市乡村组织“补教纲”,划定干若(原文如此,似为若干之误。编者注。)家、若干巷,为一个补教区。在该区内,务使男女老幼,人人皆有受补习教育的机会。并须多方设法,鼓舞其愿受补教的兴趣。

(8)职业补习教育教材,当然以农工商生产事业为主体,但必要时亦可扩大范围,以“生活”为中心,凡与经济生活有关之文化、政治等教育,不妨归纳在内。

(9)施行职业补习教育,务求能多方活动,不拘一体,不限一格,有时将学生招来,集在一处,有时教师亲送上门,即街头、树下、圃角、田间,亦可为施教之所。不必专借径于文字,讲解问答、无线电波音均可。且不必专限于面授,即远道通函,亦无不可。

(10)施行职业补习教育时,每区域内必须有一个策动、组织、考查、研究的中心机关,以专司其事。

(11)由政府规定条文,指示办理职补教的进行方针及步骤,并宜酌量情形,订出奖惩办法。(教育部已有办法,规定颇详,希望再就原文,加以补充。)同时,由地方教育行政机关尽量鼓吹提倡,多方推行;由教育团体负责联合各方,倡导举办,并详加研究。

(三)确立办理职业学校教育方针

职业学校教育,在全部职业教育中,总是居于首位。但吾国各地方过去所办之职业学校,是否每校皆已收得良果?殊不敢说,如果用款过多,而教成毕业生,未尽能适用于社会,使社会生产,受到好的影响,则此种职业学校教育,当然有问题发生,当然不能含糊过去。而况当此抗战建国时期,办理职业学校教育,更应用款少,收效宏。所养成之人才,确能增加抗战建国力量,方能内安于心,外益于国。兹特揭出关于确立办理职业学校教育方针各端如次:

(1)政府对于各地方职业学校的设立,宜明白规定方针若干项,一方示以办理的途径,希望校数的增加;一方示以限制的条件,希望得合理的调整。

(2)职业界人才供不应求之病态,固应急切挽救,但漫无计划,创设职校,流弊亦复滋多。希望政府特设机关,专事调查统计职业界人才之需求与供应的实况,以备办理职校者作有力之参考。各地职业指导所,对于此项问题,亦应负供给材料,帮同调查研究之责。而在筹设职校,应设何科之前,更应特别注意此点。

(3)凡设有农工商学院之大学及农工商专科学校,如详察社会需要某项职业人才,务宜分其余力,附设中等高级职校一所或数所。同时希望农工专科学校增加,即大学方面亦宜增设农工专科,以应目前社会之需要。

(4)凡规模较大之工厂、商店、银行,为造就人才,供自家使用,有意自办职业学校时,政府即社会教育团体,务必设法协助,促其成立。

(5)地方各县,如教育经费比较充足,本地又有相当人才,此时亦可由政府察核情形,准其设立职业学校一所。但此种职校,应以设立农工科为原则,并可以此一校兼任筹办全县农工的职业训练、职业补习教育及改进旧有职业的教育等一切事宜。在本校内可特设一“推广部”,联合各村乡镇分机关,尽量推行。此事应先有精密计划,完善组织。果能办理得法,则以一县为单位的职业教育实施办法,不难成功,或竟由此开辟出一个新的局面,亦未可知。

(6)高级职校毕业年限,最好力求活动,不一定限定三年或两年。即三年毕业之课程,亦可设法在中间划成一个或两个阶段,俾易随时结束。

(7)在此抗战建国过程中,设置职业学校目的,端在训练成具有生产能力之青年,但仅有单纯的职业技能,仍恐未必真有裨于抗战建国。针对着职业学校学生毕业后之生活,如何惬当的厘定职业学校之知识,文化学科之课程,藉使其对于抗战建国有确切之认识,在今日实有迫切需要。此事希望由教育部组织一特种委员会,邀请专家研究编定。

(8)职业学校,在适应社会需要的条件下,宜多多筹办职业训练班。

(9)职业学校务必兼办补习学校。

(10)职业学校须与当地职业指导所、职业介绍所、职业补习教育机关、职业训练机关、实业界,谋得密切联络。

(11)职业学校宜联络大学及专科学校,以便随时顾问,俾于研究设计各方面,得着相当的助力。

(12)以上所述,除第(1)项已说明由政府明白指示外,其他各项,亦希望由政府编定条文,明白指示,俾便遵行。其中第(5)项,高级职校毕业年限一层,关系较为重大,应请政府特别加以考虑。

(四)注重推行"合作事业"教育

合作社的功用,在能调剂金融,补助生产,促进社会组织,辅导文化进步。就他的技术言,是一部分与商业相近,就他的作用言,又与社会教育有关。在今日救济穷困农村之大目标下,提倡合作事业,自属万分重要,而为谋组织合作社分子之健全,担任指导合作事业人员之得力,则关于合作事业教育,当然要特别注意。此种教育可以认为是属于职业教育范围。兹述其推行办法如次:

(1)在中等职业学校商科课程中加入"合作"一科。

(2)凡职业补习教育机关、社会教育机关,认为本地有推行合作社必要时,应在教程内加入"合作"一项。

(3)凡合作行政机关,在推行合作社区域内,必须先行筹设合作训练班。此项训练班之筹备进行办法,及课程规定,宜由主持教育行政机关会同主管合作行政机关,商量订定,公布施行。

（五）设施各种社会教育，应以“职业教育”为重要目标

社会教育之实施，当然目标不止一个，但在此时期，必须以职业教育（原文似漏“育”字。编者注）为重要目标之一。此层可由政府随时指示社会教育机关加以注意，述其具体办法如次：

（1）藉电化教育，以传播经济生产技术改进的各种办法。

（2）藉公共讲演、博览、比赛等，以增进民众的经济生产等一切知能。

（3）社教机关与职教机关，务必密切联络，力谋互助，希望由政府明白规定办法，俾资遵行。

（六）从速推行职业指导工作

职教指导工作，在全部职业教育中，实居重要地位。尤其在抗战建国过程中，欲求人尽其才，才尽其用，求事求人，两得其所，则此种机关之提倡设置，更不容缓。职业指导，原是包括职业介绍，在初办之时，皆是偏重在介绍方面。但逐渐进步，对于职业选择、职业训练、职业改进各项工作，自能兼顾。此事在教育部已有办法规定，此后希望更能特别提倡。述其办法如次：

（1）除各省市教育行政机关，遵照部颁办法，设置职业指导组外，并宜由政府设法提倡指导各大都市行政机关及社会教育团体、实业团体，自行筹设或联合筹设职业指导所或职业介绍所。

（2）此项职业指导所，务使各大都市皆能普遍设立。

（3）职业指导所进行工作时，务必与本地职业学校、普通学

校、实业界谋得密切联络。

(4)职业指导所在初办时,尽可偏重介绍,但必须逐渐注重到职业选择、职业训练、职业改进三方面,以期完成其使命。

(5)各地职业指导所应兼办职业界人才供求的调查统计,以备各方采用。

(6)政府对于私立职业指导所,宜予以相当辅助。

(7)以上各项,希望由政府规定办法,明白指示,俾便遵行,同时亦可定出奖惩条文,用资鼓励而杜流弊。

(七)从速征集职业教师,并从速设法造就关于职教师资人才

欲推行上述各事,非有大量职业教师,无从举办。此项教师,从狭义言,为担任农工商家事等技术教授,而从广义言,凡从一切职教事业,或任行政,或任研究,或任推行,或任考察,亦皆可以职业教师称之。但无论在职教方面,从何职,司何事,皆非具有特殊经验,经过相当训练,且抱有努力职教志愿,富于从事职教兴趣,决不能胜任而愉快。如何才能在短时期内养成许多职教人才,此实为极不容易解决之问题。此事应由政府负责筹备,自无待言。兹借箸为政府前筹,似宜分四方面进行:(1)从速征集各方面愿任及能任职教教师人员,经过登记,分别情形,加以短期讲习,无事者酌予分发任用,有事者仍任原职,听候征用。(2)用短期训练办法,养成若干职教师资,以应目前急用。(3)拟定造就职教师资计划,责成适宜之大学及专科学校,设立职教师资专科班,妥为造就。(4)从各方面征求并培养职教人才。兹条列办法如次：

(1)大学师范学院，应设立职业教育科系。农工商各学院，各专科学校，亦可特设职教师资班，招收大学专科学校及职校农工商科毕业生，施以师范教育，使毕业后专任职校、职训班、职补校技术教师。招收师范大学、师范学校或高中毕业生，施以职业教育，使毕业后任职教机关各级各项职员。

(2)大学师范学院、普通师资班及中等师范学校，均增设职业教育一课。

(3)大学农工商学院及专科学校农工商各科，均须设职业教育一课，任有志教育之学生选修。

(4)高级中学毕业生、高级职校农工商家事毕业生，愿专任或愿兼任职业教师者，可由政府妥定办法，限期登记，施以短期训练，以备充任。

(5)凡曾习专科大学之农工商人才，愿专任或兼职业教师者，由政府妥定办法，限期登记，登记以后，察酌情形，施以短期讲习，以备任用。

(6)凡从事农工商业务多年，积有极丰富之经验，年事已高，热心教育，自愿以所职心得传授后辈者，政府宜特别优礼，予以教授机会，并可令现任职业教育机关之青年教师，承其指示，编成极有价值之教本。

(7)凡各大工厂、农场、商店、银行、实业机关等，均须指定专办，或兼办职业补习教育一人或数人，呈报当地主管教育行政机关以资接洽。

(8)由职业教育行政机关负责人员，设法访察本地巧工巧匠，加以训练，俾任助教。

(9)由各地方教育行政机关主持召集本地各方面办理职教人员，定期举行讨论会、座谈会等，用以增进个人学业，并谋各业改进。

(10)上述各办法，希望教育部在短时期内即筹办实行，或妥拟办法，从速实施，或规定条文，通饬遵办。盖欲谋全国职业教育大发展，此事实为根本之图，必使此项问题，先行解决，其他各事，方可迎刃而解。

(八)希望教育部从速制定或修正各种办法，公布全国，同时并派员赴各省市督率指导，积极进行

如前文所述各事，在政府及教育部已早有规程及办法陆续公布，若推行职业教育程序，若课程及教学标准，若短期训练班，若职业补习教育，若职业指导，若职业学校与建设机关协作，均经纲张目举，明白指示。惟在此抗战建国过程中，冀以职业教育的设施，对于整个经济建设能表现出伟大助力。似应再有若干新的精神、新的办法，渗入其中，方可以收特殊之效。兹就前述各事，希望教育部能重行详加考虑，酌察情形，或就原有办法加以补充，或另定一种新办法明白公布。举其著者，有如次列：

(1)关于职业训练办法，希望能将上文所述各要点，酌量加入。

(2)关于职业补习教育办法，亦望能将上述各要点，酌量加入。

(3)关于办理职业学校教育方针，在政府制定规程法令、办

法，明白指示，已极周详，希望能再加斟酌加入若干项，尤希望对于重要各点，能特别指出。

(4)以一县为单位之职业教育设施办法(即以县立一职，兼管全县职工训练、职业补习教育的办法)希望由教部制定若干条文公布以示准则。

(5)关于“合作事业”教育，在教育部公布高级职校课程中，原已列入“农村合作”一科目，但为特别注重推行计，应请由部再发一令通饬遵行，同时并希望教育部会同主管合作行政机关，再定一份较详细之教育实施办法。

(6)职教与社教联络互助一事，希望由教育部定出具体办法，指示遵办。

(7)关于推行职业指导一事，教育部以前所定办法，系以行政机关为主体，用此以联络学校兼及社会。兹欲大事提倡，广为推行，希望教育部能就上文所述各点，详加考虑，另定办法一份。

(8)关于登记职业教师及造就职教师资一事，可云万分急迫，希望教育部早定办法，从速执行。

(9)除希望教育部制定办法或补充条文公布施行外，同时盼望能派员分赴各省市，督饬指导。

(九)希望政府充实职业教育行政机构

职业教育一部分行政事宜，在目前教育部行政系统上，是属于普通教育司。实则国家全部教育，只有国民育教(原文如此，似为教育之误。编者注。)、人才教育、职业教育三大项，职业一项重要可知。再似宜在部特设专司，以司其事。是以盼望教育部内能有职业教育司之增设。部既设司,则各省市教育厅、局,自应设职业教育专科以应之。而县一级则宜特组一职业教育委员会,以司一县职教之设计推行。兹特列办法如次:

(1)教育部增设职业教育司,司内设职业学校教育、补习教育、职业指导三科,分掌其事。

(2)各省市教育厅、局,增设职业教育科。

(3)各县设置职业教育委员会。

(十)社会方面的教育团体对于职业教育,应特别努力负责推进

关于职业教育方面的调查、研究、提倡、试验、推行,应由社会教育团体积极负责,努力迈进。举其最要,有如次列:

(1)认定一切职业教育的设施,必以帮助抗战建国为惟一标的。

(2)多方联络,多方鼓吹,造就职业教育的浓厚空气,俾人人皆知职业教育之重要。

(3)充分做准备的工夫,如调查研究、编制教材、训练巧工巧匠等。

(4)切实做试验的工夫,如筹办职业教育机关,试用新教材新教法等。

(5)注意培养成职业教育人才,以供各方之用。

(6)竭力协助政府推行职业教育,尤应特别注意在职业补习教育及职业指导两项。

(7)竭力联合实业界,谋职业教育的普遍推行。

(8)与普通教育机关、社会教育机关有关系之文化团体,有关系之建设行政、救济行政等机关,力谋合作互助,俾职教工作得以顺利进行。

(9)努力提倡社会服务精神,造成一种特殊风气。

(10)希望政府不断地予以指导、督察,必要时亦希望政府能予以精神及物质上的补助。

上述各项,除第(10)项外,凡属教育团体,尤其属于职业教育团体,务宜努力奉行,以期于抗战建国,有相当助力的表现。

前述各事,聊贡一得之愚,冀为涓埃之助,是否有当,不敢自信,尚希贤达,赐予指正。

民国二十七年十月廿五日脱稿

(原载《国讯》,1938年第187期)

江恒源教育文集

⑥

刘旭光　主编
连云港市政协学习文史资料委员会
中国民主同盟连云港市委员会
编

群言出版社
QUNYAN PRESS
·北京·

目 录

（第六卷）

何谓执业？何谓服务？

“执业与服务，异同如何？”近来有许多朋友，常常以此为问。余曾稍加研究，略事分析，觉得从事职业与服务社会，其异同所在，有五种说法：

一、在固定职业工作时间以外，利用余时余力，专做有益于社会的事，不受分文的物质酬报，无条件地为人帮忙。此为纯粹性的服务或纯粹性的社会服务，此种“服务”，当然与“执业”不同，换言之，也就是“社会服务”与“从事职业”有异。人人为生活计，自不能不从事职业，而人人于职业工作外，皆应有余时余力。若浪用余时余力，专谋个人娱乐，未免可惜。（若是下等娱乐，更无价值）最好是能大家提倡利用余时余力，以为社会服务。这是第一种说法。

二、对于所从事的职业，能多加预备工作时间，并补充工作力量，此是执业与服务，联接在一块的。试以中学历史教员为例罢：他每上一课，是预备二十分钟，已经够用，上课时讲得很明白，很清楚，学生人人皆懂。平常并且依时上课下课，一课不缺，也总算是一个好教员了，他对于固有职业总算是能尽责了。可是，他想一想，现在国难这样严重，激起青年爱国情绪，培养青年民族精神，是我的惟一责任，我觉得这样通常的历史教法，是不是要想来特别加功，因此每课加上预备工夫三十分，共合成五十分，下课后，学生反应如何，不时加以考察，有时还招集学生个别谈话，这些多加出来了课前预备工作、课后考察谈话的工作，皆是个人自动的愿意这个办，并无丝毫希望加薪或保全地位的意见在内。那末，我们便可以说，这位先生课前课后多加出来的时间和工作，应该记在服务账面上，可是这一笔账，却和职业工作，联接在一起，不能把他割断的。这是第二种说法。

三、有一种职业在工作时，不断地和外面社会人士相接触，执业者如在与人接触之际，除执行他固有职务外，还能随时随事，以有益的话，指导别人，帮助别人，这一些指导及帮助的工作，也应该记在服务账上。举例来说：如邮政局局员，对于不识字的寄信或取汇款人，指导他如何购邮票粘邮票，如何寄物取款。如医生于施诊施医时对于患病者，告以卫生医药上必要常识。如商店店员，对于购货人，告以购用国货如何重要。如银行行员，对于存款取款人，告以各种必要手续。言简意赅，闻者得益，既不妨碍职业工作，并且有益于职业工作。这一些，是在从事职业时所附带并做的社会服务工作，当然是执业和服务是同在一个场所，同在一个时间。这是第三种说法。

四、还有在从事职业时，自己觉到一向工作，已经用到十分力量，成绩不错，可以比得上别人，或者可以超过别人。可是他想了一想：这个时期，是民族最危险的时期，所有国民从事职业工作，倘能比平常时多紧张二三分，增出二三分力量，集合起来，便可增加出国家许多力量，这件事关系很大，认定的确是救国的惟一方法。又想到:我个人自觉力量还有余,除尽了固有的十分外,即多加上二分三分,也不觉得疲劳,或者因为这样做,可以得着良心的奖励,反格外感觉愉快。于是想好了,决定了,不声不响地,个人就这样紧张地工作起来。那末他这另外增加出来的二分或三分的工作力量,当然也要记在“服务”的账上了。可是,这种服务账,更不能和执业账,明白分析,各立一条,只好合在一起。当然在自己是觉得努力的程度比从前增加,同时在别人也可看出他工作紧张的情形。这一种另外增加出来的紧张工作,我们便可以叫他作服务工作,这一种另外表现出来紧张情态,我们便可以叫他作服务精神,这是第四种说法。

五、此外如在从事职业工作时,能守时间,守秩序,爱惜公物,廉洁,勤俭,刻苦,耐劳,能服从上级的合理合法的指挥命令,能与同事协调,合作互助,绝不斤斤计算个人物质酬报、问题等等,这也可算是服务精神或服务道德。当然这种服务,是要和职业工作,联在一起的。这是第五种说法。

看到上面所列五种说法,所谓“服务”的特质,大概可以明了了罢!在通常交际场中,问到朋友说:“先生在何处服务?”答说:“我在某某机关服务。”这一种服务,当然也就是从事某种职业,若要真正考究一考究服务的特性,立时就可以发现出他是和通常所谓职业工作,不能完全一样。现在不嫌重复,再把服务的特质,简括地再说一下罢:

一、是无条件地愿意利用个人职业以外的余时余力,来为社会帮忙,做有益于社会的事。

二、是在从事职业工作时,因个人特殊的感觉和认识,自愿地格外加时加工。

三、是在从事业务时，愿意出乎业务范围外，不另费时间，用一些言语来指示人，叫人得着许多好处。

四、是在从事职业时，因个人特殊觉悟，自愿加紧工作以博得良心奖励。

五、是在从事职业时，个人应具的各种美德。

这一种精神，纯粹是高尚的、纯洁的、向上的，有若干部分是积极的，并且是超职业的。总括起来说，所谓服务精神，或服务道德，一部分是紧紧跟随着职业工作，混合地来表现，一部分是与固有职业分开，而盘旋于其前后，还有一部分竟是超出职业以外或以上。人人皆应该有职业，人人更应该有服务精神，无职业工作，人的生活即不能维持，无服务精神，人的人格即不能发展。人生价值，所以能表见，社会文化，所以能进步，我以为皆是在此一点。

（老友潘仰尧先生从事教育实业工作二十余年，平日谆谆告诫学生及一般青年，注重服务道德，昔著一书即以《服务道德》四字题名，早已风行全国。近值再版，索余一言以为序，余因略述平日所怀，即以之就正于仰尧先生）。

民国廿六年四月廿七日江恒源

（原载《大公报》上海版，1937 年 4 月 30 日；

转载《青年之友》，1938 年第 1 卷 第 10 期；

转载《服务道德》，潘文安编，商务印书馆，1939 年）

湖南教育之面面观[①]

湖南教育之优点

1. 义务教育之推广，私立学校之补助，年来经教育厅之努力，均著有相当成效。

2. 教育界老辈中，颇多终身从事教育者，教育之楷模已早树立，教育之基础亦尚称稳定。

3. 省县教育经费，均有专款，且均有保障。

4. 湖南声教文物，素不后人，社会人士热心兴学，蔚成风气。

5. 学生对于学业颇能努力，因之成绩比较尚好。

6. 此次高中二三年级学生总动员，分发下乡，发动民众，成绩亦佳！足征原来教育，已收相当效果。

7. 目前一谋政教卫合一，设立大规模干部学校，颇能适应县单位行政之需要。

---

① 作者：江问渔、郑通和黄敬思。

拟议改进之点

1. 按照人口区域、学校设置地点，似应再求均匀分配，俾各地教育得同时发展。

教育厅按：

甲　关于中等学校施政纲要文化部分第六项及第九项已有具体规定。

乙　关于小学施政纲要文化部分第二项及第三项已有具体规定。

2. 各种各级公私立学校，似应统筹全局，按照实际需要，分工合作，尤其关于建教方面。

教育厅按：

甲　小学、中学及师范学校均系基本训练，不能分工。

乙　各级职业学校除缝纫科、染织科系日用所需未加限制外，其余各校均按照当地需要，定有设科设班计划。

丙　建教合作，在施政纲要文化部分第十项有具体规定。

3. 于维持稳定之中，似应再求积极进步，可饬由各局、校、馆，核据实际需要，自拟三年改进计划，呈厅核订，切实施行。

教育厅按：

施政纲要实施办法公布后，再令各局、校、馆，根据实施办法，参酌实际情形拟具推行计划呈核。

4. 视导方法，似应再求精密，对于中等教育，最好注重专科视察，每次视导时间应较长，对于有问题之县教育行政，似应特派督学，帮同处理。

教育厅按：

甲　有问题之县教育行政，临时指派督学，会同县长处理，历年均系如此办理。

乙　现行视导方法，应行改进之点甚多，如组织欠严密，事前缺精详计划，事后缺有效处理，专门问题缺少研究，现已着手改革，正在草拟改进办法，另文呈核。

5. 应切实实行教职员专任制，提高专业精神，增进教学效率。

教育厅按：

甲　小学教职员，原系专任制。

乙　中等学校实行专任教师制，施政纲要文化部分第八项已有具体规定。

6. 地方教育经费，亟应加以整顿，对于收入因战事锐减之县份，应予救济，以期做到统收统支，不致有所偏枯。

教育厅按：

整理地方教育经费在施政纲要文化部分第五项已有具体规定，其实施办法，即第一步统一于乡，第二步统一于县。

7. 小学各班人数，应设法使之足额。上课时间，应加调整，务期有工作之儿童，亦能抽暇入学，俾以现有经费数量，增加教育效率。

教育厅按：

甲　本年已转奉部令令各县设立强迫入学委员会，因缺少政治力量，成效未著，实施保学制后，各班人数当易足额。

乙　现在短期小学系半日制，有工作之儿童亦可入学。至普通小学,因在学时间较长,不易迁就。

8. 各校应施行导师制,切实指导青年,养成活泼、勤敏、有礼貌、守秩序之学风,师生服装最好能整齐一律,俾精神得由形式而提起。

教育厅按:

甲 导师制自下期起试行。

乙 学生制服已规定办法,通令实行。

9. 对于私立学校优良者,固应多予补助,成绩过劣者,亦应加以整饬。再补助之款,除通常外,多应指定用途。

教育厅按:

本省私立学校补助章程,规定成绩过劣者,固不予补助。即已受补助之私校,如成绩退步,即将补助费减等或取消之,现受此项惩处者有私立复初大同两初级中学。至补助之款,原定20%作设备费,余作经常费。

10. 现有民众教育机关,亟应与目前民众训练打成一片,俾力量得以集中。

教育厅按:

在一月以前,本厅曾会同本省民众训练指导处通令所属,将民训民教冶于一炉,除教师由训练员或当地小学教师担任外,灯油等费由县教育局统筹支付,民众课本,由本厅免费发给。现各县民训总队部纷纷请发课本,足征此项计划,实施可收功效。同时并由本厅训令各县义勇壮丁队,强迫实施失学民众补习教育。

拟议酌予试行之点

1. 教育行政人员（校长、局长、馆长、督学、科长在内）及教员得各支原薪，互调职务，或派至有关机关考察。

教育厅按：

拟先从厅内试办，其余因待遇不一，及职务各需专门知识，应详加研究后，再行决定办法。

2. 酌拨省教育经费，补助县教育行政经费之特殊短绌者，俾县教育局督学之人选，得以提高。

教育厅按：

甲　查本省各县教育局局长督学薪俸在民国十九年原系省库负担，嗣因军需浩繁，改由县经费支给，局长薪有少至月支 18 元，尚须折扣拖欠者，过半数县份之局长，月支在 30 元上下，如此自难安心供职，教育行政不易推进，此亦重大原因之一，原建议诚对症良药。

乙　拟将教育局职员薪俸援警察局及县政府例改由省库支给，薪额则规定局长比照县政府科长，课长督学课员则比照县政府科员之标准。

丙　如属可行，应由厅斟酌各县教育事务繁简，分别拟具教育局编制表及预算呈核。

3. 教员薪俸等级，应依照任期、年功、家庭担负（结婚与否、子女数目）及其他条件（如服务所在地之生活程度）规定合理标准，以促进教员专业。

教育厅按：

施政纲要文化部分，已规定改善小学教员待遇。对于中等学校，并实行专任教师制，其薪俸已各有增加，俟财政稍裕，再进而谋年功加俸。至家庭负担一节，因目前财政支绌，恐不容易办到。

4. 乡政人员之养成，应以特设学校，长期训练为原则。现有高中师范学校或师范科，及乡村师范学校，可加重军训及乡镇长需知之科目。俾毕业后得任乡镇长兼任乡镇中心小学校长及自卫团大队长。另办保长训练班，招收初中毕业生，予以一年师范教育、军事及保长应具之政治训练，训练完毕，得充任保长兼保学校长及自卫团中队长。

教育厅按：

各级行政人员之训练已由湖南省地方行政干部学校办理。

5. 公立中等学校教员，应严订资格，先试行省府委派制。

教育厅按：

甲　公立中等学校教员均合部章规定之资格，各校历年员生表，均呈教育部核准备案。

乙　现正筹办中等学校教员登记。

丙　本省中等学校私立及县立者为多，省立者仅占少数，如实行委派教职员，应由厅详加研究，再行决定。

6. 农工职业学校，应农场化、工厂化，并与农场、工厂切实合作。工厂、农场，亦得设学徒训练班。

教育厅按：

应切实进行，施政纲要文化部分第十项已有明文规定。

7. 按现有职业种类，分别先后，筹设单科短期补习班，以增进百业效率。

教育厅按：

甲　短期职业补习班应即举办。

乙　本省已举办者有无线电人员训练班及公输高级职业学校之泥木工夜班等。

丙　以后仍拟斟酌实际需要，设置各种短期补习班次。

8. 湖南省教育经费，自十八年度起，几未有增加，在全省预算中之百分比，应力予提高，俾得于维持现状外，有改进之财力。

教育厅按：

所拟本省教育经费，在全省预算中，提高百分比一节，用意甚善。非如此不足以谋教育事业之扩充，尚望省政府采择施行。

9. 严行考核县长办理教育之成绩。

教育厅按：

应切实照办，于省府订定县长考成实施办法时，将办理教育成绩所占分数规定。

10. 省办高等师范，或在湖南大学内，添办高等师范科，及其他实验中小学，俾教学方法，得随时实验改进。

教育厅按：

甲　查现学制无独立设置之高等师范，拟函请国立湖南大学增设师范专修科。

乙　教育部已指定本省私立明德中学为实验中学，拟不增设，以免重复。

丙　省立第一师范迁至他县后,拟将该校原在长沙城之附属小学,独立设置,作为实验之用。

(原载《湘政与舆情》,1938 年第 1 卷第 1 期)

我所希望于今之“好人”者

“好人”词的含义，可以说有许多不同解释，“好人”效能的估计，可以说有许多不同评价。因为时间异而好人不同，即今古好人的价值悬殊；因为空间异而好人不同，即甲乙两地的好人不尽一样。也有同是一样好人，因为平时与非常时的界限一划，便感觉到适与不适和够与不够的问题出来。

在中国社会间有一些流行语，什么“滥好人”啦，“好好先生”啦，“无能的好人”啦，大概这一套说法，皆是指那一班不肯作恶也不能为善之人而言。这一班人，是否就是如孟子所说无是非、无善恶、无可誉、无可毁的“乡愿”呢？我却不敢说。但是社会方面，如果这一类人太多，或者他的势力很大，竟至成了一种风气，我想，此时一定是有能力的好人，被压住了不能出头，有害于人的坏人，倒反可以横行无忌。这样在平时已足以使社会腐化恶化而有余，一旦到了非常时期，那么弱点完全暴露，所有恶劣的成果，也就一一在可悲可怜的境况下产生出来了。

我们中国遭逢了这样境地，这样时会，那真是空前所未有。要想克服一切困难，转危为安，惟有希望真正的好人一齐出来，担当起这个空前大任。如上文所说的一班假好人，无益于人的好人，当然是不足语于此。可是我们相信，所谓有用的好人、有能力的好人、真能担当大事的好人，是可以由常人变化成功的，并且也可以由坏人变化成功的。至于本来具有能做好人的质地，那就更不用说了。不过要他变化，必定先要有相当的条件才行。说起条件，也很简单：一是要有“先进的好人”去积极地施以合理的领导；二是要造成一个容易诱起变化、促进变化的特殊优良环境。

我们到各地去看看，所谓“束身自好”之士，可以说到处皆有。这一班束身自好之士当中，比较有能力的，或从前是积极为善，后来经过一度或数度挫折，因之心灰意冷再不肯出来的，一定不少。像这一班人，便不能完全说他无用，更不能以滥好人的“滥”字加到他的头上了。他们所差的，或者是“合群性”，因为他还未能完全明了近代合作互助的道理；或者是“爱国心”，因为他还未能感觉到国家与个人有不可脱离的密切关系，燃烧起强烈的热情。这是很容易办的，只要有地位较崇、信仰较著、能力较高的好人，好好去奔走、联合、劝导、推动，我想不必多费气力，便可以使这班人变消极为积极，变后退为前进，的确不是难事。待到社会有多数有用有能的人出来，则风气大变，风行草偃，成了一种特殊环境，自然好人愈聚愈多，就是有能力的坏人，经此熏陶鼓荡，也可以“放下屠刀，立地成佛了”。尤其在此非常时期，人类心理最易转变，凡是有用有能的好人，谁不愿意在此时有所表现呢？

至若可爱可畏的多数青年，那更是容易造成合于理想的人，既然各地也有一些青年，因为激于爱国热情，行动间或不惬当，那末，此时更要赖有素有地位、素负领导责任的“先进好人”，好好地去指导，好好地去扶植，使这一辈尚未完全成熟的第二代好人，凿璞成美玉，裁木成良材，我相信这一班尚未成熟的好人，原料皆是极纯极美，稍加雨露，即易发荣，若不幸而误用雷霆，伤其脆嫩之芽，则国家元气，受其摧残，为害亦一定不小。这一层关系目前抗战力量的增加消减，固然非常重大。而国族根本所系，更不能不特别重视。

说到此地，我便要综合前文，把我希望的各点列举出来了。

(一)我希望今日的中国，再不要有那些“滥好人”等名词存在，既然说是好人，当然是就要具有相当的能力，相当的效用，不但消极不为恶，还是要积极能为善。因为积极为善，才可以利群利国。

(二)我希望各地束身自好的好人，要鼓起积极精神、热烈的爱国情绪，深悔以往不肯合群，不惯互助漠视国事之非，一洗孤僻的旧习。认定爱惜羽毛便是自私自利，认定以往的旧式好人，今日多不适用，多不够用，非渗入新的血液，得着新的生命，无以自存，并认定只有勇猛迈进，合作牺牲，才能救国自救。

(三)我更希望一班“先进的好人”，平时已经负有领导责任的“先进好人”，在此非常时期，更要特别注意，特别负责，对于各方可以做事而现在不肯做事的好人，各方尚未完全达到成熟程度的好人，各方可以做好亦可以做坏尚在徘徊歧路的人，各方有能力思想知识程度不够行动未免错误的人，先行立定一个“为国造人，不分畛域”的最高主旨，再来分别情形，分别方法，施以合理的领导。所谓领导云者，实际是含有培植、陶冶、启发、训练、鼓舞、联络等作用在内。我以为无论是社会团体的领袖、行政机关的长官、教育机关的师长,以及在社会间一切有形无形有名无名有权无权的自然领导者,既是居领导地位,便皆可加以“先进好人”的特称。既然做了先进好人,当然不是一己能做好,能自立,就算尽责了事,还要对于各种各类的人,用各项不同的有效方法,使个个皆能做成中国今日有用有能的好人。我相信一己已经做好,一己已经自立,又能去教人做好,助人自立,真不愧为先进好人的,为数一定很多。同时我也希望一些先进好人,自家再来切实地检讨一下。第一,看看一己胸襟怎样,是不是特别阔大?还是有时不免分别彼此,对于被领导的人,立出许多界限?第二,要看看一己言行怎样,是不是真能言行一致?还是有时嘴里这样说,而做的又是一回事?第三,要看看一己热情怎样,是不是真能充满及发挥博大无垠的同情,对于国内一切可以做好事的成年人青年人,皆本着“与人为善”的心肠,充分给他们以做事的机会,不但无一丝一毫嫉忌之念,就是前此与我敌对之人,只要他能热心为国家做好事,我也一定尽量去帮助他?还是有时不免杂以冷酷心情,疑鬼疑神,妄加揣测,不愿人人皆为君子?第四,更要看看一己生活状况怎样,是不是真能刻苦耐劳,物质享受,十分单简?还是满口牺牲、救国,而一己起居饮食,仍然照常奢侈?今日国家生命,已经是危如累卵,正要集合全国好人,发挥出极大力量,以共图挽救,万不能再让已居“先进好人”地位的人,价值低减。所以我很诚恳地希望诸位先进的好人,各自检讨一番。必经检讨而后才可以知不足,必经检讨而后才可以谋改善。因为人总是人不是神,缺点是免不掉的;自知缺点而后才能得着进步,才能得着不断的进步。恐怕这不仅仅是我一个人的希望,凡是愿意中华国族永远生存着的人,皆同有这样希望吧!

(原载《国讯》,1938年第189期)

论教育的联系性[①]

宇宙间无论哪一种物，哪一件事，如若说它是完全孤立，不和其他事物发生联系，恐怕是没有的吧！物，是由自然造成，事，是由人为决定。如凭藉人的知能，以造物变物，——这就是所谓宰制自然——也往往要利用物的联系关系，而后才可以达到目的。当然这是属于物理化学的范围，若论到"事"，那是属于社会科学范围，则各方联系之繁杂，当然更不必说了。

教育不是明明属于人类社会中一种最高贵、最有效用，和生活不可分离，和自然及人事关联得十分密切、十分繁杂的事业么？它在一个国家行政中虽然自成为一个教育行政的系统，可是同时也要和其他行政方面力谋调协、力谋适应才行。它在各种学术中虽然自成为一种教育科学，可是同时也需要许多科学如心理、伦理、物理等来协助才行。它的功用是在化育人，当然要和人的一切生活相适应。它的功用是在改进社会，当然要针对着社会所必需，再讲到教育自身吧，它的施教方式，有学校，有社会，学校式和社会式，何能认为截然两事，各不相谋？它的程

① 原题为"连系性"，参考其他期刊版本，改为"联系性"。

度,有初等、中等、高等,当然各个等级间,要密切衔接。依它的目的,可以分为国民教育、人才教育、职业教育,自不妨分途迈进,但其中沟通关联之处,仍应时时顾及。再就一个教育机关来说吧,教与训如何能划开成两部?用脑用手,如何能不谋联合?此学科与彼学科、数量的配合、时数的配合,固应研究了,而教学之际,彼此关联,互相补助,又何尝少呢?

固然要希望一件事能研究得精美,能处理得周到,能发展得迅速,不可不保持它的独立性,但除独立以外,一定还要和其他方面协和,方能使它独立更进步更合理更圆通。此正是所谓"相反而适相成"。可惜得很,我们办理新教育快四十年了,回头一想,放眼一看,觉得对于"教育的联系性",实在是未能认得清楚,看得重要,以致使它未能得着适当保持,并且未能利用它的联系性,好好地加以调整配置,使它发挥出互助交益的效能,真是万分可惜。要知道因为失掉了联系,无形中不知损失了许多金钱、许多时间、许多精神,更损失了许多有用的人才,损失了国家民族很大的力量。

现在大家总算有了一些觉悟了,觉悟到非重视教育联系性不可。尤其是在抗战发动前后几年内,因为从前未能重视联系性所产生的弱点,不免随时随事暴露出来,大家更感觉到非改弦更张不可。其表现于事实的,如行政方面教育建设的联合,如学校方面教学训育的联合,施行教育时,学校与社会的联合,甚且如甲乙学校的联合,这皆是可喜的现象。但是有可怕的一点,是历史习惯,很容易把人们前进的两足绊住,教人不能如心遂意地迈步猛进(当然进行过猛,失之于操切鲁莽幼稚的,也不能尽免)。在这个时候,要特别盼望教育界有声望、有地位的先生能认明趋向,稳健进行。

关于已往或现在未能重视联系及失去联系的毛病及现象,那已经是有目共见,我可不必再去说它。我所要说的是在积极方面,特别提出较重要的四点,诚恳地向我们教育界建议,极盼贤达,予以指正。

第一,教育政策,一定要配合着国家的整个政策来切实施行。国家政策的决定,皆是为适应一时期的国家特别需要,认为非此不足以谋国家的生存、安定、成长、繁荣。当然教育事业,也就要随着这个国策配合进展。尽可在理论方面有一些超越现实的主张,尽可在方法技术方面,不妨采取他国,但现实问题,总是目前事实所难避免;重要主旨,是我们立国大计所关,那是无论如何,不容漠视的。这就是说明教育政策,原是联系在整个国策之内,理应把它嵌入整个国策之中,当然不能和国策分开。“统制教育”,容或有不便之处,而“计划教育”则万不可不酌量采用。因为教育出于计划,乃可以按照国策,统筹全局,兼顾左右前后,既不至使教育孤立,且可得着各方面的许多助力。这可以说是这一件应该先决的问题。

第二,我们皆知道国无人是无以立,有人而无教,或教而不能有成,则有人亦与浦人等。教育原是造人的事功,它应首先负起建国的大任。一国以内,要有百分九十以上受这国民教育的国民,要有大多数合于近代的间接直接生产分子,要有足敷分配具有真正效用的领导人物,才能成功一个近代的国家。因此关于最普遍的国民教育,最切实合用的职业教育,最适合时代需要的人才教育，一定要三方配合得宜，分头前进，并且联合得宜，彼此互助。如何才能配合得宜，联合得宜呢？唯一的责任，是希望要由教育行政方面，积极负担起来。每年小学中学毕业生升学的和不升学的究竟有多少？能升学的程度怎样？如何才能逐渐提高？不升学的如何使之习业？要有多少职教机关才能容纳？已就事的，怎样才能予以补习知能的机会？人才教育方面，大学和专科怎样才能使它配合适当？高等专门教育，怎样才能使他有一部分推广到社会方面，并且能和中级职教育，谋得密切联络？一般受过国民教育的，怎样使他能普遍地得着补充知能提高文化程度的方便？受过中等职业教育的人，怎也有方法可以使他能升入专科再谋改造？以上所说，皆是三级教育怎样沟通怎样联络的问题。这一套工夫，一定要由教育行政机关，本着积极精神，详细调查，精密计划，用合理方法来支配一切、调度一切才行。还要各级教育行政机关，能上下呼应，联合动作，真正地切实地下一番苦工夫去干，不是仅仅用公文来应付上司，不是仅仅用形式骗外行人，这样才能有效。恐怕这一层也是一个重要关键吧！

第三，教育行政，教育具有行政权能，自应善为运用来支配一切、调度一切，同时也要能利用社会文化团体、教育团体，使之协助推进。如此自然力量更大，效用更宏。在社会团体，原以服务社会为职志，既有行政机关来委托，当然更愿意特别卖力。这样双方联合、彼此互助，则国家社会一定受到无形利益。关于此层，各地做到的固然不少，但觉得仍未能十分彻底。“百尺竿头，更进一步”，希望此后能再切实地、普遍地做起来。至于一个教育机关，无论是学校，是补习学校，是社会教育的某所、某馆、某场，那更要和社会联络，和民众接近。这一层各处做到的也有，但充分做的，还是嫌少一些。此后更盼望要拿"教育与社会打成一片"这个口号，全部做教育方针才好。恐怕这也是教育联系性方面最重要的一点。

第四，再说到教育机关本身，它的工作对象，当然是不外儿童、青年、成人三类。那么它的教育方法，和被教者的心性，可以说双方的联系性，再密切再重要的了。然而普遍地看一看，真正能虚心诚意仔细研究到这一点的有多少人？（比较小学方面，还有相当的成绩）。如若再不改善办法，再不精密研讨，则教育前途，真不堪设想，校内课务的繁且重，不必说了，而担任各课程的先生们，比较要好的又是各各自谋发展，各各求精美，你也加重分量，我也加重分量，当然就各位担任课程的教员说，他是不错的，可是这样一来，学生受不了了，一校以内，驼腰曲背、面瘦神疲的学生，日见其多。这个毛病所在，就是因为如各科没有联络，没有经过适当的分配，彼此间的联系性，完全失掉了。还有"肯教书不肯教人"，那一个毛病更重更大。试问教史地和公民课的先生，可以不问学生的心理反应怎样么？可以不问学生能否激发起爱护国家的热情，能否培养成够做公民的资格么？可以说只求学生记得住考得出，就算尽责么？这样办法，对么？如是认为不对，就应该赶快地去设法纠正，国家已经到这样地步，万万不能再缓了。教英文的先生，难道说不应该指导学生行为么？教工艺的先生，难道就不应该陶冶学生品性么？先生只教本门一课，对于其他不教之课，难道就不应该知道它的性质，问一问其间有无联系么？总之教育界的联系性，可以说无时无地无事不应该不加以重视，加以调整，加以合理的分配。希望此后能由师范学院专门负起这个精美周详的研究责任，把本段所说的或不止本段所说各项问题，一一加以研讨，谋得相当解决。并可以研究所得，择要试验贡献各方，我想这一点，也是十分重要吧！

教育要配合国策，教育要各级沟通，教育要各方联合，教育要把各科课程适当分配，这可认定它是调整教育联系性的四个要点。当然其他要点还很多，但是如能把这四个要点，先行扼住，切实地做一下，我想，其他各节，也就不难迎刃而解了。

民国廿七年十一月廿三日

（原载《国讯》，1938 年第 190 期）

做人的目的要弄明白

做人之道,第一件,要把做人的目的弄得十分明白。个人身心的健康,生活安定,家庭快乐,乃至于个人求取知识,以及精神修养,哪一件不紧要,不和个人福利社会福利有关?然而这些就能算我们做人的目的么?恐怕要成问题吧!

论到人类的个体生存,当然是万分必要,因为没有个体,一切便无所附庸。所以就个人生存一点上说,身心健康,自然是目的了。若论到希图种族生存,也是人类万分的必要,因为种族失其生存之道。则整个民族,便要衰落下去,那还了得。所以就种族生存一点上说,生活安定,家庭快乐,也可成为目的。可是,两种生存目的,虽然是很基本,很重要,究竟是不是做人的整个目的,人生最高的目的了呢?恐怕还值得我们研究吧!

讲到此处,我们便要想起从前孟老夫子的一段话来了,他说:

"鱼,我所欲也,熊掌,亦我所欲也,二者不可得兼,舍鱼而取熊掌者也。生,我所欲也,义,亦我所欲也,二者不可得兼,舍生而取义者也。"(见《孟子》)

照他老夫子说,生义相较,义重于生,万一二者不能两全时,只好舍去生命而取道义。因为生命虽然值钱,而义的价值更大,

“无义不可以生”,这句话竟至成了人生行为的定律。如此便可以证明出来做人的目的,一定是超出“生存”以上的了。

实在说起来,这种道理亦复浅明易晓,因为人生目的,本有许多样,可以说,是随着社会文化进步,个人道德知识进步,随时发见,随时增加,并且随时比较出大小高低的。若是小目的和大目的相遇,高目的和低目的相遇,当然要把大的高的加在小的低的上面。于是居在下面的各项目的,一经变更地位,也就失去了他的独立目的性,不知不觉便变成帮助完成大目的高目的方法。打个比喻,他原来是个主管,到此却变成副手了。倘若你对于较大较高的目的,还不曾发见出来倒不怪你,若是你已经发见,却偏偏明知故犯,不肯把它取来加在一己原有的目的上,那就是你居心愿做一个“自了汉”,只求个人安乐,只求一家安乐,视国家社会与己不相干。这样,你做人的价值,在客观方面,评量起来,应该有多少?做人的意味,在主观方面,体验起来,应该有多少,也就可以推想而知了。要是还承认人类社会是有教育的、有文化的,那么,在教育实施中,在文化进行中,竟是不断地产生这一人出来,竟可老实不客气地说:教育失败,文化衰落。何以呢?因为只见一班人,小的低的目的,特别显著,而大的高的目的,反隐而不彰,推其极,便可以沦人类于禽兽。你看,高等动物,如牛如马,不也会自谋个体生存、种族生存么?它也能用它的本能达到它的生存目的啊,人之所以异于禽兽者,何在?是不是生存目的以外,还有其他超越的目的存在呢?

再说到求取知识,以及精神修养,这两件事当然很好,并且比起谋求一身一家的康乐,高尚得多。可是,这就能认定它是目的么？我以为还是成问题。固然就某一点上看，也可以认它做目的，比如科学家，探求一种理论，希望有一种发明，纯以求知为目的，不计其他。但是这毕竟是少数，不能普遍，不能应用在整个人生方面。所以严格地说，你为什么要求知识，你为什么要精神修养？总应该另有一个大的目的在那里。如若不是这样，难道你得了丰富知识，专来用以自娱么？难道你有了修养，便用以骄人么？当然不是。若说你为升官发财，而去求知识，而去求精神修养，那是更不成话了。

人们的求知识，求精神修养，究竟是什么呢？依我说“为的是服务社会”，“为的是社会服务效能的增高”。

你有健康心身，才可以努力于社会服务工作；你能生活安定，家庭快乐，内顾无忧，才可以安心为社会服务；你的知识，日益丰富，你的精神修养，日益进步，才能增高社会服务效能。可知我们人类最大最高目的是为社会服务，这便是整个做人目的，有这一个大目的高目的笼罩于上，当然其他一切一切的小目的，皆是来供驱使，做帮忙的工作，不能认它是做人目的，只好认它是完成整个做人目的的手段了。

目的要弄明白，这一句话，我敢冒昧地武断地说，是讨论做人之道，开宗明义这一章，一定要特别注意，一定要明确认定。

（原载《青年之友》，1938 年第 1 卷第 10 期）

我所认识的职业教育

职业教育,是一种“冷”的东西,既不为人所重视,甚且要被人误解。我今日做这篇文字,是老实人说老实话,愿意把我个人对于职业教育的一些认识,说个明白。既不替职教怎样作有力的宣传,使它特别增高身价,更不是替职教怎样作有力的辩护,使人转过来对它特别尊重。区区微意,是要把职教的庐山真面,完全表露出来,更要把今日中国办理职教的主要精神特别指明出来,希望同仁加以指教。自觉个人厕身职教团体十余年,追随海内职教同志之后,当了一名老兵,对于国家社会无丝毫贡献,到现在仅仅来说几句老实话,真不胜愧悚之至。至于我的认识是否真确无误,是否能同于他人的认识?那却无法问,也不必问,只好付诸公评罢!我所要说的,分三段。

什么是“职业”?

要说职业教育,且先来说一说“职业”。职业的意义,究竟是什么?好像在耶稣教《圣经》上说过,“职业是人类赎罪的行为”,这当然是不对的,没有人去信从他,在中国古代曾经有“士农工商”的分类说法，那是表示职业的大类名称；后来还有“三百六十行”的说法，那是表明职业种类之多，人人皆应各执一业。可是对于职业真正揭出一个定义，还不多见。现在依我个人思索研究的结果，预备好有下一段的说法。

“在依据人类社会生活‘分工任事’及‘不劳不食’两个大原则下，利用一己体力、智力以及一切技能，加入社会组织，从事于个性所宜之事物处理的劳作，以适应自身以外的对方需要，使社会群众，得着利益，同时一己亦获得相当的物质酬报。因此对于此种劳作的过程、成果，以及其所得代价，统括起来，称之曰职业。”

在我没有想到比这一段话更好的以前，姑且把这一段话当做职业意义的说明书吧。

说明了职业意义，应该进一步再考察职业的特性。职业的特性怎样？共有几种？也可依个人杜撰的说法，把它写在下面。

依我的认识，职业的特性共有五种：

（一）普遍性。人人应有职业，人人皆应从事职业。职业绝对不能因人而异其有无。凡是一个人皆有学习职业、获得职业的权利，也皆有努力职业的义务。年幼入学，即已开始学习职业，作将来之预备，年老退休，仍可传授职业经验于后人。只有患病者，不能执业，那是例外。就是残废者，还可从事适宜工作。（如聋者唱歌，刖者守门，我国自古以来即有之。）如此说来，那一班靠人吃饭、不劳而获以及坐收遗产利息不作一事的人们，当然是文明社会所不能容的了。

（二）平等性。职业只有正邪之分，并无贵贱之别，只要有某一种事是人类社会所必需,即应有某一种执行此事之人。当一位满腹经纶的高级工程师是职业,当一位搬砖弄瓦的建筑小工也是职业。有了高级工程师,同时也要有低级小工,才能配合起来,成功一个建筑工程。就责任和酬报上说,二者当然是不同,但就整个的工作说,那确是有同等的重要。说它高低,或者还可以,说它贵贱,那是绝对不可以。人能做工,本是天赋的本能,所差的,是受教育的程度异耳。倘使这位工友,他也能得着机会去读书习业,或者就不断地一层一层补习上去,安知他将来不可以做到最高级的工程师地位呢?所以职业是绝对平等的。至于不正当的职业,也可以说是"邪业",那是人类所不容,法律所不许,根本上是不能成立的。

(三)互利性。既称职业,一定要双方互利。我替你做工,尽我应尽的责任;我因得你做工,可以满足我的需求。我因做工而得着你的物质酬报,我因得你帮助而愿意予你以相当代价。两得其所,是谓互利。倘若一种工作,只是于我有利,而予对方以损害,那便绝对不是职业。如贩卖毒品的,专去教人食红丸白面,设赌场的专去向赌徒抽头,做扒手儿和小偷的专去窃人财物,虽然受害的人感觉不一样,但可断言皆是一己得利,于人有害。这当然是属于"邪业"范围。反之,如志士仁人的奔走国事,舍己救人,他所做的工作,皆是于人有利,于己有损。这可以说是超乎职业以上的,也不可以算它做职业,(或者说,享身后不朽之名,也可以算是一种不可估价的利,但这是属于精神的,而非可以数计的。)所以职业一定要含两利性。

(四)受酬性。既称职业,则执业者一定要收受职业工作的物质报酬,否则便是纯粹服务,俗所谓“尽义务”的了。凡“尽义务”的事,不可以谓之职业。艺术家登坛献艺,为的是表现他的惊人艺术,而不在博得一分金钱,自然不算职业。若是定出价格,演一次要得多少钱,那便是职业了。世间不少纯粹服务的事,大抵皆是职业界中人于职业固定时间以外行之,此亦因职业时间以内,有一定的权义相对待的关系在也(即劳作与酬报的关系)。因此可以说,凡是职业一定要具有受酬性,无此性者便不应称以职业。

(五)进化性。职业有了前四种的特性,还未能显出职业的价值,一定有此种种进化性而后才知道职业之可贵。同时也就可以指明出职业教育的作用,关系是异常重大。从前“谨守高曾之矩矱”这一句话,似乎要另予以一种解释了。农之子恒为农,商之子恒为商,是不错的,但子之为农为商,一定要胜过乃父才对。何以呢?因为职业是有进化性啊!从前倒粪桶的,虽然不洁,要教人“掩鼻而过”,可是你能说它不是一种职业么?并且在大都市中,正是家家需要,没有一天能少它的。(昔在北平有“粪阀”之称,他的权威还了得,要是一朝罢工,马上就不得了。)但进化起来,可以由倒粪桶打扫厕所的职业,一直进化到“装抽水马桶”。到了做装抽水马桶的工人,可以说和背粪桶的朋友,不一样子了吧。士农工商,一切皆然。至所以能促起职业进化,那便是职业教育的功用了。我国各项职业进化较迟,固然原因不止一种,但职业教育未能充分发达,恐怕也是重要原因之一吧!

五种职业特性说完了,跟着,便要说职业教育。

什么是职业教育

要说明“什么是职业教育”，那么，依我所认识的，可分别次列五项来陈述一下。

(一)效用。说到职业教育的效用，应该把职教工作范围扩大一些才行。不仅是正式职业学校，此外，要加上职业补习教育，并且补习学校以外，还要加上各形各式的训练班(但训练班也可以属于补教范围)。更要加上一些社会教育方面关于启迪民众经济、生产、服务等知能的一切工作。除此以外，还有社会式的职业指导工作。可以说一个人，从受完国民教育起，即踏上了职业教育的长途。(就是在幼稚园及小学内关于游戏劳作的职业陶冶课程，广义说来，亦可入职业教育范围)要升入职校的，不用说了，就是升中学的，也要经过升学指导。入农工商各界学徒的，更要设法予以被习(原文如此，似为“补习”之误。编者注。)教育的机会。待到职校毕业，择业就业，仍须指导。就是中学毕业，要升大学的，要就业的，入了大学，要选习学科的，出了大学，要就业的，又何尝不需要职业指导呢？就是有了职业以后，服务指导，仍不能少啊。于此可见，职业教育所历的时期极长，所占的区域亦极广，那么它的功用也就可以推知了。现在仍可把它分条记出来。

(甲)指导怎样去学习职业——此应由社会方面的职业指导所或学校内职业指导部负责行之。

(乙)供给学习职业的机会——包括正式职校补习学校及一

切训练。

（丙）传授职业知能——同时陶冶服务德性，指示做人方针。

（丁）指导怎样去就业——同（甲）条下说明。

（戊）介绍适宜职业——同前。

（己）得业以后的服务指导——同前。

凡是一个人，从习业以至择业、乐业，再进而至于改进职业、创造职业，其间一切过程，均是依着教育方法来指导、传授、教习、训练，使之适合个性的发展、社会的需求，以谋国家民族的公利，全民生活的改良。盖唯一的职业教育效用，在能养成大多数有利于国、有利于群的职业界健全分子。

（二）定义。效用既明，继之要说到职业教育的定义了。说起定义，那真是一个难题。你要去翻阅一翻阅中外关于职业教育书籍吧，恐怕所揭出的职教定义，至少要有四五十种，（当然外国人说得多，中国人说得少，可是中国人说得虽不多，其中有道理的也不少啊）简直教你目迷五色。这里我不愿意一一详引了，且把中华职业教育社屡次开会讨论决定的一条定义，写在下面吧。它说：

"用教育方法，使人人依其个性，获得生活的供给与兴趣，同时尽其对群的义务，名曰职业教育。"

要知道这寥寥几句话，却也经过不少职业教育学者和实际办理职业教育者的辩论，始有这一个小小结晶。恰当么，妥善么？当然不敢说，但比较起来，还算恰当的、妥善的。

（三）目的。说到职业的目的，也可拿中华职业教育社所议定的四句话，来述说一下。它是这样说的：

(甲)谋个性的发展。

(乙)为个人谋生之准备。

(丙)为个人服务之准备。

(丁)为国家及世界增进生产力之准备。

这四条目的,还是职教社在多年前议定的,后来经过若干次大会,也还没有人提出讨论修正过。直至现在抗战军兴,才有人提起疑义,大概疑义所在,是(甲)(丁)两项。(一)以为“谋个性的发展”一句,似乎太偏重个人方面,有一些不妥。(二)以为“为国家及世界增进生产力之准备”一句,似乎稍嫌笼统。在这个时候,发生这种感觉,是应该有的。但是仔细研究一下,第一句,发展个性的话,并非十分不对,可惜说的方式差了一些。本来一个人要择习职业,从事职业,当然要求所习所事之业,能和个性适合。因为适合才能有益于己,有利于人。将来或者把这一个句子修正一下,能免得教人发生误会就好了。至于第四句,也不算错。不过在这个时候,当然是国家民族利益高于一切,特别要侧重国家,如能修正一下也好,否则也没有什么关系。至于谋生与服务并重,分作二、三两项,那是再妥也没有了。实在说起来,职业教育的目的,就是为国家为社会造成能对个人谋生能对群众服务的职业界健全分子。这种分子,也就是有利于群众的好人。当然在此抗战建国时期,民族性、爱国心更要特别促其发展,这也是应该的、必然的。

(四)类别。职业教育的类别,可以分做两方面来说:(甲)程度方面的类别,(乙)部门方面的类别。说到这两层,就不免有些问题发生了。

说起职业教育的程度,有人主张应该只以中学相当的初高两级为限,换言之,是从初中一年级起,至高中三年级止。以为向下是属于小学范围。小学生年纪太小了,说不上学习职业,向上是属于专科大学,入了人才教育范围,不能再以职教论。但是依我的认识、主张却不是如此。我以为职业教育应分三级四等:

(1)相当于高级小学程度的}初级职业教育
(2)相当于初级中学程度的}

(3)相当于高级中学程度的——高级职业教育

(4)一部分相当于专科学校程度的——专业教育

事实是如此,受过国民教育就去学习职业的,其程度还不是和高级小学相当么?高中毕业,再学习一部分专门职业技能,如文书、会计、统计、医药技术等,还不是专科程度么?尽可年限短一些,但是它的学科性质和程度,绝不是和高中阶级的一样,那是可以断言的。并且将来补习教育推广起来,大学多设推广部,凡是从事农工商业青年,具有中等程度的,均可去选修补习,这还不是一部分的大学教育吗?我还有一种意见,主张高级职校毕业生,也可以升学。那只要把专科学校的农商工学科课程,设法调度一下,就可以达其目的。或者专为此种毕业生另设一班,外国文不必求高深,课程专重实际,也未尝不可。最好,高级职校毕业,做事数年,积一些实际经验,再行升学,那就更好了。

再说到职业教育的部门,通常总是说农、工、商、家事四项教育是职业教育的正宗。依我个人的认识,以为职业教育,不妨分作狭义广义两项。如就狭义说,农业、工业、商业,那可算是属于直接生产范围;实施直接生产教育,可算是"狭义的职业教育"。

家事本不是直接生产，但也可以说它是和经济生活有关，所以有时也把它列在狭义的或“正宗的职业教育”之内。如就广义说，中华职教社所议定的职业教育设施标准上分类，农、工、商、家事以外，还有公职教育(如文书员、事务员、公共机关人员之养成)、专业教育(如律师、医师、教师、新闻家及其他职业需要高等专门训练者)两项。但如专业教育括弧内的说明，细细研究起来，似乎有一些疑问。何以呢？照现在政府法令规定，律师医生，非受过完全专科教育不能当，此处所说，恐怕是指律师事务所及医院药房内的助手而言。那是不必正式专科学校毕业，仅受过一部分专科教育，便可以胜任的。所谓“专业训练”者是，能照这样解释，就可以无问题了。如若不是这样，便索性把专科及大学农工商科，一齐列入职业教育，也未尝不可，不过这样一来，问题争议，又要起来了，而且把职业教育范围，扩张得过广过大，也不是合宜的办法。还有其他和生活有关的职业，也不少呢，如理发师，如勤务工人，如佣工，哪一种不应该施以训练呢？这一类训练，也不能不说是职业教育啊。所以说到广义的职业教育，实在不止公职、专业两项，应该再加上一项普通职业教育，以便包括其他。如此则职业教育的部门，便要如次表所列了：

广义的职业教育
- 狭义的职业教育
  - 直接生产教育
    - 农业教育
    - 工业教育
    - 商业教育
  - 家事教育
- 间接生产教育
  - 公职教育
  - 专业教育
  - 普通职业教育

（五）施教方式。职业教育的设施方式，大类分起来，可以说有学校教育和社会教育两项，学校教育中，有正式的职业学校，有非正式的职业补习学校。正式学校中，有单纯设立的职校，有附在普通中学或专科学校的职业班。补习学校中，还包含着各种各类的短期职训班、传习所、讲习会以及大学专科的推广部。学校教育是和社会教育相对的，如职业指导工作，可以算是属于社教范围，但它有时也会附设职业训练班。其他社会教育方面，关于经济生产职业服务等事项的指导启迪，亦复不少。职业学校教育也可以说是和职业补习教育相对，而补习教育形式之杂，花样之多，有时竟可和社会教育的方式相混，如十分钟的教育（于工人工作休息时行之），如送上门的教育（应某机关约，举行定期讲演若干次），简直和社会教育无异。又同在一职业补习教育范围内，也可以分出若干种类，有对于已在职业界任事的人而施以业余补习的，有对于尚未入职业界的人施行短期的职业训练以期得业的。又职业界中人所受补教，有属于职业知能的，有属于文化科知识的，还有属于精神修养的。形形色色，各种皆有。于此可见所谓职业教育，绝不仅仅是限于职业学校一种，也就可以明白了。兹依上说，列表如次：

职业教育实施方式
- 学校教育
  - 正式的职业学校
    - 单纯设立的学校
    - 附在中学或专科的职业班
  - 非正式的职业补习学校
    - 业余补习学校
    - 短期训练班等
    - 大学专科推广部
- 社会教育
  - 一部分的职业补习教育
  - 社会教育方面关于经济生产职业服务等事的指导启迪工作
  - 职业指导工作

此外还有军队内附设的职业教育，应当皆把它另列成特殊职业教育一类。

对于“什么是职业教育”这一个问题，如上之五段所说，似乎可以算解答了罢！继此便要再说一说今日的中国应该怎样实施职教的问题了。

在今日的中国应该怎样实施职业教育

对于这一个问题，比较起来，不如前两个问题解答得容易。说了太大，是空言一场，行不能通；说了太小，又是解如未解，答如未答。我想酌察情形，还是从形式和精神两方面来说一说罢！实际上所谓形式精神这四个字，用得也不甚妥，或者可以这样说，属于形式的，是行政设施方面，属于精神的，是实际训练方面。如此似乎还觉得通适一些。

在行政方面，关于办理职业教育的种种指示，已有教育部迭次公布过许多办法。就是在中华职教社所议定的，如职业学校设施标准、职业学校学科分配标准、职业学校训育标准，乃至职业师资教育设施标准、职业指导所设置标准，亦可算应有尽有了。有书可查，有法可取。我可不必再去复述它。现在所要说的，却是专来针对目前的中国国家所需要，进一步言，也就是在此抗战建国时期中所需要的是什么样子的职业教育。

先就行政设施方面来说罢：依照我的认识，以为第一重要的事，是“三方并重”。所谓三方，一是职业学校教育，二是职业补习教育，三是职业指导工作。从前办理职教的人，皆是偏重职业学校而忘却其他,以为办职校就是办职教,实在是错了。无论职校未必处处个个皆办得好,皆有成效,就是好了有成效了,还是不能解决这个问题,所以一定要有职业补习教育及职业指导辅之以行,而后才可以全而不偏,才可以各方通达。在此非常时期,关于后方工厂工人的训练,促进生产数量的增加,各项工作人员的分配调整,均非利用补教及职业指导工作,不克有济,所以无论如何,在行政方面,要用全力,来倡导推进一切广义职教,对于三方务必兼筹并顾,不稍偏倚,或者为补以前之偏,救已往之弊,稍稍侧重补教及职业指导两方面,亦未尝不可。不过培养职教师资人才,须特别注意,赶紧养成。否则又是一阵空忙,设了许多机关,花了许多金钱,仍是一无成果。其次便是"各方联络",此一层我也以为关系也是万分重要。从前办教育的人,完全采取孤立态度,不愿与人交际联络。此在办理普通教育且不可,而况职业教育,处处和社会关联,时时需人家协助,如何能一味办理关门教育呢?此后希望首先由教育行政机关主持人,认明趋向,一反以前所为。认定学校要和社会联络,教育应和社会打成一片。职教设施,务必先认清社会需要。职教机关,永远不能和职业界分离,职教就是为职业界而设。就是普通教育,亦应和职教沟通。中级职校应该以大学专科为顾问。农校一定不能离开农民教育,工校一定要联络工厂,商校一定要和商店联系。大学专科职校,务必兼司职补教。补教纲的组织,要和地方行政机关,联成一气。教育行政机关,必联络社会团体,推动职教。上级教育行政机关,更要和下级教育行政机关,呼应灵活。凡此种种,皆所谓各方联络也。能联络,乃可以路路皆通,效宏而利溥。前此职教未能大大发展，恐怕各方联络工夫，未能尽量做到，也是一个最重要原因吧！

继此再来说一说实际训练，职业教育应该注重刻苦耐劳习惯的养成，那是不必再说，人人皆知道的了。在现在抗战建国过程中的中国，要对职业教育的对象，施以精神方面的训练，我以为无论是儿童、青年、成年人，皆应注重次列四项。倘能把次列四项精神，深深地渗透到被训练者血液之中，使他得着一个新生命，我敢断言一定可以发生出伟大力量来帮助抗战，帮助建国。

第一，要切实说明职业教育的目的，是为全民生活的改善，而非仅为个人生计的获得。希望人人有业，人人乐业，这是大众的事，不是一人一家的事。不但要切实说明，而且要表现于事实，显著于行动。尤其在商业方面，更要把这一个观念，特别的提示，特别的使他深切著明，不容丝毫模糊，丝毫苟且。

第二，要尽力鼓舞民族精神，使被训练者个个能激发起强烈的爱国情绪，并且要使这种宝贵情绪，能永远保存，无论做一件工，或行一件事，皆要认定是为国家，为民族，不是为个人。在此时期，一切行动，务必择其益于国家有利于民族者先做，否则不妨从缓。这一种精神、习惯，应在训练职业时就要养成。

第三，一方训练他们的职业知能，同时更要指导他们留心研究时事，研究政治。凡已在职业界者，应指导其参加地方自治组织，努力地方自治事务，务使职业界的健全分子，同时皆能为兼问政治的健全公民。

第四，更要竭力提倡、鼓动、锻炼社会服务的精神和能力，务使一般受教者，确切认明人生第一目的是为服务，第二目的才是为谋生。用余力余时来帮助群众,原是人生当然的事。牺牲小己,以利大群,先人后己,公而忘私,更是人生感觉快乐的第一件事。你能尽了服务的大任,能发挥出社会服务精神,则个人谋生一事,便可以说不成问题,否则只知个人谋生,不知社会服务,则是一个无聊的"自了汉"耳。纵使职业技术十分高明,结果经商不免为市侩,为农不免为守财奴,做工不免为一个无价值的工人。纵使个人的生计很好,说不定,要为乡里所不齿,要为同业所羞称。人生意义完全没有了,尚复有何人生之趣可言呢?这种道理,不但要使受教育者彻底了解,还要予以种种练习机会,使之见诸行事。如能个人由此养成服务的习惯,社会由此蔚成服务的风气,则职业教育的贡献,似乎也不算小了!

以上所述四项,是除开职业知能技术训练以外的一种东西,可以说这是属于精神方面的。依我的认识,以为这些训练是给予职业者以做人的灵魂,当然是目前职业教育者之重要设施。人人皆应有职业,即人人皆应有灵魂。倘若人的灵魂没有了,试问,和行尸走肉又何以异?

民国廿八(原文如此,应为廿七之误。编者注。)年

十一月廿六日

(原载《国讯》,1938 年第 192 期)

职业教育的功用究竟在哪里?

人生要生要活,便一定要有职有业,因为职业是维持生活、发展生活、改善生活基本的重要工具。既有职业,即应有训练职业、指导职业的职业教育。论到职教的发源,可以说是在一切教育之先,而论到职教的发达,则又在一切教育之后。各国皆然,我国尤甚。我国自改行新教育以来,四十年了。到现在,职业教育的成效如何?职业教育,在整个教育系统中,占了何等地位?真不易说。当然,我们不能说,发展民生,改良民生,皆惟职业教育是赖。但是,职业教育,在国家整个经济建设的一个大机器轮盘中,至少她可算得是一个重要机件,在国家进行整个教育政策的一个大工程中,至少她也应占了一个重要地位。既然这样,何以还有人不重视不同情职业教育呢?我一再推索其故,大概是因为未能详细了解职业教育的作用罢!我作此文的用意,是很浅的,就是要把职业教育的作用,说个明白。大家明白了以后,当然就能同情职教,重视职教了。要说的话,当然很多,兹仅择最要三端,略述如下。

一谈到教育,大家皆知道小学中学大学那一套,似乎把职业教育忘记掉了;纵然不忘记,也是异常轻视。以为办个把职业学校，让不能升学的小孩子进去，学学手艺也好，当然他把职教看成无足轻重。固然因为以往职教办得不大得法，未能惹起多数人重视，而社会间由历史传下来的“重文”“重官”观念，与夫一般人对于中国社会实际情形，未能弄得明白，也有很大的关系。实在说，一个整个国家的教育事业，归纳起来，也就只有三大类：第一大类，是养成合于近代文明国家水准的国民，这就是所谓“国民教育”，目前中国国民教育，尚未能完全普及，所以一定要用“普遍”的原则，普兴义务教育，使学龄儿童，人人入学，同时对于青年及成人未受过小学教育的，赶快的用民众教育的方法，把他补充起来。第二大类，是养成科学发明及社会领袖人物，那就是“人才教育”。人才教育，要精粹，要高深，应该重质不重量，凡是高小初中高中所养成的毕业生，皆是为历层精选的准备，万万不能容他粗制滥造。这样一说，大问题便起来了。受过国民教育，不能升高小的，怎样办？高小毕业，不能升高中，高中毕业不能升大学专科的，又怎样办？“一班十岁至二十岁的好儿童好青年，让他自由去乱撞乱碰，让他父兄去自由设法，不必管他。”话可以这样说么？送到工厂商店去习业，在乡间的，仍是跟他父兄去种田，不是有了安排，问题解决了么？可是，一个一个皆能照这样办么？如不能，又怎样呢？就是已习业的，可就让他照老法子去办，不必管他么？我们不是说要增加生产么？提高生产分子的知能么？要改进旧有职业，使从事职业的人，有新的认识么？试问，如何才能一层一层地把这些问题解决呢？如未解决，可以说，隐忧无穷，为害甚大，这又是人人皆能知道的了。那末，说到这里，职业教育，便不能不挺身而出，负起解决这个问题的一大部分责任了。所以第三大类,不用说要轮到职业教育身上。职业教育,确是解决这一些问题的最重工具。当然,要图圆满解决,也还有其他各种条件,但是职业教育,无论如何,总不能把这个大责任卸掉!那么,既要职教去充分尽责,当然要让它且扶持它得着一个相当的发展,才行。一鼎三足,厥重维均,我们为健全国民计,应当重视国民教育,为培养国家人才计,应当重视人才教育,人人皆知,自不必说。那末,为增进国家生产,改良人民生计,积极加厚国力,消极消除乱源,还不应该重视"职业教育"么?

职业教育原是多方面的,就它的种类说,有职业学校教育,有职业补习教育,有职业指导。就他的范围说,直接生产的农工商业教育外,还有间接生产的家事教育,最近又加上了公职教育、专业教育。就它的施教方式说,学校式外,还有社会式,尤其是在中国农村方面,实施农事指导,更要多取径于社会教育。可是,一谈到职业教育,大家多以为只是办职业学校。固然,职业学校教育,在全部职业教育中,是居重要地位,但仅有职业学校,可以断言,绝对不能尽了它的责任,也就是说绝对不能解决了上文所说各个问题,并且依照中国社会需要情形说:呆板固定的职业学校,恐怕还没有各种临时应急的职业训练班,需要得迫切;恐怕更没有活动灵敏"无孔不入"的职业补习教育,来得尤其适用。至于说到职业指导,他的作用那就更大了。凡是青年,无论将入学校,现在学校,已出学校,升学,择科,习业,就业,皆可由他给你一个指路南针,使你个性天才,与所习所业,两相适应,凡是职业界经营职业者,须求良才以为用,皆可由他代你选择,代你训练,因此求事者,可以得其所,尽其才;求人者,可以得其才,尽其用。那末,就个人言,在职业方面,可收获"乐业"之效,在营业方面,可益展"创业"之机。就社会言,一切职业,可以由此改进,人民生计,可以由此改良。当然国力日厚,国势日上,不用再说了。职业教育,即有学校教育、补习教育、职业指导三方面,就中国目前情形看,也可说是:"三鼎立足,厥重维均。"

再说到职业教育,大家总以为只是训练技术,增加生产。固然这也是职业教育的重要目的,但是不能以此为限。它还有一个极重大的使命,是培养习业者的服务精神,做人德性。若就目前中国人民需要来说,政治知识、民族情感、灌输鼓舞,都更是十分重要。所以职业教育,无论是正式学校,是临时训练班,是补习教育,是职业指导,除技术训练外,对于文化学科方面,还是要特别注意,因为如此,才可以为国家社会造成生产人才。不然,岂不是造成一班自谋生计的"自了汉"么?那末,职教的作用,也就未免太小太狭了。可是,这一层,一般人也还有此不大了解,因为不了解,遂不免有一些不近情理的推测和批评出来。这真是可惜的一件事啊!

以上三端,仅就职业教育的作用,作一个简单的解说。我相信这一个简单解说,是必要的。已知者不必再说,早已明了;未知者必待说而后明,似乎这一说就不能少了。

(原载《教育通讯》,1938 年第 36 期)

青年自省

一、我的腿,能一天跑八九十里,不感觉疲劳么?

二、我的臂和手能拿一百多斤的东西,经过较长时间,不觉得苦么?

三、我的肚皮,能经过十小时不吃饭不饮水,照常工作么?

四、我的嘴,能发很有条理的言语么?

五、我的态度,能很端正、很谦和么?

六、我的脑和手,能联合起来,写成词能达意的文字么?

七、我的注意力,能不遗漏较小的事情么?

八、我的心意,能时时刻刻向好处去想求么?

九、我的理智,能指挥我的情感,节制我的冲动么?

十、我能自知我的短处,力谋改善么?

十一、我能听我师长和朋友规劝的话,不动气而且感激么?

十二、我对于我的朋友,说话能不失信么?

十三、我所用的东西,能自己照管整理么?

十四、我的钱,能用得其当——不浪费,也不吝啬么?

十五、我对于我所应做的工作,能负责去做,做时且很有兴趣么?

十六、我对于工作，费若干力，费若干时，能妥当支配么？

（原载《业余生活》，1938 年第 4—5 期；
《职业与修养》1939 年第 1 卷第 6 期）

今后我国究竟需要什么样的教育

我国教育，已定三民主义为最高原则，近来中央政府，又有教育纲领及教育方针议定，只要能全国一致，切切实实努力遵行，自有极良的成果。笔者所以要揭出这一个题目来，加以说明，其区区微意，盖欲在已定教育原则及已定教育方针之下研究一研究，究竟如何实施，才能真正有效。当然，这一篇短文，谈不上什么实施方法，亦只能指出一个轮廓，希望引起读者研究的兴趣，殆亦含有“抛砖引玉”之意也。本来见仁见智，各有不同，一得之愚，何敢自信，可是依照我的浅见来说，似乎依据目前中国教育的背景，今后我们所需要的教育，有下列几种。

（一）教育应配合国家整个的国策来施行，因此便可以说，是需要“能配合国策的教育”。

（二）不但要配合国策，并且要和各方面事工皆能谋得适当的配合。因此便可以说是需要“能配合各方调协进行的教育”。

（三）不但要能配合各方，和各方调协，就是教育自身，也要能互相调协，联合进行，因此便可以说是需要“自身健全联系统一的教育”。

（四）此种教育，一定能帮助国家，养成大多数能生产的分子，养成大多数或最大多数能卫国的国民，并且这一些分子，这一些国民，皆是才德兼备，具有服务社会的热情，具有先公后私或公而忘私的美德，其中还有一部分或一大部分能担当大事的特殊人才。这就是“增加生产，巩固国防，助长文化，建设新国家的教育”。这种教育，当然是我们国家所急切需要的。

（五）此种教育，是要极端采取机会均等主义，使一国之中，人人皆得享受教育恩惠，其中有特别的优秀天才，一定要使他能尽量发展，这就是需要“平等主义的教育”。

（六）这种教育主义，如能完全实现，便是随地有教育机关的设置，随时有受教育的机会，无事不含有教育的效用，无人不尽教育的义务，亦无人不享教育的权利。换句话说，就是需要一个“能笼罩国家全境，笼罩个人终身的广大无边的教育网”。

这样说来，似乎带一些虚玄的意味，近于空想了吧！其实这正是此后我国所需要的理想教育，并非是空想，更不是虚玄。惟要实现这一套理想教育，先要有一套具体的教育实际办法。要办法实施，有所依据，先要有一套合于理想的学制。有了学制，才可订定课程，选取教材，决定教法。

说起创立学制，谈何容易呢？可是，我们不妨预先悬出几个目标，以为改定学制时，作重要的参考。

（一）应以国民职业和社会经济为整个教育制度的轴心。

（二）应以职业教育为主体，从职业教育范围内，提出预备升入大学的特殊人才，因此大学教育，得以格外精良。

（三）职业教育和人才教育，能联络沟通，上下一贯。

（四）学校教育和社会教育，能联系配合，彼此互助。

（五）国民教育应延长年限，高级的国民教育，即可伸入职业教育的范围。

（六）大学专科教育，应推广到一般社会。

（七）军事教育，应更谋普遍，且有实际的效益。

根据上述七项目标，以订定学制，由此学制，再来规定教育实施办法，那末，这种理想学制，便可称为“社会化的职业教育中心学制”了。学制如此，当然整个的教育实施方法，就循着这个这路（原文如此，似为道路之误。编者注。）去拟定。所以要如此主张的理由，可略述如次：

我们相信一个人的生活，无一时一地，能和经济离开，而人们自堕地以来，即要和社会发生关系，所谓“群居生活”者是。社会和经济，原是处处发生极密切联系的。人们生活于社会之中，日营各种生活，而职业生活一项，当然比较最为重要，所以此种职业生活，是含有极浓厚的社会性，举凡政治组织、经济构造、道德标准，均在与此有关。此乃极显明的事实，无论何人，不能加以否认。在昔中国古圣贤，一方主张不言利，不喻利，此乃是就个人修养观点以言；一方又称“以美利利天下”“利用厚生”，如孟子答齐宣王一段好货的话，恒心恒产的话，以及管子“衣食足知荣辱”的话，显然是大言利而特言利，当然这是就社会的观点来说的了。事实既是如此，何以教育不尊重这个事实呢？教育是作人的工具，此在中国古书上早经说明过的。作人而忘记了人的职业生活，这不是一个奇谈吗？

教育之所以可贵，在能教育成一个时代的有用的好人，所谓时代，当然离不开空间，宇和宙，原是联在一块儿说的。所谓有用，一定是指明着能为社会生利造福。试问，在一个时间，在一个空间，为人群造福利，如不从职业教育入手，岂不是蹈了一个大大的空虚？我们要求社会生机勃发，文化内容丰富，第一件大事，就是要用教育方法，来把人类旧的职业逐一改良起来，新的职业逐一创造起来。尤其是利用近代科学教育，因为它是有力量、有权能，足以帮助完成这种教育的使命，实现这种教育的效果。

职业教育，绝不是专为教人谋生，专为个人解决生计。它的目的，是为国家民族养成能生产能服务的健全分子。此种分子，不仅是技术好，能力好，还具有强烈的爱国家爱正义的热情，极合理极有效的合群互助的知能和习惯。此正是三民主义教育的成果。我们所以要把职业教育做整个学制的中心，或者也可以说是做全部教育的骨干，实在是因为人类生活不能脱离社会，人类职业生活，在社会一切生活中，是一个最重要的中心。

这是不是笔者一个人的偏见呢？却不敢说，或者也可说是尚未成熟的见解罢！好在笔者现在尚在继续研究进行中，或者不久的将来，要有二篇较详的文字发表，也可同时把所拟的理想学制提供出来。深愿海内明达，赐予指正。

（原载《教育通讯》，1939年第2卷第1期）

我来谈一谈非常时期的教育

在此非常时期,教育究竟怎样办才适当呢?我想这一种疑问,不独从事教育的人们,常常要发生到,常常要讨论到,就是非教育界的人们,稍稍留心时事的,也不断地说起,可见这不是一个小的事件呵!

有人说:“教育是国家百年大计,断不能跟住一时变动的时局来跑,非常时期,只是暂时的,而教育则是含有永久性的,过了‘非常’,仍是‘正常’。正常时期的一套人才,还要预先有准备地慢慢儿把他培养起来才行。”因此主张一切办法,仍旧不动。这个说法,当然很有理由。但是,有一层我们却不能不顾到,并且也不能不安排:一班热心爱国青年,对于目前这样严重时局,万分悲愤,时时热血上冲,不能忍受,恨不得马上就要去和敌人拼命。这样,你若还是劝他不要乱动,好好地安心读书,成么?当然不成。不成便应该想一个变通适当办法来应付了。还有一层,我们也不能不想到,现在各地方的广大民众,正待普遍发动,尤其是在敌人后方的区域内,我们更要用极适宜极有效的办法,去加紧发动,那末,需要大多数的负责发动人员,是即所谓干部,从那里来呢?说到此地,便不能不想到一班高中程度的学生,希望能有一部分来担负这个特殊任务了。这皆是摆在眼前事实,万不能说我是只管办学校,这一些我是不管的。

又有人说:“现在为应付抗战,应该把全盘教育,改革起来,万不能再像以前老样子去读书上课。”这个说法,当然也很有理由,但却不能就像这样简单。

笔者,却是常常考虑着,以为要解决这个问题,应该预定下列两个标准:(1)是顾到目前国家的需要;(2)是顾到学生固有的个性。因此,很愿意提出一此意见,来供教育行政当局及实际从事教育者的参考。

(一)对于目前在校的高中程度以上学生,应由学校先生详细考查其志愿、个性、才能、兴趣,区分成两大组:(1)组适合于潜心研究科学,比较性情和缓沈潜的,可照旧在校继续学习。惟课程方面,须趋重于实用,如能设法使一部分课程与抗战有关则更好。(2)组热心救国工作,不愿安心照常读书的,可由先生加以分别考察,并分别指导,有宜于投考军官学校的,如其志愿坚定,即劝其去投考,但万万不可稍加以勉强。有愿到战地工作的,或由本校另设一班,施以特殊训练,或介绍到适宜的训练机关,去受训练。

(二)对于社会教育,要特别注重,要设法使学校教育和社会教育,能互相沟通,互相联系。这一层,不独在非常时期,应该切实去做,就是将来到了正常时期,恐怕也要循着这个方向去走才行。至于目前在校学生,最好能使之分出一部分余力余时,在先生指导之下,有计划地为社会民众去服务(救国工作,包括在内)。这也是双方沟通联系的一法。

（三）后方生产教育，在此时期，要特别地加紧提倡，加紧实施，此义已经人人皆知，人人认为重要，不用再说了。惟如何提倡，如何实施，才能有效，才能在短时期内有效？恐怕还是问题。笔者以为对于这一层，应定有执简驭繁的方法，应拟好先后缓急的程序，应使各方谋得适当的联系与配合。倘能扼定要点，切实去做，看清要点，加强去做，配备得当，各方同时并做，自能收获到特殊效果。笔者在此地，只能提到一些原则，将来或可专著一文，详为陈说。

（四）在战区方面，尤其是在敌人后方的战区方面（从前称做沦陷区域，而实际并非真正沦陷，现已改称为战区，或者竟可称为“特殊战区”），要实施一种特殊的教育。因为这些地方，有时要受到敌人的压迫，正轨学校教育，当然是不容易办。因为如此，所以更要赶紧设法把这一种教育的社会性、政治性、秘密性，特别加强，方式则不厌其多，方法则不厌其杂。要灵敏活动，要急切生效，要和发动民众工作，游击工作，真正能联系配合起来。我想这一层，已经有了办法，已经有人去做，惟希望做的格外要切实，并且方法要不断地改进。

以上所述四项，似乎皆是目前所应当特别注意，且急须谋得适当解决的。至于教育根本改革问题，已有抗战建国纲领，明白指示，而一切实施办法，则有待于精详的研究检讨，在这一篇短文内，当然无从说起也。

（原载《国讯》，1939 年第 194 期）

一个比较严重的人事问题

就重庆来说重庆，自从抗战军兴以后，重庆一市的人口激增，我想至少总要在廿万以上罢！谁都知道在此非常时期，后方工作当中，“安顿失业”是一件大事。盖必人人有业，而后才能说到社会秩序的安定，才能说到生产事业的发展。现在重庆的情形怎样呢？当然失业而急急谋得业的人甚多。不要说因为外方来的人多了，这种种情形，格外显著，就是重庆，本地方又何尝没有失业的人呢？更不要说这是非常时期，所以如此，就是在平常时又何尝没有失业者的呼声呢？“失业者怎样能得业？”在目前确是一个比较严重的问题，还不止此，可以说，得业了而仍有不能解决的问题存在。

讲到重庆市大樑子青年会内十二号，中华职业教育社和重庆青年会所合办的重庆职业指导所去看看罢！每天皆是人山人海，拥挤得不堪，所门两旁，左边贴了许多纸条，是为“征求人才”，右边贴了许多纸条，是为“人才待聘”，写明需用条件，写明资格才能，五光十色，密密层层。好啊，求事的人多，求人的人也不少啊，把这两方媒介一下，不就是人得其事，事得其人，双方问题，皆圆满解决了么？可是，问题竟不似这样的简单。说到他们职业指导所的办事人，也可算是相当努力的了。自从去年十月十一日正式开办起，到现在二十八年一月底止，看他们统计的揭载：

求职登记，二千三百三十五人。

求人登记，一千三百四十三人。

介绍成就，四百七十六人

不错啊，求事人多，求人的人也不少啊！可是问题来了。

问题有两个：(1)所需要的做事人，他的技能和所做之事不相当，双方无法配合，这怎样办？(2)双方配合了，事有人可做，人有事可做，还不好么？可是不行，还需要"保证"，保证找不到，这又怎样办？

前一个是职业技能训练问题，只要有钱、有地方、有计划、有人，小以成小，大以成大，适应需要来办一办，可以解决的。现在职业指导所已经筹划着预备在那儿进行了。(本来职业指导任务，不止"职业介绍"一种，还有职业训练、职业改进等，也是包括在它范围之内)这可暂时保留一下，改日再说。后一个是实际的社会人事问题，在目前可以说比较相当的严重。因为令人太难过了！求事的人，非得事不能维持他的生计，发展他的才能，成就他的事业。同时国家和社会也不能得到他的用处益处。而用人的人，则非有保证不能放心。无保便是有了业不能得，得了业不能就；有了人不能用，说定用了仍要辞退。职业指导所，虽然费了许多心神，经过许多手续，把一件事和人，介绍成功，结果，仍是归于泡影。只有三方面相对郗歔。这种情景，也可以算得是惨苦了罢！那末像这样一个严重问题，我们凭着良心说，还能不加讨论,不去赶快想一个解决方法么?

原来这个问题严重性的显示,已不自今日始;这种惨苦的情景,也不是仅限于重庆一地。听到有些朋友说过:某机关招考职员,取好了十个留学生,其中有六个,竟是因为没有保证,不能进去,终于割爱了。还有某机关考取一位职员,因为寻找保人,接连跑了五个地方,皆不成功。结果,自杀了。他在自杀以前,并曾说过这样几句话:“想不到凭我自己本事,考好了职业,竟因为没有保,不能成功。连跑五处,一无所成。人类社会,竟是这样啊,人生也太无意味了。”“我闻斯语心骨悲”,怪不得每次中华职业教育社职员开会,总有职业指导所的主办人提出这个问题来,声情激越的说个不休。本来也是十分奇怪,凭着自己一副天生的才能,凭着自己多年辛苦学习成功的技术,明知使用出来,可以有利于人群,竟至无处可用;有了急切用人的需要,明知道对方才能技术,皆能适合于我的需求,竟至不肯用不敢用。这并没有其他的原因,只为中间有一道“无保”的大梗。这个人,是否将来就做事舞弊,那还是不可知之事,而目前他的能力够用合用,则是已知之事。今舍已知之事,不顾,而对于未来之事,则重视得如此,这究竟如何说法呢?那末,你就说用人的人,办法不对么?当然也不能。

好了,现在有一些好的消息传来了,可以把这种惨苦的空气略略打破了。事实是这样:因为重庆职业指导所的主办人,迭向各方呼吁,于是在渝有一班热心社会事业的先生起来了,既经对他深深表示同情,同时并约集许多同志商量,预备组织成一个“重庆市得业人保证协助会”(名称尚未决定),目前是从小规模办起,专为重庆职业指导所介绍得业的人,解决保证问题。拟集合会员多人,筹集一些保证基金。此项基金,存放银行生息,备万一发生赔偿时之用。所有经过职业指导所介绍得业人,能自觅保证最好,否则可向该会具书提请,经会认可,即可代作保证。惟此项保证,只限于金钱,且须有一定限额,过额不保。被保证人,到了解职时,或经过一定时期,能另觅保证时,即可向该会声明退保。被保证人须月提出他的薪金总额百分之几(其款极微)缴会作准备基金。各被保人连环负责。即一人出事,应赔金钱,须就各被保人所缴的基金总数内提取,不足,再提用协助会所储基金以补之。因此各被保人,要寻觅机会,互相纠察,互相勉励。同时职业指导所,也要多方设法,帮助各被保人获得进修向上的机会。一定要请任用机关,每半年报告就业人的工作状况一次。(本来职业指导所对于介绍成就人有服务指导的办法。)这是在计划中的一个大概办法。也有人提议请求政府当局来专办此事,当然也很合理。我们极盼望这一个理想办法,能早日实现,能由空气传播中的消息,成功了实在可靠的福音。

(原载《国讯》,1939年第196期)

关于薪给问题

近来有些朋友,常常谈起关于薪给的事。这一件事,在今日,却是渐渐成了一个问题。(或者在此国难严重时期,这一个问题的严重性,格外显著,也说不定。)固然形格势禁,未必马上就有办法能把这个问题圆满解决。但是一味逃避着,不愿去加以讨论,那总是不对的罢!

在从前宿命论哲学盛行时代,尽管有许多无德无能的人,居高位,食厚禄,还不大要紧。因为一般人皆认定他是命中注定,应该如此;或者还可以引用文昌帝君阴阳文一套说法,说他是前生做了好事,今生才受此果报。这样一来,就没有什么问题发生了。现在,可不成。一个机关以内,往往因为薪给制度,不十分良好,或给薪方法,不十分公平,竟酿成许多令人惹起悲观现象。如不平之鸣,妬嫉之念,奔竞之习,倾轧之风,乃至怠惰、苟且、骄奢等一切缘此而生的种种恶德。这样,对个人足以妨碍乐业的兴趣,对社会足以低减工作的效能,未免吃亏太大了!虽然有一班职司教育的人们,竭力发挥"服务道德"的教义,苦心婆心,甚且以身作则,谆谆劝道出学校就职业的青年:要个人埋头苦干,遏抑物质享受的欲望;要严以责己,宽以责人。要以服务为做人的第一目的,不可专注意个人的物质生活。如此做去,当然也能收获到相当的效果。但是这还不是一个根本的解决办法。

根本的解决办法怎样呢?有人这样说:“财力总是有限的,‘不患寡而患不均’,索性把薪额一齐拉平了罢,不论职位高低,不论能力太小(原文如此,似为“大小”之误。编者注。),一切平等,不是最公平,没有争议了么?”可是,天下事,那能就像这样简单,这样容易解决呢?并且完全“拉平”,是否就合理洽情?也还要成问题。我以为“弊去太甚”,在此进化过渡时期,还是考察环境之所宜,先想出一个趋向公平道上走的比较简便易行的办法,来试一试罢!试得不对,再来改正;试得不够,再来加强;试得有效,再来设法缩短过程。

办法怎样呢?本文因限于篇幅,只能分条地简略一说。

(一)最高和最低的薪额不要使之距离过远,最好能设法使之逐渐接近。这就是要把薪额过高的,向下低降一些,把薪额过低的,向上提高一些。我想这可以算做一条原则罢!

(二)详察机关所在地的物价,判明一个人衣食住行所必需的最低生活费多少,规定成一个职员起码的薪给额。这是就独身一个人说的。如是有了家眷,便要看他有妻及子女若干人,其妻是否有做事的能力?其子若女是否有做事能力?是否还正在学校读书?如是全数或若干人无独立生活能力,必须其夫或父给养的,应把每人所需的生活费用,加入本人薪额之内,除此以外,还有文化给养费(指购买书报费而言)、卫生医药费、娱乐酬应费、储蓄预备费,也要每样打上一些。(如是本机关内已有图书馆,可以供给职员阅览,已有医药室,可以供给职员及职员的家属医药，则文化给养及医药两费，便可以省。或真是经费拮据，则娱乐应酬及储蓄预备，也仍然可以减省。）把这些合拢起来，便成为一个有家眷的职员薪给总额。

（三）除前条所说一个职员应得起码的薪给外，如是因为能力（包括学问、知力、技能、品行等）、年功（从就职满一年后算起），及特殊成绩的表现，需要加薪的，仍可按照一定标准，由机关领袖，本着公平观察，酌量增加。这一种增加薪数，可称做“补助费”，也是同时加入薪给总数之内发给。在职员初就职时，如认定真正“能力”特殊，也可以酌加一些补助费，此外则每一年或每二年举行考核，择优加薪以酬有劳。惟所加之数，要有一定限制，应明白规定，不得超过原有月薪额百分之几。

（四）凡高级职员或机关领袖，因公用款，尽可取诸公账，实报实销，不应再有公费名目。至于所必需的最低生活费，如前面第二条所说各项，或者因特殊关系，不妨随着职位，加高一些，但仍要有一定限制，明白规定，不能超过起码薪额若干倍。

（五）有些机关已办奖励储蓄，其办法可采用。办法是这样：每人每月愿储若干，公家也如其数奖给若干，同时储入，经过一定期限，许其提用。并规定储额多寡与各级职员薪额为反比（即低级的，储额和受奖额高；高级的，储额和受奖额低）。

（六）希望公家所办的中等以上的学校，一律免收学费。同时希望社会方面，多多设立优秀青年奖学金。希望取费低廉或竟不取费的公家医院，多多设立；由国家赶紧养成大量热心服务和善待人的医生和助产士。希望公家多多设立社会教育机关，更希望社会方面，能有多数取费极低而带有教育性的娱乐场所。

至种种有关物质生活的合作社组织,当然更有十分必要。上述各事,皆是和改善薪给的办法有关,可以帮助薪给问题的解决,所以在此地特别提出来说一下。

(七)薪给办法要改善,同时成绩考核,也要特别认真。升级加薪,要绝对公平;同时努力服务,忠实履行契约,也是万分重要。共同集会,检讨工作,公余进修,令节同乐,也是万分不可少。

以上所说,仅是一个概要,一个轮廓,真正要试办起来,当然还有许多细目,要详加商讨。我极愿意有权位的先生们能注意到这个问题,更愿意和对于这个问题有研究兴趣的朋友们,来共同研究。

民国廿八年一月廿八日

(原载《国讯》,1939 年第 195 期)

关于学制问题改革的一些意见

制度是死的，人是活的，有了好制度，一定要有好的人去忠实执行，去灵敏运用，那末，这种制度，才能说有贡献，有效果。因为制度是人造的，人能用制度，制度不能用人啊！所难者，有两种情形：一是一种制度，当创造之初，往往是未加深考详察，就贸然采用，迨行了未久，发见窒碍，又不肯或不便就把他改弦更张。一是起初创立的制度，并不差，但是行之较久，社会环境变了，社会需要变了，此时却难得有大多数人一致站起来，毅然决然主张改革。并且有少数人或最少数人创立改革论，不免太过火，因此便又惹起守旧一派的反感，提出进行改革，更觉困难。的确，在这两种情形之下，提出主张，和采用意见的人，皆不容易。因为看得不准确，做得不恰当，皆要误事啊！

于是，我们便可以说到我们中国学制问题上面来了。说起学制，便先要有一个恰当的释义，照普通的说法，学制者学校之制也。举凡各级学校修业年限的分划，程度高下的衔接，入学年龄的开始，学校种类的区分，这一套是关于学校制度的规定，是以谓之学制。那末“学制”一词便可以算做“学校制度”的简称或缩写了。这个解释，是对的，是不错的，当然要照这样讲。可是，我们真正要依据整个教育的立场来看，是不是嫌它范围狭一点呢？论到施行教育的方法，本不一定限于学校和学校的教法啊。除开固定的学校外，还有广大无垠、层出不穷的社会教育场所、社会教育方法，我们又如何能一脚把它踢开，说它不在教育范围之内呢？如此说来，是不是要把学制作广义的解释，竟解释为"教育制度"呢？我想，广义的解释，于理也未尝不可以通，于势或者更可以合，如照这样说，所谓"学"，便不是专指学校，不是专指学校以内的教育，凡是学校式、社会式，乃至家庭式等等，无论属何种类，在何场所，用何方式，只要是属于设学施教的一切行动，这种行动，是出之于预定计划的，那末，皆可以"学"之一字赅之。若是对于此项设学施教的行动，规定出范围、时限、场合、形式等，那末，皆可以"制"之一字赅之。这样一来，学制和教育制度，便成为"一而二"或"二而一"的东西了。

这一个广义的解释，意义却不小，关系也的确很大，千千万万，不要把它看轻啊！倘使这一个解释，竟能成立了，那末，在整个教育制度上、方法上一定要起了一个极大的变化。要知道，我们知识分子，多多少少，总是难免带有一些由历史性传留下来的习惯啊，一说教育，便自然而然地想到学校。其实教育功用，何尝专是寄托在学校大门以内呢？学校大门以外，仍有教育的园地啊。并且我们可以露骨地说，学校教育所及的范围，所布的恩泽，所收获的美果，究竟有多么广？究竟有多少人可以享受？究竟已经有了多少？真是要详细地算一下，普遍地看一下，倒很难说。我是极尊重学校教育的，因为尊重学校教育，同时更要尊重社会教育。倘是只有学校教育竟无社会教育，随它同时并进，结果，学校教育，不仅成了孤单无偶，并且要流弊滋多。所以，我极盼望学校和社会，能打成一片，把隔离学校和社会的一堵高墙拆掉。一向藏在学校以内不肯见人的教育，可以把它推广到社会方面。不一定高等教育全让有钱的公子哥儿独享，那一些在工厂内做工的、在商店内经商的朋友们，工余业余，也可以到大学推广部去补习。同时，为人看不起社会教育，它也会显出神威，有时竟可以和学校教育拉过马来，比试三合。虽然，我们不能让它们起了冲突。不但不能让它们冲突，还要设法教它们两方，互助合作，彼此联系、配合，成了一个联合阵线。

学制不改革则已，如要改革，我以为一定要从广义的解释，把学校教育和社会教育，谋得适当的配置。这是第一个很浅薄的意见。

其次还有一层，也是我们谈论学制问题时所感觉到不易解答的。说到教育，便无疑地想到学校，已如上面所述了。而说到学校，则更是无疑地，想到大学中学小学，一套儿由小升中，由中升大的，小学教育、普通教育、高等教育的三级制度。师范呢？那是偏支；职业教育呢？那更是偏支。当然有了正宗，偏支可以不必要了。可是，我们仔细一想，话能这样说么？人人有应该受教育的权利，人人也同时有应该受教育的义务，凡是一个近代国家，没有不是教育普及的，人人受教育，所以称之曰“国民基础教育”，简称之也就是“国民教育”，国民教育，在整个教育中，是一个最广大最普遍的下级基层。的确他是能占住一个最重要的地位。一个国家基础的奠定，就是靠住这一点啊。除此以外，才是养成国家人才的高等教育，而高等教育所养之才，则又是储备之于普通教育的中学。如此由预备升学之高级小学,一直上去到初中、高中、专科、大学,皆可以算做人才教育,当然要有民而后国本才可以立,同时也要有才而后国事才可以治,这皆是无疑义的事,所以人才教育,在整个教育中,也占住了重要地位。可是,有一件事,我们不能不知道,人民是多数,大多数,百分之百,“人才”是少数,最少数,万分之几,千分之几。人类群居,事工分配当然“才”不能多。那末,问题来了,受过国民教育不能升学的人,怎样办?这种人,数目很多罢!受过初中教育,不能入高中的,又怎样办?这种人,数目也不少罢!到了高中毕业,而不入专科大学的,更怎样办?这种人,数目固属少一些,然而在社会上流窜着,知识比较有,欲望比较高,而事却没有得做,请问危险不危险?好了,让他们去种田,去经商,去习工业。可是,只是这样,就无问题了么?就是对于已习业的,能置之不问么?当然我们为国家计,为社会计,不能佯为不知,不能逃避问题,不能不设法解决。怎样解决么?我想,不必多说,一定有人要邀请到职业教育。因为职业教育,他是可以解决这个困难问题的。职业教育在今日,似乎也可以“当仁不让”地,担当起这一个较大的责任。

当然这种职业教育,也是广义的,不是专以职业学校教育为限,凡职业补习教育、职工训练,以及社会教育方面所包含的生产指导、还有社会事业方面的职业指导,职业介绍,皆属之。再说到职业教育的种类,又不仅仅是直接生产的农工商教育,凡是间接生产以及与职业生活有关系的教育皆属之。更从广义言之,就是师范、艺术、医药、工职等,亦属职教范围。若说到职业教育的程度，则可下趋小学，上至专科，如此，职业教育，在整个教育区域中所占领的地位，还不是可以和国民教育、人才教育，三分天下么？比如一鼎，有三足，职教也就可以成为一足了。

职业教育，既已如此重要了，那末，要改革学制，我以为无论如何，要把它在学制上占一个极重要的地位，才算合理，竟可说，要拿职业教育，作整个学制的中心，才可以相称。这又是我第二个很浅薄的意见。

本来改革学制不是一件容易事，改革得不好，固然国家要吃亏，就是改革好了，没有适当的人去做，还是不行，还是一样吃亏。所以要想改革学制，一定先要集合多人详细研究，研究定了，预备改革了，还要同时养成大量能实行此学制的各级各类人员。

若专是论改革学制问题的本身呢，我总希望能得着一套适合中国目前需要的“学校教育与社会教育配合适当而以职业教育为中心的理想学制”。

民国廿八年二月二十日

（原载《教育通讯》，1939 年第 2 卷第 9 期）

请废止大学研究院暂行章程第十条并准许各大学助教职员在职研究案[1]

本国各大学研究院、研究所，虽间有设立，而研究员生，为数甚少。原因虽多，而大学毕业以后急需担负家庭经济，些微研究奖学金，殊不足以资挹注。另一方面，各大学在职助教，虽有心研究，以图上进，复因功令所限，不能受学位之褒。如研究院暂行章程第十条，明白规定“研究生不得兼任校内职务”等语。揆其实际，助教职务，处处与研究有关，兼营并进，尤多裨益。似宜明白规定，以宏造就，而促进高深学术之贡献。况各国大学，尽多在职研究之教员，于研究毕业时，同样受高级学位，可见不乏先例可援也。

办法：

一、请废止研究院暂行章程第十条。

二、规定合格助教，得以在职时进修，如确有学术贡献，并经考试合格得给予硕士以上学位。

三、前项助教进修年限及待遇办法另定之。

（原载《第三次全国教育会议报告》，教育部，1939 年 4 月）

---

① 陈剑修、江恒源等原案。

大学各学院高年级课程标准应富有弹性以便发展案[①]

现在大学各学院一年级课程标准,业经奉颁有案,高年级课程,亦在规定之中,其用意不特整齐程度,亦在提高学术。惟学术发展日有进步,吾国幅员广大,各校环境迥异,倘将高年级课程规定过于详细,则在尚未发展之学校有勉强应付功令之苦。而另一方面,在人才较多、设备较充足之学校,亦苦于削足适履,无从展布矣。

办法:

一、颁行大学各学院高年级课程标准时,拟请仅举要目,不列年级与学分。

二、令各大学就所颁要目订定课程,呈部备案。

三、如因学术发展而必须改订课程中之某一课目时,应随时报部备案。

(原载《第三次全国教育会议报告》,教育部,1939 年 4 月)

---

① 陆殿扬、江恒源等原案。

在抗战期间宜加紧推行短期职工训练职业补习教育及职业指导工作案

近来教育部除提倡调整职业学校教育外，对于推进短期职工训练、职业补习教育，及职业指导工作，亦复不遗余力。惟恒源详察目前国家及社会需要，仍拟提议下列五项补充办法，希望效（原文如此，应为教之误。编者注。）育部能在可能范围内，迅速施行。盖认定此举对于抗战力量之增加，确有密切之关系也。

一、由教育部就各地设有机械科之公私职业学校，从本年秋季起，一律令其招收初中毕业或程度相当之学生，设立一年毕业之机械训练班一班或两班。

二、由教育部会同经济部订定单行法规，商令各机械工厂，从本年秋季起，招收初中毕业或训诫相当之学生，附设一年毕业之职工训练班一班或数班。学生饭费由厂家担任。学生毕业后，先尽厂家任用。其办理有成绩者，由政府特别予以奖励。

三、由教育部会同经济部、内政部，订定单行法规，责令地方政府，联合学术、文化、经济、自治各团体分划城市乡村，多方设法，大量推行职业补习教育，务使农工商各界职业分子，无一人不受到教育恩惠。至关于筹办补教一切进行手续，以及材料编制，教学进程、指导、视察、奖励等办法，均于法规中明白规定。

四、由教育部会同经济部订定单行法规，责令全国大学及专科农工商毕业生，无论其现在何方任事（包括学校工厂商店等），均须兼负职业生产技能的传授及指导责任。同时由教育部制成极简便的技术传习方法及职工服务要义、公民常识小册等，俾习农工商的专门人才，稍加学习，即可明了其教授门径，及实施补教办法。

五、由教育部会同经济部、内政部，订定单行法规，指示各地方创设职业指导所或职业介绍所。同时由教育部订定训练办理职业指导人员办法，颁令各地方教育行政机关，举行暑期讲习会，并令各地方师范学校，添设职业指导选修课程。

（原载《第三次全国教育会议报告》，教育部，1939年4月）

学校急宜注重眼之卫生案①

自提倡新教育以来,青年患近视者日多,常从学生集会中微察及之,而不胜其悚惧。尤从青年谈话中,深知此种近视病增加速率之大。有一家兄弟姊妹九人,全部患近视,或以为有遗传关系。然其父母,其祖父母,其外祖父母,却无一患近视者。积此种种觉察,乃考查近视病之由来。据患此病者自述其青年时期受病之原因:(一)由于教室坐位与黑板距离太远,天天须使用极勉强之目力;(二)卧床阅书。大概上开两项确不失为养成近视之主要原因。

现我国正提倡国民兵役,而青年多患近视,实为兵役上一大障碍。此病尤不适于航空技能之练习,于普通培养国民航空之目的,大有妨碍。既略知此病之由来,不敢不主张从教育上急速努力根绝。

办法:

拟请教育部通令中小学特别注重眼之卫生。

一、教室学生坐位最后排与黑板之距离,须依规定标准,不

---

① 黄炎培、江恒源等原案。

得超过所规定之最大限度。——此项标准，拟请专家规定后，订入各级学校体育及卫生教育实施方案（须同时规定黑板写字每字之边不得小过若干）。

督学、视学、视察学校时，应注意视察前条所规定之是否实行。

中小学建筑校舍，应于规定教室长度时，注意前条之规定。

二、严禁中小学生卧床阅读，由担任训育管束之教师特别注意，并为时时说明此举易伤目力之危险。——此条拟请增入改善各级学校学生饮食起居生活办法中。

三、其他关于目力之保护，应由小学校长、教师与一般卫生同样注意。

（原载《第三次全国教育会议报告》，教育部，1939 年 4 月）

在抗战建国大时代中教育上应特殊注意之事项案[①]

教育的原理原则,并不因战时而变更。欲完成一面抗战,一面建国的使命,惟有从基本设施上,用正常态度,使教育者努力施教,学者努力求学,此外无其他简捷方法,可以策效。但在此空前艰巨的抗战中,所需要于青年适应环境、改造环境的能力者,较之战前定有不同。尤想到大战之后,如何补救疮痍,如何扶培元气,所责望于第二代国民者,更为严重。欲养成今后青年担当艰巨之能力,舍由今时教育当局负起责任,更无他望。我中央及各地之教育行政机关、教育机关与教育团体,对此项要求已有不少实际贡献。现宜更积极推进,以宏效力。兹就若干公认为切要事项,由各当局依其所在地状况、基本实施方法,付诸施行。

甲、教育机关

一、全国教育界人士,无论教育学者,青年老年,应一致奋

① 黄炎培、江恒源等临时动议。

发，果敢精进。就最高领袖倡导之国民精神总动员纲领，随时随地，切实奉行。醉生梦死之生活必须改正；奋发蓬勃之朝气必须养成，苟且偷生之习惯必须革除，自私自利之企图必须打破，纷歧错杂之思想必须纠正。

二、在正课以外，可视学生学力之所及，设战时讲座或时事讨论会之类，收集关于抗战图书、报纸、杂志，由学校当局敦请本校教师或校外专家或有相当经验者主讲或领导讨论。其内容除战事消息外，尤宜注意于敌方状况、国际情势。

三、达相当年龄之学生，依其学力所及，得在课余及假期视地方需要，领导其从事各种直接间接有益于抗战之工作。如战地服务、后方服务、兵役宣传以及一般宣传，等等。其在后方易受敌机空袭地带，并宜注意于防护救护等工作。上项工作均须领导学生为有秩序、有组织之行动，以养成其良好习惯。

四、为从事上项工作，应在正课以外，予以关于各种知识技能的特殊训练。

五、各部门课程，应收集直接间接有关抗战之重要资料作为补充教材。

六、大学生应在校接受特种军事训练为初级军官及空军人员之基本预备者，如其年龄体力合格，各校在可能范围之内，应充分设法予以受此项教育之机会。

乙、教育行政机关

七、各级教育行政机关，应尽量扩大，并尽力加速地推行以一般民众为对象之战时特殊教育，及足以充裕国民经济之生产教育。

八、各级教育行政机关，应视地方需要，在正式教育以外，举办战地服务教育。

九、各级教育行政机关，应极端注意抗战急需之人才，尽量扩大，尽力加速地从事培养，并须与录用此项人才之机关切实联系。

十、教育部宜聘调人员，特组机关，专司战区及敌后方教育上之研究、设计、推进，及有关系各方面之联络、调整等事宜。

十一、战区及敌后方教育工作人员的物质待遇，应酌予提高，同时设法调整后方教育工作人员的物质待遇。

十二、教育部办理救济中小学教员时，应特别注意派任直接间接与抗战有关之工作。

（原载《第三次全国教育会议报告》，教育部，1939 年 4 月）

大时代中的小学教师

抗战已进行了二十三个月,血的经验告诉我们,要取得最后胜利,只有依靠乡村,依靠民众。蒋委员长说得好:“取得最后胜利之道,在乎广大的乡村与夫强固的民心。”又说:“政治重于军事,宣传重于作战”。可见乡村与民众是我们抗战必胜、建国必成的关键了。但如何才能够组织乡村发动民众呢?这却是一个严重的实际问题了。

我是从事教育的人,虽然总不免三句话不离本行,但我确确实实认为只有教育是发动民众、组织民众的最良好的工具,所谓“政治”“宣传”,也都是一种教育工作。吾们知道,我国80%以上皆是文盲,对一字不识的民众讲一篇深奥大道理叫他们去抗战建国,是不可能,这里就要用到普及教育的工具;我国的乡村民众是重感情守信用的,凡事给他们以命令告示,法律警察,是不适宜的,这都也要用到社会教育的工具了。但是教育的工具要谁去执行呢?当然,大学、中学,都是教育的场所,不过究竟谁最接近民众,谁最接近乡村呢?谁最适宜去发动广大民众呢?我认为只有小学教育了。通都大邑,穷乡僻壤,你看那一个角落里,没有小学校?几年前有位乡建工作者曾有一篇《小学教师救国论》文章发表，内容是以小学教师为乡村社会之中坚，去组织农民，文可以教书启蒙，武可以御匪抗敌。此文虽过于夸张，但对于小学教师之能发动民众，我是深深同情而认为千真万确的。

这一次听到及看到全国教育会议各方面的工作报告及提案，又会议时同人所叙述的各地方实际情形，其中关于小学教师问题，竟有许多令人描写不出来的心情上的忧虑或兴奋。现在关于各地方小学教师的服务情况，待遇办法以及一切可赞美可太息的事实，说起来太长，姑且不去说它。我们所要提出来讨论的，就是在此进行抗战同时进行建国的时期中，对于一般关系国家命脉的小学教师，究竟应该怎样去期待他？更应该怎样去待遇他？这两层不能不说是比较重要而且亟待解决的问题吧！

先说怎样期待的问题。我们所期待于小学教师的，固然要他能循规蹈矩去办小学，要他能在小学校内好好地去教育儿童，能遵守法规，能讲解明晰，能训育得宜。但是，在此大时代中，期望他所负的使命，我以为还不止此。在敌人后方所谓游击区内的小学教师，要能运用特殊教育方法，收获特殊教育成果，那是不用说了。就是在后方的所有小学教师，也不能仅仅以教育学校儿童，就算尽了他的责任啊。如协同政治工作人员发动民众啦，如帮助地方民众进行自治自卫的组织啦，如配合游击队担任种种与军事有关的工作啦，如推进扫除文盲工作，除教育儿童外，兼去教育成人啦，如设法增进地方民众健康，先从本校儿童保证工作做起，逐渐推及于一般的民众啦，凡此种种，可以说，皆是从前小学教师不必担任亦无须担任的，可是此刻却不能不兼任起来了。目前事实上的需要，固然是这样，将来战事结束以后，凡是被敌人摧残破坏过的地方，教育如何复兴？此时也不能不预为想到，且不能不预为准备。校舍毁掉了，校具荡然无存了，我们要恢复学校，怎样去办？若能县政府把建筑费、设备费一一筹好，或者待公家把房屋一一盖好，校具一一购好，再让小学教师从从容容去上课，我想恐怕是不容易的吧。不要说，残破之余，一切建设，在在需款，款是不能多筹的。就是筹出来了，也不能专用在教育一方面。（当然安抚流亡一事是最为重要。）那么，教育如何复兴呢？依我说，此时小学教师，便应该另有一套特殊本领，特殊做法，来应付着这一种特殊需要。校舍没有，不要紧，可由教师去联合附近农民，七手八脚，共同来建筑。简单茅屋，所费无多，克期观成，仓卒可办。桌子，凳子，黑板，乃至应用的一切校具，没有，也不要紧，或则自行制造，或则联合农民，说明道理，让来校儿童，依照从前私塾办法，各带小桌小凳到校。至于自然学科教授时所用的简单仪器标本，社会学科教授时所用的简明图书表解，不论好丑，只论有无，也可由教师自行制造。同时在农村的小学，要能辟出小农场，在城市的小学，要附设小工艺厂，由教师率导学生种植蓄养并作简易的手工制造。这样一来，不但收复的各地小学教育，能容易复兴，且可特别发展，就是原来在后方的各小学，也可把作风改变一下，另显出一种新气象来了。

依据上面的说法，所有小学教师，除能胜任小学教学外，便应该养成次列的各种能力并兼负次列的各种责任：（一）创造校舍校具的能力；（二）从事劳作，增进生产的能力；（三）协助地方民众，进行自知自卫组织的能力；（四）兼负社会教育的责任；

(五)兼负推进地方卫生事业的责任。这仅是说出一个大纲,至于能力的养成,当然要经过相当训练,责任的肯负能负,也要经过相当修养,才能具有特殊的认识和决心。平心而论,近来各地小学教师能照这样办的,已经不多。此次神圣抗战发动,各地民众在在均表现出民族精神,也不能不说是小学教育之功,只要能由教育行政当局,决定方针,立定计划,来调整策动一下,并不需要若何较长时间,便可以把这大多数合于理想的小学教师,完全养成。

既要小学教师能具有这样能力,负起这样责任,那末,待遇又应该怎样呢?继此,我便要来谈一谈小学教师应该怎样待遇的问题了。说起小学教师的待遇,应该先来把它分成两大类:一类是物质的待遇,一类是精神的待遇。当然前者是属于生计方面,后者是属于心理方面。目前有些地方,小学教师的物质待遇真是太菲薄了。而同时同在一个地域内的其他机关,规定任用低级职员的薪给,则又比小学教师薪给,高过一倍,或数倍。因此较有能力的小学教师,多不能安于其位,改行易业了。还有同一个地域内的小学,城市与乡村,省立与市立,公立与私立,教师待遇各异,或竟相差甚远。因此相形之下,心理方面又不免发生了许多变化。地方教育行政当局,因经济支绌,增筹不易,虽发急而无可如何。普遍加薪不可能,所有年功加俸、退休养老金等,虽有规章可以遵办,但亦以限于事实,亦未能普遍实行。至于待遇属于物质而兼属于精神的:如小学教师子女入各级学校的特殊优待(如免收学费及膳费),如服务期满,成绩优异升入师范学院或师范专科的特殊补助。(如给原薪三分之一或者二分之一）这些办法是既慰其心，又助以财，在彼以为一己虽师范毕业，未获更受（原文如此，似为"受更"之误。编者注。）高等教育，但可望之于子女；一己虽辛劳数载，而结果可以再图深造；在心理上所感受的安慰，既极重大，而酬德报功，于理于情，亦复异常洽当。可惜各处照这样做的，还是很少很少。说到专属于精神方面的，如对于成绩优异之小学教师，或由行政长官书联赠送，或将其教学及服务经验，具体编印专册，分发各校，或将其肖像，连同履历，及实际成绩的叙述，登入报章。这些只要综核名实，办得特别认真，不致引起虚荣之心，可以收得激扬之效，亦未尝不可以办，似乎各处办的，虽有也还不算多。

我们既要期待小学教师，为国家格外出力，要依赖他教育第二代国民，更要希望他能负起教育儿童以外的各种特殊责任，那末义务与权利，两相对待，当然要力求其平，自然，对于待遇问题，不能不有一个较为合理洽情的办法讨论出来了。所谓合理洽情的办法，究竟怎样呢？依据上文所说，似应有次列几点：（一）规定小学教师生活费最低标准。由中央颁布规程，规定大纲，各省市可依据之制为实行法。（二）在中央补助地方义务教育经费中，指定一部分，专来津贴成绩优异的小学教师生计，其标准及办法，由部定之。（三）各校劳作所获盈利，可提出一部分，作为教师薪给。其标准及办法，由部定之。（四）学校附近公家备有余屋，供教师住家眷。（五）实行年功加俸及退休养老金的制度。（六）教师服务经过一定年限，其子女入各级学校（自小学至大学）肄业，一律免收学费，并另给膳费。（对于膳费供给，或酌量情形加以限制）（七）教师服务年限既满，考入师范学院或师范专科如认定其成绩学力，真正特别优美，在肄业期内，由公家给以原薪三分之二，或二分之一。（但要特别严格）（八）多方施行精神的奖励。除上列八项外，关于各机关用人给薪标准，亦应尊重彼此联系性，不能任他同在一地域内，甲乙两方悬殊太甚，使教育一方受到不良影响。如果照这样一一的办，我想，虽不能说怎样合理，怎样洽情，那末“平”之一字，总“庶乎近之”了罢！

我相信，这不是一个寻常问题，实在是关系抗战建国大事，我极愿意把我的浅薄见解提供出来，盼望全国人士，加以注意，同来参加讨论，以期获得一个圆满的解决。

（原载《国讯》，1939 年第 199 期；
转载《教育通讯》，1939 第 2 卷第 20、第 21 期）

职业青年与补习教育

人类有一种天生的欲望,那便是求知欲,一个牙牙学语的婴孩,成天跟着妈妈问这样问那样,便是求知欲的一种表现。我们知道,人类是欲望最多的一种动物,促进人类进化,世界文明,也正因为有这种欲望,而求知欲更是促进人类向上进步的主要动力。求知欲望是人人皆有,一律平等的。古人说智愚贤不肖是天生下来就注定的,但现在我们知道这是古老时代不合理的说法。因为教育机会的不均等,大多数人受不着教育,于是大多数人就成为“不肖”了。智愚果然有天资之分,但若都能满足每个人的求知欲,我想社会问题也能减少许多了。

今天,我们广大的职业青年需要教育,需要知识,正是求知欲不满足的一种表现。我们知道,职业青年,顾名思义,是说离了学校踏入了社会的一种青年,他之需要教育,明明有二个原因:第一是就业之先,没有受到好好的教育;第二是就业之后,环境上发生了许多新的问题,不能解决。职业补习教育之产生,不是偶然的,正是适应这个客观的需要产生的。

谈到补习教育,不能不先说一说过去的教育,传统教育的特点,就是一谈到教育,就须一只很像样子的学校,学生进来,专门读书,造成一大批所谓专门的读书人。这种学校,既不能普遍设立,又不能容纳大量的学生,许多要求教育的人们,就被关在这种“学校”的大门以外了。因此乃有先进人士,大声疾呼,说教育不是少数人享受的,应普遍施之于全国人民,因着这种教育社会化的趋势,同时还努力争取民主政治调度之实现,因为我们知道,近代国家如欧美,义务教育之普及,社会教育之发达,以及补习教育能普遍设施,都是与民主政治有很大的关系啊。

现在我们要说补习教育的本题了。补习教育有四个特点也可以说是功效:

第一是活动而省费　补习学校不像正式学校呆板机械,无论课程设备训育,都能灵活使用,在适应学生需要原则之下,随时都可以改变内容方式,不致有学非所用的毛病。至于学校与学生两方的费用,当然也简省得多,更不待言。

第二是不论程度资格　普通学校总有年级制度,从第一册到第二册,应入几年级,不能跳级,插班也很困难;补习学校则可以不论程度,要学什么,就给你学什么,不论资格,只问能力。

第三是做学合一　今天所学,明天即可拿来应有,做上发生问题,当场即来学习。学一点,用一点;用一点,再学一些。职业与学习合而为一。

第四是学习与生活合一　整个生活,与学习打成一片,拿所学来改进生活,从生活上去加强学习,学一点,得一点,所谓“学以明生”。

我们认为补习教育的好处,就在于此;他没有浪费时间与金钱的毛病,同时也不至造出书呆子来,虽不敢说尽善尽美,也可以当得专精两字。

我一向有种感想，觉得世界上最高尚最可贵的人，要算一面不断学习，一面努力工作的职业青年了。不断学习的人不会落伍颓废；不断学习的人，可以增加工作效率，国家一切事业，全靠这种人呢。我们千万不要看轻自己是一个渺小的职业青年，要知道，以前有一个英国的工商部长就未进过正式学校，是补习学校出身，美国有八十岁的老人在补习学校呢！

补习教育既然能有这样普遍性、社会（原文如此，缺少“性”。编者注。）、平等性、实用性的长处，在目前抗战建国过程中正需要大量人才的时候，我们怎好不来积极提倡呢？我们希望补习学校愈多愈好，愈大愈好，但是提倡的责任却要各方面来负担：

第一希望政府领袖起来提倡，第二希望社会人士与团体来帮助，第三还有赖于职业青年自我的创造与努力！至于补习教育方法与实施步骤，非此短文所尽述，以后当再另文讨论。

（原载《青年生活》，1939 年第 7 期）

第二期抗战进行中的第三次全国教育会议

自民间十九年举行第二次全国教育会议以后，时逾九载，到了本年，才有第三次全国教育会议的召集。而此次会议，正是举行在神圣抗战经历二十个月，第二期抗战阶段甫经开始之际。出席二百余人，提案三百余件，正式会期九日，其他前后附属之大小各会，还有数十次。可算得是十分认真了。兹会事已举，可就作者亲身所经历，一述此次会议之特色如次：

（一）全国军兴，交通梗阻，而此次参加会议的会员，不畏艰难，不避危险，间关万里，来集行都，这一种踊跃情形，实出普通人意料之外。来自西南者，固然比较无问题，而同时来自东北者为数亦不少。来自我军前方者，固然比较困难不大，而同时来自敌人后方者为数亦很多。其到会人数以及其他一切，均比以往两次为盛。不惟于此可以显露出全国教育界一致拥护国策之真情，而同时亦可证明出全国教育界对于抗战建国之神圣事功，已具有积极进行的决心与勇气。这是民国以来所罕有之现象也。此其一。

（二）此次会议中之提案一共三百余件，其为教育部交议的，事前由部特设提案委员会筹备其事。那是就以往全国教育情况,做普遍的检查,就目前全部教育问题,作深刻的检讨,再来研究如何改进其内容,如何加强其效率,以期适合于目前抗战建国之需要,所有制成议案,比较的是“精心结撰”之作,不用说了。其为会员提议的,亦多是就各部分、各地域,本着亲身所经历的甘苦,提出具体改进方案,绝少不切实际之空谈。此三百一十八件正式列入议程之议案外,尚有各方面非会员提送,经部认定作为参考案件的,综计还有百余件之多,中间有价值的作品,为数也着实不少,这样情况,亦前两次所未有也。此其二。

(三)经过九日会议,就各议案分组审查,就各组审查报告,详加讨论。其中议定事项,认为比较重要,值得指出者,则有如大学、中学、师范、职业教育的分别设区,高中以上五年毕业的特殊专科学校,和六年一贯的中学的学科同时试办短期小学的年限增加,社会教育的特别注重,边区文化的特别提高,华侨教育的力求改进,凡此荦荦大端,殆无一不有关国本,其尤集中精神,加以特殊讨论的,则为敌后方的教育设施问题。此次到会各员可以说无一人不明确认定,且极端相信,要打破空前国难,树国家坚强不拔之基,必须从教育入手,而教育实施,一定要针对目前民族的迫切需要。就所议定的各案以观,不难了然也。此其三。

(四)此次开会,我全国最高领袖蒋委员长,以百忙之身,亲莅会场,为各会员诚恳训示,全场殆无一人不感觉到特殊兴奋,认为所以训示各端,皆可为教育上的根本原则。尤其是提出礼仪廉耻四项,作为全国学校的总校训,用意更为深远,可以一扫

“校自写训,训与人无关”之弊。(就实际看起来,有多少学校指导学生,是按定校训去做的?有多少学生出了学校,还能把他的学校训,牢牢记住,且躬行实践的?如若全国有一个总校训,确是一个最好方法)在这一个生机活泼会议当中,得着最高领袖一次训示,更增加了一些新生命,再由此会议结果,普遍散布到全国教育界,使它发荣滋长起来,那末不惟全国教育得了新生命,而国家的新生命,也可以由此发荣滋长起来了。这样关系,何等重大啊!此其四。

以上四端,依我个人观察的可称为第三次全国教育会议的特色。当然见仁见知,各有不同,余诚不敢以一人之浅见,即自谓真确。但在此进行第二期艰难抗战工作中有此一场教育会议,其对于国家,必有特殊影响,斯则可以断言也。

(原载《国讯》,1939 年第 200 期)

关于侨胞教育问题

我对于中国人称侨居在外国的中国人曰“华侨”，总觉得有一些不妥。本来我们是华人，不是要和外国人区别，何必自称“我华人”“我华人”呢？华人居在国外，外国人对之，称曰“华侨”，是用以区别其他侨民的。不然，这不是要和日侨、俄侨无所分别了吗？当然在他国人称我们以“华侨”是对的，那末我们也随着他们一齐来称，是不对的了。或者遇到特殊场合，如许多国的侨民聚合在一块，我们为有所区别起见，遂自称说我们华侨，也是对的；如不在这个场合，那是不对的了。这是我个人的理解，不知是与不是？假使是的话，那末，一般说法，是有点问题了。荀子说过，“习非成是”，现在人云亦云，也竟忘其为非了。可是，尽管如此，我为力求合理起见，还是不称以“华侨”，而称曰“侨胞”（称“侨民”亦可，称“侨胞”似乎是尊重些，亲切些）。这是闲话，不关正文，姑且不说。

在距今二十八年前，中华民国建立，海外侨胞，出力已经不小，在距今十二年前，国民政府成立，乃至此次发动全民抗战，侨胞所贡献的力量更大，这些在民国建设史上皆是要大书特书的。那末，我们政府，对于侨胞的教育事业，办理究竟怎样呢？我想，这一个问题,不但海外各地诸多侨民十分注意,就是国内稍有常识的人,也无不异常关心吧!说起侨胞教育问题,当然要分成两方面:一方面是侨胞子弟,怎样使之返国,受国家的中等教育、高等教育,一方面是对于侨居各地的许多侨胞,许多侨胞子弟,怎样使他受到适当的国家教育。侨胞子弟返国,当然要有专管机关、专管人员去妥为照料,妥为分配,妥为考察。派人到外国去教育侨胞,专管关于侨胞教育一切事务,也要有适当的机关、适当的人员、适当的办法。以往的侨胞教育实施情形怎样,我因为知之不详,不敢随便说。此后我想总可以树立一个较好的规模起来了吧!

此次第三次全国教育会议,关于侨胞教育问题,在教育部方面曾有一件改进侨民教育方案,郑重提出交议。此案是根据各级教育实施方案制成的,内分三大类:

(一)确定侨民教育专员制度。主张在各地领事馆内,特设一员,专司侨民教育事务,此外由教育部按期派员赴海外各地巡回考察。并另约学术家、教育家,组成流动教学团,赴海外各地为侨民讲演。

(二)训练侨民教育师资,设立模范中小学,编制教学用书。依照教育部的计划:(1)指定国内适宜之师范学院,设置侨胞师范学校,专用以养成侨民教育所需要的教师。(2)设侨民教员介绍所,随时介绍教员到海外各地去服务。(3)设侨民中小学课程编订委员会,编审各种侨民教育的中小学用书。(4)就适宜侨居地设立模范中小学,以资示范。(5)补助侨民教育机关的优良教师。(6)补助各地侨民教育机关的图书仪器。(7)指定国内适宜之中学及专科以上学校，为返国的侨民子弟，设升学班及补习班。

（三）推行社会教育。其办法：（1）由教部编印刊物，按时分发。（2）鼓励各地侨民学校，兼办社会教育工作。（3）审查侨民所制作的电影片及剧本，加以指导，同时以国产影片及漫画运到海外，就侨民众多地方，放映及展览。此案总算是详尽而且切实了。此外会员方面提出的，则有郭威白氏的推进华侨社会教育案、指定国内著名中学大学设补习班旁听班案、改进华侨中小学教育案、王志远氏补助华侨子弟升学案、李应林氏的利用抗战时机改进华侨教育案，何炳松氏的特设侨生补习班案、奖励华侨优秀子弟回国升学案，补助清寒华侨学生案、培养华侨教育师资案。以上各案，经过分组审查大会讨论，结果，除补助清寒华侨学生一案保留外，其余大部分均合并入教育部提案之内，或照原案成立，或略加修正予以通过。盖以教育部一案为骨干，所列事项，已可称为应有尽有，其他各项，尽可归纳其中也。

综观此次会议，部内部外所提关于侨胞教育办法，可以说令人相当满意。此后所应注意的，便是如何执行问题。我想，教部既有制定方案之打算，一定已具有实行此项方案之决心。希望教部为加强实施力量，增进实行效能计，宜在部内特设一专司侨胞教育机关，此项机关，或处或会，名称不拘，惟必须加入侨务委员会及外交部一部分职员，平日秉承部长，专门负责处理两方面侨胞教育事务，在最近数年，尽可按照方案所列，内则对于有关系的国内中学专科大学，取得联系，随时施以考察调度；外则对于海外各地侨民及各负责专员，随时施行社教，随时施行督察。

如此责有所专，事有所属，做起来自然能按部就班、秩然有序了。我很愿意海内外热心侨胞教育的人士，共同努力协助，以期此项有价值的议案，能早日见诸实行，并且实行以后，能成效大著。

（原载《国讯》，1939年第202期）

今后二年间一部分特殊职业教育实施计划

教育而有二年的计划，原系针对目前国家抗战的需要而设。其目的是为直接增加抗战力量，直接帮助抗战的进行。当然这种计划，是随时的，是特殊的。正常的教育，仍然存在，此则可以与之同时并行。职业教育，是属于整个教育当中的一部分，论起它的效用，能养成各级造产分子，可以直接使社会生产增加，能增进职业界的知能，可以直接或间接使社会各业改进，能安排许多失业的人，分别得业，可以使后方秩序日益安全，经济建设日益发展。

依此以言职业教育实施，可以特分为两部，一属于正常职教部分，尽可按照正常办法实施，其所养成之人才，尽可留作将来建国之用，至于课程内容如何改良，训练方法如何更变，那是又一问题，一属于特殊部分，可以说，是专为目前抗战，专为帮助目前问题的解决，一定要求实益，计速效，一定要范围广，影响大，一定要能使抗战力量，因为它，可以直接增加，且马上增加。这是特殊教育实施的必要方针，不是这样，便失掉了重大意义，忘掉了重大使命。

那末，在本文所要说的，正是后一种特殊的职业教育，不是前一种正常的职业教育，可以说是属于职业教育的一部分。所以限以“二年”，盖认定二年之间，神圣抗战，未必即能结束。（当然不胜不休，抗战到底，二年不够，再加二年，乃至若干二年）一切计划，不妨依此拟定，职业教育的实施，既依照速效、普遍等方针，则计划之初，不能不立定原则三项以为实施之标准。所谓三项原则者，即：

一、办理切实；

二、办法活动；

三、用费经济。

本来无论办何事，皆应遵守“切实”原则，不必一定职业教育为然。但职业教育之实施，更应特别切实，尤其是要短期收效，则“切实”程度，更要特别增高，特别加重。所谓办法活动，就是指明办理此项职业教育，要不拘一格，不囿一隅，不限一项；要能和其他各方面，多多联络；要能凭藉他方力量，他方基础，善为利用，以达目的，并且利用的结果双方可以交益。还有一层方式方法，也要不呆板，不固定。学校式可用，社会式可用，家庭式亦可用。招来教学，可用，送去教学，亦可用。力求简便，以资普及，力求单纯，以便速成。同时用费不要多，用一文，要能收得五文乃至十文之效。

依此原则，拟定具体办法如次：

一、凡现有初高两级的职业学校机械科、土木工科、化学工科、染织科，无论公立私立皆应由政府限令招收短期训练班，一年毕业，尤其是机械科的短期训练班，更要特别扩充，多多设立。

此项训练班毕业学生，当然大多数供军需工业之用，同时其他方面，需用亦不少。如学校设备较简，可兼设夜班或晨班，俾一套机器，可以两用三用。并极端盼望校内指导教师，要发挥高度的爱国服务牺牲精神，只取少量酬报，努力从事教授。同时盼望政府能特别设法奖励鼓舞，以增进其服务兴趣（如颁给荣誉奖章等）。

二、凡办理有成绩的商业学校，无论公立私立，宜由政府察酌需要，委托其招收高中毕业生，设立商业管理、人事管理、会计簿记等短期训练班，一年毕业，以便分发到各机关服务。

三、凡与军需有关系之工厂，宜由政府令其招收初中及高中学生到厂，设立短期训练班，一年毕集（原文如此，似为“毕业”之误。编者注。）。此项毕业生，或留本厂任用，或由政府分发到军事、交通，及其他工程方面任用均可。在厂学习期间，费用由政府由厂家共同担负。更盼望厂家能本服务精神，筹款补助，以报国家，政府对于此项厂家，自应特别予以奖励，以彰其德。

四、由政府调查登记全国大学专科农工商业毕业生，无论其现在何方任事，（包括学校工厂公司商店等）皆需兼负职业生产技能的指导传授责任。并由政府制成极简便的技术传习方法，俾习工习农习商之专门人才，稍加研究，即可明了教授门径，及实施职业补习教育必要的办法。

五、由各级政府联合地方学术文化经济自治各团体，多方设法，大量推行职业补习教育，对于从事农工商各界的职业分子，分别城市乡村、职业种类、男女性别、老幼年龄、文化程度，采用各式办法，施以补习教育，务使职业内容，因教育而充实；职业习惯,因教育而改良、职业方法,因教育而进化。范围扩大,产量增加,运输灵活,到处组成职业补习教育网,全体民众,一致动员,以此为经济建设之基石,民生改善之动力,同时以此为健全自治自卫组织之撑柱。凡学校、公所、祠堂、庙宇、厂店、人家,皆可为施教之场所。在农村方面,更要扩大范围,凡场角路旁,田间林下,皆可以传习,皆可以讲授。要有专门负责机关,以专司推进。要有专门研究机关,供给材料与方法。要有专门考察指导人员,不断视察辅导,除改进职业知能外,关于爱国热情的鼓吹,服务精神的发扬,更要特别注重。

六、对于因受伤而致残废之兵士,应按其能力,分别施以生产职业教育,此时宜特组委员会筹划其事。

七、提倡推行各地职业指导所,以期为失业人介绍职业,为谋得职业人施行短期职业训练,为未进化的旧职业,设法改进,关于办理职业指导所人才,宜由教育部委托适宜之教育机关、教育团体,用极简便的方法,于最短时期数个月内,训练养成之。

八、教育部设置职业专司,集中力量,主持职业教育之推进,当然其所司的,不是专为特殊职业教育,但此项特殊职业教育,要他能在短时期内,发生出极大效能,则非有此特殊机关,用特殊力量,计划促进,奔走联络,断难有效。同时省市县政府,亦应同样设有职教专科,负全责,用全力,以专司其事。明知在此机关紧缩之时,不应再行增置员司,增加支出,但事有未可以一概而论者,如为大办职业教育,确有利于国家,则各级政府增设司科,所费不多而收效极大,固应毅然决然以为之也。

上列八项,原属老生常谈,极其肤浅,然如能努力实行,则对于抗战力量之增加,一定有很大的把握,此则可以断。一言得之愚,是否有当,仍求贤达教正。

(原载《建国教育》,1939 年第 1 卷第 2 期)

抗战建国进程中一个重要问题

战时人才,如何谋得适当调剂?

实际"人"与"事"两方,如何谋得适当配合?

的确,我们全国所拥护的政府,是在那儿实行一面抗战,一面建国。两年以来,尽管动员了兵士数百万,其征发之广,供应之烦,绝非平常所可意料得到。而同时筑铁路,建工厂,开矿山,练人才,还是从从容容、按部就班地积极进行,这也可说是非初料所能及。当然,这是一个非常时期,一切工作进行,是异常艰巨,其中不能如心遂意的地方,一定很多;构成亟待解决的问题,大小轻重,也就着实不少。在各项问题中,依愚见所及,认为比较根本而重要的,却是"人才调剂"一项。

"做事需人""有人而后才能办事",这本是极浅极明显的道理,人人皆知道的。可是,两年以来,因为后方建设工作进行太快,太广,需要人才,已经感觉到不大够。加以交通阻滞,各级各种实用和技术人才,往往陷在敌后方,一时不能西移,于是感觉不够的程度,更格外加重。不独后方如此,就是在前方需要帮助作战军队做政治工作及发动民众联络民众的,又何尝不是十分急切?还有需要配合若干人才在敌后方,做种种有效的工作，那更是万分重要。一言以蔽之，各方皆有事，各事皆需人，“人”和“事”一定要能配合得十分适当。盖人得事而尽其才，事得人而收其果，人事既臧，抗战乃可以提早得胜，建国乃可以克期观成。

目前人事配合，适当的地方，诚然不少，但放开眼来就各方观察一下，则知下列三种现象，仍不免有时表暴于外：一、是“有人无事”。这在上海一隅表现得最厉害，许多技术人才，无事可做，困在孤岛，欲到后方工作，以无人预为接洽工作地点，不敢贸然离开，迨有接洽了，且接洽好了，而长途跋涉，费用浩繁，又成问题。二、是“有事无人”。我后方的建设工作，我前方的政治工作，敌后方的种种重要工作，无一不需人做，而偏偏感得人的缺乏。三、是“人事不合”。愿做某事的人，未必即宜于某事，不宜则事不举而效不著，用人者与被人用者，双方皆感痛苦。有人无事，谓之“失业”，失业二字，在平时已属可怕，况在此非常时期，当然可怕的程度，更要增高。若有事无人，则为“失人”。人事不合，则于人为浪费，于事为耽误，其可怕又何尝减于“失业”？

如上所述，不用说明明是“人事”上的缺陷了。人事有缺，仍当以人工补之。本来这一个“人才调剂”问题，在平时已不免感得有一些相当严重，况在战时，当然它的严重性更大，更要群策群力来谋得一个比较彻底的解决才行。

解决的办法怎样呢？实在说起来，人才调剂工作，也并不是真正艰巨，十分难办。不过在今日战时的人才调剂，却稍稍有些不同。我以为酌察情形，针对需要，似应举办下列六项事工：一曰调查，二曰接洽，三曰介绍，四曰训练，五曰供应，六曰运送。

调查所以明了各方各类各级人才的实况；接洽所以详知各方需要人才的趋势、数量、条件；介绍所以替求人者和求事者作双方有意义的媒介，使之各应所需，各满所欲；训练所以增进人才工作的效能，而期其更能适应社会的需要；供应所以谋适应各机关用才者之急切需求；运送所以代谋得业人才旅行的便利，解决交通方面的困难。此六事要互相联系，互相衔接，同时并举。更要各机关团体能作有系统的联络，造成一个规模较大的组织，方可以呼应灵通，彼此照顾，所有因时间空间关系而发生的困难，方可以逐渐克服。

论到调剂工作的原则，自应以"职业指导"的原理与技术为依据，而论到具体办法的实施：第一，须由中央党政机关，联合组成一种团体，如"战时人才调剂协会"之类。即由协会产生出一个有力的办事处，执行上述六项事工。在各机关中，并应有一机关作组织的中心，负起特殊责任。第二，须由此中枢机关，发散联络线到各地方，俾全国构成一个"人才调剂网"。第三，须由党政机关联合社会方面的职业指导所、职业介绍所，又社会服务团体（如青年会之类），配合起来，一致行动。第四，要设立若干"人才供应站"，以期各方联合支配。站有总分，应设何处，则一依地方交通情形及社会实际需要定之。既有了完备灵活的机构，再有了精明干练的人员，按照预定计划，分别并联络进行六项事工，自然人才有了安排，不改再兴"惶惶何之"之叹。同时运送有方法，则旅费一层，也可以得了相当的帮助。不惟失业失人问题，可完全解决，而人与事的配合，逐渐趋于适当，那也是"意中之事"了。

这一个问题,在目前真是相当严重啊!目前要谋解决,真是急不容缓啊!我切盼负有调剂人才责任的当局,能特别加以注意,不惟注意,更切盼能早日见诸实行。可以说“能早实行一日,便是抗战建国大业,能早成功一日;否则实行迟了一些,也就是国家民族的人才和事业,损失了一些!”

编者按:江先生本文所提出的问题极为严重,不知大家注意了没有?江先生所提的办法,甚为具体,如果大家讨论这问题,吾们愿意在本刊让出地位来,希望由言论而事实,为抗战建国之一助。

(原载《国讯》,1939 年第 210 期)

劳作教育的使命

人类生活

我们知道,人是为了生存,才有各种自然的活动。这种自然的活动,可分三方面来说。

1. 群居互助——人乐群居,可以说是本能,既群居,一定要互助,互助也可说是本能。这种群居互助本能的表现,便是人类社会产生的根源。

2. 物质营养——我们知道植物的生长,一定需要空气和水,而我们人类生活,则脱离不了物质的供给与需要。否则,生活便不能保存。因此,人类物质生活一定要依赖物质营养。

3. 劳动生活——儿童俱是欢喜劳动,可见劳动性是随有生以俱来。照心理学研究,劳动本能的发挥,可以为创造事物的根源。

从这三方面看来。每个人的生活,都脱离不了彼此互助,否则,便不能生存。例如原始时代人与兽争,由于抵抗猛兽,而进到克服猛兽,不过以后为了生活日渐进步,人事也就日渐复杂,以后为了权利不平，发生人与人斗争的事情，为了保持公平起见，乃有契约的订立，以后更为了其他的权力与物力的争，乃有道德的社会产生，为了维持此种道德性的社会秩序，而又有政治和法律的肇定。可是我们要知道，在如此群居生活，发生经济行为之下，一定需要劳动力才能生活，除了用体力以外，当然也要用脑来设计。

教育的功用

凡是有计划、有方法的指导训练，能帮助人类生活的完成及发展，且能促进完成发展者，俱可以谓之教育。

明了了教育的功用，就可以知道人类生活是不能脱离教育的。古代教育未分工时，由前辈传授经验，也是教育，不过这样无计划，暗中摸索，未免时间太不经济，因此乃有教育理论、方法、技术等的发生，而成为一种专业，而其功用也就不外完成人类生活，发展人类生活，充实人类生活，现在且就其功用所在，分述教育之种类如下：

1. 社会性的教育——人生应当以服务社会为最大目的，如有人要问为什么要做人，简单的说法，就是为服务，服务就是无条件地帮大家的忙，以所有的力量，贡献社会。再进而言之，社会是什么？社会就是人类有机体的组织性，因为它能有秩序地向上进化。一个家庭是团体，一个国家也是，如此有组织的社会机体，才是一个整个的、完全的，而我们人类有机体内之一，因此便不能不从大处着眼。

所谓社会性的教育,实包括了政治教育在内。我们知道人是政治的动物,而人的可贵,也就是有政治的头脑,可是过去教育与政治分了家,其原因有二:远的如清朝当时利用科举,以来麻醉人民做其顺民,不使人民对政治有所过问;近的如民国后的军阀横行,教育界为了保持它的清高,也唱出教育与政治无关的论调,此种行为可以说是弱者的表现。

其实每个国民对于国家应有贡献的责任,与政治隔绝的教育是无灵魂的。职业教育,倘若与政治不发生关系,关上门来办教育,其结果如何,可以想知。我们要使我们的国家民族巩固团结起来,遇到外患,我们就可以群起反对打倒我们的敌人,因此对国民就应当施以社会性的教育。

2. 经济性的教育——生产教育与职业教育,扩大言之,即是民生主义的教育。人是力求进化的,我们要使生活丰富充裕,则全靠经济性的教育。所以我深信要发展经济,一定要发展百业,离开了职业与生产,教育便是假的。普通生产有二种方式:一为直接的生产,如农工商;二为间接的生产,如帮助农工商的各种事业。兹将职业的特性略述如次:

(1)普遍性——人人皆有职业,是无疑义的,儿童和学生为练习和准备时期,老人休养不能供职,可是他过去曾从事过职业。

(2)平等性——职业无尊卑的分,只有大小的别。凡为正当职业者,皆是平等的,上至国府主席,下至农夫走卒是一样的。

(3)互利性——职业是彼此互利的,损人利己的事,不算职业。

(4)受酬性——职业不受报酬,不算职业,例如画家绘画,完全为了自己欣赏不卖钱，以及慈善家布施，不希望人报酬，也不算职业。

(5)进化性——凡是职业应当是有进化性的。例如农夫，应当要一代比一代进步才对。

3.劳作教育——劳作教育，其实也可以包含在经济性的教育内，不过比较专门，特分开来讲。其意义可分为广义的与狭义的两方面：

(1)广义的——不但会做，还要做得好，不但自己做，还要教人做，不但在学校内做，还要推广到学校外到社会上去，叫一般人都来做，不但会改良，并且会设计，会创造。

(2)狭义的——如日常在学校内的各种金工木工等劳作课。

至于我国先哲孟子所云："有劳心者，有劳力者。"这两句话，我们细推敲起来，实在有些不大对。例如写字为劳心抑劳力？如耕田做桌，固然要劳力，可是如果心不在焉，是否可以成功，不过我们可以这样说法，劳力的机会多，劳心的机会少而已。在我们中国，尤其是先哲所说的话，影响是大的，结果流传到几千年后，弄得读书的人不动手，动手的人就不能读书。于是把劳力与劳心分了家，劳力者没有一点脑筋，思考；劳心者手无缚鸡之力，心无一夫的勇，在如此情形的下，不但经济一定不能发展，同时也不能应付那种艰难困苦的时代，和那复杂的国际环境。

我国办理新教育数十年，只注重门面装饰，只注意到传统的升学教育，虽然刻下有许多人觉悟了，有见及此，我们应当还要大声疾呼地把上面所说的社会性的教育、经济性的教育、劳作的教育联合起来实行，使每一个国民知道群居互助，劳动生产，发展经济，养成劳作的习惯，培养实践的精神、爱国牺牲的思想，痛改过去教育与实际生活不相联系的毛病。

劳作教育的功用

劳作教育的功用，它最低可以完成下列六条使命。

1. 打破重文轻武思想——不管其为小学中学大学，他受过了劳作训练，他才能够体验到农工商人工作情形和他的生活状况。完美的生活，充实的生活，只有在劳作的过程中才能表现出来。例如墙壁破了，自己可以粉刷，桌子坏了，自己可以修理，其心中高兴可知。再如知道社会环境、学校附近田地种植情形、人口职业分布状况、物价变迁经过等等社会经济状况情形。从此他不但能批评检讨，并且从此中一定可以打破重文轻武不事生产的恶习惯。

2. 促进职业进步——此乃与职业大有关系，如果在学校内受过了良好的劳作训练，一旦到社会服务，甚至连做最小的买卖桌几工作，他能懂得这个形式好，那个榫接不对不坚固，只要社会上人人如此考究起来，则木工一定要设法改进，职业也就一定可以进化，同时劳作还可推行到社会上去，将学校良好优美成绩，陈列在社会上，与人比较观摩，看看谁的好坏，这样彼此俱可进步。再如一个漆匠，倘若他不懂得油漆方法，不懂得数学，不懂得油漆的性质与涂法，其所消耗的可想而知，由此也可知劳作的重要。

3. 增加生产——此次我国抗战以来，经过了巨大的破坏，一定要设法大量生产与建设起来。劳作在小学里,每个儿童最低限度养一只小鸡,大了也可生蛋,中学大学不但要能养鸡做桌儿,还要能盖房屋,自制教具与仪器,举凡种种都是可以增加生产的。

4. 充实职业教育的内容——职业是广义的,我们希望凡是一切教育,皆使之“职业化”,社会补习教育、职工教育、工人训练等,如果要办得好,收效快,非赖劳作教师推动不可,举凡改良、训练都有赖劳作教师来领导而努力。

5. 巩固国防——我们知道没有国防的国家,一定不能算是近代国家,何况将来抗战胜利后,日本难免不再来侵略的,不管其为重工业抑是轻工业,在小学起就要训练儿童使之对机械和兵器养成爱好与制作的习惯,并要使之普遍化,如此训练下去,不怕国防不巩固,即一旦发生战争,不怕无冲锋陷阵的新战士!

6. 完满人类生活——要发展人类本能,一定要赖彼此群居互助。例如一把锯子,我们要使之明了这是大家共用的,在劳作中,养成团结正义的精神。如敌人强占了我国任何一寸土地,我们不但要训练儿童知道敌人的强暴无理,并要使儿童知道爱国,报仇雪耻。

劳作与各级教育的关系

劳作在任何学校中是占了重要的地位,可是没有人把它使用出来,利用起来,未免可惜。

我以为教理化生物者,不应当用书本,而应当用手用眼,利用学校附近的一切动植物，解剖出来，观察出来，然后再来借书参考，证验是否对，此种精神，就是“劳作”。

地理教学与劳作关系也是最大的，最显明的就是历史变化，如衣食住行都是劳作进化研究最好资料。

教国文不妨先利用养鸡、植树、解剖动物标本的经过情形，写成文章，如此比较死记陈旧文字来得更有意义。

社会教育方面，我们要以劳作来作社会教育的重心，将社会一切有职业者来受公民、生产、卫生、健康等常识训练，以便回家后再去改良家庭，推而广之，改良社会。

其他如职工训练，只要稍加训练，便可使社会增加利益，即以剃头来说，虽不算是理发教育，但是：技术——刀的磨法、面的修法等；卫生——如何消毒，才使之清洁、卫生；精神——有礼貌，不可不研究之。

劳作教育的发展

1. 设立中心研究机关——要想发展劳作教育，一定要有一个中心研究机关，出版一种定期刊物，将一切有关劳作教学技术和经验设备标准、教学原理原则，以及有关各问题发表出来，使全国中小学劳作教师得以借镜，和启发其思想，改良其教学。

2. 要有不断的研究和改进的精神——将各种好的成绩品陈列起来，并将其工作程序详细说明，一方面注意方法的改良，一方面注意招考学生标准的订定，务使训练出来的师资有实际的能力。

3. 打开新的局面——我以为在中等学校内，师范是最关重要的，因为直接有关刻下正在受训的师范生，间接影响到未来小学儿童，所以要使师范学校的劳作教育发展起来，第一要大量地训练“良师”，第二要使得主持学校行政人员的观念和传统心理，转移过来。

4. 发展要素——第一要实用与艺术并重，过去有许多出品，是实用的就不是艺术的，是艺术的但又不是实用的，从今以后，要双方顾到；第二要理论与实际并重，专有理论而无实际，则理论是空泛的理论，专注重实际而无理论，则这实际是盲从的，应当理论根据实际，实际受理论指导。

（原载《教育通讯（汉口）》，1939 年第 2 卷第 31 期）

评目前的建设人才训练办法

建设人才的训练,是属于职业教育事工范围,而职业教育在中国,有它光明的前途,自抗战发动以来,更经逐渐证明了。从前毕业于农工校的学生,不从事于农工业,现在这种现象,已不多见(或者僻远地方,尚不能免)。这固然是由于社会风气的转移,而政府积极督促提倡,关系也着实不小。最近更好了,去年教育部既有了好几处初级实用职校的筹设,同时亦有短期职工训练班的试办。本年更是大规模地办理一年毕业职业训练班。此项训练班有农有工有商,班数共计三十余,农如蚕桑,工如机械、电机、电信、土木、毛织、印刷,商如会计,又加以医的助产护士,可以说皆是针对着社会目前需要而设,再适当也没有了。尤其是值得令人感佩的,能把许许多多性质不同的训练班,分散到全国各职业学校,指令其各办一班或两班,这一种分散指办的办法,也可以说再适当也没有了。

本来职业教育的办理方针,要切实,要活动。切实的具体表现,是在适应国家社会的需要;活动的事实说明,是在设科多,期限长短不必一致。高级职校习业,一律三年,来学之士,少数犹可,多数不可。当然固定不变,非势所宜。依理依情,凡高级职校，于正宗本班外，早应设置短期训练班，招收初中毕业生，施以半年、一年，或年半的适当教育，俾出而就业，以应社会的需求。不惟应设短期训练班，更应于晨夕学生未上课前已下课后，利用原有教室工场，设补习班，招收学校附近的工厂商店职员学徒，以及愿入工商业工作之青年，施以适当教育，俾职业智能得以增进，于是社会职业乃可以逐渐改良（当然农校，对于农民，也应该如此）。如此办理，并不是职校对于社会特殊施惠，额外人情，应该认定是职校的一种应尽的义务，不当避免的责任。我极盼望最高教育当局对于此层，考虑一下，似不妨竟以法令把它硬性地规定下来。若为目前经济有问题，或者各校未必即能一致皆遵行，那末，为提倡转移风气计，第一步亦不妨如指定办训练班的办法，就全国各职校，分别指定各办职业补习班若干班，一年以内，限定教成若干人，经济方面，当然亦可以酌量补助若干。自经提倡以后，各职校便应将此项补习教育经费，编入正式预算之内，认定这是本校事业的一宗。

短期职业训练班，应该设在职校，认为十分适宜已说过了。那末，若近年来各事业机关，自设训练班，是不是也同样适宜呢？要研究这一个问题，可以分两方面来看：各机关的所办事业，当然有他事业的特性特质，自招生，自训练，训练好，自己用。教师不必外求，教材，自家早有。需要如何，自己知道，风气如何，自己造成。就这一方面看，当然，自己机关设训练班，是对的。可是，再从另一方面看，就不能说无问题了。

（一）训练固然与教育有些不同，然而毕竟他是含有教育的性质和作用的。不知而使之知，不能而使之能，不习惯而使之成习惯,这一种过程,如何才能经济,如何才能有效,多少总要用一些教育心理知识,用一些教育技术和方法的。在办理学校教育的人,终年和青年接触,教学训育,总是比较内行一点。教练起技术来,容或不及事业机关内现在从事某业的技术专家,然而教的方法技巧如何?那就难说了。而况做人的道理、服务的精神,如何教导,如何陶冶,其重要也并不在技术之下啊。在机关对于这层是否训练起来,也有充分的把握,恐怕是问题。

(二)教育设施,不能不有设备,学校机关,设备起来,是为永久用的。若事业机关因为临时设训练班也要购教具,购图书,甚且要购床铺,一次用完,即行搁置,未免太不经济了。

(三)倘若招生之初,比较严格,还好,否则一班程度,既非一律,结业考试,又非真正认真,结果,一榜及格,全体任用,如此优劣并进,更非合理办法。并且在被任用者或受训练者,预先存着"已有一种保障"的心理,则尤为流弊滋多。以上三项,不能不说是问题罢!依我的折衷的主张,除特殊事业,非自行一贯训练不可者外,其他机关需要人员,尽可说明条件委托职校代为招生,代为训练,并且说明训练经过,考毕完毕,要分别去留,留者再行到本机关内,经过最短期训练,同时即导之以实际事工实习,仍说明实习结果,不合者仍须汰淘。如此,则上述三项问题,似乎皆可以得着一个解决了。平心而论,各机关纷纷设立训练班,它自然也是一种职业教育,并且是职业教育推广的好现象,不过,如上述问题,总是常在我心中不能去,因为此次教育部有分指各校设班之举,特乘便把他发表出来。

此外,我还有一事,要掬诚请求于政府的,便是制定工厂兼负推进职教的一种法令能早日颁布施行。因为工业学校设备真不容易啊。(不特机械,其他关于工业教育的设备,也同样不容易。)我们一面抗战,一面建国,需要中级技术人员,可以说一天的多一天,那是一定而不可移的。要造成大量的技术人员,自然非多设高级初级职校不可。然而公私财力有限,又如何普遍设立呢?因此便想到工厂了。各工厂自己是要用人的,自己用而特设一班或若干班,当然不容易,但是如和办教育的人,合作起来办,便容易多了。利用工厂原有物质设备,及能任指导的技师,同时由曾习职业教育的人员,负普通学科的教授及生活训导之责。有了一个工厂,便有一个职校,如此则职业教育,自可以大大地扩充推广起来了。如专就营利一方面讲,当然,这种办法,工厂未必是有益的,(但若算起总账,当然还是有益)若是为社会服务计,为增加建国力量计,那是益处太大了。我想多数爱国厂家,只要明了这个道理,计算好这种利害,一定是赞成的。可是最少数不明白的人,也不能不顾及啊,所以我极盼望政府能制定一种法令,规定明白,凡是工厂农场二者皆负有设置职业学校的义务。职业学校,既须负责筹设,那末,补习教育的设施,当然更不用说了(此层也盼望政府能制定一种法令)。

总而言之,我国职业教育,适应国家社会需要,已经不断地在那儿发展生长,前途是愈走愈光明,这是无庸疑虑的。依我个人的热望还是请求政府能"百尺竿头,更进一步"。民生主义,如何才能实现,其责任在职业教育肩上,也殊不小啊!

(原载《国讯》,1939年第212期)

宪政与教育

宪政是一个独立国家生活当中所不能不要的行动轨道，教育是每一个人生活当中所不能不要的精神食粮。因为人类是“政治动物”，同时也是能创造文化事业，继承文化遗产的“文化动物”啊！从前办教育的先生们，主张教育应该脱离政治，甚至甘心和社会隔离，无疑的，这样见解和办法，是错误的。现在幸已改正了许多，可以说方向是完全变了。但是说到实际，是否皆能配合得当，皆能把握住要点？还不敢说。近来政府已决定定期施行宪政，并已由国民参政会方面组成了一个“宪政期成会”的特殊机关，专来负责研讨宪政如何实施，如何促成。这却是教育界来了一个大好的新机会，添了一个最应时的活教材，此后就要看一看各级各类的学校教育和社会教育，怎样来显一显特殊的好身手了？

我曾说过，宪政完成，绝不仅仅是政府公布了一篇宪法，国民代表表决通过了若干宪法条文。其最要紧的：(1)是全国多数人民能彻底了解宪法宪政的重要，明白宪法宪政和国家生存、人民生活的利害关系。(2)是多数人民能爱护宪法，尊重宪政，其所以爱护，所以尊重，是一发于爱国的真诚和守法的信念。(3)

是多数人民能具有自治的德性,具有组织自治团体、办理自治事业的知识和才能。我以为这一些才真正是宪法深厚的根基,宪政完成的要素。就上述各项,分析起来说,有是关于人民认识力如何增进的问题,有是关于人民组织力如何加强的问题,有是关于人民道德习性和行为如何革新向上的问题。若是统括起来说,要想达到上述境地,那皆是属于教育问题。

当然我们不能说,宪政实施,要完全由教育一方来负责。但教育总应该负一大部分的责任罢!并且要认明白,宪政实施的根本所在地,是要依赖教育来培养的。教育界同人,要报答国家,要帮助完成中华建国大业,这是时候了。我极盼望教育行政当局,能领导全国教育工作同人,设计、策动、督促,实现一个空前的“宪政教育”有效行动。并且盼望各地教育界同人,皆能在党政机关指导之下,联合社会各界,实施一个空前的广大的“宪政完成”运动。

应否从本年双十节起,明年双十节止,把这一个年头,订定为“宪政教育年”?这是我个人提出来的议题,能否惹起国人注意?能否成为事实?且不必问,但依我的主张和希望:(1)所有各级学校内的训育实施、公民课教授、学生自治会活动,皆应以宪政为中心问题、重要材料。校内学生向外宣传讲演以及其他服务,除对于抗战工作外,也应以宪政为要项。(2)至于社会教育,原是以普遍民众为对象,不用说,更要以宪政教育为最重要的一件事了。文字、图画、讲演、电影、戏剧、歌咏等,无论取何方式,用何工具,皆应以宪法宪政为中心。要由研究部分,设计成好方法,编审部分,制备成好教材,训练部分,短期内培养成好导师。对于一般公民，凡是能激起爱护宪法的热忱，灌输其了解宪政的知识，乃至能陶冶其集团生活的德性，磨炼其实行自治的能力，皆应无孔不入，无征不至，各方各面，想得周到，做得圆满。我想，抗战两年多了，一般民众，受到许多教训，得到许多经验，民族情感和国家意识，已经充满而深刻，重公轻私的良习，多数已经养成，地方自治的组织和训练，早经感到需要，乘此时机，施以广大的普遍的"宪政教育"，则事半功倍，可以断言。

时机到了，我国全国教育界同人，赶快的一致起来，努力翊赞这一件建设新国家的神圣事工罢！

民国廿八年十月八日

（原载《国讯》，1939年第215期）

新生活运动与职业教育[①]

我们人类的生活要求改良，进步，向上，达到新生的途径，这种生活可说是一种新生活的教育，在生活教育里面，包括人生活动的全部，要是我们把它分类来说：即是道德生活、伦理生活，以及国家一切生活之活动，均在我们人类生活的过程中。

为要调整我们的生活，一个人不能不说要吃饭，要穿衣，那吃饭穿衣就须得要自身有特殊的技能和职业，来充裕其经济和物质，所以说，生活不是单纯的。

总之，不管是社会生活和职业生活，都须得顾虑到是否对于国家社会有利，人群有益，这确是我们在参加社会生活和职业生活的时候，应该同时注意的一点。

在生活方面是有一定的标准和一定的范围，其中以道德生活实居人生生活的重要地位，如果是有了职业而没有道德，这确是一种寡廉鲜耻、无礼无义的一种职业。所以我们如要使他们能知道道德，同时还要解决他们的生活，管子说："衣食足而知荣辱。"这句话的确有它的真义价值存在——不过我们要打倒"坐

---

① 江问渔讲述，黄开理笔记。

吃山空”,实行“不劳不食”的主义,换句话说:就是要我们各尽其力,各尽其能,以达到“自食其力”。

上面,我们已把什么是生活,什么是新的生活,以及它与职业的关系,说得很简明了。现在我要反过来问问:什么是旧生活?所谓旧生活,就是不前进,不改造,不进化,以职业为生活(如牛如马),而在新生活恰与相反,它是能超脱职业以外,是不但能解决自身的生活,而且还要解决大家的生活。

什么是职业?凡是人类生活中须要它来供给的,都可说职业,在职业方面并无高低贫贱之分,只要在法律范围内,不管是理发、缝衣,等等。

在职业方面有五个很显明的特性:(一)普遍性(二)平等性(三)互利性(四)受酬性(五)进化性。

所谓普遍性,就是凡属一种职业,都要力求其普遍,使一个人都能享受得着它的利益,并有学习它的机会。

所谓平等性,就是社会上所有的职业。不管它作所业之贵贱,只要占在道德的立场上,法律的范围内,合平(原文如此,似乎“乎”之误。编者注。)一般人的需要,都是同一立在水平线上的,无所谓高低之分。

所谓互利性,就是相互间交换利益,或以工作获得代价,或以代价换得工作,换言之,即是彼此相互利用。

所谓受酬性,即我所作之工作,只要对社会人群有利,照理是应受社会人群之报酬。

所谓进化性,不管是任何职业,都应当专研奋进,使所事业日精一日,一日更比一日进步,打破过夫(原文如此,似为去之误。编者注。)“墨守陈法”的恶习,牢记“不进步就是落伍”的警语。

在上面我们只谈到职业问题,还没有涉及到职业教育。在职业教育是三类并重:一、职业学校教育,是有固定的经费、课程、人事、校址……是含有普遍性,人人皆得学习。二、职业补习学校,是办到补助失学的青年,或自愿参加实习的青年。三、职业指导,是使一切职业不了解的人能得一种相当救济,使成为一个毫无缺点的完人。

其次,我们谈到他的定义,它是用教育方法来实行教导,使一般人能获得个性的供给与兴趣,同时还要使他们尽其对群的义务。

再次,它的中心目的,可分为四:(一)是为谋个性之发展;(二)为个性谋生之准备;(三)为个人服务之准备;(四)为社会国家及世界增加生产之准备。他的效用方面约分为六:(一)指导学习职业;(二)供给学习职业之机会;(三)传授职业技能;(四)指导就业;(五)介绍职业;(六)指导服务。

在职业教育是适合于中等教育,宜于高初中的同学们学习和研究,实不宜于大学和小学的同学们,不过在乡村间的一切教育,也可以附设一部分,给他们知道一点印象以俾未来的研究。

- 职业教育类别（广义的）
  - 直接生产（狭义的）
    - 农的教育　商的教育
    - 工的教育　家事教育
  - 间接生产（狭义的）
    - 公务教育　专业教育
    - 普教职业教育

职业教育之类别

总之,我们处在国难严重的今天,职业教育与社会教育同样的重要,实不能偏重某一部分而忽视了某一部分,使它们两者不能平衡,这确是我们最要注意的一点。

(原载《新运导报》,1939 年第 23 期)

“职业指导”究竟是什么

我想，这一个题目的答案，一定有许多朋友们急切地要知道罢！那末，就让我来简单地说一说。

职业指导，是对求学求业的人，供给事实、经验及意见，来帮助他预备职业、选择职业、获得职业、改进职业，同时也就是帮助求人的人，在学校内可以收到才性适于所学的学生，在工场商店内可以得到性能合于所职的职工，自然也就能帮助社会国家增加生产，改进事业，助长文化。

一个人无论他受教育的程度，是高是低，结果总是要为社会服务的。服务目的：一方用自己劳力，以供人类生活所需，一方得对方报酬，以济个人生活所用。这就所谓“职业”。职业有普遍性，平等性、互利性、同时更有进化性，要职业能进化，一定先要使学习职业者，所习之业，合于个性；从事职业者，所执之业，富于兴趣。否则人己两误，小则害个人，大则害社会。所以在将习业时，要有一番详慎的选择，既就业后，要有继续不断的省察。至于有了职业能力，应就何业，效能更大，当然需要有人指示。又如何才能得着适当职业以适合用人者之需求，当然更要有人从中做一个合理的媒介。若是因为谋求人人和求业人两方格外便利,并谋某一业能继续进步,则对于求业人施以有效的短期训练,当然也有十分必要。

根据上面所说大概可以明白:(一)为学习职业而去升学时,所需要的是"升学指导"。(二)为选择某一职业而去学习时(是专指职业教育机关或短期训练班而言)所需要的是"习业指导"。(三)为就职业而要加以选择时,所需要的是"择业指导"。(四)就了业,而认为不合适,无兴趣时,所需要的是"改业指导"。(五)已就业后要使工作效能增进,更需要"服务指导"。(六)为使求业求人,两方得着适当的配合,当然需要"职业介绍"。(七)为谋职业改进,便需要"职业训练"。(八)为达到上述各项目的,在办理职业指导的人及机关,一定平时不断地需要"职业调查"。

担任职业指导的人,施行指导时,是要根据客观事实,应用科学方法。更要认定是处于辅导地位,不能为之代为主张和决定。"职业介绍",在职业指导工作中,是居于重要地位,但不能只以做到这一点为满足。至于办职业指导的,要具有特殊修养,是更不用说了。

职业指导,是一种教育事业,也是一种社会事业,因为它和职业教育,血缘太近,所以往往要把它拉入职教范围。它在各级各类学校中、实业机关中,均有设置机关和专员专司其事之必要。但是目前还不能完全做到,那末只好希望社会方面,能多设一些职业指导所,来替学校、实业机关、青年,以及一般社会勤慎服务了。

(附注)中华职业教育社,在民国十三年,已设立职业指导部,从事研究鼓吹;至民国十六年乃正式成立上海职业指导所。

最近两年间桂林、重庆、昆明、贵阳四处,职业指导所,亦均先后筹储成立。但以人才经费以及社会关系等各原因尚未能多多扩展,殊为可惜。

(原载《新华日报》,1939 年 10 月 15 日)

为增加生产改进职业请政府规定办法劝令国内公立私立各工厂农场尽力所能及利用设备供给实习以期增设职业教育机关养成大量技术人员适应国家需要案

增加生产,改进职业,为目前我国所急需。惟欲达此目的,必须养成大量生产技术人才。而人才之养成,只有借迳于教育。以目前有限之公私财力,希冀普遍筹设职业教育机关,殊为事实所不许,此诚一大困难问题。兹为适应需要,解除困难计,主张切实发挥建教合作精神,并力谋双方切实合作办法,由公私立各工厂农场,酌量情形尽量供给固有设备,以为教育之用。同时教育界办理职业教育人员,多多与实业机关联络,即就其工作场所,实施职教,训练青年。如此生产事业,既因教育之促进,而不断改良,教育事业,亦因办理切实,而更增效用。至教育机关,因此特别增多,中级技术人才,得以大量造就,其大有裨于建国工作,更不待言。兹谨拟进行办法如次:

(一)由教育部会商经济部,按照目前需要,规定一种办法,对于国内公私立工厂农场,均劝令其兼负次列三项任务:

1. 附设职业补习学校或补习班,以教育本厂场职员艺徒,及附近现正从事或有志从事农工业务之成年及青年。

2. 接受政府商托，允许供给设备，办理短期职业训练班。

3. 接受主管行政机关洽商支配，设立职业学校或职业教育班。（此层关系，尤为重要）

（二）关于办理补习学校经费，以由各厂场自行筹措为原则。但有时可与行政机关或教育团体合作。又规模较小之厂场，亦可联合数家筹办一校。共临时设立之短期训练班，除厂场自行设立者外，经济概由商托之机关担任，在厂场只以供给设备作学生实习之用为止。若由厂场担任一部经费时，应另订其他办法（如在短期训练班内养成之人才可任厂场尽先选用之类）。至设立职业学校或职业教育班，除厂场自设者外，可用协商合作方式，视所在地需要情形定之，其大要不外次列三项：

1. 在不妨碍工厂农场营业工作之条件下，所有学生实习上必要之设备，应尽量供给。

2. 关于学生学业实习一方面，应以本厂场现任技师负责指导为原则。

3. 关于普过（原文如此，似为"普通"之误。编者注。）学科之教授及学生生活指导，统由厂场以外职业教育人员担任，但其生活须与厂场同人打成一片。

（三）上述教育机关，均设在厂场内或其附近，但须具有独立性质，应有一人负责主持全局，并代表对外。其人选或由主管行政机关委任，或用其他方式产生，应遵照现行法令及察酌实际情形定之。

（四）上述办法，应由国立省县立工厂农场先行筹办，以为之倡。其他私立各厂场,尽可逐渐推行,不必过取硬性。倘有营业情状真正不佳者,并可许其从缓设立补校。

(五)除两部会同规定办法公布外,宜另由教育部编成一种工厂及农场兼办教育简明办法,及技术教育实施要项或须知,分别印发,以资遵守。关于补教方式方法,并须说明采用活动性,除正式上课外,如工作休息时间之三十分钟讲话歌咏,亦同样属于补教范围。

(六)政府对于兼办职业教育之工厂农场及其他实业机关,应每年考察成绩一次,择优予以奖励。

此事如能切实施行,至少可以得次列七种效益:

(一)不必多筹经费,即可增设许多职业教育机关(其中职业学校,尤关重要)。

(二)在短期间内,可以养成多量生产技术人才。

(三)办理职业教育,因与实际工作合一,可以不断改进,使之更切于实用。

(四)实业机关因与教育机关合在一处,所有机关内职员,观感启发生活可以日益宜上,而同时营业方法,亦可日益改良。

(五)生产机关可以因此特别扩充,生产事业,可以因此特别发达,生产数量,当然可以因此日益增加。

(六)社会职业,可以因此改进。人民生活,亦可因此逐渐改善。

(七)普通教育,可以因此促进改良,日益与社会相接近。

初办之时,麻烦周折,一定不少,但不能因有一些困难,便畏难不办。深信此时一般社会人士,已非复固持以往重文轻实之旧习，而实业界厂主场长，热心公益，开明通达者，更所在皆是，只要主管行政机关主持得当，支配得宜，指导得法，极端相信办法公布以后，成效立著。为此提案建议，切盼政府采择施行。

决议：

原案通过，送请政府采择施行。

（原载《国民参政会（第一届）第四次大会记录》，
国民参政会秘书处，1939 年 11 月）

《学制改革论》发端及提要

我对于目前教育的设施，老早就有一些怀疑。记得在八年前，中华职业教育社所编的《教育与职业》月刊，曾出版过一次专号，专来讨论中学教育问题，我做过好些文字，发表许多意见。在那个时候，我已萌芽着改革中等教育的意思了。这一个理想学制的拟定，却也经过不少时间的考虑，才敢大胆地下笔。

想改革中等教育一段，一定要牵涉到初等高等，因此这一个改革学制的意见，也可算是全部改革教育的主张。兹为谋读吾文者诸君容易明了本文意旨和头绪起见，特就本文摘提出若干要义，叙列如次：

（一）这一套全部学制的改革，是侧重在中等教育一个阶段。主张把高小二年、初中三年、高中三年，合并起来成为八年。再把这八年划分成两段，第一段属初级职业学校，第二段属高级职业学校，两段的毕业期限，一部分完全四年，一部分并不限四年。初级职校，是注重在生活教育，培养国民职业生活的基本知能及优良习惯，希望国民教育完成以后的学生，皆能入学。因此它的教育方法，一定要十分活动，兼采社会教育的方式。这在改革学制的主张上，是一个最重要的关键。但在两级职校内，仍有一部分升学班，那是附在职校的。同时在施行新制过渡时期，还有中学高小制度的存在，那是表示这个学制，是富于弹性，而且主张稳健进行的。

（二）这个学制是以职业教育为主干，侧重在八年中等教育一大段，所以一定要在初等教育一段（除开幼稚教育），把它缩减成四年，一定要在高等教育一段，把专科教育扩充，使之紧接高级职业学校教育；把大学教育范围缩小，使之格外求精，格外求良。并使全部各节，衔接沟通，皆能富有容纳性、融和性，至中等教育的初高职校、高等教育的专科，其毕业期限，尽管有一定，但可酌为变通。

（三）通常学制所规定的，皆是限定学校教育；本学制则并将社会教育附列出来。主张学校教育要和社会教育发生严密切的联系，或者竟可以说是双方打成一片。可见这一个学制，是富有极大的社会性。那末就称它做“职教中心的社会化学制”亦未为不可。

（四）因为有这样改革学制的主张，所以在本文第二节先把社会上显著的现象，特别提出来，指明教育应负何种责任，用意是为说明目前学制非改革不可的理由。

（五）其次，本文第三节，跟着就把目前我国所需要的教育，分别指示出来，这是说明这一套理想的学制，是根据这个需要编拟起来。同时也就把学制上的特点，一一指出来，就此可以检点一下学制上所表现的特点，是否与目前需要相适合。还恐怕读者有所怀疑，因此又把所以要用职教做中心的理由，说了一大段。

（六）为施行这一套理想学制，一定要有相当的巧妙法门，因此又有一大节(属本文第四节)关于方法运用的说明。并在说明运用方法以前,特提出关于学制上几个要点。

(七)既要请读者诸君,在未读本文第二节以前,先读一读本节内这几条提要,还要请将本文第三节内所附学制系统图,同时检出来一看。在紧接学制系统图后,还有一段关于解释疑问的文字。

古人有言:“家有敝帚,享之千金。”实在说起来,这一套主张,这一些意见,也是肤浅平庸得很。乃作者竟如此郑重地陈说,那末,这一种“敝帚自珍”的心理,恐怕也要教人好笑罢!

(原载《学制改革论》,江恒源著,正中书局,1939年)

目前我国教育上亟待商榷的几个重要问题

要讨论我国学制改革问题,应先就目前教育上指出几个重要问题来切实商讨一下,用以说明目前教育有改革之必要,和教育关系最密切的学制,更有改革之必要。

我国自从改书院,设学堂,废科举,采用欧美日本各国教育新法,到现在快四十年了。在此四十年中,一般人民知识的开发,各界人才的养成,当然皆有相当的进步和成果。但是我们仔细地检讨检讨看,在目前世界各国这样竞争猛进的局势中,我们仅仅有这样够么?我想一定不够。尤其在此国难严重的今日,各方暴露出缺点很多,考究到构成各缺点的原因,皆可以联系到教育方面,因此不仅仅感觉到以往的教育"不够",更要进一步感觉到以往的教育"不对"。说到"不对",也颇觉为难,既不应毛举细故,又不能漫无标准,一再考虑,遂决定就一般社会所表现出较显著较重要的几种现象,特别提出来,平心静气地商讨一番,考究它的原因究竟何在,和教育的关系,究竟怎样。试看下面所说的罢:

(一)爱国的观念,比较薄弱。这种情形,若是在一般文化知识较低的民众,因为启发无人,还不足异。若是知识分子,在此时尚不能人人表现出爱护国家的热情，那就不能不说是一个严重问题了。诚然，爱国志士、爱国青年，乃至不识字的爱国老太太，也到处遇得到。可是就一般人来说，并且取以和近代文明国家相比，那总算是爱国观念薄弱的了。论到爱国观念薄弱的原因，当然是不止一种，所以使爱国观念不能增长，当然更有历史的原因存在。但是我们施行新教育，快四十年，还不能使多数人民认识国家与一己关系之重要，还不能使知识分子发挥出先公后私轻私重公的精神，遇事总是专顾一己，竟视国事与己无干。换个话说，还是把一己身家的利益，看得太重；把国家社会的利益，看得太轻。这个样子，民族吃亏，真是太大了。考究起来，有些是由于常识不足，认识不清；有些是由于爱国情感无人鼓荡，急公好义的风习，无人倡导。那末，说到此地，就要归结到教育问题上面来了。讲到教育问题，我们至少要商讨到次列几项：

(1)是不是因为国民教育未能普及呢？

(2)是不是因为国民教育办得不甚恰当，对于民族精神一点未能特别重视呢？

(3)是不是因为社会教育未能尽量推行？或已推行而对于民族精神的启发、人民道德培养，还未能十分普遍、十分周到呢？

(4)是不是因为中等以上教育对于政治太忽视？对于国家社会服务太不重视呢？

诚然，对于上列各问题，要认真商讨起来，彼此辩难，反复研究，纪录下来，能成一大本专书，现在可惜没有这样从从容容的工夫让我们去做。若是很粗疏的检讨一下，我想，结论总是在“是”字方面居多数罢！

（二）集团生活的习惯、合作互助的精神，多数人尚未能充分养成充分表现。甚且人与人之间，团体与团体之间，有时还存着一些猜疑、嫉妒的心理，或竟表现出一些冷酷气象。当然这也是比较（原文如此，似为缺“少”字。编者注。）说法，不见得人人皆然，处处皆是，并且和这样相反的现象也不少，近来还逐渐增多，但是就目前大多数人说，或取以与其他文明国家相比，总是差了一些。差了一些，在平时已足阻碍社会进步，到了现在，国家民族，便大受其影响了。何以如此呢？当然原因很多，其可以归结到教育方面成为问题的，我以为有次列四项：

（1）是不是因为中等教育一个阶段，施行六年长期教育，对于身心发育激变最大的青年，未能扼住要点，认清目标，仅是人云亦云，敷衍将事，以致受教育青年的做人基础，未能好好树立起来，待至投身社会，遂不免有此现象呢？

（2）是不是因为专科大学教育，和社会不甚接近，平素既未能兼顾到移风易俗的责任，而对于受教学生的做人指导，亦不甚十分注意，以致出校任事的青年，无力改造社会旧习，且不免为社会旧习所屈服呢？

（3）是不是因为社会教育办得太差，以致优良环境，无由造成；恶劣心习，无由洗涤，而一班有地位、有权威，可以转移风气、转移人心的人，还未能一致地注意到这一点呢？

（4）是不是因为教育机会未能平等，高等教育，只有身家富厚之子弟，有力享受。同时大学教育，亦不尽精良恰当；而贫寒子弟，虽天资十分优秀，终为家境所限，无从升学，郁而不伸，心理遂多变化。由于少数人心理变化，遂致影响到社会风习呢？

上述四项,当然要详加商讨,我不敢贸然断定是非。但是我们根据实践经验所得,既经明确认定是教育方面的缺憾,无论如何,总要从教育上努力设法加以弥补,方能说内获安于良心,外无负于国族。

(三)“重文”观念、“重官”观念多数人尚未能完全改变。此在一班知识界中人,尤其是偏于旧一派的人,往往是这样。这恐怕也是无可讳言的一件事罢!因为重文,所以对于实用的知识技能,不甚十分注重,尤其是对于职业教育,往往加以轻视。因为重官,所以胸襟和眼光,不免有一些短浅狭隘,以为官以外无事业可言,官之中有无限富贵。(官所司的,是国家公务,当然是十分重要,不容卑视。但专以图个人安富尊荣而做官,就完全失掉官的作用了。上面所说,当然是指这一种人而言)这样一来,当然对于职业生产,以及社会服务一类事工,就不甚注意。我国数千年来,科举仕宦,词赋文章,支配了一班读书识字人的心理行动,其势力也就着实不小了。士有学而农工商贾无学,士之学亦多流于空疏;其副产品,还有那一些文人疏懒散漫的习惯,名士落落寡合、孤僻高傲的态度,这皆是历史所遗留下来的根源。到了今日,我们乃一一亲身吸其流而食其果。生产事业是落后了,社会事业也不能大大发展了。就是以官为业的人,又何尝个个皆能把官做好呢?说不定还要有重则贪污、轻则渎职的情事。(当然好官也不少)说到这里,对于教育,又要发生应否负责的问题来了。诚然,以数千年积重的心习风习,要想用三四十年很和缓的教育工夫,就可以把它革除净尽,绝不会有这回事。但是我们要详细地看一看,现在教育的设施,是不是针对着这一个病根去力谋改进，去力图革新呢？依我看，提倡这种说法是有的，完全向这一个方向去做，似乎还不多有。就是有，成效也还不大显著。试看次列几点罢：

(1)大学教育特别发达，专科教育则否。因为大学毕业，有特殊头衔，而专科则无之。所以办学的人和受学的人，多是不知不觉地趋向到侧重到前者一方面(最近已经改变了许多)。

(2)普通中学教育，势力特别大，而职业教育则否。因为中学可以升大学，虽然学力差池一点，也不要紧，反正总有大学让你进。就是万一不能升大学，也还是入中学好听一些。职业教育呢，似乎有点像穷的人，没有出息的人，不得已才去受的一样。讲到劳动教育，恐怕不爱听的人还不少呢？

(3)社会教育，那是势力更小，地位更低了。似乎有些人，还存着这样想法："礼不下庶人，刑不上大夫。"民众教育，有一些也好，那是为不识字的低级的人设的。士大夫阶级，当然用不着。把臂入林，赋诗清话，我们自有那一套名士式的社会教育在。后生小子，尽可让他们耳濡目染着(当然这些不是不好，并且也有教育上的价值。但是发展太过，流弊也是有的。并且就目前国家的情势来说，还是以少提倡一些为好)。

平心而论，这一种教育趋向、教育方法，也未必就是怎样的坏。可是在今日的中国，国际的形势如彼，国家危急的情形如此，如若再照这样办，无论如何，是不对的。凭着我的良心，凭着我的见解来说，一定要改弦更张，好好地换一个方向才行。

(四)除前述三点外，还有一种"各方隔阂"的现象，要值得我们注意。教育政策，未能完全配合整个国家政策，以致教育行政，不免和其他行政隔阂，这不用说了。即同属教育范围，中央教育行政，往往和地方教育行政隔阂；学校教育，往往和社会教育隔阂；普通教育，往往和职业教育隔阂；大学教育，有时和中学教育隔阂；中学教育，有时和小学教育隔阂。甚至甲大学和乙大学隔阂。同在一地之中学小学，也彼此隔阂。再甚至一校以内，前任校长和后任校长隔阂；教务和训育隔阂；甲科和乙科隔阂；甲班和乙班隔阂；先生和先生隔阂；先生和学生隔阂；学生和学生亦隔阂。至于学校和社会隔阂，和学生家长隔阂，那就更不待言了。隔阂在事，则事的各部分不调协，纵然做事的人，十分努力，而精力时力财力已费得很多，结果还是重复，不经济。甚且应同行的，乃各走各道；应分行的，乃同挤在一条道上，于是不是背驰，就是冲突。隔阂在人，则人与人间，容易发生误会，甚至猜疑嫉忌，一切恶德，皆由此滋生。当然此种现象，近来已改正了许多，减少了许多，但还未能完全革除，全体通达条贯。这一层在教育方面，实在是受害不小。教育自身受害，不必说，而国家、民族、社会，受其影响，更是异常重大。试随便就关系国家较重要的某一件事、某一种人，加以观察，往往要令人痛哭欲死。我以为这一层一定要详细商讨，要从根本上加以调整和改革。

以上所述四个重要现象，把它归纳起来，一是“轻公”，二是“冷僻”，三是“空疏”，四是“隔阂”。它既是目前教育所要克服的对象，同时它也是会影响到整个教育的成败兴衰。那末，检查这些现象的消长，倒很可以判定办理教育成绩的优劣。我极希望能由学制的改革，对它谋得一个相当的解决。

（原载《学制改革论》，江恒源著，正中书局，1939 年）

目前我国所需要的教育及理想学制的拟定

有了上文一头番说法，当然要继续研究到“目前我们中华国族，究竟需要那一种教育呢？”的问题。“仁者见仁，智者见智”，说到应该需要什么教育，答复倒也很不容易。可是如次列几项，似乎我们可以冒昧地主张一下罢！

（一）教育要配合国家整个的国策。换句话说，就是需要能配合国策的教育。

（二）不但要配合国策，并且要和各方面事工，皆能谋得适当的配合。换句话说，就是需要能配合各方调协进行的教育。

（三）不但要能配合各方，和各方调协，就是教育自身，也要能互相调协，联合进行。换句话说，就是需要自身健全联系统一的教育。

（四）此种教育，一定能帮助国家，养成大多数能生产的分子，养成大多数或最大多数能卫国的国民。并且这一些分子，这一些国民，皆是才德兼备，且有服务社会的热情，具有先公后私，或公而忘私的美德，其中还有一部分，或一大部分，能担当大事的特殊人才。这就是增加生产、巩固国防、助长文化、建设新国家的教育。这种教育,当然是目前我们中国所急切需要的。

(五)此种教育,是要极端采取机会均等主义,使人人得享受教育恩惠,其中有特别的优秀天才,一定要使他能尽量发展。换句话说,就是需要平等主义的教育。

(六)这种教育的主张,如能完全实现,便是随地有教育机关的设置,随时有受教育的机会,无事不含有教育的效用,无人不尽教育的义务,亦无人不享教育的权利。换句话说,就是需要一个能笼罩国家全境笼罩个人终身的广大无边的教育网。

以上所说,似乎带有一些空想罢!但我很相信,这并不是假设一个"乌托邦",只要大家确切认定,共同努力,一定是能实现的。

要实现这一套理想教育,先要有一套具体的教育实施办法。要办法实施,有所依据,先要有一套合于理想的学制。说起学制的制定,通常都是以学校教育为限。但就革新整个教育的立场来说,这一种理想学制,却和通常学制,有一些不同:(一)要借这个学制,来表现整个教育的主张;(二)要在这个学制上,表示出学校教育和社会教育的联系及配合的作用;(三)要依据这个学制,善为运用,以达到一套新的整个的理想教育的目的。因此这一个新学制的拟定,虽以学校教育为主体,但凡是由学校教育伸入社会教育方面的,以及纯属于社会教育而认为和学校教育有联系性的,也不能不把它表示出来。又恐界划不明,容易混淆,特就两者之间,立一赤色界线,表示在界线以内的,仍是属于学校教育范围。而其中有跨在两方的,则写在中间。其不用实线而用粗虚线,则为表示学校教育与社会教育,原是双方息息相关、密密相通之意。至于同是一类社会教育，就它和学校教育关系的远近来看，也不能不有一个区别，所以特地把社会教育分成三类，分别用线把它界划一下。其有认为特殊一些的，并加上一个外框（如职业指导所）。因此，它不单单是以学制一名相称，如次所列，便是叫做“理想的中国学制系统及学校教育与社会教育联系分配图”。总之，这一个学制，并不能当它一个通常的学制看，试观附图，便可知道它是一个“平面的教育网”，可以说各地皆被它笼罩着；它又是一个“立体的教育塔”，人居塔内，可以说人们从幼而少而壮而老，以至于死，终其生皆被它笼罩着。附图如次：

我想读者诸君看了这个学制图后，一定要发生一个极大疑问。什么呢？就是所谓理想的新学制内，仍然列有现行的高小、现行的初高中，及现在拟试行的六年制中学（照新学制说，它可算是旧的了），这不是新旧揉合、不伦不类么？而且严格的说，现行学制，也有职业学校啊！那么这种学制，算得什么新奇呢？可是要让我来说明一下：本学制的特色，是横的方面，学校和社会打通，纵的方面，以职业教育为骨干，所以在中学教育一段，竭力扩张职教范围，并且伸上去，使专科教育职业化，这是作者个人认为是“一得之愚”，似乎可以采用的。但是要施行时，却又主张要特别慎重，特别小心，一定要事前具有极充分的准备，并且要逐渐推行，万不可草率操切，改革太骤，因此决定仍把现制一部分暂行保存着。其区区微意所在，以为尽管设法推行新制，但如是标准不足、条件不具备的地方，仍可照常用旧制办中学。或者在大都市，在大县，新旧两制同时并行，也没有什么不可。

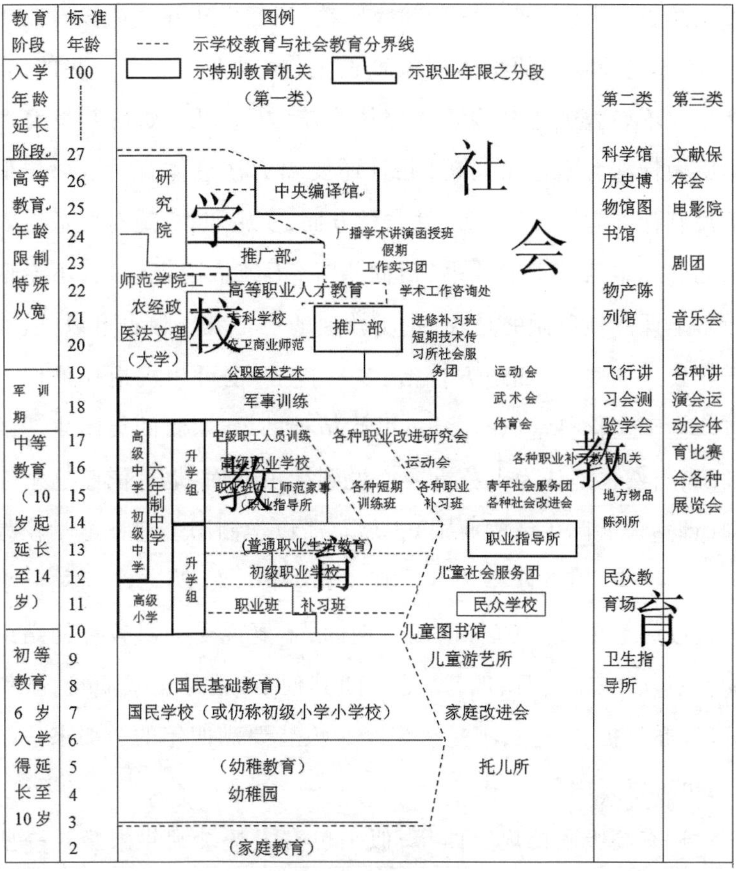

理想的中国学制系统及学校教育与社会教育联系分配图

除前项所说外,说不定还要有些疑问发生。就中较重要的,是对于四年初级职业学校教育。(一)学生年龄太小,使习职工,体力能胜任么?(二)中国大半是农业社会,小孩子皆是随父兄作农工的,能一律驱之入学么?(三)四年期限,如此之长,家境较差的人,能受长期教育么?这些疑问,是很有道理的。但我也可以解答一下:(一)这一种初级职校,当然以实际生活教育为中心,绝不是使年轻的学生去做笨重工作;至于年龄大一些的,自然也就不妨教他去学习。依照体力施教,总以不妨碍其发育和健康做标准。不但不妨碍,并且还要竭力注意体育。这一层似乎没有什么问题了罢!(二)农村方面,实施职教,绝对要适应农家的实际生活。季节读书,田间指导,不纯依固定学期,不专取教室上课。他所做的是农,我所教他的也是农。除农事以外,对于年龄大一些的,如地方自治、乡村自卫,也可相机指导他们一点。至于文化科常识的灌输,民族精神的培养,新的集团生活的训练,当然也是认为十分重要。说到街市方面,也可依照这个原则(即适应实际生活的原则)去做。所以学制图上把补习学校教育占了一半,用意就是为此。那末,这样一来,第二个问题似乎也可以解免了。(三)若论四年期间,不要说受补习教育的结束期,一年、半年、三月、四月,是各随其便了,就是正式职校,按年分段,亦复极其自由,不是一定个个人皆要满四年的。那末这一层,也可以无虑了。

还有高级职校规定四年,似乎也有人怀疑到年限嫌长一些罢,要替社会人民生计设想一下。这也是对的。但我以为不要紧,既有各种短期训练班,各种补习学校,以资调剂了,就是正式学校,仍然可以按照学科性质,分成段落(尽可在正式三年班外,再设二年班或一年班。如招收初级职校毕业生,教学五年或六年,便足占专科一年或二年的期间)。

我不敢说,这一个草拟的学制,就具有什么样价值,但区区之愚,总以为还是能依据中国教育背景,力求适应目前民族生存

的需要;而且是略略用过一番心思,才敢把它编写出来。兹就它的特点来看,可以说有七项:

(一)纯以人民职业、社会经济、实际生活为整个教育的主要内容。

(二)以职业教育为主体,从职业教育范围内,提出预备升入大学的特殊人才,因此大学教育,格外精良。

(三)职业教育和人才教育,能联络沟通,上下一贯。

(四)学校教育和社会教育,能联系配合,彼此互助。

(五)国民教育完成后,继之以较普遍的职业生活教育,无形中就可把义务教育年限,延长一倍。

(六)大学专科教育,能推广到一般社会。

(七)军事教育,能获得实际的效益。

要施行这种学制,不是空空画了一张图,草草地揭出几个特点,便可以成功的,自然,还要有一套运用制度的方法。此可留在下文,再为详说。

在此处还有一层,要先行特别说明的,就是本学制以职业教育为中心,带有极浓厚的社会性,这是在附图上,已经看得很显然,并且在提要内,已经揭载过了。其理由所在,虽然可由前述各段文字内,看得很明白,但仍恐读者不免有所怀疑,因此不妨再来多说一番话。

我们相信一个人的生活,无一时一地,能和经济离开;而人们自坠地以来,即要和社会发生关系。社会和经济,更是处处发生密切联系。人们生活于社会之中,日营各种生活,而职业生活一种,尤为重要。并且此种职业生活,是含有极浓厚的社会性,举凡政治组成、经济构造、道德标准，均在在与此有关。此乃极显著的事实，无论何人，不能否认。在昔中国圣贤，一方主张“不言利”“不喻利”，此乃就个人修养的观点以言；一方又称“以美利利天下”“利用厚生”。如孟子答齐宣王一段“好货”的话、“恒心恒产”的话，以及管子“衣食足知荣辱”的话，显然的是大言利而特言利，当然这是就社会的观点以言的了。事实既如此，何以教育不尊重这个事实呢？教育是“作人”的工具，此地中国古书上，早经说过的。作人而忘记了人的职业生活，岂不更是奇谈么？

教育之所以可贵，在能教育成一个时代的有用的好人。所谓“时代”，当然离不了空间；宇和宙，原是联在一块儿说的。所谓“有用”，一定是说能为社会生利造福。试问在一个时间、一个空间，为人群造福利，如不从职业教育入手，岂不是蹈了一个大大的空虚？我们要求社会生机勃发，文化内容丰富，第一件大事，就是要用教育方法，来把人类旧的职业，逐一改进起来，新的职业，逐一创造起来。尤其是近代科学教育，它有力量、有权能，帮助这种教育使命的完成，促进这种教育效果的实现。

读者诸君，千万不要误会了职业教育，是专为教人谋生，专为解决个人生计。当然个人能具有独立生活的知能，也是必要。可是我们所主张的职业教育，目的绝不是如此，绝不仅仅是如此。它的目的，是为养成能生产、能服务、能为群众谋福利、能替国家致富强的健全分子。此种分子，不仅是技术好、能力好，还要具有极强烈的爱国家爱正义的热情、极合理极有效的合群互助的知能和习惯。不然，英人在印度，日人在朝鲜，也办有职业教育，我们可以与他相比么？可知同一职业教育，一个是有灵魂的，一个是无灵魂的，无灵魂的教育，谁愿办，又谁愿受呢？

我们所以要把职业教育，做全部学制的中心，或者也可以说是做全部教育的骨干，这并不是好奇，也不是故意走偏锋，实在是认定人类职业生活，是一切生活的中心，所以也就认定职业教育应该做全部教育的中心。

并且所谓职业云者，是应该从广义的解释，不能仅仅以直接产生工作为限，因为实际情形是如此啊。职业生活，固然多和经济有关，但不一定全是直接产生。如理发，如做饭，在人们的生活上还不算重要么？如看护病人，如助产，对于人们的生活，还不算重要么？可是，它并不是直接生产。所以职业教育和生产教育，范围不同，一个是包括职业生活教育的全部，一个是仅限于生产教育。职业教育，不能改用生产教育之名，其理由也就是为此。

有人说，职业教育，既然包括职业生活教育的全部，何不直接了当，就改称“民生教育”呢？这句话，初听起来，似乎很有理由。但仔细按实一想，即深深感觉到不对。何以呢？民生一语，是就政治立场说的，职业一语，是就教育立场说的。民生语义的范围，极其阔大，宜用之于全体，不宜用之于局部。在政治主张上，悬做一个目的，揭出一个主义，内容就把改善民生的方法和道理，切实地尽量地说出来，这是可以的。并且还可以把用以达到这个目的贯彻这个主义的教育方法，说在这里边，也不是难事。因为它是笼罩全部啊。若是用它来做政治当中一局部的教育事业的骨干，就不大合式了。当然职业教育的目的，是为改善民生，如是在职业教育上加了民生主义一个形容词，叫做“民生主义的职业教育”,也还可以。但是这也就可以不必了。职业教育的设施,本是以三民主义为根据,固不仅仅以民生主义一项为限,此在上文已经说过了。

总之,职业教育,可以贯串教育全部,作整个教育的轴心,依照它的职能来说,的确在整个的三民主义政治支配下,能尽它实现三民主义教育的职能。

(原载《学制改革论》,江恒源著,正中书局,1939 年)

理想学制的要点及其运用方法

继此，便要说到本学制的要点和运用的方法了。

本学制的特点，在前面已经提出若干条，分别说过了。并且为说明用职教做学制中心的理由，也说过一大段。此处再说要点，是不是与之相混且相重复呢？我以为不是。“特点”是着手编制学制时，特别指定的几个目标，有了这些目标，才可以制成一套合于理想的学制。而“要点”则在学制制成后，将施行时，特别指出的各种重要关节。当然此种关节，也往往和特点相关，或竟不免有一部分与之相混。但论到它们的范围和性质，却是两样的。

说起本学制上所表现的要点，又往往要和运用学制的方法相混，有时竟至混在一块，分不开来。兹先就其较显著者指出若干条如次列：

(一)各级学校教育和社会教育，表现出密切联系，可以相辅相助。就这个学制上看，很显明的一部分社会教育，是由学校内部发动，推广到外部社会的。如在初等教育阶段的“家庭生活改进会”，就是应该由学校教师联合附近学校的家庭妇女，组织起来。如在高等教育阶段的大学专科推广部中所办的各项事业，更可为教育事业由学校推到社会的明证。一部分是以社会为立场,自行办理的社会事业,结果却把它的效用浸入到学校里面来的。如“职业指导所”所办的升学、择业、就业等指导工作(学校职业指导部工作,是由内而外,与外面职指所联络起来,可以说是“里应外合”,效用更大),如“卫生指导所”所办的一切卫生工作,皆是直接和学校学生生活发生极大影响。就是远一些的,如电影、戏剧,亦复和学校教育有密切关系。因此学校和社会两方教育,一定要把它配合得十分洽当,才能充分收彼此互助之效。至讲到如何配合,那又是关涉到“运用”的问题了。

(二)补习教育,竟可和正式学校教育平分势力。补习教育,虽是仍要沿用学校教育的方式,可是它的性质已经是完全社会化了。在学制上初等教育一阶段中,关于国民学校教育,它的设学施教,当然不是纯粹采用呆板的老学校式。此可留在下文再为详说。至于初级职业学校教育的补习班,那可以说它要占全部二分之一的重量。在乡村更不妨尽量采用补习式,因为这样才可以适应他们的生活状况。高级职校范围内所辖的各种短期职业训练班,各种职业补习教育班,它的分量也不算轻啊。到了专科大学,设有推广部,办理一切推广事业,那更可以说是“大学专科教育的社会化了”。

(三)各教育的沟通衔接,既自然,又灵活。初级职校毕业,可升高级职校,不用说了;就是补习学校毕业的,只要程度相当,也可以升入。高级职校毕业的,可以升专科,不用说了;就是高级补习学校毕业的,只要程度相当,也照常可以升入。高级职校一部分毕业生,可升大学,专科毕业,更可以插升大学高年级。

高级职校毕业生,如能实际做过一二年事,再行升学则更好。入研究院的资格,可不必专以大学毕业生为限;凡是受过补习教育修一种学科,已经达到最高级的,皆可以报名参加。因此又想到在社会教育方面的科学馆、图书馆,更要十分充实完备了。这样一来,似乎人人皆有上进机会,而进修之路,也就条条打得通了。

(四)读书、习工与社会服务,同时并重。所以要读书,所以要习工,其目的无非是为养成社会服务的精神和能力,好去为社会服务。说到个人谋生,重要么?重要的。但是我们要切切记牢着,谋生是人生目的第二位,服务才是人生目的第一位。所以我们一定要把“谋生”一层,放入社会服务的大圈中,千千万万不可把“谋生”孤立起来,竟把它摆在第一位,教它和社会服务离开。如若不幸教育目的,竟是仅仅为谋生,或者虽不是明目张胆地以谋生为目的,而结果仍不注重到服务,则做人的范围,便要狭小起来了。人的生活范围狭小,则流弊所及,一定很大。此在前文,已经痛切言之。那末,要想坚定服务的信念,便应该在读书习工时,就把它充分地培养起来。照本学制上所拟定,有各级社会服务团、实习团的设立,目的就是为此。

此外还有几层意见,也要在此时,先行特别提出来说一说:

(一)施行此种学制时,所有各级学校授课方式方法,一定要因时因地以制宜,万不可一味呆板的,无变化的,纯在教室内用书本或讲义,按时按课讲解;尽可除必修课程外,酌量采用分组讨论、时事研究、工作准备、工作检讨等活动办法,以启发学生自发自动的精神。又如授课时期,城市和乡村,南方和北方,尽可不必一律。星期固应休息,但亦未尝不可以设法利用。教学训育，当然不应分开，而学生道德和才能的陶冶培植，尤应同时并重，或竟使之合而为一。此则更应活用规章，不可徒拘形式。至于实施补习教育及社会教育，务宜随事随时随地，利用机会，抓住民众心理，多方启迪，不可徒重文字形式，死守规定办法，不知变化。

（二）施行此种学制时，最重要的一个关键，在教师得人。此项教师，一定要具有极强度的服务热情，极精巧极灵活的教授技术，更要具有好检讨好研究的习惯。以往只知教书不知教人的旧观念、旧性习，要使之一扫而空。当然不用再说了。惟如此悬（原文如此，似为“严”之误。编者注。）格以求，目前教师，势必极感缺乏，这是如何赶快造就大量师资问题。此层务宜先有一个适当的解决办法，否则有法而无人，仍是一场空话。

（三）施行此种学制时，关于各级学校的组织、课程，以及训育标准、推广办法，自应由政府分别规定，详示以准绳。惟规定之始，(1)宜针对目前需要，一依适宜的计划；(2)宜留有伸缩余地，予各地方相当活动；(3)规定以后，宜随时考察，随时修正，但较高原则，不应轻易更变；(4)关于社会教育办法的规定，除针对目前社会需要外，更须切实注意到如何和学校教育谋得适当的配合。

（四）施行此种学制时，“课程”一项，尤关重要。因为学制是骨，课程是肉，骨用以支撑，肉用以充实，两者关系，至为密切。除前条所说外，最好由各大学师范学院，或专科师范部联合起来，组织一个“课程研究委员会”，随时将研究所得，贡献政府，经过政府采择后，即由教授指导院部师范学生，切实研究，并依此以撰拟教材，分别试教。

要点既经说过，便要谈到运用新学制的方法了。

关于初等教育的

在初等教育中，关于幼稚园一级，可不必详说，兹专就国民学校一段，加以讨论。

国民教育，为一切教育的基础，也可说是立国的基础，故"国民基础教育"一名，确可采用。但为免除纷扰起见，尽可仍用初级小学或小学校等旧名。此项教育，当然要力求普及，并且要在最短期内，力求普及。其非学龄儿童之青年、壮年、老年人，有未受过基础教育者，必须广设"民众学校"，及利用其他补习教育方法以补足之。一定要各方同时并举，各法同时并用。一定要造成一个广大无边的教育网，蔚成一种普及教育的浓厚空气；并且一定要乘此奠定了一个永远普及国民基础教育的基础。除主管教育行政机关专司其事外，为力谋广大普遍的推进，中央宜由教育部特组一委员会以主持全局（委员中宜加入内政部及其他机关有关系人员）。为之筹划各地方经费的补助，为之审核各地方所拟送的普及教育方案及按期所陈送的工件报告，为之解除各地方进行普及教育时所感受的各项困难。各省市县亦应同样的有负专责的委员会以主持其事（委员中亦应加入他部分有关系人员）。此项委员会的设立，须有一定期限，说明达到何项程度，即宣告工作完成（一个阶段的完成），会务结束。因为文盲既经扫除，所有普及教育机关及教育经费，亦均已基础稳定，即可由主管行政人员，按步就班，继续推进，不必再需要委员会了。或者把这个委员会另行缩小范围，变易性质，改为辅导机关，亦未尝不可。

说到受教育者的年龄，初等教育，即国民基础教育，照学制规定，是六岁开始，到十岁完成，自当依照十足年龄计算。即由降生之日起，数满六周年。此即所谓“标准年龄”也。在六岁至十岁一个阶段中，由法令规定，准许其保护人有随时送入国民学校受教育的权力，同时亦有非送不可的义务。在国家有强迫其入学校受教育的权利，同时亦应尽供给教育的义务。惟年已满十岁，而始就学者，则可入年限较短之简易小学(此简易小学，可分三年的二年的两种)。年再长而未入学者，则可入民众学校补习，以完成其国民基础教育(此系专指目前过渡时期以言)。凡入学较迟至十三四岁而始入初级职校者，可准其变通。推而上之，入高级职校，入专科或大学，迟数年均无不可。专科及大学，年龄限制，更要特别从宽。惟军训年龄，却要有一定限制，不宜过迟。凡入正式学校者，一定要在高级职校毕业之后，未进专科之前。其在补习学校补习者，能依规定之年龄最好，否则亦应有相当的限制。

再说到施教方法，务宜十分活动，只求其能切合人民职业生活，切合所在地的社会习惯，经考察结果，认为无悖于政府所定的教育方针，则无论何制何式，均可准许其采用。惟关于身体的保育，民族精神的培养，务必一律注重。至考核宜严，视导宜勤，事属行政重要关键，自应精密计划，切实执行，无待详说。

除正式国民学校外，关于补习教育的民众学校，在文盲未尽扫除以前，应特别注重，特别推广。惟扫除文盲工作，文字教育，固所必需，而精神讲话，常识灌输，职业生活指导，亦复异常重要。此更应活动施行，不必专以学校教育的形式为限，凡有可以达到教育目的的方法，无论何式，均可采用。

至此时期内的家庭生活改进会、儿童游艺所、儿童图书馆、卫生指导所等一切社会教育的设施，均在在与国民基础教育的国民学校有密切关系，应规定凡某一区域，满若干户口，即筹设一所。至托儿所的设立，则视地方的实际需要情形定之。

关于中等教育的

中等教育，是包括着高初两级职业学校。照学制系统图上看，每一级四年，共八年，比照现行学制，便是包括着高级小学及初级中学、高级中学三段。在现行学制，这一个阶段，是纯以预备升学的高小、初中、高中为主体。所谓普通教育者是。当然它是占有极大势力。其次师范教育，也还有一些地位。至职业教育，虽近年来经最高教育行政机关，特别重视，特别提倡，但在这一个阶段中，其势力、其地位，较之普通教育的中学，仍是距离甚远，望尘莫及。再说到与此阶段平行的职业补习教育及与职业教育有关系的职业指导事业，那更是附庸小邦，不值一顾了。可是这一个理想学制，却偏偏要把它转捩过来，竟拿这八年的较长期间，完全以职业教育为主体，为骨干，可以说，这是一个极大胆极放肆的主张。但这种主张，也不是没有相当的理由，或者竟可以说理由很充分。其一，在国民教育一段以上，是四年初级职业学校教育，这是一方为延长义教期间，一方是为培养国民基本的生产能力，那末，对于目前国家的需要，总算能适应了罢！试问，拿它和现在高小二年初中三年比一比看，其普及的范围和实际的效用，是那一样大呢？其二，初高两级职校，仍然含有升学班，则凡特殊优秀之才，尽可预备升入大学。至其他农工、业务、家事、师范，则无论是直接生产，是间接生产，皆可纳入职业教育范围。此项毕业出校青年，或入社会就业，或入专科升学，均无不可，行动原极自由。如此，就业随便，升学无阻，社会既多实际任事之职工，国家亦有从容选才之余地，生产不虞缺乏，人才仍可勃兴，岂不是两全其美？其三，对于不能升入初高两级职校的学生，更有补习班短期职工训练班，以及其他补习教育机关，供其需求，则彼此呼应，教育的效力益觉宏大了。那末，较之初中高中不能升学而游离无所归宿的，其为利为害，比较比较看，又觉得怎样呢？是以这一个阶段，在理想学制系统上，是它特殊精神的表现，也可以说是全部学制关键之所在。倘若没有了这一段，则这一个理想学制，也就全无意义了。

因为在理想学制上，这一个阶段，关系特别重要，恐怕不免教人发生怀疑，故除前面已经有了说明外，又加入上面这一些补充的解释。惟理由尽管教人容易了解，而如何运用，才能生效，还是问题。因此在施行这个学制时，对于中等教育这一段的运用方法，更要把我所想到的应该注意各点，一一指出。

(1)初级职业学校教育和国民教育一样，也是具有普遍性，主张受过国民教育的儿童、青年，人人皆能升入此校。当然事实上不能全数升入，所以要另设补习班，以应其需求。因此施行这一种教育，最好以一县做一个单位，组成全县的职教网。其办法，由县教育行政机关，就全县境内，相其形势所宜，划成若干职教区，每区规定设校若干(本校以外，设分校或教育场)，务使全县地市乡村，皆有此种教育机关的设立。这是最重要的一点。

(2)此项初级职校的教育目的，在使受教育的青年，毕业以后，皆能具有职业生活的基本知能；除一部分升学者不计外，凡是在本地方随他们父兄从事各种职业的，能再得有富于经验的高级职校毕业生为之指导；那末，一县以内，家家户户的衣食住行的问题，便可以圆满解决。此外还可以协助本地方前辈组织自治自卫团体，自谋福利。

(3)初级职教的施教方式方法，要力求活动，不拘一格。尤其是在乡村方面，更要活动而富弹性。

(4)初级职校一切教学，务必切合于实际生活。除教授职业技能，须依照其固有的社会家庭职业，以力求改进外，即自然科学、社会科学的教授，亦务必与所在地的自然界及人事界相联合(乡土地理及地方自治的知识，均宜酌为教授)。其中有特殊优秀分子，无论在职业班补习班，凡经过本地职业指导所人员的认定，并取得其家长同意，即可编入升学班，授以升学课程，如系家道贫寒，费用应由公家供给。

(5)初级职校，既以县为本位，则所有设学经费，应以支付县款为原则，不足再由省政府酌为补助。

(6)高级职校，分科较多，设备较好，办理较精，应以省立为原则，所有经费，出之于省，不足则由中央国款补助之。一省以内，也可划成若干职教区，俾若干高职校，上与大学专科相联系，下与初职校相配合，中与工厂、农场、商店，及其他政教机关相辅助。

(7)高级职校的教育目的，在养成中级农工技术人员、管理业务人员(办理地方自治人员包括在内)、国民学校教师，以及一切社会教育的导师。凡学生入学若干时，经过职业指导人员的精密考察，认定其天资学力，适宜于升大学者，应为之特设升学一班，授以预备升学课程(同时亦须参照学生志愿，并商得家长同意。此项学生，如真系家境清寒，应由公家给资补助)。又补习班学生及短期训练班学生，如有特殊优秀分子，一样可以选入升学班。

(8)农工、业务、家事、师范各科所用教材教法，以采取新法，切合实际为唯一标的。做学并重，从做中去学，学后便做，做后再学。关于自然科学、社会科学的教授，务必与技术及业务相联系。新职业的创造，旧职业的改进，同时并重。

(9)关于高级职校的设置、调整、视导等一切行政事宜，由省教育行政机关，集全力来办理。同时各职校，要和附近的专科或大学相联络，关于技术方面，随时请其指导。

(10)高级职校农工科，必与农场工厂合在一处。凡私人所办的农场工厂，愿设此种职校者，政府必多方补助，以促其成。

(11)初高两级职校学生，入学之始，宜习何科，应详加考察，或施以科学的测验。此事应由校内职业指导部司之。即入校以后，仍应不断地施以个性考察，职业指导。毕业后，应再由校内职业指导部，会同社会方面的职业指导所，为之指导其升学或就业。

(12)初高两级职校,所有文化学科的教材教法,务宜特别求其精良。关于政治常识的灌输、集团生活习惯的养成、社会服务的指导,应视为学校的教育要项,一点不能放松。

(13)初高两级职校的学生毕业年限,除升学班比较固定,补习班、训练班,本不固定外,所谓正式的职业班,亦应视其学科性质,分别长短,或者设法立成几个阶段,以便随时可得一结束,如此则修业就业,就比较自由一些了。

(14)初高两级职校内补习教育,关系十分重要,竟可说是它在全校教育上要占二分之一的重量,应有专人负责主持。尤其是在农村方面的初级职校,更要以补教为骨干。

(15)高级校内职业指导部,和社会方面的职业指导所,都是推进职教、协助职教的重要机关。要有得力的人员主持,要有充分的准备,使机关普遍设立起来,且充实起来。

(16)初级职校设"儿童社会服务团",高级职校设"青年社会服务团",此事亦极关重要,应视为学校一种重要学程,学生才能的磨练,热情的激发,品行的向上,皆是靠着这一种训育工夫(学生在学校受教育,实际说来,只有学习、做工、服务三件大事。学习是包括读书、听讲、讨论、研究,做工是练习技术工作,服务是到社会上去帮人忙。帮人忙的作用,一方是试验一己所学所习,一方是提高做人的道德兴趣)。

(17)在这一阶段中,时期有八年之久,学生正是由儿童过渡到青年,身心变化,均极剧烈,一切教育的设施,真要好好地把握得住要点才行。民族复兴,国家强盛,也就大大地要靠这一点了。至于行政方面的计划、督察,学校方面的教授、训导,一定要有一班好的新的人才来主持其事,才能行之有效。因此在专科大学方面的师范人才、业务人才、公职人才的训练,更不能不十分注意了。

(18)在这一个阶段中,有若干小学毕业,不能升入正式初职校(指校内职业班言),若干初职校毕业,不能升入正式高职校(亦指校内各职业班言)的学生,除由初高两职校特设补习班、训练班,以应其需求外,同时社会方面,亦应各就区域场所职业等各方面之所宜,多多筹设职业补习教育机关,以补其不足。此事应由地方教育行政机关,积极负责推进。至高职校内的职业指导部,县职教区内的职业指导部,也应竭力负协助推进的责任。

(19)要施行这一种新的制度,真不是一件容易的事。你想把原来的二年高小六年中学完全翻转了一个局面,事态何等重大;弄得不好,一定是新的益处没有得到,旧的一些较好的规范,也一同遭了破坏。此层务必特别注意。较稳当的办法,是"逐渐推行",先留出准备期间,再定好施行步骤,同时赶快造就师资。所以主张暂把旧制保留,不妨双方并行,用意也就是为此。

(20)要想把这理想学制,能推行尽善,当然要认定这一个中等教育阶段,关系是异常重大,而要把这一个中等教育阶段,办的无流弊而且好,那是一定要靠住上级专科学校及大学能先行造就好并陆续造就好一大批一大批师范、公职、业务三方面合于理想的人才出来才行。说到此地,又要涉及高等教育一个阶段了。

因为中等教育一阶段,关系比较重要,所以不嫌词费,多说了一些,跟着便要说到高等教育一段了。

关于军事训练的

在未说明高等教育一个阶段以前,按着次序,可先就军训一方面提出来说一说。

说起军训,问题着实不小。我们要巩固国防,无疑的应该厉行全国皆兵制度。无论何人,一届相当年龄,即应该受军事训练。近数年来,大学高中学生,皆规定受军训三个月,壮丁受训,也到处实行。惟就受军训的一部分学生以言,受训时期、受训期限、受训者年龄体格,均有问题。军训目的,原为使青年受训以后,真正能具有军事知能。若期限只有三个月,时期较短,殊觉不够。且高中学生,年龄较小,体格也未必尽能适合。此外尚有其他问题甚多。兹为谋切实有效,一清以往纠葛起见,主张在高级职校毕业以后,未就业未升学以前,一律正式入伍,受严格的军事训练一年。当然此外非高级职校毕业学生,只要年龄已满十八岁,也应一律入伍,与高级职校毕业学生同一待遇。如此则人无例外,力能集中,既普遍又经济,在国家制为一定规章,在人民认为应尽义务,按步就班,顺理合度,以往所谓种种麻烦问题,皆可一扫而空。至于退伍以后,预备、后备,年限几何,尽可由政府规定,此非教育问题,可以不加讨论。

除普遍施行军训以外,在中等高等两级学校以内,仍有体育的普遍施行,仍用军事管理,仍须加授军操,并灌输军事精神于通常生活之中,在社会教育方面,更应有种种武术训练的设备,俾全体国民,除一部分专受军官教育外,人人经过训练,皆能具有捍卫国家的知能,真正能做到“文武合一”的境地。

如本学制所拟定军训期是一年,时期在十八岁以上高级职校毕业以后,意即在此。

关于高等教育的

高等教育一个阶段,有大学,有专科。专科教育,注重实际应用,大学教育,注重学理研讨。这本是一般通例。本学制所拟的,当然也不能例外。惟稍稍有一些不同的,就是专科的实际应用,比较格外彻底。试看附图上所列各科,可以说皆是属于实用学术技能,无一非职业生活所必需。这样就叫做广义的高等职业教育,似乎也未为不可。

如本学制所拟定专科学生,是取自高职毕业生(升学班也在内),大学生是取自高职中的升学班毕业生。但这并不是刻板文字,当然中间也是具有相当的弹性。不要说具有高职毕业生的程度,可以考入大学,即受补习教育的学生,只要程度相当,也是一样可以考取。至于专科学生,无论已否毕业,可以考入大学,更不待言。不过高级职校毕业生,外国文及数学程度,或者要差一些,当然专科方面,外国文和数学,也不能同于大学。所以为补救这一种缺憾起见,在社会教育方面,主张有大规模的中央编译馆的设置(此种机关可与研究院联合办理)。

专科毕业期限,是以三年为原则,但其间亦可视特殊情形,定为二年及一年。又专科学生,当然招收高职校毕业,及与其程度相等的,但必要时,亦可收初职校毕业及与其程度相等的。为此合高职专科一贯教学，其期限便可定为五年或六年。此项学生，当然俟毕业后再受军训。这在本学制上，可以算做一种特殊办法。

再专科及大学，均须设有“推广部”，一方将高等教育，推广到社会，使大学教育社会化；一方面指导学生为社会服务，使学生能从“做”里找问题，使社会能知道有“学”才可以改进“做”。如此教育便真正的可以和社会密切起来。而高等教育，原负有改进社会的能力和权威，也就可以大行其志了。

和高等教育同居一个阶段的，还有若干种社会教育，它的作用之大，固属人人皆知，但如本学制所拟定，不仅仅希望它能单独地表现其作用，更希望它能配合着专科大学研究院，携手迈进，共同发挥其效力。此层关系，可以说异常重要。

对于这一份理想学制，应该运用何种方法，已经分段说过了。古人有言：“大匠能与人以规矩，不能使人巧。”又言：“运用之妙，在乎一心。”这本是一个比喻的说法，当然我不敢以“大匠”自居。就是这一份学制系统表，和若干要点要义及运用方法的说明，又那里配得上说是什么规矩呢？当然用学制的是人，人能用得好，有效，一定要有一套灵敏的脑筋，要有一套巧妙的手法。

（原载《学制改革论》，江恒源著，正中书局，1939 年）

《学制改革论》赘言

本文所要说的话，算是说完了。现在还有几层意思，要再来补说一下：

（一）我国教育宗旨，是依据三民主义，早经政府明令公布。这是我们施行教育的最高原则。近年以来，最高行政机关，对于各项教育，逐渐改革，确实能本着这个最高原则进行。如义务教育的推行，职业教育的注重，军事训练的实施，社会教育的提倡，皆是最显著的事。抗战军兴，全国兴奋，本年四月中国国民党临时代表大会议决建国纲领三十二项内，有关于教育者四；同时又通过教育部所提"战时各级教育实施方案要项"，内列出方针九项，并整理及改善教育的方案要点十九条；同年七月教育部又有"各级教育实施方案"，提出国民参政会第一期集会，皆是针对目前需要，谋教育的革新。因此，益深深感觉到学制改革不可缓。

（二）有人这样说："现在为应付抗战，应将全盘教育大大改革一下。"话是不错的。但是也不能一说即做，就像这样简单。我对于这个问题，却也常常考虑到，觉得目前较为合理的办法，似乎应该这样：

1. 中等学校以上的学生，如意志坚决，愿到战地服务的应为之另立一组,施以相当训练。

2. 对于接近敌人的区域,应拟定特殊教育办法,妥为施行。

3. 此外后方各级教育,仍照常轨进行;但亦须针对目前抗战建国需要,改定适当办法。

这一个理想学制,就是就上文所说三项设计的,当然它是比较的含有固定性和通常性。

(三)就普通人情来说,有一种自信的主张,总希望能把它赶快地实现出来。“人情不甚相远”,当然我也不能例外。但是我虽希望实现,却仍含有万分慎重的意思在内。主张要把先决问题一一解决,绝对不主张无准备地实行。如前文所说要“先留出准备期间,再定好施行步骤”,那不是一两句平常的话,乃是万分重要的话。这更是要在此处特别来再声明一下的。还有一层,自己主张当然自信。不自信,如何能发表出来呢?可是,这是一方面的话,同时另一方面,要诚恳地希望贤明之士,能严格赐予我以指正,要把我所主张的错误地方,一一指示出来,要把我所设计的疏漏地方,一一补正起来。这是我万分感激的。因为这不是一人一家的事,乃是国家百年大计,为国本所关,如何能让一个私人随时胡乱主张,不加纠正呢?倘若有人认为这一个主张,是对的,或有一部分是对的,我也要极端盼望能赐予赞助,赐予提倡。

(原载《学制改革论》,江恒源著,正中书局,1939年)

《义务教育视导》序

义务教育不仅是教育的基础，且为一切建国事业的骨干。一国国民如多数没有受过国家规定的义务教育，这个国家的任何建设，必定遭遇到莫大的困难。苏联在其第一次五年计划里就努力于成年文盲之肃清，尤致力于义务教育之推进，现在苏联义务教育普及之程度，已达十分之九，而苏联建国的成功，目前也到了十分之九。这个很好的榜样，是在显然告诉我们，一个国家受教育的人愈多，建国事业愈易进行，愈速成功。

我国这次抵抗暴日的战争，是与建国伟业同时并进的，政府在这个难苦时期，对教育一切设施，更积极进行，对义务教育之推进，亦正在多方筹划，促其发展。抗战锋火现虽弥漫于全国，而各地弦歌之声，仍继续不绝，于此我们知道在抗战期中推行教育、改进教育、研究教育，正是加强抗战建国的最好工作。

作者以多年从事义务教育的可贵经验及最近在甘肃主持全省义务教育视导工作实际研讨的所得在此第二期抗战期间著为此书，实有其深长意义。作者在战区中小学教师甘肃服务团与辽、吉、黑、热、察、绥、冀、鲁、豫、晋、苏、皖、平、津、陕、甘十数省市数百小学教师？同工作，经一年之观察与体验，发现各地小学教师对民族国家意识之薄弱，及对教育素养之缺乏，深感以如此小学教师,从事建国之基础教育,事实上绝无成效可言,于是乃深感觉要实施战时教育及改进抗战胜利以后的教育,必首先在这些小学教师身上多下工夫。作者又认为要帮助并领导这些教师们前进,只有健全视导组织,充实视导工作,才能完成这个使命,而健全视导组织、充实视导工作,应先从改进义务教育视导制度入手,因有此书之作。是此书之成,不仅在教育本身上具有实际上的价值,而对抗战建国工作,亦实在间接贡献不少。

本书对义教视导的真义及各项实际问题阐发甚多,谈到过去的教育视导,我们觉着一般视导人员大都仅做到"视"的地步,而忽略了"导"的工作。就是"视",也不过是敷衍了事,或是怀着一种侦探心理,以发现秘密为干练,以更调撤换为风厉。使被视导人员对视导人员不知不觉间具有畏惧心理或是仇视心理。而二者中间的意见乃永远不能接近,于是掩盖粉饰寻事生非,造成教育上虚伪的现象,对立的风气,过去各地视导人员与被视导人员间的纠纷,其内容大都如是,而真能了解视导人员的责任及视导真义的实不易多觏。

本书对于义务教育视导人员的责任及各项视导上的实际问题反复说明、不厌其详,对小学行政教学训育均有要点指导,对养成优良小学教师的条件更列举无遗,实不仅为一般义务教育视导人员之助,且可养成优良小学教师之助。余披阅一过,深觉此书有其重大贡献,而同时则深感作者于此抗战建国时期,已在其工作本位上尽了相当的责任。故乐为一言。

江恒源于民国二十八年十一月

(原载《义务教育视导》,刘百川编著,商务印书馆,1940年)

各省市因国民学校增加其所需师资训练经费请由中央酌予补助案[①]

各省市依照规定计划，训练国民教育师资，所需之经费，除由各省市自筹的款呈报教育部外，应请由中央照数予以补助。次列师资训练经费概算，拟送教育部参考。

师资训练经费概算

第一年训练教师三十二万人，每五十人一班，共六千四百班，每班以九千元计，共需五千七百六十万元。

第二年训练教师二十四万人，共四千八百班，计共需四千三百二十万元。

第三年与第二年同。

第四年训练二十万人，四千班，共需三千六百万元。

第五年与第四年同。

（说明1）每班每年九千元计膳食每人每年（十个月计）平均八十元，计四千元，制服每人每年二十元，计一千元，教职员薪金每年三千元，办公费每年一千元，又清贫优秀师范生奖励金每年

---

① 江恒源，程其保，郑通和，李清栋，马客谈等临时动议，大会决议通过。

每人半数三十元,以五万人计共一百五十万元。

(说明2)第二年后应逐渐侧重正式师范学校教育,所有训练经费亦应逐渐支用于师范学校方面。又关于设备经费应由省县自筹。

(原载《各省市国民教育会议报告》,1940年3月)

沦陷省区情形特殊中央对于战地国民教育之实施似应另订特殊办法兹谨拟具办法要点提请公决案[①]

理　由

查沦陷省区情形特殊，对于国民教育之实施，在未沦陷县份，固应遵照中央规定，积极推进；即已沦陷县份，除县城及重要交通据点之附近之教育，为敌伪统治外，其他占全县十分之七八以上之乡村，其教育行政机构，仍然存在，其教育事业，亦仍在艰苦维持；对此攸关根本国策之国民教育制度，势亦不容听其偏废。惟此项地区，或则接近前线，或则包围敌中，或则与敌伪交错，情形特殊，困难特多；其经费，行政，师资待遇以及各项条件，多与后方各省不同。关于实施办法及推行年限，究应如何斟酌情形，变通办理之处？亟应集思广益，从长计议。用特联名提

① 江恒源、陈锡芳、吴其铖、薛钟泰、冯策、王介庵临时动议，大会决议原则通过。

议，敬候公决。

办　法

（一）认定游击区内之国民教育实施，宜多多采用社会式教学方法务求活动。尤应注重成人感化，由教育部针对敌伪之奴化教育政策，颁布足以粉碎敌伪以华制华以战养战之一切阴谋的简便易行办法若干条，责成教育厅，切实执行。其办法要点如次：

1. 教育厅选任教育局长，应以本县人为原则。万不得已，再取之邻县。

2. 县教育局长，必择其具有特殊能力，富有强度牺牲精神者任之。

3. 教育局长，在本县各区所选用之主持教育人员，亦应注意本区内之具有特殊能力，及富有牺牲精神者，不必限定资格。

4. 施教时，儿童教育与成人补习教育，学校教育与社会教育，识字与讲说，同时并重。

5. 国民教育人员兼司游击队内政治工作，及壮丁训练并协助地方经济上一切设施。

（二）教育部对于各省教育厅所选任之教育局长，为重其职权，优其待遇，鼓舞工作兴趣计，亦可予以一种名义（此种名义之给予当然不能过滥，可择县城已陷落之各县行之）。并另订殉职教育人员抚恤办法，公布施行。

（三）教育部对于沦陷省区，宜特别补助若干经费，供其办理上项县份国民教育之用。惟须严定稽核办法,责令其实报实销。

(四)教育部派定各省教育督导员,宜分区当用巡迴督导,按时报部。

(原载《各省市国民教育会议报告》,1940 年 3 月)

请教育部通令各省市遵照师范学校规程对于师范生一律给予膳食案

江恒源、郑通和、马客谈等临时动议，大会决议通过。

请教育部通令各省教育厅，对于在校师范生，一律给予膳食。

（原载《各省市国民教育会议报告》，1940 年 3 月）

做人的目标

平常很多人，觉得做人没有意思。随随便便的，持“做一天和尚撞一天钟”的态度，勉强应付下去。有一部分人，很消极，竟至“做一行怨一行”，也有一部分人，对于做人，自以为是很明白的了，但细按起来，恐怕也是“明白其所明白”，未必他所明白的说法，一定就有什么好处，影响到吾们青年罢！

这一个“做人的目标”的问题，的确是属于哲学的、伦理的范围，决不是三言两语、一天两天能够解释明白的，如果作一个有系统的研究。就是用大半生的时间，恐怕也不容易解决，现在我哩，只好就所知所感的，略略提一些出来，向诸位说说，或者也算做我“江某的人生观”罢！

最近我们常听到社会上有两种呼声：一是民族复兴；二是国家建设。

因为我们受到空前的国难，严重的压迫，当然会有这种呼声发生。有的人，认定这些问题是和物质很有密切关系的，以为道路筑好了，工业发达了，民族复兴和国家建设，自然就有解决办法，但是，我们细想一想，假使居于社会领导地位的人，仍是“只知有己，不知有人”“互相猜忌”“一盘散沙”，虽然物质的建设改进了,而个人的心理、社会的习惯,还是卑劣不堪,试问,如何能复兴民族,如何能建设国家呢?照这样说,心理的改变、精神的振作,比较物质,实在更为重要,至少我们应该道:“要双方并重。”否则危险一定很大,实例多得很,诸位大概都能够看得到,现在我也不必多说了,且来讲讲本题罢!

我们相信,人一定是要“做”的,不做,便不能算人,但是,做的方法,做的价值,却大有高下程度的不同,要评论做人的价值,一定要从做人的方式上看他的动机和影响如何,然后再选择一个正确的标准,来判定他的“是”或“非”,是非的标准,本来难定,有的今天是“是”,明天是“非”,昨天是“非”,今天是“是”,这是因为有时间性的关系,有的在这里是“是”,在那里是“非”,在这里是“非”,在那里是“是”,这是因为有空间性的限制,总之他是一个很复杂的问题啊!但是,我们也不必害怕,仍应该努力去探讨一下。

在人生哲学史上,观察一观察做人的道理,使知那孔子有孔子的方法(儒家),庄子有庄子的方法(道家),他们都已经弄得彻底明白,各立出迥然不同的主张,在他们那些主张上和真理上,究竟那一种最适宜于现在的社会和中国呢?

我先要声明,我是赞成儒家主张的,是站在儒家的立场上发言的。

我敢很大胆地说:

“做人基础,是生存。生存,是做人的根本,不独我们人类是如此,就是生物界也是如此,如牛、马、狗、猪……它们如果有言语表示,一定也会答应说:“一切的活动,是为生存。”

凡是人,谁都有饮食之欲,男女之好,如果没有饮食欲,个体就不能存在,如果没有男女之好,种族就不能绵延。

人类和普通动物的不同之点,是人类在做事以后,能自己反省一己所做的事,是否有价值,是否合宜,同时人类的物欲、权欲、名欲、利欲等,也特别强烈,且特别复杂。

我们可以说,做人的根本动机,是为“生存”,做人的最后目标,则为求得“圆满的生活”,而这种动机和目的,却皆是基于“物质欲望”。

但是,人类毕竟是道德的动物,他有一点同情心,一点理性,能扩大至于无限,所以行为基础,虽是于生存的欲望,与普通动物无殊。但说到一切文化进步,便大有天渊之别了。

现在我们先来研究一研究关于圆满的生活的问题罢!

什么是圆满的生活呢?上海滩上所谓阔朋友,吃大菜,坐汽车,住洋房……名利都有,这些人是不是得了圆满的生活呢?在他的主观方面,或者可以说是的,但在客观方面看,那就成为一个疑问了。

古人说过,“天下熙熙,都为利来”,因为有利,才可达到他“妻妾之奉,家室之美”的目的,有人说,这就是圆满的生活啊!

可是,孔子不又尝说:“居无求安,食无求饱”一类的话么?这是什么缘故呢?

记得《论语》上记的,孔子有个弟子子张想学做官,得俸禄,曾被他的老夫子,不客气地大骂了一场,而孔子又有一个弟子叫子路,穿了破棉袍子,和穿狐毛袍子的富贵人们,站在一起,竟能丝毫不觉得羞愧,孔子倒反大大地夸奖他一番,说他有志气,那末，研竟为什么呢？孔子竟不教人求利禄求富贵么？

我们再看，凡是历史上被一般人们讴歌崇拜的伟人，大数是终身流离飘泊，未曾得到一些安富尊荣，稍有智识的人，即偏偏愿意去学这种人，有见地的长辈，也不教子弟学升官发财，偏教他学这种人，这不独中国是如此，外国也是一样的。

记得西洋某哲人有一句名言说："与其做一个快乐的猪，毋宁做一个苦痛的苏格拉底！"猪是一天到晚，不要工作的，苏格拉底的生活，是很苦痛的，初听到这话，以为是很奇怪罢！可是，细想一想，却有一个大大的道理在里边。

（原载《职业与修养》，1940 年第 2 卷第 6 期）

职业教育前途

（本报专访）记者昨趋访职业教育家江问渔先生，叩询他怎样推行职业教育以及对于职业教育前途之展望。江先生为中华职教社的创办人之一，研究职业教育盖数十年，承其为记者解答如下：

中华职业教育社的使命，在于推行职业教育与研究职业教育，推行与研究两者是互为关系的，在新的方法、新的道理研究出来之后，必须根据之而推行，推行的结果，又可以作为时论和研究的材料。二十年来，中华职教社即本此宗旨而做。关于职业教育的推行部分，中华职业教育社现在所做的工作可分三方面：一、职业学生教育。二、职业补习教育。前者是固定的，而后者则是活动的，固定性较少，且含一部分社会教育在内，如送上门教育、工间教育等，使得一般已有职业者以及失学青年都能获得进修的机会，且职业补习教育为适应需要起见，其学科分技能的以及文化的两种，而入学者因为迫切需要才学习，故其学习效果也一定较好。所以，无论从青年本身的修养以及培植技术人才上着想，我们决不能把职业补习教育看作是学校教育的一个枝节，而应该加以积极推行。三、职业指导。所谓职业指导就是把社会专业和教育事业联合起来，在青年、学校、社会三者之间起媒介的作用。使得青年能尽其才，学校能造就人才，而社会能得到他所需要的人才。换句话说，职业指导的功用是在于使得人和事有适当的配合。至于谈到对职业教育的展望和感想，江先生认为十余年来，职业教育的发展进程太慢，原因除了主体上的方法或努力不够以外，主要还是社会上并不迫切需要，而近年来则不然，由于事实上之需要，一般人对于职业教育的观感已大变，加以教育部之提倡，故前途甚有希望。其次，江先生觉得职业教育是注意事教、物教的，因此推行职业教育，就牵涉到教育制度必须改革的问题，今后教育应强调职业性与社会性，希望各界协力同心，改革教育制度，使得真正能提高大众的生活与文化。

（原载《新华日报》，1940 年 7 月 5 日）

教科书价格激增、来源匮乏，急应筹谋救济案

理 由

查教科用书为施教之重要工具，不可或缺。惟自抗战军兴，纸张昂贵、运输困难，中小学教科书不但价格激增，学生无力负担；且来源匮乏，欲购无从。影响所及，将使教员无以为教，学生无以为学，足以阻碍交化之进展，教育之普及，关系至为重大，为急谋救济起见，拟具办法如下。

（甲）根本救济办法：

（一）请教育部从速完成部编中小学各科教科书。

（二）在后方交通运输、原料取给便利之地，由中学备设大规模之印刷厂五所，分印部编教科书。其地点如下：

江西（供给赣闽湘皖等省之所需）

四川（供给川康等省之所需）

陕西（供给陕甘宁青豫等省之所需）

广东（供给粤桂等省之所需）

云南（供给滇黔等省之所需）

每厂资本五十万元，活动资本五十万元，合计共五百万元。

（三）中央协助并督促造纸省份，设立大规模之造纸厂；各省已有造纸厂者应设法扩充或改良。

（四）中央应督促并助出版业从速在后方适当地点，设立分印刷所。

（乙）临时救济办法：

（一）限制各书均不得任意增加书价。

（二）教科书之运费，由交通部核减：并予运输上之优待及便利。

（三）书商由内地运往港沪书款之汇水，应由财政部核减。

（四）中央应订定节约纸张办法。

（五）学校方面应采用公购运用办法，并售卖旧教科书，以便应用；更应推进钞书运动，以供给小学低年级用之课本。

（六）在可能范围内多采用实物教学，减少教科书种类，并指导学生学习笔记。

决　议

原本修正过程。修正文如下：

（一）根本救济办法（三）款“设立大规模之造纸厂”修正为“设立大小规模之造纸厂”。

（二）临时救济办法（二）款修正为“教科书之经费，应由教育部商同交通部核减，并订定办法，予以运输商之优待及便利”。

（三）临时救济法（三）款修正为“书商由内地运往港沪书款之汇水，应由教育部订定办法，商同财政部核减”。

（原载《国民参政会第五次大会记录》，
国民参政会秘书处，1940年8月）

拟订游击战区教育设施改进方案提请公决案

游击战区教育设施,有关民族意识之鼓舞,与全民抗战之发动者至钜。前由教育部订定沦陷区域教育设施方案呈经第三七三次行政院会议通过施行。近以情境迁移,敌伪之组织与其奴化教育政策及以华制华以战养战等阴谋,愈形愈毒,且为自续文化生命针对敌伪恶毒计,自不能无更进之对策。爰本部订方案之原意、扩而充之,拟定游击战区教育设施改进方案,敬请公决。

附《游击战区教育设施改进方案》(密)

决　议

原案通过,送请政府采择施行。

(原载《国民参政会第五次大会记录》,
国民参政会秘书处,1940 年 8 月)

为从速普及国民教育请中央筹拨巨款并组织委员会筹划其事以期完成五年实施计划案

理　由

查中央决心施行新县制,业以颁布县各级组织纲要,分别实施。教育部为符合此项新县制,并已订定国民教育实施纲领,呈由行政院核准公布。刻纲领所规定之国民教育实施程序,计欲以五年分三期推行,俾臻教育普及之境。

教育部并于三月中旬,召集各省市国民教育会议,作严密之研究。其对于保国民学校之经常费,会作下列之决定:

(每校年费八百元)

(一)第一年增十六万校之经费,总额一万二千八百万元。

中央、省方各补助百分之二十五,计各三千二百万元。

县及保自筹百分之五十,计为六千四百万元。

(二)第二年增十二万校,连前共二十八万校之经费总额二万二千四百万元。

中央省方各补助百分之二十五。计各五千六百万元。

县及保自筹百分之五十,计为一万一千二百万元。

(三)第三年增十二万校连前共四十万校之经费总额三万二千万元。

中央省方各补助百分之二十,计各六千四百万元。

县及保自筹百分之六十,计为一万九千二百万元。

(四)第四年增十万校,连前共五十万校之经费总额四万万元。

中央省方各补助百分之二十计各八千万元。

县及保自筹百分之六十,计为二万四千万元。

(五)第五年增十万校,连前共六十万校之经费总额四万八千万元。

中央省方各补助百分之十五,计各七千二百万元。

县及保自筹百分之七十,计为三万三千六百万元。

此外,对于师资之训练经费,经决定:训练师资所需之经费,除由各省市自筹的款呈报教育部外,应设由中央照数予以补助。次列师资训练经费概算。经送教育部参考:

师资训练经费概算

第一年训练教师三十二万人,每五十人一班,共六千四百班,每班以九千元计。共需五千七百六十万元。

第二年训练教师二十四万人,四千八百班,共需四千三百二十万元。

第三年与第二年同

第四年训练教师二十万人,四千班,共需三千六百万元。

第五年与第四年同

说明一:每班每年九千元。计膳食,每人每年(十个月计)平均八十元,计四千元。制服费每人每年二十元,计一千元。教职员薪金每年三千元,办公费每年一千元,清贫优秀师范生奖励金每年每人半数三十元以五万人计共一百五十万元。

说明二:第二年后应逐渐侧重正式师范学校,所有训练经费,亦应逐渐支用于师范学校方面,又关于设备经费,应由省县自筹。

观此项决议,足征政府对于国民教育,已具有实施之决心,惟兹事体大,所计算之经费,数量是否正确?来源究竟如何?中央及地方分担数量之标准是否合宜?地方县乡镇保经费筹措及保管方法,如何方为适当?实有重行检讨,周密计划之必要。

同人以为实施国民教育,所需经费,数量过巨。此项严重问题,决定教育行政机关一方面所能自力解决,必须由政府内政与教育行政机关数方面密切合作,加以精密之计划,决定中央省县经费之来源,以便依照筹措。尤须详察地方省县情形,及乡镇保人民一般心理,无使其力不胜任,且使之心悦诚服,始能推行顺利。

兹为助成实现此项计划起见,拟具办法,请由政府依照施行。

办　法

(一)请行政院令由财政内政教育三部,派定专员,并由本会推定人员,会同组织“国民教育经费计划委员会”,将五年内普及国民教育所需之经费，依照国民教育会议所决定之原则，编制一较精密之概算。并决定中央，省（市），县（市）及乡（镇）保之分担数量。再各省情形不一，规定分担办法，宜多留弹性，而于县乡镇保经费筹集，更须详察民众心理，拟定成若干标准。

（二）由委员会根据上项分担数量及地方筹款办法计划定中央，省（市）县（市）国民教育经费来源，请财政部核呈行政核准。

（三）由财政部按照计划，筹措中央经费，并有行政院令饬省（市）政府按照计划、各自筹措经费。

（四）由委员参酌此次国民教育会议，根据地方民众心理，决定各保自筹基金办法，订定乡（镇）保自筹教育经费办法（实施时并须顾到教育内容，必以不离开受教育者固有生活及帮助增加生产为重要目的，如此方能合于实际，而不至纯粹属于消耗）。请由三部呈请行政院令饬各省转饬各县（市）切实施行。

（五）以上各项工作，须于本年七月底以前完成，以便依期实施。

决 议

原案修正通过，修正文如下。

“办法一”删去“并由本会推定人员”等字。

（原载《国民参政会第五次大会记录》，

国民参政会秘书处，1940 年 8 月）

为助成国民教育普及特拟定设校造产运动办法提请公决案

理　由

查教育部所定国民教育实施纲领，规定于二十九年八月起，分期实施国民教育，至三十四年七月止，全国完成普及义务教育及成人补习教育，须增设保国民学校六十万校，训练师资百余万名，所需经费，异常之巨，除每年由中央及省库拨款补助外，地方应自筹学校经费之半数，并应筹集相当基金，以其子息充作经常设备等费，俾经费来源稳定，学校基础，得以巩固。但欲筹集如此巨额经费，仅恃公家之力，恐有不胜，似应发动全国各地民众，群策群力，一致奋起协助，使校产与校数，可以同时并增。

办　法

（一）明定目标。设校造产运动，原不以国民学校为限，但为普遍助成义务教育普及计，此项运动，宜特定目标，指明注全力在保学一方面,即无论用何方法,凡能为保校筹得年费八百元,确实具有永久固有性者,即定明为一个保校之固定校产。

(二)规定种类。校产造成,大约为次列数类:

(1)由乡镇自治团体,拟定公产公款,呈准立案,以其所生利息,为某一保校经费者。

(2)由本保居户合作自筹之公产公款,指定为本保保校经费者。

(3)由若干地方热心教育人士,同心合作,各出私财(或不动产或存款),永久担任一个保校或数个保校常年经费者。

(4)由地方热心教育人士独出私财,永久担任一个保校或数个保校当年经费者。

以上两项,如或以家祠财产生息,自立一校,或以寿喜筵费及类似此项经费充作保学基金,或筹款设校为其先人作特别纪念,或由经济团体出资创设,皆当在校内立石刊文(如系个人独立,可照私立学校例,用其所自名之名以名校),由政府特颁条例,规定奖励办法(在普通私人兴奖学诸规则外,可专为保学另立一种)。

(5)由保学师生自就校旁经营农场林场制造厂,以其经济所得,充作学校经费,全部或一部者。关于此种经营须立规则,由本保共同管理支配。

(三)颁布条例。由政府制定保学造产奖励条例,各就地方经济生产情形,拟定推行办法,呈准施行。

(四)制定纲要。由中央党部制定运动纲要,颁布各省市党部领导各县区党部,并联合地方政府地方自治文化团体学校教师，于每年教师节日，或其他相当节日，用种种方法，为有效的广大宣传，以鼓扬起社会兴学的浓厚空气，使社会稍有资力的人，皆愿出资为校造产。

（五）进行步骤。此项运动由教育部指定专员，主持其事。除拟定条例呈请行政院颁布外，并拟定进行程序，商请中央社会宣传两部联合进行，而最重要之一着，尤须联合鼓舞社会团体，竭力推动。

决　议

本案修正通过，送请政府采择施行，修正文如下：

（一）案内“设校造产运动”修正为“增置校产运动”。

（二）办法二项分款“由保学师生自就校旁经营农场林场制造厂”句，修正为“由保学师生自就校旁经营农工及其他生产事业”。

（原载《国民参政会第五次大会记录》，
国民参政会秘书处，1940 年 8 月）

我们需要怎样的生活[①]

诸位先生，鄙人今天得与诸位晤面，一方面觉得十分荣幸；一方面感到惶恐和惭愧。陈光甫先生在渝时曾面约兄弟不时来贵行与诸位谈谈，一则因为兄弟近来身子不好，再则突袭频仍，所以没有机会。此次承赵汉生先生约定兄弟在今天来与诸位讲一点人生问题，兄弟才疏学浅，且不擅言辞，今天我们第一次见面，不敢说是“讲演”，只是向诸位请教，随便谈谈。以后兄弟如能有机会常来，我们可以用座谈的方式，大家来互相研究，互相讨论。

讲到人生问题一层，一个人假使马马虎虎平淡无奇地生活下去，倒也无所谓。但是如果仔细想起来，实在是无往而不是问题。比如说，我们要怎样读书求知，怎样处世做人，更需要怎样确定了人生观。佛语说，“人生为大事而来”，“有生不易”，“普渡众生”；孔子说，“朝闻道，夕死可矣”，“己欲立而立人，己欲达而达人”。这几句话，可以说就是代表佛教与儒教的人生观。再近一步说，比如上海银行立业宗旨为服务社会，参加上海银行的

① 地点：嘉陵新村，时间：1940 年 10 月 25 日。

每一员，亦必有其服务精神，这就可以说以“服务”二字确定人生观。大凡一个人绝不能存心怎么自利，要从大处作想，所谓化小为大，化私为公，化己为群。我们以后就可照此研究，至于研究的方法，很多，例如说，推定一人讲演、座谈、小组谈话，或用通讯的方式，以及设置图书馆等等。

今天我们先来讲一点人生实际生活问题，“我们需要怎样的生活”。生活两字的意义，狭义的解释，生为灭之对，活为死之对，事实上当然不是如此简单，所谓生活，要包括每个人完整的行动，也可说是品格之表现。品格之表现有四端：心理，生理，法理，伦理。就是说一个人必须生理健全，生理无残缺，能负法律上之责任，而得到伦理上之评价，及之一个人如神经有病态，身体有残缺，被法律所歧视，推动评断之价值，如此虽生存于社会，亦失去生活之意义。

生活之对象，主要为衣、食、住、行，照兄弟的意见看来，仅此四字还不够，另列要加上“享”与“乐”两个字。俗话说“马不久驾而不卸”。每个人在生活里头必须有其相当享受与娱乐，以资调剂。

衣、食、住三者是人类之本能，是人人都知道的，我们要谈到“行”，我们应该怎样行动。依兄弟多年的经验来决断，不外三个字，就是“做”“想”“谈”，吾人每做一件事，必先想一想，如何做法，能不能做到，以预期其效能。做了以后，也得想，所做的事，合理与否，价值如何，而估计其事功，然后再来谈，小则互谈，大则大家讨论，对于做成的事，加以研究，加以批评，而得到其结论。如此做、想、谈，循环的进行。可以说衣、食、住、行、享、乐六字，是我们生活的对象；做、想、谈三字是我们生活的进行工具。

上面述的是生活之定义，现在我们讲的是有价值的生活，也就是圆满的生活。生活能圆满，就有价值，可是怎样的生活，才能谓之圆满有价值，这是吾人最先需要解答的问题，昔者齐宣王言于孟子，以好货好色为疾，孟子对以"王如好货好色，苟能与百姓同之，于王何有"。可见一个人生活于社会，不能自私自利，能享乐亦必能推己及人，所谓化小为大，化私为公，化己为群。人类依群而居，群居必有私事竞争结果，乃有善恶之分。所谓善恶之分，要以人之伦理道德为标准，从这里可以判断出人之生活，如何为有价值，如何而没有价值。

大多数的人，尤其是一般青年，往往叫苦连天，主观地批评自己，生活怎样烦闷、空虚、单调、无聊，甚至妄自愚陋，妄自菲薄。这是生理上的病态，最不好的现象，患有这样病态的人，必须马上纠正，否则必自陷于苦境，不能自拔，更谈不到生活圆满。

圆满的生活，是建筑在物质上与精神上的，有一种人专门看重精神，论语上有这样的几句话："子曰，贤哉回也！一箪食，一瓢饮，在陋巷，人不堪其忧，回也不改其乐。贤哉回也！"，"子由，衣敝缊袍，与衣狐貉者立，而不耻者，其由也与？"是颜回子由可谓物质极苦，而得其精神上之愉快者也。不过据我的意思讲来，生活必须物质与精神并重，如颜回亦必有其箪食瓢饮，陋巷以居；子由亦必有其敝缊袍以衣。事实上每个人既需穿衣吃饭，当然离开不了物质，所以只能说，物质与精神相辅而行，绝不能专讲精神。孔子也曾说过这样几句话："临难毋苟免，临财毋苟得"，"不义之财不取"。可见财非不可得，而不能苟得；财非不可取，而不能取于不义。物质享受，人所尽有之欲望，如享受稍优，但能适处，不为过分。

人之需要物质享受，已如上述，但是仅靠物质享受，而不能算是生活圆满有价值。因为一个人如果饱食终日，无所事事，庶人而已。生活一生价值，何来圆满可言？兄弟在上面曾说过一个人不能自私自利，不能因小己而忘大我，人分三等：善者为上，恶者为下，庸者适乎中。称善固所不易，恶者人所不耻，故以庸者居多。但是庸者谓之无能，“逆水行舟，不进则退”，一个人至少要打算在庸人以上，各人之教育，本即基于此点。谈到教育一层，教育有四级：被教、教人、自教与互教。现在我们被教的阶段，可算过半，教人还觉不够，所以需要自教与互教。我们今天大家在此地谈话，就是互教，我们做人必能做一个超平庸人以上的人。“人生为大事而来”，要从大处作想，要能牺牲小己，成就大我，不能因一时一事计得失，要算总账，要具有化小为大、化私为公、化己为群的精神，我们必须以此种观念为基点，来自教互教。

我看到每一个政治机关、公司团体里面，总有许多人抱定一种主张，就是每天将分内应做的事做完，其余的事不关己，一概不闻不问，到时下班，到月拿钱，他们意思是我拿了多少钱，只应当做多少事。这种理由当然也不能说是完全不对，好听的说来，是可以加上一个“安分守己”的衔头，可是事实上是不对的。不要太职业化与机械化了，要知道“人生为大事而来”，人是无价值的，我们立身于社会，必须以职业为基础，事业为期望，在职业与事业以外还要具有一般服务精神，就是说在职业内固应努力尽职、奠定职业基础,还要进一步从事业作想,要机动地学习并研究,事业之怎样经营、怎样发展、怎样成功,期望能够做一个事业家,成就一种事业,此外再要有一种服务社会的精神。

谈到“服务”两字,服务是在职业以外的,超职业的。凡是做了几件于社会有益的事,便是服务,从服务里可得到精神上极大的愉快。比如说,我们有一天在公务完成以后,还抽暇到外面去为前方将士募捐寒衣,结果成绩很好,捐到不少的钱,回来自己觉到很开心,这样这一天的生活,可以算是很圆满而有价值。职业与事业是个人的,有范围的,服务则是大众的,没有范围的。职业与事业有地位之高下,机会之有无,惟有服务不同,要服务随时随地都可以,没有什么阶级与机会。大家都知道山东武训讨饭办学的故事,这如果是一个在社会上有地位有声望的人,办几个小学校,当然没有什么希奇。不过武训以一个叫化子而能够以讨乞来的钱办学校,其价值则是无穷的,不可比拟的不可限量的。所以说,一个人要有服务精神,能服务,才能谓之生活圆满,有价值。

兄弟今来,话已经说得很多,因为事先没有准备,只是拉杂的说来,且属老生常谈,诸位都是早就知道,早就听到的。此后希望有机会常与诸位晤面,再来详细地研究讨论。所谓自教互教,第一以要中国为本位,发扬固有旧道德,再尽量引用外国人的科学方法、做人的道理,一方面要取之古书,一方面要趋合时代潮流。比如说,古人所谓“忠”,是忠于君主,现在我们要忠于职务,忠于主义,忠于民族,忠于国家。古人所谓“孝”,是孝顺父母,现在我们要以孝推及大众,普及人群。孝经上说过,“战争无勇非孝也”。可见古人的孝也不仅孝顺父母而已。曾子曾说过，“身体发肤，受之父母，不敢毁伤”，不过这几句话，或是传记之误。试观曾子也曾说过这样的几句话：“可以托六尺之孤，可以寄百里之命”，“士不可以不弘毅，任重而道远”。可见曾子并不是如前面所说的那样一个有私的人。

还有一点，我以为一个人读书，常因得到一两句话，而能确定人生观，决定终身。记得我从前读到陶渊明的家书里关于善待家僮说的一句话，“此亦人子也”；还有读到《战国策》唐雎对信陵君说的几句话：“人之憎我也，不可不知也，我憎人也，不可得而知也。人之有德于我也，不可忘之也，吾有德于人也，不可不忘也”。我就很受感动，在脑海里印象很深，此后历世处事，常能想到。例如从前闵行有个孤儿院，当时感觉主持乏人，各方劝我担任院长，起初我还有所犹豫，后来想到渊明先生“此亦人子也”这句话，我就毅然接受下来。所以仅此书上的几句话，对于我之一生就有很大的影响。总之，“人生为大事而来”，希望诸位都能做一个超庸人超职业的人，大家来服务社会，造福人群。

（原载上海档案馆 Q275－1－352－77，1940 年 12 月）

关于青年修养的一个根本问题

青年修养问题，是一个"老生常谈"的题目，就题作文，恐怕也脱不了一套"老生常谈"的滥调。"我为此惧"，所以很想从旧调中，翻出一点新意义来，以期对于"国家民族培养元气"的一件大事上，有一点微末贡献。但是，能否达此目的？却不敢说。亦所谓"尽心焉而已"！

依我个人所深深感觉到的，以为要讨论青年如何修养，应该先要问一问，"成年的修养如何?"那却是一个根本问题之所在。倘使对于成年人的修养，可以马虎不讲，撇开不问，专去就青年人身上纠缠不休，教他这样那样，如何如何，可以说，皆是"隔靴搔痒"，费尽万言，一无所得。

那末，讲到这个地方，凡一般负有指导青年责任的人们（无论是直接，是间接，皆一样，就是连作者自己也包括在内）。皆应当深切地自我检讨一番罢！究竟以往指导青年的方法对不对？或者再进一层，详问一下，一己对于指导青年修养的资格够不够（包括个人的品格、思想、态度、方法等）？人情真善忘，去年事往往到今年，就有点模糊了；而况年已过了三十四十，那里还能把自己已过去二十岁以前的心境行径，完全记得呢？视青年若成人，硬要他或硬逼他跟我一样，如何能完全做到呢？（就是要做到也不能专用强硬手段）。你到了中年以后，在社会所遭遇的，所享受的，自然有你的一套感觉，一套经验，青年不是这样啊！而且青年的知识程度和个性等也不是一样。若不先去详察青年现时所处的宇宙，心情心意成长发展的经过情形，本着阔然大公的态度，依照精密合理的方法，好好去启迪引导，只一味凭着主观，或竟依着狭隘的见解、一时的利害，画出一个框子，不问三七二十一，致青年"削足就履地来从我，不从，或竟滥用不必要的权威，弄得不好，也许会把青年心田上一些向上改善的脆弱嫩芽摧毁掉，断丧掉，这是多么可惜可痛的事啊！当然我不敢说现在指导青年的成人，一定就有这样情形，但是倘若不幸，竟有万分之一，或十万之一，犯了这样过错，我总以为有一些对不起国家民族罢！总是一个很大的缺憾罢！

依我极粗浅的见解来说，我们指导青年修养，首先要定一个水准不必过高的目标，来做青年修养的准则，同时也是做负指导实任的成人的准则。抽象地说，便是"养成青年道德上的健全心理"。再具体地说，所谓"道德上健全心理"，其涵义，也极其简单，共有五句话，三句用消极方式表示，二句用积极方式表示，便是"不猜忌，不偏狭，不冷僻，正直宽和，明情达理"。依我个人的浅见，以为这五项，在今日的中国，是万分需要的！老实说，我们过去的一班成年老年，犯了猜忌、偏狭、冷僻的毛病，已经不算少了，正直宽和、明清达理的胸襟、气度、见解，有时还觉得不够，恐怕也不能否认。我们中年以上的成人，要想做第二代的国民的模范，要来用一己的所知所能，来指导青年修养，要想把被指导的人，做成"青出于蓝"，须一代比一代的还好，我以为无论如何，这一些最低水准的目标总要能使他完全达到才好。

既要达到如上面所说的目标，那末第一着，就要先看指导者的成人，能不能具有此项"健全心理"了。有了健全心理，再来担任指导，则精神疗治的本领，或者也可说是根本的工具，已经完备了，再能配上合理计划，施以有效手续，自然百分之百，可以成功。说起一般青年健全心理（这些是指导学的心理而言，和心理卫生学所说的心理有异，以下同。请注意）的养成，真不是容易的事啊！而在今日的社会，许多因缘，足以摧毁青年健全心理的，也实在是可怕啊！若是真正站在国家立场上来看，有时也许会教人心惊胆战，竟至痛哭失声！

一个天真烂漫心地纯洁的青年，易感、易动，心情往往是随着外界的刺激以转变起落。他何尝有一定宗旨呢？至于个性或强或柔、或动或静、或高或明、或沉潜、或近于狂、或近于狷，那当然是有的。此时有赖于指导者能认明各青年的天性天才（指固有能力言，非如普通所谓特殊的天才也），及其家庭朋友的状况与夫已受过的教育怎样，现在知能的程度怎样，因材施教，使之知德并进（包括才能），精神不断的向上、不断的革新、不断的发展。教育等级不必一样，所习科学，不必一样，所习与所操的职业，更无从一样；然而其必要的"健全心理"，务必使他能达到水准。因为必如此，才能参加团体生活，才能与众协作，进一步，才能共同起来建成三民主义的新中国。

那末，再看今日中国青年，实际上所遭遇的情形怎样呢？有时置身不良环境之中，有时遇着若干心理不健全的师友，有时阅读了许多损害身心的书籍，还有曾经遭受到社会的轻视侮辱，神经上受了一些刺激。凡此种种皆足以使其心理发生变化，所有猜忌、偏狭、冷僻等心象，往往是由此滋生。有了这些心象，当然正直宽和、明清达理的气度胸襟见解，就要差了灭了，或变了。还有一层，是青年对于政治现状的不满，也足以使其心灰意懒，尤其是一班有志向上青年感触政治最锐敏，心理方面发生变化最容易。这一件事，的确影响到青年修养问题很大。此时更要赖有心理健全的中坚成年分子，用纯正的客观态度、精密的科学分析，妥为指导，免使青年脆弱娇嫩的心苗，稍受损伤。那末，怎样办呢？我以为，第一，不能把多年前的现象，不变地永远存在脑中，应该随时考察比较，已有若干部分进步了，并且是大大的进步，还有若干部分，因形格势禁，尚未能完全改革。进步的要还他一个进步，不能随便看过，轻轻抹煞；未改革的，应详其真相与原因所在，也不必故意掩饰。第二，对于已进步的政象，当然要称扬赞美，有时且要加以赞助；未改革的，即应详察其原因，并应研究其改进方法，万不可作无意识的讥评和不合理的推测。在青年感情丰富，热血一腔，望好求治之心太切，而其观察能力尚不充足，分析习惯尚未养成，其对于已经改革好的政象，往往认为当然，不加注意，对于未改革好的，乃不免执其一以例其余，甚且脑海中还袭着多年前的印象，弄得不好，竟作无意义的联系、较离奇的推演，这样一来，心理上可就不好了。所以此时一定要有心理健全的成人，为之指出事实的比较，明白详细地解说，合理合情地启示，自然就把无边的烟瘴，扫除一空了。当然在执政者方面，要不断地把改进的好的政象多多给予青年以亲见亲阅。同时，负指导青年的成人，自己也先要具有阔大、公正、平和宽恕的根本德性，能善作政治的观察、分析，并有效地启示。

总而言之，现在要讨论青年修养问题，应当先从负指导的成人说起，无论是学校方面、是社会方面，无论是直接指导、是间接指导，我以为凡是年及成人的知识分子，皆应当平心静气，远视近察，不杂一点偏见私见，精细地深刻地来检讨一番。并愿能由各个人的检讨，进而为集体的讨论，结果倘能得着一些可采的有效办法，以贡献国家社会，那真是作者万分感幸的事了。至于作者在上面所提到的“养成健全心理”一层，那也可算作一种未成熟待讨论的见解，当然要请明达指正。本文所说，只是提出一个要目，将来还要续有论列，向读者请教。

（原载《国讯》，1940 年第 240 期）

敬为中华职业学校寿

凡一集团之发展，一事业之成功，必备三大要件焉：始终保持蓬勃朝气、积极精神，一也。具有一贯方针，完善计划，更能随时进行，随时检讨，力求改善，二也。主事之人，不轻易更动，即有更变，而替人已早储就，三也。三者备而又能经历较悠久之岁月，则发展成功，可操左券矣。诚然，大易终言“未济”，大学首揭“至善”，所谓成功之标准，殊不易定。然而事经客观的比较，其发展之迹，固显然可见也。发展无穷期，亦即成功无止境，宇宙万物万事之进化，皆如斯耳。试持此义，以论吾中华职业教育社所附设之中华职业学校。

中华职业学校，创始于民纪七年，于今已历二十有三载，毕业生人数近四千，服务于政军工商各界咸能有以自立，为社会国家作相当之贡献，薄海内外，固无不知有此一校矣。当开办之初，卜定沪南一隅荒僻地，辟草莱，斩荆棘，以成校舍若干椽，师生荷锤持斤，杂匠工而操作，盖其刻苦耐劳之习惯与夫进取不懈之精神，在草创时已立厚深不拔之基。迨至学生人数已逐渐增加，由十而百，由百而千，在“八一三”前，沪上一校，已达千八百人。二十六年冬沪南校舍毁于敌，二十年辛勤拮据新成立之三厂教室宿舍仅余瓦砾。师生忍痛茹苦迁至特区,赁屋以学以立,学生数犹及一千四百余,同时由校长挟一部分重要机件教具,溯江西上,远于陪都,创立渝校,三载经营。学生亦达四百余,其所谓蓬勃朝气,积极精神,不惟始终不懈,且以国难当前,益形奋发,此则主校事者能本一贯之方针,且久于其任,有以使之然也。

至若施教计划是否完善,诚难本主观以为断,然诚一回溯二十三年来之经过,初设铁工、木工、珐琅、钮扣四科,当时盖纯为适应上海社会之需要而设。嗣后珐琅工厂纷设于沪滨,钮扣制造手工业,亦遍起于淞江南汇附近沿海各地。搪瓷舶来品,绝迹吾国市场,盖已十五年于兹矣。设科施教,养成生产制造中级人才,以针对社会需要,因可认为职校重要计划之一端,实亦全部计划最重要原则之所在。其注重公民道德之训练,服务精神之培养,爱国爱群心情之特殊发揭滋长,更可为全部教与训重要命脉之所寄。中遭折磨,几经演变,至最近七八年间,属于精神教育一部分,既已比较固定且益加强,属于技术教育一部分,则详察社会之所需,所设各科,有因旧需要减少而分期收束,有因新需要发生,而设法增置。其为一般需要一时未消减者,则必赓续举办,且力助积进。近来沪渝两校,均设机械、土木、商业三科,盖皆为适应一般需要计也。顾社会之需要非永久而不变者,就目前情形而言,国家需要大量中等技术人员、会计人员,职校已承政府之命,代为设科训练矣,而为提高技术人员工作之效率、适应中等职校工商两科毕业生之需求,更有增设专修科之必要。职校近亦呈奉教部核准行将筹办矣。所可惜者，化学工业一科，在四年前计划设立，已具端倪，不幸因抗战军兴而中止，至今需要仍在，此则学校同人仍应继续努力以期实现者也。

再述计划所及之范围，语其大，则为设科准则，施教主旨，语其细，则一门教材之选择与编制，一新生之招考与编级，一毕业生之爱护与指导，皆应包含在整个计划之内，其进行程序，则先之以调查研究，继之以实地施行，终之以检讨改进，而欲求不断改进，日趋于至善之域，可近于成功之路，更可以研究工夫，统其全局，摄其纲领，策其进步。中华职校三十三年未所负之使命，因已逐渐完成矣。而于研究一端，是否咸能如其所期，则回溯已往，展望未来，自值得经过一番详察也。

综而言之，中华职业学校对于上述三大成功发展之必要条件已完全具备，可以无问题矣。兹以主校事者二十余年来变更不过数人，近十年来则校长贾佛如先生致力之劬，历境之苦，更为全社同人所共知而共佩。古人有云：艰难困苦，玉汝于成。以学校遭遇论，二十余年来辛酸无限，盖真不堪其回首矣。抗战军兴以还，一千余未离沪之师生，寄人篱下艰苦支撑，日在狂涛惊浪之中，仍本一贯之方针与精神，尽其应尽之责任，迁渝新校，亦逐渐成长于乱离之际，能容布置，日有进展，中间且两度惨遭敌机轰炸，致工厂化为灰烬，宿舍竟成壁立，幸赖政府社会各方予以援助，卒能再蹶再振，近则白沙沱之工厂校舍又复崘然奂然立于江干矣。

追怀以往创业之艰辛，远念未来职责之重大，感慨之余，更不胜其兴奋，兹者，渝校新屋落成并举行立校二十三周年纪念，同时贾校长亦任职满十年,集体生命,固永无尽期,事业前途,更日臻光大。谨以此文,敬为我最亲爱之中华职业学校寿。

(原载《中华职业学校23周年纪念刊》,
中华职业学校编,1941年)

四类好人

有四类人焉：愤世疾俗，看不惯社会一切不正当的事、无条理的事，（当然他自己不去沾染一点）只有忿怒、痛恨，自称“予欲无言”，又常云“佛言不可说不可说”。此所谓“不说”主义，一也。三五好友，私室密谈，指东画西，说他如何不好不对，大骂一场，相对太息，说完即了，不复再问。此所谓“空谈”主义，二也。拼命地说，到处去说，垂涕而道，不顾忌讳，纯本善意，有时且为指陈办法。此所谓“普说”主义，三也。以为徒托空言，人或不能见信，于是自己去做，且联合同志，集团去做，做了有一些结果，再说。此所谓“实做”主义，四也。四者不同，其为好人则一。然而其对于社会效用的大小，却不可同年而语矣，吾辈要做一个近代有用的好人，则于四类之中，应亦知所择乎？

（原载《国讯》，1940 年第 255 期）

超职业及其他

“超职业”

近十数年来余专心一意从事职业教育，而每向一般青年讲话，则必极力提倡“超职业”主义。余盖认定必具有“超职业”精神以从事于职业，方不致流为“个人主义”。实则所谓“超职业精神”者，即服务精神也。故余每爱称“吾们所主张的职业教育，是服务主义的教育”。

执业与服务

“执业”与“服务”有绝大的区别。执业以谋生，是一般常人所应为，盖不如此便不足以做一个“起码”的人。若于执业时，或于业余时能表现出服务精神，方可算是超出常人以上，始有善的价值可评。当然善的大小轻重，也要看服务范围及效力以为定。

职业教育的目的，不仅工在养成能谋生的人，而要在养成能服务的人。

职业五性

余从职业教育立场,特别研究出职业特性有五种:(一)曰普遍性,即人皆应学习职业,从事职业。(二)曰平等性,即凡足为人类生活,所必须之事功,皆应入职业范围,并无高下贵贱之别。(三)曰互利性,凡属职业必须两利,即与者得相当酬报,受者满足其生活所需。凡属片面有利而对方有害者,皆属不正当的职业。实则不当以职业称也。(四)曰受酬性,凡属职业,必须接受物质酬报,否则只可以称服务,而不可以称职业。(五)曰近代性,同一职业,今昔不同,盖皆是随着文化教育进步。有所兴革,有所改进。职业教育的使命,即用以完成此五种特性,亦用以发展此五种特性者。

(原载《国讯》,1941 年第 257—258 期)

《农村改进的实施》序

中华职业教育社所办事业，顺着自然演化，适应社会需求，迄今无意间型（原文如此，似为形之误。编者注。）成四大主干：即职业学校教育、职业补习教育、职业指导，与农村改进是。前三项设施于都市，后一项举办于农村，虽方式各异，其性质实同。农村改进，谓之农村职业教育，亦无不可，因与职业教育各端，固息息相通者也。

吾社之办农村改进事业，创始于民国十四年八月，其时黄任之先生在山西太原中华教育改进会第四届年会中，提出“划区实验乡村职业教育”议案，当经通过，时山西省长阎百川先生认为切实可行，有意试办，经调查研究，择定忻县之樊野场村、定襄之待阳村，及灵石之静升村三处为实验区，后以战事起而无形停顿，乃于十五年五月联合中华教育改进社、中华平民教育促进会、东南大学农科等，改就江苏昆山之徐公桥加以试验，后各机关因故陆续退出，十七年四月，乃独力肩承，于二十三年六月试验完成，交还地方自管。自后陆续办理各地农村改进区，及兼办社会教育之农村小学多处，截至战前为止，附设代办合作之农村改进机关，约共二三十处，均以辅导地方自治、改善农民生活为目标，薄具成绩，各方闻风则效者甚多，实为一欣幸事。

沈君光烈，服务于职教社有年，对于农村改进事业，颇具兴趣，曾任辅导员多时，规划改进，甚多建树。近著《农村改进的实施》一书，简明扼要，切实可行，披阅一过，十分称佩，不特农村工作同志，均应人手一编，即农村师范学生、社教机关人员，亦宜采作课余读物及行事参考。因怂恿其付梓，并志一言以为序。

江恒源　民国廿九年八月五日于重庆

（原载《农村改进的实施》，沈光烈编，
上海中华书局，1941 年）

关于历史补充教材的一个小小建议

一个受过近代教育的人,如不明白他的本国历史,恐怕□(原文遗漏,似为是字。编者注。)一件很可羞耻的事吧!一个中等学校不能教它的学生明白、认识、景慕他本国历史,恐也是一件很可羞耻的事吧!这样说法,也许有点过火,但今日民族精神必须振作,国界还未破除之时,就教育目的来说:一方面要养成具有世界知识及人类道德的人,同时也要养成非常热心爱国的人。那末就不能不承认历史教育正是鼓舞爱国精神、振奋民族精神的一种最有效的工具了。我想这句话,大致不会过错吧!我们不妨再放眼来看看现代各国的教育情形,无论民主政治也罢,独裁政治也罢,可以说没有不教他们的青年儿童尊重国家,爱护国家,准备为国家效力。尤其在我们现在的中国,山河破碎,敌军压境,空前大难正压在我们四万五千万人的头上,要是再不注意到这一点,前途的危险,还堪设想吗!

可是数十年来,我国的历史教育情形如何?实在值得我们反省。小学大学暂且不说,专说全部教育过程中最重要的一个中学阶段来说:大家皆知道六年中学是一个比较很长的时期,在此时期中学生身心发育变化均最急激,所有爱国家爱民族的根本意识和根本精神，最好能在这时期内，好好地把种子种下去，并且好好灌溉他，使他开放出灿烂的花，结束成美满结果，这不是我们教育上最重要的目的么？虽则其他学科都很紧要，可是若没有历史教育来陶铸好了一个重要灵魂，奠定好了一个基本础石，试问其他一切知识技能，将在何处得一个较好的着落呢？倘若受了教育的人，竟至数典而忘其祖，不知自己是哪一国的人，尽可以为人和顺，善为他人服务，弄得不好，也未不可以为汉奸国贼啊！这样，比了上海那些满口大英国大法国的无知识的人力车夫，还要不如了。唉！受过了中等教育，而他们的意识还是和不识之乎的上海车夫一样，哪能成国家呢！现在我们中国中等学校的历史教育究竟怎样？我不敢随便乱说，但是时常听到社会上对于中等历史教育的不满意的呼声，这也是事实啊！如大学招生历史问题的答案，笑话百出，如遇到某某学校的青年，谈到浅近的本国历史，瞠目不知所对，甚至有中国史地而用外国课本者，那更是一场大笑话了。总算物极必反，现已大家觉悟了，最近教育行政当局也正在极力提倡历史教育，想挽回这种趋势。如师范学院养成历史教师，划一历史科的教材编制等等，皆已着手筹办。我们相信如上所说的毛病，不难在短时期内一一改正过来。不过关于培养教师，编制教材是一种很专门的事工，其中所包括的问题还很多，必须加以极精密的研究。个人在这一方面，却也有一些意见，教师问题比较复杂，暂时且不说，现在愿意专就历史补充教材这一问题提出一点意见。

何以我对于历史补充教材要特别重视呢？可以说有下列几

个理由：

一、我们相信，在学校内正式上课用的教本是最要，但课外的补充教材也不能不认是次要，并且这次要决不可以忽视。固然这次要的补充教材，在它的本身已具备相当的价值。同时亦能使正式课本得了帮忙，格外可以发挥其效能。这是很明显的事，每一周内只有二小时历史课，先生讲完，学生听完，下了课后真真去用功温习的有几人，等到考试时，再来翻阅，效果如何？可想而知。即使读了烂熟，得益亦仍有限。

二、教科书无论编得怎样生动有趣，它总还是一种科学的叙述，不同文学，描写，对于学生情绪的鼓励，兴趣的提高，终有一定限度，所以课后必须有更有兴趣而能增加知识的一种补充读物来作重要的帮助。

三、中国有五千年的历史，内容非常丰富，可歌可泣，可喜可怒，是以使人鼓舞兴奋的史实不知有多少，薄薄的一两本教科书，无论如何不能将这些丰富的材料充分搜罗在内，因此除了正式教课书外，必须有其他教材来补充。

四、依普通人心理，严肃认真地从事工作，固然可以精神集中，收效甚大，所以正式上课自有正式上课的功效，这是不用说的。但是当消闲的时候，在花园中，在水池旁，如有有兴趣有教育意义的读物，让学生阅览，则一编在手，讽诵流连，其收益之大，恐怕亦未必减于教室内的正式上课吧！

因此，我主张在正式中学历史教本以外，应该再来设法编制一些补充教材，编制些什么补充教材呢？依我感想所及，认为比较重要的有下列两种：

甲、属于文化变迁发展一方面的；

乙、属于名人传记一方面的。

先就甲种来说吧，我们可在衣食住行日常生活上应用的各种事物，选一百件（此系大数言之，当然也可多少一些）来做编制读物的材料。例如房屋一项，从古代穴居巢处谈起，到了草舍瓦屋，再到了钢骨水泥的高楼大厦，如纸，从未有纸以前，用竹蔑用锦帛记起，到了蔡伦造纸，再到了今天的机器造纸。科学的叙述与文学的摹写并重，凡是它们发展的经过，创造的特点，如何由简陋而至于复杂的美，如何可以再促使它发展进步，更能普遍影响我们人生，均详细摹叙。既要把海通以后，采用外国科学技术的情形详加说明，使读者了解我国科学教育已到了若何程度。同时更要把海关贸易册所载外国制成品输入中国的数量价值述说一个大概，使读者了解我国所受经济侵略实况。还可以把与此类事物有关系的事件附带叙述，如关于房屋的室内外陈设布置、纸的印刷使用等等。又附表附图，皆不能少。这样便可使每一中学生看到每一件日用事物，皆能知道它对于人类生活有必不可少的效用，同时了解到我国这些固有文化的发展对内在民族生存进化上，对外在国际交通上均有极重大的影响。

他们看到了我们历代祖宗传留下来的遗弃如此丰富，又觉到我们后代子孙如此不自努力，不能继续前人的功绩，大谋进展，那么心理反应的结果，不仅增进了许多知识，同时也感受了许多刺激，而一种奋发有为的意念，进取向上的精神，自然能不断地振作起来，鼓舞起来。如能再将此种教材和其他学科，如地理、理化、生物、公民、艺术、劳作等谋得有效的联系，可以说在教育上得到效果更大。

假定说，这样一本书，分作一百件事物，每件一章，每章平均文字三千，总计共有三十万字，如多一点，每件五千字，则共有五十万字，有此五十万字来叙述描写，其材料内容一定是相当丰富的了。如其文字生动，叙述精要，使学生读时发生极浓厚的兴趣，则每逢星期日，出郊游玩，便可随身携带，随手翻阅，每星期看完三章人物，可以说那是很容易的事。还有暑假寒假春假等许多时间可以充分利用来阅览，则一本读完就更容易了。所以我说这种补充读物，对于中学校的历史教育，的确是一个极大的帮助！

并且这种读物不一定限于中学生用，凡是受过小学教育或读过中学的职业青年以至略通文墨的中年人老年人皆可以看。我认为读了之后，不管是谁，皆可以开拓他的胸襟，增进他的知识，振作起他的向上进取精神，鼓舞起他的爱国家爱民族的情绪，这不仅是中学校的补充读物，竟是推广民众历史教育良好工具了，这多么有价值啊！但这一本有价值的读物不是可以随便编撰的，我极希望最高教育当局编写，此事关系万分重要，早日拨巨款，置重金，广征求，精选制，使此种有价值之读物早日完成。还有此书的名称，也有慎重商定的必要，依我想，称它做“中国文化的发展”似乎也还妥当，倘若因为它有接受世界科学方法的必要，而且认为各国文化发展的相互交流也是将来人类文化进程中必然的趋势，那末就称它做“中国与世界”也未尝不可。

再说乙种：现在坊间出版的有所谓《世界名人传》，《世界科学家传记》等书，自然也有相当价值，可是关于中国的材料未免太少了。难道中国立国如此其久，地方如此其大，过去的名人，和世界各国相比较，竟不能占有一些地位么？哲学家、文学家、政治家、教育家、名将固然很多，就是科学家又未尝没有！如发明浑天仪的汉朝张衡，不是科学家吗？明朝的徐光启，不是科学家吗？二千年前四川灌县治水的李冰，不算科学家吗？他们完全被遗忘了。所以我认为历史补充教材中，我们《中国名人传记》一书的编撰也是非常重要。固然我们的科学不甚发达，比不上最进步的欧美各国，但这实在是由于我们后人的不肖，由于若干年来教育方法的不正确，其实我们的老祖宗又何尝如此呢？他们传给我们的已可算相当丰富了。现在我们一方面应该继承前人大业，一方面应该采纳世界有效的新方法，使我们中国的科学文化有更大的发展。因此我极力主张要编成《中国名人传记》一书，作历史教育补充教材。其办法是就中国历史上各方面有价值的人物中选出一百位来，也用极生动优美的，令人感到兴趣的文笔分别撰成。其内容分量，可与前书相等。

这不但可供中学生课外阅读，也可作为其他各界青年成人的公余读物，我相信，任何人读了此百人传记之后，一定可以明白中国历史上的许多重要事实，惊讶赞美我国以往的伟大，既足以开拓胸襟，增进知识，同时也足以激发爱国家爱民族的情绪，鼓励起努力向上积极进取的精神，认明白现近我们中国人应负的重大责任。此书的编撰，我也希望最高教育行政机关不惜重资，征求稿件，速选速成。并且编成后也可作为大学新生试验时一部分历史试题的参考资料。

以上两书，我认为是目前历史教育上的一种极重要的工具，当然历史补充读物不限此两种，但依我个人所能想到的，却认定这两种，在目前是万分重要。一得之愚，是否有当，还希贤达指教！

（原载《教育通讯》，1941 年第 4 卷第 24 期）

对于今后职业教育的四点希望

——为本社廿四周年纪念作

职业教育的重要,现在大家都已知道。尤其在这抗战建国期间,职业教育更应该发挥它的作用,如目前迫切需要的大量中级技术人员,正有赖职业教育的培养。故抗战建国的当前急务虽多,而推广职业教育亦可算是一端。那么用什么方法使职业教育大量推广呢?这确是一个极迫切待解决的问题,因为我们不但要求职业教育的数量增加,同时还要求它素质改善啊!分析起来,目前推行职业教育的困难所在,约有下列四点:

(1)职业教育师资的缺乏;

(2)职业教育机关的设备不易完善;

(3)缺少适用于职业教育的各种教材;

(4)普通中等学校不甚注意职业陶冶。

其他困难,当然还很多,现在且归纳成几个比较基本的问题,来略加讨论,并提供出一些解决方法,算是对于今后职业教育的一点小小希望。

一、初级的、实用的、社会性的职业教育应如何大量地推行?——目前需要最迫切的是中低级技术人员和生产分子,现有的初级职业教育机关,无论如何不能供应这个要求,而且在教育工作进行上还有许多问题,不一定所办的即切于实用,即适应当前的社会实际的需要。所以在目前初级的、实用的、社会性的职业教育机关必须求其普遍的设置。推广此项职业教育的办法应该怎样?试提出下面两项:

(1)采用多元的方法,从各方面去推进。最主要的是,凡重要生产机关和实业机关,如工厂、农场、公司等,都应附设实用的职业学校。此种职业学校的性质是要活动的,明显的。所有技术教师可由本机关的技术人员担任,而问寻、人事、行政等则必须请对于教育有相当研究及经验者担任,务求教技两方面圆满合作。我认为附设此种职业学校是各生产实业机关的权利,也是义务,希望政府当局及教育界、实业界竭力鼓吹提倡,促其实施。如不采用此种办法,则公家不易有此财力来举办这众多的初级职业教育机关。而且,此种职教机关如附属于生产机关内,亦可使它和生产实业打成一片而表显出真正的"社会性"来,同时关于编制、训导、教学也都能运用活的方法。

(2)其他方法,值得试行的,即为在各都市划区设置各种工商业训练训导机关,在乡村亦可划分区域,利用农歇之暇,或抓住一个专门问题,如驱除寄虫、养鸡、养蚕等,举办各种临时的讲习会或讲习班。

二、中等技术人员养成机关,应如何求其充实有效?——中等技术人员养成机关,主要者即为高级与高初级合设的职业学校。目前此类职业学校的最重要的问题是在如何充实设立,过去因为设备不全,产生了许多流弊,竟弄得职业学校有名无实,普通不像普通,职业不像职业。培养出来的学生,竟弄得就业不能,升学不够。所以目前各职业学校急须充实设备。怎样充实呢?根本的办法是:

(1)用一省一市的力量,在本省本市内划分区域,设置较完善的职业学校,不在多而在精。务必求其设备完善,教法优良。

(2)由政府劝导规模较大的农工实业机关附设此类比较高级的人才训练机关,所训练的人才,即可在本机关内应用。

(3)希望高初级职业教育机关与大学农工各学院及农工各专科学校存极密切的联系,经常接受它们的指导与协助。以前职业学校素质的不能提高,与大学及专科学校的失去联络,亦为主要原因之一。职校的各科因得不到大学及专校之协导而不能接受新的理论与技术,致成学术上的落后,同时大学及专校也因之而不能使所研究者与社会上一般的职业需要相切合。此种流弊必须要求两方面的密切联系才能消除。

三、如何编行适合在各级职业教育机关应用的教材?——职业教育所需的教材不外技术科的和文化科的两种。技术科的教材一定要由对于该项技术有专门研究及相当经验者拟制大纲提出材料,再由对于教育有研究及经验者参加意见,慎重编订,如单由一方面随便编辑,则必不合实用,无论选材排列均须两方面合作。同时经手编制教材者必须受过科学的训练,而对于老师父、老工匠们的经验更应该特别重视,随时采取记录,加以整理,久而久之亦可成为极有用的教材。职业教育机关所需的文化科的教材亦与普通学校的教材有别,必须简明精要,切于实用。最好由教育部责成负责编审机关设法搜集各级职业教育机关已经编就的教材加以审查，择其优良者加以修正补充，分别出版，以供各校采用，同时教部可自行拟定纲要，请定专家有系统有计划地编刊各种职业教育的适用教本。

至于根本解决办法，则师范学院应设置职业教育专系或专科，一方面训练职校教师，一方面研究编辑教材。此种专系专科或可由师范学院与大学农工学院及专科学校合办，以期彼此沟通。本来农工教育与普通教育的分离对立，中级职业教育与高等工商的教育分离对立，在文明先进的欧美各国，亦不能尽免，甚而至于各自据守了一个范围，相互非难。我国亦有此种现象，务必设法使之沟通调整，彼此合作，此不但为解决职教教材问题的一种方法，亦为沟通调整职教普教办法之较重要的一端。

四、如何鼓吹提倡，造成普通重视职业教育的风气？——我们必须使大家知道：职业教育是广义的，不仅仅是要求大家能生产，而且是包括全部生活的。如何初级烹饪，不仅是女子需要学的，男子也需要学习，因为这也是日常生活技能的一种。在普通中学及小学方面，从前曾经大家提倡职业陶冶，但只不过是提倡，还没有表示什么成果出来，今天我们应该重新提倡普通中学及小学的职业陶冶，尤其重要的是劳作教育。关于劳作教育，我们应使每一个学生都得到种种生活上所必需的训练，大而至于生产，小而至于日常衣食住的处理。以前大家对于劳作教育的观念是不大正确的，把劳作教育的意义和效用看得太狭隘了。现在我们必须认清：劳作教育除其本身效能外，应与其他各科密切联系而发挥其更大的作用。例如与生物学科联系，则可联系养鸡、养兔、种菜、植树等等；如与理化学科联系，则可练习商品电器的修理、化学品的制造和电化器具的使用等等。再小而言之，如制作信封、印刷信纸、刻造木屐等等，均可列于劳作教育的范围之内，总之要使劳作教育成为广泛的职业陶冶，切合于生活上的实际需要。加强劳作教育与各学科的联系是鼓吹职教风气最具体的办法，对于升学者有益，对于不能升学的，则更可便于就业谋生，同时也可藉此以便职业教育与普通教育得到极密切的协作。

以上四项，皆是老生常谈，陈义并非高深，且亦绝不要如何改动现学制，只求能就此四项加以提倡采用，则目前困难问题便可完全解决，而对于抗战建国工作也可算尽了一部分的力量了。这四点希望，不算过奢吧！似乎也容易达到吧！那么我们一般职教同志，就大家起来努力一下，以促之使成吧！

此文因限于篇幅，未能详细阐述，现仅提出一个问题，供大家讨论，并作为本社立社廿四周年的纪念。

作者因身体患血压高病，尚未痊愈，执笔为文，力有未逮，兹篇系用口述，请由同事好友孙运仁兄代为笔录，孙兄专研教育，近更努力职教，心得颇多，为我作助，极为感激，合行附言于此，用志谢忱。

问渔附议。

（原载《中华职业教育社第二十四周年纪念刊》，
中华职业教育社编，1941年）

从困勉中得来

——为纪念中华职业教育社二十四周年作①

一

中华职业教育社到中华民国三十年五月六日,刚正是出世的第二十四周年。况诸一个中国人的生活历程,则二十几岁的盛年,正是服务国家最好的时候。吾们这个团体,的的确确是靠着国家社会的荫庇扶护,由出生以至长大,但对于国家社会的贡献究竟有多少呢?眼看着国难辗转加深,吾们一些些的努力,难道忍心辜负国家社会的期许么!

吾们向来不同意于一种看法,就是把一个事业解释为某一个人或某些人的屐痕。真的历史是这样地昭示我们,“人”是“事”的注脚,决非“事”是“人”的注脚,就凭吾们这一小小团体的短短历程看来,也可以断言一个事业的发达与成就乃是许多人的集体努力的结晶。如其说中华职业教育社曾经做了一点点

① 作者:黄炎培、江恒源、杨卫玉、孙起孟。

的事情，那也断然不能归功于某一人或某些人，执行的人自然无法否绝其作用，但这班人的乐于驰驱，乃是缘于受了社会上一种呼吁的力量的刺戟、督责，执行工作者的“欲罢不能”乃是对于这种精神的感应。吾们中华职业教育社正是如此出生以至成长的。

在这立社二十四周年的前夕，吾们细自检讨，觉得有几点结论应该公表，一方面供别的社团的参考，一方面请求各方贤达的指教。（关于事工方面，另有文字揭载于“中华职业教育社立社二十四周年纪念刊”）国事多艰，吾们怎敢不协励奋勉，力图上进呢！

二

这里所谓“检讨”，乃是吾们一部分人参与中华职业教育社工作的一些经验的平直的报告，无论是优点或缺点，成功或失败，都可看为吾们的“心得”，谁都愿意具有优点，取得成功，克服缺点，避免失败，但一个人，一个团体，一个机关总不免有此缺点，遭遇失败，而且最可虑的是有时缺点竟变为痼疾，断送了这一个人或团体机关的生命。问题在哪里呢？是在对于这一些优点或缺点能不能从中认辨清楚，能不能检取教训，改进自己。吾们所以要公表吾们一点点的工作“心得”，完全是根据了这样的意思——自然，所说的不免有偏而不全，为感情所影响的地方，此则有赖于大家的指正和补充的。

一个事业的出生与发展，主要的是若干客观条件的反映：例如，中华职业教育社为什么不早不迟，而要在我国“海禁”已关，欧战正酣，所谓“列强”对于我国的经济侵略不能不稍松驰的民国六年出现呢？这显然是因为到那时期职业教育的客观需求已经酝酿成熟了的缘故。是这样的客观条件刺激起一些比较敏感、比较肯用心思的人们的认识，而他们的认识、努力，因为自觉地或不自觉地符合客观的条件，倒表现为“发明”、发动一个事业的主力。要从客观的条件来检讨，这不是本篇的任务，这尤所能谈的，是我们主观方面的努力经过，这范围也就是近人所爱用的一个字眼，叫做“作风”。

三

什么是“作风”？依我们所见到的，它乃是一种作事的态度，一种处理事物的规律，由若干人自觉地倡导以至普遍地不自觉翕从。任何人一浸沉在这种工作氛围中，自然而然地会同化，求得适应；这时，一种作风便算确立了。

回首中华职业教育社一自成立迄今，忽忽已阅二十四年。发起之初，自然对于这个团体不会不寄以希望，但说当时即已预计以后事业之质与量的发展，却也并非事实。以一私人结合的事业机关，支持了二十四年，而且还进展着，为其求索原因于它的“作风”则有以下三点可以说：

第一，中华职业教育社之有今日，我们相信，有很多工作同志的不厌不倦，用全副精力去干，乃是一大原因。一般的赞助职教事业的社员、朋友始终帮忙，或给以精神的鼓励，或给以物质的养助且不说，即看工作机构——即董事部、评议部、办事部，以及所有事业机关——的参与服务人员，他们的工作坚韧性乃是一个值得注意的共同的特点。董事评议中如沈信卿、陈光甫、蔡孑民、（故）朱子桥、史量才、（故）穆藕初、钱新之、王儒堂诸先生（名不尽列），扶植这个团体，爱护这个事业，真可谓数十年如一日，他们尽管负荷别种重大的责任，但社事一有请求，没有不尽力帮忙。即如炎培、恒源、卫玉三人，自知无似，而对于笃信笃行职业教育的硁硁之愚，则都历时而不改，从来未因他项缘故而敢偷懒，轻弃责任。吾们并非什么专门研究者，只是触发于国家经济、人民生计的问题，觉得职业教育乃是解决此类问题的重要途径之一，从而循此途径作一些工作，上述的问题一日不解决，自觉一日责任未能卸除。职教的工作做了一些日子，省察于国计民生的确还有些补益，证明了吾们所信所行的是理想，不是幻想。于是吾们对于这事业，这团体，发生了深挚的爱，这“爱”使吾们对这事业、这团体在任何情形下都有不可分离性，还成为吾们一颗平凡人的力量的源泉。吾们工作干部，一般的地服务时期都比较长，以吾们的一个附属机关中华职业学校为例，到今服务满十年的就有十三人，吾们“用人”，是取着“难进难退”的“政策”，选用一个人才，吾们必是尽可能地广征博访，测验甄选，一经入社以后，非至万不得已，决不轻易更动甚至黜退，对于教育一个干部人才，吾们自信是不悖烦的。甄选的时候，吾们不仅希望得到工作上的同事，而且希望得到思想上、待人处事态度上的同志，入社前如不可能，入社后一定朝着这样目标作去。一句话：假使没有一些朋友肯为职教事业、职教团体作不厌不倦的长期努力，中华职业教育社能否有今日恐怕是有问题的。

如其也可以把这样的经验写成一个参考的意见，则吾们不耻于提出这样一个主张：就是悠久的事业，产生于坚韧的战斗性。以中国之地广人众，历史绵长，问题复杂，只要抓住一点，切合实际，不背潮流，绵绵密密地作去，总会一天有收获的。初发起职教社的时候，吾们被骂为“破靴党”“饭桶教育家”，吾们的“职业学校”被以”“作孽校长”的恶名；后来又有人以为职教事业是落后的、非革命的，吾们固然也很愿意虚心地考虑，但信念从没有因之动摇，我们还是照旧地朝前做去，在工作中检点自己，改进自己，这一点，吾们敢于无顾忌地希望后来的工作同志要注意，要发挥成为一种定型的风格。

第二，使吾们这团体进展的，同人的能团结一致乃是第二个重要的力源。中华职业教育社有了二十年的历史，事业机关也不算少，但内部人事上的分歧错杂是没有的。这不是说工作同人间从没有过不同的意见，而是说即有不同的意见，到头来都能以团体利益为准则，因意见不同而闹成派别，以前固未有过，以后也看不出这样的可能。所以能如此，主要的恐怕是靠着几个总负责人之间经常地作消除隔阂的努力。有什么，他们间都可以畅谈，把任何问题都说穿了，然后综合意见，依着行政的常轨处理。尤其好在大家都以团体为重，事业为重，意见有出入的地方总是为公，一涉及私，谁都不愿冒不韪。吾们曾经把同人所以比较能团结一致的原因归总成十二个字，便是：明辨是非，融洽感悟，尊重秩序。辨是非，是基本的条件，副之以加强同人情谊的努力，同人对于工作秩序的尊重，这样，相当的团结一致便不成为一件难事。靠着团结一致，吾们没有把力量消耗在一般人事纠纷的排解上,可以把吾们的微薄的力量集中起来,贡献给这团体。

第三,吾们所触发的原是一些极实际的问题,例如吾们自身经历或是若见别人遭遇的贫穷问题,读了书一无所用的问题,社会上需用人才而学校不能供应的问题,吾们主张职业教育,推行职业教育的目的也就是想解决这些实际问题。因此吾们对于任何事情的处理,都愿意做到"实事求是",绝对厌恶蹈空。吾们自然也要博采中外的理论和方法,但这些理论和方法,在我们这个团体里总希望不是老长在书本上或是嘴上的东西,而是能见诸实行,对于一些实际问题的解决能有帮助。吾们所发表的主张大都是从吾们实践中抉择出来的。例如,吾们向来办职业教育事业其主要内容就是办职业学校,后来发现了许多实际问题,并非职业学校教育所能解决,于是又办职业指导、职业补习教育,实践得久而久之,也就成了职业教育内涵是职业学校教育、职业补习教育、职业指导的三分说。后来因感觉都市工商职业教育远不够,进一步从事农村改进,都是从实际经验得来的。因为吾们注重实际问题、实际问题的解决,所以大家养成了一种心习,就是只要实际的,无论是大是小,是显是隐,吾们都一样地用力去做,尽心去处理。吾们希望做到的是从远处着眼,而必须从近处着手。吾们决不敢说这一些吾们已经完全做到了,但同人中都有了一种"搏狮搏兔,具用全力"的心习则亦是事实。

如其有什么值得报告,便只上面这一点点。

四

其次应该指出吾们工作上的主要缺点，许多涉乎琐细的不想在这里占据篇幅，亟愿提出两点：

第一，是吾们自审认识的工作、研究的工作做得太不够，对于未来国家社会急剧变化的需要之配合，不能说不对，总觉得不够，而且还不够为事工实践的指导。这是吾们这个团体的一个缺憾。所谓"认识"，所谓"研究"有两种必要的内容，第一种是认识、研究吾们这个团体的工作如何配合于现代中国的经济建设的问题，这一方面的涵义是非常繁杂的，例如：(1)中国社会经济的本质及其展望；(2)在三民主义经济建设中农工商几方面发展的比重；(3)适应于三民主义经济建设各种人才的质与量的估计……都是必须研究清楚的问题，要明了这些问题，而后吾们的工作、吾们这团体的努力才有真正的意义，才是真正达成为国家为人类服务的目的。第二种认识、研究是关乎职业教育自身的。吾们二十四年来调查研究的工作做得也并不为少，可惜还未有十分贯串起来，吾们第一着自然要做这样结果、整理的工作，第二着便得要把事工的推广与研究加深统一起来，配合起来，使一切事工都成研究的材料，一切研究都成为事工的张本。在职业事工本门，吾们一定要经常地注意新条件，发掘新问题，出新主意，想新办法。倡导职教的实任，吾们多少尽过了，以后是要加强职业教育质的改进之研究，这一点恰恰是吾们现在所未曾尽力的地方。

第二,是在工作上还有未曾贯彻到底的地方。工作经验告诉吾们,任何一个计划,一种设施,如其不能贯彻,即使是最为理想的,最好的,也不会有多大成效。因为未能贯彻,未著成效,又来一个计划,一个办法,结果总是事倍功半,或竟是事功全废,有人诿过于人事的变动,但这说法是不对的。例如吾们这个团体,人事上的变动很少,即使人事有变动,章法规矩、计划办法是不应该无批判地轻率变动的。人对事是隶属的,事对人是主导的。历史的可贵就在使人检取许多已经历了的事实教训,使人可以减去不必要的时力的消耗,以过去走过的做路基,再修整,再铺设,这样工作的成效可以扩殖无穷。自然必要时也可以另开新路,只是所谓新路对于老路也不是断然可分的。吾们的毛病就在明了或实行这样的意义,倡议一个意见,一个办法,一时很热烈,不多久会无缘无故地冷搁起来,可是隔了一个时候,同样的问题,同样的办法又会被再提出来。这说明了不是事先吾们考虑未够,研究未够,就是吾们精神懈怠,未能首尾照顾。这一点吾们应该切实戒勉!

吾们的缺点随时随地都可以发现,以上所说的仅是最主要的两个。

五

中华职业教育社这二十四年来的工作,就其总目标、总趋向说来,可以分为两个时期:第一个时期是以努力使教育配合社会为中心,第二个时期是以努力使职业教育配合国家民族为中心。

前面已经说过,吾们所以主张职业教育,推行职业教育,是触发于一些实际的社会问题,这里"社会"二个字是特别要重视的。吾们所以主张职业教育,最基本的出发点是想消灭贫穷,吾们深切地感觉贫穷是吾们中国人一种严重的胁迫,一种根本的苦痛,因为想消除这种苦痛,转念到教育的途径上去。由此可见吾们所主张的归趋能在教育方面,而其动机和目的则是"社会"的。所以,二十四年来,吾们力求与社会各方面多接触,多联系,吾们所希望发生的影响决不愿局限于学校或是教育事业,而是要投入广大的社会中去。自从"九一八"事发,吾们内心起了极大的冲动,精神受了极大的影响。吾们亲切地看出,在吾们中国这样一个政治上经济上受着种种枷锁的国家,所谓社会问题的解决,必须统一于国家、民族的解放,从这里吾们越发看出中山先生眼光之远大与夫三民主义之准确,吾们深深觉到,吾们的教育工作如其不配合于一个合理的政治主张和措施中,是不能有什么成效的。从那时起,吾们的工作便力谋与国家的需要相配合,而有一部分同人呢,倒反像离开了教育的工作岗位,致力于国事的奔走。抗战爆发后,益觉这样的路向没有走错,朝这样的路向的努力益觉得迫切而重要。二十八年五月吾们国人在昆明举行过一次工作讨论会,会后曾经公表吾们的意见,内中有一段话说出了吾们的总方针:

"职业教育的目的何在呢?本社工作的目标又何在呢?往远处说,是在实现一个民生幸福的社会。在那社会里,确切达到了'无业者有业,有业者乐业'的目的。要使社会上没有无业者,也没有不乐业者,职业教育,本社工作的任务,才算真正完成。

就近处说,本社的使命,是在以最高的积极性,参与抗战建国的努力。吾们确信,职业教育,只有在民族解放、民权平等、民生幸福的社会里,才能实现它的造福人群的理想。反过来讲,赖有职业教育的努力,吾们民族解放、民权平等、民生幸福的国家社会,才能加速的出现。”

是本着这样的总方针,吾们极端拥护并关切三民主义、抗战建国纲领的切实施行。凡是有一个机会,有一点力量,有助于三民主义、抗战建国纲领的实施的,吾们相互勖勉一定要以最高的热忱、最大的努力去运用。职业教育乃是吾们工作的归宿,吾们的一切努力不仅不会放弃这本位,而且要加强它,充实它。吾们关心政治,研究政治,为着吾们推进职业教育工作的必要准备。吾们的动机十分纯粹,目的十分简单,就是始终站在国民的立场,参与国家的新建设。能懂的事情,吾们一定尽心尽力地说和做;不熟悉的,吾们决不强不知以为知,强不能以为能。吾们愿意本此赤忱,为吾们正在受难的国家默默地作些事,尽吾们国民的天职!

(注)此文的命意由炎培、恒源、卫玉三人为多,而由起孟执笔。

(原载《国讯》,1941 年第 268 期)

《如何办理职业指导》引言

——说明编著本书的用意

本书大部分的表格章则，系由上海职业指导所郑文汉、沈光烈两君搜集整理，经潘仰尧、陈青士两君校阅核定，寄来重庆后，复经重庆职业指导所张雪澄君、昆明职业指导所喻鉴清君提出许多意见，修正补充，又经本社研究编辑组孙运仁君一再校阅整理。区区一书之成，承诸友好帮助着实不少，特于此一并志谢。

江恒源附志

中华职业教育社(以下或简称本社)何以要编著这本书？说起来，目的也很简单，就是为一向不明白职业指导的朋友着想，希望他能费了三个小时，读完了这一本书，便可以了解职业指导的内容和办法。由了解而认识重要，由认识而引起研究的兴趣、创办的热忱，那么这本书的作用，也就算显著出来了。

在通常人，对于职业指导，似乎有两种不同的见解：一种以为职业指导，是一种专门事业，精深繁重的不得了，绝对不是平常人可以随便去办的。一种以为职业指导，就是职业介绍，简单得很，容易办得很。这两种见解，当然皆是同一不正确，同一不完全。

要知道,同是一样的职业指导,它是有精有粗,有深有浅,程度绝不是一样的。当然,可以由粗而进及精,可以由浅而达到深。精的深的,固然是进展的标的;而粗的浅的,亦可算做初办时的起点。譬诸农事:改良种子,变更土壤,此非假科学之功,用专家之力莫办,那是较精较深的一部分。若通常农友,并未入农校,习农学,但于春耕夏耘,秋收冬藏,一依老法,亦并无遗误,那是较粗较浅的一部分。精深粗浅,程度虽不同,其为农事则一。

道理是一样的,办理职业指导,尽可先由职业介绍一部分粗浅事工入手,但不能谓介绍,即可毕其事。凡百事物,具是有变动,有进化,并且变动进化,是无穷期,无止境的。吾人从事于事物的处理和调整,总当本着不断进展的原则,以力求精深,畏难不可,轻率亦不可。

职业指导,对于人类生活,是具有极大效用,这一层希望人人皆先能了解得到。至了解以后,见深见浅,自可各随其便;即着手办理,为精为粗,亦可各随其便。当然,总是希望许多朋友,对于职业指导事业,其所知所行,皆能由浅而渐及于深,由粗而渐及于精。因为能达到这个希望,则职指事工,就不怕不能发达了。

中华职业教育社,所以要编著这一本书,其用意所在,便是为完成上面所说的一种重要希望啊!

职业指导事业的产生,在欧美尚未满六十年,在我国当然是更迟了。本社在民国九年就设了一个职业指导部,接着会(似为“曾”之误。编者注。)发起举行好几次职业指导运动。到民国十六年才在上海正式设立了一个上海职业指导所,于今已十有三年了。最近桂林、重庆、昆明、贵阳,亦相继设立。中间如南京,如武汉,在战前也皆有一个时期设立过。论到这些职指所办理的情形,可以说,皆未能脱离了粗浅二字。照目前吾国情势来看,社会需要职业指导,确实是万分殷切,可是,这一些粗浅事工,国内办的地方还不多。本社为力求职业指导事业特别推广起见,极愿意把办理职指事业十余年来所得到的一些经验,也就是已经建筑好的一些粗浅轨道,提出来贡献给国人,作为一件可以斟酌采用的参考品。

说起职业指导的事工,无论在哪一方面,皆是可以施行,且皆有施行的必要。但就大体分类来说:其在社会一方面,独立设立一职指所的,其初办时,皆是侧重在职业介绍;若是附设在教育机关、教育行政机关,或实业机关的,其事工皆是注重在升学、就业指导及人事、生活、服务指导。本社所设立的各职业指导所,那是属于前一类的,当然职业介绍,要占事工的大部。但如升学指导、职业训练等,仍是就力所能及,照常兼办。

本书所欲贡献于读者诸君的,其重要一部分,是就本社各职指所已经用过的一切章则、办法、表格,以及有关的各项手续,分别部门,一一罗列,加以说明。庶几有志筹设职业指导所的朋友们,阅览以后,可以得着一些可循的轨道。当然不能说,这个轨道就很好,走起来,一定不会错,可是既有了这一个指路牌,对于走路的人,比较起来总是方便一下吧!至于教育机关、教育行政机关,如何进行职指事工?在教育部也曾有了办法公布,其中规定的皆是很详细,很具体,本书也愿意把它介绍一下。还有关于职业指导的理论方面，如性质，如范围，如效用，也应当知道一些，所以本书一开首，就选了四篇文字，让读者诸君先来一读。

说明白的，中华职业教育社所办的职业指导，是极粗浅的事工，因此这一本书所写述的，除教部办法外，也皆是平庸浅近的不得了。希望诸君读了本书后，有志继续研究的，还要再读其他书籍；热心创办职业指导业的，还要设法在筑成其他较好的轨道。行远必自迩，登高必自卑，这一本小册子，算是一个初动脚时所用的梯子吧！

（原载《如何办理职业指导》，江恒源编著，商务印书馆，1941 年）

究竟何为职业指导

——指明职业指导的性质、范围和效用等

要去研究职业指导，要去办理职业指导，总应该先明白“职业指导究竟是一种什么东西”，因此本书特选出四篇文章，录在下面，以供阅览：第一篇，是编者从前作的一篇短文，很简明地把职业指导事业画出一个轮廓（所以把它列在第一篇，就是因为它特别浅近，令人容易看得明了）。第二篇，是中华职业教育社研究编辑组主任兼上海办事处副主任陈青士先生的讲演词，那是把职业指导的意义、性质、方法，皆说得很明确，接着第三、第四两篇，是中华职业教育社云南办事处主任兼研究编辑组副主任喻鉴清先生的两次讲演词，那是对于职业指导的历史、意义、性质、范围方法、效用，以及应守的原则，说得更详尽了。论述职业指导的文章书籍，当然很多，然在入手之初，能读了这四篇，则对于“职业指导究竟是什么”这一个问题，大概可以算是解决了吧！

第一篇见《“职业指导”究竟是什么》，原载《新华日报》1939年10月15日。

第二、第三、第四篇，略。

（原载《如何办理职业指导》，江恒源编著，商务印书馆，1941年）

政府对于职业指导办法的规定

在本书“引言”内曾经说过:“职业指导,大类可分为二:一种是在社会方面,单独设立机关的;一种是附设在原有机关以内办的”。关于前一种,政府尚未有明文规定,推想起来,不久,也是要颁布的,关于后一种,教育部已有了两项办法,于二十二年、二十四年先后以训令颁布,那是只指定教育行政机关及教育机关来办的。在教育部职权所在,其所规定的,当然只能以教育机关为限(若是实业行政机关及实业机关,同样也有规定此项办法的必要,那是要由经济部来规定颁布的了)。这两项办法,说起来皆是十分重要。

(一)二十二年七月四日颁布的,题为“各省市县教育行政机关及中小学施行升学及职业指导办法大纲”。共计十一条,指示各省市县教育行政机关,如何领导中小学施行升学及职业指导。说明是以学校为主体,而由教育行政机关负责督促的(办法大纲第三条)。其要点所示:在行政机关,则以联络各方,组成“实施中小学升学及职业指导委员会”为发动的主干;(办法大纲第五条)在小学中学,则以“由校长教员组织指导委员会”为进行的中枢。(办法大纲第六条)至关于实施事项,均经一一具体规定,异常明确。

（二）二十四年二月三十日颁布的，题为“各省市教育行政机关设置职业指导组暂行办法”，共计六条，专来规定省市两级教育行政机关：如何设置职业指导组，组内如何分股，并指示出工作的范围如何，手续如何。盖以此项职业指导组，附设教育厅局以内，专负推进全省全市职业指导工作之则，而另以二十二年七月四日所颁布的前一项办法大纲第五条所规定之“升学及职业指导委员会”为辅导机关，负讨论计划及建议的责任。其所规定之事业，如指导、介绍、调查、研究、辅导等，有十种之多，实不啻一社会的独立职业指导所，而地域之广，且过之矣。兹录两项办法如次，并察酌其性质轻重，排比时特异其前后之序。盖认定二十四年所颁布之第二项办法为主体云。

（办法略。编者注。）

（原载《如何办理职业指导》，江恒源编著，
商务印书馆，1941年）

应该如何办理职业指导所

在政府对于办理职业指导所，虽未有明文规定，可是，如前文所介绍教育部已颁布的“各省市教育行政机关设置职业指导组暂行办法”，其所规定的工作范围及工作手续，已经把社会方面所办的职业指导所工作事项，包括得差不多了。本章所叙述介绍的，当然是社会通常所办的职业指所，并且是中华职业教育社历年所办的职指所内一切办法(在中华职教社所办各职指所，当然是上海一所设立最早，因此所述的办法，也是以上海一所为主)，但关于教育机关所专办的“升学指导”，也仍然包括在内。那么，可以这样说：“教育行政机关及教育机关所办的，是以升学指导为主，而兼及于职业指导；通常职业指导所办的，是以职业指导为主(初办时或人手不多时，偏重在职业介绍)，而兼及升学指导。”二者性质的区别，也就是如此吧！本章可分为下列各节来一一叙述。

本社旧有的设置标准

在未叙述实际职指所办法以前，可先将本社已经刊行的“职业教育设施标准”中“职业指导所设置标准”一项(在原书中列在第五项）录在下面，此种标准，原是订定于民国十三年，曾经过社员大会三次修正；最后修正，是在民国二十年，于今也有九年了。固然有一些（极微末）和近年来本社所办的几处职指所不能完全相同，可是，其大体，其原则，仍是适用的。又如该标准第一条所规定，在教育部所颁布的办法，就是和他很相近啊。

职业指导所设置标准

（一）筹划。各省市县教育行政机关，于未办职业指导所以前，应先集合地方机关团体，组织职业指导委员会，负责主持、规划及实施，一俟粗有成规，再行设立专所，似较稳当。

（二）调查。应由地方教育行政机关，先从本地方调查入手：

1. 本地方各种职业之现况。

2. 职业界雇用人员之条件。

3. 本地方各学校学生升学与就业之统计。

4. 本地方留学外埠学生之统计及其肄业学校之分类。

5. 本地方留学欧美日本之人才及其所习学科之统计等。

（三）造就人才。各地方设施职业指导，如果不得其人，随便办理，辄成非驴非马之象，于职业指导之进行，转的障碍。故先决问题，在这造就实施职业指导之人才，可由中央或省市教育行政机关，设立讲习所或研究班，通知各地方遴选富于教育经验、热心服务社会之人员，从事训练，以端趋向。

（四）认请范围。职业指导范围甚广，应办之事甚多，职业介绍，仅为职业指导之一部分，普通人每以职业指导与介绍混为一谈，甚至办理职业介绍，即谓已尽职业指导之能事，此种错误观念，由于不能认清职业指导范围所致。

（五）造成社会需要。内地风气未开，事业落后，社会大都少活动的气象，设施任何新事业，每不易唤起一般人注意，故在设施职业指导之先，应以造成社会需要为第一义。如联络职业界中心人物，举行升学指导会议、职业指导运动，协助地方改进旧职业，创辟新职业，设立专科补习学校，襄助职业界考验人员，劝导工商界采用科学管理等，均为造成社会需要、增进社会信仰之原动力，应切实注意。

（六）组织。现在地方教育经费非常困难，筹设职业指导所，当然不能十分完备，然为谋得相当效能起见，各项职员又不能尽付阙如。兹拟各地方职业指导最小限度之组织如次：

1. 为专责任求实是起见，每一指导所，至少设主任一人，干事一二人，为有给职。

2. 为集思广益联络各方起见，应请本地教育实业行政界之热心领袖，组织顾问会议，以便随时咨询。

3. 为求指导切实起见，除主任暨干事常用驻所外，应请各项专家及各界富有经验之士为指导员，为名誉职，遇有专门问题如法律健康等，可请其指导。

根据以上三点，地方职业指导所之组织，可以下列系统表示之：

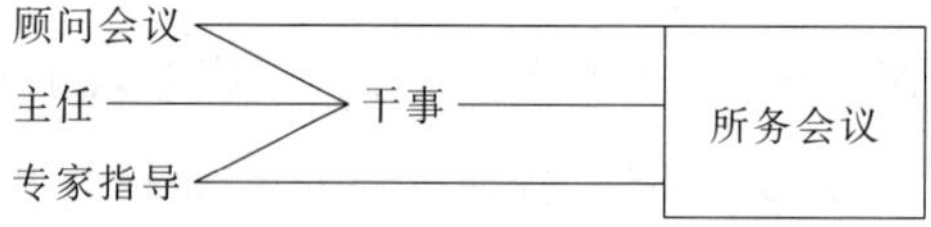

照上列系统，各地方职业指导所，除主任及干事为有给职

外,只须若干之办公费已足。专家指导,可以分认日期,轮流到所,则无需经费,而可收实效。至于办公地点,可与当地教育实业机关或自治机关合作,非但可以经济,且可相得益彰也。

就上项标准看一看,可以明白他是指着全体,指着根本来说的。要由行政机关主持,要从事调查,要先从造就人才入手,要严防非驴非马的怪现象出现,这可以说,没有一条一字不对。但如本书下面各节所叙述的,那是专指着本社已办过的各处职业指所的实际情形而言。一、就设立的主体说,是中华职业教育社。二、由事工说,有些地方,不能先行精密调查,只好在筹备时,略略调查一个大概,俟机关成立后,再行精详办理。三、就工作人员说,造就之责,在政府、社团只能慎选比较合格人员。这皆是实在情形。至说到实际办法,那是无论由政府主持,无论由社会团体设立,尽管侧重点稍有不同,而机关组织,工作分配,办事手续,总不能十分大异。那末,从下一节便要专来叙述实际办法了。

如何筹设机关

说起职业指导所的筹设,也并非十分繁杂,兹分三项,分别一述:

(一)筹备步骤。第一步,总是先来"决定区域"。换言之,就是"所要办的职指所,应该设在何处"?先要把它决定下来。区域既经决定,则工作所及的范围,也就有一个标准了。同时这一个职指所的名称,也就可算决定了(因为是要冠以地名)。至于所址之设,何以一定要说“宜于此不宜于彼呢”?当然是要若干条件,来做决定的标准:如教育及实业机关的多少啦,如本地有无热心人士的协办啦,如经费是否易筹啦,如地点是否适中,是否交通便利啦,如上级机关的照料,是否便当啦,这皆是值得比较而资以选择的。

区域决定以后,接着第二步,便要由主持创设的机关、团体或个人,指定或约定专员,来负责筹备,把筹备的进行顺序及预定各阶段完成的期日,一一拟订。同时将筹定的款,编定概算,从事调查及宣传。

第三步,便编定章则,设备办公场所及应用物品文件。同时聘定职员向主管行政机关呈请立案,向社会各方实行联络。

第四步,便是定期开幕。

(二)内部组织。在进行筹备时,便应将所内组织,完全决定。所以“内部如何组织”?并不是在筹备后进行的,而是在筹备进行中决定的。因为非先把它决定下来才可以拟定章则,才可以呈报政府。当然这是筹备工作中一件重要的事啊。

照本社各职指所的组织来看,对外代表,皆是设有一个或数个所主任(分正副)。主任可以在所内实际办事,但也有不必负实际的办事责任,而实际责任,则专由总干事负的。总干事外,遇必要时也可增设副总干事。总干事下,设有干事、助理干事。事繁的,要分设各股,股务即由各干事分别主持。

一所以内,得由所有职员,组成一个所务会议,以便筹商决定一切进行工作。除本所内所务会议外,为进行某一项事务,亦得设置临时机关,如某某委员会之类,此项机关,并得聘约热心人士，临时参加（可分有给无给两种）。

职业指导事业，必赖社会协助，因此辅导机关如顾问委员会之类，设置万不可少。所有本地教育界、实业界以及其他方面领袖，均须择要罗致，延聘为辅导委员或顾问委员，以便随时随事，博得其深厚同情，及广大援助。

（简章略。编者注。）

（三）工作分配。这个问题，也是在进行筹备时，就要把它决定的，并且它和内部组织，也有密切关系啊！兹将本社各职指所所用的组织系统图，录在下面，阅此，便可以明白内部工作的分配情形了。

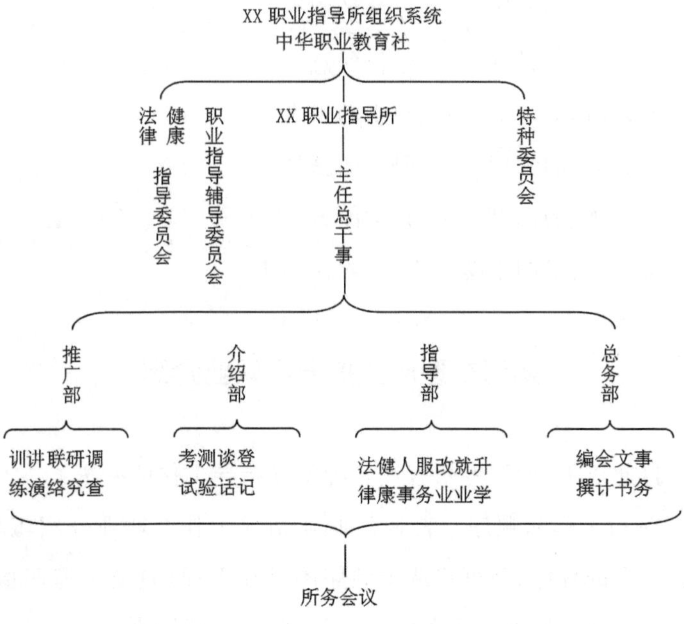

看到上面一图,当可明白职指工作,应该如何分配了。至于各所情形繁简不一,尽可自由伸缩,一依实际状况定之。

(四)选任人员。一切事业,待人来办,所谓“人”者,必有其所具的条件,和其所担任的事工,能完全适合,方可效能显著,益己益人。担任职业指导人员,应该备的条件,比较尤为特殊,在选任时,势必详加审慎,而在担任指导工作者,亦必先行自我审度一番,认明个人所有条件,是否与此工作相适合,方能积极的求得人己两益,消极的,免得人己两误。在第二章内所录第四篇喻鉴清先生讲辞,已经说到职业指导员的条件了。兹可再把重庆职指所所揭的职业指导人应具的十二项录之如次:

一、仁爱的心肠　二、民族的观念

三、完整的设施　四、坚韧的意志

五、合作的习惯　六、缜密的思考

七、丰富的常识　八、研究的精神

九、客观的态度　十、科学的方法

十一、艺术的手腕　十二、检讨的工夫

如何办理职业指导及职业介绍

自此以下,便要专来叙述各种实际指导工作的办法了。

(一)工作的顺序。普通的职业指导工作及职业介绍工作,均有一定的程序,兹可将两个顺序图录在下面(这是上海职指所先用而其他各所继续仿办的,以下各项大多是如此)。

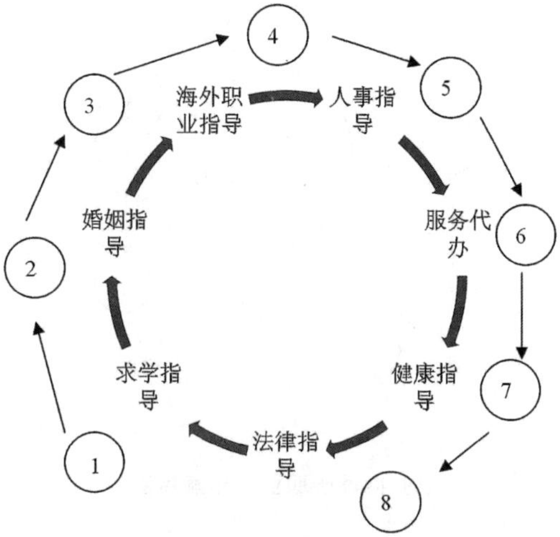

职业指导所职业指导顺序图

顺序的说明：

(1)接洽。接洽愿受职业指导。

(2)约谈。认为有谈话之必要即予约谈。

(3)填表。必要时请受指者填写表格。

(4)测验。考查受指导者之知能予以测验。

(5)代答代办。就受指导者问题为之解答托办事项为之代办。

(6)训练。就受指导者之需要予以训练。

(7)讲演。召集受指导者请专家为之演讲。

(8)商榷。就实际问题与受指导者时时商榷。

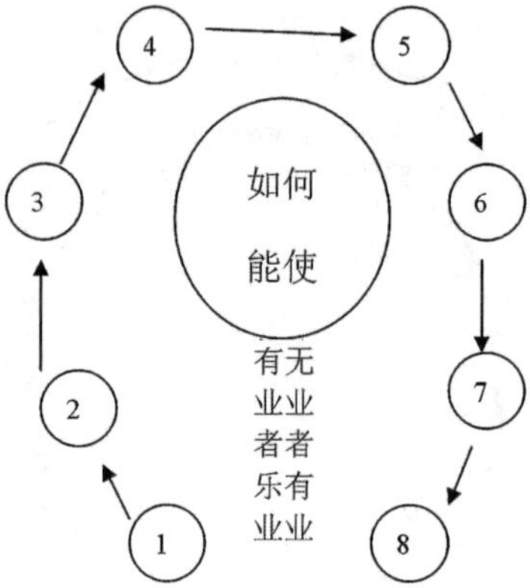

职业指导所职业介绍顺序图

顺序的说明:

(1)报名。报名求职先予详细询问。

(2)登记。填表正式登记。

(3)约谈。有相当机会时先约登记人谈话。

(4)测验。予登记人测验。

(5)调查。向登记人之戚友师长母校详细调查。

(6)决定。就各方面之结果决定应否介绍。

(7)服务调查。就介绍成功人之服务状况加以调查。

(8)服务指导。就调查结果予以指导或谈话。

看了上面两图以后,对于两项工作的过程,大概可以明白了吧!

(二)办法的揭示。其次便是对于请求指导人所指示的办法,那是共分三项:

1. 什么人才可以请求指导?

2. 怎样去请求指导?

3. 请求指导时,应该知道的各种手续。

在各所皆是写成一个宣示纸片,悬在公共容易看见的地方,同时也会印成一纸片,预备送给一般人看。在纸片上并无特定的名称,上面只揭示出某某职业指导所一行大字(本行下可列入所址及电话号数),下面即分列三项,再就三项分条说明。兹录其全文及样式如次:

(略。编者注。)

又专对于请求职业介绍的人,还有一种“简约”,那是说明办理介绍的手续及其他重要事项的。这种“简约”,也是在所内公共易看的地方,把它揭示出来,同时也要印成纸片,预备送给人看。兹录其全文如次:

(略。编者注。)

(三)表式函式的填用。本项所介绍的各项表式函式,大都是用在介绍方面的,就是到了介绍成就以后,还有“征询”工作,似乎已出了介绍范围以外,但他仍是和介绍连在一块儿的。

还有,各项表式函式的填用,必须依据实际情形和实际需要,随时随地改变式样,本书所示的可以供给大家参考。

1. 求职表——要到所去求职,当然先要填上一种表,这就是“求职表”。表分正副两种,分别成红绿两色(正红副绿)。正表背面无字,专留在所内存查,副表背面,有谈话后纪录,除存查外,有时还预备送给求人的人去看。其式如次:

(略。编者注。)

2. 求人表——不仅是人求职,同时也还有人求人。凡到所

求人的,也应该填写一种求人表。求人表只有一张,分正反两面。正面式如次:

(略。编者注。)

3.通知书。受了委托以后,办理如何,对于求职求人的人,皆应该要用书通知。先就求的一方来说,通知书式,有次列几种:

第一种,对于已填正式求职表后,通知其来所谈话的。

(略。编者注。)

第二种,对于尚未填具正式求职表,通知其来所办理登记并谈话的。

(略。编者注。)

第三种,通知其到本所或他处所去报名投考的。

(略。编者注。)

第四种,对于求职人,告知其一时尚无机会,免致特别悬盼,不再向他处进行的。

(略。编者注。)

第五种,对于求职人能知其拟代介绍某事(或接洽某事)请其来所商谈的。

(略。编者注。)

再说求人的人方面来说,也有次列几种:

第一种,通知受到委托后,正在物色中的。

(略。编者注。)

第二种,已经物色到相当人员,通知前往接洽的,是有两式,皆可以用。

(略。编者注。)

（四）特别指示。对于介绍已成功的求职人，还有一种极恳切的指导，那是印好两面有文的片子，正面算是一封信，特揭出六件事，希望得业人实行。反面是十条“服务须知”。这个片子是用厚纸印成，送赠得业人，盼望他们能永远保存，常常阅看的。兹录其全文如次：

（略。编者注。）

（五）服务征询。职业介绍成就以后，还有一种征询工作，一方是对于得业者的征询，一方是对于用人者的征询。其目的，是为准备作服务指导的根据，及重要研究资料的搜集。其对于得业人所用通知书及征询事项，如次列：

（略。编者注。）

此表与前表并不冲突，用时，尽可以此为副表，为补充品，一并送去，请其照填。再填时可用符号“〇”及“×”。“〇”表示正，“×”表示反。如是“诚恳”，即在诚恳项下，附以“〇”，否则附以“×”。弱点各项亦然，如是“学力不足”则附以“〇”，否则附以“×”。

（六）谈话及纪录。对于到所请求指导的，一定要经过谈话的阶段，所以谈话的工作，在职业指导工作中，是占极重要的地位。指导员谈话的态度、方法、技术，在在皆关重要。此层在前面第二章专篇文字内，已经略略记过一些了。兹再将谈话时应注意的各点，就本社办理职指工作同人经验所及，并经公同议定的，有次列八项：

1. 对于谈话者应有谦和诚恳的态度；来所请求指导之问题，或极复杂，或至简单，均应出以至诚态度，引起对方之信任，使受指导者心理上有良好之反应,减少拘束,率直陈述。

2. 对于谈话内容应有撮要记录,其中最不可缺少者,为问题之性质及处置方案。二者对于将来查考及研究,均有裨助。所有记载,以暗中摘录为宜,免引起受指导者注意,妨碍谈话之进行。

3. 对于求职登记表应尽量利用,求职登记表,为累积记载片,每次谈话,均宜取出利用,有关职业之问题既介绍经过情形,尤须详细填入,日积月累,即可成为一完备之参考资料。

4. 对于谈话者应有安慰和鼓励,求职者或以(此处应为“已”。编者注。)失业较久,精神颓丧,言辞失检,态度反常,指导者除充分表示同情外,应研究根由,善加安慰,为其多方设想,使其奋勉上进。

5. 对于谈话者所言事实,应加以分析与归纳,提示要点,逐一解答。其有问题过于繁复,非短时间所能解决者,宜另约定一时间,继续详细讨论,较为妥切。谈话者如能书面条陈要项,则指导者可充分考虑,贡献意见,如此办法更好。

6. 对于谈话者本身之缺点,应加以指示改进。关于品性方面,如礼貌、态度、言语、服装等等的注意,予人以良好印象。职业方面可告以最近职业需要,如何进修,如何谋求,如固有技能之练习、新学识之增进等,使其有充分准备,而利谋业之进行。

7. 对于求人者谈话,应促其注意工作与报酬之相埒,提高求职者待遇,使其能安心工作;同时必须约定在委托有效时期内,不使向他处设法,俾免求职者之徒劳往返。

8. 谈话者应以先后为次序,在谈话时间内,应注意时间之经济,切勿浪费,俾免他人之等候。

再谈话之后，应有纪录，关于介绍职业时的谈话，已经在求职表副表反面有一个记载表格了。兹再就公共所用的谈话纪录表，录其式如次：

（略。编者注。）

以上关于通常的职业指导及职业介绍的工作，大概是说完了。以后，当再谈其他工作。

如何办理职业训练

职业训练，可以说是属于职业补习范围，但是职业指导所，因为施行职业介绍及职业指导时，它能深切明了职业界的需要，及短期职业训练的事项和标准，所以由它办理职业训练来，是比较格外内行，且格外切实，这也是必然之势。还有职指所为某用人机关，招收了一班职员或练习生，由某机关委任代为训练三星期或十日的，这也是事所常有。因此职业训练，在全部职指工作中，竟可算是一部分的必要工作了。兹将上海职指所的代办训练简章录之如次。至于其他短期职业训练，尽可依照职业补习教育的办法，由所内推定专员，或另组一种临时委员会主持办理，兹不复赘。

（略。编者注。）

如何代办招考

求人的人（或机关、团体），需要招考职员，往往是委托职业指导所代办的。代办的手续如何，当然也要有一种办法规定。兹录代办招考简章全文如次：

（略。编者注。）

在职指所办理招考时，对于投考人填写报名单一事，关系是异常重要。因为根据这一种报名单，一方面可以详知其家庭状况、过去经历；一方面便可以作为施行口试的重要参考。并且把考试成绩，一并记录在表下，将来即可汇集起来，向委托者报告，更是十分便当。兹录上海职指所所常用的招考报名单式如次：

（略。编者注。）

还有投考时，须用一种“应考证”，此事关系虽不大，但既有成式，亦不妨录之以备采用。

如何办理升学指导

关于办理升学指导的一切手续，在前面所载教育部颁布的办法里面，已经规定得很详细了。至于职业指导所所办的升学指导，那是协同教育行政机关及教育机关进行的，当然它不是居于主体地位。可是，因为它平时对于各方面调查接洽，异常周到，因此协同办理起来，关系异常之大，可以说它所占的地位，在名义上虽不重，而在事实上却是很重了。如学校假期将届，对于各校毕业生，指示讲解，需要组织讲演队，一定要职指所人员来参加。毕业学生，要升学，或要就业，一定要到职指所去受指导。在施行指导之初，往往由职指所编成《升学指导》专册，供学生参阅。在进行讲演时，且可由职指所把可供参考的材料，制成统计图表,带到讲演场所,供众阅览。此皆是实在情形,并且在上海及其他方面,照这样办的已经好多次了。

兹先将各学校委托职指所办理升学指导的书式录之如次:

(略。编者注。)

其次再把上海职指所之常用的两种指导表,整个的录在下面:

(略。编者注。)

前一种“升学指导表”,是专供预备升学的毕业学生填用的;后一种“就业指导表”,是专供预备就业的毕业学生用的。发交填写时,须先与本校负责校长教员说明白,如学生有疑问,应代为解答。此表填就后,由学校负责者,代为收集送交职指所,如能多填两份,一份留在学校,一份由学生本人留以备查,更好。再职指所指导学生时,应以此表为重要根据,是以填写时,一定要详细、清楚,表要先交所,然后才可以去受指导。

如何办理健康指导及法律指导

在上海职指所,办理健康指导及法律指导,已经多年,对于社会,确是有相当帮助,兹将该所曾经发表过的宣言、简则,又所拟定的两种指导规范及原则,一并录之如次:

(略。编者注。)

如何办理服务代办部

职业指导,原是一种社会服务工作,在上海职指所为适应社会需要计,更扩大范围,附设了一个服务代办部,当然这也是推广专门人才出路的一个办法。此项机关,办理尚未久,一时还不能将经过情形,完全报告。兹先把该部简章及各项书式录之如次:

(略。编者注。)

(原载《如何办理职业指导》,江恒源编著,
商务印书馆,1941 年)

倡办荣誉军人职业教育案[①]

理　由

抗战以来,我千万英勇将士效命疆场,因之为国牺牲负伤者为数众多,而因受伤成为残废者亦不在少,此等荣誉之残废将士,亟应迅速设法各予以适当之安置,俾已伤者各得其所,而正在前线杀敌者亦可得精神之安慰,以鼓励其作战之勇气。查安置之道,不外消极积极两法。消极之救济适足以养成依赖性与自卑心,积极协助,则在予以职业技能之训练,培养其独立谋生之能力。此不仅减少社会游民,减轻国家负担,且可增加国家生产,增进人民对政府信仰。故目前亟应大规模倡办荣誉军人职业教育,俾所有荣誉军人皆能各得其所。抗建前途,实深利赖。

---

① 江恒源领衔提。

办 法

一、成立全国荣誉军人职业指导机构，并得视其需要于各地设立分机关。

二、荣誉军人伤愈后，应送由职业指导机关予以详确之测验与面洽，以决定其择业之种类。

三、荣誉军人已具有职业技能并志愿即行服务者，由职业指导机关迳向各方介绍。其需要训练或继续造就者，得依其伤残状况及测验之结果，送入适当之训练班受训。

四、政府主管机关应就荣誉军人需要，分别设立各种职业训练班。

五、荣誉军人在训练班结业后，应由政府或职业指导机关支配，或介绍其服务。

六、现有之荣誉军人职业机关，应统一扩大办理，其充实对荣誉军人职业教育之设施，俾适应其需要。

决议：本案关系重要，原案通过。送请政府采择施行。

（原载《国民参政会第二届第一次大会记录》，
国民参政会秘书处编，1941年10月）

请政府明令规定凡中心学校国民学校校长应尽量改为专任以重教育而符新县制之精神案[1]

理由

自县各级组织纲要施实后，地方自治基层组织，有一彻底改革，此实为建国过程中必要之措施。依照此项纲要第三十四条、第四十九条之规定，乡镇长、中心学校校长、保壮丁队长，均由一人兼任。并规定在经济教育发达之区域，乡镇中心学校校长、保国保民学校校长以专任为原则。惟当兹新县制推行之初，各地每多未能了解此项办法之精神所在，往往一律以乡镇长或保长兼任校长，以致教育事业，蒙极大影响。试述其弊如次：

（一）新县制推行伊始，各地乡镇长、保长之人选，均未能达到理想的标准。故往往有程度较差，对于教育知识、办学经验，完全缺乏者。甚且有知识幼稚，识字无多者。此等乡镇保长，大

① 江恒源领衔提。

多不知教育为何物，如以之兼任校长，则原有教育事业，即不能维持，更遑论发展。学校中原任有经验有研究之优良教员，亦多因领导者之不得其人相率以去。于是，学校无形中成为乡镇保办公处之附庸机关，失去教育独立性之地位。以是若事（原文如此，似为干之误。编者注。）年来各方努力所造成小学教育之基础，势将因此发生动摇。

（二）地方教育，向由地方教育行政机关直接负责管理，自清末以迄今日，始终未稍变更。今一律以乡镇长兼中心学校校长、保长兼国民学校校长，并以乡长保长为本职，以校长为兼职，而管理乡镇长保长之权，又属于民政范围内。依此办理，结果，势必致造成地方教育行政机关，无权任免校长，无法管理学校，地方教育行政，根本发生动摇。而办理地方教育成绩之优劣，究归何方负责？此又成一绝大问题。

（三）新县制之精神，在对于教育经济不发达之区域，人才经济两感缺乏，故不得不利用原有学校教育人员协助地方推行地方自治。今不能利用原有学校校长兼任乡镇长或保长以推行新县制之一切设施，而反以地方原有乡镇长或保长兼任校长，如谓地方原有之乡镇或保长其能力足以推行自治，则原有学校校长尽可专任，何必多受更张？如原有乡镇长或保长其力不能胜任，前既不能兼任乡镇长或保长，更何能兼任校长？此种矛盾的设施，既与新县制立法的原意相背谬，而于地方教育之进展更有莫大之危机。

（四）新县制之实施，首推行于广西，该省过去，即系以邻（原文，似为乡之误。编者注。）镇长或保长兼校长，数年以来，深知此项兼职办法之失败。故该省教育当局曾公开承认“广西推行地方自治有相当的成功，但教育是无疑的失败。广西全省国民教育基础中，甚少有较好的学校……”等语（见广西教育通讯某厅长之报告）。该省最近参议会开会，有应将国民基础学校校长一律改为专任之决议，而该省教育当局，自本年起，已将国民国（此处应删去“国”。编者注。）学校校长改为专任。此项前例，可为殷鉴。现在各市省在开始实施新县制之时，似不可再蹈过去失败之覆辙。

根据上列各项理由，提出补救办法如下，敬请公决。

办　法

（一）中心学校国民学校校长应就可能范围内，尽量改为专任；如一时不能全部实现，亦应以中心学校校长兼任乡镇长或保长为第一原则，而以合于小学校校长资格之乡镇长或保长兼任校长为第二原则。其有不合于校长资格之乡镇长、保长绝对不能兼任校长。

（二）不得已加以乡镇长或保长兼任校长，其办学成绩不佳，应即免校长职务；但校长兼任乡镇长或保长而免除兼职时，如办学成绩特优，其校长职务不得免除。

（三）校长之任免，完全由县教育行政机关办理，乡镇长、保长，是否合于校长资格与能否兼任校长，其审查决定之权，应归县教育行政机关。

（四）乡镇长或保长兼任校长者，仍支乡（镇）长保长薪不得支校长薪,反之,校长兼乡(镇)长者,亦只能支校长薪。

(五)乡镇长、保长兼校长者,或校长兼任乡镇长或保长者,应由县政府主管教育科秉承县长严密查察,而发现有贪污或怠荒职务,借办学敛财等情,应即予以免职或其他较严厉之处分。

(六)中心学校及国民学校均以县政府为主管机关。乡镇公所对于中心学校及保办公处对国民学校,除筹集经费招致儿童等外,不得干涉学校内部行政。来往文件,并宜平行。

(七)中心学校校长,辅导国民学校,以学校及校长名义行之,兼任者不得以乡镇长或保长名义用令行之。

(八)各区教育措(原文如此,似为指之误。编者注。)导员,亦应直接受县教教(原文如此。编者注。)行政主管机关者之指挥,不得迳由区长支配。

决议:原案通过,送请政府采择施行。

(原载《国民参政会第二届第一次大会记录》,
国民参政会秘书处编,1941年10月)

请政府迅即设法提高小学教员待遇案[1]

理　由

小学教员待遇本极菲薄,年来物价高涨,生活困难,一般合格而有能力之小学教员,迫于生计,纷纷改业,甚至甘为夫役,以致中小学生及其家庭,视入师范学校为畏途,各地合格小学教员,员额日感缺少,此为主要原因。具有初中毕业之资格者,已成为难得之教员,师资前途,实堪殷忧。去年,委员长发表慰勉小学教师电文后,教育部即遵照厘定小学教员待遇规程及补充实施办法八种,令饬全国分年次第推行,意美法良。惟所需经费过巨,即以薪给待遇底新(原文如此,似为薪之误。编者注。)一项而论,以平均每人每月增至30元,计全国已需增加教育经费一万万元左右,故各省切实遵办者尚不多见。画饼不能充饥,徒法岂能自行?目前改善小学教员待遇,治本治标,应行兼顾。

---

① 江恒源领衔提。

治　本

1. 酌仿闽省中小学教职员、机关公务员、公营事业职员，按资格同等待遇之制，由中央制定更完善之办法（不但论资格且论经验能力），自中央以至各省一律施行（按闽省办法太（似误为“大”。编者注。）抵不论其为省内公务员或乡村小学教员，凡大学毕业生一律给以百元之月薪，高中及师范毕业生一律给以60元之月薪，可使贤能者原为乡村小学教员而不流入都市）。此项办法，如不能全国彻底实施，亦可指定若干省市先行试办。

2. 倘上项办法不能即行，则由行政院责成各省市政府依照教育部所规定小学教员待遇规程及补充法规，参酌地方情形，切实订定分期实施办法，次第依照实施，务使所定薪给标准，实行年功加俸，学谷津贴，子女免费入学，奖励优良教员等，一一分期实现。并授权教育部严密督察，将各省市实施成绩逐年报告行政院，为主管长官考成标准之一。

3. 依照先进各国成例，由行政院指定大量经费，以为各省市县小学教员年功加俸之补助金，数量及详细办法由教育部订定之。

4. 政府对于成绩卓著之小学教员子女升入中学专科大学肄业，予以物资上之相当补助。

治　标

1. 由教育部督促各省市教育行政机关，遵照小学教员待遇规程，及各种补充办法之规定，凡简易便行者，如宽予假期，子女免费入学，奖励优良教员等，对于小学教员惠而不费者，一律尽先实施。

2. 由教育部修订津贴小学教员米谷办法，请由行政院公布，通令各省市严厉执行。是项办法，应包括下列各原则：（甲）依照中央机关公务员家族得分购平价米之例，小学教员无职业之亲属，亦可计口享米谷津贴。（乙）米谷由各县市于征集稻谷时同时带征，不得专向学生家庭平均摊派征收，并不得多征少发。（丙）如有积欠米谷等情，准小学教员向上级机关控告。

决议：原案通过，送请政府采择施行。

（原载《国民参政会第二届第一次大会记录》，
国民参政会秘书处编，1941 年 10 月）

《现代应用文作法》序

普通所谓应用文教本，我所看到的尚不多，偶而见到一两本，总觉得有一点旧者偏于腐，新者偏于硬，腐固然不适用，硬亦复难于通行，或者这是我的偏见亦未可知。吾友庞翔勋先生，在我乡居养病中，一日来谈，袖出其所编用之《现代应用文作法》见示，展读两过，深觉其组织极精，叙述极当，条理极分明，而尤其在取材一方面，使新旧适当，不倚不偏，既能化腐朽为神奇，更可以圆通而行远，我前此所感腐硬两病，读此书后，竟觉一扫而空，胸襟为之一快！

我生平常有一种感想，以为人生日用事物，要希望它能改进、发展，一定要时时具备着下列两个条件：一、谋得环境之适合，二、取得合理的进步。此二件如车两轮，如鸟两翼，合则两全，偏则两废。盖不谋环境之适合，容易使阻力丛生，吾道不行，如是则纵有良法美意，又复从何说起？所以在可能的范围内，应就若干旧有成分，摘其可以保存者、适用者，仍须还它一个地位，尊重它的用途。但决不可以此为满足，必须要不断的设法参加新的成分，采用新的方法，以改革其固有，发展其新机。察酌社会进化情形，竟可按定时期，逐渐递变，递变到了水到渠成之日，即不妨认明它是全体变化之时。果若是,则改革既不嫌其过骤,而革命的目的,亦可逐渐完成矣。或者有人说,这是改良派,有违命之旨。然而我们试平心静气,一加体验,凡改革过骤者(包括预备不周条件不完等),是否能不生反动,完全成功,恐怕是一问题,至于墨守成法,不求改革,则进步无从,势必至于腐化溃烂而后已,此更是绝对的要不得。噫!世间一切事皆是“扶得东来西又倒”,中庸难能,真是古今同慨啊!如庞先生所编之书,一方面能尊重其旧有,力求社会之适合;一方面能发展其新机,推动文化之进步,我知此书一出,中等教育界乃至一切职业界,必然表示无限欢迎也。

兹当付梓伊始,述其所感,是否有当,还以质诸翔勋先生。

江恒源序于中华职业教育社

(原载《现代应用文作法》,庞翔勋著,中正书局,1942年)

黔东小县之新生活运动

引言——考察德江县政之动机

余近以患血压高病，遵医嘱，寓居黔东湄潭县休养，屡闻友人言，“黔东有一小县，曰德江，在四五年以前，盗匪充斥，烟毒弥漫，教育不兴，民生凋敝，自张县长礼纲任县事近三年，剿匪、禁烟、筑路、兴学，百废俱兴，气象一新。目前全县以内，盗匪屏迹，烟毒消除；乡镇保甲，组织健全；人口编查完密；人民安居乐业，一致振奋向上，尤以办理兵役，训练壮丁，推行新生活运动三事，成效最著。”不禁心向往之。自维生平对于县政建设雅爱研究，半生从事教育事业，关于乡村职业教育乡村建设教育一部门，设区试验，历有年所，所有国内各方较新的乡村事业，亦曾数数亲往参观。忆昔年在中华职业教育社服务，试验乡村教育时，即以“土无旷荒，民无游惰，人无不学，事无不举，全村民众，呈康乐亲和安平之现象”。为理想农村之标准，而听到友人所言之德江，事实竟与此相近矣。居室而每闻足音，安得不为之欢欣鼓舞乎。适张县长有事来湄，约往参观，遂忻然偕国立浙江大学农学院院长蔡邦华先生，浙大农学院农业经济研究所研究生吴士雄君，又医生徐德强先生由湄赴德。往返凡八日，县境内历六日（以三十二年四月六日入县境，十二日下午离县境）。兹谨将考察所得，归而着为斯记。

概述——德江之现况及到县后见闻之经过

德江原名安化，昔为黔省思南府首县，附署县城，清末始迁至离府城八十里之大堡场即今之玉溪镇，民国后始改今名。位于黔省东北部，全县面积二千一百四十七方里，乌江贯其中，境内山峦起伏，平原较少。全境共一镇十六乡，一百八十二保，二千零二十七甲，二万七千七百八十三户，人口数，男七万六千一百二十九，女七万二千七百五十二，共十四万八千八百八十一，人民多业农，自耕农居多数。壮丁人数，二万六千二百三十，老弱病残人数；男一万一千三百一十六，女一万零七百零二，识字人数：男七千六百二十九，女二千一百一十。全县中学一校，师范一校（新由中学分出，将组成正式简易师范学校）。中心小学十七校，国民学校一百八十五校（内有分校四十）。已入学之儿童，占学龄儿童总数百分之六十以上。全县预算支出数，三十一年度一十一万九千五百三十元，三十二年度（即本年）二百八十八万零八百四十三元。最近五年间，国民教育经费由六千一百七十六元增至四十六万六千七百九十四元。

余等由湄潭县改遵进松公路东北行四十六公里至凤冈县城复由凤冈东北行六十公里至德江县政府所在地之玉溪镇。在距凤冈城三十公里之梅子沟地方入德江县境，沿途参观复兴乡第七保办公处，复兴乡乡公所，中心小学，煎茶溪乡乡公所，中心小学，又乡属新场地方保国民学校。抵玉溪镇后，参观县政府全部及监狱，与张县长谈话，听到张县长所述治德三年来民众教育馆，卫生院，仓库，救济院（院屋新建成尚未正式开办），合作金库，镇公所，中心小学，新市场及场期宣传，保警队驻所，市民升旗，新建将成之玉溪大石桥。参加县政府同人座谈会，听到关于教育经济两项建设所提供之讨论问题。检阅县政府已印、未印各种法令、办法、计划、报告、统计。到乡村时，并曾与乡公所人员作简单谈话。

略论——观察所得之印象及略评

匆匆五六日间之观察谈话，当然所得无多，印象浅薄，但就一般静的方面以观：道路街衢，整齐清洁；机关公所，图表齐全；学校市场，多半新建；户籍调查，表列清晰；人口异动，按月陈报。就一般动的方面以观：公务人员，则勤勉兴奋，工作紧张；镇乡居民，则作息依时，各安生业；县长出行，途中儿童咸立正敬礼；和洽有如家人。面带烟容之人，竟未之见，星期日清晨举行市民升旗集合，秩序至为严整，气象多与他处不同。

试再分别一叙其政况。以言治安：自张县长任事之初，即致全力于剿匪一事，不惜躬履危境，亲入贼巢，巨憨既平，宵小逸遁，群情翕服。目前股匪即无，小偷亦且绝迹，盖几几至道不拾遗夜不闭户之境地矣。以言乡镇组织：全县十七乡镇，一百八十二保，二千二百七十二甲，在县政府控制之下，层层衔接，脉络贯通，奸宄无法容身，善良团结一致，此在开始剿匪之时，即已着手为之整理。所有干部，均经过严格训练。关于选任，考核，指导，辅导，年来亦煞费苦心。以言卫生。铲除烟毒，曾经严厉执行，种，完全绝迹；吸，大部肃清，虽辽远穷僻之地，闻有少数吸食之人，亦已寥若晨星。国民教育，现正积极设计指导旅行。惟据同行徐医生在学校参观所及，谓：小学生染有皮屑疥疮病，尚不乏人，此则亟宜加紧疗治。以言治狱：因县政府厉行廉洁政治，所有法警，均经过相当训练，且许人民对于公务人员不法之举，据实控告。张县长在过去两年间，对于簠簋不饬之公务员，并曾严办过数次，大公小廉，风气一变，从前官府诉讼黑暗之象，今已一扫而空。近自各镇乡有调解委员会之组织，县司法处收受讼事，更见减少，目前监狱内已决、未决之犯，仅有三十四人，余等入内参观时，见监虽旧屋，而扫除则颇为整洁，囚犯均未加铐，男工印刷，女工缝纫，面上并无囹圄之色，这一点，恐亦为他处所不易见。以言建设：省公路建筑，已告完成，乡村交通，亦经着手筹办，公所学校，多半为新建筑。造产收入，数已不少。造林一事，正在举办，成效尚未大著。救济院房屋新成，规模颇大，并拟扩展范围，组织县立工厂。

最后再言教育，此在德江，实有特殊之成绩表现，不可不郑重一述：一保一校，已告完成。就余等所见之中心小学，国民学校数所，室内皆相当整洁，学生人数亦不少。中学一所，规模颇大；师范分校，精神亦好，教室寝室，俱朴素整洁，惟内容设备，限于财力，目前尚未能十分充实。据闻各保居民对于增设学产，建筑校舍，皆异常热心，竟有争先恐后，彼此竞赛之势，有如此精神，将来全县国民教育之普及，当非难事。

在社会教育方面有“公民训练”一事，规划既极精详，范围尤为广阔，在县政府殆认定此为第一主要事工，事先订定“中心训练月”实施办法，分发各镇乡，每月揭出一个中心项目，列成目标、要求、口号、活动四项，由各镇乡组织宣传队，分设宣传、教育、纠察、访问四组，分别执行。从前赶场宣传，已施行有年，对于法令推行，业经收到相当效果；兹更根据旧有经验，改进办法，扩大区域，加紧工作。所有国民精神总动员所规定之事项，具体的新生活运动方法，县内一切新政措施，皆藉此有计划、有意义、有内容的活动，深切渗透到第一个民众内心，使之了解、觉悟、感发、兴奋，愿意接受领取。此外如县干部人员训练，业经办过，近仍赓续举行，方法且加改善。此种目标显著的广义教育，更推及于壮丁训练，其办法由各保选出壮丁若干名，集之镇乡，施以集中训练，由县总其成、政治、军事、生产各部门，同时并重，此与徒重形式，分散教练，当然意义过殊，内容有别。德江一县卫兵能不生阻力，此实为重大原因；在各地方办理兵役，多少总不免有一些困难感觉，甚且乡保长登记签选失却公平主旨，以致引起民众不快，而德江则抽签征送，无伪无私，壮丁被征，毫无流难，此固由于办理比较公平，而壮丁先已受到爱国之训，同仇敌忾，具有深情，关系亦殊不小（同时对于出征军人家属，亦有优待办法实行）。又如整理财支，清查公产，调整田赋，改良捐款办法，易摊派为累进，人民担负，虽比较增加，并不闻有嗟怨之声，亦以于办法公平外，复有教育方法之深彻宣传。不但此也，县政府复定有乡政督导办法，乡村辅导办法，层级会议办法，乡村人员考核办法，国民兵团预备队组织服务办法，小学教员各种集合研究，互助办法；又其他各种展览会、讲习会、竞赛会办法，既详示其工作条目辅导其实际施行，更启其自发自动，用以培养创造能力，其中皆是寓有教育训练之意义。县长秘书科长均不断巡行各乡，视察，督促，指导，奖惩，如此随教，随学，随做，教时有学有做，学时有做有教，做时有教有学，竟可称为县政实施方面的“教学做合一”。县长成为一县总教师，秘书科长成为一县分教师，镇乡保长同时受学，亦同时施教，全县成为一个广大学校，广大活动的教育场，而县政府成为此广大学校广大教育场之总教导处。德江一县全部县政设施，称之为“政教令合一”，可云最切合最适当。

听到张县长之自述，谓，到县之初，详察实际情形，认定匪患不除，民无由生，必先安居，乃可乐业，于是第一步工夫非，便侧重剿匪。既欲剿匪，务清匪源，则乡镇保甲之组织，势非力求健全不可。欲求健全，第一在乡政得人，第二在彻底清查户口，设法改变人心。干部人员素质之改进，则赖乎训练，社会风气之转移，则赖乎教化。因此在进行剿匪时，即着手整理镇乡，调整人员，继之以训练干部，扩充学校，并逐步施以广义的教育。当时曾拉出口号曰“以管卫为先，以教养为本。”又谓，县政府为一县施政首脑，先要立定方针，扼住要点，认明步骤，妥定精密计划，善为运用推行。当时曾定出五个办事原则：曰，求控制；曰，务平齐；曰，图永远；曰，平人心；曰，劾贪污。其方式则为因势利导，借助外力，政教合一。余等既听其谈话，复检阅各项法令、办法、计划、报告、统计等，确知其三年以来，皆能依此一贯精神，努力迈进；至最近阶段，一切措施，更能由疏而密，由浅而深，由粗而精，一步一步跳入充实精级之域。在去年已提出四句口号，曰，“政治清明，社会清洁，改进国民生活，培养民族意识。”并希望由管人而进于管事，由教人而进于自教，由卫地方进而卫国家卫身体，由养个人身家进而合作互助，以关一集团的福利。盖至最近，对于卫生行政，生产工作。以及国民精神总动员，新生活运动，更为併力以赴，特别注重矣。余等阅到本年工作计划，其列举中心要点，虽有十六项之多，而总括其侧重方面，则在教育生产两大项，其主旨所在，不难知之矣。

综观以上所述，诚不能谓德江县政业已尽善尽美，但在此地域，在此时期能有如此成就，亦属难能而可贵矣。至一考其所以成就之原因，依余粗浅见解，认为：(一)主县政者能具有强度之服务精神，坚忍意志，及较优越之才能。(二)施政时能认明步骤，扼住要点。(三)能采取“政教合一”精神的方法，一切以教育为策动之总枢纽。(四)能集合一班志同道合之佐治人员，不顾生活艰难，甘心苦干，不愿他徒；并能借助地方公正士绅之力，用以号召，用以主持一部分要政要工；同时对于镇乡干部，训练，选任，辅导，考核，鼓励，亦具有较好方法。(五)能得有久任机会，继续施政三年，长官能极端信任，予以保障，且予以便利。(六)张君之前任赵县长，在县政设施上，曾具有较好的基础，可资凭借。且因赵任时，一度庙头地方，乱民暴动，杀死科长两人，张君到任，办理善后，深得人心，威信即立，事乃易办。(七)地方人士，意见简单，无分歧派别。可知一事之成，直接间接定要有若干条件相配合，相依辅。其有良法美意，热心长才，因条件不备，以致为之而无成，或甫成而旋废者，全国各处县长中，不知凡几矣。如何乃可以完备其优良条件，使若干有为之县长，得有相当之成就，其中一部分之责任，固盼望任用县长之长官，有以负之也。

结论——今后对于德江县政前途之展望

就德江县政建设之现阶段以观，可云各项规模具备，轨道业已筑成，阻力毫无，助力咸备，且有无限之丰富潜力，潜伏其间，正待启发。目前县政府针对地方需要，订定中心工作，侧重在教育生产两方，自属异常正确，无可移易。关于教育一方面，一在养成更健全之建设干部人才，一在造就大量优良之小学师资，以期全境普及教育之实现。当时余曾向张县长建议，就县立中学内增设地方自治人员训练班，选举初中毕业年龄较大之学生，入班肄业，施以较长期之教育；同时仍分批调取各镇乡公所佐理人员及保长予以有效之补习，更选送初中毕业生赴县外成绩优良之高级职业学校肄业，再就高级职业学校学业生中，选取其少数优秀分子，升学农工专科学校，俾资深造，其所学科目，第一步必须以切合本县生产建设所需要为主旨。继此，可在中学内增设职业班，用以养成地方生产建设之初级实用干部，师范既经分设，宜酌添班数，采用较新之有效训练方法。对于现任之小学教师，更宜不断的予以进修机会，同时选取，奖进，并须多方设法，而社教人才，亦必同时注意培养。凡各中心小学国民学校之教师，对于造产运动，除协同乡保负责人员努力进行外，更宜各就劳作课教导小学生种菜，养鸡，养羊，并学习实用性之手工制造。关于中学方面之图书仪器设备，在短期间内，务宜设法扩充，并宜特设生活指导部，所有升学之毕业生，虽经离校，仍宜不断的予以辅导，关于生产方面，目前急切需要技术人员，代为规划，此次浙江大学农学院蔡院长，对张县长亦多所建议，或可就可能范围内，予以相当之辅助；如农田水利整理，土壤及农作物改良，病虫防治，森林及实用植物之栽培，制造，如何进行方为适当而有效，均为目前急待解决问题。更希望张县长再能秉政三年，依已有之规模，继续充实，已成之轨道，继续发展，则此黔东一县便不难达到真正之理想境地矣。

（原载《革命日报》，1943 年 5 月 3 日，
转载《大公报》，1943 年 5 月 18 日）

本社事业的回顾与前瞻

诸位先生，今天是个庆祝会，说到庆祝，本人自不敢当，但总得表示感谢之意。可是限制十分钟时间要做这篇文章，未免令人汗流遍体，又不能推托。只得勉强做去了。

二十五年了！这二十五年中，真是酸甜苦辣备尝。看到现在政府和社会人士对职业教育的重视，回想二十五年以前的情况，不能说本社的奋斗没有成绩，但是比起本社的理想规划来，百分之中，成功的还不到五十，同人实在不敢自足。但若说是有成，那么这些成就完全是前前后后全体同人的劳绩，更确切些说，因黄先生是本社事实上的发起人，也是本社主干，主持本社二十五年；杨先生自民国十一年即参加本社工作……至十五六年顷，本社的工作在社会上站稳脚跟为止，为第一时期。……此后十八年到卅一年，杨先生实为本社事实上的主任。所以本社的成就，全是黄杨二先生领导有功，而出力最多。本人置身其中，可说是“贪天之功，以为己功”，也可说“贪人知功，以为己功”，今天的庆祝会，真令人惭愧——这是本人今天的感想之一。

本人原没有什么特殊的话可说，好在杨先生还没说话，我不妨将杨先生要说的话抢先说一说，将黄先生已说过的来引申一下。

本社的事业，向分设计推行、研究编辑与社员三组。其中，某一时期内注重某一部分则有之，但总分为研编与推行两部工作。本社成立以来，第一步注意提倡职业教育，引起国人重视；第二步重在实验推行，推行工作以职业学校、职业补习学校、职业指导和农村改进四部并列。因此，本社所揭橥的职业教育不是狭义地仅指职业学校而已。过去颇有人说本社自创名目，可是现在则吾道不孤，继起有人。例如，职业指导事业的重要，已是大家都知道的事。又如农村实验，国内举办者还有晏阳初、陶行知诸人。本社的农村改进事业虽规模不大，但是比照其他，不无独到之处。此外职业教育中，除职业学校外，还要使人能于就业之际，同时就学，这就有职业补习教育。职业补习教育的观念在外国虽早已存在，但在我国，首先提倡的也是本社，一般国人注意到这问题还是最近的事。现在前后在中华职业学校毕业的已逾四千人，补习学校更多，至少在十万左右。经过职业指导所指导过的人更不可以数计了。而农村实验所包括的人数更是不好统计的。诸位想想，本社这些工作，是不是将教育"社会化了"？本来，将教育"职业化"固为我们的本行，而使教育社会化的也为本社所创始。这个理想，过去还招人非笑，但现在社会上却顺利推行起来了，这也可说是本社对国家社会的小小贡献。这种成绩与贡献，完全是黄先生领导于上，杨先生推行于下，而全体同人共同奋斗的功绩，兄弟置身其间，虽不说全未出力，但只不过当一名马前走卒罢了。

向来在外国学教育的人，专习职业教育的本不多，但其中凡学职业教育,或专攻职业指导的,可说都经过本社。例如,第一位何清儒先生,服务本社最久。他是留美专攻职业指导的,回国后仍在本社服务。第二位是钟芷修先生,也曾服务本社,现任教育部的督学和职业教育科长。第三位石显儒先生,入本社任设计推行组主任"八一三事变"的前几天,在本社办理难民收容所,艰苦备尝,后来到后方,我们一同和兵工署合作,办了一个"兵工训练所"。南京失守以后,间关万里,入广西,仍在本社工作。后来石先生又被教育部聘去,任造纸印刷学校校长。第四位是在国内办教育多年,自美国回来后仍在本社服务的喻鉴清先生。第五位就是陈纪喆先生,情形也相似。由此可知,凡是在国外学职业教育学好了的,回本国来必在本社服务,这当然是因为志同道合的原故,在本社对此固足以自豪,而在各位先生呢,要想研究职业教育,也势必加入本社来,因本社有这么多活的教授在,非死的书本可比!

分析本社的事业和贡献,缅想创业艰难,这是本人今天第二层感想。

我到本社来,正当风浪已过,困苦艰难已被第一道防线挡住,所以我也可以自称为福将。可是今日在庆幸之中,也还有遗憾怅惘的情绪,因为上海同人现已陷于敌后,通讯不能自由。滇、桂、川、黔的同人,生活、工作都卓绝艰苦,而我们无法相助,今天我们虽欢聚一堂,仍不能不有风雨如晦的感慨。

我和杨先生是老弟兄,这所谓"老弟兄"并不是江湖上"三杯酒老弟兄",而是相敬相谅相知,无话不可说之意。所以共事以来,我们无事不商讨而后做,更没有什么正副之分。在庆祝杨先生服务二十年的今天，我还要说几点我所知道的：第一，是杨先生勇于负责的精神，实可为同人的模范。我们共事之中，每当我遇事有什么怀疑的地方，杨先生就当头做去，不计危难。第二，杨先生不怕吃苦，而且任何时候，吃任何苦头，杨先生从不会“丑表功”。现在我们常常看到某些青年，做了三分事便要表现六分功，他们应当学学杨先生。民国二十八九年间，杨先生为了工作，曾奔走广西重庆之间好几次，而且还带着杨师母，旅途的不便可知。可是，他叫苦么？推辞么？什么也不提。避空袭时跑得满脚泥沙，一身是汗，他也没有提过一个字。诸如此类的事，说不胜说。第三，杨先生是非常谦逊的。他实际主持办事部工作，可是却坚不肯受主任的名义，直到这次董事会力推杨先生为主任，杨先生还始终推托，辞不肯就，终于因大家太诚意，而不得不接受了。其实杨先生无论那方面都是最合理性的领导人。

关于本社的工作方面，我现在想到的是这样：第一层，现在社会上还有许多不认识职业教育的人，如这次参政会开会，就有这种分子。对于这些人，我们仍应尽说服的责任，最重要的是研究改进我们的工作。这就必须人为其易，我为其难。例如关于职业学校，我们应研究并实验其办法与教材，得出好方法来贡献政府和全国办理职业学校的人采用，发空论固无补，不研究也没有改进的可能。其次如职业补习学校，现在政府正在提倡，我们应当综合经验，研究其方针方法，使职业补习成为一种活的教育，不完全在学校而且可在工厂里进行，时间不论五分钟十分钟，方式不论用书本用图画用说话都可以。再次如职业指导所，现在政府也在办，譬如喻先生就“一面做官一面做老百姓”，在两方面办职业指导,可是官办容易,民办难,民办的成绩要超过官办,必须根据研究,得出最好的办法,但这些必须是适应中国社会情况而行得通的,不必一定抄袭外国,这是本社推行工作应注意的。同时必须养成职业教育行政的师资,实行和研究人才。我们过去养成工商技术人才已不少,但职业教育工作人才的培养还没有特加注意。现在中华职业学校改设专科,正筹备成立,这一缺陷可以补全了。此后本社的工作应向“注意研究方法”和“培养人才”两方面特别努力。

谢谢诸位。

（原载《教育与职业》,1943 年第 197 期）

建议政府请就目前教育上各项重要问题详加考察并从速设法以解决期永固国本裨益抗战进行案

理　由

自抗战军兴,政府对于各级各种教育,均能积极维持,且力谋发展;五年以来,确已煞费苦心,此实为有目所共见。惟观察目前实际情况,教育事业,在不断进行之中,仍有若干问题,继续潜在,或因缘滋生,举其较著:

(一)如大学教育(包括专科教育)方面之训育实施情形:导师制施行,成效何若,困难之点何在?军训实施有何窒碍?窒碍之原因为何?又其他关于学生集团生活习惯之训练,社会服务精神之培养,组成若何?如何进行?是否已收到若干效果?甚至一校以内,暗中有无特种刺激震荡之情事,足以搅扰青年之心思,偏陂或颓废青年之意志?如其有之,来源何在?如何消弥?凡此在讲授知识、传习技术以外,关于做人道理之讲求,生活行动之指导,伦理亦应占大学教育一大部分。如就此一大部分,真愿开诚见示，毫无隐匿，一定才发见出若干重要问题，令人感觉不安，此殆可以断言。欧美各邦，已入大学之学生，大都经过多年中学之严格教育，同时社会默化熏陶之力，亦复相当深厚，因此学校对于学生训导，或可稍事放任。但如种种集团训练、生活指示，直接间接，仍复多方注意。我国中学教育低差，社会风气，亦未必处处良善，加以来自战区青年，流离颠沛，身心不尽安定，精神变化，容易发生，是以目前大学训育，为国家培养第二代领袖人才计，其势不能不加倍负其重责。惟其负责特重，对于目前所存在之问题，更不容丝毫有所淡视。此其一。

（二）如中学毕业生投考大学时之心理趋向：近两年来，升学大学新生，志愿投考理学院及师范学院各系者为数绝少。其原因所在，不外以目前国内各职业界，薪给待遇，差别太大，凡工商专科毕业学生，出校就业，酬报特优。青年遂不免为短视的功利主义所驱使。同时社会舆论，又未能根据国家根本需求，放大眼光，作健全有力的指示，而在高级中学出身，对于将毕业学生之升学指导，未克尽相当责任，恐亦属无可为讳。未纯粹自然科学，实为一切应用科学之渊源；高等师范教育，更为改进中等教育之枢纽。倘此两项人才不幸而至于特殊缺乏，直接可影响到国本安危，文化进退。言念及此，曷胜隐尤！目前稍有常识之士，殆无不认为此项问题，相当严重，咸一致盼望政府，能在最短期间内，运用政治机能，捩转此极不正当之趋势。此其二。

（三）如各地方社会教育之实施情况：社会教育，使命至为重大，理应与学校教育，同一重视，而在目前中国社会，似更有特殊需要社教之理由在。年来政府部设专司、学校专院，对于社教，已属十分注重矣，惟详察各地方社会教育实体情况，其成绩较佳者，固为不少，而机关虽具，尚未能充分发挥效力者，亦所在多有。甚且对于社会风俗之改善，丝毫不发生影响。论到目前中国一般社会，对于社教之需求，可云已到万分急切地步。如文盲之扫除，生产之增进，公民常识之灌输，爱国精神之激发，不良风习之改革，势非加倍努力，缩短时期，急起猛进，无以利抗战，助建国。此则稍具常识，无不知之。但如目前社教实施情况，距离所要求之事实，还是异常辽远，察其症结所在，自不外经费支绌与人才缺乏两端。而二者之中，尤以人才一项，关系最重。此一问题，就国家目前需求言，亦不能不认为相当重要。此其三。

以上所举，仅属荦荦大端（此外如大学教授生活之不能完全安定，地方小学教师之特殊缺乏，国民教育之推进困难，学校与社会之不能沟通，各级教育之不能衔接，等等问题尚多）。而衡盱国是，已足使人抱无限忧惧。受病未深，医治尚易，失今不阙，危害益大。如何设法解决？惟有仰赖政府。而论到解决问题之方针与步骤。就愚见所及，似宜先行彻底考察，洞明底蕴，方可对症施药。更须统筹全局，作整个与永远的打算，方能各方衔接，彼此贯通。爰依斯旨，拟具办法三项，建议政府，有如次列：

办　法

（一）在本年内作一度有计划的研讨性考察：请由教育部特派高级部员，并选约专家，组成临时考察团，施行彻底考察。未出发前，宜共同缜密研究，决定精详计划。出发后宜认定数校或数区,并若干要(原文如此,似为问之误。编者注。)题,以为待解决之对象。住在一处,历时宜相当长久,询查宜特别周密。宜用极诚恳忠实的态度,约请学校或地方主管人,坦白说明各项施行经过及困难要点,再行彼此交换意见,共同检讨研究。务期对于任何一问题,皆能真正明了其真相所在。其有认为不应公布者,自应暂守秘密。为求问题得到圆满解决,困难得到根本排除,此一番切实苦功,极盼能不畏繁难,不避琐屑,先行完全做到。

(二)召集全国教育会议:在上项考察完毕后,请由教育部召集全国教育会议一次。根据考察所得,提出(原文如此,似少若字。编者注。)干项重要问题,详加讨论,制成切合实际的若(原文如此,若似多余。编者注。)解决方案,由部决定切实执行。

(三)组成中央教育顾问机关:请由教育部于全国教育会议后,或于举行会议时,组成一较有永久性、一般性的教育顾问机关。其顾问人数,可三十至五十。就大学教授、社会从事教育有经验之人士,又中央各机关中对于教育有研究之人员,择尤(原文如此,似为优之误。编者注。)选聘,平常则委托调查、通信报告、条陈办法、通信研究,必要时则召集会议,或参加会议。凡所贡献,用作重要参考,故陈述务求详实,材料务求精确。如此则各方实际情形,可以比较详知;而政府教育政策,有人为之宣导,则推行之际,当更顺利。同时对于各项问题之解决,以及预防各项问题之发生,皆可得到相当帮助,自不待言。在各顾问,仅以职务余暇,略费一些日力精力,为国家教育服务,当无不乐于从事。且一律无给,不费夫马,在公家亦无丝毫经费负担。此项机关,如能运用得宜,播行尽利,定能收到莫大效果。

上述三项办法,其势互相联贯,希望能次第举行,并不断推进,稳因得果,自有成效可言。是否有当?敬候公决。

决议:本案送请政府采择施行。

(原载《国民参政会第三届第一次大会记录》,
国民参政会秘书处,1943 年 8 月)

关于建议政府请特别重视大学专科训育规定各校设置学生生活指导并慎重导师人选以期养成学生健全人格训练学生处世知能提案①

理　由

目前大学专科教育,大都偏重在知识与技术之教授,而于学生健全人格,如何养成?学生处世知能,如何训练?似尚未能得有圆满解决办法,为学做人,两方不免偏枯,影响到将来建国大业,实属至重且巨,每一念及,良用忧惧!年来政府对于大学专科训育问题,十分重视,各校训道既特设专处,导师制度,亦实行多时,但考其实际,是否对于指导学生做人,即能得相当效果?颇成疑问。前届开会,恒源提有建议政府,请就目前教育上各项重要问题,详加考察,并从速设法解决,以期永固国本,裨益抗建进行案,其一大部分,即关涉此项问题。一年以来,默察各方情

① 江恒源领衔提。

形，深觉此项问题，其严重性仍然照常存在。当然恒源对于目前各大学专科训育机构及导师办法，未敢妄下批评，唯粗浅以观，以一大学学生人数之众，仅有训导长一人、训导员数人处理其事，欲其如何精密，如何周到，实为事实所不能。在训导处虽有生活指导一项，实行积极进行指导之事功，恐不多见。因此乃分属其责于各导师，而各导师又多为各教授所兼任，在各教授自身教学研究、职务已极纷繁，有无余力，尽瘁于此固是问题。而担任指导学生之教授，除道德学识为人敬仰外，其他条件：第一，要具有指导青年之特殊兴趣。第二，要具有相当的修养与技术。第三，更要能不断地热心考察学生实际实（原文如此，似为“生”之误。编者注。）活，了解青年心理，并能利用种种机会，因事因时，施以利导。在各教授中当然不能人人皆具备上列各条件，若学校漫不加察，一无准备，随意指派若干人，分配若干学生，则结果如何，已不待问而可知矣。如此情形在学校当局，固感到万分不安，太息办理困难，无从解决。在学生亦同样感到启示无人，异常苦闷。入校短短光阴三四载，转瞬即过，其天性较好，家庭教育较好，受过中等教育较好，自知反省，自知修养，毕业以后，尚可成为近于理想之青年，可惜此为比较的少数或为最少数；其次则努力读书、学识丰富，品格亦无大差，但对于人情世故，不甚了解，处世才能，更说不上，甚且性情孤僻，不能合群，以如此之人到社会任事，对上对下，服从指挥，均觉为难，然而还不失为好人也。若程度尚不及此，其对社会国家，影响将何如？所谓问题严重，要点即在于此。为今之计：(1)盼望政府能认明此项问题，万分重要，迅下最大决心设法谋圆满之解决。(2)盼望政府为解决此项问题,能扼住要点,从根本上做起。(3)盼望政府能认定进行解决办法时,对于各项困难之所在,谋为合理之排除,不妨宽假时日,按步进行,但办理时,必须注重实际详察。兹就愚见所及,谨拟具办法如次。

办　法

(一)特设机构。由政府规定各大学(包括独立学院)、专科学校均于训导处外(或暂辖于训导处),特设学生生活指导部,部设正副主任各一人,综揽其事,指导员若干人,分任其事。正副主任,由各指导员公推,学校加聘,各指导员由学校遴选聘任。凡任部主任及指导员之教授,均将原有任教时数减少一部分。

(二)慎选人员。各指导员选自各教授,平均分配,各系至少一人。平日由校长留心考察,并由院长、系主任根据必要条件,向校长推荐(其为独立学院,则由系主任推荐)。各指导员于组成机构后,除执行各项规定事工外,得陈明校长及训导长,另约其他教授若干人,组成学生生活指导委员会,以为辅导机构,专用以帮同研究关于学生生活指导各问题,协助计划一切推行办法。例如:对于初入校一年级生之指导要点,对于将出校毕业之职业指导办法,对于学生旅行集会及服务之协助指导,对于一学期若干次纪念周作有系统有计划之讲演,乃至指导学生时应具必要之条件,与应守必要之戒律,又特殊事项发生时,需要他方共同动作协助进行等,均可藉此委员会以议定之。各指导员,因有此项会议之不断讨论研究,即可增进关于指导青年之知识与修养，更可鼓起指导青年之工作兴趣。

（三）制定办法。关于大学专科学生生活指导部及学生生活指导委员会之组织与夫一切进行办法，又各导师之选任办法，可由政府制大纲，指示原则，其详细具体事工，仍由各校根据本校历史及环境，自行拟定，呈部核准施行。

（四）按时报告，定期讨论。各校应向教育部将指导学生生活情形，按时报告；教育部对于各校指导事工，应不断施以考察，并于一定时期，召集会议，检讨究研，以期改进。

上述办法，是否有当？敬乞大会公决！

（1943年9月提交第三届第二次会议）

（原载《国民参政会第三届第二次会议》，1943年9月）

建议政府请确定师范教育制度加紧培养各级师资案

理　由

一国文化,能不断增进,赖有优良教育,而教育事业,能不断发展,赖有优良师范。我国近年来,初等中等各级学校,都市乡村各处地方,均大感"师荒"。原有之学校教师,既多为其他机关吸引转业,而师范学校师范学院,每次招考新生,人数且异常稀少。长此以往,必致师资数质,两形低落。瞻念国是,良切隐忧!设法挽救,势难再缓,谨以次列办法,建议政府,希望采择施行。

办　法

(一)各级师资,分别训练,分段目标,务使照明,以期提高效能。

(1)国民学校教师,现在简易师范培养,四年可缩短为三年。又"简易"二字,容易误会而引起轻视观念,拟改称"国民师范"。

(2)中心学校教师,现由师范学校培养,除招收初中毕业生外,应尽量容纳国民师范毕业生服务着有成绩者,以资深造。

(3)初级中学教师,现由师范学院初级部培养,“初级”之名,易滋误会,拟改称师范专科,招收高级中学毕业生或师范学校毕业服务著有成绩者予以二年训练。同时亦可招收初中毕业及国民师范毕业服务著有成绩者,予以五年训练;对于工艺、美术、体育等科师资之培养,此种五年专科制,比较更这适用。

(4)高级中学师资,现在师范学院培养。此项学院,应以单独设置为原则,附庸于大学,实感种种不便,此后应将附庸大学之师范学院,调整支配,逐年减少,按照全国区域,分设若干师范学院,一一使之独立,以应地方需求。再进一步,将师范学院扩充设备,更名为师范大学,分设文、理、教育、职业教育诸学院,院下设若干系(现制理化,史地合系,仍宜分别设置。教育设院,可分设教育学、教育行政、社会教育、公民、训育等系),招收高中毕业生及师范学校毕业服务著有成绩者,修业四年,授予学位。凡师范专科毕业生服务期满后,亦得升入,免修一部分学分,两年毕业。成绩较著之师范大学,除尽量扩充第二部分,招收普通大学毕业生,予以一年专科训练外,并得设置研究部所,招收研究生。

二、提高员生待遇,以期增广师范生来源。

(1)师范学校教师,均较同级之其他学校待遇,较高20%至30%(国民师范之与初中,师范学院之与高中,师范大学师范学院之与普通大学)。

(2)各级在校师范生,均享有完全公费(比照军官学校供给食、宿、制服、书籍、零用，及到校及分发旅费）。

（3）保障服务：由政府分发任用，统筹支配。

（4）鼓励进修：励行休假、考察、研究、奖助等办法。

（5）优予奖励：凡服务成绩卓著之师范毕业生，政府应予以特殊奖励。精神物质两方，并应兼顾。

（三）调整各级师范学校课程，提高专业训练标准，以期养成各级优良师范毕业生，俾服务时能增进人社会之信任与尊重。

（2）各级师范，一律完全独立，俾造就专业环境。所有教师人选，务必特别慎重，极端注重人格陶冶，培养成优异觉及服务精神（志愿终身服务教育之一种专业精神，尤为重要而宝贵）。

（四）创设中央师范大学，充实物质设备，选聘国内第一流学者任教，如由最高领袖兼任校长，为全国树立师范教育之楷模，在目前或亦是一种办法。

以上办法，是否有当？应候大会公决。

提案人：江恒源

联署人：（略）

（原载《国民参政会第三届第二次大会提案原文》，第二册，1943 年 9 月）

做人与做事谈[1]

三十二年十月六日中华职教社举行纪念周，常务理事江问渔先生为同人讲"做人与做事"要义，自称为"老生"，"老生常谈"实则具有至理，兹仅略记其要点。江先生讲时引证多端，鞭辟入里，闻者无不感奋，以限于篇幅，不克祥记。江先生如得暇时拟著成专节载入本刊，编者甚盼能早日脱稿也。（编者附识）

"人"由于家庭教育及社会环境的不同而各有其趣，然而无论如何，都应当有一个做人的理想，也就是人生应有一个目的，今日全世界的人约可分为五种：

1. 享受中人——自私自利，专以谋求个人物质享受为目的，这种人最卑鄙龌龊不足道，但社会上这种人确实很多很多，可谓到处皆有。

2. 富贵中人——其本质和上一种人差不多，不过这种人为着升官发财，有时也能刻苦耐劳，但是归根到底还是为着自己的利益，他的刻苦耐劳是为达到富贵的手段，这种人也是最卑鄙不

① 江问渔讲，王席君记略。

足道,但是社会上这种人也不少。

3. 功名中人——这种人比以上两种人好得多,这种人做事的能力强,不过为的是个人的功名,有时他所做的事,也能有益于人,可是妒才忌能是为了自己的功名,这种人做事固然是好处,但嫉人妒才是要不得的。

4. 事业中人——这种人为了某件事业,收罗人才,牺牲小我,既不为一己功名富贵,又不嫉人妨才,所要求者就是事业的成功,当然是很好的。

5. 道义中人——事业中人固然很好,但是还得更进一步要顾到道义,这种人是以事业为轻,而以道义为重的。

以上这五种,我们大家可以看一看自己究竟是属于那一种?我想我们不但应当以事业中人为自勉,尤当以道义中人自勉吧!

至于道义与事业怎样才能去做到呢?我觉得应当以大处着眼,小处着手,只顾个人的道义,而不顾大众的事业,或只顾小处,而忘掉大的道义,都是不对的。

此外还有三点关其做事方面的;

1. 应当合群——做一件事必须与他人合作,一人的力量小,而结合多数人的力量,效力一定很大,一件事一个人做固然很好,但最好与多数人合作以求工作迅速进行。

2. 注意检讨——做一件事在事先一个人计划很容易,但事后要他一个人检讨是不容易的。我们要集体检讨,要经常检讨,并且应当善意批评,这样才可以改正自己的错误,以求工作的进步。

3. 严守规则——这是最重要的,一个机关里有规则,我们一定要遵守，要严格的遵守，这样才可以使事情做得快做得好。

总而言之我们应该当要有远大的理想，做一个“事业”与“道义”中人，怎样才能做到呢？我以为应当注意“合群”“检讨”与“规则”三点。

（原载《国讯》，1943年第350期）

拟请政府对于公私立职业学校一律实行公费待遇案[①]

查民国三十三年一月二十二日，行政院训令教育部对于职业学校学生一律比照师范生配给公粮施行公费待遇一案（第六四五次行政院会议），议决由各省在三十三年度预算内新兴事业项下开支等，因仰见政府注意建设人才，提创职教之盛意至为钦佩。现在各省已有全部实行或部分实行者，预计明年度起当可一律遵行。惟查院令对于职业学校未经说明公立及私立字样，执行者往往避重就轻，专指公立，而私立者遂至向隅。但查修正国立省立专科以上学校公费生办法第十四条规定私立专科以上农工医教学生亦得享受公费待遇，而行政院三十三年一月二十二日训令亦有其他职业学校之农工等科学生准以其总数80%、商科学校以其80%给予公费待遇。所谓其他职业学校者当系指公立以外之私立而言，应无疑义。足见政府立法本极公允，对于公私一视同仁。况现值胜利在望、建国方兴之始，国家需要技术人才万分急切。

---

① 江恒源领衔，黄炎培等二十人连署。

最高领袖诏示吾人第一期至少需二百四十余万人之多,决非现在所有各级职业学校之设备容量所能造就,正须奖励私立职业学校及私立职业学校学生共同努力犹恐不足,何能再加歧视。兹查各省市教育官厅对于私立职业学校并未照政府规定办理,似应建议政府明令各省市所有公私立职业学校一律待遇以昭公允而励来,兹是否有当,敬候公决。

提议人:江恒源

连署人:

(原载《国民参政会第三届第三次大会提案原文(下册)》,国民参政会秘书处,1944年)

建议调整大学师范教育案[①]

理由

近数年来，从事大学教育人士，多谓大学生学业程度，较之抗战军兴以前，一般低降，恐系事实。大学学生程度低降之原因，固有多端，依愚见所及，大学学生，来自中学，多数中学，标准低落，殆为主因之一。中学标准，何以低降？不待言是由中学优良教员之缺乏。在中学教学训导一阶段，关系学生一生，最为重要。依照目前情形以言，非得有多数品学兼优，擅长教学技术，具有专业精神之人，从事其间，实无由完成中学标准提高之使命。近人多以为普遍大学毕业生，皆可充任中学教员，甚且投考大学之中学毕业生，以注意工商经济，多不免预存轻视师范之心，此实为极不正确之观念。试问近代国家，人才勃兴，文化发达，何一不由于中学一阶段的教育特别健全，何一不由于特别注意培养中学师资？且因大学师范教育之不振，影响及于中等师范教育，而中等师范教育，更为小学教育之本。吾国实行新教

① 江恒源等提。

育，近六十年，缔造经营，非无一些基础，时至今日，尚有如斯现象，瞻言建国前途，实不胜其忧惧。

办　法

为今之计，惟有切盼政府能拼其全力，先行着手调整高等教育方面之师范教育，以养成多数优良之中等教育学校教员，以立其本，仅拟办法六条，希望采择施行。

一、一般师范学院，应以逐渐脱离大学力谋独立设置为原则。

二、、应按照全国实际需要，构成若干大学师范区，每区设置师范学院一所，所有在本区内之中学教育，均应受其辅导。

三、除设置各区师范学院外，在国都所在地，应筹设一规模宏大、内容充实之师范学院（或即名之以师范大学），用资示范。内设各部研究所、编辑所，罗致国内第一流之师范教育人才，分任其事。

四、所有师范第二部，应以师范学院兼办为原则。

五、中央示范之师范学院，其教授讲师之薪给待遇，应较普通大学教授薪给增高若干，用示优异。

六、将来师范学院毕业生，充任中等教育学校教员，应较普通大学毕业生之任中等教育学校教员者，薪给增高若干，此时即可由政府明白规定，待数年以后，再开始实行。

（1945年7月提交第四届第一次会议）

（原载《国民参政会第四届第一次大会记录》，
国民参政会秘书处，1946年1月）

请从速恢复县教育局案[①]

县地方教育行政，向皆于县政府外，另设机构主持其事，前清之设教谕、训导，民国初年之设置劝学所，十二年以后之设立教育局，其名称虽屡有变更，而其职权则同为主管全县之教育行政。二十四年以后，行政院颁布县政府裁局改科实行规程，曾一度裁局改科，嗣以各地教育人士纷纷请求恢复教育局，因于二十六年将上项规程修正为?“县政府教育事务，以设局办理为原则”。二十九年新县制实施后，各县教育行政，均由政府设科掌管，于是各省县教育局，遂完全裁撤。查现时各县市所设立之教育科组织颇不健全，甚至有大多数县份，建设与教育合设一科者，对于全县教育之督导管理，因之效率锐减。最近六全大会决议恢复县教育局，实为切要之图，希望政府从速实现此项政策，俾地方教育行政，有健全之机构，而国民教育之实施，亦得以顾到推进。兹将本案理由及办法分述如次:

理　由

(一)值此国民教育加紧推行之时，学校数量，亟须扩充；学

---

① 江恒源领衔提。

校内容,兼待充实,主持县教育行政者,责任何等重大,如以全县教育,委之于县政府教育科少数人(多者四五人,少者二三人)之手,实不是以应事实上之需要。

(二)科长系县长所委派,为县长属员之一,县长之重视教育者,固亦常有,而漠视教育者,亦为事实所恒见。如县长忽视教育,则县地方教育,即无从发展;科长纵有才能,如与县长之意见不合,亦无从实现其主张。

(三)科长往往随县长为进退,意志薄弱者,每以不能久于其位,敷衍塞责,即能力优长工作努力者,亦因主管时有变动,不能贯彻其原定之计划。

(四)科长时常调动,与地方士绅及教育界人员,缺少联系,对于筹集教育经费及推进教育事业,均感困难。

(五)各县市因地方治安,关系重大,仍设置警察局,诚属必要;国民教育为国民之基础教育,且负有加强地方组织,促进地方自治之重任,实有设局之必要。

办 法

(一)各县教育,应自下年度起,一律设立办理。

(二)各县教育局长人选,应由教育部严定任用办法,并予以切实保障。

决议:本案通过,送请政府酌办。

(原载《国民参政会第四届第一次大会记录》,

国民参政会秘书处,1946年1月)

切实改善小学教员待遇促使专业化案[①]

理　由

（一）欲期国民教育之顺利推行，并改善其内容，应从改善师资之素质入手。欲改善师资之素质，应先从提高小学教员待遇入手。待遇问题，能得合理解决，始能使小学教员安心工作，乐于任事。

（二）目前小学教员待遇，全部薪津（连食米）平均至多不过五六千元，不仅不足从仰事俯蓄，甚至个人生活，亦难维持，故一般优良小学教员，相率离去，纷纷改就他业，师荒问题因之日趋严重。

（三）现时任县长者，大都注意粮政役政，忽视国民教育，对于小学教员之待遇，不仅甚为菲薄，且未能按时发放。致一般小学教员常为衣食所困，影响于教育效率者至为重大。

---

① 江恒源领衔提。

办 法

（一）、小学教员最低薪额，教育部规定以当地个人生活所需之两倍为标准，此项规定，各省市尚未能切实遵办，即使能达到上项标准，亦仅足维持两个人之生活，未能尽仰事俯蓄之责任。故此项最低薪额，应改为当地个人生活所需之四倍。县政府对于小学教员薪金，更不得欠发。

（二）小学教员之待遇，依照行政院最近颁布《改善小学教员待遇办法》之规定，得比照县级公务员标准支给，其食米应在县级公粮内拨给。此项办法，各省市尚未切实遵行，应由行政院重申前令，严饬各省市切实遵办。

（三）小学教员应有专业精神，对于其任用手续和时间，应予以切实之保障。对于现任教员连续服务十年二十年或三十年者，应予以积极之奖励，同时应由教育部修订《师范毕业生服务办法》，将其服务期限，酌量延长为五年或七年。

（1945 年 7 月提交第四届第一次会议）

（原载《国民参政会第四届第一次大会记录》，
国民参政会秘书处，1946 年 1 月）

建议政府对于具有新理想新方法之教育在统一法令下酌察情形从宽准其试验案[①]

理　由

政府统一教育法令，以其全国一致，既使办学者有轨道可循，且便于行政者之考核指导，自为十分合理，惟教育对象，实属多方，同时教育理想与学术，亦不断的进步，有因特殊研究所得，施诸实际，试验其是否成功，辄以不合法令，难邀政府之核准，至为遗憾！例如天才及低能教育，所用教材教法，绝不能同于一般学校，而因社会之特殊需要，亟待养成一种特殊人才，其采用之教导方法，亦多不在政府法令所规定之范围，更为必然之事实。兹为策进教育功能，提倡创造教育风气，应请政府对于具有新理想新方法之教育，酌案情形，放宽尺度，准其试验，在核准之前，尽可特别从严，先详察其所具计划，是否精密？是否确实？如察其内容确可采取，且无违反现行法令之根本精神，自可准其设

① 江恒源领衔提。

置，惟同时订明一定试验期间，并须按年详报其试验经过，如期满而试验无效，应即撤销其核准案，如此则政府仍握有管制之权衡，而专心研究教育之士，亦获有试验新教育之机会，可称两得其道。

办　法

由教育部制定一种试验教育规程，将核准条件及限制办法明晰规定，俾资遵守，而便考核。

（1946年3月提交第四届第二次会议）

（原载《国民参政会第四届第二次大会记录》，
国民参政会秘书处，1946年3月）

建议政府请从速调整并加强师范教育以巩固建国基础增进建国工作效能案[1]

理 由

教育原为建国重要工作,且各级各种教育,皆具有同样重要性,但未统筹全局,针对目前国家所急需,必须辨明先后本末,扼住要点,併力进行。以初等教育言:国民教育,宜求普及,自应注重于量的扩张,惟于国民教育之母师范生,必须大量养成,尤须先行筹划实施,方能自立其本,以中等教育之中学与职业学校言:中学为人才教育之预备,职校为中等技术人员所自出,在中国目前情形,自应提倡广为设立,岂知中学职校师资,如何养成?养成以是否敷用合用?此项问题,比之设中学,设职校,尤为重要。就数年来观察所及,各地师范学校,校数既未大增,投考者不见踊跃,收复区无论矣,即在后方各地,几无一处不闹师荒,小学数量虽增,而教师素质,则日益趋下,中学方面,任教育者,大

① 江恒源领衔提。

都为普通大学毕业生，真正师范学院毕业生占极少数，语及教师专业训练，人且笑为迂谈，优秀中学毕业生，投考大学，多轻视师范，趋向其他，在高等师范教育自身，除少数独立师范学院外，余均附属于普通大学内，习师范之学生，往往受他院系同学之轻视，而自身学力，就一般言似亦比理工学生为(原文如此，似少低字。编者注。)，以致年来中学学生程度，日见低降。说到职校教员，何处是养成机关？政府是否已有大量养成此项人员之设备，至今尚少所闻，长此以往，小学虽数量日增，而其母不健，其子可知；中学生素质即差，势必影响到大学程度，所谓人才教育，前途尤极可虑，建国艰巨工作，正需要大量健全人才，今则人才来源如此，焉能不深切忧惧！前此本会关于师范教育问题，已迭有建议，近则情势益迫，需要更殷，用特再为详述理由，条列办法，恳切建议，盼政府能早日施行，以期巩固建国基础，增进建国工作效能，办法如次。

办 法

(一)在设置方面

(1)从速划定全国师范区，就适宜地点，各设师范学院一所，除已有之师范学院，更力谋充实外，其附设于普通大学之师范学院，应分别划记，俾各独立，地点不合，宜加调整，设备不完，宜加充实，如区校相配，尚感不足，应筹设新校。

(2)在首都及旧都(北平)两处，各设规模较大之师范大学(或仍称师范学院，院下设部，部下设系，亦可)一所，内分若干院系，并设研究院，以供从事教育之士，作精深之研究（已设有师范大学之师范区，非必要时，即不再设立师范学院）。

（3）职业学校师资，除在师范大学特设院系负责培养外，并应就适宜之师范学院，认定某一类或数类养成之。

（4）教育部认明某某省市师范生不敷任用时，应速派督学协助省市当局筹划增校或增级。

（5）由教育部规定省市地方教育经费预算比例额，将师范教育经费一项，在全部教育经费中，比例特别提高，但不必各省市一律，应视其特殊情形，分别定之。

（二）在待遇方面

（1）师范大学，应罗致国内第一流学者及教育家担任教授，其薪额由政府规定比其他大学教授薪额略高。

（2）师范学校教员，由政府规定若干校，若干员，备具若干条件，应享受较高之薪额，但校数员数，须经过数年，施以一度调整。

（3）师范大学师范学院毕业生在中等教育机关任职时，其薪额由政府规定比普通大学毕业生略高。

（4）由教育部规定精密条款，考察甄录全国最优良之小学中学教育，予以适当的物质精神两方面之奖励，可规定为每三年施行一次。

（5）选拔全国中初等教育机关内著述宏富或教授训导方法特殊优异之教职员，升任师范学院教授、普通大学教授，及中等教育机关教职员，应由教育部规定办法，俾资遵行。

（6）由教育部规定办法，凡小学教员在一校内任职满六年以上，成绩优良，学力充足，愿入师范学院继续深造，经考试合格后，得许其在学期间，仍支原薪。

（7）由教育部规定，凡成绩优良之小学教员任职满二十年以上，其子女入中等教育机关毕业，一切费用，由政府供给。

（三）在研究方面

（1）中小学教员，又其他中等教育机关职员，能专心研究各科教学，创有新法，著成专书，或能自制各种教育用具，尤能利用废物或成本极轻之物，制成费省而合用之教具，又或能在劳作教育及职业教育方面创有新的特殊方法，经实验成功后著有详实报告，国家应视为至宝，由教育部特定办法，委托各区师范大学师范学院按期搜集，开会展览，并予以审查，分别等第，报由政府予以表扬。

（2）在师范大学研究院，除广立部门，分别延聘第一流专家主持其事，不断地以研究结果分期发表外，并联络各区师范学院对于本区内各中等教育机关，随时予以实际合用的新教育方法之传授与指示。

（3）各中等教育机关人员，有关于教育问题之提问商榷，应由本区师范大学或师范学院负责解答指导。

（4）每一师范区应有教育研究会之设置，集会、通信、讲习、方式不必一定，均由师范大学或师范学院联合本区内各中等教育机关切实进行。

（5）各省市师范学校，联合附近各小学设会研究，或传授指示新方法，其方式亦同。

(6)教育部对于本条各项,及前条第四、五两项,应特别注意协助指导敦促各师范大学、师范学院及各省市教育厅局切当施行,至少在最近十年内,应认为教育行政重要工作之一。

(四)在联系方面

(1)师范大学各区师范学院,平时应保持极精密之联系,关于学系设立的分配、教授任用的交换、学术问题的商榷,应由教育部特定简明条款,责成各校切实执行,各校间如有发生不尽融洽之事,则由部疏释之、条理之,每隔数年由部召集会议一次。

(2)师范大学或师范学院对于本区内中等教育机关,应保持及精密的联系,并负责辅导。

(3)一省各师范学院亦应互相联系,省内并应划成若干初级教育区,每区有一省立师范学校负责辅导各初级教育机关。

(4)其关于社会教育者,在每一师范区内,应由社会教育学院或设有社会教育学系之师范学院,负责与省立社会教育机关取得精密联系,并予以辅导,必要时得召集会议。

(5)各省市师范学校应兼办社会教育,并应与附近省市县立之各社会教育机关,保持精密联系,彼此互助。

(6)教育部对于上述(二)至(五)各项,应特定简明办法,敦促进行,并准许各校在经费预算内,列入关于此项工作必不可少之经费。

决议:本案通过,送请政府采择施行。

(原载《国民参政会第四届第二次大会记录》,
国民参政会秘书处,1946年3月)

请政府急速恢复县市教育局案[①]

理　由

查恢复县市教育局一案，前经本会四届一次大会建议，经已送请政府核办在案。惟查本案，政府尚在研讨之中，迟未决定办法。值兹抗战结束，建国开始之际，各省市地方教育，亟应加紧复员，积极改进。并注意于普及教育之实施，苟县地方无教育局之设置，一方面缺乏统筹负责之人，一方面县政府科长每随人事更动而进退，办事既感制肘，力量亦难集中，实不足以应付今后之艰巨工作，同人等深鉴于恢复地方教育之迫切需要，用再提请从速恢复县市教育局。

办　法

（一）请政府从速订定县市教育局组织规程公布施行。

---

① 江恒源领衔提。

（二）各省市已成立之县市教育局应予保留，不得裁并；未成立应于本年上半年内一律恢复设置。

决议：本案通过，送请政府办理。

（原载《国民参政会第四届第二次大会记录》，
国民参政会秘书处，1946 年 3 月）

谈服务

“服务”,就字面的意义来说:服,服劳也;务,事务也;合言之,便是“服劳于事务”,若依通常意义来作简明的表示,那就是“做工”或“做事”;缩成一词,便是“工作”,照“不劳不食”的定理来说,无论何人——除去老弱疾病残废外,皆有“做工”的天职;不能做工,即不应吃饭,吃饭是权利,做工是义务,权利为己,义务为人。权义两相对折,交互完成,而后才配得上说是一个人,这是“服务”的通常解释,也便是一个做人的“起码”条件。因为一个非幼非老非病的人,不工作而得食,那是不可能的事!——无论在道德上经济上法律上皆不能许可啊!

可是,我现在所欲说的“服务”,却另有一种意义,这意义如何表明呢?依我的“杜撰”可这样说:

“超过通常工作的限度特别为群众谋利益,而一己则绝对不存有物质酬报的心理,此为服务。”

能表现这种行为,便是服务行为;能表现这种精神,便是服务的精种。就此行为与精神可以评定人类道德的价值,可以促成社会文化的进步。

今依实际服务情形,可分别为下列数项:

(一)在工作范围以外的:通常工作,有一定时间,一定场所,今在未到工作时间以前,或已过工作时间以后,不是还有一些余时余力么?照通常习惯说,在此时间,处理个人私事,当然是很正常的,就是休息休息,也没有什么不正常啊。如若你的私事,已经处理完了,不愿多去休息,愿意利用这个余时,为社会做一些有益的事,那便是“服务”了。在主观方面,觉得这样做,是个人最感兴趣,越做越高兴,越做越受良心的奖誉,越做越有许多同志和他表同情来和他一齐做,那正是合着古人所说“人之欲善,谁不如我”的一句话。同时在客观方面,也就有人看你所做的性质,予以道德的评价,通常所谓好人善人贤人一类评语,便可以成立起来。

如此还是指着固定的服务而言,若是随地随时随事,为人群帮忙的工作,更是不一而足,出了办公室,偶然碰到一位素不相识的老人,在路上猝然生疾,呻吟不休,你如掉头不顾,当然也没有人来责备你。可是,这位热心服务的先生,偏是好管闲事,经过询问的结果,知道这位老人,家是离此不远,同时称量自己的力量,可以扶掖他,将他送到家中,那末,就决定主意,鼓起服务精神,将他送到家中,交其家人,于是休息一下,病好了,而个人的志愿,也完成了。这样并不费许多时,许多力,已经做完了一件有益于人之事,这不算是服务么?此不过举一例以言,实则类此之事,所在多有。当然做的时候,一、要看你的力量够不够?二、要看你做的方法合不合?这又是关系你的知识能力问题了。一个人只要身体好,乐善的精神充足,在工作范围以外的服务机会,一定很多,就看你怎样的选择去做就好了。

（二）在工作范围以内的：说起在工作范围内表现服务精神，那就更多了。通常在一个机关内，由上级主管人指定办一件事，平常总以为将此事办完，就算尽了责任，这是不错的。其实同是办一件事，如在富于服务精神的人，一定在将办时，先要加以一番细心研究，已办时，必竭力求其周到，办完后，还要察其效果，绝对不是机械式地照着老样行事。照着老样行事，不出毛病，就表面上看，也可算是尽责，但还不能讲上服务，所谓细心研究，力求周到，详察后果，在只求表面尽责的人，似乎不甚注意到此，实则所谓服务精神的表现，我以为就在这个地方，当然这种精神，是容纳渗透在工作范围以内，不便将它划开啊。再举浅近的事例说吧：做医生的，以诊病处方为他的唯一责任，但是这位医生，当不以此为满足，他能对于穷苦病人，减收诊费，他能于看病时，从容告病者以卫生常识，这就是执业而兼“服务”了。又如做邮务员的，他是以收信、收汇款、卖邮票、代寄信、代发汇款为他的唯一责任，做了不错，算是尽责了。如若他能耐烦，他能对于不识字的寄信汇款取款人，施以简明指导，且和颜悦色地，告以种种手续，那便是“服务”了。当然这种富于服务精神的医生和邮务员，也到处皆有，可是与此相反的，有没有呢？我总希望无论公务员，无论自由职业者，皆能富有服务精神，才以使冷酷社会，变成一个温暖社会。

（三）服务与工作联系的：一个做中学教员的先生，教授一课，本来需要二十分的预备工作，也算很好了，但是，他觉得不够，于是特别卖力，再多加上二十分钟，使教材教法，能特别周备、精辟，以期引起学生良好的反应。这多出来二十分钟的预备工作,应该挂在“服务”账上了。到了教完课以后,可以不管了。可是,这位先生,还要多费三十分钟,去查考学生听课后的反应情形,以期改进自己的教法,这二三十分钟,自然也应该挂入“服务”账上。这是一个例子,还有做公务员的,本来上午八时上班,但是他因为预定上班后要办一件事,而这件事明明知道非精细研究,非赶快完成不可,于是,就提前早来三十分钟;又一事未办完而下班钟点已到,如待到明日继续,当然亦未尝不可,但是这位先生想了一想,认定此事能早完成一日,一定对于公家有大利益,迟了一日,利益就要减少若干,因此便决定迟退三十分钟,把这件事完成再走,那末,这早来迟退的六十分钟的工作,自然也要把他挂在“服务”账上了,这一种特别要好,特别卖力,却是完全出自他个人的志愿习惯,并没有预存着一个“我如此做,是为巴结校长或长官,预备将来可以加薪升任”的心理,只是一个真精神的自然流露。这一点精神,还不是人类行为中至可宝贵的东西么?

(四)结合团体从事社会服务的:如是个人生活问题已经解决,愿意分出个人的余力余财,联合或随同志同道合的朋友,照国家法令,组成团体,专来从事社会福利工作的,这当然也是一种服务,其不同于前文所说的:此为固定,彼为不定;此为集团,彼为个人;此为有明确目的,彼为随事施行。如通常慈善团体、文化教育团体等皆是。凡是做会员社员,及经选举任而理监事的,皆可以说他一部分生活,是属于服务,至若实际办事的重要人员,支取极低薪金,享受简单生活,通常所谓半尽义务者,当然他的行为,也就是一半属于服务范围。

（五）除上列外，还有事业集团，联带服务的：经营工商业，原为是赚钱，可是于经营赚钱工作外，还有分其余时余力做些工作，是为社会谋利益的，那也就是“服务”了。现在银行、工厂、公司，肯这样做的，确也不少，这当然是一个最好现象，我很希望这样风气，能普遍养成。

本来“人生以服务为目的”，是国父孙先生早经说过的，人而无服务精神和志愿，实际说来，便缺少了人的意义和价值。但是这种精神，如何才能养成呢？我以为第一，在施行初中等教育时，即应指导学生于有形无形之中，养成这种习惯和志趣。第二，应由一班指导阶级竭力提倡，以期蔚成一种风气。我相信无论何人，同情心、向上心，皆是随有生以俱来的，最要紧的是在如何培养他，启发他，鼓舞他，当然学校教育、社会教育两方，皆应负责，尤其要紧的，在学校方面、社会方面，不要再有反教育的启示，以摧残这一种服务性的同情心和向上心才好。

民国三十五年八月十八日作于上海

（原载《中国建设》，1946 年第 2 卷第 6 期）

我所盼望于本社的

本社具有二十九年的悠久历史，中间并经历了八年抗战时期的流离颠沛的生活，依赖社会有关各方面的殷勤辅助，和本社同人的不断努力，到了今天，遂成就了如下而所述的形态，抚今思昔，既不胜其感慨，亦不胜其欣幸！

（一）在总社已创设了一个宝藏待发的“研究所”，得到著名职教专家主持其事。我盼望它的内容，能不断充实，它的工作，能精益求精，本着锲而不舍的精神，一方和本社各单位的工作，力求联系，一方和世界教育，力谋沟通，以期对于全国职教，有较大的贡献。

（二）紧附着本社总社的，有了一个其实验性的“第一中华职业补习学校”，和一个历史较悠久且各方皆知名的“上海职业指导所”。我盼望这两个职教机关，能配合本社研究所工作，努力进行，蔚成全国补教职指事工的模范。

（三）其为本社所创设的学校教育机关，现有三个：

（1）是具有二十八年历史的“中华职业学校”，复员以后，仍设在上海南市陆家浜。它的毕业生，是布满全国，它的在校学生，是比较众多，洵不愧为全社附属机关中的一个中坚分子。既久矣，既众矣，又何加焉？曰：“精密研究。”我所盼望的，此后职校的重要工作，应着眼在教材教法两方，如何调整？如何编制？所谓“调整”，所谓“编制”，实在皆是含有“研究”工夫在内。换言之，便是把二十多年来已用过的教材教法，再加上一番研究工夫，精密的研究工夫，调整起来，编制出来，从招考新生起，一直到指导毕业生就业，辅导毕业生服务止。成功了一套中等职业学校的教育方案，真正可以拿得出来，供各方面办职业教育的参考采用。

(2)是新近由重庆迁到上海的“中华工商专科学校”。目前工科暂行缓办，专致力于商科一方。它的设教主旨，在注重实际应用，在训练学生办事才能，尤其注重在人格陶冶。本社二十九年来，陆续创办的高等教育机关，已不止一所，不止一次，俱具有持久继续的，要算是这一个专科。我所盼望的，是能克服一切困难，努力贯彻设教主旨，以期所养成的人才，确有不同于其他专科大学者在。

(3)是正在开始发育成长的“比乐中学”，校系初办，学生不多，其设校也，预定计划，是主张小班制、合作制，注重职业指导，注重教学做合一，注重品行与知能的训练打成一片，它是具有新理想、新办法的一个实业学校，我盼望它，在上海若干中学业中，确能表现出它的特殊风格。现在三个学校的主持人以及担任教育的教授、教员，皆是具有特殊事业的信念，前途的辉煌成绩，自然是未可限量。

(四)此外散在各地的，还有若干办事处，当然我更希望能和本地人士合作，本着本社二十九年来一贯宗旨，为地方职教服务。

目前本社事工，确能依照已定计划，按步就班，向前迈进。所感到不足的，便是下列两项，以限于经济，一时尚未着手进行：(1)是“农村职教”；(2)是“劳工教育”。前一项，在本社实已具有相当的工作历史和工作经验，目前中断，万分可惜！我盼望不久即能恢复起来，后一项，在目前更是社会所急需，本社实有志焉而未逮，我盼望能斧柯得假，一为社会服务，以尽职教的天职。语有之：“人之欲善谁不如我”，我想本社社员中和我具同一感想的，为数一定很多，怎样才能完成这个志愿，达到这个目的？那又不仅仅是本社办事部工作同人的责任了。

（原载《社讯》，1946 年第 33 期）

职业教育的演进及展望

绪 言

本文下笔之初，我却想了一想，决定写的办法如次：（一）叙述的范围，是专注重在中国的职业教育，而不涉及世界，故全篇所说，只限于中国职教问题。（二）以这一篇简短文字，来叙述五十年来中国职业教育发展史，当然不能完备，只好说到一个粗放轮廓。所以在这一篇文内，所要说的，仅仅是握住几个要点，决不能求其面面俱到。（三）在中国职业教育发展史上，中华职业教育社，应该有一个相当地位，因此这一篇文内，有时要叙到该社，以我个人来说，和该社是具有密切关系的，因此深深恐惧着有主观的“捧场”之嫌，故在叙述时，力求尊重客观事实，绝对不敢存有丝毫“阿其所好”之念，这一层要希望读者特别加以鉴谅。

职业教育的发展

在前清末年，订定学堂章程，已经有了实业学堂名目。到民国初元,政府颁布学制,分全部教育为高中初三等,在中等兼初等阶段内,遂规定了实业学校教育。这种实业学校,是分甲乙两种,程度相当于高等小学及中学,其种类则略分农工商三项。后来经过一再演进,实业教育,便易以职业教育之名,同时新制中学,分为初高二级,于是两级职校也就完全相当于初中高中了。职业学校教育虽然占有相当地位,可是在中等教育一个阶段内总是以普通中学为主体,其次才轮到师范,再其次才轮到职业,当然职业教育,在一般人看起来是一种"冷门货"。民国成立之初,各省设立初级高级职业学校,所在皆有,但各省情形,也不能一样,真正办得像样的,固也不少,而设备不完,内容空虚,恐怕也不能尽免,至说到各县,尽管筹设初中,而真正竭力办初中职校的,可以说是绝少绝少。再就职业教育的种类来说,商业学校,比较设备单简,办起来还容易,工业学校,可就不同了,农业学校,应该是"以农立国"的中国所需要的了,但实际上办理起来更困难,故最初办的也不多,在各县办的更少,至各省所办的中等农校,是否个个皆有较优的成绩?更不敢说,这是民国初期的大概情形。

大凡是一种事业能有多数人合力经营历时既久,总是应该有进步的,不过进步的速度有大有小罢了。因为一般人看到职业教育,是一个"冷门货",当然进步不能望他如何特别快,这也是事实。可是在"人弃我取"的这个情况下,却也有一部分,专来为这"冷门货"捧场的,这就不能不说"中华职业教育社"了。该社是一个私人设立的教育团体,他是专以提倡、推广、研究,试验职业教育为职志。从民国六年创立起,到现在已有二十九年的历史。他曾办过许多职业性的教育机关,研究出许多职教上可用的方法,创立成许多关于职教方面的理论,其提倡鼓吹,更转移了社会上许多轻视职教的心理。平心而论,各方面受到他的影响,的确不少。该社在创立之初,曾受过人的揶揄嘲笑,甚至说他是提倡"吃饭教育",而忘却了教育的高尚价值。抑与该社所施行的教育,一方面固注重职业知能的教授,同时一方面则注重服务道德的培养,二者并重,实未尝稍伪,该社最初也是认定职业教育的程度,是限于中等教育阶段的,并就历年职教逐渐演进的结果,列成职业教育为农业、工业、商业、商船、家事五类,此五类皆可分作初高两级,与初中高中年级相当。但后来因事实的演进及社会需要的促成,在高级职教之上,不能不有一种短期教育的实施,这种教育虽不能完全和今日的专科相当,但已渐渐与专科接近,进入高等教育的范围,遂有职教范围,原是在中等教育以上的,但为社会实际需要所逼迫,也不能不再返到民初学制仍甚渗入初教有一个阶段,这也是事实,不仅此也,因为职业演进发展的结果,除了上升下入,冲破纵的一条线限度外,它在横的四周,分布放散,竟至侵入社会教育的领土。如此情形,当然要承认职业教育的内容是在那儿逐渐扩张,同时也可证明职业教育是在那儿逐渐进步。这可说是中华职教社成立后由民国六七年至二十五六年间的大概情形。(抗战期间各方职教情形,大致无甚进展,可以存而不论)到了现在,可按照实际情形,把职业教育的种类、范围,列成一表如次:

（甲）正式职业学校教育：
- 农业
- 工业
- 商业
- 海业
- 家事
- 医务（内分助产、护士）

（乙）职业补习教育
- 一、与初高中程度相当的
- 二、与高小程度相当的
- 三、与专科初年级程度相当的

（丙）职业指导工作
- 一、对于社会一般就学择业就业青年实施的
- 二、对于在学或将毕业的中小学生实施的

职业补习教育

照理说，正式职业学校，在职教系统内，自然是居于正宗地位，但就目前中国职教需要上看，职业补习教育，其重要性或者竟不（原文如此，似少亚字。编者注。）于正宗职校，因此在未说职业学校以前，先来说一说职业补习教育。

我所以特别注重职业补习教育，其理由也很简单：（一）办理一所职业学校，绝对不是容易的事，大概除商业学校，比较设备简单外，其他无一不要具备物质上的相当条件，以目前中国的公私财力，无论如何，不能希望在短时期内，设立许多职校，这也是无可如何的事，因此需要有一个补救的办法，来弥此缺憾，那末，职业补习教育，正是绝好补救办法。（二）现在从事于各种职业的青年和成人，对于农工商的知识技能，确有改进的必要，因为改进知能，才能增加生产，发展经济，这还不仅仅是个人职业问

题，实关系到国家社会经济建设问题，有了职业补习教育，便可以改进个人职业，同时也可以改进社会生产。（三）在目前社会，求职业而缺乏职业技能的人，可以说到处皆有，有了职业补习教育便可以适应这种需要，解决这个困难，一方面可使求职的人，获得谋生技能，一方面可使求人的人，得着技术人员的任用，这又不仅是失业减少，社会得以安宁，而产业发展，从业者众，也可使生产量增加。（四）职业补习教育，虽然也要有一定的教育场所，但各实业机关，各文化教育机关，有了空闲房屋，便可设立，比较简便，且入学学生，不必限定资格，学生毕业，也不要较长年限，设备更可以就地取材，无论正式职业学校，在未能多数设立之时，职业教育固要特别提倡，期其能普遍设立，即使职校普遍设立，也还要有职补教育，与之相辅而行。

中华职业教育社，在抗战前后十数年间对于职业补习教育的提倡，却曾尽了很大的努力，一方面自家设教试验，以为倡导，一方面竭力研究其实施方法，各方受其影响，似乎不小。现在比较大的都市，补习学校，设立颇多。政府并为了此种教育，特立规程，可见这种非正式的职业补习教育，的确正在演进发展之中，所可惜的，各方所设立的补校，还是普通科较多，矿业科较少，就是中华职教社所设立的，也不能竟把普通科完全抛掉。

依照理想说，如国内农工业，真能上了发展的轨道，应该每一个农场、工厂、商店，皆有一个补习学校（规模较大者，更应设立正式职业学校），这种补学教育，不仅是教育场以内、厂以内、店以内的职工，还要招收场、厂、店附近的一班正在失学而急待就业的或已经就业的仍需补充知能的青年或成人，予以实用的农工商的知识技能训练，此事多年来中华职教社一再鼓吹，并经政府采用其建议，一再督促进行。凡较开明的农场工厂商店内，业已办到的已经不少，因各种关系未能筹设的为数仍多，如营业不佳，人才不够，主办人见解不到，兴趣不属，皆足以使此种有意义、有价值的事工，一时不容易普遍化，实则此事就经济建设上说，就教育发展上说，就社会改进上说，均有莫大关系。此后应该并各方的力量，一齐来推进。先要求各实业机关，能普遍设立，次要求各文化教育机关，也能各量其力，各就所宜，多多设立。至一班私人设立的补习学校，由政府督促指导，务使其多设职业技能科，少设普通科。我想，如果社会秩序安定，人民生活不至大动荡，农工商各种事业，遂能让它平稳经营，再由政府来积极督促，社会团体来努力提倡，即职业补习教育，一定有辉煌的成绩表现。

职业指导

因为办理职业教育的人们，多倾注精神于正式职业学校教育，而对于非正式的职业补习教育不免忽视，我不能不大大的强调一番，其实在职业教育方面，还有不甚为人注意的一件事，便是“职业指导”，我也要同样的来特别说一说。

说到职业指导，他是属于社会性的职业教育，并不像通常教育，要用一定课本，要按时上课，要按期考试，他的事工，一是为在校学生指导他如何升学？如何择业或就业？一是为社会求职的青年或成人，指导他如何择业或就业？这种事工，对于一个人的职业成就，固有莫大的帮助，就是对于社会职业的改进，也有莫大效用。不仅是办理职业教育办理职业补习教育的人，应当十分注重它，就是办理普通中小学教育、师范教育的人，就应当十分注意。

中华职业教育社，为此特设机构，主办此事，这就是“上海职业指导所”。二十年内，所内工作，一方面是研究、实施、倡导职业指导事工，同时一方面是兼办职业介绍，他们对于职业指导，有专家专任研究，搜集国内外各种材料，创制各种新的方法，并且不断向社会鼓吹。可惜目前学校方面、社会方面，尚未能普遍注意到此。有些学校已经施行的，也不过在学生将毕业时，约人讲演数次，真正认真办理此事的，恐怕为数极少。今后盼望政府方面，对于此种事工，能设法加重督导，同时社会方面，也要来加紧鼓吹，尤其盼望一般办理中小学先生们要注意到此，从速研究实施。

劳工教育

在目前情况下，劳工教育也值得特别提出来说一说，说到劳工教育，原是属于工厂内的职业补习教育一种，但在我国今日特殊情况之下，却不能不把劳工教育认为特殊而极有利害关系的事工一种。其原因：(一)是一般劳工生活及技术当不能尽如理想。(二)是工潮迭起，影响到生产效率。本来此两件，是有连带关系的，技能差一点不要紧，如能有较好的安排，使之愿意受训练，勤学习，内心愉快，努力工作，自不难逐渐改进；若是心情不佳，工作不勤，且时常怠工罢工，则效率当然更小了。这也怪不得劳工，造成今日的局面，它的原因，当然不止一种，可是站在工厂主持人一方面来说，总应当先“尽其在我”。倘是工厂内有合理的劳工教育机构，不惜牺牲一些经费，聘到善于辅导工人的教育专家主持其事，一方面施以补习技能教育，一方面指导其生活，并代谋生活福利的增进，我想工人工作效率，是一定增高的，同时工厂生产，也一定增加的。那么在工厂方面虽略有经费的消耗，而结果获得劳资调协，产量增高，则补偿所费，说不定要百倍千倍而有余，这又何乐认（原文如此。编者注。）不为呢？至关于教育方法，在中华职教社方面早有研究的成果及实施方案，可供采取。可惜目前事业萧条，各厂家均有岌岌不可终日之势，当然没有兴趣注意到这一层，这也难怪，并且造成此种局势，也不是工厂自身所应负责。但我以为时局如未稳定，实业遂可以经营，而国家为完成经济建设，沈滞社会为产业发展，绝对不能也不应让劳工永远在无教育的状况之下，这一层我总希望政府及社会两方均应注意及此，尤其盼望主持工厂的先生们，要认定这一件事，是全厂荣枯成败的最大关键。

农业教育

现在可以专来讨论一讨论农业教育的问题。农业教育在全部职业教育中当然是一个重镇。以今日中国农业技术未能普遍改进，而农民在全国人口中，又是占最大多数，农民教育程度既低，比较守旧性又强，则关于职业教育的农的一部门，必如何实施而后才有实效？的确是一个极待解决的问题。如高初两级的工业、商业学校所养成的中等工商人员，用之于工商各界，比较尚有相当的功效，即如海业教育所养的商船水产方面人员，医务教育所养成的助产护士，也还可以用之于本业，所成问题的，便是农业，其次即为家事，关于家事，让下文再说，现在专来说一说农业。

照理说，农的教育，分高中低三级，高的为农学教育，中的为农业教育，低的为农民教育，三方各异其用，但必须互相衔结，彼此合作。在上一级的有农学院，它是专任研究农业学理，实验新的农业技术。在低一级的有农民教育，他的使命，在提高一般农民知识，指示其新方法的使用，并用多角式的启迪法，使他们能愿意且乐意地接受新的农业技术。而居在中间一级，则为高初两级农业学校。此两级学校所养成的学生，一部分可以在农业方面做照手、做技术员，一部分可以做农业推广员、农民指导员，用以推广新的农业技术于农民，并任农民的技术指导。这样说来，中等农校毕业生，确是农校和农民中间的一个桥梁了。农学院的先生学生，他们不便下乡，且人数较少，农民蚩蚩，更无从走进农学院之门，向大学去讨教，所惟一倚赖做谋介的，便是两级农校的先生学生。可是，我们放开眼来看一看，中国四五十年来所办的中等农业学校的成效如何？是否能尽了如上面所述的任务？我敢武断地说："还未，还未。"这是什么原因呢？我又可以武断地说：一部分固然是因为两级农校，办得不尽得法，一部分也是因为大学方面所办的高等农教，未能和中等农教相衔，而尤其重要的一点，是忽视了下级农民教育。且可武断地说：各方对于农民，多未有教育的实施，即有一些农民教育馆，他的效力，也是很小很小。一般农民,固然不知有中等农校这回事。同时办中等农教的人,也未能时时顾到农民的需求,看清农民的实况。他们既未能明白决定一己任务,是上接农业学院,下接农民,同时农学院,也没有顾到中华农校的办理情形,设法和他合作。多少年来,试问可有农学院把研究的方法交给农校,预备让他们的毕业生推广没有?可有中等农校向农学院去索取新方法来做他们的教材没有?可有中等农校对于农民负起推广指导的责任没有?教好一班学生皆下乡去做他们应做的工作没有?结果,农院自为农院,农校自为农校,农民自为农民,三方各走各路,毫不相干。这样要把全部农业改进,如何能够?我不敢一笔抹煞,当然也有中等农校与农学院力谋联络的,也有指导学生及毕业生施行农民教育的,可是综观全国,总不能否认乃是少数或最少数吧!

如照目前急切需要的情形来说,似乎农民教育比较中等农业学校教育更重要。当然农学院和中等职校要联络衔接,一改以往各走各路的作风,也是十分重要。那么讲到此处,恐怕对于呆板的六年两级的农校制度,也有斟酌改善的必要了。依我的粗浅见解看起来,似应将初级农校,揉入农民教育范围之内。详言之,是认定这样初级农校,是负有两种责任:一是招收农家子弟,分班分级,照正式学校来编制教授,但课程方面,一定要真正本着教和做的方法去施行,关于学生的就学年龄、毕业年限,以及假期等,皆不妨因地因事,略予以变通,正不必与正式中学一样,这是一部分;还有一部分是用社会教育方式,对于一般农民,施以广义的适当教育,除农业技术方法外,务必启发其知识,辅助其自治，增进其道德，这又是一部分。第二部分的办法，有各方农业教育的方案可循，尽可因地制宜，酌为采用。如中华职业教育社，前在江苏昆山县徐公桥及沪南所办的农民改进区，即以此项方针进行，可惜初级农业始终未敢放手去办（抗战期间在四川曾办过一次，现亦结束了）。

继此我再回头过来说一说学制问题吧！以我的愚见：（一）应收初级农校和高级农校分开来办，初级农校完全附设属于农民教育，切切实实地去教导农民子弟，高级农校则专来养成中等农业技术员、推广员，并上与农院下与初级农校相联络相衔接，切切实实地负起中间媒介的责任。（二）初级高级农校毕业生有升学资格的，尽可升入高农校及农院（或农专科）。（三）高级农校学生毕业期原定三年，必要时尽可延长一年，但在乡间实习，务必占较长时期；初级农校学生毕业期，原定三年，必要时却不妨缩短一年，毕业以后，仍须不断地施以补习教育。这样办法，实际对于现行学制，并无多大变更，仅仅略加弹性而已，而最重要的一点，则在改变初级农校的办法，使他的考试范围，特别扩大。如此一来，则初级农校，便可设法普遍设立，最好能平均每一千户农民设有一校，而每一个初级农校，便是一个很完备的农民教育机关。当然，这种农校，也不是随便可以设立的，一定要能胜任的教育人才，而此项人才，应该先行好好养成。因为一个农民教育机关，要有人才两套：一为擅长农业技术，且富于教育兴趣的，一为擅长服务农村知能，同时也要明于农事的。一校之内，这两种人皆有，配合起来，一处工作，方能成功了一个局面。要想大量推广农民教育，改进初级农校，自然先要有好好地养成师资计划,切实施行。大体说来,关于第一种技术人才,可招收高级农校毕业生,加以短期训练,第二种教育人才,可招收师范及高中毕业生,加以短期训练,只要训练得法,总是可以合用的。战前中华职教社,曾经办过一个“农村服务专修科”,即为养成上面所说第二项人才,比较尚有相等成效。我国农业建设,刻不容缓,设建(原文如此。编者注。)方法,虽有多端,而农民教育,最关重要,要普及农民教育,一定要改变初级农校办法,同时三级农的教育,联络衔接,分工合作,也是十分重要的事。

家事教育

再来说一说家事教育。这种教育,在女子教育中实占重要地位,可惜目前真正的中等家事学校,设立尚少。一种原因,是家事教育,不容易办,还有一种原因,是女子入学,多不愿学习家事。我以为女子入普通中学的,尽可预备升入大学,但是大学不是人人皆可以升的,与其入不甚合宜的大学,学不出学问来,无宁专习家事,还有一些实际的功用。且再就实际情形来看,女子大多毕业以后,真正能在社会长期服务的,恐怕也不是多数,既不在社会服务,自然就要服务家庭了。服务家庭,便需要着家事知能。平心而论,家庭服务,又何尝没有相当价值呢?“要改良社会,应先从家庭改良起”,这句话总是含真理的。况且结婚生子,本来是人事之常,女子一方面尽可到社会上去为国家效力,同时一方面仍不能脱离家庭,既不能脱离家庭,当然有储备家事知能的必要。女子除了一部分入大学者外,其余入中学职业学校的，当然可以各随其愿。但是今日女子习师范医务的有人，而习家事的则很少，此不能不说是一种缺憾。须知要做良妻贤母，固需要家事知能，即为职业计，学习家事，将来也是大有出路，如在较大都市，家庭主妇，到社会去任要职，家务需人照料，此时即可延聘学习家事的女先生来代管。目前家事学校不多，自可证明女子的愿习此种职业者少。此后盼望女子教育专家，能出来大加提倡，同时政府再来好好地督促，先使一般人心理逐渐转移过来，即此项职业教育，当然是可以发展的。

普通中学与职业教育的关系

此外要说的，便是普通中学课程内，应否加入职业性的功课？照理说，中学是为学生升学而设的，而实际中学毕业生却不能个个人皆能升学，那么，不能升学的学生，怎样办呢？这是教育上一个急切待解决的问题，因此，在中学方面（高级小学也是同样），一定要有升学指导、职业指导工作，详察一个个的个性天才以及其他种种条件，除确立升学者外，其他应根据指导的结果，预为安排，或者是初中毕业以后，指导其升入某一高级职校，或是在初高中二年级时，即为之设法分出，加以职业训练，以便毕业后，储备好好就业技能。同时在普通升学课程以外，为之酌加一些职业性的功课。此皆是适应需要当然的处施。若是中学教育，只是呆板地为着升学预备，而不顾将来不能升学的学生，那就有点不够圆满了。目前一般中学能兼顾到此的，不能说没有，可是总是少数吧，我想这一层在教育行政方面，应该有合理的指示和分配才行。

结　论

综观五十年来我国职业教育的进展，无可讳言，是比较迟滞的。所以迟滞的原因：（一）中国数千年来，重文习惯，深入人心，一般知识的士夫，重文轻实，当然对于职业教育，不甚发生兴趣。（二）科举仕官心理，社会未能尽除，以为士有学，农工商不必学。学的目的，在做官，由中学升大学，大学毕业，便可入仕途，而职业教育，则与此关系较少，故不能为人所重视。（三）普通中学易办，职业学校难办，趋易避难，人情之常。（四）职业学校，要有相当设备，相当师资，设备不易，师资难得，虽有学校成立，而内容每每空虚，以致不能为人所信任。可是，在抗战十余年前，确已有了不少的进步，同时社会心理，对于职教，已大大地转移，这也是有目共见的事。此后中国需要职教，可以说是万分殷切，推想起来，职业教育，一定能大为发展。还盼望行政方面，对于全部教育政策，能好好地调整一番，同时高等教育对于职教师资的养成，要有一个积极办法，总使职业学校和普通中学两方都能得到一个平衡发展。更盼望能把职业教育，扩大发散到一般社会，使职业补习教育，大量展布，并把职教精神，渗透到普通中小学领域之中。如真能到了这个地步，自然社会产业，大大地改观，而帮助国家经济建设，也就大大地显出它的效能来了。

（原载《中国建设》，1947 年第 3 卷第 4 期）

中华职业教育社创设比乐中学意旨书[①]

中华职业教育社,就是三十年前要实验我们对教育上的若干理想,才创立起来的。现时所办职业学校、职业补习学校、职业指导所,以及过去所办各地农村改进等等。都是前前后后,凭着理想,在一步一步试验。对日抗战结束了,大家重整旗鼓,现存的事业,都在不断地改进中。

本社办了职业教育,算了。何以还要办起普通性的比乐中学来呢?这中间有两大理由,很愿意预先说明的:

第一,吾们中间有参加过二十五年前讨论并起草现行新学制的。现行新学制,中学本不限于初高级各三年的一种。但所以采用三三制这一种做标准,中间有一个主要的原因,就是三三制,便于在初中三年内施行职业指导。职业指导的施行,本不限于社会性。据世界职业心理专家的测验统计,大多数青年不论男女,到了十四岁或十五岁,天然地会想到将来生活的寄托,就是择业问题。教育在这个时候,就应该用种种方法明示或暗示各种职业的意义价值和从业的准备等等,使得每个青年不要走

① 署名作者:黄炎培、江恒源、杨卫玉、何清儒、孙起孟。

向和他天性或天才不相近的道路，这就是职业指导。当时新学制的用意，学生标准年龄十三至十五的初中，以普通为原则；十六至十八的高中，以分科为原则。就为是等初中受过职业指导以后，可以按（原文如此，似为接之误。编者注。）着指导，升入分科高中的缘故。

但是，学制虽如此定法，而实际上按照这样办的初中，各地方还不很多。过去曾采用一种方法，指定若干区域，就这区域的若干初中的三年生，在专家指示之下，同时施行职业指导。这种方法虽好，惜不易于普遍推行。后来，距离新学制的创始，一天一天的远了。了解这些意义的，一天一天的少了。我们怕淹没了当时中外专家创设新学制的好意，特地设立这个中学，按着他本意来试验，尤其觉得向以职业指导为重要使命之一的中华职业教育社，简直是责无旁贷。

第二，依一般现状，高中毕业生中间无力升学的，总是多数。这些青年，如果受到职业性高中教育，毕业后便不致失业。可是，办一职业学校或设职业分科的高中，教师、设备、经费种种困难，都是事实，普通中学到底好办得多，所以后者总是多于前者。虽经最高教育行政当局历年严令限制后者的设立，但观最近民三三年教育统计，全国中学有二七五九所之多，而职业学校还只有四二四所，将怎样安慰并处置这一大群无力升学的高中青年呢？

想！想！想出一个办法来了，所谓职业，除开专门技术以外，有通常必须备具的几种能力。如果备具了，怕任何职业环境，都容易走得进的。是哪几种能力呢？国文无论私函公牍、文言白话，都能应用，英语（在需要区域）无论书信和会话，都能应用，尤重会话，而于课外特别注重服务（初中本有劳作科），例如，关于个人与团体生活的料理，关于机关，人的管理、物的管理、经费的管理（兼略习初步会计），均就时间及环境之允许，酌使练习。在中学六年中间，不变更规定课程，而能养成上开各种能力，于升学不致有妨，而于就业取得特别便利，细细考虑一下，这些理想，怕不是做不到的。还有一法，现行中学法第六条规定"中学应视地方需要分别设置职业科目"，那么，如加设商业科或文书、会计、事务管理等，当然都是可以的了。

这条路如果打开，许多普通中学，都可以借作参考。许多不一定在经济上有升学能力的青年，借此也许可以取得一条出路。但地方情形不同，这点必须注意到的。

我们还有若干理想，在这个中学里边，愿一并拿来试验的。

其一，学费合作制：私立学校在立校者本无负担学费之义务。我们常想：有耕田的经验和兴趣的，该让他们耕田，可惜他们偏没有田。有办学的经验和兴趣的，该让他们办学，可惜他们偏无力办，都是困于经济能力的缘故。今设一法，学费本来该由学生父兄负担的（公立学校除外）。私立学校，除开办费另筹以外，如果把一学期必不可少的费用，分摊在每一个学生身上，开学以前，宣布预算，估定一个数目，令学生分摊照纳，到学期终了，将实支数公布，有余发还，不足补纳，用这种合作办法，公公平平地来解决学费问题，怕一般学生家长不致于不赞成吧！

我们就想在比乐中学里，试办这学费合作制。开办费已另筹有着了。宣布一学期预算，估定每生纳费数目，到学期终了，实支有余时,虽少亦必分摊发还。但如不足,或由校另筹,以免补纳的麻烦,亦是一法。

其二,小级制:依吾们实地经验,每级学生数的多少,往往和效率的高低,成为反比。为的是每级人数多了,不但教学上不易个个照顾周到,就论教育的精神作用,亦因散漫与复杂不易取得普遍的反应。若干年前,吾们亲见西洋教育,有实施小级制,每级限二十余人的,教育的效率确是高。中学殊未能例外。这小级制,本社于抗战期间,在四川灌县办一都江实用职业学校曾采用一下,很见功效。这小级制,当然于普及的目的,不免冲突,但就教育立场说来,求质的精,吾人认为有采用的价值。

比乐中学,就想酌量采用一下。学费既采合作制,那末少收几个学生,多纳一些学费,得益还是在学生方面,在贤明的家长,想来不会反对。但虽因此而或多收些学费,总须在行政当局规定学费数量以内,尽可能求其减少,使家属不致过增负担。

前两点,有间接有关职业教育的。后两点,属于普通,而同样适用于职业教育的。此外,关于教学、关于训育等等,我们都有多年积下若干理想的方法,有些部分,并且于现今盛倡民主时期,值得特别重视的,准备都在这比乐中学里,聚精会神地实验一下。

可是,有一点必须郑重提到的,比乐中学,暂时,就办在上海雁荡路八十号,紧靠着复兴公园,学生游息地方,是很好的。只不拟办寄宿舍,很想利用学校附近是广大的住宅区,借一律通学的关系,与学生家属间,设为种种方法,取得极密切的联系。为的是上开种种,几乎没有一项,不是需要和家长合作,得到亲切协助,才能收效的缘故。

凡事必先树立起理想来,但到实行时,却又须虚心求进,不宜固执成见,或者为了环境和能力的关系,理想到实行时,还要打些折扣。我们愿和在校师长,尽心尽力地一面和家长合作,一面和学生合作,办到某一段落时,准备公表经过情形和所收得的成果,以求社会的公评,并随时欢迎参观赐教。

我们认为学校教育,如果有一分成就,是学校和一般家长公共的收获,是教师和一般学生合作的功绩。

民国三十五年八月

中华职业教育社

黄炎培　江恒源　杨卫玉　何清儒　孙起孟

(原载《教育与职业》,1946 年第 201 期)

从农村教育到乡建运动[①]

江问渔、俞庆棠两先生，均为国内有名教育家，尤其对于目前最感缺乏、贫困而又最为需要的教育——农村教育、民众教育，富有经验和心得。这里是两篇讲演的记录，取报道的方式，发挥了高远深睿的见解与理想。原稿未及送请勘正，当由记录者自负文责，特为申明，并表歉意！

什么是农村教育？

我们谈农村教育，就得先明白什么是农村教育？

在农村中所举办的教育，虽然可以说就是农村教育，但是这样笼统的解释显然是不够明确的。我以为：农村教育，是在农村的地区之内，受教育的对象是不仅包括儿童，而且包括农民。因此可以明白：农村教育不仅有一个特殊的社会环境，而且包括学校教育与社会教育两个部分。

办理农村教育比一般的学校教育或社会教育要复杂得多，

① 江问渔讲，周公南记。

也要困难得多,它不但要教育年轻人,还要教育中年人、老年人;不但要教育学生,还要教育农、工、商及妇女。所以农村教育可以概括为三个部分:农民教育、农业教育和农学教育。农民教育是基础的与通俗的教育,它的对象是广大的农民,以及广大农民的后备军;农业教育是在训练技术人才与推广人才;农学教育则是最高级的,特别侧重于学理的研究。

中国农村教育之发展

现在,再来谈谈我国农村教育过去的历史道路。

我们是一个农民占有全人口百分之八十以上的国家,然而,过去对于农民生活确实非常隔膜而又最不注意的。民十以后,农民贫、愚、私、弱、散的现象,深深感动了国内许多人士。他们开始把眼光转到穷乡僻壤,主张改造农村社会,改造农村教育,并有以改造农村教育为农村社会改造的入手的。若干办理优良的乡村小学被发现,被赞美,大家鼓励优良的小学教师下乡,设立了专门造就乡村小学师资的农村师范,接着又有以社会为中心的农村教育的提出和实验。总之:有不少的社团、学者、社会人士,都为这一事业而热忱地献尽了很大的力量。

中华职教社是国内举办农村教育改造工作最早的社团之一。民国十七八年,在昆山徐公桥办理实验区,进行的程序是:第一步,先来一个广泛的调查工作,调查当地人民的教育水准、经济概况,以及地方上所举办的各项慈善事业。第二部,根据调查结果,拟订计划逐步实施:(一)在生计教育方面,怎样开展经济的教育？怎样去增加农民的生产量？（二）在文化教育方面，怎样使农民从事正当娱乐？怎样破除迷信？怎样提高农民的文化水准？怎样增强农民的国家观念？（三）在保卫及健康方面，怎样以教育方法促进农村的健康？怎样发动清洁运动？怎样展开自治工作，去除不良分子？第三步，在拟订详尽的计划以后，就切切实实地依照计划去实施。

徐公桥的实验，是以学校为中心的。我们历年有表示出农民文化水准即生产量提高的图表，相当精确；我们又把种子肥料等，整批地买了来分给农民，因为整购比零买的价钱也便宜得多，而且经过实验和选择的品种，当然可靠得多；我们将种子分散给农村的时候，就向农村鼓励和保证：种这种种子，一定比普通的种子收获量多。结果，农村都愿意种了。此外，我们在徐公桥举办了信用、消费、运销这三种合作社。

“徐公桥”的教育

徐公桥是一种以教育为中心的改造农村社会的方式，也可以说是农村教育的一条新道路。当时相同的实验是很多，由于工作关系，我对徐公桥的了解当然比较亲切。因此，不妨以此为例，加以检讨，也许可以作为我们应用此种方式的一般评价，并且用以为今后努力的借镜。

中华职教社在徐公桥举办的事业，收效最大的是这样两点：(1)没有乞丐；(2)没有高利贷；其次，自卫工作相当成功。有一次，土匪来到徐公桥，当地的农民就都起来了，赶走了土匪，使他们简直不能在徐公桥插足,甚至无法藏匿混入。经过了教育工作的开展,农村的国家观念也增强了很多。据说:顾司令长官在武汉会战前后,有一次对人说:抗战初期,司令部不论到任何地方,日本飞机就会跟踪而来爆炸,但是搬到昆山徐公桥的时候,却一次也没有炸过。在实际的收获上,这一点也许可以作为小小的证明。

自然,缺点也是不少的。如果现在再举办这一类事业的话,一定要将这些缺点纠正过来:第一,徐公桥以学校为中心,这是对的,然而,所划的地方不宜太大,最好不要超过二百家,范围不要超过十里;我们尽可利用已经设立的国民学校为单位,建立单式的学校体系。第二,从事农村教育工作,最要紧的是了解农民的心理,把握农民的心理;农村最缺乏医药,所以不妨以医药活动为把握农民的心理的桥梁,这一点,应以耶稣教的传教士做榜样,也因此,参加农村工作的小学教师,必须懂得医药常识,这样才能满足农民的要求,才可以深入到农民群众中去。第三,徐公桥在经济方面的成效不大,这因为办理既最困难,收效亦较不易,然而这一点却特别重要。我以为经济方面的活动,大量办理合作事业,是一种相当有效的手段。“人人为我,我为人人”这句话,正说出了合作的真谛。所谓“我为人人”就是“公”,根据这个“公”字,才能实现真正的平等。在以前,政治不通过教育,教育不与社会打成一片,因而教育没有发挥出最大的效用;以后的教育,决不能关起门来,应该与社会打成一片,而合作正就是一种最好的“公”的教育。

乡建运动举例

我国农村教育改造的过程中，是在逐渐加重了教育的社会意义，这因为大家发觉到：一项需要整个改造的事业，如果仅凭单纯的教育力量，形势不免是孤立的，效果也将是事倍而功半的，因此，它必须与各种活动有组织地配合起来，免致成为陷于重围的孤军，也因此，农村教育的改造，于是而演变为乡村建设运动。

在抗战以前，乡建事业主要有这样三个地区在实验：

第一，梁漱溟先生以邹平为实验区。他有这样一个理想，推展农村教育，必须通过政治，因此政治最有决定的力量；他特别着重的是生产与自卫，也以这两点的成绩最值得注意：(1)农民是组织起来了；(2)得到政府的帮助，购买大批的棉花来办生产合作社。正因为梁先生强调政治力量，一切事虽然办得很快，但不免形成了“由上而下”，并没有建立起稳固的基础，很多事也没有真正深入到农村里面去。反过来说：从事农村教育应该从小处着手，从深处着手，应该稳扎稳打！

第二，晏阳初先生在河北定县的实验，着重扫除文盲，以简捷的方法，使农民都能够识字，都能够有一点普通常识。关于这一点，的确是相当成功了；社会习俗的启蒙工作，例如破除迷信等等，也有相当成就；其他则尚少显著成绩。当时定县的县长霍六丁先生，很有气魄，很有才干，做事也很果断。不过由于事功急切，未免发生了与地方人士不相协调的现象，因此，一方面对平教会的工作相当的能有配合协助之功,另一方面却也使平教会招致了间接的误会与影响。这就可见:要改革社会,在某种阶段要先去适应社会,这也是一种必要的手段。

第三,彭禹廷先生是冯玉祥将军的秘书,故乡在镇平。有一次,他奔丧回籍,出于意料地遭遇了抢劫。他为此苦思深索,想:故乡都不能治理好,出外做事简直毫无意思!因此,摆脱了通常人目光中的“大事”而要办一“小事”了:他向县政当局要一个区长的职务,来实际从事于乡区建设的事业。他的着眼点也以治安入手,于是抽集壮丁,施以训练,从事于自卫力量的增强;每期训练壮丁二百名,三个月一期,经费则依田亩数量,由地主比例分担。土匪是没有了,但只是“赶跑了”而不是真正的“没有”,于是他觉得根本办法还得在生产着眼。终于,在发展生产的基础上,自卫有了真正的效果,镇平不再有土匪了,而且实现了“路不拾遗”“夜不闭户”那种“君子国”的境界。

中建社在南汇办了一个集体性的农场,现在有推动地方合作事业,艮仲先生将很多人的优点汇合在一起。以他的远见,加上了地方上很多的有利条件,我想先获得辉煌的成就,应当是毫无疑义的。

(原载《中建》,1947 年第 1 卷第 23 期)

希望空谈形成事实

教育可以产生新的文化，可以改良旧的习俗。我们中国的民族精神和人民生活，于今如真认为没落腐败，而非从事改革建设不可，那么惟有急速地就振兴教育着手，实属无庸置疑的事。眼前所应亟需研究讨论到的，就是怎样才能把教育振兴起来，谁应担负起振兴教育的责任。

十六年前，我在大夏大学任教，深知杨君载皋是一专攻哲学、具有心得的同学。他在离校以后，曾经长期在申报馆中服务，却没听到他与教育界有多大关系。抗战胜利，我由内地回沪，多年阔别，复相见面，觉得他已变为热心教育的人，随口发表许多特见，流露着积极神情，心上很为感到奇怪。近才解了疑团，发现他新写成《兴学与求学》一书，深受一个"曾经献身教育，终且以身殉国"的同学——吴志骞君影响，便对振兴国家教育这回事，发生极大的兴趣；多方设计，既事坐而言，且在起而行。看他苦心孤诣，著成此书，头头是道，很想凭籍教育的力量使国计民生进步改良。

关于振兴吾国教育事业，我很赞同杨君主张，认为学校不但要多办，而且要办得像样。不良的教育不见得一定能比"无教育”好。受不到教育的人,如口就其私人人格和大众的福利而论,有时要比受到“恶教育”的人,反而幸运得多。国内现在到处看到“有知识能力而无好德行好体格”的人,或者为非作歹,祸国殃民,或者虽生犹死,为社会累。所谓“通谋敌国,以图妨害本国”的汉奸们,如果统计起来,恐怕受过教育的人要比未受教育的人为多。即以地域关系,幸运而在抗战期间未之接近敌伪,没有化为奸逆,但在胜利前后的行为和动机,令人感到并不比诸奸伪高尚多少的,殊非没有其人。说起来他们中间不少人是受过高等教育的呢!这些事实,便是过去吾国教育事业未尝真正办好的明证。说坏人的坏,有的是出校门以后,进到社会里去学坏的。那么,至少过去教育事业对于国计民生和社会风气,没有起得何多好的作用,否则受过教育的人,不应该这样容易就给恶社会所同化!杨君的书,针对此点,痛论得失,我希望其出版以后,能在国内教育界中发生若干作用,更望杨君个人,能即本其所阐述的理论,努力去求实现。

杨君编写此书,在我认为是有一种缺点,即不时在字里行间,流露着若干“多余”的顾虑:顾虑人家将会取笑他在死捧吴志骞君的场;顾虑其忍受穷困,埋头写作,会给人家笑为呆子。这真何必!既自认定从事写作,本抱负着“替国计民生打算盘”的念头,给人家非笑与否,哪里再管得许多。现在的社会,你要是想公而忘私,舍己为人,如竟把私忘到自无财物养活自己,社会间是不会得有谁来养活你的。但这种人是社会繁荣进化的原动力,社会上实不可缺少这种人,至于一般“善于假公济私毁众与家”的乖巧分子,倒反可以比较容易生存,不大会得消灭。可是这种人活着对社会有何价值，大可疑问。社会分子要是尽属此辈，恐怕整个社会难逃消灭命运！人生应为服务而生活，岂可为生活而服务，岂可为生活而更戕害社会！湛深的学者，超凡的艺人，抱着服务的宏愿，照着理想而工作，这种奋斗生涯，何等值得憧憬。

还有一层，世间常有好人给人说得太好，也有坏人给人说得太坏，是非善恶，有难绝对认识正确。但那公是公非，大善大恶，究竟不大好来随便颠倒。吴志骞君的献身教育，为国牺牲，以及其为人的其他方面进出如何，自有社会公论，一番描写，如确有所附合事实，捧场与否，当有人能辨别。因此，我要在此劝慰杨君一声，这本书到将来发行以后，即使免不了给人家非议取笑，大可不必计较苦闷。本书编述者导言中间，不是讨论到“人格的尺度”吗？（见第七六面）。估计自己的写作生涯，不无使得个人“人格的尺度”有所增益，那就该自“心安理得”才好。

临了，我请抄引杨君书内第二十三章“与政治配合”节中的一小段话（见四四一面），用以结束本文——

“……无论怎样的政治理想，都免不了希望后一代人民，有各种常识，有特种学识，有专门技能，有个人特长，有饱满精神，有坚强体格，有利群习性，有正义感，有公德心，有……总之，该先把人民个人都培植得好好，然后才谈得到主义的灌输，然后人民对于主义才有献身奉行的能力和觉悟。尤其在我们中国教育未普遍施行，人民多蒙昧无知，体格锻炼，德行修养，在在都没有到家，举国的政治家和教育家们，格外宜于注意到上述的一层。……”

请问大家，要是你想从事兴学报国，应该兴办出怎样的学校，才担负得起下代人民训教的使命，有如上面一小段引语中所说的那样呢？教育是要求有实际的，不是空谈所能济事。杨君虽怀抱着光明的野心，在其作品里空谈了许多理想，我祷祝诸社会人士，大家起来努力使其空谈能够完全形成而为事实。

民国卅六年元旦写毕。

（原载《兴学与求学》，原名《我的学校》，吴志骞烈士初稿，杨季编述，上海中学生书局，1947 年）

关于学校英文教学问题

——答复薛众先生

(来信已刊大公报,从略)

“中学应否将英文一课改为选科”?这个问题,在距今数年前,曾经过一番热烈的争辩,结论未得到,已消沉下来了。当然问题还是存在着。顷国讯社收到一篇薛众先生的投稿,题为《我们为什么要读英文》,主编先生要我对这个问题发表一些意见。我也就大胆来说一说。

详绎薛先生全文的主旨,他是不主张学生在学校读英文的。虽未说明是某级学校,但照他所说的情形看,自然是指着或侧重着在中学一个阶段。依照我的说法:小学一级,本来是没有英文课的,就是高级小学,间有教英文的时间不多,还没有十分大关系,但总是以不读英文为原则。大学哩(包括单科学院),一定要读外国文(主要为英文)吧,因为大学以偏重研究学理为目的(虽然有些是应用,但仍是偏重在研究学理方面多),学生要能直接阅读外国文书籍,虽其所需要的外文的程度,浅深不一,但总以能直接阅读为是。如此说来,“英文课,小学不必读,在大学则非读不可了”。是否可算定论呢?当然我不敢说,但依我的常识来判断，似乎这样主张是近于事实罢！在主张高小读英文的人，他也有理由，谓童年头脑富于吸收性，在小学读英文，比较在中学读，收效大，且先立了基础，到初中再读，更事半功倍。尤其在都市方面，主张这种说法的人更多，此层应待心理学家来断定，现在且不谈。本来英文一课，目的专为升大学用的，中学一阶级，学生应否全体读英文？还是要根据"初中毕业生是否全数升高中，高中毕业生是否全数升大学"一点来研究。大学方面哩，也有人主张文学院内的中国文学系可以不读英文的，我以为还以读英文为是。因为习中国文学，不能专以中国一方为限，有时还要比较研究，即关于国学的整理，文学的批评，也在在须与外域相沟通，如能直接阅读外文书，自然便利甚多，仅可所需要的外文智识，较他科系差一些，但完全不通外文，总觉得是不大对的。

关于小学大学英文课已如上文所说，继此再来说一说专科：照教育程度讲，专科也是属于大学阶段的，可是它的性质注重在实用，这却是和大学大大不同的一点。今来举一例：有一个中等高级农校毕业生，他在校内时，功课、才能、志趣皆极好，可是英文不行，在校虽读等于未读。现在毕业了，有志升学，一般师友皆相信他受了高等农业教育以后，或办农场，或做推广工作，一定效力甚大，足以造福社会。可是，因为英文不行，投考大学，当然无分。专科哩，也要考英文。那么他只好望校兴叹，灰心短气了。这样，就实用人才来说，是不是社会上一个大大损失呢？此外如师范学校毕业生，也有因为英文不行不得升学的，这是和农校毕业生有同样情形。如此，便成了问题，而不能不加以研究了。专科设学目的既是注意在实用，那么，就中国目前整个国家人才需要配备上讲,似乎偏重研究学理的人才,不妨少,要精;救急,实用的人才,不妨多,要广。大学既然要精,目前设校数,尽可少一些,专科既然要广,目前设校数目可多一些。如照这样办,专科学生应否读英文更要好好地研究一下了。怎样办呢?我以为如希望有比较行得通的办法,应该依照校内各学科的性质决定,却不必"刻舟求剑",务求一律。比如专科的商业、工业、医药等,天然要学习一些英文才行的。并且这一类来学的学生,在中学一定已习过英文。这是应当读英文的,可算不成问题了。如农科,如师范,如艺术科中的专修国画,如国学科中的专习中文(偏重应用的),虽不习外国文,而对于实用效能无大损害的,尽可许其免修,并且在入学试验时即应免考此课,(如他个人愿学英文,当然也可以随外文班去就课)如此分别办理,似可以行得通了吧!

说到中学,当然是这个问题的重要点所在。中学教育,原以升学为目的的,即初中毕业生升高中,高中毕业生升大学或专科,但实际真能升大学的有多少呢?经济可以限制他,智力也可以限制他。即据欧美人的说法,凡中学毕业生,真正应该升读大学的,也不过估30%。当然我们中国不必这样严格,但我们看到初高中毕业不升学的学生,为数实在太多了。试问这一班不升学的学生这(原文如此,似为怎之误。编者注。)样安排呢?本来现行的新制中学分高初两级,是有用意的,学生在校,适逢六年,难保中途没有变动,所以特分两期;你能继续读完两期,最好,否则到了三年,便可为你另作一个打算。自然这样一来活动得多了。不预备升大学的学生,拼命去读英文,自然是不经济的;若是资质较差,勉强为读一门英文,以致牺牲了其他功课,则更不值得。因此我主张,在高级中学内将英文课分成两类:一类是必修课,专为升大学的学生而设,一类是选修课,是为不必一定升大学的学生而设。这也可算是“各尽所能,各应所需”的一种办法。惟要实行这种办法,在校内一定要有一个升学及职业指导委员会负责实施指导,无论初中高中,凡是有一个学生入学,即应开始考察,且不断考察,学历啦,兴趣啦,健康啦,家境啦,均须详细知道,如此则对于英文一课,是否必修或选修,即可根据考察谈话之结果把它决定下来。同时,在课程方面,如是选修英文的学生,还应添授其他实用职业一类课程。将来毕业以后,能升入不读英文的职校(指初中毕业生),专科固好,否则也还有一技之长,可以为社会服务。这是我对于中学英文教学的粗浅主张,也可说是双方兼顾的办法。至于与中学同级的师范学校,英文课仍宜用选修制,不必全废,因为习师范的学生中,也还有有兴趣读英文者在。职校如何呢?那也要看学科的性质了。有是一定要通英文,才可以学习和服务的,如商、工、医;有是可以无需英文的,如农。这样一来,问题也似乎可以解决了。

至薛先生主张“有良好的翻译,由翻译来大量介绍外国文书籍”,我是极端赞成的。本来这种办法,老早就应该做,倘使外国有了一本有价值的新书出版,我们马上就把它译印出来,使不懂外文的人,皆可以读到,那是何等痛快的事!惟要使翻译工作,能大量推广且办得精致,也还要有真正外国文(特别是英文)程度好的人才行。“众中才可拔萃”,那么习外国文(特别是英文)的人,那本不是习外文的唯一目的。日本人习英文,他们虽然说话不及中国人,而对于英国文学的精刻研究,并不较差。看到他们翻译工作的努力,已可以知其大概了。

这一个问题,实在并不简单。我所说的只是一个大概,希望海内教育家能再来一次精密周详的商讨,以期得到一个切实有效的结论。

(原载《国讯》,1947 年第 425 期)

关于沪市私校收费问题平议

最近上海有一件事,足以使三方面感到头痛的,可说是私立中小学校收费问题吧。在学校方面哩,因为校是私立,未必校校皆有固定基金的息金收入,于是不得不靠每学期开始,向来学学生的家长,收取学费杂费,以供开支。当然他要请教员,要教教员生活安定,自不能不给以适当的薪津;他也要购置图书仪器以及一切应用校具;他也要修缮房屋以及一切杂项开支。试问哪一种不要钱能行?所以收费是必然的事。况且因为物价腾贵,币值不断跌落,本学期开支,比上学期大,所以收费数要比上学期增多,也是必然的事。可是出钱的学生家长哩,收入并未增加,而开支忽然膨胀,受不了了,因此社会遂多责难之声。学校当局自不免感到头痛。在学生家长方面哩,固然有些富商大贾,多出一些,算不了什么,但一班公务员以及依笔耕为生的人,怎样呢?平日生活,已极艰难,倘或有三四个子女,同时入私立中小学,一次要拿出二三百万元,如何吃得消?这也是实在情形。所以连日在报上不断地发出反对抗议的呼声,当然是头痛之至。在教育行政方面哩,他是以推广教育为责任的,因为公家力薄,不能多设中小学以收容多数失学的青年儿童。那么对于私立学校,自然是要扶持的了。他也知道私立学校要钱花,不能不收费,他也知道一班学生家长苦,费不能多出。他教私校少收吧,开支不够,如何办?他教学生家长多出吧,担负不起又如何办?一方自憾无力,既不能使公立学校增多,又不能拨款补助私校,同时一方又不能令市立学校也同样收费。并且眼看公立学校教员,待遇异常菲薄,无可如何,眼看私校教员待遇,比公校加上一倍,也无可如何。夹在中间,左右为难,当然是他的头痛更甚。这样各有各的处境,各有各的困难,究竟如何处理,才能把这个问题解决呢?

我却不敢说有如何好的办法,可以解决这个问题,但我愿意举出一个学校,来供各方面参考。去年中华职业教育社,曾创办了一个"比乐中学",程度是初中,她在开始设立时,即具有一个比较特殊的理想和办法,一是小班制,二是职业指导制,三是合作制,一二两项,因与本题关系较少,且不谈,单就合作制一项来说吧,此项合作,系分两种:(一)教学合作;(二)经济合作,学校与家庭,谋得密切联系,学生在校受课,在家自修,家庭要配合来指导;学生在校受训,在家行动,家庭要配合学校来考察。经济哩,学校学期开始,邀集家长,公同编定预算,学校需要经费多少,应收多少,学校与家长双方议定。一次收费后,照预算支出,学期终了,如有欠缺,再由家长果议筹备,若有盈余,自然退还。因为学校教学生,本应该要钱的,家长送学生入学,本应该出钱的,应收多少,应出多少,公平交易,协议办理,实在没有什么说不通的地方。该校过去两学期,就是本着这个办法办的,似乎办起来还顺利。当然这是一种尝试,办来未必十分周到,但依这个方向走,看趋势却不可以走得通。比乐中学是一个初办的学校,规模很小,内容简单,是不是一切私校,皆可以照这样办,自然还是问题。但是这一个办法,似乎值得提出来做参考的。

举出这一个可以做参考的学校以后,我再来对于沪市私校收费问题,提出下面几种意见,请各方指教!

(一)私立收费要比上学期增多,这可说是不成问题的事。但规定由某数起至某数止,中间要留出一个活动较大的余地,让各校去自由择定。

(二)各私校收到学费后,应即编好一份收支预算,邀集校董会开会一次,将预算通过,也可仿照比乐办法,再邀集学生家长开会一次,说明本校本学期内共收费多少,共用费多少,用费之中,某项某项若干一一列出,家长如有疑问,应详为解释。

(三)各校收费数与每班人数,应有一定的配合,如一班学生80人和一班学生40人,人数相差一倍,自然不能一样收费。照理说:班小人少,教得较为精细,学费应该多收;班大人多,教得较为粗放,学费应该少收。此层在编制预算时,应详为注明,尤其向教育局呈报时,要详细报明白,而教育局考察学校中对于此点,也要特别注意。

(四)在私校极力要好,以极优著,聘请优良教员,自然是最好的事,但也应当有一个限度,不要因此使教育界各方失其平衡。近闻沪市某中学新聘教员月薪有达四百万元者,就该校自身说,当然很好,可是他方面怎样呢?看看国立市立大学专科吧,不是相差过远么?这叫教育行政机关有点为难了。如有此种情形,应由教育行政当局,向之洽商,能稍稍加以限制。

目前私校收费问题,原是大经济环境狂涛动荡中一个小小波纹,如果大环境安定了,这些小问题,也就自然而然地消灭掉。但在大问题尚未能解决以前,要解决这些小问题,也只有本着一个“公”字来妥慎应付,能一切“公开”,使各方彻底了解经济实况,自然不会再有什么揣测和猜疑;能一切“公平”,使收钱出钱两方,得其协调,自然不会再有什么不平和争议。不见无论何时何地,“公”之一字,毕竟还是有用处的。

(原载《国讯》,1947 年第 428 期)

“知识分子和农民携手”结果怎样呢?

最近《观察》杂志,载有我国在美国习农的八位先生,拟成“创办生产农场刍议”,预备明年返国来实行。道是针对着中国目前实际需要,实施增加农产,建设农村的一个优良计划,理想既极崇高,办法又极周到、踏实,尤其强调“知识分子和农民携手”一点,见地极好。我读了之,引起许多感想,也愿申述一些。

中国自古以来,知识分子对于一般农民,是漠不关心的。比较起来,从前有一些亲民良吏,能和农民站在同一立场,如清代于成龙等一班人物,本着爱民怀抱,有时竟对于他的上司,表示反抗,以为宁可违令受责,丢掉一官,不能让人民受苦,这已算十分难得的了。但这还是一种消极的办法。到了民国成立以后,尤其在抗战以前的十多年,情形不同了,有一班热心农村教育的人们,下乡工作,为民兴利,也可算是接近农民,渐渐和农民携手起来。但是对于农业改进方面,尚未能有多大成就,这是因为工作目标,仍是注重在教育一点,而于新的农业技术、农业组织,未及普遍采用。“创办生产农场刍议”所主张,不设机关,不分宾主,完全和农民打成一片,公同耕作,由生产农场开端,进而成为集团合作农场,于发展农业外,兼来发展农村工业,且顾及农民教育，这也可算是实行温和社会主义当中的一个节目，自然是再好也没有的了。

本来农民是极天真，极纯洁，而脑筋又极简单，你能和他携手，把他引到新式生产路上去，使他乐业安居，丰衣足食，他还不肯信从你么？反之，使农民天天和饥饿挣扎，甚至逼得他无路可走，此时若有知识分子利用机会，引他到乱的路上去，那也是很容易的。翻开历史来看吧，凡是到了政治黑暗，民不聊生之时，便有一次社会大纷乱，作乱的分子，固然是农民，而引导农民，揭竿而起的，还是知识分子。宋朝的宋江，啸聚多人，据山为寇，喊出“替天行道”的口号，便是勾结一班久被压迫、心怀不平的农民的一种有效方法。看他在江州的壁上题词，开首即有“自始曾攻书史，长成亦有权谋”两句，无疑的宋江是一个知识分子了。金田起义，反抗满清的一班人。其中如石达开，不是清朝一个举人么？就是秦之将亡，刘项起来，帮助他的有萧何、张良、范增；隋之将亡，李渊父子起来，文士相从的更多；元之将亡，郭子兴、朱元璋、张士诚等一班人起来，其间也有许多知识分子：而驱之赴疆场者，全是农民，这一些人尽管成败各各不同，而方式则一。可见真是到了国家大乱将作，知识分子倒也会和农民合在一起的，不然，乱也就无从发作起来了。这是历史上很明显的事实，绝对不能掩饰的。

当然，我们是盼望知识分子能和农民携手起来为国家社会谋建设，如作“创办生产农村刍议”的八位先生，绝不愿意知识分子和农夫携手起来，为国家造祸乱，演成历史上血淋淋的惨剧。但一事之成，总是有它的自然因果，血的史实演成，也不是无因而至的。如要消灭祸乱,应当从祸乱所由起的根本原因上去着想,去设法。农夫要让他能安心耕作,不忧困乏,不受骚扰和摧残,如能这样,虽有人去勾引他为乱,也是绝对不会成功。同时知识分子,也要让他能用其所学,行其所志,不感压迫,心无所愤闷,此时再让他去和农夫携手,专为社会增产,完成他的事业、愿望,自然更是国家之福了。

由此说来,知识分子和农夫携手,显然的是有两种结果:一种就是造福,一种就是造祸。当然福是人人所大愿,祸是人人所大惧。要知道“祸福本无常,皆由人自招”。如能政治清明,秩序安定,不仅学农的知识分子,下乡工作,和农民携手,以造福国家,就是办教育的,办政事的,多数知识分子,也一齐到乡间工作,国家自能日进于强盛繁荣之域,哪里还会有祸乱发生?

再进一层说:要使国家政治能彻底清明,社会秩序能永远安定,所有多数知识分子,皆能称心乐意的,去引导农民做建设工作,一定还要国家执政的人,在制度上、政策上、作风上,能造成真正民主,真正法治,真正能实行民生主义,也就是真正能采用温和性的社会主义,以改善大多数农民生活,那才可以根本消灭国家祸乱之源。

因此我的结论,是极端盼望国内在朝在野各方人士,能重视这一个“创办生产农村刍议”,能帮助他的计划试验成功,并能把这一个办法普及于全国。

(原载《国讯》,1947 年第 432 期)

教育上的联系作用

一个社会组织,原是如一部机器,无论大件零件,皆是互相关联的;一个大机件,出了毛病,固然全部机器活动,将发生障碍,就是一个小零件,有了损害,也是同样的使全部机器不灵。我相信这个比喻,在确当也没有了。因此,来衡量一衡量各种社会团体吧,大而一个国家,小而一个小学校,可以说是无一不然。联系作用的反面便是隔离、脱节。同在一个区域内,同在一个机关内,彼此不相闻问,不相照顾,猜疑、抵触、排斥、倾轧,虽然没有,就是彼此不合作,也足以使事工进展迟缓,甚至将受许多损失了。关系作用的重要,各方皆然,现在且不言其他,专就教育方面来说一说吧。

说到教育方面的工作人员,还是比较最有理想,最有眼光,最能讲合作的了。可是,就目前一般情形来看吧,一校之内,校长、职员、教员、学生,真能实行合作,联系得合于理想的,比较规模小、人数少、工作简的学校,尚可以做到,否则有一点为难了。人人皆知道"教"与"训",不能分开,可是办教务的,只知道注册、排课表、制学生考试成绩表,对于学生品行的陶冶、行为的考察,便管不着,也没有机会来管了。办训育的,只知道向各教员要学生操行分数表，只知道稽查学生有无请假？有无触犯校规？学生有事发生，随时加以处理，其余也就管不着，且无暇管了。这种情形，当然也不能怪办教务及办训育的先生，有了一千人以上的学校，真要使教训合作，真能使学生品行知识联系起来，得到一个理想的教训合一的完全教育，确是一件不容易的事。

如上面所述办教务办训育的工作人员，只能说所办的，是关于事务一部分，是否说得上教育根本的方针方法，自然还是疑问。依我看，办教务和办训育的，又何尝不可以联系起来？不过有一个先决条件，就是校内将立定教育主旨来做一个总纲，再来分定细目，把教和训皆纳在总纲之内，这正是所谓："若网在纲，有条不紊"了。因为这样，有了中心，得到统一，自然所办的教务和训育，有了充实的内容，活泼的精神，虽属事务，也就不同于机械的工作了。

我们不是也常常看到教训不分的学校么？教务和训育组成一处，应该彼此毫无隔阂了，可以收完美教育之效了。其实哩，何尝是这样简单？须知教导主任以外，实际施教施训的，这是要依赖各科教员（此指普通中学言）。教员所教各课，当然性质不同，有是偏于知识的，有是偏于技能的，有是偏于陶冶品性的，但是要教育成一个完全的好人，当然要德、知、体、群四种具备，且要四方面相配合，相调融，而后才可以达到理想教育的目的，这就要看主持一校教育的校长，实际辅佐校长主持教与训的先生们，是不是具有崇高理想，精美计划，能把各科教员所教的课程，好好配合调融起来？在一个目标之下，步调一致进行？

因此，我们可以明白所谓联系也者，一定要有配合调融两种作用在内,并且这两种作用,是占着主要成分。正如乐器合奏,一定要把八音好好配合调融起来,而后才有雅乐可听。又如肴馔烹调,一定要把五味好好配合调融起来,而后才有美味可尝。可见联系作用,并不仅是笼笼统统的合作一句话所能说完成其使命。现在对于办理较差的学校,且不论,就是一般人所认为好的学校,能说无问题么?我以为一定有。毕业学生,知识水准很高,如中学吧,高中毕业生,大多数皆能考取第一流国立大学,总算很好的了。可是,问一问这一类学生的身体健康怎样呢?往往大学毕业,已经发现了肺病;又尽管学识很好,而性情却不免孤僻,对于公共团体服务异常冷谈,到了社会任事,往往不能合群,这可算受过完善四育的学生么?还有一校以内,各教员皆极热心,皆极要好,这也不能不算好学校了,可是,平常各科教材分量,并没有经过适宜的分配,教学方法,并没有经过适当的沟通,结果,甲的国文先生要学生熟读国文,多读课外书籍,乙的英文先生,也是要学生熟读多读,丙的算学先生,要学生每天演习算题若干则,丁的地理先生,要学生多画地图,其他理科先生、劳作先生(这也指中学定),也是对于学生要种种习作,种种成绩。这样一来,四面八方,许多重担,皆集中放在学生身上,竟是如人民遇到"苛捐杂税"一齐俱来的样子,如此学生,还能受得了么?受不了,也要受,那只好一天到晚,忙得不休,甚且要开夜车,当然游艺休息时间一概没有了,健康也就发生问题了。试问,这算不算好的教育?为何如此?就是因为各科教课先生之间,没有联系,没有人为他们做一个配合调融的联系中心。

再说,学校教育的对象,不是学生么?学生来自社会的,在学校要教育好学生，一定要先彻底明了学生个性，更要明了学生的家庭。学校先生纵然一时不能和校以外的社会密切联合［照理说，学校也应该负有（原文如此，似缺“改”字。编者注。）良社会环境的责任，应该就环校而居的若干人家，定一个“联系区”，与之打成一片，施以社会性教育才好］。至少对于学生的家庭，也应好好地谋得联系。因为联络学生家庭，才可以了解学生，自然施教更有把握。可是，目前个中学小学真正能把这一件事做得道地的有多少？

至若学校和学校之间，更应该有联系之必要了。如一所师范学院，在它所划定师范区内的中学、师范学校，一定要密切与之联系；一所师范学校，在它所划定师范区的各小学，一定要密切与之联系；这些在法令上也曾明白规定过，而在事实上也曾举行某某集会。但我以为这样联系办法，实在仍嫌不够。还有农学院，一定要和附近的中等农业职业学校相联系，初高级农业职业学校，一定要和当地的农民相联系，初高工、商业职业学校，一定要和当地的工商相联系，也是同一理由。并且这种联系，要有方针、有计划、有组织，还要具有积极性、持续性，决不是仅仅奉行法令，联络感情，就算了事。

总之，联系作用，在事业推进和成就上，真是太大了。本来不仅教育为然，一切事工，皆是如此。要想联系有效果，一定要树立中心，完成统一，有了中心，得了统一，自然就能获着平衡，能平衡，自然就能和谐，而配合调融作用，也就在这样情况之下，得以充分发展起来。不然的话，虽然一时间不至有什么冲突，可是，既彼此应该合作而不合作，将来距离愈趋愈远，也就难保猜忌、抵触、排斥、倾轧等一切不好现象不会逐渐发生。这样一出一入之间,成败关系,何等重大！世间惊人的大乱子,还不是许多由此推演成功的么?

(原载《国讯》,1947年第434期)

中华职教社三十周年宣言[①]

（一）吾人积三十年从事职业教育的经验认为吾人自始所采之途径，与所悬之鹄的，即发展人类生活知能与服务精神。以达到“使无业者有业，有业者乐业”，在此使命上虽未获得1%之成功，但此途径与鹄的，经世界急激的演变，愈信吾人所认识是正确的。人类对于这些是急需的。吾人矢愿继续努力，尤愿继起者不断努力，以期最后获得完美的结果。

（二）吾人认为人类幸福，将建筑于科学进步之上。同时须使科学为民生利用而发展，今后“原子能”不再用于残杀人类之战争，而用之于增进生产。吾人自始即以增进世界与国家生产力为主要目标之一，愿以科学之发展，为改进人类经济生活之基础，尤愿以仁厚、公平、合作、正义感、责任心，与生活整饬，为服务精神之基本条件。以此精神，来发挥科学功能，使世界于和平中获得进步，因以增进社会生产，而个人亦因以乐业。

（三）过去政治未克与吾人工作充分配合，实为工作成功之一大障碍。吾人坚信对于青年，从事于自动与自治的基本教育，

① 作者：黄炎培、孙起孟、江恒源等。

养成其自立的合作生活能力，只有这样，才获奠定民主政治的基础。吾人有至浓厚的国家观念，至忠诚的全人类幸福之祈求，与三十年不已的用力，以此配合政治的促进，继续奋斗，于建筑世界秩序上，不失为有价值的努力。

（四）吾人深信人类长于其天赋之各种才能，如果彼所采取修学与就业的途径，能与之为适切的配合，不惟个人奠下幸福的始基，其于社会必且有更多更远大的贡献。以故青年时期，尤其在初中标准年龄时的就学就业指导，在教育上实为必要的前驱的工作，而高中分科与大学专科，如就指定的途径，使学与习一贯地进行，实为理想的教育过程若干种中间的一种，吾人矢愿于此继续尽力。

（五）吾人积感于劳动者生活之艰苦，与不劳动而生活优越双方享受之不公平，矢愿对于占全民多数之劳动社会，施行适于其生活的教育，俾增进其自身能力，抉破社会习惯性的压迫与鄙视，同时亦不至自鄙弃其劳动生活，以期社会于安定的秩序中，获得公平的生活幸福，并促成社会之进步，此为吾人认定的未来的课题。

（六）吾人尝从事于农村教育，因发现农村生活单简，习惯于混合的方式，故主张政治与教育，在统一组织下进行，以期农村整个社会之改进。自经过八年对日抗战，政治上、经济上情势不无迁变，要求的条件，今昔亦有异致，吾人仍愿获得机会，斟酌适当的方式，继续努力。

（七）自经八年长期苦战之结果，发现妇女失偶失业者特多，失偶结果，直接影响于人口，在民族主义的政治上，应认为重大问题,此际姑不具论。只念此时急须扩大妇女职业教育与训练,使全国未被人平等重视的半数可怜国民中之尤可怜者,尽能自力谋生,兼予以精神安慰,此在政府应定为当前急要措施之一,吾人亦愿就能力所及协助之。

(八)吾人认为战后伤残者教育,在人道主义上,在民主主义上,政府急应为有效的措施,吾人亦当量力协助进行。尤以战后失业人数之激增,实为社会严重现象,认为一方急须停止内战,整饬政纪,增进生产事业,扩大就业机会,以容纳失业人民,同时须加强职业训练与指导,以适应需要。

(九)自《大西洋宪章》,在政治上提出保证生活不虞匮乏之要求,而经我批准之《联合国宪章》,亦有“促成大自由中民生之改善”,与“促进全民就业及经济与社会进展”之规定。吾人感到过去人民生活是个人问题,今后使人民不虞匮乏,乃是民主政府须尽的责任。过去个人获得职业是一种机遇与幸福,今后乃是现代化国家一个公民应享的基本自由权利,弥感今后教育,必须基此新的认识与政治方针配合进行,吾人愿继续努力,使全民获得自立与合作能力,使世界一切资源,为全民应用。最近读新教育同志会国际会议宣言,吾人尤愿起而响应,共同建立仁厚公平的世界秩序,来追求和平之安全。和平不可分裂,生活安定,有其基本因素,匹夫有责,始终以之。

(原载《大公报》,1947 年 5 月 6 日)

值得重视而且同情的
武大教授会宣言

本年七月四日上海《大公报》,载有国立武汉大学教授会宣言一文,宣言目的,在拟具保障学术自由之立法原则,贡献政府,以供采择,俾为现颁《宪法》第十一条设定讲学自由之补充规定。宣言中先事论述学潮的经过和学术自由的重要,并“恳请政府迅速制定法律,颁行全国,以正视听而安人心”。我读了这一篇宣言之后,深深感觉到这一班教授先生们,真是爱国心长,语语沉痛,同时他那一种盼望政府好,盼望国家好,盼望文化能进步,盼望能为国家养成好人才的热烈心情、远大眼光、光明态度,更令人十分感动。“人同此心心同此理”,我想国内大多数人一定是能予以特别重视,予以深厚同情的。

他们发出这一篇宣言的动机,是为着此次震动中外的学潮,面对于学潮的看法和论断,则是本着客观的、公平的态度。他说:“此次学潮,关于全国青年之不满现状,此种不满,以前尚不过蓄之于心胸,此次则愤而措之行动。”认为这是学潮的“主因”,想来国内大多数人,皆是同有这样感想,同是这样看法罢!他并且推论地说:“八年苦战,胜利突临,本为我民族复兴,千载一时之良机，乃政府对此良机，似不知利用，卒致各持成见，无法调协，由小规模之冲突，扩为大规模之内战，自相残杀，惨绝人寰。同时物资缺乏，物价飞腾，使善良人民，生活濒于绝境，随胜利以来之希望，至此悉成泡影。”这也不能不说是事实罢！他为爱护青年，为学生运动，说明实在情况，为政府措施对之表示不满，说来皆是比较不涉偏激的。他也承认有“少数野心分子鼓动学潮”，谓此事“不能断其必无”。但说学生是“以青年人特具之勇往精神，热烈情绪，出而要求改善现状，获致和平”，谓“其动机亦无可非议，且足以代表绝大多数人之意见，不容加以诬蔑”，也不能说他不公道。而对于政府采用严厉手段，深致惋惜，可以说更是完全善意的。

至说到他们的本校——武汉大学，谓惨案发生之日，本校一切状态，均属正常，对于政□（原文如此。编者注。）所颁新旧法令，绝无违背，亦竟遭拘捕与杀戮。这种情形，当然是他们亲身经历的，当时他们的满腔悲愤，当然可以想象了。可是他们仍是诉诸理智，绝不作感情愤激之语，只是纯就“学术自由”一点，发表意见与主张谓：“肇事之凶手，固由其愚昧贪功，而此辈之悍然不顾一切造成惨案，则学术自由，未得国家法律与以积极之明文保障，尤为症结所在。”这不是一种消极的责难，而实在是一种积极的提议。接着说：“夫从事学术工作之人士，纵不希望生活安定，亦应希望精神自由。”真委婉极了，也惨痛极了，令人读之，恻然心伤，竟要流下泪来。他们又说：“在精神自由之环境中，所培养之人才，所创获之真理，斯为文化上最宝贵之成果。”这的确是真理，的确是能为第二代国家人才着想。稍有一点文化眼光，稍有一点国家思想的人，读了之后，当无不为之悚然动容。他们是反对“学术研究与政治行动不可划分之主张的”，文内有“欲求文化之进步则当以学术辅导政治之改进，而不应以政治控制学术之发展”，几句话更是义正而词严，因之主张党派退出学校，惴惴然以“学术由窒息而萎谢”为惧。结果乃有“恳请政府制定保障学术自由法规”的一种建议。不谈琐细，大处落墨，这真不愧是大学教授的学者风度，所以我认为值得同情，值得重视，更值得钦佩。

回想起来，八年抗战，各大学随着政府，迁到后方，所有大学教授，受到生活上的压迫，那一种艰苦之状，真是有笔难描。但他们仍是谨守住自己岗位，辛勤教导学生，研究学术，妻子啼饥，置而不顾，天天在教室试验室里做他们的工作，如此情形，上而政府下而社会，应该对他如何表示尊敬，如何表示感佩？一班在抗战期内发过国难财，而具有高等知识的商人们，在胜利后借着特别机会大发其财的要人们，对之应该如何愧悔，天下事“不得其平则鸣”，由这一班大学教授们对于目前社会实况，在这篇宣言里，并没有什么多大“不平之鸣”的具体表示，仅仅有“纵不希望生活安定亦应希望精神自由”两语，算是惨而微哀弱呼声，我想政府诸公，也应该对他们表示十分同情罢！对于他们的主张，更应该重视罢。

本来，只要社会生活能安定，国家政治能清明，一切皆上轨道，各方正在努力建设，学生还不是在校里好好读书，那里还有什么学潮？就是有人要挑拨发生学潮，那也是无从施其技的。武汉大学教授们，为学术自身计，恳求政府明令保障自由，同时也盼望政府对于消弭学潮，要釜底抽薪，要痛切检讨，这种善意的指陈、积极的建议，我想政府诸公经过考虑之后，应该加以采择才是。

（原载《国讯》，1947 年第 421 期）

介绍一个特殊的学校

——私立比乐中学

这是一所生长才及一年半社会不大知名的私立初级中学，门外并没有挂起惹人注意的校牌，更没有什么好看好听的标语，仅仅是在上海市雁荡路八十号中华职业教育社门外靠右边黑板上写着“比乐中学”四个白色小字的横牌。可是，他虽“外观无耀”，而内容哩，实质哩，却具有值得令人注意的地方。那么，他的特色，究竟在哪里呢？在去年夏末秋初，学校将创立时，曾由几个发起人，写了一篇创校意旨书，登在报上，可惜当时社会上注意的人很少。本来上海地方这样大，公立私立中学又这样多，一个新产生了私立中学，既无宏敞辉煌的校舍，又无社会特殊人物为之号召，哪里能惹起人注意呢？现在他成立已历三个学期了，在学校教育上由于他所走的特殊道路，所用的特殊方法，的的确确，已经收到了一些特殊效果。因此我很愿意就客观的观察所得，向社会人士报告一下。

他的特色，统括言之，是为“两点”“三制”。

先说两点：第一点，是“注重职业指导”。本来职业指导，不是仅限于社会一方面，专对一班求业的人及预备受短期职业训练的人实施的，他对于中学学生的实施，实在更有特殊的需要。据世界职业心理专家研究的结果，认明青年男女，到了十四岁至十五岁，天然的会想到个人将来生活的寄托，所以在此时期内，施行职业指导，是最为合宜，最易生效。学校如能对于在学青年，依据学理，定好计划，不断地明示或暗示以各种职业的意义、价值，及从事职业准备等等，便可使每一个学生将来不至走向和他天性天才相反的道路。本来“三三制”中学，学生在初中毕业，升入高中，应该分科的，如初中学生，在校受过职业指导，升到高中，对于分科的选定，不消说是十分便利的了。如不升高中，也可就其天性天才之所宜，升入各种适当的高级职业学校。可是，目前一班初级中学，真正能做到这一层的，敢武断地说，为数不多。虽然有些初中，在学生毕业时，邀请一两个明白职业教育的人士，到校为学生讲一两次职业指导，那如何能够呢？这样在中学教育上，不能不说是一种缺憾呢！比乐中学便认明了这一点，决定对于学生实施职业指导的工作，要特别注重。这可算是一个特殊的地方。

第二点，是“兼施职业训练”，这也可算是特殊的。何以要这样办呢？因为就目前一般情形来看，高中毕业生，不能升入专科大学的，为数尚不少，这一些不升学的高中毕业生，难道竟让他在社会上流荡么？如在高中时已经得着职业训练，毕业后不升学，便可就相当职业，免掉了失业的痛苦，这不是解决了社会上一部分问题么？就是初中学生，在校受了职业训练，到了毕业以后，升入高中哩，除受普通科教育外，对于所受职业功课，可以再继续地修上去；不升高中哩，则投考合于个人天性天才的职业学校，也是便利许多，这在上面已经说过了；若万一不升学要去就业哩，可就其已受过的职业训练，再加以短期的补修，入实业界当个练习生，也是比较未受过职业训练的初中毕业生，胜过多少倍。当然施行这种办法，是要有斟酌的，绝不能使学生对于普通科课程的学习，受到影响。可以说，这种办法，是为适应学生自身的需要的，是为适应目前社会问题解决的需要的，是极有意义、极有价值的。比乐中学，看到此层，便决定这样办，在劳作一科，注重实用的物品制作，增加簿记及珠算课程，国文教学注重应用，对于小楷特别注意练习。

再说“三制”。要使上述两点，施行起来，便利而有效，一定还要配合着其他条件、其他方法，因此比乐中学又有“三制”的决定。当然“三制”不尽为施行上述两点办法而设，但“三制”与此两点，关系是极其密切的。那“三制”呢？

（一）小班制。即招收学生，编成班级，每班不过四十人（原定为三十人，嗣以经济关系，乃改为四十人，将来还是要缩减的）。因为班小人少，才可以从容指导，便于发现每一个学生的个性。照理说，不必一定因为施行职业指导，才要班级小，就是为实施一切教育，也是人数少，才可以考察精密，才可以容易施行个别指导。

（二）合作制。即学校与学生家长合作，尽量使学校和学生的家庭打成一片。平日学校先生，时常作家庭访问，时常与家长联络，通信啦，集会啦，一学期内，要举行许多次。其目的：一、为对于每一个学生，期其能彻底了解。二、为希望家长能协助学校共同来教育学生。除在教育上和家庭合作，此外在经济上和家长也有一种合作。因为学校是私立的,要收学费的,学费出自家长,究是每一个学生应出多少钱呢?于是取协商办法,学校和学生家长共同商量,编定预算,这样一来,家长和学校,关系更格外密切了。

(三)教训合一制。所谓"教训合一",在比乐中学所实行的,却不是形式而是实质。就是所有担任教课的先生,不是只顾教学生的书,同时还要教学生如何做人。因此由先生议定办法,指导学生去组织团体,为种种活动,种种服务,种种检讨,教室内的授课,和教室外工作,可以说是同等重要的。

施行这"两点""三制"的办法,为的是达到下列六项目的:

(一)能发现学生与某职业相宜的性能;

(二)能救济不克升学的初高中毕业生;

(三)使文化教育和职业教育能借此得着协调;

(四)使劳作教育可以有实际效用;

(五)学生从十四五岁起即能手脑并用,这一种训练,在教育上能显出效能,可以矫正中国数千年来一般知识分子重文轻实的习惯;

(六)能为农工商教育,早早树立了最好基础。

在比乐中学,仅仅具有一年半的历史,对于上列六项,只算认定了一条可以达到的道路,成果怎样,当然一时还说不上。可是由去年秋一直到今年冬,依作者客观的眼光看得出来的,已有下列的七种现象明白显露着:

(一)学校能容易了解各个学生的个性及其家庭情形,同时学生也能了解学校设施的用意所在。

（二）学生身心发展，大多数能自由而正常，且活泼有朝气，肯向上。

（三）在上海这样生活情况之下，学生容易带有少爷小姐的脾气，在比乐中学，这样学生，可说是绝对没有。

（四）师生生活，很能接近；师生情感，很能配洽。

（五）学生学习功课和日常生活，大部分能够联系。

（六）学生对于公共服务，很热心；同时所习功课和服务，也能互相联贯。

（七）学生家长，大部分对于学校能关心，一部分并肯予以帮助。

以上七项，皆有事实，可资证明，惜此文以限于篇幅，不能把实例，一一列举出来。

那么，一年半来，实行这样办法，得有这样结果，算是成功了么？不，距离理想还远哩，只可以说证明这个道路走得不错，但前途辽远，还是困难重重。困难在哪里？也不妨扼重的、坦白地说一说。

（一）施行职业训练，尚未能编好一套有系统的课程，一因部定课程较繁，不免受了相当限制，二因学生体力脑力，同时也要顾到，不能使之担负过重，所以关于职业功课，究应如何配置，方称适合？现正在研究中。

（二）因为学校经济支绌，没有较适宜的校舍，以致运动场、工厂、小型动植物园，均付阙如；同时无学生宿舍，学生皆通学，此与施行教育计划上，也受了不少阻碍。更因经费少，不能多聘教员，且校内的教职员的待遇，极菲薄，事多人少，往往以一人兼做数人之事,因之各位先生既是万分辛苦,同时还以未能尽量发挥出教育上效力为憾。所幸现在校任职的同人,皆是对于这种教育办法,具有坚决的信心,感到十分兴起,所以对于物质上的牺牲,也就不加计较,当然这是令人可感的,也是令人不安的。

(三)因为学校系初办,投考学生,人数不多,选取不能过严,遂使入学学生,程度不能齐一,此在教育施行上,也很感到了相当的困难。

所以在目前最迫切待解决的问题,是"如何增筹经费,以充实设备,增聘教员,提高工作人员的待遇"。此层不能不盼望社会热心人士,能多多予以协助了。

总之,这一个学校,是有理想的,有计划的,也可狂妄地说,是负有特殊使命的,是有光明前途的,倘能让他好好地发展下去,成长起来,一定能为中学教育界打开一条新的道路。此校原为中华职业教育社所创设,在广大的上海数百所私立中学中间可算是一个具有特殊性的学校,似乎值得令人注意。作者和这个学校的关系,最初既是参加发起人之一,学校成立后,复被推任校董事会董事长,最近且兼任校长了,自信以上所说,皆是本着客观的考察所得,忠实地把他报告出来作一个介绍,绝不敢存有丝毫夸张之意,同时且很虚心地愿意接受各方人士的批评指教。

(原载《国讯》,1947 年第 444 期)

我[1]

任何人都有着一种人生的求上进的欲望,虽然你们是年青的一代也不能例外。……

每当事情发生的时候,其出发点的程序,总是由"我"而起发,这就是人之自私表现。好的成就他一定会引到自身之"我",不好的成就就远而避之,处处地方推为非"我"……而"自我"与"非我"意识的形成。经过如何的阶段呢?这里可分为几点来说明。

当幼孩初生下的时候,他本是无"我"的,渐渐地当他有了意识,心理上发生了感觉之后,他的"自我"观念才因此而产生。什么是"自我"观念呢?自我观念详细分析之下,尚可分为两种。其一为生理上的"自我",这是自觉的、内性的(注一);其二为人格上之"自我",这是行动的,外在的(注二)。一个人是有了这两个超然的自我精神,他才是一个完整无缺的超人,自己有前途,别人也尊崇他……

---

① 江问渔讲,戴润生录。

自我的意识

“自我”意识的形成,可谓有理论价值在内。“自我”的意思完全是由内心方面出发而形成的,因此一个愚笨的人是无“自我”意识的。教育在这种人身上,就会启发这一种“自我观念”,使他成为一个“自我观念”的完人。

自我的分别

有“自我”能力者,其“自我”又能分“真我”与“假我”。“真我”就是自己有独特的人格、意识,不去附和别人。虽然遇困难,有缺点,然而他能够自己解决,自己克服。

“假我”者,即忘掉自己独特的个性,处处地方去依赖别人,常常以别人的动机为动机,别人的行动为行动,而自己则缺乏自立的意识观念。

人格之产生

人之所以为人尊崇,全赖其人格而已。人格的表现可由于两方面显露之。

(一)是内容的,即所谓高尚者也。

(二)是表面的,即所谓圆满者也。

由这两种显露的表示而形成一个合乎人事法律上的人格,

即称之为法律上之人格。

综合以上所述诸点,总而言之就是要使一个人,第一步该由“自我”阶段修养到“真我”,再由“真我”之修养而排脱“假我”。

真我之辨别

“真我”的认识条件,还须是有辨别力,来辅成之。由辨别,又可分两种系统之“真我”。

(一)全体之我——任何人都有是非之错,“自我”之修养也就是要做一个对全体有利益之我(注三)。

(二)有系统之我——“自我”之利益应该详细地分别清楚,不专著重个人之利益,而出卖了整体利益(注四)。

话说得太多了。在这里我以十六个字来作为结束。做事一定要:“尽其在我,忘其在我;有所为之,有所不为。”

注一:所谓“内性”,道德是也。

注二:所谓“行动”,人格是也。

注三:全体利益即整体之利益也,其系统如次:

人类——国家——团体——个人

注四:见注三。

(原载《呢喃》,1947年第3卷第2期)

为黄任之先生七十华诞发起筹设“任之助学基金”缘起及办法

缘 起

黄任之先生尽瘁文化教育事业，垂五十年，其成就之大，举国咸知，兹以本年十月十八日为先生七十寿辰，同人特发起筹设“任之助学基金”以资纪念，谨拟具办法六条，倘蒙先生友好赐予赞同，敬乞各就力所能及，多寡无拘，量予资助，俾得集腋为裘，成兹美举。此盖不仅以此寿先生，抑所以推先生服务社会，助人兴学之素志用以寿世也。

办 法

一、基金名称：定名曰“任之助学基金”。

二、基金总额：定为国币拾亿元，由三十六年十月十八日起开始筹集。

本埠至三十六年十一月三十日外埠至十二月三十一日截止。

三、息金用途：助学范围包括下列四项：

1. 奖助中等以上职业性学校之清寒优秀学生在学费用。

2. 选定中等以上学校毕业生升入所指定学校专学某一种学术在每年修学期内供给其相当用费。

3. 资助文化教育机关购置图书及其他必要设备。

4. 其他关于文化教育事业之资助。

每年用途之选定与分配统由经理基金之委员会于年度开始议定之。

四、经理机构：在基金筹集截止后一周内组成“任之助学基金委员会”以经理其事，委员会章程另定之。

五、委员产生：由助资人于交款时在缴款单上注明愿推举之委员一人或三人，俟收款截止，检查被举人数，以最多数之七人为当选，并由各委员于第一次集会时互推定主席、副主席各一人，秘书一人。

六、筹备手续：由发起人任筹备并约定下列各银行代为收款。筹备任务，至委员会成立基金全部移交时终了。

发起人

陈辉德　江恒源　杨卫玉等

收款处：上海雁荡路　中华职业教育社

（原载《国讯》，1947 年新 1 第 2 期）

对于中国今后教育设施的意见[①]

复员以还,我国的教育设施的确问题太多,有严加检讨的必要。最近,程其保与程时煃二先生列举重要问题十五则,向教育界人士征询意见。我们接到二先生的问题后,特地会集讨论了一次。现将讨论结果记要发表于后,借以奉覆两位程先生,并向我教育界同人请教:

一、今后中国教育政策应着重哪几点?

(一)应充分发挥民主精神。

(二)应普及全民。

(三)应与人民生活结合起来。

(四)应注重实用科学。

二、现行学制有无修正之必要?如需修正,其主要之点为何?

(一)关键不在修正,而在如何实行。炎培忆民十一年修订新学制时,范先生源廉曾说:"希望不要做到还没有受着新学制的好影响,而已经受着了修订与变更的坏影响。"由今思之,真是老成远见。当时修订的中学三三制,本来规定高中分科以适应

① 作者:黄炎培、江问渔、杨卫玉、何诸儒、孙运仁。

大部分学生求职的需要,惜并没有切实施行,今后仍宜着重此点。

(二)今后中等教育,大部分必须位置在职业化的基础上,使分家对立的普通教育与职业教育配合起来。

三、现行各级教育行政制度有无改进之处?各级行政应否设置教育审议机构?

(一)县教育行政组织应恢复教育局,设局后,县政府中的教育科必须一律取消,局科决不可复设。

(二)教育审议机构应设置。

四、大学教育真正使命为何?关于今后大学之创业、分配与课程,有何改革意见?

(一)大学教育的真正使命在培养崇高的人格及深博的学术。

(二)大学教育的创立与分配必须注重品质,贵精不贵多。

(三)大学课程必须专精,不必繁重。

五、专科学校使命为何?应否大量扩充?

(一)专科学校的使命在造就实用人才,同时亦须重视人格训练,以免由实用而流于功利化。

(二)专科学校应扩充。

六、现在中学目标不清,应如何改造以应需要?

(一)中学不应专以准备升大学为目标,中学的基本目标是在培养大量建设干部。升学准备与就业准备必须合一。

(二)初级中学不必分科,但应注意基本生活知能的训练。

(三)高级中学必须分科。

(四)普通中学应该减少。

七、生产教育今后在学制上之地位为何?

生产教育宜渗入全部教育设施中,不必在学制上表现出特别的地位。

八、现在升学办法(小学升中学,中学升大学)流弊滋多,应如何补救?

(一)各级学校,不论公立私立,既然均照规定标准而设置,由初而中,由中而高自应相互衔接,学生的升学不应再加以限制。

(二)中学毕业要会考,升学又要经过入学考试,这样的重复考试殊不合理,所以中等学校的毕业会考必须取消。

(三)升学考试应改进,特别注意的是青年的健康。同等学力的录取名额应增加。

九、女子教育应否另定其地位?男女同学究竟有无必要?

(一)男女教育机会,应该均等,在全部教育设施中女子教育不应另定地位,至如家事等特别适宜于女子的教育则可另行设置。

(二)男女同学早经实行,并无严重弊害。在教育经费十分困难的中国,事实上也不可能为女子特设许多学校,惟有男女同学。

十、现行训导制度,未能生效,究应如何补救?

(一)中等学校要真正做到教导合一,革除教师教书不教人的习惯。

(二)各级各类学校都应实行学生自治,养成学生自律自动、合作互助的优良习惯。

(三)大学应重视学生思想的自由。

(四)充实并扩充高等师范教育,培养优良的教师及训导人员。

十一、现行社会教育之推行疏少成效,究应如何改革?

(一)社会教育应配合整个国家教育的政策。

(二)社会教育更须切于实用,人民需要什么,就给他们什么。

(三)社会教育的方式必须灵活,使受教育者感到兴趣。

十二、国民教育加重职业训练是否适当?

是。

十三、师范教育办理困难应如何改进?私人或私团可否准予创办师范学校?

(一)师范教育应扩充,师范教育的经费必须增加,各省市普通中学、师范学校及职业学校应平均分配。

(二)提高小学教师及师范生的待遇,并奖励青年进师范学校,立志从事教育工作。

(三)私人或私团应准予创办师范学校。

十四、留学办法利弊兼有,应如何改善?

(一)目前的留学办法只有管制,没有计划,以后应取消不必要的管制,而确定周密有效的计划。

(二)应选派在国内做事多年,有学识,亦有经验者出国留学。

(三)适应某种具体需要而选送留学生。

(四)留学生数量应逐渐减少,以后可多请外籍教授。

(五)私费留学应有相当限制,以免少数富家子弟随便出洋涂金,并不真正求学。

十五、教育是否能成为一种独立研究之科学?

各种学术彼此都有关系,尤其是教育,以哲学、社会学、心理学等为基础,可以作为一个专门问题,专设机关来研究,但不能成为一门独立的科学。

(原载《教育与职业》,1947 年第 203 期)

正在成长中的比乐中学

引　言

比乐中学,是一个初级中学,她是私立的,由中华职业教育社遵照政府的法令设立的。在职业教育团体,创办普通中学,也许有人要发生疑问:“为什么提倡职业教育,而来办普通中学呢?况且在上海一带普通中学公立私立的,已有许多所,而职教社经济又是十分支绌,为什么要来办这一所中学呢?”当然这个疑问,是免不了的,可是在职教社是有她的用意和理由。她在创立之初,已有意旨书发表,说得很明白,并且创办经过八个月后,在民国三十六年六月所出版的第二〇二期《教育与职业》刊物上,登载了一篇“八个月来(民国三十六年八月至民国三十六年四月)的比乐中学”的详细报告,报告了她的“创办动机、校内实况、推进要点及实施经过、校内人事和经济、又检讨和计划”。可知这所中学是负有特殊使命的,是带有实验性的,是与职业教育有极密切关系的;希望能用这样办法以弥补一般中学的缺点,希望能实验成功,足以为中等教育界或者全体教育界打开一条新路。

计算她的成长时期，从三十五年八月起到本年十二月止，已足足一年有半。作者在创立之初即为参加计划的一人，创立以后，又被推任学校校董会的董事长，最近且兼任校长了。因此很愿意本客观态度、研究精神，再将一年半以来校内一切设施，加以较精密的检讨，并愿以讨检所得，忠实写出，以就正于海内贤达。

创办本校所根据的理论是否正确

在创设本校意旨书内，曾经说明的有两点：一、为“实施职业指导”。职业指导工作，对于初中在学学生，可说是十分重要。但是这一点，目前社会人士，了解及此者尚少，学校实施职业指导者恐怕也不多，有些仅在初中毕业时，约请一二人到校对毕业生讲演职业指导一二次。这当然是不够的。要想指导有效，一定在初中三个学年内，依据学理及计划，不断地用种种方法以明示或暗示各种职业的意义价值和从业的准备等等，这样才能使每个学生不至走向和他天性或天才不相近的道路。现据世界职业心理专家的统计，大多数青年男女到了十四岁至十五岁，天然地会想到他的将来个人生活的寄托。职业指导，在此时实施，是最为合宜。这是有科学的根据，不是随便说的。本来“三三制”的中学，在初中受过职业指导，升入高中，便可以分科，因为高中本以分科为原则的。如是初中毕业，不升高中，也可以依其天性天才升入其他适宜的职业学校。二、为“兼施职业训练”。依照目前一般实况，高中毕业不能升入大学者，为数尚多。这一些不能升学的青年，如在高中得有相当的职业训练，则出校以后，便可从事相当职业。这样也可以使青年免掉失业的痛苦。再进一层说，如在初中时期，即施以职业训练，则毕业以后，升入高中时，除去普通科课程外便可继续受较高深的职业训练。如此前后一贯，也是十分便利的。如不升高中，升入其他性质相同或相近的职校，则就初中已习的职业科，得一贯地去学习自然更好。当然初中施行职教，是一件不容易的事，但如加强劳作课，使之合于实际，此外在二年级开始后，再略加授一些有关农工商业的课程，也不是不可能的。

上述两点，就理论上说，是绝对正确的，绝对能行之有效的。如依此理论，加以有计划的施行，可断言能收到次列几种效果：

(1)发现学生职业的性能；

(2)救济不能升学的初高中毕业生；

(3)文化教育与职业教育可以藉此得着协调；

(4)劳作教育可以有实际效用；

(5)学生从十三四岁起，即能手脑并用；这一种训练在教育上关系至大，可以矫正以往中国一般知识分子重文轻实之习；

(6)为工商教育早早树立了最好基础。

依着此项理论，办法如何实施呢

当然这是一个值得考虑研究的问题。当学校开办之初，经过一再讨论决定采用“三制”的办法。所谓“三制”，即：

(一)小班制：决定每班至多在40人以下，最好是30人。因为班级小，学生少，才能便于指导，同时在教导方面也可以格外仔细。

(二)合作制:因为要细仔(原文如此。编者注。)考察学生个性,施行职业指导,第一着,是要能明了学生的家庭状况,同时还要希望家庭与学校打成一片。并且联络家庭,共同施教,还不仅是为了施行职业指导一端,就是关系整个教育设施,也有莫大关系。无论在积极方面,在消极方面,倘使学校家庭,联合起来,共同教育学生,不消说是事半功倍的了。除教育学生学校要和家庭合作外,还有学费问题,也是采用合作制的。本来学校设校教学生是要用钱的,家长送学生入学,是要费钱的,既不是公立学校,就不能不收学费。学校需要多少钱,实用多少钱,一切自然是公开的,既然公开,便可与愿送学生入校的家长合作了。每学期开始以前,照例应编好一份预算,就预算所列之数,除去一部分由学校或校董曾自筹外,其他尽可与学生的家长共同商量,决定每一学生纳费多少。经过此项手续,将预算编定,这还不算合理吗?如家长人数多,讨论不便,尽可推出代表若干人来办理。好在半年一次或两次,很简单的。

(三)教训合一制:决定教训合作办法,不是形式的,是实质的,所有教员对于学生教训两方面均要负责。当然所谓教务主任、教导主任、级任先生的负责要更重一些的了。在这种教训合一制度下,有一件必须实行且用精密工夫去实行的,便是注重学生生活辅导,以培养其自治能力、互助精神、服务道德。在教师方面以有计划的方法指导学生去组织团体,为种种服务,竟可以说室内教书和室外工作,有同等的重要。

以上各种办法,学校成立以后,即已切实施行,施行经过八个月,似乎已有相当效果,此在本年六月间《教育与职业》上所载一份报告,业经分别报告过了。今又经过八个月,情形如何,自应有再加一番检讨之必要。

办法实施以来情形究竟怎样呢

经过三学期,招收过新生三次,目前共有学生四班,即二年级第一期一班,一年级第二学期一班,一年级第一学期两班。就此四班学生,检查他们经过这样教育以后,其结果怎样?依作者用客观眼光来看,确有次列七种现象,明白显露着:

(1)学校能容易了解各个学生的个性及其家庭情形,同时学生也能了解学校设施的用意所在。

(2)学生身心发展,大多数能自由而正常,且活泼有朝气。

(3)在上海这样生活状况之下,学生容易有少爷小姐的脾气,在本校这样学生可以说绝对没有。

(4)师生生活很能接近,师生情感很能融洽。

(5)学生功课和日常生活大部分能够联系。

(6)学生对于公共服务很热心,同时所习功课与服务也能互相联系。

(7)学生家长大部分对于学校能关心,一部分并肯予学校以帮助。

以上七项,皆有事实可用以证明的,惜此文以限于篇幅,不能把实例,一一列举出来。

倘有热心教育的先生,肯莅临本校,作长期的考察,予以指教,则校内同人极诚欢迎。

有无困难及不满之点呢

如上所说,似乎成效是已经显著了,但困难与不满之点仍多,离我们最初理想上所悬的目的,还是很远很远。现在也可以述之于次:

(一)在学生来源方面的:校系初办,所揭橥教育的宗旨,未必社会人人皆了解,皆质问,因此遂产生了次列三项结果:

(1)招收新生时,投考者人数不多。

(2)因为投考人数少,选择便不能过严,因此入学的学生程度不齐。

(3)因为程度不齐,施行一切教育,尤其是职业指导,颇感困难。

(二)在设备方面的:

(1)校内无操场,无寄宿舍,且与其他教育机关毗连,施行教育遂有许多不便之处。

(2)职业训练的设备不完全,因此教学上的效力大为减少。

(三)在经济方面的:当然前述两项也和经济有关,其直接受经济影响的,还有次列两项:

(1)教职员待遇太低,比较一般私立中学皆差,所幸现在校内各位先生皆赞成创校宗旨,对于此项实验性的教育具有兴趣,具有信心,是以皆愿热心来服务,绝不计顾及物质的牺牲。

(2)人手不够,时间不够,这也是因为学校经济不充裕,不能多聘请教职员,往往以一人兼数人之事,时间既不足,办事也异常辛苦。

(四)在教育方面的:

(1)职业性的学科尚未能作有系统的设计,不容易和普通课程相配合。目前仅在劳作课上教习制造实用物品,加授簿记、珠算、图文写作,注重应用文,注重练习小楷。真正有系统的一套课程,尚在研究中。

(2)受到现行课程标准的限制:本校课程虽带职业性,但究为普通中学,不能违反现行法令,将法定课程随意变更,并且为顾到学生心身发展,也不敢轻易多加职业性功课。

(五)在学生健康方面的:学生健康在学校是极端注意的,但:

(1)因为学生家庭方面,许多是限于经济,住所不免狭窄,本校又无运动场所及寄宿舍,遂不免影响到学生的健康。初中学生身心正在发育,此点在校内同人,万分注意,且时加研究,总希望能在无法之中能想出较好办法。

(2)学生经检查的结果发现体弱者甚多,且有患肺病的。

怎样设法策进未来呢

依照目前实施的情况,深信这种理论,这种办法,这种道路,是不错的,只要一步一步向前进行,且不断研究,不断改进,一定可以得到相当的成功的。但要目前克服困难及弥补缺憾,依管见所及,似乎有次列数点。

（一）由职教社研究所负责对于本校一切实施经过，详加研究。必要时并由本社约集专家以此为专题，加以精密的研讨。

（二）宽筹经费：

（1）有了宽裕的经费：便可建筑较宽敞的校舍，并设置寄宿舍、劳作工厂及小型的动植物园。

（2）增聘教职员并提高其待遇。

结 论

这一个小规模的初级中学，聚了一百四十三个学生，局促在中华职业教育社四层楼上，在通常眼光看来，还不是一所无足轻重的私立学校么？几位教员，收点学费，解决个人生活问题，还有什么多大的意义么？可是天下事不能一概论，一粒好的种子，入地以后，得了营养，遂其发育，结果可以长成参天大树。在社内决心创设此校的同人，在校内具有兴趣、具有信心的同人，敝帚自珍，却极端重视此一粒种子。希望社会热心人士，能爱惜这一个正在成长的小小中学校，予以精神的、物质的援助，使之遂其所生，得以逐渐长成一个合于理想的中学。

（原载《教育与职业》，1947 年第 203 期）

我对于陶行知先生逝世后的感言

他创造出“生活教育”的理论，并且从事“生活教育”的实验，崭新事业，正在开头，实如一株宝树，方继萌芽，距离开花结果，为期尚远。

行知先生是一位新教育的创造者，也便是一位旧教育的革命者，他反对“死读书”“读死书”，因而大声疾呼，警告国人说：“读书死”，这确是对于陈旧教育所下的一颗有力的原子弹，他创出“生活教育”的理论，并且从事“生活教育”的实验，崭新事实，正在开头，实如一株宝树，方继萌芽，距离开花结果，为期尚远。今不幸竟以脑溢逝血逝世，这不能不有赖于他后死的一班同志，一班学生，继续努力以完成他的同志。

距今十八九年前，他在南京创办晓庄师范学校，我也曾略略帮过他一些忙，后来我因为专办职业教育，遂和他分离开来，走了两条道路，可是右(原文如此，似为“在”之误。编者注。)教育精神上，还是息息相通的。抗战以后，同在重庆，有时相遇，仍是不断地讨论教育问题。在民国三十年后，我因为患血压高病，离开陪都，到了黔东一个县里山居养病，遂和他疏远了。记得在重庆时，有一次和他到一家小馆子里去吃面，我吃完了后，他对我说："患血压高的人，最怕是刚吃完饭，便起身，往往大乱子皆是出在这个时候。"因而劝我："无论如何，吃完饭后，要停三四分钟，再离座起立。"我从此以后，便恪守他的忠告，一直到现在，有五六年之久。

当时我还不知道行知先生，也是和我同病，我只知道他的太夫人，是因为脑溢血逝世的，他曾对我说过："这个病真厉害啊！我的先母，便是两小时内去世的。"谁料到他，也就是以此殒其生命。

我自愧知道行知先生的实在太少，就是他所做的书，我未来全读，说到教育主张，确有一部分，和我相同或相近——同是对于旧的教育不能满意，只有一种新的教育以代之，可是我却没有他那样的眼光远大，思想精密，魄力雄厚，意志坚强，现在我的身体精神，因为久困于病已渐渐衰惫不堪再用了，我只有盼望在行知先生死后，继起有人，能使他有形的身体虽死，而无形的精神永远存在。

（原载《陶行知先生纪念集》，
陶行知先生纪念委员会编，1947年）

中华职业学校三十周年感言

中华职业学校成立，于今三十年了。人生三十年为一世，自呱呱坠地，以至于“而立”，在个人，经过各级教育，知能已渐到成熟之期，在团体由创造而成长，规模也应该粗具。这一座矗立沪陆家浜的学校，我们眼看她披荆斩棘，平地起了楼台；眼看她讲舍工厂宏开，师生共同活动；眼看她一批一批毕业生，分散到各界去服务；我们更眼看她遭受到无情兵燹的摧残，师生流离奔窜；眼看她师生努力复兴，从瓦砾堆中重建起礼堂工厂。说起她一部三十年酸辛史，令人可歌可泣的地方真是太多了。

最令我不能忘怀的：二十年来，每次旅行所到的地方，时尝碰着陌生的青年，向我打招呼，自报姓名，说是某级某年中华职校毕业，于是招待殷勤，依依不舍：人世间温暖的春气，没有比这样再好的了！我虽未曾在职校正式教过课，但因为服务中华职业教育社的关系，有时要到职校为学生讲讲话，“施主认不得和尚，和尚认得施主”，以后异地相逢，也就特别和我亲热起来，尤其抗战期间，在西南各地，这一种热情，表现得格外清楚。若是遇到他们服务机关的主持人，谈起中华职校毕业生服务情形，都是赞不绝口，一致说他们服务德性好，才能好，这样我更是十分开心了。

学校成立于今三十年了。在抗战时期,上海沦陷,沪校师生,备尝了七年长期的艰苦,渝校创立,以至胜利后师生返沪,更历尽了万苦千辛,今日算是大部分恢复旧观了;师生一堂话旧,一定是悲喜交集,怅触万端。依我感想所及:中华职校,是中华职业教育社成立翌年所创办的第一个教育事业机关,她不仅是造就成若干服务工商界的职业青年,还负有试验职业学校教育的使命。今日虽干戈满地,民不聊生,但是为国家社会的建设的前途计,终是需要着这适应时势的职业。过去三十年,终于过去了,此后我所希望于中华职校的:第一,应把以往三十年的经验所得,若设备,若训育,若教材教法,一切能加以整理,笔之于书,以供办职业教育者的取法。第二,应不断地改进办法,充实内容。第三,应延揽新人才,输入新血液。第四,应该对于历届毕业生,更加紧联系,随地随时,予以有效的辅导。这些虽是老生常谈,但如切实应行,相信对于国家社会,定有相当的贡献。

我们要珍惜过去三十年的宝贵历史,我们更要尊重未来的三十年乃至三百三千三万年的重大使命。

(原载《中华职业学校三十周年纪念特刊》,
中华职业学校编,1948 年)

今后中国职业教育究应如何改进

绪 言

目前从中国一般社会情形及实际需要上来衡量现行教育，则整个的教育政策、制度、方针、办法，均应有重行检讨、彻底改革的必要。当然兹事体大，非可贸然遽下断语，随便提出主张。但在全部教育中的职业教育一部，依笔者年来考察研究所及，很愿提出一些粗浅意见来就正于海内外贤达。

以目前中国民生这样穷困，中学毕业生大多数不能升学，大学毕业生出路且成了严重问题，其需要职业教育的殷切，自不待言。溯自前清以至现在，四五十年来，政府所制定颁布的职业教育法令，各地方所办的职业教育成果，究竟影响民族经济及各项职业怎样？我们从事职业教育的人应该极虚心地、极细心地来精密考究一番，辨明以后所走的路线，是否适当？有哪些是仍要用填土建桥工夫，继续循着原路进行？有哪些竟不妨换筑路基，另开新道？有哪些是要增制较好的旅行工具，以期跋涉便利，可以早达目的地？对于上面所说，似应有一个明确的答案。

本文所说，仅是一个粗疏轮廓，并且在未说到正文以前，不嫌词费，先来提出“四个基本信念”，以确定对于职业教育的认识；提出许多年来办理职业教育所感到的困难各点，以期写方案时，可对症下药，或者比较能实际一些。一得之愚，殊难自信，所以敢于大胆发表，实含有“抛砖引玉”的微意呀。

四个基本信念

凡是从事职业教育的人，如果稍稍用过一点心，皆要感觉到四个问题萦迴脑际吧！即：

（一）职业的性质怎样？是否应该明确认定？

（二）各种职业教育的分量如何？它们的关系怎样？

（三）办职教应否要和他方联络？如何去联络？

（四）职教期望于政府的是怎样？笔者不敏，竟敢冒昧地把这四个问题代写解答，且化成四个信念，认为是办职业教育人所应笃信的四个基本信条，虽然从前还没有人像这样明白地说过，但以笔者经历较久，似乎对于这四项信念极坚。兹不妨详述一下如次。

（一）明确认识职业的性质——要办职业教育，须先认明“职业”的特性。依笔者所理解：职业是具有“普遍性”和“平等性”的。就是说，人人皆应从事职业，“不做工即不应吃饭”，这是一个铁律。除了体力未坚实或已衰颓的幼年、老年人，及残废疾病的人外，无论谁，是绝对不能违反这铁律的。还有，尽管职业的技术有复杂和单纯之分，而在职业的本身是没有什么高下尊卑之别的。因为既称职业,便是人类社会所必需,为一国的元首或首相,是职业,为一村一街的理发师,也是职业。至于职业的繁简轻重不同,那就要看从业者的能力、修养怎样,以定其能否胜任。而就原理上说,职业总是平等的。职业又是具有“进化性”的,职业所以要教育,其唯一原因在此。人们在受教育的阶段内,就是为学习职业。所以就狭义来说,职业教育机关的设置,制成教材,并辅以其他学科,不断地用合理而有效的方法,由前辈传授后辈。若就广义来说:凡是一切教育的设施,实在是无一不是为创业、习业。因为不如此,职业是不会进化的。由神农传下来的耒耜,到了今天所用耕田机,不是农的职业化的实例么?无疑的,职业所以能进化,完全是依靠着教育了。(尤其是近代的科学教育)职业更是要具有“服务性”的,可以说这一层是人类文化道德进步的重要因素,尤其要明确认定。因职业,它不仅仅是为解决个人生活问题,得着物质的生存而止,同时还要协助社会,谋整个人类物质和精神两方文化的发达和向上,所以一定要把服务精神,渗透入任何职业工作之中,庶几从业者才能感到做工的意味,同时也可以感到做人的意味。当然,这是更要依赖教育了。上述四种职业性质,皆是我们从事职业教育的人,应该是首先明确认定,且深信不疑的。因为如此,所以便把它认做基本信念之一。(职业还有“互利性”“受酬性”两种,因为和教育关系较浅,故从略)

(二)确认三项职业教育,要并重,要联系——在职业教育范围内,原有职业学校教育、职业补习教育、职业指导(兼及升学指导)三项。这三项一定要同等重视,不容有所轩轾,更要联系配合,不容各个孤立。(此是指支配职教、管理职教者言)有些人,只知设立职业学校,即以为尽了职业教育的全部责任,实属一种误解。并且照目前社会的需要情形来看,职业补习教育,或者可以说较正式职校更重要。

兹试就职业补习教育一加说明:大家皆知道,欲使社会新兴的职业能不断地进步,固然要依赖设有农工商学的大学及专科,能设置推广部或补教部,让曾在高级农工商职校毕业而现在农场、工厂、商店任事的人,工余来补习较高深的理论技术,就是普通职业,如中国各种旧式的手工业,以及广大乡村的旧式农业,要使它能趋向到革新的、进步的、科学化的路上去,也不能专依靠少数职业学校所能成功,一定要利用大量有组织的职业补习教育,方可收得广大的效果。甚至可以说,属于初级的职业学校,纯以实用为主,也不必一定拘泥着学校形式,尽可在某些地方,参酌采用补习教育的方法,才能合于实际的需要。至为人类日常生活所必需的各种职业,如裁缝、洗染、印刷、刻字、理发等等,更应用补习教育方式,使之同时做,同时学,才算合理。若在乡村施行农民教育,若采用活动的补教方式,或者比较设立初级农校,效力要更大一些;就是有了高级、初级农校,而此种社会性的农业补教,也还要同时施行。

再说到“职业指导及升学指导”应该推行到普通中学方面,那更是职业教育中最根本的工作了。不仅中学,就是小学,又何尝不需要?我们明明知道,小学毕业生,不能全数升初中,初中毕业生,不能全数升高中,高中毕业生,不能全数升大学,何以不在学生未毕业以前,既加以详细考察,明晰指导呢?要使职业学校，取得适宜于某科职业学习的好学生，固有赖于职业指导、升学指导，即为发展普通教育专科大学教育计，又何尝不赖职业指导、升学指导呢？说到职业指导（兼及大学指导），自然也是一种专门学术，需要专才来担任施行，论理应该在师范学院、师范学校内讲授此项学科，并指导实习才对。可是，目前中学内实施此种工作者有几？师范学院、师范学校教授此课程者又有几？这样职业教育的基本工作，竟遭忽视，不能不说是教育上一个大大的遗憾吧。因此主张凡是办理职业教育的人，应该明确认定职业学校教育、职业补习教育、职业指导（兼及升学指导），三者要同时并重，且要互相联系。这是基本信念之二。

（三）认明职业教育要和社会有关方面切实联系，妥为配合——教育本是社会事业之一，它是无一时无一事，可以和社会脱离关系的。普通教育，已经不应该筑起一堵高墙和社会隔绝了。职业教育，和社会各方面关系更为密切，自然更要力谋联系配合，方可尽教育的责任。就教育范围以内者言，如职业指导、升学指导，一定要在中学小学内施行，此外若农教、工教、商教，更非和农业机关、工厂、商店合作不可。其天然联系配合的，如海事教育之与航业及水产事业机关，医事教育之与医院，工人补习教育之与工厂，已为显而易见的事实。在前数年政府曾提倡过“教建合作”办法，实具有重大意义，希望此事仍能切实推行。总之，办职业教育的人，要彻底了解职业教育的目的，是为养成合于理想的职业人才，一方供各界需求，一方谋职业改进，均非竭力发挥互助合作精神，不易完成其使命。尽管社会各方，一时未必能了解，肯协作，但在办职教的人，仍需本为群服务的精神，多方设法与之联系。我们相信社会总是进步的,农工商各界,开明前进分子,目前已日见增多,合作自较容易。而况事本两利,还不是更易成功么?要在办理职业教育的同志,能先来确定这一个信念耳。这是基本信念之三。

(四)认定办理职教是要政府居最主动的地位来做有计划的推进——在行政各部门中,教育原居其一,关于教育的一切计划、设施、督促、考察,自应由各级政府负责主持。职业教育,是教育各部门之一,怎样才能使它施行有效?更赖主管的行政机关,能针对需要,妥定办法,挈领提纲,主持推进。我国数十年来,职业教育,成效未著,老实说,行政方面未能特予重视,妥为计划,积极推进,也是一种原因。现在我们应确切认定职业教育非由政府负起责任,全力主持,是不会有效果的。尽管社会方面,尽力鼓吹提倡,终属徒然,纵有效能,亦极微细。此层我们应该明确文件认定,因此也就把它认做基本信念之四。

笔者相信确定了四个基本信念之后,对于职业教育,便容易找出正确的目标,因此也可以拟定有效的办法,这可算是另外几个职业教育的一个先决问题。

目前中国办理职业教育所感到的困难各点

如上文所说:有了基本信念,则职业教育,自有正确的目标可寻,由此也可以拟定可靠的办法去做。可是,我们还要明白:中国的历史、社会、文化以及一切经济风习等,均和外国不尽相同,有些事,在外国办理职业时,可以不成问题的,而在中国恰恰成了进行的障碍。中国之有职业教育法令、学校，已数十年，所以未能推行尽利之故，势不容不一考其原因所在，以便指出办理职教所构成的困难各点，简略言之，有如次列：

（一）由历史上所遗留下来的“重文轻实”的习惯，依然存在一般人的脑中——我国科举仕宦，支配大多数人的心理，已历数千年之久，这一种深厚的积习，当然不易革除，所以虽然废科举、设学校，经过五千年，而办教育的人，仍然注重普通中学，注重文化学科，以升学为目的；明知士农工商，皆应有学，而劳心重于劳力的观念，还是一成不变。这种习惯，足以为职业教育推行的障碍，不能不说是一种实在情形吧。

（二）重视实业教育，轻视职业教育——多数人的心理，总以为振兴实业，需要有工程师总经理，所以对于高等专门实业人才的培养，到是注意的；而对于普通职业以及中等以下的职业人才，如何施教？则漠不关心，甚且认为不必急急。譬如用兵，只知训练将校不知训练士兵这样办法，能说它不是一种错误么？此种观念，存在社会新知识分子的脑中，其足以阻碍职业教育的进行，比较前条所说由历史遗留的重文观念，它的力量还要大哩。

以上（一）（二）两项，是纯属于社会心理方面的原因，因而使办理职教感觉困难的。

（三）办理职业教育，只知注重设立学校而忽略其他——此在前文，“四个基本信念”第三项里，已经有所说明。此种单调而不完全的职业教育，严格说来，足以使整个职教受到不良的影响。无论他所办的职校，未必校校皆好，即使好了，而校数有限，还是不能收普遍改进职业之效，而况实际上成绩较差者还是不少。因此社会上遂不免起了怀疑职教、轻视职教的心理,以致职教进行感受到极大的障碍。

(四)只知设校,不注重设备——所谓设备,广义说来,应包括"物"和"人"两方,"物"是关于教室教具,实习农场、工厂、商店以及机械、仪器、图书等等,"人"是关于技术教师以及训导人员。实际情形怎样呢?有些设校是为急急地符合功令,有些是先求有校再图充实。因此职业学校是成立了,而物与人,则两形缺乏。如此,教学上的效能低减,毕业出来的学生,不足供社会需求,自是必然的结果。这样一来,社会对于职业教育,固然是信用减少,就是职业教育的人,也是兴趣索然(当然设备完整的职校也不少)。年来公私财力均感困乏,公家真能为职校特增物质设备恐不容易。至师资缺乏,事实昭然,而政府未能注意到如何解决培养师资问题,更是予办职教者以特殊困难了。

(五)只知注重学校形式而忘却实际效用——此在农业教育方面,情势尤为显然。以中国这样广大农村,需要大量的实用农业教育,凡有常识,无不知之。但目前设立了少数中等高级农校,如何能收到实际效果?且照现在实际需要情形看,无疑的要普及初级以下的农业教育及社会性的农民补习教育。但如以往所办的各级职校,仍是多数拘泥学校形式,是否即能使农业改进呢?恐怕还是大大的一个疑问。并且此种初级农校,弄得不好,竟会把好好的农家子弟,本来可以作劳于南亩的,因为进了学校,结果,反而脱离农村了,这不是"非徒无益,而又害之"么?不唯农校教育如此,即其他工艺教育方面,也未尝没有类似的情形(从前教部会有实用职校办法的规定,如能办理得宜,亦未尝不可稍稍补救，听说在抗日初期，桂省却有一两处办得成绩很好。惜乎不久也无声无臭了。我以为未能办好，是有它的特别原因，而在定此办法的意思总是不错的）。这样只知注重学校形式的教育，自然要影响到职教的发展，令人更感到办理职教的困难。

（六）职教毕业生，出路成了问题——因为办理职业教育，只知注重学校，而职校毕业生，一因和社会所需要不适合，二因工商业不振，势难安插，农业方面用的更少，此辈青年，既无事可做，又不能升学，自然社会更要看不起职业教育了。在中学毕业后不升学的学生，散在社会，社会反可以视若无睹，不去过问，而对职校毕业生无出路，不免责备和讥笑备至，此实为习惯使然。此在办职教人也不能不负一些责任，因为设校之初，既未能详察社会的需要，预计学生毕业看一看出路情形怎样；平素又只知闭门施教，不多与工商业联络，自然毕业生的出路愈弄愈狭，而对于职教推行，也大大发生障碍了。

以上（三）（四）（五）（六）各项，其原因皆是在办职教的自身，所以造成困难，是为办法未尽周到，调配未尽合宜所致。此在我们从事职教的人们，应该大大反省吧！

（七）工商界领袖多数不能注意到中级以下的职工训练及工人补习教育——工商界能自行设学施教，原是发展职教的一条极大极好的道路。目前工商界领袖思想开明，眼光远大，能就本业自设学校训练职工及注意施行工人教育者已不乏其人，可是只知营业赚钱，尚未注意及此者，仍复不少。这一条大路，如不能打通，则职业教育的前途，仍然感到狭隘，多年以来，这条道路，已否打通呢？真是难说得很。至若现在的工商业如此凋敝，当然更说不上了。自然也是职教不能充分发展的一个重要因素。

以上一个原因,是为职教范围以外的,但此种原因,关系职教发展的前途,亦殊不小,倘能走通此路,办职教的困难也就解除了不少。

(八)政府未能负起责任,倾注全力来办职教——目前职业教育上各种问题虽多,如能由行政机关负起全责,则依次解决,并非难事。如各省市教育厅局,对于本省本市的职教需要,先考察详晰,有一个整个计划,依此计划,筹定经费,培养人才,联络各界,切实施行。下而市县的教育局,对于地方百业改进,注意采用活动的社会性职教,分别实施。上而中枢教育部,总揽全局,通盘筹划,定出合宜的纲领,精密督饬考核指导。这样一来,可断言职教情形,绝不会像今日这样的无声无气。目前情形怎样呢?教育部只在中等教育司中,设职业教育一科,一位科长,几位科员,主持全国职教行政,试问如何能够?省市教育厅局,并科而无之。多少年来,职业教育不能有显著的成效,恐怕政府未能尽其职责,也是最大原因之一吧。这个原因,实在是太重要了。笔者依传闻所得,最高教育行政方面,非无主持其事的职教专家,也非无较合于理想的计划,惜乎以人数太少,责任未专,还有放许多形格势禁,致未能一一遂行。论理,职业教育只是全部教育中的一部,在中枢教育部总应当有一个统筹全局的看法和设计,使职业教育与中学教育,中央与地方,人才与经费,如何使它能配合得宜。因为职教它不是孤立的,它要人来帮助,同时它也来帮助人。比如职教师资以及各种职教行政人员,如不从大学生培养,如何能敷用呢?大学毕业生的出路问题,中学毕业生的安顿问题,不从职教方面着想,求其帮助,又如何能有办法呢?凡此皆是最高行政所应负责解决的。现在已否尽应尽的责任?此在教育当局也应该加以反省吧!

上述八点,仅偶尔想到,约略一言,实际所谓原因,所谓困难,还不止此。

今后职业教育应走的道路

办理职业教育困难各点,既如前文所述,那么,今后办理职教,究应走什么道路才能解除这许多困难呢?语云:"前事未忘,后事之师。"既经确定了职教的根本信念,更明了了困难各点,则此后职教应走的康庄大道,似乎也不难分别指出了,兹分三项,述之如次:

第一,我们应先将职业教育的门类,分析观察一下,然后再就各类性能所宜,各各替它指明一个途径——依照前文所说,职业教育,天然的是由职业学校教育、职业补习教育、职业指导(兼及升学指导)三种,并合起来,才构成了一个职教体系。现在应特别注意的,是要三者并重,且要三者互相联系,互相配合。

(1)职业指导:此种工作原包括"升学指导"在内,一定要在中学及小学高年级,切实施行,且普遍施行。(在职教及补习教育机关,当然也要职业指导、升学指导,但最重要的,还是在初高中及高级小学)关于职业指导及升学指导的人才,当然要由大学、师范学院、师范学校,负责去培养训练。此事在教育部应当有一个整套计划,订明施行步骤及考绩办法,责成地方教育行政机关切实施行。如真正要人适于学，学适于用，不愿使人才浪费，经济浪费，无疑的这是一个最基本工作。还不仅是职业教育的基本工作，竟可以说是一切教育的基本工作啊。

(2)职业学校教育：依照教育部规定，是把全部职业教育分成农业、工业、商业、海事、家事、医事六类，当然学校教育和补习教育，均是包括在内的，惟此处所说的则专侧重在学校教育方面。试就六类性质分别一言：如医事教育机关，天然是以医院或医事机关附设，较为合宜。如家事，特为设校，在目前思想潮流之下，一时恐有困难，并且如用贵族式的设备和办法来教家事，也不是中国大多数人所需要，与其有，毋宁无。平情而论，家事总是人类生活所必要的，若在女子师范学校内添一设科，也还必要。最好能用社会性补习教育方式行之，更为有效。此层俟下文再说。(将来家事中所包括各科，如缝纫、烹饪，不一定限于女子去学，就是男子也未尝不可以学)如海事教育，包括商船、水产等，此类学校，有些，可以由沿海沿江各省市政府筹设，有些，也可以由航业或水产事业机关团体来筹设，比较起来，后者于势尤顺。以上三类，当然是以中等高级职校为正宗。

至若农、工、商三项教育，它在职教中是直接关系生产的，且纯粹是采用近代新科学技术以养成造产人才的，就其学校程度言，有中等高级初级两种，若再提高，则专科亦可包括在内。但严格以言，仍应以中等程度的学校为主体。凡属中等高级的，当然要设立正式学校，若属初级的，则便要分别办理，不能一概而论了。约略言之：其与高级并设，属于一校以内的，则毕业生大部分是为升入本校高级，既已同在一个机构之内，自然同为正式学校,无待多言。其为单独设立的,则应各就地方实际需要,不妨稍加变通(在教育部所订定法令内,似应将应行变通的地方,予以特别注明)。所谓变通,既不必一定依照正式学校的形式,如工,则尽可采用艺徒学校名义及方式,或竟可在初级阶段内,索性即分成两式:一是初级职校,一是艺徒学校。如为艺徒学校,则学生年龄、资格、课程,以及其他种种,均不必和正式学校一样。如农,则设校在乡村,专收农家子弟入学,毕业以后,除遇有特殊俊秀者助之升学外,其余仍应交还农家。此种学校,办理更应十分活动,学生年龄、资格,以及毕业期限,固然不应作硬性规定,即开学放假时期、训练方法,尽可适应农村生活习惯,随地予以变通。最好,能使学生在校肄业之时和田间工作之时,相联系,相配合。(在这一个阶段内,除学校教育外,还应有大量补教以济其穷)初级商校,大都设在都市商业较盛地区,或单设,或附在普通中学内,亦应纯以实用为归(最好,此种学校亦参照补教方法行之)。

以上所说的,是为农、工、商三类学校的办法,兹再一言三类设校的主体:其属于高级方面的,在省市政府,自可各就其财力所能及,社会所需要,分类分期,设立若干校,唯设备(专指物质设备言)和师资,必先筹备得十分充分,方可开办,而毕业生出路一层,也应先加考察、计算,期其具有相当的把握,如条件不够,无宁稍缓。若公家力量,感到不够,自要寄其重大期望于规模较大的农场、工厂、商业机关了。我们应确切认定此是今后推行职教的一条最大最宽的道路。因为大农场兼设农校,大工厂兼设工校,大公司商店兼设商校,自造人才,自行任用,毕业生出路,既可无虞,而经费易筹,设备易周,师资易求,平常办理职校所认为困难问题,至此便可完全解决了。其为初级职校,则地方性实用性较大,自应由地方政府负责筹设,但有时仍须与实业机关沟通起来,请其协作。在农工商各实业机关,除已设有高级职校外,初级职校,自然也可以并设。我极端相信,教育要能做到生产化,此种办法,是绝对不可少的。

这样能把各类职业学校性质分辨清楚,且把它的推进道路,认识明确,精密筹划,努力进行,便可断言职业教育的前途,一定是愈来愈宽了。

(3)职业补习教育:此种教育,可以说它的范围最广大,它的方法也最活动,纯本社会实用的主旨,因人因地而施,不必限以学校固定的形式,也不必收资格固定的学生。它的毕业时期,长则到二年三年,短则只一周。授课场所,室内可,室外亦可。教材,用书可,用图画亦可。授课方法,用口讲可,用电影亦可。其最要的,事先要有精密的设计,事后要有详细的检讨。如计划周备,经费充足,人才够用,不妨大量普遍设立。就每一个地区,张开了一个“补教网”,凡是在这个区域内从事职业以及预备从事职业的人,皆可笼罩在一个网内,真是如俗话所说,“一网打尽”,不使一个人没有受教育的机会,也就是真如俗话所说,“没有一个漏网”了。如上文所说的农、工、商三类初级职校,论体制,当然它是一个正式学校,与补习学校的方式不同,但为力谋实用起见,尽管渗入补教精神,不必完全和正式学校一样,也就是如前文所说,招生手续、毕业期限、开学及放假迟早等,均不妨大大予以变通,竟可使它变通到了一个补教化的程度。这样,我相信一定对于职教有绝大好处的。

至说到职业补习学校设置的主体，自应由地方政府（尤其重要的是市县政府）遵照部颁法令、办法，主持进行。同时，教育机关，如大学固应设推广部或补习部，供给农、工、商从业者以补修机会，即高级初级职校，也应增设补习班，利用其固有的设备和师资，使附近来学者，满足其深造的愿望。还有农、工、商等各实业机关，除为了本场、本厂、本店普通职工设置补习班外，也可以让外来的人一样入学。总希望能造成一种"人人有权利享受职业补习教育"的风气，更能造成一种"一切职业需要教育来改进，一切从事职业的人，要依赖教育来改进"的信念。

此外如海事教育，除设校外，对于一般渔民，医事教育，除设校外，对于一般就医者及需要卫生知识者，皆应同时负起施行补习教育的责任。如家事教育，希望在一市一镇一街，有了一个新式家庭的示范处，设备不妨简单，要以能适合大众的生活为目的，所有烹饪、缝纫，以及家庭卫生、育儿方法、娱乐设备及方法等，皆用极合理极经济的具体办法，一一表演出来，让附近各家妇女们来参考仿效，同时并开设讲习会以灌输知识，指导方法，我想这样一定是有实际效果的。记得抗战前熊芷先生在南昌曾经试办过，当时笔者参观过两次，觉得极有意义，大可取法。再说乡村方面施行补教，我以为划区施教的办法最为合宜，如中华职业教育社二十年前在江苏昆山徐公桥、十五年前在沪南所办的农村改进区，施行广义的农民教育，便是一个农民职业补习教育的最好例子。将来农的方面，要办补习教育，很可参考它的方法一下。我们常常听一般人说，教育要大众化、社会化，试问不从职业教育入手,把职业补习教育大量来推行到全国每一角落,还有什么较好的办法?国民教育固然是应该普及,而职业教育,关系到群众物质生活,不更是应该普及么?欲职教普及,自然非用补教不可。

总之,照中国社会的需要来看,竟可以说职业补习教育,比较正式的职业学校教育还要感到重要,这也是很明显的事实啊。

第二,办理职业教育,一定要和各方面联系配合——此在前文,已详言其理由了。今后应认定办职教必须走上这一条道路,多年前曾经倡导过而尚不能实现的"教建合作"的办法,一定要使它能做到成功的地步。在教育范围内的,如大学、专科、中小学、职业教育固然要和它合作了,就是不同范围的,如各实业机关以及一切事业机关,还有地方自治的区镇乡公所等,也要和它谋得极密切的联系。这一条道路,非努力把它打开不可。如不能打开,则职业教育,仍然是孤立的事工,纵使办职教的人,费尽九牛二虎之力,也终是事倍功半。至于如何才能联系配合呢?我以为应从政治、社会两方下手:属于政治的,可由政府征得人民同意,定成一种教育政策,根据政策,再制成种种方案来切实施行。属于社会的,先由从事职教人士,一反以前办学的作风,百般用心,设法与大中小学、实业界以及其他有关各方,不断接触,一本为群服务,重人轻己的精神,为各方帮忙,我想各界多开明之士,所谓"人之欲善,谁不如我",在我能输诚相与,先愿和它携手,在彼一定是愿意和职教合作的。这样,如能蔚成一种风气,则一切困难,便可80%,获得解决了。

第三,第三条道路,便要说到政府了——凡事用政治力量来推行，由上而下，自如草之随风，否则无论怎样卖力气去鼓吹提倡，效果总是微乎其微。我国数十年职业教育未能呈现出长足进步，固然原因甚多，而政府未能尽心竭力去做，不能说不是重要原因之一吧。此在前文，已经说过一遍，此处恕不再赘。此后我们深切盼望能在行政方面，为职教开辟一条大道出来。首由中央教育部方面设置一个职业教育专司，罗致国内若干职教专家，专司其事，其次各省市教育厅局设置职业教育科，市县教育局也设置专管职业教育的主任科员。各级教育行政机关，除设专司专科专员外，并应延揽职教专家及地方热心人士，组成职业教育研究委员会及推行委员会，用资辅助。目前切要之图，中央教育部能明白指示出全国职教应走的道路，制定各项法令，同时对于培养职教人才要积极设法进行。地方政府，要依据中央所规定，就每一地区妥为筹计：中学与职校的经费校数如何分配？职校的设置与社会需要如何配合？职业指导、升学指导，如何推行于中学？职业补教如何逐渐推行于社会？有了专司其事的机关，负责推行，不出数年，一定有相当的效果表现于社会。如此局面一新，风气转变，各路畅达，此不仅职业教育之幸，也是普通教育之幸啊。

余　论

前面所说，是为针对目前社会需要及鉴于过去的覆辙，写成一个粗疏的方案，当然不完不备之处甚多，自然说不上有什么心得，唯自信所说的，大半是从亲身体验得来，似乎和向壁虚构者稍异。明知此时战火弥天,社会万分动荡,一切一切,无从说起,但战事终有结束之时,社会总有安定之日,我国人民未死尽,还是要从事职业的,既要从事职业,自然是需要职业教育,那么今日讨论及此,还不至纯是迂腐之见、空疏之谈吧。

(民国三十七年十二月作于上海)

(原载《中华教育界》,1948 年复刊 2 第 9 期)

经师与人师

经师人师，我国自古即有这样说法。所谓经师，大约是指知识技能的传授一方而言；所谓人师，大约是指人格感化以及指导人生修养一方面言。若照目前教育情形来看，凡是教授自然科学、社会科学的先生，皆可归入经师一类；凡是教授哲学以及指导思想行为的先生，皆可归入人师一类。当然，教授科学的先生，同时也可指导学生思想行为，那末，经师又可以兼做人师。我国古时曾有"经师易得，人师难求"一句话，可见感化学生品格、指导学生思想行为，尤其是值得重视了。

方今一般人皆深深感觉到甚且感慨着师道不尊，这却是一个大可注意的问题。可是，这也应分两方面来说，目前怎样才能使一般人心理转变，固然是异常重要的事，而教师自身，怎样能负起改造社会的大任，确实拿出他的知识、行为、能力来，可以使成千累万的儿童、青年，皆受到良好的影响，此层关系，尤为重要。并且我们所期望于教师的，还不仅他能做好的经师，更要能做好的人师。

讲到这里，我们更要想到"教师怎样养成"的问题了。高等教育方面的师范学院、教育学院、师范专科，中等教育方面的师范学校，在政府应该特别重视，加紧调整，务使习师范的学生，皆是社会上特殊优秀青年，毕业以后，从事教育工作，咸具有"终身以之"的志愿。同时，更应集团研究，共同修养，蔚成社会一种风气。子弟本是家家皆有，谁人不愿自己子弟进学校，得良师？如此社会尊师的习惯，自然可以造成了。

经师多，人师亦多，经师而兼人师的更多，这样，不仅是教育之幸，也是国家之福啊。

（原载《现代教学丛刊》，1948 年第 3 期）

论师格

作者在下笔为文之始，对于题目“师格”二字，应当有一番说明。

“师”，当然是教师；本文所谓教师，是广义的，统各级各种教育机关的教师而言的；凡是大学教授、讲师、助教，中等学校教员，小学教员，补习学校民众学校教师以及一切教育机关的主持人司训育及生活指导的人皆属之。换言之，凡和儿童、青年、成人、民众，用教育的方式方法相接触，他的精神足以影响到教育对象的，这一类人，均称做教师。“格”是什么？格有二种：一是资格，一是品格。某先生是在某学校毕业，服务已满了多少年，这是所谓“资格”；若不问他的学校学历，服务年限，而专来论他的精神、理想、见解、风度等等，那是所谓“品格”。品格一词，比较是广泛的，若就他固定一方面的价值上说，可以称作“人格”，若就他活动一方面的行为上说，又可以称作“风格”。本文所要论列的师格就是专指这一种，所谓教师的品格，与所谓教师的资格则迥乎不同（当然教师的资格，也很重要，但就本文来说，它却不在所论列的范围之内）。

本文的题目，既经说明，归到本题，便要专论教师的品格了。

作者以为教师的品格,如何去衡量,应看他的精神表现得怎样。就所表现的精神,一方面可以证明他的行为合不合、善不善,同时一方面也可估定他的行为价值高不高。因此,竟不妨说,精神表现,可以代表品格。依作者个人的粗浅看法,在今日做教师的,无论他所在的教育机关,所任的教育职务是属于哪一级哪一种,均应备具下列四种精神,并可以说有了这四种精神的表现,才可以证明他是具有这种品格,有了这四种品格,才可以证明他是可以为优良教师。那四种呢?

为民众服务的精神

服务与任职不同。为了物质酬报而任某种工作,其目的专为解决个人生活问题,而别无其他打算的,这是任职(或称执事);不计酬报,而专以利群为目的的,这是服务。做教师的,应特别具有高度的服务精神,随在能表现出这种特殊品格。如古人所说"学不厌,教不倦""循循善诱"等,固然是很好的了。但服务的对象,有时还不仅仅以固定的所直接教授的学生为限,更应扩大范围,扩广到民众方面,如学生的家庭、学生所处的社会,皆当认为是教师服务的所在地。换句话说,教师教育效力之所及,不仅是学生,并且要及于学生所关系的大众。比如:设施农业教育,一方面固应授与学生以农的知能,同时还要能影响他的家庭,使社会农业得以改进;设施医学教育,不但教学生以医术,同时还要灌输民众以医药卫生的常识;学生如在假期内到社会上去服务,先生也可以帮助他们设计。诸如此类,皆是要教师能本着服务的热忱，去计划，去实施。每一个教师，皆以服务民众为个人的最高理想，处处表现着这一种特殊精神，也就是事事表现出这一种特殊品格。认为一己有了学问有了才能，应该尽量用之于民众，为民众谋福利，绝不能因为一己所私有。守财奴是可耻的，守智奴也是可耻的。所以做教师的，第一着要能和民众打成一片，随时随地，表现出服务精神，教师品格的高低，就有这种精神表现得怎样。这是第一种。

愿意向民众学习的精神

学生是民众，学生的家长也是民众，教师要把学生教得好，应时时刻刻站在学生方面想，站在学生家长方面想，我的教材教法，我的指导程序，是不是切合他的实际需要？是不是和他的生活关联？仔细考察，精密研究，绝对不持主观、不存成见，让学生尽量发表意见，并联络家长，尽量让家长发表意见，依据他们的意见，可以改进我们的教育方法，是再好没有的事。这不是教师向学生和学生的家长去学习么？近来大家皆知道"关门教育"是要不得，学校和社会中间，举起一堵高墙，使他们里外不通，是最有害，主张把教育之门打开，把一堵高墙打通。如此说来，今日做教师的，不仅要向学生去学习，向学生家长去学习，更要向广大的民众去学习了。因为广大民众，虽然文化水准、知识程度，不尽齐一，但是他们对于利害切身、关系全局、万分重大的事，所有观察、是正确的，所有主张、是公允的，所有提出来的要求，是切合实际的，有时比起少数或最少数文化知识高而居心自私的人还高明正当得多，并且他也有丰富的经验、诚挚的感情，哪一种不值得我们去学习呢？我以为今日做教师的人们，第一件事，要把许多年传统下来的“优越感”扫除净尽，万不可再以为民众无知，我有知，民众无能，我有能，不要说你有一点知一点能，未必皆靠得住、皆有用，就是说可靠、有用，也还要和民众所需要的，所理解的，好好地去印证一番，才能运用，宽所以容众，虚所以受物，做教师的，一定要具有宽与虚的雅量，表现出愿意向民众学习的精神，才有构成伟大高尚的品格的可能。这是第二种。

适应时代、推进时代的精神

人类历史，总是前进的不是倒退的，时代的巨轮，不断在那儿向前推转，向光明一方面前进。教育事业，正是要迎头赶上，不仅是适应时代，还应推进时代。现在是什么时代了？做教师的，首先要看得清楚。凡是由封建制度所遗留下来不合时代的教条，由资本主义立场所造成不合理的说法办法，皆应该加上一番审核，公平估价，经过精细审核、公平估价以后，确认为不适应时代或足以阻挠时代推进的，势必予以剔除，万万不可以再施用到教育上去（至于古籍中所存有益的精义，认为足以帮助时代推进的，自然仍当采用）。尽管在时代演变的过程中，所表现于社会的，不尽是光明方面，同时还有黑暗一方面存在着，做教师的，总应该认明光明前途，施教施育，万不可震惊于黑暗方面的顽强势力，而甘心屈服。此时要能立定脚跟，发挥崇高的理智来辩明是非真伪；更要能先建立成一个崇高的理想，决心负起这个推进时代的重任。这一种推进时代的精神，也就是创造的精神。本来教育工作，是含有创造性的，创造成新社会、新人民，正赖今日教师们来负弩前驱啊。这是第三种。

勇于检讨、不断革新的精神

善是无止境的，错误是无论何人不能尽免的。有了错误，必须检讨，自己检讨，不够，还须集团检讨。做教师的，不但自己要时时反省，更要集合多数人，要异常虚心，异常诚恳，共同批评，共同指正，有些事急须改正的，既经发见就就马上改正过来，不必游疑，有些事做得不够的，既经证明，就得赶紧加强去做。此时要有爱善的度量，要有改过的勇气，这种度量及勇气所以能养成，纯粹是由于一己先有了一个革新人生观。认定一个社会，是要不断革新的，一个组织社会的分子——个人，也要不断革新的，尤其是负有教育责任的，倘一己不具有革新的精神，怎样能培养成新国民呢？既经具有革新人生观，自然能遇事好益求好，精益求精，时时感觉自己所做工作不满意，便时时要求上进，求改良，不断上进，不断改良，结果是个人日新了，工作也日新了。"日新"及"止至善"，这两种说法，早见于中国《大学》一书。原是一句老生常谈，在今日看来，真能做到，却也不大容易啊。不过古代所说的，是注重在个人修养，而今日所说的，是注重在社会事工，如采用集团检讨的方式，来达到革新工作的目的，比较起来是切实得多了。本来要求一切事业改进，一切从业的人，皆应该如此，而在教育事业，及教育工作者，所负革新社会的责任特别重,更应该重视这一层,所以我说做教师的,一定要具有勇于检讨不断革新的精神。这是第四种。

当然,做教师的必要品格,还不止这四种,但凡事贵立其本,我以为如能备具这四种,也可算大本已立。倘若学识又好,才能又好,身体又好,那更是锦上添花,十全十美的优良教师了。即便学识才能差一些,也可以去补充,去锻炼,比如一颗树,她根本已强盛,抽枝发叶开花结果,那是很自然的很顺利的。反过来说,有了好学识、好才能,而基本的条件不备,也就是所谓教师的品格不立,又有何用处呢?法西司魔王希忒纳逞威时,不是有许多大学的科学教授,帮助他研究制造杀人武器么?这样教师有通天的科学本领,能说他优良么?日本教师如是仍用军国民主义教育,天天加功灌输培养国民侵略思想,纵然是十分热心,能说他优良么?一班自以为努力教育的先生们,不顾学生的需要,不顾社会多数人的需要,甚且不顾学生的健康,一味用填肥鸭子式教学生死读书,书本以外的事,一概不许过问,这样纵能教成若干学生升入国内第一流大学,能教成若干学生出洋留学回来做大官、发大财,你能说他是优良教师么?可知今日是新的时代,一定要有新的教育、新的教师,既要有新的教育、新的教师,自当建立起新教师的必需品格。教师能由此品格,表现出特殊精神,则基本已具,再由此发荣滋长的教育界的情形自然大大不同了。

国家在此时要想得着这样许多现代优良教师,应该由政府认明时代,不妨即以此四种品格作为训练教师、选择教师、奖励教师的重要标的,在高等师范及中等师范教育机关,好好去培养，培养成功以后，更好好去爱护。社会要尊重教师，应该看清楚一班做教师的人是不是具有这几种精神，如真备具了，应该特别地表示拥护，表示尊敬，用社会的力量去赞助他，使他事业成功。教师们更应以完成此四种品格自期，不畏难，不躁进，遇着阻碍，绝不灰心，鼓起勇气，向光明的前途迈进。古人云，“百年树人，十年树木”，实在说，树人只有十年，已可见到效果。我相信有了这样四种品格的教师，不但你被教的学生，受了你的人极感化，可以成为新人，就是广大民众，为你的品格所感动，也不难相观而善，成为新民。目前有志从事教育的青年们，既要树人，便应先从自身树起，树成这四种品格，对国家，对社会，把这四种精神表现出来。要拿作者个人来说，是惭悚极了！从事教育工作，逾三十年，今天反省一下，取前述四种条件来称量一下，品。立好了么？不够的很。格，及得上了么？还差得远。再放眼看一看今日的中国，具有这四种品格的教师，有已经被人知道的，有尚未被人知道的，着实不少啊！我很愿意引为畏友，拜为良师，好好去从他们学习，同时自己更要自觉自勉，以期立品，以期及格。

愚妄之论，是否有当？还求教育界同志有以教我！

（原载《展望》，1948 年第 2 卷第 17 期）

《人类的春天》序

程君执中，热心教育，笃志发扬武训先生兴学精神，至可钦佩，顷集，其所著文为一册，题曰《人类的春天》，寄来嘱题辞，因有斯作。

爱的教育，它的根和苗，不是早生长在人类心田？

它的果实的收获，也许要到十年或数十年；

可是，它的叶和花的美丽，未尝不能在人类面前。

和风习习，细雨绵绵，滋润它抽条、舒叶、放苞灿烂而鲜妍，这就是可爱的《人类的春天》。

武训先生的伟大精神，实在是弥满充沛于宇宙，无底无边。

发扬光大这神圣的教育精神，于今有人焉。

吾钦其志，吾佩其行，今吾更读其书的一篇一篇。

他题着是《人类的春天》，

真是充满着和风、细雨、美花满树、莺啼热语，蜂蝶流连。

爱的教育啊！我愿你能散布到世界大千，消除人类的内心戈鋋。

谁无父母？谁无子女？爱好和平的人类，谁不愿早遇到可爱的温暖春天？

（原载《展望》，1948 年第 2 卷第 9 期）

位育中小学校歌[①]

黄浦江,水漾漾,大小朋友聚一堂。用我手,用我脑,大家工作一齐忙。不怕工作忙,身心俱康强。国旗兮飞扬,庭树兮芬芳,琴韵兮悠扬。爱我国,爱我校,爱我先生,爱我同窗。人生目的不可忘,将来国事谁担当。创造,创造,生长,生长,位育意义深且长。

(原载《位育校刊》,1948 年第 3 期)

① 作者:江问渔、吴逸亭。

培养职业教育人才计划草案

绪 言

本社同人认为职业教育之实施,不仅在职业学校校数能增多,而在职业学校内容能充实;不仅依赖职业学校教成若干具有职业知能之学生,而尤在推行职业补习教育,教育大多数成人,以改进各种职业,增加全社会之生产;不仅在职业学校施行职教,更须在普通中小学内,施行升学指导,职业指导,俾青年习业择业,得以适合其固有之天才天性;甚且要扩大到社会方面,协办职业指导,职业介绍。因此,同人更明确认定需要办理职教人才,数量要增多,质地要良好,而目前此项人才则随地随事无一不极端感其缺乏,职教事业,不能尽量发展,原因固有多端,此实为重要原因之一。本社为此依据历年经验及此次专家会议后讨论所得,制成本计划,一方面希望政府能提纲挈领,切实推行,以立其本;一方面就本社职责所在,愿竭尽知能,黾勉以赴。分列三端,述之如次。

职教人才的种类

欲培养职教人才，须先认明所欲培养的对象。所谓职教人才，就大类以言，可分为二，即一为“职教行政人员”，一为“职教师资”。

职教行政人员，又可分下列五种：

（一）各级教育行政机关内专司计划、推行、考察、辅导职教工作的科长、主任科员、督学，以及职教设计委员。

（二）各种各级职业学校校长、教务主任、训育主任，以及负有教导职教学生责任的科主任、级主任。

（三）各种各级职业补习教育（如社会教育机关内一部分的成人职业补习教育，都市及农村的商业性及农业性的成人职业教育，各工厂的劳工补习教育）机关的主持人。

（四）普通中学小学内专司升学指导，职业指导的教员。

（五）办理职业指导，职业介绍机关的负责人及其重要职员。

职教师资，又可分为三种：

（一）担任各种各级职业学校、职业补习学校，及含有职业性的一切讲习机关的教员。

（二）非学校出身之巧工巧匠，经过职业学校教师之长期教导（或补受职教训练），因而富有教授经验、技能与兴趣之人员。

（三）在各种各级职业学校内担任教授普通科程而能彻底了解职教特殊意义之教员。

上述职教师资三种，自然以第一种为正宗。第二种虽非学校出身，但此种人物，皆是具有特殊天才，在职教上亦居重要地位。第三种虽与职业科教员异其性质，但职校普通科之教材教法，却不尽与普通中学相同，且有若干部分，须与职业科发生联络，所以职校普通科教员，亦应具有职教知识。

职教人才的培养方法

论及培养方法，其正宗自应由大学、师范学院、教育学院、师范专科负其专责，约可分为甲、乙、丙类，甲类。凡大学、专科学生习过工商家事等科毕业后愿任职校教员者，再受一年或两年的师范教育，此类虽专属于职教师资，但其中一部分亦可任职教行政工作。乙类，在师范学院、教育学院或师范专修科内，特设职业教育系，其学生来源，一部分为师范学校毕业生，一部分为高级职业学校毕业生，一小部分为普通高级中学毕业生。其修业年限与普通大学同，但目前为适应急需计，不妨略将年限缩短，而将来为提高程度计，亦不妨将年限延长。此类学生，当然师资与行政人员，两方具备。此外低一级的，在师范学校内，可略略授予学生以职教知识与技能，以便任小学教师时，可以兼任升学指导、职业指导，以及教授职业陶冶课程等各项工作。大体来说，职教人才培养计划的实施，一大部分由政府负责，一小部分由社会负责，本社自应就社会立场，尽其应尽之责任。分述如次。

属于政府方面的：

(一)由教育部选定若干国立大学、师范学院专任培养职教人才工作。

(二)在施行前,由教育部约同职教专家商定一份较完备周到的课程及实施办法。

(三)在各省市如认为有培养职教人才之必要,可呈准教育部遵照部定课程及实施办法,就省立教育学院内增设职教系,或自设职教师范专科学校。

(四)由教育部通令全国,在师范学校内,增加职教选科课程。

属于社会方面的:

(一)由本社就以往所得关于设置职教科目及一切有关培养职教人才方法,贡献教育部(以前喻兆明先生在本社任云南办事处主任时,曾拟有大学职教系课程,可捡出再加一番研究,写成方案,送部参考)。

(二)由本社约同或联络职教专家,或性质相近之教育团体,共同研究培养职教人才方法,随时建议教育部。

(三)本社已编著成及正在编著中之各书,如:《办理职业学校人员手册》《就业辅导手册》。应从速编成印行,公诸社会,并由研究所就研究所得再编成次列一类书籍,如:《如何办理中小学的升学指导,职业指导?》《如何训练职业学校学生?》《如何办理劳工教育?》《职业学校普通科的教材教法研究》,陆续印行。

(四)由本社调查并搜集国内职校优良教员的教材教法,加以表彰,并送部请奖。

(五)由本社调查并搜集最近各国关于特殊有效的培养职教人才方法及职教人员的优良设计,予以介绍。

（六）由本社商请沪市教育局约同市内公私立中学小学，组成升学指导、职业指导短期讲习会，讲习学校施行升学指导、职业指导办法（希望以后各校皆能有一位教员专司此项指导工作）。

（七）本社附设之中华工商专科学校、中华职业学校毕业生，有对于职教有特殊兴趣，愿从事于职业补习教育（如习商者愿在都市办商业补习教育，习工者愿在工厂内门办补习教育）或愿在初级工商业职业学校任教员者，本社可设法为之组织短期讲习班，授予以职教知识。

（八）关于乡村方面的农业补习教育，本社可设法组成通讯研究会，联络服务各地之农学团团友及与本社有关系之农村工作人员，施行通讯研究。

（九）本社附设中华职业学校，成立已三十年，可将三十年办理之经过，择其可供办理职校参考者，分别设备、教材教法、训育、新生招考、毕业生辅导等各部分事工，编成简明小册。如任职多年之教员，愿自行写出教授心得，附入册内，尤可宝贵。此项小册，布在社会，对于职教人才之培养，间接效能，似亦不少。

（十）本社所附设之比乐中学，应就升学指导、职业指导工作，随时记载研究，并将实施经过及研究成果，写成专册，布之社会。

（十一）本社常务理事黄任之先生著有《民主化的机关管理》一书，在中华工商专科学校教授，成效极好，应在中华职业学校最后一学期，对于行将毕业之学生，择要讲授。

解决职教人才出路问题并完成本计划的进行步骤

要培养职教人才，同时要预备好人才的出路，否则设教而无人来学，学成而无处可用，此乃一极端可怕之事。初设学，来者少，尚不足虑，若学成而无所用，则计划等于废纸矣。在本社既有此计划，自应期其能早日完成，此固非一社之事，乃国家之事也。就本社可能尽力以促成之者，约有次列数项。

（一）建议教育部，请选用国内著名之职教专家，予以实权，俾努力推进职教工作，最好能在部内增置职业教育司及专任职业教育督学（如石显儒、陈记喆两博士为国内罕有之职教专家，今竟不能用其所学，甚至舍教育的本位而改业他方，真是最大损失，亦是最大遗憾，此项特殊人才，可由本社向教育当局特别推荐）。

（二）建议教育部，请通令各省市教育厅局，特设专任职业教育督学，最好能特设职教科。

（三）建议教育部，请通令全国，凡小学中学，皆应设置专司升学指导、职业指导的教员，并将此项指导工作，列为考绩中较重要的一项。

（四）建议教育部，请通令各省市，凡办理各种各级职校校长、教务训育人员、职业学科教员、各中学专司升学指导职业指导人员，应先尽各大学、师范学院、教育学院、职教系、职教师范专科之毕业生聘用，凡各省市教育厅局主办职教行政之科长、主任科员、督学，应就办理职业教育多年著有特殊优异成绩之人员中选用。

（五）建议教育部，请其对于各种各级职校之优良教员，中小学办理升学指导、职业指导着有特殊成绩之教员，办理职业补习教育有特殊贡献之人员，经查明确实后，予以优异之奖励。

（六）本社既认定目前培养职教人才，万分重要，应将理由及办法，备文呈请教育部，从速筹划实施，希望能在本年下学期，至少有四校成立职业教育系，或专修科。

（七）本社对于此项培养职教人才工作，应著论阐发其积极性，发表于日报，以期唤起各方面之注意。

（八）关于此项培养职教人才事工，本社应不断地调查研究，可由社内研究所负责进行，必要时并得设立小组，协同研究所计划。

结　言

我国有新式教育制度，即有职业教育（初称实业教育）、职业学校的设立，职业补习教育的推行，亦既四十余年矣，而职教人才之培养，至今尚无固定机关司其事，甚且讨论到培养办法者亦不多，宁非绝大憾事？四十年来朝野人士，是否重视职业教育？于此已不难推断。若论到全部教育制度，需要彻底检讨，重新改革，实为有目共见之事，依照目前社会经济情势，即大胆主张全部学制，应以职业教育为中心（亦可云以发展经济为中心），似乎亦未为过。当然兹事体大，非经过一番精密研讨，不能也不敢贸然决定方案。兹本社仅就培养职教人才一端,制成此粗疏而略具轮廓之计划,诚可谓"卑之无甚高论"矣。我国如不欲职业教育推行有效则已,倘曰欲之,则此种起码的计划,似应早日设法使之完成,如此方可使枯萎不振之职教,得到些活泼之新生命。本社多少年对于培养职教人才之办法,早经议过若干种,即实际对于培养此项人才之工作,亦曾经尽过若干努力,但本社只是一个国内通常文化教育团体,愿望无穷,能力有限,目前所办之各种事业,几无一不感人财两乏,年来勉力支撑,心力俱瘁,况值此种严重的动荡时局,有时且受到无谓之猜疑毁谤,回溯过去三十一年的酸辛历史,真感慨万端,叹息唏嘘,不能自已矣!

(原载《社讯》,1948 年 6 月 15 日;
转载《教育与职业》,1948 年第 204 期)

为教师生活呼吁[①]

不论局势如何动荡，环境如何艰苦，为了我们的下一代，教育事业必须切实维护。

直接肩负教育使命者是教师，尤其是小学教师，关系于下一代的健康与幸福更大。维护教育，首先要维持教师生活，改善教师待遇。

目前的教师是工作最繁重而生活最困苦的一群，据前日各报所载：上海市学生患肺疾者百分之七，教师患肺疾者为数更多。营养不足，疲劳过度，那是多数教师同有的遭遇。当米价已达每石二千多万元的今日，私立小学教师每月待遇竟有不过三百万元的，他们如何维持生活？如何作育学生？我们实在不敢想像！

我们对于这样艰险局面中的教育固然不能抱有主观的奢望，但我们必须要求教育能够度过当前的危机，要求教师能够维持起码的生活。如何改善教师的生活、维护危机重重的教育，我们虔诚地提出两点希望：

---

① 作者：杨卫玉、叶圣陶、江问渔等。

第一，希望教育行政当局，宽筹教育经费，并适当支配，凡有津贴、贷金以及实物配给等，必须公平合理，对于公立学校教师与私立学校教师不应分别看待。就上海的小学教育而言，市立小学有二百八十余校，私立小学则有八百三十余校，私立小学占百分之七十五，私小教师人数较市小教师要多三倍以上，教育当局当不至置大多数的私校教师生活于不顾。

第二，希望校董校长等学校的主持者，真正能为教育事业尽力，实行校政民主，经济公开，尽可能提高教师的待遇，保障教师的温饱，为了教育，为了儿童青年，教育行政当局与教师的立场完全一致，必须团结合作，共同为维护艰苦局面中的教育而努力。

杨卫玉、叶圣陶、江问渔、顾均正、顾树森、周予同、傅彬然

民国三十七年六月廿八日

（原载《大公报》，1948 年 6 月 28 日）

为《毕业刊》题

我们有了知识技能，绝不能为个人谋福利，应该献给群众，为大多数人谋福利。所谓公私之分，甚且说人兽之别也就是在这个地方。

民国卅八年一月

江恒源题

（原载《中华工商专科学校民卅七春级毕业刊》，
中华工商专科学校编，1949 年）

上海里弄儿童和社会教育的关系

诸位先生们:今天我要说的,是"上海里弄儿童和社会教育的关系",也可简单一点,就叫做"儿童校外教育怎样办?"

我很荣幸有机会把这一个问题提出来向诸位请教!

上海一市居民六百万,其中约有儿童一百万人,这一百万儿童,大的约十二岁,小的约六岁,正是在需要教育时期。平时能在小学校及幼稚园受教育的,可以说是占最大多数,这是我们要感谢政府的,但是,他们全部生活在学校以内的,只占一部分,放学以后,回到家内,由家到外面,不是也需要教育么?这种教育,可统称做"社会教育"。

目前上海社会情形怎样呢?一部分家族教育的,学生放学回家,仍可受到家族的良好教育,这自然不成什么问题了;但是这是最少数。或者较大的里弄,人家较少,很整齐,环境比较好,为样儿童所受的教育,也还可说不算坏。可是就上海而论,能具有这样的环境,有多少呢?可以断言:"一定是很少的。"

以我个人现在所住的地方——复兴中路嘉善路新兴顺里一部分来说罢,房屋共计双间的,所谓"两楼两底",有八幢,除去一幢租作小学校外,还有七幢。此外,单间的,也就是所谓"一楼一底”,共有四十三幢,两项共住有一百二十四家。平均计算起来,每一幢住三家,小孩子多的,挤不挤呢?我说一定是很挤。当这样炎热的夏天,人数多的人家,六岁以上十二岁以下的孩子,怎能在家不出来呢?这一班小孩在弄内弄外,纷纷扰扰,无人去管束,无人去指导,那一种纷乱的情况,也就可想而知了。平时在马路上结队成群,多则十几个,小则五六个,横冲直撞,随便乱来,真令人十分可怕,十分担心!上海地方这样大,如我所住的,还算比较整齐的,此外不如这样的,我想一定更多罢,试就这样情形,我们来推测一下看,是不是上海市一个较严重的问题呢?无论就那一方面来说,这一班我们第二代的童年青年,我们总不应该对他不闻不问吧!

现在本市各区小学,做的也不算少了,小学校还有附设幼稚班的一校不足,又兼办“二部制”,在教育局也算煞费苦心了。但是一日之间,学生在校的时数,只有三分之二,如“二部制”,则只有一半时间在校,试问除在校内时不说,回家以后,一切动作,谁来看管他呢?星期日、寒暑假,特别是暑假,日子更多,又在大热天,孩子不能呆呆地坐在家里,自然要到马路上游戏了。游戏是儿童的本性,游戏得好,也可以帮助增长知识、能力,帮助养成善良品行。可是如若放任不管,不加指导,让其自由乱动,可就危险太大了。

我们本着良心主张,不能也不应不替我们这第二代继任人设想,我们如何能忍心视而不见呢?我记得从前有一位教育家做过一篇文章,开头便发出尖锐的呼声说:“快来救救孩子吧”!我说到此地也要同样地发出这样呼声了。那末,怎么办呢?有人说:“多办一些小公园吧,让这班小朋友,有了游戏便宜的地方去玩玩好了”,但是这又“谈何容易”呢?况且有了较好的游戏场所,还要有指导游戏的人才行。所以我的主张:是“注重校外指导”,也就是“儿童离开学校以后,各里弄设有主管校外教育的专员,专来担任教育指导工作”。

可是,上海地面这样大,儿童人数这样多,需要多少担任校外教育工作人员才行呢?我的意思,并不主张像切韭菜一刀齐的办法,各区一时皆办起来,尽可拟计划,一步一步地分期分批地来办即预定了一个时期,分成若干年月,到期便可以全部办成。当然教育人员需要的数目很多,需要的经费,也不在少数,可是要从大处想,以远处看,还是值得的。

简要地说罢,如政府认明这一问题真是重要,值得重视,值得试办,便可由本市教育局、文化局、民政局、公安局以及其他有关方面先行组成一个委员会,专来研究推行这种工作,由拟定的结果,便来筹办造就师资,先就少数几个区设立“社会教育师资班”,选出本区在工作中学过教育而又比较对教育工作有兴趣的职责,再加以招收一部分人员入班训练,所有训练方法,完全针对校外儿童所需要的项目,予以心要的技术方法来训练。在训练将满期前,即可择定里弄来试办。将来这一班社会教育工作人员,系于办公时间,星期日及放假日上下午各二时,共四小时,学生在学时每天二小时,或一小时半。如有在校教员自觉精力过人愿意兼任此种职务的或各区人民委员会办事处职员具有此项能力,在办公时间外愿意兼任的,经主管人核准后,亦可加入。至于工作报酬,可依照小学教员,依时计酬,按劳支给。其中有特殊成绩的,应由政府予以表扬,或另给物质奖励。这样便可就各区察看实际需要情形,陆续推广起来。将来愈办愈有经验,如,组织“小先生制”,把儿童组织起来,指导员也可逐渐减少;如,初办时,需要指导员多,愈办得久,方法愈改善,人数也逐渐减少;如,从前的(初办时)一人指导一百儿童,办了些时,方法改善,便可以一人指导数百人,这也是可以的。待到家庭妇女,皆受过教育,又住户逐渐稀少时,也就可以无此需要了。这一班工作人员,便可转入学校内,也说不定。

我相信这一件工作,关系是非常重大,值得注意,值得研究,当然这是我个人未成熟的意见,是否有当?还求诸位指教!

(原载上海档案馆(B1-1-627-68),在上海市第一届人民代表大会第四次会议上的发言稿——上海里弄儿童和社会教育的关系,1956年8月)

中小学实行二部制所存在的问题

本市近年来各级教育总算是十分进展了,惟在进展过程中,有次列几项问题,值得注意:(1)关于中小学教育问题,自实行二部制以来,学生在校时间,比较更少,同时教师在校任课的分量加重,更难多多注意到联络学生家庭,考虑训练等工作。(2)如何促起多数学生家长注意到学生行为训练问题,并如何使家庭和学校与两方面联合进行?此两项可合并来说,目前各中小学校教师,大都担任教课时数很多,备课时间的负担也很重,除教课以外,再教他担负课外的学生教育,却也不大容易,有些新任课的教师,未经过相当训练,更谈不及此了;学生家长呢,因为白天要在外间工工作,更是多数料理不到,也就索引不管了,近来报载学生品德堕落的事实时时发生,虽然是多数学生中的极少数,但也不能不教人"触目惊心"。我以为为目前计,在学校方面,中小学内先生除授课外,应该照顾到学生在课外、在家庭内一切教育问题,要联合家长,共同进行合理的教育;在学生家长方面,更要注意到学生行为,和学校不断接触。这一层关系异常重要,学校教师无论功课如何忙,在一学期内总要预行商量定这一个工作方法,决定项目,和推定担任责任的人,不断和学生家长接触;在家长方面,更要引起注意,时常和学校接近,对于学生的指导,联合一致进行。以往“家长一切不管,专靠学校”的观念,要彻底改正。如何改正呢?希望本会同仁,也要负起鼓吹劝说的责任来。

还有,中小学考察学生成绩,记分用“五级法”,废去从前旧有考试制度,当然这是进步的,但采用之后,或者用得不甚适当,或者未能配合适宜,也不免有一些不周到的地方。目前常常听到家长说“学生不肯用功了”,“对于功课的温习任意放弃不管了”,当然这是因为不合旧习惯,有这样仅仅看到表面的说法,但这是一个问题,也值得注意研究,应该设法如何补其缺憾,如何争取效果,也希望教育行政方面,能指导学校注意切实施行。

此外在公园、电影院、运动场、游戏场等这些皆是和中小学有关系的地方,均应由负责人特别注意随时要想到青年儿童品行有关的问题。如,各公园、各游艺场内一定要置有明白教育的职员数人专任指导事项,随时照料并记载,希望教育行政当局也能不断派员视察指导,此层希望负有管理职责的机关,能注意及此。

总之,我们对于第二代人民,要负起重大的完全的责任。所谓“子弟是家家皆有,教育乃人人必需”,我想本会诸先生一定能注意及此,所以我不嫌重复特别指出,贡献这一点小小意见。

(原载上海档案馆(B1-1-657-88),
江恒源在上海市第二届人民代表大会第一次会议上的发言稿,
1957年1月6日)

目前教育工作中的几个问题

此次开会，我因为在发病(心脏病)时期，不能出席，万分歉憾！现在，我愿把我的小小意见，提出来向诸位请教。

(一)关于各级学校学生考试记分的问题：现在学校内学生学业考试的记分方法，皆是采取苏联的“五分制”。据各方面试行以后的情形略略考察，有各种不同的说法。在学生家长方面，尤其是中小学方面，有人这样说：“学校内因为考试方法变了，学生不肯用功了”。当然，这是上海的情况。在家长不明白学校内部实际情况下，这种说法当然不属可靠。也有从事学校实际工作的，他们的说法竟分正、反两种：有的说这种考试记分方法很好；有的说这种方法在中国教育现况下，实行起来却有许多不便。这皆是目前实在的情形。我以为这件事虽属学校教育工作的一部分，关系实在不算小。最好建议政府设法谋完善解决的办法：由高等教育部、教育部组织一个委员会专来讨论这个问题；也可由两部向全国各级学校分别征求意见——就五分制试行以后的情形，收到各种意见后，分别加以整理，当可得到较合于实际的情形，较好的办法。

(二)关于中小学试行“二部制”的问题：现在为扩大教育范

围，为多收学生起见，各处皆实行二部制。这样一来，学生在校受教的时间更少了。目前，我国家庭教育，还不能合于理想；社会教育方面，也不属完善。在儿童、青年身心修养方面，问题就更多了。我以为要弥补这种缺陷，应当采取以下各种办法：(1)在中小学内，应加强和学生家庭的联系，最好就多数教师中推出几位教学效果好的、富有经验的，减少他们的授课时间，由他们负责和家庭联络，指导学生在家如何温习功课。(2)由教育行政方面，订出一种办法——即对于二部制不上课学生的指导办法。当然，这种办法应当因地制宜、因时制宜。(3)并望教育部对于这件事特别重视，能研究出较好、较适宜的办法，指示各地方和各级学校。

（三）关于社会方面对儿童、青年教育的问题——也可说是社会教育问题：学生不在学校，除在家庭外，便到社会各方面去活动。在较大都市里，如公园、游艺场、电影院等，皆是他们平常活动的场所。在活动时，希望能得着有益于身心的善良教育，这就不能不想到这些地方也要有带有教育性的指导工作了。我的意思：最好由文化教育行政方面负责，对于这些场所的儿童、青年注意多加指导。最少在每个场所选定一位或两三位具有教育知识能力的职员，专门负责对到场游玩的儿童、青年随时随事予以指导。我以为这是一种化无用为有用的有效办法。希望最高文化教育机关能注意及此，订出有效的指导办法，让各地去进行。就是小市镇、农村方面，我想一定也有这种需要的情形。

（四）关于辞典、字书的编定的问题：说起这个问题可比较大了！我国已有的辞源、辞海，还有较老的康熙字典，又适应各种需要的小型字典、专门辞典等，能不能说是已适应目前需要，适合于目前的情形呢？我想一定不能吧。那末，这个较重大的工作，我们就不能不注意到如何进行了。我的意见，最好分两方面来进行：(1)在中央计划指导之下，结合全国各方面的力量，编成一部内容较丰富、较完整的《中华大辞典》。内分字形、字音、字义三部分。“形”的部分，由古到今(古篆体文及今简体字尽量搜罗排列)，可使看的人，由古到今一目了然。“音”的部分，尽量罗列各时代、各地方的变迁不同的读音，使读的人对于一字的各种读音可以完全明了。“义”的部分，也分别它的原义、变迁义、古今各地的特殊义，也可一望即知。当然这一部大工作，不是短时间内可以完成的，但不妨由政府努力一下。还有在字义解释方面，从前所有字书搜罗的古代注解，有属于迷信的，有不合时代的，正可乘此机会分别调整、扬弃一番。(2)此外，一般应用的普通字典、辞典，尽可简单一点，在短时期内编成较小型的，供给各方面应用。至于专业性的各种辞典，尽可让各方面专家来编制。至于这种综合性的大辞典，及各方面应用的小字、辞典(即上述第一、二种)，自应由中央教育文化机关负起这个大责任。

(原载《新华社新闻稿》，江恒源的发言，1957 年 3 月 14 日)

跋

第一次知道江恒源先生，是在求学期间，因为他是从连云港市走出去享誉全国的教育家。待参加工作后，才知道先生曾任校长的江苏省立第八师范学校，竟是我的工作单位——连云港师范高等专科学校的前身。由于自己涉猎历史知识层面狭窄，直到几年前，才发现江恒源先生是中国民主(政团)同盟的创始人之一，而我加入民盟已经些许年了。

我惊诧这种种因缘是不是上苍安排的。因为无论是就我选择的职业、工作单位，抑或民盟组织而言，江恒源先生都是我的"嫡前辈"。此时我感到先生如影随形，好像自己一直都在先生的引导下似的。先生好像一直在苍穹中注视着我的举足投步，又似乎时刻在拷问我什么。

作为晚学晚生的我再也不能平静了，再也坐不住了，于是决定整理先生的著作，以此走近先生、了解先生，"聆听"他的教诲。当我决定这样去做的时候，并没有忽视现实的实际情形，即关于先生的研究和宣传不够，与其历史地位和历史贡献相比有着相当大的差距。这自然是多方面原因造成的。随着时光流逝，江恒源先生的事迹覆盖上历史的尘埃,以至于后来人对先生知之甚少,对先生的历史贡献认识不足。

我的想法得到了民盟江苏省委和连云港市政协的重视。连云港市政协文史委和民盟连云港市委决定成立编委会,并组织人员参与搜集、整理先生的教育文献资料。然而由于时代相隔有点久了,先生的信函、札记和手稿佚失无觅处,至于其他一些资料也是残篇断章难窥全貌。难以架构起先生的教育思想体系,故搜集整理的难度超乎想象。

靡不有初,鲜克有终。搜集整理前人的遗著而成文集,不可能是"轻易的",世界上没有"轻易的"事。于是,在"顽强奋斗"后,把搜集的重点目标转向各档案馆、各大图书馆和数据库网站。此举虽然费了些精力但很有成效,搜集了先生以江恒源、江问渔、问渔、补斋、补学斋、蕴愚为名发表的教育类文章,包括独著、合著的教育著述400余篇。

这些著述中有先生公开发表的论文、大会提案、演讲记录、序文、文稿等,内容涉及职业教育、师范教育、民众教育、女子教育、人生教育、普及教育、特殊教育等。其中"民众教育"部分的较多文章,编著时经梳理权衡未录入《文集》。本《文集》按江恒源先生发表文章时间顺序汇编,目的在于使读者能清晰、完整地了解先生教育思想形成的历程。

值得一提的是,多年来,中共连云港市委统战部、连云港市委宣传部、灌云县政协、连云港师范高等专科学校、江苏省海州高级中学、板浦镇政府等单位,通过各种方式宣传江恒源先生的教育思想和热爱家乡的精神,连云港市哲学社会科学规划办为

《文集》提供了项目立项，这些都为整理出版《江恒源教育文集》奠定了坚实的基础。

搜集整理《江恒源教育文集》，得到了社会各界的有力支持、鼓励和帮助。诸如：连云港市政协主席张同生、上海市民盟王海波、江苏省民盟唐双辰诸先生；连云港师专杨浩、褚金星、陈留生、李大勇，以及连云港开放大学孙继才、张廷亮诸先生；连云港师专王志蔚、李明高、尚继武、张登华、孙召路、朱凯、李传江、张永义诸教授；连云港市政协江华、李建良，江苏省海州高级中学周艳、吴洪亮，连云港市社科联周一云，连云港市委宣传部孙宜志以及李建华诸先生等。群言出版社为本书的出版给予诸多指导和帮助，孙平平等编辑为本书的编校做了很多工作；尹菲、莫红卫诸位同仁承担了《文集》文字部分输入和校对工作。值此《江恒源教育文集》出版之际，谨向上述诸君表示诚挚的谢意！谨向所有推动研究江恒源教育思想的人士，表示由衷的感谢和深深的敬意！

由于编者的知识和视野的局限及其他原因，本书难免存有挂一漏万的遗憾（时至今日，江恒源先生一些文章被陆续发现）。同时，对署名文章的考辨等定存在舛误需要厘清教正。为此，诚请读者方家赐教，并继续给予支持帮助，以期为先生的文集补续，使之日臻完美。

刘旭光

2019年11月